D1670521

EINKOMMENSTEUER HANDAUSGABE 2012

Bitte wichtige Hinweise auf der Seite 6 beachten!

Für die Veranlagungszeiträume ab 2012
sind anzuwenden

1. das **EStG** in der Fassung vom 8. 10. 2009 (BGBl. S. 3366, 3862), zuletzt geändert durch Artikel 2 des Gesetzes vom 21. 3. 2013 (BGBl. I S. 556),

2. die **EStDV 2000** in der Fassung der Bekanntmachung vom 10. 5. 2000 (BGBl. I S. 717, BStBl I S. 595), zuletzt geändert durch Artikel 3 des Gesetzes vom 21. 3. 2013 (BGBl. I S. 556),

3. die **EStR 2005** vom 16. 12. 2005 (BStBl 2005 I Sondernummer 1/2005), zuletzt geändert durch die **EStÄR 2012** vom 25. 3. 2013.

Auf die Rechtsänderungen, soweit sie noch nicht für den VZ 2012 gelten, wird in den Fußnoten hingewiesen.

Einkommensteuer Handausgabe 2012

Einkommensteuergesetz

mit Durchführungsverordnung, Richtlinien, Hinweisen,
Nebenbestimmungen

Bearbeitet von

Gerlinde Rosenbaum

Dipl.-Finanzwirtin (FH)

Eckhard Dorn

Dipl.-Finanzwirt (FH)

Ausgabe April 2013

STOTAX
Stollfuß Medien

Hinweise

Die Stollfuß-Handausgabe 2012 übernimmt die Konzeption des Amtlichen Einkommensteuer-Handbuchs. Dieses gibt seit der Ausgabe 1993 die für den jeweiligen Veranlagungszeitraum geltenden Texte des Einkommensteuergesetzes und der Einkommensteuer-Durchführungsverordnung wieder und trennt Verwaltungsvorschriften (Einkommensteuer-Richtlinien – EStÄR 2012 –) und Hinweise. Die Nummerierung der Richtlinien folgt der Paragraphennummerierung des EStG.

Die für den Veranlagungszeitraum 2012 überarbeiteten Hinweise sind von den obersten Finanzbehörden des Bundes und der Länder beschlossen worden. Sie machen den Rechtsanwender aufmerksam auf höchstrichterliche Rechtsprechung, BMF-Schreiben und Rechtsquellen außerhalb des Einkommensteuerrechts, die in das Einkommensteuerrecht hineinwirken. Sie enthalten den ausgewählten aktuellen Stand

– der höchstrichterlichen Rechtsprechung und

– der Verwaltungsvorschriften der Länder, die auf Grund von im Bundessteuerblatt veröffentlichten BMF-Schreiben ergangen sind.

Die im Bundessteuerblatt veröffentlichte Rechtsprechung ist für die Finanzverwaltung verbindlich, soweit nicht ein Nichtanwendungserlass ergangen ist.

In Anhängen sind ausgewählte Gesetzestexte, BMF-Schreiben und Tabellen zusammengestellt.

Die **_halbfett kursiv_** gedruckten Stellen kennzeichnen die Änderungen bei den Gesetzestexten, Durchführungsverordnungen, Richtlinien und Hinweisen gegenüber der letztjährigen Ausgabe; Weglassungen sind mit einer **senkrechten Randlinie (I)** markiert.

Die Stollfuß-Handausgabe enthält gegenüber dem Amtlichen Einkommensteuer-Handbuch zusätzliche Erläuterungen, Urteile, BMF-Schreiben und andere aktuelle Hinweise, die jeweils grau unterlegt dargestellt sind. Erstmals für Veranlagungszeiträume ab 2013 f. anzuwendende Texte des Einkommensteuergesetzes und der Einkommensteuer-Durchführungsverordnung sind als Anmerkung der Verfasser (Anm.:) in Fußnoten abgedruckt. Auf die besonderen Probleme der Lohnsteuer wird nicht näher eingegangen; insofern wird auf die ebenfalls im Stollfuß Verlag erschienene „Lohnsteuer-Handausgabe" verwiesen.

Das Zeichen → im laufenden Richtlinientext zeigt ein Stichwort in den alphabetisch geordneten Hinweisen an. Im Übrigen dient es zum Querverweis.

Empfohlene Zitierweise:

– die Einkommensteuer-Richtlinien, z. B.   R 3.44 EStR 2012

                                             R 33a.1 Abs. 2 EStR 2012

– die amtlichen Hinweise sollten mit der dort angegebenen Fundstelle zitiert werden, z. B.   BFH vom 16.3.2004 – BStBl II S. 594

oder auch   H 31 (Zurechnung des Kindergeldes) EStH 2012

Die nicht amtlichen Ergänzungen sind mit ihrer jeweils gesondert genannten Fundstelle zu zitieren.

Die S-Verfügungen (z. B. S 2100) können bei der zuständigen Oberfinanzdirektion angefordert werden.

Wir hoffen, dass die in der Praxis bewährte Form der Darstellung Ihr tägliches Leben mit dem Einkommensteuerrecht erleichtern wird, und begrüßen weiterhin Anregungen und Hinweise, die der Verbesserung des Werks dienen.

Aktuelle Gesetzesentwicklungen können Sie auf unserer Homepage unter http://www. stollfuss.de einsehen.

Bonn, im April 2013   Verlag und Verfasser

Bibliografische Information der Deutschen Bibliothek
Die Deutsche Bibliothek verzeichnet diese Publikation in der Deutschen Nationalbibliografie; detaillierte bibliografische Daten sind im Internet über http://dnb.d-nb.de abrufbar.

ISBN 978-3-08-**361012**-0

Stollfuß Medien GmbH & Co. KG 2013 · Alle Rechte vorbehalten
Satz: Reemers Publishing Services GmbH, Krefeld
Druck und Verarbeitung: Bonner Universitäts-Buchdruckerei (bub)

Inhaltsübersicht

A. Einkommensteuergesetz, Einkommensteuer-Durchführungsverordnung, Einkommensteuer-Änderungsrichtlinien, Hinweise

Inhaltsübersicht

Inhaltsübersicht

Inhaltsübersicht

15

Inhaltsübersicht

B. Anlage zu den Einkommensteuer-Richtlinien

C. Anhänge

Inhaltsübersicht

Inhaltsübersicht

D. Einkommensteuer-Grund- und Splittingtabelle 2012/2013

E. Stichwortverzeichnis
(Seite 1479)

Abkürzungsverzeichnis

A	Abschnitt	BFHE	Sammlung der Entscheidungen des Bundesfinanzhofs (Zeitschrift)
a. a. O.	am angegebenen Ort		
ABl. EG	Amtsblatt EG	BFH/NV	Sammlung amtlich nicht veröffent-
Abs.	Absatz		lichter Entscheidungen des Bundes-
AEAO	Anwendungserlass zur Abgabenord-		finanzhofs (Zeitschrift)
	nung (→ Handausgabe zur Abgaben-	BGB	Bürgerliches Gesetzbuch
	ordnung)	BGBl.	Bundesgesetzblatt
AfA	Absetzung für Abnutzung	BGH	Bundesgerichtshof
AfaA	Absetzung für außergewöhnliche	BiRiLiG	Bilanzrichtlinien-Gesetz
	Abnutzung	BKGG	Bundeskindergeldgesetz
AfS	Absetzung für Substanzverringerung	BMF (BdF)	Bundesministerium der Finanzen
AG	Aktiengesellschaft	BMG	Bemessungsgrundlage
AuslInvG	Auslandsinvestitionsgesetz	BMWF	Bundesminister für Wirtschaft und
AK	Anschaffungskosten		Finanzen
AktG	Aktiengesetz	BSHG	Bundessozialhilfegesetz
AltEinkG	Alterseinkünftegesetz	BStBl	Bundessteuerblatt
AnfG	Anfechtungsgesetz	BT-Drs.	Bundestagsdrucksache
Anm.	Anmerkung	Buchst.	Buchstabe
AO	Abgabenordnung	BV	Berechnungsverordnung
AStG	Außensteuergesetz	BVerfG	Bundesverfassungsgericht
ATE	Auslandtätigkeitserlass	BVerfGE	Amtliche Sammlung der Entschei-
AusfFördG	Gesetz über steuerliche Maßnahmen		dungen des BVerfG
	zur Förderung der Ausfuhr	BVG	Bundesversorgungsgesetz
AuslInvestmG	Auslandinvestment-Gesetz	BZSt	Bundeszentralamt für Steuern
AVmG	Altersvermögensgesetz	bzw.	beziehungsweise
Az.	Aktenzeichen	DA-FamEStG	Dienstanweisung zur Durchführung
BAföG	Bundesausbildungsförderungsgesetz		des steuerlichen Familienleistungs-
BAG	Bundesarbeitsgericht		ausgleichs nach dem X. Abschnitt
BAnz.	Bundesanzeiger		des Einkommensteuergesetzes
BauGB	Baugesetzbuch	DB	Der Betrieb (Zeitschrift)
BauNVO	Baunutzungsverordnung	DBA	Doppelbesteuerungsabkommen
BB	Der Betriebs-Berater (Zeitschrift)	d. h.	das heißt
BerlinFG	Berlinförderungsgesetz	DMBilG	D-Markbilanzgesetz
BEEG	Bundeselterngeld- und Elternzeit-	DStR	Deutsches Steuerrecht (Zeitschrift)
	gesetz	DV	Durchführungsverordnung
BetrAVG	Gesetz zur Verbesserung der betrieb-	EFG	Entscheidungen der Finanzgerichte
	lichen Altersversorgung		(Zeitschrift)
BewDV	Durchführungsverordnung zum	EG	Europäische Gemeinschaften
	Bewertungsgesetz	EigZulG	Eigenheimzulagengesetz
BewG	Bewertungsgesetz	EhfG	Entwicklungshelfer-Gesetz
BewRGR	Richtlinien zur Bewertung des	ErbStG	Erbschaftsteuergesetz
	Grundvermögens	EStG	Einkommensteuergesetz
BFDG	Gesetz über den Bundesfreiwilligen-	EStDV	Einkommensteuer-Durchführungs-
	dienst		verordnung
BfF	Bundesamt für Finanzen	EStER 1956/57	Einkommensteuer-Ergänzungsricht-
BFH	Bundesfinanzhof		linien 1956/57 vom 26. 3. 1958
			(BStBl I S. 86)

EStH	Amtliches Einkommensteuer-Handbuch	i. S. d.	im Sinne der/des
EStR	Einkommensteuer-Richtlinien	i. S. v.	im Sinne von
EU	Europäische Union	i. V. m.	in Verbindung mit
EuGH	Europäischer Gerichtshof	JStG	Jahressteuergesetz
EWR	Europäischer Wirtschaftsraum	KAGG	Gesetz über Kapitalanlagegesellschaften
FamLeistG	Familienleistungsgesetz		
FG	Finanzgericht	KapErhStG	Kapitalerhöhungssteuergesetz
FlüHG	Flüchtlingshilfegesetz	KapSt	Kapitalertragsteuer
Fm	Festmeter	KAV	Kindergeldauszahlungsverordnung
FÖJG	Gesetz zur Förderung eines freiwilligen ökologischen Jahres (FÖJ-Förderungsgesetz)	KG	Kommanditgesellschaft
		KGaA	Kommanditgesellschaft auf Aktien
		KHBV	Krankenhaus-Buchführungsverordnung
FördG	Gesetz über Sonderabschreibungen und Abzugsbeträge im Fördergebiet (Fördergebietsgesetz)	KHG	Krankenhausfinanzierungsgesetz
		km	Kilometer
FR	Finanz-Rundschau (Zeitschrift)	KStG	Körperschaftsteuergesetz
FVG	Finanzverwaltungsgesetz	KStH	Amtliches Körperschaftsteuer-Handbuch
GBl.	Gesetzblatt der DDR		
GbR	Gesellschaft bürgerlichen Rechts	KStR	Körperschaftsteuer-Richtlinien in der für den jeweiligen VZ geltenden Fassung
GdB	Grad der Behinderung		
G. d. E.	Gesamtbetrag der Einkünfte	KWG	Gesetz über das Kreditwesen
gem.	gemäß	LAG	Lastenausgleichsgesetz
GenG	Genossenschaftsgesetz	LPartG	Lebenspartnerschaftsgesetz
GewStDV	Gewerbesteuer-Durchführungsverordnung in der für den jeweiligen VZ geltenden Fassung	LStDV	Lohnsteuer-Durchführungsverordnung in der für das jeweilige Kalenderjahr geltenden Fassung
GewStG	Gewerbesteuergesetz in der für den jeweiligen VZ geltenden Fassung	LStH	Amtliches Lohnsteuer-Handbuch
		LStR	Lohnsteuer-Richtlinien
GewStH	Amtliches Gewerbesteuer-Handbuch	LV	Lebensversicherung
GewStR	Gewerbesteuer-Richtlinien in der für den jeweiligen VZ geltenden Fassung	MaBV	Makler- und Bauträgerverordnung
		MdF	Ministerium der Finanzen
GG	Grundgesetz für die Bundesrepublik Deutschland	MDK	Medizinischer Dienst der Krankenkassen
GmbH	Gesellschaft mit beschränkter Haftung	MinBlFin	Ministerialblatt des Bundesministers der Finanzen
GmbHG	GmbH-Gesetz	Nr.	Nummer
GrStDV	Grundsteuer-Durchführungsverordnung	OFH	Oberster Finanzgerichtshof
		OHG	Offene Handelsgesellschaft
GrStG	Grundsteuergesetz	OWiG	Gesetz über Ordnungswidrigkeiten
H	Hinweis	PartG	Parteiengesetz
ha	Hektar	PflegeVG	Gesetz zur sozialen Absicherung des Risikos der Pflegebedürftigkeit (Pflege-Versicherungsgesetz)
HAG	Heimarbeitsgesetz		
HFR	Höchstrichterliche Finanzrechtsprechung (Zeitschrift)		
		Pkw	Personenkraftwagen
HGB	Handelsgesetzbuch	R	Richtlinie
HK	Herstellungskosten	Randnr. Rdnr., Rn.	Randnummer
i. d. F.	in der Fassung		
i. d. R.	in der Regel	RdF	Reichsminister der Finanzen
InvZulG	Investitionszulagengesetz	Rev.	Revision eingelegt

RFH	Reichsfinanzhof
RStBl	Reichssteuerblatt
Rz.	Randziffer
SachBezVO	Sachbezugsverordnung
S. d. E.	Summe der Einkünfte
SGB	Sozialgesetzbuch
StBereinG	Steuerbereinigungsgesetz 1999
StEd	Steuer-Eildienst (Zeitschrift)
StGB	Strafgesetzbuch
Stpfl.	Steuerpflichtiger
StPO	Strafprozessordnung
StSenkG	Steuersenkungsgesetz
Tz./Tzn.	Textziffer/Textziffern
u. a.	unter anderem
UmwStG	Gesetz über steuerliche Maßnahmen bei Änderung der Unternehmensform (Umwandlungssteuergesetz)
USG	Unterhaltssicherungsgesetz
UStG	Umsatzsteuergesetz
UStR	Umsatzsteuer-Richtlinien
usw.	und so weiter
VE	Vieheinheit
VermBDV	Verordnung zur Durchführung des Vermögensbildungsgesetzes
VermBG	Vermögensbildungsgesetz
vGA	verdeckte Gewinnausschüttung
vgl.	vergleiche
VO	Verordnung
VVG	Versicherungsvertragsgesetz
VwVfG	Verwaltungsverfahrensgesetz
VZ	Veranlagungszeitraum
WEG	Wohnungseigentumsgesetz
WiGBl	Gesetzblatt der Verwaltung des Vereinigten Wirtschaftsgebiets
Wj.	Wirtschaftsjahr
WoBauFördG	Gesetz zur Förderung des Wohnungsbaues (Wohnungsbauförderungsgesetz)
WoBauG	Wohnungsbaugesetz (Wohnungsbau- und Familienheimgesetz)
WoPDV	Verordnung zur Durchführung des Wohnungsbau-Prämiengesetzes
WoPG	Wohnungsbau-Prämiengesetz
WoPR	Richtlinien zum Wohnungsbau-Prämiengesetz
WPg	Die Wirtschaftsprüfung (Zeitschrift)
WÜD	Wiener Übereinkommen über diplomatische Beziehungen
WÜK	Wiener Übereinkommen über konsularische Beziehungen
z. B.	zum Beispiel
ZDG	Zivildienstgesetz
ZPO	Zivilprozessordnung
ZRFG	Zonenrandförderungsgesetz
z. T.	zum Teil
z. v. E.	zu versteuerndes Einkommen

RFH	Reichsfinanzhof
RStBl	Reichssteuerblatt
Rz.	Randziffer
SachBezVO	Sachbezugsverordnung
S.d.E.	Summe der Einkünfte
SGB	Sozialgesetzbuch
StBereinG	Steuerbereinigungsgesetz 1990
StEd	Steuer-Eildienst (Zeitschrift)
StGB	Strafgesetzbuch
StPfl	Steuerpflichtiger
StPO	Strafprozessordnung
StSenkG	Steuersenkungsgesetz
u.a.	und andere / unter anderem
UmwStG	Gesetz über steuerliche Maßnahmen bei Änderung der Unternehmensform (Umwandlungssteuergesetz)
UStG	Umsatzsteuergesetz
UStG	Umsatzsteuergesetz
UStR	Umsatzsteuer-Richtlinien
usw.	und so weiter
VE	Vorbehalt
VermBDV	Verordnung zur Durchführung des Vermögensbildungsgesetzes
VermBG	Vermögensbildungsgesetz
vGA	verdeckte Gewinnausschüttung
vgl.	vergleiche
VO	Verordnung
VVG	Versicherungsvertragsgesetz
VwVfG	Verwaltungsverfahrensgesetz
VZ	Veranlagungszeitraum
WEG	Wohnungseigentumsgesetz
WGBfl	Gesetzblatt der Verwaltung des vereinten Wirtschaftsgebietes
WI	Wirtschaft sich
WoBauFG	Gesetz zur Förderung des Wohnungsbaus (Wohnungsbauförderungsgesetz)
WoBauG	Wohnungsbaugesetz (Wohnungsbau- und Familienheimgesetz)
WoPDV	Verordnung zur Durchführung des Wohnungsbau-Prämiengesetzes
WoPG	Wohnungsbau-Prämiengesetz
WoRR	Richtlinien zum Wohnungsbau-Prämiengesetz
WPg	Die Wirtschaftsprüfung (Zeitschrift)
WÜD	Wiener Übereinkommen über diplomatische Beziehungen
WÜK	Wiener Übereinkommen über konsularische Beziehungen
z.B.	zum Beispiel
ZDG	Zivildienstgesetz
ZPO	Zivilprozessordnung
ZRFG	Zonenrandförderungsgesetz
z.T.	zum Teil
z.v.E.	zu versteuerndes Einkommen

Einkommensteuergesetz

in der Fassung der Bekanntmachung vom 8. 10. 2009 (BGBl. I S. 3366).

Nachrichtlich werden die nach der Herausgabe der Handausgabe 2008 verkündeten Gesetze angegeben (lfd. Nummern 64 bis 71).

Lfd. Nr.	Datum	Änderungsgesetz	Art.	Fundstellen *Inkrafttreten*	Geänderte Vorschriften	Art der Änderung
1 bis 63	→ Handausgabe 2008					
64	7. 3. 2009	Gesetz zur steuerlichen Förderung der Mitarbeiterkapitalbeteiligung (Mitarbeiterkapitalbeteiligungsgesetz)	1	BGBl. I S. 451 *1. 4. 2009*	§ 3 Nr. 39	eingefügt
					§ 19a	aufgehoben
					§ 37b Abs. 2 Satz 2	geändert
					§ 43a Abs. 2 Satz 9	neu gefasst
					Satz 12	neu gefasst
					§ 52 Abs. 35	eingefügt
					Abs. 51	neu gefasst
					§ 66 Abs. 1 Satz 2	angefügt
65	3. 4. 2009	Gesetz zur Strukturreform des Versorgungsausgleichs (VAStrRefG)	10	BGBl. I S. 700 *1. 9. 2009*	§ 3 Nr. 55a und 55b	eingefügt
					§ 19 Abs. 1 Satz 1 Nr. 2	geändert
					§ 22 Nr. 1 Satz 3 Buchstabe a Doppelbuchstabe bb Satz 2	geändert
					Nr. 5 Satz 2	geändert
					§ 52 Abs. 36	Satz angefügt
					§ 93 Abs. 1a	neu gefasst
66	20. 4. 2009	Gesetz zur Fortführung der Gesetzeslage 2006 bei der Entfernungspauschale	1	BGBl. I S. 774 *24. 4. 2009; z. T. auch zum 1. 1. 2007*	§ 3 Nr. 13 und 16	geändert
					§ 4 Abs. 5 Satz 1 Nr. 6	neu gefasst
					Abs. 5a	aufgehoben
					§ 6 Abs. 1 Nr. 4	geändert
					§ 8 Abs. 2 Satz 5	geändert
					§ 9 Abs. 1 Satz 3 Nr. 4	neu gefasst
					Abs. 1 Satz 3 Nr. 5	Sätze angefügt
					Abs. 2	neu gefasst
					Abs. 3	geändert
					§ 10 Abs. 1 Nr. 7 Satz 4	geändert
					§ 40 Abs. 2	geändert
					§ 52 Abs. 4a	Satz angefügt
					Abs. 12	Satz angefügt
					Abs. 23c (neu)	eingefügt
					Abs. 23d	ehem. Abs. 23c und neu gefasst
					Abs. 23d (alt) und 23e (alt)	aufgehoben
					Abs. 23f (alt) und 23g (alt)	werden Abs. 23e und 23f
					Abs. 24a	neu gefasst
					Abs. 52a	eingefügt
					Abs. 52a (alt) und 52b (alt)	werden Abs. 52b und 52c
67	25. 5. 2009	Gesetz zur Modernisierung des Bilanzrechts (Bilanzrechtsmodernisierungsgesetz – BilMoG)	3	BGBl. I S. 1102 *29. 5. 2009*	§ 5 Abs. 1	neu gefasst
					Abs. 1a	Satz vorangestellt
					Abs. 4a	geändert
					§ 6 Abs. 1 Satz 2 Nr. 2b	eingefügt
					§ 52 Nr. 3a	geändert
					Abs. 12e	eingefügt
					Abs. 16	geändert

Lfd. Nr.	Datum	Änderungsgesetz	Art.	Fundstellen *Inkrafttreten*	Geänderte Vorschriften	Art der Änderung
68	7. 7. 2009	Gesetz zur Reform des Kontopfändungsschutzes	5	BGBl. I S. 1707 *1. 7. 2010*	§ 76a Abs. 2 bis 5	geändert
69	16. 7. 2009	Gesetz zur verbesserten steuerlichen Berücksichtigung von Vorsorgeaufwendungen (Bürgerentlastungsgesetz Krankenversicherung)	1	BGBl. I S. 1959 *23. 7. 2009 (Tag nach Verkündung)*	Inhaltsübersicht	geändert
					§ 2 Abs. 6 Satz 1	neu gefasst
					§ 4h Abs. 2	geändert
					§ 10	umfassend geändert
					§ 10a	geändert
					§ 10c	neu gefasst
					§ 22a Abs. 1	Nr. 5 und 6 angefügt
					§ 32 Abs. 4	geändert
					§ 33a Abs. 1	geändert
					§ 39b	geändert
					§ 39d	geändert
					§ 39e	geändert
					§ 41 Abs. 1 Satz 4	aufgehoben
					§ 41b	geändert
					§ 42b Abs. 1	geändert
					§ 44a Abs. 7 und 8	geändert
					§ 44b	geändert
					§ 45b	geändert
					§ 45d	geändert
					§ 46 Abs. 2 Nr. 3	neu gefasst
					§ 50 Abs. 1	geändert
					§ 52 Abs. 1	neu gefasst
					Abs. 12d	Satz angefügt
					Abs. 24	Satz 2 neu gefasst
					Abs. 24b	eingefügt
					Abs. 24b (alt)	wird Abs. 24a
					Abs. 24d Satz 2	neu gefasst
					Abs. 40	Satz 6 angefügt
					Abs. 50f	eingefügt
					Abs. 51a	eingefügt
					§ 52a Abs. 16a	eingefügt
					§ 84 Satz 1	neu gefasst
					§ 85 Abs. 1 Satz 1	neu gefasst
					§ 86 Abs. 1 Satz 2	tlw. neu gefasst
70	29. 7. 2009	Gesetz zur Bekämpfung der Steuerhinterziehung (Steuerhinterziehungsbekämpfungsgesetz)	1	BGBl. I S. 2302 *1. 8. 2009*	§ 51 Abs. 1 Nr. 1 Buchstabe f	angefügt
71	10. 8. 2009	Begleitgesetz zur zweiten Föderalismusreform	8	BGBl. I S. 2702 *18. 8. 2009 (Tag nach Verkündung)*	§ 50 Abs. 2 Satz 8	angefügt
					§ 50a Abs. 3 Satz 1	geändert
					Abs. 5 Satz 3	geändert
					Abs. 6	geändert
					§ 52 Abs. 58 Satz 3	angefügt
					Abs. 58a Satz 2	angefügt

Das **Einkommensteuergesetz** wurde nach der Bekanntmachung vom 8. 10. 2009 wie folgt geändert:

Lfd. Nr.	Datum	Änderungsgesetz	Art.	Fundstellen *Inkrafttreten*	Geänderte Vorschriften	Art der Änderung
1	22. 12. 2009	Gesetz zur Beschleunigung des Wirtschaftswachstums (Wachstumsbeschleunigungsgesetz)	1	BGBl. I S. 3950 BStBl I 2010 S. 2 *31. 12. 2009 (Tag nach der Verkündung)*	§ 4h Abs. 1 Abs. 2 Satz 1 Buchstabe c	neu gefasst
					Satz 2	geändert
					Abs. 4 Satz 1 und 4	neu gefasst (Satz 1); geändert (Satz 4)
					Abs. 5 Satz 1 und 2	geändert
					§ 6 Abs. 2	neu gefasst
					Abs. 2a	neu gefasst

Lfd. Nr.	Datum	Änderungsgesetz	Art.	Fundstellen *Inkrafttreten*	Geänderte Vorschriften	Art der Änderung
					§ 9 Abs. 1 Satz 3 Nr. 7 Satz 2	neu gefasst
					§ 32 Abs. 6 Satz 1	geändert
					§ 51a Abs. 2a Satz 1	geändert
					§ 52	Neufassung von
					Abs. 12d	Satz 3 und Anfügung neuer Sätze
					Abs. 16	neu gefasst
					Abs. 23d Satz 3	neu gefasst
					§ 66 Abs. 1 Satz 1	neu gefasst
2	8.4.2010	Gesetz zur Umsetzung steuerlicher EU-Vorgaben sowie zur Änderung steuerlicher Vorschriften	1	BGBl. I S. 386 BStBl I 2010 S. 334	Inhaltsübersicht	geändert
					§ 3 Nr. 39 Satz 2	neu gefasst
					§ 7 Absatz 5 Satz 1	geändert
					§ 10a Abs. 1 Satz 1	geändert
					§ 10b Abs. 1 Satz 1 und 2	neu gefasst und Anfügung
					Abs. 1a Satz 1	geändert
					Abs. 4 Satz 4	neu gefasst
					§ 49 Abs. 1 Nr. 7	Anfügung eines Halbsatzes
					Nr. 10	neu gefasst
					§ 52 Abs. 21c	eingefügt
					Abs. 24c Satz 2	ersetzt durch die Sätze 2 bis 4
					Abs. 24e	Sätze 5 bis 7 angefügt
					Abs. 63a	eingefügt
					Abs. 66	angefügt
					Abs. 67	angefügt
					§ 79	neu gefasst
					§ 85 Abs. 2 Satz 1	geändert
					§ 92a Abs. 1 Satz 2 und Abs. 3 Satz 9 Nr. 3	neu gefasst
					§ 93 Abs. 1 Satz 4 Buchstabe c	neu gefasst
					§ 95 Überschrift	neu gefasst
					Abs. 1	Satz 1 geändert
					Abs. 2	neu gefasst
					Abs. 3	geändert
					§ 99	geändert
3	8.12.2010	Jahressteuergesetz 2010	1	BGBl. I S. 1768 BStBl I S. 1394 *grds. = 14.12.2010 (Tag nach der Verkündung)*	Inhaltsübersicht	ergänzt um Angabe zu § 52b
					§ 1a	Satz 1 geändert und Nr. 1b eingefügt
					§ 2 Abs. 2 Satz 1 Nr. 1	geändert
					Abs. 5b Satz 2 Nr. 2	geändert
					§ 3 Nr. 26a Satz 2	geändert
					Nr. 26b	eingefügt
					Nr. 40 Satz 1 Buchstabe d Satz 2	geändert
					§ 3c Abs. 2 Satz 2	eingefügt
					§ 4 Abs. 1 Satz 4	eingefügt
					Abs. 5 Satz 1 Nr. 6b Satz 2 und 3	ersetzt den bisherigen Satz 2
					§ 6 Abs. 1 Nr. 5a	geändert
					Abs. 4	geändert
					Abs. 5 Satz 1	geändert
					§ 7 Abs. 1 Satz 5	neu gefasst
					§ 9a Satz 1 Nr. 3	geändert
					§ 10 Abs. 1 Nr. 1b	neu gefasst
					Nr. 3 Satz 3	Satz 4 angefügt
					Nr. 4	neu gefasst

Lfd. Nr.	Datum	Änderungsgesetz	Art.	Fundstellen Inkrafttreten	Geänderte Vorschriften	Art der Änderung
					Abs. 2 Satz 3	geändert
					Abs. 2a Satz 4	geändert
					§ 10a Abs. 1	
					Satz 3	neu gefasst
					Abs. 5 Satz 5	angefügt
					§ 10b Abs. 1	
					Satz 7 und 8	geändert
					§ 10d Abs. 4	
					Satz 4 und 5	neu gefasst
					§ 15 Abs. 1a	
					Satz 1	geändert
					§ 16 Abs. 3 Satz 2	geändert
					Abs. 3a	eingefügt
					§ 20 Abs. 1 Nr. 7	Satz angefügt
					Nr. 9	Satz angefügt
					Abs. 3a	eingefügt
					Abs. 4a	Satz 1 geändert und Satz 3 neu gefasst
					§ 22 Nr. 1	geändert
					Nr. 1b	neu gefasst
					Nr. 1c	neu gefasst
					Nr. 5	Satz 6 geändert und Satz 10 angefügt
					§ 22a Abs. 1	
					Satz 1	geändert
					Abs. 4 Satz 1	geändert
					Abs. 5	angefügt
					§ 23 Abs. 1 Satz 1	
					Nr. 2	geändert
					Abs. 3 Satz 9	geändert
					§ 32d Abs. 2	
					Satz 1 Nr. 1 Satz 1	
					Buchstabe a	geändert
					Nr. 4	angefügt
					Abs. 6 Satz 1	neu gefasst
					§ 33a Abs. 2	
					Satz 3	geändert
					§ 34 Abs. 3 Satz 2	neu gefasst
					§ 35a Abs. 3	neu gefasst
					Abs. 5 Satz 1	neu gefasst
					§ 36 Abs. 5	angefügt
					§ 39e Abs. 2	geändert
					Abs. 9	geändert
					Abs. 10 Satz 6	neu gefasst
					§ 43 Abs. 1 Satz 5 und 6	neu gefasst
					Abs. 1a	aufgehoben
					Abs. 2	geändert
					Abs. 5	Satz 1 neu gefasst und Satz 4 angefügt
					§ 43a Abs. 3	
					Satz 7	angefügt
					§ 44a Abs. 1	
					Satz 1 Nr. 1 Buchstabe a Doppelbuchstabe aa	geändert
					§ 44a Abs. 2	
					Satz 1 Nr. 1	geändert
					Abs. 2a	eingefügt
					Abs. 4 Satz 6	angefügt
					Abs. 4a	angefügt
					Abs. 9 Satz 1 und 3	geändert
					§ 45b Abs. 1	
					Satz 3	angefügt
					§ 45d Abs. 1	neu gefasst
					Abs. 3 Satz 2 und 3	neu gefasst

Lfd. Nr.	Datum	Änderungsgesetz	Art.	Fundstellen *Inkrafttreten*	Geänderte Vorschriften	Art der Änderung
					§ 46 Abs. 2 Nr. 4	neu gefasst
					§ 49 Abs. 1 Nr. 2	geändert
					§ 50 Abs. 1 Satz 4	geändert
					Abs. 4	geändert
					§ 50a Abs. 1 Nr. 3	neu gefasst
					§ 50f	neu gefasst
					§ 51 Abs. 4 Nr. 1	geändert
					§ 52 Abs. 4b	
					Satz 2	angefügt
					Abs. 8a Satz 3	angefügt
					Abs. 8b Satz 2 und 3	angefügt
					Abs. 12 Satz 9	angefügt
					Abs. 16a	Satz 1 vorangestellt
					Abs. 18b Satz 1	neu gefasst
					Abs. 21 Satz 4	angefügt
					Abs. 24	geändert
					Abs. 24a	Satz vorangestellt
					Abs. 24e	Sätze vorangestellt
					Abs. 25 Satz 5	angefügt
					Abs. 34 Satz 5	angefügt
					Abs. 37	neu gefasst
					Abs. 38 Satz 4	angefügt
					Abs. 38a Satz 5 und 6	angefügt
					Abs. 47 Satz 6	geändert
					Satz 7	angefügt
					Abs. 50b Satz 6 und 7	angefügt
					Abs. 50d Satz 3	angefügt
					Abs. 50f Satz 1	geändert
					Abs. 55j Satz 2	angefügt
					Abs. 59b	eingefügt
					Abs. 59b bis 59d	werden Abs. 59c bis 59e
					§ 52a Abs. 8 Satz 2	angefügt
					Abs. 10 Satz 7	geändert
					Satz 10	geändert
					Satz 11	angefügt
					Abs. 11 Satz 3	geändert
					Satz 11	geändert
					Abs. 15 Satz 2	angefügt
					Abs. 15a	eingefügt
					Abs. 16 Satz 3	eingefügt
					Satz 5 (bisher)	neu gefasst
					Satz 8 (bisher)	neu gefasst
					Satz 9 (bisher)	geändert
					Abs. 16a	geändert
					§ 52b	eingefügt
					§ 82 Abs. 1 Satz 1	geändert
					Satz 3	neu gefasst
					Abs. 4 Nr. 1	geändert
					§ 86 Abs. 2 Satz 2	neu gefasst
					§ 92 Satz 1 Nr. 7	geändert
					§ 92a Abs. 1 Satz 1 Nr. 3	geändert
					Satz 4	neu gefasst
					Abs. 2 Satz 4 Nr. 1	geändert
					Abs. 2a	angefügt
					Abs. 3 Satz 4	geändert
					Satz 9 Nr. 3	neu gefasst
					Satz 10	geändert
					§ 92b Abs. 3 Satz 1	geändert
					Satz 2	neu gefasst
					§ 93 Abs. 1a	neu gefasst
					Abs. 4	angefügt
					§ 94 Abs. 2 Satz 2	geändert
					§ 99 Abs. 1	geändert

Lfd. Nr.	Datum	Änderungsgesetz	Art.	Fundstellen *Inkrafttreten*	Geänderte Vorschriften	Art der Änderung
4	9. 12. 2010	Restrukturierungsgesetz	8	BGBl. I S. 1900 *1. 1. 2011*	§ 4 Abs. 5 Satz 1 Nr. 13	angefügt
					§ 52 Abs. 12 Satz 10	angefügt
5	5. 4. 2011	Gesetz zur bestätigenden Regelung verschiedener steuerlicher und verkehrs-rechtlicher Vorschriften des Haushaltsbegleitgesetzes 2004	1	BGBl. I S. 554 *12. 4. 2011*	§ 3 Nr. 34 und Nr. 38 § 4 Abs. 5 Satz 1 Nr. 1 Satz 2 und Nr. 2 Satz 1 § 5a Abs. 3 § 7 Abs. 5 Satz 1 Nr. 3 Buchstabe b § 7h Abs. 1 § 7i Abs. 1 § 8 Abs. 2 Satz 9 und Abs. 3 Satz 2 § 10f Abs. 1 Satz 1 und Abs. 2 Satz 1 § 10g Abs. 1 Satz 1 § 16 Abs. 4 § 17 Abs. 3 § 21 Abs. 2 § 37a Abs. 1 Satz 3	Die steuerlichen Regelungen, die in das Gesetz-gebungsverfah-ren des HBeglG 2004 eingeführt wurden und seit der Verabschie-dung des HBeglG 2004 bis heute unverändert geblieben sind, werden mit dem vorliegenden Gesetz inhalts-gleich bestäti-gend umgesetzt.
6	22. 6. 2011	Gesetz zur Umsetzung der Richtlinie 2009/65/EG zur Koordinierung der Rechts- und Verwaltungsvorschrif-ten betreffend bestimmte Organismen für gemein-same Anlagen in Wert-papieren (OGAW-IV-Umsetzungsgesetz-OGAW-IV-UmsG)	7	BGBl. I S. 1126 *26. 6. 2011*	§ 3 Nr. 70 Satz 3 Buchstabe b	neu gefasst
					§ 43 Abs. 1 Satz 1 Nr. 1 Satz 1	geändert
					Abs. 1 Satz 1 Nr. 1a	eingefügt
					Abs. 1 Satz 1 Nr. 6	neu gefasst
					Abs. 2 Satz 1	geändert
					Abs. 3 Satz 1	geändert
					§ 44 Abs. 1 Satz 3	neu gefasst
					Satz 4 Nr. 3	angefügt
					Satz 5	geändert
					§ 44a	
					Abs. 1 Nr. 1	geändert
					Abs. 9 Satz 2	geändert
					Abs. 10	angefügt
					§ 45a Abs. 1 Satz 1	geändert
					Abs. 2 Satz 1	geändert
					Abs. 3 Satz 1	geändert
					§ 50d Abs. 1	geändert
					§ 52 Abs. 8	eingefügt
					§ 52a Abs. 16b	eingefügt
7	1. 11. 2011	Steuervereinfachungs-gesetz 2011	1	BGBl. I S. 2131 BStBl I S. 986 *1. 1. 2012 (mit Aus-nahmen)*	Inhaltsübersicht	geändert
					§ 2 Absatz 5a Satz 2	eingefügt
					Absatz 5b Satz 2	aufgehoben
					§ 3 Nummern 19, 21, 22 und 37	aufgehoben
					Nummer 44 Satz 1	geändert
					Nummern 46 und 49	aufgehoben
					§ 9 Abs. 2 Satz 2	neu gefasst
					Abs. 5 Satz 1	geändert
					§ 9a Satz 1 Nr. 1 Buchstabe a	geändert
					§ 9c	aufgehoben
					§ 10 Abs. 1 Nr. 5	eingefügt
					Abs. 4b	eingefügt
					§ 10c Satz 1	geändert
					§ 12	geändert

Lfd. Nr.	Datum	Änderungsgesetz	Art.	Fundstellen *Inkrafttreten*	Geänderte Vorschriften	Art der Änderung
					§ 16 Abs. 3b	eingefügt
					§ 21 Abs. 2	geändert
					§ 25 Abs. 3	neu gefasst
					§ 26	neu gefasst
					§ 26a	neu gefasst
					§ 26c	aufgehoben
					§ 32 Absatz 4	Sätze 2 bis 10 ersetzt
					Absatz 5 Satz 3	geändert
					Absatz 6	geändert
					§ 32a Absatz 6	geändert
					§ 33 Abs. 2 Satz 2	neu gefasst
					Abs. 4	angefügt
					§ 33a Abs. 1	
					Satz 5	geändert
					Abs. 2	geändert
					§ 33b Abs. 5	
					Satz 2	geändert
					§ 34 Abs. 2 Nr. 5	aufgehoben
					§ 34b	neu gefasst
					§ 35a Absatz 5	
					Satz 1	geändert
					§ 37 Abs. 3	geändert
					§ 39a	geändert
					§ 39b Abs. 2	
					Satz 7 zweiter Halbsatz	geändert
					§ 44a Abs. 4b	eingefügt
					Abs. 6	Satz angefügt
					Abs. 7 Satz 2	geändert
					Abs. 8 Satz 1	geändert
					§ 45b Abs. 2	
					Satz 1 Nr. 3	aufgehoben
					§ 46 Abs. 2	geändert
					§ 50 Abs. 1 Satz 3	neu gefasst
					Satz 4	geändert
					§ 51 Abs. 1 Nr. 2	
					Buchstabe c	neu gefasst
					§ 52 Abs. 1	neu gefasst
					Abs. 4a	Satz angefügt
					Abs. 23e	eingefügt
					bisherige Abs. 23e und 23f	werden die Absätze 23f und 23g
					Abs. 24a	Satz angefügt
					Abs. 34	Satz angefügt
					Abs. 50f	Satz angefügt
					Abs. 51	neu gefasst
					Abs. 55j	Satz 2 eingefügt
					Abs. 62a	eingefügt
					Abs. 68	angefügt
					§ 52a Abs. 16a	Satz angefügt
					§ 70 Abs. 4	aufgehoben
8	7. 12. 2011	Gesetz zur Umsetzung der Beitreibungsrichtlinie sowie zur Änderung steuerlicher Vorschriften (Beitreibungsrichtlinie-Umsetzungsgesetz – BeitrRLUmsG)	2	BGBl. I S. 2592 BStBl I S. 1171 *1. 1. 2012 (mit Ausnahmen)*	Inhaltsübersicht	geändert
					§ 3 Nr. 8a	eingefügt
					Nr. 55c – 55e	eingefügt
					§ 4 Abs. 9	angefügt
					§ 9 Abs. 6	angefügt
					§ 10 Abs. 1 Nr. 7	
					Satz 1	geändert
					Abs. 2 Sätze 4 und 5	aufgehoben
					Abs. 2a Satz 8	neu gefasst
					§ 10a Abs. 2a	
					Satz 3	geändert
					Abs. 3	Sätze angefügt
					§ 10b Abs. 1	
					Satz 5	geändert
					§ 12 Nr. 5	neu gefasst
					§ 22 Nr. 5	geändert

Lfd. Nr.	Datum	Änderungsgesetz	Art.	Fundstellen *Inkrafttreten*	Geänderte Vorschriften	Art der Änderung
					§ 32 Abs. 4 Satz 1 Nr. 2 Buchstabe d	geändert
					§ 36 Abs. 5 Satz 1	geändert
					§ 38a Abs. 4	geändert
					§ 38b Abs. 1	geändert
					Abs. 2 und 3	angefügt
					§ 39	neu gefasst
					§ 39a	geändert
					§ 39b	geändert
					§ 39c	neu gefasst
					§ 39d	aufgehoben
					§ 39e	neu gefasst
					§ 39f	geändert
					§ 40a	geändert
					§ 41 Abs. 1 Satz 2	neu gefasst
					§ 41b	geändert
					§ 41c	geändert
					§ 42b	geändert
					§ 42d Abs. 2	geändert
					§ 42f Abs. 2 Satz 2	geändert
					§ 44a Abs. 8a	eingefügt
					Abs. 10 Sätze 4–7	eingefügt
					§ 46 Abs. 2 Nr. 4	geändert
					Nr. 5	geändert
					Nr. 7	neu gefasst
					§ 50 Abs. 1	geändert
					Abs. 2	geändert
					§ 50d Abs. 3	neu gefasst
					§ 51 Abs. 4 Nr. 1	geändert
					§ 51a Abs. 2a Satz 2	geändert
					Abs. 2c	neu gefasst
					Abs. 2e	neu gefasst
					§ 52 Abs. 4a	geändert
					Abs. 5	neu gefasst
					Abs. 12	Satz angefügt
					Abs. 23d	Satz angefügt
					Abs. 24	Satz angefügt
					Abs. 24a Satz 3	neu gefasst
					Abs. 30a	eingefügt
					bisheriger Abs. 30a	wird Abs. 30b
					Abs. 50g	eingefügt
					Abs. 51b	eingefügt
					Abs. 52	neu gefasst
					Abs. 63a	Satz angefügt
					Abs. 63b	eingefügt
					§ 52a Abs. 16b	neu gefasst
					Abs. 18	Satz angefügt
					§ 52b	aufgehoben
					§ 79 Satz 2	geändert
					§ 82 Abs. 4	geändert
9	20.12.2011	Gesetz zur Verbesserung der Eingliederungschancen am Arbeitsmarkt	20	*BGBl. I S. 2854 Artikel 20 = 1.4.2012*	§ 3 Nr. 2	geändert
					§ 32b Abs. 1 Satz 1 Nr. 1 Buchstabe a und Abs. 3 Satz 3	geändert
10	12.4.2012	Gesetz zur Neuordnung der Organisation der landwirtschaftlichen Sozialversicherung (LSV-Neuordnungsgesetz – LSV-NOG)	13 (4)	*BGBl. I S. 579 1.1.2013*	§ 10 Abs. 1 Nr. 2 Buchstabe a	geändert
					§ 22 Nr. 1 Satz 3 Buchstabe a Doppelbuchstabe bb	geändert
					§ 22a Abs. 1 Satz 1	geändert
					§ 49 Abs. 1 Nr. 7	geändert
					§ 91	geändert

Lfd. Nr.	Datum	Änderungsgesetz	Art.	Fundstellen *Inkrafttreten*	Geänderte Vorschriften	Art der Änderung
11	8. 5. 2012	Gesetz zur Änderung des Gemeindefinanzreformgesetzes und von steuerlichen Vorschriften	3	BGBl. I S. 1030 *1. 1. 2012*	§ 3 Nr. 45 § 50d Abs. 11 § 52 Abs. 4g Abs. 59a	neu gefasst angefügt eingefügt Satz 9 angefügt
12	20. 2. 2013	Gesetz zum Abbau der kalten Progression	1	BGBl. I S. 263, BStBl I S. 186 *1. 1. 2013; 1. 1. 2014*	§ 32a Abs. 1 § 39b Abs. 2 Satz 7 § 46 Abs. 2 Nr. 3 Nr. 4 § 52 Abs. 41 einleitender Satzteil Satz 2 Satz 3 Abs. 51c Abs. 51d Abs. 55j Abs. 55k	geändert geändert geändert geändert geändert angefügt angefügt eingefügt eingefügt neugefasst eingefügt
13	20. 2. 2013	Gesetz zur Änderung und Vereinfachung der Unternehmensbesteuerung und des steuerlichen Reisekostenrechts	1	BGBl. I S. 285 BStBl I S. 188 *1. 1. 2014 mit Ausnahmen (Artikel 6)*	§ 3 Nr. 13 Nr. 16 § 4 Abs. 5 Satz 1 Nr. 5 Nr. 6 Satz 2 Satz 3 Nr. 6a § 8 Abs. 2 Satz 3 Satz 4 Sätze 8 und 9 § 9 Abs. 1 Satz 3 Nr. 4 Nr. 4a Nr. 5 Nr. 5a Abs. 2 Abs. 3 Abs. 4 Abs. 4a Abs. 5 Satz 1 § 10 Abs. 1 Nr. 7 Satz 4 § 10d Abs. 1 Satz 1 § 37b Abs. 2 Satz 2 § 40 Abs. 2 Satz 1 Nr. 1a Nr. 4 Satz 2 § 41b Abs. 1 Satz 2 Nr. 8 § 52 Abs. 1 Abs.12 Sätze 4 und 5 Abs. 25 Satz 7	 neu gefasst neu gefasst neu gefasst geändert geändert eingefügt geändert geändert angefügt neu gefasst eingefügt neu gefasst eingefügt neu gefasst geändert eingefügt eingefügt geändert neu gefasst geändert geändert eingefügt neu gefasst neu gefasst geändert geändert neu gefasst angefügt
14	21. 3. 2013	Gesetz zur Stärkung des Ehrenamtes (Ehrenamtsstärkungsgesetz)	2	BGBl. I S. 556 *1. 1. 2013*	§ 3 Nr.26 Satz 1 § 3 Nr. 26a Satz 1 § 10b Abs. 1a Satz 1 § 10b Abs. 1a Satz 2	geändert geändert geändert eingefügt

Übersicht über die betragsmäßige Entwicklung ausgewählter Tatbestände im Einkommensteuerrecht

	2010 €	2011 €	2012 €
Übungsleiterfreibetrag (§ 3 Nr. 26 EStG)	2 100	2 100	2 100
Aufwandspauschale (§ 3 Nr. 26a EStG)	500	500	500
Geschenke (§ 4 Abs. 5 Satz 1 Nr. 1 EStG)	35	35	35
Verpflegungsmehraufwendungen bei Dienst-/ Geschäftsreisen (§ 4 Abs. 5 Satz 1 Nr. 5 EStG)			
Abwesenheit 24 Stunden	24	24	24
Abwesenheit 14 – 24 Stunden	12	12	12
Abwesenheit 8 – 14 Stunden	6	6	6
Grundstücksteile von untergeordnetem Wert (§ 8 EStDV)	20 500	20 500	20 500
Geringw. Wirtschaftsgüter (§ 6 Abs. 2 EStG)	150	410	410
Sammelposten nach § 6 Abs. 2a EStG[1]	150 – 1 000	150 – 1 000	150 – 1 000
Investitionsabzugsbetrag (§ 7g EStG)			
L+F-Betriebe: Wirtschaftswert/Ersatzwirtschaftswert	175 000	125 000	125 000
Gewinnermittlung § 4 Abs. 1 / § 5 EStG: Betriebsvermögen	335 000	335 000	335 000
Gewinnermittlung § 4 Abs. 3 EStG: Gewinn	200 000	200 000	200 000
Degressive AfA (§ 7 Abs. 2 EStG)			
Vielfaches der linearen AfA (§ 7 Abs. 1 EStG)	2,5-fache	–	–
Höchstens aber	25%		
Fahrten/Wege zwischen Wohnung und Arbeitsstätte (§ 9 Abs. 1 Satz 3 Nr. 4 EStG)			
– Entfernungspauschale	0,30	0,30	0,30
– Höchstbetrag ohne Nachweis einer Kfz-Nutzung	4 500	4 500	4 500
Werbungskosten			
Geringwertige Wirtschaftsgüter (§ 9 Abs. 1 Nr. 7 EStG)	410	410	410
Kinderbetreuungskosten (§ 10 Abs. 1 Nr. 5, bis 2011 § 9 Abs. 5, § 9c)			
2/3 der Aufwendungen ab 2012 nur als Sonderausgaben, höchstens	4 000	4 000	4 000
Altersgrenze für Kinderbetreuungskosten			
Altersgrenze für erwerbsbedingte Kinderbetreuungskosten als Werbungskosten/Betriebsausgaben	14	14	14
Altersgrenze für ausbildungs- oder krankheitsbedingte Sonderausgaben (§ 9c Abs. 2 Satz 1 EStG) (Ausnahme: behinderte Kinder)	14	14	
Altersgrenze für sonstige Sonderausgaben (§ 9c Abs. 2 Satz 4 EStG)	3 – 5	3 – 5	–
Pauschbeträge für Werbungskosten (§ 9a EStG)			
– zu Arbeitslohn[2]	920	1 000	1 000
– zu Versorgungsbezügen (§ 19 Abs. 2 EStG)	102	102	102
– zu Einnahmen i. S. d. § 22 Nr. 1, 1a, 1b, 1c und 5 EStG	102	102	102
Aufwendungen für die eigene Berufsausbildung (§ 10 Abs. 1 Nr. 7 EStG)	4 000	4 000	6 000
Vorsorgeaufwendungen ab 2005			
Altersvorsorgeaufwendungen (§ 10 Abs. 1 Nr. 2 EStG)			
– abziehbarer Prozentsatz (§ 10 Abs. 3 EStG)	70 %	72 %	74 %

---

[1] Bei Bildung von Sammelposten nach § 6 Abs. 2a EStG können nur Wirtschaftsgüter, deren Anschaffungs- oder Herstellungskosten 150 Euro € nicht übersteigen, in voller Höhe als Betriebsausgaben abgezogen werden.

[2] Daneben sind *bis 2011* erwerbsbedingte Kinderbetreuungskosten nach § 9c EStG abzuziehen.

Tabellarische Übersicht

	2010 €	2011 €	2012 €
– Höchstbetrag (§ 10 Abs. 3 EStG)			
• zusammenveranlagte Ehegatten	40 000	40 000	40 000
• andere Personen	20 000	20 000	20 000
Max. Kürzungsbetrag nach § 10 Abs. 3 Satz 3 EStG	11 104	11 462	11 289
Sonst. Vorsorgeaufwendungen § 10 Abs. 1 Nr. 3, 3a EStG[1])			
– Höchstbetrag (§ 10 Abs. 4 Satz 1 EStG)	2 400	2 800	2 800
– Höchstbetrag (§ 10 Abs. 4 Satz 2 EStG)	1 500	1 900	1 900
Vorsorgeaufwendungen bis 2004[2])			
– Grundhöchstbetrag (§ 10 Abs. 3 Nr. 1 EStG)			
• zusammenveranlagte Ehegatten	2 668	2 668	2 668
• andere Personen	1 334	1 334	1 334
– Vorwegabzug (§ 10 Abs. 3 Nr. 2 EStG)			
• zusammenveranlagte Ehegatten	6 136	5 400	5 400
• andere Personen	3 068	2 700	2 400
– Kürzung des Vorwegabzugs in den Fällen des § 10 Abs. 3 Nr. 2 Satz 2 EStG	16 %	16 %	16 %
– Zusätzlicher Höchstbetrag für Beiträge zu einer zusätzlichen freiwilligen Pflegeversicherung (§ 10 Abs. 3 Nr. 3 EStG)	184	184	184
Veräußerungsfreibetrag (§ 16 Abs. 4 EStG)	45 000	45 000	45 000
Kappungsgrenze (§ 16 Abs. 4 Satz 3 EStG)	136 000	136 000	136 000
Sparer-Freibetrag (§ 20 Abs. 4 EStG)			
ab 2009: Sparer-Pauschbetrag (§ 20 Abs. 9 EStG)			
– zusammenveranlagte Ehegatten	1 602	1 602	1 602
– andere Personen	801	801	801
Freigrenze für private Veräußerungsgewinne (§ 23 Abs. 3 EStG)	600	600	600
Entlastungsbetrag für Alleinerziehende (§ 24b EStG)	1 308	1 308	1 308
Eigene Einkünfte und Bezüge des Kindes (§ 32 Abs. 4 EStG)	8 004	8 004	–
Kinderfreibetrag (§ 32 Abs. 6 EStG)			
in bestimmten Fällen doppelter Betrag	2 184	2 184	2 184
Freibetrag für den Betreuungs- und Erziehungs- oder Ausbildungsbedarf (§ 32 Abs. 6 EStG)			
in bestimmten Fällen doppelter Betrag	1 320	1 320	1 320
Grundfreibetrag (§ 32a EStG)			
Grundtarif	8 004	8 004	8 004
Splittingtarif	16 009	16 009	16 009
Unterhaltsaufwendungen (§ 33a Abs. 1 EStG)			
– Höchstbetrag bei gesetzlicher Unterhaltsverpflichtung und in bestimmten anderen Fällen[3])	8 004	8 004	8 004
– Anrechnungsfreier Betrag	624	624	624
– Altersgrenze für Sonderausgabenabzug	3 – 5	3 – 5	3 – 5
Haushaltsnahe Beschäftigungsverhältnisse (§ 35a Abs. 1 EStG)			
– bei geringfügiger Beschäftigung Abzug in vom Hundert der Aufwendungen	20 %	20 %	20 %
Höchstbetrag	510	510	510
Andere haushaltsnahe Beschäftigungsverhältnisse sowie Dienstleistungen (§ 35a Abs. 2 EStG)			
– bei nicht geringfügigen haushaltsnahen Beschäftigungsverhältnissen und bei Inanspruchnahme haushaltsnaher Dienstleistungen			
Abzug in vom Hundert der Aufwendungen	20 %	20 %	20 %
– Höchstbetrag	4 000	4 000	4 000

---

[1]) Ab 2010 sind Beiträge für eine Basiskrankenversicherung und Pflegepflichtversicherung voll abziehbar – (§ 10 Abs. 4 Satz 4 EStG ist bei der Günstigerprüfung zu beachten).

[2]) Ab 2005 im Rahmen der Günstigerprüfung (§ 10 Abs. 4a EStG) zu beachten.

[3]) Der Höchstbetrag erhöht sich ab VZ 2010 um den Betrag der im jeweiligen VZ nach § 10 Abs. 1 Nr. 3 EStG für die Absicherung der unterhaltsberechtigten Person aufgewandten Beiträge; dies gilt nicht für Kranken- und Pflegeversicherungsbeiträge, die bereits nach § 10 Abs. 1 Nr. 3 Satz 1 EStG anzusetzen sind.

	2010 €	2011 €	2012 €
Handwerkerleistungen (§ 35a Abs. 3 EStG)			
Abzug in vom Hundert der Aufwendungen	20 %	20 %	20 %
– Höchstbetrag	1 200	1 200	1 200
Kindergeld (§ 66 Abs. 1 EStG)			
– für das erste und zweite Kind jeweils	184	184	184
– für das dritte Kind jeweils	190	190	190
– für das vierte und jedes weitere Kind jeweils	215	215	215
Steuererklärungspflichten			
– § 56 Satz 1 Nr. 1 Buchst. a EStDV	16 008	16 008	16 008
– § 56 Satz 1 Nr. 2 Buchst. a EStDV	8 004	8 004	8 004

A.
Einkommensteuergesetz

Einkommensteuer-Durchführungsverordnung 2000
(EStDV 2000)

Einkommensteuer-Richtlinien 2012
(EStR 2012)

Hinweise 2012

Einführung

(1) Die Einkommensteuer-Richtlinien in der geänderten Fassung (Einkommmensteuer-Richtlinien 2012 – EStR 2012) sind Weisungen an die Finanzbehörden zur einheitlichen Anwendung des Einkommensteuerrechts, zur Vermeidung unbilliger Härten und zur Verwaltungsvereinfachung.

(2) Die EStR 2012 sind für die Veranlagung zur Einkommensteuer ab dem VZ 2012 anzuwenden. Die EStR 2012 sind auch für frühere VZ anzuwenden, soweit sie lediglich eine Erläuterung der Rechtslage darstellen.

(3) Anordnungen, die mit den nachstehenden Richtlinien im Widerspruch stehen, sind nicht mehr anzuwenden.

(4) Diesen Richtlinien liegt, soweit im Einzelnen keine andere Fassung angegeben ist, das Einkommensteuergesetz 2002 i. d. F. der Bekanntmachung vom 8.10.2009 (BGBl. I S. 3366, 3862), zuletzt geändert durch Artikel 1 des Gesetzes zur Änderung und Vereinfachung der Unternehmensbesteuerung und des steuerlichen Reisekostenrechts vom 20.2.2013 (BGBl. I S. 285), zu Grunde.

(5) Die Anordnungen, die in den Vorschriften über den Steuerabzug vom Arbeitslohn (Lohnsteuer) und in den dazu ergangenen Lohnsteuer-Richtlinien über die Ermittlung der Einkünfte aus nichtselbständiger Arbeit enthalten sind, gelten entsprechend auch für die Veranlagung zur Einkommensteuer.

Anwendung der Einkommensteuer-Richtlinien 2005

Die Einkommensteuer-Richtlinien 2005 (EStR 2005) i. d. F. vom 16.12.2005 (BStBl I Sondernummer 1/2005) unter Berücksichtigung der Einkommensteuer-Richtlinien 2008 (EStR 2008) vom 18.12.2008 (BStBl I S. 1017) sind mit den Abweichungen, die sich aus der Änderung von Rechtsvorschriften für die Zeit bis zum 31.12.2011 ergeben, letztmals für die Veranlagung zur Einkommensteuer des VZ 2011 weiter anzuwenden.

I. Steuerpflicht

EStG

S 2100

§ 1

S 2101

(1) [1]Natürliche Personen, die im Inland einen Wohnsitz oder ihren gewöhnlichen Aufenthalt haben, sind unbeschränkt einkommensteuerpflichtig. [2]Zum Inland im Sinne dieses Gesetzes gehört auch der der Bundesrepublik Deutschland zustehende Anteil am Festlandsockel, soweit dort Naturschätze des Meeresgrundes und des Meeresuntergrundes erforscht oder dieser der Energieerzeugung unter Nutzung erneuerbarer Energien dient.

S 2102

(2) [1]Unbeschränkt einkommensteuerpflichtig sind auch deutsche Staatsangehörige, die

1. im Inland weder einen Wohnsitz noch ihren gewöhnlichen Aufenthalt haben und

2. zu einer inländischen juristischen Person des öffentlichen Rechts in einem Dienstverhältnis stehen und dafür Arbeitslohn aus einer inländischen öffentlichen Kasse beziehen

sowie zu ihrem Haushalt gehörende Angehörige, die die deutsche Staatsangehörigkeit besitzen oder keine Einkünfte oder nur Einkünfte beziehen, die ausschließlich im Inland einkommensteuerpflichtig sind. [2]Dies gilt nur für natürliche Personen, die in dem Staat, in dem sie ihren Wohnsitz oder ihren gewöhnlichen Aufenthalt haben, lediglich in einem der beschränkten Einkommensteuerpflicht ähnlichen Umfang zu einer Steuer vom Einkommen herangezogen werden.

(3) [1]Auf Antrag werden auch natürliche Personen als unbeschränkt einkommensteuerpflichtig behandelt, die im Inland weder einen Wohnsitz noch ihren gewöhnlichen Aufenthalt haben, soweit sie inländische Einkünfte im Sinne des § 49 haben. [2]Dies gilt nur, wenn ihre Einkünfte im Kalenderjahr mindestens zu 90 Prozent der deutschen Einkommensteuer unterliegen oder die nicht der deutschen Einkommensteuer unterliegenden Einkünfte den Grundfreibetrag nach § 32a Absatz 1 Satz 2 Nummer 1 nicht übersteigen; dieser Betrag ist zu kürzen, soweit es nach den Verhältnissen im Wohnsitzstaat des Steuerpflichtigen notwendig und angemessen ist. [3]Inländische Einkünfte, die nach einem Abkommen zur Vermeidung der Doppelbesteuerung nur der Höhe nach beschränkt besteuert werden dürfen, gelten hierbei als nicht der deutschen Einkommensteuer unterliegend. [4]Unberücksichtigt bleiben bei der Ermittlung der Einkünfte nach Satz 2 nicht der deutschen Einkommensteuer unterliegende Einkünfte, die im Ausland nicht besteuert werden, soweit vergleichbare Einkünfte im Inland steuerfrei sind. [5]Weitere Voraussetzung ist, dass die Höhe der nicht der deutschen Einkommensteuer unterliegenden Einkünfte durch eine Bescheinigung der zuständigen ausländischen Steuerbehörde nachgewiesen wird. [6]Der Steuerabzug nach § 50a ist ungeachtet der Sätze 1 bis 4 vorzunehmen.

S 2103

(4) Natürliche Personen, die im Inland weder einen Wohnsitz noch ihren gewöhnlichen Aufenthalt haben, sind vorbehaltlich der Absätze 2 und 3 und des § 1a beschränkt einkommensteuerpflichtig, wenn sie inländische Einkünfte im Sinne des § 49 haben.

R 1

1. Steuerpflicht[1]

[1]Unbeschränkt steuerpflichtig gem. § 1 Abs. 2 EStG sind insbesondere von der Bundesrepublik Deutschland ins Ausland entsandte deutsche Staatsangehörige, die Mitglied einer diplomatischen Mission oder konsularischen Vertretung sind – einschließlich der zu ihrem Haushalt gehörenden Angehörigen –, soweit die Voraussetzungen des § 1 Abs. 2 EStG erfüllt sind. [2]Für einen ausländischen Ehegatten gilt dies auch, wenn er die Staatsangehörigkeit des Empfangsstaates besitzt. *[3]Für die Anwendung des § 1a Abs. 1 Nr. 2 EStG ist Voraussetzung, dass der Steuerpflichtige selbst als unbeschränkt Stpfl. nach § 1 Abs. 3 EStG zu behandeln ist; die Einkunftsgrenzen des § 1 Abs. 3 Satz 2 und des § 1a Abs. 1 Nr. 2 Satz 3 EStG sind daher nacheinander gesondert zu prüfen.*

H 1

Hinweise

Allgemeines

Die unbeschränkte Einkommensteuerpflicht erstreckt sich auf sämtliche inländische und ausländische Einkünfte, soweit nicht für bestimmte Einkünfte abweichende Regelungen bestehen, z. B. in DBA oder in anderen zwischenstaatlichen Vereinbarungen.

---

[1] Anm.:
Die Sätze 1 und 2 entsprechen R 1a EStR 2008. Satz 3 wurde mit den EStÄR 2012 angefügt.

Arbeitslohn-Besteuerung nach den DBA, Anwendung der 183-Tage-Klausel

→ BMF vom 14. 9. 2006 (BStBl I S. 532)

Auslandskorrespondenten

→ BMF vom 13. 3. 1998 (BStBl I S. 351)

Behandlung von so genannten Korrespondentenbetriebsstätten ausländischer Medienunternehmen → OFD München vom 11. 4. 2000 – S 1301 – 88 St 41 (DStR 2000 S. 1142).

Auslandslehrkräfte und andere nicht entsandte Arbeitnehmer

Befinden sich an deutsche Auslandsschulen vermittelte Lehrer und andere nicht entsandte Arbeitnehmer in einem Dienstverhältnis zu einer inländischen juristischen Person des öffentlichen Rechts, beziehen hierfür Arbeitslohn aus einer inländischen öffentlichen Kasse (→ BMF vom 9. 7. 1990 (BStBl I S. 324) und sind in den USA (→ BMF vom 10. 11. 1994 – BStBl I S. 853) bzw. Kolumbien und Ecuador (→ BMF vom 17. 6. 1996 – BStBl I S. 688) tätig, ergibt sich ihre unbeschränkte Einkommensteuerpflicht grundsätzlich bereits aus § 1 Abs. 2 EStG.

Auslandstätigkeitserlass

→ BMF vom 31. 10. 1983 (BStBl I S. 470)

Beschränkte Steuerpflicht nach ausländischem Recht

Ob eine Person in dem Staat, in dem sie ihren Wohnsitz oder gewöhnlichen Aufenthalt hat, lediglich in einem der beschränkten Einkommensteuerpflicht ähnlichen Umfang zu einer Steuer vom Einkommen herangezogen wird (§ 1 Abs. 2 Satz 2 EStG), ist nach den Vorschriften des maßgebenden ausländischen Steuerrechts zu prüfen (→ BFH vom 22. 2. 2006 – BStBl 2007 II S. 106).

Diplomaten und sonstige Beschäftigte ausländischer Vertretungen in der Bundesrepublik

→ § 3 Nr. 29 EStG

Doppelbesteuerungsabkommen

→ Verzeichnis der Abkommen zur Vermeidung der Doppelbesteuerung   Anhang 6

Erweiterte beschränkte Steuerpflicht

→ §§ 2 und 5 AStG

Einkünfteermittlung

Die Einkünfteermittlung nach § 1 Abs. 3 Satz 2 EStG vollzieht sich in zwei Stufen. Zunächst ist in einem ersten Schritt die Summe der Welteinkünfte zu ermitteln. Dabei sind sämtliche Einkünfte, unabhängig davon, ob sie im In- oder Ausland erzielt wurden, nach deutschem Recht zu ermitteln. In einem zweiten Schritt sind die Welteinkünfte in Einkünfte, die der deutschen Einkommensteuer unterliegen, und in Einkünfte, die diese Voraussetzungen nicht erfüllen, aufzuteilen. Überschreiten die so ermittelten ausländischen Einkünfte die absolute Wesentlichkeitsgrenze des § 1 Abs. 3 Satz 2 i. V. m. § 1a Abs. 1 Nr. 2 Satz 3 EStG, ist eine Zusammenveranlagung zur Einkommensteuer auch dann ausgeschlossen, wenn sie, nach dem Recht des Wohnsitzstaates ermittelt, unterhalb der absoluten Wesentlichkeitsgrenze liegen (→ BFH vom 20. 8. 2008 – BStBl 2009 II S. 708).

Erweiterte unbeschränkte Steuerpflicht und unbeschränkte Steuerpflicht auf Antrag

→ § 1 Abs. 2 bzw. § 1 Abs. 3 i. V. m. § 1a Abs. 2 EStG:

Im Ausland bei internationalen Organisationen beschäftigte Deutsche fallen nicht unter § 1 Abs. 2 oder § 1 Abs. 3 i. V. m. § 1a Abs. 2 EStG, da sie ihren Arbeitslohn nicht aus einer inländischen öffentlichen Kasse beziehen. Mitarbeiter des Goethe-Instituts mit Wohnsitz im Ausland stehen nicht zu einer inländischen juristischen Person des öffentlichen Rechts in einem Dienstverhältnis und sind daher nicht nach § 1 Abs. 2 EStG unbeschränkt einkommensteuerpflichtig (→ BFH vom 22. 2. 2006 – BStBl 2007 II S. 106).

→ BMF vom 8. 10. 1996 (BStBl I S. 1191) – Auszug –:

Billigkeitsregelung in Fällen, in denen ein Stpfl. und sein nicht dauernd getrennt lebender Ehegatte zunächst unter den Voraussetzungen des § 1 Abs. 2 EStG unbeschränkt einkommensteuerpflichtig sind bzw. unter den Voraussetzungen des § 1 Abs. 3 i. V. m. § 1a Abs. 2 EStG auf Antrag als unbeschränkt steuerpflichtig behandelt werden,

– der Stpfl. dann aus dienstlichen Gründen in das Inland versetzt wird,

– der nicht dauernd getrennt lebende Ehegatte aus persönlichen Gründen noch für kurze Zeit im Ausland verbleibt und

– die Voraussetzungen des § 1a Abs. 1 EStG nicht erfüllt sind.

→ BMF vom *4. 10. 2011 (BStBl I S. 961);*
Berücksichtigung ausländischer Verhältnisse; Ländergruppeneinteilung ab *2012.*

Anhang 2 → Die in § 1 Abs. 3 Satz 3 EStG aufgeführten inländischen Einkünfte, die nach einem DBA nur der Höhe nach beschränkt besteuert werden dürfen, sind in die inländische Veranlagung gem. § 46 Abs. 2 Nr. 7 Buchstabe b i. V. m. § 1 Abs. 3 EStG einzubeziehen (→ BFH vom 13. 11. 2002 – BStBl 2003 II S. 587).

Europäischer Wirtschaftsraum

Mitgliedstaaten des EWR sind die Mitgliedstaaten der EU, Island, Norwegen und Liechtenstein.

Freistellung von deutschen Abzugsteuern

→ § 50d EStG, Besonderheiten im Fall von DBA

Gastlehrkräfte

Besteuerung von Gastlehrkräften nach den DBA → BMF vom 10. 1. 1994 (BStBl I S. 14)

Goethe-Institut

→ Erweiterte unbeschränkte Steuerpflicht und unbeschränkte Steuerpflicht auf Antrag

Nachweis

Hierzu FinMin SH vom 2. 5. 2011 – VI 305 – S 2104 – 001 –:
Im Rahmen der Anwendung des Urteils bitte ich wie folgt zu verfahren:
Zu Veranlagungszwecken sollen die Finanzämter darauf hinwirken, dass die Vordrucke „Bescheinigung EU/EWR" und „Bescheinigung außerhalb EU/EWR" weiterhin als Nachweis der Anspruchsvoraussetzungen des § 1 Abs. 3 EStG benutzt werden. Dies dient sowohl dem Bürger als auch der Verwaltung als Verfahrenserleichterung. Will ein Steuerpflichtiger das Vorliegen der Anspruchsvoraussetzungen des § 1 Abs. 3 EStG in anderer Form nachweisen, hat die „Ersatzbescheinigung" die gesetzlichen Voraussetzungen des § 1 Abs. 3 Satz 5 EStG zu erfüllen. Zum einen muss sie Angaben zur Höhe der nicht der deutschen Einkommensteuer unterliegenden Einkünfte enthalten. Zum anderen müssen diese Angaben von der zuständigen ausländischen Steuerbehörde bestätigt sein. Die Angaben sind durch den Steuerpflichtigen glaubhaft zu machen. Dies gilt auch in den Fällen, in denen der Steuerpflichtige behauptet, überhaupt keine Einkünfte erzielt zu haben.

Schiffe

Schiffe unter Bundesflagge rechnen auf hoher See zum Inland (→ BFH vom 12. 11. 1986 – BStBl 1987 II S. 377).

Unbeschränkte Steuerpflicht – auf Antrag –

– → BMF vom 30. 12. 1996 (BStBl I S. 1506)

– Die zum Nachweis der Höhe der nicht der deutschen Steuer unterliegenden Einkünfte erforderliche Bescheinigung der zuständigen ausländischen Steuerbehörde ist auch dann vorzulegen, wenn der Stpfl. angibt, keine derartigen Einkünfte erzielt zu haben (sog. Nullbescheinigung) → BFH vom 8. 9. 2010 (BStBl 2011 II S. 447).

– → OFD Frankfurt vom 27. 2. 2012 (DB 2012 S. 1239):

1. Antrag zur unbeschränkten Einkommensteuerpflicht (§ 1 Abs. 3 EStG)

Auf Antrag können gem. § 1 Abs. 3 EStG natürliche Personen als unbeschränkt einkommensteuerpflichtig behandelt werden, die im Inland weder einen Wohnsitz noch ihren gewöhnlichen Aufenthalt haben, soweit sie inländische Einkünfte im Sinne des § 49 EStG erzielen. Voraussetzung ist, das ihre Einkünfte im Kalenderjahr mindestens zu 90 Prozent der deutschen Einkommensteuer unterliegen oder die nicht der deutschen Einkommensteuer unterliegenden Einkünfte den Grundfreibetrag nach § 32a Abs. 1 Satz 2 Nr. 1 EStG nicht übersteigen. Dieser Betrag ist zu kürzen, soweit es nach den Verhältnissen im Wohnsitzstaat des Steuerpflichtigen notwendig und angemessen ist.

Bei der Prüfung dieser Einkunftsgrenzen sind die nicht der deutschen Besteuerung unterliegenden Einkünfte eines Steuerpflichtigen grundsätzlich nach deutschem Steuerrecht zu ermitteln. …

2. Zusammenveranlagung nach § 1 Abs. 1 EStG i. V. m. § 1a Abs. 1 Nr. 2 EStG

Ab dem Veranlagungszeitraum 2008 sind bei unbeschränkter Steuerpflicht eines EU- oder EWR-Staatsangehörigen Ehegatten nach § 1 Abs. 1 EStG die Einkunftsgrenzen des § 1 Abs. 3 EStG nicht mehr zu prüfen. Der entsprechende Verweis in der Vorschrift des § 1a Abs. 1 Satz 1 Alt. 1 EStG auf § 1 Abs. 3 Satz 2 EStG ist mit dem JStG 2008 weggefallen. Auch im Rahmen des § 1a Abs. 1 Nr. 2 EStG erfolgt keine Prüfung der Einkunftsgrenzen.

In diesen Fällen ist auch keine Bescheinigung EU/EWR für die ausländischen Einkünfte mehr notwendig. Die Bescheinigung kann jedoch als Wohnsitzbestätigung dienen.

3. Zusammenveranlagung nach § 1 Abs. 3 EStG i. V. m. § 1a Abs. 1 Nr. 2 EStG

3.1 Ermittlung der Einkunftsgrenzen in zwei Stufen

Für EU/EWR-Staatsangehörige, die nach § 1 Abs. 3 EStG fiktiv unbeschränkt einkommensteuerpflichtig sind (ohne Wohnsitz oder gewöhnlichen Aufenthalt im Inland), gelten die Einkunftsgrenzen nach wie vor. Eine Bescheinigung (siehe auch Tz. 4) ist in diesen Fällen weiter erforderlich.

Die Prüfung der Voraussetzungen für eine Zusammenveranlagung nach § 1 Abs. 3 EStG i. V. m. § 1a Abs. 1 Nr. 2 EStG hat nach dem Wortlaut der Vorschrift zweistufig zu erfolgen, da die Anwendung des § 1a EStG nur für bereits nach § 1 Abs. 3 EStG unbeschränkt Steuerpflichtige möglich ist.

Der bisher nach § 1 Abs. 4 EStG i. V. m. § 49 EStG nur beschränkt Steuerpflichtige muss daher für die Anwendung des § 1 a Abs. 1 Nr. 2 EStG zunächst selbst die Voraussetzungen des § 1 Abs. 3 EStG in seiner Person erfüllen. In einem ersten Schritt ist zu prüfen, ob seine Einkünfte zu mindestens 90 Prozent der deutschen Einkommensteuer unterliegen, oder ob die nicht der deutschen Einkommensteuer unterliegenden Einkünfte den (einfachen) Grundfreibetrag nicht übersteigen.

Sind diese Voraussetzungen erfüllt, dann ist in einem zweiten Schritt zu prüfen, ob die Zusammenveranlagung nach § 1a Abs. 1 Nr. 2 EStG in Betracht kommt. Dafür ist die Grenze des § 1 Abs. 3 Satz 2 EStG anhand der verdoppelten Werte unter Berücksichtigung der gemeinsamen Einkünfte zu ermitteln, d. h. entweder müssen die Einkünfte beider Ehegatten zu 90 Prozent der deutschen Einkommensteuer unterliegen, oder die nicht der deutschen Einkommensteuer unterliegenden Einkünfte beider Ehegatten dürfen den doppelten Grundfreibetrag nicht übersteigen.

3.2 Ansässigkeit von Personen in Staaten mit verschiedener Ländergruppeneinteilung

In den Fällen, in denen zu prüfen ist, ob die nicht der deutschen Einkommensteuer unterliegenden Einkünfte den Grundfreibetrag nicht übersteigen, ist dieser zu kürzen, soweit es nach den Verhältnissen im Wohnsitzstaat des Steuerpflichtigen notwendig und angemessen ist.

Haben die Eheleute neben den jeweiligen Wohnsitzen in den Staaten mit verschiedener Ländergruppeneinteilung einen gemeinsamen (ehelichen) Wohnsitz (also ein Ehegatte einen doppelten Wohnsitz), so ist der Grundfreibetrag für beide Ehegatten bei Anwendung von § 1a Abs. 1 Nr. 2 i. V. m. § 1 Abs. 3 EStG nach dem Länderschlüssel des Staates zu bemessen, in dem der gemeinsame Familienwohnsitz begründet ist.

Ist ein gemeinsamer (Ehe-)Wohnsitz nicht ermittelbar, so ist jedem Ehegatten der Grundfreibetrag in der Höhe zuzurechnen, wie es nach den Verhältnissen im jeweiligen Ansässigkeitsstaat angemessen ist. Wohnt also ein in Deutschland beschränkt steuerpflichtiger Ehegatte im Jahr 2008 in Italien (Ländergruppe 1 = voller Grundfreibetrag) und der andere Ehegatte in Estland (Ländergruppe 3 = halber Grundfreibetrag), dürfen die von den Eheleuten im Veranlagungszeitraum 2008 erzielten Einkünfte, die nicht der deutschen Einkommensteuer unterliegen, den Betrag von 11 496 Euro (7 664 Euro + 3 832 Euro) nicht übersteigen.

4. Bescheinigung gem. § 1 Abs. 3 Satz 5 EStG

Weitere Voraussetzung für die Behandlung eines grundsätzlich beschränkt Steuerpflichtigen auf Antrag als unbeschränkt einkommensteuerpflichtig ist, dass die Höhe der nicht der deutschen Einkommensteuer unterliegenden Einkünfte durch eine Bescheinigung der zuständigen ausländischen Steuerbehörde nachgewiesen wird.

Wechsel der Steuerpflicht

→ § 2 Abs. 7 Satz 3 EStG

EStG

§ 1a

(1) Für Staatsangehörige eines Mitgliedstaates der Europäischen Union oder eines Staates, auf den das Abkommen über den Europäischen Wirtschaftsraum anwendbar ist, die nach § 1 Absatz 1 unbeschränkt einkommensteuerpflichtig sind oder die nach § 1 Absatz 3 als unbeschränkt einkommensteuerpflichtig zu behandeln sind, gilt bei Anwendung von § 10 Absatz 1 Nummer 1, 1a und 1b und § 26 Absatz 1 Satz 1 Folgendes:

1. Unterhaltsleistungen an den geschiedenen oder dauernd getrennt lebenden Ehegatten (§ 10 Absatz 1 Nummer 1) sind auch dann als Sonderausgaben abziehbar, wenn der Empfänger nicht unbeschränkt einkommensteuerpflichtig ist. [2]Voraussetzung ist, dass der Empfänger seinen Wohnsitz oder gewöhnlichen Aufenthalt im Hoheitsgebiet eines anderen Mitgliedstaates der Europäischen Union oder eines Staates hat, auf den das Abkommen über den Europäischen Wirtschaftsraum Anwendung findet. [3]Weitere Voraussetzung ist, dass die Besteuerung der Unterhaltszahlungen beim Empfänger durch eine Bescheinigung der zuständigen ausländischen Steuerbehörde nachgewiesen wird;

1a. auf besonderen Verpflichtungsgründen beruhende Versorgungsleistungen (§ 10 Absatz 1 Nummer 1a) sind auch dann als Sonderausgaben abziehbar, wenn der Empfänger nicht unbeschränkt einkommensteuerpflichtig ist. [2]Nummer 1 Satz 2 und 3 gilt entsprechend;

1b. Ausgleichszahlungen im Rahmen des Versorgungsausgleichs nach den §§ 20, 21, 22 und 26 des Versorgungsausgleichsgesetzes, §§ 1587f, 1587g, 1587i des Bürgerlichen Gesetzbuchs und § 3a des Gesetzes zur Regelung von Härten im Versorgungsausgleich (§ 10 Absatz 1 Nummer 1b) sind auch dann als Sonderausgaben abziehbar, wenn die ausgleichsberechtigte Person nicht unbeschränkt einkommensteuerpflichtig ist. [2]Nummer 1 Satz 2 und 3 gilt entsprechend;

2. der nicht dauernd getrennt lebende Ehegatte ohne Wohnsitz oder gewöhnlichen Aufenthalt im Inland wird auf Antrag für die Anwendung des § 26 Absatz 1 Satz 1 als unbeschränkt einkommensteuerpflichtig behandelt. [2]Nummer 1 Satz 2 gilt entsprechend. [2]Bei Anwendung des § 1 Absatz 3 Satz 2 ist auf die Einkünfte beider Ehegatten abzustellen und der Grundfreibetrag nach § 32a Absatz 1 Satz 2 Nummer 1 zu verdoppeln.

(2) Für unbeschränkt einkommensteuerpflichtige Personen im Sinne des § 1 Absatz 2, die die Voraussetzungen des § 1 Absatz 3 Satz 2 bis 5 erfüllen, und für unbeschränkt einkommensteuerpflichtige Personen im Sinne des § 1 Absatz 3, die die Voraussetzungen des § 1 Absatz 2 Satz 1 Nummer 1 und 2 erfüllen und an einem ausländischen Dienstort tätig sind, gilt die Regelung des Absatzes 1 Nr. 2 entsprechend mit der Maßgabe, dass auf Wohnsitz oder gewöhnlichen Aufenthalt im Staat des ausländischen Dienstortes abzustellen ist.

II. Einkommen

1. Sachliche Voraussetzungen für die Besteuerung

EStG

§ 2   Umfang der Besteuerung, Begriffsbestimmungen

S 2113

(1) [1]Der Einkommensteuer unterliegen

1. Einkünfte aus Land- und Forstwirtschaft,
2. Einkünfte aus Gewerbebetrieb,
3. Einkünfte aus selbständiger Arbeit,
4. Einkünfte aus nichtselbständiger Arbeit,

5. Einkünfte aus Kapitalvermögen,

6. Einkünfte aus Vermietung und Verpachtung,

7. sonstige Einkünfte im Sinne des § 22,

die der Steuerpflichtige während seiner unbeschränkten Einkommensteuerpflicht oder als inländische Einkünfte während seiner beschränkten Einkommensteuerpflicht erzielt. [2]Zu welcher Einkunftsart die Einkünfte im einzelnen Fall gehören, bestimmt sich nach den §§ 13 bis 24.

(2) [1]Einkünfte sind S 2114

1. bei Land- und Forstwirtschaft, Gewerbebetrieb und selbständiger Arbeit der Gewinn (§§ 4 bis 7k und 13a), S 2130

2. bei den anderen Einkunftsarten der Überschuss der Einnahmen über die Werbungskosten (§§ 8 bis 9a). S 2201

[2]Bei Einkünften aus Kapitalvermögen tritt § 20 Absatz 9 vorbehaltlich der Regelung in § 32d Absatz 2 an die Stelle der §§ 9 und 9a.

(3) Die Summe der Einkünfte, vermindert um den Altersentlastungsbetrag, den Entlastungsbetrag für Alleinerziehende und den Abzug nach § 13 Absatz 3, ist der Gesamtbetrag der Einkünfte. S 2117 / S 2118

(4) Der Gesamtbetrag der Einkünfte, vermindert um die Sonderausgaben und die außergewöhnlichen Belastungen, ist das Einkommen. S 2112

(5) [1]Das Einkommen, vermindert um die Freibeträge nach § 32 Absatz 6 und um die sonstigen vom Einkommen abzuziehenden Beträge, ist das zu versteuernde Einkommen; dieses bildet die Bemessungsgrundlage für die tarifliche Einkommensteuer. [2]Knüpfen andere Gesetze an den Begriff des zu versteuernden Einkommens an, ist für diesen Zweck das Einkommen in allen Fällen des § 32 um die Freibeträge nach § 32 Absatz 6 zu vermindern. S 2280

(5a) [1]Knüpfen außersteuerliche Rechtsnormen an die in den vorstehenden Absätzen definierten Begriffe (Einkünfte, Summe der Einkünfte, Gesamtbetrag der Einkünfte, Einkommen, zu versteuerndes Einkommen) an, erhöhen sich für deren Zwecke diese Größen um die nach § 32d Absatz 1 und nach § 43 Absatz 5 zu besteuernden Beträge sowie um die nach § 3 Nummer 40 steuerfreien Beträge und mindern sich um die nach § 3c Absatz 2 nicht abziehbaren Beträge. [2]Knüpfen außersteuerliche Rechtsnormen an die in den Absätzen 1 bis 3 genannten Begriffe (Einkünfte, Summe der Einkünfte, Gesamtbetrag der Einkünfte) an, mindern sich für deren Zwecke diese Größen um die nach § 10 Absatz 1 Nummer 5 abziehbaren Kinderbetreuungskosten. [1)]

(5b) [2]Soweit Rechtsnormen dieses Gesetzes an die in den vorstehenden Absätzen definierten Begriffe (Einkünfte, Summe der Einkünfte, Gesamtbetrag der Einkünfte, Einkommen, zu versteuerndes Einkommen) anknüpfen, sind Kapitalerträge nach § 32d Absatz 1 und § 43 Absatz 5 nicht einzubeziehen. [2)]

(6) [1]Die tarifliche Einkommensteuer, vermindert um die anzurechnenden ausländischen Steuern und die Steuerermäßigungen, vermehrt um die Steuer nach § 32d Absatz 3 und 4, die Steuer nach § 34c Absatz 5 und den Zuschlag nach § 3 Absatz 4 Satz 2 des Forstschäden-Ausgleichsgesetzes in der Fassung der Bekanntmachung vom 26. August 1985 (BGBl. I S. 1756), das zuletzt durch Artikel 18 des Gesetzes vom 19. Dezember 2008 (BGBl. I S. 2794) geändert worden ist, in der jeweils geltenden Fassung, ist die festzusetzende Einkommensteuer. [2]Wurde der Gesamtbetrag der Einkünfte in den Fällen des § 10a Absatz 2 um Sonderausgaben nach § 10a Absatz 1 gemindert, ist für die Ermittlung der festzusetzenden Einkommensteuer der Anspruch auf Zulage nach Abschnitt XI der tariflichen Einkommensteuer hinzuzurechnen; bei der Ermittlung der dem Steuerpflichtigen zustehenden Zulage bleibt die Erhöhung der Grundzulage nach § 84 Absatz 2 außer Betracht. [3]Wird das Einkommen in den Fällen des § 31 um die Freibeträge nach § 32 Absatz 6 gemindert, ist der Anspruch auf Kindergeld nach Abschnitt X der tariflichen Einkommensteuer hinzuzurechnen.

(7) [1]Die Einkommensteuer ist eine Jahressteuer. [2]Die Grundlagen für ihre Festsetzung sind jeweils für ein Kalenderjahr zu ermitteln. [3]Besteht während eines Kalenderjahres sowohl unbeschränkte als auch beschränkte Einkommensteuerpflicht, so sind die während der beschränkten Einkommensteuerpflicht erzielten inländischen Einkünfte in eine Veranlagung zur unbeschränkten Einkommensteuerpflicht einzubeziehen. S 2111

[1)] *Absatz 5a Satz 2 wurde durch das Steuervereinfachungsgesetz 2011 ab VZ 2012 angefügt.*
[2)] *Absatz 5b Satz 2 wurde durch das Steuervereinfachungsgesetz 2011 ab VZ 2012 aufgehoben.*

R 2   **2. Umfang der Besteuerung**

(1) Das z. v. E. ist wie folgt zu ermitteln:

S 2117   1   Summe der Einkünfte aus den Einkunftsarten
         2 =   S. d. E.
         3 –   Altersentlastungsbetrag (§ 24a EStG)
         4 –   Entlastungsbetrag für Alleinerziehende (§ 24b EStG)
         5 –   Freibetrag für Land- und Forstwirte (§ 13 Abs. 3 EStG)

         6 +   Hinzurechnungsbetrag (§ 52 Abs. 3 *Satz 5* EStG sowie § 8 Abs. 5 Satz 2 AIG)

         7 =   G. d. E. (§ 2 Abs. 3 EStG)
         8 –   Verlustabzug nach § 10d EStG
         9 –   Sonderausgaben (§§ 10, 10a, 10b, 10c EStG)
        10 –   außergewöhnliche Belastungen (§§ 33 bis 33b EStG)
        11 –   Steuerbegünstigung der zu Wohnzwecken genutzten Wohnungen, Gebäude und Baudenk-
               male sowie der schutzwürdigen Kulturgüter (§§ 10e bis 10i EStG, 52 Abs. 21 Satz 6 EStG
               i. d. F. vom 16. 4. 1997, BGBl. I S. 821 und § 7 FördG)
        12 + Erstattungsüberhänge (§ 10 Abs. 4b Satz 3 EStG)

        13 + zuzurechnendes Einkommen gem. § 15 Abs. 1 AStG

S 2112 *14 = Einkommen (§ 2 Abs. 4 EStG)*
        15 – Freibeträge für Kinder (§§ 31, 32 Abs. 6 EStG)
        16 – Härteausgleich nach § 46 Abs. 3 EStG, § 70 EStDV

        17 = z. v. E. (§ 2 Abs. 5 EStG).

(2) Die festzusetzende Einkommensteuer ist wie folgt zu ermitteln:

         1   Steuerbetrag
               a) nach § 32a Abs. 1, 5, *§ 50 Abs. 1 Satz 2* EStG
                   oder
               b) nach dem bei Anwendung des Progressionsvorbehalts (§ 32b EStG) oder der Steuersatz-
                   begrenzung sich ergebenden Steuersatz
         2 +   Steuer auf Grund Berechnung nach den §§ 34, 34b EStG

         3 +   Steuer auf Grund Berechnung nach § 34a Abs. 1, 4 bis 6 EStG

         4 =   tarifliche Einkommensteuer (§ 32a Abs. 1, 5 EStG)
         5 –   Minderungsbetrag nach Punkt 11 Ziffer 2 des Schlussprotokolls zu Artikel 23 DBA Belgien
               in der durch Artikel 2 des Zusatzabkommens vom 5. 11. 2002 geänderten Fassung (BGBl.
               2003 II S. 1615)
         6 –   ausländische Steuern nach § 34c Abs. 1 und 6 EStG, § 12 AStG
         7 –   Steuerermäßigung nach § 35 EStG
         8 –   Steuerermäßigung für Stpfl. mit Kindern bei Inanspruchnahme erhöhter Absetzungen für
               Wohngebäude oder der Steuerbegünstigungen für eigengenutztes Wohneigentum (§ 34f
               Abs. 1 und 2 EStG)
         9 –   Steuerermäßigung bei Zuwendungen an politische Parteien und unabhängige Wählerver-
               einigungen (§ 34g EStG)
        10 –   Steuerermäßigung nach § 34f Abs. 3 EStG
        11 –   Steuerermäßigung nach § 35a EStG
        12 – Ermäßigung bei Belastung mit Erbschaftsteuer (§ 35b EStG)
        13 – Steuer auf Grund Berechnung nach § 32d Abs. 3 und 4 EStG
        14 + Steuern nach § 34c Abs. 5 EStG
        15 + Nachsteuer nach § 10 Abs. 5 EStG i. V. m. § 30 EStDV
        16 + Zuschlag nach § 3 Abs. 4 Satz 2 Forstschäden-Ausgleichsgesetz
        *17 + Anspruch auf Zulage für Altersvorsorge, wenn Beiträge als Sonderausgaben abgezogen
               worden sind (§ 10a Abs. 2 EStG)*
        18 +   Anspruch auf Kindergeld oder vergleichbare Leistungen, soweit in den Fällen des § 31 EStG
               das Einkommen um Freibeträge für Kinder gemindert wurde

        19 = festzusetzende Einkommensteuer (§ 2 Abs. 6 EStG).

Hinweise

Keine Einnahmen oder Einkünfte

Bei den folgenden Leistungen handelt es sich nicht um Einnahmen oder Einkünfte:

- Arbeitnehmer-Sparzulagen (§ 13 Abs. 3 VermBG)
- Investitionszulagen nach dem InvZulG
- Neue Anteilsrechte auf Grund der Umwandlung von Rücklagen in Nennkapital (§§ 1, 7 KapErhStG)
- Wohnungsbau-Prämien (§ 6 WoPG)

Liebhaberei

bei Einkünften aus

- Land- und Forstwirtschaft → H 13.5 (Liebhaberei), → H 13a.2 (Liebhaberei),
- Gewerbebetrieb → H 15.3 (Abgrenzung der Gewinnerzielungsabsicht zur Liebhaberei), H 16 (2) Liebhaberei,
- selbständiger Arbeit → H 18.1 (Gewinnerzielungsabsicht),
- Kapitalvermögen → H 20.1 (Schuldzinsen),
- Vermietung und Verpachtung → H 21.2 (Einkünfteerzielungsabsicht).

Preisgelder

→ BMF vom 5. 9. 1996 (BStBl I S. 1150) unter Berücksichtigung der Änderungen durch BMF von 23. 12. 2002 (BStBl 2003 I S. 76):

> Die Änderungen durch BMF vom 23. 12. 2002 bedeuten:
> Nummer 4 des BMF-Schreibens vom 5. 9. 1996 entfällt.

- Fernseh-Preisgelder → BMF vom 27. 5. 2008 (BStBl I S. 645)

- Der Bayerische Kunstförderpreis steht nicht in einem Zusammenhang mit einer Einkunftsart und das Preisgeld unterliegt daher nicht der Besteuerung (→ LfSt Bayern vom 3. 2. 2010 – S 2110.2.1 – 1/2 St 32).

Steuersatzbegrenzung

Bei der Festsetzung der Einkommensteuer ist in den Fällen der Steuersatzbegrenzung die rechnerische Gesamtsteuer quotal aufzuteilen und sodann der Steuersatz für die der Höhe nach nur beschränkt zu besteuernden Einkünfte zu ermäßigen (→ BFH vom 13. 11. 2002 – BStBl 2003 II S. 587).

Verwandtenpflege

Gelder für häusliche Verwandtenpflege sind grundsätzlich nicht einkommensteuerbar (→ BFH vom 14. 9. 1999 – BStBl II S. 776).

EStG
S 2118a

§ 2a   Negative Einkünfte mit Bezug zu Drittstaaten[1)2)]

(1) [1]Negative Einkünfte

1. aus einer in einem Drittstaat belegenen land- und forstwirtschaftlichen Betriebsstätte,

2. aus einer in einem Drittstaat belegenen gewerblichen Betriebsstätte,

3. a) aus dem Ansatz des niedrigeren Teilwerts eines zu einem Betriebsvermögen gehörenden Anteils an einer Drittstaaten-Körperschaft oder

   b) aus der Veräußerung oder Entnahme eines zu einem Betriebsvermögen gehörenden Anteils an einer Drittstaaten-Körperschaft oder aus der Auflösung oder Herabsetzung des Kapitals einer Drittstaaten-Körperschaft,

4. in den Fällen des § 17 bei einem Anteil an einer Drittstaaten-Kapitalgesellschaft,

5. aus der Beteiligung an einem Handelsgewerbe als stiller Gesellschafter und aus partiarischen Darlehen, wenn der Schuldner Wohnsitz, Sitz oder Geschäftsleitung in einem Drittstaat hat,

6. a) aus der Vermietung oder der Verpachtung von unbeweglichem Vermögen oder von Sachinbegriffen, wenn diese in einem Drittstaat belegen sind, oder

   b) aus der entgeltlichen Überlassung von Schiffen, sofern der Überlassende nicht nachweist, dass diese ausschließlich oder fast ausschließlich in einem anderen Staat als einem Drittstaat eingesetzt worden sind, es sei denn, es handelt sich um Handelsschiffe, die

      aa) von einem Vercharterer ausgerüstet überlassen, oder

      bb) an in einem anderen als einem Drittstaat ansässige Ausrüster, die die Voraussetzungen des § 510 Absatz 1 des Handelsgesetzbuchs erfüllen, überlassen, oder

      cc) insgesamt nur vorübergehend an in einem anderen als einem Drittstaat ansässige Ausrüster, die die Voraussetzungen des § 510 Absatz 1 des Handelsgesetzbuchs erfüllen, überlassen

   worden sind, oder

   c) aus dem Ansatz des niedrigeren Teilwerts oder der Übertragung eines zu einem Betriebsvermögen gehörenden Wirtschaftsguts im Sinne der Buchstaben a und b,

7. a) aus dem Ansatz des niedrigeren Teilwerts, der Veräußerung oder Entnahme eines zu einem Betriebsvermögen gehörenden Anteils an

   b) aus der Auflösung oder Herabsetzung des Kapitals

   c) in den Fällen des § 17 bei einem Anteil an

   einer Körperschaft mit Sitz oder Geschäftsleitung in einem anderen Staat als einem Drittstaat, soweit die negativen Einkünfte auf einen der in den Nummern 1 bis 6 genannten Tatbestände zurückzuführen sind,

dürfen nur mit positiven Einkünften der jeweils selben Art und, mit Ausnahme der Fälle der Nummer 6 Buchstabe b, aus demselben Staat, in den Fällen der Nummer 7 auf Grund von Tatbeständen der jeweils selben Art aus demselben Staat, ausgeglichen werden; sie dürfen auch nicht nach § 10d abgezogen werden. [2]Den negativen Einkünften sind Gewinnminderungen gleichgestellt. [3]Soweit die negativen Einkünfte nicht nach Satz 1 ausgeglichen werden können, mindern sie die positiven Einkünfte der jeweils selben Art, die der Steuerpflichtige in den folgenden Veranlagungszeiträumen aus demselben Staat, in den Fällen der Nummer 7 auf Grund von

---

1) § 2a Abs. 1 bis 2a EStG i. d. F. des JStG 2009 ist in allen Fällen anzuwenden, in denen die Steuer noch nicht bestandskräftig festgesetzt ist. Für negative Einkünfte i. S. d. § 2a Abs. 1 und 2 EStG, die auf Grund der vor der ab dem 24. 12. 2008 geltenden Fassung nach § 2a Abs. 1 Satz 5 EStG bestandskräftig gesondert festgestellt wurden, ist § 2a Abs. 1 Satz 3 bis 5 EStG in der vor dem 24. 12. 2008 geltenden Fassung weiter anzuwenden → § 52 Abs. 3 Satz 2 und 3 EStG.

2) Durch das Steuerentlastungsgesetz 1999/2000/2002 ist § 2a Absatz 3 EStG i. d. F. der Bekanntmachung vom 16. 4. 1997 (BGBl. I S. 821) ab dem VZ 1999 weggefallen (zur Anwendung § 52 Absatz 3 EStG). § 2a Absatz 3 Satz 1, 2 und 4 i. d. F. der Bekanntmachung vom 16. 4. 1997 (BGBl. I S. 821) ist letztmals für den VZ 1998 anzuwenden, → § 52 Absatz 3 Satz 4 EStG. § 2a Absatz 3 Satz 3, 5 und 6 EStG i. d. F. der Bekanntmachung vom 16. 4. 1997 (BGBl. I S. 821) ist für die VZ ab 2006 weiter anzuwenden, soweit sich ein positiver Betrag im Sinne von § 2a Absatz 3 Satz 3 EStG ergibt oder soweit eine in einem ausländischen Staat belegene Betriebsstätte im Sinne von § 2a Absatz 4 EStG i. d. F. des § 52 Absatz 3 Satz 7 EStG in eine Kapitalgesellschaft umgewandelt, übertragen oder aufgegeben wird, → § 52 Absatz 3 Satz 4 EStG. Insoweit ist in § 2a Absatz 3 Satz 3 letzter Halbsatz EStG die Bezeichnung „§ 10d Absatz 3" durch „§ 10d Absatz 4" zu ersetzen (→ § 52 Absatz 3 Satz 5 EStG). § 2a Absatz 4 EStG i. d. F. der Bekanntmachung vom 16. 4. 1997 (BGBl. I S. 821) ist letztmals für den VZ 1998 anzuwenden, → § 52 Absatz 3 Satz 4 EStG. § 2a Absatz 4 EStG i. d. F. der Bekanntmachung vom 16. 4. 1997 (BGBl. I S. 821) wurde durch das StBereinG 1999 geändert und ist für die VZ 1999 bis 2005 anzuwenden → § 52 Absatz 3 Satz 7 EStG i. d. F. des SEStEG. Zur Anwendung des § 2a Absatz 4 EStG für VZ ab 2006 → § 52 Absatz 3 Satz 8 EStG i. d. F. des SEStEG.

Tatbeständen der jeweils selben Art aus demselben Staat, erzielt. [4]Die Minderung ist nur insoweit zulässig, als die negativen Einkünfte in den vorangegangenen Veranlagungszeiträumen nicht berücksichtigt werden konnten (verbleibende negative Einkünfte). [5]Die am Schluss eines Veranlagungszeitraums verbleibenden negativen Einkünfte sind gesondert festzustellen; § 10d Absatz 4 gilt sinngemäß.

(2) [1]Absatz 1 Satz 1 Nummer 2 ist nicht anzuwenden, wenn der Steuerpflichtige nachweist, dass die negativen Einkünfte aus einer gewerblichen Betriebsstätte in einem Drittstaat stammen, die ausschließlich oder fast ausschließlich die Herstellung oder Lieferung von Waren, außer Waffen, die Gewinnung von Bodenschätzen sowie die Bewirkung gewerblicher Leistungen zum Gegenstand hat, soweit diese nicht in der Errichtung oder dem Betrieb von Anlagen, die dem Fremdenverkehr dienen, oder in der Vermietung oder der Verpachtung von Wirtschaftsgütern einschließlich der Überlassung von Rechten, Plänen, Mustern, Verfahren, Erfahrungen und Kenntnissen bestehen; das unmittelbare Halten einer Beteiligung von mindestens einem Viertel am Nennkapital einer Kapitalgesellschaft, die ausschließlich oder fast ausschließlich die vorgenannten Tätigkeiten zum Gegenstand hat, sowie die mit dem Halten der Beteiligung in Zusammenhang stehende Finanzierung gilt als Bewirkung gewerblicher Leistungen, wenn die Kapitalgesellschaft weder ihre Geschäftsleitung noch ihren Sitz im Inland hat. [2]Absatz 1 Satz 1 Nummer 3 und 4 ist nicht anzuwenden, wenn der Steuerpflichtige nachweist, dass die in Satz 1 genannten Voraussetzungen bei der Körperschaft entweder seit ihrer Gründung oder während der letzten fünf Jahre vor und in dem Veranlagungszeitraum vorgelegen haben, in dem die negativen Einkünfte bezogen werden.

(2a) [1]Bei der Anwendung der Absätze 1 und 2 sind

1. als Drittstaaten die Staaten anzusehen, die nicht Mitgliedstaaten der Europäischen Union sind;
2. Drittstaaten-Körperschaften und Drittstaaten-Kapitalgesellschaften solche, die weder ihre Geschäftsleitung noch ihren Sitz in einem Mitgliedstaat der Europäischen Union haben.

[2]Bei Anwendung des Satzes 1 sind den Mitgliedstaaten der Europäischen Union die Staaten gleichgestellt, auf die das Abkommen über den Europäischen Wirtschaftsraum anwendbar ist, sofern zwischen der Bundesrepublik Deutschland und dem anderen Staat aufgrund der Richtlinie 77/799/EWG des Rates vom 19. Dezember 1977 über die gegenseitige Amtshilfe zwischen den zuständigen Behörden der Mitgliedstaaten im Bereich der direkten Steuern und der Mehrwertsteuer (ABl. EG Nr. L 336 S. 15), die zuletzt durch Richtlinie 2006/98 EWG des Rates vom 20. November 2006 (ABl. EU Nr. L 363 S. 129) geändert worden ist, in der jeweils geltenden Fassung oder einer vergleichbaren zwei- oder mehrseitigen Vereinbarung Auskünfte erteilt werden, die erforderlich sind, um die Besteuerung durchzuführen.

2a. Negative ausländische Einkünfte

Einkünfte derselben Art

(1) [1]Einkünfte der jeweils selben Art nach § 2a Abs. 1 EStG sind grundsätzlich alle unter einer Nummer aufgeführten Tatbestände, für die die Anwendung dieser Nummer nicht nach § 2a Abs. 2 EStG ausgeschlossen ist. [2]Die Nummern 3 und 4 sind zusammenzufassen. [3]Negative Einkünfte nach Nummer 7, die mittelbar auf einen bei der inländischen Körperschaft verwirklichten Tatbestand der Nummern 1 bis 6 zurückzuführen sind, dürfen beim Anteilseigner mit positiven Einkünften der Nummer 7 ausgeglichen werden, wenn die Einkünfte auf Tatbestände derselben Nummer oder im Falle der Nummern 3 und 4 dieser beiden Nummern zurückzuführen sind. [4]Einkünfte der Nummer 7 sind auch mit Einkünften nach der jeweiligen Nummer auszugleichen, auf deren Tatbestand die Einkünfte der Nummer 7 zurückzuführen sind. [5]Positive Einkünfte aus einem Staat können nicht mit negativen Einkünften derselben Art aus demselben Staat aus vorhergehenden VZ ausgeglichen werden, wenn hinsichtlich der positiven Einkünfte eine im DBA vorgesehene Rückfallklausel eingreift und die positiven Einkünfte deshalb als Besteuerungsgrundlage zu erfassen sind.

Betriebsstättenprinzip

(2) [1]Für jede ausländische Betriebsstätte ist gesondert zu prüfen, ob negative Einkünfte vorliegen. [2]Negative Einkünfte aus einer nicht aktiven gewerblichen Betriebsstätte dürfen nicht mit positiven Einkünften aus einer aktiven gewerblichen Betriebsstätte ausgeglichen werden.

Prüfung der Aktivitätsklausel

(3) [1]Ob eine gewerbliche Betriebsstätte ausschließlich oder fast ausschließlich eine aktive Tätigkeit nach § 2a Abs. 2 EStG zum Gegenstand hat, ist für jedes Wirtschaftsjahr gesondert zu prüfen. [2]Maßgebend ist hierfür das Verhältnis der Bruttoerträge. [3]Soweit es sich um Verluste zu Beginn

bzw. am Ende einer Tätigkeit handelt, ist nach der funktionalen Betrachtungsweise festzustellen, ob diese Verluste im Hinblick auf die aufzunehmende oder anlaufende aktive Tätigkeit entstanden oder nach Ende der Tätigkeit durch diese verursacht worden sind.

Gesamtrechtsnachfolge

(4) Soweit im Rahmen des UmwStG ein Verlust i. S. d. § 10d Abs. 4 Satz 2 EStG übergeht, geht auch die Verpflichtung zur Nachversteuerung nach § 52 Abs. 3 *Satz 5, 6 und 8* EStG über.

Umwandlung

(5) Umwandlung i. S. d. § 52 Abs. 3 *Satz 8* EStG ist nicht nur eine solche nach dem Umwandlungsgesetz oder i. S. d. UmwStG, d. h. eine Einbringung der ausländischen Betriebsstätte in eine Kapitalgesellschaft gegen Gewährung von Gesellschaftsrechten, vielmehr jede Form des „Aufgehens" der Betriebsstätte in eine Kapitalgesellschaft.

Verlustausgleich

(6) Negative und positive Einkünfte nach § 2a Abs. 1 EStG sind in der Weise miteinander auszugleichen, dass die positiven und ggf. tarifbegünstigten Einkünfte um die negativen Einkünfte der jeweils selben Art und aus demselben Staat, *in den Fällen des § 2a Abs. 1 Satz 1 Nr. 6 Buchstabe b derselben Art,* zu vermindern sind.

Zusammenveranlagung

(7) Bei zusammenveranlagten Ehegatten sind negative Einkünfte nach § 2a Abs. 1 EStG des einen Ehegatten mit positiven Einkünften des anderen Ehegatten der jeweils selben Art und aus demselben Staat, *in den Fällen des § 2a Abs. 1 Satz 1 Nr. 6 Buchstabe b derselben Art,* auszugleichen oder zu verrechnen, soweit sie nicht mit eigenen positiven Einkünften ausgeglichen oder verrechnet werden können.

Anwendung von § 3 Nr. 40, § 3c EStG

(8) Die Verrechnung von negativen Einkünften nach § 2a Abs. 1 EStG mit positiven Einkünften der jeweils selben Art und aus demselben Staat, *in den Fällen des § 2a Abs. 1 Satz 1 Nr. 6 Buchstabe b derselben Art,* erfolgt jeweils nach Anwendung des § 3 Nr. 40 und des § 3c EStG.

H 2a   **Hinweise**

Allgemeines

§ 2a Abs. 1 EStG schränkt für die dort abschließend aufgeführten Einkünfte aus Quellen in Drittstaaten den Verlustausgleich und Verlustabzug ein. Hiervon ausgenommen sind nach § 2a Abs. 2 EStG insbesondere negative Einkünfte aus einer gewerblichen Betriebsstätte in einem Drittstaat, die die dort genannten Aktivitätsvoraussetzungen erfüllt. Der eingeschränkte Verlustausgleich bedeutet, dass die negativen Einkünfte nur mit positiven Einkünften derselben Art (→ R 2a) und aus demselben Staat ausgeglichen werden dürfen. Darüber hinaus dürfen sie in den folgenden VZ mit positiven Einkünften derselben Art und aus demselben Staat verrechnet werden. Die in einem VZ nicht ausgeglichenen oder verrechneten negativen Einkünfte sind zum Schluss des VZ gesondert festzustellen. Die Regelungen in § 2a Abs. 1 und 2 EStG wirken sich bei negativen Einkünften aus Drittstaaten, mit denen kein DBA besteht oder mit denen ein DBA besteht, nach dem die Einkünfte von der deutschen Besteuerung nicht freigestellt sind, unmittelbar auf die Besteuerungsgrundlage aus. Bei nach DBA steuerfreien Einkünften wirkt sich § 2a Abs. 1 und 2 EStG im Rahmen des Progressionsvorbehalts auf den Steuersatz aus (→ H 32b; BFH vom 17. 11. 1999 – BStBl 2000 II S. 605).

Demgegenüber ermöglichte § 2a Abs. 3 EStG in der bis einschließlich VZ 1998 geltenden Fassung (Bekanntmachung vom 16. 4. 1997 – BGBl. I S. 821, nachfolgend EStG a. F.) auf Antrag den Verlustausgleich und Verlustabzug für Verluste aus gewerblichen Betriebsstätten in einem ausländischen Staat, mit dem ein DBA besteht, wenn die Einkünfte nach dem DBA in Deutschland steuerbefreit und die Aktivitätsvoraussetzungen des § 2a Abs. 2 EStG a. F. erfüllt sind. Fallen in einem späteren VZ insgesamt positive gewerbliche Einkünfte aus diesem Staat an, ist eine → Nachversteuerung durchzuführen. In diesem Fall ist ein Betrag bis zur Höhe des abgezogenen Verlustes bei der Ermittlung des G. d. E. hinzuzurechnen (→ § 52 Abs. 3 EStG i. V. m. § 2a Abs. 3 Satz 3 bis 6 EStG a. F.).

Zur Berücksichtigung sog. finaler Verluste aus ausländischen Betriebsstätten:

1. Der BFH hält auch für Fälle des DBA-Frankreich daran fest, dass Deutschland für Verluste, die ein in Deutschland ansässiges Unternehmen in seiner in Frankreich belegenen Betriebsstätte erwirtschaftet, kein Besteuerungsrecht hat (ständige Rechtsprechung).

2. Ein Verlustabzug kommt abweichend davon aus Gründen des Gemeinschaftsrechts nur ausnahmsweise in Betracht, sofern und soweit der Stpfl. nachweist, dass die Verluste im Quellenstaat steuerlich unter keinen Umständen anderweitig verwertbar sind (sog. finale Verluste, Anschluss an EuGH-Urteil vom 15. 5. 2008, C-414/06 „Lidl Belgium" – BStBl 2009 II S. 692). An einer derartigen „Finalität" fehlt es, wenn der Betriebsstättenstaat nur einen zeitlich begrenzten Vortrag von Verlusten zulässt (Anschluss an EuGH-Urteil vom 23. 10. 2008 – C-157/07 – „Krankenheim Ruhesitz am Wannsee-Seniorenheimstatt").

→ BFH vom 9. 6. 2010 – I R 100/09 – (DB 2010, S. 1731)

1. w. o.

2. w. o.

3. Daran fehlt es jedoch nicht, wenn der Betriebsstättenverlust aus tatsächlichen Gründen nicht mehr berücksichtigt werden kann (z. B. bei Umwandlung der Auslandsbetriebsstätte in eine Kapitalgesellschaft, ihrer entgeltlichen oder unentgeltlichen Übertragung oder ihrer „endgültigen" Aufgabe; entgegen → BMF vom 13. 7. 2009, BStBl I S. 835).

4. Der ausnahmsweise Abzug der Betriebsstättenverluste ist nicht im VZ des Entstehens der Verluste, sondern in jenem VZ vorzunehmen, in welchem sie „final" geworden sind (ebenso wie → BMF vom 13. 7. 2009, BStBl I S. 835).

→ BFH vom 9. 6. 2010 – I R 107/09 – (BFH-Internet-Seite)

Außerordentliche Einkünfte

Verrechnung mit positiven außerordentlichen Einkünften → OFD Münster vom 23. 5. 2007 (DB 2007 S. 1382)

Beispiel:

Der Stpfl. erzielt nach DBA steuerfreie Einkünfte i. S. d. § 2a Abs. 1 Nr. 2 EStG aus einer in einem ausländischen Staat belegenen gewerblichen Betriebsstätte. Die Aktivitätsklausel des § 2a Abs. 2 Satz 1 EStG ist nicht erfüllt. Die zum 31. 12. 2005 festgestellten verbleibenden negativen Einkünfte betragen 100 000 €. Im VZ 2006 erzielt der Stpfl. aus der Betriebsstätte neben laufenden Einkünften i. H. v. 50 000 € einen Veräußerungsgewinn i. S. d. §§ 16, 34 Abs. 2 Nr. 1 EStG i. H. v. 70 000 €.

Zum 31. 12. 2005 festgestellte negative Einkünfte i. S. d. § 2a EStG	100 000 €
Laufender Gewinn 2006	50 000 €
Verbleibende negative Einkünfte	50 000 €
Außerordentliche positive Einkünfte 2006	70 000 €
Verbleibende positive außerordentliche Einkünfte	20 000 €
Ansatz im Rahmen des Progressionsvorbehalts zu 1/5	4 000 €

Beteiligungen an inländischen Körperschaften mit Drittstaatenbezug (§ 2a Abs. 1 Satz 1 Nr. 7 EStG)

Beispiel 1 (Einkünfte nur nach § 2a Abs. 1 Satz 1 Nr. 7 EStG):

Der Stpfl. hält im Betriebsvermögen eine Beteiligung an der inländischen Kapitalgesellschaft A, die eine nicht aktive gewerbliche Betriebsstätte im Staat X (kein EU-/EWR-Staat) hat. Außerdem hat er im Privatvermögen eine Beteiligung an der inländischen Kapitalgesellschaft B, die ebenfalls über eine nicht aktive gewerbliche Betriebsstätte im Staat X verfügt. Während die A in den Jahren 01 bis 03 in ihrer ausländischen Betriebsstätte Verluste erleidet, erzielt die B in diesem Zeitraum Gewinne. Im Jahr 02 nimmt der Stpfl. eine Teilwertabschreibung auf die Beteiligung an der A vor. Im Jahr 03 veräußert der Stpfl. die Beteiligung an der B und erzielt hieraus einen Veräußerungsgewinn nach § 17 EStG.

Die Gewinnminderung auf Grund der Teilwertabschreibung in 02 erfüllt einen Tatbestand des § 2a Abs. 1 Satz 1 Nr. 7 (hier Buchstabe a) i. V. m. Nr. 2 EStG.

Die Veräußerung der Beteiligung an der B in 03 erfüllt einen Tatbestand des § 2a Abs. 1 Satz 1 Nr. 7 (hier Buchstabe c) i. V. m. Nr. 2 EStG. Die negativen Einkünfte aus der Teilwertabschreibung in 02 sind daher in 03 mit dem Veräußerungsgewinn zu verrechnen.

Beispiel 2 (Einkünfte nach § 2a Abs. 1 Satz 1 Nr. 7 und Nr. 1 bis 6 EStG):

Der Stpfl. hat eine nicht aktive gewerbliche Betriebsstätte im Staat X und eine Beteiligung an einer inländischen Kapitalgesellschaft A, die in X ebenfalls eine nicht aktive gewerbliche Betriebsstätte unterhält. Während der Stpfl. mit seiner ausländischen Betriebsstätte Gewinne erzielt, erleidet die ausländische Betriebsstätte der A Verluste. Der Stpfl. veräußert die Beteiligung an der A mit Verlust.

Die negativen Einkünfte aus der Veräußerung der Beteiligung erfüllen einen Tatbestand des § 2a Abs. 1 Satz 1 Nr. 7 (Buchstabe a oder c) i. V. m. Nr. 2 EStG. Sie sind mit den positiven Einkünften aus der eigengewerblichen ausländischen Betriebsstätte auszugleichen, da diese Betriebsstätte den Tatbestand des § 2a Abs. 1 Satz 1 Nr. 2 EStG erfüllt.

Betriebsstätte

→ § 12 AO

Einkünfteermittlung

Die Einkünfte sind unabhängig von der Einkünfteermittlung im Drittstaat nach den Vorschriften des deutschen Einkommensteuerrechts zu ermitteln. Dabei sind alle Betriebsausgaben oder Werbungskosten zu berücksichtigen, die mit den im Drittstaat erzielten Einnahmen in wirtschaftlichem Zusammenhang stehen.

Einkunftsart i. S. d. § 2a Abs. 1 EStG

– Welche Einkunftsart i. S. d. § 2a Abs. 1 EStG vorliegt, richtet sich nur nach den im Drittstaat gegebenen Merkmalen (sog. isolierende Betrachtungsweise; → BFH vom 21. 8. 1990 – BStBl 1991 II S. 126).

– Eine nach deutschem Steuerrecht gebotene Umqualifizierung durch § 8 Abs. 2 KStG ist ohne Bedeutung (→ BFH vom 31. 3. 2004 – BStBl II S. 742).

Nachversteuerung

– Allgemeines

§ 2a Abs. 3 EStG in der bis einschließlich VZ 1998 geltenden Fassung (Bekanntmachung vom 16. 4. 1997 – BGBl I S. 821, nachfolgend EStG a. F.) ermöglichte auf Antrag den Verlustausgleich und Verlustabzug für Verluste aus gewerblichen Betriebsstätten in einem ausländischen Staat, mit dem ein DBA besteht, wenn die Einkünfte nach dem DBA in Deutschland steuerbefreit und die Aktivitätsvoraussetzungen des § 2a Abs. 2 EStG a. F. erfüllt sind.

§ 2a Abs. 3 i. d. F. der Bekanntmachung vom 16. 4. 1997 (BGBl. I S. 821) lautete:

„(3) [1]Sind nach einem Abkommen zur Vermeidung der Doppelbesteuerung bei einem unbeschränkt Steuerpflichtigen aus einer in einem ausländischen Staat belegenen Betriebsstätte stammende Einkünfte aus gewerblicher Tätigkeit von der Einkommensteuer zu befreien, so ist auf Antrag des Steuerpflichtigen ein Verlust, der sich nach den Vorschriften des inländischen Steuerrechts bei diesen Einkünften ergibt, bei der Ermittlung des Gesamtbetrags der Einkünfte abzuziehen, soweit er vom Steuerpflichtigen ausgeglichen oder abgezogen werden könnte, wenn die Einkünfte nicht von der Einkommensteuer zu befreien wären, und soweit er nach diesem Abkommen zu befreiende positive Einkünfte aus gewerblicher Tätigkeit aus anderen in diesem ausländischen Staat belegenen Betriebsstätten übersteigt. [2]Soweit der Verlust dabei nicht ausgeglichen wird, ist bei Vorliegen der Voraussetzungen des § 10d der Verlustabzug zulässig. [3]Der nach den Sätzen 1 und 2 abgezogene Betrag ist, soweit sich in einem der folgenden Veranlagungszeiträume bei den nach diesem Abkommen zu befreienden Einkünften aus gewerblicher Tätigkeit aus in diesem ausländischen Staat belegenen Betriebsstätten insgesamt ein positiver Betrag ergibt, in dem betreffenden Veranlagungszeitraum bei der Ermittlung des Gesamtbetrags der Einkünfte wieder hinzuzurechnen. [4]Satz 3 ist nicht anzuwenden, wenn der Steuerpflichtige nachweist, daß nach den für ihn geltenden Vorschriften des ausländischen Staates ein Abzug von Verlusten in anderen Jahren als dem Verlustjahr allgemein nicht beansprucht werden kann. [5]Der am Schluß eines Veranlagungszeitraums nach den Sätzen 3 und 4 der Hinzurechnung unterliegende und noch nicht hinzugerechnete (verbleibende) Betrag ist gesondert festzustellen; § 10d Abs. 3 gilt entsprechend. [6]In die gesonderte Feststellung nach Satz 5 einzubeziehen ist der nach § 2 Abs. 1 Satz 3 und 4 des Gesetzes über steuerliche Maßnahmen bei Auslandsinvestitionen der deutschen Wirtschaft vom 18. August 1969 (BGBl. I S. 1214), das zuletzt durch Artikel 8 des Gesetzes vom 25. Juli 1988 (BGBl. I S. 1093) geändert worden ist, der Hinzurechnung unterliegende und noch nicht hinzugerechnete Betrag."

Fallen in einem späteren VZ insgesamt positive gewerbliche Einkünfte aus diesem Staat an, ist eine Nachversteuerung durchzuführen. In diesem Fall ist ein Betrag bis zur Höhe des abgezogenen Verlustes bei der Ermittlung des G. d. E. hinzuzurechnen (§ 52 Abs. 3 EStG i. V. m. § 2a Abs. 3 Satz 3 bis 6 EStG a. F.).

Der nach § 2a Abs. 3 Satz 1 und 2 EStG a. F. abgezogene Betrag ist, soweit sich in einem der folgenden VZ bei den nach diesem Abkommen zu befreienden Einkünften aus gewerblicher Tätigkeit aus in diesem ausländischen Staat belegenen Betriebsstätten insgesamt ein positiver Betrag ergibt, in dem betreffenden VZ bei der Ermittlung des G. d. E. wieder hinzuzurechnen (§ 2a Abs. 3 Satz 3 EStG a. F.). § 2a Abs. 3 Satz 3 EStG a. F. ist auch dann anzuwenden, wenn nach den Vorschriften des ausländischen Staates ein Abzug von Verlusten in anderen Jahren als dem Verlustjahr allgemein nicht beansprucht werden kann (→ § 52 Abs. 3 Satz 5 EStG). Der am Schluss eines VZ nach den § 2a Abs. 3 Satz 3 und 4 EStG a. F. der Hinzurechnung unterliegende und noch nicht hinzugerechnete (verbleibende) Betrag ist gesondert festzustellen; § 10d Abs. 4 EStG gilt entsprechend. In die gesonderte Feststellung nach § 2a Abs. 1 Satz 5 einzubeziehen ist der nach § 2 Abs. 1 Satz 3 und 4 AIG der Hinzurechnung unterliegende und noch nicht hinzugerechnete Betrag.

→ § 52 Abs. 3 Satz 5 EStG

Eine Nachversteuerung kommt nach § 52 Abs. 3 Satz 5 i. V. m. Satz 8 EStG außerdem in Betracht, soweit eine in einem ausländischen Staat belegene Betriebsstätte

– in eine Kapitalgesellschaft umgewandelt,
– übertragen oder
– aufgegeben

wird. Die Nachversteuerung erfolgt in diesen Fällen auf folgender Rechtsgrundlage:

Wird eine in einem ausländischen Staat belegene Betriebsstätte

1. in eine Kapitalgesellschaft umgewandelt oder
2. entgeltlich oder unentgeltlich übertragen oder
3. aufgegeben, jedoch die ursprünglich von der Betriebsstätte ausgeübte Geschäftstätigkeit ganz oder teilweise von einer Gesellschaft, an der der inländische Stpfl. zu mindestens 10 % unmittelbar oder mittelbar beteiligt ist, oder von einer ihm nahestehenden Person i. S. d. § 1 Abs. 2 AStG fortgeführt,

ist ein nach § 2a Abs. 3 Satz 1 und 2 EStG a. F. abgezogener Verlust, soweit er nach § 2a Abs. 3 Satz 3 EStG a. F. nicht wieder hinzugerechnet worden ist oder nicht noch hinzuzurechnen ist, im VZ der Umwandlung, Übertragung oder Aufgabe in entsprechender Anwendung des § 2a Abs. 3 Satz 3 EStG a. F. dem G. d. E. hinzuzurechnen. Die gilt entsprechend bei Beendigung der unbeschränkten Einkommensteuerpflicht durch Aufgabe des Wohnsitzes oder des gewöhnlichen Aufenthalts sowie bei Beendigung der Ansässigkeit im Inland auf Grund der Bestimmungen eines DBA.

→ § 52 Abs. 3 Satz 8 EStG

– Einzelfragen

– Nachversteuerung auch, wenn sich Verluste nur auf Grund deutscher Gewinnermittlungsvorschriften ergeben haben; Gleiches gilt, wenn in dem ausländischen Staat wegen vorgeschriebener pauschalierter Gewinnermittlung keine Verluste ausgewiesen werden können.

– In Veräußerungsfällen ist bei der Hinzurechnung weder der Freibetrag nach § 16 Abs. 4 EStG noch die Tarifermäßigung nach § 34 EStG zu gewähren (→ BFH vom 16. 11. 1989 – BStBl 1990 II S. 204).

– Nachversteuerung auch hinsichtlich der Verluste, die vor 1982 abgezogen worden sind (→ BFH vom 20. 9. 1989 – BStBl 1990 II S. 112).

– Wird eine Personengesellschaft im Ausland als juristische Person besteuert, steht dies der Anwendung des § 52 Abs. 3 Satz 5 EStG i. V. m. § 2a Abs. 3 Satz 3, 5 und 6 EStG i. d. F. der Bekanntmachung vom 16. 4. 1997 (BGBl I S. 821) nicht entgegen (→ BFH vom 16. 11. 1989 – BStBl 1990 II S. 204).

– Die Entscheidung, ob und in welcher Weise sich positive gewerbliche Einkünfte i. S. d. § 52 Abs. 3 Satz 5 EStG i. V. m. § 2a Abs. 3 Satz 3, 5 und 6 EStG a. F. auswirken, ist im Veranlagungsverfahren zu treffen. Im Rahmen eines evtl. Feststellungsverfahrens hat das Betriebsstättenfinanzamt lediglich sämtliche tatsächlichen und rechtlichen Voraussetzungen festzustellen (→ BFH vom 21. 8. 1990 – BStBl 1991 II S. 126).

– Tauscht ein Teil der Gesellschafter einer KG, die eine gewerbliche Betriebsstätte in Kanada unterhält, hinsichtlich deren Verluste der Abzug nach § 2 AIG (bzw. § 2a Abs. 3 EStG a. F.) in Anspruch genommen wurde, seine Kommanditbeteiligungen gegen Aktien einer kanadischen Kapitalgesellschaft, die dadurch Gesellschafterin der KG wird, ist der durch diesen Tauschvorgang bei den ausgeschiedenen Kommanditisten entstandene Gewinn gem. § 2 Abs. 1 Satz 3 AIG (bzw. § 2a Abs. 3 EStG a. F. i. V. m. § 52 Abs. 3 EStG) hinzuzurechnen. Der Tauschvorgang stellt keine Umwandlung i. S. d. § 2 Abs. 2 AIG (bzw. § 2a Abs. 4 EStG a. F. dar (→ BFH vom 30. 4. 1991 – BStBl II S. 873).

Prüfung der Aktivitätsklausel

– Sowohl der Handel mit Grundstücken als auch derjenige mit Rechten fallen nicht unter den Begriff „Lieferung von Waren" i. S. d. § 2a Abs. 2 EStG (→ BFH vom 18. 7. 2001 – BStBl 2003 II S. 48).

– Der Handel mit Jagd- und Sportmunition ist keine Lieferung von Waffen i. S. d. § 2a Abs. 2 EStG (→ BFH vom 30. 4. 2003 – BStBl II S. 918).

– Auf einem Datenträger verkörperte Standardsoftware ist „Ware" i. S. d. § 2a Abs. 2 EStG (→ BFH vom 28. 10. 2008 – BStBl 2009 II S. 527).

Verluste bei beschränkter Haftung (§ 15a EStG)

→ R 15a Abs. 5

Verluste aus VZ vor 1992

Negative ausländische Einkünfte, die in den VZ 1985 bis 1991 entstanden und bis zum VZ 1991 einschließlich nicht ausgeglichen worden sind, sind in die VZ ab 1992 zeitlich unbegrenzt vorzutragen (→ BFH vom 30. 6. 2005 – BStBl II S. 641).

EStG
S 2118b

§ 2b   (weggefallen)[1]

S 2120
S 2121
R 3.0

2. Steuerfreie Einnahmen

3.0 Steuerbefreiungen nach anderen Gesetzen, Verordnungen und Verträgen

[1]Gesetze und Verordnungen, die die Deckung des Landbedarfs der öffentlichen Hand regeln, bestimmen zum Teil, dass Geschäfte und Verhandlungen, die der Durchführung der Landbeschaffung und der Landentschädigung dienen, von allen Gebühren und Steuern des Bundes, der Länder und der sonstigen öffentlichen Körperschaften befreit sind. [2]Die Befreiung erstreckt sich nicht auf die Einkommensteuer für Gewinne aus diesen Rechtsgeschäften.

H 3.0   **Hinweise**

Steuerbefreiungen auf Grund zwischenstaatlicher Vereinbarungen

→ Anlage zum BMF-Schreiben vom 20. 8. 2007 (BStBl I S. 656)

Steuerbefreiungen nach anderen Gesetzen, Verordnungen und Verträgen

– Unterschiedsbeträge nach § 17 Abs. 1 Arbeitssicherstellungsgesetz;

S 2125   – Leistungen nach Abschnitt 2 des Conterganstiftungsgesetzes (§ 17).

EStG   **§ 3**

S 2342   **Steuerfrei sind**

1. a) Leistungen aus einer Krankenversicherung, aus einer Pflegeversicherung und aus der gesetzlichen Unfallversicherung,

   b) Sachleistungen und Kinderzuschüsse aus den gesetzlichen Rentenversicherungen einschließlich der Sachleistungen nach dem Gesetz über die Alterssicherung der Landwirte,

---

1) § 2b EStG wurde durch das Gesetz zur Beschränkung der Verlustverrechnung im Zusammenhang mit Steuerstundungsmodellen aufgehoben. § 2b EStG in der Fassung der Bekanntmachung vom 19. 10. 2002 (BGBl. I S. 4210, 2003 I S. 179) ist weiterhin für Einkünfte aus einer Einkunftsquelle i. S. d. § 2b EStG anzuwenden, die der Steuerpflichtige nach dem 4. 3. 1999 und vor dem 11. 11. 2005 rechtswirksam erworben oder begründet hat → § 52 Absatz 4 EStG.

c) Übergangsgeld nach dem Sechsten Buch Sozialgesetzbuch und Geldleistungen nach den §§ 10, 36 bis 39 des Gesetzes über die Alterssicherung der Landwirte,

d) das Mutterschaftsgeld nach dem Mutterschutzgesetz, der Reichsversicherungsordnung und dem Gesetz über die Krankenversicherung der Landwirte, die Sonderunterstützung für im Familienhaushalt beschäftigte Frauen, der Zuschuss zum Mutterschaftsgeld nach dem Mutterschutzgesetz sowie der Zuschuss bei Beschäftigungsverboten für die Zeit vor oder nach einer Entbindung sowie für den Entbindungstag während einer Elternzeit nach beamtenrechtlichen Vorschriften;

Hinweise

Allgemeines

– Leistungen aus der gesetzlichen Kranken- und Unfallversicherung sind Bar- und Sachleistungen (→ §§ 21 – 22 SGB I).

– Zur Rechtsnachfolge bei diesen Leistungen (→ §§ 56 – 59 SGB I).

Krankenversicherung

Steuerfrei sind auch Leistungen aus einer ausländischen Krankenversicherung (→ BFH vom 26. 5. 1998 – BStBl II S. 581).

Unfallversicherung

Die Steuerfreiheit kann auch für Leistungen aus einer ausländischen gesetzlichen Unfallversicherung in Betracht kommen (→ BFH vom 7. 8. 1959 – BStBl III S. 462).

§ 3

2. das Arbeitslosengeld, das Teilarbeitslosengeld, das Kurzarbeitergeld, das Winterausfallgeld, die Arbeitslosenhilfe, der Zuschuss zum Arbeitsentgelt, das Übergangsgeld, das Unterhaltsgeld, die Eingliederungshilfe, das Überbrückungsgeld, der Gründungszuschuss, der Existenzgründungszuschuss nach dem Dritten Buch Sozialgesetzbuch oder dem Arbeitsförderungsgesetz sowie das aus dem Europäischen Sozialfonds finanzierte Unterhaltsgeld und die aus Landesmitteln ergänzten Leistungen aus dem Europäischen Sozialfonds zur Aufstockung des Überbrückungsgeldes nach dem Dritten Buch Sozialgesetzbuch oder dem Arbeitsförderungsgesetz und die übrigen Leistungen nach dem Dritten Buch Sozialgesetzbuch oder dem Arbeitsförderungsgesetz und den entsprechenden Programmen des Bundes und der Länder, soweit sie Arbeitnehmern oder Arbeitsuchenden oder zur Förderung der Ausbildung oder Fortbildung der Empfänger gewährt werden, sowie Leistungen auf Grund der in § 141m Absatz 1 und § 141n Absatz 2 des Arbeitsförderungsgesetzes oder *§ 169* und *§ 175* des Dritten Buches Sozialgesetzbuch genannten Ansprüche, Leistungen auf Grund der in § 115 Absatz 1 des Zehnten Buches Sozialgesetzbuch in Verbindung mit § 117 Absatz 4 Satz 1 oder § 134 Absatz 4, § 160 Absatz 1 Satz 1 und § 166a des Arbeitsförderungsgesetzes oder in Verbindung mit *§ 157* Absatz 3 oder § 198 Satz 2 Nummer 6, § 335 Absatz 3 des Dritten Buches Sozialgesetzbuch genannten Ansprüche, wenn über das Vermögen des ehemaligen Arbeitgebers des Arbeitslosen das Konkursverfahren, Gesamtvollstreckungsverfahren oder Insolvenzverfahren eröffnet worden ist oder einer der Fälle des § 141b Absatz 3 des Arbeitsförderungsgesetzes oder des *§ 165* Absatz 1 Nummer 2 oder 3 des Dritten Buches Sozialgesetzbuch vorliegt, und der Altersübergangsgeld-Ausgleichsbetrag nach § 249e Absatz 4a des Arbeitsförderungsgesetzes in der bis zum 31. Dezember 1997 geltenden Fassung;

---

1) *Nummer 2 wurde durch das Gesetz zur Verbesserung der Eingliederungschancen am Arbeitsmarkt (Inkrafttreten am 1. 4. 2012) geändert.*

R 3.2   **3.2 Steuerbefreiungen**

Zu § 3 Nr. 2

[1]Aus dem Ausland bezogenes Arbeitslosengeld gehört nicht zu den nach § 3 Nr. 2 EStG steuerfreien Leistungen. [2]Es handelt sich dabei um wiederkehrende Bezüge i. S. d. § 22 Nr. 1 EStG, die ggf. nach dem DBA mit einem ausländischen Staat steuerfrei sein können.

H 3.2   **Hinweise**

Existenzgründerzuschuss

Zuschüsse zur Förderung von Existenzgründern aus Mitteln des Europäischen Sozialfonds und aus Landesmitteln sind nicht steuerfrei, wenn sie nicht der Aufstockung des Überbrückungsgeldes nach dem SGB III dienen (→ BFH vom 26. 6. 2002 – BStBl II S. 697).

Leistungen nach dem SGB III

→ R 3.2 LStR 2011

Lohnersatzleistungen aus der Schweiz, der EU und EWR-Staaten

Lohnersatzleistungen aus dem EU-/EWR-Ausland und der Schweiz sind von der deutschen Steuer freizustellen und dem Progressionsvorbehalt zu unterwerfen.

Für Lohnersatzleistungen, die ein unbeschränkt Stpfl. aus einem Staat erhält, mit dem Deutschland ein DBA abgeschlossen hat, hat regelmäßig der Ansässigkeitsstaat des Steuerpflichtigen das Besteuerungsrecht.

Im Vorgriff auf eine gesetzliche Neuregelung ist – nach einer Erörterung auf Bund-Länder-Ebene – nunmehr folgendes zu beachten:

In Fällen, in denen Deutschland der Ansässigkeitsstaat des Stpfl. i. S. d. jeweiligen DBA ist, sind den deutschen Vorschriften vergleichbare Lohnersatzleistungen aus der Schweiz und dem EU-/EWR-Ausland aus sachlichen Billigkeitsgründen – in analoger Anwendung des § 3 Nr. 2 EStG – von der deutschen Steuer freizustellen. Gleichzeitig ist § 32b Abs. 1 Nr. 1 EStG analog anzuwenden. Das bedeutet, die Lohnersatzleistungen sind dem Progressionsvorbehalt zu unterwerfen. R 3.2 der EStR 2008 ist somit nicht mehr anzuwenden; eine Anpassung im o. g. Sinne ist alsbald geplant.

Ist Deutschland nicht Ansässigkeitsstaat des Stpfl. und hat Deutschland die Lohnersatzleistungen nach einem DBA von der Steuer freizustellen, sind diese nach § 32b Abs. 1 Nr. 3 EStG, dem Progressionsvorbehalt zu unterwerfen.

→ OFD Koblenz vom 29. 2. 2012 – S 2295 A – St 33 3/S 2342 A – St 32 3

EStG   **§ 3**

S 2342   2a.   die Arbeitslosenbeihilfe und die Arbeitslosenhilfe nach dem Soldatenversorgungsgesetz;

S 2342   2b.   Leistungen zur Sicherung des Lebensunterhalts und zur Eingliederung in Arbeit nach dem Zweiten Buch Sozialgesetzbuch;

S 2342   3.   a)   Rentenabfindungen nach § 107 des Sechsten Buches Sozialgesetzbuch, nach § 21 des Beamtenversorgungsgesetzes oder entsprechendem Landesrecht und nach § 43 des Soldatenversorgungsgesetzes in Verbindung mit § 21 des Beamtenversorgungsgesetzes,

         b)   Beitragserstattungen an den Versicherten nach den §§ 210 und 286d des Sechsten Buches Sozialgesetzbuch sowie nach den §§ 204, 205 und 207 des Sechsten Buches Sozialgesetzbuch, Beitragserstattungen nach den §§ 75 und 117 des Gesetzes über die Alterssicherung der Landwirte und nach § 26 des Vierten Buches Sozialgesetzbuch,

         c)   Leistungen aus berufsständischen Versorgungseinrichtungen, die den Leistungen nach den Buchstaben a und b entsprechen,

         d)   Kapitalabfindungen und Ausgleichszahlungen nach § 48 des Beamtenversorgungsgesetzes oder entsprechendem Landesrecht und nach den §§ 28 bis 35 und 38 des Soldatenversorgungsgesetzes;

S 2342   4.   bei Angehörigen der Bundeswehr, der Bundespolizei, des Zollfahndungsdienstes, der Bereitschaftspolizei der Länder, der Vollzugspolizei und der Berufsfeuerwehr der Länder und Gemeinden und bei Vollzugsbeamten der Kriminalpolizei des Bundes, der Länder und Gemeinden

a) der Geldwert der ihnen aus Dienstbeständen überlassenen Dienstkleidung,

b) Einkleidungsbeihilfen und Abnutzungsentschädigungen für die Dienstkleidung der zum Tragen oder Bereithalten von Dienstkleidung Verpflichteten und für dienstlich notwendige Kleidungsstücke der Vollzugsbeamten der Kriminalpolizei und der Zollfahndungsbeamten,

c) im Einsatz gewährte Verpflegung oder Verpflegungszuschüsse,

d) der Geldwert der auf Grund gesetzlicher Vorschriften gewährten Heilfürsorge;

Hinweise H 3.4

Überlassung von Dienstkleidung und andere Leistungen an bestimmte Angehörige des öffentlichen Dienstes

→ R 3.4 LStR 2011

§ 3 EStG

5. die Geld- und Sachbezüge sowie die Heilfürsorge, die Soldaten auf Grund des § 1 Absatz 1 Satz 1 des Wehrsoldgesetzes und Zivildienstleistende auf Grund des § 35 des Zivildienstgesetzes erhalten; S 2342

Hinweise H 3.5

Geld- und Sachbezüge an Wehrpflichtige und Zivildienstleistende

→ R 3.5 LStR 2011

§ 3 EStG

6. Bezüge, die auf Grund gesetzlicher Vorschriften aus öffentlichen Mitteln versorgungshalber an Wehrdienstbeschädigte und Zivildienstbeschädigte oder ihre Hinterbliebenen, Kriegsbeschädigte, Kriegshinterbliebene und ihnen gleichgestellte Personen gezahlt werden, soweit es sich nicht um Bezüge handelt, die auf Grund der Dienstzeit gewährt werden; S 2342

Hinweise H 3.6

Bezüge aus EU-Mitgliedstaaten

§ 3 Nr. 6 EStG ist auch auf Bezüge von Kriegsbeschädigten und gleichgestellten Personen anzuwenden, die aus öffentlichen Mitteln anderer EU-Mitgliedstaaten gezahlt werden (→ BFH vom 22. 1. 1997 – BStBl II S. 358).

Gesetzliche Bezüge der Wehr- und Zivildienstbeschädigten, Kriegsbeschädigten, ihrer Hinterbliebenen und der ihnen gleichgestellten Personen

→ R 3.6 LStR 2011

§ 3 EStG

7. Ausgleichsleistungen nach dem Lastenausgleichsgesetz, Leistungen nach dem Flüchtlingshilfegesetz, dem Bundesvertriebenengesetz, dem Reparationsschädengesetz, dem Vertriebenen- S 2121

zuwendungsgesetz, dem NS-Verfolgtenentschädigungsgesetz sowie Leistungen nach dem Entschädigungsgesetz und nach dem Ausgleichsleistungsgesetz, soweit sie nicht Kapitalerträge im Sinne des § 20 Absatz 1 Nummer 7 und Absatz 2 sind;

H 3.7   **Hinweise**

Allgemeines

Steuerfrei sind insbesondere folgende Leistungen, soweit sie nicht in Form zurückzahlbarer Darlehen, z. B. Eingliederungsdarlehen gewährt werden:

Flüchtlingshilfegesetz (FlüHG)

– laufende Beihilfe – Beihilfe zum Lebensunterhalt,
– besondere laufende Beihilfe (§§ 10 bis 16a FlüHG).

Lastenausgleichsgesetz (LAG)

– Hauptentschädigung – einschließlich des Zinszuschlags – i. S. d. § 250 Abs. 3 und des § 252 Abs. 2 LAG – (§§ 243 bis 252, 258 LAG),
– Kriegsschadenrente – Unterhaltshilfe und Entschädigungsrente – (§§ 261 bis 292c LAG),
– Hausratentschädigungen (§§ 293 bis 297 LAG), Leistungen aus dem Härtefonds (§§ 301, 301a, 301b LAG),
– Leistungen auf Grund sonstiger Förderungsmaßnahmen (§ 302 LAG),

---

EStG   **§ 3**

S 2342   **8.** Geldrenten, Kapitalentschädigungen und Leistungen im Heilverfahren, die auf Grund gesetzlicher Vorschriften zur Wiedergutmachung nationalsozialistischen Unrechts gewährt werden. ²Die Steuerpflicht von Bezügen aus einem aus Wiedergutmachungsgründen neu begründeten oder wieder begründeten Dienstverhältnis sowie von Bezügen aus einem früheren Dienstverhältnis, die aus Wiedergutmachungsgründen neu gewährt oder wieder gewährt werden, bleibt unberührt;

H 3.8   **Hinweise**

Wiedergutmachungsleistungen

→ Bundesentschädigungsgesetz
→ Bundesgesetz zur Wiedergutmachung nationalsozialistischen Unrechts in der Kriegsopferversorgung
→ Bundesgesetz zur Wiedergutmachung nationalsozialistischen Unrechts in der Kriegsopferversorgung für Berechtigte im Ausland
→ Entschädigungsrentengesetz
→ Wiedergutmachungsrecht der Länder

EStG   **§ 3**

S 2340 [1]   **8a.** Renten wegen Alters und Renten wegen verminderter Erwerbsfähigkeit aus der gesetzlichen Rentenversicherung, die an Verfolgte im Sinne des § 1 des Bundesentschädigungsgesetzes gezahlt werden, wenn rentenrechtliche Zeiten auf Grund der Verfolgung in der Rente enthalten sind. Renten wegen Todes aus der gesetzlichen Rentenversicherung, wenn der verstorbene Versicherte Verfolgter im Sinne des § 1 des Bundesentschädigungsgesetzes war und wenn rentenrechtliche Zeiten auf Grund der Verfolgung in dieser Rente enthalten sind.

---

[1] Anm.: Nummer 8a wurde durch das BeitrRLUmsG eingefügt und ist in allen Fällen anzuwenden, in denen die Steuer noch nicht bestandskräftig festgesetzt ist → § 52 Abs. 4a Satz 1 EStG.

9. Erstattungen nach § 23 Absatz 2 Satz 1 Nummer 3 und 4 sowie nach § 39 Absatz 4 Satz 2 des Achten Buches Sozialgesetzbuch; S 2340

10. Einnahmen einer Gastfamilie für die Aufnahme eines behinderten oder von Behinderung bedrohten Menschen nach § 2 Absatz 1 des Neunten Buches Sozialgesetzbuch zur Pflege, Betreuung, Unterbringung und Verpflegung, die auf Leistungen eines Leistungsträgers nach dem Sozialgesetzbuch beruhen. ²Für Einnahmen im Sinne des Satzes 1, die nicht auf Leistungen eines Leistungsträgers nach dem Sozialgesetzbuch beruhen, gilt Entsprechendes bis zur Höhe der Leistungen nach dem Zwölften Buch Sozialgesetzbuch. ³Überschreiten die auf Grund der in Satz 1 bezeichneten Tätigkeit bezogenen Einnahmen der Gastfamilie den steuerfreien Betrag, dürfen die mit der Tätigkeit in unmittelbarem wirtschaftlichen Zusammenhang stehenden Ausgaben abweichend von § 3c nur insoweit als Betriebsausgaben abgezogen werden, als sie den Betrag der steuerfreien Einnahmen übersteigen; S 2342 ¹⁾

11. Bezüge aus öffentlichen Mitteln oder aus Mitteln einer öffentlichen Stiftung, die wegen Hilfsbedürftigkeit oder als Beihilfe zu dem Zweck bewilligt werden, die Erziehung oder Ausbildung, die Wissenschaft oder Kunst unmittelbar zu fördern. ²Darunter fallen nicht Kinderzuschläge und Kinderbeihilfen, die auf Grund der Besoldungsgesetze, besonderer Tarife oder ähnlicher Vorschriften gewährt werden. ³Voraussetzung für die Steuerfreiheit ist, dass der Empfänger mit den Bezügen nicht zu einer bestimmten wissenschaftlichen oder künstlerischen Gegenleistung oder zu einer bestimmten Arbeitnehmertätigkeit verpflichtet wird. ⁴Den Bezügen aus öffentlichen Mitteln wegen Hilfsbedürftigkeit gleichgestellt sind Beitragsermäßigungen und Prämienrückzahlungen eines Trägers der gesetzlichen Krankenversicherung für nicht in Anspruch genommene Beihilfeleistungen; S 2342

Hinweise H 3.11

Beihilfen

Entscheidendes Merkmal der Beihilfe ist ihre Unentgeltlichkeit und Einseitigkeit. Leistungen, die im Rahmen eines entgeltlichen Austauschgeschäfts erbracht werden, können nicht als Beihilfe qualifiziert werden. Danach sind die von den Jugendämtern an Vollzeitpflegeeltern geleisteten → Pflegegelder nach § 3 Nr. 11 EStG steuerfrei. Demgegenüber sind Pflegesätze, die an ein erwerbsmäßig betriebenes Kinderhaus für die Unterbringung von Kindern gezahlt werden, keine Beihilfen i. S. d. § 3 Nr. 11 EStG (→ BFH vom 23. 9. 1998 – BStBl 1999 II S. 133),

Beihilfen und Unterstützungen, die wegen Hilfsbedürftigkeit gewährt werden

→ R 3.11 LStR 2011

Zur Steuerfreiheit von Beihilfe- und Unterstützungszahlungen an die Arbeitnehmer eines gemeinnützig tätigen Vereins im Hinblick auf die Frage, welche Zuschüsse und zweckgebundenen Mittel an den Verein als „öffentliche Mittel" zu werten sind (→ BFH vom 18. 5. 2004 – BFH/NV 2005, S. 22).

Beihilfen zu Lebenshaltungskosten

können die Erziehung und Ausbildung, nicht aber die Wissenschaft und Kunst unmittelbar fördern (→ BFH vom 27. 4. 2006 – BStBl II S. 755).

Erziehungs- und Ausbildungsbeihilfen

→ H 3.11 (Steuerfreiheit nach § 3 Nr. 11 EStG) LStH 2011

– von den Jugendämtern an die Betreuer von sog. Tagesgroßpflegestellen gezahlte Erziehungsgelder (→ BFH vom 17. 5. 1990 – BStBl II S. 1018),

– Zahlungen an sog. Erziehungs- und Familienhelfer → OFD Frankfurt vom 30. 6. 2000 – S 2121 – A 14 – St II 20 (FR 2000 S. 1005).

---

¹⁾ Nummer 10 in der bis zum 31. 12. 2005 geltenden Fassung wurde durch das Gesetz zum Einstieg in ein steuerliches Sofortprogramm ab VZ 2006 aufgehoben. Zur zeitlichen Anwendung →§ 52 Abs. 4a Satz 4 EStG. Nummer 10 in der bis zum 31. 12. 2005 geltenden Fassung lautet:
„10. Übergangsgelder und Übergangsbeihilfen auf Grund gesetzlicher Vorschriften wegen Entlassung aus einem Dienstverhältnis, höchstens jedoch 10 800 Euro;"

Öffentliche Stiftung

Eine öffentliche Stiftung liegt vor, wenn

a) die Stiftung selbst juristische Person des öffentlichen Rechts ist

oder

b) das Stiftungsvermögen im Eigentum einer juristischen Person des öffentlichen Rechts steht

oder

c) die Stiftung von einer juristischen Person des öffentlichen Rechts verwaltet wird.

Zur Definition der öffentlichen Stiftung → BVerfGE 15; S. 46, 66

Im Übrigen richtet sich der Begriff nach Landesrecht.

Pflegegeld

– Zur Behandlung der Geldleistungen für Kinder in **Vollzeitpflege**, für die Erziehung in einer Tagesgruppe, für Heimerziehung und für die intensive sozialpädagogische Einzelbetreuung → BMF vom 21. 4. 2011 (BStBl I S. 487) *unter Berücksichtigung der Änderungen durch BMF vom 27. 11. 2012 (BStBl I S. 1226).*

– Zur Behandlung der Geldleistungen für Kinder in **Kindertagespflege** → H 18.1 (Kindertagespflege)

– → Beihilfen.

EStG §3

S 2337 12. aus einer Bundeskasse oder Landeskasse gezahlte Bezüge, die in einem Bundesgesetz oder Landesgesetz oder einer auf bundesgesetzlicher oder landesgesetzlicher Ermächtigung beruhenden Bestimmung oder von der Bundesregierung oder einer Landesregierung als Aufwandsentschädigung festgesetzt sind und als Aufwandsentschädigung im Haushaltsplan ausgewiesen werden. ²Das Gleiche gilt für andere Bezüge, die als Aufwandsentschädigung aus öffentlichen Kassen an öffentliche Dienste leistende Personen gezahlt werden, soweit nicht festgestellt wird, dass sie für Verdienstausfall oder Zeitverlust gewährt werden oder den Aufwand, der dem Empfänger erwächst, offenbar übersteigen;

H 3.12 Hinweise

Aufwandsentschädigungen aus öffentlichen Kassen

→ R 3.12 LStR 2011

→ H 3.11 (Öffentliche Kassen) LStH *2012*

Kommunalvertretung

→ ESt-Kartei SH, Karten 1.1.6 und 1.2.4

EStG §3

S 2338
1) 13. die aus öffentlichen Kassen gezahlten Reisekostenvergütungen, Umzugskostenvergütungen und Trennungsgelder. ²Die als Reisekostenvergütungen gezahlten Vergütungen für Verpflegungsmehraufwendungen sind nur insoweit steuerfrei, als sie die Pauschbeträge nach

---

1) Nummer 13 wurde durch das Gesetz zur Änderung und Vereinfachung der Unternehmensbesteuerung und des steuerlichen Reisekostenrechts neu gefasst und ist erstmals für den VZ 2014 anzuwenden → § 52 Abs. 1 EStG. Anm.:
Nummer 13 i. d. F. des Gesetzes zur Änderung und Vereinfachung der Unternehmensbesteuerung und des steuerlichen Reisekostenrechts lautet:
„13. die aus öffentlichen Kassen gezahlten Reisekostenvergütungen, Umzugskostenvergütungen und Trennungsgelder. Die als Reisekostenvergütungen gezahlten Vergütungen für Verpflegung sind nur insoweit steuerfrei, als sie die Pauschbeträge nach § 9 Absatz 4a nicht übersteigen; Trennungsgelder sind nur insoweit steuerfrei, als sie die nach § 9 Absatz 1 Satz 3 Nummer 5 und Absatz 4a abziehbaren Aufwendungen nicht übersteigen;"

§ 4 Absatz 5 Satz 1 Nummer 5 nicht übersteigen; Trennungsgelder sind nur insoweit steuerfrei, als sie die nach § 9 Absatz 1 Satz 3 Nummer 5 und Absatz 5 sowie § 4 Absatz 5 Satz 1 Nummer 5 abziehbaren Aufwendungen nicht übersteigen;

Hinweise — H 3.13

Reisekostenvergütungen, Umzugskostenvergütungen und Trennungsgelder aus öffentlichen Kassen

→ R 3.12 LStR 2011
→ H 3.11 (Öffentliche Kassen) LStH *2012*

§ 3 — EStG

14. Zuschüsse eines Trägers der gesetzlichen Rentenversicherung zu den Aufwendungen eines Rentners für seine Krankenversicherung und von dem gesetzlichen Rentenversicherungsträger getragene Anteile (§ 249a Fünftes Buch Sozialgesetzbuch) an den Beiträgen für die gesetzliche Krankenversicherung; — S 2342

Hinweise — H 3.14

Zuschüsse zur Krankenversicherung der Rentner

Die Steuerbefreiung gilt auch für Zuschüsse gem. §§ 106 und 315 SGB VI.

§ 3 — EStG

15. (weggefallen) — S 2342

§ 3 — EStG

16. die Vergütungen, die Arbeitnehmer außerhalb des öffentlichen Dienstes von ihrem Arbeitgeber zur Erstattung von Reisekosten, Umzugskosten oder Mehraufwendungen bei doppelter Haushaltsführung erhalten, soweit sie die beruflich veranlassten Mehraufwendungen, bei Verpflegungsmehraufwendungen die Pauschbeträge nach § 4 Absatz 5 Satz 1 Nummer 5 und bei Familienheimfahrten mit dem eigenen oder außerhalb des Dienstverhältnisses zur Nutzung überlassenen Kraftfahrzeug die Pauschbeträge nach § 9 Abs. 1 Satz 3 Nummer 4 nicht übersteigen; Vergütungen zur Erstattung von Mehraufwendungen bei doppelter Haushaltsführung sind nur insoweit steuerfrei, als sie die nach § 9 Abs. 1 Satz 3 Nummer 4 und Absatz 5 sowie § 4 Absatz 5 Satz 1 Nummer 5 abziehbaren Aufwendungen nicht übersteigen; — S 2338 [1]

---

[1] *Nummer 16 wurde durch das Gesetz zur Änderung und Vereinfachung der Unternehmensbesteuerung und des steuerlichen Reisekostenrechts neu gefasst und ist erstmals für den VZ 2014 anzuwenden* → § 52 Abs. 1 EStG.
Anm.:
Nummer 16 i. d. F. des Gesetzes zur Änderung und Vereinfachung der Unternehmensbesteuerung und des steuerlichen Reisekostenrechts lautet:
„16. die Vergütungen, die Arbeitnehmer außerhalb des öffentlichen Dienstes von ihrem Arbeitgeber zur Erstattung von Reisekosten, Umzugskosten oder Mehraufwendungen bei doppelter Haushaltsführung erhalten, soweit sie die nach § 9 als Werbungskosten abziehbaren Aufwendungen nicht übersteigen;"

H 3.16

Hinweise

Steuerfreie Leistungen für Reisekosten, Umzugskosten und Mehraufwendungen bei doppelter Haushaltsführung außerhalb des öffentlichen Dienstes

→ R 3.16 LStR 2011

EStG

§ 3

S 2121   **17.**   Zuschüsse zum Beitrag nach § 32 des Gesetzes über die Alterssicherung der Landwirte;

S 2121   **18.**   das Aufgeld für ein an die Bank für Vertriebene und Geschädigte (Lastenausgleichsbank) zugunsten des Ausgleichsfonds (§ 5 des Lastenausgleichsgesetzes) gegebenes Darlehen, wenn das Darlehen nach § 7f des Gesetzes in der Fassung der Bekanntmachung vom 15. September 1953 (BGBl. I S. 1355) im Jahr der Hingabe als Betriebsausgabe abzugsfähig war;

S 2342 [1]   **19.**   (weggefallen)

S 2342   **20.**   die aus öffentlichen Mitteln des Bundespräsidenten aus sittlichen oder sozialen Gründen gewährten Zuwendungen an besonders verdiente Personen oder ihre Hinterbliebenen;

S 2121   **21.**   (weggefallen)

S 2342   **22.**   (weggefallen)

S 2342   **23.**   die Leistungen nach dem Häftlingshilfegesetz, dem Strafrechtlichen Rehabilitierungsgesetz, dem Verwaltungsrechtlichen Rehabilitierungsgesetz und dem Beruflichen Rehabilitierungsgesetz;

S 2342   **24.**   Leistungen, die auf Grund des Bundeskindergeldgesetzes gewährt werden;

S 2342   **25.**   Entschädigungen nach dem Infektionsschutzgesetz vom 20. Juli 2000 (BGBl. I S. 1045);

S 2121 [2]   **26.**   Einnahmen aus nebenberuflichen Tätigkeiten als Übungsleiter, Ausbilder, Erzieher, Betreuer oder vergleichbaren nebenberuflichen Tätigkeiten, aus nebenberuflichen künstlerischen Tätigkeiten oder der nebenberuflichen Pflege alter, kranker oder behinderter Menschen im Dienst oder im Auftrag einer juristischen Person des öffentlichen Rechts, die in einem Mitgliedstaat der Europäischen Union oder in einem Staat belegen ist, auf den das Abkommen über den Europäischen Wirtschaftsraum Anwendung findet, oder einer unter § 5 Absatz 1 Nummer 9 des Körperschaftsteuergesetzes fallenden Einrichtung zur Förderung gemeinnütziger, mildtätiger und kirchlicher Zwecke (§§ 52 bis 54 der Abgabenordnung) bis zur Höhe von insgesamt 2 100 Euro im Jahr. [2]Überschreiten die Einnahmen für die in Satz 1 bezeichneten Tätigkeiten den steuerfreien Betrag, dürfen die mit den nebenberuflichen Tätigkeiten in unmittelbarem wirtschaftlichen Zusammenhang stehenden Ausgaben abweichend von § 3c nur insoweit als Betriebsausgaben oder Werbungskosten abgezogen werden, als sie den Betrag der steuerfreien Einnahmen übersteigen;

H 3.26

Hinweise

Steuerbefreiung für nebenberufliche Tätigkeiten

–   → R 3.26 LStR 2011

–   → OFD Frankfurt vom 21. 1. 2010, S 2245 A – 2 – St 213 –

1. Allgemeines

Die Steuerbefreiung für nebenberufliche Tätigkeiten ist in R 3.26 LStR geregelt.

Ergänzend hierzu weise ich auf Folgendes hin:

---

[1] Nummer 19 wurde durch das Steuervereinfachungsgesetz 2011 ab VZ 2011 aufgehoben. Auf fortlaufende Leistungen nach dem Gesetz über die Heimkehrerstiftung vom 21. 12. 1992 (BGBl. I S. 2094, 2101), das zuletzt durch Artikel 1 des Gesetzes vom 10. 12. 2007 (BGBl. I S. 2830) geändert worden ist, ist Nummer 19 in der bis zum 31. 12. 2010 geltenden Fassung dieses Gesetzes weiter anzuwenden → § 52 Abs. 4a Satz 6 EStG.
Nummer 19 in der bis 31. 12. 2010 geltenden Fassung lautet:
„19. Entschädigungen auf Grund des Gesetzes über die Entschädigung ehemaliger deutscher Kriegsgefangener;"

[2] *Nummer 26 Satz 1 wurde durch Ehrenamtsstärkungsgesetz ab VZ 2013 geändert.*
Anm.:
In Nummer 26 Satz 1 wird die Angabe „2 100 Euro" durch die Angabe „2 400 Euro" ersetzt.

Durch das Steuerbereinigungsgesetz 1999 wurde ab dem 1. 1. 2000 die Tätigkeit des nebenberuflichen **Betreuers** in den Katalog der begünstigten Tätigkeiten aufgenommen. Begünstigt sind danach **drei Tätigkeitsbereiche:**

– Nebenberufliche Tätigkeit als Übungsleiter, Ausbilder, Erzieher, Betreuer oder eine vergleichbare Tätigkeit

– Nebenberufliche künstlerische Tätigkeit

– Nebenberufliche Pflege alter, kranker oder behinderter Menschen

Die bisher begünstigten Tätigkeiten der Übungsleiter, Ausbilder und Erzieher haben miteinander gemeinsam, dass bei ihrer Ausübung durch persönliche Kontakte Einfluss auf andere Menschen genommen wird, um auf diese Weise deren Fähigkeiten zu entwickeln und zu fördern. Nach der Gesetzesbegründung zum Steuerbereinigungsgesetz gilt dies auch für den neu eingeführten Begriff des Betreuers. Gemeinsamer Nenner dieser Tätigkeiten ist daher die **pädagogische Ausrichtung**. Nicht begünstigt ist die Betreuungstätigkeit des gesetzlichen Betreuers nach § 1835a BGB sowie der Verfahrenspfleger nach dem Gesetz über die Angelegenheiten der freiwilligen Gerichtsbarkeit (FGG; Bestellung nach § 50 FGG in Vormundschafts- u. Familiensachen, nach § 67 FGG in Betreuungssachen und nach § 70b FGG bei Unterbringungsmaßnahmen), da § 3 Nr. 26 EStG nur angewendet werden kann, wenn durch einen direkten pädagogisch ausgerichteten persönlichen Kontakt zu den betreuten Menschen ein Kernbereich des ehrenamtlichen Engagements erfüllt wird. (Zur steuerlichen Behandlung der Aufwandsentschädigungen für ehrenamtliche rechtliche Betreuer nach § 1835a BGB vgl. ESt-Kartei § 22 Karte 7 N).

Betroffen von der Neuregelung sind insbesondere Personen, die betreuend im Jugend- und Sportbereich gemeinnütziger Vereine tätig werden. Daher kommt u. a. nun auch der Übungsleiterfreibetrag für die Beaufsichtigung und Betreuung von Jugendlichen durch Jugendleiter, Ferienbetreuer, Schulwegbegleiter etc. in Betracht.

Auch wenn ausschließlich (ohne Zusammenhang mit körperlicher Pflege) **hauswirtschaftliche oder betreuende Hilfstätigkeiten** für alte oder behinderte Menschen erbracht werden (z. B. Reinigung der Wohnung, Kochen, Einkaufen, Erledigung von Schriftverkehr), ist der Freibetrag nach § 3 Nr. 26 EStG zu gewähren, wenn die übrigen Voraussetzungen der Vorschrift erfüllt sind.

Im Bereich der nebenberuflichen **künstlerischen** Tätigkeit sind an den Begriff der „künstlerischen Tätigkeit" dieselben strengen Anforderungen zu stellen wie an die hauptberufliche künstlerische Tätigkeit im Sinne des § 18 Abs. 1 Nr. 1 EStG.

Bei einer Tätigkeit für juristische Personen des öffentlichen Rechts ist es unschädlich, wenn sie für einen **Betrieb gewerblicher Art** ausgeführt wird, da Betriebe gewerblicher Art auch gemeinnützigen Zwecken dienen können (z. B. Krankenhaus oder Kindergarten). Ziel des § 3 Nr. 26 EStG ist es, Bürger, die im gemeinnützigen, mildtätigen oder kirchlichen Bereich nebenberuflich tätig sind, von steuerlichen Verpflichtungen freizustellen. Mithin ist bei einer Tätigkeit für einen Betrieb gewerblicher Art darauf abzustellen, ob dieser einen entsprechend begünstigten Zweck verfolgt oder nicht.

Eine Förderung gemeinnütziger, mildtätiger und kirchlicher Zwecke ist grundsätzlich nur dann gegeben, wenn die Tätigkeit der Allgemeinheit zugute kommt. Bei nebenberuflicher Lehrtätigkeit ist diese Voraussetzung auch dann erfüllt, wenn eine Aus- oder Fortbildung zwar nur einem abgeschlossenen Personenkreis zugute kommt (z. B. innerhalb eines Unternehmens oder einer Dienststelle), die Aus- oder Fortbildung selbst aber im Interesse der Allgemeinheit liegt (vgl. BFH-Urteil vom 26. 3. 1992, BStBl 1993 II S. 20).

Aufgrund der Änderung des § 3 Nr. 26 EStG durch das Jahressteuergesetz 2009 kann der Freibetrag von 2 100 € nunmehr auch in Anspruch genommen werden, wenn eine entsprechende Tätigkeit nebenberuflich im Dienst oder Auftrag einer juristischen Person des öffentlichen Rechts bzw. einer zur Förderung gemeinnütziger, mildtätiger und kirchlicher Zwecke steuerbegünstigten Körperschaft erfolgt, die ihren Sitz in einem EU-/EWR-Staat hat. Die Regelung ist nach § 52 Abs. 4b EStG in allen noch offenen Fällen anzuwenden.

Mit dem Gesetz zur weiteren Stärkung des bürgerschaftlichen Engagements vom 10. 10. 2007 (BGBl. 2007 I S. 2332, BStBl 2007 I S. 815) wurde der Freibetrag ab 2007 von bisher 1848 EUR auf 2 100 € angehoben.

2. Einzelfälle

2.1 Ärzte im Behindertensport

Nach § 11a des Bundesversorgungsgesetzes ist Rehabilitationssport unter ärztlicher Aufsicht durchzuführen. Behindertensport bedarf nach § 2 Abs. 2 der Gesamtvereinbarungen über den ambulanten Behindertensport während der sportlichen Übungen der Überwachung durch den Arzt. Die Tätigkeit eines Arztes im Rahmen dieser

Bestimmungen fällt **dem Grunde nach unter** § 3 Nr. 26 EStG, sofern auch die übrigen Voraussetzungen hierfür erfüllt sind.

2.2 Ärzte im Coronarsport

Ärzte, die nebenberuflich in gemeinnützigen Sportvereinen Coronar-Sportkurse leiten, üben eine einem Übungsleiter vergleichbare Tätigkeit aus, wenn der im Coronar-Sport nebenberuflich tätige Arzt **auf den Ablauf der Übungseinheiten und die Übungsinhalte aktiv Einfluss nimmt.** Es handelt sich dann um eine nach § 3 Nr. 26 EStG begünstigte Tätigkeit.

2.3 Aufsichtsvergütung für die juristische Staatsprüfung

Vergütungen an Richter, Staatsanwälte und Verwaltungsbeamte des höheren Dienstes, die nebenamtlich als Leiter von Arbeitsgemeinschaften für Referendarinnen und Referendare tätig sind, fallen unter die Steuerbefreiungsvorschrift des § 3 Nr. 26 EStG und sind bis zur Höhe von 2 100 € jährlich steuerfrei.

2.4 Bahnhofsmission

Der Tätigkeitsbereich von Bahnhofsmissionen umfasst auch gem. § 3 Nr. 26 EStG begünstigte Pflege- und Betreuungsleistungen. Zur Abgrenzung gegenüber den nicht begünstigten Leistungen bestehen keine Bedenken, wenn Aufwandsentschädigungen nebenberuflicher Mitarbeiterinnen in Bahnhofsmissionen in Höhe von **60 %** der Einnahmen, maximal in Höhe von 3 600 DM (ab 2002: 1 848 €, ab 2007: 2 100 €) **steuerfrei** belassen werden. Von dem pauschalen Satz kann im Einzelfall abgewichen und auf die tatsächlichen Verhältnisse abgestellt werden, wenn Anhaltspunkte dafür vorliegen, dass die Anwendung dieses Regelsatzes zu einer unzutreffenden Besteuerung führen würde. (vgl. FinMin Hessen, Erlass vom 22. 9. 1992, S 2337 A – 76 – II B 21).

2.5 Behindertentransport

Fahrer und Beifahrer im Behindertentransport erhalten den Freibetrag nach § 3 Nr. 26 EStG bei Vorliegen der übrigen Voraussetzungen für jeweils 50 % ihrer Vergütung, da ihre Tätigkeit in der Regel zu gleichen Teilen auf das Fahren des Behindertenfahrzeugs und die Betreuung behinderter Menschen entfällt.

2.6 Bereitschaftsleitungen und Jugendgruppenleiter

Inwieweit eine Gewährung des Freibetrags nach § 3 Nr. 26 EStG in Betracht kommt, hängt von der tatsächlichen Tätigkeit ab. Soweit lediglich organisatorische Aufgaben wahrgenommen werden, liegt keine begünstigte Tätigkeit vor. Soweit die Vergütung auf die Tätigkeit als Ausbilder oder Betreuer entfällt, kann der Freibetrag nach § 3 Nr. 26 EStG gewährt werden.

2.7 Diakon

Ob ein nebenberuflich tätiger katholischer Diakon die Steuerbefreiung nach § 3 Nr. 26 EStG erhalten kann, hängt von der jeweiligen Tätigkeit ab. Zum Berufsbild des Diakons gehören auch ausbildende und betreuende Tätigkeiten mit pädagogischer Ausrichtung sowie Arbeiten im sozialen Bereich, die als Pflege alter, kranker oder behinderter Menschen gewertet werden können. Für solche Tätigkeiten ist eine Steuerbefreiung nach § 3 Nr. 26 EStG möglich.

Bei einer Tätigkeit im Bereich der Verkündigung (z. B. Taufen, Krankenkommunion, Trauungen, Predigtdienst) handelt es sich nicht um eine begünstigte Tätigkeit. Zur Aufteilung bei gemischten Tätigkeiten sowie zur Steuerfreiheit nach anderen Vorschriften vgl. R 3.26 Abs. 7 LStR.

2.8 Ferienbetreuer

Ehrenamtliche Ferienbetreuer, die zeitlich begrenzt zur Durchführung von Ferienmaßnahmen eingesetzt werden, sind nebenberuflich tätig, so dass bei Vorliegen der weiteren Voraussetzungen die Einnahmen aus dieser Tätigkeit nach § 3 Nr. 26 EStG begünstigt sind.

2.9 Feuerwehrleute

s. ESt-Kartei § 3 Fach 3 Karte 5

2.10 Hauswirtschaftliche Tätigkeiten in Altenheim, Krankenhäusern usw.

Reine Hilfsdienste, wie z. B. Putzen, Waschen und Kochen im Reinigungsdienst und in der Küche von Altenheimen, Krankenhäusern, Behinderteneinrichtungen u.ä. Einrichtungen stehen **nicht** den ambulanten Pflegediensten gleich und fallen daher nicht unter § 3 Nr. 26 EStG, da keine häusliche Betreuung im engeren Sinne stattfindet und damit kein unmittelbarer persönlicher Bezug zu den gepflegten Menschen entsteht. Die Leistungen werden primär für das jeweilige Heim oder Krankenhaus erbracht und betreffen daher nur mittelbar die pflegebedürftigen Personen.

2.11 Helfer im sog. Hintergrunddienst des Hausnotrufdienstes

Um bei Hausnotrufdiensten die Entgegennahme von Alarmanrufen rund um die Uhr, die Vertrautheit der Bewohner mit dem Hausnotrufdienst und die Funktionsfähigkeit der Hausnotrufgeräte zu gewährleisten, wird von den Hilfsorganisationen – zusätzlich zu den Mitarbeitern der Hausnotrufzentrale – ein sog. Hintergrunddienst eingerichtet, um vor Ort Hilfe zu leisten. Die Mitarbeiter des Hintergrunddienstes sind daneben auch mit der Einweisung, Einrichtung, Wartung und Überprüfung der Hausnotrufgeräte beschäftigt. Ihnen kann die Steuervergünstigung nach § 3 Nr. 26 EStG für den Anteil ihrer Vergütung gewährt werden, der auf tatsächliche Rettungseinsätze entfällt. Der begünstigte Anteil ist anhand der **Gesamtumstände des Einzelfalls** zu ermitteln.

2.12 Küchenmitarbeiter in Waldheimen

Die Tätigkeit von MitarbeiterInnen in der Küche und im hauswirtschaftlichen Bereich von Waldheimen stellt keine begünstigte Tätigkeit im Sinne des § 3 Nr. 26 EStG dar. Es handelt sich nicht um eine betreuende Tätigkeit, da pädagogische Aspekte nicht im Vordergrund stehen. Ausschlaggebend ist die hauswirtschaftliche Tätigkeit im Zusammenhang mit der Essenszubereitung für die in den Waldheimen während der Ferienzeit aufgenommenen Jugendlichen.

2.13 Lehrbeauftragte an Schulen

Vergütungen an ehrenamtliche Lehrbeauftragte, die von den Schulen für einen ergänzenden Unterricht eingesetzt werden, sind – soweit von den Schulen mit den Lehrbeauftragten nicht ausdrücklich ein Arbeitsvertrag abgeschlossen wird – den Einnahmen aus selbständiger (unterrichtender) Tätigkeit nach § 18 Abs. 1 Nr. 1 EStG zuzuordnen und **nach** § 3 Nr. 26 EStG **begünstigt.**

2.14 Mahlzeitendienste

Vergütungen an Helfer des Mahlzeitendienstes sind **nicht nach** § 3 Nr. 26 EStG **begünstigt**, da die Lieferung einer Mahlzeit für die Annahme einer Pflegeleistung nicht ausreicht. Ab dem 1. 1. 2007 ist jedoch die Inanspruchnahme der Steuerfreistellung nach § 3 Nr. 26a EStG in Höhe von bis zu 500 € möglich, sofern diese Tätigkeit nebenberuflich ausgeübt wird.

2.15 Notfallfahrten bei Blut- und Organtransport

Bei diesen Notfallfahrten handelt es sich nicht um begünstigte Tätigkeiten nach § 3 Nr. 26 EStG.

2.16 Organistentätigkeit

Durch das Kultur- und Stiftungsgesetz vom 13. 12. 1990 (BStBl 1991 I S. 51) ist § 3 Nr. 26 EStG dahingehend erweitert worden, dass ab 1991 auch Aufwandsentschädigungen für nebenberufliche künstlerische Tätigkeiten im Dienst oder Auftrag einer inländischen juristischen Person des öffentlichen Rechts oder einer gemeinnützigen Körperschaft in begrenztem Umfang steuerfrei bleiben. Aus Gründen der Praktikabilität und der Verwaltungsvereinfachung ist bei den in Kirchengemeinden eingesetzten Organisten grundsätzlich davon auszugehen, dass deren Tätigkeit eine gewisse Gestaltungshöhe erreicht und somit die Voraussetzungen einer **künstlerischen Tätigkeit** im Sinne des § 3 Nr. 26 EStG vorliegen. (vgl. FinMin Hessen, Erlass vom 17. 4. 2000, S 2337 A – 77 – II B 2a).

2.17 Patientenfürsprecher

Der Patientenfürsprecher hat die Interessen der Patienten gegenüber dem Krankenhaus zu vertreten. Diese Tätigkeit stellt keine Pflege alter, kranker oder behinderter Menschen dar. Die an die Patientenfürsprecher gezahlten Aufwandsentschädigungen sind daher nicht nach § 3 Nr. 26 EStG steuerfrei.

2.18 Prädikanten

Die Anwendung des § 3 Nr. 26 EStG wurde von den obersten Finanzbehörden des Bundes und der Länder verneint. Insoweit fehle bei den Prädikanten (wie auch bei Lektoren) der direkte pädagogisch ausgerichtete persönliche Kontakt zu einzelnen Menschen. Eine Steuerfreiheit der Bezüge kann sich jedoch ggf. aus § 3 Nr. 12, 13, 50 EStG ergeben.

2.19 Richter, Parcourschefs, Parcourschef-Assistenten bei Pferdesportveranstaltungen

Bei diesen ehrenamtlichen Tätigkeiten handelt es sich nicht um begünstigte Tätigkeiten nach § 3 Nr. 26 EStG.

2.20 Rettungssanitäter und Rettungsschwimmer

Die Vergütungen für die Tätigkeit von Rettungsschwimmern und Rettungssanitätern in Rettungs- und Krankentransportwagen sowie im Rahmen von Großveranstaltungen sind – bei Vorliegen aller Voraussetzungen – insgesamt nach § 3 Nr. 26 EStG begünstigt.

Die Einnahmen dieser ehrenamtlichen Rettungskräfte sind nicht mehr in solche aus Rettungseinsätzen und solche aus Bereitschaftszeiten aufzuteilen.

2.21 Stadtführer

Die Tätigkeit eines Stadtführers ist – vergleichbar mit einer unterrichtenden Tätigkeit an einer Volkshochschule und der Tätigkeit eines Museumsführers – wegen ihrer pädagogischen Ausrichtung grundsätzlich nach § 3 Nr. 26 EStG begünstigt. Zu prüfen ist jedoch insbesondere, ob die Tätigkeit im Auftrag oder im Dienst einer juristischen Person des öffentlichen Rechts oder einer anderen unter § 5 Abs. 1 Nr. 9 KStG zur Förderung gemeinnütziger, mildtätiger und kirchlicher Zwecke ausgeübt wird.

2.22 Statisten bei Theateraufführungen

Aufwandsentschädigungen für Statisten sind grundsätzlich **nicht** nach § 3 Nr. 26 EStG begünstigt, da Statisten keine künstlerische Tätigkeit ausüben. Eine künstlerische Tätigkeit liegt bei § 3 Nr. 26 EStG (wie bei § 18 EStG) nur vor, wenn eine gewisse Gestaltungshöhe bei eigenschöpferischer Leistung gegeben ist. Nachdem das Sächsische Finanzgericht mit Urteil vom 6. 3. 2006 gegen diese Verwaltungsauffassung entschieden hatte, ist nunmehr ein Revisionsverfahren beim BFH unter Az. XI R 21/06 anhängig. Diesbezügliche Einspruchsverfahren ruhen daher nach § 363 Abs. 2 Satz 2 AO. Auf Antrag kann Aussetzung der Vollziehung gewährt werden.

2.23 Versichertenälteste

Für die Tätigkeit der Versichertenältesten ist die Begünstigung des § 3 Nr. 26 EStG **nicht** zu gewähren, da es sich weder um eine begünstigte Tätigkeit handelt noch diese zur Förderung gemeinnütziger, mildtätiger oder kirchlicher Zwecke im Sinne der §§ 52 bis 54 AO handelt.

2.24 Zahnärzte im Arbeitskreis Jugendzahnpflege

Soweit Zahnärzte in freier Praxis im Rahmen der „Arbeitskreise Jugendzahnpflege in Hessen" (AkJ) tätig werden (sogen. **Patenschaftszahnärzte**), üben sie diese Tätigkeit **nebenberuflich** aus, so dass die entsprechenden Vergütungen bei Vorliegen der übrigen Voraussetzungen nach § 3 Nr. 26 EStG begünstigt sind.

3. Betriebsausgaben-/Werbungskostenabzug

Nach § 3c EStG dürfen Ausgaben, soweit sie mit steuerfreien Einnahmen in unmittelbarem wirtschaftlichen Zusammenhang stehen, nicht als Betriebsausgaben oder Werbungskosten abgezogen werden. Ausgaben, die zugleich steuerfreie und steuerpflichtige Einnahmen betreffen, sind – ggf. im Schätzungswege – aufzuteilen und anteilig abzuziehen.

Ab 1. 1. 2000 dürfen abweichend von diesen Grundsätzen nach § 3 Nr. 26 Satz 2 EStG in unmittelbarem wirtschaftlichen Zusammenhang mit der nebenberuflichen Tätigkeit stehende Ausgaben **nur insoweit als Werbungskosten oder Betriebsausgaben abgezogen werden, als sie den Betrag der steuerfreien Einnahmen übersteigen.**

Entstehen Betriebsausgaben zur Vorbereitung einer unter § 3 Nr. 26 EStG fallenden Tätigkeit und wird diese später nicht aufgenommen, kann der entstandene Verlust in voller Höhe, also ohne Kürzung um den Freibetrag, berücksichtigt werden. Der BFH hat mit Urteil vom 6. 7. 2005, XI R 61/04, BStBl 2006 II S. 163, – zu § 3 Nr. 26 EStG a. F. – entschieden, § 3c EStG sei insoweit nicht anwendbar.

EStG

§ 3

S 2121   26a.   [1]Einnahmen aus nebenberuflichen Tätigkeiten im Dienst oder Auftrag einer juristischen Person des öffentlichen Rechts, die in einem Mitgliedstaat der Europäischen Union oder in einem Staat belegen ist, auf den das Abkommen über den Europäischen Wirtschaftsraum Anwendung findet, oder einer unter § 5 Absatz 1 Nummer 9 des Körperschaftsteuergesetzes fallenden Einrichtung zur Förderung gemeinnütziger, mildtätiger und kirchlicher Zwecke (§§ 52 bis 54 der Abgabenordnung) bis zur Höhe von insgesamt 500 Euro im Jahr. [2]Die Steuerbefreiung ist ausgeschlossen, wenn für die Einnahmen aus der Tätigkeit – ganz oder teilweise – eine Steuerbefreiung nach § 3 Nr. 12, 26 oder 26b gewährt wird.

---

[1] *Nummer 26a Satz 1 wurde durch Ehrenamtsstärkungsgesetz ab VZ 2013 geändert.*
Anm.:
In Nummer 26a Satz 1 wird die Angabe „500 Euro" durch die Angabe „720 Euro" ersetzt.

[3]Überschreiten die Einnahmen für die in Satz 1 bezeichneten Tätigkeiten den steuerfreien Betrag, dürfen die mit den nebenberuflichen Tätigkeiten in unmittelbarem wirtschaftlichen Zusammenhang stehenden Ausgaben abweichend von § 3c nur insoweit als Betriebsausgaben oder Werbungskosten abgezogen werden, als sie den Betrag der steuerfreien Einnahmen übersteigen;

---

(1) Voraussetzung der Begünstigung des § 3 Nr. 26a EStG ist, unabhängig davon, ob die nebenberufliche Tätigkeit im Dienst oder Auftrag einer juristischen Person des öffentlichen Rechts oder einer unter § 5 Abs. 1 Nr. 9 KStG fallenden Einrichtung ausgeübt wird, dass die Tätigkeit der Förderung gemeinnütziger, mildtätiger oder kirchlicher Zwecke dient.

(2) Bei Vorliegen auch der übrigen gesetzlichen Voraussetzungen können ehrenamtlich tätige Schiedsrichter im Amateurbereich – im Gegensatz zu Amateursportlern – die Steuerbefreiung nach § 3 Nr. 26a EStG in Anspruch nehmen.

R 3.26a

Hinweise

H 3.26a

Ehrenamtliche Tätigkeit

Anwendungsschreiben → BMF vom 25. 11. 2008 (BStBl I S. 985) unter Berücksichtigung der Änderungen durch BMF vom 14. 10. 2009 (BStBl I S. 1319)

Anhang 6a

---

§ 3

EStG

26b. Aufwandsentschädigungen nach § 1835a des Bürgerlichen Gesetzbuchs, soweit sie zusammen mit den steuerfreien Einnahmen im Sinne der Nummer 26 den Freibetrag nach Nummer 26 Satz 1 nicht überschreiten. [2]Nummer 26 Satz 2 gilt entsprechend;

S 2121

---

§ 3

EStG

27. der Grundbetrag der Produktionsaufgaberente und das Ausgleichsgeld nach dem Gesetz zur Förderung der Einstellung der landwirtschaftlichen Erwerbstätigkeit bis zum Höchstbetrag von 18 407 Euro;

S 2121

---

§ 3

EStG

28. die Aufstockungsbeträge im Sinne des § 3 Absatz 1 Nummer 1 Buchstabe a sowie die Beiträge und Aufwendungen im Sinne des § 3 Absatz 1 Nummer 1 Buchstabe b und des § 4 Absatz 2 des Altersteilzeitgesetzes, die Zuschläge, die versicherungsfrei Beschäftigte im Sinne des § 27 Absatz 1 Nummer 1 bis 3 des Dritten Buches Sozialgesetzbuch zur Aufstockung der Bezüge bei Altersteilzeit nach beamtenrechtlichen Vorschriften oder Grundsätzen erhalten sowie die Zahlungen des Arbeitgebers zur Übernahme der Beiträge im Sinne des § 187a des Sechsten Buches Sozialgesetzbuch, soweit sie 50 Prozent der Beiträge nicht übersteigen;

S 2342

H 3.28   **Hinweise**

Auslandsfälle

1. Bezüge, die ein in Frankreich ansässiger Arbeitnehmer von seinem Arbeitgeber für eine in Deutschland ausgeübte nichtselbständige Arbeit während der Freistellungsphase nach dem sog. Blockmodell im Rahmen der Altersteilzeit erhält, sind keine Ruhegehälter, sondern nachträglicher Arbeitslohn, der als solcher in Deutschland zu versteuern ist.

2. Freiwillige Zuschüsse zu einer Krankenversicherung, die ein inländischer Arbeitgeber an einen Arbeitnehmer für dessen Versicherung in der französischen gesetzlichen Krankversicherung („CPAM") leistet, sind nicht nach § 3 Nr. 62 EStG steuerfrei

   → BFH vom 12. 1. 2011 (BStBl II S. 446)

Leistungen nach dem Altersteilzeitgesetz

→ R 3.28 LStR 2011

EStG   **§ 3**

S 1310   29.   das Gehalt und die Bezüge,

a) die die diplomatischen Vertreter ausländischer Staaten, die ihnen zugewiesenen Beamten und die in ihren Diensten stehenden Personen erhalten. [2]Dies gilt nicht für deutsche Staatsangehörige oder für im Inland ständig ansässige Personen;

b) der Berufskonsuln, der Konsulatsangehörigen und ihres Personals, soweit sie Angehörige des Entsendestaates sind. [2]Dies gilt nicht für Personen, die im Inland ständig ansässig sind oder außerhalb ihres Amtes oder Dienstes einen Beruf, ein Gewerbe oder eine andere gewinnbringende Tätigkeit ausüben;

R 3.29   *§ 3 Nr. 29 EStG findet auf Wahlkonsuln keine Anwendung.*

H 3.29   **Hinweise**

Wiener Übereinkommen

– vom 18. 4. 1961 über diplomatische Beziehungen (WÜD), für die Bundesrepublik Deutschland in Kraft getreten am 11. 12. 1964 (BGBl. II S. 959),

– vom 24. 4. 1963 über konsularische Beziehungen (WÜK), für die Bundesrepublik Deutschland in Kraft getreten am 7. 10. 1971 (BGBl. 1969 II S. 1587).

   Geltungsbereich des Wiener Übereinkommens über diplomatische Beziehungen (WÜD) und über konsularische Beziehungen (WÜK) → Bekanntmachung vom 22. 7. 1996 (BGBl. II S. 1454).

Inhalte:

1. Nach dem WÜD ist u. a. ein Diplomat einer ausländischen Mission und nach dem WÜK ein Konsularbeamter einer ausländischen konsularischen Vertretung, sofern er weder die deutsche Staatsangehörigkeit besitzt noch im Geltungsbereich des EStG ständig ansässig ist, im Geltungsbereich des EStG von allen staatlichen, regionalen und kommunalen Personal- und Realsteuern oder -abgaben befreit (Artikel 34 WÜD – Artikel 49 Abs. 1 und Artikel 71 Abs. 1 WÜK).

2. Die Befreiung gilt u. a. nicht für Steuern und sonstige Abgaben von privaten Einkünften, deren Quelle sich im Empfangsstaat befindet. Das bedeutet, dass ein ausländischer Diplomat oder ein ausländischer Konsularbeamter nur mit seinen inländischen Einkünften i. S. d. § 49 EStG steuerpflichtig ist und auch dann nur, soweit nicht § 3 Nr. 29 EStG eingreift oder in einem DBA abweichende Regelungen getroffen sind. Die bezeichneten Personen sind somit im Geltungsbereich des EStG nur beschränkt einkommensteuerpflichtig (§ 1 Abs. 4 EStG).

3. Gleiches gilt auch

   a) für die zum Haushalt eines ausländischen Diplomaten gehörenden Familienmitglieder, wenn sie nicht die deutsche Staatsangehörigkeit besitzen (Artikel 37 Abs. 1 WÜD),

   b) für die Familienmitglieder, die im gemeinsamen Haushalt eines Konsularbeamten einer ausländischen konsularischen Vertretung leben (Artikel 49 Abs. 1 WÜK), wenn sie weder die deutsche Staatsangehörigkeit besitzen noch im Geltungsbereich des EStG ständig ansässig sind (Artikel 71 Abs. 2 WÜK).

4. Familienmitglieder im Sinne der beiden Wiener Übereinkommen sind:

   a) der Ehegatte und die minderjährigen Kinder der privilegierten Person, vorausgesetzt, dass sie mit ihr in einem Haushalt leben. Eine vorübergehende Abwesenheit, z. B. zum auswärtigen Studium, ist hierbei ohne Bedeutung.

   b) die volljährigen unverheirateten Kinder sowie die Eltern und Schwiegereltern der privilegierten Person – unter der Voraussetzung der Gegenseitigkeit –, soweit sie mit der privilegierten Person in einem Haushalt leben und von ihr wirtschaftlich abhängig sind. Die Frage der wirtschaftlichen Abhängigkeit ist nach den Einkommens- und Vermögensverhältnissen des betreffenden Familienmitglieds von der Steuerverwaltung des Aufenthaltsstaates zu beurteilen. Diese Beurteilung erfolgt im Einzelfall nach der Abgabe einer Erklärung über das Einkommen und das Vermögen des betreffenden Familienmitglieds.

5. Für andere als die unter Nummer 4 genannten Personen (entferntere Verwandte der privilegierten Person in gerader Linie oder in der Seitenlinie) kommt eine Anwendung des Artikels 37 WÜD oder des Artikels 49 WÜK grundsätzlich nicht in Betracht. In besonderen Fällen prüft das Auswärtige Amt im Einvernehmen mit den zuständigen Bundesressorts, ob die besonderen Umstände dieses Falles eine andere Entscheidung rechtfertigen.

6. Die Mitglieder/Bediensteten des Verwaltungs- und technischen Personals ausländischer Missionen/konsularischer Vertretungen und die zu ihrem Haushalt gehörenden sowie die mit ihnen im gemeinsamen Haushalt lebenden Familienmitglieder sind wie Diplomaten/Konsularbeamte zu behandeln, wenn sie weder deutsche Staatsangehörige noch im Geltungsbereich des EStG ständig ansässig sind (Artikel 37 Abs. 2 WÜD, Artikel 49 Abs. 1 und Artikel 71 Abs. 2 WÜK).

7. Bei Mitgliedern des dienstlichen Hauspersonals einer ausländischen Mission bzw. einer ausländischen konsularischen Vertretung sind die Dienstbezüge im Geltungsbereich des EStG steuerfrei, wenn diese Personen weder deutsche Staatsangehörige noch im Geltungsbereich des EStG ständig ansässig sind (Artikel 37 Abs. 3 WÜD – Artikel 49 Abs. 2 und Artikel 71 Abs. 2 WÜK).

8. Bei privaten Hausangestellten sind die Bezüge, die sie von Mitgliedern einer ausländischen Mission auf Grund ihres Arbeitsverhältnisses erhalten, steuerfrei, wenn sie weder deutsche Staatsangehörige noch im Geltungsbereich des EStG ständig ansässig sind (Artikel 37 Abs. 4 WÜD).

9. Anderen Mitgliedern des Personals einer ausländischen Mission und privaten Hausangestellten, die deutsche Staatsangehörige sind oder die im Geltungsbereich des EStG ständig ansässig sind, steht Steuerfreiheit nur insoweit zu, als besondere Regelungen, z. B. in DBA, für den Geltungsbereich des EStG getroffen sind (Artikel 38 Abs. 2 WÜD).

10. Vom Tage des Inkrafttretens des WÜD bzw. des WÜK ist die Verwaltungsanordnung der Bundesregierung vom 13. 10. 1950 (MinBlFin 1950 S. 631) nur noch auf Mitglieder solcher ausländischer Missionen oder ausländischer konsularischer Vertretungen und die dort bezeichneten Bediensteten anzuwenden, deren Entsendestaat dem WÜD oder dem WÜK noch nicht rechtswirksam beigetreten ist.

§ 3   EStG

30. Entschädigungen für die betriebliche Benutzung von Werkzeugen eines Arbeitnehmers (Werkzeuggeld), soweit sie die entsprechenden Aufwendungen des Arbeitnehmers nicht offensichtlich übersteigen;   S 2342

Hinweise   H 3.30

Musikinstrumente

sind keine Werkzeuge i. S. d. § 3 Nr. 30 EStG (→ BFH vom 21. 8. 1995 – BStBl II S. 906).

Werkzeuggeld

→ R 3.30 LStR 2011

EStG § 3

S 2342   31.   die typische Berufskleidung, die der Arbeitgeber seinem Arbeitnehmer unentgeltlich oder verbilligt überlässt; dasselbe gilt für eine Barablösung eines nicht nur einzelvertraglichen Anspruchs auf Gestellung von typischer Berufskleidung, wenn die Barablösung betrieblich veranlasst ist und die entsprechenden Aufwendungen des Arbeitnehmers nicht offensichtlich übersteigt;

H 3.31   **Hinweise**

Überlassung typischer Berufskleidung

→ R 3.31 LStR 2011

Blazer mit Firmenemblem in Firmenfarbe, welchen der Arbeitnehmer als Messebekleidung erhält, auf der Messe tragen muss und nach Abschluss der Messe wieder zurückgibt ist keine typische Berufskleidung i. S. d. § 3 Nr. 31 EStG (→ FG Baden-Württemberg – Außensenate Freiburg – EFG 2000 S. 1113).

EStG § 3

S 2342   32.   die unentgeltliche oder verbilligte Sammelbeförderung eines Arbeitnehmers zwischen Wohnung und Arbeitsstätte mit einem vom Arbeitgeber gestellten Beförderungsmittel, soweit die Sammelbeförderung für den betrieblichen Einsatz des Arbeitnehmers notwendig ist;

H 3.32   **Hinweise**

Sammelbeförderung von Arbeitnehmern zwischen Wohnung und Arbeitsstätte

→ R 3.32 LStR 2011

EStG § 3

S 2342   33.   zusätzlich zum ohnehin geschuldeten Arbeitslohn erbrachte Leistungen des Arbeitgebers zur Unterbringung und Betreuung von nicht schulpflichtigen Kindern der Arbeitnehmer in Kindergärten oder vergleichbaren Einrichtungen;

H 3.33   **Hinweise**

Unterbringung und Betreuung von nicht schulpflichtigen Kindern

→ R 3.33 LStR 2011

34. zusätzlich zum ohnehin geschuldeten Arbeitslohn erbrachte Leistungen des Arbeitgebers zur Verbesserung des allgemeinen Gesundheitszustands und der betrieblichen Gesundheitsförderung, die hinsichtlich Qualität, Zweckbindung und Zielgerichtetheit den Anforderungen der §§ 20 und 20a des Fünften Buches Sozialgesetzbuch genügen, soweit sie 500 Euro im Kalenderjahr nicht übersteigen;   S 2342

35. die Einnahmen der bei der Deutsche Post AG, Deutsche Postbank AG oder Deutsche Telekom AG beschäftigten Beamten, soweit die Einnahmen ohne Neuordnung des Postwesens und der Telekommunikation nach den Nummern 11 bis 13 und 64 steuerfrei wären;   S 2121

36. Einnahmen für Leistungen zur Grundpflege oder hauswirtschaftlichen Versorgung bis zur Höhe des Pflegegeldes nach § 37 des Elften Buches Sozialgesetzbuch, wenn diese Leistungen von Angehörigen des Pflegebedürftigen oder von anderen Personen, die damit eine sittliche Pflicht im Sinne des § 33 Absatz 2 gegenüber dem Pflegebedürftigen erfüllen, erbracht werden. ²Entsprechendes gilt, wenn der Pflegebedürftige Pflegegeld aus privaten Versicherungsverträgen nach den Vorgaben des Elften Buches Sozialgesetzbuch oder eine Pauschalbeihilfe nach Beihilfevorschriften für häusliche Pflege erhält;   S 2342

37. (weggefallen)   S 2121

38. Sachprämien, die der Steuerpflichtige für die persönliche Inanspruchnahme von Dienstleistungen von Unternehmen unentgeltlich erhält, die diese zum Zwecke der Kundenbindung im allgemeinen Geschäftsverkehr in einem jedermann zugänglichen planmäßigen Verfahren gewähren, soweit der Wert der Prämien 1 080 Euro im Kalenderjahr nicht übersteigt;   S 2342

39. der Vorteil des Arbeitnehmers im Rahmen eines gegenwärtigen Dienstverhältnisses aus der unentgeltlichen oder verbilligten Überlassung von Vermögensbeteiligungen im Sinne des § 2 Absatz 1 Nummer 1 Buchstabe a, b und d bis l und Absatz 2 bis 5 des Fünften Vermögensbildungsgesetzes in der Fassung der Bekanntmachung vom 4. März 1994 (BGBl. I S. 406), zuletzt geändert durch Artikel 2 des Gesetzes vom 7. März 2009 (BGBl. I S. 451), in der jeweils geltenden Fassung, am Unternehmen des Arbeitgebers, soweit der Vorteil insgesamt 360 Euro im Kalenderjahr nicht übersteigt. ²Voraussetzung für die Steuerfreiheit nach Satz 1 ist, dass die Beteiligung mindestens allen Arbeitnehmern offensteht, die im Zeitpunkt der Bekanntgabe des Angebots ein Jahr oder länger ununterbrochen in einem gegenwärtigen Dienstverhältnis zum Unternehmen stehen. ³Als Unternehmen des Arbeitgebers im Sinne des Satzes 1 gilt auch ein Unternehmen im Sinne des § 18 des Aktiengesetzes. ⁴Als Wert der Vermögensbeteiligung ist der gemeine Wert anzusetzen;   1)

40. 40 Prozent   S 2121

   a) der Betriebsvermögensmehrungen oder Einnahmen aus der Veräußerung oder der Entnahme von Anteilen an Körperschaften, Personenvereinigungen und Vermögensmassen, deren Leistungen beim Empfänger zu Einnahmen im Sinne des § 20 Absatz 1 Nummer 1 und 9 gehören, oder an einer Organgesellschaft im Sinne der §§ 14, 17 oder 18 des Körperschaftsteuergesetzes oder aus deren Auflösung oder Herabsetzung von deren Nennkapital oder aus dem Ansatz eines solchen Wirtschaftsgutes mit dem Wert, der sich nach § 6 Absatz 1 Nummer 2 Satz 3 ergibt, soweit sie zu den Einkünften aus Land- und Forstwirtschaft oder aus Gewerbebetrieb oder aus selbständiger Arbeit gehören. ²Dies gilt nicht, soweit der Ansatz des niedrigeren Teilwerts in vollem Umfang zu einer Gewinnminderung geführt hat und soweit diese Gewinnminderung nicht durch Ansatz eines Werts, der sich nach § 6 Absatz 1 Nummer 2 Satz 3 ergibt, ausgeglichen worden ist. ³Satz 1 gilt außer für Betriebsvermögensmehrungen aus dem Ansatz mit dem Wert, der sich nach § 6 Absatz 1 Nummer 2 Satz 3 ergibt, ebenfalls nicht, soweit Abzüge nach § 6b oder ähnliche Abzüge voll steuerwirksam vorgenommen worden sind,

   b) des Veräußerungspreises im Sinne des § 16 Absatz 2, soweit er auf die Veräußerung von Anteilen an Körperschaften, Personenvereinigungen und Vermögensmassen entfällt, deren Leistungen beim Empfänger zu Einnahmen im Sinne des § 20 Absatz 1 Nummer 1 und 9 gehören, oder an einer Organgesellschaft im Sinne der §§ 14, 17 oder 18 des Körperschaftsteuergesetzes. ²Satz 1 ist in den Fällen des § 16 Absatz 3 entsprechend anzuwenden. ³Buchstabe a Satz 3 gilt entsprechend,

   c) des Veräußerungspreises oder des gemeinen Werts im Sinne des § 17 Absatz 2. ²Satz 1 ist in den Fällen des § 17 Absatz 4 entsprechend anzuwenden,

   d) der Bezüge im Sinne des § 20 Absatz 1 Nummer 1 und der Einnahmen im Sinne des § 20 Absatz 1 Nummer 9. ²Dies gilt für sonstige Bezüge im Sinne des § 20 Absatz 1 Nummer 1 Satz 2 und der Einnahmen im Sinne des § 20 Absatz 1 Nummer 9 Satz 1 zweiter Halbsatz nur, soweit sie das Einkommen der leistenden Körperschaft nicht gemindert haben (§ 8 Absatz 3 Satz 2 des Körperschaftsteuergesetzes). ³Satz 1 Buchstabe d Satz 2 gilt nicht,

---

1) Zur zeitlichen Anwendung von Nummer 39 und zum Verhältnis zu § 19a EStG → § 52 Abs. 35 EStG.

soweit die verdeckte Gewinnausschüttung das Einkommen einer dem Steuerpflichtigen nahe stehenden Person erhöht hat und § 32a des Körperschaftsteuergesetzes auf die Veranlagung dieser nahe stehenden Person keine Anwendung findet,

e) der Bezüge im Sinne des § 20 Absatz 1 Nummer 2,

f) der besonderen Entgelte oder Vorteile im Sinne des § 20 Absatz 3, die neben den in § 20 Absatz 1 Nummer 1 und Absatz 2 Satz 1 Nummer 2 Buchstabe a bezeichneten Einnahmen oder an deren Stelle gewährt werden,

g) des Gewinns aus der Veräußerung von Dividendenscheinen und sonstigen Ansprüchen im Sinne des § 20 Absatz 2 Satz 1 Nummer 2 Buchstabe a,

h) des Gewinns aus der Abtretung von Dividendenansprüchen oder sonstigen Ansprüchen im Sinne des § 20 Absatz 2 Satz 1 Nummer 2 Buchstabe a in Verbindung mit § 20 Absatz 2 Satz 2,

i) der Bezüge im Sinne des § 22 Nummer 1 Satz 2, soweit diese von einer nicht von der Körperschaftsteuer befreiten Körperschaft, Personenvereinigung oder Vermögensmasse stammen.

²Dies gilt für Satz 1 Buchstabe d bis h nur in Verbindung mit § 20 Absatz 8. ³Satz 1 Buchstabe a, b und d bis h ist nicht anzuwenden für Anteile, die bei Kreditinstituten und Finanzdienstleistungsinstituten nach § 1a des Gesetzes über das Kreditwesen dem Handelsbuch zuzurechnen sind; Gleiches gilt für Anteile, die von Finanzunternehmen im Sinne des Gesetzes über das Kreditwesen mit dem Ziel der kurzfristigen Erzielung eines Eigenhandelserfolges erworben werden. ⁴Satz 3 zweiter Halbsatz gilt auch für Kreditinstitute, Finanzdienstleistungsinstitute und Finanzunternehmen mit Sitz in einem anderen Mitgliedstaat der Europäischen Gemeinschaft oder in einem anderen Vertragsstaat des EWR-Abkommens;

R 3.40

3.40 Steuerbefreiungen

Zu § 3 Nr. 40

Teileinkünfteverfahren

Bei der Veräußerung einbringungsgeborener Anteile ist R 3.40 EStR 2008 weiter anzuwenden.

H 3.40   **Hinweise**

Korrespondenzprinzip

→ § 32a KStG (→ auch: OFD Frankfurt vom 9. 1. 2008 – S 2252 A – 78 – St 219)

Wertaufholungen

Wertaufholungen nach § 6 Abs. 1 Nr. 2 Satz 3 EStG, denen in früheren Jahren sowohl voll steuerwirksame als auch nur teilweise steuerwirksame Abschreibungen von Anteilen auf den niedrigeren Teilwert vorangegangen sind, sind zunächst mit den nur teilweise steuerwirksamen und erst danach – mit der Folge der Steuerpflicht daraus resultierender Gewinne – mit den voll steuerwirksamen Teilwertabschreibungen zu verrechnen (→ BFH vom 19. 8. 2009 – BStBl 2010 II S. 760).

EStG   **§ 3**

S 2248a
1)

40a.   40 Prozent der Vergütungen im Sinne des § 18 Absatz 1 Nummer 4;

---

1) Nummer 40a ist erstmals auf Vergütungen i. S. d. § 18 Abs. 1 Nr. 4 EStG anzuwenden, wenn die vermögensverwaltende Gesellschaft oder Gemeinschaft nach dem 31. 12. 2008 gegründet worden ist → § 52 Abs. 4e Satz 2 EStG.
§ 3 Nr. 40a EStG i. d. F. des Gesetzes zur Förderung von Wagniskapital ist auf Vergütungen i. S. d. § 18 Abs. 1 Nr. 4 EStG anzuwenden, wenn die vermögensverwaltende Gesellschaft oder Gemeinschaft nach dem 31. 3. 2002 und vor dem 1. 1. 2009 gegründet worden ist oder soweit die Vergütungen in Zusammenhang mit der Veräußerung von Anteilen an Kapitalgesellschaften stehen, die nach dem 7. 11. 2003 und vor dem 1. 1. 2009 erworben worden sind → § 52 Abs. 4e Satz 1 EStG.

41.   a) Gewinnausschüttungen, soweit für das Kalenderjahr oder Wirtschaftsjahr, in dem sie   S 2121
bezogen werden, oder für die vorangegangenen sieben Kalenderjahre oder Wirtschaftsjahre aus einer Beteiligung an derselben ausländischen Gesellschaft Hinzurechnungsbeträge (§ 10 Absatz 2 des Außensteuergesetzes) der Einkommensteuer unterlegen haben, § 11 Absatz 1 und 2 des Außensteuergesetzes in der Fassung des Artikels 12
des Gesetzes vom 21. Dezember 1993 (BGBl. I S. 2310) nicht anzuwenden war und der
Steuerpflichtige dies nachweist; § 3c Absatz 2 gilt entsprechend;[1)]

   b) Gewinne aus der Veräußerung eines Anteils an einer ausländischen Kapitalgesellschaft sowie aus deren Auflösung oder Herabsetzung ihres Kapitals, soweit für das
Kalenderjahr oder Wirtschaftsjahr, in dem sie bezogen werden, oder für die vorangegangenen sieben Kalenderjahre oder Wirtschaftsjahre aus einer Beteiligung an derselben ausländischen Gesellschaft Hinzurechnungsbeträge (§ 10 Absatz 2 des Außensteuergesetzes) der Einkommensteuer unterlegen haben, § 11 Absatz 1 und 2 des
Außensteuergesetzes in der Fassung des Artikels 12 des Gesetzes vom 21. Dezember
1993 (BGBl. I S. 2310) nicht anzuwenden war, der Steuerpflichtige dies nachweist und
der Hinzurechnungsbetrag ihm nicht als Gewinnanteil zugeflossen ist.

[2]Die Prüfung, ob Hinzurechnungsbeträge der Einkommensteuer unterlegen haben, erfolgt
im Rahmen der gesonderten Feststellung nach § 18 des Außensteuergesetzes;

42.   die Zuwendungen, die auf Grund des Fulbright-Abkommens gezahlt werden;   S 2121

Hinweise   H 3.42

Fulbright-Abkommen

Neues Fulbright-Abkommen vom 20. 11. 1962, in Kraft getreten am 24. 1. 1964, → BGBl. 1964 II
S. 27, 215.

---

§ 3   **EStG**

43.   der Ehrensold für Künstler sowie Zuwendungen aus Mitteln der Deutschen Künstlerhilfe,   S 2342
wenn es sich um Bezüge aus öffentlichen Mitteln handelt, die wegen der Bedürftigkeit des
Künstlers gezahlt werden;

44.   Stipendien, die aus öffentlichen Mitteln oder von zwischenstaatlichen oder überstaatlichen   S 2342
Einrichtungen, denen die Bundesrepublik Deutschland als Mitglied angehört, zur Förderung der Forschung oder zur Förderung der wissenschaftlichen oder künstlerischen Ausbildung oder Fortbildung gewährt werden. [2]Das Gleiche gilt für Stipendien, die zu den in
Satz 1 bezeichneten Zwecken von einer Einrichtung, die von einer Körperschaft des öffentlichen Rechts errichtet ist oder verwaltet wird, oder von einer Körperschaft, Personenvereinigung oder Vermögensmasse im Sinne des § 5 Absatz 1 Nummer 9 des Körperschaftsteuergesetzes gegeben werden. [3]Voraussetzung für die Steuerfreiheit ist, dass

   a) die Stipendien einen für die Erfüllung der Forschungsaufgabe oder für die Bestreitung
des Lebensunterhalts und die Deckung des Ausbildungsbedarfs erforderlichen Betrag
nicht übersteigen und nach den vom Geber erlassenen Richtlinien vergeben werden,

   b) der Empfänger im Zusammenhang mit dem Stipendium nicht zu einer bestimmten wissenschaftlichen oder künstlerischen Gegenleistung oder zu einer bestimmten Arbeitnehmertätigkeit verpflichtet ist;

3.44 Steuerbefreiungen   **R 3.44**

Zu § 3 Nr. 44   S 2342

[1]Die Prüfung, ob die Voraussetzungen für die Steuerfreiheit der Stipendien vorliegen, hat *für
inländische Stipendiengeber* das Finanzamt vorzunehmen, das für die Veranlagung des Stipen-
diengebers zur Körperschaftsteuer zuständig ist oder zuständig wäre, wenn der Geber steuerpflichtig wäre. [2]Dieses Finanzamt hat auf Anforderung des Stipendienempfängers oder des für ihn
zuständigen Finanzamts eine Bescheinigung über die Voraussetzungen des § 3 Nr. 44 Satz 3 EStG
zu erteilen. [3]*Auch eine in der EU oder dem EWR ansässige Körperschaft, Personenvereinigung
oder Vermögensmasse i. S. d. § 5 Abs. 1 Nr. 9 KStG kann steuerfreie Stipendien vergeben, soweit*

[1)] Zur Anwendung von Nummer 41 → § 52 Abs. 4f EStG.

sie bei sinngemäßer Anwendung der §§ 51 ff. AO gemeinnützig wäre und ein Amtshilfeabkommen mit dem Ansässigkeitsstaat besteht. ⁴Das Vorliegen der Voraussetzungen der §§ 51 ff. AO hat der Stipendienempfänger gegenüber dem für ihn zuständigen Finanzamt durch Vorlage entsprechender Unterlagen (z. B. Satzung, Tätigkeitsbericht) nachzuweisen.

H 3.44

Hinweise

Beihilfen zum Lebensunterhalt

Die Steuerbefreiung von Forschungsstipendien nach § 3 Nr. 44 EStG umfasst sowohl die der Erfüllung der Forschungsaufgaben (Sachbeihilfen) als auch die der Bestreitung des Lebensunterhalts dienenden Zuwendungen (→ BFH vom 20. 3. 2003 – BStBl 2004 II S. 190).

Stipendien

Zwischen einem nach § 3 Nr. 44 EStG steuerfrei gewährten Stipendium für Studienzwecke und den im Zusammenhang mit dem Stipendium entstehenden Mehraufwendungen besteht regelmäßig ein unmittelbarer wirtschaftlicher Zusammenhang i. S. d. § 3c EStG (→ BFH vom 9. 11. 1976 – BStBl 1977 II S. 207).

Stipendien, Heisenberg-Programm

Beim Zahlungsempfänger stellen Stipendien nach dem Heisenberg-Programm Einnahmen aus freiberuflicher Tätigkeit i. S. d. § 18 Abs. 1 Nr. 1 EStG dar. Diese steuerliche Einordnung wird auch durch das BFH-Urteil vom 20. 3. 2003 (BStBl 2004 II S. 190, → Beihilfen zum Lebensunterhalt) nicht berührt.

→ OFD München vom 10. 11. 2004 – S 2206 – 1 St 41/42

EStG

S 2342
1)

§ 3

45. die Vorteile des Arbeitnehmers aus der privaten Nutzung von betrieblichen *Datenverarbeitungsgeräten* und Telekommunikationsgeräten *sowie deren Zubehör, aus der privaten Nutzung überlassenen System- und Anwendungsprogrammen, die der Arbeitgeber auch in seinem Betrieb einsetzt, und aus den im Zusammenhang mit diesen Zuwendungen erbrachten Dienstleistungen;*

H 3.45

Hinweise

Gewinneinkünfte

– § 3 Nr. 45 EStG gilt nicht entsprechend für Gewinneinkünfte (→ BFH vom 21. 6. 2006 – BStBl II S. 715).

– Ertragsteuerliche Erfassung von Telekommunikationskosten bei den Gewinneinkünften
   → BMF vom 6. 5. 2002 – IV A 6 – S 2144 – 19/02 (→ DStR 2002 S. 999):

   Nach Abstimmung mit den obersten Finanzbehörden der Länder nehme ich dazu wie folgt Stellung:

   Zielsetzung des § 3 Nr. 45 EStG ist es, die Verbreitung und die Akzeptanz des Internets zu vergrößern. Durch die Vorschrift soll das Besteuerungsverfahren vereinfacht werden, da die oft schwierige Abgrenzung der privaten von der betrieblichen Nutzung bei Arbeitnehmern damit entfallen kann. Nach dem Gesetzeswortlaut fallen jedoch nur Arbeitnehmer, denen geldwerte Vorteile in Form der privaten Mitbenutzung der Telekommunikationsanlagen als Arbeitslohn zugewendet werden, unter die Regelung des § 3 Nr. 45 EStG. Eine Ausweitung des § 3 Nr. 45 EStG auf die private Mitbenutzung betrieblicher Telekommunikationsanlagen durch den

---

1) *Nummer 45 wurde durch das Gesetz zur Änderung des Gemeindefinanzreformgesetzes und von steuerlichen Vorschriften neu gefasst. Die Neufassung ist erstmals anzuwenden auf Vorteile, die in einem nach dem 31. 12. 1999 endenden Lohnzahlungszeitraum oder als sonstige Bezüge nach dem 31. 12. 1999 zugewendet werden → § 52 Abs. 4g EStG.*

Unternehmer selbst kommt nicht in Betracht. Der Arbeitgeber hat gegenüber dem Arbeitnehmer regelmäßig ein Interesse daran, die private Mitbenutzung betrieblicher Telekommunikationseinrichtungen einzuschränken. Dieser natürliche Interessengegensatz fehlt jedoch beim Unternehmer. Eine Erweiterung des Anwendungsbereichs des § 3 Nr. 45 EStG auf Steuerpflichtige mit Gewinneinkünften würde die Möglichkeit eröffnen, gezielt private Aufwendungen in den steuerrelevanten betrieblichen Bereich zu verlagern und auf diese Weise ungerechtfertigte Steuererleichterungen zu erlangen. Der Arbeitnehmer hat diese Möglichkeit nicht, weil er zunächst auf die Erlaubnis seines Arbeitgebers zur unentgeltlichen privaten Mitbenutzung der Telekommunikationsanlagen angewiesen ist. Aus diesen Gründen erkenne ich auch keine ungleichmäßige Besteuerung zwischen Arbeitnehmern und Unternehmern.

Außerdem sind die Zielrichtungen des § 3 Nr. 45 EStG, wie oben bereits angesprochen, für den Bereich der Unternehmer nicht zutreffend. Im unternehmerischen Bereich bedarf es keiner zusätzlichen steuerlichen Regelung, um die Verbreiterung und Akzeptanz der Internetnutzung zu fördern. Zum einen ist es im marktwirtschaftlichen und unternehmerischen Interesse, moderne Telekommunikationsanlagen zur Sicherung der Wettbewerbsfähigkeit des Unternehmens einzusetzen. Zum anderen werden beispielsweise bei kleinen und mittleren Unternehmen Investitionen in bewegliche Wirtschaftsgüter steuerlich bereits durch die Sonderabschreibung und Ansparrücklage des § 7g EStG gefördert. Des Weiteren ist eine Regelung zur Vereinfachung der Abgrenzung der privaten von der betrieblichen Nutzung bei Unternehmern bisher nicht gefordert worden, weil sich das bisherige Vorgehen bewährt hat. Bei den Gewinneinkünften sind die Aufwendungen für betriebliche Telekommunikationsgeräte zunächst in vollem Umfang Betriebsausgaben. Die private Nutzung durch den Betriebsinhaber ist durch eine Nutzungsentnahme (§ 4 Abs. 2 Satz 2, § 6 Abs. 1 Nr. 4 Satz 1 EStG, H 39 → Nutzungen EStH 2001) bei der Gewinnermittlung zu korrigieren, wobei die private Nutzung ggf. im Schätzungswege ermittelt werden kann.

---

	§ 3	**EStG**
46.	(weggefallen)	S 2342
47.	Leistungen nach § 14a Absatz 4 und § 14b des Arbeitsplatzschutzgesetzes;	S 2342
48.	Leistungen nach dem Unterhaltssicherungsgesetz, soweit sie nicht nach dessen § 15 Absatz 1 Satz 2 steuerpflichtig sind;	S 2342
49.	(weggefallen)	S 2121
50.	die Beträge, die der Arbeitnehmer vom Arbeitgeber erhält, um sie für ihn auszugeben (durchlaufende Gelder), und die Beträge, durch die Auslagen des Arbeitnehmers für den Arbeitgeber ersetzt werden (Auslagenersatz);	S 2336

Hinweise

Durchlaufende Gelder, Auslagenersatz

→ R 3.50 LStR 2011

Sachkostenersatz

Leistet der Stpfl. Erziehungshilfe, indem er die betreuten Kinder zeitweise in seinen Haushalt aufnimmt, und erhält er dafür von einem privaten Träger der Kinder- und Jugendhilfe neben einem Gehalt eine pauschale Kostenerstattung, ist diese nur dann als nach § 3 Nr. 50 EStG steuerfreier Auslagenersatz anzusehen, wenn der Stpfl. nachweist, dass die Pauschale dem tatsächlichen Aufwendungen im Großen und Ganzen entspricht. Kann der Nachweis nicht erbracht werden, ist die Pauschale als Bestandteil des Arbeitslohns steuerpflichtig. Die tatsächlichen Aufwendungen des Stpfl., die notfalls im Wege der Schätzung zu ermitteln sind, stellen Werbungskosten dar. Wird der Erziehungshelfer nicht als Arbeitnehmer, sondern selbständig tätig, erzielt er mit der Vergütung Einkünfte aus einer freiberuflichen Tätigkeit, wenn die Erziehung der Gesamtheit der Betreuungsleistung das Gepräge gibt. Die tatsächlichen Aufwendungen stellen Betriebsausgaben dar (→ BFH vom 2. 10. 2003 – BStBl II S. 129).

§ 3

S 2342 **51.** Trinkgelder, die anlässlich einer Arbeitsleistung dem Arbeitnehmer von Dritten freiwillig und ohne dass ein Rechtsanspruch auf sie besteht, zusätzlich zu dem Betrag gegeben werden, der für diese Arbeitsleistung zu zahlen ist;

S 2339 **52.** (weggefallen)

53. die Übertragung von Wertguthaben nach § 7f Absatz 1 Satz 1 Nummer 2 des Vierten Buches Sozialgesetzbuch auf die Deutsche Rentenversicherung Bund. ²Die Leistungen aus dem Wertguthaben durch die Deutsche Rentenversicherung Bund gehören zu den Einkünften aus nichtselbständiger Arbeit im Sinne des § 19. ³Von ihnen ist Lohnsteuer einzuhalten;

S 2121 **54.** Zinsen aus Entschädigungsansprüchen für deutsche Auslandsbonds im Sinne der §§ 52 bis 54 des Bereinigungsgesetzes für deutsche Auslandsbonds in der im Bundesgesetzblatt Teil III, Gliederungsnummer 4139-2, veröffentlichten bereinigten Fassung, soweit sich die Entschädigungsansprüche gegen den Bund oder die Länder richten. ²Das Gleiche gilt für die Zinsen aus Schuldverschreibungen und Schuldbuchforderungen, die nach den §§ 9, 10 und 14 des Gesetzes zur näheren Regelung der Entschädigungsansprüche für Auslandsbonds in der im Bundesgesetzblatt Teil III, Gliederungsnummer 4139-3, veröffentlichten bereinigten Fassung vom Bund oder von den Ländern für Entschädigungsansprüche erteilt oder eingetragen werden;

55. der in den Fällen des § 4 Absatz 2 Nummer 2 und Absatz 3 des Betriebsrentengesetzes vom 19. Dezember 1974 (BGBl. I S. 3610), das zuletzt durch Artikel 8 des Gesetzes vom 5. Juli 2004 (BGBl. I S. 1427) geändert worden ist, in der jeweils geltenden Fassung geleistete Übertragungswert nach § 4 Absatz 5 des Betriebsrentengesetzes, wenn die betriebliche Altersversorgung beim ehemaligen und neuen Arbeitgeber über einen Pensionsfonds, eine Pensionskasse oder ein Unternehmen der Lebensversicherung durchgeführt wird. ²Satz 1 gilt auch, wenn der Übertragungswert vom ehemaligen Arbeitgeber oder von einer Unterstützungskasse an den neuen Arbeitgeber oder eine andere Unterstützungskasse geleistet wird. ³Die Leistungen des neuen Arbeitgebers, der Unterstützungskasse, des Pensionsfonds oder der Pensionskasse oder des Unternehmens der Lebensversicherung auf Grund des Betrags nach Satz 1 und 2 gehören zu den Einkünften, zu denen die Leistungen gehören würden, wenn die Übertragung nach § 4 Absatz 2 Nummer 2 und Absatz 3 des Betriebsrentengesetzes nicht stattgefunden hätte;

1) **55a.** die nach § 10 des Versorgungsausgleichsgesetzes vom 3. April 2009 (BGBl. I S. 700) in der jeweils geltenden Fassung durchgeführte Übertragung von Anrechten für die ausgleichsberechtigte Person zu Lasten von Anrechten der ausgleichspflichtigen Person. ²Die Leistungen aus diesen Anrechten gehören bei der ausgleichsberechtigten Person zu den Einkünften, zu denen die Leistungen bei der ausgleichspflichtigen Person gehören würden, wenn die interne Teilung nicht stattgefunden hätte;

2) **55b.** der nach § 14 des Versorgungsausgleichsgesetzes (externe Teilung) geleistete Ausgleichswert zur Begründung von Anrechten für die ausgleichsberechtigte Person zu Lasten von Anrechten der ausgleichspflichtigen Person, soweit Leistungen aus diesen Anrechten zu steuerpflichtigen Einkünften nach den §§ 19, 20 und 22 führen würden. ²Satz 1 gilt nicht, soweit Leistungen, die auf dem begründeten Anrecht beruhen, bei der ausgleichsberechtigten Person zu Einkünften nach § 20 Absatz 1 Nummer 6 oder § 22 Nummer 1 Satz 3 Buchstabe a Doppelbuchstabe bb führen würden. ³Der Versorgungsträger der ausgleichspflichtigen Person hat den Versorgungsträger der ausgleichsberechtigten Person über die für die Besteuerung der Leistungen erforderlichen Grundlagen zu informieren. ⁴Dies gilt nicht, wenn der Versorgungsträger der ausgleichsberechtigten Person die Grundlagen bereits kennt oder aus den bei ihm vorhandenen Daten feststellen kann und dieser Umstand dem Versorgungsträger der ausgleichspflichtigen Person mitgeteilt worden ist;

55c. Übertragungen von Altersvorsorgevermögen im Sinne des § 92 auf einen anderen auf den Namen des Steuerpflichtigen lautenden Altersvorsorgevertrag (§ 1 Absatz 1 Satz 1 Nummer 10 Buchstabe b des Altersvorsorgeverträge-Zertifizierungsgesetzes), soweit die Leistungen zu steuerpflichtigen Einkünften nach § 22 Nummer 5 führen würden. ²Dies gilt entsprechend

    a) wenn Anwartschaften der betrieblichen Altersversorgung abgefunden werden, soweit das Altersvorsorgevermögen zugunsten eines auf den Namen des Steuerpflichtigen lautenden Altersvorsorgevertrages geleistet wird,

    b) wenn im Fall des Todes des Steuerpflichtigen das Altersvorsorgevermögen auf einen auf den Namen des Ehegatten lautenden Altersvorsorgevertrag übertragen wird, wenn

---

1) Zur Anwendung der Nummer 55a → § 52 Abs. 36 Satz 12 EStG.
2) Zur Anwendung der Nummer 55b → § 52 Abs. 38 Satz 4 EStG.

die Ehegatten im Zeitpunkt des Todes des Zulageberechtigten nicht dauernd getrennt gelebt haben (§ 26 Absatz 1) und ihren Wohnsitz oder gewöhnlichen Aufenthalt in einem Mitgliedstaat der Europäischen Union oder einem Staat hatten, auf den das Abkommen über den Europäischen Wirtschaftsraum (EWR-Abkommen) anwendbar ist;

55d. Übertragungen von Anrechten aus einem nach § 5a Altersvorsorgeverträge-Zertifizierungsgesetz zertifizierten Vertrag auf einen anderen auf den Namen des Steuerpflichtigen lautenden nach § 5a Altersvorsorgeverträge-Zertifizierungsgesetz zertifizierten Vertrag;

55e. die auf Grund eines Abkommens mit einer zwischen- oder überstaatlichen Einrichtung übertragenen Werte von Anrechten auf Altersversorgung, soweit diese zur Begründung von Anrechten auf Altersversorgung bei einer zwischen- oder überstaatlichen Einrichtung dienen. [2]Die Leistungen auf Grund des Betrags nach Satz 1 gehören zu den Einkünften, zu denen die Leistungen gehören, die die übernehmende Versorgungseinrichtung im Übrigen erbringt; [1]

56. Zuwendungen des Arbeitgebers nach § 19 Absatz 1 Satz 1 Nummer 3 Satz 1 aus dem ersten Dienstverhältnis an eine Pensionskasse zum Aufbau einer nicht kapitalgedeckten betrieblichen Altersversorgung, bei der eine Auszahlung der zugesagten Alters-, Invaliditäts- oder Hinterbliebenenversorgung in Form einer Rente oder eines Auszahlungsplans (§ 1 Absatz 1 Satz 1 Nummer 4 des Altersvorsorgeverträge-Zertifizierungsgesetzes) vorgesehen ist, soweit diese Zuwendungen im Kalenderjahr 1 Prozent der Beitragsbemessungsgrenze in der allgemeinen Rentenversicherung nicht übersteigen. [2]Der in Satz 1 genannte Höchstbetrag erhöht sich ab 1. Januar 2014 auf 2 Prozent, ab 1. Januar 2020 auf 3 Prozent und ab 1. Januar 2025 auf 4 Prozent der Beitragsbemessungsgrenze in der allgemeinen Rentenversicherung. [3]Die Beträge nach den Sätzen 1 und 2 sind jeweils um die nach § 3 Nummer 63 Satz 1, 3 oder Satz 4 steuerfreien Beträge zu mindern;

57. die Beträge, die die Künstlersozialkasse zugunsten des nach dem Künstlersozialversicherungsgesetz Versicherten aus dem Aufkommen von Künstlersozialabgabe und Bundeszuschuss an einen Träger der Sozialversicherung oder an den Versicherten zahlt; S 2121

58. das Wohngeld nach dem Wohngeldgesetz, die sonstigen Leistungen aus öffentlichen Haushalten oder Zweckvermögen zur Senkung der Miete oder Belastung im Sinne des § 11 Absatz 2 Nummer 4 des Wohngeldgesetzes sowie öffentliche Zuschüsse zur Deckung laufender Aufwendungen und Zinsvorteile bei Darlehen, die aus öffentlichen Haushalten gewährt werden, für eine zu eigenen Wohnzwecken genutzte Wohnung im eigenen Haus oder eine zu eigenen Wohnzwecken genutzte Eigentumswohnung, soweit die Zuschüsse und Zinsvorteile die Vorteile aus einer entsprechenden Förderung mit öffentlichen Mitteln nach dem Zweiten Wohnungsbaugesetz, dem Wohnraumförderungsgesetz oder einem Landesgesetz zur Wohnraumförderung nicht überschreiten, der Zuschuss für die Wohneigentumsbildung in innerstädtischen Altbauquartieren nach den Regelungen zum Stadtumbau Ost in den Verwaltungsvereinbarungen über die Gewährung von Finanzhilfen des Bundes an die Länder nach Artikel 104a Absatz 4 des Grundgesetzes zur Förderung städtebaulicher Maßnahmen; S 2121

59. die Zusatzförderung nach § 88e des Zweiten Wohnungsbaugesetzes und nach § 51f des Wohnungsbaugesetzes für das Saarland und Geldleistungen, die ein Mieter zum Zwecke der Wohnkostenentlastung nach dem Wohnraumförderungsgesetz oder einem Landesgesetz zur Wohnraumförderung erhält, soweit die Einkünfte dem Mieter zuzurechnen sind, und die Vorteile aus einer mietweisen Wohnungsüberlassung im Zusammenhang mit einem Arbeitsverhältnis, soweit sie die Vorteile aus einer entsprechenden Förderung nach dem Zweiten Wohnungsbaugesetz, nach dem Wohnraumförderungsgesetz oder einem Landesgesetz zur Wohnraumförderung nicht überschreiten; S 2121 S 2142

60. Leistungen aus öffentlichen Mitteln an Arbeitnehmer des Steinkohlen-, Pechkohlen- und Erzbergbaues, des Braunkohlentiefbaues und der Eisen- und Stahlindustrie aus Anlass von Stilllegungs-, Einschränkungs-, Umstellungs- oder Rationalisierungsmaßnahmen; S 2142

61. Leistungen nach § 4 Absatz 1 Nummer 2, § 7 Absatz 3, §§ 9, 10 Absatz 1, §§ 13, 15 des Entwicklungshelfer-Gesetzes; S 2342

62. Ausgaben des Arbeitgebers für die Zukunftssicherung des Arbeitnehmers, soweit der Arbeitgeber dazu nach sozialversicherungsrechtlichen oder anderen gesetzlichen Vorschriften oder nach einer auf gesetzlicher Ermächtigung beruhenden Bestimmung verpflichtet ist, und es sich nicht um Zuwendungen oder Beiträge des Arbeitgebers nach den Nummern 56 und 63 handelt. [2]Den Ausgaben des Arbeitgebers für die Zukunftssicherung, die auf Grund gesetzlicher Verpflichtung geleistet werden, werden gleichgestellt Zuschüsse des Arbeitgebers zu den Aufwendungen des Arbeitnehmers S 2133

---

[1] Nummer 55e wurde durch das BeitrRLUmsG eingefügt und ist auch auf Übertragungen vor dem 1. 1. 2012, für die noch keine bestandskräftige Steuerfestsetzung erfolgt ist, anzuwenden, es sei denn der Steuerpflichtige beantragt die Nichtanwendung → § 52 Abs. 5 EStG.

a) für eine Lebensversicherung,

b) für die freiwillige Versicherung in der gesetzlichen Rentenversicherung,

c) für eine öffentlich-rechtliche Versicherungs- oder Versorgungseinrichtung seiner Berufsgruppe,

wenn der Arbeitnehmer von der Versicherungspflicht in der gesetzlichen Rentenversicherung befreit worden ist. [3]Die Zuschüsse sind nur insoweit steuerfrei, als sie insgesamt bei Befreiung von der Versicherungspflicht in der allgemeinen Rentenversicherung die Hälfte und bei Befreiung von der Versicherungspflicht in der knappschaftlichen Rentenversicherung zwei Drittel der Gesamtaufwendungen des Arbeitnehmers nicht übersteigen und nicht höher sind als der Betrag, der als Arbeitgeberanteil bei Versicherungspflicht in der allgemeinen Rentenversicherung oder in der knappschaftlichen Rentenversicherung zu zahlen wäre. [4]Die Sätze 2 und 3 gelten sinngemäß für Beiträge des Arbeitgebers zu einer Pensionskasse, wenn der Arbeitnehmer bei diesem Arbeitgeber nicht im Inland beschäftigt ist und der Arbeitgeber keine Beiträge zur gesetzlichen Rentenversicherung im Inland leistet; Beiträge des Arbeitgebers zu einer Rentenversicherung auf Grund gesetzlicher Verpflichtung sind anzurechnen;

H 3.62   **Hinweise**

Arbeitgeberanteile zur gesetzlichen Sozialversicherung

Arbeitgeberanteile zur gesetzlichen Sozialversicherung eines Arbeitnehmers gehören nicht zum Arbeitslohn. § 3 Nr. 62 Satz 1 EStG hat insofern nur deklaratorische Bedeutung (→ BFH vom 6. 6. 2002 – BStBl 2003 II S. 34).

Arbeitgeberzuschüsse

Arbeitgeberzuschüsse zur Kranken- und Pflegeversicherung bei beherrschenden Gesellschafter-Geschäftsführern einer GmbH und Vorstandsmitgliedern einer AG der eines Versicherungsvereins auf Gegenseitigkeit (VVaG) → FinMin Baden-Württemberg vom 8. 8. 1997 – 3 – S 2333/19 (ESt-Kartei NW § 3 EStG Fach 6 Nr. 801)

Gesellschafter-Geschäftsführer

Keine Sozialversicherungspflicht i. S. d. § 3 Nr. 62 EStG bei einem Gesellschafter-Prokuristen, der maßgeblichen Einfluss auf die Geschicke der Gesellschaft hat (→ Hessisches FG vom 2. 7. 1996 – EFG 1996 S. 1201).

Zukunftssicherungsleistungen

→ R 3.62 LStR 2011

Zukunftssicherungsleistungen an GmbH-Geschäftsführer/AG-Vorstandsmitglied

Die Steuerfreiheit des Arbeitgeber-Anteils zur befreienden Lebensversicherung eines von der Versicherungspflicht befreiten Arbeitnehmers entfällt mit der Aufnahme der Tätigkeit als Gesellschafter-Geschäftsführer einer GmbH, weil kein sozialversicherungsrechtliches Arbeitsverhältnis mehr gegeben ist (→ BFH vom 10. 10. 2002 – BStBl 2002 II S. 886).

Zuschüsse einer Aktiengesellschaft zur befreienden Lebensversicherung eines Vorstandsmitglieds sind auch dann nicht nach § 3 Nr. 62 Satz 2 EStG steuerfrei, wenn der zwischenzeitlich eingetretenen Versicherungsfreiheit kraft Gesetzes eine Befreiung von der Rentenversicherungspflicht auf Antrag hin vorausgegangen ist (→ FG Baden-Württemberg vom 15. 2. 2000 – EFG 2000 S. 542).

§ 3

S 2333
1)

63. Beiträge des Arbeitgebers aus dem ersten Dienstverhältnis an einen Pensionsfonds, eine Pensionskasse oder für eine Direktversicherung zum Aufbau einer kapitalgedeckten betrieblichen Altersversorgung, bei der eine Auszahlung der zugesagten Alters-, Invaliditäts- oder Hinterbliebenenversorgungsleistungen in Form einer Rente oder eines Auszahlungsplans (§ 1 Absatz 1 Satz 1 Nummer 4 des Altersvorsorgeverträge-Zertifizierungsgesetzes vom 26. Juni 2001 (BGBl. I S. 1310, 1322), das zuletzt durch Artikel 7 des Gesetzes vom 5. Juli 2004 (BGBl. I S. 1427) geändert worden ist, in der jeweils geltenden Fassung) vorgesehen ist, soweit die Beiträge im Kalenderjahr 4 Prozent der Beitragsbemessungsgrenze in der allgemeinen Rentenversicherung nicht übersteigen. ²Dies gilt nicht, soweit der Arbeitnehmer nach § 1a Absatz 3 des Betriebsrentengesetzes verlangt hat, dass die Voraussetzungen für eine Förderung nach § 10a oder Abschnitt XI erfüllt werden. ³Der Höchstbetrag nach Satz 1 erhöht sich um 1 800 Euro, wenn die Beiträge im Sinne des Satzes 1 auf Grund einer Versorgungszusage geleistet werden, die nach dem 31. Dezember 2004 erteilt wurde. ⁴Aus Anlass der Beendigung des Dienstverhältnisses geleistete Beiträge im Sinne des Satzes 1 sind steuerfrei, soweit sie 1 800 Euro vervielfältigt mit der Anzahl der Kalenderjahre, in denen das Dienstverhältnis des Arbeitnehmers zu dem derzeitigen Arbeitgeber bestanden hat, nicht übersteigen; der vervielfältigte Betrag vermindert sich um die nach den Sätzen 1 und 3 steuerfreien Beiträge, die der Arbeitgeber in dem Kalenderjahr, in dem das Dienstverhältnis beendet wird, und in den sechs vorangegangenen Kalenderjahren erbracht hat; Kalenderjahre vor 2005 sind dabei jeweils nicht zu berücksichtigen;

64. bei Arbeitnehmern, die zu einer inländischen juristischen Person des öffentlichen Rechts in einem Dienstverhältnis stehen und dafür Arbeitslohn aus einer inländischen öffentlichen Kasse beziehen, die Bezüge für eine Tätigkeit im Ausland insoweit, als sie den Arbeitslohn übersteigen, der dem Arbeitnehmer bei einer gleichwertigen Tätigkeit am Ort der zahlenden öffentlichen Kasse zustehen würde. ²Satz 1 gilt auch, wenn das Dienstverhältnis zu einer anderen Person besteht, die den Arbeitslohn entsprechend den im Sinne des Satzes 1 geltenden Vorschriften ermittelt, der Arbeitslohn aus einer öffentlichen Kasse gezahlt wird und ganz oder im Wesentlichen aus öffentlichen Mitteln aufgebracht wird. ³Bei anderen für einen begrenzten Zeitraum in das Ausland entsandten Arbeitnehmern, die dort einen Wohnsitz oder gewöhnlichen Aufenthalt haben, ist der ihnen von einem inländischen Arbeitgeber gewährte Kaufkraftausgleich steuerfrei, soweit er den für vergleichbare Auslandsdienstbezüge nach § 54 des Bundesbesoldungsgesetzes zulässigen Betrag nicht übersteigt;

S 2341

Hinweise

Kaufkraftausgleich

→ R 3.64 LStR 2011

---

§ 3

2)
S 2333

65. a) Beiträge des Trägers der Insolvenzsicherung (§ 14 des Betriebsrentengesetzes) zugunsten eines Versorgungsberechtigten und seiner Hinterbliebenen an eine Pensionskasse oder ein Unternehmen der Lebensversicherung zur Ablösung von Verpflichtungen, die der Träger der Insolvenzsicherung im Sicherungsfall gegenüber dem Versorgungsberechtigten und seinen Hinterbliebenen hat,

b) Leistungen zur Übernahme von Versorgungsleistungen oder unverfallbaren Versorgungsanwartschaften durch eine Pensionskasse oder ein Unternehmen der Lebensversicherung in den in § 4 Absatz 4 des Betriebsrentengesetzes bezeichneten Fällen und

c) der Erwerb von Ansprüchen durch den Arbeitnehmer gegenüber einem Dritten im Falle der Eröffnung des Insolvenzverfahrens oder in den Fällen des § 7 Absatz 1 Satz 4 des Betriebsrentengesetzes, soweit der Dritte neben dem Arbeitgeber für die Erfüllung von Ansprüchen auf Grund bestehender Versorgungsverpflichtungen oder Versorgungsanwartschaften gegenüber dem Arbeitnehmer und dessen Hinterbliebenen einsteht; dies gilt entsprechend, wenn der Dritte für Wertguthaben aus einer Vereinbarung

---

1) Zur Anwendung von Nummer 63 → § 52 Abs. 6 EStG.
2) Zur Anwendung von Nummer 65 → § 52 Abs. 7 EStG.

über die Altersteilzeit nach dem Altersteilzeitgesetz vom 23. Juli 1996 (BGBl. I S. 1078), zuletzt geändert durch Artikel 234 der Verordnung vom 31. Oktober 2006 (BGBl. I S. 2407), in der jeweils geltenden Fassung oder auf Grund von Wertguthaben aus einem Arbeitszeitkonto in den im ersten Halbsatz genannten Fällen für den Arbeitgeber einsteht.

[2]In den Fällen nach Buchstabe a, b und c gehören die Leistungen der Pensionskasse, des Unternehmens der Lebensversicherung oder des Dritten zu den Einkünften, zu denen jene Leistungen gehören würden, die ohne Eintritt eines Falles nach Buchstabe a, b und c zu erbringen wären. [3]Soweit sie zu den Einkünften aus nichtselbständiger Arbeit im Sinne des § 19 gehören, ist von ihnen Lohnsteuer einzubehalten. [4]Für die Erhebung der Lohnsteuer gelten die Pensionskasse, das Unternehmen der Lebensversicherung oder der Dritte als Arbeitgeber und der Leistungsempfänger als Arbeitnehmer;

H 3.65

Hinweise

Insolvenzsicherung

→ R 3.65 LStR 2011

EStG

§ 3

S 2333   **66.**   Leistungen eines Arbeitgebers oder einer Unterstützungskasse an einen Pensionsfonds zur Übernahme bestehender Versorgungsverpflichtungen oder Versorgungsanwartschaften durch den Pensionsfonds, wenn ein Antrag nach § 4d Absatz 3 oder § 4e Absatz 3 gestellt worden ist;

S 2342   **67.**   das Erziehungsgeld nach dem Bundeserziehungsgeldgesetz und vergleichbare Leistungen der Länder, das Elterngeld nach dem Bundeselterngeld- und Elternzeitgesetz und vergleichbare Leistungen der Länder sowie Leistungen für Kindererziehung an Mütter der Geburtsjahrgänge vor 1921 nach den §§ 294 bis 299 des Sechsten Buches Sozialgesetzbuch und die Zuschläge nach den §§ 50a bis 50e des Beamtenversorgungsgesetzes oder den §§ 70 bis 74 des Soldatenversorgungsgesetzes;

S 2121   **68.**   die Hilfen nach dem Gesetz über die Hilfe für durch Anti-D-Immunprohylaxe mit dem Hepatitis-C-Virus infizierte Personen vom 2. August 2000 (BGBl. I S. 1270);

S 2121   **69.**   die von der Stiftung „Humanitäre Hilfe für durch Blutprodukte HIV-infizierte Personen" nach dem HIV-Hilfegesetz vom 24. Juli 1995 (BGBl. I S. 972) gewährten Leistungen.

     70.   die Hälfte

       a)   der Betriebsvermögensmehrungen oder Einnahmen aus der Veräußerung von Grund und Boden und Gebäuden, die am 1. Januar 2007 mindestens fünf Jahre zum Anlagevermögen eines inländischen Betriebsvermögens des Steuerpflichtigen gehören, wenn diese auf Grund eines nach dem 31. Dezember 2006 und vor dem 1. Januar 2010 rechtswirksam abgeschlossenen obligatorischen Vertrages an eine REIT-Aktiengesellschaft oder einen Vor-REIT veräußert werden,

       b)   der Betriebsvermögensmehrungen, die auf Grund der Eintragung eines Steuerpflichtigen in das Handelsregister als REIT-Aktiengesellschaft im Sinne des REIT-Gesetzes vom 28. Mai 2007 (BGBl. I S. 914) durch Anwendung des § 13 Absatz 1 und 3 Satz 1 des Körperschaftsteuergesetzes auf Grund und Boden und Gebäude entstehen, wenn diese Wirtschaftsgüter vor dem 1. Januar 2005 angeschafft oder hergestellt wurden, und die Schlussbilanz im Sinne des § 13 Absatz 1 und 3 des Körperschaftsteuergesetzes auf einen Zeitpunkt vor dem 1. Januar 2010 aufzustellen ist.

     [2]Satz 1 ist nicht anzuwenden,

       a)   wenn der Steuerpflichtige den Betrieb veräußert oder aufgibt und der Veräußerungsgewinn nach § 34 besteuert wird,

       b)   soweit der Steuerpflichtige von den Regelungen der §§ 6b und 6c Gebrauch macht,

       c)   soweit der Ansatz des niedrigeren Teilwerts in vollem Umfang zu einer Gewinnminderung geführt hat und soweit diese Gewinnminderung nicht durch den Ansatz eines Werts, der sich nach § 6 Absatz 1 Nummer 1 Satz 4 ergibt, ausgeglichen worden ist,

       d)   wenn im Fall des Satzes 1 Buchstabe a der Buchwert zuzüglich der Veräußerungskosten den Veräußerungserlös oder im Fall des Satzes 1 Buchstabe b der Buchwert den Teilwert übersteigt. [2]Ermittelt der Steuerpflichtige den Gewinn nach § 4 Absatz 3, treten an die Stelle des Buchwerts die Anschaffungs- oder Herstellungskosten verringert um die vorgenommenen Absetzungen für Abnutzung oder Substanzverringerung,

e) soweit vom Steuerpflichtigen in der Vergangenheit Abzüge bei den Anschaffungs- oder Herstellungskosten von Wirtschaftsgütern im Sinne des Satzes 1 nach § 6b oder ähnliche Abzüge voll steuerwirksam vorgenommen worden sind,

f) wenn es sich um eine Übertragung im Zusammenhang mit Rechtsvorgängen handelt, die dem Umwandlungssteuergesetz unterliegen und die Übertragung zu einem Wert unterhalb des gemeinen Werts erfolgt.

[3]Die Steuerbefreiung entfällt rückwirkend, wenn

a) innerhalb eines Zeitraums von vier Jahren seit dem Vertragsschluss im Sinne des Satzes 1 Buchstabe a der Erwerber oder innerhalb eines Zeitraums von vier Jahren nach dem Stichtag der Schlussbilanz im Sinne des Satzes 1 Buchstabe b die REIT-Aktiengesellschaft den Grund und Boden oder das Gebäude veräußert,

b) der Vor-REIT oder ein anderer Vor-REIT als sein Gesamtrechtsnachfolger den Status als Vor-REIT gemäß § 10 Absatz 3 Satz 1 des REIT-Gesetzes verliert,

c) die REIT-Aktiengesellschaft innerhalb eines Zeitraums von vier Jahren seit dem Vertragsschluss im Sinne des Satzes 1 Buchstabe a oder nach dem Stichtag der Schlussbilanz im Sinne des Satzes 1 Buchstabe b in keinem Veranlagungszeitraum die Voraussetzungen für die Steuerbefreiung erfüllt,

d) die Steuerbefreiung der REIT-Aktiengesellschaft innerhalb eines Zeitraums von vier Jahren seit dem Vertragsschluss im Sinne des Satzes 1 Buchstabe a oder nach dem Stichtag der Schlussbilanz im Sinne des Satzes 1 Buchstabe b endet,

e) das Bundeszentralamt für Steuern dem Erwerber im Sinne des Satzes 1 Buchstabe a den Status als Vor-REIT im Sinne des § 2 Satz 4 des REIT-Gesetzes vom 28. Mai 2007 (BGBl. I S. 914) bestandskräftig aberkannt hat.

[4]Die Steuerbefreiung entfällt auch rückwirkend, wenn die Wirtschaftsgüter im Sinne des Satzes 1 Buchstabe a vom Erwerber an den Veräußerer oder eine ihm nahe stehende Person im Sinne des § 1 Absatz 2 des Außensteuergesetzes überlassen werden und der Veräußerer oder eine ihm nahe stehende Person im Sinne des § 1 Absatz 2 des Außensteuergesetzes nach Ablauf einer Frist von zwei Jahren seit Eintragung des Erwerbers als REIT-Aktiengesellschaft in das Handelsregister an dieser mittelbar oder unmittelbar zu mehr als 50 Prozent beteiligt ist. [5]Der Grundstückserwerber haftet für die sich aus dem rückwirkenden Wegfall der Steuerbefreiung ergebenden Steuern.

---

§ 4   Steuerfreie Einnahmen

EStDV
S 2125

Die Vorschriften der Lohnsteuer-Durchführungsverordnung über die Steuerpflicht oder die Steuerfreiheit von Einnahmen aus nichtselbständiger Arbeit sind bei der Veranlagung anzuwenden.

---

§ 3a

EStG

(weggefallen)

---

§ 3b   Steuerfreiheit von Zuschlägen für Sonntags-, Feiertags- oder Nachtarbeit

EStG
S 2343

(1) Steuerfrei sind Zuschläge, die für tatsächlich geleistete Sonntags-, Feiertags- oder Nachtarbeit neben dem Grundlohn gezahlt werden, soweit sie

1. für Nachtarbeit 25 Prozent,

2. vorbehaltlich der Nummern 3 und 4 für Sonntagsarbeit 50 Prozent,

3. vorbehaltlich der Nummer 4 für Arbeit am 31. Dezember ab 14 Uhr und an den gesetzlichen Feiertagen 125 Prozent,

4. für Arbeit am 24. Dezember ab 14 Uhr, am 25. und 26. Dezember sowie am 1. Mai 150 Prozent

des Grundlohns nicht übersteigen.

(2) [1]Grundlohn ist der laufende Arbeitslohn, der dem Arbeitnehmer bei der für ihn maßgebenden regelmäßigen Arbeitszeit für den jeweiligen Lohnzahlungszeitraum zusteht; er ist in einen

Stundenlohn umzurechnen und mit höchstens 50 Euro anzusetzen. ²Nachtarbeit ist die Arbeit in der Zeit von 20 Uhr bis 6 Uhr. ³Sonntagsarbeit und Feiertagsarbeit ist die Arbeit in der Zeit von 0 Uhr bis 24 Uhr des jeweiligen Tages. ⁴Die gesetzlichen Feiertage werden durch die am Ort der Arbeitsstätte geltenden Vorschriften bestimmt.

(3) Wenn die Nachtarbeit vor 0 Uhr aufgenommen wird, gilt abweichend von den Absätzen 1 und 2 Folgendes:

1. Für Nachtarbeit in der Zeit von 0 Uhr bis 4 Uhr erhöht sich der Zuschlagssatz auf 40 Prozent,

2. als Sonntagsarbeit und Feiertagsarbeit gilt auch die Arbeit in der Zeit von 0 Uhr bis 4 Uhr des auf den Sonntag oder Feiertag folgenden Tages.

EStG
S 2128

§ 3c Anteilige Abzüge

(1) Ausgaben dürfen, soweit sie mit steuerfreien Einnahmen in unmittelbarem wirtschaftlichen Zusammenhang stehen, nicht als Betriebsausgaben oder Werbungskosten abgezogen werden; Absatz 2 bleibt unberührt.

(2) ¹Betriebsvermögensminderungen, Betriebsausgaben, Veräußerungskosten oder Werbungskosten, die mit den dem § 3 Nummer 40 zugrunde liegenden Betriebsvermögensmehrungen oder Einnahmen oder mit Vergütungen nach § 3 Nummer 40a in wirtschaftlichem Zusammenhang stehen, dürfen unabhängig davon, in welchem Veranlagungszeitraum die Betriebsvermögensmehrungen oder Einnahmen anfallen, bei der Ermittlung der Einkünfte nur zu 60 Prozent abgezogen werden; Entsprechendes gilt, wenn bei der Ermittlung der Einkünfte der Wert des Betriebsvermögens oder des Anteils am Betriebsvermögen oder die Anschaffungs- oder Herstellungskosten oder der an deren Stelle tretende Wert mindernd zu berücksichtigen sind. ²Für die Anwendung des Satzes 1 ist die Absicht zur Erzielung von Betriebsvermögensmehrungen oder Einnahmen im Sinne des § 3 Nummer 40 oder Vergütungen im Sinne des § 3 Nummer 40a ausreichend. ³Satz 1 gilt auch für Wertminderungen des Anteils an einer Organgesellschaft, die nicht auf Gewinnausschüttungen zurückzuführen sind. ⁴§ 8b Absatz 10 des Körperschaftsteuergesetzes gilt sinngemäß.

(3) Betriebsvermögensminderungen, Betriebsausgaben oder Veräußerungskosten, die mit den Betriebsvermögensmehrungen oder Einnahmen im Sinne des § 3 Nummer 70 in wirtschaftlichem Zusammenhang stehen, dürfen unabhängig davon, in welchem Veranlagungszeitraum die Betriebsvermögensmehrungen oder Einnahmen anfallen, nur zur Hälfte abgezogen werden.

H 3c

Hinweise

Aufwendungen für die Überlassung von Wirtschaftsgütern im Rahmen einer Betriebsaufspaltung

Anhang 10 Zur Anwendung des Teileinkünfteverfahrens in der steuerlichen Gewinnermittlung → BMF vom 8. 11. 2010 (BStBl I S. 1292).

Feststellungsverfahren

Bei der gesonderten und einheitlichen Feststellung von Besteuerungsgrundlagen können die Einkünfte, die dem Teileinkünfteverfahren unterliegen, in voller Höhe („brutto") festgestellt werden, sofern aus den weiteren Feststellungen des Bescheids für einen verständigen Empfänger zweifelsfrei erkennbar ist, dass zur Ermittlung der steuerpflichtigen Einkünfte unter Anwendung der § 3 Nr. 40, § 3c Abs. 2 EStG ein zusätzlicher Rechenschritt notwendig ist (→ BFH vom 18. 7. 2012 – X R 28/10).

Hinzurechnungsbetrag

Hinzurechnungen nach §§ 7, 10 AStG sind keine Einnahmen i. S. d. § 3c Abs. 1 EStG (→ BFH vom 7. 9. 2005 – BStBl 2006 II S. 537).

Teilwertabschreibungen auf Darlehensforderungen

Zur Anwendung des Teileinkünfteverfahrens in der steuerlichen Gewinnermittlung → BMF vom 8. 11. 2010 – (BStBl I S. 1292).

Verfassungsmäßigkeit

Das Halbabzugsverbot des § 3c Abs. 2 EStG ist mit dem GG vereinbar (→ BFH vom 19. 6. 2007 – BStBl 2008 II S. 551).

Zusammenhang mit steuerfreien Einnahmen

Ein unmittelbarer wirtschaftlicher Zusammenhang mit steuerfreien Einnahmen liegt vor, wenn Einnahmen und Ausgaben durch dasselbe Ereignis veranlasst sind. Dies ist der Fall, wenn steuerfreie Einnahmen dazu bestimmt sind, Aufwendungen zu ersetzen, die mit Einkünften i. S. d. § 2 EStG in wirtschaftlichem Zusammenhang stehen. Daraus folgt, dass die Steuerfreiheit von Einnahmen, die der Erstattung von Ausgaben dienen, durch § 3c Abs. 1 EStG rückgängig gemacht wird. Eine Aufteilung der Ausgaben in einen abziehbaren und einen nicht abziehbaren Teil nach dem Verhältnis der steuerfreien zu den steuerpflichtigen Einnahmen kommt nicht in Betracht. Diese Wirkungsweise des § 3c Abs. 1 EStG rechtfertigt sich daraus, dass erstattete Ausgaben den Stpfl. nicht belasten und daher seine steuerpflichtigen Einkünfte auch nicht mindern dürfen (→ BFH vom 27. 4. 2006 – BStBl II S. 755).

3. Gewinn

§ 4   Gewinnbegriff im Allgemeinen

EStG
S 2130

S 2131–
S 2132b

S 2134–
S 2136

(1) [1]Gewinn ist der Unterschiedsbetrag zwischen dem Betriebsvermögen am Schluss des Wirtschaftsjahres und dem Betriebsvermögen am Schluss des vorangegangenen Wirtschaftsjahres, vermehrt um den Wert der Entnahmen und vermindert um den Wert der Einlagen. [2]Entnahmen sind alle Wirtschaftsgüter (Barentnahmen, Waren, Erzeugnisse, Nutzungen und Leistungen), die der Steuerpflichtige dem Betrieb für sich, für seinen Haushalt oder für andere betriebsfremde Zwecke im Laufe des Wirtschaftsjahres entnommen hat. [3]Einer Entnahme für betriebsfremde Zwecke steht der Ausschluss oder die Beschränkung des Besteuerungsrechts der Bundesrepublik Deutschland hinsichtlich des Gewinns aus der Veräußerung oder der Nutzung eines Wirtschaftsguts gleich. [4]Ein Ausschluss oder eine Beschränkung des Besteuerungsrechts hinsichtlich des Gewinns aus der Veräußerung eines Wirtschaftsguts liegt insbesondere vor, wenn ein bisher einer inländischen Betriebsstätte des Steuerpflichtigen zuzuordnendes Wirtschaftsgut einer ausländischen Betriebsstätte zuzuordnen ist. [5]Satz 3 gilt nicht für Anteile an einer Europäischen Gesellschaft oder Europäischen Genossenschaft in den Fällen

1. einer Sitzverlegung der Europäischen Gesellschaft nach Artikel 8 der Verordnung (EG) Nr. 2157/2001 des Rates vom 8. Oktober 2001 über das Statut der Europäischen Gesellschaft (SE) (ABl. EG Nr. L 294 S. 1), zuletzt geändert durch die Verordnung (EG) Nr. 885/2004 des Rates vom 26. April 2004 (ABl. EU Nr. L 168 S. 1), und

2. einer Sitzverlegung der Europäischen Genossenschaft nach Artikel 7 der Verordnung (EG) Nr. 1435/2003 des Rates vom 22. Juli 2003 über das Statut der Europäischen Genossenschaft (SCE) (ABl. EU Nr. L 207 S. 1).

[6]Ein Wirtschaftsgut wird nicht dadurch entnommen, dass der Steuerpflichtige zur Gewinnermittlung nach § 13a übergeht. [7]Eine Änderung der Nutzung eines Wirtschaftsgutes, die bei Gewinnermittlung nach Satz 1 keine Entnahme ist, ist auch bei Gewinnermittlung nach § 13a keine Entnahme. [8]Einlagen sind alle Wirtschaftsgüter (Bareinzahlungen und sonstige Wirtschaftsgüter), die der Steuerpflichtige dem Betrieb im Laufe des Wirtschaftsjahres zugeführt hat; einer Einlage steht die Begründung des Besteuerungsrechts der Bundesrepublik Deutschland hinsichtlich des Gewinns aus der Veräußerung eines Wirtschaftsguts gleich. [9]Bei der Ermittlung des Gewinns sind die Vorschriften über die Betriebsausgaben, über die Bewertung und über die Absetzung für Abnutzung oder Substanzverringerung zu befolgen.

(2) [1]Der Steuerpflichtige darf die Vermögensübersicht (Bilanz) auch nach ihrer Einreichung beim Finanzamt ändern, soweit sie den Grundsätzen ordnungsmäßiger Buchführung unter Befolgung der Vorschriften dieses Gesetzes nicht entspricht; diese Änderung ist nicht zulässig, wenn die Vermögensübersicht (Bilanz) einer Steuerfestsetzung zugrunde liegt, die nicht mehr aufgehoben oder geändert werden kann. [2]Darüber hinaus ist eine Änderung der Vermögensübersicht (Bilanz) nur zulässig, wenn sie in einem engen zeitlichen und sachlichen Zusammenhang mit einer Änderung nach Satz 1 steht und soweit die Auswirkung der Änderung nach Satz 1 auf den Gewinn reicht.

S 2141

S 2142–
S 2143
S 2161

(3) ¹Steuerpflichtige, die nicht auf Grund gesetzlicher Vorschriften verpflichtet sind, Bücher zu führen und regelmäßig Abschlüsse zu machen, und die auch keine Bücher führen und keine Abschlüsse machen, können als Gewinn den Überschuss der Betriebseinnahmen über die Betriebsausgaben ansetzen. ²Hierbei scheiden Betriebseinnahmen und Betriebsausgaben aus, die im Namen und für Rechnung eines anderen vereinnahmt und verausgabt werden (durchlaufende Posten). ³Die Vorschriften über die Bewertungsfreiheit für geringwertige Wirtschaftsgüter (§ 6 Absatz 2), die Bildung eines Sammelpostens (§ 6 Absatz 2a) und über die Absetzung für Abnutzung oder Substanzverringerung sind zu befolgen.¹⁾ ⁴Die Anschaffungs- oder Herstellungskosten für nicht abnutzbare Wirtschaftsgüter des Anlagevermögens, für Anteile an Kapitalgesellschaften, für Wertpapiere und vergleichbare nicht verbriefte Forderungen und Rechte, für Grund und Boden sowie Gebäude des Umlaufvermögens sind erst im Zeitpunkt des Zuflusses des Veräußerungserlöses oder bei Entnahme im Zeitpunkt der Entnahme als Betriebsausgaben zu berücksichtigen. ⁵Die Wirtschaftsgüter des Anlagevermögens und Wirtschaftsgüter des Umlaufvermögens im Sinne des Satzes 4 sind unter Angabe des Tages der Anschaffung oder Herstellung und der Anschaffungs- oder Herstellungskosten oder des an deren Stelle getretenen Werts in besondere, laufend zu führende Verzeichnisse aufzunehmen.

S 2144

(4) Betriebsausgaben sind die Aufwendungen, die durch den Betrieb veranlasst sind.

(4a) ¹Schuldzinsen sind nach Maßgabe der Sätze 2 bis 4 nicht abziehbar, wenn Überentnahmen getätigt worden sind. ²Eine Überentnahme ist der Betrag, um den die Entnahmen die Summe des Gewinns und der Einlagen des Wirtschaftsjahres übersteigen. ³Die nicht abziehbaren Schuldzinsen werden typisiert mit 6 Prozent der Überentnahme des Wirtschaftsjahres zuzüglich der Überentnahmen vorangegangener Wirtschaftsjahre und abzüglich der Beträge, um die in den vorangegangenen Wirtschaftsjahren der Gewinn und die Einlagen die Entnahmen überstiegen haben (Unterentnahmen), ermittelt; bei der Ermittlung der Überentnahme ist vom Gewinn ohne Berücksichtigung der nach Maßgabe dieses Absatzes nicht abziehbaren Schuldzinsen auszugehen. ⁴Der sich dabei ergebende Betrag, höchstens jedoch der um 2 050 Euro verminderte Betrag der im Wirtschaftsjahr angefallenen Schuldzinsen, ist dem Gewinn hinzuzurechnen. ⁵Der Abzug von Schuldzinsen für Darlehen zur Finanzierung von Anschaffungs- oder Herstellungskosten von Wirtschaftsgütern des Anlagevermögens bleibt unberührt. ⁶Die Sätze 1 bis 5 sind bei Gewinnermittlung nach § 4 Absatz 3 sinngemäß anzuwenden; hierzu sind Entnahmen und Einlagen gesondert aufzuzeichnen.

S 2145

(5) ¹Die folgenden Betriebsausgaben dürfen den Gewinn nicht mindern:

1. Aufwendungen für Geschenke an Personen, die nicht Arbeitnehmer des Steuerpflichtigen sind. ²Satz 1 gilt nicht, wenn die Anschaffungs- oder Herstellungskosten der dem Empfänger im Wirtschaftsjahr zugewendeten Gegenstände insgesamt 35 Euro nicht übersteigen;

2. Aufwendungen für die Bewirtung von Personen aus geschäftlichem Anlass, soweit sie 70 Prozent der Aufwendungen übersteigen, der nach der allgemeinen Verkehrsauffassung als angemessen anzusehen und deren Höhe und betriebliche Veranlassung nachgewiesen sind. ²Zum Nachweis der Höhe und der betrieblichen Veranlassung der Aufwendungen hat der Steuerpflichtige schriftlich die folgenden Angaben zu machen: Ort, Tag, Teilnehmer und Anlass der Bewirtung sowie Höhe der Aufwendungen. ³Hat die Bewirtung in einer Gaststätte stattgefunden, so genügen Angaben zu dem Anlass und den Teilnehmern der Bewirtung; die Rechnung über die Bewirtung ist beizufügen;

3. Aufwendungen für Einrichtungen des Steuerpflichtigen, soweit sie der Bewirtung, Beherbergung oder Unterhaltung von Personen, die nicht Arbeitnehmer des Steuerpflichtigen sind, dienen (Gästehäuser) und sich außerhalb des Orts eines Betriebs des Steuerpflichtigen befinden;

4. Aufwendungen für Jagd oder Fischerei, für Segeljachten oder Motorjachten sowie für ähnliche Zwecke und für die hiermit zusammenhängenden Bewirtungen;

¹⁾ Absatz 3 Satz 4 und 5 ist erstmals für Wirtschaftsgüter anzuwenden, die nach dem 5. 5. 2006 angeschafft, hergestellt oder in das Betriebsvermögen eingelegt werden. Die Anschaffungs- oder Herstellungskosten für nicht abnutzbare Wirtschaftsgüter des Anlagevermögens, die vor dem 5. 5. 2006 angeschafft, hergestellt oder in das Betriebsvermögens eingelegt wurden, sind erst im Zeitpunkt des Zuflusses des Veräußerungserlöses oder im Zeitpunkt der Entnahme als Betriebsausgaben zu berücksichtigen → § 52 Abs. 10 Satz 2 und 3 EStG.

5. Mehraufwendungen für die Verpflegung des Steuerpflichtigen, soweit in den folgenden Sätzen nichts anderes bestimmt ist. [2]Wird der Steuerpflichtige vorübergehend von seiner Wohnung und dem Mittelpunkt seiner dauerhaft angelegten betrieblichen Tätigkeit entfernt betrieblich tätig, ist für jeden Kalendertag, an dem der Steuerpflichtige wegen dieser vorübergehenden Tätigkeit von seiner Wohnung und seinem Tätigkeitsmittelpunkt

    a) 24 Stunden abwesend ist, ein Pauschbetrag von 24 Euro,

    b) weniger als 24 Stunden, aber mindestens 14 Stunden abwesend ist, ein Pauschbetrag von 12 Euro,

    c) weniger als 14 Stunden, aber mindestens 8 Stunden abwesend ist, ein Pauschbetrag von 6 Euro

    abzuziehen; eine Tätigkeit, die nach 16 Uhr begonnen und vor 8 Uhr des nachfolgenden Kalendertags beendet wird, ohne dass eine Übernachtung stattfindet, ist mit der gesamten Abwesenheitsdauer dem Kalendertag der überwiegenden Abwesenheit zuzurechnen. [3]Wird der Steuerpflichtige bei seiner individuellen betrieblichen Tätigkeit typischerweise nur an ständig wechselnden Tätigkeitsstätten oder auf einem Fahrzeug tätig, gilt Satz 2 entsprechend; dabei ist allein die Dauer der Abwesenheit von der Wohnung maßgebend. [4]Bei einer Tätigkeit im Ausland treten an die Stelle der Pauschbeträge nach Satz 2 länderweise unterschiedliche Pauschbeträge, die für die Fälle der Buchstaben a, b und c mit 120, 80 und 40 Prozent der höchsten Auslandstagegelder nach dem Bundesreisekostengesetz vom Bundesministerium der Finanzen im Einvernehmen mit den obersten Finanzbehörden der Länder aufgerundet auf volle Euro festgesetzt werden; dabei bestimmt sich der Pauschbetrag nach dem Ort, den der Steuerpflichtige vor 24 Uhr Ortszeit zuletzt erreicht, oder, wenn dieser Ort im Inland liegt, nach dem letzten Tätigkeitsort im Ausland. [5]Bei einer längerfristigen vorübergehenden Tätigkeit an derselben Tätigkeitsstätte beschränkt sich der pauschale Abzug nach Satz 2 auf die ersten drei Monate. [6]Die Abzugsbeschränkung nach Satz 1, die Pauschbeträge nach den Sätzen 2 und 4 sowie die Dreimonatsfrist nach Satz 5 gelten auch für den Abzug von Verpflegungsmehraufwendungen bei einer aus betrieblichem Anlass begründeten doppelten Haushaltsführung; dabei ist für jeden Kalendertag innerhalb der Dreimonatsfrist, an dem gleichzeitig eine Tätigkeit im Sinne des Satzes 2 oder 3 ausgeübt wird, nur der jeweils höchste in Betracht kommende Pauschbetrag abzuziehen und die Dauer einer Tätigkeit im Sinne des Satzes 2 an dem Beschäftigungsort, der zur Begründung der doppelten Haushaltsführung geführt hat, auf die Dreimonatsfrist anzurechnen, wenn sie ihr unmittelbar vorausgegangen ist;

6. Aufwendungen für die Wege des Steuerpflichtigen zwischen Wohnung und Betriebsstätte und für Familienheimfahrten, soweit in den folgenden Sätzen nichts anderes bestimmt ist. [2]Zur Abgeltung dieser Aufwendungen ist § 9 Absatz 1 Satz 3 Nummer 4 und 5 Satz 1 bis 6 und Absatz 2 entsprechend anzuwenden. [3]Bei der Nutzung eines Kraftfahrzeugs dürfen die Aufwendungen in Höhe des positiven Unterschiedsbetrags zwischen 0,03 Prozent des inländischen Listenpreises im Sinne des § 6 Absatz 1 Nummer 4 Satz 2 des Kraftfahrzeugs im Zeitpunkt der Erstzulassung je Kalendermonat für jeden Entfernungskilometer und dem sich nach § 9 Absatz 1 Satz 3 Nummer 4 oder Absatz 2 ergebenden Betrag sowie Aufwendungen für Familienheimfahrten in Höhe des positiven Unterschiedsbetrags zwischen 0,002 Prozent des inländischen Listenpreises im Sinne des § 6 Absatz 1 Nummer 4 Satz 2 für jeden Entfernungskilometer und dem sich nach § 9 Absatz 1 Satz 3 Nummer 5 Satz 4 bis 6 oder Absatz 2 ergebenden Betrag den Gewinn nicht mindern; ermittelt der Steuerpflichtige die private Nutzung des Kraftfahrzeugs nach § 6 Absatz 1 Nummer 4 Satz 1 oder Satz 3, treten an die Stelle des mit 0,03 oder 0,002 Prozent des inländischen Listenpreises ermittelten Betrags für

---

[1] *Absatz 5 Satz 1 Nummer 5 wurde durch das Gesetz zur Änderung und Vereinfachung der Unternehmensbesteuerung und des steuerlichen Reisekostenrechts neu gefasst und ist erstmals für den VZ 2014 anzuwenden → § 52 Abs. 1 EStG.*
Anm.:
Nummer 5 i. d. F. des Gesetzes zur Änderung und Vereinfachung der Unternehmensbesteuerung und des steuerlichen Reisekostenrechts lautet:
„5. Mehraufwendungen für die Verpflegung des Steuerpflichtigen. Wird der Steuerpflichtige vorübergehend von seiner Wohnung und dem Mittelpunkt seiner dauerhaft angelegten betrieblichen Tätigkeit entfernt betrieblich tätig, sind die Mehraufwendungen für Verpflegung nach Maßgabe des § 9 Absatz 4a abziehbar;"

[2] *Absatz 5 Satz 1 Nummer 6 wurde durch das Gesetz zur Änderung und Vereinfachung der Unternehmensbesteuerung und des steuerlichen Reisekostenrechts geändert und ist in der geänderten Fassung erstmals für den VZ 2014 anzuwenden → § 52 Abs. 1 EStG.*
Anm.:
Die Änderungen lauten:
a) In Satz 2 werden die Wörter „Nummer 4 und 5 Satz 1 bis 6" durch die Wörter „Nummer 4 Satz 2 bis 6 und Nummer 5 Satz 5 bis 7" ersetzt.
b) In Satz 3 werden die Wörter „§ 9 Absatz 1 Satz 3 Nummer 4" durch die Wörter „§ 9 Absatz 1 Satz 3 Nummer 4 Satz 2 bis 6" und die Wörter „§ 9 Absatz 1 Satz 3 Nummer 5 Satz 4 bis 6" durch die Wörter „§ 9 Absatz 1 Satz 3 Nummer 5 Satz 5 bis 7" ersetzt.

Fahrten zwischen Wohnung und Betriebsstätte und für Familienheimfahrten die auf diese Fahrten entfallenden tatsächlichen Aufwendungen;

1) 6a. (weggefallen)

6b. Aufwendungen für ein häusliches Arbeitszimmer sowie die Kosten der Ausstattung. [2]Dies gilt nicht, wenn für die betriebliche oder berufliche Tätigkeit kein anderer Arbeitsplatz zur Verfügung steht. [3]In diesem Fall wird die Höhe der abziehbaren Aufwendungen auf 1 250 Euro begrenzt; die Beschränkung der Höhe nach gilt nicht, wenn das Arbeitszimmer den Mittelpunkt der gesamten betrieblichen und beruflichen Tätigkeit bildet;

7. andere als die in den Nummern 1 bis 6 und 6b bezeichneten Aufwendungen, die die Lebensführung des Steuerpflichtigen oder anderer Personen berühren, soweit sie nach allgemeiner Verkehrsauffassung als unangemessen anzusehen sind;

8. von einem Gericht oder einer Behörde im Geltungsbereich dieses Gesetzes oder von Organen der Europäischen Gemeinschaften festgesetzte Geldbußen, Ordnungsgelder und Verwarnungsgelder. [2]Dasselbe gilt für Leistungen zur Erfüllung von Auflagen oder Weisungen, die in einem berufsgerichtlichen Verfahren erteilt werden, soweit die Auflagen oder Weisungen nicht lediglich der Wiedergutmachung des durch die Tat verursachten Schadens dienen. [3]Die Rückzahlung von Ausgaben im Sinne der Sätze 1 und 2 darf den Gewinn nicht erhöhen. [4]Das Abzugsverbot für Geldbußen gilt nicht, soweit der wirtschaftliche Vorteil, der durch den Gesetzesverstoß erlangt wurde, abgeschöpft worden ist, wenn die Steuern vom Einkommen und Ertrag, die auf den wirtschaftlichen Vorteil entfallen, nicht abgezogen worden sind; Satz 3 ist insoweit nicht anzuwenden;

8a. Zinsen auf hinterzogene Steuern nach § 235 der Abgabenordnung;

9. Ausgleichszahlungen, die in den Fällen der §§ 14, 17 und 18 des Körperschaftsteuergesetzes an außenstehende Anteilseigner geleistet werden;

10. die Zuwendung von Vorteilen sowie damit zusammenhängende Aufwendungen, wenn die Zuwendung der Vorteile eine rechtswidrige Handlung darstellt, die den Tatbestand eines Strafgesetzes oder eines Gesetzes verwirklicht, das die Ahndung mit einer Geldbuße zulässt. [2]Gerichte, Staatsanwaltschaften oder Verwaltungsbehörden haben Tatsachen, die sie dienstlich erfahren und die den Verdacht einer Tat im Sinne des Satzes 1 begründen, der Finanzbehörde für Zwecke des Besteuerungsverfahrens und zur Verfolgung von Steuerstraftaten und Steuerordnungswidrigkeiten mitzuteilen. [3]Die Finanzbehörde teilt Tatsachen, die den Verdacht einer Straftat oder einer Ordnungswidrigkeit im Sinne des Satzes 1 begründen, der Staatsanwaltschaft oder der Verwaltungsbehörde mit. [4]Diese unterrichten die Finanzbehörde von dem Ausgang des Verfahrens und den zugrunde liegenden Tatsachen;

11. Aufwendungen, die mit unmittelbaren oder mittelbaren Zuwendungen von nicht einlagefähigen Vorteilen an natürliche oder juristische Personen oder Personengesellschaften zur Verwendung in Betrieben in tatsächlichem oder wirtschaftlichem Zusammenhang stehen, deren Gewinn nach § 5a Abs. 1 ermittelt wird;

12. Zuschläge nach § 162 Absatz 4 der Abgabenordnung;

13. Jahresbeiträge nach § 12 Absatz 2 des Restrukturierungsfondsgesetzes.

[2]Das Abzugsverbot gilt nicht, soweit die in den Nummern 2 bis 4 bezeichneten Zwecke Gegenstand einer mit Gewinnabsicht ausgeübten Betätigung des Steuerpflichtigen sind. [3]§ 12 Nummer 1 bleibt unberührt.

(5a) (weggefallen)

2) (5b) Die Gewerbesteuer und die darauf entfallenden Nebenleistungen sind keine Betriebsausgaben.

S 2162 (6) Aufwendungen zur Förderung staatspolitischer Zwecke (§ 10b Absatz 2) sind keine Betriebsausgaben.

(7) [1]Aufwendungen im Sinne des Absatzes 5 Satz 1 Nummer 1 bis 4, 6b und 7 sind einzeln und getrennt von den sonstigen Betriebsausgaben aufzuzeichnen. [2]Soweit diese Aufwendungen nicht

---

1) *Absatz 5 Satz 1 Nummer 6a wurde durch das Gesetz zur Änderung und Vereinfachung der Unternehmensbesteuerung und des steuerlichen Reisekostenrechts eingefügt und ist erstmals für den VZ 2014 anzuwenden → § 52 Abs. 12 Satz 5 EStG.*
Anm.:
Nummer 6a i. d. F. des Gesetzes zur Änderung und Vereinfachung der Unternehmensbesteuerung und des steuerlichen Reisekostenrechts lautet:
„6a. die Mehraufwendungen für eine betrieblich veranlasste doppelte Haushaltsführung, soweit sie die nach § 9 Absatz 1 Satz 3 Nummer 5 Satz 1 bis 4 abziehbaren Beträge und die Mehraufwendungen für betrieblich veranlasste Übernachtungen, soweit sie die nach § 9 Absatz 1 Satz 3 Nummer 5a abziehbaren Beträge übersteigen;"

2) Absatz 5b i. d. F. des Unternehmensteuerreformgesetzes 2008 gilt erstmals für Gewerbesteuer, die für Erhebungszeiträume festgesetzt wird, die nach dem 31.12.2007 enden → § 52 Abs. 12 Satz 7 EStG.

bereits nach Absatz 5 vom Abzug ausgeschlossen sind, dürfen sie bei der Gewinnermittlung nur berücksichtigt werden, wenn sie nach Satz 1 besonders aufgezeichnet sind.

(8) Für Erhaltungsaufwand bei Gebäuden in Sanierungsgebieten und städtebaulichen Entwicklungsbereichen sowie bei Baudenkmalen gelten die §§ 11a und 11b entsprechend.

(9) Aufwendungen des Steuerpflichtigen für seine erstmalige Berufsausbildung oder für ein Erststudium, das zugleich eine Erstausbildung vermittelt, sind keine Betriebsausgaben. [1]

§ 6   Eröffnung, Erwerb, Aufgabe und Veräußerung eines Betriebs

EStDV
S 2131

(1) Wird ein Betrieb eröffnet oder erworben, so tritt bei der Ermittlung des Gewinns an die Stelle des Betriebsvermögens am Schluss des vorangegangenen Wirtschaftsjahrs das Betriebsvermögen im Zeitpunkt der Eröffnung oder des Erwerbs des Betriebs.

(2) Wird ein Betrieb aufgegeben oder veräußert, so tritt bei der Ermittlung des Gewinns an die Stelle des Betriebsvermögens am Schluss des Wirtschaftsjahrs das Betriebsvermögen im Zeitpunkt der Aufgabe oder der Veräußerung des Betriebs.

§ 7

EStDV

(weggefallen)

§ 8   Eigenbetrieblich genutzte Grundstücke von untergeordnetem Wert

EStDV

Eigenbetrieblich genutzte Grundstücksteile brauchen nicht als Betriebsvermögen behandelt zu werden, wenn ihr Wert nicht mehr als ein Fünftel des gemeinen Werts des gesamten Grundstückes und nicht mehr als 20 500 Euro beträgt.

§ 8a

EStDV

(weggefallen)

4.1. Betriebsvermögensvergleich

R 4.1

Betriebe der Land- und Forstwirtschaft

S 2132
S 2132a

(1) [1]Bei einem Betrieb der Land- und Forstwirtschaft ist der Gewinn durch Betriebsvermögensvergleich nach § 4 Abs. 1 EStG zu ermitteln, wenn der Land- und Forstwirt nach den §§ 140, 141 AO verpflichtet ist, für diesen Betrieb Bücher zu führen und auf Grund jährlicher Bestandsaufnahmen Abschlüsse zu machen. [2]Werden für den Betrieb freiwillig Bücher geführt und auf Grund jährlicher Bestandsaufnahmen Abschlüsse gemacht, ist der Gewinn durch Betriebsvermögensvergleich nach § 4 Abs. 1 EStG zu ermitteln, wenn der Antrag nach § 13a Abs. 2 EStG gestellt worden ist oder der Gewinn aus anderen Gründen nicht nach § 13a EStG zu ermitteln ist.

Gewerbliche Betriebe

S 2164
S 2150

(2) [1]Bei einem gewerblichen Betrieb, für den die Verpflichtung besteht, Bücher zu führen und auf Grund jährlicher Bestandsaufnahmen Abschlüsse zu machen oder für den freiwillig Bücher geführt und regelmäßig Abschlüsse gemacht werden, muss der Gewerbetreibende den Gewinn durch Betriebsvermögensvergleich nach § 5 EStG ermitteln. [2]Für Handelsschiffe im internationalen Verkehr kann der Gewinn auf Antrag nach § 5a EStG ermittelt werden. [3]Werden für einen gewerblichen Betrieb, für den Buchführungspflicht besteht, keine Bücher geführt, oder ist die Buchführung nicht ordnungsmäßig (→ R 5.2 Abs. 2), ist der Gewinn nach § 5 EStG unter Berücksichtigung der Verhältnisse des Einzelfalles, unter Umständen unter Anwendung von Richtsätzen, zu schätzen. [4]Das Gleiche gilt, wenn für einen gewerblichen Betrieb freiwillig Bücher geführt und Abschlüsse gemacht werden, die Buchführung jedoch nicht ordnungsmäßig ist. [5]Bei gewerblichen Betrieben, bei denen die Voraussetzungen der Sätze 1 bis 4 nicht vorliegen, kann der Gewinn durch Einnahmeüberschussrechnung nach § 4 Abs. 3 EStG ermittelt werden, wenn der Gewerbetreibende für **den** Betrieb diese Gewinnermittlungsart **gewählt hat**.

Personengesellschaften

(3) Absätze 1 und 2 gelten sinngemäß.

Beteiligung an einer ausländischen Personengesellschaft

(4) [1]Sind unbeschränkt steuerpflichtige Personen an einer ausländischen Personengesellschaft beteiligt, die im Inland weder eine Betriebsstätte unterhält, noch einen ständigen Vertreter bestellt hat, ist der Gewinn der Personengesellschaft zur Ermittlung der Höhe der Gewinnanteile der unbeschränkt steuerpflichtigen Personen nach § 4 Abs. 1 oder 3 EStG zu ermitteln. [2]*Eine Buchführungspflicht nach § 140 AO kann auch eine ausländische Rechtsnorm begründen.* [3]Bei der Gewinnermittlung nach § 4 Abs. 1 EStG sind alle Geschäftsvorfälle unter Beachtung der Grundsätze ordnungsmäßiger Buchführung zu berücksichtigen, auch wenn sie in einer ausländischen Währung ausgewiesen sind. [4]Das Ergebnis einer in ausländischer Währung aufgestellten Steuerbilanz ist in Euro nach einem Umrechnungsverfahren umzurechnen, das nicht gegen die deutschen Grundsätze ordnungsmäßiger Buchführung verstößt.

Ordnungsmäßigkeit der Buchführung

(5) [1]Für die Ordnungsmäßigkeit der Buchführung bei Gewinnermittlung nach § 4 Abs. 1 EStG gelten R 5.2 bis 5.4 sinngemäß. [2]§ 141 Abs. 1 und § 142 AO bleiben unberührt.

H 4.1   **Hinweise**

Aufzeichnungs- und Buchführungspflichten

– von Angehörigen der freien Berufe → H 18.2 (Aufzeichnungspflicht)
– für das steuerliche **Sonderbetriebsvermögen einer Personengesellschaft** (→ R 4.2 Abs. 2) nach § 141 Abs. 1 AO obliegen nicht dem einzelnen Gesellschafter, sondern der Personengesellschaft (→ BFH vom 23. 10. 1990 – BStBl 1991 II S. 401); Übertragung auf die Mitunternehmer ist nicht zulässig (→ BFH vom 11. 3. 1992 – BStBl II S. 797). Die Gewinnermittlung für das Sonderbetriebsvermögen hat hierbei nach dem gleichen Gewinnermittlungszeitraum und nach der gleichen Gewinnermittlungsart wie bei der Personengesellschaft zu erfolgen (→ BFH vom 11. 12. 1986 – BStBl 1987 II S. 553 und vom 11. 3. 1992 – BStBl II S. 797).

Gewinnermittlung

– bei Beteiligung an ausländischer Personengesellschaft:
  – → R 4.1 Abs. 4 und BFH vom 13. 9. 1989 – BStBl 1990 II S. 57
  – Für Zwecke der Anwendung des Progressionsvorbehalts auf Gewinnanteile ist → R 4.1 Abs. 4 entsprechend anzuwenden (→ BFH vom 22. 5. 1991 – BStBl 1992 II S. 94).
– bei Handelsschiffen im internationalen Verkehr:
  → BMF vom 12. 6. 2002 (BStBl I S. 614) unter Berücksichtigung der Änderungen durch BMF vom 31. 10. 2008 (BStBl I S. 956)
– bei Land- und Forstwirtschaft:
  – → R 13.5
  – → Buchführung in land- und forstwirtschaftlichen Betrieben → BMF vom 15. 12. 1981 (→ BStBl I S. 878).

Gewinnschätzung

– Bei einem gewerblichen Betrieb, für den keine Buchführungspflicht besteht, für den freiwillig keine Bücher geführt werden und für den nicht festgestellt werden kann, dass der Stpfl. die Gewinnermittlung nach § 4 Abs. 3 EStG gewählt hat (→ BFH vom 30. 9. 1980 – BStBl 1981 II S. 301), ist der Gewinn nach § 4 Abs. 1 EStG unter Berücksichtigung der Verhältnisse des Einzelfalles, unter Umständen unter Anwendung von Richtsätzen, zu schätzen. Hat der Stpfl. dagegen für den Betrieb zulässigerweise die Gewinnermittlung nach § 4 Abs. 3 EStG gewählt, ist auch eine Gewinnschätzung in dieser Gewinnermittlungsart durchzuführen (→ BFH vom 2. 3. 1982 – BStBl 1984 II S. 504).
– bei abweichendem Wirtschaftsjahr → R 4a Abs. 4
– bei einem Freiberufler, der seinen Gewinn für ein vom Kalenderjahr abweichendes Wirtschaftsjahr ermittelt hat, → H 4a (Freiberufler)

Sanierungsgewinn

– Ertragsteuerliche Behandlung von Sanierungsgewinnen; Steuerstundung und Steuererlass aus sachlichen Billigkeitsgründen (§§ 163, 222, 227 AO) → BMF vom 27. 3. 2003 (BStBl I S. 240); zur Anwendung des BMF-Schreibens auf Gewinne aus einer Restschuldbefreiung (§§ 286 ff. InsO) und aus einer Verbraucherinsolvenz (§§ 304 ff. InsO) → BMF vom 22. 12. 2009 (BStBl 2010 I S. 18).

– Zur Ermittlung der anteilig auf den Sanierungsgewinn entfallenden Einkommensteuer erfolgt gemäß RdNr. 8 des o. a. BMF vorrangig eine Verrechnung mit sämtlichen zur Verfügung stehenden Verlusten und negativen Einkünften. Die danach auf den Sanierungsgewinn entfallende Steuer ist durch Gegenüberstellung des unter Einbeziehung des Sanierungsgewinns festgesetzten Steuerbetrages und des Steuerbetrages zu ermitteln, der sich in der „Schattenveranlagung" ohne Einbeziehung des (nach Verrechnung mit Verlusten und negativen Einkünften) verbleibenden Sanierungsgewinns ergibt (OFD Hannover vom 19. 3. 2008 – S 2140 – 8 – StO 241, DStR 2008, S. 1240). Anhang 10

– Zur gewerbesteuerlichen Behandlung

→ LfSt Bayern vom 8. 8. 2006 (DB 2006, S. 1763) sowie

→ Zur Zulässigkeit von Billigkeitsmaßnahmen bei der Festsetzung des Gewerbesteuermessbetrags → BFH vom 25. 4. 2012 – I R 24/11

– Sanierungsabsicht bei Vorlage eines (Sanierungs-)Plans zum schrittweisen Forderungsverzicht → BFH vom 10. 4. 2003 (BStBl 2004 II S. 9).

4.2. Betriebsvermögen R 4.2

Allgemeines S 2134

(1) [1]Wirtschaftsgüter, die ausschließlich und unmittelbar für eigenbetriebliche Zwecke des Stpfl. genutzt werden oder dazu bestimmt sind, sind notwendiges Betriebsvermögen. [2]Eigenbetrieblich genutzte Wirtschaftsgüter sind auch dann notwendiges Betriebsvermögen, wenn sie nicht in der Buchführung und in den Bilanzen ausgewiesen sind. [3]Wirtschaftsgüter, die in einem gewissen objektiven Zusammenhang mit dem Betrieb stehen und ihn zu fördern bestimmt und geeignet sind, können – bei Gewinnermittlung durch Betriebsvermögensvergleich (→ R 4.1) oder durch Einnahmenüberschussrechnung *(→ R 4.5)* – als gewillkürtes Betriebsvermögen behandelt werden. [4]Wirtschaftsgüter, die nicht Grundstücke oder Grundstücksteile sind und die zu mehr als 50 % eigenbetrieblich genutzt werden, sind in vollem Umfang notwendiges Betriebsvermögen. [5]Werden sie zu mehr als 90 % privat genutzt, gehören sie in vollem Umfang zum notwendigen Privatvermögen. [6]Bei einer betrieblichen Nutzung von mindestens 10 % bis 50 % ist eine Zuordnung dieser Wirtschaftsgüter zum gewillkürten Betriebsvermögen in vollem Umfang möglich. [7]Wird ein Wirtschaftsgut in mehreren Betrieben des Stpfl. genutzt, ist die gesamte eigenbetriebliche Nutzung maßgebend. R 4.2 (1)

Hinweise H 4.2 (1)

Anwartschaften auf Hinterbliebenenversorgung bei Betriebsaufspaltung

Im Fall einer Betriebsaufspaltung sind Anwartschaften auf Hinterbliebenenversorgung, die auf einer dem Geschäftsführer der Betriebs-Kapitalgesellschaft erteilten Pensionszusage beruhen, im Besitzunternehmen auch dann nicht bereits während der Anwartschaftszeit zu aktivieren, wenn in der Betriebs-Kapitalgesellschaft die Zuführungsbeträge zur Pensionsrückstellung, soweit sie auf die Hinterbliebenenversorgung entfallen, als verdeckte Gewinnausschüttung zu beurteilen sind (→ BFH vom 23. 3. 2011 – BStBl 2012 II S. 188).

Beteiligungen

– Eine Beteiligung gehört zum notwendigen Betriebsvermögen, wenn sie dazu bestimmt ist, die betriebliche Betätigung des Stpfl. entscheidend zu fördern oder wenn sie dazu dient, den Absatz von Produkten des Stpfl. zu gewährleisten (→ BFH vom 2. 9. 2008 – BStBl 2009 II S. 634).

– **Anteil eines Steuerberaters an einer GmbH**, deren Betrieb der Steuerberatungspraxis wesensfremd ist, gehört auch dann nicht zum Betriebsvermögen, wenn er in der Absicht erworben wurde, das steuerliche Mandat der GmbH zu erlangen (→ BFH vom 22. 1. 1981 – BStBl II S. 564), oder wenn die anderen Gesellschafter der GmbH Mandanten des Steuerberaters sind und der Beteiligung wirtschaftliches Eigengewicht beizumessen ist (→ BFH vom 23. 5. 1985 – BStBl II S. 517). Der Anteil eines Steuerberaters an einer GmbH gehört dagegen zum notwendigen Betriebsvermögen, wenn er ihn zur Begleichung seiner Honoraransprüche zu dem Zweck erhält, ihn später unter Realisierung einer Wertsteigerung zu veräußern (→ BFH vom 1. 2. 2001 – BStBl II S. 546).

– **Anteil an Wohnungsbau-GmbH** kann zum notwendigen Betriebsvermögen eines Malermeisters gehören (→ BFH vom 8. 12. 1993 – BStBl 1994 II S. 296).

– Freiwillig gezeichnete **Genossenschaftsanteile** sind nur dann notwendiges Betriebsvermögen, wenn sie für den Betrieb eine konkrete und unmittelbare Funktion besitzen (→ BFH vom 4. 2. 1998 – BStBl II S. 301).

– → Wertpapiere

– → H 18.2 (Geldgeschäfte)

Bodenschatz

– Zu der Frage, wann ein im Eigentum des Grundstückseigentümers stehender Bodenschatz als Wirtschaftsgut entsteht und ob ein solches Wirtschaftsgut dem Betriebs- oder Privatvermögen zuzuordnen ist → BMF vom 7. 10. 1998 (BStBl I S. 1221).

– Das selbständige Wirtschaftsgut Bodenschatz stellt weder notwendiges noch gewillkürtes Betriebsvermögen eines land- und forstwirtschaftlichen Betriebs dar, wenn es ausschließlich zum Zweck des gewerblichen Abbaus durch Dritte erworben wurde (→ BFH vom 24. 1. 2008 – BStBl 2009 II S. 449).

– Land- und Forstwirte können im eigenen Grund und Boden entdeckte Bodenschätze, deren Ausbeute einem Pächter übertragen ist, nicht als gewillkürtes Betriebsvermögen behandeln (→ BFH vom 28. 10. 1982 – BStBl 1983 II S. 106),

– → H 6.12

– Teile des Wirtschaftsguts Grund und Boden, wie bodenschatzhaltige Schichten des Erdbodens, sind nur dann als Wirtschaftsgut selbständig bewertbar, wenn mit der Aufschließung und Verwertung des Bodenschatzes begonnen wird, zumindest aber mit dieser Verwertung unmittelbar zu rechnen ist. Dies ist bei einer eher unbeabsichtigten Verwertung von Kies als Nebenprodukt von Erdarbeiten zu ökologischen Zwecken (Renaturierung einer Flusslandschaft) nicht der Fall.

→ BFH vom 13. 7. 2006 – IV R 51/05 – (BFH/NV 2006 S. 2054)

Darlehensforderung eines Steuerberaters gegen seinen Mandanten

ist notwendiges Betriebsvermögen, wenn das Darlehen gewährt wurde, um eine Honorarforderung zu retten (→ BFH vom 22. 4. 1980 – BStBl II S. 571).

Dividendenansprüche

Keine phasengleiche Aktivierung von Dividendenansprüchen bei Beteiligung einer Kapitalgesellschaft an einer anderen Kapitalgesellschaft, wenn nicht durch objektiv nachprüfbare Umstände belegt ist, dass am maßgeblichen Bilanzstichtag ein unwiderruflicher Entschluss zur Ausschüttung eines bestimmten Betrags vorliegt → BFH vom 7. 2. 2007 (BStBl 2008 II S. 340). Dies gilt auch für die Bilanzierung von Gewinnansprüchen in Fällen, in denen Gesellschafter einer Kapitalgesellschaft bilanzierende Einzelunternehmer oder Personengesellschaften sind, sowie in Fällen einer Betriebsaufspaltung, wenn sich die Beteiligung an einer Kapitalgesellschaft im Sonderbetriebsvermögen II des Gesellschafters einer Personengesellschaft befindet. Die Rechtsgrundsätze gelten auch für Bilanzstichtage nach In-Kraft-Treten des BiRiLiG (→ BFH vom 31. 10. 2000 – BStBl 2001 II S. 185).

→ aber Zinsansprüche aus Genussrechten

Optionsprämien

→ H 4.2 (15)

Durchlaufende Posten

Durchlaufende Posten sind auch bei Betriebsvermögensvergleich grundsätzlich gewinnneutral zu behandeln. Die Gewinnneutralität ergibt sich durch Aktivierung bzw. Passivierung gleich hoher Wertzugänge und Wertabgänge. Bei Gewinnermittlung durch Betriebsvermögensvergleich setzt die Gewinnneutralität nicht voraus, dass das Geschäft erkennbar in fremdem Namen und für fremde Rechnung getätigt wird. Die Gewinnneutralität findet ihre Grenze in § 159 AO (→ BFH vom 13. 8. 1997 – BStBl 1998 II S. 161).

Eiserne Verpachtung

Zur Gewinnermittlung bei der Verpachtung von Betrieben mit Substanzerhaltungspflicht des Pächters nach §§ 582a, 1048 BGB → BMF vom 21. 2. 2002 (BStBl I S. 262).

Anhang 10

Erwerb mit betrieblichen Mitteln

Ein Wirtschaftsgut gehört nicht schon allein deshalb zum notwendigen Betriebsvermögen, weil es mit betrieblichen Geldmitteln erworben wurde (→ BFH vom 18. 12. 1996 – BStBl 1997 II S. 351).

Forderungen

– Gem. § 252 Abs. 1 Nr. 4 zweiter Halbsatz HGB sind Forderungen nur zu berücksichtigen, wenn sie am Abschlussstichtag realisiert sind. Diese Voraussetzung liegt vor, wenn eine Forderung entweder rechtlich bereits entstanden ist oder die für die Entstehung wesentlichen wirtschaftlichen Ursachen im abgelaufenen Geschäftsjahr gesetzt worden sind und der Kaufmann mit der künftigen rechtlichen Entstehung des Anspruchs fest rechnen kann. Dies ist z. B. der Fall, wenn der Leistungsverpflichtete die von ihm geschuldete Erfüllungshandlung erbracht hat; danach sind Provisionsansprüche aus Vermittlungsleistungen mit Abschluss des jeweiligen Kaufvertrages und der Vereinbarung des Leistungsentgeltes, spätestens mit der Lieferung an den Auftraggeber, realisiert (→ BFH vom 3. 8. 2005 – BStBl 2006 II S. 20).

– Nicht entstandene Rückgriffsansprüche sind als Forderungen nur zu berücksichtigen, soweit sie einem Ausfall der Forderung unmittelbar nachfolgen und nicht bestritten sind (→ BFH vom 8. 11. 2000 – BStBl 2001 II S. 349).

Anhang 13

– Umstrittene Forderungen können erst am Schluss des Wirtschaftsjahres angesetzt werden, in dem über den Anspruch rechtskräftig entschieden wird oder in dem eine Einigung mit dem Schuldner zustande kommt (→ BFH vom 14. 3. 2006 – BStBl II S. 650).

Gewillkürtes Betriebsvermögen

– Die Stpfl. haben kein (freies) Wahlrecht, gewillkürtes Betriebsvermögen oder Privatvermögen zu bilden. Vielmehr muss für die Bildung gewillkürten Betriebsvermögens eine betriebliche Veranlassung gegeben sein. Die Wirtschaftsgüter müssen objektiv „betriebsdienlich" sein. Die Willkürung muss ihr auslösendes Moment im Betrieb haben. Deshalb muss der Stpfl. darlegen, welche Beziehung das Wirtschaftsgut zum Betrieb hat und welche vernünftigen wirtschaftlichen Überlegungen ihn veranlasst haben, das Wirtschaftsgut als Betriebsvermögen zu behandeln (→ BFH vom 24. 2. 2000 – BStBl II S. 297),

– Die Zuordnung eines Wirtschaftsguts zum gewillkürten Betriebsvermögen bei Einlage muss unmissverständlich in einer Weise kundgemacht werden, dass ein sachverständiger Dritter ohne weitere Erklärung des Stpfl. die Zugehörigkeit zum Betriebsvermögen erkennen kann (→ BFH vom 22. 9. 1993 – BStBl 1994 II S. 172),

– Die Zuordnung zum gewillkürten Betriebsvermögen erfordert, dass der notwendige Widmungsakt zeitnah in den Büchern oder in Aufzeichnungen dokumentiert wird (→ BFH vom 27. 6. 2006 – BStBl II S. 874).

– Die Einlage von Wirtschaftsgütern als gewillkürtes Betriebsvermögen ist nicht zulässig, wenn erkennbar ist, dass die betreffenden Wirtschaftsgüter dem Betrieb keinen Nutzen, sondern nur Verluste bringen werden (→ BFH vom 19. 2. 1997 – BStBl II S. 399).

Gewinnrealisierung

– Der Zeitpunkt der Gewinnrealisierung wird beim Verkauf von Vermögensgegenständen im Allgemeinen als erfüllt angesehen, wenn der Vermögensgegenstand ausgeliefert, der Anspruch auf die Gegenleistung entstanden und die Gefahr des zufälligen Untergangs auf den Käufer übergegangen ist. Die Forderung aus dem Verkauf eines Grundstücks ist demnach mit dem Übergang von Besitz, Gefahr, Nutzen und Lasten realisiert (→ BFH vom 8. 9. 2005 – BStBl 2006 II S. 26).

– Gewinnrealisierung ist bei Übertragung des wirtschaftlichen Eigentums an einem Grundstück auch anzunehmen, wenn der Käufer am Bilanzstichtag des Veräußerungsjahres noch das Recht hat, unter bestimmten Voraussetzungen vom Kaufvertrag zurückzutreten (→ BFH vom 25. 1. 1996 – BStBl 1997 II S. 382). Zur Bildung einer Rückstellung → H 5.7 (1) Rückabwicklung.

– Der Gewinn aus einer Inkassotätigkeit ist realisiert, wenn und soweit dem Unternehmer für eine selbständig abrechenbare und vergütungsfähige (Teil-)Leistung gegenüber seinem Auftraggeber ein prinzipiell unentziehbarer Provisionsanspruch zusteht (→ BFH vom 29. 11. 2007 – BStBl 2008 II S. 557).

Gold

- **Barrengold** kommt als gewillkürtes Betriebsvermögen jedenfalls für solche gewerblichen Betriebe nicht in Betracht, die nach ihrer Art oder Kapitalausstattung kurzfristig auf Liquidität für geplante Investitionen angewiesen sind (→ BFH vom 18. 12. 1996 – BStBl 1997 II S. 351),
- **Zahngold**; zum notwendigen Betriebsvermögen eines Zahnarztes gehört nicht nur das zu sofortiger betrieblicher Verwendung angeschaffte Zahngold, sondern auch das aus Goldabfällen stammende Altgold sowie in der Regel das zu Beistellungszwecken erworbene Dentalgold (→ BFH vom 12. 3. 1992 – BStBl 1993 II S. 36); der Erwerb von **Feingold** ist nicht betrieblich veranlasst (→ BFH vom 17. 4. 1986 – BStBl II S. 607).

Instandhaltungsrückstellung

Ein bilanzierender Stpfl., dem eine Eigentumswohnung gehört und der Zahlungen in eine von der Wohnungseigentümergemeinschaft gebildete Instandhaltungsrückstellung geleistet hat, muss seine Beteiligung an der Instandhaltungsrückstellung mit dem Betrag der geleisteten und noch nicht verbrauchten Einzahlungen aktivieren (→ BFH vom 5. 10. 2011 – BStBl 2012 II S. 244).

Kreditgrundlage/Liquiditätsreserve

- Wirtschaftsgüter, die weder zum notwendigen Betriebsvermögen noch zum notwendigen Privatvermögen gehören, können als gewillkürtes Betriebsvermögen berücksichtigt werden, wenn sie objektiv geeignet und vom Betriebsinhaber erkennbar dazu bestimmt sind, den Betrieb zu fördern. Förderungsmöglichkeiten in diesem Sinne bieten Wirtschaftsgüter insbesondere auch, wenn sie als **Kreditgrundlage** oder **Liquiditätsreserve** geeignet sind oder z. B. **höhere Erträge** bringen. In Betracht kommen neben Bargeld oder Bankguthaben vor allem risikofreie und leicht liquidierbare Wertpapiere (→ BFH vom 18. 12. 1996 – BStBl 1997 II S. 351 und vom 19. 2. 1997 – BStBl II S. 399),
  - → aber Termin- und Optionsgeschäfte
- Ein Wirtschaftsgut gehört nicht schon allein deshalb zum notwendigen Betriebsvermögen, weil es mit betrieblichen Mitteln erworben wurde oder der **Sicherung betrieblicher Kredite** dient (→ BFH vom 13. 8. 1964 – BStBl III S. 502).
- → H 4.2 (2) Sonderbetriebsvermögen

Lebensversicherungen

- Ein Anspruch aus einer Versicherung gehört zum notwendigen Privatvermögen, soweit das versicherte Risiko privater Natur und mithin der Abschluss der Versicherung privat veranlasst ist. Dies ist insbesondere der Fall, wenn die Versicherung von einem Unternehmen auf das Leben oder den Todesfall des (Mit-)Unternehmers oder eines nahen Angehörigen abgeschlossen wird (→ BFH vom 14. 3. 1996 – BStBl 1997 II S. 343).
- Schließt ein Unternehmen einen Versicherungsvertrag auf das Leben oder den Tod eines fremden Dritten ab, und ist Bezugsberechtigter nicht der Dritte, sondern das Unternehmen, so kann der Anspruch auf die Versicherungsleistung zum Betriebsvermögen gehören (→ BFH vom 14. 3. 1996 – BStBl 1997 II S. 343).
- Ansprüche aus Lebensversicherungsverträgen, die zur Tilgung oder Sicherung betrieblicher Darlehen dienen oder zu dienen bestimmt sind, werden durch die Abtretung oder Beleihung oder durch eine Hinterlegung der Police nicht zu Betriebsvermögen. Eine von einer Personengesellschaft auf das Leben ihrer Gesellschafter abgeschlossene Lebensversicherung (Teilhaberversicherung) gehört auch dann nicht zum Betriebsvermögen, wenn die Versicherungsleistungen zur Abfindung der Hinterbliebenen im Falle des Todes eines Gesellschafters verwendet werden sollen (→ BFH vom 6. 2. 1992 – BStBl II S. 653).
- Schließt eine Personenhandelsgesellschaft eine Lebensversicherung auf das Leben eines Angehörigen eines Gesellschafters ab, können Ansprüche und Verpflichtungen aus dem Vertrag dem Betriebsvermögen zuzuordnen sein, wenn der Zweck der Vertragsgestaltung darin besteht, Mittel für die Tilgung betrieblicher Kredite anzusparen und das für Lebensversicherungen charakteristische Element der Absicherung des Todesfallrisikos bestimmter Personen demgegenüber in den Hintergrund tritt. Der Anspruch der Gesellschaft gegen den Versicherer ist in Höhe des geschäftsplanmäßigen Deckungskapitals zum Bilanzstichtag zu aktivieren. Die diesen Betrag übersteigenden Anteile der Prämienzahlungen sind als Betriebsausgaben abziehbar (→ BFH vom 3. 3. 2011 – BStBl II S. 552).

Nutzungsänderung

→ H 4.2 (4)

Nutzungsrechte/Nutzungsvorteile

– Unentgeltlich erworbene Nutzungsrechte/Nutzungsvorteile sind keine selbständigen Wirtschaftsgüter (→ BFH vom 26. 10. 1987 – BStBl 1988 II S. 348).

– Zur Berücksichtigung von Eigenaufwand und Drittaufwand → H 4.7 (Eigenaufwand für ein fremdes Wirtschaftsgut), (Drittaufwand).

– Nutzt ein Ehegatte einen Gebäudeteil eines im Miteigentum stehenden Einfamilienhauses für betriebliche Zwecke insgesamt in Ausübung seines Rechtes als Miteigentümer, ergibt sich für die über seinen Miteigentumsanteil hinausgehende Nutzung kein gesondertes Nutzungsrecht, das ein Wirtschaftsgut im Betriebsvermögen des Stpfl. bildet und stille Reserven entstehen lassen könnte. Die betriebliche Nutzung entfällt mit ihrer Beendigung steuerneutral (→ BFH vom 29. 4. 2008 – BStBl II S. 749).

Schadensersatzforderung

Eine bestrittene Schadensersatzforderung ist auch nach Betriebsaufgabe noch Betriebsvermögen (→ BFH vom 10. 2. 1994 – BStBl II S. 564).

Steuererstattungsansprüche

Zum Zeitpunkt der Aktivierung von in einem Musterverfahren gerichtlich bestätigten Steuererstattungsansprüchen, die vom Finanzamt bestritten worden waren, → BFH vom 31. 8. 2011 (BStBl 2012 II S. 190)

Termin- und Optionsgeschäfte

Branchenuntypische Termin- und Optionsgeschäfte sind dem betrieblichen Bereich regelmäßig auch dann nicht zuzuordnen, wenn generell die Möglichkeit besteht, damit Gewinne zu erzielen. Branchenuntypische Termingeschäfte sind betrieblich veranlasst, wenn sie der Absicherung unternehmensbedingter Kursrisiken dienen und nach Art, Inhalt und Zweck ein Zusammenhang mit dem Betrieb besteht, wobei das einzelne Termingeschäft nach den im Zeitpunkt des Vertragsabschlusses bekannten Umständen geeignet und dazu bestimmt sein muss, das Betriebskapital tatsächlich zu verstärken. Unbedingte Termingeschäfte und Optionsgeschäfte scheiden auch unter dem Gesichtspunkt einer betrieblichen Liquiditätsreserve im Falle branchenfremder Betätigungen als gewillkürtes Betriebsvermögen aus, da sie auf Grund ihres spekulativen Charakters in die Nähe von Spiel und Wette zu rücken sind (→ BFH vom 19. 2. 1997 – BStBl II S. 399). Die Zuordnung von (Devisen-)Termingeschäften zum gewillkürten Betriebsvermögen setzt neben einem eindeutigen, nach außen manifestierten Widmungsakt des Unternehmers voraus, dass die Geschäfte im Zeitpunkt ihrer Widmung zu betrieblichen Zwecken objektiv geeignet sind, das Betriebskapital zu verstärken. Die objektive Eignung solcher Geschäfte zur Förderung des Betriebes ist bei branchenfremden Unternehmen nicht ohne weiteres ausgeschlossen, unterliegt aber wegen der hohen Risikoträchtigkeit der Geschäfte strengen Anforderungen (→ BFH vom 20. 4. 1999 – BStBl II S. 466).

Umsatzsteuererstattungsansprüche

Umsatzsteuererstattungsansprüche aufgrund einer Rechnungskorrektur sind im Jahr der Rechnungskorrektur zu aktivieren (→ BFH vom 15. 3. 2012 – BStBl II S. 719).

Unternehmensrückgabe

nach dem VermG → BMF vom 10. 5. 1994 (BStBl I S. 286, 380).

Vorsteueransprüche

können bereits zu einem Zeitpunkt aktiviert werden, in dem noch keine berichtigten Rechnungen vorliegen (→ BFH vom 12. 5. 1993 – BStBl II S. 786).

Wertpapiere

– können gewillkürtes Betriebsvermögen eines Gewerbebetriebs sein, wenn nicht bereits bei ihrem Erwerb oder ihrer Einlage erkennbar ist, dass sie dem Betrieb keinen Nutzen, sondern nur Verluste bringen (→ BFH vom 18. 10. 2006 – BStBl 2007 II S. 259). Die Zurechnung von Wertpapieren zum gewillkürten Betriebsvermögen scheidet nicht allein deshalb aus, weil sie in spekulativer Absicht, mit Kredit erworben und Kursverluste billigend in Kauf genommen wurden (→ BFH vom 19. 2. 1997 – BStBl II S. 399).

– werden durch ihre Verpfändung für Betriebskredite in der Regel nicht zum notwendigen Betriebsvermögen (→ BFH vom 17. 3. 1966 – BStBl III S. 350).

- Erwirbt ein Rüben anbauender Landwirt Aktien einer Zuckerfabrik, die satzungsgemäß mit Anbau- und Lieferverpflichtungen verbunden sind, spricht eine tatsächliche Vermutung dafür, dass er diese Wertpapiere nicht als bloße Kapitalanlage, sondern zu betrieblichen Zwecken angeschafft hat und dass ihm andererseits diese Aktien aber auch nur aus betrieblichen Gründen überlassen wurden. Diese Aktien sind auch dann notwendiges Betriebsvermögen, wenn die damit verbundenen Rechte und Pflichten viele Jahre nicht beansprucht oder eingefordert worden sind (→ BFH vom 11. 12. 2003 – BStBl 2004 II S. 280).

Wertpapierfonds

Der Anspruch auf Ausschüttungen eines Wertpapierfonds ist zu aktivieren, sobald nach den Vertragsbedingungen ein unmittelbarer schuldrechtlicher Anspruch auf Ausschüttung entstanden ist und ein konstitutiver Ausschüttungsbeschluss dazu nicht erforderlich ist (→ BFH vom 18. 5. 1994 – BStBl 1995 II S. 54). Sofern in den Vertragsbedingungen lediglich ausgeführt wird, dass ordentliche Erträge grundsätzlich ausgeschüttet werden, führt dies alleine noch nicht zur Entstehung eines Ausschüttungsanspruchs. Vielmehr entsteht ein Ausschüttungsanspruch in diesen Fällen erst durch die Konkretisierung im Ausschüttungsbeschluss (→ BMF vom 18. 8. 2009 – BStBl I S. 931, Rz. 28).

Windpark

- Ein Windpark besteht aus mehreren selbständigen Wirtschaftsgütern. Jede Windkraftanlage, die in einem Windpark betrieben wird, stellt mit Fundament einschließlich des dazugehörigen Transformators nebst der verbindenden Verkabelung ein zusammengesetztes Wirtschaftsgut dar. Daneben ist die Verkabelung von den Transformatoren bis zum Stromnetz des Energieversorgers zusammen mit der Übergabestation als weiteres zusammengesetztes Wirtschaftsgut zu behandeln, soweit dadurch mehrere Windkraftanlagen miteinander verbunden werden. Auch die Zuwegung stellt ein eigenständiges Wirtschaftsgut dar (→ BFH vom 14. 4. 2011 – BStBl II S. 696).
- → H 7.4 (Nutzungsdauer)

Wirtschaftsgut

- **Auffüllrecht**

  Das Recht, ein Grundstück mit Klärschlamm zu verfüllen, ist kein vom Grund und Boden verselbständigtes Wirtschaftsgut (→ BFH vom 20. 3. 2003 – BStBl II S. 878).

- **Begriff**

  Wirtschaftsgüter sind Sachen, Rechte oder tatsächliche Zustände, konkrete Möglichkeiten oder Vorteile für den Betrieb, deren Erlangung der Kaufmann sich etwas kosten lässt, die einer besonderen Bewertung zugänglich sind, in der Regel eine Nutzung für mehrere Wirtschaftsjahre erbringen und zumindest mit dem Betrieb übertragen werden können (→ BFH vom 19. 6. 1997 – BStBl II S. 808).

- **Eingetauschte Wirtschaftsgüter**

  Für notwendiges Betriebsvermögen eingetauschte Wirtschaftsgüter werden grundsätzlich zunächst (notwendiges) Betriebsvermögen (→ BFH vom 18. 12. 1996 – BStBl 1997 II S. 351).

  → H 6b.1 (Entnahme, Tausch)

- **Leitungsanlagen** als selbständige Wirtschaftsgüter → BMF vom 30. 5. 1997 (BStBl I S. 567).

- **Verlustbringende Wirtschaftsgüter**

  Wirtschaftsgüter, die bisher im Privatvermögen geführt wurden, dürfen nicht in das – gewillkürte – Betriebsvermögen aufgenommen werden, wenn damit lediglich der Zweck verfolgt wird, sich bereits abzeichnende Verluste aus dem Privatvermögen in den betrieblichen Bereich zu verlagern. Entsprechendes gilt, wenn beim Erwerb des Wirtschaftsgutes bereits erkennbar ist, dass der Erwerb dem Betrieb keinen Nutzen, sondern nur Verluste bringen kann (→ BFH vom 19. 2. 1997 – BStBl II S. 399).

Zinsansprüche aus Genussrechten

Zinsansprüche aus Genussrechten entstehen im Gegensatz zu → Dividendenansprüchen nicht erst durch einen Gewinnverwendungsbeschluss als selbständiges Recht, sondern bereits mit Ablauf des zugrunde liegenden Zinszeitraums. Sie sind daher in der Bilanz des Wirtschaftsjahres zu aktivieren, in dem der Zinszeitraum abläuft. Dies gilt auch dann, wenn nach den Genussrechtsbedingungen der Schuldner die Ansprüche nicht bedienen muss, solange hierdurch bei ihm ein Bilanzverlust entsteht oder sich erhöhen würde (→ BFH vom 18. 12. 2002 – BStBl II S. 400).

Zuzahlung des Veräußerers

→ H 6.2

Betriebsvermögen bei Personengesellschaften

(2) [1]Das Betriebsvermögen i. S. d. Absatzes 1 umfasst bei einer Personengesellschaft sowohl die Wirtschaftsgüter, die zum Gesamthandsvermögen der Mitunternehmer gehören, als auch diejenigen Wirtschaftsgüter, die einem, mehreren oder allen Mitunternehmern gehören (Sonderbetriebsvermögen). [2]Wirtschaftsgüter, die einem, mehreren oder allen Mitunternehmern gehören und die nicht Gesamthandsvermögen der Mitunternehmer der Personengesellschaft sind, gehören zum notwendigen Betriebsvermögen, wenn sie entweder unmittelbar dem Betrieb der Personengesellschaft dienen (Sonderbetriebsvermögen I) oder unmittelbar zur Begründung oder Stärkung der Beteiligung des Mitunternehmers an der Personengesellschaft eingesetzt werden sollen (Sonderbetriebsvermögen II). [3]Solche Wirtschaftsgüter können zum gewillkürten Betriebsvermögen gehören, wenn sie objektiv geeignet und subjektiv dazu bestimmt sind, den Betrieb der Gesellschaft (Sonderbetriebsvermögen I) oder die Beteiligung des Gesellschafters (Sonderbetriebsvermögen II) zu fördern. [4]Auch ein einzelner Gesellschafter kann gewillkürtes Sonderbetriebsvermögen bilden.

<h2 style="text-align:center">Hinweise</h2>

Anteile an Kapitalgesellschaften

Der Anteil eines Mitunternehmers an einer Kapitalgesellschaft gehört zu seinem Sonderbetriebsvermögen II, wenn

– zwischen dem Unternehmen der Personengesellschaft und dem der Kapitalgesellschaft eine enge wirtschaftliche Verflechtung besteht und der Mitunternehmer – ggf. zusammen mit anderen Mitunternehmern der Personengesellschaft – die Kapitalgesellschaft beherrscht und die Kapitalgesellschaft nicht in erheblichem Umfang anderweitig tätig ist, oder

– der Kommanditist einer GmbH & Co KG an der Komplementär-GmbH beteiligt ist und die GmbH außer ihrer Geschäftsführungstätigkeit für die KG keine eigene Tätigkeit, die nicht von untergeordneter Bedeutung ist, ausübt, oder

– sich die Stärkung der Beteiligung des Mitunternehmers an der Personengesellschaft durch die Beteiligung an der Kapitalgesellschaft aus anderen Gründen ergibt.

(→ BFH vom 23. 1. 2001 – BStBl II S. 825)

Anteile an Kapitalgesellschaften – Einzelfälle:

– Die Beteiligung des Gesellschafters einer Besitzpersonengesellschaft an der Betriebskapitalgesellschaft gehört zu seinem notwendigen Sonderbetriebsvermögen II bei der Besitzpersonengesellschaft (→ BFH vom 16. 4. 1991 – BStBl II S. 832).

– Die Beteiligung an einer Kapitalgesellschaft kann auch dann notwendiges Sonderbetriebsvermögen II des Gesellschafters einer Personengesellschaft sein, wenn die Beteiligung keinen beherrschenden Einfluss vermittelt. Dies ist z. B. der Fall, wenn die Personengesellschaft von der in der gleichen Branche tätigen Kapitalgesellschaft organisatorisch und wirtschaftlich abhängig ist (→ BFH vom 3. 3. 1998 – BStBl II S. 383). Die Unterhaltung von Geschäftsbeziehungen zu einer Kapitalgesellschaft, wie sie üblicherweise auch mit anderen Unternehmen bestehen, reicht selbst dann, wenn diese Beziehungen besonders intensiv sind, nicht aus, um die Anteile des Gesellschafters einer Personengesellschaft an der Kapitalgesellschaft als notwendiges Sonderbetriebsvermögen II anzusehen (→ BFH vom 28. 6. 2006 – BStBl 2007 II S. 378) und vom 13. 2. 2008 – BStBl 2009 II S. 414).

– Beteiligt sich der Gesellschafter einer GmbH an dieser als atypisch stiller Gesellschafter, so gehört der Anteil an der GmbH zu seinem Sonderbetriebsvermögen II, sofern nicht die GmbH noch einer anderen Geschäftstätigkeit von nicht ganz untergeordneter Bedeutung nachgeht (→ BFH vom 15. 10. 1998 – BStBl 1999 II S. 286).

– Der Geschäftsanteil eines Kommanditisten an der Kommanditisten-GmbH derselben KG gehört dann zu seinem Sonderbetriebsvermögen II bei der KG, wenn die Kommanditisten-GmbH keiner eigenen Geschäftstätigkeit nachgeht und ihr alleiniger Zweck die Beteiligung an der KG in einem erheblichen Umfang ist (→ BFH vom 23. 1. 2001 – BStBl II S. 825).

Darlehen an Gesellschafter

→ H 4.3 (2 – 4) Personengesellschaften

Gesellschafterforderung

– Um eine schuldrechtliche Forderung des Gesellschafters gegen die Gesellschaft und nicht um Eigenkapital der Gesellschaft handelt es sich bei einem Gesellschafterkonto dann, wenn der Gesellschafter insoweit einen unentziehbaren, nur nach den §§ 362 bis 397 BGB erlöschenden Anspruch gegen die Gesellschaft haben soll, der auch in der Insolvenz der Gesellschaft wie eine

Forderung eines Dritten geltend gemacht werden kann und der noch vor der eigentlichen Auseinandersetzung über das Gesellschaftsvermögen zu erfüllen ist, also nicht lediglich einen Teil des Auseinandersetzungsguthabens darstellt (→ BFH vom 26. 6. 2007 – BStBl 2008 II S. 103).

Anhang 18 – → BMF vom 30. 5. 1997 (BStBl I S. 627), Tz. 4

Lebensversicherungen

→ H 4.2 (1)

Nießbrauch

→ H 4.3 (2 – 4) Keine Entnahme des Grundstücks oder Grundstücksteils

Nießbrauch an Gesellschaftsanteil

→ H 15.8 (1) Nießbrauch

Sonderbetriebseinnahmen und -ausgaben

→ H 4.7

Sonderbetriebsvermögen

– **Ausgleichsanspruch** eines Kommanditisten
  → H 15.8 (1),
– Bei **Betriebsaufspaltung,**
  → H 15.7 (4) Sonderbetriebsvermögen,
– Bei **ehelicher Gütergemeinschaft,**
  → H 4.2 (12) Gütergemeinschaft,
– Die **Einlage von Wirtschaftsgütern des gewillkürten Sonderbetriebsvermögens** muss mit der gleichen Eindeutigkeit geschehen wie die Einlage eines Wirtschaftsgutes des gewillkürten Betriebsvermögens in ein Einzelunternehmen. Besondere Bedeutung kommt dabei der buchmäßigen Behandlung zu, wenn diese auch nicht stets entscheidend ist (→ BFH vom 23. 10. 1990 – BStBl 1991 II S. 401). → H 4.2 (1) Gewillkürtes Betriebsvermögen
– Bei **Land- und Forstwirtschaft oder freiberuflicher Tätigkeit,**
  Notwendiges und gewillkürtes Sonderbetriebsvermögen kann es auch bei Mitunternehmern geben, die sich zur gemeinsamen Ausübung eines land- und forstwirtschaftlichen Betriebes oder eines freien Berufs zusammengeschlossen haben (→ BFH vom 2. 12. 1982 – BStBl 1983 II S. 215),
– Zur **Unterscheidung** zwischen Sonderbetriebsvermögen I und Sonderbetriebsvermögen II → BFH vom 7. 7. 1992 (BStBl 1993 II S. 328).
– Für die Zuordnung von Sicherheiten zum notwendigen passiven Sonderbetriebsvermögen einer Personengesellschaft für Verbindlichkeiten einer GmbH, die in wirtschaftlicher Verbindung zur Personengesellschaft steht, an der aber nur die Personengesellschaft, nicht jedoch der Gesellschafter beteiligt ist, kommt es – wie bei der Zurechnung von Wirtschaftsgütern zum aktiven Sonderbetriebsvermögen – maßgebend auf den Veranlassungszusammenhang an. Der erforderliche Veranlassungszusammenhang kann nur bejaht werden, wenn die Sicherheitsbestellung ausschließlich und eindeutig durch die Beteiligung an der Personengesellschaft veranlasst ist und dies der Mitunternehmer erforderlichenfalls nachweist. Im Rahmen der zur Feststellung des Veranlassungszusammenhangs notwendigen Gesamtwürdigung kommt der Frage, inwieweit die Sicherheiten zu markt- bzw. fremdüblichen Bedingungen gewährt worden sind, besondere Bedeutung zu (→ BFH vom 27. 6. 2006 – BStBl II S. 874).

R 4.2 (3)   Gebäudeteile, die selbständige Wirtschaftsgüter sind

(3) [1]Gebäudeteile, die nicht in einem einheitlichen Nutzungs- und Funktionszusammenhang mit dem Gebäude stehen, sind selbständige Wirtschaftsgüter. [2]Ein Gebäudeteil ist selbständig, wenn er besonderen Zwecken dient, mithin in einem von der eigentlichen Gebäudenutzung verschiedenen Nutzungs- und Funktionszusammenhang steht. [3]Selbständige Gebäudeteile in diesem Sinne sind:

1. Betriebsvorrichtungen (→ R 7.1 Abs. 3);
2. Scheinbestandteile (→ R 7.1 Abs. 4);

3. Ladeneinbauten, → Schaufensteranlagen, Gaststätteneinbauten, Schalterhallen von Kredit-instituten sowie ähnliche Einbauten, die einem schnellen Wandel des modischen Geschmacks unterliegen; als Herstellungskosten dieser Einbauten kommen nur Aufwendungen für Gebäu-deteile in Betracht, die statisch für das gesamte Gebäude unwesentlich sind, z. B. Aufwendun-gen für Trennwände, Fassaden, Passagen sowie für die Beseitigung und Neuerrichtung von nichttragenden Wänden und Decken;

4. sonstige → Mietereinbauten;

5. sonstige selbständige Gebäudeteile (→ Absatz 4).

[4]*Dachintegrierte Fotovoltaikanlagen (z. B. in Form von Solardachsteinen) sind wie selbständige, bewegliche Wirtschaftsgüter zu behandeln.*

Hinweise

Zur Abgrenzung

Zur Abgrenzung zwischen dem Gebäude und solchen Bestandteilen, die nicht der Gebäude-nutzung selbst, sondern einem davon verschiedenen Zweck dienen → BFH vom 30. 1. 1995 (BStBl II S. 281)

Mietereinbauten

- → BMF vom 15. 1. 1976 (BStBl I S. 66); zur Höhe der AfA bei unbeweglichen Wirtschaftsgütern aber → H 7.4.

- Mietereinbauten und -umbauten sind in der Bilanz des Mieters zu aktivieren, wenn es sich um gegenüber dem Gebäude selbständige Wirtschaftsgüter (verschiedener Nutzungs- und Funk-tionszusammenhang) handelt, für die der Mieter Herstellungskosten aufgewendet hat, die Wirt-schaftsgüter seinem Betriebsvermögen zuzurechnen sind und die Nutzung durch den Mieter zur Einkünfteerzielung sich erfahrungsgemäß über einen Zeitraum von mehr als einem Jahr erstreckt (→ BFH vom 15. 10. 1996 – BStBl 1997 II S. 533). Das gegenüber dem Gebäude selbst-ständige, materielle Wirtschaftsgut kann beweglich oder unbeweglich sein. Ein bewegliches Wirtschaftsgut liegt vor, wenn der Mieter sachenrechtlicher Eigentümer ist (Scheinbestandteil, § 95 BGB) oder eine Betriebsvorrichtung (§ 68 Abs. 2 Nr. 2 BewG) des Mieters besteht. Dagegen handelt es sich bei dem besonderen Zwecken dienenden und daher in einem von der eigentli-chen Gebäudenutzung verschiedenen Nutzungs- und Funktionszusammenhang stehenden Gebäudebestandteil um ein unbewegliches Wirtschaftsgut. Das gilt auch für einen Gebäude-bestandteil, der im wirtschaftlichen Eigentum des Mieters steht (→ BFH vom 11. 6. 1997 – BStBl II S. 774).

- Mietereinbauten als selbständige Wirtschaftsgüter beim Mieter auf Grund wirtschaftlichen Eigentums → BFH vom 28. 7. 1993 (BStBl 1994 II S. 164) und vom 11. 6. 1997 (BStBl II S. 774).

Schaufensteranlage

Schaufensteranlage und Beleuchtungsanlage zum Schaufenster sind auch bei Neubauten selb-ständige Gebäudeteile (→ BFH vom 29. 3. 1965 – BStBl III S. 291).

Unterschiedliche Nutzungen und Funktionen eines Gebäudes

(4) [1]Wird ein Gebäude teils eigenbetrieblich, teils fremdbetrieblich, teils zu eigenen und teils zu fremden Wohnzwecken genutzt, ist jeder der vier unterschiedlich genutzten Gebäudeteile ein besonderes Wirtschaftsgut, weil das Gebäude in verschiedenen Nutzungs- und Funktionszusam-menhängen steht. [2]Wohnräume, die wegen Vermietung an Arbeitnehmer des Stpfl. notwendiges Betriebsvermögen sind, gehören zu dem eigenbetrieblich genutzten Gebäudeteil. [3]Die Vermietung zu hoheitlichen, zu gemeinnützigen oder zu Zwecken eines Berufsverbands gilt als fremdbetriebli-che Nutzung. [4]Wird ein Gebäude oder Gebäudeteil fremdbetrieblich genutzt, handelt es sich auch dann um ein einheitliches Wirtschaftsgut, wenn es verschiedenen Personen zu unterschiedlichen betrieblichen Nutzungen überlassen wird. [5]Eine Altenteilerwohnung ist im Falle der Entnahme nach § 13 Abs. 4 EStG stets als besonderes Wirtschaftsgut anzusehen.

H 4.2 (4)   **Hinweise**

Mehrere Baulichkeiten

sind selbständige Wirtschaftsgüter, auch wenn sie auf demselben Grundstück errichtet wurden und in einem einheitlichen Nutzungs- und Funktionszusammenhang stehen, z. B. Anbauten bei Gebäuden, es sei denn, sie sind baulich derart miteinander verbunden, dass die Teile des Bauwerks nicht ohne weitere erhebliche Bauaufwendungen voneinander getrennt werden können (→ BFH vom 5. 12. 1974 – BStBl 1975 II S. 344, vom 21. 7. 1977 – BStBl 1978 II S. 78 und vom 15. 9. 1977 – BStBl 1978 II S. 123), oder sie besitzen keine eigene Standfestigkeit (→ BFH vom 25. 1. 2007 – BStBl II S. 586).

Miteigentum

Jeder nach R 4.2 Abs. 4 Satz 1 selbständige Gebäudeteil ist in so viele Wirtschaftsgüter aufzuteilen, wie Gebäudeeigentümer vorhanden sind (→ BFH vom 9. 7. 1992 – BStBl II S. 948).

Nutzung im Rahmen mehrerer Betriebe

– Dient ein Gebäude (Gebäudeteil) ausschließlich eigenbetrieblichen Zwecken, so ist eine weitere Aufteilung auch dann nicht vorzunehmen, wenn es (er) im Rahmen mehrerer selbständiger (eigener) Betriebe genutzt wird.
– Von selbständigen Wirtschaftsgütern ist bei gleichen Nutzungsverhältnissen jedoch dann auszugehen, wenn das Gebäude (der Gebäudeteil) nach dem WEG in **Teileigentum** aufgeteilt wurde.

(→ BFH vom 29. 9. 1994 – BStBl 1995 II S. 72)

Nutzungsänderung

– Ein zunächst betrieblich genutzter Gebäudeteil verliert ohne Entnahmehandlung seine Eigenschaft als Betriebsvermögen nicht dadurch, dass er zu fremden Wohnzwecken vermietet wird und sich in dem Gebäude ein weiterer zu fremden Wohnzwecken vermieteter Gebäudeteil befindet, der zum Privatvermögen gehört (→ BFH vom 10. 11. 2004 – BStBl 2005 II S. 334).
– Die Nutzungsänderung eines bisher zum Privatvermögen gehörenden Gebäudeteils, der nunmehr für fremdgewerbliche Zwecke genutzt wird, führt nicht zur Zwangseinlage ins Betriebsvermögen, auch wenn ein weiterer, schon vorher für fremdbetriebliche Zwecke vermieteter Gebäudeteil dem gewillkürten Betriebsvermögen zugeordnet worden ist (→ BFH vom 21. 4. 2005 – BStBl II S. 604).

Selbständige Wirtschaftsgüter

nach Nutzung und Funktion des Gebäudeteils → BFH vom 30. 1. 1995 (BStBl II S. 281).

R 4.2 (5)   **Abgrenzung der selbständigen von den unselbständigen Gebäudeteilen**

(5) ¹Ein Gebäudeteil ist unselbständig, wenn er in der eigentlichen Nutzung als Gebäude dient. ²Unselbständige Gebäudeteile sind auch räumlich vom Gebäude getrennt errichtete Baulichkeiten, die in einem so engen Nutzungs- und Funktionszusammenhang mit dem Gebäude stehen, dass es ohne diese Baulichkeiten als unvollständig erscheint.

H 4.2 (5)   **Hinweise**

Unselbständige Gebäudeteile

sind z. B.:

– Bäder, Schwimmbecken und Duschen eines Hotels,
– Heizungsanlagen, Be- und Entlüftungsanlagen, Klimaanlagen, Warmwasseranlagen und Müllschluckanlagen, außer wenn sie ganz oder überwiegend einem Betriebsvorgang dienen,
– Sprinkler-(Feuerlösch-)Anlagen, außer wenn mit ihnen das Gewerbe unmittelbar betrieben wird,
– Beleuchtungsanlagen, außer Spezialbeleuchtungsanlagen, die nicht zur Gebäudebeleuchtung erforderlich sind,

– Personenaufzüge, Rolltreppen oder Fahrtreppen, die zur Bewältigung des Publikumsverkehrs dienen,

   (→ gleich lautende Ländererlasse vom 15. 3. 2006 – BStBl I S. 314).

– Umzäunung oder Garage bei einem Wohngebäude (→ BFH vom 15. 12. 1977 – BStBl 1978 II S. 210 und vom 28. 6. 1983 – BStBl 1984 II S. 196); aber → H 7.1 (Garagen).

Aufteilung der Anschaffungs- oder Herstellungskosten bei Gebäudeteilen   R 4.2 (6)

(6) [1]Die Anschaffungs- oder Herstellungskosten des gesamten Gebäudes sind auf die einzelnen Gebäudeteile aufzuteilen. [2]Für die Aufteilung ist das Verhältnis der Nutzfläche eines Gebäudeteiles zur Nutzfläche des ganzen Gebäudes maßgebend, es sei denn, die Aufteilung nach dem Verhältnis der Nutzflächen führt zu einem unangemessenen Ergebnis. [3]Von einer solchen Aufteilung kann aus Vereinfachungsgründen abgesehen werden, wenn sie aus steuerlichen Gründen nicht erforderlich ist. [4]Die Nutzfläche ist in sinngemäßer Anwendung der Verordnung zur Berechnung der Wohnfläche (Wohnflächenverordnung – WoFlV) vom 25. 11. 2003 (BGBl. I S. 2346) zu in der jeweils geltenden Fassung ermitteln.

Grundstücke und Grundstücksteile als notwendiges Betriebsvermögen   R 4.2 (7)

(7) [1]Grundstücke und Grundstücksteile, die ausschließlich und unmittelbar für eigenbetriebliche Zwecke des Stpfl. genutzt werden, gehören regelmäßig zum notwendigen Betriebsvermögen. [2]Wird ein Teil eines Gebäudes eigenbetrieblich genutzt, gehört der zum Gebäude gehörende Grund und Boden anteilig zum notwendigen Betriebsvermögen; in welchem Umfang der Grund und Boden anteilig zum Betriebsvermögen gehört, ist unter Berücksichtigung der Verhältnisse des Einzelfalles zu ermitteln.

Hinweise   H 4.2 (7)

Anteilige Zugehörigkeit des Grund und Bodens

Der Grund und Boden gehört grundsätzlich im Verhältnis der Zugehörigkeit des Gebäudes oder Gebäudeteils zum Betriebsvermögen → BFH vom 27. 1. 1977 (BStBl II S. 388) und vom 12. 7. 1979 (BStBl 1980 II S. 5).

Eigenaufwand für ein fremdes Wirtschaftsgut

→ H 4.7

Ferienwohnung

Ferienwohnungen, die ein Stpfl. unter Einschaltung seines auf die Vermittlung von Immobilien, Mietverträgen und Verträgen über Ferienobjekte gerichteten Gewerbebetriebs vermietet, können zum notwendigen Betriebsvermögen des Gewerbebetriebs gehören (→ BFH vom 13. 11. 1996 – BStBl 1997 II S. 247).

Land- und forstwirtschaftlicher Betrieb

– Erwirbt ein Landwirt einen langfristig verpachteten landwirtschaftlichen Betrieb in der erkennbaren Absicht, die Bewirtschaftung dieses Betriebes alsbald zu übernehmen, entsteht vom Erwerb an notwendiges Betriebsvermögen, wenn der Bewirtschaftungswille sich auch in einem überschaubaren Zeitraum verwirklichen lässt (→ BFH vom 12. 9. 1991 – BStBl 1992 II S. 134).

– Eine vom Verpächter hinzuerworbene landwirtschaftliche Nutzfläche wird notwendiges Betriebsvermögen des verpachteten Betriebs, wenn sie nach dem Erwerb in das Pachtverhältnis einbezogen wird, und zwar selbst dann, wenn sie im Zeitpunkt des Erwerbs noch anderweitig verpachtet war (→ BFH vom 24. 9. 1998 – BStBl 1999 II S. 55).

– Eine durch Anpflanzung und Samenflug entstandene Waldfläche ist auch ohne Bearbeitung und Bestandspflege Teil eines Forstbetriebs, solange die Fläche nicht derart umgestaltet wird, dass von einer Entnahme ins Privatvermögen oder der Entstehung notwendigen Privatvermögens auszugehen ist (→ BFH vom 18. 5. 2000 – BStBl II S. 524).

Miteigentum

Gehört ein Grundstück nur teilweise dem Betriebsinhaber, so kann es nur insoweit Betriebsvermögen sein, als es dem Betriebsinhaber gehört; das gilt auch dann, wenn ein Grundstück Ehegatten gemeinsam gehört (→ BFH vom 23. 11. 1995 – BStBl 1996 II S. 193).

Rettung einer betrieblichen Forderung

Ein Grundstück, das zur Rettung einer betrieblichen Forderung ersteigert wird, ist notwendiges Betriebsvermögen (→ BFH vom 11. 11. 1987 – BStBl 1988 II S. 424).

Umlegungsverfahren

Die Betriebsvermögenseigenschaft eines in das Umlegungsverfahren eingebrachten Grundstücks setzt sich nur insoweit an dem zugeteilten Grundstück fort, als dieses in Erfüllung des Sollanspruchs gem. § 56 Abs. 1 Satz 1 BauGB zugeteilt wird. Die Zuordnung des den Sollanspruch übersteigenden ideellen Teils des Grundstücks zum Betriebs- oder Privatvermögen ist eigenständig nach den allgemeinen Grundsätzen zu beurteilen (→ BFH vom 23. 9. 2009 – BStBl 2010 II S. 270).

Vermietung an Arbeitnehmer

Grundstücke, die an Arbeitnehmer vermietet werden, sind notwendiges Betriebsvermögen des Arbeitgebers, wenn für die Vermietung gerade an Arbeitnehmer betriebliche Gründe maßgebend waren (→ BFH vom 1. 12. 1976 – BStBl 1977 II S. 315).

Zeitpunkt der erstmaligen Zugehörigkeit zum Betriebsvermögen

Eigenbetrieblich genutzte Grundstücke und Grundstücksteile sind ab ihrer endgültigen Funktionszuweisung notwendiges Betriebsvermögen, auch wenn der konkrete Einsatz im Betrieb erst in der Zukunft liegt; das gilt auch dann, wenn es an einer Willenserklärung des Stpfl. oder eines Ausweises in der Buchführung und in den Bilanzen fehlt (→ BFH vom 6. 3. 1991 – BStBl II S. 829).

R 4.2 (8)   Grundstücksteile von untergeordnetem Wert

(8) [1]Eigenbetrieblich genutzte Grundstücksteile brauchen nicht als Betriebsvermögen behandelt zu werden, wenn ihr Wert nicht mehr als ein Fünftel des gemeinen Werts des gesamten Grundstücks und nicht mehr als 20 500 Euro beträgt (§ 8 EStDV). [2]Dabei ist auf den Wert des Gebäudeteiles zuzüglich des dazugehörenden Grund und Bodens abzustellen. [3]Bei der Prüfung, ob der Wert eines Grundstücksteiles mehr als ein Fünftel des Werts des ganzen Grundstücks beträgt, ist in der Regel das Verhältnis der Nutzflächen zueinander zugrunde zu legen. [4]Ein Grundstücksteil ist mehr als 20 500 Euro wert, wenn der Teil des gemeinen Werts des ganzen Grundstücks, der nach dem Verhältnis der Nutzflächen zueinander auf den Grundstücksteil entfällt, 20 500 Euro übersteigt. [5]Führt der Ansatz der Nutzflächen zu einem unangemessenen Wertverhältnis der beiden Grundstücksteile, ist bei ihrer Wertermittlung anstelle der Nutzflächen der Rauminhalt oder ein anderer im Einzelfall zu einem angemessenen Maßstab zugrunde zu legen. [6]Sind → Zubehörräume (Nebenräume) vorhanden, kann der Stpfl. die Aufteilung auch nach dem Verhältnis der Haupträume vornehmen. [7]Beträgt der Wert eines eigenbetrieblich genutzten Grundstücksteiles nicht mehr als ein Fünftel des gesamten Grundstückswertes und nicht mehr als 20 500 Euro, besteht ein Wahlrecht, den Grundstücksteil weiterhin als Betriebsvermögen zu behandeln oder zum Teilwert zu entnehmen. [8]Zur Berücksichtigung von Betriebsausgaben, wenn der Grundstücksteil zu Recht nicht als Betriebsvermögen behandelt wird → R 4.7 Abs. 2 Satz 4.

Hinweise

Einlage

des Grundstücksteils im Zeitpunkt des Überschreitens der absoluten Wertgrenze → BFH vom 21. 7. 1967 (BStBl III S. 752).

Zubehörräume

– i. S. d. § 42 Abs. 4 II. BV bzw. des § 2 Abs. 3 Nr. 1 WoFlV brauchen in die Berechnung des eigenbetrieblich genutzten Anteils nicht einbezogen zu werden (→ BFH vom 21. 2. 1990 – BStBl II S. 578).

– → H 4.7 (Nebenräume).

Grundstücke und Grundstücksteile als gewillkürtes Betriebsvermögen

(9) [1]Ermitteln Stpfl. den Gewinn durch Betriebsvermögensvergleich oder durch Einnahmenüberschussrechnung nach § 4 Abs. 3 EStG, können sie die Grundstücke oder Grundstücksteile, die nicht eigenbetrieblich genutzt werden und weder eigenen Wohnzwecken dienen, noch Dritten zu Wohnzwecken unentgeltlich überlassen sind, sondern z. B. zu Wohnzwecken oder zur gewerblichen Nutzung an Dritte vermietet sind, können als gewillkürtes Betriebsvermögen behandelt werden, wenn die Grundstücke oder die Grundstücksteile in einem gewissen objektiven Zusammenhang mit dem Betrieb stehen und ihn zu fördern bestimmt und geeignet sind. [2]Wegen dieser Voraussetzungen bestehen für den Ansatz von Wirtschaftsgütern als gewillkürtes Betriebsvermögen Einschränkungen, die sich nicht nur aus den Besonderheiten des einzelnen Betriebs, sondern auch aus der jeweiligen Einkunftsart ergeben können. [3]Daher können Land- und Forstwirte Mietwohn- und Geschäftshäuser, die sie auf zugekauftem, bisher nicht zum Betriebsvermögen gehörenden Grund und Boden errichtet oder einschließlich Grund und Boden erworben haben, regelmäßig nicht als Betriebsvermögen behandeln. [4]Dagegen kann ein Land- und Forstwirt, der sein bisher land- und forstwirtschaftlich genutztes Grundstück bebaut und das Gebäude an Betriebsfremde vermietet, dieses als gewillkürtes Betriebsvermögen behandeln, wenn dadurch das Gesamtbild der land- und forstwirtschaftlichen Tätigkeit nicht wesentlich verändert wird. [5]In Grenzfällen hat der Stpfl. darzutun, welche Beziehung das Grundstück oder der Grundstücksteil zu seinem Betrieb hat und welche vernünftigen wirtschaftlichen Überlegungen ihn veranlasst haben, das Grundstück oder den Grundstücksteil als gewillkürtes Betriebsvermögen zu behandeln. [6]Wird ein Gebäude oder ein Gebäudeteil als gewillkürtes Betriebsvermögen behandelt, gehört auch der dazugehörende Grund und Boden zum Betriebsvermögen.

Hinweise

Beispiele für zulässigerweise gebildetes gewillkürtes Betriebsvermögen:

– Ein von einem freiberuflich Tätigen zur künftigen Betriebserweiterung erworbenes Grundstück kann gewillkürtes Betriebsvermögen sein (→ BFH vom 15. 4. 1981 – BStBl II S. 618).

– Ein Gewerbetreibender kann in der Regel Grundstücke, die nicht zum notwendigen Privatvermögen gehören, z. B. Mietwohngrundstücke, als Betriebsvermögen behandeln, es sei denn, dass dadurch das Gesamtbild der gewerblichen Tätigkeit so verändert wird, dass es den Charakter einer Vermögensnutzung im nicht gewerblichen Bereich erhält (→ BFH vom 10. 12. 1964 – BStBl 1965 III S. 377).

Besonderheiten bei land- und forstwirtschaftlichen Betrieben

– Für die Willkürung eines Wirtschaftsguts muss es in Bezug auf die betreffende land- und forstwirtschaftliche Tätigkeit von der Sache oder vom Gegenstand her objektiv geeignet sein, den land- und forstwirtschaftlichen Betrieb zu fördern; es muss in einem gewissen objektiven Zusammenhang mit dem Betrieb stehen. Gewillkürtes Betriebsvermögen in der Land- und Forstwirtschaft können nur verpachtete land- und forstwirtschaftlich genutzte Grundstücke und alle Wirtschaftsgüter sein, deren Nutzung innerhalb der Land- und Forstwirtschaft möglich ist (→ aber R 4.2 Abs. 9 Satz 4). Wirtschaftsgüter, die dem Betrieb der Land- und Forstwirtschaft wesensfremd sind und denen eine sachliche Beziehung zum Betrieb fehlt, können auch nicht im Wege der Willkürung zum Betriebsvermögen werden (→ BFH vom 28. 10. 1982 – BStBl 1983 II S. 106).

– Werden bisher zum notwendigen Betriebsvermögen gehörende Grundstücke entgeltlich zu fremden Wohn- oder Geschäftszwecken genutzt und so umgestaltet, dass sie einer land- und forstwirtschaftlichen Nutzung nicht mehr zugeführt werden können, wird das Gesamtbild der land- und forstwirtschaftlichen Tätigkeit nicht wesentlich verändert, wenn der Umfang dieser Grundstücke nicht mehr als 10 % der Gesamtfläche des Betriebs beträgt (→ BFH vom 24. 3. 2011 – BStBl II S. 692 bei Bestellung von Erbbaurechten zur Errichtung von Wohngebäuden; → BFH vom 22. 8. 2002 – BStBl 2003 II S. 16 bei Bebauung und Vermietung).

Gewillkürtes Sonderbetriebsvermögen

→ H 4.2 (12)

Nachweis der Zuordnung zum gewillkürten Betriebsvermögen

Die Zuordnung eines Wirtschaftsguts zum gewillkürten Betriebsvermögen ist unmissverständlich in einer solchen Weise zu dokumentieren, dass ein sachverständiger Dritter ohne weitere Erklärung des Stpfl. die Zugehörigkeit des Wirtschaftsguts zum Betriebsvermögen erkennen kann (→ BFH vom 2. 10. 2003 – BStBl 2004 II S. 985 und BMF vom 17. 11. 2004 – BStBl I S. 1064).

Umlegungsverfahren

→ H 4.2 (7)

Verlustbringende Grundstücke und Grundstücksteile

→ H 4.2 (1) Wirtschaftsgut (Verlustbringende Wirtschaftsgüter)

Vernünftige wirtschaftliche Überlegungen für die Behandlung als gewillkürtes Betriebsvermögen

Darlegungspflicht durch den Stpfl.
–   → BFH vom 22. 11. 1960 (BStBl 1961 III S. 97) zum Fall eines Bäckermeisters
–   → BFH vom 1. 12. 1960 (BStBl 1961 III S. 154) zum Fall einer Rechtsanwalts- und Notarpraxis.

R 4.2 (10)   Einheitliche Behandlung des Grundstücks

(10) [1]Auch wenn ein Grundstück zu mehr als der Hälfte die Voraussetzungen für die Behandlung als Betriebsvermögen (→ Absätze 7 und 9) erfüllt, können weitere Grundstücksteile, bei denen die Voraussetzungen des Absatzes 9 nicht vorliegen, nicht als Betriebsvermögen behandelt werden; Ausnahmen gelten für Baudenkmale bei den Einkünften aus Land- und Forstwirtschaft (§ 13 Abs. 2 Nr. 2 und Abs. 4 EStG). [2]Soweit das Grundstück bzw. Gebäude vor dem 1. 1. 1999 angeschafft, hergestellt oder eingelegt worden ist, gelten die Anweisungen in R 13 Abs. 10 Sätze 1, 3 und 4 EStR 1999 weiter.

R 4.2 (11)   Grundstücke und Grundstücksteile im Gesamthandsvermögen einer Personengesellschaft

(11) [1]Gehört ein Grundstück zum Gesamthandsvermögen der Mitunternehmer einer Personengesellschaft, gehört es grundsätzlich zum notwendigen Betriebsvermögen. [2]Dies gilt auch dann, wenn bei der Einbringung des Grundstücks oder Grundstücksteiles in das Betriebsvermögen der Personengesellschaft vereinbart worden ist, dass Gewinne und Verluste aus dem Grundstück oder Grundstücksteil ausschließlich dem einbringenden Gesellschafter zugerechnet werden. [3]Dient ein im Gesamthandseigentum der Gesellschafter einer Personengesellschaft stehendes Grundstück teilweise der privaten Lebensführung eines, mehrerer oder aller Mitunternehmer der Gesellschaft, braucht der andere Grundstücksteil nicht als Betriebsvermögen behandelt zu werden, wenn für diesen Grundstücksteil die Grenzen des § 8 EStDV nicht überschritten sind; Absatz 8 Satz 2 ff. ist entsprechend anzuwenden.

H 4.2 (11)   **Hinweise**

Ausnahme bei privater Nutzung

–   Ein zum Gesamthandsvermögen gehörendes Wirtschaftsgut kann nicht Betriebsvermögen sein, wenn es ausschließlich oder fast ausschließlich der privaten Lebensführung eines, mehrerer oder aller Mitunternehmer der Gesellschaft dient. Deshalb ist z. B. ein zum Gesamthandsvermögen gehörendes Einfamilienhaus, das unentgeltlich von einem Gesellschafter nicht nur vorübergehend für eigene Wohnzwecke genutzt wird, steuerlich nicht Betriebsvermögen der Personengesellschaft. Dann handelt es sich um notwendiges Privatvermögen der Gesellschafter (→ BFH vom 16. 3. 1983 – BStBl II S. 459).
–   → H 4.7 (Teilentgeltliche Überlassung)

R 4.2 (12)   Grundstücke und Grundstücksteile im Sonderbetriebsvermögen

(12) [1]Grundstücke oder Grundstücksteile, die nicht Gesamthandsvermögen der Mitunternehmer der Personengesellschaft sind, sondern einem, mehreren oder allen Mitunternehmern gehören, aber dem Betrieb der Personengesellschaft ausschließlich und unmittelbar dienen, sind als Sonderbetriebsvermögen notwendiges Betriebsvermögen der Personengesellschaft. [2]Dient ein Grundstück dem Betrieb der Personengesellschaft nur zum Teil, sind die den Mitunternehmern zuzurechnenden Grundstücksteile lediglich mit ihrem betrieblich genutzten Teil notwendiges Sonderbetriebsvermögen. [3]Betrieblich genutzte Grundstücksteile, die im Verhältnis zum Wert des ganzen Grundstücks – nicht im Verhältnis zum Wert des Grundstücksteiles des Gesellschafters – von untergeordnetem Wert sind (→ § 8 EStDV), brauchen nicht als Sonderbetriebsvermögen behandelt zu werden. [4]Jeder

Mitunternehmer kann dieses Wahlrecht ausüben; sind mehrere Gesellschafter zugleich Eigentümer dieses Grundstücks, braucht das Wahlrecht nicht einheitlich ausgeübt zu werden. [5]Absatz 8 Satz 2 ff. ist entsprechend anzuwenden.

Hinweise

Angehörige eines Gesellschafters

Wohnung, die an den im Einzelunternehmen tätigen Sohn eines Einzelunternehmers zu Wohnzwecken vermietet ist, bleibt bei Einbringung des Unternehmens in eine KG (Sonder-)Betriebsvermögen, wenn das Gebäude weiterhin als (Sonder-)Betriebsvermögen bilanziert wird und objektive Merkmale fehlen, die darauf schließen lassen, dass eine spätere Verwendung als Werkswohngebäude ausgeschlossen erscheint (→ BFH vom 11. 10. 1979 – BStBl 1980 II S. 40).

Gewillkürtes Sonderbetriebsvermögen

– Grundstücke oder Grundstücksteile im **Allein- oder Miteigentum** eines oder mehrerer Mitunternehmer können gewillkürtes Sonderbetriebsvermögen dieser Mitunternehmer sein (→ BFH vom 3. 12. 1964 – BStBl 1965 III S. 92, vom 23. 7. 1975 – BStBl 1976 II S. 180 und vom 21. 10. 1976 – BStBl 1977 II S. 150).

– **Mietwohngrundstück** als gewillkürtes Sonderbetriebsvermögen eines Gesellschafters → BFH vom 17. 5. 1990 (BStBl 1991 II S. 216)

– → R 4.2 Abs. 9

Gütergemeinschaft

Wird eine im gemeinsamen Eigentum von Eheleuten stehende und im gemeinsamen land- und forstwirtschaftlichen Betrieb bewirtschaftete Forstfläche in das Alleineigentum eines Ehegatten übertragen, spricht eine tatsächliche Vermutung dafür, dass die bestehenden wirtschaftlichen Beziehungen aufrechterhalten bleiben und es sich nunmehr um Sonderbetriebsvermögen des Ehegatten, nicht aber um einen selbständigen Forstbetrieb handelt (→ BFH vom 16. 2. 1995 – BStBl II S. 592).

Miteigentum von Nichtgesellschaftern

Zum notwendigen Sonderbetriebsvermögen einer Personengesellschaft sind die den Gesellschaftern zustehenden Anteile an einem Grundstück zu rechnen, das der Personengesellschaft dient, sich aber im Eigentum einer Gesamthandsgemeinschaft (z. B. Erbengemeinschaft) befindet, an der auch Nichtgesellschafter beteiligt sind (→ BFH vom 18. 3. 1958 – BStBl III S. 262).

Notwendiges Sonderbetriebsvermögen

– Stellt ein Gesellschafter einer Personengesellschaft, deren Gesellschaftszweck in der **Errichtung und Vermarktung von Eigentumswohnungen im Bauherrenmodell** besteht, ein ihm gehörendes Grundstück für diese Zwecke zur Verfügung, ist das Grundstück dem notwendigen Sonderbetriebsvermögen zuzurechnen (→ BFH vom 19. 2. 1991 – BStBl II S. 789).

– An die Personengesellschaft zur betrieblichen Nutzung **vermietete Grundstücke oder Grundstücksteile**, die im Eigentum eines oder mehrerer Gesellschafter stehen, sind notwendiges Sonderbetriebsvermögen (→ BFH vom 2. 12. 1982 – BStBl 1983 II S. 215). Das gilt auch bei Weitervermietung des Grundstücks oder Grundstücksteils durch die Gesellschaft (→ BFH vom 23. 5. 1991 – BStBl II S. 800).

– Zur Frage, ob bei einer mitunternehmerischen Betriebsaufspaltung oder bei der Vermietung an eine Schwester-Personengesellschaft notwendiges Sonderbetriebsvermögen vorliegt → BMF vom 28. 4. 1998 (BStBl I S. 583).

Überlassung zu Wohnzwecken

Ein Grundstück, das ein Gesellschafter einer Personengesellschaft einem anderen Gesellschafter für dessen Wohnzwecke unentgeltlich überlässt, ist notwendiges Privatvermögen (→ BFH vom 8. 2. 1996 – BStBl II S. 308).

Untervermietung

Vermietet der Gesellschafter einer Personengesellschaft einem Dritten ein Grundstück, damit dieser es der Gesellschaft zur betrieblichen Nutzung überlässt, ist das Grundstück Sonderbetriebsvermögen des Gesellschafters (→ BFH vom 15. 1. 1981 – BStBl II S. 314); das gilt auch

- wenn der Gesellschafter das Grundstück zu einem Zeitpunkt erworben und an den Dritten vermietet hat, in dem er noch nicht Gesellschafter war; das Grundstück wird dann in dem Zeitpunkt Sonderbetriebsvermögen, in dem er in die Gesellschaft eintritt (→ BFH vom 9. 9. 1993 – BStBl 1994 II S. 250);

- in Bezug auf den Grund und Boden bei Bestellung eines Erbbaurechts zugunsten des Dritten, der das von ihm errichtete Gebäude der Gesellschaft überlässt (→ BFH vom 7. 4. 1994 – BStBl II S. 796);

- für ein Grundstück, das die der Gesellschafter einer Personengesellschaft an einen Dritten vermietet, damit dieser es der Gesellschaft im Rahmen eines Pachtvertrages zur Nutzung überlässt, selbst wenn der Mietvertrag langfristig, der Pachtvertrag jedoch (nur) auf unbestimmte Dauer abgeschlossen ist (→ BFH vom 24. 2. 2005 – BStBl II S. 578).

R 4.2 (13)   Keine Bindung an die Einheitsbewertung oder Bedarfsbewertung

(13) Für die einkommensteuerrechtliche Behandlung von Grundstücken und Grundstücksteilen als Betriebsvermögen kommt es nicht darauf an, wie ein Grundstück bei der Einheitsbewertung oder Bedarfsbewertung behandelt worden ist.

R 4.2 (14)   Erweiterte Anwendung

(14) Die Absätze 7 bis 13 gelten entsprechend für das Wohnungseigentum und das Teileigentum i. S. d. WEG sowie für auf Grund eines Erbbaurechts errichtete Gebäude.

R 4.2 (15)   Verbindlichkeiten

(15) [1]Mit der Entnahme eines fremdfinanzierten Wirtschaftsgutes des Anlagevermögens wird die zur Finanzierung des Wirtschaftsgutes aufgenommene betriebliche Schuld zu einer privaten Schuld. [2]Umgekehrt wird mit der Einlage eines fremdfinanzierten Wirtschaftsgutes die zur Finanzierung des Wirtschaftsgutes aufgenommene private Schuld zu einer betrieblichen Schuld. [3]Wird ein betrieblich genutztes, fremdfinanziertes Wirtschaftsgut veräußert, oder scheidet es aus der Vermögenssphäre des Stpfl. aus, wird die zur Finanzierung des Wirtschaftsgutes aufgenommene Schuld eine privat veranlasste Schuld, soweit der Veräußerungserlös oder eine andere für das Ausscheiden des Wirtschaftsgutes erhaltene Leistung entnommen wird.

H 4.2 (15)   Hinweise

Ablösung einer Schuld

Wird eine Schuld zur Ablösung einer bereits bestehenden Schuld aufgenommen, rechnet die neue Schuld nur insoweit zum Betriebsvermögen, als die abgelöste Schuld betrieblich veranlasst war (→ BFH vom 15. 11. 1990 – BStBl 1991 II S. 226).

Aufwandsbeiträge bei Franchiseverträgen

Von Franchisenehmern in einen „gemeinsamen Werbeetat" eingezahlte und zum Bilanzstichtag noch nicht verbrauchte Werbebeiträge sind beim Franchisegeber als sonstige Verbindlichkeiten auszuweisen und demgemäß erfolgsneutral zu behandeln (→ BFH vom 22. 8. 2007 – BStBl 2008 II S. 284).

Betriebsaufgabe oder -veräußerung im Ganzen

- **Schulden**, die während des Bestehens des Betriebs entstanden sind, bleiben betrieblich veranlasst, wenn der Betrieb insgesamt veräußert oder aufgegeben wird und soweit der Veräußerungserlös oder die Verwertung von Aktivvermögen zur Tilgung einer zurückbehaltenen, ehemals betrieblichen Schuld nicht ausreichen (→ BFH vom 21. 11. 1989 – BStBl 1990 II S. 213 und vom 12. 11. 1997 – BStBl 1998 II S. 144). Wird der Veräußerungserlös nicht zur Tilgung der zurückbehaltenen Schuld verwendet, oder wird Aktivvermögen entnommen und dadurch einer Verwertung entzogen, mindert sich die betrieblich veranlasste Schuld um den Betrag des Veräußerungserlöses oder um den Verkehrswert des entnommenen Aktivvermögens (→ BFH vom 11. 12. 1980 – BStBl 1981 II S. 463), es sei denn, mit dem Veräußerungserlös wird ein anderes Betriebsvermögen erworben. Die zurückbehaltene Schuld rechnet dann zu dem neu erworbenen Betriebsvermögen (→ BFH vom 7. 8. 1990 – BStBl 1991 II S. 14). Werden die ins Privatvermögen überführten Wirtschaftsgüter im Rahmen einer anderen Einkunftsart genutzt, stehen die durch die ursprünglich betrieblichen Verbindlichkeiten verursachten Schuldzinsen nun in wirtschaftlichem Zusammenhang mit dieser neuen Einkunftsart und können bei dieser ggf. als Betriebsausgaben oder Werbungskosten steuerlich geltend gemacht werden (→ BFH vom 28. 3. 2007 – BStBl II S. 642).

- **Zurückbehaltene Verbindlichkeiten** bleiben Betriebsschulden, soweit bei Aufgabe oder Veräußerung eines Betriebes der Verwertung von Aktivvermögen oder der Tilgung von Betriebsschulden Hindernisse entgegen stehen. Eine betrieblich veranlasste Rentenverpflichtung ist deshalb nach Betriebsaufgabe weiterhin als Betriebsschuld zu behandeln, wenn sie zwar durch die bei der Aufgabe erzielten Erlöse hätte abgelöst werden können, der Rentenberechtigte der Ablösung aber nicht zugestimmt hat (→ BFH vom 22. 9. 1999 – BStBl 2000 II S. 120). Dies betrifft nur solche Verwertungshindernisse, die ihren Grund in der ursprünglich betrieblichen Sphäre haben. Nicht tilgbare frühere Betriebsschulden bleiben so lange noch betrieblich veranlasst, bis ein etwaiges Verwertungshindernis entfallen ist (→ BFH vom 28. 3. 2007 – BStBl II S. 642).

- Eine betrieblich veranlasste Rentenverpflichtung ist nach Betriebsaufgabe weiterhin als Betriebsschuld zu behandeln, wenn sie zwar durch die bei der Aufgabe erzielten Erlöse hätte abgelöst werden können, der Rentenberechtigte der Ablösung aber nicht zugestimmt hat (→ BFH vom 22. 9. 1999 – BStBl 2000 II S. 120).

- Zahlt der Gesellschafter einer **Personengesellschaft** Zinsen für Verbindlichkeiten, die die Gesellschaft bei Aufgabe ihres Betriebs nicht getilgt hat, obwohl ihr bei ordnungsgemäßer Abwicklung ausreichende Mittel zur Verfügung gestanden hätten, kann er die Zinsen nicht als (nachträgliche) Betriebsausgaben abziehen. Das gilt auch für Zinsen auf Verbindlichkeiten, die einem Gesellschafter im wirtschaftlichen Zusammenhang mit seinem Sonderbetriebsvermögen entstanden sind, wenn er die Aktivwerte dieses Vermögens bei Beendigung seiner Mitunternehmerstellung nicht zur Tilgung der Verbindlichkeiten verwendet. Zahlt ein Gesellschafter aber Zinsen für fortbestehende Gesellschaftsverbindlichkeiten, so muss er sich nicht entgegenhalten lassen, dass er die Aktivwerte seines Sonderbetriebsvermögens zur Tilgung dieser Verbindlichkeiten hätte einsetzen können (→ BFH vom 13. 2. 1996 – BStBl II S. 291).

Betriebsschuld

- Eine Verbindlichkeit gehört zum Betriebsvermögen, wenn sie durch den Betrieb veranlasst ist (Betriebsschuld). Für die Bestimmung des Veranlassungszusammenhangs ist allein die Verwendung der aufgenommenen Mittel ausschlaggebend. Eine für Betriebszwecke aufgenommene Verbindlichkeit ist unabhängig davon eine Betriebsschuld, ob der Stpfl. die fremdfinanzierten betrieblichen Aufwendungen auch durch eigene Mittel hätte bestreiten können oder ob der Betrieb über aktives Betriebsvermögen oder stille Reserven verfügt. Die betriebliche Veranlassung einer Verbindlichkeit wird nicht dadurch berührt, dass der betriebliche Fremdmittelbedarf auf Entnahmen beruht; → aber Finanzierung von Entnahmen. Eine Verbindlichkeit ist aber nicht deshalb eine Betriebsschuld, weil Eigenmittel für betriebliche Zwecke eingesetzt worden sind und aus diesem Grunde Fremdmittel für private Zwecke aufgenommen werden mussten; Umschuldung Privatschuld in Betriebsschuld (→ BFH vom 8. 12. 1997 – BStBl 1998 II S. 193).

- Werden die von einem Versicherungsmakler für Rechnung der Versicherungsgesellschaften vereinnahmten Versicherungsbeiträge (durchlaufende Posten) abredewidrig für private Zwecke verwendet und damit dessen Betriebsvermögen entzogen, werden zugleich die Auskehrungsverbindlichen in Privatschulden umqualifiziert (→ BFH vom 15. 5. 2008 – BStBl II S. 715).

Finanzierung von Entnahmen

Werden Fremdmittel nicht zur Finanzierung betrieblicher Aufwendungen, sondern tatsächlich zur Finanzierung einer Entnahme aufgenommen, liegt keine Betriebsschuld vor. Ein solcher Fall ist gegeben, wenn dem Betrieb keine entnahmefähigen Barmittel zur Verfügung stehen und die Entnahme erst dadurch möglich wird, dass Fremdmittel in das Unternehmen fließen. Unerheblich ist, ob die Fremdmittel einem betrieblichen Konto zufließen, von welchem zuvor wegen fehlender Barmittel mit schulderhöhender Wirkung aus privaten Gründen Beträge abgebucht wurden (→ BFH vom 8. 12. 1997 – BStBl 1998 II S. 193).

Fortfall der Rentenverpflichtung

Der Wegfall einer zum Erwerb eines betrieblichen Grundstücks eingegangenen Rentenverpflichtung infolge des Todes des Rentenberechtigten führt zu ihrer erfolgswirksamen Ausbuchung in der Bilanz zum Ende des betreffenden Wirtschaftsjahrs. Das gilt auch, wenn die Rentenverpflichtung in früheren Wirtschaftsjahren im Rahmen einer Bilanzberichtigung erfolgsneutral eingebucht worden ist (→ BFH vom 26. 6. 1996 – BStBl II S. 601).

Gemischt genutztes Grundstück

Wird durch einheitlichen Kaufvertrag ein gemischt genutztes Grundstück erworben und die Kaufpreisschuld teils mit Fremd-, teils mit Eigenmitteln beglichen, ohne dass eine Zuordnung der Finanzierungsmittel erfolgt, sind die Zinszahlungen nur im Verhältnis des betrieblich zum privat genutzten Anteil als Betriebsausgabe abziehbar. Keine vorrangige Tilgung des privat veranlassten Teils (→ BFH vom 7. 11. 1991 – BStBl 1992 II S. 141). Im Falle einer Zuordnung der Finanzierungsmittel gelten die Grundsätze des BMF-Schreibens vom 16. 4. 2004 (BStBl I S. 464) entsprechend für Grundstücke, die teilweise betrieblich und privat genutzt werden.

Anhang 19

Optionsprämie

Für die Verpflichtung des Veräußerers einer Option (Stillhalter), auf Verlangen des Optionsberechtigten innerhalb der Optionsfrist den Optionsgegenstand zu verkaufen oder zu kaufen (Call/Put-Option), ist eine Verbindlichkeit in Höhe der dafür vereinnahmten Prämie auszuweisen; die Verbindlichkeit ist erst bei Ausübung oder Verfall der Option auszubuchen. Für das die Höhe der Optionsprämie übersteigende Risiko darf nach § 5 Abs. 4a Satz 1 EStG keine Rückstellung für drohende Verluste gebildet werden (→ BMF vom 12. 1. 2004 – BStBl I S. 192).

Rangrücktrittsvereinbarungen

Zur Passivierung von Verbindlichkeiten bei Vereinbarung eines einfachen oder qualifizierten Rangrücktritts → BMF vom 8. 9. 2006 (BStBl I S. 497).

Rückverkaufsoption

Zur bilanzsteuerrechtlichen Beurteilung der Rückverkaufsoption im Kfz-Handel → BMF vom 12. 10. 2011 (BStBl I S. 967)

Schadensersatz für GmbH-Verbindlichkeiten

– Wird der Gesellschafter einer vermögenslosen GmbH für deren Verbindlichkeiten im Wege des Durchgriffs in Anspruch genommen, sind die Verbindlichkeiten in seinem Einzelunternehmen Gewinn mindernd zu passivieren, wenn seine zum Ersatz verpflichtende Handlung dessen Betriebseinnahmen erhöhte (→ BFH vom 6. 3. 2003 – BStBl II S. 658).

– → H 6.2 (Beteiligung an einer Kapitalgesellschaft)

Anhang 10

Schuldzinsenabzug nach § 4 Abs. 4a EStG

– → BMF vom 17. 11. 2005 (BStBl I S. 1019) unter Berücksichtigung der Änderungen durch BMF vom 7. 5. 2008 (BStBl I S. 588) sowie Vereinfachungsregelung durch BMF vom 4. 11. 2008 (BStBl I S. 957)

– → BMF vom 12. 6. 2006 (BStBl I S. 416) zur Berücksichtigung von vor dem 1. 1. 1999 entstandenen Unterentnahmen

– Ist § 4 Abs. 4a EStG auch auf eine Personengesellschaft anzuwenden, an der ausschließlich Kapitalgesellschaften als Gesellschafter beteiligt sind? Verstößt die Anwendung im kapitalistischen Konzern gegen das objektive Nettoprinzip?
→ FG Düsseldorf vom 18. 3. 2010 (11 K 2486/08 F) Rev. IV R 20/10

Sekundärfolgenrechtsprechung

Anhang 8

→ H 4.7 (Schuldzinsen)

Umsatzsteuer

Zu Unrecht ausgewiesene Umsatzsteuer ist, wenn keine Steuerhinterziehung vorliegt, in dem Jahr zu passivieren, in dem sie durch den Ausweis in der Rechnung entstanden ist (→ BFH vom 15. 3. 2012 – BStBl II S. 719).

Umschuldung Privatschuld in Betriebsschuld

Werden Eigenmittel für betriebliche Zwecke und deshalb Fremdmittel für private Zwecke verwendet, so begründet die Fremdmittelaufnahme keine Betriebsschuld. Ein privates Darlehen kann nicht durch eine bloße wirtschaftliche Umschuldung in eine Betriebsschuld umgewandelt werden. Werden aber im Betrieb erzielte Einnahmen zur Tilgung eines privaten Darlehens entnommen und wird deshalb ein neues Darlehen zur Finanzierung von betrieblichen Aufwendungen aufgenommen, stellt das neue Darlehen eine Betriebsschuld dar (→ BFH vom 8. 12. 1997 – BStBl 1998 II S. 193).

Betriebsvermögen bei Schätzung des Gewinns oder bei Gewinnermittlung nach § 13a Abs. 3 bis 6 EStG   R 4.2 (16)

(16) Wird der Gewinn geschätzt (→ R 4.1 Abs. 2) oder nach § 13a Abs. 3 bis 6 EStG ermittelt, kommt gewillkürtes Betriebsvermögen nur in den Fällen des § 13a Abs. 6 Satz 2 EStG, des Wechsels der Gewinnermittlungsart und der Nutzungsänderung in Betracht (→ *§ 4 Abs. 1 Satz 6 und 7 EStG*).

Hinweise   H 4.2 (16)

Beibehaltung von gewillkürtem Betriebsvermögen

nach einer Nutzungsänderung → R 4.3 Abs. 3

Gewillkürtes Betriebsvermögen

Bei der Ermittlung des Gewinns nach § 13a EStG kann gewillkürtes Betriebsvermögen nicht gebildet werden (→ BFH vom 23. 5. 1991 – BStBl II S. 798).

4.3. Einlagen und Entnahmen   R 4.3

Einlagen   R 4.3 (1)

(1) ¹Gegenstand von Einlagen können abnutzbare und nicht abnutzbare, materielle und immaterielle Wirtschaftsgüter aller Art sein, unabhängig davon, ob sie dem Anlage- oder dem Umlaufvermögen zuzuordnen sind. ²Einer Einlage steht die Begründung des Besteuerungsrechts der Bundesrepublik Deutschland hinsichtlich des Gewinns aus der Veräußerung eines Wirtschaftsgutes gleich (Verstrickung). ³Darunter fällt insbesondere die Überführung eines Wirtschaftsgutes aus einer ausländischen Betriebsstätte, deren Einkünfte nach einem DBA von der inländischen Besteuerung freigestellt sind, ins Inland.   S 2136

Hinweise   H 4.3 (1)

Banküberweisung

Eine Einlage ist bei Zahlung durch Banküberweisung erst geleistet, wenn die Gutschrift auf dem Empfängerkonto erfolgt ist (→ BFH vom 11. 12. 1990 – BStBl 1992 II S. 232).

Bodenschatz

→ H 4.2 (1)

Gewillkürtes Betriebsvermögen

→ H 4.2 (1)

Immaterielle Wirtschaftsgüter

→ R 5.5 Abs. 3 Satz 3 und 4

Nutzungsänderung

→ H 4.2 (4)

Nutzungsrechte/Nutzungsvorteile

Die bloße Nutzung eines fremden Wirtschaftsguts zu betrieblichen Zwecken kann nicht eingelegt werden; dies gilt auch für unentgeltlich erworbene dingliche oder obligatorische Nutzungsrechte (→ BFH vom 26. 10. 1987 – BStBl 1988 II S. 348 und vom 20. 9. 1990 – BStBl 1991 II S. 82).

Personengesellschaften

Die Einbringung von Einzelwirtschaftsgütern des Privatvermögens in das betriebliche Gesamthandsvermögen einer Personengesellschaft oder anderen Gesamthandsgemeinschaft gegen Gewährung von Gesellschaftsrechten stellt keine Einlage, sondern einen tauschähnlichen Vorgang dar (→ BMF vom 29. 3. 2000 – BStBl I S. 462 und vom 11. 7. 2011 – BStBl I S. 713).   Anhang 15

Sacheinlage in das Vermögen einer Kapitalgesellschaft

Ein Wirtschaftsgut, das dem Vermögen einer Kapitalgesellschaft im Rahmen einer Überpari-Emission als Sacheinlage zugeführt worden ist, ist auch im Hinblick auf jenen Teilbetrag des Einbringungswertes, der über den Nennbetrag der Stammeinlageverpflichtung des Einlegenden hinausgeht und gem. § 272 Abs. 2 Nr. 1 HGB in die Kapitalrücklage einzustellen ist, ein vollentgeltlicher Vorgang und keine verdeckte Einlage (→ BFH vom 24. 4. 2007 – BStBl 2008 II S. 253).

Unterlassene Bilanzierung

Die nachträgliche Aktivierung eines zum notwendigen Betriebsvermögen gehörenden Wirtschaftsguts, das bisher nicht bilanziert worden ist, ist keine Einlage. Es handelt sich vielmehr um eine fehlerberichtigende Einbuchung (→ BFH vom 24. 10. 2001 – BStBl 2002 II S. 75); → H 4.4

Verdeckte Einlage

– Verdeckte Einlage ist die Zuwendung eines bilanzierbaren Vermögensvorteils aus gesellschaftsrechtlichen Gründen ohne Entgelt in Gestalt von Gesellschaftsrechten. Als verdeckte Einlage sind nur Wirtschaftsgüter geeignet, die das Vermögen der Kapitalgesellschaft durch den Ansatz oder die Erhöhung eines Aktivpostens oder durch den Wegfall oder die Verminderung eines Passivpostens vermehrt haben (→ BFH vom 6. 11. 2003 – BStBl 2004 II S. 416).

– **Verdeckte Einlage eines Geschäfts- oder Firmenwerts,** der bei Veräußerung eines Einzelunternehmens an eine GmbH unentgeltlich übergeht, → BFH vom 24. 3. 1987 (BStBl II S. 705); → H 5.5 (Geschäfts- oder Firmenwert/Praxiswert)

– Maßgebendes Kriterium für einen Übergang des Geschäfts- oder Firmenwerts von einem Einzelunternehmen auf eine Kapitalgesellschaft im Wege der verdeckten Einlage ist, dass dem nutzenden Unternehmen die materiellen und immateriellen Wirtschaftsgüter sowie die sonstigen Faktoren, welche sich im Geschäfts- oder Firmenwert niederschlagen, auf einer vertraglichen Grundlage überlassen werden, die Nutzung auf Dauer angelegt ist und kein Rechtsanspruch auf Rückgabe dieser Wirtschaftsgüter besteht (→ BFH vom 2. 9. 2008 – BStBl 2009 II S. 634).

Vorbehaltsnießbrauch

– In den Fällen der Einräumung eines Vorbehaltsnießbrauchs liegt hinsichtlich des Nießbrauchsrechts im Ergebnis keine Einlage vor (→ BFH vom 16. 12. 1988 – BStBl 1989 II S. 763).

– → H 4.3 (2 – 4)

– → H 4.7 (Nießbrauch) zu Betriebsausgaben eines Nießbrauchers

---

R 4.3 (2) Entnahmen

S 2135

(2) [1]Ein Wirtschaftsgut wird entnommen, wenn es aus dem betrieblichen in den privaten oder einen anderen betriebsfremden Bereich übergeht. [2]Einer Entnahme für betriebsfremde Zwecke steht auch der Ausschluss oder die Beschränkung des Besteuerungsrechts der Bundesrepublik Deutschland hinsichtlich des Gewinns aus der Veräußerung oder der Nutzung eines Wirtschaftsgutes gleich (Entstrickung). [3]*Neben der* Überführung eines Wirtschaftsgutes vom Inland in eine ausländische Betriebsstätte *nach § 4 Abs. 1 Satz 4 EStG* (Entnahme eines Wirtschaftsgutes) *fällt darunter insbesondere* die Nutzung eines Wirtschaftsgutes, das einer inländischen Betriebsstätte des *Stpfl.* zuzuordnen ist, durch eine ausländische Betriebsstätte (Entnahme der Nutzung), deren Einkünfte nach einem *DBA* von der inländischen Besteuerung freigestellt sind oder bei *der* Besteuerung ausländische Steuern nach § 34c EStG oder nach § 26 KStG oder auf Grund eines DBA anzurechnen sind. [4]Eine Entnahme liegt nicht vor in Fällen einer Strukturänderung eines Betriebs mit der Folge, dass die Einkünfte aus dem Betrieb einer anderen Einkunftsart zuzurechnen sind (z. B. wenn ein land- und forstwirtschaftlicher Betrieb wegen Überschreitens der Grenzen des § 13 Abs. 1 Nr. 1 EStG zu einem Gewerbebetrieb wird oder wenn eine freiberufliche Praxis durch Übergang i. S. d. § 6 Abs. 3 EStG auf nicht qualifizierte Rechtsnachfolger zu einem Gewerbebetrieb wird).

R 4.3 (3) Entnahmehandlung

(3) [1]Eine Entnahme erfordert regelmäßig eine Entnahmehandlung, die von einem Entnahmewillen getragen wird. [2]Wirtschaftsgüter, die zur Zeit der Aufnahme in das Betriebsvermögen zulässigerweise zum Betriebsvermögen gerechnet worden sind, bleiben daher grundsätzlich solange Betriebsvermögen, bis sie durch eine eindeutige, unmissverständliche – ausdrückliche oder schlüs-

sige – → Entnahmehandlung des Stpfl. Privatvermögen werden. [3]Bei buchführenden Stpfl. bietet die Buchung einen wesentlichen Anhalt, ob und wann ein Wirtschaftsgut entnommen worden ist. [4]Eine Entnahme liegt auch ohne Entnahmeerklärung oder Entnahmebuchung vor, wenn der Stpfl. die bisherige betriebliche oder berufliche Nutzung eines Wirtschaftsguts auf Dauer so ändert, dass es seine Beziehung zum Betrieb verliert und dadurch zu notwendigem Privatvermögen wird. [5]Eine Nutzungsänderung, durch die das Wirtschaftsgut zwar seinen Charakter als notwendiges Betriebsvermögen verliert, jedoch nicht zu notwendigem Privatvermögen wird, ist ohne eindeutige Entnahmeerklärung des Stpfl. keine Entnahme des Wirtschaftsgutes; das gilt auch bei Gewinnermittlung nach § 13a EStG (*§ 4 Abs. 1 Satz 7 EStG*) sowie bei Vollschätzung.

Gegenstand einer Entnahme

R 4.3 (4)

(4) [1]Gegenstand einer Entnahme können alle Wirtschaftsgüter sein, die zum notwendigen oder gewillkürten Betriebsvermögen gehören, also auch immaterielle (Einzel-)Wirtschaftsgüter, z. B. ein Verlagswert, sowie Nutzungen und Leistungen, auch wenn sie in der Bilanz nicht angesetzt werden können. [2]*Im Fall des gewerblichen Betriebs einer Fotovoltaikanlage ist der private Verbrauch des Stroms keine private Verwendung der Anlage, sondern eine Sachentnahme des produzierten Stroms.*

Hinweise

H 4.3 (2 – 4)

Altenteilerwohnung

→ R 4.2 Abs. 4 Satz 5

Entnahmehandlung

– Für die Eindeutigkeit einer Entnahmehandlung ist ein Verhalten des Stpfl. erforderlich, durch das die Verknüpfung des Wirtschaftsgutes mit dem Betriebsvermögen unmissverständlich gelöst wird. Es bedarf nicht stets einer buchmäßigen Darstellung der Entnahme. Es kann auch ein anderes schlüssiges Verhalten genügen, durch das die Verbindung des Wirtschaftsguts zum Betrieb gelöst wird (→ BFH vom 9. 8. 1989 – BStBl 1990 II S. 128 und vom 25. 6. 2003 – BStBl 2004 II S. 403). Der Tatbestand der Entnahme ist auch erfüllt, wenn dem Stpfl. die an die Entnahme geknüpften Rechtsfolgen, insbesondere die Gewinnverwirklichung, nicht bewusst werden (→ BFH vom 31. 1. 1985 – BStBl II S. 395).

– → Nachweispflicht

– → Personengesellschaften

– → Schenkung

Erbauseinandersetzung und vorweggenommene Erbfolge

– → BMF vom 14. 3. 2006 (BStBl I S. 253),

– → BMF vom 13. 1. 1993 (BStBl I S. 80) unter Berücksichtigung der Änderungen durch BMF vom 26. 2. 2007 (BStBl I S. 269).

Anhang 8

Geschäfts- oder Firmenwert

– Ein Geschäfts- oder Firmenwert kann nicht wie andere Einzelwirtschaftsgüter für sich entnommen werden, da er nur im Rahmen eines lebenden Betriebs, Teilbetriebs oder Mitunternehmeranteils übertragen werden kann (→ BFH vom 24. 11. 1982 – BStBl 1983 II S. 113).

– → Verlagswert

Gewinnrealisierung

Steuerpflichtiger Entnahmegewinn ist der gesamte Unterschiedsbetrag zwischen dem Entnahmewert (§ 6 Abs. 1 Nr. 4 EStG) und dem Buchwert des entnommenen Wirtschaftsguts im Zeitpunkt der Entnahme. Das gilt auch dann, wenn das Wirtschaftsgut vor dem auch privat genutzt und die private Nutzung als Entnahme behandelt worden ist (→ BFH vom 24. 9. 1959 – BStBl III S. 466; → Nutzungsentnahme). Zur Feststellung des Entnahmewerts von Nutzungen und Leistungen können die für die Bewertung von Sachbezügen entwickelten Grundsätze herangezogen werden (→ BFH vom 22. 7. 1988 – BStBl II S. 995).

Grundstücke oder Grundstücksteile

– Wird auf einem bisher unbebauten Betriebsgrundstück ein zum Privatvermögen gehörendes Gebäude (z. B. ein auf Dauer zu eigenen Wohnzwecken bestimmtes Gebäude) errichtet, wird der Grund und Boden durch die Bebauung entnommen (→ BFH vom 27. 1. 1977 – BStBl II S. 388, vom 11. 3. 1980 – BStBl II S. 740 und vom 14. 5. 2009 – BStBl II S. 811). Eine **anteilige Entnahme** des Grund und Bodens liegt vor, wenn auf einem Betriebsgrundstück ein Gebäude errichtet wird, das teilweise Privatvermögen ist (→ BFH vom 24. 11. 1982 – BStBl 1983 II S. 365). Ggf. bleibt der Entnahmegewinn außer Ansatz (→ § 13 Abs. 5, § 15 Abs. 1 Satz 3 und § 18 Abs. 4 Satz 1 EStG).

– → Personengesellschaften

– **Grundstücksveräußerung oder -entnahme:**

Die Veräußerung geht einer hinsichtlich der Gewinnrealisierung nur gleichgestellten Entnahme vor. Ein bilanziertes Grundstück kann nach der Veräußerung dann nicht mehr rückwirkend zum vorletzten Bilanzstichtag durch Entnahme ausgebucht werden, wenn diese Bilanz erst nach der Veräußerung des Grundstückes aufgestellt wird (→ BFH vom 12. 9. 2002 – BStBl II S. 815).

Incentive-Reisen

– → BMF vom 14. 10. 1996 (BStBl I S. 1192)

Anhang 10 – Geschenk- und Bewirtungsaufwendungen im Zusammenhang mit Incentive-Reisen sowie Betriebsausgabenabzug für die Bewirtung von Handelsvertretern (→ OFD Münster vom 2. 10. 2003, Kurzinformation Einkommensteuer Nr. 43/2003, DStR 2003 S. 2225).

Keine Entnahme des Grundstücks oder Grundstücksteils

liegt ohne Hinzutreten weiterer Umstände in folgenden Fällen vor:

– **Erbbaurecht** – Belastung eines land- und forstwirtschaftlich genutzten Grundstücks mit einem entgeltlich eingeräumten Erbbaurecht, wenn der vereinbarte Erbbauzins nicht weniger als 10 % des ortsüblichen Erbbauzinses beträgt und die Nutzungsänderung nicht mehr als 10 % der Gesamtfläche des Betriebs erfasst (→ BFH vom 24. 3. 2011 – BStBl II S. 692).

– **Erklärung von Einkünften aus Vermietung und Verpachtung**, ohne dass der Stpfl. die nahe liegenden steuerrechtlichen Folgerungen aus einer Entnahme zieht, wie Gewinnrealisierung nach § 6 Abs. 1 Nr. 4 EStG, unabhängig davon, ob innerhalb oder außerhalb der Buchführung (→ BFH vom 9. 8. 1989 – BStBl 1990 II S. 128).

– **Gebäudeabriss**, wenn die betriebliche Nutzung der Freifläche möglich ist (→ BFH vom 6. 11. 1991 – BStBl 1993 II S. 391).

– Im **Hinzuerwerb** eines im Privatvermögen verbleibenden Miteigentumsanteils an einem Grundstück im Wege der Erbfolge liegt keine Entnahme des zum gewillkürten Betriebsvermögen gehörenden Anteils (→ BFH vom 8. 3. 1990 – BStBl 1994 II S. 559).

– **Landwirtschaftlich genutzte Grundstücke**

– bei denen keine ertragreiche Bewirtschaftung mehr möglich ist (→ BFH vom 12. 11. 1992 – BStBl 1993 II S. 430).

– bei Bebauung ursprünglich landwirtschaftlicher Grundstücke mit Einfamilienhäusern, die anschließend an betriebsfremde Personen vermietet werden, wenn die Nutzungsänderung nur eine Fläche erfasst, die im Vergleich zur Gesamtfläche des Betriebs von geringer Bedeutung ist (→ BFH vom 22. 8. 2002 – BStBl 2003 II S. 16), → II 4.2 (9) Besonderheiten bei land- und forstwirtschaftlichen Betrieben.

– Ursprünglich landwirtschaftlich genutzte Flächen eines Betriebs, die verpachtet wurden und nach Ablauf des Pachtverhältnisses nicht wieder aktiv bewirtschaftet werden, sondern brach liegen, bleiben Betriebsvermögen und können nur durch eindeutige Erklärung dem Finanzamt gegenüber entnommen werden (→ BFH vom 17. 1. 2002 – BStBl II S. 356).

– Ohne Entnahmeerklärung verlieren ursprünglich landwirtschaftlich genutzte Grundstücke durch eine Nutzungsänderung, die nicht zu notwendigem Privatvermögen führt, ihre Eigenschaft als landwirtschaftliches Betriebsvermögen nur, wenn eine eindeutige Entnahmehandlung vorliegt. Deshalb scheidet ein zuvor zum notwendigen Betriebsvermögen gehörendes Grundstück nicht bereits dadurch aus dem Betriebsvermögen aus, dass es als Bauland behandelt wird und im Hinblick auf die geringe Größe und die umliegende Bebauung nicht mehr landwirtschaftlich genutzt werden kann (→ BFH vom 14. 5. 2009 – BStBl II S. 811).

- **Nießbrauch** – ein Grundstück, das zum Sonderbetriebsvermögen des Gesellschafters einer GbR gehört, wird durch die Bestellung eines Nießbrauchs am Gesellschaftsanteil und am Grundstück grundsätzlich nicht entnommen (→ BFH vom 1. 3. 1994 – BStBl 1995 II S. 241).
- **Nutzung** – nur vorübergehende Nutzung zu eigenen Wohnzwecken (→ BFH vom 17. 1. 1974 – BStBl II S. 240).
- Nutzungsänderung
  - Bisher betrieblich genutzte und seitdem ungenutzte (freie) Grundstücksflächen, deren spätere betriebliche Nutzung möglich bleibt, verbleiben ohne eine von einem Entnahmewillen getragene Entnahmehandlung im Betriebsvermögen (→ BFH vom 6. 11. 1991 – BStBl 1993 II S. 391).
  - Ein zunächst betrieblich genutzter Gebäudeteil verliert seine Eigenschaft als Betriebsvermögen nicht dadurch, dass er zu fremden Wohnzwecken vermietet wird und sich in dem Gebäude ein weiterer zu fremden Wohnzwecken vermieteter Gebäudeteil befindet, der zum Privatvermögen gehört (→ BFH vom 10. 11. 2004 – BStBl 2005 II S. 334).
- **Nutzungsrecht** – Belastung eines Grundstücks mit der Einräumung eines unentgeltlichen Nutzungsrechts und anschließende Anmietung vom Nutzungsberechtigten durch den Grundstückseigentümer (→ BFH vom 11. 11. 1988 – BStBl 1989 II S. 872).

Nachweispflicht

Wer sich darauf beruft, dass ein als Betriebsvermögen ausgewiesenes Wirtschaftsgut vor vielen Jahren entnommen worden sei, muss die Entnahmehandlung nachweisen (→ BFH vom 23. 11. 2000 – BStBl 2001 II S. 232).

Nutzungsänderung

Vermindert sich der Umfang der betrieblichen Nutzung eines Kfz, das dem gewillkürten Betriebsvermögen eines Unternehmens in einem früheren VZ wegen einer mehr als 10 %-igen betrieblichen Nutzung zugeordnet wurde, in einem Folgejahr auf unter 10 %, ändert dies an der Zuordnung zum gewillkürten Betriebsvermögen nichts, weil eine solche Nutzungsänderung allein keine Entnahme darstellt (→BFH vom 21. 8. 2012 – BStBl 2013 II S. 117).

Nutzungsentnahme

- Grundstücke oder Grundstücksteile → BFH vom 11. 11. 1988 (BStBl 1989 II S. 872) und → H 4.7 (Teilentgeltliche Überlassung).
- Betrieblicher Pkw bei Unfall auf Privatfahrt → BFH vom 24. 5. 1989 (BStBl 1990 II S. 8); → H 4.7 Abs. 1 Satz 3 bis 5:

> Die Nutzung des dem Betriebsvermögen angehörenden PKW auf einer Privatfahrt einschließlich eines dadurch ausgelösten Unfalls ist als eine Nutzungsentnahme i. S. d. § 4 Abs. 1 Satz 2 EStG zu beurteilen. Nach dem Klammerzusatz zu dieser Vorschrift sind u. a. Nutzungen von Wirtschaftsgütern des Betriebsvermögens für außerbetriebliche Zwecke als Entnahmen zu behandeln. Die Entnahmehandlung ist darin zu sehen, dass der PKW des Betriebsvermögens willentlich und wissentlich zu privaten Zwecken genutzt wurde. Darauf, ob der Unfall gewollt war oder nicht, kommt es steuerrechtlich nicht an (→ BFH vom 24. 5. 1989 – BStBl 1990 II S. 8).

- Betrieblicher Pkw bei Diebstahl auf Privatfahrt (→ BFH vom 18. 4. 2007 – BStBl II S. 762); → Private Kraftfahrzeugnutzung

Personengesellschaften

- Die Übertragung eines Einzelwirtschaftsguts aus dem betrieblichen Gesamthandsvermögen einer Personengesellschaft oder anderen Gesamthandsgemeinschaft in das Privatvermögen eines Gesellschafters gegen Minderung von Gesellschaftsrechten stellt keine Entnahme, sondern einen tauschähnlichen Vorgang dar (→ BMF vom 29. 3. 2000 – BStBl I S. 462 und vom 11. 7. 2011 – BStBl I S. 713).
- Eine (anteilige) Entnahme liegt nicht vor, wenn ein Wirtschaftsgut des Gesamthandsvermögens einer Personengesellschaft zu fremdüblichen Bedingungen an einen Gesellschafter veräußert wird (→ BFH vom 28. 7. 1998 – BStBl 1999 II S. 53).   Anhang 15
- Eine Entnahme liegt vor, wenn ein zum Gesamthandsvermögen einer Personengesellschaft gehörendes Betriebsgrundstück durch einen oder mehrere Gesellschafter mit Zustimmung der Gesellschaft für private Wohnzwecke des oder der Gesellschafter bebaut wird (→ BFH vom 30. 6. 1987 – BStBl 1988 II S. 418). Eine Entnahme des Grundstücks liegt dagegen nicht vor, wenn der Gesellschafter ein der Personengesellschaft gehörendes Grundstück für private Zwecke bebaut und nachfolgend zu fremdüblichen Bedingungen erwirbt (→ BFH vom 28. 7. 1998 – BStBl 1999 II S. 53).

- Wird ein Wirtschaftsgut aus dem Gesamthandsvermögen einer Personengesellschaft mit Zustimmung aller Gesellschafter derart entnommen, dass es Eigentum nur eines Gesellschafters wird, so wird der Entnahmegewinn allen Gesellschaftern zugerechnet, falls die stillen Reserven dem begünstigten Gesellschafter geschenkt worden sind (→ BFH vom 28. 9. 1995 – BStBl 1996 II S. 276).

- Gewährt eine Personengesellschaft einem Gesellschafter ein Darlehen ohne betriebliche Veranlassung, so gehört dieses Darlehen privatrechtlich weiter zum Gesamthandsvermögen. Da das Darlehen steuerlich nicht zum Betriebsvermögen gehört, ist es als Entnahme zu behandeln, die allen Gesellschaftern anteilig unter Minderung ihrer Kapitalkonten zuzurechnen ist (→ BFH vom 9. 5. 1996 – BStBl II S. 642). Eine Entnahme und kein Darlehen liegt auch vor, wenn neben dem festen Kapitalkonto lediglich ein weiteres Konto zur Erfassung von Gewinnen, Einlagen und Entnahmen der Gesellschafter geführt wird, auf dem auch Verluste verbucht werden (→ BFH vom 27. 6. 1996 – BStBl 1997 II S. 36).

Private Kraftfahrzeugnutzung

- Ertragsteuerliche Erfassung der Nutzung eines betrieblichen Kraftfahrzeugs zu Privatfahrten, zu Fahrten zwischen Wohnung und Betriebsstätte sowie zu Familienheimfahrten nach § 4 Abs. 5 Satz 1 Nr. 6 und § 6 Abs. 1 Nr. 4 Satz 1 bis 3 EStG (→ BMF vom 18. 11. 2009 – BStBl I S. 1326 *unter Berücksichtigung der Änderungen durch BMF vom 15. 11. 2012 – BStBl I S. 1099)*.

Anhang 10
- Zerstörung eines betrieblichen Kraftfahrzeugs anlässlich einer Privatfahrt → BFH vom 24. 5. 1989 (BStBl 1990 II S. 8) und → R 4.7 Abs. 1 Satz 3 bis 5.

- Wird der zum Betriebsvermögen gehörende Pkw während einer privat veranlassten Nutzung gestohlen, ist der Vermögensverlust nicht gewinnmindernd zu berücksichtigen (→ BFH vom 18. 4. 2007 – BStBl II S. 762).

- → *Nutzungsänderung*

Schenkung

- Bei der schenkweisen Übertragung eines Wirtschaftsguts fehlt es an einer Entnahmehandlung, wenn der Stpfl. wirtschaftlicher Eigentümer bleibt (→ BFH vom 5. 5. 1983 – BStBl II S. 631).

- → Personengesellschaften.

Verlagswert

- Entnahme als Einzelwirtschaftsgut möglich (→ BFH vom 24. 11. 1982 – BStBl 1983 II S. 113).

- → Geschäfts- oder Firmenwert

Verlustdeckung bei einer Schwester-KG

Die Gewinnverwendung zur Deckung des Verlusts einer Schwester-KG ist eine Entnahme (→ BFH vom 26. 1. 1995 – BStBl II S. 589).

Vorbehaltsnießbrauch

- Wird ein Wirtschaftsgut aus außerbetrieblichen Gründen einem Dritten unter Vorbehalt des Nießbrauchs unentgeltlich übereignet und auf Grund des Nießbrauchsrechts weiterhin betrieblich genutzt, so wird das Wirtschaftsgut insgesamt entnommen, nicht nur ein um den Wert des Nießbrauchs geminderter Teil des Wirtschaftguts (→ BFH vom 28. 2. 1974 – BStBl II S. 481, vom 2. 8. 1983 – BStBl II S. 735 und vom 8. 12. 1983 – BStBl 1984 II S. 202).

- → Nutzungsentnahme

Wettbewerbsverbot

Wird der Gesellschafter einer Personengesellschaft oder der Gesellschafter-Geschäftsführer ihrer Komplementär-GmbH im Handelszweig der Personengesellschaft tätig, kann dadurch ein Schadensersatzanspruch der Gesellschaft wegen Verstoßes gegen das Wettbewerbsverbot entstehen. Verzichten die anderen Gesellschafter ohne betriebliche Veranlassung auf die Geltendmachung des Anspruchs, liegt eine Entnahme der Forderung vor. Ein Schadensersatzanspruch entsteht allerdings nicht, wenn die anderen Gesellschafter mit der Tätigkeit des Gesellschafters ausdrücklich oder stillschweigend einverstanden waren; zu einer Entnahme kommt es dann nicht (→ BFH vom 23. 3. 1995 – BStBl II S. 637).

Wochenendhaus

Wird ein Wochenendhaus auf einem Betriebsgrundstück errichtet, werden Grund und Boden und das Wochenendhaus erst dann notwendiges Privatvermögen und damit entnommen, wenn die

Absicht der künftigen Verwendung des Wochenendhauses zu eigenen Wohnzwecken in Erklärungen oder in einem eindeutigen Verhalten des Stpfl. zum Ausdruck kommt (→ BFH vom 29. 4. 1970 – BStBl II S. 754).

4.4. Bilanzberichtigung und Bilanzänderung   R 4.4

Bilanzberichtigung   S 2141

(1) [1]Ist ein Ansatz in der Bilanz unrichtig, kann der Stpfl. nach § 4 Abs. 2 Satz 1 EStG den Fehler durch eine entsprechende Mitteilung an das Finanzamt berichtigen (Bilanzberichtigung). [2]Ein Ansatz in der Bilanz ist unrichtig, wenn er unzulässig ist, d. h., wenn er gegen zwingende Vorschriften des Einkommensteuerrechts oder des Handelsrechts oder gegen die einkommensteuerrechtlich zu beachtenden handelsrechtlichen Grundsätze ordnungsmäßiger Buchführung verstößt. [3]Eine Bilanzberichtigung ist unzulässig, wenn der Bilanzansatz im Zeitpunkt der Bilanzaufstellung subjektiv richtig ist. [4]Subjektiv richtig ist jede der im Zeitpunkt der Bilanzaufstellung der kaufmännischen Sorgfalt entsprechende Bilanzierung. [5]Entspricht ein Bilanzansatz im Zeitpunkt der Bilanzaufstellung den Grundsätzen höchstrichterlicher Rechtsprechung, wird dieser durch eine Änderung der Rechtsprechung nicht unrichtig. [6]Hat der Stpfl. entsprechend der im Zeitpunkt der Bilanzaufstellung bestehenden Verwaltungsauffassung bilanziert, hält er aber einen davon abweichenden Ansatz für richtig, ist eine Bilanzberichtigung bei einer Änderung der Verwaltungsauffassung auf Grund höchstrichterlicher Rechtsprechung zulässig, wenn er durch Zusätze oder Vermerke bei der Aufstellung der Bilanz dokumentiert hat, dass er einen von der Verwaltungsauffassung abweichenden Ansatz begehrt. [7]Die Dokumentation ist zusammen mit der Steuererklärung beim Finanzamt einzureichen. [8]Soweit keine steuerlichen Ansatz- oder Bewertungsvorbehalte gelten, ist ein von der Handelsbilanz abweichender Ansatz in der Steuerbilanz als ausreichende Dokumentation anzusehen. [9]Soweit eine Bilanzberichtigung nicht möglich ist, ist der falsche Bilanzansatz grundsätzlich in der Schlussbilanz des ersten Jahres, dessen Veranlagung geändert werden kann, erfolgswirksam richtig zu stellen. [10]Bei Land- und Forstwirten mit vom Kalenderjahr abweichendem Wirtschaftsjahr müssen beide Veranlagungen, denen die Schlussbilanz zugrunde liegt (→ § 4a Abs. 2 Nr. 1 EStG), geändert werden können.

Bilanzänderung

(2) [1]Wenn steuerrechtlich, in den Fällen des § 5 EStG auch handelsrechtlich, verschiedene Ansätze für die Bewertung eines Wirtschaftsgutes zulässig sind und der Stpfl. demgemäß zwischen mehreren Wertansätzen wählen kann, trifft er durch die Einreichung der Steuererklärung an das Finanzamt seine Entscheidung. [2]Eine Änderung dieser Entscheidung zugunsten eines anderen zulässigen Ansatzes ist eine Bilanzänderung. [3]Eine Bilanzänderung liegt nicht vor, wenn sich einem Stpfl. erst nach Einreichung der Bilanz die Möglichkeit eröffnet, erstmalig sein Wahlrecht auszuüben. [4]Eine Bilanzänderung ist zulässig, wenn sie in einem engen zeitlichen und sachlichen Zusammenhang mit einer Bilanzberichtigung steht und soweit die Auswirkung der Bilanzberichtigung auf den Gewinn reicht. [5]Ein enger zeitlicher und sachlicher Zusammenhang zwischen Bilanzberichtigung und Bilanzänderung setzt voraus, dass sich beide Maßnahmen auf dieselbe Bilanz beziehen und die Bilanzänderung unverzüglich nach der Bilanzberichtigung vorgenommen wird. *[6]Bei einer Mitunternehmerschaft beziehen sich beide Maßnahmen auf die Bilanz der Mitunternehmerschaft (Gesamthandsbilanz, Ergänzungsbilanz und Sonderbilanz); beispielsweise kann eine Bilanzberichtigung in der Gesamthandsbilanz eine Bilanzänderung in der Ergänzungsbilanz oder Sonderbilanz des Mitunternehmers oder der Mitunternehmer zulassen.*

Hinweise   H 4.4

Berichtigung einer Bilanz, die einer bestandskräftigen Veranlagung zu Grunde liegt

– Die Berichtigung einer Bilanz, die einer bestandskräftigen Veranlagung zu Grunde liegt, ist nur insoweit möglich, als die Veranlagung nach den Vorschriften der AO, insbesondere nach § 164 Abs. 1, § 173 oder § 175 Abs. 1 Satz 1 Nr. 2, noch geändert werden kann oder die Bilanzberichtigung sich auf die Höhe der veranlagten Steuer nicht auswirken würde (→ BFH vom 27. 3. 1962 – BStBl III S. 273 und vom 5. 9. 2001 – BStBl 2002 II S. 134).

– Die Berichtigung eines unrichtigen Bilanzansatzes in einer **Anfangsbilanz** ist nicht zulässig, wenn diese Bilanz der Veranlagung eines früheren Jahres als Schlussbilanz zugrunde gelegen hat, die nach den Vorschriften der AO nicht mehr geändert werden, oder wenn der sich bei einer Änderung dieser Veranlagung ergebende höhere Steueranspruch wegen Ablaufs der Festsetzungsfrist erloschen wäre (→ BFH vom 29. 11. 1965 – BStBl 1966 III S. 142). Unter Durchbrechung des Bilanzenzusammenhangs kann eine Berichtigung der Anfangsbilanz des ersten Jahres, bei dessen Veranlagung sich die Berichtigung auswirken kann, ausnahmsweise in Betracht kommen, wenn ein Stpfl. zur Erlangung beachtlicher ungerechtfertigter Steuervorteile bewusst einen Aktivposten zu hoch oder einen Passivposten zu niedrig angesetzt hat, ohne dass die Möglichkeit besteht, die Veranlagung des Jahres zu ändern, bei der sich der unrichtige Bilanzansatz ausgewirkt hat (→ BFH vom 3. 7. 1956 – BStBl III S. 250).

Bilanzänderung

– Der enge zeitliche und sachliche Zusammenhang zwischen Bilanzberichtigung und Bilanzänderung setzt voraus, dass sich beide Maßnahmen auf dieselbe Bilanz beziehen. Die Änderung der Bilanz eines bestimmten Wirtschaftsjahres ist danach unabhängig von der Frage, auf welche Wirtschaftsgüter oder Rechnungsabgrenzungsposten sich die Berichtigung dieser Bilanz bezieht, bis zur Höhe des gesamten Berichtigungsbetrages zulässig. Ein zeitlicher Zusammenhang liegt darüber hinaus nur vor, wenn die Bilanz unverzüglich nach einer Bilanzberichtigung geändert wird (→ BMF vom 18. 5. 2000 – BStBl I S. 587).

– Der Zusammenhang einer Bilanzänderung mit einer Bilanzberichtigung liegt auch dann vor, wenn sich die Gewinnänderung im Rahmen der Bilanzberichtigung aus der Nicht- oder der fehlerhaften Verbuchung von Entnahmen und Einlagen ergibt (→ BFH vom 31. 5. 2007 – BStBl 2008 II S. 665); außerbilanzielle Gewinnerhöhungen berühren dagegen keinen Bilanzansatz und ermöglichen deshalb keine Bilanzänderung (→ BMF vom 13. 8. 2008 – BStBl I S. 845).

– War ein Bilanzansatz im Zeitpunkt der Bilanzaufstellung rechtlich vertretbar, erweist er sich aber im weiteren Verlauf als unrichtig, kann er unter den Voraussetzungen des § 4 Abs. 2 Satz 2 EStG geändert werden (→ BFH vom 17. 7. 2008 – BStBl II S. 924).

– Im Rahmen einer zulässigen Bilanzänderung kann der Stpfl. ihm zustehende, im Jahr der Bilanzänderung aber noch nicht oder nicht in voller Höhe geltend gemachte Sonderabschreibungen erstmals oder mit einem höheren Betrag in Anspruch nehmen. Dies gilt auch dann, wenn er die im Jahr der Bilanzänderung noch nicht ausgeschöpften Sonderabschreibungen in den Bilanzen der Folgejahre schon beansprucht hat (→ BFH vom 25. 10. 2007 – BStBl 2008 II S. 226).

– **Antragstellung** vor Bestandskraft der Veranlagung (→ BFH vom 19. 5. 1987 – BStBl II S. 848).

– Nachträgliche Bildung einer Rücklage nach § 6b EStG ist nur im Wege der Bilanzänderung möglich, und zwar auch dann, wenn die Reinvestitionsfrist bereits abgelaufen oder wenn bereits ein finanzgerichtliches Verfahren anhängig ist (→ BFH vom 7. 3. 1996 – BStBl II S. 568).

– Unterbliebene Offenlegung der geänderten Handelsbilanz:
Aus ertragsteuerlicher Sicht ist einer nach HGB prüfungs- und offenlegungspflichtigen GmbH & Co. KG eine Bilanzänderung nach § 4 Abs. 2 Satz 2 EStG nicht zu versagen, die die KG durch entsprechende Änderung ihrer Handelsbilanz zur Kompensation von Gewinnerhöhungen durch im Rahmen einer Betriebsprüfung festgestellte fehlerhafte Bilanzansätze vorgenommen hat, diese Änderung aber nicht gem. § 325 Abs. 1 Satz 6 HGB zur Bekanntmachung im Bundesanzeiger eingereicht hat.
→ FinMin Schleswig-Holstein vom 30. 6. 2011, VI 304 – S 2141 – 011

Bilanzberichtigung

Anhang 5 – Eine Bilanzberichtigung darf nur der Stpfl. selbst vornehmen (→ BFH vom 13. 6. 2006 – BStBl 2007 II S. 94). Hält das Finanzamt eine Bilanz für fehlerhaft, darf es diese Bilanz der Besteuerung nicht zugrunde legen und muss eine eigene Gewinnermittlung durch Betriebsvermögensvergleich mit ggf. auf der Grundlage der Bilanz abgeänderten Werten vornehmen (→ BFH vom 4. 11. 1999 – BStBl 2000 II S. 129).

– Eine Bilanz kann nicht berichtigt werden, wenn sie nach dem Erkenntnisstand zum Zeitpunkt ihrer Erstellung den Grundsätzen ordnungsmäßiger Buchführung entspricht (→ BFH vom 5. 6. 2007 – BStBl II S. 818);

– Eine Bilanz kann berichtigt werden, wenn ein darin enthaltener Ansatz nicht gegen Grundsätze ordnungsmäßiger Buchführung, sondern nur gegen steuerrechtliche Vorschriften verstößt. Kann eine Bilanz auf verschiedenen Wegen berichtigt werden, obliegt die Auswahl des Korrekturwegs dem Unternehmer (→ BFH vom 14. 3. 2006 – BStBl II S. 799).

– **Absetzung für Abnutzung:** Sind in den Vorjahren im Hinblick auf eine zu niedrige Bemessungsgrundlage zu wenig AfA geltend gemacht worden, kann die letzte Anfangsbilanz gewinnneutral berichtigt werden, indem der richtige höhere Anfangswert gekürzt um die tatsächlich vorgenommenen Absetzungsbeträge in die Bilanz eingestellt wird (→ BFH vom 29. 10. 1991 – BStBl 1992 II S. 512, 516). → H 7.4 (Unterlassene oder überhöhte AfA).

– **Nach Änderung der höchstrichterlichen Rechtsprechung:** Erfolgswirksame Bilanzberichtigung nach unrechtmäßiger Aktivierung sofort abzuziehender Betriebsausgaben (→ BFH vom 12. 11. 1992 – BStBl 1993 II S. 392).

– Nach Änderung der Verwaltungsauffassung:

Ein Bilanzansatz ist nicht fehlerhaft, wenn er der im Zeitpunkt der Bilanzaufstellung vorliegenden höchstrichterlichen Rechtsprechung entspricht (→ BFH vom 12. 11. 1992 – BStBl 1993 II S. 392). Entsprechendes gilt, wenn zu einer bestimmten Rechtsfrage zwar noch keine höchstrichterliche Rechtsprechung vorliegt, der Bilanzansatz aber der bis dahin von der Finanzverwaltung vertretenen Rechtsauffassung entspricht. Führt in diesem Fall die erstmalige Rechtsprechung des BFH zu einer Änderung der bisher von der Finanzverwaltung vertretenen Rechtsauffassung, stellt sich die Frage, zu welchem Zeitpunkt die Bilanz aus Sicht des Stpfl. subjektiv unrichtig ist (z. B. ab dem Datum des BFH-Urteils, der Veröffentlichung des Urteils auf der BFH-Website oder im BStBl II).

Die für die ESt zuständigen Vertreter der obersten Finanzbehörden des Bundes und der Länder vertreten hierzu für die Fälle, in denen die Finanzverwaltung in der Vergangenheit z. B. Rückstellungen nicht anerkannt hat, sich dann aber einer erstmaligen anderweitigen BFH-Rechtsprechung anschließt (z. B. bei den sog. Beihilferückstellungen (→ BFH vom 30. 1. 2002 – BStBl 2003 II S. 279) und bei den Rückstellungen für die Verpflichtung zur Aufbewahrung von Geschäftsunterlagen gem. § 257 HGB und § 147 AO (→ BFH vom 19. 8. 2002 – BStBl 2003 II S. 131) folgende Auffassung:

– Rückstellungen können frühestens in der ersten nach dem Datum der Entscheidung aufzustellenden Bilanz und müssen spätestens in der ersten nach der amtlichen Veröffentlichung des BFH-Urteils im BStBl aufzustellenden Bilanz passiviert werden.

– In den Fällen, in denen der Stpfl. bis zur amtlichen Veröffentlichung des BFH-Urteils die Rückstellung entsprechend der bisherigen Verwaltungsauffassung nicht ausgewiesen hat, besteht die Möglichkeit einer Bilanzberichtigung rückwirkend bis zur ersten nach dem Datum der Entscheidung aufgestellten Bilanz.

→ OFD Düsseldorf vom 10. 5. 2005 (DB 2005 S. 1083)

– Die Voraussetzungen für eine Bilanzberichtigung sind für die Einkommensteuer und Gewerbesteuer gesondert zu prüfen. Eine Bilanzberichtigung für Zwecke der Gewerbesteuer hindert daher nicht die entsprechende einkommensteuerrechtliche Korrektur in einem späteren VZ (→ BFH vom 6. 9. 2000 – BStBl 2001 II S. 106).

– Bewertung von mit land- und forstwirtschaftlichem Grund und Boden im Zusammenhang stehenden Milchlieferrechten → BMF vom 14. 1. 2003 (BStBl I S. 78), Rn. 20 ff.

– Sind in den Vorjahren Sonderabschreibungen im Rahmen einer zulässigen Bilanzänderung anderweitig verteilt worden, sind nach den Grundsätzen des Bilanzzusammenhangs nunmehr fehlerhafte Ansätze in den Bilanzen der Folgejahre zu berichtigen (→ BFH vom 25. 10. 2007 – BStBl 2008 II S. 226).

– *Maßgebender Zeitpunkt für die Bestimmung, welche Bilanz zu berichtigen ist (Bilanz der Fehlerquelle oder eine spätere Bilanz), ist der Zeitpunkt der Einspruchsentscheidung, weil das Finanzamt darin abschließend über die Frage der Bilanzberichtigung befindet (→ BFH vom 19. 7. 2011 – BStBl II S. 1017).*

Einnahmenüberschussrechnung

→ H 4.5 (1) Änderung der Einnahmenüberschussrechnung

Fehlerhafte Gewinnverteilung bei Personengesellschaften

Bei einer Personengesellschaft ist die fehlerhafte Gewinnverteilung, die einer bestandskräftigen Feststellung zu Grunde liegt, in der Schlussbilanz des ersten noch änderbaren Feststellungszeitraums richtig zu stellen (→ BFH vom 11. 2. 1988 – BStBl II S. 825). Die Fehlerkorrektur ist nicht zulässig, wenn für den dem Feststellungszeitraum der Berichtigung vorangegangenen Feststellungszeitraum eine Feststellung nicht durchgeführt wurde und wegen Ablaufs der Feststellungsfrist nicht nachgeholt werden kann (→ BFH vom 28. 1. 1992 – BStBl II S. 881).

Mitunternehmerschaft

Gem. § 4 Abs. 2 Satz 2 EStG ist eine Bilanzänderung u. a. möglich, wenn sie in einem engen sachlichen Zusammenhang mit einer Bilanzberichtigung i. S. d. § 4 Abs. 2 Satz 1 EStG steht. Dieser enge sachliche Zusammenhang besteht bei einer Mitunternehmerschaft auch zwischen Gesamthandsbilanz sowie Ergänzungsbilanzen und Sonderbilanzen der einzelnen Mitunternehmer.

Subjekt der Gewinnermittlung ist die Mitunternehmerschaft selbst und nicht der einzelne Mitunternehmer (Einheitsbetrachtung). Es ist daher bei der Auslegung des § 4 Abs. 2 Satz 1 EStG auf die Bilanz der Mitunternehmerschaft (= Gesamthandsbilanz einschließlich Ergänzungsbilanzen sowie Sonderbilanzen) abzustellen und hier auf eine gesellschafterbezogene Betrachtungsweise (die nur in eng begrenzten Einzelfällen, z. B. bei der Anwendung des § 6b EStG stattfindet) zu verzichten. Mögliche Gewinnverlagerungen stehen dieser Auffassung nicht entgegen.

Beispiel:

Die AB-OHG erwirtschaftet im Jahr 2012 insgesamt einen Gewinn in Höhe von 100 000 EUR. Auf die Gesellschafter entfallen jeweils 50 % des Gewinns. Im Rahmen einer Betriebsprüfung im Jahr 2014 wird festgestellt, dass versehentlich Anschaffungsnebenkosten für eine zum 1. 1. 2012 angeschaffte Maschine (ND 10 Jahre) in Höhe von 20 000 EUR nicht aktiviert, sondern als Betriebsausgaben abgezogen wurden. Die Bilanz wird nach § 4 Abs. 2 Satz 1 EStG berichtigt und der Gewinn des Jahres 2012 – nach Abzug der AfA – um 18 000 EUR auf 118 000 EUR erhöht.

Der Gesellschafter A macht in seiner Sonderbilanz eine Teilwertabschreibung für ein anderes Wirtschaftsgut in Höhe von 15 000 EUR und somit eine Änderung nach § 4 Abs. 2 Satz 2 EStG geltend.

Die Bilanzänderung ist bis zur Höhe der in der Mitunternehmerschaft vorgenommenen Bilanzberichtigung zulässig mit der Folge, dass ein Gewinn i. H. v. 103 000 EUR festzustellen ist.

→ FinMin SH vom 6. 7. 2012 – VI 304 – S 2141 – 022

Nachträgliche Auflösung der negativen Kapitalkonten eines Kommanditisten

Ist das negative Kapitalkonto des Kommanditisten zu Unrecht nicht aufgelöst worden und die Veranlagung bestandskräftig, kann auf Grund des Bilanzenzusammenhangs die Auflösung im Folgejahr nachgeholt werden → BFH vom 10. 12. 1991 (BStBl 1992 II S. 650).

Nicht erkannte Mitunternehmerschaft

Wurde unter Verkennung einer Mitunternehmerschaft eine Bilanz für ein Einzelunternehmen vorgelegt, ist die Inanspruchnahme des § 6b EStG in der erstmalig vorgelegten Bilanz der Mitunternehmerschaft keine Bilanzänderung i. S. d. § 4 Abs. 2 Satz 2 EStG (→ BFH vom 18. 8. 2005 – BStBl 2006 II S. 165).

Richtigstellung eines unrichtigen Bilanzansatzes

Ein unrichtiger Bilanzansatz ist in der ersten Schlussbilanz richtig zu stellen, in der dies unter Beachtung der für den Eintritt der Bestandskraft und der Verjährung maßgebenden Vorschriften möglich ist, und zwar grundsätzlich erfolgswirksam. Anzusetzen ist der Wert, mit dem das Wirtschaftsgut bei von vornherein zutreffender bilanzieller Behandlung – also bei Beachtung sämtlicher Gewinnermittlungsvorschriften – in dieser Bilanz erscheinen würde (→ BFH vom 10. 12. 1997 – BStBl 1998 II S. 377). Die Korrektur eines fehlerhaften Bilanzansatzes setzt voraus, dass noch ein Bilanzierungsfehler vorliegt (→ BFH vom 11. 2. 1998 – BStBl II S. 503).

Rücklage nach § 6b EStG

– → Haben die Ehegatten unter Verkennung der Mitunternehmerschaft eine Bilanz für ein Einzelunternehmen vorgelegt, ist die Inanspruchnahme der Reinvestitionsvergünstigung des § 6b EStG in der Mitunternehmerbilanz keine Bilanzänderung i. S. d. § 4 Abs. 2 Satz 2 EStG (→ BFH vom 18. 8. 2005 – BStBl 2006 II S. 165).

– → BFH vom 27. 9. 2006 (BStBl 2008 II S. 600):

1. Eine Bilanzänderung nach § 4 Abs. 2 Satz 2 EStG liegt nicht vor, wenn sich einem Stpfl. überhaupt erst nach Einreichung der Bilanz die Möglichkeit eröffnet hatte, erstmalig sein Wahlrecht, hier i. S. d. § 6b Abs. 1 oder Abs. 3 EStG, auszuüben.

2. Beruhte das bisher fehlende Ausübung des Wahlrechts jedoch auf einem zumindest fahrlässigen Verhalten, z. B. dem Nichterfassen des bei der Veräußerung entstandenen Gewinns, so ist der Anwendungsbereich des § 4 Abs. 2 Satz 2 EStG grundsätzlich eröffnet.

3. Der Umfang der Bilanzänderung ist auf den Gewinnanteil beschränkt, der sich im jeweiligen Wirtschaftsjahr aus der Bilanzberichtigung nach § 4 Abs. 2 Satz 1 EStG ergibt.

Tausch

Eine beim Tausch unterbliebene Ausbuchung des hingetauschten Wirtschaftsguts und Einbuchung einer Forderung auf Lieferung des eingetauschten Wirtschaftsguts ist in der ersten noch änderbaren Schlussbilanz erfolgswirksam nachzuholen (→ BFH vom 14. 12. 1982 – BStBl 1983 II S. 303).

Unterlassene Bilanzierung

– Die rechtliche Beurteilung der **Zugehörigkeit eines Wirtschaftsguts** zum notwendigen Betriebsvermögen wird nicht dadurch berührt, dass es bisher nicht bilanziert worden ist. Ein Wirtschaftsgut des notwendigen Betriebsvermögens ist bei unterlassener Aktivierung mit dem Wert einzubuchen, der sich ergeben würde, wenn das Wirtschaftsgut von Anfang an richtig bilanziert worden wäre. In diesem Fall ist bei der Ermittlung des Einbuchungswerts eine „Schattenrechnung" (Absetzung der bisher unterlassenen AfA-Beträge von den Anschaffungs- oder Herstellungskosten durchzuführen) (→ BFH vom 24. 10. 2001 – BStBl 2002 II S. 75).

– Im Fall eines **„nicht erkannten Gewerbebetriebs"**, für den erst in einem späteren Wirtschaftsjahr nach der Betriebseröffnung mit der Bilanzierung begonnen wird, sind bei erstmaliger Bilanzaufstellung die Grundsätze des formellen Bilanzenzusammenhangs unbeachtlich. Der erste Bilanzansatz eines zuvor nicht bilanzierten Wirtschaftsguts des notwendigen Betriebsvermögens bemisst sich nach dem Wert, mit dem es bei von Beginn an richtiger Bilanzierung zu Buche stehen würde. Die Einbuchung in die Anfangsbilanz erfolgt gewinnneutral (→ BFH vom 26. 11. 2008 – BStBl 2009 II S. 407).

– (1) Wurden die Anschaffungs- oder Herstellungskosten eines abnutzbaren Wirtschaftsguts des Anlagevermögens in einem bestandskräftig veranlagten Jahr nur unvollständig aktiviert, führt der Grundsatz des formellen Bilanzenzusammenhangs zu einer erfolgswirksamen Nachaktivierung im ersten verfahrensrechtlich noch offenen Jahr.

(2) Im Fall der fehlerhaften Aktivierung eines Wirtschaftsguts ist die BFH-Rechtsprechung zur Korrektur überhöhter AfA-Sätze nicht einschlägig.

→ BFH vom 9. 5. 2012 – X R 38/10. (BStBl II S. 725)

Unterlassene Erfassung einer Entnahme

Erfolgsneutrale Ausbuchung bei unterlassener Erfassung einer Entnahme (→ BFH vom 21. 10. 1976 – BStBl 1977 II S. 148).

Verbindlichkeiten

Eine Verbindlichkeit,

– die gewinnwirksam zu Unrecht passiviert worden ist, ist grundsätzlich gewinnerhöhend aufzulösen (→ BFH vom 22. 1. 1985 – BStBl II S. 308),

– deren gewinnmindernde Passivierung der Stpfl. nicht bewusst rechtswidrig oder willkürlich unterlassen hat, ist gewinnmindernd einzustellen (→ BFH vom 2. 5. 1984 – BStBl II S. 695).

Dies gilt auch dann, wenn der Betrieb inzwischen unentgeltlich, also unter Fortführung der Buchwerte, auf einen anderen übertragen wurde (→BFH vom 9. 6. 1964 – BStBl 1965 III S. 48) oder wenn der Betrieb zulässigerweise zum Buchwert in eine Personengesellschaft eingebracht wurde (→ BFH vom 8. 12. 1988 – BStBl 1989 II S. 407).

Wahlrecht eines Mitunternehmers

Mitunternehmerbezogene Wahlrechte sind von dem Mitunternehmer persönlich auszuüben. Grundsätzlich wird vermutet, dass die Sonderbilanz mit dem Mitunternehmer abgestimmt ist. Diese Vermutung gilt nicht bei einem ausgeschiedenen Gesellschafter oder wenn der Finanzbehörde bekannt ist, dass zwischen dem Mitunternehmer und der Mitunternehmerschaft ernstliche Meinungsverschiedenheiten bestehen. In diesen Fällen ist die von der Mitunternehmerschaft aufgestellte Sonderbilanz keine Bilanz, die das Änderungsverbot des § 4 Abs. 2 Satz 2 EStG auslöst (→ BFH vom 25. 1. 2006 – BStBl II S. 418).

Zu Unrecht bilanziertes Wirtschaftsgut des Privatvermögens

Ein zu Unrecht bilanziertes Wirtschaftsgut des Privatvermögens ist gewinnneutral auszubuchen (→ BFH vom 26. 2. 1976 – BStBl II S. 378).

R 4.5
S 2142

4.5. Einnahmenüberschussrechnung

R 4.5 (1) Anwendungsbereich

(1) [1]Der Stpfl. kann nach § 4 Abs. 3 EStG als Gewinn den Überschuss der Betriebseinnahmen über die Betriebsausgaben ansetzen, wenn er auf Grund gesetzlicher Vorschriften (→ *R 4.1 Abs. 1, 2 und 4*) nicht verpflichtet ist, Bücher zu führen und regelmäßig Abschlüsse zu machen, er dies auch nicht freiwillig tut, und sein Gewinn nicht nach Durchschnittssätzen (§ 13a EStG) zu ermitteln ist. [2]Die Buchführung wegen der Eigenschaft des Betriebs als Testbetrieb für den *agrarpolitischen Bericht der Bundesregierung* oder als Betrieb des *Informationsnetzes landwirtschaftlicher Buchführung (INLB)* und die Auflagenbuchführung entsprechend den Richtlinien des Bundesministeriums für Ernährung, Landwirtschaft und Verbraucherschutz schließen die Gewinnermittlung nach § 4 Abs. 3 EStG nicht aus. [3]Der Gewinn eines Stpfl. ist nach den für diese Gewinnermittlungsart maßgebenden Grundsätzen zu ermitteln, wenn der Betrieb zwar die Voraussetzungen für die Gewinnermittlung nach § 13a EStG erfüllt, aber ein Antrag nach § 13a Abs. 2 EStG gestellt worden ist.

H 4.5 (1)   **Hinweise**

Änderung der Einnahmenüberschussrechnung

Die Vorschriften über die Bilanzberichtigung (§ 4 Abs. 2 Satz 1 EStG) und die Bilanzänderung (§ 4 Abs. 2 Satz 2 EStG) sind auf die Einnahmenüberschussrechnung nicht anwendbar (→ BFH vom 21. 6. 2006 – BStBl II S. 712 und vom 30. 8. 2001 – BStBl 2002 II S. 49).

Anlage EÜR

→ H 25

Ergänzungsrechnung

Bei der Gewinnermittlung nach § 4 Abs. 3 EStG sind die Anschaffungskosten eines Gesellschafters für den Erwerb seiner mitunternehmerischen Beteiligung in einer steuerlichen Ergänzungsrechnung nach Maßgabe der Grundsätze über die Aufstellung von Ergänzungsbilanzen zu erfassen, wenn sie in der Einnahmenüberschussrechnung der Gesamthand nicht berücksichtigt werden können (→ BFH vom 24. 6. 2009 – BStBl II S. 993).

> **Freiberuflersozietät; Realteilung**
>
> Muss eine Freiberuflersozietät, die ihren Gewinn durch Einnahmenüberschussrechnung ermittelt, im Falle der Realteilung zu Buchwerten zum Bestandsvergleich übergehen?
>
> → FG Rheinland-Pfalz vom 2. 5. 2012 (1 K 1146/10) – Rev. – III R 32/12

Gewinnschätzung nach den Grundsätzen des § 4 Abs. 3 EStG

→ H 4.1 (Gewinnschätzung)

Unternehmensrückgabe

Zur Unternehmensrückgabe nach dem VermG bei Einnahmenüberschussrechnung → BMF vom 10. 5. 1994 (BStBl I S. 286), Tzn. 88 und 89

Wahl der Gewinnermittlungsart

– Die Entscheidung eines Stpfl., seinen Gewinn durch Einnahmenüberschussrechnung zu ermitteln, muss sich nach außen dokumentiert haben. Das Sammeln z. B. der maßgebenden Einnahmebelege reicht hierfür aus (→ BFH vom 13. 10. 1989 – BStBl 1990 II S. 287).

– Der Stpfl. muss die dem Finanzamt gegenüber wirksam getroffene Entscheidung, den Gewinn durch Einnahmenüberschussrechnung zu ermitteln, nicht jährlich wiederholen (→ BFH vom 24. 9. 2008 – BStBl 2009 II S. 368).

– Zeichnet ein nicht buchführungspflichtiger Stpfl. nur Einnahmen und Ausgaben auf, kann er nicht verlangen, dass seiner Besteuerung ein nach § 4 Abs. 1 EStG geschätzter Gewinn zugrunde gelegt wird. Durch den Verzicht auf die Aufstellung einer Eröffnungsbilanz und auf die Einrichtung einer den jeweiligen Stand des Vermögens darstellenden Buchführung hat er die Gewinnermittlung durch Einnahmenüberschussrechnung gewählt (→ BFH vom 2. 3. 1978 – BStBl II S. 431).

– Die Wahl der Gewinnermittlung durch Einnahmenüberschussrechnung kann nicht unterstellt werden, wenn der Stpfl. bestreitet, betriebliche Einkünfte erzielt zu haben (→ BFH vom 8. 3. 1989 – BStBl II S. 714).

– Erzielt ein Stpfl. Gewinneinkünfte und hat er die Gewinnermittlung durch Einnahmenüberschussrechnung gewählt, ist er daran auch gebunden, wenn seine Einkünfte nicht mehr als freiberuflich, sondern als gewerblich eingestuft werden (→ BFH vom 8. 10. 2008 – BStBl 2009 II S. 238).

– Das Recht zur Wahl der Gewinnermittlung durch Einnahmenüberschussrechnung entfällt erst mit der Erstellung eines Abschlusses und nicht bereits mit der Einrichtung einer Buchführung oder der Aufstellung einer Eröffnungsbilanz (→ BFH vom 19. 3. 2009 – BStBl II S. 659).

– → H 4.6 (Wechsel zum Betriebsvermögensvergleich)

Zeitliche Erfassung von Betriebseinnahmen und -ausgaben   R 4.5 (2)

(2) [1]Bei der Gewinnermittlung nach § 4 Abs. 3 EStG sind die Betriebseinnahmen und die Betriebsausgaben nach den Grundsätzen des § 11 EStG zu erfassen. [2]Das gilt auch für Vorschüsse, Teil- und Abschlagszahlungen. [3]Hat ein Stpfl. Gelder in fremdem Namen und für fremde Rechnung verausgabt, ohne dass er entsprechende Gelder vereinnahmt, kann er in dem Wirtschaftsjahr, in dem er nicht mehr mit einer Erstattung der verausgabten Gelder rechnen kann, eine Betriebsausgabe in Höhe des nicht erstatteten Betrags absetzen. [4]Soweit der nicht erstattete Betrag in einem späteren Wirtschaftsjahr erstattet wird, ist er als Betriebseinnahme zu erfassen.

Hinweise   H 4.5 (2)

Bürgschaftsinanspruchnahme

Wegen Bürgschaftsinanspruchnahme entstandene Kreditkosten und Darlehenszinsen als nachträgliche Betriebsausgaben: Kein Abzug von Schuldzinsen nach Betriebsaufgabe, wenn Wirtschaftsgüter zurückbehalten werden; „Umwidmung" in Werbungskosten bei den Einkünften aus Vermietung und Verpachtung (→ BFH vom 22. 1. 2003 – BFH/NV 2003 S. 900).

Darlehen

Geldbeträge, die dem Betrieb durch die Aufnahme von Darlehen zugeflossen sind, stellen keine Betriebseinnahmen und Geldbeträge, die zur Tilgung von Darlehen geleistet werden, keine Betriebsausgaben dar (→ BFH vom 8. 10. 1969 – BStBl 1970 II S. 44).

Darlehens- und Beteiligungsverlust

Darlehensverluste und der Verlust von Beteiligungen an Kapitalgesellschaften können nur dann wie Betriebsausgaben abgesetzt werden, wenn besondere Umstände ihre ausschließliche Zugehörigkeit zur betrieblichen Sphäre ergeben (→ BFH vom 2. 9. 1971 – BStBl 1972 II S. 334, vom 11. 3. 1976 – BStBl II S. 380 und vom 23. 11. 1978 – BStBl 1979 II S. 109). Für den Zeitpunkt und den Umfang einer etwaigen Berücksichtigung derartiger Verluste ist maßgeblich, wann und in welcher Höhe die für das Darlehen oder die Beteiligung aufgewendeten Mittel endgültig verloren gegangen sind (→ BFH vom 23. 11. 1978 – BStBl 1979 II S. 109).

Diebstahl

Ein durch Diebstahl eingetretener Geldverlust führt nur dann zu einer Betriebsausgabe, wenn der betriebliche Zusammenhang anhand konkreter und objektiv greifbarer Anhaltspunkte festgestellt ist (→ BFH vom 28. 11. 1991 – BStBl 1992 II S. 343).

Fremdwährungsdarlehen

Die Mehrausgaben, die sich bei der Tilgung eines Fremdwährungsdarlehens nach einer Kurssteigerung der ausländischen Währung ergeben, sind im Zeitpunkt der Zahlung als Betriebsausgabe, umgerechnet in Euro, abzuziehen; wird infolge eines Kursrückgangs der ausländischen Währung ein geringerer als der ursprünglich zugeflossene Betrag zurückgezahlt, ist der Unterschiedsbetrag, umgerechnet in Euro, im Zeitpunkt der Zahlung als Betriebseinnahme zu erfassen (→ BFH vom 15. 11. 1990 – BStBl 1991 II S. 228).

Investitionszuschüsse bei Einnahmenüberschussrechnung

→ H 6.5

Praxisgebühr

– Die vom Versicherten zu zahlende Praxisgebühr stellt eine Betriebseinnahme und keinen durchlaufenden Posten dar (→ BMF vom 25. 5. 2004 – BStBl I S. 526).

– → H 18.2 (Aufzeichnungspflicht)

Sacheinnahmen

sind wie Geldeingänge in dem Zeitpunkt als Betriebseinnahme zu erfassen, in dem der Sachwert zufließt (→ BFH vom 12. 3. 1992 – BStBl 1993 II S. 36).

Tauschvorgänge

Durch die Lieferung von zum Betriebsvermögen gehörenden Wirtschaftsgütern im Tausch gegen andere Wirtschaftsgüter hat der Stpfl. eine Betriebseinnahme i. S. d. § 4 Abs. 3 EStG realisiert, da ihm dadurch ein geldwerter Gegenstand zugegangen ist und dieser Zugang im Hinblick auf die Hingabe von Betriebsgegenständen betrieblich veranlasst ist. Ob die erlangte Gegenleistung in den betrieblichen oder in den privaten Bereich des Stpfl. gelangt ist, hat dafür keine Bedeutung. Eine Betriebseinnahme setzt nicht voraus, dass die erlangte Leistung Betriebsvermögen wird (→ BFH vom 17. 4. 1986 (BStBl II S. 607).

Vereinnahmte Umsatzsteuerbeträge

→ H 9b (Gewinnermittlung nach § 4 Abs. 3 EStG und Ermittlung des Überschusses der Einnahmen über die Werbungskosten)

Vorschusszahlung

Vorschussweise gezahlte Honorare sind auch dann zugeflossen, wenn im Zeitpunkt der Veranlagung feststeht, dass sie teilweise zurückzuzahlen sind; das „Behaltendürfen" ist nicht Merkmal des Zuflusses (→ BFH vom 13. 10. 1989 – BStBl 1990 II S. 287).

Wirtschaftsjahr

§ 11 Abs. 1 Satz 2 EStG ist auch bei abweichendem Wirtschaftsjahr in der Land- und Forstwirtschaft anzuwenden (→ BFH vom 23. 9. 1999 – BStBl 2000 II S. 121).

Zahngold

Ausgaben eines Zahnarztes mit Gewinnermittlung nach § 4 Abs. 3 EStG für Zahngold (→ H 4.2 (1) Gold) bilden auch dann Betriebsausgaben, wenn der angeschaffte Goldvorrat den Verbrauch für einige Jahre deckt (→ BFH vom 12. 7. 1990 – BStBl 1991 II S. 13 und vom 12. 3. 1992 – BStBl 1993 II S. 36); Indiz dafür ist der Verbrauch der Vorräte innerhalb eines Zeitraums von maximal sieben Jahren oder der Nachweis, dass bei Anschaffung mit einem Verbrauch innerhalb dieses Zeitraums zu rechnen war (→ BFH vom 26. 5. 1994 – BStBl II S. 750).

Zufluss von Betriebseinnahmen

– **Provisionszahlungen** → H 11 (Provisionen).

– **Zahlungen des Auftraggebers an ein Versorgungswerk** als Betriebseinnahmen des Auftragnehmers im Zeitpunkt des Eingangs beim Versorgungswerk (→ BFH vom 1. 10. 1993 – BStBl 1994 II S. 179).

– **Veräußerungserlös** – der Erlös aus dem Verkauf eines Wirtschaftsgutes ist stets im Jahr des Zuflusses anzusetzen (→ BFH vom 16. 2. 1995 – BStBl II S. 635); bei Inanspruchnahme des § 6c EStG → aber R 6c Abs. 1 Satz 3 und 4.

R 4.5 (3) Abnutzbare und nicht abnutzbare Anlagegüter

(3) ¹Zu den Betriebseinnahmen gehören auch die Einnahmen aus der Veräußerung von abnutzbaren und nicht abnutzbaren Anlagegütern sowie vereinnahmte Umsatzsteuerbeträge. ²Die Anschaffungs- oder Herstellungskosten für Anlagegüter, die der Abnutzung unterliegen, z. B. Ein-

richtungsgegenstände, Maschinen, der Geschäfts- oder Firmenwert oder der Praxiswert dürfen nur im Wege der AfA auf die Nutzungsdauer des Wirtschaftsgutes verteilt werden, sofern nicht § 6 Abs. 2 oder Abs. 2a EStG anzuwenden ist. [3]Neben den Vorschriften über die AfA, die Absetzung für Substanzverringerung, die Bewertungsfreiheit für geringwertige Wirtschaftsgüter oder die Bildung eines Sammelpostens gelten auch die Regelungen über erhöhte Absetzungen und über Sonderabschreibungen. [4]Die vorgenommenen Abschreibungen sind in die besonderen, laufend zu führenden Verzeichnisse des Anlagevermögens aufzunehmen. [5]Die Anschaffungs- oder Herstellungskosten oder der an deren Stelle tretende Wert sind bei nicht abnutzbaren Wirtschaftsgütern des Anlagevermögens, z. B. Grund und Boden, Genossenschaftsanteile, Wald einschließlich Erstaufforstung, erst im Zeitpunkt des Zuflusses des Veräußerungserlöses oder im Zeitpunkt der Entnahme als Betriebsausgaben zu berücksichtigen, soweit die Aufwendungen vor dem 1. 1. 1971 nicht bereits zum Zeitpunkt der Zahlung abgesetzt worden sind.

Hinweise

H 4.5 (3)

Eiserne Verpachtung

Zur Gewinnermittlung bei der Verpachtung von Betrieben mit Substanzerhaltungspflicht des Pächters nach §§ 582a, 1048 BGB → BMF vom 21. 2. 2002 (BStBl I S. 262)

Veräußerung abnutzbarer Wirtschaftsgüter/Unterlassene AfA

Soweit Anschaffungs- oder Herstellungskosten für abnutzbare Wirtschaftsgüter des Anlagevermögens bis zur Veräußerung noch nicht im Wege der AfA berücksichtigt worden sind, sind sie grundsätzlich (Besonderheit: → R 4.5 Abs. 5) im Wirtschaftsjahr der Veräußerung als Betriebsausgaben abzusetzen, soweit die AfA nicht willkürlich unterlassen worden sind (→ BFH vom 16. 2. 1995 – BStBl II S. 635). Eine Nachholung unterlassener AfA-Beträge kommt dagegen nicht in Betracht für Zeiträume, in denen das Wirtschaftsgut zu Unrecht nicht als Betriebsvermögen erfasst worden war (→ BFH vom 22. 6. 2010 – BStBl II S. 1035).

R 4.5 (4)

Leibrenten

(4) [1]Erwirbt ein Stpfl. mit Gewinnermittlung nach § 4 Abs. 3 EStG ein Wirtschaftsgut des Anlagevermögens oder des Umlaufvermögens i. S. d. § 4 Abs. 3 Satz 4 EStG gegen eine Leibrente, ergeben sich die Anschaffungskosten für dieses Wirtschaftsgut aus dem Barwert der Leibrentenverpflichtung. [2]Die einzelnen Rentenzahlungen sind in Höhe ihres Zinsanteils Betriebsausgaben. [3]Der Zinsanteil ergibt sich aus dem Unterschiedsbetrag zwischen den Rentenzahlungen einerseits und dem jährlichen Rückgang des Barwerts der Leibrentenverpflichtung andererseits. [4]Aus Vereinfachungsgründen ist es nicht zu beanstanden, wenn die einzelnen Rentenzahlungen in voller Höhe mit dem Barwert der ursprünglichen Rentenverpflichtung verrechnet werden; sobald die Summe der Rentenzahlungen diesen Wert übersteigt, sind die darüber hinausgehenden Rentenzahlungen in vollem Umfang als Betriebsausgabe abzusetzen. [5]Bei vorzeitigem Fortfall der Rentenverpflichtung ist der Betrag als Betriebseinnahme anzusetzen, der nach Abzug aller bis zum Fortfall geleisteten Rentenzahlungen von dem ursprünglichen Barwert verbleibt. [6]Erwirbt ein Stpfl. mit Gewinnermittlung nach § 4 Abs. 3 EStG Wirtschaftsgüter des Umlaufvermögens – mit Ausnahme der in § 4 Abs. 3 Satz 4 EStG aufgeführten Wirtschaftsgüter – gegen eine Leibrente, stellen die Rentenzahlungen zum Zeitpunkt ihrer Verausgabung in voller Höhe Betriebsausgaben dar. [7]Der Fortfall einer solchen Leibrentenverpflichtung führt nicht zu einer Betriebseinnahme.

Hinweise

H 4.5 (4)

Fortfall der Rentenverpflichtung

Fällt die zur Anschaffung von Wirtschaftsgütern des Anlagevermögens eingegangene Rentenverpflichtung fort, z. B. bei Tod des Rentenberechtigten, so liegt eine Betriebseinnahme in Höhe des Barwertes vor, den die Rentenverpflichtung im Augenblick ihres Fortfalls hatte (→ BFH vom 31. 8. 1972 – BStBl 1973 II S. 51).

Nachträgliche Erhöhung der Rente

Die infolge einer Wertsicherungsklausel nachträglich eingetretene Erhöhung einer Rente ist in vollem Umfang beim Betriebsausgabenabzug im Zeitpunkt der jeweiligen Zahlung zu berücksichtigen (→ BFH vom 23. 2. 1984 – BStBl II S. 516 und vom 23. 5. 1991 – BStBl II S. 796).

R 4.5 (5)   **Raten**

(5) [1]Veräußert der Stpfl. Wirtschaftsgüter i. S. d. § 4 Abs. 3 Satz 4 EStG gegen einen in Raten zu zahlenden Kaufpreis oder gegen eine Veräußerungsrente, ist in jedem Wirtschaftsjahr in Höhe der in demselben Wirtschaftsjahr zufließenden Kaufpreisraten oder Rentenzahlungen ein Teilbetrag der Anschaffungs- oder Herstellungskosten als Betriebsausgaben abzusetzen. [2]Bei der Veräußerung abnutzbarer Wirtschaftsgüter des Anlagevermögens kann der Stpfl. hinsichtlich der noch nicht im Wege der AfA als Betriebsausgaben berücksichtigten Anschaffungs- oder Herstellungskosten, abweichend von den allgemeinen Grundsätzen, entsprechend verfahren. [3]Wird die Kaufpreisforderung uneinbringlich, ist der noch nicht abgesetzte Betrag in dem Wirtschaftsjahr als Betriebsausgabe zu berücksichtigen, in dem der Verlust eintritt.

R 4.5 (6)   **Betriebsveräußerung oder -aufgabe**

(6) [1]Veräußert ein Stpfl., der den Gewinn nach § 4 Abs. 3 EStG ermittelt, den Betrieb, ist der Stpfl. so zu behandeln, als wäre er im Augenblick der Veräußerung zunächst zur Gewinnermittlung durch Betriebsvermögensvergleich nach § 4 Abs. 1 EStG übergegangen (Wechsel der Gewinnermittlungsart, → *R 4.6*). [2]Dies gilt auch bei der Veräußerung eines Teilbetriebs oder des gesamten Mitunternehmeranteiles und bei der Aufgabe eines Betriebs sowie in den Fällen der Einbringung, unabhängig davon, ob die Einbringung zu Buch-, Zwischen- oder gemeinen Werten erfolgt.

H 4.5 (6)   **Hinweise**

Einbringungsgewinn

Im Fall der Einnahmenüberschussrechnung muss der Einbringungsgewinn auf der Grundlage einer Einbringungsbilanz und einer Eröffnungsbilanz der Gesellschaft ermittelt werden (→ BFH vom 18. 10. 1999 – BStBl 2000 II S. 123).

Fehlende Schlussbilanz

Ist auf den Zeitpunkt der Betriebsveräußerung eine Schlussbilanz nicht erstellt worden, und hat dies nicht zur Erlangung ungerechtfertigter Steuervorteile geführt, sind in späteren Jahren gezahlte abziehbare Betriebssteuern und andere Aufwendungen, die durch den veräußerten oder aufgegebenen Betrieb veranlasst sind, nachträgliche Betriebsausgaben (→ BFH vom 13. 5. 1980 – BStBl II S. 692).

Nachträgliche Betriebsausgaben

→ H 24.2 (Nachträgliche Werbungskosten/Betriebsausgaben)

Tod eines Gesellschafters

Hat eine Personengesellschaft ihren Gewinn durch Einnahmenüberschussrechnung ermittelt, ist sie zur Feststellung der für die Berechnung des Veräußerungsgewinns erforderlichen Buchwerte im Fall der Übernahme aller Wirtschaftsgüter der Personengesellschaft durch die verbleibenden Gesellschafter bei Ableben eines Gesellschafters so zu behandeln, als wäre sie im Augenblick des Todes des Gesellschafters zur Gewinnermittlung nach § 4 Abs. 1 EStG übergegangen. Der Übergangsgewinn ist anteilig dem verstorbenen Gesellschafter zuzurechnen, auch wenn er im Wesentlichen auf der Zurechnung auf die anderen Gesellschafter übergehender Honorarforderungen beruht (→ BFH vom 13. 11. 1997 – BStBl 1998 II S. 290).

Übergangsgewinn

Die wegen des Übergangs von der Einnahmenüberschussrechnung zum Betriebsvermögensvergleich erforderlichen Hinzurechnungen und Abrechnungen sind nicht bei dem Veräußerungsgewinn, sondern bei dem laufenden Gewinn des Wirtschaftsjahrs vorzunehmen, in dem die Veräußerung stattfindet (→ BFH vom 23. 11. 1961 – BStBl 1962 III S. 199); die dem Gewinn hinzuzurechnenden Beträge können nicht verteilt werden (→ BFH vom 13. 9. 2001 – BStBl 2002 II S. 287).

R 4.6   **4.6. Wechsel der Gewinnermittlungsart**

S 2146   **Wechsel zum Betriebsvermögensvergleich**

(1) [1]Neben den Fällen des Übergangs von der Gewinnermittlung nach § 4 Abs. 3 EStG zur Gewinnermittlung nach § 4 Abs. 1 oder § 5 EStG ist eine → Gewinnberichtigung auch erforderlich,

wenn nach einer Einnahmenüberschussrechnung im folgenden Jahr der Gewinn nach § 13a Abs. 3 bis 5 EStG ermittelt wird. [2]Bei dem Übergang zur Gewinnermittlung durch Betriebsvermögensvergleich kann zur Vermeidung von Härten auf Antrag des Stpfl. der Übergangsgewinn (Saldo aus Zu- und Abrechnungen) gleichmäßig entweder auf das Jahr des Übergangs und das folgende Jahr oder auf das Jahr des Übergangs und die beiden folgenden Jahre verteilt werden. [3]Wird der Betrieb vor Ablauf des Verteilungszeitraums veräußert oder aufgegeben, erhöhen die noch nicht berücksichtigten Beträge den laufenden Gewinn des letzten Wirtschaftsjahres. [4]Die zum Anlagevermögen gehörenden nicht abnutzbaren Wirtschaftsgüter und die in § 4 Abs. 3 Satz 4 EStG genannten Wirtschaftsgüter des Umlaufvermögens sind in der Eröffnungsbilanz mit dem Wert nach § 4 Abs. 3 Satz 5 EStG anzusetzen.

Wechsel zur Einnahmenüberschussrechnung

(2) Beim Übergang von der Gewinnermittlung durch Betriebsvermögensvergleich (§ 4 Abs. 1 oder § 5 EStG) zur Gewinnermittlung nach § 4 Abs. 3 EStG sind die durch den Wechsel der Gewinnermittlungsart bedingten Hinzurechnungen und Abrechnungen im ersten Jahr nach dem Übergang zur Gewinnermittlung nach § 4 Abs. 3 EStG vorzunehmen.

Hinweise

H 4.6

Ansatz- oder Bewertungswahlrechte

gelten beim Übergang zum Betriebsvermögensvergleich als nicht ausgeübt (→ BFH zu § 13a EStG vom 14. 4. 1988 – BStBl II S. 672).

Bewertung von Wirtschaftsgütern

Die einzelnen Wirtschaftsgüter sind beim Übergang zum Betriebsvermögensvergleich mit den Werten anzusetzen, mit denen sie zu Buch stehen würden, wenn von Anfang an der Gewinn durch Betriebsvermögensvergleich ermittelt worden wäre (→ BFH vom 23. 11. 1961 – BStBl 1962 III S. 199).

Erneuter Wechsel der Gewinnermittlungsart

Nach einem Wechsel der Gewinnermittlungsart ist der Stpfl. grundsätzlich für drei Wirtschaftsjahre an diese Wahl gebunden. Nur bei Vorliegen eines besonderen wirtschaftlichen Grundes (z. B. Einbringung nach § 24 UmwStG) kann er vor Ablauf dieser Frist zurück wechseln (BFH vom 9. 11. 2000 – BStBl 2001 II S. 102).

Gewinnberichtigungen beim Wechsel der Gewinnermittlungsart

– Wechsel zum Betriebsvermögensvergleich

Der Übergang von der Einnahmenüberschussrechnung zum Betriebsvermögensvergleich erfordert, dass Betriebsvorgänge, die bisher nicht berücksichtigt worden sind, beim ersten Betriebsvermögensvergleich berücksichtigt werden (→ BFH vom 28. 5. 1968 – BStBl II S. 650 und vom 24. 1. 1985 – BStBl II S. 255).

– Wechsel zur Einnahmenüberschussrechnung

Soweit sich die Betriebsvorgänge, die den durch den Wechsel der Gewinnermittlungsart bedingten Korrekturen entsprechen, noch nicht im ersten Jahr nach dem Übergang zur Einnahmenüberschussrechnung ausgewirkt haben, können die Korrekturen auf Antrag grundsätzlich in dem Jahr vorgenommen werden, in dem sich die Betriebsvorgänge auswirken (→ BFH vom 17. 1. 1963 – BStBl III S. 228).

Gewinnschätzung bei Einnahmenüberschussrechnung

→ H 4.1 (Gewinnschätzung)

Keine Verteilung des Übergangsgewinns

– beim Übergang vom Betriebsvermögensvergleich (§ 4 Abs. 1 oder § 5 EStG) zur Einnahmenüberschussrechnung (→ BFH vom 3. 10. 1961 – BStBl III S. 565).

– bei Betriebsveräußerung oder Betriebsaufgabe (→ BFH vom 13. 9. 2001 – BStBl 2002 II S. 287).

– bei Einbringung eines Betriebs in eine Personengesellschaft zu Buchwerten (→ BFH vom 13. 9. 2001 – BStBl 2002 II S. 287).

Land- und Forstwirtschaft

– Bewertung von Vieh in der Übergangsbilanz → H 13.3 (Übergang zur Buchführung).
– Wird zugleich mit dem Übergang von der Einnahmenüberschussrechnung zum Betriebsvermögensvergleich ein landwirtschaftlicher Betrieb infolge Strukturwandels zum Gewerbebetrieb, ist die Gewinnberichtigung bei den Einkünften aus Gewerbebetrieb vorzunehmen; es liegen keine nachträglichen Einkünfte aus Land- und Forstwirtschaft vor (→ BFH vom 1. 7. 1981 – BStBl II S. 780).
– Wechsel der Gewinnermittlung allgemein → R 13.5 Abs. 2

Übersicht über die Berichtigung des Gewinns bei Wechsel der Gewinnermittlungsart

Anlage   → Anlage

Unterbliebene Gewinnkorrekturen

– Eine bei einem früheren Übergang vom Betriebsvermögensvergleich zur Einnahmenüberschussrechnung oder umgekehrt zu Unrecht unterbliebene Gewinnkorrektur darf bei der aus Anlass eines erneuten Wechsels in der Gewinnermittlungsart erforderlich gewordenen Gewinnkorrektur nicht berücksichtigt werden, soweit der Fehler nicht mehr berichtigt werden kann (→ BFH vom 23. 7. 1970 – BStBl II S. 745).
– Wird ein Betrieb unentgeltlich auf einen Dritten übertragen, sind Hinzurechnungen und Abrechnungen, die infolge des Übergangs zu einer anderen Gewinnermittlungsart oder infolge Schätzung des Gewinns bei dem Rechtsvorgänger zu Recht nicht berücksichtigt worden sind, in der Weise bei dem Erwerber zu berücksichtigen, in der sie ohne die unentgeltliche Übertragung des Betriebs bei dem Rechtsvorgänger zu berücksichtigen gewesen wären (→ BFH vom 1. 4. 1971 – BStBl II S. 526 und vom 7. 12. 1971 – BStBl 1972 II S. 338).

Wechsel zum Betriebsvermögensvergleich

Bei einem Wechsel von der Einnahmenüberschussrechnung zum Betriebsvermögensvergleich hat der Stpfl. das Wahlrecht zum Betriebsvermögensvergleich erst dann wirksam ausgeübt, wenn er zeitnah eine Eröffnungsbilanz aufstellt, eine ordnungsmäßige kaufmännische Buchführung einrichtet und aufgrund von Bestandsaufnahmen einen Abschluss macht (→ BFH vom 19. 10. 2005 – BStBl 2006 II S. 509).

R 4.7

4.7. Betriebseinnahmen und -ausgaben

S 2143
S 2144

Betriebseinnahmen und -ausgaben bei gemischt genutzten Wirtschaftsgütern

(1) [1]Gehört ein Wirtschaftsgut zum Betriebsvermögen, sind Aufwendungen einschließlich AfA, soweit sie der privaten Nutzung des Wirtschaftsgutes zuzurechnen sind, keine Betriebsausgaben. [2]Gehört ein Wirtschaftsgut zum Privatvermögen, sind die Aufwendungen einschließlich AfA, die durch die betriebliche Nutzung des Wirtschaftsguts entstehen, Betriebsausgaben. [3]Wird ein Wirtschaftsgut des Betriebsvermögens während seiner Nutzung zu privaten Zwecken des Stpfl. zerstört, tritt bezüglich der stillen Reserven, die sich bis zu seiner Zerstörung gebildet haben, keine Gewinnrealisierung ein. [4]In Höhe des Restbuchwerts liegt eine Nutzungsentnahme vor. [5]Eine Schadensersatzforderung für das während der privaten Nutzung zerstörte Wirtschaftsgut ist als → Betriebseinnahme zu erfassen, wenn und soweit sie über den Restbuchwert hinausgeht. [6]Die Leistung der Kaskoversicherung wegen Diebstahls eines zum Betriebsvermögen gehörenden Pkw ist unabhängig von einer Nutzung zu privaten Zwecken in vollem Umfang Betriebseinnahme, wenn der Pkw während einer betrieblichen Nutzung gestohlen wurde. [7]Wurde der Pkw während einer privaten Nutzung gestohlen, gilt Satz 5 entsprechend.

Betriebseinnahmen und -ausgaben bei Grundstücken

(2) [1]Entgelte aus eigenbetrieblich genutzten Grundstücken oder Grundstücksteilen, z. B. Einnahmen aus der Vermietung von Sälen in Gastwirtschaften, sind Betriebseinnahmen. [2]Das Gleiche gilt für alle Entgelte, die für die Nutzung von Grundstücken oder Grundstücksteilen erzielt werden, die zum gewillkürten Betriebsvermögen gehören. [3]Aufwendungen für Grundstücke oder Grundstücksteile, die zum Betriebsvermögen gehören, sind vorbehaltlich des § 4 Abs. 5 Satz 1 Nr. 6b EStG stets Betriebsausgaben; dies gilt auch im Falle einer → teilentgeltlichen Überlassung aus außerbetrieblichen Gründen. [4]Aufwendungen für einen Grundstücksteil (einschließlich AfA), der eigenbetrieblich genutzt wird, sind vorbehaltlich des § 4 Abs. 5 Satz 1 Nr. 6b EStG auch dann Betriebsausgaben, wenn der Grundstücksteil wegen seines untergeordneten Wertes (→ § 8 EStDV, R 4.2 Abs. 8) nicht als Betriebsvermögen behandelt wird.

Bewirtungen

(3) Der Vorteil aus einer Bewirtung i. S. d. § 4 Abs. 5 Satz 1 Nr. 2 EStG ist aus Vereinfachungsgründen beim bewirteten Stpfl. nicht als Betriebseinnahme zu erfassen.

Hinweise

Abgrenzung der Betriebsausgaben von den nicht abziehbaren Kosten der Lebensführung
→ *H 12.1 – H 12.2*

Auflösung des Mietvertrags

Aufwendungen für vorzeitige Auflösung des Mietvertrags über eine Wohnung sind Betriebsausgaben bei ausschließlich betrieblich veranlasster Verlegung des Lebensmittelpunkts (→ BFH vom
1. 12. 1993 – BStBl 1994 II S. 323).

Betreuervergütung

Vergütungen für einen ausschließlich zur Vermögenssorge bestellten Betreuer stellen Betriebsaus-
gaben bei den mit dem verwalteten Vermögen erzielten Einkünften dar, sofern die Tätigkeit des
Betreuers weder einer kurzfristigen Abwicklung des Vermögens noch der Verwaltung ertraglosen
Vermögens dient (→ BFH vom 14. 9. 1999 – BStBl 2000 II S. 69).

Betriebseinnahmen

– sind in Anlehnung an § 8 Abs. 1 und § 4 Abs. 4 EStG alle Zugänge in Geld oder Geldeswert, die
  durch den Betrieb veranlasst sind. Ein Wertzuwachs ist betrieblich veranlasst, wenn insoweit
  ein nicht nur äußerlicher, sondern sachlicher, wirtschaftlicher Zusammenhang gegeben ist
  (→ BFH vom 14. 3. 2006 – BStBl II S. 650).

– Ausgleichszahlungen an Mitgesellschafter auf Grund von veruntreuten Betriebseinnahmen
  (→ BFH vom 8. 6. 2000 – BStBl II S. 670).

Drittaufwand

Trägt ein Dritter Kosten, die durch die Einkünfteerzielung des Stpfl. veranlasst sind, können sie als
so genannter Drittaufwand nicht Betriebsausgaben oder Werbungskosten des Stpfl. sein. Bei
Anschaffungs- oder Herstellungskosten liegt Drittaufwand vor, wenn ein Dritter sie trägt und das
angeschaffte oder hergestellte Wirtschaftsgut vom Stpfl. zur Erzielung von Einkünften genutzt
wird. Aufwendungen eines Dritten können allerdings im Falle der so genannten Abkürzung des
Zahlungswegs als Aufwendungen des Stpfl. zu werten sein; Abkürzung des Zahlungswegs bedeutet die Zuwendung eines Geldbetrags an den Stpfl. in der Weise, dass der Zuwendende im Einvernehmen mit dem Stpfl. dessen Schuld tilgt, statt ihm den Geldbetrag unmittelbar zu geben, wenn
also der Dritte für Rechnung des Stpfl. an dessen Gläubiger leistet (→ BFH vom 23. 8. 1999 – BStBl II
S. 782, 785). Aufwendungen eines Dritten sind auch dann Betriebsausgaben oder Werbungskosten
des Stpfl., wenn sie auf einem von einem Dritten im eigenen Namen, aber im Interesse des Stpfl.
abgeschlossenen Werkvertrag beruhen und der Dritte die geschuldete Zahlung auch selbst leistet
(→ BFH vom 28. 9. 2010 – BStBl 2011 II S. 271). Bei Kreditverbindlichkeiten und anderen Dauerschuldverhältnissen (z. B. Miet- und Pachtverträge) kommt eine Berücksichtigung der Zahlung
unter dem Gesichtspunkt der Abkürzung des Vertragswegs nicht in Betracht (→ BMF vom
7. 7. 2008 – BStBl I S. 717). Deshalb können Schuldzinsen, die ein Ehegatte auf seine Darlehensverbindlichkeit zahlt, vom anderen Ehegatten auch dann nicht als Betriebsausgaben oder Werbungskosten abgezogen werden, wenn die Darlehensbeträge zur Anschaffung von Wirtschaftsgütern zur
Einkünfteerzielung verwendet wurden (→ BFH vom 24. 2. 2000 – BStBl II S. 314). Bezahlt hingegen
der andere Ehegatte die Zinsen aus eigenen Mitteln, bilden sie bei ihm abziehbare Betriebsausgaben oder Werbungskosten. Nehmen Ehegatten gemeinsam ein gesamtschuldnerisches Darlehen
zur Finanzierung eines Wirtschaftsguts auf, das nur einem von ihnen gehört und von diesem zur
Einkünfteerzielung genutzt wird, sind die Schuldzinsen in vollem Umfang bei den Einkünften des
Eigentümer-Ehegatten als Betriebsausgaben oder Werbungskosten abziehbar (→ BFH vom
2. 12. 1999 – BStBl 2000 II S. 310 und 312). Werden die laufenden Aufwendungen für ein Wirtschaftsgut, das dem nicht einkünfteerzielenden Ehegatten gehört, gemeinsam getragen, kann der
das Wirtschaftsgut einkünfteerzielend nutzende (andere) Ehegatte nur die nutzungsorientierten
Aufwendungen (z. B. bei einem Arbeitszimmer die anteiligen Energiekosten und die das Arbeitszimmer betreffenden Reparaturkosten) als Betriebsausgaben oder Werbungskosten geltend
machen (→ BFH vom 23. 8. 1999 – BStBl II S. 782, 786).

Druckbeihilfen

Die einem Verlag von Autoren für die Veröffentlichung des Werkes gewährten Druckbeihilfen sind Betriebseinnahmen (→ BFH vom 3. 7. 1997 – BStBl 1998 II S. 244).

Eigenaufwand für ein fremdes Wirtschaftsgut

- Trägt ein Stpfl. aus betrieblichem Anlass die Anschaffungs- oder Herstellungskosten für ein Gebäude, das im Alleineigentum oder Miteigentum eines Dritten steht, mit dessen Zustimmung und darf er den Eigentumsanteil des Dritten unentgeltlich nutzen, ist der Stpfl. wirtschaftlicher Eigentümer des Gebäudes, wenn ihm bei Beendigung der Nutzung dem Dritten gegenüber ein Anspruch auf Entschädigung aus einer vertraglichen Vereinbarung oder gesetzlich (§§ 951, 812 BGB) zusteht. Dem Hersteller eines Gebäudes auf einem fremden Grundstück steht in der Regel ein Ersatzanspruch gem. §§ 951, 812 BGB zu, wenn er die Baulichkeit auf Grund eines Nutzungsrechts in eigenem Interesse und ohne Zuwendungsabsicht errichtet hat. In Errichtungsfällen spricht auch bei Ehegatten keine tatsächliche Vermutung für eine Zuwendungsabsicht oder eine still schweigende Abbedingung des gesetzlichen Ausgleichsanspruchs. Entsprechendes gilt für Gebäudeteile (→ BFH vom 14. 5. 2002 – BStBl II S. 741 und vom 25. 6. 2003 – BStBl 2004 II S. 403).

- Ist der Stpfl. nicht wirtschaftlicher Eigentümer, weil er keinen Aufwendungsersatzanspruch hat und er Anschaffungs- oder Herstellungskosten für ein im Miteigentum oder in fremdem Eigentum stehendes Wirtschaftsgut getragen und darf er das Wirtschaftsgut für seine betrieblichen Zwecke nutzen, so kann er diese Anschaffungs- oder Herstellkosten als eigenen Aufwand durch Absetzung als Betriebsausgaben abziehen (→ BFH vom 30. 1. 1995 – BStBl II S. 281 und vom 25. 2. 2010 – BStBl II S. 670). Zur Beendigung der Nutzung → BFH vom 29. 4. 2008 (BStBl II S. 749).

- Ehegatten, die gemeinsam die Herstellungskosten des von ihnen bewohnten Hauses getragen haben und die darin jeweils einen Raum zur Einkünfteerzielung nutzen, können jeweils die auf diesen Raum entfallenden Herstellungskosten für die Dauer dieser Nutzung als Betriebsausgaben oder Werbungskosten (AfA nach Gebäudegrundsätzen) geltend machen. Die Bemessungsgrundlage für die auf den jeweiligen Raum entfallende AfA ist zu schätzen, soweit die Herstellungskosten nicht eindeutig dem Raum zugeordnet werden können. Maßstab ist das Verhältnis der Nutz- oder Wohnflächen (→ BFH vom 23. 8. 1999 – BStBl II S. 774).

- Beteiligt sich ein Stpfl. (Ehegatte) finanziell an den Anschaffungs- oder Herstellungskosten eines Hauses, das dem anderen Ehegatten gehört, und nutzt er Räume dieses Gebäudes zur Einkünfteerzielung, kann er die auf diese Räume entfallenden eigenen Aufwendungen grundsätzlich als Betriebsausgaben oder Werbungskosten (AfA nach Gebäudegrundsätzen) abziehen. Bemessungsgrundlage der AfA sind die auf diese Räume entfallenden Anschaffungs- oder Herstellungskosten, soweit sie die Kostenbeteiligung des Stpfl. entsprechen (→ BFH vom 23. 8. 1999 – BStBl II S. 778).

- Der Stpfl. trägt die Herstellungskosten für ein fremdes, aber zu betrieblichen Zwecken genutztes Gebäude auch dann im eigenen betrieblichen Interesse, wenn er als Gegenleistung für die Nutzungsbefugnis des Grundstücks auf einen Ersatzanspruch verzichtet (→ BFH vom 25. 2. 2010 – BStBl II S. 670).

Eigenprovisionen

Provisionen, die ein Versicherungsvertreter vom Versicherungsunternehmen für den Abschluss eigener privater Versicherungen (z. B. Lebensversicherungen für sich oder seine Ehefrau) in gleicher Weise erhält wie für die Vermittlung von Versicherungsabschlüssen mit Dritten (sog. Eigenprovisionen), sind Betriebseinnahmen (→ BFH vom 27. 5. 1998 – BStBl II S. 618). *Das gleiche gilt für Vergütungen, die ein Vermittler von Beteiligungen an Personengesellschaften von einem Dritten für die Zeichnung eigener Beteiligungen an diesen Gesellschaften erhält. Sie sind nicht in der Gewinnermittlung der Personengesellschaft (als Sonderbetriebseinnahmen oder Minderung der anteilig auf den Vermittler entfallenden Anschaffungskosten) zu berücksichtigen (→ BFH vom 14. 3. 2012 – BStBl II S. 498).*

Entschädigungen

Neben Förderzinsen zum Abbau von Bodenschätzen gezahlte Entschädigungen für entgangene/entgehende Einnahmen sind Betriebseinnahmen, wenn die Flächen im Betriebsvermögen bleiben (→ BFH vom 15. 3. 1994 – BStBl II S. 840).

Erbschaft

Eine für den Betrieb eines Stpfl. (z. B. Altenheim) bestimmte Erbschaft ist als Betriebseinnahme zu versteuern (→ BFH vom 14. 3. 2006 – BStBl II S. 650).

Fachtagung

Der geldwerte Vorteil aus der Teilnahme an einer vom Geschäftspartner organisierten Fachtagung, die den üblichen Rahmen geschäftlicher Gespräche überschreitet, ist Betriebseinnahme (→ BFH vom 26. 9. 1995 – BStBl 1996 II S. 273).

Fonds, geschlossene

Zur Abgrenzung zwischen Betriebsausgaben, Anschaffungskosten und Herstellungskosten → BMF vom 20. 10. 2003 (BStBl I S. 546)

Anhang 19

Gemisch genutzte Wirtschaftsgüter

– Werden nicht zum Betriebsvermögen gehörende Wirtschaftsgüter auch betrieblich genutzt, so können Aufwendungen einschließlich der AfA, die durch die betriebliche Nutzung entstehen, als Betriebsausgaben abgesetzt werden, wenn die betriebliche Nutzung nicht nur von untergeordneter Bedeutung ist und der betriebliche Nutzungsanteil sich leicht und einwandfrei anhand von Unterlagen nach objektiven, nachprüfbaren Merkmalen – ggf. im Wege der Schätzung – von den nicht abziehbaren Kosten der Lebenshaltung trennen lässt (→ BFH vom 13. 3. 1964 – BStBl III S. 455).

– Zu Fahrtkosten bei Geschäftsreisen → R 4.12 Abs. 2

Gewinnanteile des stillen Gesellschafters

Die an den typisch stillen Gesellschafter gezahlten Gewinnanteile sind insoweit keine Betriebsausgaben, als der Geschäftsinhaber die Vermögenseinlage des stillen Gesellschafters zu privaten Zwecken verwendet hat (→ BFH vom 6. 3. 2003 – BStBl II S. 656).

Incentive-Reisen

→ BMF vom 14. 10. 1996 (BStBl I S. 1192)

Anhang 10

Losveranstaltungen

– Wird von einer Provision das Entgelt für Lose unmittelbar einbehalten und werden die Gewinne in vollem Umfang durch die Losentgelte finanziert, ist der Erwerb der Lose bereits Teil der Einkommensverwendung. Die Vorteile daraus stehen mit der Einkommenserzielung in keinem steuerlich relevanten Sachzusammenhang. Dies gilt auch dann, wenn die Lose nur von solchen Personen erworben werden können, die Leistungen gegenüber dem die Auslosung vornehmenden Unternehmen erbracht haben (z. B. selbständige Außendienstmitarbeiter einer Bausparkasse) (→ BFH vom 2. 9. 2008 – BStBl 2010 II S. 548).

– Der Gewinn aus Losen, die Vertriebsmitarbeiter für die Erzielung bestimmter Umsätze erhalten, ist betrieblich veranlasst (→ BFH vom 2. 9. 2008 – BStBl 2010 II S. 550).

Maklerprovisionen

Maklerprovisionen, die im Zusammenhang mit dem Abschluss eines Mietvertrags gezahlt wurden, stellen laufende Betriebsausgaben dar (→ BFH vom 19. 6. 1997 – BStBl II S. 808).

Marketingzuschuss

Es sind zwei neue Medienfonds-Modelle bekannt geworden, die wie folgt gestaltet sind:

Modell 1:

Die Fondsgesellschaft erwirbt von einem Produzenten die Filmrechte an Filmen zum Zweck der Verwertung. Mit der Verwertung wird eine andere Gesellschaft (= Lizenznehmer) beauftragt, die hierfür von der Fondsgesellschaft einen hohen Betrag als Ersatz der Vermarktungsaufwendungen erhält. Der Lizenznehmer wiederum verpflichtet sich zur Zahlung laufender fixer Lizenzzahlungen sowie eines festen Kaufpreises nach Ablauf der Laufzeit des Fonds (z. B. 10 Jahre). Zweck der Konstruktion ist es, mit der Zahlung der Vermarktungskosten sofort abzugsfähigen Aufwand und damit entsprechende Verluste beim Fonds zu generieren, den dieser dann seinen Anlegern zuweisen kann.

Modell 2:

Anstelle eines Zuschusses zu Werbemaßnahmen, die der Lizenznehmer im eigenen Namen und auf eigene Rechnung erbringt, beauftragt der Fonds den Lizenznehmer, die Werbemaßnahmen auf Rechnung des Fonds durchzuführen. Es wird zwischen dem Fonds und dem Lizenznehmer ein (vom Lizenzvertrag getrennter) Dienstleistungsvertrag – Marketingsdienstleistungsvertrag – abgeschlossen, wonach der Vermarktungsaufwand im Auftrag und für Rechnung des Fonds betrieben wird. Der Lizenznehmer erstellt für die Werbemaßnahmen ein detailliertes Budget, das vom Fonds genehmigt wird; ebenso bestehen Weisungs- und Kontrollrechte des Fonds. Der Lizenznehmer hat die vertragsmäßige Verwendung nachzuweisen und ist zur Rechnungslegung verpflichtet.

Die Vertreter der Länder sind mehrheitlich der Auffassung, dass in beiden Sachverhaltsgestaltungen der Marketingzuschuss keine sofort abzugsfähige Betriebsausgabe darstellt. Ob es sich um verdeckte Anschaffungskosten, ein Darlehen oder um einen Rechnungsabgrenzungsposten handelt, kann dahin gestellt bleiben.

→ OFD Frankfurt vom 19. 4. 2004 – S 2241 A – 64 – St II 2.02 (DB S. 1176)

Mobilfunkdienstleistungsverträge

Vergünstigungen im Zusammenhang mit dem Abschluss von Mobilfunkdienstleistungsverträgen als Betriebseinnahmen → BMF vom 20. 6. 2005 (BStBl I S. 801), Rdnr. 11 ff.

Nachträgliche Betriebsausgaben

→ H 24.2 (Nachträgliche Werbungskosten/Betriebsausgaben)

Nebenräume

Entscheidet sich ein Stpfl., betrieblich oder beruflich genutzte Nebenräume in die Kostenberechnung einzubeziehen, so sind die Kosten nach dem Verhältnis des gesamten betrieblich oder beruflich genutzten Bereichs (= betrieblich oder beruflich genutzte Haupt- und Nebenräume) zu der Gesamtfläche (= Haupt- und Nebenräume) aufzuteilen (→ BFH vom 21. 2. 1990 – BStBl II S. 578 und vom 5. 9. 1990 – BStBl 1991 II S. 389).

Nießbrauch

– Aufwendungen des Stpfl. im Zusammenhang mit dem betrieblich genutzten Grundstück oder Grundstücksteil sind Betriebsausgaben; hierzu gehören auch die abschreibbaren Anschaffungs- oder Herstellungskosten, die der Stpfl. selbst getragen hat (→ BFH vom 16. 12. 1988 – BStBl 1989 II S. 763 und vom 20. 9. 1989 – BStBl 1990 II S. 368).

– Der Vermächtnisnießbraucher ist nicht berechtigt, AfA auf Anschaffungs- oder Herstellungskosten des Erblassers in Anspruch zu nehmen (→ BFH vom 28. 9. 1995 – BStBl 1996 II S. 440).

Praxisausfallversicherung

Eine Praxisausfallversicherung, durch die im Falle einer krankheitsbedingten Arbeitsunfähigkeit des Stpfl. die fortlaufenden Kosten seines Betriebes ersetzt werden, gehört dessen Lebensführungsbereich an. Die Beiträge zu dieser Versicherung stellen daher keine Betriebsausgaben dar, die Versicherungsleistung ist nicht steuerbar. Wird neben dem privaten Risiko der Erkrankung zugleich aber ein betriebliches Risiko versichert (z. B. die behördlich verfügte Quarantäne gegen einen Arzt), steht § 12 Nr. 1 EStG dem Abzug der hierauf entfallenden Versicherungsbeiträge als Betriebsausgaben nicht entgegen. Maßstab für den anteiligen Betriebsausgabenabzug ist das Verhältnis der Prämien mit und ohne betrieblichen Versicherungsanteil (→ BFH vom 19. 5. 2009 – BStBl 2010 II S. 168).

Preisgelder als Betriebseinnahmen

→ BMF vom 5. 9. 1996 (BStBl I S. 1150) unter Berücksichtigung der Änderung durch BMF vom 23. 12. 2002 (BStBl 2003 I S. 76).

Provisionen für die Vermittlung von Anteilen an Personengesellschaften

Vergütungen, die ein Vermittler von Beteiligungen an Personengesellschaften von einem Dritten dafür erhält, dass er Dritten Anteile an Personengesellschaften vermittelt, an denen er auch selbst beteiligt ist, sind Betriebseinnahmen im Rahmen seiner gewerblichen Tätigkeit. Sie sind nicht in der Gewinnermittlung der Personengesellschaft zu berücksichtigen (→ BFH vom 14. 3. 2012 – BStBl II S. 498).

Prozesskosten

die einem Erben im Zusammenhang mit der Anfechtung des Testaments entstehen, stellen auch dann keine Betriebsausgaben dar, wenn zum Nachlass ein Gewerbebetrieb gehört (→ BFH vom 17. 6. 1999 – BStBl II S. 600).

Schadensersatz als Betriebseinnahme

Bei Schadensersatzleistungen eines Steuerberaters oder seines Haftpflichtversicherers wegen vermeidbar zu viel entrichteter Steuern kommt es entscheidend darauf an, ob die Entrichtung der Steuer zu einer Betriebsausgabe führt oder in die außerbetriebliche Sphäre fällt. Schadensersatz wegen einer zu hohen Einkommensteuerfestsetzung ist daher beim Mandanten keine Betriebseinnahme. Schadensersatz wegen einer zu hohen Körperschaftsteuerfestsetzung ist beim Mandanten Betriebseinnahme (→ BFH vom 18. 6. 1998 – BStBl II S. 621).

Schätzung von Betriebsausgaben

– Von tatsächlich geleisteten Betriebsausgaben kann grundsätzlich nur ausgegangen werden, wenn deren betriebliche Veranlassung und Höhe nachgewiesen ist. Gelingt dieser Nachweis der Höhe nach nicht, obwohl offensichtlich Ausgaben angefallen sein müssen, sind die nicht feststellbaren Besteuerungsgrundlagen zu schätzen (§ 162 Abs. 2 Satz 2 AO). Die Schätzung muss insgesamt in sich schlüssig, wirtschaftlich vernünftig und möglich sein. Eine grobe, griffweise Schätzung kann diesen Anforderungen nur genügen, wenn keinerlei Möglichkeiten zur näheren Präzisierung der Schätzungsmethode, wie z. B. durch Anlehnung an die Richtsatzsammlung oder anhand von Erfahrungswerten der Finanzverwaltung bezüglich bestimmten Aufwandes, besteht. Die geltend gemachten Betriebsausgaben sind um angemessene Unsicherheitsabschläge zu kürzen. Nach der Schätzung ist zu prüfen, ob und inwieweit die fehlende Benennung der Zahlungsempfänger gem. § 160 AO dem Abzug der geschätzten Ausgaben entgegensteht (→ BFH vom 24. 6. 1997 – BStBl 1998 II S. 51).

– → Verhältnis von Betriebsausgaben und Werbungskostenpauschale

Schuldzinsen

– Schuldzinsenabzug nach § 4 Abs. 4a EStG.

→ BMF vom 17. 11. 2005 (BStBl I S. 1019) unter Berücksichtigung der Änderungen durch BMF vom 7. 5. 2008 (BStBl I S. 588) *und vom 18. 2. 2013 (BStBl I S. 197)* sowie Vereinfachungsregelung durch BMF vom 4. 11. 2008 (BStBl I S. 957) Anhang 10

→ BMF vom 12. 6. 2006 (BStBl I S. 416) zur Berücksichtigung von vor dem 1. 1. 1999 entstandenen Unterentnahmen

– Schuldzinsen aus der Finanzierung von

– Pflichtteilsverbindlichkeiten,

– Vermächtnisschulden,

– Erbersatzverbindlichkeiten,

– Zugewinnausgleichsschulden,

– Abfindungsschulden nach der Höfeordnung,

– Abfindungsschulden im Zusammenhang mit der Vererbung eines Anteils an einer Personengesellschaft im Wege der qualifizierten Nachfolgeklausel oder im Wege der qualifizierten Eintrittsklausel

dürfen nicht als Betriebsausgaben oder Werbungskosten abgezogen werden (→ BMF vom 11. 8. 1994 – BStBl I S. 603). Anhang 8

– → H 2 (15) (Betriebsschuld)

– Darlehenszinsen sind nicht betrieblich veranlasst, wenn bei den Verhandlungen zur Darlehensgewährung beabsichtigt war, mit der Darlehensvaluta Betriebsausgaben zu finanzieren, tatsächlich aber bei Auszahlung der Valuta die betrieblichen Aufwendungen bereits mit liquiden Mittel bezahlt waren und daher das Darlehen für private Zwecke verwendet wird (→ BFH vom 29. 8. 2001 – BFH/NV 2002 S. 188).

Sonderbetriebseinnahmen und -ausgaben

– Erträge und Aufwendungen des Gesellschafters einer in § 15 Abs. 1 Satz 1 Nr. 2 EStG genannten Personengesellschaft, die durch seine Beteiligung an der Gesellschaft veranlasst sind, sind bei ihm als Sonderbetriebseinnahmen oder -ausgaben zu erfassen und müssen auch Eingang in die einheitliche Gewinnfeststellung finden. Von Sonderbetriebsausgaben, die den Gewinnanteil des Gesellschafters mindern, sind die Betriebsausgaben abzugrenzen, die nur den Gewinn des eigenen Gewerbebetriebs des Gesellschafters mindern, z. B. eigene Rechts- und Beratungskosten (→ BFH vom 18. 5. 1995 – BStBl 1996 II S. 295).

– Schuldzinsen für vom Gesellschafter übernommene Darlehensschulden der Mitunternehmerschaft sind als Sonderbetriebsausgaben des Gesellschafters abziehbar, wenn mit der Schuldübernahme eine vom Gesellschafter zu erbringende Einlageverpflichtung erfüllt wird. Wird eine andere Verpflichtung durch die Schuldübernahme erfüllt, liegen Sonderbetriebsausgaben vor, wenn mit der Schuldübernahme eine das Sonderbetriebsvermögen betreffende Verbindlichkeit des Gesellschafters erfüllt wird (→ BFH vom 28. 10. 1999 – BStBl 2000 II S. 390).

– → H 15.8 (3) Tätigkeitsvergütungen

– → *Eigenprovisionen*

Sponsoring

Anhang 10 → BMF vom 18. 2. 1998 (BStBl I S. 212)

Steuerberatungskosten

→ BMF vom 21. 12. 2007 (BStBl 2008 I S. 256)

Auszug (Rz. 8):
Bei Beiträgen an Lohnsteuerhilfevereine, Aufwendungen für steuerliche Fachliteratur und Software wird es nicht beanstandet, wenn diese Aufwendungen i. H. v. 50 % den Betriebsausgaben oder Werbungskosten zugeordnet werden. Dessen ungeachtet ist aus Vereinfachungsgründen der Zuordnung des Steuerpflichtigen bei Aufwendungen für gemischte Steuerberatungskosten bis zu einem Betrag von 100 € im VZ zu folgen.

Beispiel:
Der Steuerpflichtige zahlt in 01 einen Beitrag an einen Lohnsteuerhilfeverein i. H. v. 120 €. Davon ordnet er 100 € den Werbungskosten zu; diese Zuordnung ist nicht zu beanstanden.

Teilentgeltliche Überlassung

Die teilentgeltliche Überlassung von Grundstücken oder Grundstücksteilen aus außerbetrieblichen Gründen ist als Nutzungsentnahme zu behandeln (→ BFH vom 24. 3. 2011 – BStBl II S. 692).

Unentgeltliche Übertragung eines Grundstücks oder Grundstücksteils an eine betriebsfremde Person unter Vorbehalt eines Nutzungsrechts für betriebliche Zwecke

Aufwendungen des Stpfl. im Zusammenhang mit dem betrieblich genutzten Grundstück oder Grundstücksteil sind Betriebsausgaben (→ BFH vom 26. 10. 1987 – BStBl 1988 II S. 348); hierzu gehört auch die AfA auf Anschaffungs- oder Herstellungskosten, die der Stpfl. selbst getragen hat (→ BFH vom 16. 12. 1988 – BStBl 1989 II S. 763 und vom 20. 9. 1989 – BStBl 1990 II S. 368); Bemessungsgrundlage für die künftige AfA ist der Entnahmewert (Teilwert/Buchwert → R 7.4 Abs. 6, R 7.4 Abs. 11; → BFH vom 20. 9. 1989 – BStBl 1990 II S. 368).

Aufwendungen eines Landwirts für die Reparatur eines Betriebsgebäudes sind auch dann Betriebsausgaben und keine nicht abziehbaren Zuwendungen, wenn er zuvor das Eigentum an dem Betrieb unter Nießbrauchsvorbehalt auf sein Kind übertragen hat, jedoch vertraglich zur Übernahme der Aufwendungen verpflichtet war (→ BFH vom 24. 6. 2009 – BFH/NV 2010 S. 20).

Veräußerung eines zum Betriebsvermögen gehörenden auch privat genutzten Wirtschaftsguts

Wird ein zum Betriebsvermögen gehörendes Wirtschaftsgut, das teilweise privat genutzt worden ist, veräußert, so ist der gesamte Veräußerungserlös Betriebseinnahme (→ BFH vom 24. 9. 1959 – BStBl III S. 466).

Verhältnis von Betriebsausgaben und Werbungskostenpauschale

Aufwendungen für unterschiedliche Einkunftsarten sind – ggf. im Schätzungswege – in Betriebsausgaben und Werbungskosten aufzuteilen und den jeweiligen Einkunftsarten, durch die sie veranlasst sind, zuzuordnen. Der Stpfl. kann keine beliebige Bestimmung treffen und neben der Werbungskostenpauschale sämtliche nachgewiesenen Aufwendungen als Betriebsausgaben geltend machen (→ BFH vom 10. 6. 2008 – BStBl II S. 937).

Veruntreute Betriebseinnahmen

– Veruntreut ein Gesellschafter Betriebseinnahmen der Personengesellschaft, indem er veranlasst, dass in Kundenrechnungen der Gesellschaft ein Konto angegeben wird, von dem die übrigen Gesellschafter keine Kenntnis haben, und verwendet er anschließend die dortigen Zahlungseingänge für private Zwecke, ist die nach Aufdeckung des Vorgangs an die Mitgesellschafter geleistete Ausgleichszahlung nicht betrieblich veranlasst, wenn Inhaber des Kontos die Gesellschaft ist, die Zahlungseingänge als Betriebseinnahme der Gesellschaft behandelt werden und der Gewinn nach dem allgemeinen Schlüssel verteilt wird. Eine betriebliche Veranlassung liegt vor, wenn die veruntreuten Gelder dem Gesellschafter allein als Einkünfte zugerechnet worden sind (→ BFH vom 8. 6. 2000 – BStBl II S. 670).

– Entgehen der Gesellschaft Einnahmen, weil ein Mitunternehmer die der Gesellschaft zustehenden Einnahmen auf ein eigenes Konto leitet, handelt es sich bei den Einnahmen um Sonderbetriebseinnahmen des ungetreuen Mitunternehmers (→ BFH vom 22. 6. 2006 – BStBl II S. 838).

– Unberechtigte Entnahmen führen beim ungetreuen Gesellschafter, anders als im Fall der Umleitung von der Gesellschaft zustehenden Betriebseinnahmen auf das eigene Konto, nicht zu Betriebseinnahmen (→ BFH vom 14. 12. 2000 – BStBl 2001 II S. 238).

VIP-Logen

– Aufwendungen für VIP-Logen in Sportstätten → BMF vom 22. 8. 2005 (BStBl I S. 845) unter Berücksichtigung der Änderungen durch BMF vom 29. 4. 2008 (BStBl I S. 566), Rz. 15.

– Anwendung der Vereinfachungsregelungen auf ähnliche Sachverhalte → BMF vom 11. 7. 2006 (BStBl I S. 447) unter Berücksichtigung der Änderungen durch BMF vom 29. 4. 2008 (BStBl I S. 566), Rz. 15.

Vorweggenommene Betriebsausgaben

– sind abziehbar bei ausreichend bestimmbarem Zusammenhang zwischen den Aufwendungen und der Einkunftsart (→ BFH vom 15. 4. 1992 – BStBl II S. 819); die Zahlung einer in einem Ausbildungsverhältnis begründeten Vertragsstrafe kann zu Betriebsausgaben führen (→ BFH vom 22. 6. 2006 – BStBl 2007 II S. 4).

– bei Aufwendungen für eine berufliche Fort- und Weiterbildung → BMF vom 22. 9. 2010 (BStBl I S. 721).

Wahlkampfkosten

eines Bewerbers um ein ehrenamtliches Stadtratsmandat, aus dem Einkünfte i. S. d. § 18 Abs. 1 Nr. 3 EStG bezogen werden, können als Betriebsausgaben abzugsfähig sein (→ BFH vom 25. 1. 1996 – BStBl II S. 431).

WIR-Prämie

WIR-Prämie rechnet als Einkommensteuererstattung weder zu den (Sonder-)Betriebseinnahmen noch zu den (Sonder-)Betriebsausgaben (→ BFH vom 24. 1. 1996 – BStBl II S. 441).

Zertifizierungsaufwendungen

Bei den Aufwendungen für Zertifizierungsmaßnahmen nach ISO 9001 bis 9003 handelt es sich grundsätzlich um **Betriebsausgaben,** die im Zeitpunkt ihres Entstehens sofort abgezogen werden dürfen. Anschaffungs- oder Herstellungskosten eines firmenwertähnlichen immateriellen Wirtschaftsguts „Qualitätssicherung" o. ä. liegen nicht vor. Der für das Unternehmen durch die Zertifizierung entstandene Vorteil geht zwar als wertbildender Faktor in den Geschäfts- oder Firmenwert mit ein, ist nach der allgemeinen Verkehrsanschauung jedoch keiner besonderen Bewertung zugänglich. Einer solchen Bewertung zugänglich wären nur Rechte und rechtsähnliche Zustände, nicht jedoch – wie im vorliegenden Fall – bloße Chancen und Erwartungen, wie sie z. B. auch an Werbemaßnahmen geknüpft werden. Die Qualität bestimmter betriebsinterner Arbeits- oder Produktionsabläufe stellt keinen greifbaren, gegenüber dem Geschäfts- oder Firmenwert abgrenzbaren Einzelwert dar, für den ein gedachter Erwerber des ganzen Unternehmens im Rahmen des Gesamtkaufpreises ein gesondertes Entgelt zahlen würde. Treten Zertifizierungsaufwendungen im direkten, konkreten Zusammenhang mit der Anschaffung oder Herstellung betrieblicher Wirtschaftsgüter auf, sind die Aufwendungen nach Maßgabe des § 255

Anhang 13 Abs. 1 und 2 HGB i. V. m. R 6.2 und 6.3 EStR und BFH vom 4. 7. 1990 (BStBl II S. 830) als **Herstellungskosten oder als Anschaffungsnebenkosten** dieser betrieblichen Wirtschaftsgüter zu behandeln (→ BMF vom 22. 1. 1998 – DB 1998 S. 344).

Zuschüsse (zweckgebundene Fördermittel)

Öffentlich-rechtliche Zuschüsse für die Umsetzung neuzeitlicher Technologien zählen zu den steuerpflichtigen Betriebseinnahmen (→ BFH vom 6. 2. 1996 – BFH/NV 1997 S. 474).

R 4.8   **4.8. Rechtsverhältnisse zwischen Angehörigen**

Arbeitsverhältnisse zwischen Ehegatten

(1) Arbeitsverhältnisse zwischen Ehegatten können steuerrechtlich nur anerkannt werden, wenn sie ernsthaft vereinbart und entsprechend der Vereinbarung tatsächlich durchgeführt werden.

Arbeitsverhältnisse mit Personengesellschaften

(2) [1]Für die einkommensteuerrechtliche Beurteilung des Arbeitsverhältnisses eines Ehegatten mit einer Personengesellschaft, die von dem anderen Ehegatten auf Grund seiner wirtschaftlichen Machtstellung beherrscht wird, z. B. in der Regel bei einer Beteiligung zu mehr als 50 %, gelten die Grundsätze für die steuerliche Anerkennung von Ehegattenarbeitsverhältnissen im Allgemeinen entsprechend. [2]Beherrscht der Mitunternehmer-Ehegatte die Personengesellschaft nicht, kann allgemein davon ausgegangen werden, dass der mitarbeitende Ehegatte in der Gesellschaft die gleiche Stellung wie ein fremder Arbeitnehmer hat und das Arbeitsverhältnis deshalb steuerrechtlich anzuerkennen ist.

Arbeitsverhältnisse zwischen Eltern und Kindern

(3) [1]Für die bürgerlich-rechtliche Wirksamkeit eines Arbeits- oder Ausbildungsvertrags mit einem minderjährigen Kind ist die Bestellung eines Ergänzungspflegers nicht erforderlich. [2]→ Arbeitsverhältnisse mit Kindern unter 15 Jahren verstoßen im Allgemeinen jedoch gegen das → Jugendarbeitsschutzgesetz; sie sind nichtig und können deshalb auch steuerrechtlich nicht anerkannt werden. [3]Die Gewährung freier Wohnung und Verpflegung kann als Teil der Arbeitsvergütung zu behandeln sein, wenn die Leistungen auf arbeitsvertraglichen Vereinbarungen beruhen.

H 4.8   **Hinweise**

Arbeitsverhältnisse mit Kindern

– → Aushilfstätigkeiten von Kindern
– Beruht die Mitarbeit von Kindern im elterlichen Betrieb auf einem Ausbildungs- oder Arbeitsverhältnis, so gelten für dessen steuerrechtliche Anerkennung den Ehegatten-Arbeitsverhältnissen entsprechende Grundsätze (→ BFH vom 10. 3. 1988 – BStBl II S. 877 und vom 29. 10. 1997 – BStBl 1998 II S. 149).
– → Bildungsaufwendungen für Kinder
– Ein steuerrechtlich anzuerkennendes Arbeitsverhältnis bei Hilfeleistungen von Kindern im elterlichen Betrieb liegt nicht vor bei geringfügigen oder typischerweise privaten Verrichtungen (→ BFH vom 9. 12. 1993 – BStBl 1994 II S. 298); → Gelegentliche Hilfeleistung.
– → Unterhalt.

Arbeitsverhältnisse zwischen Ehegatten

– **Betriebliche Altersversorgung, Direktversicherung**
  → H 4b (Arbeitnehmer-Ehegatten)
– **Der steuerrechtlichen Anerkennung eines Arbeitsverhältnisses steht entgegen:**
  – – Arbeitnehmer-Ehegatte hebt monatlich vom betrieblichen Bankkonto des Arbeitgeber-Ehegatten einen größeren Geldbetrag ab und teilt diesen selbst auf in das benötigte Haushaltsgeld und den ihm zustehenden monatlichen Arbeitslohn (→ BFH vom 20. 4. 1989 – BStBl II S. 655).
  – – Fehlen einer Vereinbarung über die Höhe des Arbeitslohns (→ BFH vom 8. 3. 1962 – BStBl III S. 218).

– – Langzeitige Nichtauszahlung des vereinbarten Arbeitslohns zum üblichen Zahlungszeitpunkt; stattdessen z. B. jährliche Einmalzahlung (→ BFH vom 14. 10. 1981 – BStBl 1982 II S. 119). Das gilt auch dann, wenn das Arbeitsverhältnis bereits seit mehreren Jahren ordnungsgemäß durchgeführt wurde und im Veranlagungsjahr Lohnsteuer und Sozialabgaben abgeführt wurden (→ BFH vom 25. 7. 1991 – BStBl II S. 842).

– – Wechselseitige Verpflichtung zur Arbeitsleistung; ein Arbeitsvertrag ist nicht durchführbar, wenn sich Ehegatten, die beide einen Betrieb unterhalten, wechselseitig verpflichten, mit ihrer vollen Arbeitskraft jeweils im Betrieb des anderen tätig zu sein. Wechselseitige Teilzeitarbeitsverträge können jedoch anerkannt werden, wenn die Vertragsgestaltungen insgesamt einem → Fremdvergleich standhalten (→ BFH vom 12. 10. 1988 – BStBl 1989 II S. 354).

– **Der steuerrechtlichen Anerkennung eines Arbeitsverhältnisses kann entgegenstehen:**

– – Arbeitslohnzahlung in Form von Schecks, die der Arbeitnehmer-Ehegatte regelmäßig auf das private Konto des Arbeitgeber-Ehegatten einzahlt (→ BFH vom 28. 2. 1990 – BStBl II S. 548).

– – Überweisung des Arbeitsentgelts des Arbeitnehmer-Ehegatten auf ein Konto des Arbeitgeber-Ehegatten, über das dem Arbeitnehmer-Ehegatten nur ein Mitverfügungsrecht zusteht (BFH vom 24. 3. 1983 – BStBl II S. 663), oder auf ein Bankkonto des Gesellschafterehegatten, über das dem Arbeitnehmer-Ehegatten nur ein Mitverfügungsrecht zusteht (BFH vom 20. 10. 1983 – BStBl 1984 II S. 298).

– **Der steuerrechtlichen Anerkennung eines Arbeitsverhältnisses steht nicht entgegen:**

– – Darlehensgewährung des Arbeitnehmer-Ehegatten an den Arbeitgeber-Ehegatten in Höhe des Arbeitsentgelts ohne rechtliche Verpflichtung, nachdem dieses in die Verfügungsmacht des Arbeitnehmer-Ehegatten gelangt ist. Das gilt auch, wenn der Arbeitnehmer-Ehegatte jeweils im Fälligkeitszeitpunkt über den an ihn ausgezahlten Nettoarbeitslohn ausdrücklich dadurch verfügt, dass er den Auszahlungsanspruch in eine Darlehensforderung umwandelt (→ BFH vom 17. 7. 1984 – BStBl 1986 II S. 48). Werden dagegen Arbeits- und Darlehensvereinbarungen von Ehegatten in einer Weise miteinander verknüpft, dass das Arbeitsentgelt ganz oder teilweise bereits als Darlehen behandelt wird, bevor es in die Verfügungsmacht des Arbeitnehmer-Ehegatten gelangt ist, so ist zur Anerkennung des Arbeitsverhältnisses erforderlich, dass auch der Darlehensvertrag wie ein unter Fremden üblicher Vertrag mit eindeutigen Zins- und Rückzahlungsvereinbarungen abgeschlossen und durchgeführt wird (→ BFH vom 23. 4. 1975 – BStBl II S. 579).

– – Schenkung – Laufende Überweisung des Arbeitsentgelts auf ein Sparbuch des Arbeitnehmer-Ehegatten, von dem dieser ohne zeitlichen Zusammenhang mit den Lohnzahlungen größere Beträge abhebt und dem Arbeitgeber-Ehegatten schenkt (→ BFH vom 4. 11. 1986 – BStBl 1987 II S. 336).

– – Teilüberweisung des Arbeitsentgelts als vermögenswirksame Leistungen nach dem Vermögensbildungsgesetz auf Verlangen des Arbeitnehmer-Ehegatten auf ein Konto des Arbeitgeber-Ehegatten oder auf ein gemeinschaftliches Konto beider Ehegatten (→ BFH vom 19. 9. 1975 – BStBl 1976 II S. 81).

– – Überweisung des Arbeitsentgelts auf ein Bankkonto des Arbeitnehmer-Ehegatten, für das der Arbeitgeber-Ehegatte unbeschränkte Verfügungsvollmacht besitzt (→ BFH vom 16. 1. 1974 – BStBl II S. 294).

– – Vereinbartes Arbeitsentgelt ist unüblich niedrig, es sei denn, das Arbeitsentgelt ist so niedrig bemessen, dass es nicht mehr als Gegenleistung für eine begrenzte Tätigkeit des Arbeitnehmer-Ehegatten angesehen werden kann, weil ein rechtsgeschäftlicher Bindungswille fehlt (→ BFH vom 22. 3. 1990 – BStBl II S. 776).

→ Gehaltsumwandlung, -verzicht

– – Zahlung des Arbeitsentgelts auf ein „Oder-Konto" bei im Übrigen ernsthaft vereinbarten und tatsächlich durchgeführten Ehegatten-Arbeitsverhältnissen (BVerfG vom 7. 11. 1995 – BStBl 1996 II S. 34).

– **Direktversicherung**
→ H 4b (Arbeitnehmer-Ehegatten).

– **Gehaltsumwandlung, -verzicht**

– – Begnügt sich der Arbeitnehmer-Ehegatte mit unangemessen niedrigen Aktivbezügen, ist die Dienstleistung in einen entgeltlichen und einen unentgeltlichen Teil zu zerlegen. Betrieblich veranlasst ist nur der entgeltliche Teil. Verzichtet der Arbeitnehmer-Ehegatte ganz auf sein Arbeitsentgelt, ist von einer in vollem Umfang privat veranlassten familiären Mitarbeit auszugehen. Entsprechendes gilt, wenn ein Arbeitnehmer-Ehegatte ohne entsprechende Absicherung seines Anspruchs zugunsten eines erst viele Jahre später fällig werdenden Ruhegehalts auf seine Aktivbezüge verzichtet (→ BFH vom 25. 7. 1995 – BStBl 1996 II S. 153).

– – → BMF vom 9. 1. 1986 (BStBl I S. 7)

– **Rückstellungen für Pensionsverpflichtungen**

– – Bei einer Pensionszusage an den Arbeitnehmer-Ehegatten, die an die Stelle einer fehlenden Anwartschaft aus der gesetzlichen Rentenversicherung getreten ist, können sich die Rückstellungsbeträge grundsätzlich nicht gewinnmindernd auswirken, soweit die Aufwendungen die wirtschaftliche Funktion der Arbeitnehmerbeiträge haben. Fiktive Arbeitgeberbeiträge in der Zeit zwischen dem Beginn des steuerrechtlich anerkannten Arbeitsverhältnisses und der Erteilung der Pensionszusage können nicht als Betriebsausgaben berücksichtigt werden (→ BFH vom 14. 7. 1989 – BStBl II S. 969).

– – → H 6a (9)

– **Rückwirkung**

Rückwirkende Vereinbarungen sind steuerrechtlich nicht anzuerkennen (BFH vom 29. 11. 1988 – BStBl 1989 II S. 281).

– **Sonderzuwendungen**

wie z. B. Weihnachts- und Urlaubsgelder, Sonderzulagen, Tantiemen, können dann als Betriebsausgaben abgezogen werden, wenn sie vor Beginn des Leistungsaustauschs klar und eindeutig vereinbart worden sind und auch einem Fremdvergleich standhalten (→ BFH vom 26. 2. 1988 – BStBl II S. 606 und vom 10. 3. 1988 – BStBl II S. 877).

– **Unterarbeitsverhältnis**

Ist ein Arbeitnehmer wegen anderer beruflicher Verpflichtungen nicht in der Lage, ein Aufgabengebiet in vollem Umfang selbst zu betreuen, kommt ein Ehegatten-Unterarbeitsverhältnis hierüber jedenfalls dann nicht in Betracht, wenn solche Tätigkeiten sonst ehrenamtlich von Dritten unentgeltlich übernommen werden (→ BFH vom 22. 11. 1996 – BStBl 1997 II S. 187).

– **Zukunftssicherung**

Voraussetzungen für die Anerkennung von Maßnahmen zur Zukunftssicherung bei Ehegatten-Arbeitsverhältnissen → H 6a (9) und H 4b (Arbeitnehmer-Ehegatten).

Aushilfstätigkeiten von Kindern

Bei Verträgen über Aushilfstätigkeiten von Kindern ist der Fremdvergleich im Einzelfall vorzunehmen (→ BFH vom 9. 12. 1993 – BStBl 1994 II S. 298).

Bildungsaufwendungen für Kinder

Ausbildungs- oder Fortbildungsaufwendungen für Kinder sind in der Regel nicht abziehbare Lebenshaltungskosten. Aufwendungen für die Fortbildung von im Betrieb mitarbeitenden Kindern (z. B. für den Besuch einer Meisterfachschule) sind Betriebsausgaben, wenn die hierzu getroffenen Vereinbarungen klar und eindeutig sind und nach Inhalt und Durchführung dem zwischen Fremden Üblichen entsprechen, insbesondere auch Bindungsfristen und Rückzahlungsklauseln enthalten (→ BFH vom 14. 12. 1990 – BStBl 1991 II S. 305). Dagegen sind Aufwendungen für den Meisterlehrgang eines nicht im Betrieb mitarbeitenden Kindes nicht allein deshalb Betriebsausgaben, weil sie eine spätere Unternehmensnachfolge vorbereiten sollen (→ BFH vom 29. 10. 1997 – BStBl 1998 II S. 149).

Darlehensverhältnisse zwischen Angehörigen

Anhang 2   – → BMF vom 23. 12. 2010 (BStBl 2011 I S. 37)

– → Personengesellschaften; – Abtretung

– → Personengesellschaften; – Darlehen

Anhang 2   – **Schenkungsbegründetes Darlehen**

– – Die Kürze der zwischen Schenkung und Darlehensgewährung liegenden Zeit begründet keine unwiderlegbare Vermutung für die gegenseitige Abhängigkeit der beiden Verträge (→ BFH vom 18. 1. 2001 – BStBl II S. 393 und BMF vom 23. 12. 2010 (BStBl 2011 I S. 37), Rdnr. 12. Dem gegenüber kann bei einem zeitlich dichten zwischen Schenkungs- und Darlehensvertrag eine auf einem Gesamtplan beruhende sachliche Verknüpfung bestehen (→ BFH vom 22. 1. 2002 – BStBl II S. 685).

– – Geht dem Darlehen eines minderjährigen Kindes an einen Elternteil eine Schenkung des anderen Elternteils voraus, und liegt diesen Rechtsgeschäften ein Gesamtplan der Eltern zur Schaffung von steuerlich abziehbaren Aufwendungen zugrunde (= sachliche Abhängigkeit), so kann hierin auch bei zeitlicher Unabhängigkeit zwischen Schenkung und Darlehen ein Missbrauch von Gestaltungsmöglichkeiten des Rechts (§ 42 AO) liegen (→ BFH vom 26. 3. 1996 – BStBl II S. 443).

– – Ein Darlehensvertrag zwischen einer Personengesellschaft und dem Kind des beherrschenden Gesellschafters über einen Geldbetrag, den das Kind zuvor von diesem geschenkt bekommen hat, ist nicht anzuerkennen, wenn zwischen Schenkung und Darlehensvertrag eine auf einem Gesamtplan beruhende sachliche Verknüpfung besteht (→ BFH vom 22. 2. 2002 – BStBl II S. 685).

– → Sicherung des Darlehensanspruchs
– **Verknüpfung von Arbeits- und Darlehensvereinbarungen zwischen Ehegatten**

→ Arbeitsverhältnisse zwischen Ehegatten, – Der steuerrechtlichen Anerkennung eines Arbeitsverhältnisses steht nicht entgegen, = Darlehensgewährung

Eheschließung

Mehrere Jahre vor der Ehe abgeschlossene ernsthafte Arbeitsverträge zwischen den Ehegatten sind steuerrechtlich in der Regel auch nach der Eheschließung anzuerkennen, wenn sich mit der Eheschließung in der Tätigkeit des im Betrieb beschäftigten Ehegatten nichts ändert und auch die Auszahlung des Arbeitsentgelts vor und nach der Heirat in gleicher Weise vollzogen wird (→ BFH vom 21. 10. 1966 – BStBl 1967 III S. 22).

Erbfolgeregelungen

– Ertragsteuerliche Behandlung der Erbengemeinschaft und ihrer Auseinandersetzung → BMF vom 14. 3. 2006 (BStBl I S. 253).   Anhang 8
– Ertragsteuerliche Behandlung der vorweggenommenen Erbfolge → BMF vom 13. 1. 1993 (BStBl I S. 80) unter Berücksichtigung der Änderungen durch BMF vom 26. 2. 2007 (BStBl I S. 269).
– Einkommensteuerrechtliche Behandlung von wiederkehrenden Leistungen im Zusammenhang mit einer Vermögensübertragung → BMF vom 11. 3. 2010 (BStBl I S. 227).

Fremdvergleich

– Angehörigen steht es frei, ihre Rechtsverhältnisse untereinander so zu gestalten, dass sie steuerlich möglichst günstig sind. Die steuerrechtliche Anerkennung des Vereinbarten setzt voraus, dass die Verträge zivilrechtlich wirksam zustande gekommen sind (→ BMF vom 23. 12. 2010 – BStBl 2011 I S. 37), inhaltlich dem zwischen Fremden Üblichen entsprechen und so auch durchgeführt werden. Maßgebend für die Beurteilung ist die Gesamtheit der objektiven Gegebenheiten. Dabei kann einzelnen dieser Beweisanzeichen je nach Lage des Falles im Rahmen der Gesamtbetrachtung eine unterschiedliche Bedeutung zukommen. Dementsprechend schließt nicht jede Abweichung vom Üblichen notwendigerweise die steuerrechtliche Anerkennung des Vertragsverhältnisses aus. An den Nachweis, dass es sich um ein ernsthaftes Vertragsverhältnis handelt, sind um so strengere Anforderungen zu stellen, je mehr die Umstände auf eine private Veranlassung des Rechtsverhältnisses hindeuten (→ BFH vom 28. 1. 1997 – BStBl II S. 655).
– Die Grundsätze des sog. Fremdvergleichs rechtfertigen es nicht, an Stelle der im Vertrag tatsächlich vereinbarten Leistung der Besteuerung eine höhere Gegenleistung unter Hinweis darauf zugrunde zu legen, dass eine solche unter fremden Dritten gefordert (und erbracht) worden wäre (→ BFH vom 31. 5. 2001 – BStBl II S. 756).
– → H 6a (9)
– **Personengesellschaften** – Die Grundsätze des Fremdvergleichs gelten entsprechend für die Verträge einer Personengesellschaft, die von nahen Angehörigen des anderen Vertragspartners beherrscht wird. Hierbei kommt es auf den rechtlichen und wirtschaftlichen Gehalt des jeweiligen Geschäfts und nicht auf die Bezeichnung durch die Vertragsparteien an (→ BFH vom 9. 5. 1996 – BStBl II S. 642). Schließt eine Personengesellschaft aufeinander abgestimmte Arbeitsverträge mit den Angehörigen ihrer Gesellschafter, bei denen keiner der Gesellschafter als allein beherrschend angesehen werden kann, ist der Fremdvergleich bei jedem einzelnen Arbeitsvertrag durchzuführen (→ BFH vom 20. 10. 1983 – BStBl 1984 II S. 298). Ein Gesellschafter, der nicht in der Lage ist, für sich allein einen beherrschenden Einfluss auszuüben, ist dann einem beherrschenden Gesellschafter gleichzustellen, wenn er gemeinsam mit anderen Gesellschaftern einen Gegenstand von gemeinsamem Interesse in gegenseitiger Abstimmung regelt (→ BFH vom 18. 12. 2001 – BStBl 2002 II S. 353).
– → Personengesellschaften; – Abtretung
– → Personengesellschaften; – Darlehen
– → Umdeutung

- **Umfang**

  – – Der Fremdvergleich ist nur einheitlich für den gesamten Vertrag anzustellen. Das Herauslösen einzelner Vertragsteile, wie z. B. einzelner Tätigkeiten aus einem Arbeitsvertrag, ist nicht möglich. Der Vertrag kann auch nicht mit Blick auf diese Vertragsteile teilweise steuerrechtlich anerkannt werden, wenn der Vertrag im Übrigen dem Fremdvergleich nicht standhält (→ BFH vom 9. 12. 1993 – BStBl 1994 II S. 298).

  – – Wird zur Finanzierung eines Kaufvertrags zwischen nahen Angehörigen ein Darlehensvertrag mit einer Bank abgeschlossen, sind die in dem Darlehensvertrag getroffenen Vereinbarungen auch dann nicht in den Fremdvergleich hinsichtlich des Kaufvertrags einzubeziehen, wenn der Verkäufer zugleich Sicherungsgeber ist (→ BFH vom 15. 10. 2002 – BStBl 2003 II S. 243).

  – – → Mehrere Verträge zwischen Angehörigen

Gelegentliche Hilfeleistung

Arbeitsverträge über gelegentliche Hilfeleistungen durch Angehörige sind steuerrechtlich nicht anzuerkennen, weil sie zwischen fremden Personen nicht vereinbart worden wären (→ BFH vom 9. 12. 1993 – BStBl 1994 II S. 298).

Gesellschaftsverträge zwischen Angehörigen

- → R 15.9
- → Umdeutung

Gewinnanteile aus geschenkter typisch stiller Beteiligung

Werden Geldbeträge vom Betriebsinhaber an seine minderjährigen Kinder mit der Auflage zugewendet, diese ihm wieder als Einlage im Rahmen einer typisch stillen Beteiligung zur Verfügung zu stellen, sind die Gewinnanteile nicht als Betriebsausgaben abziehbar, wenn eine Verlustbeteiligung ausgeschlossen ist (→ BFH vom 21. 10. 1992 – BStBl 1993 II S. 289).

Mehrere Verträge zwischen Angehörigen

Bei der Prüfung, ob die Leistungsbeziehungen zwischen nahen Angehörigen dem Fremdvergleich standhalten, sind mehrere zeitlich und sachlich zusammenhängende Verträge nicht isoliert, sondern in ihrer Gesamtheit zu würdigen (→ BFH vom 13. 12. 1995 – BStBl 1996 II S. 180).

Miet- und Pachtverträge zwischen Angehörigen

- → R 21.4
- → Sonstige Rechtsverhältnisse zwischen Angehörigen

Minderjährige Kinder

Anhang 19

- **Ergänzungspfleger** – Bei Verträgen zwischen Eltern und minderjährigen Kindern, die nicht Arbeitsverträge sind (→ R 4.8 Abs. 3), ist ein Ergänzungspfleger zu bestellen, damit die Vereinbarungen bürgerlich-rechtlich wirksam zustande kommen und so eine klare Trennung bei der Verwaltung des Kindesvermögens und des elterlichen Vermögens gewährleistet ist (→ BFH vom 23. 4. 1992 – BStBl II S. 1024 und BMF vom 24. 7. 1998 – BStBl I S. 914, Tz. 4).

- **Schwebend unwirksame Verträge, Insichgeschäfte** – Die klaren und ernsthaft gewollten Vereinbarungen (→ Fremdvergleich) müssen zu Beginn des maßgeblichen Rechtsverhältnisses oder bei Änderung des Verhältnisses für die Zukunft getroffen werden. Ein Insichgeschäft i. S. d. § 181 BGB ist solange – schwebend – unwirksam, bis die Wirksamkeit z. B. durch Bestellung eines Ergänzungspflegers oder mit Erreichen der Volljährigkeit eines minderjährigen Kindes nachgeholt wird. Die nachträgliche Genehmigung des Rechtsgeschäftes hat zivilrechtlich zur Folge, dass die schwebende Unwirksamkeit des Vertrages rückwirkend entfällt (§ 108 Abs. 3, § 184 Abs. 1 BGB). Steuerrechtlich entfaltet sie grundsätzlich keine Rückwirkung. Im Regelfall sind die steuerrechtlichen Folgerungen erst von dem Zeitpunkt an zu ziehen, zu dem die schwebende Unwirksamkeit entfallen ist (→ BFH vom 31. 10. 1989 – BStBl 1992 II S. 506), es sei denn, die steuerrechtliche Rückwirkung ist ausdrücklich gesetzlich zugelassen (§ 41 Abs. 1 AO).

  Ausnahmsweise sind tatsächlich durchgeführte Verträge zwischen nahen Angehörigen von Anfang an steuerlich zu berücksichtigen, wenn den Vertragspartnern die Nichtbeachtung der Formvorschriften nicht angelastet werden kann und sie zeitnah nach dem Erkennen der Unwirksamkeit oder dem Auftauchen von Zweifeln an der Wirksamkeit des Vertrages die erforderlichen Maßnahmen eingeleitet haben, um die Wirksamkeit herbeizuführen oder klarzustellen (→ BFH vom 13. 7. 1999 – BStBl 2000 II S. 386).

Nichteheliche Lebensgemeinschaften

Die für die steuerrechtliche Beurteilung von Verträgen zwischen Ehegatten geltenden Grundsätze können nicht auf Verträge zwischen Partner einer nichtehelichen Lebensgemeinschaft übertragen werden (→ BFH vom 14. 4. 1988 – BStBl II S. 670).

Personengesellschaften

– **Abtretung** – Tritt der Gesellschafter einer Personengesellschaft ihm gegen die Gesellschaft zustehende Darlehensansprüche zur Ablösung von Pflichtteilsansprüchen an einen Angehörigen ab, der die Beträge der Gesellschaft weiterhin als Darlehen belässt, so sind die an den neuen Darlehensgläubiger gezahlten Darlehenszinsen Betriebsausgaben der Personengesellschaft. Der Betriebsausgabenabzug kann nicht vom Ergebnis eines → Fremdvergleichs hinsichtlich der Darlehensbedingungen abhängig gemacht werden, wenn der Abtretende die Gesellschaft nicht beherrscht (→ BFH 15. 12. 1988 – BStBl 1989 II S. 500).

– → **Arbeitsverhältnisse zwischen Ehegatten**

– → Darlehensverhältnisse zwischen Angehörigen

– → Fremdvergleich

– **Vermögen einer Personengesellschaft** kann nicht als Vermögen des Gesellschafterehegatten angesehen werden. Deshalb liegt ein Vermögenszugang beim Arbeitnehmer-Ehegatten auch dann vor, wenn das Arbeitsentgelt auf ein gemeinschaftliches Konto der Ehegatten überwiesen wird, über das jeder Ehegatte ohne Mitwirkung des anderen verfügen kann (→ BFH vom 24. 3. 1983 – BStBl II S. 663).

– Keine betriebliche Veranlassung bei Vergabe eines zinslosen und ungesicherten **Darlehens** durch eine Personengesellschaft an ihren Gesellschafter. Die Frage der betrieblichen Veranlassung der Geldhingabe ist auf der Grundlage eines Fremdvergleichs zu beurteilen (→ BFH vom 9. 5. 1996 – BStBl II S. 642). Wird neben dem (festen) Kapitalkonto lediglich ein weiteres Konto zur Erfassung von Gewinnen, Einlagen und Entnahmen der Gesellschafter geführt, handelt es sich nicht um ein Darlehenskonto, wenn auf dem Konto auch Verluste verbucht werden (→ BFH vom 27. 6. 1996 – BStBl 1997 II S. 36).

– → Sicherung des Darlehensanspruchs

– Unterbeteiligung von Kindern an einer vermögensverwaltenden Personengesellschaft → H 21.6 (Unterbeteiligung an einer Personengesellschaft)

Rechtsfolgen bei fehlender Anerkennung

– Ist ein **Arbeitsverhältnis** steuerrechtlich nicht anzuerkennen, so sind Lohnzahlungen einschließlich einbehaltener und abgeführter Lohn- und Kirchensteuerbeträge, für den mitarbeitenden Ehegatten einbehaltene und abgeführte Sozialversicherungsbeiträge (Arbeitgeber- und Arbeitnehmeranteil) und vermögenswirksame Leistungen, die der Arbeitgeber-Ehegatte nach dem Vermögensbildungsgesetz erbringt, nicht als Betriebsausgaben abziehbar (→ BFH vom 8. 2. 1983 – BStBl II S. 496 und vom 10. 4. 1990 – BStBl II S. 741).

– Zinsen aus einem ertragsteuerlich nicht anzuerkennenden **Darlehen** unter nahen Angehörigen sind keine Betriebsausgaben; beim Empfänger sind sie keine Einkünfte aus Kapitalvermögen (→ BFH vom 2. 8. 1994 – BStBl 1995 II S. 264).

Scheidungsklausel

Erwirbt ein Ehegatte (A) mit vom anderen Ehegatten (B) geschenkten Mitteln ein Grundstück, welches für betriebliche Zwecke an B vermietet wird, begründet weder die Schenkung der Mittel, die Vereinbarung zwischen den Ehegatten für den Fall der Beendigung des Güterstandes auf andere Weise als den Tod, das erworbene Grundstück auf den anderen Ehegatten zu übertragen (sog. Scheidungsklausel), noch die B eingeräumte Möglichkeit zu seinen Gunsten oder zugunsten eines Dritten eine Auflassungsvormerkung in das Grundbuch eintragen zu lassen, wirtschaftliches Eigentum des B (→ BFH vom 4. 2. 1998 – BStBl II S. 542).

Schenkung

– → Arbeitsverhältnisse zwischen Ehegatten; – Der steuerrechtlichen Anerkennung eines Arbeitsverhältnisses steht nicht entgegen; = Schenkung

– → Darlehensverhältnisse zwischen Angehörigen; – Schenkungsbegründetes Darlehen

Sicherung des Darlehensanspruchs

– Bei einem Darlehen einer Personengesellschaft an ihren Gesellschafter kann nicht ein künftiger Gewinnanteil des Gesellschafters als Sicherheit angesehen werden. Unüblich ist auch die Unverzinslichkeit eines Darlehens (→ BFH vom 9. 5. 1996 – BStBl II S. 642).

– Die fehlende verkehrsübliche Sicherung des Darlehensanspruchs wird bei langfristigen Darlehen zwischen nahen Angehörigen als Indiz für die außerbetriebliche Veranlassung des Darlehens gewertet, wobei als langfristig jedenfalls Darlehen mit einer Laufzeit von mehr als vier Jahren angesehen werden (→ BFH vom 9. 5. 1996 – BStBl II S. 642). Eine langfristige Darlehensvereinbarung zwischen Eltern und Kindern kann trotz teilweise fehlender Sicherheiten steuerrechtlich anerkannt werden, wenn die Kinder bei Darlehensabschluss bereits volljährig sind, nicht mehr im Haushalt der Eltern leben und wirtschaftlich von den Eltern unabhängig sind (→ BFH vom 18. 12. 1990 – BStBl 1991 II S. 911).

Sonstige Rechtsverhältnisse zwischen Angehörigen

– Für die einkommensteuerrechtliche Beurteilung von Miet- und Pachtverträgen, Darlehensverträgen und ähnlichen Verträgen sind die Grundsätze zur steuerlichen Anerkennung von Ehegatten-Arbeitsverhältnissen entsprechend anzuwenden (→ BFH vom 28. 1. 1997 – BStBl II S. 655).

– → Fremdvergleich

Umdeutung

Die steuerliche Beurteilung muss von dem ausgehen, was die Stpfl. rechtsgültig vereinbart haben, und zwar auch dann, wenn die Vereinbarung aus privater Veranlassung von dem abweicht, was unter fremden Dritten üblich ist. Haben die Beteiligten einen Gesellschaftsvertrag über eine Unterbeteiligung abgeschlossen, und kann der Gesellschaftsvertrag wegen der nicht fremdüblichen Ausgestaltung zu Lasten der Unterbeteiligung steuerlich nicht anerkannt werden, kann an die Stelle des wirksam abgeschlossenen Gesellschaftsvertrags für die steuerliche Beurteilung **nicht** ein tatsächlich **nicht** existenter Vertrag über ein partiarisches Darlehen gesetzt werden (→ BFH vom 6. 7. 1995 – BStBl 1996 II S. 269).

Unterhalt

Beschränkt sich der Stpfl. darauf, dem mitarbeitenden Kind Unterhalt zu gewähren (Beköstigung, Bekleidung, Unterkunft und Taschengeld), so liegen steuerlich nicht abziehbare Lebenshaltungskosten vor (→ BFH vom 19. 8. 1971 – BStBl 1972 II S. 172).

Wirtschaftsüberlassungsvertrag

Anhang 8   Bei nach dem 31. 12. 2007 abgeschlossenen Wirtschaftsüberlassungsverträgen liegt keine begünstigte Vermögensübertragung im Zusammenhang mit Versorgungsleistungen vor (→ BMF vom 11. 3. 2010 – BStBl I S. 227, Rzn. 22, 81).

Wohnungsüberlassung an geschiedenen oder dauernd getrennt lebenden Ehegatten

→ H 21.4 (Vermietung an Unterhaltsberechtigte)

R 4.9   ## 4.9. Abziehbare Steuern

– unbesetzt –

H 4.9   ## Hinweise

Änderung von bestandskräftigen Veranlagungen

Mehrbeträge an abziehbaren Steuern, die sich durch eine Betriebsprüfung ergeben haben, sind für sich allein keine neuen Tatsachen i. S. d. § 173 Abs. 1 Nr. 2 AO, die eine Änderung der bestandskräftigen Veranlagungen der Jahre rechtfertigen würden, zu denen die Mehrsteuern wirtschaftlich gehören (→ BFH vom 10. 8. 1961 – BStBl III S. 534).

Mehrsteuern

Ändern sich die Mehrsteuern bis zur Bestandskraft der Veranlagungen, sind die Änderungen bei diesen Veranlagungen zu berücksichtigen (→ BFH vom 19. 12. 1961 – BStBl 1962 III S. 64).

Rückstellung für künftige Steuernachforderungen

Die Behauptung des Stpfl., dass nach allgemeiner Erfahrung bei einer Betriebsprüfung mit Steuernachforderungen zu rechnen ist, rechtfertigt nicht die Bildung einer Rückstellung (→ BFH vom 13. 1. 1966 – BStBl III S. 189). Abzugsfähige Steuern sind grundsätzlich dem Jahr zu belasten, zu dem sie wirtschaftlich gehören (→ BFH vom 3. 12. 1969 – BStBl 1970 II S. 229). Dagegen ist eine Rückstellung für Mehrsteuern auf Grund einer Steuerfahndungsprüfung frühestens mit der Beanstandung einer bestimmten Sachhandlung durch den Prüfer zu bilden (→ BFH vom 27. 11. 2001 – BStBl 2002 II S. 731).

Ferner:
– Der BFH hat durch Urteil vom 27. 11. 2001 (BStBl 2002 II S. 731) entschieden, dass ein Steuerpflichtiger erst dann Rückstellungen für Mehrsteuern aufgrund einer Fahndungsprüfung bilden kann, wenn er am Bilanzstichtag ernsthaft mit quantifizierbaren Nachforderungen rechnen muss.
  Das ist nach dem Urteil frühestens der Fall, wenn der Fahndungsprüfer im Rahmen seiner Ermittlungen bestimmte Sachverhalte steuerlich beanstandet hat.
  Diese Grundsätze gelten sowohl für die abziehbaren Ertragsteuern als auch für die Umsatzsteuer.
  Rückstellungen wegen nicht abgeführter Lohnsteuer sind frühestens dann zu bilden, wenn der Steuerpflichtige ernsthaft mit einer Haftungsinanspruchnahme nach § 42d EStG rechnen muss (BFH vom 16. 2. 1996 – BStBl II S. 592).
  Dagegen sind Rückstellungen für die Nachforderung von Sozialversicherungsbeiträgen in dem Wirtschaftsjahr zu bilden, in dem sie entstanden sind (BFH a. a. O.).
  Für Zwecke des Strafverfahrens sind die Rückstellungen für Mehrsteuern ebenfalls im Jahr der Entstehung zu berücksichtigen, weil festzustellen ist, wie hoch die steuerlichen Verpflichtungen bei ordnungsgemäßer Abgabe der Steuererklärungen gewesen wären.
  → OFD Koblenz 10. 11. 2005, S 1620 A – St 43a – StEK EStG § 5 Rückst./195

– Das (zur amtlichen Veröffentlichung bestimmte) Urteil des BFH vom 16. 12. 2009, I R 43/08 hat die Frage aufgeworfen, ob an dieser Verwaltungsauffassung [Anm. d. Verf.: = H 4.9 Rückstellung für künftige Steuernachforderungen] festgehalten werden kann, zumal der BFH in seiner Begründung unter II. 2. b) darauf hingewiesen hat, dass es in dem zu beurteilenden Einzelfall nicht zu beanstanden ist, Rückstellungen für Mehrsteuern aufgrund einer Außenprüfung erst in dem Jahr zu berücksichtigen, in dem der Steuerpflichtige erstmals Kenntnis von der steuerlichen Beurteilung durch das FA erlangt.
  Die v. g. in H 4.9 EStH getroffene Regelung war für den BFH indes nicht entscheidungsrelevant; sein Urteil vom 16. 12. 2009 ist zur steuerwirksamen Auflösung von Rückstellungen für Nachforderungszinsen auf die Körperschaftsteuer ergangen und zwar vor dem Hintergrund der gesetzlichen Änderung der ertragsteuerrechtlichen Behandlung von Nachforderungszinsen auf Körperschaftsteuer.
  Die in H 4.9 EStH dargelegte Verwaltungsauffassung wird mithin durch das Urteil des BFH vom 16. 12. 2009, I R 43/08 nicht berührt.
  → FinMin Schleswig-Holstein vom 13. 9. 2011, VI 304 – S 2141 – 007

4.10. Geschenke, Bewirtung, andere die Lebensführung berührende Betriebsausgaben

R 4.10

Allgemeines

R 4.10 (1)

S 2145

(1) ¹Durch § 4 Abs. 5 Satz 1 Nr. 1 bis 7 i. V. m. Abs. 7 EStG wird der Abzug von betrieblich veranlassten Aufwendungen, die die Lebensführung des Stpfl. oder anderer Personen berühren, eingeschränkt. ²Vor Anwendung dieser Vorschriften ist stets zu prüfen, ob die als Betriebsausgaben geltend gemachten Aufwendungen z. B. für Repräsentation, Bewirtung und Unterhaltung von Geschäftsfreunden, Reisen, Kraftfahrzeughaltung bereits zu den nicht abziehbaren Kosten der Lebensführung i. S. d. § 12 Nr. 1 EStG gehören. ³Die nach § 4 Abs. 5 und 7 EStG nicht abziehbaren Betriebsausgaben sind keine Entnahmen i. S. d. § 4 Abs. 1 Satz 2 EStG.

Hinweise

Abgrenzung

der Betriebsausgaben von den Lebenshaltungskosten → *H 12.1 – H 12.2*

Ferienwohnung

Mehraufwendungen für Verpflegung und Reisekosten im Zusammenhang mit einem mehrwöchigen Aufenthalt in der eigenen, sonst gewerblich genutzten Ferienwohnung sind nur dann Betriebsausgaben, wenn der Aufenthalt während der normalen Arbeitszeit vollständig mit Arbeiten für die Wohnung ausgefüllt war (→ BFH vom 25. 11. 1993 – BStBl 1994 II S. 350).

Häusliches Arbeitszimmer

Anhang 10.VI   → BMF vom 2. 3. 2011 (BStBl I S. 195).

Segel- oder Motorjachten

– Segel- oder Motorjachten als „schwimmendes Konferenzzimmer" → BFH vom 3. 2. 1993 (BStBl II S. 367)

– Aufwendungen für Wege zwischen Wohnung und Betriebsstätte → H 4.12 (Motorboot)

– Vom allgemeinen Betriebsausgabenabzug ausgeschlossen sind nur solche Aufwendungen, die einer sportlichen Betätigung, der Unterhaltung von Geschäftsfreunden, der Freizeitgestaltung oder der Repräsentation dienen. Die Anwendbarkeit des Abzugsverbots nach § 4 Abs. 5 Satz 1 Nr. 4 EStG hängt nicht von der Art des Wasserfahrzeugs, sondern von dessen konkreter Bestimmung ab, wobei die Bestimmung durch den Fahrzeugtyp indiziert sein kann (→ BFH vom 1. 5. 2001 – BStBl II S. 575).

– *Kosten für eine Schiffsreise (z. B. für eine sog. Regattabegleitfahrt) mit Geschäftspartnern sind grundsätzlich nicht als Betriebsausgaben abziehbar, wenn ein Zusammenhang mit der Unterhaltung der Teilnehmer oder der Repräsentation des Unternehmens nicht ausgeschlossen werden kann (→ BFH vom 2. 8. 2012 – BStBl II S. 824).*

Sozialeinrichtungen

§ 4 Abs. 5 EStG ist nach seinem Sinn und Zweck nicht auf Aufwendungen für betriebliche Sozialeinrichtungen anwendbar (→ BFH vom 30. 7. 1980 – BStBl 1981 II S. 58).

Veräußerung von Wirtschaftsgütern i. S. d. § 4 Abs. 5 EStG

Zur Berechnung des Veräußerungsgewinns ist als Buchwert der Wert anzusetzen, der sich unter Berücksichtigung der Absetzungen ergibt, die nicht abziehbare Aufwendungen i. S. d. § 4 Abs. 5 oder 7 EStG waren (→ BFH vom 12. 12. 1973 – BStBl 1974 II S. 207).

VIP-Logen

Anhang 10 – Aufwendungen für VIP-Logen in Sportstätten → BMF vom 22. 8. 2005 (BStBl I S. 845) unter Berücksichtigung der Änderungen durch BMF vom 29. 4. 2008 (BStBl I S. 566), Rz. 15.

– Anwendung der Vereinfachungsregelungen auf ähnliche Sachverhalte → BMF vom 11. 7. 2006 (BStBl I S. 447) unter Berücksichtigung der Änderungen durch BMF vom 29. 4. 2008 (BStBl I S. 566), Rz. 15.

R 4.10 (2)   **Geschenke**

(2) ¹Nach § 4 Abs. 5 Satz 1 Nr. 1 EStG dürfen Aufwendungen für betrieblich veranlasste Geschenke (→ Geschenk) an natürliche Personen, die nicht Arbeitnehmer des Stpfl. sind, oder an juristische Personen grundsätzlich nicht abgezogen werden. ²Personen, die zu dem Stpfl. auf Grund eines Werkvertrages oder eines Handelsvertretervertrags in ständiger Geschäftsbeziehung stehen, sind den Arbeitnehmern des Stpfl. nicht gleichgestellt. ³Entstehen die Aufwendungen für ein Geschenk in einem anderen Wirtschaftsjahr als dem, in dem der Gegenstand geschenkt wird, und haben sich die Aufwendungen in dem Wirtschaftsjahr, in dem sie gemacht wurden, gewinnmindernd ausgewirkt, ist, wenn ein Abzug nach § 4 Abs. 5 Satz 1 Nr. 1 EStG ausgeschlossen ist, im Wirtschaftsjahr der Schenkung eine entsprechende Gewinnerhöhung vorzunehmen. ⁴Das Abzugsverbot greift nicht, wenn die zugewendeten Wirtschaftsgüter beim Empfänger ausschließlich betrieblich genutzt werden können.

(3) [1]Zu den Anschaffungs- oder Herstellungskosten eines Geschenks zählen auch die Kosten einer Kennzeichnung des Geschenks als Werbeträger sowie die Umsatzsteuer (→ § 9b EStG), wenn der Abzug als → Vorsteuer ohne Berücksichtigung des § 15 Abs. 1a UStG ausgeschlossen ist; Verpackungs- und Versandkosten gehören nicht dazu. [2]Übersteigen die Anschaffungs- oder Herstellungskosten eines Geschenks an einen Empfänger oder, wenn an einen Empfänger im Wirtschaftsjahr mehrere Geschenke gegeben werden, die Anschaffungs- oder Herstellungskosten aller Geschenke an diesen Empfänger die Freigrenze gem. § 4 Abs. 5 Satz 1 Nr. 1 EStG, entfällt der Abzug in vollem Umfang. **R 4.10 (3)**

(4) [1]Ein → Geschenk setzt eine unentgeltliche Zuwendung an einen Dritten voraus. [2]Die Unentgeltlichkeit ist nicht gegeben, wenn die Zuwendung als Entgelt für eine bestimmte Gegenleistung des Empfängers anzusehen ist. [3]Sie wird jedoch nicht schon dadurch ausgeschlossen, dass mit der Zuwendung der Zweck verfolgt wird, Geschäftsbeziehungen zu sichern oder zu verbessern oder für ein Erzeugnis zu werben. [4]Ein Geschenk i. S. d. § 4 Abs. 5 Satz 1 Nr. 1 EStG ist danach regelmäßig anzunehmen, wenn ein Stpfl. einem Geschäftsfreund oder dessen Beauftragten ohne rechtliche Verpflichtung und ohne zeitlichen oder sonstigen unmittelbaren Zusammenhang mit einer Leistung des Empfängers eine Bar- oder Sachzuwendung gibt. [5]Keine Geschenke sind beispielsweise **R 4.10 (4)**

1. Kränze und Blumen bei Beerdigungen,
2. Spargeschenkgutscheine der Kreditinstitute und darauf beruhende Gutschriften auf dem Sparkonto anlässlich der Eröffnung des Sparkontos oder weitere Einzahlungen,
3. Preise anlässlich eines Preisausschreibens oder einer Auslobung.

[6]Zu den Geschenken i. S. d. § 4 Abs. 5 Satz 1 Nr. 1 EStG rechnen ebenfalls nicht die Bewirtung, die damit verbundene Unterhaltung und die Beherbergung von Personen aus geschäftlichem Anlass; → Absätze 5 ff.).

Hinweise   H 4.10 (2 – 4)

Freigrenze für Geschenke nach § 4 Abs. 5 Satz 1 Nr. 1 EStG

→ H 9b

Geschenk

Ob eine Vermögenszuwendung unentgeltlich als Geschenk oder entgeltlich gemacht wird, entscheidet nach bürgerlichem Recht die hierüber zwischen den Beteiligten getroffene Vereinbarung. Ein Geschenk liegt nur vor, wenn beide Seiten über die Unentgeltlichkeit einig sind. Daher liegt schon dann kein Geschenk vor, wenn eine Seite von der Entgeltlichkeit der Zuwendung ausgeht (→ BFH vom 23. 6. 1993 – BStBl II S. 806).

Selbständige Tätigkeit eines Angestellten

Übt ein Angestellter unter Mithilfe anderer Angestellter desselben Arbeitgebers auch eine selbständige Tätigkeit aus, so handelt es sich bei diesen Mitarbeitern nicht um Arbeitnehmer des Angestellten und zugleich selbständig Tätigen (→ BFH vom 8. 11. 1984 – BStBl 1985 II S. 286).

Bewirtung und Bewirtungsaufwendungen   R 4.10 (5)

(5) [1]Eine → Bewirtung i. S. d. § 4 Abs. 5 Satz 1 Nr. 2 EStG liegt vor, wenn Personen beköstigt werden. [2]Dies ist stets dann der Fall, wenn die Darreichung von Speisen und/oder Getränken eindeutig im Vordergrund steht. [3]Bewirtungsaufwendungen sind Aufwendungen für den Verzehr von Speisen, Getränken und sonstigen Genussmitteln. [4]Dazu können auch Aufwendungen gehören, die zwangsläufig im Zusammenhang mit der Bewirtung anfallen, wenn sie im Rahmen des insgesamt geforderten Preises von untergeordneter Bedeutung sind, wie z. B. Trinkgelder und Garderobengebühren. [5]Die Beurteilung der Art der Aufwendungen richtet sich grundsätzlich nach der Hauptleistung. [6]Werden dem bewirtenden Stpfl. die Bewirtungsaufwendungen im Rahmen eines Entgelts ersetzt (z. B. bei einer Seminargebühr oder einem Beförderungsentgelt), unterliegen diese Aufwendungen nicht der in § 4 Abs. 5 Satz 1 Nr. 2 EStG festgelegten Kürzung. [7]Dies gilt nur, wenn die Bewirtung in den Leistungsaustausch einbezogen ist. [8]Die nach § 15 Abs. 1a Nr. 1 UStG nichtabziehbare Vorsteuer unterliegt dem Abzugsverbot des § 12 Nr. 3 EStG. [9]Keine Bewirtung liegt vor bei

1. Gewährung von Aufmerksamkeiten in geringem Umfang (wie Kaffee, Tee, Gebäck) z. B. anlässlich betrieblicher Besprechungen, wenn es sich hierbei um eine übliche Geste der Höflichkeit handelt; die Höhe der Aufwendungen ist dabei nicht ausschlaggebend,

2. Produkt-/Warenverkostungen z. B. im Herstellungsbetrieb, beim Kunden, beim (Zwischen-)Händler, bei Messeveranstaltungen; hier besteht ein unmittelbarer Zusammenhang mit dem Verkauf der Produkte oder Waren. [2]Voraussetzung für den unbeschränkten Abzug ist, dass nur das zu veräußernde Produkt und ggf. Aufmerksamkeiten (z. B. Brot anlässlich einer Weinprobe) gereicht werden. [3]Diese Aufwendungen können als Werbeaufwand unbeschränkt als Betriebsausgaben abgezogen werden. [4]Entsprechendes gilt, wenn ein Dritter mit der Durchführung der Produkt-/Warenverkostung beauftragt war.

[10]Solche Aufwendungen können unbegrenzt als Betriebsausgaben abgezogen werden.

R 4.10 (6) Betrieblicher und geschäftlicher Anlass

(6) [1]Betrieblich veranlasste Aufwendungen für die Bewirtung von Personen können geschäftlich oder nicht geschäftlich (→ Absatz 7) bedingt sein. [2]Ein geschäftlicher Anlass besteht insbesondere bei der Bewirtung von Personen, zu denen schon Geschäftsbeziehungen bestehen oder zu denen sie angebahnt werden sollen. [3]Auch die Bewirtung von Besuchern des Betriebs z. B. im Rahmen der Öffentlichkeitsarbeit ist geschäftlich veranlasst. [4]Bei geschäftlichem Anlass sind die Bewirtungsaufwendungen nach § 4 Abs. 5 Satz 1 Nr. 2 Satz 1 EStG nicht zum Abzug zugelassen, soweit sie den dort genannten Prozentsatz der angemessenen und nachgewiesenen Aufwendungen übersteigen. [5]Hierbei sind zunächst folgende Kosten auszuscheiden:

1. Teile der Bewirtungskosten, die privat veranlasst sind;

2. Teile der Bewirtungsaufwendungen, die nach allgemeiner Verkehrsauffassung als unangemessen anzusehen sind (→ Angemessenheit),

3. Bewirtungsaufwendungen, deren Höhe und betriebliche Veranlassung nicht nachgewiesen sind (→ Absatz 8),

4. Bewirtungsaufwendungen, die wegen Verletzung der besonderen Aufzeichnungspflichten nicht abgezogen werden können (→ § 4 Abs. 7 EStG, R 4.11);

5. Aufwendungen, die nach ihrer Art keine Bewirtungsaufwendungen sind (z. B. Kosten für eine Musikkapelle anlässlich einer Informations- oder Werbeveranstaltung und andere Nebenkosten), es sei denn, sie sind von untergeordneter Bedeutung (z. B. Trinkgelder → Absatz 5); solche Aufwendungen sind in vollem Umfang abziehbar, wenn die übrigen Voraussetzungen vorliegen.

[6]Die verbleibenden Aufwendungen fallen unter die Abzugsbegrenzung. [7]Die Abzugsbegrenzung gilt bei der Bewirtung von Personen aus geschäftlichem Anlass auch für den Teil der Aufwendungen, der auf den an der Bewirtung teilnehmenden Stpfl. oder dessen Arbeitnehmer entfällt. [8]Aufwendungen für die Bewirtung von Personen aus geschäftlichem Anlass in der Wohnung des Stpfl. gehören regelmäßig nicht zu den Betriebsausgaben, sondern zu den Kosten der Lebensführung (§ 12 Nr. 1 EStG). [9]Bei Bewirtungen in einer betriebseigenen Kantine wird aus Vereinfachungsgründen zugelassen, dass die Aufwendungen nur aus den Sachkosten der verabreichten Speisen und Getränke sowie den Personalkosten ermittelt werden; es wird nicht zu beanstanden, wenn – im Wirtschaftsjahr einheitlich – je Bewirtung ein Betrag von 15 Euro angesetzt wird, wenn dieser Ansatz nicht zu einer offenbar unzutreffenden Besteuerung führt. [10]Unter dem Begriff „betriebseigene Kantine" sind alle betriebsinternen Einrichtungen zu verstehen, die es den Arbeitnehmern des Unternehmens ermöglichen, Speisen und Getränke einzunehmen, und die für fremde Dritte nicht ohne weiteres zugänglich sind. [11]Auf die Bezeichnung der Einrichtung kommt es nicht an; zu Kantinen können deshalb auch Einrichtungen gehören, die im Betrieb als „Casino" oder „Restaurant" bezeichnet werden.

R 4.10 (7)

(7) [1]Nicht geschäftlich, sondern allgemein betrieblich veranlasst ist ausschließlich die Bewirtung von Arbeitnehmern des bewirtenden Unternehmens. [2]Geschäftlich veranlasst ist danach die Bewirtung von Arbeitnehmern von gesellschaftsrechtlich verbundenen Unternehmen (z. B. Mutter- oder Tochterunternehmen) und mit ihnen vergleichbaren Personen. [3]Nur in dem Maße, wie die Aufwendungen auf die nicht geschäftlich veranlasste Bewirtung von Arbeitnehmern des bewirtenden Unternehmens entfallen, können sie unbegrenzt abgezogen werden. [4]Bei Betriebsfesten ist die Bewirtung von Angehörigen oder von Personen, die zu ihrer Gestaltung beitragen, unschädlich.

R 4.10 (8) Nachweis

(8) [1]Der Nachweis der Höhe und der betrieblichen Veranlassung der Aufwendungen durch schriftliche Angaben zu Ort, Tag, Teilnehmer und Anlass der Bewirtung sowie Höhe der Aufwendungen ist gesetzliches Tatbestandsmerkmal für den Abzug der Bewirtungsaufwendungen als Betriebsausgaben. [2]Bei Bewirtung in einer Gaststätte genügen neben der beizufügenden Rechnung Angaben zu dem Anlass und den Teilnehmern der Bewirtung; auch hierbei handelt es sich um ein gesetzliches Tatbestandsmerkmal für den Abzug der Bewirtungsaufwendungen als Betriebsausgaben. [3]Aus der Rechnung müssen sich Name und Anschrift der Gaststätte sowie der

Tag der Bewirtung ergeben. [4]Die Rechnung muss auch den Namen des bewirtenden Stpfl. enthalten; dies gilt nicht, wenn der Gesamtbetrag der Rechnung 150 Euro nicht übersteigt. [5]Die schriftlichen Angaben können auf der Rechnung oder getrennt gemacht werden. [6]Erfolgen die Angaben getrennt von der Rechnung, müssen das Schriftstück über die Angaben und die Rechnung grundsätzlich zusammengefügt werden. [7]Ausnahmsweise genügt es, den Zusammenhang dadurch darzustellen, dass auf der Rechnung und dem Schriftstück über die Angaben Gegenseitigkeitshinweise angebracht werden, so dass Rechnung und Schriftstück jederzeit zusammengefügt werden können. [8]Die Rechnung muss den Anforderungen des § 14 UStG genügen und maschinell erstellt und registriert sein. [9]Die in Anspruch genommenen Leistungen sind nach Art, Umfang, Entgelt und Tag der Bewirtung in der Rechnung gesondert zu bezeichnen; die für den Vorsteuerabzug ausreichende Angabe „Speisen und Getränke" und die Angabe der für die Bewirtung in Rechnung gestellten Gesamtsumme sind für den Betriebsausgabenabzug nicht ausreichend.

(9) [1]Zur Bezeichnung der Teilnehmer der Bewirtung ist grundsätzlich die Angabe ihres Namens erforderlich. [2]Auf die Angabe der Namen kann jedoch verzichtet werden, wenn ihre Feststellung dem Stpfl. nicht zugemutet werden kann. [3]Das ist z. B. bei Bewirtungen anlässlich von Betriebsbesichtigungen durch eine größere Personenzahl und bei vergleichbaren Anlässen der Fall. [4]In diesen Fällen sind die Zahl der Teilnehmer der Bewirtung sowie eine die Personengruppe kennzeichnende Sammelbezeichnung anzugeben. [5]Die Angaben über den Anlass der Bewirtung müssen den Zusammenhang mit einem geschäftlichen Vorgang oder einer Geschäftsbeziehung erkennen lassen.

R 4.10 (9)

Hinweise

H 4.10 (5 – 9)

Angemessenheit

– Die Angemessenheit ist vor allem nach den jeweiligen Branchenverhältnissen zu beurteilen (→ BFH vom 14. 4. 1988 – BStBl II S. 771);
– → H 4.10 (12)

Anlass der Bewirtung

Angaben wie „Arbeitsgespräch", „Infogespräch" oder „Hintergrundgespräch" als Anlass der Bewirtung sind nicht ausreichend (→ BFH vom 15. 1. 1998 – BStBl II S. 263).

Aufteilung von Bewirtungsaufwendungen in einen betrieblichen und einen privaten Teil

Der eigene Verzehraufwand eines Gewerbetreibenden in Gaststätten, in denen er seine Waren mit Hilfe von aufgestellten Automaten vertreibt, ist nur insoweit als betrieblich veranlasster Aufwand abziehbar, wie im Einzelnen nachgewiesen wird, dass dabei die private Lebensführung als unbedeutend in den Hintergrund getreten ist (→ BFH vom 14. 4. 1988 (BStBl II S. 771).

Bewirtung

Eine Bewirtung i. S. d. § 4 Abs. 5 Satz 1 Nr. 2 EStG liegt nur vor, wenn die Darreichung von Speisen und/oder Getränken eindeutig im Vordergrund steht (→ BFH vom 16. 2. 1990 – BStBl II S. 575). Keine Bewirtungsaufwendungen sind daher Aufwendungen für die Darbietung anderer Leistungen (wie insbesondere Varieté, Striptease und Ähnliches), wenn der insgesamt geforderte Preis in einem offensichtlichen Missverhältnis zum Wert der verzehrten Speisen und/oder Getränke steht (→ BFH vom 16. 2. 1990 – BStBl II S. 575); solche Aufwendungen sind insgesamt nach § 4 Abs. 5 Satz 1 Nr. 7 EStG zu beurteilen (→ R 4.10 Abs. 12) und ggf. aufzuteilen. Die nach Aufteilung auf eine Bewirtung entfallenden Aufwendungen unterliegen sodann der Abzugsbegrenzung des § 4 Abs. 5 Satz 1 Nr. 2 EStG.

Bewirtung im gastronomischen Unternehmensbereich

Die Abzugsbegrenzung findet keine Anwendung, wenn die Bewirtungsaufwendungen entweder anlässlich einer Bewirtung von zahlenden Gästen (z. B. bei der Bewirtung von Fluggästen durch eine Fluggesellschaft) oder durch Präsentation bestimmter Speisen zu Werbezwecken anfallen (→ BFH vom 7. 9. 2011 – BStBl 2012 II S. 194)

Bewirtung mehrerer Personen

Werden mehrere Personen bewirtet, müssen grundsätzlich die Namen aller Teilnehmer der Bewirtung, ggf. auch des Stpfl. und seiner Arbeitnehmer angegeben werden (→ BFH vom 25. 2. 1988 – BStBl II S. 581).

Bewirtung von Personen aus geschäftlichem Anlass

– Keine Betriebseinnahme → R 4.7 Abs. 3
– Steuerliche Anerkennung der Aufwendungen als Betriebsausgaben nach R 4.10 Abs. 6 → BMF
   vom 21. 11. 1994 (BStBl I S. 855)

Journalisten

Journalisten können die nach § 4 Abs. 5 Satz 1 Nr. 2 Satz 1 EStG geforderten Angaben zu Teilnehmern und Anlass einer Bewirtung in der Regel nicht unter Berufung auf das Pressegeheimnis verweigern (→ BFH vom 15. 1. 1998 – BStBl II S. 263).

Nachholung von Angaben

Die zum Nachweis von Bewirtungsaufwendungen erforderlichen schriftlichen Angaben müssen
zeitnah gemacht werden (→ BFH vom 25. 3. 1988 – BStBl II S. 655). Die Namensangabe darf vom
Rechnungsaussteller auf der Rechnung oder durch eine sie ergänzende Urkunde nachgeholt werden (→ BFH vom 27. 6. 1990 – BStBl II S. 903 und vom 2. 10. 1990 – BStBl 1991 II S. 174).

Name des bewirtenden Stpfl.

Angabe ist Voraussetzung für den Nachweis der betrieblichen Veranlassung (→ BFH vom
13. 7. 1994 – BStBl II S. 894).

Schulungsveranstaltung

Bewirtet ein Unternehmen im Rahmen einer Schulungsveranstaltung Personen, die nicht seine
Arbeitnehmer sind, unterliegt der Bewirtungsaufwand der Abzugsbeschränkung gem. § 4 Abs. 5
Satz 1 Nr. 2 EStG (→ BFH vom 18. 9. 2007 – BStBl 2008 II S. 116).

Schweigepflicht

Rechtsanwälte können die nach § 4 Abs. 5 Satz 1 Nr. 2 EStG erforderlichen Angaben zu Teilnehmern und Anlass einer Bewirtung in der Regel nicht unter Berufung auf die anwaltliche Schweigepflicht verweigern (→ BFH vom 26. 2. 2004 – BStBl II S. 502).

Unterschrift

Das zum Nachweis der betrieblichen Veranlassung der Bewirtung vom Stpfl. erstellte Schriftstück
ist von diesem zu unterschreiben (→ BFH vom 15. 1. 1998 – BStBl II S. 263).

Unvollständige Angaben

Sind die Angaben lückenhaft, so können die Aufwendungen auch dann nicht abgezogen werden,
wenn der Stpfl. ihre Höhe und betriebliche Veranlassung in anderer Weise nachweist oder glaubhaft macht (→ BFH vom 30. 1. 1986 – BStBl II S. 488).

R 4.10 (10) **Gästehäuser**

(10) [1]Nach § 4 Abs. 5 Satz 1 Nr. 3 EStG können Aufwendungen für Einrichtungen, die der Bewirtung oder Beherbergung von Geschäftsfreunden dienen (Gästehäuser) und sich außerhalb des Orts
des Betriebs des Stpfl. befinden, nicht abgezogen werden. [2]Dagegen können Aufwendungen für
Gästehäuser am Ort des Betriebs oder für die Unterbringung von Geschäftsfreunden in fremden
Beherbergungsbetrieben, soweit sie ihrer Höhe nach angemessen sind (Absatz 12), als Betriebsausgaben berücksichtigt werden. [3]Als „Betrieb" gelten in diesem Sinne auch Zweigniederlassungen
und Betriebsstätten mit einer gewissen Selbständigkeit, die üblicherweise von Geschäftsfreunden
besucht werden.

R 4.10 (11) (11) [1]Zu den nicht abziehbaren Aufwendungen für Gästehäuser i. S. d. § 4 Abs. 5 Satz 1 Nr. 3
EStG gehören sämtliche mit dem Gästehaus im Zusammenhang stehenden Ausgaben einschließlich der Absetzung für Abnutzung. [2]Wird die Beherbergung und Bewirtung von Geschäftsfreunden
in einem Gästehaus außerhalb des Orts des Betriebs gegen Entgelt vorgenommen, und erfordert
das Gästehaus einen ständigen Zuschuss, ist dieser Zuschuss nach § 4 Abs. 5 Satz 1 Nr. 3 EStG
nicht abziehbar.

Hinweise

H 4.10
(10–11)

Ferienhausüberlassung an Arbeitnehmer

Aufwendungen des Arbeitgebers für seinen Arbeitnehmern unentgeltlich zur Verfügung gestellte Ferienhäuser sind unbegrenzt als Betriebsausgaben abziehbar und zwar auch dann, wenn die Ferienhäuser im Ausland belegen sind (→ BFH vom 9. 4. 1997 – BStBl II S. 539).

Ort des Betriebs

Ort des Betriebs ist regelmäßig die politische Gemeinde (→ BFH vom 9. 4. 1968 – BStBl II S. 603).

Angemessenheit von Aufwendungen

R 4.10 (12)

(12) Als die Lebensführung berührende Aufwendungen, die auf ihre → Angemessenheit zu prüfen sind, kommen insbesondere in Betracht

1. die Kosten der Übernachtung anlässlich einer Geschäftsreise,
2. die Aufwendungen für die Unterhaltung und Beherbergung von Geschäftsfreunden, soweit der Abzug dieser Aufwendungen nicht schon nach den Absätzen 1, 10 und 11 ausgeschlossen ist,
3. die Aufwendungen für die Unterhaltung von Personenkraftwagen (→ Kraftfahrzeug) und für die Nutzung eines Flugzeugs,
4. die Aufwendungen für die Ausstattung der Geschäftsräume, z. B. der Chefzimmer und Sitzungsräume.

Hinweise

H 4.10 (12)

Angemessenheit

Bei der Prüfung der Angemessenheit von Aufwendungen nach § 4 Abs. 5 Satz 1 Nr. 7 EStG ist darauf abzustellen, ob ein ordentlicher und gewissenhafter Unternehmer angesichts der erwarteten Vorteile die Aufwendungen ebenfalls auf sich genommen hätte. Neben der Größe des Unternehmens, der Höhe des längerfristigen Umsatzes und des Gewinns sind vor allem die Bedeutung des Repräsentationsaufwands für den Geschäftserfolg und seine Üblichkeit in vergleichbaren Betrieben als Beurteilungskriterien heranzuziehen (→ BFH vom 20. 8. 1986 – BStBl II S. 904, vom 26. 1. 1988 – BStBl II S. 629 und vom 14. 4. 1988 – BStBl II S. 771).

Hubschrauber

Bei der Angemessenheitsprüfung ist darauf abzustellen, ob ein ordentlicher und gewissenhafter Unternehmer einen Hubschrauber angesichts der erwarteten Vorteile und Kosten ebenfalls als Transportmittel eingesetzt hätte. Dies ist von Fall zu Fall neu zu entscheiden. Sollte sich dabei ergeben, dass die Kosten des Hubschraubers dessen Nutzen deutlich übersteigen, ist ein Teil der Hubschrauberkosten nicht als Betriebsausgaben abziehbar (→ BFH vom 27. 2. 1985 – BStBl II S. 458).

Kraftfahrzeug

Die Anschaffungskosten eines als „unangemessen" anzusehenden Kraftfahrzeugs fallen als solche nicht unmittelbar unter das Abzugsverbot. Bei Zugehörigkeit des Fahrzeugs zum Betriebsvermögen sind sie vielmehr in vollem Umfang zu aktivieren. Zu den unter das Abzugsverbot des § 4 Abs. 5 Satz 1 Nr. 7 EStG fallenden Kraftfahrzeugaufwendungen gehört jedoch vor allem die AfA nach § 7 Abs. 1 EStG. Diese kann nur insoweit als Betriebsausgabe abgezogen werden, als sie auf den als „angemessen" anzusehenden Teil der Anschaffungskosten entfällt. Die übrigen Betriebskosten (Kfz-Steuer und Versicherung, Kraftstoff, Instandsetzungs-, Wartungs- und Pflegekosten, Garagenmiete usw.) werden in der Regel nicht als „unangemessen" i. S. d. § 4 Abs. 5 Satz 1 Nr. 7 EStG anzusehen sein, da diese Aufwendungen auch für ein „angemessenes" Fahrzeug angefallen wären (→ BFH vom 8. 10. 1987 – BStBl II S. 853).

4.11. Besondere Aufzeichnung

R 4.11

(1) ¹Das Erfordernis der besonderen Aufzeichnung ist erfüllt, wenn für jede der in § 4 Abs. 7 EStG bezeichneten Gruppen von Aufwendungen ein besonderes Konto oder eine besondere Spalte

S 2162

geführt wird. [2]Es ist aber auch ausreichend, wenn für diese Aufwendungen zusammengenommen ein Konto oder eine Spalte geführt wird. [3]In diesem Fall muss sich aus jeder Buchung oder Aufzeichnung die Art der Aufwendung ergeben. [4]Das gilt auch dann, wenn verschiedene Aufwendungen bei einem Anlass zusammentreffen, z. B. wenn im Rahmen einer Bewirtung von Personen aus geschäftlichem Anlass Geschenke gegeben werden.

(2) [1]Bei den Aufwendungen für Geschenke muss der Name des Empfängers aus der Buchung oder dem Buchungsbeleg zu ersehen sein. [2]Aufwendungen für Geschenke gleicher Art können in einer Buchung zusammengefasst werden (Sammelbuchung), wenn

1. die Namen der Empfänger der Geschenke aus einem Buchungsbeleg ersichtlich sind oder

2. im Hinblick auf die Art des zugewendeten Gegenstandes, z. B. Taschenkalender, Kugelschreiber, und wegen des geringen Werts des einzelnen Geschenks die Vermutung besteht, dass die Freigrenze gem. § 4 Abs. 5 Satz 1 Nr. 1 EStG bei dem einzelnen Empfänger im Wirtschaftsjahr nicht überschritten wird; eine Angabe der Namen der Empfänger ist in diesem Fall nicht erforderlich.

H 4.11   **Hinweise**

Besondere Aufzeichnung

– Die Pflicht zur besonderen Aufzeichnung ist erfüllt, wenn diese Aufwendungen fortlaufend, zeitnah und bei Gewinnermittlung durch Betriebsvermögensvergleich auf besonderen Konten im Rahmen der Buchführung gebucht oder bei Einnahmenüberschussrechnung von Anfang an getrennt von den sonstigen Betriebsausgaben einzeln aufgezeichnet werden (→ BFH vom 22. 1. 1988 – BStBl II S. 535).

– Statistische Zusammenstellungen oder die geordnete Sammlung von Belegen genügen nur dann, wenn zusätzlich die Summe der Aufwendungen periodisch und zeitnah auf einem besonderen Konto eingetragen wird oder vergleichbare Aufzeichnungen geführt werden (→ BFH vom 26. 2. 1988 – BStBl II S. 613).

– Eine Aufzeichnung auf besonderen Konten liegt nicht vor, wenn die bezeichneten Aufwendungen auf Konten gebucht werden, auf denen auch nicht besonders aufzeichnungspflichtige Aufwendungen gebucht sind (→ BFH vom 10. 1. 1974 – BStBl II S. 211 und vom 19. 8. 1980 – BStBl II S. 745). Bei der Aufzeichnung von Bewirtungsaufwendungen ist es jedoch nicht erforderlich, dass getrennte Konten für Aufwendungen für die Bewirtung von Personen aus geschäftlichem Anlass und für Aufwendungen für die Bewirtung von Personen aus sonstigem betrieblichen Anlass geführt werden (→ BMF vom 19. 8. 1999 – BStBl 2000 II S. 203).

Anhang 10.VI – Zur besonderen Aufzeichnung von Aufwendungen für ein häusliches Arbeitszimmer → BMF vom 2. 3. 2011 (BStBl I S. 195), Rdnr. 25.

Verstoß gegen die besondere Aufzeichnungspflicht

Ein Verstoß gegen die besondere Aufzeichnungspflicht nach § 4 Abs. 7 EStG hat zur Folge, dass die nicht besonders aufgezeichneten Aufwendungen nicht abgezogen werden können (→ BFH vom 22. 1. 1988 – BStBl II S. 535). Dies gilt nicht für eine Fehlbuchung, die sich nach dem Rechtsgedanken des § 129 Satz 1 AO als offenbare Unrichtigkeit darstellt (→ BFH vom 19. 8. 1999 – BStBl 2000 II S. 203).

R 4.12   **4.12. Entfernungspauschale, nicht abziehbare Fahrtkosten, Reisekosten und Mehraufwendungen *bei doppelter* Haushaltsführung**

S 2145 **Aufwendungen für Wege zwischen Wohnung und Betriebsstätte**

(1) [1]Die Regelungen in den LStR zu Aufwendungen für Wege zwischen Wohnung und regelmäßiger Arbeitsstätte sind entsprechend anzuwenden. [2]Ein ***Betriebsausgabenabzug in Höhe*** der Entfernungspauschale nach *§ 4 Abs. 5 Satz 1 Nr. 6 Satz 2 EStG* kommt auch dann in Betracht, wenn die nach *§ 4 Abs. 5 Satz 1 Nr. 6 Satz 3 EStG* ermittelten Werte geringer sind als die Entfernungspauschale. [3]Wird an einem Tag aus betrieblichen oder beruflichen Gründen der Weg zwischen Wohnung und Betriebsstätte mehrfach zurückgelegt, darf die Entfernungspauschale nur einmal pro Tag berücksichtigt werden. [4]Die Regelung des *§ 4 Abs. 5 Satz 1 Nr. 6 EStG* gilt nicht für Fahrten zwischen Betriebsstätten. [5]Unter Betriebsstätte ist im Zusammenhang mit Geschäftsreisen (Absatz 2), anders als in § 12 AO, die (von der Wohnung getrennte) Betriebsstätte zu verstehen. [6]Das ist der Ort, an dem oder von dem aus die betrieblichen Leistungen erbracht werden. [7]Die Betriebsstätte eines See- und Hafenlotsen ist danach nicht das häusliche Arbeitszimmer, sondern das Lotsrevier oder die Lotsenstation.

Reisekosten

(2) ¹Die Regelungen in den LStR zu Reisekosten sind sinngemäß anzuwenden. ²Der Ansatz pauschaler Kilometersätze ist nur für private Beförderungsmittel zulässig.

Mehraufwendungen *bei* doppelter Haushaltsführung

(3) Die Regelungen in den LStR zu Mehraufwendungen bei doppelter Haushaltsführung sind entsprechend anzuwenden.

Hinweise

Abzug als Werbungskosten

– Zum Abzug von Aufwendungen für Wege zwischen Wohnung und Arbeitsstätte und von Mehraufwendungen wegen doppelter Haushaltsführung bei Arbeitnehmern als Werbungskosten → R 9.10 und 9.11 LStR 2011.

– BMF vom 1. 4. 2011 (BStBl 2011 I S. 301)
Mit o. g. Schreiben hat das BMF zur Anwendung der BFH-Urteile vom 22. 9. 2010 Stellung genommen und Regelungen für den Arbeitnehmerbereich getroffen. Ich weise ausdrücklich darauf hin, dass die für den Arbeitnehmerbereich getroffenen Regelungen nicht auch für den betrieblichen Bereich gelten. Die derzeitige Rechtsprechung betrifft ausschließlich Arbeitnehmerfälle und ist nicht auf den betrieblichen Bereich übertragbar. Bei Nutzung eines betrieblichen Kraftfahrzeugs für Fahrten zwischen Wohnung und Betriebsstätte ist weiterhin ein pauschaler Zuschlag i. H. v. 0,03 % des Listenpreises anzusetzen (§ 4 Absatz 5 Satz 1 Nummer 6 EStG).
→ FinMin SH vom 26. 4. 2011 – VI 306 – S 2145 – 119.

Behinderte Menschen

– Auch bei Stpfl., die zu dem in § 9 Abs. 2 EStG bezeichneten Personenkreis gehören, kann grundsätzlich nur eine Hin- und Rückfahrt für jeden Arbeitstag berücksichtigt werden (→ BFH vom 2. 4. 1976 – BStBl II S. 452).

– Nachweis der Behinderung → § 65 EStDV, H 33b (Allgemeines und Nachweis *der Behinderung*).

Betriebsstätte

– Eine **abgrenzbare Fläche oder Räumlichkeit** und eine hierauf bezogene **eigene Verfügungsmacht des Stpfl.** ist für die Annahme einer Betriebsstätte nicht erforderlich (→ BFH vom 19. 9. 1990 – BStBl 1991 II S. 97, 208 und vom 18. 9. 1991 – BStBl 1992 II S. 90).

– **Betriebsstätte des**

   – **Ausbeiners** ist der Schlachthof (→ BFH vom 19. 9. 1990 – BStBl 1991 II S. 97).

   – **Jahrmarkthändlers** ist der jeweilige Marktstand (→ BFH vom 18. 9. 1991 – BStBl 1992 II S. 90).

   – **selbständigen Schornsteinfegers** ist der Kehrbezirk (→ BFH vom 19. 9. 1990 – BStBl 1991 II S. 208).

– **Keine Betriebsstätte im eigenen Wohnhaus**

   – **Betrieblich genutzte Räume**, die mit dem Wohnteil eine nicht trennbare bauliche Einheit bilden, verändern den Gesamtcharakter des Gebäudes als Wohnhaus nicht (→ BFH vom 16. 2. 1994 – BStBl II S. 468).

   – **Die Empore in einem Wohnhaus** ist mangels räumlicher Trennung vom privaten Wohnbereich keine Betriebsstätte (→ BFH vom 6. 2. 1992 – BStBl II S. 528).

Drei-Monats-Frist

Handelt es sich bei der Auswärtstätigkeit des als Unternehmensberater tätigen Klägers nicht um eine zur Anwendung der Dreimonatsfrist des § 4 Abs. 5 Satz 1 Nr. 5 Satz 5 EStG führende längerfristige vorübergehende Tätigkeit an derselben Tätigkeitsstätte, weil zwischen dem Kläger und seinem Auftraggeber zu keiner Zeit langfristig wirksame Vereinbarungen über die Dauer der Beratungsleistungen getroffen wurden, sondern für wenige Wochen oder Monate kurzfristig einzelne neue eigenständige Aufträge erteilt wurden? Vereinbarkeit der Dreimonatsfrist mit dem Grundgesetz?

→ FG München vom 3. 12. 2009 (11 K 1111/06) – Rev. – III R 94/10

Fahrten zwischen Betriebsstätten

Die Aufwendungen für Fahrten zwischen Betriebsstätten können in vollem Umfang als Betriebsausgaben abgezogen werden, und zwar regelmäßig auch dann, wenn sich eine der → Betriebsstätten am Hauptwohnsitz des Unternehmers befindet (→ BFH vom 31. 5. 1978 – BStBl II S. 564, vom 29. 3. 1979 – BStBl II S. 700 und vom 13. 7. 1989 – BStBl 1990 II S. 23).

Fahrten zwischen Wohnung und ständig wechselnden Betriebsstätten

Begrenzter Betriebsausgabenabzug gilt für Aufwendungen für Fahrten zwischen Wohnung und zwei oder drei regelmäßigen Betriebsstätten, nicht aber für Fahrten zwischen Wohnung und ständig wechselnden Betriebsstätten (→ BFH vom 19. 9. 1990 – BStBl 1991 II S. 97).

Gesamtaufwendungen für das Kraftfahrzeug

Anhang 10 → BMF vom 18. 11. 2009 (BStBl I S. 1326 *unter Berücksichtigung der Änderungen durch BMF vom 15. 11. 2012 – BStBl I S. 1099*), Rdnr. 32

Miterledigung betrieblicher Angelegenheiten

Werden anlässlich einer Fahrt zwischen Wohnung und Betriebsstätte oder umgekehrt andere betriebliche oder berufliche Angelegenheiten miterledigt, können die dadurch bedingten Mehraufwendungen in voller Höhe als Betriebsausgaben abgezogen werden (→ BFH vom 17. 2. 1977 – BStBl II S. 543).

Motorboot

Aufwendungen für Wege zwischen Wohnung und Betriebsstätte mit einem Motorboot (Yacht) sind nicht generell nach § 4 Abs. 5 Satz 1 Nr. 4 EStG vom steuerlichen Abzug ausgeschlossen, sondern unterliegen der Abzugsbegrenzung nach § 4 Abs. 5 Satz 1 Nr. 6 EStG (→ BFH vom 10. 5. 2001 – BStBl II S. 575).

Pauschbeträge für Verpflegungsmehraufwendungen bei Auslandsgeschäftsreisen

Anhang 17 → BMF vom 17. 12. 2009 (BStBl I S. 1601)

Übernachtungskosten

Für die Berücksichtigung von Übernachtungskosten bei Auslandsgeschäftsreisen als Betriebsausgabe ist R 9.7 Abs. 2 LStR 2008 entsprechend anzuwenden. Im Ergebnis sind nur die tatsächlichen Übernachtungskosten als Betriebsausgabe zu berücksichtigen (→ OFD Frankfurt vom 3. 6. 2008 (DB 2008, S. 2109).

Wege zwischen Wohnung und Betriebsstätte

– Wege zwischen Wohnung und Betriebsstätte liegen vor, wenn

– die auswärtige → Betriebsstätte als Mittelpunkt der beruflichen Tätigkeit täglich oder fast täglich aufgesucht wird und der Betriebsstätte am Hauptwohnsitz nur untergeordnete Bedeutung beizumessen ist (→ BFH vom 15. 7. 1986 – BStBl II S. 744) oder

– sich zwar in der Wohnung eine weitere Betriebsstätte befindet, dieser Teil der Wohnung von der übrigen Wohnung aber baulich nicht getrennt ist und keine in sich geschlossene Einheit bildet (→ BFH vom 6. 2. 1992 – BStBl II S. 528) oder

– sich in der Wohnung nur ein häusliches Arbeitszimmer befindet (→ BFH vom 7. 12. 1988 – BStBl 1989 II S. 421).

Anhang 10 – → BMF vom 18. 11. 2009 (BStBl I S. 1326 *unter Berücksichtigung der Änderungen durch BMF vom 15. 11. 2012 – BStBl I S. 1099*).

– Fahrten eines selbständig tätigen Sprachlehrers zwischen seiner Wohnung und der Firma, bei der er überwiegend unterrichtet, sind als Fahrten zwischen Wohnung und Betriebsstätte zu behandeln. Dies gilt auch für Fahrten, die der Besprechung von ebenfalls für diese Firma durchgeführten Übersetzungstätigkeiten dienen, sofern derartige Fahrten regelmäßig stattfinden (→ FG München vom 16. 12. 1999 – DStRE 2000 S. 515 – rkr.).

4.13. Abzugsverbot für Sanktionen

Abzugsverbot

(1) [1]Geldbußen, Ordnungsgelder und Verwarnungsgelder, die von einem Gericht oder einer Behörde in der Bundesrepublik Deutschland oder von Organen der Europäischen Gemeinschaften festgesetzt werden, dürfen nach § 4 Abs. 5 Satz 1 Nr. 8 Satz 1 EStG den Gewinn auch dann nicht mindern, wenn sie betrieblich veranlasst sind. [2]Dasselbe gilt für Leistungen zur Erfüllung von Auflagen oder Weisungen, die in einem berufsgerichtlichen Verfahren erteilt werden, soweit die Auflagen oder Weisungen nicht lediglich der Wiedergutmachung des durch die Tat verursachten Schadens dienen (§ 4 Abs. 5 Satz 1 Nr. 8 Satz 2 EStG). [3]Dagegen gilt das Abzugsverbot nicht für Nebenfolgen vermögensrechtlicher Art, z. B. die Abführung des Mehrerlöses nach § 8 des Wirtschaftsstrafgesetzes, den Verfall nach § 29a OWiG und die Einziehung nach § 22 OWiG.

Geldbußen

(2) [1]Zu den Geldbußen rechnen alle Sanktionen, die nach dem Recht der Bundesrepublik Deutschland so bezeichnet sind, insbesondere Geldbußen nach dem Ordnungswidrigkeitenrecht einschließlich der nach § 30 OWiG vorgesehenen Geldbußen gegen juristische Personen oder Personenvereinigungen, Geldbußen nach den berufsgerichtlichen Gesetzen des Bundes oder der Länder, z. B. der Bundesrechtsanwaltsordnung, der Bundesnotarordnung, der Patentanwaltsordnung, der Wirtschaftsprüferordnung oder dem Steuerberatungsgesetz sowie Geldbußen nach den Disziplinargesetzen des Bundes oder der Länder. [2]Geldbußen, die von Organen der Europäischen *Union* festgesetzt werden, sind Geldbußen nach den **Artikeln 101, 102, 103 Abs. 2 des Vertrages über die Arbeitsweise der Europäischen Union (AEUV) insbesondere i. V. m. Artikel 23 Abs. 2 der Verordnung (EG) Nr. 1/2003 des Rates vom 16. 12. 2002.** [3]Betrieblich veranlasste Geldbußen, die von Gerichten oder Behörden anderer Staaten festgesetzt werden, fallen nicht unter das Abzugsverbot.

Einschränkung des Abzugsverbotes für Geldbußen

(3) [1]Das Abzugsverbot für Geldbußen, die von Gerichten oder Behörden in der Bundesrepublik Deutschland oder von Organen der Europäischen *Union* verhängt werden, gilt uneingeschränkt für den Teil, der die rechtswidrige und vorwerfbare Handlung ahndet. [2]Für den Teil, der den rechtswidrig erlangten wirtschaftlichen Vorteil abschöpft, gilt das Abzugsverbot für die Geldbuße nur dann uneingeschränkt, wenn bei der Berechnung des Vermögensvorteils die darauf entfallende ertragsteuerliche Belastung – ggf. im Wege der Schätzung – berücksichtigt worden ist. [3]Macht der Stpfl. durch geeignete Unterlagen glaubhaft, dass diese ertragsteuerliche Belastung nicht berücksichtigt und der gesamte rechtswidrig erlangte Vermögensvorteil abgeschöpft wurde, darf der auf die Abschöpfung entfallende Teil der Geldbuße als Betriebsausgabe abgezogen werden. **[4]Die von der Europäischen Kommission festgesetzten Geldbußen wegen Verstoßes gegen das Wettbewerbsrecht enthalten keinen Anteil, der den rechtswidrig erlangten wirtschaftlichen Vorteil abschöpft und unterliegen in vollem Umfang dem Betriebsausgabenabzugsverbot.**

Ordnungsgelder

(4) [1]Ordnungsgelder sind die nach dem Recht der Bundesrepublik Deutschland so bezeichneten Unrechtsfolgen, die namentlich in den Verfahrensordnungen oder in verfahrensrechtlichen Vorschriften anderer Gesetze vorgesehen sind, z. B. das Ordnungsgeld gegen einen Zeugen wegen Verletzung seiner Pflicht zum Erscheinen und das Ordnungsgeld nach § 890 ZPO wegen Verstoßes gegen eine nach einem Vollstreckungstitel (z. B. Urteil) bestehende Verpflichtung, eine Handlung zu unterlassen oder die Vornahme einer Handlung zu dulden. [2]Nicht unter das Abzugsverbot fallen Zwangsgelder.

Verwarnungsgelder

(5) Verwarnungsgelder sind die in § 56 OWiG so bezeichneten geldlichen Einbußen, die dem Betroffenen aus Anlass einer geringfügigen Ordnungswidrigkeit, z. B. wegen falschen Parkens, mit seinem Einverständnis auferlegt werden, um der Verwarnung Nachdruck zu verleihen.

H 4.13

Hinweise

Abschöpfung

Bemisst sich die wegen eines Wettbewerbsverstoßes festgesetzte Geldbuße – über den regulären gesetzlichen Höchstbetrag hinaus – unter Einbeziehung des durch die Zuwiderhandlung erlangten Mehrerlöses, wird zugleich der erlangte wirtschaftliche Vorteil abgeschöpft. Hat die Bußgeldbehörde die Ertragsteuern, die auf diesen Vorteil entfallen, bei der Festsetzung nicht berücksichtigt, mindert die Geldbuße bis zu den gesetzlich zulässigen Höchstbeträgen den Gewinn. Darauf, dass sich der abschöpfende Teil der einheitlichen Geldbuße eindeutig abgrenzen lässt, kommt es nicht an (→ BFH vom 9. 6. 1999 – BStBl II S. 658).

Abzugsverbot für Geldstrafen, die in einem anderen Staat festgesetzt werden

→ R 12.3

Ausländisches Gericht

Von ausländischem Gericht verhängte Geldstrafe kann bei Widerspruch zu wesentlichen Grundsätzen der deutschen Rechtsordnung Betriebsausgabe sein (→BFH vom 31. 7. 1991 – BStBl 1992 II S. 85).

Kartellrechtsbuße der EU-Kommission

– Das in § 4 Abs. 5 Satz 1 Nr. 8 EStG normierte Abzugsverbot für Geldbußen lässt nur insoweit einen (teilweisen) Abzug zu, als die Geldbuße den rechtswidrig erlangten wirtschaftlichen Vorteil aus dem Gesetzesverstoß brutto abschöpft, also ohne Berücksichtigung der auf den Vorteil ruhenden Ertragsteuerbelastung. Weder die Bußgeldbescheide selbst, mit denen die EU-Kommission gegen ein Unternehmen eine Sanktion wegen wettbewerbswidrigen Verhaltens festsetzt, noch die zugrunde liegenden Leitlinien zur Bußgeldbemessung lassen eindeutig darauf schließen, dass in der Buße ein Abschöpfungsteil i. S. d. § 4 Abs. 5 Satz 1 Nr. 8 Satz 4 EStG enthalten ist.

Diese Rechtsfrage soll im Rahmen der regelmäßig stattfindenden Sitzungen der ESt-Referatsleiter voraussichtlich im September 2007 erörtert werden. In Absprache mit dem FinMin soll bis zur Entscheidung der Länder in einschlägigen Fällen grundsätzlich die Auffassung vertreten werden, Geldbußen der EU-Kommission wegen wettbewerbswidrigen Verhaltens enthielten keinen Abschöpfungsanteil; ein (anteiliger) Betriebsausgabenabzug scheide schon dem Grund nach aus.

→ OFD Münster vom 31. 5. 2007, S 2144 – 10 – St 12 – 33 (DB 2007 S. 1332)

– Enthält § 4 Abs. 5 Satz 1 Nr. 8 Satz 1 EStG ein generelles Rückstellungsverbot, auch soweit eine nach EU-Kartellrecht durch die Kommission verhängte Geldbuße einen Abschöpfungsanteil enthält? Ist davon auszugehen, dass eine solche Geldbuße grundsätzlich (jedenfalls auch) der Abschöpfung des wirtschaftlichen Vorteils dient? Nach welchen Kriterien ist der zur Abschöpfung des wirtschaftlichen Vorteils dienende Anteil der Geldbuße ggf. zu schätzen?

→ FG Münster vom 18. 11. 2011 (14 K 1535/09 F) – Rev. – IV R 4/12

Leistungen zur Erfüllung von Auflagen und Weisungen

Hinsichtlich des Abzugsverbots von Leistungen zur Erfüllung von Auflagen und Weisungen, die in einem berufsgerichtlichen Verfahren erteilt werden, → H 12.3

Verfahrenskosten

Bei betrieblich veranlassten Sanktionen sind die mit diesen zusammenhängenden Verfahrenskosten, insbesondere Gerichts- und Anwaltsgebühren, auch dann abziehbare Betriebsausgaben, wenn die Sanktion selbst nach § 4 Abs. 5 Satz 1 Nr. 8 EStG vom Abzug ausgeschlossen ist (→ BFH vom 19. 2. 1982 – BStBl II S. 467).

R 4.14
S 2145

4.14. Abzugsverbot für Zuwendungen i. S. d. § 4 Abs. 5 Satz 1 Nr. 10 EStG

[1]Zuwendungen i. S. d. § 4 Abs. 5 Satz 1 Nr. 10 EStG dürfen nicht als Betriebsausgaben abgezogen werden, wenn mit der Zuwendung von Vorteilen objektiv gegen das Straf- oder Ordnungswidrigkeitenrecht verstoßen wird; auf ein Verschulden des Zuwendenden, auf die Stellung eines Strafantrags oder auf eine tatsächliche Ahndung kommt es nicht an. [2]Mit der Anknüpfung an die Tatbestände des Straf- und Ordnungswidrigkeitenrechts werden auch Leistungen an ausländische

Amtsträger und Abgeordnete vom Abzugsverbot erfasst. [3]Wird dem Finanzamt auf Grund einer Mitteilung des Gerichts, der Staatsanwaltschaft oder einer Verwaltungsbehörde nach § 4 Abs. 5 Satz 1 Nr. 10 Satz 2 EStG erstmals bekannt, dass eine rechtswidrige Handlung i. S. d. § 4 Abs. 5 Satz 1 Nr. 10 Satz 1 EStG vorliegt, ist der Steuerbescheid nach den Vorschriften der AO zu ändern.

Hinweise

H 4.14

Mitteilungspflicht

Bei Vorteilszuwendungen, die als Betriebsausgaben berücksichtigt wurden, besteht ein Verdacht i. S. d. § 4 Abs. 5 Satz 1 Nr. 10 Satz 3 EStG, der die Information der Strafverfolgungsbehörden gebietet, wenn ein Anfangsverdacht i. S. d. Strafrechts gegeben ist. Es müssen also zureichende tatsächliche Anhaltspunkte für eine Tat nach § 4 Abs. 5 Satz 1 Nr. 10 Satz 1 EStG vorliegen (→ BFH vom 14. 7. 2008 – BStBl II S. 850).

Zuwendungen

- Abzugsverbot für die Zuwendung von Vorteilen i. S. d. § 4 Abs. 5 Satz 1 Nr. 10 EStG → BMF vom 10. 10. 2002 (BStBl I S. 1031)
- Tatbestände des Straf- und Ordnungswidrigkeitenrechts i. S. d. § 4 Abs. 5 Satz 1 Nr. 10 EStG sind:
  - § 108b StGB (Wählerbestechung),
  - § 108e StGB (Abgeordnetenbestechung),
  - § 299 Abs. 2 und 3 StGB (Bestechung im in- und ausländischen geschäftlichen Verkehr),
  - § 333 StGB (Vorteilsgewährung),
  - § 334 StGB (Bestechung),
  - Artikel 2 § 2 des Gesetzes zur Bekämpfung internationaler Bestechung (Bestechung ausländischer Abgeordneter im Zusammenhang mit internationalem **geschäftlichen Verkehr**),
- § 119 Abs. 1 des Betriebsverfassungsgesetzes (Straftaten gegen Betriebsverfassungsorgane und ihre Mitglieder),
- § 81 Abs. 3 Nr. 2 i. V. m. § 21 Abs. 2 des Gesetzes gegen Wettbewerbsbeschränkungen (Vorteilsgewährung für wettbewerbsbeschränkendes Verhalten),
- § 405 Abs. 3 Nr. 7 AktG (Vorteilsgewährung in Bezug auf das Stimmverhalten in der Hauptversammlung),
- § 152 Abs. 1 Nr. 2 GenG (Vorteilsgewährung in Bezug auf das Abstimmungsverhalten in der Generalversammlung),
- § 23 Abs. 1 **Nr. 3** des Gesetzes **über Schuldverschreibungen aus Gesamtemissionen – SchVG** (Vorteilsgewährung in Bezug auf die Abstimmung in der Gläubigerversammlung).

§ 4a   Gewinnermittlungszeitraum, Wirtschaftsjahr

EStG
S 2115

(1) [1]Bei Land- und Forstwirten und bei Gewerbetreibenden ist der Gewinn nach dem Wirtschaftsjahr zu ermitteln. [2]Wirtschaftsjahr ist

1. bei Land- und Forstwirten der Zeitraum vom 1. Juli bis zum 30. Juni. [2]Durch Rechtsverordnung kann für einzelne Gruppen von Land- und Forstwirten ein anderer Zeitraum bestimmt werden, wenn das aus wirtschaftlichen Gründen erforderlich ist;

2. bei Gewerbetreibenden, deren Firma im Handelsregister eingetragen ist, der Zeitraum, für den sie regelmäßig Abschlüsse machen. [2]Die Umstellung des Wirtschaftsjahres auf einen vom Kalenderjahr abweichenden Zeitraum ist steuerlich nur wirksam, wenn sie im Einvernehmen mit dem Finanzamt vorgenommen wird;

3. bei anderen Gewerbetreibenden das Kalenderjahr. [2]Sind sie gleichzeitig buchführende Land- und Forstwirte, so können sie mit Zustimmung des Finanzamts den nach Nummer 1 maßgebenden Zeitraum als Wirtschaftsjahr für den Gewerbebetrieb bestimmen, wenn sie für den Gewerbebetrieb Bücher führen und für diesen Zeitraum regelmäßig Abschlüsse machen.

(2) Bei Land- und Forstwirten und bei Gewerbetreibenden, deren Wirtschaftsjahr vom Kalenderjahr abweicht, ist der Gewinn aus Land- und Forstwirtschaft oder aus Gewerbebetrieb bei der Ermittlung des Einkommens in folgender Weise zu berücksichtigen:

1. Bei Land- und Forstwirten ist der Gewinn des Wirtschaftsjahres auf das Kalenderjahr, in dem das Wirtschaftsjahr beginnt, und auf das Kalenderjahr, in dem das Wirtschaftsjahr endet, entsprechend dem zeitlichen Anteil aufzuteilen. [2]Bei der Aufteilung sind Veräußerungsgewinne

im Sinne des § 14 auszuscheiden und dem Gewinn des Kalenderjahres hinzuzurechnen, in dem sie entstanden sind;

2. bei Gewerbetreibenden gilt der Gewinn des Wirtschaftsjahres als in dem Kalenderjahr bezogen, in dem das Wirtschaftsjahr endet.

EStDV
S 2115

§ 8b Wirtschaftsjahr

[1]*Das Wirtschaftsjahr umfasst einen Zeitraum von zwölf Monaten.* [2]*Es darf einen Zeitraum von weniger als zwölf Monaten umfassen, wenn*

1. *ein Betrieb eröffnet, erworben, aufgegeben oder veräußert wird oder*

2. *ein Steuerpflichtiger von regelmäßigen Abschlüssen auf einen bestimmten Tag zu regelmäßigen Abschlüssen auf einen anderen bestimmten Tag übergeht.* [2]*Bei Umstellung eines Wirtschaftsjahrs, das mit dem Kalenderjahr übereinstimmt, auf ein vom Kalenderjahr abweichendes Wirtschaftsjahr und bei Umstellung eines vom Kalenderjahr abweichenden Wirtschaftsjahrs auf ein anderes vom Kalenderjahr abweichendes Wirtschaftsjahr gilt dies nur, wenn die Umstellung im Einvernehmen mit dem Finanzamt vorgenommen wird.*

EStDV
S 2115

§ 8c Wirtschaftsjahr bei Land- und Forstwirten

(1) [1]*Als Wirtschaftsjahr im Sinne des § 4a Abs. 1 Nr. 1 des Gesetzes können Betriebe mit*

1. *einem Futterbauanteil von 80 Prozent und mehr der Fläche der landwirtschaftlichen Nutzung den Zeitraum vom 1. Mai bis 30. April,*

2. *reiner Forstwirtschaft den Zeitraum vom 1. Oktober bis 30. September,*

3. *reinem Weinbau den Zeitraum vom 1. September bis 31. August*

bestimmen. [2]*Ein Betrieb der in Satz 1 bezeichneten Art liegt auch dann vor, wenn daneben in geringem Umfang noch eine andere land- und forstwirtschaftliche Nutzung vorhanden ist.* [3]*Soweit die Oberfinanzdirektionen vor dem 1. Januar 1955 ein anderes als die in § 4a Abs. 1 Nr. 1 des Gesetzes oder in Satz 1 bezeichneten Wirtschaftsjahre festgesetzt haben, kann dieser andere Zeitraum als Wirtschaftsjahr bestimmt werden; dies gilt nicht für den Weinbau.*

(2) [1]*Gartenbaubetriebe und reine Forstbetriebe können auch das Kalenderjahr als Wirtschaftsjahr bestimmen.* [2]*Stellt ein Land- und Forstwirt von einem vom Kalenderjahr abweichenden Wirtschaftsjahr auf ein mit dem Kalenderjahr übereinstimmendes Wirtschaftsjahr um, verlängert sich das letzte vom Kalenderjahr abweichende Wirtschaftsjahr um den Zeitraum bis zum Beginn des ersten mit dem Kalenderjahr übereinstimmenden Wirtschaftsjahr; ein Rumpfwirtschaftsjahr ist nicht zu bilden.* [3]*Stellt ein Land- und Forstwirt das Wirtschaftsjahr für einen Betrieb mit reinem Weinbau auf ein Wirtschaftsjahr im Sinne des Absatzes 1 Satz 1 Nr. 3 um, gilt Satz 2 entsprechend.*

(3) Buchführende Land- und Forstwirte im Sinne des § 4a Absatz 1 Satz 2 Nummer 3 Satz 2 des Gesetzes sind Land- und Forstwirte, die auf Grund einer gesetzlichen Verpflichtung oder ohne eine solche Verpflichtung Bücher führen und regelmäßig Abschlüsse machen.

R 4a

4a. Gewinnermittlung bei einem vom Kalenderjahr abweichenden Wirtschaftsjahr

S 2115 **Umstellung des Wirtschaftsjahres**

(1) [1]Eine Umstellung des Wirtschaftsjahres liegt nicht vor, wenn ein Stpfl., der Inhaber eines Betriebs ist, einen weiteren Betrieb erwirbt und für diesen Betrieb ein anderes Wirtschaftsjahr als der Rechtsvorgänger wählt. [2]Werden mehrere bisher getrennt geführte Betriebe eines Stpfl. zu einem Betrieb zusammengefasst, und führt der Stpfl. das abweichende Wirtschaftsjahr für einen der Betriebe fort, liegt keine zustimmungsbedürftige Umstellung des Wirtschaftsjahres vor.

Zustimmung des Finanzamts zum abweichenden Wirtschaftsjahr

(2) [1]Das Wahlrecht zur Bestimmung des Wirtschaftsjahres kann durch die Erstellung des Jahresabschlusses oder außerhalb des Veranlagungsverfahrens ausgeübt werden. [2]Bei Umstellung des Wirtschaftsjahres nach § 4a Abs. 1 Satz 2 Nr. 3 EStG ist dem Antrag zu entsprechen, wenn der Stpfl. Bücher führt, in denen die Betriebseinnahmen und die Betriebsausgaben für den land- und forstwirtschaftlichen Betrieb und für den Gewerbebetrieb getrennt aufgezeichnet werden, und der Stpfl. für beide Betriebe getrennte Abschlüsse fertigt. [3]Die Geldkonten brauchen nicht getrennt geführt zu werden.

Abweichendes Wirtschaftsjahr bei Betriebsverpachtung

(3) Sind die Einkünfte aus der Verpachtung eines gewerblichen Betriebs Einkünfte aus Gewerbebetrieb (→ R 16 Abs. 5[1]), kann der Verpächter ein abweichendes Wirtschaftsjahr beibehalten, wenn die Voraussetzungen des § 4a Abs. 1 Satz 2 Nr. 2 oder Nr. 3 Satz 2 EStG weiterhin erfüllt sind.

Gewinnschätzung bei abweichendem Wirtschaftsjahr

(4) Wird bei einem abweichenden Wirtschaftsjahr der Gewinn geschätzt, ist die Schätzung nach dem abweichenden Wirtschaftsjahr vorzunehmen.

Zeitpunkt der Gewinnrealisierung

(5) Der Gewinn aus der Veräußerung oder Aufgabe eines Mitunternehmeranteiles ist auch dann im Jahr der Veräußerung oder Aufgabe zu versteuern, wenn die Mitunternehmerschaft ein abweichendes Wirtschaftsjahr hat.

Hinweise

H 4a

Antrag auf Umstellung des Wirtschaftsjahres außerhalb des Veranlagungsverfahrens

Über einen außerhalb des Veranlagungsverfahrens gestellten Antrag auf Erteilung der Zustimmung zur Umstellung des Wirtschaftsjahrs hat das Finanzamt durch besonderen Bescheid zu entscheiden (→ BFH vom 24. 1. 1963 – BStBl III S. 142).

Ausscheiden einzelner Gesellschafter

Das Ausscheiden eines Gesellschafters aus einer fortbestehenden Personengesellschaft führt nicht zur Bildung eines Rumpfwirtschaftsjahres (→ BFH vom 24. 11. 1988 – BStBl 1989 II S. 312). Der Gewinn wird im Kalenderjahr des Ausscheidens bezogen (→ BFH vom 18. 8. 2010 BStBl II S. 1043).

Betriebsaufspaltung

Wählt eine im Wege der Betriebsaufspaltung entstandene Betriebsgesellschaft ein vom Kalenderjahr abweichendes Wirtschaftsjahr, ist dies keine zustimmungsbedürftige Umstellung (→ BFH vom 27. 9. 1979 – BStBl 1980 II S. 94).

Doppelstöckige Personengesellschaft

– Wählt eine Personenobergesellschaft, die selbst keine aktive Wirtschaftstätigkeit ausübt, ihr Wirtschaftsjahr in der Weise, dass dieses kurze Zeit vor dem Wirtschaftsjahr der Personenuntergesellschaft endet, liegt hierin eine missbräuchliche Gestaltung, da die Gewinne der Untergesellschaft nicht im laufenden VZ, sondern einen VZ später steuerlich erfasst werden und hierdurch eine einjährige „Steuerpause" eintritt; dies gilt nicht nur bei der zustimmungspflichtigen Umstellung des Wirtschaftsjahres, sondern auch bei der – nicht zustimmungsbedürftigen – Festlegung des vom Kalenderjahr abweichenden Wirtschaftsjahres anlässlich der Betriebseröffnung (→ BFH vom 18. 12. 1991 – BStBl 1992 II S. 486).

– Legt eine Personenobergesellschaft ihr Wirtschaftsjahr abweichend von den Wirtschaftsjahren der Untergesellschaft fest, liegt hierin jedenfalls dann kein Missbrauch von Gestaltungsmöglichkeiten des Rechts, wenn dadurch die Entstehung eines Rumpfwirtschaftsjahres vermieden wird (→ BFH vom 9. 11. 2006 – BStBl 2010 II S. 230).

Freiberufler

– Ermittelt ein Freiberufler seinen Gewinn für ein vom Kalenderjahr abweichendes Wirtschaftsjahr, kann die Gewinnermittlung der Besteuerung nicht zugrunde gelegt werden. Der im Kalenderjahr bezogene Gewinn ist im Wege der Schätzung zu ermitteln. Dies kann in der Regel durch eine zeitanteilige Aufteilung der für die abweichenden Wirtschaftsjahre ermittelten Gewinne erfolgen (→ BFH vom 23. 9. 1999 – BStBl 2000 II S. 24).

– Eine in das Handelsregister eingetragene KG, die nur Einkünfte aus selbständiger Arbeit erzielt, kann kein vom Kalenderjahr abweichendes Wirtschaftsjahr bilden (→ BFH vom 18. 5. 2000 – BStBl II S. 498).

---

[1] *Jetzt § 16 Abs. 3b EStG.*

Gewinnschätzung

→ H 4.1

Milchaufgabevergütung

Milchaufgabevergütung – Zurechnung des in zwei Kalenderjahren entstandenen Aufgabegewinns

Ist der Anspruch auf eine Milchaufgabevergütung bereits im Wirtschaftsjahr vor der endgültigen Beendigung der landwirtschaftlichen Betätigung zu aktivieren und gehört er wirtschaftlich zum Aufgabegewinn, ist er als Aufgabegewinn bereits dem Gewinn des Kalenderjahres hinzuzurechnen, in dem er entstanden ist (→ BFH vom 24. 8. 2000 – BB 2001 S. 91).

Rumpfwirtschaftsjahr

– Bei der Umstellung des Wirtschaftsjahrs darf nur ein Rumpfwirtschaftsjahr entstehen (→ BFH vom 7. 2. 1969 – BStBl II S. 337).
– H 6b.2 (Wirtschaftsjahr)

Ein Rumpfwirtschaftsjahr entsteht, wenn

– während eines Wirtschaftsjahrs ein Betrieb unentgeltlich übertragen wird (→ BFH vom 23. 8. 1979 – BStBl 1980 II S. 8),
– ein Einzelunternehmen durch die Aufnahme von Gesellschaftern in eine Personengesellschaft umgewandelt wird oder ein Gesellschafter aus einer zweigliedrigen Personengesellschaft ausscheidet und der Betrieb als Einzelunternehmen fortgeführt wird (→ BFH vom 10. 2. 1989 – BStBl II S. 519).

Kein Rumpfwirtschaftsjahr entsteht, wenn

– ein Land- und Forstwirt von einem vom Kalenderjahr abweichenden Wirtschaftsjahr auf ein mit dem Kalenderjahr übereinstimmendes Wirtschaftsjahr umstellt (→ § 8c Abs. 2 EStDV),
– ein Gesellschafterwechsel oder ein Ausscheiden einzelner Gesellschafter das Bestehen der Personengesellschaft nicht berührt (→ BFH vom 14. 9. 1978 – BStBl 1979 II S. 159).

Tod eines Einzelunternehmers

Endet die persönliche Steuerpflicht eines Gewerbetreibenden, der seine Einkünfte nach einem abweichenden Wirtschaftsjahr ermittelt, durch seinen Tod, ist ein Rumpfwirtschaftsjahr zu bilden. Bei der Veranlagung ist dem verstorbenen Stpfl. der Gewinn des im Kalenderjahr ablaufenden vollen Wirtschaftsjahrs und des Rumpfwirtschaftsjahrs, das am Todestag endet, zuzurechnen (→ BFH vom 28. 3. 1973 – BStBl 1973 II S. 544)

→ FinMin Schleswig-Holstein vom 14. 4. 2011, VI 304 – S 2115 – 020

Umwandlung

– In der Umwandlung oder Einbringung eines Einzelunternehmens in eine neu gegründete Personengesellschaft liegt eine Neueröffnung eines Betriebes. Der Zeitpunkt der Umwandlung oder Einbringung ist das Ende des Wirtschaftsjahres des bisherigen Einzelunternehmens und der Beginn des ersten Wirtschaftsjahres der neugegründeten Personengesellschaft (→ BFH vom 26. 5. 1994 – BStBl II S. 891).
– Wird ein bisher als Personengesellschaft geführter Betrieb nach Ausscheiden der Mitgesellschafter als Einzelunternehmen fortgeführt, liegt darin die Eröffnung eines neuen Betriebes mit der Folge, dass das Wirtschaftsjahr der Personengesellschaft im Zeitpunkt der Umwandlung endet und das erste Wirtschaftsjahr des Einzelunternehmens beginnt (→ BFH vom 10. 2. 1989 – BStBl II S. 519).

Verpachtung eines Betriebs der Land- und Forstwirtschaft

Sind die Einkünfte aus der Verpachtung eines Betriebs der Land- und Forstwirtschaft als Einkünfte aus Land- und Forstwirtschaft zu behandeln, ist für die Ermittlung des Gewinns weiterhin das nach § 4a Abs. 1 Satz 2 Nr. 1 EStG oder § 8c EStDV in Betracht kommende abweichende Wirtschaftsjahr maßgebend (→ BFH vom 11. 3. 1965 – BStBl III S. 286).

Wirtschaftsjahr bei Land- und Forstwirten

Das Wirtschaftsjahr bei Land- und Forstwirten richtet sich nach der Art der Bewirtschaftung. Eine unschädliche andere land- oder forstwirtschaftliche Nutzung in geringem Umfang i. S. d. § 8c Abs. 1 Satz 2 EStDV liegt nur vor, wenn der Vergleichswert der anderen land- oder forstwirtschaftlichen Nutzung etwa 10 % des Wertes der gesamten land- und forstwirtschaftlichen Nutzungen nicht übersteigt (→ BFH vom 3. 12. 1987 – BStBl 1988 II S. 269).

Zustimmungsbedürftige Umstellung des Wirtschaftsjahrs

– Die Zustimmung ist nur dann zu erteilen, wenn der Stpfl. in der Organisation des Betriebs gelegene gewichtige Gründe für die Umstellung des Wirtschaftsjahrs anführen kann; es ist jedoch nicht erforderlich, dass die Umstellung des Wirtschaftsjahrs betriebsnotwendig ist (→ BFH vom 9. 1. 1974 – BStBl II S. 238).

– Die Umstellung des Wirtschaftsjahres eines im Wege der **Gesamtrechtsnachfolge** auf Erben übergegangenen Unternehmens auf einen vom Kalenderjahr abweichenden Zeitraum bedarf der Zustimmung des Finanzamtes (→ BFH vom 22. 8. 1968 – BStBl 1969 II S. 34).

– Wird die Umstellung des Wirtschaftsjahrs wegen **Inventurschwierigkeiten** begehrt, kann die Zustimmung zur Umstellung des Wirtschaftsjahrs zu versagen sein, wenn die Buchführung nicht ordnungsmäßig ist und auch nicht sichergestellt ist, dass durch die Umstellung des Wirtschaftsjahrs die Mängel der Buchführung beseitigt werden (→ BFH vom 9. 11. 1966 – BStBl 1967 III S. 111).

– Will ein Pächter sein Wirtschaftsjahr auf das vom Kalenderjahr abweichende **Pachtjahr** umstellen, weil dieses in mehrfacher Beziehung für die Abrechnung mit dem Verpächter maßgebend ist, ist die Zustimmung im Allgemeinen zu erteilen (→ BFH vom 8. 10. 1969 – BStBl 1970 II S. 85).

– Bei Forstbetrieben bedarf die Umstellung eines mit dem Kalenderjahr übereinstimmenden Wirtschaftsjahres auf das sog. **Forstwirtschaftsjahr** (1.10. – 30.9.) der Zustimmung des Finanzamts (→ BFH vom 23. 9. 1999 – BStBl 2000 II S. 5).

– Die Erlangung einer „Steuerpause" oder anderer steuerlicher Vorteile ist kein betrieblicher Grund, der die Zustimmung des Finanzamts zur Umstellung des Wirtschaftsjahrs rechtfertigt (→ BFH vom 24. 4. 1980 – BStBl 1981 II S. 50 und vom 15. 6. 1983 – BStBl II S. 672).

§ 4b   Direktversicherung

EStG
S 2144a

[1]Der Versicherungsanspruch aus einer Direktversicherung, die von einem Steuerpflichtigen aus betrieblichem Anlass abgeschlossen wird, ist dem Betriebsvermögen des Steuerpflichtigen nicht zuzurechnen, soweit am Schluss des Wirtschaftsjahres hinsichtlich der Leistungen des Versicherers die Person, auf deren Leben die Lebensversicherung abgeschlossen ist, oder ihre Hinterbliebenen bezugsberechtigt sind. [2]Das gilt auch, wenn der Steuerpflichtige die Ansprüche aus dem Versicherungsvertrag abgetreten oder beliehen hat, sofern er sich der bezugsberechtigten Person gegenüber schriftlich verpflichtet, sie bei Eintritt des Versicherungsfalls so zu stellen, als ob die Abtretung oder Beleihung nicht erfolgt wäre.

4b. Direktversicherung

R 4b
S 2144a

Begriff

(1) [1]Eine Direktversicherung ist eine Lebensversicherung auf das Leben des Arbeitnehmers, die durch den Arbeitgeber abgeschlossen worden ist und bei der der Arbeitnehmer oder seine Hinterbliebenen hinsichtlich der Leistungen des Versicherers ganz oder teilweise bezugsberechtigt sind (→ § 1b Abs. 2 Satz 1 Betriebsrentengesetz). [2]Dasselbe gilt für eine Lebensversicherung auf das Leben des Arbeitnehmers, die nach Abschluss durch den Arbeitnehmer vom Arbeitgeber übernommen worden ist. [3]Dagegen liegt begrifflich keine Direktversicherung vor, wenn der Arbeitgeber für den Ehegatten eines verstorbenen früheren Arbeitnehmers eine Lebensversicherung abschließt. [4]Als Versorgungsleistungen können Leistungen der Alters-, Invaliditäts- oder Hinterbliebenenversorgung in Betracht kommen. [5]Es ist gleichgültig, ob es sich um Kapitalversicherungen – einschließlich Risikoversicherungen –, Rentenversicherungen oder fondsgebundene Lebensversicherungen handelt und welche → Laufzeit vereinbart wird. [6]Unfallversicherungen sind keine Lebensversicherungen, auch wenn bei Unfall mit Todesfolge eine Leistung vorgesehen ist. [7]Dagegen gehören Unfallzusatzversicherungen und Berufsunfähigkeitszusatzversicherungen, die im Zusammenhang mit Lebensversicherungen abgeschlossen werden, sowie selbständige Berufsunfä-

higkeitsversicherungen und Unfallversicherungen mit Prämienrückgewähr, bei denen der Arbeitnehmer Anspruch auf die Prämienrückgewähr hat, zu den Direktversicherungen.

(2) [1]Die Bezugsberechtigung des Arbeitnehmers oder seiner Hinterbliebenen muss vom Versicherungsnehmer (Arbeitgeber) der Versicherungsgesellschaft gegenüber erklärt werden (**§ 159 VVG**). [2]Die Bezugsberechtigung kann widerruflich oder unwiderruflich sein; bei widerruflicher Bezugsberechtigung sind die Bedingungen eines Widerrufes steuerlich unbeachtlich. [3]Unbeachtlich ist auch, ob die Anwartschaft des Arbeitnehmers arbeitsrechtlich bereits unverfallbar ist.

Behandlung bei der Gewinnermittlung

(3) [1]Die Beiträge zu Direktversicherungen sind sofort abziehbare Betriebsausgaben. [2]Eine Aktivierung der Ansprüche aus der Direktversicherung kommt beim Arbeitgeber vorbehaltlich Satz 5 erst in Betracht, wenn eine der in § 4b EStG genannten Voraussetzungen weggefallen ist, z. B. wenn der Arbeitgeber von einem Widerrufsrecht Gebrauch gemacht hat. [3] In diesen Fällen ist der Anspruch grundsätzlich mit dem geschäftsplanmäßigen Deckungskapital der Versicherungsgesellschaft zu aktivieren zuzüglich eines etwa vorhandenen Guthabens aus Beitragsrückerstattungen; soweit die Berechnung des Deckungskapitals nicht zum Geschäftsplan gehört, tritt an die Stelle des geschäftsplanmäßigen Deckungskapitals der nach **§ 169 Abs. 4 VVG** berechnete Zeitwert. [4]Die Sätze 1 bis 3 gelten auch für Versicherungen gegen Einmalprämie; bei diesen Versicherungen kommt eine Aktivierung auch nicht unter dem Gesichtspunkt der Rechnungsabgrenzung in Betracht, da sie keinen Aufwand für eine „bestimmte Zeit" (§ 5 Abs. 5 Satz 1 Nr. 1 EStG) darstellen. [5]Sind der Arbeitnehmer oder seine Hinterbliebenen nur für bestimmte Versicherungsfälle oder nur hinsichtlich eines Teiles der Versicherungsleistungen bezugsberechtigt, sind die Ansprüche aus der Direktversicherung insoweit zu aktivieren, als der Arbeitgeber bezugsberechtigt ist.

(4) [1]Die Verpflichtungserklärung des Arbeitgebers nach § 4b Satz 2 EStG muss an dem Bilanzstichtag schriftlich vorliegen, an dem die Ansprüche aus dem Versicherungsvertrag ganz oder zum Teil abgetreten oder beliehen sind. [2]Liegt diese Erklärung nicht vor, sind die Ansprüche aus dem Versicherungsvertrag dem Arbeitgeber zuzurechnen.

Sonderfälle

(5) Die Absätze 1 bis 4 gelten entsprechend für Personen, die nicht Arbeitnehmer sind, für die jedoch aus Anlass ihrer Tätigkeit für das Unternehmen Direktversicherungen abgeschlossen worden sind (§ 17 Abs. 1 Satz 2 Betriebsrentengesetz), z. B. Handelsvertreter und Zwischenmeister.

Hinweise
Abgrenzung der Direktversicherung von einem Sparvertrag

Ist das für eine Versicherung typische Todesfallwagnis und bereits bei Vertragsabschluss das Rentenwagnis ausgeschlossen, liegt ein atypischer Sparvertrag und keine begünstigte Direktversicherung vor (→ BMF vom 9. 11. 1990 – BStBl 1991 II S. 189 und R 40b.1 Abs. 2 Satz 2 bis 4 LStR 2011).

Arbeitnehmer-Ehegatten

Zur steuerlichen Behandlung von Aufwendungen für die betriebliche Altersversorgung des mitarbeitenden Ehegatten → BMF vom 4. 9. 1984 (BStBl I S. 495), ergänzt durch BMF vom 9. 1. 1986 (BStBl I S. 7). Die Aufwendungen sind nur als Betriebsausgaben anzuerkennen, soweit sie einem Fremdvergleich (→ H 4.8) standhalten.

Beleihung von Versicherungsansprüchen

Vorauszahlungen auf die Versicherungsleistung (sog. Policendarlehen) stehen einer Beleihung des Versicherungsanspruchs gleich (→ BFH vom 19. 12. 1973 – BStBl 1974 II S. 237).

Gesellschafter-Geschäftsführer

Der ertragsteuerlichen Anerkennung einer zu Gunsten des beherrschenden Gesellschafter-Geschäftsführers einer Kapitalgesellschaft abgeschlossenen Direktversicherung steht nicht entgegen, dass als vertraglicher Fälligkeitstermin für die Erlebensleistung das 65. Lebensjahr des Begünstigten vereinbart wird.

Hinterbliebenenversorgung für den Lebensgefährten

→ BMF vom 25. 7. 2002 (BStBl I S. 706)

Konzerngesellschaft

→ R 40b.1 Abs. 1 Satz 3 LStR 2011

Überversorgung

Zur bilanzsteuerrechtlichen Berücksichtigung von überdurchschnittlich hohen Versorgungsanwartschaften (Überversorgung) → BMF vom 3. 11. 2004 (BStBl I S. 1045) und vom *13. 12. 2012*
(BStBl 2013 I S. 35).

→ *H 6a (17)*

---

§ 4c   Zuwendungen an Pensionskassen

(1) ¹Zuwendungen an eine Pensionskasse dürfen von dem Unternehmen, das die Zuwendungen
leistet (Trägerunternehmen), als Betriebsausgaben abgezogen werden, soweit sie auf einer in der
Satzung oder im Geschäftsplan der Kasse festgelegten Verpflichtung oder auf einer Anordnung
der Versicherungsaufsichtsbehörde beruhen oder der Abdeckung von Fehlbeträgen bei der
Kasse dienen. ²Soweit die allgemeinen Versicherungsbedingungen und die fachlichen Geschäftsunterlagen im Sinne des § 5 Abs. 3 Nr. 2 Halbsatz 2 des Versicherungsaufsichtsgesetzes nicht zum
Geschäftsplan gehören, gelten diese als Teil des Geschäftsplans.

(2) Zuwendungen im Sinne des Absatzes 1 dürfen als Betriebsausgaben nicht abgezogen werden, soweit die Leistungen der Kasse, wenn sie vom Trägerunternehmen unmittelbar erbracht
würden, bei diesem nicht betrieblich veranlasst wären.

4c. Zuwendungen an Pensionskassen

Pensionskassen

(1) Als Pensionskassen sind sowohl rechtsfähige Versorgungseinrichtungen i. S. d. § 1b Abs. 3
Satz 1 Betriebsrentengesetz als auch rechtlich unselbständige Zusatzversorgungseinrichtungen
des öffentlichen Dienstes i. S. d. § 18 Betriebsrentengesetz anzusehen, die den Leistungsberechtigten (Arbeitnehmer und Personen i. S. d. § 17 Abs. 1 Satz 2 Betriebsrentengesetz sowie deren Hinterbliebene) auf ihre Leistungen einen Rechtsanspruch gewähren.

Zuwendungen

(2) ¹Der Betriebsausgabenabzug kommt sowohl für laufende als auch für einmalige Zuwendungen in Betracht. ²Zuwendungen an eine Pensionskasse sind auch abziehbar, wenn die Kasse ihren
Sitz oder ihre Geschäftsleitung im Ausland hat.

(3) ¹Zuwendungen zur Abdeckung von Fehlbeträgen sind auch dann abziehbar, wenn sie nicht
auf einer entsprechenden Anordnung der Versicherungsaufsichtsbehörde beruhen. ²Für die Frage,
ob und in welcher Höhe ein Fehlbetrag vorliegt, ist das Vermögen der Kasse nach den handelsrechtlichen Grundsätzen ordnungsmäßiger Buchführung unter Berücksichtigung des von der Versicherungsaufsichtsbehörde genehmigten Geschäftsplans bzw. der in § 4c Abs. 1 Satz 2 EStG
genannten Unterlagen anzusetzen. ³Für Pensionskassen mit Sitz oder Geschäftsleitung im Ausland
sind die für inländische Pensionskassen geltenden Grundsätze anzuwenden.

(4) ¹Zuwendungen an die Kasse dürfen als Betriebsausgaben nicht abgezogen werden, soweit
die Leistungen der Kasse, wenn sie vom Trägerunternehmen unmittelbar erbracht würden, bei diesem nicht betrieblich veranlasst wären. ²Nicht betrieblich veranlasst sind z. B. Leistungen der
Kasse an den Inhaber (Unternehmer, Mitunternehmer) des Trägerunternehmens oder seine Angehörigen. ³Für Angehörige gilt das Verbot nicht, soweit die Zuwendungen im Rahmen eines steuerlich anzuerkennenden Arbeitsverhältnisses gemacht werden (→ R 4.8). ⁴Die allgemeinen Gewinnermittlungsgrundsätze bleiben durch § 4c Abs. 2 EStG unberührt; auch bei nicht unter das
Abzugsverbot fallenden Zuwendungen ist daher zu prüfen, ob sie nach allgemeinen Bilanzierungs-
grundsätzen zu aktivieren sind, z. B. bei Zuwendungen, die eine Gesellschaft für ein Tochterunternehmen erbringt.

(5) ¹Für Zuwendungen, die vom Trägerunternehmen nach dem Bilanzstichtag geleistet werden,
ist bereits zum Bilanzstichtag ein Passivposten zu bilden, sofern zu diesem Zeitpunkt eine entsprechende Verpflichtung besteht (Bestimmung in der Satzung oder im Geschäftsplan der Kasse,
Anordnung der Aufsichtsbehörde). ²Werden Fehlbeträge der Kasse abgedeckt, ohne dass hierzu
eine Verpflichtung des Trägerunternehmens besteht, kann in sinngemäßer Anwendung des § 4d
Abs. 2 EStG zum Bilanzstichtag eine Rückstellung gebildet werden, wenn innerhalb eines Monats

nach Aufstellung oder Feststellung der Bilanz des Trägerunternehmens die Zuwendung geleistet oder die Abdeckung des Fehlbetrags verbindlich zugesagt wird.

H 4c

Hinweise

Hinterbliebenenversorgung für den Lebensgefährten

→ BMF vom 25. 7. 2002 (BStBl I S. 706)

abgedruckt zu → H 6a (1)

Zusatzversorgungseinrichtung

Eine nicht rechtsfähige Zusatzversorgungseinrichtung des öffentlichen Dienstes ist eine Pensionskasse i. S. d. § 4c EStG (→ BFH vom 22. 9. 1995 – BStBl 1996 II S. 136).

EStG
S 2144c

§ 4d   Zuwendungen an Unterstützungskassen

(1) [1]Zuwendungen an eine Unterstützungskasse dürfen von dem Unternehmen, das die Zuwendungen leistet (Trägerunternehmen), als Betriebsausgaben abgezogen werden, soweit die Leistungen der Kasse, wenn sie vom Trägerunternehmen unmittelbar erbracht würden, bei diesem betrieblich veranlasst wären und sie die folgenden Beträge nicht übersteigen:

1. bei Unterstützungskassen, die lebenslänglich laufende Leistungen gewähren:

   a) das Deckungskapital für die laufenden Leistungen nach der dem Gesetz als Anlage 1 beigefügten Tabelle. [2]Leistungsempfänger ist jeder ehemalige Arbeitnehmer des Trägerunternehmens, der von der Unterstützungskasse Leistungen erhält; soweit die Kasse Hinterbliebenenversorgung gewährt, ist Leistungsempfänger der Hinterbliebene eines ehemaligen Arbeitnehmers des Trägerunternehmens, der von der Kasse Leistungen erhält. [3]Dem ehemaligen Arbeitnehmer stehen andere Personen gleich, denen Leistungen der Alters-, Invaliditäts- oder Hinterbliebenenversorgung aus Anlass ihrer ehemaligen Tätigkeit für das Trägerunternehmen zugesagt worden sind;

   b) in jedem Wirtschaftsjahr für jeden Leistungsanwärter,

      aa) wenn die Kasse nur Invaliditätsversorgung oder nur Hinterbliebenenversorgung gewährt, jeweils 6 Prozent,

      bb) wenn die Kasse Altersversorgung mit oder ohne Einschluss von Invaliditätsversorgung oder Hinterbliebenenversorgung gewährt, 25 Prozent

      der jährlichen Versorgungsleistungen, die der Leistungsanwärter oder, wenn nur Hinterbliebenenversorgung gewährt wird, dessen Hinterbliebene nach den Verhältnissen am Schluss des Wirtschaftsjahres der Zuwendung im letzten Zeitpunkt der Anwartschaft, spätestens zum Zeitpunkt des Erreichens der Regelaltersgrenze der gesetzlichen Rentenversicherung erhalten können. [2]Leistungsanwärter ist jeder Arbeitnehmer oder ehemalige Arbeitnehmer des Trägerunternehmens, der von der Unterstützungskasse schriftlich zugesagte Leistungen erhalten kann und am Schluss des Wirtschaftsjahres, in dem die Zuwendung erfolgt, das 27. Lebensjahr vollendet hat; soweit die Kasse nur Hinterbliebenenversorgung gewährt, gilt als Leistungsanwärter jeder Arbeitnehmer oder ehemalige Arbeitnehmer des Trägerunternehmens, der am Schluss des Wirtschaftsjahres, in dem die Zuwendung erfolgt, das 27. Lebensjahr vollendet hat und dessen Hinterbliebene die Hinterbliebenenversorgung erhalten können. [3]Das Trägerunternehmen kann bei der Berechnung nach Satz 1 statt des dort maßgebenden Betrags den Durchschnittsbetrag der von der Kasse im Wirtschaftsjahr an Leistungsempfänger im Sinne des Buchstabens a Satz 2 gewährten Leistungen zugrunde legen. [4]In diesem Fall sind Leistungsanwärter im Sinne des Satzes 2 nur die Arbeitnehmer oder ehemaligen Arbeitnehmer des Trägerunternehmens, die am Schluss des Wirtschaftsjahres, in dem die Zuwendung erfolgt, das 50. Lebensjahr vollendet haben. [5]Dem Arbeitnehmer oder ehemaligen Arbeitnehmer als Leistungsanwärter stehen andere Personen gleich, denen schriftlich Leistungen der Alters-, Invaliditäts- oder Hinterbliebenenversorgung aus Anlass ihrer Tätigkeit für das Trägerunternehmen zugesagt worden sind;

   c) den Betrag des Beitrages, den die Kasse an einen Versicherer zahlt, soweit sie sich die Mittel für ihre Versorgungsleistungen, die der Leistungsanwärter oder Leistungsempfänger nach den Verhältnissen am Schluss des Wirtschaftsjahres der Zuwendung erhalten kann, durch Abschluss einer Versicherung verschafft. [2]Bei Versicherungen für einen Leistungsanwärter ist der Abzug des Beitrages nur zulässig, wenn der Leistungsanwärter die

164

in Buchstabe b Satz 2 und 5 genannten Voraussetzungen erfüllt, die Versicherung für die Dauer bis zu dem Zeitpunkt abgeschlossen ist, für den erstmals Leistungen der Altersversorgung vorgesehen sind, mindestens jedoch bis zu dem Zeitpunkt, an dem der Leistungsanwärter das 55. Lebensjahr vollendet hat, und während dieser Zeit jährlich Beiträge gezahlt werden, die der Höhe nach gleich bleiben oder steigen. [3]Das Gleiche gilt für Leistungsanwärter, die das 27. Lebensjahr noch nicht vollendet haben, für Leistungen der Invaliditäts- oder Hinterbliebenenversorgung, für Leistungen der Altersversorgung unter der Voraussetzung, dass die Leistungsanwartschaft bereits unverfallbar ist. [4]Ein Abzug ist ausgeschlossen, wenn die Ansprüche aus der Versicherung der Sicherung eines Darlehens dienen. [5]Liegen die Voraussetzungen der Sätze 1 bis 4 vor, sind die Zuwendungen nach den Buchstaben a und b in dem Verhältnis zu vermindern, in dem die Leistungen der Kasse durch die Versicherung gedeckt sind;

d) den Betrag, den die Kasse einem Leistungsanwärter im Sinne des Buchstabens b Satz 2 und 5 vor Eintritt des Versorgungsfalls als Abfindung für künftige Versorgungsleistungen gewährt, den Übertragungswert nach § 4 Absatz 5 des Betriebsrentengesetzes oder den Betrag, den sie an einen anderen Versorgungsträger zahlt, der eine ihr obliegende Versorgungsverpflichtung übernommen hat.

[2]Zuwendungen dürfen nicht als Betriebsausgaben abgezogen werden, wenn das Vermögen der Kasse ohne Berücksichtigung künftiger Versorgungsleistungen am Schluss des Wirtschaftsjahres das zulässige Kassenvermögen übersteigt. [3]Bei der Ermittlung des Vermögens der Kasse ist am Schluss des Wirtschaftsjahres vorhandener Grundbesitz mit 200 Prozent der Einheitswerte anzusetzen, die zu dem Feststellungszeitpunkt maßgebend sind, der dem Schluss des Wirtschaftsjahres folgt; Ansprüche aus einer Versicherung sind mit dem Wert des geschäftsplanmäßigen Deckungskapitals zuzüglich der Guthaben aus Beitragsrückerstattung am Schluss des Wirtschaftsjahres anzusetzen, und das übrige Vermögen ist mit dem gemeinen Wert am Schluss des Wirtschaftsjahres zu bewerten. [4]Zulässiges Kassenvermögen ist die Summe aus dem Deckungskapital für alle am Schluss des Wirtschaftsjahres laufenden Leistungen nach der dem Gesetz als Anlage 1 beigefügten Tabelle für Leistungsempfänger im Sinne des Satzes 1 Buchstabe a und dem Achtfachen der nach Satz 1 Buchstabe b abzugsfähigen Zuwendungen. [5]Soweit sich die Kasse die Mittel für ihre Leistungen durch Abschluss einer Versicherung verschafft, ist, wenn die Voraussetzungen für den Abzug des Beitrages nach Satz 1 Buchstabe c erfüllt sind, zulässiges Kassenvermögen der Wert des geschäftsplanmäßigen Deckungskapitals aus der Versicherung am Schluss des Wirtschaftsjahres; in diesem Fall ist das zulässige Kassenvermögen nach Satz 4 in dem Verhältnis zu vermindern, in dem die Leistungen der Kasse durch die Versicherung gedeckt sind. [6]Soweit die Berechnung des Deckungskapitals nicht zum Geschäftsplan gehört, tritt an die Stelle des geschäftsplanmäßigen Deckungskapitals der nach § 176 Absatz 3 des Gesetzes über den Versicherungsvertrag berechnete Zeitwert, beim zulässigen Kassenvermögen ohne Berücksichtigung des Guthabens aus Beitragsrückerstattung. [7]Gewährt eine Unterstützungskasse anstelle von lebenslänglich laufenden Leistungen eine einmalige Kapitalleistung, so gelten 10 Prozent der Kapitalleistung als Jahresbetrag einer lebenslänglich laufenden Leistung;

2. bei Kassen, die keine lebenslänglich laufenden Leistungen gewähren, für jedes Wirtschaftsjahr 0,2 Prozent der Lohn- und Gehaltssumme des Trägerunternehmens, mindestens jedoch den Betrag der von der Kasse in einem Wirtschaftsjahr erbrachten Leistungen, soweit dieser Betrag höher ist als die in den vorangegangenen fünf Wirtschaftsjahren vorgenommenen Zuwendungen abzüglich der in dem gleichen Zeitraum erbrachten Leistungen. [2]Diese Zuwendungen dürfen nicht als Betriebsausgaben abgezogen werden, wenn das Vermögen der Kasse am Schluss des Wirtschaftsjahres das zulässige Kassenvermögen übersteigt. [3]Als zulässiges Kassenvermögen kann 1 Prozent der durchschnittlichen Lohn- und Gehaltssumme der letzten drei Jahre angesetzt werden. [4]Hat die Kasse bereits zehn Wirtschaftsjahre bestanden, darf das zulässige Kassenvermögen zusätzlich die Summe der in den letzten 10 Wirtschaftsjahren gewährten Leistungen nicht übersteigen. [5]Für die Bewertung des Vermögens der Kasse gilt Nummer 1 Satz 3 entsprechend. [6]Bei der Berechnung der Lohn- und Gehaltssumme des Trägerunternehmens sind Löhne und Gehälter von Personen, die von der Kasse keine nicht lebenslänglich laufenden Leistungen erhalten können, auszuscheiden.

[2]Gewährt eine Kasse lebenslänglich laufende und nicht lebenslänglich laufende Leistungen, so gilt Satz 1 Nummer 1 und 2 nebeneinander. [3]Leistet ein Trägerunternehmen Zuwendungen an mehrere Unterstützungskassen, so sind diese Kassen bei der Anwendung der Nummern 1 und 2 als Einheit zu behandeln.

(2) [1]Zuwendungen im Sinne des Absatzes 1 sind von dem Trägerunternehmen in dem Wirtschaftsjahr als Betriebsausgaben abzuziehen, in dem sie geleistet werden. [2]Zuwendungen, die bis zum Ablauf eines Monats nach Aufstellung oder Feststellung der Bilanz des Trägerunternehmens für den Schluss eines Wirtschaftsjahres geleistet werden, können von dem Trägerunternehmen noch für das abgelaufene Wirtschaftsjahr durch eine Rückstellung gewinnmindernd berücksichtigt werden. [3]Übersteigen die in einem Wirtschaftsjahr geleisteten Zuwendungen die nach

Absatz 1 abzugsfähigen Beträge, so können die übersteigenden Beträge im Wege der Rechnungs-abgrenzung auf die folgenden drei Wirtschaftsjahre vorgetragen und im Rahmen der für diese Wirtschaftsjahre abzugsfähigen Beträge als Betriebsausgaben behandelt werden. [4]§ 5 Absatz 1 Satz 2 ist nicht anzuwenden.

(3) [1]Abweichend von Absatz 1 Satz 1 Nummer 1 Satz 1 Buchstabe d und Absatz 2 können auf Antrag die insgesamt erforderlichen Zuwendungen an die Unterstützungskasse für den Betrag, den die Kasse an einen Pensionsfonds zahlt, der eine ihr obliegende Versorgungsverpflichtung ganz oder teilweise übernommen hat, nicht im Wirtschaftsjahr der Zuwendung, sondern erst in den dem Wirtschaftsjahr der Zuwendung folgenden zehn Wirtschaftsjahren gleichmäßig verteilt als Betriebsausgaben abgezogen werden. [2]Der Antrag ist unwiderruflich; der jeweilige Rechts-nachfolger ist an den Antrag gebunden.

Anlage 1 (zu § 4d Absatz 1 EStG)

Tabelle für die Errechnung des Deckungskapitals für lebenslänglich laufende Leistungen von Unterstützungskassen

Erreichtes Alter des Leistungsempfängers (Jahre)	Die Jahresbeiträge der laufenden Leistungen sind zu vervielfachen bei Leistungen	
	an männliche Leistungs-empfänger mit	an weibliche Leistungs-empfänger mit
(1)	(2)	(3)
bis 26	11	17
27 bis 29	12	17
30	13	17
31 bis 35	13	16
36 bis 39	14	16
40 bis 46	14	15
47 und 48	14	14
49 bis 52	14	14
53 bis 56	13	13
57 und 58	13	12
59 und 60	12	12
61 bis 63	12	11
64	11	11
65 bis 67	11	10
68 bis 71	10	9
72 bis 74	9	8
75 bis 77	8	7
78	8	7
79 bis 81	7	6
82 bis 84	6	5
85 bis 87	5	4
88	4	4
89 und 90	4	3
91 bis 93	3	3
94	3	2
95 und älter	2	2

R 4d

4d. Zuwendungen an Unterstützungskassen

R 4d (1)

Unterstützungskasse

S 2144c

(1) [1]Für die Höhe der abziehbaren Zuwendungen an die Unterstützungskasse kommt es nicht darauf an, ob die Kasse von der Körperschaftsteuer befreit ist oder nicht. [2]Wegen der Zuwendungen an Unterstützungskassen bei Bildung von Pensionsrückstellungen für die gleichen Versorgungsleistungen an denselben Empfängerkreis → R 6a Abs. 15.

Hinweise

Allgemeines

→ BMF vom 28. 11. 1996 (BStBl I S. 1435):

1. Konzeptions- und Verwaltungskosten,
2. Leistungsanwärter und Leistungsempfänger,
3. Ermittlung der Rückdeckungsquote,
4. Verwendung von Gewinngutschriften,
5. Unterbrechung der laufenden Beitragszahlung oder Beitragseinstellung,
6. Rückdeckungsversicherungen für unter 30-jährige Leistungsanwärter,
7. zulässiges Kassenvermögen bei abweichender Fälligkeit der Versorgungs- und Versicherungsleistungen,
8. Übergangsregelung nach § 52 Abs. 5 Satz 2 EStG a. F.,
9. zulässiges Kassenvermögen für nicht lebenslänglich laufende Leistungen,
10. tatsächliches Kassenvermögen und überhöhte Zuwendungen.

Eintragung ins Vereinsregister

Die zunächst noch fehlende Rechtsfähigkeit der Unterstützungskasse steht dem Betriebsausgabenabzug gem. § 4d EStG nicht entgegen (BFH vom 25. 3. 2004 – BFH/NV 2004 S. 1246)

Hinterbliebenenversorgung für den Lebensgefährten

→ BMF vom 25. 7. 2002 (BStBl I S. 706).

abgedruckt zu → H 6a (1)

Übertragung von Unterstützungskassenzusagen auf Pensionsfonds

Zur Übertragung von Unterstützungskassenzusagen auf Pensionsfonds nach § 4d Abs. 3 und § 4e Abs. 3 EStG i. V. m. § 3 Nr. 66 EStG → BMF vom 26. 10. 2006 (BStBl I S. 709).

Überversorgung

Zur bilanzsteuerrechtlichen Berücksichtigung von überdurchschnittlich hohen Versorgungsanwartschaften (Überversorgung) → BMF vom 3. 11. 2004 (BStBl I S. 1045) und vom *13. 12. 2012* (*BStBl 2013 I S. 35*).

→ *H 6a (17)*

Unterstützungskasse

Eine Unterstützungskasse ist eine rechtsfähige Versorgungseinrichtung, die auf ihre Leistungen keinen Rechtsanspruch gewährt (→ BFH vom 5. 11. 1992 – BStBl 1993 II S. 185, → § 1b Abs. 4 Betriebsrentengesetz).

Versorgungsausgleich

Zu den Auswirkungen des Gesetzes zur Strukturreform des Versorgungsausgleiches (VAStrRefG) auf Unterstützungskassen → BMF vom 12. 11. 2010 (BStBl I S. 1303).

Zuwendungen

Zuwendungen i. S. d. § 4d EStG sind Vermögensübertragungen, die die Unterstützungskasse einseitig bereichern und nicht auf einem Leistungsaustausch beruhen. Es ist unerheblich, ob die Zuwendung auf einer Verpflichtung des Trägerunternehmens beruht oder freiwillig erfolgt (→ BFH vom 5. 11. 1992 – BStBl 1993 II S. 185).

R 4d (2) **Leistungsarten**

(2) [1]Bei den von der Kasse aus Anlass einer Tätigkeit für das Trägerunternehmen erbrachten Leistungen muss es sich um Leistungen der Alters-, Invaliditäts- oder Hinterbliebenenversorgung oder um Leistungen bei Arbeitslosigkeit oder zur Hilfe in sonstigen Notlagen handeln. [2]Für die Frage, ob Leistungen der betrieblichen Altersversorgung vorliegen, ist ausschließlich § 1 Betriebsrentengesetz maßgebend. [3]Werden Leistungen in Aussicht gestellt, die mit denen einer Kapitallebensversicherung mit steigender Todesfallleistung vergleichbar sind, müssen diese nicht die in den LStR geforderten Voraussetzungen an den Mindesttodesfallschutz erfüllen. [4]Der Bezug von Leistungen der Altersversorgung setzt mindestens die Vollendung des 60. Lebensjahres voraus; nur in berufsspezifischen Ausnahmefällen kann eine niedrigere Altersgrenze zwischen 55 und 60 in Betracht kommen. [5]Für Zusagen, die nach dem 31.12.2011 erteilt werden, tritt an die Stelle des 60. Lebensjahres regelmäßig das 62. Lebensjahr. [6]Für andere als die vorgenannten Leistungen sind Zuwendungen im Sinne von § 4d EStG durch das Trägerunternehmen mit steuerlicher Wirkung nicht möglich. [7]Zu den lebenslänglich laufenden Leistungen gehören alle laufenden (wiederkehrenden) Leistungen, soweit sie nicht von vornherein nur für eine bestimmte Anzahl von Jahren oder bis zu einem bestimmten Lebensalter des Leistungsberechtigten vorgesehen sind. [8]Vorbehalte, nach denen Leistungen an den überlebenden Ehegatten bei einer Wiederverheiratung oder Invaliditätsrenten bei einer Wiederaufnahme einer Arbeitstätigkeit wegfallen, berühren die Eigenschaft der Renten als lebenslänglich laufende Leistung nicht. [9]Dasselbe gilt, wenn eine Invaliditätsrente bei Erreichen einer bestimmten Altersgrenze von einer Altersrente der Unterstützungskasse abgelöst wird. [10]Keine lebenslänglich laufenden Leistungen sind z. B. Überbrückungszahlungen für eine bestimmte Zeit, Waisenrenten, abgekürzte Invaliditätsrenten und zeitlich von vornherein begrenzte Leistungen an den überlebenden Ehegatten.

H 4d (2) **Hinweise**

Lebenslänglich laufende Leistungen

Auch einmalige Kapitalleistungen einer Unterstützungskasse in geringem Umfang sind als lebenslänglich laufende Leistungen i. S. v. § 4d EStG anzusehen (→ BFH vom 15.6.1994 – BStBl 1995 II S. 21).

R 4d (3) **Zuwendungen zum Deckungskapital**

(3) [1]Das Deckungskapital für die bereits laufenden Leistungen (§ 4d Abs. 1 Satz 1 Nr. 1 Satz 1 Buchstabe a EStG) kann der Kasse sofort bei Beginn der Leistungen oder, solange der Leistungsempfänger lebt, in einem späteren Wirtschaftsjahr in einem Betrag oder verteilt auf mehrere Wirtschaftsjahre zugewendet werden. [2]Mithin kann

1. das Deckungskapital für eine Rente an einen früheren Arbeitnehmer in dem Zeitraum, in dem der frühere Arbeitnehmer Leistungsempfänger ist,

2. das Deckungskapital für eine Rente an den überlebenden Ehegatten in dem Zeitraum, in dem dieser Leistungsempfänger ist, *und*

3. *das Deckungskapital für eine Rente im Falle der Ehescheidung oder der Aufhebung einer eingetragenen Lebenspartnerschaft an den Ausgleichsberechtigten nach dem VersAusglG in dem Zeitraum, in dem dieser Leistungsempfänger ist,*

zugewendet werden. [3]Das Deckungskapital für die Rente an den überlebenden Ehegatten kann selbst dann ungeschmälert zugewendet werden, wenn das Deckungskapital für die Rente an den früheren Arbeitnehmer bereits voll zugewendet war. [4]Auf die Anrechnung des im Deckungskapital für die Rente an den früheren Arbeitnehmer enthaltenen Anteiles für die Anwartschaft auf Rente an den überlebenden Ehegatten wird aus Praktikabilitätsgründen verzichtet. [5]Das für die Zuwendungen maßgebende Deckungskapital ist jeweils nach dem erreichten Alter des Leistungsempfängers zu Beginn der Leistungen oder zum Zeitpunkt der Leistungserhöhung und nach der Höhe der Jahresbeträge dieser Leistungen zu berechnen; das Alter des Leistungsberechtigten ist nach dem bürgerlichen Recht (§ 187 Abs. 2 Satz 2, § 188 Abs. 2 BGB) zu bestimmen. [6]Bei den am 1.1.1975 bereits laufenden Leistungen ist für die Bemessung weiterer Zuwendungen auf das Deckungskapital von der als Anlage 1 dem Einkommensteuergesetz beigefügten Tabelle und von dem Lebensalter auszugehen, das der Berechtigte am 1.1.1975 erreicht hat; auf das so ermittelte Deckungskapital sind die früheren Zuwendungen zum Deckungskapital anzurechnen. [7]Lässt sich in den Fällen, in denen ein Trägerunternehmen die nach dem Zuwendungsgesetz (ZuwG) vom 26.3.1952 (BGBl. I S. 206) höchstzulässigen Jahreszuwendungen nicht ausgeschöpft und die Zuwendungen nicht nach den im ZuwG aufgeführten Kategorien gegliedert hat, nicht mehr feststellen, welcher

Teil dieser Zuwendungen auf das Deckungskapital vorgenommen wurde, kann das Trägerunternehmen die Gliederung der früheren Zuwendungen nach eigener Entscheidung vornehmen.

Hinweise

Berechnungsbeispiel für die Zuwendung zum Deckungskapital

Deckungskapital zum 31. 12. 01 für die in 01 beginnenden laufenden Leistungen von jährlich 1 000 € an die männlichen Leistungsempfänger

A (63 Jahre): 12 × 1 000 € =	12 000 €
B (58 Jahre): 13 × 1 000 € =	13 000 €
	25 000 €

Der Kasse werden hiervon 01 nur 10 000 € zugewendet.

Im Wirtschaftsjahr 02 oder in späteren Wirtschaftsjahren können der Kasse für die Leistungen an diese Empfänger nach § 4d Abs. 1 Satz 1 Nr. 1 Satz 1 Buchstabe a EStG insgesamt 25 000 € – 10 000 € = 15 000 € zugewendet werden.

Zuwendungen zum Reservepolster

(4) [1]Für die Ermittlung der Höhe der zulässigen Zuwendungen zum Reservepolster nach § 4d Abs. 1 Satz 1 Nr. 1 Satz 1 Buchstabe b EStG besteht ein Wahlrecht. [2]Das Trägerunternehmen kann entweder von den jährlichen Versorgungsleistungen ausgehen, welche die jeweils begünstigten Leistungsanwärter im letzten Zeitpunkt der Anwartschaft, spätestens im Zeitpunkt des Erreichens der Regelaltersgrenze der gesetzlichen Rentenversicherung (§§ 35 und 235 SGB VI), nach dem Leistungsplan der Kasse erhalten können (Grundsatzregelung). [3]Statt dessen kann auch vom Durchschnittsbetrag der von der Kasse im Wirtschaftsjahr tatsächlich gewährten lebenslänglich laufenden Leistungen ausgegangen werden (Sonderregelung). [4]Das Trägerunternehmen hat in dem Wirtschaftsjahr, ab dem dieses Wahlrecht besteht bzw. in dem erstmals Leistungen über eine Unterstützungskasse zugesagt werden, zu entscheiden, ob die Ermittlung der Höhe der Zuwendungen zum Reservepolster nach der Grundsatzregelung oder der Sonderregelung erfolgen soll. [5]An die getroffene Wahl ist es grundsätzlich fünf Wirtschaftsjahre lang gebunden. [6]Die für das Wirtschaftsjahr zulässigen Zuwendungen zum Reservepolster ergeben sich, wenn auf den jeweils ermittelten Betrag die nach § 4d Abs. 1 Satz 1 Nr. 1 Satz 1 Buchstabe b Satz 1 EStG maßgebenden Prozentsätze angewandt werden; im Falle der Sonderregelung ist das Ergebnis mit der Anzahl der berücksichtigungsfähigen Leistungsanwärter zu vervielfältigen. [7]Wird die Zuwendungshöhe nach der Grundsatzregelung berechnet, sind die dem einzelnen Leistungsanwärter jeweils schriftlich zugesagten erreichbaren Leistungen nach den Verhältnissen am Ende des Wirtschaftsjahres der Kasse maßgebend. [8]Änderungen, die erst nach dem Bilanzstichtag wirksam werden, sind nur zu berücksichtigen, wenn sie am Bilanzstichtag bereits feststehen. [9]Die Leistungen sind jeweils bezogen auf die einzelnen zulässigen Zuwendungssätze getrennt zu erfassen, wobei im Falle des § 4d Abs. 1 Satz 1 Nr. 1 Satz 1 Buchstabe b Satz 1 Doppelbuchstabe aa EStG jeweils gesondert die Leistungen der Invaliditätsversorgung bzw. Hinterbliebenenversorgung und im Falle des Doppelbuchstabens bb die Leistungen der Altersversorgung zu berücksichtigen sind. [10]Wird die Zuwendungshöhe nach der Sonderregelung berechnet, ist vom Durchschnittsbetrag der von der Kasse in ihrem Wirtschaftsjahr tatsächlich gewährten lebenslänglich laufenden Leistungen auszugehen. [11]Zur Vereinfachung kann statt einer genaueren Berechnung als Durchschnittsbetrag der Betrag angenommen werden, der sich ergibt, wenn die Summe der im Wirtschaftsjahr der Kasse tatsächlich gezahlten lebenslänglich laufenden Leistungen durch die Zahl der am Ende ihres Wirtschaftsjahres vorhandenen berücksichtigungsfähigen Leistungsempfänger geteilt wird. [12]Auf diesen Durchschnittsbetrag sind die Zuwendungssätze von jeweils 25 %, 12 % oder 6 % anzuwenden.

Hinweise

Ermittlungszeitpunkt

für die Höhe der Zuwendungen an eine Unterstützungskasse → BMF vom 7. 1. 1994 (BStBl I S. 18):

Ermittlungszeitpunkt für die Höhe der Zuwendungen an eine Unterstützungskasse

Zuwendungen eines Trägerunternehmens an eine Unterstützungskasse sind grundsätzlich in dem Wirtschaftsjahr als Betriebsausgaben abzuziehen, in dem sie geleistet werden. In welchem Umfang die Zuwendungen nach § 4d EStG als Betriebsausgaben abgezogen werden dürfen, richtet sich nach den Verhältnissen am Schluss des Wirtschaftsjahres der Kasse, für das die Zuwendung erfolgt. Zu diesem Stichtag ist die Anzahl der nach dem geltenden Leistungsplan der Kasse begünstigten Leistungsempfänger bzw. Leistungsanwärter und die Höhe der den Leistungsempfängern gezahlten laufenden Leistungen bzw. die Höhe der von den Leistungsanwärtern erreichbaren Anwartschaften zu ermitteln. Diese Werte sind Grundlage für die Ermittlung der Höhe des Deckungskapitals und des sog. Reservepolsters nach § 4d Abs. 1 Nr. 1 Buchstaben a und b EStG und des zulässigen Kassenvermögens auf den Schluss des Wirtschaftsjahres der Kasse.

Nach dem Ergebnis der Erörterung mit den obersten Finanzbehörden der Länder wird es nicht beanstandet, wenn unter sinngemäßer Anwendung der Grundsätze des § 241 Abs. 3 HGB die Anzahl der nach dem geltenden Leistungsplan der Kasse begünstigten Leistungsempfänger bzw. Leistungsanwärter und die Höhe der den Leistungsempfängern gezahlten laufenden Leistungen bzw. die Höhe der von den Leistungsanwärtern erreichbaren Anwartschaften nicht zum Schluss des Wirtschaftsjahres der Kasse ermittelt wird, sondern zu einem Stichtag, der höchstens drei Monate vor dem Schluss des Wirtschaftsjahres der Kasse liegt (Ermittlungsstichtag). Die Ermittlung hat für den Schluss des Wirtschaftsjahres der Kasse zu erfolgen. Dabei sind alle am Ermittlungsstichtag feststehenden Umstände zu berücksichtigen, soweit sie für die Berechnung des Deckungskapitals und des Reservepolsters sowie des zulässigen Kassenvermögens von Bedeutung sind. So ist z. B. ein Leistungsanwärter, der nach dem Ermittlungsstichtag, aber vor dem Schluss des Wirtschaftsjahres der Kasse das 30. Lebensjahr[1] vollendet, bereits zu berücksichtigen. Gleiches gilt, wenn z. B. am Ermittlungsstichtag feststeht, dass ein geänderter Leistungsplan vor dem Schluss des Wirtschaftsjahres der Kasse in Kraft tritt.

Dieses Verfahren ist nur zulässig, wenn

a)   der Ermittlungsstichtag höchstens drei Monate vor dem Bilanzstichtag des Trägerunternehmens liegt;

b)   die Unterstützungskasse mindestens 100 Begünstigte hat;

c)   die Ermittlung der Zuwendungen zum Reservepolster nach § 4d Abs. 1 Nr. 1 Buchstabe b Satz 1 EStG erfolgt.

Soweit nach dem Ermittlungsstichtag und vor dem Schluss des Wirtschaftsjahres der Kasse außergewöhnliche Veränderungen des Kreises der Begünstigten eintreten oder eine Änderung des Leistungsplanes beschlossen wird, sind die zum Ermittlungsstichtag ermittelten Zuwendungen den Veränderungen anzupassen.

Die Berechnung der Höhe der Zuwendungen für Vorstandsmitglieder und Geschäftsführer von Kapitalgesellschaften richtet sich dagegen ausschließlich nach den Verhältnissen am Schluss des Wirtschaftsjahres der Kasse, für das die Zuwendungen erfolgen.

Es bestehen keine Bedenken, nach den vorstehenden Grundsätzen auch bei der Prüfung des zulässigen Vermögens nach § 5 Abs. 1 Nr. 3 Buchstabe e KStG zu verfahren. Bei Gruppenunterstützungskassen ist dies jedoch nur möglich, wenn alle Trägerunternehmen diese Grundsätze auf einen einheitlichen Stichtag hin anwenden.

Näherungsverfahren

Zur Berücksichtigung von Renten aus der gesetzlichen Rentenversicherung → BMF vom 15. 3. 2007 (BStBl I S. 290) und vom 5. 5. 2008 (BStBl I S. 570).

R 4d (5)   **Leistungsanwärter**

(5) [1]Der Kreis der Leistungsanwärter umfasst grundsätzlich alle Arbeitnehmer und ehemaligen Arbeitnehmer des Trägerunternehmens, die von der Unterstützungskasse schriftlich zugesagte Leistungen erhalten können, soweit sie nicht bereits Empfänger lebenslänglich laufender Leistungen sind. [2]Bei Zusagen von Hinterbliebenenversorgung ohne Altersversorgung gilt die Person als Leistungsanwärter, bei deren Ableben die Hinterbliebenenversorgung einsetzt; hierbei ist nicht zu prüfen, ob Angehörige vorhanden sind, die Anspruch auf eine Versorgung haben. [3]Angehörige des Unternehmers oder von Mitunternehmern des Trägerunternehmens dürfen nur als Leistungsanwärter berücksichtigt werden, soweit ein steuerlich anzuerkennendes Arbeitsverhältnis (→ R 4.8) vorliegt. [4]Personen, die mit einer unverfallbaren Anwartschaft aus dem Trägerunternehmen ausgeschieden sind, gehören unter den vorstehenden Voraussetzungen zu den Leistungsanwärtern, solange die Kasse mit einer späteren Inanspruchnahme zu rechnen hat; sofern der Kasse nicht bereits vorher bekannt ist, dass Leistungen nicht zu gewähren sind, braucht bei diesen Personen die Frage, ob die Kasse mit einer Inanspruchnahme zu rechnen hat, erst bei Erreichen der Altersgrenze geprüft zu werden. [5]Personen, bei denen bis zum Ablauf des auf das Erreichen der Altersgrenze folgenden Wirtschaftsjahres nicht feststeht, dass die Kasse mit einer Inanspruchnahme zu rechnen hat, gehören vom Ende dieses Wirtschaftsjahres an nicht mehr zu den Leistungsanwärtern.

---

1) Anm.: Bei erstmaliger Zusage nach dem 31. 12. 2000: das 28. Lebensjahr.

Rückgedeckte Unterstützungskasse   R 4d (6)

Allgemeines

(6) [1]Soweit die Unterstützungskasse die einem Leistungsempfänger oder einem Leistungsanwärter zugesagten Leistungen ganz oder teilweise durch den Abschluss einer Versicherung abgesichert hat, liegt eine rückgedeckte Unterstützungskasse vor. [2]Ist der Betriebsausgabenabzug nach § 4d Abs. 1 Satz 1 Nr. 1 Satz 1 Buchstabe c EStG ausgeschlossen, können die Zuwendungen im Rahmen des § 4d Abs. 1 Nr. 1 Satz 1 Buchstabe a und b EStG abgezogen werden. [3]Die Voraussetzungen für den Betriebsausgabenabzug nach § 4d Abs. 1 Satz 1 Nr. 1 Satz 1 Buchstabe c EStG sind auch dann erfüllt, wenn die Unterstützungskasse ihre Ansprüche aus von ihr abgeschlossenen Rückdeckungsversicherungsverträgen an die begünstigten Arbeitnehmer verpfändet, denen sie Leistungen in Aussicht gestellt hat.

Zuwendungen für Leistungsempfänger   R 4d (7)

(7) [1]Werden die zugesagten Leistungen erst nach Eintritt des Versorgungsfalles rückgedeckt, können hierfür Einmalprämien mit steuerlicher Wirkung zugewendet werden. [2]§ 4d Abs. 1 Satz 1 Nr. 1 Satz 1 Buchstabe c Satz 2 bis 4 EStG ist nicht anzuwenden.

Zuwendungen für Leistungsanwärter   R 4d (8)

(8) [1]Das Trägerunternehmen kann den für den einzelnen Leistungsanwärter an die Kasse zugewendeten Betrag der Versicherungsprämie nur als Betriebsausgaben geltend machen, wenn die Unterstützungskasse laufende Prämien zu entrichten hat. [2]Dies ist bei Zusagen einer Altersversorgung der Fall, wenn es sich um eine Versicherung handelt, bei der in jedem Jahr zwischen Vertragsabschluss und Zeitpunkt, für den erstmals Leistungen der Altersversorgung vorgesehen sind, Prämien zu zahlen sind. [3]Der Zeitpunkt, für den erstmals Leistungen der Altersversorgung vorgesehen sind, darf nicht vor Vollendung des 55. Lebensjahres des begünstigten Leistungsanwärters liegen. [4]Werden Leistungen der Invaliditäts- oder Hinterbliebenenversorgung rückversichert, muss die abgeschlossene Versicherung eine Mindestlaufzeit bis zu dem Zeitpunkt haben, in dem der Leistungsanwärter sein 55. Lebensjahr vollendet. [5]Eine Versicherung mit kürzerer Laufzeit ist nur begünstigt, wenn feststeht, dass im Anschluss an die Laufzeit des Versicherungsvertrages eine Zusage auf Altersversorgung besteht; ist diese rückgedeckt, müssen die Voraussetzungen der Sätze 2 und 3 erfüllt sein. [6]Der Abzug der Zuwendungen als Betriebsausgabe ist in dem Wirtschaftsjahr ausgeschlossen, in dem die Kasse zu irgendeinem Zeitpunkt die Ansprüche aus der Versicherung zur Sicherung eines Darlehens verwendet. [7]Werden einem Leistungsanwärter vor Vollendung des 28. Lebensjahres (bei erstmaliger Zusage vor dem 1. 1. 2001: des 30. Lebensjahres, bei erstmaliger Zusage nach dem 31. 12. 2008: des 27. Lebensjahres) Zusagen mit vertraglicher Unverfallbarkeit gewährt werden, können hierfür laufende Prämien als Zuwendungen nur berücksichtigt werden, wenn die Bestimmungen der vertraglichen Unverfallbarkeit mindestens den Berechnungsvorschriften des § 2 Betriebsrentengesetz entsprechen.

Kürzung der als Betriebsausgabe abzugsfähigen Prämien   R 4d (9)

(9) [1]Laufende Prämien sind bezogen auf die notwendige und vereinbarte Versicherungssumme nur begünstigt, wenn sie der Höhe nach entweder gleich bleiben oder steigen. [2]Eine gleichbleibende Prämie liegt in diesen Fällen auch vor, wenn die von der Unterstützungskasse jährlich zu zahlende Prämie mit Gewinngutschriften aus dem Versicherungsvertrag verrechnet wird. [3]In diesen Fällen kann der Kasse nur der verbleibende Restbetrag steuerbegünstigt zugewendet werden. [4]Entsprechendes gilt, wenn die Gewinngutschriften durch die Kasse nicht mit fälligen Prämien verrechnet und auch nicht zur Erhöhung der Rückdeckungsquote hinsichtlich der bestehenden Zusage verwendet werden. [5]Beruht die Verminderung der Beiträge auf einer Änderung der Versorgungszusage und sind die Prämien nach der Vertragsänderung mindestens in konstanter Höhe bis zum Eintritt des Versorgungsfalles zu zahlen, sind die Zuwendungen weiterhin als Betriebsausgaben abzugsfähig; Entsprechendes gilt bei der Änderung von Entgeltumwandlungsvereinbarungen. [6]Eine Änderung der Versorgungszusage liegt auch dann vor, wenn der Arbeitgeber auf Verlangen des Arbeitnehmers eine Entgeltumwandlung im Wege einer vertraglichen Vereinbarung reduziert. [7]Dies gilt unabhängig davon, aus welchem Grund die Gehaltsumwandlung vermindert wird. [8]Sinkende Beiträge an eine rückgedeckte Unterstützungskasse führen auch dann (ausnahmsweise) nicht zu einer Versagung des Betriebsausgabenabzugs, wenn sich die Beitragsminderung aus gesetzlich vorgegebenen Faktoren ergibt (z. B. aus der Erhöhung der Beitragsbemessungsgrenzen in der gesetzlichen Rentenversicherung) und die Prämienzahlungen nach der Minderung mindestens in konstanter Höhe bis zum Eintritt des Versorgungsfalles zu leisten sind.

R 4d (10)   **Nachweispflicht**

(10) Das Trägerunternehmen hat die Voraussetzungen des § 4d Abs. 1 Satz 1 Nr. 1 Satz 1 Buchstabe c EStG im Jahr der Zuwendung nachzuweisen.

H 4d (6 – 10)   **Hinweise**

Rückdeckungsversicherung

Der Betriebsausgabenabzug von Zuwendungen an eine rückgedeckte Unterstützungskasse nach § 4d Abs. 1 Satz 1 Nr. 1 Satz 1 Buchstabe c EStG ist bei einer Beleihung oder Abtretung von Ansprüchen aus der Rückdeckungsversicherung ausgeschlossen. Die Inanspruchnahme von Vorauszahlungen steht einer Beleihung gleich (→ BFH vom 28. 2. 2002 – BStBl II S. 358).

Zweifelsfragen bei Zuwendungen an rückgedeckte Unterstützungskassen

– → BMF vom 31. 1. 2002 (BStBl I S. 214):

   1. Versicherung gegen laufende Einmalbeiträge

   2. Sinkende Beiträge auf Grund einer Bemessung nach variablen Gehaltsbestandteilen

– → H 4d (1) Allgemeines

– → ferner: FinBeh Berlin vom 17. 10. 2005 – II A – S 2144c – 1/2000 –:

   I. Einschränkung der vereinbarten Entgeltumwandlung
      Eine einmalige Änderung der Versorgungszusage liegt auch dann vor, wenn der Arbeitgeber auf Verlangen des Arbeitnehmers die Entgeltumwandlungen im Wege einer vertraglichen Vereinbarung reduziert. Dies gilt unabhängig davon, aus welchem Grund die Gehaltsumwandlungen vermindert werden. (Häufig kommt eine solche Reduzierung insbesondere dann in Betracht, wenn die Beiträge nicht mehr aus Sonderzahlungen finanziert werden können, weil das Unternehmen aus wirtschaftlichen Gründen gezwungen ist, die freiwillige Zahlung von Weihnachts- und Urlaubsgeld einzustellen.) In diesem Fall sind sinkende Beiträge unschädlich, wenn die Prämienzahlungen nach der Vertragsänderung mindestens in konstanter Höhe bis zum Eintritt des Versorgungsfalles zu leisten sind. Dies gilt auch bei einer nochmaligen vertraglichen Reduzierung der Entgeltumwandlung.

   II. Sinkende Beiträge aufgrund der Erhöhung der Beitragsbemessungsgrenze in der gesetzlichen Rentenversicherung
       Nach dem Sinn und Zweck des § 4d Abs. 1 Satz 1 Nr. 1 Satz 1 Buchst. c Satz 2 EStG, der planmäßige Vorfinanzierungen vermeiden soll, führen sinkende Beiträge nicht zu einer Versagung des Betriebsausgabenabzugs, soweit die Beitragsminderung durch Faktoren verursacht wird, die gesetzlich vorgegeben werden, und die Prämienzahlungen nach der Minderung mindestens in konstanter Höhe bis zum Eintritt des Versorgungsfalles zu leisten sind. So führt beispielsweise das einmalige Absinken der Zuwendungen an eine rückgedeckte Unterstützungskasse aufgrund der Erhöhung der Beitragsbemessungsgrenze in der gesetzlichen Rentenversicherung nicht zu einer Versagung des Betriebsausgabenabzugs.

R 4d (11)   **Zuwendungen für nicht lebenslänglich laufende Leistungen**

(11) – unbesetzt –

H 4d (11)   **Hinweise**

Beispiel

Lohn- und Gehaltssumme des	
Trägerunternehmens im Wirtschaftsjahr 01	1 000 000 €
Die Zuwendung beträgt 01	1 000 €
und liegt damit unter der möglichen Zuwendung von	
0,2 % von 1 000 000 € = 2 000 €.	
Lohn- und Gehaltssumme 02 bis 05 je	1 200 000 €
Zuwendungen 02 bis 05	
je 0,2 % von 1 200 000 €, zusammen	9 600 €

Kassenleistungen 01 bis 05 zusammen	4 000 €
Lohn- und Gehaltssumme 06	1 500 000 €
Tatsächliche Kassenleistungen 06	12 000 €

In 06 können der Kasse statt der normalen Zuwendung
von 0,2 % von 1 500 000 € = 3 000 € zugewendet werden:

– die tatsächlichen Kassenleistungen 06 von	12 000 €
– abzüglich der aus den vorangegangenen	
5 Wirtschaftsjahren noch nicht durch Leistungen	
aufgezehrten Zuwendungen	
(10 600 € – 4 000 € =)	6 600 €
	5 400 €

Lohn- und Gehaltssumme R 4d (12)

(12) [1]Zur Lohn- und Gehaltssumme i. S. d. § 4d Abs. 1 Satz 1 Nr. 2 EStG gehören alle Arbeitslöhne i. S. d. § 19 Abs. 1 Satz 1 Nr. 1 EStG, soweit sie nicht von der Einkommensteuer befreit sind. [2]Zuschläge für Mehrarbeit und für Sonntags-, Feiertags- und Nachtarbeit gehören zur Lohn- und Gehaltssumme, auch soweit sie steuerfrei sind. [3]Wegen der Vergütungen an Personen, die nicht Arbeitnehmer sind, → Absatz 15.

Kassenvermögen der Unterstützungskasse R 4d (13)

(13) [1]Zuwendungen an eine Unterstützungskasse sind beim Trägerunternehmen nur abziehbar, soweit am Schluss des Wirtschaftsjahres der Kasse das tatsächliche Kassenvermögen nicht höher ist als das zulässige Kassenvermögen (§ 4d Abs. 1 Satz 1 Nr. 1 Satz 2 bis 7 und Nr. 2 Satz 2 bis 6 EStG). [2]Dabei ist die Unterstützungskasse bei der Ermittlung ihres zulässigen Kassenvermögens nicht an die Bewertungsmethode gebunden, die das Trägerunternehmen bei der Ermittlung des Dotierungsrahmens zum Reservepolster (→ Absatz 4) angewandt hat. [3]Weicht das Wirtschaftsjahr der Kasse von dem des Trägerunternehmens ab, so ist für die Frage, ob das tatsächliche Kassenvermögen das zulässige Kassenvermögen übersteigt, das Wirtschaftsjahr der Kasse maßgebend, das vor dem Ende des Wirtschaftsjahres des Trägerunternehmens endet. [4]Bei Kassen, die sowohl lebenslänglich laufende als auch nicht lebenslänglich laufende Leistungen gewähren, ist sowohl das tatsächliche als auch das zulässige Kassenvermögen für beide Gruppen von Leistungen gemeinsam festzustellen.

Hinweise H 4d (13)

Beispiel:

Tatsächliches Kassenvermögen einer Unterstützungskasse mit lebenslänglich laufenden und nicht lebenslänglich laufenden Leistungen am 31. 12. 02 vor der Zuwendung für 02 720 000 €.

Die Kasse zahlt an bereits laufenden jährlichen Altersrenten seit 01 an 14 Berechtigte insgesamt 33 600 €, d. h. durchschnittlich 2 400 €.

Das Deckungskapital hierfür betrug bei Beginn der Leistungen im Jahr 01 340 000 €, zum 31. 12. 02 336 000 € (340 000 € voll zugewendet).

Am 1. 1. 02 kommen 3 laufende Leistungen mit je 2 400 € Jahresrente hinzu (Alter der männlichen Berechtigten 65 Jahre). Die Kasse hat daneben insgesamt 80 Leistungsanwärter, denen nach dem 31. 12. 2000 vom Trägerunternehmen eine Zusage erteilt wurde. Diesen ist nach den Verhältnissen zum 31. 12. 02 eine Jahresrente von je 2 400 € zugesagt. 10 Leistungsanwärter haben am 31. 12. 02 das 28. Lebensjahr noch nicht vollendet. 10 Leistungsanwärter haben zu diesem Zeitpunkt das 50. Lebensjahr vollendet. Die Lohn- und Gehaltssumme des Trägerunternehmens beträgt in allen Jahren je 1 500 000 €.

Der Kasse können 02 folgende Beträge zugewendet werden:

a)	Das Deckungskapital für die neu hinzugekommenen laufenden Leistungen in Höhe von 11 × 2 400 € × 3 =	79 200 €
b)	Zuwendungen zum Reservepolster für lebenslänglich laufende Leistungen:	
	aa) Nach dem Grundsatz: 2 400 €, hiervon 25 % (§ 4d Abs. 1 Satz 1 Nr. 1 Satz 1 Buchstabe b Satz 1 Doppelbuchstabe bb EStG) = 600 €, vervielfältigt mit der Zahl der berücksichtigungsfähigen Leistungsanwärter: 600 € × 70 =	42 000 €

bb) Nach der Sonderregelung:

Durchschnitt der laufenden Leistungen 02:

33 600 € + (3 × 2 400 €) = 40 800 € : 17 Empfänger = 2 400 €,

hiervon 25 % (§ 4d Abs. 1 Satz 1 Nr. 1 Satz 1 Buchstabe b Satz 1 Doppelbuchstabe bb EStG) = 600 €, vervielfältigt mit der Zahl der berücksichtigungsfähigen Leistungsanwärter: 600 € × 10 =   6 000 €

c) Zuwendungen für nicht lebenslänglich laufende

Leistungen: 0,2 % von 1 500 000 € =   3 000 €

Der Zuwendungsumfang beträgt unter Berücksichtigung von b) aa) 124 200 €
und unter Berücksichtigung von b) bb) 88 200 €.

Zulässiges Kassenvermögen am 31. 12. 02:

Deckungskapital für die laufenden Leistungen

(336 000 € + 79 200 € =)   415 200 €

Reservepolster für lebenslänglich laufende Leistungen

– nach b) aa) 42 000 € × 8 =   336 000 €

– nach b) bb) 6 000 € × 8 =   48 000 €

Reservepolster für nicht lebenslänglich laufende Leistungen

(1 % von 1 500 000 € =)   15 000 €

Das tatsächliche Kassenvermögen von bisher 720 000 € würde nach der Zuwendung von 124 200 € – b) aa) – insgesamt 844 200 € betragen und damit das zulässige Kassenvermögen von (415 200 € + 336 000 € + 15 000 €) 766 200 € um 78 000 € übersteigen. Es sind deshalb nicht 124 200 €, sondern nur (124 200 € – 78 000 €) 46 200 € der Zuwendungen als Betriebsausgaben abziehbar. Unter Berücksichtigung des Zuwendungsumfangs unter b) bb) beträgt das zulässige Kassenvermögen nur (415 200 € + 48 000 € + 15 000 €) 478 200 €. In diesem Fall kann die Zuwendung in 02 nicht als Betriebsausgabe abgezogen werden.

R 4d (14)   Sonderfälle

(14) [1]Bei Konzern- und Gruppenkassen ist die Bemessungsgrundlage für die Zuwendungen zum Reservepolster für jedes Trägerunternehmen gesondert nach den bei diesen Unternehmen vorliegenden Tatbeständen zu errechnen. [2]Die auf das einzelne Trägerunternehmen entfallenden Teile des tatsächlichen und zulässigen Kassenvermögens sind ebenfalls jeweils getrennt festzustellen.

H 4d (14)   **Hinweise**

Unterstützungskasse in der Rechtsform einer Kapitalgesellschaft

1. Bei der Ermittlung des Einkommens einer partiell steuerpflichtigen Unterstützungskasse in der Rechtsform einer GmbH sind

   a) die Kassenleistungen an die begünstigten Arbeitnehmer des Trägerunternehmens abziehbare Betriebsausgaben und

   b) die geleisteten Gewerbesteuern --soweit abziehbar-- nur anteilig in Bezug auf den steuerpflichtigen Teil des Einkommens als Betriebsausgaben zu berücksichtigen.

2. Bei der Berechnung des Reservepolsters einer Unterstützungskasse nach der sog. Pauschalmethode des § 4d Abs. 1 Satz 1 Nr. 1 Buchstabe b Satz 3 EStG sind nur jene Leistungsanwärter einzubeziehen, denen schriftlich Versorgungsleistungen zugesagt worden sind.

→ BFH vom 22. 12. 2010, I R 110/09 (BFHE 232, 415)

Zuwendungen an mehrere Kassen

Leistet ein Trägerunternehmen Zuwendungen an mehrere Unterstützungskassen, sind diese Kassen bei der Ermittlung der Höhe der steuerbegünstigten Zuwendungen i. S. v. § 4d EStG als Einheit zu behandeln (→ § 4d Abs. 1 Satz 3 EStG). Soweit danach der Betriebsausgabenabzug nach § 4d Abs. 1 Satz 3 EStG beschränkt ist, gilt dies auch für den Fall, dass bei getrennter Betrachtung infolge der Unterdotierung einer oder mehrerer Kassen der Abzug nicht beschränkt wäre. Daran ändert sich selbst dann nichts, wenn sich der durch die Kassen begünstigte Kreis der Arbeitnehmer nicht überschneidet (→ BFH vom 8. 11. 1989 – BStBl 1990 II S. 210).

(15) [1]Bei der Berechnung der Zuwendungen können neben den Arbeitnehmern auch Personen **R 4d (15)** berücksichtigt werden, die nicht Arbeitnehmer sind, z. B. Handelsvertreter, wenn ihnen nach der Satzung der Unterstützungskasse Leistungen aus Anlass ihrer Tätigkeit für ein Trägerunternehmen zugesagt worden sind (§ 17 Abs. 1 Satz 2 Betriebsrentengesetz). [2]Die Provisionszahlungen oder sonstigen Entgelte an diese Personen sind zur Lohn- und Gehaltssumme i. S. d. § 4d Abs. 1 Satz 1 Nr. 2 EStG zu rechnen.

§ 4e   Beiträge an Pensionsfonds

EStG
S 2144

(1) Beiträge an einen Pensionsfonds im Sinne des § 112 des Versicherungsaufsichtsgesetzes dürfen von dem Unternehmen, das die Beiträge leistet (Trägerunternehmen), als Betriebsausgaben abgezogen werden, soweit sie auf einer festgelegten Verpflichtung beruhen oder der Abdeckung von Fehlbeträgen bei dem Fonds dienen.

(2) Beiträge im Sinne des Absatzes 1 dürfen als Betriebsausgaben nicht abgezogen werden, soweit die Leistungen des Fonds, wenn sie vom Trägerunternehmen unmittelbar erbracht würden, bei diesem nicht betrieblich veranlasst wären.

(3) [1]Der Steuerpflichtige kann auf Antrag die insgesamt erforderlichen Leistungen an einen Pensionsfonds zur teilweisen oder vollständigen Übernahme einer bestehenden Versorgungsverpflichtung oder Versorgungsanwartschaft durch den Pensionsfonds erst in den dem Wirtschaftsjahr der Übertragung folgenden zehn Wirtschaftsjahren gleichmäßig verteilt als Betriebsausgaben abziehen. [2]Der Antrag ist unwiderruflich; der jeweilige Rechtsnachfolger ist an den Antrag gebunden. [3]Ist eine Pensionsrückstellung nach § 6a gewinnerhöhend aufzulösen, ist Satz 1 mit der Maßgabe anzuwenden, dass die Leistungen an den Pensionsfonds im Wirtschaftsjahr der Übertragung in Höhe der aufgelösten Rückstellung als Betriebsausgaben abgezogen werden können; der die aufgelöste Rückstellung übersteigende Betrag ist in den dem Wirtschaftsjahr der Übertragung folgenden zehn Wirtschaftsjahren gleichmäßig verteilt als Betriebsausgaben abzuziehen. [4]Satz 3 gilt entsprechend, wenn es im Zuge der Leistungen des Arbeitgebers an den Pensionsfonds zu Vermögensübertragungen einer Unterstützungskasse an den Arbeitgeber kommt.

Hinweise

H 4e

Pensionsfonds

Als Pensionsfonds i. S. d. § 112 VAG sind nur rechtsfähige Versorgungseinrichtungen in der Rechtsform einer AG oder eines Pensionsfondsvereins auf Gegenseitigkeit anzusehen, die den Leistungsberechtigten (Arbeitnehmer, ehemalige Arbeitnehmer und Personen i. S. d. § 17 Abs. 1 Satz 2 Betriebsrentengesetz) einen eigenen Anspruch auf Leistung gegen den Pensionsfonds einräumen (→ §§ 112, 113 VAG).

Übertragung von Unterstützungskassenzusagen auf Pensionsfonds

Zur Übertragung von Unterstützungskassenzusagen auf Pensionsfonds nach § 4d Abs. 3 und § 4e Abs. 3 EStG i. V. m. § 3 Nr. 66 EStG → BMF vom 26. 10. 2006 (BStBl I S. 709).

§ 4f

EStG

(weggefallen)

§ 4g   Bildung eines Ausgleichspostens bei Entnahme nach § 4 Absatz 1 Satz 3

EStG

(1) [1]Ein unbeschränkt Steuerpflichtiger kann in Höhe des Unterschiedsbetrags zwischen dem Buchwert und dem nach § 6 Absatz 1 Nummer 4 Satz 1 zweiter Halbsatz anzusetzenden Wert eines Wirtschaftsguts des Anlagevermögens auf Antrag einen Ausgleichsposten bilden, soweit das Wirtschaftsgut infolge seiner Zuordnung zu einer Betriebsstätte desselben Steuerpflichtigen in einem anderen Mitgliedstaat der Europäischen Union gemäß § 4 Absatz 1 Satz 3 als entnommen gilt. [2]Der Ausgleichsposten ist für jedes Wirtschaftsgut getrennt auszuweisen. [3]Das Antragsrecht kann für jedes Wirtschaftsjahr nur einheitlich für sämtliche Wirtschaftsgüter ausgeübt wer-

den. [4]Der Antrag ist unwiderruflich. [5]Die Vorschriften des Umwandlungssteuergesetzes bleiben unberührt.

(2) [1]Der Ausgleichsposten ist im Wirtschaftsjahr der Bildung und in den vier folgenden Wirtschaftsjahren zu jeweils einem Fünftel gewinnerhöhend aufzulösen. [2]Er ist in vollem Umfang gewinnerhöhend aufzulösen,

1. wenn das als entnommen geltende Wirtschaftsgut aus dem Betriebsvermögen des Steuerpflichtigen ausscheidet,

2. wenn das als entnommen geltende Wirtschaftsgut aus der Besteuerungshoheit der Mitgliedstaaten der Europäischen Union ausscheidet oder

3. wenn die stillen Reserven des als entnommen geltenden Wirtschaftsguts im Ausland aufgedeckt werden oder in entsprechender Anwendung der Vorschriften des deutschen Steuerrechts hätten aufgedeckt werden müssen.

(3) [1]Wird die Zuordnung eines Wirtschaftsguts zu einer anderen Betriebsstätte des Steuerpflichtigen in einem anderen Mitgliedstaat der Europäischen Union im Sinne des Absatzes 1 innerhalb der tatsächlichen Nutzungsdauer, spätestens jedoch vor Ablauf von fünf Jahren nach Änderung der Zuordnung, aufgehoben, ist der für dieses Wirtschaftsgut gebildete Ausgleichsposten ohne Auswirkungen auf den Gewinn aufzulösen und das Wirtschaftsgut mit den fortgeführten Anschaffungskosten, erhöht um zwischenzeitlich gewinnerhöhend berücksichtigte Auflösungsbeträge im Sinne der Absätze 2 und 5 Satz 2 und um den Unterschiedsbetrag zwischen dem Rückführungswert und dem Buchwert im Zeitpunkt der Rückführung, höchstens jedoch mit dem gemeinen Wert, anzusetzen. [2]Die Aufhebung der geänderten Zuordnung ist ein Ereignis im Sinne des § 175 Absatz 1 Nummer 2 der Abgabenordnung.

(4) [1]Die Absätze 1 bis 3 finden entsprechende Anwendung bei der Ermittlung des Überschusses der Betriebseinnahmen über die Betriebsausgaben gemäß § 4 Absatz 3. [2]Wirtschaftsgüter, für die ein Ausgleichsposten nach Absatz 1 gebildet worden ist, sind in ein laufend zu führendes Verzeichnis aufzunehmen. [3]Der Steuerpflichtige hat darüber hinaus Aufzeichnungen zu führen, aus denen die Bildung und Auflösung der Ausgleichsposten hervorgeht. [4]Die Aufzeichnungen nach den Sätzen 2 und 3 sind der Steuererklärung beizufügen.

(5) [1]Der Steuerpflichtige ist verpflichtet, der zuständigen Finanzbehörde die Entnahme oder ein Ereignis im Sinne des Absatzes 2 unverzüglich anzuzeigen. [2]Kommt der Steuerpflichtige dieser Anzeigepflicht, seinen Aufzeichnungspflichten nach Absatz 4 oder seinen sonstigen Mitwirkungspflichten im Sinne des § 90 der Abgabenordnung nicht nach, ist der Ausgleichsposten dieses Wirtschaftsguts gewinnerhöhend aufzulösen.

EStG § 4h Betriebsausgabenabzug für Zinsaufwendungen (Zinsschranke)

(1) [1]Zinsaufwendungen eines Betriebs sind abziehbar in Höhe des Zinsertrags, darüber hinaus nur bis zur Höhe des verrechenbaren EBITDA. [2]Das verrechenbare EBITDA ist 30 Prozent des um die Zinsaufwendungen und um die nach § 6 Absatz 2 Satz 1 abzuziehenden, nach § 6 Absatz 2a Satz 2 gewinnmindernd aufzulösenden und nach § 7 abgesetzten Beträge erhöhten und um die Zinserträge verminderten maßgeblichen Gewinns. [3]Soweit das verrechenbare EBITDA die um die Zinserträge geminderten Zinsaufwendungen des Betriebs übersteigt, ist es in die folgenden fünf Wirtschaftsjahre vorzutragen (EBITDA-Vortrag); ein EBITDA-Vortrag entsteht nicht in Wirtschaftsjahren, in denen Absatz 2 die Anwendung von Absatz 1 Satz 1 ausschließt. [4]Zinsaufwendungen, die nach Satz 1 nicht abgezogen werden können, sind bis zur Höhe der EBITDA-Vorträge aus vorangegangenen Wirtschaftsjahren abziehbar und mindern die EBITDA-Vorträge in ihrer zeitlichen Reihenfolge. [5]Danach verbleibende nicht abziehbare Zinsaufwendungen sind in die folgenden Wirtschaftsjahre vorzutragen (Zinsvortrag). [6]Sie erhöhen die Zinsaufwendungen dieser Wirtschaftsjahre, nicht aber den maßgeblichen Gewinn.

(2) [1]Absatz 1 Satz 1 ist nicht anzuwenden, wenn

a) der Betrag der Zinsaufwendungen, soweit er den Betrag der Zinserträge übersteigt, weniger als drei Millionen Euro beträgt,

b) der Betrieb nicht oder nur anteilmäßig zu einem Konzern gehört oder

c) der Betrieb zu einem Konzern gehört und seine Eigenkapitalquote am Schluss des vorangegangenen Abschlussstichtages gleich hoch oder höher ist als die des Konzerns (Eigenkapitalvergleich). [2]Ein Unterschreiten der Eigenkapitalquote des Konzerns um bis zu zwei Prozentpunkte ist unschädlich.
[3]Eigenkapitalquote ist das Verhältnis des Eigenkapitals zur Bilanzsumme; sie bemisst sich nach dem Konzernabschluss, der den Betrieb umfasst, und ist für den Betrieb auf der Grundlage des Jahresabschlusses oder Einzelabschlusses zu ermitteln. [4]Wahlrechte sind im Konzernabschluss und im Jahresabschluss oder Einzelabschluss einheitlich auszuüben; bei

gesellschaftsrechtlichen Kündigungsrechten ist insoweit mindestens das Eigenkapital anzusetzen, das sich nach den Vorschriften des Handelsgesetzbuchs ergeben würde. [5]Bei der Ermittlung der Eigenkapitalquote des Betriebs ist das Eigenkapital um einen im Konzernabschluss enthaltenen Firmenwert, soweit er auf den Betrieb entfällt, und um die Hälfte von Sonderposten mit Rücklagenanteil (§ 273 des Handelsgesetzbuchs) zu erhöhen sowie um das Eigenkapital, das keine Stimmrechte vermittelt – mit Ausnahme von Vorzugsaktien –, die Anteile an anderen Konzerngesellschaften und um Einlagen der letzten sechs Monate vor dem maßgeblichen Abschlussstichtag, soweit ihnen Entnahmen oder Ausschüttungen innerhalb der ersten sechs Monate nach dem maßgeblichen Abschlussstichtag gegenüberstehen, zu kürzen. [6]Die Bilanzsumme ist um Kapitalforderungen zu kürzen, die nicht im Konzernabschluss ausgewiesen sind und denen Verbindlichkeiten im Sinne des Absatzes 3 in mindestens gleicher Höhe gegenüberstehen. [7]Sonderbetriebsvermögen ist dem Betrieb der Mitunternehmerschaft zuzuordnen, soweit es im Konzernvermögen enthalten ist.

[8]Die für den Eigenkapitalvergleich maßgeblichen Abschlüsse sind einheitlich nach den International Financial Reporting Standards (IFRS) zu erstellen. [9]Hiervon abweichend können Abschlüsse nach dem Handelsrecht eines Mitgliedstaats der Europäischen Union verwendet werden, wenn kein Konzernabschluss nach den IFRS zu erstellen und offen zu legen ist und für keines der letzten fünf Wirtschaftsjahre ein Konzernabschluss nach den IFRS erstellt wurde; nach den Generally Accepted Accounting Principles der Vereinigten Staaten von Amerika (US-GAAP) aufzustellende und offen zu legende Abschlüsse sind zu verwenden, wenn kein Konzernabschluss nach den IFRS oder dem Handelsrecht eines Mitgliedstaats der Europäischen Union zu erstellen und offen zu legen ist. [10]Der Konzernabschluss muss den Anforderungen an die handelsrechtliche Konzernrechnungslegung genügen oder die Voraussetzungen erfüllen, unter denen ein Abschluss nach den §§ 291 und 292 des Handelsgesetzbuchs befreiende Wirkung hätte. [11]Wurde der Jahresabschluss oder Einzelabschluss nicht nach denselben Rechnungslegungsstandards wie der Konzernabschluss aufgestellt, ist die Eigenkapitalquote des Betriebs in einer Überleitungsrechnung nach den für den Konzernabschluss geltenden Rechnungslegungsstandards zu ermitteln. [12]Die Überleitungsrechnung ist einer prüferischen Durchsicht zu unterziehen. [13]Auf Verlangen der Finanzbehörde ist der Abschluss oder die Überleitungsrechnung des Betriebs durch einen Abschlussprüfer zu prüfen, der die Voraussetzungen des § 319 des Handelsgesetzbuchs erfüllt.

[14]Ist ein dem Eigenkapitalvergleich zugrunde gelegter Abschluss unrichtig und führt der zutreffende Abschluss zu einer Erhöhung der nach Absatz 1 nicht abziehbaren Zinsaufwendungen, ist ein Zuschlag entsprechend § 162 Absatz 4 Satz 1 und 2 der Abgabenordnung festzusetzen. [15]Bemessungsgrundlage für den Zuschlag sind die nach Absatz 1 nicht abziehbaren Zinsaufwendungen. [16]§ 162 Absatz 4 Satz 4 bis 6 der Abgabenordnung gilt sinngemäß.

[2]Ist eine Gesellschaft, bei der der Gesellschafter als Mitunternehmer anzusehen ist, unmittelbar oder mittelbar einer Körperschaft nachgeordnet, gilt für die Gesellschaft § 8a Absatz 2 und 3 des Körperschaftsteuergesetzes entsprechend.

(3) [1]Maßgeblicher Gewinn ist der nach den Vorschriften dieses Gesetzes mit Ausnahme des Absatzes 1 ermittelte steuerpflichtige Gewinn. [2]Zinsaufwendungen sind Vergütungen für Fremdkapital, die den maßgeblichen Gewinn gemindert haben. [3]Zinserträge sind Erträge aus Kapitalforderungen jeder Art, die den maßgeblichen Gewinn erhöht haben. [4]Die Auf- und Abzinsung unverzinslicher oder niedrig verzinslicher Verbindlichkeiten oder Kapitalforderungen führen ebenfalls zu Zinserträgen oder Zinsaufwendungen. [5]Ein Betrieb gehört zu einem Konzern, wenn er nach dem für die Anwendung des Absatzes 2 Satz 1 Buchstabe c zugrunde gelegten Rechnungslegungsstandard mit einem oder mehreren anderen Betrieben konsolidiert wird oder werden könnte. [6]Ein Betrieb gehört für Zwecke des Absatzes 2 auch zu einem Konzern, wenn seine Finanz- und Geschäftspolitik mit einem oder mehreren anderen Betrieben einheitlich bestimmt werden kann.

(4) [1] Der EBITDA-Vortrag und der Zinsvortrag sind gesondert festzustellen. [2]Zuständig ist das für die gesonderte Feststellung des Gewinns und Verlusts der Gesellschaft zuständige Finanzamt, im Übrigen das für die Besteuerung zuständige Finanzamt. [3]§ 10d Absatz 4 gilt sinngemäß. [4]Feststellungsbescheide sind zu erlassen, aufzuheben oder zu ändern, soweit sich die nach Satz 1 festzustellenden Beträge ändern.

(5) [1]Bei Aufgabe oder Übertragung des Betriebs geht ein nicht verbrauchter EBITDA-Vortrag und ein nicht verbrauchter Zinsvortrag unter. [2]Scheidet ein Mitunternehmer aus einer Gesellschaft aus, geht der EBITDA-Vortrag und der Zinsvortrag anteilig mit der Quote unter, mit der der ausgeschiedene Gesellschafter an der Gesellschaft beteiligt war. [3]§ 8c des Körperschaftsteuergesetzes ist auf den Zinsvortrag einer Gesellschaft entsprechend anzuwenden, soweit an dieser unmittelbar oder mittelbar eine Körperschaft als Mitunternehmer beteiligt ist.

Hinweise

Anwendungsschreiben

→ BMF vom 4. 7. 2008 (BStBl I S. 718)

EStG
S 2133

§ 5 Gewinn bei Kaufleuten und bei bestimmten anderen Gewerbetreibenden

(1) [1]Bei Gewerbetreibenden, die auf Grund gesetzlicher Vorschriften verpflichtet sind, Bücher zu führen und regelmäßig Abschlüsse zu machen, oder die ohne eine solche Verpflichtung Bücher führen und regelmäßig Abschlüsse machen, ist für den Schluss des Wirtschaftsjahres das Betriebsvermögen anzusetzen (§ 4 Absatz 1 Satz 1), das nach den handelsrechtlichen Grundsätzen ordnungsmäßiger Buchführung auszuweisen ist, es sei denn, im Rahmen der Ausübung eines steuerlichen Wahlrechts wird oder wurde ein anderer Ansatz gewählt. [2]Voraussetzung für die Ausübung steuerlicher Wahlrechte ist, dass die Wirtschaftsgüter, die nicht mit dem handelsrechtlich maßgeblichen Wert in der steuerlichen Gewinnermittlung ausgewiesen werden, in besondere, laufend zu führende Verzeichnisse aufgenommen werden. [3]In den Verzeichnissen sind der Tag der Anschaffung oder Herstellung, die Anschaffungs- oder Herstellungskosten, die Vorschrift des ausgeübten steuerlichen Wahlrechts und die vorgenommenen Abschreibungen nachzuweisen.

(1a) [1]Posten der Aktivseite dürfen nicht mit Posten der Passivseite verrechnet werden. [2]Die Ergebnisse der in der handelsrechtlichen Rechnungslegung zur Absicherung finanzwirtschaftlicher Risiken gebildeten Bewertungseinheiten sind auch für die steuerliche Gewinnermittlung maßgeblich.

S 2134a (2) Für immaterielle Wirtschaftsgüter des Anlagevermögens ist ein Aktivposten nur anzusetzen, wenn sie entgeltlich erworben wurden.

S 2137 (2a) Für Verpflichtungen, die nur zu erfüllen sind, soweit künftig Einnahmen oder Gewinne anfallen, sind Verbindlichkeiten oder Rückstellungen erst anzusetzen, wenn die Einnahmen oder Gewinne angefallen sind.

S 2137 (3) [1]Rückstellungen wegen Verletzung fremder Patent-, Urheber- oder ähnlicher Schutzrechte dürfen erst gebildet werden, wenn

1. der Rechtsinhaber Ansprüche wegen der Rechtsverletzung geltend gemacht hat oder

2. mit einer Inanspruchnahme wegen der Rechtsverletzung ernsthaft zu rechnen ist.

[2]Eine nach Satz 1 Nummer 2 gebildete Rückstellung ist spätestens in der Bilanz des dritten auf ihre erstmalige Bildung folgenden Wirtschaftsjahres gewinnerhöhend aufzulösen, wenn Ansprüche nicht geltend gemacht worden sind.

S 2137 (4) Rückstellungen für die Verpflichtung zu einer Zuwendung anlässlich eines Dienstjubiläums dürfen nur gebildet werden, wenn das Dienstverhältnis mindestens zehn Jahre bestanden hat, das Dienstjubiläum das Bestehen eines Dienstverhältnisses von mindestens 15 Jahren voraussetzt, die Zusage schriftlich erteilt ist und soweit der Zuwendungsberechtigte seine Anwartschaft nach dem 31. Dezember 1992 erwirbt.

S 2137 (4a) [1]Rückstellungen für drohende Verluste aus schwebenden Geschäften dürfen nicht gebildet werden. [2]Das gilt nicht für Ergebnisse nach Absatz 1a Satz 2.

S 2137 (4b) [1]Rückstellungen für Aufwendungen, die in künftigen Wirtschaftsjahren als Anschaffungs- oder Herstellungskosten eines Wirtschaftsguts zu aktivieren sind, dürfen nicht gebildet werden. [2]Rückstellungen für die Verpflichtung zur schadlosen Verwertung radioaktiver Reststoffe sowie ausgebauter oder abgebauter radioaktiver Anlagenteile dürfen nicht gebildet werden, soweit Aufwendungen im Zusammenhang mit der Bearbeitung oder Verarbeitung von Kernbrennstoffen stehen, die aus der Aufarbeitung bestrahlter Kernbrennstoffe gewonnen worden sind und keine radioaktiven Abfälle darstellen.

S 2134b (5) [1]Als Rechnungsabgrenzungsposten sind nur anzusetzen

1. auf der Aktivseite Ausgaben vor dem Abschlussstichtag, soweit sie Aufwand für eine bestimmte Zeit nach diesem Tag darstellen;

2. auf der Passivseite Einnahmen vor dem Abschlussstichtag, soweit sie Ertrag für eine bestimmte Zeit nach diesem Tag darstellen.

[2]Auf der Aktivseite sind ferner anzusetzen

1. als Aufwand berücksichtigte Zölle und Verbrauchsteuern, soweit sie auf am Abschlussstichtag auszuweisende Wirtschaftsgüter des Vorratsvermögens entfallen,

2. als Aufwand berücksichtigte Umsatzsteuer auf am Abschlussstichtag auszuweisende Anzahlungen.

(6) Die Vorschriften über die Entnahmen und die Einlagen, über die Zulässigkeit der Bilanzänderung, über die Betriebsausgaben, über die Bewertung und über die Absetzung für Abnutzung oder Substanzverringerung sind zu befolgen.

5.1. Allgemeines zum Betriebsvermögensvergleich nach § 5 EStG

R 5.1

– unbesetzt –

Hinweise

H 5.1

Besonderes, laufend zu führendes Verzeichnis

→ *BMF vom 12. 3. 2010 (BStBl I S. 239), Rn. 19 ff.*

Anhang 5.IX

Betriebsvermögensvergleich für gewerbliche Betriebe

→ R 4.1 Abs. 2

Bewertungseinheit

Zu Fragen der Bildung von Bewertungseinheiten in der steuerlichen Gewinnermittlung wird nach Abstimmung mit den obersten Finanzbehörden des Bundes und der Länder wie folgt Stellung genommen.

1. Anwendung von Regelungen des steuerlichen Bewertungsvorbehalts und spezialgesetzlicher Normen

Es wird gefragt, ob die steuerliche Anerkennung von Bewertungseinheiten sowohl hinsichtlich des Ansatzes als auch der Bewertung der Vorschrift des § 5 Abs. 1a Satz 2 EStG folge. Dies würde bewirken, dass der steuerliche Bewertungsvorbehalt des § 5 Abs. 6 i. V. m. § 8b Abs. 1 bis 6 KStG, §§ 6a und 15 Abs. 4 Satz 3 EStG sowie die spezialgesetzlichen Normen des Investmentsteuergesetzes und des Außensteuergesetzes nicht zur Anwendung kämen.

§ 5 Abs. 1a EStG bestimmt, dass die Ergebnisse der in der handelsrechtlichen Rechnungslegung zur Absicherung finanzwirtschaftlicher Risiken gebildeten Bewertungseinheiten auch für die steuerliche Gewinnermittlung maßgeblich sind. Insofern stellt die Vorschrift eine besondere Ausprägung des Maßgeblichkeitsgrundsatzes dar. Nach dem Sinn und Zweck der Vorschrift kommt eine eigenständige Bewertung der in eine Bewertungseinheit einbezogenen Wirtschaftsgüter nach steuerlichen Bewertungsvorschriften nicht mehr in Betracht. Dabei muss jedoch berücksichtigt werden, dass eine Bewertungseinheit für Zwecke der Bewertung der Wirtschaftsgüter zu berücksichtigen ist. Werden Verluste und Gewinne tatsächlich realisiert, sind diese Vorgänge nicht mehr unter Bewertungs-, sondern unter Realisationsgesichtspunkten zu beurteilen. Außerdem sind vom Regelungsbereich der Bewertungseinheiten die Vorschriften über die Gewinnermittlung, die Einkommensermittlung und die Verlustverrechnung, insbesondere die §§ 3 Nr. 40, 3c und 15 Abs. 4 EStG und § 8b KStG strikt zu trennen, da diese Regelungen auf tatsächliche Betriebsvermögensmehrungen und -minderungen abstellen.

Das hat zur Folge, dass bei einem Micro-Hedge, einem Vorgang, in dem einem Grundgeschäft ein konkretes Sicherungsgeschäft zugeordnet werden kann, § 5 Abs. 1a Satz 2 EStG zwar bewirkt, dass die Bewertung des Grundgeschäfts nur unter Berücksichtigung des Sicherungsgeschäfts vorzunehmen ist. Werden aber Grund- und Sicherungsgeschäft realisiert, können diese Vorgänge konkret zugeordnet werden und die Gewinn- und Einkommensermittlungsvorschriften und die Vorschriften über die Verlustverrechnung sind anwendbar.

Gleiches gilt ebenso bei Makro- und Portfolio-Hedges. Lediglich im Zeitpunkt der Bewertung der Vielzahl der im Hedge enthaltenen Wirtschaftsgüter und Geschäfte kann keine konkrete Zuordnung von Grund- zu Sicherungsgeschäften erfolgen und daher nur ein Gesamtrisiko oder -gewinn bezogen auf den Hedge ermittelt werden. Ergibt sich ein Gesamtrisiko, wird dieses in der Regel als Rückstellung ausgewiesen und ist auch steuerlich abziehbar (§ 5 Abs. 4a Satz 2 EStG). Dieser Verlust lässt sich nicht konkret zuordnen und kann daher auch nicht den Regelungen des § 3 Nr. 40, § 3c EStG und § 8b KStG unterworfen werden. Verlustverrechnungsbeschränkungen wie § 15 Abs. 4 Satz 3 bis 5 EStG gelten aber dennoch.

Im Zeitpunkt der tatsächlichen Realisation einzelner Wirtschaftsgüter (z. B. Veräußerung) und Geschäfte, die dem Hedge zugeordnet waren, können diese Vorgänge konkret bestimmt werden und die Gewinn- und Einkommensermittlungsvorschriften und die Vorschriften über die Verlustverrechnung sind anwendbar.

Zu den angesprochenen spezialgesetzlichen Normen des Investmentsteuergesetzes und des Außensteuergesetzes sind keine Beispiele bekannt. Soweit es sich um Korrekturvorschriften handelt, die dem Gewinn- und Einkommensermittlungsbereich zuzuordnen sind, gilt das oben Gesagte entsprechend.

Zur Frage der Anwendbarkeit des § 6a EStG im Zusammenhang mit Bewertungseinheiten wird auf das BFH-Urteil vom 25.2.2004 (BStBl 2004 II S. 654 Rz. 25 unter II.4.b) hingewiesen. Daraus ergibt sich bereits der Grund für die Versagung einer kompensatorischen Bewertung von Pensionsverpflichtung einerseits und Rückdeckungsanspruch andererseits. Es fehle in diesen Fällen an gegenläufigen wertbeeinflussenden Korrelationen. Es bestünden zwischen den ausgewiesenen Bilanzpositionen keine systematischen, wertmäßigen Abhängigkeiten. Die Unterschiede bei der Bewertung der Pensionsverpflichtung einerseits und dem Rückdeckungsanspruch andererseits ergäben sich aus zwingend normierten Besonderheiten der jeweiligen Bewertung (§§ 6 und 6a EStG). Bewertungsdifferenzen ergäben sich in diesen Fällen aus der sich aus § 6a EStG ergebenden gesetzgeberischen Absicht, den bilanziellen Ausweis von Pensionsverpflichtungen bestimmten Maßgaben zu unterwerfen und damit wertmäßig bewusst nur in einer bestimmten Höhe zuzulassen. Diese vom Gesetzgeber beabsichtigte Konsequenz dürfe nicht durch Bildung einer Bewertungseinheit negiert werden. Einen Zusammenhang mit § 5 Abs. 1a Satz 2 EStG kann es hier also nicht geben.

2. Wertansätze bei Bildung, Beibehaltung und Beendigung einer Bewertungseinheit

Es wird um Klärung gebeten, ob bei Anerkennung einer Bewertungseinheit für steuerbilanzielle Zwecke an den bisherigen Wertansätzen festzuhalten sei (sog. Netto-/Einfrierungsmethode) oder die Wertansätze entsprechend den Wertänderungen zu vermindern oder zu erhöhen seien (sog. Brutto-/Durchbuchungsmethode) mit daraus folgender nachträglicher Veränderung der Anschaffungskosten und Auswirkungen auch bei Beendigung der Bewertungseinheit. Alternativ wird gefragt, ob die handelsrechtliche Methode zu übernehmen sei.

Das Schrifttum ist sich nicht einig, ob tatsächlich beide Methoden zulässig sind. Der Wortlaut von § 254 HGB schließt wohl weder die eine noch die andere Möglichkeit aus. Beispielsweise sei nach Auffassung von Hick in HHR Jahresband 2007 (Rz. J 06-10 zu § 5 EStG) der Nettobilanzierung der Vorzug einzuräumen, da die Bruttobilanzierung dem wirtschaftlichen Charakter einer Bewertungseinheit nicht gerecht werde. Übereinstimmend stellt die Literatur jedoch fest, dass beide Methoden zum selben Netto-Ergebnis in der Gewinn- und Verlustrechnung führen.

Für die Anwendung der Gewinnermittlungs- und Einkommensermittlungsvorschriften ist nach dem Sinn und Zweck des § 5 Abs. 1a Satz 2 EStG der Nettomethode der Vorrang einzuräumen, da nur durch sie eine zutreffende Wiedergabe der Betriebsvermögensänderungen sichergestellt ist.

→ OFD Frankfurt vom 22. 3. 2012 (DStR 2012 S. 1389)

Bodengewinnbesteuerung

→ H 55 (Abschreibung auf den niedrigeren Teilwert, Bodengewinnbesteuerung)

Buchführungspflicht einer Personenhandelsgesellschaft

für ihr gesamtes Betriebsvermögen (→ R 4.2 Abs. 2) einschließlich etwaigen Sonderbetriebsvermögens der Gesellschafter ergibt sich aus § 141 AO (→ BFH vom 23. 10. 1990 – BStBl 1991 II S. 401 und vom 11. 3. 1992 – BStBl II S. 797).

Buchführungs- und Aufzeichnungspflichten nach anderen Gesetzen

→ AEAO zu § 140 AO

Gesetzliche Vorschriften

Anhang 13 für die Buchführung und den Jahresabschluss i. S. d. § 5 Abs. 1 Satz 1 EStG sind die handelsrechtlichen Vorschriften (§§ 238, 240, 241a, 242, 264–264c, 336, 340a und 341a HGB) die Vorschriften des § 141 AO. Nicht darunter fallen Vorschriften, die nur die Führung bestimmter Geschäftsbücher vorschreiben, aber keine Abschlüsse verlangen.

Gewinnermittlung für Sonderbetriebsvermögen der Gesellschafter

einer gewerblich tätigen Personenhandelsgesellschaft (→ R 4.2 Abs. 2) richtet sich ebenfalls nach § 5 EStG (→ BFH vom 11. 3. 1992 – BStBl II S. 797); sie erfolgt in der Weise, dass die Steuerbilanz der Gesellschaft mit den Ergebnissen etwaiger Ergänzungsbilanzen und den Sonderbilanzen der Gesellschafter zusammengefasst wird.

Handelsregister

- **Eintragung im Handelsregister** ist für Annahme eines Gewerbebetriebs allein nicht entscheidend (→ BFH vom 29. 1. 1952 – BStBl III S. 99 und vom 14. 2. 1956 – BStBl III S. 103).

- **Personengesellschaft** – Ist eine Personengesellschaft in das Handelsregister eingetragen, so besteht die Vermutung, dass gewerbliche Einkünfte vorliegen (→ BFH vom 6. 10. 1977 – BStBl 1978 II S. 54). Diese Vermutung kann durch den Nachweis widerlegt werden, dass die Personengesellschaft eindeutig kein Handelsgewerbe betreibt (→ BFH vom 19. 3. 1981 – BStBl II S. 527).

Maßgeblichkeit

Zur Maßgeblichkeit der handelsrechtlichen Grundsätze ordnungsmäßiger Buchführung für die steuerliche Gewinnermittlung → BMF vom 12. 3. 2010 (BStBl I S. 239) unter Berücksichtigung der Änderungen durch BMF vom 22. 6. 2010 (BStBl I S. 597)

Anhang 5.IX

Übernahme schuldrechtlicher Verpflichtungen

Zur Anwendung der bilanzsteuerrechtlichen Ansatz- und Bewertungsvorbehalte bei übernommenen schuldrechtlichen Verpflichtungen → BMF vom 24. 6. 2011 (BStBl I S. 627).

Anhang 5.X

5.2. Ordnungsmäßige Buchführung

R 5.2

Kreditgeschäfte und ihre periodenweise Erfassung

S 2160

(1) [1]Bei Kreditgeschäften sind die Entstehung der Forderungen und Schulden und ihre Tilgung grundsätzlich als getrennte Geschäftsvorfälle zu behandeln. [2]Bei einer doppelten Buchführung ist für Kreditgeschäfte in der Regel ein Kontokorrentkonto, unterteilt nach Schuldnern und Gläubigern, zu führen. [3]Es ist jedoch nicht zu beanstanden, wenn Waren- und Kostenrechnungen, die innerhalb von acht Tagen nach Rechnungseingang oder innerhalb der ihrem gewöhnlichen Durchlauf durch den Betrieb entsprechenden Zeit beglichen werden, kontokorrentmäßig nicht erfasst werden. [4]Werden bei der Erstellung der Buchführung die Geschäftsvorfälle nicht laufend, sondern nur periodenweise gebucht, ist es nicht zu beanstanden, wenn die Erfassung der Kreditgeschäfte eines Monats im Grundbuch bis zum Ablauf des folgenden Monats erfolgt, sofern durch organisatorische Vorkehrungen sichergestellt ist, dass Buchführungsunterlagen bis zu ihrer Erfassung im Grundbuch nicht verloren gehen, z. B. durch laufende Nummerierung der eingehenden und ausgehenden Rechnungen oder durch ihre Ablage in besonderen Mappen oder Ordnern. [5]Neben der Erfassung der Kreditgeschäfte in einem Grundbuch müssen die unbaren Geschäftsvorfälle, aufgegliedert nach Geschäftspartnern, kontenmäßig dargestellt werden. [6]Dies kann durch Führung besonderer Personenkonten oder durch eine geordnete Ablage der nicht ausgeglichenen Rechnungen (Offene-Posten-Buchhaltung) erfüllt werden. [7]Ist die Zahl der Kreditgeschäfte verhältnismäßig gering, gelten hinsichtlich ihrer Erfassung die folgenden Erleichterungen:

a) Besteht kein laufender unbarer Geschäftsverkehr mit Geschäftspartnern, müssen für jeden Bilanzstichtag über die an diesem Stichtag bestehenden Forderungen und Schulden Personenübersichten aufgestellt werden.

b) Einzelhändler und Handwerker können Krediteinkäufe und Kreditverkäufe kleineren Umfangs vereinfacht buchen. [2]Es genügt, wenn sie die Wareneinkäufe auf Kredit im Wareneingangsbuch in einer besonderen Spalte als Kreditgeschäfte kennzeichnen und den Tag der Begleichung der Rechnung vermerken. [3]Bei Kreditverkäufen reicht es aus, wenn sie einschließlich der Zahlung in einer Kladde festgehalten werden, die als Teil der Buchführung aufzubewahren ist. [4]Außerdem müssen in beiden Fällen für jeden Bilanzstichtag Personenübersichten aufgestellt werden.

Mängel der Buchführung

(2) [1]Enthält die Buchführung formelle Mängel, ist ihre Ordnungsmäßigkeit nicht zu beanstanden, wenn das sachliche Ergebnis der Buchführung dadurch nicht beeinflusst wird und die Mängel kein erheblicher Verstoß gegen die Anforderungen an die zeitgerechte Erfassung der Geschäftsvorfälle, die besonderen Anforderungen bei Kreditgeschäften, die Aufbewahrungsfristen sowie die Besonderheiten bei der Buchführung auf Datenträgern sind. [2]Enthält die Buchführung materielle Mängel, z. B. wenn Geschäftsvorfälle nicht oder falsch gebucht sind, wird ihre Ordnungsmäßigkeit dadurch nicht berührt, wenn es sich dabei um unwesentliche Mängel handelt, z. B. wenn nur unbedeutende Vorgänge nicht oder falsch dargestellt sind. [3]Die Fehler sind dann zu berichtigen, oder

181

das Buchführungsergebnis ist durch eine Zuschätzung richtig zu stellen. [4]Bei schwerwiegenden materiellen Mängeln gilt R 4.1 Abs. 2 Satz 3.

H 5.2 **Hinweise**

Allgemeines

Bei der Gewinnermittlung nach § 5 EStG sind – soweit sich aus den Steuergesetzen nichts anderes ergibt – die handelsrechtlichen Rechnungslegungsvorschriften sowie die Vorschriften der §§ 140 bis 148, 154 AO zu beachten. Handelsrechtliche Rechnungslegungsvorschriften i. S. d. Satzes 1 sind die Vorschriften des Ersten Abschnitts, für bestimmte Personenhandelsgesellschaften und Kapitalgesellschaften außerdem die des Zweiten Abschnitts des Dritten Buchs des HGB. Entsprechen die Buchführung und die Aufzeichnungen des Stpfl. diesen Vorschriften, so sind sie der Besteuerung zugrunde zu legen, soweit nach den Umständen des Einzelfalles kein Anlass ist, ihre sachliche Richtigkeit zu beanstanden (§ 158 AO).

Aufbewahrungspflichten

- → § 147 AO (Ordnungsvorschriften für die Aufbewahrung von Unterlagen).
- → AEAO zu § 147 AO.
- Haben Rechnungen usw. Buchfunktion, z. B. bei der Offene-Posten-Buchhaltung, so sind sie so lange wie Bücher aufzubewahren (§ 146 Abs. 5 i. V. m. § 147 Abs. 3 AO).
- Aufbewahrung digitaler Unterlagen bei Bargeschäften → BMF vom 26. 11. 2010 (BStBl I S. 1342)

Aufzeichnungspflichten

Besondere Aufzeichnungspflichten nach § 4 Abs. 7 EStG → R 4.11.

Bargeschäfte

Grundsätze ordnungsmäßiger Buchführung, Verbuchung von Bargeschäften im Einzelhandel, Identitätsnachweis → BMF vom 5. 4. 2004 (BStBl I S. 419).

Belegablage

Anforderungen an eine geordnete und übersichtliche Belegablage → Erlasse der obersten Finanzbehörden der Länder über die Offene-Posten-Buchhaltung vom 10. 6. 1963 (BStBl II S. 89, 93), BFH vom 16. 9. 1964 (BStBl III S. 654) und vom 23. 9. 1966 (BStBl 1967 III S. 23).

Beweiskraft der Buchführung

→ AEAO zu § 158 AO.

Freie Berufe

Die Angehörigen der freien Berufe, die ihren Gewinn nach § 4 Abs. 1 EStG auf Grund ordnungsmäßiger Buchführung ermitteln, müssen bei der Buchung der Geschäftsvorfälle die allgemeinen Regeln der kaufmännischen Buchführung befolgen (→ BFH vom 18. 2. 1966 – BStBl III S. 496). Das in § 252 Abs. 1 Nr. 4 2. Halbsatz HGB geregelte Realisationsprinzip findet auch für die Gewinnermittlung bilanzierender Freiberufler Anwendung (→ BFH vom 10. 9. 1998 – BStBl 1999 II S. 21).

Gesellschafterwechsel

Eine Personengesellschaft ist nicht verpflichtet, auf den Stichtag eines Gesellschafterwechsels eine Zwischenbilanz aufzustellen (→ BFH vom 9. 12. 1976 – BStBl 1977 II S. 241).

Grundbuchaufzeichnungen

Anhang 13 Die Funktion der Grundbuchaufzeichnungen kann auf Dauer auch durch eine geordnete und übersichtliche Belegablage erfüllt werden (§ 239 Abs. 4 HGB; § 146 Abs. 5 AO).

Grundsätze ordnungsmäßiger Buchführung (GoB)

- Eine Buchführung ist ordnungsmäßig, wenn die für die kaufmännische Buchführung erforderlichen Bücher geführt werden, die Bücher förmlich in Ordnung sind und der Inhalt sachlich richtig ist (→ BFH vom 24. 6. 1997 – BStBl 1998 II S. 51).

- Ein bestimmtes Buchführungssystem ist nicht vorgeschrieben; allerdings muss bei Kaufleuten die Buchführung den Grundsätzen der doppelten Buchführung entsprechen (§ 242 Abs. 3 HGB). Im Übrigen muss die Buchführung so beschaffen sein, dass sie einem sachverständigen Dritten innerhalb angemessener Zeit einen Überblick über die Geschäftsvorfälle und über die Vermögenslage des Unternehmens vermitteln kann. Die Geschäftsvorfälle müssen sich in ihrer Entstehung und Abwicklung verfolgen lassen (§ 238 Abs. 1 HGB; → auch BFH vom 18. 2. 1966 – BStBl III S. 496 und vom 23. 9. 1966 – BStBl 1967 III S. 23). Grundsätze ordnungsmäßiger DV-gestützter Buchführungssysteme (GoBS) → BMF vom 7. 11. 1995 (BStBl I S. 738). `Anhang 13`

- Bei Aufstellung der Bilanz sind alle wertaufhellenden Umstände zu berücksichtigen, die für die Verhältnisse am Bilanzstichtag von Bedeutung sind (→ BFH vom 20. 8. 2003 – BStBl II S. 941). Als „wertaufhellend" sind nur die Umstände zu berücksichtigen, die zum Bilanzstichtag bereits objektiv vorlagen und nach dem Bilanzstichtag, aber vor dem Tag der Bilanzerstellung lediglich bekannt oder erkennbar wurden (→ BFH vom 19. 10. 2005 – BStBl 2006 II S. 371).

- Verbuchung von Bargeschäften im Einzelhandel → BMF vom 5. 4. 2004 (BStBl I S. 419).

- → Zeitgerechte Erfassung

Inventurunterlagen

Vorlage der Inventurunterlagen → BFH vom 25. 3. 1966 (BStBl III S. 487).

Jahresabschluss

Der Jahresabschluss muss „innerhalb der einem ordnungsmäßigen Geschäftsgang entsprechenden Zeit" (§ 243 Abs. 3 HGB) aufgestellt werden (→ BFH vom 6. 12. 1983 – BStBl 1984 II S. 227); bei Kapitalgesellschaften gilt § 264 Abs. 1 HGB; bei bestimmten Personenhandelsgesellschaften gilt § 264a i. V. m. § 264 Abs. 1 HGB, soweit nicht § 264b HGB zur Anwendung kommt; bei Versicherungsunternehmen gilt § 341a Abs. 1 HGB. `Anhang 13`

Kontokorrentkonto

Eine Buchführung ohne Kontokorrentkonto kann ordnungsmäßig sein, wenn die Honorarforderungen der Zeitfolge nach in einem Hilfsbuch erfasst sind und wenn der Stpfl. oder ein sachverständiger Dritter daraus in angemessener Zeit einen Überblick über die Außenstände gewinnen kann (→ BFH vom 18. 2. 1966 – BStBl III S. 496).

Mikrofilmaufnahmen

Verwendung zur Erfüllung gesetzlicher Aufbewahrungspflichten → BMF vom 1. 2. 1984 (BStBl I S. 155).

Personenübersichten

Wo ein laufender unbarer Geschäftsverkehr mit Geschäftsfreunden, der im Interesse der erforderlichen Übersicht die Führung eines kontenmäßig gegliederten Geschäftsfreundebuches sachlich notwendig macht, nicht gegeben ist, genügt es, wenn die unbaren Geschäftsvorfälle in Tagebüchern zeitfolgemäßig aufgezeichnet und im Kontokorrentbuch lediglich die am Bilanzstichtag bestehenden Forderungen und Schulden ausgewiesen werden (→ BFH vom 23. 2. 1951 – BStBl III S. 75).

Zeitgerechte Erfassung

Die Eintragungen in den Geschäftsbüchern und die sonst erforderlichen Aufzeichnungen müssen vollständig, richtig, zeitgerecht und geordnet vorgenommen werden (§ 239 Abs. 2 HGB). Die zeitgerechte Erfassung der Geschäftsvorfälle erfordert – mit Ausnahme des baren Zahlungsverkehrs – keine tägliche Aufzeichnung. Es muss jedoch ein zeitlicher Zusammenhang zwischen den Vorgängen und ihrer buchmäßigen Erfassung bestehen (→ BFH vom 25. 3. 1992 – BStBl II S. 1010). `Anhang 13`

R 5.3   5.3. Bestandsaufnahme des Vorratsvermögens

S 2160   **Inventur**

(1) [1]Die → Inventur für den Bilanzstichtag braucht nicht am Bilanzstichtag vorgenommen zu werden. [2]Sie muss aber zeitnah – in der Regel innerhalb einer Frist von zehn Tagen vor oder nach dem Bilanzstichtag – durchgeführt werden. [3]Dabei muss sichergestellt sein, dass die Bestandsveränderungen zwischen dem Bilanzstichtag und dem Tag der Bestandsaufnahme anhand von Belegen oder Aufzeichnungen ordnungsgemäß berücksichtigt werden. [4]Können die Bestände aus besonderen, insbesondere klimatischen Gründen nicht zeitnah, sondern erst in einem größeren Zeitabstand vom Bilanzstichtag aufgenommen werden, sind an die Belege und Aufzeichnungen über die zwischenzeitlichen Bestandsveränderungen strenge Anforderungen zu stellen.

Zeitverschobene Inventur

Anhang 13   (2) [1]Nach § 241 Abs. 3 HGB kann die jährliche körperliche Bestandsaufnahme ganz oder teilweise innerhalb der letzten drei Monate vor oder der ersten zwei Monate nach dem Bilanzstichtag durchgeführt werden. [2]Der dabei festgestellte Bestand ist nach Art und Menge in einem besonderen Inventar zu verzeichnen, das auch auf Grund einer → permanenten Inventur erstellt werden kann. [3]Der in dem besonderen Inventar erfasste Bestand ist auf den Tag der Bestandsaufnahme (Inventurstichtag) nach allgemeinen Grundsätzen zu bewerten. [4]Der sich danach ergebende Gesamtwert des Bestands ist dann wertmäßig auf den Bilanzstichtag fortzuschreiben oder zurückzurechnen. [5]Der Bestand braucht in diesem Fall auf den Bilanzstichtag nicht nach Art und Menge festgestellt zu werden; es genügt die Feststellung des Gesamtwerts des Bestands auf den Bilanzstichtag. [6]Die Bestandsveränderungen zwischen dem Inventurstichtag und dem Bilanzstichtag brauchen ebenfalls nicht nach Art und Menge aufgezeichnet zu werden. [7]Sie müssen nur wertmäßig erfasst werden. [8]Das Verfahren zur wertmäßigen Fortschreibung oder Rückrechnung des Gesamtwerts des Bestands am Inventurstichtag auf den Bilanzstichtag muss den Grundsätzen ordnungsmäßiger Buchführung entsprechen. [9]Die Fortschreibung des Warenbestands kann dabei nach der folgenden Formel vorgenommen werden, wenn die Zusammensetzung des Warenbestands am Bilanzstichtag von der des Warenbestands am Inventurstichtag nicht wesentlich abweicht: Wert des Warenbestands am Bilanzstichtag = Wert des Warenbestands am Inventurstichtag zuzüglich Wareneingang abzüglich Wareneinsatz (Umsatz abzüglich des durchschnittlichen Rohgewinns). [10]Voraussetzung für die Inanspruchnahme von steuerlichen Vergünstigungen, für die es auf die Zusammensetzung der Bestände am Bilanzstichtag ankommt, wie z. B. bei der Bewertung nach § 6 Abs. 1 Nr. 2a EStG, ist jedoch, dass die tatsächlichen Bestände dieser Wirtschaftsgüter am Bilanzstichtag durch körperliche Bestandsaufnahme oder durch → permanente Inventur nachgewiesen werden.

Nichtanwendbarkeit der permanenten und der zeitverschobenen Inventur

(3) Eine → permanente oder eine zeitverschobene Inventur ist nicht zulässig

1. für Bestände, bei denen durch Schwund, Verdunsten, Verderb, leichte Zerbrechlichkeit oder ähnliche Vorgänge ins Gewicht fallende unkontrollierbare Abgänge eintreten, es sei denn, dass diese Abgänge auf Grund von Erfahrungssätzen schätzungsweise annähernd zutreffend berücksichtigt werden können;
2. für Wirtschaftsgüter, die – abgestellt auf die Verhältnisse des jeweiligen Betriebs – besonders wertvoll sind.

Fehlerhafte Bestandsaufnahme

(4) [1]Fehlt eine körperliche Bestandsaufnahme, oder enthält das Inventar in formeller oder materieller Hinsicht nicht nur unwesentliche Mängel, ist die Buchführung nicht als ordnungsmäßig anzusehen. [2]R 5.2 Abs. 2 gilt entsprechend.

Anwendungsbereich

(5) Die Absätze 1 bis 4 gelten entsprechend für Stpfl., die nach § 141 Abs. 1 AO verpflichtet sind, Bücher zu führen und auf Grund jährlicher Bestandsaufnahme regelmäßig Abschlüsse zu machen, oder die freiwillig Bücher führen und regelmäßig Abschlüsse machen.

H 5.3   Hinweise

Inventur

Anhang 13   – Nach § 240 Abs. 2, § 242 Abs. 1 und 2 HGB haben Kaufleute für den Schluss eines jeden Geschäftsjahrs ein Inventar, eine Bilanz und eine Gewinn- und Verlustrechnung aufzustellen. Das Inventar, in dem die einzelnen Vermögensgegenstände nach Art, Menge und unter Angabe ihres Werts genau zu verzeichnen sind (→ BFH vom 23. 6. 1971 – BStBl II S. 709), ist auf Grund einer **körperlichen Bestandsaufnahme** (Inventur) zu erstellen.

– Inventurerleichterungen → § 241 Abs. 1 HGB, → R 6.8 Abs. 4, → H 6.8 (Festwert), (Gruppenbewertung).

– → Permanente Inventur.

Permanente Inventur

Auf Grund des § 241 Abs. 2 HGB kann das Inventar für den Bilanzstichtag auch ganz oder teilweise auf Grund einer **permanenten Inventur** erstellt werden. Der Bestand für den Bilanzstichtag kann in diesem Fall nach Art und Menge anhand von Lagerbüchern (Lagerkarteien) festgestellt werden, wenn die folgenden Voraussetzungen erfüllt sind:

Anhang 13

1. In den Lagerbüchern und Lagerkarteien müssen alle Bestände und alle Zugänge und Abgänge einzeln nach Tag, Art und Menge (Stückzahl, Gewicht oder Kubikinhalt) eingetragen werden. Alle Eintragungen müssen belegmäßig nachgewiesen werden.

2. In jedem Wirtschaftsjahr muss mindestens einmal durch körperliche Bestandsaufnahme geprüft werden, ob das Vorratsvermögen, das in den Lagerbüchern oder Lagerkarteien ausgewiesen wird, mit den tatsächlich vorhandenen Beständen übereinstimmt (→ BFH vom 11. 11. 1966 – BStBl 1967 III S. 113). Die Prüfung braucht nicht gleichzeitig für alle Bestände vorgenommen zu werden. Sie darf sich aber nicht nur auf Stichproben oder die Verprobung eines repräsentativen Querschnitts beschränken; die Regelung in § 241 Abs. 1 HGB bleibt unberührt. Die Lagerbücher und Lagerkarteien sind nach dem Ergebnis der Prüfung zu berichtigen. Der Tag der körperlichen Bestandsaufnahme ist in den Lagerbüchern oder Lagerkarteien zu vermerken.

3. Über die Durchführung und das Ergebnis der körperlichen Bestandsaufnahme sind Aufzeichnungen (Protokolle) anzufertigen, die unter Angabe des Zeitpunkts der Aufnahme von den aufnehmenden Personen zu unterzeichnen sind. Die Aufzeichnungen sind wie Handelsbücher zehn Jahre aufzubewahren.

Zeitliche Erfassung von Waren

Gekaufte Waren gehören wirtschaftlich zum Vermögen des Kaufmanns, sobald er die Verfügungsmacht in Gestalt des unmittelbaren oder mittelbaren Besitzes an ihr erlangt hat. Dies ist bei „schwimmender" Ware erst nach Erhalt des Konnossements oder des Auslieferungsscheins der Fall (→ BFH vom 3. 8. 1988 – BStBl 1989 II S. 21).

5.4. Bestandsmäßige Erfassung des beweglichen Anlagevermögens

R 5.4

Allgemeines

(1) [1]Nach § 240 Abs. 2 HGB, §§ 140 und 141 AO besteht die Verpflichtung, für jeden Bilanzstichtag auch ein Verzeichnis der Gegenstände des beweglichen Anlagevermögens aufzustellen (Bestandsverzeichnis). [2]In das Bestandsverzeichnis müssen sämtliche beweglichen Gegenstände des Anlagevermögens, auch wenn sie bereits in voller Höhe abgeschrieben sind, aufgenommen werden. [3]Das gilt nicht für geringwertige Wirtschaftsgüter (§ 6 Abs. 2 EStG), für Wirtschaftsgüter, die in einem Sammelposten erfasst werden (§ 6 Abs. 2a EStG), und für die mit einem →Festwert angesetzten Wirtschaftsgüter (→ Absatz 3). [4]Das Bestandsverzeichnis muss

S 2160

Anhang 13

1. die genaue Bezeichnung des Gegenstandes und

2. seinen Bilanzwert am Bilanzstichtag

enthalten. [5]Das Bestandsverzeichnis ist auf Grund einer jährlichen körperlichen Bestandsaufnahme aufzustellen; R 5.3 Abs. 1 bis 3 gilt sinngemäß.

Zusammenfassen mehrerer Gegenstände

(2) [1]Gegenstände, die eine geschlossene Anlage bilden, können statt in ihren einzelnen Teilen als Gesamtanlage in das Bestandsverzeichnis eingetragen werden, z. B. die einzelnen Teile eines Hochofens einschließlich Zubehör, die einzelnen Teile einer Breitbandstraße einschließlich Zubehör, die Überlandleitungen einschließlich der Masten usw. die entsprechenden Anlagen von Gas- und Wasserwerken sowie die Wasser-, Gas- und sonstigen Rohrleitungen innerhalb eines Fabrikationsbetriebs. [2]Voraussetzung ist, dass die AfA auf die Gesamtanlage einheitlich vorgenommen werden. [3]Gegenstände der gleichen Art können unter Angabe der Stückzahl im Bestandsverzeichnis zusammengefasst werden, wenn sie in demselben Wirtschafts-

jahr angeschafft sind, die gleiche Nutzungsdauer und die gleichen Anschaffungskosten haben und nach der gleichen Methode abgeschrieben werden.

Bestandsaufnahme und Wertanpassung bei Festwerten

(3) [1]Für Gegenstände des beweglichen Anlagevermögens, die zulässigerweise mit einem Festwert angesetzt worden sind, ist im Regelfall an jedem dritten, spätestens aber an jedem fünften Bilanzstichtag, eine körperliche Bestandsaufnahme vorzunehmen. [2]Übersteigt der für diesen Bilanzstichtag ermittelte Wert den bisherigen Festwert um mehr als 10 %, ist der ermittelte Wert als neuer Festwert maßgebend. [3]Der bisherige Festwert ist so lange um die Anschaffungs- und Herstellungskosten der im Festwert erfassten und nach dem Bilanzstichtag des vorangegangenen Wirtschaftsjahres angeschafften oder hergestellten Wirtschaftsgüter aufzustocken, bis der neue Festwert erreicht ist. [4]Ist der ermittelte Wert niedriger als der bisherige Festwert, kann der Stpfl. den ermittelten Wert als neuen Festwert ansetzen. [5]Übersteigt der ermittelte Wert den bisherigen Festwert um nicht mehr als 10 %, kann der bisherige Festwert beibehalten werden.

Keine Inventur bei fortlaufendem Bestandsverzeichnis

(4) [1]Der Stpfl. braucht die jährliche körperliche Bestandsaufnahme (→ Absatz 1) für steuerliche Zwecke nicht durchzuführen, wenn er jeden Zugang und jeden Abgang laufend in das Bestandsverzeichnis einträgt und die am Bilanzstichtag vorhandenen Gegenstände des beweglichen Anlagevermögens auf Grund des fortlaufend geführten Bestandsverzeichnisses ermittelt werden können; in diesem Fall müssen aus dem Bestandsverzeichnis außer den in Absatz 1 bezeichneten Angaben noch ersichtlich sein:

1. der Tag der Anschaffung oder Herstellung des Gegenstandes,
2. die Höhe der Anschaffungs- oder Herstellungskosten oder, wenn die Anschaffung oder Herstellung vor dem 21. 6. 1948[1]) oder im → Beitrittsgebiet[2]) vor dem 1. 7. 1990 erfolgt ist, die in Euro umgerechneten Werte der DM-Eröffnungsbilanz,
3. der Tag des Abgangs.

[2]Wird das Bestandsverzeichnis in der Form einer Anlagekartei geführt, ist der Bilanzansatz aus der Summe der einzelnen Bilanzwerte (→ Absatz 1 Satz 4 Nr. 2) der Anlagekartei nachzuweisen. [3]Ist das Bestandsverzeichnis nach den einzelnen Zugangsjahren und Abschreibungssätzen gruppenweise geordnet, kann auf die Angabe des Bilanzwerts am Bilanzstichtag für den einzelnen Gegenstand (→ Absatz 1 Satz 4 Nr. 2) verzichtet werden, wenn für jede Gruppe in besonderen Zusammenstellungen die Entwicklung der Bilanzwerte unter Angabe der Werte der Abgänge und des Betrags der AfA summenmäßig festgehalten wird. [4]Die in Absatz 1 Satz 4 Nr. 1 und unter den in Satz 1 Nr. 1 bis 3 bezeichneten Angaben müssen auch in diesem Fall für den einzelnen Gegenstand aus dem Bestandsverzeichnis ersichtlich sein. [5]Die Sachkonten der Geschäftsbuchhaltung können als Bestandsverzeichnis gelten, wenn sie die in Absatz 1 und unter den in Satz 1 Nr. 1 bis 3 bezeichneten Angaben enthalten und wenn durch diese Angaben die Übersichtlichkeit der Konten nicht beeinträchtigt wird.

Erleichterungen

(5) Das Finanzamt kann unter Abweichung von den Absätzen 1 bis 4 für einzelne Fälle Erleichterungen bewilligen.

H 5.4 — **Hinweise**

Festwert

- → H 6.8.
- Kein Zugang von Wirtschaftsgütern des Anlagevermögens, deren Nutzungsdauer zwölf Monate nicht übersteigt (kurzlebige Wirtschaftsgüter) zum Festwert (→ BFH vom 26. 8. 1993 – BStBl 1994 II S. 232).

Anhang 5 — Voraussetzungen für den Ansatz von Festwerten sowie deren Bemessung bei der Bewertung des beweglichen Anlagevermögens und des Vorratsvermögens → BMF vom 8. 3. 1993 (BStBl I S. 276).

---

1) Für Berlin-West: 1. 4. 1949; für das Saargebiet 6. 7. 1959.
2) Das in Artikel 3 des Einigungsvertrags genannte Gebiet → Einigungsvertragsgesetz vom 23. 9. 1990 (BGBl. II S. 885, 890).

Fehlende Bestandsaufnahme

Ein materieller Mangel der Buchführung kann auch vorliegen, wenn die körperliche Bestandsaufnahme nach R 5.4 Abs. 1 fehlt oder unvollständig ist, es sei denn, dass eine körperliche Bestandsaufnahme nach R 5.4 Abs. 4 nicht erforderlich ist (→ BFH vom 14. 12. 1966 – BStBl 1967 III S. 247).

Fehlendes Bestandsverzeichnis

Fehlt das Bestandsverzeichnis oder ist es unvollständig, so kann darin ein materieller Mangel der Buchführung liegen (→ BFH vom 14. 12. 1966 – BStBl 1967 III S. 247).

5.5. Immaterielle Wirtschaftsgüter   R 5.5

Allgemeines

(1) [1]Als → immaterielle (unkörperliche) Wirtschaftsgüter kommen in Betracht: Rechte, rechtsähnliche Werte und sonstige Vorteile. [2]Trivialprogramme sind abnutzbare bewegliche und selbständig nutzbare Wirtschaftsgüter. [3]Computerprogramme, deren Anschaffungskosten nicht mehr als 410 Euro betragen, sind stets wie Trivialprogramme zu behandeln. [4]→ Keine immateriellen Wirtschaftsgüter sind die nicht selbständig bewertbaren geschäftswertbildenden Faktoren. S 2134a

Entgeltlicher Erwerb

(2) [1]Für → immaterielle Wirtschaftsgüter des Anlagevermögens ist ein Aktivposten nur anzusetzen, wenn sie entgeltlich erworben (§ 5 Abs. 2 EStG) oder in das Betriebsvermögen eingelegt (→ R 4.3 Abs. 1) wurden. [2]Ein → immaterielles Wirtschaftsgut ist entgeltlich erworben worden, wenn es durch einen Hoheitsakt oder ein Rechtsgeschäft gegen Hingabe einer bestimmten Gegenleistung übergegangen oder eingeräumt worden ist. [3]Es ist nicht erforderlich, dass das Wirtschaftsgut bereits vor Abschluss des Rechtsgeschäfts bestanden hat; es kann auch erst durch den Abschluss des Rechtsgeschäfts entstehen, z. B. bei entgeltlich erworbenen Belieferungsrechten. [4]Ein entgeltlicher Erwerb eines → immateriellen Wirtschaftsgutes liegt auch bei der Hingabe eines sog. verlorenen Zuschusses vor, wenn der Zuschussgeber von dem Zuschussempfänger eine bestimmte Gegenleistung erhält oder eine solche nach den Umständen zu erwarten ist oder wenn der Zuschussgeber durch die Zuschusshingabe einen besonderen Vorteil erlangt, der nur für ihn wirksam ist.

Kein Aktivierungsverbot

(3) [1]Das Aktivierungsverbot des § 5 Abs. 2 EStG wird nicht wirksam, wenn ein beim Rechtsvorgänger aktiviertes → immaterielles Wirtschaftsgut des Anlagevermögens im Rahmen der unentgeltlichen Übertragung eines Betriebs, Teilbetriebs oder Mitunternehmeranteiles auf einen anderen übergeht (→ Geschäfts- oder Firmenwert/Praxiswert). [2]In diesem Fall hat der Erwerber dieses immaterielle Wirtschaftsgut mit dem Betrag zu aktivieren, mit dem es beim Rechtsvorgänger aktiviert war (§ 6 Abs. 3 EStG). [3]Das Aktivierungsverbot findet auch dann keine Anwendung, wenn ein → immaterielles Wirtschaftsgut des Anlagevermögens eingelegt wird.

Hinweise   H 5.5

Abgrenzung zu materiellen Wirtschaftsgütern

Zur Einordnung von Wirtschaftsgütern mit materiellen und immateriellen Komponenten, wird vorrangig auf das wirtschaftliche Interesse abgestellt, d. h. wofür der Kaufpreis gezahlt wird (Wertrelation) und ob es dem Erwerber überwiegend auf den materiellen oder den immateriellen Gehalt ankommt. Daneben wird auch unterschieden, ob der Verkörperung eine eigenständige Bedeutung zukommt oder ob sie lediglich als „Träger" den immateriellen Gehalt festhalten soll. Bücher, Tonträger und Standardsoftware sind als materielle Wirtschaftsgüter anzusehen (→ BFH vom 30. 10. 2008 – BStBl 2009 II S. 421).

Ackerquote

Ein immaterielles Wirtschaftsgut „Ackerprämienberechtigung" (Ackerquote) ist im Geltungsbereich der KultPflAZV und der FlächenZV erst in dem Zeitpunkt entstanden, in dem es in den Verkehr gebracht worden ist. In den Verkehr gebracht wurde die Ackerprämienberechtigung entweder mit der Erteilung einer Genehmigung eines Flächenaustauschs im Zusammenhang mit einer Verpachtung bzw. Anpachtung von Ackerflächen oder dadurch, dass sie von den Vertragsbeteiligten zum Gegenstand des Kaufvertrags oder Erwerbsvertrags gemacht worden ist (→ BFH vom 30. 9. 2010 – BStBl 2011 S. 406).

Arzneimittelzulassungen

– Eine entgeltlich erworbene Arzneimittelzulassung ist dem Grunde nach ein abnutzbares Wirtschaftsgut (→ BMF vom 12. 7. 1999 – BStBl I S. 686).
– → Warenzeichen (Marke)

Auffüllrecht

Das Recht, ein Grundstück mit Klärschlamm zu verfüllen, ist kein vom Grund und Boden verselbständigtes Wirtschaftsgut (→ BFH vom 20. 3. 2003 – BStBl II S. 878).

Belieferungsrechte aus Abonnentenverträgen

Gelegentlich eines Erwerbs von Belieferungsrechten aus Abonnentenverträgen entstandene Aufwendungen begründen noch nicht den entgeltlichen Erwerb eines immateriellen Wirtschaftsguts (→ BFH vom 3. 8. 1993 – BStBl 1994 II S. 444).

Emissionsberechtigungen

Ertragsteuerliche Behandlung von Emissionsberechtigungen nach dem Treibhausgas-Emissionshandelsgesetz → BMF vom 6. 12. 2005 (BStBl I S. 1047).

Erbbaurecht

Das Erbbaurecht ist als grundstücksgleiches Recht i. S. d. BGB ein Vermögensgegenstand i. S. d. Handelsrechts und ein Wirtschaftsgut i. S. d. Steuerrechts. Es gehört zum Sachanlagevermögen und ist damit kein immaterielles Wirtschaftsgut → BFH vom 4. 6. 1991 (BStBl 1992 II S. 70).

Gartenanlage

Die zu einem Wohngebäude gehörende Gartenanlage ist ein selbständiges Wirtschaftsgut, das sowohl von dem Grund und Boden als auch von dem Gebäude zu trennen ist (→ BFH vom 30. 1. 1996 – BStBl II S. 25).

Geschäfts- oder Firmenwert/Praxiswert

Anhang 8
– Firmenwert bei vorweggenommener Erbfolge → BMF vom 13. 1. 1993 (BStBl I S. 80) unter Berücksichtigung der Änderungen durch BMF vom 26. 2. 2007 (BStBl I S. 269).
– Geschäfts- oder Firmenwert, der bei Veräußerung eines Einzelunternehmens an eine GmbH unentgeltlich übergeht, kann Gegenstand einer verdeckten Einlage sein (→ BFH vom 24. 3. 1987 – BStBl II S. 705); zu den hierfür maßgebenden Kriterien → H 4.3 (1) Verdeckte Einlage.
– Unterscheidung zwischen Geschäftswert und Praxiswert → BFH vom 13. 3. 1991 (BStBl II S. 595).
– Unterscheidung zwischen (selbständigen) immateriellen Einzelwirtschaftsgütern und (unselbständigen) geschäftswertbildenden Faktoren → BFH vom 7. 11. 1985 (BStBl 1986 II S. 176) und vom 30. 3. 1994 (BStBl II S. 903).
– Das „Vertreterrecht" eines Handelsvertreters ist ein immaterielles Wirtschaftsgut, das nicht mit einem Geschäfts- oder Firmenwert gleichzusetzen ist (→ BFH vom 12. 7. 2007 – BStBl II S. 959).
– Bei der Aufteilung eines Unternehmens in Teilbetriebe geht der Geschäftswert nicht notwendigerweise unter (→ BFH vom 27. 3. 1996 – BStBl II S. 576).
– Wird einem ausscheidenden Mitunternehmer eine Abfindung gezahlt, die auch den selbst geschaffenen, bisher nicht bilanzierten Geschäftswert abgilt, ist der darauf entfallende Anteil der Abfindung als Geschäftswert zu aktivieren. Der auf den originären Geschäftswert entfallende Anteil bleibt außer Ansatz (→ BFH vom 16. 5. 2002 – BStBl 2003 II S. 10).
– Der Geschäftswert ist Ausdruck der Gewinnchancen eines Unternehmens, soweit diese nicht auf einzelnen Wirtschaftsgütern oder der Person des Unternehmers beruhen, sondern auf dem Betrieb eines lebenden Unternehmens (→ BFH vom 26. 11. 2009 – BStBl 2010 II S. 609).
– Orientiert sich der für eine Arztpraxis mit Vertragsarztsitz zu zahlende Kaufpreis ausschließlich am Verkehrswert, so ist in dem damit abgegoltenen Praxiswert der Vorteil aus der Zulassung als

Vertragsarzt untrennbar enthalten. Die Vertragsarztzulassung kann nur dann Gegenstand eines gesonderten Veräußerungsgeschäftes sein und sich damit zu einem selbständigen Wirtschaftsgut konkretisieren, wenn die Leistung für die Zulassung ohne eine Praxisübernahme erfolgt, weil der Vertragsarztsitz an einen anderen Ort verlegt wird (→ BFH vom 9.8.2011 – BStBl II S. 875).

– → H 6.1 (Geschäfts- oder Firmenwert), (Praxiswert/Sozietätspraxiswert).

Gewinnermittlung nach § 4 Abs. 1 oder Abs. 3 EStG

R 5.5 gilt bei der Gewinnermittlung nach § 4 Abs. 1 und 3 EStG sinngemäß (→ § 141 Abs. 1 Satz 2 AO, BFH vom 8. 11. 1979 – BStBl 1980 II S. 146).

Güterfernverkehrskonzessionen

– Keine AfA von entgeltlich erworbenen Güterfernverkehrskonzessionen (→ BFH vom 4. 12. 1991 – BStBl 1992 II S. 383 und vom 22. 1. 1992 – BStBl II S. 529),
– Zur Abschreibung auf den niedrigeren Teilwert → BMF vom 12. 3. 1996 – BStBl I S. 372.

Immaterielle Wirtschaftsgüter des Anlagevermögens

Unentgeltliche Übertragung zwischen Schwestergesellschaften führt zur verdeckten Gewinnausschüttung an die Muttergesellschaft und anschließende verdeckte Einlage in die begünstigte Schwestergesellschaft (→ BFH vom 20. 8. 1986 – BStBl 1987 II S. 455).

Immaterielle Wirtschaftsgüter

sind u. a.

– Belieferungsrechte, Optionsrechte, Konzessionen (→ BFH vom 10. 8. 1989 – BStBl 1990 II S. 15),
– Computerprogramme (→ BFH vom 3. 7. 1987 – BStBl II S. 728, S. 787 und vom 28. 7. 1994 – BStBl II S. 873), siehe aber → Keine immateriellen Wirtschaftsgüter,
– Datensammlungen, die speziell für den Stpfl. erhoben werden und auch nur von diesem verwertet werden dürfen (→ BFH vom 30. 10. 2008 – BStBl 2009 II S. 421).
– Domain-Namen (→ BFH vom 19. 10. 2006 – BStBl 2007 II S. 301), → H 7.1 (Domain-Namen).
– Filmrechte (→ BFH vom 20. 9. 1995 – BStBl 1997 II S. 320 und → BMF vom 23. 2. 2001 – BStBl I S. 175, unter Berücksichtigung der Änderungen durch BMF vom 5. 8. 2003 – BStBl I S. 406),
– Lizenzen, ungeschützte Erfindungen, Gebrauchsmuster, Fabrikationsverfahren, Know-how, Tonträger in der Schallplattenindustrie (→ BFH vom 28. 5. 1979 – BStBl II S. 734),
– Patente, Markenrechte, Urheberrechte, Verlagsrechte (→ BFH vom 24. 11. 1982 – BStBl 1983 II S. 113),
– *Rezeptur eines Pflanzenschutzmittels (→ BFH vom 8. 9. 2011 – BStBl 2012 II S. 122)*
– Rückverkaufsoption im Kfz-Handel (→ BMF vom 12. 10. 2011 – BStBl I S. 967)
– Spielerlaubnis nach Maßgabe des Lizenzspielerstatuts des Deutschen Fußballbundes (→ BFH vom *14. 12. 2011 – BStBl 2012 II S. 238*).

→ auch: OFD Frankfurt vom 6. 5. 2008 – S 2170 A – 114 – St 210, u. a.:

Soweit Steuerpflichtige den Standpunkt vertreten, die Transferentschädigungen seien aufgrund des EuGH-Urteils vom 15. 12. 1995, Rs C-415/93 („Bosman-Urteil") sofort abzugsfähige Betriebsausgaben, weil die durch den DFB erteilte Spielerlaubnis kein konzessionsähnliches Recht darstelle, es an einer Verkehrsfähigkeit der Spielerlaubnis mangele und kein Verhältnis Leistung/Gegenleistung vorliege, ist dieser Rechtsauffassung nicht zu folgen.

Obwohl die Zahlung einer Transferentschädigung nach den Lizenzspielerstatuten des DFB keine Voraussetzung für die Erteilung einer Spielerlaubnis ist, besteht zwischen der Transferverbindlichkeit und der Erteilung der Spielerlaubnis ein enger Veranlassungszusammenhang. Denn nur bei Bezahlung der Transferentschädigung wird der einen Spieler abgebende Verein einer Aufnahme des Spielers in die Transferliste zustimmen. Die Aufnahme in die Transferliste ist jedoch Voraussetzung für die Erteilung der Spielerlaubnis.

Anders als bei „gewöhnlichen" Arbeitsverträgen, bei denen ein Arbeitgeber den Wechsel seines Arbeitnehmers (nach Ablauf der Kündigungsfristen) nicht verhindern kann, ergibt sich im Lizenzfußball die Besonderheit, dass der abgebende Verein die Aufnahme eines Spielers in die Transferliste verhindern kann. Durch die Zahlung der Transferentschädigung kann somit im Ergebnis die Spielerlaubnis wirtschaftlich übertragen werden.

Auch das Verhältnis Leistung/Gegenleistung (§ 5 Abs. 2 EStG setzt bei immateriellen Wirtschaftsgütern einen entgeltlichen Erwerb voraus) ist gewahrt, denn mit der Transferentschädigung werden nicht die dem abgebenden Verein in der Vergangenheit entstandenen Kosten

(z. B. Ausbildungskosten eines Spielers) erstattet, sondern das Recht eingeräumt, den Spieler nach erfolgtem Transfer einsetzen zu dürfen und dieses Recht ggf. weiter zu veräußern.

– Die einzelnen Wirtschaftsgüter sind abnutzbar, wenn ihre Nutzung zeitlich begrenzt ist. Ansonsten handelt es sich um nicht abnutzbare, immerwährende Rechte (→ BFH vom 28. 5. 1998 – BStBl II S. 775).

– Zuckerrübenlieferrechte (→ BMF vom 25. 6. 2008 – BStBl I S. 682, Rz. 23).

Keine immateriellen Wirtschaftsgüter

sondern materielle (körperliche) und zugleich abnutzbare bewegliche Wirtschaftsgüter sind, wenn sie nicht unter anderen rechtlichen Gesichtspunkten, z. B. als Kundenkartei oder Verlagsarchiv, als immaterielle Wirtschaftsgüter anzusehen sind, Computerprogramme (→ Immaterielle Wirtschaftsgüter), die keine Befehlsstruktur enthalten, sondern nur Bestände von Daten, die allgemein bekannt und jedermann zugänglich sind, z. B. mit Zahlen und Buchstaben (→ BFH vom 5. 2. 1988 – BStBl II S. 737 und vom 2. 9. 1988 – BStBl 1989 II S. 160).

Kein entgeltlicher Erwerb

liegt u. a. vor bei

– Aufwendungen, die nicht Entgelt für den Erwerb eines Wirtschaftsguts von einem Dritten, sondern nur Arbeitsaufwand oder sonstiger Aufwand, z. B. Honorar für Dienstleistungen, für einen im Betrieb selbst geschaffenen Wert oder Vorteil sind (→ BFH vom 26. 2. 1975 – BStBl II S. 443).

– Aufwendungen, die lediglich einen Beitrag zu den Kosten einer vom Stpfl. mitbenutzten Einrichtung bilden, z. B. Beiträge zum Ausbau einer öffentlichen Straße oder zum Bau einer städtischen Kläranlage; diese Aufwendungen gehören zu den nicht aktivierbaren Aufwendungen für einen selbstgeschaffenen Nutzungsvorteil (→ BFH vom 26. 2. 1980 – BStBl II S. 687 und vom 25. 8. 1982 – BStBl 1983 II S. 38),

– selbstgeschaffenen → immateriellen Wirtschaftsgütern, z. B. Patenten (→ BFH vom 8. 11. 1979 – BStBl 1980 II S. 146).

Kundenstamm

– Der → Kundenstamm ist beim Erwerb eines Unternehmens in der Regel kein selbständig bewertbares → immaterielles Wirtschaftsgut, sondern ein geschäftswertbildender Faktor (→ BFH vom 16. 9. 1970 – BStBl 1971 II S. 175 und vom 25. 11. 1981 – BStBl 1982 II S. 189).

– Kundenstamm und Lieferantenbeziehungen, die selbständig übertragen werden können, sind immaterielle Wirtschaftsgüter und nicht identisch mit dem Geschäfts- oder Firmenwert (→ BFH vom 26. 11. 2009 – BStBl 2010 II S. 609).

Mietereinbauten

Einbauten oder Umbauten des Mieters sind als Herstellungskosten eines materiellen Wirtschaftsguts zu aktivieren, wenn sie unmittelbar den besonderen Zwecken dienen und in diesem Sinne in einem von der eigentlichen Gebäudenutzung verschiedenen Funktionszusammenhang stehen (→ BFH vom 26. 2. 1975 – BStBl II S. 443 und BMF vom 15. 1. 1976 – BStBl I S. 66).

Milchlieferrechte

→ BMF vom 14. 1. 2003 (BStBl I S. 78)

Nutzungsrechte

die durch Baumaßnahmen des Nutzungsberechtigten entstanden sind

– H 4.7 (Eigenaufwand für ein fremdes Wirtschaftsgut).

Leitungsanlagen

Leitungsanlagen als selbständige Wirtschaftsgüter innerhalb der Versorgungsanlage; steuerliche Behandlung der Aufwendungen für die Erweiterung, Verstärkung und aktivierungspflichtige Erneuerung eines Leitungsnetzes → BMF vom 30. 5. 1997 (BStBl I S. 567)

Aufwendungen für ein Geografisches Informationssystem (GIS) → OFD Münster vom 1. 8. 2007, S 2170 – 114 – St 12 – 33 (DB 2007 S. 1837)

Pensionszusagen

Ansprüche aus Pensionszusagen nach dem Betriebsrentengesetz können nicht aktiviert werden (→ BFH vom 14. 12. 1988 – BStBl 1989 II S. 323).

Schwebende Arbeitsverträge

mit im Unternehmen tätigen Arbeitnehmern sind keine → immateriellen Wirtschaftsgüter, sondern nicht selbständig bewertbare geschäftswertbildende Faktoren (→ BFH vom 7. 11. 1985 – BStBl 1986 II S. 176).

Softwaresysteme

Bilanzsteuerliche Beurteilung von Aufwendungen zur Einführung eines betriebswirtschaftlichen Softwaresystems (ERP-Software) → BMF vom 18. 11. 2005 (BStBl I S. 1025).

Vertreterrecht

Löst ein Handelsvertreter durch Vereinbarung mit dem Geschäftsherrn den Ausgleichsanspruch (§ 89b HGB) seines Vorgängers in einer bestimmten Höhe ab, erwirbt er damit entgeltlich ein immaterielles Wirtschaftsgut „Vertreterrecht" (→ BFH vom 18. 1. 1989 – BStBl II S. 549). Dieses ist nicht mit einem Geschäfts- oder Firmenwert gleichzusetzen (→ BFH vom 12. 7. 2007 – BStBl II S. 959).

Ein „Vertreterrecht" ist beim Handelsvertreter auch dann als entgeltlich erworbenes immaterielles Wirtschaftsgut des Anlagevermögens zu aktivieren, wenn die Einstandszahlung an den Geschäftsherrn für die Übernahme der Handelsvertretung erst bei Beendigung des Vertragsverhältnisses durch Verrechnung mit dem dann fälligen Ausgleichsanspruch nach § 89b HGB erbracht werden soll und dem Handelsvertreter bereits bei Erwerb des Vertreterrechts der teilweise Erlass der Einstandszahlung für den Fall zugesagt wird, dass der künftige Ausgleichsanspruch hinter dem Übernahmepreis zurückbleibt.

→ BFH vom 22. 8. 2007 (→ BStBl 2008 II S. 109)

Warenzeichen (Marke)

Ein entgeltlich erworbenes Warenzeichen (Marke) ist dem Grunde nach ein abnutzbares Wirtschaftsgut (→ BMF vom 12. 7. 1999 – BStBl I S. 686).

5.6. Rechnungsabgrenzungen

Transitorische Posten

(1) [1]Nach § 5 Abs. 5 Satz 1 EStG ist die Rechnungsabgrenzung auf die sog. transitorischen Posten beschränkt. [2]Es kommen danach für die Rechnungsabgrenzung in der Regel nur Ausgaben und Einnahmen in Betracht, die vor dem Abschlussstichtag angefallen, aber erst der Zeit nach dem Abschlussstichtag zuzurechnen sind.

Bestimmte Zeit nach dem Abschlussstichtag

(2) Die Bildung eines Rechnungsabgrenzungspostens ist nur zulässig, soweit die vor dem Abschlussstichtag angefallenen Ausgaben oder Einnahmen Aufwand oder Ertrag für eine → bestimmte Zeit nach dem Abschlussstichtag darstellen.

(3) [1]Antizipative Posten (Ausgaben oder Einnahmen nach dem Bilanzstichtag, die Aufwand oder Ertrag für einen Zeitraum vor diesem Tag darstellen), dürfen als Rechnungsabgrenzungsposten nur in den Fällen des § 5 Abs. 5 Satz 2 EStG ausgewiesen werden. [2]Soweit sich aus den ihnen zu Grunde liegenden Geschäftsvorfällen bereits Forderungen oder Verbindlichkeiten ergeben haben, sind sie als solche zu bilanzieren.

Hinweise

Abschlussgebühren

können eine (Gegen-)leistung darstellen, die dem jeweiligen Bausparvertrag als Entgelt für den eigentlichen Vertragsabschluss zuzuordnen sind, sie wirken sich unmittelbar mit ihrer Vereinnahmung erfolgswirksam aus und sind bilanziell nicht passiv abzugrenzen (→ BFH vom 11. 2. 1998 – BStBl II S. 381).

Auflösung von Rechnungsabgrenzungsposten im Zusammenhang mit Zinsaufwand

Der Rechnungsabgrenzungsposten ist ratierlich über die gesamte Darlehenslaufzeit, bei Tilgungs- oder Abzahlungsdarlehen degressiv nach der Zinsstaffelmethode und bei Endfälligkeitsdarlehen linear, aufzulösen. Bei vorzeitiger Sondertilgung des Darlehens ist der Rechnungsabgrenzungsposten im Verhältnis der Sondertilgung zu dem Gesamtdarlehensbetrag aufzulösen (→ BFH vom 24. 6. 2009 – BStBl II S. 781).

Ausbeuteverträge

Vorausgezahlte Ausbeuteentgelte für Bodenschätze, mit deren Abbau vor dem Bilanzstichtag bereits begonnen wurde, sind in einen Rechnungsabgrenzungsposten einzustellen, der über die jährlich genau festzustellende Fördermenge aufzulösen ist; ist mit dem Abbau vor dem Bilanzstichtag noch nicht begonnen worden, ist das vorausgezahlte Entgelt als Anzahlung zu behandeln (→ BFH vom 25. 10. 1994 – BStBl 1995 II S. 312).

Bestimmte Zeit nach dem Abschlussstichtag

liegt vor:

– Wenn die abzugrenzenden Ausgaben und Einnahmen für einen bestimmten nach dem Kalenderjahr bemessenen Zeitraum bezahlt oder vereinnahmt werden, z. B. monatliche, vierteljährliche, halbjährliche **Mietvorauszahlungen** oder Zahlung der Miete im Voraus für einen Messestand für eine zeitlich feststehende Messe (→ BFH vom 9. 12. 1993 – BStBl 1995 II S. 202).
– Bei **Übernahme von Erschließungskosten und Kanalanschlussgebühren durch den Erbbaurechtigten** (→ BFH vom 17. 4. 1985 – BStBl II S. 617).
– Bei **Ausbeuteverträgen.**
– Bei zeitlich nicht begrenzten Dauerleistungen, wenn sich rechnerisch ein **Mindestzeitraum** bestimmen lässt (→ BFH vom 9. 12. 1993 – BStBl 1995 II S. 202, BMF vom 15. 3. 1995 – BStBl I S. 183).

liegt nicht vor:

– Wenn sich der Zeitraum nur durch **Schätzung** ermitteln lässt (→ BFH vom 3. 11. 1982 – BStBl 1983 II S. 132).
– Bei planmäßiger oder betriebsgewöhnlicher **Nutzungsdauer** eines abnutzbaren Sachanlageguts (→ BFH vom 22. 1. 1992 – BStBl II S. 488).

Darlehen mit fallenden Zinssätzen

Der Darlehensnehmer hat bei einer Vereinbarung fallender Zinssätze einen aktiven Rechnungsabgrenzungsposten zu bilden, wenn im Falle einer vorzeitigen Vertragsbeendigung die anteilige Erstattung der bereits gezahlten Zinsen verlangt werden kann oder wenn das Darlehensverhältnis nur aus wichtigem Grund gekündigt werden kann und keine konkreten Anhaltspunkte für eine solche vorzeitige Beendigung bestehen (→ BFH vom 27. 7. 2011 – BStBl 2012 II S. 284).

Dauerschuldverhältnis

– Die Entschädigung für die Aufhebung eines für eine bestimmte Laufzeit begründeten Schuldverhältnisses kann nicht in einen passiven Rechnungsabgrenzungsposten eingestellt werden (→ BFH vom 23. 2. 2005 – BStBl II S. 481).
– Eine Vergütung, die der Kreditgeber für seine Bereitschaft zu einer für ihn nachteiligen Änderung der Vertragskonditionen vom Kreditnehmer vereinnahmt hat, ist in der Bilanz des Kreditgebers nicht passiv abzugrenzen (→ BFH vom 7. 3. 2007 – BStBl II S. 697).

Emissionsdisagio

Für ein bei der Ausgabe einer verbrieften festverzinslichen Schuldverschreibung mit bestimmter Laufzeit vereinbartes Disagio ist in der Steuerbilanz ein Rechnungsabgrenzungsposten zu aktivieren.

→ BFH vom 29. 11. 2006 – I R 46/05 – (BStBl 2009 II S. 955)

Erbbaurecht

Für im Voraus gezahlte Erbbauzinsen ist ein Rechnungsabgrenzungsposten zu bilden (→ BFH vom 20. 11. 1980 – BStBl 1981 II S. 398).

Ertragszuschüsse

Für Ertragszuschüsse ist ggf. ein passiver Rechnungsabgrenzungsposten zu bilden (→ BFH vom 5. 4. 1984 – BStBl II S. 552 sowie BMF vom 2. 9. 1985 – BStBl I S. 568).

Filmherstellungskosten

→ BMF vom 23. 2. 2001 (BStBl I S. 175) unter Berücksichtigung der Änderungen durch BMF vom 5. 8. 2003 (BStBl I S. 406), Tzn. 34 und 35.

Finanzierungskosten

– Für ein bei der Ausgabe einer festverzinslichen Schuldverschreibung mit bestimmter Laufzeit vereinbartes Disagio ist in der Steuerbilanz ein Rechnungsabgrenzungsposten zu aktivieren (→ BFH vom 29. 11. 2006 – BStBl 2009 II S. 955).

– → H 6.10 (Damnum, Kreditbedingungen, Umschuldung, Vermittlungsprovision, Zinsfestschreibung)

– Rechnungsabgrenzung bei Darlehen mit fallenden Zinssätzen → Darlehen mit fallenden Zinssätzen

Forfaitierung von Forderungen aus Leasing-Verträgen

→ BMF vom 9. 1. 1996 (BStBl I S. 9) und → BFH vom 24. 7. 1996 (BStBl 1997 II S. 122)

Abweichend von Abschnitt III 2 Buchstabe b des BMF-Schreibens vom 9. 1. 1996 ist bei der sog. Restwertforfaitierung aus Teilamortisationsverträgen die Zahlung des Dritten an den Leasinggeber steuerlich als ein Darlehen an den Leasinggeber zu beurteilen. Die Forfaitierungserlöse sind von ihm nicht als Erträge aus zukünftigen Perioden passiv abzugrenzen, sondern als Verbindlichkeiten auszuweisen und bis zum Ablauf der Grundmietzeit ratierlich aufzuzinsen (→ BFH vom 8. 11. 2000 – BStBl 2001 II S. 722).

Garantiegebühr

Wegen vereinnahmter Garantiegebühr gebildeter passiver Rechnungsabgrenzungsposten ist während der Garantiezeit insoweit aufzulösen, als die Vergütung auf den bereits abgelaufenen Garantiezeitraum entfällt (→ BFH vom 23. 3. 1995 – BStBl II S. 772).

Geldspielgeräte, Mietsonderzahlung

Im Rahmen einer Betriebsprüfung wurde festgestellt, dass die Hersteller von Geldspielautomaten dazu übergegangen sind, die Geldspielgeräte im Rahmen eines Mietvertrages gegen Zahlung einer einmaligen Mietsonderzahlung sowie laufende Monatsraten zu überlassen.

Die Mietverträge sind teilweise befristet oder sehen eine Grundmietzeit vor. Einige Verträge enthalten eine Rückzahlungsverpflichtung der Sonderzahlung bei Kündigung des Vertrages durch den Mieter innerhalb einer bestimmten Frist. Die Höhe des zu erstattenden Betrages ist in diesen Fällen von der tatsächlichen Mietdauer abhängig.

Für die Mietsonderzahlung ist in allen Fällen ein aktiver Rechnungsabgrenzungsposten zu bilden. Die Dauer des Zeitraums, über den die Mietsonderzahlung abzugrenzen ist, ist dabei abhängig von der jeweiligen Vertragsgestaltung.

→ FinMin SH vom 24. 4. 2012 – VI 304 – S 2134b – 014

Gewinnermittlung nach § 4 Abs. 1 EStG

R 5.6 gilt bei der Gewinnermittlung nach § 4 Abs. 1 EStG sinngemäß (→ § 141 Abs. 1 Satz 2 AO, BFH vom 20. 11. 1980 – BStBl 1981 II S. 398).

Hermes-Entgelte

Bilanzsteuerrechtlichen Behandlung (→ FinBeh Berlin vom 5. 1. 2009 – III B – S 2134b – 3/08, StEK EStG § 5 Bil./122).

Honorare

– Sind im Voraus erhaltene Honorare zeitraumbezogen und besteht für den gesamten Zeitraum eine Dauerverpflichtung, ist für die anteilig auf folgende Wirtschaftsjahre entfallenden Honorare ein passiver Rechnungsabgrenzungsposten zu bilden (→ BFH vom 10. 9. 1998 – BStBl 1999 II S. 21).

– **Insolvenzverwalter, Vergütungsvorschüsse**
  Mithin unterscheidet sich der nach § 9 InsVV entnommene Vergütungsvorschuss von bloßen Abschlags- oder Vorschusszahlungen, die im Sinne einer Vorleistung eines Vertragsteils auf ein schwebendes Geschäft erbracht werden, als es sich um Vorauszahlungen auf eine noch zu erbringende Lieferung oder Leistung handelt. Dem Vergütungsvorschuss liegt eine bereits erbrachte Arbeitsleistung des Insolvenzverwalters zugrunde; es handelt sich um Teilvergütung, der Erfüllungswirkung hinsichtlich des Vergütungsanspruchs des Insolvenzverwalters zukommt.
  Bereits die mit Zustimmung des Insolvenzgerichts nach § 9 InsVV entnommenen Vergütungsvorschüsse führen zur Gewinnrealisierung.
  → FinMin SH vom 23. 5. 2011 – VI 304 – S 2134 – 067

Investitionszuschüsse

– Soweit Zuschüsse zu Anschaffungs- oder Herstellungskosten eines Wirtschaftsgutes geleistet werden, sind sie nicht passiv abzugrenzen (→ BFH vom 22. 1. 1992 – BStBl II S. 488).
– → R 6.5

Kraftfahrzeugsteuer

Für gezahlte Kraftfahrzeugsteuer ist ein Rechnungsabgrenzungsposten zu aktivieren, soweit die Steuer auf die voraussichtliche Zulassungszeit des Fahrzeuges im nachfolgenden Wirtschaftsjahr entfällt (→ BFH vom 19. 5. 2010 – BStBl II S. 967).

Leasingvertrag mit degressiven Leasingraten – Behandlung beim Leasingnehmer

– **Immobilienleasing**
  Bilanzsteuerrechtlich ist die Summe der während der vertraglichen Grundmietzeit geschuldeten Jahresmieten in jährlich gleichbleibenden Beträgen auf die Grundmietzeit zu verteilen und demgemäß der Teil der vertraglichen Jahresmieten, der in den ersten Jahren der Grundmietzeit über den sich für die gesamte Grundmietzeit ergebenden Jahresaufwand hinaus geht, zu aktivieren (→ BFH vom 12. 8. 1982 – BStBl II S. 696 und BMF vom 10. 10. 1983 – BStBl I S. 431).

– **Immobilien-Leasing-Verträge mit degressiven Leasingraten**
  Die Finanzverwaltung hält weiter daran fest, dass die Grundsätze des BFH-Urteils vom 12. 8. 1982 (BStBl II S. 696) nicht auf andere Sachverhalte, insbesondere nicht auf Mietverträge mit Mietänderungsklauseln, zu übertragen sind. Das bedeutet, dass es bei Einräumung einer Mietänderungsmöglichkeit bei Immobilien-Leasing-Verträgen mit degressiven Leasingraten, z. B. bei einmaliger Zinskonversion, nicht zu einer linearen Verteilung der Leasingraten auf die Grundmietzeit kommt (→ BMF vom 28. 6. 2002 – IV A 6 – S 2170 – 16/02, DStR 2002 S. 1395).
  → ferner: OFD Frankfurt vom 11. 3. 2008 – S 2170 A – 38 – St 219 (BB 2008, S. 2232), u. a. zu den Themen:
  – degressive Leasingraten
  – Vormieten und Sonderzahlungen
  – Anpassung degressiver Leasingraten wegen Zinskonversion

- **Mobilienleasing**
Für degressive Raten beim Leasing beweglicher Wirtschaftsgüter des Anlagevermögens ist kein aktiver Rechnungsabgrenzungsposten zu bilden (→ BFH vom 28. 2. 2001 – BStBl II S. 645).

Maklerprovision

Für Maklerprovisionen im Zusammenhang mit dem Abschluss eines Mietvertrages kann kein aktiver Rechnungsabgrenzungsposten gebildet werden (→ BFH vom 19. 6. 1997 – BStBl II S. 808).

Mobilfunkdienstleistungsverträge

Vergünstigungen im Zusammenhang mit dem Abschluss von Mobilfunkdienstleistungsverträgen → BMF vom 20. 6. 2005 (BStBl I S. 801)

Öffentlich Private Partnerschaft – ÖPP – (auch Public Private Partnership – PPP –)

Zum A-Modell → BMF vom 4. 10. 2005 (BStBl I S. 916)

Öffentlich-rechtliche Verpflichtungen

Die Bildung passiver Rechnungsabgrenzungsposten ist nicht auf Fälle beschränkt, in denen Vorleistungen im Rahmen eines gegenseitigen Vertrags erbracht werden (→ BFH vom 26. 6. 1979 – BStBl II S. 625). Sie kann auch in Fällen geboten sein, in denen die gegenseitigen Verpflichtungen ihre Grundlage im öffentlichen Recht (→ BFH vom 17. 9. 1987 – BStBl 1988 II S. 327) haben.

Urlaubsgeld bei abweichendem Wirtschaftsjahr

Es hängt von den Vereinbarungen der Vertragspartner ab, ob Urlaubsgeld, das bei einem abweichenden Wirtschaftsjahr vor dem Bilanzstichtag für das gesamte Urlaubjahr bezahlt wird, anteilig aktiv abzugrenzen ist (→ BFH vom 6. 4. 1993 – BStBl II S. 709).

Verrechnungsverpflichtung

Für die Verpflichtung, zu viel vereinnahmte Entgelte mit künftigen Einnahmen zu verrechnen, kann kein passiver Rechnungsabgrenzungsposten angesetzt werden, da es sich bei den zu viel vereinnahmten Entgelten nicht um Einnahmen handelt, die Ertrag für eine bestimmte Zeit in der Zukunft darstellen (→ BMF vom 28. 11. 2011 – BStBl I S. 1111).

Zeitbezogene Gegenleistung

Der Vorleistung des einen Vertragsteils muss eine zeitbezogene Gegenleistung des Vertragspartners gegenüberstehen (→ BFH vom 11. 7. 1973 – BStBl II S. 840 und vom 4. 3. 1976 – BStBl 1977 II S. 380) und der Zeitraum, auf den sich die Vorleistung des einen Vertragsteils bezieht, muss bestimmt sein (→ BFH vom 7. 3. 1973 – BStBl II S. 565).

Zinszuschuss

- Der kapitalisiert ausgezahlte Zinszuschuss für die Aufnahme eines langjährigen Kapitalmarktdarlehens ist passiv abzugrenzen (→ BFH vom 24. 6. 2009 – BStBl II S. 781).

- → Auflösung von Rechnungsabgrenzungsposten im Zusammenhang mit Zinsaufwand

5.7. Rückstellungen

R 5.7

Bilanzieller Ansatz von Rückstellungen

R 5.7 (1)

(1) [1]Die nach den handelsrechtlichen Grundsätzen ordnungsmäßiger Buchführung gem. § 249 HGB anzusetzenden Rückstellungen sind auch in der steuerlichen Gewinnermittlung (Steuerbilanz) zu bilden, soweit eine betriebliche Veranlassung besteht und steuerliche Sondervorschriften, z. B. **§ 5 Abs. 2a, 3, 4, 4a, 4b, 6 und § 6a EStG** und § 50 Abs. 2 Satz 4 und 5 DMBilG, nicht entgegenstehen. [2]*Ungeachtet des Abzugsverbotes des § 4 Abs. 5b EStG ist in der Steuerbilanz eine Gewerbesteuerrückstellung zu bilden; dadurch verursachte Gewinnauswirkungen sind außerbilanziell zu neutralisieren.*

S 2137
Anhang 13

H 5.7 (1)   **Hinweise**

Bewertung von Rückstellungen

→ R 6.11

Drohverlust

– Optionsprämie
  → H 4.2 (15)
– Rückverkaufsoption
  → H 4.2 (15)
– Teilwertabschreibung

  Die Teilwertabschreibung hat gegenüber der Drohverlustrückstellung Vorrang. Das Verbot der Rückstellungen für drohende Verluste (§ 5 Abs. 4a Satz 1 EStG) erfasst nur denjenigen Teil des Verlustes, der durch die Teilwertabschreibung nicht verbraucht ist (→ BFH vom 7. 9. 2005 – BStBl 2006 II S. 298).

Eiserne Verpachtung

Anhang 10   Zur Gewinnermittlung bei der Verpachtung von Betrieben mit Substanzerhaltungspflicht des Pächters nach §§ 582a, 1048 BGB → BMF vom 21. 2. 2002 (BStBl I S. 262).

ERA-Anpassungsfonds in der Metall- und Elektroindustrie

→ BMF vom 2. 4. 2007 (BStBl I S. 301)

Gewinnermittlung nach § 4 Abs. 1 EStG

Die Grundsätze über Rückstellungen gelten sinngemäß bei Gewinnermittlung nach § 4 Abs. 1 EStG (→ 141 Abs. 1 Satz 2 AO und BFH vom 20. 11. 1980 – BStBl 1981 II S. 398).

Handelsrechtliches Passivierungswahlrecht

Besteht handelsrechtlich ein Wahlrecht zur Bildung einer Rückstellung, darf die Rückstellung steuerrechtlich nicht gebildet werden (→ BMF vom 12. 3. 2010 – BStBl I S. 239).

Jubiläumszuwendungen

Zu den Voraussetzungen für die Bildung von Rückstellungen für Zuwendungen anlässlich eines Dienstjubiläums → BMF vom 8. 12. 2008 (BStBl I S. 1013).

Rückabwicklung

Für die Bildung von Rückstellungen im Zusammenhang mit Rückgewährschuldverhältnissen ist wie folgt zu differenzieren:

– Ein Verkäufer darf wegen seiner Verpflichtung zur Rückerstattung dann keine Rückstellung bilden, wenn er am Bilanzstichtag mit einem Rücktritt vom Kaufvertrag, bei Verbraucherverträgen mit Widerrufs- oder Rückgaberecht mit dessen Ausübung, nicht rechnen muss; das gilt auch dann, wenn noch vor der Aufstellung der Bilanz der Rücktritt erklärt bzw. das Widerrufs- oder Rückgaberecht ausgeübt wird.
– Ist jedoch bereits am Bilanzstichtag eine Vertragsauflösung durch Erklärung des Rücktritts bzw. Ausübung des Widerrufs- oder Rückgaberechts wahrscheinlich, so ist eine Rückstellung für ungewisse Verbindlichkeiten wegen des Risikos der drohenden Vertragsauflösung zu bilden. Ist der Verkäufer auf Grund eines Rücktrittsrechts bzw. eines Widerrufs- oder Rückgaberechts verpflichtet, die bereits verkaufte und übergebene Sache wieder zurückzunehmen, steht die Vorschrift des § 5 Abs. 4b Satz 1 EStG der Rückstellungsbildung nicht entgegen. Die Rückstellung ist in Höhe der Differenz zwischen dem zurückzugewährenden Kaufpreis und dem Buchwert des veräußerten Wirtschaftsguts zu bilden. Sie neutralisiert damit lediglich den Veräußerungsgewinn.

(→ BMF vom 21. 2. 2002 – BStBl I S. 335).

Rückstellungen für ungewisse Verbindlichkeiten

Grundsätze

(2) Eine Rückstellung für ungewisse Verbindlichkeiten ist nur zu bilden, wenn

1. es sich um eine Verbindlichkeit gegenüber einem anderen oder eine öffentlich-rechtliche Verpflichtung handelt,

2. die Verpflichtung vor dem Bilanzstichtag wirtschaftlich verursacht ist,

3. mit einer Inanspruchnahme aus einer nach ihrer Entstehung oder Höhe ungewissen Verbindlichkeit ernsthaft zu rechnen ist und

4. die Aufwendungen in künftigen Wirtschaftsjahren nicht zu Anschaffungs- oder Herstellungskosten für ein Wirtschaftsgut führen.

Verpflichtung gegenüber einem anderen

(3) [1]Die Bildung einer Rückstellung für ungewisse Verbindlichkeiten setzt – als Abgrenzung zur → Aufwandsrückstellung – eine Verpflichtung gegenüber einem anderen voraus. [2]Die Verpflichtung muss den Verpflichteten wirtschaftlich wesentlich belasten. [3]Die Frage, ob eine Verpflichtung den Stpfl. wesentlich belastet, ist nicht nach dem Aufwand für das einzelne Vertragsverhältnis, sondern nach der Bedeutung der Verpflichtung für das Unternehmen zu beurteilen.

Hinweise

Abbruch- oder Entfernungsverpflichtung

– Besteht eine zivilrechtliche Verpflichtung, ein auf fremdem Grund und Boden errichtetes Bauwerk nach Ablauf des Nutzungsverhältnisses abzubrechen oder zu entfernen, ist eine Rückstellung für ungewisse Verbindlichkeiten auch dann zu bilden, wenn ungewiss ist, wann das Nutzungsverhältnis endet (→ BFH vom 28. 3. 2000 – BStBl II S. 612).

– Ist eine Rückstellung neu zu bewerten, wenn bei einem befristeten Mietvertrag Verlängerungsoptionen in Anspruch genommen werden? Ist für die Bewertung der Rückstellung nunmehr die gesamte Mietdauer als Ansammlungszeitraum zu berücksichtigen und eine Minderung der Rückstellung erfolgswirksam aufzulösen?

→ Niedersächsisches Finanzgericht vom 10. 5. 2012 (6 K 108/10) – I R 46/12

Abrechnungsverpflichtung

Für die sich aus § 14 VOB/B ergebende Verpflichtung zur Abrechnung gegenüber dem Besteller ist eine Rückstellung zu bilden (→ BFH vom 25. 2. 1986 – BStBl II S. 788); Entsprechendes gilt für die Abrechnungsverpflichtung nach den allgemeinen Bedingungen für die Gasversorgung/Elektrizitätsversorgung (→ BFH vom 18. 1. 1995 – BStBl II S. 742).

Abwasserabgaben

Zu der Frage, ob und in welcher Höhe Rückstellungen für Abwasserabgaben zu bilden sind, vertrete ich folgende Auffassung:

Nach dem AbwAG (BGBl. 2005 I S. 114) hat der Einleiter von Abwasser in Gewässer eine mengenbezogene Abgabe zu entrichten. Die Abwasserbetriebe haben die Möglichkeit, die geschuldete Abgabe durch eigenes Handeln zu reduzieren, indem Abwasserbehandlungsanlagen errichtet oder erweitert werden, die die Schadstoffbelastung um bestimmte Mengen vermindern (§ 10 Abs. 3 AbwAG).

Die Voraussetzungen für die Bildung von Rückstellungen für ungewisse Verbindlichkeiten für die Verpflichtung zur Zahlung der Abwasserabgabe liegen dem Grunde nach vor. Die öffentlich-rechtliche Verpflichtung ist hinreichend konkretisiert und sanktionsbewehrt. Sie ist am Bilanzstichtag wirtschaftlich verursacht (Einleitung von Abwasser), die Inanspruchnahme ist wahrscheinlich und es handelt sich nicht um Anschaffungs- oder Herstellungskosten.

Bei der Bewertung der Rückstellungen ist auf Grundlage der Erfahrungen in der Vergangenheit aus der Abwicklung der Verpflichtungen die Wahrscheinlichkeit zu berücksichtigen, dass der Steuerpflichtige aus der Verpflichtung nur teilweise in Anspruch genommen wird (§ 6 Abs. 1 Nummer 3a Buchstabe a EStG). Neben den negativen Aspekten einer Verpflichtung sind auch die positiven Merkmale zu berücksichtigen, die die Wahrscheinlichkeit der Inanspruchnahme mindern oder günstigstenfalls aufheben. Abzubilden ist nur die tatsächliche Belastung des Unternehmens.

Dementsprechend bleiben voraussichtlich verrechenbare Bestandteile der Abwasserabgabe bei der Bewertung der Verpflichtung unberücksichtigt, wenn mehr Gründe für als gegen eine Verrechnung wegen der Errichtung oder Erweiterung von Abwasserbehandlungsanlagen sprechen.
→ FinMin SH vom 9. 5. 2012 – VI 304 – S 2137 – 230

Aufwandsrückstellungen

können in der Steuerbilanz nicht gebildet werden (→ BFH vom 8. 10. 1987 – BStBl 1988 II S. 57, vom 12. 12. 1991 – BStBl 1992 II S. 600 und vom 8. 11. 2000 – BStBl 2001 II S. 570); Ausnahmen → R 5.7 Abs. 11.

Druckbeihilfen

Beihilfen, die einem Verlag von Autoren für die Veröffentlichung mit der Maßgabe gewährt werden, dass sie bei Erreichen eines bestimmten Buchabsatzes zurückzugewähren sind, erhöhen den Gewinn der Verlags im Zeitpunkt der Veröffentlichung. Für die Rückzahlungsverpflichtung ist eine Rückstellung wegen ungewisser Verbindlichkeiten zu bilden. Gleiches gilt für Druckbeihilfen eines Dritten (→ BFH vom 3. 7. 1997 – BStBl 1998 II S. 244; BMF vom 27. 4. 1998 – BStBl I S. 368).

Faktischer Leistungszwang

Eine Rückstellung für ungewisse Verbindlichkeiten ist nicht nur für Verpflichtungen aus einem am Bilanzstichtag bestehenden Vertrag zu bilden, sondern auch für Verpflichtungen, die sich aus einer Branchenübung ergeben (faktischer Leistungszwang). Dies ist z. B. der Fall, wenn ein Unternehmen von seinen Kunden Zuschüsse zu den Herstellungskosten für Werkzeuge erhält, die es bei der Preisgestaltung für die von ihm mittels dieser Werkzeuge herzustellenden und zu liefernden Produkte preismindernd berücksichtigen muss; die Rückstellung ist über die voraussichtliche Dauer der Lieferverpflichtung aufzulösen (→ BFH vom 29. 11. 2000 – BStBl 2002 II S. 655).

Pfandrückstellungen

– Für die Verpflichtung zur Rückgabe von Pfandgeld sind Rückstellungen zu bilden; deren Höhe richtet sich nach den Umständen des Einzelfalls (→ BMF vom 13. 6. 2005 – BStBl I S. 715 und BFH vom 6. 10. 2009 – BStBl 2010 II S. 232).

– → H 5.7 (6)

– Bilanzsteuerliche Behandlung von Pfandgeldern bei einem Mineralbrunnenbetrieb? → Hessisches FG vom 23. 3. 2011 – 4 K 1065/07 – Rev. – I R 33/11

Provisionsfortzahlungen an einen Handelsvertreter

Eine Passivierung als Verbindlichkeit oder Rückstellung ist anders als bei einem Ausgleichsanspruch an einen Handelsvertreter (→ H 5.7 (4)) grundsätzlich möglich, wenn die Zahlung unabhängig von aus der ehemaligen Tätigkeit stammenden zukünftigen erheblichen Vorteilen des vertretenen Unternehmens ist und sie nicht für ein Wettbewerbsverbot vorgenommen wird. Steht die Provisionsverpflichtung unter einer aufschiebenden Bedingung, ist die Wahrscheinlichkeit des Eintritts der Bedingung zu prüfen (→ BMF vom 21. 6. 2005 – BStBl I S. 802).

Rückzahlungsverpflichtung

Eine Rückstellung für mögliche Honorar-Rückzahlungsverpflichtungen kann nur gebildet werden, wenn am Bilanzstichtag mehr Gründe für als gegen das Bestehen einer solchen Verpflichtung sprechen. Ein gegen eine dritte Person in einer vergleichbaren Sache ergangenes erstinstanzliches Urteil genügt für sich allein noch nicht, um für das Bestehen einer entsprechenden Verbindlichkeit überwiegende Gründe annehmen zu können (→ BFH vom 19. 10. 2005 – BStBl 2006 II S. 371).

Werkzeugkostenzuschuss

→ Faktischer Leistungszwang

Wesentlichkeit

Ob für eine Verpflichtung, z. B. eine Abrechnungsverpflichtung, unter dem Gesichtspunkt der Wesentlichkeit eine Rückstellung zu bilden ist, ist nicht nach dem Aufwand für das einzelne Vertragsverhältnis zu beurteilen, sondern nach der Bedeutung der Verpflichtung für das Unternehmen (→ BFH vom 18. 1. 1995 – BStBl II S. 742).

Öffentlich-rechtliche Verpflichtung   R 5.7 (4)

(4) ¹Auch eine öffentlich-rechtliche Verpflichtung kann Grundlage für eine Rückstellung für ungewisse Verbindlichkeiten sein; zur Abgrenzung von nicht zulässigen reinen Aufwandsrückstellungen ist jedoch Voraussetzung, dass die Verpflichtung hinreichend konkretisiert ist, d. h., es muss ein inhaltlich bestimmtes Handeln durch Gesetz oder Verwaltungsakt innerhalb eines bestimmbaren Zeitraums vorgeschrieben und an die Verletzung der Verpflichtung müssen Sanktionen geknüpft sein. ²Ergibt sich eine öffentlich-rechtliche Verpflichtung nicht unmittelbar aus einem Gesetz, sondern setzt sie den Erlass einer behördlichen Verfügung (Verwaltungsakt) voraus, ist eine Rückstellung für ungewisse Verbindlichkeiten erst zu bilden, wenn die zuständige Behörde einen vollziehbaren Verwaltungsakt erlassen hat, der ein bestimmtes Handeln vorschreibt.

Hinweise   H 5.7 (4)

Öffentliche Leitsätze

Allgemeine öffentliche Leitsätze, z. B. die Verpflichtung der Wohnungsbauunternehmen, im Interesse der Volkswirtschaft die errichteten Wohnungen zu erhalten, rechtfertigen keine Rückstellung (→ BMF vom 26. 5. 1976 – BStBl II S. 622).

Rückstellungen für öffentlich-rechtliche Verpflichtungen sind u. a.

zulässig für:

– Verpflichtung zur Aufstellung der Jahresabschlüsse (→ BFH vom 20. 3. 1980 – BStBl II S. 297).
– Verpflichtung zur Buchung laufender Geschäftsvorfälle des Vorjahres (→ BFH vom 25. 3. 1992 – BStBl II S. 1010).
– Gesetzliche Verpflichtung zur Prüfung der Jahresabschlüsse, zur Veröffentlichung des Jahresabschlusses im Bundesanzeiger, zur Erstellung des Lageberichts und zur Erstellung der die Betriebssteuern des abgelaufenen Jahres betreffenden Steuererklärungen (→ BFH vom 23. 7. 1980 – BStBl 1981 II S. 62, 63).

    aber: Ist für die nach dem Gesellschaftsvertrag vorgesehene, jedoch nicht öffentlich-rechtlich vorgeschriebene Prüfung des Jahresabschlusses eine Rückstellung zu bilden?
    → Niedersächsisches FG vom 26. 5. 2011 – 14 K 229/09 – Rev. – IV R 26/11

– Verpflichtung zur Aufbewahrung von Geschäftsunterlagen gem. § 257 HGB und § 147 AO (→ BFH vom 19. 8. 2002 – BStBl 2003 II S. 131).

    ferner: Sind bei der Bewertung einer Rückstellung für die Aufbewahrung von Geschäftsunterlagen die Finanzierungskosten für die eigenen hierfür genutzten Räumlichkeiten einzubeziehen?
    → BFH vom 12.11.2012 – I R 66/11 – (BFH-Internet-Seite)

– Verpflichtungen zur Wiederaufbereitung (Recycling) und Entsorgung von Bauschutt (→ BFH vom 25. 3. 2004 – BStBl 2006 II S. 644 und vom 21. 9. 2005 – BStBl 2006 II S. 647). § 5 Abs. 4b EStG ist zu beachten.
– *Zulassungskosten (Gebühren) für ein neu entwickeltes Pflanzenschutzmittel (→ BFH vom 8. 9. 2011 – BStBl 2012 II S. 122).*

nicht zulässig für:

– Verpflichtung zur Durchführung der Hauptversammlung (→ BFH vom 23. 7. 1980 – BStBl 1981 II S. 62).
– Verpflichtung zur Buchung laufende Geschäftsvorfälle des Vorjahres (→ BFH vom 25. 3. 1992 – BStBl II S. 1010).
– Künftige Betriebsprüfungskosten, solange es an einer Prüfungsanordnung fehlt (→ BFH vom 24. 8. 1972 – BStBl 1973 II S. 55); *das gilt nicht für Großbetriebe → BMF vom 7. 3. 2013 (BStBl I S. 274).*
– Künftige Beitragszahlungen an den Pensionssicherungsverein (→ BFH vom 6. 12. 1995 – BStBl 1996 II S. 406).
– die Verpflichtung zur Erstellung der Einkommensteuererklärung und der Erklärung zur gesonderten und einheitlichen Feststellung des Gewinns einer Personengesellschaft (→ BFH vom 24. 11. 1983 – BStBl 1984 II S. 301).
– Verpflichtung zur Entsorgung eigenen Abfalls (→ BFH vom 8. 11. 2000 – BStBl 2001 II S. 570).
– Anpassungsverpflichtungen – nach der Technischen Anleitung zur Reinhaltung der Luft – TA Luft – (→ BMF vom 21. 1. 2003 – BStBl I S. 125).

- die Verpflichtung zum Austausch von Geräten, die am Bilanzstichtag wegen fehlender Austauschteile weder umsetzbar noch aufgrund fehlenden Ablaufs der Umsetzungsfrist rechtlich dem Grunde nach entstanden ist, ist nicht zu passivieren, wenn – wie bei fehlender Entstehung notwendig – keine wirtschaftliche Verursachung im abgelaufenen Wirtschaftsjahr anzunehmen ist, da die künftigen Ausgaben nicht mit bereits realisierten Erträgen in Zusammenhang stehen

  → FG Düsseldorf vom 13. 12. 2010 – 3 K 3356/08 F – Rev. – IV R 7/11

- Darf aufgrund der Verpflichtung zur zukünftigen Einhaltung der Grenzwerte nach der TA-Luft eine Rückstellung für den Bau einer neuen Rauchgasentstaubungsanlage gebildet werden? Steht ein fehlender Vergangenheitsbezug der Aufwendungen der Rückstellungsbildung entgegen?

  → FG Münster vom 14. 12. 2011 (10 K 1471/09 K,G) Rev. – I R 8/12

- Gesetzliche Verpflichtungen, wenn die Rechtsnorm eine Frist für die Erfüllung enthält und diese am Bilanzstichtag noch nicht angelaufen ist (→ BFH vom 13. 12. 2007 – BStBl 2008 II S. 516).

Sanierungsverpflichtungen

Zur Bildung von Rückstellungen für Verpflichtungen zur Sanierung von schadstoffbelasteten Grundstücken → BMF vom 11. 5. 2010 (BStBl I S. 495).

Verfallsanordnung

Bei einer zu erwartenden strafrechtlichen Anordnung des Verfalls des Gewinns aus einer Straftat ist eine Rückstellung für ungewisse Verbindlichkeiten zu bilden, sofern für die künftigen Aufwendungen kein steuerliches Abzugsverbot (z. B. nach § 12 Nr. 4 EStG) besteht und die übrigen Voraussetzungen der Rückstellungsbildung vorliegen (→ BFH vom 6. 4. 2000 – BStBl 2001 II S. 536).

R 5.7 (5)   **Wirtschaftliche Verursachung**

(5) [1]Rückstellungen für ungewisse Verbindlichkeiten sind erstmals im Jahresabschluss des Wirtschaftsjahres zu bilden, in dem sie wirtschaftlich verursacht sind. [2]Die Annahme einer wirtschaftlichen Verursachung setzt voraus, dass der Tatbestand, an den das Gesetz oder der Vertrag die Verpflichtung knüpft, im Wesentlichen verwirklicht ist. [3]Die Erfüllung der Verpflichtung darf nicht nur an Vergangenes anknüpfen, sondern muss auch Vergangenes abgelten.

H 5.7 (5)   **Hinweise**

Altersteilzeitverpflichtungen

Anhang 5. VI   Zur bilanziellen Berücksichtigung von Altersteilzeitverpflichtungen nach dem Altersteilzeitgesetz (AltTZG) → BMF vom 28. 3. 2007 – BStBl I S. 297) unter Berücksichtigung der Änderungen durch BMF vom 11. 3. 2008 (BStBl I S. 496).

Arbeitsfreistellung

Rückstellungen für Verpflichtungen zur Gewährung von Vergütungen für die Zeit der Arbeitsfreistellung vor Ausscheiden aus dem Dienstverhältnis und Jahreszusatzleistungen im Jahr des Eintritts des Versorgungsfalls (→ BMF vom 11. 11. 1999 – BStBl I S. 959 und vom 28. 3. 2007 – BStBl I S. 297).

Ausgleichsanspruch eines Handelsvertreters

- Eine Rückstellung für die Verpflichtung zur Zahlung eines Ausgleichs an einen Handelsvertreter nach § 89b HGB ist vor Beendigung des Vertragsverhältnisses nicht zulässig, da wesentliche Voraussetzung für einen solchen Ausgleich ist, dass dem Unternehmer aus der früheren Tätigkeit des Vertreters mit hoher Wahrscheinlichkeit noch nach Beendigung des Vertragsverhältnisses erhebliche Vorteile erwachsen (→ BFH vom 20. 1. 1983 – BStBl II S. 375).

– Zur Abgrenzung gegenüber einer Provisionsfortzahlung → H 5.7 (3) Provisionsfortzahlungen an einen Handelsvertreter

Beihilfen an Pensionäre

Für die Verpflichtung, Pensionären und aktiven Mitarbeitern während der Zeit ihres Ruhestandes in Krankheits-, Geburts- und Todesfällen Beihilfen zu gewähren, ist eine Rückstellung zu bilden (→ BFH vom 30. 1. 2002 – BStBl 2003 II S. 279).

1. Wurde allerdings die Rückstellung für die Verpflichtung zu Beihilfen an künftige Pensionäre im Krankheits-, Geburts-, oder Todesfall während der Zeit ihres Ruhestands bisher nicht gebildet, darf sie erstmals in der ersten nach der Veröffentlichung des BFH-Urteils vom 30. 1. 2002 (BStBl 2003 II S. 279) aufzustellenden Bilanz gebildet werden (vgl. insoweit zur Frage der Bilanzberichtigung → BFH vom 12. 11. 1992 – BStBl 1993 II S. 392).
2. Bei der Bewertung der Rückstellungen ist zu beachten, dass wie im Fall der Vorinstanz (→ FG Nürnberg vom 18. 4. 2000 – EFG 2000 S. 1306) nicht der Gesamtbetrag der Verpflichtung bei Beginn einzustellen, sondern die Rückstellung ratierlich anzusammeln ist → OFD Hannover vom 6. 6. 2003 – S 2176 – 113 – StH 2221/S 2176 – 77 – StO 221.)

Bürgschaft

Für eine drohende Inanspruchnahme aus einer Bürgschaftsverpflichtung oder aus einem Garantievertrag ist in der Steuerbilanz nach wie vor eine Rückstellung (für ungewisse Verbindlichkeiten) auszuweisen (→ OFD München vom 12. 4. 2003 – DStR 2002 S. 1303).

Entstandene Verpflichtungen

Rückstellungen für bereits rechtlich entstandene Verpflichtungen sind nur zulässig, wenn ihre wirtschaftliche Verursachung in der Vergangenheit liegt (→ BMF vom 21. 1. 2003 – BStBl I S. 125). *Eine im Gewinnermittlungszeitraum dem Grunde nach rechtlich entstandene Verbindlichkeit ist auch wirtschaftlich in der Vergangenheit verursacht, wenn sie unabhängig davon zu erfüllen ist, ob der Unternehmer seine Tätigkeit in Zukunft fortführt oder den Betrieb zum jeweiligen Bilanzstichtag beendet (→ BFH vom 8. 9. 2011 – BStBl 2012 II S. 122).*

Garantierückstellungen

Garantierückstellungen, mit denen das Risiko künftigen Aufwands durch kostenlose Nacharbeiten oder durch Ersatzlieferungen oder aus Minderungen oder Schadenersatzleistungen wegen Nichterfüllung auf Grund gesetzlicher oder vertraglicher Gewährleistungen erfasst werden soll, können bei Vorliegen der entsprechenden Voraussetzungen als Einzelrückstellungen für die bis zum Tag der Bilanzaufstellung bekanntgewordenen einzelnen Garantiefälle oder als Pauschalrückstellung gebildet werden. Für die Bildung von Pauschalrückstellungen ist Voraussetzung, dass der Kaufmann auf Grund der Erfahrungen in der Vergangenheit mit einer gewissen Wahrscheinlichkeit mit Garantieinanspruchnahmen rechnen muss oder dass sich aus der branchenmäßigen Erfahrung und der individuellen Gestaltung des Betriebs die Wahrscheinlichkeit ergibt, Garantieleistungen erbringen zu müssen (→ BFH vom 30. 6. 1983 – BStBl 1984 II S. 263 und vom 24. 3. 1999 – BStBl 2001 II S. 612).

Gutscheine

Für Gutscheine, die einen Anspruch auf preisermäßigte künftige Leistungen gewähren, können im Ausgabejahr keine Rückstellungen gebildet werden (→ BFH vom 19. 9. 2012 – BStBl 2013 II S. 123).

Jubiläumsrückstellung

Zu den Voraussetzungen für die Bildung einer Rückstellung für Jubiläumszuwendungen → BMF vom 8. 12. 2008 (BStBl I S. 1013).

– Zur Frage, ob im Rahmen der Bewertung der Jubiläumsrückstellung in der Steuerbilanz auch der vom Arbeitgeber zu tragende hälftige **Beitrag zu den gesetzlichen Sozialabgaben** einzubeziehen ist, hat das BMF wie folgt Stellung genommen:

Nach dem BMF-Schreiben vom 29. 10. 1993 (BStBl I S. 898) ist eine Jubiläumszuwendung jede Einmalzuwendung in Geld oder Geldeswert an den Arbeitnehmer anlässlich eines Dienstjubiläums, die dieser neben laufendem Arbeitslohn und anderen sonstigen Bezügen erhält. Danach könnte zweifelhaft sein, ob Aufwendungen, die der Arbeitgeber anlässlich eines Dienstjubiläums nicht an den Arbeitnehmer, sondern an einen Dritten zu leisten hat, Bestandteil der Zuwendungen an den Arbeitnehmer sind. Soweit der Arbeitgeber wegen einer Jubiläumszuwendung an den Arbeitnehmer verpflichtet ist, Arbeitgeber-Anteile der gesetzlichen Sozialabgaben an den jeweiligen Träger der sozialen Sicherungssysteme abzuführen (z. B. Beiträge zur gesetzlichen Rentenversicherung nach § 168 Abs. 1 i. V. m. § 173 SGB VI), ist auslösendes Moment der Beitragsverpflichtung die Zuwendung an den Arbeitnehmer. Künftige Leistungen der sozialen Sicherungssysteme an den Arbeitnehmer werden (auch) auf Grund dieser Arbeitgeber-Leistungen erbracht. Bei der hier zu beurteilenden Sachlage ist es gerechtfertigt, den vom Arbeitgeber zu leistenden hälftigen Beitrag zu den gesetzlichen Sozialversicherungssystemen als Teil der Jubiläumszuwendung anzusehen und im Rahmen der Bewertung der Rückstellung zu berücksichtigen (→ BMF vom 13. 11. 1997 – IV B 2 – S 2137 – 174/97).

– **Geschäftsjubiläumszuwendung**

  Hat ein Unternehmer zugesagt, aus Anlass seines Geschäfts- oder Firmenjubiläums an alle Mitarbeiter eine Zuwendung zu zahlen, ist er schon an Bilanzstichtagen vor dem Jubiläum zur Bildung einer Rückstellung verpflichtet. Die Höhe bemisst sich danach, in welchem Umfang die Zuwendungen in Wirtschaftsjahren verursacht sind, die bis zu dem Bilanzstichtag abgelaufen sind. Dies ist nur insoweit der Fall, als die Zuwendungen von der Dauer der Betriebszugehörigkeit der jeweiligen Mitarbeiter abhängt und dieser Teil der Zuwendung anteilig auf den am Bilanzstichtag bereits abgelaufenen Teil der gesamten Betriebszugehörigkeit entfällt (→ BFH vom 29. 11. 2000 – BFH/NV 2001 S. 686).

Nachbetreuungsleistungen bei Hörgeräte-Akustikern

Nachbetreuungsverpflichtungen sind im Zeitpunkt der Veräußerung der Hörhilfen auch wirtschaftlich verursacht (→ BMF vom 12. 10. 2005 – BStBl I S. 953).

Prozesskosten

Bei am Bilanzstichtag noch nicht anhängigen Verfahren/Instanzen fehlt es grundsätzlich an der wirtschaftlichen Verursachung (→ BFH vom 6. 12. 1995 – BStBl 1996 II S. 406).

Sonderzahlungen an Versorgungseinrichtungen

Für Sonderzahlungen an Versorgungseinrichtungen zur Schließung künftiger Deckungslücken können wegen fehlender wirtschaftlicher Verursachung vor dem Bilanzstichtag keine Rückstellungen gebildet werden (→ BFH vom 27. 1. 2010 – BStBl II S. 614).

Urlaubsverpflichtungen

Rückständige Urlaubsverpflichtungen sind in Höhe des Urlaubsentgelts zu passivieren, das der Arbeitgeber hätte aufwenden müssen, wenn er seine Zahlungsverpflichtung bereits am Bilanzstichtag erfüllt hätte (→ BFH vom 6. 12. 1995 – BStBl 1996 II S. 406).

Zinszahlung

Eine Verpflichtung zur Zinszahlung ist am Bilanzstichtag nur insoweit wirtschaftlich verursacht, als damit eine Zeitspanne vor dem Bilanzstichtag abgegolten wird (→ BMF vom 6. 12. 1995 – BStBl 1996 II S. 406).

Zuwendungen aus Anlass eines Geschäfts- oder Firmenjubiläums

Für rechtsverbindlich zugesagte Zuwendungen aus Anlass eines Geschäfts- oder Firmenjubiläums, die sich nach der Dauer der Betriebszugehörigkeit der einzelnen Mitarbeiter bemessen, ist eine Rückstellung in dem Umfang zu bilden, in dem die Anspruchsvoraussetzungen durch die vergangene Betriebszugehörigkeit des jeweiligen Mitarbeiters erfüllt sind. Die Regelung für Zuwendungen aus Anlass eines Dienstjubiläums (§ 5 Abs. 4 EStG) gilt dafür nicht (→ BFH vom 29. 11. 2000 – BStBl 2004 II S. 41).

Wahrscheinlichkeit der Inanspruchnahme

(6) [1]Rückstellungen für ungewisse Verbindlichkeiten setzen in tatsächlicher Hinsicht voraus, dass die Verbindlichkeiten, die den Rückstellungen zu Grunde liegen, bis zum Bilanzstichtag entstanden sind oder aus Sicht am Bilanzstichtag mit einiger Wahrscheinlichkeit entstehen werden und der Stpfl. spätestens bei Bilanzaufstellung ernsthaft damit rechnen muss, hieraus in Anspruch genommen zu werden. [2]Die Wahrscheinlichkeit der Inanspruchnahme ist auf Grund objektiver, am Bilanzstichtag vorliegender und spätestens bei Aufstellung der Bilanz erkennbarer Tatsachen aus der Sicht eines sorgfältigen und gewissenhaften Kaufmanns zu beurteilen; es müssen mehr Gründe für als gegen die Inanspruchnahme sprechen.

Hinweise

Allgemeines

Eine Inanspruchnahme ist wahrscheinlich, wenn der Stpfl. nach den Umständen, die am Bilanzstichtag objektiv vorlagen und bis zum Zeitpunkt der Bilanzerstellung bekannt oder erkennbar wurden, ernsthaft damit rechnen musste, aus der Verpflichtung in Anspruch genommen zu werden. Er darf im Hinblick auf seine Inanspruchnahme nicht die pessimistischste Alternative wählen; für die Inanspruchnahme müssen mehr Gründe dafür als dagegen sprechen (→ BFH vom 19. 10. 2005 – BStBl 2006 II S. 371).

Entdeckung

Die Wahrscheinlichkeit der Inanspruchnahme ist gegeben, wenn die anspruchsbegründenden Tatsachen bis zum Tag der Bilanzaufstellung entdeckt sind (→ BFH vom 2. 10. 1992 – BStBl 1993 II S. 153).

Hinterzogene Steuern

Hinterzogene Lohnsteuer ist vom Arbeitgeber in dem Zeitpunkt zurückzustellen, in dem er mit seiner Haftungsinanspruchnahme ernsthaft rechnen muss (→ BFH vom 16. 2. 1996 – BStBl II S. 592)

Patronatserklärungen

Die Passivierung von Rückstellungen für Verpflichtungen aus sog. harten Patronatserklärungen setzt voraus, dass die Gefahr der Inanspruchnahme aus der Verpflichtung ernsthaft droht. Eine Inanspruchnahme aus einer konzerninternen Patronatserklärung der Muttergesellschaft für ein Tochterunternehmen droht dann nicht, wenn das Schuldnerunternehmen zwar in der Krise ist, innerhalb des Konzerns ein Schwesterunternehmen aber die erforderliche Liquidität bereitstellt und auf Grund der gesellschaftsrechtlichen Verbundenheit nicht damit zu rechnen ist, dass dieses Schwesterunternehmen Ansprüche gegen die Muttergesellschaft geltend machen wird (→ BFH vom 25. 10. 2006 – BStBl 2007 II S. 384).

Pfandrückstellungen

– Im Rahmen der im Getränkehandel branchenüblichen Abläufe von laufenden Geschäftsbeziehungen kann nur in begründeten Einzelfällen (z. B. wenn die Geschäftsbeziehungen beendet werden oder eine Aufforderung unmittelbar bevorsteht, das gesamte Leergut zu einem bestimmten Termin zurückzugeben) mit der vorzeitigen Inanspruchnahme des Verpflichteten zur Rückgabe des Leergutes gerechnet werden (→ BFH vom 25. 4. 2006 – BStBl II S. 749 und vom 6. 10. 2009 – BStBl 2010 II S. 232).
– → H 5.7 (3)

Schadensersatz

– Bei einseitigen Verbindlichkeiten ist die Wahrscheinlichkeit der Inanspruchnahme erst gegeben, wenn der Gläubiger die sich aus ihnen ergebende (mögliche) Berechtigung kennt. Dies gilt auch für öffentlich-rechtliche Verbindlichkeiten (→ BFH vom 19. 10. 1993 – BStBl II S. 891).
– Bei privat-rechtlichen Schadensersatzansprüchen ist entweder die Kenntnis des Gläubigers von den den Schadensersatzanspruch begründenden Umständen oder zumindest eine derartige unmittelbar bevorstehende Kenntniserlangung erforderlich (→ BFH vom 25. 4. 2006 – BStBl II S. 749).

R 5.7 (7)   Rückstellungen für Erfüllungsrückstand bei schwebenden Geschäften

Schwebende Geschäfte

(7) [1]Schwebende Geschäfte sind gegenseitige Verträge i. S. d. §§ 320 ff. BGB (z. B. Dauerschuldverhältnisse wie Arbeits- oder Mietverträge), die von den Beteiligten noch nicht voll erfüllt sind. [2]Noch zu erbringende unwesentliche Nebenleistungen stehen der Beendigung des Schwebezustandes nicht entgegen. [3]Verpflichtungen aus schwebenden Geschäften werden nicht passiviert, es sei denn, das Gleichgewicht von Leistung und Gegenleistung ist durch Erfüllungsrückstände gestört; in diesen Fällen sind Rückstellungen für Erfüllungsrückstand auszuweisen.

R 5.7 (8)   Erfüllungsrückstand

(8) [1]Ein Erfüllungsrückstand entsteht, wenn ein Vertragspartner seine Leistung erbracht hat, der andere Vertragspartner die entsprechende Gegenleistung jedoch noch schuldet. [2]Eine Fälligkeit der vertraglich noch geschuldeten Leistung zum Bilanzstichtag ist nicht erforderlich. [3]Erfüllungsrückstände eines Vermieters liegen z. B. vor, wenn sich die allgemeine Pflicht zur Erhaltung der vermieteten Sache in der Notwendigkeit einzelner Erhaltungsmaßnahmen konkretisiert hat und der Vermieter die Maßnahmen unterlässt. [4]Die wirtschaftliche Verursachung der Verpflichtung richtet sich nach Absatz 5.

H 5.7 (8)   **Hinweise**

Erfüllungsrückstand

– Ein Erfüllungsrückstand liegt insbesondere vor, wenn der Schuldner einer Verpflichtung nicht nachgekommen ist, die er im abgelaufenen Wirtschaftsjahr hätte erfüllen müssen (→ BFH vom 3. 12. 1991 – BStBl 1993 II S. 89). Die noch ausstehende Gegenleistung muss eine Vorleistung abgelten und ihr damit synallagmatisch zweckgerichtet und zeitlich zuordenbar sein (→ BFH vom 5. 4. 2006 – BStBl II S. 593).

– Für die Verpflichtung zur Lohnfortzahlung im Krankheitsfall kann keine Rückstellung gebildet werden (→ BFH vom 27. 6. 2001 – BStBl II S. 758).

– Für Verpflichtungen im Rahmen von Dauerschuldverhältnissen (z. B. Miet- oder Nutzungsverträge), zu viel vereinnahmte Entgelte mit künftigen Einnahmen zu verrechnen (Verrechnungsverpflichtungen) können keine Rückstellungen gebildet werden (→ BMF vom 28. 11. 2001 – BStBl I S. 1111).

> ferner:
>
> Verrechnungsverpflichtungen im Sinne dieses Schreibens *[BMF vom 28. 11. 2011]* sind auch die nach § 6 Abs. 2 Kommunalabgabengesetz des Landes Schleswig-Holstein bestehenden Verpflichtungen, sogenannte Kostenüberdeckungen am Ende eines Kalkulationszeitraums innerhalb der folgenden 3 Jahre auszugleichen. Die Verrechnungsverpflichtungen sind Bestandteil schwebender Geschäfte, deren noch zu erfüllende künftige Verpflichtungen nicht passiviert werden, weil insoweit keine Erfüllungsrückstände bestehen.
>
> Mit Urteil vom 10. 8. 2011 – 1 K 148/07 – hat das Sächsische Finanzgericht entschieden, dass für die nach dem Sächsischen Kommunalabgabengesetz verpflichtend auszugleichenden Kostenüberdeckungen keine Rückstellungen gebildet werden dürfen. Ungeachtet des Bestehens einer (öffentlich-rechtlichen) Verpflichtung steht nach Auffassung des Gerichts § 5 Abs. 2a EStG der Rückstellungsbildung entgegen, weil die Verpflichtung nur aus künftigen Einnahmen oder Gewinnen zu erfüllen seien und daher mangels wirtschaftlicher Verursachung nicht ausgewiesen werden dürften. Gegen das Urteil wurde Revision eingelegt (Az. I R 62/11).
>
> Einspruchsverfahren, in denen sich Steuerpflichtige auf das anhängige Revisionsverfahren berufen, ruhen gem. § 363 Abs. 2 Satz 2 AO kraft Gesetzes.
>
> → FinMin SH vom 7. 5. 2012 – VI 304 – S 2137 – 230

– *Für die Verpflichtung eines Vermieters, den Mietgegenstand zum Ende der Mietzeit zu veräußern und den Veräußerungserlös insoweit an den Mieter auszuzahlen, als er einen vertraglich vereinbarten, unter dem Buchwert zum Vertragsende liegenden Restwert übersteigt, ist eine anzusammelnde und abzuzinsende Rückstellung in der Höhe zu bilden, in der der vereinbarte Restwert unter dem Buchwert des Mietgegenstands liegt (→ BFH vom 21. 9. 2011 – BStBl 2012 II S. 197).*

– *Für Verpflichtungen zur Nachbetreuung bereits abgeschlossener Versicherungen sind Rückstellungen wegen Erfüllungsrückstandes zu bilden (→ BMF vom 20. 11. 2012 – BStBl I S. 1100).*

Einzelfälle R 5.7 (9)

Leistungen auf Grund eines Sozialplans

(9) [1]Rückstellungen für Leistungen auf Grund eines Sozialplans nach den §§ 111, 112 des Betriebsverfassungsgesetzes sind insbesondere unter Beachtung der Grundsätze in den Absätzen 5 und 6 im Allgemeinen ab dem Zeitpunkt zulässig, in dem der Unternehmer den Betriebsrat über die geplante Betriebsänderung nach § 111 Satz 1 des Betriebsverfassungsgesetzes unterrichtet hat. [2]Die Voraussetzungen für die Bildung von Rückstellungen für ungewisse Verbindlichkeiten liegen am Bilanzstichtag auch vor, wenn der Betriebsrat erst nach dem Bilanzstichtag, aber vor der Aufstellung oder Feststellung der Bilanz unterrichtet wird und der Unternehmer sich bereits vor dem Bilanzstichtag zur Betriebsänderung entschlossen hat oder schon vor dem Bilanzstichtag eine wirtschaftliche Notwendigkeit bestanden hat, eine zur Aufstellung eines Sozialplans verpflichtende Maßnahme durchzuführen. [3]Soweit vorzeitig betriebliche Pensionsleistungen bei alsbaldigem Ausscheiden infolge der Betriebsänderung erbracht werden, richtet sich die Rückstellungsbildung ausschließlich nach § 6a EStG. [4]Die vorstehenden Grundsätze gelten sinngemäß für Leistungen, die auf Grund einer auf Tarifvertrag oder Betriebsvereinbarung beruhenden vergleichbaren Vereinbarung zu erbringen sind.

Patent-, Urheber- oder ähnliche Schutzrechte R 5.7 (10)

(10) [1]Rückstellungen für ungewisse Verbindlichkeiten wegen Benutzung einer offengelegten, aber noch nicht patentgeschützten Erfindung sind nur unter den Voraussetzungen zulässig, die nach § 5 Abs. 3 EStG für Rückstellungen wegen Verletzung eines Patentrechts gelten. [2]Das Auflösungsgebot in § 5 Abs. 3 EStG bezieht sich auf alle Rückstellungsbeträge, die wegen der Verletzung ein und desselben Schutzrechts passiviert worden sind. [3]Hat der Stpfl. nach der erstmaligen Bildung der Rückstellung das Schutzrecht weiterhin verletzt und deshalb die Rückstellung in den folgenden Wirtschaftsjahren erhöht, beginnt für die Zuführungsbeträge keine neue Frist. [4]Nach Ablauf der Drei-Jahres-Frist sind weitere Rückstellungen wegen Verletzung desselben Schutzrechts nicht zulässig, solange Ansprüche nicht geltend gemacht worden sind.

Hinweise H 5.7 (10)

Patentverletzung

– Die Bildung einer Rückstellung wegen Verletzung fremder Patentrechte nach § 5 Abs. 3 Satz 1 Nr. 2 EStG setzt nicht voraus, dass der Patentinhaber von der Rechtsverletzung Kenntnis erlangt hat.

– Wird ein und dasselbe Schutzrecht in mehreren Jahren verletzt, bestimmt sich der Ablauf der dreijährigen Auflösungsfrist i. S. d. § 5 Abs. 3 Satz 2 EStG nach der erstmaligen Rechtsverletzung.

(→ BFH vom 9. 2. 2006 – BStBl II S. 517).

Instandhaltung und Abraumbeseitigung R 5.7 (11)

(11) [1]Die nach den Grundsätzen des § 249 Abs. 1 Satz 2 Nr. 1 HGB gebildete Rückstellung ist auch in der Steuerbilanz anzusetzen. [2]Das Gleiche gilt für die Bildung von Rückstellungen für unterlassene Aufwendungen für Abraumbeseitigungen, die im folgenden Wirtschaftsjahr nachgeholt werden. [3]Bei unterlassener Instandhaltung muss es sich um Erhaltungsarbeiten handeln, die bis zum Bilanzstichtag bereits erforderlich gewesen wären, aber erst nach dem Bilanzstichtag durchgeführt werden. [4]Rückstellungen für Abraumbeseitigungen auf Grund rechtlicher Verpflichtungen sind nach § 249 Abs. 1 Satz 1 HGB (ungewisse Verbindlichkeit) zu bilden.

Anhang 13

Hinweise H 5.7 (11)

Turnusmäßige Erhaltungsarbeiten

Bei Erhaltungsarbeiten, die erfahrungsgemäß in ungefähr gleichem Umfang und in gleichen Zeitabständen anfallen und turnusgemäß durchgeführt werden, liegt in der Regel keine unterlassene Instandhaltung vor (→ BFH vom 15. 2. 1955 – BStBl III S. 172).

R 5.7 (12)   **Kulanzleistungen**

Anhang 13   (12) Rückstellungen nach § 249 Abs. 1 Satz 2 Nr. 2 HGB für Gewährleistungen, die ohne rechtliche Verpflichtungen erbracht werden, sind nur zulässig, wenn sich der Kaufmann den Gewährleistungen aus geschäftlichen Erwägungen nicht entziehen kann.

H 5.7 (12)   **Hinweise**

Garantierückstellungen

→ H 5.7 (5)

Geschäftliche Erwägungen

Geschäftliche Erwägungen sind anzunehmen, wenn am Bilanzstichtag unter Berücksichtigung des pflichtgemäßen Ermessens des vorsichtigen Kaufmanns damit zu rechnen ist, dass Kulanzleistungen auch in Zukunft bewilligt werden müssen (→ BFH vom 6. 4. 1965 – BStBl III S. 383).

R 5.7 (13)   **Auflösung von Rückstellungen**

(13) Rückstellungen sind aufzulösen, soweit die Gründe hierfür entfallen.

H 5.7 (13)   **Hinweise**

Auflösung

Rückstellungen sind auch dann aufzulösen, wenn

– nach dem Bilanzstichtag, aber vor der Bilanzerstellung Umstände bekannt werden, die am Bilanzstichtag objektiv vorlagen, aus denen sich ergibt, dass mit einer Inanspruchnahme nicht mehr zu rechnen ist (→ BMF vom 31. 1. 2002 – BStBl II S. 688).

– die Verbindlichkeit trotz weiterbestehender rechtlicher Verpflichtung keine wirtschaftliche Belastung mehr darstellt (→ BMF vom 22. 11. 1988 – BStBl 1989 II S. 359).

Erfolgsneutrale Auflösung

Eine Rückstellung ist erfolgsneutral aufzulösen, wenn der Wegfall der Voraussetzungen für ihre Bildung und Beibehaltung auf Umständen beruht, die als Einlage i. S. d. § 4 Abs. 1 Satz 8 EStG zu beurteilen sind (→ BMF vom 12. 4. 1989 – BStBl II S. 612).

Rechtsmittel

– Eine Rückstellung wegen einer gerichtsanhängigen Schadensersatzverpflichtung ist erst aufzulösen, wenn über die Verpflichtung endgültig und rechtskräftig ablehnend entschieden ist (→ BMF vom 27. 11. 1997 – BStBl 1998 II S. 375).

– Eine Rückstellung ist nicht aufzulösen, wenn der Stpfl. in einer Instanz obsiegt hat, der Prozessgegner gegen diese Entscheidung aber noch ein Rechtsmittel einlegen kann (→ BMF vom 31. 1. 2002 – BStBl II S. 688).

– Ein nach dem Bilanzstichtag, aber vor dem Zeitpunkt der Bilanzaufstellung erfolgter Verzicht des Prozessgegners auf ein Rechtsmittel wirkt nicht auf die Verhältnisse am Bilanzstichtag zurück (→ BMF vom 30. 1. 2002 – BStBl II S. 688).

Schadensersatz

→ Rechtsmittel

Verhandlungen

Wird am Bilanzstichtag über den Wegfall einer Verpflichtung verhandelt, so rechtfertigt dies die Auflösung einer gebildeten Rückstellung grundsätzlich nicht (→ BMF vom 17. 11. 1987 – BStBl 1988 II S. 430).

§ 5a[1]) Gewinnermittlung bei
Handelsschiffen im internationalen Verkehr

(1) [1]An Stelle der Ermittlung des Gewinns nach § 4 Abs. 1 oder § 5 ist bei einem Gewerbebetrieb mit Geschäftsleitung im Inland der Gewinn, soweit er auf den Betrieb von Handelsschiffen im internationalen Verkehr entfällt, auf unwiderruflichen Antrag des Steuerpflichtigen nach der in seinem Betrieb geführten Tonnage zu ermitteln, wenn die Bereederung dieser Handelsschiffe im Inland durchgeführt wird. [2]Der im Wirtschaftsjahr erzielte Gewinn beträgt pro Tag des Betriebs für jedes im internationalen Verkehr betriebene Handelsschiff für jeweils volle 100 Nettotonnen (Nettoraumzahl)

0,92 Euro bei einer Tonnage bis zu 1 000 Nettotonnen,

0,69 Euro für die 1 000 Nettotonnen übersteigende Tonnage bis zu 10000 Nettotonnen,

0,46 Euro für die 10 000 Nettotonnen übersteigende Tonnage bis zu 25000 Nettotonnen,

0,23 Euro für die 25 000 Nettotonnen übersteigende Tonnage.

(2) [1]Handelsschiffe werden im internationalen Verkehr betrieben, wenn eigene oder gecharterte Seeschiffe, die im Wirtschaftsjahr überwiegend in einem inländischen Seeschiffsregister eingetragen sind, in diesem Wirtschaftsjahr überwiegend zur Beförderung von Personen oder Gütern im Verkehr mit oder zwischen ausländischen Häfen, innerhalb eines ausländischen Hafens oder zwischen einem ausländischen Hafen und der Hohen See eingesetzt werden. [2]Zum Betrieb von Handelsschiffen im internationalen Verkehr gehören auch ihre Vercharterung, wenn sie vom Vercharterer ausgerüstet worden sind, und die unmittelbar mit ihrem Einsatz oder ihrer Vercharterung zusammenhängenden Neben- und Hilfsgeschäfte einschließlich der Veräußerung der Handelsschiffe und der unmittelbar ihrem Betrieb dienenden Wirtschaftsgüter. [3]Der Einsatz und die Vercharterung von gecharterten Handelsschiffen gilt nur dann als Betrieb von Handelsschiffen im internationalen Verkehr, wenn gleichzeitig eigene oder ausgerüstete Handelsschiffe im internationalen Verkehr betrieben werden. [4]Sind gecharterte Handelsschiffe nicht in einem inländischen Seeschiffsregister eingetragen, gilt Satz 3 unter der weiteren Voraussetzung, dass im Wirtschaftsjahr die Nettotonnage der gecharterten Handelsschiffe das Dreifache der nach den Sätzen 1 und 2 im internationalen Verkehr betriebenen Handelsschiffe nicht übersteigt; für die Berechnung der Nettotonnage sind jeweils die Nettotonnen pro Schiff mit der Anzahl der Betriebstage nach Absatz 1 zu vervielfältigen. [5]Dem Betrieb von Handelsschiffen im internationalen Verkehr ist gleichgestellt, wenn Seeschiffe, die im Wirtschaftsjahr überwiegend in einem inländischen Seeschiffsregister eingetragen sind, in diesem Wirtschaftsjahr überwiegend außerhalb der deutschen Hoheitsgewässer zum Schleppen, Bergen oder zur Aufsuchung von Bodenschätzen eingesetzt werden; die Sätze 2 bis 4 sind sinngemäß anzuwenden.

(3) [1]Der Antrag auf Anwendung der Gewinnermittlung nach Absatz 1 ist im Wirtschaftsjahr der Anschaffung oder Herstellung des Handelsschiffs (Indienststellung) mit Wirkung ab Beginn dieses Wirtschaftsjahres zu stellen. [2]Vor Indienststellung des Handelsschiffs durch den Betrieb von Handelsschiffen im internationalen Verkehr erwirtschaftete Gewinne sind in diesem Fall nicht zu besteuern; Verluste sind weder ausgleichsfähig noch verrechenbar. [3]Bereits erlassene Steuerbescheide sind insoweit zu ändern. [4]Das gilt auch dann, wenn der Steuerbescheid unanfechtbar geworden ist; die Festsetzungsfrist endet insoweit nicht, bevor die Festsetzungsfrist für den Veranlagungszeitraum abgelaufen ist, in dem der Gewinn erstmals nach Absatz 1 ermittelt wird. [5]Wird der Antrag auf Anwendung der Gewinnermittlung nach Absatz 1 nicht nach Satz 1 im Wirtschaftsjahr der Anschaffung oder Herstellung des Handelsschiffs (Indienststellung) gestellt, kann er erstmals in dem Wirtschaftsjahr gestellt werden, das jeweils nach Ablauf eines Zeitraumes von

2)

---

1) Zur Anwendung des § 5a EStG → § 52 Abs. 15 EStG.
2) Absatz 3 wurde durch das HBeglG 2004 neu gefasst und ist erstmals für das Wirtschaftsjahr anzuwenden, das nach dem 31. 12. 2005 endet. § 5a Abs. 3 Satz 1 in der am 31. 12. 2003 geltenden Fassung ist weiterhin anzuwenden, wenn der Stpfl. im Fall der Anschaffung das Handelsschiff auf Grund eines vor dem 1. 1. 2006 rechtswirksam abgeschlossenen schuldrechtlichen Vertrags oder gleichgestellten Rechtsaktes angeschafft oder im Fall der Herstellung mit der Herstellung des Handelsschiffs vor dem 1. 1. 2006 begonnen hat. In Fällen des Satzes 3 muss der Antrag auf Anwendung des § 5a Abs. 1 spätestens bis zum Ablauf des Wirtschaftsjahres gestellt werden, das vor dem 1. 1. 2008 endet. → § 52 Abs. 15 Satz 2 bis Satz 4 EStG.
Absatz 3 in der bisherigen Fassung lautet:
„(3) [1]Der Antrag auf Anwendung der Gewinnermittlung nach Absatz 1 kann mit Wirkung ab dem jeweiligen Wirtschaftsjahr bis zum Ende des zweiten Wirtschaftsjahres gestellt werden, das auf das Wirtschaftsjahr folgt, in dem der Steuerpflichtige durch den Gewerbebetrieb erstmals Einkünfte aus dem Betrieb von Handelsschiffen im internationalen Verkehr erzielt (Erstjahr). [2]Danach kann ein Antrag in dem Wirtschaftsjahr gestellt werden, das jeweils nach Ablauf eines Zeitraums von zehn Jahren, vom Beginn des Erstjahres gerechnet, endet. [3]Der Steuerpflichtige ist an die Gewinnermittlung nach Absatz 1 vom Beginn des Wirtschaftsjahres an, in dem er den Antrag stellt, zehn Jahre gebunden. [4]Nach Ablauf dieses Zeitraums kann er den Antrag mit Wirkung für den Beginn jedes folgenden Wirtschaftsjahres bis zum Ende dieses Jahres unwiderruflich zurücknehmen. [5]An die Gewinnermittlung nach allgemeinen Vorschriften ist der Steuerpflichtige ab dem Beginn des Wirtschaftsjahres, in dem er den Antrag zurücknimmt, zehn Jahre gebunden."

zehn Jahren, vom Beginn des Jahres der Indienststellung gerechnet, endet. [6]Die Sätze 2 bis 4 sind insoweit nicht anwendbar. [7]Der Steuerpflichtige ist an die Gewinnermittlung nach Absatz 1 vom Beginn des Wirtschaftsjahres an, in dem er den Antrag stellt, zehn Jahre gebunden. [8]Nach Ablauf dieses Zeitraumes kann er den Antrag mit Wirkung für den Beginn jedes folgenden Wirtschafts- jahres bis zum Ende des Jahres unwiderruflich zurücknehmen. [9]An die Gewinnermittlung nach allgemeinen Vorschriften ist der Steuerpflichtige ab dem Beginn des Wirtschaftsjahres, in dem er den Antrag zurücknimmt, zehn Jahre gebunden.

(4) [1]Zum Schluss des Wirtschaftsjahres, das der erstmaligen Anwendung des Absatzes 1 voran- geht (Übergangsjahr), ist für jedes Wirtschaftsgut, das unmittelbar dem Betrieb von Handelsschif- fen im internationalen Verkehr dient, der Unterschiedsbetrag zwischen Buchwert und Teilwert in ein besonderes Verzeichnis aufzunehmen. [2]Der Unterschiedsbetrag ist gesondert und bei Gesellschaften im Sinne des § 15 Abs. 1 Satz 1 Nr. 2 einheitlich festzustellen. [3]Der Unterschieds- betrag nach Satz 1 ist dem Gewinn hinzuzurechnen:

1. in den dem letzten Jahr der Anwendung des Absatzes 1 folgenden fünf Wirtschaftsjahren jeweils in Höhe von mindestens einem Fünftel,

2. in dem Jahr, in dem das Wirtschaftsgut aus dem Betriebsvermögen ausscheidet oder in dem es nicht mehr unmittelbar dem Betrieb von Handelsschiffen im internationalen Verkehr dient,

3. in dem Jahr des Ausscheidens eines Gesellschafters hinsichtlich des auf ihn entfallenden Anteils.

[4]Die Sätze 1 bis 3 sind entsprechend anzuwenden, wenn der Steuerpflichtige Wirtschaftsgüter des Betriebsvermögens dem Betrieb von Handelsschiffen im internationalen Verkehr zuführt.

(4a) [1]Bei Gesellschaften im Sinne des § 15 Abs. 1 Satz 1 Nr. 2 tritt für die Zwecke dieser Vor- schrift an die Stelle des Steuerpflichtigen die Gesellschaft. [2]Der nach Absatz 1 ermittelte Gewinn ist den Gesellschaftern entsprechend ihrem Anteil am Gesellschaftsvermögen zuzurechnen. [3]Ver- gütungen im Sinne des § 15 Abs. 1 Satz 1 Nr. 2 und Satz 2 sind hinzuzurechnen.

(5) [1]Gewinne nach Absatz 1 umfassen auch Einkünfte nach § 16. [2]§§ 34, 34c Abs. 1 bis 3 und § 35 sind nicht anzuwenden.[1]) [3]Rücklagen nach den §§ 6b und 6d sind beim Übergang zur Gewinn- mittlung nach Absatz 1 dem Gewinn im Erstjahr hinzuzurechnen; bis zum Übergang in Anspruch genommene Investitionsabzugsbeträge nach § 7g Abs. 1 sind nach Maßgabe des § 7g Abs. 3 rück- gängig zu machen. [4]Für die Anwendung des § 15a ist der nach § 4 Abs. 1 oder § 5 ermittelte Gewinn zugrunde zu legen.

(6) In der Bilanz zum Schluss des Wirtschaftsjahres, in dem Absatz 1 letztmalig angewendet wird, ist für jedes Wirtschaftsgut, das unmittelbar dem Betrieb von Handelsschiffen im internatio- nalen Verkehr dient, der Teilwert anzusetzen.

Hinweise

Allgemeines

→ BMF vom 12. 6. 2002 (BStBl I S. 614) unter Berücksichtigung der Änderungen durch BMF vom 31. 10. 2008 (BStBl I S. 956)

Erstjahr

Ist das für die Frist für die Option zur Tonnagebesteuerung maßgebliche „Erstjahr" bei einer Ein- Schiffs-Gesellschaft das Jahr der Infahrtsetzung des Schiffs oder bereits das Jahr, in dem erstmals Einkünfte aus Vorbereitungshandlungen (im Streitfall aus der Finanzierung der nach Abschluss des Schiffsbauvertrags fälligen Anzahlung) erzielt wurden?

→ FG Hamburg vom 27. 2. 2012 (6 K 131/10) – Rev. – IV R 10/12

---

[1]) Absatz 5 Satz 3 wurde durch das Unternehmensteuerreformgesetz 2008 geändert und ist erstmals für Wirt- schaftsjahre anzuwenden, die nach dem 17. 8. 2007 enden. Soweit Ansparabschreibungen im Sinne von § 7g Abs. 3 EStG in der bis zum 17. 8. 2007 geltenden Fassung zum Zeitpunkt des Übergangs zur Ge- winnermittlung nach § 5a Abs. 1 EStG noch nicht gewinnerhöhend aufgelöst worden sind, ist § 5a Abs. 5 Satz 3 EStG in der bis zum 17. 8. 2007 geltenden Fassung weiter anzuwenden → § 52 Abs. 15 Satz 5 und 6 EStG.
Absatz 5 Satz 3 in der bisherigen Fassung lautet:
„[3]Rücklagen nach den §§ 6b, 6d und 7g sind beim Übergang zur Gewinnermittlung nach Absatz 1 dem Gewinn im Erstjahr hinzuzurechnen."

Fremdwährungsverbindlichkeit

Ist eine anlässlich der erstmaligen Anwendung von § 6 Abs. 1 Nr. 3 EStG i. d. F. des StEntlG 1999/2000/2002 gebildete Wertaufholungsrücklage nach § 52 Abs. 16 Satz 7 EStG für Zwecke der Ermittlung des Unterschiedsbetrags beim Übergang zur Tonnagebesteuerung dem Buchwert der Fremdwährungsverbindlichkeit hinzuzurechnen?

→ FG Hamburg vom 15. 11. 2010 – 2 K 155/09 – Rev. – IV R 60/10

Gewerbesteueranrechnung

Ist nach dem Meistbegünstigungsprinzip davon auszugehen, dass der Gewerbesteuermessbetrag vorrangig auf gem. § 5a Abs. 4a Satz 3 EStG zum pauschalen Tonnagegewinn hinzugerechnete Sondervergütungen entfällt, oder hat eine anteilige Zurechnung des Gewerbesteuermessbetrags zum pauschalen Tonnagegewinn einerseits und den Sondervergütungen andererseits zu erfolgen?

→ Niedersächsisches FG vom 24. 5. 2011 – 12 K 160/10 – Rev. – IV R 26/11

Hinzurechnung eines Unterschiedsbetrags nach § 5a Abs. 4 Satz 3 Nr. 3 EStG

Der in dem Jahr des Ausscheidens eines Gesellschafters hinsichtlich des auf ihn entfallenden Anteils gem. § 5a Abs. 4 Satz 3 Nr. 3 EStG dem Gewinn hinzuzurechnende Unterschiedsbetrag nach § 5a Abs. 4 Satz 1 EStG führt nicht zu einem nach den §§ 16, 34 EStG steuerbegünstigten Veräußerungsgewinn (→ BFH vom 19. 7. 2011 – BStBl II S. 878).

Saldierung des Schattengewinns mit verrechenbaren Verlusten aus der Zeit vor der Tonnagebesteuerung

Der während der Tonnagebesteuerung gem. § 5a Abs. 5 Satz 4 EStG im Wege einer Schattenrechnung zu ermittelnde Gewinn ist mit dem aus der Zeit vor der Tonnagebesteuerung entstandenen verrechenbaren Verlust nach § 15a Abs. 2 EStG zu saldieren. Davon unberührt bleibt die Verrechnung auch mit einem hinzuzurechnenden Unterschiedsbetrag nach § 5a Abs. 4 Satz 3 EStG (→ BFH vom 20. 11. 2006 – BStBl 2007 II S. 261).

Sondervergütungen

Die Tarifbegünstigung nach § 32c EStG erfasst auch Sondervergütungen i. S. d. § 5a Abs. 4a Satz 3 i. V. m. § 15 Abs. 1 Satz 1 Nr. 2 EStG (→ BFH vom 6. 7. 2005 – BStBl 2008 II S. 180).[1]

Veräußerung unmittelbar nach Erwerb

Ist ein Gesellschafter, der seine Beteiligung bereits eine logische Sekunde nach Erwerb wieder veräußert hat, am Verfahren der Feststellung der Einkünfte der Schifffahrtsgesellschaft zu beteiligen? Sind für die Haltedauer die vertraglich vereinbarten Übertragungszeitpunkte maßgeblich, oder kommt es auf die – hier von der Genehmigung durch die Treuhandkommanditistin und die persönlich haftende Gesellschafterin abhängige – Wirksamkeit der Verträge an? Schließt die kurze Haltedauer eine Mitunternehmerinitiative aus? Gebietet ungeachtet dessen § 5a EStG die Einbeziehung in die Feststellung, da im Anwendungsbereich der Tonnagebesteuerung die Gesellschafterstellung ausreicht?

→ FG Hamburg vom 22. 7. 2010 (2 K 179/08) – Rev. – IV R 35/10

Steht der Umstand, dass die Schifffahrtsgesellschaft das Handelsschiff bereits in der Absicht erworben hat, dieses nach kurzer Zeit (im Streitfall nach 70 Tagen) wieder zu veräußern und es nicht dauerhaft zur Erzielung von Einkünften aus dem Betrieb im internationalen Verkehr zu nutzen, der Option zur Tonnagebesteuerung entgegen? Stellt die kurzfristige Weiterveräußerung des Schiffes ggf. einen Gestaltungsmissbrauch dar?

→ FG Hamburg vom 17. 8. 2011 (2 K 42/11) – Rev. – IV R 45/11

Veräußerung vor Fertigstellung

Darf eine Einschiffsgesellschaft, die ihr bestelltes Schiff vor Fertigstellung und vor Antragstellung veräußert hat, zur Tonnagebesteuerung optieren, da die Anschaffung und Veräußerung des Schiffes Hilfsgeschäfte im Sinne des § 5a EStG sind, oder scheitert die Option daran, dass tatsächlich kein Schiffsbetrieb unterhalten wurde?

→ FG Hamburg vom 2. 2. 2010 (2 K 147/08) – Rev. – IV R 12/10

---

[1] Anm.: Die BFH-Entscheidung müsste gleichermaßen für die Anwendung des § 35 EStG gelten.

EStG
S 2133b
1)

§ 5b Elektronische Übermittlung von Bilanzen sowie Gewinn- und Verlustrechnungen

(1) ¹Wird der Gewinn nach § 4 Absatz 1, § 5 oder § 5a ermittelt, so ist der Inhalt der Bilanz sowie der Gewinn- und Verlustrechnung nach amtlich vorgeschriebenem Datensatz durch Datenfernübertragung zu übermitteln. ²Enthält die Bilanz Ansätze oder Beträge, die den steuerlichen Vorschriften nicht entsprechen, so sind diese Ansätze oder Beträge durch Zusätze oder Anmerkungen den steuerlichen Vorschriften anzupassen und nach amtlich vorgeschriebenem Datensatz durch Datenfernübertragung zu übermitteln. ³Der Steuerpflichtige kann auch eine den steuerlichen Vorschriften entsprechende Bilanz nach amtlich vorgeschriebenem Datensatz durch Datenfernübertragung übermitteln. ⁴§ 150 Absatz 7 der Abgabenordnung gilt entsprechend. ⁵Im Fall der Eröffnung des Betriebs sind die Sätze 1 bis 4 für den Inhalt der Eröffnungsbilanz entsprechend anzuwenden.

(2) ¹Auf Antrag kann die Finanzbehörde zur Vermeidung unbilliger Härten auf eine elektronische Übermittlung verzichten. ²§ 150 Absatz 8 der Abgabenordnung gilt entsprechend.

H 5b

Hinweise

Allgemeines

Anwendungsschreiben zur Veröffentlichung der Taxonomie → BMF vom 28. 9. 2011 (BStBl I S. 855) unter Berücksichtigung der Änderungen durch BMF vom 5. 6. 2012 (BStBl I S. 598)

Zeitliche Anwendung

§ 5b EStG ist erstmals für Wirtschaftsjahre anzuwenden, die nach dem 31. 12. 2011 beginnen. Für das erste Wirtschaftsjahr, das nach dem 31. 12. 2011 beginnt, wird es nicht beanstandet, wenn die Bilanz und die Gewinn- und Verlustrechnung für dieses Jahr in Papierform abgegeben werden; eine Gliederung gem. der Taxonomie ist dabei nicht erforderlich (→ BMF vom 28. 9. 2011 – BStBl I S. 855, Rz. 27).

EStG
S 2170

§ 6 Bewertung

(1) Für die Bewertung der einzelnen Wirtschaftsgüter, die nach § 4 Absatz 1 oder nach § 5 als Betriebsvermögen anzusetzen sind, gilt das Folgende:

S 2171
S 2172

1. Wirtschaftsgüter des Anlagevermögens, die der Abnutzung unterliegen, sind mit den Anschaffungs- oder Herstellungskosten oder dem an deren Stelle tretenden Wert, vermindert um die Absetzungen für Abnutzung, erhöhte Absetzungen, Sonderabschreibungen, Abzüge nach § 6b und ähnliche Abzüge, anzusetzen. ²Ist der Teilwert auf Grund einer voraussichtlich dauernden Wertminderung niedriger, so kann dieser angesetzt werden. ³Teilwert ist der Betrag, den ein Erwerber des ganzen Betriebs im Rahmen des Gesamtkaufpreises für das einzelne Wirtschaftsgut ansetzen würde; dabei ist davon auszugehen, dass der Erwerber den Betrieb fortführt. ⁴Wirtschaftsgüter, die bereits am Schluss des vorangegangenen Wirtschaftsjahres zum Anlagevermögen des Steuerpflichtigen gehört haben, sind in den folgenden Wirtschaftsjahren gemäß Satz 1 anzusetzen, es sei denn, der Steuerpflichtige weist nach, dass ein niedrigerer Teilwert nach Satz 2 angesetzt werden kann.

1a. Zu den Herstellungskosten eines Gebäudes gehören auch Aufwendungen für Instandsetzungs- und Modernisierungsmaßnahmen, die innerhalb von drei Jahren nach der Anschaffung des Gebäudes durchgeführt werden, wenn die Aufwendungen ohne die Umsatzsteuer 15 Prozent der Anschaffungskosten des Gebäudes übersteigen (anschaffungsnahe Herstellungskosten). ²Zu diesen Aufwendungen gehören nicht die Aufwendungen für Erweiterungen im Sinne des § 255 Absatz 2 Satz 1 des Handelsgesetzbuchs sowie Aufwendungen für Erhaltungsarbeiten, die jährlich üblicherweise anfallen.

S 2173
S 2174

2. Andere als die in Nummer 1 bezeichneten Wirtschaftsgüter des Betriebs (Grund und Boden, Beteiligungen, Umlaufvermögen) sind mit den Anschaffungs- oder Herstellungskosten oder dem an deren Stelle tretenden Wert, vermindert um Abzüge nach § 6b und ähnliche Abzüge,

---

1) § 5b EStG ist erstmals für Wirtschaftsjahre anzuwenden, die nach dem 31. 12. 2011 beginnen (→ § 52 Absatz 15a EStG i. V. m. der Anwendungszeitpunktverschiebungsverordnung vom 20. 12. 2010 – BGBl. I S. 2135). Zur zeitlichen Anwendung ferner → BMF vom 28. 9. 2011 (BStBl I S. 855).

anzusetzen. [2]Ist der Teilwert (Nummer 1 Satz 3) auf Grund einer voraussichtlich dauernden Wertminderung niedriger, so kann dieser angesetzt werden. [3]Nummer 1 Satz 4 gilt entsprechend.

2a. Steuerpflichtige, die den Gewinn nach § 5 ermitteln, können für den Wertansatz gleichartiger Wirtschaftsgüter des Vorratsvermögens unterstellen, dass die zuletzt angeschafften oder hergestellten Wirtschaftsgüter zuerst verbraucht oder veräußert worden sind, soweit dies den handelsrechtlichen Grundsätzen ordnungsmäßiger Buchführung entspricht. [2]Der Vorratsbestand am Schluss des Wirtschaftsjahres, das der erstmaligen Anwendung der Bewertung nach Satz 1 vorangeht, gilt mit seinem Bilanzansatz als erster Zugang des neuen Wirtschaftsjahres. [3]Von der Verbrauchs- oder Veräußerungsfolge nach Satz 1 kann in den folgenden Wirtschaftsjahren nur mit Zustimmung des Finanzamts abgewichen werden.

2b. Steuerpflichtige, die in den Anwendungsbereich des § 340 des Handelsgesetzbuchs fallen, haben die zu Handelszwecken erworbenen Finanzinstrumente, die nicht in einer Bewertungseinheit im Sinne des § 5 Absatz 1a Satz 2 abgebildet werden, mit dem beizulegenden Zeitwert abzüglich eines Risikoabschlages (§ 340e Absatz 3 des Handelsgesetzbuchs) zu bewerten. [2]Nummer 2 Satz 2 ist nicht anzuwenden.

3. Verbindlichkeiten sind unter sinngemäßer Anwendung der Vorschriften der Nummer 2 anzusetzen und mit einem Zinssatz von 5,5 Prozent abzuzinsen. [2]Ausgenommen von der Abzinsung sind Verbindlichkeiten, deren Laufzeit am Bilanzstichtag weniger als zwölf Monate beträgt, und Verbindlichkeiten, die verzinslich sind oder auf einer Anzahlung oder Vorausleistung beruhen. $\qquad$ S 2175

3a. Rückstellungen sind höchstens insbesondere unter Berücksichtigung folgender Grundsätze anzusetzen:

   a) bei Rückstellungen für gleichartige Verpflichtungen ist auf der Grundlage der Erfahrungen in der Vergangenheit aus der Abwicklung solcher Verpflichtungen die Wahrscheinlichkeit zu berücksichtigen, dass der Steuerpflichtige nur zu einem Teil der Summe dieser Verpflichtungen in Anspruch genommen wird;

   b) Rückstellungen für Sachleistungsverpflichtungen sind mit den Einzelkosten und den angemessenen Teilen der notwendigen Gemeinkosten zu bewerten;

   c) künftige Vorteile, die mit der Erfüllung der Verpflichtung voraussichtlich verbunden sein werden, sind, soweit sie nicht als Forderung zu aktivieren sind, bei ihrer Bewertung wertmindernd zu berücksichtigen;

   d) Rückstellungen für Verpflichtungen, für deren Entstehen im wirtschaftlichen Sinne der laufende Betrieb ursächlich ist, sind zeitanteilig in gleichen Raten anzusammeln. [2]Rückstellungen für gesetzliche Verpflichtungen zur Rücknahme und Verwertung von Erzeugnissen, die vor Inkrafttreten entsprechender gesetzlicher Verpflichtungen in Verkehr gebracht worden sind, sind zeitanteilig in gleichen Raten bis zum Beginn der jeweiligen Erfüllung anzusammeln; Buchstabe e ist insoweit nicht anzuwenden. [3]Rückstellungen für die Verpflichtung, ein Kernkraftwerk stillzulegen, sind ab dem Zeitpunkt der erstmaligen Nutzung bis zum Zeitpunkt, in dem mit der Stilllegung begonnen werden muss, zeitanteilig in gleichen Raten anzusammeln; steht der Zeitpunkt der Stilllegung nicht fest, beträgt der Zeitraum für die Ansammlung 25 Jahre;

   e) Rückstellungen für Verpflichtungen sind mit einem Zinssatz von 5,5 Prozent abzuzinsen; Nummer 3 Satz 2 ist entsprechend anzuwenden. [2]Für die Abzinsung von Rückstellungen für Sachleistungsverpflichtungen ist der Zeitraum bis zum Beginn der Erfüllung maßgebend. [3]Für die Abzinsung von Rückstellungen für die Verpflichtung, ein Kernkraftwerk stillzulegen, ist der sich aus Buchstabe d Satz 3 ergebende Zeitraum maßgebend; und

   f) bei der Bewertung sind die Wertverhältnisse am Bilanzstichtag maßgebend; künftige Preis- und Kostensteigerungen dürfen nicht berücksichtigt werden.

4. Entnahmen des Steuerpflichtigen für sich, für seinen Haushalt oder für andere betriebsfremde Zwecke sind mit dem Teilwert anzusetzen; in den Fällen des § 4 Absatz 1 Satz 3 ist die Entnahme mit dem gemeinen Wert anzusetzen. [2]Die private Nutzung eines Kraftfahrzeugs, das zu mehr als 50 Prozent betrieblich genutzt wird, ist für jeden Kalendermonat mit 1 Prozent des inländischen Listenpreises im Zeitpunkt der Erstzulassung zuzüglich der Kosten für Sonderausstattung einschließlich der Umsatzsteuer anzusetzen. [3]Die private Nutzung kann abweichend von Satz 2 mit den auf die Privatfahrten entfallenden Aufwendungen angesetzt werden, wenn die für das Kraftfahrzeug insgesamt entstehenden Aufwendungen durch Belege und das Verhältnis der privaten zu den übrigen Fahrten durch ein ordnungsgemäßes Fahrtenbuch nachgewiesen werden. [4]Wird ein Wirtschaftsgut unmittelbar nach seiner Entnahme einer nach § 5 Absatz 1 Nummer 9 des Körperschaftsteuergesetzes von der Körperschaftsteuer befreiten Körperschaft, Personenvereinigung oder Vermögensmasse oder einer juristischen Person des öffentlichen Rechts zur Verwendung für steuerbegüns- $\qquad$ S 2177

tigte Zwecke im Sinne des § 10b Absatz 1 Satz 1 unentgeltlich überlassen, so kann die Entnahme mit dem Buchwert angesetzt werden. [5]Satz 4 gilt nicht für die Entnahme von Nutzungen und Leistungen.

S 2178 5. Einlagen sind mit dem Teilwert für den Zeitpunkt der Zuführung anzusetzen; sie sind jedoch höchstens mit den Anschaffungs- oder Herstellungskosten anzusetzen, wenn das zugeführte Wirtschaftsgut

a) innerhalb der letzten drei Jahre vor dem Zeitpunkt der Zuführung angeschafft oder hergestellt worden ist oder

b) ein Anteil an einer Kapitalgesellschaft ist und der Steuerpflichtige an der Gesellschaft im Sinne des § 17 Absatz 1 oder 6 beteiligt ist; § 17 Absatz 2 Satz 5 gilt entsprechend, oder

c) ein Wirtschaftsgut im Sinne des § 20 Absatz 2 ist.

[2]Ist die Einlage ein abnutzbares Wirtschaftsgut, so sind die Anschaffungs- oder Herstellungskosten um Absetzungen für Abnutzung zu kürzen, die auf den Zeitraum zwischen der Anschaffung oder Herstellung des Wirtschaftsguts und der Einlage entfallen. [3]Ist die Einlage ein Wirtschaftsgut, das vor der Zuführung aus einem Betriebsvermögen des Steuerpflichtigen entnommen worden ist, so tritt an die Stelle der Anschaffungs- oder Herstellungskosten der Wert, mit dem die Entnahme angesetzt worden ist, und an die Stelle des Zeitpunkts der Anschaffung oder Herstellung der Zeitpunkt der Entnahme.

5a. In den Fällen des § 4 Absatz 1 Satz 8 zweiter Halbsatz ist das Wirtschaftsgut mit dem gemeinen Wert anzusetzen.

S 2179 6. Bei Eröffnung eines Betriebs ist Nummer 5 entsprechend anzuwenden.

S 2179 7. Bei entgeltlichem Erwerb eines Betriebs sind die Wirtschaftsgüter mit dem Teilwert, höchstens jedoch mit den Anschaffungs- oder Herstellungskosten anzusetzen.

S 2180 (2) [1]Die Anschaffungs- oder Herstellungskosten oder der nach Absatz 1 Nummer 5 bis 6 an deren Stelle tretende Wert von abnutzbaren beweglichen Wirtschaftsgütern des Anlagevermögens, die einer selbständigen Nutzung fähig sind, können im Wirtschaftsjahr der Anschaffung, Herstellung oder Einlage des Wirtschaftsguts oder der Eröffnung des Betriebs in voller Höhe als Betriebsausgaben abgezogen werden, wenn die Anschaffungs- oder Herstellungskosten, vermindert um einen darin enthaltenen Vorsteuerbetrag (§ 9b Absatz 1), oder der nach Absatz 1 Nummer 5 bis 6 an deren Stelle tretende Wert für das einzelne Wirtschaftsgut 410 Euro nicht übersteigen. [2]Ein Wirtschaftsgut ist einer selbständigen Nutzung nicht fähig, wenn es nach seiner betrieblichen Zweckbestimmung nur zusammen mit anderen Wirtschaftsgütern des Anlagevermögens genutzt werden kann und die in den Nutzungszusammenhang eingefügten Wirtschaftsgüter technisch aufeinander abgestimmt sind. [3]Das gilt auch, wenn das Wirtschaftsgut aus dem betrieblichen Nutzungszusammenhang gelöst und in einen anderen betrieblichen Nutzungszusammenhang eingefügt werden kann. [4]Wirtschaftsgüter im Sinne des Satzes 1, deren Wert 150 Euro übersteigt, sind unter Angabe des Tages der Anschaffung, Herstellung oder Einlage des Wirtschaftsguts oder der Eröffnung des Betriebs und der Anschaffungs- oder Herstellungskosten oder des nach Absatz 1 Nummer 5 bis 6 an deren Stelle tretenden Werts in ein besonderes, laufend zu führendes Verzeichnis aufzunehmen. [5]Das Verzeichnis braucht nicht geführt zu werden, wenn diese Angaben aus der Buchführung ersichtlich sind.

(2a) [1]Abweichend von Absatz 2 Satz 1 kann für die abnutzbaren beweglichen Wirtschaftsgüter des Anlagevermögens, die einer selbständigen Nutzung fähig sind, im Wirtschaftsjahr der Anschaffung, Herstellung oder Einlage des Wirtschaftsguts oder der Eröffnung des Betriebs ein Sammelposten gebildet werden, wenn die Anschaffungs- oder Herstellungskosten, vermindert um einen darin enthaltenen Vorsteuerbetrag (§ 9b Absatz 1), oder der nach Absatz 1 Nummer 5 bis 6 an deren Stelle tretende Wert für das einzelne Wirtschaftsgut 150 Euro, aber nicht 1 000 Euro übersteigen. [2]Der Sammelposten ist im Wirtschaftsjahr der Bildung und den folgenden vier Wirtschaftsjahren mit jeweils einem Fünftel gewinn- mindernd aufzulösen. [3]Scheidet ein Wirtschaftsgut im Sinne des Satzes 1 aus dem Betriebsvermögen aus, wird der Sammelposten nicht vermindert. [4]Die Anschaffungs- oder Herstellungskosten oder der nach Absatz 1 Nummer 5 bis 6 an deren Stelle tretende Wert von abnutzbaren beweglichen Wirtschaftsgütern des Anlagevermögens, die einer selbständigen Nutzung fähig sind, können im Wirtschaftsjahr der Anschaffung, Herstellung oder Einlage des Wirtschaftsguts oder der Eröffnung des Betriebs in voller Höhe als Betriebsausgaben abgezogen werden, wenn die Anschaffungs- oder Herstellungskosten, vermindert um einen darin enthaltenen Vorsteuerbetrag (§ 9b Absatz 1), oder der nach Absatz 1 Nummer 5 bis 6 an deren Stelle tretende Wert für das einzelne Wirtschaftsgut 150 Euro nicht übersteigen. [5]Die Sätze 1 bis 3 sind für alle in einem Wirtschaftsjahr angeschafften, hergestellten oder eingelegten Wirtschaftsgüter einheitlich anzuwenden.

(3) [1]Wird ein Betrieb, ein Teilbetrieb oder der Anteil eines Mitunternehmers an einem Betrieb unentgeltlich übertragen, so sind bei der Ermittlung des Gewinns des bisherigen Betriebsinhabers (Mitunternehmers) die Wirtschaftsgüter mit den Werten anzusetzen, die sich nach den Vor-

schriften über die Gewinnermittlung ergeben; dies gilt auch bei der unentgeltlichen Aufnahme einer natürlichen Person in ein bestehendes Einzelunternehmen sowie bei der unentgeltlichen Übertragung eines Teils eines Mitunternehmeranteils auf eine natürliche Person. [2]Satz 1 ist auch anzuwenden, wenn der bisherige Betriebsinhaber (Mitunternehmer) Wirtschaftgüter, die weiterhin zum Betriebsvermögen derselben Mitunternehmerschaft gehören, nicht überträgt, sofern der Rechtsnachfolger den übernommenen Mitunternehmeranteil über einen Zeitraum von mindestens fünf Jahren nicht veräußert oder aufgibt. [3]Der Rechtsnachfolger ist an die in Satz 1 genannten Werte gebunden.

(4) Wird ein einzelnes Wirtschaftsgut außer in den Fällen der Einlage (§ 4 Absatz 1 Satz 8) unentgeltlich in das Betriebsvermögen eines anderen Steuerpflichtigen übertragen, gilt sein gemeiner Wert für das aufnehmende Betriebsvermögen als Anschaffungskosten.

(5) [1]Wird ein einzelnes Wirtschaftsgut von einem Betriebsvermögen in ein anderes Betriebsvermögen desselben Steuerpflichtigen überführt, ist bei der Überführung der Wert anzusetzen, der sich nach den Vorschriften über die Gewinnermittlung ergibt, sofern die Besteuerung der stillen Reserven sichergestellt ist; § 4 Absatz 1 Satz 4 ist entsprechend anzuwenden. [2]Satz 1 gilt auch für die Überführung aus einem eigenen Betriebsvermögen des Steuerpflichtigen in dessen Sonderbetriebsvermögen bei einer Mitunternehmerschaft und umgekehrt sowie für die Überführung zwischen verschiedenen Sonderbetriebsvermögen desselben Steuerpflichtigen bei verschiedenen Mitunternehmerschaften. [3]Satz 1 gilt entsprechend, soweit ein Wirtschaftsgut

1. unentgeltlich oder gegen Gewährung oder Minderung von Gesellschaftsrechten aus einem Betriebsvermögen des Mitunternehmers in das Gesamthandsvermögen einer Mitunternehmerschaft und umgekehrt,

2. unentgeltlich oder gegen Gewährung oder Minderung von Gesellschaftsrechten aus dem Sonderbetriebsvermögen eines Mitunternehmers in das Gesamthandsvermögen derselben Mitunternehmerschaft oder einer anderen Mitunternehmerschaft, an der er beteiligt ist, und umgekehrt oder

3. unentgeltlich zwischen den jeweiligen Sonderbetriebsvermögen verschiedener Mitunternehmer derselben Mitunternehmerschaft

übertragen wird. [4]Wird das nach Satz 3 übertragene Wirtschaftsgut innerhalb einer Sperrfrist veräußert oder entnommen, ist rückwirkend auf den Zeitpunkt der Übertragung der Teilwert anzusetzen, es sei denn, die bis zur Übertragung entstandenen stillen Reserven sind durch Erstellung einer Ergänzungsbilanz dem übertragenden Gesellschafter zugeordnet worden; diese Sperrfrist endet drei Jahre nach Abgabe der Steuererklärung des Übertragenden für den Veranlagungszeitraum, in dem die in Satz 3 bezeichnete Übertragung erfolgt ist. [5]Der Teilwert ist auch anzusetzen, soweit in den Fällen des Satzes 3 der Anteil einer Körperschaft, Personenvereinigung oder Vermögensmasse an dem Wirtschaftsgut unmittelbar oder mittelbar begründet wird oder dieser sich erhöht. [6]Soweit innerhalb von sieben Jahren nach der Übertragung des Wirtschaftsguts nach Satz 3 der Anteil einer Körperschaft, Personenvereinigung oder Vermögensmasse an dem übertragenen Wirtschaftsgut aus einem anderen Grund unmittelbar oder mittelbar begründet wird oder dieser sich erhöht, ist rückwirkend auf den Zeitpunkt der Übertragung ebenfalls der Teilwert anzusetzen.

(6) [1]Wird ein einzelnes Wirtschaftsgut im Wege des Tausches übertragen, bemessen sich die Anschaffungskosten nach dem gemeinen Wert des hingegebenen Wirtschaftsguts. [2]Erfolgt die Übertragung im Wege der verdeckten Einlage, erhöhen sich die Anschaffungskosten der Beteiligung an der Kapitalgesellschaft um den Teilwert des eingelegten Wirtschaftsguts. [3]In den Fällen des Absatzes 1 Nummer 5 Satz 1 Buchstabe a erhöhen sich die Anschaffungskosten im Sinne des Satzes 2 um den Einlagewert des Wirtschaftsguts. [4]Absatz 5 bleibt unberührt.

(7) Im Fall des § 4 Absatz 3 sind bei der Bemessung der Absetzungen für Abnutzung oder Substanzverringerung die sich bei Anwendung der Absätze 3 bis 6 ergebenden Werte als Anschaffungskosten zugrunde zu legen.

---

§ 7

– weggefallen –

§ 8   *Eigenbetrieblich genutzte Grundstücke von untergeordnetem Wert*

(zu § 4 EStG abgedruckt)

EStDV

§ 8a

– weggefallen –

EStDV

§ 8b   **Wirtschaftsjahr**

(zu § 4a EStG abgedruckt)

EStDV

§ 8c   **Wirtschaftsjahr bei Land- und Forstwirten**

(zu § 4a EStG abgedruckt)

EStDV

§ 9a   **Anschaffung, Herstellung**

(zu § 6b EStG abgedruckt)

EStDV

§§ 10 bis 11d

(zu § 7 EStG abgedruckt)

R 6.1

6.1. Anlagevermögen und Umlaufvermögen

S 2173   (1) ¹Zum Anlagevermögen gehören die Wirtschaftsgüter, die bestimmt sind, dauernd dem Betrieb zu dienen. ²Ob ein Wirtschaftsgut zum Anlagevermögen gehört, ergibt sich aus dessen Zweckbestimmung, nicht aus seiner Bilanzierung. ³Ist die Zweckbestimmung nicht eindeutig feststellbar, kann die Bilanzierung Anhaltspunkt für die Zuordnung zum Anlagevermögen sein. ⁴Zum Anlagevermögen können immaterielle Wirtschaftsgüter, Sachanlagen und Finanzanlagen gehören. ⁵Zum abnutzbaren Anlagevermögen gehören insbesondere die auf Dauer dem Betrieb gewidmeten Gebäude, technischen Anlagen und Maschinen sowie die Betriebs- und Geschäftsausstattung. ⁶Zum nichtabnutzbaren Anlagevermögen gehören insbesondere Grund und Boden, Beteiligungen und andere Finanzanlagen, wenn sie dazu bestimmt sind, dauernd dem Betrieb zu dienen. ⁷Ein Wirtschaftsgut des Anlagevermögens, dessen Veräußerung beabsichtigt ist, bleibt so lange Anlagevermögen, wie sich seine bisherige Nutzung nicht ändert, auch wenn bereits vorbereitende Maßnahmen zu seiner Veräußerung getroffen worden sind. ⁸Bei Grundstücken des Anlagevermögens, die bis zu ihrer Veräußerung unverändert genutzt werden, ändert somit selbst eine zum Zwecke der Veräußerung vorgenommene Parzellierung des Grund und Bodens oder Aufteilung des Gebäudes in Eigentumswohnungen nicht die Zugehörigkeit zum Anlagevermögen.

(2) Zum Umlaufvermögen gehören die Wirtschaftsgüter, die zur Veräußerung, Verarbeitung oder zum Verbrauch angeschafft oder hergestellt worden sind, insbesondere Roh-, Hilfs- und Betriebsstoffe, Erzeugnisse und Waren, Kassenbestände.

H 6.1

Hinweise

Anlagevermögen

Anhang 13   – Begriff → § 247 Abs. 2 HGB

Anhang 13   – Umfang → Gliederungsschema in § 266 Abs. 2 HGB

Baumbestand

Der in einem selbständigen Nutzungs- und Funktionszusammenhang stehende Baumbestand gehört als Wirtschaftsgut zum nicht abnutzbaren Anlagevermögen eines Forstbetriebs (→ BMF vom 2. 3. 2010 – BStBl II S. 224).

Erwerb von Wirtschaftsgütern kurz vor Betriebsveräußerung

Wirtschaftsgüter, die zum Zweck der dauerhaften Einbindung in einen bereits bestehenden Geschäftsbetrieb erworben werden, sind auch dann im Anlagevermögen auszuweisen, wenn die gesamte organisatorische Einheit (Betrieb einschließlich erworbener Wirtschaftsgüter) kurze Zeit später mit der Absicht der Weiterführung veräußert wird (→ BFH vom 10. 8. 2005 – BStBl II S. 58).

Filme

In echter Auftragsproduktion hergestellte Filme sind immaterielle Wirtschaftsgüter des Umlaufvermögens (→ BFH vom 20. 9. 1995 – BStBl 1997 II S. 320).

Geschäfts- oder Firmenwert

– Zur bilanzsteuerlichen Behandlung des Geschäfts- oder Firmenwerts und so genannter firmenwertähnlicher Wirtschaftsgüter → BMF vom 20. 11. 1986 (BStBl I S. 532).
– → H 5.5 (Geschäfts- oder Firmenwert/Praxiswert)

Gewerblicher Grundstückshandel

→ BMF vom 26. 3. 2004 (BStBl I S. 434) Tz. 33   Anhang 11

Grund und Boden eines land- und forstwirtschaftlichen Betriebs

→ BMF vom 26. 3. 2004 (BStBl I S. 434), Tz. 27   Anhang 11

Halbfertige Bauten auf fremdem Grund und Boden

– werden als Vorräte dem Umlaufvermögen zugeordnet (→ BFH vom 7. 9. 2005 – BStBl 2006 II S. 298).
– → H 6.7

Leergut in der Getränkeindustrie

ist Anlagevermögen (→ BMF vom 13. 6. 2005 – BStBl I S. 715).

ferner: → BFH vom 6. 10. 2009 (BStBl 2010 II S. 232)

Musterhäuser

rechnen zum Anlagevermögen (→ BFH vom 31. 3. 1977 – BStBl II S. 684).

Praxiswert/Sozietätspraxiswert

→ BFH vom 24. 2. 1994 (BStBl II S. 590).

Auch bei einer Umqualifizierung zum Gewerbebetrieb ist ein bei Gründung einer Sozietät aufgedeckter Praxiswert in entsprechender Anwendung von BFH vom 24. 2. 1994 (BStBl II S. 590) ein abnutzbares Wirtschaftsgut, dessen betriebsgewöhnliche Nutzungsdauer typisierend auf 6 bis 10 Jahre zu schätzen ist (→ BFH vom 15. 5. 1997 – HFR 1997 S. 817).

Rohstoff

Zum Begriff des Rohstoffs und seiner Zuordnung zum Umlauf-(Vorrats-)vermögen → BFH vom 2. 12. 1987 (BStBl 1988 II S. 502).

Tiere in land- und forstwirtschaftlich tätigen Betrieben

Bewertung → BMF vom 14. 11. 2001 (BStBl I S. 864)

Umlaufvermögen

Umfang → Gliederungsschema in § 266 Abs. 2 HGB   Anhang 13

Vertragsarztzulassung

Mit dem Urteil vom 9. 8. 2011 (BStBl II S. 875) hat der BFH entschieden, dass der Vorteil aus der Zulassung als Vertragsarzt grundsätzlich kein neben dem Praxiswert stehendes Wirtschaftsgut darstellt. Erwirbt daher ein Praxisnachfolger eine bestehende Arztpraxis, einen Teilbetrieb oder einen Mitunternehmeranteil mit Vertragsarztsitz und zahlt er unter Berücksichtigung des wirtschaftlichen Interesses des ausscheidenden Vertragsarztes oder seiner Erben einen Kaufpreis, der den Verkehrswert der Praxis nicht übersteigt, ist der Kassenzulassung kein gesonderter Wert beizumessen und sie ist somit einheitlich mit dem Praxiswert abzuschreiben.

Kassenzulassung als eigenständig bewertbares, nicht abschreibungsfähiges Wirtschaftsgut

Allerdings hat der BFH in seinem Urteil ausgeführt, dass dieser grundsätzlich in den Praxiswert eingeflossene wertbildende Faktor sich dann zu einem eigenständigen Wirtschaftsgut konkretisieren kann, wenn er zum Gegenstand eines Veräußerungsvorgangs – z. B. im Kaufvertrag – gemacht wird.

Von einem eigenständigen Wirtschaftsgut ist nur in besonders gelagerten Fällen auszugehen. Erwirbt etwa ein Praxisnachfolger im Rahmen der Nachbesetzung eine Praxis, ohne sie (Praxisräume, Patientenstamm, Nebenbetriebsstätten) zu übernehmen und fortzuführen und ergeben sich aufgrund vorliegender Vereinbarungen oder Verträge Anhaltspunkte dafür, dass der Erwerb der Kassenzulassung im Vordergrund steht, z. B. um den Vertragsarztsitz zu verlegen oder die Aufnahme des Erwerbers als weiterer Gesellschafter in eine bestehende freiberufliche Personengesellschaft zu ermöglichen, dann kommt der Anschaffung der Vertragsarztzulassung eine nicht unerhebliche eigene wirtschaftliche Bedeutung zu (vgl. Rz 25 des o. a. Urteils). In diesen Fällen ist von der Entstehung eines selbständigen immateriellen Wirtschaftsgutes auszugehen, so dass die entsprechenden Anschaffungskosten der Kassenzulassung zuzuordnen sind.

Zu dieser Konstellation ist unter dem Az. 6 K 4538/07 beim FG Köln ein Klageverfahren anhängig. In dem streitbefangenen Sachverhalt geht es um den Erwerb einer Einzelpraxis, bei der bereits vor Abschluss des Kaufvertrages die Absicht dokumentiert wurde, dass der im Zusammenhang mit der Praxis erworbene Vertragsarztsitz auf einen Mitgesellschafter der erwerbenden Gemeinschaftspraxis übergehen sollte.

Absetzungen für Abnutzung oder Teilwertabschreibung

Da die Vertragsarztzulassung generell zeitlich unbegrenzt erteilt wird, kommen Absetzungen für Abnutzung nach § 7 Abs. 1 EStG nicht in Betracht. Unter den Voraussetzungen des § 6 Abs. 1 Nr. 2 Satz 2 EStG kann eine Teilwertabschreibung vorgenommen werden, wenn der Vertragsarzt seinen Gewinn nach § 4 Abs. 1 EStG durch Bestandsvergleich ermittelt.

Eine Teilwertabschreibung nach Einführung der Bedarfszulassung zum 1. 1. 2003 im Rahmen der Reform der gesetzlichen Krankenversicherungen ab 2000 (GKV-GR 2000 vom 22. 12. 1999, BStBl I S. 2626) kommt allerdings nicht in Betracht. Denn eine Verwertungsmöglichkeit der Zulassung besteht auch über den 1. 1. 2003 hinaus, da nach § 103 Abs. 4 SGB V die Ausschreibung für gesperrte Planbereiche weiterhin möglich ist. Durch die Einführung der Bedarfszulassung ändert sich an der Verwertungsmöglichkeit der Zulassung nichts.

Hinweis:

Durch das Gesetz zur Stärkung des Wettbewerbs in der gesetzlichen Krankenversicherung (GKV-Wettbewerbsstärkungsgesetz – GKV-WSG) vom 26. 3. 2007 (BGBl. I S. 378) sind die Zulassungsbeschränkungen für Zahnärzte mit Wirkung zum 1. 4. 2007 weggefallen (§ 103 Abs. 8 SGB V).

In diesen Fällen ist bei Gewinnermittlung durch Bestandsvergleich nach § 4 Abs. 1 EStG eine Teilwertabschreibung nach § 6 Abs. 1 Nr. 2 Satz 2 EStG zulässig, da ab dem 1. 4. 2007 mit der kassenärztlichen Zulassung kein verwertbarer wirtschaftlicher Vorteil mehr verbunden ist.

→ OFD Rheinland vom 14. 12. 2011, Kurzinformation ESt Nr. 57/2011 (DB 2012 S. 20)

Vorführ- und Dienstwagen

rechnen zum Anlagevermögen (→ BFH vom 17. 11. 1981 – BStBl 1982 II S. 344).

6.2. Anschaffungskosten

S 2171 [1]Wird ein Wirtschaftsgut gegen Übernahme einer → Rentenverpflichtung erworben, kann der als → Anschaffungskosten zu behandelnde Barwert der Rente abweichend von den §§ 12 ff. BewG auch nach versicherungsmathematischen Grundsätzen berechnet werden. [2]Dagegen sind die Anschaffungskosten eines Wirtschaftsgutes, das mittels Ratenkauf ohne gesonderte Zinsvereinbarung erworben wird, stets mit dem nach §§ 12 ff. BewG ermittelten Barwert im Zeitpunkt der Anschaffung anzusetzen.

Hinweise

Ablösezahlungen im Profifußball

Zahlungen an den abgebenden Verein für den Transfer von Spielern sind aktivierungspflichtige Anschaffungskosten. Zu aktivieren sind auch die an Spielervermittler gezahlten Provisionen, soweit sie im Zusammenhang mit Vereinswechseln von Spielern gezahlt werden. Hingegen sind gezahlte Provisionen, die für Spieler gezahlt werden, die ablösefrei zu einem anderen Verein wechseln, als sofort abziehbare Betriebsausgaben zu behandeln. Gleiches gilt für Ausbildungs- und Förderungsentschädigungen, die für ablösefrei zu einem anderen Verein gewechselte Spieler gezahlt werden (→ BFH vom 14. 12. 2011 – BStBl 2012 II S. 238).

Anschaffungskosten

Begriff und Umfang → § 255 Abs. 1 HGB

Anhang 13

Ausländische Währung

– Bei einem Anschaffungsgeschäft in ausländischer Währung ist der Wechselkurs im Anschaffungszeitpunkt für die Berechnung der Anschaffungskosten maßgebend (→ BFH vom 16. 12. 1977 – BStBl 1978 II S. 233).

– Ist der in einer Fremdwährung geleistete Einzahlungsbetrag eines Gesellschafters in die Kapitalrücklage der Gesellschaft, durch den sich die Anschaffungskosten seiner Beteiligung erhöht haben, später an den Gesellschafter zurückzuzahlen und hat sich der – in € – berechnete Wert jenes Betrags inzwischen durch einen Kursverlust der fremden Währung vermindert, entsteht für den Gesellschafter auch dann kein sofort abziehbarer Aufwand, wenn er die Beteiligung im Betriebsvermögen hält. Der Anspruch auf die Rückzahlung ist bei Gewinnermittlung durch Bestandsvergleich mit demjenigen Wert anzusetzen, der sich unter Berücksichtigung des Wechselkurses am Tag der Darlehensgewährung oder – im Fall der dauernden Wertminderung – eines ggf. niedrigeren Kurses am Bilanzstichtag ergibt (→ BFH vom 27. 4. 2000 – BStBl 2001 II S. 168).

Ausschüttung aus dem steuerlichen Einlagekonto i. S. d. § 27 KStG

Die Ausschüttung aus dem Eigenkapital nach § 27 KStG verringert wie eine → Rückzahlung aus Kapitalherabsetzung die Anschaffungskosten der Beteiligung an einer Kapitalgesellschaft → BMF vom 4. 6. 2003 (BStBl I S. 366)

→ BFH vom 16. 3. 1994 (BStBl II S. 527) und vom 19. 7. 1994 (BStBl 1995 II S. 362)

Ausschüttungen aus dem steuerlichen Einlagekonto i. S. d. § 27 KStG sind als Beteiligungsertrag zu erfassen, soweit sie den Buchwert übersteigen (→ BFH vom 20. 4. 1999 – BStBl II S. 647).

Beteiligung an einer Kapitalgesellschaft

Die Anschaffungskosten einer betrieblichen Beteiligung an einer Kapitalgesellschaft umfassen neben den ursprünglichen Anschaffungskosten auch die Nachschüsse sowie alle sonstigen Kapitalzuführungen durch die Gesellschafter, die auf der Ebene der Kapitalgesellschaft zu offenen oder verdeckten Einlagen führen. Sie umschließen – anders als im Bereich des § 17 EStG (→ R 17 Abs. 5) – nicht die Zuführung von Fremdkapital, wie die Gewährung von Darlehen, oder die Bürgschaftsleistungen von Gesellschaftern; die entsprechende Darlehensforderung ist vielmehr ein eigenständiges Wirtschaftsgut im Betriebsvermögen des Gesellschafters(→ BFH vom 20. 4. 2005 – BStBl II S. 694).

Disagio

Dem Veräußerer erstattete Damnum-/Disagiobeträge gehören beim Erwerber zu den Anschaffungskosten, wenn deren verpflichtende Erstattung im Kaufvertrag als Teil des Kaufpreises vereinbart worden ist (→ BFH vom 17. 2. 1981 – BStBl II S. 466).

Einlagenrückgewähr

→ Kapitalherabsetzung (Rückzahlung aus Kapitalherabsetzung)

→ Ausschüttung aus dem steuerlichen Einlagekonto i. S. d. § 27 KStG

Erbauseinandersetzung und vorweggenommene Erbfolge

Anschaffungskosten bei Erbauseinandersetzung und vorweggenommener Erbfolge → BMF vom 14. 3. 2006 (BStBl I S. 253) und vom 13. 1. 1993 (BStBl I S. 80) unter Berücksichtigung der Änderungen durch BMF vom 26. 2. 2007 (BStBl I S. 269),

Anhang 8

Erbbaurecht

– Zu den Anschaffungskosten des Wirtschaftsguts „Erbbaurecht" gehören auch einmalige Auf-wendungen wie Grunderwerbsteuer, Maklerprovision, Notar- und Gerichtsgebühren, jedoch nicht vorausgezahlte oder in einem Einmalbetrag gezahlte Erbbauzinsen (→ BFH vom 4. 6. 1991 – BStBl 1992 II S. 70).[1]

– Beim Erwerb eines „bebauten" Erbbaurechts entfallen die gesamten Anschaffungskosten auf das Gebäude, wenn der Erwerber dem bisherigen Erbbauberechtigten nachweislich ein Entgelt nur für den Gebäudeanteil gezahlt hat, während er gegenüber dem Erbbauverpflichteten (Grundstückseigentümer) nur zur Zahlung des laufenden Erbbauzinses verpflichtet ist (→ BFH vom 15. 11. 1994 – BStBl 1995 II S. 374).

– → H 6.4 (Erschließungs-, Straßenanlieger- und andere Beiträge).

Forderung auf Rückzahlung eines Fremdwährungsdarlehens

In der Bilanz ist der Anspruch auf Rückzahlung eines in Fremdwährung gewährten Darlehens mit demjenigen Wert anzusetzen, der sich unter Berücksichtigung des Wechselkurses am Tag der Dar-lehensgewährung oder – im Fall der dauernden Wertminderung – eines ggf. niedrigeren Kurses am Bilanzstichtag ergibt (→ BFH vom 27. 4. 2000 – BStBl 2001 II S. 168).

Gemeinkosten

gehören nicht zu den Anschaffungskosten (→ BFH vom 13. 4. 1988 – BStBl II S. 892).

Grunderwerbsteuer bei Anteilsvereinigung

Die infolge einer Sacheinlage von Gesellschaftsanteilen auf Grund Anteilsvereinigung ausgelöste Grunderwerbsteuer ist von der aufnehmenden Gesellschaft nicht als Anschaffungs(neben)kosten der eingebrachten Anteile zu aktivieren (→ BFH vom 20. 4. 2011 – BStBl II S. 761).

Grunderwerbsteuer beim Wechsel im Gesellschafterbestand (§ 1 Abs. 2a, Abs. 3 GrEStG)

Mit Urteil vom 20. 4. 2011 (BStBl II S. 761) hat der BFH entgegen der Verwaltungsauffassung zur Frage der ertragsteuerlichen Behandlung der Grunderwerbsteuer aufgrund einer Anteilsvereini-gung i. S. d. § 1 Abs. 3 GrEStG entschieden, dass die infolge einer Sacheinlage von Gesellschafts-anteilen aufgrund einer Anteilsvereinigung ausgelösten Grunderwerbsteuern von der aufneh-menden Gesellschaft nicht als Anschaffungsnebenkosten zu aktivieren sind.

In seiner Begründung führt der BFH aus, dass Anschaffungskosten eines Wirtschaftsguts nur sol-che Kosten sein können, die nach wirtschaftlichen Gesichtspunkten dessen Beschaffung tatsäch-lich zuzuordnen seien. Ein bloßer kausaler oder zeitlicher Zusammenhang mit der Anschaffung sei hingegen nicht ausreichend. Vielmehr komme es auf die Zweckbestimmung der Aufwendun-gen (finaler Begriff der Anschaffungskosten) an. Der durch das Grunderwerbsteuergesetz fin-gierte Erwerb der zum Gesellschaftsvermögen gehörenden Grundstücke finde im Ertragsteuer-recht keine Entsprechung. Die Verfügungsmacht über die Grundstücke sei weder rechtlich noch wirtschaftlich Gegenstand der Erwerbsvorgänge in Bezug auf die Geschäftsanteile. Insoweit fehle es ertragsteuerlich an einem über die reine Kausalität hinausgehenden inhaltlichen Zusam-menhang zwischen Aufwendungen und dem Anschaffungsvorgang. Aus diesem Grunde handele es sich bei diesen Grunderwerbsteuern um sofort abzugsfähige Betriebsausgaben.

Das Urteil wurde im Bundessteuerblatt veröffentlicht und ist allgemein anzuwenden. Die bishe-rige Verwaltungsauffassung hierzu ist damit überholt.

Grunderwerbsteuer, die gem. § 1 Abs. 2a GrEStG entsteht

Hinsichtlich der ertragsteuerlichen Behandlung der Grunderwerbsteuer bei einem Wechsel im Gesellschafterbestand einer Personengesellschaft (§ 1 Abs. 2a GrEStG) gilt nach Abstimmung der obersten Finanzbehörden des Bundes und der Länder – unabhängig von der Veröffentlichung o. g. BFH-Urteils zur ertragsteuerlichen Behandlung von Grunderwerbsteuer nach § 1 Abs. 3 GrEStG – weiterhin Folgendes:

Grunderwerbsteuern, die aufgrund eines Wechsels im Gesellschafterbestand einer Personenge-sellschaft nach § 1 Abs. 2a GrEStG zu zahlen sind, stellen keine sofort abzugsfähigen Betriebs-ausgaben oder Werbungskosten dar. Sie sind unmittelbar Folgekosten des Wechsels der Beteil-igung an der Personengesellschaft und demzufolge grundsätzlich als Anschaffungsnebenkosten auf die Beteiligung zu aktivieren. Diese Beurteilung fußt auf der insgesamt für den Erwerb von Anteilen an Mitunternehmerschaften geltenden Sichtweise, dass ein neu eintretender Gesell-schafter Anteile an allen einzelnen Wirtschaftsgütern der Personengesellschaft erwirbt – Trans-

---

[1] Anm.: → aber BFH vom 23. 9. 2003 – IX R 65/02.

parenzprinzip (vgl. auch Beschluss des Großen Senats des BFH vom 25. 2. 1991, BStBl II S. 691). Gemäß § 1 Abs. 2a GrEStG anfallende Grunderwerbsteuern sind somit als Anschaffungsnebenkosten zu aktivieren.

Ausnahme:

Besteht in Fällen eines mittelbaren Gesellschafterwechsels „bis zur Ebene" der die Grunderwerbsteuer schuldenden Personengesellschaft keine ununterbrochene Mitunternehmerkette, sondern ist eine Kapitalgesellschaft zwischengeschaltet, führt die Beachtung des Transparenzprinzips dazu, dass es sich bei der in diesen Fällen anfallenden Grunderwerbsteuer ausnahmsweise um sofort abzugsfähige Betriebsausgaben oder Werbungskosten und nicht um Anschaffungsnebenkosten handelt.

→ OFD Rheinland vom 23. 1. 2012 – S 2174 – St 141 (01/2009)/S 2174 – 1001 – St 141

Grundstücke

→ H 6.4

Kapitalerhöhung

Ein für den Erwerb eines GmbH-Anteils im Rahmen einer Kapitalerhöhung gezahltes Aufgeld (Agio) ist ausschließlich dem neu erworbenen Anteil als Anschaffungskosten zuzuordnen; es handelt sich nicht (auch) um nachträgliche Anschaffungskosten auf die bereits vorher bestehende Beteiligung. Das gilt auch dann, wenn die Summe aus dem Nennbetrag des neuen Anteils und des Aufgeldes den Verkehrswert des neuen Anteils übersteigt. Das Aufgeld ist in Höhe des „Überpreises" keine verdeckte Einlage (→ BFH vom 27. 5. 2009 – I R 55/08 – BStBl 2010 II S. 1094).

Kapitalherabsetzung

– Rückzahlung aus Kapitalherabsetzung

Die Rückzahlung aus Kapitalherabsetzung verringert die Anschaffungskosten der Beteiligung an einer Kapitalgesellschaft, soweit die Rückzahlung nicht zu den Einnahmen i. S. d. § 20 Abs. 1 Nr. 2 EStG rechnet (→ BFH vom 29. 6. 1995 – BStBl II S. 725 und BMF vom 4. 6. 2003 – BStBl I S. 366).

– Kapitalherabsetzung durch Einziehung von Aktien

Bei einer vereinfachten Kapitalherabsetzung durch Einziehung unentgeltlich zur Verfügung gestellter Aktien (§ 237 Abs. 3 Nr. 1, Abs. 4 und 5 AktG) gehen die anteiligen Buchwerte der von einem Aktionär zur Einziehung zur Verfügung gestellten Aktien mit deren Übergabe auf die dem Aktionär verbleibenden Aktien anteilig über, soweit die Einziehung bei diesen Aktien zu einem Zuwachs an Substanz führt. Soweit die Einziehung der von dem Aktionär zur Verfügung gestellten Aktien bei den Aktien anderer Aktionäre zu einem Zuwachs an Substanz führt, ist der auf die eingezogenen Aktien entfallende anteilige Buchwert von dem Aktionär ergebniswirksam auszubuchen (→ BFH vom 10. 8. 2005 – BStBl 2006 II S. 22).

Mitunternehmeranteil

– Für den Erwerber stellen die Aufwendungen zum Erwerb des Anteils einschließlich eines negativen Kapitalkontos Anschaffungskosten dar; ggf. sind sie oder Teile davon als Ausgleichsposten in der Ergänzungsbilanz des Erwerbers zu berücksichtigen (→ BFH vom 21. 4. 1994 – BStBl II S. 745).

– Ist die Abfindung eines ausscheidenden Gesellschafters geringer als sein Kapitalkonto, sind in der Steuerbilanz in Höhe der Differenz die Buchwerte der bilanzierten Wirtschaftsgüter abzustocken. Buchwerte für Bargeld und Guthaben bei Geldinstituten können infolge des Nominalwertprinzips nicht abgestockt werden. Ist der Differenzbetrag höher als die möglichen Abstockungen, muss im Übrigen ein passiver Ausgleichsposten gebildet werden, der mit künftigen Verlusten zu verrechnen und spätestens bei Beendigung der Beteiligung gewinnerhöhend aufzulösen ist. (→ BFH vom 12. 12. 1996 – BStBl 1998 II S. 180).

Nebenkosten

gehören zu den Anschaffungskosten, soweit sie dem Wirtschaftsgut einzeln zugeordnet werden können (→ BFH vom 13. 10. 1983 – BStBl 1984 II S. 101). Sie können nur dann aktiviert werden, wenn auch die Anschaffungs(haupt)kosten aktiviert werden können (→ BFH vom 19. 6. 1997 – BStBl II S. 808).

Preisnachlass oder Rabatt

Der Preisnachlass, der nicht von dem Verkäufer (Hersteller), sondern von dem Händler (Agent) aus dessen Provision gewährt wird, mindert ebenso wie ein vom Verkäufer gewährter Rabatt die Anschaffungskosten (→ BFH vom 22. 4. 1988 – BStBl II S. 901).

Rentenverpflichtung

Der Barwert einer übernommenen Rentenverpflichtung ist grundsätzlich nach den §§ 12 ff. BewG zu ermitteln (→ BFH vom 31. 1. 1980 – BStBl II S. 491).
→ aber R 6.2

Rückzahlung einer offenen Gewinnausschüttung

→ H 17 (5)

Schuldübernahmen

– Schuldübernahmen rechnen zu den Anschaffungskosten (→ BFH vom 31. 5. 1972 – BStBl II S. 696 und vom 2. 10. 1984 – BStBl 1985 II S. 320).

Anhang 5.X – Zu den Auswirkungen der bilanzsteuerrechtlichen Ansatz- und Bewertungsvorbehalte auf die Anschaffungskosten → BMF vom 24. 6. 2011 (BStBl I S. 566).

Anhang 8 – → Erbauseinandersetzung und vorweggenommene Erbfolge

– Wird bei dem Erwerb des Anteils an einer vermögensverwaltenden Kommanditgesellschaft das negative Kapitalkonto mit der Verpflichtung übernommen, es mit künftigen Gewinnanteilen zu verrechnen, liegen insoweit erst dann (weitere) Anschaffungskosten vor, wenn solche zur Verrechnung führenden Gewinnanteile entstehen (→ BFH vom 28. 3. 2007 – BFH/NV 2007 S. 1845).

Skonto

Die Anschaffungskosten von Wirtschaftsgütern mindern sich weder im Anschaffungszeitpunkt noch zum nachfolgenden Bilanzstichtag um einen möglichen Skontoabzug, sondern erst im Zeitpunkt seiner tatsächlichen Inanspruchnahme (→ BFH von 27. 2. 1991 – BStBl II S. 456).

Tätigkeitsvergütungen

→ H 15.8 (3)

Vorsteuerbeträge

Zur Behandlung von Vorsteuerbeträgen, die nach dem UStG nicht abgezogen werden können, als Anschaffungskosten → § 9b Abs. 1 EStG.

Wahlrecht eines Mitunternehmers

→ H 4.4

Waren

Werden die Anschaffungskosten von Waren nach dem Verkaufswertverfahren durch retrograde Berechnung in der Weise ermittelt, dass von den ausgezeichneten Preisen die kalkulierte Handelsspanne abgezogen wird, ist dieses Verfahren nicht zu beanstanden; bei am Bilanzstichtag bereits herabgesetzten Preisen darf jedoch nicht von der ursprünglich kalkulierten Handelsspanne, sondern nur von dem verbleibenden Verkaufsaufschlag ausgegangen werden (→ BFH vom 27. 10. 1983 – BStBl 1984 II S. 35).

Wertaufholung

Die mit dem Steuerentlastungsgesetz 1999/2000/2002 eingeführten Regelungen über das Wertaufholungsgebot beinhalten lediglich eine verfassungsrechtlich unbedenkliche tatbestandliche Rückanknüpfung (→ FG Rheinland-Pfalz vom 20. 8. 2003 – EFG S. 1681 – rkr.).

Wertaufholungsgebot bei Beteiligungen

– Für die Bemessung der Anschaffungskosten einer Beteiligung ist im Rahmen des steuerlichen Wertaufholungsgebotes als Obergrenze auf die historischen Anschaffungskosten der Beteiligung und nicht auf den unter Anwendung des sog. Tauschgutachtens fortgeführten Buchwert abzustellen (→ BFH vom 24. 4. 2007 – BStBl II S. 707).

– → H 3.40 (Wertaufholungen)

Wertsicherungsklausel

Die Anschaffungskosten eines gegen Übernahme einer Rentenverpflichtung erworbenen Wirtschaftsguts bleiben unverändert, wenn sich der Barwert der Rentenverpflichtung auf Grund einer Wertsicherungsklausel nachträglich erhöht (→ BFH vom 27. 1. 1998 – BStBl II S. 537).

Zertifizierungsaufwendungen

→ BMF vom 22. 1. 1998 (DB 1998 S. 344); abgedruckt zu H 4.7 (Zertifizierungsaufwendungen)

Zuzahlung des Veräußerers

Zuzahlungen im Rahmen eines Anschaffungsvorgangs führen nicht zum passiven Ausweis „negativer Anschaffungskosten". Vielmehr ist beim Erwerber ein passiver Ausgleichsposten auszuweisen, es sei denn, die Zuzahlung ist als Entgelt für eine gesonderte Leistung des Erwerbers, beispielsweise für eine Übernahme einer Bürgschaft, anzusehen (→ BFH vom 26. 4. 2006 – BStBl II S. 656).

Zwangsversteigerung

Zu den Anschaffungskosten beim Erwerb eines Grundstücks im Zwangsversteigerungsverfahren gehört nicht nur das Gebot nebst den dazugehörigen Kosten, zu denen dem die Zwangsversteigerung betreibenden Grundpfandgläubiger das Grundstück zugeschlagen wird, sondern auch die gemäß § 91 des Zwangsversteigerungsgesetzes erloschenen nachrangigen eigenen Grundpfandrechte des Gläubigers, soweit sie nicht ausgeboten sind, wenn ihr Wert durch den Verkehrswert des ersteigerten Grundstücks gedeckt ist → BFH vom 11. 11. 1987 (BStBl 1988 II S. 424).

6.3. Herstellungskosten

(1) In die Herstellungskosten eines Wirtschaftsgutes sind auch angemessene Teile der notwendigen Materialgemeinkosten und Fertigungsgemeinkosten (→ Absatz 2), *der angemessenen Kosten der allgemeinen Verwaltung, der angemessenen Aufwendungen für soziale Einrichtungen des Betriebs, für freiwillige soziale Leistungen und für die betriebliche Altersversorgung (→ Absatz 3)* sowie der Wertverzehr von Anlagevermögen, soweit er durch die Herstellung des Wirtschaftsgutes veranlasst ist (→ *Absatz 4*) einzubeziehen.[1]

(2) Zu den Materialgemeinkosten und den Fertigungsgemeinkosten gehören u. a. auch die Aufwendungen für folgende Kostenstellen:

– Lagerhaltung, Transport und Prüfung des Fertigungsmaterials,

– Vorbereitung und Kontrolle der Fertigung,

– Werkzeuglager,

---

[1] *Zur weiteren Anwendung des Aktivierungswahlrechtes für allgemeine Verwaltungskosten nach R 6.3 Abs. 4 EStR 2008 → BMF vom 25.3.2013 (BStBl I 2013 S. 296).*
R 6.3 Abs. 4 EStR 2008 lautet:
„(4) [1]Das handelsrechtliche → Bewertungswahlrecht für Kosten der allgemeinen Verwaltung und Aufwendungen für soziale Einrichtungen des Betriebs, für freiwillige soziale Leistungen und für betriebliche Altersversorgung sowie für → Zinsen für Fremdkapital gilt auch für die Steuerbilanz; Voraussetzung für die Berücksichtigung als Teil der Herstellungskosten ist, dass in der Handelsbilanz entsprechend verfahren wird). [2]Zu den Kosten für die allgemeine Verwaltung gehören u. a. die Aufwendungen für Geschäftsleitung, Einkauf und Wareneingang, Betriebsrat, Personalbüro, Nachrichtenwesen, Ausbildungswesen, Rechnungswesen – z. B. Buchführung, Betriebsabrechnung, Statistik und Kalkulation –, Feuerwehr, Werkschutz sowie allgemeine Fürsorge einschließlich Betriebskrankenkasse. [3]Zu den Aufwendungen für soziale Einrichtungen gehören z. B. Aufwendungen für Kantine einschließlich der Essenszuschüsse sowie für Freizeitgestaltung der Arbeitnehmer. [4]Freiwillige soziale Leistungen sind nur Aufwendungen, die nicht arbeitsvertraglich oder tarifvertraglich vereinbart worden sind; hierzu können z. B. Jubiläumsgeschenke, Wohnungs- und andere freiwillige Beihilfen, Weihnachtszuwendungen oder Aufwendungen für die Beteiligung der Arbeitnehmer am Ergebnis des Unternehmens gehören. [5]Aufwendungen für die betriebliche Altersversorgung sind Beiträge zu Direktversicherungen, Zuwendungen an Pensions- und Unterstützungskassen, Pensionsfonds sowie Zuführungen zu Pensionsrückstellungen."

– Betriebsleitung, Raumkosten, Sachversicherungen,

– Unfallstationen und Unfallverhütungseinrichtungen der Fertigungsstätten,

– Lohnbüro, soweit in ihm die Löhne und Gehälter der in der Fertigung tätigen Arbeitnehmer abgerechnet werden.

(3) ¹Zu den Kosten für die allgemeine Verwaltung gehören u. a. die Aufwendungen für Geschäftsleitung, Einkauf und Wareneingang, Betriebsrat, Personalbüro, Nachrichtenwesen, Ausbildungswesen, Rechnungswesen – z. B. Buchführung, Betriebsabrechnung, Statistik und Kalkulation –, Feuerwehr, Werkschutz sowie allgemeine Fürsorge einschließlich Betriebskrankenkasse. ²Zu den Aufwendungen für soziale Einrichtungen gehören z. B. Aufwendungen für Kantine einschließlich der Essenszuschüsse sowie für Freizeitgestaltung der Arbeitnehmer. ³Freiwillige soziale Leistungen sind nur Aufwendungen, die nicht arbeitsvertraglich oder tarifvertraglich vereinbart worden sind; hierzu können z. B. Jubiläumsgeschenke, Wohnungs- und andere freiwillige Beihilfen, Weihnachtszuwendungen oder Aufwendungen für die Beteiligung der Arbeitnehmer am Ergebnis des Unternehmens gehören. ⁴Aufwendungen für die betriebliche Altersversorgung sind Beiträge zu Direktversicherungen und Pensionsfonds, Zuwendungen an Pensions- und Unterstützungskassen sowie Zuführungen zu Pensionsrückstellungen.

(4) ¹Als Wertverzehr des Anlagevermögens, soweit er der Fertigung der Erzeugnisse gedient hat, ist grundsätzlich der Betrag anzusetzen, der bei der Bilanzierung des Anlagevermögens als AfA berücksichtigt ist. ²Es ist nicht zu beanstanden, wenn der Stpfl., der bei der Bilanzierung des beweglichen Anlagevermögens die AfA in fallenden Jahresbeträgen vorgenommen hat, bei der Berechnung der Herstellungskosten der Erzeugnisse die AfA in gleichen Jahresbeträgen (§ 7 Abs. 1 Satz 1 und 2 EStG) berücksichtigt. ³In diesem Fall muss der Stpfl. jedoch dieses Absetzungsverfahren auch dann bei der Berechnung der Herstellungskosten beibehalten, wenn gegen Ende der Nutzungsdauer die AfA in fallenden Jahresbeträgen niedriger sind als die AfA in gleichen Jahresbeträgen. ⁴Der Wertverzehr des der Fertigung dienenden Anlagevermögens ist bei der Berechnung der Herstellungskosten der Erzeugnisse auch dann in Höhe der sich nach den Anschaffungs- oder Herstellungskosten des Anlagevermögens ergebenden AfA in gleichen Jahresbeträgen zu berücksichtigen, wenn der Stpfl. Bewertungsfreiheiten, Sonderabschreibungen oder erhöhte Absetzungen in Anspruch genommen und diese nicht in die Herstellungskosten der Erzeugnisse einbezogen hat. ⁵Der Wertverzehr von Wirtschaftsgütern i. S. d. § 6 Abs. 2 oder 2a EStG darf nicht in die Berechnung der Herstellungskosten der Erzeugnisse einbezogen werden. ⁶Teilwertabschreibungen auf das Anlagevermögen i. S. d. § 6 Abs. 1 Nr. 1 Satz 2 EStG sind bei der Berechnung der Herstellungskosten der Erzeugnisse nicht zu berücksichtigen.

(5) ¹Das handelsrechtliche Bewertungswahlrecht für Fremdkapitalzinsen gilt auch für die steuerliche Gewinnermittlung. ²Sind handelsrechtlich Fremdkapitalzinsen in die Herstellungskosten einbezogen worden, sind sie gem. § 5 Abs. 1 Satz 1 1. Halbsatz EStG auch in der steuerlichen Gewinnermittlung als Herstellungskosten zu beurteilen.

(6) ¹Die Steuern vom Einkommen gehören nicht zu den steuerlich abziehbaren Betriebsausgaben und damit auch nicht zu den Herstellungskosten. ²Entsprechendes gilt für die Gewerbesteuer (§ 4 Abs. 5b EStG). ³Die Umsatzsteuer gehört zu den Vertriebskosten, die die Herstellungskosten nicht berühren.

(7) Wird ein Betrieb infolge teilweiser Stilllegung oder mangelnder Aufträge nicht voll ausgenutzt, sind die dadurch verursachten Kosten bei der Berechnung der Herstellungskosten nicht zu berücksichtigen.

(8) Bei am Bilanzstichtag noch nicht fertig gestellten Wirtschaftsgütern (→ halbfertige Arbeiten) ist es für die Aktivierung der Herstellungskosten unerheblich, ob die bis zum Bilanzstichtag angefallenen Aufwendungen bereits zur Entstehung eines als Einzelheit greifbaren Wirtschaftsgutes geführt haben.

(9) Soweit die Absätze 1 und 3 von R 6.3 Abs. 4 EStR 2008 abweichen, darf R 6.3 Abs. 4 EStR 2008 weiterhin für Wirtschaftsgüter angewendet werden, mit deren Herstellung vor Veröffentlichung der EStÄR 2012 im Bundessteuerblatt begonnen wurde.

H 6.3 **Hinweise**

Abraumvorrat

Kosten der Schaffung eines Abraumvorrats bei der Mineralgewinnung sind Herstellungskosten (→ BFH vom 23. 11. 1978 – BStBl 1979 II S. 143).

Ausnutzung von Produktionsanlagen

Die nicht volle Ausnutzung von Produktionsanlagen führt nicht zu einer Minderung der in die Herstellungskosten einzubeziehenden Fertigungsgemeinkosten, wenn sich die Schwankung in der Kapazitätsausnutzung aus der Art der Produktion, wie z. B. bei einer Zuckerfabrik als Folge der Abhängigkeit von natürlichen Verhältnissen, ergibt (→ BFH vom 15. 2. 1966 – BStBl III S. 468).
→ R 6.3 Abs. **7**

Bewertungswahlrecht

– Ein handelsrechtliches Bewertungswahlrecht führt steuerrechtlich zum Ansatz des höchsten nach Handels- und Steuerrecht zulässigen Werts, soweit nicht auch steuerrechtlich ein inhaltsgleiches Wahlrecht besteht (→ BFH vom 21. 10. 1993 – BStBl 1994 II S. 176).
– *Zur Anwendung von R 6.3 Abs. 3 EStÄR 2012 → BMF vom 25. 3. 2013 (BStBl 2013 I S. 296).*

Geldbeschaffungskosten

gehören nicht zu den Herstellungskosten (→ BFH vom 24. 5. 1968 – BStBl II S. 574).

Halbfertige Arbeiten

Bei Wirtschaftsgütern, die am Bilanzstichtag noch nicht fertiggestellt sind, mit deren Herstellung aber bereits begonnen worden ist, sind die bis zum Bilanzstichtag angefallenen Herstellungskosten zu aktivieren, soweit nicht von ihrer Einbeziehung abgesehen werden kann (→ BFH vom 23. 11. 1978 – BStBl 1979 II S. 143).
→ H 6.1 und H 6.7 (Halbfertige Bauten auf fremdem Grund und Boden)

Herstellungskosten

Begriff und Umfang → § 255 Abs. 2 HGB sowie BFH vom 4. 7. 1990 (BStBl II S. 830). Anhang 13

Kalkulatorische Kosten

Kalkulatorische Kosten sind nicht tatsächlich entstanden und rechnen deshalb **nicht** zu den Herstellungskosten. Das gilt z. B. für:
– **Zinsen für Eigenkapital** (→ BFH vom 30. 6. 1955 – BStBl III S. 238).
– **Wert der eigenen Arbeitsleistung** (fiktiver Unternehmerlohn des Einzelunternehmers → BFH vom 10. 5. 1995 – BStBl II S. 713); nicht dagegen Tätigkeitsvergütung i. S. d. § 15 Abs. 1 Satz 1 Nr. 2 EStG, die dem Gesellschafter von der Gesellschaft im Zusammenhang mit der Herstellung eines Wirtschaftsguts gewährt wird (→ BFH vom 8. 2. 1996 – BStBl II S. 427) → H 6.4 (Arbeitsleistung).

Leitungsanlagen

→ H 5.5

Vorsteuerbeträge

Zur Behandlung von Vorsteuerbeträgen, die nach dem UStG nicht abgezogen werden können, als Herstellungskosten → § 9b Abs. 1 EStG.

Zertifizierungsaufwendungen

→ BMF vom 22. 1. 1998 (DB 1998 S. 344); abgedruckt zu H 4.7 (Zertifizierungsaufwendungen)

Zinsen für Fremdkapital

§ 255 Abs. 3 HGB sowie R 6.3 Abs. **5** Anhang 13

R 6.4   **6.4. Aufwendungen im Zusammenhang mit einem Grundstück**

S 2171a   **Anschaffungsnahe Herstellungskosten**

(1) [1]Zu den Instandsetzungs- und Modernisierungsmaßnahmen i. S. d. § 6 Abs. 1 Nr. 1a EStG gehört auch die Beseitigung versteckter Mängel. [2]Bei teilentgeltlichem Erwerb des Gebäudes können anschaffungsnahe Herstellungskosten nur im Verhältnis zum entgeltlichen Teil des Erwerbsvorgangs gegeben sein.

Kinderspielplatz

(2) [1]Entstehen dem Stpfl. Aufwendungen für die Anlage eines Kinderspielplatzes im Zusammenhang mit der Errichtung eines Wohngebäudes, liegen nur dann Herstellungskosten des Gebäudes vor, wenn die Gemeinde als Eigentümerin den Kinderspielplatz angelegt und dafür Beiträge von den Grundstückseigentümern erhoben hat. [2]In allen anderen Fällen (Errichtung des Spielplatzes auf einem Grundstück des Stpfl. oder als gemeinsamer Spielplatz mit anderen Hauseigentümern) entsteht durch die Aufwendungen ein selbständig zu bewertendes Wirtschaftsgut, dessen Nutzungsdauer im allgemeinen mit zehn Jahren angenommen werden kann.

H 6.4   **Hinweise**

Abgrenzung der selbständigen von den unselbständigen Gebäudeteilen
→ R 4.2 Abs. 5
Abgrenzung von Anschaffungs-, Herstellungskosten und Erhaltungsaufwendungen
Anhang 19
→ R 21.1 und → BMF vom 18. 7. 2003 (BStBl I S. 386)

Abbruchkosten

Wird ein Gebäude oder ein Gebäudeteil abgerissen, sind für die steuerrechtliche Behandlung folgende Fälle zu unterscheiden:

1. Der Stpfl. hatte das Gebäude auf einem ihm bereits gehörenden Grundstück errichtet,
2. der Stpfl. hat das Gebäude in der Absicht erworben, es als Gebäude zu nutzen (Erwerb ohne Abbruchabsicht),
3. der Stpfl. hat das Gebäude zum Zweck des Abbruchs erworben (Erwerb mit Abbruchabsicht),
4. der Stpfl. plant den Abbruch eines zum Privatvermögen gehörenden Gebäudes und die Errichtung eines zum Betriebsvermögen gehörenden Gebäudes (Einlage mit Abbruchabsicht),

aber: → Abbruchkosten bei vorheriger Nutzung außerhalb der Einkünfteerzielung.

In den Fällen der Nummern 1 und 2 sind im Jahr des Abbruchs die Abbruchkosten und der Restbuchwert des abgebrochenen Gebäudes sofort abziehbare Betriebsausgaben (zu Nr. 1 → BFH vom 21. 6. 1963 – BStBl III S. 477 und vom 28. 3. 1973 – BStBl II S. 678, zu Nr. 2 → BFH vom 12. 6. 1978 – BStBl II S. 620). Dies gilt auch bei einem in Teilabbruchabsicht erworbenen Gebäude für die Teile, deren Abbruch nicht geplant war. Die darauf entfallenden Abbruchkosten und der anteilige Restbuchwert sind ggf. im Wege der Schätzung zu ermitteln (→ BFH vom 15. 10. 1996 – BStBl 1997 II S. 325).

Im Fall der Nummer 3 gilt Folgendes:

a) War das Gebäude technisch oder wirtschaftlich nicht verbraucht, gehören sein Buchwert und die Abbruchkosten, wenn der Abbruch des Gebäudes mit der Herstellung eines neuen Wirtschaftsguts in einem engen wirtschaftlichen Zusammenhang steht, zu den Herstellungskosten dieses Wirtschaftsguts, sonst zu den Anschaffungskosten des Grund und Bodens (→ BFH vom 4. 12. 1984 – BStBl 1985 II S. 208). Müssen bei einem in Teilabbruchabsicht erworbenen Gebäude umfangreichere Teile als geplant abgerissen werden, gehören die Abbruchkosten und der Restwert des abgerissenen Gebäudes insoweit zu den Herstellungskosten des neuen Gebäudes, als sie auf Gebäudeteile entfallen, die bei Durchführung des im Erwerbszeitpunkt geplanten Umbaus ohnehin hätten entfernt werden sollen. Dieser Anteil ist ggf. im Wege der Schätzung zu ermitteln (→ BFH vom 15. 10. 1996 – BStBl 1997 II S. 325).

b) War das Gebäude im Zeitpunkt des Erwerbs objektiv wertlos, entfällt der volle Anschaffungspreis auf den Grund und Boden (→ BFH vom 15. 2. 1989 – BStBl II S. 604); für die Abbruchkosten gilt Buchstabe a entsprechend.

Wird mit dem Abbruch eines Gebäudes innerhalb von drei Jahren nach dem Erwerb begonnen, spricht der Beweis des ersten Anscheins dafür, dass der Erwerber das Gebäude in der Absicht erworben hat, es abzureißen. Der Stpfl. kann diesen Anscheinsbeweis durch den Gegenbeweis entkräften, z. B. dass es zu dem Abbruch erst auf Grund eines ungewöhnlichen Geschehensablaufs gekommen ist. Damit ist nicht ausgeschlossen, dass in besonders gelagerten Fällen, z. B. bei großen Arrondierungskäufen, auch bei einem Zeitraum von mehr als drei Jahren zwischen Erwerb und Beginn des Abbruchs der Beweis des ersten Anscheins für einen Erwerb in Abbruchabsicht spricht (→ BFH vom 12. 6. 1978 – BStBl II S. 620). Für den Beginn der Dreijahresfrist ist in der Regel der Abschluss des obligatorischen Rechtsgeschäfts maßgebend (→ BFH vom 6. 2. 1979 – BStBl II S. 509).

Im Fall der Nummer 4 gehören der Wert des abgebrochenen Gebäudes und die Abbruchkosten zu den Herstellungskosten des neu zu errichtenden Gebäudes; der Einlagewert des Gebäudes ist nicht schon deshalb mit 0 Euro anzusetzen, weil sein Abbruch beabsichtigt ist (→ BFH vom 9. 2. 1983 – BStBl II S. 451).

Abbruchkosten bei vorheriger Nutzung außerhalb der Einkünfteerzielung

Wurde das abgebrochene Gebäude zuvor zu eigenen Wohnzwecken oder anderen nicht einkommensteuerlich relevanten Zwecken genutzt, stehen die Abbruchkosten und ggf. die Absetzungen für außergewöhnliche Abnutzung ausschließlich im Zusammenhang mit dem Neubau und bilden Herstellungskosten des neuen Gebäudes (→ BFH vom 16. 4. 2002 – BStBl II S. 805).

Abgrenzung der selbständigen von den unselbständigen Gebäudeteilen

→ R 4.2 Abs. 5

Abgrenzung von Anschaffungs-, Herstellungskosten und Erhaltungsaufwendungen

→ R 21.1 und → BMF vom 18. 7. 2003 (BStBl I S. 386)   Anhang 19

Ablöse- und Abstandszahlungen

– an Mieter oder Pächter → Entschädigungs- oder Abfindungszahlungen an Mieter oder Pächter
– → Stellplätze
– Aufwendungen zur Ablösung des Erbbaurechts zählen zu den Herstellungskosten des anschließend auf dem Grundstück nach dem Abriss der vorhandenen Bebauung neu errichteten Gebäudes (→ BFH vom 13. 12. 2005 – BStBl 2006 II S. 461).

Abtragung unselbständiger Gebäudeteile

→ Baumängelbeseitigung

Anschaffungskosten des Grund und Bodens

– → Erdarbeiten
– → Erschließungs-, Straßenanlieger- und andere Beiträge
– → Hausanschlusskosten
– → Zwangsräumung

Anschaffungsnahe Herstellungskosten   Anhang 19

– → BMF vom 18. 7. 2003 (BStBl I S. 386), Rz. 38
– Aufwendungen im Zusammenhang mit der Anschaffung eines Gebäudes sind unabhängig davon, ob sie auf jährlich üblicherweise anfallenden Erhaltungsarbeiten i. S. d. § 6 Abs. 1 Nr. 1a Satz 2 EStG beruhen, nicht als Erhaltungsaufwand sofort abziehbar, wenn sie im Rahmen einheitlich zu würdigender Instandsetzungs- und Modernisierungsmaßnahmen i. S. d. § 6 Abs. 1 Nr. 1a Satz 1 EStG anfallen (→ BFH vom 25. 8. 2009 – BStBl 2010 II S. 125).
– Fallen im Anschluss an den Erwerb eines Gebäudes höhere Aufwendungen an, ist die Abgrenzung zwischen sofort abzugsfähigen Erhaltungsaufwendungen und nur im Rahmen der AfA abzugsfähigen Anschaffungs- oder Herstellungskosten oftmals schwierig.

Die Frage, was als Anschaffungs- bzw. Herstellungskosten zu beurteilen ist, richtet sich zunächst nach § 255 HGB. Im Anschluss an den Erwerb eines Gebäudes kommen hier folgende Fallgruppen in Betracht:

– Aufwendungen, die zur Herstellung der Funktions- und Betriebsbereitschaft geleistet werden (§ 255 Abs. 1 Satz 1 HGB, Rz. 1 – 16 von BMF vom 18. 7. 2003

– Aufwendungen, die für eine Erweiterung des Gebäudes verausgabt werden (§ 255 Abs. 2 Satz 1 HGB, Rz. 19 – 24 von BMF vom 18. 7. 2003) und

– Aufwendungen, die zu einer über den ursprünglichen Zustand hinausgehenden wesentlichen Verbesserung führen (sog. Standarderhebung, § 255 Abs. 2 Satz 1 HGB, Rz. 25 – 32 von BMF vom 18. 7. 2003).

Den handelsrechtlichen Herstellungskostenbegriff hat der Gesetzgeber mit dem Steueränderungsgesetz 2003 für steuerliche Zwecke um den Tatbestand der „anschaffungsnahen Herstellungskosten" erweitert. Aufwendungen, die nach § 255 HGB nicht zu Anschaffungs- oder Herstellungskosten führen, können für steuerliche Zwecke in Herstellungskosten umqualifiziert werden.

Voraussetzung für eine Umqualifizierung von Instandsetzungs- und Modernisierungsmaßnahmen (Erhaltungsaufwendungen) in Herstellungskosten ist:

1. Es muss sich um die Anschaffung eines Gebäudes handeln; Herstellungsfälle werden durch § 6 Abs. 1 Nr. 1 a EStG nicht erfasst.

2. Die Aufwendungen (ohne Umsatzsteuer) müssen innerhalb von drei Jahren nach Anschaffung des Gebäudes 15 % der ursprünglichen Anschaffungskosten übersteigen. Zu den „Aufwendungen" im Sinne dieser Vorschrift gehören nicht Herstellungskosten für Erweiterungen i. S. d. § 255 Abs. 2 Satz 1 2. Alt. HGB und Kosten für jährlich üblicherweise anfallende Erhaltungsarbeiten (z. B. Heizungswartung). Dagegen sind Kosten für die Herstellung der Funktionsbereitschaft und Kosten, die zu einer über den ursprünglichen Zustand hinausgehenden wesentlichen Verbesserung führen, also für sich Anschaffungs- bzw. Herstellungskosten i. S. d. HGB sind, „Aufwendungen" im Sinne dieser Vorschrift.

Wird ein Gebäude zu unterschiedlichen Zwecken (eigenbetrieblich, fremdbetrieblich, fremde Wohnzwecke, eigene Wohnzwecke) genutzt und sind daher für steuerliche Zwecke mehrere Wirtschaftsgüter anzunehmen (vgl. R 4.2 Abs. 4 EStR 2005), wird die Prüfung der 15 %-Grenze trotzdem für das ganze Gebäude vorgenommen. Erwirbt der Steuerpflichtige dagegen mehrere Eigentumswohnungen/im Teileigentum stehende Räume im gleichen Gebäude, ist die Prüfung für jede Wohnung getrennt vorzunehmen, da jedes Wohnungs-/Teileigentum als selbstständiges Gebäude gilt, vgl. auch § 7 Abs. 5a EStG, R 4.2 Abs. 14.

Sind die entstandenen Kosten nicht höher als 15 % der ursprünglichen Anschaffungskosten oder übersteigen diese Kosten erst nach Ablauf von drei Jahren nach Anschaffung des Gebäudes die 15 %-Grenze, können trotzdem Anschaffungs- oder Herstellungskosten vorliegen. In diesen Fällen ist ausschließlich § 255 HGB als Maßstab für das Vorliegen von Anschaffungs- oder Herstellungskosten heranzuziehen, da die tatbestandsmäßigen Voraussetzungen des § 6 Abs. 1 Nr. 1 a EStG nicht erfüllt sind. Die im BMF-Schreiben (a. a. O.) aufgestellten Kriterien sind zu beachten. Für Aufwendungen, die zu einer über den ursprünglichen Zustand hinausgehenden wesentlichen Verbesserung (Standardhebung) führen, besteht eine 15 %ige Nichtaufgriffsgrenze, vgl. Rz. 38 des BMF-Schreibens (a.a.O).

§ 6 Abs. 1 Nr. 1a EStG ist erstmals auf Baumaßnahmen anzuwenden, mit denen nach dem 31. 12. 2003 begonnen wurde, § 52 Abs. 16 Satz 7 EStG. Hat der Steuerpflichtige im Jahr 2003 (oder in den Vorjahren) ein Gebäude erworben, ist § 6 Abs. 1 Nr. 1a EStG auch in den Folgejahren nicht anwendbar, wenn er mit den Baumaßnahmen bereits vor dem 1. 1. 2004 begonnen hat. Dies folgt aus § 52 Abs. 16 Satz 9 EStG, wonach alle Baumaßnahmen als eine gemeinsame Maßnahme behandelt werden.

Ist bei Bearbeitung der Erklärung aus tatsächlichen Gründen ungewiss, ob es sich um Anschaffungs-/Herstellungskosten oder sofort abzugsfähige Erhaltungsaufwendungen handelt (z. B. weil die 15 %-Grenze noch nicht überschritten wurde), ist der Bescheid vorläufig zu erlassen. Nach Wegfall der Ungewissheit ist der Bescheid zu ändern oder für endgültig zu erklären.

→ OFD Frankfurt vom 31. 1. 2006 – S 2171a A 2 – St II 2.04 – (DStR 2006 S. 567)

– Aufwendungen für nicht innerhalb von drei Jahren nach Anschaffung abgeschlossene Maßnahmen nach § 6 Abs. 1 Nr. 1a EStG sind insoweit zu berücksichtigen, als sie auf innerhalb des Dreijahreszeitraums getätigte Leistungen entfallen.

Die Baumaßnahmen müssen zum Ende des Dreijahreszeitraums weder abgeschlossen, abgerechnet, noch bezahlt sein.

Hierdurch soll die Umgehung von § 6 Abs. 1 Nr. 1a EStG, z. B. durch Hinauszögern des Abschlusses von Baumaßnahmen, verspätete Abnahme von Werkleistungen oder verspätete Bezahlung, verhindert werden.

Für den Fall, dass eine vor Ablauf der Dreijahresfrist begonnene Baumaßnahme erst nach Ablauf der Dreijahresfrist beendet wurde und die bis zum Ablauf des Dreijahreszeitraums bereits durchgeführten Leistungen die 15 %-Grenze übersteigen, ist insoweit anschaffungsnaher Herstellungsaufwand gegeben.

Die nach Beendigung der Dreijahresfrist noch getätigten Leistungen dieser Baumaßnahme werden nicht in die Ermittlung der 15 %-Grenze einbezogen und unterliegen auch nicht der Regelung des § 6 Abs. 1 Nr. 1a EStG.

Es ist aber zu prüfen, ob diese Maßnahme zu Herstellungskosten i. S. d. BMF-Schreibens vom 18. 7. 2003 (BStBl. I S. 386) führt.

→ LfSt Bayern vom 6. 8. 2010 (DB 2010, S. 1729)

– Weitere Zweifelsfragen → OFD Rheinland vom 6. 7. 2010 (DB 2010, S. 1910):

1. Sollen Aufwendungen, die zur Beseitigung der Funktionsuntüchtigkeit führen und für sich Anschaffungskosten sind, in die Prüfung der 15 %-Grenze des § 6 Abs. 1 Nr. 1a EStG einbezogen werden?

2. Bleiben – auch im Fall des Unterschreitens der 15 %-Grenze – die in die Prüfung einbezogenen Aufwendungen Anschaffungs- oder Herstellungskosten?

3. Wie ist eine Sanierung in Raten zur Hebung des Standards zu behandeln, die erst nach Ablauf des Dreijahreszeitraums zu Herstellungskosten i. S. d. BFH-Rechtsprechung/des BMF-Schreibens führt?

4. Zeitliche Anwendung der Neuregelung des § 6 Abs. 1 Nr. 1a EStG

5. Ist die 15 % Grenze des § 6 Abs. 1 Nr. 1a EStG auf das Gebäude insgesamt oder aber auf die einzelnen Gebäudeteile i. S. d. R 13 Abs. 4 EStR 2004 zu beziehen?

6. Ist für die Anwendung des § 6 Abs. 1 Nr. 1a EStG hinsichtlich der Durchführung der Maßnahmen innerhalb der Dreijahresfrist der Beginn, der einzelne Bauabschnitt oder der Abschluss der Baumaßnahme entscheidungserheblich?

7. Sind die jährlich üblicherweise anfallenden Erhaltungsarbeiten auch dann sofort abziehbar, wenn sie im Rahmen einheitlich zu würdigender Instandsetzungs- und Modernisierungsmaßnahmen i. S. d. § 6 Abs. 1 Nr. 1a Satz 1 EStG anfallen?

Arbeitsleistung

Zu den Herstellungskosten des Gebäudes zählt nicht der Wert der eigenen Arbeitsleistung (→ BFH vom 10. 5. 1995 – BStBl II S. 713).

→ H 6.3 (Kalkulatorische Kosten)

→ Tätigkeitsvergütung

Ausgleichsbeträge nach § 154 BauGB

Die anlässlich einer städtebaulichen Sanierungsmaßnahme zu zahlenden Ausgleichs- oder Ablösungsbeträge sind

– als Anschaffungs- oder Herstellungskosten zu behandeln, wenn das Grundstück in seiner Substanz oder seinem Wesen verändert wird (z. B. bei einer erstmaligen Erschließung oder bei Maßnahmen zur Verbesserung der Bebaubarkeit) oder

– als Werbungskosten/Betriebsausgaben sofort abziehbar, wenn z. B. vorhandene Anlagen ersetzt oder modernisiert werden.

Die Erhöhung des Grundstückswerts allein führt noch nicht zu Anschaffungs-/Herstellungskosten.

Die Aufwendungen sind nur dann als Anschaffungs-/Herstellungskosten zu behandeln, wenn

– die Bodenwerterhöhung 10 % überschreitet und

– die Bodenwerterhöhung auf Verbesserungen der Erschließung und/oder Bebaubarkeit beruht.

→ BMF vom 8. 9. 2003 (BStBl I S. 489) einschließlich Vordruck „Bescheinigung über sanierungsrechtliche Ausgleichs- oder Ablösungsbeträge nach dem Baugesetzbuch (§ 154 BauGB)"

Außenanlagen

Hofbefestigungen und Straßenzufahrt stehen grundsätzlich mit einem Betriebsgebäude in keinem einheitlichen Nutzungs- und Funktionszusammenhang. Die Aufwendungen gehören daher nicht zu den Herstellungskosten des Gebäudes (→ BFH vom 1. 7. 1983 – BStBl II S. 686).

→ Erdarbeiten

→ Gartenanlage

Baumängelbeseitigung

Aufwendungen zur Beseitigung von Baumängeln vor Fertigstellung des Gebäudes (mangelhafte Bauleistungen) gehören zu den Herstellungskosten des Gebäudes (→ BFH vom 31. 3. 1992 – BStBl II S. 805). Das gilt auch dann, wenn sie zwar bei der Herstellung des Gebäudes aufgetreten, aber erst nach seiner Fertigstellung behoben worden sind (→ BFH vom 1. 12. 1987 – BStBl 1988 II S. 431) sowie in den Fällen, in denen noch während der Bauzeit unselbständige Gebäudeteile wieder abgetragen werden müssen (→ BFH vom 30. 8. 1994 – BStBl 1995 II S. 306).

→ H 7.4 (AfaA)

→ Prozesskosten

→ Vorauszahlungen

Baumaterial aus Enttrümmerung

Zu den Herstellungskosten des Gebäudes gehört auch der Wert des bei der Enttrümmerung eines kriegszerstörten Gebäudes gewonnenen und wieder verwendeten Baumaterials (→ BFH vom 5. 12. 1963 – BStBl 1964 III S. 299).

Bauplanungskosten

Zu den Herstellungskosten des Gebäudes gehören auch vergebliche Planungskosten, wenn der Stpfl. die ursprüngliche Planung zwar nicht verwirklicht, später aber ein die beabsichtigten Zwecke erfüllendes Gebäude erstellt (→ BFH vom 29. 11. 1983 – BStBl 1984 II S. 303, 306) und den Aufwendungen tatsächlich erbrachte Leistungen gegenüberstehen (→ BFH vom 8. 9. 1998 – BStBl 1999 II S. 20).

→ Honorare

Bauzeitversicherung

Beiträge für die Bauzeitversicherung gehören nicht zu den Herstellungskosten des Gebäudes. Sie können nach den allgemeinen Grundsätzen als (vorweggenommene) Betriebsausgaben oder Werbungskosten abgezogen werden (→ BFH vom 25. 2. 1976 – BStBl 1980 II S. 294).

Betriebsvorrichtungen

Aufwendungen für das Entfernen von Betriebsvorrichtungen gehören zu den Herstellungskosten des Gebäudes, wenn dieses dadurch wesentlich verbessert wird (→ BFH vom 25. 1. 2006 – BStBl II S. 707).

Dingliche Belastungen

Erwirbt ein Stpfl. ein mit einem dinglichen Nutzungsrecht belastetes Grundstück, führt er seinem Vermögen ein um dieses Nutzungsrecht eingeschränktes Eigentum an diesem Grundstück zu. Dingliche Belastungen begründen keine Verbindlichkeiten, deren Übernahme zu Anschaffungskosten des Grundstücks führt (→ BFH vom 17. 11. 2004 – BStBl 2008 II S. 296).

Anhang 19 **Eigenkapitalvermittlungsprovision**

und andere Gebühren bei geschlossenen Fonds → BMF vom 20. 10. 2003 (BStBl I S. 546).

Einbauküche

Aufwendungen für eine Einbauküche können nur insoweit zu den Herstellungskosten einer Eigentumswohnung gehören, als sie auf die Spüle und den – nach der regionalen Verkehrsauffassung erforderlichen – Kochherd entfallen (→ BFH vom 13. 3. 1990 – BStBl II S. 514).

Einbauten als unselbständige Gebäudeteile

Aufwendungen für Einbauten als unselbständige Gebäudeteile gehören zu den Herstellungskosten des Gebäudes, soweit die unselbständigen Gebäudeteile nicht Betriebsvorrichtungen sind (→ BFH vom 26. 11. 1973 – BStBl 1974 II S. 132).

Entschädigungs- oder Abfindungszahlungen

an Mieter oder Pächter für vorzeitige Räumung eines Grundstücks zur Errichtung eines Gebäudes gehören zu den Herstellungskosten des neuen Gebäudes (→ BFH vom 9. 2. 1983 – BStBl II S. 451).

Erdarbeiten

– **Buschwerk und Bäume**

Zu den Herstellungskosten eines Gebäudes oder einer Außenanlage rechnen neben den Aufwendungen für die beim Bau anfallenden üblichen Erdarbeiten auch die Kosten für das Freimachen des Baugeländes von Buschwerk und Bäumen, soweit dies für die Herstellung des Gebäudes und der Außenanlage erforderlich ist (→ BFH vom 26. 8. 1994 – BStBl 1995 II S. 71).

- **Hangabtragung**

Die beim Bau eines Gebäudes regelmäßig anfallenden Erdarbeiten (Abtragung, Lagerung, Einplanierung bzw. Abtransport des Mutterbodens, der Aushub des Bodens für die Baugrube, seine Lagerung und ggf. sein Abtransport) gehören zu den Herstellungskosten des Gebäudes und der Außenanlage. Aufwendungen, die unmittelbar der erstmaligen oder einer wesentlich verbesserten Nutzung des Wirtschaftsguts Grund und Boden dienen, sind unter der Voraussetzung, dass der Grund und Boden durch diese Maßnahmen eine über seinen ursprünglichen Zustand hinausgehende wesentliche Verbesserung erfährt, nachträgliche Herstellungskosten des Grund und Bodens, ansonsten sofort abziehbare Betriebsausgaben (→ BFH vom 27. 1. 1994 – BStBl II S. 512).

Erschließungs-, Straßenanlieger- und andere Beiträge

- **Ansiedlungsbeitrag**

Der vom Käufer eines Grundstücks gezahlte Ansiedlungsbeitrag gehört nicht zu den Herstellungskosten des Gebäudes, sondern zu den Anschaffungskosten des Grundstücks (Grund und Boden), wenn die Zahlung dieses Beitrags lediglich in Erfüllung einer Verpflichtung des ausschließlich Grund und Boden betreffenden Kaufvertrags erfolgt ist (→ BFH vom 9. 12. 1965 – BStBl 1966 III S. 191).

- **Erbbaurecht**

Wird ein Gebäude im Erbbaurecht errichtet und zahlt der Erbbauberechtigte den Erschließungsbeitrag, gehört der Beitrag weder ganz noch teilweise zu den Herstellungskosten des im Erbbaurecht errichteten Gebäudes (→ BFH vom 22. 2. 1967 – BStBl II S. 417).

→ H 5.6 (Erbbaurecht), (Bestimmte Zeit nach dem Abschlussstichtag)

→ H 6.2

→ H 21.2

- **Erstmalige Beiträge, Ersetzung, Modernisierung**

Beiträge zur Finanzierung erstmaliger Anlagen sind nachträgliche Anschaffungskosten des Grund und Bodens, wenn durch die Baumaßnahmen, für die die Beiträge geleistet worden sind, eine Werterhöhung des Grund und Bodens eintritt, die unabhängig von der Bebauung des Grundstücks und dem Bestand eines auf dem Grundstück errichteten Gebäudes ist, und die Beiträge in einem Sachbezug zum Grundstück stehen. Werden hingegen Erschließungsanlagen ersetzt oder modernisiert, führen Erschließungsbeiträge zu Erhaltungsaufwendungen, es sei denn, das Grundstück wird hierdurch ausnahmsweise in seiner Substanz oder in seinem Wesen verändert (→ BFH vom 22. 3. 1994 – BStBl II S. 842, vom 3. 7. 1997 – BStBl II S. 811, vom 3. 8. 2005 – BStBl 2006 II S. 369 und vom 20. 7. 2010, BStBl 2011 II S. 35)).

Erhaltungsaufwendungen sind daher

a) nachträgliche Straßenbaukostenbeiträge für ein bereits durch eine Straße erschlossenes Grundstück, die eine Gemeinde für die bauliche Veränderung des Straßenbelags und des Gehwegs zur Schaffung einer verkehrsberuhigten Zone erhebt (→ BFH vom 22. 3. 1994 – BStBl II S. 842),

b) die Kanalanschlussgebühren, wenn eine eigene Sickergrube oder Kläranlage ersetzt wird (→ BMF vom 13. 9. 1984 BStBl 1985 II S. 49 und vom 4. 11. 1986, BStBl 1987 II S. 333). Werden durch eine einheitliche Erschließungsmaßnahme bisher als Weideland genutzte Flächen bebaubar, handelt es sich bei den darauf entfallenden Abwasserbeiträgen um nachträgliche Anschaffungskosten für den Grund und Boden, auch wenn ein Wohngebäude, das mit erschlossen wird, bereits über eine Sickergrube verfügte (→ BFH vom 11. 12. 2003 – BStBl 2004 II S. 282).

- **Flächenbeiträge**

Ein Flächenbeitrag nach § 58 BauGB kann zu nachträglichen Anschaffungskosten des Grund und Bodens führen, und zwar auch dann, wenn ein förmliches Umlegungsverfahren durch privatrechtliche Vereinbarungen vermieden wurde (→ BFH vom 6. 7. 1989 – BStBl 1990 II S. 126).

- **Privatstraße**

Aufwendungen des Erwerbers eines Grundstücks für eine von einem Dritten zu errichtenden Privatstraße stellen auch dann Anschaffungskosten eines selbständigen abnutzbaren Wirtschaftsgutes dar, wenn die Straße der erstmaligen Erschließung des Grundstücks dient (→ BFH vom 19. 10. 1999 – BStBl 2000 II S. 257).

- **Zweit- oder Zusatzerschließung**

Beiträge für die Zweit- oder Zusatzerschließung eines Grundstücks durch eine weitere Straße sind nachträgliche Anschaffungskosten des Grund und Bodens, wenn sich der Wert des Grundstücks auf Grund einer Erweiterung der Nutzbarkeit oder einer günstigeren Lage erhöht. Das gilt auch dann, wenn ein durch einen Privatweg an das öffentliche Straßennetz angebundenes Grundstück zusätzlich durch eine erstmals errichtete öffentliche Straße erschlossen wird (→ BFH vom 12. 1. 1995 – BStBl II S. 632, vom 7. 11. 1995 – BStBl 1996 II S. 89 und 190 und vom 19. 12. 1995 – BStBl 1996 II S. 134) oder wenn das Grundstück mittels eingetragener Zufahrtsbaulast auf dem Nachbargrundstück eine erweiterte Nutzbarkeit und damit ein besonderes, über den bisherigen Zustand hinausgehendes Gepräge erlangt (→ BFH vom 20. 7. 2010 – BStBl 2011 II S. 35).

Fahrtkosten

des Stpfl. zur Baustelle gehören in tatsächlicher Höhe zu den Herstellungskosten (→ BFH vom 10. 5. 1995 – BStBl II S. 713).

Gartenanlage

Die zu einem Gebäude gehörende Gartenanlage ist ein selbständiges Wirtschaftsgut (→ BFH vom 30. 1. 1996 – BStBl 1997 II S. 25).
→ Umzäunung
→ R 21.1 Abs. 3

Gebäude

Begriff → R 7.1 Abs. 5.

Gebäudebestandteile

→ Einbauküche
→ Heizungsanlagen
→ Kassettendecken
→ Waschmaschine
→ R 7.1 Abs. 6
→ H 4.2 (5) unselbständige Gebäudeteile

Anhang 19 **Generalüberholung**

→ BMF vom 18. 7. 2003 (BStBl I S. 386)

Grunderwerbsteuer

– Aussetzungszinsen für Grunderwerbsteuer gehören nicht zu den Anschaffungskosten (→ BFH vom 25. 7. 1995 – BStBl II S. 835).
– Säumniszuschläge zur Grunderwerbsteuer rechnen zu den Anschaffungskosten des Grundstücks (→ BFH vom 14. 1. 1992 – BStBl II S. 464).
– → H 6.2 Grunderwerbsteuer beim Wechsel im Gesellschafterbestand (§ 1 Abs. 2a, Abs. 3 GrEStG)

Hausanschlusskosten

– **Anlagen zur Ableitung von Abwässern**
  Der von den Hauseigentümern an die Gemeinde zu zahlende Kanalbaubeitrag (Kanalanschlussgebühr) gehört zu den nachträglichen Anschaffungskosten des Grund und Bodens. Die Aufwendungen der Hauseigentümer für die Herstellung der Zuleitungsanlagen von dem Haus zu dem öffentlichen Kanal (Hausanschlusskosten) einschließlich der so genannten Kanalanstichgebühr gehören dagegen zu den Herstellungskosten des Gebäudes (→ BFH vom 24. 11. 1967 – BStBl 1968 II S. 178).

– **Anschlüsse an Versorgungsnetze** (Strom, Gas, Wasser, Wärme)
  Die Kosten für den Anschluss eines Hauses an Versorgungsnetze gehören zu den Herstellungskosten des Gebäudes (→ BFH vom 15. 1. 1965 – BStBl III S. 226). Werden hingegen vorhandene Anschlüsse ersetzt, handelt es sich um Erhaltungsaufwendungen. Erhaltungsaufwendungen sind auch Aufwendungen für den erstmaligen Anschluss an das Erdgasnetz im Zusammenhang mit der Umstellung einer bereits vorhandenen Heizungsanlage.

Heizungsanlagen

Eine in ein Gebäude eingebaute Heizungsanlage ist regelmäßig als Gebäudebestandteil anzusehen. Für die Annahme einer Betriebsvorrichtung ist es nicht ausreichend, wenn eine Heizungsanlage für einen Betrieb aufgrund brandschutzrechtlicher Bestimmungen oder einfachgesetzlicher Umweltschutzbestimmungen vorgeschrieben ist. Entscheidend ist, ob die Gegenstände von ihrer Funktion her unmittelbar zur Ausübung des Gewerbes benutzt werden (→ BFH vom 7. 9. 2000 – BStBl 2001 II S. 253).

Honorare

Hat der Stpfl. ein zur Erzielung von Einkünften bestimmtes Gebäude geplant, aber nicht errichtet, und muss er deshalb an den Architekten ein gesondertes Honorar für Bauüberwachung und Objektbetreuung zahlen, ohne dass der Architekt solche Leistungen tatsächlich erbracht hat, gehören diese Aufwendungen nicht zu den Herstellungskosten eines später errichteten anderen Gebäudes, sondern sind als Betriebsausgaben/Werbungskosten abziehbar (→ BFH vom 8. 9. 1998 – BStBl 1999 II S. 20).

→ Bauplanungskosten

Instandsetzung

→ BMF vom 18. 7. 2003 (BStBl I S. 386)   Anhang 19

Renovierungskosten, die der Veräußerer der Wohnung im Kaufvertrag in Rechnung stellt, sind Bestandteil des Kaufpreises und deshalb Anschaffungskosten der Wohnung (→ BFH vom 17. 12. 1996 – BStBl 1997 II S. 348).

Kassettendecken

Die Aufwendungen für eine abgehängte, mit einer Beleuchtungsanlage versehene Kassettendecke eines Büroraums gehören zu den Herstellungskosten des Gebäudes, weil die Kassettendecke Gebäudebestandteil und nicht Betriebsvorrichtung ist (→ BFH vom 8. 10. 1987 – BStBl 1988 II S. 440).

Modernisierung

→ BMF vom 18. 7. 2003 (BStBl I S. 386)   Anhang 19

Prozesskosten

teilen als Folgekosten das rechtliche Schicksal der Aufwendungen, um die gestritten wurde. Gehören die Aufwendungen, um die gestritten wurde zu den Herstellungskosten eines Gebäudes, gilt dies auch für die Prozesskosten (→ BFH vom 1. 12. 1987 – BStBl 1988 II S. 431).

Restitutionsverfahren

Im Restitutionsverfahren nach dem VermG zum Ausgleich von Instandsetzungs- und Modernisierungsaufwendungen an einem rückübertragenen Gebäude geleistete Zahlungen stellen Anschaffungskosten dar (→ BFH vom 11. 1. 2005 – BStBl II S. 477).

Stellplätze

Aufwendungen für die Ablösung der Verpflichtung zur Errichtung von Stellplätzen gehören auch dann zu den Herstellungskosten eines Gebäudes, wenn eine Verpflichtung zur nachträglichen Herstellung von Stellplätzen bei bereits bestehenden baulichen Anlagen abgelöst wird (→ BFH vom 8. 3. 1984 – BStBl II S. 702). Bei (Nutzungs-)Änderung eines Gebäudes gehören sie zu den Herstellungskosten, wenn die zur Änderung führende Baumaßnahme als Herstellung i. S. v. § 255 Abs. 2 HGB anzusehen ist (→ BFH vom 6. 5. 2003 – BStBl II S. 710).   Anhang 13

Tätigkeitsvergütung

Zahlt eine Personengesellschaft, die ein Betriebsgebäude errichtet, einem ihrer Gesellschafter für die Bauaufsicht und für die Koordinierung der Handwerkerarbeiten Arbeitslohn, gehört dieser auch dann zu den Herstellungskosten des Gebäudes, wenn es sich um eine Tätigkeitsvergütung i. S. d. § 15 Abs. 1 Satz 1 Nr. 2 EStG handelt (→ BFH vom 8. 2. 1996 – BStBl II S. 427).

→ H 6.3 (Kalkulatorische Kosten)

→ Arbeitsleistung

Umzäunung

Aufwendungen für die Umzäunung eines Mietwohngrundstücks (z. B. Maschendrahtzaun) können in einem einheitlichen Nutzungs- und Funktionszusammenhang mit dem Gebäude stehen und gehören daher in der Regel zu den Gebäudeherstellungskosten (→ BFH vom 15. 12. 1977 – BStBl 1978 II S. 210). Ein solcher Zusammenhang ist bei einem Betriebsgrundstück jedoch im Allgemeinen zu verneinen (→ BFH vom 1. 7. 1983 – BStBl II S. 686). Diese Grundsätze gelten auch für angemessene Aufwendungen für das Anpflanzen von Hecken, Büschen und Bäumen an den Grundstücksgrenzen (lebende Umzäunung) (→ BFH vom 30. 6. 1966 – BStBl III S. 541).

Versorgungsnetz

→ Erschließungs-, Straßenanlieger- und andere Beiträge

→ Hausanschlusskosten

Vorauszahlungen auf Herstellungskosten

für die der Stpfl. infolge Insolvenz des Bauunternehmers keine Bauleistungen erhalten hat und die er auch nicht zurückerlangen kann, gehören nicht zu den Herstellungskosten des Gebäudes, sondern können unter den allgemeinen Voraussetzungen als Betriebsausgaben bzw. Werbungskosten abgezogen werden. Stehen ihnen jedoch Herstellungsleistungen des Bauunternehmers gegenüber, gehören sie zu den Herstellungskosten eines Gebäudes, selbst wenn die Herstellungsleistungen mangelhaft sind (→ BFH vom 31. 3. 1992 – BStBl II S. 805). Vorauszahlungen auf Anschaffungskosten können als Betriebsausgaben oder Werbungskosten abgezogen werden, wenn das Anschaffungsgeschäft nicht zustande gekommen ist und eine Rückzahlung nicht verlangt werden kann (→ BFH vom 28. 6. 2002 – BStBl II S. 758).

→ Baumängelbeseitigung

Wärmerückgewinnungsanlage

Eine Wärmerückgewinnungsanlage ist nicht schon deshalb als Betriebsvorrichtung zu beurteilen, weil es sich bei den Kühlzellen, deren abgegebene Wärme durch die Anlage aufbereitet wird, um eine Betriebsvorrichtung handelt. Eine Betriebsvorrichtung kann jedoch dann vorliegen, wenn die Anlage dem in einem Gebäude ausgeübten Gewerbebetrieb unmittelbar dient und der Zweck, das Gebäude zu beheizen und mit Warmwasser zu versorgen, demgegenüber in den Hintergrund tritt (→ BFH vom 5. 9. 2002 – BStBl II S. 877).

Waschmaschine

Eine Waschmaschine ist kein Gebäudebestandteil, sondern ein selbständiges bewegliches Wirtschaftsgut. Das gilt auch dann, wenn sie auf einem Zementsockel angeschraubt ist und den Mietern gegen Entgelt zur Verfügung steht (→ BFH vom 30. 10. 1970 – BStBl 1971 II S. 95).

Wesentliche Verbesserung

Anhang 19 – → BMF vom 18. 7. 2003 (BStBl I S. 386)

– Baumaßnahmen an einem betrieblich genutzten Gebäude oder Gebäudeteil führen zu einer wesentlichen Verbesserung i. S. d. § 255 Abs. 2 Satz 1 Alternative 3 HGB, wenn durch sie eine neue betriebliche Gebrauchs- oder Verwendungsmöglichkeit (→ BFH vom 25. 1. 2006 – BStBl II S. 707) oder eine höherwertige (verbesserte) Nutzbarkeit (→ BFH vom 25. 9. 2007 – BStBl 2008 II S. 218) geschaffen wird.

Wohnrechtsablösung

Aufwendungen für die Wohnrechtsablösung durch den Miterben führen zu nachträglichen Anschaffungskosten (→ BFH vom 28. 11. 1991 – BStBl 1992 II S. 381 und vom 3. 6. 1992 – BStBl 1993 II S. 98).

Zwangsräumung

Wird ein unbebautes, besetztes Grundstück zwangsweise geräumt, um es anschließend teilweise bebauen und teilweise als Freifläche vermieten zu können, sind die Aufwendungen für die Zwangsräumung, soweit sie die zu bebauende Fläche betreffen, Herstellungskosten der später errichteten Gebäude und, soweit sie die Freifläche betreffen, Anschaffungskosten des Grund und Bodens (→ BFH vom 18. 5. 2004 – BStBl II S. 872).

6.5. Zuschüsse für Anlagegüter

Begriff des Zuschusses

(1) [1]Ein Zuschuss ist ein Vermögensvorteil, den ein Zuschussgeber zur Förderung eines – zumindest auch – in seinem Interesse liegenden Zwecks dem Zuschussempfänger zuwendet. [2]Fehlt ein Eigeninteresse des Leistenden, liegt kein Zuschuss vor. [3]In der Regel wird ein Zuschuss auch nicht vorliegen, wenn ein unmittelbarer wirtschaftlicher Zusammenhang mit einer Leistung des Zuschussempfängers feststellbar ist.

S 2171
S 2171a

Wahlrecht

(2) [1]Werden Anlagegüter mit Zuschüssen aus öffentlichen oder privaten Mitteln angeschafft oder hergestellt, hat der Stpfl. ein Wahlrecht. [2]Er kann die Zuschüsse als Betriebseinnahmen ansetzen; in diesem Fall werden die Anschaffungs- oder Herstellungskosten der betreffenden Wirtschaftsgüter durch die Zuschüsse nicht berührt. [3]Er kann die Zuschüsse aber auch erfolgsneutral behandeln; in diesem Fall dürfen die Anlagegüter, für die die Zuschüsse gewährt worden sind, nur mit den Anschaffungs- oder Herstellungskosten bewertet werden, die der Stpfl. selbst, also ohne Berücksichtigung der Zuschüsse aufgewendet hat. [4]*Weicht die Bewertung von der Handelsbilanz ab, sind die entsprechenden Anlagegüter in ein besonderes, laufend zu führendes Verzeichnis aufzunehmen (§ 5 Abs. 1 Satz 2 EStG).*

S 2143
S 2172

Nachträglich gewährte Zuschüsse

(3) [1]Werden Zuschüsse, die erfolgsneutral behandelt werden, erst nach der Anschaffung oder Herstellung von Anlagegütern gewährt, sind sie nachträglich von den gebuchten Anschaffungs- oder Herstellungskosten abzusetzen. [2]Ebenso ist zu verfahren, wenn die Anlagen mit Hilfe eines Darlehensangeschafft oder hergestellt worden sind und der nachträglich gewährte Zuschuss auf dieses Darlehen verrechnet oder zur Tilgung des Darlehens verwendet wird.

Im Voraus gewährte Zuschüsse

(4) [1]Werden Zuschüsse gewährt, die erfolgsneutral behandelt werden sollen, wird aber das Anlagegut ganz oder teilweise erst in einem auf die Gewährung des Zuschusses folgenden Wirtschaftsjahr angeschafft oder hergestellt, kann in Höhe der – noch – nicht verwendeten Zuschussbeträge eine steuerfreie Rücklage gebildet werden, die im Wirtschaftsjahr der Anschaffung oder Herstellung auf das Anlagegut zu übertragen ist. [2]*Zur Erfüllung der Aufzeichnungspflichten nach § 5 Abs. 1 Satz 2 EStG ist bei der Bildung der steuerfreien Rücklage der Ansatz in der Steuerbilanz ausreichend.* [3]*Die Aufnahme des Wirtschaftsguts in das besondere Verzeichnis ist erst bei Übertragung der Rücklage erforderlich.*

Hinweise

Baukostenzuschüsse bei Energieversorgungsunternehmen

Nicht rückzahlbare Beiträge (Baukostenzuschüsse), die Versorgungsunternehmen dem Kunden als privatem oder gewerblichem Endabnehmer oder dem Weiterverteiler im Zusammenhang mit der Herstellung des Versorgungsanschlusses als Baukostenzuschüsse in Rechnung stellen, sind Zuschüsse i.S.v. R 6.5. Das gilt für von Windkraftanlagenbetreibern gezahlte Baukostenzuschüsse bei Energieversorgungsunternehmen entsprechend (→ BMF vom 27. 5. 2003 – BStBl I S. 361).

Anm.:

Zur Anwendung bei Wasserversorgungsunternehmen und zur Aufstellung der Steuerbilanz → OFD Rheinland vom 3. 3. 2006 (DB 2006, S. 586)

Betriebsunterbrechungsversicherung

Leistungen der Betriebsunterbrechungsversicherung sind keine Zuschüsse
– (→ BFH vom 29. 4. 1982 – BStBl II S. 591)
– → H 6.6 (1) Entschädigung

Geld- oder Bauleistungen

des Mieters zur Erstellung eines Gebäudes sind keine Zuschüsse, sondern zusätzliches Nutzungsentgelt für die Gebrauchsüberlassung des Grundstücks (→ BFH vom 28. 10. 1980 – BStBl 1981 II S. 161).

Investitionszulagen sind keine Zuschüsse

Anhang 14 → § 13 InvZulG 2010

Investitionszuschüsse bei Einnahmenüberschussrechnung

Erhält ein Stpfl., der seinen Gewinn nach § 4 Abs. 3 EStG ermittelt, für die Anschaffung oder Herstellung bestimmter Wirtschaftsgüter öffentliche Investitionszuschüsse, mindern diese die Anschaffungs- oder Herstellungskosten bereits im Jahr der Bewilligung und nicht im Jahr der Auszahlung. Sofern der Stpfl. den Zuschuss sofort als Betriebseinnahme versteuern will, muss er das entsprechende Wahlrecht ebenfalls im Jahr der Zusage ausüben (→ BFH vom 29. 11. 2007 – BStBl 2008 II S. 561).

Mieterzuschüsse

→ R 21.5 Abs. 3

Nachträglich gewährte Zuschüsse

Zur AfA → R 7.3 Abs. 4

Öffentliche Zuschüsse unter Auflage

→ H 21.5 (Zuschüsse)

Rechnungsabgrenzungsposten

→ H 5.6 (Investitionszuschüsse)

Wahlrecht

Das Wahlrecht, Investitionszuschüsse aus öffentlichen Mitteln nicht als Betriebseinnahmen zu erfassen, sondern von den Anschaffungs- bzw. Herstellungskosten des bezuschussten Wirtschaftsguts abzusetzen (→ R 6.5 Abs. 2), ist rechtens (→ BFH vom 5. 6. 2003 – BStBl II S. 801). Mit der Bildung von Wertberichtigungsposten nach der KHBV übt ein Krankenhausträger das Wahlrecht im Sinne einer Minderung der Anschaffungs- oder Herstellungskosten der mit Fördermitteln angeschafften oder hergestellten Anlagegüter aus (→ BFH vom 26. 11. 1996 – BStBl 1997 II S. 390).

WIR-Prämie

Die Prämie ist kein Zuschuss (→ BFH vom 24. 1. 1996 – BStBl II S. 441).

R 6.6
R 6.6 (1)
S 2138

6.6. Übertragung stiller Reserven bei Ersatzbeschaffung

Allgemeines

(1) [1]Die Gewinnverwirklichung durch Aufdeckung stiller Reserven kann in bestimmten Fällen der Ersatzbeschaffung vermieden werden. [2]Voraussetzung ist, dass

1. ein Wirtschaftsgut des Anlage- oder Umlaufvermögens infolge höherer Gewalt oder infolge oder zur Vermeidung eines behördlichen Eingriffs gegen → Entschädigung aus dem Betriebsvermögen ausscheidet,
2. innerhalb einer bestimmten Frist ein funktionsgleiches Wirtschaftsgut (Ersatzwirtschaftsgut) angeschafft oder hergestellt wird, auf dessen Anschaffungs- oder Herstellungskosten die aufgedeckten stillen Reserven übertragen werden, und
3. *das Wirtschaftsgut wegen der Abweichung von der Handelsbilanz in ein besonderes laufend zu führendes Verzeichnis aufgenommen wird (§ 5 Abs. 1 Satz 2 EStG).*

H 6.6 (1)   **Hinweise**

Aufdeckung stiller Reserven

Das Unterlassen der Aufdeckung stiller Reserven in bestimmten Fällen der Ersatzbeschaffung ist aus einer einschränkenden Auslegung des Realisationsgrundsatzes herzuleiten; es gibt keinen durchgängigen Gewinnrealisierungszwang für sämtliche Veräußerungsvorgänge (→ BFH vom 14. 11. 1990 – BStBl 1991 II S. 222).

Einlage

Die Einlage eines Wirtschaftsguts in das Betriebsvermögen ist keine Ersatzbeschaffung (→ BFH vom 11. 12. 1984 – BStBl 1985 II S. 250).

Entnahme

Eine Gewinnverwirklichung kann nicht durch Ersatzbeschaffung vermieden werden, wenn ein Wirtschaftsgut durch Entnahme aus dem Betriebsvermögen ausscheidet (→ BFH vom 24. 5. 1973 – BStBl II S. 582).

Entschädigung

– Eine Entschädigung i. S. v. R 6.6 Abs. 1 liegt nur vor, soweit sie für das aus dem Betriebsvermögen ausgeschiedene Wirtschaftsgut als solches und nicht für Schäden gezahlt worden ist, die die Folge des Ausscheidens aus dem Betriebsvermögen sind (z. B. Entschädigungen für künftige Nachteile beim Wiederaufbau, Ertragswertentschädigung für die Beeinträchtigung des verbleibenden Betriebs); ausnahmsweise können auch Zinsen in die Entschädigung i. S. v. R 6.6 Abs. 1 einzubeziehen sein (→ BFH vom 29. 4. 1982 – BStBl II S. 568).

– Leistungen einer Betriebsunterbrechungsversicherung, soweit diese die Mehrkosten für die beschleunigte Wiederbeschaffung eines durch Brand zerstörten Wirtschaftsguts übernimmt, sind Entschädigungen im Sinne von R 6.6 Abs. 1 (→ BFH vom 9. 12. 1982 – BStBl 1983 II S. 371).

– Es ist nicht schädlich, wenn die Entschädigung für das ausgeschiedene Wirtschaftsgut in einem Sachwert besteht, der Privatvermögen wird (→ BFH vom 19. 12. 1972 – BStBl 1973 II S. 297).

– Wird einem vorsteuerabzugsberechtigten Unternehmer anlässlich eines Versicherungsfalls der Wiederbeschaffungswert einschließlich Umsatzsteuer ersetzt, ist auch die Umsatzsteuer Teil der Entschädigung (→ BFH vom 24. 6. 1999 – BStBl II S. 561).

Ersatzwirtschaftsgut

– Ein Ersatzwirtschaftsgut setzt nicht nur ein der Art nach funktionsgleiches Wirtschaftsgut voraus, es muss auch funktionsgleich genutzt werden (→ BFH vom 29. 4. 1999 – BStBl II S. 488).

– Rücklagen für Ersatzbeschaffung können nur gebildet werden, wenn das Ersatzwirtschaftsgut in demselben Betrieb angeschafft oder hergestellt wird, dem auch das entzogene Wirtschaftsgut diente. Das gilt nicht, wenn die durch Enteignung oder höhere Gewalt entstandene Zwangslage zugleich den Fortbestand des bisherigen Betriebes selbst gefährdet oder beeinträchtigt hat (→ BFH vom 22. 1. 2004 – BStBl II S. 421).

Veräußerung

Scheidet ein Wirtschaftsgut infolge einer behördlichen Anordnung oder zur Vermeidung eines behördlichen Eingriffs durch Veräußerung aus dem Betriebsvermögen aus, tritt an die Stelle der Entschädigung der Veräußerungserlös (→ BFH vom 12. 6. 2001 – BStBl II S. 830).

Höhere Gewalt – behördlicher Eingriff

(2) [1]Höhere Gewalt liegt vor, wenn das Wirtschaftsgut infolge von Elementarereignissen wie z. B. Brand, Sturm oder Überschwemmung sowie durch andere unabwendbare Ereignisse wie z. B. Diebstahl oder unverschuldeten Unfall ausscheidet; eine Mithaftung auf Grund Betriebsgefahr ist unschädlich. [2]Fälle eines behördlichen Eingriffs sind z. B. Maßnahmen zur Enteignung oder Inanspruchnahme für Verteidigungszwecke.

Hinweise

Behördlicher Eingriff

ist zu **bejahen**

– bei Enteignung (→ BFH vom 14. 11. 1990 – BStBl 1991 II S. 222),

– bei behördlichen Bauverboten (→ BFH vom 17. 10. 1961 – BStBl III S. 566 und vom 6. 5. 1971 – BStBl II S. 664),

– bei behördlich angeordneter Betriebsunterbrechung (→ BFH vom 8. 10. 1975 – BStBl 1976 II S. 186).

ist zu verneinen

– bei Ausübung eines Wiederkaufsrechts durch die Gemeinde (→ BFH vom 21. 2. 1978 – BStBl II S. 428),

– bei Aufstellung eines Bebauungsplans, der die bisherige Nutzung des Grundstücks wegen Bestandsschutzes unberührt lässt, selbst wenn dadurch eine sinnvolle Betriebserweiterung oder -umstellung ausgeschlossen wird; bei Veräußerungen zur Durchführung erforderlicher Maßnahmen zur Strukturanpassung kann aber eine Gewinnverwirklichung unter den Voraussetzungen der §§ 6b, 6c EStG vermieden werden (→ BFH vom 14. 11. 1990 – BStBl 1991 II S. 222),

– bei Veräußerung infolge einer wirtschaftlichen Zwangslage, selbst wenn die Unterlassung der Veräußerung unter Berücksichtigung aller Umstände eine wirtschaftliche Fehlmaßnahme gewesen wäre (→ BFH vom 20. 8. 1964 – BStBl III S. 504),

– bei Tausch von Grundstücken oder Veräußerung eines Grundstücks und Erwerb eines Ersatzgrundstücks, wenn lediglich ein gewisses öffentliches Interesse an den Maßnahmen besteht (→ BFH vom 29. 3. 1979 – BStBl II S. 412).

Höhere Gewalt

ist zu bejahen

– bei Abriss eines Gebäudes wegen erheblicher, kurze Zeit nach der Fertigstellung auftretender Baumängel (→ BFH vom 18. 9. 1987 – BStBl 1988 II S. 330),

– bei Ausscheiden eines Wirtschaftsgutes infolge eines unverschuldet erlittenen Verkehrsunfalls (→ BFH vom 14. 10. 1999 – BStBl 2001 II S. 130); → auch R 6.6 Abs. 2 Satz 1.

ist zu verneinen

– bei Unbrauchbarwerden einer Maschine infolge eines Material- oder Konstruktionsfehlers oder eines Bedienungsfehlers (→ BFH vom 15. 5. 1975 – BStBl II S. 692).

R 6.6 (3) **Übertragung aufgedeckter stiller Reserven**

(3) [1]Bei einem ausgeschiedenen Betriebsgrundstück mit aufstehendem Gebäude können beim Grund und Boden und beim Gebäude aufgedeckte stille Reserven jeweils auf neu angeschafften Grund und Boden oder auf ein neu angeschafftes oder hergestelltes Gebäude übertragen werden. [2]Soweit eine Übertragung der bei dem Grund und Boden aufgedeckten stillen Reserven auf die Anschaffungskosten des erworbenen Grund und Bodens nicht möglich ist, können die stillen Reserven auf die Anschaffungs- oder Herstellungskosten des Gebäudes übertragen werden. [3]Entsprechendes gilt für die bei dem Gebäude aufgedeckten stillen Reserven.

H 6.6 (3)   **Hinweise**

Buchwert

Wegen des Begriffs Buchwert → R 6b.1 Abs. 3.

Mehrentschädigung

Scheidet ein Wirtschaftsgut gegen Barzahlung und gegen Erhalt eines Ersatzwirtschaftsguts aus dem Betriebsvermögen aus oder wird die für das Ausscheiden eines Wirtschaftsguts erhaltene Entschädigung nicht in voller Höhe zur Beschaffung eines Ersatzwirtschaftsguts verwendet, dürfen die aufgedeckten stillen Reserven nur anteilig auf das Ersatzwirtschaftsgut übertragen werden (→ BFH vom 3. 9. 1957 – BStBl III S. 386).

Beispiel:

Letzter Buchwert des ausgeschiedenen Wirtschaftsguts	30 000 €
Entschädigung oder Gegenleistung für das ausgeschiedene Wirtschaftsgut	
(Wert des Ersatzwirtschaftsguts zuzüglich der erhaltenen Barzahlung)	50 000 €
Aufgedeckte stille Reserven	20 000 €
Anschaffungs- oder Herstellungskosten des Ersatzwirtschaftsguts	40 000 €
Zu übertragende stille Reserven anteilig	

$$\frac{20\,000 \times 40\,000}{50\,000} \qquad\qquad 16\,000\,€$$

Das Ersatzwirtschaftsgut wird angesetzt mit (40 000 € – 16 000 € =) 24 000 €
Steuerpflichtiger Gewinn in Höhe der nicht übertragbaren stillen Reserven
(20 000 € – 16 000 € =) 4 000 €

Teilwertabschreibung

Eine Teilwertabschreibung auf das Ersatzwirtschaftsgut ist nur möglich, wenn der nach der Übertragung der stillen Reserven verbleibende Betrag höher ist als der Teilwert (→ BFH vom 5. 2. 1981 – BStBl II S. 432).

Übertragung aufgedeckter stiller Reserven

Die zu übertragenden stillen Reserven bemessen sich auch dann nach dem Unterschied zwischen der Entschädigung und dem Buchwert des ausgeschiedenen Wirtschaftsguts, wenn die Entschädigung höher ist als der Teilwert (→ BFH vom 9. 12. 1982 – BStBl 1983 II S. 371).

Vorherige Anschaffung

Die Gewinnverwirklichung wegen eines behördlichen Eingriffs kann auch vermieden werden, wenn das Ersatzwirtschaftsgut vor dem Eingriff angeschafft oder hergestellt wurde. Erforderlich ist jedoch ein ursächlicher Zusammenhang zwischen Veräußerung und Ersatzbeschaffung (→ BFH vom 12. 6. 2001 – BStBl II S. 830).

Rücklage für Ersatzbeschaffung — R 6.6 (4)

(4) [1]Soweit am Schluss des Wirtschaftsjahres, in dem das Wirtschaftsgut aus dem Betriebsvermögen ausgeschieden ist, noch keine Ersatzbeschaffung vorgenommen wurde, kann in Höhe der aufgedeckten stillen Reserven eine steuerfreie Rücklage gebildet werden, wenn zu diesem Zeitpunkt eine Ersatzbeschaffung ernstlich geplant und zu erwarten ist. [2]Die Nachholung der Rücklage für Ersatzbeschaffung in einem späteren Wirtschaftsjahr ist nicht zulässig. [3]Eine Rücklage, die auf Grund des Ausscheidens eines beweglichen Wirtschaftsgutes gebildet wurde, ist am Schluss des ersten auf ihre Bildung folgenden Wirtschaftsjahres gewinnerhöhend aufzulösen, wenn bis dahin ein Ersatzwirtschaftsgut weder angeschafft **noch** hergestellt worden ist. [4]Die Frist von einem Jahr **verlängert** sich bei einer Rücklage, die auf Grund des Ausscheidens eines **Wirtschaftsgutes i. S. d. § 6b Abs. 1 Satz 1 EStG** gebildet wurde, **auf vier Jahre; bei neu hergestellten Gebäuden verlängert sich die Frist auf sechs Jahre**. [5]Die Frist von einem **Jahr** kann im Einzelfall angemessen **auf bis zu vier Jahre** verlängert werden, wenn der Stpfl. glaubhaft macht, dass die Ersatzbeschaffung noch ernstlich geplant und zu erwarten ist, aber aus besonderen Gründen noch nicht durchgeführt werden konnte. [6]*Eine Verlängerung auf bis zu sechs Jahre ist möglich, wenn die Ersatzbeschaffung im Zusammenhang mit der Neuherstellung eines Gebäudes i. S. d. Satzes 4 2. Halbsatz erfolgt.* [7]*Zur Erfüllung der Aufzeichnungspflichten nach § 5 Abs. 1 Satz 2 EStG ist bei der Bildung der steuerfreien Rücklage der Ansatz in der Steuerbilanz ausreichend.* [8]Im Zeitpunkt der Ersatzbeschaffung ist die Rücklage durch Übertragung auf die Anschaffungs- oder Herstellungskosten des Ersatzwirtschaftsguts aufzulösen. [9]Absatz 3 gilt entsprechend.

Hinweise — H 6.6 (4)

Betriebsaufgabe/Betriebsveräußerung

Wegen der Besteuerung eines Gewinns aus der Auflösung einer Rücklage für Ersatzbeschaffung anlässlich der Veräußerung oder Aufgabe eines Betriebs → H 16 (9) Rücklage.

Gewinnermittlung nach § 4 Abs. 3 EStG — R 6.6 (5)

(5) [1]Die vorstehenden Grundsätze gelten bei Gewinnermittlung durch Einnahmenüberschussrechnung sinngemäß. [2]Ist die Entschädigungsleistung höher als der im Zeitpunkt des Ausscheidens noch nicht abgesetzte Teil der Anschaffungs- oder Herstellungskosten, kann der darüber hinausgehende Betrag im Wirtschaftsjahr der Ersatzbeschaffung von den Anschaffungs- oder Herstellungskosten des Ersatzwirtschaftsgutes sofort voll abgesetzt werden. [3]Fließt die Entschädigungsleistung nicht in dem Wirtschaftsjahr zu, in dem der Schaden entstanden ist, ist es aus Billigkeitsgründen nicht zu beanstanden, wenn der Stpfl. den noch nicht abgesetzten Betrag der Anschaffungs- oder Herstellungskosten des ausgeschiedenen Wirtschaftsgutes in dem Wirtschafts-

jahr berücksichtigt, in dem die Entschädigung geleistet wird. [4]Wird der Schaden nicht in dem Wirtschaftsjahr beseitigt, in dem er eingetreten ist oder in dem die Entschädigung gezahlt wird, ist es aus Billigkeitsgründen auch nicht zu beanstanden, wenn sowohl der noch nicht abgesetzte Betrag der Anschaffungs- oder Herstellungskosten des ausgeschiedenen Wirtschaftsgutes als auch die Entschädigungsleistung erst in dem Wirtschaftsjahr berücksichtigt werden, in dem der Schaden beseitigt wird. [5]Voraussetzung ist, dass die Anschaffung oder Herstellung eines Ersatzwirtschaftsgutes am Schluss des Wirtschaftsjahrs, in dem der Schadensfall eingetreten ist, ernstlich geplant und zu erwarten ist und das Ersatzwirtschaftsgut bei beweglichen Gegenständen bis zum Schluss des ersten, *bei Wirtschaftsgütern i. S. d. § 6b Abs. 1 Satz 1 EStG* bis zum Schluss des *vierten und bei neu hergestellten Gebäuden bis zum Schluss des sechsten* Wirtschaftsjahres, das auf das Wirtschaftsjahr des Eintritts des Schadensfalles folgt, angeschafft oder hergestellt oder bestellt worden ist. [6]Absatz 4 Satz 5 *und 6* gilt entsprechend.

H 6.6 (5)   **Hinweise**

Wechsel der Gewinnermittlungsart

Eine Rücklage für Ersatzbeschaffung kann auch fortgeführt werden, wenn der Stpfl. von der Gewinnermittlung durch Betriebsvermögensvergleich zur Einnahmenüberschussrechnung übergeht (→ BFH vom 29. 4. 1999 – BStBl II S. 488).

R 6.6 (6)   **Gewinnermittlung nach Durchschnittssätzen**

(6) Wird der Gewinn nach Durchschnittssätzen gem. § 13a EStG ermittelt, sind das zwangsweise Ausscheiden von Wirtschaftsgütern und die damit zusammenhängenden Entschädigungsleistungen auf Antrag nicht zu berücksichtigen, wenn eine Ersatzbeschaffung zeitnah vorgenommen wird; die Fristen in Absatz 4 Satz 3 *bis 6* gelten entsprechend.

R 6.6 (7)   **Beschädigung**

(7) [1]Erhält der Stpfl. für ein Wirtschaftsgut, das infolge höherer Gewalt oder eines behördlichen Eingriffs beschädigt worden ist, eine Entschädigung, kann in Höhe der Entschädigung eine Rücklage gebildet werden, wenn das Wirtschaftsgut erst in einem späteren Wirtschaftsjahr repariert wird. [2]Die Rücklage ist im Zeitpunkt der Reparatur in voller Höhe aufzulösen. [3]Ist die Reparatur *bei beweglichen Gegenständen* am Ende des *ersten und bei Wirtschaftsgütern i. S. d. § 6b Abs. 1 Satz 1 EStG Ende des vierten* auf die Bildung der Rücklage folgenden Wirtschaftsjahres noch nicht *durchgeführt*, erfolgt, ist die Rücklage zu diesem Zeitpunkt aufzulösen. [4]Absatz 4 Satz 5 *und 7 gilt* entsprechend.

H 6.6 (7)   **Hinweise**

Beispiel für den Fall der Beschädigung

Beschädigung des Wirtschaftsgutes im Jahr 01, Versicherungsleistung auf Grund der Beschädigung im Jahr 01 50 000 €; Schadensbeseitigung im Jahr 02, Reparaturaufwand 49 000 €.

Rücklage für Ersatzbeschaffung im Jahr 01 (Entschädigung 50 000 €)	50 000 €
Reparaturaufwand im Jahr 02	49 000 €
Erfolgswirksame Rücklagenauflösung im Jahr 02 in voller Höhe	50 000 €
Steuerpflichtiger Gewinn	1 000 €

Gewinnübertragung

Wegen der Gewinne, die bei der Veräußerung bestimmter Anlagegüter entstanden und nach § 6b oder § 6c EStG begünstigt sind, auch → auch R 6b.1 bis R 6c.

R 6.7   **6.7. Teilwert**

S 2171b   [1]Der Teilwert kann nur im Wege der → Schätzung nach den Verhältnissen des Einzelfalles ermittelt werden. [2]Zur Ermittlung des niedrigeren Teilwerts bestehen → Teilwertvermutungen. [3]Die Teilwertvermutung kann widerlegt werden. [4]Sie ist widerlegt, wenn der Stpfl. anhand konkreter Tatsachen und Umstände darlegt und nachweist, dass die Anschaffung oder Herstellung eines bestimmten Wirtschaftsgutes von Anfang an eine Fehlmaßnahme war, oder dass zwischen dem Zeitpunkt der Anschaffung oder Herstellung und dem maßgeblichen Bilanzstichtag Umstände eingetreten sind, die die Anschaffung oder Herstellung des Wirtschaftsgutes nachträglich zur Fehlmaßnahme werden lassen. [5]Die Teilwertvermutung ist auch widerlegt, wenn der Nachweis erbracht wird, dass die Wiederbeschaffungskosten am Bilanzstichtag niedriger als der vermutete Teilwert sind. [6]Der Nachweis erfordert es, dass die behaupteten Tatsachen objektiv feststellbar sind.

Hinweise   H 6.7

Abbruchabsicht

Bei der Ermittlung des Teilwerts eines Gebäudes ist die Abbruchabsicht nicht zu berücksichtigen (→ BFH vom 7. 12. 1978 – BStBl 1979 II S. 729).

Beteiligung

– Zur Bestimmung des Teilwerts einer Beteiligung → BFH vom 7. 11. 1990 (BStBl 1991 II S. 342) und vom 6. 11. 2003 (BStBl 2004 II S. 416).

– Können Wechselkursverluste für Fremdwährungsdarlehen der Tochtergesellschaft bei der Klägerin zu einer eine Teilwertabschreibung rechtfertigenden dauernden Wertminderung der Beteiligung führen?

   → Schleswig-Holsteinisches Finanzgericht vom 7. 6. 2012 (1 K 130/09) – Rev. – I R 53/12

Duales System Deutschland GmbH; Bewertung von geleisteten Vorauszahlungen und Einlagen

Eine Teilwertabschreibung auf eine Vorauszahlung für künftige Leistungen ist nicht zulässig, wenn der Leistungserbringer nicht offensichtlich überschuldet ist und zudem er seinen Geschäftsbetrieb voraussichtlich beibehalten wird → Fachnachrichten-IDW 10/2005, S. 653 mit Verweis auf Nieders. FG vom 9. 12. 2004 – EFG 2005, S. 1102).

Einlage

Teilwert bei Einlage im Zusammenhang mit einer Betriebseröffnung
→ H 6.12 (Teilwert)
→ BFH vom 29. 4. 1999 (BStBl 2004 II S. 639)

Ersatzteile im Kfz-Handel

→ BFH vom 24. 2. 1994 (BStBl II S. 514):

Grundsätzlich sind Wirtschaftsgüter des Umlaufvermögens, zu denen auch die Ersatzteilvorräte gehören, mit den tatsächlichen Anschaffungs- oder Herstellungskosten anzusetzen; statt der Anschaffungs- oder Herstellungskosten kann der niedrigere Teilwert angesetzt werden (§ 6 Abs. 1 Nr. 2 EStG). Bei Kaufleuten, die den Gewinn nach den handelsrechtlichen Grundsätzen ordnungsmäßiger Buchführung ermitteln, muss der niedrigere Teilwert angesetzt werden (§ 5 Abs. 1 EStG, § 253 Abs. 3 Sätze 1 und 2 HGB).   *(Anhang 13)*

Der Teilwert von zum Absatz bestimmten Waren und sonstigen Vorräten hängt nicht nur von ihren Wiederbeschaffungskosten, sondern auch von ihrem voraussichtlichen Veräußerungserlös ab. Deckt dieser Preis nicht mehr die Selbstkosten der Waren zuzüglich eines durchschnittlichen Unternehmergewinns, so sind die Anschaffungskosten um den Fehlbetrag zu mindern. Bei Waren und sonstigen Vorräten spricht jedoch nach ständiger Rechtsprechung des BFH zunächst eine Vermutung dafür, dass ihr Teilwert im Zeitpunkt der Anschaffung den Anschaffungskosten, später den Wiederbeschaffungskosten entspricht. Sind die Wiederbeschaffungskosten der Waren nicht gesunken, ist deshalb zu vermuten, dass der Teilwert nicht niedriger als die ursprünglichen Anschaffungskosten ist. Begehrt der Stpfl. den Ansatz des niedrigeren Teilwerts, muss er diese Vermutung entkräften, indem er Umstände darlegt und ggf. beweist, die die behauptete Wertminderung belegen. Er trägt die Feststellungslast für die steuermindernden Tatsachen. Das hat zur Folge, dass eine Bemessung des Teilwerts unter den Anschaffungs- oder Herstellungskosten nicht möglich ist, wenn die von ihm behaupteten Tatsachen nicht feststellbar sind.

Fehlmaßnahme

Eine Fehlmaßnahme liegt unabhängig von der Ertragslage des Betriebs vor, wenn der wirtschaftliche Nutzen der Anschaffung oder Herstellung eines Wirtschaftsgutes bei objektiver Betrachtung deutlich hinter dem für den Erwerb oder die Herstellung getätigten Aufwand zurückbleibt und demgemäß dieser Aufwand so unwirtschaftlich war, dass er von einem gedachten Erwerber des gesamten Betriebs im Kaufpreis nicht honoriert würde (→ BFH vom 20. 5. 1988 – BStBl 1989 II S. 269).

→ Überpreis

Forderungen

– Der Wertberichtigung von Forderungen steht nicht entgegen, dass sie nach dem Tage der Bilanzerstellung (teilweise) erfüllt worden sind und der Gläubiger den Schuldner weiterhin beliefert hat (→ BFH vom 20. 8. 2003 – BStBl II S. 941).

– Bei Forderungen aus Schuldscheindarlehen kann im Allgemeinen aus dem Anstieg der Marktzinsen nicht auf einen unter den Anschaffungskosten liegenden Teilwert geschlossen werden (→ BFH vom 19. 5. 1998 – BStBl 1999 II S. 277).

– Gekündigte Darlehensforderungen, bei denen Erlöse nur noch aus der Verwertung der Sicherheiten aber nicht mehr aus Zinszahlungen zu erwarten sind, sind im Rahmen einer Teilwertabschreibung auf den Betrag der voraussichtlichen Erlöse zu vermindern und auf den Zeitpunkt abzuzinsen, zu dem mit dem Eingang der Erlöse zu rechnen ist (→ BFH vom 24. 10. 2006 – BStBl 2007 II S. 469).

– Bei einer eingeschränkten Solvenz des Schuldners eines ungekündigten Darlehens hängt die Abzinsung vom Umfang der noch zu erwartenden Teilleistungen ab (→ BFH vom 24. 10. 2006 – BStBl 2007 II S. 469).

– Der Teilwert einer Forderung des Besitzunternehmens gegen die Betriebsgesellschaft kann nur nach den Maßstäben abgeschrieben werden, die für die Teilwertberichtigung der Beteiligung am Betriebsunternehmen durch das Besitzunternehmen bestehen; es ist eine Gesamtbetrachtung der Ertragsaussichten von Besitz- und Betriebsunternehmen notwendig (→ BFH vom 14. 10. 2009 – BStBl 2010 II S. 274).

– Ist der Teilwert einer Forderung auf in Raten auszuzahlende Investitionszuschüsse der öffentlichen Hand für die Sanierung eines Gebäudes um den für die Vorfinanzierung der geförderten Baumaßnahmen tatsächlich angefallenen Zinsaufwand zu berichtigen?
  → FG Sachsen-Anhalt vom 27. 5. 2010 (1 K 1303/06) – Rev. – IV R 30/10

Güterfernverkehrsgenehmigungen

Steuerliche Behandlung entgeltlich erworbener Güterfernverkehrsgenehmigungen; Teilwertabschreibung → BMF vom 12. 3. 1996 (BStBl I S. 372)

Halbfertige Bauten auf fremdem Grund und Boden

– Halbfertige Bauten auf fremdem Grund und Boden sind mit den Herstellungskosten der halbfertigen Arbeiten anzusetzen. Bei der Einbringung zum gemeinen Wert oder Zwischenwerten nach dem UmwStG gehören zum gemeinen Wert halbfertiger Arbeiten auch darin enthaltene anteilige Gewinne (→ BFH vom 10. 7. 2002 – BStBl II S. 784).

– Eine → Teilwertabschreibung auf halbfertige Bauten auf fremdem Grund und Boden ist hinsichtlich des gesamten Verlusts aus dem noch nicht abgewickelten Auftrag bis zur Höhe der aktivierten Herstellungskosten zulässig und nicht auf den dem jeweiligen Fertigungsstand entsprechenden Anteil begrenzt. Die Höhe der Teilwertabschreibung ist nach der retrograden Bewertungsmethode (→ H 6.8) zu ermitteln. Eine → Teilwertabschreibung ist regelmäßig nicht zulässig, wenn

  – die Verpflichtung zur Fertigstellung des Bauvorhabens entfallen ist,

  – selbständige Teilleistungen abgenommen werden oder

  – die Aufträge bewusst verlustbringend kalkuliert werden (→ BFH vom 7. 9. 2005 – BStBl 2006 II S. 298); → Verlustprodukte.

→ H 6.1

Investitionszuschüsse

mindern grundsätzlich nicht den Teilwert der bezuschussten Wirtschaftsgüter (→ BFH vom 19. 7. 1995 – BStBl 1996 II S. 28).

Lagervorräte – Wertberichtigung unter dem Gesichtspunkt der Gängigkeit

Es ist die Frage gestellt worden, ob eine Wertberichtigung auf weiterhin benötigte und brauchbare Lagervorräte (Ersatzteile) auf Grund der langen Lagerdauer zulässig ist.

In Übereinstimmung mit dem Bundesministerium der Finanzen und den obersten Finanzbehörden der Länder wird hierzu die Auffassung vertreten, dass Lagervorräte einer Wertberichtigung allein unter dem Gesichtspunkt der geringen Umschlagshäufigkeit nicht zugänglich sind, da den Vorräten unter Teilwertgesichtspunkten kein geringerer Wert beizumessen ist. Eine Wertberichtigung kann danach grundsätzlich nur auf andere, den Teilwert mindernde Umstände wie z. B. technische Überalterung, Beschädigungen u. Ä. gestützt werden (→ OFD Frankfurt vom 17. 7. 1997 – DB 1997 S. 1795).

Land- und forstwirtschaftlich genutzter Grund und Boden

Nach dem BMF-Schreiben vom 25. 2. 2000 (BStBl I S. 372) ist das Tatbestandsmerkmal der dauerhaften Wertminderung in § 6 Abs. 1 Nr. 1 und 2 EStG so zu verstehen, dass ein Wertansatz unterhalb der Bewertungsobergrenze nicht gerechtfertigt ist, wenn lediglich eine auf allgemeine Preisschwankungen gestützte Wertminderung vorliegt (Rdnr. 15). Bei landwirtschaftlich genutzten Grundstücken ist in der Zeit zwischen 1984 und 1994 ein erheblicher Preisrückgang eingetreten. Daraufhin sind zahlreiche Teilwertabschreibungen für den landwirtschaftlichen Grund und Boden vorgenommen worden. {Anhang 5}

Soweit dieser nachhaltige Preisrückgang noch nicht wieder aufgeholt ist, sind die von 1984 bis 1994 deshalb vorgenommenen Teilwertabschreibungen nach dem Ergebnis der Erörterungen der obersten Finanzbehörden des Bundes und der Länder auf Grund einer dauerhaften Wertminderung vorgenommen worden und von der Finanzverwaltung anzuerkennen. Hat sich der Wert des landwirtschaftlichen Grundstücks, für das eine Teilwertabschreibung vorgenommen worden ist, inzwischen wieder erhöht, so ist diese Werterhöhung vom Wirtschaftsjahr 1998/99 an bis zum Erreichen der Bewertungsobergrenze steuerlich zu erfassen (vgl. Rdnr. 34 des BMF-Schreibens vom 25. 2. 2000).

→ Erlass des Niedersächsischen Finanzministeriums vom 18. 6. 2002 (DB 2002, S. 1348)

Pauschalwertberichtigung bei Kreditinstituten

→ BMF vom 10. 1. 1994 (BStBl I S. 98)

→ BMF vom 9. 5. 1995 (DStR 1995 S. 1508)

→ BMF vom 26. 11. 1996 (BStBl I S. 1438).

Retrograde Wertermittlung

Bei der retrograden Ermittlung des Teilwerts von Wirtschaftsgütern können nach dem Bilanzstichtag entstehende Selbstkosten nur insoweit berücksichtigt werden, als auch ein gedachter Erwerber sie berechtigterweise geltend machen könnte (→ BFH vom 9. 11. 1994 – BStBl 1995 II S. 336).

→ H 6.8 (Retrograde Bewertungsmethode)

Schätzung

Im Rahmen der Schätzung des Teilwerts gelten die Wiederbeschaffungskosten als Ober- und der Einzelveräußerungspreis als Untergrenze (→ BFH vom 25. 8. 1983 – BStBl 1984 II S. 33).

Entnimmt ein Stpfl. eine zum Betriebsvermögen gehörende Eigentumswohnung, liegt steuerrechtlich die Entnahme zweier Wirtschaftsgüter vor (Grund- und Bodenanteil und Gebäudeanteil). Dies schließt die Anwendung des Vergleichsverfahrens zur Ermittlung des Teilwerts aus. Der Teilwert des Grund- und Bodenanteils und der Teilwert des Gebäudeanteils sind vielmehr getrennt zu ermitteln. Für die Wertermittlung ist das Sachwertverfahren heranzuziehen (→ FG Düsseldorf vom 12. 6. 1997 – EFG 1997 S. 1302).

Teilwertabschreibung

– Zur Neuregelung der Teilwertabschreibung durch das Steuerentlastungsgesetz 1999/2000/2002 → BMF vom 25. 2. 2000 (BStBl I S. 372) unter Berücksichtigung der Änderungen durch BMF vom 26. 3. 2009 (BStBl I S. 514) *und vom 10. 9. 2012 (BStBl I S. 939).*

– *Zur voraussichtlich dauernden Wertminderung bei festverzinslichen Wertpapieren im Umlaufvermögen; Anwendung der Grundsätze des BFH-Urteils vom 8. 6. 2011 (BStBl 2012 II S. 716) → BMF vom 10. 9. 2012 (BStBl I S. 939).* {Anhang 9 VI 4}

Anhang 5
- Die Teilwertabschreibung hat gegenüber der Drohverlustrückstellung Vorrang. Das Verbot der Rückstellungen für drohende Verluste (→ § 5 Abs. 4a EStG) erfasst nur denjenigen Teil des Verlustes, der durch die Teilwertabschreibung nicht verbraucht ist (→ BFH vom 7. 9. 2005 – BStBl 2006 II S. 298).
- Keine Teilwertabschreibung bei Einnahmenüberschussrechnung (→ BFH vom 21. 6. 2006 – BStBl II S. 712).
- Zur Teilwertabschreibung bei börsennotierten Aktien im Anlagevermögen → BMF vom 26. 3. 2009 (BStBl I S. 514).
- Zur Teilwertabschreibung schadstoffbelasteter Grundstücke → BMF vom 11. 5. 2010 (BStBl I S. 495).
- Zur Anwendung des Teileinkünfteverfahrens bei Teilwertabschreibungen auf Darlehensforderungen → BMF vom 8. 11. 2010 (BStBl I S. 1292)
- → H 17 (8) Einlage einer wertgeminderten Beteiligung

- Teilwertabschreibungen auf den Grund und Boden → OFD Frankfurt vom 15. 10. 2003 – S 2230 A – 71 – St II 2.01).

Teilwertbegriff

Der Teilwert ist ein ausschließlich objektiver Wert, der von der Marktlage am Bilanzstichtag bestimmt wird; es ist unerheblich, ob die Zusammensetzung und Nutzbarkeit eines Wirtschaftsgutes von besonderen Kenntnissen und Fertigkeiten des Betriebsinhabers abhängt (→ BFH vom 31. 1. 1991 – BStBl II S. 627).

Teilwertvermutungen

1. Im Zeitpunkt des Erwerbs oder der Fertigstellung eines Wirtschaftsgutes entspricht der Teilwert den Anschaffungs- oder Herstellungskosten (→ BFH vom 13. 4. 1988 – BStBl II S. 892; nicht ohne weiteres anwendbar bei Erwerb eines Unternehmens oder Mitunternehmeranteils → BFH vom 6. 7. 1995 – BStBl II S. 831).
2. Bei nicht abnutzbaren Wirtschaftsgütern des Anlagevermögens entspricht der Teilwert auch zu späteren, dem Zeitpunkt der Anschaffung oder Herstellung nachfolgenden Bewertungsstichtagen den Anschaffungs- oder Herstellungskosten (→ BFH vom 21. 7. 1982 – BStBl II S. 758).
3. Bei abnutzbaren Wirtschaftsgütern des Anlagevermögens entspricht der Teilwert zu jedem, dem Zeitpunkt der Anschaffung oder Herstellung nachfolgenden Bewertungsstichtagen den um die lineare AfA verminderten Anschaffungs- oder Herstellungskosten (→ BFH vom 30. 11. 1988 – BStBl 1989 II S. 183).
4. Bei Wirtschaftsgütern des Umlaufvermögens entspricht der Teilwert grundsätzlich den Wiederbeschaffungskosten. Der Teilwert von zum Absatz bestimmten Waren hängt jedoch von deren voraussichtlichem Veräußerungserlös (Börsen- oder Marktpreis) ab (→ BFH vom 27. 10. 1983 – BStBl 1984 II S. 35).
5. Der Teilwert einer Beteiligung entspricht im Zeitpunkt ihres Erwerbs den Anschaffungskosten. Für ihren Wert sind nicht nur die Ertragslage und die Ertragsaussichten, sondern auch der Vermögenswert und die funktionale Bedeutung des Beteiligungsunternehmens, insbesondere im Rahmen einer Betriebsaufspaltung, maßgebend (→ BFH vom 6. 11. 2003 – BStBl 2004 II S. 416).

Überpreis

Die → Teilwertvermutung gilt auch bei Zahlung eines Überpreises. Ein beim Erwerb eines Grundstücks gezahlter Überpreis rechtfertigt allein keine Teilwertabschreibung auf den niedrigeren Vergleichswert zu einem späteren Bilanzstichtag. Eine Berufung auf eine → Fehlmaßnahme allein im Hinblick auf die Zahlung eines Überpreises ist ausgeschlossen. Der Überpreis nimmt jedoch an einer aus anderen Gründen gerechtfertigten Teilwertabschreibung in dem Verhältnis teil, das dem gegenüber dem Anschaffungszeitpunkt gesunkenen Vergleichswert entspricht (→ BFH vom 7. 2. 2002 – BStBl I S. 294).

Unrentabler Betrieb

Zur Abschreibung auf den niedrigeren Teilwert bei unrentablem Betrieb → BFH vom 1. 3. 1994 (BStBl II S. 569) und vom 20. 9. 1989 (BStBl 1990 II S. 206).

Verlustprodukte

Eine Teilwertabschreibung ist bei sog. „bewussten Verlustprodukten" jedenfalls dann nicht zulässig, wenn das Unternehmen Gewinne erzielt (→ BFH vom 29. 4. 1999 – BStBl II S. 681).

Vorzugspreise einer Gemeinde

Bei der Ermittlung des Teilwerts eines Grundstücks sind Vorzugspreise, die eine Gemeinde Erwerbern vergleichbarer Grundstücke aus ansiedlungspolitischen Gründen einräumt, nur zu berücksichtigen, wenn die Gemeinde dadurch nachhaltig, über längere Zeit und mit in etwa gleichbleibenden Beträgen in das Marktgeschehen eingreift, so dass zum Bilanzstichtag auch andere Eigentümer ihre Grundstücke nicht teurer verkaufen können (→ BFH vom 8. 9. 1994 – BStBl 1995 II S. 309).

Wertaufholungsgebot

Zur Einführung des Wertaufholungsgebots durch das Steuerentlastungsgesetz 1999/2000/2002 → BMF vom 25. 2. 2000 (BStBl I S. 372) unter Berücksichtigung der Änderungen durch BMF vom 26. 3. 2009 (BStBl I S. 514) *und vom 10. 9. 2012 (BStBl I S. 939).*

→ H 6.2 (Wertaufholungsgebot bei Beteiligungen)

Anhang 5

> Das durch das StEntlG 1999/2000/2002 vom 24. 3. 1999 (BGBl. I S. 402) eingeführte Wertaufholungsgebot verstößt auch insoweit nicht gegen die Verfassung, als davon Teilwertabschreibungen erfasst werden, die mehr als zehn Jahre vor Inkrafttreten der Gesetzesänderung vorgenommen worden waren (→ BFH vom 25. 2. 2010 – BStBl II S. 784).

Wiederbeschaffungskosten

umfassen auch die Anschaffungsnebenkosten (→ BFH vom 29. 4. 1999 – BStBl 2004 II S. 639).

Zeitpunkt der Teilwertabschreibung

Eine Teilwertabschreibung kann nur zum Bilanzstichtag und nicht auf einen beliebigen Tag zwischen zwei Bilanzstichtagen vorgenommen werden (BFH vom 5. 2. 1981 – BStBl II S. 432).

6.8. Bewertung des Vorratsvermögens

R 6.8

Niedrigerer Teilwert

S 2174

(1) [1]Wirtschaftsgüter des Vorratsvermögens, insbesondere Roh-, Hilfs- und Betriebsstoffe, unfertige und fertige Erzeugnisse sowie Waren, sind nach § 6 Abs. 1 Nr. 2 EStG mit ihren Anschaffungs- oder Herstellungskosten (→ R 6.2 und R 6.3) anzusetzen. [2]Ist der Teilwert (→ R 6.7) am Bilanzstichtag auf Grund einer voraussichtlich dauernden Wertminderung niedriger, kann dieser angesetzt werden. *[3]Die Vornahme einer außerplanmäßigen Abschreibung in der Handelsbilanz ist nicht zwingend in der Steuerbilanz durch eine Teilwertabschreibung nachzuvollziehen; der Stpfl. kann darauf auch verzichten. [4]Bei einer Abweichung von der Handelsbilanz sind die Wirtschaftsgüter in besondere, laufend zu führende Verzeichnisse aufzunehmen (§ 5 Abs. 1 Satz 2 EStG).*

(2) [1]Der Teilwert von Wirtschaftsgütern des Vorratsvermögens, deren Einkaufspreis am Bilanzstichtag unter die Anschaffungskosten gesunken ist, deckt sich in der Regel mit deren Wiederbeschaffungskosten am Bilanzstichtag, und zwar auch dann, wenn mit einem entsprechenden Rückgang der Verkaufspreise nicht gerechnet zu werden braucht. [2]Bei der Bestimmung des Teilwerts von nicht zum Absatz bestimmten Vorräten (z. B. → Ärztemuster) kommt es nicht darauf an, welcher Einzelveräußerungspreis für das jeweilige Wirtschaftsgut erzielt werden könnte. [3]Sind Wirtschaftsgüter des Vorratsvermögens, die zum Absatz bestimmt sind, durch Lagerung, Änderung des modischen Geschmacks oder aus anderen Gründen im Wert gemindert, ist als niedrigerer Teilwert der Betrag anzusetzen, der von dem voraussichtlich erzielbaren Veräußerungserlös nach Abzug des durchschnittlichen Unternehmergewinns und des nach dem Bilanzstichtag noch anfallenden betrieblichen Aufwands verbleibt. [4]Im Regelfall kann davon ausgegangen werden, dass der Teilwert dem Betrag entspricht, der sich nach Kürzung des erzielbaren Verkaufserlöses um den nach dem Bilanzstichtag noch anfallenden Teil des durchschnittlichen Rohgewinnaufschlags ergibt. [5]Soweit es dem Stpfl. auf Grund tatsächlicher Gegebenheiten des Betriebs, z. B. wegen Fehlens entsprechender Warenwirtschaftssysteme, nicht möglich ist, die für die Ermittlung des Teilwerts nach Satz 3 (sog. → Subtraktionsmethode) notwendigen Daten zu Grunde zu legen, ist es nicht zu beanstanden, wenn der Teilwert nach folgender Formel ermittelt wird (sog. → Formelmethode):

$$X = Z : (1 + Y1 + Y2 \times W).$$

[6]Dabei sind: X der zu suchende Teilwert
          Z der erzielbare Verkaufspreis
          Y1 der Durchschnittsunternehmergewinnprozentsatz (bezogen auf die Anschaffungskosten)
          Y2 der Rohgewinnaufschlagsrest
          W der Prozentsatz an Kosten, der noch nach Abzug des durchschnittlichen Unternehmergewinnprozentsatzes vom Rohgewinnaufschlagssatz nach dem Bilanzstichtag anfällt.

[7]Macht ein Stpfl. für Wertminderungen eine Teilwertabschreibung geltend, muss er die voraussichtliche dauernde Wertminderung nachweisen. [8]Dazu muss er Unterlagen vorlegen, die aus den Verhältnissen seines Betriebs gewonnen sind und die eine sachgemäße Schätzung des Teilwerts ermöglichen. [9]In der Regel sind die tatsächlich erzielten Verkaufspreise für die im Wert geminderten Wirtschaftsgüter in der Weise und in einer so großen Anzahl von Fällen nachzuweisen, dass sich daraus ein repräsentativer Querschnitt für die zu bewertenden Wirtschaftsgüter ergibt und allgemeine Schlussfolgerungen gezogen werden können. [10]Bei Wirtschaftsgütern des Vorratsvermögens, für die ein Börsen- oder Marktpreis besteht, darf dieser nicht überschritten werden, es sei denn, dass der objektive Wert der Wirtschaftsgüter höher ist oder nur vorübergehende, völlig außergewöhnliche Umstände den Börsen- oder Marktpreis beeinflusst haben; der Wertansatz darf jedoch die Anschaffungs- oder Herstellungskosten nicht übersteigen.

Einzelbewertung

(3) [1]Die Wirtschaftsgüter des Vorratsvermögens sind grundsätzlich einzeln zu bewerten. [2]Enthält das Vorratsvermögen am Bilanzstichtag Wirtschaftsgüter, die im Verkehr nach Maß, Zahl oder Gewicht bestimmt werden (vertretbare Wirtschaftsgüter) und bei denen die Anschaffungs- oder Herstellungskosten wegen Schwankungen der Einstandspreise im Laufe des Wirtschaftsjahres im Einzelnen nicht mehr einwandfrei feststellbar sind, ist der Wert dieser Wirtschaftsgüter zu schätzen. [3]In diesen Fällen stellt die Durchschnittsbewertung (Bewertung nach dem gewogenen Mittel der im Laufe des Wirtschaftsjahres erworbenen und gegebenenfalls zu Beginn des Wirtschaftsjahres vorhandenen Wirtschaftsgüter) ein zweckentsprechendes Schätzungsverfahren dar.

Gruppenbewertung

(4) [1]Zur Erleichterung der Inventur und der Bewertung können gleichartige Wirtschaftsgüter des Vorratsvermögens jeweils zu einer Gruppe zusammengefasst und mit dem gewogenen Durchschnittswert angesetzt werden. [2]Die Gruppenbildung und → Gruppenbewertung darf nicht gegen die Grundsätze ordnungsmäßiger Buchführung verstoßen. [3]Gleichartige Wirtschaftsgüter brauchen für die Zusammenfassung zu einer Gruppe (→ R 6.9 Abs. 3) nicht gleichwertig zu sein. [4]Es muss jedoch für sie ein Durchschnittswert bekannt sein. [5]Das ist der Fall, wenn bei der Bewertung der gleichartigen Wirtschaftsgüter ein ohne Weiteres feststellbarer, nach den Erfahrungen der betreffenden Branche sachgemäßer Durchschnittswert verwendet wird. [6]Macht der Stpfl. glaubhaft, dass in seinem Betrieb in der Regel die zuletzt beschafften Wirtschaftsgüter zuerst verbraucht oder veräußert werden – das kann sich z. B. aus der Art der Lagerung ergeben –, kann diese Tatsache bei der Ermittlung der Anschaffungs- oder Herstellungskosten berücksichtigt werden. [7]Zur Bewertung nach unterstelltem Verbrauchsfolgeverfahren → R 6.9.

H 6.8   **Hinweise**

Ärztemuster

Ein als unverkäuflich gekennzeichnetes Ärztemuster ist grundsätzlich mit den Herstellungskosten zu aktivieren (→ BFH vom 30. 1. 1980 – BStBl II S. 327).

Beispiele für die Bewertung von Wirtschaftsgütern des Vorratsvermögens, die durch Lagerung, Änderung des modischen Geschmacks oder aus anderen Gründen im Wert gemindert sind (R 6.8 Abs. 2 ff.).

– Subtraktionsmethode

Die Anwendung der Subtraktionsmethode setzt voraus, dass aus der Betriebsabrechnung die nach dem Bilanzstichtag bei den einzelnen Kostenarten noch jeweils anfallenden Kosten ersichtlich sind.

Beispiel:

Der Stpfl. hat einen Warenbestand einer zu bewertenden Gruppe mit Anschaffungskosten von 10 000 €. Der Rohgewinnaufschlagssatz für diese Warengruppe beträgt 100 %. Der noch erzielbare Verkaufspreis beträgt 40 % des ursprünglichen Verkaufspreises (40 % von 20 000 € = 8 000 €). Der durchschnittliche Unternehmergewinn beträgt 5 % des noch erzielbaren Verkaufspreises (= 400 €). Nach dem Bilanzstichtag fallen ausweislich der Betriebsabrechnung noch

70 % der betrieblichen Kosten an. Die betrieblichen Kosten errechnen sich ausgehend von dem ursprünglich geplanten Verkaufspreis (20 000 €), der um die Anschaffungskosten und den durchschnittlichen Unternehmergewinn, bezogen auf den ursprünglichen Verkaufspreis (5 % von 20 000 € = 1 000 €), vermindert wird.

Niedriger Teilwert = voraussichtlich erzielbarer Verkaufserlös ./. durchschnittlicher Unternehmergewinn ./. des nach dem Bilanzstichtag noch anfallenden betrieblichen Aufwands

$X = 8\,000\,€\ ./.\ 400\,€\ ./.\ 70\ \%$ von 9 000 € (ursprünglicher Verkaufspreis 20 000 € ./. durchschnittlicher Unternehmergewinn 1 000 € ./. Anschaffungskosten 10 000 €)

$X = 8\,000\,€\ ./.\ 400\,€\ ./.\ 6\,300\,€$

$X = 1\,300\,€$

– Formelmethode

In den Fällen, in denen der Stpfl. keine Betriebsabrechnung hat, die die für die Ermittlung des Teilwerts nach der Subtraktionsmethode notwendigen Daten liefert, ist es nicht zu beanstanden, die Formelmethode zu Grunde zu legen.

Beispiel:

Der Stpfl. hat einen Warenbestand einer zu bewertenden Gruppe mit Anschaffungskosten von 10 000 €. Sein durchschnittlicher Rohgewinnaufschlagssatz beträgt 150 % der Anschaffungskosten. Der noch erzielbare Verkaufspreis beträgt 75 % des ursprünglichen Verkaufspreises (75 % von 25 000 € = 18 750 €). Der durchschnittliche Unternehmergewinn beträgt 5 % des ursprünglichen Verkaufspreises, das entspricht 12,5 % der Anschaffungskosten. Die nach dem Bilanzstichtag noch anfallenden betrieblichen Kosten, d. h. der dann noch anfallende Kostenanteil des ursprünglichen Rohgewinnaufschlagsatzes ohne den hierin enthaltenen Gewinnanteil, werden mit 60 % geschätzt.

$X = 18\,750\,€ : (1 + 12,5\ \% + 137,5\ \% \times 60\ \%)$

$X = 18\,750\,€ : (1 + 0,125 + 0,825)$

$X = 18\,750\,€ : 1,95$

$X = 9\,615\,€$

Ersatzteile im Kfz-Handel

→ H 6.7

Festwert

Begriff und Zulässigkeit → § 240 Abs. 3 i. V. m. § 256 Satz 2 HGB   Anhang 13

Ansatzvoraussetzungen und Bemessung → BMF vom 8. 3. 1993 (BStBl I S. 276).   Anhang 5

Bestandsaufnahme und Wertanpassung → R 5.4 Abs. 3 Satz 2 bis 5

→ H 5.4

Der Festwert darf nur der Erleichterung der Inventur und der Bewertung, nicht jedoch dem Ausgleich von Preisschwankungen, insbesondere Preissteigerungen, dienen (→ BFH vom 1. 3. 1955 – BStBl III S. 144 und vom 3. 3. 1955 – BStBl III S. 222).

Gruppenbewertung

→ § 240 Abs. 4 i. V. m. § 256 Satz 2 HGB   Anhang 13

Retrograde Bewertungsmethode

Die verlustfreie Bewertung von Waren und sonstigem Vorratsvermögen ist nicht auf die Bewertung großer Warenlager beschränkt, bei denen es technisch schwierig ist, die Wareneinstandspreise im Einzelnen zu ermitteln, sie kann auch bei individualisierbaren Wirtschaftsgütern mit bekannten Anschaffungskosten und selbst dann eine geeignete Methode zur Ermittlung des Teilwerts sein, wenn am Bilanzstichtag der kalkulierte oder der nach den Erfahrungen der Vergangenheit voraussichtlich erzielbare Veräußerungserlös den Anschaffungskosten entspricht oder darunter liegt. Bei der retrograden Bestimmung des Teilwerts sind als Selbstkosten insbesondere die noch anfallenden Verkaufs-, Vertriebs- und Reparaturkosten sowie ggf. auch anteilige betriebliche Fixkosten zu berücksichtigen (→ BFH vom 25. 7. 2000, BStBl 2001 II S. 566).

→ H 6.7 (Retrograde Wertermittlung)

Wertlosigkeit

Wirtschaftsgüter, die wertlos oder so gut wie wertlos sind, dürfen auch von Stpfl., die den Gewinn nach § 4 Abs. 1 EStG ermitteln, nicht mit den Anschaffungs- oder Herstellungskosten ausgewiesen werden (→ BFH vom 1. 12. 1950 – BStBl 1951 III S. 10).

R 6.9   6.9. **Bewertung nach unterstellten Verbrauchs- und Veräußerungsfolgen**

S 2174   **Allgemeines**

(1) [1]Andere Bewertungsverfahren mit unterstellter Verbrauchs- oder Veräußerungsfolge als die in § 6 Abs. 1 Nr. 2a EStG genannte Lifo-Methode sind *steuerrechtlich* nicht zulässig. *[2]Die Anwendung der Lifo-Methode setzt nicht voraus, dass der Stpfl. die Wirtschaftsgüter auch in der Handelsbilanz nach dieser Methode bewertet. [3]Eine Einzelbewertung der Wirtschaftsgüter in der Handelsbilanz steht der Anwendung der Lifo-Methode nicht entgegen. [4]Bei einer Abweichung von der Handelsbilanz sind die Wirtschaftsgüter in besondere, laufend zu führende Verzeichnisse aufzunehmen (§ 5 Abs. 1 Satz 2 EStG).*

Grundsätze ordnungsmäßiger Buchführung

(2) [1]Die Lifo-Methode muss den handelsrechtlichen Grundsätzen ordnungsmäßiger Buchführung entsprechen. [2]Das bedeutet nicht, dass die Lifo-Methode mit der tatsächlichen Verbrauchs- oder Veräußerungsfolge übereinstimmen muss; sie darf jedoch, wie z. B. bei leicht verderblichen Waren, nicht völlig unvereinbar mit dem betrieblichen Geschehensablauf sein. [3]Die Lifo-Methode muss nicht auf das gesamte Vorratsvermögen angewandt werden. [4]Sie darf auch bei der Bewertung der Materialbestandteile unfertiger oder fertiger Erzeugnisse angewandt werden, wenn der Materialbestandteil dieser Wirtschaftsgüter in der Buchführung getrennt erfasst wird und dies handelsrechtlichen Grundsätzen ordnungsmäßiger Buchführung entspricht.

Gruppenbildung

(3) [1]Für die Anwendung der Lifo-Methode können gleichartige Wirtschaftsgüter zu Gruppen zusammengefasst werden. [2]Zur Beurteilung der Gleichartigkeit sind die kaufmännischen Gepflogenheiten, insbesondere die marktübliche Einteilung in Produktklassen unter Beachtung der Unternehmensstruktur, und die allgemeine Verkehrsanschauung heranzuziehen. [3]Wirtschaftsgüter mit erheblichen Qualitätsunterschieden sind nicht gleichartig. [4]Erhebliche Preisunterschiede sind Anzeichen für Qualitätsunterschiede.

Methoden der Lifo-Bewertung

(4) [1]Die Bewertung nach der Lifo-Methode kann sowohl durch permanente Lifo als auch durch Perioden-Lifo erfolgen. [2]Die permanente Lifo setzt eine laufende mengen- und wertmäßige Erfassung aller Zu- und Abgänge voraus. [3]Bei der Perioden-Lifo wird der Bestand lediglich zum Ende des Wirtschaftsjahres bewertet. [4]Dabei können Mehrbestände mit dem Anfangsbestand zu einem neuen Gesamtbestand zusammengefasst oder als besondere Posten (Layer) ausgewiesen werden. [5]Bei der Wertermittlung für die Mehrbestände ist von den Anschaffungs- oder Herstellungskosten der ersten Lagerzugänge des Wirtschaftsjahres oder von den durchschnittlichen Anschaffungs- oder Herstellungskosten aller Zugänge des Wirtschaftsjahres auszugehen. [6]Minderbestände sind beginnend beim letzten Layer zu kürzen.

Wechsel der Bewertungsmethoden

(5) [1]Von der Lifo-Methode kann in den folgenden Wirtschaftsjahren nur mit Zustimmung des Finanzamts abgewichen werden (§ 6 Abs. 1 Nr. 2a Satz 3 EStG). [2]Der Wechsel der Methodenwahl bei Anwendung der Lifo-Methode (→ Absatz 4) bedarf nicht der Zustimmung des Finanzamts. [3]Der Grundsatz der → Bewertungsstetigkeit ist jedoch zu beachten.

Niedrigerer Teilwert

(6) [1]*Wird der Ansatz des niedrigeren Teilwerts gewählt (§ 6 Abs. 1 Nr. 2 Satz 2 EStG),* ist der Teilwert der zu einer Gruppe zusammengefassten Wirtschaftsgüter mit dem Wertansatz, der sich nach Anwendung der Lifo-Methode ergibt, zu vergleichen. [2]Hat der Stpfl. Layer gebildet (→ Absatz 4), ist der Wertansatz des einzelnen Layer mit dem Teilwert zu vergleichen und *kann* gegebenenfalls gesondert auf den niedrigeren Teilwert *abgeschrieben werden*.

Übergang zur Lifo-Methode

(7) Der beim Übergang zur Lifo-Methode vorhandene Warenbestand ist mit dem steuerrechtlich zulässigen Wertansatz fortzuführen, den der Stpfl. in der Handelsbilanz des Wirtschaftsjahres gewählt hat, das dem Wirtschaftsjahr des Übergangs zur Lifo-Methode vorangeht (Ausgangswert).

H 6.9   **Hinweise**

Bewertungsstetigkeit

Anhang 13   → § 252 Abs. 1 Nr. 6 HGB

Gebrauchtwagen

Keine Anwendung der sog. Lifo-Methode → BFH vom 20. 6. 2000 (BStBl 2001 II S. 636).

Grundsätze ordnungsmäßiger Buchführung

Eine Bewertung nach der sog. Lifo-Methode entspricht nicht den handelsrechtlichen Grundsätzen ordnungsmäßiger Buchführung und ist deshalb auch steuerrechtlich ausgeschlossen, wenn Vorräte mit – absolut betrachtet – hohen Erwerbsaufwendungen in Frage stehen, die Anschaffungskosten ohne Weiteres identifiziert und den einzelnen Vermögensgegenständen angesichts derer individueller Merkmale ohne Schwierigkeiten zugeordnet werden können (→ BFH vom 20. 6. 2000 – BStBl 2001 II S. 636).

– Lifo-Bewertung in der Weinwirtschaft → BMF vom 28. 3. 1990 (BStBl I S. 148)

– Lifo-Bewertungsmethode (§ 256 HGB, § 6 Abs. 1 Nr. 2a EStG); Anwendung des Verfahrens auf **Fleisch** → BMF vom 2. 5. 1997 (DB 1997 S. 1251):

Die Frage der Anwendbarkeit der Lifo-Bewertungsmethode auf Fleisch ist mit den obersten Finanzbehörden der Länder erörtert worden.

Nach dem Ergebnis der Erörterung ist die Anwendbarkeit dieser Methode als Bewertungsverfahren mit unterstellter Verbrauchs- oder Veräußerungsfolge insbesondere an die Voraussetzung geknüpft, dass sie den handelsrechtlichen GoB entspricht. Zwar bedeutet das nicht, dass die Lifo-Methode mit der tatsächlichen Verbrauchs- oder Veräußerungsfolge übereinstimmen muss; sie darf jedoch auch nicht völlig unvereinbar mit dem betrieblichen Geschehensablauf sein.

Eine Verbrauchs- oder Veräußerungsfolge, wonach die zuletzt gekauften Waren als erstes verarbeitet und verkauft werden, widerspricht bei leicht verderblichen Waren wie Fleisch dem betrieblichen Geschehensablauf völlig. Dagegen lässt sich auch nicht einwenden, die Haltbarkeit leicht verderblicher Waren und hier insbesondere von Fleisch könne durch moderne Gefriertechniken gesteigert werden. Auch in diesem Fall kann der betriebliche Geschehensablauf nicht i. S. d. Lifo-Methode umgestaltet werden. Vielmehr muss es wie vor das Bestreben sein, die älteren Bestände vor den neuen zu verbrauchen oder zu veräußern. Demzufolge weicht die tatsächliche von der unterstellten Verbrauchs- oder Veräußerungsfolge zwingend ab. Deshalb kann die Lifo-Methode auf Fleisch nicht angewendet werden.

6.10. Bewertung von Verbindlichkeiten

– unbesetzt –

Hinweise

Abzinsung

Grundsätze für die Abzinsung von Verbindlichkeiten nach § 6 Abs. 1 Nr. 3 EStG (→ BMF vom 26. 5. 2005 (BStBl I S. 699).

Anschaffungskosten

– Als Anschaffungskosten einer Verbindlichkeit gilt der Nennwert (Rückzahlungsbetrag) der Verbindlichkeit (→ BFH vom 4. 5. 1977 – BStBl II S. 802).

– Zur Anwendung der bilanzsteuerrechtlichen Ansatz- und Bewertungsvorbehalte bei der Bewertung von Verbindlichkeiten → BMF vom 24. 6. 2011 (BStBl I S. 627).

– Ein Kreditinstitut darf die mit an Sicherheit grenzender Wahrscheinlichkeit nicht mehr geltend gemachten Sparguthaben nicht mehr passivieren (→ BFH vom 27. 3. 1996 – BStBl II S. 470).

Bearbeitungsgebühren

Gebühren, die ein Schuldner an ein Kreditinstitut für die Übernahme einer Bürgschaft zu zahlen hat, sind auf die Zeit, für die sich das Kreditinstitut vertraglich verbürgt hat, aktiv abzugrenzen (→ BFH vom 19. 1. 1978 – BStBl II S. 262).

Damnum

Darlehensschulden, bei denen der dem Schuldner zugefallene Betrag (Ausgabebetrag) niedriger als der Rückzahlungsbetrag ist, sind mit dem Rückzahlungsbetrag anzusetzen; der Unterschiedsbetrag (Agio, Disagio, Damnum, Abschluss-, Bearbeitungs- oder Verwaltungsgebühren) ist als Rechnungsabgrenzungsposten auf die Laufzeit des Darlehens zu verteilen (→ BFH vom 19. 1. 1978 – BStBl II S. 262).

→ *aber Zinsfestschreibung*

Eiserne Verpachtung

Anhang 10 Zur Gewinnermittlung bei der Verpachtung von Betrieben mit Substanzerhaltungspflicht des Pächters nach §§ 582a, 1048 BGB → BMF vom 21. 2. 2002 (BStBl I S. 262).

Fremdwährungsverbindlichkeiten

Voraussichtlich dauernde Werterhöhung bei Kursschwankungen unterliegenden Verbindlichkeiten (→ BMF vom 12. 8. 2002 – BStBl I S. 793).

Kreditbedingungen

Eine Verbesserung der allgemeinen Kreditbedingungen seit der Darlehensaufnahme rechtfertigt es nicht, einen bei der Kreditaufnahme aktivierten Rechnungsabgrenzungsposten niedriger anzusetzen (→ BFH vom 20. 11. 1969 – BStBl 1970 II S. 209).

Optionsprämie

→ H 4.2 (15)

Rangrücktrittsvereinbarungen

Zur Passivierung von Verbindlichkeiten bei Vereinbarung eines einfachen oder qualifizierten Rangrücktritts → BMF vom 8. 9. 2006 (BStBl I S. 497).

Rentenverpflichtungen

– Rentenverpflichtungen sind – vorbehaltlich → R 6a – mit dem Barwert anzusetzen (→ BFH vom 31. 1. 1980 – BStBl II S. 491).

– Ergibt sich bei einer betrieblichen Versorgungsrente aus dem Inhalt der Versorgungszusage, dass eine rechtliche Abhängigkeit zwischen den Pensionszahlungen und der Erzielung von Gewinnen aus dem Betrieb nicht gegeben ist, kann die Passivierung der Rentenverpflichtung nicht mit der Begründung versagt werden, die Rentenzahlungen belasteten die Gewinne späterer Jahre (→ BFH vom 7. 4. 1994 – BStBl II S. 740).

Umschuldung

Im Falle einer Umschuldung ist der bisherige Rechnungsabgrenzungsposten nur dann in voller Höhe aufzulösen, wenn die abgegrenzten Beträge in keinem wirtschaftlichen Zusammenhang mit dem neuen oder veränderten Darlehen stehen (→ BFH vom 13. 3. 1974 – BStBl II S. 359).

Verjährung

Eine Verbindlichkeit ist gewinnerhöhend auszubuchen, wenn anzunehmen ist, dass sich der Schuldner auf deren Verjährung beruft (→ BFH vom 9. 2. 1993 – BStBl II S. 543).

Vermittlungsprovision

Aufwendungen, die dem Darlehensnehmer im Zusammenhang mit der Darlehensaufnahme durch Zahlungen an Dritte entstehen, z. B. Vermittlungsprovisionen, sind Betriebsausgaben des Jahres, in dem sie anfallen (→ BFH vom 4. 5. 1977 – BStBl II S. 802).

Wohnungsbaudarlehen

Abzinsung → BMF vom 23. 8. 1999 (BStBl I S. 818).

Zahlungsunfähigkeit

Der Umstand, dass der Schuldner bei Fälligkeit der Verpflichtung zahlungsunfähig ist, rechtfertigt allein keine gewinnerhöhende Ausbuchung der Verbindlichkeit (→ BFH vom 9. 2. 1993 – BStBl II S. 747).

Zinsfestschreibung

Ist der Zinsfestschreibungszeitraum kürzer als die Darlehenslaufzeit, ist der Rechnungsabgrenzungsposten für ein Disagio, Damnum etc. auf diesen Zeitraum zu verteilen (→ BFH vom 21. 4. 1988 – BStBl 1989 II S. 722).

6.11. Bewertung von Rückstellungen

Gegenrechnung von Vorteilen

(1) [1]Die Gegenrechnung setzt voraus, dass am Bilanzstichtag nach den Umständen des jeweiligen Einzelfalles mehr Gründe für als gegen den Eintritt des Vorteils sprechen. [2]Die Möglichkeit, dass künftig wirtschaftliche Vorteile eintreten könnten, genügt für die Gegenrechnung nicht. [3]Bei Rückstellungen, die in einem vor dem 1. 1. 2005 endenden Wirtschaftsjahr gebildet wurden, kann für die Gewinnauswirkung, die sich in einem vor dem 1. 1. 2005 endenden Wirtschaftsjahr aus der erstmaligen Anwendung von Satz 1 ergibt, jeweils in Höhe von neun Zehnteln eine gewinnmindernde Rücklage gebildet werden, die in den folgenden neuen Wirtschaftsjahren jeweils mit mindestens einem Neuntel gewinnerhöhend aufzulösen ist (Auflösungszeitraum); sonstige gewinnwirksame Änderungen der Bewertung der Rückstellung bleiben unberücksichtigt. [4]Satz 3 ist nur anzuwenden, wenn die Gegenrechnung nicht auf einer vertraglichen Vereinbarung beruht. [5]Scheidet eine Rückstellung, für die eine Rücklage nach Satz 3 gebildet wurde, während des Auflösungszeitraums aus dem Betriebsvermögen aus, ist auch die Rücklage zum Ende des Wirtschaftsjahres des Ausscheidens in vollem Umfang gewinnerhöhend aufzulösen.

Ansammlung

(2) [1]In den Fällen, in denen der laufende Betrieb des Unternehmens im wirtschaftlichen Sinne ursächlich für die Entstehung der Verpflichtung ist, ist der Rückstellungsbetrag durch jährliche Zuführungsraten in den Wirtschaftsjahren anzusammeln. [2]Dies ist insbesondere der Fall bei Verpflichtungen zur Erneuerung oder zum Abbruch von Betriebsanlagen. [3]Verpflichtungen, die von Jahr zu Jahr nicht nur im wirtschaftlichen Sinne, sondern tatsächlich zunehmen, sind bezogen auf den am Bilanzstichtag tatsächlich entstandenen Verpflichtungsumfang zu bewerten. [4]Dies ist beispielsweise der Fall bei Verpflichtungen zur Rekultivierung oder zum Auffüllen abgebauter Hohlräume. [5]Die Summe der in früheren Wirtschaftsjahren angesammelten Rückstellungsraten ist am Bilanzstichtag auf das Preisniveau dieses Stichtages anzuheben. [6]Der Aufstockungsbetrag ist der Rückstellung in einem Einmalbetrag zuzuführen; eine gleichmäßige Verteilung auf die einzelnen Jahre bis zur Erfüllung der Verbindlichkeit kommt insoweit nicht in Betracht.

Niedrigerer handelsrechtlicher Wert

(3) [1]Mit Ausnahme der Pensionsrückstellungen darf die Höhe der Rückstellung in der Steuerbilanz den zulässigen Ansatz in der Handelsbilanz nicht überschreiten. [2]Für den Gewinn, der sich aus der erstmaligen Anwendung des Gesetzes zur Modernisierung des Bilanzrechts (Bilanzrechtsmodernisierungsgesetz – BilMoG) vom 15. 5. 2009 (BGBl. 2009 I S. 1102) durch die Auflösung von Rückstellungen ergibt, die bereits in dem vor dem 1. 1. 2010 endenden Wirtschaftsjahr passiviert wurden, kann jeweils in Höhe von vierzehn Fünfzehntel eine gewinnmindernde Rücklage passiviert werden, die in den folgenden vierzehn Wirtschaftsjahren jeweils mit mindestens einem Fünfzehntel gewinnerhöhend aufzulösen ist (Auflösungszeitraum). [3]Besteht eine Verpflichtung, für die eine Rücklage passiviert wurde, bereits vor Ablauf des maßgebenden Auflösungszeitraums nicht mehr, ist die insoweit verbleibende Rücklage zum Ende des Wirtschaftsjahres des Wegfalls der Verpflichtung in vollem Umfang gewinnerhöhend aufzulösen; Entsprechendes gilt, wenn sich der Verpflichtungsumfang innerhalb des Auflösungszeitraums verringert.

Hinweise

Abzinsung

Grundsätze für die Abzinsung von Rückstellungen nach § 6 Abs. 1 Nr. 3a Buchstabe e EStG → BMF vom 26. 5. 2005 (BStBl I S. 699).

Anhang 5

Altersteilzeitverpflichtungen

Anhang 5. VI Zur Bewertung von Rückstellungen für Altersteilzeitverpflichtungen nach dem Altersteilzeitgesetz (AltTZG) → BMF vom 28. 3. 2007 – BStBl I S. 297) unter Berücksichtigung der Änderungen durch BMF vom 11. 3. 2008 (BStBl I S. 496).

Bilanzsteuerliche Behandlung von Modellen der doppelseitigen Treuhand zur Insolvenzsicherung von Wertguthaben aus Altersteilzeitvereinbarungen nach dem Altersteilzeitgesetz → OFD Frankfurt vom 1. 12. 2006, S 2137 A – 57 – St 210 (DB 2007 S. 196)

Arbeitsfreistellung

Rückstellungen für Verpflichtungen zur Gewährung von Vergütungen für die Zeit der Arbeitsfreistellung vor Ausscheiden aus dem Dienstverhältnis und Jahreszusatzleistungen im Jahr des Eintritts des Versorgungsfalls (→ BMF vom 11. 11. 1999 – BStBl I S. 959 und vom 28. 3. 2007 – BStBl I S. 297).

Aufbewahrung von Geschäftsunterlagen

Die Rückstellung ist in Höhe des voraussichtlichen Erfüllungsbetrags zu bilden. Hierbei ist zu berücksichtigen, welche Unterlagen tatsächlich aufbewahrungspflichtig sind und wie lange die Aufbewahrungspflicht für die einzelnen Unterlagen noch besteht. Für die Berechnung der Rückstellung sind nur diejenigen Unterlagen zu berücksichtigen, die zum betreffenden Bilanzstichtag entstanden sind (→ BFH vom 18. 1. 2011 – BStBl II S. 496).

Deponien

Zur Bewertung der Rückstellungen für Aufwendungen zur Stilllegung, Rekultivierung und Nachsorge von Deponien → BMF vom 25. 7. 2005 (BStBl I S. 826) *und BFH vom 5. 5. 2011 (BStBl 2012 II S. 98).*

Eiserne Verpachtung

Anhang 10 Zur Gewinnermittlung bei der Verpachtung von Betrieben mit Substanzerhaltungspflicht des Pächters nach §§ 582a, 1048 BGB → BMF vom 21. 2. 2002 (BStBl I S. 262).

Erdöl- und Erdgasgewinnungswirtschaft, Rückstellungen für Bohrlochverfüllung und Feldesräumung

→ OFD Hannover vom 23. 7. 2004 – BB S. 2072

Gratifikationen

Bei der Rückstellung für die Verpflichtung zur Gewährung einer Gratifikation ist die Fluktuation mindernd zu berücksichtigen (→ BFH vom 7. 7. 1983 – BStBl II S. 753).

Jubiläumszuwendungen

Zur Bewertung von Rückstellungen für Zuwendungen anlässlich eines Dienstjubiläums → BMF vom 8. 12. 2008 (BStBl 2008 I S. 1013).

Maßgeblichkeit des Ansatzes in der Handelsbilanz (R 6.11 Abs. 3 Satz 1)

→ OFD Münster vom 13. 7. 2012 (DB 2012 S. 1779):

Ansatz niedrigerer handelsrechtlicher Rückstellungsbeträge in der steuerlichen Gewinnermittlung

Gem. § 5 Abs. 1 Satz 1 EStG ist bei Gewerbetreibenden, die auf Grund gesetzlicher Vorschriften verpflichtet sind, Bücher zu führen und regelmäßig Abschlüsse zu machen, oder die ohne eine solche Verpflichtung Bücher führen und regelmäßig Abschlüsse machen, für den Schluss des Wirtschaftsjahres das Betriebsvermögen anzusetzen, das nach den handelsrechtlichen Grundsätzen ordnungsmäßiger Buchführung auszuweisen ist (Maßgeblichkeitsprinzip). Ein anderer Ansatz ist nur dann zulässig, wenn steuerrechtliche Ansatz- oder Bewertungsvorbehalte bestehen oder im Rahmen der Ausübung eines steuerlichen Wahlrechts ein anderer Ansatz gewählt wurde (§ 5 Abs. 6 EStG, vgl. auch BMF-Schreiben vom 12. 3. 2010, BStBl 2010 I S. 239 und vom 22. 6. 2010, BStBl 2010 I S. 597, EStH 2011 Anhang 9 III).

Insbesondere aufgrund des Bilanzrechtsmodernisierungsgesetzes (BilMoG) kommt es nunmehr im Bereich der handelsrechtlichen Bewertung von Rückstellungen zu erheblichen Wertveränderungen. So sind nach § 253 Abs. 1 Satz 2 HGB Rückstellungen in Höhe des nach vernünftiger kaufmännischer Beurteilung notwendigen Erfüllungsbetrages anzusetzen. Dabei sind Rückstellungen mit einer Restlaufzeit von mehr als einem Jahr nach § 253 Abs. 2 Satz 1 HGB mit dem ihrer Restlaufzeit entsprechenden durchschnittlichen Marktzinssatz der vergangenen sieben Geschäftsjahre abzuzinsen. Für Verpflichtungen, die steuerrechtlich nach § 6 Abs. 1 Nr. 3 a Buchst. e Satz 2 EStG keiner bzw. einer Abzinsung nur bis zum Beginn der Erfüllung der Verpflichtung (Sachleistungsverpflichtungen) unterliegen, führt das häufig dazu, dass der handelsrechtliche Wertansatz niedriger ist als der steuerrechtliche, denn handelsrechtlich erstreckt sich der Abzinsungszeitraum über den Zeitpunkt des Beginns der Erfüllung hinaus (IDW RH HFA 1.009 vom 23.6. 2010, IDW Fachnachrichten 2010 S. 354, RdNr. 9).

Hinsichtlich der Frage, ob nunmehr der handelsrechtlich anzusetzende abgezinste und damit niedrigere Wert über § 5 Abs. 1 Satz 1 EStG für die Steuerbilanz die Wertobergrenze bildet, oder ob der nicht abgezinste höhere steuerrechtliche Wert in der steuerlichen Gewinnermittlung zum Ansatz kommt, bitte ich aufgrund einer bundesweiten Abstimmung folgende Rechtsauffassung zu vertreten:

Entsprechend dem Wortlaut des Einleitungssatzes zu Nr. 3a des § 6 Abs. 1 EStG und der Erläuterung in der Gesetzesbegründung hierzu (BT-Drs. 14/443 S. 23) ist der handelsrechtliche Rückstellungsbetrag für die steuerrechtliche Bewertung der Rückstellung nach § 6 Abs. 1 Nr. 3a EStG auch dann maßgeblich, wenn der Ausweis der Rückstellung in der Handelsbilanz niedriger als der sich nach § 6 Abs. 1 Nr. 3a EStG ergebende Wert ist.

Nachbetreuung abgeschlossener Versicherungen

Zur Bewertung von Rückstellungen für Verpflichtungen zur Nachbetreuung bereits abgeschlossener Versicherungen (→ BMF vom 20. 11. 2012 – BStBl 2012 I S. 1100).

Rückabwicklung

→ H 5.7 (1)

Rückgriffsansprüche

(Unbestrittene) Rückgriffsansprüche sind bei der Bewertung von Rückstellungen zu berücksichtigen, wenn sie nicht als eigenständige Forderung zu aktivieren sind und derart in einem unmittelbaren Zusammenhang mit der drohenden Inanspruchnahme stehen, dass sie dieser wenigstens teilweise spiegelbildlich entsprechen, sie in rechtlich verbindlicher Weise der Entstehung oder Erfüllung der Verbindlichkeit zwangsläufig nachfolgen und sie vollwertig sind (→ BFH vom 17. 2. 1993 – BStBl II S. 437 und vom 3. 8. 1993 – BStBl 1994 II S. 444).

Rückstellung für herzustellende Betriebsvorrichtung

Für die Verpflichtung zum Einbau eines Fettabscheiders kann der Stpfl. keine Rückstellung bilden, wenn die zukünftigen Aufwendungen dafür Herstellungskosten für ein selbständig bewertbares Wirtschaftsgut (Betriebsvorrichtung) darstellen (→ BFH vom 19. 8. 1998 – BStBl 1999 II S. 18).

Rückstellungen nach § 17 DMBilG

Zur Anwendung des § 6 Abs. 1 Nr. 3a EStG auf Rückstellungen, soweit diese nach § 17 i. V. m. § 50 DMBilG bereits in der steuerlichen Eröffnungsbilanz zum 1. 7. 1990 zu bilden waren → BMF vom 8. 10. 1999 (BStBl I S. 852).

Schadenrückstellungen der Versicherungswirtschaft

→ BMF vom 16. 8. 2000 (BStBl I S. 1218) und vom 9. 9. 2009 (BStBl I S. 930).

Sparprämien

Rückstellungen für die Leistung einer Sparprämie bei Ablauf eines Sparvertrags sind über die Laufzeit des Sparvertrages anzusammeln und abzuzinsen (→ BFH vom 15. 7. 1998 – BStBl II S. 728).

Umweltschutzmaßnahmen

→ H 5 5.7 (6) Sanierungsmaßnahmen

Urlaubsverpflichtung

Bei der Ermittlung der Höhe der rückständigen Urlaubsverpflichtung sind das Bruttoarbeitsentgelt, die Arbeitgeberanteile zur Sozialversicherung, das Urlaubsgeld und andere lohnabhängige Nebenkosten zu berücksichtigen. Nicht zu berücksichtigen sind jährlich vereinbarte Sondervergütungen (z. B. Weihnachtsgeld, Tantiemen oder Zuführungen zu Pensions- und Jubiläumsrückstellungen) sowie Gehaltssteigerungen nach dem Bilanzstichtag (→ BFH vom 6. 12. 1995 – BStBl 1996 II S. 406).

Verwendung von Wirtschaftsgütern

Können Wirtschaftsgüter, z. B. Roh-, Hilfs- und Betriebsstoffe oder unfertige Erzeugnisse, die bereits am Bilanzstichtag vorhanden waren, bei der Erfüllung von Sachleistungsverpflichtungen verwendet werden, so sind sie mit ihren Buchwerten zu berücksichtigen (→ BFH vom 26. 6. 1975 – BStBl II S. 700).

Weihnachtsgeld

In einer Rückstellung für zu zahlendes Weihnachtsgeld bei abweichendem Wirtschaftsjahr kann nur der Teil der Vergütung berücksichtigt werden, der bei zeitproportionaler Aufteilung des Weihnachtsgeldes auf die Zeit vom Beginn des Kalenderjahrs bis zum Bilanzstichtag entfällt (→ BFH vom 26. 6. 1980 – BStBl II S. 506).

R 6.12

S 2177
S 2178

6.12. Bewertung von Entnahmen und Einlagen

(1) [1]Bei **Einlage** eines abnutzbaren Wirtschaftsgutes innerhalb von drei Jahren nach der Anschaffung oder Herstellung sind die Anschaffungs- oder Herstellungskosten um AfA nach § 7 EStG, erhöhte Absetzungen sowie etwaige Sonderabschreibungen zu kürzen, die auf den Zeitraum zwischen der Anschaffung oder der Herstellung des Wirtschaftsgutes und der Einlage entfallen. [2]In diesen Fällen sind die Anschaffungs- oder Herstellungskosten auch dann um die AfA nach § 7 EStG zu kürzen, wenn das Wirtschaftsgut nach einer Nutzung außerhalb der Einkunftsarten eingelegt wird.

(2) [1]Die einer Entnahme gleichgestellte Entstrickung ist mit dem gemeinen Wert anzusetzen. [2]Der gemeine Wert entspricht regelmäßig dem Fremdvergleichspreis.

(3) Das Buchwertprivileg des § 6 Abs. 1 Nr. 4 Satz 4 EStG findet auch dann Anwendung, wenn die übernehmende steuerbegünstigte Körperschaft das ihr unentgeltlich zur Verwendung für steuerbegünstigte Zwecke i. S. d. § 10b Abs. 1 Satz 1 EStG überlassene Wirtschaftsgut zeitnah weiterveräußert.

H 6.12

Hinweise

Anteilsvereinigung bei verdeckter Einlage

Die in Folge der Einlage auf Grund Anteilsvereinigung entstehenden Grunderwerbsteuern erhöhen weder den Teilwert der eingelegten Anteile noch sind sie den bereits vorher gehaltenen (Alt-) Anteilen als nachträgliche Anschaffungs(neben)kosten zuzurechnen (→ BFH vom 14. 3. 2011 – BStBl 2012 II S. 281).

Bausparvertrag

Einlage eines nicht zugeteilten Bausparvertrags ins Betriebsvermögen höchstens mit den gezahlten Bauspareinlagen einschließlich der aufgelaufenen Guthabenzinsen und der Abschlussgebühren (→ BFH vom 13. 1. 1994 – BStBl II S. 454).

Bodenschatz

Ein im eigenen Grund und Boden entdecktes Kiesvorkommen ist ein materielles Wirtschaftsgut, das bei Zuführung zum Betriebsvermögen mit dem Teilwert zu bewerten ist. AfS dürfen nicht aufwandswirksam vorgenommen werden (→ BFH vom 4. 12. 2006 – BStBl 2007 II S. 588).

Buchwertprivileg

– bei Betriebsaufgabe → R 16 Abs. 2 Satz 8

– zulässig bei Entnahmen im Fall des Übergangs von Sonderbetriebsvermögen auf den Erben, wenn die Gesellschaft auf Grund einer Fortsetzungsklausel mit den bisherigen Gesellschaftern fortgeführt wird (→ BFH vom 5. 2. 2002 – BStBl 2003 II S. 237).

Eigenverbrauch

Pauschbeträge für unentgeltliche Wertabgaben (Sachentnahmen) für das Kalenderjahr 2012
→ BMF vom 24. 1. 2012 (BStBl I S. 99)

Vorbemerkungen

1. Die Pauschbeträge für unentgeltliche Wertabgaben werden durch die zuständigen Finanzbehörden festgesetzt.

2. Sie beruhen auf Erfahrungswerten und bieten dem Steuerpflichtigen die Möglichkeit, die Warenentnahmen monatlich pauschal zu verbuchen. Sie entbinden ihn damit von der Aufzeichnung einer Vielzahl von Einzelentnahmen.

3. Diese Regelung dient der Vereinfachung und lässt keine Zu- und Abschläge wegen individueller persönlicher Ess- oder Trinkgewohnheiten zu. Auch Krankheit oder Urlaub rechtfertigen keine Änderungen der Pauschbeträge.

4. Die Pauschbeträge sind Jahreswerte für eine Person. Für Kinder bis zum vollendeten 2. Lebensjahr entfällt der Ansatz eines Pauschbetrages. Bis zum vollendeten 12. Lebensjahr ist die Hälfte des jeweiligen Wertes anzusetzen. Tabakwaren sind in den Pauschbeträgen nicht enthalten. Soweit diese entnommen werden, sind die Pauschbeträge entsprechend zu erhöhen (Schätzung).

5. Die pauschalen Werte berücksichtigen im jeweiligen Gewerbezweig das allgemein übliche Warensortiment.

6. Bei gemischten Betrieben (Metzgerei oder Bäckerei mit Lebensmittelangebot oder Gastwirtschaft) ist nur der jeweils höhere Pauschbetrag der entsprechenden Gewerbeklasse anzusetzen.

Gewerbezweig	Jahreswert für eine Person ohne Umsatzsteuer		
	ermäßigter Steuersatz EUR	voller Steuersatz EUR	insgesamt EUR
Bäckerei	873	443	1 316
Fleischerei	693	1 039	1 732
Gast- und Speisewirtschaften			
a) mit Abgabe von kalten Speisen	831	1 246	2 077
b) mit Abgabe von kalten und warmen Speisen	1 049	2 049	3 198
Getränke (Eh.)	0	374	374
Café und Konditorei	886	762	1 648
Milch, Milcherzeugnisse, Fettwaren und Eier (Eh.)	526	70	596
Nahrungs- und Genussmittel (Eh.)	1 205	582	1 787
Obst, Gemüse, Südfrüchte und Kartoffeln (Eh.)	277	208	485

Einlage eines Anteils an einer Kapitalgesellschaft

– Die Einlage eines Anteils an einer Kapitalgesellschaft ist mit den Anschaffungskosten zu bewerten, wenn der Stpfl. an der Gesellschaft im Zeitpunkt der Einlage i. S. v. § 17 Abs. 1 oder 6 EStG beteiligt ist. Dem steht nicht entgegen, dass es sich bei dem eingelegten Geschäftsanteil selbst nicht um eine Beteiligung i. S. v. § 17 Abs. 1 oder 6 EStG handelt. Erforderlich und ausreichend ist vielmehr, dass der Stpfl. an der Kapitalgesellschaft überhaupt i. S. v. § 17 Abs. 1 oder 6 EStG beteiligt ist (→ BFH vom 5. 6. 2008 – **BStBl II S. 965**).

– Einlagen von Beteiligungen i. S. v. § 17 EStG in ein Betriebsvermögen sind nach § 6 Abs. 1 Nr. 5 Satz 1 Buchstabe b EStG mit den Anschaffungskosten zu bewerten. Die Grundsätze der Entscheidung des BVerfG vom 7. 7. 2010 (BStBl 2011 II S. 86) sind erst im Zeitpunkt der Veräußerung durch außerbilanzielle Korrektur des Gewinns aus der Veräußerung der Beteiligung anzuwenden (→ BMF vom 21. 12. 2011 (BStBl I S. 42).

Einlage einer wertgeminderten Beteiligung

→ H 17 (8)

Einlagewert nach vorangegangener Entnahme

Der Einlagewert nach § 6 Abs. 1 Nr. 5 Satz 3 EStG ist auch dann anzusetzen, wenn die vorangegangene Entnahme aus dem Betriebsvermögen steuerfrei gewesen ist (→ BFH vom 20. 4. 2005 – BStBl II S. 698).

Forderungsverzicht eines Gesellschafters

Forderungsverzicht eines Gesellschafters auf seine nicht mehr vollwertige Forderung gegenüber der Kapitalgesellschaft führt dort zu einer Einlage in Höhe des Teilwerts der Forderung. Dies gilt auch dann, wenn die entsprechende Verbindlichkeit auf abziehbare Aufwendungen zurückgeht. Der Verzicht des Gesellschafters führt bei ihm zum Zufluss des noch werthaltigen Teils der Forderung (→ BFH vom 9. 6. 1997 – BStBl 1998 II S. 307).

Geringwertiges Wirtschaftsgut

Sind bei Einlage innerhalb von drei Jahren nach der Anschaffung oder Herstellung die Anschaffungs- oder Herstellungskosten während der Zugehörigkeit des Wirtschaftsgutes zum Privatvermögen nach § 9 Abs. 1 Satz 3 Nr. 7 Satz 2 EStG in voller Höhe als Werbungskosten abgesetzt worden, beträgt der Einlagewert 0 € (→ BFH vom 27. 1. 1994 – BStBl II S. 638).

Nutzungen

Die Entnahme von Nutzungen ist mit den tatsächlichen Selbstkosten des Stpfl. zu bewerten (→ BFH vom 24. 5. 1989 – BStBl 1990 II S. 8).

Private Kraftfahrzeugnutzung

Anhang 10 – → BMF vom 18. 11. 2009 (BStBl I S. 1326 *unter Berücksichtigung der Änderungen durch BMF vom 15. 11. 2012 – BStBl I S. 1099)*.

– → H 12.4 (Umsatzsteuer bei Anwendung der 1 %-Regelung)

Teilwert

– Bei Einlagen im Zusammenhang mit einer Betriebseröffnung entspricht der Teilwert grundsätzlich dem gemeinen Wert der eingelegten Wirtschaftsgüter. Anschaffungsnebenkosten sind dabei zu berücksichtigen (→ BFH vom 29. 4. 1999 – BStBl 2004 II S. 639).

– Ein geschenktes Wirtschaftsgut ist auch dann mit dem Teilwert ins Betriebsvermögen des Beschenkten einzulegen, wenn der Schenker das eingelegte Wirtschaftsgut innerhalb der letzten drei Jahre vor der Einlage angeschafft, hergestellt oder entnommen hat (→ BFH vom 14. 7. 1993 – BStBl 1994 II S. 15).

Übertragung eines Kommanditanteils unter dem Buchwert des Anteils

Annahme einer Einlage in Höhe der Differenz zwischen fortzuführendem Buchwert und fehlendem oder niedrigerem Erwerbspreis bei privat veranlasster unentgeltlicher oder teilentgeltlicher Übertragung eines Kommanditanteils unter dem Buchwert des Anteils (→ BFH vom 7. 2. 1995 – BStBl II S. 770).

Verdeckte Einlage

– Die Bewertung der verdeckten Einlage einer Beteiligung i. S. d. § 17 Abs. 1 Satz 1 EStG bei der aufnehmenden Kapitalgesellschaft erfolgt mit dem Teilwert (→ BMF vom 2. 11. 1998 – BStBl I S. 1227 *und BFH vom 4. 3. 2011 – BStBl 2012 II S. 341)*.

Anhang 15 – Behandlung der Einbringung zum Privatvermögen gehörender Wirtschaftsgüter in das betriebliche Gesamthandsvermögen einer Personengesellschaft → BMF vom 29. 3. 2000 (BStBl I S. 462) und BMF vom 11. 7. 2011 (BStBl I S. 713).

– *Anteile an einer Kapitalgesellschaft, die eine juristische Person des öffentlichen Rechts in eine Tochtergesellschaft eingelegt hat, sind bei der Tochtergesellschaft mit dem Teilwert und nicht mit den Anschaffungskosten anzusetzen* (→ *BFH vom 14. 3. 2011 – BStBl 2012 II S. 281).*

6.13. Bewertungsfreiheit für geringwertige Wirtschaftsgüter und Bildung eines Sammelpostens

R 6.13

(1) [1]Die Frage, ob ein Wirtschaftsgut des Anlagevermögens selbständig nutzungsfähig ist, stellt sich regelmäßig für solche Wirtschaftsgüter, die in einem Betrieb zusammen mit anderen Wirtschaftsgütern genutzt werden. [2]Für die Entscheidung in dieser Frage ist maßgeblich auf die betriebliche Zweckbestimmung des Wirtschaftsgutes abzustellen. [3]Hiernach ist ein Wirtschaftsgut des Anlagevermögens einer selbständigen Nutzung nicht fähig, wenn folgende Voraussetzungen kumulativ vorliegen:

S 2180

1. Das Wirtschaftsgut kann nach seiner betrieblichen Zweckbestimmung nur zusammen mit anderen Wirtschaftsgütern des Anlagevermögens genutzt werden,

2. das Wirtschaftsgut ist mit den anderen Wirtschaftsgütern des Anlagevermögens in einen ausschließlichen betrieblichen Nutzungszusammenhang eingefügt, d. h., es tritt mit den in den Nutzungszusammenhang eingefügten anderen Wirtschaftsgütern des Anlagevermögens nach außen als einheitliches Ganzes in Erscheinung, wobei für die Bestimmung dieses Merkmals im Einzelfall die Festigkeit der Verbindung, ihre technische Gestaltung und ihre Dauer von Bedeutung sein können,

3. das Wirtschaftsgut ist mit den anderen Wirtschaftsgütern des Anlagevermögens technisch abgestimmt.

[4]Dagegen bleiben Wirtschaftsgüter, die zwar in einen betrieblichen Nutzungszusammenhang mit anderen Wirtschaftsgütern eingefügt und technisch aufeinander abgestimmt sind, dennoch selbständig nutzungsfähig, wenn sie nach ihrer betrieblichen Zweckbestimmung auch ohne die anderen Wirtschaftsgüter im Betrieb genutzt werden können (z. B. Müllbehälter eines Müllabfuhrunternehmens). [5]Auch Wirtschaftsgüter, die nach ihrer betrieblichen Zweckbestimmung nur mit anderen Wirtschaftsgütern genutzt werden können, sind selbständig nutzungsfähig, wenn sie nicht in einen Nutzungszusammenhang eingefügt sind, so dass die zusammen nutzbaren Wirtschaftsgüter des Betriebs nach außen nicht als ein einheitliches Ganzes in Erscheinung treten (z. B. Bestecke, Trivialprogramme). [6]Selbständig nutzungsfähig sind ferner Wirtschaftsgüter, die nach ihrer betrieblichen Zweckbestimmung nur zusammen mit anderen Wirtschaftsgütern genutzt werden können, technisch mit diesen Wirtschaftsgütern aber nicht abgestimmt sind (z. B. Paletten, Einrichtungsgegenstände).

(2) Bei der Beurteilung der Frage, ob die Anschaffungs- oder Herstellungskosten für das einzelne Wirtschaftsgut 150 Euro, *410 Euro* oder 1 000 Euro nicht übersteigen, ist,

1. wenn von den Anschaffungs- oder Herstellungskosten des Wirtschaftsgutes ein Betrag nach § 6b oder § 6c EStG abgesetzt worden ist, von den nach § 6b Abs. 6 EStG maßgebenden

2. wenn die Anschaffungs- oder Herstellungskosten nach § 7g Abs. 2 Satz 2 EStG Gewinn mindernd herabgesetzt wurden, von den geminderten

3. wenn das Wirtschaftsgut mit einem erfolgsneutral behandelten Zuschuss aus öffentlichen oder privaten Mitteln nach R 6.5 angeschafft oder hergestellt worden ist, von den um den Zuschuss gekürzten

4. und wenn von den Anschaffungs- oder Herstellungskosten des Wirtschaftsgutes ein Betrag nach R 6.6 abgesetzt worden ist, von den um diesen Betrag gekürzten

Anschaffungs- oder Herstellungskosten auszugehen.

(3) Stellt ein Stpfl. ein selbständig bewertungsfähiges und selbständig nutzungsfähiges Wirtschaftsgut aus erworbenen Wirtschaftsgütern her, muss die Sofortabschreibung gem. § 6 Abs. 2 EStG oder die Einstellung in den Sammelposten gem. § 6 Abs. 2a EStG in dem Wirtschaftsjahr erfolgen, in dem das Wirtschaftsgut fertig gestellt worden ist.

(4) [1]Wurden die Anschaffungs- oder Herstellungskosten eines Wirtschaftsguts gem. § 6 Abs. 2 *oder Abs. 2a Satz 4* EStG im Jahr der Anschaffung oder Herstellung in voller Höhe als Betriebsausgaben abgesetzt, sind in späteren Wirtschaftsjahren nachträgliche Anschaffungs- oder Herstellungskosten im Jahr ihrer Entstehung ebenfalls in voller Höhe als Betriebsausgaben zu behandeln. [2]Dies gilt unabhängig davon, ob sie zusammen mit den ursprünglichen Anschaffungs- oder Herstellungskosten den Betrag von *410 Euro bzw. im Falle der Bildung des Sammelpostens gem. § 6 Abs. 2a EStG von* 150 Euro übersteigen.

(5) [1]Für jedes Wirtschaftsjahr, in dem *vom einheitlich für alle* Anlagegüter i. S. d. § 6 Abs. 2a EStG *auszuübenden Antragsrecht zur Bildung eines Sammelpostens Gebrauch gemacht wurde*, ist ein gesonderter Sammelposten zu bilden. [2]Nachträgliche Anschaffungs- oder Herstellungskos-

ten, *die nicht im Wirtschaftsjahr der Anschaffung oder Herstellung angefallen sind,* erhöhen den Sammelposten des Wirtschaftsjahres, in dem die *nachträglichen Anschaffungs- oder Herstellungskosten anfallen.* [3]*Macht der Stpfl. in diesem Wirtschaftsjahr vom Wahlrecht nach § 6 Abs. 2a EStG keinen Gebrauch, beschränkt sich der Sammelposten auf die nachträglichen Anschaffungs- oder Herstellungskosten der betroffenen Wirtschaftsgüter.* [4]Dies gilt unabhängig davon, ob *die nachträglichen Anschaffungs- oder Herstellungskosten* zusammen mit den ursprünglichen Anschaffungs- oder Herstellungskosten den Betrag von 1 000 Euro übersteigen.

(6) [1]Der Sammelposten i. S. d. § 6 Abs. 2a EStG ist kein Wirtschaftsgut, sondern eine Rechengröße und damit beispielsweise einer Teilwertabschreibung nicht zugänglich. [2]Ein Sammelposten i. S. d. § 6 Abs. 2a EStG wird nicht dadurch vermindert, dass ein oder mehrere darin erfasste Wirtschaftsgüter durch Veräußerung oder Entnahme oder auf Grund höherer Gewalt (R 6.6 Abs. 2) aus dem Betriebsvermögen des Stpfl. ausscheiden. [3]Dies gilt auch für Wirtschaftsgüter, die nach § 6 Abs. 3 EStG zusammen mit einem Teilbetrieb übertragen, nach § 6 Abs. 5 EStG in ein anderes Betriebsvermögen überführt oder übertragen oder nach den §§ 20, 24 UmwStG zusammen mit einem Teilbetrieb in eine Kapital- oder Personengesellschaft eingebracht werden."

H 6.13   Hinweise

Allgemeines

Anhang 10 Zweifelsfragen zur bilanziellen Behandlung geringwertiger Wirtschaftsgüter und zum Sammelposten → BMF vom 30. 9. 2010 (BStBl I S. 755).

Einlage

Zur Einlage von geringwertigen Wirtschaftsgütern, für die die Bewertungsfreiheit bereits während der Zugehörigkeit zum Privatvermögen in Anspruch genommen wurde → H 6.12 (Geringwertiges Wirtschaftsgut).

Private Mitbenutzung

Hat ein Stpfl. die Anschaffungs- oder Herstellungskosten eines geringwertigen Wirtschaftsgutes im Jahr der Anschaffung oder Herstellung in voller Höhe als Betriebsausgaben abgesetzt, muss er den Teil der Aufwendungen, der dem privaten Nutzungsanteil entspricht, während der Nutzungszeit des Wirtschaftsgutes dem Gewinn jeweils in dem Umfang hinzurechnen, der der tatsächlichen Nutzung in jedem Wirtschaftsjahr entspricht (→ BFH vom 13. 3. 1964 – BStBl III S. 455).

Selbständige Bewertbarkeit bzw. Nutzungsfähigkeit

Die selbständige Nutzungsfähigkeit verbundener oder gemeinsam genutzter Wirtschaftsgüter ist kein Kriterium bei der Beurteilung der selbständigen Bewertbarkeit. Ein selbständig bewertbares Wirtschaftsgut liegt vor, wenn es in seiner Einzelheit von Bedeutung und bei einer Veräußerung greifbar ist. Ob es auch selbständig genutzt werden kann, hängt neben dem Zweck, den zwei oder mehrere bewegliche Sachen gemeinsam zu erfüllen haben, vor allem vom Grad der Festigkeit einer eventuell vorgenommenen Verbindung (§ 93 BGB), dem Zeitraum, auf den eine eventuelle Verbindung oder die gemeinsame Nutzung angelegt sind, sowie dem äußeren Erscheinungsbild ab. Erscheinen die beweglichen Gegenstände danach für sich genommen unvollständig oder erhält ein Gegenstand ohne den oder die anderen gar ein negatives Gepräge, ist regelmäßig von einem einheitlichen Wirtschaftsgut auszugehen; Entsprechendes gilt für Sachen, die in einen unbeweglichen Gegenstand eingebaut werden (→ BFH vom 5. 9. 2002 – BStBl II S. 877).

ABC der selbständig nutzungsfähigen Wirtschaftsgüter

– Ausstellungsgegenstände – einzelne Gegenstände, die zu einer Verkaufsausstellung (z. B. Sanitärausstellung) zusammengefasst sind, es sei denn, einzelne der zu der Ausstellung zusammengefassten Wirtschaftsgüter haben ihre selbständige Bewertbarkeit dadurch verloren, dass sie fest und auf längere Dauer mit anderen Gegenständen verbunden sind und nur in dieser technischen Verbundenheit ihren bestimmungsgemäßen Zweck erfüllen können, z. B. Badewanne und Armaturen (→ BFH vom 9. 8. 2001 – BStBl II S. 842),

– Autotelefon; Mit der Entscheidung, ein Autotelefon stelle auch nach seiner Verbindung mit einem PKW ein selbständig bewertbares Wirtschaftsgut dar, weicht das FG nicht von dem Urteil des BFH vom 28. 9. 1990 – BStBl 1991 II S. 187 ab (→ BFH vom 20. 2. 1997 – BStBl II S. 360),

– Bestecke in Gaststätten, Hotels, Kantinen (→ BFH vom 19. 11. 1953 – BStBl 1954 III S. 18),

– Bibliothek eines Rechtsanwalts (→ BFH vom 17. 5. 1968 – BStBl II S. 566),
– Bücher einer Leih- oder Fachbücherei (→ BFH vom 8. 12. 1967 – BStBl 1968 II S. 149),

– Computer-Software, wenn es sich um Standard-Anwender-Software mit Anschaffungskosten von nicht mehr als 410 € oder um Trivialprogramme handelt (→ BMF vom 20. 1. 1992 – DB 1992 S. 450); → Trivialprogramme,

– Einrichtungsgegenstände in Läden, Werkstätten, Büros, Hotels, Gaststätten u. ä. – auch als Erstausstattung und in einheitlichem Stil (→ BFH vom 29. 7. 1966 – BStBl 1967 III S. 61),
– Fässer/Flaschen (→ BFH vom 1. 7. 1981 – BStBl 1982 II S. 246),

– Fernsehgeräte, die an Hotelbetriebe als Zimmerausstattung vermietet werden (→ FG München vom 25. 10. 1985 – V 212/82 F – BB 1986 S. 435),

– Frisierstuhl (→ FG Berlin vom 30. 10. 1989 – EFG 1990 S. 285),

– Gemälde, abnutzbar (→ BFH vom 23. 4. 1965 – BStBl III S. 382),
– Grundausstattung einer Kfz-Werkstatt mit Spezialwerkzeugen (→ BFH vom 17. 5. 1968 – BStBl II S. 571),
– Instrumentarium eines Arztes, auch als Grundausstattung (→ BFH vom 17. 5. 1968 – BStBl II S. 566),
– Kisten (→ BFH vom 1. 7. 1981 – BStBl 1982 II S. 246),
– Lampen als selbständige Wirtschaftsgüter (Steh-, Tisch- und Hängelampen; → BFH vom 17. 5. 1968 – BStBl II S. 567),
– Leergut (→ BFH vom 1. 7. 1981 – BStBl 1982 II S. 246),
– Legehennen in eiererzeugenden Betrieben

(→ BFH vom 30. 4. 1985 – BFH/NV S. 36),

– Leitungsanlagen (→ BMF vom 30. 5. 1997 – BStBl I S. 567),

– Möbel in Hotels und Gaststätten, auch als Erstausstattung (→ BFH vom 17. 5. 1968 – BStBl II S. 566),
– Müllbehälter eines Müllabfuhrunternehmens, auch Systemmüllbehälter,
– Musterbücher und -kollektionen im Tapeten- und Buchhandel (→ BFH vom 25. 11. 1965 – BStBl 1966 III S. 86),
– Notfallkoffer eines Arztes und darin enthaltene Geräte wie Sauerstoffflasche, Beatmungsbeutel, Absauggerät (→ BFH vom 7. 9. 2000 – BStBl 2001 II S. 41),
– Paletten zum Transport und zur Lagerung von Waren (→ BFH vom 9. 12. 1977 – BStBl 1978 II S. 322 und vom 25. 8. 1989 – BStBl 1990 II S. 82),
– Regale, die aus genormten Stahlregalteilen zusammengesetzt und nach ihrer betrieblichen Zweckbestimmung in der Regel auf Dauer in dieser Zusammensetzung genutzt werden (→ BFH vom 26. 7. 1979 – BStBl 1980 II S. 176) sowie Regale, die zu Schrankwänden zusammengesetzt sind (→ BFH vom 9. 8. 2001 – BStBl 2002 II S. 100),
– Ruhebänke als Werbeträger (→ Nieders. FG vom 5. 3. 1983 – EFG 1984 S. 20),
– Schallplatten (→ BFH vom 10. 2. 1995 – BFH/NV 1995 S. 927; zu Disketten und Magnetbändern S. 928),
– Schreibtischkombinationsteile, die nicht fest miteinander verbunden sind, wie z. B. Tisch, Rollcontainer, Computerbeistelltisch (→ BFH vom 21. 7. 1998 – BStBl II S. 789) sowie einzelne Elemente einer aus genormten Teilen zusammengesetzten und verschraubten Schreibtischkombination, es sei denn, das einzelne Element ist aus technischen Gründen (z. B. wegen fehlender Standfestigkeit) nicht selbständig nutzungsfähig (→ BFH vom 9. 8. 2001 – BStBl 2002 II S. 100),
– Schriftenminima in einem Druckereibetrieb (→ BFH vom 18. 11. 1975 – BStBl 1976 II S. 214),
– Spezialbeleuchtungsanlagen in einem Schaufenster (→ BFH vom 5. 3. 1974 – BStBl II S. 353),
– Spinnkannen einer Weberei (→ BFH vom 9. 12. 1977 – BStBl 1978 II S. 322),
– Straßenleuchten (→ BFH vom 28. 3. 1973 – BStBl 1974 II S. 2),
– Tonbandkassetten (→ BFH vom 10. 2. 1995 – BFH/NV 1995 S. 927; zu Disketten und Magnetbändern S. 928),
– Transportkästen in einer Weberei zum Transport von Garnen (→ BFH vom 17. 5. 1968 – BStBl II S. 568),
– Trivialprogramme (→ R 5.5 Abs. 1),
– Videokassetten

(→ BFH vom 10. 2. 1995 – BFH/NV 1995 S. 927; zu Disketten und Magnetbändern S. 928),

- Wäsche in Hotels (→ BFH vom 17. 5. 1968 – BStBl II S. 566),

- Zähler (Wasser-, Gas- und Elektrizitätszähler) eines Versorgungsunternehmens,

- Zeitschriftenband – bei einer sich über mehrere Jahrgänge erstreckende Fachschriftensammlung ist jeder Band ein selbständiges Wirtschaftsgut (→ FG Düsseldorf vom 13. 11. 2000 – EFG 2000 S. 113).

ABC der nicht selbständig nutzungsfähigen Wirtschaftsgüter

- Beleuchtungsanlage als Lichtband zur Beleuchtung in Fabrikräumen und Werkhallen (→ BFH vom 5. 10. 1956 – BStBl III S. 376) oder zur Beleuchtung einzelner Stockwerke eines Wohnhauses (→ BFH vom 5. 3. 1974 – BStBl II S. 353),

- Bestuhlung in Kinos und Theatern (→ BFH vom 5. 10. 1966 – BStBl III S. 686),

- Bohrer i. V. m. Werkzeugmaschinen (→ Maschinenwerkzeuge),

- Drehbank mit als Antrieb eingebautem Elektromotor (→ BFH vom 14. 12. 1966 – BStBl 1967 III S. 247),

- Drehstähle i. V. m. Werkzeugmaschinen (→ Maschinenwerkzeuge),

- EDV-Kabel nebst Zubehör zur Vernetzung einer EDV-Anlage: Kabel, die als Verlängerung der Verbindung der Peripheriegeräte mit der Zentraleinheit genutzt werden, sind zwar selbständig bewertungsfähig, nicht jedoch selbständig nutzungsfähig und somit keine geringwertigen Wirtschaftsgüter (→ BFH vom 25. 11. 1999 – BStBl 2002 II S. 233),

- Elektromotor zum Einzelantrieb einer Maschine, einer Drehbank oder eines Webstuhls (→ BFH vom 16. 12. 1958 – BStBl 1959 III S. 77),

- Ersatzteile für Maschinen usw. (→ BFH vom 17. 5. 1968 – BStBl II S. 568),

- Formen (→ BFH vom 9. 3. 1967 – BStBl III S. 283),

- Formplatten (→ BFH vom 30. 3. 1967 – BStBl III S. 302),

- Fräser i. V. m. Werkzeugmaschinen (→ Maschinenwerkzeuge),

- Gerüst- und Schalungsteile sowie Schalungstafeln, die genormt und technisch aufeinander abgestimmt sind (→ BFH vom 29. 7. 1966 – BStBl 1967 III S. 151),

- Kühlkanäle (→ BFH vom 17. 4. 1985 – BStBl 1988 II S. 126),

- Kühlzellen (→ Beispiele für selbständig nutzungsfähige Wirtschaftsgüter, Wärmerückgewinnungsanlage) (→ BFH vom 5. 9. 2002 – BStBl 2002 II S. 877),

- Leuchtstoffröhren (→ Beleuchtungsanlage),

- Lichtbänder (→ Beleuchtungsanlage),

- Lithographien (→ BFH vom 15. 3. 1991 – BStBl II S. 682),

- Maschinenwerkzeuge und -verschleißteile (→ BFH vom 6. 10. 1995 – BStBl 1996 II S. 166),

- Peripheriegeräte einer PC-Anlage; dies gilt nicht für so genannte Kombinationsgeräte und für externe Datenspeicher (→ BFH vom 19. 2. 2004 – BStBl II S. 958),

- Pflanzen von Dauerkulturen (→ BFH vom 30. 11. 1978 – BStBl 1979 II S. 281),

Zu Fragen der AfA bei Dauerkulturen, Zuordnung zu den beweglichen Wirtschaftsgütern und Zeitpunkt der Fertigstellung → H 44 (Fertigstellung),

- Rebstock (→ BFH vom 30. 11. 1978 – BStBl 1979 II S. 281),

- Regalteile (→ BFH vom 20. 11. 1970 – BStBl 1971 II S. 155; zu Regalen aus genormten Stahlregalteilen Beispiele für selbständig nutzungsfähige Wirtschaftsgüter),

- Sägeblätter in Diamantsägen und -gattern (→ BFH vom 19. 10. 1972 – BStBl 1973 II S. 53),

- Stanzwerkzeuge i. V. m. Werkzeugmaschinen (→ Maschinenwerkzeuge),

- Webstuhlmotor (→ Elektromotor),

- Werkzeuge (→ Maschinenwerkzeuge).

6.14. Unentgeltliche Übertragung von Betrieben, Teilbetrieben und   **R 6.14**
Mitunternehmeranteilen

– unbesetzt –

Hinweise   H 6.14

Anteile an einer Betriebskapitalgesellschaft

sind wesentliche Betriebsgrundlagen i. S. d. funktionalen Betrachtungsweise (→ BFH vom
4. 7. 2007 – BStBl II S. 772).

Beteiligung an einer Kapitalgesellschaft

Eine das gesamte Nennkapital umfassende Beteiligung an einer Kapitalgesellschaft ist kein Teilbetrieb i. S. d. § 6 Abs. 3 EStG (→ BFH vom 20. 7. 2005 – BStBl 2006 II S. 457).

Legal Unbundling

→ H 6.15

Realteilung

→ BMF vom 28. 2. 2006 (BStBl I S. 228).   Anhang 15.III

Unentgeltliche Übertragung von Mitunternehmeranteilen mit Sonderbetriebsvermögen

– → BMF vom 3. 3. 2005 (BStBl I S. 458) unter Berücksichtigung der Änderungen durch BMF vom   Anhang 5
7. 12. 2006 (BStBl I S. 766, Tzn. 22 und 23).

– Die Aufdeckung der stillen Reserven im unentgeltlich übertragenen Mitunternehmeranteil
scheidet auch dann aus, wenn ein funktional wesentliches Betriebsgrundstück des Sonderbetriebsvermögens vorher bzw. zeitgleich zum Buchwert nach § 6 Abs. 5 EStG übertragen
worden ist (→ BFH vom 2. 8. 2012 – IV R 41/11 – BFH-Internet-Seite)

6.15. Überführung und Übertragung von Einzelwirtschaftsgütern   **R 6.15**

In den Fällen des § 6 Abs. 5 Satz 4 EStG ist rückwirkend auf den Zeitpunkt der Übertragung der
Teilwert auch dann anzusetzen, wenn die bis zur Übertragung entstandenen stillen Reserven
durch Erstellung einer Ergänzungsbilanz dem übertragenden Gesellschafter zugeordnet worden
sind, durch die Übertragung jedoch keine Änderung des Anteils des übertragenden Gesellschafters an dem übertragenen Wirtschaftsgut eingetreten ist.

Hinweise   H 6.15

Allgemeines

Zu Zweifelsfragen bei der Überführung und Übertragung von einzelnen Wirtschaftsgüter → BMF   Anhang 10 XVIII
vom 8. 12. 2011 (BStBl I S. 1279)

– Weitere Erläuterungen durch → OFD Düsseldorf 25. 10. 2004 (DStR 2005 S. 153):

I.   Übertragung eines Wirtschaftsguts aus dem Betriebsvermögen einer Kapitalgesellschaft
in das Gesamthandsvermögen einer Personengesellschaft

1.   Überträgt eine Kapitalgesellschaft aus ihrem Betriebsvermögen ein einzelnes Wirtschaftsgut unentgeltlich oder gegen Gewährung von Gesellschaftsrechten in das
Gesamthandsvermögen einer Personengesellschaft, an der sie zu 100 % vermögensmäßig beteiligt ist, so ist bei der Übertragung der Wert, der sich nach den Vorschriften
über die Gewinnermittlung ergibt, anzusetzen, sofern die Besteuerung der stillen
Reserven sichergestellt ist (§ 6 Abs. 5 Satz 3 Nr. 1 EStG). Die Voraussetzungen des § 6
Abs. 5 Satz 5 EStG sind nicht erfüllt. Die Kapitalgesellschaft ist vor der Übertragung

Alleineigentümerin des Wirtschaftsguts. Nach der Übertragung in das gesamthände-risch gebundene Betriebsvermögen ist sie an dem Wirtschaftsgut entsprechend ihrem Anteil weiterhin zu 100 % beteiligt. Diese Umwandlung eines unmittelbaren in einen mittelbaren Anteil führt <u>nicht</u> zu einer Begründung oder Erhöhung eines Anteils der Körperschaft an dem übertragenden Wirtschaftsgut i. S. d. § 6 Abs. 5 Satz 5 EStG.

2. Ist die übertragende Kapitalgesellschaft an der aufnehmenden Personengesellschaft zu weniger als 100 % vermögensmäßig beteiligt ist, ist hat die Übertragung gemäß § 6 Abs. 5 Satz 3 Nr. 1 EStG zumindest insoweit zum Buchwert zu erfolgen, als das Wirt-schaftsgut der übertragenden Kapitalgesellschaft nach der Übertragung noch mittelbar zuzurechnen ist.

Beispiel:

Ein Grundstück soll aus dem Betriebsvermögen einer Kapitalgesellschaft in das Gesamthandsvermögen einer Personengesellschaft übertragen werden. Die übertra-gende Kapitalgesellschaft ist an der aufnehmenden Personengesellschaft nur zu 94 % vermögensmäßig beteiligt. Weitere – zu 6 % vermögensmäßig beteiligte – Gesellschaf-terin ist eine andere, zum selben Konzernkreis gehörende Kapitalgesellschaft.

Lösung:

Das Grundstück kann nur zu 94 % zum Buchwert übertragen werden, da der übertra-genden Kapitalgesellschaft das Grundstück nur insoweit weiterhin mittelbar zuzurech-nen ist. Hinsichtlich des 6 %-igen Grundstücksanteils, der auf die zweite Kapitalgesell-schaft entfällt, sind die stillen Reserven aufzudecken. Dem kann nicht entgegengehalten werden, dass das Grundstück vor und nach der Übertragung zu 100 % nur Kapitalgesell-schaften zuzurechnen sei. Der 6 %-ige Anteil der zweiten Kapitalgesellschaft ist durch die Übertragung neu begründet worden, was gem. § 6 Abs. 5 Satz 5 EStG zum Ansatz des Teilwerts zwingt.

3. Werden die Anteile an der übertragenden Kapitalgesellschaft innerhalb von sieben Jahren nach der Übertragung eines Einzelwirtschaftsgutes zu Buchwerten in das Gesamthandsvermögen einer Personengesellschaft an eine weitere Kapitalgesellschaft veräußert, liegt kein Fall des § 6 Abs. 5 Satz 6 EStG vor, der zum rückwirkenden Teil-wertansatz führt. Bei der Anwendung der Regelung in § 6 Abs. 5 Sätze 5 und 6 EStG ist es zur Vermeidung von Missbräuchen ausreichend, zu prüfen, ob im Kreis der Mit-unternehmer – denn nur im Rahmen von Mitunternehmerschaften kommt eine Über-tragung nach § 6 Abs. 5 Satz 3 EStG in Betracht – eine Körperschaft entweder unmittel-bar oder mittelbar – über eine (weitere) Mitunternehmerschaft – an dem übertragenen Wirtschaftsgut beteiligt ist oder innerhalb der Siebenjahresfrist beteiligt wird. Ist dies zu bejahen, ist für die Übertragung der Teilwert anzusetzen.

Beispiel:

An der AB-KG sind die A-GmbH als Komplementärin (ohne vermögensmäßige Betei-ligung) und die B-GmbH als 100 %-ige Kommanditistin beteiligt. Die B-GmbH über-trägt zunächst ein in ihrem zivilrechtlichen Eigentum stehendes Wirtschaftsgut unent-geltlich aus ihrem Betriebsvermögen in das Gesamthandsvermögen der AB-KG. Innerhalb der folgenden sieben Jahre werden die Anteile an der B-GmbH zum Ver-kehrswert an die C-GmbH veräußert.

Lösung:

Die zunächst erfolgte Übertragung des Wirtschaftsguts von der B-GmbH auf die AB-KG ist für sich betrachtet nach § 6 Abs. 5 Satz 3 Nr. 1 EStG zum Buchwert vorzuneh-men. Nach der Anteilsveräußerung ist die C-GmbH an der B-GmbH und diese wie-derum an der AB-KG beteiligt. Unstreitig ist die B-GmbH an den Wirtschaftsgütern der AB-KG weiterhin mittelbar beteiligt; die Vermittlung erfolgt durch die KG als Per-sonengesellschaft.

Die B-GmbH als Kapitalgesellschaft kann ihrerseits keinen Anteil an den Wirtschafts-gütern der AB-KG an die C-GmbH vermitteln. Durch die Übernahme der Anteile an der B-GmbH wird die C-GmbH nicht selbst Mitunternehmerin oder verdeckte Mit-unternehmerin der AB-KG. Denn nach der Rechtsprechung des BFH (BFH vom 28. 10. 1999 – BStBl 2000 II S. 183) entfaltet die (zwischengeschaltete) B-GmbH wegen der rechtlichen Selbständigkeit der GmbH als juristische Person des Privatrechts für die Anwendung des § 6 Abs. 5 Sätze 5 und 6 EStG eine Abschirmwirkung. Es ist somit nicht möglich, die C-GmbH im Wege des Durchgriffs durch die B-GmbH selbst als (verdeckte) Mitunternehmerin zu behandeln (sog. „Durchgriffsverbot durch die GmbH"; BFH vom 28. 10. 1999, a.a.O.). Mithin führt die Veräußerung der Anteile an der B-GmbH auf Ebene der C-GmbH nicht zur Begründung oder Erhöhung eines mit-telbaren oder unmittelbaren Anteils an dem ursprünglich nach § 6 Abs. 5 Satz 3 Nr. 1 EStG übertragenen Wirtschaftsgut. Ein rückwirkender Teilwertansatz gemäß § 6 Abs. 5 Satz 6 EStG ist nicht vorzunehmen.

II. Übertragung eines Wirtschaftsguts aus dem Gesamthandsvermögen einer Personengesellschaft in das Vermögen einer Kapitalgesellschaft

Die unentgeltliche (oder gegen Minderung der Gesellschaftsrechte erfolgte) Übertragung eines Wirtschaftsguts aus dem Gesamthandsvermögen einer GmbH & Co. KG in das Vermögen einer Kapitalgesellschaft, die zu 100 % vermögensmäßig an der GmbH & Co. KG beteiligt ist, hat nach § 6 Abs. 5 Satz 3 Nr. 1 EStG zu Buchwerten zu erfolgen, sofern die Besteuerung der stillen Reserven sichergestellt ist. Durch die Übertragung wandelt sich der gesamthänderisch gebundene Miteigentumsanteil an dem Wirtschaftsgut in Alleineigentum um. Auch die Umwandlung eines mittelbaren in einen unmittelbaren Anteil an dem Wirtschaftsgut führt nicht zu einer Begründung oder Erhöhung eines Anteils einer Körperschaft an dem übertragenen Wirtschaftsgut i. S. d. § 6 Abs. 5 Satz 5 EStG.

III. Übertragung eines Wirtschaftsguts aus dem Gesamthandsvermögen einer Personengesellschaft in das Gesamthandsvermögen einer anderen Personengesellschaft bei doppel- oder mehrstöckigen Personengesellschaften

Auch im Fall der Übertragung eines Wirtschaftsguts aus dem Gesamthandsvermögen einer Personengesellschaft in das Gesamthandsvermögen einer anderen Personengesellschaft, an der die Übertragende zu 100 % beteiligt ist, ist gemäß § 6 Abs. 5 Satz 3 Nr. 1 EStG der Wert anzusetzen, der sich nach den Vorschriften über die Gewinnermittlung ergibt, sofern die Besteuerung der stillen Reserven sichergestellt ist.

Beispiel:

An der X GmbH & Co. KG sind die A-GmbH als Komplementärin (zu 5 % vermögensmäßig beteiligt) und die B-GmbH als 95 %-ige Kommanditistin beteiligt. Die X GmbH & Co. KG überträgt ein in ihrem zivilrechtlichen Eigentum stehendes Wirtschaftsgut unentgeltlich (bzw. gegen Gewährung von Gesellschaftsrechten) aus ihrem Betriebsvermögen in das Gesamthandsvermögen der Y GmbH & Co. KG, an der die X GmbH & Co. KG neben der A-GmbH (ohne vermögensmäßige Beteiligung) als alleinige Kommanditistin zu 100 % vermögensmäßig beteiligt ist.

Lösung:

Die Übertragung des Wirtschaftsguts hat gemäß § 6 Abs. 5 Satz 3 Nr. 1 EStG zum Buchwert zu erfolgen, sofern die Besteuerung der stillen Reserven bei der Y GmbH & Co. KG sichergestellt ist. § 6 Abs. 5 Satz 5 EStG findet keine Anwendung, da sich weder der mittelbare Anteil der A-GmbH noch der mittelbare Anteil der B-GmbH an dem nach § 6 Abs. 5 Satz 3 Nr. 1 EStG übertragenen Wirtschaftsgut erhöht.

Einbringungsmodell

→ OFD Hannover vom 26. 4. 2007, S 2170 – 109 – StO 222/221 (DStR 2007 S. 1165) – Auszug –:

… In diesen Fällen überträgt eine GmbH ihren Immobilienbesitz auf eine KG, bei der sie zu 100 % als Kommanditist beteiligt ist, gegen Gewährung von Gesellschaftsrechten. Die KG verleast die Immobilien an die GmbH, wobei die KG zivilrechtliche und wirtschaftlicher Eigentümer der Immobilien bleibt. Die aus den abgeschlossenen Leasingverträgen resultierenden Ansprüche auf Leistung der Leasingraten hat die KG an ein Kreditinstitut veräußert (forfaitiert). Der daraus durch die KG vereinnahmte Forfaitierungserlös in Höhe des Verkehrswerts der Grundstücke wird durch die GmbH bereits innerhalb einer Woche nach Übertragung des Immobilienvermögens von der GmbH auf die KG wieder entnommen. …

Nach einer Abstimmung auf Bund/Länderebene können bei dieser Fallgestaltung die Immobilien zu Buchwerten gem. § 6 Abs. 5 Satz 3 Nr. 1 EStG auf die KG übertragen werden.

Legal Unbundling

Keine Anwendung des § 6 Abs. 3 Satz 2, des § 6 Abs. 5 Satz 4 bis 6 und des § 16 Abs. 3 Satz 3 und 4 EStG auf Maßnahmen, die in wirtschaftlich engem Zusammenhang mit der rechtlichen oder operationellen Entflechtung nach dem Zweiten Gesetz zur Neuregelung des Energiewirtschaftsgesetzes erfolgen → § 6 Abs. 2 des Zweiten Gesetzes zur Neuregelung des Energiewirtschaftsgesetzes vom 7. 7. 2005 (BGBl. I S. 1970).

Rückwirkender Teilwertansatz / Anwendung von § 6b EStG

Erfolgte die ursprüngliche Übertragung des Wirtschaftsguts

a) unentgeltlich, ist § 6b EStG nicht anwendbar, weil es am Tatbestandsmerkmal der „Veräußerung" fehlt. § 6 Abs. 5 Satz 4 EStG stellt in diesen Fällen eine bloße Bewertungsvorschrift dar, so dass der aus dem rückwirkenden Teilwertansatz resultierende Gewinn („Bewertungsgewinn") nicht einem nach § 6b EStG begünstigten Veräußerungsgewinn gleichgesetzt werden kann.

b) gegen Gewährung von Gesellschaftsrechten, liegt ein tauschähnliches Geschäft und damit eine entgeltliche Übertragung (Veräußerung) vor. Insoweit ist der durch die rückwirkende Teilwertbewertung entstehende Gewinn als Veräußerungsgewinn i. S. d. § 6b EStG zu qualifizieren.

→ OFD Frankfurt vom 14. 4. 2008 – S 2139 A – 2 – St 210 (BB 2008, S. 1784)

Schwestergesellschaften

Ermöglicht § 6 Abs. 5 EStG in verfassungskonformer Auslegung die steuerneutrale Übertragung eines Wirtschaftsguts aus dem Gesamthandsvermögen einer Personengesellschaft auf eine beteiligungsidentische Schwesterpersonengesellschaft?

→ Niedersächsisches Finanzgericht vom 31. 5. 2012 (1 K 271/10) – Rev. – IV R 28/12

EStG
S 2176

§ 6a Pensionsrückstellung

(1) Für eine Pensionsverpflichtung darf eine Rückstellung (Pensionsrückstellung) nur gebildet werden, wenn und soweit

1. der Pensionsberechtigte einen Rechtsanspruch auf einmalige oder laufende Pensionsleistungen hat,

2. die Pensionszusage keine Pensionsleistungen in Abhängigkeit von künftigen gewinnabhängigen Bezügen vorsieht und keinen Vorbehalt enthält, dass die Pensionsanwartschaft oder die Pensionsleistung gemindert oder entzogen werden kann, oder ein solcher Vorbehalt sich nur auf Tatbestände erstreckt, bei deren Vorliegen nach allgemeinen Rechtsgrundsätzen unter Beachtung billigen Ermessens eine Minderung oder ein Entzug der Pensionsanwartschaft oder der Pensionsleistung zulässig ist, und

3. die Pensionszusage schriftlich erteilt ist; die Pensionszusage muss eindeutige Angaben zu Art, Form, Voraussetzungen und Höhe der in Aussicht gestellten künftigen Leistungen enthalten.

(2) Eine Pensionsrückstellung darf erstmals gebildet werden

[1] 1. vor Eintritt des Versorgungsfalls für das Wirtschaftsjahr, in dem die Pensionszusage erteilt wird, frühestens jedoch für das Wirtschaftsjahr, bis zu dessen Mitte der Pensionsberechtigte das 27. Lebensjahr vollendet oder für das Wirtschaftsjahr, in dessen Verlauf die Pensionsanwartschaft gemäß den Vorschriften des Betriebsrentengesetzes unverfallbar wird,

2. nach Eintritt des Versorgungsfalls für das Wirtschaftsjahr, in dem der Versorgungsfall eintritt.

(3) [1]Eine Pensionsrückstellung darf höchstens mit dem Teilwert der Pensionsverpflichtung angesetzt werden. [2]Als Teilwert einer Pensionsverpflichtung gilt

1. vor Beendigung des Dienstverhältnisses des Pensionsberechtigten der Barwert der künftigen Pensionsleistungen am Schluss des Wirtschaftsjahres abzüglich des sich auf denselben Zeitpunkt ergebenden Barwerts betragsmäßig gleichbleibender Jahresbeträge, bei einer Entgeltumwandlung im Sinne von § 1 Absatz 2 des Betriebsrentengesetzes mindestens jedoch der Barwert der gemäß den Vorschriften des Gesetzes zur Verbesserung der betrieblichen Altersversorgung unverfallbaren künftigen Pensionsleistungen am Schluss des Wirtschaftsjahres. [2]Die Jahresbeträge sind so zu bemessen, dass am Beginn des Wirtschaftsjahres, in dem das Dienstverhältnis begonnen hat, ihr Barwert gleich dem Barwert der künftigen Pensionsleistungen ist; die künftigen Pensionsleistungen sind dabei mit dem Betrag anzusetzen, der sich nach den Verhältnissen am Bilanzstichtag ergibt. [3]Es sind die Jahresbeträge zugrunde zu legen, die vom Beginn des Wirtschaftsjahres, in dem das Dienstverhältnis begonnen hat, bis zu dem in der Pensionszusage vorgesehenen Zeitpunkt des Eintritts des Versorgungsfalls rechnungsmäßig aufzubringen sind. [4]Erhöhungen oder Verminderungen der Pensionsleistungen nach dem Schluss des Wirtschaftsjahres, die hinsichtlich des Zeitpunkts ihres Wirksamwerdens oder ihres Umfangs ungewiss sind, sind bei der Berechnung des Barwerts der künftigen Pensionsleistungen und der Jahresbeträge erst zu berücksichtigen, wenn sie eingetreten sind. [5]Wird die Pensionszusage erst nach dem Beginn des Dienstverhältnisses erteilt, so ist

---

[1] Absatz 2 Nr. 1 wurde durch das Gesetz zur Förderung der zusätzlichen Altersvorsorge und zur Änderung des Dritten Buches Sozialgesetzbuch geändert (Die Wörter „das 28. Lebensjahr vollendet hat" werden jeweils durch die Wörter „das 27. Lebensjahr vollendet hat" ersetzt.). Die geänderte Fassung ist erstmals bei nach dem 31. 12. 2008 zugesagten Leistungen der betrieblichen Altersversorgung anzuwenden, → § 52 Abs. 17 EStG.

die Zwischenzeit für die Berechnung der Jahresbeträge nur insoweit als Wartezeit zu behandeln, als sie in der Pensionszusage als solche bestimmt ist.[1] [6]Hat das Dienstverhältnis schon vor der Vollendung des 27. Lebensjahres des Pensionsberechtigten bestanden, so gilt es als zu Beginn des Wirtschaftsjahres begonnen, bis zu dessen Mitte der Pensionsberechtigte das 27. Lebensjahr vollendet; in diesem Fall gilt für davor liegende Wirtschaftsjahre als Teilwert der Barwert der gemäß den Vorschriften des Betriebsrentengesetzes unverfallbaren künftigen Pensionsleistungen am Schluss des Wirtschaftsjahres,

2. nach Beendigung des Dienstverhältnisses des Pensionsberechtigten unter Aufrechterhaltung seiner Pensionsanwartschaft oder nach Eintritt des Versorgungsfalls der Barwert der künftigen Pensionsleistungen am Schluss des Wirtschaftsjahres; Nummer 1 Satz 4 gilt sinngemäß.

[3]Bei der Berechnung des Teilwerts der Pensionsverpflichtung sind ein Rechnungszinsfuß von 6 Prozent und die anerkannten Regeln der Versicherungsmathematik anzuwenden.

(4) [1]Eine Pensionsrückstellung darf in einem Wirtschaftsjahr höchstens um den Unterschied zwischen dem Teilwert der Pensionsverpflichtung am Schluss des Wirtschaftsjahres und am Schluss des vorangegangenen Wirtschaftsjahres erhöht werden. [2]Soweit der Unterschiedsbetrag auf der erstmaligen Anwendung neuer oder geänderter biometrischer Rechnungsgrundlagen beruht, kann er nur auf mindestens drei Wirtschaftsjahre gleichmäßig verteilt der Pensionsrückstellung zugeführt werden; Entsprechendes gilt beim Wechsel auf andere biometrische Rechnungsgrundlagen. [3]In dem Wirtschaftsjahr, in dem mit der Bildung einer Pensionsrückstellung frühestens begonnen werden darf (Erstjahr), darf die Rückstellung bis zur Höhe des Teilwerts der Pensionsverpflichtung am Schluss des Wirtschaftsjahres gebildet werden; diese Rückstellung kann auf das Erstjahr und die beiden folgenden Wirtschaftsjahre gleichmäßig verteilt werden. [4]Erhöht sich in einem Wirtschaftsjahr gegenüber dem vorangegangenen Wirtschaftsjahr der Barwert der künftigen Pensionsleistungen um mehr als 25 Prozent, so kann die für dieses Wirtschaftsjahr zulässige Erhöhung der Pensionsrückstellung auf dieses Wirtschaftsjahr und die beiden folgenden Wirtschaftsjahre gleichmäßig verteilt werden. [5]Am Schluss des Wirtschaftsjahres, in dem das Dienstverhältnis des Pensionsberechtigten unter Aufrechterhaltung seiner Pensionsanwartschaft endet oder der Versorgungsfall eintritt, darf die Pensionsrückstellung stets bis zur Höhe des Teilwerts der Pensionsverpflichtung gebildet werden; die für dieses Wirtschaftsjahr zulässige Erhöhung der Pensionsrückstellung kann auf dieses Wirtschaftsjahr und die beiden folgenden Wirtschaftsjahre gleichmäßig verteilt werden. [6]Satz 2 gilt in den Fällen der Sätze 3 bis 5 entsprechend.

(5) Die Absätze 3 und 4 gelten entsprechend, wenn der Pensionsberechtigte zu dem Pensionsverpflichteten in einem anderen Rechtsverhältnis als einem Dienstverhältnis steht.

6a. Rückstellungen für Pensionsverpflichtungen

R 6a

Zulässigkeit von Pensionsrückstellungen

R 6a (1)
S 2176
Anhang 13

(1) [1]Nach § 249 HGB müssen für unmittelbare Pensionszusagen Rückstellungen in der Handelsbilanz gebildet werden. [2]Entsprechend dem Grundsatz der Maßgeblichkeit der Handelsbilanz hat die handelsrechtliche Passivierungspflicht die Passivierungspflicht für Pensionszusagen in der Steuerbilanz *dem Grunde, aber nicht der Höhe nach* zur Folge, wenn die Voraussetzungen des § 6a Abs. 1 und 2 EStG vorliegen. [3]Für laufende Pensionen und Anwartschaften auf Pensionen, die vor dem 1. 1. 1987 rechtsverbindlich zugesagt worden sind (Altzusagen), gilt nach Artikel 28 des Einführungsgesetzes zum HGB in der durch Gesetz vom 19. 12. 1985 (BGBl. I S. 2355, BStBl 1986 I S. 94) geänderten Fassung weiterhin das handels- und steuerrechtliche Passivierungswahlrecht; insoweit sind die Anweisungen in Abschnitt 41 EStR 1984 mit Ausnahme des Absatzes 24 Satz 5 und 6 weiter anzuwenden. [4]Für die Frage, wann eine Pension oder eine Anwartschaft auf eine Pension rechtsverbindlich zugesagt worden ist, ist die erstmalige, zu einem Rechtsanspruch führende arbeitsrechtliche Verpflichtungserklärung maßgebend. [5]Für Pensionsverpflichtungen, für die der Berechtigte einen Rechtsanspruch auf Grund einer unmittelbaren Zusage nach dem 31. 12. 1986 erworben hat (Neuzusagen), gelten die folgenden Absätze.

Hinweise

H 6a (1)

Abgrenzung bei Arbeitsfreistellung

Eine Zusage, nach der Leistungen fällig werden, ohne dass das Dienstverhältnis formal beendet ist, ist nicht als Zusage auf Leistungen der betrieblichen Altersversorgung anzusehen. Für eine der-

---

[1]) Absatz 3 Satz 2 Nr. 1 Satz 6 i. d. F. des Gesetzes zur Förderung der zusätzlichen Altersvorsorge und zur Änderung des Dritten Buches Sozialgesetzbuch ist erstmals bei nach dem 31. 12. 2008 zugesagten Leistungen der betrieblichen Altersversorgung anzuwenden, → § 52 Abs. 17 EStG.

Anhang 5. VI artige Verpflichtung darf insoweit eine Rückstellung nach § 6a EStG nicht gebildet werden (→ BMF vom 11. 11. 1999 – BStBl I S. 959, RdNr. 2).

Anm.: BMF vom 11. 11. 1999 teilweise geändert durch → BMF vom 28. 3. 2007 – BStBl I S. 297.

Beihilfen an Pensionäre

– Die Verpflichtung, Pensionären und aktiven Mitarbeitern während der Zeit ihres Ruhestandes in Krankheits-, Geburts- und Todesfällen Beihilfen zu gewähren, ist keine Pensionsverpflichtung (→ BFH vom 30. 1. 2002 – BStBl 2003 II S. 279).
– → H 5.7 (5)

Einstandspflicht

Die Verpflichtung des Arbeitgebers, wegen des nicht ausreichenden Vermögens einer Unterstützungskasse für den Ausfall von Versorgungsleistungen gegenüber seinen Arbeitnehmern einstehen zu müssen, erfüllt die Voraussetzungen für eine Pensionsrückstellung nicht. Das gilt auch für Versorgungsverpflichtungen des Erwerbers eines Betriebs, auf den die Arbeitsverhältnisse mit den durch die Unterstützungskasse begünstigten Arbeitnehmern nach § 613a BGB übergegangen sind (→ BFH vom 16. 12. 2002 – BStBl 2003 II S. 347).

Hinterbliebenenversorgung für den Lebensgefährten

→ BMF vom 25. 7. 2002 (BStBl I S. 706):

**Zusagen auf Leistungen der betrieblichen Altersversorgung;
Hinterbliebenenversorgung für die Lebensgefährtin oder den Lebensgefährten**

Zur Frage der steuerrechtlichen Anerkennung von Zusagen auf Hinterbliebenenversorgung für den in eheähnlicher Gemeinschaft lebenden Partner des versorgungsberechtigten Arbeitnehmers nehme ich nach Abstimmung mit den obersten Finanzbehörden der Länder wie folgt Stellung:

Aufwendungen für Versorgungszusagen an Arbeitnehmer, die eine Hinterbliebenenversorgung für den in eheähnlicher Gemeinschaft lebenden Partner des Versorgungsberechtigten vorsehen, können nur dann nach Maßgabe von § 4 Abs. 4, § 4c, § 4d oder § 4e EStG als Betriebsausgaben abgezogen werden, wenn die in Aussicht gestellten Leistungen betrieblich veranlasst sind. Die Zusage auf eine Hinterbliebenenversorgung ist als Pensionsrückstellung nach § 6a EStG zu passivieren und darf nur angesetzt werden, wenn die übrigen Voraussetzungen für die Bildung von Rückstellungen (R 31c Abs. 2 EStR[1]) vorliegen.

Die betriebliche Veranlassung dieser Hinterbliebenenzusagen und die Wahrscheinlichkeit der Inanspruchnahme aus der Verpflichtung ist unter Berücksichtigung der Umstände des jeweiligen Einzelfalls zu prüfen. Anhaltspunkte können beispielsweise eine vom Lebenspartnerin oder dem Lebenspartner schriftlich bestätigte Kenntnisnahme der in Aussicht gestellten Versorgungsleistungen, eine zivilrechtliche Unterhaltspflicht des Arbeitnehmers gegenüber dem Lebenspartner oder eine gemeinsame Haushaltsführung sein.

Die versorgungsberechtigte Lebenspartnerin oder der versorgungsberechtigte Lebenspartner muss in der schriftlich erteilten Zusage namentlich mit Anschrift und Geburtsdatum genannt werden.

Pensionsrückstellungen nach § 6a EStG sind entsprechend dem Geschlecht des begünstigten Hinterbliebenen zu bewerten. Soweit der Berechnung die „Richttafeln 1998" von Prof. Klaus Heubeck zu Grunde gelegt werden, hat die Bewertung anhand des Hinterbliebenenbestandes zu erfolgen[2].

Die Grundsätze zur steuerlichen Anerkennung von Versorgungszusagen gegenüber dem Arbeitgeber nahe stehenden Personen (z. B. beherrschende Gesellschafter-Geschäftsführer, nahe Familienangehörige) bleiben unberührt.

Jahreszusatzleistungen

Anhang 5. VI Für Jahreszusatzleistungen im Jahr des Eintritts des Versorgungsfalls darf eine Rückstellung nach § 6a EStG nicht gebildet werden → BMF vom 11. 11. 1999 (BStBl I S. 959, RdNr. 23).

Anm.: BMF vom 11. 11. 1999 teilweise geändert durch → BMF vom 28. 3. 2007 – BStBl I S. 297.

---

[1] Anm.: jetzt R 5.7 EStR 2005.
[2] zu Heubeck 2005: → BMF vom 16. 12. 2005 (BStBl I S. 1054).

Neuzusagen

Einzelfragen zur betrieblichen Altersversorgung auf Grund durch das BiRiLiG geänderten handels-rechtlichen Vorschriften → BMF vom 13. 3. 1987 (BStBl I S. 365).

Nur-Pensionszusagen

Für eine sog. Nur-Pensionszusage kann keine Rückstellung nach § 6a EStG gebildet werden, wenn dieser Verpflichtung keine ernsthaft vereinbarte Entgeltumwandlung zugrunde liegt (→ BMF vom 13. 12. 2012 – BStBl 2013 I S. 35).

Pensionsverpflichtungen innerhalb einer GmbH & Co. KG

– Zur Pensionszusage an einen Gesellschafter durch die Komplementär-GmbH → BMF vom 29. 1. 2008 (BStBl I S. 317), RdNrn. 12 – 14.
– Sagt die Komplementär-GmbH einer GmbH & Co. KG ihrem gesellschaftsfremden Geschäfts-führer eine Pension zu und kann sie nach dem Gesellschaftsvertrag von der KG Ersatz der Ver-sorgungsleistungen verlangen, ist die bei der GmbH zu bildende Pensionsrückstellung durch einen Aufwendungsersatzanspruch zu neutralisieren. Bei der KG ist eine Rückstellung für ungewisse Verbindlichkeiten zu bilden, deren Höhe sich nach § 6a EStG bestimmt (→ BFH vom 7. 2. 2002 – BStBl 2005 II S. 88).

Personengesellschaft

Bilanzsteuerliche Behandlung von Pensionszusagen einer Personengesellschaft an einen Gesell-schafter und dessen Hinterbliebene → BMF vom 29. 1. 2008 (BStBl I S. 317).

Anhang 5. VII

aber:

Sind Pensionszahlungen an einen ehemaligen Mitunternehmer im Wege der korrespondierenden Bilanzierung als nachträgliche Einkünfte zu erfassen, soweit die laufenden Zahlungen die Min-derung der bei der Gesellschaft gebildeten Pensionsrückstellung übersteigen, oder steht dem ehemaligen Mitunternehmer ein Wahlrecht zu, die laufenden Zahlungen zunächst mit dem zum Stichtag seines Ausscheidens in der Sonderbilanz aktivierten Pensionsanspruch zu verrechnen und erst nach dessen vollständigem Verbrauch nachträgliche Einkünfte zu versteuern? → Niedersächsisches FG vom 10. 3. 2011 – 11 K 387/09 – Rev. – IV R 14/11

Schuldbeitritt

Bilanzsteuerliche Behandlung der Übernahme von Pensionsverpflichtungen gegen Entgelt; Beitritt eines Dritten in eine Pensionsverpflichtung (Schuldbeitritt) → BMF vom 16. 12. 2005 (BStBl I S. 1052).

Übertragung und Übernahme von Pensionsverpflichtungen

Zur Anwendung der bilanzsteuerrechtlichen Ansatz- und Bewertungsvorbehalte bei der Übertra-gung und Übernahme von Pensionsverpflichtungen → BMF vom 24. 6. 2011 (BStBl I S. 627).

Anhang 5.X

→ Hinweis auf BR-Drs. 663/12 (Beschluss) [sowie BR-Drs. 95/13 (Beschluss); aber: Gegenäußerung der Bundesregierung]:
Zu Artikel 2 (Änderung des Einkommensteuergesetzes)
1. Nach Nummer 1 werden folgende Nummern 1a und 1b eingefügt:
1a. Nach § 4e wird § 4f wie folgt neu gefasst:
„Gehören in den Fällen des § 5 Abs. 7 der ursprünglich Verpflichtete und der aus diesen Rechtsgeschäften Verpflichtete zu demselben Konzern im Sinne des § 4h Absatz 3 Satz 5 und 6, ist die hieraus resultierende Gewinnminderung beim ursprünglich Verpflichteten oder dessen Rechtsnachfolger nicht zu berücksichtigen. In diesen Fällen bleibt die aus der Anwendung des § 5 Absatz 7 resultierende Gewinnerhöhung außer Ansatz."
1b. In § 5 wird nach Absatz 6 folgender Absatz 7 angefügt:
„(7) Übernommene Verpflichtungen, die beim ursprünglich Verpflichteten Ansatzverboten, -beschränkungen oder Bewertungsvorbehalten unterlegen haben, sind zu den auf die Über-nahme folgenden Abschlussstichtagen bei dem Übernehmer oder dessen Rechtsnachfolger so zu bilanzieren, wie sie beim ursprünglich Verpflichteten ohne Übernahme zu bilanzieren wären. Dies gilt in Fällen der Erfüllungsübernahme nach § 329 des Bürgerlichen Gesetz-buches und des Schuldbeitritts mit Schuldfreistellung im Innenverhältnis für die sich aus diesem Rechtsgeschäft ergebenden Verpflichtungen sinngemäß. Satz 1 ist für den Erwerb eines Mitunternehmeranteils entsprechend anzuwenden."

2. Nach Nummer 2 wird folgende Nummer 3 angefügt:

3. In § 52 EStG wird folgender Absatz 14a eingefügt:

„(14a) § 5 Absatz 7 in der Fassung des Gesetzes vom . . . . [Tag desGesetzesbeschlusses des Deutschen Bundestages.] ist für Wirtschaftsjahre anzuwenden, die nach dem 31. Dezember 2012 beginnen. Auf Antrag kann § 5 Absatz 7 auch für frühere Wirtschaftsjahre angewandt werden."

Begründung:

Allgemein

Unternehmen dürfen in ihrer Steuerbilanz aufgrund einkommensteuerlicher Passivierungsbegrenzungen bestimmte (ungewisse) Verbindlichkeiten entweder nicht ausweisen oder sie haben die Verbindlichkeiten mit geringeren Werten anzusetzen als in ihrer Handelsbilanz. Nach der jüngsten Rechtsprechung des Bundesfinanzhofs können Unternehmen hierdurch entstehende stille Lasten steuermindernd realisieren, wenn Dritte die Verbindlichkeiten rechtlich oder wirtschaftlich übernehmen (BFH-Urteile I R 61/06 und IV R 43/09). Der Übernehmer der Verbindlichkeit braucht seinerseits die Passivierungsbegrenzungen nicht mehr zu beachten (BFH-Urteile I R 102/08 und I R 72/10).

Die vorgeschlagene Neuregelung ordnet an, dass der Übernehmer oder dessen Rechtsnachfolger in der ersten nach der Übernahme aufzustellenden Bilanz die Ansatzverbote, -beschränkungen oder Bewertungsvorbehalte zu beachten hat, die auch für den ursprünglich Verpflichteten gegolten haben. Dadurch wird verhindert, dass gesetzliche Passivierungsbeschränkungen insoweit ins Leere laufen.

Zu Nummer 1a (§ 4f EStG)

Ergänzend zu § 5 Abs. 7 verhindert § 4f missbräuchliche Gestaltungen auf der Seite des ursprünglich Verpflichteten. Im Falle einer Konzernzugehörigkeit sowohl des ursprünglich Verpflichteten als auch des Beitretenden i.S.d. § 4 Abs. 3 Satz 5 und 6 regelt § 4f, dass beim ursprünglich Verpflichteten der durch gewinnwirksame Ausbuchung der ursprünglichen Verpflichtung entstandene Verlust nicht zu berücksichtigen ist. Korrespondierend hierzu regelt § 4f Satz 2, dass die entsprechende Gewinnerhöhung i.S.d. § 5 Abs. 7 beim übernehmenden Rechtsträger außer Ansatz bleibt.

Zu Nummer 1b (§ 5 Absatz 7 EStG)

Zu Satz 1

Bei der Neuregelung in § 5 Absatz 7 Satz 1 EStG handelt es sich um eine Fiktion in der Weise, dass die ursprüngliche Verpflichtung ihren Charakter nicht verliert und auch auf Seite des Übernehmers die nämliche Verpflichtung bleibt und insofern auch den entsprechenden Ansatz- und Bewertungsvorschriften (z.B. § 6a EStG, § 5 Absatz 4a EStG) unterliegt. Die Übernahme einer Verpflichtung im Sinne des Satzes 1 liegt im Besonderen vor in Fällen der Schuldübernahme nach § 414 BGB und der Sonder- oder Gesamtrechtsnachfolge nach dem Umwandlungsgesetz.

Zu Satz 2

§ 5 EStG Absatz 7 Satz 2 regelt Fälle der Erfüllungsübernahme (§§ 415, 329 BGB) und des Schuldbeitritts, bei dem der Beitretende die Verpflichtung des bisherigen Schuldners im Innenverhältnis übernimmt. Es bedarf einer ergänzenden Regelung, da in diesen Fällen nicht wie in den Fällen des Satzes 1 die ursprüngliche Schuld übernommen wird, sondern sich eine Verpflichtung aus dem Rechtsgeschäft erst ergibt (Freistellungsverpflichtung).

Zu Satz 3

§ 5 Absatz 7 Satz 3 regelt den Sonderfall der entgeltlichen Übertragung eines Mitunternehmeranteils. In diesem Fall übernimmt der erwerbende Mitunternehmer zivilrechtlich nicht die bestehende Verpflichtung, denn aus dem jeweiligen Rechtsverhältnis Verpflichtete ist die Personengesellschaft (Mitunternehmerschaft). Dennoch ist auch in diesen Fällen entsprechend des Transparenzprinzips wirtschaftlich eine Gleichstellung mit den Fällen des § 5 Absatz 7 Satz 1 notwendig.

Zu Nummer 3 (§ 52 Absatz 14a EStG)

Die Neuregelung in § 5 Absatz 7 soll erstmals für Wirtschaftsjahre gelten, die nach dem 31. Dezember 2012 beginnen. Hat der die Verpflichtung Übernehmende die Verpflichtung bisher aufgrund der BFH-Rechtsprechung ohne die Ansatzverbote, -beschränkungen oder Bewertungsvorbehalte ausgewiesen, muss er sie für Wirtschaftsjahre, die nach dem 31. Dezember 2012 beginnen, beachten und entsprechende Gewinne versteuern. Hat der die Verpflichtung Übernehmende seiner Bilanzierung die bisherige Verwaltungsauffassung zugrunde gelegt, kann er diese beibehalten (§ 52 Absatz 14a Satz 2). Damit werden aufwändige Bilanzberichtigungen, die sich kurzfristig ausgleichen (s. § 52 Absatz 14a Satz 1), vermieden.

Versorgungsausgleich

Zu den Auswirkungen des Gesetzes zur Strukturreform des Versorgungsausgleiches (VAStrRefG) auf Pensionszusagen → BMF vom 12. 11. 2010 (BStBl I S. 1303).

Rechtsverbindliche Verpflichtung   R 6a (2)

(2) [1]Eine rechtsverbindliche Pensionsverpflichtung ist z. B. gegeben, wenn sie auf Einzelvertrag, Gesamtzusage (Pensionsordnung), Betriebsvereinbarung, Tarifvertrag oder Besoldungsordnung beruht. [2]Bei Pensionsverpflichtungen, die nicht auf Einzelvertrag beruhen, ist eine besondere Verpflichtungserklärung gegenüber dem einzelnen Berechtigten nicht erforderlich. [3]Ob eine rechtsverbindliche Pensionsverpflichtung vorliegt, ist nach arbeitsrechtlichen Grundsätzen zu beurteilen. [4]Für ausländische Arbeitnehmer sind Pensionsrückstellungen unter den gleichen Voraussetzungen zu bilden wie für inländische Arbeitnehmer.

Schädlicher Vorbehalt   R 6a (3)

(3) [1]Ein schädlicher Vorbehalt i. S. d. § 6a Abs. 1 Nr. 2 EStG liegt vor, wenn der Arbeitgeber die Pensionszusage nach freiem Belieben, d. h. nach seinen eigenen Interessen ohne Berücksichtigung der Interessen des Pensionsberechtigten widerrufen kann. [2]Ein Widerruf nach freiem Belieben ist nach dem Urteil des Bundesarbeitsgerichtes (BAG) vom 14. 12. 1956 (BStBl 1959 I S. 258) gegenüber einem noch aktiven Arbeitnehmer im allgemeinen zulässig, wenn die Pensionszusage eine der folgenden Formeln

„freiwillig und ohne Rechtsanspruch",

„jederzeitiger Widerruf vorbehalten",

„ein Rechtsanspruch auf die Leistungen besteht nicht",

„die Leistungen sind unverbindlich"

oder ähnliche Formulierungen enthält, sofern nicht besondere Umstände eine andere Auslegung rechtfertigen. [3]Solche besonderen Umstände liegen nicht schon dann vor, wenn das Unternehmen in der Vergangenheit tatsächlich Pensionszahlungen geleistet oder eine Rückdeckungsversicherung abgeschlossen hat oder Dritten gegenüber eine Verpflichtung zur Zahlung von Pensionen eingegangen ist oder wenn die unter den oben bezeichneten Vorbehalten gegebene Pensionszusage die weitere Bestimmung enthält, dass der Widerruf nur nach „billigem Ermessen" ausgeübt werden darf oder dass im Falle eines Widerrufes die gebildeten Rückstellungen dem Versorgungszweck zu erhalten sind. [4]Vorbehalte der oben bezeichneten Art in einer Pensionszusage schließen danach die Bildung von Rückstellungen für Pensionsanwartschaften aus. [5]Befindet sich der Arbeitnehmer bereits im Ruhestand oder steht er unmittelbar davor, ist der Widerruf von Pensionszusagen, die unter den oben bezeichneten Vorbehalten erteilt worden sind, nach dem BAG-Urteil vom 14. 12. 1956 nicht mehr nach freiem Belieben, sondern nur noch nach billigem Ermessen (→ Absatz 4) zulässig. [6]Enthält eine Pensionszusage die oben bezeichneten allgemeinen Widerrufsvorbehalte, ist die Rückstellungsbildung vorzunehmen, sobald der Arbeitnehmer in den Ruhestand tritt; dies gilt auch hinsichtlich einer etwa zugesagten Hinterbliebenenversorgung.

Hinweise   H 6a (3)

Abfindungsklauseln

Zu schädlichen Abfindungsklauseln in Pensionszusagen → BMF vom 6. 4. 2005 (BStBl I S. 619) und vom 1. 9. 2005 (BStBl I S. 860).

Externe Versorgungsträger

Werden die künftigen Pensionsleistungen aus einer Versorgungszusage voraussichtlich von einem externen Versorgungsträger (z. B. Versorgungskasse) erbracht, scheidet die Bildung einer Rückstellung nach § 6a EStG aus (→ BFH vom 5. 4. 2006 – BStBl II S. 688) und vom 8. 10. 2008 – BStBl 2010 II S. 186). Zur Anwendung der vorgenannten Urteile, zur Abgrenzung des sog. Umlageverfahrens von sog. Erstattungsverfahren und allgemein zur Bildung von Pensionsrückstellungen nach § 6a EStG bei Erbringung der Versorgungsleistungen durch externe Versorgungsträger → BMF vom 26. 1. 2010 (BStBl I S. 138).

Weitere Hinweise zu BMF vom 26. 1. 2010 → LfSt Bayern vom 10. 3. 2010 (DStR 2010, S. 872) – Auszug –:

Bei entsprechenden umlagefinanzierten Versorgungssystemen können Pensionsrückstellungen nach § 6a EStG künftig regelmäßig nicht mehr passiviert werden. Das gilt unabhängig davon, ob es sich um öffentlich-rechtliche oder privatrechtliche Versorgungszusagen handelt. Geht die Erfüllung der Versorgungsverpflichtung wieder auf den Arbeitgeber über (z. B. aufgrund einer Zahlungsunfähigkeit der Versorgungskasse), ist eine Pensionsrückstellung nach § 6a EStG zu passivieren; § 6a Abs. 4 Satz 3 EStG gilt entsprechend. Gewährleistet die Versorgungskasse dagegen ausschließlich die Durchführung der einzelnen Pensionsverpflichtungen (z. B. Berechnung und Auszahlung der Altersversorgungen) und erstattet der Arbeitgeber der Versorgungskasse die hierfür erforderlichen Aufwendungen, hat der Arbeitgeber Rückstellungen nach § 6a EStG auszuweisen. In diesen Fällen ist weiterhin von einer wahrscheinlichen Inanspruchnahme des Arbeitgebers aus den Pensionsverpflichtungen auszugehen, da die Versorgungskasse lediglich seine Versorgungsverpflichtungen ausführt und die Zahlungen an die Versorgungskasse keine Beiträge zur Finanzierung der Versorgungslasten aller in der Solidargemeinschaft zusammengeschlossenen Arbeitgeber darstellen. Zudem können die Zahlungen an die Versorgungskasse den jeweiligen Pensionszusagen des Arbeitgebers zugerechnet werden, so dass eventuell bestehende Ansprüche gegenüber der Versorgungskasse zu aktivieren sind.

Anwendungsregelung

Die Grundsätze der BFH-Urteile sind erstmals in nach dem 5. 4. 2006 (Entscheidungsdatum des ersten BFH-Urteils) aufgestellten Bilanzen zu berücksichtigen. Es ist jedoch nicht zu beanstanden, wenn diese Grundsätze erstmals der Gewinnermittlung des Wirtschaftsjahres zugrunde gelegt werden, das nach dem Tag der Veröffentlichung dieses Schreibens im Bundessteuerblatt endet.

Anm. des BayLfSt: Tag der Veröffentlichung war der 26. 2. 2010

Rücklagenbildung zur Abmilderung der Folgen der Rückstellungsauflösung

Für den Gewinn, der sich aus der Auflösung der Pensionsrückstellungen nach § 6a EStG im Zusammenhang mit der o. g. Rechtsprechung ergibt, kann in Höhe von 14/15 eine gewinnmindernde Rücklage gebildet werden, die in den folgenden 14 Wirtschaftsjahren jeweils mit mindestens einem Vierzehntel gewinnerhöhend aufzulösen ist (Auflösungszeitraum).

Rücklagenauflösung bei Passivierung der Rückstellung oder Wegfall der Verpflichtung

Entfallen während des Auflösungszeitraums die Gründe für die Nichtpassivierung der Pensionsrückstellungen (z. B. bei Zahlungsunfähigkeit der Versorgungskasse, Beendigung der Mitgliedschaft), ist die verbleibende Rücklage in vollem Umfang gewinnerhöhend aufzulösen.

Übertragung auf eine Unterstützungskasse

Ist vereinbart, dass die Pensionsverpflichtung nach Eintritt des Versorgungsfalles auf eine Unterstützungskasse übertragen wird, kann eine Rückstellung nicht gebildet werden (→ BMF vom 2. 7. 1999 – BStBl I S. 594).

R 6a (4)   **Unschädlicher Vorbehalt**

(4) [1]Ein unschädlicher Vorbehalt i. S. d. § 6a Abs. 1 Nr. 2 EStG liegt vor, wenn der Arbeitgeber den Widerruf der Pensionszusage bei geänderten Verhältnissen nur nach billigem Ermessen (§ 315 BGB), d. h. unter verständiger Abwägung der berechtigten Interessen des Pensionsberechtigten einerseits und des Unternehmens andererseits aussprechen kann. [2]Das gilt in der Regel für die Vorbehalte, die eine Anpassung der zugesagten Pensionen an nicht voraussehbare künftige Entwicklungen oder Ereignisse, insbesondere bei einer wesentlichen Verschlechterung der wirtschaftlichen Lage des Unternehmens, einer wesentlichen Änderung der Sozialversicherungsverhältnisse oder der Vorschriften über die steuerliche Behandlung der Pensionsverpflichtungen oder bei einer Treupflichtverletzung des Arbeitnehmers vorsehen. [3]Danach sind z. B. die folgenden Vorbehalte als unschädlich anzusehen:

1. als allgemeiner Vorbehalt:

   „Die Firma behält sich vor, die Leistungen zu kürzen oder einzustellen, wenn die bei Erteilung der Pensionszusage maßgebenden Verhältnisse sich nachhaltig so wesentlich geändert haben, dass der Firma die Aufrechterhaltung der zugesagten Leistungen auch unter objektiver Beachtung der Belange des Pensionsberechtigten nicht mehr zugemutet werden kann";

2. als spezielle Vorbehalte:

„Die Firma behält sich vor, die zugesagten Leistungen zu kürzen oder einzustellen, wenn

a) die wirtschaftliche Lage des Unternehmens sich nachhaltig so wesentlich verschlechtert hat, dass ihm eine Aufrechterhaltung der zugesagten Leistungen nicht mehr zugemutet werden kann, oder

b) der Personenkreis, die Beiträge, die Leistungen oder das Pensionierungsalter bei der gesetzlichen Sozialversicherung oder anderen Versorgungseinrichtungen mit Rechtsanspruch sich wesentlich ändern, oder

c) die rechtliche, insbesondere die steuerrechtliche Behandlung der Aufwendungen, die zur planmäßigen Finanzierung der Versorgungsleistungen von der Firma gemacht werden oder gemacht worden sind, sich so wesentlich ändert, dass der Firma die Aufrechterhaltung der zugesagten Leistungen nicht mehr zugemutet werden kann, oder

d) der Pensionsberechtigte Handlungen begeht, die in grober Weise gegen Treu und Glauben verstoßen oder zu einer fristlosen Entlassung berechtigen würden",

oder inhaltlich ähnliche Formulierungen. [4]Hat der Arbeitnehmer die Möglichkeit, anstelle einer bisher zugesagten Altersversorgung eine Erhöhung seiner laufenden Bezüge zu verlangen, liegt hierin kein schädlicher Vorbehalt.

Hinweise   H 6a (4)

Abfindungsklauseln

Zu unschädlichen Abfindungsklauseln in Pensionszusagen → BMF vom 6. 4. 2005 (BStBl I S. 619) und vom 1. 9. 2005 (BStBl I S. 860).

Vorbehalt (Sonderfälle)   R 6a (5)

(5) [1]In besonderen Vorbehalten werden oft bestimmte wirtschaftliche Tatbestände bezeichnet, bei deren Eintritt die zugesagten Pensionsleistungen gekürzt oder eingestellt werden können. [2]Es wird z. B. vereinbart, dass die Pensionen gekürzt oder eingestellt werden können, wenn der Umsatz, der Gewinn oder das Kapital eine bestimmte Grenze unterschreiten oder wenn mehrere Verlustjahre vorliegen oder wenn die Pensionsleistungen einen bestimmten *Prozentsatz* der Lohn- und Gehaltssumme überschreiten. [3]Diese Vorbehalte sind nur dann als unschädlich anzusehen, wenn sie in dem Sinne ergänzt werden, es müsse bei den bezeichneten Tatbeständen eine so erhebliche und nachhaltige Beeinträchtigung der Wirtschaftslage des Unternehmens vorliegen, dass es dem Unternehmen nicht mehr zumutbar ist, die Pensionszusage aufrechtzuerhalten, oder dass es aus unternehmerischer Verantwortung geboten erscheint, die Versorgungsleistungen einzuschränken oder einzustellen.

(6) [1]Der Vorbehalt, dass der Pensionsanspruch erlischt, wenn das Unternehmen veräußert wird oder aus anderen Gründen ein Wechsel des Unternehmers eintritt (sog. Inhaberklausel), ist steuerlich schädlich. [2]Entsprechendes gilt für Vorbehalte oder Vereinbarungen, nach denen die Haftung aus einer Pensionszusage auf das Betriebsvermögen beschränkt wird, es sei denn, es gilt eine gesetzliche Haftungsbeschränkung für alle Verpflichtungen gleichermaßen, wie z. B. bei Kapitalgesellschaften.   R 6a (6)

Hinweise   H 6a (6)

Gewichtung des Widerrufsvorbehalts

Bei der Beurteilung, ob ein schädlicher oder unschädlicher Vorbehalt vorliegt, ist ein strenger Maßstab anzulegen (→ BFH vom 6. 10. 1967 – BStBl 1968 II S. 90).

Schriftform   R 6a (7)

(7) [1]Für die nach § 6a Abs. 1 Nr. 3 EStG vorgeschriebene Schriftform kommt jede schriftliche Festlegung in Betracht, aus der sich der Pensionsanspruch nach Art und Höhe ergibt, z. B. Einzelvertrag, Gesamtzusage (Pensionsordnung), Betriebsvereinbarung, Tarifvertrag, Gerichtsurteil. [2]Bei Gesamtzusagen ist eine schriftliche Bekanntmachung in geeigneter Form nachzuweisen, z. B. durch ein Protokoll über den Aushang im Betrieb. [3]Die Schriftform muss am Bilanzstichtag vorliegen. [4]Für Pensionsverpflichtungen, die auf betrieblicher Übung oder auf dem → Grundsatz der Gleichbehandlung

beruhen, kann wegen der fehlenden Schriftform keine Rückstellung gebildet werden; dies gilt auch dann, wenn arbeitsrechtlich (→ § 1b Abs. 1 Satz 4 Betriebsrentengesetz) eine unverfallbare Anwartschaft besteht, es sei denn, dem Arbeitnehmer ist beim Ausscheiden eine schriftliche Auskunft nach § 2 Abs. 6 Betriebsrentengesetz erteilt worden. [5]Pensionsrückstellungen müssen insoweit vorgenommen werden, als sich die Versorgungsleistungen aus der schriftlichen Festlegung dem Grunde und der Höhe nach ergeben. [6]Zahlungsbelege allein stellen keine solche Festlegung dar.

H 6a (7)   Hinweise

Grundsatz der Gleichbehandlung

Die wegen arbeitsrechtlicher Entscheidungen notwendige Ergänzung einer bestehenden Witwenversorgung um eine Witwerversorgung ist erst wirksam, wenn die Ergänzung schriftlich vorgenommen wurde.

Schriftformerfordernis

– Voraussetzung für die steuerliche Anerkennung einer Pensionsrückstellung nach § 6a EStG ist u. a. eine schriftlich erteilte Pensionszusage. Die Vereinbarung muss neben dem Zusagezeitpunkt eindeutige und präzise Angaben zu Art, Form, Voraussetzungen und Höhe der in Aussicht gestellten künftigen Leistungen enthalten. Sofern es zur eindeutigen Ermittlung der in Aussicht gestellten Leistungen erforderlich ist, sind auch Angaben für die versicherungsmathematische Ermittlung der Höhe der Versorgungsverpflichtung (z. B. anzuwendender Rechnungszinsfuß oder anzuwendende biometrische Ausscheidewahrscheinlichkeiten) schriftlich festzulegen. Sind diese Angaben nicht vorhanden, scheidet die Bildung einer Pensionsrückstellung jedenfalls in der Steuerbilanz aus (→ BMF vom 28. 8. 2001 – BStBl I S. 594).

– Eine schriftliche Pensionszusage liegt auch dann vor, wenn der Verpflichtete eine schriftliche Erklärung mit dem erforderlichen Inhalt abgibt und der Berechtigte die Zusage nach den Regeln des Zivilrechtes (z. B. durch mündliche Erklärung) annimmt (→ BFH vom 27. 4. 2005 – BStBl II S. 702).

R 6a (8)   Beherrschende Gesellschafter-Geschäftsführer von Kapitalgesellschaften

(8) [1]Für die Bildung von Pensionsrückstellungen für beherrschende Gesellschafter-Geschäftsführer von Kapitalgesellschaften ist zu unterstellen, dass die Jahresbeträge nach § 6a Abs. 3 Satz 2 Nr. 1 Satz 3 EStG vom Beginn des Dienstverhältnisses, frühestens vom nach Absatz 10 Satz 3 maßgebenden Alter, bis zur vertraglich vorgesehenen Altersgrenze, mindestens jedoch bis zum folgenden geburtsjahrabhängigen Pensionsalter aufzubringen sind.

für Geburtsjahrgänge	Pensionsalter
bis 1952	65
ab 1953 bis 1961	66
ab 1962	67

[2]Als Beginn des Dienstverhältnisses gilt der Eintritt in das Unternehmen als Arbeitnehmer. [3]Das gilt auch dann, wenn der Geschäftsführer die Pensionszusage erst nach Erlangung der beherrschenden Stellung erhalten hat. [4]Absatz 11 Satz 1, 3 bis 6, 8, 9 und 13 bis 15 ist nicht anzuwenden. [4]Für anerkannt schwerbehinderte Menschen kann geburtsjahrabhängig eine vertragliche Altersgrenze wie folgt zugrunde gelegt werden:

für Geburtsjahrgänge	Pensionsalter
bis 1952	60
ab 1953 bis 1961	61
ab 1962	62

H 6a (8)   Hinweise

Erstmalige Anwendung der durch R 6a Abs. 8 EStÄR 2008 geänderten Pensionsalter

Die geänderten Mindestpensionsalter gelten grundsätzlich für Wirtschaftsjahre, die nach dem 31. 12. 2007 enden. Es ist jedoch nicht zu beanstanden, wenn die neuen Pensionsalter erstmals in der Bilanz des Wirtschaftsjahres berücksichtigt werden, das nach dem 30. 12. 2009 endet. Der

Übergang hat einheitlich für alle betroffenen Pensionsrückstellungen des Unternehmens zu erfolgen (→ BMF vom 3. 7. 2009 – BStBl I S. 712).

Vorgezogene Altersgrenze

Eine vertraglich vorgesehene geringere Altersgrenze als die in R 6a Abs. 8 Satz 1 genannten Mindestpensionsalter kann für die Berechnung der Pensionsrückstellung nur dann zugrunde gelegt werden, wenn besondere Umstände nachgewiesen werden, die ein niedrigeres Pensionsalter rechtfertigen (→ BFH vom 23. 1. 1991 – BStBl II S. 379).

Ehegatten-Arbeitsverhältnisse

(9) – unbesetzt –

R 6a (9)

Hinweise

H 6a (9)

Anerkennungsgrundsätze

An den Nachweis der Ernsthaftigkeit von Pensionszusagen an → Arbeitnehmer-Ehegatten sind mit Rücksicht auf die besonderen persönlichen Beziehungen der Vertragspartner strenge Anforderungen zu stellen. Es ist insbesondere zu prüfen, ob die Pensionszusage nach den Umständen des Einzelfalls dem Grunde und der Höhe nach angemessen ist (→ BFH vom 14. 7. 1989 – BStBl II S. 969). Für Pensionszusagen, die im Rahmen eines steuerlich anzuerkennenden Arbeitsverhältnisses dem → Arbeitnehmer-Ehegatten gegeben werden, sind Pensionsrückstellungen zu bilden, wenn

1. eine ernstlich gewollte, klar und eindeutig vereinbarte Verpflichtung vorliegt,

2. die Zusage dem Grunde nach angemessen ist und

3. der Arbeitgeber-Ehegatte auch tatsächlich mit der Inanspruchnahme aus der gegebenen Pensionszusage rechnen muss.

(→ BMF vom 4. 9. 1984 – BStBl I S. 495 und vom 9. 1. 1986 – BStBl I S. 7).

Arbeitnehmer-Ehegatten

Pensionszusagen zwischen Ehegatten, die im Rahmen von steuerlich anzuerkennenden Arbeitsverhältnissen (→ R 4.8) erteilt werden, sind auch steuerlich zu beachten und berechtigen zur Bildung von Pensionsrückstellungen (→ BVerfG vom 22. 7. 1970 – BStBl II S. 652).

Fremdvergleich

Eine betriebliche Veranlassung einer Pensionszusage an einen Arbeitnehmer, der naher Angehöriger des Arbeitgebers ist, ist nicht allein deshalb zu verneinen, weil keine fremden Arbeitnehmer mit vergleichbaren Tätigkeitsmerkmalen im Betrieb beschäftigt werden und auch bei anderen Betrieben gleicher Größenordnung keine vergleichbaren Beschäftigungsverhältnisse ermittelt werden können.

Maßgebend ist eine Gesamtwürdigung aller Umstände des konkreten Einzelfalls (→ BFH vom 18. 12. 2001 – BStBl 2002 II S. 353).

Rückdeckungsversicherung

Prämienzahlungen für eine Rückdeckungsversicherung einer Pensionszusage an den Arbeitnehmer-Ehegatten können als Betriebsausgaben behandelt werden, wenn auch die Pensionszusage als rückstellungsfähig anerkannt werden kann (→ BMF vom 4. 9. 1984 – BStBl I S. 495).

Verpflichtungsumfang

Für die Bildung der Pensionsrückstellung bei Pensionszusagen zwischen Ehegatten in Einzelunternehmen kommt nur eine Zusage auf Alters-, Invaliden- und Waisenrente in Betracht (→ BMF vom 4. 9. 1984 – BStBl I S. 495).

Witwen-/Witwerversorgung

Eine Zusage auf Witwen- oder Witwerversorgung ist im Rahmen von Ehegatten-Pensionszusagen in Einzelunternehmen nicht rückstellungsfähig, da hier bei Eintritt des Versorgungsfalls Anspruch und Verpflichtung in einer Person zusammenfallen (→ BMF vom 4. 9. 1984 – BStBl I S. 495); dies gilt auch dann, wenn in der Zusage vereinbart ist, dass sie durch eine mögliche Eheschließung oder Betriebsveräußerung nicht berührt wird.

R 6a (10)   **Höhe der Pensionsrückstellung**

(10) [1]Als Beginn des Dienstverhältnisses ist ein früherer Zeitpunkt als der tatsächliche Dienstantritt zugrunde zu legen (sog. Vordienstzeiten), wenn auf Grund gesetzlicher Vorschriften Zeiten außerhalb des Dienstverhältnisses als Zeiten der Betriebszugehörigkeit gelten, z. B. § 8 Abs. 3 des Soldatenversorgungsgesetzes, § 6 Abs. 2 des Arbeitsplatzschutzgesetzes. [2]Bei der Ermittlung des Teilwertes einer Pensionsverpflichtung sind folgende Mindestalter zu beachten:

Erteilung der Pensionszusage	maßgebendes Mindestalter
vor dem 1. 1. 2001	30
nach dem 31. 12. 2000 und vor dem 1. 1. 2009	28
nach dem 31. 1. 2008	27

[3]Ergibt sich durch die Anrechnung von Vordienstzeiten ein fiktiver Dienstbeginn, der vor der Vollendung des nach Satz 2 maßgebenden Lebensjahres des Berechtigten liegt, gilt das Dienstverhältnis als zu Beginn des Wirtschaftsjahres begonnen, bis zu dessen Mitte der Berechtigte dieses Lebensjahr vollendet (→ § 6a Abs. 3 Satz 2 Nr. 1 letzter Satz EStG).

H 6a (10)   **Hinweise**

Betriebsübergang

Für die Anwendung des § 613a BGB ist entscheidend, ob das im Zeitpunkt des Betriebsübergangs bestehende Dienstverhältnis als Arbeitsverhältnis anzusehen ist (→ BFH vom 10. 8. 1994 – BStBl 1995 II S. 250).

Rechnungsgrundlagen

Zur Anerkennung unternehmensspezifischer und modifizierter biometrischer Rechnungsgrundlagen bei der Bewertung der Pensionsverpflichtungen nach § 6a EStG → BMF vom 9. 12. 2011 (BStBl I S. 1247)

Richttafeln 2005 G

→ BMF vom 16. 12. 2005 (BStBl I S. 1054)

Rumpfwirtschaftsjahr

Bei der Ermittlung des Teilwerts einer Pensionsrückstellung gemäß § 6a Abs. 3 Satz 2 Nr. 1 EStG ist, wenn das Dienstverhältnis des Pensionsberechtigten in einem Rumpfwirtschaftsjahr begonnen hat, von dem Beginn des betreffenden Kalenderjahres auszugehen (→ BFH vom 21. 8. 2007 – BStBl 2008 II S. 513).

Tatsächlicher Dienstantritt

Bei der Ermittlung des Diensteintrittsalters ist – unabhängig vom Bestehen eines Rumpfwirtschaftsjahres – auf den Beginn des Kalenderjahres des Diensteintritts abzustellen (→ BFH vom 21. 8. 2007 – BStBl 2008 II S. 513). Als Beginn des Dienstverhältnisses ist grundsätzlich der tatsächliche Dienstantritt im Rahmen des bestehenden Dienstverhältnisses anzusehen (→ BFH vom 25. 5. 1988 – BStBl II S. 720); das Dienstverhältnis wird nicht unterbrochen, wenn der Stpfl. auf Grund gesetzlicher Vorschriften in die Pflichten des Dienstverhältnisses eintritt (z. B. § 613a BGB).

Vordienstzeiten

Zur Berücksichtigung von vertraglichen Vordienstzeiten → BMF vom 22. 12. 1997 (BStBl I S. 1020) und → BFH vom 7. 2. 2002 (BStBl 2005 II S. 88).

R 6a (11)   (11) [1]Bei der Ermittlung des Teilwertes der Pensionsanwartschaft ist das vertraglich vereinbarte Pensionsalter zugrunde zu legen (Grundsatz). [2]Der Stpfl. kann für alle oder für einzelne Pensionsverpflichtungen von einem höheren Pensionsalter ausgehen, sofern mit einer Beschäftigung des Arbeitnehmers bis zu diesem Alter gerechnet werden kann (erstes Wahlrecht). [3]Bei der Ermittlung des Teilwertes der Pensionsanwartschaft nach § 6a Abs. 3 EStG kann mit Rücksicht auf § 6 Betriebsrentengesetz anstelle des vertraglichen Pensionsalters nach Satz 1 für alle oder für einzelne Pensionsverpflichtungen als Zeitpunkt des Eintritts des Versorgungsfalles der Zeitpunkt der frühestmöglichen Inanspruchnahme der vorzeitigen Altersrente aus der gesetzlichen Rentenversicherung angenommen werden (zweites Wahlrecht). [4]Voraussetzung für die Ausübung des zweiten Wahlrechtes ist, dass in der Pensionszusage festgelegt ist, in welcher Höhe Versorgungsleistungen von diesem Zeitpunkt an gewährt werden. [5]Bei der Ausübung des zweiten Wahlrechtes braucht nicht geprüft zu werden, ob ein Arbeitnehmer die sozialversicherungsrechtlichen Voraussetzungen für die vorzeitige Inanspruchnahme der Altersrente erfüllen wird. [6]Das zweite Wahlrecht kann unabhängig von der Wahl des Pensionsalters für die Berechnung der unverfallbaren Versorgungsanwartschaften nach § 2 Betriebsrentengesetz ausgeübt werden. [7]Das erste Wahlrecht ist in der Bilanz des Wirtschaftsjahres auszuüben, in dem mit der Bildung der Pensionsrückstellung begonnen wird. [8]Das zweite Wahlrecht ist in der Bilanz des Wirtschaftsjahres auszuüben, in dem die Festlegung nach Satz 4 getroffen worden ist. [9]Hat der Stpfl. das zweite Wahlrecht ausgeübt und ändert sich danach der Zeitpunkt der frühestmöglichen Inanspruchnahme der vorzeitigen Altersrente aus der gesetzlichen Rentenversicherung (z. B. Beendigung des Arbeitsverhältnisses), ist die Änderung zum Ende des betreffenden Wirtschaftsjahres zu berücksichtigen; ist in diesem Wirtschaftsjahr die Festlegung nach Satz 4 für den neuen Zeitpunkt nicht getroffen worden, ist das vertragliche Pensionsalter nach Satz 1 bei der Ermittlung des Teilwertes der Pensionsanwartschaft zugrunde zu legen. [10]Die gegenüber einem Berechtigten getroffene Wahl gilt einheitlich für die gesamte Pensionsverpflichtung, einschließlich einer etwaigen Entgeltumwandlung im Sinne von § 1 Abs. 2 Betriebsrentengesetz. [11]Der Rückstellungsbildung kann nur die Pensionsleistung zugrunde gelegt werden, die zusagegemäß bis zu dem Pensionsalter erreichbar ist, für das sich der Stpfl. bei Ausübung der Wahlrechte entscheidet. [12]Setzt der Arbeitnehmer nach Erreichen dieses Alters seine Tätigkeit fort und erhöht sich dadurch sein Ruhegehaltanspruch, ist der Rückstellung in dem betreffenden Wirtschaftsjahr der Unterschiedsbetrag zwischen der nach den vorstehenden Sätzen höchstzulässigen Rückstellung (Soll-Rückstellung) und dem versicherungsmathematischen Barwert der um den Erhöhungsbetrag vermehrten Pensionsleistungen zuzuführen. [13]Hat der Stpfl. bei der Ermittlung des Teilwertes einer Pensionsanwartschaft bereits bisher vom zweiten Wahlrecht Gebrauch gemacht, ist er bei einer Änderung des frühestmöglichen Pensionsalters auf Grund einer gesetzlichen Neuregelung auch künftig an diese Entscheidung gebunden; Satz 4 ist zu beachten. [14]Für die sich wegen der Änderung des frühestmöglichen Pensionsalters ergebende Änderung der Teilwerte der Pensionsanwartschaft gilt das Nachholverbot, das sich aus § 6a Abs. 4 EStG herleitet, nicht. [15]Liegen die in Satz 4 genannten Voraussetzungen für die Anwendung des zweiten Wahlrechtes am Bilanzstichtag nicht vor, ist das vertragliche Pensionsalter nach Satz 1 bei der Ermittlung des Teilwertes der Pensionsanwartschaft zugrunde zu legen.

Hinweise H 6a (11)

Betriebliche Teilrenten

→ BMF vom 25. 4. 1995 (BStBl I S. 250)

Pensionsalter

Zu den Auswirkungen des RV-Altersgrenzenanpassungsgesetzes vom 20. 4. 2007 (BGBl. I S. 554) auf das bei der Pensionsrückstellungsbewertung maßgebende Pensionsalter → BMF vom 5. 5. 2008 (BStBl I S. 569).

Entgeltumwandlungen R 6a (12)

(12) [1]Für Pensionsverpflichtungen, die auf nach dem 31. 12. 2000 vereinbarten Entgeltumwandlungen im Sinne von § 1 Abs. 2 Betriebsrentengesetz beruhen, ist vor Vollendung des 28. Lebensjahres des Pensionsberechtigten eine Rückstellung in Höhe des Barwerts der nach den §§ 1 und 2 Betriebsrentengesetz unverfallbaren künftigen Pensionsleistungen zu bilden (§ 6a Abs. 2 Nr. 1 zweite Alternative und § 6a Abs. 3 Satz 2 Nr. 1 Satz 6 zweiter Halbsatz zweite Alternative und § 6a Abs. 3 Satz 2 Nr. 1 Satz 6 zweiter Halbsatz EStG); nach Vollendung des 28. Lebensjahres (für nach dem 31. 12. 2008 erstmals erteilte Pensionszusagen: des 27. Lebensjahres) des Pensionsberechtigten ist für diese Pensionsverpflichtungen für die Ermittlung des Teilwertes nach § 6a Abs. 3 Satz 2 Nr. 1 Satz 1 EStG eine Vergleichsrechnung erforderlich. [2]Dabei sind der Wert nach § 6a Abs. 3 Satz 2 Nr. 1 Satz 1 erster Halbsatz EStG und der Barwert der unverfallbaren künftigen Pensionsleistungen zu berechnen; der höhere Wert ist anzusetzen. [3]Bei der Vergleichsrechnung sind die für einen Berechtigten nach dem 31. 12. 2000 vereinbarten Entgeltumwandlungen als Einheit zu behandeln. [4]Die Regelungen des Satzes 1 gelten nicht für Pensionsverpflichtungen, soweit sie auf Grund einer vertraglichen Vereinbarung unverfallbar sind.

H 6a (12)   **Hinweise**

Übertragung von Pensionszusagen auf Pensionsfonds

Zur Übertragung von Versorgungsverpflichtungen und Versorgungsanwartschaften auf Pensionsfonds nach § 4e Abs. 3 EStG i. V. m. § 3 Nr. 66 EStG → BMF vom 26. 10. 2006 (BStBl I S. 709).

R 6a (13)   Arbeitgeberwechsel

(13) Übernimmt ein Stpfl. in einem Wirtschaftsjahr eine Pensionsverpflichtung gegenüber einem Arbeitnehmer, der bisher in einem anderen Unternehmen tätig gewesen ist, unter gleichzeitiger Übernahme von Vermögenswerten, ist bei der Ermittlung des Teilwertes der Verpflichtung der Jahresbetrag i. S. d. § 6a Abs. 3 Satz 2 Nr. 1 EStG so zu bemessen, dass zu Beginn des Wirtschaftsjahres der Übernahme der Barwert der Jahresbeträge zusammen mit den übernommenen Vermögenswerten gleich dem Barwert der künftigen Pensionsleistungen ist; dabei darf sich kein negativer Jahresbetrag ergeben.

R 6a (14)   Berücksichtigung von Renten aus der gesetzlichen Rentenversicherung

(14) Sieht die Pensionszusage vor, dass die Höhe der betrieblichen Rente in bestimmter Weise von der Höhe der Renten aus der gesetzlichen Rentenversicherung abhängt, darf die Pensionsrückstellung in diesen Fällen nur auf der Grundlage der von dem Unternehmen nach Berücksichtigung der Renten aus der gesetzlichen Rentenversicherung tatsächlich noch selbst zu zahlenden Beträge berechnet werden.

H 6a (14)   **Hinweise**

Näherungsverfahren

Zur Berücksichtigung von Renten aus der gesetzlichen Rentenversicherung → BMF vom 16. 12. 2005 (BStBl I S. 1056), vom 15. 3. 2007 (BStBl I S. 290) und vom 5. 5. 2008 (BStBl I S. 570).

R 6a (15)   Doppelfinanzierung

(15) [1]Wenn die gleichen Versorgungsleistungen an denselben Empfängerkreis sowohl über eine Pensions- oder Unterstützungskasse oder einen Pensionsfonds als auch über Pensionsrückstellungen finanziert werden sollen, ist die Bildung einer Pensionsrückstellung nicht zulässig. [2]Eine schädliche Überschneidung liegt dagegen nicht vor, wenn es sich um verschiedene Versorgungsleistungen handelt, z. B. bei der Finanzierung der Invaliditätsrenten über Pensions- oder Unterstützungskassen und der Altersrenten über Pensionsrückstellungen oder der Finanzierung rechtsverbindlich zugesagter Leistungen über Rückstellungen und darüber hinausgehender freiwilliger Leistungen über eine Unterstützungskasse.

H 6a (15)   **Hinweise**

Überschneidung

Die Bildung von Pensionsrückstellungen und Zuwendungen an Pensions- und Unterstützungskassen schließen sich gegenseitig aus → BFH vom 22. 1. 1958 (BStBl III S. 186).

R 6a (16)   Handelsvertreter

(16) [1]Sagt der Unternehmer dem selbständigen Handelsvertreter eine Pension zu, muss sich der Handelsvertreter die versprochene Versorgung nach § 89b Abs. 1 Satz 1 Nr. 3 HGB auf seinen Ausgleichsanspruch anrechnen lassen. [2]Die Pensionsverpflichtung des Unternehmers wird also durch die Ausgleichsverpflichtung nicht gemindert, es sei denn, es ist etwas anderes vereinbart.

Stichtagsprinzip

(17) [1]Für die Bildung der Pensionsrückstellung sind die Verhältnisse am Bilanzstichtag maßgebend. [2]Änderungen der Bemessungsgrundlagen, die erst nach dem Bilanzstichtag wirksam werden, sind zu berücksichtigen, wenn sie am Bilanzstichtag bereits feststehen. [3]Danach sind Erhöhungen von Anwartschaften und laufenden Renten, die nach dem Bilanzstichtag eintreten, in die Rückstellungsberechnung zum Bilanzstichtag einzubeziehen, wenn sowohl ihr Ausmaß als auch der Zeitpunkt ihres Eintritts am Bilanzstichtag feststehen. [4]Wird die Höhe der Pension z. B. von Bezugsgrößen der gesetzlichen Rentenversicherungen beeinflusst, sind künftige Änderungen dieser Bezugsgrößen, die am Bilanzstichtag bereits feststehen, z. B. die ab 1.1. des Folgejahres geltende Beitragsbemessungsgrenze, bei der Berechnung der Pensionsrückstellung vom Bilanzstichtag zu berücksichtigen. [5]Die für das Folgejahr geltenden Bezugsgrößen stehen in dem Zeitpunkt fest, in dem die jeweilige Sozialversicherungs-Rechengrößenverordnung im Bundesgesetzblatt verkündet wird.

Hinweise

Mehrjährige Gehaltssteigerung (Beispiel):

Ein Arbeitnehmer hat eine Pensionszusage in Höhe von 10 % des letzten vor Eintritt des Versorgungsfalles bezogenen Gehalts. Am 10. 12. 01 wird rechtsverbindlich vereinbart, dass sich das derzeitige Gehalt von 3 000 € mit Wirkung vom 1. 4. 02 auf 3 150 € und mit Wirkung vom 1. 2. 03 auf 3 250 € erhöht. Die dadurch vereinbarten Erhöhungen des Pensionsanspruchs von 15 € monatlich zum 1. 4. 02 und von 10 € monatlich zum 1. 2. 03 sind bereits bei der Rückstellungsberechnung zum 31. 12. 01 zu berücksichtigen.

Steigerungen der Versorgungsansprüche

Fest zugesagte prozentuale Rentenerhöhungen sind bei der Bewertung der Pensionsrückstellung zu berücksichtigen (→ BFH vom 17. 5. 1995 – BStBl 1996 II S. 423); Entsprechendes gilt für zugesagte prozentuale Steigerungen der Rentenanwartschaft (→ BFH vom 25. 10. 1995 – BStBl 1996 II S. 403).

Mögliche künftige Anpassungen nach § 16 Abs. 1 Betriebsrentengesetz sind nicht rückstellungsfähig (→ BFH vom 6. 12. 1995 – BStBl 1996 II S. 406).

Überversorgung

– Zur bilanzsteuerrechtlichen Berücksichtigung von überdurchschnittlich hohen Versorgungsanwartschaften (Überversorgung) → BMF vom 3. 11. 2004 (BStBl I S. 1045). |

– *Wird eine Versorgungszusage trotz dauerhaft reduzierter Aktivbezüge nicht ihrerseits vermindert, liegt eine Überversorgung vor, die zu einer Kürzung der Pensionsrückstellung nach § 6a EStG führt (→ BFH vom 27. 3. 2012 – BStBl II S. 665).*

Wertpapiergebundene Pensionszusagen

Pensionsrückstellungen können nur insoweit gebildet werden, als der Versorgungsanspruch auf die garantierte Mindestleistung entfällt. Zusätzliche Leistungen, die vom Wert bestimmter Wertpapiere (z. B. Fondsanteile, Aktien) zu einem festgelegten künftigen Zeitpunkt (z. B. Eintritt des Versorgungsfalles) abhängen, sind nicht zu berücksichtigen (→ BMF vom 17. 12. 2002 – BStBl I S. 1397).

→ abgedruckt zu H 6a (23)

Inventurerleichterung

(18) [1]Die Pensionsverpflichtungen sind grundsätzlich auf Grund einer körperlichen Bestandsaufnahme (Feststellung der pensionsberechtigten Personen und der Höhe ihrer Pensionsansprüche) für den Bilanzstichtag zu ermitteln. [2]In Anwendung von § 241 Abs. 3 HGB kann der für die Berechnung der Pensionsrückstellungen maßgebende Personenstand auch auf einen Tag (Inventurstichtag) innerhalb von drei Monaten vor oder zwei Monaten nach dem Bilanzstichtag aufgenommen werden, wenn sichergestellt ist, dass die Pensionsverpflichtungen für den Bilanzstichtag ordnungsgemäß bewertet werden können. [3]Es ist nicht zu beanstanden, wenn im Falle der Vorverlegung der Bestandsaufnahme bei der Berechnung der Pensionsrückstellungen wie folgt verfahren wird:

Anhang 13

275

1. Die für den Inventurstichtag festgestellten Pensionsverpflichtungen sind bei der Berechnung der Pensionsrückstellungen für den Bilanzstichtag mit ihrem Wert vom Bilanzstichtag anzusetzen.

2. Aus Vereinfachungsgründen können bei der Berechnung der Pensionsrückstellungen für den Bilanzstichtag die folgenden Veränderungen der Pensionsverpflichtungen, die in der Zeit vom Inventurstichtag bis zum Bilanzstichtag eintreten, unberücksichtigt bleiben:

   a) Veränderungen, die auf biologischen Ursachen, z. B. Tod, Invalidität, beruhen;

   b) Veränderungen durch normale Zu- oder Abgänge von pensionsberechtigten Personen oder durch Übergang in eine andere Gehalts- oder Pensionsgruppe, z. B. Beförderung. [2]Außergewöhnliche Veränderungen, z. B. Stilllegung oder Eröffnung eines Teilbetriebs, bei Massenentlassungen oder bei einer wesentlichen Erweiterung des Kreises der pensionsberechtigten Personen, sind bei der Rückstellungsberechnung für den Bilanzstichtag zu berücksichtigen.

   [2]Allgemeine Leistungsänderungen für eine Gruppe von Verpflichtungen, die nicht unter Satz 1 Buchstabe a oder b fallen, sind bei der Rückstellungsberechnung für den Bilanzstichtag mindestens näherungsweise zu berücksichtigen; für den folgenden Bilanzstichtag ist der sich dann ergebende tatsächliche Wert anzusetzen.

3. Soweit Veränderungen der Pensionsverpflichtungen nach Nummer 2 bei der Berechnung der Rückstellungen für den Bilanzstichtag unberücksichtigt bleiben, sind sie zum nächsten Bilanzstichtag bis zur steuerlich zulässigen Höhe zu berücksichtigen.

4. Werden werterhöhende Umstände, die nach Nummer 2 bei der Berechnung der Rückstellungen für den Bilanzstichtag unberücksichtigt bleiben können, dennoch in die Rückstellungsberechnung einbezogen, sind bei der Rückstellungsberechnung auch wertmindernde Umstände, die nach Nummer 2 außer Betracht bleiben können, zu berücksichtigen.

5. Die Nummern 2 bis 4 gelten nicht, wenn bei einem Stpfl. am Inventurstichtag nicht mehr als 20 Pensionsberechtigte vorhanden sind. [2]Sie gelten ferner nicht für Vorstandsmitglieder und Geschäftsführer von Kapitalgesellschaften.

R 6a (19)   **Ausscheiden eines Anwärters**

(19) [1]Die Rückstellung für Pensionsverpflichtungen gegenüber einer Person, die mit einer unverfallbaren Versorgungsanwartschaft ausgeschieden ist, ist beizubehalten, solange das Unternehmen mit einer späteren Inanspruchnahme zu rechnen hat. [2]Sofern dem Unternehmen nicht bereits vorher bekannt ist, dass Leistungen nicht zu gewähren sind, braucht die Frage, ob mit einer Inanspruchnahme zu rechnen ist, erst nach Erreichen der vertraglich vereinbarten Altersgrenze geprüft zu werden. [3]Steht bis zum Ende des Wirtschaftsjahres, das auf das Wirtschaftsjahr des Erreichens der Altersgrenze folgt, die spätere Inanspruchnahme nicht fest, ist die Rückstellung zu diesem Zeitpunkt aufzulösen.

H 6a (19)   **Hinweise**

Ablösung der Rente

Bei der Bewertung einer Pensionsverpflichtung kann eine Ablösungsvereinbarung erst berücksichtigt werden, wenn sie feststeht (→ BFH vom 7. 4. 1994 – BStBl II S. 740).

R 6a (20)   **Zuführung zur Pensionsrückstellung**

Anhang 13   (20) Nach § 249 HGB i. V. m. § 6a Abs. 4 EStG muss in einem Wirtschaftsjahr der Rückstellung der Unterschiedsbetrag zwischen dem Teilwert am Schluss des Wirtschaftsjahres und dem Teilwert am Schluss des vorangegangenen Wirtschaftsjahres zugeführt werden.

H 6a (20)   **Hinweise**

Nachholverbot

– Das Nachholverbot gilt nicht, wenn am Schluss des vorangegangenen Wirtschaftsjahres eine Pensionsverpflichtung bestand, für die in der Vorjahresbilanz keine Rückstellung gebildet werden konnte. Entsprechendes gilt, wenn zwar in der Vorjahresbilanz eine Pensionsrückstellung gebildet werden, diese aber nur einen Teil der bestehenden Verpflichtung abdecken durfte (→ BFH vom 8. 10. 2008 – BStBl 2010 I S. 186).

– Ist eine Rückstellung nicht gebildet worden, weil ihr die BFH-Rechtsprechung entgegenstand, so führt die Aufgabe dieser Rechtsprechung nicht dazu, dass für die Zeit bis zur Aufgabe dieser Rechtsprechung das Nachholverbot des § 6a Abs. 4 EStG gilt. Die Rückstellung kann spätestens in dem Jahr, in dem die Rechtsprechung aufgegeben wird, in vollem Umfang nachgeholt werden (→ BFH vom 7. 4. 1994 – BStBl II S. 740).

– Das Nachholverbot ist auch bei Pensionsrückstellungen anzuwenden, die in einem vorangegangenen Wirtschaftsjahr aufgrund einer zulässigen Bewertungsmethode niedriger als möglich bewertet worden sind (→ BFH vom 10. 7. 2002 – BStBl 2003 II S. 936).

– Beruht der fehlende oder fehlerhafte Ansatz einer Pensionsrückstellung auf einem Rechtsirrtum, ist das Nachholverbot anzuwenden. Das gilt unabhängig davon, ob nach den Umständen des jeweiligen Einzelfalles eine willkürliche Gewinnverschiebung anzunehmen ist (→ BMF vom 11. 12. 2003 – BStBl I S. 746).

– Wurde infolge eines Berechnungsfehlers eine Pensionsrückstellung in einer früheren Bilanz mit einem Wert angesetzt, der unterhalb des Teilwerts liegt, greift das Nachholverbot (→ BFH vom 14. 1. 2009 – BStBl II S. 457).

– Das Nachholverbot geht dem Grundsatz des formellen Bilanzenzusammenhangs vor (→ BFH vom 13. 2. 2008 – BStBl II S. 673).

Auflösung der Pensionsrückstellung
R 6a (21)

(21) [1]Auflösungen oder Teilauflösungen in der Steuerbilanz sind nur insoweit zulässig, als sich die Höhe der Pensionsverpflichtung gemindert hat. [2]Wird die Pensionszusage widerrufen (→ Absätze 3 bis 6), ist die Pensionsrückstellung in der nächstfolgenden Bilanz gewinnerhöhend aufzulösen und ist erst wieder zu passivieren, wenn die Zusage mit unschädlichem Vorbehalten wieder in Kraft gesetzt wird (z. B. durch rechtskräftiges Urteil oder Vergleich). [3]Ist die Rückstellung ganz oder teilweise aufgelöst worden, ohne dass sich die Pensionsverpflichtung entsprechend geändert hat, ist die Steuerbilanz insoweit unrichtig. [4]Dieser Fehler ist im Wege der Bilanzberichtigung (→ R 4.4) zu korrigieren. [5]Dabei ist die Rückstellung in Höhe des Betrags anzusetzen, der nicht hätte aufgelöst werden dürfen, höchstens jedoch mit dem Teilwert der Pensionsverpflichtung.

Anhang 13

(22) [1]Nach dem Zeitpunkt des vertraglich vorgesehenen Eintritts des Versorgungsfalles oder eines gewählten früheren Zeitpunktes (→ zweites Wahlrecht, Absatz 11 Satz 3) ist die Pensionsrückstellung in jedem Wirtschaftsjahr in Höhe des Unterschiedsbetrags zwischen dem versicherungsmathematischen Barwert der künftigen Pensionsleistungen am Schluss des Wirtschaftsjahres und der am Schluss des vorangegangenen Wirtschaftsjahres passivierten Pensionsrückstellung gewinnerhöhend aufzulösen; die laufenden Pensionsleistungen sind dabei als Betriebsausgaben abzusetzen. [2]Eine Pensionsrückstellung ist auch dann in Höhe des Unterschiedsbetrages nach Satz 1 aufzulösen, wenn der Pensionsberechtigte nach dem Zeitpunkt des vertraglich vorgesehenen Eintritts des Versorgungsfalles noch weiter gegen Entgelt tätig bleibt („technischer Rentner"), es sei denn, dass bereits die Bildung der Rückstellung auf die Zeit bis zu dem voraussichtlichen Ende der Beschäftigung des Arbeitnehmers verteilt worden ist (→ Absatz 11). [3]Ist für ein Wirtschaftsjahr, das nach dem Zeitpunkt des vertraglich vorgesehenen Eintritts des Versorgungsfalles endet, die am Schluss des vorangegangenen Wirtschaftsjahres ausgewiesene Rückstellung niedriger als der versicherungsmathematische Barwert der künftigen Pensionsleistungen am Schluss des Wirtschaftsjahres, darf die Rückstellung erst von dem Wirtschaftsjahr ab aufgelöst werden, in dem der Barwert der künftigen Pensionsleistungen am Schluss des Wirtschaftsjahres niedriger ist als der am Schluss des vorangegangenen Wirtschaftsjahres ausgewiesene Betrag der Rückstellung. [4]In dem Wirtschaftsjahr, in dem eine bereits laufende Pensionsleistung herabgesetzt wird oder eine Hinterbliebenenrente beginnt, darf eine bisher ausgewiesene Rückstellung, die höher ist als der Barwert, nur bis zur Höhe dieses Barwerts aufgelöst werden.

R 6a (22)

Rückdeckungsversicherung
R 6a (23)

(23) [1]Eine aufschiebend bedingte Abtretung des Rückdeckungsanspruchs an den pensionsberechtigten Arbeitnehmer für den Fall, dass der Pensionsanspruch durch bestimmte Ereignisse gefährdet wird, z. B. bei Insolvenz des Unternehmens, wird – soweit er nicht im Insolvenzfall nach § 9 Abs. 2 Betriebsrentengesetz auf den Träger der Insolvenzsicherung übergeht – erst wirksam, wenn die Bedingung eintritt (§ 158 Abs. 1 BGB). [2]Die Rückdeckungsversicherung behält deshalb bis zum Eintritt der Bedingung ihren bisherigen Charakter bei. [3]Wird durch Eintritt der Bedingung die Abtretung an den Arbeitnehmer wirksam, wird die bisherige Rückdeckungsversicherung zu einer Direktversicherung.

Hinweise

Begriff der Rückdeckungsversicherung

Eine Rückdeckungsversicherung liegt vor, wenn

- dem Arbeitnehmer ausreichend bestimmt eine Versorgung aus den Mitteln des Arbeitgebers zugesagt ist,
- zur Gewährleistung der Mittel für die Ausführung dieser Versorgung eine Sicherung geschaffen ist,
- die Sicherung nicht zusätzlich den Belangen des Arbeitnehmers dient, sondern allein oder überwiegend den Belangen des Arbeitgebers zu dienen bestimmt ist.

Das ist gewährleistet, wenn der Arbeitgeber Versicherungsnehmer, alleiniger Prämienzahler und Bezugsberechtigter auf die Versicherungsleistungen ist (→ BFH vom 28. 6. 2001 – BStBl 2002 II S. 724).

Getrennte Bilanzierung

Der Rückdeckungsanspruch einerseits und die Pensionsverpflichtung andererseits stellen unabhängig voneinander zu bilanzierende Wirtschaftsgüter dar (→ BFH vom 25. 2. 2004 – BStBl II S. 654). Eine Saldierung des Rückdeckungsanspruches mit der Pensionsrückstellung ist auch dann nicht zulässig, wenn eine solche nicht passiviert werden muss, weil es sich um eine Altzusage (→ R 6a Abs. 1 Satz 3) handelt (→ BFH vom 28. 6. 2001 – BStBl 2002 II S. 724). Auch bei Rückdeckung in voller Höhe (kongruente Rückdeckung) ist eine Saldierung nicht zulässig (→ BFH vom 25. 2. 2004 – BStBl II S. 654).

Rückdeckungsanspruch

- Ansprüche aus der Rückdeckung von Pensionsverpflichtungen sind als Forderungen grundsätzlich mit ihren Anschaffungskosten anzusetzen. Das sind die bis zum jeweiligen Bilanzstichtag vom Versicherungsnehmer unmittelbar aufgewendeten Sparanteile der Versicherungsprämien (Sparbeiträge) zzgl. der Zinsansprüche sowie der Guthaben aus Überschussbeteiligungen. Hierfür ist das vom Versicherer jeweils nachgewiesene Deckungskapital (Deckungsrückstellung) die Bewertungsgrundlage und der Bewertungsmaßstab. Hierzu gehören alle aus dem Versicherungsvertragsverhältnis resultierenden Ansprüche gegen den Versicherer (z. B. Guthaben aus Überschussbeteiligungen, verzinslichen Ansammlungen, Anwartschaft auf Hinterbliebenenleistungen usw.). Eine Begrenzung des Bilanzansatzes auf den Betrag der passivierten Pensionsrückstellung ist nicht zulässig (→ BFH vom 25. 2. 2004 – BStBl II S. 654).
- Der Anspruch aus der Rückdeckung einer Zusage auf Hinterbliebenenversorgung ist mit dem vom Versicherer nachgewiesenen Deckungskapital (Deckungsrückstellung) zu aktivieren (→ BFH vom 9. 8. 2006 – BStBl II S. 762).
- Der Anspruch aus einer Kapitallebensversicherung, die mit einer Berufsunfähigkeits-Zusatzversicherung kombiniert ist, ist auch nach Eintritt der Berufsunfähigkeit als ein einheitliches Wirtschaftsgut zu aktivieren und mit dem Rechnungszinssatz zu bemessen, den der Versicherer für die Berechnung der Deckungsrückstellung für die Lebensversicherung verwendet hat (→ BFH vom 10. 6. 2009 – BStBl 2010 II S. 32).

Teilwertabschreibung

Eine Teilwertabschreibung von Ansprüchen aus der Rückdeckung von Pensionsverpflichtungen kommt nur in Betracht, wenn besondere Anhaltspunkte vorliegen, die den Abschluss der Rückdeckungsversicherung als geschäftliche Fehlmaßnahme erscheinen lassen. Die Tatsache, dass der Rückkaufswert einer Versicherung das angesammelte Deckungskapital regelmäßig unterschreitet, rechtfertigt keine Teilwertabschreibung auf diesen Wert, solange der Rückkauf nicht beabsichtigt ist oder wenn der Rückkauf mit Rentenbeginn ausgeschlossen ist (→ BFH vom 25. 2. 2004 – BStBl II S. 654).

Vereinfachungsregelung

Wegen einer Vereinfachungsregelung bei der Aktivierung des Rückdeckungsanspruchs → die gleichlautenden Erlasse der obersten Finanzbehörden der Länder im BStBl 1963 II S. 47.

Wertpapiergebundene Pensionszusagen

Betriebliche Altersversorgung;
Rückstellungen nach § 6a EStG bei wertpapiergebundenen Pensionszusagen

BMF vom 17. 12. 2002 (BStBl I S. 1397)

Zur Frage des Ansatzes und der Bewertung von Pensionsrückstellungen nach § 6a EStG für Versorgungszusagen, die neben einem garantierten Mindestbetrag Leistungen vorsehen, die vom Wert bestimmter Wertpapiere zu einem festgelegten Zeitpunkt abhängen (wertpapiergebundene Versorgungszusagen), nehme ich nach Abstimmung mit den obersten Finanzbehörden der Länder wie folgt Stellung:

1. Ansatz und Bewertung der Pensionsrückstellung

   Eine Pensionsrückstellung kann nur gebildet werden, wenn und soweit der Pensionsberechtigte einen Rechtsanspruch auf einmalige oder laufende Pensionsleistungen hat (§ 6a Abs. 1 Nr. 1 EStG). Am Bilanzstichtag ungewisse Erhöhungen oder Verminderungen der Pensionsleistungen können erst berücksichtigt werden, wenn sie eingetreten sind (§ 6a Abs. 3 Satz 2 Nr. 1 Satz 4 EStG).

   Sieht eine Pensionszusage neben einer garantierten Mindestversorgung zusätzliche Leistungen vor, die vom Wert bestimmter Wertpapiere (z. B. Fondsanteile, Aktien) zu einem festgelegten künftigen Zeitpunkt (z. B. Eintritt des Versorgungsfalles) abhängen, besteht insoweit nach den Verhältnissen am Bilanzstichtag kein Rechtsanspruch gem. § 6a Abs. 1 Nr. 1 EStG. Der über die garantierte Mindestleistung hinausgehende Wert der Wertpapiere stellt darüber hinaus eine ungewisse Erhöhung des Pensionsanspruchs im Sinne von § 6a Abs. 3 Satz 2 Nr. 1 Satz 4 EStG dar. Eine Pensionsrückstellung kann folglich nur insoweit gebildet werden, als der Versorgungsanspruch auf die garantierte Mindestleistung entfällt.

2. Getrennte Bilanzierung der Wertpapiere und der Pensionsverpflichtung

   Soweit eine Pensionsverpflichtung durch den Erwerb von Wertpapieren abgesichert wird, kommt eine zusammengefasste Bewertung nicht in Betracht (vgl. R 41 Abs. 24 Satz 1 EStR zu Rückdeckungsversicherungen). Die Absicherung der Versorgungszusage hat auf die Passivierung der Verpflichtung keinen Einfluss. Maßgebend ist ausschließlich die Bewertung nach § 6a EStG.

---

§ 6b Übertragung stiller Reserven bei der Veräußerung bestimmter Anlagegüter

(1) [1]Steuerpflichtige, die

Grund und Boden,

Aufwuchs auf Grund und Boden mit dem dazugehörigen Grund und Boden, wenn der Aufwuchs zu einem land- und forstwirtschaftlichen Betriebsvermögen gehört,

Gebäude oder Binnenschiffe

veräußern, können im Wirtschaftsjahr der Veräußerung von den Anschaffungs- oder Herstellungskosten der in Satz 2 bezeichneten Wirtschaftsgüter, die im Wirtschaftsjahr der Veräußerung oder im vorangegangenen Wirtschaftsjahr angeschafft oder hergestellt worden sind, einen Betrag bis zur Höhe des bei der Veräußerung entstandenen Gewinns abziehen. [2]Der Abzug ist zulässig bei den Anschaffungs- oder Herstellungskosten von

1. Grund und Boden,

   soweit der Gewinn bei der Veräußerung von Grund und Boden entstanden ist,

2. Aufwuchs auf Grund und Boden mit dem dazugehörigen Grund und Boden, wenn der Aufwuchs zu einem land- und forstwirtschaftlichen Betriebsvermögen gehört,

   soweit der Gewinn bei der Veräußerung von Grund und Boden oder der Veräußerung von Aufwuchs auf Grund und Boden mit dem dazugehörigen Grund und Boden entstanden ist,

3. Gebäuden,

   soweit der Gewinn bei der Veräußerung von Grund und Boden, von Aufwuchs auf Grund und Boden mit dem dazugehörigen Grund und Boden oder Gebäuden entstanden ist oder

4. Binnenschiffen,

   soweit der Gewinn bei der Veräußerung von Binnenschiffen entstanden ist.

---

[1]) Zur zeitlichen Anwendung von Absatz 1 → § 52 Absatz 18b EStG.

[3]Der Anschaffung oder Herstellung von Gebäuden steht ihre Erweiterung, ihr Ausbau oder ihr Umbau gleich. [4]Der Abzug ist in diesem Fall nur von dem Aufwand für die Erweiterung, den Ausbau oder den Umbau der Gebäude zulässig.

(2) [1]Gewinn im Sinne des Absatzes 1 Satz 1 ist der Betrag, um den der Veräußerungspreis nach Abzug der Veräußerungskosten den Buchwert übersteigt, mit dem das veräußerte Wirtschaftsgut im Zeitpunkt der Veräußerung anzusetzen gewesen wäre. [2]Buchwert ist der Wert, mit dem ein Wirtschaftsgut nach § 6 anzusetzen ist.

(3) [1]Soweit Steuerpflichtige den Abzug nach Absatz 1 nicht vorgenommen haben, können sie im Wirtschaftsjahr der Veräußerung eine den steuerlichen Gewinn mindernde Rücklage bilden. [2]Bis zur Höhe dieser Rücklage können sie von den Anschaffungs- oder Herstellungskosten der in Absatz 1 Satz 2 bezeichneten Wirtschaftsgüter, die in den folgenden vier Wirtschaftsjahren angeschafft oder hergestellt worden sind, im Wirtschaftsjahr ihrer Anschaffung oder Herstellung einen Betrag unter Berücksichtigung der Einschränkungen des Absatzes 1 Satz 2 bis 4 abziehen. [3]Die Frist von vier Jahren verlängert sich bei neu hergestellten Gebäuden auf sechs Jahre, wenn mit ihrer Herstellung vor dem Schluss des vierten auf die Bildung der Rücklage folgenden Wirtschaftsjahres begonnen worden ist. [4]Die Rücklage ist in Höhe des abgezogenen Betrags gewinnerhöhend aufzulösen. [5]Ist eine Rücklage am Schluss des vierten auf ihre Bildung folgenden Wirtschaftsjahres noch vorhanden, so ist sie in diesem Zeitpunkt gewinnerhöhend aufzulösen, soweit nicht ein Abzug von den Herstellungskosten von Gebäuden in Betracht kommt, mit deren Herstellung bis zu diesem Zeitpunkt begonnen worden ist; ist die Rücklage am Schluss des sechsten auf ihre Bildung folgenden Wirtschaftsjahres noch vorhanden, so ist sie in diesem Zeitpunkt gewinnerhöhend aufzulösen.

(4) [1]Voraussetzung für die Anwendung der Absätze 1 und 3 ist, dass

1. der Steuerpflichtige den Gewinn nach § 4 Absatz 1 oder § 5 ermittelt,

2. die veräußerten Wirtschaftsgüter im Zeitpunkt der Veräußerung mindestens sechs Jahre ununterbrochen zum Anlagevermögen einer inländischen Betriebsstätte gehört haben,

3. die angeschafften oder hergestellten Wirtschaftsgüter zum Anlagevermögen einer inländischen Betriebsstätte gehören,

4. der bei der Veräußerung entstandene Gewinn bei der Ermittlung des im Inland steuerpflichtigen Gewinns nicht außer Ansatz bleibt und

5. der Abzug nach Absatz 1 und die Bildung und Auflösung der Rücklage nach Absatz 3 in der Buchführung verfolgt werden können.

[2]Der Abzug nach den Absätzen 1 und 3 ist bei Wirtschaftsgütern, die zu einem land- und forstwirtschaftlichen Betrieb gehören oder der selbständigen Arbeit dienen, nicht zulässig, wenn der Gewinn bei der Veräußerung von Wirtschaftsgütern eines Gewerbebetriebs entstanden ist.

(5) An die Stelle der Anschaffungs- oder Herstellungskosten im Sinne des Absatzes 1 tritt in den Fällen, in denen das Wirtschaftsgut im Wirtschaftsjahr vor der Veräußerung angeschafft oder hergestellt worden ist, der Buchwert am Schluss des Wirtschaftsjahres der Anschaffung oder Herstellung.

(6) [1]Ist ein Betrag nach Absatz 1 oder 3 abgezogen worden, so tritt für die Absetzungen für Abnutzung oder Substanzverringerung oder in den Fällen des § 6 Absatz 2 und Absatz 2a im Wirtschaftsjahr des Abzugs der verbleibende Betrag an die Stelle der Anschaffungs- oder Herstellungskosten. [2]In den Fällen des § 7 Absatz 4 Satz 1 und Absatz 5 sind die um den Abzugsbetrag nach Absatz 1 oder 3 geminderten Anschaffungs- oder Herstellungskosten maßgebend.

(7) Soweit eine nach Absatz 3 Satz 1 gebildete Rücklage gewinnerhöhend aufgelöst wird, ohne dass ein entsprechender Betrag nach Absatz 3 abgezogen wird, ist der Gewinn des Wirtschaftsjahres, in dem die Rücklage aufgelöst wird, für jedes volle Wirtschaftsjahr, in dem die Rücklage bestanden hat, um 6 vom Hundert des aufgelösten Rücklagenbetrags zu erhöhen.

(8) [1]Werden Wirtschaftsgüter im Sinne des Absatzes 1 zum Zweck der Vorbereitung oder Durchführung von städtebaulichen Sanierungs- oder Entwicklungsmaßnahmen an einen der in Satz 3 bezeichneten Erwerber übertragen, sind die Absätze 1 bis 7 mit der Maßgabe anzuwenden, dass

1. die Fristen des Absatzes 3 Satz 2, 3 und 5 sich jeweils um drei Jahre verlängern und

2. an die Stelle der in Absatz 4 Nummer 2 bezeichneten Frist von sechs Jahren eine Frist von zwei Jahren tritt.

[2]Erwerber im Sinne des Satzes 1 sind Gebietskörperschaften, Gemeindeverbände, Verbände im Sinne des § 166 Absatz 4 des Baugesetzbuchs, Planungsverbände nach § 205 des Baugesetzbuchs, Sanierungsträger nach § 157 des Baugesetzbuchs, Entwicklungsträger nach § 167 des Baugesetz-

1) Anm.:
   aber → H 6b.2 (Rücklage bei Betriebsveräußerung)

buchs sowie Erwerber, die städtebauliche Sanierungsmaßnahmen als Eigentümer selbst durchführen (§ 147 Absatz 2 und § 148 Absatz 1 des Baugesetzbuchs).

(9) Absatz 8 ist nur anzuwenden, wenn die nach Landesrecht zuständige Behörde bescheinigt, dass die Übertragung der Wirtschaftsgüter zum Zweck der Vorbereitung oder Durchführung von städtebaulichen Sanierungs- oder Entwicklungsmaßnahmen an einen der in Absatz 8 Satz 2 bezeichneten Erwerber erfolgt ist.

(10) [1]Steuerpflichtige, die keine Körperschaften, Personenvereinigungen oder Vermögensmassen sind, können Gewinne aus der Veräußerung von Anteilen an Kapitalgesellschaften bis zu einem Betrag von 500 000 Euro auf die im Wirtschaftsjahr der Veräußerung oder in den folgenden zwei Wirtschaftsjahren angeschafften Anteile an Kapitalgesellschaft oder angeschafften oder hergestellten abnutzbaren beweglichen Wirtschaftsgüter oder auf die im Wirtschaftsjahr der Veräußerung oder in den folgenden vier Wirtschaftsjahren angeschafften oder hergestellten Gebäude nach Maßgabe der Sätze 2 bis 10 übertragen. [2]Wird der Gewinn im Jahr der Veräußerung auf Gebäude oder abnutzbare bewegliche Wirtschaftsgüter übertragen, so kann ein Betrag bis zur Höhe des bei der Veräußerung entstandenen und nicht nach § 3 Nummer 40 Satz 1 Buchstabe a und b in Verbindung mit § 3c Absatz 2 steuerbefreiten Betrags von den Anschaffungs- oder Herstellungskosten für Gebäude oder abnutzbare bewegliche Wirtschaftsgüter abgezogen werden. [3]Wird der Gewinn im Jahr der Veräußerung auf Anteile an Kapitalgesellschaften übertragen, mindern sich die Anschaffungskosten der Anteile an Kapitalgesellschaften in Höhe des Veräußerungsgewinns einschließlich des nach § 3 Nummer 40 Satz 1 Buchstabe a und b in Verbindung mit § 3c Absatz 2 steuerbefreiten Betrages. [4]Absatz 2, Absatz 4 Satz 1 Nummer 1, 2, 3, 5 und Satz 2 sowie Absatz 5 sind sinngemäß anzuwenden. [5]Soweit Steuerpflichtige den Abzug nach den Sätzen 1 bis 4 nicht vorgenommen haben, können sie eine Rücklage nach Maßgabe des Satzes 1 einschließlich des nach § 3 Nummer 40 Satz 1 Buchstabe a und b in Verbindung mit § 3c Absatz 2 steuerbefreiten Betrags bilden. [6]Bei der Auflösung der Rücklage gelten die Sätze 2 und 3 sinngemäß. [7]Im Fall des Satzes 2 ist die Rücklage in gleicher Höhe um den nach § 3 Nummer 40 Satz 1 Buchstabe a und b in Verbindung mit § 3c Absatz 2 steuerbefreiten Betrag aufzulösen. [8]Ist eine Rücklage am Schluss des vierten auf ihre Bildung folgenden Wirtschaftsjahres noch vorhanden, so ist sie in diesem Zeitpunkt gewinnerhöhend aufzulösen. [9]Soweit der Abzug nach Satz 6 nicht vorgenommen wurde, ist der Gewinn des Wirtschaftsjahres, in dem die Rücklage aufgelöst wird, für jedes volle Wirtschaftsjahr, in dem die Rücklage bestanden hat, um 6 Prozent des nicht nach § 3 Nummer 40 Satz 1 Buchstabe a und b in Verbindung mit § 3c Absatz 2 steuerbefreiten aufgelösten Rücklagenbetrags zu erhöhen. [10]Für die zum Gesamthandsvermögen von Personengesellschaften oder Gemeinschaften gehörenden Anteile an Kapitalgesellschaften gelten die Sätze 1 bis 9 nur, soweit an den Personengesellschaften und Gemeinschaften keine Körperschaften, Personenvereinigungen oder Vermögensmassen beteiligt sind.

§ 9a   Anschaffung, Herstellung

Jahr der Anschaffung ist das Jahr der Lieferung, Jahr der Herstellung ist das Jahr der Fertigstellung.

6b.1. Ermittlung des Gewinns aus der Veräußerung bestimmter Anlagegüter i. S. d. § 6b EStG

Begriff der Veräußerung

(1) [1]Es ist ohne Bedeutung, ob der Unternehmer das Wirtschaftsgut freiwillig veräußert oder ob die Veräußerung unter Zwang erfolgt, z. B. infolge oder zur Vermeidung eines behördlichen Eingriffs oder im Wege einer Zwangsversteigerung. [2]Die Veräußerung setzt den Übergang eines Wirtschaftsguts von einer Person auf eine andere voraus. [3]Auch der Tausch von Wirtschaftsgütern ist eine Veräußerung. [4]Die Überführung von Wirtschaftsgütern aus einem Betrieb in einen anderen Betrieb des Stpfl. und die Überführung von Wirtschaftsgütern aus dem Betriebsvermögen in das Privatvermögen sowie das Ausscheiden von Wirtschaftsgütern infolge höherer Gewalt sind keine Veräußerungen. [5]In den Fällen des rückwirkenden Teilwertansatzes nach § 6 Abs. 5 Satz 4 EStG ist eine Gewinnübertragung nach § 6b EStG zulässig, wenn die Übertragung des Wirtschaftsgutes entgeltlich (z. B. gegen Gewährung von Gesellschaftsrechten) erfolgt ist.

Buchwert

(2) [1]Buchwert ist der Wert, der sich für das Wirtschaftsgut im Zeitpunkt seiner Veräußerung ergeben würde, wenn für diesen Zeitpunkt eine Bilanz aufzustellen wäre. [2]Das bedeutet, dass bei abnutzbaren Anlagegütern auch noch AfA nach § 7 EStG, erhöhte Absetzungen sowie etwaige

Sonderabschreibungen für den Zeitraum vom letzten Bilanzstichtag bis zum Veräußerungszeitpunkt vorgenommen werden können. [3]Eine Wertaufholung nach § 6 Abs. 1 Nr. 1 Satz 4 oder § 7 Abs. 1 Satz 7 EStG ist vorzunehmen.

H 6b.1   **Hinweise**

Abbruchkosten

Kosten für den anlässlich einer Veräußerung des Grund und Bodens erfolgten Abbruch eines Gebäudes stellen laufenden Aufwand dar und haben keine Auswirkung auf die Höhe des Veräußerungsgewinns i. S. d. § 6b Abs. 2 EStG (→ BFH vom 27. 2. 1991 – BStBl II S. 628).

Aufwuchs auf Grund und Boden

– Begriff
  Aufwuchs auf dem Grund und Boden sind die Pflanzen, die auf dem Grund und Boden gewachsen und noch darin verwurzelt sind (→ BFH vom 7. 5. 1987 – BStBl II S. 670).

– Veräußerungsvorgänge
  Die Anwendung des § 6b EStG ist auch dann möglich, wenn Aufwuchs auf Grund und Boden und der dazugehörige Grund und Boden in engem sachlichen (wirtschaftlichen) und zeitlichen Zusammenhang an zwei verschiedene Erwerber veräußert werden und die Veräußerungen auf einem einheitlichen Veräußerungsentschluss beruhen (→ BFH vom 7. 5. 1987 – BStBl II S. 670).

Einbringung

Keine Unterbrechung der Sechs-Jahres-Frist des § 6b EStG durch Buchwerteinbringung (→ BFH vom 9. 9. 2010 – IV R 22/07 –, BFH/NV 2011 S. 31).

Entnahme

Erwirbt der Stpfl. für die Hingabe eines Wirtschaftsgutes ein Wirtschaftsgut des Privatvermögens oder wird er dafür von einer privaten Schuld befreit, liegt eine nach § 6b EStG nicht begünstigte Entnahme vor (→ BFH vom 23. 6. 1981 – BStBl 1982 II S. 18); siehe aber → Tausch.

Grund und Boden

– Der Begriff „Grund und Boden" umfasst nur den „nackten" Grund und Boden → BFH vom 24. 8. 1989 (BStBl II S. 1016).

– Das Recht, ein Grundstück mit Klärschlamm zu verfüllen, ist kein vom Grund und Boden verselbständigtes Wirtschaftsgut (→ BFH vom 20. 3. 2003 – BStBl II S. 878).

Nicht begünstigte Wirtschaftsgüter

Zum Grund und Boden rechnen nicht

– Gebäude,

– Bodenschätze, soweit sie als Wirtschaftsgut bereits entstanden sind,

– Eigenjagdrechte (→ BMF vom 23. 6. 1999 – BStBl I S. 593),

– grundstücksgleiche Rechte,

– Be- und Entwässerungsanlagen,

– stehendes Holz,

– Obst- und Baumschulanlagen,

– Korbweidenkulturen,

– Rebanlagen,

– Spargelanlagen,

– Feldinventar,

– Rechte, den Grund und Boden zu nutzen (→ BFH vom 24. 8. 1989 – BStBl II S. 1016).

Rückwirkender Teilwertansatz nach § 6 Abs. 5 EStG

Erfolgte die ursprüngliche Übertragung des Wirtschaftsguts

a) unentgeltlich, ist § 6b EStG nicht anwendbar, weil es am Tatbestandsmerkmal der „Veräußerung" fehlt. § 6 Abs. 5 Satz 4 EStG stellt in diesen Fällen eine bloße Bewertungsvorschrift dar, so dass der aus dem rückwirkenden Teilwertansatz resultierende Gewinn („Bewertungs-Gewinn") nicht einem nach § 6b EStG begünstigten Veräußerungsgewinn gleichgesetzt werden kann.

b) gegen Gewährung von Gesellschaftsrechten, liegt ein tauschähnliches Geschäft und damit eine entgeltliche Übertragung (Veräußerung) vor. Insoweit ist der durch die rückwirkende Teilwertbewertung entstehende Gewinn als Veräußerungsgewinn i. S. d. § 6b EStG zu qualifizieren.

→ OFD Frankfurt vom 14. 4. 2008 – S 2139 A – 2 – St 210 (BB 2008, S. 1784)

Tausch

Bei tauschweiser Hingabe eines betrieblichen Wirtschaftsgutes setzt die Inanspruchnahme des § 6b EStG voraus, dass der Anspruch auf das eingetauschte Wirtschaftsgut (zunächst) Betriebsvermögen wird (→ BFH vom 29. 6. 1995 – BStBl 1996 II S. 60); siehe aber → Entnahme.

Umlegungs- und Flurbereinigungsverfahren

Zwischen Grundstücken, die in ein Umlegungs- oder Flurbereinigungsverfahren eingebracht werden und den daraus im Zuteilungswege erlangten Grundstücken besteht Identität, soweit die eingebrachten und erlangten Grundstücke wertgleich sind; eine Gewinnrealisierung nach Tauschgrundsätzen tritt insoweit nicht ein (→ BFH vom 13. 3. 1986 – BStBl II S. 711).

Veräußerung

ist die entgeltliche Übertragung des wirtschaftlichen Eigentums an einem Wirtschaftsgut (→ BFH vom 27. 8. 1992 – BStBl 1993 II S. 225).

Veräußerung aus dem Gesamthandsvermögen

Veräußert eine Personengesellschaft ein Wirtschaftsgut aus dem Gesamthandsvermögen an einen Gesellschafter zu Bedingungen, die bei entgeltlichen Veräußerungen zwischen Fremden üblich sind, und wird das Wirtschaftsgut bei dem Erwerber Privatvermögen, so ist der dabei realisierte Gewinn insgesamt, d. h. auch soweit der Erwerber als Gesellschafter am Vermögen der veräußernden Personengesellschaft beteiligt ist, ein begünstigungsfähiger Veräußerungsgewinn (→ BFH vom 10. 7. 1980 – BStBl 1981 II S. 84).

Zeitpunkt des Übergangs des wirtschaftlichen Eigentums

– Das wirtschaftliche Eigentum ist in dem Zeitpunkt übertragen, in dem die Verfügungsmacht (Herrschaftsgewalt) auf den Erwerber übergeht. In diesem Zeitpunkt scheidet das Wirtschaftsgut bestandsmäßig aus dem Betriebsvermögen des veräußernden Stpfl. aus und darf dementsprechend (auch handelsrechtlich) nicht mehr bilanziert werden (→ BFH vom 27. 2. 1986 – BStBl II S. 552).

– → H 4.2 (1) Gewinnrealisierung

6b.2. Übertragung aufgedeckter stiller Reserven und Rücklagenbildung nach § 6b EStG[1]

Abzug des begünstigten Gewinns

(1) [1]Voraussetzung für den Abzug des begünstigten Gewinns von den Anschaffungs- oder Herstellungskosten eines Wirtschaftsgutes nach § 6b Abs. 1, 3 *oder 10 EStG* ist, dass *das Wirtschaftgut wegen der Abweichung von der Handelsbilanz in ein besonderes, laufend zu führendes Verzeichnis aufgenommen wird* (→ *§ 5 Abs. 1 Satz 2 EStG*). [2]Nach § 6b Abs. 1 oder Abs. 10 Satz 1 bis 3 EStG kann der Abzug nur in dem Wirtschaftsjahr vorgenommen werden, in dem der begünstigte Gewinn entstanden ist (Veräußerungsjahr). [3]Ist das Wirtschaftsgut in diesem Wirtschaftsjahr ange-

S 2139

---

[1] Für Veräußerungen nach dem 31. 12. 1998 und vor dem 1. 1. 2002 gelten die R 41a bis R 41c EStR 1999/EStR 2001.

schafft oder hergestellt worden, ist der Abzug von den gesamten in diesem Wirtschaftsjahr angefallenen Anschaffungs- oder Herstellungskosten vorzunehmen. [4]Dies gilt unabhängig davon, ob das Wirtschaftsgut vor oder nach der Veräußerung angeschafft oder hergestellt worden ist. [5]Ist das Wirtschaftsgut in dem Wirtschaftsjahr angeschafft oder hergestellt worden, das dem Veräußerungsjahr vorangegangen ist, ist der Abzug nach § 6b Abs. 1 EStG von dem Buchwert nach § 6b Abs. 5 EStG vorzunehmen. [6]Sind im Veräußerungsjahr noch nachträgliche Anschaffungs- oder Herstellungskosten angefallen, ist der Abzug von dem um diese Kosten erhöhten Buchwert vorzunehmen. [7]Nach § 6b Abs. 3 oder Abs. 10 EStG kann der Abzug nur in dem Wirtschaftsjahr vorgenommen werden, in dem das Wirtschaftsgut angeschafft oder hergestellt worden ist. [8]Der Abzug ist von den gesamten in diesem Wirtschaftsjahr angefallenen Anschaffungs- oder Herstellungskosten des Wirtschaftsgutes vorzunehmen. [9]Bei nachträglichen Herstellungskosten, die durch die Erweiterung, den Ausbau oder den Umbau eines Gebäudes entstehen, ist der Abzug nach § 6b Abs. 1, 3 oder Abs. 10 EStG unabhängig vom Zeitpunkt der ursprünglichen Anschaffung oder Herstellung dieses Wirtschaftsgutes zulässig.

Rücklagenbildung

(2) *[1]Zur Erfüllung der Aufzeichnungspflichten nach § 5 Abs. 1 Satz 2 EStG ist bei der Bildung der steuerfreien Rücklage der Ansatz in der Steuerbilanz ausreichend. [2]Die Aufnahme des Wirtschaftsguts in das besondere Verzeichnis ist erst bei Übertragung der Rücklage erforderlich.*

(3) [1]Rücklagen nach § 6b Abs. 3 EStG können in der Bilanz in einem Posten zusammengefasst werden. [2]In der Buchführung muss aber im Einzelnen nachgewiesen werden, bei welchen Wirtschaftsgütern der in die Rücklage eingestellte Gewinn entstanden und auf welche Wirtschaftsgüter er übertragen oder wann die Rücklage gewinnerhöhend aufgelöst worden ist.

Rücklagenauflösung

(4) Wird der Gewinn des Stpfl. in einem Wirtschaftsjahr, das in den nach § 6b Abs. 3 oder Abs. 10 EStG maßgebenden Zeitraum fällt, geschätzt, weil keine Bilanz aufgestellt wurde, ist die Rücklage in diesem Wirtschaftsjahr gewinnerhöhend aufzulösen und ein Betrag in Höhe der Rücklage im Rahmen der Gewinnschätzung zu berücksichtigen.

Gewinnzuschlag

(5) [1]Der → Gewinnzuschlag nach § 6b Abs. 7 oder Abs. 10 EStG ist in den Fällen vorzunehmen, in denen ein Abzug von den Anschaffungs- oder Herstellungskosten begünstigter Wirtschaftsgüter nicht oder nur teilweise vorgenommen worden ist und die Rücklage oder der nach Abzug verbliebene Rücklagenbetrag aufgelöst wird. [2]Ein Gewinnzuschlag ist demnach auch vorzunehmen, soweit die Auflösung einer Rücklage vor Ablauf der in § 6b Abs. 3 oder Abs. 10 EStG genannten Fristen erfolgt (vorzeitige Auflösung der Rücklage).

Übertragungsmöglichkeiten

(6) [1]Ein Stpfl. kann den begünstigten Gewinn, der in einem als Einzelunternehmen geführten Betrieb entstanden ist, vorbehaltlich der Regelung in § 6b Abs. 4 Satz 2 EStG auf Wirtschaftsgüter übertragen, die

1. zu demselben oder einem anderen als Einzelunternehmen geführten Betrieb des Stpfl. gehören oder

2. zum Betriebsvermögen einer Personengesellschaft gehören, an der der Stpfl. als Mitunternehmer beteiligt ist, soweit die Wirtschaftsgüter dem Stpfl. als Mitunternehmer zuzurechnen sind.

[2]Ein Stpfl. kann den begünstigten Gewinn aus der Veräußerung eines Wirtschaftsgutes, das zu seinem Sonderbetriebsvermögen bei einer Mitunternehmerschaft gehört, vorbehaltlich der Regelung in § 6b Abs. 4 Satz 2 EStG auf Wirtschaftsgüter übertragen, die

1. zu demselben Sonderbetriebsvermögen des Stpfl. oder zum Sonderbetriebsvermögen des Stpfl. bei einer anderen Personengesellschaft gehören oder

2. zum Gesamthandsvermögen der Personengesellschaft, der das veräußerte Wirtschaftsgut gedient hat, oder zum Gesamthandsvermögen einer anderen Personengesellschaft gehören, soweit die Wirtschaftsgüter dem Stpfl. als Mitunternehmer zuzurechnen sind, oder

3. zu einem als Einzelunternehmen geführten Betrieb des Stpfl. gehören.

[3]Wegen der Rücklage bei Betriebsveräußerung oder -aufgabe → Absatz 10.

(7) Der begünstigte Gewinn aus der Veräußerung eines Wirtschaftsgutes, das zum Gesamthandsvermögen einer Personengesellschaft gehört, kann übertragen werden

1. auf Wirtschaftsgüter, die zum Gesamthandsvermögen der Personengesellschaft gehören,
2. auf Wirtschaftsgüter, die zum Sonderbetriebsvermögen eines Mitunternehmers der Personengesellschaft gehören, aus deren Betriebsvermögen das veräußerte Wirtschaftsgut ausgeschieden ist, soweit der begünstigte Gewinn anteilig auf diesen Mitunternehmer entfällt,
3. vorbehaltlich der Regelung in § 6b Abs. 4 Satz 2 EStG auf Wirtschaftsgüter, die zum Betriebsvermögen eines anderen als Einzelunternehmen geführten Betriebs eines Mitunternehmers gehören, soweit der begünstigte Gewinn anteilig auf diesen Mitunternehmer entfällt,
4. vorbehaltlich der Regelung in § 6b Abs. 4 Satz 2 EStG auf Wirtschaftsgüter, die zum Gesamthandsvermögen einer anderen Personengesellschaft oder zum Sonderbetriebsvermögen des Mitunternehmers bei einer anderen Personengesellschaft gehören, soweit diese Wirtschaftsgüter dem Mitunternehmer der Gesellschaft, aus deren Betriebsvermögen das veräußerte Wirtschaftsgut ausgeschieden ist, zuzurechnen sind und soweit der begünstigte Gewinn anteilig auf diesen Mitunternehmer entfällt.

(8) [1]Wird der begünstigte Gewinn, der bei der Veräußerung eines Wirtschaftsgutes entstanden ist, bei den Anschaffungs- oder Herstellungskosten eines Wirtschaftsgutes eines anderen Betriebs des Stpfl. berücksichtigt, ist er erfolgsneutral dem Kapitalkonto der für den veräußernden Betrieb aufzustellenden Bilanz hinzuzurechnen. [2]Gleichzeitig ist ein Betrag in Höhe des begünstigten Gewinns von den Anschaffungs- oder Herstellungskosten der in dem anderen Betrieb angeschafften oder hergestellten Wirtschaftsgüter erfolgsneutral (zu Lasten des Kapitalkontos) abzusetzen. [3]Eine nach § 6b Abs. 3 oder Abs. 10 EStG gebildete Rücklage kann auf einen anderen Betrieb erst in dem Wirtschaftsjahr übertragen werden, in dem der Abzug von den Anschaffungs- oder Herstellungskosten bei Wirtschaftsgütern des anderen Betriebs vorgenommen wird.

Rücklage bei Änderung der Unternehmensform

(9) [1]Bei der Umwandlung eines Einzelunternehmens in eine Personengesellschaft kann der bisherige Einzelunternehmer eine von ihm gebildete Rücklage in einer Ergänzungsbilanz weiterführen. [2]Wird eine Personengesellschaft in ein Einzelunternehmen umgewandelt, kann der den Betrieb fortführende Gesellschafter eine Rücklage der Gesellschaft insoweit weiterführen, als sie (anteilig) auf ihn entfällt. [3]Bei der Realteilung einer Personengesellschaft unter Fortführung entsprechender Einzelunternehmen kann die Rücklage anteilig in den Einzelunternehmen fortgeführt werden.

Rücklage bei Betriebsveräußerung

(10) [1]Veräußert ein Stpfl. seinen Betrieb, zu dessen Betriebsvermögen eine Rücklage i. S. d. § 6b Abs. 3 EStG gehört, oder bildet er eine solche Rücklage anlässlich der Betriebsveräußerung, kann er die Rücklage noch für die Zeit weiterführen, für die sie ohne Veräußerung des Betriebs zulässig gewesen wäre. [2]Wegen der Übertragungsmöglichkeit Absatz 6 und 7. [3]Wird eine Rücklage, die nicht anlässlich der Betriebsveräußerung gebildet worden ist, weitergeführt, kann für den Veräußerungsgewinn der Freibetrag nach § 16 Abs. 4 EStG und die Tarifermäßigung des § 34 Abs. 1 EStG nur in Anspruch genommen werden, wenn die Rücklage keine stillen Reserven enthält, die bei der Veräußerung einer wesentlichen Grundlage des Betriebs aufgedeckt worden sind. [4]Liegen die Voraussetzungen für die Weiterführung der Rücklage nicht mehr vor, ist sie gewinnerhöhend aufzulösen. [5]Wird eine Rücklage allerdings im Rahmen einer Betriebsveräußerung aufgelöst, gehört der dabei entstehende Gewinn zum Veräußerungsgewinn. [6]Diese Grundsätze gelten bei der Veräußerung eines Mitunternehmeranteiles, bei der Auflösung einer Personengesellschaft und bei der Aufgabe eines Betriebs entsprechend.

Wechsel der Gewinnermittlungsart

(11) [1]Geht ein Stpfl. während des Zeitraums, für den eine nach § 6b Abs. 3 oder Abs. 10 EStG gebildete Rücklage fortgeführt werden kann, von der Gewinnermittlung nach § 4 Abs. 1 oder § 5 EStG zur Gewinnermittlung nach § 4 Abs. 3 EStG oder nach Durchschnittssätzen (§ 13a EStG) über, gelten für die Fortführung und für die Übertragungsmöglichkeiten dieser Rücklage die Vorschriften des § 6c EStG. [2]Geht der Stpfl. von der Gewinnermittlung nach § 4 Abs. 3 EStG oder nach Durchschnittssätzen (§ 13a EStG) zur Gewinnermittlung nach § 4 Abs. 1 oder § 5 EStG über und sind im Zeitpunkt des Wechsels der Gewinnermittlungsart nach § 6c EStG begünstigte Gewinne noch nicht aufzulösen, ist in Höhe der noch nicht übertragenen Gewinne eine Rücklage in der Übergangsbilanz auszuweisen. [3]Für die weitere Behandlung dieser Rücklage gelten die Vorschriften des § 6b EStG.

Gewinne aus der Veräußerung von Anteilen an Kapitalgesellschaften

(12) [1]Für die Berechnung des Höchstbetrages nach § 6b Abs. 10 Satz 1 EStG ist der einzelne Mitunternehmer als Stpfl. anzusehen, mit der Folge, dass der Höchstbetrag von 500 000 Euro für jeden Mitunternehmer zur Anwendung kommt. [2]Dabei ist für die zeitliche Zuordnung der Gewinne bei

abweichendem Wirtschaftsjahr auf den VZ abzustellen, dem die entstandenen Gewinne aus der Veräußerung nach § 4a EStG zuzuordnen sind.

(13) [1]Eine Übertragung des Gewinns auf die in dem der Veräußerung vorangegangenen Wirtschaftsjahr angeschafften oder hergestellten Wirtschaftsgüter sieht § 6b Abs. 10 Satz 1 EStG (anders als § 6b Abs. 1 Satz 1 EStG) ausdrücklich nicht vor. [2]Eine Übertragung des Gewinns ist auf die frühestens im gleichen Wirtschaftsjahr angeschafften oder hergestellten Reinvestitionsgüter möglich.

H 6b.2   **Hinweise**

Anschaffungszeitpunkt

Gehen Besitz, Nutzen und Lasten eines Wirtschaftsgutes erst zum ersten Tag des folgenden Wirtschaftsjahres über, so ist das Wirtschaftsgut erst in diesem Wirtschaftsjahr angeschafft (→ BFH vom 7. 11. 1991 – BStBl 1992 II S. 398).

Anwendung des § 6b Abs. 10 EStG bei Gewinnermittlung nach § 4 Abs. 3 EStG oder nach § 13a EStG

§ 6c Abs. 1 Satz 1 EStG verweist für seinen sachlichen Anwendungsbereich uneingeschränkt auf § 6b EStG. Damit sind auch die durch das UntStFG neu eingefügten Regelungen des § 6b Abs. 10 EStG erfasst.

Eine andere Auslegung widerspräche auch dem Sinn und Zweck der in § 6b Abs. 10 EStG enthaltenen sog. Reinvestitionsrücklage. Die Regelung flankiert die vorgesehenen Erleichterungen von Umstrukturierungen hinsichtlich der Veräußerung von Beteiligungen an Unternehmen in der Rechtsform einer Kapitalgesellschaft. Durch die Neufassung des § 6b Abs. 10 EStG soll die für Investitionen zur Verfügung stehende Liquidität bei Personenunternehmen, insbesondere im mittelständischen Bereich, verbessert werden. Eine Beschränkung des Anwendungsbereichs nur auf bilanzierende Steuerpflichtige ist daher weder gewollt noch aus dem Gesetzeswortlaut ableitbar.

Die Anwendung des § 6c i. V. m. § 6b Abs. 10 EStG ist im Rahmen der Durchschnittssatzgewinnermittlung nach § 13a EStG aus rechtssystematischen Gründen jedoch auf Veräußerungsvorgänge beschränkt, die tatbestandlich unter den Regelungsbereich des § 13a Abs. 6 Satz 1 Nr. 2 EStG fallen.

→ BMF vom 14. 10. 2002 (DB 2003, S. 2513)

Einlage

Die Einlage eines Wirtschaftsgutes in das Betriebsvermögen ist keine Anschaffung i. S. d. § 6b EStG (→ BFH vom 11. 12. 1984 – BStBl 1985 II S. 250).

Gewinnzuschlag

Die Rücklage hat auch dann während des ganzen Wirtschaftsjahres bestanden, wenn sie buchungstechnisch bereits während des laufenden Wirtschaftsjahres aufgelöst worden ist (→ BFH vom 26. 10. 1989 – BStBl 1990 II S. 290).

Beispiel zur Berechnung des Gewinnzuschlags

Ein Stpfl., dessen Wirtschaftsjahr mit dem Kalenderjahr übereinstimmt, veräußert am 1. 2. 01 ein Wirtschaftsgut. Der nach § 6b EStG begünstigte Gewinn beträgt 400 000 €. Der Stpfl. bildet in der Bilanz des Jahres 01 eine Rücklage in Höhe von 400 000 €, die er auch in den Bilanzen der Jahre 02 und 03 ausweist. Am 1. 10. 04 erwirbt er ein begünstigtes Wirtschaftsgut, dessen Anschaffungskosten 300 000 € betragen. Der Stpfl. nimmt einen gewinnmindernden Abzug von 300 000 € vor und löst die gesamte Rücklage gewinnerhöhend auf.

Der Gewinn aus der Auflösung der Rücklage beträgt 400 000 € – davon werden 300 000 € nach § 6b Abs. 3 Satz 4 EStG und 100 000 € nach § 6b Abs. 3 Satz 5 EStG aufgelöst. Bemessungsgrundlage für den Gewinnzuschlag sind 100 000 €. Die Rücklage hat in den Wirtschaftsjahren 01 bis 04 bestanden. Der Gewinnzuschlag ist für jedes volle Wirtschaftsjahr des Bestehens der Rücklage vorzunehmen; das sind die Wirtschaftsjahre 02 bis 04, denn im Wirtschaftsjahr 04 kann die Auflösung der Rücklage erst zum Bilanzabschluss und nicht bereits zum Zeitpunkt der Wiederanlage erfolgen.

Der Gewinnzuschlag beträgt 3 × 6 % von 100 000 € = 18 000 €.

Herstellungsbeginn

– Der für die Verlängerung der Auflösungsfrist nach § 6b Abs. 3 Satz 3 EStG maßgebende Herstellungsbeginn kann die Einreichung des Bauantrags sein (→ BFH vom 15. 10. 1981 – BStBl 1982 II S. 63).

– Ein vor Einreichung des Bauantrags durchgeführter Gebäudeabbruch zum Zweck der Errichtung eines Neubaus kann als Beginn der Herstellung in Betracht kommen (→ BFH vom 12. 6. 1978 – BStBl II S. 620).

Mittelbare Grundstücksschenkung

Eine Rücklage kann nicht auf ein im Wege der mittelbaren Grundstücksschenkung erworbenes Grundstück übertragen werden (→ BFH vom 23. 4. 2009 – BStBl 2010 II S. 664).

Rücklage bei Betriebsveräußerung

– Gewinne aus der Auflösung von Rücklagen, die nicht im Rahmen eines Gewinns aus einer Betriebsveräußerung oder -aufgabe angefallen sind, sind nicht tarifbegünstigt (→ BFH vom 4. 2. 1982 – BStBl II S. 348).

– Die Zulässigkeit der Rücklage nach § 6b Abs. 3 EStG setzt nicht voraus, dass die Mittel aus der Rücklage für eine Reinvestition zur Verfügung stehen und eine konkrete Reinvestitionsabsicht besteht. Es genügt, dass die spätere Übertragung der Rücklage auf ein begünstigtes Reinvestitionsobjekt am Bilanzstichtag objektiv möglich ist (→ BFH vom 12. 12. 2000 – BStBl 2001 II S. 282).

– **_Nicht der Gewerbesteuer unterliegende Gewinne aus der Veräußerung oder Aufgabe eines Gewerbebetriebs können, soweit sie auf nach § 6b Abs. 1 Satz 1 EStG begünstigte Wirtschaftsgüter entfallen, nach § 6b EStG auf Wirtschaftsgüter, die zu einem land- und forstwirtschaftlichen Betrieb gehören oder der selbständigen Arbeit dienen, übertragen werden (→ BFH vom 30. 8. 2012 – BStBl 2013 II S. 290)._**

Rücklagenauflösung

Voraussetzung für die Übertragung der Rücklage ist, dass das Gebäude bis zum Schluss des sechsten Wirtschaftsjahres nach Bildung der Rücklage fertiggestellt wird. Die Rücklage kann in diesem Fall zum Ende des vierten auf die Bildung folgenden Wirtschaftsjahres nur noch in der Höhe der noch zu erwartenden Herstellungskosten für das Gebäude beibehalten werden (→ BFH vom 26. 10. 1989 – BStBl 1990 II S. 290).

Rücklagenbildung

Die Rücklage ist in der Bilanz des Wirtschaftsjahres zu bilden, in dem der Veräußerungsgewinn entstanden ist; es handelt sich um die Ausübung eines Bilanzierungswahlrechts (→ BFH vom 30. 3. 1989 – BStBl II S. 560).

Wird der Gewinn vom Finanzamt geschätzt, weil der Stpfl. keine Bilanz erstellt hat, ist die Bildung der Rücklage nicht zulässig (→ BFH vom 24. 1. 1990 – BStBl II S. 426).

Bei Mitunternehmern ist die Entscheidung, ob die Voraussetzungen für die Bildung einer Rücklage vorliegen, im Gewinnfeststellungsverfahren zu treffen (→ BFH vom 25. 7. 1979 – BStBl 1980 II S. 43).

Übertragung auf Schwesterpersonengesellschaft

Kann ein im Sonderbetriebsvermögen der Kommanditisten der Klägerin erfasster Veräußerungsgewinn aus einem Anteilsverkauf auf ein Gebäude übertragen werden, das eine (personenidentische) Schwesterpersonengesellschaft bereits im Jahr vor dem Anteilsverkauf errichtet hatte?

→ FG München vom 27. 4. 2010 (12 K 4/06) – Rev. – IV R 24/10

Veräußerungspreis

Der Stpfl. kann die Rücklage, die er für den Gewinn aus der Veräußerung eines Wirtschaftsguts gebildet hat, rückwirkend (§ 175 Abs. 1 Satz 1 Nr. 2 AO) aufstocken, wenn sich der Veräußerungspreis in einem späteren VZ erhöht (→ BFH vom 13. 9. 2000 – BStBl 2001 II S. 641).

Wahlrecht eines Mitunternehmers

→ H 4.4

Wirtschaftsjahr

Im Fall der unentgeltlichen Betriebsübernahme während des laufenden Wirtschaftsjahres ist das entstehende Rumpfwirtschaftsjahr beim Betriebsübergeber mit dem entstehenden Rumpfwirtschaftsjahr beim Betriebsübernehmer zu verklammern und lediglich als ein Wirtschaftsjahr i. S. d. § 6b Abs. 3 und 7 EStG zu werten (→ BFH vom 23. 4. 2009 – BStBl 2010 II S. 664).

Zeitliche Zuordnung von Gewinnen aus der Veräußerung von Anteilen an Kapitalgesellschaften

Beispiel:

A betreibt ein Einzelunternehmen und ist außerdem als Mitunternehmer zu 50 % an der A-B OHG beteiligt, die gewerbliche Einkünfte erzielt. Im Einzelunternehmen entspricht das Wirtschaftsjahr dem Kalenderjahr. Die OHG hat ein abweichendes Wirtschaftsjahr vom 1.7. bis 30.6.

A veräußert in seinem Einzelunternehmen im Jahr 02 Anteile an Kapitalgesellschaften mit einem Gewinn von 400 000 €. Auch die A-B OHG veräußert Anteile an Kapitalgesellschaften mit einem Gewinn von 400 000 €, wovon 200 000 € anteilig auf A entfallen, im Februar 02 (Variante 1) oder im November 02 (Variante 2).

Rechtsfolgen

Variante 1:

a) **Einzelunternehmen:**

Der Gewinn aus der Veräußerung (400 000 €) ist dem VZ 02 zuzuordnen.

b) **A-B OHG:**

Der Gewinn des abweichenden Wirtschaftsjahres 01/02 ist im VZ 02 steuerlich zu erfassen. Aus diesem Grund ist der Gewinn aus der Veräußerung (Gewinnanteil des A: 200 000 €) ebenfalls dem VZ 02 zuzuordnen.

c) **Höchstbetrag 500 000 €:**

Da dem VZ 02 Gewinne des A aus der Veräußerung von Anteilen an Kapitalgesellschaften in Höhe von insgesamt 600 000 € zuzuordnen sind, kommt bei ihm der Höchstbetrag von 500 000 € zum Tragen. A kann wählen, in welchem Unternehmen er den über den Höchstbetrag hinausgehenden Gewinn von 100 000 € als laufenden Gewinn, der ggf. dem *Teileinkünfteverfahren* unterliegt, ansetzt.

Variante 2:

a) **Einzelunternehmen:**

Der Gewinn aus der Veräußerung (400 000 €) ist dem VZ 02 zuzuordnen.

b) **A-B OHG:**

Der Gewinn des abweichenden Wirtschaftsjahres 02/03 ist im VZ 03 steuerlich zu erfassen. Aus diesem Grund ist der Gewinn aus der Veräußerung (Gewinnanteil des A: 200 000 €) ebenfalls dem VZ 03 zuzuordnen.

c) **Höchstbetrag 500 000 €:**

Da die Gewinne des A aus der Veräußerung von Anteilen an Kapitalgesellschaften in Höhe von 400 000 € dem VZ 02 und in Höhe von 200 000 € dem VZ 03 zuzuordnen sind, ist der Höchstbetrag von 500 000 € in keinem der beiden VZ überschritten.

R 6b.3

6b.3. Sechs-Jahres-Frist i. S. d. § 6b Abs. 4 Satz 1 Nr. 2 EStG

S 2139

(1) [1]Zur Frage der Zugehörigkeit eines Wirtschaftsgutes zum Anlagevermögen → R 6.1. [2]Wirtschaftsgüter, die sechs Jahre zum Betriebsvermögen des Stpfl. gehört haben, können in der Regel als Anlagevermögen angesehen werden, es sei denn, dass besondere Gründe vorhanden sind, die einer Zurechnung zum Anlagevermögen entgegenstehen. [3]Hat der Stpfl. mehrere inländische Betriebsstätten oder Betriebe, deren Einkünfte zu verschiedenen Einkunftsarten gehören, ist die Sechs-Jahres-Frist auch dann gewahrt, wenn das veräußerte Wirtschaftsgut innerhalb der letzten sechs Jahre zum Betriebsvermögen verschiedener Betriebe oder Betriebsstätten des Stpfl. gehörte.

(2) Ist ein neues Wirtschaftsgut unter Verwendung von gebrauchten Wirtschaftsgütern hergestellt worden, ist die Voraussetzung des § 6b Abs. 4 Satz 1 Nr. 2 EStG nur erfüllt, wenn seit der Fertigstellung dieses Wirtschaftsgutes sechs Jahre vergangen sind und das Wirtschaftsgut seit dieser Zeit ununterbrochen zum Anlagevermögen einer inländischen Betriebsstätte des veräußernden Stpfl. gehört hat.

(3) ¹Die Dauer der Zugehörigkeit eines Wirtschaftsgutes zum Betriebsvermögen wird durch nachträgliche Herstellungskosten nicht berührt. ²Das gilt auch dann, wenn es sich bei den nachträglichen Herstellungskosten um Aufwendungen für einen Ausbau, einen Umbau oder eine Erweiterung eines Gebäudes handelt. ³Entstehen dagegen durch Baumaßnahmen selbständige Gebäudeteile, gilt Absatz 2 entsprechend.

(4) Bei einem Wirtschaftsgut, das an Stelle eines infolge höherer Gewalt oder infolge oder zur Vermeidung eines behördlichen Eingriffs aus dem Betriebsvermögen ausgeschiedenen Wirtschaftsguts angeschafft oder hergestellt worden ist (Ersatzwirtschaftsgut im Sinne von R 6.6 Abs. 1 Satz 2 Nr. 2), ist die Sechsjahresfrist erfüllt, wenn das zwangsweise ausgeschiedene Wirtschaftsgut und das Ersatzwirtschaftsgut zusammen sechs Jahre zum Anlagevermögen des Stpfl. gehört haben.

(5) Werden beim Übergang eines Betriebs oder Teilbetriebs die Buchwerte fortgeführt, ist für die Berechnung der Sechsjahresfrist des § 6b Abs. 4 Satz 1 Nr. 2 EStG die Besitzzeit des Rechtsvorgängers der Besitzzeit des Rechtsnachfolgers hinzuzurechnen.

(6) ¹Sind Anteile an einer Kapitalgesellschaft durch Kapitalerhöhung aus Gesellschaftsmitteln entstanden, ist der Besitzzeit dieser (neuen) Anteilsrechte die Besitzzeit der (alten) Anteilsrechte hinzuzurechnen, auf die die (neuen) Anteilsrechte entfallen sind. ²Der Besitzzeit von Bezugsrechten ist die Besitzzeit der (alten) Anteilsrechte hinzuzurechnen, von denen sie abgespalten sind. ³Anteilsrechte, die bei einer Kapitalerhöhung gegen Leistung einer Einlage erworben worden sind, können jedoch nicht – auch nicht teilweise – als mit den aus den alten Anteilsrechten abgespaltenen Bezugsrechten wirtschaftlich identisch angesehen werden. ⁴Sie erfüllen deshalb nur dann die Voraussetzung des § 6b Abs. 4 Satz 1 Nr. 2 EStG, wenn sie selbst mindestens sechs Jahre ununterbrochen zum Anlagevermögen einer inländischen Betriebsstätte des Stpfl. gehört haben.

Hinweise H 6b.3

Baulandumlegungen

→ H 6b.1 (Umlegungs- und Flurbereinigungsverfahren)

Erbauseinandersetzung/vorweggenommene Erbfolge

Wegen der Besitzzeitanrechnung im Falle der Erbauseinandersetzung und der vorweggenommenen Erbfolge → BMF vom 14. 3. 2006 (BStBl I S. 253) und → BMF vom 13. 1. 1993 (BStBl I S. 80) unter Berücksichtigung der Änderungen durch BMF vom 26. 2. 2007 (BStBl I S. 269). · Anhang 8

---

§ 6c   Übertragung stiller Reserven bei der Veräußerung bestimmter Anlagegüter bei der Ermittlung des Gewinns nach § 4 Absatz 3 oder nach Durchschnittssätzen

EStG S 2139a

(1) ¹§ 6b mit Ausnahme des § 6b Absatz 4 Nummer 1 ist entsprechend anzuwenden, wenn der Gewinn nach § 4 Absatz 3 oder die Einkünfte aus Land- und Forstwirtschaft nach Durchschnittssätzen ermittelt werden. ²Soweit nach § 6b Absatz 3 eine Rücklage gebildet werden kann, ist ihre Bildung als Betriebsausgabe (Abzug) und ihre Auflösung als Betriebseinnahme (Zuschlag) zu behandeln; der Zeitraum zwischen Abzug und Zuschlag gilt als Zeitraum, in dem die Rücklage bestanden hat.

(2) ¹Voraussetzung für die Anwendung des Absatzes 1 ist, dass die Wirtschaftsgüter, bei denen ein Abzug von den Anschaffungs- oder Herstellungskosten oder von dem Wert nach § 6b Absatz 5 vorgenommen worden ist, in besondere, laufend zu führende Verzeichnisse aufgenommen werden. ²In den Verzeichnissen sind der Tag der Anschaffung oder Herstellung, die Anschaffungs- oder Herstellungskosten, der Abzug nach § 6b Absatz 1 und 3 in Verbindung mit Absatz 1, die Absetzungen für Abnutzung, die Abschreibungen sowie die Beträge nachzuweisen, die nach § 6b Absatz 3 in Verbindung mit Absatz 1 als Betriebsausgaben (Abzug) oder Betriebseinnahmen (Zuschlag) behandelt worden sind.

6c.   Übertragung stiller Reserven bei der Veräußerung bestimmter Anlagegüter bei der Ermittlung des Gewinns nach § 4 Abs. 3 EStG oder nach Durchschnittssätzen

R 6c

(1) ¹Für die Ermittlung des nach § 6c EStG begünstigten Gewinns gilt § 6b Abs. 2 EStG entsprechend. ²Danach ist bei der Veräußerung eines nach § 6c EStG begünstigten Wirtschaftsgutes ohne Rücksicht auf den Zeitpunkt des Zufließens des Veräußerungspreises als Gewinn der Betrag · S 2139a

begünstigt, um den der Veräußerungspreis nach Abzug der Veräußerungskosten die Aufwendungen für das veräußerte Wirtschaftsgut übersteigt, die bis zu seiner Veräußerung noch nicht als Betriebsausgaben abgesetzt worden sind. [3]Der Veräußerungspreis ist also in voller Höhe im Veräußerungszeitpunkt als Betriebseinnahme zu behandeln, auch wenn er nicht gleichzeitig zufließt. [4]Der (früher oder später) tatsächlich zufließende Veräußerungserlös bleibt außer Betracht, wird also nicht als Betriebseinnahme angesetzt. [5]Ein nach § 6c EStG i. V. m. § 6b Abs. 1 Satz 1 EStG vorgenommener Abzug von den Anschaffungs- oder Herstellungskosten begünstigter Investitionen ist als Betriebsausgabe zu behandeln. [6]Soweit der Stpfl. im Jahr der Veräußerung keinen Abzug in Höhe des begünstigten Gewinns von den Anschaffungs- und Herstellungskosten der im Veräußerungsjahr durchgeführten begünstigten Neuinvestitionen und auch keinen Abzug von dem Betrag nach § 6b Abs. 5 EStG der im Vorjahr angeschafften oder hergestellten begünstigten Wirtschaftsgüter vornimmt, kann er im Jahr der Veräußerung eine fiktive Betriebsausgabe absetzen. [7]Diese Betriebsausgabe ist innerhalb des Zeitraums, in dem bei einem buchführenden Stpfl. eine nach § 6b Abs. 3 EStG gebildete Rücklage auf Neuinvestitionen übertragen werden kann (Übertragungsfrist), durch fiktive Betriebseinnahmen in Höhe der Beträge auszugleichen, die nach § 6c EStG i. V. m. § 6b Abs. 3 EStG von den Anschaffungs- oder Herstellungskosten begünstigter Investitionen abgezogen und als Betriebsausgabe behandelt werden. [8]In Höhe des am Ende der Übertragungsfrist verbleibenden Betrags ist eine (sich in vollem Umfang gewinnerhöhend auswirkende) Betriebseinnahme anzusetzen. [9]Soweit nur für einen Teil des Veräußerungsgewinnes § 6c EStG in Anspruch genommen wird, gelten vorstehende Regelungen für den entsprechenden Teil des Veräußerungserlöses bzw. Veräußerungsgewinns.

(2) [1]Wird der Gewinn vom Finanzamt geschätzt, ist der Abzug nicht zulässig. [2]Wird der Gewinn des Stpfl. in einem Wirtschaftsjahr, das in den nach § 6b Abs. 3 EStG maßgebenden Zeitraum fällt, geschätzt, so ist ein Zuschlag in Höhe des ursprünglichen Abzugsbetrags vorzunehmen; § 6b Abs. 7 EStG ist zu beachten.

(3) § 6b Abs. 10 EStG ist entsprechend anzuwenden.

Hinweise

Anwendung des § 6b Abs. 10 EStG bei Gewinnermittlung nach § 4 Abs. 3 EStG oder nach § 13a EStG

→ H 6b.2

Berechnungsbeispiel

Ein Stpfl., der den Gewinn nach § 4 Abs. 3 EStG ermittelt, hat ein Werkstattgebäude für 15 000 € veräußert, auf das im Veräußerungszeitpunkt noch insgesamt 3 000 € AfA hätten vorgenommen werden können. Die Veräußerungskosten betragen 1 000 €. Der Stpfl. will für den bei der Veräußerung erzielten Gewinn § 6c EStG in Anspruch nehmen. Er nimmt im Veräußerungsjahr für 4 000 € und in den beiden folgenden Wirtschaftsjahren für 1 000 € und 2 000 € nach § 6b Abs. 1 Satz 3 EStG begünstigte Erweiterungen an seinem Ladengebäude vor.

Der Veräußerungserlös gilt ohne Rücksicht darauf, wann er tatsächlich zufließt, als im Veräußerungsjahr vereinnahmt. Entsprechend gelten die Veräußerungskosten als im Veräußerungsjahr verausgabt. Die Veräußerung des Werkstattgebäudes führt deshalb zu einem nach § 6c EStG begünstigten Gewinn von 15 000 € (Veräußerungserlös) – 3 000 € („Restbuchwert") – 1 000 € (Veräußerungskosten) = 11 000 €. Da der Stpfl. im Veräußerungsjahr von den Anschaffungs- oder Herstellungskosten der in diesem Jahr vorgenommenen Neuinvestitionen einen Abzug von 4 000 € vornimmt, liegt in Höhe dieser 4 000 € eine Betriebsausgabe vor, so dass sich von dem Gewinn aus der Veräußerung des Gebäudes nur noch ein Betrag von (11 000 – 4 000) = 7 000 € auswirkt. In Höhe dieser 7 000 € kann der Stpfl. im Veräußerungsjahr noch eine fiktive Betriebsausgabe absetzen und damit den bei der Veräußerung entstandenen Gewinn neutralisieren.

In dem auf die Veräußerung folgenden Wirtschaftsjahr nimmt er von den Anschaffungs- oder Herstellungskosten der Neuinvestitionen einen Abzug von 1 000 € vor, der als Betriebsausgabe zu behandeln ist. Er hat infolgedessen eine fiktive Betriebseinnahme von 1 000 € anzusetzen, um den Vorgang zu neutralisieren.

Im zweiten auf die Veräußerung folgenden Wirtschaftsjahr nimmt er von den Anschaffungs- oder Herstellungskosten der Neuinvestitionen einen Abzug von 2 000 € vor, der als Betriebsausgabe zu behandeln ist. Er hat deshalb in diesem Wirtschaftsjahr eine fiktive Betriebseinnahme von 2 000 € anzusetzen, um den Vorgang zu neutralisieren.

Durch die beiden fiktiven Betriebseinnahmen von 1 000 € und 2 000 € ist die fiktive Betriebsausgabe im Jahr der Veräußerung von 7 000 € bis auf einen Betrag von 4 000 € ausgeglichen. In Höhe dieses Betrags hat der Stpfl. spätestens im vierten auf die Veräußerung folgenden Wirtschaftsjahr eine weitere (sich in vollem Umfang gewinnerhöhend auswirkende) fiktive Betriebseinnahme anzusetzen, wenn er nicht bis zum Schluss des vierten auf die Veräußerung folgenden Wirtschaftsjahres mit der Herstellung eines neuen Gebäudes begonnen hat.

Soweit der Stpfl. einen Abzug von den Anschaffungs- oder Herstellungskosten angeschaffter oder hergestellter Wirtschaftsgüter vorgenommen hat, kann er von dem Wirtschaftsgut keine AfA, erhöhte Absetzungen oder Sonderabschreibungen mehr vornehmen.

Wechsel der Gewinnermittlungsart

Zur Behandlung eines nach §§ 6b, 6c EStG begünstigten Gewinns bei Wechsel der Gewinnermittlung → R 6b.2 Abs. 11.

Zeitpunkt der Wahlrechtsausübung

Das Wahlrecht der Gewinnübertragung nach § 6c EStG kann bis zum Eintritt der formellen Bestandskraft der Steuerfestsetzung ausgeübt werden; seine Ausübung ist auch nach Ergehen eines Urteils in der Tatsacheninstanz bis zum Ablauf der Rechtsmittelfrist zulässig. In diesem Fall ist die Steuerfestsetzung in entsprechender Anwendung des § 175 Abs. 1 Satz 1 Nr. 2 AO zu ändern (→ BFH vom 30. 8. 2001 – BStBl 2002 II S. 49).

---

§ 6d   Euroumrechnungsrücklage

EStG
S 2138a

(letztmals abgedruckt in der Handausgabe 2006, da für VZ ab 2007 ohne Bedeutung)

---

§ 7   Absetzung für Abnutzung oder Substanzverringerung

EStG

(1) [1]Bei Wirtschaftsgütern, deren Verwendung oder Nutzung durch den Steuerpflichtigen zur Erzielung von Einkünften sich erfahrungsgemäß auf einen Zeitraum von mehr als einem Jahr erstreckt, ist jeweils für ein Jahr der Teil der Anschaffungs- oder Herstellungskosten abzusetzen, der bei gleichmäßiger Verteilung dieser Kosten auf die Gesamtdauer der Verwendung oder Nutzung auf ein Jahr entfällt (Absetzung für Abnutzung in gleichen Jahresbeträgen). [2]Die Absetzung bemisst sich hierbei nach der betriebsgewöhnlichen Nutzungsdauer des Wirtschaftsgutes. [3]Als betriebsgewöhnliche Nutzungsdauer des Geschäfts- oder Firmenwerts eines Gewerbebetriebs oder eines Betriebs der Land- und Forstwirtschaft gilt ein Zeitraum von 15 Jahren. [4]Im Jahr der Anschaffung oder Herstellung des Wirtschaftsguts vermindert sich für dieses Jahr der Absetzungsbetrag nach Satz 1 um jeweils ein Zwölftel für jeden vollen Monat, der dem Monat der Anschaffung oder Herstellung vorangeht.[1] [5]Bei Wirtschaftsgütern, die nach einer Verwendung zur Erzielung von Einkünften im Sinne des § 2 Absatz 1 Satz 1 Nummer 4 bis 7 in ein Betriebsvermögen eingelegt worden sind, mindert sich der Einlagewert um die Absetzungen für Abnutzung oder Substanzverringerung, Sonderabschreibungen oder erhöhte Absetzungen, die bis zum Zeitpunkt der Einlage vorgenommen worden sind, höchstens jedoch bis zu den fortgeführten Anschaffungs- oder Herstellungskosten; ist der Einlagewert niedriger als dieser Wert, bemisst sich die weitere Absetzung für Abnutzung vom Einlagewert.[2] [6]Bei beweglichen Wirtschaftsgütern des Anlagevermögens, bei denen es wirtschaftlich begründet ist, die Absetzung für Abnutzung nach Maßgabe der Leistung des Wirtschaftsgutes vorzunehmen, kann der Steuerpflichtige dieses Verfahren statt der Absetzung für Abnutzung in gleichen Jahresbeträgen anwenden, wenn er den auf das einzelne Jahr entfallenden Umfang der Leistung nachweist. [7]Absetzungen für außergewöhnliche technische oder wirtschaftliche Abnutzung sind zulässig; soweit der Grund hierfür in späteren Wirtschaftsjahren entfällt, ist in den Fällen der Gewinnermittlung nach § 4 Absatz 1 oder nach § 5 eine entsprechende Zuschreibung vorzunehmen.

EStG

S 2190
S 2191

(2) [1]Bei beweglichen Wirtschaftsgütern des Anlagevermögens, die nach dem 31. Dezember 2008 und vor dem 1. Januar 2011 angeschafft oder hergestellt worden sind, kann der Steuerpflichtige statt der Absetzung für Abnutzung in gleichen Jahresbeträgen die Absetzung für Abnutzung in fallenden Jahresbeträgen bemessen. [2]Die Absetzung für Abnutzung in fallenden Jahresbeträgen kann nach einem unveränderlichen Prozentsatz vom jeweiligen Buchwert (Restwert) vorgenommen werden; der dabei anzuwendende Prozentsatz darf höchstens das Zweieinhalbfache des bei der Absetzung für Abnutzung in gleichen Jahresbeträgen in Betracht kommen-

S 2193

---

[1]) Zur Anwendung von Absatz 1 Satz 4 → § 52 Abs. 21 Satz 3 EStG.
[2]) Absatz 1 Satz 5 wurde durch das JStG 2010 neu gefasst. Absatz 1 Satz 5 zweiter Halbsatz ist erstmals für Einlagen anzuwenden, die nach dem 31. 12. 2010 vorgenommen werden → § 52 Abs. 21 Satz 4 EStG.

den Prozentsatzes betragen und 25 Prozent nicht übersteigen. ³Absatz 1 Satz 4 und § 7a Absatz 8 gelten entsprechend. ⁴Bei Wirtschaftsgütern, bei denen die Absetzung für Abnutzung in fallenden Jahresbeträgen bemessen wird, sind Absetzungen für außergewöhnliche technische oder wirtschaftliche Abnutzung nicht zulässig.

S 2194 (3) ¹Der Übergang von der Absetzung für Abnutzung in fallenden Jahresbeträgen zur Absetzung für Abnutzung in gleichen Jahresbeträgen ist zulässig. ²In diesem Fall bemisst sich die Absetzung für Abnutzung vom Zeitpunkt des Übergangs an nach dem dann noch vorhandenen Restwert und der Restnutzungsdauer des einzelnen Wirtschaftsguts. ³Der Übergang von der Absetzung für Abnutzung in gleichen Jahresbeträgen zur Absetzung für Abnutzung in fallenden Jahresbeträgen ist nicht zulässig.

S 2196 (4) ¹Bei Gebäuden sind abweichend von Absatz 1 als Absetzung für Abnutzung die folgenden Beträge bis zur vollen Absetzung abzuziehen:

1. bei Gebäuden, soweit sie zu einem Betriebsvermögen gehören und nicht Wohnzwecken dienen und für die der Bauantrag nach dem 31. März 1985 gestellt worden ist, jährlich 3 Prozent,

2. bei Gebäuden, soweit sie die Voraussetzungen der Nummer 1 nicht erfüllen und die

   a) nach dem 31. Dezember 1924 fertig gestellt worden sind, jährlich 2 Prozent,

   b) vor dem 1. Januar 1925 fertig gestellt worden sind, jährlich 2,5 Prozent

der Anschaffungs- oder Herstellungskosten; Absatz 1 Satz 5 gilt entsprechend. ²Beträgt die tatsächliche Nutzungsdauer eines Gebäudes in den Fällen des Satzes 1 Nummer 1 weniger als 33 Jahre, in den Fällen des Satzes 1 Nummer 2 Buchstabe a weniger als 50 Jahre, in den Fällen des Satzes 1 Nummer 2 Buchstabe b weniger als 40 Jahre, so können anstelle der Absetzungen nach Satz 1 die der tatsächlichen Nutzungsdauer entsprechenden Absetzungen für Abnutzung vorgenommen werden. ³Absatz 1 letzter Satz bleibt unberührt. ⁴Bei Gebäuden im Sinne der Nummer 2 rechtfertigt die für Gebäude im Sinne der Nummer 1 geltende Regelung weder die Anwendung des Absatzes 1 letzter Satz noch den Ansatz des niedrigeren Teilwertes (§ 6 Absatz 1 Nummer 1 Satz 2).

S 2196 (5) ¹Bei Gebäuden, die in einem Mitgliedstaat der Europäischen Union oder einem anderen Staat belegen sind, auf den das Abkommen über den Europäischen Wirtschaftsraum (EWR-Abkommen) angewendet wird, und die vom Steuerpflichtigen hergestellt oder bis zum Ende des Jahres der Fertigstellung angeschafft worden sind, können abweichend von Absatz 4 als Absetzung für Abnutzung die folgenden Beträge abgezogen werden:

1. bei Gebäuden im Sinne des Absatzes 4 Satz 1 Nummer 1, die vom Steuerpflichtigen auf Grund eines vor dem 1. Januar 1994 gestellten Bauantrags hergestellt oder auf Grund eines vor diesem Zeitpunkt rechtswirksam abgeschlossenen obligatorischen Vertrags angeschafft worden sind,

   – im Jahr der Fertigstellung
     und in den folgenden 3 Jahren .... jeweils 10 Prozent,
   – in den darauf folgenden 3 Jahren .... jeweils 5 Prozent,
   – in den darauf folgenden 18 Jahren .... jeweils 2,5 Prozent,

2. bei Gebäuden im Sinne des Absatzes 4 Satz 1 Nummer 2, die vom Steuerpflichtigen auf Grund eines vor dem 1. Januar 1995 gestellten Bauantrags hergestellt oder auf Grund eines vor diesem Zeitpunkt rechtswirksam abgeschlossenen obligatorischen Vertrags angeschafft worden sind,

   – im Jahr der Fertigstellung
     und in den folgenden 7 Jahren .... jeweils 5 Prozent,
   – in den darauf folgenden 6 Jahren .... jeweils 2,5 Prozent,
   – in den darauf folgenden 36 Jahren .... jeweils 1,25 Prozent,

3. bei Gebäuden im Sinne des Absatzes 4 Satz 1 Nummer 2, soweit sie Wohnzwecken dienen, die vom Steuerpflichtigen

   a) auf Grund eines nach dem 28. Februar 1989 und vor dem 1. Januar 1996 gestellten Bauantrags hergestellt oder nach dem 28. Februar 1989 auf Grund eines nach dem 28. Februar 1989 und vor dem 1. Januar 1996 rechtswirksam abgeschlossenen obligatorischen Vertrags angeschafft worden sind,

      – im Jahr der Fertigstellung
        und in den folgenden 3 Jahren .... jeweils 7 Prozent,
      – in den darauf folgenden 6 Jahren .... jeweils 5 Prozent,
      – in den darauf folgenden 6 Jahren .... jeweils 2 Prozent,
      – in den darauf folgenden 24 Jahren .... jeweils 1,25 Prozent,

   b) auf Grund eines nach dem 31. Dezember 1995 und vor dem 1. Januar 2004 gestellten Bauantrags hergestellt oder auf Grund eines nach dem 31. Dezember 1995 und vor dem 1. Januar 2004 rechtswirksam abgeschlossenen obligatorischen Vertrags angeschafft worden sind,

- im Jahr der Fertigstellung
und in den folgenden 7 Jahren   jeweils 5   Prozent,
- in den darauf folgenden 6 Jahren   jeweils 2,5   Prozent,
- in den darauf folgenden 36 Jahren   jeweils 1,25   Prozent,

c) auf Grund eines nach dem 31. Dezember 2003 und vor dem 1. Januar 2006 gestellten Bauantrags hergestellt oder auf Grund eines nach dem 31. Dezember 2003 und vor dem 1. Januar 2006 rechtswirksam abgeschlossenen obligatorischen Vertrags angeschafft worden sind,

- im Jahr der Fertigstellung
und in den folgenden 9 Jahren   jeweils 4   Prozent,
- in den darauf folgenden 8 Jahren   jeweils 2,5   Prozent,
- in den darauf folgenden 32 Jahren   jeweils 1,25   Prozent,

der Anschaffungs- oder Herstellungskosten. [2]Im Fall der Anschaffung kann Satz 1 nur angewendet werden, wenn der Hersteller für das veräußerte Gebäude weder Absetzungen für Abnutzung nach Satz 1 vorgenommen noch erhöhte Absetzungen oder Sonderabschreibungen in Anspruch genommen hat. [3]Absatz 1 Satz 4 gilt nicht.

(5a) Die Absätze 4 und 5 sind auf Gebäudeteile, die selbständige unbewegliche Wirtschaftsgüter sind, sowie auf Eigentumswohnungen und auf im Teileigentum stehende Räume entsprechend anzuwenden.   S 2196

(6) Bei Bergbauunternehmen, Steinbrüchen und anderen Betrieben, die einen Verbrauch der Substanz mit sich bringen, ist Absatz 1 entsprechend anzuwenden; dabei sind Absetzungen nach Maßgabe des Substanzverzehrs zulässig (Absetzung für Substanzverringerung).   S 2195

---

§ 10   Absetzung für Abnutzung im Fall des § 4 Abs. 3 des Gesetzes   EStDV
S 2190

(1) [1]Bei nicht in dem in Artikel 3 des Einigungsvertrages genannten Gebiet belegenen Gebäuden, die bereits am 21. Juni 1948 zum Betriebsvermögen gehört haben, sind im Fall des § 4 Abs. 3 des Gesetzes für die Bemessung der Absetzung für Abnutzung als Anschaffungs- oder Herstellungskosten höchstens die Werte zugrunde zu legen, die sich bei sinngemäßer Anwendung des § 16 Abs. 1 des D-Markbilanzgesetzes in der im Bundesgesetzblatt Teil III, Gliederungsnummer 4140 - 1, veröffentlichten bereinigten Fassung ergeben würden. [2]In dem Teil des Landes Berlin, in dem das Grundgesetz bereits vor dem 3. Oktober 1990 galt, tritt an die Stelle des 21. Juni 1948 der 1. April 1949.

(2) Für Gebäude, die zum Betriebsvermögen eines Betriebs oder einer Betriebsstätte im Saarland gehören, gilt Absatz 1 mit der Maßgabe, dass an die Stelle des 21. Juni 1948 der 6. Juli 1959 sowie an die Stelle des § 16 Abs. 1 des D-Markbilanzgesetzes der § 8 Abs. 1 und der § 11 des D-Markbilanzgesetzes für das Saarland in der im Bundesgesetzblatt Teil III, Gliederungsnummer 4140 - 2, veröffentlichten bereinigten Fassung treten.

---

§§ 11 bis 11b   EStDV
S 2190

– weggefallen –

---

§ 11c   Absetzung für Abnutzung bei Gebäuden   EStDV
S 2196

(1) [1]Nutzungsdauer eines Gebäudes im Sinne des § 7 Abs. 4 Satz 2 des Gesetzes ist der Zeitraum, in dem ein Gebäude voraussichtlich seiner Zweckbestimmung entsprechend genutzt werden kann. [2]Der Zeitraum der Nutzungsdauer beginnt

1. *bei Gebäuden, die der Steuerpflichtige vor dem 21. Juni 1948 angeschafft oder hergestellt hat,*
   mit dem 21. Juni 1948,
2. *bei Gebäuden, die der Steuerpflichtige nach dem 20. Juni 1948 hergestellt hat,*
   mit dem Zeitpunkt der Fertigstellung,
3. *bei Gebäuden, die der Steuerpflichtige nach dem 20. Juni 1948 angeschafft hat,*
   mit dem Zeitpunkt der Anschaffung.

[3]Für im Land Berlin belegene Gebäude treten an die Stelle des 20. Juni 1948 jeweils der 31. März 1949 und an die Stelle des 21. Juni 1948 jeweils der 1. April 1949. [4]Für im Saarland belegene Gebäude treten an die Stelle des 20. Juni 1948 jeweils der 19. November 1947 und an die Stelle des 21. Juni 1948 jeweils der 20. November 1947; soweit im Saarland belegene Gebäude zu einem

Betriebsvermögen gehören, treten an die Stelle des 20. Juni 1948 jeweils der 5. Juli 1959 und an die Stelle des 21. Juni 1948 jeweils der 6. Juli 1959.

(2) [1]Hat der Steuerpflichtige nach § 7 Abs. 4 Satz 3 des Gesetzes bei einem Gebäude eine Absetzung für außergewöhnliche technische oder wirtschaftliche Abnutzung vorgenommen, so bemessen sich die Absetzungen für Abnutzung von dem folgenden Wirtschaftsjahr oder Kalenderjahr an nach den Anschaffungs- oder Herstellungskosten des Gebäudes abzüglich des Betrags der Absetzung für außergewöhnliche technische oder wirtschaftliche Abnutzung. [2]Entsprechendes gilt, wenn der Steuerpflichtige ein zu einem Betriebsvermögen gehörendes Gebäude nach § 6 Abs. 1 Nr. 1 Satz 2 des Gesetzes mit dem niedrigeren Teilwert angesetzt hat. [3]Im Fall der Zuschreibung nach § 7 Abs. 4 Satz 3 des Gesetzes oder der Wertaufholung nach § 4 Satz 3 des Gesetzes oder der Wertaufholung nach § 6 Abs. 1 Nr. 1 Satz 4 des Gesetzes erhöht sich die Bemessungsgrundlage für die Absetzungen für Abnutzung vom dem folgendem Wirtschaftsjahr oder Kalenderjahr an um dem Betrag der Zuschreibung oder Wertaufholung.

EStDV
S 2190

§ 11d Absetzung für Abnutzung oder Substanzverringerung bei nicht zu einem Betriebsvermögen gehörenden Wirtschaftsgütern, die der Steuerpflichtige unentgeltlich erworben hat

(1) [1]Bei den nicht zu einem Betriebsvermögen gehörenden Wirtschaftsgütern, die der Steuerpflichtige unentgeltlich erworben hat, bemessen sich die Absetzungen für Abnutzung nach den Anschaffungs- oder Herstellungskosten des Rechtsvorgängers oder dem Wert, der beim Rechtsvorgänger an dessen Stelle getreten ist oder treten würde, wenn dieser noch Eigentümer wäre, zuzüglich der vom Rechtsnachfolger aufgewendeten Herstellungskosten und nach dem Prozentsatz, der für den Rechtsvorgänger maßgebend sein würde, wenn er noch Eigentümer des Wirtschaftsgutes wäre. [2]Absetzungen für Abnutzung durch den Rechtsnachfolger sind nur zulässig, soweit die vom Rechtsvorgänger und vom Rechtsnachfolger zusammen vorgenommenen Absetzungen für Abnutzung, erhöhten Absetzungen und Abschreibungen bei dem Wirtschaftsgut noch nicht zur vollen Absetzung geführt haben. [3]Die Sätze 1 und 2 gelten für die Absetzung für Substanzverringerung und für erhöhte Absetzungen entsprechend.

(2) Bei Bodenschätzen, die der Steuerpflichtige auf einem ihm gehörenden Grundstück entdeckt hat, sind Absetzungen für Substanzverringerung nicht zulässig.

EStDV

§ 15 Erhöhte Absetzungen für Einfamilienhäuser, Zweifamilienhäuser und Eigentumswohnungen

(1) Bauherr ist, wer auf eigene Rechnung und Gefahr ein Gebäude baut oder bauen lässt.

(2) In den Fällen des § 7b des Gesetzes in den vor Inkrafttreten des Gesetzes vom 22. Dezember 1981 (BGBl. I S. 1523) geltenden Fassungen und des § 54 des Gesetzes in der Fassung der Bekanntmachung vom 24. Januar 1984 (BGBl. I S. 113) ist § 15 der Einkommensteuer-Durchführungsverordnung 1979 (BGBl. 1980 I S. 1801), geändert durch die Verordnung vom 11. Juni 1981 (BGBl. I S. 526), weiter anzuwenden.

R 7.1

7.1. Abnutzbare Wirtschaftsgüter

S 2190   **Allgemeines**

(1) AfA ist vorzunehmen für

1. bewegliche Wirtschaftsgüter (§ 7 Abs. 1 Satz 1, 2, 4 bis 7 EStG),

2. immaterielle Wirtschaftsgüter (§ 7 Abs. 1 Satz 1 bis 5 und 7 EStG),

3. → unbewegliche Wirtschaftsgüter, die keine Gebäude oder Gebäudeteile sind (§ 7 Abs. 1 Satz 1, 2, 5 und 7 EStG), und

4. Gebäude und Gebäudeteile (§ 7 Abs. 1 Satz 5 und Abs. 4, 5 und 5a EStG),

die zur Erzielung von Einkünften verwendet werden und einer → wirtschaftlichen oder technischen Abnutzung unterliegen.

→ Bewegliche Wirtschaftsgüter

(2) [1]Bewegliche Wirtschaftsgüter können nur Sachen (§ 90 BGB), Tiere (§ 90a BGB) und Scheinbestandteile (§ 95 BGB) sein. [2]Schiffe und Flugzeuge sind auch dann bewegliche Wirtschaftsgüter, wenn sie im Schiffsregister bzw. in der Luftfahrzeugrolle eingetragen sind.

(3) ¹Betriebsvorrichtungen sind selbständige Wirtschaftsgüter, weil sie nicht in einem einheitlichen Nutzungs- und Funktionszusammenhang mit dem Gebäude stehen. ²Sie gehören auch dann zu den beweglichen Wirtschaftsgütern, wenn sie wesentliche Bestandteile eines Grundstücks sind.

(4) ¹Scheinbestandteile entstehen, wenn bewegliche Wirtschaftsgüter zu einem vorübergehenden Zweck in ein Gebäude eingefügt werden. ²Einbauten zu vorübergehenden Zwecken sind auch

1. die vom Stpfl. für seine eigenen Zwecke vorübergehend eingefügten Anlagen,

2. die vom Vermieter oder Verpächter zur Erfüllung besonderer Bedürfnisse des Mieters oder Pächters eingefügten Anlagen, deren Nutzungsdauer nicht länger als die Laufzeit des Vertragsverhältnisses ist.

→ Gebäude und → Gebäudeteile

S 2196

(5) ¹Für den Begriff des Gebäudes sind die Abgrenzungsmerkmale des Bewertungsrechts maßgebend. ²Ein Gebäude ist ein Bauwerk auf eigenem oder fremdem Grund und Boden, das Menschen oder Sachen durch räumliche Umschließung Schutz gegen äußere Einflüsse gewährt, den Aufenthalt von Menschen gestattet, fest mit dem Grund und Boden verbunden, von einiger Beständigkeit und standfest ist.

(6) Zu den selbständigen unbeweglichen Wirtschaftsgütern i. S. d. § 7 Abs. 5a EStG gehören insbesondere Mietereinbauten und -umbauten, die keine Scheinbestandteile oder Betriebsvorrichtungen sind, Ladeneinbauten und ähnliche Einbauten (→ R 4.2 Abs. 3 Satz 3 Nr. 3) sowie sonstige selbständige Gebäudeteile i. S. d. R 4.2 Abs. 3 Satz 3 Nr. 5.

Hinweise

H 7.1

Arzneimittelzulassungen

Eine entgeltlich erworbene Arzneimittelzulassung ist dem Grunde nach ein abnutzbares Wirtschaftsgut (→ BMF vom 12. 7. 1999 – BStBl I S. 686).

Betriebsvorrichtungen

– Zur Abgrenzung von den Betriebsgrundstücken sind die allgemeinen Grundsätze des Bewertungsrechts anzuwenden → § 68 Abs. 2 Nr. 2, § 99 Abs. 1 Nr. 1 BewG; gleich lautende Erlasse der obersten Finanzbehörden der Länder vom 15. 3. 2006 (BStBl I S. 314).

– Vorrichtungen, mit denen das Gewerbe unmittelbar betrieben wird (→ BFH vom 14. 8. 1958 – BStBl III S. 400).

– Nicht ausreichend ist, wenn eine Anlage für einen Gewerbebetrieb lediglich nützlich oder notwendig oder sogar gewerbepolizeilich vorgeschrieben ist (→ BFH vom 15. 2. 1980 – BStBl II S. 409 und vom 11. 12. 1987 – BStBl 1988 II S. 300).

– Beispiele für Betriebsvorrichtungen:

  – Abladevorrichtungen,

  – Autoaufzüge in Parkhäusern,

  – Bäder, die in Kur- oder Krankenhäusern Heilzwecken dienen (→ BFH vom 12. 8. 1982 – BStBl II S. 782),

  – Baustellencontainer zur Verwendung auf wechselnden Einsatzstellen (→ BFH vom 18. 6. 1986 – BStBl II S. 787),

  – Bedienungsvorrichtungen,

  – Befeuchtungs- und Lüftungsanlagen, soweit sie unmittelbar und ausschließlich einem Betriebsvorgang dienen, z. B. zur Möbellagerung (→ BFH vom 7. 3. 1974 – BStBl II S. 429),

  – Förderbänder,

  – Hofbefestigungen, die speziell auf einen Betrieb ausgerichtet sind (→ BFH vom 19. 2. 1974 – BStBl 1975 II S. 20 und vom 30. 4. 1976 – BStBl II S. 527),

  – Klimaanlagen in Chemiefaser- und Tabakfabriken,

  – Kühleinrichtungen, die einen nur kurzfristigen Aufenthalt von Menschen ermöglichen (→ BFH vom 30. 1. 1991 – BStBl II S. 618),

  – Lastenaufzüge (→ BFH vom 7. 10. 1977 – BStBl 1978 II S. 186),

  – Schallschutzeinrichtungen nur ausnahmsweise, wenn infolge starken Lärms ohne sie der reibungslose Betriebsablauf in Frage gestellt wäre (→ BFH vom 23. 3. 1990 – BStBl II S. 751),

  – Schaukästen (→ BFH vom 17. 3. 1955 – BStBl III S. 141),

- Schutz- und Sicherungsvorrichtungen,
- Schwimmbecken sowie Zusatzeinrichtungen in Hallen- und Freibädern (→ BFH vom 16. 10. 1980 – BStBl 1981 II S. 228), nicht hingegen in Hotelbetrieben (→ BFH vom 11. 12. 1991 – BStBl 1992 II S. 278),
- Verkaufsautomaten.

Bewegliche Wirtschaftsgüter

Immaterielle Wirtschaftsgüter (→ R 5.5 Abs. 1) gehören nicht zu den beweglichen Wirtschaftsgütern (→ BFH vom 22. 5. 1979 – BStBl II S. 634).

Blockheizkraftwerk

sind als selbständige, vom Gebäude losgelöste bewegliche Wirtschaftsgüter zu behandeln → LfSt Bayern vom 5. 8. 2010 (DB 2010, S. 1729)

Domain-Namen

Aufwendungen, die für die Übertragung eines Domain-Namens an den bisherigen Domaininhaber geleistet werden, sind Anschaffungskosten für ein in der Regel nicht abnutzbares immaterielles Wirtschaftsgut (→ BFH vom 19. 10. 2006 – BStBl 2007 II S. 301).

Drittaufwand

→ H 4.7

Eigenaufwand für ein fremdes Wirtschaftsgut

→ H 4.7

Fotovoltaikanlagen

In letzter Zeit werden vermehrt Fotovoltaikanlagen errichtet, in denen die Solarmodule nicht auf die vorhandene Dacheindeckung aufgesetzt (Aufdachanlagen), sondern anstelle der Dachhaut eingesetzt werden (z. B. in Form von Dachziegeln mit eingebautem Fotovoltaikmodul). Diese sog. dachintegrierten Fotovoltaikanlagen erfüllen gleichzeitig zwei Funktionen, indem sie einerseits das Gebäude vor Witterungseinflüssen schützen und andererseits unmittelbar der Stromerzeugung dienen (Gewerbebetrieb).

Die Einkommensteuer-Referatsleiter des Bundes und der Länder haben die Frage erörtert, wie dachintegrierte Fotovoltaikanlagen ertragsteuerlich zu beurteilen sind. Sie kamen zu dem Ergebnis, dass auch dachintegrierte Fotovoltaikanlagen – ebenso wie herkömmliche Aufdachanlagen – nicht als unselbständige Bestandteile des Gebäudes, sondern als selbständige, vom Gebäude losgelöste bewegliche Wirtschaftsgüter zu behandeln sind.

Dachintegrierte Fotovoltaikanlagen sind daher im Ergebnis ertragsteuerlich mit den sog. Aufdachanlagen gleich zu behandeln, so dass sich folgende steuerliche Konsequenzen ergeben:

- Die Aufwendungen für die dachintegrierte Fotovoltaikanlage, bei Solardachziegeln nur die Aufwendungen für das Fotovoltaikmodul, sind Anschaffungs-/Herstellungskosten für ein eigenes, abnutzbares und bewegliches Wirtschaftsgut, das als notwendiges Betriebsvermögen dem Gewerbebetrieb „Stromerzeugung" zuzurechnen ist. Es ist dort auf die betriebsgewöhnliche Nutzungsdauer (20 Jahre) abzuschreiben. Die Behandlung als selbständiges Wirtschaftsgut gilt unabhängig davon, ob die Anlage im Zuge der Neuerrichtung eines Gebäudes oder im Zuge einer Dachsanierung angeschafft bzw. hergestellt wird.
- Nicht zur Fotovoltaikanlage, sondern zum Gebäude gehört dagegen die Dachkonstruktion. Die darauf entfallenden Aufwendungen sind daher dem Gebäude entweder als Anschaffungs- bzw. Herstellungskosten oder als Erhaltungsaufwendungen zuzurechnen.
- Für die geplante Anschaffung der Anlage kann ein Investitionsabzugsbetrag nach § 7g Abs. 1 EStG gebildet werden, wenn die übrigen Anspruchsvoraussetzungen vorliegen (z. B. verbindliche Bestellung bei Bildung eines Investitionsabzugsbetrags in einem Jahr vor der Inbetriebnahme, vgl. dazu das BMF-Schreiben vom 8. 5. 2009, BStBl I S. 633).

– Sonderabschreibungen nach § 7g Abs. 5 EStG sind für die Anschaffungs- oder Herstellungskosten der Anlage ebenso möglich wie degressive Absetzungen für Abnutzung nach § 7 Abs. 2
EStG.

Die vorstehend dargestellten Grundsätze sind nach dem Beschluss der Einkommensteuer-Referatsleiter auch auf sog. Blockheizkraftwerke anzuwenden, die Strom und Wärme erzeugen. Auch
Blockheizkraftwerke sind nicht als unselbständige Gebäudeteile, sondern als selbständige
bewegliche Wirtschaftsgüter zu behandeln.

Hinweis:

Die bisher vertretene Auffassung, Blockheizkraftwerke seien unselbständige Gebäudeteile,
wenn die erzeugte Energie überwiegend im Gebäude verwendet wird, ist damit überholt.

Die ertragsteuerliche Beurteilung der Fotovoltaikanlagen und Blockheizkraftwerke entspricht
nunmehr im Wesentlichen der umsatzsteuerlichen Behandlung, vgl. Vfg. des BayLfSt vom
14. 6. 2007 (UR 2007, S. 710).

→ LfSt Bayern vom 5. 8. 2010 (DB 2010, S. 1729)

Garagen

Garagen, die auf dem Gelände eines großen Mietwohnungskomplexes nachträglich errichtet werden, sind dann als selbständige Wirtschaftsgüter gesondert abzuschreiben, wenn ihre Errichtung
nicht Bestandteil der Baugenehmigung für das Mietwohngebäude war und kein enger Zusammenhang zwischen der Nutzung der Wohnungen und der Garagen besteht, weil die Zahl der Garagen
hinter der Zahl der Wohnungen deutlich zurückbleibt und die Garagen zum Teil an Dritte vermietet sind (→ BFH 22. 9. 2005 – BStBl 2006 II S. 169).

Gebäude

– Ein Container ist ein Gebäude, wenn er nach seiner individuellen Zweckbestimmung für eine
dauernde Nutzung an einem Ort aufgestellt ist und seine Beständigkeit durch die ihm zuge-
dachte Ortsfestigkeit auch im äußeren Erscheinungsbild deutlich wird (→ BFH vom 23. 9. 1988 –
BStBl 1989 II S. 113).
– Ein sog. Baustellencontainer ist kein Gebäude, da es an der Ortsfestigkeit fehlt (→ BFH vom
18. 6. 1986 – BStBl II S. 787).
– Bürocontainer, die auf festen Fundamenten ruhen, sind Gebäude (→ BFH vom 25. 4. 1996 –
BStBl II S. 613).
– Eine Tankstellenüberdachung mit einer Fläche von mehr als 400 m² ist ein Gebäude (→ BFH
vom 28. 9. 2000 – BStBl 2001 II S. 137).
– Musterhäuser der Fertighausindustrie sind Gebäude. Dies gilt auch dann, wenn das Musterhaus
primär Präsentations- und Werbezwecken dient (→ BFH vom 23. 9. 2008 – BStBl 2009 II S. 986).

Gebäudeteile

– Gebäudeteile sind selbständige Wirtschaftsgüter und deshalb gesondert abzuschreiben, wenn
sie mit dem Gebäude nicht in einem einheitlichen Nutzungs- und Funktionszusammenhang stehen (→ BFH vom 26. 11. 1973 – BStBl 1974 II S. 132).
– → R 4.2 Abs. 4

Wird ein teilweise selbst genutztes, teilweise vermietetes Wohngebäude durch einen Anbau
erweitert, so entsteht selbst dann kein neues Wirtschaftsgut, wenn sich durch Schaffung von zwei
zusätzlichen Wohnungen die vermietete Fläche verdoppelt hat (→ FG Baden-Württemberg,
Außensenate Freiburg, vom 9. 8. 1995 – EFG 1995 S. 1008).

Geschäfts- oder Firmenwert

Zur Abschreibung des Geschäfts- oder Firmenwerts → BMF vom 20. 11. 1986 (BStBl I S. 532).

Mietereinbauten

– Mieterein- und -umbauten als unbewegliche Wirtschaftsgüter, die keine Gebäude oder Gebäudeteile sind → BMF vom 15. 1. 1976 (BStBl I S. 66).
– Zur Höhe der AfA bei Mietereinbauten → H 7.4.

Nießbrauch und andere Nutzungsrechte

Anhang 19
– Zur Abschreibung bei Bestellung eines Nießbrauchs oder eines anderen Nutzungsrechts bei Einkünften aus Vermietung und Verpachtung BMF vom 24. 7. 1998 (BStBl I S. 914) unter Berücksichtigung der Änderungen durch BMF vom 9. 2. 2001 (BStBl I S. 171) und vom 29. 5. 2006 (BStBl I S. 392).
– Berücksichtigung von Aufwendungen bei der unentgeltlichen Nutzungsüberlassung von Gebäuden oder Gebäudeteilen (Eigen- und Drittaufwand) → H 4.7 (Drittaufwand, Eigenaufwand für ein fremdes Wirtschaftsgut).

Photovoltaikanlagen

→ Fotovoltaikanlagen

Praxiswert

Zur Abschreibung des Praxiswerts → BFH vom 24. 2. 1994 (BStBl II S. 590).

Scheinbestandteile

Eine Einfügung zu einem vorübergehenden Zweck ist anzunehmen, wenn die Nutzungsdauer der eingefügten beweglichen Wirtschaftsgüter länger als die Nutzungsdauer ist, für die sie eingebaut werden, die eingefügten beweglichen Wirtschaftsgüter auch nach ihrem Ausbau noch einen beachtlichen Wiederverwendungswert repräsentieren und nach den Umständen, insbesondere nach Art und Zweck der Verbindung, damit gerechnet werden kann, dass sie später wieder entfernt werden (→ BFH vom 24. 11. 1970 – BStBl 1971 II S. 157 und vom 4. 12. 1970 – BStBl 1971 II S. 165).

Unbewegliche Wirtschaftsgüter, die keine Gebäude oder Gebäudeteile sind

– Außenanlagen wie Einfriedungen bei Betriebsgrundstücken (→ BFH vom 2. 6. 1971 – BStBl II S. 673),
– Hof- und Platzbefestigungen, Straßenzufahrten und Umzäunungen bei Betriebsgrundstücken (→ BFH vom 1. 7. 1983 – BStBl II S. 686 und vom 10. 10. 1990 – BStBl 1991 II S. 59), wenn sie nicht ausnahmsweise Betriebsvorrichtungen sind (→ BFH vom 30. 4. 1976 – BStBl II S. 527), nicht aber Umzäunungen bei Wohngebäuden, wenn sie in einem einheitlichen Nutzungs- und Funktionszusammenhang mit dem Gebäude stehen (→ BFH vom 30. 6. 1966 – BStBl III S. 541 und vom 15. 12. 1977 – BStBl 1978 II S. 210 sowie → R 21.1 Abs. 3 Satz 1),

Warenzeichen (Marke)

Ein entgeltlich erworbenes Warenzeichen (Marke) ist dem Grunde nach ein abnutzbares Wirtschaftsgut (→ BMF vom 12. 7. 1999 – BStBl I S. 686).

Wirtschaftliche oder technische Abnutzung

– Ständig in Gebrauch befindliche Möbelstücke unterliegen einer technischen Abnutzung, auch wenn die Gegenstände schon 100 Jahre alt sind und im Wert steigen (→ BFH vom 31. 1. 1986 – BStBl II S. 355).
– Gemälde eines anerkannten Meisters sind keine abnutzbaren Wirtschaftsgüter (→ BFH vom 2. 12. 1977 – BStBl 1978 II S. 164).
– Sammlungs- und Anschauungsobjekte sind keine abnutzbaren Wirtschaftsgüter (→ BFH vom 9. 8. 1989 – BStBl 1990 II S. 50).

Wirtschaftsüberlassungsvertrag

Bei Überlassung der Nutzung eines landwirtschaftlichen Betriebs im Rahmen eines sog. Wirtschaftsüberlassungsvertrags steht dem Eigentümer und Nutzungsverpflichteten die AfA für die in seinem Eigentum verbliebenen Wirtschaftsgüter auch weiterhin zu (→ BFH vom 23. 1. 1992 – BStBl 1993 II S. 327 und BMF vom 29. 4. 1993 – BStBl I S. 337).

7.2. Wirtschaftsgebäude, Mietwohnneubauten und andere Gebäude

→ Wohnzwecke

(1) [1]Ein Gebäude dient Wohnzwecken, wenn es dazu bestimmt und geeignet ist, Menschen auf Dauer Aufenthalt und Unterkunft zu ermöglichen. [2]Wohnzwecken dienen auch Wohnungen, die aus besonderen betrieblichen Gründen an Betriebsangehörige überlassen werden, z. B. Wohnungen für den Hausmeister, für das Fachpersonal, für Angehörige der Betriebsfeuerwehr und für andere Personen, auch wenn diese aus betrieblichen Gründen unmittelbar im Werksgelände ständig einsatzbereit sein müssen. [3]Gebäude dienen nicht Wohnzwecken, soweit sie zur vorübergehenden Beherbergung von Personen bestimmt sind, wie z. B. Ferienwohnungen sowie Gemeinschaftsunterkünfte, in denen einzelne Plätze, z. B. für ausländische Flüchtlinge, zur Verfügung gestellt werden.

(2) Zu den Räumen, die Wohnzwecken dienen, gehören z. B.

1. die Wohn- und Schlafräume, Küchen und Nebenräume einer Wohnung,

2. die zur räumlichen Ausstattung einer Wohnung gehörenden Räume, wie Bodenräume, Waschküchen, Kellerräume, Trockenräume, Speicherräume, Vorplätze, Bade- und Duschräume, Fahrrad- und Kinderwagenräume usw., gleichgültig, ob sie zur Benutzung durch den einzelnen oder zur gemeinsamen Benutzung durch alle Hausbewohner bestimmt sind, und

3. die zu einem Wohngebäude gehörenden Garagen.

(3) [1]Räume, die sowohl Wohnzwecken als auch gewerblichen oder beruflichen Zwecken dienen, sind, je nachdem, welchem Zweck sie überwiegend dienen, entweder ganz den Wohnzwecken oder ganz den gewerblichen oder beruflichen Zwecken dienenden Räumen zuzurechnen. [2]Das häusliche Arbeitszimmer des Mieters ist zur Vereinfachung den Wohnzwecken dienenden Räumen zuzurechnen.

→ Bauantrag

(4) [1]Unter Bauantrag ist das Schreiben zu verstehen, mit dem die landesrechtlich vorgesehene Genehmigung für den beabsichtigten Bau angestrebt wird. [2]Zeitpunkt der Beantragung einer Baugenehmigung ist der Zeitpunkt, zu dem der Bauantrag bei der nach Landesrecht zuständigen Behörde gestellt wird; maßgebend ist regelmäßig der Eingangsstempel dieser Behörde. [3]Das gilt auch dann, wenn die Bauplanung nach Beantragung der Baugenehmigung geändert wird, ohne dass ein neuer Bauantrag erforderlich ist. [4]Ist ein Bauantrag abgelehnt worden und die Baugenehmigung erst auf Grund eines neuen Antrags erteilt worden, ist Zeitpunkt der Antragstellung der Eingang des neuen Bauantrags bei der zuständigen Behörde. [5]Bei baugenehmigungsfreien Bauvorhaben, für die Bauunterlagen einzureichen sind, ist der Zeitpunkt maßgebend, zu dem die Bauunterlagen eingereicht werden. [6]Bei baugenehmigungsfreien Bauvorhaben, für die keine Bauunterlagen einzureichen sind, tritt an die Stelle des Bauantrags der Beginn der Herstellung.

→ Obligatorischer Vertrag

(5) Ein obligatorischer Vertrag über den Erwerb eines Grundstücks (Kaufvertrag oder Kaufanwartschaftsvertrag) ist zu dem Zeitpunkt rechtswirksam abgeschlossen, zu dem er notariell beurkundet ist.

Hinweise

Bauantrag

– Anträge, die die Finanzierung des geplanten Baus betreffen, sowie sog. Bauvoranfragen bei der Baugenehmigungsbehörde sind nicht als Bauanträge anzusehen, weil sie nicht die Erlangung der Baugenehmigung, sondern nur die Klärung von Vorfragen zum Ziel haben (→ BFH vom 28. 3. 1966 – BStBl III S. 454 und vom 7. 3. 1980 – BStBl II S. 411).

– Wird die Bauplanung nach Beantragung der Baugenehmigung so grundlegend geändert, dass ein neuer Bauantrag gestellt werden muss, ist Zeitpunkt der Antragstellung der Eingang des neuen Bauantrags bei der zuständigen Behörde (→ BFH vom 28. 9. 1982 – BStBl 1983 II S. 146).

– Die Bauanzeige steht einem Bauantrag gleich (→ BFH vom 18. 4. 1990 – BStBl II S. 754).

Obligatorischer Vertrag

Ein obligatorischer Vertrag gilt auch dann in dem Zeitpunkt der notariellen Beurkundung als rechtswirksam abgeschlossen, wenn der Vertrag erst nach Eintritt einer aufschiebenden Bedingung oder nach Ablauf einer Frist wirksam werden soll oder noch einer Genehmigung bedarf; bei einem Vertragsabschluss durch einen Vertreter ohne Vertretungsmacht gilt der obligatorische Vertrag im Zeitpunkt der Abgabe der Genehmigungserklärung durch den Vertretenen als rechtswirksam abgeschlossen (→ BFH vom 2. 2. 1982 – BStBl II S. 390).

Wohnzwecke

– Die Nutzung zu Wohnzwecken setzt die Eignung der betreffenden Räume zur eigenständigen Haushaltsführung und die tatsächliche und rechtliche Sachherrschaft der Bewohner über sie voraus. Die Räume müssen überdies als Mindestausstattung eine Heizung, eine Küche, ein Bad und eine Toilette enthalten. Die überlassenen Wohneinheiten müssen aber nicht notwendig mit einem eigenen Bad/WC oder einer eigenen Küche ausgestattet sein. Das Merkmal „Wohnzwecken dienen" kann auch dann erfüllt sein, wenn die Möglichkeit des Einbaus einer Kochgelegenheit oder die Möglichkeit der Mitbenutzung von Küche und Bad/WC gegeben ist. Die tatsächliche und rechtliche Sachherrschaft über die Räume haben die Bewohner dann, wenn sie die ihnen überlassenen Zimmer abschließen und anderen Personen den Zutritt verwehren können. Auch die Unterbringung in einem Mehrbettzimmer steht der Beurteilung einer Nutzung zu Wohnzwecken nicht entgegen. Unerheblich ist, ob und in welchem Umfang der Bewohner in den Räumen neben dem Wohnen weitere Dienstleistungen in Anspruch nimmt (→ BFH vom 30. 9. 2003 – BStBl II 2004 S. 223 – zum Pflegezimmer; BStBl II 2004 S. 225 – zum betreuten Wohnen; BStBl II 2004 S. 221 und BFH vom 15. 12. 2005 – BStBl 2006 II S. 559 – zum Pflegeheim).

– Wohnungen, deren einzelne Zimmer in der Regel für zwölf Monate an obdachlose Suchtkranke vermietet werden, um sie auf ein selbständiges Wohnen vorzubereiten, dienen Wohnzwecken (→ BFH vom 15. 12. 2005 – BStBl 2006 II S. 561).

– Das häusliche Arbeitszimmer eines Arbeitnehmers im eigenen Haus dient nicht Wohnzwecken (→ BFH vom 30. 6. 1995 – BStBl II S. 598).

– Ein Gebäude, das Ferienwohnungen enthält, die für kürzere Zeiträume an wechselnde Feriengäste vermietet werden, dient nicht Wohnzwecken (→ BFH vom 14. 3. 2000 – BStBl 2001 II S. 66).

Zeitliche Anwendung bei linearer Gebäude-AfA

Für die weitere Anwendung des linearen AfA-Satzes von 4 % bei Wirtschaftsgebäuden (§ 7 Abs. 4 Satz 1 Nr. 1 i. V. m. § 52 Abs. 21b EStG) ist auf den Herstellungsbeginn oder die Anschaffung durch den abschreibungsberechtigten Stpfl. abzustellen.

Bei Personengesellschaften ist der Gesellschafter abschreibungsberechtigter Stpfl. im Sinne der Anwendungsvorschrift. Maßgebend ist danach, ob der betreffende Stpfl. bei Beginn der Herstellung oder bei der Anschaffung durch die Personengesellschaft bereits Gesellschafter ist. Tritt ein Gesellschafter nach dem Herstellungsbeginn oder der Anschaffung der Gesellschaft bei, ist für ihn für die Anwendung des AfA-Satzes auf den Zeitpunkt des Beitritts abzustellen. Erfolgt der Beitritt eines Gesellschafters nach dem 31. 12. 2000, ist insoweit der auf 3 % abgesenkte AfA-Satz maßgebend. Entsprechendes gilt bei Gemeinschaften.

Der Bauantrag fingiert in den Fällen, in denen eine Baugenehmigung erforderlich ist, den Herstellungsbeginn. In den Fällen, in denen der Bauantrag vor dem 1. 1. 2001 gestellt worden ist und ein Erwerber das noch unbebaute Grundstück oder teilfertige Gebäude nach dem 31. 12. 2000 vom Antragsteller erworben hat und das Gebäude auf Grund des vor dem 1. 1. 2001 gestellten Bauantrags fertig stellt, ist deshalb nicht die Stellung des Bauantrags durch den Veräußerer, sondern

– bei Erwerb eines teilfertigen Gebäudes der Abschluss des Kaufvertrags und

– bei Erwerb eines unbebauten Grundstücks der tatsächliche Beginn der Bauarbeiten

jeweils durch den abschreibungsberechtigten Erwerber maßgebend (→ BMF vom 5. 8. 2002 – BStBl I S. 710).

→ Bauantrag

R 7.3   **7.3. Bemessungsgrundlage für die AfA**

Entgeltlicher Erwerb und Herstellung

(1) [1]Bemessungsgrundlage für die AfA sind grundsätzlich die Anschaffungs- oder Herstellungskosten des Wirtschaftsgutes oder der an deren Stelle tretende Wert, z. B. § 6 Abs. 5 Satz 4 bis 6, § 7a Abs. 9 und § 7b Abs. 1 Satz 2 und § 7g Abs. 2 Satz 2 EStG; §§ 10 und 10a EStDV. [2]Wird ein teilfertiges Gebäude erworben und fertig gestellt, gehören zu den Herstellungskosten die Anschaffungskosten des teilfertigen Gebäudes und die Herstellungskosten zur Fertigstellung des Gebäudes.

→ **Fertigstellung von Teilen eines Gebäudes zu verschiedenen Zeitpunkten**

(2) Wird bei der Errichtung eines zur unterschiedlichen Nutzung bestimmten Gebäudes zunächst ein zum Betriebsvermögen gehörender Gebäudeteil und danach ein zum Privatvermögen gehörender Gebäudeteil fertig gestellt, hat der Stpfl. ein Wahlrecht, ob er vorerst in die AfA-Bemessungsgrundlage des fertig gestellten Gebäudeteiles die Herstellungskosten des noch nicht fertig gestellten Gebäudeteiles einbezieht oder ob er hierauf verzichtet.

Unentgeltlicher Erwerb

(3) Bei unentgeltlich erworbenen Wirtschaftsgütern sind § 6 Abs. 3 und 4 EStG und § 11d EStDV sowohl im Falle der Gesamtrechtsnachfolge als auch im Falle der Einzelrechtsnachfolge anzuwenden.

Zuschüsse, Übertragung stiller Reserven

(4) ¹Ist dem Stpfl. im Jahr der Anschaffung oder Herstellung eines Wirtschaftsgutes für dieses Wirtschaftsgut ein Zuschuss bewilligt worden, den er nach R 6.5 erfolgsneutral behandelt, oder hat er einen Abzug nach § 6b Abs. 1, 3 oder 10 EStG oder nach R 6.6 vorgenommen, so ist die AfA von den um den Zuschuss oder Abzugsbetrag geminderten Anschaffungs- oder Herstellungskosten zu bemessen. ²Ist dem Stpfl. der Zuschuss in einem auf das Jahr der Anschaffung oder Herstellung folgenden Wirtschaftsjahr bewilligt worden oder hat er den Abzug zulässigerweise in einem auf das Jahr der Anschaffung oder Herstellung des Wirtschaftsgutes folgenden Wirtschaftsjahr vorgenommen, bemisst sich die weitere AfA in den Fällen des § 7 Abs. 4 Satz 1 und Abs. 5 EStG ebenfalls nach den um den Zuschuss- oder Abzugsbetrag geminderten Anschaffungs- oder Herstellungskosten, in allen anderen Fällen nach dem um den Zuschuss- oder Abzugsbetrag geminderten Buchwert oder Restwert des Wirtschaftsgutes.

→ **Nachträgliche Herstellungskosten**

(5) ¹Sind nachträgliche Herstellungsarbeiten an einem Wirtschaftsgut so umfassend, dass hierdurch ein anderes Wirtschaftsgut entsteht, ist die weitere AfA nach der Summe aus dem Buchwert oder Restwert des bisherigen Wirtschaftsgutes und nach den nachträglichen Herstellungskosten zu bemessen. ²Aus Vereinfachungsgründen kann der Stpfl. bei unbeweglichen Wirtschaftsgütern von der Herstellung eines anderen Wirtschaftsgutes ausgehen, wenn der im zeitlichen und sachlichen Zusammenhang mit der Herstellung des Wirtschaftsgutes angefallene Bauaufwand zuzüglich des Werts der Eigenleistung nach überschlägiger Berechnung den Verkehrswert des bisherigen Wirtschaftsgutes übersteigt.

Einlage, Entnahme, Nutzungsänderung und Übergang zur Buchführung

(6) ¹Bei Wirtschaftsgütern, die der Stpfl. aus einem Betriebsvermögen in das Privatvermögen überführt hat, ist die weitere AfA nach dem Teilwert (§ 6 Abs. 1 Nr. 4 Satz 1 EStG) oder gemeinen Wert (§ 16 Abs. 3 Satz 6 bis 8 EStG) zu bemessen, mit dem das Wirtschaftsgut bei der Überführung steuerlich erfasst worden ist. ²Dagegen bleiben die Anschaffungs- oder Herstellungskosten oder der an deren Stelle tretende Wert des Wirtschaftsgutes für die weitere AfA als Bemessungsgrundlage maßgebend, wenn

1. a) ein Gebäude nach vorhergehender Nutzung zu eigenen Wohnzwecken oder zu fremden Wohnzwecken auf Grund unentgeltlicher Überlassung zur Erzielung von Einkünften i. S. d. § 21 EStG oder

    b) ein bewegliches Wirtschaftsgut nach einer Nutzung außerhalb der Einkunftsarten zur Erzielung von Einkünften i. S. d. § 2 Abs. 1 Satz 1 Nr. 4 bis 7 EStG

    verwendet wird oder

2. ein Wirtschaftsgut nach vorhergehender Gewinnermittlung durch Schätzung oder nach Durchschnittssätzen (§ 13a EStG) bilanziert wird.

Hinweise

H 7.3

Anschaffungskosten

– bei Erbauseinandersetzung → BMF vom 14. 3. 2006 (BStBl I S. 253).

– bei Modernisierung von Gebäuden → BMF vom 18. 7. 2003 (BStBl I S. 386).

– bei vorweggenommener Erbfolge → BMF vom 13. 1. 1993 (BStBl I S. 80) unter Berücksichtigung der Änderungen durch BMF vom 26. 2. 2007 (BStBl I S. 269).

– Bei Tieren in land- und forstwirtschaftlich tätigen Betrieben sind die Anschaffungs- oder Herstellungskosten zur Berechnung der AfA um den Schlachtwert zu mindern → BMF vom 14. 11. 2001 (BStBl I S. 864), Rn. 24.

– Bei Schiffen sind die Anschaffungs- oder Herstellungskosten zur Berechnung der AfA um den Schrottwert zu mindern (→ BFH vom 22. 7. 1971 – BStBl II S. 800).

– Aufwendungen für Baumaßnahmen, mit denen der Verkäufer einer Eigentumswohnung oder eine seiner Firmen zeitgleich mit dem Abschluss des Kaufvertrags beauftragt wird, gehören zu den Anschaffungskosten der Eigentumswohnung (→ BFH vom 17. 12. 1996 – BStBl 1997 II S. 348).

– Bei Erwerb einer Eigentumswohnung gehört der im Kaufpreis enthaltene Anteil für das in der Instandhaltungsrückstellung angesammelte Guthaben nicht zu den Anschaffungskosten der Eigentumswohnung (→ BFH vom 9. 10. 1991 – BStBl 1992 II S. 152).

– Zu den Anschaffungskosten gehören auch die Übernahme von Verbindlichkeiten des Veräußerers sowie Aufwendungen des Erwerbers zur Beseitigung bestehende Beschränkung seiner Eigentümerbefugnis i. S. d. § 903 BGB (z. B. Ablösung dinglicher Nutzungsrechte wie Erbbaurecht, Vermächtnisnießbrauch oder Wohnungsrecht) oder Zahlungen aufgrund der Anfechtung des Kaufvertrags durch einen Gläubiger nach § 3 Abs. 2 AnfG (→ BFH vom 17. 4. 2007 – BStBl II S. 956).

– Anschaffungskosten bei Einbringung von Miteigentumsanteilen an Grundstücken in eine vermögensverwaltende Personengesellschaft bemessen sich nach dem gemeinen Wert des hingegebenen Gebäudeteils. Soweit ein Gesellschafter an diesen Gebäuden Anteile (hinzu)erworben hat, ist der gemeine Wert des hingegebenen Gebäudeteils nach dem Verhältnis der gemeinen Werte der erworbenen Anteile aufzuteilen (→ BFH vom 2. 4. 2008 – BStBl II S. 679).

– Bringen die Miteigentümer mehrerer Grundstücke ihre Miteigentumsanteile in eine Personengesellschaft mit Vermietungseinkünften ein, sind keine Anschaffungsvorgänge gegeben, soweit die den Gesellschaftern nach der Übertragung ihrer Miteigentumsanteile nach § 39 Abs. 2 Nr. 2 AO zuzurechnenden Anteile an den Grundstücken ihre bisherigen Miteigentumsanteile nicht übersteigen (→ BFH vom 2. 4. 2008 – BStBl II S. 679).

Dachgeschoss

Baumaßnahmen an einem Dachgeschoss → BMF vom 10. 7. 1996 (BStBl I S. 689)

Einlage eines Wirtschaftsgutes

Anhang 10 – Zur Bemessungsgrundlage für die Absetzungen für Abnutzung nach Einlage von zuvor zur Erzielung von Überschusseinkünften genutzten Wirtschaftsgütern → BMF vom 27. 10. 2010 (BStBl I S. 1204).

– Die Einbringung von Wirtschaftsgütern des Privatvermögens in eine gewerbliche Personengesellschaft gegen die Gewährung von Gesellschaftsrechten begründet keine Einlage i. S. v. § 7 Abs. 1 Satz 5 EStG (→ BFH vom 24. 1. 2008 – BStBl 2011 II S. 617).

Fertigstellung von Teilen eines Gebäudes zu verschiedenen Zeitpunkten

Bei der Errichtung eines zur unterschiedlichen Nutzung bestimmten Gebäudes sind die Herstellungskosten des noch nicht fertig gestellten selbständigen Gebäudeteils in die AfA-Bemessungsgrundlage des bereits fertig gestellten Gebäudeteils einzubeziehen (→ BFH vom 9. 8. 1989 – BStBl 1991 II S. 132). Vgl. aber das Wahlrecht nach → R 7.3 Abs. 2.

Kaufpreisaufteilung

– Anschaffungskosten eines bebauten Grundstücks sind nicht nach der sog. Restwertmethode, sondern nach dem Verhältnis der Verkehrswerte oder Teilwerte auf den Grund und Boden und auf das Gebäude aufzuteilen (→ BFH vom 10. 10. 2000 – BStBl 2001 II S. 183). Das gilt auch bei der Anschaffung von Eigentumswohnungen; dabei rechtfertigt die eingeschränkte Nutzungs- und Verfügungsmöglichkeit des Wohnungseigentümers hinsichtlich seines Bodenanteils keinen niedrigeren Wertansatz des Bodenanteils (→ BFH vom 15. 1. 1985 – BStBl II S. 252).

– Aufteilung der Anschaffungskosten bei Erwerb eines Gebäudes mit mehreren Wohnungen, von denen eine Wohnung mit einem Wohnrecht belastet ist → BMF vom 24. 7. 1998 (BStBl I S. 914) unter Berücksichtigung der Änderungen durch BMF vom 9. 2. 2001 (BStBl I S. 171), Rz. 50, bestätigt durch → BFH vom 31. 5. 2000 (BStBl 2001 II S. 594).

Nachträgliche Anschaffungs- oder Herstellungskosten

Sind für ein Wirtschaftsgut nachträgliche Anschaffungs- oder Herstellungskosten aufgewendet worden, ohne dass hierdurch ein anderes Wirtschaftsgut entstanden ist, bemisst sich die weitere AfA   Anhang 19

– in den Fällen des § 7 Abs. 4 Satz 1 und Abs. 5 EStG nach der bisherigen Bemessungsgrundlage zuzüglich der nachträglichen Anschaffungs- oder Herstellungskosten (→ BFH vom 20. 2. 1975 – BStBl II S. 412 und vom 20. 1. 1987 – BStBl II S. 491).

– in den Fällen des § 7 Abs. 1, Abs. 4 Satz 2 und § 7 Abs. 2 EStG nach dem Buchwert oder Restwert zuzüglich der nachträglichen Anschaffungs- oder Herstellungskosten (→ BFH vom 25. 11. 1970 – BStBl 1971 II S. 142).

– Zu den nachträglichen Anschaffungskosten gehören Abwehrkosten zur Befriedung eines den Kaufvertrag nach § 3 Abs. 2 AnfG anfechtenden Gläubigers (→ BFH vom 17. 4. 2007 – BStBl 2007 II S. 956).

Keine nachträglichen Herstellungskosten, sondern Herstellungskosten für ein anderes Wirtschaftsgut entstehen, wenn das bisherige Wirtschaftsgut im Wesen geändert und so tiefgreifend umgestaltet oder in einem solchen Ausmaß erweitert wird, dass die eingefügten neuen Teile der Gesamtsache das Gepräge geben und die verwendeten Altteile bedeutungs- und wertmäßig untergeordnet erscheinen. Das kann z. B. der Fall sein bei

– einem mit dem Gebäude verschachtelten Anbau (→ BFH vom 25. 1. 2007 – BStBl II S. 586),

– Umbau einer einfachen Scheune in eine Pferdeklinik (→ BFH vom 26. 1. 1978 – BStBl II S. 280),

– Umbau eines alten Gasthofs in eine moderne Gastwirtschaft (→ BFH vom 26. 1. 1978 – BStBl II S. 363),

– Umbau einer Hochdruck-Rotationsmaschine zu einer Flachdruck-(Offset)maschine (→ BFH vom 6. 12. 1991 – BStBl 1992 II S. 452),

– Umgestaltung von Pflanztischen in ein automatisches Tischbewässerungssystem (→ BFH vom 28. 9. 1990 – BStBl 1991 II S. 361),

– Umbau einer Mühle zu einem Wohnhaus (→ BFH vom 31. 3. 1992 – BStBl II S. 808).

Überführung in das Privatvermögen

– Bei der Überführung eines Wirtschaftsguts in das Privatvermögen ist die AfA auch dann nach dem Wert zu bemessen, mit dem das Wirtschaftsgut steuerlich erfasst worden ist, wenn er falsch ermittelt worden ist (→ BMF vom 30. 10. 1992 – BStBl I S. 651),

– Die AfA ist nach den ursprünglichen Anschaffungs- oder Herstellungskosten zu bemessen, wenn bei einer vorangegangenen Überführung eines Wirtschaftsguts in das Privatvermögen der Entnahmegewinn kraft gesetzlicher Regelung außer Ansatz geblieben ist (→ BFH vom 3. 5. 1994 – BStBl II S. 749). Das Gleiche gilt, wenn die Überführung nicht erkannt und in Folge dessen die stillen Reserven nicht erfasst worden sind und steuerliche Konsequenzen nicht mehr gezogen werden können (→ BFH vom 14. 12. 1999 – BStBl 2000 II S. 656),

– Die AfA ist im Fall einer Betriebsaufgabe auch dann nach dem gemeinen Wert zu bemessen, wenn der Gewinn wegen des Freibetrags nach § 16 Abs. 4 EStG steuerfrei ist (→ BFH vom 14. 12. 1999 – BStBl 2000 II S. 656).

7.4. Höhe der AfA   R 7.4

S 2190

Beginn der AfA

(1) [1]AfA ist vorzunehmen, sobald ein Wirtschaftsgut angeschafft oder hergestellt ist. [2]Ein Wirtschaftsgut ist im Zeitpunkt seiner → Lieferung angeschafft. [3]Ist Gegenstand eines Kaufvertrages über ein Wirtschaftsgut auch dessen Montage durch den Verkäufer, ist das Wirtschaftsgut erst mit der Beendigung der Montage geliefert. [4]Wird die Montage durch den Stpfl. oder in dessen Auftrag durch einen Dritten durchgeführt, ist das Wirtschaftsgut bereits bei Übergang der wirtschaftlichen Verfügungsmacht an den Stpfl. geliefert; das zur Investitionszulage ergangene BFH-Urteil vom 2. 9. 1988 (BStBl II S. 1009) ist ertragsteuerrechtlich nicht anzuwenden. [5]Ein Wirtschaftsgut ist zum Zeitpunkt seiner Fertigstellung hergestellt.

AfA im Jahr der Anschaffung, Herstellung oder Einlage

(2) [1]Der auf das Jahr der Anschaffung oder Herstellung entfallende AfA-Betrag vermindert sich zeitanteilig für den Zeitraum, in dem das Wirtschaftsgut nach der Anschaffung oder Herstellung nicht zur Erzielung von Einkünften verwendet wird; dies gilt auch für die AfA nach § 7 Abs. 5

EStG. [2]Bei Wirtschaftsgütern, die im Laufe des Wirtschaftsjahres in das Betriebsvermögen eingelegt werden, gilt § 7 Abs. 1 Satz 4 EStG entsprechend.

Bemessung der AfA nach der → Nutzungsdauer

S 2190   (3) [1]Die AfA ist grundsätzlich so zu bemessen, dass die Anschaffungs- oder Herstellungskosten nach Ablauf der betriebsgewöhnlichen Nutzungsdauer des Wirtschaftsgutes voll abgesetzt sind. [2]Bei einem Gebäude gilt Satz 1 nur, wenn die technischen oder wirtschaftlichen Umstände dafür sprechen, dass die tatsächliche Nutzungsdauer eines Wirtschaftsgebäudes (§ 7 Abs. 4 Satz 1 Nr. 1 EStG) weniger als 33 Jahre (bei Bauantrag/obligatorischem Vertrag nach dem 31. 12. 2000) oder 25 Jahre (bei Bauantrag/obligatorischem Vertrag vor dem 1. 1. 2001) bzw. eines anderen Gebäudes weniger als 50 Jahre (bei vor dem 1. 1. 1925 fertig gestellten Gebäuden weniger als 40 Jahre) beträgt. [3]Satz 2 gilt entsprechend bei Mietereinbauten und -umbauten, die keine Scheinbestandteile oder Betriebsvorrichtungen sind.

Bemessung der linearen AfA bei Gebäuden nach typisierten Prozentsätzen

S 2190   (4) [1]In anderen als den in Absatz 3 Satz 2 und 3 bezeichneten Fällen sind die in § 7 Abs. 4 Satz 1 EStG genannten AfA-Sätze maßgebend. [2]Die Anwendung niedrigerer AfA-Sätze ist ausgeschlossen. [3]Die AfA ist bis zur vollen Absetzung der Anschaffungs- oder Herstellungskosten vorzunehmen.

Wahl der AfA-Methode

S 2191
S 2192
S 2193   (5) [1]Anstelle der AfA in gleichen Jahresbeträgen (§ 7 Abs. 1 Satz 1 und 2 EStG) kann bei beweglichen Wirtschaftsgütern des Anlagevermögens AfA nach Maßgabe der Leistung (§ 7 Abs. 1 Satz 6 EStG) vorgenommen werden, wenn deren Leistung in der Regel erheblich schwankt und deren Verschleiß dementsprechend wesentliche Unterschiede aufweist. [2]Voraussetzung für AfA nach Maßgabe der Leistung ist, dass der auf das einzelne Wirtschaftsjahr entfallende Umfang der Leistung nachgewiesen wird. [3]Der Nachweis kann z. B. bei einer Maschine durch ein die Anzahl der Arbeitsvorgänge registrierendes Zählwerk, einen Betriebsstundenzähler oder bei einem Kraftfahrzeug durch den Kilometerzähler geführt werden.

(6) [1]Die degressive AfA nach § 7 Abs. 5 EStG ist nur mit den in dieser Vorschrift vorgeschriebenen Staffelsätzen zulässig. [2]Besteht ein Gebäude aus sonstigen selbständigen Gebäudeteilen (→ R 4.2 Abs. 3 Satz 3 Nr. 5), sind für die einzelnen Gebäudeteile unterschiedliche AfA-Methoden und AfA-Sätze zulässig.

S 2196   → Wechsel der AfA-Methode bei Gebäuden

(7) [1]Ein Wechsel der AfA-Methode ist bei Gebäuden vorzunehmen, wenn

1. ein Gebäude in einem auf das Jahr der Anschaffung oder Herstellung folgenden Jahr die Voraussetzungen des § 7 Abs. 4 Satz 1 Nr. 1 EStG erstmals erfüllt oder
2. ein Gebäude in einem auf das Jahr der Anschaffung oder Herstellung folgenden Jahr die Voraussetzungen des § 7 Abs. 4 Satz 1 Nr. 1 EStG nicht mehr erfüllt oder
3. ein nach § 7 Abs. 5 Satz 1 Nr. 3 EStG abgeschriebener Mietwohnneubau nicht mehr Wohnzwecken dient.

[2]In den Fällen des Satzes 1 Nr. 1 ist die weitere AfA nach § 7 Abs. 4 Satz 1 Nr. 1 EStG, in den Fällen des Satzes 1 Nr. 2 und 3 ist die weitere AfA nach § 7 Abs. 4 Satz 1 Nr. 2 Buchstabe a EStG zu bemessen.

S 2190   Ende der AfA

(8) [1]Bei Wirtschaftsgütern, die im Laufe eines Wirtschaftsjahres oder Rumpfwirtschaftsjahres veräußert oder aus dem Betriebsvermögen entnommen werden oder nicht mehr zur Erzielung von Einkünften i. S. d. § 2 Abs. 1 Satz 1 Nr. 4 bis 7 EStG dienen, kann für dieses Jahr nur der Teil des auf ein Jahr entfallenden AfA-Betrags abgesetzt werden, der dem Zeitraum zwischen dem Beginn des Jahres und der Veräußerung, Entnahme oder Nutzungsänderung entspricht. [2]Das gilt entsprechend, wenn im Laufe eines Jahres ein Wirtschaftsgebäude künftig zu Wohnzwecken oder ein nach § 7 Abs. 5 Satz 1 Nr. 3 EStG abgeschriebener Mietwohnneubau künftig nicht mehr Wohnzwecken dient.

→ AfA nach nachträglichen Anschaffungs- oder Herstellungskosten

(9) [1]Bei nachträglichen Herstellungskosten für Wirtschaftsgüter, die nach § 7 Abs. 1, *2 oder* 4 Satz 2 EStG abgeschrieben werden, ist die Restnutzungsdauer unter Berücksichtigung des Zustands des Wirtschaftsgutes im Zeitpunkt der Beendigung der nachträglichen Herstellungsarbeiten neu zu schätzen. [2]In den Fällen des § 7 Abs. 4 Satz 2 EStG ist es aus Vereinfachungsgründen nicht zu bean-

standen, wenn die weitere AfA nach dem bisher angewandten Prozentsatz bemessen wird. [3]Bei der Bemessung der AfA für das Jahr der Entstehung von nachträglichen Anschaffungs- und Herstellungskosten sind diese so zu berücksichtigen, als wären sie zu Beginn des Jahres aufgewendet worden. [4]Ist durch die nachträglichen Herstellungsarbeiten ein anderes Wirtschaftsgut entstanden (→ R 7.3 Abs. 5), ist die weitere AfA nach § 7 Abs. 1 oder 4 Satz 2 EStG und der voraussichtlichen Nutzungsdauer des anderen Wirtschaftsgutes oder nach § 7 Abs. 4 Satz 1 EStG zu bemessen. [5]Die degressive AfA nach § 7 Abs. 5 EStG ist nur zulässig, wenn das andere Wirtschaftsgut ein Neubau ist.

AfA nach Einlage, Entnahme oder Nutzungsänderung oder nach Übergang zur Buchführung

(10) [1]Nach einer Einlage, Entnahme oder Nutzungsänderung eines Wirtschaftsgutes oder nach Übergang zur Buchführung (→ R 7.3 Abs. 6) ist die weitere AfA wie folgt vorzunehmen:

1. Hat sich die AfA-Bemessungsgrundlage für das Wirtschaftsgut geändert (→ R 7.3 Abs. 6), ist die weitere AfA nach § 7 Abs. 1, *2 oder* 4 Satz 2 EStG und der tatsächlichen künftigen Nutzungsdauer oder nach § 7 Abs. 4 Satz 1 EStG zu bemessen.

2. Bleiben die Anschaffungs- *oder* Herstellungskosten des Wirtschaftsgutes als Bemessungsgrundlage der AfA maßgebend (→ R 7.3 Abs. 6 *Satz 2*), ist die weitere AfA grundsätzlich nach dem ursprünglich angewandten Absetzungsverfahren zu bemessen. [2]Die AfA kann nur noch bis zu dem Betrag abgezogen werden, der von der Bemessungsgrundlage nach Abzug von AfA, erhöhten Absetzungen und Sonderabschreibungen verbleibt (→ AfA-Volumen). [3]Ist für das Wirtschaftsgut noch nie AfA vorgenommen worden, ist die AfA nach § 7 Abs. 1, *2 oder 4* Satz 2 EStG und der tatsächlichen gesamten Nutzungsdauer oder nach § 7 Abs. 4 Satz 1 oder Abs. 5 EStG zu bemessen. [4]Nach dem Übergang zur Buchführung oder zur Einkünfteerzielung kann die AfA nur noch bis zu dem Betrag abgezogen werden, der von der Bemessungsgrundlage nach Abzug der Beträge verbleibt, die entsprechend der gewählten AfA-Methode auf den Zeitraum vor dem Übergang entfallen.

[2]Besteht ein Gebäude aus mehreren selbständigen Gebäudeteilen und wird der Nutzungsumfang eines Gebäudeteiles infolge einer Nutzungsänderung des Gebäudes ausgedehnt, bemisst sich die weitere AfA von der neuen Bemessungsgrundlage insoweit nach § 7 Abs. 4 EStG. [3]Das Wahlrecht nach Satz 1 Nr. 2 Satz 3 und 4 bleibt unberührt.

→ Absetzungen für außergewöhnliche technische oder wirtschaftliche Abnutzung bei Gebäuden

(11) [1]Absetzungen für außergewöhnliche technische oder wirtschaftliche Abnutzung (AfaA) sind nach dem Wortlaut des Gesetzes nur bei Gebäuden zulässig, bei denen die AfA nach § 7 Abs. 4 EStG bemessen wird. [2]AfaA sind jedoch auch bei Gebäuden nicht zu beanstanden, bei denen AfA nach § 7 Abs. 5 EStG vorgenommen wird.

Hinweise

AfaA

– Wird ein im Privatvermögen gehaltenes Fahrzeug bei einer betrieblich veranlassten Fahrt infolge eines Unfalls beschädigt und nicht repariert, ist die Vermögenseinbuße im Wege der AfaA nach § 7 Abs. 1 Satz 7 EStG gewinnmindernd zu berücksichtigen. Die bei der Bemessung der AfaA zu Grunde zu legenden Anschaffungskosten sind um die (normale) AfA zu kürzen, die der Stpfl. hätte in Anspruch nehmen können, wenn er das Fahrzeug ausschließlich zur Einkünfteerzielung verwendet hätte (→ BFH vom 24. 11. 1994 – BStBl 1995 II S. 318).

– AfaA sind grundsätzlich im Jahr des Schadenseintritts, spätestens jedoch im Jahr der Entdeckung des Schadens vorzunehmen (→ BFH vom 1. 12. 1992 – BStBl 1994 II S. 11 und 12). Dies gilt unabhängig von evtl. Ersatzansprüchen gegen eine Versicherung (→ BFH vom 13. 3. 1998 – BStBl II S. 443).

– Eine AfaA setzt voraus, dass die wirtschaftliche Nutzbarkeit eines Wirtschaftsgutes durch außergewöhnliche Umstände gesunken ist (→ BFH vom 8. 7. 1980 – BStBl II S. 743) oder das Wirtschaftsgut eine Substanzeinbuße (technische Abnutzung) erleidet (→ BFH vom 24. 1. 2008 – BStBl 2009 II S. 449).

– Baumängel vor Fertigstellung eines Gebäudes rechtfertigen keine AfaA (→ BFH vom 31. 3. 1992 – BStBl II S. 805); auch wenn infolge dieser Baumängel noch in der Bauphase unselbständige Gebäudeteile wieder abgetragen werden (→ BFH vom 30. 8. 1994 – BStBl 1995 II S. 306); dies gilt auch, wenn die Baumängel erst nach der Fertigstellung oder Anschaffung entdeckt werden (→ BFH vom 27. 1. 1993 – BStBl II S. 702 und vom 14. 1. 2004 – BStBl II S. 592).

– AfaA aus wirtschaftlichen Gründen können abgezogen werden, wenn sich nach der Kündigung des Mietverhältnisses herausstellt, dass das auf die Bedürfnisse des Mieters ausgerichtete Gebäude nicht mehr oder nur noch eingeschränkt nutzbar ist und auch durch eine (nicht steuerbare) Veräußerung nicht mehr sinnvoll verwendet werden kann (→ BFH vom 17. 9. 2008 – BStBl 2009 II S. 301).

Eine AfaA ist vorzunehmen, wenn

- ein Gebäude durch Abbruch, Brand oder ähnliche Ereignisse aus dem Betriebsvermögen ausgeschieden ist (→ BFH vom 7. 5. 1969 – BStBl II S. 464),
- bei einem Umbau bestimmte Teile eines Gebäudes ohne vorherige Abbruchabsicht entfernt werden (→ BFH vom 15. 10. 1996 – BStBl 1997 II S. 325) oder
- ein Gebäude abgebrochen wird → H 33a (Abbruchkosten).

Eine AfaA ist nicht vorzunehmen, wenn

- ein zum Privatvermögen gehörendes objektiv technisch oder wirtschaftlich noch nicht verbrauchtes Gebäude abgerissen wird, um ein unbebautes Grundstück veräußern zu können (→ BFH vom 6. 3. 1979 – BStBl II S. 551), oder wenn es in der Absicht eines grundlegenden Umbaus erworben wird (→ BFH vom 4. 12. 1984 – BStBl 1985 II S. 208 und 20. 4. 1993 – BStBl II S. 504),
- im Verfahren nach dem WEG die Nutzung von erworbenen Gebäudeteilen als Wohnung untersagt wird, sich darin ein dem Kaufobjekt von vornherein anhaftender Mangel zeigt und die Parteien des Kaufvertrages die Gewährleistung hinsichtlich der Nutzungsmöglichkeiten der Sache ausgeschlossen haben (→ BFH vom 14. 1. 2004 – BStBl II S. 592),
- die bestehende Substanz zum Abbau eines Bodenschatzes weiterhin vorhanden ist und auch abgebaut werden kann (→ BFH vom 24. 1. 2008 – BStBl 2009 II S. 449).

AfA nach einer Nutzungsänderung

Beispiele:

1. AfA-Verbrauch bei Umwidmung eines Gebäudes zur Einkünfteerzielung

   Eine im Jahr 01 fertig gestellte und am 1. 12. 01 erworbene Eigentumswohnung wird vom Dezember 01 bis Februar 03 vom Stpfl. selbst bewohnt und ab März 03 vermietet.

   Der Stpfl. hat ab dem Jahr 03 die Wahl zwischen der linearen AfA nach § 7 Abs. 4 Satz 1 Nr. 2 EStG (Fall 1) und der degressiven AfA nach § 7 Abs. 5 Satz 1 Nr. 3 Buchstabe c EStG (Fall 2).

		Fall 1		Fall 2
Anschaffungskosten im Jahr 01		300 000 €		300 000 €
AfA-Verbrauch				
im Jahr 01	$^{1}/_{12}$ von 2 %	500 €	4 %	12 000 €
im Jahr 02	2 %	6 000 €	4 %	12 000 €
im Jahr 03	$^{2}/_{12}$ von 2 %	1 000 €	$^{2}/_{12}$ von 4 %	2 000 €
insgesamt		7 500 €		26 000 €
verbleibendes AfA-Volumen		292 500 €		274 500 €
AfA ab Übergang zur Einkünfteerzielung				
im Jahr 03	$^{10}/_{12}$ von 2 %	5 000 €	$^{10}/_{12}$ von 4 %	10 000 €
ab Jahr 04	je 2 %	6 000 €		
im Jahr 04 bis 10			je 4 %	12 000 €
im Jahr 11 bis 18			je 2,5 %	7 500 €
ab Jahr 19			je 1,25 %	3 750 €

2. AfA bei Änderung des Nutzungsumfangs eines Gebäudeteils

   Von den gesamten Herstellungskosten in Höhe von 600 000 € eines zum Betriebsvermögen gehörenden Gebäudes, das je zur Hälfte eigenbetrieblichen Zwecken und fremden Wohnzwecken dient, entfallen je 300 000 € auf die beiden selbständigen Gebäudeteile. Der eigenbetrieblich genutzte Gebäudeteil wird nach § 7 Abs. 5 Satz 1 Nr. 1 EStG degressiv, der zu fremden Wohnzwecken genutzte Gebäudeteil nach § 7 Abs. 4 Satz 1 Nr. 2 EStG linear abgeschrieben. Die jährliche AfA beträgt

   a) für den eigenbetrieblich genutzten Gebäudeteil
      10 % von 300 000 € = 30 000 €,

   b) für den zu fremden Wohnzwecken genutzten Gebäudeteil
      2 % von 300 000 € = 6 000 €.

   Vom Beginn des 3. Jahres an wird die eigenbetriebliche Nutzung auf ein Drittel des bisher zu Wohnzwecken genutzten Gebäudeteiles ausgedehnt. Von diesem Zeitpunkt an beträgt die AfA-Bemessungsgrundlage für den eigenbetrieblich genutzten Gebäudeteil 400 000 €, für den zu fremden Wohnzwecken genutzten Gebäudeteil 200 000 €. Für den nunmehr eigenbetrieblich genutzten Teil des bisher zu fremden Wohnzwecken genutzten Gebäudeteiles ist die lineare AfA künftig mit dem höheren AfA-Satz des § 7 Abs. 4 Satz 1 Nr. 1 EStG vorzunehmen. Die AfA beträgt somit im 3. Jahr

a) für den eigenbetrieblich genutzten Gebäudeteil
10 % von 300 000 € = 30 000 €,
+ 3 % von 100 000 € = 3 000 €,
b) für den zu fremden Wohnzwecken genutzten Gebäudeteil
2 % von 200 000 € = 4 000 €.

AfA nach nachträglichen Anschaffungs- oder Herstellungskosten

Beispiele:

1. Degressive AfA nach § 7 Abs. 2 EStG bei nachträglichen Herstellungskosten
Für ein im Jahre 01 angeschafftes bewegliches Wirtschaftsgut mit einer betriebsgewöhnlichen Nutzungsdauer von 12 Jahren, für das degressive AfA von (8 $^1/_3$ % × 2 =) 16 $^2/_3$ % vorgenommen worden ist, werden im Jahre 06 nachträgliche Herstellungskosten aufgewendet. Danach beträgt die neu geschätzte Restnutzungsdauer 8 Jahre.

Restwert Ende 05	4 100 €
nachträgliche Herstellungskosten 06	+ 3 900 €
Bemessungsgrundlage ab 06	8 000 €

Die degressive AfA im Jahre 06 beträgt (12,5 %× 2, höchstens jedoch) 20 % von 8 000 €.

2. Lineare AfA nach § 7 Abs. 4 Satz 1 Nr. 2 EStG bei nachträglichen Herstellungskosten
Ein zu Beginn des Jahres 01 angeschafftes Gebäude, für das lineare AfA nach § 7 Abs. 4 Satz 1 Nr. 2 EStG vorgenommen worden ist, wird im Jahre 24 erweitert. Die Restnutzungsdauer beträgt danach noch mindestens 50 Jahre.

Anschaffungskosten im Jahr 01	200 000 €
AfA in den Jahren 01 bis 23: 23× 2 % = 92 000 €	
nachträgliche Herstellungskosten im Jahr 24	+ 100 000 €
Bemessungsgrundlage ab Jahr 24	300 000 €

Vom Jahr 24 bis zur vollen Absetzung des Betrags von 208 000 € (Restwert 108 000 € zuzüglich nachträglicher Herstellungskosten 100 000 €) beträgt die AfA jährlich 2 % von 300 000 € = 6 000 €.

3. Degressive AfA nach § 7 Abs. 5 EStG bei nachträglichen Herstellungskosten
Ein im Jahr 01 fertig gestelltes Gebäude, für das degressive AfA nach § 7 Abs. 5 Satz 1 Nr. 1 EStG vorgenommen worden ist, wird im Jahr 06 erweitert.

Herstellungskosten im Jahr 01	200 000 €
AfA in den Jahren 01 bis 04: 4× 10 % = 80 000 €	
AfA im Jahr 05: 1× 5 % = 10 000 €	
nachträgliche Herstellungskosten im Jahr 06	+ 80 000 €
Bemessungsgrundlage ab Jahr 06	280 000 €

In den Jahren 06 und 07 beträgt die AfA je 5 % = 14 000 €; in den Jahren 08 bis 25 beträgt die AfA je 2,5 % = 7 000 €.

AfA-Tabellen

– Zur Anwendung der amtlichen AfA-Tabellen → BMF vom 6. 12. 2001 (BStBl I S. 860).
– Wer eine von den amtlichen AfA-Tabellen abweichende Nutzungsdauer geltend macht, hat entsprechende Gründe substantiiert vorzutragen (→ BFH vom 14. 4. 2011 – BStBl II S. 696).

AfA-Volumen

– Übergang von der Schätzung zur Buchführung
Die Buchwerte der abnutzbaren Anlagegüter sind, ausgehend von den Anschaffungs- oder Herstellungskosten, vermindert um die übliche AfA zu schätzen; übliche AfA ist die AfA in gleichen Jahresbeträgen nach einer den amtlichen AfA-Tabellen zu entnehmenden Nutzungsdauer. Für den Zeitraum der Schätzung können weder der Stpfl. noch das Finanzamt eine von den amtlichen AfA-Tabellen abweichende Nutzungsdauer geltend machen (→ BFH vom 5. 12. 1985 – BStBl 1986 II S. 390).
– Übergang von der Gewinnermittlung nach Durchschnittssätzen zur Buchführung
– Zur Ermittlung der in die Übergangsbilanz einzustellenden Buchwerte der abnutzbaren Anlagegüter sind die Anschaffungs- oder Herstellungskosten beweglicher Anlagegüter um die übliche AfA zu mindern, die den amtlichen AfA-Tabellen zu entnehmen sind. Das Wesen der Gewinnermittlung nach Durchschnittssätzen schließt Abweichungen von den sich hiernach ergebenden AfA-Sätzen aus (→ BFH vom 12. 12. 1985 – BStBl 1986 II S. 392).
– Vorhandene geringwertige Wirtschaftsgüter, die vor dem 1. 1. 2008 angeschafft oder hergestellt worden sind, sind in der Übergangsbilanz mit ihren Anschaffungs- oder Herstellungskosten, vermindert um die AfA nach § 7 EStG, anzusetzen, die während der Gewinner-

mittlung nach Durchschnittssätzen angefallen wäre. Es kann nicht unterstellt werden, dass in dieser Zeit das Wahlrecht gem. § 6 Abs. 2 EStG a. F. ausgeübt worden ist (→ BFH vom 17. 3. 1988 – BStBl II S. 770).

– Beim Wechsel von der Gewinnermittlung nach Durchschnittssätzen zum Bestandsvergleich bestimmen sich die in die Übergangsbilanz einzustellenden Buchwerte landwirtschaftlicher Betriebsgebäude nach den Anschaffungs- oder Herstellungskosten, gemindert um die im Zeitpunkt der Errichtung und im Laufe der Nutzung der Gebäude übliche AfA. Die besonderen betrieblichen Verhältnisse sind auch dann unbeachtlich, wenn für diesen Zeitraum amtliche AfA-Tabellen nicht zur Verfügung gestanden haben (→ BFH vom 5. 6. 2003 – BStBl II S. 801).

– Umwidmung eines Wirtschaftsguts in den Bereich der Einkünfteerzielung

Werden Wirtschaftsgüter des bisher nicht der Einkünfteerzielung dienenden Vermögens umgewidmet und nunmehr zur Erzielung von Überschusseinkünften genutzt, sind die Anschaffungs- oder Herstellungskosten auf die Gesamtnutzungsdauer einschließlich der Zeit vor der Umwidmung zu verteilen. Als Werbungskosten (AfA) ist nur der Teil der Anschaffungs- oder Herstellungskosten abziehbar, der auf die Zeit nach der Umwidmung entfällt. § 6 Abs. 1 Nr. 5 Satz 1 EStG ist nicht entsprechend anwendbar (→ BFH vom 14. 2. 1989 – BStBl II S. 922; → H 6.12 Geringwertiges Wirtschaftsgut).

Degressive AfA nach § 7 Abs. 5 EStG in Erwerbsfällen

§ 7 Abs. 5 Satz 2 EStG schließt die Inanspruchnahme der degressiven AfA nach § 7 Abs. 5 EStG durch den Erwerber nur für das Jahr der Fertigstellung aus. Im folgenden Jahr kann der Erwerber zur degressiven AfA übergehen (→ BFH vom 3. 4. 2001 – BStBl II S. 599).

Entnahme eines Gebäudes

– Für ein Gebäude, das **im Jahr der Fertigstellung** aus dem Betriebsvermögen entnommen worden ist, ist die Inanspruchnahme der degressiven AfA nach § 7 Abs. 5 EStG für den Zeitraum der Zugehörigkeit zum Privatvermögen im Jahr der Entnahme ausgeschlossen, wenn für das Gebäude bereits während der Zugehörigkeit zum Betriebsvermögen degressive AfA in Anspruch genommen worden ist. Im folgenden Jahr kann der Stpfl. zur degressiven AfA übergehen (→ BFH vom 3. 4. 2001 – BStBl II S. 599).

– Für ein Gebäude, das **nach dem Jahr der Fertigstellung** unter Aufdeckung der stillen Reserven entnommen worden ist, kann die degressive AfA nach § 7 Abs. 5 EStG nicht mehr vorgenommen werden (→ BFH vom 8. 11. 1994 – BStBl 1995 II S. 170).

Fertigstellung

– Ein Wirtschaftsgut ist fertig gestellt, sobald es seiner Zweckbestimmung entsprechend genutzt werden kann (→ BFH vom 20. 2. 1975 – BStBl II S. 412, vom 11. 3. 1975 – BStBl II S. 659 und vom 21. 7. 1989 – BStBl II S. 906).

– Ein Gebäude ist fertig gestellt, wenn die wesentlichen Bauarbeiten abgeschlossen sind und der Bau so weit errichtet ist, dass der Bezug der Wohnungen zumutbar ist oder dass das Gebäude für den Betrieb in all seinen wesentlichen Bereichen nutzbar ist (→ BFH vom 11. 3. 1975 – BStBl II S. 659 und vom 21. 7. 1989 – BStBl II S. 906).

– Ein Gebäude ist nicht fertig gestellt, wenn Türen, Böden und der Innenputz noch fehlen (→ BFH vom 21. 7. 1989 – BStBl II S. 906).

– Auf die Höhe der noch ausstehenden Herstellungskosten im Verhältnis zu den gesamten Herstellungskosten des Gebäudes kommt es nicht an (→ BFH vom 16. 12. 1988 – BStBl 1989 II S. 203).

– Gebäudeteile, die auf Grund ihrer unterschiedlichen Funktion selbständige Wirtschaftsgüter sind, sind fertig gestellt, sobald diese Teile bestimmungsgemäß nutzbar sind (→ BFH vom 9. 8. 1989 – BStBl 1991 II S. 132). Zur AfA-Bemessungsgrundlage R 7.3 Abs. 2.

– Eine Eigentumswohnung ist mit der Bezugsfertigkeit fertig gestellt, auch wenn zu diesem Zeitpunkt zivilrechtlich noch kein Wohneigentum begründet und die Teilungserklärung noch nicht abgegeben worden ist (→ BFH vom 26. 1. 1999 – BStBl II S. 589).

– Gebrauchstiere sind bei der ersten Ingebrauchnahme fertig gestellt (→ BMF vom 14. 11. 2001 – BStBl I S. 864).

– Die bestimmungsgemäße Nutzbarkeit einer Dauerkultur beginnt mit ihrer Ertragsreife (→ BMF vom 17. 9. 1990 – BStBl I S. 420).

Lieferung

- Ein Wirtschaftsgut ist geliefert, wenn der Erwerber nach dem Willen der Vertragsparteien darüber wirtschaftlich verfügen kann; das ist in der Regel der Fall, wenn Eigenbesitz, Gefahr, Nutzen und Lasten auf den Erwerber übergehen (→ BFH vom 28. 4. 1977 – BStBl II S. 553).
- Liegt der Zeitpunkt des Übergangs eines Wirtschaftsgutes auf den Erwerber im Schnittpunkt von zwei Zeiträumen, so ist das Wirtschaftsgut mit Beginn des zweiten Zeitraums geliefert (→ BFH vom 7. 11. 1991 – BStBl 1992 II S. 398).
- Wirtschaftlicher Übergang bei Leasing- und Mietkauf-Verträgen → BMF vom 28. 6. 2001 (BStBl I S. 379), Rz. 144.

Mietereinbauten

- Bei Mietereinbauten und -umbauten, die keine Scheinbestandteile oder Betriebsvorrichtungen sind, bestimmt sich die AfA abweichend von Nr. 10 des BMF-Schreibens vom 15. 1. 1976 (BStBl I S. 66) nach den für Gebäude geltenden Grundsätzen → BFH vom 15. 10. 1996 (BStBl 1997 II S. 533).
- Zur Nutzungsdauer von Ladeneinbauten, Schaufensteranlagen und Gaststätteneinbauten → BMF vom 30. 5. 1996 (BStBl I S. 643).

Miteigentum

Die Miteigentümer einer Grundstücksgemeinschaft können jeweils gesondert bestimmen, ob sie die lineare oder die degressive Gebäude-AfA in Anspruch nehmen wollen (→ Schleswig-Holsteinischen FG vom 3. 3. 2005 – EFG 2005, S. 1026).

Musterhäuser

Der Abschreibungssatz gem. § 7 Abs. 4 Satz 1 Nr. 1 EStG gilt auch für Musterhäuser. In die Bemessung der tatsächlichen Nutzungsdauer gem. § 7 Abs. 4 Satz 2 EStG ist bei Musterhäusern auch der Zeitraum einer nach dem Ausscheiden aus dem Betrieb sich voraussichtlich anschließenden Nutzung des Hauses als Wohngebäude einzubeziehen. Das gilt auch für auf fremdem Grund und Boden errichtete Fertighäuser, die zum Zwecke der Veräußerung demontiert und andernorts wieder aufgebaut werden müssen (→ BFH vom 23. 9. 2008 – BStBl 2009 II S. 986).

Nachträgliche Anschaffungs- oder Herstellungskosten

- Werden nachträgliche Anschaffungs- oder Herstellungskosten für Wirtschaftsgüter aufgewendet, die nach § 7 Abs. 1, Abs. 2 oder Abs. 4 Satz 2 EStG abgeschrieben werden, bemisst sich die AfA vom Jahr der Entstehung der nachträglichen Anschaffungs- oder Herstellungskosten an nach der Restnutzungsdauer (→ BFH vom 25. 11. 1970 – BStBl 1971 II S. 142).
- Werden nachträgliche Anschaffungs- oder Herstellungskosten für Gebäude aufgewendet, die nach § 7 Abs. 4 Satz 1 oder Abs. 5 EStG abgeschrieben werden, so ist der für das Gebäude geltende Prozentsatz anzuwenden (→ BFH vom 20. 2. 1975 – BStBl II S. 412 und vom 20. 1. 1987 – BStBl II S. 491).
- Wird in den Fällen des § 7 Abs. 4 Satz 1 EStG auf diese Weise die volle Absetzung innerhalb der tatsächlichen Nutzungsdauer nicht erreicht, so kann die AfA vom Zeitpunkt der Beendigung der nachträglichen Herstellungsarbeiten an nach der Restnutzungsdauer des Gebäudes bemessen werden (→ BFH vom 7. 6. 1977 – BStBl II S. 606).

Neubau

- Die AfA nach § 7 Abs. 5 EStG kann nur bei Neubauten in Anspruch genommen werden. Bei Umbauten, Ausbauten und Modernisierungsmaßnahmen liegt ein Neubau nicht bereits dann vor, wenn sich dadurch die Zweckbestimmung des Gebäudes ändert. Er entsteht nur, wenn die eingefügten Neubauteile dem Gesamtgebäude das Gepräge geben, so dass es in bautechnischer Hinsicht neu ist. Das ist dann der Fall, wenn die tragenden Gebäudeteile (z. B. Fundamente, tragende Außen- und Innenwände, Geschossdecken und die Dachkonstruktion) in überwiegendem Umfang ersetzt werden (→ BFH vom 25. 5. 2004 – BStBl II S. 783).
- Bei Anbauten liegt ein Neubau vor, wenn
  - dadurch selbständige Wirtschaftsgüter i. S. d. R 4.2 geschaffen werden oder
  - sie mit dem bestehenden Gebäude verschachtelt sind und die Neubauteile dem Gesamtgebäude das Gepräge geben; hierfür sind regelmäßig die Größen- und Wertverhältnisse der Alt- und Neubauteile maßgebend (→ BFH vom 25. 1. 2007 – BStBl II S. 586).

– Für Eigentumswohnungen, die durch die rechtliche Umwandlung eines bestehenden Gebäudes geschaffen werden, kann keine AfA nach § 7 Abs. 5 EStG in Anspruch genommen werden (→ BFH vom 24. 11. 1992 – BStBl 1993 II S. 188).

– Für neu geschaffene Wohnungen, die in einem einheitlichen Nutzungs- und Funktionszusammenhang mit einer bereits vorhandenen Wohnung stehen, kann keine AfA nach § 7 Abs. 5 EStG in Anspruch genommen werden (→ BFH vom 7. 7. 1998, BStBl II S. 625).

– Zur degressiven AfA nach § 7 Abs. 5 EStG bei Baumaßnahmen an einem Dachgeschoss → BMF vom 10. 7. 1996 (BStBl I S. 689).

Nutzungsdauer

– → AfA-Tabellen

– Anschaffungs- oder Herstellungskosten eines Wirtschaftsguts sind nur dann nach § 7 EStG zu verteilen, wenn die Nutzungsdauer des Wirtschaftsguts zwölf Monate (Jahreszeitraum im Sinne eines Zeitraums von 365 Tagen) übersteigt (→ BFH vom 26. 8. 1993 – BStBl 1994 II S. 232).

– Die Nutzungsdauer eines Wirtschaftsguts entspricht regelmäßig dem Zeitraum, in dem es sich technisch abnutzt. Eine kürzere wirtschaftliche Nutzungsdauer liegt nicht vor, wenn das Wirtschaftsgut zwar nicht mehr entsprechend der ursprünglichen Zweckbestimmung rentabel nutzbar ist, aber noch einen erheblichen Verkaufswert hat (→ BFH vom 14. 4. 2011 – BStBl II S. 696).

– Die AfA auf das entgeltlich erworbene immaterielle Wirtschaftsgut „Vertreterrecht" (Ablösung des dem Vorgänger-Vertreter zustehenden Ausgleichsanspruchs durch Vereinbarung mit dem Geschäftsherrn) bemisst sich nach der für den Einzelfall zu bestimmenden betriebsgewöhnlichen Nutzungsdauer. Die Regelung des § 7 Abs. 1 Satz 3 EStG zur betriebsgewöhnlichen Nutzungsdauer des Geschäfts- oder Firmenwerts findet auf das Vertreterrecht keine Anwendung (→ BFH vom 12. 7. 2007 – BStBl II S. 959).

– Zur Nutzungsdauer des Geschäfts- oder Firmenwerts, des Praxiswerts und so genannter firmenwertähnlicher Wirtschaftsgüter → BMF vom 20. 11. 1986 (BStBl I S. 532) und BMF vom 15. 1. 1995 (BStBl I S. 14).

– Begriff der Nutzungsdauer eines Gebäudes § 11c Abs. 1 EStDV

– Keine höhere AfA nach § 7 Abs. 4 EStG Satz 2 EStG wegen kürzerer wirtschaftlicher Nutzungsdauer, wenn **Gebäude in der ehemaligen DDR** bei Nichtrenovierung künftig möglicherweise nicht mehr wirtschaftlich vermietet werden können (→ FG Baden-Württemberg, Außensenate Freiburg vom 29. 3. 2000 – EFG 2000 S. 732).

– Die Absicht, ein zunächst noch genutztes Gebäude abzubrechen oder zu veräußern, rechtfertigt es nicht, eine kürzere Nutzungsdauer des Gebäudes zugrunde zu legen (→ BFH vom 15. 12. 1981 – BStBl 1982 II S. 385).

– Eine Verkürzung der Nutzungsdauer kann erst angenommen werden, wenn die Gebäudeabbruchvorbereitungen soweit gediehen sind, dass die weitere Nutzung in der bisherigen oder einer anderen Weise so gut wie ausgeschlossen ist (→ BFH vom 8. 7. 1980 – BStBl II S. 743).

– Die der tatsächlichen Nutzungsdauer entsprechende AfA kann erst vorgenommen werden, wenn der Zeitpunkt der Nutzungsbeendigung des Gebäudes fest steht, z. B. weil sich der Stpfl. verpflichtet hat, das Gebäude zu einem bestimmten Zeitpunkt abzubrechen (→ BFH vom 22. 8. 1984 – BStBl 1985 II S. 126).

– Nutzungsdauer für Ladeneinbauten, Schaufensteranlagen und Gaststätteneinbauten → BMF vom 30. 5. 1996 (BStBl I S. 643).

– Zur Nutzungsdauer der Wirtschaftsgüter eines Windparks → BFH vom 14. 4. 2011 (BStBl II S. 696) *und vom 1.2.2012 (BStBl II S. 407)*.

Rückgängigmachung des Anschaffungsvorgangs

Eine AfA ist nicht zu gewähren, wenn der Anschaffungsvorgang in vollem Umfang rückgängig gemacht wird. Auf den Zeitpunkt der Rückzahlung der Aufwendungen, die als Anschaffungskosten geltend gemacht worden sind, kommt es nicht an (→ BFH vom 19. 12. 2007 – BStBl 2008 II S. 480).

Teil des auf ein Jahr entfallenden AfA-Betrags

– Die AfA nach § 7 Abs. 5 EStG ist im Jahr der Anschaffung oder Herstellung eines Gebäudes in Höhe des vollen Jahresbetrags abzuziehen (→ BFH vom 19. 2. 1974 – BStBl II S. 704); aber → R 7.4 Abs. 2 Satz 2.

– Bei Veräußerung eines Gebäudes kann die degressive AfA nach § 7 Abs. 5 EStG nur zeitanteilig abgezogen werden (→ BFH vom 18. 8. 1977 – BStBl II S. 835).

Unterlassene oder überhöhte AfA

– **AfA – Allgemein**

Ist AfA nach § 7 Abs. 1 oder Abs. 4 Satz 2 EStG oder § 7 Abs. 2 EStG unterblieben, kann sie in der Weise nachgeholt werden, dass die noch nicht abgesetzten Anschaffungs- oder Herstellungskosten (Buchwert) entsprechend der bei dem Wirtschaftsgut angewandten Absetzungsmethode auf die noch verbleibende Restnutzungsdauer verteilt werden (→ BFH vom 21. 2. 1967 – BStBl III S. 386 und vom 3. 7. 1980 – BStBl 1981 II S. 255).

– **Lineare Gebäude-AfA**

Ist AfA nach § 7 Abs. 4 Satz 1 EStG überhöht vorgenommen worden oder unterblieben und hat sich die tatsächliche Nutzungsdauer des Gebäudes nicht geändert, so sind weiterhin die gesetzlich vorgeschriebenen Prozentsätze anzusetzen, dass sich ein anderer Abschreibungszeitraum als von 25, 33, 40 oder 50 Jahren ergibt (→ BFH vom 3. 7. 1984 – BStBl II S. 709, vom 20. 1. 1987 – BStBl II S. 491 und vom 11. 12. 1987 – BStBl 1988 II S. 335).

– **Degressive Gebäude-AfA**

Ist AfA nach § 7 Abs. 5 EStG überhöht vorgenommen worden, ist die weitere AfA während des verbleibenden Abschreibungszeitraums weiterhin von den ungekürzten Anschaffungs- oder Herstellungskosten vorzunehmen (→ BFH vom 4. 5. 1993 – BStBl II S. 661).

– **Betriebsvermögen**

Bisher unterlassene AfA kann nicht nachgeholt werden, wenn ein Wirtschaftsgut des notwendigen Betriebsvermögens im Wege der Fehlerberichtigung erstmals als Betriebsvermögen ausgewiesen wird (→ BFH vom 24. 10. 2001 – BStBl 2002 II S. 75). Dies gilt wegen des Prinzips der Gesamtgewinngleichheit entsprechend auch bei der Gewinnermittlung durch Einnahmenüberschussrechnung, wenn das Wirtschaftsgut verspätet als Betriebsvermögen erfasst wird (→ BFH vom 22. 6. 2010 – BStBl II S. 1035).

– **Unberechtigte Steuervorteil**

AfA, die unterblieben ist, um dadurch unberechtigte Steuervorteile zu erlangen, darf nicht nachgeholt werden (→ BFH vom 3. 7. 1980 – BStBl 1981 II S. 255 und vom 20. 1. 1987 – BStBl II S. 491).

Verlustzuweisungsgesellschaft

Geht eine Verlustzuweisungsgesellschaft nach ihrem Betriebskonzept von einer erheblich längeren Nutzungsdauer eines Wirtschaftsgutes als in den amtlichen AfA-Tabellen angegeben aus und beruht ihre Betriebsführung überwiegend auf diesem Umstand, wird die in ihrem Betriebskonzept zugrunde gelegte Nutzungsdauer angewandt. Unberührt davon bleiben Wirtschaftsgüter, wenn der für die Anschaffung oder Herstellung maßgebliche obligatorische Vertrag oder gleichstehende Rechtsakt vor dem 5. 3. 1999 rechtswirksam abgeschlossen und das Wirtschaftsgut vor dem 1. 1. 2001 angeschafft oder hergestellt wurde (→ BMF vom 15. 6. 1999 – BStBl I S. 543).

Wechsel der AfA-Methode bei Gebäuden

Der Wechsel zwischen den Absetzungsverfahren nach § 7 Abs. 5 EStG sowie zwischen den Absetzungsverfahren nach § 7 Abs. 4 EStG und § 7 Abs. 5 EStG ist unzulässig (→ BFH vom 10. 3. 1987 – BStBl II S. 618).

→ aber: degressive AfA nach § 7 Abs. 5 EStG in Erwerbsfällen.

7.5. Absetzung für Substanzverringerung   **R 7.5**

[1]Absetzungen für Substanzverringerung (AfS) sind beim unentgeltlichen Erwerb eines → Bodenschatzes nur zulässig, soweit der Rechtsvorgänger Anschaffungskosten für ein Wirtschaftsgut aufgewendet hat. [2]AfS sind vorzunehmen, sobald mit dem Abbau des Bodenschatzes begonnen wird. [3]Sie berechnen sich nach dem Verhältnis der im Wirtschaftsjahr geförderten Menge des Bodenschatzes zur gesamten geschätzten Abbaumenge. [4]AfS, die unterblieben sind, um dadurch unberechtigte Steuervorteile zu erlangen, dürfen nicht nachgeholt werden. **S 2195**

Hinweise   H 7.5

Bodenschatz

– Bei Bodenschätzen, die ein Stpfl. auf einem ihm gehörenden Grundstück im Privatvermögen entdeckt und in sein (Sonder-)Betriebsvermögen einlegt, sind AfS nicht zulässig (→ BFH vom 4. 12. 2006 – BStBl 2007 II S. 508).

– → H 4.2 (1)

Unterbliebene AfS

Unterbliebene AfS kann in der Weise nachgeholt werden, dass sie in gleichen Beträgen auf die restliche Nutzungsdauer verteilt wird (→ BFH vom 21. 2. 1967 – BStBl III S. 460).

Veräußerung an eigene Personengesellschaft

Ein im Privatvermögen entdecktes und in das Betriebsvermögen eingelegtes Kiesvorkommen ist mit dem Teilwert anzusetzen. Beim Abbau des Kiesvorkommens dürfen Absetzungen für Substanzverringerung (AfS) aber nicht aufwandswirksam vorgenommen werden (BFH vom 4. 12. 2006, BStBl 2007 II S. 508). Diese Grundsätze sind auch auf Fälle der Einbringung des Bodenschatzes in eine Personengesellschaft gegen Gewährung von Gesellschaftsrechten oder sonstiges Entgelt anzuwenden, soweit die Einkünfte aus dem Abbau des Bodenschatzes auch nach der Einbringung dem einbringenden Gesellschafter zuzurechnen sind (→ LfSt Bayern vom 20. 1. 2009 – S 2134.1.1 – 3/5 St 32/St 33).

EStG
S 2181

§ 7a Gemeinsame Vorschriften für erhöhte Absetzungen und Sonderabschreibungen

(1) ¹Werden in dem Zeitraum, in dem bei einem Wirtschaftsgut erhöhte Absetzungen oder Sonderabschreibungen in Anspruch genommen werden können (Begünstigungszeitraum), nachträgliche Herstellungskosten aufgewendet, so bemessen sich vom Jahr der Entstehung der nachträglichen Herstellungskosten an bis zum Ende des Begünstigungszeitraums die Absetzungen für Abnutzung, erhöhten Absetzungen und Sonderabschreibungen nach den um die nachträglichen Herstellungskosten erhöhten Anschaffungs- oder Herstellungskosten. ²Entsprechendes gilt für nachträgliche Anschaffungskosten. ³Werden im Begünstigungszeitraum die Anschaffungs- oder Herstellungskosten eines Wirtschaftsgutes nachträglich gemindert, so bemessen sich vom Jahr der Minderung an bis zum Ende des Begünstigungszeitraums die Absetzungen für Abnutzung, erhöhten Absetzungen und Sonderabschreibungen nach den geminderten Anschaffungs- oder Herstellungskosten.

(2) ¹Können bei einem Wirtschaftsgut erhöhte Absetzungen oder Sonderabschreibungen bereits für Anzahlungen auf Anschaffungskosten oder für Teilherstellungskosten in Anspruch genommen werden, so sind die Vorschriften über erhöhte Absetzungen und Sonderabschreibungen mit der Maßgabe anzuwenden, dass an die Stelle der Anschaffungs- oder Herstellungskosten die Anzahlungen auf Anschaffungskosten oder die Teilherstellungskosten und an die Stelle des Jahres der Anschaffung oder Herstellung das Jahr der Anzahlung oder Teilherstellung treten. ²Nach Anschaffung oder Herstellung des Wirtschaftsgutes sind erhöhte Absetzungen oder Sonderabschreibungen nur zulässig, soweit sie nicht bereits für Anzahlungen auf Anschaffungskosten oder für Teilherstellungskosten in Anspruch genommen worden sind. ³Anzahlungen auf Anschaffungskosten sind im Zeitpunkt der tatsächlichen Zahlung aufgewendet. ⁴Werden Anzahlungen auf Anschaffungskosten durch Hingabe eines Wechsels geleistet, so sind sie in dem Zeitpunkt aufgewendet, in dem dem Lieferanten durch Diskontierung oder Einlösung des Wechsels das Geld tatsächlich zufließt. ⁵Entsprechendes gilt, wenn anstelle von Geld ein Scheck hingegeben wird.

(3) Bei Wirtschaftsgütern, bei denen erhöhte Absetzungen in Anspruch genommen werden, müssen in jedem Jahr des Begünstigungszeitraums mindestens Absetzungen in Höhe der Absetzungen für Abnutzung nach § 7 Absatz 1 oder 4 berücksichtigt werden.

(4) Bei Wirtschaftsgütern, bei denen Sonderabschreibungen in Anspruch genommen werden, sind die Absetzungen für Abnutzung nach § 7 Absatz 1 oder 4 vorzunehmen.

(5) Liegen bei einem Wirtschaftsgut die Voraussetzungen für die Inanspruchnahme von erhöhten Absetzungen oder Sonderabschreibungen auf Grund mehrerer Vorschriften vor, so dürfen erhöhte Absetzungen oder Sonderabschreibungen nur auf Grund einer dieser Vorschriften in Anspruch genommen werden.

(6) Erhöhte Absetzungen oder Sonderabschreibungen sind bei der Prüfung, ob die in § 141 Absatz 1 Nummer 4 und 5 der Abgabenordnung bezeichneten Buchführungsgrenzen überschritten sind, nicht zu berücksichtigen.

(7) ¹Ist ein Wirtschaftsgut mehreren Beteiligten zuzurechnen und sind die Voraussetzungen für erhöhte Absetzungen oder Sonderabschreibungen nur bei einzelnen Beteiligten erfüllt, so dürfen die erhöhten Absetzungen und Sonderabschreibungen nur anteilig für diese Beteiligten vorgenommen werden. ²Die erhöhten Absetzungen oder Sonderabschreibungen dürfen von den Beteiligten, bei denen die Voraussetzungen dafür erfüllt sind, nur einheitlich vorgenommen werden.

(8) [1]Erhöhte Absetzungen oder Sonderabschreibungen sind bei Wirtschaftsgütern, die zu einem Betriebsvermögen gehören, nur zulässig, wenn sie in ein besonderes, laufend zu führendes Verzeichnis aufgenommen werden, das den Tag der Anschaffung oder Herstellung, die Anschaffungs- oder Herstellungskosten, die betriebsgewöhnliche Nutzungsdauer und die Höhe der jährlichen Absetzungen für Abnutzung, erhöhten Absetzungen und Sonderabschreibungen enthält. [2]Das Verzeichnis braucht nicht geführt zu werden, wenn diese Angaben aus der Buchführung ersichtlich sind.

(9) Sind für ein Wirtschaftsgut Sonderabschreibungen vorgenommen worden, so bemessen sich nach Ablauf des maßgebenden Begünstigungszeitraums die Absetzungen für Abnutzung bei Gebäuden und bei Wirtschaftsgütern im Sinne des § 7 Absatz 5a nach dem Restwert und dem nach § 7 Absatz 4 unter Berücksichtigung der Restnutzungsdauer maßgebenden Prozentsatz, bei anderen Wirtschaftsgütern nach dem Restwert und der Restnutzungsdauer.

7a. Gemeinsame Vorschriften für erhöhte Absetzungen und Sonderabschreibungen   R 7a

Allgemeines   S 2181

(1) [1]Die Vorschriften des § 7a EStG sind auch auf alle erhöhten Absetzungen und Sonderabschreibungen anzuwenden, die ihre Rechtsgrundlage nicht im Einkommensteuergesetz haben. [2]§ 7a EStG ist nur dann nicht anzuwenden, wenn oder soweit dies in der jeweiligen Vorschrift über die erhöhten Absetzungen oder Sonderabschreibungen ausdrücklich bestimmt ist.

Begünstigungszeitraum

(2) [1]Der Begünstigungszeitraum i. S. d. § 7a Abs. 1 Satz 1 EStG umfasst die in der jeweiligen Vorschrift bestimmte Anzahl von Jahren. [2]Er verkürzt sich bei den Sonderabschreibungen nach § 4 Abs. 3 FördG und bei den erhöhten Absetzungen auf die Jahre, in denen die insgesamt zulässigen Sonderabschreibungen oder erhöhten Absetzungen tatsächlich vorgenommen worden sind. [3]Der Begünstigungszeitraum für Anzahlungen auf Anschaffungskosten und für Teilherstellungskosten endet mit Ablauf des Jahres, das dem Jahr der Anschaffung oder Herstellung oder der Beendigung nachträglicher Herstellungsarbeiten vorangeht. [4]Im Jahr der Anschaffung oder Herstellung beginnt ein neuer Begünstigungszeitraum für die Anschaffungs- oder Herstellungskosten.

Nachträgliche Anschaffungs- oder Herstellungskosten im Begünstigungszeitraum

(3) [1]Nachträgliche Anschaffungs- oder Herstellungskosten i. S. d. § 7a Abs. 1 Satz 1 und 2 EStG sind im Jahr ihrer Entstehung so zu berücksichtigen, als wären sie zu Beginn des Jahres aufgewendet worden. [2]§ 7a Abs. 1 EStG ist nicht anzuwenden, wenn nachträgliche Herstellungskosten selbständig abgeschrieben werden, z. B. nach den §§ 7h oder 7i EStG oder nach § 4 Abs. 3 FördG, oder wenn nachträgliche Herstellungsarbeiten so umfassend sind, dass hierdurch ein anderes Wirtschaftsgut entsteht (→ R 7.3 Abs. 5).

Minderung der Anschaffungs- oder Herstellungskosten im Begünstigungszeitraum

(4) [1]Nachträgliche Minderungen der Anschaffungs- oder Herstellungskosten i. S. d. § 7a Abs. 1 Satz 3 EStG sind im Jahr der Minderung so zu berücksichtigen, als wäre die Minderung zu Beginn des Jahres eingetreten. [2]Zuschüsse mindern die Bemessungsgrundlage im Jahr der Bewilligung des Zuschusses. [3]Wird ein Zuschuss zurückgezahlt, ist der Rückforderungsbetrag im Jahr des Entstehens der Rückforderungsverpflichtung der bisherigen Bemessungsgrundlage für die AfA, für die erhöhten Absetzungen und für die Sonderabschreibung hinzuzurechnen und so zu berücksichtigen, als wäre der Betrag zu Beginn des Jahres zurückgefordert worden. [4]Die Sätze 2 und 3 gelten sinngemäß

1. bei Gewinnermittlung durch Betriebsvermögensvergleich oder Einnahmeüberschussrechnung und

2. bei Ermittlung der Einkünfte durch Überschuss der Einnahmen über die Werbungskosten.

Anzahlungen auf Anschaffungskosten

(5) [1]Anzahlungen auf Anschaffungskosten sind Zahlungen, die nach dem rechtswirksamen Abschluss des obligatorischen Vertrages (→ R 7.2 Abs. 5) und vor der Lieferung eines Wirtschaftsgutes auf die endgültigen Anschaffungskosten geleistet werden, soweit sie diese nicht übersteigen. [2]Ohne Bedeutung ist, ob die Zahlungen verzinst werden oder zu einer Kaufpreisminderung führen. [3]Anzahlungen auf die Anschaffungskosten eines bebauten Grundstücks sind jeweils nach dem voraussichtlichen Verhältnis der Verkehrswerte oder Teilwerte auf den Grund und Boden und das Gebäude aufzuteilen. [4]Keine Anzahlungen sind willkürlich geleistete Zahlungen. [5]Zahlungen können auch dann willkürlich sein, wenn sie vertraglich vereinbart sind. [6]Eine Zahlung gilt nicht als

willkürlich, wenn das Wirtschaftsgut spätestens im folgenden Jahr geliefert wird. [7]Bei Erwerb eines Gebäudes ist die Willkürlichkeit von Zahlungen auch nicht anzunehmen, soweit im Jahr der Zahlung und im folgenden Kalenderjahr voraussichtlich eine Gegenleistung erbracht wird, die die Anforderung eines Teilbetrags nach § 3 Abs. 2 MaBV rechtfertigen würde. [8]Soweit die Zahlungen willkürlich sind, sind sie in dem Jahr als Anzahlung zu berücksichtigen, das dem Jahr vorausgeht, in dem die Anforderung eines entsprechenden Teilbetrags nach § 3 Abs. 2 MaBV voraussichtlich gerechtfertigt wäre. [9]Keine Anzahlungen sind auch Zahlungen auf ein Treuhand- oder Notaranderkonto sowie Zahlungen, die im Interesse des Stpfl. einem Konto gutgeschrieben werden, über das der Zahlungsempfänger nicht frei verfügen kann. [10]Keine Anzahlungen sind deshalb Zahlungen, die der Stpfl. unter der Bedingung geleistet hat, dass das Konto des Zahlungsempfängers zugunsten des Stpfl. gesperrt ist. [11]Die Anerkennung einer Zahlung als Anzahlung wird jedoch nicht ausgeschlossen, wenn der Stpfl. bedingungslos gezahlt und der Zahlungsempfänger über den Zahlungsbetrag verfügt hat, indem er seine Kaufpreisforderung abgetreten oder das Konto verpfändet hat, z. B. um eine Bankbürgschaft zugunsten des Stpfl. zu erhalten. [12]Dabei ist es ohne Bedeutung, ob die Abtretung oder Verpfändung vor oder nach dem Zeitpunkt der Zahlung wirksam geworden ist.

Teilherstellungskosten

(6) [1]Zu den Teilherstellungskosten eines Gebäudes gehören auch die Aufwendungen für das bis zum Ende des Wirtschaftsjahres auf der Baustelle angelieferte, aber noch nicht verbaute Baumaterial. [2]Unerheblich ist, ob in dem Wirtschaftsjahr bereits Zahlungen für Teilherstellungskosten geleistet sind. [3]Auch bei Teilzahlungen an einen Unternehmer, der beauftragt ist, ein Bauobjekt als Generalunternehmer zu einem Festpreis herzustellen, bemessen sich die AfA, erhöhten Absetzungen und Sonderabschreibungen nur nach den tatsächlich entstandenen Teilherstellungskosten. [4]Soweit sich die Zahlungen am Baufortschritt ausrichten, können sie aus Vereinfachungsgründen als Anhaltspunkt für die Höhe der entstandenen Teilherstellungskosten dienen.

Kumulationsverbot

(7) Das Kumulationsverbot nach § 7a Abs. 5 EStG bezieht sich nicht auf die Fälle, in denen nachträgliche Anschaffungs- oder Herstellungskosten Gegenstand einer eigenen Abschreibungsvergünstigung sind und sowohl für das Wirtschaftsgut in seinem ursprünglichen Zustand als auch für die nachträglichen Anschaffungs- oder Herstellungskosten Abschreibungsvergünstigungen auf Grund verschiedener Vorschriften in Betracht kommen.

Verlustklausel

(8) [1]Die Verlustklausel des § 7a Abs. 6 EStG i. d. F. der Bekanntmachung vom 21. 6. 1979 (BGBl. I S. 721, BStBl I S. 379) ist im Rahmen der Übergangsregelung zu § 15a EStG (§ 52 Abs. 22 und 33 EStG) weiter anzuwenden, und zwar wegen der Betriebsbezogenheit der Verlustklausel auf das gesamte Betriebsergebnis. [2]Im Rahmen dieser Übergangsregelung ist die Verlustklausel bei allen erhöhten Absetzungen und Sonderabschreibungen anzuwenden, die für zu einem Betriebsvermögen gehörende Wirtschaftsgüter in Anspruch genommen werden, soweit die Anwendung der Verlustklausel nicht ausdrücklich eingeschränkt oder ausgeschlossen worden ist.

AfA bei Gebäuden nach Ablauf des Begünstigungszeitraums

(9) [1]Bei Gebäuden, für die Sonderabschreibungen nach § 58 Abs. 1 EStG, nach § 3 ZRFG, nach den §§ 3 und 4 FördG oder nach § 76 EStDV oder erhöhte Absetzungen nach § 14 Abs. 1 oder § 14a Abs. 4 oder § 14d Abs. 1 Nr. 2 oder § 15 Abs. 2 Satz 2 BerlinFG oder nach § 14a BerlinFG 1976 i. d. F. der Bekanntmachung vom 18. 2. 1976 (BGBl. I S. 353, BStBl I S. 102) und den vorherigen Fassungen dieser Vorschrift vorgenommen worden sind, ist die lineare AfA in Anlehnung an § 7 Abs. 4 Satz 1 EStG nach einem um den Begünstigungszeitraum verminderten Abschreibungszeitraum von 25 Jahren, 33 Jahren, 40 Jahren oder 50 Jahren zu bemessen. [2]In den Fällen des § 76 EStDV a. F. ist die Restwertabschreibung höchstens nach dem um den Begünstigungszeitraum verminderten Abschreibungszeitraum von 30 Jahren (§ 76 Abs. 4 Satz 3 EStDV a. F.) zu bemessen. [3]Die Regelung nach Satz 1 gilt nicht, wenn der Restwert nach Ablauf eines Begünstigungszeitraums den Anschaffungs- oder Herstellungskosten des Gebäudes oder dem an deren Stelle tretenden Wert hinzuzurechnen ist (z. B. § 7b Abs. 2 Satz 3, § 7c Abs. 5 Satz 1 EStG, § 82a Abs. 1 Satz 2 EStDV) oder nach einem festen Prozentsatz abzuschreiben ist (z. B. § 7b Abs. 1 Satz 2 EStG).

AfA bei anderen Wirtschaftsgütern nach Ablauf des Begünstigungszeitraums

(10) [1]Die Restnutzungsdauer des Wirtschaftsgutes ist bei Beginn der Restwertabschreibung neu zu schätzen. [2]Es ist jedoch nicht zu beanstanden, wenn für die weitere Bemessung der AfA die um den Begünstigungszeitraum verminderte ursprüngliche Nutzungsdauer des Wirtschaftsgutes als Restnutzungsdauer zugrunde gelegt wird. [3]*Wurden für ein Wirtschaftsgut neben den Sonder-*

abschreibungen nach § 7g Abs. 5 EStG AfA nach § 7 Abs. 2 EStG vorgenommen, kann auch nach Ablauf des maßgebenden Begünstigungszeitraums weiterhin nach § 7 Abs. 2 EStG abgeschrieben werden.

Hinweise

H 7a

Anzahlungen auf Anschaffungskosten

a) Begriff

Vorleistungen, die in Erfüllung eines zu einem späteren Zeitpunkt noch zu vollziehenden Anschaffungsgeschäfts erbracht werden (→ BFH vom 2. 6. 1978 – BStBl II S. 475 und vom 21. 11. 1980 – BStBl 1981 II S. 179).

Keine Anzahlungen auf Anschaffungskosten sind Zahlungen gelegentlich eines Anschaffungsgeschäfts, durch die eine Tilgung der Kaufpreisschuld nicht eintritt (→ BFH vom 4. 3. 1983 – BStBl II S. 509).

Eine Wechselhingabe kann nicht als in Erfüllung eines Anschaffungsgeschäfts erbracht angesehen werden, wenn sie für den Empfänger keinen wirtschaftlichen Wert hat (→ BFH vom 28. 11. 1980 – BStBl 1981 II S. 286).

b) Abschlagszahlungen nach MaBV

Nach § 3 Abs. 2 MaBV in der ab 1. 6. 1997 anzuwendenden Fassung (BGBl. 1997 I S. 272) ist der Bauträger ermächtigt, Abschlagszahlungen entsprechend dem Bauablauf in bis zu sieben Teilbeträgen anzufordern, wobei die Teilbeträge aus den folgenden Prozentsätzen zusammengesetzt werden können:

30 % der Vertragssumme in den Fällen, in denen Eigentum an einem Grundstück übertragen werden soll, oder 20 % der Vertragssumme in den Fällen, in denen ein Erbbaurecht bestellt oder übertragen werden soll, nach Beginn der Erdarbeiten,

von der restlichen Vertragssumme

40 % nach Rohbaufertigstellung, einschließlich Zimmererarbeiten,

 8 % für die Herstellung der Dachflächen und Dachrinnen,

 3 % für die Rohinstallation der Heizungsanlagen,

 3 % für die Rohinstallation der Sanitäranlagen,

 3 % für die Rohinstallation der Elektroanlagen,

10 % für den Fenstereinbau, einschließlich der Verglasung,

 6 % für den Innenputz, ausgenommen Beiputzarbeiten,

 3 % für den Estrich,

 4 % für Fliesenarbeiten im Sanitärbereich,

12 % nach Bezugsfertigkeit und Zug um Zug gegen Besitzübergabe,

 3 % für die Fassadenarbeiten,

 5 % nach vollständiger Fertigstellung.

Über die Teilbeträge nach § 3 Abs. 2 MaBV hinausgehende Zahlungen sind nicht willkürlich, wenn der Bauträger Sicherheit nach § 7 MaBV geleistet hat und keine Anhaltspunkte für eine willkürliche Zahlung gegeben sind (→ BFH vom 14. 1. 2004 – BStBl II S. 750).

c) Zeitpunkt

Anzahlungen sind nicht schon im Zeitpunkt der Diskontierung des Wechsels aufgewendet, wenn der Diskonterlös für die Laufzeit des Wechsels auf einem Festgeldkonto angelegt wird und der Diskontnehmer während der Laufzeit des Wechsels nicht über den Wechselgegenwert verfügen kann (→ BFH vom 30. 10. 1986 – BStBl 1987 II S. 137).

Zeitpunkt der Anzahlung ist grundsätzlich der Zeitpunkt, in dem der Schuldner seiner Bank den Überweisungsauftrag erteilt hat (→ BFH vom 22. 5. 1987 – BStBl II S. 673).

Beispiele:

1. Nachträgliche Anschaffungs- oder Herstellungskosten

   An einem im April 01 angeschafften beweglichen Wirtschaftsgut mit einer betriebsgewöhnlichen Nutzungsdauer von 10 Jahren, für das im Jahr 01 die nach § 7g EStG zulässigen Sonderabschreibungen von 20 % und die lineare AfA in Anspruch genommen worden sind, werden nachträgliche Herstellungsarbeiten vorgenommen und im Jahr 05 beendet. Die nachträglichen Herstellungskosten entstehen im Dezember 04 und im Januar 05.

Anschaffungskosten	10 000 €
Abschreibungen 01 bis 03:	
a) 3 × 10 % von 10 000 €	– 3 000 €
b) 20 % von 10 000 €	– 2 000 €
Buchwert 31. 12. 03	5 000 €
nachträgliche Herstellungskosten 04	+ 1 800 €
	6 800 €

Abschreibungen 04:		
a) 10 % von 11 800 €		– 1 180 €
b) 20 % von 11 800 €	2 360 €	
abzüglich bisherige Sonderabschreibungen	2 000 €	– 360 €
Buchwert 31. 12. 04		5 260 €
nachträgliche Herstellungskosten 05		+ 200 €
		5 460 €

Abschreibungen 05:		
a) 10 % von 12 000 €		– 1 200 €
b) 20 % von 12 000 €	2 400 €	
abzüglich bisherige Sonderabschreibungen	2 360 €	– 40 €
Restwert 31. 12. 05		4 220 €

2. Minderung der Anschaffungs- oder Herstellungskosten

   An einem Gebäude werden im Jahr 01 Baumaßnahmen i. S. d. § 7i EStG durchgeführt. Im Februar 03 wird ein Zuschuss bewilligt.

Herstellungskosten	100 000 €
Erhöhte Absetzungen 01 bis 02: 2 × 10 % von 100 000 €	– 20 000 €
Buchwert 31. 12. 02	80 000 €
Zuschuss 03	– 40 000 €
	40 000 €
Erhöhte Absetzungen 03 bis 08: 6 × 10 % von 60 000 € =	– 36 000 €
Erhöhte Absetzungen 09 (Rest)	– 4 000 €
Buchwert 31. 12. 09	0 €

3. Rückforderung eines Zuschusses

   Sachverhalt wie in Beispiel 2 mit der Ergänzung, dass der Zuschuss im Jahr 04 zurückgefordert wird.

Herstellungskosten	100 000 €
Erhöhte Absetzungen 01 bis 02: 2 × 10 % von 100 000 €	– 20 000 €
Buchwert 31. 12. 02	80 000 €
Zuschuss 03	– 40 000 €
	40 000 €
Erhöhte Absetzungen 03: 10 % von 60 000 €	– 6 000 €
Buchwert 31. 12. 03	34 000 €
Rückforderung Zuschuss 04	+ 40 000 €
	74 000 €
Erhöhte Absetzungen 04 bis 10: 7 × 10 % von 100 000 €	– 70 000 €
Restwert 31. 12. 10	4 000 €

4. AfA bei Gebäuden nach Ablauf des Begünstigungszeitraums

   Für ein im Januar 01 hergestelltes Wirtschaftsgebäude sind in den Jahren 01 bis 03 die nach § 4 FördG zulässigen Sonderabschreibungen vorgenommen worden. Nach Ablauf des Begünstigungszeitraums am 31. 12. 05 beträgt die restliche Abschreibungsdauer des Gebäudes noch 20 Jahre.

Herstellungskosten	500 000 €
Abschreibungen 01 bis 03: 3 × 4 % = 12 % =	– 60 000 €
Sonderabschreibungen 50 % =	– 250 000 €
Abschreibungen 04 und 05: 2 × 4 % = 8 % =	– 40 000 €
Restwert 31. 12. 05 = Bemessungsgrundlage ab 06	150 000 €

   Vom Jahr 06 an beträgt die AfA jeweils 5 % = 7 500 € jährlich.

Degressive AfA

Die AfA nach § 7 Abs. 5 EStG gehört nicht zu den erhöhten Absetzungen (→ BFH vom 25. 5. 2004 – BStBl II S. 783). § 7a Abs. 4 EStG bezieht sich nur auf die kumulative Inanspruchnahme von Sonderabschreibungen und degressiver AfA in ein und demselben VZ (→ BFH vom 14. 3. 2006 – BStBl II S. 799).

Mehrere Beteiligte

– Sind Wirtschaftsgüter mehreren Beteiligten zuzurechnen, so können erhöhte Absetzungen und Sonderabschreibungen grundsätzlich nur einheitlich von allen Beteiligten in Anspruch genommen werden (→ BMF vom 7. 8. 1986 – BStBl II S. 910).

– → R 21.6 Satz 3.

– Nur der Gesellschafter, nicht die Personengesellschaft, ist zur Inanspruchnahme der erhöhten Absetzungen berechtigt. Scheidet ein Gesellschafter nach Durchführung der begünstigten Maßnahmen aus der Gesellschaft aus und übernehmen die übrigen Gesellschafter dessen Anteil (Anwachsung), so sind jedem der verbliebenen Gesellschafter nur in Höhe seiner ursprünglichen Beteiligung begünstigte Herstellungskosten zuzurechnen (→ BFH vom 17. 7. 2001 – BStBl II S. 760).

– Übernimmt im Rahmen der Liquidation einer vermögensverwaltenden Personengesellschaft ein Gesellschafter das weitgehend aus einem einzigen Wirtschaftsgut bestehende Gesellschaftsvermögen im Wege der Übertragung von Aktiva und Passiva, liegt hierin keine Anschaffung eines Unternehmens, sondern eine Gesamtrechtsnachfolge des zuletzt verbleibenden Gesellschafters in das Gesellschaftsvermögen der Gesellschaft (→ BFH vom 25. 6. 2002 – BStBl II S. 756).

Teilherstellungskosten

Teilherstellungskosten sind die Aufwendungen, die bis zum Ende des Wirtschaftsjahres durch den Verbrauch von Gütern und die Inanspruchnahme von Diensten für die Herstellung eines Wirtschaftsgutes entstanden sind (→ BFH vom 15. 11. 1985 – BStBl 1986 II S. 367).

Anzahlungen auf Teilherstellungskosten sind nicht begünstigt (→ BFH vom 10. 3. 1982 – BStBl II S. 426).

Verzeichnis

Das nach § 7a Abs. 8 EStG erforderliche Verzeichnis braucht erst im Zeitpunkt der Inanspruchnahme der erhöhten Absetzungen oder Sonderabschreibungen erstellt zu werden (→ BFH vom 9. 8. 1984 – BStBl 1985 II S. 47).

Willkürlich geleistete Zahlungen

Willkürlich geleistete Zahlungen sind keine Anzahlungen (→ BFH vom 3. 2. 1987 – BStBl II S. 492).

---

§ 7b Erhöhte Absetzungen für Einfamilienhäuser, Zweifamilienhäuser und Eigentumswohnungen

EStG
S 2197

(letztmals abgedruckt in der Einkommensteuer Handausgabe 1999)

---

§ 15 Erhöhte Absetzungen für Einfamilienhäuser, Zweifamilienhäuser und Eigentumswohnungen

EStDV

(zu § 7 EStG abgedruckt)

---

§ 7c Erhöhte Absetzungen für Baumaßnahmen an Gebäuden zur Schaffung neuer Mietwohnungen

EStG
S 2197a

(letztmals abgedruckt in der Handausgabe 2005)

EStG
S 2182

§ 7d   Erhöhte Absetzungen für Wirtschaftsgüter, die dem Umweltschutz dienen

(letztmals abgedruckt in der Handausgabe 2005)

R 7d

7d. Weitergeltung der Anordnungen zu § 7d EStG

(letztmals abgedruckt in der Handausgabe 2005)

EStG

§ 7e

– weggefallen –

EStG
S 2183a

§ 7f   Bewertungsfreiheit für abnutzbare Wirtschaftsgüter des Anlagevermögens privater Krankenhäuser

(letztmals abgedruckt in der Handausgabe 2005)

R 7f

7f. Weitergeltung der Anordnungen zu § 7f EStG

(letztmals abgedruckt in der Handausgabe 2005)

EStG
1)

§ 7g   Investitionsabzugsbeträge und Sonderabschreibungen zur Förderung kleiner und mittlerer Betriebe

S 2183b

(1) [1]Steuerpflichtige können für die künftige Anschaffung oder Herstellung eines abnutzbaren beweglichen Wirtschaftsguts des Anlagevermögens bis zu 40 Prozent der voraussichtlichen Anschaffungs- oder Herstellungskosten gewinnmindernd abziehen (Investitionsabzugsbetrag). [2]Der Investitionsabzugsbetrag kann nur in Anspruch genommen werden, wenn

1. der Betrieb am Schluss des Wirtschaftsjahres, in dem der Abzug vorgenommen wird, die folgenden Größenmerkmale nicht überschreitet:

   a) bei Gewerbebetrieben oder der selbständigen Arbeit dienenden Betrieben, die ihren Gewinn nach § 4 Absatz 1 oder § 5 ermitteln, ein Betriebsvermögen von 235 000 Euro;

   b) bei Betrieben der Land- und Forstwirtschaft einen Wirtschaftswert oder einen Ersatzwirtschaftswert von 125 000 Euro oder

   c) bei Betrieben im Sinne der Buchstaben a und b, die ihren Gewinn nach § 4 Absatz 3 ermitteln, ohne Berücksichtigung des Investitionsabzugsbetrags einen Gewinn von 100 000 Euro;

2. der Steuerpflichtige beabsichtigt, das begünstigte Wirtschaftsgut voraussichtlich

   a) in den dem Wirtschaftsjahr des Abzugs folgenden drei Wirtschaftsjahren anzuschaffen oder herzustellen;

   b) mindestens bis zum Ende des dem Wirtschaftsjahr der Anschaffung oder Herstellung folgenden Wirtschaftsjahres in einer inländischen Betriebsstätte des Betriebs ausschließlich oder fast ausschließlich betrieblich zu nutzen und

---

1) § 7g EStG wurde durch das Unternehmensteuerreformgesetz 2008 neu gefasst. Absatz 1 bis 4 und 7 i. d. F. des Unternehmensteuerreformgesetzes 2008 sind erstmals für Wirtschaftsjahre anzuwenden, die nach dem 17. 8. 2007 enden. Absatz 5 und 6 i. d. F. des Unternehmensteuerreformgesetzes 2008 sind erstmals bei Wirtschaftsgütern anzuwenden, die nach dem 31. 12. 2007 angeschafft oder hergestellt werden. Bei Ansparabschreibungen, die in vor dem 18. 8. 2007 endenden Wirtschaftsjahren gebildet worden sind, und Wirtschaftsgütern, die vor dem 1. 1. 2008 angeschafft oder hergestellt worden sind, ist § 7g EStG in der bis zum 17. 8. 2007 geltenden Fassung (→ Handausgabe 2007) weiter anzuwenden. Soweit Ansparabschreibungen noch nicht gewinnerhöhend aufgelöst worden sind, vermindert sich der Höchstbetrag von 200 000 Euro nach § 7g Absatz 1 Satz 4 EStG i. d. F. des Unternehmensteuerreformgesetzes 2008 um die noch vorhandenen Ansparabschreibungen. → § 52 Absatz 23 Satz 1 bis 4 EStG.

3. der Steuerpflichtige das begünstigte Wirtschaftsgut in den beim Finanzamt einzureichenden Unterlagen seiner Funktion nach benennt und die Höhe der voraussichtlichen Anschaffungs- oder Herstellungskosten angibt.

[3]Abzugsbeträge können auch dann in Anspruch genommen werden, wenn dadurch ein Verlust entsteht oder sich erhöht. [4]Die Summe der Beträge, die im Wirtschaftsjahr des Abzugs und in den drei vorangegangenen Wirtschaftsjahren nach Satz 1 insgesamt abgezogen und nicht nach Absatz 2 hinzugerechnet oder nach Absatz 3 oder 4 rückgängig gemacht wurden, darf je Betrieb 200 000 Euro nicht übersteigen.

(2) [1]Im Wirtschaftsjahr der Anschaffung oder Herstellung des begünstigten Wirtschaftsguts ist der für dieses Wirtschaftsgut in Anspruch genommene Investitionsabzugsbetrag in Höhe von 40 Prozent der Anschaffungs- oder Herstellungskosten gewinnerhöhend hinzuzurechnen; die Hinzurechnung darf den nach Absatz 1 abgezogenen Betrag nicht übersteigen. [2]Die Anschaffungs- oder Herstellungskosten des Wirtschaftsguts können in dem in Satz 1 genannten Wirtschaftsjahr um bis zu 40 Prozent, höchstens jedoch um die Hinzurechnung nach Satz 1, gewinnmindernd herabgesetzt werden; die Bemessungsgrundlage für die Absetzungen für Abnutzung, erhöhten Absetzungen und Sonderabschreibungen sowie die Anschaffungs- oder Herstellungskosten im Sinne von § 6 Absatz 2 und 2a verringern sich entsprechend.

(3) [1]Soweit der Investitionsabzugsbetrag nicht bis zum Ende des dritten auf das Wirtschaftsjahr des Abzugs folgenden Wirtschaftsjahres nach Absatz 2 hinzugerechnet wurde, ist der Abzug nach Absatz 1 rückgängig zu machen. [2]Wurde der Gewinn des maßgebenden Wirtschaftsjahres bereits einer Steuerfestsetzung oder einer gesonderten Feststellung zugrunde gelegt, ist der entsprechende Steuer- oder Feststellungsbescheid insoweit zu ändern. [3]Das gilt auch dann, wenn der Steuer- oder Feststellungsbescheid bestandskräftig geworden ist; die Festsetzungsfrist endet insoweit nicht, bevor die Festsetzungsfrist für den Veranlagungszeitraum abgelaufen ist, in dem das dritte auf das Wirtschaftsjahr des Abzugs folgende Wirtschaftsjahr endet.

(4) [1]Wird in den Fällen des Absatzes 2 das Wirtschaftsgut nicht bis zum Ende des dem Wirtschaftsjahr der Anschaffung oder Herstellung folgenden Wirtschaftsjahres in einer inländischen Betriebsstätte des Betriebs ausschließlich oder fast ausschließlich betrieblich genutzt, sind der Abzug nach Absatz 1 sowie die Herabsetzung der Anschaffungs- oder Herstellungskosten, die Verringerung der Bemessungsgrundlage und die Hinzurechnung nach Absatz 2 rückgängig zu machen. [2]Wurden die Gewinne der maßgebenden Wirtschaftsjahre bereits Steuerfestsetzungen oder gesonderten Feststellungen zugrunde gelegt, sind die entsprechenden Steuer- oder Feststellungsbescheide insoweit zu ändern. [3]Das gilt auch dann, wenn die Steuer- oder Feststellungsbescheide bestandskräftig geworden sind; die Festsetzungsfristen enden insoweit nicht, bevor die Festsetzungsfrist für den Veranlagungszeitraum abgelaufen ist, in dem die Voraussetzungen des Absatzes 1 Satz 2 Nr. 2 Buchstabe b erstmals nicht mehr vorliegen. [4]§ 233a Absatz 2a der Abgabenordnung ist nicht anzuwenden.

(5) Bei abnutzbaren beweglichen Wirtschaftsgütern des Anlagevermögens können unter den Voraussetzungen des Absatzes 6 im Jahr der Anschaffung oder Herstellung und in den vier folgenden Jahren neben den Absetzungen für Abnutzung nach § 7 Absatz 1 oder Absatz 2 Sonderabschreibungen bis zu insgesamt 20 Prozent der Anschaffungs- oder Herstellungskosten in Anspruch genommen werden.

(6) Die Sonderabschreibungen nach Absatz 5 können nur in Anspruch genommen werden, wenn

1. der Betrieb zum Schluss des Wirtschaftsjahres, das der Anschaffung oder Herstellung vorangeht, die Größenmerkmale des Absatzes 1 Satz 2 Nummer 1 nicht überschreitet, und [1]

2. das Wirtschaftsgut im Jahr der Anschaffung oder Herstellung und im darauf folgenden Wirtschaftsjahr in einer inländischen Betriebsstätte des Betriebs des Steuerpflichtigen ausschließlich oder fast ausschließlich betrieblich genutzt wird; Absatz 4 gilt entsprechend.

(7) Bei Personengesellschaften und Gemeinschaften sind die Absätze 1 bis 6 mit der Maßgabe anzuwenden, dass an die Stelle des Steuerpflichtigen die Gesellschaft oder die Gemeinschaft tritt.

---

[1] Absatz 6 Nr. 1 ist bei Wirtschaftsgütern, die nach dem 31. 12. 2008 und vor dem 1. 1. 2011 angeschafft oder hergestellt werden mit der Maßgabe anzuwenden, dass der Betrieb zum Schluss des Wirtschaftsjahres, das der Anschaffung oder Herstellung vorangeht, die Größenmerkmale des Satzes 5 nicht überschreitet → § 52 Abs. 23 Satz 6 EStG i. d. F. des Gesetzes zur Umsetzung steuerrechtlicher Regelungen des Maßnahmenpakets „Beschäftigungssicherung durch Wachstumsstärkung".

H 7g

Hinweise

Ansparabschreibungen nach § 7g Abs. 3 bis 8 EStG a. F.

Zu Ansparabschreibungen, die in vor dem 18. 8. 2007 endenden Wirtschaftsjahren gebildet worden sind, → BMF vom 25. 2. 2004 (BStBl I S. 337) unter Berücksichtigung der Änderungen durch BMF vom 30. 10. 2007 (BStBl I S. 790)[1].

Blockheizkraftwerke

sind als selbständige, vom Gebäude losgelöste bewegliche Wirtschaftsgüter zu behandeln → LfSt Bayern vom 5. 8. 2010 (DB 2010, S. 1729); Einzelheiten → H 7.1 (Fotovoltaikanlagen)

Fotovoltaikanlagen

- sind als selbständige, vom Gebäude losgelöste bewegliche Wirtschaftsgüter zu behandeln → LfSt Bayern vom 5. 8. 2010 (DB 2010, S. 1729); Einzelheiten → H 7.1 (Fotovoltaikanlagen)
- als „wesentliche Betriebserweiterung"
  - bei einem Elektroinstallationsunternehmens (→ BFH vom 15. 9. 2010 – BFH/NV 2011 S. 235 und S. 238)
  - (1) Ab welcher Kapazitätsausweitung ist eine „wesentliche Betriebserweiterung" anzunehmen?
    (2) Ist aufgrund der Tatsache, dass die Erweiterung auf einem anderen separaten Dach angebracht wurde, von einer weiteren Betriebsstätte auszugehen?
    (3) Ist eine verbindliche Bestellung zur hinreichenden Konkretisierung der Investition auch dann erforderlich, wenn bereits Vorbereitungshandlungen erfolgt sind?
    → FG Münster vom 21. 1. 2010 (11 K 435/08 E) – Rev. – III R 15/10
- Nachweis der Investitionsabsicht: Sind die von der Rechtsprechung zu § 7g EStG a. F. entwickelten Grundsätze hinsichtlich einer erforderlichen verbindlichen Bestellung der wesentlichen Betriebsgrundlagen bei Betriebseröffnung auf § 7g EStG n. F. zu übertragen?
  → Niedersächsisches Finanzgericht vom 3. 5. 2011 – 13 K 12121/10 – Rev. – III R 37/11

Anhang 13b · **Investitionsabzugsbetrag**

Zu Zweifelsfragen zum Investitionsabzugsbetrag nach § 7g Abs. 1 bis 4 und 7 EStG → BMF vom 8. 5. 2009 (BStBl I S. 633)

Umwandlung

Bei der Umwandlung eines Einzelunternehmens in eine GmbH ist für das Betriebsgrößenmerkmal des § 7g Abs. 2 Nr. 1 Buchst. a EStG a. F. auf das Betriebsvermögen des Einzelunternehmens zum Ende des der Gründung der GmbH vorangegangenen Wirtschaftsjahres abzustellen (BFH vom 19. 5. 2010 – BFH/NV 2010 S. 2072).

EStG
S 2198a

§ 7h Erhöhte Absetzungen bei Gebäuden in Sanierungsgebieten und städtebaulichen Entwicklungsbereichen

[2] **(1)** [1]Bei einem im Inland belegenen Gebäude in einem förmlich festgelegten Sanierungsgebiet oder städtebaulichen Entwicklungsbereich kann der Steuerpflichtige abweichend von § 7 Absatz 4 und 5 im Jahr der Herstellung und in den folgenden sieben Jahren jeweils bis zu 9 Prozent und in den folgenden vier Jahren jeweils bis zu 7 Prozent der Herstellungskosten für Modernisierungs- und Instandsetzungsmaßnahmen im Sinne des § 177 des Baugesetzbuchs absetzen. [2]Satz 1 ist entsprechend anzuwenden auf Herstellungskosten für Maßnahmen, die der Erhaltung, Erneuerung und funktionsgerechten Verwendung eines Gebäudes im Sinne des Satzes 1 dienen, das wegen seiner geschichtlichen, künstlerischen oder städtebaulichen Bedeutung erhalten bleiben soll, und zu deren Durchführung sich der Eigentümer neben bestimmten Modernisierungsmaßnahmen gegenüber der Gemeinde verpflichtet hat. [3]Der Steuerpflichtige kann die erhöhten Absetzungen im Jahr des Abschlusses der Maßnahme und in den folgenden elf Jahren auch für

---

1) Letztmals abgedruckt im EStH 2007.
2) Zur Anwendung von Absatz 1 Satz 1 und Satz 3 → § 52 Absatz 23a EStG.

Anschaffungskosten in Anspruch nehmen, die auf Maßnahmen im Sinne der Sätze 1 und 2 entfallen, soweit diese nach dem rechtswirksamen Abschluss eines obligatorischen Erwerbsvertrags oder eines gleichstehenden Rechtsakts durchgeführt worden sind. [4]Die erhöhten Absetzungen können nur in Anspruch genommen werden, soweit die Herstellungs- oder Anschaffungskosten durch Zuschüsse aus Sanierungs- oder Entwicklungsförderungsmitteln nicht gedeckt sind. [5]Nach Ablauf des Begünstigungszeitraums ist ein Restwert den Herstellungs- oder Anschaffungskosten des Gebäudes oder dem an deren Stelle tretenden Wert hinzuzurechnen; die weiteren Absetzungen für Abnutzung sind einheitlich für das gesamte Gebäude nach dem sich hiernach ergebenden Betrag und dem für das Gebäude maßgebenden Hundertsatz zu bemessen.

(2) [1]Der Steuerpflichtige kann die erhöhten Absetzungen nur in Anspruch nehmen, wenn er durch eine Bescheinigung der zuständigen Gemeindebehörde die Voraussetzungen des Absatzes 1 für das Gebäude und die Maßnahmen nachweist. [2]Sind ihm Zuschüsse aus Sanierungs- oder Entwicklungsförderungsmitteln gewährt worden, so hat die Bescheinigung auch deren Höhe zu enthalten; werden ihm solche Zuschüsse nach Ausstellung der Bescheinigung gewährt, so ist diese entsprechend zu ändern.

(3) Die Absätze 1 und 2 sind auf Gebäudeteile, die selbständige unbewegliche Wirtschaftsgüter sind, sowie auf Eigentumswohnungen und auf im Teileigentum stehende Räume entsprechend anzuwenden.

7h. Erhöhte Absetzungen nach § 7h EStG von Aufwendungen für bestimmte Maßnahmen an Gebäuden in Sanierungsgebieten und städtebaulichen Entwicklungsbereichen

(1) Den Miteigentümern eines Gebäudes stehen erhöhte Absetzungen nach § 7h EStG grundsätzlich im Verhältnis ihrer Eigentumsanteile zu; auf R 21.6 wird hingewiesen.

(2) Wird ein Gebäude, bei dem erhöhte Absetzungen nach § 7h EStG vorgenommen werden, aus dem Betriebsvermögen in das Privatvermögen oder umgekehrt überführt, ist eine sich dabei ergebende Erhöhung oder Minderung der Bemessungsgrundlage dem Teil des Gebäudes zuzuordnen, für den keine erhöhten Absetzungen nach § 7h EStG gewährt werden.

(3) [1]Werden erhöhte Absetzungen nach § 7h EStG in Anspruch genommen, braucht aus Vereinfachungsgründen das Vorliegen der Voraussetzungen nur für den VZ geprüft zu werden, in dem die begünstigten Baumaßnahmen fertiggestellt worden sind. [2]Die Nachholung versehentlich unterlassener erhöhter Absetzungen nach § 7h EStG ist nicht möglich.

(4) [1]Die zuständige Gemeindebehörde nach den länderspezifischen → Bescheinigungsrichtlinien hat zu prüfen,

1. ob das Gebäude in einem förmlich festgelegten Sanierungsgebiet oder städtebaulichen Entwicklungsbereich belegen ist,

2. ob Modernisierungs- und Instandsetzungsmaßnahmen i. S. d. § 177 BauGB oder andere Maßnahmen i. S. d. § 7h Abs. 1 Satz 2 EStG durchgeführt worden sind,

3. in welcher Höhe Aufwendungen, die die vorstehenden Voraussetzungen erfüllen, angefallen sind,

4. inwieweit Zuschüsse aus öffentlichen Mitteln durch eine der für Sanierungsgebiete oder städtebaulichen Entwicklungsbereiche zuständigen Behörde bewilligt worden sind oder nach Ausstellung der Bescheinigung bewilligt werden (Änderung der Bescheinigung).

[2]Die Bescheinigung unterliegt weder in rechtlicher noch in tatsächlicher Hinsicht der Nachprüfung durch die Finanzbehörden. [3]Es handelt sich hierbei um einen Verwaltungsakt in Form eines Grundlagenbescheides, an den die Finanzbehörden im Rahmen des gesetzlich vorgegebenen Umfangs gebunden sind (§ 175 Abs. 1 Satz 1 Nr. 1 AO). [4]Ist jedoch offensichtlich, dass die Bescheinigung für Maßnahmen erteilt worden ist, bei denen die Voraussetzungen nicht vorliegen, hat die Finanzbehörde die Gemeindebehörde zur Überprüfung veranlassen sowie um Rücknahme oder Änderung der Bescheinigung nach Maßgabe des § 48 Abs. 1 VwVfG bitten. [5]Die Gemeindebehörde ist verpflichtet, dem Finanzamt die Rücknahme oder Änderung der Bescheinigung mitzuteilen (§ 4 Mitteilungsverordnung).

(5) Die Finanzbehörden haben zu prüfen,

1. ob die vorgelegte Bescheinigung von der zuständigen Gemeindebehörde ausgestellt worden ist,

2. ob die bescheinigten Aufwendungen steuerrechtlich dem Gebäude i. S. d. § 7h Abs. 1 EStG zuzuordnen sind,

3. ob die bescheinigten Aufwendungen zu den Herstellungskosten oder den nach § 7h Abs. 1 Satz 3 EStG begünstigten Anschaffungskosten, zu den sofort abziehbaren Betriebsausgaben

oder Werbungskosten, insbesondere zum Erhaltungsaufwand, oder zu den nicht abziehbaren Ausgaben gehören,

4. ob weitere Zuschüsse für die bescheinigten Aufwendungen gezahlt werden oder worden sind,

5. ob die Aufwendungen bei einer Einkunftsart oder bei einem zu eigenen Wohnzwecken genutzten Gebäude wie Sonderausgaben (→ § 10f EStG) berücksichtigt werden können,

6. in welchem VZ die erhöhten Absetzungen, die Verteilung von Erhaltungsaufwand (→ § 11a EStG) oder der Abzug wie Sonderausgaben (→ § 10f EStG) erstmals in Anspruch genommen werden können.

(6) [1]Eine begünstigte Maßnahme i. S. d. § 7h Abs. 1 Satz 1 EStG liegt auch vor, wenn die Modernisierungs- und Instandhaltungsmaßnahmen auf Grund einer konkreten vertraglichen Vereinbarung zwischen Eigentümer und Gemeinde durchgeführt werden. [2]Die Prüfungs- und Bescheinigungspflicht i. S. d. Absatzes 4 besteht auch in diesen Fällen. [3]Baumaßnahmen, die ohne konkrete vertragliche Vereinbarung auf freiwilliger Grundlage durchgeführt werden, sind von dem Begünstigungstatbestand des § 7h Abs. 1 Satz 1 EStG nicht erfasst.

(7) Für die Begünstigung von Modernisierungs- und Instandsetzungsmaßnahmen i. S. d. § 177 BauGB ist es unschädlich, wenn die zugrunde liegende Sanierungssatzung während oder nach Durchführung der Maßnahmen aufgehoben wird.

H 7h   Hinweise

Bauherrenmodelle

Zu den Besonderheiten bei Baumaßnahmen i. S. d. §§ 7h und 7i EStG im Rahmen von Bauherrenmodellen → BMF vom 20. 10. 2003 (BStBl I S. 546), RdNr. 10.

Begünstigte Baumaßnahmen

Begünstigt sind nur Herstellungskosten an einem im Sanierungsgebiet liegenden, bestehenden Gebäude, nicht hingegen der Neubau oder Wiederaufbau von Gebäuden (→ BFH vom 2. 9. 2008 – BStBl 2009 II S. 596).

Bescheinigungsrichtlinien

Übersicht über die Veröffentlichung der länderspezifischen Bescheinigungsrichtlinien → BMF vom 10. 11. 2000 (BStBl I S. 1513) und vom 8. 11. 2004 (BStBl I S. 1049).

Bindungswirkung der Bescheinigung

– Die Bindungswirkung der Bescheinigung umfasst nicht die persönliche Abzugsberechtigung (→ BFH vom 21. 8. 2001 – BStBl 2003 II S. 910).

– Reichweite der Bindungswirkung der Bescheinigung → BMF vom 16. 5. 2007 (BStBl I S. 475)

Personengesellschaft

Erhöhte Absetzungen nach Ausscheiden eines Gesellschafters → H 7a (Mehrere Beteiligte).

Stadtumbaugebiet

Für Maßnahmen an Gebäuden im Stadtumbaugebiet (§§ 171a bis 171d BauGB) können keine erhöhten Absetzungen nach § 7h EStG in Anspruch genommen werden. Für derartige Stadtumbaumaßnahmen darf keine Bescheinigung nach § 7h EStG ausgestellt werden → LfSt Bayern vom 9. 1. 2006 (DB 2006, S. 128).

Verwaltungsverfahrensgesetz

§ 48 VwVfG – Rücknahme eines rechtswidrigen Verwaltungsaktes

„(1) [1]Ein rechtswidriger Verwaltungsakt kann, auch nachdem er unanfechtbar geworden ist, ganz oder teilweise mit Wirkung für die Zukunft oder für die Vergangenheit zurückgenommen werden. [2]Ein Verwaltungsakt, der ein Recht oder einen rechtlich erheblichen Vorteil begründet oder bestätigt hat (begünstigender Verwaltungsakt), darf nur unter den Einschränkungen der Absätze 2 bis 4 zurückgenommen werden.

(2) [1]Ein rechtswidriger Verwaltungsakt, der eine einmalige oder laufende Geldleistung oder teilbare Sachleistung gewährt oder hierfür Voraussetzung ist, darf nicht zurückgenommen werden,

soweit der Begünstigte auf den Bestand des Verwaltungsaktes vertraut hat und sein Vertrauen unter Abwägung mit dem öffentlichen Interesse an einer Rücknahme schutzwürdig ist. [2]Das Vertrauen ist in der Regel schutzwürdig, wenn der Begünstigte gewährte Leistungen verbraucht oder eine Vermögensdisposition getroffen hat, die er nicht mehr oder nur unter unzumutbaren Nachteilen rückgängig machen kann. [3]Auf Vertrauen kann sich der Begünstigte nicht berufen, wenn er

1. den Verwaltungsakt durch arglistige Täuschung, Drohung oder Bestechung erwirkt hat;
2. den Verwaltungsakt durch Angaben erwirkt hat, die in wesentlicher Beziehung unrichtig oder unvollständig waren;
3. die Rechtswidrigkeit des Verwaltungsaktes kannte oder infolge grober Fahrlässigkeit nicht kannte.

[4]In den Fällen des Satzes 3 wird der Verwaltungsakt in der Regel mit Wirkung für die Vergangenheit zurückgenommen.

(3) [1]Wird ein rechtswidriger Verwaltungsakt, der nicht unter Absatz 2 fällt, zurückgenommen, so hat die Behörde dem Betroffenen auf Antrag den Vermögensnachteil auszugleichen, den dieser dadurch erleidet, dass er auf den Bestand des Verwaltungsaktes vertraut hat, soweit sein Vertrauen unter Abwägung mit dem öffentlichen Interesse schutzwürdig ist. [2]Absatz 2 Satz 3 ist anzuwenden. [3]Der Vermögensnachteil ist jedoch nicht über den Betrag des Interesses hinaus zu ersetzen, das der Betroffene an dem Bestand des Verwaltungsaktes hat. [4]Der auszugleichende Vermögensnachteil wird durch die Behörde festgesetzt. [5]Der Anspruch kann nur innerhalb eines Jahres geltend gemacht werden; die Frist beginnt, sobald die Behörde den Betroffenen auf sie hingewiesen hat.

(4) [1]Erhält die Behörde von Tatsachen Kenntnis, welche die Rücknahme eines rechtswidrigen Verwaltungsaktes rechtfertigen, so ist die Rücknahme nur innerhalb eines Jahres seit dem Zeitpunkt der Kenntnisnahme zulässig. [2]Dies gilt nicht im Falle des Absatzes 2 Satz 3 Nr. 1.

(5) Über die Rücknahme entscheidet nach Unanfechtbarkeit des Verwaltungsaktes die nach § 3 zuständige Behörde; dies gilt auch dann, wenn der zurücknehmende Verwaltungsakt von einer anderen Behörde erlassen worden ist."

§ 7i Erhöhte Absetzungen bei Baudenkmalen

EStG
S 2198b
1)

(1) [1]Bei einem im Inland belegenen Gebäude, das nach den jeweiligen landesrechtlichen Vorschriften ein Baudenkmal ist, kann der Steuerpflichtige abweichend von § 7 Absatz 4 und 5 im Jahr der Herstellung und in den folgenden sieben Jahren jeweils bis zu 9 Prozent und in den folgenden vier Jahren jeweils bis zu 7 Prozent der Herstellungskosten für Baumaßnahmen, die nach Art und Umfang zur Erhaltung des Gebäudes als Baudenkmal oder zu seiner sinnvollen Nutzung erforderlich sind, absetzen. [2]Eine sinnvolle Nutzung ist nur anzunehmen, wenn das Gebäude in der Weise genutzt wird, dass die Erhaltung der schützenswerten Substanz des Gebäudes auf die Dauer gewährleistet ist. [3]Bei einem im Inland belegenen Gebäudeteil, das nach den jeweiligen landesrechtlichen Vorschriften ein Baudenkmal ist, sind die Sätze 1 und 2 entsprechend anzuwenden. [4]Bei einem im Inland belegenen Gebäude oder Gebäudeteil, das für sich allein nicht die Voraussetzungen für ein Baudenkmal erfüllt, aber Teil einer Gebäudegruppe oder Gesamtanlage ist, die nach den jeweiligen landesrechtlichen Vorschriften als Einheit geschützt ist, kann der Steuerpflichtige die erhöhten Absetzungen von den Herstellungskosten für Baumaßnahmen vornehmen, die nach Art und Umfang zur Erhaltung des schützenswerten äußeren Erscheinungsbildes der Gebäudegruppe oder Gesamtanlage erforderlich sind. [5]Der Steuerpflichtige kann die erhöhten Absetzungen im Jahr des Abschlusses der Baumaßnahme und in den folgenden elf Jahren auch für Anschaffungskosten in Anspruch nehmen, die auf Baumaßnahmen im Sinne der Sätze 1 bis 4 entfallen, soweit diese nach dem rechtswirksamen Abschluss eines obligatorischen Erwerbsvertrages oder eines gleichstehenden Rechtsaktes durchgeführt worden sind. [6]Die Baumaßnahmen müssen in Abstimmung mit der in Absatz 2 bezeichneten Stelle durchgeführt worden sein. [7]Die erhöhten Absetzungen können nur in Anspruch genommen werden, soweit die Herstellungs- oder Anschaffungskosten nicht durch Zuschüsse aus öffentlichen Kassen gedeckt sind. [8]§ 7h Absatz 1 Satz 5 ist entsprechend anzuwenden.

(2) [1]Der Steuerpflichtige kann die erhöhten Absetzungen nur in Anspruch nehmen, wenn er durch eine Bescheinigung der nach Landesrecht zuständigen oder von der Landesregierung bestimmten Stelle die Voraussetzungen des Absatzes 1 für das Gebäude oder Gebäudeteil und für die Erforderlichkeit der Aufwendungen nachweist. [2]Hat eine der für Denkmalschutz oder Denkmalpflege zuständigen Behörden ihm Zuschüsse gewährt, so hat die Bescheinigung auch deren Höhe zu enthalten; werden ihm solche Zuschüsse nach Ausstellung der Bescheinigung gewährt, so ist diese entsprechend zu ändern.

(3) § 7h Absatz 3 ist entsprechend anzuwenden.

---

1) Zur Anwendung von Absatz 1 Satz 1 und Satz 5 → § 52 Absatz 23b EStG.

R 7i **7i. Erhöhte Absetzungen nach § 7i EStG von Aufwendungen für bestimmte Baumaßnahmen an Baudenkmalen**

(1) R 7h Abs. 1 bis 3 gilt entsprechend.

(2) [1]Die nach Landesrecht zuständige Denkmalbehörde hat zu prüfen und zu bescheinigen,

1. ob das Gebäude oder der Gebäudeteil nach den landesrechtlichen Vorschriften ein Baudenkmal ist,

2. ob die Baumaßnahmen nach Art und Umfang
   a) zur Erhaltung des Gebäudes oder Gebäudeteiles als Baudenkmal oder zu seiner sinnvollen Nutzung,
   b) bei einem Gebäude, das Teil einer geschützten Gesamtanlage oder Gebäudegruppe ist, zur Erhaltung des schützenswerten äußeren Erscheinungsbildes der Gesamtanlage oder Gebäudegruppe

   erforderlich waren,

3. ob die Arbeiten vor Beginn und bei Planungsänderungen vor Beginn der geänderten Vorhaben mit der Bescheinigungsbehörde abgestimmt waren,

4. in welcher Höhe Aufwendungen, die die vorstehenden Voraussetzungen erfüllen, angefallen sind,

5. ob und in welcher Höhe Zuschüsse aus öffentlichen Mitteln durch eine der für den Denkmalschutz oder Denkmalpflege zuständigen Behörden bewilligt worden sind oder nach Ausstellung der Bescheinigung bewilligt werden (Änderung der Bescheinigung).

[2]R 7h Abs. 4 Satz 2 bis 5 gilt entsprechend.

(3) [1]Die Finanzbehörden haben zu prüfen,

1. ob die vorgelegte Bescheinigung von der nach Landesrecht zuständigen oder der von den Landesregierungen bestimmten Behörde ausgestellt worden ist,

2. ob die bescheinigten Aufwendungen zu den Herstellungskosten oder den nach § 7i Abs. 1 Satz 5 EStG begünstigten Anschaffungskosten, zu den sofort abziehbaren Betriebsausgaben oder Werbungskosten, insbesondere zum Erhaltungsaufwand, oder zu den nicht abziehbaren Ausgaben gehören,

3. ob die bescheinigten Aufwendungen steuerrechtlich dem Gebäude oder Gebäudeteil i. S. d. § 7i Abs. 1 EStG zuzurechnen sind,

4. ob weitere Zuschüsse für die bescheinigten Aufwendungen gezahlt werden oder worden sind,

5. ob die Aufwendungen bei einer Einkunftsart oder bei einem zu eigenen Wohnzwecken genutzten Gebäude wie Sonderausgaben (→ § 10f EStG) berücksichtigt werden können,

6. in welchem VZ die erhöhten Absetzungen, die Verteilung von Erhaltungsaufwand (→ § 11b EStG) oder der Abzug wie Sonderausgaben (→ § 10f EStG) erstmals in Anspruch genommen werden können.

[2]Fällt die Eigenschaft als Baudenkmal innerhalb des Begünstigungszeitraums weg, können die erhöhten Absetzungen ab dem Jahr, das auf den Wegfall folgt, nicht weiter in Anspruch genommen werden.

H 7i **Hinweise**

Bauherrenmodelle

Anhang 19 Zu den Besonderheiten bei Baumaßnahmen i. S. d. §§ 7h und 7i EStG im Rahmen von Bauherrenmodellen → BMF vom 20. 10. 2003 (BStBl I S. 546), RdNr. 10.

Bescheinigungsbehörde

Übersicht über die zuständigen Bescheinigungsbehörden → BMF vom 6. 1. 2009 (BStBl I S. 39).

I. Steuerbegünstigung für Baudenkmale (§§ 7i, 10f, 11b EStG, § 52 Abs. 23b und 27 EStG)	
Baden-Württemberg	Untere Denkmalschutzbehörden
Bayern	Bayer. Landesamt für Denkmalpflege
	Hofgraben 4
	80539 München
	(Postanschrift: Postfach 100203,
	80076 München)
Berlin	Landesdenkmalamt Berlin
	Krausenstraße 38/39
	10117 Berlin

Brandenburg	Untere Denkmalschutzbehörden
Bremen	Landesamt für Denkmalpflege Sandstraße 3 28195 Bremen
Hamburg	Kulturbehörde der Freien und Hansestadt Hamburg – Denkmalschutzamt – Imstedt 18-20 22083 Hamburg
Hessen	Untere Denkmalschutzbehörden im Einvernehmen mit dem Landesamt für Denkmal- pflege Hessen Schloss Biebrich/Westflügel 65203 Wiesbaden
Mecklenburg-Vorpommern	Landesamt für Kultur und Denkmalpflege Domhof 4/5 19055 Schwerin
Niedersachsen	Gemeinden, soweit ihnen die Aufgaben der Unteren Bauaufsichtsbehörden obliegen, im übrigen die Landkreise als Untere Denkmalschutzbehörden
Nordrhein-Westfalen	Gemeinden als Untere Denkmalschutzbehörden
Rheinland-Pfalz	Generaldirektion Kulturelles Erbe Direktion Landesdenkmalpflege Schillerstraße 44 55116 Mainz
Saarland	Ministerium für Umwelt Landesdenkmalamt Am Bergwerk Reden 11 66578 Schiffweiler (Postanschrift: Keplerstraße 18 66117 Saarbrücken)
Sachsen	Untere Denkmalschutzbehörden
Sachsen-Anhalt	Untere Denkmalschutzbehörden
Schleswig-Holstein	Landesamt für Denkmalpflege Schleswig-Holstein Wall 47/51 24103 Kiel
Thüringen	Thüringisches Landesamt für Denkmalpflege und Archäologie Humboldtstraße 11 99423 Weimar (Postanschrift: Thüringisches Landesamt für Denkmalpflege und Archäologie – Gemeinsame Verwaltung – Neuwerkstraße 3 – 5 99084 Erfurt)

II. Steuerbegünstigung für schutzwürdige Kulturgüter (§ 10g EStG, § 52 Abs. 27a EStG)

	Archive i. S. des § 10g Abs. 1 S. 2 Nr. 4 EStG:	andere Kulturgüter:
Baden- Württemberg	Regierungsbezirk Freiburg: Landesarchiv Baden-Württemberg Abt. Staatsarchiv Freiburg Colombistraße 4 79098 Freiburg	Regierungsbezirk Freiburg: Regierungspräsidium Freiburg Referat 25 – Denkmalpflege Sternwaldstraße 14 79102 Freiburg
	Regierungsbezirk Karlsruhe: Landesarchiv Baden-Württemberg Abt. Generallandesarchiv Karlsruhe Nördliche Hildapromenade 2 76133 Karlsruhe	Regierungsbezirk Karlsruhe: Regierungspräsidium Karlsruhe Referat 25 – Denkmalpflege Moltkestraße 74 76133 Karlsruhe
	Regierungsbezirk Stuttgart: Landesarchiv Baden-Württemberg Abt. Staatsarchiv Ludwigsburg Arsenalplatz 3 71638 Ludwigsburg	Regierungsbezirk Stuttgart: Regierungspräsidium Stuttgart Referat 25 – Denkmalpflege Berliner Straße 12 73728 Esslingen am Neckar

	Regierungsbezirk Tübingen: Landesarchiv Baden-Württemberg Abt. Staatsarchiv Sigmaringen Karlstraße 1 – 3 72488 Sigmaringen	Regierungsbezirk Tübingen: Regierungspräsidium Tübingen Referat 25 – Denkmalpflege Alexanderstraße 48 72072 Tübingen
Bayern	Bayer. Landesamt für Denkmalpflege Hofgraben 4 80539 München (Postanschrift: Postfach 100203, 80076 München)	
Berlin	Denkmale i. S. des Denkmalschutzgesetzes Berlin: Landesdenkmalamt Berlin Klosterstraße 47 10179 Berlin	Kultur- und Archivgut i. S. des Kulturgesetzes: Der Regierende Bürgermeister von Berlin Senatskanzlei – Kulturelle Angelegenheiten – Brunnenstraße 188 – 190 10119 Berlin
Brandenburg	§ 10g Abs. 1 S. 2 Nr. 1 bis 3: Untere Denkmalschutzbehörden	§ 10g Abs. 1 S. 2 Nr. 4: Ministerium für Wissenschaft, Forschung und Kultur des Landes Brandenburg Dortustraße 36 14467 Potsdam
Bremen	§ 10g Abs. 1 S. 2 Nr. 1 und 2: Landesamt für Denkmalpflege Sandstraße 3 28195 Bremen	§ 10g Abs. 1 S. 2 Nr. 3 und 4: Senator für Kultur Altenwall 15/16 28195 Bremen
Hamburg	Kulturbehörde der Freien und Hansestadt Hamburg – Denkmalschutzamt – Imstedt 18-20 22083 Hamburg	
Hessen	§ 10g Abs. 1 S. 2 Nr. 1 bis 3: Untere Denkmalschutzbehörden, im Einver- nehmen mit dem Landesamt für Denkmal- pflege Hessen Schloss Biebrich/Westflügel 65203 Wiesbaden § 10g Abs. 1 S. 2 Nr. 4 für Mobiliar, Kunst- gegenstände, Kunstsammlungen und wissenschaftliche Sammlungen: Regierungsbezirk Darmstadt: Hessisches Landesmuseum Darmstadt Friedensplatz 1 64283 Darmstadt Regierungsbezirke Gießen und Kassel: Staatliche Museen Kassel Schloss Wilhelmshöhe 34131 Kassel § 10g Abs. 1 S. 2 Nr. 4 für Archive: Regierungsbezirk Darmstadt: Hessisches Staatsarchiv Darmstadt Karolinenplatz 3 64289 Darmstadt Regierungsbezirke Gießen und Kassel: Hessisches Staatsarchiv Marburg Friedrichsplatz 15 35037 Marburg	§ 10g Abs. 1 S. 2 Nr. 4 für Biblio- theken: Regierungsbezirk Darmstadt: Universitäts- und Landesbiblio- thek Darmstadt Schloss 64283 Darmstadt Regierungsbezirk Gießen: Universitätsbibliothek Marburg Wilhelm-Röpke-Straße 4 35039 Marburg Regierungsbezirk Kassel: Universitätsbibliothek Kassel Diagonale 10 34127 Kassel Sammelanträge für mehrere Kul- turgruppen i. S. des § 10g Abs. 1 Satz 2 EStG: Landesamt für Denkmalpflege Hessen Schloss Biebrich/Westflügel 65203 Wiesbaden

Mecklenburg-Vorpommern	§ 10g Abs. 1 S. 2 Nr. 1 bis 3: Landesamt für Kultur und Denkmalpflege Domhof 4/5 19055 Schwerin	§ 10g Abs. 1 S. 2 Nr. 4 Ministerium für Bildung, Wissenschaft und Kultur Werderstraße 124 19055 Schwerin
Niedersachsen	Untere Denkmalschutzbehörden	
Nordrhein-Westfalen	§ 10g Abs. 1 S. 2 Nr. 1 bis 3: Untere Denkmalschutzbehörden § 10g Abs. 1 S. 2 Nr. 4 für Kunstgegenstände, Kunstsammlungen und wissenschaftliche Sammlungen: Bezirksregierung Detmold § 10g Abs. 1 S. 2 Nr. 4 für Archive: je nach Belegenheit das Nordrhein-Westfälische Hauptstaatsarchiv in Düsseldorf und die Nordrhein-Westfälischen Staatsarchive Münster und Detmold im Einvernehmen mit der Archivberatungsstelle Rheinland bzw. dem Westfälischen Archivamt	§ 10g Abs. 1 S. 2 Nr. 4 für Bibliotheken: Universitäts- und Landesbibliothek Bonn für den Regierungsbezirk Köln Universitäts- und Landesbibliothek Düsseldorf für den Regierungsbezirk Düsseldorf Universitäts- und Landesbibliothek Münster für die Regierungsbezirke Arnsberg, Detmold und Münster
Rheinland-Pfalz	§ 10g Abs. 1 S. 2 Nr. 1 bis 3: Generaldirektion Kulturelles Erbe Direktion Landesdenkmalpflege Schillerstraße 44 55116 Mainz § 10g Abs. 1 S. 2 Nr. 4 für Mobiliar, Kunstgegenstände, Kunstsammlungen und wissenschaftliche Sammlungen: Generaldirektion Kulturelles Erbe Direktion Landesmuseum Mainz Große Bleiche 59 55116 Mainz § 10g Abs. 1 S. 2 Nr. 4 für Archive: Landeshauptarchiv Koblenz Karmeliterstraße 1 56068 Koblenz	§ 10g Abs. 1 S. 2 Nr. 4 für Bibliotheken: ehemalige Regierungsbezirke Koblenz und Trier: Landesbibliothekzentrum Rheinland-Pfalz Rheinische Landesbibliothek Bahnhofplatz 14 56068 Koblenz ehemaliger Regierungsbezirk Rheinhessen-Pfalz: Landesbibliothekzentrum Rheinland-Pfalz Pfälzische Landesbibliothek Otto-Mayer-Straße 9 67346 Speyer
Saarland	Ministerium für Bildung, Familie, Frauen und Kultur Hohenzollernstraße 60 66117 Saarbrücken (Postanschrift: Postfach 102452 66024 Saarbrücken)	
Sachsen	Untere Denkmalschutzbehörden	
Sachsen-Anhalt	§ 10g Abs. 1 S. 2 Nr. 1 bis 3 und § 10g Abs. 1 S. 2 Nr. 4 für Bibliotheken: Untere Denkmalschutzbehörden	§ 10g Abs. 1 S. 2 Nr. 4 für Mobiliar, Kunstgegenstände Kunstsammlungen und wissenschaftliche Sammlungen Landesverwaltungsamt Sachsen-Anhalt Ernst-Kamieth-Straße 2 06112 Halle

§ 10g Abs. 1 S. 2 Nr. 4 für Archive:
Landeshauptarchiv Sachsen-Anhalt
Abteilung Magdeburg
Hegelstraße 25
39104 Magdeburg
(für den ehemaligen Regierungsbezirk Magdeburg)
Landeshauptarchiv Sachsen-Anhalt
Abteilung Merseburg
König-Heinrich-Straße 83
06217 Merseburg
(für den ehemaligen Regierungsbezirk Halle)
Landeshauptarchiv Sachsen-Anhalt
Abteilung Dessau
Heidestraße 21
06842 Dessau
(für den ehemaligen Regierungsbezirk Dessau)

Schleswig-Holstein	Landesamt für Denkmalpflege Schleswig-Holstein Wall 47/51 24103 Kiel
Thüringen	Thüringisches Landesamt für Denkmalpflege und Archäologie Humboldtstraße 11 99423 Weimar (Postanschrift: Thüringisches Landesamt für Denkmalpflege und Archäologie – Gemeinsame Verwaltung – Neuwerkstraße 3–5 99084 Erfurt)

Bescheinigungsrichtlinien

Übersicht über die Veröffentlichung der länderspezifischen Bescheinigungsrichtlinien → BMF vom 10. 11. 2000 (BStBl I S. 1513) und vom 8. 11. 2004 (BStBl I S. 1049).

Bindungswirkung der Bescheinigung

– Sind die bescheinigten Aufwendungen steuerrechtlich den (nachträglichen) Herstellungskosten eines selbständigen, vom Baudenkmal getrennten Wirtschaftsgutes (z. B. den Außenanlagen, dem Grund und Boden, einer getrennt vom Baudenkmal errichteten Tiefgarage) zuzurechnen, sind die Finanzbehörden nicht an die Bescheinigung gebunden (→ BFH vom 15. 10. 1996 – BStBl 1997 II S. 176). Ob ein zusätzlich errichtetes Bauwerk einen Bestandteil des als Denkmal geschützten Gebäudes oder ein selbständiges neues Gebäude bildet, ist keine denkmalrechtliche, sondern eine steuerrechtliche Frage, die von den Finanzbehörden eigenständig zu prüfen ist (→ BFH vom 14. 1. 2003 – BStBl II S. 916).

– Sind die bescheinigten Aufwendungen den nachträglichen Herstellungskosten des Baudenkmals zuzurechnen, sind die Finanzbehörden an die Bescheinigung auch dann gebunden, wenn diese unzutreffend ist. Das Remonstrationsrecht der Finanzbehörden (→ R 7i Abs. 2 Satz 2) bleibt unberührt (→ BFH vom 5. 11. 1996 – BStBl 1997 II S. 244),

– Die Bindungswirkung der Bescheinigung umfasst nicht die persönliche Abzugsberechtigung (→ BFH vom 6. 3. 2001 – BStBl II S. 796).

– Reichweite der Bindungswirkung der Bescheinigung → BMF vom 16. 5. 2007 (BStBl I S. 475)

– Die Voraussetzungen des § 7i EStG sind nicht erfüllt, wenn die Bescheinigung keine Angaben zur Höhe der begünstigten Aufwendungen enthält (→ BFH vom 11. 6. 2002 – BStBl 2003 II S. 578).

– Hat das FA die geltend gemachten und bisher nicht durch eine Bescheinigung der Denkmalbehörde nachgewiesenen Aufwendungen vorläufig mit einem geschätzten Betrag zu berücksichtigen oder erforderliche teleologische Reduzierung des Gesetzeswortlauts der §§ 155 Abs. 2, 162 Abs. 5 AO bei Schätzung von Besteuerungsgrundlagen, über die abschließend in einem Grundlagenbescheid einer ressortfremden Behörde entschieden wird?
→ Finanzgericht Nürnberg vom 26. 9. 2012 (3 K 723/12) – Rev. – IX R 42/12

Neubau

Denkmal i. S. d. § 7i EStG kann steuerrechtlich auch ein Neubau im bautechnischen Sinne sein. Nicht förderungsfähig sind hingegen der Wiederaufbau oder die völlige Neuerrichtung des Gebäudes (→ BFH vom 24. 6. 2009 – BStBl II S. 960).

Personengesellschaft

Erhöhte Absetzungen nach Ausscheiden eines Gesellschafters → H 7a (Mehrere Beteiligte).

Teilherstellungskosten

Die erhöhten Absetzungen nach § 7i EStG können hinsichtlich einzelner Baumaßnahmen bereits im Jahr des Abschlusses der jeweiligen Maßnahme und nicht erst bei Beendigung der Gesamtbaumaßnahme vorgenommen werden, wenn die einzelne Baumaßnahme von anderen sachlich abgrenzbar und als solche abgeschlossen ist (→ BFH vom 20. 8. 2002 – BStBl 2003 II S. 582).

Veräußerung

Im Jahr der Veräußerung des Baudenkmals kann der Stpfl. die erhöhten Absetzungen mit dem vollen Jahresbetrag in Anspruch nehmen (→ BFH vom 18. 6. 1996 – BStBl II S. 645).

---

§ 7k   Erhöhte Absetzungen für Wohnungen mit Sozialbindung   EStG
S 2197b

(letztmals abgedruckt in der Handausgabe 2005)

---

4. Überschuss der Einnahmen über die Werbungskosten

§ 8   Einnahmen   EStG

(1) Einnahmen sind alle Güter, die in Geld oder Geldeswert bestehen und dem Steuerpflichtigen im Rahmen einer der Einkunftsarten des § 2 Absatz 1 Satz 1 Nummer 4 bis 7 zufließen.   S 2202
S 2332

(2) [1]Einnahmen, die nicht in Geld bestehen (Wohnung, Kost, Waren, Dienstleistungen und sonstige Sachbezüge), sind mit den um übliche Preisnachlässe geminderten üblichen Endpreisen am Abgabeort anzusetzen. [2]Für die private Nutzung eines betrieblichen Kraftfahrzeugs zu privaten Fahrten gilt § 6 Absatz 1 Nummer 4 Satz 2 entsprechend. [3]Kann das Kraftfahrzeug auch für Fahrten zwischen Wohnung und Arbeitsstätte genutzt werden, erhöht sich der Wert in Satz 2 für jeden Kalendermonat um 0,03 Prozent des Listenpreises im Sinne des § 6 Absatz 1 Nummer 4 Satz 2 für jeden Kilometer der Entfernung zwischen Wohnung und Arbeitsstätte. [4]Der Wert nach den Sätzen 2 und 3 kann mit dem auf die private Nutzung und die Nutzung zu Fahrten zwischen Wohnung und Arbeitsstätte entfallenden Teil der gesamten Kraftfahrzeugaufwendungen angesetzt werden, wenn die durch das Kraftfahrzeug insgesamt entstehenden Aufwendungen durch Belege und das Verhältnis der privaten Fahrten und der Fahrten zwischen Wohnung und Arbeitsstätte zu den übrigen Fahrten durch ein ordnungsgemäßes Fahrtenbuch nachgewiesen werden. [5]Die Nutzung des Kraftfahrzeugs zu einer Familienheimfahrt im Rahmen einer doppelten Haushaltsführung ist mit 0,002 Prozent des Listenpreises im Sinne des § 6 Absatz 1 Nummer 4 Satz 2 für jeden Kilometer der Entfernung zwischen dem Ort des eigenen Hausstandes und dem Beschäftigungsort anzusetzen; dies gilt nicht, wenn für diese Fahrt ein Abzug von Werbungskosten nach § 9 Absatz 1 Satz 3 Nummer 5 Satz 3 und 4 in Betracht käme; Satz 4 ist sinngemäß anzuwenden. [6]Bei Arbeitnehmern, für deren Sachbezüge durch Rechtsverordnung nach § 17 Absatz 1 Satz 1 Nummer 4 des Vierten Buches Sozialgesetzbuch Werte bestimmt worden sind, sind diese Werte maßgebend. [7]Die Werte   S 2334
1)

---

[1]) *Absatz 2 Satz 3 und 4 wurde durch das Gesetz zur Änderung und Vereinfachung der Unternehmensbesteuerung und des steuerlichen Reisekostenrechts geändert und ist in der geänderten Fassung erstmals für den VZ 2014 anzuwenden → § 52 Abs. 1 EStG.*
Anm.:
Die Änderungen lauten:
a) In Satz 3 werden die Wörter „Fahrten zwischen Wohnung und Arbeitsstätte" durch die Wörter „Fahrten zwischen Wohnung und erster Tätigkeitsstätte sowie Fahrten nach § 9 Absatz 1 Satz 3 Nummer 4a Satz 3" sowie die Wörter „Entfernung zwischen Wohnung und Arbeitsstätte" durch die Wörter „Entfernung zwischen Wohnung und erster Tätigkeitsstätte sowie der Fahrten nach § 9 Absatz 1 Satz 3 Nummer 4a Satz 3" ersetzt.
b) In Satz 4 werden die Wörter „zu Fahrten zwischen Wohnung und Arbeitsstätte" durch die Wörter „zu Fahrten zwischen Wohnung und erster Tätigkeitsstätte sowie Fahrten nach § 9 Absatz 1 Satz 3 Nummer 4a Satz 3" sowie die Wörter „der Fahrten zwischen Wohnung und Arbeitsstätte" durch die Wörter „der Fahrten zwischen Wohnung und erster Tätigkeitsstätte sowie Fahrten nach § 9 Absatz 1 Satz 3 Nummer 4a Satz 3" ersetzt.

¹⁾ nach Satz 6 sind auch bei Steuerpflichtigen anzusetzen, die nicht der gesetzlichen Rentenversicherungspflicht unterliegen. ⁸Die oberste Finanzbehörde eines Landes kann mit Zustimmung des Bundesministeriums der Finanzen für weitere Sachbezüge der Arbeitnehmer Durchschnittswerte festsetzen. ⁹Sachbezüge, die nach Satz 1 zu bewerten sind, bleiben außer Ansatz, wenn die sich nach Anrechnung der vom Steuerpflichtigen gezahlten Entgelte ergebenden Vorteile insgesamt 44 Euro im Kalendermonat nicht übersteigen.

(3) ¹Erhält ein Arbeitnehmer auf Grund seines Dienstverhältnisses Waren oder Dienstleistungen, die vom Arbeitgeber nicht überwiegend für den Bedarf seiner Arbeitnehmer hergestellt, vertrieben oder erbracht werden und deren Bezug nicht nach § 40 pauschal versteuert wird, so gelten als deren Werte abweichend von Absatz 2 die um 4 Prozent geminderten Endpreise, zu denen der Arbeitgeber oder der dem Abgabeort nächstansässige Abnehmer die Waren oder Dienstleistungen fremden Letztverbrauchern im allgemeinen Geschäftsverkehr anbietet. ²Die sich nach Abzug der vom Arbeitnehmer gezahlten Entgelte ergebenden Vorteile sind steuerfrei, soweit sie aus dem Dienstverhältnis insgesamt 1 080 Euro im Kalenderjahr nicht übersteigen.

EStG
S 2208
S 2350
S 2210 –
S 2213

§ 9   Werbungskosten

(1) ¹Werbungskosten sind Aufwendungen zur Erwerbung, Sicherung und Erhaltung der Einnahmen. ²Sie sind bei der Einkunftsart abzuziehen, bei der sie erwachsen sind. ³Werbungskosten sind auch

1. Schuldzinsen und auf besonderen Verpflichtungsgründen beruhende Renten und dauernde Lasten, soweit sie mit einer Einkunftsart in wirtschaftlichem Zusammenhang stehen. ²Bei Leibrenten kann nur der Anteil abgezogen werden, der sich nach § 22 Nummer 1 Satz 3 Buchstabe a Doppelbuchstabe bb ergibt;

2. Steuern vom Grundbesitz, sonstige öffentliche Abgaben und Versicherungsbeiträge, soweit solche Ausgaben sich auf Gebäude oder auf Gegenstände beziehen, die dem Steuerpflichtigen zur Einnahmeerzielung dienen;

3. Beiträge zu Berufsständen und sonstigen Berufsverbänden, deren Zweck nicht auf einen wirtschaftlichen Geschäftsbetrieb gerichtet ist;

²⁾
S 3251

4. Aufwendungen des Arbeitnehmers für die Wege zwischen Wohnung und regelmäßiger Arbeitsstätte. ²Zur Abgeltung dieser Aufwendungen ist für jeden Arbeitstag, an dem der Arbeitnehmer

---

¹⁾ *Absatz 2 Satz 8 und 9 wurde durch das Gesetz zur Änderung und Vereinfachung der Unternehmensbesteuerung und des steuerlichen Reisekostenrechts ab VZ 2014 eingefügt und die bisherigen Sätze 8 und 9 wurden die Sätze 10 und 11.*
Anm.:
Nach Satz 7 werden folgende Sätze eingefügt:
„Wird dem Arbeitnehmer während einer beruflichen Tätigkeit außerhalb seiner Wohnung und ersten Tätigkeitsstätte vom Arbeitgeber oder auf dessen Veranlassung von einem Dritten eine Mahlzeit zur Verfügung gestellt, ist diese Mahlzeit mit dem Wert nach Satz 6 (maßgebender amtlicher Sachbezugswert nach der Sozialversicherungsentgeltverordnung) anzusetzen, wenn der Preis für die Mahlzeit 60 Euro nicht übersteigt. Der Ansatz einer nach Satz 8 bewerteten Mahlzeit unterbleibt, wenn beim Arbeitnehmer für ihm entstehende Mehraufwendungen für Verpflegung ein Werbungskostenabzug nach § 9 Absatz 4a Satz 1 bis 7 in Betracht käme."

²⁾ *Absatz 1 Satz 3 Nr. 4 wurde durch das Gesetz zur Änderung und Vereinfachung der Unternehmensbesteuerung und des steuerlichen Reisekostenrechts neu gefasst und ist erstmals für den VZ 2014 anzuwenden*
→ § 52 Abs. 1 EStG.
Anm.:
Nummer 4 i. d. F. des Gesetzes zur Änderung und Vereinfachung der Unternehmensbesteuerung und des steuerlichen Reisekostenrechts lautet:
„4. Aufwendungen des Arbeitnehmers für die Wege zwischen Wohnung und erster Tätigkeitsstätte im Sinne des Absatzes 4. Zur Abgeltung dieser Aufwendungen ist für jeden Arbeitstag, an dem der Arbeitnehmer die erste Tätigkeitsstätte aufsucht, eine Entfernungspauschale für jeden vollen Kilometer der Entfernung zwischen Wohnung und erster Tätigkeitsstätte von 0,30 Euro anzusetzen, höchstens jedoch 4 500 Euro im Kalenderjahr; ein höherer Betrag als 4 500 Euro ist anzusetzen, soweit der Arbeitnehmer einen eigenen oder ihm zur Nutzung überlassenen Kraftwagen benutzt. Die Entfernungspauschale gilt nicht für Flugstrecken und Strecken mit steuerfreier Sammelbeförderung nach § 3 Nummer 32. Für die Bestimmung der Entfernung ist die kürzeste Straßenverbindung zwischen Wohnung und erster Tätigkeitsstätte maßgebend; eine andere als die kürzeste Straßenverbindung kann zugrunde gelegt werden, wenn diese offensichtlich verkehrsgünstiger ist und vom Arbeitnehmer regelmäßig für die Wege zwischen Wohnung und erster Tätigkeitsstätte benutzt wird. Nach § 8 Absatz 2 Satz 11 oder Absatz 3 steuerfreie Sachbezüge für Fahrten zwischen Wohnung und erster Tätigkeitsstätte mindern den nach Satz 2 abziehbaren Betrag; ist der Arbeitgeber selbst der Verkehrsträger, ist der Preis anzusetzen, den ein dritter Arbeitgeber an den Verkehrsträger zu entrichten hätte. Hat ein Arbeitnehmer mehrere Wohnungen, so sind die Wege von einer Wohnung, die nicht der ersten Tätigkeitsstätte am nächsten liegt, nur zu berücksichtigen, wenn sie den Mittelpunkt der Lebensinteressen des Arbeitnehmers bildet und nicht nur gelegentlich aufgesucht wird."

die regelmäßige Arbeitsstätte aufsucht, eine Entfernungspauschale für jeden vollen Kilometer der Entfernung zwischen Wohnung und regelmäßiger Arbeitsstätte von 0,30 Euro anzusetzen, höchstens jedoch 4 500 Euro im Kalenderjahr; ein höherer Betrag als 4 500 Euro ist anzusetzen, soweit der Arbeitnehmer einen eigenen oder ihm zur Nutzung überlassenen Kraftwagen benutzt. [3]Die Entfernungspauschale gilt nicht für Flugstrecken und Strecken mit steuerfreier Sammelbeförderung nach § 3 Nummer 32. [4]Für die Bestimmung der Entfernung ist die kürzeste Straßenverbindung zwischen Wohnung und regelmäßiger Arbeitsstätte maßgebend; eine andere als die kürzeste Straßenverbindung kann zugrunde gelegt werden, wenn diese offensichtlich verkehrsgünstiger ist und vom Arbeitnehmer regelmäßig für die Wege zwischen Wohnung und regelmäßiger Arbeitsstätte benutzt wird. [5]Nach § 8 Absatz 3 steuerfreie Sachbezüge für Fahrten zwischen Wohnung und regelmäßiger Arbeitsstätte mindern den nach Satz 2 abziehbaren Betrag; ist der Arbeitgeber selbst der Verkehrsträger, ist der Preis anzusetzen, den ein dritter Arbeitgeber an den Verkehrsträger zu entrichten hätte. [6]Hat ein Arbeitnehmer mehrere Wohnungen, so sind die Wege von einer Wohnung, die nicht der regelmäßigen Arbeitsstätte am nächsten liegt, nur zu berücksichtigen, wenn sie den Mittelpunkt der Lebensinteressen des Arbeitnehmers bildet und nicht nur gelegentlich aufgesucht wird; [1]

5. notwendige Mehraufwendungen, die einem Arbeitnehmer wegen einer aus beruflichem Anlass begründeten doppelten Haushaltsführung entstehen, und zwar unabhängig davon, aus welchen Gründen die doppelte Haushaltsführung beibehalten wird. [2]Eine doppelte Haushaltsführung liegt nur vor, wenn der Arbeitnehmer außerhalb des Ortes, in dem er einen eigenen Hausstand unterhält, beschäftigt ist und auch am Beschäftigungsort wohnt. [3]Aufwendungen für die Wege vom Beschäftigungsort zum Ort des eigenen Hausstands und zurück (Familienheimfahrten) können jeweils nur für eine Familienheimfahrt wöchentlich abgezogen werden. [4]Zur Abgeltung der Aufwendungen für eine Familienheimfahrt ist eine Entfernungspauschale von 0,30 Euro für jeden vollen Kilometer der Entfernung zwischen dem Ort des eigenen Hausstands und dem Beschäftigungsort anzusetzen. [5]Nummer 4 Satz 3 bis 5 ist

[2]
S 3251

---

[1] *Absatz 1 Satz 3 Nr. 4a wurde durch das Gesetz zur Änderung und Vereinfachung der Unternehmensbesteuerung und des steuerlichen Reisekostenrechts eingefügt und ist erstmals für den VZ 2014 anzuwenden* → § 52 Abs. 1 EStG.

Anm.:

Nummer 4a i. d. F. des Gesetzes zur Änderung und Vereinfachung der Unternehmensbesteuerung und des steuerlichen Reisekostenrechts lautet:

„4a. Aufwendungen des Arbeitnehmers für beruflich veranlasste Fahrten, die nicht Fahrten zwischen Wohnung und erster Tätigkeitsstätte im Sinne des Absatzes 4 sowie keine Familienheimfahrten sind. Anstelle der tatsächlichen Aufwendungen, die dem Arbeitnehmer durch die persönliche Benutzung eines Beförderungsmittels entstehen, können die Fahrtkosten mit den pauschalen Kilometersätzen angesetzt werden, die für das jeweils benutzte Beförderungsmittel (Fahrzeug) als höchste Wegstreckenentschädigung nach dem Bundesreisekostengesetz festgesetzt sind. Hat ein Arbeitnehmer keine erste Tätigkeitsstätte (§ 9 Absatz 4) und hat er aufgrund der dienst- oder arbeitsrechtlichen Festlegungen sowie der diese ausfüllenden Absprachen und Weisungen zur Aufnahme seiner beruflichen Tätigkeit dauerhaft denselben Ort oder dasselbe weiträumige Tätigkeitsgebiet typischerweise arbeitstäglich aufzusuchen, gilt Absatz 1 Satz 3 Nummer 4 und Absatz 2 für die Fahrten von der Wohnung zu diesem Ort oder dem zur Wohnung nächstgelegenen Zugang zum Tätigkeitsgebiet entsprechend. Für die Fahrten innerhalb des weiträumigen Tätigkeitsgebietes gelten die Sätze 1 und 2 entsprechend."

[2] *Absatz 1 Satz 3 Nr. 5 wurde durch das Gesetz zur Änderung und Vereinfachung der Unternehmensbesteuerung und des steuerlichen Reisekostenrechts neu gefasst und ist erstmals für den VZ 2014 anzuwenden* → § 52 Abs. 1 EStG.

Anm.:

Nummer 5 i. d. F. des Gesetzes zur Änderung und Vereinfachung der Unternehmensbesteuerung und des steuerlichen Reisekostenrechts lautet:

„5. notwendige Mehraufwendungen, die einem Arbeitnehmer wegen einer beruflich veranlassten doppelten Haushaltsführung entstehen. Eine doppelte Haushaltsführung liegt nur vor, wenn der Arbeitnehmer außerhalb des Ortes seiner ersten Tätigkeitsstätte einen eigenen Hausstand unterhält und auch am Ort der ersten Tätigkeitsstätte wohnt. Das Vorliegen eines eigenen Hausstands setzt das Innehaben einer Wohnung sowie eine finanzielle Beteiligung an den Kosten der Lebensführung voraus. Als Unterkunftskosten für eine doppelte Haushaltsführung können im Inland die tatsächlichen Aufwendungen für die Nutzung der Unterkunft angesetzt werden, höchstens 1 000 Euro im Monat. Aufwendungen für die Wege vom Ort der ersten Tätigkeitsstätte zum Ort des eigenen Hausstandes und zurück (Familienheimfahrten) können jeweils nur für eine Familienheimfahrt wöchentlich abgezogen werden. Zur Abgeltung der Aufwendungen für eine Familienheimfahrt ist eine Entfernungspauschale von 0,30 Euro für jeden vollen Kilometer der Entfernung zwischen dem Ort des eigenen Hausstandes und dem Ort der ersten Tätigkeitsstätte anzusetzen. Nummer 4 Satz 3 bis 5 ist entsprechend anzuwenden. Aufwendungen für Familienheimfahrten mit einem dem Steuerpflichtigen im Rahmen einer Einkunftsart überlassenen Kraftfahrzeug werden nicht berücksichtigt."

entsprechend anzuwenden. ⁶Aufwendungen für Familienheimfahrten mit einem dem Steuerpflichtigen im Rahmen einer Einkunftsart überlassenen Kraftfahrzeug werden nicht berücksichtigt;

¹⁾

S 3254 6. Aufwendungen für Arbeitsmittel, zum Beispiel für Werkzeuge und typische Berufskleidung. ²Nummer 7 bleibt unberührt;

7. Absetzungen für Abnutzung und für Substanzverringerung und erhöhte Absetzungen. ²§ 6 Absatz 2 Satz 1 bis 3 ist in Fällen der Anschaffung oder Herstellung von Wirtschaftsgütern entsprechend anzuwenden.

²⁾
³⁾

(2) ¹Durch die Entfernungspauschalen sind sämtliche Aufwendungen abgegolten, die durch die Wege zwischen Wohnung und regelmäßiger Arbeitsstätte und durch die Familienheimfahrten veranlasst sind. ²Aufwendungen für die Benutzung öffentlicher Verkehrsmittel können angesetzt werden, soweit sie den *im Kalenderjahr insgesamt* als Entfernungspauschale abziehbaren Betrag übersteigen. ³Behinderte Menschen,

1. deren Grad der Behinderung mindestens 70 beträgt,

2. deren Grad der Behinderung weniger als 70, aber mindestens 50 beträgt und die in ihrer Bewegungsfähigkeit im Straßenverkehr erheblich beeinträchtigt sind,

können anstelle der Entfernungspauschalen die tatsächlichen Aufwendungen für die Wege zwischen Wohnung und regelmäßiger Arbeitsstätte und für die Familienheimfahrten ansetzen. ⁴Die Voraussetzungen der Nummern 1 und 2 sind durch amtliche Unterlagen nachzuweisen.

⁴⁾

(3) Absatz 1 Satz 3 Nummer 4 und 5 und Absatz 2 gelten bei den Einkunftsarten im Sinne des § 2 Absatz 1 Satz 1 Nummer 5 bis 7 entsprechend.

---

¹⁾ *Absatz 1 Satz 3 Nr. 5a wurde durch das Gesetz zur Änderung und Vereinfachung der Unternehmensbesteuerung und des steuerlichen Reisekostenrechts eingefügt und ist erstmals für den VZ 2014 anzuwenden* → § 52 Abs. 1 EStG.
Anm.:
Nummer 5a i. d. F. des Gesetzes zur Änderung und Vereinfachung der Unternehmensbesteuerung und des steuerlichen Reisekostenrechts lautet:
„5a. notwendige Mehraufwendungen eines Arbeitnehmers für beruflich veranlasste Übernachtungen an einer Tätigkeitsstätte, die nicht erste Tätigkeitsstätte ist. Übernachtungskosten sind die tatsächlichen Aufwendungen für die persönliche Inanspruchnahme einer Unterkunft zur Übernachtung. Soweit höhere Übernachtungskosten anfallen, weil der Arbeitnehmer eine Unterkunft gemeinsam mit Personen nutzt, die in keinem Dienstverhältnis zum selben Arbeitgeber stehen, sind nur diejenigen Aufwendungen anzusetzen, die bei alleiniger Nutzung durch den Arbeitnehmer angefallen wären. Nach Ablauf von 48 Monaten einer längerfristigen beruflichen Tätigkeit an derselben Tätigkeitsstätte, die nicht erste Tätigkeitsstätte ist, können Unterkunftskosten nur noch bis zur Höhe des Betrags nach Nummer 5 angesetzt werden. Eine Unterbrechung dieser beruflichen Tätigkeit an derselben Tätigkeitsstätte führt zu einem Neubeginn, wenn die Unterbrechung mindestens sechs Monate dauert."
²⁾ *Absatz 2 wurde durch das Gesetz zur Änderung und Vereinfachung der Unternehmensbesteuerung und des steuerlichen Reisekostenrechts neu gefasst und ist erstmals für den VZ 2014 anzuwenden* → § 52 Abs. 1 EStG.
Anm.:
Absatz 2 i. d. F. des Gesetzes zur Änderung und Vereinfachung der Unternehmensbesteuerung und des steuerlichen Reisekostenrechts lautet:
„(2) Durch die Entfernungspauschalen sind sämtliche Aufwendungen abgegolten, die durch die Wege zwischen Wohnung und erster Tätigkeitsstätte im Sinne des Absatzes 4 und durch die Familienheimfahrten veranlasst sind. Aufwendungen für die Benutzung öffentlicher Verkehrsmittel können angesetzt werden, soweit sie den im Kalenderjahr insgesamt als Entfernungspauschale abziehbaren Betrag übersteigen. Behinderte Menschen,
1. deren Grad der Behinderung mindestens 70 beträgt,
2. deren Grad der Behinderung weniger als 70, aber mindestens 50 beträgt und die in ihrer Bewegungsfähigkeit im Straßenverkehr erheblich beeinträchtigt sind,
können anstelle der Entfernungspauschalen die tatsächlichen Aufwendungen für die Wege zwischen Wohnung und erster Tätigkeitsstätte und für Familienheimfahrten ansetzen. Die Voraussetzungen der Nummern 1 und 2 sind durch amtliche Unterlagen nachzuweisen."
³⁾ *Absatz 2 Satz 2 wurde durch das Steuervereinfachungsgesetz 2011 ab VZ 2012 neu gefasst.*
⁴⁾ *Absatz 3 wurde durch das Gesetz zur Änderung und Vereinfachung der Unternehmensbesteuerung und des steuerlichen Reisekostenrechts geändert und ist in der geänderten Fassung erstmals für den VZ 2014 anzuwenden* → § 52 Abs. 1 EStG.
Anm.:
Die Änderung lautet:
In Absatz 3 werden die Wörter „Nummer 4 und 5 und Absatz 2" durch die Wörter „Nummer 4 bis 5a sowie die Absätze 2 und 4a" ersetzt.

(4) (weggefallen)

[1] *Absatz 4 wurde durch das Gesetz zur Änderung und Vereinfachung der Unternehmensbesteuerung und des steuerlichen Reisekostenrechts eingefügt und ist erstmals für den VZ 2014 anzuwenden* → § 52 Abs. 1 EStG.
Anm.:
Absatz 4 i. d. F. des Gesetzes zur Änderung und Vereinfachung der Unternehmensbesteuerung und des steuerlichen Reisekostenrechts lautet:
„(4) Erste Tätigkeitsstätte ist die ortsfeste betriebliche Einrichtung des Arbeitgebers, eines verbundenen Unternehmens (§ 15 des Aktiengesetzes) oder eines vom Arbeitgeber bestimmten Dritten, der der Arbeitnehmer dauerhaft zugeordnet ist. Die Zuordnung im Sinne des Satzes 1 wird durch die dienst- oder arbeitsrechtlichen Festlegungen sowie die diese ausfüllenden Absprachen und Weisungen bestimmt. Von einer dauerhaften Zuordnung ist insbesondere auszugehen, wenn der Arbeitnehmer unbefristet, für die Dauer des Dienstverhältnisses oder über einen Zeitraum von 48 Monaten hinaus an einer solchen Tätigkeitsstätte tätig werden soll. Fehlt eine solche dienst- oder arbeitsrechtliche Festlegung auf eine Tätigkeitsstätte oder ist sie nicht eindeutig, ist erste Tätigkeitsstätte die betriebliche Einrichtung, an der der Arbeitnehmer
1. typischerweise arbeitstäglich tätig werden soll oder
2. je Arbeitswoche zwei volle Arbeitstage oder mindestens ein Drittel seiner vereinbarten regelmäßigen Arbeitszeit tätig werden soll.
Je Dienstverhältnis hat der Arbeitnehmer höchstens eine erste Tätigkeitsstätte. Liegen die Voraussetzungen der Sätze 1 bis 4 für mehrere Tätigkeitsstätten vor, ist diejenige Tätigkeitsstätte erste Tätigkeitsstätte, die der Arbeitgeber bestimmt. Fehlt es an dieser Bestimmung oder ist sie nicht eindeutig, ist die der Wohnung örtlich am nächsten liegende Tätigkeitsstätte die erste Tätigkeitsstätte. Als erste Tätigkeitsstätte gilt auch eine Bildungseinrichtung, die außerhalb eines Dienstverhältnisses zum Zwecke eines Vollzeitstudiums oder einer vollzeitigen Bildungsmaßnahme aufgesucht wird."

[2] *Absatz 4a wurde durch das Gesetz zur Änderung und Vereinfachung der Unternehmensbesteuerung und des steuerlichen Reisekostenrechts eingefügt und ist erstmals für den VZ 2014 anzuwenden* → § 52 Abs. 1 EStG.
Anm.:
Absatz 4a i. d. F. des Gesetzes zur Änderung und Vereinfachung der Unternehmensbesteuerung und des steuerlichen Reisekostenrechts lautet:
„(4a) Mehraufwendungen des Arbeitnehmers für die Verpflegung sind nur nach Maßgabe der folgenden Sätze als Werbungskosten abziehbar. Wird der Arbeitnehmer außerhalb seiner Wohnung und ersten Tätigkeitsstätte beruflich tätig (auswärtige berufliche Tätigkeit), ist zur Abgeltung der ihm tatsächlich entstandenen, beruflich veranlassten Mehraufwendungen eine Verpflegungspauschale anzusetzen. Diese beträgt
1. 24 Euro für jeden Kalendertag, an dem der Arbeitnehmer 24 Stunden von seiner Wohnung abwesend ist,
2. jeweils 12 Euro für den An- und Abreisetag, wenn der Arbeitnehmer an diesem, einem anschließenden oder vorhergehenden Tag außerhalb seiner Wohnung übernachtet,
3. 12 Euro für den Kalendertag, an dem der Arbeitnehmer ohne Übernachtung außerhalb seiner Wohnung mehr als 8 Stunden von seiner Wohnung und der ersten Tätigkeitsstätte abwesend ist; beginnt die auswärtige berufliche Tätigkeit an einem Kalendertag und endet am nachfolgenden Kalendertag ohne Übernachtung, werden 12 Euro für den Kalendertag gewährt, an dem der Arbeitnehmer den überwiegenden Teil der insgesamt mehr als 8 Stunden von seiner Wohnung und der ersten Tätigkeitsstätte abwesend ist.
Hat der Arbeitnehmer keine erste Tätigkeitsstätte, gelten die Sätze 2 und 3 entsprechend; Wohnung im Sinne der Sätze 2 und 3 ist der Hausstand, der den Mittelpunkt der Lebensinteressen des Arbeitnehmers bildet sowie eine Unterkunft am Ort der ersten Tätigkeitsstätte im Rahmen der doppelten Haushaltsführung. Bei einer Tätigkeit im Ausland treten an die Stelle der Pauschbeträge nach Satz 3 länderweise unterschiedliche Pauschbeträge, die für die Fälle der Nummer 1 mit 120 sowie der Nummern 2 und 3 mit 80 Prozent der Auslandstagegelder nach dem Bundesreisekostengesetz vom Bundesministerium der Finanzen im Einvernehmen mit den obersten Finanzbehörden der Länder aufgerundet auf volle Euro festgesetzt werden; dabei bestimmt sich der Pauschbetrag nach dem Ort, den der Arbeitnehmer vor 24 Uhr Ortszeit zuletzt erreicht, oder, wenn dieser Ort im Inland liegt, nach dem letzten Tätigkeitsort im Ausland. Der Abzug der Verpflegungspauschalen ist auf die ersten drei Monate einer längerfristigen beruflichen Tätigkeit an derselben Tätigkeitsstätte beschränkt. Eine Unterbrechung der beruflichen Tätigkeit an derselben Tätigkeitsstätte führt zu einem Neubeginn, wenn sie mindestens vier Wochen dauert. Wird dem Arbeitnehmer anlässlich oder während einer Tätigkeit außerhalb seiner ersten Tätigkeitsstätte vom Arbeitgeber oder auf dessen Veranlassung von einem Dritten eine Mahlzeit zur Verfügung gestellt, sind die nach den Sätzen 3 und 5 ermittelten Verpflegungspauschalen zu kürzen:
1. für Frühstück um 20 Prozent,
2. für Mittag- und Abendessen um jeweils 40 Prozent,
der nach Satz 3 Nummer 1 gegebenenfalls in Verbindung mit Satz 5 maßgebenden Verpflegungspauschale für einen vollen Kalendertag; die Kürzung darf die ermittelte Verpflegungspauschale nicht übersteigen. Satz 8 gilt auch, wenn Reisekostenvergütungen wegen der zur Verfügung gestellten Mahlzeiten einbehalten oder gekürzt werden oder die Mahlzeiten nach § 40 Absatz 2 Satz 1 Nummer 1a pauschal besteuert werden. Hat der Arbeitnehmer für die Mahlzeit ein Entgelt gezahlt, mindert dieser Betrag den Kürzungsbetrag nach Satz 8. Erhält der Arbeitnehmer steuerfreie Erstattungen für Verpflegung, ist ein Werbungskostenabzug insoweit ausgeschlossen. Die Verpflegungspauschalen nach den Sätzen 3 und 5 sowie die Dreimonatsfrist nach den Sätzen 6 und 7 gelten auch für den Abzug von Mehraufwendungen für Verpflegung, die bei einer beruflich veranlassten doppelten Haushaltsführung entstehen; dabei ist für jeden Kalendertag innerhalb der Dreimonatsfrist, an dem gleichzeitig eine Tätigkeit im Sinne des Satzes 2 oder des Satzes 4 ausgeübt wird, nur der jeweils höchste in Betracht kommende Pauschbetrag abziehbar. Die Dauer einer Tätigkeit im Sinne des Satzes 2 an dem Tätigkeitsort, an dem die doppelte Haushaltsführung begründet wurde, ist auf die Dreimonatsfrist anzurechnen, wenn sie ihr unmittelbar vorausgegangen ist."

1)
2)

(5) [1]§ 4 Absatz 5 Satz 1 Nummer 1 bis 5, 6b bis 8a, 10, 12 und Absatz 6 *gilt* sinngemäß. [2]§ 6 Absatz 1 Nummer 1a gilt entsprechend.

(6) Aufwendungen des Steuerpflichtigen für seine erstmalige Berufsausbildung oder für ein Erststudium, das zugleich eine Erstausbildung vermittelt, sind keine Werbungskosten, wenn diese Berufsausbildung oder dieses Erststudium nicht im Rahmen eines Dienstverhältnisses stattfinden.

EStG

§ 9a   Pauschbeträge für Werbungskosten

S 2214

[1]Für Werbungskosten sind bei der Ermittlung der Einkünfte die folgenden Pauschbeträge abzuziehen, wenn nicht höhere Werbungskosten nachgewiesen werden:

1. [3]a) von den Einnahmen aus nichtselbständiger Arbeit vorbehaltlich Buchstabe b:

S 2346

   ein Arbeitnehmer-Pauschbetrag von 1000 Euro ;

   b) von den Einnahmen aus nichtselbständiger Arbeit, soweit es sich um Versorgungsbezüge im Sinne des § 19 Absatz 2 handelt:

   ein Pauschbetrag von 102 Euro;

2. (aufgehoben)

3. von den Einnahmen im Sinne des § 22 Nummer 1, 1a, 1b, 1c und 5:

   ein Pauschbetrag von insgesamt 102 Euro.

[2]Der Pauschbetrag nach Satz 1 Nummer 1 Buchstabe b darf nur bis zur Höhe der um den Versorgungsfreibetrag einschließlich des Zuschlags zum Versorgungsfreibetrag (§ 19 Absatz 2) geminderten Einnahmen, die Pauschbeträge nach Satz 1 Nummer 1 Buchstabe a und Nummer 3 dürfen nur bis zur Höhe der Einnahmen abgezogen werden.

R 9a

9a. Pauschbeträge für Werbungskosten

S 2214

Die Pauschbeträge für Werbungskosten sind nicht zu ermäßigen, wenn die unbeschränkte Steuerpflicht lediglich während eines Teiles des Kalenderjahres bestanden hat.

H 9a

Hinweise

Beschränkt Einkommensteuerpflichtige

Zur Anwendung der Pauschbeträge für Werbungskosten bei beschränkt Einkommensteuerpflichtigen → § 50 Abs. 1 Satz 3 bis 5 EStG

4a. Umsatzsteuerrechtlicher Vorsteuerabzug

EStG

§ 9b

S 2170

(1) Der Vorsteuerbetrag nach § 15 des Umsatzsteuergesetzes gehört, soweit er bei der Umsatzsteuer abgezogen werden kann, nicht zu den Anschaffungs- oder Herstellungskosten des Wirtschaftsgutes, auf dessen Anschaffung oder Herstellung er entfällt.

(2) Wird der Vorsteuerabzug nach § 15a des Umsatzsteuergesetzes berichtigt, so sind die Mehrbeträge als Betriebseinnahmen oder Einnahmen, die Minderbeträge als Betriebsausgaben oder Werbungskosten zu behandeln; die Anschaffungs- oder Herstellungskosten bleiben unberührt.

---

[1] *Absatz 5 Satz 1 wurde durch das Steuervereinfachungsgesetz 2011 ab VZ 2012 geändert.*
[2] *Absatz 5 wurde durch das Gesetz zur Änderung und Vereinfachung der Unternehmensbesteuerung und des steuerlichen Reisekostenrechts geändert und ist in der geänderten Fassung erstmals für den VZ 2014 anzuwenden* → *§ 52 Abs. 1 EStG.*
Anm.:
Die Änderung lautet:
In Absatz 5 Satz 1 werden die Wörter „Nummer 1 bis 5," durch die Wörter „Nummer 1 bis 4" ersetzt.
[3] *Es wurden die Wörter „daneben sind Aufwendungen nach § 9c Absatz 1 und 3 gesondert abzuziehen"* *durch das Steuervereinfachungsgesetz 2011 ab VZ 2012 gestrichen.*

9b. Auswirkungen der Umsatzsteuer auf die Einkommensteuer

Allgemeines

(1) [1]Soweit ein Vorsteuerbetrag nach § 15 UStG umsatzsteuerrechtlich nicht abgezogen werden darf, ist er den Anschaffungs- oder Herstellungskosten des zugehörigen Wirtschaftsgutes zuzurechnen. [2]Diese Zurechnung gilt sowohl für Wirtschaftsgüter des Anlagevermögens als auch für Wirtschaftsgüter des Umlaufvermögens. [3]In die Herstellungskosten sind die auf den Materialeinsatz und die Gemeinkosten entfallenden nicht abziehbaren Vorsteuerbeträge einzubeziehen.

Wertgrenzen

(2) [1]Für die Frage, ob bei Wirtschaftsgütern i. S. d. § 6 Abs. 2 oder 2a oder § 9 Abs. 1 Satz 3 Nr. 7 Satz 2 EStG die Grenze von 150, 1 000 oder 410 Euro überschritten sind, ist stets von den Anschaffungs- oder Herstellungskosten abzüglich eines darin enthaltenen Vorsteuerbetrags, also von dem reinen Warenpreis ohne Vorsteuer (Nettowert), auszugehen. [2]Ob der Vorsteuerbetrag umsatzsteuerrechtlich abziehbar ist, spielt in diesem Fall keine Rolle. [3]Dagegen sind für die Bemessung der Freigrenze für Geschenke nach § 4 Abs. 5 Satz 1 Nr. 1 EStG die Anschaffungs- oder Herstellungskosten einschließlich eines umsatzsteuerrechtlich nicht abziehbaren Vorsteuerbetrags maßgebend; dabei bleibt § 15 Abs. 1a UStG unberücksichtigt.

Nicht abziehbare Vorsteuerbeträge nach § 15 Abs. 1a UStG

(3) [1]Die nach § 15 Abs. 1a UStG nicht abziehbaren Vorsteuerbeträge unterliegen dem Abzugsverbot des § 12 Nr. 3 EStG. [2]§ 9b EStG findet insoweit keine Anwendung.

Hinweise

Freigrenze für Geschenke nach § 4 Abs. 5 Satz 1 Nr. 1 EStG

Beispiele:

Ein Unternehmer erwirbt ein Geschenk, dessen Bruttokaufpreis 40,46 € beträgt (darin enthaltene Vorsteuer 19 % = 6,46 €).

a) Bei Unternehmern mit Umsätzen, die zum Vorsteuerabzug berechtigen, ist für die Bemessung der Freigrenze auf den Nettowarenwert i. H. v. 34 € abzustellen. Die Freigrenze von 35 € wird nicht überschritten.

b) Bei Unternehmern mit Umsätzen, die nicht zum Vorsteuerabzug berechtigen, ist für die Bemessung der Freigrenze auf den Bruttowarenwert abzustellen. Die Freigrenze von 35 € wird überschritten.

Gewinnermittlung nach § 4 Abs. 3 EStG und Ermittlung des Überschusses der Einnahmen über die Werbungskosten

Die vereinnahmten Umsatzsteuerbeträge (für den Umsatz geschuldete Umsatzsteuer und vom Finanzamt erstattete Vorsteuer) gehören im Zeitpunkt ihrer Vereinnahmung zu den Betriebseinnahmen oder Einnahmen, die verausgabten Umsatzsteuerbeträge (gezahlte Vorsteuer und an das Finanzamt abgeführte Umsatzsteuerbeträge) im Zeitpunkt ihrer Verausgabung zu den Betriebsausgaben oder Werbungskosten, es sei denn, dass die Vorsteuerbeträge nach R 9b Abs. 1 den Anschaffungs- oder Herstellungskosten des zugehörigen Wirtschaftsgutes zuzurechnen sind und diese nicht sofort abziehbar sind (BFH vom 29. 6. 1982 – BStBl II S. 755). § 4 Abs. 3 Satz 2 EStG findet insoweit keine Anwendung (BFH vom 19. 2. 1975 – BStBl II S. 441). Hierbei spielt es keine Rolle, ob der Stpfl. zum Vorsteuerabzug berechtigt ist und ob er seine Umsätze nach den allgemeinen umsatzsteuerrechtlichen Vorschriften versteuert oder ob die Umsatzsteuer nach § 19 Abs. 1 UStG nicht erhoben wird.

Irrtümlich erstattete Vorsteuerbeträge

Nicht abziehbare Vorsteuerbeträge sind auch bei zunächst **irrtümlicher Erstattung** Herstellungskosten des Wirtschaftsguts (→ BFH vom 4. 6. 1991 – BStBl II S. 759).

Umsatzsteuerlich fehlgeschlagene Option

Bei umsatzsteuerlich fehlgeschlagener **Option** führt die Rückzahlung der Vorsteuererstattung nicht zu Werbungskosten bei den Einkünften aus Vermietung und Verpachtung (→ BFH vom 13. 11. 1986 – BStBl 1987 II S. 374).

Veräußerung eines Wirtschaftsguts

Zur einkommensteuerlichen Behandlung der auf Grund der **Veräußerung eines Wirtschaftsgutes** nach § 15a UStG (Berichtigung des Vorsteuerabzugs) zurückgezahlten Vorsteuerbeträge → BMF vom 23. 8. 1993 (BStBl I S. 698).

Anwendung des § 9b EStG bei Land- und Forstwirten, die ihre Umsätze nach Durchschnittssätzen (§ 24 UStG) versteuern.

→ OFD Frankfurt vom 22. 3. 2000 (FR 2000 S. 637)

4b. Kinderbetreuungskosten

EStG

§ 9c   Kinderbetreuungskosten

(weggefallen)[1]

5. Sonderausgaben

EStG

§ 10

S 2221
(1) Sonderausgaben sind die folgenden Aufwendungen, wenn sie weder Betriebsausgaben noch Werbungskosten sind oder wie Betriebsausgaben oder Werbungskosten behandelt werden:

S 2221a
1. Unterhaltsleistungen an den geschiedenen oder dauernd getrennt lebenden unbeschränkt einkommensteuerpflichtigen Ehegatten, wenn der Geber dies mit Zustimmung des Empfängers beantragt, bis zu 13 805 Euro im Kalenderjahr. [2]Der Höchstbetrag nach Satz 1 erhöht sich um den Betrag der im jeweiligen Veranlagungszeitraum nach Absatz 1 Nummer 3 für die Absicherung des geschiedenen oder dauernd getrennt lebenden unbeschränkt einkommensteuerpflichtigen Ehegatten aufgewandten Beiträge. [3]Der Antrag kann jeweils nur für ein Kalenderjahr gestellt und nicht zurückgenommen werden. [4]Die Zustimmung ist mit Ausnahme der nach § 894 Absatz 1 der Zivilprozessordnung als erteilt geltenden bis auf Widerruf wirksam. [5]Der Widerruf ist vor Beginn des Kalenderjahres, für das die Zustimmung erstmals nicht gelten soll, gegenüber dem Finanzamt zu erklären. [6]Die Sätze 1 bis 5 gelten für Fälle der Nichtigkeit oder der Aufhebung der Ehe entsprechend;

[2]
1a. auf besonderen Verpflichtungsgründen beruhende, lebenslange und wiederkehrende Versorgungsleistungen, die nicht mit Einkünften in wirtschaftlichem Zusammenhang stehen, die bei der Veranlagung außer Betracht bleiben, wenn der Empfänger unbeschränkt einkommensteuerpflichtig ist. [2]Dies gilt nur für

   a) Versorgungsleistungen im Zusammenhang mit der Übertragung eines Mitunternehmeranteils an einer Personengesellschaft, die eine Tätigkeit im Sinne der §§ 13, 15 Absatz 1 Satz 1 Nummer 1 oder des § 18 Absatz 1 ausübt,

   b) Versorgungsleistungen im Zusammenhang mit der Übertragung eines Betriebs oder Teilbetriebs, sowie

   c) Versorgungsleistungen im Zusammenhang mit der Übertragung eines mindestens fünfzig Prozent betragenden Anteils an einer Gesellschaft mit beschränkter Haftung, wenn

---

[1] *Unterabschnitt 4b und § 9c EStG wurde durch das Steuervereinfachungsgesetz 2011 ab VZ 2012 aufgehoben.*

[2] Absatz 1 Nr. 1a i. d. F. des JStG 2008 ist auf alle Versorgungsleistungen anzuwenden, die auf nach dem 31. 12. 2007 vereinbarten Vermögensübertragungen beruhen. Für Versorgungsleistungen, die auf vor dem 1. 1. 2008 vereinbarten Vermögensübertragungen beruhen, gilt dies nur, wenn das übertragene Vermögen nur deshalb einen ausreichenden Ertrag bringt, weil ersparte Aufwendungen mit Ausnahme des Nutzungsvorteils eines zu eigenen Zwecken vom Vermögensübernehmer genutzten Grundstücks zu den Erträgen des Vermögens gerechnet werden → § 52 *Abs. 23g* EStG.

der Übergeber als Geschäftsführer tätig war und der Übernehmer diese Tätigkeit nach der Übertragung übernimmt.

³Satz 2 gilt auch für den Teil der Versorgungsleistungen, der auf den Wohnteil eines Betriebs der Land- und Forstwirtschaft entfällt;

1b. Ausgleichszahlungen im Rahmen des Versorgungsausgleichs nach §§ 20, 21, 22 und 26 des Versorgungsausgleichsgesetzes, §§ 1587f, 1587g, 1587i des Bürgerlichen Gesetzbuchs und § 3a des Gesetzes zur Regelung von Härten im Versorgungsausgleich, soweit die ihnen zu Grunde liegenden Einnahmen bei der ausgleichspflichtigen Person der Besteuerung unterliegen, wenn die ausgleichsberechtigte Person unbeschränkt einkommensteuerpflichtig ist;

2. a) Beiträge zu den gesetzlichen Rentenversicherungen oder landwirtschaftlichen Alterskassen sowie zu berufsständischen Versorgungseinrichtungen, die den gesetzlichen Rentenversicherungen vergleichbare Leistungen erbringen; [1]

   b) Beiträge des Steuerpflichtigen zum Aufbau einer eigenen kapitalgedeckten Altersversorgung, wenn der Vertrag nur die Zahlung einer monatlichen auf das Leben des Steuerpflichtigen bezogenen lebenslangen Leibrente nicht vor Vollendung des 60. Lebensjahres oder die ergänzende Absicherung des Eintritts der Berufsunfähigkeit (Berufsunfähigkeitsrente), der verminderten Erwerbsfähigkeit (Erwerbsminderungsrente) oder von Hinterbliebenen (Hinterbliebenenrente) vorsieht; Hinterbliebene in diesem Sinne sind der Ehegatte des Steuerpflichtigen und die Kinder, für die er Anspruch auf Kindergeld oder auf einen Freibetrag nach § 32 Absatz 6 hat; der Anspruch auf Waisenrente darf längstens für den Zeitraum bestehen, in dem der Rentenberechtigte die Voraussetzungen für die Berücksichtigung als Kind im Sinne des § 32 erfüllt; die genannten Ansprüche dürfen nicht vererblich, nicht übertragbar, nicht beleihbar, nicht veräußerbar und nicht kapitalisierbar sein und es darf darüber hinaus kein Anspruch auf Auszahlungen bestehen. [2]

   ²Zu den Beiträgen nach den Buchstaben a und b ist der nach § 3 Nummer 62 steuerfreie Arbeitgeberanteil zur gesetzlichen Rentenversicherung und ein diesem gleichgestellter steuerfreier Zuschuss des Arbeitgebers hinzuzurechnen. ³Beiträge nach § 168 Absatz 1 Nummer 1b oder 1c oder nach § 172 Absatz 3 oder 3a des Sechsten Buches Sozialgesetzbuch werden abweichend von Satz 2 nur auf Antrag des Steuerpflichtigen hinzugerechnet.

3. Beiträge zu

   a) Krankenversicherungen, soweit diese zur Erlangung eines durch das Zwölfte Buch Sozialgesetzbuch bestimmten sozialhilfegleichen Versorgungsniveaus erforderlich sind. ²Für Beiträge zur gesetzlichen Krankenversicherung sind dies die nach dem Dritten Titel des Ersten Abschnitts des Achten Kapitels des Fünften Buches Sozialgesetzbuch oder die nach dem Sechsten Abschnitt des Zweiten Gesetzes über die Krankenversicherung der Landwirte festgesetzten Beiträge. ³Für Beiträge zu einer privaten Krankenversicherung sind dies die Beitragsanteile, die auf Vertragsleistungen entfallen, die, mit Ausnahme der auf das Krankengeld entfallenden Beitragsanteile, in Art, Umfang und Höhe den Leistungen nach dem Dritten Kapitel des Fünften Buches Sozialgesetzbuch vergleichbar sind, auf die ein Anspruch besteht; § 12 Absatz 1d des Versicherungsaufsichtsgesetzes in der Fassung der Bekanntmachung vom 17. Dezember 1992 (BGBl. 1993 I S. 2), das zuletzt durch Artikel 4 und 6 Absatz 2 des Gesetzes vom 17. Oktober 2008 (BGBl. I S. 1982) geändert worden ist, gilt entsprechend. ⁴Wenn sich aus den Krankenversicherungsbeiträgen nach Satz 2 ein Anspruch auf Krankengeld oder ein Anspruch

---

[1] *Absatz 1 Nr. 2 Buchstabe a wurde durch das LSV-NOG ab VZ 2013 geändert.*

[2] Absatz 1 Nr. 2 Buchstabe b Satz 1 ist für Vertragsabschlüsse nach dem 31. 12. 2011 mit der Maßgabe anzuwenden, dass der Vertrag die Zahlung der Leibrente nicht vor Vollendung des 62. Lebensjahres vorsehen darf → § 52 Abs. 24 Satz 1 EStG.
Für Verträge i. S. d. § 10 Abs. 1 Nr. 2 Buchstabe b EStG, die vor dem 1. 1. 2011 abgeschlossen wurden, und bei Kranken- und Pflegeversicherungen i. S. d. § 10 Abs. 1 Nr. 3 EStG, bei denen das Versicherungsverhältnis vor dem 1. 1. 2011 bestanden hat, ist § 10 Abs. 2 Satz 2 Nr. 2 und Satz 3 EStG mit der Maßgabe anzuwenden, dass
1. die erforderliche Einwilligung zur Datenübermittlung als erteilt gilt, wenn die übermittelnde Stelle den Stpfl. schriftlich darüber informiert, dass vom Vorliegen einer Einwilligung ausgegangen wird, das in Nummer 2 beschriebene Verfahren Anwendung findet und die Daten an die zentrale Stelle übermittelt werden, wenn der Stpfl. dem nicht innerhalb einer Frist von vier Wochen nach Erhalt dieser schriftlichen Information schriftlich widerspricht;
2. die übermittelnde Stelle, wenn die nach § 10 Abs. 2 Satz 2 Nr. 2 oder Satz 3 EStG erforderliche Einwilligung des Stpfl. vorliegt oder als erteilt gilt, die für die Datenübermittlung nach § 10 Abs. 2a EStG erforderliche Identifikationsnummer (§ 139b der AO) der versicherten Person und des Versicherungsnehmers abweichend von § 22a Abs. 2 Satz 1 und 2 EStG beim Bundeszentralamt für Steuern erheben kann. ²Das Bundeszentralamt für Steuern teilt der übermittelnden Stelle die Identifikationsnummer der versicherten Person und des Versicherungsnehmers mit, sofern die übermittelten Daten mit den nach § 139b Abs. 3 der AO beim Bundeszentralamt für Steuern gespeicherten Daten übereinstimmen. ³Stimmen die Daten nicht überein, findet § 22a Abs. 2 Satz 1 und 2 EStG Anwendung.
→ § 52 Abs. 24 Satz 2 EStG.

auf eine Leistung, die anstelle von Krankengeld gewährt wird, ergeben kann, ist der jeweilige Beitrag um 4 Prozent zu vermindern;

b) gesetzlichen Pflegeversicherungen (soziale Pflegeversicherung und private Pflege-Pflichtversicherung).

²Als eigene Beiträge des Steuerpflichtigen werden auch die vom Steuerpflichtigen im Rahmen der Unterhaltsverpflichtung getragenen eigenen Beiträge im Sinne des Buchstaben a oder des Buchstaben b eines Kindes behandelt, für das ein Anspruch auf einen Freibetrag nach § 32 Absatz 6 oder auf Kindergeld besteht. ³Hat der Steuerpflichtige in den Fällen des Absatzes 1 Nummer 1 eigene Beiträge im Sinne des Buchstaben a oder des Buchstaben b zum Erwerb einer Krankenversicherung oder gesetzlichen Pflegeversicherung für einen geschiedenen oder dauernd getrennt lebenden unbeschränkt einkommensteuerpflichtigen Ehegatten geleistet, dann werden diese abweichend von Satz 1 als eigene Beiträge des geschiedenen oder dauernd getrennt lebenden unbeschränkt einkommensteuerpflichtigen Ehegatten behandelt. ⁴Beiträge, die für nach Ablauf des Veranlagungszeitraums beginnende Beitragsjahre geleistet werden und in der Summe das Zweieinhalbfache der auf den Veranlagungszeitraum entfallenden Beiträge überschreiten, sind in dem Veranlagungszeitraum anzusetzen, für den sie geleistet wurden; dies gilt nicht für Beiträge, soweit sie der unbefristeten Beitragsminderung nach Vollendung des 62. Lebensjahrs dienen.

3a. Beiträge zu Kranken- und Pflegeversicherungen, soweit diese nicht nach Nummer 3 zu berücksichtigen sind; Beiträge zu Versicherungen gegen Arbeitslosigkeit, zu Erwerbs- und Berufsunfähigkeitsversicherungen, die nicht unter Nummer 2 Satz 1 Buchstabe b fallen, zu Unfall- und Haftpflichtversicherungen sowie zu Risikoversicherungen, die nur für den Todesfall eine Leistung vorsehen; Beiträge zu Versicherungen im Sinne des § 10 Absatz 1 Nummer 2 Buchstabe b Doppelbuchstabe bb bis dd in der am 31. Dezember 2004 geltenden Fassung, wenn die Laufzeit dieser Versicherungen vor dem 1. Januar 2005 begonnen hat und ein Versicherungsbeitrag bis zum 31. Dezember 2004 entrichtet wurde; § 10 Absatz 1 Nummer 2 Satz 2 bis 6 und Absatz 2 Satz 2 in der am 31. Dezember 2004 geltenden Fassung ist in diesen Fällen weiter anzuwenden;

4. gezahlte Kirchensteuer; dies gilt nicht, soweit die Kirchensteuer als Zuschlag zur Kapitalertragsteuer oder als Zuschlag auf die nach dem gesonderten Tarif des § 32d Absatz 1 ermittelten Einkommensteuer gezahlt wurde;

¹⁾
S 2221b

5. *zwei Drittel der Aufwendungen, höchstens 4 000 Euro je Kind, für Dienstleistungen zur Betreuung eines zum Haushalt des Steuerpflichtigen gehörenden Kindes im Sinne des § 32 Absatz 1, welches das 14. Lebensjahr noch nicht vollendet hat oder wegen einer vor Vollendung des 25. Lebensjahres eingetretenen körperlichen, geistigen oder seelischen Behinderung außerstande ist, sich selbst zu unterhalten. ²Dies gilt nicht für Aufwendungen für Unterricht, die Vermittlung besonderer Fähigkeiten sowie für sportliche und andere Freizeitbetätigungen. ³Ist das zu betreuende Kind nicht nach § 1 Absatz 1 oder Absatz 2 unbeschränkt einkommensteuerpflichtig, ist der in Satz 1 genannte Betrag zu kürzen, soweit es nach den Verhältnissen im Wohnsitzstaat des Kindes notwendig und angemessen ist. ⁴Voraussetzung für den Abzug der Aufwendungen nach Satz 1 ist, dass der Steuerpflichtige für die Aufwendungen eine Rechnung erhalten hat und die Zahlung auf das Konto des Erbringers der Leistung erfolgt ist;*

6. (weggefallen)

7. Aufwendungen für die eigene Berufsausbildung bis zu *6 000 Euro*²⁾ im Kalenderjahr. ²Bei Ehegatten, die die Voraussetzungen des § 26 Absatz 1 Satz 1 erfüllen, gilt Satz 1 für jeden Ehegatten. ³Zu den Aufwendungen im Sinne des Satzes 1 gehören auch Aufwendungen für eine auswärtige Unterbringung. ⁴§ 4 Absatz 5 Satz 1 Nummer 5 und 6b, § 9 Absatz 1 Satz 3 Nummer 4 und 5 und Absatz 2 sind bei der Ermittlung der Aufwendungen anzuwenden.³⁾

S 2221b 8. (weggefallen)

---

¹⁾ *Absatz 1 Nr. 5 wurde durch das Steuervereinfachungsgesetz 2011 ab VZ 2012 eingefügt und gilt auch für Kinder, die wegen einer vor dem 1. 1. 2007 in der Zeit ab Vollendung des 25. Lebensjahres und vor Vollendung des 27. Lebensjahres eingetretenen körperlichen, geistigen oder seelischen Behinderung außerstande sind, sich selbst zu unterhalten → § 52 Abs. 24a Satz 2 EStG i. d. F. des Gesetzes vom 8. 12. 2010 (BGBl. I S. 1768 – JStG 2010) Satz 2 EStG.*

²⁾ *Absatz 1 Nr. 7 Satz 1 wurde durch das BeitrRLUmsG geändert und ist für VZ ab VZ 2012 anzuwenden → § 52 Abs. 1 EStG.*

³⁾ *Nummer 7 Satz 4 wurde durch das Gesetz zur Änderung und Vereinfachung der Unternehmensbesteuerung und des steuerlichen Reisekostenrechts neu gefasst und ist in der Neufassung erstmals für den VZ 2014 anzuwenden → § 52 Abs. 1 EStG.*

Anm.:
Die Neufassung lautet:
„§ 4 Absatz 5 Satz 1 Nummer 6b, § 9 Absatz 1 Satz 3 Nummer 4 und 5, Absatz 2, Absatz 4 Satz 7 und Absatz 4a sind bei der Ermittlung der Aufwendungen anzuwenden;"

9. 30 Prozent des Entgelts, höchstens 5 000 Euro, das der Steuerpflichtige für ein Kind, für das er Anspruch auf einen Freibetrag nach § 32 Absatz 6 oder auf Kindergeld hat, für den dessen Besuch einer Schule in freier Trägerschaft oder einer überwiegend privat finanzierten Schule entrichtet mit Ausnahme des Entgelts für Beherbergung, Betreuung und Verpflegung. [2]Voraussetzung ist, dass die Schule in einem Mitgliedstaat der Europäischen Union oder in einem Staat belegen ist, auf den das Abkommen über den Europäischen Wirtschaftsraum Anwendung findet, und die Schule zu einem von dem zuständigen inländischen Ministerium eines Landes, von der Kultusministerkonferenz der Länder oder von einer inländischen Zeugnisanerkennungsstelle anerkannten oder einem inländischen Abschluss an einer öffentlichen Schule als gleichwertig anerkannten allgemein bildenden oder berufsbildenden Schul-, Jahrgangs- oder Berufsabschluss führt. [3]Der Besuch einer anderen Einrichtung, die auf einen Schul-, Jahrgangs- oder Berufsabschluss im Sinne des Satzes 2 ordnungsgemäß vorbereitet, steht einem Schulbesuch im Sinne des Satzes 1 gleich. [4]Der Besuch einer Deutschen Schule im Ausland steht dem Besuch einer solchen Schule gleich, unabhängig von ihrer Belegenheit. [5]Der Höchstbetrag nach Satz 1 wird für jedes Kind, bei dem die Voraussetzungen vorliegen, je Elternpaar nur einmal gewährt.

(2) Voraussetzung für den Abzug der in Absatz 1 Nummer 2, 3 und 3a bezeichneten Beträge (Vorsorgeaufwendungen) ist, dass sie

1. nicht in unmittelbarem wirtschaftlichem Zusammenhang mit steuerfreien Einnahmen stehen,
2. a) an Versicherungsunternehmen, die ihren Sitz oder ihre Geschäftsleitung in einem Mitgliedstaat der Europäischen Gemeinschaft oder einem anderen Vertragsstaat des Europäischen Wirtschaftsraums haben und das Versicherungsgeschäft im Inland betreiben dürfen, und Versicherungsunternehmen, denen die Erlaubnis zum Geschäftsbetrieb im Inland erteilt ist,
   b) an berufsständische Versorgungseinrichtungen,
   c) an einen Sozialversicherungsträger oder
   d) an einen Anbieter im Sinne des § 80

geleistet werden.

[2]Vorsorgeaufwendungen nach Absatz 1 Nummer 2 Buchstabe b werden nur berücksichtigt, wenn

1. die Beiträge zugunsten eine Vertrags geleistet wurden, der nach § 5a des Altersvorsorgeverträge-Zertifizierungsgesetzes zertifiziert ist; wobei die Zertifizierung Grundlagenbescheid im Sinne des § 171 Absatz 10 der Abgabenordnung ist, und
2. der Steuerpflichtige gegenüber dem Anbieter in die Datenübermittlung nach Absatz 2a eingewilligt hat.

[3]Vorsorgeaufwendungen nach Absatz 1 Nummer 3 werden nur berücksichtigt, wenn der Steuerpflichtige gegenüber dem Versicherungsunternehmen, dem Träger der gesetzlichen Kranken- und Pflegeversicherung oder der Künstlersozialkasse in die Datenübermittlung nach Absatz 2a eingewilligt hat; die Einwilligung gilt für alle sich aus dem Versicherungsverhältnis ergebenden Zahlungsverpflichtungen als erteilt, wenn die Beiträge mit der elektronischen Lohnsteuerbescheinigung (§ 41b Absatz 1 Satz 2) oder der Rentenbezugsmitteilung (§ 22a Absatz 1 Satz 1 Nummer 5) übermittelt werden.

(2a) [1]Der Steuerpflichtige hat in die Datenübermittlung nach Absatz 2 gegenüber der übermittelnden Stelle schriftlich einzuwilligen, spätestens bis zum Ablauf des zweiten Kalenderjahres, das auf das Beitragsjahr (Kalenderjahr, in dem die Beiträge geleistet worden sind) folgt; übermittelnde Stelle ist bei Vorsorgeaufwendungen nach Absatz 1 Nummer 2 Buchstabe b der Anbieter, bei Vorsorgeaufwendungen nach Absatz 1 Nummer 3 das Versicherungsunternehmen, der Träger der gesetzlichen Kranken- und Pflegeversicherung oder die Daten nach Ablauf des Künstlersozialkasse. [2]Die Einwilligung gilt auch für die folgenden Beitragsjahre, es sei denn, der Steuerpflichtige widerruft diese schriftlich gegenüber der übermittelnden Stelle. [3]Der Widerruf muss vor Beginn des Beitragsjahres, für das die Einwilligung erstmals nicht mehr gelten soll, der übermittelnden Stelle vorliegen. [4]Die übermittelnde Stelle hat bei Vorliegen einer Einwilligung

1. nach Absatz 2 Satz 2 Nummer 2 die Höhe der im jeweiligen Beitragsjahr geleisteten und erstatteten Beiträge nach Absatz 1 Nummer 2 Buchstabe b und die Zertifizierungsnummer,
2. nach Absatz 2 Satz 3 die Höhe der im jeweiligen Beitragsjahr geleisteten und erstatteten Beiträge nach Absatz 1 Nummer 3, soweit diese nicht mit der elektronischen Lohnsteuerbescheinigung oder der Rentenbezugsmitteilung zu übermitteln sind,

unter Angabe der Vertrags- oder Versicherungsdaten, des Datums der Einwilligung und der Identifikationsnummer (§ 139b der Abgabenordnung) nach amtlich vorgeschriebenem Datensatz durch Datenfernübertragung an die zentrale Stelle (§ 81) bis zum 28. Februar des dem Beitragsjahr folgenden Kalenderjahres zu übermitteln; sind Versicherungsnehmer und versicherte Person nicht identisch, sind zusätzlich die Identifikationsnummer und das Geburtsdatum des Versicherungsnehmers anzugeben. [5]§ 22a Absatz 2 gilt entsprechend. [6]Wird die Einwilligung nach Ablauf des Beitragsjahres, jedoch innerhalb der in Satz 1 genannten Frist abgegeben, sind die Daten bis zum Ende des folgenden Kalendervierteljahres zu übermitteln. [7]Stellt die übermittelnde Stelle fest, dass

1. die an die zentrale Stelle übermittelten Daten unzutreffend sind oder

2. der zentralen Stelle ein Datensatz übermittelt wurde, obwohl die Voraussetzungen hierfür nicht vorlagen,

ist dies unverzüglich durch Übermittlung eines Datensatzes an die zentrale Stelle zu korrigieren oder zu stornieren. [8]Ein Steuerbescheid ist zu ändern, soweit

1. Daten nach den Sätzen 4, 6 oder Satz 7 vorliegen oder

2. eine Einwilligung in die Datenübermittlung nach Absatz 2 Satz 2 Nummer 2 oder nach Absatz 2 Satz 3 nicht vorliegt

und sich hierdurch eine Änderung der festgesetzten Steuer ergibt. [9]Die übermittelnde Stelle hat den Steuerpflichtigen über die Höhe der nach den Sätzen 4, 6 oder Satz 7 übermittelten Beiträge für das Beitragsjahr zu unterrichten. [10]§ 150 Absatz 6 der Abgabenordnung gilt entsprechend. [11]Das Bundeszentralamt für Steuern kann die bei Vorliegen der Einwilligung nach Absatz 2 Satz 3 zu übermittelnden Daten prüfen; die §§ 193 bis 203 der Abgabenordnung sind sinngemäß anzuwenden. [12]Wer vorsätzlich oder grob fahrlässig eine unzutreffende Höhe der Beiträge im Sinne des Absatzes 1 Nummer 3 übermittelt, haftet für die entgangene Steuer. [13]Diese ist mit 30 Prozent des zu hoch ausgewiesenen Betrags anzusetzen.

(3) [1]Vorsorgeaufwendungen nach Absatz 1 Nummer 2 Satz 2 sind bis zu 20 000 Euro zu berücksichtigen. [2]Bei zusammenveranlagten Ehegatten verdoppelt sich der Höchstbetrag. [3]Der Höchstbetrag nach Satz 1 oder 2 ist bei Steuerpflichtigen, die

1. Arbeitnehmer sind und die während des ganzen oder eines Teils des Kalenderjahres

   a) in der gesetzlichen Rentenversicherung versicherungsfrei oder auf Antrag des Arbeitgebers von der Versicherungspflicht befreit waren und denen für den Fall ihres Ausscheidens aus der Beschäftigung auf Grund des Beschäftigungsverhältnisses eine lebenslängliche Versorgung oder an deren Stelle eine Abfindung zusteht oder die in der gesetzlichen Rentenversicherung nachzuversichern sind oder

   b) nicht der gesetzlichen Rentenversicherungspflicht unterliegen, eine Berufstätigkeit ausgeübt und im Zusammenhang damit auf Grund vertraglicher Vereinbarungen Anwartschaftsrechte auf eine Altersversorgung erworben haben, oder

2. Einkünfte im Sinne des § 22 Nummer 4 erzielen und die ganz oder teilweise ohne eigene Beitragsleistungen einen Anspruch auf Altersversorgung erwerben,

um den Betrag zu kürzen, der, bezogen auf die Einnahmen aus der Tätigkeit, die die Zugehörigkeit zum genannten Personenkreis begründen, dem Gesamtbeitrag (Arbeitgeber- und Arbeitnehmeranteil) zur allgemeinen Rentenversicherung entspricht. [4]Im Kalenderjahr 2005 sind 60 Prozent der nach den Sätzen 1 bis 3 ermittelten Vorsorgeaufwendungen anzusetzen. [5]Der sich danach ergebende Betrag, vermindert um den nach § 3 Nummer 62 steuerfreien Arbeitgeberanteil zur gesetzlichen Rentenversicherung und einen diesem gleichgestellten steuerfreien Zuschuss des Arbeitgebers, ist als Sonderausgabe abziehbar. [6]Der Prozentsatz in Satz 4 erhöht sich in den folgenden Kalenderjahren bis zum Kalenderjahr 2025 um je 2 Prozentpunkte je Kalenderjahr. [7]Beiträge nach § 168 Absatz 1 Nummer 1b oder 1c oder nach § 172 Absatz 3 oder 3a des Sechsten Buches Sozialgesetzbuch vermindern den abziehbaren Betrag nach Satz 5 nur, wenn der Steuerpflichtige die Hinzurechnung dieser Beiträge zu den Vorsorgeaufwendungen nach § 10 Absatz 1 Nummer 2 Satz 3 beantragt hat.

(4) [1]Vorsorgeaufwendungen im Sinne des Absatzes 1 Nummer 3 und 3a können je Kalenderjahr insgesamt bis 2 800 Euro abgezogen werden. [2]Der Höchstbetrag beträgt 1 900 Euro bei Steuerpflichtigen, die ganz oder teilweise ohne eigene Aufwendungen einen Anspruch auf vollständige oder teilweise Erstattung oder Übernahme von Krankheitskosten haben oder für deren Krankenversicherung Leistungen im Sinne des § 3 Nummer 9, 14, 57 oder 62 erbracht werden. [3]Bei zusammenveranlagten Ehegatten bestimmt sich der gemeinsame Höchstbetrag aus der Summe der jedem Ehegatten unter den Voraussetzungen der Sätze 1 und 2 zustehenden Höchstbeträge. [4]Übersteigen die Vorsorgeaufwendungen im Sinne des Absatzes 1 Nummer 3 die nach den Sätzen 1 bis 3 zu berücksichtigenden Vorsorgeaufwendungen, sind diese abzuziehen und ein Abzug von Vorsorgeaufwendungen im Sinne des Absatzes 1 Nummer 3a scheidet aus.

(4a) [1]Ist in den Kalenderjahren 2005 bis 2019 der Abzug der Vorsorgeaufwendungen nach Absatz 1 Nummer 2 Buchstabe a und Nummer 3 und Nummer 3a in der für das Kalenderjahr 2004 geltenden Fassung des § 10 Absatz 3 mit folgenden Höchstbeträgen für den Vorwegabzug

Kalenderjahr	Vorwegabzug für den Steuerpflichtigen	Vorwegabzug im Fall der Zusammenveranlagung von Ehegatten
2005	3 068	6 136
2006	3 068	6 136
2007	3 068	6 136
2008	3 068	6 136
2009	3 068	6 136
2010	3 068	6 136
2011	2 700	5 400
2012	2 400	4 800
2013	2 100	4 200
2014	1 800	3 600
2015	1 500	3 000
2016	1 200	2 400
2017	900	1 800
2018	600	1 200
2019	300	600

zuzüglich des Erhöhungsbetrags nach Satz 3 günstiger[1]), ist der sich danach ergebende Betrag anstelle des Abzugs nach Absatz 3 und 4 anzusetzen. [2]Mindestens ist bei Anwendung des Satzes 1 der Betrag anzusetzen, der sich ergeben würde, wenn zusätzlich noch die Vorsorgeaufwendungen nach Absatz 1 Nummer 2 Buchstabe b in die Günstigerprüfung einbezogen werden würden; der Erhöhungsbetrag nach Satz 3 ist nicht hinzuzurechnen. [3]Erhöhungsbetrag sind die Beiträge nach Absatz 1 Nummer 2 Buchstabe b, soweit sie nicht den um die Beiträge nach Absatz 1 Nummer 2 Buchstabe a und den nach § 3 Nummer 62 steuerfreien Arbeitgeberanteil zur gesetzlichen Rentenversicherung und einen diesem gleichgestellten steuerfreien Zuschuss verminderten Höchstbetrag nach Absatz 3 Satz 1 bis 3 überschreiten; Absatz 3 Satz 4 und 6 gilt entsprechend.

(4b) [1]*Erhält der Steuerpflichtige für die von ihm für einen anderen Veranlagungszeitraum geleisteten Aufwendungen im Sinne des Satzes 2 einen steuerfreien Zuschuss, ist dieser den erstatteten Aufwendungen gleichzustellen.* [2]*Übersteigen bei den Sonderausgaben nach Absatz 1 Nummer 2 bis 3a die im Veranlagungszeitraum erstatteten Aufwendungen die geleisteten Aufwendungen (Erstattungsüberhang), ist der Erstattungsüberhang mit anderen im Rahmen der jeweiligen Nummer anzusetzenden Aufwendungen zu verrechnen.* [3]*Ein verbleibender Betrag des sich bei den Aufwendungen nach Absatz 1 Nummer 3 und 4 ergebenden Erstattungsüberhangs ist dem Gesamtbetrag der Einkünfte hinzuzurechnen.* ²⁾

(5) Durch Rechtsverordnung wird bezogen auf den Versicherungstarif bestimmt, wie der nicht abziehbare Teil der Beiträge zum Erwerb eines Krankenversicherungsschutzes im Sinne des Absatzes 1 Nummer 3 Buchstabe a Satz 3 durch einheitliche prozentuale Abschläge auf die zugunsten des jeweiligen Tarifs gezahlte Prämie zu ermitteln ist, soweit der nicht abziehbare Beitragsteil nicht bereits als gesonderter Tarif oder Tarifbaustein ausgewiesen wird.

---

§ 29 Anzeigepflichten bei Versicherungsverträgen

EStDV
S 2220

[1]*Bei Versicherungen, deren Laufzeit vor dem 1. Januar 2005 begonnen hat, hat der Sicherungsnehmer nach amtlich vorgeschriebenem Muster dem für die Veranlagung des Versicherungsnehmers nach dem Einkommen zuständigen Finanzamt, bei einem Versicherungsnehmer, der im Inland weder einen Wohnsitz noch seinen gewöhnlichen Aufenthalt hat, dem für die Veranlagung des Sicherungsnehmers zuständigen Finanzamt (§§ 19, 20 der Abgabenordnung) unverzüglich die Fälle anzuzeigen, in denen Ansprüche aus Versicherungsverträgen zur Tilgung oder Sicherung von Darlehen eingesetzt werden.* [2]*Satz 1 gilt entsprechend für das Versicherungsunternehmen, wenn der Sicherungsnehmer Wohnsitz, Sitz oder Geschäftsleitung im Ausland hat.* [3]*Werden Ansprüche aus Versicherungsverträgen von Personen, die im Inland einen Wohnsitz oder ihren gewöhnlichen Aufenthalt haben (§ 1 Abs. 1 des Gesetzes), zur Tilgung oder Sicherung von Darlehen eingesetzt, sind die Sätze 1 und 2 nur anzuwenden, wenn die Darlehen den Betrag von*

---

[1]) § 10 Abs. 3 EStG in der für das Kalenderjahr 2004 geltenden Fassung → H 10.11 Allgemeines.
[2]) **Absatz 4b wurde durch das Steuervereinfachungsgesetz 2011 ab VZ 2012 eingefügt.**

25 565 Euro übersteigen. [4]Der Steuerpflichtige hat dem für seine Veranlagung zuständigen Finanzamt (§ 19 der Abgabenordnung) die Abtretung und die Beleihung unverzüglich anzuzeigen.

EStDV
S 2220

§ 30   Nachversteuerung bei Versicherungsverträgen

[1]Eine Nachversteuerung ist durchzuführen, wenn der Sonderausgabenabzug von Beiträgen nach § 10 Abs. 1 Nr. 3 Buchstabe b des Gesetzes zu versagen ist. [2]Zu diesem Zweck ist die Steuer zu berechnen, die festzusetzen gewesen wäre, wenn der Steuerpflichtige die Beiträge nicht geleistet hätte. [3]Der Unterschied zwischen dieser und der festgesetzten Steuer ist als Nachsteuer zu erheben.

EStDV

§§ 31 bis 44
– weggefallen –

R 10.1
S 2220

10.1. Sonderausgaben (Allgemeines)

Bei Ehegatten, die nach § 26b EStG zusammen zur Einkommensteuer veranlagt werden, kommt es für den Abzug von Sonderausgaben nicht darauf an, ob sie der Ehemann oder die Ehefrau geleistet hat.

H 10.1

Hinweise

Abkürzung des Zahlungsweges

Bei den Sonderausgaben kommt der Abzug von Aufwendungen eines Dritten auch unter dem Gesichtspunkt der Abkürzung des Vertragswegs nicht in Betracht (→ BMF vom 7. 7. 2008 – BStBl I S. 717).

Abzugshöhe/Abzugszeitpunkt

– Sonderausgaben sind in dem VZ abziehbar, in dem sie geleistet worden sind (§ 11 Abs. 2 EStG). Dies gilt auch, wenn sie der Stpfl. mit Darlehensmitteln bestritten hat (→ BFH vom 15. 3. 1974 – BStBl II S. 513). Sie dürfen nur dann bei der Ermittlung des Einkommens abgezogen werden, wenn der Stpfl. tatsächlich und endgültig wirtschaftlich belastet ist. Steht im Zeitpunkt der Zahlung, ggf. auch im Zeitpunkt der Erstattung noch nicht fest, ob der Stpfl. durch die Zahlung endgültig wirtschaftlich belastet bleibt (z. B. bei Kirchensteuer im Falle der Aufhebung der Vollziehung), sind sie im Jahr des Abflusses abziehbar (→ BFH vom 24. 4. 2002 – BStBl II S. 569).

Werden gezahlte Sonderausgaben in einem späteren VZ an den Stpfl. erstattet, ist der Erstattungsbetrag aus Gründen der Praktikabilität im Erstattungsjahr mit gleichartigen Sonderausgaben zu verrechnen mit der Folge, dass die abziehbaren Sonderausgaben des Erstattungsjahres entsprechend gemindert werden. Ist im Jahr der Erstattung der Sonderausgaben an den Stpfl. ein Ausgleich mit gleichartigen Aufwendungen nicht oder nicht in voller Höhe möglich, so ist der Sonderausgabenabzug des Jahres der Verausgabung insoweit um die nachträgliche Erstattung zu mindern; ein bereits bestandskräftiger Bescheid ist nach § 175 Abs. 1 Satz 1 Nr. 2 AO zu ändern (→ BFH vom 7. 7. 2004 – BStBl II S. 1058 und BMF vom 11. 7. 2002 – BStBl I S. 667). Ob die Sonderausgaben gleichartig sind, richtet sich nach deren Sinn und Zweck sowie deren wirtschaftlichen Bedeutung und Auswirkung für den Stpfl. Bei Versicherungsbeiträgen kommt es auf die Funktion der Versicherung und das abgesicherte Risiko an (→ BFH vom 21. 7. 2009 – BStBl 2010 II S. 38).

→ auch: OFD Frankfurt vom 6. 7. 2005 (DStZ 2005, S. 684).

– Kirchensteuer → H 10.7 (Willkürliche Zahlungen).

R 10.2

10.2. Unterhaltsleistungen an den geschiedenen oder dauernd getrennt lebenden Ehegatten

S 2221a

(1) Der Antrag nach § 10 Abs. 1 Nr. 1 EStG kann auf einen Teilbetrag der Unterhaltsleistungen beschränkt werden.

(2) [1]Die Zustimmung wirkt auch dann bis auf Widerruf, wenn sie im Rahmen eines Vergleichs erteilt wird. [2]*Die Zustimmung zum Abzug von Unterhaltsleistungen als Sonderausgaben dem*

Grunde nach wirkt auch für die Erhöhung des Höchstbetrags nach § 10 Abs. 1 Nr. 1 Satz 2 EStG.
[3]*Dies gilt unabhängig davon, wann die Zustimmung erteilt wurde.*

(3) Leistet jemand Unterhalt an mehrere Empfänger, sind die Unterhaltsleistungen an jeden bis zum Höchstbetrag abziehbar.

Hinweise

H 10.2

Allgemeines

– Durch Antrag und Zustimmung werden alle in dem betreffenden VZ geleisteten Unterhaltsaufwendungen zu Sonderausgaben umqualifiziert. Für den Abzug ist es unerheblich, ob es sich um einmalige oder laufende Leistungen bzw. Nachzahlungen oder Vorauszahlungen handelt. Ein Abzug als außergewöhnliche Belastung ist nicht möglich, auch nicht, soweit sie den für das Realsplitting geltenden Höchstbetrag übersteigen (→ BFH vom 7. 11. 2000 – BStBl 2001 II S. 338).

– Antrag und Zustimmung zum begrenzten Realsplitting können nicht – auch nicht übereinstimmend – zurückgenommen oder nachträglich beschränkt werden (→ BFH vom 22. 9. 1999 – BStBl 2000 II S. 218).

– Ein Einkommensteuerbescheid ist nach § 175 Abs. 1 Satz 1 Nr. 2 AO zu ändern, wenn nach Eintritt der Bestandskraft

  – sowohl die Zustimmung erteilt als auch der Antrag nach § 10 Abs. 1 Nr. 1 Satz 1 EStG gestellt werden (→ BFH vom 12. 7. 1989 – BStBl II S. 957) oder

  – der Antrag i. V. m. einer nachträglichen Zustimmungserweiterung ausgedehnt wird (→ BFH vom 28. 6. 2006 – BStBl 2007 II S. 5).

– Die Reduzierung des in der Anlage U zugestimmten Betrages durch den Unterhaltsgeber mit korrespondierender Auswirkung beim Unterhaltsempfänger für einen folgenden VZ ist möglich.

Der Antrag auf Sonderausgabenabzug ist für jedes Kalenderjahr neu zu stellen. Ein derartiger, mit (vorheriger oder nachträglicher) Zustimmung des Empfängers gestellter Antrag ändert den Rechtscharakter der Ausgaben und bewirkt die Steuerpflicht der Unterhaltleistungen beim Empfänger gem. § 22 Nr. 1a EStG. Diese grundsätzliche Dispositionsfreiheit wird dem Unterhaltsgeber durch die auf Dauer angelegte Zustimmung nicht genommen. Der Geber kann für jedes Kalenderjahr entscheiden, ob er die Unterhaltszahlungen als Sonderausgaben abziehen möchte und wenn ja, in welcher Höhe er dies tun möchte. Dass er die Unterhaltsleistungen bis zur Höhe des in der Zustimmungserklärung enthaltenen Betrags als Sonderausgaben geltend machen könnte, reicht als Besteuerungsgrund i. S. d. § 22 Nr. 1a EStG beim Unterhaltsempfänger aber noch nicht aus. Vielmehr löst erst der für den jeweiligen VZ gestellte Antrag dem Grunde und auch der Höhe nach die Umwandlung von einer nicht steuerbaren in eine steuerbare Unterhaltsleistung aus. Die Wirkung der Zustimmung kann nicht losgelöst vom Antrag des Gebers eintreten.

Ist jedoch ein Antrag nach § 10 Abs. 1 Nr. 1 EStG für einen Veranlagungszeitraum gestellt worden, kommt es für die Besteuerung beim Unterhaltsempfänger nicht darauf an, ob sich die vom Unterhaltsgeber geltend gemachten Unterhaltsleistungen bei ihm auch tatsächlich steuermindernd auswirken.

Beispiel:

Der Unterhaltsgeber füllte für den VZ 01 eine Anlage U aus, durch welche er die Anerkennung von Unterhaltsleistungen in Höhe von 10 000 € als Sonderausgaben beantragte. Tatsächlich hatte er aber 12 000 € gezahlt. Die Unterhaltsempfängerin stimmte dem Antrag des Unterhaltsgebers zu. Für den VZ 01 wurden vom Finanzamt 10 000 € als Sonderausgaben anerkannt.

Für den VZ 02 legte der Unterhaltsgeber seiner ESt-Erklärung die Anlage U bei und beantragte die Anerkennung von nur 6 000 € Unterhaltszahlungen als Sonderausgaben, obwohl die Zustimmung zum Abzug von 10 000 € nicht widerrufen war, und er wiederum tatsächlich 12 000 € gezahlt hatte. Im Abschnitt B „Zustimmung zum Antrag A" kreuzte er an, dass die Zustimmung des Unterhaltsempfängers vom VZ 01 dem Finanzamt bereits vorliegt.

Obwohl der Unterhaltsgeber 10 000 € Unterhaltsleistungen als Sonderausgaben geltend machen könnte, muss die Empfängerin nur 6 000 € Unterhaltsleistungen versteuern, weil der Geber seinen für den VZ 02 erstmaligen Sonderausgabenabzug auf 6 000 € beschränkt hat.

→ OFD Koblenz vom 30. 7. 2007, S 2221a, S 2255 A – St 32 1 (DB 2007 S. 1949)

Erbe

Unterhaltsleistungen, die der Erbe nach § 1586b BGB an den geschiedenen Ehegatten des Erblassers zu erbringen hat, sind nicht als Sonderausgaben abzugsfähig (→ BFH vom 12. 11. 1997 – BStBl 1998 II S. 148).

Nicht unbeschränkt steuerpflichtiger Empfänger

Ist der Empfänger nicht unbeschränkt steuerpflichtig, kann ein Abzug der Unterhaltsleistungen bei Vorliegen der Voraussetzungen des § 1a Abs. 1 Nr. 1 EStG oder auf Grund eines DBA in Betracht kommen. Entsprechende Regelungen gibt es z. B. in den DBA mit Dänemark (BStBl 1996 I S. 1219, 1225), Kanada (BStBl 2002 I S. 505, 521) und den USA (BStBl 1991 I S. 94, 108, BGBl. 2006 II S. 1184) sowie in der mit der Schweiz getroffenen Verständigungsvereinbarung (→ BMF vom 5. 11. 1998 – BStBl I S. 1392).

Rechtsanwaltskosten

Rechtsanwaltskosten, die ein Stpfl. aufwendet, um die Zustimmung seines geschiedenen oder dauernd getrennt lebenden beschränkt steuerpflichtigen Ehegatten zum begrenzten Realsplitting zu erlangen, sind keine Unterhaltsleistungen (→ BFH vom 10. 3. 1999 – BStBl II S. 522).

Unterhaltsleistungen

Es ist unerheblich, ob die Unterhaltsleistungen freiwillig oder auf Grund gesetzlicher Unterhaltspflicht erbracht werden. Auch als Unterhalt erbrachte Sachleistungen sind zu berücksichtigen (→ BFH vom 12. 4. 2000 – BStBl 2002 II S. 130).

Nach den Regelungen des § 11 Abs. 2 EStG kann ein Stpfl. dann, wenn das Sozialamt für ihn die geschuldeten Unterhaltsleistungen in Vorleistung erbringt, den Sonderausgabenabzug erst in dem VZ geltend machen, in dem er seinerseits den auf das Sozialamt übergegangenen Anspruch erfüllt (→ FG Saarland vom 18. 12. 1996 – EFG 1997 S. 657).

Wohnungsüberlassung

Bei unentgeltlicher Wohnraumüberlassung kann der Mietwert als Sonderausgabe abgezogen werden. Befindet sich die überlassene Wohnung im Miteigentum des geschiedenen oder dauernd getrennt lebenden Ehegatten, kann der überlassende Ehegatte neben dem Mietwert seines Miteigentumsanteils auch die von ihm auf Grund der Unterhaltsvereinbarung getragenen verbrauchsunabhängigen Kosten für den Miteigentumsanteil des anderen Ehegatten als Sonderausgabe abziehen (→ BFH vom 12. 4. 2000 – BStBl 2002 II S. 130).

Zur Wohnungsüberlassung an den geschiedenen oder dauernd getrennt lebenden Ehegatten bei Abschluss eines Mietvertrages → H 21.4 (Vermietung an Unterhaltsberechtigte).

Zustimmung

– Die Finanzbehörden sind nicht verpflichtet zu prüfen, ob die Verweigerung der Zustimmung rechtsmissbräuchlich ist (→ BFH vom 25. 7. 1990 – BStBl II S. 1022).

– Im Fall der rechtskräftigen Verurteilung zur Erteilung der Zustimmung (§ 894 Abs. 1 ZPO; → BFH vom 25. 10. 1988 – BStBl 1989 II S. 192) wirkt sie nur für das Kalenderjahr, das Gegenstand des Rechtsstreits war.

– Stimmt der geschiedene oder dauernd getrennt lebende Ehegatte dem der Höhe nach beschränkten Antrag auf Abzug der Unterhaltszahlungen als Sonderausgaben zu, beinhaltet dies keine der Höhe nach unbeschränkte Zustimmung für die Folgejahre (→ BFH vom 14. 4. 2005 – BStBl II S. 825).

– Der **Widerruf** der Zustimmung muss vor Beginn des Kalenderjahrs, für den er wirksam werden soll, erklärt werden. Er ist gegenüber dem Wohnsitzfinanzamt sowohl des Unterhaltsleistenden als auch des Unterhaltsempfängers möglich. Wird er gegenüber dem Wohnsitzfinanzamt des Unterhaltsempfängers erklärt, ist das Wissen dieser Behörde für die Änderungsbefugnis nach § 173 Abs. 1 Nr. 1 AO des für die Veranlagung des Unterhaltsleistenden zuständigen Finanzamtes ohne Bedeutung (→ BFH vom 2. 7. 2003 – BStBl II S. 803).

Zustimmungserklärung (Anlage U)

Zur Frage einer Zustimmungserklärung in Form einer blanko unterzeichneten Anlage U für den Sonderausgabenabzug gem. § 10 Abs. 1 Nr. 1 EStG → BFH vom 12. 12. 2007 – XI R 36/05 (→ BFH/NV 2008, S. 792).

10.3. Versorgungsleistungen

R 10.3

(1) *Versorgungsleistungen*, die mit steuerbefreiten Einkünften, z. B. auf Grund eines DBA, in wirtschaftlichem Zusammenhang stehen, können nicht als Sonderausgaben abgezogen werden.

S 2221

(2) [1]*Versorgungsleistungen*, die freiwillig oder auf Grund einer freiwillig begründeten Rechtspflicht geleistet werden, sind grundsätzlich nicht als Sonderausgaben abziehbar. [2]Das gilt auch für Zuwendungen an eine gegenüber dem Stpfl. oder seinem Ehegatten gesetzlich unterhaltsberechtigte Person oder an deren Ehegatten (§ 12 Nr. 2 EStG).

Hinweise

H 10.3

Ablösung eines Nießbrauchs oder eines anderen Nutzungsrechts

→ BMF vom 11. 3. 2010 (BStBl I S. 227), Rz. 24 f., und vom 24. 7. 1998 (BStBl I S. 914), Tz. 55 – 67.

Anhang 8
Anhang 19

Altenteilsleistung

Der Wert unbarer Altenteilsleistungen ist nach § 1 Abs. 1 SvEV vom 21. 12. 2006 (BGBl. I S. 3385) in der für den jeweiligen VZ geltenden Fassung zu schätzen (→ BFH vom 18. 12. 1990 – BStBl 1991 II S. 354).

Beerdigungskosten

Soweit der Vermögensübernehmer kein Erbe und vertraglich zur Übernahme der durch den Tod des letztverstorbenen Vermögensübergebers entstandenen Beerdigungskosten verpflichtet ist, kann er die durch den Tod des letztverstorbenen Vermögensübergebers entstandenen Beerdigungskosten als dauernde Last abziehen (→ BFH vom 19. 1. 2010 – BStBl II S. 544). Ist er hingegen Alleinerbe, sind die Bestattungskosten auch dann nicht abziehbar, wenn er sich vertraglich zur Übernahme dieser Kosten verpflichtet hat (→ BFH vom 19. 1. 2010 – BStBl 2011 II S. 162).

Erbbauzinsen

Erbbauzinsen, die im Zusammenhang mit der Selbstnutzung einer Wohnung im eigenen Haus anfallen, können nicht als dauernde Last abgezogen werden (→ BFH vom 24. 10. 1990 – BStBl 1991 II S. 175).

Gewillkürtes Betriebsvermögen

Es wurde die Frage gestellt, ob die Übertragung eines Mehrfamilienhauses und eines Erbbaugrundstücks, die sich im gewillkürten Betriebsvermögen eines land- und forstwirtschaftlichen Betriebs befinden, im Rahmen der Übertragung des gesamten Betriebes an den Sohn des derzeitigen Betriebsinhabers gegen Versorgungsleistungen nach § 10 Abs. 1 Nr. 1a EStG begünstigt ist. Ich bitte hierzu die Auffassung zu vertreten, dass es sich auch hinsichtlich des gewillkürten Betriebsvermögens eines an sich von § 10 Abs. 1 Nr. 1a EStG erfassten Betriebsvermögens grundsätzlich um begünstigtes Vermögen im Sinne dieser Vorschrift handeln kann. Die Behandlung von gewillkürtem Betriebsvermögen eines land- und forstwirtschaftlichen Betriebs beurteilt sich nach R 4.2 Abs. 9 EStR. Das gilt unabhängig von der erbschaft- und schenkungsteuerlichen Behandlung dieses Betriebsvermögensteils.
→ FinMin SH vom 6. 9. 2011 – VI 30 – S 2221 – 165

Schuldzinsen

Schuldzinsen zur Finanzierung von als Sonderausgaben abziehbaren privaten Versorgungsleistungen sind nicht als Versorgungsleistungen abziehbar (→ BFH vom 14. 11. 2001 – BStBl 2002 II S. 413).

Vermögensübertragung im Zusammenhang mit Versorgungsleistungen

Anhang 8 → BMF vom 11. 3. 2010 (BStBl I S. 227).

Versorgungsausgleich i. S. d. § 10 Abs. 1 Nr. 1b EStG

Anhang 19a Zur einkommensteuerrechtlichen Behandlung der Leistungen auf Grund eines schuldrechtlichen Versorgungsausgleichs → BMF vom 9. 4. 2010 (BStBl I S. 323).

Vorweggenommene Erbfolge

Anhang 8 Zur ertragsteuerlichen Behandlung der vorweggenommenen Erbfolge → BMF vom 13. 1. 1993 (BStBl I S. 80) unter Berücksichtigung der Änderungen durch BMF vom 26. 2. 2007 (BStBl I S. 269).

R 10.3a   *10.3a.* **Versorgungsausgleich**

– unbesetzt –

R 10.4   **10.4. Vorsorgeaufwendungen (Allgemeines)**

S 2221 *¹Nach § 10 Abs. 1 Nr. 3 Satz 2 EStG können eigene Beiträge des Kindes zur Basiskranken- und gesetzlichen Pflegeversicherung im Rahmen des Sonderausgabenabzugs bei den Eltern berücksichtigt werden, wenn diese das Kind, für das sie Anspruch auf einen Freibetrag nach § 32 Abs. 6 EStG oder auf Kindergeld haben, durch Unterhaltsleistungen in Form von Bar- oder Sachleistungen unterstützen. ²Ob das Kind über eigene Einkünfte verfügt, ist insoweit ohne Bedeutung. ³Allerdings können die Basiskranken- und gesetzlichen Pflegeversicherungsbeiträge des Kindes insgesamt nur einmal als Vorsorgeaufwendungen berücksichtigt werden. ⁴Entweder erfolgt die Berücksichtigung nach § 10 Abs. 1 Nr. 3 Satz 2 EStG bei den Eltern oder nach § 10 Abs. 1 Nr. 3 Satz 1 EStG beim Kind.*

H 10.4   **Hinweise**

Alterseinkünftegesetz

Anhang 1 – Zum Sonderausgabenabzug für Beiträge nach § 10 Abs. 1 Nr. 2 bis 3a EStG → BMF vom 13. 9. 2010 (BStBl I S. 681), Rz. 1 – 111.

– Zur Verfassungsmäßigkeit der beschränkten Abziehbarkeit von Altersvorsorgeaufwendungen → BFH vom 18. 11. 2009 (BStBl 2010 II S. 414) und vom 9. 12. 2009 (BStBl 2010 II S. 348).

Ausländische Versicherungsunternehmen

Verzeichnis der ausländischen Versicherungsunternehmen, denen die Erlaubnis zum Betrieb eines nach § 10 Abs. 1 Nr. 2 EStG begünstigten Versicherungszweigs im Inland erteilt ist, → Anhang 19a Handausgabe 2004.

Berufsständische Versorgungseinrichtungen

Liste der berufsständischen Versorgungseinrichtungen, die den gesetzlichen Rentenversicherungen vergleichbare Leistungen i. S. d. § 10 Abs. 1 Nr. 2 Buchstabe a EStG erbringen → BMF vom 7. 2. 2007 (BStBl I S. 262).

Nichtabziehbare Vorsorgeaufwendungen

Vorsorgeaufwendungen, die mit steuerfreien Einnahmen in unmittelbarem wirtschaftlichen Zusammenhang stehen, sind nicht abziehbar.

Beispiele:

1. Gesetzliche Arbeitnehmeranteile zur Sozialversicherung, die auf steuerfreien Arbeitslohn entfallen (→ BFH vom 27. 3. 1981 – BStBl II S. 530), z. B. auf Grund einer Freistellung nach einem DBA oder dem ATE vom 31. 10. 1983 (BStBl I S. 470);

2. Aufwendungen aus Mitteln, die nach ihrer Zweckbestimmung zur Leistung der Vorsorgeaufwendungen dienen, wie

   a) steuerfreie Zuschüsse zur Krankenversicherung der Rentner, z. B. nach § 106 SGB VI (→ H 3.14);

b) Sonderleistungen, die Wehrpflichtige oder Zivildienstleistende unter bestimmten Voraussetzungen zum Ersatz für Beiträge zu einer Krankenversicherung, Unfallversicherung oder Haftpflichtversicherung erhalten (§ 7 USG, § 78 Abs. 1 Nr. 2 ZDG). Beiträge zu Versicherungen, die mit dem Führen und Halten von Kraftfahrzeugen zusammenhängen, z. B. Kraftfahrzeug-Haftpflichtversicherung, Kraftfahrzeug-Insassenunfallversicherung, werden nach § 7 Abs. 2 Nr. 4 USG nicht ersetzt;

c) Beiträge zur Alters- und Hinterbliebenenversorgung, die Wehrpflichtigen und Zivildienstleistenden erstattet werden (§ 14a und 14b Arbeitsplatzschutzgesetz, § 78 Abs. 1 Nr. 1 ZDG);

d) steuerfreie Beträge, die Land- und Forstwirte nach dem Gesetz über die Alterssicherung der Landwirte zur Entlastung von Vorsorgeaufwendungen i. S. d. § 10 Abs. 1 Nr. 2 Buchstabe a EStG erhalten.

Praxisgebühr

Sog. „Praxisgebühren" (Zuzahlungen nach § 28 Abs. 4 SGB V) sind keine Beiträge zur Krankenversicherung, sondern eine Form der Selbstbeteiligung (→ BFH vom 18. 7. 2012 – BStBl 2012 II S. 821).

10.5. Versicherungsbeiträge   R 10.5

¹Wird ein Kraftfahrzeug teils für berufliche und teils für private Zwecke benutzt, kann der Stpfl.   S 2221
den Teil seiner Aufwendungen für die Kfz-Haftpflichtversicherung, der dem Anteil der privaten Nutzung entspricht, im Rahmen des § 10 EStG als Sonderausgaben abziehen. ²Werden Aufwendungen für Wege zwischen Wohnung und Arbeitsstätte oder Familienheimfahrten mit eigenem Kraftfahrzeug in Höhe der Entfernungspauschale nach § 9 *Abs. 1 Satz 3 Nr. 4* EStG abgezogen, können die Aufwendungen für die Kfz-Haftpflichtversicherung zur Vereinfachung in voller Höhe als Sonderausgaben anerkannt werden.

Hinweise   H 10.5

Beiträge an ausländische Sozialversicherungsträger

Zur Aufteilung der an ausländische Sozialversicherungsträger geleisteten Globalbeiträge zur Berücksichtigung der Vorsorgeaufwendungen im Rahmen des Sonderausgabenabzugs →BMF vom *26. 1. 2012 (BStBl I S. 169)*.

Erbschaftsteuerversicherung

– Zum Begriff der Erbschaftsteuerversicherung →BMF vom 1. 10. 2009 (BStBl I S. 1172), Rz. 30

– Die Beiträge gehören zu den sonstigen Vorsorgeaufwendungen nach § 10 Abs. 1 Nr. 3a EStG   Anhang 1
   (→ BMF vom 13. 9. 2010 – BStBl I S. 681, Rz. 77 – 80).

Kapitalwahlrecht

Für vor dem 1. 10. 1996 abgeschlossene Verträge ist Abschnitt 88 Abs. 1 Satz 4 EStR 1987 weiter anzuwenden. Abschnitt 88 Abs. 1 Satz 4 EStR 1987 lautet: „Beiträge zu Rentenversicherungen mit Kapitalwahlrecht gegen laufende Beitragsleistung können als Sonderausgaben abgezogen werden, wenn die Auszahlung des Kapitals frühestens zu einem Zeitpunkt nach Ablauf von zwölf Jahren seit Vertragsabschluss verlangt werden kann."

Keine Sonderausgaben

Die als Sonderausgaben zu berücksichtigenden Aufwendungen sind in § 10 EStG abschließend aufgezählt. Nicht benannte Aufwendungen können nicht als Sonderausgaben abgezogen werden (→ BFH vom 4. 2. 2010 – BStBl II S. 617). Hierzu zählen z. B. Beiträge für eine

– Hausratversicherung,

– Kaskoversicherung,

– Rechtsschutzversicherung,

– Sachversicherung.

Krankentagegeldversicherung

Anhang 1 Die Beiträge gehören zu den sonstigen Vorsorgeaufwendungen nach § 10 Abs. 1 Nr. 3a EStG (→ BMF vom 13. 9. 2010 – BStBl I S. 681, Rz. 77 – 80).

Lebensversicherung (Vertragsabschluss vor dem 1. 1. 2005)

– Allgemeines/Grundsätze

  → BMF vom 22. 8. 2002 (BStBl I S. 827) unter Berücksichtigung der Änderungen durch BMF vom 1. 10. 2009 (BStBl I S. 1188).

– Beiträge zu Lebensversicherungen mit Teilleistungen auf den Erlebensfall vor Ablauf der Mindestvertragsdauer von zwölf Jahren sind auch nicht teilweise als Sonderausgaben abziehbar (→ BFH vom 27. 10. 1987 – BStBl 1988 II S. 132).

– Einsatz von Lebensversicherungen zur Tilgung oder Sicherung von Darlehen → BMF vom 27. 7. 1995 (BStBl I S. 371)[1] unter Berücksichtigung der Änderungen durch BMF vom 25. 3. 2002 (BStBl I S. 476) und vom 15. 6. 2000 (BStBl I S. 1118).

– Die Besicherung eines Darlehens zum Erwerb einer Leibrente mit Ansprüchen aus einer Kapitallebensversicherung stellt eine steuerschädliche Verwendung dar, weil das Leibrentenrecht als Forderung i. S. d. § 10 Abs. 2 Satz 2a EStG zu qualifizieren ist (→ FG Hamburg vom 16. 7. 1999 – EFG 1999 S. 1117).

  → H 4.2 (1) Lebensversicherungen; Zuordnung zum Betriebs- oder Privatvermögen.

Loss-of-Licence-Versicherung

Beiträge zur Berufsunfähigkeitsversicherung eines Flugzeugführers sind regelmäßig Sonderausgaben, keine Werbungskosten (→ BFH vom 13. 4. 1976 – BStBl II S. 599).

Pflegekrankenversicherung

Anhang 1 Die Beiträge zu einer ergänzenden Pflegekrankenversicherung gehören zu den sonstigen Vorsorgeaufwendungen nach § 10 Abs. 1 Nr. 3a EStG (→ BMF vom 13. 9. 2010 – BStBl I S. 681, Rz. 77 – 80).

Pflegerentenversicherung

Anhang 1 Die Beiträge gehören zu den sonstigen Vorsorgeaufwendungen nach § 10 Abs. 1 Nr. 3a EStG (→ BMF vom 13. 9. 2010 – BStBl I S. 681, Rz. 77 – 80).

Unfallversicherung

– Zuordnung von Versicherungsbeiträgen zu Werbungskosten oder Sonderausgaben → BMF vom 28. 10. 2009 (BStBl I S. 1275), Tz. 4

Anhang 1 – Soweit die Beiträge nicht den Werbungskosten zuzuordnen sind, liegen sonstige Vorsorgeaufwendungen nach § 10 Abs. 1 Nr. 3a EStG vor (→ BMF vom 13. 9. 2010 – BStBl I S. 681, Rz. 77 – 80).

Versorgungsbeiträge Selbständiger

Beiträge, für die eine gesetzliche Leistungspflicht besteht, stellen, auch soweit sie auf die sog. „alte Last" entfallen, regelmäßig keine Betriebsausgaben dar, wenn sie gleichzeitig der eigenen Versorgung oder der Versorgung der Angehörigen dienen (→ BFH vom 13. 4. 1972 – BStBl II S. 728 und 730).

Sie können in diesem Fall als Sonderausgaben im Rahmen des § 10 EStG abgezogen werden.

Vertragseintritt

Wer in den Lebensversicherungsvertrag eines anderen eintritt, kann nur die nach seinem Eintritt fällig werdenden Beiträge als Sonderausgaben abziehen; der Eintritt gilt nicht als neuer Vertragsabschluss (→ BFH vom 9. 5. 1974 – BStBl II S. 633).

---

[1]) *Mit Wirkung ab VZ 2005 tritt an die Stelle des BMF-Schreibens vom 27. 7. 1995 (BStBl I 1995 S. 371) das BMF-Schreiben vom 16. 7. 2012 (BStBl I 2012 S. 686).*

10.6. Nachversteuerung von Versicherungsbeiträgen

[1]Bei einer Nachversteuerung nach § 30 EStDV wird der Steuerbescheid des Kalenderjahres, in dem die Versicherungsbeiträge für Versicherungen i. S. d. § 10 Abs. 1 Nr. 3 Buchstabe b EStG als Sonderausgaben berücksichtigt worden sind, nicht berichtigt. [2]Es ist lediglich festzustellen, welche Steuer für das jeweilige Kalenderjahr festzusetzen gewesen wäre, wenn der Stpfl. die Versicherungsbeiträge nicht geleistet hätte. [3]Der Unterschiedsbetrag zwischen dieser Steuer und der seinerzeit festgesetzten Steuer ist als Nachsteuer für das Kalenderjahr zu erheben, in dem das steuerschädliche Ereignis eingetreten ist.

Hinweise

Nachsteuer

Bei Berechnung der Nachsteuer nach § 10 Abs. 5 EStG findet § 177 AO keine Anwendung; bisher nicht geltend gemachte Aufwendungen können nicht nachgeschoben werden (→ BFH vom 15. 12. 1999 – BStBl 2000 II S. 292).

Nachversteuerung für Versicherungsbeiträge bei Ehegatten im Falle ihrer getrennten Veranlagung

Sind die Ehegatten in einem dem VZ 1990 vorangegangenen Kalenderjahr nach § 26a EStG in der für das betreffende Kalenderjahr geltenden Fassung getrennt veranlagt worden und waren in ihren zusammengerechneten Sonderausgaben mit Ausnahme des Abzugs für den steuerbegünstigten nicht entnommenen Gewinn und des Verlustabzugs Versicherungsbeiträge enthalten, für die eine Nachversteuerung durchzuführen ist, ist nach Abschnitt 109a EStR 1990 zu verfahren.

Veräußerung von Ansprüchen aus Lebensversicherungen

Die Veräußerung von Ansprüchen aus Lebensversicherungen führt weder zu einer Nachversteuerung der als Sonderausgaben abgezogenen Versicherungsbeiträge noch zur Besteuerung eines etwaigen Überschusses des Veräußerungserlöses über die eingezahlten Versicherungsbeiträge (→ BMF vom 22. 8. 2002 – BStBl I S. 827, RdNr. 32).

10.7. Kirchensteuern und Kirchenbeiträge

(1) [1]Beiträge der Mitglieder von Religionsgemeinschaften (Kirchenbeiträge), die mindestens in einem Land als Körperschaft des öffentlichen Rechts anerkannt sind, aber während des ganzen Kalenderjahres keine Kirchensteuer erheben, sind aus Billigkeitsgründen wie Kirchensteuern abziehbar. [2]Voraussetzung ist, dass der Stpfl. über die geleisteten Beiträge eine Empfangsbestätigung der Religionsgemeinschaft vorlegt. [3]Der Abzug ist bis zur Höhe der Kirchensteuer zulässig, die in dem betreffenden Land von den als Körperschaft des öffentlichen Rechts anerkannten Religionsgemeinschaften erhoben wird. [4]Bei unterschiedlichen Kirchensteuersätzen ist der höchste Steuersatz maßgebend. [5]Die Sätze 1 bis 4 sind nicht anzuwenden, wenn der Stpfl. gleichzeitig als Mitglied einer öffentlich-rechtlichen Religionsgemeinschaft zur Zahlung von Kirchensteuer verpflichtet ist.

S 2221

(2) Kirchenbeiträge, die nach Absatz 1 nicht wie Kirchensteuer als Sonderausgaben abgezogen werden, können im Rahmen des § 10b EStG steuerlich berücksichtigt werden.

Hinweise

Beiträge an Religionsgemeinschaften (R 10.7 Abs. 1 Satz 1 bis 3)

Die in R 10.7 Abs. 1 getroffene Regelung stellt eine Billigkeitsmaßnahme (§ 163 AO) dar, die zwingend anzuwenden ist. Der höchstmögliche Abzug beträgt 8 % bzw. 9 % der festgesetzten Einkommensteuer auf das um die Beiträge geminderte z. v. E.; § 51a Abs. 1 und 2 EStG ist anzuwenden (→ BFH vom 10. 10. 2001 – BStBl 2002 II S. 201 und vom 12. 6. 2002 – BStBl 2003 II S. 281).

Kirchensteuern an Religionsgemeinschaften in EU-/EWR-Staaten

Auch Kirchensteuerzahlungen an Religionsgemeinschaften, die in einem anderen EU-Mitgliedstaat oder in einem EWR-Staat belegen sind und die bei Inlandsansässigkeit als Körperschaften des öffentlichen Rechts anzuerkennen wären, sind als Sonderausgabe nach § 10 Abs. 1 Nr. 4 EStG abziehbar. Das betrifft die Staaten Finnland (evangelisch-lutherische und orthodoxe Staatskirchen) und Dänemark (evangelisch-lutherische Staatskirche). Soweit in den vorgenannten Staaten andere

Religionsgemeinschaften ansässig sind, sind für die fiktive Einordnung als Körperschaft des öffentlichen Rechts die zuständigen Innen- oder Kultusbehörden einzubeziehen (→ BMF vom 16. 11. 2010 – BStBl I S. 1311).

Kirchensteuern i. S. d. § 10 Abs. 1 Nr. 4 EStG

Sie sind Geldleistungen, die von den als Körperschaften des öffentlichen Rechts anerkannten Religionsgemeinschaften von ihren Mitgliedern auf Grund gesetzlicher Vorschriften erhoben werden. Die Kirchensteuer wird in der Regel als Zuschlagsteuer zur Einkommen- bzw. Lohnsteuer erhoben. Kirchensteuern können aber nach Maßgabe der Gesetze auch erhoben werden als Kirchensteuern vom Einkommen, vom Vermögen, vom Grundbesitz und als Kirchgeld. **Keine Kirchensteuern** sind freiwillige Beiträge, die an öffentlich-rechtliche Religionsgemeinschaften oder andere religiöse Gemeinschaften entrichtet werden.

Willkürliche Zahlungen

Kirchensteuern sind grundsätzlich in dem VZ als Sonderausgabe abzugsfähig, in dem sie tatsächlich entrichtet wurden, soweit es sich nicht um willkürliche, die voraussichtliche Steuerschuld weit übersteigende Zahlungen handelt (→ BFH vom 25. 1. 1963 – BStBl III S. 141).

Zeugen Jehovas

Mit Wirkung vom 13. 6. 2006 ist der Religionsgemeinschaft der Zeugen Jehovas Deutschland e. V. die Rechtsstellung einer Körperschaft des öffentlichen Rechts verliehen worden (ABl Berlin 2006 S. 2428). Beiträge an diese Religionsgemeinschaft sind somit ab dem 13. 6. 2006 entsprechend R 10.7 EStR und H 10.7 EStH als Sonderausgaben nach § 10 Abs. 1 Nr. 4 EStG abziehbar → OFD Koblenz vom 5. 3. 2007, S 2221 A – St 32 3

R 10.8

10.8. Kinderbetreuungskosten

– unbesetzt –

H 10.8

Hinweise

Abzugsbeschränkung

Die Beschränkung des Abzugs von Kinderbetreuungskosten auf zwei Drittel der Aufwendungen und einen Höchstbetrag von 4 000 Euro je Kind ist verfassungsgemäß (→ BFH vom 9. 2. 2012 – BStBl II 2012 S. 567).

Anwendungsschreiben

Anhang 14b   *→ BMF vom 14. 3. 2012 (BStBl I 2012 S. 307)*

R 10.9

10.9. Aufwendungen für die Berufsausbildung

S 2221
Anhang 4

(1) ¹Erhält der Stpfl. zur unmittelbaren Förderung seiner Ausbildung steuerfreie Bezüge, mit denen Aufwendungen i. S. d. § 10 Abs. 1 Nr. 7 EStG abgegolten werden, entfällt insoweit der Sonderausgabenabzug. ²Das gilt auch dann, wenn die zweckgebundenen steuerfreien Bezüge erst nach Ablauf des betreffenden Kalenderjahres gezahlt werden. ³Zur Vereinfachung ist eine Kürzung der für den Sonderausgabenabzug in Betracht kommenden Aufwendungen nur dann vorzunehmen, wenn die steuerfreien Bezüge ausschließlich zur Bestreitung der in § 10 Abs. 1 Nr. 7 EStG bezeichneten Aufwendungen bestimmt sind. ⁴Gelten die steuerfreien Bezüge dagegen ausschließlich oder teilweise Aufwendungen für den Lebensunterhalt ab – ausgenommen solche für auswärtige Unterbringung –, z. B. Berufsausbildungsbeihilfen nach § 59 SGB III, Leistungen nach den §§ 12 und 13 BAföG, sind die als Sonderausgaben geltend gemachten Berufsausbildungsaufwendungen nicht zu kürzen.

Nachlaufende Studiengebühren

(2) Staatlich gestundete Studienbeiträge, die erst nach Abschluss des Studiums gezahlt werden (sog. nachlaufende Studiengebühren) sind nach den allgemeinen Grundsätzen des § 11 Abs. 2 EStG im Jahr der Tilgung der gestundeten Beiträge und somit auch nach Abschluss der Berufsausbildung als Sonderausgaben abziehbar.

Hinweise

Aufwendungen i. S. d. § 10 Abs. 1 Nr. 7 EStG:

– **Arbeitsmittel**

Die für Arbeitsmittel i. S. d. § 9 Abs. 1 Satz 3 Nr. 6 EStG geltenden Vorschriften sind sinngemäß anzuwenden. Schafft ein Stpfl. abnutzbare Wirtschaftsgüter von mehrjähriger Nutzungsdauer an, sind im Rahmen des § 10 Abs. 1 Nr. 7 EStG nur die auf die Nutzungsdauer verteilten Anschaffungskosten als Sonderausgaben abziehbar (→ BFH vom 7. 5. 1993 – BStBl I S. 676).

Die Anschaffungs- oder Herstellungskosten von Arbeitsmitteln einschließlich der Umsatzsteuer können im Jahr ihrer Verausgabung in voller Höhe als Sonderausgaben abgesetzt werden, wenn sie ausschließlich der Umsatzsteuer für das einzelne Arbeitsmittel 410 € nicht übersteigen (→ R 9.12 LStR 2011).

– **häusliches Arbeitszimmer**

→ BMF vom 2. 3. 2011 (BStBl I S. 195)

– **Fachliteratur**

→ BFH vom 28. 11. 1980 (BStBl 1981 II S. 309)

– **Mehraufwand für Verpflegung**

→ BFH vom 3. 12. 1974 (BStBl 1975 II S. 356)

→ R 9.6 LStR 2011

– **Mehraufwand wegen doppelter Haushaltsführung**

→ R 9.11 LStR 2011

– **Wege zwischen Wohnung und Ausbildungsort**

→ R 9.10 Abs. 1 LStR 2011

Ausbildungsdarlehen/Studiendarlehen

– Abzugshöhe/Abzugszeitpunkt → H 10.1

– Aufwendungen zur Tilgung von Ausbildungs-/Studiendarlehen gehören nicht zu den abziehbaren Aufwendungen i. S. d. § 10 Abs. 1 Nr. 7 EStG (→ BFH vom 15. 3. 1974 – BStBl II S. 513).

– Zinsen für ein Ausbildungsdarlehen gehören zu den abziehbaren Aufwendungen, auch wenn sie nach Abschluss der Berufsausbildung gezahlt werden (→ BFH vom 28. 2. 1992 – BStBl II S. 834).

– Ist ein Ausbildungsdarlehen nebst Zuschlag zurückzuzahlen, sind die Aufwendungen für den Zuschlag Ausbildungs-/Studienkosten, wenn damit nachträglich die im Zusammenhang mit der Berufsausbildung gewährten Vorteile abgegolten werden sollen und wenn der Zuschlag nicht weitaus überwiegend als Druckmittel zur Einhaltung der vorvertraglichen Verpflichtung zur Eingehung eines langfristigen Arbeitsverhältnisses dienen soll (→ BFH vom 28. 2. 1992 – BStBl II S. 834).

– Nach Abschluss der Ausbildung geleistete Raten zur **Rückzahlung eines BAföG-Darlehens**, das zur Finanzierung eines Studiums gewährt worden war, sind nicht als Sonderausgaben in Form von Ausbildungskosten abziehbar (→ FG Hamburg vom 9. 12. 1999 – EFG 2000 S. 548).

Aus- und Fortbildung

→ R 9.2 LStR 2011

Auswärtige Unterbringung

Der Begriff der auswärtigen Unterbringung setzt lediglich voraus, dass der Stpfl. eine außerhalb des Ausbildungsorts belegene Wohnung besitzt, die er – abgesehen von seiner Ausbildungszeit – regelmäßig nutzt; auf die Dauer der auswärtigen Unterbringung kommt es nicht an (→ BFH vom 20. 3. 1992 – BStBl II S. 1033).

Beruf

Der angestrebte Beruf muss nicht innerhalb bestimmter bildungspolitischer Zielvorstellungen des Gesetzgebers liegen (→ BFH vom 18. 12. 1987 – BStBl 1988 II S. 494).

Berufsausbildungskosten

Anhang 4   Aufwendungen für die erstmalige Berufsausbildung oder ein Erststudium → BMF vom 22. 9. 2010 (BStBl I S. 721)

Deutschkurs

Aufwendungen eines in Deutschland lebenden Ausländers für den Erwerb von Deutschkenntnissen sind nicht als Aufwendungen für die Berufsausbildung abziehbar (→ BFH vom 15. 3. 2007 – BStBl II S. 814).

Habilitation

Aufwendungen eines wissenschaftlichen Assistenten an einer Hochschule für seine Habilitation sind Werbungskosten i. S. v. § 9 EStG (→ BFH vom 7. 8. 1967 – BStBl III S. 778).

Klassenfahrt

Aufwendungen eines Berufsschülers für eine im Rahmen eines Ausbildungsdienstverhältnisses als verbindliche Schulveranstaltung durchgeführte Klassenfahrt sind in der Regel Werbungskosten (→ BFH vom 7. 2. 1992 – BStBl II S. 531).

Sprachkurs im Ausland

Abweichend von der bisherigen BFH-Rechtsprechung kann bei einem Sprachkurs in einem anderen Mitgliedstaat der EU nicht typischerweise unterstellt werden, dass dieser wegen der jeder Auslandsreise innewohnenden touristischen Elemente eher Berührungspunkte zur privaten Lebensführung aufweist als ein Inlandssprachkurs. Für die berufliche Veranlassung reicht aus, wenn der Sprachkurs auf die besonderen beruflichen/betrieblichen Interessen des Stpfl. zugeschnitten ist. Benötigt der Stpfl. zur Ausübung seines Berufes auch allgemeine Kenntnisse einer bestimmten Fremdsprache, ist ein Sprachkurs bereits dann auf die besonderen beruflichen/betrieblichen Interessen des Stpfl. zugeschnitten, wenn der Sprachkurs diese Kenntnisse und Fähigkeiten vermittelt. Die Entscheidung, ob in Bezug auf einen Sprachkurs berufsbedingte Aufwendungen vorliegen, kann nur auf Grund der Würdigung aller Umstände des Einzelfalles getroffen werden. Dies gilt insbesondere, wenn es sich um einen Sprachkurs handelt, der nicht am oder in der Nähe des Wohnorts des Stpfl. stattfindet (→ BFH vom 13. 6. 2002 – BFH/NV 2002 S. 1517).

Studienreisen

→ R 12.2

Umschulung

Aufwendungen für eine Umschulungsmaßnahme, die die Grundlage dafür bildet, von einer Berufs- oder Erwerbsart zu einer anderen überzuwechseln, können vorab entstandene Werbungskosten sein (→ BFH vom 4. 12. 2002 – BStBl 2003 II S. 403).

R 10.10   **10.10. Schulgeld**

Kind als Vertragspartner

(1) ¹Schulgeldzahlungen eines Stpfl. sind bei diesem auch dann nach § 10 Abs. 1 Nr. 9 EStG abziehbar, wenn dessen unterhaltsberechtigtes Kind selbst Vertragspartner der Schule ist. ²Hat der Stpfl. für das sich in der Ausbildung befindende Kind einen Anspruch auf einen Freibetrag nach § 32 Abs. 6 EStG oder auf Kindergeld, ist davon auszugehen, dass die erforderliche Unterhaltsberechtigung des Kindes besteht.

Schulbesuche im Ausland

(2) ¹Zu den nach § 10 Abs. 1 Nr. 9 EStG abziehbaren Sonderausgaben gehören u. a. Schulgeldzahlungen für den Besuch einer im EU-/EWR-Raum belegenen Bildungsstätte, wenn der Besuch mit dem „International Baccalaureate„ (Internationales Abitur) abschließen soll. ²Für die Anerken-

nung mehrjähriger Auslandsschulbesuche ist die Vorlage einer einmaligen Prognoseentschei-
dung der im Einzelfall zuständigen Behörde (z. B. Zeugnisanerkennungsstelle) ausreichend.

Hinweise

H 10.10

Allgemeines

– → BMF vom 9. 3. 2009 – (BStBl I S. 487)
– *Der Abzug von Schulgeldzahlungen setzt nicht voraus, dass die Eltern selbst Vertragspartner*
  des mit der Privatschule abgeschlossenen Vertrages sind (→ BFH vom 9. 11. 2011 – BStBl 2012
  II S. 321).

Privatschule in der Schweiz

Schulgeld, das an eine schweizerische Privatschule gezahlt wird, kann nicht als Sonderausgabe
abgezogen werden. Hierin liegt keine Verletzung der Kapitalverkehrsfreiheit. Das Freizügigkeits-
abkommen zwischen der Europäischen Gemeinschaft und ihren Mitgliedstaaten und der Schweiz
vom 21. 6. 1999 (BGBl. 2001 II S. 811) gewährt keinen Anspruch auf Gleichbehandlung mit Privat-
schulen, die in der EU oder im EWR belegen sind (→ BFH vom 9. 5. 2012 – BStBl 2012 II S. 585).

Spendenabzug

Zum Spendenabzug von Leistungen der Eltern an gemeinnützige Schulvereine – Schulen in freier
Trägerschaft → BMF vom 4. 1. 1991 (BStBl 1992 I S. 266).

10.11. Kürzung des Vorwegabzugs bei der Günstigerprüfung

– unbesetzt –

R 10.11

S 2221

Hinweise

H 10.11

Allgemeines

Ist nach § 10 Abs. 4a EStG in den Kalenderjahren 2005 bis 2019 der Abzug der Vorsorgeaufwendungen nach Absatz 1 Nr. 2 und 3 in der für das Kalenderjahr 2004 geltenden Fassung des § 10
Abs. 3 EStG mit den in § 10 Abs. 4a EStG genannten Höchstbeträgen für den Vorwegabzug günstiger, ist der sich danach ergebende Betrag anstelle des Abzugs nach Absatz 3 und 4 anzusetzen.

§ 10 Abs. 3 EStG in der für das Kalenderjahr 2004 geltenden Fassung lautet:

„(3) [1]Für Vorsorgeaufwendungen gelten je Kalenderjahr folgende Höchstbeträge:

1. ein Grundhöchstbetrag von	1 334 Euro,
im Fall der Zusammenveranlagung von Ehegatten von	2 668 Euro;
2. ein Vorwegabzug von	3 068 Euro,
im Fall der Zusammenveranlagung von Ehegatten von	6 136 Euro.

[2]Diese Beträge sind zu kürzen um 16 vom Hundert der Summe der Einnahmen

  a) aus nichtselbständiger Arbeit im Sinne des § 19 ohne Versorgungsbezüge im Sinne des
     § 19 Abs. 2, wenn für die Zukunftssicherung des Steuerpflichtigen Leistungen im Sinne des
     § 3 Nr. 62 erbracht werden oder der Steuerpflichtige zum Personenkreis des § 10c Abs. 3
     Nr. 1 oder 2 gehört, und

  b) aus der Ausübung eines Mandats im Sinne des § 22 Nr. 4;

3. für Beiträge nach Absatz 1 Nr. 2 Buchstabe c ein zusätzlicher Höchstbetrag von 184 Euro für
   Steuerpflichtige, die nach dem 31. Dezember 1957 geboren sind;

4. Vorsorgeaufwendungen, die die nach den Nummern 1 bis 3 abziehbaren Beträge übersteigen,
   können zur Hälfte, höchstens bis zu 50 vom Hundert des Grundhöchstbetrags abgezogen werden (hälftiger Höchstbetrag)."

Bemessungsgrundlage für die Kürzung des Vorwegabzugs

– *Einnahmen aus einem früheren Beschäftigungsverhältnis*
  Der Vorwegabzug für Vorsorgeaufwendungen ist auch für VZ nach Beendigung des Beschäfti-
  gungsverhältnisses zu kürzen, wenn in wirtschaftlichem Zusammenhang mit der früheren

353

Beschäftigung stehender Arbeitslohn nachträglich an den Stpfl. ausgezahlt wird und dieser durch arbeitgeberfinanzierte Zukunftssicherungsleistungen oder Altersversorgungsansprüche begünstigt worden war (→ BFH vom 20. 12. 2006 – BStBl 2007 II S. 823).

– **Entlassungsentschädigung**

Zu den Einnahmen aus nichtselbständiger Arbeit, die Bemessungsgrundlage für die Kürzung des Vorwegabzugs für Vorsorgeaufwendungen sind, gehört auch eine vom Arbeitgeber gezahlte Entlassungsentschädigung, für die kein Arbeitgeberbeitrag zu leisten war (→ BFH vom 16. 10. 2002 – BStBl 2003 II S. 343).

– **Mehrere Beschäftigungsverhältnisse**

Bei mehreren Beschäftigungsverhältnissen sind für die Kürzung des Vorwegabzugs für Vorsorgeaufwendungen nur die Einnahmen aus den Beschäftigungsverhältnissen zu berücksichtigen, in deren Zusammenhang die Voraussetzungen für eine Kürzung des Vorwegabzugs für Vorsorgeaufwendungen erfüllt sind (→ BFH vom 26. 2. 2004 – BStBl II S. 720).

– **Zukunftssicherungsleistungen**

– Zum Begriff der Zukunftssicherungsleistungen i. S. d. § 3 Nr. 62 EStG → R 3.62 LStR 2011.

– Die Höhe der vom Arbeitgeber erbrachten Zukunftssicherungsleistungen i. S. d. § 3 Nr. 62 EStG ist für den Umfang der Kürzung des Vorwegabzugs ohne Bedeutung (→ BFH vom 16. 10. 2002 – BStBl 2003 II S. 183).

– Der Vorwegabzug ist auch dann zu kürzen, wenn der Arbeitgeber Zukunftssicherungsleistungen während des VZ nur zeitweise erbringt oder nur Beiträge zur Kranken- und Pflegeversicherung leistet (→ BFH vom 16. 10. 2002 – BStBl 2003 II S. 288).

– Der Vorwegabzug für Vorsorgeaufwendungen ist auch dann zu kürzen, wenn das Anwartschaftsrecht auf Altersversorgung nicht unverfallbar ist oder wirtschaftlich nicht gesichert erscheint. Diese Kürzung ist nicht rückgängig zu machen, wenn eine Pensionszusage in späteren Jahren widerrufen wird (→ BFH vom 28. 7. 2004 – BStBl 2005 II S. 94).

– **Zusammenveranlagte Ehegatten**

Bei der Kürzung des zusammenveranlagten Ehegatten gemeinsam zustehenden Vorwegabzugs für Vorsorgeaufwendungen ist in die Bemessungsgrundlage nur der Arbeitslohn desjenigen Ehegatten einzubeziehen, für den Zukunftssicherungsleistungen i. S. d. § 3 Nr. 62 EStG erbracht worden sind oder der zum Personenkreis des § 10c Abs. 3 Nr. 1 oder 2 EStG gehört (→ BFH vom 3. 12. 2003 – BStBl 2004 II S. 709).

Gesellschafter-Geschäftsführer von Kapitalgesellschaften

Anhang 1 → BMF vom 22. 5. 2007 (BStBl I S. 493)

Höchstbetrag nach § 10 Abs. 3 EStG

Der Höchstbetrag ist nicht zu kürzen:

– wenn der Arbeitgeber für die Zukunftssicherung des Stpfl. keine Leistungen i. S. d. Absatzes 3 erbracht hat. Werden später Beiträge für einen bestimmten Zeitraum nachentrichtet, ist dieser Vorgang ein rückwirkendes Ereignis i. S. d. § 175 Abs. 1 Satz 1 Nr. 2 AO; der Höchstbetrag ist zu kürzen (→ BFH vom 21. 1. 2004 – BStBl II S. 650),

– wenn einem Gesellschafter-Geschäftsführer einer GmbH im Anstellungsvertrag ein Anspruch auf Ruhegehalt eingeräumt wird, dessen Art und Höhe erst später per Gesellschafterbeschluss bestimmt werden soll und die GmbH keine Aufwendungen zur Sicherstellung der künftigen Altersversorgung tätigt (→ BFH vom 14. 6. 2000 – BStBl 2001 II S. 28),

– bei Pflichtversicherten nach § 2 Abs. 1 Nr. 11 Angestelltenversicherungsgesetz bzw. nach § 4 SGB VI auf Antrag Pflichtversicherten (→ BFH vom 19. 5. 1999 – BStBl 2001 II S. 64).

§ 10a Zusätzliche Altersvorsorge

(1) ¹In der inländischen gesetzlichen Rentenversicherung Pflichtversicherte können Altersvorsorgebeiträge (§ 82) zuzüglich der dafür nach Abschnitt XI zustehenden Zulage jährlich bis zu 2 100 Euro als Sonderausgaben abziehen; das Gleiche gilt für

1. Empfänger von inländischer Besoldung nach dem Bundesbesoldungsgesetz oder einem Landesbesoldungsgesetz,

2. Empfänger von Amtsbezügen aus einem inländischen Amtsverhältnis, deren Versorgungsrecht die entsprechende Anwendung des § 69e Absatz 3 Satz 1 und Absatz 4 des Beamtenversorgungsgesetzes vorsieht,

3. die nach § 5 Absatz 1 Satz 1 Nummer 2 und 3 des Sechsten Buches Sozialgesetzbuch versicherungsfrei Beschäftigten, die nach § 6 Absatz 1 Satz 1 Nummer 2 oder nach § 230 Absatz 2 Satz 2 des Sechsten Buches Sozialgesetzbuch von der Versicherungspflicht befreiten Beschäftigten, deren Versorgungsrecht die entsprechende Anwendung des § 69e Absatz 3 und 4 des Beamtenversorgungsgesetzes vorsieht,

4. Beamte, Richter, Berufssoldaten und Soldaten auf Zeit, die ohne Besoldung beurlaubt sind, für die Zeit einer Beschäftigung, wenn während der Beurlaubung die Gewährleistung einer Versorgungsanwartschaft unter den Voraussetzungen des § 5 Absatz 1 Satz 1 des Sechsten Buches Sozialgesetzbuch auf diese Beschäftigung erstreckt wird, und

5. Steuerpflichtige im Sinne der Nummern 1 bis 4, die beurlaubt sind oder deshalb keine Besoldung, Amtsbezüge oder Entgelt erhalten, sofern sie eine Anrechnung von Kindererziehungszeiten nach § 56 des Sechsten Buches Sozialgesetzbuch in Anspruch nehmen könnten, wenn die Versicherungsfreiheit in der inländischen gesetzlichen Rentenversicherung nicht bestehen würde,

wenn sie spätestens bis zum Ablauf des zweiten Kalenderjahres, das auf das Beitragsjahr (§ 88) folgt, gegenüber der zuständigen Stelle (§ 81a) schriftlich eingewilligt haben, dass diese der zentralen Stelle (§ 81) jährlich mitteilt, dass der Steuerpflichtige zum begünstigten Personenkreis gehört, dass die zuständige Stelle der zentralen Stelle die für die Ermittlung des Mindesteigenbeitrags (§ 86) und die Gewährung der Kinderzulage (§ 85) erforderlichen Daten übermittelt und die zentrale Stelle diese Daten für das Zulageverfahren verwenden darf. ²Bei der Erteilung der Einwilligung ist der Steuerpflichtige darauf hinzuweisen, dass er die Einwilligung vor Beginn des Kalenderjahres, für das sie erstmals nicht mehr gelten soll, gegenüber der zuständigen Stelle widerrufen kann. ³Versicherungspflichtige nach dem Gesetz über die Alterssicherung der Landwirte stehen Pflichtversicherten gleich; dies gilt auch für Personen, die eine Anrechnungszeit nach § 58 Absatz 1 Nummer 3 oder Nummer 6 des Sechsten Buches Sozialgesetzbuch in der gesetzlichen Rentenversicherung erhalten und unmittelbar vor der Arbeitslosigkeit einer der in Satz 1 oder der im ersten Halbsatz genannten begünstigten Personengruppen angehörten. ⁴Die Sätze 1 und 2 gelten entsprechend für Steuerpflichtige, die nicht zum begünstigten Personenkreis nach Satz 1 oder 3 gehören und eine Rente wegen voller Erwerbsminderung oder Erwerbsunfähigkeit oder eine Versorgung wegen Dienstunfähigkeit aus einem der in Satz 1 oder 3 genannten Alterssicherungssysteme beziehen, wenn unmittelbar vor dem Bezug der entsprechenden Leistungen der Leistungsbezieher einer der in Satz 1 oder 3 genannten begünstigten Personengrup-

---

1) Zur zeitlichen Anwendung von § 10a Abs. 1 EStG → § 52 Abs. 24c EStG; → auch § 52 Abs. 66 EStG.
2) Absatz 1 wurde durch das Gesetz zur Umsetzung steuerlicher EU-Vorgaben sowie zur Änderung steuerlicher Vorschriften geändert. Für die Anwendung des § 10a EStG i. d. F. des Gesetzes zur Umsetzung steuerlicher EU-Vorgaben sowie zur Änderung steuerlicher Vorschriften stehen den in der inländischen gesetzlichen Rentenversicherung Pflichtversicherten nach § 10a Abs. 1 Satz 1 EStG die Pflichtmitglieder in einem ausländischen gesetzlichen Alterssicherungssystem gleich, wenn diese Pflichtmitgliedschaft
  1. mit einer Pflichtmitgliedschaft in einem inländischen Alterssicherungssystem nach § 10a Abs. 1 Satz 1 oder Satz 3 EStG vergleichbar ist und
  2. vor dem 1. 1. 2010 begründet wurde.
  → § 52 Abs. 24c Satz 2 EStG;
  → auch § 52 Abs. 66 EStG: Endet die unbeschränkte Steuerpflicht eines Zulageberechtigten i. S. d. § 52 Abs. 24c Satz 2 und 3 EStG durch Aufgabe des inländischen Wohnsitzes oder gewöhnlichen Aufenthalts und wird die Person nicht nach § 1 Abs. 3 EStG als unbeschränkt einkommensteuerpflichtig behandelt, gelten die §§ 93 und 94 EStG entsprechend; § 95 Abs. 2 und 3 EStG und § 99 Abs. 1 EStG in der am 31. 12. 2008 geltenden Fassung sind anzuwenden.
3) Für die Anwendung des § 10a EStG i. d. F. des Gesetzes zur Umsetzung steuerlicher EU-Vorgaben sowie zur Änderung steuerlicher Vorschriften stehen den Stpfl. nach § 10a Abs. 1 Satz 4 EStG die Personen gleich,
  1. die aus einem ausländischen gesetzlichen Alterssicherungssystem eine Leistung erhalten, die den in § 10a Abs. 1 Satz 4 EStG genannten Leistungen vergleichbar ist,
  2. die unmittelbar vor dem Bezug der entsprechenden Leistung einer der in § 10a Abs. 1 Satz 1 oder 3 EStG genannten begünstigten Personengruppen angehörten und
  3. die noch nicht das 67. Lebensjahr vollendet haben.
  → § 52 Abs. 24c Satz 3 EStG.

pen angehörte; dies gilt nicht, wenn der Steuerpflichtige das 67. Lebensjahr vollendet hat. [5]Bei der Ermittlung der dem Steuerpflichtigen zustehenden Zulage nach Satz 1 bleibt die Erhöhung der Grundzulage nach § 84 Satz 2 außer Betracht.

(1a) [1]Sofern eine Zulagenummer (§ 90 Absatz 1 Satz 2) durch die zentrale Stelle oder eine Versicherungsnummer nach § 147 des Sechsten Buches Sozialgesetzbuch noch nicht vergeben ist, haben die in Absatz 1 Satz 1 Nummer 1 bis 5 genannten Steuerpflichtigen über die zuständige Stelle eine Zulagenummer bei der zentralen Stelle zu beantragen. [2]Für Empfänger einer Versorgung im Sinne des Absatzes 1 Satz 4 gilt Satz 1 entsprechend.

(2) [1]Ist der Sonderausgabenabzug nach Absatz 1 für den Steuerpflichtigen günstiger als der Anspruch auf die Zulage nach Abschnitt XI, erhöht sich die unter Berücksichtigung des Sonderausgabenabzugs ermittelte tarifliche Einkommensteuer um den Anspruch auf Zulage. [2]In den anderen Fällen scheidet der Sonderausgabenabzug aus. [3]Die Günstigerprüfung wird von Amts wegen vorgenommen.

[1)] (2a) [1]Der Sonderausgabenabzug setzt voraus, dass der Steuerpflichtige gegenüber dem Anbieter (übermittelnde Stelle) in die Datenübermittlung nach Absatz 5 Satz 1 eingewilligt hat. [2]§ 10 Absatz 2a Satz 1 bis Satz 3 gilt entsprechend. [3]In den Fällen des Absatzes 3 Satz 2 *und 5* ist die Einwilligung nach Satz 1 von beiden Ehegatten abzugeben. [4]Hat der Zulageberechtigte den Anbieter nach § 89 Absatz 1a bevollmächtigt, gilt die Einwilligung nach Satz 1 als erteilt. [5]Eine Einwilligung nach Satz 1 gilt auch für das jeweilige Beitragsjahr als erteilt, für das dem Anbieter ein Zulageantrag nach § 89 für den mittelbar Zulageberechtigten (§ 79 Satz 2) vorliegt.

[2)] (3) [1]Der Abzugsbetrag nach Absatz 1 steht im Fall der Veranlagung von Ehegatten nach § 26 Absatz 1 jedem Ehegatten unter den Voraussetzungen des Absatzes 1 gesondert zu. [2]Gehört nur ein Ehegatte zu dem nach Absatz 1 begünstigten Personenkreis und ist der andere Ehegatte nach § 79 Satz 2 zulageberechtigt, sind bei dem nach Absatz 1 abzugsberechtigten Ehegatten die von beiden Ehegatten geleisteten Altersvorsorgebeiträge und die dafür zustehenden Zulagen bei der Anwendung der Absätze 1 und 2 zu berücksichtigen. *[3]Der Höchstbetrag nach Absatz 1 Satz 1 erhöht sich in den Fällen des Satzes 2 um 60 Euro. [4]Dabei sind die von dem Ehegatten, der zu dem nach Absatz 1 begünstigten Personenkreis gehört, geleisteten Altersvorsorgebeiträge vorrangig zu berücksichtigen, jedoch mindestens 60 Euro der von dem anderen Ehegatten geleisteten Altersvorsorgebeiträge.* [5]Gehören beide Ehegatten zu dem nach Absatz 1 begünstigten Personenkreis und liegt ein Fall der Veranlagung nach § 26 Absatz 1 vor, ist bei der Günstigerprüfung nach Absatz 2 der Anspruch auf Zulage beider Ehegatten anzusetzen.

(4) [1]Im Fall des Absatzes 2 Satz 1 stellt das Finanzamt die über den Zulageanspruch nach Abschnitt XI hinausgehende Steuerermäßigung gesondert fest und teilt diese der zentralen Stelle (§ 81) mit; § 10d Absatz 4 Satz 3 bis 5 gilt entsprechend. [2]Sind Altersvorsorgebeiträge zugunsten von mehreren Verträgen geleistet worden, erfolgt die Zurechnung im Verhältnis der nach Absatz 1 berücksichtigten Altersvorsorgebeiträge. [3]Ehegatten ist der nach Satz 1 festzustellende Betrag auch im Falle der Zusammenveranlagung jeweils getrennt zuzurechnen; die Zurechnung erfolgt im Verhältnis der nach Absatz 1 berücksichtigten Altersvorsorgebeiträge. [4]Werden Altersvorsorgebeiträge nach Absatz 3 Satz 2 berücksichtigt, die der nach § 79 Satz 2 zulageberechtigte Ehegatte zugunsten eines auf seinen Namen lautenden Vertrages geleistet hat, ist die hierauf entfallende Steuerermäßigung dem Vertrag zuzurechnen, zu dessen Gunsten die Altersvorsorgebeiträge geleistet wurden. [5]Die Übermittlung an die zentrale Stelle erfolgt unter Angabe der Vertragsnummer und der Identifikationsnummer (§ 139b der Abgabenordnung) sowie der Zulage- oder Versicherungsnummer nach § 147 des Sechsten Buches Sozialgesetzbuch.

(5) [1]Die übermittelnde Stelle hat die bei Vorliegen einer Einwilligung nach Absatz 2a die Höhe der im jeweiligen Beitragsjahr zu berücksichtigenden Altersvorsorgebeiträge unter Angabe der Vertragsdaten, des Datums der Einwilligung nach Absatz 2a, der Identifikationsnummer (§ 139b der Abgabenordnung) sowie der Zulage- oder der Versicherungsnummer nach § 147 des Sechsten Buches Sozialgesetzbuch nach amtlich vorgeschriebenem Datensatz durch Datenfernübertragung an die zentrale Stelle bis zum 28. Februar des dem Beitragsjahr folgenden Kalenderjahres zu übermitteln. [2]§ 10 Absatz 2a Satz 6 bis 8 und § 22a Absatz 2 gelten entsprechend. [3]Die Übermittlung erfolgt auch dann, wenn im Fall der mittelbaren Zulageberechtigung keine Altersvorsorgebeiträge geleistet worden sind. [4]Die übrigen Voraussetzungen für den Sonderausgabenabzug nach den Absätzen 1 bis 3 werden im Wege der Datenerhebung und des automatisierten Datenabgleichs nach § 91 überprüft. [5]Erfolgt eine Datenübermittlung nach Satz 1 und wurde noch keine Zulagenummer (§ 90 Absatz 1 Satz 2) durch die zentrale Stelle oder keine Versicherungsnummer nach § 147 des Sechsten Buches Sozialgesetzbuch vergeben, gilt § 90 Absatz 1 Satz 2 und 3 entsprechend.

[1)] *Absatz 2a Satz 3 wurde durch das BeitrRLUmsG ab VZ 2012 geändert.*
[2)] *Absatz 3 Satz 3 und 4 wurde durch das BeitrRLUmsG ab VZ 2012 eingefügt und der bisherige Satz 3 wurde Satz 5.*

Hinweise

Altersvermögensgesetz

→ BMF vom 31. 3. 2010 (BStBl I S. 270)

---

§ 10b Steuerbegünstigte Zwecke

[1]Zuwendungen (Spenden und Mitgliedsbeiträge) zur Förderung steuerbegünstigter Zwecke im Sinne der §§ 52 bis 54 der Abgabenordnung können insgesamt bis zu

1. 20 Prozent des Gesamtbetrags der Einkünfte oder

2. 4 Promille der Summe der gesamten Umsätze und der im Kalenderjahr aufgewendeten Löhne und Gehälter

als Sonderausgaben abgezogen werden. [2]Voraussetzung für den Abzug ist, dass diese Zuwendungen

1. an eine juristische Person des öffentlichen Rechts oder an eine öffentliche Dienststelle, die in einem Mitgliedstaat der Europäischen Union oder in einem Staat belegen ist, auf den das Abkommen über den Europäischen Wirtschaftsraum (EWR-Abkommen) Anwendung findet, oder

2. an eine nach § 5 Absatz 1 Nummer 9 des Körperschaftsteuergesetzes steuerbefreite Körperschaft, Personenvereinigung oder Vermögensmasse oder

3. an eine Körperschaft, Personenvereinigung oder Vermögensmasse, die in einem Mitgliedstaat der Europäischen Union oder in einem Staat belegen ist, auf den das Abkommen über den Europäischen Wirtschaftsraum (EWR-Abkommen) Anwendung findet, und die nach § 5 Absatz 1 Nummer 9 des Körperschaftsteuergesetzes in Verbindung mit § 5 Absatz 2 Nummer 2 zweiter Halbsatz des Körperschaftsteuergesetzes steuerbefreit wäre, wenn sie inländische Einkünfte erzielen würde,

geleistet werden. [3]Für nicht im Inland ansässige Zuwendungsempfänger nach Satz 2 ist weitere Voraussetzung, dass durch diese Staaten Amtshilfe und Unterstützung bei der Beitreibung geleistet wird. [4]Amtshilfe ist der Auskunftsaustausch im Sinne oder entsprechend der Richtlinie 77/799/EWG einschließlich der in diesem Zusammenhang anzuwendenden Durchführungsbestimmungen in den für den jeweiligen Veranlagungszeitraum geltenden Fassungen oder eines entsprechenden Nachfolgerechtsaktes. [5]Beitreibung ist die gegenseitige Unterstützung bei der Beitreibung von Forderungen im Sinne oder entsprechend der *Beitreibungsrichtlinie* einschließlich der in diesem Zusammenhang anzuwendenden Durchführungsbestimmungen in den für den jeweiligen Veranlagungszeitraum geltenden Fassungen oder eines entsprechenden Nachfolgerechtsaktes.[1]) [6]Werden die steuerbegünstigten Zwecke des Zuwendungsempfängers im Sinne von Satz 2 Nummer 1 nur im Ausland verwirklicht, ist für den Sonderausgabenabzug Voraussetzung, dass natürliche Personen, die ihren Wohnsitz oder ihren gewöhnlichen Aufenthalt im Geltungsbereich dieses Gesetzes haben, gefördert werden oder dass die Tätigkeit dieses Zuwendungsempfängers neben der Verwirklichung der steuerbegünstigten Zwecke auch zum Ansehen der Bundesrepublik Deutschland beitragen kann. [7]Abziehbar sind auch Mitgliedsbeiträge an Körperschaften, die Kunst und Kultur gemäß § 52 Absatz 2 Satz 1 Nummer 5 der Abgabenordnung fördern, soweit es sich nicht um Mitgliedsbeiträge nach Satz 8 Nummer 2 handelt, auch wenn den Mitgliedern Vergünstigungen gewährt werden. [8]Nicht abziehbar sind Mitgliedsbeiträge an Körperschaften, die

1. den Sport (§ 52 Absatz 2 Satz 1 Nummer 21 der Abgabenordnung),

2. kulturelle Betätigungen, die in erster Linie der Freizeitgestaltung dienen,

3. die Heimatpflege und Heimatkunde (§ 52 Absatz 2 Satz 1 Nummer 22 der Abgabenordnung) oder

4. Zwecke im Sinne des § 52 Absatz 2 Satz 1 Nummer 23 der Abgabenordnung

fördern. [9]Abziehbare Zuwendungen, die die Höchstbeträge nach Satz 1 überschreiten oder die den um die Beträge nach § 10 Absatz 3 und 4, § 10c und § 10d verminderten Gesamtbetrag der Einkünfte übersteigen, sind im Rahmen der Höchstbeträge in den folgenden Veranlagungszeiträumen als Sonderausgaben abzuziehen. [10]§ 10d gilt entsprechend.

---

[1]) *Absatz 1 Satz 5 wurde durch das BeitrRLUmsG ab VZ 2012 geändert.*

¹⁾ **(1a)** ¹Spenden zur Förderung steuerbegünstigter Zwecke im Sinne der §§ 52 bis 54 der Abgabenordnung in den Vermögensstock einer Stiftung, welche die Voraussetzungen des Absatzes 1 Satz 2 bis 6 erfüllt, können auf Antrag des Steuerpflichtigen im Veranlagungszeitraum der Zuwendung und in den folgenden neun Veranlagungszeiträumen bis zu einem Gesamtbetrag von 1 Million Euro zusätzlich zu den Höchstbeträgen nach Absatz 1 Satz 1 abgezogen werden. ²Der besondere Abzugsbetrag nach Satz 1 bezieht sich auf den gesamten Zehnjahreszeitraum und kann der Höhe nach innerhalb dieses Zeitraums nur einmal in Anspruch genommen werden. ³§ 10d Absatz 4 gilt entsprechend.

(2) ¹Zuwendungen an politische Parteien im Sinne des § 2 des Parteiengesetzes sind bis zur Höhe von insgesamt 1 650 Euro und im Falle der Zusammenveranlagung von Ehegatten bis zur Höhe von insgesamt 3 300 Euro im Kalenderjahr abzugsfähig. ²Sie können nur insoweit als Sonderausgaben abgezogen werden, als für sie nicht eine Steuerermäßigung nach § 34g gewährt worden ist.

²⁾ **(3)** ¹Als Zuwendung im Sinne dieser Vorschrift gilt auch die Zuwendung von Wirtschaftsgütern mit Ausnahme von Nutzungen und Leistungen. ²Ist das Wirtschaftsgut unmittelbar vor seiner Zuwendung einem Betriebsvermögen entnommen worden, so darf bei der Ermittlung der Zuwendungshöhe der bei der Entnahme angesetzte Wert nicht überschritten werden. ³Ansonsten bestimmt sich die Höhe der Zuwendung nach dem gemeinen Wert des zugewendeten Wirtschaftsguts, wenn dessen Veräußerung im Zeitpunkt der Zuwendung keinen Besteuerungstatbestand erfüllen würde. ⁴In allen übrigen Fällen dürfen bei der Ermittlung der Zuwendungshöhe die fortgeführten Anschaffungs- oder Herstellungskosten nur überschritten werden, soweit eine Gewinnrealisierung stattgefunden hat. ⁵Aufwendungen zugunsten einer Körperschaft, die zum Empfang steuerlich abziehbarer Zuwendungen berechtigt ist, können nur abgezogen werden, wenn ein Anspruch auf die Erstattung der Aufwendungen durch Vertrag oder Satzung eingeräumt und auf die Erstattung verzichtet worden ist. ⁶Der Anspruch darf nicht unter der Bedingung des Verzichts eingeräumt worden sein.

³⁾ **(4)** ¹Der Steuerpflichtige darf auf die Richtigkeit der Bestätigung über Spenden und Mitgliedsbeiträge vertrauen, es sei denn, dass er die Bestätigung durch unlautere Mittel oder falsche Angaben erwirkt hat oder dass ihm die Unrichtigkeit der Bestätigung bekannt oder infolge grober Fahrlässigkeit nicht bekannt war. ²Wer vorsätzlich oder grob fahrlässig eine unrichtige Bestätigung ausstellt oder wer veranlasst, dass Zuwendungen nicht zu den in der Bestätigung angegebenen steuerbegünstigten Zwecken verwendet werden, haftet für die entgangene Steuer. ³Diese ist mit 30 Prozent des zugewendeten Betrags anzusetzen. ⁴In den Fällen des Satzes 2 zweite Alternative (Veranlasserhaftung) ist vorrangig der Zuwendungsempfänger in Anspruch zu nehmen; die in diesen Fällen für den Zuwendungsempfänger handelnden natürlichen Personen sind nur in Anspruch zu nehmen, wenn die entgangene Steuer nicht nach § 47 der Abgabenordnung erloschen ist und Vollstreckungsmaßnahmen gegen den Zuwendungsempfänger nicht erfolgreich sind. ⁵Die Festsetzungsfrist für Haftungsansprüche nach Satz 2 läuft nicht ab, solange die Festsetzungsfrist für von dem Empfänger der Zuwendung geschuldete Körperschaftsteuer für den Veranlagungszeitraum nicht abgelaufen ist, in dem die unrichtige Bestätigung ausgestellt worden ist oder veranlasst wurde, dass die Zuwendung nicht zu den in der Bestätigung angegebenen steuerbegünstigten Zwecken verwendet worden ist; § 191 Absatz 5 der Abgabenordnung ist nicht anzuwenden

---

¹⁾ *Absatz 1a Satz 1 wurde durch Ehrenamtsstärkungsgesetz ab VZ 2013 geändert und Satz 2 eingefügt; die bisherigen Sätze 2 und 3 wurden die Sätze 3 und 4.*
Anm.:
Die Änderungen lauten:
a) In Satz 1 werden die Wörter „in den Vermögensstock einer Stiftung" durch die Wörter „in das zu erhaltende Vermögen (Vermögensstock) einer Stiftung" ersetzt und nach dem Wort „Euro" die Wörter, „bei Ehegatten, die nach den §§ 26, 26b zusammen veranlagt werden, bis zu einem Gesamtbetrag von 2 Millionen Euro," eingefügt.
b) Nach Satz 1 wird folgender Satz eingefügt:
„Nicht abzugsfähig nach Satz 1 sind Spenden in das verbrauchbare Vermögen einer Stiftung."
²⁾ *Absatz 3 Satz 2 wurde durch Ehrenamtsstärkungsgesetz ab VZ 2013 geändert.*
Anm.:
In Absatz 3 Satz 2 werden die Wörter „so darf bei der Ermittlung der Zuwendungshöhe der bei der Entnahme angesetzte Wert nicht überschritten werden" durch die Wörter „so bemisst sich die Zuwendungshöhe nach dem Wert, der bei der Entnahme angesetzt wurde und nach der Umsatzsteuer, die auf die Entnahme entfällt" ersetzt
³⁾ *Absatz 4 Satz 2 wurde durch Ehrenamtsstärkungsgesetz ab VZ 2013 geändert.*
Anm.:
In Absatz 4 Satz 2 werden die Wörter „oder wer" durch das Wort „oder" ersetzt.

§§ 48 und 49
(weggefallen)

§ 50 Zuwendungsnachweis

(1) Zuwendungen im Sinne der §§ 10b und 34g des Gesetzes dürfen nur abgezogen werden, wenn sie durch eine Zuwendungsbestätigung nachgewiesen werden, die der Empfänger nach amtlich vorgeschriebenem Vordruck ausgestellt hat.

(1a) ¹Der Zuwendende kann den Zuwendungsempfänger bevollmächtigen, die Zuwendungsbestätigung der Finanzbehörde nach amtlich vorgeschriebenem Datensatz durch Datenfernübertragung nach Maßgabe der Steuerdaten-Übermittlungsverordnung zu übermitteln. Der Zuwendende hat dem Zuwendungsempfänger zu diesem Zweck seine Identifikationsnummer (§ 139b der Abgabenordnung) mitzuteilen. ²Die Vollmacht kann nur mit Wirkung für die Zukunft widerrufen werden. ³Der Datensatz ist bis zum 28. Februar des Jahres, das auf das Jahr folgt, in dem die Zuwendung geleistet worden ist, an die Finanzbehörde zu übermitteln. ⁴Der Zuwendungsempfänger hat dem Zuwendenden die nach Satz 1 übermittelten Daten elektronisch oder auf dessen Wunsch als Ausdruck zur Verfügung zu stellen; in beiden Fällen ist darauf hinzuweisen, dass die Daten der Finanzbehörde übermittelt worden sind.

(2) ¹Als Nachweis genügt der Bareinzahlungsbeleg oder die Buchungsbestätigung eines Kreditinstituts, wenn

1. *die Zuwendung zur Hilfe in Katastrophenfällen:*

   a) *innerhalb eines Zeitraums, den die obersten Finanzbehörden der Länder im Benehmen mit dem Bundesministerium der Finanzen bestimmen, auf ein für den Katastrophenfall eingerichtetes Sonderkonto einer inländischen juristischen Person des öffentlichen Rechts, einer inländischen öffentlichen Dienststelle oder eines inländischen amtlich anerkannten Verbandes der freien Wohlfahrtspflege einschließlich seiner Mitgliedsorganisationen eingezahlt worden ist oder*

   b) *bis zur Einrichtung des Sonderkontos auf ein anderes Konto der genannten Zuwendungsempfänger geleistet wird. Wird die Zuwendung über ein als Treuhandkonto geführtes Konto eines Dritten auf eines der genannten Sonderkonten geleistet, genügt als Nachweis der Bareinzahlungsbeleg oder die Buchungsbestätigung des Kreditinstituts des Zuwendenden zusammen mit einer Kopie des Barzahlungsbelegs oder der Buchungsbestätigung des Kreditinstituts des Dritten;*

2. *die Zuwendung 200 Euro nicht übersteigt und*

   a) *der Empfänger eine inländische juristische Person des öffentlichen Rechts oder eine inländische öffentliche Dienststelle ist oder*

   b) *der Empfänger eine Körperschaft, Personenvereinigung oder Vermögensmasse im Sinne des § 5 Abs. 1 Nr. 9 des Körperschaftsteuergesetzes ist, wenn der steuerbegünstigte Zweck, für den die Zuwendung verwendet wird, und die Angaben über die Freistellung des Empfängers von der Körperschaftsteuer auf einem von ihm hergestellten Beleg aufgedruckt sind und darauf angegeben ist, ob es sich bei der Zuwendung um eine Spende oder einen Mitgliedsbeitrag handelt oder*

   c) *der Empfänger eine politische Partei im Sinne des § 2 des Parteiengesetzes ist und bei Spenden der Verwendungszweck auf dem vom Empfänger hergestellten Beleg aufgedruckt ist.*

²Aus der Buchungsbestätigung müssen Name und Kontonummer des Auftraggebers und Empfängers, der Betrag sowie der Buchungstag ersichtlich sein. ³In den Fällen des Satzes 1 Nummer 2 Buchstabe b hat der Zuwendende zusätzlich den vom Zuwendungsempfänger hergestellten Beleg vorzulegen.

3)

---

1) **Absatz 1 Satz 1 wurde durch Ehrenamtsstärkungsgesetz ab VZ 2013 geändert.**
   Anm.:
   In Absatz 1 werden nach dem Wort „Empfänger" die Wörter „unter Berücksichtigung des § 63 Absatz 5 der Abgabenordnung" eingefügt.
2) **Absatz 1 Satz 2 wurde durch Artikel 2 der Verordnung zum Erlass und zur Änderung steuerlicher Vorschriften ab VZ 2013 angefügt.**
   Anm.:
   Der neue Satz 2 lautet: „Dies gilt nicht für Zuwendungen an nicht im Inland ansässige Zuwendungsempfänger nach § 10b Absatz 1 Satz 2 Nummer 1 und 3 des Gesetzes."
3) **Absatz 2 Satz 2 wurde durch Artikel 2 der Verordnung zum Erlass und zur Änderung steuerlicher Vorschriften ab VZ 2013 geändert.**
   Anm.:
   Der neue Satz 2 lautet: „Aus der Buchungsbestätigung müssen Name und Kontonummer oder ein sonstiges Identifizierungsmerkmal des Auftraggebers und des Empfängers, der Betrag, der Buchungstag sowie die tatsächliche Durchführung der Zahlung ersichtlich sein."

(2a) Bei Zuwendungen zur Hilfe in Katastrophenfällen innerhalb eines Zeitraums, den die obersten Finanzbehörden der Länder im Benehmen mit dem Bundesministerium der Finanzen bestimmen, die über ein Konto eines Dritten an eine inländische juristische Person des öffentlichen Rechts, eine inländische öffentliche Dienststelle oder eine nach § 5 Absatz 1 Nummer 9 des Körperschaftsteuergesetzes steuerbefreite Körperschaft, Personenvereinigung oder Vermögensmasse geleistet werden, genügt als Nachweis die auf den jeweiligen Spender ausgestellte Zuwendungsbestätigung des Zuwendungsempfängers, wenn das Konto des Dritten als Treuhandkonto geführt wurde, die Spenden von dort an den Zuwendungsempfänger weitergeleitet wurden und diesem eine Liste mit den einzelnen Spendern und ihrem jeweiligen Anteil an der Spendensumme übergeben wurde.

(3) Als Nachweis für die Zahlung von Mitgliedsbeiträgen an politische Parteien im Sinne des § 2 des Parteiengesetzes genügt die Vorlage von Bareinzahlungsbelegen, Buchungsbestätigungen oder Beitragsquittungen.

(4) [1]Eine in § 5 Abs. 1 Nr. 9 des Körperschaftsteuergesetzes bezeichnete Körperschaft, Personenvereinigung oder Vermögensmasse hat die Vereinnahmung der Zuwendung und ihre zweckentsprechende Verwendung ordnungsgemäß aufzuzeichnen und ein Doppel der Zuwendungsbestätigung aufzubewahren. [2]Bei Sachzuwendungen und beim Verzicht auf die Erstattung von Aufwand müssen sich aus den Aufzeichnungen auch die Grundlagen für den vom Empfänger bestätigten Wert der Zuwendung ergeben.

R 10b.1

10b.1. Ausgaben zur Förderung steuerbegünstigter Zwecke i. S. d. § 10b Abs. 1 und 1a EStG

Begünstigte Ausgaben

(1) [1]Mitgliedsbeiträge, sonstige Mitgliedsumlagen und Aufnahmegebühren sind nicht abziehbar, wenn die diese Beiträge erhebende Einrichtung Zwecke bzw. auch Zwecke verfolgt, die in § 10b Abs. 1 *Satz 8* EStG genannt sind. [2]Zuwendungen, die mit der Auflage geleistet werden, sie an eine bestimmte natürliche Person weiterzugeben, sind nicht abziehbar. [3]Zuwendungen können nur dann abgezogen werden, wenn der Zuwendende endgültig wirtschaftlich belastet ist. [4]Bei Sachzuwendungen aus einem Betriebsvermögen darf zuzüglich zu dem Entnahmewert i. S. d. § 6 Abs. 1 Nr. 4 EStG auch die bei der Entnahme angefallene Umsatzsteuer abgezogen werden.

Durchlaufspenden

(2) [1]Das Durchlaufspendenverfahren ist keine Voraussetzung für die steuerliche Begünstigung von Zuwendungen. [2]Inländische juristische Personen des öffentlichen Rechts, die Gebietskörperschaften sind, und ihre Dienststellen sowie inländische kirchliche juristische Personen des öffentlichen Rechts können jedoch ihnen zugewendete Spenden – nicht aber Mitgliedsbeiträge, sonstige Mitgliedsumlagen und Aufnahmegebühren – an Zuwendungsempfänger i. S. d. § 10b Abs. 1 *Satz 2* EStG weiterleiten. [3]Die Durchlaufstelle muss die tatsächliche Verfügungsmacht über die Spendenmittel erhalten. [4]Dies geschieht in der Regel (anders insbesondere bei → Sachspenden) durch Buchung auf deren Konto. [5]Die Durchlaufstelle muss die Vereinnahmung der Spenden und ihre Verwendung (Weiterleitung) getrennt und unter Beachtung der haushaltsrechtlichen Vorschriften nachweisen. [6]Vor der Weiterleitung der Spenden an eine nach § 5 Abs. 1 Nr. 9 KStG steuerbefreite Körperschaft, Personenvereinigung oder Vermögensmasse muss sie prüfen, ob die Zuwendungsempfänger wegen Verfolgung gemeinnütziger, mildtätiger oder kirchlicher Zwecke i. S. d. § 5 Abs. 1 Nr. 9 KStG anerkannt oder vorläufig anerkannt worden ist und ob die Verwendung der Spenden für diese Zwecke sichergestellt ist. [7]Die Zuwendungsbestätigung darf nur von der Durchlaufstelle ausgestellt werden.

Nachweis der Zuwendungen

(3) [1]Zuwendungen nach den §§ 10b und 34g EStG sind grundsätzlich durch eine vom Empfänger nach amtlich vorgeschriebenem Vordruck erstellte Zuwendungsbestätigung nachzuweisen. [2]Die Zuwendungsbestätigung kann auch von einer durch Auftrag zur Entgegennahme von Zahlungen berechtigten Person unterschrieben werden.

Maschinell erstellte Zuwendungsbestätigung

(4) [1]Als Nachweis reicht eine maschinell erstellte Zuwendungsbestätigung ohne eigenhändige Unterschrift einer zeichnungsberechtigten Person aus, wenn der Zuwendungsempfänger die Nutzung eines entsprechenden Verfahrens dem zuständigen Finanzamt angezeigt hat. [2]Mit der Anzeige ist zu bestätigen, dass folgende Voraussetzungen erfüllt sind und eingehalten werden:

1. die Zuwendungsbestätigungen entsprechen dem amtlich vorgeschriebenen Vordruck,
2. die Zuwendungsbestätigungen enthalten die Angabe über die Anzeige an das Finanzamt,

3. eine rechtsverbindliche Unterschrift wird beim Druckvorgang als Faksimile eingeblendet oder es wird beim Druckvorgang eine solche Unterschrift in eingescannter Form verwendet,

4. das Verfahren ist gegen unbefugten Eingriff gesichert,

5. das Buchen der Zahlungen in der Finanzbuchhaltung und das Erstellen der Zuwendungsbestätigungen sind miteinander verbunden sind und die Summen können abgestimmt werden, und

6. Aufbau und Ablauf des bei der Zuwendungsbestätigung angewandten maschinellen Verfahrens sind für die Finanzbehörden innerhalb angemessener Zeit prüfbar (analog § 145 AO); dies setzt eine Dokumentation voraus, die den Anforderungen der Grundsätze ordnungsmäßiger DV-gestützter Buchführungssysteme genügt.

[3]Die Regelung gilt nicht für Sach- und Aufwandsspenden.

Prüfungen

(5) [1]Ist der Empfänger einer Zuwendung eine inländische juristische Person des öffentlichen Rechts, eine inländische öffentliche Dienststelle oder ein inländischer amtlich anerkannter Verband der freien Wohlfahrtspflege einschließlich seiner Mitgliedsorganisationen, kann im Allgemeinen davon ausgegangen werden, dass die Zuwendungen für steuerbegünstigte Zwecke verwendet werden. [2]Das gilt auch dann, wenn der Verwendungszweck im Ausland verwirklicht wird.

Hinweise

Anwendungsschreiben

→ BMF vom 18. 12. 2008 (BStBl 2009 I S. 16)

Auflagen

Zahlungen an eine steuerbegünstigte Körperschaft zur Erfüllung einer Auflage nach § 153a StPO oder § 56b StGB sind nicht als Spende abziehbar (→ BFH vom 19. 12. 1990 – BStBl 1991 II S. 234).

Aufwandsspenden

→ BMF vom 7. 6. 1999 (BStBl I S. 591)

Beitrittsspende

Eine anlässlich der Aufnahme in einen Golfclub geleistete Zahlung ist keine Zuwendung i. S. d. § 10b Abs. 1 EStG, wenn derartige Zahlungen von den Neueintretenden anlässlich ihrer Aufnahme erwartet und zumeist auch gezahlt werden (sog. Beitrittsspende). Die geleistete Zahlung ist als → Gegenleistung des Neumitglieds für den Erwerb der Mitgliedschaft und die Nutzungsmöglichkeit der Golfanlagen anzusehen (→ BFH vom 2. 8. 2006 – BStBl 2007 II S. 8).

Durchlaufspendenverfahren

– → BMF vom *30. 8. 2012 (BStBl 2012 I S. 884)*.

– Eine Durchlaufspende ist nur dann abziehbar, wenn der Letztempfänger für denjenigen VZ, für den die Spende steuerlich berücksichtigt werden soll, wegen des begünstigten Zwecks von der Körperschaftsteuer befreit ist (→ BFH vom 5. 4. 2006 – BStBl 2007 II S. 450).

– Für den Abzug von **Sachspenden im Rahmen des Durchlaufspendenverfahrens** ist erforderlich, dass der Durchlaufstelle das Eigentum an der Sache verschafft wird. Bei Eigentumserwerb durch Einigung und Übergabeersatz (§§ 930, 931 BGB) ist die körperliche Übergabe der Sache an die Durchlaufstelle nicht erforderlich; es sind aber eindeutige Gestaltungsformen zu wählen, die die tatsächliche Verfügungsfreiheit der Durchlaufstelle über die Sache sicherstellen und eine Überprüfung des Ersterwerbs der Durchlaufstelle und des Zweiterwerbs der begünstigten gemeinnützigen Körperschaft ermöglichen.

Elternleistungen an gemeinnützige Schulvereine (Schulen in freier Trägerschaft) und entsprechende Fördervereine

– Als steuerlich begünstigte Zuwendungen kommen nur freiwillige Leistungen der Eltern in Betracht, die über den festgesetzten Elternbeitrag hinausgehen (→ BMF vom 4. 1. 1991 – BStBl 1992 I S. 266). Setzt ein Schulträger das Schulgeld so niedrig an, dass der normale Betrieb der Schule nur durch die Leistungen der Eltern an einen Förderverein aufrechterhalten werden kann, die dieser satzungsgemäß an den Schulträger abzuführen hat, so handelt es sich bei diesen Leistungen um ein Entgelt, welches im Rahmen eines Leistungsaustausches erbracht wird und nicht um steuerlich begünstigte Zuwendungen (→ BFH vom 12. 8. 1999 – BStBl 2000 II S. 65).

– → § 10 Abs. 1 Nr. 9 EStG

Gebrauchte Kleidung als Sachspende (Abziehbarkeit und Wertermittlung)

Bei gebrauchter Kleidung stellt sich die Frage, ob sie überhaupt noch einen gemeinen Wert (Marktwert) hat. Wird ein solcher geltend gemacht, sind die für eine Schätzung maßgeblichen Faktoren wie Neupreis, Zeitraum zwischen Anschaffung und Weggabe und der tatsächliche Erhaltungszustand durch den Stpfl. nachzuweisen (→ BFH vom 23. 5. 1989 – BStBl II S. 879).

Gegenleistung

– Ein Zuwendungsabzug ist ausgeschlossen, wenn die Ausgaben zur Erlangung einer Gegenleistung des Empfängers erbracht werden. Eine Aufteilung der Zuwendung in ein angemessenes Entgelt und eine den Nutzen übersteigende unentgeltliche Leistung scheidet bei einer einheitlichen Leistung aus. Auch im Fall einer Teilentgeltlichkeit fehlt der Zuwendung insgesamt die geforderte Uneigennützigkeit (→ BFH vom 2. 8. 2006 – BStBl 2007 II S. 8).

– → Beitrittsspende

Rückwirkendes Ereignis

Die Erteilung der Zuwendungsbestätigung nach § 50 EStDV ist kein rückwirkendes Ereignis i. S. d. § 175 Abs. 1 Satz 1 Nr. 2 AO (→ § 175 Abs. 2 Satz 2 AO).

Sachspenden

Zur Zuwendungsbestätigung → BMF vom **30. 8. 2012 (BStBl 2012 I S. 884)**.

Spendenhaftung

Die Ausstellerhaftung nach § 10b Abs. 4 Satz 2 1. Alternative EStG betrifft grundsätzlich den in § 10b Abs. 1 Satz 2 EStG genannten Zuwendungsempfänger (z. B. Kommune, gemeinnütziger Verein). Die Haftung einer natürlichen Person kommt allenfalls dann in Frage, wenn diese Person außerhalb des ihr zugewiesenen Wirkungskreises handelt. Die Ausstellerhaftung setzt Vorsatz oder grobe Fahrlässigkeit voraus. Grobe Fahrlässigkeit liegt z. B. bei einer Kommune vor, wenn nicht geprüft wird, ob der Verein, der die Zuwendung erhält, gemeinnützig ist (→ BFH vom 24. 4. 2002 – BStBl 2003 II S. 128). Unrichtig ist eine Zuwendungsbestätigung, deren Inhalt nicht der objektiven Sach- und Rechtslage entspricht. Das ist z. B. dann der Fall, wenn die Bestätigung Zuwendungen ausweist, die Entgelt für Leistungen sind (→ BFH vom 12. 8. 1999 – BStBl 2000 II S. 65). Bei rückwirkender Aberkennung der Gemeinnützigkeit haftet eine Körperschaft nicht wegen Fehlverwendung, wenn sie die Zuwendung zu dem in der Zuwendungsbestätigung angegebenen begünstigten Zweck verwendet (→ BFH vom 10. 9. 2003 – BStBl 2004 II S. 352).

→ auch: OFD Frankfurt vom 15. 3. 2005 – S 2223 A – 95 – II 1.03 (StEd 2005, S. 345):

Bei der Haftungsinanspruchnahme nach § 10b Abs. 4 EStG sind die nachfolgenden Grundsätze zu beachten:

1. Haftungsschuldner

Nach § 10b Abs. 4 Satz 2 EStG haftet, wer vorsätzlich oder grob fahrlässig eine unrichtige Bestätigung ausstellt (1. Alternative) oder wer veranlasst, dass Zuwendungen nicht zu den in der Bestätigung angegebenen steuerbegünstigten Zwecken verwendet werden (2. Alternative).

1.1 Steuerbegünstigte Körperschaft i. S. d. §§ 51 ff. AO

Der Aussteller der Bestätigung bzw. der Veranlasser einer Fehlverwendung haftet für die entgangene Steuer. Haftungsschuldner ist daher der Handelnde.

Die Ausstellerhaftung tritt grundsätzlich nur die Körperschaft, da § 50 Abs. 1 EStDV ausdrücklich anordnet, dass Zuwendungsbestätigungen vom Empfänger auszustellen sind. Da als Zuwendungsempfänger nur die in § 49 EStDV genannten Einrichtungen in Betracht kommen, sind diese allein „Aussteller" der Zuwendungsbestätigungen (vgl. BFH-Urteil vom 24. 4. 2002, BStBl 2003 II S. 128). Gegenüber einer natürlichen Person greift die Ausstellerhaftung allenfalls dann ein, wenn die Person außerhalb des ihr zugewiesenen Wirkungskreises gehandelt hat. Auch hinsichtlich der Veranlasserhaftung ist die Körperschaft in Haftung zu nehmen, da durch die Haftung ein Fehlverhalten des Empfängers der Zuwendung im Zusammenhang mit der Spendenverwendung sanktioniert werden soll (BFH-Urteil vom 24. 4. 2002, a. a. O.). Die Haftung ist dabei verschuldensunabhängig und damit in Form einer Gefährdungshaftung ausgestattet.

1.2 Bis 31. 12. 1999: Körperschaft des öffentlichen Rechts als Durchlaufstelle und Aussteller der Spendenbestätigung – *nicht abgedruckt* –

1.3 Körperschaft, die nicht nach §§ 51 ff. AO als steuerbegünstigte Körperschaft anerkannt ist.

Es gelten die zu Tz. 1.1 genannten Grundsätze.

1.4 Sonstige Aussteller unrichtiger Zuwendungsbestätigungen bzw. Veranlasser der Fehlverwendung von Zuwendungen

1.4.1 Natürliche Person:

Ist eine natürliche Person Zuwendungsempfänger und stellt diese die unrichtigen Zuwendungsbestätigungen aus, so ist sie als Haftungsschuldner in Anspruch zu nehmen.

1.4.2 BGB-Gesellschaft/Gemeinschaft:

Ist eine Gesellschaft/Gemeinschaft Zuwendungsempfänger, kommen zwar ein, mehrere oder alle Gesellschafter als Haftungsschuldner in Betracht. Vorrangig solle aber als Haftungsschuldner die handelnde Person in Anspruch genommen werden.

2. Bindung der Haftungsinanspruchnahme an den Vertrauensschutz beim Zuwendenden

Der Haftungstatbestand ist an den Vertrauensschutz beim Zuwendenden gekoppelt. Nach der Gesetzesbegründung (vgl. Gegenäußerung der Bundesregierung zu der Stellungnahme des Bundesrates, BT-Drucksache 11/4305 vom 6. 4. 1989, zu 6. und 9. und Beschlussempfehlung und Bericht des Finanzausschusses (7. Ausschuss), BT-Drucksache 11/5582 vom 7. 11. 1989, zu „Spendenabzug") müssen die Finanzämter bei der Haftungsprüfung stets die Gutgläubigkeit des Zuwendenden prüfen. Obwohl der pauschale Ansatz der Haftungssumme mit 10 % des zugewendeten Betrages gegen eine in jedem Einzelfall zu prüfende Verknüpfung des Haftungstatbestandes mit dem Vertrauensschutz beim Zuwendenden spricht, ist die Haftungsinanspruchnahme von einem bestehenden Vertrauensschutz abhängig.

Die Darlegungs- und Beweislast für die den Vertrauensschutz ausschließenden Gründe hat im Haftungsverfahren der Aussteller der unrichtigen Zuwendungsbestätigung. Der potenzielle Haftungsschuldner hat daher auch die Möglichkeit einzuwenden, dass es, bezogen auf die einzelne Zuwendung, zu keinem Steuerausfall gekommen ist, weil der Zuwendende z. B. den Abzug der Zuwendung bei seiner Steuererklärung nicht begehrt oder weil er den Höchstbetrag nach § 10b Abs. 1 Satz 1 EStG bereits ohne die fragliche Zuwendung ausgeschöpft hatte.

3. Vertrauensschutz beim Zuwendenden

Nach § 10b Abs. 4 Satz 1 EStG darf der Zuwendende auf die Richtigkeit der Bestätigung vertrauen, es sei denn, dass er die Bestätigung durch unlautere Mittel oder falsche Angaben erwirkt hat oder dass ihm die Unrichtigkeit der Bestätigung bekannt oder infolge grober Fahrlässigkeit nicht bekannt war. Widerruft der Aussteller der unrichtigen Zuwendungsbestätigung diese, bevor der Zuwendende seine Steuererklärung einschließlich der unrichtigen Bestätigung beim FA abgegeben hat, kann der Zuwendende nicht mehr auf die Richtigkeit der Bestätigung vertrauen. Da auch bei der Anwendung der Vertrauensschutzregelung § 150 Abs. 2 AO zu beachten ist, wonach die Angaben in der Steuererklärung wahrheitsgemäß nach bestem Wissen und Gewissen zu machen sind, darf der Zuwendende in diesem Fall den Abzug der Zuwendung nicht mehr unter Hinweis auf den Vertrauensschutz beantragen.

Die Bösgläubigkeit des Zuwendenden ist u. a. gegeben, wenn ihm Umstände bekannt sind, die für eine Verwendung der Zuwendung sprechen, die nicht den Unterlagen entspricht, oder wenn der „Zuwendung" eine Gegenleistung gegenübersteht.

4. Umfang der Haftung

Die entgangene Steuer, für die der Haftende in Anspruch genommen wird, ist nach § 10b Abs. 4 Satz 3 EStG mit 40 % des zugewendeten Betrages anzusetzen. Die Festlegung der Haftungshöhe als fester Prozentsatz der Zuwendung erfolgt unabhängig von den tatsächlichen Verhältnissen beim Zuwendenden (soweit dieser Vertrauensschutz genießt). Die Frage, in welchem Umfang sich der Abzug der Zuwendung beim Zuwendenden steuerlich ausgewirkt hat, bleibt ohne Bedeutung für die Haftungsfrage (vgl. Tz. 2). Einzelfallbezogene Ermittlungen des Ausfalls unterbleiben.

Im Falle der Ausstellerhaftung bestimmt sich die Bemessungsgrundlage für die Haftungshöhe nach den Zuwendungen für die eine unrichtige Zuwendungsbestätigung ausgestellt wurde. Im Falle der Veranlasserhaftung bestimmt sie sich nach den fehlverwendeten Zuwendungen.

Mit Urteil vom 10. 9. 2003 (BStBl 2004 II S. 352) hat der BFH entschieden, dass eine Körperschaft nicht nach § 10b Abs. 4 Satz 2 2. Alt. EStG wegen Fehlverwendung haftet, wenn sie die Spenden zwar zu dem in der Spendenbestätigung angegebenen Zweck verwendet, selbst aber nicht als gemeinnützig anerkannt ist. Im Falle der Versagung der Steuerbegünstigung nach §§ 51 ff. AO für abgelaufene VZ ist daher zu prüfen, für welche Zwecke die bestätigten Zuwendungen verwendet wurden. Die Spendenhaftung umfasst in diesen Fällen nur die Zuwendungen, die tatsächlich fehlverwendet, d. h. nicht für die in der Bestätigung angegebenen steuerbegünstigten Zwecke verwendet wurden.

5. Erteilung des Haftungsbescheides

Für die Erteilung des Haftungsbescheides ist § 191 AO zu beachten.

Dem Haftenden ist zunächst rechtliches Gehör zu gewähren (vgl. Tz. 5 der Rdvfg. vom 8. 9. 2003, S 0370 A – 15 – St II 4.03, AO-Kartei, § 191 AO, Karte 1 N). Im Haftungsbescheid sind die Gründe für die Ermessensentscheidung darzustellen. Insbesondere sind, wenn mehrere Personen als Haftende in Betracht kommen, die Erwägungen zu erläutern, warum gerade die in Anspruch genommene/n Person/en unter mehreren zur Haftung ausgewählt und herangezogen wird/werden (vgl. Tz. 6.8.2.2 der Rdvfg. vom 8. 9. 2003, a. a. O.).

Sponsoring

Anhang 10 → BMF vom 18. 2. 1998 (BStBl 1998 I S. 212)

Vermächtniszuwendungen

Aufwendungen des Erben zur Erfüllung von Vermächtniszuwendungen an gemeinnützige Einrichtungen sind weder beim Erben (→ BFH vom 22. 9. 1993 – BStBl 1993 II S. 874) noch beim Erblasser (→ BFH vom 23. 10. 1996 – BStBl 1997 II S. 239) als Zuwendungen nach § 10b Abs. 1 EStG abziehbar.

Vertrauensschutz

– Der Schutz des Vertrauens in die Richtigkeit einer Zuwendungsbestätigung erfasst nicht Gestaltungen, in denen die Bescheinigung zwar inhaltlich unrichtig ist, der in ihr ausgewiesene Sachverhalt aber ohnehin keinen Abzug rechtfertigt (→ BFH vom 5. 4. 2006 – BStBl 2007 II S. 450).
– Eine → Zuwendungsbestätigung begründet keinen Vertrauensschutz, wenn für den Leistenden der Zahlung angesichts der Begleitumstände klar erkennbar ist, dass die Zahlung in einem Gegenleistungsverhältnis steht (→ BFH vom 2. 8. 2006 – BStBl 2007 II S. 8).
– → Beitrittsspende
– → Gegenleistung

Zeugen Jehovas

– Mit Wirkung vom 13. 6. 2006 ist der Religionsgemeinschaft der Zeugen Jehovas Deutschland e. V. die Rechtsstellung einer Körperschaft des öffentlichen Rechts verliehen worden (ABl Berlin 2006 S. 2428). Beiträge an diese Religionsgemeinschaft sind somit ab dem 13. 6. 2006 entsprechend R 10.7 EStR und H 10.7 EStH als Sonderausgaben nach § 10 Abs. 1 Nr. 4 EStG abziehbar → OFD Koblenz vom 5. 3. 2007, S 2221 A – St 32 3
– Zuwendungsbestätigungen unselbständiger Untergliederungen der Körperschaft des öffentlichen Rechts Jehovas Zeugen in Deutschland (JZ) mit Sitz in Berlin, dazu gehören die so genannten „Versammlungen", sind als Nachweis steuerbegünstigter Zuwendungen anzuerkennen, wenn die folgenden Voraussetzungen erfüllt sind:
  – die JZ müssen entweder selbst in dem jeweiligen Land den Status als Körperschaft des öffentlichen Rechts erlangt haben (ist in Schleswig-Holstein der Fall) oder
  – die Versammlungen müssen kraft der Organisationsautonomie der in Berlin ansässigen JZ religionsrechtlich als unmittelbarer Bestandteil dieser Körperschaft des öffentlichen Rechts geführt werden.

  Ebenso sind Zuwendungsbestätigungen selbständiger Untergliederungen, die nach §§ 52 ff. AO als steuerbegünstigt anerkannt sind, als Nachweis steuerbegünstigter Zuwendungen anzuerkennen.

  Die übrigen Voraussetzungen des § 50 Absatz 1 EStDV müssen ebenfalls vorliegen.
  → FinMin SH vom 20. 3. 2012 – VI 305 – S 2223 – 667

Zuwendungsbestätigung (§ 50 EStDV)

– Die Zuwendungsbestätigung ist eine unverzichtbare sachliche Voraussetzung für den Zuwendungsabzug. Die Bestätigung hat jedoch nur den Zweck einer Beweiserleichterung hinsichtlich der Verwendung der Zuwendung und ist nicht bindend (→ BFH vom 23. 5. 1989 – BStBl II S. 879). Entscheidend ist u. a. der Zweck, der durch die Zuwendung tatsächlich gefördert wird (→ BFH vom 15. 12. 1999 – BStBl 2000 II S. 608). Eine Zuwendungsbestätigung wird vom Finanzamt nicht als Nachweis für den Zuwendungsabzug anerkannt, wenn das Datum des Steuerbescheides/Freistellungsbescheides länger als 5 Jahre bzw. das Datum der vorläufigen Bescheinigung länger als 3 Jahre seit Ausstellung der Bestätigung zurückliegt; dies gilt auch bei Durchlaufspenden (→ BMF vom 15. 12. 1994 – BStBl I S. 884). Eine Aufteilung von Zuwendungen in abziehbare und nichtabziehbare Teile je nach satzungsgemäßer und nichtsatzungsgemäßer anteiliger Verwendung der Zuwendung ist unzulässig (→ BFH vom 7. 11. 1990 – BStBl 1991 II S. 547).
– Zur Zustellung und Verwendung der Zuwendungsbestätigungen:
  → *BMF vom 30. 8. 2012 (BStBl 2012 I S. 884)*

Zuwendungsempfänger im EU-/EWR-Ausland

Der ausländische Zuwendungsempfänger muss nach der Satzung, dem Stiftungsgeschäft oder der sonstigen Verfassung und nach der tatsächlichen Geschäftsführung ausschließlich und unmittelbar gemeinnützigen, mildtätigen oder kirchlichen Zwecken dienen (§§ 51 bis 68 AO). Den Nachweis hierfür hat der inländische Spender durch Vorlage geeigneter Belege zu erbringen (→ BMF vom 16. 5. 2011 – BStBl I S. 559).

10b.2. Zuwendungen an politische Parteien

R 10b.2

[1] Zuwendungen an politische Parteien sind nur dann abziehbar, wenn die Partei bei Zufluss der Zuwendung als politische Partei i. S. d. § 2 PartG anzusehen ist. [2]Der Stpfl. hat dem Finanzamt die Zuwendungen grundsätzlich durch eine von der Partei nach amtlich vorgeschriebenem Vordruck erstellte Zuwendungsbestätigung nachzuweisen. [3]R 10b.1 Abs. 3 Satz 2 und Abs. 4 gilt entsprechend.

S 2223

Hinweise

H 10b.2

Parteiengesetz

→ Parteiengesetz vom 31. 1. 1994 (BGBl. 1994 I S. 149), zuletzt geändert durch Artikel 1 des Zehnten Gesetzes zur Änderung des Parteiengesetzes und Achtundzwanzigsten Gesetzes zur Änderung des Abgeordnetengesetzes vom 23.8.2011 (BGBl. I S. 1748).

Zuwendungsbestätigung (§ 50 EStDV)

→ *BMF vom 30. 8. 2012 (BStBl 2012 I S. 884)*

10b.3. Begrenzung des Abzugs der Ausgaben für steuerbegünstigte Zwecke

R 10b.3

Alternativgrenze

(1) [1]Zu den gesamten Umsätzen i. S. d. § 10b Abs. 1 Satz 1 Nr. 2 EStG gehören außer den steuerbaren Umsätzen i. S. d. § 1 UStG auch nicht steuerbare → Umsätze. [2]Der alternative Höchstbetrag wird bei einem Mitunternehmer von dem Teil der Summe der gesamten Umsätze und der im Kalenderjahr aufgewendeten Löhne und Gehälter der Personengesellschaft berechnet, der dem Anteil des Mitunternehmers am Gewinn der Gesellschaft entspricht.

S 2223

Stiftungen

(2) Der besondere Abzugsbetrag nach § 10b Abs. 1a EStG steht bei zusammenveranlagten Ehegatten jedem Ehegatten einzeln zu, wenn beide Ehegatten als Spender auftreten.

Hinweise

H 10b.3

Höchstbetrag in Organschaftsfällen

– → R 47 Abs. 5 KStR 2004
– Ist ein Stpfl. an einer Personengesellschaft beteiligt, die Organträger einer körperschaftsteuer-rechtlichen Organschaft ist, bleibt bei der Berechnung des Höchstbetrags der abziehbaren Zuwendungen nach § 10b Abs. 1 EStG auf Grund des G. d. E. das dem Stpfl. anteilig zuzurechnende Einkommen der Organgesellschaft außer Ansatz (→ BFH vom 23. 1. 2002 – BStBl 2003 II S. 9).

Kreditinstitute

Die Gewährung von Krediten und das Inkasso von Schecks und Wechsel erhöht die „Summe der gesamten Umsätze". Die Erhöhung bemisst sich jedoch nicht nach den Kreditsummen, Scheck-summen und Wechselsummen, Bemessungsgrundlage sind vielmehr die Entgelte, die der Stpfl. für die Kreditgewährungen und den Einzug der Schecks und Wechsel erhält (→ BFH vom 4. 12. 1996 – BStBl 1997 II S. 327).

Umsätze

Zur „Summe der gesamten Umsätze" gehören die steuerpflichtigen und die steuerfreien (→ BFH vom 4. 12. 1996 – BStBl 1997 II S. 327) sowie die nicht steuerbaren Umsätze (→ R 10b Abs. 1 Satz 1). Ihre Bemessung richtet sich nach dem Umsatzsteuerrecht (→ BFH vom 4. 12. 1996 – BStBl 1997 II S. 327).

EStG
S 2224

§ 10c Sonderausgaben-Pauschbetrag

[1]Für Sonderausgaben nach den *§ 10* Absatz 1 Nummer 1, 1a, 4, *5*, 7 und 9 und nach § 10b wird ein Pauschbetrag von 36 Euro abgezogen (Sonderausgaben-Pauschbetrag), wenn der Steuerpflichtige nicht höhere Aufwendungen nachweist.[1] [2]Im Fall der Zusammenveranlagung von Ehegatten verdoppelt sich der Sonderausgaben-Pauschbetrag.

EStG
S 2225

[2]

§ 10d Verlustabzug

(1) [1]Negative Einkünfte, die bei der Ermittlung des Gesamtbetrags der Einkünfte nicht ausgeglichen werden, sind bis zu einem Betrag von 511 500 Euro, bei Ehegatten, die nach den §§ 26, 26b zusammenveranlagt werden, bis zu einem Betrag von 1 023 000 Euro vom Gesamtbetrag der Einkünfte des unmittelbar vorangegangenen Veranlagungszeitraums vorrangig vor Sonderausgaben, außergewöhnlichen Belastungen und sonstigen Abzugsbeträgen abzuziehen (Verlustrücktrag). [2]Dabei wird der Gesamtbetrag der Einkünfte des unmittelbar vorangegangenen Veranlagungszeitraums um die Begünstigungsbeträge nach § 34a Absatz 3 Satz 1 gemindert. [3]Ist für den unmittelbar vorangegangenen Veranlagungszeitraum bereits ein Steuerbescheid erlassen worden, so ist er insoweit zu ändern, als der Verlustrücktrag zu gewähren oder zu berichtigen ist. [4]Das gilt auch dann, wenn der Steuerbescheid unanfechtbar geworden ist; die Festsetzungsfrist endet insoweit nicht, bevor die Festsetzungsfrist für den Veranlagungszeitraum abgelaufen ist, in dem die negativen Einkünfte nicht ausgeglichen werden. [5]Auf Antrag des Steuerpflichtigen ist ganz oder teilweise von der Anwendung des Satzes 1 abzusehen. [6]Im Antrag ist die Höhe des Verlustrücktrags anzugeben.

(2) [1]Nicht ausgeglichene negative Einkünfte, die nicht nach Absatz 1 abgezogen worden sind, sind in den folgenden Veranlagungszeiträumen bis zu einem Gesamtbetrag der Einkünfte von 1 000 000 Euro unbeschränkt, darüber hinaus bis zu 60 Prozent des 1 000 000 Euro übersteigenden Gesamtbetrags der Einkünfte vorrangig vor Sonderausgaben, außergewöhnlichen Belastungen und sonstigen Abzugsbeträgen abzuziehen (Verlustvortrag). [2]Bei Ehegatten, die nach §§ 26, 26b zusammenveranlagt werden, tritt an die Stelle des Betrags von 1 000 000 Euro ein Betrag von 2 000 000 Euro. [3]Der Abzug ist nur insoweit zulässig, als die Verluste nicht nach Absatz 1 abgezogen worden sind und in den vorangegangenen Veranlagungszeiträumen nicht nach Satz 1 und 2 abgezogen werden konnten.

(3) (weggefallen)

(4) [1]Der am Schluss eines Veranlagungszeitraums verbleibende Verlustvortrag ist gesondert festzustellen. [2]Verbleibender Verlustvortrag sind die bei der Ermittlung des Gesamtbetrags der Einkünfte nicht ausgeglichenen negativen Einkünfte, vermindert um die nach Absatz 1 abgezogenen und die nach Absatz 2 abziehbaren Beträge und vermehrt um den auf den Schluss des vorangegangenen Veranlagungszeitraums festgestellten verbleibenden Verlustvortrag. [3]Zuständig für die Feststellung ist das für die Besteuerung zuständige Finanzamt. [4]Bei der Feststellung des verbleibenden Verlustvortrags sind die Besteuerungsgrundlagen so zu berücksichtigen, wie sie den Steuerfestsetzungen des Veranlagungszeitraums, auf dessen Schluss der verbleibende Verlustvortrag festgestellt wird, und des Veranlagungszeitraums, in dem ein Verlustrücktrag vorgenommen werden kann, zu Grunde gelegt worden sind; § 171 Absatz 10, § 175 Absatz 1 Satz 1 Nummer 1 und § 351 Absatz 2 der Abgabenordnung sowie § 42 der Finanzgerichtsordnung gelten entsprechend. [5]Die Besteuerungsgrundlagen dürfen bei der Feststellung nur insoweit abweichend von Satz 4 berücksichtigt werden, wie die Aufhebung, Änderung oder Berichtigung der Steuerbescheide ausschließlich mangels Auswirkung auf die Höhe der festzusetzenden Steuer unterbleibt. [6]Die Feststellungsfrist endet nicht, bevor die Festsetzungsfrist für den Veranlagungszeitraum abgelaufen ist, auf dessen Schluss der verbleibende Verlustvortrag gesondert festzustellen ist; § 181 Absatz 5 der Abgabenordnung ist nur anzuwenden, wenn die zuständige Finanzbehörde die Feststellung des Verlustvortrags pflichtwidrig unterlassen hat.

---

[1] *Satz 1 wurde durch das Steuervereinfachungsgesetz 2011 ab VZ 2012 geändert.*
[2] *Absatz 1 Satz 1 wurde durch das Gesetz zur Änderung und Vereinfachung der Unternehmensbesteuerung und des steuerlichen Reisekostenrechts geändert und ist erstmals auf negative Einkünfte anzuwenden, die bei der Ermittlung des GdE des VZ 2013 nicht ausgeglichen werden können (→ § 52 Abs. 25 Satz 7 EStG).*
Anm.:
Die Änderung lautet:
In § 10d Absatz 1 Satz 1 EStG wird die Angabe „511 500" durch die Angabe „1 000 000" und die Angabe „1 023 000" durch die Angabe „2 000 000" ersetzt.

10d. Verlustabzug

Vornahme des Verlustabzugs nach § 10d EStG

(1) Der Altersentlastungsbetrag (§ 24a EStG), der Freibetrag für Land- und Forstwirte (§ 13 Abs. 3 EStG) und der Entlastungsbetrag für Alleinerziehende (§ 24b EStG) werden bei der Ermittlung des Verlustabzugs nicht berücksichtigt.

Begrenzung des Verlustabzugs

(2) [1]Die Begrenzung des Verlustrücktrags auf 511 500 Euro (Höchstbetrag) bezieht sich auf den einzelnen Stpfl., der die negativen Einkünfte erzielt hat. [2]Bei zusammenveranlagten Ehegatten verdoppelt sich der Höchstbetrag auf 1 023 000 Euro und kann unabhängig davon, wer von beiden Ehegatten die positiven oder die negativen Einkünfte erzielt hat, ausgeschöpft werden. [3]Bei Personengesellschaften und Personengemeinschaften gilt der Höchstbetrag für jeden Beteiligten. [4]Über die Frage, welcher Anteil an den negativen Einkünften der Personengesellschaft oder Personengemeinschaft auf den einzelnen Beteiligten entfällt, ist im Bescheid über die gesonderte und einheitliche Feststellung zu entscheiden. [5]Inwieweit diese anteiligen negativen Einkünfte beim einzelnen Beteiligten nach § 10d EStG abziehbar sind, ist im Rahmen der Einkommensteuerveranlagung zu beurteilen. [6]In Organschaftsfällen (§ 14 KStG) bezieht sich der Höchstbetrag auf den Organträger. [7]Er ist bei diesem auf die Summe der Ergebnisse aller Mitglieder des Organkreises anzuwenden. [8]Ist der Organträger eine Personengesellschaft, ist Satz 3 zu beachten. [9]Die Sätze 1 bis 8 gelten entsprechend bei der Begrenzung des Verlustvortrags.

Wahlrecht

(3) [1]Der Antrag nach § 10d Abs. 1 Satz 5 EStG kann bis zur Bestandskraft des auf Grund des Verlustrücktrags geänderten Steuerbescheids gestellt werden. [2]Wird der Einkommensteuerbescheid des Rücktragsjahres gem. § 10d Abs. 1 Satz 3 EStG geändert, weil sich die Höhe des Verlusts im Entstehungsjahr ändert, kann das Wahlrecht nur im Umfang des Erhöhungsbetrags neu ausgeübt werden. [3]Der Antrag nach § 10d Abs. 1 Satz 5 EStG kann der Höhe nach beschränkt werden.

Verfahren bei Arbeitnehmern

(4) [1]Soll bei einem Arbeitnehmer ein Verlustabzug berücksichtigt werden, muss er dies beantragen, es sei denn, er wird bereits aus anderen Gründen zur Einkommensteuer veranlagt. [2]Erfolgt für einen VZ keine Veranlagung, kann der in diesem VZ berücksichtigungsfähige Verlustabzug vorbehaltlich Satz 4 nicht in einem anderen VZ geltend gemacht werden. [3]Der auf das Ende des vorangegangenen VZ festgestellte verbleibende Verlustvortrag ist in diesen Fällen in Höhe der positiven Summe der Einkünfte des VZ, in dem keine Veranlagung erfolgte, ggf. bis auf 0 Euro, zu mindern und gesondert festzustellen. [4]Für den VZ der Verlustentstehung erfolgt jedoch keine Minderung des verbleibenden Verlustvortrags, soweit der Arbeitnehmer nach § 10d Abs. 1 Satz 5 EStG auf den Verlustrücktrag verzichtet hat.

Änderung des Verlustabzugs

(5) [1]Der Steuerbescheid für den dem Verlustentstehungsjahr vorangegangenen VZ ist vorbehaltlich eines Antrags nach § 10d Abs. 1 Satz 5 EStG nach § 10d Abs. 1 Satz 3 EStG zu ändern, wenn sich bei der Ermittlung der abziehbaren negativen Einkünfte für das Verlustentstehungsjahr Änderungen ergeben, die zu einem höheren oder niedrigeren Verlustrücktrag führen. [2]Auch in diesen Fällen gilt die Festsetzungsfrist des § 10d Abs. 1 Satz 4 Halbsatz 2 EStG. [3]Wirkt sich die Änderung eines Verlustrücktrags oder -vortrags auf den Verlustvortrag aus, der am Schluss eines VZ verbleibt, sind die betroffenen Feststellungsbescheide i. S. d. § 10d Abs. 4 EStG nach § 10d Abs. 4 Satz 4 EStG zu ändern. [4]Die bestandskräftige Feststellung eines verbleibenden Verlustvortrags kann nur nach § 10d Abs. 4 Satz 4 und 5 EStG geändert werden, wenn der Steuerbescheid, der die in die Feststellung eingeflossenen geänderten Verlustkomponenten enthält, nach den Änderungsvorschriften der AO zumindest dem Grunde nach noch geändert werden könnte.

Zusammenveranlagung von Ehegatten

(6) [1]Bei der Berechnung des verbleibenden Verlustabzugs ist zunächst ein Ausgleich mit den anderen Einkünften des Ehegatten vorzunehmen, der die negativen Einkünfte erzielt hat. [2]Verbleibt bei ihm ein negativer Betrag bei der Ermittlung des G. d. E., ist dieser mit dem positiven Betrag des anderen Ehegatten auszugleichen. [3]Ist der G. d. E. negativ und wird dieser nach § 10d Abs. 1 EStG nicht oder nicht in vollem Umfang zurückgetragen, ist der verbleibende Betrag als Verlustvortrag gesondert festzustellen. [4]Absatz 1 findet entsprechende Anwendung. [5]Bei dieser Feststellung sind die negativen Einkünfte auf die Ehegatten nach dem Verhältnis aufzuteilen, in dem die auf den einzelnen Ehegatten entfallenden Verluste im VZ der Verlustentstehung zueinander stehen.

Gesonderte Feststellung des verbleibenden Verlustvortrags

(7) [1]Bei der gesonderten Feststellung des verbleibenden Verlustvortrags ist eine Unterscheidung nach Einkunftsarten und Einkunftsquellen nur insoweit vorzunehmen, als negative Einkünfte besonderen Verlustverrechnungsbeschränkungen unterliegen. [2]Über die Höhe der im Verlustentstehungsjahr nicht ausgeglichenen negativen Einkünfte wird im Steuerfestsetzungsverfahren für das Verlustrücktragsjahr und hinsichtlich des verbleibenden Verlustvortrags für die dem Verlustentstehungsjahr folgenden VZ im Feststellungsverfahren nach § 10d Abs. 4 EStG bindend entschieden. [3]Der Steuerbescheid des Verlustentstehungsjahres ist daher weder Grundlagenbescheid für den Einkommensteuerbescheid des Verlustrücktragsjahres noch für den Feststellungsbescheid nach § 10d Abs. 4 EStG. [4]Der Feststellungsbescheid nach §§ 10d Abs. 4 EStG ist nach § 182 Abs. 1 AO Grundlagenbescheid für die Einkommensteuerfestsetzung des Folgejahres und für den auf den nachfolgenden Feststellungszeitpunkt zu erlassenden Feststellungsbescheid. [5]Er ist kein Grundlagenbescheid für den Steuerbescheid eines Verlustrücktragsjahres (§ 10d Abs. 1 EStG). [6]Der verbleibende Verlustvortrag ist auf 0 Euro festzustellen, wenn die in dem Verlustentstehungsjahr nicht ausgeglichenen negativen Einkünfte in vollem Umfang zurückgetragen werden. [7]Der verbleibende Verlustvortrag ist auch dann auf 0 Euro festzustellen, wenn ein zum Schluss des vorangegangenen VZ festgestellter verbleibender Verlustvortrag in einem folgenden VZ „aufgebraucht" worden ist.

Verlustfeststellung bei „Unterbrechung" der (un-)beschränkten Steuerpflicht

(8) *[1]Der auf den Schluss eines VZ gesondert festgestellte Verlustvortrag eines unbeschränkt oder beschränkt Stpfl. kann nach mehreren VZ, in denen der Stpfl. weder unbeschränkt noch beschränkt steuerpflichtig war, mit positiven Einkünften, die der Stpfl. nach erneuter Begründung der Steuerpflicht erzielt, verrechnet werden. [2]Dies gilt selbst dann, wenn in der Zwischenzeit keine gesonderte Feststellung des verbleibenden Verlustvortrags nach § 10d Abs. 4 EStG beantragt und durchgeführt wurde. [3]Folgejahr (Absatz 7 Satz 4) ist in diesen Fällen der VZ, in dem erstmals wieder die rechtlichen Voraussetzungen für einen Verlustabzug nach § 10d Abs. 2 EStG vorliegen.*

Verlustabzug in Erbfällen

(9) *[1]Zum Todeszeitpunkt nicht aufgezehrte Verluste des Erblassers können im Todesjahr nur in den Verlustausgleich nach § 2 Abs. 3 EStG bei der Veranlagung des Erblassers einfließen (Ausgleich mit positiven Einkünften des Erblassers). [2]Sie können grundsätzlich nicht im Rahmen des Verlustausgleichs und -abzugs bei der Veranlagung des Erben berücksichtigt werden. [3]Werden Ehegatten jedoch für das Todesjahr zusammen veranlagt, sind Verluste des verstorbenen Ehegatten aus dem Todesjahr zu verrechnen und Verlustvorträge des verstorbenen Ehegatten abzuziehen, § 26b EStG. [4]Werden die Ehegatten für das Todesjahr nach §§ 26, 26b EStG zusammen veranlagt und erfolgt für das Vorjahr ebenfalls eine Zusammenveranlagung, ist ein Rücktrag des nicht ausgeglichenen Verlusts des Erblassers in das Vorjahr möglich. [5]Werden die Ehegatten für das Todesjahr zusammen veranlagt und erfolgt für das Vorjahr eine Veranlagung nach § 26a EStG, ist ein Rücktrag des noch nicht ausgeglichenen Verlusts des Erblassers nur bei der Veranlagung des Erblassers zu berücksichtigen (§ 62d Abs. 1 EStDV). [6]Werden die Ehegatten für das Todesjahr nach § 26a EStG veranlagt und erfolgt für das Vorjahr eine Zusammenveranlagung, ist ein Rücktrag des nicht ausgeglichenen Verlusts des Erblassers in das Vorjahr möglich (§ 62d Abs. 2 Satz 1 EStDV). [7]Werden die Ehegatten für das Todesjahr nach § 26a EStG veranlagt und erfolgt auch für das Vorjahr eine Veranlagung nach § 26a EStG, ist ein Rücktrag des noch nicht ausgeglichenen Verlusts des Erblassers nur bei der Veranlagung des Erblassers zu berücksichtigen. [8]Für den hinterbliebenen Ehegatten sind für den Verlustvortrag und die Anwendung der sog. Mindestbesteuerung nach § 10d Abs. 2 EStG allein die auf ihn entfallenden nicht ausgeglichenen negativen Einkünfte maßgeblich. [9]Die Nichtübertragbarkeit von Verlusten auf die Erben gilt ebenso für die Regelungen in § 2a Abs. 1, § 20 Abs. 6, § 22 Nr. 3 Satz 4 EStG. [10]Gleiches gilt für Verluste nach § 22 Nr. 2 i. V. m. § 23 Abs. 3 Satz 7 bis 10 EStG, es sei denn, der Erbfall tritt bereits vor der verlustbehafteten Veräußerung ein. [11]Der zum Todeszeitpunkt nicht ausgeglichene Verlust nach § 15 Abs. 4 Satz 1 und 2 EStG darf nur in den Fällen auf den Erben übergehen, in denen der Betrieb, Teilbetrieb oder Mitunternehmeranteil nach § 6 Abs. 3 EStG auf diesen übergeht. [12]Im Erbfall übertragbar sind Verluste gem. § 15a und § 15b EStG. [13]Beim Erben ist gem. § 2 Abs. 3 EStG a. F. eine Hinzurechnung der vom Erblasser erzielten Verluste vorzunehmen (Nachversteuerungsregelung). [14]Auch bei erzielten Verlusten nach § 2 AIG ist eine Hinzurechnung der vom Erblasser erzielten Verluste beim Erben durchzuführen.*

Hinweise

Änderung von Steuerbescheiden infolge Verlustabzugs

– **Erneute Ausübung des Wahlrechtes der Veranlagungsart**

Ehegatten können das Wahlrecht der Veranlagungsart (z. B. getrennte Veranlagung) grundsätzlich bis zur Unanfechtbarkeit eines Berichtigungs- oder Änderungsbescheids ausüben und die einmal getroffene Wahl innerhalb dieser Frist frei widerrufen. § 351 Abs. 1 AO kommt insoweit nicht zur Anwendung (→ BFH vom 19. 5. 1999 – BStBl II S. 762).

– **Rechtsfehlerkompensation**

Mit der Gewährung des Verlustrücktrags ist insoweit eine **Durchbrechung der Bestandskraft** des für das Rücktragsjahr ergangenen Steuerbescheids verbunden, als – ausgehend von der bisherigen Steuerfestsetzung und den dafür ermittelten Besteuerungsgrundlagen – die Steuerschuld durch die Berücksichtigung des Verlustabzugs gemindert würde. Innerhalb dieses punktuellen Korrekturspielraums sind zugunsten und zuungunsten des Stpfl. **Rechtsfehler** i. S. d. § 177 AO zu berichtigen (→ BFH vom 27. 9. 1988 – BStBl 1989 II S. 225).

– **Rücktrag aus verjährtem Verlustentstehungsjahr**

Im Verlustentstehungsjahr nicht ausgeglichene Verluste sind in einen vorangegangenen, nicht festsetzungsverjährten VZ auch dann zurückzutragen, wenn für das Verlustentstehungsjahr selbst bereits Festsetzungsverjährung eingetreten ist (→ BFH vom 27. 1. 2010 – BStBl 2010 II S. 1009).

– **Bindungswirkung einer Verlustfeststellung nach** § 10d Abs. 3 EStG:

Ein zum 31.12. des Verlustentstehungsjahrs ergangener Bescheid über die gesonderte Feststellung des verbleibenden Verlustabzugs hat keine Bindungswirkung für die Einkommensteuer-Festsetzung eines Verlustrücktragsjahres.

– **Korrekturspielraum beim Verlustrücktrag; Widerruf der Wahl der Veranlagungsart:**

Ist der Einkommensteuerbescheid wegen Verlustrücktrag zu ändern, so können Ehegatten das Veranlagungswahlrecht grundsätzlich bis zur Unanfechtbarkeit des Änderungsbescheides erneut ausüben und zwar unabhängig von dem durch den Verlustabzug eröffneten Korrekturspielraum (→ FG Baden-Württemberg vom 19. 5. 1999 – EFG 1999 S. 950).

Besondere Verrechnungskreise

Im Rahmen des § 2b, § 15 Abs. 4 Satz 1 und 2 sowie Satz 3 bis 5 und 6 bis 8, § 22 Nr. 2 und 3 sowie § 23 EStG gelten gesonderte Verlustverrechnungsbeschränkungen (besondere Verrechnungskreise) → BMF vom 27. 11. 2004 (BStBl I S. 1097).

Insolvenzverfahren (Konkurs-/Vergleichs- und Gesamtvollstreckungsverfahren)

Verluste, die der Stpfl. vor und während des Konkursverfahrens erlitten hat, sind dem Grunde nach in vollem Umfang ausgleichsfähig und nach § 10d EStG abzugsfähig (→ BFH vom 4. 9. 1969 – BStBl II S. 726).

Mindestgewinnbesteuerung nach § 10d Abs. 2 Satz 1 und 2 EStG

– Aussetzung der Vollziehung (AdV); zur Anwendung von BFH vom 26. 8. 2010 (BStBl 2011 II S. 826) → BMF vom 19. 10.2011 (BStBl I S. 974) Anhang 18.V

– Der BFH hat mit Beschluss vom 26. 8. 2010, I B 49/10 (BStBl 2011 II S. 826) entschieden, dass es ernstlich zweifelhaft ist, ob die sog. Mindestgewinnbesteuerung gem. § 10d Abs. 2 Satz 1 EStG verfassungsrechtlichen Anforderungen auch dann standhält, wenn eine Verlustverrechnung in späteren Veranlagungszeiträumen aus rechtlichen Gründen (hier: nach § 8c KStG) endgültig ausgeschlossen ist.

Mit BMF vom 19. 10. 2011 (BStBl I 2011 S. 974) wird ausschließlich zur Frage der Gewährung einer AdV in Fällen Stellung genommen, in denen es auf Grund des Zusammenwirkens der Anwendung der Mindestgewinnbesteuerung nach § 10d Abs. 2 Satz 1 und 2 EStG und eines tatsächlichen oder rechtlichen Grundes, der zum endgültigen Ausschluss einer Verlustnutzungsmöglichkeit führt, zu einem Definitiveffekt kommt.

Die Möglichkeit der Gewährung einer AdV ist auf bestimmte Fallgruppen beschränkt.

Zu diesen gehört u. a. die Beendigung der persönlichen Steuerpflicht (Tod einer natürlichen Person) bei fehlender Möglichkeit der 'Verlustvererbung'.

→ OFD Magdeburg vom 18. 6. 2012, S 2225 – 28 – St 214 (DB 2012 S. 1539)

– Die sog. Mindestbesteuerung verstößt in ihrer Grundkonzeption einer zeitlichen Streckung des Verlustvortrags nicht gegen Verfassungsrecht (→ BFH vom 22. 8. 2012 – I R 9/11 – BFH-Internet-Seite).

Sanierungsgewinn

Anhang 10

Ertragsteuerliche Behandlung von Sanierungsgewinnen; Steuerstundung und Steuererlass aus sachlichen Billigkeitsgründen (§§ 163, 222, 227 AO) → BMF vom 27. 3. 2003 (BStBl I S. 240).

Zur Anwendung des BMF-Schreibens auf Gewinne aus einer Restschuldbefreiung (§§ 286 ff. InsO) und aus einer Verbraucherinsolvenz (§§ 304 ff. InsO) → BMF vom 22. 12. 2009 (BStBl 2010 I S. 18).

Verlustabzug bei Ehegatten

→ § 62d EStDV

Verlustabzug im Erbfall

– Der Erbe kann einen vom Erblasser nicht genutzten Verlust nach § 10d EStG nicht bei seiner eigenen Veranlagung geltend machen (→ BFH vom 17. 12. 2007 – BStBl 2008 II S. 608).

– *→ R 10d Abs. 9*

Verlustvortragsbegrenzung – Beispiel

Zusammenveranlagte Stpfl. (Verlustvortragsbegrenzung; Auswirkung bei Zusammenveranlagung, Feststellung des verbleibenden Verlustvortrags)

Spalte 1	2	Ehemann 3	Ehefrau 4
Einkünfte im lfd. VZ aus			
§ 15		1 750 000	1 250 000
§ 22 Nr. 2 i. V. m. § 23		2 500 000	500 000
§ 22 Nr. 3		250 000	250 000
Verbleibender Verlustabzug aus dem vorangegangen VZ			
nach § 10d Abs. 2		6 000 000	2 000 000
§ 22 Nr. 2 i. V. m. § 23		500 000	4 500 000
§ 22 Nr. 3			1 000 000
Berechnung der S. d. E. im lfd. VZ			
§ 15		1 750 000	1 250 000
§ 22 Nr. 2 i. V. m. § 23		2 500 000	5 002 000
Verlustvortrag aus dem vorangegangenen VZ			
Höchstbetragsberechnung			
S. d. E. § 22 Nr. 2 i. V. m. § 23	3 000 000		
unbeschränkt abziehbar	2 000 000		
Verbleiben	1 000 000		
davon 60 %	600 000		
Höchstbetrag	2 600 000		
Verhältnismäßige Aufteilung			
Ehemann:		260 000	
500 000 × 2 600 000			
5 000 000			
Ehefrau:		2 340 000	
4 500 000 × 2 600 000			
5 000 000			
Verlustvortrag max. in Höhe der			
positiven Einkünfte		260 000	500 000
Zwischensumme		2 240 000	0
Übertragung Verlustvolumen			
2 340 000 – 500 000		1 840 000	1 840 000
Einkünfte § 22 Nr. 2 i. V. m. § 23		400 000	0
§ 22 Nr. 3		250 000	250 000
Verlustvortrag aus dem vorangegangen VZ			
max. in Höhe der positiven Einkünfte		250 000	250 000
Einkünfte § 22 Nr. 3		0	0

Spalte 1	Ehemann		Ehefrau
	2	3	4
S. d. E.		2 150 000	1 250 000
G. d. E.			3 400 000
Verlustvortrag § 10d			
Berechnung Höchstbetrag			
G. d. E.		3 400 000	
unbeschränkt abziehbar		2 000 000	
Verbleiben		1 400 000	
davon 60 %		840 000	
Höchstbetrag		2 840 000	2 840 000
Verhältnismäßige Aufteilung			
Ehemann:		2 130 000	

$$\frac{6\ 000\ 000 \times 2\ 840\ 000}{8\ 000\ 000}$$

Ehefrau:			710 000

$$\frac{2\ 000\ 000 \times 2\ 840\ 000}{8\ 000\ 000}$$

Berechnung des festzustellenden verbleibenden
Verlustvortrags zum 31.12. des lfd. VZ:

	Ehemann	Ehefrau
Verlustvortrag zum 31.12. des vorangegangenen VZ	6 000 000	2 000 000
Abzüglich Verlustvortrag in den lfd. VZ	2 130 000	710 000
Verbleibender Verlustvortrag zum 31.12. des lfd. VZ	3 870 000	1 290 000
Verlustvortrag zum 31.12. des vorangegangenen VZ aus § 22 Nr. 2 i. V. m. § 23	500 000	4 500 000
Abzüglich Verlustvortrag in den lfd. VZ	260 000	2 340 000
Verbleibender Verlustvortrag aus § 22 Nr. 2 i. V. m. § 23 zum 31.12. des lfd. VZ	240 000	2 160 000
Verlustvortrag zum 31.12. des vorangegangenen VZ aus § 22 Nr. 3		1 000 000
Abzüglich Verlustvortrag in den lfd. VZ		500 000
Verbleibender Verlustvortrag aus § 22 Nr. 3 zum 31.12. des lfd. VZ		500 000

Vorrangige Berücksichtigung des Verlustvortrags vor Abzug von Sonderausgaben und außergewöhnlichen Belastungen

Der BFH hat mit Beschluss vom 9. 4. 2010, IX B 191/09 (BFH/NV S. 1270) unter Fortführung früherer Rechtsprechung entschieden, dass der Vorrang des Verlustabzugs gem. § 10d Abs. 2 EStG gegenüber Sonderausgaben und außergewöhnlichen Belastungen keinen verfassungsrechtlichen Bedenken begegnet. Gegen diesen Beschluss wurde Verfassungsbeschwerde eingelegt (Az. 2 BvR 1175/10).

Einspruchsverfahren, in denen sich Stpfl. auf die anhängige Verfassungsbeschwerde berufen, ruhen nach § 363 Abs. 2 Satz 2 AO. AdV ist nicht zu gewähren, da nach Auffassung des BFH keine ernstlichen Zweifel an der Verfassungsmäßigkeit der Vorschrift bestehen.

→ OFD Rheinland vom 6. 2. 2012, Kurzinformation ESt Nr. 8/2012 (DStR 2012 S. 907)

Wahlrecht zum Verlustrücktrag

Der Antrag, vom Verlustrücktrag nach § 10d Abs. 1 Satz 1 EStG ganz oder teilweise abzusehen, kann bis zur Bestandskraft des den verbleibenden Verlustvortrag feststellenden Bescheids i. S. d. § 10d Abs. 4 EStG geändert oder widerrufen werden (→ BFH vom 17.9.2008 – BStBl 2009 II S. 639).

§ 10e Steuerbegünstigung der zu eigenen Wohnzwecken genutzten Wohnung im eigenen Haus

EStG
S 2225a

(letztmals abgedruckt in der Handausgabe 2005)

EStG
S 2225c

§ 10f   Steuerbegünstigung für zu eigenen Wohnzwecken genutzte Baudenkmale und Gebäude in Sanierungsgebieten und städtebaulichen Entwicklungsbereichen[1]

(1) [1]Der Steuerpflichtige kann Aufwendungen an einem eigenen Gebäude im Kalenderjahr des Abschlusses der Baumaßnahme und in den neun folgenden Kalenderjahren jeweils bis zu 9 Prozent wie Sonderausgaben abziehen, wenn die Voraussetzungen des § 7h oder des § 7i vorliegen. [2]Dies gilt nur, soweit er das Gebäude in dem jeweiligen Kalenderjahr zu eigenen Wohnzwecken nutzt und die Aufwendungen nicht in die Bemessungsgrundlage nach § 10e oder dem Eigenheimzulagengesetz einbezogen hat. [3]Für Zeiträume, für die der Steuerpflichtige erhöhte Absetzungen von Aufwendungen nach § 7h oder § 7i abgezogen hat, kann er für diese Aufwendungen keine Abzugsbeträge nach Satz 1 in Anspruch nehmen. [4]Eine Nutzung zu eigenen Wohnzwecken liegt auch vor, wenn Teile einer zu eigenen Wohnzwecken genutzten Wohnung unentgeltlich zu Wohnzwecken überlassen werden.

(2) [1]Der Steuerpflichtige kann Erhaltungsaufwand, der an einem eigenen Gebäude entsteht und nicht zu den Betriebsausgaben oder Werbungskosten gehört, im Kalenderjahr des Abschlusses der Maßnahme und in den neun folgenden Kalenderjahren jeweils bis zu 9 Prozent wie Sonderausgaben abziehen, wenn die Voraussetzungen des § 11a Absatz 1 in Verbindung mit § 7h Absatz 2 oder des § 11b Satz 1 oder 2 in Verbindung mit § 7i Absatz 1 Satz 2 und Absatz 2 vorliegen. [2]Dies gilt nur, soweit der Steuerpflichtige das Gebäude in dem jeweiligen Kalenderjahr zu eigenen Wohnzwecken nutzt und diese Aufwendungen nicht nach § 10e Absatz 6 oder § 10i abgezogen hat. [3]Soweit der Steuerpflichtige das Gebäude während des Verteilungszeitraums zur Einkunftserzielung nutzt, ist der noch nicht berücksichtigte Teil des Erhaltungsaufwands im Jahr des Übergangs zur Einkunftserzielung wie Sonderausgaben abzuziehen. [4]Absatz 1 Satz 4 ist entsprechend anzuwenden.

(3) [1]Die Abzugsbeträge nach den Absätzen 1 und 2 kann der Steuerpflichtige nur bei einem Gebäude in Anspruch nehmen. [2]Ehegatten, bei denen die Voraussetzungen des § 26 Absatz 1 vorliegen, können die Abzugsbeträge nach den Absätzen 1 und 2 bei insgesamt zwei Gebäuden abziehen. [3]Gebäuden im Sinne der Absätze 1 und 2 stehen Gebäude gleich, für die Abzugsbeträge nach § 52 Absatz 21 Satz 6 in Verbindung mit § 51 Absatz 1 Nummer 2 Buchstabe x oder Buchstabe y des Einkommensteuergesetzes 1987 in der Fassung der Bekanntmachung vom 27. Februar 1987 (BGBl. I S. 657) in Anspruch genommen worden sind; Entsprechendes gilt für Abzugsbeträge nach § 52 Absatz 21 Satz 7.

(4) [1]Sind mehrere Steuerpflichtige Eigentümer eines Gebäudes, so ist Absatz 3 mit der Maßgabe anzuwenden, dass der Anteil des Steuerpflichtigen an einem solchen Gebäude dem Gebäude gleichsteht. [2]Erwirbt ein Miteigentümer, der für seinen Anteil bereits Abzugsbeträge nach Absatz 1 oder Absatz 2 abgezogen hat, einen Anteil an demselben Gebäude hinzu, kann er für danach von ihm durchgeführte Maßnahmen im Sinne der Absätze 1 oder 2 auch die Abzugsbeträge nach den Absätzen 1 und 2 in Anspruch nehmen, die auf den hinzuerworbenen Anteil entfallen. [3]§ 10e Absatz 5 Satz 2 und 3 sowie Absatz 7 ist sinngemäß anzuwenden.

(5) Die Absätze 1 bis 4 sind auf Gebäudeteile, die selbständige unbewegliche Wirtschaftsgüter sind, und auf Eigentumswohnungen entsprechend anzuwenden.

R 10f

10f. Steuerbegünstigung für zu eigenen Wohnzwecken genutzte Baudenkmale und Gebäude in Sanierungsgebieten und städtebaulichen Entwicklungsbereichen

R 7h und R 7i gelten entsprechend.

H 10f

Hinweise

Bescheinigungsbehörde für Baudenkmale

Übersicht über die zuständigen Bescheinigungsbehörden → BMF vom 6. 1. 2009 (BStBl I S. 39).

Bescheinigungsrichtlinien

Übersicht über die Veröffentlichung der länderspezifischen Bescheinigungsrichtlinien → BMF vom 10. 11. 2000 (BStBl I S. 1513) und vom 8. 11. 2004 (BStBl I S. 1049).

→ abgedruckt zu H 7h

---

[1] Zur Anwendung von Absatz 1 Satz 1 und Absatz 2 Satz 1 → § 52 Abs. 27 EStG.

Reichweite der Bindungswirkung der Bescheinigung

→ BMF vom 16. 5. 2007 (BStBl I S. 475)

Zuschüsse

Im öffentlichen Interesse geleistete Zuschüsse privater Dritter mindern die Aufwendungen für ein zu eigenen Wohnzwecken genutztes Baudenkmal, da der Stpfl. in Höhe der Zuschüsse nicht wirtschaftlich belastet ist. Die Aufwendungen sind deshalb nicht wie Sonderausgaben abziehbar (→ BFH vom 20. 6. 2007 – BStBl II S. 879).

---

§ 10g   Steuerbegünstigung für schutzwürdige Kulturgüter, die weder zur Einkunftserzielung noch zu eigenen Wohnzwecken genutzt werden[1)]

(1) [1]Der Steuerpflichtige kann Aufwendungen für Herstellungs- und Erhaltungsmaßnahmen an eigenen schutzwürdigen Kulturgütern im Inland, soweit sie öffentliche oder private Zuwendungen oder etwaige aus diesen Kulturgütern erzielte Einnahmen übersteigen, im Kalenderjahr des Abschlusses der Maßnahme und in den neun folgenden Kalenderjahren jeweils bis zu 9 Prozent wie Sonderausgaben abziehen. [2]Kulturgüter im Sinne des Satzes 1 sind

1. Gebäude oder Gebäudeteile, die nach den jeweiligen landesrechtlichen Vorschriften ein Baudenkmal sind,

2. Gebäude oder Gebäudeteile, die für sich allein nicht die Voraussetzungen für ein Baudenkmal erfüllen, aber Teil einer nach den jeweiligen landesrechtlichen Vorschriften als Einheit geschützten Gebäudegruppe oder Gesamtanlage sind,

3. gärtnerische, bauliche und sonstige Anlagen, die keine Gebäude oder Gebäudeteile und nach den jeweiligen landesrechtlichen Vorschriften unter Schutz gestellt sind,

4. Mobiliar, Kunstgegenstände, Kunstsammlungen, wissenschaftliche Sammlungen, Bibliotheken oder Archive, die sich seit mindestens 20 Jahren im Besitz der Familie des Steuerpflichtigen befinden oder in das Verzeichnis national wertvollen Kulturgutes oder das Verzeichnis national wertvoller Archive eingetragen sind und deren Erhaltung wegen ihrer Bedeutung für Kunst, Geschichte oder Wissenschaft im öffentlichen Interesse liegt,

wenn sie in einem den Verhältnissen entsprechenden Umfang der wissenschaftlichen Forschung oder der Öffentlichkeit zugänglich gemacht werden, es sei denn, dem Zugang stehen zwingende Gründe des Denkmal- oder Archivschutzes entgegen. [3]Die Maßnahmen müssen nach Maßgabe der geltenden Bestimmungen der Denkmal- und Archivpflege erforderlich und in Abstimmung mit der in Absatz 3 genannten Stelle durchgeführt worden sein; bei Aufwendungen für Herstellungs- und Erhaltungsmaßnahmen an Kulturgütern im Sinne des Satzes 2 Nummer 1 und 2 ist § 7i Absatz 1 Satz 1 bis 4 sinngemäß anzuwenden.

(2) [1]Die Abzugsbeträge nach Absatz 1 Satz 1 kann der Steuerpflichtige nur in Anspruch nehmen, soweit er die schutzwürdigen Kulturgüter im jeweiligen Kalenderjahr weder zur Erzielung von Einkünften im Sinne des § 2 noch Gebäude oder Gebäudeteile zu eigenen Wohnzwecken nutzt und die Aufwendungen nicht nach § 10e Absatz 6, § 10h Satz 3 oder § 10i abgezogen hat. [2]Für Zeiträume, für die der Steuerpflichtige von Aufwendungen Absetzungen für Abnutzung, erhöhte Absetzungen, Sonderabschreibungen oder Beträge nach § 10e Absatz 1 bis 5, den §§ 10f, 10h, 15b des Berlinförderungsgesetzes oder § 7 des Fördergebietsgesetzes abgezogen hat, kann er für diese Aufwendungen keine Abzugsbeträge nach Absatz 1 Satz 1 in Anspruch nehmen; Entsprechendes gilt, wenn der Steuerpflichtige für Aufwendungen die Eigenheimzulage nach dem Eigenheimzulagengesetz in Anspruch genommen hat. [3]Soweit die Kulturgüter während des Zeitraums nach Absatz 1 Satz 1 zur Einkunftserzielung genutzt werden, ist der noch nicht berücksichtigte Teil der Aufwendungen, die auf Erhaltungsarbeiten entfallen, im Jahr des Übergangs zur Einkunftserzielung wie Sonderausgaben abzuziehen.

(3) [1]Der Steuerpflichtige kann den Abzug vornehmen, wenn er durch eine Bescheinigung der nach Landesrecht zuständigen oder von der Landesregierung bestimmten Stelle die Voraussetzungen des Absatzes 1 für das Kulturgut und für die Erforderlichkeit der Aufwendungen nachweist. [2]Hat eine der für Denkmal- oder Archivpflege zuständigen Behörden ihm Zuschüsse gewährt, so hat die Bescheinigung auch deren Höhe zu enthalten; werden ihm solche Zuschüsse nach Ausstellung der Bescheinigung gewährt, so ist diese entsprechend zu ändern.

(4) [1]Die Absätze 1 bis 3 sind auf Gebäudeteile, die selbständige unbewegliche Wirtschaftsgüter sind, sowie auf Eigentumswohnungen und im Teileigentum stehende Räume entsprechend anzuwenden. [2]§ 10e Absatz 7 gilt sinngemäß.

[1)] Zur Anwendung → § 52 Abs. 27a EStG.

R 10g

10g. Steuerbegünstigung für schutzwürdige Kulturgüter, die weder zur Einkunftserzielung noch zu eigenen Wohnzwecken genutzt werden

S 2225d   (1) [1]Die Bescheinigungsbehörde hat zu prüfen,

1. ob die Maßnahmen

   a) an einem Kulturgut i. S. d. § 10g Abs. 1 Satz 2 EStG durchgeführt worden sind,

   b) erforderlich waren,

   c) in Abstimmung mit der zuständigen Stelle durchgeführt worden sind,

2. in welcher Höhe Aufwendungen, die die vorstehenden Voraussetzungen erfüllen, angefallen sind,

3. inwieweit Zuschüsse aus öffentlichen Mitteln durch eine der für Denkmal- oder Archivpflege zuständigen Behörden bewilligt worden sind oder nach Ausstellung der Bescheinigung bewilligt werden (Änderung der Bescheinigung).

   [2]R 7h Abs. 4 Satz 2 bis 5 gilt entsprechend.

   (2) Die Finanzbehörden haben zu prüfen,

1. ob die vorgelegte Bescheinigung von der nach Landesrecht zuständigen oder der von der Landesregierung bestimmten Behörde ausgestellt worden ist,

2. ob die bescheinigte Maßnahme an einem Kulturgut durchgeführt worden ist, das im Eigentum des Stpfl. steht,

3. ob das Kulturgut im jeweiligen Kalenderjahr weder zur Erzielung von Einkünften i. S. d. § 2 EStG genutzt worden ist noch Gebäude oder Gebäudeteile zu eigenen Wohnzwecken genutzt und die Aufwendungen nicht nach § 10e Abs. 6 oder § 10h Satz 3 EStG abgezogen worden sind,

4. inwieweit die Aufwendungen etwaige aus dem Kulturgut erzielte Einnahmen übersteigen,

5. ob die bescheinigten Aufwendungen steuerrechtlich dem Kulturgut i. S. d. § 10g EStG zuzuordnen und keine Anschaffungskosten sind,

6. ob weitere Zuschüsse für die bescheinigten Aufwendungen gezahlt werden oder worden sind,

7. in welchem VZ die Steuerbegünstigung erstmals in Anspruch genommen werden kann.

H 10g

Hinweise

Bescheinigungsbehörde

Übersicht über die zuständigen Bescheinigungsbehörden → BMF vom 6. 1. 2009 (BStBl I S. 39).

→ abgedruckt zu H 7h

Bescheinigungsrichtlinien

Übersicht über die Veröffentlichung der länderspezifischen Bescheinigungsrichtlinien → BMF vom 10. 11. 2000 (BStBl I S. 1513)

→ abgedruckt zu H 7h

EStG
S 2225e

§ 10h Steuerbegünstigung der unentgeltlich zu Wohnzwecken überlassenen Wohnung im eigenen Haus

(letztmals abgedruckt in der Handausgabe 2005)

EStG
S 2225f

§ 10i Vorkostenabzug bei einer nach dem Eigenheimzulagengesetz begünstigten Wohnung

(letztmals abgedruckt in der Handausgabe 2005)

6. Vereinnahmung und Verausgabung

§ 11

EStG
S 2226

(1) [1]Einnahmen sind innerhalb des Kalenderjahres bezogen, in dem sie dem Steuerpflichtigen zugeflossen sind. [2]Regelmäßig wiederkehrende Einnahmen, die dem Steuerpflichtigen kurze Zeit vor Beginn oder kurze Zeit nach Beendigung des Kalenderjahres, zu dem sie wirtschaftlich gehören, zugeflossen sind, gelten als in diesem Kalenderjahr bezogen. [3]Der Steuerpflichtige kann Einnahmen, die auf einer Nutzungsüberlassung im Sinne des Absatzes 2 Satz 3 beruhen, insgesamt auf den Zeitraum gleichmäßig verteilen, für den die Vorauszahlung geleistet wird. [4]Für Einnahmen aus nichtselbständiger Arbeit gilt § 38a Absatz 1 Satz 2 und 3 und § 40 Absatz 3 Satz 2. [4]Die Vorschriften über die Gewinnermittlung (§ 4 Absatz 1, § 5) bleiben unberührt.

(2) [1]Ausgaben sind für das Kalenderjahr abzusetzen, in dem sie geleistet worden sind. [2]Für regelmäßig wiederkehrende Ausgaben gilt Absatz 1 Satz 2 entsprechend. [3]Werden Ausgaben für eine Nutzungsüberlassung von mehr als fünf Jahren im Voraus geleistet, sind sie insgesamt auf den Zeitraum gleichmäßig zu verteilen, für den die Vorauszahlung geleistet wird. [4]Satz 3 ist auf ein Damnum oder Disagio nicht anzuwenden, soweit dieses marktüblich ist. [5]§ 42 der Abgabenordnung bleibt unberührt. [6]Die Vorschriften über die Gewinnermittlung (§ 4 Absatz 1, § 5) bleiben unberührt.

---

11. Vereinnahmung und Verausgabung

R 11

[1]Die Vereinnahmung durch einen Bevollmächtigten reicht für die Annahme des Zuflusses beim Stpfl. aus. [2]Daher sind Honorare von Privatpatienten, die ein Arzt durch eine privatärztliche Verrechnungsstelle einziehen lässt, dem Arzt bereits mit dem Eingang bei dieser Stelle zugeflossen.

Hinweise

H 11

Allgemeines

Zufluss von Einnahmen erst mit der Erlangung der wirtschaftlichen Verfügungsmacht über ein in Geld oder Geldeswert bestehendes Wirtschaftsgut (→ BFH vom 21. 11. 1989 – BStBl 1990 II S. 310, vom 8. 10. 1991 – BStBl 1992 II S. 174 und vom 11. 11. 2009 – BStBl 2010 II S. 746). **Verfügungsmacht** wird in der Regel erlangt im Zeitpunkt des Eintritts des Leistungserfolges oder der Möglichkeit, den Leistungserfolg herbeizuführen (→ BFH vom 21. 11. 1989 – BStBl 1990 II S. 310). Sie muss nicht endgültig erlangt sein (→ BFH vom 13. 10. 1989 – BStBl 1990 II S. 287).

Kurze Zeit bei regelmäßig wiederkehrenden Einnahmen ist in der Regel ein Zeitraum bis zu zehn Tagen; innerhalb dieses Zeitraums müssen die Zahlungen fällig und geleistet worden sein (→ BFH vom 24. 7. 1986 – BStBl 1987 II S. 16). Auf die Fälligkeit im Jahr der wirtschaftlichen Zugehörigkeit kommt es nicht an (→ BFH vom 23. 9. 1999 – BStBl 2000 II S. 121).

Für den **Abfluss von Ausgaben** gelten diese Grundsätze entsprechend.

Abfluss i. S. d. § 11 Abs. 2 EStG kann sowohl in den Fällen einer Gutschrift des Betrags in den Büchern des Schuldners als auch in Fällen der Novation grundsätzlich nur dann angenommen werden, wenn der Schuldner in dem entsprechenden Zeitpunkt nicht zahlungsfähig war (BFH vom 6. 4. 2000 – BFH/NV 2000 S. 1191).

Arbeitslohn

→ § 38a Abs. 1 Satz 2 und 3 EStG, R 38.2 LStR 2011.

Arbeitnehmer-Aktienoptionen

Wird einem Arbeitnehmer im Rahmen seines Arbeitsverhältnisses ein nicht handelbares Optionsrecht auf den späteren Erwerb von Aktien zu einem bestimmten Übernahmepreis gewährt, so liegt darin zunächst nur die Einräumung einer Chance. Ein geldwerter Vorteil fließt dem Berechtigten erst zu, wenn dieser die Option ausübt und der Kurswert der Aktien den Übernahmepreis übersteigt. Das Optionsrecht wird regelmäßig nicht gewährt, um dadurch in der Vergangenheit erbrachte Leistungen abzugelten, sondern um eine zusätzliche besondere Erfolgsmotivation für die Zukunft zu verschaffen. Soweit die von dem begünstigten Arbeitnehmer in dem Zeitraum zwischen der Gewährung und der Ausübung des Optionsrechts bezogenen Einkünfte aus nichtselbständiger Arbeit wegen einer Auslandstätigkeit nach einem DBA steuerfrei sind, ist deshalb auch der bei Ausübung des Optionsrechts zugeflossene geldwerte Vorteil anteilig steuerfrei. Die Steuerbefreiung wird nicht dadurch ausgeschlossen, dass der Arbeitnehmer das Optionsrecht erst nach Beendigung der Auslandstätigkeit ausübt (→ BFH vom 24. 1. 2001 – BStBl II S. 509).

Arzthonorar

Die Honorare fließen dem Arzt grundsätzlich erst mit Überweisung seines Anteils durch die kassenärztliche Vereinigung zu (→ BFH vom 20. 2. 1964 – BStBl III S. 329).

Die Einnahmen von der **kassenärztlichen Vereinigung** stellen regelmäßig wiederkehrende Einnahmen dar (→ BFH vom 6. 7. 1995 – BStBl 1996 II S. 266).

Aufrechnung

Die Aufrechnung mit einer fälligen Gegenforderung stellt eine Leistung i. S. d. § 11 Abs. 2 EStG dar (→ BFH vom 19. 4. 1977 – BStBl II S. 601).

Belegschaftsaktien

Zufluss des Vorteils beim Arbeitnehmer im Zeitpunkt des Erwerbs, auch wenn er sich verpflichtet hat, die Aktien für eine bestimmte Zeit nicht weiter zu veräußern (→ BFH vom 16. 11. 1984 – BStBl 1985 II S. 136 und vom 7. 4. 1989 – BStBl II S. 608)

Bundesschatzbriefe Typ B

Zuflusszeitpunkt → BMF vom 26. 10. 1992 (BStBl I S. 693), Tz. 3.

Damnum

– Bei **vereinbarungsgemäßer** Einbehaltung eines Damnums bei Auszahlung eines Tilgungsdarlehens ist im Zeitpunkt der Kapitalauszahlung ein Abfluss anzunehmen (→ BFH vom 10. 3. 1970 – BStBl II S. 453). Bei ratenweiser Auszahlung des Darlehens kommt eine entsprechende Aufteilung des Damnums nur in Betracht, wenn keine Vereinbarung der Vertragsparteien über den Abflusszeitpunkt des Damnums vorliegt (→ BFH vom 26. 6. 1975 – BStBl II S. 880).

– Soweit für ein Damnum ein **Tilgungsstreckungsdarlehen** aufgenommen wird, fließt das Damnum mit den Tilgungsraten des Tilgungsstreckungsdarlehens ab (→ BFH vom 26. 11. 1974 – BStBl 1975 II S. 330).

– Ein Damnum, das ein Darlehensschuldner vor Auszahlung eines aufgenommenen Darlehens zahlt, ist im VZ seiner Leistung als Werbungskosten abziehbar; es sei denn, dass die Vorauszahlung des Damnums von keinen sinnvollen wirtschaftlichen Erwägungen getragen wird (→ BFH vom 3. 2. 1987 – BStBl II S. 492). Ist ein Damnum nicht mehr als drei Monate vor Auszahlung der Darlehensvaluta oder einer ins Gewicht fallenden Teilauszahlung des Darlehens (mindestens 30 % der Darlehensvaluta einschließlich Damnum) geleistet worden, kann davon ausgegangen werden, dass ein wirtschaftlich vernünftiger Grund besteht (→ BMF vom 20. 10. 2003 – BStBl I S. 546, RdNr. 15).

Forderungsübergang

Zufluss beim Stpfl., wenn der Betrag beim neuen Gläubiger eingeht (→ BFH vom 16. 3. 1993 – BStBl II S. 507).

Forderungsverzicht eines Gesellschafters

Der Forderungsverzicht eines Gesellschafters auf seine nicht mehr vollwertige Forderung gegenüber der Kapitalgesellschaft führt dort zu einer Einlage in Höhe des Teilwertes der Forderung. Der Verzicht des Gesellschafters führt bei ihm zum Zufluss des noch werthaltigen Teils der Forderung (→ BFH vom 9. 6. 1997 – HFR 1997 S. 839). Dies gilt auch für Darlehen mit kapitalersetzendem Charakter (→ BFH vom 16. 5. 2001 – BStBl 2002 II S. 436).

Gesamtgläubiger

Stehen mehreren Stpfl. als Gesamtgläubigern Einnahmen zu und vereinbaren sie mit dem Schuldner, dass dieser nur an einen bestimmten Gesamtgläubiger leisten soll, so tritt bei jedem der Gesamtgläubiger anteilsmäßig ein Zufluss in dem Zeitpunkt ein, in dem die Einnahmen bei dem bestimmten Gesamtgläubiger eingehen (→ BFH vom 10. 12. 1985 – BStBl 1986 II S. 342).

Gewinnausschüttung

→ H 20.2 (Zuflusszeitpunkt bei Gewinnausschüttungen)

Gutschrift

Zufluss beim Stpfl. im Zeitpunkt der Gutschrift in den Büchern des Verpflichteten (Schuldners), wenn eine eindeutige und unbestrittene Leistungsverpflichtung des Schuldners besteht (diesem also insbesondere kein Leistungsverweigerungsrecht zusteht oder er sich erkennbar auf zivilrechtliche Einwendungen und Einreden gegen die Forderung des Stpfl. nicht berufen will) und der Schuldner in diesem Zeitpunkt zur Zahlung des Betrages in der Lage gewesen wäre, also nicht zahlungsunfähig war (→ BFH vom 10. 7. 2001 – BStBl II S. 646 und vom 30. 10. 2001 – BStBl 2002 II S. 138).

Leasing-Sonderzahlung

Verwendet ein Arbeitnehmer einen geleasten Pkw für berufliche Zwecke und macht er dafür die tatsächlichen Kosten geltend, so gehört eine bei Leasingbeginn zu erbringende Sonderzahlung in Höhe der anteiligen beruflichen Nutzung des Pkw zu den sofort abziehbaren Werbungskosten; es handelt sich bei ihr nicht um Anschaffungskosten des obligatorischen Nutzungsrechts an dem Pkw, die nur in Form von Absetzungen für Abnutzung als Werbungskosten berücksichtigt werden könnten (→ BFH vom 5. 5. 1994 – BStBl II S. 643).

Lohnzufluss bei Aktienoptionen

→ Arbeitnehmer-Aktienoptionen

Notaranderkonto

Die Zahlung auf ein Treuhandkonto führt nur dann zu einem Abfluss im Sinne von § 11 Abs. 2 Satz 1 EStG, wenn das Konto einem anderen als dem Zahlenden als Treugeber i. S. d. § 39 Abs. 2 Nr. 1 Satz 2 AO zuzurechnen ist. Im Fall eines zur Abwicklung eines Grundstückskaufvertrags eingerichteten Notaranderkontos bestimmt sich die Person des Treugebers nach der zwischen den Vertragsparteien getroffenen Hinterlegungsvereinbarung. Soweit darin keine ausdrückliche Regelung getroffen worden ist, ist – jedenfalls bis zum Zeitpunkt der Auszahlungsreife – der Käufer als Treugeber anzusehen (→ Nieders. FG vom 6. 8. 1997 – EFG 1997 S. 1432).

Novation

Vereinbaren Gläubiger und Schuldner, dass der Geldbetrag fortan aus einem anderen Rechtsgrund geschuldet wird (Novation), kann ein Zufluss und gleichzeitiger Wiederabfluss des Geldbetrages beim Gläubiger vorliegen (→ BFH vom 10. 7. 2001 – BStBl II S. 646 und vom 30. 10. 2001 – BStBl 2002 II S. 138).

Nutzungsrechte

Räumt der Arbeitgeber dem Arbeitnehmer im Hinblick auf das Dienstverhältnis unentgeltlich ein Nutzungsrecht an einer Wohnung ein, so fließt dem Arbeitnehmer der geldwerte Vorteil nicht im Zeitpunkt der Bestellung des Nutzungsrechts in Höhe des kapitalisierten Wertes, sondern fortlaufend in Höhe des jeweiligen Nutzungswertes der Wohnung zu (→ BFH vom 26. 5. 1993 – BStBl II S. 686).

Pachtzahlungen in der Land- und Forstwirtschaft

Ermittelt ein Land- und Forstwirt seinen Gewinn nach der Einnahmenüberschussrechnung, so hat er laufende Pachtzahlungen in dem Wirtschaftsjahr zu erfassen, zu dem sie wirtschaftlich gehören, wenn sie kurze Zeit vor Beginn oder nach Ende dieses Wirtschaftsjahres fällig sind und zufließen; auf die Fälligkeit im Jahr der wirtschaftlichen Zugehörigkeit kommt es nicht an (→ BFH vom 23. 9. 1999 – BStBl 2000 II S. 121).

Provisionen

Bei der Einnahmenüberschussrechnung sind Provisionen auch dann zugeflossen, wenn sie auf einem Kautionskonto zur Sicherung von Gegenforderungen des Versicherungsunternehmens gutgeschrieben werden (→ BFH vom 24. 3. 1993 – BStBl II S. 499). Dagegen sind Beträge, die von dem Versicherungsunternehmen einem für den Vertreter gebildeten Stornoreservekonto gutgeschrieben werden, nicht zugeflossen, wenn die Beträge im Zeitpunkt der Gutschrift nicht fällig waren und das Guthaben nicht verzinst wird (→ BFH vom 12. 11. 1997 – BStBl 1998 II S. 252).

Auch wenn feststeht, dass erhaltene Provisionsvorschüsse in späteren Jahren zurückzuzahlen sind, ist bei der der Einnahmenüberschussrechnung ein Zufluss anzunehmen (→ BFH vom 13. 10. 1989 – BStBl 1990 II S. 287).

Scheck

– Der Zufluss erfolgt grundsätzlich mit Entgegennahme. Dies gilt auch dann, wenn die zugrunde liegende Vereinbarung wegen eines gesetzlichen Verbots oder wegen Sittenwidrigkeit nichtig ist (→ BFH vom 20. 3. 2001 – BStBl II S. 482); die sofortige Bankeinlösung darf jedoch nicht durch zivilrechtliche Vereinbarung eingeschränkt sein (→ BFH vom 30. 10. 1980 BStBl 1981 II S. 305).

– Der Abfluss erfolgt grundsätzlich mit Hingabe; für den Bereich der erhöhten Absetzungen und Sonderabschreibungen auf Anzahlungen aber → § 7a Abs. 2 Satz 5 EStG.

– Der Abfluss erfolgt bei Scheckübermittlung mit der Übergabe an die Post bzw. dem Einwurf in den Briefkasten des Zahlungsempfängers (→ BFH vom 24. 9. 1985 – BStBl 1986 II S. 284).

Schneeballsystem

– Zufluss von Scheinrenditen bei einem Schneeballsystem (→ BFH vom 28. 10. 2008 – BStBl 2009 II S. 190)

– → H 20.2 (Schneeballsystem)

Sperrkonto

Zinsen auf einem Sperrkonto fließen dem Stpfl. im Zeitpunkt der Gutschrift auf dem Sperrkonto zu, soweit die Kontosperre auf einer freien Vereinbarung zwischen dem Leistenden und dem Stpfl. beruht (→ BFH vom 28. 9. 2011 – BStBl 2012 II S. 315).

Stille Gesellschaft

– Für den Zufluss der Gewinnanteile eines typisch stillen Gesellschafters gilt § 11 EStG; für Zwecke des Kapitalertragsteuerabzugs ist § 44 Abs. 3 EStG maßgeblich (→ BFH vom 28. 11. 1990 – BStBl 1991 II S. 313).

– → H 20.1 und H 20.2 (Stiller Gesellschafter)

Überweisung

Abfluss im Zeitpunkt des Eingangs des Überweisungsauftrags bei der Überweisungsbank, wenn das Konto die nötige Deckung aufweist oder ein entsprechender Kreditrahmen vorhanden ist; andernfalls im Zeitpunkt der Lastschrift (→ BFH vom 6. 3. 1997 – BStBl II S. 509).

Umsatzsteuervorauszahlungen/-erstattungen

Umsatzsteuervorauszahlungen sind regelmäßig wiederkehrende Ausgaben. Dies gilt für Umsatzsteuererstattungen entsprechend (→ BFH vom 1. 8. 2007 – BStBl 2008 II S. 282 und BMF vom 10. 11. 2008 – BStBl I S. 958).

Verrechnung

→ Aufrechnung

Wechsel

Zufluss mit Einlösung oder Diskontierung des zahlungshalber hingegebenen Wechsels (→ BFH vom 5. 5. 1971 – BStBl II S. 624). Entsprechendes gilt für den Abfluss.

Werbungskosten bei sonstigen Einkünften

→ H 22.8 (Werbungskosten)

→ H 23 (Werbungskosten)

Wirtschaftsjahr

§ 11 EStG ist auch bei abweichendem Wirtschaftsjahr anzuwenden (→ BFH vom 23. 9. 1999 – BStBl 2000 II S. 121).

---

§ 11a Sonderbehandlung von Erhaltungsaufwand bei Gebäuden in Sanierungs- gebieten und städtebaulichen Entwicklungsbereichen

EStG
S 2226a

(1) [1]Der Steuerpflichtige kann durch Zuschüsse aus Sanierungs- oder Entwicklungsförderungs- mitteln nicht gedeckten Erhaltungsaufwand für Maßnahmen im Sinne des § 177 des Baugesetz- buchs an einem im Inland belegenen Gebäude in einem förmlich festgelegten Sanierungsgebiet oder städtebaulichen Entwicklungsbereich auf zwei bis fünf Jahre gleichmäßig verteilen. [2]Satz 1 ist entsprechend anzuwenden auf durch Zuschüsse aus Sanierungs- oder Entwicklungsförde- rungsmitteln nicht gedeckten Erhaltungsaufwand für Maßnahmen, die der Erhaltung, Erneue- rung und funktionsgerechten Verwendung eines Gebäudes im Sinne des Satzes 1 dienen, das wegen seiner geschichtlichen, künstlerischen oder städtebaulichen Bedeutung erhalten bleiben soll, und zu deren Durchführung sich der Eigentümer neben bestimmten Modernisierungsmaß- nahmen gegenüber der Gemeinde verpflichtet hat.

(2) [1]Wird das Gebäude während des Verteilungszeitraums veräußert, ist der noch nicht berück- sichtigte Teil des Erhaltungsaufwands im Jahr der Veräußerung als Betriebsausgaben oder Wer- bungskosten abzusetzen. [2]Das Gleiche gilt, wenn ein nicht zu einem Betriebsvermögen gehörendes Gebäude in ein Betriebsvermögen eingebracht oder wenn ein Gebäude aus dem Betriebsvermögen entnommen oder wenn ein Gebäude nicht mehr zur Einkunfterzielung genutzt wird.

(3) Steht das Gebäude im Eigentum mehrerer Personen, ist der in Absatz 1 bezeichnete Erhal- tungsaufwand von allen Eigentümern auf den gleichen Zeitraum zu verteilen.

(4) § 7h Absatz 2 und 3 ist entsprechend anzuwenden.

11a. Sonderbehandlung von Erhaltungsaufwand bei Gebäuden in Sanierungsgebieten und städtebaulichen Entwicklungsbereichen

R 11a

R 7h gilt entsprechend.

Hinweise

H 11a

Bescheinigungsrichtlinien

Übersicht über die Veröffentlichung der länderspezifischen Bescheinigungsrichtlinien BMF vom 10. 11. 2000 (BStBl I S. 1513) und vom 8. 11. 2004 (BStBl I S. 1049).

abgedruckt zu → H 7h

Reichweite der Bindungswirkung der Bescheinigung

→ BMF vom 16. 5. 2007 (BStBl I S. 475)

Verteilung von Erhaltungsaufwand

→ R 21.6 (6)

---

§ 11b Sonderbehandlung von Erhaltungsaufwand bei Baudenkmalen

EStG
S 2226a

[1]Der Steuerpflichtige kann durch Zuschüsse aus öffentlichen Kassen nicht gedeckten Erhal- tungsaufwand für ein im Inland belegenes Gebäude oder Gebäudeteil, das nach den jeweiligen landesrechtlichen Vorschriften ein Baudenkmal ist, auf zwei bis fünf Jahre gleichmäßig verteilen,

soweit die Aufwendungen nach Art und Umfang zur Erhaltung des Gebäudes oder Gebäudeteils als Baudenkmal oder zu seiner sinnvollen Nutzung erforderlich und die Maßnahmen in Abstimmung mit der in § 7i Absatz 2 bezeichneten Stelle vorgenommen worden sind. ²Durch Zuschüsse aus öffentlichen Kassen nicht gedeckten Erhaltungsaufwand für ein im Inland belegenes Gebäude oder Gebäudeteil, das für sich allein nicht die Voraussetzungen für ein Baudenkmal erfüllt, aber Teil einer Gebäudegruppe oder Gesamtanlage ist, die nach den jeweiligen landesrechtlichen Vorschriften als Einheit geschützt ist, kann der Steuerpflichtige auf zwei bis fünf Jahre gleichmäßig verteilen, soweit die Aufwendungen nach Art und Umfang zur Erhaltung des schützenswerten äußeren Erscheinungsbildes der Gebäudegruppe oder Gesamtanlage erforderlich und die Maßnahmen in Abstimmung mit der in § 7i Absatz 2 bezeichneten Stelle vorgenommen worden sind. ³§ 7h Absatz 3 und § 7i Absatz 1 Satz 2 und Absatz 2 sowie § 11a Absatz 2 und 3 sind entsprechend anzuwenden.

R 11b   **11b. Sonderbehandlung von Erhaltungsaufwand bei Baudenkmalen**

R 7i gilt entsprechend.

H 11b   **Hinweise**

Bescheinigungsbehörde

Übersicht über die zuständigen Bescheinigungsbehörden → BMF vom 6. 1. 2009 (BStBl I S. 39).

abgedruckt zu → H 7h

Bescheinigungsrichtlinien

Übersicht über die Veröffentlichung der länderspezifischen Bescheinigungsrichtlinien → BMF vom 10. 11. 2000 (BStBl I S. 1513) und vom 8. 11. 2004 (BStBl I S. 1049).

abgedruckt zu → H 7h

Reichweite der Bindungswirkung der Bescheinigung

→ BMF vom 16. 5. 2007 (BStBl I S. 475)

Verteilung von Erhaltungsaufwand

→ R 21.6 (6)

7. Nicht abzugsfähige Ausgaben

EStG
S 2227

[1)] Soweit in **§ 10** Absatz 1 Nummer 1, 2 bis 5, 7 und 9, *den* §§ 10a, 10b und den §§ 33 bis 33b nichts anderes bestimmt ist, dürfen weder bei den einzelnen Einkunftsarten noch vom Gesamtbetrag der Einkünfte abgezogen werden

§ 12

1. die für den Haushalt des Steuerpflichtigen und für den Unterhalt seiner Familienangehörigen aufgewendeten Beträge. ²Dazu gehören auch die Aufwendungen für die Lebensführung, die die wirtschaftliche oder gesellschaftliche Stellung des Steuerpflichtigen mit sich bringt, auch wenn sie zur Förderung des Berufs oder der Tätigkeit des Steuerpflichtigen erfolgen;

2. freiwillige Zuwendungen, Zuwendungen auf Grund einer freiwillig begründeten Rechtspflicht und Zuwendungen an eine gegenüber dem Steuerpflichtigen oder seinem Ehegatten gesetzlich unterhaltsberechtigte Person oder deren Ehegatten, auch wenn diese Zuwendungen auf einer besonderen Vereinbarung beruhen;

3. die Steuern vom Einkommen und sonstige Personensteuern sowie die Umsatzsteuer für Umsätze, die Entnahmen sind, und die Vorsteuerbeträge auf Aufwendungen, für die das Abzugsverbot der Nummer 1 oder des § 4 Absatz 5 Satz 1 Nummer 1 bis 5, 7 oder Absatz 7 gilt; das gilt auch für die auf diese Steuern entfallenden Nebenleistungen;

---

1) *Der einleitende Satzteil wurde durch das Steuervereinfachungsgesetz 2011 ab VZ 2012 geändert.*

4. in einem Strafverfahren festgesetzte Geldstrafen, sonstige Rechtsfolgen vermögensrechtlicher Art, bei denen der Strafcharakter überwiegt, und Leistungen zur Erfüllung von Auflagen oder Weisungen, soweit die Auflagen oder Weisungen nicht lediglich der Wiedergutmachung des durch die Tat verursachten Schadens dienen;

5. Aufwendungen des Steuerpflichtigen für seine erstmalige Berufsausbildung und für ein Erststudium, das zugleich eine Erstausbildung vermittelt, wenn diese Berufsausbildung oder dieses Erststudium nicht im Rahmen eines Dienstverhältnisses stattfinden.

12.1. Abgrenzung der Kosten der Lebensführung von den Betriebsausgaben und Werbungskosten   R 12.1

– unbesetzt –   S 2227

Hinweise   H 12.1

Allgemeines

Bei der Entscheidung, ob nicht abziehbare Aufwendungen für die Lebenshaltung vorliegen,
kommt es im Allgemeinen weniger auf den objektiven Charakter des angeschafften Gegenstands
an, sondern vielmehr auf die Funktion des Gegenstands im Einzelfall, also den tatsächlichen Verwendungszweck (→ BFH vom 20. 5. 2010 – BStBl II S. 723).

Arbeitsessen mit Fachkollegen

– Die Aufwendungen sind keine Werbungskosten (→ BFH vom 8. 11. 1984 – BStBl 1985 II
S. 286).
– Anlässlich einer Betriebsfeier im Zusammenhang mit dem **75. Geburtstag des Firmengrün-
ders** entstandene Aufwendungen einer KG sind auch dann nicht als Betriebsausgaben abzuziehen, wenn bei einer solchen Gelegenheit die Übernahme der Geschäftsführung der Öffentlichkeit nahe gebracht und die Verbindung zu den Geschäftsfreunden, Berufskollegen sowie
von Vertretern aus Politik und Wirtschaft aufgenommen oder vertieft werden soll. Eine andere
rechtliche Wertung kann möglicherweise eingreifen, wenn auslösende Momente für eine solche Veranstaltung nicht die Ehrung des Jubilars ist (→ BFH vom 27. 2. 1997 – HFR 1997
S. 821).
– Aufwendungen für sog. **Jahresessen** gehören zu den typischen Repräsentationsaufwendungen i. S. d. § 12 Nr. 1 Satz 2 EStG (→ FG München vom 24. 4. 1995 – EFG 1996 S. 93).

Ausbildungs- und Fortbildungsaufwendungen für Kinder

– Aufwendungen der Eltern für die Ausbildung oder die berufliche Fortbildung ihrer Kinder
gehören grundsätzlich zu den nicht abziehbaren Lebenshaltungskosten (→ BFH vom
29. 10. 1997 – BStBl 1998 II S. 149)
– → H 4.8 (Bildungsaufwendungen für Kinder)
– Ausnahme: → § 10 Abs. 1 Nr. 9 EStG

Berufsausbildungskosten

Aufwendungen für die erstmalige Berufsausbildung oder ein Erststudium → BMF vom 22. 9. 2010   Anhang 4
(BStBl I S. 721)

Bewirtungskosten

→ § 4 Abs. 5 Satz 1 Nr. 2 EStG
→ R 4.10 Abs. 5 bis 9
Aufwendungen für die Bewirtung von Geschäftsfreunden in der Wohnung des Stpfl. sind **regel-
mäßig** in vollem Umfang Kosten der Lebensführung (→ R 4.10 Abs. 6 Satz 8). Das Gleiche gilt für
Aufwendungen des Stpfl. für die Bewirtung von Geschäftsfreunden anlässlich seines Geburtstages
in einer Gaststätte (→ BFH vom 12. 12. 1991 – BStBl 1992 II S. 524).

– Bewirtungsaufwendungen eines Universitätsprofessors anlässlich seiner **Antrittsvorlesung** vereinen untrennbar berufsbezogene Elemente mit solchen, die dem privaten, gesellschaftlichen

Bereich zuzuordnen sind und sind daher keine Werbungskosten (→ FG Baden-Württemberg, Außensenate Freiburg vom 1. 12. 1999 – EFG 2000 S. 311).

– Bewirtungskosten eines Beamten (Sachgebietsleiters eines Finanzamtes) für seine Kollegen (Mitarbeiter) sind keine Werbungskosten (→ FG Baden-Württemberg vom 18. 1. 2000 – EFG 2000 S. 312).

→ Gemischte Aufwendungen

→ Karnevalsveranstaltungen

→ Arbeitsessen mit Fachkollegen

Brille

→ Medizinisch-technische Hilfsmittel und Geräte

Bücher

Aufwendungen eines Publizisten für Bücher allgemeinbildenden Inhalts sind Kosten der Lebensführung (→ BFH vom 21. 5. 1992 – BStBl II S. 1015).

Deutschkurs

Aufwendungen eines in Deutschland lebenden Ausländers für den Erwerb von Deutschkenntnissen sind regelmäßig nichtabziehbare Kosten der Lebensführung (→ BFH vom 15. 3. 2007 – BStBl II S. 814 und → BMF vom 6. 7. 2010 – BStBl I S. 614, Rn. 19).

Anhang 12

Einbürgerungskosten

Aufwendungen für die Einbürgerung sind Kosten der Lebensführung (→ BFH vom 18. 5. 1984 – BStBl II S. 588 und → BMF vom 6. 7. 2010 – BStBl I S. 614, Rn. 19).

Anhang 12

Erbstreitigkeiten

Der Erbfall selbst stellt im Gegensatz zur Erbauseinandersetzung einen einkommensteuerrechtlich irrelevanten privaten Vorgang dar mit der Folge, dass die Aufwendungen für die Verfolgung eigener Rechte in einem Streit über das Erbrecht der Privatvermögenssphäre zuzuordnen sind (→ BFH vom 17. 6. 1999 – BStBl II S. 600).

Führerschein

Aufwendungen für den Erwerb des PKW-Führerscheins sind grundsätzlich Kosten der Lebensführung (→ BFH vom 5. 8. 1977 – BStBl II S. 834 und → BMF vom 6. 7. 2010 – BStBl I S. 614, Rn. 19).

Anhang 12

Gemischte Aufwendungen

Bei gemischt veranlassten Aufwendungen besteht kein generelles Aufteilungs- und Abzugsverbot (→ BFH vom 21. 9. 2009 – BStBl 2010 II S. 672); zu den Folgerungen → BMF vom 6. 7. 2010 (BStBl I S. 614)

Anhang 12

Geschenke an Geschäftsfreunde

→ § 4 Abs. 5 Satz 1 Nr. 1 EStG

→ R 4.10 Abs. 2 bis 4

Gesellschaftliche Veranstaltungen

Aufwendungen, die durch die Teilnahme an gesellschaftlichen Veranstaltungen, z. B. eines Berufs-, Fach- oder Wirtschaftsverbandes oder einer Gewerkschaft, entstanden sind, sind stets Kosten der Lebensführung, und zwar auch dann, wenn die gesellschaftlichen Veranstaltungen im Zusammenhang mit einer rein fachlichen oder beruflichen Tagung oder Sitzung standen (→ BFH vom 1. 8. 1968 – BStBl II S. 713).

→ Gemischte Aufwendungen

→ Karnevalsveranstaltungen

→ Kulturelle Veranstaltungen

Hörapparat

→ Medizinisch-technische Hilfsmittel und Geräte

Karnevalsveranstaltungen

Aufwendungen für die Einladung von Geschäftspartnern zu Karnevalsveranstaltungen sind Lebenshaltungskosten (→ BFH vom 29. 3. 1994 – BStBl II S. 843).

Kleidung und Schuhe

Als Kosten der Lebensführung nicht abziehbar, selbst wenn der Stpfl. sie ausschließlich bei der Berufsausübung trägt (→ BFH vom 18. 4. 1991 – BStBl II S. 751 und → BMF vom 6. 7. 2010 – BStBl I S. 614, Rn. 4).   Anhang 12

Ausnahme: typische Berufskleidung → R 3.31 LStR 2011 und H 9.12 (Berufskleidung) *LStH 2012*

Körperpflegemittel, Kosmetika

Als Kosten der Lebensführung nicht abziehbar (→ BFH vom 6. 7. 1989 – BStBl 1990 II S. 49 und → BMF vom 6. 7. 2010 – BStBl I S. 614, Rn. 4).   Anhang 12

Kontoführungsgebühren

Pauschale Kontoführungsgebühren sind nach dem Verhältnis beruflich und privat veranlasster Kontenbewegungen aufzuteilen (→ BFH vom 9. 5. 1984 – BStBl II S. 560).

Konzertflügel einer Musiklehrerin

Kann ein Arbeitsmittel i. S. d. § 9 Abs. 1 Satz 3 Nr. 6 EStG sein (→ BFH vom 21. 10. 1988 – BStBl 1989 II S. 356).

Kulturelle Veranstaltungen

Aufwendungen für den Besuch sind regelmäßig keine Werbungskosten, auch wenn dabei berufliche Interessen berührt werden (→ BFH vom 8. 2. 1971 – BStBl II S. 368 betr. Musiklehrerin und → BMF vom 6. 7. 2010 – BStBl I S. 614, Rn. 4).   Anhang 12

Kunstwerke

Aufwendungen für Kunstwerke zur Ausschmückung eines Arbeits- oder Dienstzimmers sind Kosten der Lebensführung (→ BFH vom 12. 3. 1993 – BStBl II S. 506).

Medizinisch-technische Hilfsmittel und Geräte

Aufwendungen für technische Hilfsmittel zur Behebung körperlicher Mängel können als reine Kosten der Lebensführung nicht abgezogen werden, auch wenn die Behebung des Mangels im beruflichen Interesse liegt.

→ BFH vom 8. 4. 1954 (BStBl III S. 174) – Hörapparat

→ BFH vom 28. 9. 1990 (BStBl 1991 II S. 27) – Bifokalbrille

→ BFH vom 23. 10. 1992 (BStBl 1993 II S. 193) – Sehbrille

Nachschlagewerk

– Allgemeines Nachschlagewerk eines Lehrers ist regelmäßig dem privaten Lebensbereich zuzuordnen (→ BFH vom 29. 4. 1977 – BStBl II S. 716).

– Allgemeines englisches Nachschlagewerk eines Englischlehrers kann Arbeitsmittel i. S. d. § 9 Abs. 1 Satz 3 Nr. 6 EStG sein (→ BFH vom 16. 10. 1981 – BStBl 1982 II S. 67).

Personalcomputer

Eine private Mitbenutzung ist für den vollständigen Betriebsausgaben- bzw. Werbungskostenabzug unschädlich, wenn diese einen Anteil von etwa 10 % nicht übersteigt. Bei einem höheren privaten Nutzungsanteil sind die Kosten eines gemischt genutzten PC aufzuteilen. § 12 Nr. 1 Satz 2 EStG steht einer solchen Aufteilung nicht entgegen (→ BFH vom 19. 2. 2004 – BStBl II S. 958).

Sponsoring

Anhang 10   → BMF vom 18. 2. 1998 (BStBl I S. 212)

Steuerberatungskosten

Zuordnung der Steuerberatungskosten zu den Betriebsausgaben, Werbungskosten oder Kosten der Lebensführung → BMF vom 21. 12. 2007 (BStBl 2008 I S. 256).

Strafverfahren

→ H 12.3 (Kosten des Strafverfahrens/der Strafverteidigung)

Tageszeitung

Anhang 12   Aufwendungen für den Bezug regionaler wie überregionaler Tageszeitungen gehören zu den unter § 12 Nr. 1 Satz 2 EStG fallenden Lebenshaltungskosten (→ BFH vom 7. 9. 1989 – BStBl 1990 II S. 19 und → BMF vom 6. 7. 2010 – BStBl I S. 614, Rn. 4 und 17).

Telefonanschluss in einer Wohnung

Grund- und Gesprächsgebühren sind Betriebsausgaben oder Werbungskosten, soweit sie auf die beruflich geführten Gespräche entfallen. Der berufliche Anteil ist aus dem – ggf. geschätzten – Verhältnis der beruflich und der privat geführten Gespräche zu ermitteln (→ BFH vom 21. 11. 1980 – BStBl 1981 II S. 131). Zur Aufteilung der Gebühren → R 9.1 Abs. 5 LStR 2011.

Videorecorder eines Lehrers

Aufwendungen für einen Videorecorder sind regelmäßig Kosten der Lebensführung (→ BFH vom 27. 9. 1991 – BStBl 1992 II S. 195).

R 12.2   **12.2. Studienreisen, Fachkongresse**

S 2227   *– unbesetzt –*

I

H 12.2   **Hinweise**

Allgemeines

Anhang 12   Aufwendungen können nur berücksichtigt werden, wenn sie durch die Einkunftserzielung veranlasst sind. Aufwendungen, die eindeutig und klar abgrenzbar ausschließlich betrieblich/beruflich oder privat veranlasst sind, sind unmittelbar dem betrieblichen/beruflichen oder privaten Teil der Aufwendungen zuzuordnen. Bei gemischt veranlassten Aufwendungen besteht kein generelles Aufteilungs- und Abzugsverbot (→ BFH vom 21. 9. 2009 – BStBl 2010 II S. 672); zu den Folgerungen → BMF vom 6. 7. 2010 (BStBl I S. 614).

Incentive-Reisen

Anhang 10   → BMF vom 14. 10. 1996 (BStBl I S. 1192)

Nachweis der Teilnahme

Bei betrieblicher/beruflicher Veranlassung sind Aufwendungen für die Teilnahme an einem Kongress nur abziehbar, wenn feststeht, dass der Stpfl. an den Veranstaltungen teilgenommen hat (→ BFH vom 4. 8. 1977 – BStBl II S. 829). An den Nachweis der Teilnahme sind strenge Anforderungen zu stellen; der Nachweis muss sich auf jede Einzelveranstaltung beziehen, braucht jedoch nicht in jedem Fall durch Anwesenheitstestat geführt zu werden (→ BFH vom 13. 2. 1980 – BStBl II S. 386 und vom 11. 1. 2007 – BStBl II S. 457).

Psychologisches Seminar

Aufwendungen eines Industriekaufmanns für die Teilnahme an psychologischen Seminaren können nur dann Werbungskosten und keine Aufwendungen für die Lebensführung sein, wenn in den Seminaren primär auf den konkreten Beruf zugeschnittene psychologische Kenntnisse vermittelt werden und der Teilnehmerkreis des Seminars entsprechend homogen zusammengesetzt ist. Dies gilt auch dann, wenn der Arbeitgeber für die Teilnahme an den Seminaren bezahlten Bildungsurlaub gewährt hat (→ BFH vom 6. 3. 1995 – BStBl II S. 393).

Scientology-Fortbildungskurse

– Bei dem „Effizienztraining" bzw. „Individualtraining zur Verbesserung innerer Organisationsabläufe" lässt sich nicht ausschließen, dass Lehrinhalte der sog. „Scientology-Kirche" vermittelt werden, die wegen ihrer religiös-philosophischen Bezüge die Lebensführung berühren, auch wenn es sich bei der „Scientology-Kirche" nicht um eine Religions- oder Weltanschauungsgemeinschaft handelt (→ FG Hamburg vom 4. 10. 1995 – EFG 1996 S. 136).

– Die Vorlage von Lehrmaterialien in englischer Sprache führt nicht zur Abziehbarkeit geltend gemachter Aufwendungen für das von einer Organisation der Church of Scientology durchgeführte „Executive Training and Councelling Program, the L's" (→ FG Baden-Württemberg vom 20. 3. 1997 – EFG 1997 S. 1098).

Selbsterfahrungsseminar

Die Aufwendungen eines Sozialpädagogen für die Teilnahme an mehrwöchigen Seminaren für Interaktions- und Kommunikationstraining des Zentrums für Selbsterfahrung und Selbstentwicklung „Weißer Lotus Salzburg" (Österreich) sind keine Werbungskosten (→ Nieders. FG vom 4. 6. 1998 – EFG 1998 S. 1510).

12.3. Geldstrafen und ähnliche Rechtsnachteile

R 12.3

S 2227

[1]Aufwendungen i. S. d. § 12 Nr. 4 EStG können auch dann nicht abgezogen werden, wenn die Geldstrafen und ähnliche Rechtsnachteile außerhalb des Geltungsbereichs des Gesetzes verhängt, angeordnet oder festgesetzt werden, es sei denn, sie widersprechen wesentlichen Grundsätzen der deutschen Rechtsordnung (ordre public). *[2]Die Einziehung von Gegenständen, die – neben der Hauptstrafe oder nachträglich nach § 76 StGB oder unter den Voraussetzungen des § 76a StGB selbständig – in den Fällen des § 74 Abs. 2 Nr. 1 oder § 76a StGB angeordnet oder festgesetzt worden ist, stellt eine Rechtsfolge vermögensrechtlicher Art mit überwiegendem Strafcharakter dar. [3]Die mit dem Verfall von Gegenständen bzw. dem Verfall von Tatentgelten (§ 73 StGB) verbundene Vermögenseinbuße dient hingegen der Gewinnabschöpfung und damit in erster Linie dem Ausgleich unrechtmäßiger Vermögensverschiebungen. [4]Ein Strafcharakter kann deshalb in der Regel nicht angenommen werden.*

Hinweise

H 12.3

Abführung von Mehrerlösen

→ R 4.13

I

Geldbußen

→ R 4.13

Kosten des Strafverfahrens/der Strafverteidigung

a) Die dem Strafverfahren zugrunde liegende Tat wurde in Ausübung der betrieblichen oder beruflichen Tätigkeit begangen:

Kosten sind Betriebsausgaben oder Werbungskosten, da sie weder Strafe noch strafähnliche Rechtsfolge sind (→ BFH vom 19. 2. 1982 – BStBl II S. 467).

b) Die dem Strafverfahren zugrunde liegende Tat beruht auf privaten Gründen oder ist sowohl privat als auch betrieblich (beruflich) veranlasst:

Aufwendungen sind nicht abziehbare Kosten der Lebensführung. Das gilt auch für Kosten eines Wiederaufnahmeverfahrens nach strafrechtlicher Verurteilung mit disziplinarrechtlichen Folgen (→ BFH vom 13. 12. 1994 – BStBl 1995 II S. 457).

Leistungen zur Erfüllung von Auflagen oder Weisungen

– sind nicht abziehbar
  – bei Strafaussetzung zur Bewährung,
  – bei Verwarnung mit dem Strafvorbehalt, einen Geldbetrag zugunsten einer gemeinnützigen Einrichtung oder der Staatskasse zu zahlen oder sonst gemeinnützige Leistungen zu erbringen (§ 56b Abs. 2 Satz 1 Nr. 2 und 3, § 59a Abs. 2 StGB),
  – bei Einstellung des Verfahrens (§ 153a Abs. 1 Satz 1 Nr. 2 und 3 StPO); Gleiches gilt bei Einstellung des Verfahrens nach dem Jugendgerichtsgesetz und im Gnadenverfahren.

– sind ausnahmsweise abziehbar:
  – bei Ausgleichszahlungen an das geschädigte Tatopfer zur Wiedergutmachung des durch die Tat verursachten Schadens auf Grund einer Auflage nach § 56b Abs. 2 Satz 1 Nr. 1 StGB (→ BFH vom 15. 1. 2009 – BStBl 2010 II S. 111).

Ordnungsgelder

→ R 4.13

Strafverfahren

→ Kosten des Strafverfahrens/der Strafverteidigung

Strafverteidigungskosten

→ Kosten des Strafverfahrens/der Strafverteidigung

Verwarnungsgelder

→ R 4.13

R 12.4

S 2227

12.4. Nichtabziehbare Steuern und Nebenleistungen

– unbesetzt –

H 12.4

Hinweise

Nebenleistungen

Die folgenden Nebenleistungen (§ 3 Abs. 4 AO) sind nicht abziehbar, soweit sie auf die in § 12 Nr. 3 EStG genannten Steuerarten entfallen:

– Aussetzungszinsen (§ 237 AO),
– Gebühren für verbindliche Auskünfte (§ 89 Abs. 3 AO),
– Hinterziehungszinsen (§ 235 AO),
– Kosten bei Inanspruchnahme von Finanzbehörden (§ 178a AO),
– Nachforderungszinsen (§ 233a AO),

§ 12 Nr. 3 EStG schließt den Abzug von Nachzahlungszinsen i. S. d. § 233a AO als Werbungskosten unabhängig davon aus, ob der Stpfl. den nachzuzahlenden Betrag vor der Nachzahlung zur Erzielung von Einkünften aus Kapitalvermögen eingesetzt hat (→ BFH vom 2. 9. 2008 – BStBl 2010 II S. 25).

– Säumniszuschläge (§ 240 AO),
– Stundungszinsen (§ 234 AO),
– Verspätungszuschläge (§ 152 AO),

- Verzögerungsgelder (§ 146 Abs. 2b AO),
- Zuschlag wegen der Nichtvorlage oder Unbrauchbarkeit von Aufzeichnungen (§ 162 Abs. 4 AO),
- Zwangsgelder (§ 329 AO).

Personensteuern

- Einkommensteuer, einschl. ausländische Steuern vom Einkommen, soweit nicht § 34c Abs. 2 oder 3 EStG anzuwenden ist,
- Erbschaftsteuer,
- Kapitalertragsteuer,
- Kirchensteuer,
- Lohnsteuer,
- Solidaritätszuschlag,
- Vermögensteuer.

Umsatzsteuer bei Anwendung der 1 %-Regelung

Die nach § 12 Nr. 3 EStG nicht abziehbare Umsatzsteuer ist bei Anwendung der 1 %-Regelung (§ 6 Abs. 1 Nr. 4 Satz 2 EStG) nach umsatzsteuerrechtlichen Maßstäben zu ermitteln. Dabei kommt es nicht auf die tatsächlich festgesetzte Umsatzsteuer an, weil der Umsatzsteuerbescheid kein Grundlagenbescheid für den Einkommensteuerbescheid ist (→ BFH vom 7. 12. 2010 – BStBl 2011 II S. 451).

12.5. Zuwendungen   R 12.5

[1]Spenden und Mitgliedsbeiträge gehören auch dann zu den Kosten der Lebensführung, wenn sie durch betriebliche Erwägungen mit veranlasst werden. [2]Der Stpfl. kann sie nur im Rahmen der §§ 10b, 34g EStG abziehen.   S 2223 S 2227

12.6. Wiederkehrende Leistungen   R 12.6

– unbesetzt –

Hinweise   H 12.6

Abgrenzung zwischen Unterhalts- und Versorgungsleistungen

Einkommensteuerrechtliche Behandlung von wiederkehrenden Leistungen im Zusammenhang mit einer Vermögensübertragung → BMF vom 11. 3. 2010 (BStBl I S. 27).   Anhang 8

Gesetzlich unterhaltsberechtigt

sind alle Personen, die nach bürgerlichem Recht gegen den Stpfl. oder seinen Ehegatten einen gesetzlichen Unterhaltsanspruch haben können. Die Unterhaltsberechtigung setzt insoweit zivilrechtlich die Unterhaltsbedürftigkeit der unterhaltenen Person voraus (sog. konkrete Betrachtungsweise) (→ BFH vom 5. 5. 2010 – BStBl 2011 II S. 115) aber → H 33a.1 (Unterhaltsberechtigung).

Unterhaltsleistungen

- an den geschiedenen oder dauernd getrennt lebenden Ehegatten fallen unter das Abzugsverbot des § 12 Nr. 2 EStG.
- die den Rahmen der gesetzlichen Unterhaltspflicht übersteigen, fallen unter das Abzugsverbot des § 12 Nr. 2 EStG (→ BFH vom 10. 4. 1953 – BStBl III S. 157).

Ausnahmen:
→ § 10 Abs. 1 Nr. 1 EStG
→ § 33a Abs. 1 EStG

8. Die einzelnen Einkunftsarten

a) Land- und Forstwirtschaft (§ 2 Abs. 1 Satz 1 Nr. 1)

§ 13   Einkünfte aus Land- und Forstwirtschaft

(1) Einkünfte aus Land- und Forstwirtschaft sind

1. Einkünfte aus dem Betrieb von Landwirtschaft, Forstwirtschaft, Weinbau, Gartenbau und aus allen Betrieben, die Pflanzen und Pflanzenteile mit Hilfe der Naturkräfte gewinnen. [2]Zu diesen Einkünften gehören auch die Einkünfte aus der Tierzucht und Tierhaltung, wenn im Wirtschaftsjahr

für die ersten 20 Hektar	nicht mehr als 10 Vieheinheiten,
für die nächsten 10 Hektar	nicht mehr als 7 Vieheinheiten,
für die nächsten 20 Hektar	nicht mehr als 6 Vieheinheiten,
für die nächsten 50 Hektar	nicht mehr als 3 Vieheinheiten,
und für die weitere Fläche	nicht mehr als 1,5 Vieheinheiten,

je Hektar der vom Inhaber des Betriebs regelmäßig landwirtschaftlich genutzten Fläche erzeugt oder gehalten werden. [3]Die Tierbestände sind nach dem Futterbedarf in Vieheinheiten umzurechnen. [4]§ 51 Absatz 2 bis 5 des Bewertungsgesetzes ist anzuwenden. [5]Die Einkünfte aus Tierzucht und Tierhaltung einer Gesellschaft, bei der die Gesellschafter als Unternehmer (Mitunternehmer) anzusehen sind, gehören zu den Einkünften im Sinne des Satzes 1, wenn die Voraussetzungen des § 51a des Bewertungsgesetzes erfüllt sind und andere Einkünfte der Gesellschafter aus dieser Gesellschaft zu den Einkünften aus Land- und Forstwirtschaft gehören;

2. Einkünfte aus sonstiger land- und forstwirtschaftlicher Nutzung (§ 62 Bewertungsgesetz);

3. Einkünfte aus Jagd, wenn diese mit dem Betrieb einer Landwirtschaft oder einer Forstwirtschaft im Zusammenhang steht;

4. Einkünfte von Hauberg-, Wald-, Forst- und Laubgenossenschaften und ähnlichen Realgemeinden im Sinne des § 3 Absatz 2 des Körperschaftsteuergesetzes.

(2) Zu den Einkünften im Sinne des Absatzes 1 gehören auch

1. Einkünfte aus einem land- und forstwirtschaftlichen Nebenbetrieb. [2]Als Nebenbetrieb gilt ein Betrieb, der dem land- und forstwirtschaftlichen Hauptbetrieb zu dienen bestimmt ist;

2. der Nutzungswert der Wohnung des Steuerpflichtigen, wenn die Wohnung die bei Betrieben gleicher Art übliche Größe nicht überschreitet und das Gebäude oder der Gebäudeteil nach den jeweiligen landesrechtlichen Vorschriften ein Baudenkmal ist;

3. die Produktionsaufgaberente nach dem Gesetz zur Förderung der Einstellung der landwirtschaftlichen Erwerbstätigkeit.

(3) [1]Die Einkünfte aus Land- und Forstwirtschaft werden bei der Ermittlung des Gesamtbetrags der Einkünfte nur berücksichtigt, soweit sie den Betrag von 670 Euro übersteigen. [2]Satz 1 ist nur anzuwenden, wenn die Summe der Einkünfte 30 700 Euro nicht übersteigt. [3]Im Fall der Zusammenveranlagung von Ehegatten verdoppeln sich die Beträge der Sätze 1 und 2.

(4) [1]Absatz 2 Nummer 2 findet nur Anwendung, sofern im Veranlagungszeitraum 1986 bei einem Steuerpflichtigen für die von ihm zu eigenen Wohnzwecken oder zu Wohnzwecken des Altenteilers genutzte Wohnung die Voraussetzungen für die Anwendung des § 13 Absatz 2 Nummer 2 des Einkommensteuergesetzes in der Fassung der Bekanntmachung vom 16. April 1997 (BGBl. I S. 821) vorlagen. [2]Der Steuerpflichtige kann für einen Veranlagungszeitraum nach dem Veranlagungszeitraum 1998 unwiderruflich beantragen, dass Absatz 2 Nummer 2 ab diesem Veranlagungszeitraum nicht mehr angewendet wird. [3]§ 52 Absatz 21 Satz 4 und 6 des Einkommensteuergesetzes in der Fassung der Bekanntmachung vom 16. April 1997 (BGBl. I S. 821) ist entsprechend anzuwenden. [4]Im Fall des Satzes 2 gelten die Wohnung des Steuerpflichtigen und die Altenteilerwohnung sowie der dazugehörende Grund und Boden zu dem Zeitpunkt als entnommen, bis zu dem Absatz 2 Nummer 2 letztmals angewendet wird. [5]Der Entnahmegewinn bleibt außer Ansatz. [6]Werden

1. die Wohnung und der dazugehörende Grund und Boden entnommen oder veräußert, bevor sie nach Satz 4 als entnommen gelten, oder

2. eine vor dem 1. Januar 1987 einem Dritten entgeltlich zur Nutzung überlassene Wohnung und der dazugehörende Grund und Boden für eigene Wohnzwecke oder für Wohnzwecke eines Altenteilers entnommen,

bleibt der Entnahme- oder Veräußerungsgewinn ebenfalls außer Ansatz; Nummer 2 ist nur anzuwenden, soweit nicht Wohnungen vorhanden sind, die Wohnzwecken des Eigentümers des Betriebs oder Wohnzwecken eines Altenteilers dienen und die unter Satz 4 oder unter Nummer 1 fallen.

(5) Wird Grund und Boden dadurch entnommen, dass auf diesem Grund und Boden die Wohnung des Steuerpflichtigen oder eine Altenteilerwohnung errichtet wird, bleibt der Entnahmegewinn außer Ansatz; der Steuerpflichtige kann die Regelung nur für eine zu eigenen Wohnzwecken genutzte Wohnung und für eine Altenteilerwohnung in Anspruch nehmen.

(6) ¹Werden einzelne Wirtschaftsgüter eines land- und forstwirtschaftlichen Betriebs auf einen der gemeinschaftlichen Tierhaltung dienenden Betrieb im Sinne des § 34 Absatz 6a des Bewertungsgesetzes einer Erwerbs- und Wirtschaftsgenossenschaft oder eines Vereins gegen Gewährung von Mitgliedsrechten übertragen, so ist die auf den dabei entstehenden Gewinn entfallende Einkommensteuer auf Antrag in jährlichen Teilbeträgen zu entrichten. ²Der einzelne Teilbetrag muss mindestens ein Fünftel dieser Steuer betragen.

(7) § 15 Absatz 1 Satz 1 Nummer 2 und Absatz 2 Satz 2 und 3 und §§ 15a und 15b sind entsprechend anzuwenden. [1]

---

§ 51 Pauschale Ermittlung der Gewinne aus Holznutzungen[2]

(1) Steuerpflichtige, die für ihren Betrieb nicht zur Buchführung verpflichtet sind, den Gewinn nicht nach § 4 Absatz 1 des Einkommensteuergesetzes ermitteln und deren forstwirtschaftlich genutzte Fläche 50 Hektar nicht übersteigt, können auf Antrag für ein Wirtschaftsjahr bei der Ermittlung der Gewinne aus Holznutzungen pauschale Betriebsausgaben abziehen.

(2) Die pauschalen Betriebsausgaben betragen 55 Prozent der Einnahmen aus der Verwertung des eingeschlagenen Holzes.

(3) Soweit Holz auf dem Stamm verkauft wird, betragen die pauschalen Betriebsausgaben 20 Prozent der Einnahmen aus der Verwertung des stehenden Holzes.

(4) Mit den pauschalen Betriebsausgaben nach den Absätzen 2 und 3 sind sämtliche Betriebsausgaben mit Ausnahme der Wiederaufforstungskosten und der Minderung des Buchwerts für ein Wirtschaftsgut Baumbestand abgegolten.

(5) Diese Regelung gilt nicht für die Ermittlung des Gewinns aus Waldverkäufen sowie für die übrigen Einnahmen und die damit in unmittelbarem Zusammenhang stehenden Betriebsausgaben.

EStDV
S 2232

13.1. Freibetrag für Land- und Forstwirte

R 13.1
S 2238

¹Sind mehrere Personen an dem Betrieb beteiligt (Gesellschaft, Gemeinschaft), steht der Freibetrag jedem der Beteiligten zu. ²§ 13 Abs. 3 EStG gilt auch für nachträgliche Einkünfte aus Land- und Forstwirtschaft. ³Der Freibetrag wird auch einem Stpfl. ungeschmälert gewährt, der einen Betrieb der Land- und Forstwirtschaft im Laufe eines VZ übernommen hat oder veräußert bzw. aufgibt.

Hinweise

H 13.1

Zusammenveranlagung

Alle Einkünfte aus Land- und Forstwirtschaft sind vor Berücksichtigung des Freibetrags nach § 13 Abs. 3 EStG zusammenzurechnen (→ BFH vom 25. 2. 1988 – BStBl II S. 827).

---

[1] Zur zeitlichen Anwendung von Absatz 7 → § 52 Abs. *30b* EStG
[2] *§ 51 EStDV wurde durch das Steuervereinfachungsgesetz 2011 neu gefasst. Die Neufassung gilt erstmals für das Wirtschaftsjahr, das nach dem 31. 12. 2011 beginnt → § 84 Abs. 3a EStDV.*

R 13.2

13.2. Abgrenzung der gewerblichen und landwirtschaftlichen Tierzucht und Tierhaltung

Feststellung der Tierbestände

S 2234

(1) [1]Bei der Feststellung der Tierbestände ist von den regelmäßig und nachhaltig im Wirtschaftsjahr erzeugten und den im Durchschnitt des Wirtschaftsjahres gehaltenen Tieren auszugehen. [2]Als erzeugt gelten Tiere, deren Zugehörigkeit zum Betrieb sich auf eine Mastperiode oder auf einen Zeitraum von weniger als einem Jahr beschränkt und die danach verkauft oder verbraucht werden. [3]Die übrigen Tiere sind mit dem Durchschnittsbestand des Wirtschaftsjahres zu erfassen. [4]Abweichend von den Sätzen 2 und 3 ist bei Mastrindern mit einer Mastdauer von weniger als einem Jahr, bei Kälbern und Jungvieh, bei Schafen unter einem Jahr und bei Damtieren unter einem Jahr stets vom Jahresdurchschnittsbestand auszugehen. [5]Der ermittelte Tierbestand ist zum Zwecke der Abgrenzung der landwirtschaftlichen Tierzucht und Tierhaltung von der gewerblichen in Vieheinheiten (VE) umzurechnen, wobei folgender Umrechnungsschlüssel maßgebend ist:

1. Für Tiere, die nach dem Durchschnittsbestand zu erfassen sind:

Alpakas:	0,08 VE
Damtiere:	
Damtiere unter 1 Jahr	0,04 VE
Damtiere 1 Jahr und älter	0,08 VE
Geflügel:	
Legehennen (einschließlich einer normalen Aufzucht zur Ergänzung des Bestandes)	0,02 VE
Legehennen aus zugekauften Junghennen	0,0183 VE
Zuchtputen, -enten, -gänse	0,04 VE
Kaninchen:	
Zucht- und Angorakaninchen	0,025 VE
Lamas:	0,10 VE
Pferde:	
Pferde unter drei Jahren und Kleinpferde	0,70 VE
Pferde drei Jahre und älter	1,10 VE
Rindvieh:	
Kälber und Jungvieh unter 1 Jahr (einschließlich Mastkälber, Starterkälber und Fresser)	0,30 VE
Jungvieh 1 bis 2 Jahre alt	0,70 VE
Färsen (älter als 2 Jahre)	1,00 VE
Masttiere (Mastdauer weniger als 1 Jahr)	1,00 VE
Kühe (einschließlich Mutter- und Ammenkühe mit den dazugehörigen Saugkälbern)	1,00 VE
Zuchtbullen, Zugochsen	1,20 VE
Schafe:	
Schafe unter 1 Jahr (einschließlich Mastlämmer)	0,05 VE
Schafe 1 Jahr und älter	0,10 VE
Schweine:	
Zuchtschweine (einschließlich Jungzuchtschweine über etwa 90 kg)	0,33 VE
Strauße:	
Zuchttiere 14 Monate und älter	0,32 VE
Jungtiere/Masttiere unter 14 Monate	0,25 VE
Ziegen:	0,08 VE

2. Für Tiere, die nach ihrer Erzeugung zu erfassen sind:

Geflügel:	
Jungmasthühner (bis zu 6 Durchgänge je Jahr – schwere Tiere)	0,0017 VE
(mehr als 6 Durchgänge je Jahr – leichte Tiere)	0,0013 VE
Junghennen	0,0017 VE
Mastenten	0,0033 VE
Mastenten in der Aufzuchtphase	***0,0011 VE***
Mastenten in der Mastphase	***0,0022 VE***
Mastputen aus selbst erzeugten Jungputen	0,0067 VE
aus zugekauften Jungputen	0,0050 VE
Jungputen (bis etwa 8 Wochen)	0,0017 VE
Mastgänse	0,0067 VE
Kaninchen:	
Mastkaninchen	0,0025 VE
Rindvieh:	
Masttiere (Mastdauer 1 Jahr und mehr)	1,00 VE

Schweine:

Leichte Ferkel (bis etwa 12 kg)	0,01 VE
Ferkel (über etwa 12 bis etwa 20 kg)	0,02 VE
Schwere Ferkel und leichte Läufer (über etwa 20 bis etwa 30 kg)	0,04 VE
Läufer (über etwa 30 bis etwa 45 kg)	0,06 VE
Schwere Läufer (über etwa 45 bis etwa 60 kg)	0,08 VE
Mastschweine	0,16 VE
Jungzuchtschweine bis etwa 90 kg	0,12 VE

Wenn Schweine aus zugekauften Tieren erzeugt werden, ist dies bei der Umrechnung in VE entsprechend zu berücksichtigen:

Beispiel:

Mastschweine aus zugekauften Läufern 0,16 VE – 0,06 VE = 0,10 VE

Zuordnung

(2) [1]Übersteigt die Zahl der Vieheinheiten nachhaltig den für die maßgebende Fläche angegebenen Höchstsatz, gehört der darüber hinausgehende Tierbestand zur gewerblichen Tierzucht und Tierhaltung. [2]Es kann jedoch ein Zweig des Tierbestandes immer nur im Ganzen zur landwirtschaftlichen oder gewerblichen Tierzucht und Tierhaltung gehören. [3]Hat ein Betrieb einen Tierbestand mit mehreren Zweigen, richtet sich deren Zuordnung nach ihrer Flächenabhängigkeit. [4]Der gewerblichen Tierzucht und Tierhaltung sind zunächst die weniger flächenabhängigen Zweige des Tierbestandes zuzurechnen. [5]Weniger flächenabhängig ist die Erzeugung und Haltung von Schweinen und Geflügel, mehr flächenabhängig die Erzeugung und Haltung von Pferden, Rindvieh und Schafen. [6]Innerhalb der beiden Gruppen der weniger oder mehr flächenabhängigen Tierarten ist jeweils zuerst der → Zweig der gewerblichen Tierzucht und Tierhaltung zuzurechnen, der die größere Zahl von VE hat. [7]Für die Frage, ab wann eine landwirtschaftliche oder eine gewerbliche Tierzucht und Tierhaltung vorliegt, ist → R 15.5 Abs. 2 entsprechend anzuwenden.

Regelmäßig landwirtschaftlich genutzte Fläche (→ § 51 Abs. 1a BewG)

(3) [1]Dazu gehören:

– die selbstbewirtschafteten eigenen Flächen

– die selbstbewirtschafteten zugepachteten Flächen

– Flächen, die auf Grund öffentlicher Förderungsprogramme stillgelegt werden.

[2]Nicht dazu gehören:

– Abbauland

– Geringstland

– Unland

– Hof- und Gebäudeflächen

– weinbaulich genutzte Flächen

– forstwirtschaftlich genutzte Flächen.

– innerhalb der gärtnerischen Nutzung die Nutzungsteile Gemüse-, Blumen- und Zierpflanzenbau und Baumschulen.

[3]Mit der Hälfte sind zu berücksichtigen:

– Obstbaulich genutzte Flächen, die so angelegt sind, dass eine regelmäßige landwirtschaftliche Unternutzung stattfindet. [4]Mit einem Viertel sind zu berücksichtigen:

– Almen

– Hutungen.

Gemeinschaftliche Tierhaltung

(4) Die vorstehenden Grundsätze der Absätze 1 bis 3 sind bei gemeinschaftlicher Tierhaltung entsprechend anzuwenden.

Hinweise

GmbH & Co. KG

Eine Mitunternehmerschaft, die die gemeinschaftliche Tierhaltung betreibt und nicht selbst über regelmäßig landwirtschaftlich bewirtschaftete Flächen verfügt, erzielt keine Einkünfte aus Land- und Forstwirtschaft, wenn nicht alle Gesellschafter die persönlichen Voraussetzungen des § 51a

Abs. 1 Nr. 1 BewG erfüllen; daran fehlt es, wenn zu den Gesellschaftern eine juristische Person gehört (BFH vom 5. 11. 2009 – BFH/NV 2010, S. 652).

Hektarberechnung

Bei der Anwendung des § 13 Abs. 1 Nr. 1 EStG ist der letzte angefangene Hektar anteilig zu berücksichtigen (→ BFH vom 13. 7. 1989 – BStBl II S. 1036).

Pferdehaltung

– Die Ausbildung von Pferden zu Renn- und Turnierpferden ist dem Bereich der Land- und Forstwirtschaft zuzurechnen, wenn der Betrieb seiner Größe nach eine ausreichende Futtergrundlage bietet, die Pferde nicht nur ganz kurzfristig dort verbleiben und nach erfolgter Ausbildung an Dritte veräußert werden. Das gilt auch dann, wenn die Tiere nicht im Betrieb selbst aufgezogen, sondern als angerittene Pferde erworben werden (→ BFH vom 31. 3. 2004 – BStBl II S. 742).

– Ein landwirtschaftlicher Betrieb wird nicht dadurch zu einem Gewerbebetrieb, dass er Pferde zukauft, sie während einer nicht nur kurzen Aufenthaltsdauer zu hochwertigen Reitpferden ausbildet und dann weiterverkauft (→ BFH vom 17. 12. 2008 – BStBl 2009 II S. 453).

Zweige des Tierbestandes bei jeder Tierart

§ 51 Abs. 3 BewG (als Zweig gilt bei jeder Tierart für sich):

– Zugvieh
– Zuchtvieh
– Mastvieh
– übriges Nutzvieh.

Zuchtvieh gilt nur dann als eigener Zweig, wenn die erzeugten Jungtiere überwiegend zum Verkauf bestimmt sind, andernfalls ist es dem Zweig zuzurechnen, dessen Zucht und Haltung es überwiegend dient.

R 13.3

13.3. Land- und forstwirtschaftliches Betriebsvermögen

– unbesetzt –

H 13.3

Hinweise

Baumbestand

Zur steuerlichen Behandlung des Baumbestandes → BMF vom *16. 5. 2012 (BStBl I S. 595)*

Betrieb

– Lag nach der Einheitswertfeststellung ein landwirtschaftlicher Betrieb mit Wohn- und Wirtschaftsteil vor und überstieg die Größe der bewirtschafteten Fläche die für die Abgrenzung von einer privaten Gartenbewirtschaftung entwickelte Grenze von 3.000 m², ist auch einkommensteuerrechtlich von einem landwirtschaftlichen Betrieb auszugehen, sofern die Beweisanzeichen nicht erschüttert werden (→ BFH vom 5. 5. 2011 – BStBl II S. 792).

– *Ein Grundstück, welches mehr als 100 km von der Hofstelle entfernt liegt, kann regelmäßig weder dem notwendigen noch dem gewillkürten Betriebsvermögen eines aktiv bewirtschafteten oder eines verpachteten landwirtschaftlichen Betriebs zugeordnet werden (→ BFH vom 19. 7. 2011 – BStBl 2012 II S. 93).*

Bewertung von Pflanzenbeständen in Baumschulen

→ BMF vom 8. 9. 2009 (BStBl I S. 927).

Der Baumschulerlass beinhaltet eine Schätzung der gem. § 6 Abs. 1 Satz 1 EStG maßgeblichen Anschaffungs- und Herstellungskosten der Pflanzenbestände, gegen deren Anwendung im Hinblick auf die erheblichen Schwierigkeiten bei der Feststellung der tatsächlichen Anschaffungs- und Herstellungskosten keine Bedenken bestehen. Allerdings ergibt sich aus dem subsidiären Charakter einer Schätzung, dass es dem Stpfl. unbenommen bleibt, die tatsächlichen Kosten zu ermitteln und zu bilanzieren. Diese Möglichkeit besteht ungeachtet der Tatsache, dass in die

Ermittlung der betriebsindividuellen Anschaffungs- und Herstellungskosten häufig wiederum geschätzte Werte eingehen. Für einjährige Kulturen wie etwa das Feldinventar kann aus Vereinfachungsgründen auf eine Bilanzierung verzichtet werden (→ BFH-Rechtsprechung; Erlass vom 15. 12. 1981[1]). Ob die Kulturzeit mehr als ein Jahr beträgt, hängt nicht von der Aufzucht durch den Stpfl., sondern von der gesamten üblichen Kulturzeit der jeweiligen Pflanze ab. Wollte man auf die Kulturzeit im Betrieb des Stpfl. abstellen, würde der mit dem Verzicht auf eine Aktivierung einjähriger Kulturen verfolgte Vereinfachungszweck durch die entstehenden Abgrenzungs- und Nachweisfragen in sein Gegenteil verkehrt (→ BFH vom 23. 4. 1998 – HFR 1999 S. 12).

Bewertung von Tieren

→ BMF vom 14. 11. 2001 (BStBl I S. 864)

Bewertungswahlrecht

Das einmal in Anspruch genommene Wahlrecht bindet den Landwirt grundsätzlich auch für die Zukunft (→ BFH vom 14. 4. 1988 – BStBl II S. 672 und vom 17. 3. 1988 – BStBl II S. 770).

Eiserne Verpachtung

Zur Gewinnermittlung bei der Verpachtung von Betrieben mit Substanzerhaltungspflicht des Pächters nach §§ 582a, 1048 BGB → BMF vom 21. 2. 2002 (BStBl I S. 262).

Anhang 10 VIII

GAP-Reform

Zu den ertragsteuerlichen Folgen aus der Umsetzung der auf EU-Ebene beschlossenen Reform der Gemeinsamen Agrarpolitik (GAP) in nationales Recht → BMF vom 25. 6. 2008 (BStBl I S. 682) unter Berücksichtigung der Änderungen durch BMF vom 13. 10. 2008 (BStBl I S. 939)

Anhang 10 XIII

Milchlieferrecht

→ BMF vom 14. 1. 2003 (BStBl I S. 78).

Übergang zur Buchführung

– Bei Übergang zur Buchführung haben Land- und Forstwirte ein Wahlrecht, ob sie das Vieh in der Übergangsbilanz nach § 6 Abs. 1 EStG mit einzeln ermittelten Anschaffungs-/Herstellungskosten oder mit Durchschnittswerten bewerten, wenn bis zum Zeitpunkt des Übergangs zur Buchführung der Gewinn nach Durchschnittssätzen auf Grund des § 13a EStG ermittelt (→ BFH vom 1. 10. 1992 – BStBl 1993 II S. 284) oder geschätzt worden ist (→ BFH vom 4. 6. 1992 – BStBl 1993 II S. 276).

– Wechselt der Stpfl. zur Gewinnermittlung nach § 4 Abs. 1 EStG, nachdem er von der Gewinnermittlung nach § 13a EStG zur Gewinnermittlung nach § 4 Abs. 3 EStG übergegangen war, ist bei der Bewertung der Tiere die Bewertungsmethode zugrunde zu legen, die beim Wechsel der Gewinnermittlung zu § 4 Abs. 3 EStG angewandt wurde (→ BFH vom 16. 6. 1994 – BStBl II S. 932).

Umlegungsverfahren

1. Die Betriebsvermögenseigenschaft eines in das Umlegungsverfahren eingebrachten Grundstücks setzt sich nur insoweit an dem zugeteilten Grundstück fort, als dieses in Erfüllung des Sollanspruchs gemäß § 56 Abs. 1 Satz 1 BauGB zugeteilt wird.

2. Die Zuordnung des den Sollanspruch übersteigenden ideellen Teils des Grundstücks zum Betriebsvermögen oder Privatvermögen richtet sich nach den allgemeinen Beurteilungskriterien im Ertragsteuerrecht (§ 4 Abs. 1 EStG).

→ BFH vom 23. 9. 2009 (BStBl 2010 II S. 270)

---

[1] Anm.: BMF-Schreiben vom 15. 12. 1981 – BStBl I S. 878.

Zuordnung zum Betriebsvermögen eines im Zeitpunkt des Erwerbs verpachteten Grundstücks

– *Ein landwirtschaftliches Grundstück, welches im Zeitpunkt des Erwerbs an einen Dritten verpachtet ist, gehört unmittelbar zum notwendigen Betriebsvermögen eines land- und forstwirtschaftlichen Betriebs, wenn die beabsichtigte Eigenbewirtschaftung in einem Zeitraum von bis zu zwölf Monaten erfolgt.*

– *Dies gilt gleichermaßen bei einem Verpachtungsbetrieb, wenn das hinzuerworbene Grundstück, welches im Zeitpunkt des Erwerbs an einen Dritten verpachtet ist, in einem Zeitraum von bis zu zwölf Monaten von dem bisherigen Betriebspächter bewirtschaftet wird.*

– *Ist eine Eigen- bzw. Fremdnutzung des hinzuerworbenen Grundstücks durch den Inhaber bzw. den Pächter des land- und forstwirtschaftlichen Betriebs nicht innerhalb von zwölf Monaten möglich, kann dieses durch eine eindeutige Zuweisungsentscheidung dem gewillkürten Betriebsvermögen des Eigen- bzw. Verpachtungsbetriebs zugeordnet werden.*

(→ *BFH vom 19. 7. 2011 – BStBl 2012 II S. 93*)

R 13.4

13.4. Rechtsverhältnisse zwischen Angehörigen in einem landwirtschaftlichen Betrieb

S 2230

– unbesetzt –

H 13.4

Hinweise

Alleinunternehmerschaft

Hat ein Ehegatte sein Nutzungsrecht an seinen eigenen Grundstücken dem anderen Ehegatten auf Grund eines nachgewiesenen Nutzungsüberlassungsvertrags überlassen, kann dies die Alleinunternehmerschaft des anderen Ehegatten begründen (→ BFH vom 14. 8. 1986 – BStBl 1987 II S. 20 und vom 22. 1. 2004 – BStBl II S. 500).

Arbeitsverhältnisse zwischen Angehörigen

→ R 4.8

Familiengesellschaft

Eine Familiengesellschaft ist auch auf dem Gebiet der Land- und Forstwirtschaft grundsätzlich anzuerkennen (→ BFH vom 29. 5. 1956 – BStBl 1956 III S. 246). → R 15.9 ist entsprechend anzuwenden.

Gütergemeinschaft

→ H 4.12

→ H 15.9 (1)

Mitunternehmerschaft zwischen Ehegatten

Ehegatten können in der Land- und Forstwirtschaft ohne ausdrücklichen Gesellschaftsvertrag eine Mitunternehmerschaft bilden, wenn jeder der Ehegatten einen erheblichen Teil der selbst bewirtschafteten land- und forstwirtschaftlichen Grundstücke zur Verfügung stellt. Dabei kommt es nicht darauf an, ob dem Ehegatten das Fruchtziehungsrecht an den zur Verfügung gestellten Grundstücken als Alleineigentümer, als Miteigentümer oder als Pächter zusteht. Der zur Begründung einer konkludenten Mitunternehmerschaft erhebliche Teil der selbst bewirtschafteten Flächen muss mindestens 10 % der insgesamt land- und forstwirtschaftlich genutzten Eigentumsflächen betragen. Dagegen kann ohne vorliegende Vereinbarungen über ein Gesellschaftsverhältnis nicht von einer Mitunternehmerschaft ausgegangen werden, wenn jeder Ehegatte einen eigenen landwirtschaftlichen Betrieb unterhält. Für diesen Fall genügt die Selbstbewirtschaftung von landwirtschaftlichen Flächen der Ehegatten nicht, um eine konkludente Mitunternehmerschaft zu begründen. Vielmehr ist erforderlich, dass die Ehegatten die Grundstücke gemeinsam in einem Betrieb bewirtschaften, so dass von einer gemeinsamen Zweckverfolgung ausgegangen werden kann (→ BFH vom 25. 9. 2008 – BStBl 2009 II S. 989).

Von einer Mitunternehmerschaft kann ohne vorliegende Vereinbarungen über ein Gesellschaftsverhältnis nicht ausgegangen werden, wenn

– den Ehegatten gemeinsam gehörende Grundstücke für Zwecke einer Baumschule genutzt werden, weil die Erzeugnisse einer Baumschule weder Früchte noch wesentliche Bestandteile des Grundstücks darstellen (→ BFH vom 14. 8. 1986 – BStBl 1987 II S. 23),

– einem Ehegatten der Grund und Boden und dem anderen Ehegatten das Inventar gehört (→ BFH vom 26. 11. 1992 – BStBl 1993 II S. 395),

– ein Ehegatte lediglich auf der familiären Grundlage der ehelichen Lebensgemeinschaft geringfügige Flächen des anderen Ehegatten mitbewirtschaftet (→ BFH vom 2. 2. 1989 – BStBl II S. 504),

– einem Ehegatten der Grund und Boden und dem anderen Ehegatten nur die Hofstelle oder ein Anteil daran gehört (→ BFH vom 27. 1. 1994 – BStBl II S. 462),

– einem Ehegatten der Grund und Boden gehört und der andere Ehegatte ausschließlich Pachtflächen beisteuert (→ BFH vom 7. 10. 1982 – BStBl 1983 II S. 73 und vom 22. 1. 2004 – BStBl II S. 500).

Nutzungsüberlassungsvertrag zwischen Ehegatten

Alleinunternehmerschaft

Rechtsverhältnisse zwischen Angehörigen

– → R 4.8

– Ein nachträglich vor dem Arbeitsgericht mit Erfolg geltend gemachter Vergütungsanspruch wegen fehlgeschlagener Hofübergabe führt im steuerlichen Sinne nicht automatisch zu Einkünften aus nichtselbständiger Arbeit oder Einkünften aus Land- und Forstwirtschaft. Die Zahlungen sind als sonstige Einkünfte i. S. d. § 22 Nr. 3 EStG zu erfassen (→ BFH vom 8. 5. 2008 – BStBl II S. 868).

Wirtschaftsüberlassungsvertrag

Ein Wirtschaftsüberlassungsvertrag kann auch vorliegen, wenn die Nutzung einer anderen Person als dem künftigen Hoferben überlassen wird (→ BFH vom 26. 11. 1992 – BStBl 1993 II S. 395).

→ H 4.8

→ H 7.1

13.5. Ermittlung des Gewinns aus Land- und Forstwirtschaft
R 13.5

Gewinnschätzung

(1) [1]Bei Land- und Forstwirten, die zur Buchführung verpflichtet sind, aber keine ordnungsmäßigen Bücher führen, ist der Gewinn im Einzelfall zu schätzen. [2]Land- und Forstwirte, die weder zur Buchführung verpflichtet sind noch die Voraussetzungen des § 13a Abs. 1 Satz 1 Nr. 2 bis 4 EStG erfüllen, können den Gewinn entweder nach § 4 Abs. 1 EStG oder nach § 4 Abs. 3 EStG ermitteln. [3]Haben sie keine Bücher i. S. d. § 4 Abs. 1 EStG geführt und auch die Betriebseinnahmen und Betriebsausgaben i. S. d. § 4 Abs. 3 EStG nicht aufgezeichnet, ist der Gewinn zu schätzen. [4]Richtsätze, die von den Finanzbehörden aufgestellt werden, können dabei als Anhalt dienen.

S 2132a
S 2163

Wechsel der Gewinnermittlungsart

(2) [1]Geht ein Land- und Forstwirt zur Gewinnermittlung durch Betriebsvermögensvergleich über, ist für die Aufstellung der Übergangsbilanz nach den Grundsätzen in R 4.6 zu verfahren. [2]Bei einem Wechsel der Gewinnermittlung ist zu beachten, dass die Gewinnermittlung nach § 13a Abs. 3 bis 5 EStG in diesem Zusammenhang der nach § 4 Abs. 1 EStG gleichzustellen ist. [3]Beim Übergang von der Gewinnermittlung nach § 13a Abs. 3 bis 5 EStG zur Gewinnermittlung durch Betriebsvermögensvergleich sind die in die Übergangsbilanz einzustellenden Buchwerte der abnutzbaren Anlagegüter zu schätzen. [4]Dazu sind die Anschaffungs- oder Herstellungskosten beweglicher Anlagegüter um die üblichen Absetzungen zu mindern, die den amtlichen → AfA-Tabellen zu entnehmen sind. [5]Geringwertige Wirtschaftsgüter i. S. d. § 6 Abs. 2 EStG, die dem 31. 12. 2007 *und vor dem 1.1.2010* angeschafft oder hergestellt worden sind, sind nicht anzusetzen. [6]Der Sammelposten nach § 6 Abs. 2a EStG *für Wirtschaftsgüter, die nach dem 31. 12. 2007 und vor dem 1.1.2010 angeschafft oder hergestellt worden sind,* ist mit dem Wert zu berücksichtigen, der sich bei Gewinnermittlung nach § 4 Abs. 1 EStG ergeben hätte.

Nichtanwendung der Nutzungswertbesteuerung nach § 13 Abs. 2 Nr. 2 i. V. m. Abs. 4 EStG im Beitrittsgebiet

(3) § 13 Abs. 2 Nr. 2 EStG kommt im Beitrittsgebiet nicht zur Anwendung.

Entnahme nach § 13 Abs. 5 EStG

(4) [1]Die Steuerfreiheit des Entnahmegewinns nach § 13 Abs. 5 EStG kommt bei Land- und Forstwirten auch dann in Betracht, wenn der entsprechende Grund und Boden erst nach dem 31. 12. 1986 Betriebsvermögen geworden ist. [2]§ 13 Abs. 5 EStG findet auch im Beitrittsgebiet Anwendung.

H 13.5

Hinweise

Amtliche AfA-Tabellen

Die besonderen betrieblichen Verhältnisse sind auch dann unbeachtlich, wenn für diesen Zeitraum amtliche AfA-Tabellen nicht mehr zur Verfügung gestanden haben (→ BFH vom 10. 12. 1992 – BStBl 1993 II S. 344).

Anbauverzeichnis

→ § 142 AO

Beteiligung am allgemeinen wirtschaftlichen Verkehr

Die Annahme von Einkünften aus Land- und Forstwirtschaft setzt eine Beteiligung am allgemeinen wirtschaftlichen Verkehr voraus (→ BFH vom 13. 12. 2001 – BStBl 2002 II S. 80).

Betriebsteilung

→ OFD Hannover vom 25. 7. 2008 – S 2230 – 168 – StO 281

Bodenschatz

→ H 4.2 (1)

Ersatzflächenpool

Einrichtung von Ersatzflächenpools durch Land- und Forstwirte für die Vornahme von Ausgleichsmaßnahmen nach den Naturschutzgesetzen → BMF vom 3. 8. 2004 (BStBl I S. 716).

Jagd-Einkünfte

1. Der notwendige Zusammenhang einer Jagd mit dem Betrieb einer Landwirtschaft oder einer Forstwirtschaft liegt auch dann vor, wenn die Jagd aufgrund eines Jagdpachtvertrages auf Flächen ausgeübt wird, die der Land- und Forstwirt als wirtschaftlicher Eigentümer in einem Umfang nutzt, der den Eigentumsflächen entspricht, die geeignet wären, einen Eigenjagdbezirk gem. § 7 BJagdG zu begründen.

2. Einkünfte aus einer (vom wirtschaftlichen Eigentümer wie vom Inhaber eines Eigenjagdbezirks) zusätzlich zu den eigenen oder „wirtschaftlich eigenen" Flächen hinzugepachteten Jagd stehen nur dann in ausreichendem Zusammenhang mit dem land- oder forstwirtschaftlichen Betrieb, wenn die Zupachtung aus zwingenden öffentlich-rechtlichen Gründen erfolgt oder zur ordnungsgemäßen Bewirtschaftung des land- oder forstwirtschaftlichen Betriebs erforderlich ist oder wenn die zugepachteten Jagdflächen überwiegend eigenbetrieblich genutzt werden.

→ BFH vom 16. 5. 2002 (BStBl 2002 II S. 692)

Forstwirtschaft

Der erhöhte Betriebsausgabenpauschsatz nach § 4 Abs. 1 Forstschäden-Ausgleichsgesetz ist nicht von Einnahmen aus Kalamitätsnutzungen abzusetzen, die in einem Wirtschaftsjahr nach Auslaufen einer Einschlagsbeschränkung steuerlich zu erfassen sind (→ BFH vom 3. 2. 2010 – BStBl II S. 546).

Liebhaberei

– → R 15.3

– bei getrennten Betriebszweigen Landwirtschaft und Forstwirtschaft → BFH vom 13. 12. 1990 (BStBl 1991 II S. 452).

– bei Pferdezuchtbetrieben → BFH vom 27. 1. 2000 (BStBl II S. 227).

– bei einem als sog. Generationenbetrieb geführten Weinbaubetrieb → BFH vom 24. 8. 2000 (BStBl II S. 674),

– Prognosezeitraum bei Pachtbetrieben → BFH vom 11. 10. 2007 (BStBl 2008 II S. 465).

Schätzung nach Richtsätzen

– Auch bei Gewinnermittlung nach § 4 Abs. 3 EStG berechtigt eine Verletzung der Mitwirkungspflicht zur Schätzung nach Richtsätzen (→ BFH vom 15. 4. 1999 – BStBl 1999 II S. 481).

– Bei einer Richtsatzschätzung können keine individuellen Gewinn mindernden Besonderheiten des Betriebs berücksichtigt werden (→ BFH vom 29. 3. 2001 – BStBl II S. 484).

Wechsel der Gewinnermittlungsart

→ R 4.6

→ H 7.4 (AfA-Volumen)

→ Anlage (zu R 4.6)   Anlage

Winzersekt

Behandlung der Herstellung und des Vertriebs von Sekt durch Weinbaubetriebe → BMF vom 18. 11. 1996 (BStBl I S. 1434).

Wohnungen im land- und forstwirtschaftlichen Betriebsvermögen, die unter § 13 Abs. 4 und 5 EStG fallen

– Zum erforderlichen und üblichen Umfang des zur Wohnung gehörenden Grund und Bodens → BMF vom 4. 6. 1997 (BStBl I S. 630) und vom 2. 4. 2004 (BStBl I S. 442).

– Bei Abwahl der Nutzungswertbesteuerung ist für die Frage der steuerfreien Entnahme des Grund und Bodens auf den Nutzungs- und Funktionszusammenhang zum Entnahmezeitpunkt abzustellen. Der Nutzungs- und Funktionszusammenhang mit der Wohnung ist auch dann bereits im Zeitpunkt der Abwahl der Nutzungsbesteuerung gelöst, wenn die Nutzungsänderung der Grundstücksfläche tatsächlich erst nach dem Abwahlzeitpunkt erfolgt, die Kausalkette für die spätere Nutzungsänderung indes schon vor dem Abwahlzeitpunkt unwiderruflich in Gang gesetzt worden ist (→ BFH vom 24. 4. 2008 – BStBl II S. 707).

– Für die Bestimmung des zur Wohnung gehörenden Grund und Bodens sind die tatsächlichen örtlichen Verhältnisse zum Entnahmezeitpunkt und die zukünftige mögliche Nutzung maßgebend (→ BFH vom 26. 9. 2001 – BStBl II S. 762).

– Der zur Wohnung gehörende Grund und Boden kann auch eine in einiger Entfernung vom Hofgrundstück belegene Gartenfläche umfassen, sofern diese vor und nach der Entnahme des Wohnhauses als Hausgarten genutzt wurde (→ BFH vom 26. 9. 2001 – (BStBl 2002 II S. 78).

– Die Nutzungswertbesteuerung kann rückwirkend abgewählt werden. Eine Altenteilerwohnung und der dazugehörende Grund und Boden gelten zu dem Zeitpunkt als entnommen, bis zu dem der Nutzungswert letztmals angesetzt wurde. Nach dem für die rückwirkende Abwahl der Nutzungswertbesteuerung bestimmten Zeitpunkt kann weder eine Nutzungsänderung noch eine Veräußerung der Wohnung und des dazugehörenden Grund und Bodens einen Einfluss auf die Steuerbefreiung haben (→ BFH vom 6. 11. 2003 – BStBl 2004 II S. 419).

– Ein bilanziertes Grundstück kann nach der Veräußerung dann nicht mehr rückwirkend zu einem vorangegangenen Bilanzstichtag entnommen werden, wenn diese Bilanz erst nach der Veräußerung des Grundstücks aufgestellt wird (→ BFH vom 12. 9. 2002 – BStBl II S. 815).

– Das Entnahmeprivileg des § 13 Abs. 4 Satz 6 Nr. 2 EStG enthält keine Objektbeschränkung. Nach dieser Vorschrift kann sich die steuerfreie Entnahme daher auch auf mehrere an Dritte vermietete Wohnungen beziehen, wenn diese nach der Entnahme als eine Wohnung genutzt werden und die Gesamtfläche dem konkreten Wohnbedarf angemessen ist (→ BFH vom 11. 12. 2003 – BStBl 2004 II S. 277).

– Unabhängig von der Gewinnermittlungsart sind Aufwendungen für Erhaltungsmaßnahmen, die noch vor der Abwahl der Nutzungswertbesteuerung an der zu eigenen Wohnzwecken genutzten Wohnung oder einer Altenteilerwohnung durchgeführt werden, auch dann in vollem

Umfang als Betriebsausgaben abziehbar, wenn die Zahlung erst nach Ablauf der Nutzungswertbesteuerung erfolgt (→ BFH vom 13. 2. 2003 – BStBl II S. 837).

–   Die Anwendung des § 13 Abs. 4 Satz 6 Nr. 2 EStG erfordert eine auf Dauer angelegte private Nutzung durch den Betriebsinhaber oder den Altenteiler (→ BFH vom 1. 7. 2004 – BStBl II S. 947).

–   Erstreckt sich die Denkmaleigenschaft eines der Nutzungswertbesteuerung unterliegenden Gutshauses eines Land- und Forstwirts auch auf im Innern angebrachte Wandmalereien, ist der Aufwand für die Restaurierung der Wandmalereien als Betriebsausgabe abziehbar (→ BFH vom 27. 5. 2004 – BStBl II S. 945).

–   Die steuerfreie Entnahme des Grund und Bodens zur Errichtung einer Altenteilerwohnung setzt voraus, dass diese Wohnung nach ihrer Fertigstellung auch tatsächlich von einem Altenteiler genutzt wird (→ BFH vom 13. 10. 2005 – BStBl 2006 II S. 68).

–   Können Ferienwohnungen, die zu einer Betriebsleiterwohnung umfunktioniert wurden, nur dann gemäß § 13 Abs. 4 Satz 6 Nr. 2 EStG steuerfrei aus dem landwirtschaftlichen Betriebsvermögen entnommen werden, wenn es sich bei dem betreffenden Gebäude nach den landesrechtlichen Vorschriften um ein Baudenkmal handelt?

→ Finanzgericht Baden-Württemberg vom 22. 5. 2012 (8 K 1936/09) – Rev. – IV R 21/12

R 13.6   **13.6. Buchführung bei Gartenbaubetrieben, Saatzuchtbetrieben, Baumschulen und ähnlichen Betrieben**

S 2132a   [1]Auch bei Gartenbaubetrieben, Saatzuchtbetrieben, Baumschulen und ähnlichen Betrieben ist
S 2133   ein Anbauverzeichnis zu führen (§ 142 AO). [2]Ist einer dieser Betriebe ein Gewerbebetrieb i. S. d.
S 2163   § 15 EStG, ist § 142 AO nicht unmittelbar anwendbar. [3]Dennoch hat der Stpfl. Bücher zu führen, die inhaltlich diesem Erfordernis entsprechen. [4]Andernfalls ist die Buchführung nicht so gestaltet, dass sie die zuverlässige Aufzeichnung aller Geschäftsvorfälle und des Vermögens ermöglicht und gewährleistet.

EStG   **§ 13a   Ermittlung des Gewinns aus Land- und Forstwirtschaft nach**
S 2149   **Durchschnittssätzen**

(1) [1]Der Gewinn ist für einen Betrieb der Land- und Forstwirtschaft nach den Absätzen 3 bis 6 zu ermitteln, wenn

1.   der Steuerpflichtige nicht auf Grund gesetzlicher Vorschriften verpflichtet ist, Bücher zu führen und regelmäßig Abschlüsse zu machen, und

2.   die selbst bewirtschaftete Fläche der landwirtschaftlichen Nutzung (§ 34 Absatz 2 Nummer 1 Buchstabe a des Bewertungsgesetzes) ohne Sonderkulturen (§ 52 des Bewertungsgesetzes) nicht 20 Hektar überschreitet und

3.   die Tierbestände insgesamt 50 Vieheinheiten (Anlage 1 zum Bewertungsgesetz) nicht übersteigen und

4.   der Wert der selbst bewirtschafteten Sondernutzungen nach Absatz 5 nicht mehr als 2 000 Deutsche Mark je Sondernutzung beträgt.

[2]Der Gewinn ist letztmalig für das Wirtschaftsjahr nach Durchschnittssätzen zu ermitteln, das nach Bekanntgabe der Mitteilung endet, durch die die Finanzbehörde auf den Beginn der Buchführungspflicht (§ 141 Absatz 2 der Abgabenordnung) oder den Wegfall einer anderen Voraussetzung des Satzes 1 hingewiesen hat.

(2) [1]Auf Antrag des Steuerpflichtigen ist für einen Betrieb im Sinne des Absatzes 1 der Gewinn für vier aufeinander folgende Wirtschaftsjahre nicht nach den Absätzen 3 bis 6 zu ermitteln. [2]Wird der Gewinn eines dieser Wirtschaftsjahre durch den Steuerpflichtigen nicht durch Betriebsvermögensvergleich oder durch Vergleich der Betriebseinnahmen mit den Betriebsausgaben ermittelt, ist der Gewinn für den gesamten Zeitraum von vier Wirtschaftsjahren nach den Absätzen 3 bis 6 zu ermitteln. [3]Der Antrag ist bis zur Abgabe der Steuererklärung, jedoch spätestens zwölf Monate nach Ablauf des ersten Wirtschaftsjahres, auf das er sich bezieht, schriftlich zu stellen. [4]Er kann innerhalb dieser Frist zurückgenommen werden.

(3) [1]Durchschnittssatzgewinn ist die Summe aus

1. dem Grundbetrag (Absatz 4),
2. den Zuschlägen für Sondernutzungen (Absatz 5),
3. den nach Absatz 6 gesondert zu ermittelnden Gewinnen,
4. den vereinnahmten Miet- und Pachtzinsen.
5. den vereinnahmten Kapitalerträgen, die sich aus Kapitalanlagen von Veräußerungserlösen im Sinne des Absatzes 6 Satz 1 Nummer 2 ergeben.

[2]Abzusetzen sind verausgabte Pachtzinsen und diejenigen Schuldzinsen und dauernden Lasten, die Betriebsausgaben sind.[3]Die abzusetzenden Beträge dürfen insgesamt nicht zu einem Verlust führen.

(4) [1]Die Höhe des Grundbetrags richtet sich bei der landwirtschaftlichen Nutzung ohne Sonderkulturen nach dem Hektarwert (§ 40 Absatz 1 Satz 3 des Bewertungsgesetzes) der selbst bewirtschafteten Fläche. [2]Je Hektar der landwirtschaftlichen Nutzung sind anzusetzen

1. bei einem Hektarwert
   bis 300 Deutsche Mark   **205 Euro,**
2. bei einem Hektarwert
   über 300 Deutsche Mark
   bis 500 Deutsche Mark   **307 Euro,**
3. bei einem Hektarwert
   über 500 Deutsche Mark
   bis 1 000 Deutsche Mark   **358 Euro,**
4. bei einem Hektarwert
   über 1 000 Deutsche Mark
   bis 1 500 Deutsche Mark   **410 Euro,**
5. bei einem Hektarwert
   über 1 500 Deutsche Mark
   bis 2 000 Deutsche Mark   **461 Euro,**
6. bei einem Hektarwert
   über 2 000 Deutsche Mark   **512 Euro.**

(5) [1]Als Sondernutzungen gelten die in § 34 Absatz 2 Nummer 1 Buchstabe b bis e des Bewertungsgesetzes genannten Nutzungen, die in § 34 Absatz 2 Nummer 2 des Bewertungsgesetzes genannten Wirtschaftsgüter, die Nebenbetriebe (§ 34 Absatz 2 Nummer 3 Bewertungsgesetzes) und die Sonderkulturen (§ 52 Bewertungsgesetzes). [2]Die Werte der Sondernutzungen sind aus den jeweils zuletzt festgestellten Einheitswerten oder den nach § 125 des Bewertungsgesetzes ermittelten Ersatzwirtschaftswerten abzuleiten. [3]Bei Sondernutzungen, deren Werte jeweils 500 Deutsche Mark übersteigen, ist für jede Sondernutzung ein Zuschlag von 512 Euro zu machen. [4]Satz 3 ist bei der forstwirtschaftlichen Nutzung nicht anzuwenden.

(6) [1]In den Durchschnittssatzgewinn sind über die nach den Absätzen 4 und 5 zu ermittelnden Beträge hinaus auch Gewinne, soweit sie insgesamt 1 534 Euro übersteigen, einzubeziehen aus

1. der forstwirtschaftlichen Nutzung,
2. der Veräußerung oder Entnahme von Grund und Boden und Gebäuden sowie der im Zusammenhang mit einer Betriebsumstellung stehenden Veräußerung oder Entnahme von Wirtschaftsgütern des übrigen Anlagevermögens,
3. Dienstleistungen und vergleichbaren Tätigkeiten, sofern diese dem Bereich der Land- und Forstwirtschaft zugerechnet und nicht für andere Betriebe der Land- und Forstwirtschaft erbracht werden,
4. der Auflösung von Rücklagen nach § 6c und von Rücklagen für Ersatzbeschaffung.

[2]Bei der Ermittlung der Gewinne nach den Nummern 1 und 2 ist § 4 Absatz 3 entsprechend anzuwenden. [3]Der Gewinn aus den in Nummer 3 genannten Tätigkeiten beträgt 35 Prozent der Einnahmen.

---

§ 52

(weggefallen)

EStDV

13a.1. Anwendung der Gewinnermittlung nach Durchschnittssätzen

Zugangsvoraussetzungen (§ 13a Abs. 1 EStG)

(1) [1]Die Gewinnermittlung nach Durchschnittssätzen ist nur anwendbar, wenn selbst bewirtschaftete Flächen der landwirtschaftlichen Nutzung vorhanden sind. [2]Bei der Prüfung, ob die Grenze des § 13a Abs. 1 Satz 1 Nr. 3 EStG überschritten ist, sind → R 13.2 Abs. 1 sowie die Grundsätze von → R 15.5 Abs. 2 zum Strukturwandel entsprechend anzuwenden. [3]Für die Prüfung der Zugangsvoraussetzungen des § 13a Abs. 1 Satz 1 Nr. 2 *und 4* EStG → R 13a.2 Abs. 1 *und 2*.

Wegfall der Voraussetzungen zur Gewinnermittlung nach Durchschnittssätzen

(2) [1]Die Mitteilung nach § 13a Abs. 1 Satz 2 EStG soll innerhalb einer Frist von einem Monat vor Beginn des folgenden Wirtschaftsjahres bekanntgegeben werden. [2]Bis zum Beginn dieses Wirtschaftsjahres ist der Gewinn noch nach Durchschnittssätzen zu ermitteln.

Rückkehr zur Gewinnermittlung nach Durchschnittssätzen

(3) [1]Das Wort „letztmalig" in § 13a Abs. 1 Satz 2 EStG bedeutet nicht, dass eine Rückkehr zur Gewinnermittlung nach Durchschnittssätzen zu einem späteren Zeitpunkt ausgeschlossen ist. [2]Der Gewinn ist erneut nach Durchschnittssätzen zu ermitteln, wenn die Voraussetzungen des § 13a Abs. 1 Satz 1 EStG wieder gegeben sind und ein Antrag nach § 13a Abs. 2 EStG nicht gestellt wird. [3]Bestand für den Land- und Forstwirt Buchführungspflicht nach § 141 Abs. 1 AO, ist außerdem zuvor die Feststellung der Finanzbehörde erforderlich, dass die Voraussetzungen für die Buchführungspflicht nach § 141 Abs. 1 AO nicht mehr vorliegen (§ 141 Abs. 2 Satz 2 AO). [4]Bei einem Land- und Forstwirt, der weder buchführungspflichtig ist noch die sonstigen Voraussetzungen des § 13a Abs. 1 Satz 1 EStG erfüllt und dessen Gewinn nach § 4 Abs. 1 oder 3 EStG ermittelt wird, ist der Gewinn bereits ab dem folgenden Wirtschaftsjahr nach Durchschnittssätzen zu ermitteln, wenn bis zum Beginn dieses Wirtschaftsjahres die Voraussetzungen des § 13a Abs. 1 Satz 1 EStG wieder erfüllt sind; § 141 Abs. 2 Satz 2 AO ist nur bei wegfallender Buchführungspflicht anzuwenden. [5]Einer Mitteilung der Finanzbehörde bedarf es insoweit nicht. [6]Ist eine Mitteilung nach § 13a Abs. 1 Satz 2 EStG über den Wegfall der Voraussetzungen des § 13a Abs. 1 Satz 1 EStG ergangen und liegen bis zum Beginn des auf die Bekanntgabe der Mitteilung folgenden Wirtschaftsjahres die Voraussetzungen für die Gewinnermittlung nach Durchschnittssätzen wieder vor, hat das Finanzamt die Rechtswirkungen dieser Mitteilung zu beseitigen; § 13a EStG ist weiterhin anzuwenden.

Gewinnermittlung auf Grund eines Antrags i. S. d § 13a Abs. 2 EStG

(4) [1]Ein Land- und Forstwirt, der seinen Gewinn auf Antrag nach § 13a Abs. 2 EStG für vier aufeinanderfolgende Wirtschaftsjahre nach § 4 Abs. 1 oder 3 EStG ermittelt, ist damit vorübergehend aus der Gewinnermittlung nach Durchschnittssätzen ausgeschieden. [2]Dabei ist Folgendes zu beachten:

1. Wird innerhalb des Vierjahreszeitraums eine der Buchführungsgrenzen des § 141 Abs. 1 AO überschritten, ist der Land- und Forstwirt rechtzeitig vor Beginn des nächstfolgenden Wirtschaftsjahres auf den Beginn der Buchführungspflicht hinzuweisen.

2. Werden innerhalb des Vierjahreszeitraums die Voraussetzungen des § 13a Abs. 1 Satz 1 Nr. 2 bis 4 EStG nicht mehr erfüllt, ist der Land- und Forstwirt vor Beginn des nächstfolgenden Wirtschaftsjahres darauf hinzuweisen, dass der Gewinn nicht mehr nach Durchschnittssätzen zu ermitteln ist.

3. Ist der Land- und Forstwirt vor Beginn eines Wirtschaftsjahres innerhalb des Vierjahreszeitraums darauf hingewiesen worden, dass der Gewinn nicht mehr nach Durchschnittssätzen zu ermitteln bzw. dass eine der Buchführungsgrenzen überschritten ist, verkürzt sich der Vierjahreszeitraum entsprechend. [2]Die Rechtsfolge des § 13a Abs. 2 Satz 2 EStG tritt nicht ein, wenn der Land- und Forstwirt für den verkürzten Vierjahreszeitraum den Gewinn nach § 4 Abs. 1 oder 3 EStG ermittelt hat.

4. Nach Ablauf des Vierjahreszeitraums ist der Gewinn wieder nach Durchschnittssätzen zu ermitteln, wenn die Voraussetzungen des § 13a Abs. 1 Satz 1 EStG

   a) erfüllt sind und der Land- und Forstwirt von der Möglichkeit der erneuten Ausübung des Wahlrechtes (§ 13a Abs. 2 EStG) keinen Gebrauch macht,

   b) nicht mehr erfüllt sind, der Land- und Forstwirt aber noch nicht zur Buchführung aufgefordert oder darauf hingewiesen worden ist, dass der Gewinn nicht mehr nach Durchschnittssätzen zu ermitteln ist.

Hinweise

Antrag nach § 13a Abs. 2 EStG

Ob ein derartiger Antrag gestellt wurde, ist notfalls durch Auslegung zu ermitteln.

– Ein wirksamer Antrag liegt vor, wenn eine auf das Wirtschaftsjahr abgestellte vollständige Gewinnermittlung vorgelegt wird (→ BFH vom 4. 6. 1992 – BStBl 1993 II S. 125).

– Der Antrag ist nur wirksam, wenn die vorgelegte Gewinnermittlung durch Einnahmenüberschussrechnung auf tatsächlichen Aufzeichnungen der Betriebseinnahmen und Betriebsausgaben beruht (→ BFH vom 18. 3. 1993 – BStBl II S. 549).

– Kein wirksamer Antrag liegt vor, wenn eine vom Wirtschaftsjahr abweichende Gewinnermittlung für das Kalenderjahr vorgelegt wird (→ BFH vom 28. 1. 1988 – BStBl II S. 532).

Beginn der Buchführungspflicht

Die Finanzverwaltung hat den Stpfl. auf den Beginn der Buchführungspflicht hinzuweisen. Die Bekanntgabe soll mindestens einen Monat vor Beginn der Buchführungspflicht erfolgen, → AEAO zu § 141, Nr. 4.

Betriebsübernahme/Neugründung

Bei der Betriebsübernahme und Neugründung eines land- und forstwirtschaftlichen Betriebs bestimmt sich die Zulässigkeit der Gewinnermittlung nach Durchschnittssätzen ausschließlich nach § 13a Abs. 1 Satz 1 EStG. Die Befugnis und Verpflichtung zur Beibehaltung der Gewinnermittlung nach Durchschnittssätzen geht nicht auf den neuen Betrieb über. In diesen Fällen bedarf es keiner Mitteilung nach § 13a Abs. 1 Satz 2 EStG (→ BFH vom 26. 6. 1986 – BStBl II S. 741 zur Übernahme eines land- und forstwirtschaftlichen Betriebs im Ganzen zur Bewirtschaftung als Eigentümer oder Nutzungsberechtigter) und (→ BFH vom 26. 5. 1994 – BStBl II S. 891 – zur Einbringung eines land- und forstwirtschaftlichen Betriebs in eine neu gegründete Personengesellschaft).

Buchführungspflicht im Fall der Betriebsübernahme

→ § 141 Abs. 3 AO

Mitteilung nach § 13a Abs. 1 Satz 2 EStG

– Eine Mitteilung ist nicht erforderlich, wenn die Voraussetzungen zur Durchschnittssatzgewinnermittlung auf wissentlich falsche Steuererklärungen zurückzuführen sind. Mit dem Bekanntwerden der tatsächlichen Verhältnisse ist das Finanzamt zur Schätzung des Gewinns befugt, so als habe es rechtzeitig von dem Wegfall der Voraussetzungen der Gewinnermittlung nach Durchschnittssätzen Kenntnis erlangt und eine entsprechende Mitteilung erlassen (→ BFH vom 29. 11. 2001 – BStBl 2002 II S. 147).

– Eine Mitteilung ist auch dann wirksam, wenn sie innerhalb einer Frist von weniger als 1 Monat vor Beginn des maßgebenden Wirtschaftsjahres erfolgt (→ BFH vom 29. 3. 2007 – BStBl II S. 816).

13a.2. Ermittlung des Gewinns aus Land- und Forstwirtschaft nach Durchschnittssätzen

Ermittlung des Grundbetrags (§ 13a Abs. 4 EStG)

(1) [1]Bei der Ermittlung des Grundbetrags sind alle selbstbewirtschafteten Flächen landwirtschaftlicher Nutzung i. S. d § 34 Abs. 2 Nr. 1 Buchstabe a BewG ohne Sonderkulturen (§ 52 BewG) zu berücksichtigen. [2]Dazu gehören die in R 13.2 Abs. 3 Satz 1 genannten Flächen sowie die auf die landwirtschaftliche Nutzung entfallenden Hof- und Gebäudeflächen, jedoch ohne den zur Wohnung gehörenden Grund und Boden; dies gilt auch, soweit die Flächen als Grundvermögen bewertet wurden. [3]Maßgebend ist der Umfang der selbstbewirtschafteten Fläche zu Beginn des Wirtschaftsjahres. [4]Der Hektarwert ist nach den Vorschriften des BewG zu ermitteln. [5]Aus Vereinfachungsgründen kann als Hektarwert – auch in Fällen der Zupachtung von Einzelflächen – der im Einheitswert des Betriebs enthaltene oder der aus dem Ersatzwirtschaftswert abzuleitende Hektarwert für landwirtschaftliche Nutzungen ohne Sonderkulturen angesetzt werden. [6]Hierbei ist der festgestellte Einheitswert bzw. der im Rahmen der Grundsteuermessbetragsveranlagung ermittelte Ersatzwirtschaftswert heranzuziehen, der auf den letzten Zeitpunkt festgestellt bzw. ermittelt worden ist, der vor dem Beginn des Wirtschaftsjahres liegt oder mit dem Beginn des Wirtschaftsjahres zusammenfällt, für den der Gewinn zu ermitteln ist. [7]Fortschreibungen und Nach-

feststellungen, die nach Bestandskraft des Steuerbescheides ergehen, bleiben unberücksichtigt. [8]Werden in den alten Ländern ausschließlich zugepachtete Flächen bewirtschaftet, ist der Hektarwert der größten Fläche maßgebend. [9]Werden im Beitrittsgebiet ausschließlich zugepachtete Flächen bewirtschaftet, gilt Satz 5 entsprechend.

Zuschläge für Sondernutzungen (§ 13a Abs. 5 EStG)

(2) [1]Jede in § 34 Abs. 2 Nr. 1 Buchstabe b bis d BewG genannte Nutzung ist als einzelne Sondernutzung anzusehen. [2]Bei der sonstigen land- und forstwirtschaftlichen Nutzung gilt jede einzelne Nutzungsart als selbständige Sondernutzung. [3]Für die Frage, mit welchem Wert die selbstbewirtschafteten Sondernutzungen aus dem Einheitswert oder aus dem Ersatzwirtschaftswert abzuleiten sind, ist Absatz 1 entsprechend anzuwenden. [4]Für Sondernutzungen, deren Wert 500 DM nicht übersteigt, kommt ein Zuschlag nach § 13a Abs. 5 EStG nicht in Betracht. [5]Beträgt der Wert der Sondernutzung mehr als 2 000 DM und ist der Stpfl. nicht nach § 13a Abs. 1 Satz 2 EStG auf den Wegfall der Voraussetzungen für die Gewinnermittlung nach § 13a EStG hingewiesen worden, ist auch für diese Sondernutzung nur ein Zuschlag von 512 Euro zu machen.

Sondergewinne (§ 13a Abs. 6 EStG)

(3) [1]§ 13a Abs. 6 EStG enthält eine abschließende Aufzählung der zu berücksichtigenden Betriebsvorgänge. [2]In die Gewinnkorrektur aus forstwirtschaftlicher Nutzung sind alle Erträge einzubeziehen, die aus der Nutzung von Flächen der Forstwirtschaft erzielt werden. [3]Die Veräußerung oder Entnahme von Wirtschaftsgütern des übrigen Anlagevermögens umfasst auch immaterielle Wirtschaftsgüter, wie z. B. ein Milchlieferrecht im Zusammenhang mit einer → Betriebsumstellung. [4]Ein Zusammenhang zwischen der Veräußerung eines Wirtschaftsgutes und einer Betriebsumstellung wird nicht dadurch gelöst, dass das Wirtschaftsgut in einem anderen Wirtschaftsjahr als dem der Betriebsumstellung veräußert wird, um etwa eine günstige Marktsituation auszunutzen. [5]Eine Nutzungsänderung des Wirtschaftsgutes steht einer Erfassung der Gewinnkorrektur nicht entgegen. [6]Als Dienstleistungen und vergleichbare Tätigkeiten, die dem Bereich der Land- und Forstwirtschaft zugerechnet werden, sind die in R 15.5 genannten Tätigkeiten innerhalb der dort genannten Grenzen zu verstehen, wenn sie nicht für andere Betriebe der Land- und Forstwirtschaft erbracht werden. [7]Bei der Nutzungsüberlassung von Wirtschaftsgütern des Betriebsvermögens sind die vereinnahmten Miet- und Pachtzinsen nicht als Gewinnkorrektur nach § 13a Abs. 6 EStG zu erfassen, sondern nach § 13a Abs. 3 Satz 1 Nr. 4 EStG, da es sich insofern nicht um Dienstleistungen und vergleichbare Tätigkeiten handelt, und zwar auch, soweit die Nutzungsüberlassung gegenüber anderen Betrieben der Land- und Forstwirtschaft erbracht wird. [8]Bei der Gewinnermittlung nach § 13a Abs. 6 Satz 3 EStG ist von den Einnahmen einschließlich der Umsatzsteuer auszugehen.

Vereinnahmte Miet- und Pachtzinsen (§ 13a Abs. 3 Satz 1 Nr. 4 EStG)

(4) [1]Als vereinnahmte Miet- und Pachtzinsen sind sämtliche Gegenleistungen für entgeltliche Nutzungsüberlassungen anzusehen. [2]Der Begriff umfasst die Entgelte für die Überlassung von Wirtschaftsgütern des Betriebsvermögens wie z. B. Grund und Boden, Gebäude, Mietwohnungen, bewegliche oder immaterielle Wirtschaftsgüter. [3]Auf die Bezeichnung des Vertrages über eine Nutzungsüberlassung kommt es nicht an. [4]Werden Wirtschaftsgüter des Betriebsvermögens im Zusammenhang mit Dienstleistungen und vergleichbaren Tätigkeiten überlassen und ist die Dienstleistung hierbei nur von untergeordneter Bedeutung, sind die Gewinne daraus als Miet- oder Pachteinnahmen nach § 13a Abs. 3 Satz 1 Nr. 4 EStG und nicht als Sondergewinne nach § 13a Abs. 6 Nr. 3 EStG zu behandeln (→ Absatz 3 Satz 7). [5]Prämien, die für die Stilllegung landwirtschaftlicher Nutzflächen auf Grund öffentlicher Förderungsprogramme gezahlt werden, sind nicht als Miet- und Pachtzinsen anzusehen und deshalb durch den Ansatz des Grundbetrages nach § 13a Abs. 4 EStG abgegolten.

Vereinnahmte Kapitalerträge (§ 13a Abs. 3 Satz 1 Nr. 5 EStG)

(5) Bei Kapitalerträgen kommt ein Abzug von Betriebsausgaben vorbehaltlich des § 13a Abs. 3 Satz 2 EStG nicht in Betracht.

Verausgabte Pachtzinsen, Schuldzinsen und dauernde Lasten (§ 13a Abs. 3 Satz 2 EStG)

(6) [1]Schuldzinsen und dauernde Lasten sind abzugsfähig, soweit sie Betriebsausgaben sind, § 4 Abs. 4a EStG ist hierbei zu beachten. [2]Dies gilt auch für auf Sondernutzungen entfallende Beträge. [3]Schuldzinsen, die im Zusammenhang mit einer Wohnung i. S. d. § 13 Abs. 2 Nr. EStG stehen, sind – solange die Nutzungswertbesteuerung fortbesteht – abzusetzen, obwohl der Nutzungswert der Wohnung mit dem Ansatz des Grundbetrags abgegolten ist. [4]Der Abzug von Pachtzinsen, Schuldzinsen und dauernden Lasten darf insgesamt nicht zu einem Verlust führen. [5]Diese Begrenzung des Abzugs bezieht sich auf den gesamten nach den Vorschriften des § 13a EStG zu ermittelnden Gewinn.

Rumpfwirtschaftsjahr/Verlängertes Wirtschaftsjahr

(7) [1]Ist der Gewinn nach § 13a EStG für ein Rumpfwirtschaftsjahr zu ermitteln, sind der Grundbetrag und die Zuschläge für Sondernutzungen nur anteilig anzusetzen. [2]Dies gilt entsprechend, wenn sich das bisherige Wirtschaftsjahr bei Umstellung des Wirtschaftsjahres nach § 8c Abs. 2 Satz 2 oder 3 EStDV verlängert.

Hinweise

Betriebsumstellung

Eine Betriebsumstellung ist z. B.

– die Umstellung auf viehlose Wirtschaft oder Umstellung von Milchwirtschaft auf Schweinemast (→ BFH vom 15. 2. 1990 – BStBl 1991 II S. 11),

– eine Betriebsverpachtung ohne Aufgabeerklärung (→ BFH vom 27. 2. 1997 – BStBl II S. 512).

Hektarberechnung

→ H 13.2

Liebhaberei

Wird der Gewinn nach Durchschnittssätzen ermittelt, ist diese Gewinnermittlungsart auch für die Beurteilung der Gewinnerzielungsabsicht maßgebend. Ergeben sich bei Gewinnermittlung nach Durchschnittssätzen im Rahmen der Anwendung des § 13a Abs. 6 EStG Verluste, können diese auch eine negative Totalgewinnprognose begründen und somit zur Annahme einer Liebhaberei führen. → BFH vom 6. 3. 2003 (BStBl II S. 702)

Pensionstierhaltung

Entgelte für die Pensionspferdehaltung sind regelmäßig nicht durch den Ansatz des Grundbetrags abgegolten, es sei denn die Leistungen des Landwirts sind hauptsächlich auf die Überlassung der Futtergrundlage beschränkt. Erstrecken sich die Leistungen des Landwirts im Wesentlichen auf die Vermietung des Stallplatzes, können die Einnahmen nach § 13a Abs. 3 Satz 1 Nr. 4 EStG dem Grundbetrag hinzuzurechnen sein. Werden dagegen neben der Überlassung eines Stallplatzes weitere Leistungen (Lieferung von Futter, Einstreu und Medikamenten; Übernahme von Obhutspflichten) erbracht und handelt es sich dabei um eine einheitlich zu beurteilende Gesamtleistung, gehört diese zu den Dienstleistungen und vergleichbaren Tätigkeiten i. S. d. § 13a Abs. 6 Satz 1 Nr. 3 EStG (→ BFH vom 29. 11. 2007 – BStBl 2008 II S. 425).

Schuldzinsen

Zu den Schuldzinsen gehören auch die Nebenkosten der Darlehensaufnahme und sonstige Kreditkosten einschließlich der Geldbeschaffungskosten (→ BFH vom 1. 10. 2002 – BStBl 2003 II S. 399).

Vereinnahmte Miet- und Pachtzinsen

– Die nach § 13a Abs. 3 Satz 1 Nr. 4 EStG anzusetzenden Miet- und Pachtzinsen dürfen – vorbehaltlich des § 13a Abs. 3 Satz 2 EStG – nicht um Betriebsausgaben (z. B. Umlage zur Landwirtschaftskammer und Grundsteuer) gemindert werden (→ BFH vom 5. 12. 2002 – BStBl 2003 II S. 345).

– Umlagen und Nebenentgelte, die ein Landwirt mit Gewinnermittlung nach Durchschnittssätzen als Vermieter einer zum landwirtschaftlichen Betriebsvermögen gehörenden Wohnung zusätzlich zur Grundmiete vereinnahmt, sind in die Berechnung des Durchschnittssatzgewinns einzubeziehen (→ BFH vom 14. 5. 2009 – BStBl 2009 II S. 900).

§ 14   Veräußerung des Betriebs

[1]Zu den Einkünften aus Land- und Forstwirtschaft gehören auch Gewinne, die bei der Veräußerung eines land- oder forstwirtschaftlichen Betriebs oder Teilbetriebs oder eines Anteils an einem land- und forstwirtschaftlichen Betriebsvermögen erzielt werden. [2]§ 16 gilt entsprechend mit der Maßgabe, dass der Freibetrag nach § 16 Absatz 4 nicht zu gewähren ist, wenn der Freibetrag nach § 14a Absatz 1 gewährt wird.

14. Wechsel im Besitz von Betrieben, Teilbetrieben und Betriebsteilen

Veräußerungsgewinn

(1) [1]Entschädigungen, die bei der Veräußerung eines Betriebs oder Teilbetriebs im Veräußerungspreis enthalten sind, sind – vorbehaltlich *der Absätze 2 und 3* – bei der Ermittlung des steuerpflichtigen Veräußerungsgewinns zugrunde zu legen. [2]Die vertragliche Bezeichnung der einzelnen Teile des Veräußerungspreises ist nicht immer für *deren* steuerliche Behandlung entscheidend. [3]*Besondere Anlagen und Kulturen auf dem oder im Grund und Boden, die zum beweglichen Anlagevermögen oder zum Umlaufvermögen gehören, sind grundsätzlich als eigene Wirtschaftsgüter zu behandeln.* [4]*Gesonderte Entgelte,* die neben dem Kaufpreis für den Grund und Boden für *besondere Eigenschaften des Grund und Bodens* (z. B. „Geil und Gare") gezahlt *werden, sind Teil des Veräußerungspreises* für den Grund und Boden. [5]*Bei nichtbuchführenden Land- und Forstwirten ist der Gewinn aus der Veräußerung oder Aufgabe eines Betriebs oder Teilbetriebs nach den Grundsätzen des § 4 Abs. 1 EStG zu ermitteln und im VZ der Veräußerung oder Aufgabe nach § 14 EStG zu versteuern.* [6]*Beim Übergang zum Betriebsvermögensvergleich* ist davon auszugehen, dass von Bewertungswahlrechten, z. B. für Vieh und Feldinventar, kein Gebrauch gemacht wurde.

Bewertung von Feldinventar/stehender Ernte

(2) [1]*Das Feldinventar/die stehende Ernte einer abgrenzbaren landwirtschaftlichen Nutzfläche ist jeweils als selbständiges Wirtschaftsgut des Umlaufvermögens anzusehen.* [2]*Feldinventar ist die aufgrund einer Feldbestellung auf einer landwirtschaftlichen Nutzfläche vorhandene Kultur mit einer Kulturdauer von bis zu einem Jahr.* [3]*Stehende Ernte ist der auf einer landwirtschaftlichen Nutzfläche vorhandene Bestand an erntereifem Feldinventar.* [4]*Befinden sich auf einer abgrenzbaren landwirtschaftlichen Nutzfläche verschiedene Kulturarten, liegen entsprechend verschiedene selbständige Wirtschaftsgüter vor.* [5]*Die Wirtschaftsgüter Feldinventar/stehende Ernte werden mit den Anschaffungs- oder Herstellungskosten einzeln bewertet (§ 6 Abs. 1 Nr. 2 Satz 1 EStG).* [6]*Anstelle der tatsächlichen Anschaffungs- oder Herstellungskosten kann bei einer Einzelbewertung unter den Voraussetzungen des § 6 Abs. 1 Nr. 2 Satz 2 EStG auch der niedrigere Teilwert zum Ansatz kommen (→ R 6.8 Abs. 1 Satz 2).* [7]*Für einzelne Wirtschaftsgüter jeweils einer Kulturart kann bei der Inventur und der Bewertung eine Gruppe gebildet werden (→ R 6.8 Abs. 4).* [8]*Für die Bewertung können entweder betriebsindividuelle Durchschnittswerte oder standardisierte Werte (z. B. BMELV-Jahresabschluss) zugrunde gelegt werden.*

Vereinfachungsregelung zur Bewertung des Feldinventars/der stehenden Ernte

(3) [1]*Bei landwirtschaftlichen Betrieben oder bei landwirtschaftlichen Teilbetrieben kann zur Vereinfachung der Bewertung von einer Aktivierung der Wirtschaftsgüter des Feldinventars/der stehenden Ernte abgesehen werden.* [2]*Voraussetzung hierfür ist, dass die Schlussbilanz des Betriebs für vorangegangene Wirtschaftsjahre oder bei einem Wechsel zum Betriebsvermögensvergleich bzw. bei einem Wechsel von der Gewinnermittlung nach Durchschnittssätzen zur Einnahmenüberschussrechnung im Rahmen der Übergangsbilanz keine Aktivierung eines Wirtschaftsguts Feldinventar/stehende Ernte vorgenommen wurde.* [3]*Das gilt insbesondere auch bei unentgeltlicher Rechtsnachfolge oder einem Strukturwandel von einem Gewerbebetrieb zu einem Betrieb der Land- und Forstwirtschaft.* [4]*Die Vereinfachungsregelung kann nicht gesondert für einzelne Wirtschaftsgüter des Feldinventars/der stehenden Ernte, sondern nur einheitlich, bezogen auf das gesamte Feldinventar/die stehende Ernte eines Betriebs, angewendet werden.* [5]*Das gilt auch dann, wenn sich der Umfang der Wirtschaftsgüter des Feldinventars/der stehenden Ernte ändert (z. B. durch Erwerb oder Zupachtung von Flächen, Änderung der Anbauverhältnisse).* [6]*Hat ein Verpächter die Vereinfachungsregelung angewendet, kann er im Falle der eisernen Verpachtung seines Betriebs von einer Aktivierung der auf Rückgabe des Feldinventars/der stehenden Ernte gerichteten Sachwertforderung absehen.* [7]*Die Verpachtung führt insoweit zu keiner Gewinnrealisierung.*

Teilbetrieb

(4) [1]Die Veräußerung eines land- und forstwirtschaftlichen Teilbetriebs liegt vor, wenn ein organisatorisch mit einer gewissen Selbständigkeit ausgestatteter Teil eines Betriebs der Land- und Forstwirtschaft veräußert wird. [2]Der veräußerte Teilbetrieb muss im Wesentlichen die Möglichkeit bieten, künftig als selbständiger Betrieb geführt werden zu können, auch wenn dies noch einzelne Ergänzungen oder Änderungen bedingen sollte.

Veräußerung forstwirtschaftlicher Betriebe, Teilbetriebe oder einzelner forstwirtschaftlicher Grundstücksflächen

(5) Hinsichtlich des Verkaufserlöses, der auf das stehende Holz entfällt, gilt das Folgende:

1. Gewinne, die bei der Veräußerung oder Aufgabe eines forstwirtschaftlichen Betriebs oder Teilbetriebs für das stehende Holz erzielt werden, sind nach § 14 EStG zu versteuern. [2]Veräußerungsgewinn ist hierbei der Betrag, um den der Veräußerungspreis nach Abzug der Veräuße-

rungskosten den Wert des Betriebsvermögens übersteigt, der nach § 4 Abs. 1 EStG für den Zeitpunkt der Veräußerung ermittelt wird. [3]Ist kein Bestandsvergleich für das stehende Holz vorgenommen worden und hat der Veräußerer den forstwirtschaftlichen Betrieb oder Teilbetrieb schon am 21. 6. 1948[1]) besessen, ist der Gewinn aus der Veräußerung des stehenden Holzes so zu ermitteln, dass dem auf das stehende Holz entfallenden Veräußerungspreis der Betrag gegenübergestellt wird, mit dem das stehende Holz in dem für den 21. 6. 1948[2]) maßgebenden Einheitswert des forstwirtschaftlichen Betriebs oder Teilbetriebs enthalten war. [4]Hat der Veräußerer den forstwirtschaftlichen Betrieb oder Teilbetrieb nach dem 20. 6. 1948[3]) erworben, sind bei der Ermittlung des Veräußerungsgewinns die steuerlich noch nicht berücksichtigten Anschaffungs- oder Erstaufforstungskosten für das stehende Holz dem auf das stehende Holz entfallenden Veräußerungserlös gegenüberzustellen. [5]Bei Veräußerungen im Beitrittsgebiet ist der Buchwert zum 1. 7. 1990 in den Fällen, in denen kein Bestandsvergleich für das stehende Holz vorgenommen wurde, gem. § 52 Abs. 1 DMBilG unter Anwendung der Richtlinien für die Ermittlung und Prüfung des Verkehrswertes von Waldflächen und für Nebenentschädigungen (Waldwertermittlungs-Richtlinien 1991 – WaldR91 – BAnZ 100a vom 5. 6. 1991) zu ermitteln. [6]Die Steuer auf den Veräußerungsgewinn ist nach § 34 Abs. 1 oder auf Antrag nach § 34 Abs. 3 EStG zu berechnen (§ 34 Abs. 2 Nr. 1 EStG).

2. Die auf das stehende Holz entfallenden Einnahmen aus der Veräußerung einzelner forstwirtschaftlicher Grundstücksflächen, die keinen forstwirtschaftlichen Teilbetrieb bilden, gehören zu den laufenden Einnahmen des Wirtschaftsjahres. [2]Für die Ermittlung des Gewinns gelten die Grundsätze des § 4 Abs. 1 EStG. [3]Nummer 1 Satz 3 bis 5 ist entsprechend anzuwenden.   **I**

Freibetrag

(6) Die Gewährung des Freibetrags nach § 14 Satz 2 i. V. m. § 16 Abs. 4 EStG ist ausgeschlossen, wenn dem Stpfl. für eine Veräußerung oder Aufgabe, die nach dem 31. 12. 1995 erfolgt ist, ein Freibetrag nach § 14 Satz 2, § 16 Abs. 4 oder § 18 Abs. 3 EStG bereits gewährt worden ist.

Hinweise   H 14

Betriebsunterbrechung oder Zwangsbetriebsaufgabe

1. Mit der Übertragung sämtlicher landwirtschaftlicher Nutzflächen an Dritte wird der landwirtschaftliche Betrieb aufgegeben.

2. Das zurückbehaltene Hofgrundstück gilt als in das Privatvermögen überführt, soweit es nicht in ein anderes Betriebsvermögen desselben Steuerpflichtigen überführt wird.

→ BFH vom 16. 12. 2009 (BStBl 2010 II S. 431)

Betriebsverkleinerung

Eine Verkleinerung eines land- und forstwirtschaftlichen Betriebs führt nicht zu einer Betriebsaufgabe (→ BFH vom 12. 11. 1992 – BStBl 1993 II S. 430).

                                                                                                       I

Eiserne Verpachtung

Zur Gewinnermittlung bei der Verpachtung von Betrieben mit Substanzerhaltungspflicht des   Anhang 10
Pächters nach §§ 582a, 1048 BGB → BMF vom 21. 2. 2002 (BStBl I S. 262).

Feldinventar

Ein Landwirt, der das Feldinventar aktiviert hat, ist daran grundsätzlich auch für die Zukunft gebunden und hat keinen Anspruch darauf, aus Billigkeitsgründen zu einem Verzicht auf die Bewertung wechseln zu können (→ BFH vom 18. 3. 2010 – BStBl 2011 II S. 654). *Andererseits bindet das in R 14 Abs. 3 eingeräumte Wahlrecht, auf die Aktivierung der Feldbestände zu verzichten, den Landwirt nicht für die Zukunft (→ BFH vom 6. 4. 2000 – BStBl II S. 422).*

---

1) Im Saarland: 20. 11. 1947.
2) Im Saarland: 20. 11. 1947.
3) Im Saarland: 19. 11. 1947.

ferner:

Beantragt der Stpfl. im Rahmen seiner Steuererklärung eine abweichende Festsetzung aus Billig-keitsgründen (hier: Verzicht auf eine Bilanzierung von Feldinventar und veranlagt das Finanzamt erklärungsgemäß, aber unter Vorbehalt der Nachprüfung, erstreckt sich der Vorbehalt nicht auf den gewährten Billigkeitserweis. Die abweichende Festsetzung der Steuer ist deshalb für die Steu-erfestsetzung regelmäßig verbindlich (→ BFH vom **12. 7. 2012 –** I R 32/11 – BFH-Internet-Seite).

Körperschaft des öffentlichen Rechts als Erbin

Setzt ein Stpfl. eine Körperschaft des öffentlichen Rechts zur Erbin seines land- und forstwirtschaft-lichen Betriebes ein, so führt das im Zeitpunkt des Todes zu einer Betriebsaufgabe in der Person des Erblassers (→ BFH vom 19. 2. 1998 – BStBl II S. 509).

Parzellenweise Verpachtung

→ H 16 (5)

Rückverpachtung

Eine Betriebsveräußerung liegt auch vor, wenn alle wesentlichen Grundlagen eines Betriebs ver-äußert und sogleich an den Veräußerer zurückverpachtet werden (→ BFH vom 28. 3. 1985 – BStBl II S. 508).

Teilbetrieb

– → R 14 *Abs. 4 und 5* sowie → R 16 Abs. 3

– Ein forstwirtschaftlicher Teilbetrieb setzt im Fall der Veräußerung einer Teilfläche eines Nach-haltsbetriebes weder voraus, dass für die veräußerten Flächen bereits ein eigener Betriebsplan sowie eine eigene Betriebsabrechnung vorlagen, noch dass die veräußerte Fläche selbst einen Nachhaltsbetrieb mit unterschiedlichen Holzarten und Altersklassen bildet; es genügt, dass der Erwerber die Teilflächen als selbständiges, lebensfähiges Forstrevier fortführen kann (→ BFH vom 17. 1. 1991 – BStBl II S. 566).

Überschuldungsbetrag

Bei der Ermittlung des Gewinns aus der Aufgabe eines buchmäßig überschuldeten Betriebs, des-sen Gewinn zunächst nach § 13a EStG und später nach § 4 Abs. 3 EStG ermittelt wurde, mindert der Überschuldungsbetrag nicht den Aufgabegewinn (→ BFH vom 7. 3. 1996 – BStBl II S. 415).

Verpachtung

Verpächter hat Wahlrecht zwischen Betriebsaufgabe und Fortführung des Betriebs (→ BFH vom 15. 10. 1987 – BStBl 1988 II S. 260 und vom 28. 11. 1991 – BStBl 1992 II S. 521).

Einkommensteuerliche Behandlung der Verpachtung eines land- und forstwirtschaftlichen Betriebs im Ganzen (→ BMF vom 1. 12. 2000 – BStBl I S. 1556).

Verpächterwahlrecht

→ BMF vom 17. 10. 1994 (BStBl I S. 771)

Die Beendigung einer Betriebsaufspaltung führt nicht zur Betriebsaufgabe bei der Besitzper-sonengesellschaft, wenn auch die Voraussetzungen einer Betriebsverpachtung vorlagen (→ BFH vom 23. 4. 1996 – BStBl 1998 II S. 325 und vom 17. 4. 2002 – BStBl II S. 527).

EStG

S 2239a

§ 14a   Vergünstigungen bei der Veräußerung bestimmter land- und forstwirtschaftlicher Betriebe

(letztmals abgedruckt in der Handausgabe 2006, da für VZ ab 2007 ohne Bedeutung)

b) Gewerbebetrieb (§ 2 Abs. 1 Satz 1 Nr. 2)

§ 15 Einkünfte aus Gewerbebetrieb

EStG

(1) [1]Einkünfte aus Gewerbebetrieb sind

1. Einkünfte aus gewerblichen Unternehmen. [2]Dazu gehören auch Einkünfte aus gewerblicher Bodenbewirtschaftung, z. B. aus Bergbauunternehmen und aus Betrieben zur Gewinnung von Torf, Steinen und Erden, soweit sie nicht land- oder forstwirtschaftliche Nebenbetriebe sind;

2. die Gewinnanteile der Gesellschafter einer Offenen Handelsgesellschaft, einer Kommanditgesellschaft und einer anderen Gesellschaft, bei der der Gesellschafter als Unternehmer (Mitunternehmer) des Betriebs anzusehen ist, und die Vergütungen, die der Gesellschafter von der Gesellschaft für seine Tätigkeit im Dienst der Gesellschaft oder für die Hingabe von Darlehen oder für die Überlassung von Wirtschaftsgütern bezogen hat. [2]Der mittelbar über eine oder mehrere Personengesellschaften beteiligte Gesellschafter steht dem unmittelbar beteiligten Gesellschafter gleich; er ist als Mitunternehmer des Betriebs der Gesellschaft anzusehen, an der er mittelbar beteiligt ist, wenn er und die Personengesellschaften, die seine Beteiligung vermitteln, jeweils als Mitunternehmer der Betriebe der Personengesellschaften anzusehen sind, an denen sie unmittelbar beteiligt sind;

3. die Gewinnanteile der persönlich haftenden Gesellschafter einer Kommanditgesellschaft auf Aktien, soweit sie nicht auf Anteile am Grundkapital entfallen, und die Vergütungen, die der persönlich haftende Gesellschafter von der Gesellschaft für seine Tätigkeit im Dienst der Gesellschaft oder für die Hingabe von Darlehen oder für die Überlassung von Wirtschaftsgütern bezogen hat.

S 2241

S 2241

[2]Satz 1 Nr. 2 und 3 gilt auch für Vergütungen, die als nachträgliche Einkünfte (§ 24 Nummer 2) bezogen werden. [3]§ 13 Absatz 5 gilt entsprechend, sofern das Grundstück im Veranlagungszeitraum 1986 zu einem gewerblichen Betriebsvermögen gehört hat.

(1a) [1]In den Fällen des § 4 Absatz 1 Satz 5 ist der Gewinn aus einer späteren Veräußerung der Anteile ungeachtet der Bestimmungen eines Abkommens zur Vermeidung der Doppelbesteuerung in der gleichen Art und Weise zu besteuern, wie die Veräußerung dieser Anteile an der Europäischen Gesellschaft oder Europäischen Genossenschaft zu besteuern gewesen wäre, wenn keine Sitzverlegung stattgefunden hätte. [2]Dies gilt auch, wenn später die Anteile verdeckt in eine Kapitalgesellschaft eingelegt werden, die Europäische Gesellschaft oder Europäische Genossenschaft aufgelöst oder wenn ihr Kapital herabgesetzt und zurückgezahlt wird oder wenn Beträge aus dem steuerlichen Einlagenkonto im Sinne des § 27 des Körperschaftsteuergesetzes ausgeschüttet oder zurückgezahlt werden.

(2) [1]Eine selbständige nachhaltige Betätigung, die mit der Absicht, Gewinn zu erzielen, unternommen wird und sich als Beteiligung am allgemeinen wirtschaftlichen Verkehr darstellt, ist Gewerbebetrieb, wenn die Betätigung weder als Ausübung von Land- und Forstwirtschaft noch als Ausübung eines freien Berufs noch als eine andere selbständige Arbeit anzusehen ist. [2]Eine durch die Betätigung verursachte Minderung der Steuern vom Einkommen ist kein Gewinn im Sinne des Satzes 1. [3]Ein Gewerbebetrieb liegt, wenn seine Voraussetzungen im Übrigen gegeben sind, auch dann vor, wenn die Gewinnerzielungsabsicht nur ein Nebenzweck ist.

(3) Als Gewerbebetrieb gilt in vollem Umfang die mit Einkünfteerzielungsabsicht unternommene Tätigkeit

1. einer offenen Handelsgesellschaft, einer Kommanditgesellschaft oder einer anderen Personengesellschaft, wenn die Gesellschaft auch eine Tätigkeit im Sinne des Absatzes 1 Nummer 1 ausübt oder gewerbliche Einkünfte im Sinne des Absatzes 1 Satz 1 Nummer 2 bezieht,

2. einer Personengesellschaft, die keine Tätigkeit im Sinne des Absatzes 1 Satz 1 Nummer 1 ausübt und bei der ausschließlich eine oder mehrere Kapitalgesellschaften persönlich haftende Gesellschafter sind und nur diese oder Personen, die nicht Gesellschafter sind, zur Geschäftsführung befugt sind (gewerblich geprägte Personengesellschaft). [2]Ist eine gewerblich geprägte Personengesellschaft als persönlich haftender Gesellschafter an einer anderen Personengesellschaft beteiligt, so steht für die Beurteilung, ob die Tätigkeit dieser Personengesellschaft als Gewerbebetrieb gilt, die gewerblich geprägte Personengesellschaft einer Kapitalgesellschaft gleich.

(4) [1]Verluste aus gewerblicher Tierzucht oder gewerblicher Tierhaltung dürfen weder mit anderen Einkünften aus Gewerbebetrieb noch mit Einkünften aus anderen Einkunftsarten ausgeglichen werden; sie dürfen auch nicht nach § 10d abgezogen werden. [2]Die Verluste mindern jedoch nach Maßgabe des § 10d die Gewinne, die der Steuerpflichtige in dem unmittelbar vorangegangenen und in den folgenden Wirtschaftsjahren aus gewerblicher Tierzucht oder gewerblicher Tierhaltung erzielt hat oder erzielt. [3]Die Sätze 1 und 2 gelten entsprechend für Verluste aus Termingeschäften, durch die der Steuerpflichtige einen Differenzausgleich oder einen durch

S 2119

den Wert einer veränderlichen Bezugsgröße bestimmten Geldbetrag oder Vorteil erlangt. [4]Satz 3 gilt nicht für die Geschäfte, die zum gewöhnlichen Geschäftsbetrieb bei Kreditinstituten, Finanzdienstleistungsinstituten und Finanzunternehmen im Sinne des Gesetzes über das Kreditwesen gehören oder die der Absicherung von Geschäften des gewöhnlichen Geschäftsbetriebs dienen. [5]Satz 4 gilt nicht, wenn es sich um Geschäfte handelt, die der Absicherung von Aktiengeschäften dienen, bei denen der Veräußerungsgewinn nach § 3 Nummer 40 Satz 1 Buchstabe a und b in Verbindung mit § 3c Absatz 2 teilweise steuerfrei ist, oder die nach § 8b Absatz 2 des Körperschaftsteuergesetzes bei der Ermittlung des Einkommens außer Ansatz bleiben. [6]Verluste aus stillen Gesellschaften, Unterbeteiligungen oder sonstigen Innengesellschaften an Kapitalgesellschaften, bei denen der Gesellschafter oder Beteiligte als Mitunternehmer anzusehen ist, dürfen weder mit Einkünften aus Gewerbebetrieb noch aus anderen Einkunftsarten ausgeglichen werden; sie dürfen auch nicht nach § 10d abgezogen werden. [7]Die Verluste mindern jedoch nach Maßgabe des § 10d die Gewinne, die der Gesellschafter oder Beteiligte in dem unmittelbar vorangegangenen Wirtschaftsjahr oder in den folgenden Wirtschaftsjahren aus derselben stillen Gesellschaft, Unterbeteiligung oder sonstigen Innengesellschaft bezieht. [8]Die Sätze 6 und 7 gelten nicht, soweit der Verlust auf eine natürliche Person als unmittelbar oder mittelbar beteiligter Mitunternehmer entfällt.

R 15.1

15.1. Selbständigkeit

Versicherungsvertreter

S 2240 (1) [1]Versicherungsvertreter, die Versicherungsverträge selbst vermitteln (sog. Spezialagenten), sind in vollem Umfang als selbständig anzusehen. [2]Das gilt auch dann, wenn sie neben Provisionsbezügen ein mäßiges festes Gehalt bekommen. [3]Soweit ein Spezialagent nebenbei auch Verwaltungsaufgaben und die Einziehung von Prämien oder Beiträgen übernommen hat, sind die Einnahmen daraus als Entgelte für selbständige Nebentätigkeit zu behandeln. [4]Es ist dabei unerheblich, ob sich z. B. Inkassoprovisionen auf Versicherungen beziehen, die der Spezialagent selbst geworben hat, oder auf andere Versicherungen. [5]Versicherungsvertreter, die mit einem eigenen Büro für einen bestimmten Bezirk sowohl den Bestand zu verwalten als auch neue Geschäfte abzuschließen haben und im Wesentlichen auf Provisionsbasis arbeiten, sind in der Regel Gewerbetreibende.

Hausgewerbetreibende und Heimarbeiter

(2) [1]Hausgewerbetreibende sind im Gegensatz zu Heimarbeitern, deren Tätigkeit als nichtselbständige Arbeit anzusehen ist, selbständige Gewerbetreibende. [2]Die Begriffe des Hausgewerbetreibenden und des Heimarbeiters sind im HAG bestimmt. [3]Wie bei Heimarbeitern ist die Tätigkeit der nach § 1 Abs. 2 Buchstabe a HAG gleichgestellten Personen, „die in eigener Wohnung oder mit ihren Familienangehörigen in eigener Wohnung oder selbstgewählter Betriebsstätte eine sich in regelmäßigen Arbeitsvorgängen wiederholende Arbeit im Auftrag eines anderen gegen Entgelt ausüben, ohne dass ihre Tätigkeit als gewerblich anzusehen oder dass der Auftraggeber ein Gewerbetreibender oder Zwischenmeister ist", als nichtselbständige Arbeit anzusehen. [4]Dagegen sind die nach § 1 Abs. 2 Buchstaben b bis d HAG gleichgestellten Personen wie Hausgewerbetreibende selbständige Gewerbetreibende. [5]Über die Gleichstellung mit Hausgewerbetreibenden entscheiden nach dem HAG die von den zuständigen Arbeitsbehörden errichteten Heimarbeitsausschüsse. [6]Für die Unterscheidung von Hausgewerbetreibenden und Heimarbeitern ist von dem Gesamtbild des einzelnen Falles auszugehen. [7]Heimarbeiter ist nicht, wer fremde Hilfskräfte beschäftigt oder die Gefahr des Unternehmens, insbesondere auch wegen wertvoller Betriebsmittel, trägt. [8]Auch eine größere Anzahl von Auftraggebern und ein größeres Betriebsvermögen können die Eigenschaft als Hausgewerbetreibender begründen. [9]Die Tatsache der Zahlung von Sozialversicherungsbeiträgen durch den Auftraggeber ist für die Frage, ob ein Gewerbebetrieb vorliegt, ohne Bedeutung.[1]

Sozialversicherungspflicht

(3) Arbeitnehmerähnliche Selbständige i. S. d. § 2 Satz 1 Nr. 9 SGB VI sind steuerlich regelmäßig selbstständig tätig.

H 15.1 **Hinweise**

Allgemeines

Voraussetzung für die Annahme eines Gewerbebetriebes ist die Selbständigkeit der Tätigkeit, d. h., die Tätigkeit muss auf eigene Rechnung (Unternehmerrisiko) und auf eigene Verantwortung (Unternehmerinitiative) ausgeübt werden (→ BFH vom 27. 9. 1988 – BStBl 1989 II S. 414).

---

[1] Anm.: (RFH vom 14. 9. 1938 (RStBl S. 1141).

Freie Mitarbeit

Vertraglich vereinbarte freie Mitarbeit kann Arbeitsverhältnis begründen (→ BFH vom 24. 7. 1992 – BStBl 1993 II S. 155).

Generalagent

Bei den sog. Generalagenten kommt eine Aufteilung der Tätigkeit in eine selbständige und in eine nichtselbständige Tätigkeit im Allgemeinen nicht in Betracht. Im Allgemeinen ist der Generalagent ein Gewerbetreibender, wenn er das Risiko seiner Tätigkeit trägt, ein Büro mit eigenen Angestellten unterhält, trotz der bestehenden Weisungsgebundenheit in der Gestaltung seines Büros und seiner Zeiteinteilung weitgehend frei ist, der Erfolg seiner Tätigkeit nicht unerheblich von seiner Tüchtigkeit und Initiative abhängt und ihn die Beteiligten selbst als Handelsvertreter und nicht als Arbeitnehmer bezeichnen (→ BFH vom 3. 10. 1961 – BStBl III S. 567). Dies gilt auch für Generalagenten eines Krankenversicherungsunternehmens (→ BFH vom 13. 4. 1967 – BStBl III S. 398).

Gesamtbeurteilung

Für die Frage, ob ein Stpfl. selbständig oder nichtselbständig tätig ist, kommt es nicht allein auf die vertragliche Bezeichnung, die Art der Tätigkeit oder die Form der Entlohnung an. Entscheidend ist das Gesamtbild der Verhältnisse. Es müssen die für und gegen die Selbständigkeit sprechenden Umstände gegeneinander abgewogen werden; die gewichtigeren Merkmale sind dann für die Gesamtbeurteilung maßgebend (→ BFH vom 12. 10. 1989 – BStBl 1990 II S. 64 und vom 18. 1. 1991 – BStBl II S. 409).

Handelsvertreter

Ein **Handelsvertreter** ist auch dann selbständig tätig, wenn Betriebsvermögen nur in geringem Umfang vorhanden ist (→ BFH vom 31. 10. 1974 – BStBl 1975 II S. 115 und Beschluss des BVerfG vom 25. 10. 1977 – BStBl 1978 II S. 125).

Hausgewerbetreibender

Hausgewerbetreibender ist, „wer in eigener Arbeitsstätte (eigener Wohnung oder Betriebsstätte) mit nicht mehr als zwei fremden Hilfskräften oder Heimarbeitern im Auftrag von Gewerbetreibenden oder Zwischenmeistern Waren herstellt, bearbeitet oder verpackt, wobei er selbst wesentlich am Stück mitarbeitet, jedoch die Verwertung der Arbeitsergebnisse dem unmittelbar oder mittelbar auftraggebenden Gewerbetreibenden überlässt. Beschafft der Hausgewerbetreibende die Roh- und Hilfsstoffe selbst oder arbeitet er vorübergehend unmittelbar für den Absatzmarkt, so wird hierdurch seine Eigenschaft als Hausgewerbetreibender nicht beeinträchtigt" (→ § 2 Abs. 2 HAG).

Zu den fremden Hilfskräften (§ 2 Abs. 6 HAG) des Hausgewerbetreibenden gehören auch als Arbeitnehmer beschäftigte, mit dem Stpfl. in häuslicher Gemeinschaft lebende nahe Angehörige (→ BFH vom 26. 2. 2002 – BFH/NV 2002 S. 995).

Heimarbeiter

Heimarbeiter ist, „wer in selbstgewählter Arbeitsstätte (eigener Wohnung oder selbstgewählter Betriebsstätte) allein oder mit seinen Familienangehörigen im Auftrag von Gewerbetreibenden oder Zwischenmeistern erwerbsmäßig arbeitet, jedoch die Verwertung der Arbeitsergebnisse dem unmittelbar oder mittelbar auftraggebenden Gewerbetreibenden überlässt. Beschafft der Heimarbeiter die Roh- und Hilfsstoffe selbst, so wird hierdurch seine Eigenschaft als Heimarbeiter nicht beeinträchtigt" (→ § 2 Abs. 1 HAG).

Natürliche Personen

Natürliche Personen können z. T. selbständig, z. T. nichtselbständig tätig sein (→ BFH vom 3. 7. 1991 – BStBl II S. 802).

Nebentätigkeit und Aushilfstätigkeit

Zur Abgrenzung zwischen selbständiger und nichtselbständiger Tätigkeit → R 19.2 LStR 2011.

Reisevertreter

Bei einem Reisevertreter ist im Allgemeinen Selbständigkeit anzunehmen, wenn er die typische Tätigkeit eines Handelsvertreters i. S. d. § 84 HGB ausübt, d. h. Geschäfte für ein anderes Unternehmen vermittelt oder abschließt und ein geschäftliches Risiko trägt. Nichtselbständigkeit ist jedoch gegeben, wenn der Reisevertreter in das Unternehmen seines Auftraggebers derart eingegliedert ist, dass er dessen Weisungen zu folgen verpflichtet ist. Ob eine derartige Unterordnung unter den geschäftlichen Willen des Auftraggebers vorliegt, richtet sich nach der von dem Reisevertreter tatsächlich ausgeübten Tätigkeit und der Stellung gegenüber seinem Auftraggeber (→ BFH vom 16. 1. 1952 – BStBl III S. 79). Der Annahme der Nichtselbständigkeit steht nicht ohne weiteres entgegen, dass die Entlohnung nach dem Erfolg der Tätigkeit vorgenommen wird. Hinsichtlich der Bewegungsfreiheit eines Vertreters kommt es bei der Abwägung, ob sie für eine Selbständigkeit oder Nichtselbständigkeit spricht, darauf an, ob das Maß der Bewegungsfreiheit auf der eigenen Machtvollkommenheit des Vertreters beruht oder Ausfluss des Willens des Geschäftsherrn ist (→ BFH vom 7. 12. 1961 – BStBl 1962 III S. 149).

Selbständigkeit

– Ein **Arztvertreter** kann selbständig tätig sein (→ BFH vom 10. 4. 1953 – BStBl III S. 142).

– **Bauhandwerkern** sind bei nebenberuflicher „**Schwarzarbeit**" in der Regel nicht Arbeitnehmer des Bauherrn (→ BFH vom 21. 3. 1975 – BStBl II S. 513).

– Übt der **Beratungsstellenleiter eines Lohnsteuerhilfevereins** seine Tätigkeit als freier Mitarbeiter aus, ist er selbständig tätig (→ BFH vom 10. 12. 1987 – BStBl 1988 II S. 273).

– Ein früherer **Berufssportler**, der wiederholt entgeltlich bei industriellen Werbeveranstaltungen mitwirkt, ist selbständig tätig (→ BFH vom 3. 11. 1982 – BStBl 1983 II S. 182).

– Ein **Bezirksstellenleiter bei Lotto- und Totogesellschaften** ist regelmäßig selbständig tätig (→ BFH vom 14. 9. 1967 – BStBl 1968 II S. 193).

– Ein **Fahrlehrer**, der gegen eine tätigkeitsbezogene Vergütung unterrichtet, ist in der Regel selbständig tätig, auch wenn ihm keine Fahrschulerlaubnis erteilt worden ist (→ BFH vom 17. 10. 1996 – BStBl 1997 II S. 188).

– Ein **ausländisches Fotomodell**, das zur Produktion von Werbefilmen kurzfristig im Inland tätig wird, kann selbständig tätig sein (→ BFH vom 14. 6. 2007 – BStBl 2009 II S. 931).

– Ein **(Berufs-)Fotomodell**, das nur von Fall zu Fall und vorübergehend zu Werbeaufnahmen herangezogen wird, ist selbständig tätig (→ BFH vom 8. 6. 1967 – BStBl III S. 618).

– *Ein **Fußball-Nationalspieler**, dem der DFB Anteile an den durch die zentrale Vermarktung der Fußball-Nationalmannschaft erwirtschafteten Werbeeinnahmen überlässt, kann selbständig tätig sein (→ BFH vom 22. 2. 2012 – BStBl 2012 II S. 511).*

– Ein **Gerichtsreferendar**, der neben der Tätigkeit bei Gericht für einen Rechtsanwalt von Fall zu Fall tätig ist, steht zu diesem nicht in einem Arbeitsverhältnis, sondern ist selbständig tätig (→ BFH vom 22. 3. 1968 – BStBl II S. 455).

– Ein **Gesellschafter-Geschäftsführer** einer Baubetreuungs-GmbH, der neben dieser Tätigkeit als Makler und Finanzierungsvermittler tätig ist, ist auch insoweit selbständig tätig, als er sich für Garantieleistungen nicht nur Dritten, sondern auch seiner Gesellschaft gegenüber gesondert verpflichtet und sich solche Dienste gesondert vergüten lässt (→ BFH vom 8. 3. 1989 – BStBl II S. 572).

– Ein **Hopfentreter**, der von einem Hopfenaufkäufer oder einer Brauerei von Fall zu Fall vorübergehend zu festgelegten Arbeiten herangezogen wird, ist insoweit selbständig tätig (→ BFH vom 24. 11. 1961 – BStBl 1962 III S. 69).

– Ein **Knappschaftsarzt**, der neben dieser Tätigkeit eine freie Praxis ausübt, ist auch hinsichtlich seiner Knappschaftspraxis in der Regel selbständig tätig (→ BFH vom 3. 7. 1959 – BStBl III S. 344).

– **Zur Abgrenzung zwischen selbständiger und nichtselbständiger Tätigkeit** von **Künstlern** und verwandten Berufen → BMF vom 5. 10. 1990 (BStBl I S. 638); bei der Beurteilung darf nicht einseitig auf die Verpflichtung zur Teilnahme an Proben abgestellt werden (→ BFH vom 30. 5. 1996 – BStBl II S. 493).

– Ein **Notar**, der außerdem zum **Notariatsverweser** bestellt ist, übt auch dieses Amt selbständig aus (→ BFH vom 12. 9. 1968 – BStBl II S. 811).

– Ein **Rechtsanwalt**, der zudem eine Tätigkeit **als Lehrbeauftragter** an einer Hochschule ausübt, kann auch insoweit selbständig tätig sein (→ BFH vom 17. 7. 1958 – BStBl III S. 360).

– Eine **nebenberufliche Lehrkraft** erzielt in der Regel Einkünfte aus selbständiger Arbeit (→ BFH vom 4. 10. 1984 – BStBl 1985 II S. 51).

– Bestimmt ein **Rundfunkermittler** im Wesentlichen selbst den Umfang der Tätigkeit und sind seine Einnahmen weitgehend von der Eigeninitiative abhängig, ist er selbständig tätig (→ BFH vom 2. 12. 1998 – BStBl 1999 II S. 534).

– Ein **Spitzensportler**, der Sportgeräte öffentlich deutlich sichtbar benutzt, ist mit dem entgeltlichen Werben selbständig tätig (→ BFH vom 19. 11. 1985 – BStBl 1986 II S. 424).

– **Nebenberufliche Vertrauensleute einer Buchgemeinschaft** sind keine Arbeitnehmer des Buchclubs, sondern selbständig tätig (→ BFH vom 11. 3. 1960 – BStBl III S. 215).

– Eine **Werbedame**, die von ihren Auftraggebern von Fall zu Fall für jeweils kurzfristige Werbeaktionen beschäftigt wird, kann selbständig tätig sein (→ BFH vom 14. 6. 1985 – BStBl II S. 661).

– H 19.0 LStH 2011

Versicherungsvertreter

Selbständige Versicherungsvertreter üben auch dann eine gewerbliche Tätigkeit aus, wenn sie nur für ein einziges Versicherungsunternehmen tätig sein dürfen (→ BFH vom 26. 10. 1977 – BStBl 1978 II S. 137). → Generalagent

---

15.2. Nachhaltigkeit   **R 15.2**

– unbesetzt –   S 2240

Hinweise   H 15.2

Einmalige Handlung

Eine einmalige Handlung stellt keine nachhaltige Betätigung dar, wenn sie nicht weitere Tätigkeiten des Stpfl. (zumindest Dulden, Unterlassen) auslöst (→ BFH vom 14. 11. 1963 – BStBl 1964 III S. 139).

→ Wiederholungsabsicht

Mehrzahl selbständiger Handlungen

Nachhaltig sind auch Einzeltätigkeiten, die Teil einer in organisatorischer, technischer und finanzieller Hinsicht aufeinander abgestimmten Gesamttätigkeit sind (→ BFH vom 21. 8. 1985 – BStBl 1986 II S. 88).

Nachhaltigkeit – Einzelfälle

– Bankgeschäft eines **Bankangestellten**, die in fortgesetzter Untreue zu Lasten der Bank getätigt werden, sind nachhaltig (→ BFH vom 3. 7. 1991 – BStBl II S. 802).

– Zur Nachhaltigkeit bei Veräußerung von Grundstücken im Rahmen eines gewerblichen Grundstückshandels bei gewerblichem Grundstückshandel → BMF vom 26. 3. 2004 (BStBl I S. 434).

– → H 18.1 (Nachhaltige Erfindertätigkeit)

– Zu den Voraussetzungen, unter denen der Erwerb eines Wirtschaftsguts **zum Zweck** der späteren **Veräußerung** als nachhaltige Tätigkeit zu beurteilen ist → BFH vom 28. 4. 1977 (BStBl II S. 728) und vom 8. 7. 1982 (BStBl II S. 700).

Wertpapiere

Besteht beim An- und Verkauf festverzinslicher Wertpapiere eine Wiederholungsabsicht, kann die Tätigkeit nachhaltig sein (→ BFH vom 31. 7. 1990 – BStBl 1991 II S. 66 und vom 6. 3. 1991 – BStBl 1991 II S. 66).

Wiederholungsabsicht

Eine Tätigkeit ist nachhaltig, wenn sie auf Wiederholung angelegt ist. Da die Wiederholungsabsicht eine innere Tatsache ist, kommt den tatsächlichen Umständen besondere Bedeutung zu. Das Merkmal der Nachhaltigkeit ist daher bei einer Mehrzahl von gleichartigen Handlungen im Regelfall zu bejahen (→ BFH vom 23. 10. 1987 – BStBl 1988 II S. 293 und vom 12. 7. 1991 – BStBl 1992 II S. 143). Bei **erkennbarer** Wiederholungsabsicht kann bereits eine einmalige Handlung den Beginn einer fortgesetzten Tätigkeit begründen (→ BFH vom 31. 7. 1990 – BStBl 1991 II S. 66).

Zeitdauer

Die Zeitdauer einer Tätigkeit allein lässt nicht auf die Nachhaltigkeit schließen (→ BFH vom 21. 8. 1985 – BStBl 1986 II S. 88).

Zurechnung der Tätigkeit eines Anderen

Bedingen sich die Aktivitäten zweier selbständiger Rechtssubjekte gegenseitig und sind sie derart miteinander verflochten, dass sie nach der Verkehrsanschauung als einheitlich anzusehen sind, können bei der Prüfung der Nachhaltigkeit die Handlungen des Einen dem Anderen zugerechnet werden (→ BFH vom 12. 7. 2007 – BStBl II S. 885).

R 15.3

S 2240

15.3. Gewinnerzielungsabsicht

– unbesetzt –

H 15.3

Hinweise

Abgrenzung der Gewinnerzielungsabsicht zur Liebhaberei

- bei einem **Architekten** → BFH vom 12. 9. 2002 (BStBl 2003 II S. 85),

- Blockheizkraftwerk → OFD Hannover vom 31. 1. 2006 (StEd 2006 S. 151)

- bei einem **Bootshandel** mit langjährigen Verlusten → BFH vom 21. 7. 2004 (BStBl II S. 1063),

- bei einem nebenberuflich betriebenen **Computer-Software-Handel** mangelt es auch bei einem Totalverlust nicht stets an der Gewinnerzielungsabsicht (→ FG Düsseldorf vom 19. 1. 1995 – EFG 1995 S. 618),

- bei einem **Erfinder** → BFH vom 14. 3. 1985 (BStBl II S. 424),

- bei Vermietung einer **Ferienwohnung** → BFH vom 5. 5. 1988 (BStBl II S. 778),

- beim Betrieb eines **Gästehauses** → BFH vom 13. 12. 1984 (BStBl 1985 II S. 455),

- bei einem als sog. **Generationenbetrieb** geführten Unternehmen → BFH vom 24. 8. 2000 (BStBl II S. 674),

- bei einem unverändert fortgeführten regelmäßig Verluste bringenden **Großhandelsunternehmen** → BFH vom 19. 11. 1985 (BStBl 1986 II S. 289),

- bei einem **Künstler** → BFH vom 6. 3. 2003 (BStBl II S. 602),

- bei Vercharterung eines **Motorbootes** → BFH vom 28. 8. 1987 (BStBl 1988 II S. 10),

- Wird ein mit Verlust arbeitendes Einzelunternehmen in eine Personengesellschaft zu Buchwerten eingebracht, ist die Gewinnerzielungsabsicht der Personengesellschaft nicht nach den Grundsätzen der Neugründung eines Unternehmens, sondern danach zu beurteilen, ob die betriebsspezifisch zu bestimmende Anlaufphase des eingebrachten Betriebs noch anhält und ob die im Anschluss an die Anlaufphase des Einzelunternehmens ergriffenen – und ggf. noch in der Zeit vor der Einbringung begonnenen – Umstrukturierungsmaßnahmen der Personengesellschaft geeignet sind, den Prima-facie-Beweis zugunsten der Gewinnerzielungsabsicht aufrechtzuerhalten. Bei der Frage, ob auf Grund der eingeleiteten Umstrukturierungsmaßnahmen eine Totalgewinnprognose glaubhaft gemacht wurde, sind auch die vor der Einbringung erzielten Verluste zu berücksichtigen (BFH vom 11. 2. 2003 – BFH/NV 2003 S. 1298).

- bei einer **Pferdezucht** → BFH vom 27. 1. 2000 (BStBl II S. 227),

- bei einem hauptberuflich tätigen **Rechtsanwalt** → BFH vom 22. 4. 1998 (BStBl II S. 663) und vom 14. 12. 2004 (BStBl 2005 II S. 392),

- bei Betrieb einer **Reitschule** → BFH vom 15. 11. 1984 (BStBl 1985 II S. 205),

- bei einem **Schriftsteller** → BFH vom 23. 5. 1985 (BStBl II S. 515),

- bei einem **Steuerberater** → BFH vom 31. 5. 2001 (BStBl 2002 II S. 276),

- bei Betrieb eines **Trabrennstalls** → BFH vom 19. 7. 1990 (BStBl 1991 II S. 333).

- bei Vermietung eines Wohnmobils
  → FG Baden-Württemberg vom 6. 11. 1997 (DStRE 1998 S. 346).

Anlaufverluste

- Verluste der Anlaufzeit sind steuerlich nicht zu berücksichtigen, wenn die Tätigkeit von Anfang an erkennbar ungeeignet ist, auf Dauer einen Gewinn zu erbringen (→ BFH vom 23. 5. 1985 – BStBl II S. 515 und vom 28. 8. 1987 – BStBl 1988 II S. 10).

- Bei der Totalgewinnprognose ist zu berücksichtigen, dass sich z. B. bei Künstlern und Schriftstellern positive Einkünfte vielfach erst nach einer längeren Anlaufzeit erzielen lassen (→ BFH vom 23. 5. 1985 – BStBl II S. 515 und vom 6. 3. 2003 – BStBl II S. 602).

– Beruht die Entscheidung zur Neugründung eines Gewerbebetriebs im Wesentlichen auf den persönlichen Interessen und Neigungen des Stpfl., sind die entstehenden Verluste nur dann für die Dauer einer betriebsspezifischen Anlaufphase steuerlich zu berücksichtigen, wenn der Stpfl. zu Beginn seiner Tätigkeit ein schlüssiges Betriebskonzept erstellt hat, das ihn zu der Annahme veranlassen durfte, durch die gewerbliche Tätigkeit werde insgesamt ein positives Gesamtergebnis erzielt werden können. Besteht ein solches Betriebskonzept hingegen nicht und war der Betrieb bei objektiver Betrachtung nach seiner Art, nach der Gestaltung der Betriebsführung und nach den gegebenen Ertragsaussichten von vornherein zur Erzielung eines Totalgewinns nicht in der Lage, folgt daraus, dass der Stpfl. die verlustbringende Tätigkeit nur aus im Bereich seiner Lebensführung liegenden persönlichen Gründen oder Neigungen ausgeübt hat (→ BFH vom 23. 5. 2007 – BStBl II S. 874).
– Als betriebsspezifische Anlaufzeit bis zum Erforderlichwerden größerer Korrektur- und Umstrukturierungsmaßnahmen wird ein Zeitraum von weniger als fünf Jahren nur im Ausnahmefall in Betracht kommen. Daneben ist die Dauer der Anlaufphase vor allem vom Gegenstand und von der Art des jeweiligen Betriebs abhängig, so dass sich der Zeitraum, innerhalb dessen das Unterbleiben einer Reaktion auf bereits eingetretene Verluste für sich betrachtet noch nicht als Beweisanzeichen für eine mangelnde Gewinnerzielungsabsicht herangezogen werden kann, nicht allgemeinverbindlich festlegen lässt (→ BFH vom 23. 5. 2007 – BStBl II S. 874).

Betriebszweige

Wird sowohl eine Landwirtschaft als auch eine Forstwirtschaft betrieben, ist die Frage der Gewinnerzielungsabsicht getrennt nach **Betriebszweigen** zu beurteilen (→ BFH vom 13. 12. 1990 – BStBl 1991 II S. 452).

Beweisanzeichen

– **Betriebsführung**

Beweisanzeichen für das Vorliegen einer Gewinnerzielungsabsicht ist eine Betriebsführung, bei der der Betrieb nach seiner Wesensart und der Art seiner Bewirtschaftung auf die Dauer gesehen dazu geeignet und bestimmt ist, mit Gewinn zu arbeiten. Dies erfordert eine in die Zukunft gerichtete langfristige Beurteilung, wofür die Verhältnisse eines bereits abgelaufenen Zeitraums wichtige Anhaltspunkte bieten können (→ BFH vom 5. 5. 1988 – BStBl II S. 778).

– **Umstrukturierungsmaßnahmen**

Geeignete Umstrukturierungsmaßnahmen können ein gewichtiges Indiz für das Vorhandensein einer Gewinnerzielungsabsicht darstellen, wenn nach dem damaligen Erkenntnishorizont aus der Sicht eines wirtschaftlich vernünftig denkenden Betriebsinhabers eine hinreichende Wahrscheinlichkeit dafür bestand, dass sie innerhalb eines überschaubaren Zeitraums zum Erreichen der Gewinnzone führen würden (→ BFH vom 21. 7. 2004 – BStBl II S. 1063).

– **Verlustperioden**

Bei längeren Verlustperioden muss für das Fehlen einer Gewinnerzielungsabsicht aus weiteren Beweisanzeichen die Feststellung möglich sein, dass der Stpfl. die Tätigkeit nur aus den im Bereich seiner Lebensführung liegenden persönlichen Gründen und Neigungen ausübt (→ BFH vom 19. 11. 1985 – BStBl 1986 II S. 289). Fehlende Reaktionen auf bereits eingetretene hohe Verluste und das unveränderte Beibehalten eines verlustbringenden Geschäftskonzepts sind ein gewichtiges Beweisanzeichen für eine fehlende Gewinnerzielungsabsicht. An die Feststellung persönlicher Gründe und Motive, die den Steuerpflichtigen zur Weiterführung seines Unternehmens bewogen haben könnten, sind in diesen Fällen keine hohen Anforderungen zu stellen (→ BFH vom 17. 11. 2004 – BStBl 2005 II S. 336).

Land- und Forstwirtschaft

– Betriebszweige: Wird sowohl eine Landwirtschaft als auch eine Forstwirtschaft betrieben, ist die Frage der Gewinnerzielungsabsicht getrennt nach Betriebszweigen zu beurteilen (→ BFH vom 13. 12. 1990 – BStBl 1991 II S. 452).
– Pachtbetrieb: Der Beurteilungszeitraum für die Totalgewinnprognose bei einem landwirtschaftlichen Pachtbetrieb erstreckt sich nur auf die Dauer des Pachtverhältnisses. Dies gilt auch dann, wenn das Pachtverhältnis lediglich eine Vorstufe zu der später geplanten unentgeltlichen Hofübergabe ist (→ BFH vom 11. 10. 2007 – BStBl 2008 II S. 465).

Personengesellschaft

– gewerblich geprägte Personengesellschaft
 → R 15.8 Abs. 6
– umfassend gewerbliche Personengesellschaft
 → H 15.8 (5) Gewinnerzielungsabsicht

Persönliche Gründe

Im Lebensführungsbereich liegende persönliche Gründe für die Fortführung einer verlustbringenden Tätigkeit

- können sich aus der Befriedigung persönlicher Neigungen oder der Erlangung wirtschaftlicher Vorteile außerhalb der Einkommenssphäre ergeben (→ BFH vom 19. 11. 1985 – BStBl 1986 II S. 289 und vom 31. 5. 2001 – BStBl 2002 II S. 276).
- liegen vor, wenn die Fortführung der verlustbringenden Tätigkeit den Abzug von Gehaltszahlungen an nahe Angehörige ermöglichen soll (→ BFH vom 26. 2. 2004 – BStBl II S. 455),
- können wegen des mit dem ausgeübten Beruf verbundenen Sozialprestiges vorliegen (→ BFH vom 14. 12. 2004 – BStBl 2005 II S. 392).

Selbstkostendeckung

Ohne Gewinnerzielungsabsicht handelt, wer Einnahmen nur erzielt, um seine Selbstkosten zu decken (→ BFH vom 22. 8. 1984 – BStBl 1985 II S. 61).

Totalgewinn

Gewinnerzielungsabsicht ist das Streben nach Betriebsvermögensmehrung in Gestalt eines Totalgewinns. Dabei ist unter dem Begriff „Totalgewinn" bei neu eröffneten Betrieben das positive Gesamtergebnis des Betriebs von der Gründung bis zur Veräußerung, Aufgabe oder Liquidation zu verstehen. Bei bereits bestehenden Betrieben sind für die Gewinnprognose die in der Vergangenheit erzielten Gewinne ohne Bedeutung. Am Ende einer Berufstätigkeit umfasst der anzustrebende Totalgewinn daher nur die verbleibenden Jahre (→ BFH vom 26. 2. 2004 – BStBl II S. 455). Es kommt auf die Absicht der Gewinnerzielung an, nicht darauf, ob ein Gewinn tatsächlich erzielt worden ist (→ BFH vom 25. 6. 1984 – BStBl II S. 751). Der Aufgabegewinn wird durch Gegenüberstellung des Aufgabe-Anfangsvermögens und des Aufgabe-Endvermögens ermittelt. Da Verbindlichkeiten im Anfangs- und Endvermögen jeweils – mangels stiller Reserven – mit denselben Werten enthalten sind, wirken sie sich auf die Höhe des Aufgabegewinns nicht aus (→ BFH vom 17. 6. 1998 – BStBl II S. 727).

Treu und Glauben

Folgt das Finanzamt der Darstellung des Stpfl., wonach eine Gewinnerzielungsabsicht vorliegt, kann dieser seine Darstellung nicht ohne triftigen Grund als von Anfang an falsch bezeichnen; ein solches Verhalten würde gegen die Grundsätze von Treu und Glauben verstoßen (→ BFH vom 10. 10. 1985 – BStBl 1986 II S. 68).

Verlustzuweisungsgesellschaft

Bei einer Personengesellschaft, die nach Art ihrer Betriebsführung keinen Totalgewinn erreichen kann und deren Tätigkeit nach der Gestaltung des Gesellschaftsvertrags und seiner tatsächlichen Durchführung allein darauf angelegt ist, ihren Gesellschaftern Steuervorteile dergestalt zu vermitteln, dass durch Verlustzuweisungen andere Einkünfte nicht und die Verlustanteile letztlich nur in Form buchmäßiger Veräußerungsgewinne versteuert werden müssen, liegt der Grund für die Fortführung der verlustbringenden Tätigkeit allein im Lebensführungsbereich der Gesellschafter. Bei derartigen sog. Verlustzuweisungsgesellschaften ist zu vermuten, dass sie zunächst keine Gewinnerzielungsabsicht haben. Bei ihnen liegt in der Regel eine Gewinnerzielungsabsicht erst von dem Zeitpunkt an vor, in dem nach dem Urteil eines ordentlichen Kaufmanns ein Totalgewinn wahrscheinlich erzielt werden kann (→ BFH vom 12. 12. 1995 – BStBl 1996 II S. 219).

Vorläufige Steuerfestsetzung

In Zweifelsfällen ist die Veranlagung gem. § 165 AO vorläufig durchzuführen (→ BFH vom 25. 10. 1989 – BStBl 1990 II S. 278).

Wegfall des negativen Kapitalkontos

→ H 15.8 (1) Nachversteuerung des negativen Kapitalkontos.

Zeitliche Begrenzung der Beteiligung

Die zeitliche Begrenzung der Beteiligung kann eine fehlende Gewinnerwartung bedingen → BFH vom 10. 11. 1977 (BStBl 1978 II S. 15).

15.4. Beteiligung am allgemeinen wirtschaftlichen Verkehr

R 15.4

– unbesetzt –

Hinweise

Allgemeines

Eine Beteiligung am wirtschaftlichen Verkehr liegt vor, wenn ein Stpfl. mit Gewinnerzielungsabsicht nachhaltig am Leistungs- oder Güteraustausch teilnimmt. Damit werden solche Tätigkeiten
aus dem gewerblichen Bereich ausgeklammert, die zwar von einer Gewinnerzielungsabsicht getragen werden, aber nicht auf einen Leistungs- oder Güteraustausch gerichtet sind, z. B. Bettelei.
Die Teilnahme am allgemeinen Wirtschaftsverkehr erfordert, dass die Tätigkeit des Stpfl. nach
außen hin in Erscheinung tritt, er sich mit ihr an eine – wenn auch begrenzte – Allgemeinheit wendet und damit seinen Willen zu erkennen gibt, ein Gewerbe zu betreiben (→ BFH vom 9. 7. 1986 –
BStBl II S. 851).

Einschaltung Dritter

– Der Stpfl. muss nicht in eigener Person am allgemeinen Wirtschaftsverkehr teilnehmen. Es
 reicht aus, dass eine derartige Teilnahme für seine Rechnung ausgeübt wird (→ BFH vom
 31. 7. 1990 – BStBl 1991 II S. 66).

– Eine Beteiligung am allgemeinen wirtschaftlichen Verkehr kann auch dann gegeben sein,
 wenn der Stpfl. nur ein Geschäft mit einem Dritten tätigt, sich dieser aber in Wirklichkeit und
 nach außen erkennbar nach Bestimmung des Stpfl. an den allgemeinen Markt wendet (→ BFH
 vom 13. 12. 1995 – BStBl 1996 II S. 232).

Gewerblicher Grundstückshandel

→ BMF vom 26. 3. 2004 (BStBl I S. 434), Tz. 4

Kundenkreis

– Eine Beteiligung am allgemeinen wirtschaftlichen Verkehr kann auch bei einer Tätigkeit für
 nur einen bestimmten Vertragspartner vorliegen (→ BFH vom 9. 7. 1986 – BStBl II S. 851 und
 vom 12. 7. 1991 – BStBl 1992 II S. 143), insbesondere wenn die Tätigkeit nach Art und Umfang
 dem Bild einer unternehmerischen Marktteilnahme entspricht (→ BFH vom 22. 1. 2003 – BStBl II
 S. 464); dies gilt auch, wenn der Stpfl. vertraglich an Geschäftsbeziehungen zu weiteren Personen gehindert ist (→ BFH vom 15. 12. 1999 – BStBl 2000 II S. 404).

– Eine Beteiligung am allgemeinen wirtschaftlichen Verkehr kann auch vorliegen, wenn Leistungen entgeltlich nur Angehörigen gegenüber erbracht werden (→ BFH vom 13. 12. 2001 – BStBl
 2002 II S. 80).

Sittenwidrige Betätigung

Telefonsex führt zu Einkünften aus Gewerbebetrieb (→ BFH vom 23. 2. 2000 – BStBl II S. 610).

Wettbewerbsausschluss

Die Beteiligung am allgemeinen wirtschaftlichen Verkehr kann auch dann bestehen, wenn der
Wettbewerb der Gewerbetreibenden untereinander ausgeschlossen ist (→ BFH vom 13. 12. 1963 –
BStBl 1964 III S. 99).

15.5. Abgrenzung des Gewerbebetriebs von der Land- und Forstwirtschaft

R 15.5

Allgemeine Grundsätze

(1) [1]Land- und Forstwirtschaft ist die planmäßige Nutzung der natürlichen Kräfte des Bodens zur
Erzeugung von Pflanzen und Tieren sowie die Verwertung der dadurch selbstgewonnenen
Erzeugnisse. [2]Als Boden i. S. d. Satzes 1 gelten auch Substrate und Wasser. [3]Ob eine land- und
forstwirtschaftliche Tätigkeit vorliegt, ist jeweils nach dem Gesamtbild der Verhältnisse zu entscheiden. *[4]Liegen teils gewerbliche und teils land- und forstwirtschaftliche Tätigkeiten vor, sind
die Tätigkeiten zu trennen, wenn dies nach der Verkehrsauffassung möglich ist. [5]Dies gilt auch
dann, wenn sachliche und wirtschaftliche Bezugspunkte zwischen den verschiedenen Tätigkei-*

ten bestehen. [6]*Sind die verschiedenen Tätigkeiten jedoch derart miteinander verflochten, dass sie sich unlösbar gegenseitig bedingen, liegt eine einheitliche Tätigkeit vor.* [7]*Eine solche einheitliche Tätigkeit ist danach zu qualifizieren, ob das land- und forstwirtschaftliche oder das gewerbliche Element überwiegt.* [8]Bei in Mitunternehmerschaft (→ R 15.8) geführten Betrieben ist § 15 Abs. 3 Nr. 1 EStG anzuwenden; Tätigkeiten, die *dem Grunde und der Höhe nach innerhalb der nachfolgenden Grenzen liegen*, gelten dabei als land- und forstwirtschaftlich.

Strukturwandel

(2) [1]*Durch Strukturwandel einer bisher der Land- und Forstwirtschaft zugerechneten Tätigkeit kann neben der Land- und Forstwirtschaft ein Gewerbebetrieb entstehen.* [2]*In diesen Fällen beginnt der Gewerbebetrieb zu dem Zeitpunkt, in dem diese Tätigkeit dauerhaft umstrukturiert wird.* [3]Hiervon ist z. B. auszugehen, wenn dem bisherigen Charakter *der Tätigkeit* nicht mehr entsprechende Investitionen vorgenommen, vertragliche Verpflichtungen eingegangen oder Wirtschaftsgüter angeschafft werden *und dies* jeweils dauerhaft dazu *führt*, dass die in den folgenden Absätzen genannten Grenzen erheblich überschritten werden. 4In allen übrigen Fällen liegen nach Ablauf eines Zeitraums von drei *aufeinander folgenden Wirtschaftsjahren Einkünfte aus Gewerbebetrieb vor.* [5]*Der Dreijahreszeitraum bezieht sich auf die nachfolgenden Umsatzgrenzen* und beginnt *bei einem* Wechsel des Betriebsinhabers nicht neu. [6]Die vorstehenden Grundsätze gelten für den Strukturwandel *von einer gewerblichen Tätigkeit zu einer* land- und forstwirtschaftlichen *Tätigkeit* entsprechend.

Nebenbetrieb

(3) [1]*Ein Nebenbetrieb muss den Hauptbetrieb fördern und ergänzen und durch den Hauptbetrieb geprägt werden.* [2]*Der Nebenbetrieb muss in funktionaler Hinsicht vom Hauptbetrieb abhängig sein.* [3]*Die Verbindung darf nicht nur zufällig oder vorübergehend und nicht ohne Nachteil für den Hauptbetrieb lösbar sein.* [4]Ein Nebenbetrieb der Land- und Forstwirtschaft liegt *daher* vor, wenn

1. überwiegend im eigenen Hauptbetrieb erzeugte Rohstoffe be- oder verarbeitet werden und die dabei gewonnenen Erzeugnisse überwiegend für den Verkauf bestimmt sind

oder

2. ein Land- und Forstwirt Umsätze aus der Übernahme von Rohstoffen (z. B. organische Abfälle) erzielt, diese be- oder verarbeitet und die dabei gewonnenen Erzeugnisse nahezu ausschließlich im *Hauptbetrieb* verwendet

und

die Erzeugnisse im Rahmen einer ersten Stufe der Be- oder Verarbeitung, die noch dem land- und forstwirtschaftlichen Bereich zuzuordnen ist, hergestellt werden. [5]*Die Be- oder Verarbeitung eigener Erzeugnisse im Rahmen einer zweiten Stufe der Be- oder Verarbeitung ist eine gewerbliche Tätigkeit.* [6]*Die Be- oder Verarbeitung fremder Erzeugnisse ist stets eine gewerbliche Tätigkeit.* [7]*Unter den Voraussetzungen des Absatzes 11 können die Erzeugnisse nach den Sätzen 5 und 6 noch der Land- und Forstwirtschaft zugerechnet werden, wenn sie im Rahmen der Direktvermarktung abgesetzt werden.* [8]Ein Nebenbetrieb kann auch vorliegen, wenn er ausschließlich von Land- und Forstwirten gemeinschaftlich betrieben wird und nur in deren Hauptbetrieben erzeugte Rohstoffe *im Rahmen einer ersten Stufe der Be- oder Verarbeitung* be- oder verarbeitet werden, oder nur Erzeugnisse gewonnen werden, die ausschließlich in diesen Betrieben verwendet werden. [9]Nebenbetriebe sind auch Substanzbetriebe (Abbauland – § 43 BewG), z. B. Sandgruben, Kiesgruben, Torfstiche, wenn die gewonnene Substanz überwiegend im eigenen *Hauptbetrieb* verwendet wird.

Unmittelbare Verwertung organischer Abfälle

(4) [1]*Die* Entsorgung organischer Abfälle (z. B. Klärschlamm) *in einem* selbst bewirtschafteten land- und forstwirtschaftlichen Betrieb *ist nur dann der Land- und Forstwirtschaft zuzurechnen, wenn sie* im Rahmen *einer Be- oder Verarbeitung* i. S. d. Absatzes 3 geschieht oder die in Absatz 1 Satz 1 genannten Voraussetzungen im Vordergrund stehen. [2]Das Einsammeln, Abfahren und Sortieren organischer Abfälle, das mit der Ausbringung auf Flächen oder der Verfütterung an *Tiere* des selbst bewirtschafteten land- und forstwirtschaftlichen Betriebs in unmittelbarem sachlichen Zusammenhang steht, ist *eine* land- und forstwirtschaftliche Tätigkeit. [3]Andernfalls gelten Absätze 9 und 10.

Eigene und fremde Erzeugnisse

(5) [1]*Als eigene Erzeugnisse gelten alle land- und forstwirtschaftlichen Erzeugnisse, die im Rahmen des Erzeugungsprozesses im eigenen Betrieb gewonnen werden.* [2]*Hierzu gehören auch Erzeugnisse der ersten Stufe der Be- oder Verarbeitung und zugekaufte Waren, die als Roh-,*

Hilfs- oder Betriebsstoffe im Erzeugungsprozess verwendet werden. ³*Rohstoffe sind Waren, die im Rahmen des Erzeugungsprozesses weiterkultiviert werden (z. B. Jungtiere, Saatgut oder Jungpflanzen).* ⁴*Hilfsstoffe sind Waren, die als nicht überwiegender Bestandteil in eigene Erzeugnisse eingehen (z. B. Futtermittelzusätze, Siliermittel, Starterkulturen und Lab zur Milchverarbeitung, Trauben, Traubenmost und Verschnittwein zur Weinerzeugung, Verpackungsmaterial sowie Blumentöpfe für die eigene Produktion oder als handelsübliche Verpackung).* ⁵*Betriebsstoffe sind Waren, die im Erzeugungsprozess verwendet werden (z. B. Düngemittel, Treibstoff und Heizöl).* ⁶*Unerheblich ist, ob die zugekaufte Ware bereits ein land- und forstwirtschaftliches Urprodukt im engeren Sinne oder ein gewerbliches Produkt darstellt.* ⁷*Als fremde Erzeugnisse gelten alle zur Weiterveräußerung zugekauften Erzeugnisse, Produkte oder Handelswaren, die nicht im land- und forstwirtschaftlichen Erzeugungsprozess des eigenen Betriebs verwendet werden.* ⁸*Dies gilt unabhängig davon, ob es sich um betriebstypische bzw. -untypische Erzeugnisse, Handelsware zur Vervollständigung einer für die Art des Erzeugungsbetriebs üblichen Produktpalette oder andere Waren aller Art handelt.* ⁹*Werden zugekaufte Roh-, Hilfs- oder Betriebsstoffe weiterveräußert, gelten diese zum Zeitpunkt der Veräußerung als fremde Erzeugnisse.* ¹⁰*Dies gilt unabhängig davon, ob die Veräußerung gelegentlich (z. B. Verkauf von Diesel im Rahmen der Nachbarschaftshilfe) oder laufend (z. B. Verkauf von Blumenerde) erfolgt.* ¹¹*Die hieraus erzielten Umsätze sind bei der Abgrenzung entsprechend zu berücksichtigen.*

Absatz eigener Erzeugnisse i. V. m. fremden und gewerblichen Erzeugnissen

(6) ¹*Werden ausschließlich eigene Erzeugnisse (Absatz 5 Satz 1) abgesetzt, stellt dies eine Vermarktung im Rahmen der Land- und Forstwirtschaft dar, selbst wenn diese Erzeugnisse über ein eigenständiges Handelsgeschäft oder eine Verkaufsstelle (z. B. Großhandelsbetrieb, Einzelhandelsbetrieb, Ladengeschäft, Marktstand oder Verkaufswagen) abgesetzt werden.* ²*Unerheblich ist die Anzahl der Verkaufsstellen oder ob die Vermarktung in räumlicher Nähe zum Betrieb erfolgt.* ³*Werden durch einen Land- und Forstwirt neben eigenen Erzeugnissen auch fremde (Absatz 5 Satz 7) oder gewerbliche Erzeugnisse (Absatz 3 Satz 5 und 6) abgesetzt, liegen eine land- und forstwirtschaftliche und eine gewerbliche Tätigkeit vor.* ⁴*Diese gewerbliche Tätigkeit kann unter den Voraussetzungen des Absatzes 11 noch der Land- und Forstwirtschaft zugerechnet werden.* ⁵*Dagegen ist der ausschließliche Absatz fremder oder gewerblicher Erzeugnisse von Beginn an stets eine gewerbliche Tätigkeit.* ⁶*Auf die Art und den Umfang der Veräußerung kommt es dabei nicht an.*

Absatz eigener Erzeugnisse i. V. m. Dienstleistungen

(7) ¹*Die Dienstleistung eines Land- und Forstwirts im Zusammenhang mit dem Absatz eigener Erzeugnisse, die über den Transport und das Einbringen von Pflanzen hinausgeht (z. B. Grabpflege, Gartengestaltung), stellt grundsätzlich als eine einheitlich zu beurteilende Tätigkeit mit Vereinbarungen über mehrere Leistungskomponenten dar (gemischter Vertrag).* ²*Dabei ist von einer einheitlich gewerblichen Tätigkeit auszugehen, wenn nach dem jeweiligen Vertragsinhalt der Umsatz aus den Dienstleistungen und den fremden Erzeugnissen überwiegt.* ³*Die gewerbliche Tätigkeit kann unter den Voraussetzungen des Absatzes 11 noch der Land- und Forstwirtschaft zugerechnet werden.*

Absatz eigen erzeugter Getränke i. V. m. besonderen Leistungen

(8) ¹*Der Ausschank von eigen erzeugten Getränken i. S. d. Absatzes 5, z. B. Wein, ist lediglich eine Form der Vermarktung und somit eine land- und forstwirtschaftliche Tätigkeit.* ²*Werden daneben durch einen Land- und Forstwirt Speisen und andere Getränke abgegeben, liegt insoweit eine gewerbliche Tätigkeit vor, die unter den Voraussetzungen des Absatzes 11 noch der Land- und Forstwirtschaft zugerechnet werden kann.*

Verwendung von Wirtschaftsgütern

(9) ¹*Verwendet ein Land- und Forstwirt Wirtschaftsgüter seines land- und forstwirtschaftlichen Betriebsvermögens, indem er diese Dritten entgeltlich überlässt oder mit ihnen für Dritte Dienstleistungen verrichtet, stellt dies eine gewerbliche Tätigkeit dar.* ²*Dies gilt auch, wenn in diesem Zusammenhang fremde Erzeugnisse verwendet werden.* ³*Unter den Voraussetzungen des Absatzes 11 kann die Tätigkeit noch der Land- und Forstwirtschaft zugerechnet werden, wenn der Einsatz für eigene land- und forstwirtschaftliche Zwecke einen Umfang von 10 % nicht unterschreitet.* ⁴*Dagegen liegt ohne weiteres von Beginn an stets eine gewerbliche Tätigkeit vor, wenn ein Land- und Forstwirt Wirtschaftsgüter, die er eigens zu diesem Zweck angeschafft hat, für Dritte verwendet.*

Land- und forstwirtschaftliche Dienstleistungen

(10) ¹*Sofern ein Land- und Forstwirt Dienstleistungen ohne Verwendung von eigenen Erzeugnissen oder eigenen Wirtschaftsgütern verrichtet, ist dies eine gewerbliche Tätigkeit.* ²*Unter den Voraussetzungen des Absatzes 11 kann die Tätigkeit noch der Land- und Forstwirtschaft zugerechnet werden, wenn ein funktionaler Zusammenhang mit typisch land- und forstwirtschaftlichen Tätigkeiten besteht.*

Abgrenzungsregelungen

(11) ¹*Gewerbliche Tätigkeiten, die nach den Absätzen 3 bis 8 dem Grunde nach die Voraussetzungen für eine Zurechnung zur Land- und Forstwirtschaft erfüllen, sind nur dann typisierend der Land- und Forstwirtschaft zuzurechnen, wenn die Umsätze aus diesen Tätigkeiten dauerhaft (Absatz 2) insgesamt nicht mehr als ein Drittel des Gesamtumsatzes und nicht mehr als 51 500 Euro im Wirtschaftsjahr betragen.* ²*Diese Grenzen gelten für die Tätigkeiten nach den Absätzen 9 und 10 entsprechend.* ³*Voraussetzung hierfür ist, dass die Umsätze aus den Tätigkeiten i. S. v. Satz 1 und 2 dauerhaft (Absatz 2) insgesamt nicht mehr als 50 % des Gesamtumsatzes betragen.* ⁴*Anderenfalls liegen hinsichtlich dieser Tätigkeiten unter den Voraussetzungen des Strukturwandels Einkünfte aus Gewerbebetrieb vor.* ⁵*Der daneben bestehende Betrieb der Land- und Forstwirtschaft bleibt hiervon unberührt.* ⁶*Bei der Ermittlung der Umsätze ist von den Betriebseinnahmen (ohne Umsatzsteuer) auszugehen.* ⁷*Soweit es auf den Gesamtumsatz ankommt, ist hierunter die Summe der Betriebseinnahmen (ohne Umsatzsteuer) zu verstehen.*

Energieerzeugung

(12) ¹Bei der Erzeugung von Energie, z. B. durch Wind-, Solar- oder Wasserkraft, handelt es sich nicht um die planmäßige Nutzung der natürlichen Kräfte des Bodens i. S. d. Absatzes 1 Satz 1. ²*Der Absatz von Strom und Wärme führt zu Einkünften aus Gewerbebetrieb.* ³*Die Erzeugung von Biogas kann eine Tätigkeit i. S. d. Absatzes 3 sein.*

Beherbergung von Fremden

(13) ¹Die Abgrenzung *der Einkünfte aus Gewerbebetrieb gegenüber denen aus Land- und Forstwirtschaft* richtet sich bei der Beherbergung von Fremden nach den Grundsätzen von R 15.7. ²Aus Vereinfachungsgründen ist keine gewerbliche Tätigkeit anzunehmen, wenn weniger als vier Zimmer und weniger als sechs Betten zur Beherbergung von Fremden bereitgehalten werden und keine Hauptmahlzeit gewährt wird.

(14) Soweit sich aus den Absätzen 1 bis 13 für einen Stpfl. Verschlechterungen gegenüber R 15.5 EStR 2008 ergeben, kann R 15.5 EStR 2008 für diejenigen Wirtschaftsjahre weiter angewandt werden, die vor der Veröffentlichung der EStÄR 2012 im Bundessteuerblatt beginnen.

H 15.5   **Hinweise**

Abgrenzung

> Beispiel zur Prüfung der Umsatzgrenzen:

> *Ein land- und forstwirtschaftlicher Betrieb erzielt aus eigenen und fremden Erzeugnissen insgesamt einen Umsatz von 130 000 € zuzüglich Umsatzsteuer. Davon wurde ein Umsatzanteil in Höhe von 45 000 € zuzüglich Umsatzsteuer aus der Veräußerung zugekaufter Erzeugnisse und zugekaufter Handelswaren erzielt. Ferner führt der Betrieb Dienstleistungen mit eigenen Maschinen für andere Land- und Forstwirte und die örtliche Gemeinde aus. Daraus werden jeweils 15 000 € Umsatz zuzüglich Umsatzsteuer erzielt.*

> *Lösung:*

> *Die gekauften und weiterveräußerten Erzeugnisse, Produkte und Handelswaren sind fremde Erzeugnisse (R 15.5 Abs. 5 Satz 7 EStR), da sie nicht im Rahmen des Erzeugungsprozesses im eigenen Betrieb verwendet wurden. Die Summe der Betriebseinnahmen ohne Umsatzsteuer aus eigenen Erzeugnissen und fremden Erzeugnisse sowie der Dienstleistungen (R 15.5 Abs. 9 und 10 EStR) beträgt 160 000 €.*

> *Die Umsätze aus fremden Erzeugnissen in Höhe von 45 000 € ohne Umsatzsteuer überschreiten weder die relative Grenze von einem Drittel des Gesamtumsatzes (= 53 333 €) noch die absolute Grenze von 51 500 € (R 15.5 Abs. 11 Satz 1 EStR).*

> *Die Umsätze aller Dienstleistungen in Höhe von 30 000 € ohne Umsatzsteuer überschreiten weder die relative Grenze von einem Drittel des Gesamtumsatzes (= 53 333 €) noch die absolute Grenze von 51 500 € (R 15.5 Abs. 11 Satz 2 EStR). Es ist unerheblich, ob es sich beim Leistungsempfänger um einen Land- und Forstwirt handelt.*

Die Umsätze aus den Tätigkeitsbereichen Absatz von fremden Erzeugnissen und Dienstleistungen überschreiten mit insgesamt 75 000 € nicht die Grenze von 50 % des Gesamtumsatzes (= 160 000 € x 50 % = 80 000 €; R 15.5 Abs. 11 Satz 3 EStR). Damit liegt insgesamt ein land- und forstwirtschaftlicher Betrieb vor.

Beispiel zur Abgrenzung der Tätigkeiten und Zuordnung von Wirtschaftsgütern:

Landwirt L richtet im Wj. 2013/2014 in einem zum Betriebsvermögen gehörenden Wirtschaftsgebäude einen Hofladen ein, der zu 40 % dem Verkauf von eigenen land- und forstwirtschaftlichen Erzeugnissen dient und zu 60 % dem Verkauf von fremden Erzeugnissen. Die Umsätze des Betriebs entwickeln sich wie folgt:

	Nettogesamtumsatz	*Nettoumsatz fremde Erzeugnisse*
2013/2014	*175 000 €*	*25 000 €*
2014/2015	*190 000 €*	*40 000 €*
2015/2016	*205 000 €*	*55 000 €*
2016/2017	*210 000 €*	*60 000 €*
2017/2018	*210 000 €*	*60 000 €*

Lösung:

a) Abgrenzung

Der im Wj. 2013/2014 eingerichtete Hofladen steht aufgrund des Verkaufs eigener land- und forstwirtschaftlicher Erzeugnisse in engem sachlichem Zusammenhang mit dem land- und forstwirtschaftlichen Betrieb. Nach R 15.5 Abs. 6 EStR ist der Zu- und Verkauf fremder Erzeugnisse grundsätzlich eine gewerbliche Tätigkeit. Nach R 15.5 Abs. 11 Satz 1 EStR werden sämtliche im Hofladen erzielten Umsätze der Land- und Forstwirtschaft zugerechnet, wenn der nachhaltige Umsatzanteil sämtlicher Verkäufe von fremden Erzeugnissen (R 15.5 Abs. 5 Satz 7 EStR) nicht mehr als 1/3 des Gesamtumsatzes des land- und forstwirtschaftlichen Betriebs und nicht mehr als 51 500 € im Wj. beträgt.

In den Wj. 2013/2014 bis 2014/2015 sind die Voraussetzungen für eine Zurechnung zur Land- und Forstwirtschaft erfüllt. Ab dem Wj. 2015/2016 wird die absolute Grenze von 51 500 € überschritten. Nach R 15.5 Abs. 2 EStR entsteht jedoch erst mit Ablauf des Wj. 2017/2018 ein gesonderter Gewerbebetrieb (Drei-Jahres-Frist; allmählicher Strukturwandel).

b) Behandlung des Wirtschaftsgebäudes

Das Wirtschaftsgebäude wird eigenbetrieblich zu 60 % für gewerbliche Tätigkeiten genutzt, so dass der Hofladen mit dem dazu gehörenden Grund und Boden grundsätzlich gewerbliches Betriebsvermögen wäre. Da die Nutzung für land- und forstwirtschaftliche Tätigkeiten jedoch mindestens 10 % beträgt (→ R 15.5 Abs. 9 Satz 3 EStR), hat es der Stpfl. in der Hand, den Umfang seiner betrieblichen Tätigkeit und seiner Betriebsausgaben zu bestimmen (→ BFH vom 4. 7. 1990 – BStBl II S. 817 und vom 22. 1. 2004 – BStBl II 2004 S. 512). Das Wirtschaftsgebäude kann deshalb aufgrund der Funktionszuweisung des Stpfl. auch über das Wj. 2017/2018 hinaus dem land- und forstwirtschaftlichen Betriebsvermögen zugeordnet werden.

Baumschulen

R 15.5 Abs. 5 gilt auch für Baumschulbetriebe. In solchen Betrieben ist die Aufzucht von sog. Kostpflanzen üblich. Kostpflanzen sind Pflanzen, die der Baumschulbetrieb aus selbst gestelltem Samen oder selbst gestellten Pflanzen in fremden Betrieben aufziehen lässt. Kostpflanzen sind eigene (nicht fremde) Erzeugnisse, wenn die in Kost gegebenen Sämereien oder Pflanzen in der Verfügungsgewalt des Kostgebers (des Baumschulbetriebs) bleiben und der Kostnehmer (der Betrieb, der die Aufzucht durchführt) die Rücklieferungsverpflichtung gegenüber dem Kostgeber hat. Dabei kommt es nicht darauf an, dass der Kostgeber die hingegebenen Pflanzen im eigenen land- oder forstwirtschaftlichen Betrieb erzeugt hat (→ BFH vom 16. 12. 1976 – BStBl 1977 II S. 272).

BaumSparVerträge

Die einkommensteuerrechtliche Behandlung von Verlusten aus sog. „BaumSparVerträgen" wurde von den obersten Finanzbehörden des Bundes und der Länder erörtert. Hiernach bitte ich zu solchen Verträgen folgende Auffassung zu vertreten.

Danach sind Verluste aus BaumSparVerträgen steuerlich nicht anzuerkennen. Eine Gewinnerzielungsabsicht ist zu verneinen, da die vom BFH (Urteil vom 26. 6. 1985, BStBl II S. 549) geforderte Untergrenze einer jährlichen Gewinnerwartung nicht erreicht werden könne. Der Abschluss von BaumSparVerträgen ist vielmehr der privaten Vermögensebene zuzuordnen. Der Mittelabfluss führt zu Anschaffungskosten, welche keinen steuerlichen Aufwand darstellen. Darüber hinaus ist – wegen fehlender rechtlicher Ansprüche und allenfalls vager Aussagen im Verkaufsprospekt – nicht mit entsprechenden Einnahmen realistisch zu rechnen.

Der Abschluss sog. „BaumSparVerträge" ist somit mangels einer Gewinn- bzw. Überschusserzielungsabsicht in den Bereich einer nicht steuerlich relevanten Betätigung einzuordnen.

→ OFD Koblenz 5. 12. 2006 (LEXinform 5230368)

Bewirtschaftungsvertrag

Ein mit einem Pachtvertrag gekoppelter Bewirtschaftungsvertrag vermittelt dem Verpächter nur dann Einkünfte aus Land- und Forstwirtschaft, wenn die Verträge nach dem Willen der Vertragsparteien auf den Verkauf der Ernte gerichtet sind. Ist hingegen nicht von einem Verkauf der Ernte auszugehen, weil neben einem festen Pachtzins lediglich ein Kostenersatz als Bewirtschaftungsentgelt vereinbart wurde, ist von einem Dienstleistungsvertrag und insofern von gewerblichen Einkünften auszugehen (→ BFH vom 29. 11. 2001 – BStBl 2002 II S. 221).

Grundstücksverkäufe

– Zur Frage, unter welchen Voraussetzungen Grundstücksverkäufe eines Landwirts Hilfsgeschäfte eines land- und forstwirtschaftlichen Betriebs und nicht Gegenstand eines selbständigen gewerblichen Unternehmens sind →BFH vom 28. 6. 1984 (BStBl II S. 798). Die Veräußerung land- und forstwirtschaftlich genutzter Grundstücke ist ein Hilfsgeschäft eines land- und forstwirtschaftlichen Betriebs und nicht Gegenstand eines selbständigen gewerblichen Unternehmens. Etwas anderes gilt allerdings dann, wenn der Landwirt wiederholt innerhalb eines überschaubaren Zeitraums land- und forstwirtschaftliche Grundstücke oder Betriebe in Gewinnabsicht veräußert, die er bereits in der Absicht einer Weiterveräußerung erworben hatte (→ BFH vom 28. 6. 1984 – BStBl II S. 798).

– → BMF vom 26. 3. 2004 (BStBl I S. 434), Tz. 27

Klärschlamm

Ein Landwirt, der auch einen Gewerbebetrieb für Klärschlammtransporte unterhält, erzielt mit den Einnahmen für den Transport und die Ausbringung von Klärschlamm auch insoweit Einkünfte aus Gewerbebetrieb und nicht aus Landwirtschaft, als er den Klärschlamm mit Maschinen des Gewerbebetriebs auf selbstbewirtschafteten Feldern ausbringt (→ BFH vom 8. 11. 2007 – BStBl 2008 II S. 356).

Nebenbetrieb

Ein Nebenbetrieb (→ R 15.5 Abs. 3) kann auch vorliegen, wenn die von einem Mitunternehmer ausgeübte Tätigkeit dem gemeinsam mit anderen geführten landwirtschaftlichen Hauptbetrieb zu dienen bestimmt ist (→ BFH vom 22. 1. 2004 – BStBl II S. 512).

Reitpferde

– Die Entscheidung, ob die mit der Unterhaltung eines Pensionsstalles und der Erteilung von Reitunterricht verbundene Haltung oder Zucht von Pferden einen Gewerbebetrieb oder einen Betrieb der Land- und Forstwirtschaft darstellt, ist nach den Umständen des Einzelfalles zu treffen. Die Pensionsreitpferdehaltung rechnet auch dann zur landwirtschaftlichen Tierhaltung i. S. d. § 13 Abs. 1 Nr. 1 Satz 2 EStG, wenn den Pferdeeinstellern Reitanlagen einschließlich Reithalle zur Verfügung gestellt werden (→ BFH vom 23. 9. 1988 – BStBl 1989 II S. 111).

– Die Vermietung von Pferden zu Reitzwecken ist bei vorhandener flächenmäßiger Futtergrundlage als landwirtschaftlich anzusehen, wenn keine weiteren ins Gewicht fallenden Leistungen erbracht werden, die nicht der Landwirtschaft zuzurechnen sind (→ BFH vom 24. 1. 1989 – BStBl II S. 416).

– Ein landwirtschaftlicher Betrieb wird nicht dadurch zu einem Gewerbebetrieb, dass er Pferde zukauft, sie während einer nicht nur kurzen Aufenthaltsdauer zu hochwertigen Reitpferden ausbildet und dann weiterverkauft (→ BFH vom 17. 12. 2008 – BStBl 2009 II S. 453).

Schlossbesichtigung

Gewinne aus Schlossbesichtigung gehören zu den Einkünften aus Gewerbebetrieb (→ BFH vom 7. 8. 1979 – BStBl 1980 II S. 633).

Strukturwandel

Zur Abgrenzung eines allmählichen von einem sofortigen Strukturwandel → BFH vom 19. 2. 2009 (BStBl II S. 654)

Tierzucht, gewerbliche

- Zur Frage der Abgrenzung der landwirtschaftlichen Tierzucht und Tierhaltung (§ 13 Abs. 1 Nr. 1 EStG) von der **gewerblichen** Tierzucht und Tierhaltung → R 13.2.
- Die Unterhaltung einer Brüterei, in der Küken aus Bruteiern gewonnen und als Eintagsküken weiterveräußert werden, stellt einen Gewerbebetrieb dar, nicht aber eine gewerbliche Tierzucht oder Tierhaltung i. S. d. § 15 Abs. 4 Satz 1 und 2 EStG (→ BFH vom 14. 9. 1989 – BStBl 1990 II S. 152).
- Die Aufzucht und Veräußerung von Hunden ist *eine gewerbliche Tätigkeit* (→ BFH vom 30. 9. 1980 – BStBl 1981 II S. 210).
- Die Züchtung und das Halten von Kleintieren ohne Bezug zur land- und forstwirtschaftlichen Urproduktion stellt ungeachtet einer vorhandenen Futtergrundlage eine gewerbliche Tätigkeit dar (→ BFH vom 16. 12. 2004 – BStBl 2005 II S. 347).
- Die Unterhaltung einer Nerzzucht gehört nicht zum Bereich der land- und forstwirtschaftlichen Urproduktion (→ BFH vom 19. 12. 2002 – BStBl 2003 II S. 507).

15.6. Abgrenzung des Gewerbebetriebs von der selbständigen Arbeit   R 15.6

– unbesetzt –

S 2240
S 2245

Hinweise   H 15.6

Allgemeines

Die für einen Gewerbebetrieb geltenden positiven Voraussetzungen

- Selbständigkeit (→ R 15.1),
- Nachhaltigkeit (→ H 15.2),
- Gewinnerzielungsabsicht (→ H 15.3) und
- Beteiligung am allgemeinen wirtschaftlichen Verkehr (→ H 15.4),

gelten auch für die selbständige Arbeit i. S. d. § 18 Abs. 1 Nr. 1 und 2 EStG. Erfordert die Ausübung eines in § 18 Abs. 1 Nr. 1 EStG genannten Berufes eine gesetzlich vorgeschriebene Berufsausbildung, so übt nur derjenige, der auf Grund dieser Berufsausbildung berechtigt ist, die betreffende Berufsbezeichnung zu führen, diesen Beruf aus (→ BFH vom 1. 10. 1986 – BStBl 1987 II S. 116). Eine sonstige selbständige Tätigkeit i. S. d. § 18 Abs. 1 Nr. 3 EStG wird in der Regel gelegentlich und nur ausnahmsweise nachhaltig ausgeübt (→ BFH vom 28. 6. 2001 – BStBl 2002 II S. 338).

Abgrenzung selbständige Arbeit/Gewerbebetrieb

a) **Beispiele für selbständige Arbeit**

Altenpfleger, soweit keine hauswirtschaftliche Versorgung der Patienten erfolgt (→ BMF vom 22. 10. 2004 – BStBl I S. 1030),

Arbeitsmediziner, es sei denn, der Arzt ist auch auf dem Gebiet der Arbeitssicherheit tätig und die beiden Bereiche können nicht getrennt beurteilt werden (→ BFH vom 11. 4. 2005 – IV B 106/03 – BFH/NV 2005 S. 1544),

Berufsbetreuer i. S. v. §§ 1896 ff. BGB; die Tätigkeit fällt in der Regel unter § 18 Abs. 1 Nr. 3 EStG (→ BFH vom 15. 6. 2010 – BStBl II S. 909 und S. 906),

Diätassistent (→ BMF vom 22. 10. 2004 – BStBl I S. 1030),

EDV-Berater übt im Bereich der Systemsoftware regelmäßig eine ingenieurähnliche Tätigkeit aus. Im Bereich der Entwicklung von Anwendersoftware ist die Tätigkeit des EDV-Beraters nur dann als selbständige Tätigkeit zu qualifizieren, wenn er die Entwicklung der Anwendersoftware durch eine klassische ingenieurmäßige Vorgehensweise (Planung, Konstruktion, Überwachung) betreibt und er über eine Ausbildung, die der eines Ingenieurs vergleichbar ist, verfügt (→ BFH vom 4. 5. 2004 – BStBl II S. 989),

Ergotherapeut (→ BMF vom 22. 10. 2004 – BStBl I S. 1030),

Fachkrankenpfleger für Krankenhaushygiene (→ BFH vom 6. 9. 2006 – BStBl 2007 II S. 177),

Hebamme/Entbindungspfleger (→ BMF vom 22. 10. 2004 – BStBl I S. 1030),

Industrie-Designer; auch im Bereich zwischen Kunst und Gewerbe kann gewerblicher Verwendungszweck eine künstlerische Tätigkeit nicht ausschließen (→ BFH vom 14. 12. 1976 – BStBl 1977 II S. 474),

Insolvenzverwalter (→ BFH vom 11. 8. 1994 – BStBl II S. 936), → sonstige selbständige Arbeit,

IT-Projektleiter, wenn dieser über Kenntnisse und Fähigkeiten verfügt, die in Breite und Tiefe denen eines Diplom-Informatikers entsprechen (→ BFH vom 22. 9. 2009 – BStBl 2010 II S. 404),

Kfz-Sachverständiger, dessen Gutachtertätigkeit mathematisch-technische Kenntnisse voraussetzt, wie sie üblicherweise nur durch eine Berufsausbildung als Ingenieur erlangt werden (→ BFH vom 10. 11. 1988 – BStBl 1989 II S. 198),

Kindererholungsheim; der Betrieb eines Kindererholungsheims kann ausnahmsweise eine freiberufliche Tätigkeit darstellen, wenn die Kinder in erster Linie zum Zweck einer planmäßigen körperlichen, geistigen und sittlichen Erziehung auswärts untergebracht sind und die freiberufliche Tätigkeit der Gesamtleistung des Heimes das Gepräge gibt (→ BFH vom 9. 4. 1975 – BStBl II S. 610),

Kinder- und Jugendlichenpsychotherapeut (→ BMF vom 22. 10. 2004 – BStBl I S. 1030),

Kompasskompensierer auf Seeschiffen (→ BFH vom 14. 11. 1957 – BStBl 1958 III S. 3),

Krankenpfleger/Krankenschwester, soweit keine hauswirtschaftliche Versorgung der Patienten erfolgt (→ BMF vom 22. 10. 2004 – BStBl I S. 1030 und BFH vom 22. 1. 2004 – BStBl II S. 509),

Kunsthandwerker, der von ihm selbst entworfene Gegenstände herstellt (→ BFH vom 26. 9. 1968 – BStBl 1969 II S. 70); handwerkliche und künstlerische Tätigkeit können nebeneinander vorliegen (→ BFH vom 11. 7. 1991 – BStBl II S. 889),

Kulturwissenschaftler

Das Berufsbild und das Tätigkeitsfeld des Kulturwissenschaftlers ist sehr vielschichtig. Der überwiegende Teil der Tätigkeiten kann als freiberufliche wissenschaftliche, schriftstellerische oder unterrichtende Tätigkeit qualifiziert werden. Hierzu gehören insbesondere die Tätigkeiten im Rahmen der Kuratierung bestehender Sammlungen, der konzeptionellen Arbeit an Museen, der Vorbereitungen von Ausstellungen, der wissenschaftlichen Forschungsprojekte und Publikationen, der denkmalpflegerischen Gutachten, Firmen- und Vereinsfestschriften und der Erwachsenenbildung. Es werden jedoch offensichtlich auch gewerbliche Tätigkeiten – wie z. B. die genealogischen Recherchen – ausgeübt. Zudem handelt es sich bei der in der Anfrage übersandten Tätigkeitsbeschreibung nicht um eine abschließende Aufzählung. Es ist daher nicht möglich, die Tätigkeit der Kulturwissenschaftler generell und ausnahmslos als selbstständige Tätigkeit zu qualifizieren, auch wenn der weitaus überwiegende Teil sicherlich freiberufliche Tätigkeiten ausübt. Somit kann nur im jeweiligen Einzelfall bei Würdigung der gesamten Tätigkeit des jeweiligen Kulturwissenschaftlers entschieden werden, ob eine selbstständige oder gewerbliche Tätigkeit vorliegt.

OFD Magdeburg vom 18. 7. 2006 – S 2246 – 37 – St 213 – (DStR 2006 S. 1891)

Logopäde (→ BMF vom 22. 10. 2004 – BStBl I S. 1030),

Masseur (staatlich geprüft), Heilmasseur, soweit dieser nicht lediglich oder überwiegend kosmetische oder Schönheitsmassagen durchführen (→ BMF vom 22. 10. 2004 – BStBl I S. 1030),

Medizinischer Bademeister, soweit dieser auch zur Feststellung des Krankheitsbefunds tätig wird oder persönliche Heilbehandlungen am Körper des Patienten vornimmt (→ BMF vom 22. 10. 2004 – BStBl I S. 1030).

Medizinisch-technischer Assistent (→ BMF vom 22. 10. 2004 – BStBl I S. 1030),

Modeschöpfer; beratende Tätigkeit eines im Übrigen als Künstler anerkannten Modeschöpfers kann künstlerisch sein (→ BFH vom 2. 10. 1968 – BStBl 1969 II S. 138),

Orthoptist (→ BMF vom 22. 10. 2004 – BStBl I S. 1030),

Patentberichterstatter mit wertender Tätigkeit (→ BFH vom 2. 12. 1970 – BStBl 1971 II S. 233),

Podologe/Medizinischer Fußpfleger (→ BMF vom 22. 10. 2004 – BStBl I S. 1030),

Prozessagent (→ RFH vom 7. 12. 1938 – RStBl 1939 S. 215),

Psychologischer Psychotherapeut, Kinder- und Jugendlichenpsychotherapeut (→ BMF vom 22. 10. 2004 – BStBl I S. 1030),

Rettungsassistent (→ BMF vom 22. 10. 2004 – BStBl I S. 1030),

Schiffseichaufnehmer (→ BFH vom 5. 11. 1970 – BStBl 1971 II S. 319),

Synchronsprecher, der bei der Synchronisierung ausländischer Spielfilme mitwirkt (→ BFH vom 3. 8. 1978 – BStBl 1979 II S. 131 und vom 12. 10. 1978 – BStBl 1981 II S. 706),

Tanz- und Unterhaltungsorchester, wenn es einen bestimmten Qualitätsstandard erreicht (→ BFH vom 19. 8. 1982 – BStBl 1983 II S. 7),

Umweltauditor mit einem abgeschlossenen Chemiestudium (→ BFH vom 17. 1. 2007 – BStBl II S. 519),

Verfahrenspfleger i. S. d. FamFG; die Tätigkeit fällt in der Regel unter § 18 Abs. 1 Nr. 3 EStG (→ BFH vom 15. 6. 2010 – BStBl II S. 909 und S. 906),

Werbung; Tätigkeit eines Künstlers im Bereich der Werbung kann künstlerisch sein, wenn sie als eigenschöpferische Leistung zu werten ist (→ BFH vom 11. 7. 1991 – BStBl 1992 II S. 353),

Zahnpraktiker (→ BMF vom 22. 10. 2004 – BStBl I S. 1030),

Zwangsverwalter; die Tätigkeit fällt in der Regel unter § 18 Abs. 1 Nr. 3 EStG (→ BFH 12. 12. 2001 – BStBl 2002 II S. 202); aber → Sonstige selbständige Arbeit

b) **Beispiele für Gewerbebetrieb**

Altenpfleger, soweit auch eine hauswirtschaftliche Versorgung der Patienten erfolgt (→ BMF vom 22. 10. 2004 – BStBl I S. 1030),

Anlageberater/Finanzanalyst (→ BFH vom 2. 9. 1988 – BStBl 1989 II S. 24),

Ärztepropagandist (→ BFH vom 27. 4. 1961 – BStBl III S. 315),

Apotheken-Inventurbüro (→ BFH vom 15. 6. 1965 – BStBl III S. 556),

Apothekenrezeptabrechner (→ BFH vom 28. 3. 1974 – BStBl II S. 515),

Architekt, der bei Ausübung einer beratenden Tätigkeit an der Vermittlung von Geschäftsabschlüssen mittelbar beteiligt ist (→ BFH vom 14. 6. 1984 – BStBl 1985 II S. 15) oder der schlüsselfertige Gebäude errichten lässt; die Gewerblichkeit erstreckt sich in diesem Fall auch auf ggf. erbrachte Ingenieur- oder Architektenleistungen (→ BFH vom 18. 10. 2006 – BStBl 2008 II S. 54),

Artist (→ BFH vom 16. 3. 1951 – BStBl III S. 97),

Baubetreuer (Bauberater), die sich lediglich mit der wirtschaftlichen (finanziellen) Betreuung von Bauvorhaben befassen (→ BFH vom 29. 5. 1973 – BStBl 1974 II S. 447 und vom 30. 5. 1973 – BStBl II S. 668),

Bauleiter (→ BFH vom 22. 1. 1988 – BStBl II S. 497 und vom 11. 8. 1999 – BStBl 2000 II S. 31), es sei denn, seine Ausbildung entspricht derjenigen eines Architekten (→ BFH vom 12. 10. 1989 – BStBl 1990 II S. 64) oder eines (Wirtschafts)-Ingenieurs (→ BFH vom 6. 9. 2006 – BStBl 2007 II S. 118),

Belasting-adviseur-NL (→ BMF vom 4. 5. 1998 — DStR 1998 S. 1054),

Beratungsstellenleiter eines Lohnsteuerhilfevereins (→ BFH vom 10. 12. 1987 – BStBl 1988 II S. 273),

Berufssportler (→ BFH vom 22. 1. 1964 – BStBl III S. 207),

Bezirksschornsteinfegermeister (→ BFH vom 13. 11. 1996 – BStBl 1997 II S. 295),

Bodybuilding-Studio, wenn unterrichtende Tätigkeit nur die Anfangsphase der Kurse prägt und im Übrigen den Kunden Trainingsgeräte zur freien Verfügung stehen (→ BFH vom 18. 4. 1996 – BStBl II S. 573),

Buchhalter (→ BFH vom 28. 6. 2001 – BStBl 2002 II S. 338),

Buchmacher (→ RFH vom 22. 2. 1939 – RStBl S. 576),

Bühnenvermittler (→ BFH vom 15. 4. 1970 – BStBl II S. 517),

Datenschutzbeauftragter (→ BFH vom 5. 6. 2003 – BStBl II S. 761),

Detektiv (→ RFH vom 15. 7. 1942 – RStBl S. 989),

Dispacheur (→ BFH vom 26. 11. 1992 – BStBl 1993 II S. 235),

Gegen die Heranziehung eines Dispacheurs zur Gewerbesteuer bestehen keine verfassungsrechtlichen Bedenken (→ BVerfG vom 14. 2. 2001 – HFR 2001 S. 496);

EDV-Berater übt keine ingenieurähnliche Tätigkeit aus, wenn er im Bereich der Anwendersoftware die Entwicklung qualifizierter Software nicht durch eine klassische ingenieurmäßige Vorgehensweise (Planung, Konstruktion, Überwachung) betreibt und wenn er keine Ausbildung, die der eines Ingenieurs vergleichbar ist, besitzt (→ BHF vom 4. 5. 2004 – BStBl II S. 989),

Erbensucher (→ BFH vom 24. 2. 1965 – BStBl III S. 263),

Fahrschule, wenn der Inhaber nicht die Fahrlehrererlaubnis besitzt (→ BFH vom 4. 10. 1966 – BStBl III S. 685),

Finanz- und Kreditberater (→ BFH vom 13. 4. 1988 – BStBl II S. 666),

Fitness-Studio; keine unterrichtende Tätigkeit, wenn Kunden im Wesentlichen in Gerätebedienung eingewiesen und Training in Einzelfällen überwacht wird (→ BFH vom 13. 1. 1994 – BStBl II S. 362),

Fotograf, der Werbeaufnahmen macht; Werbeaufnahmen macht auch, wer für Zeitschriften Objekte auswählt und zum Zweck der Ablichtung arrangiert, um die von ihm oder einem anderen Fotografen dann hergestellten Aufnahmen zu veröffentlichen (→ BFH vom 19. 2. 1998 – BStBl II S. 441),

Fotomodell (→ BFH vom 8. 6. 1967 – BStBl III S. 618),

Gutachter auf dem Gebiet der Schätzung von Einrichtungsgegenständen und Kunstwerken (→ BFH vom 22. 6. 1971 – BStBl II S. 749),

Havariesachverständiger (→ BFH vom 22. 6. 1965 – BStBl III S. 593),

Hellseher (→ BFH vom 30. 3. 1976 – BStBl II S. 464),

Hersteller künstlicher Menschenaugen (→ BFH vom 25. 7. 1968 – BStBl II S. 662),

Industriepropagandist (→ RFH vom 25. 3. 1938 – RStBl S. 733), Ingenieure als **Werber für Lieferfirmen** (→ RFH vom 30. 8. 1939 – RStBl 1940 S. 14),

Inventurbüro (→ BFH vom 28. 11. 1968 – BStBl 1969 II S. 164),

Kfz-Sachverständiger ohne Ingenieurexamen, dessen Tätigkeit keine mathematisch-technischen Kenntnisse wie die eines Ingenieurs voraussetzt (→ BFH vom 9. 7. 1992 – BStBl 1993 II S. 100),

Klavierstimmer (→ BFH vom 22. 3. 1990 – BStBl II S. 643),

Konstrukteur, der überwiegend Bewehrungspläne fertigt (→ BFH vom 5. 10. 1989 – BStBl 1990 II S. 73),

Krankenpfleger/Krankenschwester, soweit auch eine hauswirtschaftliche Versorgung der Patienten erfolgt (→ BFH vom 22. 1. 2004 – BStBl II S. 509),

Kükensortierer (→ BFH vom 16. 8. 1955 – BStBl III S. 295),

Künstleragent (→ BFH vom 18. 4. 1972 – BStBl II S. 624),

Makler (→ RFH vom 1. 6. 1938 – RStBl S. 842),

Marktforschungsberater (→ BFH vom 27. 2. 1992 – BStBl II S. 826),

Masseur (staatlich geprüft), **Heilmasseur**, wenn diese lediglich oder überwiegend kosmetische oder Schönheitsmassagen durchführen (→ BMF vom 26. 11. 1970 – BStBl 1971 II S. 249),

Personalberater, der seinen Auftraggebern von ihm ausgesuchte Kandidaten für eine zu besetzende Stelle vermittelt (→ BFH vom 19. 9. 2002 – BStBl 2003 II S. 25),

Pharmaberater(-referent) übt, wirtschaftlich vergleichbar einem Handelsvertreter, eine kaufmännische und damit gewerbliche Tätigkeit aus (→ FG Düsseldorf vom 30. 5. 1996 – EFG 1996 S. 989),

Pilot (→ BFH vom 16. 5. 2002 – BStBl II S. 565),

Probenehmer für Erze, Metalle und Hüttenerzeugnisse (→ BFH vom 14. 11. 1972 – BStBl 1973 II S. 183),

Promotionsberater (→ BFH vom 8. 10. 2008 – BStBl 2009 II S. 238),

Rechtsbeistand, der mit Genehmigung des Landgerichtspräsidenten Auszüge aus Gerichtsakten für Versicherungsgesellschaften fertigt (→ BFH vom 18. 3. 1970 – BStBl II S. 455),

Rentenberater

Ein nicht als Rechtsanwalt zugelassener Rentenberater ist gewerblich tätig und erzielt damit Einkünfte i. S. d. § 15 EStG. Rentenberater dürfen lediglich in einem kleinen Ausschnitt der den Rechtsanwälten möglichen Rechtsberatung tätig werden. Damit ist die Tätigkeit als Rentenberater mit dem Katalogberuf des Rechtsanwalts nicht umfassend vergleichbar. Eine Ähnlichkeit zum Steuerberater oder zum Steuerbevollmächtigten ist ebenfalls nicht gegeben, da diese inhaltlich keine oder nur geringe Überschneidungen bieten.

→ FinMin SH vom 17.2.2012 – VI 302 – S 2245 – 034 – (DStR 2012 S. 1448)

Restaurator, es sei denn, er beschränkt sich auf die Erstellung von Gutachten und Veröffentlichungen und wird daher wissenschaftlich tätig oder die Tätigkeit betrifft ein Kunstwerk, dessen Beschädigung ein solches Ausmaß aufweist, dass seine Wiederherstellung eine eigenschöpferische Leistung des Restaurators erfordert (→ BFH vom 4. 11. 2004 – BStBl 2005 II S. 362),

Rezeptabrechner für Apotheken (→ BFH vom 28. 3. 1974 – BStBl II S. 515),

Rundfunkermittler, der im Auftrag einer Rundfunkanstalt Schwarzhörer aufspürt (→ BFH vom 2. 12. 1998 – BStBl 1999 II S. 534),

Rundfunksprecher entfaltet in der Regel keine künstlerische Tätigkeit (→ BFH vom 20. 6. 1962 – BStBl III S. 385 und vom 24. 10. 1963 – BStBl III S. 589),

Schadensregulierer im Auftrag einer Versicherungsgesellschaft (→ BFH vom 29. 8. 1961 – BStBl III S. 505),

Schiedsrichter: Hinsichtlich der Besteuerung von Zahlungen und Aufwandsentschädigungen an Schiedsrichter und Schiedsrichter-Assistenten für die Leitung von Fußballspielen bitte ich die Auffassung zu vertreten, dass diese Zahlungen als sonstige Einkünfte (§ 22 Nr. 3 EStG) zu erfassen sind, wenn der Einsatz der Schiedsrichter und Schiedsrichter-Assistenten ausschließlich auf nationaler Ebene vom DFB einschließlich der Landes- und Regionalverbände bestimmt wird. Schiedsrichter und Schiedsrichter-Assistenten, die darüber hinaus auch international für die UEFA oder die FIFA oder in anderen ausländischen Ligen (z. B. Stars-League-Katar) eingesetzt werden, erzielen hingegen aus ihrer gesamten Schiedsrichtertätigkeit Einkünfte aus Gewerbebetrieb. Werden Schiedsrichter auch für Werbezwecke tätig, erzielen sie ebenfalls Einkünfte aus Gewerbebetrieb.
→ FinMin SH vom 16. 5. 2011 – VI 307 – S 2240 – 159

Schiffssachverständiger, wenn er überwiegend reine Schadensgutachten (im Unterschied zu Gutachten über Schadens- und Unfallursachen) erstellt (→ BFH vom 21. 3. 1996 – BStBl II S. 518),

Schönheitskönigin, die ihren Titel durch entgeltliche, öffentliche Auftritte verwertet, erzielt hierdurch Einkünfte aus Gewerbebetrieb. Zu ihren Betriebseinnahmen gehören auch Preise, die ihr als Siegerin bei weiteren Schönheitskonkurrenzen verliehen werden (→ FG Rheinland-Pfalz vom 19. 7. 1995 – EFG 1996 S. 52),

Spielerberater von Berufsfußballspielern (→ BFH vom 26. 11. 1998 – BStBl 1999 II S. 167),

Stuntman → FG München vom 16. 5. 2002 (EFG 2002 S. 1176),

Treuhänderische Tätigkeit eines Rechtsanwaltes für Bauherrengemeinschaften (→ BFH vom 1. 2. 1990 – BStBl II S. 534), sowie eines Wirtschaftsprüfers bei einem Immobilienfonds (→ BFH vom 18. 10. 2006 – BStBl 2007 II S. 266),

Vereidigter Kursmakler (→ BFH vom 13. 9. 1955 – BStBl III S. 325),

Versicherungsberater (→ BFH vom 16. 10. 1997 – BStBl 1998 II S. 139),

Versicherungsvertreter, selbständiger; übt auch dann eine gewerbliche Tätigkeit aus, wenn er nur für ein einziges Versicherungsunternehmen tätig sein darf (→ BFH vom 26. 10. 1977 – BStBl 1978 II S. 137),

Versteigerer (→ BFH vom 24. 1. 1957 – BStBl III S. 106),

Vortragswerber (→ BFH vom 5. 7. 1956 – BStBl III S. 255),

Werbeberater (→ BFH vom 16. 1. 1974 – BStBl III S. 293),

Wirtschaftswissenschaftler, der sich auf ein eng begrenztes Tätigkeitsgebiet, z. B. die Aufnahme und Bewertung von Warenbeständen in einem bestimmten Wirtschaftszweig, spezialisiert und diese Tätigkeit im Wesentlichen von zahlreichen Hilfskräften in einem unternehmensartig organisierten Großbüro ausführen lässt (→ BFH vom 28. 11. 1968 – BStBl 1969 II S. 164),

Zolldeklarant (→ BFH vom 21. 9. 1989 – BStBl 1990 II S. 153).

Ähnliche Berufe

– Ob ein ähnlicher Beruf vorliegt, ist durch Vergleich mit einem bestimmten Katalogberuf festzustellen (→ BFH vom 5. 7. 1973 – BStBl II S. 730).

– Ein Beruf ist einem der Katalogberufe ähnlich, wenn er in wesentlichen Punkten mit ihm verglichen werden kann. Dazu gehören die Vergleichbarkeit der **Ausbildung** und der beruflichen **Tätigkeit** (→ BFH vom 12. 10. 1989 – BStBl 1990 II S. 64).

– → Autodidakt

– Der Nachweis **ingenieurähnlicher Tätigkeiten** kann nicht durch die Tätigkeit erbracht werden, die auch anhand von Formelsammlungen und praktischen Erfahrungen ausgeübt werden kann (→ BFH vom 11. 7. 1991 – BStBl II S. 878). Demgegenüber werden an die Breite der Tätigkeit geringere Anforderungen gestellt (→ BFH vom 14. 3. 1991 – BStBl II S. 769). Dies gilt nicht für die dem **beratenden Betriebswirt** ähnlichen Berufe; bei diesen muss sich die Beratungstätigkeit wenigstens auf einen betrieblichen Hauptbereich der Betriebswirtschaft beziehen (→ BFH vom 12. 10. 1989 – BStBl 1990 II S. 64).

– Ein **Hochbautechniker** mit den einem Architekten vergleichbaren theoretischen Kenntnissen übt auch in den Veranlagungszeiträumen eine architektenähnliche Tätigkeit aus, in denen er lediglich als Bauleiter tätig wird (→ BFH vom 12. 10. 1989 – BStBl 1990 II S. 64).

– Ist für die Ausübung des Katalogberufes eine **staatliche Erlaubnis** erforderlich, kann die ohne staatliche **Erlaubnis** entfaltete Tätigkeit nicht ähnlich sein (→ BFH vom 13. 2. 2003 – BStBl II S. 721).

– → Heil- und Heilhilfsberufe

- Eine Vergleichbarkeit der Ausbildung erfordert, dass der Tiefe und der Breite nach das Wissen des Kernbereichs des jeweiligen Fachstudiums nachgewiesen wird. Vertiefte Kenntnisse auf einem Teilgebiet des Fachstudiums reichen für eine freiberufliche Tätigkeit nicht aus (→ BFH vom 18. 4. 2007 – BStBl II S. 781).

Autodidakt

Verfügt der Stpfl. nicht über einen entsprechenden Studienabschluss (Autodidakt), muss er eine diesem vergleichbare Tiefe und Breite seiner Vorbildung nachweisen. Da der Nachweis durch Teilnahme an Kursen oder Selbststudium auch den Erfolg der autodidaktischen Ausbildung mit umfasst, ist dieser Beweis regelmäßig schwer zu erbringen (→ BFH vom 14. 3. 1991 – BStBl II S. 769).

- Der Autodidakt kann aber ausnahmsweise den Nachweis der erforderlichen theoretischen Kenntnisse anhand eigener praktischer Arbeiten erbringen. Hierbei ist erforderlich, dass seine Tätigkeit besonders anspruchsvoll ist und nicht nur der Tiefe, sondern auch der Breite nach zumindest das Wissen des Kernbereichs eines Fachstudiums voraussetzt und den Schwerpunkt seiner Arbeit bildet (→ BFH vom 9. 7. 1992 – BStBl 1993 S. 100). Die praktischen Arbeiten müssen so beschaffen sein, dass aus ihnen auf eine Ausbildung, einen Kenntnisstand und eine Qualifikation geschlossen werden kann, die durch den Kernbereich eines Fachstudiums vermittelt wird (→ BFH vom 11. 8. 1999 – BStBl 2000 II S. 31). Es ist unschädlich, wenn die Kenntnisse in einem Hauptbereich des Fachstudiums unzureichend sind, der Stpfl. jedoch insgesamt eine entsprechende Abschlussprüfung an einer Hochschule, Fachhochschule oder Berufsakademie bestehen würde (→ BFH vom 19. 9. 2002 – BStBl 2003 II S. 27 und vom 28. 8. 2003 – BStBl II S. 919).
- Der Nachweis der erforderlichen theoretischen Kenntnisse kann auch mittels einer Wissensprüfung durch einen Sachverständigen erbracht werden (→ BFH vom 26. 6. 2002 – BStBl II S. 768).
- Ein abgebrochenes Studium reicht zum Nachweis einer autodidaktischen Ausbildung nicht aus (→ BFH vom 4. 5. 2000 – BStBl II S. 616).

Erbauseinandersetzung

Anhang 8 → BMF vom 14. 3. 2006 (BStBl I S. 253).

Erfolgshonorar

Die Vereinbarung eines Erfolgshonorars führt bei Rechtsanwälten nicht zur Umqualifizierung der freiberuflichen in gewerbliche Einkünfte. Dies ergibt sich bereits aus der ergangenen höchstrichterlichen Rechtsprechung (vgl. BFH vom 15. 10. 1981, BStBl 1982 II S. 340). Danach steht der steuerlichen Einordnung der Einnahmen als Einkünfte aus selbstständiger Tätigkeit die – seinerzeit noch standesrechtlich unzulässige – Vereinbarung eines Erfolgshonorars nicht entgegen. Gleiches gilt für Wirtschaftsprüfer, die nach § 55 Abs. 1 i. V. m. § 2 Abs. 3 Nr. 2 WPO eine Vereinbarung schließen, durch welche die Höhe der Vergütung vom Ergebnis ihrer Tätigkeit abhängig gemacht wird (→ OFD Frankfurt vom 25. 1. 2008 – S 2246 A – 32 – St 210).

Erzieherische Tätigkeit

- Eine freiberufliche erzieherische Tätigkeit kann ohne Ablegung einer fachlichen Prüfung ausgeübt werden (→ BFH vom 25. 4. 1974 – BStBl II S. 642). Eine Beratungstätigkeit, die auf Lösung von Problemen in einem bestimmten Teilbereich zwischenmenschlicher Beziehungen gerichtet ist, ist nicht erzieherisch; Voraussetzung jeder erzieherischen Tätigkeit i. S. d. § 18 Abs. 1 Nr. 1 EStG ist, dass die ganze Persönlichkeit geformt wird (→ BFH vom 11. 6. 1997 – BStBl II S. 687).
- Leistet der Stpfl. Erziehungshilfe, indem er die betreuten Kinder zeitweise in seinen Haushalt aufnimmt, erzielt er Einkünfte aus einer freiberuflichen Tätigkeit, wenn die Erziehung der Gesamtheit der Betreuungsleistung das Gepräge gibt (→ BFH vom 2. 10. 2003 – BStBl II 2004 S. 129).

Gemischte Tätigkeit
– Allgemeines
Wird neben einer freiberuflichen eine gewerbliche Tätigkeit ausgeübt, sind die beiden Tätigkeiten steuerlich entweder getrennt oder einheitlich zu behandeln.
– Getrennte Behandlung
Die Tätigkeiten sind zu trennen, sofern dies nach der Verkehrsauffassung möglich ist (→ BFH vom 2. 10. 2003 – BStBl 2004 II S. 363). Betätigt sich eine natürliche Person sowohl gewerblich

als auch freiberuflich und besteht zwischen den Tätigkeiten kein sachlicher und wirtschaftlicher Zusammenhang, werden nebeneinander Einkünfte aus Gewerbebetrieb und aus selbständiger Arbeit erzielt. Aber auch wenn zwischen den Betätigungen gewisse sachliche und wirtschaftliche Berührungspunkte bestehen – also eine gemischte Tätigkeit vorliegt –, sind die Betätigungen regelmäßig getrennt zu erfassen (→ BFH vom 11. 7. 1991 – BStBl 1992 II S. 353). Sind die Einkünfte nicht bereits vom Stpfl. getrennt ermittelt worden, muss eine Trennung ggf. im Wege der Schätzung erfolgen (→ BFH vom 18. 1. 1962 – BStBl III S. 131).

– **Einheitliche Behandlung**

Eine einheitliche Tätigkeit liegt nur vor, wenn die verschiedenen Tätigkeiten derart miteinander verflochten sind, dass sie sich gegenseitig unlösbar bedingen (→ BMF vom 11. 7. 1991 – BStBl 1992 II S. 413). Schuldet ein Stpfl. seinem Auftraggeber einen einheitlichen Erfolg, ist die zur Durchführung des Auftrags erforderliche Tätigkeit regelmäßig als einheitliche zu beurteilen (→ BFH vom 18. 10. 2006 – BStBl 2008 II S. 54). Werden in einem Betrieb nur gemischte Leistungen erbracht, ist der Betrieb danach zu qualifizieren, welche der einzelnen Tätigkeiten der Gesamttätigkeit das Gepräge gibt (→ BFH vom 2. 10. 2003 – BStBl 2004 II S. 363).

Beispiele
– Der Ankauf und Verkauf von Waren ist grundsätzlich der freiberuflichen Tätigkeit derart wesensfremd, dass er zur Gewerblichkeit führt (→ H 15.8 (5) Einheitliche Gesamtbetätigung; → BFH vom 24. 4. 1997 – BStBl II S. 567).
– Werden von Architekten i. V. m. gewerblichen Grundstücksverkäufen Architektenaufträge jeweils in getrennten Verträgen vereinbart und durchgeführt, liegen zwei getrennte Tätigkeiten vor (→ BFH vom 23. 10. 1975 – BStBl 1976 II S. 152).
– → Heil und Heilhilfsberufe
– Ein Rechtsanwalt, der den Vertriebsunternehmen oder Initiatoren von Bauherren-Modellen Interessenten am Erwerb von Eigentumswohnungen nachweist oder entsprechende Verträge vermittelt, ist insoweit nicht freiberuflich tätig (→ BFH vom 1. 2. 1990 – BStBl II S. 534).
– Ist ein Steuerberater für eine Bauherrengemeinschaft als Treuhänder tätig, können einzelne für die Treugeber erbrachte Leistungen, die zu den typischerweise von Steuerberatern ausgeübten Tätigkeiten gehören, als freiberuflich gewertet werden, wenn sie von den gewerblichen Treuhänderleistungen abgrenzbar sind (→ BFH vom 21. 4. 1994 – BStBl II S. 650). Eine getrennte steuerliche Behandlung ist jedoch nicht möglich, wenn ein Steuerberater, der einem Vertriebsunternehmen Interessenten an den Eigentumswohnungen nachweist oder Verträge über den Erwerb vermittelt, Abnehmer bezüglich der Eigentumswohnungen steuerlich berät; die von Vertriebsunternehmen durch Pauschalhonorar mit vergütete Beratung ist Teil der einheitlichen gewerblichen Betätigung (→ BFH vom 9. 3. 1983 – BStBl 1984 II S. 129).
– Ein Wirtschaftsprüfer übt eine gewerbliche Tätigkeit aus, soweit er als Treuhänder bei einem Immobilienfonds tätig wird (→ BFH vom 18. 10. 2006 – BStBl 2007 II S. 266).

Gesellschaft

– Schließen sich Angehörige eines freien Berufs zu einer Personengesellschaft zusammen, haben die Gesellschafter nur dann freiberufliche Einkünfte, wenn alle Gesellschafter, ggf. auch die Kommanditisten, die Merkmale eines freien Berufs erfüllen. Kein Gesellschafter darf nur kapitalmäßig beteiligt sein oder Tätigkeiten ausüben, die keine freiberuflichen sind (→ BFH vom 11. 6. 1985 – BStBl II S. 584 und vom 9. 10. 1986 – BStBl 1987 II S. 124). Dies gilt ungeachtet des Umfangs der Beteiligung (→ BFH vom 28. 10. 2008 – BStBl 2009 II S. 642). Eine Personengesellschaft, die sich aus Angehörigen unterschiedlicher freier Berufe zusammensetzt, ist nicht bereits vom Grundsatz her als gewerbliche Mitunternehmerschaft einzustufen (→ BFH vom 23. 11. 2000 – BStBl 2001 II S. 241). Beratende Bauingenieure können im Rahmen einer GbR, auch wenn sie nur in geringem Umfang tätig werden, eigenverantwortlich tätig sein (→ BFH vom 20. 4. 1989 – BStBl II S. 727). Eine an einer KG als Mitunternehmerin beteiligte GmbH ist selbst dann eine berufsfremde Person, wenn ihre sämtlichen Gesellschafter und ihr Geschäftsführer Angehörige eines freien Berufs sind (→ BFH vom 17. 1. 1980 – BStBl II S. 336 und vom 8. 4. 2008 – BStBl II S. 681). *Das gilt auch dann, wenn die GmbH als alleinige Komplementärin lediglich eine Haftungsvergütung erhält, am Vermögen und Gewinn der KG nicht teilhat und von der Geschäftsführung ausgeschlossen ist (→ BFH vom 10. 10. 2012 – BStBl 2013 II S. 79).*
– Ein an einer interprofessionellen Freiberufler-Personengesellschaft beteiligter Volks- oder Betriebswirt, der dort lediglich kaufmännische Leitungsaufgaben oder sonstige Managementtätigkeiten übernimmt, ist nicht beratend und damit nicht freiberuflich tätig (→ BFH vom 28. 10. 2008 – BStBl 2009 II S. 642).
– Eine Personengesellschaft entfaltet keine freiberufliche Tätigkeit, wenn sie als Holdinggesellschaft geschäftsleitende, kontrollierende und koordinierende kaufmännische Funktionen inner-

halb einer Gruppe von freiberuflichen Unternehmen wahrnimmt (→ BFH vom 28. 10. 2008 –
BStBl 2009 II S. 647).

– Üben Personengesellschaften auch nur zum Teil eine gewerbliche Tätigkeit aus, so ist ihr
gesamter Betrieb als gewerblich zu behandeln → R 15.8 (5). Zur steuerrechtlichen Behandlung
des Verkaufs von Kontaktlinsen nebst Pflegemitteln, von Mundhygieneartikeln sowie von Tierarzneimitteln durch ärztliche Gemeinschaftspraxen → BMF vom 14. 5. 1997 (BStBl S. 566)[1]). Zur
steuerrechtlichen Anerkennung der Ausgliederung der gewerblichen Tätigkeit auf eine personenidentische Gesellschaft (Schwestergesellschaft) → auch BFH vom 19. 2. 1998 (BStBl II
S. 603).

– Bei mehrstöckigen Personengesellschaften entfaltet die Untergesellschaft nur dann eine freiberufliche Tätigkeit, wenn neben den unmittelbar beteiligten Gesellschaftern auch sämtliche
Gesellschafter der Obergesellschaft die Merkmale des freien Berufs erfüllen und als solche in
der Untergesellschaft tätig sind (→ BFH vom 28. 10. 2008 – BStBl 2009 II S. 642).

→ auch: FinMin SH vom 28. 11. 2012 – VI 307 – S 2241 – 333:

Eine Obergesellschaft ist an mehreren Untergesellschaften beteiligt. Daneben sind die Obergesellschafter (ausschließlich Berufsträger i. S. d. § 18 Abs. 1 Nr. 1 EStG) an jeweils einer oder
mehreren Untergesellschaften auch unmittelbar beteiligt und werden dort freiberuflich tätig.
Jedoch ist nicht jeder Obergesellschafter an jeder Untergesellschaft unmittelbar beteiligt oder
dort tätig wird.

Die Obergesellschaft selbst erbringt freiberufliche Leistungen an die Untergesellschaften.
Daneben betreuen die Obergesellschafter einige eigene Mandate. Die weiteren unmittelbaren
Gesellschafter der Untergesellschaften (Nur-Untergesellschafter) sind ebenfalls Berufsträger
i. S. d. § 18 Abs. 1 Nr. 1 EStG.

Ich bitte hierzu folgende Auffassung zu vertreten:

Die Möglichkeit einer doppelstöckigen freiberuflichen Personengesellschaft ist grundsätzlich
anerkannt (BFH vom 28.10.2008 (BStBl 2009 II S. 642).

Allerdings müssen sämtliche Untergesellschafter die Merkmale des freien Berufs erfüllen. Da
die Obergesellschaft selbst diese Merkmale nicht erfüllen kann, ist zur Anerkennung einer
doppelstöckigen Freiberufler-Personengesellschaft zu fordern, dass auch alle mittelbar an der
Untergesellschaft beteiligten Gesellschafter der Obergesellschaft die Tatbestandsmerkmale
des i. S. d. § 18 Abs. 1 Nr. 1 EStG erfüllen. Denn freiberufliche Einkünfte können nicht allein
durch das Halten einer unmittelbaren oder mittelbaren Beteiligung, sondern immer nur
dadurch erzielt werden, dass der Steuerpflichtige durch eigene Tätigkeit die Merkmale des
freien Berufs in seiner Person erfüllt. Weil jeder Gesellschafter eigenverantwortlich und leitend tätig sein muss, ist zur Anerkennung einer doppelstöckigen Freiberufler-Personengesellschaft weiter zu verlangen, dass alle Obergesellschafter – zumindest in geringfügigem
Umfang – in der Untergesellschaft leitend und eigenverantwortlich mitarbeiten (BFH vom
28. 10. 2008, a. a. O., Rdnr. 26).

An einer Untergesellschaft nur mittelbar Beteiligte, die dort nicht tätig werden, sind insoweit
als berufsfremde Personen anzusehen und können deshalb aus dieser mittelbaren Beteiligung
auch keine freiberuflichen Einkünfte beziehen (BFH vom 28. 10. 2008, a. a. O., Rdnr. 36). Dies
hat zur Folge, dass die Untergesellschaft gewerblich infiziert wird. Aufgrund der Gewerblichkeit der Untergesellschaft wird auch die Obergesellschaft gewerblich infiziert (§ 15 Abs. 3
Nr. 1 zweite Alternative EStG).

– Stellen ein Kameramann und ein Tontechniker als Gesellschafter einer Personengesellschaft für
Fernsehanstalten mit Originalton unterlegtes Filmmaterial über aktuelle Ereignisse her, sind sie
als Bildberichterstatter freiberuflich i. S. d. § 18 Abs. 1 Nr. 1 EStG tätig (→ BFH vom 20. 12. 2000
– BStBl 2002 II S. 478).

Heil- und Heilhilfsberufe

– Betreibt ein Arzt ein **Krankenhaus**, so liegt eine freiberufliche Tätigkeit vor, wenn es ein notwendiges Hilfsmittel für die ärztliche Tätigkeit darstellt und aus dem Krankenhaus ein besonderer Gewinn nicht angestrebt wird (→ RFH vom 15. 3. 1939 – RStBl S. 853). Entsprechendes gilt
hinsichtlich einer von einem Arzt oder von einem Heilpraktiker, Physiotherapeuten (Krankengymnasten), Heilmasseur betriebenen **medizinischen Badeanstalt** (→ BFH vom 26. 11. 1970 –
BStBl 1971 II S. 249).

– Ist eine von einem Arzt betriebene Klinik, ein Kurheim oder Sanatorium ein gewerblicher
Betrieb, gehören grundsätzlich auch seine im Rahmen dieses Betriebes erzielten Einnahmen
aus ärztlichen Leistungen zu den Einnahmen aus Gewerbebetrieb, wenn ein ganzheitliches
Heilverfahren praktiziert wird, für das ein einheitliches Entgelt zu entrichten ist (→ BFH vom
12. 11. 1964 – BStBl III 1965 S. 90). Ein Arzt, der eine Privatklinik betreibt, erzielt jedoch dann
gewerbliche Einkünfte aus dem Betrieb der Klinik und freiberufliche Einkünfte aus den von

ihm erbrachten stationären ärztlichen Leistungen, wenn die Leistungen der Klinik einerseits und die ärztlichen Leistungen andererseits gesondert abgerechnet werden und sich nicht gegenseitig unlösbar bedingen (→ BFH vom 2. 10. 2003 – BStBl 2004 II S. 363). Das gilt entsprechend, wenn der Betrieb einer medizinischen Badeanstalt als Gewerbebetrieb anzusehen ist.

– Zur Frage der Abgrenzung der freiberuflichen von der gewerblichen Tätigkeit bei der Abgabe von **Impfstoffen** durch Ärzte → BMF vom 17. 2. 2000 (DStR 2000 S. 730):

Die Abgabe von Impfstoffen im Rahmen der Durchführung von Impfungen durch Ärzte ist unselbständiger Teil der ärztlichen Heilbehandlung. Für diese Beurteilung ist es unbeachtlich, dass der Impfstoff in der Rechnung als gesonderte Position ausgewiesen wird. Hierfür sind folgende Gründe maßgebend:

Der Stpfl. kann sowohl gewerblich als auch freiberuflich tätig sein und infolgedessen nebeneinander Einkünfte aus Gewerbebetrieb und aus selbständiger Arbeit erzielen, wenn zwischen den Betätigungen kein sachlicher und wirtschaftlicher Zusammenhang besteht. Eine einheitliche Erfassung ist jedoch dann geboten, wenn die Betätigungen sich gegenseitig bedingen und derart miteinander verflochten sind, dass insoweit nach der Verkehrsauffassung ein einheitlicher Betrieb anzunehmen ist. Die steuerliche Einstufung dieses Betriebs hängt davon ab, ob das freiberufliche oder gewerbliche Element vorherrscht (BFH vom 11. 7. 1991 – BStBl 1992 II S. 413). Schuldet ein Stpfl. gegenüber seinem Auftraggeber einen einheitlichen Erfolg, so ist auch die zur Durchführung des Auftrages erforderliche Tätigkeit regelmäßig als einheitliche Tätigkeit zu beurteilen (BFH vom 24. 4. 1997 – BStBl II S. 567).

Nach dem BMF-Schreiben vom 10. 7. 1969 (BStBl I S. 373) gehören zu den Heilberufen die Tätigkeiten, die Krankheiten vorbeugen sowie Krankheiten, Leiden oder Körperschäden feststellen, heilen oder lindern sollen. Die Verwendung von Impfstoffen steht im engen sachlichen und wirtschaftlichen Zusammenhang mit der Durchführung von Impfungen als Heilbehandlung der gemäß § 18 Abs. 1 Nr. 1 EStG freiberuflich tätigen Ärzte. In diesem Zusammenhang ist die Abgabe der Impfstoffe unselbständiger Teil der Heilbehandlung, auch wenn hierfür ein gesonderter Posten in der Rechnung ausgewiesen wird.

Demgegenüber ist die Abgabe von Impfstoffen ohne Durchführung der entsprechenden Impfung der freiberuflichen Tätigkeit wesensfremd, so dass insoweit gewerbliche Einkünfte vorliegen (vgl. BFH-Urteil vom 24. 4. 1997 – BStBl 1997 II S. 567).

– Die Einkünfte niedergelassener Ärzte (Gemeinschaftspraxen) aus der entgeltlichen Überlassung **medizinischer Großgeräte** an Krankenhäuser sind nicht als Einkünfte aus Gewerbebetrieb zu behandeln, selbst dann nicht, wenn in dem Nutzungsentgelt ein Gewinnaufschlag enthalten ist. Dies gilt ebenfalls bei einer entgeltlichen Nutzungsüberlassung an nichtbeteiligte Ärzte unter der Voraussetzung, dass keine zusätzlichen Dienstleistungen erbracht werden.
→ OFD Frankfurt vom 17. 5. 2006 (DB 2006, S. 1347)

– **Integrierte Versorgung** → Gesellschaft
  – Bei ärztlichen Gemeinschaftspraxen kommt es in Fällen der **integrierten Versorgung** (§ 140a ff. SGB V) zu einer gewerblichen Infizierung (§ 15 Abs. 3 Nr. 1 EStG), sofern die Geringfügigkeitsgrenze von 1,25 % überschritten ist (→ BMF vom 1. 6. 2006, IV B 2 – S 2240 – 33/06, DStR 2006, S. 1891).
  – Ferner → OFD Frankfurt vom 31. 5. 2012 (DB 2012 S. 1538):

Werden in einer Gemeinschaftspraxis außer der freiberuflichen Tätigkeit auch gewerbliche Tätigkeiten ausgeübt, gilt nach § 15 Abs. 3 Nr. 1 EStG die gesamte gemeinschaftliche Tätigkeit als Gewerbebetrieb. Dieser Grundsatz ist auch in den Fällen der integrierten Versorgung bei Gemeinschaftspraxen zu beachten.

Nach § 140a ff. SGB V werden bei integrierter Versorgung zwischen dem Arzt und der Krankenkasse Verträge abgeschlossen, nach denen die Krankenkasse dem Arzt für die Behandlung der Patienten Fallpauschalen zahlt, die sowohl die medizinische Betreuung als auch die Abgabe von Arzneien und Hilfsmitteln abdeckt. Diese Pauschalen umfassen damit Vergütungen sowohl für freiberufliche als auch für gewerbliche Tätigkeiten. Werden diese Fallpauschalen mit Gemeinschaftspraxen vereinbart, kommt es aufgrund des gewerblichen Anteils (Abgabe von Arzneien und Hilfsmitteln) nach Auffassung der Vertreter der obersten Finanzbehörden der Länder zu einer gewerblichen Infizierung im Sinne von § 15 Abs. 3 Nr. 1 EStG der gesamten Einkünfte der Gemeinschaftspraxis. Dies gilt auch für die Abgabe von sogen. Faktorpräparaten nach § 47 Abs. 1 Nr. 2 Buchst. a des Arzneimittelgesetzes (AMG) durch ärztliche Gemeinschaftspraxen an Bluter zur Heimselbstbehandlung.

Dabei ist jedoch die vom BFH mit Urteil vom 11. 8. 1999, XI R 2/98 (BStBl 2000 II S. 229) aufgestellte Geringfügigkeitsgrenze zu beachten, so dass es zu einer gewerblichen Infizierung der gesamten Tätigkeit der Gemeinschaftspraxen nur dann kommt, wenn der Anteil der originär gewerblichen Tätigkeit mehr als 1,25 % beträgt. Zur Ermittlung dieser Grenze ist der Umsatz aus der Abgabe von Arzneien und Hilfsmitteln, der anhand der Einkaufspreise ermittelt werden kann, da insoweit kein Gewinn angestrebt wird, dem Gesamtumsatz der Gemeinschaftspraxis gegenüber zu stellen.

Bei Überschreiten der Geringfügigkeitsgrenze kann die gewerbliche Infektion durch die Gründung einer beteiligungsidentischen Schwesterpersonengesellschaft, die die gewerbliche Betätigung der Gemeinschaftspraxis übernimmt, vermieden werden.

Werden im Rahmen der integrierten Versorgung jedoch Hilfsmittel verwendet, ohne deren Einsatz die ärztliche Heilbehandlung nicht möglich wäre, wie z. B. bei Einsatz künstlicher Hüftgelenke, künstlicher Augenlinsen sowie sonstiger Implantate und Verbrauchsmaterialien, so sind diese derart eng mit der eigentlichen Behandlung verbunden, dass deren Abgabe nicht selbständig betrachtet werden kann, sondern als Bestandteil der ärztlichen Gesamtleistung gesehen werden muss. Insoweit erbringt der Arzt eine einheitliche, heilberufliche Leistung, bei der die Abgabe von Hilfsmitteln und Medikamenten einen unselbständigen Teil der Heilbehandlung darstellt und eine gewerbliche Tätigkeit, die eine gewerbliche Infizierung herbeiführen würde, nicht gegeben ist.

– **Tierärzte**, die **Medikamente oder Impfstoffe** gegen Entgelt abgeben, sind gewerblich tätig (→ BFH vom 1. 2. 1979 – BStBl II S. 574 und vom 27. 7. 1978 – BStBl II S. 686 sowie BMF vom 14. 5. 1997 – BStBl I S. 566).

– Der Verkauf von **Kontaktlinsen nebst Pflegemitteln** und von **Mundhygieneartikeln** ist eine gewerbliche Tätigkeit (→ BMF vom 14. 5. 1997 – BStBl I S. 566).[1]

– Soweit Heil- oder Heilhilfsberufe nicht zu den Katalogberufen zählen, ist ein solcher Beruf einem der in § 18 Abs. 1 Nr. 1 Satz 2 EStG genannten **Katalogberufe ähnlich**, wenn das typische Bild des Katalogberufs mit seinen wesentlichen Merkmalen dem Gesamtbild des zu beurteilenden Berufs vergleichbar ist. Dazu gehören die Vergleichbarkeit der jeweils ausgeübten Tätigkeit nach den sie charakterisierenden Merkmalen, die Vergleichbarkeit der Ausbildung und die Vergleichbarkeit der Bedingungen, an die das Gesetz die Ausübung des zu vergleichenden Berufs knüpft.

Abweichend von den vorgenannten Grundsätzen stellt die Zulassung der jeweiligen Stpfl. oder die regelmäßige Zulassung seiner Berufsgruppe nach § 124 Abs. 2 SGB V durch die zuständigen Stellen der gesetzlichen Krankenkassen ein ausreichendes Indiz für das Vorliegen einer dem Katalogberuf des Krankengymnasten ähnlichen Tätigkeit dar. Fehlt es an dieser Zulassung, kann durch ein Gutachten nachgewiesen werden, ob die Ausbildung, die Erlaubnis und die Tätigkeit des Stpfl. mit den Erfordernissen des § 124 Abs. 2 Satz 1 Nr. 1 bis 3 SGB V vergleichbar sind (→ BMF vom 22. 10. 2004 – BStBl I S. 1030).

Künstlerische Tätigkeit

– Eine künstlerische Tätigkeit liegt vor, wenn die Arbeiten nach ihrem Gesamtbild **eigenschöpferisch** sind und über eine hinreichende Beherrschung der Technik hinaus eine bestimmte **künstlerische Gestaltungshöhe** erreichen (→ BFH vom 11. 7. 1991 – BStBl 1992 II S. 353). Dabei ist nicht jedes einzelne von dem Künstler geschaffene Werk für sich, sondern die gesamte von ihm im VZ ausgeübte Tätigkeit zu würdigen (→ BFH vom 11. 7. 1960 – BStBl III S. 453).

– Auch das BVerfG sieht das Wesentliche der künstlerischen Betätigung in der freien schöpferischen Gestaltung, in der Eindrücke, Erfahrungen und Erlebnisse des Künstlers durch das Medium einer bestimmten Formensprache zu unmittelbarer Anschauung gebracht werden (Entscheidungen vom 24. 2. 1971, BVerfGE 30, 173, 188 f.; vom 17. 7. 1984, BVerfGE 67, 213). Für die insoweit zu treffende Entscheidung ist der allgemeinen Verkehrsauffassung besonderes Gewicht beizulegen (→ BFH vom 14. 8. 1980 – BStBl 1981 II S. 21). Zur Frage, ob das Kriterium der künstlerischen Gestaltungshöhe zur Abgrenzung von Kunst und Nichtkunst i. S. d. § 18 Abs. 1 mit Art. 5 Abs. 3 GG vereinbar ist → BFH vom 23. 9. 1998 – BFH/NV 1999 S. 460.

– Im Übrigen ist aber bei der Entscheidung der Frage, ob ein bisher freiberuflich Tätiger Gewerbetreibender wird, nicht auf die möglicherweise besonders gelagerten Umstände eines einzelnen VZ abzustellen, sondern zu prüfen, ob die **allgemeine Tendenz** zur Entwicklung eines Gewerbebetriebes hingeht (→ BFH vom 24. 7. 1969 – BStBl 1970 II S. 86).

– Da die künstlerische Tätigkeit in besonderem Maße **persönlichkeitsbezogen** ist, kann sie als solche nur anerkannt werden, wenn der Künstler auf sämtliche zur Herstellung eines Kunstwerks erforderlichen Tätigkeiten den entscheidenden gestaltenden Einfluss ausübt (→ BFH vom 2. 12. 1980 – BStBl 1981 II S. 170).

– Zum Verfahren bei Vorliegen einander widersprechender **Gutachten** (→ BFH vom 11. 7. 1991 – BStBl II S. 889).

---

[1] Anm.: Abdruck → H 15.8 (5) (Ärztliche Gemeinschaftspraxen).

– Die Tätigkeit des Entwerfens von Motiven, die auf spezielle farbige Klebefolien übertragen und mittels dieser Folien auf Kraftfahrzeuge geklebt werden, damit diese sich individuell von anderen Kraftfahrzeugen abheben, ist eine gewerbliche und keine selbständig ausgeübte künstlerische Tätigkeit (→ FG Hamburg vom 8. 6. 1995 – EFG S. 1020).

– Einnahmen eines populären Schauspielers aus der Mitwirkung bei der Herstellung von Werbefotografien sind auch dann den Einkünften aus Gewerbebetrieb zuzurechnen, wenn dieser über die Erfüllung seiner vertraglichen Verpflichtung als Fotomodell hinaus, die Gestaltung der Werbeaufnahmen selbst tatsächlich künstlerisch beeinflussen konnte. Darauf, ob die Werbefotografien als solche den Rang von Kunstwerken beanspruchen können, kommt es in diesem Zusammenhang nicht an (→ BFH vom 15. 10. 1998 – BFH/NV 1999 S. 465).

Laborleistungen

– → BMF vom 12. 2. 2009 (BStBl I S. 398)
– → Mithilfe anderer Personen

Mitarbeit eines angestellten Berufsträgers

Betreuen ein selbständig tätiger und ein angestellter Ingenieur jeweils einzelne Projekte eigenverantwortlich und leitend, ist trotz der gleichartigen Tätigkeit eine – ggf. im Schätzungswege vorzunehmende – Aufteilung der Einkünfte nicht ausgeschlossen mit der Folge, dass die vom Unternehmensinhaber selbst betreuten Projekte der freiberuflichen Tätigkeit zuzuordnen sind, und nur die von dem Angestellten betreuten Projekte zu gewerblichen Einkünften führen (→ BFH vom 8. 10. 2008 – BStBl 2009 II S. 143).

Mithilfe anderer Personen

Fachlich vorgebildete Arbeitskräfte sind nicht nur Angestellte, sondern auch Subunternehmer (→ BFH vom 23. 5. 1984 – BStBl II S. 823 und vom 20. 12. 2000 – BStBl 2002 II S. 478). Die Beschäftigung von fachlich vorgebildeten Mitarbeitern steht der Annahme einer freiberuflichen Tätigkeit nicht entgegen, wenn der Berufsträger auf Grund eigener Fachkenntnisse **leitend** tätig wird und auch hinsichtlich der für den Beruf typischen Tätigkeit **eigenverantwortlich** mitwirkt (→ BFH vom 1. 2. 1990 – BStBl II S. 507); im Fall eines Schulleiters genügt es, dass er eigenständig in den Unterricht anderer Lehrkräfte eingreift, indem er die Unterrichtsveranstaltungen mitgestaltet und ihnen damit den **Stempel seiner Persönlichkeit** gibt (→ BFH vom 23. 1. 1986 – BStBl II S. 398). Die leitende und eigenverantwortliche Tätigkeit des Berufsträgers muss sich auf die **Gesamttätigkeit** seiner Berufspraxis erstrecken; es genügt somit nicht, wenn sich die auf persönlichen Fachkenntnissen beruhende Leitung und eigene Verantwortung auf einen Teil der Berufstätigkeit beschränkt (→ BFH vom 5. 12. 1968 – BStBl 1969 II S. 165). Freiberufliche Arbeit leistet der Berufsträger nur, wenn die Ausführung jedes Einzelnen ihm erteilten Auftrags ihm und nicht dem fachlichen Mitarbeiter, den Hilfskräften, den technischen Hilfsmitteln oder dem Unternehmen als Ganzem zuzurechnen ist, wobei in einfachen Fällen eine fachliche Überprüfung der Arbeitsleistung des Mitarbeiters genügt (→ BFH vom 1. 2. 1990 – BStBl II S. 507). Danach ist z. B. in den folgenden Fällen eine **gewerbliche Tätigkeit** anzunehmen:

– Ein Stpfl. unterhält ein **Übersetzungsbüro**, ohne dass er selbst über Kenntnisse in den Sprachen verfügt, auf die sich die Übersetzungstätigkeit erstreckt.

– Ein **Architekt** befasst sich vorwiegend mit der Beschaffung von Aufträgen und lässt die fachliche Arbeit durch Mitarbeiter ausführen.

– Ein **Ingenieur** beschäftigt fachlich vorgebildete Arbeitskräfte und übt mit deren Hilfe eine Beratungstätigkeit auf mehreren Fachgebieten aus, die er nicht beherrscht oder nicht leitend bearbeitet (→ BFH vom 11. 9. 1968 – BStBl II S. 820).

→ auch Mitarbeit eines angestellten Berufsträgers

– Ein Stpfl. betreibt eine **Fahrschule**, besitzt jedoch nicht die Fahrlehrererlaubnis (→ BFH vom 4. 10. 1966 – BStBl III S. 685).

– Ein Stpfl. ist Inhaber einer **Privatschule** und beschäftigt eine Anzahl von Lehrkräften, ohne durch eigenen Unterricht sowie durch das Mitgestalten des Mitgestalten des Unterrichts anderer Lehrkräfte erteilten Unterrichts eine überwiegend eigenverantwortliche Unterrichtstätigkeit auszuüben (→ BFH vom 6. 11. 1969 – BStBl 1970 II S. 214 und vom 13. 12. 1973 – BStBl 1974 II S. 213); das Gleiche gilt für **Reitunterricht** auf einem Reiterhof → BFH vom 16. 11. 1978 (BStBl 1979 II S. 246).

– Ein **Facharzt für Laboratoriumsmedizin** hat nicht ausreichend Zeit für die persönliche Mitwirkung am einzelnen Untersuchungsauftrag (→ BFH vom 21. 3. 1995 – BStBl II S. 732).

– Ein **Krankenpfleger** überlässt Pflegeleistungen weitgehend seinen Mitarbeitern (→ BFH vom 5. 6. 1997 – BStBl II S. 681).

– Ein **Bildberichterstatter** gibt Aufträge an andere Kameraleute und Tontechniker weiter, ohne insoweit auf die Gestaltung des Filmmaterials Einfluss zu nehmen (→ BFH vom 20. 12. 2000 – BStBl 2002 II S. 478).

Der Berufsträger darf weder die Leitung noch die Verantwortlichkeit einem Geschäftsführer oder Vertreter übertragen. Eine leitende und eigenverantwortliche Tätigkeit ist jedoch dann noch gegeben, wenn ein Berufsträger nur **vorübergehend**, z. B. während einer Erkrankung, eines Urlaubs oder der Zugehörigkeit zu einer gesetzgebenden Körperschaft oder der Mitarbeit in einer Standesorganisation, seine Berufstätigkeit nicht selbst ausüben kann.

Diese Grundsätze gelten bei den Einkünften nach § 18 Abs. 1 Nr. 3 EStG entsprechend (→ BFH vom 15. 12. 2010 – BStBl 2011 II S. 506 und vom 26. 1. 2011 – BStBl II S. 498).

Rechts- und wirtschaftsberatende Berufe

– Zu der freien Berufstätigkeit eines Wirtschaftsprüfers, vereidigten Buchprüfers, Steuerberaters, Steuerbevollmächtigten usw. können auch die Prüfungen der laufenden Eintragungen in den Geschäftsbüchern, die Prüfung der Inventur, die Durchführung des Hauptabschlusses und die Aufstellung der Steuererklärungen gehören. Die Bücherführung für andere Personen, z. B. durch einen Steuerberater oder einen Steuerbevollmächtigten, ist ebenfalls grundsätzlich eine freiberufliche Tätigkeit (→ RFH vom 8. 3. 1939 – RStBl S. 577 und BFH vom 12. 9. 1951 – BStBl III S. 197).

– → Gemischte Tätigkeit

Schriftstellerische Tätigkeit

– Ein Schriftsteller muss für die Öffentlichkeit schreiben und es muss sich um den Ausdruck eigener Gedanken handeln, mögen sich diese auch auf rein tatsächliche Vorgänge beziehen. Es ist nicht erforderlich, dass das Geschriebene einen wissenschaftlichen oder künstlerischen Inhalt hat. Der Schriftsteller braucht weder Dichter noch Künstler noch Gelehrter zu sein (→ BFH vom 14. 5. 1958 – BStBl III S. 316).

– Die selbständige Entwicklung von Softwarelernprogrammen ist dann eine schriftstellerische Tätigkeit, wenn eigene Gedanken verfasst werden und die Programme für die Öffentlichkeit bestimmt sind (→ BFH vom 10. 9. 1998 – BStBl 1999 II S. 215).

– Das Verfassen von Anleitungen zum Umgang mit technischen Geräten ist eine schriftstellerische Tätigkeit, wenn der auf der Grundlage mitgeteilter Daten erstellte Text als eine eigenständige gedankliche Leistung des Autors erscheint (→ BFH vom 25. 4. 2002 – BStBl II S. 475).

Sonstige selbständige Arbeit

– Eine Tätigkeit ist auch eine sonstige selbständige Arbeit i. S. d. § 18 Abs. 1 Nr. 3 EStG, wenn sie den dort aufgeführten Tätigkeiten (Vollstreckung von Testamenten, Vermögensverwaltung, Tätigkeit als Aufsichtsratsmitglied) ähnlich ist (→ BFH vom 28. 8. 2003 – BStBl 2004 II S. 112).

– Eine Tätigkeit als **Aufsichtsratsmitglied** i. S. d. § 18 Abs. 1 Nr. 3 EStG übt derjenige aus, der mit der Überwachung der Geschäftsführung einer Gesellschaft beauftragt ist. Dies ist dann nicht der Fall, wenn vom Beauftragten im Wesentlichen Aufgaben der Geschäftsführung wahrgenommen werden (→ BFH vom 28. 8. 2003 – BStBl 2004 II S. 112).

– Einkünfte aus einer Tätigkeit als Insolvenzverwalter oder aus der Zwangsverwaltung von Liegenschaften gehören, auch wenn sie von Rechtsanwälten erzielt werden, grundsätzlich zu den Einkünften aus sonstiger selbständiger Arbeit i. S. d. § 18 Abs. 1 Nr. 3 EStG (→ BFH vom 15. 12. 2010 – BStBl 2011 II S. 506).

– Bei den Einkünften aus sonstiger selbständiger Arbeit i. S. v. § 18 Abs. 1 Nr. 3 EStG ist § 18 Abs. 1 Nr. 1 Satz 3 und 4 EStG entsprechend anzuwenden (→ BFH vom 15. 12. 2010 – BStBl 2011 II S. 506 und vom 26. 1. 2011 – BStBl II S. 498).

Unterrichtende Tätigkeit

Der Betrieb einer **Unterrichtsanstalt** ist dann als Ausübung eines freien Berufs anzusehen, wenn der Inhaber über entsprechende Fachkenntnisse verfügt und den Betrieb der Schule eigenverantwortlich leitet (→ Mithilfe anderer Personen). Für eine spezifisch individuelle Leistung, wie es die Lehrtätigkeit ist, gelten dabei **besonders enge Maßstäbe** (→ BFH vom 1. 4. 1982 – BStBl II S. 589).

Ein der Schule angeschlossenes **Internat** rechnet zur freiberuflichen Tätigkeit, wenn das Internat ein notwendiges Hilfsmittel für die Schule ist und das Internat keine besondere Gewinnquelle neben der Schule bildet (→ BFH vom 30. 6. 1964 – BStBl III S. 630). Für die Behandlung der beiden Betriebe als gemischte Tätigkeit und ihre getrennte steuerliche Behandlung (→ Gemischte Tätigkeit). Eine freiberufliche erzieherische Tätigkeit kann ohne Ablegung einer fachlichen Prüfung ausgeübt werden (→ BFH vom 25. 4. 1974 – BStBl II S. 642).

Der Betrieb eines **Fitness-Studios** stellt keine unterrichtende Tätigkeit dar, wenn sich die persönliche Betreuung der Kunden im Wesentlichen auf die Einweisung in die Handhabung der Geräte und die Überwachung des Trainings in Einzelfällen beschränkt (→ BFH vom 13. 1. 1994 – BStBl II S. 362). Dies gilt auch bei einem **Bodybuilding-Studio**, wenn die unterrichtende Tätigkeit nur die Anfangsphase der Kurse prägt und im Übrigen den Kunden Trainingsgeräte zur freien Verfügung stehen (→ BFH vom 18. 4. 1996 – BStBl II S. 573).

Der Betrieb einer **Tanzschule** durch eine GbR ist gewerblich, wenn diese auch einen Getränkeverkauf mit Gewinnerzielungsabsicht betreibt (→ BFH vom 18. 5. 1995 – BStBl II S. 718).

Verpachtung nach Erbfall

Das Ableben eines Freiberuflers führt weder zu einer Betriebsaufgabe noch geht das der freiberuflichen Tätigkeit dienende Betriebsvermögen durch den Erbfall in das Privatvermögen der Erben über (→ BFH vom 14. 12. 1993 – BStBl 1994 II S. 922). Die vorübergehende Verpachtung einer freiberuflichen Praxis durch den Erben oder Vermächtnisnehmer führt dann nicht zur Betriebsaufgabe, wenn er im Begriff ist, die für die beabsichtigte Praxisfortführung erforderliche freiberufliche Qualifikation zu erlangen (→ BFH vom 12. 3. 1992 – BStBl 1993 II S. 36).

Wissenschaftliche Tätigkeit

Wissenschaftlich tätig wird nicht nur, wer schöpferische oder forschende Arbeit leistet – reine Wissenschaft –, sondern auch, wer das aus der Forschung hervorgegangene Wissen und Erkennen auf konkrete Vorgänge anwendet – angewandte Wissenschaft –. Keine wissenschaftliche Tätigkeit liegt vor, wenn sie im Wesentlichen in einer praxisorientierten Beratung besteht (→ BFH vom 27. 2. 1992 – BStBl II S. 826).

15.7. Abgrenzung des Gewerbebetriebs von der Vermögensverwaltung

R 15.7

Allgemeines

R 15.7 (1)

S 2240

(1) [1]Die bloße Verwaltung eigenen Vermögens ist regelmäßig keine gewerbliche Tätigkeit. [2]Vermögensverwaltung liegt vor, wenn sich die Betätigung noch als Nutzung von Vermögen im Sinne einer Fruchtziehung aus zu erhaltenden Substanzwerten darstellt und die Ausnutzung substantieller Vermögenswerte durch Umschichtung nicht entscheidend in den Vordergrund tritt. [3]Ein Gewerbebetrieb liegt dagegen vor, wenn eine selbständige nachhaltige Betätigung mit Gewinnabsicht unternommen wird, sich als Beteiligung am allgemeinen wirtschaftlichen Verkehr darstellt und über den Rahmen einer Vermögensverwaltung hinausgeht. [4]Die Verpachtung eines Gewerbebetriebs ist grundsätzlich nicht als Gewerbebetrieb anzusehen → aber R 16 Abs. 5[1)].

Hinweise

H 15.7 (1)

Beginn der Betriebsverpachtung

Verfahren → BFH vom 13. 11. 1963 (BStBl 1964 III S. 124)
→ Oberste Finanzbehörden der Länder (BStBl 1965 II S. 4ff.)

I

Betriebsaufspaltung/Gewerblicher Grundstückshandel

Gehört ein Grundstück zum Betriebsvermögen (Umlaufvermögen) eines gewerblichen Grundstückshandels und wird im Rahmen einer Betriebsaufspaltung als eine wesentliche Betriebsgrundlage an ein Betriebsunternehmen vermietet, wird das Grundstück unter Fortführung des Buchwerts notwendiges Betriebsvermögen (Anlagevermögen) bei dem Besitzunternehmen (→ BFH vom 21. 6. 2001 – BStBl 2002 II S. 537).

Darlehen

Es liegt ein Gewerbebetrieb und nicht private Vermögensverwaltung vor, wenn ein Privatmann unter Einschaltung einer spezialisierten Maklerfirma in einer Vielzahl von Fällen an einen

---

[1)] *Jetzt § 16 Abs. 3b EStG.*

bestimmten Markt Darlehen vergibt und sich hierzu auch refinanziert (→ FG Köln vom 4. 7. 1995 – EFG 1995 S. 1019).

Einkunftsermittlung

Bei im Betriebsvermögen gehaltenen Beteiligungen an vermögensverwaltenden Personengesellschaften → BMF vom 29. 4. 1994 (BStBl I S. 282), vom 27. 12. 1996 (BStBl I S. 1521) und vom 8. 6. 1999 (BStBl I S. 592) und → BFH vom 11. 4. 2005 (BStBl II S. 679).

Gewerblicher Grundstückshandel

– → BMF vom 26. 3. 2004 (BStBl I S. 434)

Anhang 11

– Veräußert der Alleingesellschafter-Geschäftsführer einer GmbH ein von ihm erworbenes unaufgeteiltes Mehrfamilienhaus an die GmbH, die er zur Aufteilung bevollmächtigt und die die entstandenen vier Eigentumswohnungen noch im selben Jahr an verschiedene Erwerber veräußert, könnten die Aktivitäten der GmbH nur dem Anteilseigner zugerechnet werden, wenn die Voraussetzungen eines Gestaltungsmissbrauchs vorliegen. Für einen Gestaltungsmissbrauch kann insbesondere neben weiteren Umständen sprechen, dass die Mittel für den an den Anteilseigner zu entrichtenden Kaufpreis zu einem erheblichen Teil erst aus den Weiterverkaufserlösen zu erbringen sind (→ BHF vom 18. 3. 2004 – BStBl I S. 787).

– In der Einschaltung von nahen Angehörigen in eigene Grundstücksgeschäfte des Stpfl. kann ein Gestaltungsmissbrauch i. S. d. § 42 AO liegen (→ BFH vom 15. 3. 2005 – BStBl II S. 817).

– Die Zwischenschaltung einer GmbH, die die Errichtung und Vermarktung von Wohnungen übernimmt, ist grundsätzlich nicht missbräuchlich, wenn die GmbH nicht funktionslos ist, d. h. wenn sie eine wesentliche – wertschöpfende – eigene Tätigkeit (z. B. Bebauung des erworbenen Grundstücks) ausübt. Die von der GmbH veräußerten Wohnungen sind dann nicht als Objekt i. S. d. Drei-Objekt-Grenze zu berücksichtigen (→ BFH vom 17. 3. 2010 – BStBl II S. 622).

– *Im Rahmen des Folgebescheids darf der Gewinn aus der Veräußerung eines Anteils an einer grundbesitzenden Personengesellschaft auch dann in einen laufenden Gewinn im Rahmen eines vom Stpfl. betriebenen gewerblichen Grundstückshandels umqualifiziert werden, wenn er im Grundlagenbescheid als Veräußerungsgewinn bezeichnet worden ist (→ BFH vom 18. 4. 2012 – BStBl II 2012 S. 647).*

Handel mit Beteiligungen

Die Gründung oder der Erwerb von mehreren GmbHs, die Ausstattung der Gesellschaften mit Güterfernverkehrsgenehmigungen und die anschließende Veräußerung dieser Beteiligungen begründet eine gewerbliche Tätigkeit (→ BFH vom 25. 7. 2001 – BStBl II S. 809).

Handel mit Versicherungen

– Erwerb von Risikolebensversicherungen auf dem Zweitmarkt = gewerbliche Betätigung → OFD Frankfurt vom 24. 2. 2006 (DStR 2006, S. 1458)

– Ist eine KG, die Lebensversicherungsverträge am US-Amerikanischen Sekundärmarkt erworben hat (Lebensversicherungszweitmarktfonds), lediglich vermögensverwaltend tätig, oder ist angesichts der Vergleichbarkeit der Tätigkeit mit gewerblichem Factoring und der erforderlichen professionellen Bewertung anzukaufender Verträge die Grenze zum Gewerbebetrieb überschritten?
→ FG München vom 29. 6. 2010 (1 K 2663/07) – Rev. – IV R 32/10

Teilbetrieb

Die Verpachtung eines Teilbetriebs führt nicht zu Einkünften aus Vermietung und Verpachtung, wenn sie im Rahmen des gesamten Betriebs vorgenommen wird (→ BFH vom 5. 10. 1976 – BStBl 1977 II S. 42).

Venture Capital Fonds/Private Equity Fonds

Zur Abgrenzung der privaten Vermögensverwaltung vom Gewerbebetrieb bei Venture Capital Fonds und Private Equity Fonds → BMF vom 16. 12. 2003 (BStBl 2004 I S. 40 – berichtigt BStBl 2006 I S. 632) → *aber Tz. 20 Satz 2 überholt durch BFH vom 9. 8. 2006 (BStBl 2007 II S. 279)*

weitere Hinweise

→ OFD Magdeburg vom 5. 4. 2006 (DStR 2006, S. 1505)

→ OFD Frankfurt vom 1. 12. 2006, S 2241 A – 67 – St 210 (DB 2007 S. 22)

→ OFD Frankfurt vom 16. 2. 2007, S 2241 A – 67 – St 220 (GmbHR 2007 S. 671)

Vermietung und Verpachtung von Grundvermögen   **R 15.7 (2)**

(2) [1]Ein Gewerbebetrieb ist in der Regel gegeben bei der Vermietung von Ausstellungsräumen, Messeständen und bei der ständig wechselnden kurzfristigen Vermietung von Sälen, z. B. für Konzerte.[1] [2]Die Beherbergung in Gaststätten ist stets ein Gewerbebetrieb.

Hinweise   H 15.7 (2)

Arbeiterwohnheim

Der Betrieb eines Arbeiterwohnheims ist im Allgemeinen als Gewerbebetrieb zu beurteilen (→ BFH vom 18. 1. 1973 – BStBl II S. 561).

Architekten/Bauunternehmer

Die Errichtung von Häusern durch Architekten oder Bauunternehmer zum Zweck späterer Vermietung stellt keine gewerbliche Tätigkeit dar, auch wenn sie in großem Umfang erfolgt und erhebliche Fremdmittel eingesetzt werden (→ BFH vom 12. 3. 1964 – BStBl III S. 364).

Campingplatz

Der Inhaber eines Campingplatzes ist gewerblich tätig, wenn er über die Vermietung der einzelnen Plätze für das Aufstellen von Zelten und Wohnwagen hinaus wesentliche Nebenleistungen erbringt, wie die Zurverfügungstellung sanitärer Anlagen und ihrer Reinigung, die Trinkwasserversorgung, die Stromversorgung für die Gesamtanlage und die einzelnen Standplätze, Abwässer- und Müllbeseitigung, Instandhaltung, Pflege und Überwachung des Platzes (→ BFH vom 6. 10. 1982 – BStBl 1983 II S. 80). Das gilt auch, wenn die Benutzer überwiegend sog. Dauercamper sind (→ BFH vom 27. 1. 1983 – BStBl II S. 426).

Ferienwohnung

Bei Vermietung einer Ferienwohnung ist ein Gewerbebetrieb gegeben, wenn sämtliche der folgenden Voraussetzungen vorliegen:

1. Die Wohnung muss für die Führung eines Haushalts voll eingerichtet sein, z. B. Möblierung, Wäsche und Geschirr enthalten. Sie muss in einem reinen Feriengebiet im Verband mit einer Vielzahl gleichartig genutzter Wohnungen liegen, die eine einheitliche Wohnanlage bilden.

2. die Werbung für die kurzfristige Vermietung der Wohnung an laufend wechselnde Mieter und die Verwaltung der Wohnung müssen von einer für die einheitliche Wohnanlage bestehenden Feriendienstorganisation durchgeführt werden.

3. die Wohnung muss jederzeit zur Vermietung bereitgehalten werden, und es muss nach Art der Rezeption eines Hotels laufend Personal anwesend sein, das mit den Feriengästen Mietverträge abschließt und abwickelt und dafür sorgt, dass die Wohnung in einem Ausstattungs-, Erhaltungs- und Reinigungszustand ist und bleibt, der die sofortige Vermietung zulässt (→ BFH vom 25. 6. 1976 – BStBl II S. 728).[2]

Ein Gewerbebetrieb ist auch anzunehmen, wenn eine hotelmäßige Nutzung der Ferienwohnung vorliegt oder die Vermietung nach Art einer Fremdenpension erfolgt. Ausschlaggebend ist, ob wegen der Häufigkeit des Gästewechsels oder im Hinblick auf zusätzlich zur Nutzungsüberlassung erbrachte Leistungen, z. B. Bereitstellung von Wäsche und Mobiliar, Reinigung der Räume, Übernahme sozialer Betreuung, eine Unternehmensorganisation erforderlich ist, wie sie auch in Fremdenpensionen vorkommt (→ BFH vom 28. 6. 1984 – BStBl 1985 II S. 211).

Die Rechtsprechung des IX. Senats des BFH, nach der bei einer ausschließlich an wechselnde Feriengäste vermieteten und in der übrigen Zeit hierfür bereitgehaltenen Ferienwohnung ohne weitere Prüfung der Überschusserzielungsabsicht des Stpfl. auszugehen ist, betrifft allein Einkünfte aus Vermietung und Verpachtung, nicht aber die gewerbliche Vermietung (→ BFH vom 29. 3. 2007 – BFH/NV 2007, S. 1492).

→ H 4.2 (7)

---

[1] Anm.: → BFH vom 25. 10. 1988 (BStBl 1989 II S. 291).
[2] Anm.: Bestätigt durch BFH vom 19. 1. 1990 (BStBl II S. 383).

Fremdenpension

Die Beherbergung in Fremdenpensionen ist stets ein Gewerbebetrieb (→ BFH vom 11. 7. 1984 – BStBl II S. 722).

Gewerblicher Charakter der Vermietungstätigkeit

Um der Tätigkeit der Vermögensverwaltung gewerblichen Charakter zu verleihen, müssen besondere Umstände hinzutreten. Diese können darin bestehen, dass die Verwaltung des Grundbesitzes infolge des ständigen und schnellen Wechsels der Mieter eine Tätigkeit erfordert, die über das bei langfristigen Vermietungen übliche Maß hinausgeht, oder dass der Vermieter zugleich Leistungen erbringt, die eine bloße Vermietungstätigkeit überschreiten. Das entscheidende Merkmal liegt also darin, dass die bloße Vermögensnutzung hinter der Bereitstellung einer einheitlichen gewerblichen Organisation zurücktritt (→ BFH vom 21. 8. 1990 – BStBl 1991 II S. 126).

Parkplatz

Der Betrieb eines Parkplatzes für Kurzparker ist eine gewerbliche Betätigung (→ BFH vom 9. 4. 2003 – BStBl II S. 520).

Tennisplätze

Ein Gewerbebetrieb ist in der Regel bei der Vermietung von Tennisplätzen gegeben (→ BFH vom 25. 10. 1988 – BStBl 1989 II S. 291).

Umfangreicher Grundbesitz

Die Vermietung und Verpachtung von Grundvermögen stellt auch dann eine bloße Vermögensverwaltung dar, wenn der vermietete Grundbesitz sehr umfangreich ist und der Verkehr mit vielen Mietern erhebliche Verwaltungsarbeit erforderlich macht (→ BFH vom 21. 8. 1990 – BStBl 1991 II S. 126) oder die vermieteten Räume gewerblichen Zwecken dienen (→ BFH vom 17. 1. 1961 – BStBl III S. 233).

Untervermietung

Die Untervermietung von kleinen Flächen (Läden, Ständen) stellt keine gewerbliche Betätigung dar, wenn keine besonderen Umstände hinzutreten (→ BFH vom 18. 3. 1964 – BStBl III S. 367).

Vermietung möblierter Zimmer

Die Vermietung, auch Untervermietung, möblierter Zimmer ist keine gewerbliche Tätigkeit. An dieser Beurteilung ändert sich auch dann nichts, wenn außer der Nutzungsüberlassung als Nebenleistung die Reinigung der Räume, die Gestellung des Frühstücks und dergleichen besonders erbracht werden. Eine gewerbliche Tätigkeit ist jedoch bei der Überlassung von Wohnraum gegeben, wenn die Nutzung des Vermögens hinter der Bereitstellung einer dem Beherbergungsbetrieb vergleichbaren Organisation zurücktritt (→ BFH vom 11. 7. 1984 – BStBl II S. 722).

R 15.7 (3) ## Vermietung beweglicher Gegenstände

(3) [1]Die Vermietung beweglicher Gegenstände (z. B. PKW, Wohnmobile, Boote) führt grundsätzlich zu sonstigen Einkünften i. S. d. § 22 Nr. 3 EStG, bei in ein öffentliches inländisches oder ausländisches Register eingetragenen beweglichen Sachen (Schiffe, Flugzeuge) zu Einkünften i. S. d. § 21 Abs. 1 Satz 1 Nr. 1 EStG oder bei Sachinbegriffen zu Einkünften i. S. d. § 21 Abs. 1 Satz 1 Nr. 2 EStG. [2]Eine gewerbliche Tätigkeit liegt vor, wenn im Zusammenhang mit der Vermietung ins Gewicht fallende Sonderleistungen erbracht werden oder der Umfang der Tätigkeit eine unternehmerische Organisation erfordert.

H 15.7 (3) # Hinweise

Abgrenzung zur vermögensverwaltenden Tätigkeit

→ BMF vom 1. 4. 2009 (BStBl I S. 515)

Austausch vor Ablauf der Nutzungsdauer

Allein aus dem Umstand, dass vermietete bewegliche Wirtschaftsgüter vor Ablauf der gewöhnlichen oder tatsächlichen Nutzungsdauer gegen neuere, funktionstüchtigere Wirtschaftsgüter ausgetauscht werden, kann nicht auf eine gewerbliche Tätigkeit des Vermietungsunternehmens geschlossen werden. Der Bereich der privaten Vermögensverwaltung wird nur dann verlassen, wenn die Gebrauchsüberlassung der vermieteten Gegenstände gegenüber der Veräußerung in den Hintergrund tritt (→ BFH vom 31. 5. 2007 – BStBl II S. 768).

Flugzeug

→ BMF vom 1. 4. 2009 (BStBl I S. 515)

Wohnmobil

Die Vermietung nur eines Wohnmobils an wechselnde Mieter ist in der Regel keine gewerbliche Tätigkeit (→ BFH vom 12. 11. 1997 – BStBl 1998 II S. 774). Der Erwerb, die Vermietung und Veräußerung von Wohnmobilen sind jedoch gewerblich, wenn die einzelnen Tätigkeiten sich gegenseitig bedingen und derart verflochten sind, dass sie nach der Verkehrsanschauung als einheitlich anzusehen sind (→ BFH vom 22. 1. 2003 – BStBl II S. 464).

Betriebsaufspaltung – Allgemeines

(4) – unbesetzt –

Hinweise

Allgemeines

Eine Betriebsaufspaltung liegt vor, wenn ein Unternehmen (Besitzunternehmen) eine wesentliche Betriebsgrundlage an eine gewerblich tätige Personen- oder Kapitalgesellschaft (Betriebsunternehmen) zur Nutzung überlässt (sachliche Verflechtung) und eine Person oder mehrere Personen zusammen (Personengruppe) sowohl das Besitzunternehmen als auch das Betriebsunternehmen in dem Sinne beherrschen, dass sie in der Lage sind, in beiden Unternehmen einen einheitlichen geschäftlichen Betätigungswillen durchzusetzen (personelle Verflechtung). Liegen die Voraussetzungen einer personellen und sachlichen Verflechtung vor, ist die Vermietung oder Verpachtung keine Vermögensverwaltung mehr, sondern eine gewerbliche Vermietung oder Verpachtung. Das Besitzunternehmen ist Gewerbebetrieb (→ BFH vom 12. 11. 1985 – BStBl 1986 II S. 296).

Betriebsaufspaltung über die Grenze

Verlegt im Falle der Betriebsaufspaltung der Inhaber des Besitzunternehmens seinen Wohnsitz ins Ausland, stellt die Betriebsstätte der Betriebsgesellschaft keine Betriebsstätte des Besitzunternehmens dar. Sofern das Besitzunternehmen nur vom Wohnsitz des Inhabers geführt wird, muss dieser seinen Wohnsitz im Inland haben oder einen ständigen Vertreter i. S. d. § 49 Abs. 1 Nr. 2 EStG bestellt haben. Fehlt es hieran, liegt keine Betriebsaufspaltung über die Grenze vor. Der im Inland belegene und der Betriebsgesellschaft zur Nutzung überlassene Grundbesitz ist dann nicht Betriebsvermögen. Daraus ergibt sich zwangsläufig, dass die Wohnsitzverlegung ins Ausland zur Betriebsaufgabe mit voller Gewinnrealisierung im Betriebsvermögen führt. Gewinnausschüttungen der Betriebsgesellschaft nach der Betriebsaufgabe unterliegen ebenso wie etwaige Zinszahlungen der Betriebsgesellschaft an den früheren Besitzunternehmer nicht dem Betriebsstättenvorbehalt der DBA. Die Einkünfte aus der Verpachtung des Grundstücks unterliegen der beschränkten Einkommensteuerpflicht nach § 49 Abs. 1 Nr. 6 EStG, die durch die DBA aufrechterhalten wird. Gewinne aus der Veräußerung des Grundstücks nach Betriebsaufgabe unterliegen der beschränkten Steuerpflicht nach § 49 Abs. 1 Nr. 8 EStG, die ebenfalls durch die DBA nicht berührt wird.

→ OFD Frankfurt vom 7. 4. 2004 – S 2240 A – 28 – St II 2.02 – (StEK EStG § 15/356)

Buchwertverknüpfung

→ OFD Frankfurt vom 7. 4. 2004 – S 2240 A – 28 – St II 2.02 – (StEK EStG § 15/356) – Auszug –:

3.5 Buchwertverknüpfung

Wird eine Betriebsaufspaltung in der Weise begründet, dass unter Zurückbehaltung der wesentlichen Betriebsgrundlage die Wirtschaftsgüter des Einzelunternehmens in eine Betriebskapitalgesellschaft eingebracht werden, liegt keine Betriebseinbringung i. S. d. § 20 UmwStG vor, da es an der Einbringung eines – kompletten – Betriebs fehlt.

3.5.1 Rechtslage bis 31. 12. 1998 bei Übertragung sowohl auf Betriebskapital- als auch Betriebspersonengesellschaft – *nicht abgedruckt* –

3.5.2 Rechtslage vom 1. 1. 1999 bis 31. 12. 2000 bei Übertragung auf Betriebspersonengesellschaft – *nicht abgedruckt* –

3.5.3 Rechtslage ab 1. 1. 2001 bei Übertragung auf Betriebspersonengesellschaft

Nach der Neufassung des § 6 Abs. 5 Satz 3 EStG durch das StSenkG ist die Übertragung von Einzelwirtschaftsgütern in den dort genannten Fällen zwingend zum Buchwert vorzunehmen. Derartige Fallgestaltungen können auch im Rahmen von Betriebsaufspaltungen vorkommen.

3.5.4 Rechtslage ab 1. 1. 1999 bei Übertragung auf Betriebskapitalgesellschaft

Nach § 6 Abs. 6 Satz 1 EStG ist in Fällen des Tauschs (Übertragung gegen die Gewährung von Gesellschaftsrechten) der gemeine Wert anzusetzen, in den Fällen der verdeckten Einlage kommt nach § 6 Abs. 6 Sätze 2 und 3 EStG der Teilwert bzw. Einlagewert nach § 6 Abs. 1 Nr. 5 Satz 1 EStG zum Tragen.

Bürgschaft für die Betriebskapitalgesellschaft

Eine Bürgschaft, die ein Gesellschafter der Besitzpersonengesellschaft für die Verbindlichkeiten der Betriebskapitalgesellschaft übernimmt, ist durch den Betrieb der Besitzpersonengesellschaft veranlasst und gehört zu seinem negativen Sonderbetriebsvermögen II bei der Besitzpersonengesellschaft, wenn die Übernahme der Bürgschaft nicht zu marktüblichen (fremdüblichen) Bedingungen erfolgt. Die Inanspruchnahme aus einer solchen Bürgschaft führt nicht zu nachträglichen Anschaffungskosten der Anteile an der Betriebskapitalgesellschaft (→ BFH vom 8. 12. 2001 – BStBl 2002 II S. 733).

Darlehen

– Gewähren die Gesellschafter der Betriebskapitalgesellschaft bei deren Gründung ein Darlehen, dessen Laufzeit an die Dauer ihrer Beteiligung an dieser Gesellschaft gebunden ist, gehört dieses Darlehen zu ihrem notwendigen Sonderbetriebsvermögen II bei der Besitzpersonengesellschaft (→ BFH vom 10. 11. 1994 – BStBl 1995 II S. 452). Dies gilt auch für ein ungesichertes, unkündbares Darlehen der Gesellschafter der Besitzpersonengesellschaft an die Betriebskapitalgesellschaft, für das Zinsen erst zum Ende der Laufzeit des Darlehens gezahlt werden sollen (→ BFH vom 19. 10. 2000 – BStBl 2001 II S. 335).

– Gewährt die Besitzpersonengesellschaft einer Kapitalgesellschaft, die Geschäftspartner der Betriebskapitalgesellschaft ist, ein Darlehen, gehört dieses zum notwendigen Betriebsvermögen der Besitzpersonengesellschaft (→ BFH vom 25. 11. 2004 – BStBl 2005 II S. 354 und vom 20. 4. 2005 – BStBl II S. 692).

Dividendenansprüche

→ H 4.2 (1)

Eigentümergemeinschaft

Vermietet eine Eigentümergemeinschaft, an der der Besitzunternehmer nicht beherrschend beteiligt ist, ein Grundstück an die Betriebskapitalgesellschaft, ist die anteilige Zuordnung des Grundstücks zum Betriebsvermögen des Besitzunternehmens davon abhängig, ob die Vermietung an die Betriebskapitalgesellschaft durch die betrieblichen Interessen des Besitzunternehmens veranlasst ist (→ BFH vom 2. 12. 2004 – BStBl 2005 II S. 340).

Forderungen

Zur Teilwertabschreibung einer Forderung des Besitzunternehmens gegen eine Betriebskapitalgesellschaft → H 6.7

Geschäftswert

Werden bei der Begründung einer Betriebsaufspaltung sämtliche Aktiva und Passiva einschließlich der Firma mit Ausnahme des Immobilienvermögens auf die Betriebskapitalgesellschaft übertragen und das vom Besitzunternehmen zurückbehaltene Betriebsgrundstück der Betriebskapitalgesellschaft langfristig zur Nutzung überlassen, geht der im bisherigen (Einzel-) Unternehmen entstandene (originäre) Geschäftswert grundsätzlich auf die Betriebskapitalgesellschaft über (→ BFH vom 16. 6. 2004 – BStBl 2005 II S. 378).

→ auch: OFD Frankfurt vom 7. 4. 2004 – S 2240 A – 28 – St II 2.02 – (StEK EStG § 15/356) – Auszug:

3.8 Zuordnung des Geschäftswerts

Der Geschäftswert des Besitzunternehmens ist Ausdruck seiner Gewinnchancen, soweit sie nicht in einzelnen Wirtschaftsgütern verkörpert sind, sondern durch den Betrieb eines lebenden Unternehmens gewährleistet erscheinen. Er wird durch besondere für das Unternehmen charakteristische Vorteile (z. B. Ruf, Kundenkreis und Organisation u. s. w.) bestimmt.

Diese Kriterien sind meist beim operativen Geschäft der Betriebsgesellschaft anzusiedeln. Daher ist der Geschäftswert nur dann weiterhin dem Besitzunternehmen zuzurechnen, wenn lediglich das Umlaufvermögen auf die Betriebsgesellschaft übertragen wird, das gesamte Anlagevermögen allerdings bei dem Besitzunternehmen verbleibt (→ BFH vom 14. 1. 1998 – BFHE 185 S. 230).

Wird dagegen nur ein Grundstück zurückbehalten, während Umlauf- und bewegliches Anlagevermögen sowie gewerbliche Schutzrechte auf die Betriebsgesellschaft übertragen werden, folgt der Geschäftswert diesen Wirtschaftsgütern und ist der Betriebsgesellschaft zuzurechnen (→ BFH vom 28. 6. 1989 – BStBl II S. 982).

Auch mit seinem Urteil vom 27. 3. 2001 – BStBl 2002 II S. 771 – hat der BFH klargestellt, dass bei Begründung einer Betriebsaufspaltung der im bisherigen Unternehmen entstandene Geschäftswert auf die neu gegründete Betriebsgesellschaft übergehen kann. Er folgt dabei denjenigen geschäftswertbildenden Faktoren, die durch ihn verkörpert werden. Hierfür kommt beispielsweise auch eine besonders qualifizierte Arbeitnehmerschaft oder eine spezielle betriebliche Organisation in Betracht. Die erforderliche Zuordnung der geschäftswertbildenden Faktoren hängt dabei weitgehend von den tatsächlichen Umständen des jeweiligen Einzelfalls ab.

Gewinnausschüttungen

Gewinnausschüttungen einer Betriebskapitalgesellschaft an das Besitzunternehmen für die Zeit vor der Betriebsaufspaltung sind als Einnahmen aus Gewerbebetrieb zu qualifizieren, wenn der Gewinnverteilungsbeschluss nach Begründung der Betriebsaufspaltung gefasst worden ist (→ BFH vom 14. 9. 1999 – BStBl 2000 II S. 255).

Kapitalerhöhung bei der Betriebskapitalgesellschaft

Wird von dem Besitzunternehmer ein Anteil an der Betriebskapitalgesellschaft gegen Leistung einer Einlage übertragen, die niedriger ist als der Wert des übernommenen Anteils, liegt in Höhe der Differenz zwischen dem Wert des übernommenen Anteils und der geleisteten Einlage eine Entnahme vor (→ BFH vom 16. 4. 1991 – BStBl II S. 832 und vom 17. 11. 2005 – BStBl 2006 II S. 287).

Mitunternehmerische Betriebsaufspaltung

- Das Rechtsinstitut der Betriebsaufspaltung zwischen Schwesterpersonengesellschaften hat Vorrang vor den Rechtsfolgen aus § 15 Abs. 1 Satz 1 Nr. 2 EStG (→ BFH vom 23. 4. 1996 – BStBl 1998 II S. 325 und vom 24. 11. 1998 – BStBl 1999 II S. 483).
  - → BMF vom 28. 4. 1998 (BStBl I S. 583) mit Übergangsregelung
- Vermieten die Miteigentümer einer Bruchteilsgemeinschaft ein Grundstück als wesentliche Betriebsgrundlage an eine von ihnen beherrschte Betriebspersonengesellschaft, ist regelmäßig davon auszugehen, dass sich die Miteigentümer zumindest konkludent zu einer GbR (= Besitzpersonengesellschaft) zusammengeschlossen haben (→ BFH vom 18. 8. 2005 – BStBl II S. 830).
- Die Überlassung eines Praxisgrundstücks seitens einer ganz oder teilweise personenidentischen Miteigentümergemeinschaft an eine Freiberufler-GbR begründet keine mitunternehmerische Betriebsaufspaltung (→ BFH vom 10. 11. 2005 – BStBl 2006 II S. 173).
- Überlässt eine ansonsten vermögensverwaltende Personengesellschaft Wirtschaftsgüter im Rahmen einer mitunternehmerischen Betriebsaufspaltung, stellen diese für die Dauer der Betriebsaufspaltung Betriebsvermögen der Besitzgesellschaft dar. Sofern auch die Voraussetzungen für Sonderbetriebsvermögen bei der Betriebspersonengesellschaft erfüllt sind, lebt diese Eigenschaft mit Ende der Betriebsaufspaltung durch Wegfall der personellen Verflechtung wieder auf (→ BFH vom 30. 8. 2007 – BStBl 2008 II S. 129).

Notwendiges Betriebsvermögen

- Notwendiges Betriebsvermögen des Besitzunternehmens können auch Wirtschaftsgüter sein, die keine wesentlichen Betriebsgrundlagen des Betriebsunternehmens darstellen. Allerdings muss ihre Überlassung in einem unmittelbaren wirtschaftlichen Zusammenhang mit der Überlassung wesentlicher Betriebsgrundlagen stehen. Dies gilt auch für Patente und Erfindungen unabhängig davon, ob sie bereits mit Begründung der Betriebsaufspaltung oder zu einem späteren Zeitpunkt überlassen werden (→ BFH vom 23. 9. 1998 – BStBl 1999 II S. 281).
- Gehört ein Grundstück zum Betriebsvermögen (Umlaufvermögen) eines gewerblichen Grundstückshandels und wird es im Rahmen einer Betriebsaufspaltung als eine wesentliche Betriebsgrundlage an ein Betriebsunternehmen vermietet, wird das Grundstück unter Fortführung des Buchwerts notwendiges Betriebsvermögen (Anlagevermögen) bei dem Besitzunternehmen (→ BFH vom 21. 6. 2001 – BStBl 2002 II S. 537).

– → Eigentümergemeinschaft

– Die Anteile des Besitzunternehmers an einer anderen Kapitalgesellschaft, welche intensive und dauerhafte Geschäftsbeziehungen zur Betriebskapitalgesellschaft unterhält, gehören zum notwendigen Betriebsvermögen des Besitzunternehmens. Gewährt der Besitzunternehmer dieser anderen Kapitalgesellschaft zu deren Stützung in der Krise ein kapitalersetzendes Darlehen, gehört der Anspruch auf Rückzahlung grundsätzlich ebenfalls zum notwendigen Betriebsvermögen des Besitzunternehmens (→ BFH vom 20. 4. 2005 – BStBl II S. 692).

Nur-Besitzgesellschafter

Die gewerbliche Tätigkeit des Besitzunternehmens umfasst auch die Anteile und Einkünfte der Personen, die nur am Besitzunternehmen beteiligt sind (→ BFH vom 2. 8. 1972 – BStBl II S. 796).

Pensionsanspruch gegenüber der Betriebskapitalgesellschaft

Die Pensionsanwartschaft des Besitzunternehmers gegenüber der Betriebskapitalgesellschaft, deren Gesellschafter-Geschäftsführer er ist, gehört nicht zu seinem Betriebsvermögen, sondern zum Privatvermögen (→ BFH vom 18. 4. 2002 – BStBl 2003 II S. 149).

Sonderbetriebsvermögen

– Wird ein Wirtschaftsgut im Eigentum eines einzelnen Gesellschafters der Besitzpersonengesellschaft unmittelbar an eine Betriebskapitalgesellschaft verpachtet, kann es Sonderbetriebsvermögen II bei der Besitzpersonengesellschaft darstellen, wenn die Nutzungsüberlassung seitens des Gesellschafters nicht durch betriebliche oder private Interessen des Gesellschafters, sondern primär durch die betrieblichen Interessen der Besitzpersonengesellschaft oder der Betriebskapitalgesellschaft und somit gesellschaftlich veranlasst ist (→ BFH vom 10. 6. 1999 – BStBl II S. 715). Diese Grundsätze gelten nicht, wenn es sich beim Betriebsunternehmen um eine Personengesellschaft handelt, an der der überlassende Gesellschafter beteiligt ist; das überlassene Wirtschaftsgut stellt dann Sonderbetriebsvermögen I des Gesellschafters bei der Betriebspersonengesellschaft dar. Diese Zuordnung geht der als Sonderbetriebsvermögen II bei der Besitzpersonengesellschaft vor (→ BFH vom 18. 8. 2005 – BStBl II S. 830).

– Verpachtet eine Besitzpersonengesellschaft das gesamte Betriebsvermögen an eine Betriebskapitalgesellschaft und wird dabei auch das Betriebsgrundstück, das einigen Gesellschaftern der Besitzpersonengesellschaft gehört, von diesen an die Betriebskapitalgesellschaft vermietet, gehören die Einkünfte aus der Vermietung des Grundstückes zum gewerblichen Steuerbilanzgewinn der Besitzpersonengesellschaft (→ BFH vom 15. 5. 1975 – BStBl II S. 781).

– Das Sonderbetriebsvermögen I umfasst nicht nur die der Betriebspersonengesellschaft bereits tatsächlich zur Nutzung überlassenen, sondern auch die bereits zuvor angeschafften, aber für eine spätere Nutzungsüberlassung endgültig bestimmten Wirtschaftsgüter (→ BFH vom 7. 12. 2000 – BStBl 2001 II S. 316).

– Anteile eines Gesellschafters der Besitzpersonengesellschaft an einer Kapitalgesellschaft, die mit der Betriebskapitalgesellschaft in einer für diese vorteilhaften und nicht nur kurzfristigen Geschäftsbeziehung steht, sind notwendiges Sonderbetriebsvermögen II des Gesellschafters der Besitzpersonengesellschaft (→ BFH vom 25. 11. 2004 – BStBl 2005 II S. 354).

– Die Annahme, dass ein vom Gesellschafter der Besitzpersonengesellschaft erworbenes Wirtschaftsgut für die betriebliche Nutzung der Betriebsgesellschaft bestimmt sei, rechtfertigt allein nicht den Schluss, dass es sich um Sonderbetriebsvermögen des Gesellschafters bei der Besitzpersonengesellschaft handelt, wenn es durch die Betriebsgesellschaft tatsächlich nie genutzt wurde (→ BFH vom 17. 12. 2008 – BStBl 2009 II S. 371).

– → Bürgschaft für die Betriebskapitalgesellschaft

– → Darlehen

– → H 4.2 (2) Anteile an Kapitalgesellschaften

Teileinkünfteverfahren

Anhang 10 XVII Zur Anwendung des Teileinkünfteverfahrens in der steuerlichen Gewinnermittlung → BMF vom 8. 11. 2010 (BStBl I S. 1292).

Umfassend gewerbliche Besitzpersonengesellschaft

– Die Überlassung von Wirtschaftsgütern an ein Betriebsunternehmen hat zur Folge, dass sämtliche Einkünfte der im Übrigen nicht gewerblich tätigen Besitzpersonengesellschaft solche aus Gewerbebetrieb sind (→ BFH vom 13. 11. 1997 – BStBl 1998 II S. 254).

– Vermieten die Gesellschafter einer Besitz-GbR als Bruchteilseigentümer Wohnungen an fremde Benutzer, so erzielen sie keine gewerblichen Einkünfte, wenn die Wohnungen nicht als (gewillkürtes) Sonderbetriebsvermögen ausgewiesen sind (→ BFH vom 27. 8. 1998 – BStBl 1999 II S. 279).

Wohnungseigentümergemeinschaft

Eine Wohnungseigentümergemeinschaft i. S. d. § 10 WEG erzielt regelmäßig gewerbliche Einkünfte als Besitzunternehmen, wenn die einzelnen Wohnungen aufgrund einer Gebrauchsregelung (§ 15 WEG) an eine personenidentische Betriebskapitalgesellschaft vermietet werden (→ BFH vom 10. 4. 1997 – BStBl II S. 569).

Betriebsaufspaltung – Sachliche Verflechtung   **R 15.7 (5)**

(5) – unbesetzt –

Hinweise   H 15.7 (5)

Beginn der sachlichen Verflechtung

– Für den Beginn der sachlichen Verflechtung ist allein die tatsächliche Überlassung von wesentlichen Betriebsgrundlagen zur Nutzung ausschlaggebend. Es ist ohne Bedeutung, ob die Überlassung (zunächst) unentgeltlich erfolgt oder ob sie auf einer schuldrechtlichen oder dinglichen Grundlage beruht (→ BFH vom 12. 12. 2007 – BStBl 2008 II S. 579).

– Die Bestellung eines Erbbaurechts an einem unbebauten Grundstück führt bereits mit Abschluss des Vertrages zu einer sachlichen Verflechtung, wenn eine Bebauung für die betrieblichen Zwecke des Betriebsunternehmens vorgesehen ist (→ BFH vom 19. 3. 2002 – BStBl II S. 662).

Eigentum des Besitzunternehmens

Eine sachliche Verflechtung ist auch dann gegeben, wenn verpachtete wesentliche Betriebsgrundlagen nicht im Eigentum des Besitzunternehmens stehen (→ BFH vom 12. 10. 1988 – BStBl 1989 II S. 152).

Erbbaurecht

→ Beginn der sachlichen Verflechtung

Leihe

Auch eine leihweise Überlassung wesentlicher Betriebsgrundlagen kann eine Betriebsaufspaltung begründen (→ BFH vom 24. 4. 1991 – BStBl II S. 713).

Wesentliche Betriebsgrundlage

– **des Betriebsunternehmens**

Die sachlichen Voraussetzungen einer Betriebsaufspaltung liegen auch dann vor, wenn das überlassene Wirtschaftsgut bei dem Betriebsunternehmen nur eine der wesentlichen Betriebsgrundlagen darstellt (→ BFH vom 21. 5. 1974 – BStBl II S. 613).

– **Betriebszweck/-führung**

Wesentliche Grundlagen eines Betriebs sind Wirtschaftsgüter vor allem des Anlagevermögens, die zur Erreichung des Betriebszwecks erforderlich sind und ein besonderes wirtschaftliches Gewicht für die Betriebsführung bei dem Betriebsunternehmen haben (→ BFH vom 26. 1. 1989 – BStBl II S. 455 und vom 24. 8. 1989 – BStBl II S. 1014).

– **Büro-/Verwaltungsgebäude**

Ein Büro- und Verwaltungsgebäude ist jedenfalls dann eine wesentliche Betriebsgrundlage, wenn es die räumliche und funktionale Grundlage für die Geschäftstätigkeit des Betriebsunternehmens bildet (→ BFH vom 23. 5. 2000 – BStBl II S. 621).

– **Einfamilienhaus**

Als einziges Büro (Sitz der Geschäftsleitung) genutzte Räume in einem Einfamilienhaus stellen auch dann eine wesentliche Betriebsgrundlage dar, wenn sie nicht für Zwecke des Betriebsunternehmens besonders hergerichtet und gestaltet sind. Das gilt jedenfalls dann, wenn der Gebäudeteil nicht die in § 8 EStDV genannten Grenzen unterschreitet (→ BFH vom 13. 7. 2006 – BStBl II S. 804).

– **Ersetzbarkeit**

Ein Grundstück ist auch dann eine wesentliche Betriebsgrundlage, wenn das Betriebsunternehmen jederzeit am Markt ein für seine Belange gleichwertiges Grundstück mieten oder kaufen kann (→ BFH vom 26. 5. 1993 – BStBl II S. 718).

– **Fabrikationsgrundstücke**

Grundstücke, die der Fabrikation dienen, gehören regelmäßig zu den wesentlichen Betriebsgrundlagen im Rahmen einer Betriebsaufspaltung (→ BFH vom 12. 9. 1991 – BStBl 1992 II S. 347 und vom 26. 3. 1992 – BStBl II S. 830).

– **Filialbetriebe**

Das einzelne Geschäftslokal eines Filialeinzelhandelsbetriebs ist in aller Regel auch dann eine wesentliche Betriebsgrundlage, wenn auf das Geschäftslokal weniger als 10 % der gesamten Nutzfläche des Unternehmens entfällt. Dabei ist es unbeachtlich, wenn das einzelne Geschäftslokal Verluste erwirtschaftet (→ BFH vom 19. 3. 2009 – BStBl II S. 803).

– **Immaterielle Wirtschaftsgüter**

Für die Begründung einer Betriebsaufspaltung ist ausreichend, wenn dem Betriebsunternehmen immaterielle Wirtschaftsgüter, z. B. der Firmenname oder Erfindungen, überlassen werden, die dem Besitzunternehmen gehören (→ BFH vom 6. 11. 1991 – BStBl 1992 II S. 415).

– **Serienfabrikate**

Bei beweglichen Wirtschaftsgütern zählen auch Serienfabrikate zu den wesentlichen Betriebsgrundlagen (→ BFH vom 24. 8. 1989 – BStBl II S. 1014).

– **Stille Reserven**

Ein Wirtschaftsgut ist nicht allein deshalb als wesentliche Betriebs-grundlage im Rahmen einer Betriebsaufspaltung anzusehen, weil in ihm erhebliche stille Reserven ruhen (→ BFH vom 24. 8. 1989 – BStBl II S. 1014).

– **Systemhalle**

Eine so genannte Systemhalle kann wesentliche Betriebsgrundlage sein, wenn sie auf die Bedürfnisse des Betriebsunternehmens zugeschnitten ist (→ BFH vom 5. 9. 1991 – BStBl 1992 II S. 349).

– **Werkhalle**

Verpachtet eine aus Ehegatten bestehende GbR eine Werkhalle mit Büro- und Sozialräumen an eine beteiligungsidentische GmbH zum Betrieb einer Maschinenfabrik, stellt die Halle grundsätzlich eine wesentliche Betriebsgrundlage im Rahmen einer Betriebsaufspaltung dar. Dies gilt selbst dann, wenn die Halle ohne weiteres von einem anderen Unternehmen eines anderen Wirtschaftszweiges genutzt werden und die GmbH die Maschinenfabrik in einer anderen Halle betreiben könnte (→ FG Baden-Württemberg, Freiburg, vom 6. 3. 1996 – EFG 1997 S. 56).

– **Wirtschaftliche Bedeutung**

Ein Grundstück ist nur dann keine wesentliche Betriebsgrundlage, wenn es für das Betriebsunternehmen lediglich von geringer wirtschaftlicher Bedeutung ist (→ BFH vom 4. 11. 1992 – BStBl 1993 II S. 245).

R 15.7 (6)   **Betriebsaufspaltung – Personelle Verflechtung**

(6) – unbesetzt –

H 15.7 (6)   **Hinweise**

Allgemeines

Eine personelle Verflechtung liegt vor, wenn die hinter beiden Unternehmen stehenden Personen einen einheitlichen geschäftlichen Betätigungswillen haben (→ BFH vom 8. 11. 1971 – BStBl 1972 II S. 63).

Beherrschungsidentität

– Ein einheitlicher geschäftlicher Betätigungswille setzt nicht voraus, dass an beiden Unternehmen die gleichen Beteiligungen derselben Personen bestehen (→ BFH vom 8. 11. 1971 – BStBl 1972 II S. 63). Es genügt, dass die Personen, die das Besitzunternehmen tatsächlich beherrschen, in der Lage sind, auch in dem Betriebsunternehmen ihren Willen durchzusetzen (→ BMF vom 7. 10. 2002 – BStBl I S. 1028). Ein einheitlicher geschäftlicher Betätigungswille ist auch bei wechselseitiger Mehrheitsbeteiligung von zwei Personen am Besitzunternehmen und am Betriebsunternehmen anzunehmen (→ BMF vom 24. 2. 2000 – BStBl II S. 417).

– In den Fällen, in denen sämtliche Anteile des Betriebsunternehmens einem einzigen Gesellschafter-Geschäftsführer gehören, kommt es darauf an, ob dieser seinen Willen auch in dem Besitzunternehmen durchsetzen kann (→ BFH vom 5. 2. 1981 – BStBl II S. 376 und vom 11. 11. 1982 – BStBl 1983 II S. 299).

– Die personelle Verflechtung einer GbR mit einer Betriebskapitalgesellschaft ist auch dann gegeben, wenn der Gesellschafter-Geschäftsführer der GbR, der zugleich alleiniger Geschäftsführer der Betriebskapitalgesellschaft ist, zwar von der GbR nicht vom Verbot des Selbstkontrahierens befreit ist, auf Grund seiner beherrschenden Stellung in der Betriebskapitalgesellschaft aber bewirken kann, dass auf Seiten der Betriebskapitalgesellschaft nicht er selbst als deren Vertreter auftritt (→ BFH vom 24. 8. 2006 – BStBl 2007 II S. 165).

– *Ist eine eingetragene Genossenschaft Rechtsträgerin des Betriebsunternehmens und zugleich Mehrheitsgesellschafterin der Besitzpersonengesellschaft, liegt eine personelle Verflechtung vor, wenn die Gesellschafter der Besitzpersonengesellschaft für Abschluss und Beendigung von Miet- oder Pachtverträgen gemeinsam zur Geschäftsführung und Vertretung der Gesellschaft befugt sind und dabei mit Stimmenmehrheit nach Anteilen am Kapital der Gesellschaft entscheiden (→ BFH vom 8. 9. 2011 – BStBl 2012 II S. 136).*

– Liegt eine personelle Beherrschung des Betriebsunternehmens bereits dann vor, wenn der Besitzunternehmer die Geschäfte des täglichen Lebens des Betriebsunternehmens beherrscht (nicht nur die überlassenen wesentlichen Betriebsgrundlagen betreffend)?
→ Finanzgericht Düsseldorf vom 16. 12. 2009 (9 K 3626/06 E,G) – Rev. – III R 72/11

– Liegt die personelle Verflechtung vor, wenn ein Nur-Besitzgesellschafter alleinvertretungsberechtigter Geschäftsführer des Besitzunternehmens ist, aber dem beherrschenden Gesellschafter des Betriebsunternehmens in dem Besitzunternehmen, an dem er nicht mehrheitlich beteiligt ist, ein Vetorecht und ein höchstpersönliches Sonderkündigungsrecht zustehen? Gibt es eine (relative und/oder absolute) Geringfügigkeitsgrenze, unterhalb derer gewerbliche Einkünfte nicht zur Abfärbung nach § 15 Abs. 3 Nr. 1 EStG führen?
→ Schleswig-Holsteinisches Finanzgericht vom 25. 8. 2011 (5 K 38/08) – Rev. – IV R 54/11

Betriebs-AG

Im Verhältnis zu einem Betriebsunternehmen in der Rechtsform der AG kommt es darauf an, ob sich auf Grund der Befugnis, die Mitglieder der geschäftsführenden Organe des Betriebsunternehmens zu bestellen und abzuberufen, in dem Betriebsunternehmen auf Dauer nur ein geschäftlicher Betätigungswille entfalten kann, der vom Vertrauen der das Besitzunternehmen beherrschenden Person getragen ist und demgemäß mit deren geschäftlichen Betätigungswillen grundsätzlich übereinstimmt (→ BFH vom 28. 1. 1982 – BStBl II S. 479); dies gilt auch für eine börsennotierte AG (→ BFH vom 23. 3. 2011 – BStBl II S. 778).

Einstimmigkeitsabrede

→ BMF vom 7. 10. 2002 (BStBl I S. 1028) mit Übergangsregelung

Anhang 15

Faktische Beherrschung

→ BMF vom 7. 10. 2002 (BStBl I S. 1028)

Die Fähigkeit der das Besitzunternehmen beherrschenden Personen, ihren geschäftlichen Betätigungswillen in dem Betriebsunternehmen durchzusetzen, erfordert nicht notwendig einen bestimmten Anteilsbesitz an dem Betriebsunternehmen; sie kann ausnahmsweise auch auf Grund einer durch die Besonderheiten des Einzelfalls bedingten tatsächlichen Machtstellung in dem Betriebsunternehmen gegeben sein (→ BFH vom 16. 6. 1982 – BStBl II S. 662). Faktische Beherrschung ist anzunehmen, wenn der Alleininhaber des Besitzunternehmens und alleinige Geschäftsführer der Betriebskapitalgesellschaft auf Grund tatsächlicher Machtstellung jederzeit in der Lage ist, die Stimmenmehrheit in der Betriebskapitalgesellschaft zu erlangen (→ BFH vom 29. 1. 1997 – BStBl II S. 437).

Keine faktische Beherrschung ist anzunehmen

– bei einer auf Lebenszeit eingeräumten Geschäftsführerstellung in dem Betriebsunternehmen für den Besitzunternehmer (→ BFH vom 26. 7. 1984 – BStBl II S. 714 und vom 26. 10. 1988 – BStBl 1989 II S. 155).

– bei Beteiligung nicht völlig fachunkundiger Gesellschafter an dem Betriebsunternehmen (→ BFH vom 9. 9. 1986 – BStBl 1987 II S. 28 und vom 12. 10. 1988 – BStBl 1989 II S. 152).

– bei einem größeren Darlehensanspruch gegen die Betriebskapitalgesellschaft, wenn der Gläubiger nicht vollständig die Geschäftsführung an sich zieht (→ BFH vom 1. 12. 1989 – BStBl 1990 II S. 500).

– in den Fällen, in denen die das Betriebskapitalgesellschaftbeherrschenden Ehemänner bzw. Ehefrauen bei der Betriebsgesellschaft, deren Anteile von den Ehefrauen bzw. Ehemännern gehalten werden, angestellt sind und vertraglich die Gesellschaftsanteile den Ehefrauen bzw. Ehemännern entzogen werden können, falls das Arbeitsverhältnis des jeweiligen Ehemanns bzw. der jeweiligen Ehefrau beendet wird (→ BFH vom 15. 10. 1998 – BStBl 1999 II S. 445).

Beherrschung ist aber anzunehmen, wenn im Gesellschaftsvertrag einer GbR die Führung der Geschäfte einem Gesellschafter allein übertragen ist, dies gilt auch dann, wenn nach dem Gesellschaftsvertrag die Gesellschafterbeschlüsse einstimmig zu fassen sind (→ BFH vom 1. 7. 2003 – BStBl II S. 757).

Gütergemeinschaft

Gehören sowohl die überlassenen wesentlichen Betriebsgrundlagen als auch die Mehrheit der Anteile an der Betriebskapitalgesellschaft zum Gesamtgut einer ehelichen Gütergemeinschaft, sind die Voraussetzungen der personellen Verflechtung erfüllt (→ BFH vom 26. 11. 1992 – BStBl 1993 II S. 876).

Insolvenz des Betriebsunternehmens

Die Eröffnung des Insolvenzverfahrens über das Vermögen des Betriebsunternehmens führt zur Beendigung der personellen Verflechtung und zur Betriebsaufgabe des Besitzunternehmens, wenn nicht das laufende Insolvenzverfahren mit anschließender Fortsetzung des Betriebsunternehmens aufgehoben oder eingestellt wird (→ BFH vom 6. 3. 1997 – BStBl II S. 460).

Interessengegensätze

Ein einheitlicher geschäftlicher Betätigungswille ist nicht anzunehmen, wenn nachgewiesen wird, dass zwischen den an dem Besitzunternehmen und dem Betriebsunternehmen beteiligten Personen tatsächlich Interessengegensätze aufgetreten sind (→ BFH vom 15. 5. 1975 – BStBl II S. 781).

Mehrheit der Stimmrechte

Für die Durchsetzung eines einheitlichen geschäftlichen Betätigungswillens in einem Unternehmen ist in der Regel der Besitz der Mehrheit der Stimmrechte erforderlich (→ BFH vom 28. 11. 1979 – BStBl 1980 II S. 162 und vom 18. 2. 1986 – BStBl II S. 611). Ein Besitzunternehmer beherrscht die Betriebskapitalgesellschaft auch, wenn er zwar über die einfache Stimmrechtsmehrheit und nicht über die im Gesellschaftsvertrag vorgeschriebene qualifizierte Mehrheit verfügt, er aber als Gesellschafter-Geschäftsführer deren Geschäfte des täglichen Lebens beherrscht, sofern ihm die Geschäftsführungsbefugnis nicht gegen seinen Willen entzogen werden kann (→ BFH vom 30. 11. 2005 – BStBl 2006 II S. 415); aber → Faktische Beherrschung.

Mittelbare Beteiligung

– Den maßgeblichen Einfluss auf das Betriebsunternehmen kann einem Gesellschafter auch eine mittelbare Beteiligung gewähren (→ BFH vom 14. 8. 1974 – BStBl 1975 II S. 112, vom 23. 7. 1981 – BStBl 1982 II S. 60 und vom 22. 1. 1988 – BStBl II S. 537).

– Der beherrschende Einfluss auf das Betriebsunternehmen bleibt erhalten, wenn das Betriebsgrundstück einer zwischengeschalteten GmbH zur Weitervermietung an das Betriebsunternehmen überlassen wird (→ BFH vom 28. 11. 2001 – BStBl 2002 II S. 363).

Personengruppentheorie

Für die Beherrschung von Besitz- und Betriebsunternehmen reicht es aus, wenn an beiden Unternehmen mehrere Personen beteiligt sind, die zusammen beide Unternehmen beherrschen. Dies gilt auch für Familienangehörige (→ BFH vom 28. 5. 1991 – BStBl II S. 801).

→ auch: OFD Frankfurt vom 7. 4. 2004 – S 2240 A – 28 – St II 2.02 – (StEK EStG § 15/356) – Auszug:

2.2.2 Gruppentheorie

2.2.2.1 Beteiligungsidentität

Am deutlichsten tritt der einheitliche geschäftliche Betätigungswille hervor, wenn an beiden Unternehmen dieselben Personen im gleichen Verhältnis beteiligt sind (BFH vom 8. 11. 1971 – BStBl 1972 II S. 63; vom 2. 8. 1972 – BStBl II S. 796; vom 24. 2. 1994 – BStBl II S. 466).

2.2.2.2 Beherrschungsidentität

Sind die Beteiligungsverhältnisse in beiden Gesellschaften nicht identisch und/oder weitere Gesellschafter jeweils nur am Besitz- oder Betriebsunternehmen beteiligt, ist eine personelle Verflechtung auch dann anzunehmen, wenn eine durch gleich gerichtete Interessen verbundene Personengruppe ihren Willen in beiden Unternehmen durchsetzen kann (BFH vom 2. 8. 1972 – BStBl II S. 796; vom 16. 6. 1982 – BStBl II S. 662; vom 24. 2. 1994 – BStBl II S. 466).

Gleich gerichtete Interessen sind unter den o. g. Voraussetzungen stets zu vermuten, da die beteiligten Personen sich in der Regel zur Verfolgung eines bestimmten wirtschaftlichen Zwecks zusammengeschlossen haben (BFH vom 24. 2. 2000 – BStBl II S. 417).

Einer Betriebsaufspaltung stehen Interessenkollisionen nur entgegen, sofern sie auf Grund der Gestaltung der Verträge und der bestehenden wirtschaftlichen Interessenlagen nicht nur möglich, sondern ihr Vorhandensein durch konkrete Tatsachen nachgewiesen wird (z. B. BFH vom 5. 9. 1991 – BStBl 1992 II S. 349; vom 16. 6. 1982 – BStBl II S. 662).

Ausnahmsweise können extrem konträre Beteiligungsverhältnisse, d. h., wenn mehrere Personen für sich an dem einen Unternehmen mit weniger als 50 %, am anderen Unternehmen mit mehr als 50 % beteiligt sind oder umgekehrt, der Annahme gleich gerichteter Interessen in der Personengruppe entgegenstehen, sofern die ungleiche Verteilung der Anteile auch zur Folge hat, dass der eine Beteiligte das Besitzunternehmen und der andere Beteiligte das Betriebsunternehmen jeweils allein beherrschen kann (BFH vom 24. 2. 1994 – BStBl II S. 466; vom 24. 2. 2000 – BStBl II S. 417; vom 12. 10. 1988 – BStBl 1989 II S. 152; FG Schleswig-Holstein vom 28. 6. 2000 – EFG S. 1121).

Stimmrechtsausschluss

– **Allgemeines**

Sind an der Besitzpersonengesellschaft neben den das Betriebsunternehmen beherrschenden Personen weitere Gesellschafter oder Bruchteilseigentümer beteiligt, so können die auch an dem Betriebsunternehmen beteiligten Personen an der Ausübung des Stimmrechts in der Besitzpersonengesellschaft bei einem Rechtsgeschäft mit dem Betriebsunternehmen ausgeschlossen sein. Eine tatsächliche Beherrschung der Besitzpersonengesellschaft ist dann nicht möglich (→ BFH vom 9. 11. 1983 – BStBl 1984 II S. 212).

– **Tatsächliche Handhabung**

Eine personelle Verflechtung liegt nicht vor, wenn ein Gesellschafter des Besitzunternehmens von der Ausübung des Stimmrechts in dem Besitzunternehmen bei der Vornahme von Rechtsgeschäften des Besitzunternehmens mit dem Betriebsunternehmen ausgeschlossen ist. Entscheidend ist dabei die tatsächliche Handhabung (→ BFH vom 12. 11. 1985 – BStBl 1986 II S. 296).

– **Betriebskapitalgesellschaft**

Für die Frage der personellen Verflechtung ist allerdings nicht ausschlaggebend, ob der beherrschende Gesellschafter der Betriebskapitalgesellschaft bei Beschlüssen über Geschäfte mit dem Besitzunternehmen vom ihm zustehenden Stimmrecht ausgeschlossen ist. Sofern nämlich diese Rechtsgeschäfte zur laufenden Geschäftsführung der Betriebskapitalgesellschaft gehören, besteht kein Anlass, hierüber einen Beschluss der Gesellschafterversammlung herbeizuführen (→ BFH vom 26. 01. 1989 – BStBl II S. 455).

Testamentsvollstrecker

– Der einheitliche geschäftliche Betätigungswille der hinter Besitz- und Betriebsunternehmen stehenden Personen kann nicht durch einen Testamentsvollstrecker ersetzt werden (→ BFH vom 13. 12. 1984 – BStBl 1985 II S. 657).

– Für die Beurteilung der personellen Verflechtung ist das Handeln eines Testamentsvollstreckers den Erben zuzurechnen (→ BFH vom 5. 6. 2008 – BStBl II S. 858).

Betriebsaufspaltung – Zusammenrechnung von Ehegattenanteilen R 15.7 (7)

(7) – unbesetzt –

Hinweise

H 15.7 (7)

Allgemeines

Eine Zusammenrechnung von Ehegattenanteilen kommt grundsätzlich nicht in Betracht, es sei denn, dass zusätzlich zur ehelichen Lebensgemeinschaft ausnahmsweise Beweisanzeichen vorliegen, die für gleichgerichtete wirtschaftliche Interessen der Ehegatten sprechen (→ BVerfG vom 12. 3. 1985 – BStBl II S. 475, BMF vom 18. 11. 1986 – BStBl I S. 537).

Wiesbadener Modell

Ist an dem Besitzunternehmen der eine Ehegatte und an dem Betriebsunternehmen der andere Ehegatte beteiligt, liegt eine Betriebsaufspaltung nicht vor (→ BFH vom 30. 7. 1985 – BStBl 1986 II S. 359 und vom 9. 9. 1986 – BStBl 1987 II S. 28).

→ H 4.8 (Scheidungsklausel)

R 15.7 (8)   **Betriebsaufspaltung – Zusammenrechnung der Anteile von Eltern und Kindern**

(8) [1]Eine personelle Verflechtung liegt vor, wenn einem Elternteil oder beiden Elternteilen und einem minderjährigen Kind an beiden Unternehmen jeweils zusammen die Mehrheit der Stimmrechte zuzurechnen sind. [2]Ist beiden Elternteilen an einem Unternehmen zusammen die Mehrheit der Stimmrechte zuzurechnen und halten sie nur zusammen mit dem minderjährigen Kind am anderen Unternehmen die Mehrheit der Stimmrechte, liegt, wenn das Vermögenssorgerecht beiden Elternteilen zusteht, grundsätzlich ebenfalls eine personelle Verflechtung vor. [3]Hält nur ein Elternteil an dem einen Unternehmen die Mehrheit der Stimmrechte und hält er zusammen mit dem minderjährigen Kind die Mehrheit der Stimmrechte an dem anderen Unternehmen, liegt grundsätzlich keine personelle Verflechtung vor; auch in diesem Fall kann aber eine personelle Verflechtung anzunehmen sein, wenn das Vermögenssorgerecht allein beim beteiligten Elternteil liegt oder wenn das Vermögenssorgerecht bei beiden Elternteilen liegt und zusätzlich zur ehelichen Lebensgemeinschaft gleichgerichtete wirtschaftliche Interessen der Ehegatten vorliegen. [4]Ist nur einem Elternteil an dem einen Unternehmen die Mehrheit der Stimmrechte zuzurechnen und halten an dem anderen Unternehmen beide Elternteile zusammen mit dem minderjährigen Kind die Mehrheit der Stimmrechte, liegt grundsätzlich keine personelle Verflechtung vor, es sei denn, die Elternanteile können zusammengerechnet werden und das Vermögenssorgerecht steht beiden Elternteilen zu.

H 15.7 (8)   **Hinweise**

Wegfall der personellen Verflechtung durch Eintritt der Volljährigkeit

→ R 16 Abs. 2 Satz 4 f.

R 15.7 (9)   **Wertpapiergeschäfte**

(9) – unbesetzt –

H 15.7 (9)   **Hinweise**

An- und Verkauf von Wertpapieren

– Ob der An- und Verkauf von Wertpapieren als Vermögensverwaltung oder als eine gewerbliche Tätigkeit anzusehen ist, hängt, wenn eine selbständige und nachhaltige, mit Gewinnerzielungsabsicht betriebene Tätigkeit vorliegt, entscheidend davon ab, ob die Tätigkeit sich auch als Beteiligung am allgemeinen wirtschaftlichen Verkehr darstellt. Der fortgesetzte An- und Verkauf von Wertpapieren reicht für sich allein, auch wenn er einen erheblichen Umfang annimmt und sich über einen längeren Zeitraum erstreckt, zur Annahme eines Gewerbebetriebs nicht aus, solange er sich in den gewöhnlichen Formen, wie sie bei Privatleuten die Regel bilden, abspielt (→ BFH vom 19. 2. 1997 – BStBl II S. 399 und vom 29. 10. 1998 – BStBl 1999 II S. 448 und vom 20. 12. 2000 – BStBl 2001 II S. 706).

– Der An- und Verkauf von Optionskontrakten selbst in größerem Umfang begründet im Allgemeinen keinen Gewerbebetrieb. Eine gewerbliche Betätigung setzt jedenfalls voraus, dass der Stpfl. sich wie ein bankentypischer Händler verhält (→ BFH vom 20. 12. 2000 – BStBl 2001 S. 706).

– Der Rahmen einer privaten Vermögensverwaltung wird unabhängig vom Umfang der Beteiligung überschritten, wenn die Wertpapiere nicht nur auf eigene Rechnung, sondern untrennbar damit verbunden in erheblichem Umfang auch für fremde Rechnung erworben und wieder veräußert werden, zur Durchführung der Geschäfte mehrere Banken eingeschaltet werden, die Wertpapiergeschäfte mit Krediten finanziert werden, aus den Geschäften für fremde Rechnung Gewinne erzielt werden sollen und alle Geschäfte eine umfangreiche Tätigkeit erfordern (→ BFH vom 4. 3. 1980 – BStBl II S. 389).

– Der An- und Verkauf von Wertpapieren überschreitet grundsätzlich noch nicht den Rahmen einer privaten Vermögensverwaltung, wenn die entfaltete Tätigkeit dem Bild eines „Wertpapierhandelsunternehmens" i. S. d. § 1 Abs. 3d Satz 2 des KWG bzw. eines „Finanzunternehmens" i. S. d. § 1 Abs. 3 KWG nicht vergleichbar ist. Für ein Wertpapierhandelsunternehmen ist ein Tätigwerden „für andere", vor allem ein Tätigwerden „für fremde Rechnung" kennzeichnend. Finanzunternehmen werden zwar – insoweit nicht anders als private Anleger – für eigene Rechnung tätig, zeichnen sich aber dadurch aus, dass sie den Handel mit institutionellen Partnern betreiben, also nicht lediglich über eine Depotbank am Marktgeschehen teilnehmen (→ BFH vom 30. 7. 2003 – BStBl II 2004 S. 408).

Devisentermingeschäfte/Optionsgeschäfte

Die für Wertpapiergeschäfte maßgebenden Grundsätze für die Abgrenzung zwischen gewerblicher Tätigkeit und privater Vermögensverwaltung gelten auch bei Devisen- und Edelmetall-Termingeschäften in der Art von offenen oder verdeckten Differenzgeschäften (→ BFH vom 6. 12. 1983 – BStBl 1984 II S. 132). Dies gilt ebenso für Optionsgeschäfte (→ BFH vom 19. 2. 1997 – BStBl II S. 399).
→ H 20.2 (Options- und Finanztermingeschäfte)
→ H 4.2 (1) Termin- und Optionsgeschäfte

Kapitalanlage mit Einfluss auf die Geschäftsführung

Zur Annahme eines die Gewerblichkeit begründenden besonderen Umstandes reicht es nicht aus, wenn mit dem Ankauf von Wertpapieren eine Dauerkapitalanlage mit bestimmendem Einfluss auf die Geschäftsführung einer Kapitalgesellschaft gesucht und erreicht wird (→ BFH vom 4. 3. 1980 – BStBl II S. 389).

Pfandbriefe

Auch der An- und Verkauf von Pfandbriefen unter gezielter Ausnutzung eines sog. „grauen" Markts kann eine gewerbliche Tätigkeit begründen (→ BFH vom 2. 4. 1971 – BStBl II S. 620).

Vermögensverwaltung

Zur einkommensteuerrechtlichen Behandlung von Termingeschäften im Bereich der privaten Vermögensverwaltung → BMF vom 27. 11. 2001 (BStBl I S. 986).

Wertpapiergeschäfte eines Bankiers

Betreibt ein Bankier Wertpapiergeschäfte, die üblicherweise in den Bereich seiner Bank fallen, die aber auch im Rahmen einer privaten Vermögensverwaltung getätigt werden können, so sind diese dem betrieblichen Bereich zuzuordnen, wenn sie der Bankier in der Weise abwickelt, dass er häufig wiederkehrend dem Betrieb Mittel entnimmt, Kauf und Verkauf über die Bank abschließt und die Erlöse alsbald wieder dem Betrieb zuführt (→ BFH vom 19. 1. 1977 – BStBl II S. 287).

15.8. Mitunternehmerschaft   R 15.8

Allgemeines   **R 15.8 (1)**
  (1) – unbesetzt –   S 2241

Hinweise   H 15.8 (1)
Allgemeines

Mitunternehmer i. S. d. § 15 Abs. 1 Satz 1 Nr. 2 EStG ist, wer zivilrechtlich Gesellschafter einer Personengesellschaft ist und eine gewisse unternehmerische Initiative entfalten kann sowie unternehmerisches Risiko trägt. Beide Merkmale können jedoch im Einzelfall mehr oder weniger ausgeprägt sein (→ BFH vom 25. 6. 1984 – BStBl II S. 751 und vom 15. 7. 1986 – BStBl II S. 896).
→ Mitunternehmerinitiative
→ Mitunternehmerrisiko
→ Gesellschafter

Ausgleichsanspruch eines Kommanditisten

Ein Ausgleichsanspruch gegen die KG, der einem Kommanditisten zusteht, weil er Schulden der KG beglichen hat, gehört zu dessen Sonderbetriebsvermögen. Ein Verlust wird erst dann realisiert, wenn der Anspruch gegen die KG wertlos wird; dies ist erst im Zeitpunkt der Beendigung der Mitunternehmerstellung, also beim Ausscheiden des Gesellschafters oder bei Beendigung der Gesellschaft der Fall (→ BFH vom 5. 6. 2003 – BStBl II S. 871).

Bürgschaftsinanspruchnahme

→ Ausgleichsanspruch eines Kommanditisten

Büro-/Praxisgemeinschaft

Im Unterschied zu einer Gemeinschaftspraxis (Mitunternehmerschaft) hat eine Büro- und Praxisgemeinschaft lediglich den Zweck, den Beruf in gemeinsamen Praxisräumen auszuüben und bestimmte Kosten von der Praxisgemeinschaft tragen zu lassen und umzulegen. Ein einheitliches Auftreten nach außen genügt nicht, um aus einer Bürogemeinschaft eine Mitunternehmerschaft werden zu lassen. Gleiches gilt für die gemeinsame Beschäftigung von Personal und die gemeinsame Nutzung von Einrichtungsgegenständen. Entscheidend ist, dass bei einer Büro- und Praxisgemeinschaft keine gemeinschaftliche, sondern eine individuelle Gewinnerzielung beabsichtigt ist, und auch der Praxiswert dem einzelnen Beteiligten zugeordnet bleibt (→ BFH vom 14. 4. 2005 – BStBl II S. 752).

Erbengemeinschaft

Eine Erbengemeinschaft kann nicht Gesellschafterin einer werbenden Personengesellschaft sein. Jedem Miterben steht deshalb ein seinem Erbteil entsprechender Gesellschaftsanteil zu (→ BFH vom 1. 3. 1994 – BStBl 1995 II S. 241).

Europäische wirtschaftliche Interessenvereinigung (EWIV)

Die EWIV unterliegt nach § 1 des Gesetzes zur Ausführung der EWG-Verordnung über die Europäische wirtschaftliche Interessenvereinigung (EWIV-Ausführungsgesetz vom 14. 4. 1988 – BGBl. I S. 514, zuletzt geändert durch Art. 16 des Gesetzes zur Modernisierung des GmbH-Rechts und zur Bekämpfung von Missbräuchen vom 23. 10. 2008 – BGBl. I S. 2026) den für eine OHG geltenden Rechtsvorschriften. Dies gilt auch für das Steuerrecht.

Gesellschafter

– Ob ein Gesellschafter Mitunternehmer ist, beurteilt sich für alle Personengesellschaften nach gleichen Maßstäben (→ BFH vom 29. 4. 1981 – BStBl II S. 663 und vom 25. 6. 1981 – BStBl II S. 779). In Ausnahmefällen reicht auch eine einem Gesellschafter einer Personengesellschaft wirtschaftlich vergleichbare Stellung aus, z. B. als Beteiligter an einer Erben-, Güter- oder Bruchteilsgemeinschaft, als Beteiligter einer „fehlerhaften Gesellschaft" i. S. d. Zivilrechts oder als Unterbeteiligter (→ BFH vom 25. 6. 1984 – BStBl II S. 751). Auch Gesellschafter einer OHG oder KG erzielen nur dann Einkünfte aus Gewerbebetrieb, wenn sie Mitunternehmer des gewerblichen Unternehmens sind (→ BFH vom 8. 2. 1979 – BStBl II S. 405).

– → Verdeckte Mitunternehmerschaft

Gesellschafterausschluss bei Scheidung

→ Wirtschaftliches Eigentum

Innengesellschaft

– Im Fall einer GbR, die als reine Innengesellschaft ausgestaltet ist, rechtfertigt die Übernahme eines erheblichen unternehmerischen Risikos bereits das Bestehen einer Mitunternehmerschaft (→ BFH vom 19. 2. 1981 – BStBl II S. 602, vom 28. 10. 1981 – BStBl 1982 II S. 186 und vom 9. 10. 1986 – BStBl 1987 II S. 124).

– Der Inhaber eines Betriebs ist regelmäßig schon allein wegen seiner unbeschränkten Außenhaftung und des ihm allein möglichen Auftretens im Rechtsverkehr Mitunternehmer einer Innengesellschaft, die zum Zwecke der stillen Beteiligung an seinem Unternehmen gegründet wurde. Dies gilt auch dann, wenn dem Inhaber des Betriebs im Innenverhältnis neben einem festen Vorabgewinn für seine Tätigkeit keine weitere Gewinnbeteiligung zusteht und die Geschäftsführungsbefugnis weitgehend von der Zustimmung des stillen Beteiligten abhängt (→ BFH vom 10. 5. 2007 – BStBl II S. 927).

– Ist eine Person oder eine Personenmehrheit an einzelnen Tätigkeiten des Unternehmens einer KG als Innengesellschafterin beteiligt, führt dies nur dann zur Annahme eines eigenständigen Gewerbebetriebs, wenn der betroffene Geschäftsbereich in Form einer wirtschaftlichen Einheit von den weiteren Tätigkeitsfeldern des Unternehmens hinreichend sachlich abgegrenzt ist (→ BFH vom 23. 4. 2009 – BStBl 2010 II S. 40).

Komplementär

– Eine Komplementär-GmbH ist auch dann Mitunternehmerin, wenn sie am Gesellschaftskapital nicht beteiligt ist (→ BFH vom 11. 12. 1986 – BStBl 1987 II S. 553).
– Die Mitunternehmerstellung des Komplementärs wird nicht dadurch ausgeschlossen, dass er weder am Gewinn und Verlust der KG noch an deren Vermögen beteiligt ist (→ BFH vom 25. 4. 2006 – BStBl II S. 595).
– Der Komplementär ist auch dann Mitunternehmer, wenn er keine Kapitaleinlage erbracht hat und im Innenverhältnis (zu dem Kommanditisten) wie ein Angestellter behandelt und von der Haftung freigestellt wird (→ BFH vom 11. 6. 1985 – BStBl 1987 II S. 33 und vom 14. 8. 1986 – BStBl 1987 II S. 60).

Miterben

Gehört zum Nachlass ein Gewerbebetrieb, sind die Miterben Mitunternehmer (→ BFH vom 5. 7. 1990 – BStBl I S. 837 sowie BMF vom 14. 3. 2006 – BStBl I S. 253). Zur Erbengemeinschaft als Gesellschafter → Erbengemeinschaft. Anhang 8

Mitunternehmerinitiative

Mitunternehmerinitiative bedeutet vor allem Teilhabe an den unternehmerischen Entscheidungen, wie sie Gesellschaftern oder diesen vergleichbaren Personen als Geschäftsführern, Prokuristen oder anderen leitenden Angestellten obliegen. Ausreichend ist schon die Möglichkeit zur Ausübung von Gesellschafterrechten, die wenigstens den Stimm-, Kontroll- und Widerspruchsrechten angenähert sind, die einem Kommanditisten nach dem HGB zustehen oder die den gesellschaftsrechtlichen Kontrollrechten nach § 716 Abs. 1 BGB entsprechen (→ BFH vom 25. 6. 1984 – BStBl II S. 751, S. 769). Ein Kommanditist ist beispielsweise dann mangels Mitunternehmerinitiative kein Mitunternehmer, wenn sowohl sein Stimmrecht als auch sein Widerspruchsrecht durch Gesellschaftsvertrag faktisch ausgeschlossen sind (→ BFH vom 11. 10. 1988 – BStBl 1989 II S. 762).

Mitunternehmerrisiko

– Mitunternehmerrisiko trägt im Regelfall, wer am Gewinn und Verlust des Unternehmens und an den **stillen Reserven** einschließlich eines etwaigen Geschäftswerts beteiligt ist (→ BFH vom 25. 6. 1984 – BStBl II S. 751). Je nach den Umständen des Einzelfalls können jedoch auch andere Gesichtspunkte, z. B. eine besonders ausgeprägte unternehmerische Initiative, verbunden mit einem bedeutsamen Beitrag zur Kapitalausstattung des Unternehmens in den Vordergrund treten (→ BFH vom 27. 2. 1980 – BStBl 1981 II S. 210). Eine Vereinbarung über die Beteiligung an den stillen Reserven ist nicht ausschlaggebend, wenn die stillen Reserven für den Gesellschafter keine wesentliche wirtschaftliche Bedeutung haben (→ BFH vom 5. 6. 1986 – BStBl II S. 802). Ein Kommanditist, der nicht an den stillen Reserven einschließlich eines etwaigen Geschäftswerts beteiligt ist und nach dem Gesellschaftsvertrag nur eine übliche Verzinsung seiner Kommanditeinlage erhält, trägt kein Mitunternehmerrisiko und ist deshalb auch dann nicht Mitunternehmer, wenn seine gesellschaftsrechtlichen Mitwirkungsrechte denjenigen eines Kommanditisten entsprechen (→ BMF vom 28. 10. 1999 – BStBl 2000 I S. 183).
– Eine Beteiligung am unternehmerischen Risiko liegt bei beschränkt haftenden Gesellschaftern von Personenhandelsgesellschaften, insbesondere bei Kommanditisten, und bei atypisch stillen Gesellschaftern nicht vor, wenn wegen der rechtlichen oder tatsächlichen **Befristung** ihrer gesellschaftlichen Beteiligung eine Teilhabe an der von der Gesellschaft beabsichtigten Betriebsvermögensmehrung in Form eines entnahmefähigen laufenden Gewinns oder eines die Einlage übersteigenden Abfindungsguthabens oder eines Gewinns aus der Veräußerung des Gesellschaftsanteils nicht zu erwarten ist (→ BFH vom 25. 6. 1984 – BStBl II S. 751). Die zeitliche Befristung und die fehlende Gewinnerwartung können sich aus den Umständen des Einzelfalls ergeben (→ BFH vom 10. 11. 1977 – BStBl 1978 II S. 15).

Nachversteuerung des negativen Kapitalkontos

Der Betrag des beim Ausscheiden aus der Gesellschaft oder bei Auflösung der Gesellschaft zu versteuernden negativen Kapitalkontos (→ BFH vom 10. 11. 1980 – BStBl 1981 II S. 164) ist kein Gewinn aus einer Betriebsvermögensmehrung. Der beim Wegfall eines negativen Kapitalkontos des Kommanditisten zu erfassende Gewinn erlaubt es deshalb nicht, die Teilnahme an einer Betriebsvermögensmehrung im Sinne einer Beteiligung am unternehmerischen Risiko als gegeben anzusehen (→ BFH vom 25. 6. 1984 – BStBl II S. 751).

→ auch OFD Frankfurt vom 16. 7. 2003 – S 2241 A – 30 – St II 21 (StEd 2003, S. 641):

1. Allgemeines

Der große Senat des BFH hat durch Beschluss vom 10. 11. 1980, GrS 1/79 (BStBl 1981 II S. 164) entschieden, dass

a) einem Kommanditisten, dessen gesellschaftsrechtliche Stellung sich im Innen- und Außenverhältnis nach den Vorschriften des HGB bestimmt, ein Verlustanteil, der nach dem allgemeinen Gewinn- und Verlustverteilungsschlüssel der KG auf ihn entfällt, einkommensteuerrechtlich auch insoweit zuzurechnen ist, als er in einer den einkommensteuerrechtlichen Bilanzierungs- und Bewertungsvorschriften entsprechenden Bilanz der KG zu einem negativen Kapitalkonto des Kommanditisten führen würde,

b) der zu a) erwähnte Grundsatz aber nicht gilt, soweit bei Aufstellung der Bilanz nach den Verhältnissen am Bilanzstichtag feststeht, dass ein Ausgleich des negativen Kapitalkontos mit künftigen Gewinnanteilen des Kommanditisten nicht mehr in Betracht kommt,

c) bei Wegfall eines durch einkommensteuerliche Verlustzurechnung entstandenen negativen Kapitalkontos eines Kommanditisten in Höhe dieses negativen Kapitalkontos ein steuerpflichtiger Gewinn des Kommanditisten entsteht,

d) dieser Gewinn zwar grundsätzlich erst im Zeitpunkt der Betriebsaufgabe oder -veräußerung entsteht (§ 18 EStG), im Einzelfall jedoch ein steuerlich nicht begünstigter laufender Gewinn früher zu erfassen ist, sofern feststeht, dass ein Ausgleich des negativen Kapitalkontos des Kommanditisten mit künftigen Gewinnanteilen nicht mehr in Betracht kommt.

Bei der Anwendung dieser Grundsätze ist folgendes zu beachten:

1.1 Einkommensteuerliche Zurechnung von Verlustanteilen einer KG

Einen Kommanditisten einer gewerblich tätigen oder gewerblich geprägten KG ist der auf ihn entfallende Verlustanteil einkommensteuerlich grundsätzlich auch insoweit zuzurechnen, als dieser in der Steuerbilanz zu einem negativen Kapitalkonto führt oder dieses erhöht, obwohl der Kommanditist in Höhe des negativen Kapitalkontos weder gegenüber den Gläubigern der Gesellschaft haftet noch in anderer Weise rechtlich verpflichtet ist, zusätzlich Einlagen an die KG oder Ausgleichszahlungen an die übrigen Gesellschafter zu leisten. Dies gilt, solange zu erwarten ist, dass künftige Gewinnanteile anfallen werden, die der Kommanditist der KG zur Deckung früherer Verluste belassen muss, die ihm aber gleichwohl einkommensteuerrechtlich als Gewinnanteile zuzurechnen sind. Diese „Verlusthaftung mit künftigen Gewinnanteilen" ist Ausdruck und Teil des Mitunternehmerrisikos.

Die Frage der Zurechnung von Einkünften wird durch die Regelung des § 15a EStG nicht berührt. Im Falle eines Verlustes der KG ist daher in jedem Fall zunächst zu entscheiden, ob einem Kommanditisten nach den unten dargestellten Grundsätzen Verlustanteile aus der Gesellschaftsbilanz noch zugerechnet werden können. Nur soweit eine Verlustzurechnung in Betracht kommt, ist zu prüfen, ob § 15a EStG anzuwenden ist (vgl. H 138d (Allgemeines) EStH 2002[1]).

Über die Zurechnung von Einkünften ist nach den Verhältnissen am jeweiligen Bilanzstichtag zu entscheiden, da im Rahmen des Betriebsvermögensvergleiches die Veränderung des Vermögens der Gesellschaft ermittelt und gleichzeitig bestimmt wird, wenn das Betriebsvermögen steuerlich zuzurechnen ist (vgl. BFH vom 11. 2. 1988 – BStBl II S. 825, und vom 9. 2. 1993 – BStBl II S. 747).

Bei der Prüfung, ob nach den Verhältnissen am Bilanzstichtag feststeht, dass ein Ausgleich des negativen Kapitalkontos mit künftigen Gewinnanteilen nicht mehr in Betracht kommt und eine Zurechnung von Verlustanteilen an den betreffenden Kommanditisten damit ausscheidet, ist auf die Umstände abzustellen, die den BFH veranlasst haben, die Bildung eines negativen Kapitalkontos zuzulassen. Danach sei, so der Senat, bei einer sonst gutgehenden KG mit stillen Reserven irgendwann zu erwarten, dass die Auflösung der stillen Reserven einen Gewinn der KG und damit auch Gewinnanteile des Kommanditisten bewirke, die dieser zur Auffüllung seines negativen Kapitalkontos zu verwenden habe.

Ein Ausgleich des negativen Kapitalkontos mit künftigen Gewinnanteilen auch ohne Veräußerung oder Aufgabe des Betriebs der KG kann deshalb insbesondere bei Fällen mit folgendem Sachverhalt nicht mehr in Betracht kommen:

– die KG ist erheblich überschuldet

– stille Reserven oder ein Geschäftswert sind nicht oder nicht in ausreichender Höhe vorhanden

– die KG tätigt keine nennenswerten Umsätze mehr

– die KG hat ihre werbende Tätigkeit eingestellt

– Antrag auf Erhöhung des Insolvenzverfahrens

---

[1] Anm.: Nunmehr H 15a (Allgemeines)

- trotz erheblicher Überschuldung einer GmbH und Co. KG hat der Geschäftsführer pflichtwidrig keinen Antrag auf Eröffnung des Insolvenzverfahrens gestellt (§ 161 Abs. 2 i. V. m. § 130a Abs. 1 HGB)
- ein Antrag auf Eröffnung des Insolvenzverfahrens wurde mangels einer die Verfahrenskosten deckenden Masse abgelehnt (§ 26 Abs. 1 InsO)
- Eröffnung des Insolvenzverfahrens (vgl. hierzu Tz. 2).

Dass künftige Gewinnanteile zum Ausgleich eines negativen Kapitalkontos nicht mehr entstehen, kann im Einzelfall bei vernünftiger kaufmännischer Beurteilung auch bei einer KG, die gesellschaftsrechtlich noch nicht aufgelöst worden ist, feststehen. Umgekehrt schließt aber die gesellschaftsrechtliche Auflösung einer KG keineswegs aus, dass im Rahmen der Liquidation stille Reserven realisiert werden und deshalb noch Gewinne zu erwarten sind.

Die Einstellung der werbenden Tätigkeit ist anzunehmen, wenn das Unternehmen aufgehört hat, seine Dienstleistungen oder Produkte am Markt anzubieten. Keine Bedeutung kommt in diesem Zusammenhang Umsätzen aus dem Verkauf von Wirtschaftsgütern des Anlagevermögens sowie Umsätzen zu, die lediglich geeignet sind zu dokumentieren, dass die Gesellschaft noch existent ist.

Eine rein theoretische, mehr oder weniger spekulative Möglichkeit, eine KG werde durch Fortführung der bisherigen Tätigkeit oder durch Aufnahme einer andersartigen Betätigung wieder Gewinne erzielen, kann die Annahme nicht hindern, dass es insgesamt oder wenigstens für einen Teilbetrag des negativen Kapitalkontos bei vernünftiger kaufmännischer Beurteilung feststeht, dass künftige Gewinnanteile zum Ausgleich des negativen Kapitalkontos nicht mehr in Betracht kommen. Insoweit können dem Kommanditisten laufende Verlustanteile der Gesellschaftsbilanz (einschließlich der Ergebnisse einer Ergänzungsbilanz) selbst dann nicht mehr zugerechnet werden, wenn sich der Kommanditist für Verbindlichkeiten der KG verbürgt hat. Ungeachtet der Bürgschaft entfällt auch für diesen Kommanditisten die Verlusthaftung mit künftigen Gewinnanteilen nach Maßgabe des Gewinn- und Verlustverteilungsschlüssels der KG, die allein der Rechtfertigungsgrund für die einkommensteuerrechtliche Anerkennung eines negativen Kapitalkontos eines Kommanditisten ist (vgl. BFH-Urteil vom 19. 3. 1981, BStBl II S. 570 und Tz. 3, zur steuerlichen Behandlung von Bürgschaften eines Kommanditisten für Verbindlichkeiten der KG s. u. Tz. 3).

Im Einzelnen vgl. hierzu auch die ergänzenden BFH vom 19. 3. 1981 – BStBl II S. 570, vom 26. 3. 1981 – BStBl II S. 572, vom 26. 5. 1981 – BStBl II S. 688 und vom 16. 12. 1981 – BStBl 1982 II S. 474.

Wegen der Zurechnung von Sanierungsgewinnen und deren Auswirkungen auf das negative Kapitalkonto des Kommanditisten wird auf die Rundverfügung vom 20. 5. 2003, S 2140 A – 4 – St II 20 (§ 3 Fach 9 Karte 14 ESt-Kartei) verwiesen.

1.2 Nachversteuerung des negativen Kapitalkontos

Der Gewinn aus dem Wegfall des negativen Kapitalkontos (s. o. Tz. 1 Buchst. c) und d) entsteht grundsätzlich erst im Zeitpunkt der Betriebsaufgabe oder -veräußerung (§ 16 EStG).

Fällt das negative Kapitalkonto im Zuge der Liquidation der Gesellschaft weg, geschieht dies handelsrechtlich zu dem Zeitpunkt, für den die Liquidationsschlussbilanz aufgestellt wird.

Steuerrechtlich ist im Rahmen der Ermittlung des Veräußerungs- bzw. Aufgabegewinns auf den Zeitpunkt abzustellen, zu dem die Gesellschaft ihren Gewerbebetrieb im Ganzen veräußert oder tatsächlich aufgibt. Die zu diesem Zeitpunkt aufzustellende Aufgabebilanz zur Ermittlung des Veräußerungs- bzw. Aufgabegewinns tritt an die Stelle der handelsrechtlichen Liquidationsschlussbilanz (vgl. BFH vom 19. 1. 1993, BStBl II S. 594). In diesen Fällen ist der Gewinn aus dem Wegfall des negativen Kapitalkontos ein begünstigter Veräußerungs- oder Aufgabegewinn (§§ 16 Abs. 1 Nr. 1, 34 EStG).

Ergibt sich dagegen im Einzelfall, dass bereits zu einem Bilanzstichtag vor Aufgabe oder Veräußerung des Betriebs ein Ausgleich des durch Verlustanteile aus der Gesellschaftsbilanz (einschließlich Ergänzungsbilanz) entstandenen negativen Kapitalkontos mit künftigen Gewinnen des Kommanditisten nicht mehr in Betracht kommt, ergibt sich bereits zu diesem Zeitpunkt in Höhe des negativen Kapitalkontos ein laufender, nicht begünstigter Gewinn (vgl. den o. a. Beschluss des Großen Senats des BFH). Den Gewerbeertrag berührt dies in der Summe allerdings nicht, da insoweit dem persönlich haftenden Gesellschafter oder den anderen Kommanditisten, deren positives Kapitalkonto noch nicht aufgezehrt ist, Verlustanteile in gleicher Höhe zuzurechnen sind (vgl. § 52 Abs. 33 Satz 4 EStG). Sind jedoch in dem VZ, in dem die vorzeitige Nachversteuerung des negativen Kapitalkontos erfolgt, auch die Voraussetzungen des § 52 Abs. 33 Satz 3 EStG erfüllt, ist der Gewinn nach §§ 16, 34 EStG begünstigt. § 52 Abs. 33 Satz 4 EStG ist dabei auch anzuwenden, wenn eine KG aufgelöst wird und der Kommanditist sein negatives Kapitalkonto nicht ausgleichen muss (BFH vom 11. 8. 1994 – BStBl 1995 II S. 253).

Soweit allerdings ein negatives Kapitalkonto des Kommanditisten auf Entnahmen zurückzuführen ist, scheidet eine vorzeitige Nachversteuerung aus. In Höhe dieser Entnahmen entsteht jedoch ein Gewinn im Zeitpunkt der Auflösung der KG bzw. des Ausscheidens des Kommanditisten, soweit dieser nicht zu Ausgleichszahlungen verpflichtet ist (vgl. Schmidt, EStG, 22. Auflage, § 16 Rz. 472).

1.3 Nachholung eines zu Unrecht nicht aufgelösten negativen Kapitalkontos eines Kommanditisten

Ist das negative Kapitalkonto eines Kommanditisten nicht zum richtigen Bilanzstichtag aufgelöst worden und die Veranlagung des betroffenen Veranlagungszeitraumes bereits bestandskräftig, so kann die Auflösung im Folgejahr nach den für eine Bilanzberichtigung geltenden Grundsätzen erfolgswirksam nachgeholt werden (H 138d (Auflösung des negativen Kapitalkontos) EStH 2002[1]). Das negative Kapitalkonto ist in diesem Zusammenhang einem Bilanzansatz i. S. d. § 4 Abs. 1 Satz 1 EStG gleichzustellen (vgl. BFH vom 11. 2. 1988 – BStBl II S. 825, vom 10. 12. 1991 – BStBl 1992 II S. 650).

Ist die Gewinnfeststellung des Vorjahres nicht auf Grundlage einer von der KG eingereichten Bilanz, sondern im Wege der Schätzung vorgenommen worden, ist die Verknüpfung zwischen der Schlussbilanz des Vorjahres und der Anfangsbilanz des Folgejahres weiterhin gegeben (vgl. BFH vom 19. 1. 1993, a. a. O.). Auch in diesen Fällen kann deshalb eine bisher zu Unrecht unterbliebene erfolgswirksame Auflösung des negativen Kapitalkontos im Folgejahr nachgeholt werden.

Ist dagegen im Klageverfahren gegen einen Gewinnfeststellungsbescheid lediglich die Höhe des Veräußerungsgewinnes streitig, so kann eine in den Schlussbilanzen der Vorjahre fehlerhaft ausgewiesene Beteiligung der Gesellschafter am Vermögen der Personengesellschaft in der Schlussbilanz des Streitjahres grundsätzlich nicht erfolgswirksam berichtigt werden. Eine Korrektur kommt insoweit nur hinsichtlich solcher Fehler in Betracht, die sich bisher nicht auf die Höhe der festgestellten Gewinne und Gewinnanteile ausgewirkt haben (z. B. Entnahmen und Einlagen), da die Schlussbilanz des Streitjahres Grundlage einer bestandskräftigen Feststellung des laufenden Gewinns und der Anteile der Gesellschafter an diesem Gewinn geworden ist. Die Schlussbilanz des Streitjahres ist insoweit keine „offene Bilanz" im Sinne der Rechtsprechung zum formellen Bilanzzusammenhang (vgl. BFH vom 19. 1. 1993, a. a. O.).

Fehlt es jedoch an einer Feststellung für das vorangegangene Wirtschaftsjahr und kann diese nach Ablauf der Feststellungsfrist auch nicht mehr nachgeholt werden, so ist es nach dem BFH vom 28. 1. 1992 (BStBl II S. 881) nicht möglich, nach den Grundsätzen des Bilanzzusammenhangs an eine – wenn auch fehlerhafte – Schlussbilanz des vorangegangenen Wirtschaftsjahres anzuknüpfen. In diesem Fall ist der Bilanzzusammenhang durchbrochen, so dass die Versteuerung des negativen Kapitalkontos auch nicht mehr nachgeholt werden kann.

Der sich aus der Richtigstellung der Bilanzansätze für einen Kommanditisten ergebende Gewinn genießt die Steuervergünstigungen, die ihm bei rechtzeitigem Ausweis zugekommen wären (vgl. BFH vom 11. 2. 1988, a. a. O.).

2. Besonderheiten im Insolvenzfall

Auch nach der Eröffnung des Insolvenzverfahrens bleibt eine KG als Handelsgesellschaft bestehen. Durch die Eröffnung des Insolvenzverfahrens über das Vermögen der Gesellschaft wird sie zwar aufgelöst (vgl. § 161 Abs. 2 i. V. m. § 131 Abs. 1 Nr. 3 HGB), aber noch nicht voll beendet. Einkommensteuerrechtlich betreibt eine KG auch während des Abwicklungsstadiums ein gewerbliches Unternehmen i. S. d. § 15 EStG. Dies gilt auch dann, wenn die KG jegliche werbende Tätigkeit eingestellt hat, denn die gewerbliche Tätigkeit i. S. d. § 15 EStG umfasst auch die auf Abwicklung gerichteten Handlungen (vgl. BFH vom 27. 4. 1978 – BStBl 1979 II S. 89, und vom 11. 2. 1988, a. a. O.).

Die während der Abwicklung entstehenden Gewinne und Verluste einer aufgelösten KG sind im Wege des Betriebsvermögensvergleichs nach den Grundsätzen ordnungsgemäßer Buchführung zu ermitteln (§§ 4 Abs. 1, 5 Abs. 1 EStG) und gesondert festzustellen (§ 180 Abs. 1 Nr. 2a AO). Die Durchführung einer gesonderten und einheitlichen Feststellung der Einkünfte aus Gewerbebetrieb wird durch die Insolvenzeröffnung nicht gehindert.

Nach Eröffnung des Insolvenzverfahrens hat der Insolvenzverwalter für die ordnungsgemäße Erfüllung der steuerrechtlichen Buchführungs- und Bilanzierungspflichten zu sorgen (§ 80 Abs. 1 InsO, § 34 Abs. 3 AO). Soweit der Insolvenzverwalter seine Verpflichtung zur Aufstellung entsprechender Bilanzen für die KG nicht nachkommt, sind die festzustellenden Besteuerungsgrundlagen zu schätzen (vgl. Tz. 1.3). Dabei sind die für den Stpfl. maßgeblichen Gewinnermittlungsvorschriften zu beachten. Die Schätzung ist so vorzunehmen, dass sie im Ergebnis einem ordnungsgemäß durchgeführten Bestandsvergleich möglichst nahe kommt (vgl. BFH-Urteil vom 19. 1. 1993, a. a. O., m. w. N.). Dabei ist auch der Anfangs- und Endbestand des Betriebsvermögens schätzungsweise festzustellen und aktenkundig zu dokumentieren.

---

[1] Anm.: Nunmehr H 15a (Auflösung des negativen Kapitalkontos)

Nach Eröffnung eines Insolvenzverfahrens muss umgehend geprüft werden, ob eine vorzeitige Nachversteuerung negativer Kapitalkonten erforderlich ist, weil bereits zum Zeitpunkt der Eröffnung des Insolvenzverfahrens feststeht, dass ein Ausgleich des negativen Kapitalkontos mit künftigen Gewinnanteilen des/der Kommanditisten nicht mehr in Betracht kommt. Allerdings ist hiervon nicht ohne weiteres auszugehen (vgl. BFH vom 22. 1. 1985 – BStBl 1986 II S. 136 m. w. N.). Über die Zurechnung von Verlustanteilen und die Auflösung negativer Kapitalkonten beschränkt haftender Gesellschafter ist deshalb auch während eines laufenden Insolvenzverfahrens über das Vermögen einer KG nach den in Tz. 1 dargestellten allgemeinen Grundsätzen zu entscheiden. Sofern keine ausreichenden Unterlagen zur Feststellung und zeitlichen Erfassung des Aufgabegewinns vorliegen, sollten die gesonderten und einheitlichen Feststellungen bis zur abschließenden Sachverhaltsaufklärung unter dem Vorbehalt der Nachprüfung (§ 164 AO) durchgeführt werden.

3. Bürgschaftsübernahme durch Kommanditisten

Die Übernahme einer Bürgschaft durch einen Kommanditisten für Verbindlichkeiten der KG aus betrieblichen Gründen hat keinen Einfluss auf die Höhe des laufenden Gewinns/Verlusts der Gesellschaft. Die Bürgschaftsübernahme führt auch nicht zu Sonderbetriebsausgaben des betreffenden Kommanditisten. Droht die Inanspruchnahme des Kommanditisten aus der Bürgschaft oder wurde er bereits aus der Bürgschaft in Anspruch genommen, kann er in seiner Sonderbilanz keine Rückstellung bilden bzw. keine Verbindlichkeit einstellen (vgl. BFH-Urteil vom 12. 7. 1990 – BStBl 1991 II S. 64, m. w. N.). Die in Erfüllung einer Bürgschaftsverpflichtung geleisteten Zahlungen sind einkommensteuerrechtlich als Kapitaleinlage zu beurteilen. Dies gilt nicht nur für den Fall, dass die Übernahme der Bürgschaft und die Zahlung der Bürgschaftssumme auf dem Gesellschaftsverhältnis beruhende Beitragsleistungen des Kommanditisten darstellen, die während des Bestehens der Gesellschaft keinen Ersatzanspruch des Kommanditisten begründen. Eine Einlage liegt vielmehr auch vor, wenn dem Kommanditisten zivilrechtlich als Folge der Bürgschaftsleistung ein selbständiger, noch nicht erfüllter Ersatzanspruch gegenüber der KG oder den persönlich haftenden Gesellschaftern zusteht. Ein etwaiges Wertloswerden einer solchen Forderung, die zum Sonderbetriebsvermögen des Kommanditisten gehört, wirkt sich nicht schon während des Bestehens, sondern erst mit der Beendigung der Gesellschaft steuerlich aus, vgl. unten Tz. 3.2. Soweit sich aus dem BFH-Urteil vom 19. 1. 1989 (BStBl 1989 II S. 393) etwas anderes ergeben hatte, hält der BFH daran nicht mehr fest (vgl. BFH-Urteil vom 12. 7. 1990, a. a. O.).

3.1 Gewinnermittlung bei vorzeitiger Nachversteuerung des negativen Kapitalkontos

Steht fest, dass ein Ausgleich des negativen Kapitalkontos mit künftigen Gewinnanteilen des Kommanditisten nicht mehr in Betracht kommt, ergibt sich bereits zu diesem Zeitpunkt in Höhe des negativen Kapitalkontos ein laufender, nicht begünstigter Gewinn. Der vorzeitigen Nachversteuerung unterliegt das durch Verlustanteile aus der Gesellschaftsbilanz (einschließlich Ergänzungsbilanz) entstandene negative Kapitalkonto (vgl. Tz. 1.2).

Ein positives Kapitalkonto in der Sonderbilanz des Kommanditisten mindert das vorzeitig nachzuversteuernde negative Kapitalkonto nicht. Dementsprechend können sich auch Bürgschaftszahlungen eines Kommanditisten, die zivilrechtlich keine auf dem Gesellschaftsverhältnis beruhende Beitragsleistungen darstellen, auf die Höhe des vorzeitig nachzuversteuernden negativen Kapitalkontos nicht auswirken, da die aufgrund der Bürgschaftsinanspruchnahme entstehenden Ersatzansprüche des Kommanditisten gegenüber der KG oder den persönlich haftenden Gesellschaftern Sonderbetriebsvermögen darstellen. Die Wertlosigkeit dieser Kapitalkontenteile ist erst bei Beendigung der KG steuerlich zu berücksichtigen. Dementsprechend können auch drohende Bürgschaftsinanspruchnahmen bei der vorzeitigen Nachversteuerung nicht berücksichtigt werden (a. A. Schmidt, EStG, 22. Auflage, § 15a Rz. 20 und FG München, EFG 1992 S. 457).

3.2 Wegfall des negativen Kapitalkontos eines Kommanditisten bei Betriebsveräußerung oder Betriebsaufgabe bzw. Ausscheiden des Kommanditisten

Fällt ein negatives Kapitalkonto eines Kommanditisten bei Betriebsveräußerung oder Betriebsaufgabe weg oder scheidet ein Kommanditist gegen Übernahme eines negativen Kapitalkontos durch den Erwerber aus der Gesellschaft aus, entsteht grundsätzlich zu diesem Zeitpunkt in Höhe des negativen Kapitalkontos ein Veräußerungs- oder Aufgabegewinn. Ein solcher Veräußerungs- oder Aufgabegewinn ist grundsätzlich auch dann zu versteuern, wenn der Kommanditist im Außenverhältnis aufgrund einer Bürgschaftsverpflichtung weiterhin für Verbindlichkeiten der Gesellschaft haftet. Etwas anderes gilt jedoch, wenn der Kommanditist aus der Bürgschaft bereits in Anspruch genommen worden ist, aber noch nicht gezahlt hat, oder wenn er mit einer Inanspruchnahme durch die Gesellschaftsgläubiger ernsthaft rechnen muss und er keine realisierbaren Ausgleichs- und Rückgriffsansprüche hat (vgl. BFH-Urteil vom 12. 7. 1990, a. a. O.).

Der Ermittlung des Aufgabegewinns ist das im Zeitpunkt der Betriebsaufgabe vorhandene Betriebsvermögen zugrunde zu legen, in dem auch künftige Einnahmen und Ausgaben in Gestalt von Forderungen und Verbindlichkeiten zu berücksichtigen sind. Für einen Kommanditisten ist zu diesem Zweck eine Sonderbilanz aufzustellen, für die grundsätzlich die allgemeinen bilanzrechtlichen Vorschriften des EStG gelten (vgl. BFH-Urteil vom 9. 2. 1993 – BStBl II S. 747). In dieser Sonderbilanz muss der Kommanditist eine den Aufgabe-/Veräußerungsgewinn mindernde Rückstellung bilden, wenn ihm in Zusammenhang mit seiner Beteiligung eine Haftungsinanspruchnahme droht und keine realisierbaren Ausgleichs- und Rückgriffsansprüche bestehen. Bürgschaftszahlungen, die der Kommanditist während des Bestehens der Gesellschaft bzw. vor seinem Ausscheiden geleistet hat, wirken sich – soweit kein realisierbarer Ersatzanspruch besteht – ebenfalls erst zu diesem Zeitpunkt gewinnmindernd aus.

Soweit ein Kommanditist im Falle der Beendigung der Gesellschaft aus dem Wegfall des negativen Kapitalkontos wegen der zu berücksichtigenden Bürgschaftsverpflichtung keinen Veräußerungsgewinn zu versteuern hat, ist dem Komplementär gleichwohl ein Verlust in Höhe des weggefallenen negativen Kapitalkontos zuzurechnen, weil dessen Verbindlichkeiten sich trotz der Bürgschaftsverpflichtung/Bürgschaftszahlungen des Kommanditisten nicht vermindern. An die Stelle der weggefallenen Verbindlichkeiten gegenüber den Gesellschaftsgläubigern aufgrund der Zahlung durch den Bürgen tritt in derselben Höhe bei dem Komplementär die Ausgleichsverpflichtung nach § 774 BGB. Darüber hinaus kann sich eine Ausgleichsverpflichtung des Komplementärs aus § 670 BGB ergeben. Ein Gewinn entsteht beim Komplementär erst dann, wenn der Bürge auf seinen Ersatzanspruch verzichtet oder der Ersatzverpflichtete mit einer Inanspruchnahme durch den Bürgen nicht mehr zu rechnen braucht (vgl. BFH-Urteil vom 22. 11. 1988 – BStBl 1989 II S. 359).

Soweit wegen des Bestehens einer Bürgschaftsverpflichtung ein Gewinn aus dem Wegfall eines negativen Kapitalkontos nicht besteuert worden ist, ergeben sich jedoch steuerliche Auswirkungen, wenn der Kommanditist tatsächlich später nicht oder nicht in vollem Umfang Zahlungen zu erbringen hat bzw. er später durch Rückgriff auf die KG, einen ihrer Gesellschafter oder Mitbürgen Ersatz seiner Aufwendungen erlangen kann (vgl. Schmidt, EStG, 22. Auflage, § 16 Rz. 465, 473). In diesem Fall ist der Feststellungsbescheid für das Jahr der Auflösung der KG bzw. des Ausscheidens des Kommanditisten bezüglich des Veräußerungsgewinnes gemäß § 175 Abs. 1 Nr. 2 AO zu ändern, da sich aufgrund von Umständen, die nach der Aufgabe/Veräußerung neu hinzugetreten sind, ergeben hat, dass der der Besteuerung zugrunde gelegte Wert des Betriebsvermögens zu niedrig gewesen ist (vgl. Beschluss des Großen Senats des BFH vom 19. 7. 1993 – BStBl 1993 II S. 894). Entsprechendes gilt, wenn der Kommanditist über den bereits gewinnmindernd berücksichtigten Betrag hinaus für Verbindlichkeiten der KG in Anspruch genommen wird.

Sind bei der Ermittlung des Veräußerungs- bzw. Aufgabegewinns eines Kommanditisten Bürgschaftsverpflichtungen und/oder Bürgschaftszahlungen berücksichtigt worden, hat das für die Besteuerung der KG zuständige FA deshalb zu überwachen, ob tatsächlich eine Inanspruchnahme erfolgt bzw. Zahlungen geleistet werden und ob ggf. noch Rückgriffsansprüche realisiert werden können. Soweit dem Komplementär (bzw. mehreren Komplementären anteilig) Verluste in Höhe des negativen Kapitalkontos des ausgeschiedenen Kommanditisten zugerechnet wurden, ist ebenfalls zu überwachen, ob dem Komplementär, z. B. durch den Verzicht des Bürgen auf Rückgriffsansprüche, ein Gewinn in entsprechender Höhe zuzurechnen ist (s. o.).

Nießbrauch

Bei Bestellung eines Nießbrauchs am Gesellschaftsanteil bleibt der Nießbrauchsverpflichtete Mitunternehmer (→ BFH vom 1. 3. 1994 – BStBl 1995 II S. 241).

Organgesellschaft

Einer Mitunternehmereigenschaft der Komplementär-GmbH steht nicht entgegen, dass sie Organ des Kommanditisten ist (→ BFH vom 10. 11. 1983 – BStBl 1984 II S. 150).

Partnerschaftsgesellschaft

Zur zivilrechtlichen Rechtsform der Partnerschaftsgesellschaft → Partnerschaftsgesellschaftsgesetz (PartGG) vom 25. 7. 1994 (BGBl. I S. 1744), zuletzt geändert durch Artikel 22 des Gesetzes zur Modernisierung des GmbH-Rechts und zur Bekämpfung von Missbräuchen vom 23. 10. 2008 – BGBl. I S. 2026).

Stiller Gesellschafter

Bei einem stillen Gesellschafter ohne Unternehmerinitiative kommt der vermögensrechtlichen Stellung besondere Bedeutung zu (→ BFH vom 25. 6. 1981 – BStBl 1982 II S. 59). Um als Mitunternehmer angesehen werden zu können, muss ein solcher stiller Gesellschafter einen Anspruch auf Beteiligung am tatsächlichen Zuwachs des Gesellschaftsvermögens unter Einschluss der stillen Reserven und eines Geschäftswerts haben (→ BFH vom 27. 5. 1993 – BStBl 1994 II S. 700). Ohne eine Beteiligung an den stillen Reserven kann ein stiller Gesellschafter dann Mitunternehmer sein, wenn der Unternehmer ihm abweichend von der handelsrechtlichen Regelung ermöglicht, wie ein Unternehmer auf das Schicksal des Unternehmens Einfluss zu nehmen (→ BFH vom 28. 1. 1982 – BStBl II S. 389). Beteiligt sich der beherrschende Gesellschafter und alleinige Geschäftsführer einer GmbH an dieser auch noch als stiller Gesellschafter mit einer erheblichen Vermögenseinlage unter Vereinbarung einer hohen Gewinnbeteiligung sowie der Verpflichtung, die Belange bestimmter Geschäftspartner persönlich wahrzunehmen, so handelt es sich um eine atypisch stille Gesellschaft – Mitunternehmerschaft – (→ BFH vom 15. 12. 1992 – BStBl 1994 II S. 702). Gesamthandsvermögen braucht nicht vorhanden zu sein (→ BFH vom 8. 7. 1982 – BStBl II S. 700).

Strohmannverhältnis

Wer in eigenem Namen, aber für Rechnung eines anderen ein Einzelunternehmen führt oder persönlich haftender Gesellschafter einer Personengesellschaft ist, wird, sofern das Treuhandverhältnis den Geschäftspartnern gegenüber nicht offen gelegt wird, regelmäßig allein wegen seiner unbeschränkten Haftung zum (Mit-)Unternehmer. Dies gilt auch dann, wenn er den Weisungen des Treugebers unterliegt und im Innenverhältnis von jeglicher Haftung freigestellt ist (→ BFH vom 4. 11. 2004 – BStBl 2005 II S. 168).

Testamentsvollstreckung

Ein Kommanditist, dessen Kommanditanteil durch Testamentsvollstreckung treuhänderisch verwaltet wird und dessen Gewinnanteile an einen Unterbevollmächtigten herauszugeben sind, ist dennoch Mitunternehmer (→ BFH vom 16. 5. 1995 – BStBl II S. 714).

Treugeber

Bei einem Treuhandverhältnis, dessen Gegenstand die Mitgliedschaft in einer Personengesellschaft ist, müssen die die Mitunternehmerstellung kennzeichnenden Merkmale in der Person des Treugebers vorliegen (→ BFH vom 21. 4. 1988 – BStBl 1989 II S. 722).

Verdeckte Mitunternehmerschaft

– Mitunternehmer kann auch sein, wer nicht als Gesellschafter, sondern z. B. als Arbeitnehmer oder Darlehensgeber bezeichnet ist, wenn die Vertragsbeziehung als Gesellschaftsverhältnis anzusehen ist (→ BFH vom 11. 12. 1980 – BStBl 1981 II S. 310). Allerdings sind die zwischen den Beteiligten bestehenden Rechtsbeziehungen bei der Beurteilung der Gesellschaftereigenschaft sowohl zivil- als auch steuerrechtlich nicht allein nach deren formaler Bezeichnung zu würdigen, sondern nach den von ihnen gewollten Rechtswirkungen und der sich danach ergebenden zutreffenden rechtlichen Einordnung (→ BFH vom 13. 7. 1993 – BStBl 1994 II S. 282).

– Eine Mitunternehmerschaft setzt ein zivilrechtliches Gesellschaftsverhältnis oder ausnahmsweise ein wirtschaftlich vergleichbares Gemeinschaftsverhältnis voraus. Eine Mitunternehmerschaft liegt danach auch vor, wenn mehrere Personen durch gemeinsame Ausübung der Unternehmerinitiative und gemeinsame Übernahme des Unternehmerrisikos auf einen bestimmten Zweck hin tatsächlich zusammenarbeiten. Erforderlich für ein stillschweigend begründetes Gesellschaftsverhältnis ist auch ein entsprechender Verpflichtungswille (→ BFH vom 1. 8. 1996 – BStBl 1997 II S. 272). Mitunternehmerinitiative und -risiko dürfen nicht lediglich auf einzelne Schuldverhältnisse zurückzuführen sein. Die Bündelung von Risiken aus derartigen Austauschverhältnissen unter Vereinbarung angemessener und leistungsbezogener Entgelte begründet noch kein gesellschaftsrechtliches Risiko (→ BFH vom 13. 7. 1993 – BStBl 1994 II S. 282). Tatsächliche Einflussmöglichkeiten allein genügen allerdings nicht (→ BFH vom 2. 9. 1985 – BStBl 1986 II S. 10).

– Das Vorliegen einer verdeckten Mitunternehmerschaft zwischen nahen Angehörigen darf nicht unter Heranziehung eines Fremdvergleichs beurteilt werden (→ BFH vom 8. 11. 1995 – BStBl 1996 II S. 133).

– Der Geschäftsführer der Komplementär-GmbH ist nicht schon auf Grund des bloßen Abschlusses des Geschäftsführervertrages mit der GmbH als verdeckter Mitunternehmer der KG anzusehen (→ BFH vom 1. 8. 1996 – BStBl 1997 II S. 272). Der alleinige Gesellschafter-Geschäftsführer der Komplementär-GmbH ist verdeckter Mitunternehmer der Familien-GmbH & Co. KG, wenn er für die Geschäftsführung unangemessene gewinnabhängige Bezüge erhält und sich – wie bisher als Einzelunternehmer – als Herr des Unternehmens verhält (→ BFH vom 21. 9. 1995 – BStBl 1996 II S. 66).

Vermietung zwischen Schwester-Personengesellschaften

Wirtschaftsgüter, die eine gewerblich tätige oder gewerblich geprägte Personengesellschaft an eine ganz oder teilweise personenidentische Personengesellschaft (Schwestergesellschaft) vermietet, gehören zum Betriebsvermögen der vermietenden Personengesellschaft und nicht zum Sonderbetriebsvermögen bei der nutzenden Personengesellschaft. Dies gilt auch, wenn leistende Gesellschaft eine gewerblich geprägte atypisch stille Gesellschaft ist (→ BFH vom 26. 11. 1996 – BStBl 1998 II S. 328; (→ BMF vom 28. 4. 1998 BStBl I S. 583 mit Übergangsregelung).

Wirtschaftliches Eigentum

Ist in einem Gesellschaftsvertrag vereinbart, dass die Ehefrau im Scheidungsfall aus der Gesellschaft ausgeschlossen werden kann und ihr Ehemann an ihre Stelle tritt, ist der Kommanditanteil der Ehefrau dem Ehemann gem. § 39 Abs. 2 Nr. 1 Satz 1 AO zuzurechnen (→ BFH vom 26. 6. 1990 – BStBl 1994 II S. 645).

R 15.8 (2)   **Mehrstöckige Personengesellschaft**

(2) [1]§ 15 Abs. 1 Satz 1 Nr. 2 EStG ist auch bei mehrstöckigen Personengesellschaften anzuwenden, wenn eine ununterbrochene Mitunternehmerkette besteht. [2]Vergütungen der Untergesellschaft an einen Gesellschafter der Obergesellschaft für Tätigkeiten im Dienste der Untergesellschaft mindern daher den steuerlichen Gewinn der Untergesellschaft nicht; überlässt ein Gesellschafter der Obergesellschaft der Untergesellschaft z. B. ein Grundstück für deren betriebliche Zwecke, ist das Grundstück notwendiges Sonderbetriebsvermögen der Untergesellschaft.

H 15.8 (2)   # Hinweise

Freiberufler-Gesellschaften

→ H 15.6 (Gesellschaft)

Unterbeteiligung

Tätigkeitsvergütungen einer OHG an atypisch still Unterbeteiligte eines Gesellschafters gehören nach § 15 Abs. 1 Satz 1 Nr. 2 Satz 2 EStG zu den Einkünften aus Gewerbebetrieb (→ BFH vom 2. 10. 1997 – BStBl 1998 II S. 137).

R 15.8 (3)   **Gewinnverteilung**

(3) – unbesetzt –

H 15.8 (3)   # Hinweise

Abfindungen

Abfindungen, die der bei einer KG angestellte Kommanditist aus Anlass der Auflösung seines Dienstverhältnisses bezogen hat, gehören zu den Sondervergütungen i. S. d. § 15 Abs. 1 Satz 1 Nr. 2 EStG (→ BFH vom 23. 4. 1996 – BStBl II S. 515).

Abweichung des Steuerbilanzgewinns vom Handelsbilanzgewinn

Der zwischen Gesellschaftern einer Personengesellschaft vereinbarte Gewinnverteilungsschlüssel bezieht sich grundsätzlich auf den Handelsbilanzgewinn. Weicht dieser vom Steuerbilanzgewinn deshalb ab, weil er durch die Auflösung von Bilanzierungshilfen geringer ist als der Steuerbilanzgewinn, müssen bei der Anwendung des Gewinnverteilungsschlüssels auf den Steuerbilanzgewinn Korrekturen hinsichtlich der Gesellschafter angebracht werden, die bei der Bildung der Bilanzierungshilfe an dem Unternehmen noch nicht beteiligt waren (→ BFH vom 22. 5. 1990 – BStBl II S. 965).

Angemessenheit der Gewinnverteilung bei stiller Beteiligung von anteils- und beteiligungsidentischen Schwesterpersonengesellschaften

Kann ein angemessener Gewinnanteil der stillen Gesellschafterin nicht durch ein konkreten Fremdvergleich ermittelt werden, sind die Grundsätze zu Familienpersonengesellschaften entsprechend anzuwenden. Soweit ihr Gewinnanteil eine angemessene Höhe übersteigt, ist er dem Mitunternehmer zuzurechnen (→ BFH vom 21. 9. 2000 – BStBl 2001 II S. 299).

Ausländische Personengesellschaft

– Die zu § 15 Abs. 1 Satz 1 Nr. 2 EStG entwickelten Gewinnermittlungsgrundsätze gelten auch bei grenzüberschreitenden mitunternehmerischen Beteiligungen (→ BMF vom 24. 3. 1999 – BStBl 2000 II S. 399).

– Für die Beurteilung, ob eine „Gesellschaft" i. S. d. Art. 3 Abs. 1 Buchst. e DBA-USA 1989 vorliegt, ist die Rechtsordnung des Quellenstaates maßgeblich. Die Ausübung des steuerlichen Wahlrechts, in den USA als sog. S-Corporation nicht mit der dortigen Corporate Tax (Körperschaftsteuer) besteuert zu werden, ändert aus deutscher Sicht nichts an der Einordnung als juristische Person (→ BFH vom 20. 8. 2008 – BStBl 2009 II S. 475).

– LLC (Limited Liability Company nach US-Recht)

→ BMF vom 19. 3. 2004 (BStBl I S. 411)

Eine nach dem Recht des Staates Florida gegründete US-amerikanische LLC, die in den USA infolge der Ausübung des dort gegebenen steuerlichen Wahlrechts nicht mit der dortigen Corporate Tax besteuert, sondern wie eine Personengesellschaft behandelt wird, ist nach Art. 4 Abs. 1 Buchst. b DBA-USA 1989 a. F. nur insoweit eine in den USA ansässige und damit abkommensberechtigte Person, als die von der Gesellschaft bezogenen Einkünfte in den USA bei der Gesellschaft oder bei ihren in den USA ansässigen Gesellschaftern wie Einkünfte dort Ansässiger besteuert werden. Das Besteuerungsrecht für Einkünfte, die der inländische Gesellschafter aus der Beteiligung an einer solchen LLC bezieht, gebührt nur dann nach Art. 7 Abs. 1 DBA-USA 1989 a. F. den USA, wenn es sich bei der LLC auch aus deutscher Sicht um eine Personengesellschaft handelt, welche dem Gesellschafter in den USA eine Betriebsstätte vermittelt. Handelt es sich aus deutscher Sicht hingegen um eine Kapitalgesellschaft, gebührt das Besteuerungsrecht für die Einkünfte nach Art. 21 Abs. 1 DBA-USA 1989 a. F. Deutschland; ein vorrangiges Besteuerungsrecht der USA scheidet für diese Einkünfte sowohl nach Art. 7 Abs. 1 als auch nach Art. 10 Abs. 1 DBA-USA 1989 a. F. (→ BFH vom 20. 8. 2008, BStBl 2009 II S. 463).

Außerbetrieblich veranlasster Gewinn- und Verlustverteilungsschlüssel

Eine außerbetrieblich veranlasste Änderung des Gewinn- und Verlustverteilungsschlüssels bei einer Personengesellschaft, d. h. eine Änderung, die ihre Erklärung nicht in den Verhältnissen der Gesellschaft findet, ist ertragsteuerlich unbeachtlich (→ BFH vom 23. 8. 1990 – BStBl 1991 II S. 172).

Gewinnzurechnung

Einem aus einer Personengesellschaft ausgeschiedenen Mitunternehmer ist der gemeinschaftlich erzielte laufende Gewinn auch dann anteilig zuzurechnen, wenn die verbleibenden Mitunternehmer die Auszahlung verweigern, weil der ausgeschiedene Mitunternehmer ihnen Schadenersatz in übersteigender Höhe schuldet. Dies gilt auch, wenn der Anspruch des ausgeschiedenen Mitunternehmers zivilrechtlich der sog. Durchsetzungssperre unterliegt und deshalb nicht mehr isoliert, sondern nur noch als Abrechnungsposten im Rahmen des Rechtsstreits um den Auseinandersetzungsanspruch geltend gemacht werden kann (→ BFH vom 15. 11. 2011 – BStBl 2012 II S. 207).

GmbH-Beteiligung

Bei Beteiligung einer Personenhandelsgesellschaft an einer Kapitalgesellschaft gehören die Gewinnausschüttung ebenso wie die anzurechnende Kapitalertragsteuer und der Solidaritätszuschlag zu den Einkünften aus Gewerbebetrieb i. S. d. § 15 Abs. 1 Satz 1 Nr. 2 EStG. Das Anrechnungsguthaben steht den Gesellschaftern (Mitunternehmern) zu. Maßgebend für die Verteilung ist der allgemeine Gewinnverteilungsschlüssel (→ BFH vom 22. 11. 1995 – BStBl 1996 II S. 531).

Kapitalkontenverzinsung

Hat der Gesellschafter ein Verrechnungskonto zu verzinsen, das einen Sollsaldo aufweist und auf der Aktivseite der Gesellschaftsbilanz aufzuführen ist, kann dieses Konto entweder eine Darlehensforderung gegen den Gesellschafter dokumentieren oder aber als (negativer) Bestandteil des

Kapitalkontos anzusehen sein. Handelt es sich um einen Bestandteil des Kapitalkontos, dient die Verzinsung allein der zutreffenden Gewinnverteilung und führt nicht zu einer Erhöhung des Gewinns (→ BFH vom 4. 5. 2000 – BStBl 2001 II S. 171).

Mehrgewinne eines ausgeschiedenen Gesellschafters auf Grund späterer Betriebsprüfung

Mehrgewinne, die sich für den ausgeschiedenen Gesellschafter auf Grund einer späteren Betriebsprüfung ergeben, sind ihm nach dem vereinbarten Gewinnverteilungsschlüssel zuzurechnen, sofern die Gesellschaft eine Einheitsbilanz erstellt. Die Zurechnung wird nicht durch die Höhe der Abfindung begrenzt. Kann für ein sich danach ergebendes positives Kapitalkonto keine nachträgliche Abfindung erlangt werden, erleidet der Ausgeschiedene einen Veräußerungsverlust (→ BFH vom 24. 10. 1996 – BStBl 1997 II S. 241).

Nachträgliche Erhöhung des Kapitalkontos eines ausgeschiedenen Kommanditisten

Scheidet ein Kommanditist nach Auffüllen seines negativen Kapitalkontos ohne Abfindung aus der KG aus, ergibt sich aber auf Grund einer späteren Betriebsprüfung ein positives Kapitalkonto, entsteht für die verbliebenen Gesellschafter in diesem Umfang kein Anwachsungsgewinn. Der Betrag ist von ihnen für Abstockungen auf ihre Anteile an den Wirtschaftsgütern der Gesellschaft zu verwenden (→ BFH vom 24. 10. 1996 – BStBl 1997 II S. 241).

Pensionszusagen

Bilanzsteuerliche Behandlung von Pensionszusagen einer Personengesellschaft an einen Gesellschafter und dessen Hinterbliebene → BMF vom 29. 1. 2008 (BStBl I S. 317).

Rückwirkende Änderung

Eine rückwirkende Änderung der Gewinnverteilung während eines Wirtschaftsjahrs hat keinen Einfluss auf die Zurechnung des bis dahin entstandenen Gewinns oder Verlusts (→ BFH vom 7. 7. 1983 – BStBl 1984 II S. 53).

Tätigkeitsvergütungen

– Haben die Gesellschafter einer Personengesellschaft im Gesellschaftsvertrag vereinbart, dass die Tätigkeitsvergütung als Aufwand behandelt und auch dann gezahlt werden soll, wenn ein Verlust erwirtschaftet wird, ist dies bei tatsächlicher Durchführung der Vereinbarung auch steuerlich mit der Folge anzuerkennen, dass die Vergütung kein Gewinn vorab, sondern eine Sondervergütung i. S. d. § 15 Abs. 1 Satz 1 Nr. 2, 2. Halbsatz EStG ist. Steht die Sondervergütung in Zusammenhang mit der Anschaffung oder Herstellung eines Wirtschaftsguts, gehört sie zu den Anschaffungs- oder Herstellungskosten (→ BFH vom 13. 10. 1998 – BStBl 1999 II S. 284 und vom 23. 1. 2001 – BStBl II S. 621).

– Nicht unter den Begriff der Tätigkeitsvergütung fallen die **Lieferung von Waren** im Rahmen eines Kaufvertrags zwischen dem Gesellschafter und der Gesellschaft oder sonstige zu fremdüblichen Bedingungen geschlossene Veräußerungsgeschäfte zwischen Gesellschaft und Gesellschafter. Ein derartiges Veräußerungsgeschäft liegt auch vor, wenn der Gesellschafter zur Herbeiführung des der Gesellschaft geschuldeten Erfolgs nicht nur Arbeit zu leisten, sondern auch Waren von nicht untergeordnetem Wert zu liefern hat, z. B. bei einem Werkvertrag (→ BMF vom 28. 10. 1999 – BStBl 2000 II S. 339).

– Das Entgelt, das der Kommanditist einer GmbH & Co. KG für seine Tätigkeit als **Geschäftsführer der Komplementär-GmbH** bezieht, ist als Vergütung i. S. d. § 15 Abs. 1 Satz 1 Nr. 2 EStG zu beurteilen, und zwar auch dann, wenn der Anstellungsvertrag des Geschäftsführer-Gesellschafters nicht mit der KG, sondern der Komplementär-GmbH abgeschlossen wurde. Hat eine Komplementär-GmbH neben ihrer Funktion als Geschäftsführerin der GmbH und Co. KG noch einen eigenen wirtschaftlichen Geschäftsbereich, kann eine Aufteilung der Tätigkeitsvergütung an den Geschäftsführer der Komplementär-GmbH, der gleichzeitig Kommanditist der KG ist, geboten sein (→ BFH vom 6. 7. 1999 – BStBl II S. 720).

– Erbringt ein Kommanditist, der zugleich Alleingesellschafter und Geschäftsführer der Komplementär-GmbH und einer Schwester-Kapitalgesellschaft der GmbH & Co. KG ist, über die **zwischengeschaltete Schwester-Kapitalgesellschaft** Dienstleistungen an die KG, sind die hierfür gezahlten Vergütungen als Sonderbetriebseinnahmen des Kommanditisten zu erfassen (→ BFH vom 6. 7. 1999 – BStBl II S. 720).

– Die von einem **Drittunternehmer** geleisteten Zahlungen sind Tätigkeitsvergütungen, wenn die Leistung des Gesellschafters letztlich der Personengesellschaft und nicht dem Drittunternehmen zugute kommen soll, sich hinreichend von der Tätigkeit des Gesellschafters für den übrigen Geschäftsbereich des Drittunternehmens abgrenzen lässt und wenn die Personengesellschaft dem Drittunternehmer die Aufwendungen für die Leistungen an den Gesellschafter ersetzt (→ BFH vom 7. 12. 2004 – BStBl 2005 II S. 390).

– **Arbeitgeberanteile zur Sozialversicherung** eines Mitunternehmers, der sozialversicherungsrechtlich als Arbeitnehmer angesehen wird, gehören – unabhängig davon, ob sie dem Mitunternehmer zufließen – zu den Vergütungen, die er von der Gesellschaft für seine Tätigkeit im Dienste der Gesellschaft bezogen hat (→ BFH vom 30. 8. 2007 – BStBl II S. 942).

Tod eines Gesellschafters

Ein bei Ableben eines Gesellschafters und Übernahme aller Wirtschaftsgüter der Personengesellschaft durch die verbleibenden Gesellschafter nach R 4.5 Abs. 6 zu ermittelnder Übergangsgewinn ist anteilig dem verstorbenen Gesellschafter zuzurechnen, auch wenn er im Wesentlichen auf der Zurechnung auf die anderen Gesellschafter übergehender Honorarforderungen beruht (→ BFH vom 13. 11. 1997 – BStBl 1998 II S. 290).

Vorabanteile

Wird bei einer KG im Zusammenhang mit einer Erhöhung des Kommanditkapitals der gesellschaftsvertragliche Gewinn- und Verlustverteilungsschlüssel dahin geändert, dass künftige Gewinne oder Verluste in begrenztem Umfang nur auf die Kommanditisten verteilt werden, die weitere Kommanditeinlagen erbringen, oder dass diese Kommanditisten „Vorabanteile" von künftigen Gewinnen oder Verlusten erhalten, ist der neue Gewinn- und Verlustverteilungsschlüssel im Allgemeinen auch der einkommensteuerrechtlichen Gewinn- und Verlustverteilung zu Grunde zu legen (→ BFH vom 7. 7. 1983 – BStBl 1984 II S. 53 und vom 17. 3. 1987 – BStBl II S. 558).

Einkommensteuerliche Behandlung des persönlich haftenden Gesellschafters einer Kommanditgesellschaft auf Aktien

(4) – unbesetzt –

Hinweise

Allgemeines

Der persönlich haftende Gesellschafter einer KGaA ist nach § 15 Abs. 1 Satz 1 Nr. 3 EStG wie ein Gewerbetreibender zu behandeln. Der von ihm im Rahmen der KGaA erzielte anteilige Gewinn ist ihm einkommensteuerrechtlich unmittelbar zuzurechnen (→ BFH vom 21. 6. 1989 – BStBl II S. 881).

Ausschüttungen

Ausschüttungen auf die Kommanditaktien sind im Zeitpunkt des Zuflusses als Einnahmen aus Kapitalvermögen zu erfassen (→ BFH vom 21. 6. 1989 – BStBl II S. 881).

Ergänzungsbilanz

Der Komplementär einer KGaA ist nicht berechtigt, Anschaffungskosten in Form des beim Erwerb der Anteile geleisteten Aufwands für stille Reserven der KGaA, bspw. bei Grundstücken und beim Firmenwert in einer Ergänzungsbilanz abzuschreiben. Da der Komplementär einer KGaA ebenso wie die Gesellschafter einer Kapitalgesellschaft seine Einkünfte aus einer anderen Quelle bezieht als die Gesellschaft selbst, ist das bei Mitunternehmerschaften anzuwendende Instrument der Ergänzungsbilanz nicht auf die KGaA übertragbar. → FG München vom 10. 7. 2003–5 K 2681/97 – EFG 2003, S. 1691

Gewinnermittlungsart

Der Gewinnanteil des persönlich haftenden Gesellschafters einer KGaA einschließlich seiner Sondervergütungen, Sonderbetriebseinnahmen und Sonderbetriebsausgaben ist durch Betriebsvermögensvergleich zu ermitteln (→ BFH vom 21. 6. 1989 – BStBl II S. 881).

Sonderbetriebsvermögen

Der persönlich haftende Gesellschafter kann wie ein Mitunternehmer (§ 15 Abs. 1 Satz 1 Nr. 2 EStG) Sonderbetriebsvermögen haben. Die ihm gehörenden Kommanditaktien sind weder Betriebsvermögen noch Sonderbetriebsvermögen (→ BFH vom 21. 6. 1989 – BStBl II S. 881).

Wirtschaftsjahr

Das Wirtschaftsjahr stimmt mit dem Wirtschaftsjahr der KGaA überein (→ BFH vom 21. 6. 1989 – BStBl II S. 881).

R 15.8 (5) Umfassend gewerbliche Personengesellschaft

(5) [1]Personengesellschaften i. S. d. § 15 Abs. 3 Nr. 1 EStG sind außer der OHG und der KG diejenigen sonstigen Gesellschaften, bei denen die Gesellschafter als Unternehmer (Mitunternehmer) des Gewerbebetriebs anzusehen sind. [2]Auch die Partenreederei und die Unterbeteiligungsgesellschaft sind Personengesellschaften i. S. d. § 15 Abs. 3 Nr. 1 EStG. [3]Die eheliche Gütergemeinschaft ist nicht umfassend gewerblich tätig i. S. d. § 15 Abs. 3 Nr. 1 EStG.

H 15.8 (5) **Hinweise**

Ärztliche Gemeinschaftspraxen

→ BMF vom 14. 5. 1997 (BStBl I S. 566) und BFH vom 19. 2. 1998 (BStBl II S. 603)

Steuerrechtliche Behandlung des Verkaufs von Kontaktlinsen nebst Pflegemitteln, von Mundhygieneartikeln sowie von Tierarzneimitteln durch ärztliche Gemeinschaftspraxen

BMF vom 14. 5. 1997 (BStBl I S. 566)

Die selbständig ausgeübte Tätigkeit als Arzt ist eine freiberufliche Tätigkeit i. S. d. § 18 Abs. 1 Nr. 1 EStG. Zu der Frage, ob Einnahmen einer ärztlichen Gemeinschaftspraxis aus der Anpassung und dem Verkauf von Kontaktlinsen, aus dem Verkauf von Pflegemitteln bei Augenärzten, Artikeln zur Mundhygiene bzw. Mundpflege bei Zahnärzten oder Tierarzneimitteln bei Tierärzten zu den Einnahmen aus der freiberuflichen Tätigkeit gehören, wird unter Bezugnahme auf das Ergebnis der Erörterungen mit den obersten Finanzbehörden der Länder wie folgt Stellung genommen:

1. Die Honorare, die ein Augenarzt für das Anpassen von Kontaktlinsen nach einer augenärztlichen Untersuchung erhält, sind den Einnahmen aus der freiberuflichen Tätigkeit zuzuordnen.

2. Der Verkauf von Kontaktlinsen, Pflegemitteln durch Augenärzte, Artikeln zur Mundhygiene bzw. Mundpflege durch Zahnärzte oder Tierarzneimitteln durch Tierärzte ist keine Ausübung der Heilkunde. Die Einnahmen des Arztes hieraus sind deshalb als Einnahmen aus Gewerbebetrieb (§ 15 EStG) zu behandeln.

3. Erzielt eine ärztliche Gemeinschaftspraxis auch Einnahmen aus einer gewerblichen Tätigkeit, gelten die Einkünfte der ärztlichen Gemeinschaftspraxis in vollem Umfang als Einkünfte aus Gewerbebetrieb (sog. Abfärberegelung: § 15 Abs. 3 Nr. 1 EStG). Der Verkauf der in Nr. 2 bezeichneten Gegenstände durch eine ärztliche Gemeinschaftspraxis führt also dazu, dass auch die Einnahmen aus der ärztlichen Tätigkeit als Einnahmen aus Gewerbebetrieb zu behandeln sind.

4. Wird die Beschaffung und der Verkauf der in Nr. 2 bezeichneten Gegenstände jedoch durch eine andere Gesellschaft des bürgerlichen Rechts vorgenommen, tritt die Folge einer Abfärbung nicht ein, und zwar selbst dann nicht, wenn ganz oder teilweise die gleichen Personen an der ärztlichen Gemeinschaftspraxis und der GbR beteiligt sind (→ BFH vom 8. 12. 1994 – BStBl 1996 II S. 264). Die Abfärberegelung ist nämlich auf die ansonsten freiberuflich tätige ärztliche Gemeinschaftspraxis dann nicht anzuwenden, wenn die Beteiligung an der gewerblich tätigen Gesellschaft von einem, mehreren oder allen Gesellschaftern der ärztlichen Gemeinschaftspraxis persönlich oder von einer Schwestergesellschaft der ärztlichen Gemeinschaftspraxis gehalten wird (→ BMF vom 13. 5. 1996 – BStBl I S. 621).

   Die Tätigkeit der gewerblichen GbR muss sich eindeutig von der Tätigkeit der ärztlichen Gemeinschaftspraxis abgrenzen lassen. Dies setzt voraus:

   a) Der Gesellschaftsvertrag muss so gestaltet sein, dass die Gesellschaft wirtschaftlich, organisatorisch und finanziell von der ärztlichen Gemeinschaftspraxis unabhängig ist.

   b) Es sind getrennte Aufzeichnungen oder Bücher zu führen, besondere Bank- und Kassenkonten einzurichten sowie eigene Rechnungsformulare zu verwenden.

   c) Die in Nr. 2 bezeichneten Gegenstände sind getrennt vom Betriebsvermögen der ärztlichen Gemeinschaftspraxis zu lagern. Überwiegend im Zusammenhang mit der Abgabe der in Nr. 2 bezeichneten Gegenstände genutzte Wirtschaftsgüter gehören zum Betriebsvermögen der gewerblichen GbR.

5. Überlässt die ärztliche Gemeinschaftspraxis der gewerblichen GbR für deren Zwecke Personal, Räume oder Einrichtungen usw. gegen Aufwendungsersatz, führt dies bei der ärztlichen Gemeinschaftspraxis mangels Gewinnerzielungsabsicht nicht zu Einkünften aus Gewerbebetrieb. Kann die Höhe dieser Aufwendungen nicht nach dem Verursacherprinzip ermittelt werden, ist es nicht zu beanstanden, wenn sie entsprechend dem Verhältnis der Umsätze beider Gesellschaften zueinander oder nach einem entsprechenden Schlüssel geschätzt werden und der geschätzte Betrag der ärztlichen Gemeinschaftspraxis erstattet

wird. Die ärztliche Gemeinschaftspraxis hat einen Aufwendungsersatz durch die GbR im Rahmen ihrer Einkünfte aus selbständiger Arbeit zu erfassen.

Dieses Schreiben tritt an die Stelle des BMF-Schreibens vom 19. 10. 1984 (BStBl I S. 588).

Atypisch stille Gesellschaft

Übt der Inhaber einer Steuerberatungspraxis neben seiner freiberuflichen auch eine gewerbliche Tätigkeit aus, und ist an seinem Unternehmen ein Steuerberater atypisch still beteiligt, sind gem. § 15 Abs. 3 Nr. 1 EStG sämtliche Einkünfte der Mitunternehmerschaft gewerblich (→ BFH vom 10. 8. 1994 – BStBl 1995 II S. 171).

Beteiligung einer gemeinnützigen Körperschaft

Die Beteiligung einer gemeinnützigen Stiftung an einer gewerblich geprägten vermögensverwaltenden Personengesellschaft ist kein wirtschaftlicher Geschäftsbetrieb (→ BFH vom 25. 5. 2011 – BStBl 2011 II S. 858).

Betriebsaufspaltung

– → H 15.7 (4) Umfassend gewerbliche Besitzpersonengesellschaft

– Erzielt eine Personengesellschaft aus der Vermietung eines Grundstücks, das teilweise im Rahmen einer Betriebsaufspaltung an die Betriebsgesellschaft und teilweise an fremde Dritte überlassen wird, aufgrund der Abfärbewirkung nach § 15 Abs. 3 Nr. 1 EStG insgesamt gewerbliche Einkünfte?
→ FG Hessen vom 15. 6. 2010 (8 K 3660/02) – Rev. – IV R 37/10

Einheitliche Gesamtbetätigung

– Eine Umqualifizierung nach § 15 Abs. 3 Nr. 1 EStG kommt nicht in Betracht, wenn eine gemischte Tätigkeit als einheitliche Gesamtbetätigung anzusehen ist. Eine solche Tätigkeit muss vielmehr unabhängig von der „Abfärbetheorie" danach qualifiziert werden, welche Tätigkeit der Gesamtbetätigung das Gepräge gibt (→ BFH vom 24. 4. 1997 – BStBl II S. 567).

– → H 15.6 (Gemischte Tätigkeit).

Erbengemeinschaft

Die Erbengemeinschaft ist nicht umfassend gewerblich tätig i. S. d. § 15 Abs. 3 Nr. 1 EStG (→ BFH vom 23. 10. 1986 – BStBl 1987 II S. 120).

GbR

Die GbR, bei der die Gesellschafter als Mitunternehmer des Betriebs anzusehen sind, ist umfassend gewerblich tätig (→ BFH vom 11. 5. 1989 – BStBl II S. 797).

Geringfügige gewerbliche Tätigkeit

Jedenfalls bei einem Anteil der originär gewerblichen Tätigkeit von 1,25 % der Gesamtumsätze greift die Umqualifizierung des § 15 Abs. 3 Nr. 1 EStG nicht ein (→ BMF vom 11. 8. 1999 – BStBl 2000 II S. 229).

Gewerbesteuerbefreiung

Übt eine Personengesellschaft auch eine gewerbliche Tätigkeit aus, ist die Tätigkeit auch dann infolge der „Abfärberegelung" des § 15 Abs. 3 Nr. 1 EStG insgesamt als gewerblich anzusehen, wenn die gewerbliche Tätigkeit von der Gewerbesteuer befreit ist (→ BFH vom 30. 8. 2001 – BStBl 2002 II S. 152).

Gewerbliche Einkünfte im Sonderbereich des Gesellschafters

Bei einer freiberuflich tätigen Personengesellschaft kommt es nicht zu einer Abfärbung gem. § 15 Abs. 3 Nr. 1 EStG ihrer Einkünfte im Gesamthandsbereich, wenn ein Gesellschafter gewerbliche Einkünfte im Sonderbereich erzielt (→ BFH vom 28. 6. 2006 – BStBl 2007 II S. 378).

Gewinnerzielungsabsicht

Wegen der Einheitlichkeit des Gewerbebetriebs einer Personengesellschaft sind deren gemischte Tätigkeiten zunächst insgesamt als gewerblich einzuordnen. Erst dann ist für jeden selbständigen Tätigkeitsbereich die Gewinnerzielungsabsicht zu prüfen (→ BFH vom 25. 6. 1996 – BStBl 1997 II S. 202).

R 15.8 (6) **Gewerblich geprägte Personengesellschaft**

(6) [1]Eine gewerblich geprägte Personengesellschaft liegt nicht vor, wenn ein nicht persönlich haftender Gesellschafter *auf gesetzlicher oder gesellschaftsrechtlicher Grundlage im Innenverhältnis der Gesellschafter zueinander* zur Geschäftsführung befugt ist. [2]Dies gilt unabhängig davon, ob der zur Geschäftsführung befugte Gesellschafter eine natürliche Person oder eine Kapitalgesellschaft ist. [3]Eine gewerbliche Prägung ist selbst dann nicht gegeben, wenn der beschränkt haftende Gesellschafter neben dem persönlich haftenden Gesellschafter zur Geschäftsführung befugt ist. [4]Die Übertragung aller Gesellschaftsanteile an der Komplementär-GmbH in das Gesamthandsvermögen einer nicht gewerblich tätigen Kommanditgesellschaft, bei der die GmbH alleinige Komplementärin ist, führt allein nicht zum Wegfall der gewerblichen Prägung. [5]*Befinden sich die Geschäftsanteile einer Komplementär-GmbH im Gesamthandsvermögen der GmbH & Co. KG, deren Geschäfte sie führt, mit der Folge, dass die Komplementär-GmbH die sie selbst betreffenden Gesellschafterrechte selbst ausübt und dieser Interessenkonflikt durch einen aus den Kommanditisten der GmbH & Co. KG bestehenden Beirat gelöst wird, führt die Einrichtung eines Beirats mangels einer organschaftlichen Geschäftsführungsbefugnis für sich allein nicht zum Wegfall der gewerblichen Prägung der GmbH & Co. KG.*

Hinweise

Atypisch stille Gesellschaft

Die atypisch stille Gesellschaft kann als solche i. S. v. § 15 Abs. 3 Nr. 2 EStG durch den tätigen Gesellschafter gewerblich geprägt sein (→ BFH vom 26. 11. 1996 – BStBl 1998 II S. 328).

Ausländische Kapitalgesellschaft

Eine ausländische Kapitalgesellschaft, die nach ihrem rechtlichen Aufbau und ihrer wirtschaftlichen Gestaltung einer inländischen Kapitalgesellschaft entspricht, ist geeignet, eine Personengesellschaft gewerblich zu prägen (→ BFH vom 14. 3. 2007 – BStBl II S. 924).

Einkünfteerzielungsabsicht

Auch bei einer gewerblich geprägten Personengesellschaft ist die Einkünfteerzielungsabsicht zu prüfen. Hierbei kommt es auf die Absicht zur Erzielung eines Totalgewinns einschließlich etwaiger steuerpflichtiger Veräußerungs- oder Aufgabegewinne an. Daran fehlt es, wenn in der Zeit, in der die rechtsformabhängigen Merkmale der gewerblichen Prägung erfüllt sind, lediglich Vorlaufverluste erzielt werden (→ BFH vom 25. 9. 2008 – BStBl 2009 II S. 266).

GbR

Zur Haftungsbeschränkung bei einer GbR → BMF vom 18. 7. 2000 (BStBl I S. 1198) und vom 28. 8. 2001 (BStBl I S. 614).

Geschäftsführung

Bei einer GmbH & Co. KG, deren alleinige Geschäftsführerin die Komplementär-GmbH ist, ist der zur Führung der Geschäfte der GmbH berufene Kommanditist nicht wegen dieser Geschäftsführungsbefugnis auch als zur Führung der Geschäfte der KG berufen anzusehen (→ BFH vom 23. 5. 1996 – BStBl II S. 523).

Prägung durch andere Personengesellschaften

Eine selbst originär gewerblich tätige Personengesellschaft kann eine nur eigenes Vermögen verwaltende GbR, an der sie beteiligt ist, gewerblich prägen (→ BFH vom 8. 6. 2000 – BStBl 2001 II S. 162).

15.9. Steuerliche Anerkennung von Familiengesellschaften   R 15.9

Grundsätze   R 15.9 (1)

(1) – unbesetzt –

Hinweise   H 15.9 (1)

Allgemeines

Die Anerkennung einer OHG, KG, GbR oder atypisch stillen Gesellschaft setzt voraus, dass eine Mitunternehmerschaft vorliegt, der Gesellschaftsvertrag zivilrechtlich wirksam ist und auch verwirklicht wird und dass die tatsächliche Gestaltung der Dinge mit ihrer formellen Gestaltung übereinstimmt, insbesondere die aufgenommenen Familienangehörigen auch volle Gesellschafterrechte genießen (→ BFH vom 8. 8. 1979 – BStBl II S. 768 und vom 3. 5. 1979 – BStBl II S. 515). Einer OHG oder einer KG kann die steuerliche Anerkennung nicht lediglich mit der Begründung versagt werden, dass außerbetriebliche, z. B. steuerliche und familienrechtliche Gesichtspunkte den Abschluss des Gesellschaftsvertrags veranlasst haben (→ BFH vom 22. 8. 1951 – BStBl III S. 181).

Buchwertabfindung

Ein Kommanditist, der vom persönlich haftenden Gesellschafter ohne weiteres zum Buchwert aus der Gesellschaft ausgeschlossen werden kann, ist nicht Mitunternehmer (→ BFH vom 29. 4. 1981 – BStBl II S. 663). Entsprechendes gilt, wenn die für den Fall des jederzeit möglichen Ausschlusses vereinbarte Abfindung nicht auch die **Beteiligung am Firmenwert** umfasst (→ BFH vom 15. 10. 1981 – BStBl 1982 II S. 342).

Gütergemeinschaft

Die eheliche Gütergemeinschaft ist ein den in § 15 Abs. 1 Satz 1 Nr. 2 EStG genannten Gesellschaftsverhältnissen vergleichbares Gemeinschaftsverhältnis und kann damit eine Mitunternehmerschaft begründen (→ BFH vom 16. 2. 1995 – BStBl II S. 592 und vom 18. 8. 2005 – BStBl 2006 II S. 165).
→ H 4.2 (12)

Rückübertragungsverpflichtung

Werden Kommanditanteile schenkweise mit der Maßgabe übertragen, dass der Schenker ihre Rückübertragung jederzeit ohne Angabe von Gründen einseitig veranlassen kann, ist der Beschenkte nicht als Mitunternehmer anzusehen (→ BFH vom 16. 5. 1989 – BStBl II S. 877).

Tatsächliche Gewinnaufteilung

Der Gewinn aus einer Familienpersonengesellschaft ist einem bisher als Alleininhaber tätig gewesenen Gesellschafter zuzurechnen, wenn der Gewinn tatsächlich nicht aufgeteilt, sondern diesem Gesellschafter allein belassen worden ist (→ BFH vom 6. 11. 1964 – BStBl 1965 III S. 52).

Schenkweise begründete Beteiligungen von Kindern   R 15.9 (2)

(2) [1]Behält ein Elternteil sich bei der unentgeltlichen Einräumung einer Unterbeteiligung an einem Anteil an einer Personengesellschaft das Recht vor, jederzeit eine unentgeltliche Rückübertragung der Anteile von dem Kind zu verlangen, wird keine Einkunftsquelle auf das Kind übertragen. [2]Gleiches gilt bei schenkweiser Übertragung eines Gesellschaftsanteiles mit Rückübertragungsverpflichtung.[1]

Hinweise   H 15.9 (2)

Allgemeines

Schenkweise von ihren Eltern in eine KG aufgenommene Kinder können nur Mitunternehmer sein, wenn ihnen wenigstens annäherungsweise diejenigen Rechte eingeräumt sind, die einem Kommanditisten nach dem HGB zukommen. Maßstab ist das nach dem HGB für den Kommanditisten vorgesehene Regelstatut (→ BFH vom 24. 7. 1986 – BStBl 1987 II S. 54). Dazu gehören auch die gesetzlichen Regelungen, die im Gesellschaftsvertrag abbedungen werden können (→ BMF vom

---

[1] Anm.: → BFH vom 16. 5. 1989 (BStBl II S. 877).

5. 10. 1989 – BStBl I S. 378). Entsprechendes gilt für am Gesellschaftsanteil der Eltern unterbeteiligte Kinder (→ BFH vom 24. 7. 1986 – BStBl 1987 II S. 54). Sie sind nicht Mitunternehmer, wenn ihre Rechtsstellung nach dem Gesamtbild zugunsten der Eltern in einer Weise beschränkt ist, wie dies in Gesellschaftsverträgen zwischen Fremden nicht üblich ist (→ BFH vom 8. 2. 1979 – BStBl II S. 405 und vom 3. 5. 1979 – BStBl II S. 515). Die schenkweise begründete Rechtsstellung der Kinder entspricht in diesen Fällen ihrem wirtschaftlichen Gehalt nach häufig dem Versprechen einer erst künftigen Kapitalübertragung (→ BFH vom 8. 2. 1979 – BStBl II S. 405 und vom 3. 5. 1979 – BStBl II S. 515). Die Gewinngutschriften auf die Unterbeteiligung sind deshalb bei dem Elternteil keine Sonderbetriebsausgaben, sondern nichtabzugsfähige Zuwendungen i. S. d. § 12 EStG (→ BFH vom 18. 7. 1974 – BStBl II S. 740). Der schenkweisen Aufnahme steht gleich, wenn den Kindern die Mittel für die Kommanditeinlage darlehensweise unter Bedingungen zur Verfügung gestellt werden, die unter Fremden nicht üblich sind (→ BFH vom 5. 7. 1979 – BStBl II S. 670). Sind die in eine Gesellschaft im Wege der Schenkung aufgenommenen Kinder nach den vorstehenden Grundsätzen nicht als Mitunternehmer anzusehen, können ihnen die vertraglichen Gewinnanteile nicht als eigene Einkünfte aus Gewerbebetrieb zugerechnet werden. In Höhe dieser Gewinnanteile liegt regelmäßig eine nach § 12 EStG unbeachtliche Einkommensverwendung der Eltern vor (→ BFH vom 22. 1. 1970 – BStBl II S. 416).

Alter des Kindes

Bei der Würdigung des Gesamtbildes in Grenzfällen kann für die Anerkennung als Mitunternehmer sprechen, dass die Vertragsgestaltung den objektiven Umständen nach darauf abgestellt ist, die Kinder oder Enkel an das Unternehmen heranzuführen, um dessen Fortbestand zu sichern (→ BFH vom 6. 4. 1979 – BStBl II S. 620). Dies ist nicht der Fall, wenn die Kinder wegen ihres Alters nicht die für eine Heranführung an das Unternehmen erforderliche Reife besitzen (→ BFH vom 5. 7. 1979 – BStBl II S. 670).

Befristete Gesellschafterstellung

Ist die Gesellschafterstellung eines Kindes von vornherein nur befristet – etwa auf die Zeit, in der das Kind vermutlich unterhaltsbedürftig ist und eine persönliche Aktivität als Gesellschafter noch nicht entfalten wird –, kann eine Mitunternehmerschaft nicht anerkannt werden (→ BFH vom 29. 1. 1976 – BStBl II S. 324). Dagegen kann eine Mitunternehmerschaft minderjähriger Kinder, die als Kommanditisten einer Familien-KG im Schenkungswege beteiligt wurden, nicht schon deshalb verneint werden, weil der Vater nach dem Gesellschaftsvertrag berechtigt ist, die Gesellschafterstellung eines Kindes zum Ende des Jahres der Erreichung der Volljährigkeit zu kündigen (→ BFH vom 23. 6. 1976 – BStBl II S. 678).

Familiengerichtliche Genehmigung

Beteiligt ein Stpfl. sein durch einen Pfleger vertretenes minderjähriges Kind an seinem Unternehmen, hängt die steuerliche Anerkennung des Vertrags auch dann, wenn die Beteiligten nach dem Vertrag gehandelt haben, von der familiengerichtlichen Genehmigung ab, die nicht als stillschweigend erteilt angesehen werden kann (→ BFH vom 4. 7. 1968 – BStBl II S. 671). Die zivilrechtliche Rückwirkung der familiengerichtlichen Genehmigung eines Vertrags über den Erwerb eines Anteils an einer Personengesellschaft durch einen Minderjährigen kann steuerlich nicht berücksichtigt werden, wenn die familiengerichtliche Genehmigung nicht unverzüglich nach Abschluss des Gesellschaftsvertrags beantragt und in angemessener Frist erteilt wird (→ BFH vom 5. 3. 1981 – BStBl II S. 435).

Kündigung

Die Mitunternehmerstellung eines minderjährigen Kommanditisten kann durch das dem Komplementär eingeräumte Kündigungsrecht beeinträchtigt werden (→ BMF vom 5. 10. 1989 – BStBl I S. 378).
→ Befristete Gesellschafterstellung

Rückfallklausel

Eine Rückfallklausel, nach der die Unterbeteiligung ersatzlos an den Vater zurückfällt, wenn das Kind vor dem Vater stirbt und keine leiblichen ehelichen Abkömmlinge hinterlässt, steht der steuerrechtlichen Anerkennung der Unterbeteiligung nicht entgegen (→ BFH vom 27. 1. 1994 – BStBl II S. 635).

Umdeutung in Darlehensgewährung

Ein zivilrechtlich wirksam abgeschlossener, aber steuerlich nicht anerkannter Gesellschaftsvertrag kann für die steuerliche Beurteilung nicht in einen Darlehensvertrag umgedeutet werden (→ BFH vom 6. 7. 1995 – BStBl 1996 II S. 269).

Unterbeteiligung

Eine Unterbeteiligung am OHG-Anteil des Vaters mit Ausschluss der Unterbeteiligten von stillen Reserven und Firmenwert im Falle der Kündigung durch den Vater sowie Einschränkung der Gewinnentnahme- und Kontrollrechte der Unterbeteiligten kann steuerlich nicht anerkannt werden (→ BFH vom 6. 7. 1995 – BStBl 1996 II S. 269).

Verfügungsbeschränkungen

Behalten sich die Eltern die Verwaltung der Kommanditbeteiligungen der Kinder vor, sind die Kinder nicht Mitunternehmer (→ BFH vom 25. 6. 1981 – BStBl II S. 779). Überlassen Eltern ihren minderjährigen Kindern Anteile am Betriebsvermögen einer von ihnen gebildeten Personengesellschaft unter der Auflage, dass die Kinder über die auf ihre Anteile entfallenden Gewinnanteile nur in dem von den Eltern gebilligten Umfang verfügen dürfen, so liegt eine zur Gewinnverteilung auch auf die Kinder führende Mitunternehmerschaft nicht vor (→ BFH vom 4. 8. 1971 – BStBl 1972 II S. 10). Wird ein nicht mitarbeitendes Kind ohne Einlage als Gesellschafter aufgenommen, ist es in der Regel im Jahr der Aufnahme kein Mitunternehmer, wenn es sich nur verpflichtet, einen Teil seines künftigen Gewinnanteils zur Bildung eines Kapitalanteils stehenzulassen (→ BFH vom 1. 2. 1973 – BStBl II S. 221). Das gilt auch, wenn das Kind zwar zu einer Bareinlage verpflichtet sein soll, diese aber nur aus einem von den Eltern gewährten und aus dem ersten Gewinnanteil des Kindes wieder getilgten Darlehen leistet (→ BFH vom 1. 2. 1973 – BStBl II S. 526). Ist in dem Gesellschaftsvertrag einer Familienpersonengesellschaft, durch den die minderjährigen Kinder des Hauptgesellschafters als Kommanditisten in die KG aufgenommen werden, bestimmt, dass Beschlüsse in der Gesellschafterversammlung – abweichend vom Einstimmigkeitsprinzip des § 119 Abs. 1 HGB – mit einfacher Mehrheit zu fassen sind, steht diese Vertragsklausel der Anerkennung der Kinder als Mitunternehmer nicht entgegen; eine solche Klausel ist dahin auszulegen, dass sie nur Beschlüsse über die laufenden Geschäfte der KG betrifft (→ BFH vom 7. 11. 2000 – BStBl 2001 II S. 186).

Gewinnverteilung bei Familiengesellschaften   R 15.9 (3)

(3) [1]Unabhängig von der Anerkennung der Familiengesellschaft als solcher ist zu prüfen, ob auch die von der Gesellschaft vorgenommene Gewinnverteilung steuerlich zu übernehmen ist. [2]Steht die Gewinnverteilung in offensichtlichem Missverhältnis zu den Leistungen der Gesellschafter, kann ein Missbrauch i. S. d. § 42 AO vorliegen.

Hinweise   H 15.9 (3)

Allgemeines

Beteiligt ein Stpfl. nicht im Betrieb mitarbeitende nahe Familienangehörige in der Weise als Kommanditisten oder atypisch stille Gesellschafter an einem Betrieb, dass er ihnen Gesellschaftsanteile schenkweise überträgt, kann mit steuerlicher Wirkung eine Gewinnverteilung nur anerkannt werden, die auf längere Sicht zu einer unter Berücksichtigung der gesellschaftsrechtlichen Beteiligung der Mitunternehmer angemessenen Verzinsung des tatsächlichen (gemeinen) Wertes der Gesellschaftsanteile führt (→ BFH vom 29. 5. 1972 – BStBl 1973 II S. 5). Die Gewinnverteilung wird im Allgemeinen dann nicht zu beanstanden sein, wenn der vereinbarte Gewinnverteilungsschlüssel eine durchschnittliche Rendite von nicht mehr als 15 % des tatsächlichen Wertes der Beteiligung ergibt (→ BFH vom 24. 7. 1986 – BStBl 1987 II S. 54). Ist eine Gewinnverteilung nach den vorstehenden Grundsätzen unangemessen, ist die Besteuerung so vorzunehmen, als ob eine angemessene Gewinnverteilung getroffen worden wäre (→ BFH vom 29. 3. 1973 – BStBl II S. 650) d. h., Gewinnanteile, die die angemessene Begrenzung übersteigen, sind dann den anderen Gesellschaftern zuzurechnen, sofern nicht auch bei ihnen Begrenzungen zu beachten sind (→ BFH vom 29. 5. 1972 – BStBl 1973 II S. 5). Bei der Beantwortung der Frage, ob eine Gewinnverteilung angemessen ist, ist in der Regel von der durchschnittlichen Rendite eines Zeitraums von fünf Jahren auszugehen. Außerdem sind die im Zeitpunkt des Vertragsabschlusses bekannten Tatsachen und die sich aus ihnen für die Zukunft ergebenden wahrscheinlichen Entwicklungen zu berücksichtigen (→ BFH vom 29. 5. 1972 – BStBl 1973 II S. 5).

Beteiligung an den stillen Reserven

Ist vertraglich bestimmt, dass der Gesellschafter nicht oder unter bestimmten Voraussetzungen nicht an den stillen Reserven beteiligt sein soll, ist ein Abschlag zu machen; das gilt auch, wenn der Gesellschafter in der Verfügung über seinen Anteil oder in der Befugnis, Gewinn zu entnehmen, beschränkt ist (→ BFH vom 29. 3. 1973 – BStBl II S. 489).

Buchwertabfindung

Behält sich ein Elternteil anlässlich der unentgeltlichen Übertragung eines Gesellschaftsanteils auf die Kinder das Recht vor, das Gesellschaftsverhältnis zu kündigen, das Unternehmen allein fortzuführen und die Kinder mit dem Buchwert ihres festen Kapitalanteils abzufinden, ist bei Prüfung der Angemessenheit des vereinbarten Gewinnverteilungsschlüssels von dem Buchwert des übertragenen Gesellschaftsanteils auszugehen (→ BFH vom 13. 3. 1980 – BStBl II S. 437).

Eigene Mittel

Sind die Geschäftsanteile ganz oder teilweise mit eigenen Mitteln von den aufgenommenen Familienangehörigen erworben worden, bildet die unter Fremden übliche Gestaltung den Maßstab für die Prüfung, ob die Gewinnverteilung angemessen ist (→ BFH vom 4. 6. 1973 – BStBl II S. 866).

Entnahmegewinn bei Schenkung

→ H 4.3 (2 – 4) Personengesellschaften

Unterbeteiligung

Hat ein Stpfl. seinem Kind eine mitunternehmerschaftliche Unterbeteiligung von 10 % an seinem Kommanditanteil an einer zwischen fremden Personen bestehenden KG geschenkt, dann kann die für die Unterbeteiligung vereinbarte quotale Gewinnbeteiligung (hier: 10 %) auch dann steuerlich anzuerkennen sein, wenn sie zu einem Gewinn des unterbeteiligten Kindes von mehr als 15 % des Wertes der Unterbeteiligung (Allgemeines) führt. Eine Korrektur der vereinbarten quotalen Gewinnbeteiligung ist unzulässig, wenn mit dem Gewinnanteil des Stpfl. an der KG nur die Überlassung des Haftkapitals vergütet wird oder wenn damit zusätzlich nur solche Gesellschafterbeiträge des Stpfl. abgegolten werden, die anteilig auch dem unterbeteiligten Kind zuzurechnen sind (→ BFH vom 9. 10. 2001 – BStBl 2002 II S. 460).

Veränderung der Gewinnverteilung

Eine als angemessen anzusehende Gewinnverteilung bleibt grundsätzlich so lange bestehen, bis eine wesentliche Veränderung der Verhältnisse dergestalt eintritt, dass auch bei einer Mitunternehmerschaft zwischen fremden Personen die Gewinnverteilung geändert würde (→ BFH vom 29. 5. 1972 – BStBl 1973 II S. 5).

Verfügungsbeschränkungen

→ Beteiligung an den stillen Reserven

R 15.9 (4)   **Typisch stille Gesellschaft**

(4) – unbesetzt –

H 15.9 (4)   **Hinweise**

Allgemeines

Kommanditisten, die nicht als Mitunternehmer anzuerkennen sind, können im Innenverhältnis unter Umständen die Stellung von typischen stillen Gesellschaftern erlangt haben (→ BFH vom 29. 4. 1981 – BStBl II S. 663 und vom 6. 7. 1995 (BStBl 1996 II S. 269). Beteiligt ein Stpfl. nahe Angehörige an seinem Unternehmen als stille Gesellschafter, kann diese Beteiligung steuerlich nur anerkannt werden, wenn die Gesellschaftsverträge klar vereinbart, bürgerlich-rechtlich wirksam und ernstlich gewollt sind, tatsächlich durchgeführt werden, wirtschaftlich zu einer Änderung der bisherigen Verhältnisse führen und die Verträge keine Bedingungen enthalten, unter denen fremde Dritte Kapital als stille Einlage nicht zur Verfügung stellen würden (→ BFH vom 8. 3. 1984 – BStBl II S. 623 und vom 31. 5. 1989 – BStBl 1990 II S. 10).

Auszahlung/Gutschrift von Gewinnanteilen

Ein Vertrag über eine stille Gesellschaft zwischen Familienangehörigen ist nur dann durchgeführt, wenn die Gewinnanteile entweder ausbezahlt werden oder im Falle einer Gutschrift eindeutig bis zur Auszahlung jederzeit abrufbar gutgeschrieben bleiben (→ BFH vom 18. 10. 1989 – BStBl 1990 II S. 68).

Familiengerichtliche Genehmigung

Beteiligt ein Stpfl. sein durch einen Pfleger vertretenes minderjähriges Kind an seinem Unternehmen und ist das Kind auch am Verlust beteiligt, so hängt die steuerliche Anerkennung des Vertrags auch dann, wenn die Beteiligten nach dem Vertrag gehandelt haben, von der familiengerichtlichen Genehmigung ab, die nicht als stillschweigend erteilt angesehen werden kann (→ BFH vom 4. 7. 1968 – BStBl II S. 671).

Verlustbeteiligung

Ist ein schenkweise still beteiligtes minderjähriges Kind nicht am Verlust der Gesellschaft beteiligt, kann eine stille Beteiligung steuerlich nicht anerkannt werden (→ BFH vom 21. 10. 1992 – BStBl 1993 II S. 289); zu Angehörigen BMF vom 23. 12. 2010 (BStBl 2011 I S. 37), Rdnr. 15.

Anhang 2

Gewinnbeteiligung bei typisch stiller Beteiligung

(5) – unbesetzt –

R 15.9 (5)

Hinweise

H 15.9 (5)

Allgemeines

Die Höhe der Gewinnbeteiligung wird bei typischer stiller Beteiligung steuerlich nur zugrunde gelegt, soweit sie wirtschaftlich angemessen ist (→ BFH vom 19. 2. 2009 – BStBl II S. 798).

Eigene Mittel

– Stammt die Kapitalbeteiligung des stillen Gesellschafters nicht aus der Schenkung des Unternehmers, sondern wird sie aus eigenen Mitteln des stillen Gesellschafters geleistet, ist in der Regel eine Gewinnverteilungsabrede angemessen, die im Zeitpunkt der Vereinbarung bei vernünftiger kaufmännischer Beurteilung eine durchschnittliche Rendite von 25 % der → Einlage erwarten lässt, wenn der stille Gesellschafter nicht am Verlust beteiligt ist (→ BFH vom 14. 2. 1973 – BStBl II S. 395).

– Ist der stille Gesellschafter auch am Verlust beteiligt, ist in der Regel ein Satz von bis zu 35 % der Einlage noch angemessen (→ BFH vom 16. 12. 1981 – BStBl 1982 II S. 387).

Einlage

Der tatsächliche Wert einer typischen stillen Beteiligung ist regelmäßig gleich ihrem Nennwert (→ BFH vom 29. 3. 1973 – BStBl II S. 650).

Schenkweise eingeräumte stille Beteiligung

– Stammt die Kapitalbeteiligung des stillen Gesellschafters in vollem Umfang aus einer Schenkung des Unternehmers, ist in der Regel eine Gewinnverteilungsabrede angemessen, die im Zeitpunkt der Vereinbarung bei vernünftiger kaufmännischer Beurteilung eine durchschnittliche Rendite von 15 % der Einlage erwarten lässt, wenn der Beschenkte am Gewinn und Verlust beteiligt ist; ist eine Beteiligung am Verlust ausgeschlossen, ist bei einem steuerlich anerkannten stillen Gesellschaftsverhältnis in der Regel ein Satz von 12 % der Einlage angemessen (→ BFH vom 29. 3. 1973 – BStBl II S. 650).

– → BMF vom 23. 12. 2010 (BStBl 2011 I S. 37), Rdnr. 15.

Anhang 2

Veränderung der tatsächlichen Verhältnisse

Eine zunächst angemessene Rendite muss bei Veränderung der tatsächlichen Verhältnisse (hier: nicht erwarteter Gewinnsprung) nach dem Maßstab des Fremdvergleichs korrigiert werden (→ BFH vom 19. 2. 2009 – BStBl II S. 798).

R 15.10 15.10. **Verlustabzugsbeschränkungen nach § 15 Abs. 4 EStG**

S 2119   Betreibt ein Stpfl. gewerbliche Tierzucht oder Tierhaltung in mehreren selbständigen Betrieben, kann der in einem Betrieb erzielte Gewinn aus gewerblicher Tierzucht oder Tierhaltung mit dem in einem anderen Betrieb des Stpfl. erzielten Verlust aus gewerblicher Tierzucht oder Tierhaltung bis zum Betrag von 0 Euro verrechnet werden.

H 15.10   **Hinweise**

Abschreibungs- oder Buchverluste

Von § 15 Abs. 4 Satz 1 und 2 EStG werden alle Verluste aus gewerblicher Tierzucht oder gewerblicher Tierhaltung erfasst, nicht nur Abschreibungs- oder Buchverluste (→ BFH vom 5. 2. 1981 – BStBl II S. 359).

Brüterei

Die Unterhaltung einer Brüterei durch einen Gewerbetreibenden stellt keine gewerbliche Tierzucht oder Tierhaltung dar (→ BFH vom 14. 9. 1989 – BStBl 1990 II S. 152).

Doppelstöckige Personengesellschaft

Die Verlustausgleichs- und -abzugsbeschränkung für Verluste einer Untergesellschaft aus gewerblicher Tierzucht und Tierhaltung wirkt sich auch auf die Besteuerung der Gesellschafter der Obergesellschaft aus. Ein solcher Verlust ist zwingend und vorrangig mit Gewinnen aus der Veräußerung der Beteiligung an der Obergesellschaft zu verrechnen, soweit dieser anteilig mittelbar auf Wirtschaftsgüter der Untergesellschaft entfällt (→ BFH vom 1. 7. 2004 – BStBl 2010 II S. 157).

Ehegatten

Bei der Zusammenveranlagung von Ehegatten sind Verluste aus gewerblicher Tierzucht oder Tierhaltung des einen Ehegatten mit Gewinnen des anderen Ehegatten aus gewerblicher Tierzucht oder Tierhaltung auszugleichen (→ BFH vom 6. 7. 1989 – BStBl II S. 787).

Gemischte Betriebe

Wird in einem einheitlichen Betrieb neben gewerblicher Tierzucht oder gewerblicher Tierhaltung noch eine andere gewerbliche Tätigkeit ausgeübt, darf der Verlust aus der gewerblichen Tierzucht oder Tierhaltung nicht mit einem Gewinn aus der anderen gewerblichen Tätigkeit verrechnet werden (→ BFH vom 21. 9. 1995 – BStBl 1996 II S. 85).

Gewerbliche Tierzucht oder gewerbliche Tierhaltung

ist jede Tierzucht oder Tierhaltung, der nach den Vorschriften des § 13 Abs. 1 EStG i. V. m. §§ 51 und 51a BewG keine ausreichenden landwirtschaftlichen Nutzflächen als Futtergrundlage zur Verfügung stehen (→ BFH vom 12. 8. 1982 – BStBl 1983 II S. 36; → R 13.2).

Index-Partizipationszertifikate

Sind sog. „Index-Partizipationszertifikaten" um Termingeschäfte mit der Folge, dass darauf vorgenommene Teilwertabschreibungen dem Verlustausgleichsverbot des § 15 Abs. 4 Satz 3 EStG unterliegen?

→ FG Köln vom 3. 8. 2011 – 7 K 4682/07 – Rev. – IV R 53/11

Landwirtschaftliche Tätigkeit

Wird neben einer Tierzucht oder Tierhaltung, die für sich gesehen als landwirtschaftliche Tätigkeit einzuordnen wäre, eine gewerbliche Tätigkeit ausgeübt, ist § 15 Abs. 4 Satz 1 und 2 EStG nicht anzuwenden. Das gilt auch, wenn die Tierzucht oder Tierhaltung im Rahmen einer Personengesellschaft erfolgt, deren Einkünfte zu den Einkünften aus Gewerbebetrieb gehören, oder sich die Tierzucht oder Tierhaltung als Nebenbetrieb der gewerblichen Tätigkeit darstellt (→ BFH vom 1. 2. 1990 – BStBl 1991 II S. 625).

Lohnmast

§ 15 Abs. 4 Satz 1 und 2 EStG ist auch anzuwenden, soweit der Gewerbetreibende die Tiermast im Wege der Lohnmast auf Auftragnehmer übertragen hat, die ihrerseits Einkünfte aus Land- und Forstwirtschaft beziehen (→ BFH vom 8. 11. 2000 – BStBl 2001 II S. 349).

Nicht ausgeglichene Verluste

Nicht ausgeglichene Verluste aus gewerblicher Tierzucht oder Tierhaltung i. S. d. § 15 Abs. 4 Satz 1 und 2 EStG sind gesondert festzustellen (→ FG Münster vom 2. 5. 1995 – EFG 1995 S. 973).

Pelztierzucht

Das Ausgleichs- und Abzugsverbot für Verluste aus gewerblicher Tierzucht oder gewerblicher Tierhaltung gilt nicht für Verluste aus einer Nerzzucht (→ BFH vom 19. 12. 2002 – BStBl 2003 II S. 507).

Personengesellschaft

→ Landwirtschaftliche Tätigkeit

Verlustabzugsbeschränkung nach § 15 Abs. 4 Satz 6 bis 8 EStG

Zur Behandlung von Verlusten aus atypisch stillen Gesellschaften, Unterbeteiligungen oder sonstigen Innengesellschaften an Kapitalgesellschaften → BMF vom 19. 11. 2008 (BStBl I S. 970)

Verlustvor- und -rücktrag

Zur Anwendung des § 10d EStG im Rahmen des § 15 Abs. 4 Satz 1 und 2 EStG → BMF vom 29. 11. 2004 (BStBl I S. 1097).

Viehmastbetrieb

Betreibt ein Viehhändler neben einer Großschlächterei in erheblichem Umfang auch eine Viehmast, ohne die für eine landwirtschaftliche Betätigung erforderliche Futtergrundlage zu haben, sind die aus der Tierhaltung resultierenden Verluste gem. § 15 Abs. 4 Satz 1 und 2 EStG nicht ausgleichs- und nicht abzugsfähig (→ BFH vom 21. 9. 1995 – BStBl 1996 II S. 85).

---

§ 15a   Verluste bei beschränkter Haftung

EStG
S 2241a
1)

(1) [1]Der einem Kommanditisten zuzurechnende Anteil am Verlust der Kommanditgesellschaft darf weder mit anderen Einkünften aus Gewerbebetrieb noch mit Einkünften aus anderen Einkunftsarten ausgeglichen werden, soweit ein negatives Kapitalkonto des Kommanditisten entsteht oder sich erhöht; er darf insoweit auch nicht nach § 10d abgezogen werden. [2]Haftet der Kommanditist am Bilanzstichtag den Gläubigern der Gesellschaft auf Grund des § 171 Absatz 1 des Handelsgesetzbuchs, so können abweichend von Satz 1 Verluste des Kommanditisten bis zur Höhe des Betrags, um den die im Handelsregister eingetragene Einlage des Kommanditisten seine geleistete Einlage übersteigt, auch ausgeglichen oder abgezogen werden, soweit durch den Verlust ein negatives Kapitalkonto entsteht oder sich erhöht. [3]Satz 2 ist nur anzuwenden, wenn derjenige, dem der Anteil zuzurechnen ist, im Handelsregister eingetragen ist, das Bestehen der Haftung nachgewiesen wird und eine Vermögensminderung auf Grund der Haftung nicht durch Vertrag ausgeschlossen oder nach Art und Weise des Geschäftsbetriebs unwahrscheinlich ist.

(1a) [1]Nachträgliche Einlagen führen weder zu einer nachträglichen Ausgleichs- oder Abzugsfähigkeit eines vorhandenen verrechenbaren Verlustes noch zu einer Ausgleichs- oder Abzugsfähigkeit des dem Kommanditisten zuzurechnenden Anteils am Verlust eines zukünftigen Wirtschaftsjahres, soweit durch den Verlust ein negatives Kapitalkonto des Kommanditisten entsteht oder sich erhöht. [2]Nachträgliche Einlagen im Sinne des Satzes 1 sind Einlagen, die nach Ablauf eines Wirtschaftsjahres geleistet werden, in dem ein nicht ausgleichs- oder abzugsfähiger Verlust im Sinne des Absatzes 1 entstanden oder ein Gewinn im Sinne des Absatzes 3 Satz 1 zugerechnet worden ist.

2)

(2) [1]Soweit der Verlust nach den Absätzen 1 und 1a nicht ausgeglichen oder abgezogen werden darf, mindert er die Gewinne, die dem Kommanditisten in späteren Wirtschaftsjahren aus seiner Beteiligung an der Kommanditgesellschaft zuzurechnen sind. [2]Der verrechenbare Verlust, der

3)

---

1) Zur Anwendung von § 15a EStG → § 52 Abs. 33 EStG.
2) Absatz 1a i. d. F. des JStG 2009 ist erstmals auf Einlagen anzuwenden, die nach dem 24. 12. 2008 getätigt werden → § 52 Abs. 33 Satz 6 EStG.
3) Absatz 2 Satz 1 i. d. F. des JStG 2009 ist erstmals auf Einlagen anzuwenden, die nach dem 24. 12. 2008 getätigt werden → § 52 Abs. 33 Satz 6 EStG.

nach Abzug von einem Veräußerungs- oder Aufgabegewinn verbleibt, ist im Zeitpunkt der Veräußerung oder Aufgabe des gesamten Mitunternehmeranteils oder der Betriebsveräußerung oder -aufgabe bis zur Höhe der nachträglichen Einlagen im Sinne des Absatzes 1a ausgleichs- oder abzugsfähig.

(3) [1]Soweit ein negatives Kapitalkonto des Kommanditisten durch Entnahmen entsteht oder sich erhöht (Einlageminderung) und soweit nicht auf Grund der Entnahmen eine nach Absatz 1 Satz 2 zu berücksichtigende Haftung besteht oder entsteht, ist dem Kommanditisten der Betrag der Einlageminderung als Gewinn zuzurechnen. [2]Der nach Satz 1 zuzurechnende Betrag darf den Betrag der Anteile am Verlust der Kommanditgesellschaft nicht übersteigen, der im Wirtschaftsjahr der Einlageminderung und in den zehn vorangegangenen Wirtschaftsjahren ausgleichs- oder abzugsfähig gewesen ist. [3]Wird der Haftungsbetrag im Sinne des Absatzes 1 Satz 2 gemindert (Haftungsminderung) und sind im Wirtschaftsjahr der Haftungsminderung und den zehn vorangegangenen Wirtschaftsjahren Verluste nach Absatz 1 Satz 2 ausgleichs- oder abzugsfähig gewesen, so ist dem Kommanditisten der Betrag der Haftungsminderung, vermindert um auf Grund der Haftung tatsächlich geleistete Beträge, als Gewinn zuzurechnen; Satz 2 gilt sinngemäß. [4]Die nach den Sätzen 1 bis 3 zuzurechnenden Beträge mindern die Gewinne, die dem Kommanditisten im Wirtschaftsjahr der Zurechnung oder in späteren Wirtschaftsjahren aus seiner Beteiligung an der Kommanditgesellschaft zuzurechnen sind.

(4) [1]Der nach Absatz 1 nicht ausgleichs- oder abzugsfähige Verlust eines Kommanditisten, vermindert um die nach Absatz 2 abzuziehenden und vermehrt um die nach Absatz 3 hinzuzurechnenden Beträge (verrechenbarer Verlust), ist jährlich gesondert festzustellen. [2]Dabei ist von dem verrechenbaren Verlust des vorangegangenen Wirtschaftsjahres auszugehen. [3]Zuständig für den Erlass des Feststellungsbescheids ist das für die gesonderte Feststellung des Gewinns und Verlustes der Gesellschaft zuständige Finanzamt. [4]Der Feststellungsbescheid kann nur insoweit angegriffen werden, als der verrechenbare Verlust gegenüber dem verrechenbaren Verlust des vorangegangenen Wirtschaftsjahres sich verändert hat. [5]Die gesonderten Feststellungen nach Satz 1 können mit der gesonderten und einheitlichen Feststellung der einkommensteuerpflichtigen und körperschaftsteuerpflichtigen Einkünfte verbunden werden. [6]In diesen Fällen sind die gesonderten Feststellungen des verrechenbaren Verlustes einheitlich durchzuführen.

[1] (5) Absatz 1 Satz 1, Absatz 1a, 2 und 3 Satz 1, 2 und 4 sowie Absatz 4 gelten sinngemäß für andere Unternehmer, soweit deren Haftung der eines Kommanditisten vergleichbar ist, insbesondere für

1. stille Gesellschafter einer stillen Gesellschaft im Sinne des § 230 des Handelsgesetzbuchs, bei der der stille Gesellschafter als Unternehmer (Mitunternehmer) anzusehen ist,

2. Gesellschafter einer Gesellschaft im Sinne des Bürgerlichen Gesetzbuchs, bei der der Gesellschafter als Unternehmer (Mitunternehmer) anzusehen ist, soweit die Inanspruchnahme des Gesellschafters für Schulden in Zusammenhang mit dem Betrieb durch Vertrag ausgeschlossen oder nach Art und Weise des Geschäftsbetriebs unwahrscheinlich ist,

3. Gesellschafter einer ausländischen Personengesellschaft, bei der der Gesellschafter als Unternehmer (Mitunternehmer) anzusehen ist, soweit die Haftung des Gesellschafters für Schulden in Zusammenhang mit dem Betrieb der eines Kommanditisten oder eines stillen Gesellschafters entspricht oder soweit die Inanspruchnahme des Gesellschafters für Schulden in Zusammenhang mit dem Betrieb durch Vertrag ausgeschlossen oder nach Art und Weise des Geschäftsbetriebs unwahrscheinlich ist,

4. Unternehmer, soweit Verbindlichkeiten nur in Abhängigkeit von Erlösen oder Gewinnen aus der Nutzung, Veräußerung oder sonstigen Verwertung von Wirtschaftsgütern zu tilgen sind,

5. Mitreeder einer Reederei im Sinne des § 489 des Handelsgesetzbuchs, bei der der Mitreeder als Unternehmer (Mitunternehmer) anzusehen ist, wenn die persönliche Haftung des Mitreeders für die Verbindlichkeiten der Reederei ganz oder teilweise ausgeschlossen oder soweit die Inanspruchnahme des Mitreeders für Verbindlichkeiten der Reederei nach Art und Weise des Geschäftsbetriebs unwahrscheinlich ist.

R 15a   **15a. Verluste bei beschränkter Haftung**

Zusammentreffen von Einlage- und Haftungsminderung

S 2241a   (1) Treffen Einlage- und Haftungsminderung in einem Wirtschaftsjahr zusammen, ist die Einlageminderung vor der Haftungsminderung im Rahmen des § 15a Abs. 3 EStG zu berücksichtigen.

---

[1] Absatz 5 i. d. F. des JStG 2009 ist erstmals auf Einlagen anzuwenden, die nach dem 24. 12. 2008 getätigt werden → § 52 Abs. 33 Satz 6 EStG.

Sonderbetriebsvermögen

(2) [1]Verlust, die der Gesellschafter im Bereich seines Sonderbetriebsvermögens erleidet, sind grundsätzlich unbeschränkt ausgleichs- und abzugfähig. [2]Sie sind ausnahmsweise nicht unbeschränkt ausgleichs- und abzugsfähig, wenn sich das Sonderbetriebsvermögen im Gesamthandseigentum einer *anderen* Gesellschaft, befindet, bei der für die Verluste der Gesellschafter ihrerseits § 15a EStG gilt. *[3]Sofern auf Ebene der anderen Gesellschaft selbst eine Feststellung nach § 15a Abs. 4 EStG in Betracht kommt, ist die Ausgleichs-/Abzugsbeschränkung nach § 15a EStG in Bezug auf den Bereich Sonderbetriebsvermögen erst bei dieser Feststellung zu berücksichtigen.*

Außenhaftung des Kommanditisten nach § 15a Abs. 1 Satz 2 und 3 EStG

(3) [1]Der erweiterte Verlustausgleich oder -abzug im Jahr der Entstehung des Verlustes bei der KG setzt u. a. voraus, dass derjenige, dem der Anteil zuzurechnen ist und der deshalb den Verlustanteil bei seiner persönlichen Steuerveranlagung ausgleichen oder abziehen will, am Bilanzstichtag namentlich im Handelsregister eingetragen ist. [2]Die Anmeldung zur Eintragung im Handelsregister reicht nicht aus. [3]Dies gilt auch, wenn die Eintragung z. B. wegen Überlastung des Handelsregistergerichts oder wegen firmenrechtlicher Bedenken des Gerichts noch nicht vollzogen ist. [4]Bei Treuhandverhältnissen i. S. d. § 39 AO und bei Unterbeteiligungen, die ein beschränkt haftender Unternehmer einem Dritten an seinem Gesellschaftsanteil einräumt, reicht für den erweiterten Verlustausgleich oder -abzug die Eintragung des Treuhänders oder des Hauptbeteiligten im Handelsregister nicht aus. [5]Der erweiterte Verlustausgleich nach § 15a Abs. 1 Satz 2 und 3 EStG kommt nicht in Betracht, wenn sich die Haftung des Kommanditisten aus § 176 HGB ergibt. [6]Nach der Konzeption des § 15a EStG kann der Kommanditist Verluste insgesamt maximal bis zur Höhe seiner Einlage zuzüglich einer etwaigen überschießenden Außenhaftung nach § 171 Abs. 1 HGB steuerlich geltend machen. [7]Daher darf auch bei einer über mehrere Bilanzstichtage bestehenden Haftung das Verlustausgleichsvolumen nach § 15a Abs. 1 Satz 2 und 3 EStG insgesamt nur einmal in Anspruch genommen werden. [8]Die spätere haftungsbeendende Einlageleistung schafft auch nach Ablauf des Elf-Jahreszeitraums nach § 15a Abs. 3 EStG kein zusätzliches Verlustausgleichspotential. [9]Das Verlustausgleichspotential nach § 15a Abs. 1 Satz 2 und 3 EStG darf auch dann nur einmal in Anspruch genommen werden, wenn die Außenhaftung des Kommanditisten auf Grund von Entnahmen nach § 172 Abs. 4 Satz 2 HGB wieder auflebt.

Steuerbefreiung nach § 16 Abs. 4 EStG bei verrechenbaren Verlusten

(4) Bezugsgröße der Steuerbefreiung des § 16 Abs. 4 EStG ist der Veräußerungsgewinn nach der Minderung um die verrechenbaren Verluste.

Ausländische Verluste

(5) [1]Auf den Anteil am Verlust aus ausländischen Betriebsstätten ist auf Ebene der Gesellschaft § 15a EStG anzuwenden. [2]Ergibt sich nach Anwendung des § 15a EStG ein ausgleichsfähiger Verlust, ist des Weiteren – getrennt nach Staaten – festzustellen, ob und ggf. inwieweit es sich um einen Verlust aus einer aktiven Tätigkeit i. S. d. § 2a Abs. 2 EStG handelt oder um einen Verlust, der den Verlustausgleichsbeschränkungen des § 2a Abs. 1 Satz 1 Nr. 2 EStG unterliegt (Verlust aus passiver Tätigkeit). [3]Soweit ein Verlust aus passiver Tätigkeit vorliegt, ist auf Ebene des Gesellschafters zu prüfen, ob ein Ausgleich mit positiven Einkünften derselben Art aus demselben Staat in Betracht kommt. [4]Die vorstehenden Grundsätze gelten auch für ausländische Personengesellschaften unter den Voraussetzungen des § 15a Abs. 5 Nr. 3 EStG.

Verlustzurechnung nach § 52 Abs. 33 Satz 4 EStG beim Ausscheiden von Kommanditisten

(6) [1]In Höhe der nach § 52 Abs. 33 *Satz 3* EStG als Gewinn zuzurechnenden Beträge sind bei den anderen Mitunternehmern unter Berücksichtigung der für die Zurechnung von Verlusten geltenden Grundsätze nach Maßgabe des Einzelfalles Verlustanteile anzusetzen (§ 52 Abs. 33 Satz 4 EStG). [2]Das bedeutet, dass im Falle der Auflösung der Gesellschaft diese Verlustanteile ausschließlich den unbeschränkt haftenden Mitunternehmern anzusetzen sind. [3]In den Fällen des Ausscheidens von Mitgesellschaftern ohne Auflösung der Gesellschaft sind bei den Mitunternehmern, auf die der Anteil des Ausscheidenden übergeht, in Höhe der in dem Anteil *enthaltenen* und auf sie übergehenden stillen Reserven Anschaffungskosten zu aktivieren. [4]In Höhe des Teilbetrags des negativen Kapitalkontos, der die stillen Reserven einschließlich des Firmenwerts übersteigt, sind bei den Mitunternehmern, auf die der Anteil übergeht, Verlustanteile anzusetzen. [5]Soweit die übernehmenden Mitunternehmer beschränkt haften, ist bei ihnen die Beschränkung des Verlustausgleichs nach § 15a EStG zu beachten.

Hinweise

Allgemeines

Die Frage der Zurechnung von Einkünften wird durch die Regelung des § 15a Abs. 1 bis 4 EStG nicht berührt. Verlustanteile, die der Kommanditist nach § 15a Abs. 1 Satz 1 EStG nicht ausgleichen oder abziehen darf, werden diesem nach Maßgabe der vom BFH für die Zurechnung von Einkünften entwickelten Grundsätze zugerechnet (→ BFH vom 10. 11. 1980 – BStBl 1981 II S. 164, vom 19. 3. 1981 – BStBl II S. 570, vom 26. 3. 1981 – BStBl II S. 572, vom 5. 5. 1981 – BStBl II S. 574, vom 26. 5. 1981 – BStBl II S. 668 und 795 und vom 22. 1. 1985 – BStBl 1986 II S. 136). Daher mindern diese Verlustanteile auch die Gewinne, die dem Kommanditisten in späteren Wirtschaftsjahren aus seiner Beteiligung an der Kommanditgesellschaft zuzurechnen sind.

Anwendungsbereich

§ 15a EStG gilt für sämtliche Kommanditgesellschaften, nicht nur für Verlustzuweisungsgesellschaften (→ BFH vom 9. 5. 1996 – BStBl II S. 474).

Auflösung des negativen Kapitalkontos

– Beim Wegfall eines durch Verlustzurechnung entstandenen negativen Kapitalkontos eines Kommanditisten ergibt sich in Höhe dieses negativen Kapitalkontos ein steuerpflichtiger Gewinn des Kommanditisten. Dieser Gewinn entsteht zu dem Zeitpunkt, in dem der Betrieb der KG veräußert oder aufgegeben wird. Soweit jedoch schon früher feststeht, dass ein Ausgleich des negativen Kapitalkontos des Kommanditisten mit künftigen Gewinnanteilen nicht mehr in Betracht kommt, ist dieser Zeitpunkt maßgebend (→ BFH vom 10. 11. 1980 – BStBl 1981 II S. 164). Ist das negative Kapitalkonto des Kommanditisten zu Unrecht nicht aufgelöst worden und die Veranlagung bestandskräftig, kann die Auflösung im Folgejahr nachgeholt werden (→ BFH vom 10. 12. 1991 – BStBl 1992 II S. 650).

– Die Besteuerung des Veräußerungsgewinns aus der Auflösung eines negativen Kapitalkontos ist sachlich unbillig, wenn dieses durch Verluste entstanden ist, für die die Möglichkeit des Verlustabzugs nach § 10d EStG nicht genutzt werden konnte (→ BFH vom 26. 10. 1994 – BStBl 1995 II S. 297), oder durch Verluste aus gewerblicher Tierzucht entstanden ist, die sich wegen § 15 Abs. 4 EStG nicht ausgewirkt haben (→ BFH vom 25. 1. 1996 – BStBl II S. 289).

– Auch bei vorzeitigem Fortfall des negativen Kapitalkontos kann eine überschießende Außenhaftung des Kommanditisten nicht gewinnmindernd berücksichtigt werden (→ BFH vom 26. 9. 1996 – BStBl 1997 II S. 277).

Beispiele

1. **Grundfall**
   Die eingetragene Hafteinlage des Kommanditisten beträgt 200 000 €.

tatsächlich geleistete Einlage (= Kapitalkonto 01. 01. 01)	110 000 €
Verlustanteil des Kommanditisten 01	300 000 €
Kapitalkonto 31. 12. 01	– 190 000 €

   Lösung:

ausgleichsfähig nach § 15a Abs. 1 Satz 1 EStG	110 000 €
nach § 15a Abs. 1 Satz 2 und 3 EStG	90 000 €
verrechenbar nach § 15a Abs. 2 EStG	100 000 €

2. **Spätere Rückzahlung der Hafteinlage**
   Die eingetragene Hafteinlage des Kommanditisten beträgt 200 000 €.

Jahr 01:	tatsächlich geleistete Einlage (= Kapitalkonto 01. 01. 01)	100 000 €
	Verlustanteil 01	250 000 €
	Lösung:	
	ausgleichsfähig	
	nach § 15a Abs. 1 Satz 1 EStG	100 000 €
	nach § 15a Abs. 1 Satz 2 und 3 EStG	100 000 €
	verrechenbar nach § 15a Abs. 2 EStG	50 000 €
Jahr 02:	Resteinzahlung Haftkapital	100 000 €
	Verlustanteil 02	50 000 €
	Lösung:	
	ausgleichsfähig (R 15a Abs. 3 Satz 8)	0 €
	verrechenbar nach § 15a Abs. 2 EStG	50 000 €
Jahr 03:	Rückzahlung Kommanditeinlage	60 000 €
	Verlustanteil 03	40 000 €

Lösung:

ausgleichsfähig (R 15a Abs. 3 Satz 9)	0 €
verrechenbar nach § 15a Abs. 2 EStG	40 000 €

Keine Gewinnzurechnung nach § 15a Abs. 3 Satz 1 EStG, weil die Außenhaftung auf Grund der Einlageminderung in Höhe von 60 000 € wieder auflebt.

3. Gewinne und Entnahmen bei vorhandenem verrechenbaren Verlust

Die eingetragene Hafteinlage des Kommanditisten beträgt 200 000 €.

Jahr 01:	tatsächlich geleistete Einlage (= Kapitalkonto 01. 01. 01)	200 000 €
	Verlustanteil 01	220 000 €
	Kapitalkonto 31. 12. 01	− 20 000 €

Lösung:

ausgleichsfähig nach § 15a Abs. 1 Satz 1 EStG	200 000 €
verrechenbar nach § 15a Abs. 2 EStG	20 000 €

Jahr 02:	Entnahme 02	60 000 €
	Gewinnanteil 02	40 000 €
	Kapitalkonto 31. 12. 02	− 40 000 €

Lösung:

zu versteuernder Gewinnanteil:

Gewinnanteil (vor § 15a Abs. 2 EStG)	40 000 €
abzgl. verrechenbarer Verlust 01	− 20 000 €
in 02 zu versteuern	20 000 €
Gewinnzurechnung nach § 15a Abs. 3 Satz 1 EStG	0 €

Keine Gewinnzurechnung nach § 15a Abs. 3 Satz 1 EStG, weil durch die Einlageminderung in 02 die Außenhaftung des Kommanditisten i. S. d. § 15a Abs. 1 Satz 2 EStG in Höhe von 60 000 € wieder auflebt.

4. Liquidation – § 52 Abs. 33 Satz 3 EStG

Die eingetragene Hafteinlage des Kommanditisten beträgt 200 000 €.

bis zum Zeitpunkt der Liquidation tatsächlich geleistete Einlage		100 000 €
bis zum Zeitpunkt der Liquidation ausgleichsfähige Verluste		200 000 €
negatives Kapitalkonto im Zeitpunkt der Liquidation		− 100 000 €
anteiliger Liquidationsgewinn	a)	50 000 €
	b)	110 000 €

Der Liquidationsgewinn wird zunächst zur Auffüllung des negativen Kapitalkontos verwandt. Im Fall a) braucht der Kommanditist das verbleibende negative Kapitalkonto nicht aufzufüllen, im Fall b) erhält der Kommanditist nach Auffüllung seines negativen Kapitalkontos noch 10 000 € ausbezahlt.

Lösungen:

Fall a)	Liquidationsgewinn	50 000 €
	Wegfall des negativen Kapitalkontos	50 000 €
	Veräußerungsgewinn i. S. d. § 16 EStG	100 000 €
Fall b)	Veräußerungsgewinn i. S. d. § 16 EStG (keine Nachversteuerung des negativen Kapitalkontos, da es durch den Liquidationsgewinn gedeckt ist)	110 000 €

Ausländische Personengesellschaft

– Gesondertes Feststellungsverfahren für verrechenbare Verluste nur, wenn an der ausländischen Gesellschaft keine weiteren Steuerinländer beteiligt sind (→ BFH vom 15. 9. 2004 – I R 30/04 – BFH/NV 2005, S. 842)

– Liegt in dem Umstand, dass die Eintragung einer Kapitalerhöhung einer österreichischen KG im Firmenbuch ihren inländischen Kommanditisten keinen Verlustausgleich aus überschießender Außenhaftung eröffnet, ein Verstoß gegen die Niederlassungsfreiheit?

→ FG Düsseldorf vom 22. 7. 2011 (1 K 4383/09 F) – Rev. – I R 57/11

BGB-Innengesellschaft

– Verluste des nicht nach außen auftretenden Gesellschafters einer BGB-Innengesellschaft, die zu einem negativen Kapitalkonto geführt haben, sind nicht ausgleichsfähig, sondern nur nach § 15a EStG verrechenbar. Das gilt auch dann, wenn sich der Gesellschafter gegenüber dem tätigen Gesellschafter zum Verlustausgleich verpflichtet hat (→ BFH vom 10. 7. 2001 – BStBl 2002 II S. 339).

– Die im Interesse des gemeinsamen Unternehmens eingegangenen Verpflichtungen eines BGB-Innengesellschafters gegenüber Gläubigern des Geschäftsinhabers begründen keinen erweiterten Verlustausgleich. Die Inanspruchnahme aus solchen Verpflichtungen ist als Einlage zu behandeln, die für frühere Jahre festgestellte verrechenbare Verluste nicht ausgleichsfähig macht (→ BFH vom 5. 2. 2002 – BStBl II S. 464).

Bürgschaft

Eine Gewinnzurechnung auf Grund des Wegfalls des negativen Kapitalkontos ist nicht vorzunehmen, wenn der ausscheidende Kommanditist damit rechnen muss, dass er aus einer Bürgschaft für die KG in Anspruch genommen wird (→ BFH vom 12. 7. 1990 – BStBl 1991 II S. 64).

Doppelstöckige Personengesellschaft

§ 15a EStG findet Anwendung (→ BFH vom 7. 10. 2004 – BFH/NV 2005, S. 533).

Einlageminderung

– Wird bei Bestehen eines negativen Kapitalkontos eine die Haftsumme übersteigende Pflichteinlage (z. B. ein Agio) entnommen, kommt es insoweit bis zur Höhe der Haftsumme zum Wiederaufleben der nach § 15a Abs. 1 Satz 2 EStG zu berücksichtigenden Haftung, so dass eine Gewinnzurechnung nach § 15a Abs. 3 Satz 1 EStG zu unterbleiben hat (→ BFH vom 6. 3. 2008 – BStBl II S. 676).

– Führt eine im Handelsregister eingetragene Haftungsminderung eines Kommanditisten zu einer Einlageminderung im Sinne von § 15a Abs. 3 EStG, soweit die Kommanditeinlage ohne Geldbewegung in eine typisch stille Beteiligung umgewandelt wurde?

→ FG Münster vom 10. 10. 2011 (11 K 490/07 F) – Rev. – IV R 58/11

Einlagen

– Einlagen, die vor dem 25. 12. 2008 zum Ausgleich eines negativen Kapitalkontos geleistet und im Wirtschaftsjahr der Einlage nicht durch ausgleichsfähige Verluste verbraucht worden sind (→ § 52 Abs. 33 Satz 6 EStG), schaffen Verlustausgleichspotenzial für spätere Wirtschaftsjahre (→ BFH vom 26. 6. 2007 – BStBl II S. 934 und BMF vom 19. 11. 2007 – BStBl I S. 823). Dies gilt auch für Einlagen eines atypisch stillen Gesellschafters (→ BFH vom 20. 9. 2007 – BStBl 2008 II S. 118).

– Leistet der Kommanditist zusätzlich zu der im Handelsregister eingetragenen, nicht voll eingezahlten Hafteinlage eine weitere Sach- oder Bareinlage, kann er im Wege einer negativen Tilgungsbestimmung die Rechtsfolge herbeiführen, dass die Haftungsbefreiung nach § 171 Abs. 1 2. Halbsatz HGB nicht eintritt. Das führt dazu, dass die Einlage nicht mit der eingetragenen Hafteinlage zu verrechnen ist, sondern im Umfang ihres Wertes die Entstehung oder Erhöhung eines negativen Kapitalkontos verhindert und auf diese Weise nach § 15a Abs. 1 Satz 1 EStG zur Ausgleichs- und Abzugsfähigkeit von Verlusten führt (→ BFH vom 11. 10. 2007 – BStBl 2009 II S. 135 und vom 16. 10. 2008 – BStBl 2009 II S. 272).

Anm.:
1) Änderung des § 15a EStG durch das JStG 2009
2) Zur Umsetzung der BFH-Rechtsprechung (Altfälle) → OFD Karlsruhe vom 16. 1. 2008 (BB 2008, S. 823) – Auszug:
   1. Rechtliche Qualität der vorgezogenen Einlage im Wirtschaftsjahr der Einlageleistung

   Nachweispflichtig für das Vorliegen von vorgezogenen Einlagen in vorangegangenen Wirtschaftsjahren ist der Steuerpflichtige. Bei der Einlageleistung muss es sich um eine gesellschaftsrechtlich veranlasste Einlage in das Gesamthandsvermögen der Personengesellschaft gehandelt haben. Damit scheiden z. B. Gutschriften auf einem Darlehenskonto sowie Darlehensgewährungen des Gesellschafters an die Personengesellschaft als vorgezogene Einlagen aus.

   Die Einlage muss im Wirtschaftsjahr der Einlageleistung zur Verminderung eines negativen Kapitalkontos geleistet worden sein. Ein Korrekturposten ist nur insoweit zu bilden, als die Einlageleistung nicht bereits im Wirtschaftsjahr der Einlage zum Verlustausgleich geführt hat. Hat es sich um eine haftungsbeendende Einlage gehandelt, ist zu berücksichtigen, dass insoweit ein Verlustausgleichsvolumen nicht doppelt in Anspruch genommen werden kann (vgl. R 15a Abs. 3 Satz 8 EStR), so dass in diesen Fällen ein Korrekturposten nicht zu bilden ist. Eines Korrekturpostens bedarf es auch dann nicht, wenn der Kommanditist durch die Einlage Mehrentnahmen zurückführt, in deren Höhe in den vorangegangenen Wirtschaftsjahren die Versteuerung einer Einlagenminderung i. S. d. § 15a Abs. 3 EStG ausgenommen wurde, da insoweit die Rückführung einer Mehrentnahme nicht zum Verlustausgleich verwendet werden kann.

2. Bildung und Fortentwicklung des außerbilanziellen Korrekturpostens

In Höhe der vorgezogenen Einlage ist nach den in Tz. 1 dargelegten Grundsätzen im Wirtschaftsjahr der Einlageleistung ein außerbilanzieller Korrekturposten zu bilden, der zum Verlustausgleich in späteren Wirtschaftsjahren herangezogen werden kann. Der Korrekturposten ist eine unselbstständige Besteuerungsgrundlage und mangels gesetzlicher Grundlage nicht Gegenstand eines Feststellungsverfahrens. Einwendungen gegen die Höhe des Korrekturpostens können nur im Verlustentstehungsjahr erhoben werden, in dem der Korrekturposten zum Verlustausgleich verwendet werden soll.

Die Höhe des Korrekturpostens ist in den nachfolgenden Wirtschaftsjahren anhand der jeweiligen Einflüsse auf das Kapitalkonto i. S. d. § 15a EStG fortzuentwickeln. Insbesondere ist der Korrekturposten dann zu vermindern, wenn der Steuerpflichtige in einem nachfolgenden Wirtschaftsjahr die zuvor getätigte Einlage wieder entnimmt, ohne dass hierdurch eine Gewinnzurechnung nach § 15a Abs. 3 EStG ausgelöst wird. Wird der Korrekturposten in späteren Wirtschaftsjahren zum Verlustausgleich verwendet, so ist insoweit der Korrekturposten zu vermindern.

Formwechsel mit steuerlicher Rückwirkung

Wird eine GmbH in eine KG formwechselnd und nach § 2 i. V. m. § 9 UmwStG rückwirkend umgewandelt, ist für Zwecke der Bestimmung der den Rückwirkungszeitraum betreffenden verrechenbaren Verluste i. S. v. § 15a EStG auch die Haftungsverfassung des entstandenen Rechtsträgers (KG) auf den steuerlichen Übertragungsstichtag zurückzubeziehen. Dabei ist nach den aus der Rückwirkungsfiktion abgeleiteten steuerlichen Kapitalkontenständen zu bestimmen, in welcher Höhe den Kommanditisten ausgleichsfähige Verluste nach § 15a Abs. 1 Satz 1 EStG (Verlustausgleich gem. geleisteter Einlagen) zuzurechnen sind. Auch die Haftsumme für den erweiterten Verlustausgleich ist gem. § 15a Abs. 1 Satz 2 und 3 EStG rückwirkend zu berücksichtigen (→ BFH vom 3. 2. 2010 – BStBl II S. 942).

Kapitalkonto

– Zum Umfang des Kapitalkontos i. S. d. § 15a Abs. 1 Satz 1 EStG → BMF vom 30. 5. 1997 (BStBl I S. 627).

– Beteiligungskonto/Forderungskonto → BMF vom 30. 5. 1997 (BStBl I S. 627), BFH vom $\quad$ Anhang 18
23. 1. 2001 (BStBl II S. 621) und BFH vom 16. 10. 2008 (BStBl 2009 II S. 272).

– Führt eine KG ein sog. Privatkonto für den Kommanditisten, das allein jederzeit fällige Forderungen des Gesellschafters ausweist, kann nur aufgrund ausdrücklicher und eindeutiger Regelung im Gesellschaftsvertrag angenommen werden, dass das Konto im Fall der Liquidation oder des Ausscheidens des Gesellschafters zur Deckung eines negativen Kapitalkontos herangezogen werden soll (→ BFH vom 26. 6. 2007 – BStBl 2008 II S. 103).

– Finanzplandarlehen sind Darlehen, die nach den vertraglichen Bestimmungen während des Bestehens der Gesellschaft vom Kommanditisten nicht gekündigt werden können und im Fall des Ausscheidens oder der Liquidation der Gesellschaft mit einem evtl. bestehenden negativen Kapitalkonto verrechnet werden. Sie erhöhen das Kapitalkonto i. S. d. § 15a EStG (→ BFH vom 7. 4. 2005 – BStBl II S. 598).

Saldierung des Schattengewinns mit verrechenbaren Verlusten aus der Zeit vor der Tonnagebesteuerung

Der während der Tonnagebesteuerung gem. § 5a Abs. 5 Satz 4 EStG im Wege einer Schattenrechnung zu ermittelnde Gewinn ist mit dem aus der Zeit vor der Tonnagebesteuerung entstandenen verrechenbaren Verlust nach § 15a Abs. 2 EStG zu saldieren. Davon unberührt bleibt die Verrechnung auch mit einem hinzuzurechnenden Unterschiedsbetrag nach § 5a Abs. 4 Satz 3 EStG (→ BFH vom 20. 11. 2006 – BStBl 2007 II S. 261).

Saldierung von Ergebnissen aus dem Gesellschaftsvermögen mit Ergebnissen aus dem Sonderbetriebsvermögen

Keine Saldierung von Gewinnen und Verlusten aus dem Gesellschaftsvermögen mit Gewinnen $\quad$ Anhang 18
und Verlusten aus dem Sonderbetriebsvermögen (→ BMF vom 15. 12. 1993 – BStBl I S. 976 sowie BFH vom 13. 10. 1998 – BStBl 1999 II S. 163).

Sanierungsgewinn

Anhang 10 – Ertragsteuerliche Behandlung von Sanierungsgewinnen; Steuerstundung und Steuererlass aus sachlichen Billigkeitsgründen (§§ 163, 222, 227 AO) → BMF vom 27. 3. 2003 (BStBl I S. 240), Rn. 8; zur Anwendung des BMF-Schreibens auf Gewinne aus einer Restschuldbefreiung (§§ 286 ff. InsO) und aus einer Verbraucherinsolvenz (§§ 304 ff. InsO) → BMF vom 22. 12. 2009 (BStBl 2010 I S. 18).

– Soweit der beim Ausscheiden des Kommanditisten bestehende verrechenbare Verlust durch Verrechnung mit dem Aufgabe- oder Veräußerungsgewinn nicht aufgezehrt worden ist, ist er in Höhe des Anteiles an einem Sanierungsgewinn nach § 3 Nr. 66 EStG a. F. in einen ausgleichsfähigen Gewinn umzuqualifizieren (→ BFH vom 16. 5. 2002 – BStBl II S. 748).

Stille Reserven

Bei Anwendung des § 15a EStG sind vorhandene stille Reserven nicht zu berücksichtigen (→ BFH vom 9. 5. 1996 – BStBl II S. 474).

Verfahrensfragen

Ist die Berichtigung eines Änderungsbescheids, mit dem der zuvor unterbliebene Ausgleich verrechenbarer Verluste der Kommanditisten nachgeholt werden sollte, nach § 129 AO ausgeschlossen, wenn eine Vielzahl von Eingabefehlern des Sachbearbeiters dazu geführt hat, dass im letztlich nach Freigabe durch den Sachgebietsleiter erzeugten Bescheid keine Zahl richtig ist, insbesondere im zuvor ergangenen Bescheid richtigerweise enthaltene Veräußerungsgewinne der Gesellschafter nicht mehr ausgewiesen werden?
→ FG Düsseldorf vom 1. 3. 2011 – 13 K 3598/08 F – Rev. – IV R 13/11

Verlustabzugsbeschränkung nach § 15 Abs. 4 Satz 6 bis 8 EStG

Zum Verhältnis der Verlustabzugsbeschränkung bei Verlusten aus atypisch stillen Gesellschaften, Unterbeteiligungen oder sonstigen Innengesellschaften an Kapitalgesellschaften zu § 15a EStG → BMF vom 19. 11. 2008 (BStBl I S. 970).

Übernahme des negativen Kapitalkontos

In Veräußerungsfällen findet § 52 Abs. 33 EStG keine Anwendung (→ BFH vom 21. 4. 1994 – BStBl II S. 745). Die Übernahme eines negativen Kapitalkontos führt beim eintretenden Kommanditisten auch dann nicht zu einem sofort ausgleichs- oder abzugsfähigen Verlust, wenn es nicht durch stille Reserven im Betriebsvermögen gedeckt ist (→ BFH vom 14. 6. 1994 – BStBl 1995 II S. 246). Entsprechendes gilt, wenn nach dem Gesellschafterwechsel die neu eingetretenen Gesellschafter Einlagen leisten (→ BFH vom 19. 2. 1998 – BStBl 1999 II S. 266). Für den Erwerber stellen die gesamten Aufwendungen zum Erwerb des Anteiles einschließlich des negativen Kapitalkontos Anschaffungskosten dar (→ BFH vom 21. 4. 1994 – BStBl II S. 745). Dies gilt auch, wenn der Kommanditanteil an einen Mitgesellschafter veräußert wird (→ BFH vom 21. 4. 1994 – BStBl II S. 745).

Unentgeltliche Übertragung

Der verrechenbare Verlust des ausscheidenden Gesellschafters einer zweigliedrigen KG geht bei einer unentgeltlichen Übertragung eines Mitunternehmeranteiles auf den das Unternehmen fortführenden Gesellschafter über. Die Zurechnung des verrechenbaren Verlustes hat im Rahmen der gesonderten Feststellung nach § 15a Abs. 4 EStG zu erfolgen (→ BFH vom 10. 3. 1998 – BStBl 1999 II S. 269).

Unwahrscheinlichkeit der Inanspruchnahme bei Gesellschaften mit Einkünften aus Vermietung und Verpachtung

→ BMF vom 30. 6. 1994 (BStBl I S. 355)

Verfassungsmäßigkeit

– Es bestehen keine ernsthaften Zweifel an der Verfassungsmäßigkeit des § 15a EStG (→ BFH vom 19. 5. 1987 – BStBl 1988 II S. 5 und vom 9. 5. 1996 – BStBl II S. 474).

– Die Beschränkung des erweiterten Verlustausgleichs und Verlustabzugs auf den Fall der Haftung des Kommanditisten nach § 171 Abs. 1 HGB begegnet keinen verfassungsrechtlichen Bedenken (→ BMF vom 14. 12. 1999 – BStBl 2000 II S. 265).

Verlustfeststellung

Wird in der Anlage „ESt 1,2,3 B" zum einheitlichen und gesonderten Gewinnfeststellungs-bescheid die Spalte zum Korrekturbetrag nach § 15a Abs. 1, 2 oder 3 EStG von der Finanzbehörde nicht ausgefüllt, kann ohne zusätzliche Anhaltspunkte der Empfänger des Gewinnfeststellungs-bescheides unter Berücksichtigung von Treu und Glauben nicht von einer zugleich getroffenen – negativen – einheitlichen und gesonderten Feststellung auch über die Höhe des verrechen-baren Verlustes dieses Feststellungszeitraums ausgehen. (→ BFH vom 11. 7. 2006 – BStBl 2007 II S. 96).

Verlustausgleich

– Der erweiterte Verlustausgleich kommt bei Kommanditisten von Altbetrieben auch in Betracht, wenn ihnen vor 1985 ausgleichsfähige Verluste zugerechnet worden sind, die zu einem negati-ven Kapitalkonto in Höhe ihres Haftungsbetrags geführt haben (→ BFH vom 26. 8. 1993 – BStBl 1994 II S. 627).

– Der erweiterte Verlustausgleich kommt nicht in Betracht, wenn sich die Haftung des Komman-ditisten aus anderen Vorschriften als § 171 Abs. 1 HGB ergibt (→ BMF vom 14. 12. 1999 – BStBl 2000 II S. 265).

– Die im Interesse des gemeinsamen Unternehmens eingegangenen Verpflichtungen eines BGB-Innengesellschafters oder eines atypisch stillen Gesellschafters gegenüber Gläubigern des Geschäftsinhabers begründen keinen erweiterten Verlustausgleich (→ BFH vom 5. 2. 2002 – BStBl II S. 464 und BFH vom 11. 3. 2003 – BStBl II S. 705).

– Der erweiterte Verlustausgleich des Kommanditisten mindert sich um den Teil der im Handels-register eingetragenen Hafteinlage, der der Beteiligung des atypisch still Unterbeteiligten an der Unterbeteiligungsgesellschaft mit dem Kommanditisten entspricht (→ BFH vom 19. 4. 2007 – BStBl II S. 868).

Verlustübernahme

Die bloße Abgabe einer Verlustübernahmeerklärung führt nicht zu einer Erhöhung des Kapital-kontos (→ BFH vom 7. 10. 2004 – BFH/NV 2005, S. 533).

Verlustverrechnung bei Einlageminderung

Der einem Kommanditisten bei einer Einlageminderung als fiktiver Gewinn zuzurechnende Betrag ist nach § 15a Abs. 3 Satz 2 EStG auf den Betrag der Verlustanteile begrenzt, der im Jahr der Ein-lageminderung und in den zehn vorangegangenen Jahren ausgleichsfähig war. Für die Ermittlung dieses begrenzten Betrags sind die ausgleichsfähigen Verlustanteile mit den Gewinnanteilen zu saldieren, mit denen sie hätten verrechnet werden können, wenn sie nicht ausgleichsfähig, son-dern lediglich verrechenbar i. S. d. § 15a Abs. 2 EStG gewesen wären. Hierbei kommt die fiktive Saldierung eines Verlustanteils mit einem Gewinnanteil eines vorangegangenen Jahres nicht in Betracht (→ BFH vom 20. 3. 2003 – BStBl II S. 798).

Verrechenbare Werbungskostenüberschüsse

→ H 20.1 (Stiller Gesellschafter)

→ H 21.2 (Sinngemäße Anwendung des § 15a EStG)

Vertraglicher Haftungsausschluss bei Gesellschaftern mit Einkünften aus Vermietung und Verpachtung

– Trotz vertraglichem Haftungsausschluss liegt keine Haftungsbeschränkung nach § 15a Abs. 5 Nr. 2 EStG vor, wenn ein Teil der Gesellschafter für die Verbindlichkeiten der GbR bürgt und die übrigen Gesellschafter die bürgenden Gesellschafter intern von der Inanspruchnahme aus der Bürgschaft freistellen (→ BFH vom 25. 7. 1995 – BStBl 1996 II S. 128).

– Zur Haftungsbeschränkung bei einer GbR → BMF vom 18. 7. 2000 (BStBl I S. 1198) und vom 28. 8. 2001 (BStBl I S. 614). Anhang 15

Wechsel der Rechtsstellung eines Gesellschafters

– Allein auf Grund des Wechsels der Rechtsstellung eines Kommanditisten in diejenige eines unbeschränkt haftenden Gesellschafters (z. B. auf Grund der Umwandlung der Gesellschaft) ist der für ihn bisher festgestellte verrechenbare Verlust nicht in einen ausgleichsfähigen Verlust umzuqualifizieren (→ BFH vom 14. 10. 2003 – BStBl 2004 II S. 115). Die bisher festgestellten verrechenbaren Verluste können jedoch über den Wortlaut des § 15a Abs. 2 EStG hinaus mit künftigen Gewinnanteilen des Gesellschafters verrechnet werden (→ BFH vom 14. 10. 2003 – BStBl 2004 II S. 115). Findet der Wechsel in die Rechtsstellung eines unbeschränkt haftenden Gesellschafters innerhalb eines Wirtschaftsjahres statt, ist § 15a EStG für das gesamte Wirtschaftsjahr nicht anzuwenden (→ BFH vom 14. 10. 2003 – BStBl 2004 II S. 118).

– Wechselt der Komplementär während des Wirtschaftsjahrs in die Rechtsstellung eines Kommanditisten, ist § 15a EStG für das gesamte Wirtschaftsjahr und damit für den dem Gesellschafter insgesamt zuzurechnenden Anteil am Ergebnis der KG zu beachten (→ BFH vom 14. 10. 2003 – BStBl 2004 II S. 118).

– Der Wechsel der Gesellschafterstellung findet zum Zeitpunkt des entsprechenden Gesellschafterbeschlusses statt. Der Zeitpunkt des Antrages auf Eintragung im Handelsregister ist unmaßgeblich (→ BFH vom 12. 2. 2004 – BStBl II S. 423).

EStG

§ 15b   Verluste im Zusammenhang mit Steuerstundungsmodellen[1]

S 2241b

(1) [1]Verluste im Zusammenhang mit einem Steuerstundungsmodell dürfen weder mit Einkünften aus Gewerbebetrieb noch mit Einkünften aus anderen Einkunftsarten ausgeglichen werden; sie dürfen auch nicht nach § 10d abgezogen werden. [2]Die Verluste mindern jedoch die Einkünfte, die der Steuerpflichtige in den folgenden Wirtschaftsjahren aus derselben Einkunftsquelle erzielt. [3]§ 15a ist insoweit nicht anzuwenden.

(2) [1]Ein Steuerstundungsmodell im Sinne des Absatzes 1 liegt vor, wenn auf Grund einer modellhaften Gestaltung steuerliche Vorteile in Form negativer Einkünfte erzielt werden sollen. [2]Dies ist der Fall, wenn dem Steuerpflichtigen auf Grund eines vorgefertigten Konzepts die Möglichkeit geboten werden soll, zumindest in der Anfangsphase der Investition Verluste mit übrigen Einkünften zu verrechnen. [3]Dabei ist es ohne Belang, auf welchen Vorschriften die negativen Einkünfte beruhen.

(3) Absatz 1 ist nur anzuwenden, wenn innerhalb der Anfangsphase das Verhältnis der Summe der prognostizierten Verluste zur Höhe des gezeichneten und nach dem Konzept auch aufzubringenden Kapitals oder bei Einzelinvestoren des eingesetzten Eigenkapitals 10 Prozent übersteigt.

(4) [1]Der nach Absatz 1 nicht ausgleichsfähige Verlust ist jährlich gesondert festzustellen. [2]Dabei ist von dem verrechenbaren Verlust des Vorjahres auszugehen. [3]Der Feststellungsbescheid kann nur insoweit angegriffen werden, als der verrechenbare Verlust gegenüber dem verrechenbaren Verlust des Vorjahres sich verändert hat. [4]Handelt es sich bei dem Steuerstundungsmodell um eine Gesellschaft oder Gemeinschaft im Sinne des § 180 Absatz 1 Nummer 2 Buchstabe a der Abgabenordnung, ist das für die gesonderte und einheitliche Feststellung der einkommensteuerpflichtigen und körperschaftsteuerpflichtigen Einkünfte aus dem Steuerstundungsmodell zuständige Finanzamt für den Erlass des Feststellungsbescheids nach Satz 1 zuständig; anderenfalls ist das Betriebsfinanzamt (§ 18 Absatz 1 Nummer 2 der Abgabenordnung) zuständig. [5]Handelt es sich bei dem Steuerstundungsmodell um eine Gesellschaft oder Gemeinschaft im Sinne des § 180 Absatz 1 Nummer 2 Buchstabe a der Abgabenordnung, können die gesonderten Feststellungen nach Satz 1 mit der gesonderten und einheitlichen Feststellung der einkommensteuerpflichtigen und körperschaftsteuerpflichtigen Einkünfte aus dem Steuerstundungsmodell verbunden werden; in diesen Fällen sind die gesonderten Feststellungen nach Satz 1 einheitlich durchzuführen.

H 15b

Hinweise

Anhang 18   **Anwendungsschreiben**

→ BMF vom 17. 7. 2007 (BStBl I S. 542)

Kapitalerhöhung, Beitritt neuer Gesellschafter, Windanlagenfonds, Gesellschaften im Bereich der Energieerzeugung

→ FinMin SH vom 19. 4. 2011 – VI 307 – S 2241b – 009 –:

---

[1] § 15b EStG ist nur auf Verluste aus Steuerstundungsmodellen anzuwenden, denen der Stpfl. nach dem 10. 11. 2005 beigetreten ist oder für die nach dem 10. 11. 2005 mit dem Außenvertrieb begonnen wurde → § 52 Absatz 33a EStG.

Es ist gefragt worden, wie sich die Anwendungsvorschrift des § 52 Abs. 33a EStG auf Kapitalerhöhungen bzw. Gesellschaftereintritte auswirkt, wenn der Fonds (Mitunternehmerschaft) in Bezug auf die Grundregelung in § 52 Abs. 33a Satz 1 und 2 EStG

§ 15b in der Fassung des Artikels 1 des Gesetzes vom 22. 12. 2005 (BGBl. I S. 3683) ist nur auf Verluste der dort bezeichneten Steuerstundungsmodelle anzuwenden, denen der Steuerpflichtige nach dem 10. 11. 2005 beigetreten ist oder für die nach dem 10. 11. 2005 mit dem Außenvertrieb begonnen wurde. Der Außenvertrieb beginnt in dem Zeitpunkt, in dem die Voraussetzungen für die Veräußerung der konkret bestimmbaren Fondsanteile erfüllt sind und die Gesellschaft selbst oder über ein Vertriebsunternehmen mit Außenwirkung an den Markt herangetreten ist.

nicht in den zeitlichen Anwendungsbereich des § 15b EStG fällt.

Für die folgenden Sachverhaltsvarianten bitte ich die nachstehenden Rechtsauffassungen zu vertreten.

Fall	Steuerliche Behandlung
Kapitalerhöhung durch den vorhandenen Gesellschafterbestand mit dem Ziel der Fremdkapitalreduzierung	=> keine Anwendung des § 15b EStG
Kapitalerhöhung durch den vorhandenen Gesellschafterbestand mit dem Ziel der Erweiterung der vorhandenen Anlage	=> keine Anwendung des § 15b EStG, es sei denn, die Erweiterung der Anlage unter Berücksichtigung der Kapitalerhöhung war nachweislich bereits Bestandteil der ursprünglichen Investitionsplanung
Kapitalerhöhung durch den vorhandenen Gesellschafterbestand mit dem Ziel des Ersatzes der vorhandenen Anlage durch eine leistungsstärkere Anlage (Repowering)	=> keine Anwendung des § 15b EStG
Kapitalerhöhung durch den vorhandenen Gesellschafterbestand mit dem Ziel des Ersatzes der vorhandenen Anlage durch eine andere Anlage (Ausstieg aus Windenergie und Einstieg in Photovoltaik)	=> Anwendung des § 15b EStG (Änderung des Gesellschaftszwecks)
Kapitalerhöhung durch den vorhandenen Gesellschafterbestand und neuer Gesellschafter mit dem Ziel der Erweiterung der vorhandenen Anlage	=> keine Anwendung des § 15b EStG, es sei denn, die Einwerbung der Kapitalerhöhung erfüllt für sich gesehen die Voraussetzungen des § 15b EStG (Verlustwerbung, Vertragsbündel mit weichen Kosten)
Kapitalerhöhung durch den vorhandenen Gesellschafterbestand und neuer Gesellschafter mit dem Ziel des Ersatzes der vorhandenen Anlage durch eine andere Anlage (Ausstieg aus Windenergie und Einstieg in Photovoltaik)	=> Anwendung des § 15b EStG (Änderung des Gesellschaftszwecks)
Gesamtrechtsnachfolge und unentgeltliche Einzelrechtsnachfolge	=> keine Anwendung des § 15b EStG.
Veräußerung/Erwerb eines Mitunternehmeranteils	=> keine Anwendung des § 15b EStG beim Erwerber, es sei denn, die Einwerbung des neuen Mitunternehmers erfüllt für sich gesehen die Voraussetzungen des § 15b EStG (Verlustwerbung, Vertragsbündel mit weichen Kosten)
Erwerb des Mitunternehmeranteils durch „professionelle" Aufkäufer	=> Rückerwerb durch Initiatoren: keine Anwendung des § 15b EStG
	=> Erwerb zum Zweck der Vermarktung durch einen Erwerber-Fonds => Prüfung der Anwendung auf Ebene der gesonderten und einheitlichen Feststellung der Einkünfte des Erwerber-Fonds.

Rückwirkung

Entfaltet die mit dem Gesetz zur Beschränkung der Verlustverrechnung im Zusammenhang mit Steuerstundungsmodellen vom 22. 12. 2005 eingeführte Regelung des § 15b EStG in Verbindung mit der Anwendungsregelung in § 52 Abs. 33a EStG eine verfassungswidrige Rückwirkung?

→ Finanzgericht Baden-Württemberg vom 7. 7. 2011 3 K 4368/09 – Rev. – IV R 40/11

EStG   **§ 16   Veräußerung des Betriebs**

(1) [1]Zu den Einkünften aus Gewerbebetrieb gehören auch Gewinne, die erzielt werden bei der Veräußerung

S 2242 1. des ganzen Gewerbebetriebs oder eines Teilbetriebs. [2]Als Teilbetrieb gilt auch die das gesamte Nennkapital umfassende Beteiligung an einer Kapitalgesellschaft; im Fall der Auflösung der Kapitalgesellschaft ist § 17 Absatz 4 Satz 3 sinngemäß anzuwenden;

S 2243 2. des gesamten Anteils eines Gesellschafters, der als Unternehmer (Mitunternehmer) des Betriebs anzusehen ist (§ 15 Absatz 1 Satz 1 Nummer 2);

S 2243 3. des gesamten Anteils eines persönlich haftenden Gesellschafters einer Kommanditgesellschaft auf Aktien (§ 15 Absatz 1 Satz 1 Nummer 3).

[2]Gewinne, die bei der Veräußerung eines Teils eines Anteils im Sinne von Satz 1 Nummer 2 oder 3 erzielt werden, sind laufende Gewinne.

(2) [1]Veräußerungsgewinn im Sinne des Absatzes 1 ist der Betrag, um den der Veräußerungspreis nach Abzug der Veräußerungskosten den Wert des Betriebsvermögens (Absatz 1 Satz 1 Nummer 1) oder den Wert des Anteils am Betriebsvermögen (Absatz 1 Satz 1 Nummer 2 und 3) übersteigt. [2]Der Wert des Betriebsvermögens oder des Anteils ist für den Zeitpunkt der Veräußerung nach § 4 Absatz 1 oder nach § 5 zu ermitteln. [3]Soweit auf der Seite des Veräußerers und auf der Seite des Erwerbers dieselben Personen Unternehmer oder Mitunternehmer sind, gilt der Gewinn insoweit jedoch als laufender Gewinn.

(3) [1]Als Veräußerung gilt auch die Aufgabe des Gewerbebetriebs sowie eines Anteils im Sinne des Absatzes 1 Satz 1 Nummer 2 oder Nummer 3. [2]Werden im Zuge der Realteilung einer Mitunternehmerschaft Teilbetriebe, Mitunternehmeranteile oder einzelne Wirtschaftsgüter in das jeweilige Betriebsvermögen der einzelnen Mitunternehmer übertragen, so sind bei der Ermittlung des Gewinns der Mitunternehmerschaft die Wirtschaftsgüter mit den Werten anzusetzen, die sich nach den Vorschriften über die Gewinnermittlung ergeben, sofern die Besteuerung der stillen Reserven sichergestellt ist; der übernehmende Mitunternehmer ist an diese Werte gebunden; § 4 Absatz 1 Satz 4 ist entsprechend anzuwenden. [3]Dagegen ist für den jeweiligen Übertragungsvorgang rückwirkend der gemeine Wert anzusetzen, soweit bei einer Realteilung, bei der einzelne Wirtschaftsgüter übertragen worden sind, zum Buchwert übertragener Grund und Boden, übertragene Gebäude oder andere übertragene wesentliche Betriebsgrundlagen innerhalb einer Sperrfrist nach der Übertragung veräußert oder entnommen werden; diese Sperrfrist endet drei Jahre nach Abgabe der Steuererklärung der Mitunternehmerschaft für den Veranlagungszeitraum der Realteilung. [4]Satz 2 ist bei einer Realteilung, bei der einzelne Wirtschaftsgüter übertragen werden, nicht anzuwenden, soweit die Wirtschaftsgüter unmittelbar oder mittelbar auf eine Körperschaft, Personenvereinigung oder Vermögensmasse übertragen werden; in diesem Fall ist bei der Übertragung der gemeine Wert anzusetzen. [5]Soweit einzelne dem Betrieb gewidmete Wirtschaftsgüter im Rahmen der Aufgabe des Betriebs veräußert werden und soweit auf der Seite des Veräußerers und auf der Seite des Erwerbers dieselben Personen Unternehmer oder Mitunternehmer sind, gilt der Gewinn aus der Aufgabe des Gewerbebetriebs als laufender Gewinn. [6]Werden die einzelnen dem Betrieb gewidmeten Wirtschaftsgüter im Rahmen der Aufgabe des Betriebs veräußert, so sind die Veräußerungspreise anzusetzen. [7]Werden die Wirtschaftsgüter nicht veräußert, so ist der gemeine Wert im Zeitpunkt der Aufgabe anzusetzen. [8]Bei Aufgabe eines Gewerbebetriebs, an dem mehrere Personen beteiligt waren, ist für jeden einzelnen Beteiligten der gemeine Wert der Wirtschaftsgüter anzusetzen, die er bei der Auseinandersetzung erhalten hat.

[1)]   (3a) Einer Aufgabe des Gewerbebetriebs steht der Ausschluss oder die Beschränkung des Besteuerungsrechts der Bundesrepublik Deutschland hinsichtlich des Gewinns aus der Veräußerung sämtlicher Wirtschaftsgüter des Betriebs oder eines Teilbetriebs gleich; § 4 Absatz 1 Satz 4 gilt entsprechend.

[1)] Absatz 3a wurde durch das JStG 2010 eingefügt und ist in allen offenen Fällen anzuwenden → § 52 Abs. 34 Satz 5 EStG.

(3b) [1]In den Fällen der Betriebsunterbrechung und der Betriebsverpachtung im Ganzen gilt ein   1)
Gewerbebetrieb sowie ein Anteil im Sinne des Absatzes 1 Satz 1 Nummer 2 oder Nummer 3 nicht
als aufgegeben, bis

1. der Steuerpflichtige die Aufgabe im Sinne des Absatzes 3 Satz 1 ausdrücklich gegenüber dem
   Finanzamt erklärt oder

2. dem Finanzamt Tatsachen bekannt werden, aus denen sich ergibt, dass die Voraussetzungen
   für eine Aufgabe im Sinne des Absatzes 3 Satz 1 erfüllt sind.

[2]Die Aufgabe des Gewerbebetriebs oder Anteils im Sinne des Absatzes 1 Satz 1 Nummer 2 oder
Nummer 3 ist in den Fällen des Satzes 1 Nummer 1 rückwirkend für den vom Steuerpflichtigen
gewählten Zeitpunkt anzuerkennen, wenn die Aufgabeerklärung spätestens drei Monate nach
diesem Zeitpunkt abgegeben wird. [3]Wird die Aufgabeerklärung nicht spätestens drei Monate
nach dem vom Steuerpflichtigen gewählten Zeitpunkt abgegeben, gilt der Gewerbebetrieb oder
Anteil im Sinne des Absatzes 1 Satz 1 Nummer 2 oder Nummer 3 erst in dem Zeitpunkt als aufgegeben, in dem die Aufgabeerklärung beim Finanzamt eingeht.

(4) [1]Hat der Steuerpflichtige das 55. Lebensjahr vollendet oder ist er im sozialversicherungsrechtlichen Sinne dauernd berufsunfähig, so wird der Veräußerungsgewinn auf Antrag zur Einkommensteuer nur herangezogen, soweit er 45 000 Euro übersteigt. [2]Der Freibetrag ist dem Steuerpflichtigen nur einmal zu gewähren. [3]Er ermäßigt sich um den Betrag, um den der der
Veräußerungsgewinn 136 000 Euro übersteigt.

(5) Werden bei einer Realteilung, bei der Teilbetriebe auf einzelne Mitunternehmer übertra-   2)
gen werden, Anteile an einer Körperschaft, Personenvereinigung oder Vermögensmasse unmittelbar oder mittelbar von einem nicht von § 8b Absatz 2 des Körperschaftsteuergesetzes begünstigten Steuerpflichtigen auf einen von § 8b Absatz 2 des Körperschaftsteuergesetzes begünstigten
Mitunternehmer übertragen, ist abweichend von Absatz 3 Satz 2 rückwirkend auf den Zeitpunkt
der Realteilung der gemeine Wert anzusetzen, wenn der übernehmende Mitunternehmer die
Anteile innerhalb eines Zeitraums von sieben Jahren nach der Realteilung unmittelbar oder mittelbar veräußert oder durch einen Vorgang nach § 22 Absatz 1 Satz 6 Nummer 1 bis 5 des
Umwandlungssteuergesetzes weiter überträgt; § 22 Absatz 2 Satz 3 des Umwandlungssteuergesetzes gilt entsprechend.

16. Veräußerung des gewerblichen Betriebs   R 16

Betriebsveräußerung im Ganzen   R 16 (1)

(1) [1]Eine Veräußerung des ganzen Gewerbebetriebs liegt vor, wenn der Betrieb mit seinen   S 2242
wesentlichen Grundlagen gegen Entgelt in der Weise auf einen Erwerber übertragen wird, dass
der Betrieb als geschäftlicher Organismus fortgeführt werden kann. [2]Nicht erforderlich ist, dass der
Erwerber den Betrieb tatsächlich fortführt.

Hinweise   H 16 (1)

Aufgabe der bisherigen Tätigkeit

– Voraussetzung einer Betriebsveräußerung ist, dass der Veräußerer die mit dem veräußerten
  Betriebsvermögen verbundene Tätigkeit aufgibt (→ BFH vom 12. 6. 1996 – BStBl II S. 527).

– Die gelegentliche Vermittlung von Verträgen durch einen aus dem aktiven Erwerbsleben ausgeschiedenen Versicherungsvertreter kann sich in finanzieller, wirtschaftlicher und organisatorischer Hinsicht grundlegend von dem Gewerbebetrieb, den er als Versicherungsbezirksdirek-
  tor unterhalten hat, unterscheiden und steht in diesem Fall einer Betriebsveräußerung nicht
  entgegen (→ BFH vom 18. 12. 1996 – BStBl 1997 II S. 573).

– Eine Aufgabe der bisherigen Tätigkeit und somit die begünstigte Veräußerung i. S. d. § 16
  EStG liegt auch dann vor, wenn der Veräußerer als selbständiger Unternehmer nach der Ver-
  äußerung des Betriebs für den Erwerber tätig wird (→ BFH vom 17. 7. 2008 – BStBl 2009 II
  S. 43).

– → H 18.3 (Veräußerung)

[1] Absatz 3b ist nur auf Aufgaben i. S. d. § 16 Abs. 3 Satz 1 EStG nach dem 4. 11. 2011 anzuwenden → § 52
Abs. 34 Satz 9 EStG.
[2] Absatz 5 ist erstmals anzuwenden, wenn die ursprüngliche Übertragung der veräußerten Anteile nach dem
12. 12. 2006 erfolgt ist → § 52 Abs. 34 Satz 8 EStG.

Berechnung des Veräußerungsgewinns

Bei der Berechnung des Gewinns aus einer Betriebsveräußerung sind vom Erwerber übernommene betriebliche Verpflichtungen, die auf Grund von Rückstellungsverboten in der Steuerbilanz (z. B. für Jubiläumszuwendungen und für drohende Verluste aus schwebenden Geschäften) nicht passiviert worden sind, nicht gewinnerhöhend zum Veräußerungspreis hinzuzurechnen (→ BFH vom 17. 10. 2007 – BStBl 2008 II S. 555).

Betriebsfortführung

Werden nicht der Betriebsorganismus, sondern nur wichtige Betriebsmittel übertragen, während der Stpfl. das Unternehmen in derselben oder in einer veränderten Form fortführt, liegt keine Betriebsveräußerung vor (→ BFH vom 3. 10. 1984 – BStBl 1985 II S. 131).

Betriebsübertragung im Zusammenhang mit wiederkehrende Leistungen

Anhang 8 → BMF vom 11. 3. 2010 (BStBl I S. 227).

Fehlende gewerbliche Tätigkeit

Eine Betriebsveräußerung kann auch dann vorliegen, wenn der Veräußerer mit den veräußerten wesentlichen Betriebsgrundlagen die eigentliche Geschäftstätigkeit noch nicht ausgeübt hat (→ BFH vom 7. 11. 1991 – BStBl 1992 II S. 380).

Gewerblich geprägte Personengesellschaft

Besteht die Tätigkeit einer gewerblich geprägten Personengesellschaft sowohl in der Nutzung von Grundbesitz als auch in der Nutzung von Kapitalvermögen, liegt eine nach §§ 16, 34 EStG begünstigte Betriebsveräußerung nur vor, wenn die wesentlichen Grundlagen beider Tätigkeitsbereiche veräußert werden (→ BFH vom 12. 12. 2000 – BStBl 2001 II S. 282).

Gewinnermittlung

Hält der Veräußerer Wirtschaftsgüter, die nicht zu den wesentlichen Betriebsgrundlagen gehören, zurück, um sie später bei sich bietender Gelegenheit zu veräußern, ist eine Gewinnermittlung auf Grund Betriebsvermögensvergleichs hinsichtlich dieser Wirtschaftsgüter nach der Betriebsveräußerung nicht möglich (→ BFH vom 22. 2. 1978 – BStBl II S. 430).

Maßgeblicher Zeitpunkt

– Für die Entscheidung, ob eine Betriebsveräußerung im Ganzen vorliegt, ist auf den Zeitpunkt abzustellen, in dem das wirtschaftliche Eigentum an den veräußerten Wirtschaftsgütern übertragen wird (→ BFH vom 3. 10. 1984 – BStBl 1985 II S. 245).

– → H 16 (4)

Personengesellschaft

– Bei einer Personengesellschaft ist es nicht erforderlich, dass die Gesellschafter gleichzeitig mit der Betriebsveräußerung die Auflösung beschließen (→ BFH vom 4. 2. 1982 – BStBl II S. 348).

– Die Veräußerung des gesamten Gewerbebetriebs durch eine Personengesellschaft an einen Gesellschafter ist abzugrenzen von der Veräußerung eines Mitunternehmeranteils. Dabei ist auf die vertraglichen Vereinbarungen abzustellen. Haben die Vertragsparteien den Vertrag tatsächlich wie eine Betriebsveräußerung an den Gesellschafter behandelt, eine Schlussbilanz eingereicht und den Veräußerungsgewinn den Gesellschaftern dem allgemeinen Gewinnverteilungsschlüssel entsprechend zugerechnet, liegt eine Betriebsveräußerung im Ganzen an den Gesellschafter vor (→ BFH vom 20. 2. 2003 – BStBl II S. 700).

Verdeckte Einlage

Zur verdeckten Einlage bei Verkauf eines Betriebes an eine Kapitalgesellschaft → BFH vom 24. 3. 1987 (BStBl II S. 705) und vom 1. 7. 1992 (BStBl 1993 II S. 131).

Werden Kundenstamm und Know-how im Hinblick auf die Lieferanten vom Einzelunternehmen an eine neu gegründete, die Geschäfte fortführende GmbH verpachtet, kann dies steuerlich anzuerkennen sein (mit der Folge, dass keine verdeckte Einlage vorliegt), wenn es sich beim Kundenstamm und Know-how nicht um den Geschäftswert handelt, sondern um ein oder mehrere immaterielle Wirtschaftsgüter des Einzelunternehmens, die selbständig übertragen werden können (BFH vom 26. 11. 2009 – BStBl 2010 II S. 609).

Zurückbehaltene Wirtschaftsgüter

Die Annahme einer Betriebsveräußerung im Ganzen wird nicht dadurch ausgeschlossen, dass der Veräußerer Wirtschaftsgüter, die nicht zu den wesentlichen Betriebsgrundlagen gehören, zurückbehält (→ BFH vom 26. 5. 1993 – BStBl II S. 710). Das gilt auch, wenn einzelne, nicht zu den wesentlichen Betriebsgrundlagen gehörende Wirtschaftsgüter in zeitlichem Zusammenhang mit der Veräußerung in das Privatvermögen überführt oder anderen betriebsfremden Zwecken zugeführt werden (→ BFH vom 24. 3. 1987 – BStBl II S. 705 und vom 29. 10. 1987 – BStBl 1988 II S. 374).

Betriebsaufgabe im Ganzen   R 16 (2)

(2) [1]Eine Betriebsaufgabe erfordert eine Willensentscheidung oder Handlung des Stpfl., die darauf gerichtet ist, den Betrieb als selbständigen Organismus nicht mehr in seiner bisherigen Form bestehen zu lassen. [2]Der Begriff der Betriebsaufgabe erfordert nicht, dass der bisherige Unternehmer künftig keine unternehmerische Tätigkeit mehr ausübt. [3]Liegt eine Betriebsaufgabe deshalb vor, weil bei einer Betriebsaufspaltung die personelle Verflechtung durch Eintritt der Volljährigkeit bisher minderjähriger Kinder wegfällt, wird dem Stpfl. auf Antrag aus Billigkeitsgründen das Wahlrecht zur Fortsetzung der gewerblichen Tätigkeit im Rahmen einer Betriebsverpachtung (→ Absatz 5) auch dann eingeräumt, wenn nicht alle wesentlichen Betriebsgrundlagen an das Betriebsunternehmen verpachtet sind. [4]Wird danach die Betriebsverpachtung nicht als Betriebsaufgabe behandelt, können in diesen Fällen weiterhin die auf einen Betrieb bezogenen Steuervergünstigungen (z. B. Übertragung stiller Reserven nach den §§ 6b und 6c EStG, erhöhte Absetzungen und Sonderabschreibungen) gewährt werden. [5]Eine Betriebsaufgabe liegt auch vor, wenn die Voraussetzungen für eine gewerblich geprägte Personengesellschaft wegfallen. [6]Ist Gegenstand der Verpachtung ein Betrieb im Ganzen, gilt Absatz 5 entsprechend. [7]Im Rahmen einer Betriebsaufgabe kann auch das Buchwertprivileg nach § 6 Abs. 1 Nr. 4 *Satz 4 und 5* EStG in Anspruch genommen werden.

Hinweise   H 16 (2)

Allgemeines

Die Aufgabe eines Gewerbebetriebs im Ganzen ist anzunehmen, wenn alle wesentlichen Betriebsgrundlagen innerhalb kurzer Zeit (Zeitraum für die Betriebsaufgabe) und damit in einem einheitlichen Vorgang – nicht nach und nach – entweder in das Privatvermögen überführt oder an verschiedene Erwerber veräußert oder teilweise veräußert und teilweise in das Privatvermögen überführt werden und damit der Betrieb als selbständiger Organismus des Wirtschaftslebens zu bestehen aufhört (→ BFH vom 24. 6. 1976 – BStBl II S. 670, vom 29. 10. 1981 – BStBl 1982 II S. 381 und vom 18. 12. 1990 – BStBl 1991 II S. 512).

Eine Betriebsaufgabe liegt nicht vor,

– wenn die Wirtschaftsgüter nach und nach im Laufe mehrerer Wirtschaftsjahre an Dritte veräußert werden oder in das Privatvermögen überführt werden (→ BFH vom 10. 9. 1957 – BStBl III S. 414),

– wenn der Betriebsinhaber den Entschluss zur Betriebsaufgabe lediglich dokumentiert hat. Erforderlich ist darüber hinaus die Umsetzung dieses Entschlusses durch Veräußerung oder Entnahme von wesentlichen Betriebsgrundlagen (→ BFH vom 30. 8. 2007 – BStBl 2008 II S. 113).

Die Einstellung der gewerblichen Tätigkeit eines Unternehmers ist nur dann als Betriebsaufgabe i. S. d. § 16 Abs. 3 EStG zu beurteilen, wenn sich entweder aus den äußerlich erkennbaren Umständen eindeutig ergibt, dass der Betrieb endgültig aufgegeben werden soll oder der Unternehmer eine eindeutige Erklärung dieses Inhalts gegenüber dem Finanzamt abgibt; Anschluss an BFH vom 28. 9. 1995 – BStBl 1996 II S. 276 (→ BFH vom 16. 12. 1997 – BStBl 1998 II S. 379).

→ Betriebsunterbrechung

→ Betriebsverlegung

→ Strukturwandel

Aufgabegewinn

– Als gemeiner Wert eines Grundstücks in einem Sanierungsgebiet ist der Wert anzusetzen, der nach § 153 Abs. 1 BauGB (früher § 23 Abs. 2 Städtebauförderungsgesetz) Werterhöhungen unberücksichtigt lässt, die lediglich durch die Aussicht auf Sanierung, durch ihre Vorbereitung oder ihre Durchführung eingetreten sind, ohne dass der Stpfl. diese Wertsteigerungen durch eigene Aufwendungen zulässigerweise bewirkt hat – sog. Eingangswert – (→ BFH vom 29. 8. 1996 – BStBl 1997 II S. 317).

– → H 16 (10) Nachträgliche Änderungen des Veräußerungspreises oder des gemeinen Werts

– Wird im Rahmen einer Betriebsaufgabe ein betrieblich genutzter Grundstücksteil in das Privatvermögen überführt, ist zur Ermittlung des Aufgabegewinns der gemeine Wert des gesamten Grundstücks regelmäßig nach dem Nutzflächenverhältnis und nicht nach dem Verhältnis von Ertragswerten aufzuteilen (→ BFH vom 15. 2. 2001 – BStBl 2003 II S. 635).

– Weder handels- noch steuerrechtlich besteht eine Verpflichtung, eine Aufgabebilanz zusätzlich zur letzten Schlussbilanz aufzustellen (→ BFH vom 3. 7. 1991 – BStBl II S. 802).

– Beendigung der Nutzungsberechtigung als Miteigentümer →H 4.2 (1) Nutzungsrechte/Nutzungsvorteile

Beendigung einer Betriebsaufspaltung

– Entfallen die tatbestandlichen Voraussetzungen einer Betriebsaufspaltung z. B. durch Wegfall der personellen Verflechtung zwischen Besitzunternehmen und Betriebskapitalgesellschaft, ist dieser Vorgang in der Regel als Betriebsaufgabe des Besitzunternehmens zu beurteilen mit der Folge, dass die im Betriebsvermögen des früheren Besitzunternehmens enthaltenen stillen Reserven aufzulösen sind (→ BFH vom 13. 12. 1983 – BStBl 1984 II S. 474 und vom 15. 12. 1988 – BStBl 1989 II S. 363); aber → R 16 Abs. 2 Satz 4 ff.

– Die Beendigung einer Betriebsaufspaltung führt nicht zur Betriebsaufgabe bei der Besitzpersonengesellschaft, wenn auch die Voraussetzungen einer Betriebsverpachtung vorlagen (→ BMF vom 17. 10. 1994 – BStBl I S. 771 und BFH vom 23. 4. 1996 – BStBl 1998 II S. 325 und vom 17. 4. 2002 – BStBl II S. 527). Die für die Einstellung der werbenden Tätigkeit durch den Unternehmer geltenden Grundsätze (→ Betriebsunterbrechung) sind bei der Beendigung der Betriebsaufspaltung gleichermaßen zu beachten (→ BFH vom 14. 3. 2006 – BStBl II S. 591).

– Wird eine Betriebsaufspaltung dadurch beendet, dass die Betriebs-GmbH auf eine AG verschmolzen und das Besitzunternehmen in die AG eingebracht wird, kann dieser Vorgang gewinnneutral gestaltet werden, wenn das Besitzunternehmen nicht nur wegen der Betriebsaufspaltung gewerblich tätig war. Andernfalls führt die Verschmelzung zur Aufgabe des Gewerbebetriebs mit der Folge, dass dieser nicht mehr zu Buchwerten eingebracht werden kann (→ BFH vom 24. 10. 2000 – BStBl 2001 II S. 321).

– → H 15.7 (6) Insolvenz des Betriebsunternehmens

Betriebsunterbrechung

– Stellt ein Unternehmer seine gewerbliche Tätigkeit ein, liegt darin nicht notwendigerweise eine Betriebsaufgabe. Die Einstellung kann auch nur als Betriebsunterbrechung zu beurteilen sein, die den Fortbestand des Betriebs unberührt lässt. Die Betriebsunterbrechung kann darin bestehen, dass der Betriebsinhaber die gewerbliche Tätigkeit ruhen lässt oder darin, dass er die wesentlichen Betriebsgrundlagen verpachtet. Gibt er keine Aufgabeerklärung ab, ist davon auszugehen, dass er beabsichtigt, den unterbrochenen Betrieb künftig wieder aufzunehmen, sofern die zurückbehaltenen Wirtschaftsgüter dies ermöglichen (→ BFH vom 22. 9. 2004 – BStBl 2005 II S. 160 und vom 14. 3. 2006 – BStBl II S. 591).

– Eine Betriebsunterbrechung im engeren Sinne und keine Aufgabe des Gewerbebetriebs kann bei dem vormaligen Besitzunternehmen auch dann vorliegen, wenn das Betriebsunternehmen die werbende Geschäftstätigkeit endgültig eingestellt hat (→ BFH vom 14. 3. 2006 – BStBl II S. 591).

– Betriebsaufgabeerklärung → H 16 (5)

– Eine Betriebsunterbrechung, die nicht als Betriebsaufgabe anzusehen ist und deshalb auch nicht zur Aufdeckung der stillen Reserven führt, liegt vor, wenn bei Einstellung der werbenden Tätigkeit die Absicht vorhanden und die Verwirklichung der Absicht nach den äußerlich erkennbaren Umständen wahrscheinlich ist, den Betrieb in gleichartiger oder ähnlicher Weise wieder aufzunehmen, so dass der stillgelegte und der eröffnete Betrieb als identisch anzusehen sind (→ BFH vom 17. 10. 1991 – BStBl 1992 II S. 392). Dies ist nicht der Fall, wenn nach Einstellung der werbenden Tätigkeit keine wesentlichen Betriebsgrundlagen mehr vorhanden sind, die einem später identitätswahrend fortgeführten Betrieb dienen könnten (→ BFH vom 26. 2. 1997 – BStBl II S. 561).

– Betreibt ein Unternehmen, das zuvor auf dem Gebiet des Bauwesens, des Grundstückshandels und der Grundstücksverwaltung tätig war, nur noch Grundstücksverwaltung, ist hierin regelmäßig eine bloße Betriebsunterbrechung zu sehen, solange gegenüber dem Finanzamt nicht die Betriebsaufgabe erklärt wird und die zurückbehaltenen Wirtschaftsgüter jederzeit die Wiederaufnahme des Betriebes erlauben (→ BFH vom 28. 9. 1995 – BStBl 1996 II S. 276).

– → Eröffnung eines neuen Betriebs

Betriebsverlegung

– Keine Betriebsaufgabe, sondern eine Betriebsverlegung liegt vor, wenn der alte und der neue Betrieb bei wirtschaftlicher Betrachtung und unter Berücksichtigung der Verkehrsauffassung wirtschaftlich identisch sind (→ BFH vom 24. 6. 1976 – BStBl II S. 670 und vom 28. 6. 2001 – BStBl 2003 II S. 124), wovon regelmäßig auszugehen ist, wenn die wesentlichen Betriebsgrundlagen in den neuen Betrieb überführt werden (→ BFH vom 24. 6. 1976 – BStBl II S. 672).

– Überträgt ein Bezirkshändler, der Produkte eines Unternehmens über Beraterinnen im sog. Heimvorführungs-Vertriebssystem verkauft, die Rechte aus seinen Verträgen mit den Beraterinnen entgeltlich auf einen Dritten und erwirbt er gleichzeitig die Rechtspositionen aus den Verträgen eines anderen Bezirkshändlers mit dessen Beraterinnen, um in Fortführung seines bisherigen Bezirkshändlervertrages die Produkte des Unternehmens an einem anderen Ort zu vertreiben, liegt weder eine Betriebsveräußerung noch eine Betriebsaufgabe vor (→ BFH vom 9. 10. 1996 – BStBl 1997 II S. 236).

Bewertung von Unternehmen und Anteilen an Kapitalgesellschaften

Bei der Bewertung von Unternehmen und Anteilen an Kapitalgesellschaften sind die bewertungsrechtlichen Regelungen gem. den gleichlautenden Erlassen der obersten Finanzbehörden der Länder vom 17. 5. 2011 (BStBl I S. 606) zu den §§ 11, 95 bis 109 und 199 ff. BewG für ertragsteuerliche Zwecke entsprechend anzuwenden (→ BMF vom 22. 9.2011 – BStBl I S. 859).

Buchwertprivileg

Das Buchwertprivileg nach § 6 Abs. 1 Nr. 4 Satz 5 und 6 EStG ist auch zulässig im Fall des Übergangs von Sonderbetriebsvermögen auf den Erben und Überführung ins Privatvermögen im Rahmen eines betriebsaufgabeähnlichen Vorgangs (→ BFH vom 5. 2. 2002 – BStBl 2003 II S. 237).

Eröffnung eines neuen Betriebs

Eine Betriebsaufgabe kann auch dann gegeben sein, wenn der Stpfl. einen neuen Betrieb – auch der gleichen Branche – beginnt, sofern der bisher geführte betriebliche Organismus aufhört zu bestehen und sich der neue Betrieb in finanzieller, wirtschaftlicher und organisatorischer Hinsicht von dem bisherigen Betrieb unterscheidet (→ BFH vom 18. 12. 1996 – BStBl 1997 II S. 573).

→ Betriebsunterbrechung

→ Betriebsverlegung

Gewerblicher Grundstückshandel

– Die entgeltliche Bestellung von Erbbaurechten an (allen) zugehörigen Grundstücken führt nicht zur Aufgabe eines gewerblichen Grundstückshandels, sondern stellt lediglich einen Geschäftsvorfall des weiter bestehenden gewerblichen Grundstückshandels dar (→ BFH vom 22. 4. 1998 – BStBl II S. 665).

– → BMF vom 26. 3. 2004 (BStBl I S. 434) – Tz. 35

– *Im Rahmen des Folgebescheids darf der Gewinn aus der Veräußerung eines Anteils an einer grundbesitzenden Personengesellschaft auch dann in einen laufenden Gewinn im Rahmen eines vom Stpfl. betriebenen gewerblichen Grundstückshandels umqualifiziert werden, wenn er im Grundlagenbescheid als Veräußerungsgewinn bezeichnet worden ist (→ BFH vom 18. 4. 2012 – BStBl II S. 647).*

Anhang 11

Handelsvertreter

Eine Betriebsaufgabe liegt nicht vor, wenn ein Handelsvertreter seine bisherigen Vertretungen beendet, um anschließend eine andere Vertretung zu übernehmen; dies gilt auch für den Fall der erstmaligen Übernahme einer Generalvertretung (→ BFH vom 19. 4. 1966 – BStBl III S. 459).

Insolvenzverfahren

Der Gewerbebetrieb einer Personengesellschaft wird regelmäßig nicht schon mit der Eröffnung des Insolvenzverfahrens über das Gesellschaftsvermögen aufgegeben (→ BFH vom 19. 1. 1993 – BStBl II S. 594).

Körperschaft als Erbin

Erbt eine Körperschaft Betriebsvermögen einer natürlichen Person, ist grundsätzlich § 6 Abs. 3 EStG anwendbar. Dies gilt auch, wenn Erbin eine Körperschaft des öffentlichen Rechts ist, die den übergehenden Betrieb als steuerpflichtigen Betrieb gewerblicher Art i. S. d. § 1 Abs. 1 Nr. 6, § 4 Abs. 1 KStG fortführt (→ BFH vom 19. 2. 1998 – BStBl II S. 509). Für Betriebe der Land- und Forstwirtschaft aber → H 14 (Körperschaft des öffentlichen Rechts als Erbin).

Landwirtschaft

– Eine Betriebsaufgabe liegt regelmäßig nicht vor, wenn ein Landwirt seinen auf eigenen Flächen betriebenen Hof an seinen Sohn verpachtet und diesem zugleich das lebende und tote Inventar schenkt (→ BFH vom 18. 4. 1991 – BStBl II S. 833).

– Die Begründung einer Betriebsaufspaltung durch Vermietung wesentlicher Betriebsgrundlagen an eine GmbH schließt die vorangehende steuerbegünstigte Aufgabe eines land- und forstwirtschaftlichen Betriebs, zu dessen Betriebsvermögen die zur Nutzung überlassenen Wirtschaftsgüter gehörten, nicht aus, wenn der Stpfl. zuvor seine landwirtschaftliche Betätigung beendet hat (→ BFH vom 30. 3. 2006 – BStBl II S. 652).

Liebhaberei

Der Übergang von einem Gewerbebetrieb zu einem einkommensteuerlich unbeachtlichen Liebhabereibetrieb stellt grundsätzlich keine Betriebsaufgabe dar, es sei denn, der Stpfl. erklärt selbst die Betriebsaufgabe (→ BFH vom 29. 10. 1981 – BStBl 1982 II S. 381). Auf den Zeitpunkt des Übergangs zur Liebhaberei ist für jedes Wirtschaftsgut des Anlagevermögens der Unterschiedsbetrag zwischen dem gemeinen Wert und dem Wert, der nach § 4 Abs. 1 oder nach § 5 EStG anzusetzen wäre, gesondert und bei mehreren Beteiligten einheitlich festzustellen (→ § 8 der Verordnung zu § 180 Abs. 2 AO vom 19. 12. 1986 – BStBl 1987 I S. 2, zuletzt geändert durch Art. 4 des Steuerbürokratieabbaugesetzes vom 20. 12. 2008 (BGBl. I S. 2850; BStBl 2009 I S. 124).

Realteilung

Anhang 15.III — → BMF vom 28. 2. 2006 (BStBl I S. 228)

Strukturwandel

Eine Betriebsaufgabe liegt nicht vor, wenn der Betrieb als selbständiger Organismus in dem der inländischen Besteuerung unterliegenden Gebiet weitergeführt wird und die Einkünfte des Stpfl. aus dem Betrieb lediglich in Folge Strukturwandels rechtlich anders eingeordnet werden, weil z. B. ein bisher als gewerblich behandelter Betrieb infolge Einschränkung des Zukaufs oder Erweiterung des Eigenanbaues zu einem land- und forstwirtschaftlichen Betrieb wird (→ BFH vom 10. 2. 1972 – BStBl II S. 455 und vom 26. 4. 1979 – BStBl II S. 732).

Zeitlich gestreckte Betriebsaufgabe

– Bei einer Betriebsaufgabe ist der Wert des Betriebsvermögens wie bei der Betriebsveräußerung durch eine Bilanz zu ermitteln. Diese Bilanz (zu Buchwerten) ist auch bei einer zeitlich gestreckten Betriebsaufgabe einheitlich und umfassend auf einen bestimmten Zeitpunkt zu erstellen. Das ist zweckmäßigerweise der Zeitpunkt der Beendigung der betrieblichen Tätigkeit, zu dem die Schlussbilanz zur Ermittlung des laufenden Gewinns aufzustellen ist. Unabhängig davon bestimmt sich der Zeitpunkt der Gewinnverwirklichung für die einzelnen Aufgabevorgänge (Veräußerung oder Überführung ins Privatvermögen) nach allgemeinen Gewinnrealisierungsgrundsätzen (→ BFH vom 19. 5. 2005 – BStBl II S. 637).

Anhang 10 — – BMF vom 20. 12. 2005 (BStBl 2006 I S. 7)

Zeitraum für die Betriebsaufgabe

Der Begriff „kurzer Zeitraum" (→ Allgemeines) darf nicht zu eng aufgefasst werden; maßgebender Gesichtspunkt ist, ob man die Aufgabehandlungen wirtschaftlich noch als einen einheitlichen Vorgang werten kann (→ BFH vom 16. 9. 1966 – BStBl 1967 III S. 70 und vom 8. 9. 1976 – BStBl 1977 II S. 66). Bei einem Zeitraum von mehr als 36 Monaten kann nicht mehr von einem wirtschaftlich einheitlichen Vorgang ausgegangen werden (→ BFH vom 26. 4. 2001 – BStBl II S. 798). Die Betriebsaufgabe beginnt mit vom Aufgabeentschluss getragenen Handlungen, die objektiv auf die Auflösung des Betriebs als selbständiger Organismus des Wirtschaftslebens gerichtet sind (→ BFH vom 5. 7. 1984 – BStBl II S. 711). Der Zeitraum für die Betriebsaufgabe endet mit der Veräußerung der letzten wesentlichen Betriebsgrundlage bzw. mit deren Überführung in das Privatvermögen. Es ist nicht auf den Zeitpunkt abzustellen, in dem die stillen Reserven des Betriebs im Wesentlichen oder nahezu vollständig aufgedeckt worden sind (→ BFH vom 26. 5. 1993 – BStBl II S. 710). Der Abwicklungszeitraum kann nicht dadurch abgekürzt werden, dass Wirtschaftsgüter, die bei Aufgabe des Betriebs nicht veräußert worden sind, formell in das Privatvermögen überführt werden, um sie anschließend privat zu veräußern. In solchen Fällen setzt der Stpfl. in der Regel seine unternehmerische Tätigkeit fort (→ BFH vom 12. 12. 2000 – BStBl 2001 II S. 282).

Zwangsweise Betriebsaufgabe

Der Annahme einer Betriebsaufgabe steht nicht entgegen, dass der Stpfl. zur Einstellung des Gewerbebetriebs gezwungen wird; auch Ereignisse, die von außen auf den Betrieb einwirken, können zu einer Betriebsaufgabe führen (→ BFH vom 3. 7. 1991 – BStBl II S. 802).

Teilbetriebsveräußerung und Teilbetriebsaufgabe

(3) [1]Ein Teilbetrieb ist ein mit einer gewissen Selbständigkeit ausgestatteter, organisch geschlossener Teil des Gesamtbetriebs, der für sich betrachtet alle Merkmale eines Betriebs i. S. d. EStG aufweist und für sich lebensfähig ist.[1] [2]Eine völlig selbständige Organisation mit eigener Buchführung ist nicht erforderlich. [3]Für die Annahme einer Teilbetriebsveräußerung genügt nicht die Möglichkeit einer technischen Aufteilung des Betriebs. [4]Notwendig ist die Eigenständigkeit des Teiles. [5]Ein Stpfl. kann deshalb bestimmte abgegrenzte Tätigkeitsgebiete nicht durch eine organisatorische Verselbständigung und durch gesonderten Vermögens- und Ergebnisausweis zu einem Teilbetrieb machen. [6]Die Veräußerung der Beteiligung an einer Kapitalgesellschaft, die das gesamte Nennkapital der Gesellschaft umfasst, gilt als Veräußerung eines Teilbetriebes (§ 16 Abs. 1 Satz 1 Nr. 1 Satz 2 EStG), wenn die gesamte Beteiligung an der Kapitalgesellschaft zum Betriebsvermögen eines einzelnen Stpfl. oder einer Personengesellschaft gehört und die gesamte Beteiligung im Laufe eines Wirtschaftsjahres veräußert wird. [7]§ 16 Abs. 1 Satz 1 Nr. 1 Satz 2 EStG ist auf den Gewinn aus der Veräußerung einer Beteiligung, die das gesamte Nennkapital einer Kapitalgesellschaft umfasst, auch dann anwendbar, wenn die Beteiligung im Eigentum eines oder mehrerer Mitunternehmer derselben Personengesellschaft stand und steuerlich zum Betriebsvermögen der Personengesellschaft gehörte. [8]§ 16 Abs. 1 Satz 1 Nr. 1 Satz 2 EStG ist nicht anwendbar, wenn die Beteiligung an der Kapitalgesellschaft teilweise auch zum Privatvermögen des Stpfl. gehört.

Hinweise

Auflösung einer Kapitalgesellschaft

Wird eine Kapitalgesellschaft in der Weise aufgelöst, dass ihr Vermögen auf den Alleingesellschafter übertragen wird, der die gesamte Beteiligung im Betriebsvermögen hält, liegt darin die nach § 16 Abs. 1 Satz 1 Nr. 1 Satz 2 EStG begünstigte Aufgabe eines Teilbetriebs. Der Begünstigung steht auch nicht entgegen, dass die untergehende Kapitalgesellschaft Betriebsunternehmen im Rahmen einer Betriebsaufspaltung war (→ BFH vom 4. 10. 2006 – BStBl 2009 II S. 772).

Auflösung stiller Reserven

Keine Teilbetriebsveräußerung oder -aufgabe liegt vor, wenn

- bei der Einstellung eines Teilbetriebs Wirtschaftsgüter von nicht untergeordneter Bedeutung, in denen erhebliche stille Reserven enthalten sind, als Betriebsvermögen in einen anderen Teilbetrieb desselben Stpfl. übernommen werden und deshalb die stillen Reserven nicht aufgelöst werden dürfen (→ BFH vom 28. 10. 1964 – BStBl 1965 III S. 88 und vom 30. 10. 1974 – BStBl 1975 II S. 232);

- bei der Einstellung der Produktion eines Zweigwerks nicht alle wesentlichen stillen Reserven – vor allem die in den Grundstücken enthaltenen – aufgelöst werden (→ BFH vom 26. 9. 1968 – BStBl 1969 II S. 69);

- in dem zurückbehaltenen Wirtschaftsgut erhebliche stille Reserven vorhanden sind (→ BFH vom 26. 4. 1979 – BStBl II S. 557); dies gilt auch dann, wenn das zurückbehaltene Wirtschaftsgut überwiegend von einem noch verbleibenden Restbetrieb genutzt wird (→ BFH vom 13. 2. 1996 – BStBl II S. 409);

- wesentliche Betriebsgrundlagen, auch wenn sie keine erheblichen stillen Reserven enthalten, in den Hauptbetrieb verbracht werden (→ BFH vom 19. 1. 1983 – BStBl II S. 312).

Beendigung der betrieblichen Tätigkeit

Eine Teilbetriebsveräußerung erfordert nicht, dass der Veräußerer seine gewerblichen Tätigkeiten in vollem Umfang beendet. Es ist ausreichend, wenn er die gewerbliche Tätigkeit aufgibt, die sich

---

[1] Anm.: → BFH vom 1. 2. 1989 (BStBl II S. 458).

auf die veräußerten wesentlichen Betriebsgrundlagen bezieht (→ BFH vom 9. 8. 1989 – BStBl II S. 973). Das Auswechseln der Produktionsmittel unter Fortführung des Tätigkeitsgebiets stellt jedoch keine Teilbetriebsveräußerung dar (→ BFH vom 3. 10. 1984 – BStBl 1985 II S. 245).

Betriebsaufspaltung

Erwirbt die Besitzpersonengesellschaft einen Teil des Betriebs von der Betriebsgesellschaft zurück, um ihn selbst fortzuführen, kann die Grundstücksverwaltung ein Teilbetrieb der bisherigen Besitzgesellschaft sein. Ein von dem zurück erworbenen operativen Betrieb genutztes Grundstück der Besitzgesellschaft wird dann mit dem Rückerwerb wesentliche Betriebsgrundlage dieses Teilbetriebs (→ BFH vom 20. 1. 2005 – BStBl II S. 395). Die Anteile an einer Betriebskapitalgesellschaft sind wesentliche Betriebsgrundlagen des Besitzunternehmens (→ BFH vom 4. 7. 2007 – BStBl II S. 772).

Brauerei

Bei einer Brauerei ist eine von ihr betriebene Gastwirtschaft ein selbständiger Teilbetrieb (→ BFH vom 3. 8. 1966 – BStBl 1967 III S. 47).

Entnahme einer Beteiligung

Die Entnahme einer Beteiligung an einer Kapitalgesellschaft, die das gesamte Nennkapital umfasst, ist als Aufgabe eines Teilbetriebs (Teilbetriebsaufgabe) anzusehen; das gilt auch für die Entnahme aus dem Gesellschaftsvermögen einer Personenhandelsgesellschaft (→ BFH vom 24. 6. 1982 – BStBl II S. 751).

Fahrschule

Bei der Veräußerung einer Niederlassung einer Fahrschule kann es sich um die Veräußerung eines Teilbetriebs handeln (→ BFH vom 24. 8. 1989 – BStBl 1990 II S. 55). Wird ein Betriebsteil einer Fahrschule veräußert, kann dessen Eigenständigkeit nicht allein aus dem Grund verneint werden, dass dem Betriebsteil im Zeitpunkt der Veräußerung nicht mindestens ein Schulungsfahrzeug zugeordnet ist (→ BFH vom 5. 6. 2003 – BStBl II S. 838).

Fertigungsbetrieb

Bei einem Fertigungsbetrieb mit mehreren Produktionszweigen liegen in der Regel keine selbständigen Teilbetriebe vor, wenn für die einzelnen Produktionen wesentliche Maschinen nur für alle Produktionsabteilungen zur Verfügung stehen (→ BFH vom 8. 9. 1971 – BStBl 1972 II S. 118).

Filialen und Zweigniederlassungen

Teilbetriebe können insbesondere Filialen und Zweigniederlassungen sein. Werden Zweigniederlassungen oder Filialen eines Unternehmens veräußert, ist die Annahme einer Teilbetriebsveräußerung nicht deshalb ausgeschlossen, weil das Unternehmen im Übrigen andernorts weiterhin eine gleichartige gewerbliche Tätigkeit ausübt; erforderlich für die Annahme einer Teilbetriebsveräußerung ist aber, dass das Unternehmen mit der Veräußerung des entsprechenden Betriebsteils einen eigenständigen Kundenkreis aufgibt (→ BFH vom 24. 8. 1989 – BStBl 1990 II S. 55). Eine Einzelhandelsfiliale ist nur dann Teilbetrieb, wenn dem dort beschäftigten leitenden Personal eine Mitwirkung beim Wareneinkauf und bei der Preisgestaltung dieser Filiale eingeräumt ist (→ BFH vom 12. 9. 1979 – BStBl 1980 II S. 51).

Gaststätten

Räumlich getrennte Gaststätten sind in der Regel Teilbetriebe (→ BFH vom 18. 6. 1998 – BStBl II S. 735).

→ Brauerei

Güternah- und Güterfernverkehr

Betreibt ein Stpfl. im Rahmen seines Unternehmens den Güternah- und den Güterfernverkehr oder z. B. ein Reisebüro und die Personenbeförderung mit Omnibussen, liegen zwei Teilbetriebe nur dann vor, wenn beide Tätigkeitsarten nicht nur als Geschäftszweige des einheitlichen Unternehmens betrieben werden, sondern auch innerhalb dieses einheitlichen Unternehmens mit einer gewissen Selbständigkeit ausgestattet sind (→ BFH vom 20. 2. 1974 – BStBl II S. 357 und vom 27. 6. 1978 – BStBl II S. 672).

Grundstücksverwaltung

Eine Grundstücksverwaltung bildet im Rahmen eines Gewerbebetriebs nur dann einen Teilbetrieb, wenn sie als solche ausnahmsweise auch außerhalb des Gewerbebetriebes gewerblichen Charakter hätte (→ BFH vom 24. 4. 1969 – BStBl II S. 397).

Handelsvertreter

Ein Teilbetrieb kann auch dann vorliegen, wenn der Unternehmensbereich statt von einem Angestellten von einem selbständigen Handelsvertreter geleitet wird (→ BFH vom 2. 8. 1978 – BStBl 1979 II S. 15).

Legal Unbundling

→ H 6.15

Maßgeblicher Zeitpunkt

– Ob eine Summe von Wirtschaftsgütern einen Teilbetrieb darstellt, ist nach den tatsächlichen Verhältnissen im Zeitpunkt der Veräußerung zu entscheiden. Dies gilt auch dann, wenn die Wirtschaftsgüter die Eigenschaft als Teile eines Teilbetriebs erst durch die Zerstörung einer wesentlichen Betriebsgrundlage verloren haben (→ BFH vom 16. 7. 1970 – BStBl II S. 738).

– → H 16 (4)

Reparaturwerkstätte

War ein Grundstück von vornherein in das Betriebsvermögen eines neu errichteten Vermietungsbetriebs aufgenommen worden, war es zu keinem Zeitpunkt Betriebsvermögen des bisher betriebenen Einzelunternehmens, so dass einer begünstigten Betriebsveräußerung nicht die Zurückbehaltung wesentlicher Betriebsgrundlagen entgegenstehen kann (→ BFH vom 6. 3. 2003 – BFH/NV 2003 S. 1545).

Schiffe

Die Veräußerung eines Schiffes stellt lediglich dann eine Teilbetriebsveräußerung dar, wenn das Schiff die wesentliche Grundlage eines selbständigen Zweigunternehmens bildet und das Zweigunternehmen dabei im Ganzen veräußert wird (→ BFH vom 13. 1. 1966 – BStBl III S. 168).

Sonderbetriebsvermögen

Ein Grundstück, das dem Betrieb einer Personengesellschaft dient, ist nicht schon deshalb ein Teilbetrieb, weil es im Sondereigentum eines Gesellschafters steht (→ BFH vom 12. 4. 1967 – BStBl III S. 419 und vom 5. 4. 1979 – BStBl II S. 554).

Spediteur

Verkauft ein Spediteur, der auch mit eigenen Fernlastzügen das Frachtgeschäft betreibt, seine Fernlastzüge an verschiedene Erwerber und betreut er in der Folgezeit seine bisherigen Kunden über die Spedition unter Einschaltung fremder Frachtführer weiter, liegt weder eine Teilbetriebsveräußerung noch eine Teilbetriebsaufgabe vor (→ BFH vom 22. 11. 1988 – BStBl 1989 II S. 357).

Spielhalle

Eine Spielhalle, die neben der Aufstellung und Betreuung von Spielautomaten in Gaststätten betrieben wird, kann ein selbständiger Teilbetrieb sein (→ BFH vom 10. 10. 2001 – BFH/NV 2002 S. 336).

Tankstellen

Die einzelnen Tankstellen eines Kraftstoff-Großhandelsunternehmens bilden nicht schon deshalb Teilbetriebe, weil sie von Pächtern betrieben werden (→ BFH vom 13. 2. 1980 – BStBl II S. 498).

Teilbetriebe im Aufbau

Die §§ 16 und 34 EStG sind auch auf im Aufbau befindliche Teilbetriebe anzuwenden, die ihre werbende Tätigkeit noch nicht aufgenommen haben. Ein im Aufbau befindlicher Teilbetrieb liegt erst dann vor, wenn die wesentlichen Betriebsgrundlagen bereits vorhanden sind und bei zielgerechter Weiterverfolgung des Aufbauplans ein selbständig lebensfähiger Organismus zu erwarten ist (→ BFH vom 1. 2. 1989 – BStBl II S. 458).

Teilbetriebsaufgabe

–   Die Grundsätze über die Veräußerung eines Teilbetriebs gelten für die Aufgabe eines Teilbetriebs entsprechend (→ BFH vom 15. 7. 1986 – BStBl II S. 896). Die Aufgabe eines Teilbetriebs setzt voraus, dass die Abwicklung ein wirtschaftlich einheitlicher Vorgang ist (→ BFH vom 16. 9. 1966 – BStBl 1967 III S. 70 und vom 8. 9. 1976 – BStBl 1977 II S. 66). Eine Teilbetriebsaufgabe ist nicht anzunehmen, wenn ein bisher als gewerblicher Teilbetrieb geführter land- und forstwirtschaftlicher Besitz aus dem gewerblichen Betriebsvermögen ausgegliedert und als selbständiger Betrieb der Land- und Forstwirtschaft geführt wird, sofern die einkommensteuerliche Erfassung der stillen Reserven gewährleistet ist (→ BFH vom 9. 12. 1986 – BStBl 1987 II S. 342).

–   Die Veräußerung aller Grundstücke des im Rahmen einer Betriebsaufspaltung bestehenden grundstücksverwaltenden Teilbetriebs an verschiedene Erwerber stellt eine Aufgabe dieses Teilbetriebs dar. Der dabei erzielte Gewinn ist jedenfalls dann begünstigt, wenn zeitgleich auch das zuvor in den operativ tätigen Teilbetrieb übergegangene und zu diesem gehörende Grundstück veräußert wird (→ BFH vom 20. 1. 2005 – BStBl II S. 395).

→ Auflösung stiller Reserven

Teilbetriebsveräußerung

Die Anteile an einer Betriebskapitalgesellschaft sind wesentliche Betriebsgrundlagen des Besitzunternehmens. Diese können nicht (quotal) den jeweiligen Teilbetrieben, sondern nur dem Besitzunternehmen insgesamt zugeordnet werden. Werden die Anteile an der Betriebskapitalgesellschaft nicht mitveräußert, kann daher von einer begünstigten Teilbetriebsveräußerung nicht ausgegangen werden (→ BFH vom 4. 7. 2007 – BStBl II S. 772).

Vermietung von Ferienwohnungen

Ein Stpfl., der ein Hotel betreibt und außerdem in einem Appartementhaus Ferienwohnungen vermietet, kann mit der Vermietungstätigkeit die Voraussetzungen eines Teilbetriebs erfüllen (→ BFH vom 23. 11. 1988 – BStBl 1989 II S. 376).

Wohnungsbauunternehmen

Bei einem Wohnungsbauunternehmen, dem Wohnungen in mehreren Städten gehören, und das hiervon seinen in einer Stadt belegenen Grundbesitz veräußert, liegt auch dann nicht die Veräußerung eines Teilbetriebs vor, wenn für den veräußerten Grundbesitz ein hauptamtlicher Verwalter bestellt ist (→ BFH vom 27. 3. 1969 – BStBl II S. 464).

Zurückbehaltene Wirtschaftsgüter

→ Auflösung stiller Reserven

R 16 (4)   **Veräußerung und Aufgabe eines Mitunternehmeranteils**

(4) – unbesetzt –

H 16 (4)   **Hinweise**

Abfindung unter Buchwert

Bleibt beim Ausscheiden eines Gesellschafters die Abfindung hinter dem Buchwert seines Mitunternehmeranteils zurück, wird ein Gewinn von den verbleibenden Gesellschaftern jedenfalls dann nicht erzielt, wenn das Geschäft in vollem Umfang entgeltlich erfolgt ist (→ BFH vom 12. 12. 1996 – BStBl 1998 II S. 180).

Aufnahme eines Gesellschafters in ein Einzelunternehmen

→ BMF vom *11. 11. 2011 (BStBl I S. 1314), Randnr. 24.01 ff.*

Auseinandersetzung einer Zugewinngemeinschaft

Die Grundsätze über die Erbauseinandersetzung eines sog. Mischnachlasses (gewinnneutrale Realteilung) sind nicht auf die Aufteilung gemeinschaftlichen Vermögens bei Beendigung einer ehelichen Zugewinngemeinschaft anzuwenden (→ BFH vom 21. 3. 2002 – BStBl II S. 519).

Betriebsveräußerung an einen Gesellschafter

→ H 16 (1) Personengesellschaft

Buchwertübertragung von Mitunternehmeranteilen

Der Begünstigung des Gewinns aus der Veräußerung eines Mitunternehmeranteils an einer Obergesellschaft nach den §§ 16, 34 EStG steht nicht entgegen, dass im Zusammenhang mit der Veräußerung Mitunternehmeranteile der Obergesellschaft an einer Unterpersonengesellschaft zu Buchwerten in das Gesamthandsvermögen einer weiteren Personengesellschaft ausgegliedert werden (→ BFH vom 25. 2. 2010 – BStBl II S. 726).

Buchwertübertragung von wesentlichen Betriebsgrundlagen

Der Gewinn aus der Veräußerung eines Mitunternehmeranteils ist nicht nach §§ 16, 34 EStG begünstigt, wenn auf Grund einheitlicher Planung und in engem zeitlichen Zusammenhang mit der Anteilsveräußerung wesentliche Betriebsgrundlagen der Personengesellschaft ohne Aufdeckung sämtlicher stillen Reserven aus dem Betriebsvermögen der Gesellschaft ausgeschieden sind (→ BFH vom 6. 9. 2000 – BStBl 2001 II S. 229).

Erbauseinandersetzung

→ BMF vom 14. 3. 2006 (BStBl I S. 253)   Anhang 8

Ermittlung des Veräußerungsgewinns

– Scheidet ein Gesellschafter durch Veräußerung seiner (gesamten) Beteiligung aus einer Personenhandelsgesellschaft aus, ist der Veräußerungsgewinn oder -verlust der Unterschied zwischen dem Veräußerungspreis und dem Buchwert seiner Beteiligung (→ BFH vom 27. 5. 1981 – BStBl 1982 II S. 211).

– *Die ursprünglichen Anschaffungskosten eines i. S. d. § 17 EStG beteiligten Gesellschafters für den Erwerb der Gesellschaftsanteile einer GmbH mindern, nachdem die GmbH formwechselnd in eine Personengesellschaft umgewandelt worden ist, nicht den Gewinn aus einer späteren Veräußerung des Mitunternehmeranteils (→ BFH vom 12. 7. 2012 – BStBl II S. 728).*

Gesellschafterforderungen

Bleibt eine Forderung des Gesellschafters gegenüber der Gesellschaft nach seinem Ausscheiden bestehen, ist der gemeine Wert dieser Forderung bei der Ermittlung des Veräußerungsgewinns wie ein Veräußerungserlös zu behandeln. Verzichtet der Gesellschafter beim Ausscheiden auf die Forderung, ergibt sich keine Gewinnauswirkung (→ BFH vom 12. 12. 1996 – BStBl 1998 II S. 180).

Gesellschaftsrechtliche Befugnisse

Der Verzicht auf die Ausübung gesellschaftsrechtlicher Befugnisse ist keine Veräußerung eines Mitunternehmeranteils (→ BFH vom 6. 11. 1991 – BStBl 1992 II S. 335).

Maßgeblicher Zeitpunkt

Der Veräußerungszeitpunkt ist der Zeitpunkt des Übergangs des wirtschaftlichen Eigentums. Erfolgt die Veräußerung unter einer aufschiebenden Bedingung, geht das wirtschaftliche Eigentum grundsätzlich erst mit dem Eintritt der Bedingung auf den Erwerber über, wenn ihr Eintritt nicht allein vom Willen und Verhalten des Erwerbers abhängt (→ BFH vom 25. 6. 2009 – BStBl 2010 II S. 182).

Nachträgliche Erhöhung des Kapitalkontos eines ausgeschiedenen Kommanditisten

→ H 15.8 (3)

Negatives Kapitalkonto

– Beim Ausscheiden eines Mitunternehmers unter Übernahme eines negativen Kapitalkontos ohne Abfindungszahlung kann eine entgeltliche oder unentgeltliche Übertragung eines Mitunternehmeranteils vorliegen. Ein Erwerbsverlust entsteht beim übernehmenden Mitunternehmer jedoch nicht (→ BFH vom 10. 3. 1998 – BStBl 1999 II S. 269).

– Ist in die Berechnung des Veräußerungsgewinns eines ausscheidenden Kommanditisten sein durch Ausschüttungen aus der Liquidität der Gesellschaft negativ gewordenes Kapitalkonto einzubeziehen?
→ Finanzgericht Berlin-Brandenburg vom 3. 4. 2012 (6 K 6267/05 B) – Rev. – IV R 19/12

Realteilung

Anhang 15 → BMF vom 28. 2. 2006 (BStBl I S. 228)

Sonderbetriebsvermögen

– Die §§ 16, 34 EStG finden bei der Veräußerung oder Aufgabe eines Mitunternehmeranteiles keine Anwendung, wenn gleichzeitig wesentliche Betriebsgrundlagen des Sonderbetriebsvermögens zum Buchwert in ein anderes Betriebs- oder Sonderbetriebsvermögen des Mitunternehmers überführt (→ BFH vom 19. 3. 1991 – BStBl II S. 635 und vom 2. 10. 1997 – BStBl 1998 II S. 104) oder unentgeltlich auf den Erwerber des Mitunternehmeranteils übertragen werden (→ BFH vom 6. 12. 2000 – BStBl 2003 II S. 194).

– Eine nach §§ 16, 34 EStG begünstigte Aufgabe des gesamten Mitunternehmeranteils liegt auch vor, wenn anlässlich der unentgeltlichen Übertragung eines Mitunternehmeranteils ein Wirtschaftsgut des Sonderbetriebsvermögens, das zu den wesentlichen Betriebsgrundlagen gehört, zurückbehalten und in das Privatvermögen überführt wird; zum Mitunternehmeranteil zählt neben dem Anteil am Vermögen der Gesellschaft auch etwaiges Sonderbetriebsvermögen (→ BFH vom 31. 8. 1995 – BStBl II S. 890 und vom 24. 8. 2000 – BStBl 2005 II S. 173 sowie BMF vom 3. 3. 2005 – BStBl I S. 458).

– → R 4.2 Abs. 2

Tausch von Mitunternehmeranteilen

Der Tausch von Mitunternehmeranteilen führt grundsätzlich zur Gewinnrealisierung (→ BFH vom 8. 7. 1992 – BStBl II S. 946).

Tod eines Gesellschafters

Die entgeltliche Übernahme aller Wirtschaftsgüter einer Personengesellschaft durch die verbleibenden Gesellschafter bei Ableben eines Gesellschafters führt zur Veräußerung eines Mitunternehmeranteils. Ein nach R 4.5 Abs. 6 zu ermittelnder Übergangsgewinn ist anteilig dem verstorbenen Gesellschafter zuzurechnen, auch wenn er im Wesentlichen auf der Zurechnung auf die anderen Gesellschafter übergehender Honorarforderungen beruht (→ BFH vom 13. 11. 1997 – BStBl 1998 II S. 290).

Unentgeltliche Übertragung an Dritte

Die unentgeltliche Übertragung eines Mitunternehmeranteils auf einen fremden Dritten führt zu einem Veräußerungsverlust in Höhe des Buchwerts des Kapitalkontos, sofern der Übertragende nicht die Absicht hatte, den Empfänger unentgeltlich zu bereichern (→ BFH vom 26. 6. 2002 – BStBl 2003 II S. 112).

Betriebsverpachtung im Ganzen

R 16 (5) ┃ (5) – unbesetzt –

H 16 (5) <h2 style="text-align:center">Hinweise</h2>

┃ **Betriebsaufgabeerklärung**

Erklärt der Unternehmer ausdrücklich, den Betrieb endgültig eingestellt zu haben, kann er sich später nicht darauf berufen, diese rechtsgestaltende Erklärung sei wirkungslos, weil ihm nicht bewusst gewesen sei, dass mit der Betriebsaufgabe auch die stillen Reserven des verpachteten Betriebsgrundstücks aufzudecken seien (→ BFH vom 22. 9. 2004 – BStBl 2005 II S. 160).

Betriebsgrundstück als alleinige wesentliche Betriebsgrundlage

Wird nur das Betriebsgrundstück, ggf. i. V. m. Betriebsvorrichtungen verpachtet, liegt nur dann eine Betriebsverpachtung im Ganzen vor, wenn das Grundstück die alleinige wesentliche Betriebsgrundlage darstellt. Dies ist regelmäßig bei Groß- und Einzelhandelsunternehmen sowie bei Hotel- und Gaststättenbetrieben der Fall (→ BFH vom 28. 8. 2003 – BStBl 2004 II S. 10).

Betriebsüberlassungsvertrag

Ein unentgeltlicher Betriebsüberlassungsvertrag steht einem Pachtvertrag gleich (→ BFH vom 7. 8. 1979 – BStBl 1980 II S. 181).

Betriebsvermögen

→ H 4.2 (7) Land- und forstwirtschaftlicher Betrieb

Branchenfremde Verpachtung

Bei einer branchenfremden Verpachtung kommt es nicht zu einer Zwangsbetriebsaufgabe, wenn der Verpächter den Betrieb nach Ablauf des Nutzungsverhältnisses ohne wesentliche Änderung fortführen kann (→ BFH vom 28. 8. 2003 – BStBl 2004 II S. 10).

Eigenbewirtschaftung

Eine Betriebsverpachtung setzt voraus, dass der Betrieb zuvor von dem Verpächter oder im Fall des unentgeltlichen Erwerbs von seinem Rechtsvorgänger selbst bewirtschaftet worden ist (→ BFH vom 20. 4. 1989 – BStBl II S. 863 und BMF vom 23. 11. 1990 – BStBl I S. 770).

Eiserne Verpachtung

Zur Gewinnermittlung bei der Verpachtung von Betrieben mit Substanzerhaltungspflicht des Pächters nach §§ 582a, 1048 BGB → BMF vom 21. 2. 2002 (BStBl I S. 262). — Anhang 10

Form und Inhalt der Betriebsaufgabeerklärung

Zu Form und Inhalt der Betriebsaufgabeerklärung → BFH vom 15. 10. 1987 (BStBl 1988 II S. 257, 260).

Gaststättenverpachtung

Eine gewerbliche Gaststättenverpachtung wird nicht bereits deshalb zum „Gaststättenhandel", weil innerhalb von fünf Jahren mehr als drei der verpachteten Gaststätten verkauft werden; für die verbleibenden Teilbetriebe erlischt das Verpächterwahlrecht nicht (→ BFH vom 18. 6. 1998 – BStBl II S. 735).

Gemeinsames Eigentum von Pächter und Verpächter an wesentlichen Betriebsgrundlagen

Die Fortführung eines Betriebes im Wege der Betriebsverpachtung ist grundsätzlich nicht möglich, wenn wesentliche Betriebsgegenstände von einem Miteigentümer an einen anderen Miteigentümer verpachtet werden und der Betrieb vor der Verpachtung vom Verpächter und Pächter gemeinsam (z. B. in der Rechtsform einer GbR) geführt worden ist (→ BFH vom 22. 5. 1990 – BStBl II S. 780).

Geschäfts- oder Firmenwert

Wird zu Beginn oder während der Verpachtung des Gewerbebetriebs die Betriebsaufgabe erklärt, ist bei der Ermittlung des Aufgabegewinns weder ein originärer noch ein derivativer Geschäfts- oder Firmenwert anzusetzen. Der Geschäfts- oder Firmenwert ist dann zur Versteuerung heranzuziehen, wenn bei einer späteren Veräußerung des Unternehmens ein Entgelt für ihn geleistet wird (→ BFH vom 30. 1. 2002 – BStBl II S. 387).

Mitunternehmer

Die Fortführung eines Betriebs im Wege der Verpachtung ist auch dann möglich, wenn ein Gesellschafter bei der Beendigung einer gewerblich tätigen Personengesellschaft wesentliche Betriebsgegenstände behält und an einen früheren Mitgesellschafter verpachtet (→ BFH vom 14. 12. 1978 – BStBl 1979 II S. 300).

Parzellenweise Verpachtung

Die parzellenweise Verpachtung der Grundstücke eines land- und forstwirtschaftlichen Betriebs steht der Annahme einer Betriebsverpachtung nicht grundsätzlich entgegen (→ BFH vom 28. 11. 1991 – BStBl 1992 II S. 521).

Personengesellschaft

Das Verpächterwahlrecht kann bei Personengesellschaften nur einheitlich ausgeübt werden (→ BFH vom 17. 4. 1997 – BStBl 1998 II S. 388).

Produktionsunternehmen

Wird bei Verpachtung eines Produktionsunternehmens der gesamte, umfangreiche Maschinenpark veräußert, hat unbeschadet einer möglichen kurzfristigen Wiederbeschaffbarkeit einzelner Produktionsmaschinen der Verpächter jedenfalls eine wesentliche Betriebsgrundlage nicht zur Nutzung überlassen, so dass die übrigen Wirtschaftsgüter zwangsweise entnommen werden und eine Betriebsaufgabe vorliegt (→ BFH vom 17. 4. 1997 – BStBl 1998 II S. 388).

Rechtsnachfolger

Im Fall des unentgeltlichen Erwerbs eines verpachteten Betriebs hat der Rechtsnachfolger des Verpächters das Wahlrecht, das erworbene Betriebsvermögen während der Verpachtung fortzuführen (→ BFH vom 17. 10. 1991 – BStBl 1992 II S. 392).

Sonderbetriebsvermögen

Ein Wirtschaftsgut des Sonderbetriebsvermögens, das bisher alleinige wesentliche Betriebsgrundlage des Betriebs einer Personengesellschaft war, kann auch dann Gegenstand einer Betriebsverpachtung sein, wenn die Personengesellschaft liquidiert wurde (→ BFH vom 6. 11. 2008 – BStBl 2009 II S. 303).

Umgestaltung wesentlicher Betriebsgrundlagen

– Werden anlässlich der Verpachtung eines Gewerbebetriebs die wesentlichen Betriebsgrundlagen so umgestaltet, dass sie nicht mehr in der bisherigen Form genutzt werden können, entfällt grundsätzlich die Möglichkeit, das Betriebsvermögen fortzuführen; damit entfällt auch die Möglichkeit der Betriebsverpachtung (→ BFH vom 15. 10. 1987 – BStBl 1988 II S. 257, 260).

→ Branchenfremde Verpachtung

– Veräußerungen und Entnahmen von Grundstücken berühren das Fortbestehen eines im Ganzen verpachteten land- und forstwirtschaftlichen Betriebs nur dann, wenn die im Eigentum des Verpächters verbleibenden Flächen nicht mehr ausreichen, um nach Beendigung des Pachtverhältnisses einen land- und forstwirtschaftlichen Betrieb zu bilden. Das Schicksal der Wirtschaftsgebäude ist für die Annahme einer Zwangsbetriebsaufgabe unerheblich (→ BMF vom 1. 12. 2000 – BStBl I S. 1556). Ein verpachteter landwirtschaftlicher Betrieb wird nicht mit der Folge einer Zwangsbetriebsaufgabe dadurch zerschlagen, dass der Verpächter nach einem Brandschaden das mitverpachtete Wirtschaftsgebäude nicht wieder aufbaut, sondern die landwirtschaftlichen Nutzflächen nach Auflösung der ursprünglichen Pachtverträge erneut verpachtet und die Hofstelle veräußert (→ BFH vom 26. 6. 2003 – BStBl II S. 755).

Im Anschluss an → BFH vom 26. 6. 2003 – BStBl II S. 755 → auch BFH vom 20. 1. 2005 (HFR 2005, S. 959): Umbau und Vermietung von Stallgebäuden für Zwecke einer Schreinerei führt auch dann nicht zur Zwangsbetriebsaufgabe, wenn die Viehhaltung aufgegeben wird.

Verpächterwahlrecht

– Zweifelsfragen im Zusammenhang mit der Ausübung des Verpächterwahlrechts → BMF vom 17. 10. 1994 (BStBl I S. 771).

– Verpachtet der Besitzunternehmer alle wesentlichen Betriebsgrundlagen nach Beendigung einer echten Betriebsaufspaltung durch Wegfall der personellen Verflechtung an das bisherige Betriebsunternehmen, steht ihm das nach ständiger Rechtsprechung des BFH bei der Betriebsverpachtung im Ganzen eröffnete Verpächterwahlrecht zu.
→ BFH vom 15. 3. 2005 – X R 2/02 – (BFH/NV 2005, S. 1292)

Wesentliche Betriebsgrundlagen

– Wesentliche Betriebsgrundlagen sind jedenfalls die Wirtschaftsgüter, die zur Erreichung des Betriebszwecks erforderlich sind und denen ein besonderes wirtschaftliches Gewicht für die Betriebsführung zukommt (→ BFH vom 17. 4. 1997 – BStBl 1998 II S. 388). Dabei ist maßgeblich auf die sachlichen Erfordernisse des Betriebs abzustellen – sog. funktionale Betrachtungsweise (→ BFH vom 11. 10. 2007 – BStBl 2008 II S. 220). Für diese Beurteilung kommt es auf die Verhältnisse des verpachtenden, nicht auf diejenigen des pachtenden Unternehmens an (→ BFH vom 28. 8. 2003 – BStBl 2004 II S. 10).

– Bei einem Autohaus (Handel mit Neu- und Gebrauchtfahrzeugen einschließlich angeschlossenem Werkstattservice) sind das speziell für dessen Betrieb hergerichtete Betriebsgrundstück samt Gebäuden und Aufbauten sowie die fest mit dem Grund und Boden verbundenen Betriebsvorrichtungen im Regelfall die alleinigen wesentlichen Betriebsgrundlagen. Demgegenüber gehören die beweglichen Anlagegüter, insbesondere die Werkzeuge und Geräte, regelmäßig auch dann nicht zu den wesentlichen Betriebsgrundlagen, wenn diese im Hinblick auf die Größe des Autohauses ein nicht unbeträchtliches Ausmaß einnehmen (→ BFH vom 11. 10. 2007 – BStBl 2008 II S. 220 und vom 18. 8. 2009 – BStBl 2010 II S. 222).

→ Produktionsunternehmen

– Die Grundsätze, die die neuere Rechtsprechung des BFH zum Begriff der wesentlichen Betriebsgrundlage im Rahmen der Betriebsaufspaltung entwickelt hat (→ H 15.7 (5) „Wesentliche Betriebsgrundlage"), gelten auch im Bereich der Betriebsveräußerung und -aufgabe (→ BFH vom 10. 11. 2005 – BStBl 2006 II S. 176).

Unentgeltliche Betriebsübertragung   **R 16 (6)**
(6) – unbesetzt–

Hinweise   H 16 (6)

Anwachsung

Fallgruppe 1: Der austretende Gesellschafter ist am Vermögen der zweigliedrigen Personengesellschaft nicht beteiligt.
→ kein Fall des § 6 Abs. 3 EStG; aber Fortführung der Buchwerte mangels Anschaffungsvorgangs.

Fallgruppe 2: Der austretende Gesellschafter ist am Vermögen der zweigliedrigen Personengesellschaft beteiligt.
→ keine Betriebsaufgabe oder Aufgabe des Mitunternehmeranteils; entsprechend dem jeweils zu Grunde liegenden Rechtsgrund der Übertragung liegt entweder eine entgeltliche oder unentgeltliche Übertragung eines Mitunternehmeranteils vor.

→ OFD Berlin vom 19. 7. 2002 – St 122 – S 2241 – 2/02 (DB 2002 S. 1966)

Betriebsaufgabe

Werden nicht die wesentlichen Grundlagen eines Betriebs oder Teilbetriebs, sondern nur Teile des Betriebsvermögens unentgeltlich übertragen, während der andere Teil der Wirtschaftsgüter in das Privatvermögen übernommen wird, liegt eine Betriebsaufgabe vor. Der begünstigte Veräußerungsgewinn ist in diesem Fall der Unterschiedsbetrag zwischen den Buchwerten und den gemeinen Werten sowohl der unentgeltlich übertragenen als auch der in das Privatvermögen übernommenen Wirtschaftsgüter, vermindert um etwaige Veräußerungskosten (→ BFH vom 27. 7. 1961 – BStBl III S. 514).

Erbauseinandersetzung

Zur Annahme einer unentgeltlichen Betriebsübertragung mit der Folge der Anwendung des § 6 Abs. 3 EStG im Zusammenhang mit einer Erbauseinandersetzung → BMF vom 14. 3. 2006 (BStBl I S. 253).   Anhang 8

Körperschaft als Erbin

→ H 16 (2)

Nießbrauch

Anhang 8 Unentgeltlichkeit liegt auch vor, wenn sich der Übertragende den Nießbrauch an dem Betrieb vorbehält (→ BMF vom 13. 1. 1993 – BStBl I S. 80 – Tz. 24 i. V. m. Tz. 10).

Übertragung der wesentlichen Betriebsgrundlagen

Für die unentgeltliche Übertragung eines Betriebs oder Teilbetriebs ist Voraussetzung, dass mindestens die wesentlichen Grundlagen des Betriebs oder Teilbetriebs unentgeltlich übertragen worden sind (→ BFH vom 7. 8. 1979 – BStBl 1980 II S. 181). Die wesentlichen Betriebsgrundlagen müssen durch einen einheitlichen Übertragungsakt auf den Erwerber überführt werden; eine in mehrere, zeitlich aufeinanderfolgende Einzelakte aufgespaltene Gesamtübertragung kann nur dann als einheitlicher Übertragungsakt angesehen werden, wenn sie auf einem einheitlichen Willensentschluss beruht und zwischen den einzelnen Übertragungsvorgängen ein zeitlicher und sachlicher Zusammenhang besteht (→ BFH vom 12. 4. 1989 – BStBl II S. 653).

Übertragung zwischen Ehegatten

Die Übertragung eines Betriebs zwischen Ehegatten auf Grund eines Vermögensauseinandersetzungsvertrages im Zusammenhang mit der Beendigung einer Zugewinngemeinschaft ist ein entgeltliches Geschäft (→ BFH vom 31. 7. 2002 – BStBl 2003 II S. 282).

Unentgeltliche Übertragung eines Mitunternehmeranteils

Anhang 5 – Zweifelsfragen im Zusammenhang mit der unentgeltlichen Übertragung von Mitunternehmeranteilen mit Sonderbetriebsvermögen sowie Anteilen von Mitunternehmeranteilen mit Sonderbetriebsvermögen → BMF vom 3. 3. 2005 (BStBl I S. 45 unter Berücksichtigung der Änderungen durch BMF vom 7. 12. 2006 (BStBl I S. 77, Tzn. 22 und 23)

– Überträgt ein Vater einen Kommanditanteil unentgeltlich auf seine Kinder und wird der Anteil alsbald von den Kindern an Dritte veräußert, kann in der Person des Vaters ein Aufgabegewinn entstehen (→ BFH vom 15. 7. 1986 – BStBl II S. 896).

Verdeckte Einlage

Keine unentgeltliche Betriebsübertragung liegt bei verdeckter Einlage eines Einzelunternehmens in eine GmbH vor (→ BFH vom 18. 12. 1990 – BStBl 1991 II S. 512 und → BMF vom 3. 3. 2005 – BStBl I S. 458, Tz. 2).

Vorweggenommene Erbfolge

Anhang 8 Zur Betriebsübertragung im Rahmen der vorweggenommenen Erbfolge → BMF vom 13. 1. 1993 (BStBl I S. 80) unter Berücksichtigung der Änderungen durch BMF vom 26. 2. 2007 (BStBl I S. 269) und BMF vom 11. 3. 2010 (BStBl I S. 227).

Zurückbehaltene Wirtschaftsgüter

Werden die wesentlichen Grundlagen eines Betriebs, eines Teilbetriebs oder eines Mitunternehmeranteils unentgeltlich übertragen und behält der Stpfl. Wirtschaftsgüter zurück, die innerhalb eines kurzen Zeitraums veräußert oder in das Privatvermögen überführt werden, ist die teilweise Aufdeckung der stillen Reserven nicht steuerbegünstigt (→ BFH vom 19. 2. 1981 – BStBl II S. 566).
→ Betriebsaufgabe

R 16 (7) **Teilentgeltliche Betriebsübertragung**

(7) – unbesetzt –

H 16 (7) **Hinweise**

Negatives Kapitalkonto

Anhang 8 Bei einer teilentgeltlichen Betriebsübertragung im Wege der vorweggenommenen Erbfolge ist der Veräußerungsgewinn auch dann gem. § 16 Abs. 2 EStG zu ermitteln, wenn das Kapitalkonto negativ ist (→ BMF vom 13. 1. 1993 – BStBl I S. 80 unter Berücksichtigung der Änderungen durch BMF vom 26. 2. 2007 (BStBl I S. 269) sowie BFH vom 16. 12. 1992 – BStBl 1993 II S. 436).

Veräußerungsgewinn

Bei der teilentgeltlichen Veräußerung eines Betriebs, Teilbetriebs, Mitunternehmeranteils oder des Anteils eines persönlich haftenden Gesellschafters einer Kommanditgesellschaft auf Aktien ist der Vorgang nicht in ein voll entgeltliches und ein voll unentgeltliches Geschäft aufzuteilen. Der Veräußerungsgewinn i. S. d. § 16 Abs. 2 EStG ist vielmehr durch Gegenüberstellung des Entgelts und des Wertes des Betriebsvermögens oder des Wertes des Anteils am Betriebsvermögen zu ermitteln (→ BFH vom 10. 7. 1986 – BStBl II S. 811 sowie BMF vom 13. 1. 1993 – BStBl I S. 80) unter Berücksichtigung der Änderungen durch BMF vom 26. 2. 2007 – BStBl I S. 269).

Anhang 8

Begriff der wesentlichen Betriebsgrundlage   **R 16 (8)**

(8) – unbesetzt –

Hinweise   H 16 (8)

Begriff der wesentlichen Betriebsgrundlage

Ob ein Wirtschaftsgut zu den wesentlichen Betriebsgrundlagen gehört, ist nach der funktional-quantitativen Betrachtungsweise zu entscheiden. Zu den wesentlichen Betriebsgrundlagen gehören in der Regel auch Wirtschaftsgüter, die funktional gesehen für den Betrieb, Teilbetrieb oder Mitunternehmeranteil nicht erforderlich sind, in denen aber erhebliche stille Reserven gebunden sind (→ BFH vom 2. 10. 1997 – BStBl 1998 II S. 104 und vom 10. 11. 2005 – BStBl 2006 II S. 176).

Gebäude/Gebäudeteile

– Bei einem Möbelhändler ist z. B. das Grundstück, in dem sich die Ausstellungs- und Lagerräume befinden, die wesentliche Betriebsgrundlage (→ BFH vom 4. 11. 1965 – BStBl 1966 III S. 49 und vom 7. 8. 1990 – BStBl 1991 II S. 336).

– Das Gleiche gilt für ein Grundstück, das zum Zweck des Betriebs einer Bäckerei und Konditorei sowie eines Cafe-Restaurants und Hotels besonders gestaltet ist (→ BFH vom 7. 8. 1979 – BStBl 1980 II S. 181).

– Das Dachgeschoss eines mehrstöckigen Hauses ist eine funktional wesentliche Betriebsgrundlage, wenn es zusammen mit den übrigen Geschossen einheitlich für den Betrieb genutzt wird (→ BFH vom 14. 2. 2007 – BStBl II S. 524).

Immaterielle Wirtschaftsgüter

Wesentliche Betriebsgrundlagen können auch immaterielle Wirtschaftsgüter sein (→ BFH vom 9. 10. 1996 – BStBl 1997 II S. 236). Darauf, ob diese immateriellen Werte selbständig bilanzierungsfähig sind, kommt es nicht an (→ BFH vom 16. 12. 2009 – BStBl 2010 II S. 808).

Maschinen und Einrichtungsgegenstände

Maschinen und Einrichtungsgegenstände rechnen zu den wesentlichen Betriebsgrundlagen, soweit sie für die Fortführung des Betriebs unentbehrlich oder nicht jederzeit ersetzbar sind (→ BFH vom 19. 1. 1983 – BStBl II S. 312).

Produktionsunternehmen

Bei einem Produktionsunternehmen gehören zu den wesentlichen Betriebsgrundlagen die für die Produktion bestimmten und auf die Produktion abgestellten Betriebsgrundstücke und Betriebsvorrichtungen (→ BFH vom 12. 9. 1991 – BStBl 1992 II S. 347).

Umlaufvermögen

Wirtschaftsgüter des Umlaufvermögens, die ihrem Zweck nach zur Veräußerung oder zum Verbrauch bestimmt sind, bilden allein regelmäßig nicht die wesentliche Grundlage eines Betriebs. Nach den Umständen des Einzelfalles können Waren bei bestimmten Betrieben jedoch zu den wesentlichen Grundlagen des Betriebs gehören (→ BFH vom 24. 6. 1976 – BStBl II S. 672).

Abgrenzung des Veräußerungs- bzw. Aufgabegewinns vom laufenden Gewinn   **R 16 (9)**

(9) – unbesetzt –

Hinweise

Abfindung eines Pensionsanspruchs

Wird der gegenüber einer Personengesellschaft bestehende Pensionsanspruch eines Gesellschafters anlässlich der Aufgabe des Betriebs der Gesellschaft abgefunden, mindert sich hierdurch der Aufgabegewinn der Gesellschaft; beim Gesellschafter stellt die Abfindung eine Sondervergütung dar, die seinen Anteil am Aufgabegewinn erhöht (→ BFH vom 20. 1. 2005 – BStBl II S. 559).

Abwicklungsgewinne

Gewinne, die während und nach der Aufgabe eines Betriebs aus normalen Geschäften und ihrer Abwicklung anfallen, gehören nicht zu dem begünstigten Aufgabegewinn (→ BFH vom 25. 6. 1970 – BStBl II S. 719).

Aufgabegewinn bei Veräußerung von Wirtschaftsgütern

Bei gleichzeitiger Veräußerung von Wirtschaftsgütern im Rahmen einer Betriebsaufgabe entsteht der Aufgabegewinn mit Übertragung des wirtschaftlichen Eigentums an den Wirtschaftsgütern (→ BFH vom 17. 10. 1991 – BStBl 1992 II S. 392).

Betriebseinbringung

– Geht anlässlich der Einbringung eines Mitunternehmeranteils in eine Kapitalgesellschaft nach § 20 UmwStG bisheriges Sonderbetriebsvermögen eines Gesellschafters in dessen Privatvermögen über, so ist das **Sonderbetriebsvermögen** mit dem gemeinen Wert nach § 16 Abs. 3 Satz 7 EStG anzusetzen und durch Vergleich mit dessen Buchwert der sich ergebende Veräußerungsgewinn zu ermitteln (→ BFH vom 28. 4. 1988 – BStBl II S. 829).

– Bei Einbringung eines Betriebs zu Buchwerten in eine Personengesellschaft ist der Gewinn aus der Überführung eines nicht zu den wesentlichen Betriebsgrundlagen gehörenden Wirtschaftsguts in das Privatvermögen kein begünstigter Veräußerungsgewinn (→ BFH vom 29. 10. 1987 – BStBl 1988 II S. 374).

– Zur Einbringung eines Einzelunternehmers mit Zuzahlung → BMF vom 11. 11. 2011 (BStBl I S. 1314).

Einheitliches Geschäftskonzept

Der Gewinn aus der Veräußerung von Wirtschaftsgütern des Anlagevermögens gehört zum laufenden Gewinn, wenn die Veräußerung Bestandteil eines einheitlichen Geschäftskonzepts der unternehmerischen Tätigkeit ist (→ BMF vom 1. 4. 2009 – BStBl I S. 515).

Gaststättenverpachtung

Eine gewerbliche Gaststättenverpachtung wird nicht bereits deshalb zum „Gaststättenhandel", weil innerhalb von fünf Jahren mehr als drei der verpachteten Gaststätten verkauft werden; die Veräußerung jeder Gaststätte stellt daher eine Teilbetriebsveräußerung dar (→ BFH vom 18. 6. 1998 – BStBl II S. 735).

Gewerblicher Grundstückshandel

Anhang 11 – Der Gewinn aus gewerblichem Grundstückshandel gehört zum laufenden Gewinn aus normalen Geschäften, auch wenn der gesamte Grundstücksbestand (Umlaufvermögen) in einem einheitlichen Vorgang veräußert wird (→ BFH vom 25. 1. 1995 – BStBl II S. 388 und BMF vom 26. 3. 2004 – BStBl I S. 434, Tz. 35). Entsprechendes gilt für die Veräußerung eines Mitunternehmeranteils jedenfalls dann, wenn zum Betriebsvermögen der Personengesellschaft nahezu ausschließlich Grundstücke des Umlaufvermögens gehören (→ BFH vom 14. 12. 2006 – BStBl 2007 II S. 777).

Satz 1 gilt auch, wenn die Veräußerung mit einer Betriebsaufgabe zusammentrifft und hiermit zugleich eine zunächst bestehende Bebauungsabsicht aufgegeben wird (→ BFH vom 5. 7. 2005 – BStBl 2006 II S. 160).

– Der aus einer Einbringung von Mitunternehmeranteilen an einer gewerblichen Grundstückshandel betreibenden Personengesellschaft resultierende Gewinn ist als laufender Gewinn zu behandeln (→ BFH vom 25. 8. 2010 – BFH/NV 2011 S. 258).

Handelsvertreter

Zum laufenden Gewinn gehören der Ausgleichsanspruch des selbständigen Handelsvertreters nach § 89b HGB (→ BFH vom 5. 12. 1968 – BStBl 1969 II S. 196) sowie die Ausgleichszahlungen an Kommissionsagenten in entsprechender Anwendung des § 89b HGB (→ BFH vom 19. 2. 1987 – BStBl II S. 570). Dies gilt auch, wenn der Anspruch auf Ausgleichsleistung durch den Tod des Handelsvertreters entstanden ist und der Erbe den Betrieb aufgibt (→ BFH vom 9. 2. 1983 – BStBl II S. 271). Zahlungen des nachfolgenden Handelsvertreters an seinen Vorgänger sind als laufender Gewinn zu behandeln (→ BFH vom 25. 7. 1990 – BStBl 1991 II S. 218).

Hinzurechnung eines Unterschiedsbetrags nach § 5a Abs. 4 Satz 3 Nr. 3 EStG

→ H 5a

Mitunternehmeranteil

Veräußert der Gesellschafter einer Personengesellschaft seinen Mitunternehmeranteil an einen Mitgesellschafter und entnimmt er im Einverständnis mit dem Erwerber und den Mitgesellschaftern vor der Übertragung des Gesellschaftsanteils bestimmte Wirtschaftsgüter des Gesellschaftsvermögens, gehört der daraus entstehende Entnahmegewinn zum begünstigten Veräußerungsgewinn (→ BFH vom 24. 8. 1989 – BStBl 1990 II S. 132).

Negatives Betriebsvermögen

Bei der Ermittlung des Gewinns aus der Aufgabe eines buchmäßig überschuldeten Betriebs mindert der Überschuldungsbetrag nicht den Aufgabegewinn (→ BFH vom 7. 3. 1996 – BStBl II S. 415).

Organschaft

Ist Organträger eine natürliche Person oder eine Personengesellschaft, stellen die Gewinne aus der Veräußerung von Teilbetrieben der Organgesellschaft keine Gewinne i. S. d. § 16 EStG dar (→ BFH vom 22. 1. 2004 – BStBl II S. 515).

Personengesellschaft

– Hat eine Personengesellschaft ihren Betrieb veräußert, ist der Anteil eines Gesellschafters am Veräußerungsgewinn auch dann begünstigt, wenn ein anderer Gesellschafter § 6b EStG in Anspruch genommen hat (→ BFH vom 30. 3. 1989 – BStBl II S. 558).

– Hinsichtlich der **Übertragung** von Teilen der **Festkapitalkonten** verschiedener Gesellschafter einer Personenhandelsgesellschaft auf einen neu eintretenden Gesellschafter bei gleichzeitiger Übertragung von Anteilen an den Sonderkonten → BFH vom 27. 5. 1981 (BStBl 1982 II S. 211).

Räumungsverkauf

Der Gewinn aus einem Räumungsverkauf gehört nicht zu dem begünstigten Aufgabegewinn (→ BFH vom 29. 11. 1988 – BStBl 1989 II S. 602).

Rekultivierungsrückstellung

Wird eine vom Betriebserwerber nicht übernommene Rekultivierungsrückstellung nach der Betriebsveräußerung aufgelöst, handelt es sich um ein auf den Veranlagungszeitraum der Betriebsveräußerung rückwirkendes Ereignis (→ FG Münster vom 4. 10. 1994 – EFG 1995 S. 439).

Rücklage

Zum Veräußerungsgewinn gehören auch Gewinne, die sich bei der Veräußerung eines Betriebs aus der Auflösung von steuerfreien Rücklagen, z. B. Rücklage für Ersatzbeschaffung, Rücklage nach § 6b EStG, ergeben (→ BFH vom 25. 6. 1975 – BStBl II S. 848 und vom 17. 10. 1991 – BStBl 1992 II S. 392). Die spätere Auflösung einer anlässlich der Betriebsveräußerung gebildeten Rücklage nach § 6b EStG ist jedoch kein Veräußerungsgewinn (→ BFH vom 4. 2. 1982 – BStBl II S. 348). Zur Behandlung des Gewinns aus der Auflösung einer Ansparrücklage i. S. d. § 7g Abs. 3 bis 8 EStG a. F. → BMF vom 25. 2. 2004 (BStBl I S. 337), RdNr. 30 und 65.

Rückstellung

Der Gewinn aus der Auflösung einer Rückstellung ist nicht zum Veräußerungsgewinn zu rechnen, wenn die Auflösung der Rückstellung und die Betriebsveräußerung in keinem rechtlichen oder ursächlichen, sondern lediglich in einem gewissen zeitlichen Zusammenhang miteinander stehen (→ BFH vom 15. 11. 1979 – BStBl 1980 II S. 150).

Sachwertabfindung

– Werden zur Tilgung einer Abfindungsschuld gegenüber einem ausgeschiedenen Mitunternehmer Wirtschaftsgüter veräußert, ist der dabei entstehende Gewinn als laufender Gewinn zu behandeln (→ BFH vom 28. 11. 1989 – BStBl 1990 II S. 561).

– Die für die Sachwertabfindung geltenden Grundsätze sind auch anzuwenden, wenn die ausscheidenden Gesellschafter einer Personengesellschaft durch Abtretung einer noch nicht realisierten Forderung aus einem Grundstückskaufvertrag abgefunden werden (→ BFH vom 23. 11. 1995 – BStBl 1996 II S. 194).

– Zur Abgrenzung der Realteilung i. S. d. § 16 Abs. 3 Satz 2ff. EStG von der Sachwertabfindung → BMF vom 28. 2. 2006 (BStBl I S. 228), Abschnitt II.

– Scheidet ein Mitunternehmer aus einer mehrgliedrigen Personengesellschaft aus und wird diese gleichzeitig von den verbleibenden Mitunternehmern fortgeführt, liegt kein Fall der (steuerneutralen) Realteilung vor. Denn nach ständiger Rechtsprechung des BFH, die auch von der Finanzverwaltung geteilt wird (vgl. BMF vom 28. 2. 2006, BStBl I S. 228), ist Voraussetzung dafür die Beendigung der bisherigen Mitunternehmerschaft.

Es handelt sich vielmehr um die Aufgabe eines Mitunternehmeranteils gegen Sachwertabfindung. Bei dem mit Sachwertabfindung ausscheidenden Mitunternehmer entsteht regelmäßig ein steuerpflichtiger Veräußerungsgewinn gemäß § 16 Abs. 1 Nr. 2 EStG. Dies gilt auch für das Ausscheiden eines Mitunternehmers aus einer zweigliedrigen Mitunternehmerschaft gegen Sachwertabfindung und gleichzeitiger Fortführung des Betriebs als Einzelunternehmen durch den nicht ausgeschiedenen Mitunternehmer.

Überführt der ausscheidende Mitunternehmer die ihm zugeteilten Wirtschaftsgüter in das Betriebsvermögen seines Einzelunternehmens oder in sein Sonderbetriebsvermögen einer anderen Mitunternehmerschaft, hat er nach § 6 Abs. 5 Satz 3 Nr. 1 i. V. m. Satz 1 EStG zwingend die Buchwerte fortzuführen, sofern die Besteuerung der stillen Reserven sichergestellt ist. Soweit Verbindlichkeiten übernommen werden, liegt allerdings zumindest insoweit ein teilentgeltlicher Veräußerungsvorgang vor (vgl. RdNr. 15 des BMF-Schreibens vom 8. 12. 2011, BStBl I S. 1279).

Wird dem ausscheidenden Mitunternehmer auch ein – anteiliger – selbst geschaffener Mandantenstamm zugewiesen, ist dieser nach § 5 Abs. 2 EStG grundsätzlich weder bei der abgebenden Personengesellschaft noch in dem aufnehmenden Unternehmen anzusetzen.

Die spätere Besteuerung der stillen Reserven in dem übernommenen Mandantenstamm oder dem Geschäfts- oder Firmenwert ist sicherzustellen.

Ein steuerpflichtiger Veräußerungsgewinn entsteht auch, wenn der ausscheidende Mitunternehmer die Wirtschaftsgüter nicht in ein Betriebsvermögen seines Einzelunternehmens oder in sein Sonderbetriebsvermögen einer anderen Mitunternehmerschaft, sondern in das Gesamthandsvermögen einer anderen Mitunternehmerschaft überführt.

→ FinBeh Berlin vom 3.2.2012, III B – S 2242 – 1/2009, (DStR S. 907)

Selbsterzeugte Waren

Gewinne aus der Veräußerung von selbsterzeugten Waren an Handelsvertreter, die bisher den Verkauf der Erzeugnisse an Einzelhändler nur vermittelt haben, können zum begünstigten Aufgabegewinn gehören (→ BFH vom 1. 12. 1988 – BStBl 1989 II S. 368).

Teilbetriebsveräußerung

Wird im zeitlichen Zusammenhang mit einer Teilbetriebsveräußerung ein wirtschaftlich nicht dem Teilbetrieb dienender Grundstücksteil in das Privatvermögen überführt, gehört der bei diesem Entnahmevorgang verwirklichte Gewinn nicht zum Veräußerungsgewinn nach § 16 EStG (→ BFH vom 18. 4. 1973 – BStBl II S. 700).

Umlaufvermögen

Gewinne aus der Veräußerung von Umlaufvermögen gehören zum Aufgabegewinn, wenn die Veräußerung nicht den Charakter einer normalen gewerblichen Tätigkeit hat, sondern die Waren z. B. an frühere Lieferanten veräußert werden (→ BFH vom 2. 7. 1981 – BStBl II S. 798).

Verbindlichkeiten

Der Erlass einer Verbindlichkeit, die bei Betriebsaufgabe oder -veräußerung im Betriebsvermögen verbleibt, erhöht den Gewinn i. S. d. § 16 EStG. Wird die Verbindlichkeit nachträglich erlassen, ist dieser Gewinn rückwirkend zu erhöhen (→ BFH vom 6. 3. 1997 – BStBl II S. 509).

Versicherungsleistungen

Entschließt sich der Unternehmer nach einem Brandschaden wegen der Betriebszerstörung zur Betriebsaufgabe, gehört der Gewinn aus der Realisierung der stillen Reserven, der dadurch entsteht, dass die auf die Anlagegüter entfallenden Versicherungsleistungen die Buchwerte übersteigen, zum Aufgabegewinn (→ BFH vom 11. 3. 1982 – BStBl II S. 707).

Wettbewerbsverbot

Kommt der Verpflichtung zum Wettbewerbsverbot keine eigenständige wirtschaftliche Bedeutung zu, gehört das dafür gezahlte Entgelt zum Veräußerungsgewinn nach § 16 Abs. 1 EStG (→ BFH vom 23. 2. 1999 – BStBl II S. 590).

Veräußerungspreis   **R 16 (10)**
(10) – unbesetzt –

Hinweise   H 16 (10)

Bürgschaft

– Die Inanspruchnahme aus einer Bürgschaft führt zu den Veräußerungs-(Aufgabe-)kosten, wenn die Übernahme der Bürgschaft durch die Betriebsaufgabe veranlasst ist.
– Die nachträgliche Veränderung der Veräußerungs-(Aufgabe-)kosten durch die Inanspruchnahme aus einer Bürgschaft ist zum Zeitpunkt der Betriebsaufgabe zu berücksichtigen. Hierzu sind bestandskräftige Feststellungsbescheide gem. § 175 Abs. 1 Satz 1 Nr. 2 AO zu ändern.

(→ BFH vom 6. 3. 2008 – BFH/NV 2008, S. 1311)

Forderungsausfall

Scheidet ein Kommanditist aus einer KG aus und bleibt sein bisheriges Gesellschafterdarlehen bestehen, ist, wenn diese Forderung später wertlos wird, sein Veräußerungs- bzw. Aufgabegewinn mit steuerlicher Wirkung für die Vergangenheit gemindert (→ BFH vom 14. 12. 1994 – BStBl 1995 II S. 465).

Nachträgliche Änderungen des Veräußerungspreises oder des gemeinen Werts

– Ein später auftretender **Altlastenverdacht** mindert nicht den gemeinen Wert eines Grundstücks im Zeitpunkt der Aufgabe (→ BFH vom 1. 4. 1998 – BStBl II S. 569).
– Die **Herabsetzung des Kaufpreises** für einen Betrieb auf Grund von Einwendungen des Käufers gegen die Rechtswirksamkeit des Kaufvertrages ist ein rückwirkendes Ereignis, das zur Änderung des Steuer-/Feststellungsbescheides führt, dem der nach dem ursprünglich vereinbarten Kaufpreis ermittelte Veräußerungsgewinn zugrunde liegt (→ BFH vom 23. 6. 1988 – BStBl 1989 II S. 41).
– Wird bei der Veräußerung eines Wirtschaftsguts im Rahmen einer Betriebsaufgabe eine **nachträgliche Kaufpreiserhöhung** vereinbart, erhöht die spätere Nachzahlung den begünstigten Aufgabegewinn im Kalenderjahr der Betriebsaufgabe (→ BFH vom 31. 8. 2006 – BStBl II S. 906).
– Die Zahlung von **Schadensersatzleistungen** für betriebliche Schäden nach Betriebsaufgabe beeinflusst die Höhe des begünstigten Aufgabegewinns, weil sie ein rückwirkendes Ereignis auf den Zeitpunkt der Betriebsaufgabe darstellt (→ BFH vom 10. 2. 1994 – BStBl II S. 564).
– Die **spätere vergleichsweise Festlegung eines strittigen Veräußerungspreises** ist auf den Zeitpunkt der Realisierung des Veräußerungsgewinns zurückzubeziehen (→ BFH vom 26. 7. 1984 – BStBl II S. 786).
– Wird ein Grundstück im Rahmen einer Betriebsaufgabe veräußert und zu einem späteren Zeitpunkt der **Kaufpreis** aus Gründen, die im Kaufvertrag angelegt waren, **gemindert**, ist der tatsäch-

lich erzielte Veräußerungserlös bei der Ermittlung des Aufgabegewinnes zu berücksichtigen. Gleiches gilt, wenn der **ursprüngliche Kaufvertrag aufgehoben** und das Grundstück zu einem geringeren Preis an neue Erwerber veräußert wird (→ BFH vom 12. 10. 2005 – BStBl 2006 II S. 307).

– Wird die **gestundete Kaufpreisforderung** für die Veräußerung eines Gewerbebetriebs in einem späteren Veranlagungszeitraum ganz oder teilweise **uneinbringlich**, stellt dies ein Ereignis mit steuerlicher Rückwirkung auf den Zeitpunkt der Veräußerung dar (→ BFH vom 19. 7. 1993 – BStBl II S. 897).

– Hält der Erwerber eines Gewerbebetriebs seine Zusage, den Veräußerer von der **Haftung** für alle vom Erwerber übernommenen Betriebsschulden **freizustellen**, nicht ein und wird der Veräußerer deshalb in einem späteren VZ aus einem als Sicherheit für diese Betriebsschulden bestellten Grundpfandrecht in Anspruch genommen, liegt ein Ereignis mit steuerlicher Rückwirkung auf den Zeitpunkt der Veräußerung vor (→ BFH vom 19. 7. 1993 – BStBl II S. 894).

– Der **Tod des Rentenberechtigten** ist bei der Veräußerung gegen abgekürzte Leibrente und bei sog. Sofortversteuerung des Veräußerungsgewinns kein rückwirkendes Ereignis (→ BFH vom 19. 8. 1999 – BStBl 2000 II S. 179).

Sachgüter

Soweit der Veräußerungspreis nicht in Geld, sondern in Sachgütern besteht, ist dieser mit dem gemeinen Wert (§ 9 BewG) der erlangten Sachgüter im Zeitpunkt der Veräußerung zu bewerten (→ BFH vom 25. 6. 2009 – BStBl 2010 II S. 182).

Schuldenübernahme durch Erwerber

Teil des Veräußerungspreises ist auch eine Verpflichtung des Erwerbers, den Veräußerer von einer privaten Schuld gegenüber einem Dritten oder von einer betrieblichen, zu Recht nicht bilanzierten Schuld, z. B. einer betrieblichen Versorgungsverpflichtung, durch befreiende Schuldübernahme oder durch Schuldbeitritt mit befreiender Wirkung, im Innenverhältnis freizustellen. Gleiches gilt für die Verpflichtung zur Freistellung von einer dinglichen Last, die ihrem Rechtsinhalt nach einer rein schuldrechtlichen Verpflichtung gleichwertig ist, z. B. Übernahme einer Nießbrauchslast (→ BFH vom 12. 1. 1983 – BStBl II S. 595).

R 16 (11)   **Betriebsveräußerung gegen wiederkehrende Bezüge**

(11) [1]Veräußert ein Stpfl. seinen Betrieb gegen eine Leibrente, hat er ein Wahlrecht. [2]Er kann den bei der Veräußerung entstandenen Gewinn sofort versteuern. [3]In diesem Fall ist § 16 EStG anzuwenden. [4]Veräußerungsgewinn ist der Unterschiedsbetrag zwischen dem nach den Vorschriften des BewG ermittelten Barwert der Rente, vermindert um etwaige Veräußerungskosten des Stpfl., und dem Buchwert des steuerlichen Kapitalkontos im Zeitpunkt der Veräußerung des Betriebs. [5]Die in den Rentenzahlungen enthaltenen Ertragsanteile sind sonstige Einkünfte i. S. d. § 22 Nr. 1 Satz 3 Buchstabe a Doppelbuchstabe bb EStG. [6]Der Stpfl. kann stattdessen die Rentenzahlungen als nachträgliche Betriebseinnahmen i. S. d. § 15 i. V. m. § 24 Nr. 2 EStG behandeln. [7]In diesem Fall entsteht ein Gewinn, wenn der Kapitalanteil der wiederkehrenden Leistungen das steuerliche Kapitalkonto des Veräußerers zuzüglich etwaiger Veräußerungskosten des Veräußerers übersteigt; der in den wiederkehrenden Leistungen enthaltene Zinsanteil stellt bereits im Zeitpunkt des Zuflusses nachträgliche Betriebseinnahmen dar. [8]Für Veräußerungen, die vor dem 1. 1. 2004 erfolgt sind, gilt R 139 Abs. 11 EStR 2001[1]. [9]Die Sätze 1 bis 8 gelten sinngemäß, wenn ein Betrieb gegen einen festen Barpreis und eine Leibrente veräußert wird; das Wahlrecht bezieht sich jedoch nicht auf das durch den festen Barpreis realisierten Teil des Veräußerungsgewinns. [10]Bei der Ermittlung des Barwerts der wiederkehrenden Bezüge ist von einem Zinssatz von 5,5 % auszugehen, wenn nicht vertraglich ein anderer Satz vereinbart ist.

H 16 (11)   **Hinweise**

Betriebsveräußerung gegen wiederkehrende Bezüge und festes Entgelt

Wird ein Betrieb gegen wiederkehrende Bezüge und ein festes Entgelt veräußert, besteht das Wahlrecht hinsichtlich der wiederkehrenden Bezüge auch dann, wenn sie von dritter Seite erbracht werden (→ BFH vom 7. 11. 1991 – BStBl 1992 II S. 457).

---

[1] Anm.: Die entsprechenden Regelungen in den EStR 2001 lauten:
[7]In diesem Fall entsteht ein Gewinn, wenn die Rentenzahlung das steuerliche Kapitalkonto des Veräußerers zuzüglich etwaiger Veräußerungskosten des Veräußerers übersteigen.

Freibetrag

Der Freibetrag des § 16 Abs. 4 EStG und die Steuerbegünstigung nach § 34 EStG sind nicht zu gewähren, wenn bei der Veräußerung gegen wiederkehrende Bezüge die Zahlungen beim Veräußerer als laufende nachträgliche Einkünfte aus Gewerbebetrieb i. S. d. § 15 i. V. m. § 24 Nr. 2 EStG behandelt werden (→ BFH vom 21. 12. 1988 – BStBl 1989 II S. 409). Wird ein Betrieb gegen festen Kaufpreis und Leibrente veräußert, ist für die Ermittlung des Freibetrags nach § 16 Abs. 4 EStG nicht allein auf den durch den festen Barpreis realisierten Veräußerungsgewinn abzustellen, sondern auch der Kapitalwert der Rente als Teil des Veräußerungspreises zu berücksichtigen (→ BFH vom 17. 8. 1967 – BStBl 1968 II S. 75). Der Freibetrag kann jedoch höchstens in Höhe des durch den festen Kaufpreis realisierten Teil des Veräußerungsgewinns gewährt werden (→ BFH vom 21. 12. 1988 – BStBl 1989 II S. 409).

Gewinn- oder umsatzabhängiger Kaufpreis

Wird ein Betrieb, Teilbetrieb oder Mitunternehmeranteil gegen einen gewinnabhängigen oder umsatzabhängigen Kaufpreis veräußert, ist das Entgelt zwingend als laufende nachträgliche Betriebseinnahme im Jahr des Zuflusses in der Höhe zu versteuern, in der die Summe der Kaufpreiszahlungen das – ggf. um Einmalleistungen gekürzte – Schlusskapitalkonto zuzüglich der Veräußerungskosten überschreitet (→ BFH vom 14. 5. 2002 – BStBl II S. 532).

Kaufpreisstundung

Eine gestundete Kaufpreisforderung ist bei der Ermittlung des Veräußerungsgewinns mit dem gemeinen Wert anzusetzen (→ BFH vom 19. 1. 1978 – BStBl II S. 295).

Ratenzahlungen

Veräußert ein Stpfl. seinen Betrieb gegen einen in Raten zu zahlenden Kaufpreis, sind die Grundsätze der → R 16 Abs. 11 Satz 1 bis 9 mit der Maßgabe anzuwenden, dass an die Stelle des nach den Vorschriften des Bewertungsgesetzes ermittelten Barwerts der Rente der Barwert der Raten tritt, wenn die Raten während eines mehr als zehn Jahre dauernden Zeitraums zu zahlen sind und die Ratenvereinbarung sowie die sonstige Ausgestaltung des Vertrags eindeutig die Absicht des Veräußerers zum Ausdruck bringen, sich eine Versorgung zu verschaffen (→ BFH vom 23. 1. 1964 – BStBl III S. 239 und vom 12. 6. 1968 – BStBl II S. 653).

Tod des Rentenberechtigten

Der Tod des Rentenberechtigten ist bei der Veräußerung gegen abgekürzte Leibrente und bei sog. Sofortversteuerung des Veräußerungsgewinns kein rückwirkendes Ereignis (→ BFH vom 19. 8. 1999 – BStBl 2000 II S. 179).

Zeitrente

Das Wahlrecht zwischen einer begünstigten Sofortbesteuerung eines Veräußerungsgewinns und einer nicht begünstigten Besteuerung nachträglicher Einkünfte aus Gewerbebetrieb besteht auch bei der Veräußerung gegen eine Zeitrente mit einer langen, nicht mehr überschaubaren Laufzeit, wenn sie auch mit dem Nebenzweck vereinbart ist, dem Veräußerer langfristig eine etwaige zusätzliche Versorgung zu schaffen (→ BFH vom 26. 7. 1984 – BStBl II S. 829).

Zuflussbesteuerung

→ BMF vom 3. 8. 2004 (BStBl I S. 1187)

Veräußerungskosten   R 16 (12)

(12) – unbesetzt –

Hinweise   H 16 (12)

Rentenverpflichtung

Die Leistungen zur Ablösung einer freiwillig begründeten Rentenverpflichtung i. S. d. § 12 Nr. 2 EStG sind keine Veräußerungskosten (→ BFH vom 20. 6. 2007 – BStBl 2008 II S. 99).

Veräußerungskosten

Veräußerungskosten mindern auch dann den begünstigten Veräußerungsgewinn, wenn sie in einem VZ vor der Veräußerung entstanden sind (→ BFH vom 6. 10. 1993 – BStBl 1994 II S. 287).

Vorfälligkeitsentschädigung

Eine Vorfälligkeitsentschädigung, die zu zahlen ist, weil im Rahmen einer Betriebsveräußerung ein betrieblicher Kredit vorzeitig abgelöst wird, gehört jedenfalls dann zu den Veräußerungskosten, wenn der Veräußerungserlös zur Tilgung der Schulden ausreicht (→ BFH vom 25. 1. 2000 – BStBl II S. 458).

R 16 (13)   **Gewährung des Freibetrags**

(13) [1]Über die Gewährung des Freibetrags wird bei der Veranlagung zur Einkommensteuer entschieden. [2]Dies gilt auch im Falle der Veräußerung eines Mitunternehmeranteiles; in diesem Fall ist im Verfahren zur gesonderten und einheitlichen Gewinnfeststellung nur die Höhe des auf den Gesellschafter entfallenden Veräußerungsgewinns festzustellen. [3]Veräußert eine Personengesellschaft, bei der die Gesellschafter als Mitunternehmer anzusehen sind, ihren ganzen Gewerbebetrieb, steht den einzelnen Mitunternehmern für ihren Anteil am Veräußerungsgewinn nach Maßgabe ihrer persönlichen Verhältnisse der Freibetrag in voller Höhe zu. [4]Der Freibetrag ist dem Stpfl. nur einmal zu gewähren; nicht verbrauchte Teile des Freibetrags können nicht bei einer anderen Veräußerung in Anspruch genommen werden. [5]Die Gewährung des Freibetrags nach § 16 Abs. 4 EStG ist ausgeschlossen, wenn dem Stpfl. für eine Veräußerung oder Aufgabe, die nach dem 31. 12. 1995 erfolgt ist, ein Freibetrag nach § 14 Satz 2, § 16 Abs. 4 oder § 18 Abs. 3 EStG bereits gewährt worden ist.[6]Wird der zum Betriebsvermögen eines Einzelunternehmers gehörende Mitunternehmeranteil im Zusammenhang mit der Veräußerung des Einzelunternehmens veräußert, so ist die Anwendbarkeit des § 16 Abs. 4 EStG für beide Vorgänge getrennt zu prüfen. [7]Liegen hinsichtlich beider Vorgänge die Voraussetzungen des § 16 Abs. 4 EStG vor, kann der Stpfl. den Abzug des Freibetrags entweder bei der Veräußerung des Einzelunternehmens oder bei der Veräußerung des Mitunternehmeranteils beantragen. [8]Die Veräußerung eines Anteils an einer Mitunternehmerschaft (Obergesellschaft), zu deren Betriebsvermögen die Beteiligung an einer anderen Mitunternehmerschaft gehört (mehrstöckige Personengesellschaft), stellt für die Anwendbarkeit des § 16 Abs. 4 EStG einen einheitlich zu beurteilenden Veräußerungsvorgang dar. [9]In den Fällen des § 16 Abs. 2 Satz 3 und Abs. 3 Satz 5 EStG ist für den Teil des Veräußerungsgewinns, der nicht als laufender Gewinn gilt, der volle Freibetrag zu gewähren; der Veräußerungsgewinn, der als laufender Gewinn gilt, ist bei der Kürzung des Freibetrags nach § 16 Abs. 4 Satz 3 EStG nicht zu berücksichtigen. [10]Umfasst der Veräußerungsgewinn auch einen Gewinn aus der Veräußerung von Anteilen an Körperschaften, Personenvereinigungen oder Vermögensmassen, ist für die Berechnung des Freibetrags der nach § 3 Nr. 40 Satz 1 Buchstabe b i. V. m. § 3c Abs. 2 EStG steuerfrei bleibende Teil nicht zu berücksichtigen.

H 16 (13)   **Hinweise**

Freibetrag

– Aufteilung des Freibetrages und Gewährung der Tarifermäßigung bei Betriebsaufgaben über zwei Kalenderjahre,

– Freibetrag bei teilentgeltlicher Veräußerung im Wege der vorweggenommenen Erbfolge,

– Vollendung der Altersgrenze in § 16 Abs. 4 und § 34 Abs. 3 EStG nach Beendigung der Betriebsaufgabe oder -veräußerung, aber vor Ablauf des VZ der Betriebsaufgabe oder -veräußerung,

Anhang 10   → BMF vom 20. 12. 2005 (BStBl 2006 I S. 7)

> **Kausaler Zusammenhang**
>
> Der Freibetrag nach § 16 Abs. 4 EStG kann auf Antrag gewährt werden, wenn im Zeitpunkt der Aufgabe oder Veräußerung eine dauernde Berufsunfähigkeit vorliegt. Ein kausaler Zusammenhang mit der Aufgabe oder Veräußerung ist insofern nicht erforderlich.
> → FinMin SH vom 9. 6. 2011 – VI 302 – S 2242 – 098

Personenbezogenheit

Der Freibetrag nach § 16 Abs. 4 EStG wird personenbezogen gewährt; er steht dem Stpfl. für alle Gewinneinkunftsarten insgesamt nur einmal zu. Dabei kommt es nicht darauf an, ob der Freibetrag zu Recht gewährt worden ist oder nicht (→ BFH vom 21. 7. 2009 – BStBl II S. 963).

Teileinkünfteverfahren

Beispiel:

A veräußert sein Einzelunternehmen. Der Veräußerungserlös beträgt 200 000 €, der Buchwert des Kapitalkontos 70 000 €. Im Betriebsvermögen befindet sich eine Beteiligung an einer

GmbH, deren Buchwert 20 000 € beträgt. Der auf die GmbH-Beteiligung entfallende Anteil am Veräußerungserlös beträgt 50 000 €.

Der aus der Veräußerung des GmbH-Anteils erzielte Gewinn ist nach § 3 Nr. 40 Satz 1 Buchstabe b, § 3c Abs. 2 EStG in Höhe von (30 000 € ./. 12 000 € =) 18 000 € steuerpflichtig. Der übrige Veräußerungsgewinn beträgt (150 000 € ./. 50 000 € =) 100 000 €. Der Freibetrag ist vorrangig mit dem Veräußerungsgewinn zu verrechnen, auf den das Teileinkünfteverfahren anzuwenden ist (→ BFH vom 14. 7. 2010 – BStBl II S. 1011).

	Insgesamt zu besteuern	Ermäßigt zu besteuern	Teileinkünfteverfahren
Veräußerungsgewinn nach § 16 EStG	118 000 €	100 000 €	18 000 €
Freibetrag nach § 16 Abs. 4 EStG	45 000 €	27 000 €	18 000 €
Steuerpflichtig	73 000 €	73 000 €	0 €

Veräußerung des ganzen Mitunternehmeranteils an der Obergesellschaft

Nach einer zwischen den obersten Finanzbehörden des Bundes und der Länder abgestimmten Auffassung ist die Veräußerung des ganzen Anteils an einer Mitunternehmerschaft, zu deren Betriebsvermögen die Beteiligung an einer anderen Mitunternehmerschaft gehört (sog. doppelstöckige Personengesellschaft), als einheitlicher Veräußerungsvorgang zu behandeln, für den insgesamt, soweit die Voraussetzungen im Übrigen erfüllt sind, § 16 Abs. 4 und § 34 Abs. 3 EStG Anwendung findet.

...

Mit dem Veräußerungspreis abgegoltene stille Reserven sind, soweit sie anteilig auf Wirtschaftsgüter des Betriebsvermögens der Untergesellschaft entfallen, in einer Ergänzungsbilanz für den Erwerber bei der Untergesellschaft – neben ggf. bereits bestehenden Ergänzungsbilanzen für die Obergesellschaft, für andere Mitunternehmer der Untergesellschaft oder andere Mitunternehmer der Obergesellschaft – zu berücksichtigen.

Veräußerung eines ganzen Mitunternehmeranteils, der zum Betriebsvermögen eines Einzelunternehmers gehört

Wird im Zusammenhang mit der Veräußerung eines Einzelunternehmens ein zu dessen Betriebsvermögen gehörender Mitunternehmeranteil veräußert, handelt es sich um zwei getrennt voneinander zu beurteilende Rechtsakte. Die Anwendbarkeit des § 16 Abs. 4 EStG ist daher für jeden Vorgang gesondert zu prüfen. Liegen hinsichtlich beider Vorgänge die Voraussetzungen des § 16 Abs. 4 EStG vor, kann der Stpfl. den Abzug des Freibetrags entweder bei der Veräußerung des Einzelunternehmens oder bei der Veräußerung des Mitunternehmeranteiles beantragen (R 16 Abs. 13 Satz 6 und 7 EStR 2005).
Entsprechendes gilt für die Anwendung des § 34 Abs. 3 EStG (R 34.5 Abs. 2 Satz 3 EStR 2005).

Veräußerung eines ganzen Mitunternehmeranteils, zu dessen Sonderbetriebsvermögen ein Anteil an einer anderen Mitunternehmerschaft gehört

Die für den Einzelunternehmer dargestellten Grundsätze gelten entsprechend bei der Veräußerung des gesamten Mitunternehmeranteils, wenn ein Anteil an einer anderen Mitunternehmerschaft, der zum Sonderbetriebsvermögen des veräußernden Mitunternehmers gehört, mitveräußert wird.

→ OFD Koblenz 15. 3. 2007 – S 2243 A – St 31 3 – (StB 2007 S. 249)

Dauernde Berufsunfähigkeit

(14) [1]Zum Nachweis der dauernden Berufsunfähigkeit reicht die Vorlage eines Bescheides des Rentenversicherungsträgers aus, wonach die Berufsunfähigkeit oder Erwerbsunfähigkeit i. S. d. gesetzlichen Rentenversicherung vorliegt. [2]Der Nachweis kann auch durch eine amtsärztliche Bescheinigung oder durch die Leistungspflicht einer privaten Versicherungsgesellschaft, wenn deren Versicherungsbedingungen an einen Grad der Berufsunfähigkeit von mindestens 50 % oder an eine Minderung der Erwerbsfähigkeit wegen Krankheit oder Behinderung auf weniger als sechs Stunden täglich anknüpfen, erbracht werden. *[3]Der Freibetrag nach § 16 Abs. 4 EStG kann gewährt werden, wenn im Zeitpunkt der Veräußerung oder Aufgabe eine dauernde Berufsunfähigkeit vorliegt; eine Kausalität zwischen der Veräußerung oder Aufgabe und der Berufsunfähigkeit ist nicht erforderlich.*

Hinweise

Berufsunfähigkeit im sozialversicherungsrechtlichen Sinne

Berufsunfähig sind Versicherte, deren Erwerbsfähigkeit wegen Krankheit oder Behinderung im Vergleich zur Erwerbsfähigkeit von körperlich, geistig und seelisch gesunden Versicherten mit ähnlicher Ausbildung und gleichwertigen Kenntnissen und Fähigkeiten auf weniger als sechs Stunden gesunken ist (§ 240 Abs. 2 SGB VI).

Erbfolge

Wird ein im Erbwege übergegangener Betrieb von dem Erben aufgegeben, müssen die Voraussetzungen für die Gewährung des Freibetrags nach § 16 Abs. 4 EStG in der Person des Erben erfüllt sein (→ BFH vom 19. 5. 1981 – BStBl II S. 665).

EStG
S 2244

§ 17 Veräußerung von Anteilen an Kapitalgesellschaften

(1) [1]Zu den Einkünften aus Gewerbebetrieb gehört auch der Gewinn aus der Veräußerung von Anteilen an einer Kapitalgesellschaft, wenn der Veräußerer innerhalb der letzten fünf Jahre am Kapital der Gesellschaft unmittelbar oder mittelbar zu mindestens 1 Prozent beteiligt war. [2]Die verdeckte Einlage von Anteilen an einer Kapitalgesellschaft in eine Kapitalgesellschaft steht der Veräußerung der Anteile gleich. [3]Anteile an einer Kapitalgesellschaft sind Aktien, Anteile an einer Gesellschaft mit beschränkter Haftung, Genussscheine oder ähnliche Beteiligungen und Anwartschaften auf solche Beteiligungen. [4]Hat der Veräußerer den veräußerten Anteil innerhalb der letzten fünf Jahre vor der Veräußerung unentgeltlich erworben, so gilt Satz 1 entsprechend, wenn der Veräußerer zwar nicht selbst, aber der Rechtsvorgänger oder, sofern der Anteil nacheinander unentgeltlich übertragen worden ist, einer der Rechtsvorgänger innerhalb der letzten fünf Jahre im Sinne von Satz 1 beteiligt war.

(2) [1]Veräußerungsgewinn im Sinne des Absatzes 1 ist der Betrag, um den der Veräußerungspreis nach Abzug der Veräußerungskosten die Anschaffungskosten übersteigt. [2]In den Fällen des Absatzes 1 Satz 2 tritt an die Stelle des Veräußerungspreises der Anteile ihr gemeiner Wert. [3]Weist der Veräußerer nach, dass ihm die Anteile bereits im Zeitpunkt der Begründung der unbeschränkten Steuerpflicht nach § 1 Absatz 1 zuzurechnen waren und dass der bis zu diesem Zeitpunkt entstandene Vermögenszuwachs auf Grund gesetzlicher Bestimmungen des Wegzugsstaats im Wegzugsstaat einer der Steuer nach § 6 des Außensteuergesetzes vergleichbaren Steuer unterlegen hat, tritt an die Stelle der Anschaffungskosten der Wert, den der Wegzugsstaat bei der Berechnung der der Steuer nach § 6 des Außensteuergesetzes vergleichbaren Steuer angesetzt hat, höchstens jedoch der gemeine Wert. [4]Satz 3 ist in den Fällen des § 6 Absatz 3 des Außensteuergesetzes nicht anzuwenden. [5]Hat der Veräußerer den veräußerten Anteil unentgeltlich erworben, so sind als Anschaffungskosten des Anteils die Anschaffungskosten des Rechtsvorgängers maßgebend, der den Anteil zuletzt entgeltlich erworben hat. [6]Ein Veräußerungsverlust ist nicht zu berücksichtigen, soweit er auf Anteile entfällt,

a) die der Steuerpflichtige innerhalb der letzten fünf Jahre unentgeltlich erworben hatte. [2]Dies gilt nicht, soweit der Rechtsvorgänger anstelle des Steuerpflichtigen den Veräußerungsverlust hätte geltend machen können;

b) die entgeltlich erworben worden sind und nicht innerhalb der gesamten letzten fünf Jahre zu einer Beteiligung des Steuerpflichtigen im Sinne von Absatz 1 Satz 1 gehört haben. [2]Dies gilt nicht für innerhalb der letzten fünf Jahre erworbene Anteile, deren Erwerb zur Begründung einer Beteiligung des Steuerpflichtigen im Sinne von Absatz 1 Satz 1 geführt hat oder die nach Begründung der Beteiligung im Sinne von Absatz 1 Satz 1 erworben worden sind.

(3) [1]Der Veräußerungsgewinn wird zur Einkommensteuer nur herangezogen, soweit er den Teil von 9 060 Euro übersteigt, der dem veräußerten Anteil an der Kapitalgesellschaft entspricht. [2]Der Freibetrag ermäßigt sich um den Betrag, um den der Veräußerungsgewinn den Teil von 36 100 Euro übersteigt, der dem veräußerten Anteil an der Kapitalgesellschaft entspricht.

(4) [1]Als Veräußerung im Sinne des Absatzes 1 gilt auch die Auflösung einer Kapitalgesellschaft, die Kapitalherabsetzung, wenn das Kapital zurückgezahlt wird, und die Ausschüttung oder Zurückzahlung von Beträgen aus dem steuerlichen Einlagenkonto im Sinne des § 27 des Körperschaftsteuergesetzes. [2]In diesen Fällen ist als Veräußerungspreis der gemeine Wert des dem Steuerpflichtigen zugeteilten oder zurückgezahlten Vermögens der Kapitalgesellschaft anzusehen. [3]Satz 1 gilt nicht, soweit die Bezüge nach § 20 Absatz 1 Nummer 1 oder 2 zu den Einnahmen aus Kapitalvermögen gehören.

(5) [1]Die Beschränkung oder der Ausschluss des Besteuerungsrechts der Bundesrepublik Deutschland hinsichtlich des Gewinns aus der Veräußerung der Anteile an einer Kapitalgesell-

schaft im Fall der Verlegung des Sitzes oder des Orts der Geschäftsleitung der Kapitalgesellschaft in einen anderen Staat stehen der Veräußerung der Anteile zum gemeinen Wert gleich. [2]Dies gilt nicht in den Fällen der Sitzverlegung einer Europäischen Gesellschaft nach Artikel 8 der Verordnung (EG) Nummer 2157/2001 und der Sitzverlegung einer anderen Kapitalgesellschaft in einen anderen Mitgliedstaat der Europäischen Union. [3]In diesen Fällen ist der Gewinn aus einer späteren Veräußerung der Anteile ungeachtet der Bestimmungen eines Abkommens zur Vermeidung der Doppelbesteuerung in der gleichen Art und Weise zu besteuern, wie die Veräußerung dieser Anteile zu besteuern gewesen wäre, wenn keine Sitzverlegung stattgefunden hätte. [4]§ 15 Absatz 1a Satz 2 ist entsprechend anzuwenden.

(6) Als Anteile im Sinne des Absatzes 1 Satz 1 gelten auch Anteile an Kapitalgesellschaften, an denen der Veräußerer innerhalb der letzten fünf Jahre am Kapital der Gesellschaft nicht unmittelbar oder mittelbar zu mindestens 1 Prozent beteiligt war, wenn

1. die Anteile auf Grund eines Einbringungsvorgangs im Sinne des Umwandlungssteuergesetzes, bei dem nicht der gemeine Wert zum Ansatz kam, erworben wurden und

2. zum Einbringungszeitpunkt für die eingebrachten Anteile die Voraussetzungen von Absatz 1 Satz 1 erfüllt waren oder die Anteile auf einer Sacheinlage im Sinne von § 20 Absatz 1 des Umwandlungssteuergesetzes vom 7. Dezember 2006 (BGBl. I S. 2782, 2791) in der jeweils geltenden Fassung beruhen.

(7) Als Anteile im Sinne des Absatzes 1 Satz 1 gelten auch Anteile an einer Genossenschaft einschließlich der Europäischen Genossenschaft.

§ 53   Anschaffungskosten bestimmter Anteile an Kapitalgesellschaften

[1]Bei Anteilen an einer Kapitalgesellschaft, die vor dem 21. Juni 1948 erworben worden sind, sind als Anschaffungskosten im Sinne des § 17 Abs. 2 des Gesetzes die endgültigen Höchstwerte zugrunde zu legen, mit denen die Anteile in eine steuerliche Eröffnungsbilanz in Deutscher Mark auf den 21. Juni 1948 hätten eingestellt werden können; bei Anteilen, die am 21. Juni 1948 als Auslandsvermögen beschlagnahmt waren, ist bei Veräußerung vor der Rückgabe der Veräußerungserlös und bei Veräußerung nach der Rückgabe der Wert im Zeitpunkt der Rückgabe als Anschaffungskosten maßgebend. [2]Im Land Berlin tritt an die Stelle des 21. Juni 1948 jeweils der 1. April 1949; im Saarland tritt an die Stelle des 21. Juni 1948 für die in § 43 Abs. 1 Ziff. 1 des Gesetzes über die Einführung des deutschen Rechts auf dem Gebiete der Steuern, Zölle und Finanzmonopole im Saarland vom 30. Juni 1959 (BGBl. I S. 339) bezeichneten Personen jeweils der 6. Juli 1959.

§ 54   Übersendung von Urkunden durch die Notare[1]

(1) [1]Die Notare übersenden dem in § 20 der Abgabenordnung bezeichneten Finanzamt eine beglaubigte Abschrift aller auf Grund gesetzlicher Vorschrift aufgenommenen oder beglaubigten Urkunden, die die Gründung, Kapitalerhöhung oder -herabsetzung, Umwandlung oder Auflösung von Kapitalgesellschaften oder die Verfügung über Anteile an Kapitalgesellschaften zum Gegenstand haben. [2]Gleiches gilt für Dokumente, die im Rahmen einer Anmeldung einer inländischen Zweigniederlassung einer Kapitalgesellschaft mit Sitz im Ausland zur Eintragung in das Handelsregister diesem zu übersenden sind.

(2) [1]Die Abschrift ist binnen zwei Wochen, von der Aufnahme oder Beglaubigung der Urkunde ab gerechnet, einzureichen. [2]Sie soll mit der Steuernummer gekennzeichnet sein, mit der die Kapitalgesellschaft bei dem Finanzamt geführt wird. [3]Die Absendung der Urkunde ist auf der zurückbehaltenen Urschrift der Urkunde beziehungsweise auf einer zurückbehaltenen Abschrift zu vermerken.

(3) Den Beteiligten dürfen die Urschrift, eine Ausfertigung oder beglaubigte Abschrift der Urkunde erst ausgehändigt werden, wenn die Abschrift der Urkunde an das Finanzamt abgesandt ist.

(4) Im Fall der Verfügung über Anteile an Kapitalgesellschaften durch einen Anteilseigner, der nicht nach § 1 Abs. 1 des Gesetzes unbeschränkt steuerpflichtig ist, ist zusätzlich bei dem Finanzamt Anzeige zu erstatten, das bei Beendigung einer zuvor bestehenden unbeschränkten Steuerpflicht des Anteilseigners oder bei unentgeltlichem Erwerb dessen Rechtsvorgängers nach § 19 der Abgabenordnung für die Besteuerung des Anteilseigners zuständig war.

---

[1] Anm.: Zum Umfang der Mitteilungspflicht der Notare nach § 54 EStDV → BMF vom 14. 3. 1997 (DStR 1997, S. 822).

R 17   17. Veräußerung von Anteilen an einer Kapitalgesellschaft oder Genossenschaft

R 17 (1) **Abgrenzung des Anwendungsbereichs gegenüber anderen Vorschriften**

S 2244   (1) ¹§ 17 EStG gilt nicht für die Veräußerung von Anteilen an einer Kapitalgesellschaft, die zu einem Betriebsvermögen gehören. ²In diesem Fall ist der Gewinn ist nach § 4 oder § 5 EStG zu ermitteln.

H 17 (1)   **Hinweise**

Handel mit Beteiligungen

→ H 15.7 (1)

R 17 (2) **Beteiligung**

(2) ¹Eine Beteiligung i. S. d. § 17 Abs. 1 Satz 1 EStG liegt vor, wenn der Stpfl. nominell zu mindestens 1 % am Nennkapital der Kapitalgesellschaft beteiligt ist oder innerhalb der letzten fünf Jahre vor der Veräußerung beteiligt war. ²In den Fällen des § 17 Abs. 6 EStG (Erwerb der Anteile durch Sacheinlage oder durch Einbringung von Anteilen/Anteilstausch i. S. d. § 17 Abs. 1 Satz 1 EStG) führt auch eine nominelle Beteiligung von weniger als 1 % am Nennkapital zur Anwendung von § 17 Abs. 1 Satz 1 EStG.

H 17 (2)   **Hinweise**

Ähnliche Beteiligungen

Die Einlage eines stillen Gesellschafters ist keine „ähnliche Beteiligung" i. S. d. § 17 Abs. 1 Satz 3 EStG (→ BFH vom 28. 5. 1997 – BStBl II S. 724).

Anteile im Betriebsvermögen

Im Betriebsvermögen gehaltene Anteile zählen bei der Ermittlung der Beteiligungshöhe mit (→ BFH vom 10. 11. 1992 – BStBl 1994 II S. 222).

Anwartschaftsrechte

Anwartschaften (Bezugsrechte) bleiben bei der Ermittlung der Höhe der Beteiligung grundsätzlich außer Betracht (→ BFH vom 14. 3. 2006 – BStBl II S. 746).

Ausländische Kapitalgesellschaft

§ 17 EStG gilt auch für Anteile an einer ausländischen Kapitalgesellschaft, wenn die ausländische Gesellschaft mit einer deutschen AG oder GmbH vergleichbar ist (→ BFH vom 21. 10. 1999 – BStBl 2000 II S. 424).

Durchgangserwerb

Ein Anteil, der bereits vor seinem Erwerb an einen Dritten abgetreten wird, erhöht die Beteiligung (→ BFH vom 16. 5. 1995 – BStBl II S. 870).

Eigene Anteile

Werden von der **Kapitalgesellschaft eigene Anteile** gehalten, ist bei der Entscheidung, ob ein Stpfl. i. S. d. § 17 Abs. 1 Satz 1 EStG beteiligt ist, von dem um die eigenen Anteile der Kapitalgesellschaft verminderten Nennkapital auszugehen (→ BFH vom 24. 9. 1970 – BStBl 1971 II S. 89).

Einbringungsgeborene Anteile aus Umwandlungen vor dem 13. 12. 2006

– Zur steuerlichen Behandlung von Gewinnen aus der Veräußerung von einbringungsgeborenen Anteilen → § 21 UmwStG in der am 21. 5. 2003 geltenden Fassung (UmwStG a. F.) i. V. m. § 27 Abs. 3 Nr. 3 UmwStG; BMF vom 25. 3. 1998 (BStBl I S. 268) unter Berücksichtigung der Änderungen durch BMF vom 21. 8. 2001 (BStBl I S. 543), (Tz. 21.01 bis 21.16).

– Einbringungsgeborene Anteile an einer Kapitalgesellschaft, die durch einen Antrag nach § 21 Abs. 2 Satz 1 Nr. 1 UmwStG a. F. entstrickt wurden, unterfallen der Besteuerung gem. § 17

Abs. 1 EStG. Veräußerungsgewinn nach § 17 Abs. 2 EStG in Bezug auf derartige Anteile ist der Betrag, um den der Veräußerungspreis den gemeinen Wert der Anteile (§ 21 Abs. 2 Satz 2 UmwStG a. F.) übersteigt (→ BFH vom 24. 6. 2008 – BStBl II S. 872).

Fünfjahreszeitraum

– → BMF vom 20. 12. 2010 (BStBl I S. 16)
– Der Gewinn aus der Veräußerung einer Beteiligung von weniger als 1 % ist auch dann nach § 17 Abs. 1 Satz 1 EStG zu erfassen, wenn der Gesellschafter die Beteiligung erst neu erworben hat, nachdem er zuvor innerhalb des Fünfjahreszeitraums eine Beteiligung von mindestens 1 % insgesamt veräußert hat und mithin vorübergehend überhaupt nicht an der Kapitalgesellschaft beteiligt war (→ BFH vom 20. 4. 1999 – BStBl II S. 650).
– Maßgeblich für die Berechnung des Fünfjahreszeitraums ist der Übergang des wirtschaftlichen und nicht des zivilrechtlichen Eigentums (→ BFH vom 17. 2. 2004 – BStBl II S. 651).

Genussrechte

Eine „Beteiligung am Kapital der Gesellschaft" i. S. d. § 17 EStG liegt bei eingeräumten Genussrechten nicht schon dann vor, wenn diese eine Gewinnbeteiligung gewähren, sondern nur, wenn sie auch eine Beteiligung am Liquidationserlös der Gesellschaft vorsehen. Die Vereinbarung, dass das Genussrechtskapital erst nach der Befriedigung der übrigen Gesellschaftsgläubiger zurückzuzahlen ist (sog. Nachrangvereinbarung), verleiht dem Genussrecht noch keinen Beteiligungscharakter (→ BFH vom 14. 6. 2005 – BStBl II S. 861).

Gesamthandsvermögen

– Bei der Veräußerung einer **Beteiligung, die sich im Gesamthandsvermögen (z. B. einer vermögensverwaltenden Personengesellschaft, Erbengemeinschaft)** befindet, ist für die Frage, ob eine Beteiligung i. S. d. § 17 Abs. 1 Satz 1 EStG vorliegt, nicht auf die Gesellschaft oder Gemeinschaft als solche, sondern auf die einzelnen Mitglieder abzustellen, da die Beteiligung nach § 39 Abs. 2 Nr. 2 AO den einzelnen Mitgliedern zuzurechnen ist – sog. Bruchteilsbetrachtung – (→ BFH vom 7. 4. 1976 – BStBl II S. 557 und vom 9. 5. 2000 – BStBl II S. 686).
– Die Veräußerung von **Anteilen an einer Gesellschaft oder Gemeinschaft,** die ihrerseits eine Beteiligung an einer Kapitalgesellschaft hält, fällt unter § 17 EStG, wenn eine Beteiligung i. S. d. § 17 Abs. 1 Satz 1 EStG vorliegt. Hierbei ist nicht auf die Gesellschaft oder Gemeinschaft als solche, sondern auf das veräußernde Mitglied abzustellen, da die Beteiligung nach § 39 Abs. 2 Nr. 2 AO den einzelnen Mitgliedern zuzurechnen ist – sog. Bruchteilsbetrachtung – (→ BFH vom 13. 7. 1999 – BStBl II S. 820 und vom 9. 5. 2000 – BStBl II S. 686).

Kurzfristige Beteiligung

Eine Beteiligung i. S. d. § 17 Abs. 1 Satz 1 EStG liegt bereits dann vor, wenn der Veräußerer oder bei unentgeltlichem Erwerb sein Rechtsvorgänger innerhalb des maßgebenden Fünfjahreszeitraums nur **kurzfristig** zu mindestens 1 % unmittelbar oder mittelbar an der Gesellschaft beteiligt war (→ BFH vom 5. 10. 1976 – BStBl 1977 II S. 198). Auch Anteile, die der Stpfl. noch am Tage des **unentgeltlichen Erwerbs** veräußert, zählen mit (→ BFH vom 7. 7. 1992 – BStBl 1993 II S. 331). *Etwas anderes gilt, wenn im Rahmen eines Gesamtvertragskonzepts (= mehrere zeitgleich abgeschlossene, korrespondierende Verträge) die mit der übertragenen Beteiligung verbundenen Rechte von vorneherein nur für eine Beteiligung von weniger als 1 % übergehen sollten (→ BFH vom 5. 10. 2011 – BStBl 2012 II S. 318).*

Maßgeblicher Zeitpunkt der Beteiligung

§ 17 EStG setzt nicht voraus, dass der Gesellschafter bis zur Veräußerung der Beteiligung i. S. d. Absatzes 1 Satz 1 EStG am Kapital der Gesellschaft beteiligt bleibt. Die Steuerverhaftung tritt auch hinsichtlich solcher Anteile ein, die der Gesellschafter in einem Zeitpunkt erwirbt, in dem er nicht mehr i. S. d. § 17 Abs. 1 Satz 1 EStG beteiligt war; es genügt, dass er einmal während des 5-Jahreszeitraums i. S. d. § 17 Abs. 1 Satz 1 EStG beteiligt war (→ BFH vom 24. 4. 1997 – BFH/NV 1998 S. 100).

Missbrauch

– Eine Beteiligung i. S. d. § 17 Abs. 1 Satz 1 EStG kann auch dann vorliegen, wenn der Veräußerer zwar formal nicht zu mindestens 1 % an der Kapitalgesellschaft beteiligt war, die Gestaltung der Beteiligungsverhältnisse jedoch **einen Missbrauch der Gestaltungsmöglichkeiten i. S. d.** § 42 AO **darstellt** (→ BFH vom 27. 1. 1977 – BStBl II S. 754).

– **Anteilsrotation**

→ BMF vom 3. 2. 1998 (BStBl I S. 207),

→ BFH vom 18. 7. 2001 (BFHE 196, 128),

→ BFH vom 23. 8. 2000 (BStBl 2001 II S. 260).

Mitgliedschaftsrechte an einer AG

Eine mögliche – durch die Kennzeichnung als Nennbetragsaktien anstatt als Stückaktien bedingte – formale Unrichtigkeit von Aktien hindert nicht den Erwerb des dann noch unverkörperten Mitgliedschaftsrechts (→ BFH vom 7. 7. 2011 – BStBl 2012 II S. 20).

Mittelbare Beteiligung

– Besteht **neben einer unmittelbaren** auch **eine mittelbare Beteiligung** an der Gesellschaft, liegt eine Beteiligung i. S. d. § 17 Abs. 1 Satz 1 EStG vor, wenn die Zusammenrechnung eine Beteiligung von mindestens 1 % ergibt, unabhängig davon, ob der Stpfl. die die mittelbare Beteiligung vermittelnde Kapitalgesellschaft beherrscht oder nicht (→ BFH vom 28. 6. 1978 – BStBl II S. 590 und vom 12. 6. 1980 – BStBl II S. 646).

– Der Gesellschafter einer Kapitalgesellschaft ist auch dann Beteiligter i. S. d. § 17 Abs. 1 Satz 1 EStG, wenn sich die Anteilsquote von mindestens 1 % erst durch – anteilige – Hinzurechnung von **Beteiligungen an der Kapitalgesellschaft ergibt, welche unmittelbar oder mittelbar von einer Personenhandelsgesellschaft gehalten werden**, an der der Gesellschafter der Kapitalgesellschaft als Mitunternehmer beteiligt ist (→ BFH vom 10. 2. 1982 – BStBl II S. 392).

– Die Übernahme einer Bürgschaft für eine Gesellschaft durch einen nur mittelbar beteiligten Anteilseigner stellt keine nachträglichen Anschaffungskosten der unmittelbaren Beteiligung i. S. d. § 17 EStG dar (→ BFH vom 4. 3. 2008 – BStBl II S. 575).

Nominelle Beteiligung

Die für die Anwendung des § 17 EStG maßgebliche Höhe einer Beteiligung ist bei einer GmbH aus den Geschäftsanteilen zu berechnen. Dies gilt auch, wenn in der GmbH-Satzung die Stimmrechte oder die Verteilung des Gewinns und des Liquidationserlöses abweichend von §§ 29, 72 GmbHG geregelt sind (→ BFH vom 25. 11. 1997 – BStBl 1998 II S. 257 und vom 14. 3. 2006 – BStBl II S. 746).

Optionsrecht

Die Veräußerung einer Anwartschaft i. S. d. § 17 Abs. 1 Satz 3 EStG liegt vor, wenn eine schuldrechtliche Option auf den Erwerb einer Beteiligung (Call-Option) veräußert wird, die die wirtschaftliche Verwertung des bei der Kapitalgesellschaft eingetretenen Zuwachses an Vermögenssubstanz ermöglicht (→ BFH vom 19. 12. 2007 – BStBl 2008 II S. 475).

Quotentreuhand

Der Annahme eines zivilrechtlich wirksamen Treuhandverhältnisses steht nicht entgegen, dass dieses nicht an einem selbständigen Geschäftsanteil, sondern – als sog. Quotentreuhand – lediglich an einem Teil eines solchen Geschäftsanteils vereinbart wird. Ein solcher quotaler Anteil ist ein Wirtschaftsgut i. S. d. § 39 Abs. 2 Nr. 1 Satz 2 AO und stellt damit einen treugutfähigen Gegenstand dar (→ BFH vom 6. 10. 2009 – BStBl 2010 II S. 460).

Rückwirkende Schenkung

Entsteht durch den **Erwerb weiterer Anteile** eine Beteiligung von mindestens 1 %, kann diese nicht dadurch beseitigt werden, dass die erworbenen Anteile rückwirkend verschenkt werden (→ BFH vom 18. 9. 1984 – BStBl 1985 II S. 55).

Unentgeltlicher Hinzuerwerb

Eine Beteiligung von weniger als 1 % wird nicht dadurch insgesamt zu einer Beteiligung i. S. d. § 17 Abs. 1 Satz 1 EStG, dass der Stpfl. einzelne Geschäftsanteile davon unentgeltlich von einem

Beteiligten erworben hat, der eine Beteiligung von mindestens 1 % gehalten hat oder noch hält
(→ BFH vom 29. 7. 1997 – BStBl II S. 727).

Unentgeltlicher Erwerb von Anteilen oder Anwartschaften   R 17 (3)

(3) Überlässt der i. S. d. § 17 Abs. 1 Satz 1 EStG beteiligte Anteilseigner einem Dritten unentgeltlich das Bezugsrecht aus einer Kapitalerhöhung (Anwartschaft i. S. d. § 17 Abs. 1 Satz 3 EStG), sind
die vom Dritten erworbenen Anteile teilweise nach § 17 Abs. 1 Satz 4 EStG steuerverhaftet (Unentgeltlicher Anwartschaftserwerb).

Hinweise   H 17 (3)

Kapitalerhöhung nach unentgeltlichem Erwerb von Anteilen

Die nach einer Kapitalerhöhung aus Gesellschaftsmitteln zugeteilten neuen Aktien führen nicht zu
einem gegenüber dem unentgeltlichen Erwerb der Altaktien selbständigen Erwerbsvorgang. Zwischen den Altaktien und den neuen Aktien besteht wirtschaftliche Identität (→ BFH vom
25. 2. 2009 – BStBl II S. 658).

Unentgeltlicher Anwartschaftserwerb

Beispiel:

Alleingesellschafter A hat seine GmbH-Anteile für 80 000 € erworben. Der gemeine Wert der
Anteile beträgt 400 000 €. Die GmbH erhöht ihr Stammkapital von 100 000 € auf 120 000 €. A
ermöglicht seinem Sohn S, die neu ausgegebenen Anteile von nominal 20 000 € gegen Bareinlage von 50 000 € zu erwerben. Die neuen Anteile des S haben einen gemeinen Wert von
20 000 € : 120 000 € × (400 000 € + 50 000 €) = 75 000 € und sind zu (75 000 € – 50 000 €) :
75 000 € = 33,33 % unentgeltlich und zu 66,67 % entgeltlich erworben worden. Auf den unentgeltlich erworbenen Teil ist § 17 Abs. 1 Satz 1 und 4 EStG anzuwenden. Auf diesen Teil entfallen Anschaffungskosten des Rechtsvorgängers A i. S. d. § 17 Abs. 2 Satz 5 EStG in Höhe von
80 000 € × 25 000 € : 400 000 € = 5 000 €. Die verbleibenden Anschaffungskosten des A sind
entsprechend auf 75 000 € zu kürzen (→ BFH vom 6. 12. 1968 – BStBl 1969 II S. 105).

Vorbehaltsnießbrauch

→ H 17 (4)

Veräußerung von Anteilen   R 17 (4)

(4) Die Ausübung von Bezugsrechten durch die Altaktionäre bei Kapitalerhöhungen gegen Einlage ist keine Veräußerung i. S. d. § 17 Abs. 1 EStG.

Hinweise   H 17 (4)

Allgemeines

– Veräußerung i. S. d. § 17 Abs. 1 EStG ist die entgeltliche Übertragung des rechtlichen oder
  zumindest des wirtschaftlichen Eigentums an einer Beteiligung auf einen anderen Rechtsträger
  (→ BFH vom 11. 7. 2006 – BStBl 2007 II S. 296).

– → Wirtschaftliches Eigentum

**Beendigung der unbeschränkten Steuerpflicht und gleichgestellte Sachverhalte mit Auslands-
bezug**

→ § 6 AStG

Bezugsrechte

– Veräußert ein i. S. d. § 17 Abs. 1 Satz 1 EStG Beteiligter ihm auf Grund seiner Anteile zustehende **Bezugsrechte auf weitere Beteiligungsrechte**, liegt auch insoweit eine Veräußerung
  i. S. d. § 17 Abs. 1 Satz 1 EStG vor (→ BFH vom 20. 2. 1975 – BStBl II S. 505 und vom 19. 4. 2005 –
  BStBl II S. 762).

– Wird das **Stammkapital** einer GmbH **erhöht** und das Bezugsrecht einem Nichtgesellschafter
  gegen Zahlung eines Ausgleichs für die auf den neuen Geschäftsanteil übergehenden stillen
  Reserven eingeräumt, kann dies die Veräußerung eines Anteils an einer GmbH (Anwartschaft
  auf eine solche Beteiligung) sein. Wird dieser Ausgleich in Form eines Agios in die GmbH eingezahlt und in engem zeitlichem Zusammenhang damit wieder an die Altgesellschafter aus-

gezahlt, kann ein Missbrauch rechtlicher Gestaltungsmöglichkeiten (§ 42 AO) vorliegen. Die Zahlung an die Altgesellschafter ist dann als Entgelt für die Einräumung des Bezugsrechts zu behandeln (→ BFH vom 13. 10. 1992 – BStBl 1993 II S. 477).

Einziehung

Ein Verlust nach § 17 EStG aus der Einziehung eines GmbH-Anteils nach § 34 GmbHG ist frühestens mit deren zivilrechtlicher Wirksamkeit zu berücksichtigen (→ BFH vom 22. 7. 2008 – BStBl II S. 927).

Entstehung des Veräußerungsgewinns

Der Veräußerungsgewinn entsteht grundsätzlich im Zeitpunkt der Veräußerung und zwar auch dann, wenn der Kaufpreis gestundet wird (→ BFH vom 20. 7. 2010 – BStBl II S. 969).

Rückübertragung

- Eine Rückübertragung auf Grund einer vor Kaufpreiszahlung geschlossenen Rücktrittsvereinbarung ist als Ereignis mit steuerlicher Rückwirkung auf den Zeitpunkt der Veräußerung der Beteiligung zurückzubeziehen (→ BFH vom 21. 12. 1993 – BStBl 1994 II S. 648).
- Der Abschluss eines außergerichtlichen Vergleiches, mit dem die Vertragsparteien den Rechtsstreit über den Eintritt einer im Kaufvertrag vereinbarten auflösenden Bedingung beilegen, ist ein Ereignis mit steuerlicher Rückwirkung auf den Zeitpunkt der Veräußerung (→ BFH vom 19. 8. 2003 – BStBl 2004 II S. 107).
- Überträgt der Erwerber einer wesentlichen Beteiligung diese auf den Veräußerer zurück, weil der Veräußerer ihn über den Wert der Beteiligung getäuscht hat, ist die Rückübertragung eine Veräußerung i. S. d. § 17 EStG (→ BFH vom 21. 10. 1999 – BStBl 2000 II S. 424).
- Wird der Verkauf eines Anteils an einer Kapitalgesellschaft durch die Parteien des Kaufvertrages wegen Wegfalls der Geschäftsgrundlage tatsächlich und vollständig rückgängig gemacht, kann dieses Ereignis steuerlich auf den Zeitpunkt der Veräußerung zurückwirken (→ BFH vom 28. 10. 2009 – BStBl 2010 II S. 539).

Tausch

Beim Tausch von Anteilen an Kapitalgesellschaften sind Anteile, die der Tauschpartner im Gegenzug hingibt, nach dem gemeinen Wert (§ 9 BewG) zu bemessen. Eine Veräußerungsbeschränkung ist bei der Bewertung zu berücksichtigen, wenn sie im Wirtschaftsgut selbst gründet und für alle Verfügungsberechtigten gilt (→ BFH vom 28. 10. 2008 – BStBl 2009 II S. 45).

Teilentgeltliche Übertragung

Die Übertragung von Anteilen an einer Kapitalgesellschaft bei einer Beteiligung von mindestens 1 % im Wege einer gemischten Schenkung ist nach dem Verhältnis der tatsächlichen Gegenleistung zum Verkehrswert der übertragenen Anteile in eine voll entgeltliche Anteilsübertragung (Veräußerung i. S. d. § 17 Abs. 1 Satz 1 und Abs. 2 Satz 1 EStG) und eine voll unentgeltliche Anteilsübertragung (i. S. d. § 17 Abs. 1 Satz 4 und Abs. 2 Satz 5 EStG) aufzuteilen (→ BFH vom 17. 7. 1980 – BStBl 1981 II S. 11).

Umwandlung nach ausländischem Recht

Als Auflösung i. S. d. § 17 Abs. 4 EStG ist die Umwandlung einer ausländischen Kapitalgesellschaft in eine Personengesellschaft anzusehen, wenn das maßgebende ausländische Recht in der Umwandlung eine Auflösung sieht (→ BFH vom 22. 2. 1989 – BStBl II S. 794).

Vereinbarungstreuhand

Der Verlust aus der entgeltlichen Übertragung einer Beteiligung i. S. d. § 17 Abs. 1 Satz 1 EStG im Wege einer Vereinbarungstreuhand ist steuerrechtlich nur zu berücksichtigen, wenn die Beteiligung nach der Vereinbarung künftig fremdnützig für den Treugeber gehalten werden soll und die tatsächliche Durchführung der Vereinbarung vom Veräußerer nachgewiesen wird. Bei der Prüfung, ob ein Treuhandverhältnis tatsächlich gegeben ist, ist ein strenger Maßstab anzulegen (→ BFH vom 15. 7. 1997 – BStBl 1998 II S. 152).

Vorbehaltsnießbrauch

Die Übertragung von Anteilen an Kapitalgesellschaften im Wege der vorweggenommenen Erbfolge unter Vorbehalt eines Nießbrauchsrechts stellt keine Veräußerung i. S. d. § 17 Abs. 1 EStG dar. Dies gilt auch dann, wenn das Nießbrauchsrecht später abgelöst wird und der Nießbraucher für seinen Verzicht eine Abstandszahlung erhält, sofern der Verzicht auf einer neuen Entwicklung der Verhältnisse beruht (→ BFH vom 14. 6. 2005 – BStBl 2006 II S. 15).

Wertloser Anteil

Als Veräußerung kann auch die Übertragung eines wertlosen GmbH-Anteils angesehen werden (→ BFH vom 5. 3. 1991 – BStBl II S. 630 und vom 18. 8. 1992 – BStBl 1993 II S. 34).

Wirtschaftliches Eigentum

– Der Übergang des wirtschaftlichen Eigentums an einem Kapitalgesellschaftsanteil ist nach § 39 AO zu beurteilen (→ BFH vom 17. 2. 2004 – BStBl II S. 651 und vom 9. 10. 2008 – BStBl 2009 II S. 140). Dies gilt auch anlässlich der Begründung von Unterbeteiligungsrechten an dem Anteil (→ BFH vom 18. 5. 2005 – BStBl II S. 857).

– Bei dem Verkauf einer Beteiligung geht das wirtschaftliche Eigentum jedenfalls dann über, wenn der Käufer des Anteils auf Grund eines (bürgerlich-rechtlichen) Rechtsgeschäfts bereits eine rechtlich geschützte, auf den Erwerb des Rechts gerichtete Position erworben hat, die ihm gegen seinen Willen nicht mehr entzogen werden kann, und die mit dem Anteil verbundenen wesentlichen Rechte sowie das Risiko der Wertminderung und die Chance einer Wertsteigerung auf ihn übergegangen sind. Diese Voraussetzungen müssen nicht in vollem Umfang erfüllt sein; entscheidend ist das Gesamtbild der Verhältnisse (→ BFH vom 11. 7. 2006 – BStBl 2007 II S. 296).

– Bei dem Verkauf des Geschäftsanteils an einer GmbH ist regelmäßig erforderlich, dass dem Erwerber das Gewinnbezugsrecht und das Stimmrecht eingeräumt werden. Für den Übergang des Stimmrechts ist ausreichend, dass der Veräußerer verpflichtet ist, bei der Stimmabgabe die Interessen des Erwerbers wahrzunehmen (→ BFH vom 17. 2. 2004 – BStBl II S. 651).

– Auch eine kurze Haltezeit kann wirtschaftliches Eigentum begründen, wenn dem Stpfl. der in der Zeit seiner Inhaberschaft erwirtschaftete Erfolg (einschließlich eines Substanzwertzuwachses) zusteht (→ BFH vom 18. 5. 2005 – BStBl II S. 857).

– Erwerbspositionen können die Annahme wirtschaftlichen Eigentums begründen, wenn nach dem typischen und für die wirtschaftliche Beurteilung maßgeblichen Geschehensablaufs tatsächlich mit einer Ausübung des Optionsrechts gerechnet werden kann. Hierauf kommt es nicht an, wenn nicht nur dem Käufer ein Ankaufsrecht, sondern auch dem Verkäufer ein Andienungsrecht im Überschneidungsbereich der vereinbarten Optionszeiträume zum selben Optionspreis eingeräumt wird (sog. wechselseitige Option oder Doppeloption) (→ BFH vom 11. 7. 2006 – BStBl 2007 II S. 296).

– Erwerbsoptionen können die Annahme wirtschaftlichen Eigentums nur begründen, wenn nach dem typischen und für die wirtschaftliche Beurteilung maßgeblichen Geschehensablauf tatsächlich mit einer Ausübung des Optionsrechts gerechnet werden kann (→ BFH vom 4. 7. 2007 – BStBl II S. 937). Hierauf kommt es nicht an, wenn nicht nur dem Käufer ein Ankaufsrecht, sondern auch dem Verkäufer ein Andienungsrecht im Überschneidungsbereich der vereinbarten Optionszeiträume zum selben Optionspreis eingeräumt wird (sog. wechselseitige Option oder Doppeloption) (→ BFH vom 11. 7. 2006 – BStBl 2007 II S. 296).

– Auch eine einjährige Veräußerungssperre von erhaltenen Anteilen hindert den Übergang des wirtschaftlichen Eigentums nicht (→ BFH vom 28. 10. 2008 – BStBl 2009 II S. 45).

– Ein zivilrechtlicher Durchgangserwerb (in Gestalt einer logischen Sekunde) hat nicht zwangsläufig auch einen steuerrechtlichen Durchgangserwerb i. S. d. Innehabens wirtschaftlichen Eigentums in der Person des zivilrechtlichen Durchgangserwerbers zur Folge (→ BFH vom 26. 1. 2011 – BStBl II S. 540).

– Besteht die Position eines Gesellschafters allein in der gebundenen Mitwirkung an einer inkongruenten Kapitalerhöhung, vermittelt sie kein wirtschaftliches Eigentum an einem Geschäftsanteil (→ BFH vom 25. 5. 2011 – BStBl II 2012 S. 3).

– *Werden im Rahmen eines Gesamtvertragskonzepts (= mehrere zeitgleich abgeschlossene, korrespondierende Verträge) GmbH-Anteile übertragen und deren Höhe durch eine Kapitalerhöhung auf weniger als 1 % reduziert, vermittelt die einer Kapitalerhöhung vorgreifliche Anteilsübertragung kein wirtschaftliches Eigentum an einer Beteiligung i. S. v. § 17 EStG, wenn nach dem Gesamtvertragskonzept die mit der übertragenen Beteiligung verbundenen Rechte von vornherein nur für eine Beteiligung von weniger als 1 % übergehen sollten (→ BFH vom 5. 10. 2011 – BStBl 2012 II S. 318).*

– *Wem Gesellschaftsanteile im Rahmen einer vorweggenommenen Erbfolge unter dem Vorbehalt des Nießbrauchs übertragen werden, erwirbt sie nicht i. S. v. § 17 Abs. 2 Satz 5 EStG, wenn sie weiterhin dem Nießbraucher nach § 39 Abs. 2 Nr. 1 AO zuzurechnen sind, weil dieser nach dem Inhalt der getroffenen Abrede alle mit der Beteiligung verbundenen wesentlichen Rechte (Vermögens- und Verwaltungsrechte) ausüben und im Konfliktfall effektiv durchsetzen kann (→ BFH vom 24. 1. 2012 – BStBl 2012 II S. 308).*

R 17 (5)   **Anschaffungskosten der Anteile**

(5) [1]Eine Kapitalerhöhung aus Gesellschaftsmitteln erhöht die Anschaffungskosten der Beteiligung nicht. [2]Die Anschaffungskosten sind nach dem Verhältnis der Nennbeträge auf die vor der Kapitalerhöhung erworbenen Anteile und die neuen Anteile zu verteilen (→ § 3 Kapitalerhöhungssteuergesetz). [3]Für Anteile i. S. d. § 17 Abs. 1 EStG, die sich in Girosammelverwahrung befinden, sind die Anschaffungskosten der veräußerten Anteile nicht nach dem Fifo-Verfahren, sondern nach den durchschnittlichen Anschaffungskosten sämtlicher Anteile derselben Art zu bestimmen.

H 17 (5)   **Hinweise**

Absenkung der Beteiligungsgrenze

Bei der Ermittlung des Veräußerungsgewinns ist der gemeine Wert der Anteile zum Zeitpunkt der Absenkung der Wesentlichkeitsgrenze anzusetzen (→ BVerfG vom 7. 7. 2010 – BStBl 2011 II S. 86 und BMF vom 20. 12. 2010 – BStBl I 2011 S. 16).

Ferner: Ist eine Anteilsveräußerung auch dann steuerpflichtig, wenn der Stpfl. im zeitlichen Anwendungsbereich des StEntlG 1999/2000/2002 seine Beteiligung von weniger als 10 % veräußert hat, er aber zu einem Zeitpunkt in den fünf Vorjahren zu mindestens 10 % beteiligt war → FG Düsseldorf vom 30. 8. 2011 – 13 K 200/03 E – Rev. – IX R 34/11 –

Allgemeines

→ R 6.2

Bezugsrechte/Gratisaktien

– Das anlässlich einer Kapitalerhöhung entstehende konkrete Bezugsrecht auf neue Aktien führt zu einer Abspaltung der im Geschäftsanteil verkörperten Substanz und damit auch zu einer Abspaltung eines Teils der ursprünglichen Anschaffungskosten für die Altanteile; dieser Teil ist dem Bezugsrecht zuzuordnen (→ BFH vom 19. 4. 2005 – BStBl II S. 762).

– Werden Kapitalgesellschaftsanteile im Anschluss an eine mit der Gewährung von kostenlosen Bezugsrechten oder von Gratisaktien verbundene Kapitalerhöhung veräußert, sind die ursprünglichen Anschaffungskosten der Kapitalgesellschaftsanteile um den auf die Bezugsrechte oder die Gratisaktien entfallenden Betrag nach der Gesamtwertmethode zu kürzen (→ BFH vom 19. 12. 2000 – BStBl 2001 II S. 345).

Bürgschaft

– Auch eine Zahlung für die Freistellung von einer Bürgschaftsverpflichtung kann unter Umständen zu den Anschaffungskosten der Beteiligung gehören (→ BFH vom 2. 10. 1984 – BStBl 1985 II S. 320).

– Die Bürgschaftsverpflichtung eines zahlungsunfähigen Gesellschafters erhöht nicht die Anschaffungskosten seiner Beteiligung (→ BFH vom 8. 4. 1998 – BStBl II S. 660).

– → Drittaufwand

Darlehensverluste

Anhang 4a   Zur Berücksichtigung von Darlehensverlusten als nachträgliche Anschaffungskosten für Fälle, bei denen auf die Behandlung des Darlehens die Vorschriften des MoMiG anzuwenden sind → BMF vom 21. 10. 2010 (BStBl I S. 832). Für die übrigen Darlehen → BMF vom 8. 6. 1999 (BStBl I S. 545).

Drittaufwand

Anhang 4a   – Wird einer GmbH durch einen nahen Angehörigen eines Gesellschafters ein Darlehen gewährt und kann die GmbH das Darlehen wegen Vermögenslosigkeit nicht zurückzahlen, kann der Wertverlust der Darlehensforderung bei der Ermittlung des Auflösungsgewinns des Gesellschafters nicht als nachträgliche Anschaffungskosten der Beteiligung berücksichtigt werden

(→ BFH vom 12. 12. 2000 – BStBl 2001 II S. 286). Gesondert zu prüfen ist, ob dem Gesellschafter das Darlehen unmittelbar zuzurechnen ist (→ BMF vom 21. 10. 2010 – BStBl I S. 832).

– Die Inanspruchnahme des Ehegatten des Alleingesellschafters einer GmbH aus der Bürgschaft für ein der Gesellschaft in einer wirtschaftlichen Krise durch eine Bank gewährtes Darlehen erhöht die Anschaffungskosten der Beteiligung des Gesellschafters, soweit dieser verpflichtet ist, dem Ehegatten die Aufwendungen zu ersetzen (→ BFH vom 12. 12. 2000 – BStBl 2001 II S. 385).

– Hat eine GmbH I, die vom Ehemann der Mehrheitsgesellschafterin einer weiteren GmbH (GmbH II) beherrscht wird, der GmbH II als „Darlehen" bezeichnete Beträge überlassen, die bei dem beherrschenden Gesellschafter der GmbH I als verdeckte Gewinnausschüttung besteuert worden sind, erhöht die Gewährung des „Darlehens" als mittelbare verdeckte Einlage die Anschaffungskosten der Mehrheitsgesellschafterin der GmbH II auf ihre Beteiligung (→ BFH vom 12. 12. 2000 – BStBl 2001 II S. 234).

Girosammelverwahrung

Die Fifo-Methode kann bei Entwicklung der Einkünfte nach § 17 EStG für die Fälle der Girosammelverwahrung nicht entsprechend angewandt werden (→ OFD Frankfurt vom 6. 6. 2006 – DStR 2006, S. 1891).

Gewinnvortrag und Jahresüberschuss

Wird ein Anteil an einer Kapitalgesellschaft veräußert, stellt der nicht ausgeschüttete Anteil am Gewinn dieser Kapitalgesellschaft keine Anschaffungskosten dar (→ BFH vom 8. 2. 2011 – BStBl II S. 684).

Gutachtenkosten

→ H 20.1 *(Anschaffungskosten)*

Haftungsinanspruchnahme

Führt die Inanspruchnahme eines Gesellschafter-Geschäftsführers als Haftender für Gesellschaftsschulden zu nachträglichen Anschaffungskosten auf die Beteiligung, entsteht ein Verlust aus der Auflösung der Kapitalgesellschaft regelmäßig erst mit Abschluss des Insolvenzverfahrens über das Vermögen der Gesellschaft (→ BFH vom 21. 1. 2004 – BFH/NV 2004 S. 947).

Kapitalerhöhung gegen Einlage

Eine Kapitalerhöhung gegen Einlage führt bei den bereits bestehenden Anteilen zu einer Substanzabspaltung mit der Folge, dass Anschaffungskosten der Altanteile im Wege der Gesamtwertmethode teilweise den Bezugsrechten bzw. den neuen Anteilen zuzuordnen sind (→ BFH vom 21. 1. 1999 – BStBl II S. 638).

Kapitalrücklage

Die Einzahlung eines Gesellschafters in die Kapitalrücklage einer Gesellschaft, die dem deutschen Handelsrecht unterliegt, ist eine Einlage in das Gesellschaftsvermögen und erhöht die Anschaffungskosten seiner Beteiligung. Ist die empfangende Gesellschaft eine ausländische, ist nach dem jeweiligen ausländischen Handelsrecht zu beurteilen, ob die Einzahlung in die Kapitalrücklage die Anschaffungskosten der Beteiligung an der Gesellschaft erhöht oder zur Entstehung eines selbstständigen Wirtschaftsguts „Beteiligung an der Kapitalrücklage" führt (→ BFH vom 27. 4. 2000 – BStBl 2001 II S. 168).

Liquidation

Anwendung von § 17 EStG im Liquidationsfall → OFD Magdeburg vom 30. 3. 2006 (DB 2006, S. 1248)

Nachweis der Kapitaleinzahlung

Der Nachweis der Einzahlung einer Stammeinlage im Hinblick auf daraus resultierende Anschaffungskosten i. S. v. § 17 Abs. 2 EStG muss nach langem Zeitablauf seit Eintragung der GmbH nicht zwingend allein durch den entsprechenden Zahlungsbeleg geführt werden. Vielmehr sind alle Indizien im Rahmen einer Gesamtwürdigung zu prüfen (→ BFH vom 8. 2. 2011 – BStBl II S. 718).

Rückbeziehung von Anschaffungskosten

Fallen nach der Veräußerung der Beteiligung noch Aufwendungen an, die nachträgliche Anschaffungskosten der Beteiligung sind, sind sie nach § 175 Abs. 1 Satz 1 Nr. 2 AO zu dem Veräußerungszeitpunkt zu berücksichtigen (→ BFH vom 2. 10. 1984 – BStBl 1985 II S. 428).

Wehrt ein Gesellschafter-Geschäftsführer einer GmbH, der keinen Anstellungsvertrag und keinen Lohnanspruch hat, Zahlungs- oder Haftungsansprüche der GmbH durch Zahlungen an die GmbH ab, sind diese Zahlungen nachträgliche Anschaffungskosten seines Anteils an der GmbH (→ FG Baden-Württemberg, Stuttgart, vom 11. 5. 1995 – EFG 1995 S. 1024).

Rückzahlung aus Kapitalherabsetzung

Setzt die Körperschaft ihr Nennkapital zum Zweck der Kapitalrückzahlung herab (§ 222 AktG, § 58 GmbHG), mindern die Rückzahlungsbeträge, soweit sie nicht Einnahmen i. S. d. § 20 Abs. 1 Nr. 2 EStG sind, nachträglich die Anschaffungskosten der Anteile (→ BFH vom 29. 6. 1995 – BStBl II S. 725).

Rückzahlung einer offenen Gewinnausschüttung

Die Rückzahlung einer offenen Gewinnausschüttung führt zu nachträglichen Anschaffungskosten der Beteiligung (→ BFH vom 29. 8. 2000 – BStBl 2001 II S. 173).

Tilgung einer Verbindlichkeit nach Vollbeendigung der Gesellschaft

Als nachträgliche Anschaffungskosten können Aufwendungen des Stpfl. nur berücksichtigt werden, wenn sich auf die konkrete Beteiligung beziehen. Befriedigt ein Gesellschafter einer Kapitalgesellschaft einen Gläubiger dieser Kapitalgesellschaft, obwohl diese Verbindlichkeit wegen der Vollbeendigung der Kapitalgesellschaft nicht mehr besteht, ist der entsprechende Aufwand nicht (mehr) durch das Gesellschaftsverhältnis veranlasst und es liegen daher keine nachträglichen Anschaffungskosten vor (→ BFH vom 9. 6. 2010 – BStBl II S. 1102).

Veräußerung nach Überführung in das Privatvermögen

Veräußert ein Gesellschafter Anteile an einer Kapitalgesellschaft, die er zuvor aus seinem Betriebsvermögen in sein Privatvermögen überführt hat, tritt der Teilwert oder der gemeine Wert dieser Anteile zum Zeitpunkt der Entnahme nur dann an die Stelle der (historischen) Anschaffungskosten, wenn durch die Entnahme die stillen Reserven tatsächlich aufgedeckt und bis zur Höhe des Teilwerts oder gemeinen Werts steuerrechtlich erfasst sind oder noch erfasst werden können (→ BFH vom 13. 4. 2010 – BStBl II S. 790).

Verdeckte Einlage

– Begriff → H 4.3 (1)
– Zu den Anschaffungskosten i. S. d. § 17 Abs. 2 Satz 1 EStG gehören neben dem Anschaffungspreis der Anteile auch **weitere in Bezug auf die Anteile getätigte Aufwendungen**, wenn sie durch das Gesellschaftsverhältnis veranlasst und weder Werbungskosten noch Veräußerungskosten sind, wie z. B. Aufwendungen, die als verdeckte Einlagen zur Werterhöhung der Anteile beigetragen haben (→ BFH vom 12. 2. 1980 – BStBl II S. 494).
– Zu den Anschaffungskosten i. S. d. § 17 Abs. 2 Satz 1 EStG gehört auch der gemeine Wert von Anteilen i. S. d. § 17 EStG, die verdeckt in eine Kapitalgesellschaft, an der nunmehr eine Beteiligung i. S. d. § 17 Abs. 1 Satz 1 EStG besteht, eingebracht worden sind. Dies gilt auch dann, wenn die verdeckte Einlage vor dem 1. 1. 1992 erfolgt ist (→ BFH vom 18. 12. 2001 – BStBl 2002 II S. 460).

– → Drittaufwand

Wahlrecht bei teilweiser Veräußerung von GmbH-Anteilen

Wird die Beteiligung nicht insgesamt veräußert und wurden die **Anteile zu verschiedenen Zeitpunkten und zu verschiedenen Preisen erworben**, kann der Stpfl. bestimmen, welche Anteile oder Teile davon er veräußert. Für die Ermittlung des Veräußerungsgewinns (-verlustes) sind die tatsächlichen Anschaffungskosten dieser Anteile maßgebend (→ BFH vom 10. 10. 1978 – BStBl 1979 II S. 77).

Veräußerungskosten   R 17 (6)

(6) Veräußerungskosten i. S. d. § 17 Abs. 2 EStG sind alle durch das Veräußerungsgeschäft veranlassten Aufwendungen.

Hinweise   H 17 (6)

Fehlgeschlagene Veräußerung

Die Kosten der fehlgeschlagenen Veräußerung einer Beteiligung i. S. d. § 17 Abs. 1 Satz 1 EStG können weder als Veräußerungskosten nach § 17 Abs. 2 Satz 1 EStG noch als Werbungskosten bei den Einkünften aus Kapitalvermögen berücksichtigt werden (→ BFH vom 17. 4. 1997 – BStBl 1998 II S. 102).

Veräußerungsgewinn   R 17 (7)

(7) [1]Für eine in Fremdwährung angeschaffte oder veräußerte Beteiligung i. S. d. § 17 Abs. 1 Satz 1 EStG sind die Anschaffungskosten, der Veräußerungspreis und die Veräußerungskosten jeweils im Zeitpunkt ihrer Entstehung aus der Fremdwährung in Euro umzurechnen. [2]Wird eine Beteiligung i. S. d. § 17 Abs. 1 Satz 1 EStG gegen eine Leibrente oder gegen einen in Raten zu zahlenden Kaufpreis veräußert, gilt R 16 Abs. 11 entsprechend mit der Maßgabe, dass der Ertrags- oder Zinsanteil nach § 22 Nr. 1 Satz 3 Buchstabe a Doppelbuchstabe bb oder § 20 Abs. 1 Nr. 7 EStG zu erfassen ist.

Hinweise   H 17 (7)

Anteilstausch

Beim Tausch von Anteilen an Kapitalgesellschaften bestimmt sich der Veräußerungspreis i. S. d. § 17 Abs. 2 Satz 1 EStG nach dem gemeinen Wert der erhaltenen Anteile. Eine Verfügungsbeschränkung ist bei der Bewertung nur zu berücksichtigen, wenn sie im Wirtschaftsgut selbst gründet und für alle Verfügungsberechtigten gilt (→ BFH vom 28. 10. 2008 – BStBl 2009 II S. 45).

Auflösung und Kapitalherabsetzung

– Der Zeitpunkt der Gewinnverwirklichung ist bei einer Auflösung mit anschließender Liquidation normalerweise der Zeitpunkt des Abschlusses der Liquidation; erst dann steht fest, ob und in welcher Höhe der Gesellschafter mit einer Zuteilung und Rückzahlung von Vermögen der Gesellschaft rechnen kann, und ferner, welche nachträglichen Anschaffungskosten der Beteiligung anfallen und welche Veräußerungskosten/Auflösungskosten der Gesellschafter persönlich zu tragen hat. Ausnahmsweise kann der Zeitpunkt, in dem der Veräußerungsverlust realisiert ist, schon vor Abschluss der Liquidation liegen, wenn mit einer wesentlichen Änderung des bereits feststehenden Verlustes nicht mehr zu rechnen ist (→ BFH vom 25. 1. 2000 – BStBl II S. 343). Bei der Prüfung, ob mit einer Auskehrung von Gesellschaftsvermögen an den Gesellschafter und mit einer wesentlichen Änderung der durch die Beteiligung veranlassten Aufwendungen nicht mehr zu rechnen ist, sind auch Sachverhalte zu berücksichtigen, die die Kapitalgesellschaft oder den Gesellschafter – wenn er Kaufmann wäre – zur Bildung einer Rückstellung verpflichten würde (→ BFH vom 27. 11. 2001 – BStBl 2002 II S. 731).

– Ohne unstreitige greifbare Anhaltspunkte für eine Vermögenslosigkeit der Gesellschaft nach den vorstehenden Grundsätzen oder einen Auflösungsbeschluss der Gesellschaft entsteht ein Auflösungsverlust erst zum Zeitpunkt der Löschung der Gesellschaft im Handelsregister (→ BFH vom 21. 1. 2004 – BStBl II S. 551).

– Rückzahlung aus Kapitalherabsetzung → H 6.2, H 17 (5)

Aufteilung des Veräußerungspreises

Bei rechtlich, wirtschaftlich und zeitlich verbundenen Erwerben von Aktienpaketen durch denselben Erwerber zu unterschiedlichen Entgelten muss der Veräußerungspreis für das einzelne Paket für steuerliche Zwecke abweichend von der zivilrechtlichen Vereinbarung aufgeteilt werden, wenn sich keine kaufmännisch nachvollziehbaren Gründe für die unterschiedliche Preisgestaltung erkennen lassen (→ BFH vom 4. 7. 2007 – BStBl II S. 937).

Besserungsoption

Vereinbaren die Vertragsparteien beim Verkauf eines Anteils an einer Kapitalgesellschaft eine Besserungsoption, welche dem Verkäufer ein Optionsrecht auf Abschluss eines Änderungsvertrages zum Kaufvertrag mit dem Ziel einer nachträglichen Beteiligung an der Wertentwicklung des Kaufgegenstands einräumt, stellt die spätere Ausübung des Optionsrechts kein rückwirkendes Ereignis dar (→ BFH vom 23. 5. 2012 – BStBl 2012 II S. 675).

Bewertung von Anteilen an Kapitalgesellschaften

Bei der Bewertung von Anteilen an Kapitalgesellschaften sind die bewertungsrechtlichen Regelungen gem. den gleichlautenden Erlassen der obersten Finanzbehörden der Länder vom 17. 5. 2011 (BStBl I S. 606) zu den §§ 11, 95 bis 109 und 199 ff. BewG für ertragsteuerliche Zwecke entsprechend anzuwenden (→ BMF vom 22. 9.2011 – BStBl I S. 859).

Fehlgeschlagene Gründung

Im Zusammenhang mit der fehlgeschlagenen Gründung einer Kapitalgesellschaft entstandene Kosten können jedenfalls dann nicht als Liquidationsverlust i. S. d. § 17 Abs. 4 EStG abgezogen werden, wenn lediglich eine Vorgründungsgesellschaft bestanden hat (→ BFH vom 20. 4. 2004 – BStBl II S. 597).

Fremdwährung

Zur Berechnung des Veräußerungsgewinns aus einer in ausländischer Währung angeschafften und veräußerten Beteiligung an einer Kapitalgesellschaft sind die Anschaffungskosten, der Veräußerungspreis und die Veräußerungskosten zum Zeitpunkt ihres jeweiligen Entstehens in Euro umzurechnen und nicht lediglich der Saldo des in ausländischer Währung errechneten Veräußerungsgewinns/Veräußerungsverlustes zum Zeitpunkt der Veräußerung (→ BFH vom 24. 1. 2012 – BStBl 2012 II S. 564).

Kapitalerhöhung

Erwirbt ein Anteilseigner, nachdem der Umfang seiner Beteiligung auf unter 1 % gesunken ist, bei einer Kapitalerhöhung weitere Geschäftsanteile hinzu, ohne dass sich der %-Satz seiner Beteiligung ändert, dann ist auch der auf diese Anteile entfallende Veräußerungsgewinn gem. § 17 EStG zu erfassen (→ BFH vom 10. 11. 1992 – BStBl 1994 II S. 222).

Rückkaufsrecht

Die Vereinbarung eines Rückkaufrechts steht der Annahme eines Veräußerungsgeschäfts nicht entgegen. Zum Veräußerungspreis gehört auch der wirtschaftliche Vorteil eines Rückkaufsrechts mit wertmäßig beschränktem Abfindungsanspruch (→ BFH vom 7. 3. 1995 – BStBl II S. 693).

Stichtagsbewertung

Der Veräußerungsgewinn i. S. d. § 17 Abs. 2 EStG entsteht im Zeitpunkt der Veräußerung. Bei der Ermittlung des Veräußerungsgewinns ist für alle beeinflussenden Faktoren eine Stichtagsbewertung auf den Zeitpunkt der Veräußerung vorzunehmen. Das Zuflussprinzip des § 11 EStG gilt insoweit nicht (→ BFH vom 12. 2. 1980 – BStBl II S. 494).

Veräußerung gegen wiederkehrende Leistungen

– → BMF vom 3. 8. 2004 (BStBl I S. 1187)
– Eine wahlweise Zuflussteuerung des Veräußerungsgewinns kommt nur in Betracht, wenn die wiederkehrenden Leistungen Versorgungscharakter haben. Fehlt es daran, entsteht der Gewinn im Zeitpunkt der Veräußerung (→ BFH vom 20. 7. 2010 – BStBl II S. 969).
– → H 17 (4) Entstehung des Veräußerungsgewinns
– → ferner: OFD Hannover vom 20. 5. 2008 – S 2244 – 96 – StO 243 – (BB 2008, S. 1944):

Bei der Veräußerung von Anteilen an Kapitalgesellschaften i. S. d. § 17 EStG vor dem 1. 1. 2009 gegen wiederkehrende Leistungen, bei denen der Stpfl. die Zuflussbesteuerung gewählt hat, vgl. BMF vom 3. 8. 2004, BStBl I S. 1187, unterliegt der zu versteuernde Gewinn auch in den VZ 2009 und später dem Teileinkünfteverfahren.

Bei der Beurteilung, ob für einen Veräußerungsgewinn i. S. d. § 17 EStG das Halbeinkünfteverfahren oder das Teileinkünfteverfahren anzuwenden ist, ist maßgebend auf den Veräußerungszeitpunkt und nicht auf den Zeitpunkt des Zuflusses der wiederkehrenden Leistungen abzustellen.

Veräußerungsverlust

– War der Stpfl. nicht während der gesamten letzten fünf Jahre i. S. d. § 17 Abs. 1 Satz 1 EStG beteiligt, ist ein Veräußerungsverlust nach § 17 Abs. 2 Satz 6 Buchstabe b EStG nur insoweit anteilig zu berücksichtigen, als er auf die im Fünfjahreszeitraum erworbenen Anteile entfällt, deren Erwerb zu einer Beteiligung i. S. d. § 17 Abs. 1 Satz 1 EStG geführt hat (→ BFH vom 20. 4. 2004 – BStBl II S. 556).

– Ein Auflösungsverlust i. S. d. § 17 Abs. 2 Satz 6 und Abs. 4 EStG ist auch zu berücksichtigen, wenn der Stpfl. eine Beteiligung i. S. d. § 17 Abs. 1 Satz 1 EStG an einer Kapitalgesellschaft erwirbt und die Beteiligung innerhalb der letzten fünf Jahre vor der Auflösung der Gesellschaft unter die Beteiligungsgrenze des § 17 Abs. 1 Satz 1 EStG abgesenkt wird (→ BFH vom 1. 4. 2009 – BStBl II S. 810).

– Die verlustbringende Veräußerung eines Anteils an einer Kapitalgesellschaft an einen Mitanteilseigner ist nicht deshalb rechtsmissbräuchlich i. S. d. § 42 AO, weil der Veräußerer in engem zeitlichen Zusammenhang von einem anderen Anteilseigner dessen in gleicher Höhe bestehenden Anteil an derselben Kapitalgesellschaft erwirbt (→ BFH vom 7. 12. 2010 – BStBl 2011 II S. 427).

Wettbewerbsverbot

Wird im Zusammenhang mit der Veräußerung einer Beteiligung i. S. d. § 17 Abs. 1 Satz 1 EStG an einer Kapitalgesellschaft ein Wettbewerbsverbot mit eigener wirtschaftlicher Bedeutung vereinbart, gehört die Entschädigung für das Wettbewerbsverbot nicht zu dem Veräußerungspreis i. S. d. § 17 Abs. 2 Satz 1 EStG (→ BFH vom 21. 9. 1982 – BStBl 1983 II S. 289).

Einlage einer wertgeminderten Beteiligung   R 17 (8)
– unbesetzt –

Hinweise   H 17 (8)
Einlage einer wertgeminderten Beteiligung

– Bei Einbringung einer wertgeminderten Beteiligung i. S. d. § 17 Abs. 1 Satz 1 EStG aus dem Privatvermögen in das betriebliche Gesamthandsvermögen einer Personengesellschaft gegen Gewährung von Gesellschaftsrechten entsteht ein Veräußerungsverlust, der im Zeitpunkt der Einbringung nach Maßgabe des § 17 Abs. 2 Satz 6 EStG zu berücksichtigen ist (→ BMF vom 29. 3. 2000 – BStBl I S. 462).   Anhang 15

– Eine Beteiligung i. S. d. § 17 EStG, deren Wert im Zeitpunkt der Einlage in das Einzelbetriebsvermögen unter die Anschaffungskosten gesunken ist, ist mit den Anschaffungskosten einzulegen. Wegen dieses Wertverlusts kann eine Teilwertabschreibung nicht beansprucht werden. Die Wertminderung ist erst in dem Zeitpunkt steuermindernd zu berücksichtigen, in dem die Beteiligung veräußert wird oder gem. § 17 Abs. 4 EStG als veräußert gilt, sofern ein hierbei realisierter Veräußerungsverlust nach § 17 Abs. 2 EStG zu berücksichtigen wäre (→ BFH vom 2. 9. 2008 – BStBl 2010 II S. 162).

Freibetrag   R 17 (9)
(9) Für die Berechnung des Freibetrags ist der nach § 3 Nr. 40 Satz 1 Buchstabe c i. V. m. § 3c Abs. 2 EStG steuerfrei bleibende Teil des Veräußerungsgewinns nicht zu berücksichtigen.

c) Selbständige Arbeit (§ 2 Abs. 1 Satz 1 Nr. 3)

EStG § 18

(1) Einkünfte aus selbständiger Arbeit sind

S 2246 1. Einkünfte aus freiberuflicher Tätigkeit. [2]Zu der freiberuflichen Tätigkeit gehören die selbständig ausgeübte wissenschaftliche, künstlerische, schriftstellerische, unterrichtende oder erzieherische Tätigkeit, die selbständige Berufstätigkeit der Ärzte, Zahnärzte, Tierärzte, Rechtsanwälte, Notare, Patentanwälte, Vermessungsingenieure, Ingenieure, Architekten, Handelschemiker, Wirtschaftsprüfer, Steuerberater, beratenden Volks- und Betriebswirte, vereidigten Buchprüfer, Steuerbevollmächtigten, Heilpraktiker, Dentisten, Krankengymnasten, Journalisten, Bildberichterstatter, Dolmetscher, Übersetzer, Lotsen und ähnlicher Berufe. [3]Ein Angehöriger eines freien Berufs im Sinne der Sätze 1 und 2 ist auch dann freiberuflich tätig, wenn er sich der Mithilfe fachlich vorgebildeter Arbeitskräfte bedient; Voraussetzung ist, dass er auf Grund eigener Fachkenntnisse leitend und eigenverantwortlich tätig wird. [4]Eine Vertretung im Fall vorübergehender Verhinderung steht der Annahme einer leitenden und eigenverantwortlichen Tätigkeit nicht entgegen.

S 2247 2. Einkünfte der Einnehmer einer staatlichen Lotterie, wenn sie nicht Einkünfte aus Gewerbebetrieb sind;

S 2248 3. Einkünfte aus sonstiger selbständiger Arbeit, z. B. Vergütungen für die Vollstreckung von Testamenten, für Vermögensverwaltung und für die Tätigkeit als Aufsichtsratsmitglied;

S 2248a 4. Einkünfte, die ein Beteiligter an einer vermögensverwaltenden Gesellschaft oder Gemeinschaft, deren Zweck im Erwerb, Halten und in der Veräußerung von Anteilen an Kapitalgesellschaften besteht, als Vergütung für Leistungen zur Förderung des Gesellschafts- oder Gemeinschaftszwecks erzielt, wenn der Anspruch auf die Vergütung unter der Voraussetzung eingeräumt worden ist, dass die Gesellschafter oder Gemeinschafter ihr eingezahltes Kapital vollständig zurückerhalten haben; § 15 Absatz 3 ist nicht anzuwenden.

S 2248a (2) Einkünfte nach Absatz 1 sind auch dann steuerpflichtig, wenn es sich nur um eine vorübergehende Tätigkeit handelt.

S 2249 (3) Zu den Einkünften aus selbständiger Arbeit gehört auch der Gewinn, der bei der Veräußerung des Vermögens oder eines selbständigen Teils des Vermögens oder eines Anteils am Vermögen erzielt wird, das der selbständigen Arbeit dient. § 16 Absatz 1 Satz 1 Nummer 1 und 2 und Absatz 1 Satz 2 sowie Absatz 2 bis 4 gilt entsprechend.

[1] (4) [1]§ 13 Absatz 5 gilt entsprechend, sofern das Grundstück im Veranlagungszeitraum 1986 zu einem der selbständigen Arbeit dienenden Betriebsvermögen gehört hat. [2]§ 15 Absatz 1 Satz 1 Nummer 2, Absatz 1a, Absatz 2 Satz 2 und 3 und §§ 15a und 15b sind entsprechend anzuwenden.

R 18.1

18.1. Abgrenzung der selbständigen Arbeit gegenüber anderen Einkunftsarten

S 2246
S 2247
S 2248

Ärzte

(1) Die Vergütungen der Betriebsärzte, der Knappschaftsärzte, der nicht voll beschäftigten Hilfsärzte bei den Gesundheitsämtern, der Vertragsärzte und der Vertragstierärzte der Bundeswehr und anderer Vertragsärzte in ähnlichen Fällen gehören zu den Einkünften aus selbständiger Arbeit, unabhängig davon, ob neben der vertraglichen Tätigkeit eine eigene Praxis ausgeübt wird, es sei denn, dass besondere Umstände vorliegen, die für die Annahme einer nichtselbständigen Tätigkeit sprechen.

Erfinder

(2) [1]Planmäßige Erfindertätigkeit ist in der Regel freie Berufstätigkeit i. S. d. § 18 Abs. 1 Nr. 1 EStG, soweit die Erfindertätigkeit nicht im Rahmen eines Betriebs der Land- und Forstwirtschaft oder eines Gewerbebetriebs ausgeübt wird. [2]Wird die Erfindertätigkeit im Rahmen eines Arbeitsverhältnisses ausgeübt, dann ist der Arbeitnehmer als freier Erfinder zu behandeln, soweit er die Erfindung außerhalb seines Arbeitsverhältnisses besteht. [3]Eine Verwertung außerhalb des Arbeitsverhältnisses ist auch dann anzunehmen, wenn ein Arbeitnehmer eine frei gewordene Diensterfindung seinem Arbeitgeber zur Auswertung überlässt, sofern der Verzicht des Arbeitgebers nicht als Verstoß gegen § 42 AO anzusehen ist.

---

[1] Zur zeitlichen Anwendung von Absatz 4 Satz 2 → § 52 Absatz 34b EStG.

Allgemeines

→ H 15.1 (Selbständigkeit)

→ H 19.0 LStH 2011

→ R 19.2 LStR 2011

Beispiele für selbständige Nebentätigkeit

– Beamter als Vortragender an einer Hochschule, Volkshochschule, Verwaltungsakademie oder bei Vortragsreihen ohne festen Lehrplan.

– Rechtsanwalt als Honorarprofessor ohne Lehrauftrag.

Die Einkünfte aus einer solchen Tätigkeit gehören in der Regel zu den Einkünften aus selbständiger Arbeit i. S. d. § 18 Abs. 1 Nr. 1 EStG (→ BFH vom 4. 10. 1984 – BStBl 1985 II S. 51).

Betriebsaufspaltung

Keine mitunternehmerische Betriebsaufspaltung bei Überlassung eines Betriebsgrundstücks seitens einer ganz der teilweisen gesellschafteridentischen Miteigentümergemeinschaft an eine Freiberufler-Sozietät (→ BFH vom 10. 11. 2005 – BStBl 2006 II S. 173).

Gewinnerzielungsabsicht

Verluste über einen längeren Zeitraum sind für sich allein noch kein ausreichendes Beweisanzeichen für fehlende Gewinnerzielungsabsicht (→ BFH vom 14. 3. 1985 – BStBl II S. 424).

Kindertagespflege

– Zur einkommensteuerrechtlichen Behandlung der Geldleistungen für Kinder in Kindertagespflege → BMF vom 17. 12. 2007 (BStBl 2008 I S. 17) unter Berücksichtigung der Änderungen durch BMF vom 17. 12. 2008 (BStBl 2009 I S. 15) und vom 20. 5. 2009 (BStBl I S. 642).

– Kinderbetreuungsausbau, an Tagespflegepersonen geleistete Gelder: Nach dem Gesetz zur Errichtung eines Sondervermögens „Kinderbetreuungsausbau" (Kinderbetreuungsfinanzierungsgesetz) vom 18. 12. 2007 (BGBl. I S. 3022) stellt der Bund Mittel für erforderliche Investitionen zur Schaffung von Betreuungsplätzen für Kinder unter drei Jahren zur Verfügung. Nach dem Ergebnis der Erörterung der obersten Finanzbehörden des Bundes und der Länder handelt es sich bei Investitionszuschüssen, die einer Tagespflegeperson auf der Grundlage dieses Gesetztes gewährt werden, um steuerfreie Zuschüsse i. S. d. § 3 Nr. 11 EStG. Soweit der Tagespflegeperson Aufwendungen entstehen, die mit den steuerfreien Zuschüssen in unmittelbarem wirtschaftlichen Zusammenhang stehen, dürfen diese gem. § 3c Abs. 1 EStG nicht als Betriebsausgaben abgezogen werden. Bei Anwendung der Betriebsausgabenpauschale für die laufenden Kosten der Tagespflegestelle kommt eine Kürzung nach § 3c Abs. 1 EStG nicht in Betracht (FinBeh Berlin vom 15. 1. 2009 – III B – S 2121 – 5/2007).

Lehrtätigkeit

Die nebenberufliche Lehrtätigkeit von Handwerksmeistern an Berufs- und Meisterschulen ist in der Regel als Ausübung eines freien Berufs anzusehen, wenn sich die Lehrtätigkeit ohne besondere Schwierigkeit von der Haupttätigkeit trennen lässt (→ BFH vom 27. 1. 1955 – BStBl III S. 229).

Nachhaltige Erfindertätigkeit

– Keine Zufallserfindung, sondern eine planmäßige (nachhaltige) Erfindertätigkeit liegt vor, wenn es nach einem spontan geborenen Gedanken weiterer Tätigkeiten bedarf, um die Erfindung bis zur Verwertungsreife zu entwickeln (→ BFH vom 18. 6. 1998 – BStBl II S. 567).

– Liegt eine Zufallserfindung vor, führt allein die Anmeldung der Erfindung zum Patent noch nicht zu einer nachhaltigen Tätigkeit (→ BFH vom 10. 9. 2003 – BStBl 2004 II S. 218).

Patentveräußerung gegen Leibrente

a) durch **Erben** des Erfinders:

Veräußert der Erbe die vom Erblasser als freiberuflichem Erfinder entwickelten Patente gegen Leibrente, so ist die Rente, sobald sie den Buchwert der Patente übersteigt, als laufende Betriebseinnahme und nicht als private Veräußerungsrente nur mit dem Ertragsanteil zu versteuern, es sei denn, dass die Patente durch eindeutige Entnahme vor der Veräußerung in das Privatvermögen überführt worden waren (→ BFH vom 7. 10. 1965 – BStBl III S. 666).

b) bei anschließender Wohnsitzverlegung ins **Ausland**:

Laufende Rentenzahlungen können als nachträglich erzielte Einkünfte aus selbständiger Arbeit im Inland steuerpflichtig sein (→ BFH vom 28. 3. 1984 – BStBl II S. 664).

Prüfungstätigkeit

als Nebentätigkeit ist i. d. R. als Ausübung eines freien Berufs anzusehen (→ BFH vom 14.3. und 2. 4. 1958 – BStBl III S. 255, 293).

Wiederholungshonorare/Erlösbeteiligungen

Bei Wiederholungshonoraren und Erlösbeteiligungen, die an ausübende Künstler von Hörfunk- oder Fernsehproduktionen als Nutzungsentgelte für die Übertragung originärer urheberrechtlicher Verwertungsrechte gezahlt werden, handelt es sich nicht um Arbeitslohn, sondern um Einkünfte i. S. d. § 18 EStG (→ BFH vom 26. 7. 2006 – BStBl II S. 917).

R 18.2   **18.2. Betriebsvermögen**

– unbesetzt –

H 18.2   **Hinweise**

Aufzeichnungspflicht

Eine Aufzeichnungspflicht von Angehörigen der freien Berufe kann sich z. B. ergeben aus:

– § 4 Abs. 3 Satz 5 EStG,
– § 6c EStG bei Gewinnen aus der Veräußerung bestimmter Anlagegüter,
– § 7a Abs. 8 EStG bei erhöhten Absetzungen und Sonderabschreibungen,
– § 41 EStG, Aufzeichnungspflichten beim Lohnsteuerabzug,
– § 22 UStG,
– §§ 294, 295 Abs. 1 SGB V i. V. m. dem Bundesmantelvertrag-Ärzte für Praxisgebühr (→ BMF vom 25. 5. 2004 – BStBl I S. 526).

Betriebsausgabenpauschale

– Betriebsausgabenpauschale bei hauptberuflicher selbständiger, schriftstellerischer oder journalistischer Tätigkeit, aus wissenschaftlicher, künstlerischer und schriftstellerischer Nebentätigkeit sowie aus nebenamtlicher Lehr- und Prüfungstätigkeit:

Es ist nicht zu beanstanden, wenn bei der Ermittlung der vorbezeichneten Einkünfte die Betriebsausgaben wie folgt pauschaliert werden:

a) bei hauptberuflicher selbständiger schriftstellerischer oder journalistischer Tätigkeit auf 30 % der Betriebseinnahmen aus dieser Tätigkeit, höchstens jedoch 2 455 € jährlich,

b) bei wissenschaftlicher, künstlerischer oder schriftstellerischer Nebentätigkeit (auch Vortrags- oder nebenberuflicher Lehr- und Prüfungstätigkeit), soweit es sich nicht um eine Tätigkeit i. S. d. § 3 Nr. 26 EStG handelt, auf 25 % der Betriebseinnahmen aus dieser Tätigkeit, höchstens jedoch 614 € jährlich. Der Höchstbetrag von 614 € kann für alle Nebentätigkeiten, die unter die Vereinfachungsregelung fallen, nur einmal gewährt werden.

Es bleibt den Stpfl. unbenommen, etwaige höhere Betriebsausgaben nachzuweisen.

(→ BMF vom 21. 1. 1994 – BStBl I S. 112).

– Zur Höhe und Aufteilung der Betriebsausgabenpauschale bei Geldleistungen an Kindertagespflegepersonen → BMF vom 17. 12. 2007 (BStBl 2008 I S. 17) unter Berücksichtigung der Änderungen durch BMF vom 17. 12. 2008 (BStBl 2009 I S. 15) und vom 20. 5. 2009 (BStBl I S. 642).

Betriebsvermögen

Ein Wirtschaftsgut kann nur dann zum freiberuflichen Betriebsvermögen gehören, wenn zwischen dem Betrieb oder Beruf und dem Wirtschaftsgut eine objektive Beziehung besteht; das Wirtschaftsgut muss bestimmt und geeignet sein, dem Betrieb zu dienen bzw. ihn zu fördern. Wirtschaftsgüter, die der freiberuflichen Tätigkeit wesensfremd sind und bei denen eine sachliche Beziehung zum Betrieb fehlt, sind kein Betriebsvermögen (→ BFH vom 14. 11. 1985 – BStBl 1986 II S. 182). Der Umfang des Betriebsvermögens wird durch die Erfordernisse des Berufs begrenzt; ein bilanzierender Angehöriger der freien Berufe kann nicht in demselben Umfang gewillkürtes Betriebsvermögen bilden wie ein Gewerbetreibender Geldgeschäfte (→ BFH vom 24. 8. 1989 – BStBl 1990 II S. 17).

→ Geldgeschäfte

→ Gewillkürtes Betriebsvermögen

Buchführung

Werden freiwillig Bücher geführt und regelmäßig Abschlüsse gemacht, ist der Gewinn nach § 4 Abs. 1 EStG zu ermitteln. Ein nicht buchführungspflichtiger Stpfl., der nur Aufzeichnungen über Einnahmen und Ausgaben fertigt, kann nicht verlangen, dass sein Gewinn nach § 4 Abs. 1 EStG ermittelt wird (→ BFH vom 2. 3. 1978 – BStBl II S. 431). Zur Gewinnermittlung → R 4.1 bis R 4.7.

Bürgschaft

Bürgschaftsaufwendungen eines Freiberuflers können ausnahmsweise Betriebsausgaben darstellen, wenn ein Zusammenhang mit anderen Einkünften ausscheidet und nachgewiesen wird, dass die Bürgschaftszusage ausschließlich aus betrieblichen Gründen erteilt wurde (→ BFH vom 24. 8. 1989 – BStBl 1990 II S. 17).

Geldgeschäfte

– Geldgeschäfte (Darlehensgewährung, Beteiligungserwerb etc.) sind bei Angehörigen der freien Berufe in der Regel nicht betrieblich veranlasst, weil sie nicht dem Berufsbild eines freien Berufes entsprechen (→ BFH vom 24. 2. 2000 – BStBl II S. 297). Ein Geldgeschäft ist nicht dem Betriebsvermögen eines Freiberuflers zuzuordnen, wenn es ein eigenes wirtschaftliches Gewicht hat. Dies ist auf Grund einer Abwägung der nach außen erkennbaren Motive zu beantworten. Ein eigenes wirtschaftliches Gewicht ist anzunehmen, wenn bei einem Geldgeschäft die Gewinnung eines Auftraggebers lediglich ein erwünschter Nebeneffekt ist. Dagegen ist ein eigenes wirtschaftliches Gewicht zu verneinen, wenn das Geschäft ohne die Aussicht auf neue Aufträge nicht zustande gekommen wäre (→ BFH vom 31. 5. 2001 – BStBl II S. 828).

– Die GmbH-Beteiligung eines Bildjournalisten kann nicht allein deshalb als notwendiges Betriebsvermögen des freiberuflichen Betriebs beurteilt werden, weil er 99 % seiner Umsätze aus Autorenverträgen mit der GmbH erzielt, wenn diese Umsätze nur einen geringfügigen Anteil der Geschäftstätigkeit der GmbH ausmachen und es wegen des Umfangs dieser Geschäftstätigkeit und der Höhe der Beteiligung des Stpfl. an der GmbH nahe liegt, dass es dem Stpfl. nicht auf die Erschließung eines Vertriebswegs für seine freiberufliche Tätigkeit, sondern auf die Kapitalanlage ankommt (→ BFH vom 12. 1. 2010 – BStBl II S. 612).

Dem Betriebsvermögen eines Freiberuflers **kann zugeordnet** werden:

– die Darlehensforderung eines Steuerberaters, wenn das Darlehen zur Rettung von Honorarforderungen gewährt wurde (→ BFH vom 22. 4. 1980 – BStBl II S. 571).

– die Beteiligung eines Baustatikers an einer Wohnungsbau-AG (→ BFH vom 23. 11. 1978 – BStBl 1979 II S. 109).

– die Beteiligung eines Architekten an einer Bauträgergesellschaft, sofern dies unerlässliche Voraussetzung für die freiberufliche Tätigkeit ist (→ BFH vom 14. 1. 1982 – BStBl II S. 345).

– die Beteiligung eines Mediziners, der Ideen und Rezepturen für medizinische Präparate entwickelt, an einer Kapitalgesellschaft, die diese Präparate als Lizenznehmerin vermarktet (→ BFH vom 26. 4. 2001 – BStBl II S. 798).

– → Bürgschaft.

Dem Betriebsvermögen eines Freiberuflers **kann nicht zugeordnet** werden:

– ein Geldgeschäft, das ein Rechtsanwalt, Notar oder Steuerberater tätigt, um einen Mandanten neu zu gewinnen oder zu erhalten (→ BFH vom 22. 1. 1981 – BStBl II S. 564),

– eine Beteiligung, die ein Steuerberater zusammen mit einem Mandanten auf dessen Veranlassung an einer Kapitalgesellschaft eingeht, deren Unternehmensgegenstand der freiberuflichen Betätigung wesensfremd ist, und die eigenes wirtschaftliches Gewicht hat (→ BFH vom 23. 5. 1985 – BStBl II S. 517),

– eine Lebensversicherung, die ein Rechtsanwalt als Versicherungsnehmer und Versicherungsempfänger im Erlebensfall auf sein Leben oder das seines Sozius abschließt (→ BFH vom 21. 5. 1987 – BStBl II S. 710).

Leibrente

Eine Leibrente als Gegenleistung für anwaltliche Betreuung ist den Einkünften aus freiberuflicher Tätigkeit zuzurechnen (→ BFH vom 26. 3. 1987 – BStBl II S. 597).

Versorgungskasse

Besondere Zuschläge für einen Fürsorgefonds sind Betriebsausgaben, wenn die berufstätigen Ärzte keinerlei Rechte auf Leistungen aus dem Fürsorgefonds haben. Beiträge an die berufsständische Versorgungskasse zur Erlangung einer späteren Altersversorgung oder anderer Versorgungsansprüche sind Sonderausgaben (→ BFH vom 13. 4. 1972 – BStBl II S. 728). Wegen der Behandlung als Sonderausgaben → H 10.5 (Versorgungsbeiträge Selbständiger).

R 18.3   **18.3. Veräußerungsgewinn nach § 18 Abs. 3 EStG**

Allgemeines

(1) Bei einer Veräußerung oder Aufgabe i. S. d. § 18 Abs. 3 EStG gelten die Ausführungen in R 16 entsprechend.

Einbringung

(2) Bei Einbringung einer freiberuflichen Praxis in eine Personengesellschaft ist § 24 UmwStG anzuwenden.

Aufgabe

(3) Eine Aufgabe einer selbständigen Tätigkeit ist dann anzunehmen, wenn sie der betreffende Stpfl. mit dem Entschluss einstellt, die Tätigkeit weder fortzusetzen noch das dazugehörende Vermögen an Dritte zu übertragen.

Freibetrag

(4) Die Gewährung des Freibetrags nach § 18 Abs. 3 i. V. m. § 16 Abs. 4 EStG ist ausgeschlossen, wenn dem Stpfl. für eine Veräußerung oder Aufgabe, die nach dem 31. 12. 1995 erfolgt ist, ein Freibetrag nach § 14 Satz 2, § 16 Abs. 4 oder § 18 Abs. 3 EStG bereits gewährt worden ist.

H 18.3   **Hinweise**

Einbringungsgewinn

– Bei einer Einbringung nach § 24 UmwStG besteht die Möglichkeit der steuerbegünstigten Auflösung sämtlicher stiller Reserven auch dann, wenn der Einbringende und die aufnehmende Gesellschaft ihren Gewinn nach § 4 Abs. 3 EStG ermitteln. Die steuerliche Begünstigung des Einbringungsgewinns setzt voraus, dass der Einbringungsgewinn auf der Grundlage einer Einbringungs- und einer Eröffnungsbilanz ermittelt worden ist (→ BFH vom 5. 4. 1984 – BStBl II S. 518 und vom 18. 10. 1999 – BStBl 2000 II S. 123); → auch R 4.5 Abs. 6 Satz 2.

– Zur entgeltlichen Aufnahme eines Sozius in eine freiberufliche Einzelpraxis → BMF vom 21. 8. 2001 (BStBl I S. 543), Tz. 24.10.

Gesellschaftereintritt in bestehende freiberufliche Sozietät

§ 24 UmwStG umfasst auch die Aufnahme weiterer Gesellschafter (→ BFH vom 23. 5. 1985 – BStBl II S. 695).

Veräußerung

1. **Einzelunternehmen**

   a) **Veräußerung** i. S. d. des § 18 Abs. 3 EStG

   Eine Veräußerung i. S. d. des § 18 Abs. 3 EStG liegt vor,

   wenn die für die Ausübung wesentlichen wirtschaftlichen Grundlagen, insbesondere die immateriellen Wirtschaftsgüter wie Mandantenstamm und Praxiswert, entgeltlich auf einen anderen übertragen werden. Die freiberufliche Tätigkeit in dem bisherigen örtlichen Wirkungskreis muss wenigstens für eine gewisse Zeit eingestellt werden. Unschädlich ist es, wenn der Veräußerer nach der Veräußerung frühere Mandanten auf Rechnung und im Namen des Erwerbers berät oder eine nichtselbständige Tätigkeit in der Praxis des Erwerbers ausübt (→ BFH vom 18. 5. 1994 – BStBl II S. 925). Ebenfalls unschädlich ist auch die Fortführung einer freiberuflichen Tätigkeit in geringem Umfang, wenn die darauf entfallenden Umsätze in den letzten drei Jahren weniger als 10 % der gesamten Einnahmen ausmachten (→ BFH vom 7. 11. 1991 – BStBl 1992 II S. 457 und vom 29. 10. 1992 – BStBl 1993 II S. 182).

b) Eine **Veräußerung** i. S. d. des § 18 Abs. 3 EStG **liegt nicht vor**, wenn

- ein Steuerberater von seiner einheitlichen Praxis den Teil veräußert, der lediglich in der Erledigung von Buchführungsarbeiten bestanden hat (→ BFH vom 14. 5. 1970 – BStBl II S. 566),

- ein Steuerbevollmächtigter, der am selben Ort in einem einheitlichen örtlichen Wirkungskreis, jedoch in organisatorisch getrennten Büros, eine landwirtschaftliche Buchstelle und eine Steuerpraxis für Gewerbetreibende betreibt, die Steuerpraxis für Gewerbetreibende veräußert (→ BFH vom 27. 4. 1978 – BStBl II S. 562),

- ein unheilbar erkrankter Ingenieur aus diesem Grund sein technisches Spezialwissen und seine Berufserfahrung entgeltlich auf seinen einzigen Kunden überträgt (→ BFH vom 26. 4. 1995 – BStBl 1996 II S. 4).

2. **Mitunternehmeranteil**

Wird der gesamte Mitunternehmeranteil an einer freiberuflich tätigen Personengesellschaft veräußert, muss die Tätigkeit im bisherigen Wirkungskreis für eine gewisse Zeit eingestellt werden (→ BFH vom 23. 1. 1997 – BStBl II S. 498).

3. **Teilbetrieb**

- Eine begünstigte Teilbetriebsveräußerung setzt neben der Ausübung mehrerer ihrer Art nach verschiedener Tätigkeiten auch eine organisatorische Selbständigkeit der Teilbetriebe voraus. Ist ein Arzt als Allgemeinmediziner und auf arbeitsmedizinischem Gebiet tätig, übt er zwei verschiedene Tätigkeiten aus. Die Veräußerung eines dieser Praxisteile stellt eine tarifbegünstigte Teilpraxisveräußerung dar, sofern den Praxisteilen die notwendige organisatorische Selbständigkeit zukommt (→ BFH vom 4. 11. 2004 – BStBl 2005 II S. 208).

- *Eine begünstigte Teilpraxisveräußerung kann vorliegen, wenn ein Steuerberater eine Beratungspraxis veräußert, die er (neben anderen Praxen) als völlig selbständigen Betrieb erworben und bis zu ihrer Veräußerung im Wesentlichen unverändert fortgeführt hat (→ BFH vom 26. 6. 2012 – BStBl II 2012 S. 777).*

- Keine Teilbetriebsveräußerung bei Veräußerung der „Großtierpraxis" und Rückbehalt der „Kleintierpraxis" (→ BFH vom 29. 10. 1992 – BStBl 1993 II S. 182).

Verpachtung

- Beim Tod des Freiberuflers führt die vorübergehende Verpachtung einer freiberuflichen Praxis durch den Erben oder Vermächtnisnehmer bei fehlender Betriebsaufgabeerklärung nicht zur Betriebsaufgabe, wenn der Rechtsnachfolger in Begriff ist, die für die beabsichtigte Praxisfortführung erforderliche freiberufliche Qualifikation zu erlangen (→ BFH vom 12. 3. 1992 – BStBl 1993 II S. 36).

- H 18.1 (Betriebsaufspaltung)

---

d) Nichtselbständige Arbeit (§ 2 Abs. 1 Satz 1 Nr. 4)

§ 19

(1) ¹Zu den Einkünften aus nichtselbständiger Arbeit gehören

1. Gehälter, Löhne, Gratifikationen, Tantiemen und andere Bezüge und Vorteile für eine Beschäftigung im öffentlichen oder privaten Dienst;

2. Wartegelder, Ruhegelder, Witwen- und Waisengelder und andere Bezüge und Vorteile aus früheren Dienstleistungen, auch soweit sie von Arbeitgebern ausgleichspflichtiger Personen an ausgleichsberechtigte Personen infolge einer nach § 10 oder § 14 des Versorgungsausgleichsgesetzes durchgeführten Teilung geleistet werden;

3. laufende Beiträge und laufende Zuwendungen des Arbeitgebers aus einem bestehenden Dienstverhältnis an einen Pensionsfonds, eine Pensionskasse oder für eine Direktversicherung für eine betriebliche Altersversorgung. ²Zu den Einkünften aus nichtselbständiger Arbeit gehören auch Sonderzahlungen, die der Arbeitgeber neben den laufenden Beiträgen

S 2203

S 2330
–S 2345

und Zuwendungen an eine solche Versorgungseinrichtung leistet, mit Ausnahme der Zahlungen des Arbeitgebers zur Erfüllung der Solvabilitätsvorschriften nach den §§ 53c und 114 des Versicherungsaufsichtsgesetzes, Zahlungen des Arbeitgebers in der Rentenbezugszeit nach § 112 Absatz 1a des Versicherungsaufsichtsgesetzes oder Sanierungsgelder; Sonderzahlungen des Arbeitgebers sind insbesondere Zahlungen an eine Pensionskasse anlässlich

a) seines Ausscheidens aus einer nicht im Wege der Kapitaldeckung finanzierten betrieblichen Altersversorgung oder

b) des Wechsels von einer nicht im Wege der Kapitaldeckung zu einer anderen nicht im Wege der Kapitaldeckung finanzierten betrieblichen Altersversorgung.

[3]Von Sonderzahlungen im Sinne des Satzes 2 Buchstabe b ist bei laufenden und wiederkehrenden Zahlungen entsprechend dem periodischen Bedarf nur auszugehen, soweit die Bemessung der Zahlungsverpflichtungen des Arbeitgebers in das Versorgungssystem nach dem Wechsel die Bemessung der Zahlungsverpflichtung zum Zeitpunkt des Wechsels übersteigt. [4]Sanierungsgelder sind Sonderzahlungen des Arbeitgebers an eine Pensionskasse anlässlich der Systemumstellung einer nicht im Wege der Kapitaldeckung finanzierten betrieblichen Altersversorgung auf der Finanzierungs- oder Leistungsseite, die der Finanzierung der zum Zeitpunkt der Umstellung bestehenden Versorgungsverpflichtungen oder Versorgungsanwartschaften dienen; bei laufenden und wiederkehrenden Zahlungen entsprechend dem periodischen Bedarf ist nur von Sanierungsgeldern auszugehen, soweit die Bemessung der Zahlungsverpflichtungen des Arbeitgebers in das Versorgungssystem nach der Systemumstellung die Bemessung der Zahlungsverpflichtung zum Zeitpunkt der Systemumstellung übersteigt.

[2]Es ist gleichgültig, ob es sich um laufende oder um einmalige Bezüge handelt und ob ein Rechtsanspruch auf sie besteht.

S 2345   (2) [1]Von Versorgungsbezügen bleiben ein nach einem Prozentsatz ermittelter, auf einen Höchstbetrag begrenzter Betrag (Versorgungsfreibetrag) und ein Zuschlag zum Versorgungsfreibetrag steuerfrei. [2]Versorgungsbezüge sind

1. das Ruhegehalt, Witwen- oder Waisengeld, der Unterhaltsbeitrag oder ein gleichartiger Bezug

   a) auf Grund beamtenrechtlicher oder entsprechender gesetzlicher Vorschriften,

   b) nach beamtenrechtlichen Grundsätzen von Körperschaften, Anstalten oder Stiftungen des öffentlichen Rechts oder öffentlich-rechtlichen Verbänden von Körperschaften

oder

2. in anderen Fällen Bezüge und Vorteile aus früheren Dienstleistungen wegen Erreichens einer Altersgrenze, verminderter Erwerbsfähigkeit oder Hinterbliebenenbezüge; Bezüge wegen Erreichens einer Altersgrenze gelten erst dann als Versorgungsbezüge, wenn der Steuerpflichtige das 63. Lebensjahr oder, wenn er schwerbehindert ist, das 60. Lebensjahr vollendet hat.

[3]Der maßgebende Prozentsatz, der Höchstbetrag des Versorgungsfreibetrags und der Zuschlag zum Versorgungsfreibetrag sind der nachstehenden Tabelle zu entnehmen:

Jahr des Versorgungsbeginns	Versorgungsfreibetrag		Zuschlag zum Versorgungsfreibetrag in Euro
	in % der Versorgungsbezüge	Höchstbetrag in Euro	
bis 2005	40,0	3 000	900
ab 2006	38,4	2 880	864
2007	36,8	2 760	828
2008	35,2	2 640	792
2009	33,6	2 520	756
2010	32,0	2 400	720
2011	30,4	2 280	684
2012	28,8	2 160	648
2013	27,2	2 040	612
2014	25,6	1 920	576
2015	24,0	1 800	540
2016	22,4	1 680	504
2017	20,8	1 560	468
2018	19,2	1 440	432
2019	17,6	1 320	396

Jahr des Versor-gungsbeginns	Versorgungsfreibetrag		Zuschlag zum Versor-gungsfreibetrag in Euro
	in % der Versorgungs-bezüge	Höchstbetrag in Euro	
2020	16,0	1 200	360
2021	15,2	1 140	342
2022	14,4	1 080	324
2023	13,6	1 020	306
2024	12,8	960	288
2025	12,0	900	270
2026	11,2	840	252
2027	10,4	780	234
2028	9,6	720	216
2029	8,8	660	198
2030	8,0	600	180
2031	7,2	540	162
2032	6,4	480	144
2033	5,6	420	126
2034	4,8	360	108
2035	4,0	300	90
2036	3,2	240	72
2037	2,4	180	54
2038	1,6	120	36
2039	0,8	60	18
2040	0,0	0	0

[4]Bemessungsgrundlage für den Versorgungsfreibetrag ist

a) bei Versorgungsbeginn vor 2005

   das Zwölffache des Versorgungsbezugs für Januar 2005,

b) bei Versorgungsbeginn ab 2005

   das Zwölffache des Versorgungsbezugs für den ersten vollen Monat,

jeweils zuzüglich voraussichtlicher Sonderzahlungen im Kalenderjahr, auf die zu diesem Zeit-punkt ein Rechtsanspruch besteht. [5]Der Zuschlag zum Versorgungsfreibetrag darf nur bis zur Höhe der um den Versorgungsfreibetrag geminderten Bemessungsgrundlage berücksichtigt werden. [6]Bei mehreren Versorgungsbezügen mit unterschiedlichem Bezugsbeginn bestimmen sich der insgesamt berücksichtigungsfähige Höchstbetrag des Versorgungsfreibetrags und der Zuschlag zum Versorgungsfreibetrag nach dem Jahr des Beginns des ersten Versorgungsbezugs. [7]Folgt ein Hinterbliebenenbezug einem Versorgungsbezug, bestimmen sich der Prozentsatz, der Höchstbetrag des Versorgungsfreibetrags und der Zuschlag zum Versorgungsfreibetrag für den Hinterbliebenenbezug nach dem Jahr des Beginns des Versorgungsbezugs. [8]Der nach den Sät-zen 3 bis 7 berechnete Versorgungsfreibetrag und Zuschlag zum Versorgungsfreibetrag gelten für die gesamte Laufzeit des Versorgungsbezugs. [9]Regelmäßige Anpassungen des Versorgungs-bezugs führen nicht zu einer Neuberechnung. [10]Abweichend hiervon sind der Versorgungs-freibetrag und der Zuschlag zum Versorgungsfreibetrag neu zu berechnen, wenn sich der Versorgungsbezug wegen Anwendung von Anrechnungs-, Ruhens-, Erhöhungs- oder Kürzungs-regelungen erhöht oder vermindert. [11]In diesen Fällen sind die Sätze 3 bis 7 mit dem geänderten Versorgungsbezug als Bemessungsgrundlage im Sinne des Satzes 4 anzuwenden; im Kalender-jahr der Änderung sind der höchste Versorgungsfreibetrag und Zuschlag zum Versorgungsfrei-betrag maßgebend. [12]Für jeden vollen Kalendermonat, für den keine Versorgungsbezüge gezahlt werden, ermäßigen sich der Versorgungsfreibetrag und der Zuschlag zum Versorgungsfrei-betrag in diesem Kalenderjahr um je ein Zwölftel.

§ 19a Überlassung von Vermögensbeteiligungen an Arbeitnehmer[1]

(weggefallen)

---

e) Kapitalvermögen (§ 2 Abs. 1 Satz 1 Nr. 5)

§ 20

(1) Zu den Einkünften aus Kapitalvermögen gehören

1. Gewinnanteile (Dividenden), Ausbeuten und sonstige Bezüge aus Aktien, Genussrechten, mit denen das Recht am Gewinn und Liquidationserlös einer Kapitalgesellschaft verbunden ist, aus Anteilen an Gesellschaften mit beschränkter Haftung, an Erwerbs- und Wirtschaftsgenossenschaften sowie an bergbautreibenden Vereinigungen, die die Rechte einer juristischen Person haben. [2]Zu den sonstigen Bezügen gehören auch verdeckte Gewinnausschüttungen. [3]Die Bezüge gehören nicht zu den Einnahmen, soweit sie aus Ausschüttungen einer Körperschaft stammen, für die Beträge aus dem steuerlichen Einlagekonto im Sinne des § 27 des Körperschaftsteuergesetzes als verwendet gelten. [4]Als sonstige Bezüge gelten auch Einnahmen, die anstelle der Bezüge im Sinne des Satzes 1 von einem anderen als dem Anteilseigner nach Absatz 5 bezogen werden, wenn die Aktien mit Dividendenberechtigung erworben, aber ohne Dividendenanspruch geliefert werden;

2. Bezüge, die nach der Auflösung einer Körperschaft oder Personenvereinigung im Sinne der Nummer 1 anfallen und die nicht in der Rückzahlung von Nennkapital bestehen; Nummer 1 Satz 3 gilt entsprechend. [2]Gleiches gilt für Bezüge, die auf Grund einer Kapitalherabsetzung oder nach der Auflösung einer unbeschränkt steuerpflichtigen Körperschaft oder Personenvereinigung im Sinne der Nummer 1 anfallen und die als Gewinnausschüttung im Sinne des § 28 Absatz 2 Satz 2 und 4 des Körperschaftsteuergesetzes gelten;

3. (weggefallen)

4. Einnahmen aus der Beteiligung an einem Handelsgewerbe als stiller Gesellschafter und aus partiarischen Darlehen, es sei denn, dass der Gesellschafter oder Darlehensgeber als Mitunternehmer anzusehen ist. [2]Auf Anteile des stillen Gesellschafters am Verlust des Betriebes sind § 15 Absatz 4 Satz 6 bis 8 und § 15a sinngemäß anzuwenden;

5. Zinsen aus Hypotheken und Grundschulden und Renten aus Rentenschulden. [2]Bei Tilgungshypotheken und Tilgungsgrundschulden ist nur der Teil der Zahlungen anzusetzen, der als Zins auf den jeweiligen Kapitalrest entfällt;

6. der Unterschiedsbetrag zwischen der Versicherungsleistung und der Summe der auf sie entrichteten Beiträge (Erträge) im Erlebensfall oder bei Rückkauf des Vertrags bei Rentenversicherungen mit Kapitalwahlrecht, soweit nicht die lebenslange Rentenzahlung gewählt und erbracht wird, und bei Kapitalversicherungen mit Sparanteil, wenn der Vertrag nach dem 31. Dezember 2004 abgeschlossen worden ist. [2]Wird die Versicherungsleistung nach Vollendung des 60. Lebensjahres des Steuerpflichtigen und nach Ablauf von zwölf Jahren seit dem Vertragsabschluss ausgezahlt, ist die Hälfte des Unterschiedsbetrags anzusetzen. [3]Bei entgeltlichem Erwerb des Anspruchs auf die Versicherungsleistung treten die Anschaffungskosten an die Stelle der vor dem Erwerb entrichteten Beiträge. [4]Die Sätze 1 und 3 sind auf Erträge aus fondsgebundenen Lebensversicherungen, auf Erträge im Erlebensfall bei Rentenversicherung ohne Kapitalwahlrecht, soweit keine lebenslange Rentenzahlung vereinbart und erbracht wird, und auf Erträge bei Rückkauf des Vertrages bei Rentenversicherungen ohne Kapitalwahlrecht entsprechend anzuwenden. [5]Ist in einem Versicherungsvertrag eine gesonderte Verwaltung von speziell für diesen Vertrag zusammengestellten Kapitalanlagen vereinbart, die nicht auf öffentlich vertriebene Investmentfondsanteile oder Anlagen, die die Entwicklung eines veröffentlichten Indexes abbilden, beschränkt ist, und kann der wirtschaftlich Berechtigte unmittelbar oder mittelbar über die Veräußerung der Ver-

---

1) § 19a EStG wurde durch das Mitarbeiterkapitalbeteiligungsgesetz aufgehoben.
Zur zeitlichen Anwendung → § 52 Abs. 35 EStG:
„§ 19a EStG in der am 31. Dezember 2008 geltenden Fassung ist weiter anzuwenden, wenn die Vermögensbeteiligung vor dem 1. April 2009 überlassen wird oder auf Grund einer am 31. März 2009 bestehenden Vereinbarung ein Anspruch auf die unentgeltliche oder verbilligte Überlassung einer Vermögensbeteiligung besteht sowie die Vermögensbeteiligung vor dem 1. Januar 2016 überlassen wird und der Arbeitgeber bei demselben Arbeitnehmer im Kalenderjahr nicht § 3 Nummer 39 EStG anzuwenden hat."
2) Zur zeitlichen Anwendung des § 20 EStG → § 52a EStG.
3) Absatz 1 Nr. 6 Satz 2 i. d. F. des RV-Altersgrenzenanpassungsgesetzes ist für Vertragsabschlüsse nach dem 31.12.2011 mit der Maßgabe anzuwenden, dass die Versicherungsleistung nach Vollendung des 62. Lebensjahres des Stpfl. ausgezahlt wird → § 52 Abs. 36 Satz 9 EStG.

mögensgegenstände und die Wiederanlage der Erlöse bestimmen (vermögensverwaltender Versicherungsvertrag), sind die dem Versicherungsunternehmen zufließenden Erträge dem wirtschaftlich Berechtigten aus dem Versicherungsvertrag zuzurechnen; Sätze 1 bis 4 sind nicht anzuwenden. [6]Satz 2 ist nicht anzuwenden, wenn

a) in einem Kapitallebensversicherungsvertrag mit vereinbarter laufender Beitragszahlung in mindestens gleichbleibender Höhe bis zum Zeitpunkt des Erlebensfalls die vereinbarte Leistung bei Eintritt des versicherten Risikos weniger als 50 Prozent der Summe der für die gesamte Vertragsdauer zu zahlenden Beiträge beträgt und

b) bei einem Kapitallebensversicherungsvertrag die vereinbarte Leistung bei Eintritt des versicherten Risikos das Deckungskapital oder den Zeitwert der Versicherung spätestens fünf Jahre nach Vertragsabschluss nicht um mindestens 10 Prozent des Deckungskapitals, des Zeitwerts oder der Summe der gezahlten Beiträge übersteigt. [2]Dieser Prozentsatz darf bis zum Ende der Vertragslaufzeit in jährlich gleichen Schritten auf Null sinken;

7. Erträge aus sonstigen Kapitalforderungen jeder Art, wenn die Rückzahlung des Kapitalvermögens oder ein Entgelt für die Überlassung des Kapitalvermögens zur Nutzung zugesagt oder geleistet worden ist, auch wenn die Höhe der Rückzahlung oder des Entgelts von einem ungewissen Ereignis abhängt. [2]Dies gilt unabhängig von der Bezeichnung und der zivilrechtlichen Ausgestaltung der Kapitalanlage. [3]Erstattungszinsen im Sinne des § 233a der Abgabenordnung sind Erträge im Sinne des Satzes 1; [1)]

8. Diskontbeträge von Wechseln und Anweisungen einschließlich der Schatzwechsel;

9. Einnahmen aus Leistungen einer nicht von der Körperschaftsteuer befreiten Körperschaft, Personenvereinigung oder Vermögensmasse im Sinne des § 1 Absatz 1 Nummer 3 bis 5 des Körperschaftsteuergesetzes, die Gewinnausschüttungen im Sinne der Nummer 1 wirtschaftlich vergleichbar sind, soweit sie nicht bereits zu den Einnahmen im Sinne der Nummer 1 gehören; Nummer 1 Satz 2, 3 und Nummer 2 gelten entsprechend. [2]Satz 1 ist auf Leistungen [2)] von vergleichbaren Körperschaften, Personenvereinigungen oder Vermögensmassen, die weder Sitz noch Geschäftsleitung im Inland haben, entsprechend anzuwenden;

10. a) Leistungen eines nicht von der Körperschaftsteuer befreiten Betriebs gewerblicher Art im Sinne des § 4 des Körperschaftsteuergesetzes mit eigener Rechtspersönlichkeit, die zu mit Gewinnausschüttungen im Sinne der Nummer 1 Satz 1 wirtschaftlich vergleichbaren Einnahmen führen; Nummer 1 Satz 2, 3 und Nummer 2 gelten entsprechend;

b) der nicht den Rücklagen zugeführte Gewinn und verdeckte Gewinnausschüttungen eines nicht von der Körperschaftsteuer befreiten Betriebs gewerblicher Art im Sinne des § 4 des Körperschaftsteuergesetzes ohne eigene Rechtspersönlichkeit, der den Gewinn durch Betriebsvermögensvergleich ermittelt oder Umsätze einschließlich der steuerfreien Umsätze, ausgenommen die Umsätze nach § 4 Nummer 8 bis 10 des Umsatzsteuergesetzes, von mehr als 350 000 Euro im Kalenderjahr oder einen Gewinn von mehr als 30 000 Euro im Wirtschaftsjahr hat, sowie der Gewinn im Sinne des § 22 Absatz 4 des Umwandlungssteuergesetzes. [2]Die Auflösung der Rücklagen zu Zwecken außerhalb des Betriebs gewerblicher Art führt zu einem Gewinn im Sinne des Satzes 1; in Fällen der Einbringung nach dem Sechsten und des Formwechsels nach dem Achten Teil des Umwandlungssteuergesetzes gelten die Rücklagen als aufgelöst. [3]Bei dem Geschäft der Veranstaltung von Werbesendungen der inländischen öffentlich-rechtlichen Rundfunkanstalten gelten drei Viertel des Einkommens im Sinne des § 8 Absatz 1 Satz 3 des Körperschaftsteuergesetzes als Gewinn im Sinne des Satzes 1. [4]Die Sätze 1 und 2 sind bei wirtschaftlichen Geschäftbetrieben der von der Körperschaftsteuer befreiten Körperschaften, Personenvereinigungen oder Vermögensmassen entsprechend anzuwenden. [5]Nummer 1 Satz 3 gilt entsprechend;

11. Stillhalterprämien, die für die Einräumung von Optionen vereinnahmt werden; schließt der Stillhalter ein Glattstellungsgeschäft ab, mindern sich die Einnahmen aus den Stillhalterprämien um die im Glattstellungsgeschäft gezahlten Prämien.

(2) [1]Zu den Einkünften aus Kapitalvermögen gehören auch

1. der Gewinn aus der Veräußerung von Anteilen an einer Körperschaft im Sinne des Absatzes 1 Nummer 1. [2]Anteile an einer Körperschaft sind auch Genussrechte im Sinne des Absatzes 1 Nummer 1, den Anteilen im Sinne des Absatzes 1 Nummer 1 ähnliche Beteiligungen und Anwartschaften auf Anteile im Sinne des Absatzes 1 Nummer 1;

---

1) Absatz 1 Nr. 7 Satz 3 wurde durch das JStG 2010 angefügt und ist in allen Fällen anzuwenden, in denen die Steuer noch nicht bestandskräftig festgesetzt ist (→ § 52a Abs. 8 Satz 2 EStG).
2) Absatz 1 Nr. 9 Satz 2 wurde durch das JStG 2010 angefügt und ist erstmals für den VZ 2009 anzuwenden, soweit in den Einnahmen aus Leistungen zuzurechnende wiederkehrende Bezüge i. S. d. § 22 Nr. 1 Satz 2 Buchstabe a und b EStG enthalten sind → § 52 Abs. 37 Satz 2 EStG. Im Übrigen ist Absatz 1 Nr. 9 i. d. F. des JStG 2010 erstmals für den VZ 2011 anzuwenden → § 52 Abs. 37 Satz 1 EStG.

2. der Gewinn aus der Veräußerung

   a) von Dividendenscheinen und sonstigen Ansprüchen durch den Inhaber des Stammrechts, wenn die dazugehörigen Aktien oder sonstigen Anteile nicht mitveräußert werden. ²Diese Besteuerung tritt an die Stelle der Besteuerung nach Absatz 1;

   b) von Zinsscheinen und Zinsforderungen durch den Inhaber oder ehemaligen Inhaber der Schuldverschreibung, wenn die dazugehörigen Schuldverschreibungen nicht mitveräußert werden. ²Entsprechendes gilt für die Einlösung von Zinsscheinen und Zinsforderungen durch den ehemaligen Inhaber der Schuldverschreibung.

   ²Satz 1 gilt sinngemäß für die Einnahmen aus der Abtretung von Dividenden- oder Zinsansprüchen oder sonstigen Ansprüchen im Sinne des Satzes 1, wenn die dazugehörigen Anteilsrechte oder Schuldverschreibungen nicht in einzelnen Wertpapieren verbrieft sind. ³Satz 2 gilt auch bei der Abtretung von Zinsansprüchen aus Schuldbuchforderungen, die in ein öffentliches Schuldbuch eingetragen sind;

3. der Gewinn

   a) bei Termingeschäften, durch die der Steuerpflichtige einen Differenzausgleich oder einen durch den Wert einer veränderlichen Bezugsgröße bestimmten Geldbetrag oder Vorteil erlangt;

   b) aus der Veräußerung eines als Termingeschäft ausgestalteten Finanzinstruments;

4. der Gewinn aus der Veräußerung von Wirtschaftsgütern, die Erträge im Sinne des Absatzes 1 Nummer 4 erzielen;

5. der Gewinn aus der Übertragung von Rechten im Sinne des Absatzes 1 Nummer 5;

6. der Gewinn aus der Veräußerung von Ansprüchen auf eine Versicherungsleistung im Sinne des Absatzes 1 Nummer 6. ²Das Versicherungsunternehmen hat nach Kenntniserlangung von einer Veräußerung unverzüglich Mitteilung an das für den Steuerpflichtigen zuständige Finanzamt zu machen und auf Verlangen des Steuerpflichtigen eine Bescheinigung über die Höhe der entrichteten Beiträge im Zeitpunkt der Veräußerung zu erteilen;

7. der Gewinn aus der Veräußerung von sonstigen Kapitalforderungen jeder Art im Sinne des Absatzes 1 Nummer 7;

8. der Gewinn aus der Übertragung oder Aufgabe einer die Einnahmen im Sinne des Absatzes 1 Nummer 9 vermittelnden Rechtsposition.

²Als Veräußerung im Sinne des Satzes 1 gilt auch die Einlösung, Rückzahlung, Abtretung oder verdeckte Einlage in eine Kapitalgesellschaft; in den Fällen von Satz 1 Nummer 4 gilt auch die Vereinnahmung eines Auseinandersetzungsguthabens als Veräußerung. ³Die Anschaffung oder Veräußerung einer unmittelbaren oder mittelbaren Beteiligung an einer Personengesellschaft gilt als Anschaffung oder Veräußerung der anteiligen Wirtschaftsgüter.

(3) Zu den Einkünften aus Kapitalvermögen gehören auch besondere Entgelte oder Vorteile, die neben den in den Absätzen 1 und 2 bezeichneten Einnahmen oder an deren Stelle gewährt werden.

(3a) ¹Korrekturen im Sinne des § 43a Absatz 3 Satz 7 sind erst zu dem dort genannten Zeitpunkt zu berücksichtigen. ²Weist der Steuerpflichtige durch eine Bescheinigung der auszahlenden Stelle nach, dass sie die Korrektur nicht vorgenommen hat und auch nicht vornehmen wird, kann der Steuerpflichtige die Korrektur nach § 32d Absatz 4 und 6 geltend machen.

(4) ¹Gewinn im Sinne des Absatzes 2 ist der Unterschied zwischen den Einnahmen aus der Veräußerung nach Abzug der Aufwendungen, die im unmittelbaren sachlichen Zusammenhang mit dem Veräußerungsgeschäft stehen, und den Anschaffungskosten; bei nicht in Euro getätigten Geschäften sind die Einnahmen im Zeitpunkt der Veräußerung und die Anschaffungskosten im Zeitpunkt der Anschaffung in Euro umzurechnen. ²In den Fällen der verdeckten Einlage tritt an die Stelle der Einnahmen aus der Veräußerung der Wirtschaftsgüter ihr gemeiner Wert; der Gewinn ist für das Kalenderjahr der verdeckten Einlage anzusetzen. ³Ist ein Wirtschaftsgut im Sinne des Absatzes 2 in das Privatvermögen durch Entnahme oder Betriebsaufgabe überführt worden, tritt an die Stelle der Anschaffungskosten der nach § 6 Absatz 1 Nummer 4 oder § 16 Absatz 3 angesetzte Wert. ⁴In den Fällen des Absatzes 2 Satz 1 Nummer 6 gelten die entrichteten Beiträge im Sinne des Absatzes 1 Satz 1 als Anschaffungskosten; ist ein entgeltlicher Erwerb vorausgegangen, gelten auch die nach dem Erwerb entrichteten Beiträge als Anschaffungskosten. ⁵Gewinn bei einem Termingeschäft ist der Differenzausgleich oder der durch den Wert einer veränderlichen Bezugsgröße bestimmte Geldbetrag oder Vorteil abzüglich der Aufwendungen, die im unmittelbaren sachlichen Zusammenhang mit dem Termingeschäft stehen. ⁶Bei unentgeltlichem Erwerb sind dem Einzelrechtsnachfolger für Zwecke dieser Vorschrift die Anschaffung, die Überführung des Wirtschaftsguts in das Privatvermögen, der Erwerb eines

---

1) Absatz 3a wurde durch das JStG 2010 eingefügt und ist erstmals auf nach dem 31.12.2008 zufließende Kapitalerträge anzuwenden → § 52a Abs. 10 Satz 10 EStG.

Rechts aus Termingeschäften oder die Beiträge im Sinne des Absatzes 1 Nummer 6 Satz 1 durch den Rechtsvorgänger zuzurechnen. [7]Bei vertretbaren Wertpapieren, die einem Verwahrer zur Sammelverwahrung im Sinne des § 5 des Depotgesetzes in der Fassung der Bekanntmachung vom 11. Januar 1995 (BGBl. I S. 34), das zuletzt durch Artikel 4 des Gesetzes vom 5. April 2004 (BGBl. I S. 502) geändert worden ist, in der jeweils geltenden Fassung anvertraut worden sind, ist zu unterstellen, dass die zuerst angeschafften Wertpapiere zuerst veräußert wurden.

(4a) [1]Werden Anteile an einer Körperschaft, Vermögensmasse oder Personenvereinigung gegen Anteile an einer anderen Körperschaft, Vermögensmasse oder Personenvereinigung getauscht und wird der Tausch auf Grund gesellschaftsrechtlicher Maßnahmen vollzogen, die von den beteiligten Unternehmen ausgehen, treten abweichend von Absatz 2 Satz 1 und den §§ 13 und 21 des Umwandlungssteuergesetzes die übernommenen Anteile steuerlich an die Stelle der bisherigen Anteile, wenn das Recht der Bundesrepublik Deutschland hinsichtlich der Besteuerung des Gewinns aus der Veräußerung der erhaltenen Anteile nicht ausgeschlossen oder beschränkt ist oder die Mitgliedstaaten der Europäischen Union bei einer Verschmelzung Artikel 8 der Richtlinie 90/434/EWG anzuwenden haben; in diesem Fall ist der Gewinn aus einer späteren Veräußerung der erworbenen Anteile ungeachtet der Bestimmungen eines Abkommens zur Vermeidung der Doppelbesteuerung in der gleichen Art und Weise zu besteuern, wie die Veräußerung der Anteile an der übertragenden Körperschaft zu besteuern wäre, und § 15 Absatz 1a Satz 2 entsprechend anzuwenden. [2]Erhält der Steuerpflichtige in den Fällen des Satzes 1 zusätzlich zu den Anteilen eine Gegenleistung, gilt diese als Ertrag im Sinne des Absatzes 1 Nummer 1. [3]Besitzt bei sonstigen Kapitalforderungen im Sinne des Absatzes 1 Nummer 7 der Inhaber das Recht, bei Fälligkeit anstelle der Zahlung eines Geldbetrags vom Emittenten die Lieferung von Wertpapieren zu verlangen oder besitzt der Emittent das Recht, bei Fälligkeit dem Inhaber anstelle der Zahlung eines Geldbetrags Wertpapiere anzudienen und machen der Inhaber der Forderung oder der Emittent von diesem Recht Gebrauch, ist abweichend von Absatz 4 Satz 1 das Entgelt für den Erwerb der Forderung als Veräußerungspreis der Forderung und als Anschaffungskosten der erhaltenen Wertpapiere anzusetzen; Satz 2 gilt entsprechend. [4]Werden Bezugsrechte veräußert oder ausgeübt, die nach § 186 des Aktiengesetzes, § 55 des Gesetzes betreffend die Gesellschaften mit beschränkter Haftung oder eines vergleichbaren ausländischen Rechts einen Anspruch auf Abschluss eines Zeichnungsvertrags begründen, wird der Teil der Anschaffungskosten des Altanteils, der auf das Bezugsrecht entfällt, bei der Ermittlung des Gewinns nach Absatz 4 Satz 1 mit 0 Euro angesetzt. [5]Werden einem Steuerpflichtigen Anteile im Sinne des Absatzes 2 Satz 1 Nummer 1 zugeteilt, ohne dass dieser eine gesonderte Gegenleistung zu entrichten hat, werden der Ertrag und die Anschaffungskosten dieser Anteile mit 0 Euro angesetzt, wenn die Voraussetzungen der Sätze 3 und 4 nicht vorliegen und die Ermittlung der Höhe des Kapitalertrags nicht möglich ist. [6]Soweit es auf die steuerliche Wirksamkeit einer Kapitalmaßnahme im Sinne der vorstehenden Sätze 1 bis 5 ankommt, ist auf den Zeitpunkt der Einbuchung in das Depot des Steuerpflichtigen abzustellen.

(5) [1]Einkünfte aus Kapitalvermögen im Sinne des Absatzes 1 Nummer 1 und 2 erzielt der Anteilseigner. [2]Anteilseigner ist derjenige, dem nach § 39 der Abgabenordnung die Anteile an dem Kapitalvermögen im Sinne des Absatzes 1 Nummer 1 im Zeitpunkt des Gewinnverteilungsbeschlusses zuzurechnen sind. [3]Sind einem Nießbraucher oder Pfandgläubiger die Einnahmen im Sinne des Absatzes 1 Nummer 1 oder 2 zuzurechnen, gilt er als Anteilseigner.

(6) [1]Verbleibende positive Einkünfte aus Kapitalvermögen sind nach der Verrechnung im Sinne des § 43a Absatz 3 zunächst mit Verlusten aus privaten Veräußerungsgeschäften nach Maßgabe des § 23 Absatz 3 Satz 9 und 10 zu verrechnen. [2]Verluste aus Kapitalvermögen dürfen nicht mit Einkünften aus anderen Einkunftsarten ausgeglichen werden; sie dürfen auch nicht nach § 10d abgezogen werden. [3]Die Verluste mindern jedoch die Einkünfte, die der Steuerpflichtige in den folgenden Veranlagungszeiträumen aus Kapitalvermögen erzielt. [4]§ 10d Absatz 4 ist sinngemäß anzuwenden. [5]Verluste aus Kapitalvermögen im Sinne des Absatzes 2 Satz 1 Nummer 1 Satz 1, die aus der Veräußerung von Aktien entstehen, dürfen nur mit Gewinnen aus Kapitalvermögen im Sinne des Absatzes 2 Satz 1 Nummer 1 Satz 1, die aus der Veräußerung von Aktien entstehen, ausgeglichen werden; die Sätze 3 und 4 gelten sinngemäß. [6]Verluste aus Kapitalvermögen, die der Kapitalertragsteuer unterliegen, dürfen nur verrechnet werden oder mindern die Einkünfte, die der Steuerpflichtige in den folgenden Veranlagungszeiträumen aus Kapitalvermögen erzielt, wenn eine Bescheinigung im Sinne des § 43a Absatz 3 Satz 4 vorliegt.

(7) [1]§ 15b ist sinngemäß anzuwenden. [2]Ein vorgefertigtes Konzept im Sinne des § 15b Absatz 2 Satz 2 liegt auch vor, wenn die positiven Einkünfte nicht der tariflichen Einkommensteuer unterliegen.

---

[1] Absatz 4a, geändert durch das JStG 2010, ist erstmals auf nach dem 31. 12. 2008 zufließende Kapitalerträge anzuwenden → § 52a Abs. 10 Satz 10 EStG.
[2] Absatz 4a Satz 3 wurde durch das JStG 2010 geändert und ist erstmals für Wertpapiere anzuwenden, die nach dem 31. 12. 2009 geliefert wurden, sofern für die Lieferung § 20 Abs. 4 EStG anzuwenden ist → § 52a Abs. 10 Satz 11 EStG.

(8) [1]Soweit Einkünfte der in den Absätzen 1, 2 und 3 bezeichneten Art zu den Einkünften aus Land- und Forstwirtschaft, aus Gewerbebetrieb, aus selbständiger Arbeit oder aus Vermietung und Verpachtung gehören, sind sie diesen Einkünften zuzurechnen. [2]Absatz 4a findet insoweit keine Anwendung.

(9) [1]Bei der Ermittlung der Einkünfte aus Kapitalvermögen ist als Werbungskosten ein Betrag von 801 Euro abzuziehen (Sparer-Pauschbetrag). [2]Ehegatten, die zusammen veranlagt werden, wird ein gemeinsamer Sparer-Pauschbetrag von 1 602 Euro gewährt. [3]Der gemeinsame Sparer-Pauschbetrag ist bei der Einkunftsermittlung bei jedem Ehegatten je zur Hälfte abzuziehen; sind die Kapitalerträge eines Ehegatten niedriger als 801 Euro, so ist der anteilige Sparer-Pauschbetrag insoweit, als er die Kapitalerträge dieses Ehegatten übersteigt, bei dem anderen Ehegatten abzuziehen. [4]Der Sparer-Pauschbetrag und der gemeinsame Sparer-Pauschbetrag dürfen nicht höher sein als die nach Maßgabe des Absatzes 6 verrechneten Kapitalerträge.

R 20.1   20.1. Werbungskosten bei Einkünften aus Kapitalvermögen

S 2210

(1) [1]Aufwendungen sind, auch wenn sie gleichzeitig der Sicherung und Erhaltung des Kapitalstamms dienen, insoweit als Werbungskosten zu berücksichtigen, als sie zum Erwerb, Sicherung und Erhaltung von Kapitaleinnahmen dienen. [2]Aufwendungen, die auf Vermögen entfallen, das nicht zur Erzielung von Kapitaleinkünften angelegt ist oder bei dem Kapitalerträge nicht mehr zu erwarten sind, können nicht als Werbungskosten berücksichtigt werden.

(2) [1]Nach den allgemeinen Grundsätzen können u. a. Bankspesen für die Depotverwaltung, Gebühren, Fachliteratur, Reisekosten zur Hauptversammlung, Verfahrensauslagen und Rechtsanwaltskosten als Werbungskosten berücksichtigt werden. [2]Zum Abzug ausländischer Steuern wie Werbungskosten → R 34c.

(3) Absatz 1 und 2 gelten vorbehaltlich des § 2 Abs. 2 Satz 2 EStG.

H 20.1   Hinweise

Abgeltungsteuer – Allgemeines

Anhang 14a

Einzelfragen zur Abgeltungsteuer → *BMF vom 9. 10. 2012 (BStBl I S. 950); Ergänzung des BMF-Schreibens vom 22. 12. 2009 (BStBl 2010 I S. 94) unter Berücksichtigung der Änderungen durch BMF vom 16. 11. 2010 (BStBl I S. 1305)*

Anschaffungskosten

– Ein beim Erwerb einer stillen Beteiligung an den Geschäftsinhaber entrichtetes Ausgabeaufgeld gehört zu den Anschaffungskosten der stillen Beteiligung (→ BFH vom 23. 11. 2000 – BStBl 2001 II S. 24).

– Gutachtenkosten im Zusammenhang mit der Anschaffung von GmbH-Geschäftsanteilen sind Anschaffungsnebenkosten, wenn sie nach einer grundsätzlich gefassten Erwerbsentscheidung entstehen und die Erstellung des Gutachtens nicht lediglich eine Maßnahme zur Vorbereitung einer noch unbestimmten, erst später zu treffenden Erwerbsentscheidung darstellt (→ BFH vom 27. 3. 2007 – BStBl 2010 II S. 159).

– Zahlt ein Stpfl., der einem Vermögensverwalter Vermögen zur Anlage auf dem Kapitalmarkt überlässt, ein gesondertes Entgelt für die Auswahl zwischen mehreren Gewinnstrategien des Vermögensverwalters (sog. Strategieentgelt), ist das Entgelt den Anschaffungskosten für den Erwerb der Kapitalanlagen zuzurechnen (→ BFH vom 28. 10. 2009 – BStBl 2010 II S. 469).

Sinngemäße Anwendung des § 15a EStG

– Erst wenn die Gesellschaft endgültig von einer Schuld befreit wird, handelt es sich im Falle der Übernahme einer Gesellschaftsschuld durch den stillen Gesellschafter um die allein maßgebliche „geleistete Einlage" i. S. d. § 15a Abs. 1 Satz 1 EStG. Eine erst später erteilte Genehmigung einer Schuldübernahme durch den Gläubiger wirkt steuerrechtlich nicht auf den Zeitpunkt zurück, in dem der stille Gesellschafter sich dazu verpflichtet hatte (→ BFH vom 16. 10. 2007 – BStBl 2008 II S. 126).

– → H 21.2

Stiller Gesellschafter

– Die Vereinbarung einer Beteiligung des stillen Gesellschafters am Gewinn des Geschäftsinhabers gilt im Zweifel auch für seine Beteiligung am Verlust. Der Verlustanteil ist dem stillen

Gesellschafter nicht nur bis zum Verbrauch seiner Einlage, sondern auch in Höhe seines negativen Einlagekontos zuzurechnen. Spätere Gewinne sind gem. § 15a EStG zunächst mit den auf diesem Konto ausgewiesenen Verlusten zu verrechnen (→ BFH vom 23. 7. 2002 – BStBl II S. 858).

– Ein an einer GmbH typisch still beteiligter Gesellschafter kann seinen Anteil an dem laufenden Verlust der GmbH nur dann berücksichtigen, wenn der Verlustanteil im Jahresabschluss der GmbH festgestellt oder vom Finanzamt geschätzt und von der Kapitaleinlage des stillen Gesellschafters abgebucht worden ist (→ BFH vom 28. 5. 1997 – BStBl II S. 724 und vom 16. 10. 2007 – BStBl 2008 II S. 126). Die Abbuchung als Voraussetzung für die Verlustberücksichtigung entfällt jedoch, soweit durch den Verlustanteil ein negatives Einlagekonto entsteht. Der Verlustanteil entsteht mit seiner Berechnung nach § 232 Abs. 1 HGB auf der Grundlage des Jahresabschlusses des Geschäftsinhabers (→ BFH vom 23. 7. 2002 – BStBl II S. 858).

– Zur Behandlung von Verlusten aus stillen Gesellschaften an Kapitalgesellschaften → BMF vom 19. 11. 2008 (BStBl I S. 970).

– → Anschaffungskosten

20.2. Einnahmen aus Kapitalvermögen

R 20.2

[1]Auf Erträge aus Versicherungen auf den Erlebens- oder Todesfall ist bei Verträgen, die vor dem 1. 1. 2005 abgeschlossen worden sind, R 154 EStR 2003 weiter anzuwenden. [2]R 154 Satz 4 Buchstabe a EStR 2003 gilt nicht für Zinsen, die nach Ablauf der Mindestlaufzeit von 12 Jahren bei Weiterführung des Versicherungsvertrages gezahlt werden.

S 2204
S 2226

Hinweise

H 20.2

Abtretung

Zur Zurechnung von Zinsen bei Abtretung einer verzinslichen Forderung → BFH vom 8. 7. 1998 (BStBl 1999 II S. 123).

Betriebsaufspaltung

→ H 15.7 (4) Gewinnausschüttungen

Einlagenrückgewähr

– Rückgewähr von Einlagen durch eine unbeschränkt steuerpflichtige Körperschaft; bilanzsteuerrechtliche Behandlung beim Empfänger → BMF vom 9. 1. 1987 (BStBl I S. 171).

– Der aus dem steuerlichen Einlagekonto i. S. d. § 27 KStG stammende Gewinnanteil ist beim Gesellschafter gemäß § 20 Abs. 1 Nr. 1 Satz 3 EStG als nicht steuerbare Einnahme zu behandeln. Dies gilt auch dann, wenn der Stpfl. an der ausschüttenden Körperschaft gem. § 17 EStG beteiligt ist. Der Teil der Ausschüttung einer Körperschaft, der aus dem steuerlichen Einlagekonto i. S. d. § 27 KStG finanziert ist, führt zu einer Minderung der Anschaffungskosten der Beteiligung. Zur Veräußerung von Anteilen i. S. d. § 17 EStG (→ BFH vom 19. 7. 1994 – BStBl 1995 II S. 362); zu den Auswirkungen bei § 20 Abs. 2 EStG (→ **BMF vom 9. 10. 2012 (BStBl 2012 I S. 950), Rz. 92; Ergänzung des BMF-Schreibens vom 22. 12. 2009 (BStBl 2010 I S. 94) unter Berücksichtigung der Änderungen durch BMF vom 16. 11. 2010 (BStBl 2010 I S. 1305)**.

– Zur Bescheinigung der Leistungen, die als Abgang auf dem steuerlichen Einlagekonto zu berücksichtigen sind, durch die Kapitalgesellschaft → § 27 Abs. 3 KStG.

Erstattungszinsen nach § 233a AO

Aus Gründen sachlicher Härte sind auf Antrag Erstattungszinsen i. S. d. § 233a AO nach § 163 AO nicht in die Steuerbemessungsgrundlage einzubeziehen, soweit ihnen nicht abziehbare Nachforderungszinsen gegenüberstehen, die auf ein- und demselben Ereignis beruhen (→ BMF vom 5. 10. 2000 – BStBl I S. 1508):

Aus Gründen sachlicher Härte sind auf Antrag Erstattungszinsen i. S. d. § 233a AO nach § 163 AO nicht in die Steuerbemessungsgrundlage einzubeziehen, soweit ihnen nicht abziehbare Nachforderungszinsen gegenüberstehen, die auf ein- und demselben Ereignis beruhen. Dabei sind die Erstattungszinsen und die diesen gegenüberstehenden Nachforderungszinsen auf den Betrag der jeweils tatsächlich festgelegten Zinsen begrenzt. Der Antrag ist bei dem für die Personensteuer örtlich zuständigen Finanzamt zu stellen.

Ereignis in diesem Sinn ist der einzelne Vorgang, der Ansprüche aus dem Steuerschuldverhältnis für unterschiedliche Veranlagungszeiträume im engen zeitlichen und sachlichen Zusammenhang erhöht oder vermindert (z. B. Erhöhung des Warenbestands eines Jahres/Erhöhung des Wareneinsatzes im Folgejahr).

Beispiel 1 (sachliche Unbilligkeit liegt vor):

Eine Betriebsprüfung in 09 umfasst die VZ bis einschließlich 04.

VZ 04

Erhöhung des Warenbestands = Gewinnerhöhung um	100,00
ESt 04	+ 50,00
Nachforderungszinsen: Zinslauf 1. 4. 06 bis 31. 12. 09	
(45 volle Monate × 0,5 % = 22,5 %)	11,25

VZ 05

Erhöhung des Wareneinsatzes = Gewinnminderung um	100,00
ESt 05	– 50,00
Erstattungszinsen: Zinslauf 1. 4. 07 bis 31. 12. 09	
(33 volle Monate × 0,5 % = 16,5 %)	8,25

Die Erstattungszinsen i. H. v. 8,25 sind auf Antrag nicht zu versteuern, weil ihnen nicht abziehbare Nachforderungszinsen gegenüber stehen, die auf ein- und demselben Ereignis beruhen.

Beispiel 2 (sachliche Unbilligkeit liegt nicht vor):

Eine Betriebsprüfung in 09 umfasst die VZ bis einschließlich 05.

VZ 04

Nichtanerkennung einer Teilwertabschreibung =	
Gewinnerhöhung um	100,00
ESt 04	+ 50,00
Nachforderungszinsen: Zinslauf 1. 4. 06 bis 31. 12. 09	
(45 volle Monate × 0,5 % = 22,5 %)	11,25

VZ 05

Zusätzliche Betriebsausgaben = Gewinnminderung um	100,00
ESt 05	– 50,00
Erstattungszinsen: Zinslauf 1. 4. 07 bis 31. 12. 09	
(33 volle Monate × 0,5 % = 16,5 %)	8,25

Ein Verzicht auf die Versteuerung der Erstattungszinsen i. H. v. 8,25 kommt nicht in Betracht, weil Nachforderungs- und Erstattungszinsen auf unterschiedlichen Ereignissen beruhen.

Die nach § 163 AO außer Ansatz zu lassenden Erstattungszinsen sind im Bedarfsfall sachgerecht zu schätzen.

Die Folgerungen aus dieser Billigkeitsregelung sind nach Abschn. 38 Abs. 4 GewStR 1998 auch für die Ermittlung des Gewerbeertrags zu ziehen.

Erträge aus Lebensversicherungen (Vertragsabschluss vor dem 1. 1. 2005)

– → BMF vom 31. 8. 1979 (BStBl I S. 592) zur steuerlichen Behandlung der rechnungsmäßigen und außerrechnungsmäßigen Zinsen aus Lebensversicherungen.

– → BMF vom 13. 11. 1985 (BStBl I S. 661) zum Näherungsverfahren zur Berechnung der rechnungsmäßigen und außerrechnungsmäßigen Zinsen.

– → BMF vom **16. 7. 2012 (BStBl I S. 686)** zur gesonderten Feststellung der Steuerpflicht von Zinsen aus einer Lebensversicherung.

– → BMF vom 15. 6. 2000 (BStBl I S. 1118) zu Finanzierungen unter Einsatz von Lebensversicherungsverträgen (Policendarlehen).

– Zinsen aus einer vor dem 1. 1. 2005 abgeschlossenen Kapitallebensversicherung, die nach Ablauf eines Zeitraums von mehr als 12 Jahren nach Vertragsabschluss bei Weiterführung gezahlt werden, sind in entsprechender Anwendung des § 20 Abs. 1 Nr. 6 Satz 2 EStG in der am 31. 12. 2004 geltenden Fassung steuerfrei (→ BFH vom 12. 10. 2005 – BStBl 2006 II S. 251).

– Die Steuerbefreiung in § 20 Abs. 1 Nr. 6 Satz 2 EStG in der am 31. 12. 2004 geltenden Fassung für Zinsen aus Lebensversicherungen ist nicht an die Voraussetzungen des Sonderausgabenabzugs für die Versicherungsbeiträge geknüpft. Es ist daher unschädlich, wenn der ausländischen Lebensversicherungsgesellschaft die Erlaubnis zum Betrieb eines nach § 10 Abs. 2 Satz 1 Nr. 2 Buchstabe a EStG in der am 31. 12. 2004 geltenden Fassung begünstigten Versicherungszweigs im Inland nicht erteilt worden ist (→ BFH vom 1. 3. 2005 – BStBl 2006 II S. 365).

Erträge aus Lebensversicherungen (Vertragsabschluss nach dem 31. 12. 2004)

Besteuerung von Versicherungserträgen i. S. d. § 20 Abs. 1 Nr. 6 EStG → BMF vom 1. 10. 2009 (BStBl I S. 1172) *unter Berücksichtigung der Änderungen durch BMF vom 6. 3. 2012 (BStBl I S. 238).*

Ferienwohnung

Überlässt eine AG satzungsgemäß ihren Aktionären Ferienwohnungen zur zeitlich vorübergehenden Nutzung nach Maßgabe eines Wohnberechtigungspunktesystems, erzielt der Aktionär mit der Nutzung Kapitalerträge (→ BFH vom 16. 12. 1992 – BStBl 1993 II S. 399).

Hochzins- und Umtauschanleihen

→ BMF vom 2. 3. 2001 (BStBl I S. 206)

Investmentanteile

→ BMF vom 18. 8. 2009 (BStBl I S. 931)

Partiarisches Darlehen

Zur steuerlichen Behandlung von Einnahmen aus partiarischen Darlehen nach den deutschen DBA → BMF vom 16. 11. 1987 (BStBl I S. 740).

Pflichtteilsansprüche

Verzichtet ein Kind gegenüber seinen Eltern auf künftige Pflichtteilsansprüche und erhält es dafür im Gegenzug von den Eltern wiederkehrende Zahlungen, so liegt darin kein entgeltlicher Leistungsaustausch und keine Kapitalüberlassung des Kindes an die Eltern, so dass in den wiederkehrenden Zahlungen auch kein einkommensteuerbarer Zinsanteil enthalten ist (→ BFH vom 9. 2. 2010 – BStBl II S. 818). Anders ist die Rechtslage zu beurteilen, wenn der Erbfall bereits eingetreten ist und ein Pflichtteilsberechtigter vom Erben unter Anrechnung auf seinen Pflichtteil wiederkehrende Leistungen erhält. In einem solchen Fall ist das Merkmal der Überlassung von Kapital zur Nutzung i. S. d. § 20 Abs. 1 Nr. 7 EStG jedenfalls dann erfüllt, wenn der Bedachte rechtlich befugt ist, den niedrigeren Barwert im Rahmen seines Pflichtteilsanspruchs geltend zu machen (→ BFH vom 26. 11. 1992 – BStBl 1993 II S. 298).

Rentennachzahlung

Von der Bundesversicherungsanstalt für Angestellte im Zusammenhang mit Rentennachzahlungen gezahlte Zinsen gem. § 44 Abs. 1 SGB I unterliegen der Steuerpflicht nach § 20 Abs. 1 Nr. 7 EStG. Dass mit der Zinszahlung Nachteile ausgeglichen werden sollen, die der Berechtigte durch die verspätete Zahlung der Sozialleistungen erleidet, steht dem nicht entgegen (→ BFH vom 13. 11. 2007 – BStBl 2008 II S. 292).

Rückgängigmachung einer Gewinnausschüttung

Die Gewinnausschüttung einer Kapitalgesellschaft bleibt bei dem Gesellschafter auch dann eine Einnahme aus Kapitalvermögen, wenn der Gewinnverteilungsbeschluss auf Grund eines Rückforderungsanspruchs der Gesellschaft rückgängig gemacht werden kann oder aufgehoben wird (→ BFH vom 1. 3. 1977 – BStBl II S. 545). Das gilt auch bei einer Verpflichtung zur Rückzahlung einer offenen Gewinnausschüttung; die Rückzahlung stellt keine negative Einnahme dar (→ BFH vom 29. 8. 2000 – BStBl 2001 II S. 173).

Schenkung unter Auflage

Wird ein geschenkter Geldbetrag entsprechend der Auflage des Schenkers vom Beschenkten angelegt, erzielt dieser hieraus auch dann Einkünfte aus Kapitalvermögen, wenn er die Erträge entsprechend einer weiteren Auflage weiterzuleiten hat (→ BFH vom 26. 11. 1997 – BStBl 1998 II S. 190).

Schneeballsystem

– Beteiligt sich ein Kapitalanleger an einem sog. Schneeballsystem, mit dem ihm vorgetäuscht wird, in seinem Auftrag und für seine Rechnung würden Geschäfte auf dem Kapitalmarkt getätigt, ist der vom Kapitalanleger angenommene Sachverhalt der Besteuerung zugrunde zu legen (→ BFH vom 14. 12. 2004 – BStBl 2005 II S. 739 und S. 746).

– Renditen aus Gutschriften aus sog. Schneeballsystemen können zu Einnahmen aus Kapitalvermögen führen, wenn bei einem entsprechenden Verlangen des Anlegers die Auszahlung der gutgeschriebenen Renditen möglich wäre (→ BFH vom 28. 10. 2008 – BStBl 2009 II S. 190).

Spin-off

Teilt eine US-amerikanische Kapitalgesellschaft ihren Anteilseignern im Wege eines sog. Spin-off Aktien ihrer ebenfalls US-amerikanischen Tochtergesellschaft zu, führt dies bei einem inländischen Anteilseigner nur dann zu einem steuerpflichtigen Kapitalertrag, wenn sich die Zuteilung nach US-amerikanischem Handelsrecht und Gesellschaftsrecht als Gewinnverteilung – und nicht als Kapitalrückzahlung – darstellt.
→ BFH vom 20. 10. 2010 – I R 117/08, BFHE 232, 15.

Stiftung

Unter § 20 Abs. 1 Nr. 9 EStG fallen alle wiederkehrenden oder einmaligen Leistungen einer Stiftung, die von den Beschluss fassenden Stiftungsgremien aus den Erträgen der Stiftung an den Stifter, seine Angehörigen oder deren Abkömmlinge ausgekehrt werden. Dies gilt auch, wenn die Leistungen anlässlich der Auflösung der Stiftung erbracht werden (→ BMF vom 27. 6. 2006 – BStBl I S. 417).

Stiller Gesellschafter

– Zu den Einnahmen aus Kapitalvermögen gehören auch alle Vorteile, die ein typischer stiller Gesellschafter als Gegenleistung für die Überlassung der Einlage erhält, z. B. Bezüge auf Grund von Wertsicherungsklauseln oder von Kursgarantien, ein Damnum und ein Aufgeld. Dazu gehört auch ein im Fall der Veräußerung der stillen Beteiligung über den Betrag der Einlage hinaus erzielter Mehrerlös, soweit dieser auf einen Anteil am Gewinn eines bereits abgelaufenen Wirtschaftsjahrs entfällt (→ BFH vom 11. 2. 1981 – BStBl II S. 465) oder soweit er ein anders bemessenes Entgelt für die Überlassung der Einlage darstellt (→ BFH vom 14. 2. 1984 – BStBl II S. 580).

– Gewinnanteile aus einer stillen Beteiligung, die zur Wiederauffüllung einer durch Verluste geminderten Einlage dienen, sind Einnahmen aus Kapitalvermögen (→ BFH vom 24. 1. 1990 – BStBl 1991 II S. 147); bei negativem Einlagekonto → H 20.1.

– Auch der Mehrheitsgesellschafter einer Kapitalgesellschaft kann daneben typisch stiller Gesellschafter der Kapitalgesellschaft sein, dessen Gewinnanteil zu den Einnahmen aus Kapitalvermögen gehört (→ BFH vom 21. 6. 1983 – BStBl II S. 563).

– § 20 Abs. 1 Nr. 4 EStG ist auf Gewinnanteile aus typischen Unterbeteiligungen entsprechend anzuwenden (→ BFH vom 28. 11. 1990 – BStBl 1991 II S. 313).

– Für die Annahme einer stillen Gesellschaft können – vor allem in Grenzfällen – von den Vertragsparteien gewählte Formulierungen indizielle Bedeutung haben; entscheidend ist, was die Vertragsparteien wirtschaftlich gewollt haben und ob der – unter Heranziehung aller Umstände zu ermittelnde – Vertragswille auf die Merkmale einer (stillen) Gesellschaft gerichtet ist (→ BFH vom 28. 10. 2008 – BStBl 2009 II S. 190). Dabei darf der für eine stille Gesellschaft erforderliche gemeinsame Zweck der Gesellschafter nicht mit deren Motiven für ihre Beteiligung vermengt werden. Dass Kapitalanleger und Fondsgesellschaft beide das Ziel verfolgen, durch Handel an internationalen Finanzterminmärkten mittelfristig einen Kapitalzuwachs zu erreichen, reicht für die Annahme eines gemeinsamen Zwecks nicht aus. Ein gemeinsamer Zweck verlangt zwischen Anleger und Anlagegesellschaft ein substantielles „Mehr" als die bloße Kapitalhingabe und dessen Verwendung (→ BFH vom 8. 4. 2008 – BStBl II S. 852).

– Stellt ein Kapitalanleger einem Unternehmer unter Gewährung einer Erfolgsbeteiligung Geldbeträge zur Verfügung, die dieser an Brokerfirmen für Börsentermingeschäfte oder an Fonds weiterleiten soll, kann eine solche Vereinbarung eine typisch stille Gesellschaft begründen (→ BFH vom 28. 10. 2008 – BStBl 2009 II S. 190).

Stückzinsen

→ *BMF vom 9. 10. 2012 (BStBl I S. 950), Rzn. 49–51; Ergänzung des BMF-Schreibens vom 22. 12. 2009 (BStBl 2010 I S. 94) unter Berücksichtigung der Änderungen durch BMF vom 16. 11. 2010 (BStBl I S. 1305).*

Treuhandverhältnis

Der Treugeber als wirtschaftlicher Inhaber einer Kapitalforderung erzielt die Einkünfte aus Kapitalvermögen (→ BFH vom 24. 11. 2009 – BStBl 2010 II S. 590).

Unverzinsliche Kaufpreisraten

Ein Zinsanteil ist auch in unverzinslichen Forderungen enthalten, deren Laufzeit mehr als ein Jahr beträgt und die zu einem bestimmten Zeitpunkt fällig werden (→ BFH vom 21. 10. 1980 – BStBl 1981 II S. 160). Dies gilt auch dann, wenn die Vertragsparteien eine Verzinsung ausdrücklich ausgeschlossen haben (→ BFH vom 25. 6. 1974 – BStBl 1975 II S. 431).

Veräußerung von Ansprüchen aus Lebensversicherungen

führt nicht zur Besteuerung eines etwaigen Überschusses des Veräußerungserlöses über die eingezahlten Versicherungsbeiträge (→ BMF vom 22. 8. 2002 – BStBl I S. 827, RdNr. 32).

Verdeckte Gewinnausschüttung an nahestehende Personen

Die der nahestehenden Person zugeflossene verdeckte Gewinnausschüttung ist stets dem Gesellschafter als Einnahme zuzurechnen (→ BMF vom 20. 5. 1999 – BStBl I S. 514).

Zahlungseinstellung des Emittenten

Zur Behandlung der Einnahmen aus der Veräußerung oder Abtretung einer Kapitalanlage bei vorübergehender oder endgültiger Zahlungseinstellung des Emittenten → BMF vom 14. 7. 2004 (BStBl I S. 611).

Zinsen und Nebenleistungen aus einer durch Versteigerung realisierten Grundschuld

Zinsen i. S. v. § 1191 Abs. 2 BGB, denen kein Kapitalnutzungsverhältnis zugrunde liegt, unterliegen wegen ihrer ausdrücklichen Erwähnung in § 20 Abs. 1 Nr. 5 EStG der Besteuerung. Sie sind demjenigen zuzurechnen, der im Zeitpunkt des Zuschlagsbeschlusses aus der Grundschuld berechtigt ist und bei dem deshalb erstmals der Anspruch auf Ersatz des Wertes der Grundschuld aus dem Versteigerungserlös entsteht. Dagegen ist der dem Grundschuldgläubiger aus dem Versteigerungserlös zufließende Betrag nicht steuerbar, soweit er auf eine Nebenleistung i. S. v. § 1191 Abs. 2 BGB entfällt (→ BFH vom 11. 4. 2012 – BStBl II S. 496).

Zuflusszeitpunkt bei Gewinnausschüttungen

– **Grundsatz**

Einnahmen aus Kapitalvermögen sind zugeflossen, sobald der Stpfl. über sie wirtschaftlich verfügen kann (→ BFH vom 8. 10. 1991 – BStBl 1992 II S. 174). Gewinnausschüttungen sind dem Gesellschafter schon dann zugeflossen, wenn sie ihm z. B. auf einem Verrechnungskonto bei der leistungsfähigen Kapitalgesellschaft gutgeschrieben worden sind, über das der Gesellschafter verfügen kann, oder wenn der Gesellschafter aus eigenem Interesse (z. B. bei einer Novation) seine Gewinnanteile in der Gesellschaft belässt (→ BFH vom 14. 2. 1984 – BStBl II S. 480).

– **Beherrschender Gesellschafter/Alleingesellschafter**

Gewinnausschüttungen an den beherrschenden Gesellschafter oder an den Alleingesellschafter einer zahlungsfähigen Kapitalgesellschaft sind diesen in der Regel auch dann zum Zeitpunkt der Beschlussfassung über die Gewinnverwendung i. S. d. § 11 Abs. 1 Satz 1 EStG zugeflossen, wenn die Gesellschafterversammlung eine spätere Fälligkeit des Auszahlungsanspruchs beschlossen hat (→ BFH vom 17. 11. 1998 – BStBl 1999 II S. 223).

– **Verschiebung des Auszahlungstags**

Zur Frage des Zeitpunkts des Zuflusses bei Verschiebung des Auszahlungstags, wenn eine Kapitalgesellschaft von mehreren Personen gemeinsam beherrscht wird oder die Satzung Bestimmungen über Gewinnabhebungen oder Auszahlungen zu einem späteren Zeitpunkt als dem Gewinnverteilungsbeschluss enthält → BFH vom 21. 10. 1981 (BStBl 1982 II S. 139).

Zurechnung von Zinszahlungen für minderjährige Kinder

Zinszahlungen aufgrund von Ansprüchen minderjähriger Kinder sind den Eltern zuzurechnen, wenn der Darlehensnehmer die Zinsen durch einen Barscheck bezahlt, der auf den Namen der Mutter ausgestellt ist, dieser übergeben wird und wenn der Barscheck auch Zinszahlungen an die Mutter umfasst (→ FG Baden-Württemberg vom 9. 2. 1995 – EFG 1995 S. 803).

I

f) Vermietung und Verpachtung (§ 2 Abs. 1 Satz 1 Nr. 6)

EStG

S 2253
S 2205
S 2211
S 2217

§ 21

(1) [1]Einkünfte aus Vermietung und Verpachtung sind

1. Einkünfte aus Vermietung und Verpachtung von unbeweglichem Vermögen, insbesondere von Grundstücken, Gebäuden, Gebäudeteilen, Schiffen, die in ein Schiffsregister eingetragen sind, und Rechten, die den Vorschriften des bürgerlichen Rechts über Grundstücke unterliegen (z. B. Erbbaurecht, Mineralgewinnungsrecht);

2. Einkünfte aus Vermietung und Verpachtung von Sachinbegriffen, insbesondere von beweglichem Betriebsvermögen;

3. Einkünfte aus zeitlich begrenzter Überlassung von Rechten, insbesondere von schriftstellerischen, künstlerischen und gewerblichen Urheberrechten, von gewerblichen Erfahrungen und von Gerechtigkeiten und Gefällen;

4. Einkünfte aus der Veräußerung von Miet- und Pachtzinsforderungen, auch dann, wenn die Einkünfte im Veräußerungspreis von Grundstücken enthalten sind und die Miet- oder Pachtzinsen sich auf einen Zeitraum beziehen, in dem der Veräußerer noch Besitzer war.

S 2253b
1)
2)

[2]§§ 15a und 15b sind sinngemäß anzuwenden.

(2) [1]Beträgt das Entgelt für die Überlassung einer Wohnung zu Wohnzwecken weniger als *66 Prozent* der ortsüblichen Marktmiete, so ist die Nutzungsüberlassung in einen entgeltlichen und einen unentgeltlichen Teil aufzuteilen. *[2]Beträgt das Entgelt bei auf Dauer angelegter Wohnungsvermietung mindestens 66 Prozent der ortsüblichen Miete, gilt die Wohnungsvermietung als entgeltlich.*

(3) Einkünfte der in den Absätzen 1 und 2 bezeichneten Art sind Einkünften aus anderen Einkunftsarten zuzurechnen, soweit sie zu diesen gehören.

EStDV

S 2198

§ 82a Erhöhte Absetzungen von Herstellungskosten und Sonderbehandlung von Erhaltungsaufwand für bestimmte Anlagen und Einrichtungen bei Gebäuden[3]

Letztmals abgedruckt in der Handausgabe 2009

EStDV

S 2211

§ 82b Behandlung größeren Erhaltungsaufwands bei Wohngebäuden[4]

(1) [1]Der Steuerpflichtige kann größere Aufwendungen für die Erhaltung von Gebäuden, die im Zeitpunkt der Leistung des Erhaltungsaufwands nicht zu einem Betriebsvermögen gehören und überwiegend Wohnzwecken dienen, abweichend von § 11 Abs. 2 des Gesetzes auf zwei bis fünf Jahre gleichmäßig verteilen. [2]Ein Gebäude dient überwiegend Wohnzwecken, wenn die Grundfläche der Wohnzwecken dienenden Räume des Gebäudes mehr als die Hälfte der gesamten Nutzfläche beträgt. [3]Zum Gebäude gehörende Garagen sind ohne Rücksicht auf ihre tatsächliche Nutzung als Wohnzwecken dienend zu behandeln, soweit in ihnen nicht mehr als ein Personenkraftwagen für jede in dem Gebäude befindliche Wohnung untergestellt werden kann. [4]Räume für die Unterstellung weiterer Kraftwagen sind stets als nicht Wohnzwecken dienend zu behandeln.

(2) [1]Wird das Gebäude während des Verteilungszeitraums veräußert, ist der noch nicht berücksichtigte Teil des Erhaltungsaufwands im Jahr der Veräußerung als Werbungskosten abzusetzen. [2]Das Gleiche gilt, wenn ein Gebäude in ein Betriebsvermögen eingebracht oder nicht mehr zur Einkunftserzielung genutzt wird.

(3) Steht das Gebäude im Eigentum mehrerer Personen, so ist der in Absatz 1 bezeichnete Erhaltungsaufwand von allen Eigentümern auf den gleichen Zeitraum zu verteilen.

---

[1] Zur zeitlichen Anwendung von Absatz 1 Satz 2 → § 52 Absatz 37e EStG.
[2] *Absatz 2 Satz 1 wurde durch das Steuervereinfachungsgesetz 2011 ab VZ 2012 geändert und Satz 2 angefügt.*
[3] Zur Anwendung im Beitrittsgebiet → § 84 Abs. 4 EStDV sowie → § 57 Abs. 1 EStG.
[4] Zur Anwendung → § 84 Abs. 4a EStDV.

§ 82c bis 82e   **EStDV**

(weggefallen)

§ 82f   *Bewertungsfreiheit für Handelsschiffe, für Schiffe, die der*   **EStDV**
Seefischerei dienen, und für Luftfahrzeuge

(zu § 51 abgedruckt)

§ 82g   **Erhöhte Absetzungen von Herstellungskosten für bestimmte Baumaßnahmen[1]**   **EStDV**
S 2198a
Letztmals abgedruckt in der Handausgabe 2009

§ 82h   **EStDV**

(weggefallen)

§ 82i   **Erhöhte Absetzungen von Herstellungskosten bei Baudenkmälern[2]**   **EStDV**
S 2198b
Letztmals abgedruckt in der Handausgabe 2009

21.1. Erhaltungsaufwand und Herstellungsaufwand   R 21.1

(1) [1]Aufwendungen für die Erneuerung von bereits vorhandenen Teilen, Einrichtungen oder   S 2211
Anlagen sind regelmäßig Erhaltungsaufwand. [2]Zum Erhaltungsaufwand gehören z. B. Aufwendungen für den Einbau messtechnischer Anlagen zur verbrauchsabhängigen Abrechnung von Heiz- und Wasserkosten oder für den Einbau einer privaten Breitbandanlage und einmalige Gebühren für den Anschluss privater Breitbandanlagen an das öffentliche Breitbandnetz bei bestehenden Gebäuden.

(2) [1]Nach der Fertigstellung des Gebäudes ist → Herstellungsaufwand anzunehmen, wenn Aufwendungen durch den Verbrauch von Gütern und die Inanspruchnahme von Diensten für die Erweiterung oder für die über den ursprünglichen Zustand hinausgehende wesentliche Verbesserung eines Gebäudes entstehen (→ § 255 Abs. 2 Satz 1 HGB). [2]Betragen die Aufwendungen nach   Anhang 13
Fertigstellung eines Gebäudes für die einzelne Baumaßnahme nicht mehr als 4 000 Euro (Rechnungsbetrag ohne Umsatzsteuer) je Gebäude, ist auf Antrag dieser Aufwand stets als Erhaltungsaufwand zu behandeln. [3]Auf Aufwendungen, die der endgültigen Fertigstellung eines neu errichteten Gebäudes dienen, ist die Vereinfachungsregelung jedoch nicht anzuwenden.

(3) [1]Kosten für die gärtnerische Gestaltung der Grundstücksfläche bei einem Wohngebäude gehören nur zu den Herstellungskosten des Gebäudes, soweit diese Kosten für das Anpflanzen von Hecken, Büschen und Bäumen an den Grundstücksgrenzen („lebende Umzäunung") entstanden sind. [2]Im Übrigen bildet die bepflanzte Gartenanlage ein selbständiges Wirtschaftsgut. [3]Bei Gartenanlagen, die die Mieter mitbenutzen dürfen, und bei Vorgärten sind die Herstellungskosten der gärtnerischen Anlage gleichmäßig auf deren regelmäßig 10 Jahre betragende Nutzungsdauer zu verteilen. [4]Aufwendungen für die Instandhaltung der Gartenanlagen können sofort abgezogen werden. [5]Absatz 3 Satz 2 ist sinngemäß anzuwenden. [6]Soweit Aufwendungen für den Nutzgarten des Eigentümers und für Gartenanlagen, die die Mieter nicht nutzen dürfen, entstehen, gehören sie zu den nach § 12 Nr. 1 EStG nicht abziehbaren Kosten (grundsätzlich Aufteilung nach der Zahl der zur Nutzung befugten Mietparteien). [7]Auf die in Nutzgärten befindlichen Anlagen sind die allgemeinen Grundsätze anzuwenden.

(4) Die Merkmale zur Abgrenzung von Erhaltungs- und Herstellungsaufwand bei Gebäuden gelten bei selbständigen Gebäudeteilen (hierzu → R 4.2 Abs. 4 und Abs. 5) entsprechend.

(5) [1]Werden Teile der Wohnung oder des Gebäudes zu eigenen Wohnzwecken genutzt, sind die Herstellungs- und Anschaffungskosten sowie die Erhaltungsaufwendungen um den Teil der Aufwendungen zu kürzen, der nach objektiven Merkmalen und Unterlagen leicht und einwandfrei dem selbst genutzten Teil zugeordnet werden kann. [2]Soweit sich die Aufwendungen nicht eindeutig zuordnen lassen, sind sie um den Teil, der auf eigene Wohnzwecke entfällt, nach dem Verhältnis der Nutzflächen zu kürzen.

---

[1]) Zur Anwendung → § 84 Abs. 6 EStDV.
[2]) Zur Anwendung → § 84 Abs. 8 EStDV.

(6) [1]Bei der Verteilung von Erhaltungsaufwand nach § 82b EStDV kann für die in dem jeweiligen VZ geleisteten Erhaltungsaufwendungen ein besonderer Verteilungszeitraum gebildet werden. [2]Wird das Eigentum an einem Gebäude unentgeltlich auf einen anderen übertragen, kann der Rechtsnachfolger Erhaltungsaufwand noch in dem von seinem Rechtsvorgänger gewählten restlichen Verteilungszeitraum geltend machen. [3]Dabei ist der Teil des Erhaltungsaufwands, der auf den VZ des Eigentumswechsels entfällt, entsprechend der Besitzdauer auf den Rechtsvorgänger und den Rechtsnachfolger aufzuteilen.

H 21.1
Anhang 19

Hinweise

Abgrenzung von Anschaffungs-, Herstellungskosten und Erhaltungsaufwendungen

– bei Instandsetzung und Modernisierung von Gebäuden → BMF vom 18. 7. 2003 (BStBl I S. 386),

– Instandsetzungs- und Modernisierungsaufwendungen für ein Gebäude sind nicht allein deshalb als Herstellungskosten zu beurteilen, weil das Gebäude wegen Abnutzung und Verwahrlosung nicht mehr vermietbar ist, sondern nur bei schweren Substanzschäden an den für die Nutzbarkeit als Bau und die Nutzungsdauer des Gebäudes bestimmenden Teilen (→ BFH vom 13. 10. 1998 – BStBl 1999 II S. 282),

– Bei der Prüfung, ob Herstellungsaufwand vorliegt, darf nicht auf das gesamte Gebäude abgestellt werden, sondern nur auf den entsprechenden Gebäudeteil, wenn das Gebäude in unterschiedlicher Weise genutzt wird und deshalb mehrere Wirtschaftsgüter umfasst (→ BFH vom 25. 9. 2007 – BStBl 2008 II S. 218).

Anschaffungsnahe Herstellungskosten

– → BMF vom 18. 7. 2003 (BStBl I S. 386), Rz. 38

Anhang 19   – → R 6.4 Abs. 1 und H 6.4

Erhaltungsaufwand

Anhang 19   – Bei Instandsetzung und Modernisierung von Gebäuden → BMF vom 18. 7. 2003 (BStBl I S. 386),

– → H 21.2.

Herstellungsaufwand nach Fertigstellung

Anhang 19   – → BMF vom 18. 7. 2003 (BStBl I S. 386),

– Zu den Besonderheiten bei Teileigentum → BFH vom 19. 9. 1995 (BStBl 1996 II S. 131).

Verteilung des Erhaltungsaufwands nach § 82b EStDV

– Keine Übertragung des Anteils eines Jahres auf ein anderes Jahr (→ BFH vom 26. 10. 1977 – BStBl 1978 II S. 367),

– Größere Erhaltungsaufwendungen, die das Finanzamt im Jahr ihrer Entstehung bestandskräftig zu Unrecht als Herstellungskosten behandelt hat, können gleichmäßig anteilig auf die Folgejahre verteilt werden. Der auf das Jahr der Entstehung entfallende Anteil der Aufwendungen bleibt dabei unberücksichtigt. Die AfA-Bemessungsgrundlage ist insoweit für die Folgejahre zu korrigieren (→ BFH vom 27. 10. 1992 – BStBl 1993 II S. 591),

– Die Ausübung des Wahlrechts ist auch nach Eintritt der Festsetzungsverjährung für das Aufwandsentstehungsjahr möglich. Aufwendungen, die auf VZ entfallen, für die die Festsetzungsverjährung bereits eingetreten ist, dürfen dabei nicht abgezogen werden (→ BFH vom 27. 10. 1992 – BStBl 1993 II S. 589). Dies gilt auch, wenn die Erhaltungsaufwendungen im Entstehungsjahr zu Unrecht als Herstellungskosten und in Form der AfA berücksichtigt worden sind (→ BFH vom 24. 11. 1992 – BStBl 1993 II S. 593).

R 21.2

21.2. Einnahmen und Werbungskosten

(1) [1]Werden Teile einer selbst genutzten Eigentumswohnung, eines selbst genutzten Einfamilienhauses oder insgesamt selbst genutzten anderen Hauses vorübergehend vermietet und übersteigen die Einnahmen hieraus nicht 520 Euro im VZ, kann im Einvernehmen mit dem Stpfl. aus Vereinfachungsgründen von der Besteuerung der Einkünfte abgesehen werden. [2]Satz 1 ist bei vorübergehender Untervermietung von Teilen einer angemieteten Wohnung, die im Übrigen selbst genutzt wird, entsprechend anzuwenden.

(2) Zinsen, die Beteiligte einer Wohnungseigentümergemeinschaft aus der Anlage der Instandhaltungsrücklage erzielen, gehören zu den Einkünften aus Kapitalvermögen.

(3) Die Berücksichtigung von Werbungskosten aus Vermietung und Verpachtung kommt auch dann in Betracht, wenn aus dem Objekt im VZ noch keine Einnahmen erzielt werden, z. B. bei einem vorübergehend leer stehenden Gebäude.

(4) [1]Die Tätigkeit eines Stpfl. zur Erzielung von Einkünften aus Vermietung und Verpachtung besteht im Wesentlichen in der Verwaltung seines Grundbesitzes. [2]Bei nicht umfangreichem Grundbesitz erfordert diese Verwaltung in der Regel keine besonderen Einrichtungen, z. B. Büro, sondern erfolgt von der Wohnung des Stpfl. aus. [3]Regelmäßige Tätigkeitsstätte ist dann die Wohnung des Stpfl. [4]Aufwendungen für derartige gelegentliche Fahrten zu dem vermieteten Grundstück sind Werbungskosten i. S. d. § 9 Abs. 1 Satz 1 EStG.

Hinweise   H 21.2

Bauherrenmodell

– Zur Abgrenzung zwischen Werbungskosten, Anschaffungskosten und Herstellungskosten BMF vom 20. 10. 2003 (BStBl I S. 546),   *Anhang 19*

– → Fonds, geschlossene,

– Schuldzinsen, die auf die Zeit zwischen Kündigung und Auseinandersetzung im Zusammenhang mit einer Beteiligung an einer Bauherrengemeinschaft entfallen, sind Werbungskosten, selbst wenn Einnahmen noch nicht erzielt worden sind (→ BFH vom 4. 3. 1997 – BStBl II S. 610).

Drittaufwand

→ H 4.7

Eigenaufwand für ein fremdes Wirtschaftsgut

→ H 4.7

Einkünfteerzielungsabsicht

– bei Wohnobjekten
→ BMF vom 8. 10. 2004 – BStBl I S. 933)   *Anhang 19*
– bei unbebauten Grundstücken
→ BMF vom 8. 10. 2004 – BStBl I S. 933), Rdnr. 29   *Anhang 19*
– bei Gewerbeobjekten
 Bei der Vermietung von Gewerbeobjekten ist im Einzelfall festzustellen, ob der Stpfl. beabsichtigt, auf der voraussichtlichen Dauer der Nutzung einen Überschuss der Einnahmen über die Werbungskosten zu erzielen (→ BFH vom 20. 7. 2010 – BStBl II S. 1038).

Einnahmen

– Zahlungen, die wegen **übermäßiger Beanspruchung, vertragswidriger Vernachlässigung oder Vorenthaltung einer Miet- oder Pachtsache** geleistet werden (→ BFH vom 22. 4. 1966 – BStBl III S. 395, vom 29. 11. 1968 – BStBl 1969 II S. 184 und vom 5. 5. 1971 – BStBl II S. 624),

– Guthabenzinsen aus einem **Bausparvertrag**, die in einem engen zeitlichen Zusammenhang mit der Einkunftserzielungsabsicht dienenden Grundstück stehen (→ BFH vom 9. 11. 1982 – BStBl 1983 II S. 172 und BMF vom 28. 2. 1990 – BStBl I S. 124),

– **Abstandszahlungen** eines Mietinteressenten an Vermieter **für Entlassung aus Vormietvertrag** (→ BFH vom 21. 8. 1990 – BStBl 1991 II S. 76).

– Von einem Kreditinstitut oder einem Dritten (z. B. Erwerber) **erstattete Damnumbeträge**, die als Werbungskosten abgezogen worden sind (→ BFH vom 22. 9. 1994 – BStBl 1995 II S. 118). **Keine Einnahmen** aus Vermietung und Verpachtung liegen vor, wenn das Damnum **nur einen unselbständigen Rechnungsposten für die Bemessung einer Vorfälligkeitsentschädigung** darstellt (→ BFH vom 19. 2. 2002 – BStBl 2003 II S. 126).

– **Umlagen und Nebenentgelte**, die der Vermieter für die Nebenkosten oder Betriebskosten erhebt (→ BFH vom 14. 12. 1999 – BStBl 2000 II S. 197).

– **Vermietet ein Arbeitnehmer** ein in seinem Haus oder seiner Wohnung gelegenes, **von ihm genutztes Büro an seinen Arbeitgeber**, erzielt er daraus nur dann Einkünfte aus Vermietung und Verpachtung, wenn die Nutzung des Büros im vorrangigen Interesse seines Arbeitgebers erfolgt; in den übrigen Fällen ist die „Mietzahlung" als Arbeitslohn zu versteuern (→ BMF vom 13. 12. 2005 – BStBl 2006 I S. 4).

– Mietzahlungen des Arbeitgebers für eine vom Arbeitnehmer **an den Arbeitgeber vermietete Garage**, in der ein Dienstwagen untergestellt wird (→ BFH vom 7. 6. 2002 – BStBl II S. 829).

– **Öffentliche Fördermittel** (Zuschüsse oder nicht rückzahlbare Darlehen), die ein Bauherr im Rahmen des sog. Dritten Förderungsweges für Belegungs- und Mietpreisbindungen erhält (→ BFH vom 14. 10. 2003 – BStBl 2004 II S. 14).

– **Entgelte für die Inanspruchnahme** eines Grundstücks im Zuge baulicher Maßnahmen **auf dem Nachbargrundstück**, selbst wenn das Grundstück mit einem zu eigenen Wohnzwecken genutzten Gebäude bebaut ist (→ BFH vom 2. 3. 2004 – BStBl II S. 507).

– Mietentgelte, die der **Restitutionsberechtigte** vom Verfügungsberechtigten nach § 7 Abs. 7 Satz 2 VermG erlangt (→ BFH vom 11. 1. 2005 – BStBl II S. 480).

– Ausgabe von Hotelgutscheinen durch vermögensverwaltenden – die Verpachtung eines Hotels betreibenden – geschlossenen Immobilienfonds an die Gesellschafter/Treuhänder der Verpächterin – Ist der Teilbetrag der Pacht, der über die Gutscheine geleistet wird, schon im Zeitpunkt der Gutscheinhingabe zugeflossen, oder erst in dem Zeitpunkt, in dem der jeweilige Zeichner den Wert der Gutscheine realisiert?
→ FG Düsseldorf vom 14. 9. 2010 (13 K 4754/08 F) – Rev. – IX R 55/10

– Eine bei späterer Umwandlung einer für die Modernisierung und Instandhaltung eines Gebäudes gem. § 39 Abs. 5 StBauFG zunächst nur darlehensweise gewährte Vorauszahlung in einen nicht rückzahlbaren Baukostenzuschuss ist im Jahr der Umwandlung bei den Einkünften aus Vermietung und Verpachtung nicht zu erfassen.
→ BFH vom 7. 12. 2010 (BStBl 2012 II S. 310)

Erbbaurecht

– Der Erbbauzins für ein Erbbaurecht an einem privaten Grundstück gehört zu den Einnahmen aus Vermietung und Verpachtung (→ BFH vom 20. 9. 2006 – BStBl 2007 II S. 112).

– Vom Erbbauberechtigten neben Erbbauzins gezahlte Erschließungsbeiträge fließen dem Erbbauverpflichteten erst bei Realisierung des Wertzuwachses zu (→ BFH vom 21. 11. 1989 – BStBl 1990 II S. 310). Der Erbbauberechtigte kann die von ihm gezahlten Erschließungskosten nur verteilt über die Laufzeit des Erbbaurechtes als Werbungskosten abziehen (→ BMF vom 16. 12. 1991 – BStBl I S. 1011).

– Geht das vom Erbbauberechtigten in Ausübung des Erbbaurechts errichtete Gebäude nach Beendigung des Erbbaurechts entsprechend den Bestimmungen des Erbbaurechtsvertrages entschädigungslos auf den Erbbauverpflichteten über, führt dies beim Erbbauverpflichteten zu einer zusätzlichen Vergütung für die vorangegangene Nutzungsüberlassung (→ BFH vom 11. 12. 2003 – BStBl 2004 II S. 353).

Erhaltungsaufwand

– Erhaltungsaufwendungen nach Beendigung der Vermietung und vor Beginn der Selbstnutzung sind grundsätzlich keine Werbungskosten. Ein Abzug kommt ausnahmsweise in Betracht, soweit sie mit Mitteln der einbehaltenen und als Einnahme erfassten Mieterkaution finanziert werden, oder wenn sie zur Beseitigung eines Schadens gemacht werden, der die mit dem gewöhnlichen Gebrauch der Mietsache verbundene Abnutzung deutlich übersteigt, insbesondere eines mutwillig vom Mieter verursachten Schadens (→ BFH vom 11. 7. 2000 – BStBl 2001 II S. 784),

– Aufwendungen für Erhaltungsmaßnahmen, die noch während der Vermietungszeit an einem anschließend selbstgenutzten Gebäude durchgeführt werden, sind grundsätzlich als Werbungskosten abziehbar (→ BFH vom 10. 10. 2000 – BStBl 2001 II S. 787). Sie sind ausnahmsweise dann nicht als Werbungskosten abziehbar, wenn die Maßnahmen für die Selbstnutzung bestimmt sind und in die Vermietungszeit vorverlagert werden. Dies trifft insbesondere dann zu, wenn sie bei bereits gekündigtem Mietverhältnis objektiv nicht zur Wiederherstellung oder Bewahrung der Mieträume und des Gebäudes erforderlich sind (→ BMF vom 26. 11. 2001 – BStBl I S. 868),

– Zur Abgrenzung zwischen Erhaltungs- und Herstellungsaufwendungen → R 21.1 und R 6.4.

Erschließungskosten

→ H 6.4 (Erschließungs-, Straßenanlieger- und andere Beiträge)

Ferienwohnung

→ BMF vom 8. 10. 2004 (BStBl I S. 933). Anhang 19

→ BFH vom 19. 8. 2008 (BStBl 2009 II S. 138).

→ FG Köln vom 30. 6. 2011 – 10 K 4965/07 – Rev. – IX R 26/11:

Ist die Überschusserzielungsabsicht zwingend durch eine Prognose zu überprüfen, wenn die regional durchschnittlichen Vermietungstage (im Streitfall Ansatz von 150 Vermietungstagen für das ostfriesische Festland) in aller Regel erreicht und häufig sogar deutlich überschritten werden? Ist in diesem Zusammenhang der vorbehaltenen Selbstnutzung des Eigentümers eine geringere Bedeutung beizumessen?

Finanzierungskosten

– Die **dingliche Belastung** von Grundstücken mit Hypotheken oder Grundschulden begründet für sich allein keinen wirtschaftlichen Zusammenhang mit den Einkünften aus Vermietung und Verpachtung. Maßgebend ist vielmehr der tatsächliche Verwendungszweck. Schuldzinsen für ein durch eine Hypothek auf einem weiteren Grundstück gesichertes Darlehen sind daher bei dem Grundstück zu berücksichtigen, für das das Darlehen verwendet wurde (→ BFH vom 6. 10. 2004 – BStBl 2005 II S. 324). Nimmt der Stpfl. ein Darlehen auf, um Grundschulden, die er als Sicherheit für fremde Schulden bestellt hat, abzulösen, sind die für dieses Darlehen aufgewendeten Zinsen und Kreditkosten nicht als Werbungskosten bei seinen Einkünften aus Vermietung und Verpachtung abziehbar (→ BFH vom 29. 7. 1997 – BStBl II S. 772),

– Unterlässt es der Stpfl., einen **allgemeinen Betriebskredit** nach Aufgabe seines Betriebes durch Veräußerung eines früheren Betriebsgrundstücks zu tilgen und vermietet er stattdessen das Grundstück vermögensverwaltend, wird die Verbindlichkeit bis zur Höhe des Grundstückswertes Privatvermögen. Die darauf entfallenden Schuldzinsen sind als Werbungskosten bei den Einkünften aus Vermietung und Verpachtung abziehbar (→ BFH vom 19. 8. 1998 – BStBl 1999 II S. 353), Gleiches gilt, wenn der allgemeine Betriebskredit durch ein neues Darlehen abgelöst wird (→ BFH vom 25. 1. 2001 – BStBl II S. 573),

– Finanzierungskosten für ein **unbebautes Grundstück**, sind als vorab entstandene Werbungskosten abziehbar, wenn ein wirtschaftlicher Zusammenhang mit der späteren Bebauung und Vermietung des Gebäudes besteht (→ BFH vom 8. 2. 1983 – BStBl II S. 554). Ein solcher wirtschaftlicher Zusammenhang ist auch bei Erwerb von **Bauerwartungsland** nicht ausgeschlossen, wenn der Stpfl. damit rechnen kann, dass er das Grundstück in absehbarer Zeit bebauen darf und er seine erkennbare Bauabsicht nachhaltig zu verwirklichen versucht (→ BFH vom 4. 6. 1991 – BStBl II S. 761),

– Zum Schuldzinsenabzug bei einem Darlehen für die Herstellung oder Anschaffung eines **teilweise vermieteten und teilweise selbstgenutzten** Gebäudes (→ BMF vom 16. 4. 2004 – BStBl I S. 464), Anhang 19

– Wird ein zur Finanzierung eines vermieteten Grundstücks aufgenommenes Darlehen unter Zahlung einer **Vorfälligkeitsentschädigung** getilgt, das Grundstück jedoch weiterhin zur Vermietung genutzt, ist die Vorfälligkeitsentschädigung als Werbungskosten bei den Einkünften aus Vermietung und Verpachtung abziehbar. Steht die Vorfälligkeitsentschädigung dagegen mit der Veräußerung des Grundstücks im Zusammenhang, kommt ein Abzug als Werbungskosten bei den Einkünften aus Vermietung und Verpachtung selbst dann nicht in Betracht, wenn mit dem abgelösten Darlehen sofort abziehbare Aufwendungen finanziert worden sind oder wenn mit dem Veräußerungserlös eine andere Einkunftsquelle (z. B. ein anderes Mietobjekt) begründet wird; → H 20.1 (Vorfälligkeitsentschädigung) (→ BFH vom 6. 12. 2005 – BStBl 2006 II S. 265),

– Schuldzinsen, die auf die Zeit **nach Beendigung der Nutzung** zur Erzielung von Einkünften aus Vermietung und Verpachtung entfallen, sind nicht als Werbungskosten abziehbar, wenn die Kreditmittel der **Finanzierung von Anschaffungs- oder Herstellungskosten** gedient haben (→ BFH vom 16. 9. 1999 – BStBl 2001 II S. 528),

– Schuldzinsen, die nach **Zwangsversteigerung** eines zuvor vermieteten Grundstücks entstehen, weil der Versteigerungserlös nicht zur Tilgung des zur Finanzierung der Anschaffungs- oder Herstellungskosten aufgenommenen Kredits ausreicht, sind nicht als Werbungskosten abziehbar (→ BFH vom 12. 11. 1991 – BStBl 1992 II S. 289),

– **Nach Aufgabe der Vermietungstätigkeit** gezahlte Schuldzinsen für Kreditmittel, die zur **Finanzierung sofort abziehbarer Werbungskosten** während der Vermietungsphase verwendet worden sind, sind als nachträgliche Werbungskosten bei den Einkünften aus Vermietung und Verpachtung zu berücksichtigen. Es kommt nicht darauf an, ob ein etwaiger Veräußerungserlös zur Schuldentilgung ausgereicht hätte (→ BMF vom 3. 5. 2006 – BStBl I S. 363). Anhang 19

– Zu den Schuldzinsen gehören auch die **Nebenkosten der Darlehensaufnahme** und sonstige Kreditkosten einschließlich der Geldbeschaffungskosten. Danach sind auch **Notargebühren** zur Besicherung eines Darlehens (→ BFH vom 1. 10. 2002 – BStBl 2003 II S. 399) oder **Abschlussgebühren** eines Bausparvertrags, der bestimmungsgemäß der Ablösung eines Finanzierungsdarlehens zum Erwerb einer vermieteten Immobilien dient (→ BFH vom 1. 10. 2002 – BStBl 2003 II S. 398) als Werbungskosten abziehbare Schuldzinsen,

– **Damnum** oder **Zinsbegrenzungsprämie** sind in Höhe des vom jeweiligen Darlehensnehmer an das Kreditinstitut gezahlten Betrags als Werbungskosten abziehbar, soweit unter Berücksichtigung der jeweiligen Zinsbelastung die marktüblichen Beträge nicht überschritten werden (→ BMF vom 20. 10. 2003 – BStBl I S. 546). Dem Veräußerer erstattete Damnum-/Disagiobeträge gehören beim Erwerber zu den Anschaffungskosten und sind nicht als Werbungskosten abziehbar, wenn die verpflichtende Erstattung des Damnums/Disagios im Kaufvertrag als Teil des Kaufpreises vereinbart worden ist. Sind hingegen die Konditionen für die Schuldübernahme und die damit verbundene Bezahlung des Damnums/Disagios unabhängig vom Kaufpreis des Grundstücks vereinbart worden und der Grundstückskauf nicht zwingend an die Schuldübernahme gekoppelt, kann die Damnumerstattung zu den eigenen Finanzierungskosten des Erwerbers zu rechnen sein, für die der Werbungskostenabzug zulässig ist (→ BMF vom 17. 2. 1981 – BStBl II S. 466),

– Nehmen **Ehegatten gemeinsam ein gesamtschuldnerisches Darlehen** zur Finanzierung eines vermieteten Gebäudes auf, das einem von ihnen gehört, sind die Schuldzinsen in vollem Umfang als Werbungskosten bei den Einkünften aus Vermietung und Verpachtung des Eigentümerehegatten abziehbar, gleichgültig aus wessen Mitteln sie gezahlt werden (→ BFH vom 2. 12. 1999 – BStBl 2000 II S. 310),

– Nehmen Eheleute gemeinsam ein gesamtschuldnerisches Darlehen zur Finanzierung eines vermieteten Gebäudes auf, das einem von ihnen gehört, so werden die Zins- und Tilgungsleistungen des Nichteigentümer-Ehegatten dem Eigentümer-Ehegatten mit der Folge zugerechnet, dass ihm auch der Wert dieser Leistungen zufließt – Weiterentwicklung des BFH-Urteils vom 2. 12. 1999 (BStBl 2000 II S. 310) – (BFH vom 19. 8. 2008 – BStBl 2009 II S. 299),

– Nimmt ein **Ehegatte allein ein Darlehen** zur Finanzierung eines vermieten Gebäudes auf, das dem anderen Ehegatten gehört, sind die vom Nichteigentümerehegatten gezahlten Schuldzinsen nicht abziehbar. Dies gilt selbst dann, wenn der Eigentümerehegatte für das Darlehen eine selbstschuldnerische Bürgschaft übernimmt und ein auf seinem Gebäude lastenden Grundpfandrechte als Sicherheit einsetzt. Die Schuldzinsen können jedoch abgezogen werden, wenn der Eigentümerehegatte sie aus eigenen Mitteln bezahlt, zum Beispiel wenn er seine Mieteinnahmen mit der Maßgabe auf das Konto des anderen Ehegatten überweist, dass dieser daraus die Schuldzinsen entrichten soll (→ BFH vom 2. 12. 1999 – BStBl 2000 II S. 310 und S. 312),

– Sind **Darlehen** zur Finanzierung eines vermieteten Gebäudes, das einem Ehegatten gehört, **teils von den Eheleuten gemeinschaftlich, teils allein vom Nichteigentümerehegatten** aufgenommen worden und wird der Zahlungsverkehr für die Immobilie insgesamt über ein Konto des Nichteigentümerehegatten abgewickelt, werden aus den vom Eigentümerehegatten auf dieses Konto geleiteten eigenen Mitteln (hier: Mieteinnahmen) vorrangig die laufenden Aufwendungen für die Immobilie und die Schuldzinsen für die gemeinschaftlich aufgenommenen Darlehen abgedeckt. Nur soweit die eingesetzten Eigenmittel (Mieteinnahmen) des Eigentümerehegatten darüber hinaus auch die allein vom Nichteigentümerehegatten geschuldeten Zinsen abzudecken vermögen, sind diese Zinsen als Werbungskosten des Eigentümerehegatten abziehbar (→ BFH vom 4. 9. 2000 – BStBl 2001 II S. 785),

– Schuldzinsen für ein der Erfüllung der Zugewinnausgleichsverpflichtung und damit unmittelbar privaten Zwecken dienendes Darlehen sind auch dann nicht als Werbungskosten bei den Einkünften aus Vermietung und Verpachtung abzugsfähig, wenn die Zugewinnausgleichszahlung zugleich der Ablösung eines einkünfterelevanten Darlehens dient (→ FG Düsseldorf vom 20. 1. 2011 – 14 K 2239/09 E, AO – Rev. – IX R 35/11),

– Wird eine durch ein Darlehen finanzierte Immobilie **veräußert** und unter Aufrechterhaltung des Darlehens nur ein Teil des Verkaufserlöses dazu verwendet, durch die Anschaffung einer anderen Immobilie Einkünfte aus Vermietung und Verpachtung zu erzielen, können aus dem **fortgeführten Darlehen** nicht mehr an Schuldzinsen als Werbungskosten abgezogen werden als dem Anteil der Anschaffungskosten der neuen Immobilie an dem gesamten Verkaufserlös entspricht (→ BFH vom 8. 4. 2003 – BStBl II S. 706),

– Schuldzinsen, die der Erwerber eines zum Vermieten bestimmten Grundstücks vereinbarungsgemäß für den **Zeitraum nach dem Übergang von Besitz, Nutzen, Lasten und Gefahren** bis zur später eintretenden Fälligkeit des Kaufpreises an den Veräußerer zahlt, sind als Werbungskosten abziehbar (→ BFH vom 27. 7. 2004 – BStBl II S. 1002),

– Wird ein als Darlehen empfangener Geldbetrag nicht zur Begleichung von Aufwendungen im Zusammenhang mit der Vermietungstätigkeit genutzt, sondern in einen **Cash-Pool** eingebracht, aus dem später die Kosten bestritten werden, sind die Schuldzinsen nicht als Werbungskosten abziehbar (→ BFH vom 29. 3. 2007 – BStBl II S. 645),

– Aufwendungen für ein zur Finanzierung von Versicherungsbeiträgen aufgenommenes **Darlehen** können als Werbungskosten abziehbar sein, wenn die **Kapitallebensversicherung** der

Rückzahlung von Darlehen dient, die zum Erwerb von Mietgrundstücken aufgenommen worden sind (→ BFH vom 25. 2. 2009 – BStBl II S. 459),

– *Bauzeitzinsen, die während der Herstellungsphase, in der noch keine Vermietungsabsicht bestand, entstanden sind, stellen keine vorweggenommenen Werbungskosten dar. Sie können in die Herstellungskosten des Gebäudes einbezogen werden, wenn das fertiggestellte Gebäude durch Vermietung genutzt wird (→ BFH vom 23.5.2012 – BStBl II S. 674).*

– Darlehenszinsen können nur dann bei der gesonderten und einheitlichen Feststellung der Einkünfte aus einer Kommanditbeteiligung als Sonderwerbungskosten abgezogen werden, wenn ein Finanzierungszusammenhang zwischen der Darlehensaufnahme und dem Erwerb der Beteiligung besteht, was anhand der tatsächlichen Verwendung der aufgenommenen Gelder zu beurteilen ist.
Der für den Abzug von Schuldzinsen als WK erforderliche Finanzierungszusammenhang zwischen Darlehen und Einkünften fehlt, wenn der Stpfl. die durch den Erwerb der Einkunftsquelle bedingte Überziehung des Girokontos zunächst durch Eigenmittel zurückführt und einen erst hiernach entstehenden neuen Schuldsaldo durch die Aufnahme eines Darlehens ausgleicht.
→ BFH vom 25. 5. 2011 (BFH/NV 2012 S. 14)

Fonds, geschlossene

– Zur Abgrenzung zwischen Werbungskosten, Anschaffungskosten und Herstellungskosten → BMF vom 20. 10. 2003 (BStBl I S. 546). Anhang 19
– Provisionsrückzahlungen, die der Eigenkapitalvermittler Fondsgesellschaftern gewährt, mindern die Anschaffungskosten der Immobilie, weil die Provisionszahlungen zu den Anschaffungskosten gehören (→ BFH vom 26. 2. 2002 – BStBl II S. 796).

Negative Einnahmen

Mietentgelte, die der Verfügungsberechtigte nach § 7 Abs. 7 Satz 2 VermG an den Restitutionsberechtigten herausgibt, sind im Jahr des Abflusses negative Einnahmen (→ BFH vom 11. 1. 2005 – BStBl II S. 456).

Nießbrauch und andere Nutzungsrechte

Zur einkommensteuerrechtlichen Behandlung des Nießbrauchs und anderer Nutzungsrechte bei Einkünften aus Vermietung und Verpachtung → BMF vom 24. 7. 1998 (BStBl I S. 914) unter Berücksichtigung der Änderungen durch BMF vom 9. 2. 2001 (BStBl I S. 171) und vom 29. 5. 2006 (BStBl I S. 392). Anhang 19

Sinngemäße Anwendung des § 15a EStG

– Zur Haftung und zur Unwahrscheinlichkeit der Inanspruchnahme eines Gesellschafters einer GbR mit Einkünften aus Vermietung und Verpachtung → BMF vom 30. 6. 1994 (BStBl I S. 355),
– Bei der Ermittlung des Ausgangswertes für die Höhe der verrechenbaren Werbungskostenüberschüsse gem. § 15a Abs. 4 Satz 1 i. V. m. § 21 Abs. 1 Satz 2 EStG der Gesellschafter einer KG mit positiven Einkünften aus Kapitalvermögen und negativen Einkünften aus Vermietung und Verpachtung sind die Einkünfte aus Kapitalvermögen einzubeziehen (→ BFH vom 15. 10. 1996 – BStBl 1997 II S. 250).

– Wird bei dem Erwerb des Anteils an einer vermögensverwaltenden Kommanditgesellschaft das negative Kapitalkonto mit der Verpflichtung übernommen, es mit künftigen Gewinnanteilen zu verrechnen, liegen insoweit erst dann (weitere) Anschaffungskosten vor, wenn solche zur Verrechnung führenden Gewinnanteile entstehen (→ BFH vom 28. 3. 2007 – BFH/NV 2007 S. 1845).

Sozialpädagogische Lebensgemeinschaft

Bei der Vermietung von gemeinschaftlich genutzten Räumen an den Betrieb einer sozialpädagogischen Lebensgemeinschaft stellt die Aufteilung nach der Zahl der Nutzer einer Wohnung einen objektiven Maßstab dar, der eine sichere und leichte Abgrenzung einer steuerbaren Raumnutzung von der privaten Wohnnutzung ermöglicht (→ BFH vom 25. 6. 2009 – BStBl 2010 II S. 122).

Treuhandverhältnisse

– Zur Zurechnung von Einkünften aus Vermietung und Verpachtung bei Treuhandverhältnissen → BMF vom 1. 9. 1994 (BStBl I S. 604),
– Zur sinngemäßen Anwendung von § 15a Abs. 5 Nr. 2 EStG bei Treuhandverhältnissen → BFH vom 25. 7. 1995 (BStBl 1996 II S. 128).

Verrechenbare Werbungskostenüberschüsse

Bei der Ermittlung des Ausgangswertes für die Höhe der verrechenbaren Werbungskostenüberschüsse gem. § 15a Abs. 4 Satz 1 i. V. m. § 21 Abs. 1 Satz 2 EStG der Gesellschafter einer KG mit positiven Einkünften aus Kapitalvermögen und negativen Einkünften aus Vermietung und Verpachtung sind die Einkünfte aus Kapitalvermögen einzubeziehen (→ BFH vom 15. 10. 1996 – BStBl 1997 II S. 250).

Werbungskosten

– **Abfindungszahlungen an den Mieter** stellen Werbungskosten bei den Einkünften aus Vermietung und Verpachtung dar, wenn durch die Entfernung des bisherigen Mieters eine neue Nutzung ermöglicht werden soll. Unerheblich ist dabei, ob der Vermieter schon bei Erwerb des Vermietungsobjekts die Abbruchabsicht des neuen Nutzers kennt (→ FG Hamburg vom 7. 4. 1999 – DStRE 1999 S. 832).

– Die **Abbruch- und Aufräumkosten** für ein Gebäude, das ein Stpfl. zunächst zur Erzielung von Vermietungseinkünften nutzt, das dann aber wirtschaftlich und technisch verbraucht ist, sind auch dann als (nachträgliche) Werbungskosten abziehbar, wenn das Grundstück in Zukunft nicht mehr zur Einkunftserzielung, sondern vom Eigentümer selber genutzt wird (→ BFH vom 31. 3. 1998 – BFH/NV 1998 S. 1212).

– → Erhaltungsaufwand

– → Finanzierungskosten

– Die nach dem WEG an den Verwalter gezahlten **Beiträge zur Instandhaltungsrücklage** sind erst bei Verausgabung der Beträge für Erhaltungsmaßnahmen als Werbungskosten abziehbar (→ BFH vom 26. 1. 1988 – BStBl II S. 577),

– Als **dauernde Last** zu beurteilende wiederkehrende Leistungen zum Erwerb eines zum Vermieten bestimmten Grundstücks führen nur in Höhe des in ihnen enthaltenen **Zinsanteils** zu sofort abziehbaren Werbungskosten; in Höhe des Barwerts der dauernden Last liegen Anschaffungskosten vor, die, soweit der Barwert auf das Gebäude entfällt, in Form von AfA als Werbungskosten abziehbar sind (→ BFH vom 9. 2. 1994 – BStBl 1995 II S. 47),

– **Aussetzungszinsen für Grunderwerbsteuer** eines zur Erzielung von Mieteinkünften dienenden Gebäudes gehören zu den sofort abzugsfähigen Werbungskosten (→ BFH vom 25. 7. 1995 – BStBl II S. 835),

– Ein gesondertes **Honorar** für tatsächlich **nicht erbrachte Architektenleistung** gehört nicht zu den Herstellungskosten eines später errichteten anderen Gebäudes, sondern ist als Werbungskosten abziehbar (→ BFH vom 8. 9. 1998 – BStBl 1999 II S. 20).

– **Reparaturen, die mit Mitteln einer einbehaltenen Kaution durchgeführt werden**, führen grundsätzlich zu Werbungskosten (→ BFH vom 11. 7. 2000 – BStBl 2001 II S. 784),

– **Vergütungen** für einen ausschließlich zur Vermögenssorge bestellten **Betreuer** stellen Werbungskosten bei den mit dem verwalteten Vermögen erzielten Einkünften dar, sofern die Tätigkeit des Betreuers weder einer kurzfristigen Abwicklung des Vermögens noch der Verwaltung ertraglosen Vermögens dient (→ BFH vom 14. 9. 1999 – BStBl 2000 II S. 69).

– → Zweitwohnungssteuer.

– Auch nach Aufgabe der Einkünfteerzielungsabsicht können vorab entstandene **vergebliche Werbungskosten** abziehbar sein, wenn sie getätigt worden sind, um sich aus einer gescheiterten Investition zu lösen und so die Höhe der vergeblich aufgewendeten Kosten zu begrenzen (→ BFH vom 15. 11. 2005 – BStBl 2006 II S. 258 und vom 7. 6. 2006 – BStBl II S. 803),

– Aufwendungen für ein **Schadstoff-Gutachten**, das der Feststellung der durch einen Mieter verursachten Bodenverunreinigungen dient, können als Werbungskosten abziehbar sein (→ BFH vom 17. 7. 2007 – BStBl II S. 941).

Keine Werbungskosten

– Aufwendungen zur **Schadensbeseitigung**, zu denen sich der Verkäufer im Kaufvertrag über sein Mietwohngrundstück verpflichtet hat (→ BFH vom 23. 1. 1990 – BStBl II S. 465),

– Zahlungen anteiliger Grundstückserträge an den geschiedenen Ehegatten auf Grund eines **Scheidungsfolgevergleichs** zur Regelung des Zugewinnausgleichs (→ BFH vom 8. 12. 1992 – BStBl 1993 II S. 434),

– **Veruntreute Geldbeträge** durch einen Miteigentümer (→ BFH vom 20. 12. 1994 – BStBl 1995 II S. 534),

– Aufwendungen für die **geplante** Veräußerung eines Grundstücks, auch wenn das Grundstück tatsächlich weiterhin vermietet wird (→ BFH vom 19. 12. 1995 – BStBl 1996 II S. 198),

- Aufwendungen, die auf eine Zeit entfallen, in der der Stpfl. die Absicht hatte, die angeschaffte oder hergestellte Wohnung **selbst zu beziehen**, auch wenn er sich anschließend zu deren Vermietung entschlossen hat (→ BFH vom 23. 7. 1997 – BStBl 1998 II S. 15),

- Aufwendungen eines mit einem vermieteten Grundstück Beschenkten, die auf Grund eines **Rückforderungsanspruchs** des Schenkers wegen Verarmung gem. § 528 Abs. 1 BGB geleistet werden (→ BFH vom 19. 12. 2000 – BStBl 2001 II S. 342),

- Aufwendungen, die allein oder ganz überwiegend durch die **Veräußerung** des Mietwohnobjekts veranlasst oder die im Rahmen einer Grundstücksveräußerung für vom Verkäufer zu erbringende Reparaturen angefallen sind; dies gilt auch dann, wenn die betreffenden Arbeiten noch während der Vermietungszeit durchgeführt werden (→ BFH vom 14. 12. 2004 – BStBl 2005 II S. 343). *Entsprechendes gilt bei einer gescheiterten Grundstücksveräußerung (→ BFH vom 1. 8. 2012 – BStBl II S. 781).*

- Schadensersatzzahlung zur Beendigung eines Mietverhältnisses wegen einer bewusst herbeigeführten Zwangsversteigerung sind keine Werbungskosten (→ BFH vom 21. 8. 2012 – IX R 21/11),

- Im **Restitutionsverfahren** nach dem VermG zum Ausgleich von Instandsetzungs- und Modernisierungsaufwendungen an einem rückübertragenen Gebäude geleistete Zahlungen (→ BFH vom 11. 1. 2005 – BStBl II S. 477),

- **Abstandszahlungen** an den Mieter zur vorzeitigen Räumung der Wohnung, wenn der Vermieter deren Nutzung zu eigenen Wohnzwecken beabsichtigt (→ BFH vom 7. 7. 2005 – BStBl II S. 760),

- Aufwendungen für die im Treppenhaus eines vermieteten Mehrfamilienhauses vom Vermieter aufgehängten Bilder (→ FG Schleswig-Holstein vom 22. 3. 1995 – EFG 1995 S. 880),

- Besteht an einer Wohnung eines Mietwohngrundstücks ein Wohnrecht, kann der Eigentümer die Aufwendungen (einschl. AfA) für dieses Grundstück insoweit nicht als Werbungskosten bei seinen Einkünften aus Vermietung und Verpachtung abziehen, als sie nach dem Verhältnis der jeweiligen Nutzflächen auf die mit dem Wohnrecht belastete Wohnung entfallen (→ BFH vom 22. 2. 1994 – BFH/NV S. 709),

- Es ist nicht ernstlich zweifelhaft, dass die Aufwendungen für ein unbebautes Grundstück vom Abzug als vorweggenommene Werbungskosten ausgeschlossen sind, wenn zwar wiederholt Anträge auf Verlängerung der Baugenehmigung gestellt wurden, aber nicht substantiiert konkrete Verhandlungen über die Bebauung des 15 Jahre zuvor angeschafften Grundstücks dargetan werden (→ Baden-Württemberg, Stuttgart vom 15. 4. 1995 – EFG 1995 S. 880),

- Von der Gemeinde (wenn auch erst nach Jahren) aufgrund einer Satzungsänderung vom Grundstückseigentümer nachgeforderte Erschließungsbeiträge sind nachträgliche Anschaffungskosten für den Grund und Boden, wenn die Gemeinde lediglich den Berechnungsmaßstab geändert hat, die Beitragspflicht als solche ihren Grund aber nach wie vor in einer erstmaligen Erschließungsmaßnahme hat (→ BFH vom 3. 7. 1997 – BStBl II S. 811),

- Aufwendungen für Schönheitsreparaturen und zur Beseitigung kleinerer Schäden und Abnutzungserscheinungen, die der Stpfl. an einer bisher vermieteten Wohnung vor deren eigenen Nutzung durchführt, sind grundsätzlich keine Werbungskosten bei den Einkünften aus Vermietung und Verpachtung (→ BFH vom 11. 7. 2000 – BStBl 2001 II S. 784).

- **Verluste aus Optionsgeschäften**, auch dann nicht, wenn Mieteinnahmen dazu verwendet werden, die Optionsgeschäfte durchzuführen und beabsichtigt ist, die angelegten Beträge wiederum für Zwecke der Vermietung zu verwenden (→ BFH vom 18. 9. 2007 – BStBl 2008 II S. 26).

Zweitwohnungssteuer

Die Zweitwohnungssteuer ist mit dem auf die Vermietung der Wohnung an wechselnde Feriengäste entfallenden zeitlichen Anteil als Werbungskosten abziehbar (→ BFH vom 15. 10. 2002 – BStBl 2003 II S. 287).

21.3. Verbilligt überlassene Wohnung

[1]In den Fällen des § 21 Abs. 2 EStG ist von der ortsüblichen Marktmiete für Wohnungen vergleichbarer Art, Lage und Ausstattung auszugehen. [2]Die ortsübliche Marktmiete umfasst die ortsübliche Kaltmiete zuzüglich der nach der *Betriebskostenverordnung* umlagefähigen Kosten.

H 21.3 **Hinweise**

Einkünfteerzielungsabsicht bei verbilligter Überlassung einer Wohnung

Anhang 19 → BMF vom 8. 10. 2004 (BStBl I S. 933)

Gewinneinkünfte

– § 21 Abs. 2 EStG ist auf Gewinneinkünfte nicht entsprechend anzuwenden (→ BFH vom 29. 4. 1999 – BStBl II S. 652).

– → H 4.7 (Teilentgeltliche Überlassung)

Ortsübliche Miete

Aus Vereinfachungsgründen können die Grundsätze des BFH-Urteils vom 17. 8. 2005 (BStBl 2006 II S. 71) auch auf die verbillige Vermietung von Wohnungen nach § 21 Abs. 2 EStG übertragen werden. Im Regelfall ist der Ansatz eines Werts innerhalb der Mietpreisspanne also nicht zu beanstanden, auch wenn es der niedrigste Wert ist (→ OFD Rheinland vom 17. 12. 2007 – DB 2008, S. 91).

Überlassung an fremde Dritte

Die Nutzungsüberlassung ist in den Fällen des § 21 Abs. 2 EStG selbst dann in einen entgeltlichen und einen unentgeltlichen Teil aufzuteilen, wenn die Wohnung einem fremden Dritten überlassen wird und der Stpfl. aus vertraglichen oder tatsächlichen Gründen gehindert ist, das vereinbarte Entgelt zu erhöhen (→ BFH vom 28. 1. 1997 – BStBl II S. 605).

R 21.4   21.4. Miet- und Pachtverträge zwischen Angehörigen und Partnern einer nichtehelichen Lebensgemeinschaft

Die für die steuerliche Beurteilung von Verträgen zwischen Ehegatten geltenden Grundsätze können nicht auf Verträge zwischen Partnern einer nichtehelichen Lebensgemeinschaft – ausgenommen eingetragene Lebenspartnerschaften – übertragen werden,[1] es sei denn, dass der Vertrag die gemeinsam genutzte Wohnung betrifft.

H 21.4 **Hinweise**

Fremdvergleich

Im Rahmen des Fremdvergleichs (→ H 4.8) schließt nicht jede Abweichung vom Üblichen notwendigerweise die steuerliche Anerkennung aus. Voraussetzung ist aber, dass die Hauptpflichten der Mietvertragsparteien wie Überlassen einer konkret bestimmten Mietsache und Höhe der zu entrichtenden Miete stets klar und eindeutig vereinbart sowie entsprechend dem Vereinbarten durchgeführt werden. Diese Anforderungen sind auch an nachträgliche Vertragsänderungen zu stellen (→ BFH vom 20. 10. 1997 – BStBl 1998 II S. 106). Die steuerliche Anerkennung des Mietverhältnisses ist danach **nicht allein dadurch ausgeschlossen,** dass

– die Mieterin, nachdem der Vermieter sein Konto aufgelöst hat, die Miete wie mündlich vereinbart vorschüssig bar bezahlt (→ BFH vom 7. 5. 1996 – BStBl 1997 II S. 196),

– keine schriftliche Vereinbarung hinsichtlich der Nebenkosten getroffen worden ist und z. B. der Umfang der auf die Wohnung entfallenden Nebenkosten unter Berücksichtigung der sonstigen Pflichten unbedeutend ist (→ BFH vom 21. 10. 1997 – BStBl 1998 II S. 108 und vom 17. 2. 1998 – BStBl II S. 349),

– ein Mietvertrag mit einem Angehörigen nach seinem Inhalt oder in seiner Durchführung Mängel aufweist, die auch bei einem mit einem Fremden abgeschlossenen Mietverhältnis aufgetreten sind (→ BFH vom 28. 6. 2002 – BStBl II S. 699),

– ein Ehegatte dem anderen seine an dessen Beschäftigungsort belegene und im Rahmen einer doppelten Haushaltsführung genutzte Wohnung zu fremdüblichen Bedingungen vermietet (→ BFH vom 11. 3. 2003 – BStBl II S. 627),

– eine verbillige Vermietung vorliegt (→ BFH vom 22. 7. 2003 – BStBl II S. 806).

---

[1] Anm.: → BFH vom 14. 4. 1988 (BStBl II S. 670).

Das Mietverhältnis ist jedoch steuerlich **nicht anzuerkennen**, wenn

– die Mietzahlungen entgegen der vertraglichen Vereinbarung nicht regelmäßig, sondern in einem späteren Jahr in einem Betrag gezahlt werden (→ BFH vom 19. 6. 1991 – BStBl 1992 II S. 75),

– nicht feststeht, dass die gezahlte Miete tatsächlich endgültig aus dem Vermögen des Mieters in das des Vermieters gelangt. Ein Beweisanzeichen dafür kann sich insbesondere daraus ergeben, dass der Mieter wirtschaftlich nicht oder nur schwer in der Lage ist, die Miete aufzubringen (→ BFH vom 28. 1. 1997 – BStBl II S. 655),

– eine Einliegerwohnung zur Betreuung eines Kleinkindes an die Großeltern vermietet wird, die am selben Ort weiterhin über eine größere Wohnung verfügen (→ BFH vom 14. 1. 1992 – BStBl II S. 549),

– Wohnräume im Haus der Eltern, die keine abgeschlossene Wohnung bilden, an volljährige unterhaltsberechtigte Kinder vermietet werden (→ BFH vom 16. 1. 2003 – BStBl II S. 301).

Nichteheliche Lebensgemeinschaft

Keine einkommensteuerliche Anerkennung eines Mietverhältnisses zwischen Partnern einer nichtehelichen Lebensgemeinschaft über eine gemeinsam bewohnte Wohnung (→ BFH vom 30. 1. 1996 – BStBl II S. 359).

Sicherungsnießbrauch

Die gleichzeitige Vereinbarung eines Nießbrauchs und eines Mietvertrages steht der steuerlichen Anerkennung des Mietverhältnisses jedenfalls dann nicht entgegen, wenn das dingliche Nutzungsrecht lediglich zur Sicherung des Mietverhältnisses vereinbart und nicht tatsächlich ausgeübt wird (→ BFH vom 3. 2. 1998 – BStBl II S. 539).

Vermietung an Angehörige nach Grundstücksübertragung

Eine rechtsmissbräuchliche Gestaltung bei Mietverträgen unter Angehörigen liegt nicht vor, wenn der Mieter

– vor Abschluss des Mietvertrags das Grundstück gegen wiederkehrende Leistungen auf den Vermieter übertragen hat (→ BFH vom 10. 12. 2003 – BStBl 2004 II S. 643),

– auf das im Zusammenhang mit der Grundstücksübertragung eingeräumte unentgeltliche Wohnungsrecht verzichtet und stattdessen mit dem neuen Eigentümer einen Mietvertrag abgeschlossen hat (→ BFH vom 17. 12. 2003 – BStBl 2004 II S. 646).

Das Mietverhältnis ist jedoch wegen rechtsmissbräuchlicher Gestaltung steuerlich nicht anzuerkennen, wenn

– ein im Zusammenhang mit einer Grundstücksübertragung eingeräumtes unentgeltliches Wohnungsrecht gegen Vereinbarung einer dauernden Last aufgehoben und gleichzeitig ein Mietverhältnis mit einem Mietzins in Höhe der dauernden Last vereinbart wird (→ BFH vom 17. 12. 2003 – BStBl 2004 II S. 648).

→ Fremdvergleich

Vermietung an Unterhaltsberechtigte

Mietverträge mit Angehörigen sind nicht bereits deshalb rechtsmissbräuchlich, weil der Stpfl. dem Angehörigen gegenüber unterhaltsverpflichtet ist und die Miete aus den geleisteten Unterhaltszahlungen erbracht wird. Nicht rechtsmissbräuchlich ist daher ein Mietverhältnis mit:

– der unterhaltsberechtigten Mutter (→ BFH vom 19. 12. 1995 – BStBl 1997 II S. 52),

– der volljährigen Tochter und deren Ehemann (→ BFH vom 28. 1. 1997 – BStBl II S. 599),

– dem geschiedenen oder dauernd getrennt lebenden Ehegatten, wenn die Miete mit dem geschuldeten Barunterhalt verrechnet wird (→ BFH vom 16. 1. 1996 – BStBl II S. 214); wird dagegen eine Wohnung auf Grund einer Unterhaltsvereinbarung zu Wohnzwecken überlassen und dadurch der Anspruch des Unterhaltsberechtigten auf Barunterhalt vermindert, liegt kein Mietverhältnis vor (→ BFH vom 17. 3. 1992 – BStBl II S. 1009); zum Abzug des Mietwerts als Sonderausgabe i. S. d. § 10 Abs. 1 Nr. 1 EStG → H 10.2 (Wohnungsüberlassung),

– unterhaltsberechtigten Kindern, auch wenn das Kind die Miete durch Verrechnung mit dem Barunterhalt der Eltern zahlt (→ BFH vom 19. 10. 1999 – BStBl 2000 II S. 223 und S. 224) oder die Miete aus einer einmaligen Geldschenkung der Eltern bestreitet (→ BFH vom 28. 3. 1995 – BStBl 1996 II S. 59). Das Mietverhältnis ist allerdings nicht anzuerkennen, wenn Eltern und Kinder noch eine Haushaltsgemeinschaft bilden (→ BFH vom 19. 10. 1999 – BStBl 2000 II S. 224).

– einem Kind, wenn das Kind in der Lage ist, aus seinen Mitteln die Miete zu entrichten, daneben aber auf Unterhaltszahlungen der Eltern angewiesen ist (→ BFH vom 17. 12. 2002 – BFH/NV 2003 S. 611).

Vorbehaltsnießbrauch

Ist das mit dem Vorbehaltsnießbrauch belastete Grundstück vermietet, erzielt der Nießbraucher Einkünfte aus Vermietung und Verpachtung. Dies gilt auch, wenn der Nießbraucher das Grundstück dem Grundstückseigentümer entgeltlich zur Nutzung überlässt (→ BMF vom 24. 7. 1998 – BStBl I S. 914, unter Berücksichtigung der Änderungen durch BMF vom 9. 2. 2001 – BStBl I S. 171 – Rdnr. 41).

Anhang 19

Wechselseitige Vermietung

Keine einkommensteuerliche Berücksichtigung, wenn planmäßig in etwa gleichwertige Wohnungen von Angehörigen angeschafft bzw. in Wohnungseigentum umgewandelt werden, um sie sogleich wieder dem anderen zu vermieten (→ BFH vom 19. 6. 1991 – BStBl II S. 904 und vom 25. 1. 1994 – BStBl II S. 738). Überträgt dagegen der Alleineigentümer von zwei Eigentumswohnungen einem nahen Angehörigen nicht die an diesen vermietete, sondern die von ihm selbstgenutzte Wohnung, stellt das gleichzeitig für diese Wohnung abgeschlossene Mietverhältnis mit dem nahen Angehörigen keinen Gestaltungsmissbrauch i. S. d. § 42 AO dar (→ BFH vom 12. 9. 1995 – BStBl 1996 II S. 158).

R 21.5   21.5. Behandlung von Zuschüssen

S 2205

(1) [1]Zuschüsse zur Finanzierung von Baumaßnahmen aus öffentlichen oder privaten Mitteln, die keine Mieterzuschüsse sind (z. B. Zuschuss einer Flughafengesellschaft für den Einbau von Lärmschutzfenstern), gehören grundsätzlich nicht zu den Einnahmen aus Vermietung und Verpachtung. [2]Handelt es sich bei den bezuschussten Aufwendungen um Herstellungskosten, sind ab dem Jahr der Bewilligung die AfA, die erhöhten Absetzungen oder die Sonderabschreibungen nach den um den Zuschuss verminderten Herstellungskosten zu bemessen; → R 7.3 Abs. 4 Satz 2 und → R 7a Abs. 4. [3]Das gilt auch bei Zufluss des Zuschusses in mehreren Jahren. [4]Wird der Zuschuss zurückgezahlt, sind vom Jahr des Entstehens der Rückzahlungsverpflichtung an die AfA oder die erhöhten Absetzungen oder die Sonderabschreibungen von der um den Rückzahlungsbetrag erhöhten Bemessungsgrundlage vorzunehmen. [5]Handelt es sich bei den bezuschussten Aufwendungen um Erhaltungsaufwendungen oder Schuldzinsen, sind diese nur vermindert um den Zuschuss als Werbungskosten abziehbar. [6]Fällt die Zahlung des Zuschusses und der Abzug als Werbungskosten nicht in einen VZ, rechnet der Zuschuss im Jahr der Zahlung zu den Einnahmen aus Vermietung und Verpachtung. [7]Wählt der Stpfl. eine gleichmäßige Verteilung nach §§ 11a, 11b EStG oder § 82b EStDV, mindern die gezahlten Zuschüsse im Jahr des Zuflusses die zu verteilenden Erhaltungsaufwendungen. [8]Der verbleibende Betrag ist gleichmäßig auf den verbleibenden Abzugszeitraum zu verteilen. [9]Soweit der Zuschuss die noch nicht berücksichtigten Erhaltungsaufwendungen übersteigt oder wird er erst nach Ablauf des Verteilungszeitraums gezahlt, rechnet der Zuschuss zu den Einnahmen aus Vermietung und Verpachtung. [10]Hat der Stpfl. die Zuschüsse zurückgezahlt, sind sie im Jahr der Rückzahlung als Werbungskosten abzuziehen.

(2) Abweichend von Absatz 1 handelt es sich bei Zuschüssen, die keine Mieterzuschüsse sind, im Kalenderjahr des Zuflusses um Einnahmen aus Vermietung und Verpachtung, wenn sie eine Gegenleistung für die Gebrauchsüberlassung des Grundstücks darstellen (z. B. Zuschuss als Gegenleistung für eine Mietpreisbindung oder Nutzung durch einen bestimmten Personenkreis); § 11 Abs. 1 Satz 3 EStG ist zu beachten.

(3) [1]Vereinbaren die Parteien eines Mietverhältnisses eine Beteiligung des Mieters an den Kosten der Herstellung des Gebäudes oder der Mieträume oder lässt der Mieter die Mieträume auf seine Kosten wieder herrichten und einigt er sich mit dem Vermieter, dass die Kosten ganz oder teilweise verrechnet werden, entsteht dem Mieter ein Rückzahlungsanspruch, der in der Regel durch Anrechnung des vom Mieter aufgewandten Betrags (Mieterzuschuss) auf den Mietzins wie eine Mietvorauszahlung befriedigt wird. [2]Für Mieterzuschüsse ist § 11 Abs. 1 Satz 3 EStG zu beachten. [3]Als vereinnahmte Miete ist dabei jeweils die tatsächlich gezahlte Miete zuzüglich des anteiligen Vorauszahlungsbetrags anzusetzen. [4]Satz 3 gilt nur für die vereinnahmte Nettomiete, nicht für vereinnahmte Umsatzsteuerbeträge. [5]Die AfA nach § 7 EStG und die erhöhten Absetzungen oder Sonderabschreibungen sind von den gesamten Herstellungskosten (eigene Aufwendungen des Vermieters zuzüglich Mieterzuschüsse) zu berechnen. [6]Hat ein Mieter Kosten getragen, die als Erhaltungsaufwand zu behandeln sind, sind aus Vereinfachungsgründen nur die eigenen Kosten des Vermieters als Werbungskosten zu berücksichtigen. [7]Wird ein Gebäude während des Verteilungszeitraums veräußert, in ein Betriebsvermögen eingebracht oder nicht mehr zur Erzielung von Einkünften i. S. d. § 2 Abs. 1 Satz 1 Nr. 4 bis 7 EStG genutzt, ist der noch nicht als Mieteinnahme

berücksichtigte Teil der Mietvorauszahlung in dem betreffenden VZ als Einnahme bei den Einkünften aus Vermietung und Verpachtung anzusetzen. [8]In Veräußerungsfällen erhöhen sich seine Mieteinnahmen insoweit nicht, als unberücksichtigte Zuschussteile durch entsprechende Minderung des Kaufpreises und Übernahme der Verpflichtung gegenüber den Mietern auf den Käufer übergegangen sind.[1)]

(4) Entfallen Zuschüsse auf eine eigengenutzte oder unentgeltlich an Dritte überlassene Wohnung, gilt Folgendes:

1. Handelt es sich bei den bezuschussten Aufwendungen um Herstellungs- oder Anschaffungskosten, für die der Stpfl. die Steuerbegünstigung nach § 10f Abs. 1 EStG oder § 7 FördG, die Eigenheimzulage oder die Investitionszulage nach § 4 InvZulG 1999 in Anspruch nimmt, gilt Absatz 1 Satz 2 bis 4 entsprechend.

2. Handelt es sich bei den bezuschussten Aufwendungen um Erhaltungsaufwand, für den der Stpfl. die Steuerbegünstigung nach § 10f Abs. 2 EStG oder § 7 FördG oder die Investitionszulage nach § 4 InvZulG 1999 in Anspruch nimmt, gilt Absatz 1 Satz 5 und 10 entsprechend.

Hinweise

H 21.5

Zuschüsse

– Zuschüsse, die eine Gemeinde für die Durchführung bestimmter Maßnahmen, die der Erhaltung, Erneuerung und funktionsgerechten Verwendung des Gebäudes dienen, unabhängig von der Nutzung des Gebäudes gewährt, mindern die Herstellungskosten und sind nicht als Einnahmen aus Vermietung und Verpachtung zu behandeln. Die Herstellungskosten sind auch dann um einen Zuschuss zu kürzen, wenn der Stpfl. im Vorjahr einen Zuschuss als Einnahme behandelt hatte (→ BFH vom 26. 3. 1991 – BStBl 1992 II S. 999).

– Der Zuschuss einer Gemeinde zum Bau einer Tiefgarage ohne Vereinbarung einer Mietpreisbindung oder Nutzung durch bestimmte Personen mindert die Herstellungskosten. Die mit dem Zuschuss verbundene Verpflichtung, die Tiefgarage der Öffentlichkeit gegen Entgelt zur Verfügung zu stellen, ist keine Gegenleistung des Empfängers (→ BFH vom 23. 3. 1995 – BStBl II S. 702).

– Öffentliche Fördermittel (Zuschüsse oder nicht rückzahlbare Darlehen), die ein Bauherr im Rahmen des sog. Dritten Förderungswegs für Belegungs- und Mietpreisbindungen erhält, sind im Zuflussjahr Einnahmen aus Vermietung und Verpachtung (→ BFH vom 14. 10. 2003 – BStBl 2004 II S. 14).

21.6. Miteigentum und Gesamthand

R 21.6

[1]Die Einnahmen und Werbungskosten sind den Miteigentümern grundsätzlich nach dem Verhältnis der nach bürgerlichem Recht anzusetzenden Anteile zuzurechnen. [2]Haben die Miteigentümer abweichende Vereinbarungen getroffen, sind diese maßgebend, wenn sie bürgerlichrechtlich wirksam sind und hierfür wirtschaftlich vernünftige Gründe vorliegen, die grundstücksbezogen sind. [3]AfA oder erhöhte Absetzungen und Sonderabschreibungen können nur demjenigen Miteigentümer zugerechnet werden, der die Anschaffungs- oder Herstellungskosten getragen hat.

Hinweise

H 21.6

Abweichende Zurechnung

– Treffen Angehörige als Miteigentümer eine vom zivilrechtlichen Beteiligungsverhältnis abweichende Vereinbarung über die Verteilung der Einnahmen und Ausgaben, ist diese steuerrechtlich nur beachtlich, wenn sie in Gestaltung und Durchführung dem zwischen fremden Dritten Üblichen entspricht; Korrekturmöglichkeit einer unzutreffenden Verteilung im gerichtlichen Verfahren auch dann noch, wenn Gesamtüberschuss bestandskräftig festgestellt ist, weil lediglich die Verteilung des festgestellten Überschusses angefochten wurde (→ BFH vom 31. 3. 1992 – BStBl II S. 890).

– Trägt der Gesellschafter einer GbR deren Werbungskosten über den seiner Beteiligung entsprechenden Anteil hinaus, sind ihm diese Aufwendungen im Rahmen der einheitlichen und gesonderten Feststellung der Einkünfte aus Vermietung und Verpachtung der Gesellschaft ausnahmsweise dann allein zuzurechnen, wenn insoweit weder eine Zuwendung an Mitgesellschafter beabsichtigt ist noch gegen diese ein durchsetzbarer Ausgleichsanspruch besteht (→ BFH vom 23. 11. 2004 – BStBl 2005 II S. 454).

[1)] Anm.: → BFH vom 28. 6. 1977 (BStBl 1978 II S. 91).

- Die familienrechtliche Unterhaltspflicht eines Miteigentümers gegenüber anderen Miteigentümern ist für die einkommensteuerrechtliche Zuordnung der Einkünfte unbeachtlich (→ BFH vom 22. 3. 1994 – BFH/NV 1995 S. 16).
- Erzielen Miteigentümer eines Wohn- und Geschäftshauses aus der gemeinsamen Vermietung einer Wohnung gemeinschaftlich Einkünfte aus Vermietung und Verpachtung, so sind diese unabhängig davon, ob und in welchem Umfang die Miteigentümer die übrigen Räumlichkeiten des Hauses jeweils selbst nutzen, den Miteigentümern grundsätzlich entsprechend ihren Miteigentumsanteilen zuzurechnen und gesondert und einheitlich festzustellen (→ BMF vom 26. 1. 1999 – BStBl II S. 360).

Einbringung von Miteigentumsanteilen

→ H 7.3 (Anschaffungskosten)

Mietverhältnis zwischen GbR und Gesellschafter

Der Mietvertrag zwischen einer GbR und einem Gesellschafter ist steuerrechtlich nicht anzuerkennen, soweit diesem das Grundstück nach § 39 Abs. 2 Nr. 2 AO anteilig zuzurechnen ist (→ BFH vom 18. 5. 2004 – BStBl II S. 898).

Miteigentum

A und B sind zu je ½ Miteigentümer eines Hauses mit drei gleich großen Wohnungen. Wohnung 1 vermietet die Gemeinschaft an B zu Wohnzwecken, Wohnung 2 überlassen A und B ihren Eltern unentgeltlich zu Wohnzwecken, Wohnung 3 wird an Dritte vermietet.

Hinsichtlich Wohnung 3 ist davon auszugehen, dass A und B diese gemeinschaftlich vermieten (→ BFH vom 26. 1. 1999 – BStBl II S. 360). Auch Wohnung 2 nutzen A und B durch die unentgeltliche Überlassung an die Eltern gemeinschaftlich. Die Nutzung von Wohnung 1 durch B zu eigenen Wohnzwecken führt nicht zum vorrangigen „Verbrauch" seines Miteigentumsanteils. Bei gemeinschaftlichem Bruchteilseigentum wird die Sache selbst weder real noch ideell geteilt; geteilt wird nur die Rechtszuständigkeit am gemeinschaftlichen Gegenstand. Dementsprechend ist nicht das Gebäude, sondern – im Rahmen einer Vereinbarung nach § 745 Abs. 1 BGB – das Nutzungsrecht am Gebäude zwischen A und B aufgeteilt worden. A hat B – abweichend von § 743 Abs. 2 BGB – einen weiter gehenden Gebrauch der gemeinschaftlichen Sache eingeräumt. Hierfür stünde A ein Entschädigungsanspruch aus § 745 Abs. 2 BGB zu. Stattdessen hat er zugunsten von B gegen Entgelt auf sein Mitgebrauchsrecht verzichtet und B die Wohnung 1 zur Alleinnutzung überlassen. A erzielt insoweit Einkünfte aus Vermietung und Verpachtung (→ BFH vom 18. 5. 2004 – BStBl II S. 929).

Anm.:
Die OFD Münster hat mit Vfg. vom 21. 1. 2005 (DStR 2005, S. 380) das vorstehend abgedruckte Beispiel in Bezug auf die Einkünfteermittlung und die Eigenheimzulagenberechtigung wie folgt ergänzt:

- Die Geschwister A und B sind zu je 1/2 Miteigentümer eines Hauses. In dem Haus befinden sich drei Wohnungen mit je 60 m^2 Wohnfläche. Die Anschaffungskosten i. H. v. 380 000 € (Anteil Grund und Boden: 80 000 €) wurden von A und B entsprechend ihren Miteigentumsanteilen getragen. Die Wohnungen werden wie folgt genutzt:

EG: Vermietung durch die Grundstücksgemeinschaft an B zu eigenen Wohnzwecken

I. OG: Unentgeltliche Überlassung an die Eltern von A und B zu eigenen Wohnzwecken

II. OG: Vermietung durch die Grundstücksgemeinschaft an einen fremden Dritten

- Die Miete für das EG und das II. OG beträgt mit Umlagen je 500 € mtl., auf das gesamte Haus entfallen Aufwendungen (ohne AfA) i. H. v. 9 000 €.

Ermittlung der Einkünfte aus Vermietung und Verpachtung:

Einnahmen:	A	B	Summe
– EG: 1/2 von 500 € × 12 (Zurechnung nur bei A)	3 000 €	–	3 000 €
– I. OG:	–	–	–
– II. OG: 500 € × 12	3 000 €	3 000 €	6 000 €
Summe Einnahmen:	6 000 €	3 000 €	9 000 €
Werbungskosten			
– AfA EG: 2 % von 100 000 € = 2 000 €, Ansatz nur bei A zu 1/2	1 000 €	–	1 000 €
– AfA I. OG: kein Ansatz mangels Einkunftserzielungsabsicht	–	–	–

Einnahmen:	A	B	Summe
– AfA II. OG: 2 % von 100 000 € = 2 000 €, Ansatz bei A und B zu je 1/2	1 000 €	1 000 €	2 000 €
– Sonstige WK EG: 1/3 von 9 000 €, Ansatz nur bei A zu 1/2	1 500 €	–	12 500 €
– Sonstige WK I. OG: 1/3 von 9 000 €, kein Ansatz	–	–	–
– Sonstige WK II. OG: 1/3 von 9 000 €, Ansatz bei A und B zu je 1/2	1 500 €	1 500 €	32 000 €
Summe der Werbungskosten	5 000 €	2 500 €	7 500 €
Einkünfte aus Vermietung und Verpachtung	1 000 €	500 €	1 500 €

Unterbeteiligung an einer Personengesellschaft

Ein Unterbeteiligter an einer Personengesellschaft erzielt dann keine Einkünfte aus Vermietung und Verpachtung, wenn er nicht nach außen als Vermieter in Erscheinung tritt und der Hauptbeteiligte ihn nur auf schuldrechtlicher Grundlage am Einnahmeüberschuss und am Auseinandersetzungsguthaben beteiligt sowie ihm nur in bestimmten Gesellschaftsangelegenheiten Mitwirkungsrechte einräumt (→ BFH vom 17. 12. 1996 – BStBl 1997 II S. 406).

Verfahren bei der Geltendmachung von negativen Einkünften aus der Beteiligung an Verlustzuweisungsgesellschaften und vergleichbaren Modellen

→ BMF vom 13. 7. 1992 (BStBl I S, 404) und vom 28. 6. 1994 (BStBl I S. 420).

Zebra-Gesellschaft

Hält ein Gesellschafter einer vermögensverwaltenden Gesellschaft seine Beteiligung im Betriebsvermögen (sog. Zebragesellschaft), werden die ihm zuzurechnenden Beteiligungseinkünfte erst auf Ebene des Gesellschafters – nicht bereits auf der Ebene der vermögensverwaltenden Gesellschaft – in betriebliche Einkünfte umqualifiziert (→ BFH vom 11. 4. 2005 – BStBl II S. 679).

21.7. Substanzausbeuterecht   R 21.7

– unbesetzt –

S 2253

Hinweise   H 21.7

Abgrenzung Pacht-/Kaufvertrag

– Ein Kaufvertrag über die im Boden befindlichen Mineralien oder sonstigen Bestandteile kann grundsätzlich nur angenommen werden, wenn der Grund und Boden mitveräußert wird oder die einmalige Lieferung einer fest begrenzten Menge von Bodenbestandteilen Gegenstand des Vertrages ist (→ BFH vom 19. 7. 1994 – BStBl II S. 846),

– Einnahmen aus Vermietung und Verpachtung sind:

  – Entgelte für die Ausbeute von Bodenschätzen (→ BFH vom 21. 7. 1993 – BStBl 1994 II S. 231 und vom 4. 12. 2006 – BStBl 2007 II S. 508),

  – Entgelt für die Überlassung eines Grundstücks, wenn dieses zwar bürgerlich-rechtlich übereignet wird, die Vertragsparteien aber die Rückübertragung nach Beendigung der Ausbeute vereinbaren (→ BFH vom 5. 10. 1973 – BStBl 1974 II S. 130); dies gilt auch bei zusätzlicher Vereinbarung einer Steuerklausel, wenn diese dem Finanzamt nicht rechtzeitig offenbart wird (→ BFH vom 24. 11. 1992 – BStBl 1993 II S. 296),

  – Entgelt aus dem Verkauf eines bodenschatzführenden Grundstücks, wenn die Auslegung der Bestimmungen des Kaufvertrags ergibt oder aus außerhalb des Vertrags liegenden Umständen zu ersehen ist, dass die Vertragsparteien keine dauerhafte Eigentumsübertragung, sondern eine zeitlich begrenzte Überlassung zur Substanzausbeute anstreben (→ BFH vom 21. 7. 1993 – BStBl 1994 II S. 231).

Entschädigungen

Neben Förderzinsen zum Abbau von Bodenschätzen gezahlte Entschädigungen für entgangene/entgehende Einnahmen sind keine Einnahmen aus Vermietung und Verpachtung, sondern Betriebseinnahmen, wenn die Flächen im Betriebsvermögen bleiben (→ BFH vom 15. 3. 1994 – BStBl II S. 840).

Wertminderung des Grund und Bodens

Wird die Substanz bislang land- und forstwirtschaftlich genutzten Grund und Bodens durch den Abbau eines Bodenvorkommens zerstört oder wesentlich beeinträchtigt, steht die Verlustausschlussklausel des § 55 Abs. 6 EStG der Berücksichtigung der Wertminderung als Werbungskosten bei den Einkünften aus Vermietung und Verpachtung entgegen (→ BFH vom 16. 10. 1997 – BStBl 1998 II S. 185).

g) Sonstige Einkünfte (§ 2 Abs. 1 Satz 1 Nr. 7)

EStG
S 2206
S 2212
S 2218
S 2255

§ 22   Arten der sonstigen Einkünfte

Sonstige Einkünfte sind

1. Einkünfte aus wiederkehrenden Bezügen, soweit sie nicht zu den in § 2 Absatz 1 Nummer 1 bis 6 bezeichneten Einkunftsarten gehören; § 15b ist sinngemäß anzuwenden. ²Werden die Bezüge freiwillig oder auf Grund einer freiwillig begründeten Rechtspflicht oder einer gesetzlich unterhaltsberechtigten Person gewährt, so sind sie nicht dem Empfänger zuzurechnen; dem Empfänger sind dagegen zuzurechnen

   a) Bezüge, die von einer Körperschaft, Personenvereinigung oder Vermögensmasse außerhalb der Erfüllung steuerbegünstigter Zwecke im Sinne der §§ 52 bis 54 der Abgabenordnung gewährt werden, und

   b) Bezüge im Sinne des § 1 der Verordnung über die Steuerbegünstigung von Stiftungen, die an die Stelle von Familienfideikommissen getreten sind, in der im Bundesgesetzblatt Teil III, Gliederungsnummer 611-4-3, veröffentlichten bereinigten Fassung.

   ³Zu den in Satz 1 bezeichneten Einkünften gehören auch

   a) Leibrenten und andere Leistungen,

   ¹) aa) die aus den gesetzlichen Rentenversicherungen, den landwirtschaftlichen Alterskassen, den berufsständischen Versorgungseinrichtungen und aus Rentenversicherungen im Sinne des § 10 Absatz 1 Nummer 2 Buchstabe b erbracht werden, soweit sie jeweils der Besteuerung unterliegen. ²Bemessungsgrundlage für den der Besteuerung unterliegenden Anteil ist der Jahresbetrag der Rente. ³Der der Besteuerung unterliegende Anteil ist nach dem Jahr des Rentenbeginns und dem in diesem Jahr maßgebenden Prozentsatz aus der nachstehenden Tabelle zu entnehmen:

Jahr des Rentenbeginns	Besteuerungsanteil in %
bis 2005	50
ab 2006	52
2007	54
2008	56
2009	58
2010	60
2011	62
2012	64
2013	66
2014	68
2015	70
2016	72
2017	74
2018	76

---

¹) *Nummer 1 Satz 3 Buchstabe a Doppelbuchstabe aa wurde durch das LSV-NOG ab VZ 2013 geändert.*
Anm:
Die Angabe „den landwirtschaftlichen Alterskassen," wurde durch die Angabe „der landwirtschaftlichen Alterskasse" ersetzt.

Jahr des Rentenbeginns	Besteuerungsanteil in %
2019	78
2020	80
2021	81
2022	82
2023	83
2024	84
2025	85
2026	86
2027	87
2028	88
2029	89
2030	90
2031	91
2032	92
2033	93
2034	94
2035	95
2036	96
2037	97
2038	98
2039	99
2040	100

[4]Der Unterschiedsbetrag zwischen dem Jahresbetrag der Rente und dem der Besteuerung unterliegenden Anteil der Rente ist der steuerfreie Teil der Rente. [5]Dieser gilt ab dem Jahr, das dem Jahr des Rentenbeginns folgt, für die gesamte Laufzeit des Rentenbezugs. [6]Abweichend hiervon ist der steuerfreie Teil der Rente bei einer Veränderung des Jahresbetrags der Rente in dem Verhältnis anzupassen, in dem der veränderte Jahresbetrag der Rente zum Jahresbetrag der Rente steht, der der Ermittlung des steuerfreien Teils der Rente zugrunde liegt. [7]Regelmäßige Anpassungen des Jahresbetrags der Rente führen nicht zu einer Neuberechnung und bleiben bei einer Neuberechnung außer Betracht. [8]Folgen nach dem 31. Dezember 2004 Renten aus derselben Versicherung einander nach, gilt für die spätere Rente Satz 3 mit der Maßgabe, dass sich der Prozentsatz nach dem Jahr richtet, das sich ergibt, wenn die Laufzeit der vorhergehenden Renten von dem Jahr des Beginns der späteren Rente abgezogen wird; der Prozentsatz kann jedoch nicht niedriger bemessen werden als der für das Jahr 2005;

bb) die nicht solche im Sinne des Doppelbuchstaben aa sind und bei denen in den einzelnen Bezügen Einkünfte aus Erträgen des Rentenrechts enthalten sind. [2]Dies gilt auf Antrag auch für Leibrenten und andere Leistungen, soweit diese auf bis zum 31. Dezember 2004 geleisteten Beiträgen beruhen, welche oberhalb des Betrags des Höchstbeitrags zur gesetzlichen Rentenversicherung gezahlt wurden; der Steuerpflichtige muss nachweisen, dass der Betrag des Höchstbeitrags mindestens zehn Jahre überschritten wurde; soweit hiervon im Versorgungsausgleich übertragene Rentenanwartschaften betroffen sind, gilt § 4 Absatz 1 und 2 des Versorgungsausgleichsgesetzes entsprechend. [3]Als Ertrag des Rentenrechts gilt für die gesamte Dauer des Rentenbezugs der Unterschiedsbetrag zwischen dem Jahresbetrag der Rente und dem Betrag, der sich bei gleichmäßiger Verteilung des Kapitalwerts der Rente auf ihre voraussichtliche Laufzeit ergibt; dabei ist der Kapitalwert nach dieser Laufzeit zu berechnen. [4]Der Ertrag des Rentenrechts (Ertragsanteil) ist aus der nachstehenden Tabelle zu entnehmen:

Bei Beginn der Rente vollendetes Lebensjahr des Rentenberechtigten	Ertragsanteil in %
0 bis 1	59
2 bis 3	58
4 bis 5	57
6 bis 8	56
9 bis 10	55
11 bis 12	54
13 bis 14	53
15 bis 16	52
17 bis 18	51

Bei Beginn der Rente vollendetes Lebensjahr des Rentenberechtigten	Ertragsanteil in %
19 bis 20	50
21 bis 22	49
23 bis 24	48
25 bis 26	47
27	46
28 bis 29	45
30 bis 31	44
32	43
33 bis 34	42
35	41
36 bis 37	40
38	39
39 bis 40	38
41	37
42	36
43 bis 44	35
45	34
46 bis 47	33
48	32
49	31
50	30
51 bis 52	29
53	28
54	27
55 bis 56	26
57	25
58	24
59	23
60 bis 61	22
62	21
63	20
64	19
65 bis 66	18
67	17
68	16
69 bis 70	15
71	14
72 bis 73	13
74	12
75	11
76 bis 77	10
78 bis 79	9
80	8
81 bis 82	7
83 bis 84	6
85 bis 87	5
88 bis 91	4
92 bis 93	3
94 bis 96	2
ab 97	1

[5]Die Ermittlung des Ertrags aus Leibrenten, die vor dem 1. Januar 1955 zu laufen begonnen haben, und aus Renten, deren Dauer von der Lebenszeit mehrerer Personen oder einer anderen Person als des Rentenberechtigten abhängt, sowie aus Leibrenten, die auf eine bestimmte Zeit beschränkt sind, wird durch eine Rechtsverordnung bestimmt;

   b) Einkünfte aus Zuschüssen und sonstigen Vorteilen, die als wiederkehrende Bezüge gewährt werden;

S 2256   1a. Einkünfte aus Unterhaltsleistungen, soweit sie nach § 10 Absatz 1 Nummer 1 vom Geber abgezogen werden können;

1b. Einkünfte aus Versorgungsleistungen, soweit beim Zahlungsverpflichteten die Voraussetzungen für den Sonderausgabenabzug nach § 10 Absatz 1 Nummer 1a erfüllt sind;

1c. Einkünfte aus Ausgleichszahlungen im Rahmen des Versorgungsausgleichs nach den §§ 20, 21, 22 und 26 des Versorgungsausgleichsgesetzes, §§ 1587f, 1587g, 1587i des Bürgerlichen Gesetzbuchs und § 3a des Gesetzes zur Regelung von Härten im Versorgungsausgleich, soweit bei der ausgleichspflichtigen Person die Voraussetzungen für den Sonderausgabenabzug nach § 10 Absatz 1 Nummer 1b erfüllt sind;

2. Einkünfte aus privaten Veräußerungsgeschäften im Sinne des § 23;

3. Einkünfte aus Leistungen, soweit sie weder zu anderen Einkunftsarten (§ 2 Absatz 1 Satz 1 Nummer 1 bis 6) noch zu den Einkünften im Sinne der Nummern 1, 1a, 2 oder 4 gehören, z. B. Einkünfte aus gelegentlichen Vermittlungen und aus der Vermietung beweglicher Gegenstände. ²Solche Einkünfte sind nicht einkommensteuerpflichtig, wenn sie weniger als 256 Euro im Kalenderjahr betragen haben. ³Übersteigen die Werbungskosten die Einnahmen, so darf der übersteigende Betrag bei Ermittlung des Einkommens nicht ausgeglichen werden; er darf auch nicht nach § 10d abgezogen werden. ⁴Die Verluste mindern jedoch nach Maßgabe des § 10d die Einkünfte, die der Steuerpflichtige in dem unmittelbar vorangegangenen Veranlagungszeitraum oder in den folgenden Veranlagungszeiträumen aus Leistungen im Sinne des Satzes 1 erzielt hat oder erzielt; § 10d Absatz 4 gilt entsprechend. ⁵Verluste aus Leistungen im Sinne des § 22 Nummer 3 in der bis zum 31. Dezember 2008 anzuwendenden Fassung können abweichend von Satz 3 auch mit Einkünften aus Kapitalvermögen im Sinne des § 20 Absatz 1 Nummer 11 ausgeglichen werden. ⁶Sie mindern abweichend von Satz 4 nach Maßgabe des § 10d auch die Einkünfte, die der Steuerpflichtige in den folgenden Veranlagungszeiträumen aus § 20 Abs. 1 Nr. 11 erzielt;

S 2257

1)

4. Entschädigungen, Amtszulagen, Zuschüsse zu Kranken- und Pflegeversicherungsbeiträgen, Übergangsgelder, Überbrückungsgelder, Sterbegelder, Versorgungsabfindungen, Versorgungsbezüge, die auf Grund des Abgeordnetengesetzes oder des Europaabgeordnetengesetzes, sowie vergleichbare Bezüge, die auf Grund der entsprechenden Gesetze der Länder gezahlt werden, und die Entschädigungen, das Übergangsgeld, das Ruhegehalt und die Hinterbliebenenversorgung, die auf Grund des Abgeordnetenstatuts des Europäischen Parlaments von der Europäischen Union gezahlt werden. ²Werden zur Abgeltung des durch das Mandat veranlassten Aufwandes Aufwandsentschädigungen gezahlt, so dürfen die durch das Mandat veranlassten Aufwendungen nicht als Werbungskosten abgezogen werden. ³Wahlkampfkosten zur Erlangung eines Mandats im Bundestag, im Europäischen Parlament oder im Parlament eines Landes dürfen nicht als Werbungskosten abgezogen werden. ⁴Es gelten entsprechend

S 2257a

a) für Nachversicherungsbeiträge auf Grund gesetzlicher Verpflichtung nach den Abgeordnetengesetzen im Sinne des Satzes 1 und für Zuschüsse zu Kranken- und Pflegeversicherungsbeiträgen § 3 Nummer 62,

b) für Versorgungsbezüge § 19 Absatz 2 nur bezüglich des Versorgungsfreibetrags; beim Zusammentreffen mit Versorgungsbezügen im Sinne des § 19 Absatz 2 Satz 2 bleibt jedoch insgesamt höchstens ein Betrag in Höhe des Versorgungsfreibetrags nach § 19 Absatz 2 Satz 3 im Veranlagungszeitraum steuerfrei,

c) für das Übergangsgeld, das in einer Summe gezahlt wird, und für die Versorgungsabfindung § 34 Absatz 1,

S 2257b

d) für die Gemeinschaftssteuer, die auf die Entschädigungen, das Übergangsgeld, das Ruhegehalt und die Hinterbliebenenversorgung auf Grund des Abgeordnetenstatuts des Europäischen Parlaments von der Europäischen Union erhoben wird, § 34c Absatz 1; dabei sind die im ersten Halbsatz genannten Einkünfte für die entsprechende Anwendung des § 34c Absatz 1 wie ausländische Einkünfte und die Gemeinschaftssteuer wie eine der deutschen Einkommensteuer entsprechende ausländische Steuer zu behandeln;

5. Leistungen aus Altersvorsorgeverträgen, Pensionsfonds, Pensionskassen und Direktversicherungen. ²Soweit die Leistungen nicht auf Beiträgen, auf die § 3 Nummer 63, § 10a oder Abschnitt XI angewendet wurde, nicht auf Zulagen im Sinne des Abschnitts XI, nicht auf Zahlungen im Sinne des § 92a Absatz 2 Satz 4 Nummer 1 und des § 92a Absatz 3 Satz 9 Nummer 2, nicht auf steuerfreien Leistungen nach § 3 Nummer 66 und nicht auf Ansprüchen beruhen, die durch steuerfreie Zuwendungen nach § 3 Nummer 56 oder die durch die nach § 3 Nummer 55b Satz 1 oder § 3 Nummer 55c steuerfreie Leistung aus einem neu begründeten Anrecht erworben wurden,

2)

a) ist bei lebenslangen Renten sowie bei Berufsunfähigkeits-, Erwerbsminderungs- und Hinterbliebenenrenten Nummer 1 Satz 3 Buchstabe a entsprechend anzuwenden,

---

¹⁾ Nummer 3 Satz 4 ist auch in den Fällen anzuwenden, in denen am 1. 1. 2007 die Feststellungsfrist noch nicht abgelaufen ist → § 52 Abs. 38 Satz 3 EStG.
²⁾ Zu Nummer 5 Satz 1 → § 52 Abs. 34c EStG.

b) ist bei Leistungen aus Versicherungsverträgen, Pensionsfonds, Pensionskassen und Direktversicherungen, die nicht solche nach Buchstabe a sind, § 20 Absatz 1 Nummer 6 in der jeweils für den Vertrag geltenden Fassung entsprechend anzuwenden,

c) unterliegt bei anderen Leistungen der Unterschiedsbetrag zwischen der Leistung und der Summe der auf sie entrichteten Beiträge der Besteuerung; § 20 Absatz 1 Nummer 6 Satz 2 gilt entsprechend.

³Dies gilt sinngemäß in den Fällen des § 3 Nummer 55 und 55e. ⁴In den Fällen des § 93 Absatz 1 Satz 1 und 2 gilt das ausgezahlte geförderte Altersvorsorgevermögen nach Abzug der Zulagen im Sinne des Abschnitts XI als Leistung im Sinne des Satzes 2. ⁵Als Leistung im Sinne des Satzes 1 gilt auch der Verminderungsbetrag nach § 92a Absatz 2 Satz 5 und der Auflösungsbetrag nach § 92a Absatz 3 Satz 5. ⁶Der Auflösungsbetrag nach § 92a Absatz 2 Satz 6 wird zu 70 Prozent als Leistung nach Satz 1 erfasst. ⁷Tritt nach dem Beginn der Auszahlungsphase zu Lebzeiten des Zulageberechtigten der Fall des § 92a Absatz 3 Satz 1 ein, dann ist

a) innerhalb eines Zeitraums bis zum zehnten Jahr nach dem Beginn der Auszahlungsphase das Eineinhalbfache

b) innerhalb eines Zeitraums zwischen dem zehnten und 20. Jahr nach dem Beginn der Auszahlungsphase das Einfache

des nach Satz 5 noch nicht erfassten Auflösungsbetrags als Leistung nach Satz 1 zu erfassen; § 92a Absatz 3 Satz 9 gilt entsprechend mit der Maßgabe, dass als noch nicht zurückgeführter Betrag im Wohnförderkonto der noch nicht erfasste Auflösungsbetrag gilt. ⁸Bei erstmaligem Bezug von Leistungen, in den Fällen des § 93 Absatz 1 sowie bei Änderung der im Kalenderjahr auszuzahlenden Leistung hat der Anbieter (§ 80) nach Ablauf des Kalenderjahres dem Steuerpflichtigen nach amtlich vorgeschriebenem Vordruck den Betrag der im abgelaufenen Kalenderjahr zugeflossenen Leistungen im Sinne der Sätze 1 bis 6 je gesondert mitzuteilen. ⁹In den Fällen des § 92a Absatz 2 Satz 10 erster Halbsatz erhält der Steuerpflichtige die Angaben nach Satz 7 von der zentralen Stelle (§ 81). ¹⁰Werden dem Steuerpflichtigen Abschluss- und Vertriebskosten eines Altersvorsorgevertrages erstattet, gilt der Erstattungsbetrag als Leistung im Sinne des Satzes 1. ¹¹In den Fällen des § 3 Nummer 55a richtet sich die Zuordnung zu Satz 1 oder Satz 2 bei der ausgleichsberechtigten Person danach, wie eine nur auf die Ehezeit bezogene Zuordnung aus dem übertragenen Anrecht ergebenden Leistung zu Satz 1 oder Satz 2 bei der ausgleichspflichtigen Person im Zeitpunkt der Übertragung ohne die Teilung vorzunehmen gewesen wäre.

EStDV
S 2255

§ 55 Ermittlung des Ertrags aus Leibrenten in besonderen Fällen

(1) Der Ertrag des Rentenrechts ist in den folgenden Fällen auf Grund der in § 22 Nr. 1 Satz 3 Buchstabe a Doppelbuchstabe bb des Gesetzes aufgeführten Tabelle zu ermitteln:

1. bei Leibrenten, die vor dem 1. Januar 1955 zu laufen begonnen haben. ²Dabei ist das vor dem 1. Januar 1955 vollendete Lebensjahr des Rentenberechtigten maßgebend;

2. bei Leibrenten, deren Dauer von der Lebenszeit einer anderen Person als des Rentenberechtigten abhängt. ²Dabei ist das bei Beginn der Rente, im Fall der Nummer 1 das vor dem 1. Januar 1955 vollendete Lebensjahr dieser Person maßgebend;

3. bei Leibrenten, deren Dauer von der Lebenszeit mehrerer Personen abhängt. ²Dabei ist das bei Beginn der Rente, im Fall der Nummer 1 das vor dem 1. Januar 1955 vollendete Lebensjahr der ältesten Person maßgebend, wenn das Rentenrecht mit dem Tod des zuerst Sterbenden erlischt, und das Lebensjahr der jüngsten Person, wenn das Rentenrecht mit dem Tod des zuletzt Sterbenden erlischt.

(2) ¹Der Ertrag der Leibrenten, die auf eine bestimmte Zeit beschränkt sind (abgekürzte Leibrenten), ist nach der Lebenserwartung unter Berücksichtigung der zeitlichen Begrenzung zu ermitteln. ²Der Ertragsanteil ist aus der nachstehenden Tabelle zu entnehmen. ³Absatz 1 ist entsprechend anzuwenden.

---

1) Zur Anwendung beim Versorgungsausgleich → § 52 Abs. 38 Satz 4 EStG.

558

Beschränkung der Laufzeit der Rente auf ... Jahre ab Beginn des Rentenbezugs (ab 1. Januar 1955, falls die Rente vor diesem Zeitpunkt zu laufen begonnen hat)	Der Ertragsanteil beträgt vorbehaltlich der Spalte 3 ... Prozent	Der Ertragsanteil ist der Tabelle in § 22 Nr. 1 Satz 3 Buchstabe a Doppelbuchstabe bb des Gesetzes zu entnehmen, wenn der Rentenberechtigte zu Beginn des Rentenbezugs (vor dem 1. Januar 1955, falls die Rente vor diesem Zeitpunkt zu laufen begonnen hat) das ...te Lebensjahr vollendet hatte
1	2	3
1	0	entfällt
2	1	entfällt
3	2	97
4	4	92
5	5	88
6	7	83
7	8	81
8	9	80
9	10	78
10	12	75
11	13	74
12	14	72
13	15	71
14–15	16	69
16–17	18	67
18	19	65
19	20	64
20	21	63
21	22	62
22	23	60
23	24	59
24	25	58
25	26	57
26	27	55
27	28	54
28	29	53
29–30	30	51
31	31	50
32	32	49
33	33	48
34	34	46
35–36	35	45
37	36	43
38	37	42
39	38	41
40–41	39	39
42	40	38
43–44	41	36
45	42	35
46–47	43	33
48	44	32
49–50	45	30
51–52	46	28
53	47	27
54–55	48	25
56–57	49	23
58–59	50	21
60–61	51	19
62–63	52	17
64–65	53	15
66–67	54	13
68–69	55	11
70–71	56	9
72–74	57	6
75–76	58	4
77–79	59	2

Beschränkung der Laufzeit der Rente auf ... Jahre ab Beginn des Rentenbezugs (ab 1. Januar 1955, falls die Rente vor diesem Zeitpunkt zu laufen begonnen hat)	Der Ertragsanteil beträgt vorbehalt- lich der Spalte 3 ... Prozent	Der Ertragsanteil ist der Tabelle in § 22 Nr. 1 Satz 3 Buchstabe a Doppelbuchstabe bb des Gesetzes zu entnehmen, wenn der Rentenbe- rechtigte zu Beginn des Rentenbezugs (vor dem 1. Januar 1955, falls die Rente vor diesem Zeit- punkt zu laufen begonnen hat) das ...te Lebens- jahr vollendet hatte
1	2	3
ab 80		Der Ertragsanteil ist immer der Tabelle in § 22 Nr. 1 Satz 3 Buch- stabe a Doppelbuchstabe bb des Gesetzes zu entnehmen.

R 22.1

22.1. Besteuerung von wiederkehrenden Bezügen mit Ausnahme der Leibrenten

S 2255

(1) [1]Wiederkehrende Bezüge sind als sonstige Einkünfte nach § 22 Nr. 1 Satz 1 EStG zu erfassen, wenn sie nicht zu anderen Einkunftsarten gehören und soweit sie sich bei wirtschaftlicher Betrach- tung nicht als Kapitalrückzahlungen, z. B. Kaufpreisraten, darstellen. [2]Wiederkehrende Bezüge setzen voraus, dass sie auf einem einheitlichen Entschluss oder einem einheitlichen Rechtsgrund beruhen und mit einer gewissen Regelmäßigkeit wiederkehren. [3]Sie brauchen jedoch nicht stets in derselben Höhe geleistet zu werden. [4]Deshalb können Studienzuschüsse, die für einige Jahre gewährt werden, wiederkehrende Bezüge sein.

(2) [1]Wiederkehrende Zuschüsse und sonstige Vorteile sind entsprechend der Regelung in § 12 Nr. 2 EStG und § 22 Nr. 1 Satz 2 EStG entweder vom Geber oder vom Empfänger zu versteuern. [2]Soweit die Bezüge nicht auf Grund des § 3 EStG steuerfrei bleiben, sind sie vom Empfänger als wiederkehrende Bezüge zu versteuern, wenn sie der unbeschränkt steuerpflichtige Geber als Betriebsausgaben oder Werbungskosten abziehen kann.[1)]

H 22.1   **Hinweise**

Stiftung

→ H 20.2

Vorweggenommene Erbfolge

– → BMF vom 11. 3. 2010 (BStBl I S. 227), Rz. 81.

Anhang 8   – Ein gesamtberechtigter Ehegatte versteuert ihm zufließende Altenteilsleistungen anlässlich einer vorweggenommenen Erbfolge im Regelfall auch dann nach § 22 Nr. 1 Satz 1 EStG, wenn er nicht Eigentümer des übergebenen Vermögens war. Der Abzugsbetrag nach § 24a EStG und der Pauschbetrag nach § 9a Satz 1 Nr. 3 EStG kann jedem Ehegatten gewährt werden, wenn er Einkünfte aus wiederkehrenden Bezügen hat (→ BFH vom 22. 9. 1993 – BStBl 1994 II S. 107).

Wiederkehrende Bezüge sind nicht

– Bezüge, die sich zwar wiederholen, bei denen aber die einzelne Leistung jeweils von einer neuen Entschlussfassung oder Vereinbarung abhängig ist (→ BFH vom 20. 7. 1971 – BStBl 1972 II S. 170),

– Schadensersatzrenten zum Ausgleich vermehrter Bedürfnisse; sog. Mehrbedarfsrenten nach § 843 Abs. 1, 2. Alternative BGB (→ BMF vom 15. 7. 2009 – BStBl I S. 836),

– Schadensersatzrenten, die nach § 844 Abs. 2 BGB für den Verlust von Unterhaltsansprüchen oder nach § 845 BGB für entgangene Dienste gewährt werden (→ BMF vom 15. 7. 2009 – BStBl I S. 836),

– Schmerzensgeldrenten nach § 253 Abs. 2 BGB (→ BMF vom 15. 7. 2009 – BStBl I S. 836),

– Unterhaltsleistungen, die ein unbeschränkt Stpfl. von seinem nicht unbeschränkt steuerpflichti- gen geschiedenen oder dauernd getrennt lebenden Ehegatten erhält (→ BFH vom 31. 3. 2004 – BStBl II S. 1047),

– wiederkehrende Leistungen in schwankender Höhe, die ein pflichtteilsberechtigter Erbe aufgrund letztwilliger Verfügung des Erblassers vom Erben unter Anrechnung auf seinen Pflichtteil für die Dauer von 15 Jahren erhält; sie sind mit ihrem Zinsanteil steuerbar (→ BFH vom 26. 11. 1992 – BStBl 1993 II S. 298),

---

[1)] Anm.: → BFH vom 27. 11. 1959 (BStBl 1960 III S. 65).

– wiederkehrende Zahlungen als Gegenleistung für den Verzicht eines zur gesetzlichen Erbfolge Berufenen auf seinen potentiellen künftigen Erb- und/oder Pflichtteil (→ BFH vom 9. 2. 2010 – BStBl II S. 818).

22.2. Wiederkehrende Bezüge bei ausländischen Studenten und Schülern

– unbesetzt –

R 22.2

22.3. Besteuerung von Leibrenten und anderen Leistungen i. S. d. § 22 Nr. 1 Satz 3 Buchstabe a Doppelbuchstabe aa EStG

R 22.3

(1) [1]Eine Leibrente kann vorliegen, wenn die Bemessungsgrundlage für die Bezüge keinen oder nur unbedeutenden Schwankungen unterliegt. [2]Veränderungen in der absoluten Höhe, die sich deswegen ergeben, weil die Bezüge aus gleichmäßigen Sachleistungen bestehen, stehen der Annahme einer Leibrente nicht entgegen.

(2) [1]Ist die Höhe einer Rente von mehreren selbständigen Voraussetzungen abhängig, kann einkommensteuerrechtlich eine lebenslängliche Leibrente erst ab dem Zeitpunkt angenommen werden, in dem die Voraussetzung für eine fortlaufende Gewährung der Rente in gleichmäßiger Höhe bis zum Lebensende des Berechtigten erstmals vorliegt. [2]Wird die Rente schon vor diesem Zeitpunkt zeitlich begrenzt nach einer anderen Voraussetzung oder in geringerer Höhe voraussetzungslos gewährt, handelt es sich um eine abgekürzte Leibrente.

Hinweise

H 22.3

Allgemeines

Der Besteuerung nach § 22 Nr. 1 Satz 3 Buchstabe a Doppelbuchstabe aa EStG unterliegen Leibrenten und andere Leistungen aus den gesetzlichen Rentenversicherungen, den landwirtschaftlichen Alterskassen, den berufsständischen Versorgungseinrichtungen und aus Rentenversicherungen i. S. d. § 10 Abs. 1 Nr. 2 Buchstabe b EStG. Für die Besteuerung ist eine Unterscheidung dieser Leistungen zwischen Leibrente, abgekürzter Leibrente und Einmalzahlungen nur bei Anwendung der Öffnungsklausel von Bedeutung. Zu Einzelheiten zur Besteuerung → BMF vom 13. 9. 2010 (BStBl I S. 681), insbesondere Rz. 133 – 176.

Anhang 8

Begriff der Leibrente

– Der Begriff der Leibrente i. S. d. § 22 Nr. 1 Satz 3 Buchstabe a EStG ist ein vom bürgerlichen Recht (§§ 759 ff. BGB) abweichender steuerrechtlicher Begriff. Er setzt gleich bleibende Bezüge voraus, die für die Dauer der Lebenszeit einer Bezugsperson gezahlt werden. Sie sind insoweit steuerbar, als darin Einkünfte aus den Erträgen des Rentenrechts enthalten sind (→ BFH vom 15. 7. 1991 – BStBl 1992 II S. 78).

– Aus dem Erfordernis der Gleichmäßigkeit ergibt sich, dass eine Leibrente ferner nicht gegeben ist, wenn die Bezüge von einer wesentlich schwankenden Größe abhängen, z. B. vom Umsatz oder Gewinn eines Unternehmens; dies gilt auch dann, wenn die Bezüge sich nach einem festen Prozentsatz oder einem bestimmten Verteilungsschlüssel bemessen (→ BFH vom 10. 10. 1963 – BStBl III S. 592, vom 27. 5. 1964 – BStBl III S. 475 und vom 25. 11. 1966 – BStBl 1967 III S. 178).

– Die Vereinbarung von Wertsicherungsklauseln oder so genannten Währungsklauseln, die nur der Anpassung der Kaufkraft an geänderte Verhältnisse dienen sollen, schließen die Annahme einer Leibrente nicht aus (→ BFH vom 2. 12. 1966 – BStBl 1967 III S. 179 und vom 11. 8. 1967 – BStBl III S. 699). Unter diesem Gesichtspunkt liegt eine Leibrente auch dann vor, wenn ihre Höhe jeweils von der für Sozialversicherungsrenten maßgebenden Bemessungsgrundlage abhängt (→ BFH vom 30. 11. 1967 – BStBl 1968 II S. 262). Ist auf die wertgesicherte Leibrente eine andere – wenn auch in unterschiedlicher Weise – wertgesicherte Leibrente anzurechnen, hat die Differenz zwischen beiden Renten ebenfalls Leibrentencharakter (→ BFH vom 5. 12. 1980 – BStBl 1981 II S. 265).

– Eine grundsätzlich auf Lebensdauer einer Person zu entrichtende Rente bleibt eine Leibrente auch dann, wenn sie unter bestimmten Voraussetzungen, z. B. Wiederverheiratung, früher endet (→ BFH vom 5. 12. 1980 – BStBl 1981 II S. 265).

– Durch die Einräumung eines lebenslänglichen Wohnrechts und die Versorgung mit elektrischem Strom und Heizung wird eine Leibrente nicht begründet (→ BFH vom 2. 12. 1966 – BStBl 1967 III S. 243 und vom 12. 9. 1969 – BStBl II S. 706).

Nachzahlung

Eine Rentennachzahlung aus der gesetzlichen Rentenversicherung, die dem Rentenempfänger nach dem 31. 12. 2004 zufließt, wird mit dem Besteuerungsanteil gem. § 22 Nr. 1 Satz 3 Buchstabe a Doppelbuchstabe aa EStG besteuert, auch wenn sie für einen Zeitraum gezahlt wird, der vor dem Inkrafttreten des AltEinkG liegt (→ BFH vom 13. 4. 2011 – BStBl II S. 915).

Die Besteuerung von Rentennachzahlungen richtet sich nach der im Zuflusszeitpunkt (§ 11 Abs. 1 Satz 1 und 2 EStG) geltenden Fassung des § 22 Nr. 1 Satz 3 Buchst. a EStG. Dies bedeutet für Rentennachzahlungen aus der gesetzlichen Rentenversicherung, die ab 2005 erfolgen, die Besteuerung mit dem Besteuerungsanteil, auch wenn die Zahlungen für Zeiträume vor 2005 erfolgen.

→ OFD Frankfurt vom 4. 8. 2006 (DB 2006, S. 1925)

Öffnungsklausel

Soweit die Leistungen auf vor dem 1. 1. 2005 gezahlten Beiträgen oberhalb des Betrags des Höchstbeitrags zur gesetzlichen Rentenversicherung beruhen und der Höchstbeitrag bis zum 31. 12. 2004 über einen Zeitraum von mindestens 10 Jahren überschritten wurde, unterliegt dieser Teil der Leistung auf Antrag auch weiterhin der Besteuerung mit dem Ertragsanteil. Nur in diesen Fällen ist es daher auch künftig von Bedeutung, ob es sich bei der Leistung um eine Leibrente (z. B. eine Altersrente), um eine abgekürzte Leibrente (z. B. eine Erwerbsminderungsrente oder eine kleine Witwenrente) oder um eine Einmalzahlung handelt. Für diesen Teil der Leistung ist R 22.4 zu beachten. Bei Witwen-/Witwerrenten gilt insoweit R 167 Abs. 8 und 9 EStR 2003. Zu Einzelheiten zur Anwendung der Öffnungsklausel → BMF vom 13. 9. 2010 (BStBl I S. 681), insbesondere Rz. 177–203.

Anhang 8

Werbungskosten

Einkommensteuerrechtliche Behandlung von Beratungs-, Prozess- und ähnlichen Kosten im Zusammenhang mit Rentenansprüchen → BMF vom 20. 11. 1997 (BStBl 1998 I S. 126).

R 22.4
22.4. Besteuerung von Leibrenten i. S. d. § 22 Nr. 1 Satz 3 Buchstabe a Doppelbuchstabe bb EStG

Erhöhung der Rente

(1) [1]Bei einer Erhöhung der Rente ist, falls auch das Rentenrecht eine zusätzliche Werterhöhung erfährt, der Erhöhungsbetrag als selbständige Rente anzusehen, für die der Ertragsanteil vom Zeitpunkt der Erhöhung an gesondert zu ermitteln ist; dabei ist unerheblich, ob die Erhöhung von vornherein vereinbart war oder erst im Laufe des Rentenbezugs vereinbart wird. [2]Ist eine Erhöhung der Rentenzahlung durch eine Überschussbeteiligung von vornherein im Rentenrecht vorgesehen, sind die der Überschussbeteiligung dienenden Erhöhungsbeträge Erträge dieses Rentenrechts; es tritt insoweit keine Werterhöhung des Rentenrechts ein. [3]Eine neue Rente ist auch nicht anzunehmen, soweit die Erhöhung in zeitlichem Zusammenhang mit einer vorangegangenen Herabsetzung steht oder wenn die Rente lediglich den gestiegenen Lebenshaltungskosten angepasst wird (Wertsicherungsklausel).

Herabsetzung der Rente

(2) Wird die Rente herabgesetzt, sind die folgenden Fälle zu unterscheiden:

1. Wird von vornherein eine spätere Herabsetzung vereinbart, ist zunächst der Ertragsanteil des Grundbetrags der Rente zu ermitteln, d. h. des Betrags, auf den die Rente später ermäßigt wird. [2]Diesen Ertragsanteil muss der Berechtigte während der gesamten Laufzeit versteuern, da er den Grundbetrag bis zu seinem Tod erhält. [3]Außerdem hat er bis zum Zeitpunkt der Herabsetzung den Ertragsanteil des über den Grundbetrag hinausgehenden Rententeiles zu versteuern. [4]Dieser Teil der Rente ist eine abgekürzte Leibrente (§ 55 Abs. 2 EStDV), die längstens bis zum Zeitpunkt der Herabsetzung läuft.

2. Wird die Herabsetzung während des Rentenbezugs vereinbart und sofort wirksam, bleibt der Ertragsanteil unverändert.

3. Wird die Herabsetzung während des Rentenbezugs mit der Maßgabe vereinbart, dass sie erst zu einem späteren Zeitpunkt wirksam wird, bleibt der Ertragsanteil bis zum Zeitpunkt der Vereinbarung unverändert. [2]Von diesem Zeitpunkt an ist Nummer 1 entsprechend anzuwenden. [3]Dabei sind jedoch das zu Beginn des Rentenbezugs vollendete Lebensjahr des Rentenberechtigten und insoweit, als die Rente eine abgekürzte Leibrente (§ 55 Abs. 2 EStDV) ist, die beschränkte Laufzeit ab Beginn des Rentenbezugs zugrunde zu legen.

Besonderheit bei der Ermittlung des Ertragsanteiles

(3) Setzt der Beginn des Rentenbezugs die Vollendung eines bestimmten Lebensjahres der Person voraus, von deren Lebenszeit die Dauer der Rente abhängt, und wird die Rente schon vom Beginn des Monats an gewährt, in dem die Person das bestimmte Lebensjahr vollendet hat, ist dieses Lebensjahr bei der Ermittlung des Ertragsanteiles nach § 22 Nr. 1 Satz 3 Buchstabe a Doppelbuchstabe bb EStG zugrunde zu legen.

Abrundung der Laufzeit abgekürzter Leibrenten

(4) Bemisst sich bei einer abgekürzten Leibrente die beschränkte Laufzeit nicht auf volle Jahre, ist bei Anwendung der in § 55 Abs. 2 EStDV aufgeführten Tabelle die Laufzeit aus Vereinfachungsgründen auf volle Jahre abzurunden.

Besonderheiten bei Renten wegen teilweiser oder voller Erwerbsminderung

(5) [1]Bei Renten wegen verminderter Erwerbsfähigkeit handelt es sich regelmäßig um abgekürzte Leibrenten. [2]Für die Bemessung der Laufzeit kommt es auf die vertraglichen Vereinbarungen oder die gesetzlichen Regelungen an. [3]Ist danach der Wegfall oder die Umwandlung in eine Altersrente nicht bei Erreichen eines bestimmten Alters vorgesehen, sondern von anderen Umständen – z. B. Bezug von Altersrente aus der gesetzlichen Rentenversicherung – abhängig, ist grundsätzlich davon auszugehen, dass der Wegfall oder die Umwandlung in die Altersrente mit Vollendung des 65. Lebensjahres erfolgt. [4]Legt der Bezieher einer Rente wegen verminderter Erwerbsfähigkeit jedoch schlüssig dar, dass der Wegfall oder die Umwandlung vor der Vollendung des 65. Lebensjahres erfolgen wird, ist auf Antrag auf den früheren Umwandlungszeitpunkt abzustellen; einer nach § 165 AO vorläufigen Steuerfestsetzung bedarf es insoweit nicht. [5]Entfällt eine Rente wegen verminderter Erwerbsfähigkeit vor Vollendung des 65. Lebensjahres oder wird sie vor diesem Zeitpunkt in eine vorzeitige Altersrente umgewandelt, ist die Laufzeit bis zum Wegfall oder zum Umwandlungszeitpunkt maßgebend.

Besonderheiten bei Witwen-/Witwerrenten

(6) R 167 Abs. 8 und 9 EStR 2003 gilt bei Anwendung des § 22 Nr. 1 Satz 3 Buchstabe a Doppelbuchstabe bb Satz 2 EStG entsprechend.

Begriff der Leibrente

(7) R 22.3 gilt sinngemäß.

Hinweise

H 22.4

Beginn der Rente

Unter Beginn der Rente (Kopfleiste der in § 22 Nr. 1 Satz 3 Buchstabe a Doppelbuchstabe bb EStG aufgeführten Tabelle) ist bei Renten auf Grund von privater Versicherungsverträgen der Zeitpunkt zu verstehen, ab dem von dem an versicherungsrechtlich die Rente zu laufen beginnt; auch bei Rentennachzahlungen ist unter „Beginn der Rente" der Zeitpunkt zu verstehen, in dem der Rentenanspruch entstanden ist. Auf den Zeitpunkt des Rentenantrags kommt es nicht an (→ BFH vom 6. 4. 1976 – BStBl II S. 452). Die Verjährung einzelner Rentenansprüche hat auf den „Beginn der Rente" keinen Einfluss (→ BFH vom 30. 9. 1980 – BStBl 1981 II S. 155).

Begriff der Leibrente

→ H 22.3

Bezüge aus einer ehemaligen Tätigkeit

– Bezüge, die nach § 24 Nr. 2 EStG zu den Gewinneinkünften rechnen oder die Arbeitslohn sind, sind nicht Leibrenten i. S. d. § 22 Nr. 1 Satz 3 Buchstabe a EStG; hierzu gehören z. B. betriebliche Versorgungsrenten aus einer ehemaligen Tätigkeit im Sinne des § 24 Nr. 2 EStG (→ BFH vom 10. 10. 1963 – BStBl III S. 592).
– Zur Abgrenzung bei Ruhegehaltszahlungen an ehemalige NATO-Bedienstete → BFH vom 22. 11. 2006 (BStBl 2007 II S. 402)

Ertragsanteil einer Leibrente

Beispiel:

Einem Ehepaar wird gemeinsam eine lebenslängliche Rente von 24 000 € jährlich mit der Maßgabe gewährt, dass sie beim Ableben des zuerst Sterbenden auf 15 000 € jährlich ermäßigt wird. Der Ehemann ist zu Beginn des Rentenbezugs 55, die Ehefrau 50 Jahre alt.

Es sind zu versteuern

a) bis zum Tod des zuletzt Sterbenden der Ertragsanteil des Sockelbetrags von 15 000 €. Dabei ist nach § 55 Abs. 1 Nr. 3 EStDV das Lebensalter der jüngsten Person, mithin der Ehefrau, zu Grunde zu legen. Der Ertragsanteil beträgt

30 % von 15 000 € = 4 500 € (§ 22 Nr. 1 Satz 3 Buchstabe a Doppelbuchstabe bb EStG);

b) außerdem bis zum Tod des zuerst Sterbenden der Ertragsanteil des über den Sockelbetrag hinausgehenden Rententeils von 9 000 €. Dabei ist nach § 55 Abs. 1 Nr. 3 EStDV das Lebensalter der ältesten Person, mithin des Ehemanns, zu Grunde zu legen. Der Ertragsanteil beträgt

26 % von 9 000 € = 2 340 € (§ 22 Nr. 1 Satz 3 Buchstabe a Doppelbuchstabe bb EStG).

Der jährliche Ertragsanteil beläuft sich somit auf (4 500 € + 2 340 € =) 6 840 €.

Bei der Ermittlung des Ertragsanteils einer lebenslänglichen Leibrente ist – vorbehaltlich des § 55 Abs. 1 Nr. 1 EStDV – von dem bei Beginn der Rente vollendeten Lebensjahr auszugehen (Kopfleiste der in § 22 Nr. 1 Satz 3 Buchstabe a Doppelbuchstabe bb EStG aufgeführten Tabelle).

Ist die Dauer einer Leibrente von der Lebenszeit mehrerer Personen abhängig, ist der Ertragsanteil nach § 55 Abs. 1 Nr. 3 EStDV zu ermitteln. Das gilt auch, wenn die Rente mehreren Personen, z. B. Ehegatten, gemeinsam mit der Maßgabe zusteht, dass sie beim Ableben des zuerst Sterbenden herabgesetzt wird. In diesem Fall ist bei der Ermittlung des Grundbetrags der Rente, d. h. des Betrags, auf den sie später ermäßigt wird, das Lebensjahr der jüngsten Person zugrunde zu legen. Für den Ertragsanteil des über den Grundbetrag hinausgehenden Rententeils ist das Lebensjahr der ältesten Person maßgebend.

Steht die Rente nur einer Person zu, z. B. dem Ehemann, und erhält eine andere Person, z. B. die Ehefrau, nur für den Fall eine Rente, dass sie die erste Person überlebt, so liegen zwei Renten vor, von denen die letzte aufschiebend bedingt ist. Der Ertragsanteil für diese Rente ist erst von dem Zeitpunkt an zu versteuern, in dem die Bedingung eintritt.

Fremdfinanzierte Rentenversicherung gegen Einmalbeitrag

– Zur Überschussprognose einer fremdfinanzierten Rentenversicherung gegen Einmalbeitrag → BFH vom 15. 12. 1999 (BStBl 2000 II S. 267), vom 16. 9. 2004 (BStBl 2006 II S. 228 und S. 234), vom 17. 8. 2005 (BStBl 2006 II S. 248), vom 20. 6. 2006 (BStBl II S. 870) und vom 22. 11. 2006 (BStBl 2007 II S. 390).

– Zur Höhe der auf die Kreditvermittlung entfallenden Provision → BFH vom 30. 10. 2001 (BStBl 2006 II S. 223) und vom 16. 9. 2004 (BStBl 2006 II S. 238).

Herabsetzung der Rente

Beispiele:

1. Die spätere Herabsetzung wird von vornherein vereinbart.

   A gewährt dem B eine lebenslängliche Rente von 8 000 € jährlich mit der Maßgabe, dass sie nach Ablauf von acht Jahren auf 5 000 € jährlich ermäßigt wird. B ist zu Beginn des Rentenbezugs 50 Jahre alt.

   B hat zu versteuern

   a) während der gesamten Dauer des Rentenbezugs – nach Abzug von Werbungskosten – den Ertragsanteil des Grundbetrags. Der Ertragsanteil beträgt nach der in § 22 Nr. 1 Satz 3 Buchstabe a Doppelbuchstabe bb EStG aufgeführten Tabelle 30 % von 5 000 € = 1 500 €;

   b) außerdem in den ersten acht Jahren den Ertragsanteil des über den Grundbetrag hinausgehenden Rententeils von 3 000 €. Dieser Teil der Rente ist eine abgekürzte Leibrente mit einer beschränkten Laufzeit von acht Jahren; der Ertragsanteil beträgt nach der in § 55 Abs. 2 EStDV aufgeführten Tabelle 9 % von 3 000 € = 270 €.

   Der jährliche Ertragsanteil beläuft sich somit für die ersten acht Jahre ab Rentenbeginn auf (1 500 € + 270 € =) 1 770 €.

2. Die spätere Herabsetzung wird erst während des Rentenbezugs vereinbart.

   A gewährt dem B ab 1. 1. 04 eine lebenslängliche Rente von jährlich 9 000 €. Am 1. 1. 06 wird vereinbart, dass die Rente vom 1. 1. 10 an auf jährlich 6 000 € herabgesetzt wird. B ist zu Beginn des Rentenbezugs 50 Jahre alt. Im VZ 05 beträgt der Ertragsanteil 30 % von 9 000 € = 2 700 € (§ 22 Nr. 1 Satz 3 Buchstabe a Doppelbuchstabe bb EStG).

Ab 1. 1. 06 hat B zu versteuern

a) während der gesamten weiteren Laufzeit des Rentenbezugs den Ertragsanteil des Sockelbetrags der Rente von 6 000 €. Der Ertragsanteil beträgt unter Zugrundelegung des Lebensalters zu Beginn des Rentenbezugs nach der in § 22 Nr. 1 Satz 3 Buchstabe a Doppelbuchstabe bb EStG aufgeführten Tabelle ab VZ 06: 30 % von 6 000 € = 1 800 €;

b) außerdem bis zum 31. 12. 09 den Ertragsanteil des über den Sockelbetrag hinausgehenden Rententeils von 3 000 €. Dieser Teil der Rente ist eine abgekürzte Leibrente mit einer beschränkten Laufzeit von sechs Jahren; der Ertragsanteil beträgt nach der in § 55 Abs. 2 EStDV aufgeführten Tabelle 7 % von 3 000 € = 210 €.

Der jährliche Ertragsanteil beläuft sich somit für die VZ 06 bis 09 auf (1 800 € + 210 € =) 2 010 €.

Kapitalabfindung

Wird eine Leibrente durch eine Kapitalabfindung abgelöst, unterliegt diese nicht der Besteuerung nach § 22 Nr. 1 Satz 3 Buchstabe a Doppelbuchstabe bb EStG (→ BFH vom 23. 4. 1958 – BStBl III S. 277).

Leibrente, abgekürzt

– Abgekürzte Leibrenten sind Leibrenten, die auf eine bestimmte Zeit beschränkt sind und deren Ertragsanteil nach § 55 Abs. 2 EStDV bestimmt wird. Ist das Rentenrecht ohne Gegenleistung begründet worden (z. B. bei Vermächtnisrenten, nicht aber bei Waisenrenten aus Versicherungen), muss – vorbehaltlich R 22.4 Abs. 1 – die zeitliche Befristung, vom Beginn der Rente an gerechnet, regelmäßig einen Zeitraum von mindestens zehn Jahren umfassen; siehe aber auch → Renten wegen verminderter Erwerbsfähigkeit. Hierzu und hinsichtlich des Unterschieds von Zeitrenten und abgekürzten Leibrenten → BFH vom 7. 8. 1959 (BStBl III S. 463).

– Abgekürzte Leibrenten erlöschen, wenn die Person, von deren Lebenszeit sie abhängen, vor Ablauf der zeitlichen Begrenzung stirbt. Überlebt die Person die zeitliche Begrenzung, so endet die abgekürzte Leibrente mit ihrem Zeitablauf.

NATO-Bedienstete

Ruhegehaltszahlungen an ehemalige NATO-Bedienstete sind grundsätzlich Einkünfte aus nichtselbständiger Arbeit (→ BMF vom 3. 8. 1998 – BStBl I S. 1042 und → BFH vom 22. 11. 2006 – BStBl 2007 II S. 402).

Renten wegen verminderter Erwerbsfähigkeit

Bei Renten wegen teilweiser oder voller Erwerbsminderung, wegen Berufs- oder Erwerbsunfähigkeit handelt es sich stets um abgekürzte Leibrenten. Der Ertragsanteil bemisst sich grundsätzlich nach der Zeitspanne zwischen dem Eintritt des Versicherungsfalles (Begründung der Erwerbsminderung) und dem voraussichtlichen Leistungsende (z. B. Erreichen einer Altersgrenze oder Beginn der Altersrente bei einer kombinierten Rentenversicherung). Steht der Anspruch auf Rentengewährung unter der auflösenden Bedingung des Wegfalls der Erwerbsminderung und lässt der Versicherer das Fortbestehen der Erwerbsminderung in mehr oder minder regelmäßigen Abständen prüfen, wird hierdurch die zu berücksichtigende voraussichtliche Laufzeit nicht berührt. Wird eine Rente wegen desselben Versicherungsfalles mehrfach hintereinander auf Zeit bewilligt und schließen sich die Bezugszeiten unmittelbar aneinander an, so liegt eine einzige abgekürzte Leibrente vor, deren voraussichtliche Laufzeit unter Berücksichtigung der jeweiligen Verlängerung und des ursprünglichen Beginns für jeden VZ neu zu bestimmen ist (→ BFH vom 22. 1. 1991 – BStBl II S. 686).

Überschussbeteiligung

Wird neben der garantierten Rente aus einer Rentenversicherung eine Überschussbeteiligung geleistet, ist der Überschussanteil zusammen mit der garantierten Rente als einheitlicher Rentenbezug zu beurteilen (→ BMF vom 26. 11. 1998 – BStBl I S. 1508 und vom 21. 10. 2009 – BStBl I S. 1172). *Werden Rentenleistungen aufgrund einer Überschussbeteiligung erhöht, sind die der Überschussbeteiligung dienenden Erhöhungsbeträge keine eigenständigen Renten. Die Rentenleistungen unterliegen insgesamt mit dem Ertragsanteil der Besteuerung, der dem Alter des Stpfl. Bei Beginn der Rentenzahlung entspricht (→ BFH vom 22. 8. 2012 – BStBl 2013 II S. 158).*

Vermögensübertragung

Anhang 8 Einkommensteuerrechtliche Behandlung von wiederkehrenden Leistungen im Zusammenhang mit einer Vermögensübertragung → BMF vom 11. 3. 2010 (BStBl I S. 227), Rz. 81

Versorgungs- und Versicherungsrenten aus einer Zusatzversorgung

Von der Versorgungsanstalt des Bundes und der Länder (VBL) und vergleichbaren Zusatzversorgungseinrichtungen geleistete Versorgungs- und Versicherungsrenten für Versicherte und Hinterbliebene stellen grundsätzlich lebenslängliche Leibrenten dar. Werden sie neben einer Rente wegen verminderter Erwerbsfähigkeit aus der gesetzlichen Rentenversicherung gezahlt, sind sie als abgekürzte Leibrenten zu behandeln (→ BFH vom 4. 10. 1990 – BStBl 1991 II S. 89). Soweit die Leistungen auf gefördertem Kapital i. S. d. § 22 Nr. 5 Satz 1 EStG beruhen, unterliegen sie der vollständig nachgelagerten Besteuerung; soweit sie auf nicht gefördertem Kapital beruhen, erfolgt die Besteuerung nach § 22 Nr. 5 Satz 2 Buchst. a EStG (→ BMF 31. 3. 2010 – BStBl I S. 270).

Werbungskosten

→ H 22.3

Wertsicherungsklausel

→ H 22.3 (Begriff der Leibrente)

Zeitrente

→ H 22.3 (Wiederkehrende Bezüge)

Zinsen auf Rentennachzahlung

Von der Bundesversicherungsanstalt für Angestellte im Zusammenhang mit Rentennachzahlungen gezahlte Zinsen gem. § 44 Abs. 1 SGB I unterliegen der Steuerpflicht nach § 20 Abs. 1 Nr. 7 EStG. Dass mit der Zinszahlung Nachteile ausgeglichen werden sollen, die der Berechtigte durch die verspätete Zahlung der Sozialleistungen erleidet, steht dem nicht entgegen (→ BFH vom 13. 11. 2007 – BStBl 2008 II S. 292).

R 22.5

22.5. Renten nach § 2 Abs. 2 der 32. DV zum Umstellungsgesetz (UGDV)

Beträge, die nach § 2 Abs. 2 der 32. UGDV[1] i. V. m. § 1 der Anordnung der Versicherungsaufsichtsbehörden über die Zahlung von Todesfall- und Invaliditätsversicherungssummen vom 15. 11. 1949[2] unter der Bezeichnung „Renten" gezahlt werden, gehören nicht zu den wiederkehrenden Bezügen i. S. d. § 22 Nr. 1 EStG und sind deshalb nicht einkommensteuerpflichtig.

R 22.6

22.6. Versorgungsleistungen

– unbesetzt –

H 22.6

Hinweise

Allgemeines

Anhang 8 Einkommensteuerrechtliche Behandlung von wiederkehrenden Leistungen im Zusammenhang mit einer Vermögensübertragung → BMF vom 11. 3. 2010 (BStBl I S. 227)

Beerdigungskosten

Beim Erben stellen ersparte Beerdigungskosten Einnahmen nach § 22 Nr. 1b EStG dar, wenn ein Vermögensübernehmer kein Erbe und vertraglich zur Übernahme der durch den Tod des letztver-

---

[1] StuZBl 1949 S. 327.
[2] Veröffentlichungen des Zonenamtes des Reichsaufsichtsamtes für das Versicherungswesen in Abw. 1949 S. 118.

storbenen Vermögensübergebers entstandenen Beerdigungskosten verpflichtet ist (→ BFH vom 19. 1. 2010 – BStBl II S. 544).

22.7. Leistungen auf Grund eines schuldrechtlichen Versorgungsausgleichs   R 22.7

– unbesetzt –

Hinweise   H 22.7

Allgemeines

Zur einkommensteuerrechtlichen Behandlung der Leistungen auf Grund eines schuldrechtlichen Versorgungsausgleichs → BMF vom 9. 4. 2010 (BStBl I S. 324).   Anhang 19a

---

22.8. Besteuerung von Leistungen i. S. d. § 22 Nr. 3 EStG   R 22.8

Haben beide zusammenveranlagten Ehegatten Einkünfte i. S. d. § 22 Nr. 3 EStG bezogen, ist bei jedem Ehegatten die in dieser Vorschrift bezeichnete Freigrenze – höchstens jedoch bis zur Höhe seiner Einkünfte i. S. d. § 22 Nr. 3 EStG – zu berücksichtigen.

Hinweise   H 22.8

Allgemeines

Leistung i. S. d. § 22 Nr. 3 EStG ist jedes Tun, Dulden oder Unterlassen, das Gegenstand eines entgeltlichen Vertrags sein kann und das eine Gegenleistung auslöst (→ BFH vom 21. 9. 2004 – BStBl 2005 II S. 44 und vom 8. 5. 2008 – BStBl II S. 868), sofern es sich nicht um Veräußerungsvorgänge oder veräußerungsähnliche Vorgänge im privaten Bereich handelt, bei denen ein Entgelt dafür erbracht wird, dass ein Vermögenswert in seiner Substanz endgültig aufgegeben wird (→ BFH vom 28. 11. 1984 – BStBl 1985 II S. 264 und vom 10. 9. 2003 – BStBl 2004 II S. 218).

Für das Vorliegen einer Leistung i. S. d. § 22 Nr. 3 EStG kommt es entscheidend darauf an, ob die Gegenleistung (das Entgelt) durch das Verhalten des Stpfl. ausgelöst wird. Allerdings setzt § 22 Nr. 3 EStG wie die übrigen Einkunftsarten die allgemeinen Merkmale der Einkünfteerzielung voraus. Der Leistende muss aber nicht bereits beim Erbringen seiner Leistung eine Gegenleistung erwarten. Für die Steuerbarkeit ist ausreichend, dass er eine im wirtschaftlichen Zusammenhang mit seinem Tun, Dulden oder Unterlassen gewährte Gegenleistung als solche annimmt (→ BFH vom 21. 9. 2004 – BStBl 2005 II S. 44).

Container-Leasing-Modell

Es ist eine Fallkonstellation bekannt geworden, in der die Grundmietzeit lediglich drei Jahre beträgt. Nach Ablauf dieser Garantiezeit ist die Leasing-GmbH bereit, die Container zurückzukaufen. Ein entsprechender Kaufpreis (Andienungspreis) wird nicht festgelegt. Die garantierte Miete führt nicht zur Deckung der gesamten Anschaffungskosten der Container.

Nach Abstimmung auf Bund-Länder-Ebene sind die Container – unabhängig von der verkürzten Grundmietzeit – weiterhin dem Leasinggeber zuzurechnen. Dieser hat mangels festgelegten Andienungspreises nicht die Sicherheit, in keinem Fall vom Wertminderungsrisiko betroffen zu sein. Die Privatperson bleibt daher nicht nur zivilrechtlicher, sondern auch wirtschaftlicher Eigentümer, so dass ihr die Container steuerlich zuzurechnen sind (analoge Anwendung der Rn. 6 des BMF-Schreibens vom 23.12.1991, BStBl 1992 I S. 13).

Die Leasingraten führen beim Leasinggeber demzufolge zu Einkünften nach § 22 Nr. 3 EStG. Außerdem unterliegt die Veräußerung der Container nach Ablauf der Grundmietzeit den Vorschriften der § 22 Nr. 2 i. V. m. § 23 Abs. 1 Nr. 2 Satz 3 EStG.

→ LfSt Bayern vom 15.5.2012 – S 2257.1.1 – 2/3 St 32 – (DB S. 1179)

Einnahmen aus Leistungen i. S. d. § 22 Nr. 3 EStG sind:

– Bindungsentgelt (Stillhalterprämie), das beim Wertpapieroptionsgeschäft dem Optionsgeber gezahlt wird (→ BFH vom 17. 4. 2007 – BStBl II S. 608),
– Einmalige Bürgschaftsprovision (→ BFH vom 22. 1. 1965 – BStBl III S. 313),

- Entgelt für ein freiwilliges Einsammeln und Verwerten leerer Flaschen (→ BFH vom 6. 6. 1973 – BStBl II S. 727),
- Entgelt für eine Beschränkung der Grundstücksnutzung (→ BFH vom 9. 4. 1965 – BStBl III S. 361 und vom 26. 8. 1975 – BStBl 1976 II S. 62),
- Entgelt für die Einräumung eines Vorkaufsrechts (→ BFH vom 30. 8. 1966 – BStBl 1967 III S. 69 und vom 10. 12. 1985 – BStBl 1986 II S. 340); bei späterer Anrechnung des Entgelts auf den Kaufpreis entfällt der Tatbestand des § 22 Nr. 3 EStG rückwirkend nach § 175 Abs. 1 Satz 1 Nr. 2 AO (→ BFH vom 10. 8. 1994 – BStBl 1995 II S. 57),
- Entgelt für den Verzicht auf Einhaltung des gesetzlich vorgeschriebenen Grenzabstands eines auf dem Nachbargrundstück errichteten Gebäudes (→ BFH vom 5. 8. 1976 – BStBl 1977 II S. 26),
- Entgelt für die Abgabe eines zeitlich befristeten Kaufangebots über ein Grundstück (→ BFH vom 26. 4. 1977 – BStBl II S. 631),
- Entgelt für den Verzicht des Inhabers eines eingetragenen Warenzeichens auf seine Abwehrrechte (→ BFH vom 25. 9. 1979 – BStBl 1980 II S. 114),
- Entgelt für ein vertraglich vereinbartes umfassendes Wettbewerbsverbot (→ BFH vom 12. 6. 1996 – BStBl II S. 516 und vom 23. 2. 1999 – BStBl II S. 590),
- Entgelt für eine Vereinbarung, das Bauvorhaben des Zahlenden zu dulden (→ BFH vom 26. 10. 1982 – BStBl 1983 II S. 404),
- Entgelt für die regelmäßige Mitnahme eines Arbeitskollegen auf der Fahrt zwischen Wohnung und Arbeitsstätte (→ BFH vom 15. 3. 1994 – BStBl II S. 516),
- Honorare eines Probanden für wissenschaftliche Untersuchungen (→ FG Rheinland-Pfalz vom 19. 3. 1996 – EFG 1996 S. 979),
- Vergütungen für die Rücknahme des Widerspruchs gegen den Bau und Betrieb eines Kraftwerks (→ BFH vom 12. 11. 1985 – BStBl 1986 II S. 890),
- Entgelt für die Duldung der Nutzung von Teileigentum zum Betrieb eines Spielsalons an einen benachbarten Wohnungseigentümer (→ BFH vom 21. 11. 1997 – BStBl 1998 II S. 133),
- Eigenprovisionen, wenn sie aus einmaligem Anlass und für die Vermittlung von Eigenverträgen gezahlt werden (→ BFH vom 27. 5. 1998 – BStBl II S. 619),
- Entgelt für die zeitweise Vermietung eines Wohnmobils an wechselnde Mieter (→ BFH vom 12. 11. 1997 – BStBl 1998 II S. 774); zur gewerblichen Wohnmobilvermietung → H 15.7 (3) Wohnmobil,
- Bestechungsgelder, die einem Arbeitnehmer von Dritten gezahlt worden sind (→ BFH vom 26. 1. 2000 – BStBl II S. 396),
- Provision für die Bereitschaft, mit seinen Beziehungen einem Dritten bei einer geschäftlichen Transaktion behilflich zu sein (→ BFH vom 20. 4. 2004 – BStBl II S. 1072),
- Belohnung für einen „werthaltigen Tipp" (Hinweis auf die Möglichkeit einer Rechtsposition) durch Beteiligung am Erfolg bei Verwirklichung (→ BFH vom 26. 10. 2004 – BStBl 2005 II S. 167),
- Fernseh-Preisgelder, wenn der Auftritt des Kandidaten und das gewonnene Preisgeld in einem gegenseitigen Leistungsverhältnis stehen (→ BMF vom 30. 5. 2008 – BStBl I S. 645 **und BFH vom 24.4.2012 – BStBl II S. 581**),
- Nachträglich wegen fehlgeschlagener Hofübergabe geltend gemachte Vergütungen für geleistete Dienste (→ BFH vom 8. 5. 2008 – BStBl II S. 868),
- Provisionen aus der ringweisen Vermittlung von Lebensversicherungen (→ BFH vom 20. 1. 2009 – BStBl II S. 532).
- Zahlungen und Aufwandsentschädigungen an **Schiedsrichter und Schiedsrichter-Assistenten** für die Leitung von Fußballspielen sind als sonstige Einkünfte (§ 22 Nr. 3 EStG) zu erfassen, wenn der Einsatz der Schiedsrichter und Schiedsrichter-Assistenten ausschließlich auf nationaler Ebene vom DFB einschließlich der Landes- und Regionalverbände bestimmt wird. Schiedsrichter und Schiedsrichter-Assistenten, die darüber hinaus auch international für die UEFA oder die FIFA oder in anderen ausländischen Ligen (z. B. Stars-League-Katar) eingesetzt werden, erzielen hingegen aus ihrer gesamten Schiedsrichtertätigkeit Einkünfte aus Gewerbebetrieb. Werden Schiedsrichter auch für Werbezwecke tätig, erzielen sie ebenfalls Einkünfte aus Gewerbebetrieb (→ FinMin SH vom 16. 5. 2011 – VI 307 – S 2240 – 159).

Keine Einnahmen aus Leistungen i. S. d. § 22 Nr. 3 EStG sind:

- Abfindungen an den Mieter einer Wohnung, soweit er sie für vermögenswerte Einschränkungen seiner Mietposition erhält (→ BFH vom 5. 8. 1976 – BStBl 1977 II S. 27),
- Entgeltliche Abtretungen von Rückkaufsrechten an Grundstücken (→ BFH vom 14. 11. 1978 – BStBl 1979 II S. 298),

– Entschädigung für eine faktische Bausperre (→ BFH vom 12. 9. 1985 – BStBl 1986 II S. 252),

– Gewinne aus Errichtung und Veräußerung von Kaufeigenheimen, auch wenn die Eigenheime bereits vor Errichtung verkauft worden sind (→ BFH vom 1. 12. 1989 – BStBl 1990 II S. 1054),

– Streikunterstützungen (→ BFH vom 24. 10. 1990 – BStBl 1991 II S. 337),

– Verzicht auf ein testamentarisch vermachtes obligatorisches Wohnrecht gegen Entgelt im privaten Bereich (→ BFH vom 9. 8. 1990 – BStBl II S. 1026),

– Vereinbarung wertmindernder Beschränkung des Grundstückseigentums gegen Entgelt zur Vermeidung eines ansonsten zulässigen Enteignungsverfahrens (→ BFH vom 17. 5. 1995 – BStBl II S. 640),

– Zahlungen von einem pflegebedürftigen Angehörigen für seine Pflege im Rahmen des familiären Zusammenlebens (→ BFH vom 14. 9. 1999 – BStBl II S. 776),

– Entgelte aus der Vermietung eines in die Luftfahrzeugrolle eingetragenen Flugzeugs (→ BFH vom 2. 5. 2000 – BStBl II S. 467); → H 15.7 (3) Flugzeug,

– Entgelte aus Telefonsex (→ BFH vom 23. 2. 2000 – BStBl II S. 610); → H 15.4 (Sittenwidrige Betätigung),

– Entgelte für den Verzicht auf ein dingliches Recht (Aufhebung einer eingetragenen Dienstbarkeit alten Rechts) eines Grundstückseigentümers am Nachbargrundstück (→ BFH vom 19. 12. 2000 – BStBl 2001 II S. 391),

– Erlöse aus der Veräußerung einer Zufallserfindung (→ BFH vom 10. 9. 2003 – BStBl 2004 II S. 218),

– Entgelte für die Inanspruchnahme eines Grundstücks im Zuge baulicher Maßnahmen auf dem Nachbargrundstück (→ BFH vom 2. 3. 2004 – BStBl II S. 507); → aber H 21.2 (Einnahmen),

– An den Versicherungsnehmer weitergeleitete Versicherungsprovisionen des Versicherungsvertreters (→ BFH vom 2. 3. 2004 – BStBl II S. 506),

– Entgelte für Verzicht auf Nachbarrechte im Zusammenhang mit der Veräußerung des betreffenden Grundstücks (→ BFH vom 18. 5. 2004 – BStBl II S. 874),

– Provision an den Erwerber eines Grundstücks, wenn der Provision keine eigene Leistung des Erwerbers gegenüber steht (→ BFH vom 16. 3. 2004 – BStBl II S. 1046),

– Reugeld wegen Rücktritts vom Kaufvertrag z. B. über ein Grundstück des Privatvermögens (→ BFH vom 24. 8. 2006 – BStBl 2007 II S. 44),

– Entgelt für Zustimmung des Gesellschafters einer GbR zur Veräußerung des Grundstücks der GbR (→ BFH vom 22. 4. 2008 – BFH/NV 2008 S. 1820).

Rückzahlung von Einnahmen

Die Rückzahlung von Einnahmen i. S. d. § 22 Nr. 3 EStG in einem späteren VZ ist im Abflusszeitpunkt in voller Höhe steuermindernd zu berücksichtigen. Das Verlustausgleichsverbot und Verlustabzugsverbot des § 22 Nr. 3 Satz 3 EStG steht nicht entgegen (→ BFH vom 26. 1. 2000 – BStBl II S. 396).

Verlustvor- und -rücktrag

Zur Anwendung des § 10d EStG im Rahmen des § 22 Nr. 3 EStG → BMF vom 29. 11. 2004 (BStBl I S. 1097).

Werbungskosten

Treffen mehrere Stpfl. die Abrede, sich ringweise Lebensversicherungen zu vermitteln und die dafür erhaltenen Provisionen an den jeweiligen Versicherungsnehmer weiterzugeben, kann die als Gegenleistung für die Vermittlung von der Versicherungsgesellschaft vereinnahmte und nach § 22 Nr. 3 EStG steuerbare Provision nicht um den Betrag der Provision als Werbungskosten gemindert werden, die der Stpfl. an den Versicherungsnehmer weiterleiten muss, wenn er umgekehrt einen Auskehrungsanspruch gegen denjenigen hat, der den Abschluss seiner Versicherung vermittelt (→ BFH vom 20. 1. 2009 – BStBl II S. 532).

Zeitpunkt des Werbungskostenabzugs

Werbungskosten sind bei den Einkünften aus einmaligen (sonstigen) Leistungen auch dann im Jahre des Zuflusses der Einnahme abziehbar, wenn sie vor diesem Jahr angefallen sind oder nach diesem Jahr mit Sicherheit anfallen werden. Entstehen künftig Werbungskosten, die im Zuflussjahr noch nicht sicher vorhersehbar waren, ist die Veranlagung des Zuflussjahres gem. § 175 Abs. 1 Satz 1 Nr. 2 AO zu ändern (→ BFH vom 3. 6. 1992 – BStBl II S. 1017).

R 22.9

22.9. Besteuerung von Bezügen i. S. d. § 22 Nr. 4 EStG

S 2257a

[1] § 22 Nr. 4 EStG umfasst nur solche Leistungen, die auf Grund des Abgeordnetengesetzes, des Europaabgeordnetengesetzes oder der entsprechenden Gesetze der Länder gewährt werden. [2]Leistungen, die außerhalb dieser Gesetze erbracht werden, z. B. Zahlungen der Fraktionen, unterliegen hingegen den allgemeinen Grundsätzen steuerlicher Beurteilung. [3]Gesondert gezahlte Tage- oder Sitzungsgelder sind nur dann nach § 3 Nr. 12 EStG steuerfrei, wenn sie nach bundes- oder landesrechtlicher Regelung als Aufwandsentschädigung gezahlt werden.

H 22.9

Hinweise

Werbungskosten

Soweit ein Abgeordneter zur Abgeltung von durch das Mandat veranlassten Aufwendungen eine nach § 3 Nr. 12 EStG steuerfreie Aufwandsentschädigung erhält, schließt dies nach § 22 Nr. 4 Satz 2 EStG den Abzug jeglicher mandatsbedingter Aufwendungen, auch von Sonderbeiträgen an eine Partei, als Werbungskosten aus (→ BFH vom 29. 3. 1983 – BStBl II S. 601, vom 3. 12. 1987 – BStBl 1988 II S. 266, vom 8. 12. 1987 – BStBl 1988 II S. 433 und vom 23. 1. 1991 – BStBl II S. 396). Derzeit werden nur in Nordrhein-Westfalen und Schleswig-Holstein keine steuerfreien Aufwandsentschädigungen gezahlt.

Kosten eines erfolglosen Wahlkampfes dürfen nach § 22 Nr. 4 Satz 3 EStG nicht als Werbungskosten abgezogen werden (→ BFH vom 8. 12. 1987 – BStBl 1988 II S. 435).

R 22.10

22.10. Besteuerung von Leistungen i. S. d. § 22 Nr. 5 EStG

– unbesetzt –

H 22.10

Hinweise

Besteuerung von Leistungen nach § 22 Nr. 5 EStG

Anhang 1   → BMF vom 31. 3. 2010 (BStBl I S. 270)

Mitteilung über steuerpflichtige Leistungen aus einem Altersvorsorgevertrag oder aus einer betrieblichen Altersversorgung

Amtlicher Vordruck für Jahre ab 2010 → BMF vom 17. 12. 2010 (BStBl 2011 I S. 6)

EStG
S 2257c
[1]

§ 22a   Rentenbezugsmitteilungen an die zentrale Stelle

(1) [1]Die Träger der gesetzlichen Rentenversicherung, der Spitzenverband der landwirtschaftlichen Sozialversicherung für die Träger der Alterssicherung der Landwirte, die berufsständischen Versorgungseinrichtungen, die Pensionskassen, die Pensionsfonds, die Versicherungsunternehmen, die Unternehmen, die Verträge im Sinne des § 10 Absatz 1 Nummer 2 Buchstabe b anbieten, und die Anbieter im Sinne des § 80 (Mitteilungspflichtige) haben der zentralen Stelle (§ 81) bis zum 1. März des Jahres, das auf das Jahr folgt, in dem eine Leibrente oder andere Leistung nach § 22 Nummer 1 Satz 3 Buchstabe a und § 22 Nummer 5 einem Leistungsempfänger zugeflossen ist, unter Beachtung der im Bundessteuerblatt veröffentlichten Auslegungsvorschriften der Finanzverwaltung folgende Daten zu übermitteln (Rentenbezugsmitteilung):

1. Identifikationsnummer (§ 139b der Abgabenordnung), Familienname, Vorname und Geburtsdatum des Leistungsempfängers. [2]Ist dem Mitteilungspflichtigen eine ausländische Anschrift des Leistungsempfängers bekannt, ist diese anzugeben. [3]In diesen Fällen ist auch die Staatsangehörigkeit des Leistungsempfängers, soweit bekannt, mitzuteilen;

2. je gesondert den Betrag der Leibrenten und anderen Leistungen im Sinne des § 22 Nummer 1 Satz 3 Buchstabe a Doppelbuchstabe aa, bb Satz 4 und Doppelbuchstabe bb Satz 5 in Verbindung mit § 55 Absatz 2 der Einkommensteuer-Durchführungsverordnung sowie im Sinne des § 22 Nummer 5. [2]Der im Betrag der Rente enthaltene Teil, der ausschließlich auf einer Anpassung der Rente beruht, ist gesondert mitzuteilen;

---

[1] *Absatz 1 Satz 1 wurde durch das LSV-NOG ab VZ 2013 geändert.*
Anm:
In Satz 1 wurde die Angabe „der Spitzenverband der landwirtschaftlichen Sozialversicherung für die Träger der Alterssicherung der Landwirte," durch die Angabe „die landwirtschaftliche Alterskasse," ersetzt.

3. Zeitpunkt des Beginns und des Endes des jeweiligen Leistungsbezugs; folgen nach dem 31. Dezember 2004 Renten aus derselben Versicherung einander nach, ist auch die Laufzeit der vorhergehenden Renten mitzuteilen;

4. Bezeichnung und Anschrift des Mitteilungspflichtigen;

5. die Beiträge im Sinne des § 10 Absatz 1 Nummer 3 Buchstabe a Satz 1 und 2 und Buchstabe b, soweit diese vom Mitteilungspflichtigen an die Träger der gesetzlichen Kranken und Pflegeversicherung abgeführt werden;

6. die dem Leistungsempfänger zustehenden Beitragszuschüsse nach § 106 des Sechsten Buches Sozialgesetzbuch.

[2]Die Datenübermittlung hat nach amtlich vorgeschriebenem Datensatz durch Datenfernübertragung zu erfolgen. [3]Im Übrigen ist § 150 Absatz 6 der Abgabenordnung entsprechend anzuwenden.

(2) [1]Der Leistungsempfänger hat dem Mitteilungspflichtigen seine Identifikationsnummer mitzuteilen. [2]Teilt der Leistungsempfänger die Identifikationsnummer dem Mitteilungspflichtigen trotz Aufforderung nicht mit, übermittelt das Bundesamt für Finanzen dem Mitteilungspflichtigen auf dessen Anfrage die Identifikationsnummer des Leistungsempfängers; weitere Daten dürfen nicht übermittelt werden. [3]In der Anfrage dürfen nur die in § 139b Absatz 3 der Abgabenordnung genannten Daten des Leistungsempfängers angegeben werden, soweit sie dem Mitteilungspflichtigen bekannt sind. [4]Die Anfrage des Mitteilungspflichtigen und die Antwort des Bundeszentralamtes für Steuern sind über die zentrale Stelle zu übermitteln. [5]Die zentrale Stelle führt eine ausschließlich automatisierte Prüfung der ihr übermittelten Daten daraufhin durch, ob sie vollständig und schlüssig sind und ob das vorgeschriebene Datenformat verwendet worden ist. [6]Sie speichert die Daten des Leistungsempfängers nur für Zwecke dieser Prüfung bis zur Übermittlung an das Bundeszentralamt für Steuern oder an den Mitteilungspflichtigen. [7]Die Daten sind für die Übermittlung zwischen der zentralen Stelle und dem Bundeszentralamt für Steuern zu verschlüsseln. [8]Für die Anfrage gilt Absatz 1 Satz 2 und 3 entsprechend. [9]Der Mitteilungspflichtige darf die Identifikationsnummer nur verwenden, soweit dies für die Erfüllung der Mitteilungspflicht nach Absatz 1 Satz 1 erforderlich ist.

(3) Der Mitteilungspflichtige hat den Leistungsempfänger jeweils darüber zu unterrichten, dass die Leistung der zentralen Stelle mitgeteilt wird.

(4) [1]Die zentrale Stelle (§ 81) kann bei den Mitteilungspflichtigen ermitteln, ob sie ihre Pflichten nach Absatz 1 erfüllt haben. [2]Die §§ 193 bis 203 der Abgabenordnung gelten sinngemäß. [3]Auf Verlangen der zentralen Stelle haben die Mitteilungspflichtigen ihre Unterlagen, soweit sie im Ausland geführt und aufbewahrt werden, verfügbar zu machen.

(5) [1]Wird eine Rentenbezugsmitteilung nicht innerhalb der in Absatz 1 Satz 1 genannten Frist übermittelt, so ist für jeden angefangenen Monat, in dem die Rentenbezugsmitteilung noch aussteht, ein Betrag in Höhe von zehn Euro für jede ausstehende Rentenbezugsmitteilung an die zentrale Stelle zu entrichten (Verspätungsgeld). [2]Die Erhebung erfolgt durch die zentrale Stelle im Rahmen ihrer Prüfung nach Absatz 4. [3]Von der Erhebung ist abzusehen, soweit die Fristüberschreitung auf Gründen beruht, die der Mitteilungspflichtige nicht zu vertreten hat. [4]Das Handeln eines gesetzlichen Vertreters oder eines Erfüllungsgehilfen steht dem eigenen Handeln gleich. [5]Das von einem Mitteilungspflichtigen zu entrichtende Verspätungsgeld darf 50 000 Euro für alle für einen Veranlagungszeitraum zu übermittelnden Rentenbezugsmitteilungen nicht übersteigen.

Hinweise

Anwendungsschreiben

→ BMF vom **7.12.2011** (**BStBl I S. 1223**)

H 22a

Anhang 1.II

---

§ 23 Private Veräußerungsgeschäfte[1)]

EStG
S 2256

(1) [1]Private Veräußerungsgeschäfte (§ 22 Nummer 2) sind

1. Veräußerungsgeschäfte bei Grundstücken und Rechten, die den Vorschriften des bürgerlichen Rechts über Grundstücke unterliegen (z. B. Erbbaurecht, Mineralgewinnungsrecht), bei denen der Zeitraum zwischen Anschaffung und Veräußerung nicht mehr als zehn Jahre beträgt. [2]Gebäude und Außenanlagen sind einzubeziehen, soweit sie innerhalb dieses Zeitraums errichtet, ausgebaut oder erweitert werden; dies gilt entsprechend für Gebäudeteile, die selbständige unbewegliche Wirtschaftsgüter sind, sowie für Eigentumswohnungen und im Teileigentum stehende Räume. [3]Ausgenommen sind Wirtschaftsgüter, die im Zeitraum

---

[1)] Zur zeitlichen Anwendung von § 23 EStG → § 52a Abs. 11 EStG.

571

zwischen Anschaffung oder Fertigstellung und Veräußerung ausschließlich zu eigenen Wohnzwecken oder im Jahr der Veräußerung und in den beiden vorangegangenen Jahren zu eigenen Wohnzwecken genutzt wurden;

¹⁾ 2. Veräußerungsgeschäfte bei anderen Wirtschaftsgütern, bei denen der Zeitraum zwischen Anschaffung und Veräußerung nicht mehr als ein Jahr beträgt. ²Ausgenommen sind Veräußerungen von Gegenständen des täglichen Gebrauchs. ³Bei Wirtschaftsgütern im Sinne von Satz 1, aus deren Nutzung als Einkunftsquelle zumindest in einem Kalenderjahr Einkünfte erzielt werden, erhöht sich der Zeitraum auf zehn Jahre.

3. (weggefallen)

4. (weggefallen)

²Als Anschaffung gilt auch die Überführung eines Wirtschaftsguts in das Privatvermögen des Steuerpflichtigen durch Entnahme oder Betriebsaufgabe. ³Bei unentgeltlichem Erwerb ist dem Einzelrechtsnachfolger für Zwecke dieser Vorschrift die Anschaffung oder die Überführung des Wirtschaftsguts in das Privatvermögen durch den Rechtsvorgänger zuzurechnen. ⁴Die Anschaffung oder Veräußerung einer unmittelbaren oder mittelbaren Beteiligung an einer Personengesellschaft gilt als Anschaffung oder Veräußerung der anteiligen Wirtschaftsgüter. ⁵Als Veräußerung im Sinne des Satzes 1 Nummer 1 gilt auch

1. die Einlage eines Wirtschaftsguts in das Betriebsvermögen, wenn die Veräußerung aus dem Betriebsvermögen innerhalb eines Zeitraums von zehn Jahren seit Anschaffung des Wirtschaftsguts erfolgt, und

2. die verdeckte Einlage in eine Kapitalgesellschaft.

(2) Einkünfte aus privaten Veräußerungsgeschäften der in Absatz 1 bezeichneten Art sind den Einkünften aus anderen Einkunftsarten zuzurechnen, soweit sie zu diesen gehören.

(3) ¹Gewinn oder Verlust aus Veräußerungsgeschäften nach Absatz 1 ist der Unterschied zwischen Veräußerungspreis einerseits und den Anschaffungs- oder Herstellungskosten und den Werbungskosten andererseits. ²In den Fällen des Absatzes 1 Satz 5 Nummer 1 tritt an die Stelle des Veräußerungspreises der für den Zeitpunkt der Einlage nach § 6 Absatz 1 Nummer 5 angesetzte Wert, in den Fällen des Absatzes 1 Satz 5 Nummer 2 der gemeine Wert. ³In den Fällen des Absatzes 1 Satz 2 tritt an die Stelle der Anschaffungs- oder Herstellungskosten der nach § 6 Absatz 1 Nummer 4 oder § 16 Absatz 3 angesetzte Wert. ⁴Die Anschaffungs- oder Herstellungskosten mindern sich um Absetzungen für Abnutzung, erhöhte Absetzungen und Sonderabschreibungen, soweit sie bei der Ermittlung der Einkünfte im Sinne des § 2 Absatz 1 Satz 1 Nummer 4 bis 7 abgezogen worden sind. ⁵Gewinne bleiben steuerfrei, wenn der aus den privaten Veräußerungsgeschäften erzielte Gesamtgewinn im Kalenderjahr weniger als 600 Euro betragen hat. ⁶In den Fällen des Absatzes 1 Satz 5 Nummer 1 sind Gewinne oder Verluste für das Kalenderjahr, in dem der Preis für die Veräußerung aus dem Betriebsvermögen zugeflossen ist, in den Fällen des Absatzes 1 Satz 5 Nummer 2 für das Kalenderjahr der verdeckten Einlage anzusetzen. ⁷Verluste dürfen nur bis zur Höhe des Gewinns, den der Steuerpflichtige im gleichen Kalenderjahr aus privaten Veräußerungsgeschäften erzielt hat, ausgeglichen werden; sie dürfen nicht nach § 10d abgezogen werden. ⁸Die Verluste mindern jedoch nach Maßgabe des § 10d die Einkünfte, die der Steuerpflichtige in dem unmittelbar vorangegangenen Veranlagungszeitraum oder in den folgenden Veranlagungszeiträumen aus privaten Veräußerungsgeschäften nach Absatz 1 erzielt hat oder erzielt; § 10d Absatz 4 gilt entsprechend. ⁹Verluste aus privaten Veräußerungsgeschäften, auf die § 23 in der bis zum 31. Dezember 2008 geltenden Fassung anzuwenden ist, können abweichend von Satz 7 auch mit Einkünften aus Kapitalvermögen im Sinne des § 20 Absatz 2 in der Fassung des Artikels 1 des Gesetzes vom 14. August 2007 (BGBl. I S. 1912) ausgeglichen werden.

²⁾ ¹⁰Sie mindern abweichend von Satz 8 nach Maßgabe des § 10d auch die Einkünfte, die der Steuerpflichtige in den folgenden Veranlagungszeiträumen aus § 20 Absatz 2 in der Fassung des

³⁾ Artikels 1 des Gesetzes vom 14. August 2007 (BGBl. I S. 1912) erzielt.

---

¹⁾ Absatz 1 Satz 1 Nr. 2 i.d.F. des JStG 2010 ist erstmals auf Veräußerungsgeschäfte anzuwenden, bei denen die Gegenstände des täglichen Gebrauchs auf Grund eines nach dem 13. 12. 2010 rechtskräftig abgeschlossenen Vertrags oder gleichstehenden Rechtsakts angeschafft wurden → § 52a Abs. 11 Satz 3 EStG i. d. F. des JStG 2010.

²⁾ Absatz 3 Satz 9 i.d.F. des JStG 2010 ist letztmals für den VZ 2013 anzuwenden → § 52a Abs. 11 Satz 11 EStG.

³⁾ Absatz 3 Satz 10 i. d. F. des Unternehmensteuerreformgesetzes 2008 ist letztmals für den VZ 2013 anzuwenden → § 52a Absatz 11 Satz 11 EStG.

Hinweise H 23

Anschaffung

Zu Anschaffungen im Rahmen der vorweggenommenen Erbfolge und bei Erbauseinandersetzung → BMF vom 13. 1. 1993 (BStBl I S. 80) unter Berücksichtigung der Änderungen durch BMF vom 26. 2. 2007 (BStBl I S. 269) und vom 14. 3. 2006 (BStBl I S. 253). Anhang 8

→ Enteignung

Anschaffung ist auch

– bei Zuteilung eines Grundstücks gegen Zuzahlung eines Geldbetrages im Rahmen eines Umlegungsverfahrens nur insoweit gegeben, als die Zuzahlung für eine den Sollanspruch (§ 56 Abs. 1 Satz 1 BauGB) nicht unwesentlich übersteigende Mehrzuteilung zu leisten ist (→ BFH vom 29. 3. 1995 – HFR 1995 S. 581),

– die Abgabe eines Meistgebots in einer Zwangsversteigerung (→ BFH vom 27. 8. 1997 – BStBl 1998 II S. 135),

– der Erwerb auf Grund eines Ergänzungsvertrags, wenn damit erstmalig ein Anspruch auf Übertragung eines Miteigentumsanteils rechtswirksam entsteht (→ BFH vom 17. 12. 1997 – BStBl 1998 II S. 343),

– der entgeltliche Erwerb eines Anspruchs auf Rückübertragung eines Grundstücks nach dem VermG (Restitutionsanspruch) (→ BFH vom 13. 12. 2005 – BStBl 2006 II S. 513).

– der Erwerb eines parzellierten und beplanten Grundstücks, das der Eigentümer auf Grund eines Rückübertragungsanspruchs dafür erhält, dass er bei der Veräußerung eines nicht parzellierten Grundstücks eine Teilfläche ohne Ansatz eines Kaufpreises überträgt (→ BFH vom 13. 4. 2010 – BStBl II S. 792).

Keine Anschaffung ist

– der unentgeltliche Erwerb eines Wirtschaftsguts, z. B. durch Erbschaft, Vermächtnis oder Schenkung (→ BFH vom 4. 7. 1950 – BStBl 1951 III S. 237, vom 22. 9. 1987 – BStBl 1988 II S. 250 und vom 12. 7. 1988 – BStBl II S. 942, → Veräußerungsfrist),

– der Erwerb kraft Gesetzes oder eines auf Grund gesetzlicher Vorschriften ergangenen Hoheitsaktes (→ BFH vom 19. 4. 1977 – BStBl II S. 712 und 13. 4. 2010 – BStBl II S. 792),

– die Rückübertragung von enteignetem Grundbesitz oder dessen Rückgabe nach Aufhebung der staatlichen Verwaltung auf Grund des VermG in der Fassung der Bekanntmachung vom 21. 12. 1998 (BGBl. I S. 4026, § 52 Abs. 2 Satz 2 D-Markbilanzgesetz i. d. F. vom 28. 7. 1994 – DMBilG – BGBl. I S. 1842); → hierzu auch BMF vom 11. 1. 1993 – BStBl I S. 18,

– die Einbringung von Grundstücken durch Bruchteilseigentümer zu unveränderten Anteilen in eine personenidentische GbR mit Vermietungseinkünften (→ BFH vom 6. 10. 2004 – BStBl 2005 II S. 324).

– der Erwerb von bundeseigenen Mauer- und Grenzgrundstücken durch den ehemaligen Eigentümer oder dessen Rechtsnachfolger (§ 2 Abs. 2 des Gesetzes über den Verkauf von Mauer- und Grenzgrundstücken an die früheren Eigentümer – Mauergrundstücksgesetz – vom 15. 7. 1996 – BGBl. I S. 980, BStBl I S. 1120).

Anschaffungskosten

Der Begriff „Anschaffungskosten" in § 23 Abs. 3 Satz 1 EStG ist mit dem Begriff der Anschaffungskosten in § 6 Abs. 1 Nr. 1 und 2 EStG identisch (→ BFH vom 19. 12. 2000 – BStBl 2001 II S. 345).

Container-Leasing-Modell

→ H 22.8

Enteignung

Veräußert ein Stpfl. zur Abwendung einer unmittelbar drohenden Enteignung ein Grundstück und erwirbt er in diesem Zusammenhang ein Ersatzgrundstück, liegt hierin keine Veräußerung und Anschaffung i. S. d. § 23 EStG (→ BFH vom 29. 6. 1962 – BStBl III S. 387 und vom 16. 1. 1973 – BStBl II S. 445). Veräußertes und angeschafftes Grundstück bilden in diesem Fall für die Anwendung des § 23 EStG eine Einheit. Für die Berechnung der Veräußerungsfrist ist daher nicht der Tag der Anschaffung des Ersatzgrundstücks, sondern der Tag maßgebend, zu dem das veräußerte Grundstück angeschafft wurde (→ BFH vom 5. 5. 1961 – BStBl III S. 385). Ersetzt der Stpfl. im Zusammenhang mit der drohenden Enteignung einer Teilfläche auch die nicht unmittelbar betroffenen Grundstücksteile, handelt es sich insoweit um eine Anschaffung und Veräußerung i. S. d. § 23 EStG (→ BFH vom 7. 12. 1976 – BStBl 1977 II S. 209).

Entnahme aus einem Betriebsvermögen

§ 23 Abs. 1 Satz 2 und 3 EStG i. d. F. des StEntlG 1999/2000/2002 vom 24. 3. 1999 (BGBl I S. 402) ist auf Entnahmen vor dem 1. 1. 1999 nicht anzuwenden (gegen BMF vom 5. 10. 2000, BStBl I S. 1383, Tz. 1) → BFH vom 18. 10. 2006 (BStBl 2007 II S. 179).

Erbanteilsübertragung

Erwirbt ein Miterbe entgeltlich den Erbteil eines anderen Miterben, entstehen ihm insoweit Anschaffungskosten für ein zum Nachlass gehörendes Grundstück, die dazu führen, dass der Gewinn aus der Veräußerung dieses Grundstücks nach § 23 EStG steuerbar ist, wenn es innerhalb der Veräußerungsfrist, die mit dem Erwerb des Erbteils beginnt, veräußert wird → BFH vom 20. 4. 2004 (BStBl II S. 987).

Freigrenze

– Haben beide zusammenveranlagten Ehegatten Veräußerungsgewinne erzielt, steht jedem Ehegatten die Freigrenze des § 23 Abs. 3 EStG – höchstens jedoch bis zur Höhe seines Gesamtgewinns aus privaten Veräußerungsgeschäften – zu (→ BVerfG vom 21. 2. 1961 – BStBl I S. 55).

Anhang 16   – → BMF vom 5. 10. 2000 (BStBl I S. 1383), Rz. 41

Fristberechnung

→ Veräußerungsfrist

Gegenstände des täglichen Gebrauchs[1]

Der Anwendungsbereich des § 23 Abs. 1 Satz 1 Nr. 2 EStG umfasst auch die Wirtschaftsgüter des täglichen Gebrauchs, die kein Wertsteigerungspotenzial besitzen, wie z. B. einen Gebrauchtkraftwagen (→ BFH vom 22. 4. 2008 – BStBl 2009 II S. 296).

Grundstücksgeschäfte

Anhang 16   Zweifelsfragen bei der Besteuerung privater Grundstücksgeschäfte → BMF vom 5. 10. 2000 (BStBl I S. 1383) unter Berücksichtigung der Änderungen durch → BMF vom 7. 2. 2007 (BStBl I S. 262)

Identisches Wirtschaftsgut

– Ein privates Veräußerungsgeschäft ist auch anzunehmen, wenn ein unbebautes Grundstück parzelliert und eine Parzelle innerhalb der Veräußerungsfrist veräußert wird (→ BFH vom 19. 7. 1983 – BStBl 1984 II S. 26).

– → Enteignung

Schuldzinsen

→ Werbungskosten

Spekulationsabsicht

Für das Entstehen der Steuerpflicht ist es unerheblich, ob der Stpfl. in spekulativer Absicht gehandelt hat (→ Beschluss des BVerfG vom 9. 7. 1969 – BStBl 1970 II S. 156 und BFH vom 2. 5. 2000 – BStBl II S. 469).

Veräußerung

→ Enteignung

Als Veräußerung i. S. d. § 23 Abs. 1 EStG ist auch anzusehen

– unter besonderen Umständen die Abgabe eines bindenden Angebots (→ BFH vom 23. 9. 1966 – BStBl 1967 III S. 73, vom 7. 8. 1970 – BStBl II S. 806 und vom 19. 10. 1971 – BStBl 1972 II S. 452).

---

[1] Aber § 23 Abs. 1 Satz 1 Nr. 2 Satz 2 EStG i. d. F. des JStG 2010.

– der Abschluss eines bürgerlich-rechtlich wirksamen, beide Vertragsparteien bindenden Vorvertrags (→ BFH vom 13. 12. 1983 – BStBl 1984 II S. 311).

– unter den Voraussetzungen des § 41 Abs. 1 AO der Abschluss eines unvollständig beurkundeten und deswegen nach den §§ 313 Satz 1 BGB, 125 HGB formunwirksamen Kaufvertrags (→ BFH vom 15. 12. 1993 – BStBl 1994 II S. 687).

– die Übertragung aus dem Privatvermögen eines Gesellschafters in das betriebliche Gesamthandsvermögen einer Personengesellschaft gegen Gewährung von Gesellschaftsrechten (→ BMF vom 29. 3. 2000 – BStBl I S. 462 und vom 11. 7. 2011 – BStBl I S. 713).

– die Veräußerung des rückübertragenen Grundstücks bei entgeltlichem Erwerb des Restitutionsanspruchs nach dem VermG (→ BFH vom 13. 12. 2005 – BStBl 2006 II S. 513).

Keine Veräußerung ist

– die Rückabwicklung eines Anschaffungsgeschäfts wegen irreparabler Vertragsstörungen (→ BFH vom 27. 6. 2006 – BStBl 2007 II S. 162).

Veräußerungsfrist

– → Enteignung

– Die **nachträgliche Genehmigung** eines zunächst schwebend unwirksamen Vertrags durch einen der Vertragspartner wirkt für die Fristberechnung nicht auf den Zeitpunkt der Vornahme des Rechtsgeschäfts zurück (→ BFH vom 2. 10. 2001 – BStBl 2002 II S. 10).

– Bei Veräußerung eines im Wege der **Gesamtrechtsnachfolge** erworbenen Wirtschaftsguts ist bei der Berechnung der Veräußerungsfrist von dem Zeitpunkt des entgeltlichen Erwerbs durch den Rechtsvorgänger auszugehen (→ BFH vom 12. 7. 1988 – BStBl II S. 942). Das Gleiche gilt auch für ein im Wege der unentgeltlichen Einzelrechtsnachfolge erworbenes Wirtschaftsgut § 23 Abs. 1 Satz 3 EStG.

– Für die Berechnung der Veräußerungsfrist des § 23 Abs. 1 EStG ist grundsätzlich das der → Anschaffung oder → Veräußerung zu Grunde liegende **obligatorische Geschäft** maßgebend (→ BFH vom 15. 12. 1993 – BStBl 1994 II S. 687).

Veräußerungspreis

– Wird infolge von Meinungsverschiedenheiten über die Formgültigkeit des innerhalb der Veräußerungsfrist abgeschlossenen Grundstückskaufvertrages der Kaufpreis erhöht, kann der erhöhte Kaufpreis auch dann Veräußerungspreis i. S. v. § 23 Abs. 3 Satz 1 EStG sein, wenn die Erhöhung nach Ablauf der Veräußerungsfrist vereinbart und beurkundet wird (→ BFH vom 15. 12. 1993 – BStBl 1994 II S. 687).

– Zum Veräußerungspreis gehört auch das Entgelt für den Verzicht auf Nachbarrechte im Zusammenhang mit der Veräußerung des betreffenden Grundstücks (→ BFH vom 18. 5. 2004 – BStBl II S. 874).

Verfassungsmäßigkeit

Die Beschränkung des Verlustausgleichs bei privaten Veräußerungsgeschäften durch § 23 Abs. 3 Satz 8 EStG ist verfassungsgemäß (→ BFH vom 18. 10. 2006 – BStBl 2007 II S. 259).

Verlustvor- und -rücktrag

Zur Anwendung des § 10d EStG im Rahmen des § 23 EStG → BMF vom 29. 11. 2004 (BStBl I S. 1097).

Vermögensverwaltende Personengesellschaft/Personengemeinschaft

→ OFD Frankfurt vom 5.3.2012 – S 2256 A – 41 – St 213 – (DStR S. 1511)

Werbungskosten

– Werbungskosten sind grundsätzlich alle durch ein Veräußerungsgeschäft i. S. d. § 23 EStG veranlassten Aufwendungen (z. B. Schuldzinsen), die weder zu den (nachträglichen) Anschaffungs- oder Herstellungskosten des veräußerten Wirtschaftsguts gehören noch einer vorrangigen Einkunftsart zuzuordnen sind oder wegen privater Nutzung unter das Abzugsverbot des § 12 EStG fallen (→ BFH vom 12. 12. 1996 – BStBl 1997 II S. 603).

- Durch ein privates Veräußerungsgeschäft veranlasste Werbungskosten sind – abweichend vom Abflussprinzip des § 11 Abs. 2 EStG – in dem Kalenderjahr zu berücksichtigen, in dem der Verkaufserlös zufließt (→ BFH vom 17. 7. 1991 – BStBl II S. 916).
- Fließt der Verkaufserlös in mehreren VZ zu, sind sämtliche Werbungskosten zunächst mit dem im ersten Zuflussjahr erhaltenen Teilerlös und ein etwa verbleibender Werbungskostenüberschuss mit den in den Folgejahren erhaltenen Teilerlösen zu verrechnen (→ BFH vom 3. 6. 1992 – BStBl II S. 1017).
- Planungsaufwendungen zur Baureifmachung eines unbebauten Grundstücks (Baugenehmigungsgebühren, Architektenhonorare) können abziehbar sein, wenn von Anfang an Veräußerungsabsicht bestanden hat (→ BFH vom 12. 12. 1996 – BStBl 1997 II S. 603).
- Erhaltungsaufwendungen können abziehbar sein, soweit sie allein oder ganz überwiegend durch die Veräußerung des Mietobjekts veranlasst sind (→ BFH vom 14. 12. 2004 – BStBl 2005 II S. 343).
- Wird ein Gebäude, das zu eigenen Wohnzwecken genutzt werden sollte, vor dem Selbstbezug und innerhalb der Veräußerungsfrist wieder veräußert, mindern nur solche Grundstücksaufwendungen den Veräußerungsgewinn, die auf die Zeit entfallen, in der der Stpfl. bereits zum Verkauf des Objekts entschlossen war (→ BFH vom 16. 6. 2004 – BStBl 2005 II S. 91).
- Vorfälligkeitsentschädigungen, die durch die Verpflichtung zur lastenfreien Veräußerung von Grundbesitz veranlasst sind, sind zu berücksichtigen (→ BFH vom 6. 12. 2005 – BStBl 2006 II S. 265).
- *Aufwendungen können nicht als Werbungskosten bei den privaten Veräußerungsgeschäften berücksichtigt werden, wenn es tatsächlich nicht zu einer Veräußerung kommt (→ BFH vom 1.8.2012, BStBl II S. 781).*

Wiederkehrende Leistungen

Zur Ermittlung des Gewinns bei Veräußerungsgeschäften gegen wiederkehrende Leistungen und bei der Umschichtung von nach § 10 Abs. 1 Nr. 1a EStG begünstigt übernommenem Vermögen → BMF vom 11. 3. 2010 (BStBl I S. 227), Rzn. 37 – 41, 65 – 79 und 88.

Zugewinnausgleich

Fragen zur einkommensteuerlichen Behandlung von Eigentumsübertragungen bei Ehescheidungen im Rahmen des Zugewinnausgleichs unter Berücksichtigung von § 23 EStG liegt regelmäßig folgender Beispielssachverhalt zugrunde:

Das Ehepaar A und B lebt im gesetzlichen Güterstand der Zugewinngemeinschaft (§ 1363 ff. BGB) Der Ehemann A erwarb im Jahr 1997 für (umgerechnet) 100 000 € ein Grundstück zum alleinigen Eigentum, das von ihm seither vermietet wurde. Die Ehe wurde im Jahr 2005 geschieden. Der geschiedenen Ehefrau B stand daraufhin ein Zugewinnausgleichsanspruch gegen A i. H. v. 250 000 € zu. Zur Abgeltung dieses Anspruchs übertrug ihr A das Grundstück, das im Übertragungszeitpunkt einen Verkehrswert von 250 000 € hatte.

Der Zugewinnausgleichsanspruch i. S. d. § 1378 BGB ist eine auf Geld gerichtete persönliche Forderung an den geschiedenen Ehegatten. Im oben genannten Beispielsfall erfüllte A diese (Geld-) Forderung der B, indem er ihr an Erfüllungs Statt (§ 364 BGB) das Grundstück übertrug.

Wird ein Grundstück von dem Eigentümer (= Steuerpflichtiger) an einen Dritten zur Tilgung einer dem Dritten – gleich aus welchem Rechtsgrund – zustehenden Geldforderung an Erfüllungs Statt übereignet, handelt es sich dabei um ein Veräußerungsgeschäft durch den Steuerpflichtigen; bei dem Dritten liegt ein entsprechendes Anschaffungsgeschäft vor. Veräußerungserlös bzw. Anschaffungskosten ist der Forderungsbetrag, der mit der Übertragung des Grundstücks an Erfüllungs Statt abgegolten wurde.

Mithin hat A das Grundstück innerhalb von zehn Jahren nach dessen Erwerb im Jahr 1997 wieder veräußert, so dass hier ein privates Veräußerungsgeschäft i. S. d. § 23 Abs. 1 Satz 1 Nr. 1 EStG vorliegt. Gründe für ein Absehen von der Besteuerung gibt es nicht (vgl. § 23 Abs. 1 Satz 1 Nr. 1 Satz 3 EStG).

Der von A zu versteuernde Gewinn beträgt:

Veräußerungserlös	250 000 €
Anschaffungskosten	./.100 000 €
Gewinn aus § 23 EStG	= 150 000 €

Abwandlung I des Beispielssachverhalts:

Die geschiedene Ehefrau B hat einen Zugewinnausgleichsanspruch in Höhe von 250 000 €. Das vom geschiedenen Ehemann A im Jahr 1997 für 100 000 € angeschaffte Grundstück hat im Jahr 2005 einen Verkehrswert von 300 000 €. A und B vereinbaren deshalb neben der Grundstücksübertragung, dass die 50 000 €, um die der Grundstückswert den Zugewinnausgleichsanspruch übersteigt, mit Unterhaltsforderungen der B an A verrechnet werden.

Lösung:

Hier werden zwei unterschiedliche Forderungen der B erfüllt: Zum einen der Zugewinnausgleichsanspruch i. H. v. 250 000 € und zum anderen eine Unterhaltsforderung i. H. v. 50 000 €. A veräußert damit das Grundstück für 300 000 €.

Der von A zu versteuernde Gewinn beträgt:

Veräußerungserlös	300 000 €
Anschaffungskosten	./. 100 000 €
Gewinn aus § 23 EStG	= 200 000 €

Gleichzeitig kann A die durch die Grundstücksübertragung abgegoltenen Unterhaltsforderungen der B im Veranlagungszeitraum der Grundstücksübertragung grundsätzlich als Sonderausgaben i. S. d. § 10 Abs. 1 Nr. 1 EStG abziehen, wenn die rechtlichen Voraussetzungen erfüllt sind. Ich bitte jedoch zu beachten, dass ein Abzug hier nur in Höhe des in § 10 Abs. 1 Nr. 1 Satz 1 EStG genannten Höchstbetrags möglich ist. Dies gilt auch dann, wenn Unterhaltsforderungen mehrerer Jahre verrechnet wurden; hier ist aufgrund § 11 Abs. 2 EStG ein Sonderausgabenabzug nur im Verrechnungsjahr mit dem in § 10 Abs. 1 Satz 1 EStG genannten Höchstbetrages möglich.

Abwandlung II des Beispielsachverhalts:

Die geschiedene Ehefrau B hat einen Zugewinnausgleichsanspruch in Höhe von 250 000 €. Das vom geschiedenen Ehemann A im Jahr 1997 für 100 000 € angeschaffte Grundstück hat im Jahr 2005 einen Verkehrswert von 300 000 €. A überträgt das Grundstück an B an Erfüllungs Statt. Eine Verrechnung der 50 000 €, um die der Grundstückswert den Zugewinnausgleichsanspruch übersteigt, mit Unterhaltsforderungen der B an A findet nicht statt.

Lösung:

Um eine Forderung der B in Höhe von 250 000 € zu erfüllen, überträgt ihr A ein Grundstück im Wert von 300 000 € an Erfüllungs Statt. Da die ausgeglichene Forderung wertmäßig unterhalb des Grundstückswertes liegt, handelt es sich um ein teilentgeltliches Geschäft. A hat an B insgesamt 5/6 (= 250/300) des Grundstücks entgeltlich veräußert, da er insofern das Grundstück an Erfüllungs Statt an B übertragen hat (Abgeltung des Zugewinnausgleichsanspruchs in Höhe von 250 000 €). In Höhe der übersteigenden 50 000 € (= 1/6 des Grundstücks) hat A das Grundstück unentgeltlich an B übertragen. Der von A zu versteuernde Gewinn beträgt:

Veräußerungserlös 300 000 € × 5/6 =	250 000 €
Anschaffungskosten 100 000 € × 5/6	./. 83 333 €
Gewinn aus § 23 EStG	= 166 667 €

Im Gegenzug schafft B das Grundstück zu 5/6 entgeltlich an (Anschaffungskosten von 250 000 €) und übernimmt das Grundstück zu 1/6 unentgeltlich von A (Fortführung der Anschaffungskosten des A i. H. v. 100 000 € × 1/6 = 16 667 €). Nur in Höhe des entgeltlich erworbenen Anteils beginnt für B eine neue zehnjährige Veräußerungsfrist i. S. d. § 23 Abs. 1 Satz 1 Nr. 1 Satz 1 EStG; bezüglich des unentgeltlich erworbenen Grundstücksanteils gilt § 23 Abs. 1 Satz 3 EStG.

h) Gemeinsame Vorschriften

§ 24

EStG
S 2258

Zu den Einkünften im Sinne des § 2 Absatz 1 gehören auch

1. Entschädigungen, die gewährt worden sind
   a) als Ersatz für entgangene oder entgehende Einnahmen oder
   b) für die Aufgabe oder Nichtausübung einer Tätigkeit, für die Aufgabe einer Gewinnbeteiligung oder einer Anwartschaft auf eine solche;
   c) als Ausgleichszahlungen an Handelsvertreter nach § 89b des Handelsgesetzbuchs;

2. Einkünfte aus einer ehemaligen Tätigkeit im Sinne des § 2 Absatz 1 Satz 1 Nummer 1 bis 4 oder aus einem früheren Rechtsverhältnis im Sinne des § 2 Absatz 1 Satz 1 Nummer 5 bis 7, und zwar auch dann, wenn sie dem Steuerpflichtigen als Rechtsnachfolger zufließen;

3. Nutzungsvergütungen für die Inanspruchnahme von Grundstücken für öffentliche Zwecke sowie Zinsen auf solche Nutzungsvergütungen und auf Entschädigungen, die mit der Inanspruchnahme von Grundstücken für öffentliche Zwecke zusammenhängen.

24.1. Begriff der Entschädigung i. S. d. § 24 Nr. 1 EStG

S 2258   Der Entschädigungsbegriff des § 24 Nr. 1 EStG setzt in seiner zu Buchstabe a und b gleichmäßig geltenden Bedeutung voraus, dass der Stpfl. infolge einer Beeinträchtigung der durch die einzelne Vorschrift geschützten Güter einen finanziellen Schaden erlitten hat und die Zahlung unmittelbar dazu bestimmt ist, diesen Schaden auszugleichen.

H 24.1 **Hinweise**

Abzugsfähige Aufwendungen

Bei der Ermittlung der Entschädigung i. S. d. § 24 Nr. 1 EStG sind von den Bruttoentschädigungen nur die damit in unmittelbarem Zusammenhang stehenden Betriebsausgaben oder Werbungskosten abzuziehen (→ BFH vom 26. 8. 2004 – BStBl 2005 II S. 215).

Allgemeines

– § 24 EStG schafft keinen neuen Besteuerungstatbestand, sondern weist die in ihm genannten Einnahmen nur der Einkunftsart zu, zu der die entgangenen oder künftig entgehenden Einnahmen gehört hätten, wenn sie erzielt worden wären (→ BFH vom 12. 6. 1996 – BStBl II S. 516).

– Wegen einer anstelle der Rückübertragung von enteignetem Grundbesitz gezahlten Entschädigung nach dem VermG vom 23. 9. 1990 i. d. F. vom 3. 8. 1992 → BMF vom 11. 1. 1993 (BStBl I S. 18).

Ausgleichszahlungen an Handelsvertreter

– Ausgleichszahlungen an Handelsvertreter nach § 89b HGB gehören auch dann zu den Entschädigungen i. S. d. § 24 Nr. 1 Buchstabe c EStG, wenn sie zeitlich mit der Aufgabe der gewerblichen Tätigkeit zusammenfallen (→ BFH vom 5. 12. 1968 – BStBl 1969 II S. 196).

– Ausgleichszahlungen an andere Kaufleute als Handelsvertreter, z. B. Kommissionsagenten oder Vertragshändler, sind wie Ausgleichszahlungen an Handelsvertreter zu behandeln, wenn sie in entsprechender Anwendung des § 89b HGB geleistet werden (→ BFH vom 12. 10. 1999 – BStBl 2000 II S. 220).

– Ausgleichszahlungen i. S. d. § 89 HGB gehören nicht zu den Entschädigungen nach § 24 Nr. 1 Buchstabe c EStG, wenn ein Nachfolgevertreter aufgrund eines selbständigen Vertrags mit seinem Vorgänger dessen Handelsvertretung oder Teile davon entgeltlich erwirbt. Ein selbständiger Vertrag liegt aber nicht vor, wenn der Nachfolger es übernimmt, die vertretenen Firmen von Ausgleichsansprüchen freizustellen (→ BFH vom 31. 5. 1972 – BStBl II S. 899 und vom 25. 7. 1990 – BStBl 1991 II S. 218).

Entschädigung i. S. d. § 24 Nr. 1 Buchstabe a EStG

– Die Entschädigung i. S. d. § 24 Nr. 1 Buchstabe a EStG muss als Ersatz für unmittelbar entgangene oder entgehende konkrete Einnahmen gezahlt werden (→ BFH vom 9. 7. 1992 – BStBl 1993 II S. 27).

– Für den Begriff der Entschädigung nach § 24 Nr. 1 Buchstabe a EStG ist nicht entscheidend, ob das zur Entschädigung führende Ereignis ohne oder gegen den Willen des Stpfl. eingetreten ist. Eine Entschädigung i. S. d. § 24 Nr. 1 Buchstabe a EStG kann vielmehr auch vorliegen, wenn der Stpfl. bei dem zum Einnahmeausfall führenden Ereignis selbst mitgewirkt hat. Ist dies der Fall, muss der Stpfl. bei Aufgabe seiner Rechte aber unter erheblichem wirtschaftlichen, rechtlichen oder tatsächlichen Druck gehandelt haben; keinesfalls darf er das Schaden stiftende Ereignis aus eigenem Antrieb herbeigeführt haben. Der Begriff des Entgehens schließt freiwilliges Mitwirken oder gar die Verwirklichung eines eigenen Strebens aus (→ BFH vom 20. 7. 1978 – BStBl 1979 II S. 9, vom 16. 4. 1980 – BStBl II S. 393 und vom 9. 7. 1992 – BStBl 1993 II S. 27 und vom 4. 9. 2002 – BStBl 2003 II S. 177). *Gibt ein Arbeitnehmer im Konflikt mit seinem Arbeitgeber nach und nimmt dessen Abfindungsangebot an, entspricht es dem Zweck des Merkmals der Zwangssituation, nicht schon wegen dieser gütlichen Einigung in Widerspruch stehenden Interessenlage einen tatsächlichen Druck in Frage zu stellen (→ BFH vom 29.2.2012 – BStBl II S. 569).*

– Die an die Stelle der Einnahmen tretende Ersatzleistung nach § 24 Nr. 1 Buchstabe a EStG muss auf einer **neuen** Rechts- oder Billigkeitsgrundlage beruhen. Zahlungen, die zur Erfüllung eines Anspruchs geleistet werden, sind keine Entschädigungen i. S. d. § 24 Nr. 1 Buchstabe a EStG, wenn die vertragliche Grundlage bestehen geblieben ist und sich nur die Zahlungsmodalität geändert hat (→ BFH vom 25. 8. 1993 – BStBl 1994 II S. 167, vom 10. 10. 2001 – BStBl 2002 II S. 181 und vom 6. 3. 2002 – BStBl II S. 516).

Entschädigungen nach § 24 Nr. 1 Buchstabe a EStG:

– Abfindung wegen **Auflösung eines Dienstverhältnisses**, wenn Arbeitgeber die Beendigung veranlasst hat (→ BFH vom 20. 10. 1978 – BStBl 1979 II S. 176 und vom 22. 1. 1988 – BStBl II S. 525); hierzu gehören auch Vorruhestandsgelder, die auf Grund eines Manteltarifvertrags vereinbart werden (→ BFH vom 16. 6. 2004 – BStBl II S. 1055),

– Abstandszahlung eines **Mietinteressenten** für die Entlassung aus einem Vormietvertrag (→ BFH vom 21. 8. 1990 – BStBl 1991 II S. 76),

– Aufwandsersatz, soweit er über den Ersatz von Aufwendungen hinaus auch den **Ersatz von ausgefallenen steuerbaren Einnahmen** bezweckt (→ BFH vom 26. 2. 1988 – BStBl II S. 615),

– Abfindung anlässlich der **Liquidation** einer Gesellschaft an einen Gesellschafter-Geschäftsführer, wenn auch ein gesellschaftsfremder Unternehmer im Hinblick auf die wirtschaftliche Situation der Gesellschaft die Liquidation beschlossen hätte (→ BFH vom 4. 9. 2002 – BStBl 2003 II S. 177),

– Abfindung, die der Gesellschafter-Geschäftsführer, der seine GmbH-Anteile veräußert, für den **Verzicht auf seine Pensionsansprüche** gegen die GmbH erhält, falls der Käufer den Erwerb des Unternehmens von der Nichtübernahme der Pensionsverpflichtung abhängig macht (→ BFH vom 10. 4. 2003 – BStBl 2003 II S. 748). Entsprechendes gilt für eine Entschädigung für die durch den Erwerber veranlasste Aufgabe der Geschäftsführertätigkeit (→ BFH vom 13. 8. 2003 – BStBl 2004 II S. 106),

– Abfindung wegen **Auflösung eines Dienstverhältnisses**, auch wenn bereits bei Beginn des Dienstverhältnisses ein Ersatzanspruch für den Fall der betriebsbedingten Kündigung oder Nichtverlängerung des Dienstverhältnisses vereinbart wird (→ BFH vom 10. 9. 2003 – BStBl 2004 II S. 349),

– Schadensersatz infolge einer schuldhaft **verweigerten Wiedereinstellung** (→ BFH vom 6. 7. 2005 – BStBl 2006 II S. 55),

– Leistungen wegen einer **Körperverletzung** nur insoweit, als sie den Verdienstausfall ersetzen (→ BFH vom 21. 1. 2004 – BStBl II S. 716),

– **Mietentgelte**, die der **Restitutionsberechtigte** vom Verfügungsberechtigten nach § 7 Abs. 7 Satz 2 VermG erlangt (→ BFH vom 11. 1. 2005 – BStBl II S. 450),

– Abfindung wegen unbefristeter Reduzierung der Wochenarbeitszeit auf Grund eines Vertrags zur Änderung des Arbeitsvertrags (→ BFH vom 25. 8. 2009 – BStBl 2010 II S. 1030)

Keine Entschädigungen nach § 24 Nr. 1 Buchstabe a EStG:

– Abfindung, die bei Abschluss oder während des Arbeitsverhältnisses für den Verlust späterer **Pensionsansprüche** infolge Kündigung vereinbart wird (→ BFH vom 6. 3. 2002 – BStBl II S. 516),

– Abfindung zur Ablösung eines Versorgungsanspruchs des Gesellschafter-Geschäftsführers bei fortbestehendem Arbeitsverhältnis (→ BFH vom 7. 3. 1995 – BFH/NV 1995 S. 961),

– Abfindung, die bei Fortsetzung des Arbeitnehmerverhältnisses für **Verzicht auf Tantiemeanspruch** gezahlt wird (→ BFH vom 10. 10. 2001 – BStBl 2002 II S. 347),

– Abfindung nach vorausgegangener freiwilliger **Umwandlung zukünftiger Pensionsansprüche** (→ BFH vom 6. 3. 2002 – BStBl II S. 516),

– Entgelt für den Verzicht auf ein testamentarisch vermachtes **obligatorisches Wohnrecht** (→ BFH vom 9. 8. 1990 – BStBl II S. 1026),

– **Pensionsabfindung**, wenn der Arbeitnehmer nach Eheschließung zur Herstellung der ehelichen Lebensgemeinschaft gekündigt hat (→ BFH vom 21. 6. 1990 – BStBl II S. 1020),

– Prozess- und Verzugszinsen (→ BFH vom 25. 10. 1994 – BStBl 1995 II S. 121),

– **Streikunterstützung** (→ BFH vom 24. 10. 1990 – BStBl 1991 II S. 337),

– Zahlung einer Vertragspartei, die diese wegen einer **Vertragsstörung** im Rahmen des Erfüllungsinteresses leistet, und zwar einschließlich der Zahlung für den **entgangenen Gewinn** i. S. d. § 252 BGB. Dies gilt unabhängig davon, ob der Stpfl. das Erfüllungsinteresse im Rahmen des bestehenden und verletzten Vertrags durchsetzt oder zur Abgeltung seiner vertraglichen Ansprüche einer ergänzenden vertraglichen Regelung in Form eines Vergleichs zustimmt (→ BFH vom 27. 7. 1978 – BStBl 1979 II S. 66, 69, 71, vom 3. 7. 1986 – BStBl II S. 806, vom 18. 9. 1986 – BStBl 1987 II S. 25 und vom 5. 10. 1989 – BStBl 1990 II S. 155),

– Zahlung für das Überspannen von Grundstücken mit **Hochspannungsfreileitungen** (→ BFH vom 19. 4. 1994 – BStBl II S. 640),

– Zahlung an Arbeitnehmer, wenn das zugrunde liegende **Arbeitsverhältnis** (z. B. bei Betriebsübergang nach § 613a BGB) **nicht beendet** wird (→ BFH vom 10. 10. 2001 – BStBl 2002 II S. 181).

– Erlös für die **Übertragung von Zuckerrübenlieferrechten** eines Landwirtes (→ BFH vom 28. 2. 2002 – BStBl II S. 658).

– *Ersatz für zurückzuzahlende Einnahmen oder Ausgleich von Ausgaben, z. B. Zahlungen für (mögliche) Umsatzsteuerrückzahlungen bei Auflösung von Mietverhältnissen (→ BFH vom 18.10.2011 – BStBl 2012 II S. 286).*

Entschädigungen i. S. d. § 24 Nr. 1 Buchstabe b EStG

§ 24 Nr. 1 Buchstabe b EStG erfasst Entschädigungen, die als Gegenleistung für den Verzicht auf eine mögliche Einkunftserzielung gezahlt werden. Eine Entschädigung i. S. d. § 24 Nr. 1 Buchstabe b EStG liegt auch vor, wenn die Tätigkeit mit Willen oder mit Zustimmung des Arbeitnehmers aufgegeben wird. Der Ersatzanspruch muss nicht auf einer neuen Rechts- oder Billigkeitsgrundlage beruhen. Die Entschädigung für die Nichtausübung einer Tätigkeit kann auch als Hauptleistungspflicht vereinbart werden (→ BFH vom 12. 6. 1996 – BStBl II S. 516).

Entschädigungen nach § 24 Nr. 1 Buchstabe b EStG:

– Abfindungszahlung, wenn der Stpfl. von einem ihm tarifvertraglich eingeräumten **Optionsrecht**, gegen Abfindung aus dem Arbeitsverhältnis auszuscheiden, Gebrauch macht (→ BFH vom 8. 8. 1986 – BStBl 1987 II S. 106),

– Entgelt für ein im Arbeitsvertrag vereinbartes **Wettbewerbsverbot** (→ BFH vom 13. 2. 1987 – BStBl II S. 386 und vom 16. 3. 1993 – BStBl II S. 497),

– Entgelt für ein **umfassendes Wettbewerbsverbot**, das im Zusammenhang mit der Beendigung eines Arbeitsverhältnisses vereinbart worden ist (→ BFH vom 12. 6. 1996 – BStBl II S. 516),

– Entgelt für ein **umfassendes Wettbewerbsverbot** auch dann, wenn die dadurch untersagten Tätigkeiten verschiedenen Einkunftsarten zuzuordnen sind (→ BFH vom 23. 2. 1999 – BStBl II S. 590),

– Abfindung, die ein angestellter **Versicherungsvertreter** von seinem Arbeitgeber für den Verzicht auf eine mögliche künftige Einkunftserzielung durch die Verkleinerung seines Bezirks erhält (→ BFH vom 23. 1. 2001 – BStBl II S. 541).

Keine Entschädigung nach § 24 Nr. 1 Buchstabe b EStG :

– Abfindung an Arbeitnehmer für die **Aufgabe eines gewinnabhängigen Tantiemeanspruchs** (→ BFH vom 10. 10. 2001 – BStBl 2002 II S. 347).

– Erlös für die **Übertragung von Zuckerrübenlieferrechten** eines Landwirtes (→ BFH vom 28. 2. 2002 – BStBl II S. 658).

Inanspruchnahme von Grundstücken für öffentliche Zwecke i. S. d. § 24 Nr. 3 EStG

Eine „Inanspruchnahme von Grundstücken für öffentliche Zwecke" i. S. d. § 24 Nr. 3 EStG setzt voraus, dass sich ein öffentlich-rechtlicher Funktionsträger das Grundstück unter Einsatz oder Androhung von Hoheitsmitteln (etwa eines Enteignungsverfahrens) beschafft. Die auf Grund eines Zwangsversteigerungsverfahrens von der öffentlichen Hand als Ersteherin gezahlten sog. Bargebotszinsen stellen keine „Zinsen auf Entschädigungen" i. S. d. § 24 Nr. 3 EStG dar (→ BFH vom 28. 4. 1998 – BStBl II S. 560).

Steuerbegünstigung nach § 34 Abs. 1 Satz 1 EStG

Wegen der Frage, unter welchen Voraussetzungen Entschädigungen i. S. d. § 24 Nr. 1 EStG der Steuerbegünstigung nach § 34 Abs. 1 Satz 1 EStG unterliegen → R 34.3.

R 24.2   **24.2. Nachträgliche Einkünfte**

(1) ¹Einkünfte aus einer ehemaligen Tätigkeit liegen vor, wenn sie in wirtschaftlichem Zusammenhang mit der ehemaligen Tätigkeit stehen, insbesondere ein Entgelt für die im Rahmen der ehemaligen Tätigkeit erbrachten Leistungen darstellen. ²Bezahlt ein Mitunternehmer nach Auflösung der Gesellschaft aus seinem Vermögen betrieblich begründete Schulden eines anderen Gesellschafters, hat er einen nachträglichen gewerblichen Verlust, soweit er seine Ausgleichsforderung nicht verwirklichen kann.

(2) § 24 Nr. 2 EStG ist auch anzuwenden, wenn die nachträglichen Einkünfte einem Rechtsnachfolger zufließen.

Hinweise

Ermittlung der nachträglichen Einkünfte

Nach der Betriebsveräußerung oder Betriebsaufgabe anfallende nachträgliche Einkünfte sind in sinngemäßer Anwendung des § 4 Abs. 3 EStG zu ermitteln (→ BFH vom 22. 2. 1978 – BStBl II S. 430).

Nachträgliche Einnahmen sind:

– Ratenweise gezahltes Auseinandersetzungsguthaben in Höhe des Unterschiedsbetrags zwischen Nennbetrag und Auszahlungsbetrag der Rate, wenn ein aus einer Personengesellschaft ausgeschiedener Gesellschafter verlangen darf, dass alljährlich die Rate nach dem jeweiligen Preis eines Sachwertes bemessen wird (→ BFH vom 16. 7. 1964 – BStBl III S. 622).

– Versorgungsrenten, die auf früherer gewerblicher oder freiberuflicher Tätigkeit des Stpfl. oder seines Rechtsvorgängers beruhen (→ BFH vom 10. 10. 1963 – BStBl III S. 592).

Nachträgliche Werbungskosten/Betriebsausgaben sind:

– Betriebssteuern, wenn bei Gewinnermittlung nach § 4 Abs. 3 EStG auf den Zeitpunkt der Betriebsaufgabe keine Schlussbilanz erstellt wurde, und dies nicht zur Erlangung ungerechtfertigter Steuervorteile geschah (→ BFH vom 13. 5. 1980 – BStBl II S. 692).

– Schuldzinsen für Verbindlichkeiten, die bis zur Vollbeendigung eines Gewerbebetriebs trotz Verwertung des Aktivvermögens nicht abgedeckt werden, auch wenn die Verbindlichkeiten durch Grundpfandrechte an einem privaten Grundstück gesichert sind oder eine Umschuldung durchgeführt worden ist (→ BFH vom 11. 12. 1980 – BStBl 1981 II S. 460, 461 und 462).

– Schuldzinsen für während des Bestehens des Betriebs entstandene und bei Betriebsveräußerung zurückbehaltene Verbindlichkeiten, soweit der Veräußerungserlös und der Verwertungserlös aus zurückbehaltenen Aktivwerten nicht zur Schuldentilgung ausreicht; darüber hinaus Schuldzinsen auch dann noch und so lange, als der Schuldentilgung Auszahlungshindernisse hinsichtlich des Veräußerungserlöses, Verwertungshindernisse hinsichtlich der zurückbehaltenen Aktivwerte oder Rückzahlungshindernisse hinsichtlich der früheren Betriebsschulden entgegenstehen (→ BFH vom 19. 1. 1982 – BStBl II S. 321, vom 27. 11. 1984 – BStBl 1985 II S. 323 und vom 12. 11. 1997 – BStBl 1998 II S. 144); bei Personengesellschaften → H 4.2 (15) Betriebsaufgabe oder -veräußerung im Ganzen.

– Schuldzinsen für betrieblich begründete Verbindlichkeiten nach Übergang des Betriebs zur Liebhaberei, wenn und soweit die zugrunde liegenden Verbindlichkeiten nicht durch eine mögliche Verwertung von Aktivvermögen beglichen werden können (→ BFH vom 15. 5. 2002 – BStBl II S. 809 und vom 31. 7. 2002 – BStBl 2003 II S. 282).

– Zinsanteile von Rentenzahlungen, wenn der Rentenberechtigte einer mit den Erlösen aus der Betriebsaufgabe möglichen Ablösung der betrieblich veranlassten Rentenverpflichtung nicht zustimmt (→ BFH vom 22. 9. 1999 – BStBl 2000 II S. 120).

– Nach Aufgabe der Vermietungstätigkeit gezahlte Schuldzinsen für Kreditmittel, die zur Finanzierung sofort abziehbarer Werbungskosten während der Vermietungsphase verwendet worden sind. Es kommt nicht darauf an, ob ein etwaiger Veräußerungserlös zur Schuldentilgung ausgereicht hätte (→ BMF vom 3. 5. 2006 – BStBl I S. 363).

sind nicht:

– Schuldzinsen, soweit es der Stpfl. bei Aufgabe eines Gewerbebetriebes unterlässt, vorhandene Aktiva zur Tilgung der Schulden einzusetzen (→ BFH vom 11. 12. 1980 – BStBl 1981 II S. 463 und vom 21. 11. 1989 – BStBl 1990 II S. 213), diese Schuldzinsen können jedoch Werbungskosten bei einer anderen Einkunftsart sein (→ BFH vom 19. 8. 1998 – BStBl 1999 II S. 353 und vom 28. 3. 2007 – BStBl II S. 642, → H 21.2 – Finanzierungskosten –). Bei Personengesellschaften → H 4.2 (15) Betriebsaufgabe oder -veräußerung im Ganzen.

– Schuldzinsen für vom übertragenden Gesellschafter bei Veräußerung eines Gesellschaftsanteils mit befreiender Wirkung gegenüber der Gesellschaft und dem eintretendem Gesellschafter übernommene Gesellschaftsschulden (→ BFH vom 28. 1. 1981 – BStBl II S. 464).

– Schuldzinsen, die auf die Zeit nach Beendigung der Nutzung zur Erzielung von Einkünften aus Vermietung und Verpachtung entfallen, wenn die Kreditmittel der Finanzierung von Anschaffungs- oder Herstellungskosten gedient haben (→ BFH vom 16. 9. 1999 – BStBl 2001 II S. 528). Anhang 19

– Schuldzinsen, die noch nach der Zwangsversteigerung eines zuvor vermieteten Gebäudes entstehen, weil der Veräußerungserlös nicht zur Tilgung der ursprünglichen Kredite ausreicht (→ BFH vom 12. 11. 1991 – BStBl 1992 II S. 289).

– Schuldzinsen für Verbindlichkeiten, die nicht während des Bestehens des Betriebs entstanden, sondern Folge der Aufgabe oder Veräußerung des Betriebs sind (→ BFH vom 12. 11. 1997 – BStBl 1998 II S. 144).

Rechtsnachfolger

– Der Begriff des Rechtsnachfolgers umfasst sowohl den bürgerlich-rechtlichen Einzel- oder Gesamtrechtsnachfolger als auch denjenigen, dem z. B. aufgrund eines von einem Gewerbetreibenden abgeschlossenen Vertrags zugunsten Dritter (§ 328 BGB) Einnahmen zufließen, die auf der gewerblichen Betätigung beruhen (→ BFH vom 25. 3. 1976 – BStBl II S. 487).

– Fließen nachträgliche Einkünfte dem Rechtsnachfolger zu, sind sie nach den in seiner Person liegenden Besteuerungsmerkmalen zu versteuern (→ BFH vom 29. 7. 1960 – BStBl III S. 404).

– Nachträglich zugeflossene Rentenzahlungen werden dem Erben auch dann als nachträgliche Einkünfte zugerechnet, wenn sie vom Testamentsvollstrecker zur Erfüllung von Vermächtnissen verwendet werden (→ BFH vom 24. 1. 1996 – BStBl II S. 287).

EStG
S 2265

§ 24a   Altersentlastungsbetrag

[1]Der Altersentlastungsbetrag ist bis zu einem Höchstbetrag im Kalenderjahr ein nach einem Prozentsatz ermittelter Betrag des Arbeitslohns und der positiven Summe der Einkünfte, die nicht solche aus nichtselbständiger Arbeit sind. [2]Bei der Bemessung des Betrags bleiben außer Betracht:

1. Versorgungsbezüge im Sinne des § 19 Absatz 2;
2. Einkünfte aus Leibrenten im Sinne des § 22 Nummer 1 Satz 3 Buchstabe a;
3. Einkünfte im Sinne des § 22 Nummer 4 Satz 4 Buchstabe b;
4. Einkünfte im Sinne des § 22 Nummer 5 Satz 1, soweit § 52 Absatz 34c anzuwenden ist;
5. Einkünfte im Sinne des § 22 Nummer 5 Satz 2 Buchstabe a.

[3]Der Altersentlastungsbetrag wird einem Steuerpflichtigen gewährt, der vor dem Beginn des Kalenderjahres, in dem er sein Einkommen bezogen hat, das 64. Lebensjahr vollendet hatte. [4]Im Fall der Zusammenveranlagung von Ehegatten zur Einkommensteuer sind die Sätze 1 bis 3 für jeden Ehegatten gesondert anzuwenden. [5]Der maßgebende Prozentsatz und der Höchstbetrag des Altersentlastungsbetrags sind der nachstehenden Tabelle zu entnehmen:

Das auf die Vollendung des 64. Lebensjahres folgende Kalenderjahr	Altersentlastungsbetrag	
	in % der Einkünfte	Höchstbetrag in Euro
2005	40,0	1 900
2006	38,4	1 824
2007	36,8	1 748
2008	35,2	1 672
2009	33,6	1 596
2010	32,0	1 520
2011	30,4	1 444
2012	28,8	1 368
2013	27,2	1 292
2014	25,6	1 216
2015	24,0	1 140
2016	22,4	1 064
2017	20,8	988
2018	19,2	912
2019	17,6	836
2020	16,0	760
2021	15,2	722
2022	14,4	684
2023	13,6	646
2024	12,8	608
2025	12,0	570
2026	11,2	532
2027	10,4	494
2028	9,6	456
2029	8,8	418

Das auf die Vollendung des 64. Lebensjahres folgende Kalenderjahr	Altersentlastungsbetrag	
	in % der Einkünfte	Höchstbetrag in Euro
2030	8,0	380
2031	7,2	342
2032	6,4	304
2033	5,6	266
2034	4,8	228
2035	4,0	190
2036	3,2	152
2037	2,4	114
2038	1,6	76
2039	0,8	38
2040	0,0	0

24a. Altersentlastungsbetrag

R 24a

Allgemeines

(1) [1]Bei der Berechnung des Altersentlastungsbetrags sind Einkünfte aus Land- und Forstwirtschaft nicht um den Freibetrag nach § 13 Abs. 3 EStG zu kürzen. [2]*Kapitalerträge, die nach § 32d Abs. 1 und § 43 Abs. 5 EStG dem gesonderten Steuertarif für Einkünfte aus Kapitalvermögen unterliegen, sind in die Berechnung des Altersentlastungsbetrags nicht einzubeziehen.* [3]Sind in den Einkünften neben Leibrenten auch andere wiederkehrende Bezüge i. S. d. § 22 Nr. 1 EStG enthalten, ist der Werbungskosten-Pauschbetrag nach § 9a Satz 1 Nr. 3 EStG von den der Besteuerung nach § 22 Nr. 1 Satz 3 EStG unterliegenden Teilen der Leibrenten abzuziehen, soweit er diese nicht übersteigt. [4]Der Altersentlastungsbetrag ist auf den nächsten vollen Euro-Beträge aufzurunden.

S 2265

Berechnung bei Anwendung anderer Vorschriften

(2) Ist der Altersentlastungsbetrag außer vom Arbeitslohn noch von weiteren Einkünften zu berechnen und muss er für die Anwendung weiterer Vorschriften von bestimmten Beträgen abgezogen werden, ist davon auszugehen, dass er zunächst vom Arbeitslohn berechnet worden ist.

Hinweise

H 24a

Altersentlastungsbetrag bei Ehegatten

Im Fall der Zusammenveranlagung von Ehegatten ist der Altersentlastungsbetrag jedem Ehegatten, der die altersmäßigen Voraussetzungen erfüllt, nach Maßgabe der von ihm bezogenen Einkünfte zu gewähren (→ BFH vom 22. 9. 1993 – BStBl 1994 II S. 107).

Berechnung des Altersentlastungsbetrags

Der Altersentlastungsbetrag ist von der Summe der Einkünfte zur Ermittlung des Gesamtbetrags der Einkünfte abzuziehen (→ R 2).

Beispiel 1:

Der Stpfl. hat im VZ 2004 das 64. Lebensjahr vollendet. Im *VZ 2012* wurden erzielt:

Arbeitslohn	14 000 €
darin enthalten:	
Versorgungsbezüge in Höhe von	6 000 €
Einkünfte aus selbständiger Arbeit	500 €
Einkünfte aus Vermietung und Verpachtung	– 1 500 €

Der Altersentlastungsbetrag beträgt 40 % des Arbeitslohns (14 000 € – 6 000 € = 8 000 €), das sind 3 200 €, höchstens jedoch 1 900 €. Die Einkünfte aus selbständiger Arbeit und aus Vermietung und Verpachtung werden für die Berechnung des Altersentlastungsbetrags nicht berücksichtigt, weil ihre Summe negativ ist (– 1 500 € + 500 € = – 1 000 €).

Beispiel 2:

Wie Beispiel 1, jedoch hat der Stpfl. im *VZ 2011* das 64. Lebensjahr vollendet.

Der Altersentlastungsbetrag beträgt *28,8 %* des Arbeitslohnes (14 000 € abzüglich Versorgungsbezüge 6 000 € = 8 000 €), das sind *2 304 €*, höchstens jedoch *1 368 €*.

Lohnsteuerabzug

Die Berechnung des Altersentlastungsbetrags beim Lohnsteuerabzug hat keine Auswirkung auf die Berechnung im Veranlagungsverfahren (→ R 39b.4 Abs. 3 LStR 2011).

EStG
S 2265a

§ 24b Entlastungsbetrag für Alleinerziehende

(1) [1]Alleinstehende Steuerpflichtige können einen Entlastungsbetrag in Höhe von 1 308 Euro im Kalenderjahr von der Summe der Einkünfte abziehen, wenn zu ihrem Haushalt mindestens ein Kind gehört, für das ihnen ein Freibetrag nach § 32 Absatz 6 oder Kindergeld zusteht. [2]Die Zugehörigkeit zum Haushalt ist anzunehmen, wenn das Kind in der Wohnung des allein stehenden Steuerpflichtigen gemeldet ist. [3]Ist das Kind bei mehreren Steuerpflichtigen gemeldet, steht der Entlastungsbetrag nach Satz 1 demjenigen Alleinstehenden zu, der die Voraussetzungen auf Auszahlung des Kindergeldes nach § 64 Absatz 2 Satz 1 erfüllt oder erfüllen würde in Fällen, in denen nur ein Anspruch auf einen Freibetrag nach § 32 Absatz 6 besteht.

(2) [1]Allein stehend im Sinne des Absatzes 1 sind Steuerpflichtige, die nicht die Voraussetzungen für die Anwendung des Splitting-Verfahrens (§ 26 Absatz 1) erfüllen oder verwitwet sind und keine Haushaltsgemeinschaft mit einer anderen volljährigen Person bilden, es sei denn, für diese steht ihnen ein Freibetrag nach § 32 Absatz 6 oder Kindergeld zu oder es handelt sich um ein Kind im Sinne des § 63 Absatz 1 Satz 1, das einen Dienst nach § 32 Absatz 5 Satz 1 Nummer 1 und 2 leistet oder eine Tätigkeit nach § 32 Absatz 5 Satz 1 Nummer 3 ausübt. [2]Ist die andere Person mit Haupt- oder Nebenwohnsitz in der Wohnung des Steuerpflichtigen gemeldet, wird vermutet, dass sie mit dem Steuerpflichtigen gemeinsam wirtschaftet (Haushaltsgemeinschaft). [3]Diese Vermutung ist widerlegbar, es sei denn der Steuerpflichtige und die andere Person leben in einer eheähnlichen Gemeinschaft oder in einer eingetragenen Lebenspartnerschaft.

(3) Für jeden vollen Kalendermonat, in dem die Voraussetzungen des Absatzes 1 nicht vorgelegen haben, ermäßigt sich der Entlastungsbetrag um ein Zwölftel.

H 24b **Hinweise**

Anwendungsschreiben

Anhang 7 → BMF vom 29. 10. 2004 (BStBl I S. 1042)

Mehrere Haushalte

1. Auch wenn mehrere Stpfl. die Voraussetzungen für den Abzug des Entlastungsbetrags für Alleinerziehende erfüllen, kann wegen desselben Kindes für denselben Monat nur einer der Berechtigten den Entlastungsbetrag abziehen.
2. Ist ein Kind annähernd gleichwertig in die beiden Haushalte seiner allein stehenden Eltern aufgenommen, können die Eltern – unabhängig davon, an welchen Berechtigten das Kindergeld ausgezahlt wird – untereinander bestimmen, wem der Entlastungsbetrag zustehen soll, es sei denn, einer der Berechtigten hat bei seiner Veranlagung oder durch Vorlage einer Lohnsteuerkarte mit der Steuerklasse II bei seinem Arbeitgeber (§ 38b Satz 2 Nr. 2 EStG) den Entlastungsbetrag bereits in Anspruch genommen.
3. Treffen die Eltern keine Bestimmung über die Zuordnung des Entlastungsbetrags, steht er demjenigen zu, an den das Kindergeld ausgezahlt wird.

(→ BFH vom 28. 4. 2010 – III R 79/08 – (NJW 2010, S. 3263)

III. Veranlagung

EStG
S 2260
S 2261

§ 25 Veranlagungszeitraum, Steuererklärungspflicht

(1) Die Einkommensteuer wird nach Ablauf des Kalenderjahres (Veranlagungszeitraum) nach dem Einkommen veranlagt, das der Steuerpflichtige in diesem Veranlagungszeitraum bezogen hat, soweit nicht nach § 43 Absatz 5 und § 46 eine Veranlagung unterbleibt.

(2) (weggefallen)

(3) ¹Der Steuerpflichtige hat für den abgelaufenen Veranlagungszeitraum eine Einkommensteuererklärung abzugeben. ²Ehegatten haben für den Fall der Zusammenveranlagung (§ 26b) eine gemeinsame Einkommensteuererklärung abzugeben. ³Wählt einer der Ehegatten die getrennte Veranlagung (§ 26a) oder wählen beide Ehegatten die besondere Veranlagung für den Veranlagungszeitraum der Eheschließung (§ 26c), hat jeder der Ehegatten eine Einkommensteuererklärung abzugeben. ⁴Der Steuerpflichtige hat die Einkommensteuererklärung eigenhändig zu unterschreiben. ⁵Eine gemeinsame Einkommensteuererklärung ist von beiden Ehegatten eigenhändig zu unterschreiben.   [1)]

(4) Die Erklärung nach Absatz 3 ist nach amtlich vorgeschriebenem Datensatz durch Datenfernübertragung zu übermitteln, wenn Einkünfte nach § 2 Absatz 1 Satz 1 Nummer 1 bis 3 erzielt werden und es sich nicht um einen der Veranlagungsfälle gemäß § 46 Absatz 2 Nummer 2 bis 8 handelt. Auf Antrag kann die Finanzbehörde zur Vermeidung unbilliger Härten auf eine Übermittlung durch Datenfernübertragung verzichten.

§ 56   Steuererklärungspflicht

EStDV
S 2261

¹Unbeschränkt Steuerpflichtige haben eine jährliche Einkommensteuererklärung für das abgelaufene Kalenderjahr (Veranlagungszeitraum) in den folgenden Fällen abzugeben:

1. *Ehegatten, bei denen im Veranlagungszeitraum die Voraussetzungen des § 26 Abs. 1 des Gesetzes vorgelegen haben und von denen keiner die getrennte Veranlagung nach § 26a des Gesetzes oder die besondere Veranlagung nach § 26c des Gesetzes wählt,*   [2)]

   a) *wenn keiner der Ehegatten Einkünfte aus nichtselbständiger Arbeit, von denen ein Steuerabzug vorgenommen worden ist, bezogen und der Gesamtbetrag der Einkünfte mehr als das Zweifache des Grundfreibetrages nach § 32a Absatz 1 Satz 2 Nummer 1 des Gesetzes in der jeweiligen Fassung betragen hat,*

   b) *wenn mindestens einer der Ehegatten Einkünfte aus nichtselbständiger Arbeit, von denen ein Steuerabzug vorgenommen worden ist, bezogen hat und eine Veranlagung nach § 46 Abs. 2 Nr. 1 bis 7 des Gesetzes in Betracht kommt;*

2. *Personen, bei denen im Veranlagungszeitraum die Voraussetzungen des § 26 Abs. 1 des Gesetzes nicht vorgelegen haben,*

   a) *wenn der Gesamtbetrag der Einkünfte den Grundfreibetrag nach § 32a Absatz 1 Satz 2 Nummer 1 des Gesetzes in der jeweils geltenden Fassung überstiegen hat und darin keine Einkünfte aus nichtselbständiger Arbeit, von denen ein Steuerabzug vorgenommen worden ist, enthalten sind,*

   b) *wenn in dem Gesamtbetrag der Einkünfte Einkünfte aus nichtselbständiger Arbeit, von denen ein Steuerabzug vorgenommen worden ist, enthalten sind und eine Veranlagung nach § 46 Abs. 2 Nr. 1 bis 6 und 7 Buchstabe b des Gesetzes in Betracht kommt.*

²Eine Steuererklärung ist außerdem abzugeben, wenn zum Schluss des vorangegangenen Veranlagungszeitraums ein verbleibender Verlustabzug festgestellt worden ist.

§§ 57 bis 59
– weggefallen –

EStDV

[1)] Absatz 3 wurde durch das Steuervereinfachungsgesetz 2011 neu gefasst und ist erstmals für den VZ 2013 anzuwenden → § 52 Abs. 68 Satz 1 EStG.
Anm.:
Absatz 3 i. d. F. des Steuervereinfachungsgesetzes 2011 lautet:
„(3) Die steuerpflichtige Person hat für den Veranlagungszeitraum eine eigenhändig unterschriebene Einkommensteuererklärung abzugeben. Wählen Ehegatten die Zusammenveranlagung (§ 26b), haben sie eine gemeinsame Steuererklärung abzugeben, die von beiden eigenhändig zu unterschreiben ist."
[2)] § 56 Satz 1 Nr. 1 EStDV wurde durch das Steuervereinfachungsgesetz 2011 geändert und ist erstmals für den VZ 2013 anzuwenden → § 84 Abs. 11 EStDV.
Anm.:
Die Änderung lautet:
Die Wörter „getrennte Veranlagung nach § 26a des Gesetzes oder die besondere Veranlagung nach § 26c des Gesetzes" werden durch die Wörter „Einzelveranlagung nach § 26a des Gesetzes" ersetzt.

EStDV

S 2260

§ 60 Unterlagen zur Steuererklärung

(1) ¹Der Steuererklärung ist eine Abschrift der Bilanz, die auf dem Zahlenwerk der Buchführung beruht, im Fall der Eröffnung des Betriebs auch eine Abschrift der Eröffnungsbilanz beizufügen, wenn der Gewinn nach § 4 Abs. 1, § 5 oder § 5a des Gesetzes ermittelt und auf eine elektronische Übermittlung nach § 5b Abs. 2 des Gesetzes verzichtet wird. ²Werden Bücher geführt, die den Grundsätzen der doppelten Buchführung entsprechen, ist eine Gewinn- und Verlustrechnung beizufügen.

(2) ¹Enthält die Bilanz Ansätze oder Beträge, die den steuerlichen Vorschriften nicht entsprechen, so sind diese Ansätze oder Beträge durch Zusätze oder Anmerkungen den steuerlichen Vorschriften anzupassen. ²Der Steuerpflichtige kann auch eine den steuerlichen Vorschriften entsprechende Bilanz (Steuerbilanz) beifügen.

(3) ¹Liegt ein Anhang, ein Lagebericht oder ein Prüfungsbericht vor, so ist eine Abschrift der Steuererklärung beizufügen. ²Bei der Gewinnermittlung nach § 5a des Gesetzes ist das besondere Verzeichnis nach § 5a Abs. 4 des Gesetzes der Steuererklärung beizufügen.

(4) ¹Wird der Gewinn nach § 4 Abs. 3 des Gesetzes durch den Überschuss der Betriebseinnahmen über die Betriebsausgaben ermittelt, ist die Einnahmenüberschussrechnung nach amtlich vorgeschriebenem Datenfernübertragung zu übermitteln. ²Auf Antrag kann die Finanzbehörde zur Vermeidung unbilliger Härten auf eine elektronische Übermittlung verzichten; in diesem Fall ist der Steuererklärung eine Gewinnermittlung nach amtlich vorgeschriebenem Vordruck beizufügen. ³ § 150 Abs. 7 und 8 der Abgabenordnung gilt entsprechend.

R 25

S 2260
S 2263

25. Verfahren bei der *Veranlagung* von Ehegatten nach § 26a EStG

(1) ¹Hat ein Ehegatte nach § 26 Abs. 2 Satz 1 EStG die *Einzelveranlagung (§ 26a EStG)* gewählt, so ist für jeden Ehegatten eine *Einzelveranlagung* durchzuführen, auch wenn sich jeweils eine Steuerschuld von 0 Euro ergibt. ²Der bei einer Zusammenveranlagung der Ehegatten in Betracht kommende Betrag der außergewöhnlichen Belastungen ist grundsätzlich von dem Finanzamt zu ermitteln, das für die *Einzelveranlagung* des Ehemannes zuständig ist.

(2) Für den VZ 2012 ist R 25 EStR 2008 weiter anzuwenden.[1]

H 25

Hinweise

Anlage EÜR

– Bei Betriebseinnahmen unter 17.500 Euro im Wirtschaftsjahr wird es nicht beanstandet, wenn der Steuererklärung anstelle der Anlage EÜR eine formlose Gewinnermittlung beigefügt wird. Insoweit wird auch auf die elektronische Übermittlung der Einnahmenüberschussrechnung nach amtlich vorgeschriebenem Datensatz durch Datenfernübertragung verzichtet (→ BMF vom 21. 11. 2011 – BStBl I S. 1101).

   Übersteigen die im Wirtschaftsjahr angefallenen Schuldzinsen, ohne die Berücksichtigung der Schuldzinsen für Darlehen zur Finanzierung von Anschaffungs- oder Herstellungskosten von Wirtschaftsgütern des Anlagevermögens, den Betrag von 2.050 Euro, sind bei Einzelunternehmen die in der Anlage SZE (Ermittlung der nicht abziehbaren Schuldzinsen) enthaltenen Angaben an die Finanzverwaltung zu übermitteln.

   (→ BMF vom 12.10.2012 – BStBl I S. 1003).

– *§ 60 Abs. 4 EStDV stellt eine wirksame Rechtsgrundlage für die Pflicht zur Abgabe der Anlage EÜR dar. Die Aufforderung zur Einreichung der Anlage EÜR ist ein Verwaltungsakt (→ BFH vom 16.11.2011 – BStBl 2012 II S. 129).*

Härteregelung

Die Härteregelung des § 46 Abs. 3 und 5 EStG gilt auch bei Arbeitnehmern, die nach § 25 EStG zu veranlagen sind (→ BFH vom 10. 1. 1992 – BStBl II S. 720).

---

[1] Anm.:
R 25 EStR 2008 lautet:
„Hat ein Ehegatte nach § 26 Abs. 2 Satz 1 EStG die getrennte Veranlagung gewählt, so ist für jeden Ehegatten eine Veranlagung durchzuführen, auch wenn sich jeweils eine Steuerschuld von 0 Euro ergibt. Der bei einer Zusammenveranlagung der Ehegatten in Betracht kommende Betrag der außergewöhnlichen Belastungen ist grundsätzlich von dem Finanzamt zu ermitteln, das für die Veranlagung des Ehemannes zuständig ist."

Unterzeichnung durch einen Bevollmächtigten

Kehrt ein ausländischer Arbeitnehmer auf Dauer in sein Heimatland zurück, kann dessen Einkommensteuer-Erklärung ausnahmsweise durch einen Bevollmächtigten unter Offenlegung des Vertretungsverhältnisses unterzeichnet werden (→ BFH vom 10. 4. 2002 – BStBl II S. 455).

§ 26 Veranlagung von Ehegatten

EStG
S 2262
1)

(1) [1]Ehegatten, die beide unbeschränkt einkommensteuerpflichtig im Sinne des § 1 Absatz 1 oder 2 oder des § 1a sind und nicht dauernd getrennt leben und bei denen diese Voraussetzungen zu Beginn des Veranlagungszeitraums vorgelegen haben oder im Laufe des Veranlagungszeitraums eingetreten sind, können zwischen getrennter Veranlagung (§ 26a) und Zusammenveranlagung (§ 26b) wählen; für den Veranlagungszeitraum der Eheschließung können sie stattdessen die besondere Veranlagung nach § 26c wählen. [2]Eine Ehe, die im Laufe des Veranlagungszeitraums aufgelöst worden ist, bleibt für die Anwendung des Satzes 1 unberücksichtigt, wenn einer der Ehegatten in demselben Veranlagungszeitraum wieder geheiratet hat und bei ihm und dem neuen Ehegatten die Voraussetzungen des Satzes 1 ebenfalls vorliegen. [3]Satz 2 gilt nicht, wenn eine Ehe durch Tod aufgelöst worden ist und die Ehegatten der neuen Ehe die besondere Veranlagung nach § 26c wählen.

(2) [1]Ehegatten werden getrennt veranlagt, wenn einer der Ehegatten getrennte Veranlagung wählt. [2]Ehegatten werden zusammen veranlagt oder – für den Veranlagungszeitraum der Eheschließung – nach § 26c veranlagt, wenn beide Ehegatten die betreffende Veranlagungsart wählen. [3]Die zur Ausübung der Wahl erforderlichen Erklärungen sind beim Finanzamt schriftlich oder zu Protokoll abzugeben.

(3) Werden die nach Absatz 2 erforderlichen Erklärungen nicht abgegeben, so wird unterstellt, dass die Ehegatten die Zusammenveranlagung wählen.

26. Voraussetzungen für die Anwendung des § 26 EStG

R 26

Nicht dauernd getrennt lebend

S 2262–
S 2264

(1) [1]Bei der Frage, ob Ehegatten als dauernd getrennt lebend anzusehen sind, wird einer auf Dauer herbeigeführten räumlichen Trennung regelmäßig eine besondere Bedeutung zukommen. [2]Die eheliche Lebens- und Wirtschaftsgemeinschaft ist jedoch im Allgemeinen nicht aufgehoben, wenn sich die Ehegatten nur vorübergehend räumlich trennen, z. B. bei einem beruflich bedingten Auslandsaufenthalt eines der Ehegatten. [3]Sogar in Fällen, in denen die Ehegatten infolge zwingender äußerer Umstände für eine nicht absehbare Zeit räumlich voneinander getrennt leben müssen, z. B. infolge Krankheit oder Verbüßung einer Freiheitsstrafe, kann die eheliche Lebens- und Wirt-

---

1) § 26 EStG wurde durch das Steuervereinfachungsgesetz 2011 neu gefasst und ist erstmals für den VZ 2013 anzuwenden → § 52 Abs. 68 Satz 1 EStG.

Anm.:
§ 26 EStG i. d. F. des Steuervereinfachungsgesetzes 2011 lautet:
„(1) Ehegatten können zwischen der Einzelveranlagung (§ 26a) und der Zusammenveranlagung (§ 26b) wählen, wenn
1. beide unbeschränkt einkommensteuerpflichtig im Sinne des § 1 Absatz 1 oder 2 oder des § 1a sind,
2. sie nicht dauernd getrennt leben und
3. bei ihnen die Voraussetzungen aus den Nummern 1 und 2 zu Beginn des Veranlagungszeitraums vorgelegen haben oder im Laufe des Veranlagungszeitraums eingetreten sind.
Hat ein Ehegatte in dem Veranlagungszeitraum, in dem seine zuvor bestehende Ehe aufgelöst worden ist, eine neue Ehe geschlossen und liegen bei ihm und dem neuen Ehegatten die Voraussetzungen des Satzes 1 vor, bleibt die zuvor bestehende Ehe für die Anwendung des Satzes 1 unberücksichtigt.
(2) Ehegatten werden einzeln veranlagt, wenn einer der Ehegatten die Einzelveranlagung wählt. Ehegatten werden zusammen veranlagt, wenn beide Ehegatten die Zusammenveranlagung wählen. Die Wahl wird für den betreffenden Veranlagungszeitraum durch Angabe in der Steuererklärung getroffen. Die Wahl der Veranlagungsart innerhalb eines Veranlagungszeitraums kann nach Eintritt der Unanfechtbarkeit des Steuerbescheids nur noch geändert werden, wenn
1. ein Steuerbescheid, der die Ehegatten betrifft, aufgehoben, geändert oder berichtigt wird und
2. die Änderung der Wahl der Veranlagungsart der zuständigen Finanzbehörde bis zum Eintritt der Unanfechtbarkeit des Änderungs- oder Berichtigungsbescheids schriftlich oder elektronisch mitgeteilt oder zur Niederschrift erklärt worden ist und
3. der Unterschiedsbetrag aus der Differenz der festgesetzten Einkommensteuer entsprechend der bisher gewählten Veranlagungsart und der festzusetzenden Einkommensteuer, die sich bei einer geänderten Ausübung der Wahl der Veranlagungsarten ergeben würde, positiv ist. Die Einkommensteuer der einzeln veranlagten Ehegatten ist hierbei zusammenzurechnen.
(3) Wird von dem Wahlrecht nach Absatz 2 nicht oder nicht wirksam Gebrauch gemacht, so ist eine Zusammenveranlagung durchzuführen."

schaftsgemeinschaft noch weiterbestehen, wenn die Ehegatten die erkennbare Absicht haben, die eheliche Verbindung in dem noch möglichen Rahmen aufrechtzuerhalten und nach dem Wegfall der Hindernisse die volle eheliche Gemeinschaft wiederherzustellen. [4]Ehegatten, von denen einer vermisst ist, sind im Allgemeinen nicht als dauernd getrennt lebend anzusehen.

I

Zurechnung gemeinsamer Einkünfte

(2) Gemeinsame Einkünfte der Ehegatten, z. B. aus einer Gesamthandsgesellschaft oder Gesamthandsgemeinschaft sind jedem Ehegatten, falls keine andere Aufteilung in Betracht kommt, zur Hälfte zuzurechnen.

(3) Für den VZ 2012 ist R 26 EStR 2008 weiter anzuwenden.[1]

H 26   **Hinweise**

Allgemeines

– Welche Personen **Ehegatten** i. S. d. § 26 Abs. 1 Satz 1 EStG sind, bestimmt sich **nach bürgerlichem Recht** (→ BFH vom 21. 6. 1957 – BStBl III S. 300).

– Bei Ausländern sind die materiell-rechtlichen Voraussetzungen für jeden Beteiligten nach den Gesetzen des Staates zu beurteilen, dem er angehört. Die Anwendung eines ausländischen Gesetzes ist jedoch ausgeschlossen, wenn es gegen die guten Sitten oder den Zweck eines deutschen Gesetzes verstoßen würde (→ BFH vom 6. 12. 1985 – BStBl 1986 II S. 390). Haben **ausländische Staatsangehörige**, von denen einer außerdem die deutsche Staatsangehörigkeit besitzt, im Inland eine Ehe geschlossen, die zwar nach dem gemeinsamen Heimatrecht, nicht aber nach deutschem Recht gültig ist, so handelt es sich nicht um Ehegatten i. S. d. § 26 Abs. 1 Satz 1 EStG (→ BFH vom 17. 4. 1998 – BStBl II S. 473).

– Eine Ehe ist bei **Scheidung oder Aufhebung** nach § 1564 BGB erst mit Rechtskraft des Urteils aufgelöst; diese Regelung ist auch für das Einkommensteuerrecht maßgebend (→ BFH vom 9. 3. 1973 – BStBl II S. 487).

– Wird eine Ehe **für nichtig erklärt** § 1324 BGB), so ist sie einkommensteuerrechtlich bis zur Rechtskraft der Nichtigerklärung wie eine gültige Ehe zu behandeln. Ein Stpfl., dessen Ehegatte **verschollen oder vermisst ist**, gilt als verheiratet. Bei Kriegsgefangenen oder Verschollenen kann in der Regel ferner davon ausgegangen werden, dass sie vor Eintritt der Kriegsgefangenschaft oder Verschollenheit einen Wohnsitz im Inland gehabt haben (→ BFH vom 3. 3. 1978 – BStBl II S. 372).

– Wird ein verschollener Ehegatte **für tot erklärt**, so gilt der Stpfl. vom Tag der Rechtskraft des Todeserklärungsbeschlusses an als verwitwet (→ § 49 AO, BFH vom 24. 8. 1956 – BStBl III S. 310).

---

[1] Anm.:

R 26 Abs. 2 bis 4 EStR 2008 lautet:

„(2) [1]War der Stpfl. im Laufe des VZ zweimal verheiratet und haben jeweils die Voraussetzungen des § 26 Abs. 1 Satz 1 EStG vorgelegen, besteht ein Veranlagungswahlrecht für die aufgelöste Ehe nur, wenn die Auflösung durch Tod erfolgt ist und die Ehegatten der nachfolgenden Ehe die besondere Veranlagung nach § 26c EStG wählen (§ 26 Abs. 1 Satz 2 und 3 EStG). [2]Sind die Voraussetzungen des § 26 Abs. 1 Satz 1 EStG für die letzte Ehe nicht erfüllt, besteht für die aufgelöste Ehe ein Veranlagungswahlrecht dann nicht, wenn der andere Ehegatte dieser Ehe im VZ ebenfalls wieder geheiratet hat und bei ihm und seinem neuen Ehegatten die Voraussetzungen des § 26 Abs. 1 Satz 1 EStG vorliegen (§ 26 Abs. 1 Satz 2 EStG).

(3) [1]Widerruft ein Ehegatte im Zuge der Veranlagung die von ihm oder von beiden Ehegatten abgegebene Erklärung über die Wahl der getrennten Veranlagung, ist die bestandskräftige Veranlagung des anderen Ehegatten nach § 175 Abs. 1 Satz 1 Nr. 2 AO aufzuheben, da die Vorschriften des § 26 Abs. 1 EStG hinsichtlich der Besteuerung beider Ehegatten nur einheitlich angewendet werden können. [2]Haben beide Ehegatten eine Erklärung über die Wahl der getrennten Veranlagung abgegeben, müssen beide Ehegatten ihre Erklärung widerrufen. [3]Hat nur einer der Ehegatten eine Erklärung abgegeben, ist der Widerruf dieses Ehegatten nur wirksam, wenn der andere Ehegatte nicht widerspricht. [4]Der einseitige Antrag eines Ehegatten auf getrennte Veranlagung ist rechtsunwirksam, wenn dieser Ehegatte im VZ keine positiven oder negativen Einkünfte erzielt hat oder wenn seine positiven Einkünfte so gering sind, dass weder eine Einkommensteuer festzusetzen ist noch die Einkünfte einem Steuerabzug zu unterwerfen waren, und zwar selbst dann, wenn dem anderen Ehegatten eine Steuerstraftat zur Last gelegt wird.

(4) [1]Die besondere Veranlagung für den VZ der Eheschließung (§ 26c EStG) setzt voraus, dass beide Ehegatten eine ausdrückliche Erklärung über die Wahl dieser Veranlagungsart abgeben. [2]Geschieht dies nicht, so werden die Ehegatten zusammen veranlagt, falls nicht einer der Ehegatten die getrennte Veranlagung wählt (§ 26 Abs. 3 EStG). [3]Absatz 3 Satz 2 gilt entsprechend. [4]Ist im Falle der besonderen Veranlagung nach § 26c EStG die Veranlagung eines der Ehegatten bereits bestandskräftig und wird im Zuge der Veranlagung des anderen Ehegatten von diesem die Wahl widerrufen, sind, falls dieser Ehegatte die getrennte Veranlagung wählt, die Ehegatten getrennt zu veranlagen oder, falls keine Erklärung über die Wahl der getrennten Veranlagung abgegeben wird, zusammen zu veranlagen (§ 26 Abs. 3 EStG); die bestandskräftige Veranlagung des einen Ehegatten ist nach § 175 Abs. 1 Satz 1 Nr. 2 AO aufzuheben.“

Ehegatte im Ausland

→ § 1a Abs. 1 Nr. 2 EStG

Die Antragsveranlagung einer Person mit inländischen Einkünften i. S. d. § 49 EStG nach § 1 Abs. 3 EStG ermöglicht im Grundsatz keine Zusammenveranlagung mit ihrem ebenfalls im Ausland wohnenden Ehegatten, wenn dieser selbst nicht unbeschränkt einkommensteuerpflichtig ist (→ BFH vom 22. 2. 2006 – BStBl 2007 II S. 106).

Ehegatte ohne Einkünfte

Stellt ein Ehegatte, der keine Einkünfte erzielt hat, einen Antrag auf getrennte Veranlagung, ist dieser selbst dann unbeachtlich, wenn dem anderen Ehegatten eine Steuerstraftat zur Last gelegt wird. Im Fall eines solchen Antrags sind die Ehegatten nach § 26 Abs. 3 EStG zusammen zu veranlagen, wenn der andere Ehegatte dies beantragt hat (→ BFH vom 10. 1. 1992 – BStBl II S. 297).

Eingetragene Lebenspartnerschaft

Eingetragene Lebenspartner werden nicht wie Ehegatten nach § 26 EStG veranlagt (→ BFH vom 26. 1. 2006 – BStBl II S. 515 und vom 20. 7. 2006 – BStBl II S. 883).

Getrenntleben

Ein dauerndes Getrenntleben ist anzunehmen, wenn die zum Wesen der Ehe gehörende Lebens- und Wirtschaftsgemeinschaft nach dem Gesamtbild der Verhältnisse auf die Dauer nicht mehr besteht. Dabei ist unter Lebensgemeinschaft die räumliche, persönliche und geistige Gemeinschaft der Ehegatten, unter Wirtschaftsgemeinschaft die gemeinsame Erledigung der die Ehegatten gemeinsam berührenden wirtschaftlichen Fragen ihres Zusammenlebens zu verstehen (→ BFH vom 15. 6. 1973 – BStBl II S. 640).

In der Regel sind die Angaben der Ehegatten, sie lebten nicht dauernd getrennt, anzuerkennen, es sei denn, dass die äußeren Umstände das Bestehen einer ehelichen Lebens- und Wirtschaftsgemeinschaft fraglich erscheinen lassen (→ BFH vom 5. 10. 1966 – BStBl 1967 III S. 84 und 110). In einem Scheidungsverfahren zum Getrenntleben getroffene Feststellungen (§ 1565 BGB) sind für die steuerliche Beurteilung nicht unbedingt bindend (→ BFH vom 13. 12. 1985 – BStBl 1986 II S. 486).

Tod eines Ehegatten

Die Wahl der Veranlagungsart ist auch nach dem Tod eines Ehegatten für das Jahr des Todes möglich, wobei an die Stelle des Verstorbenen dessen Erben treten. Falls die zur Wahl erforderlichen Erklärungen nicht abgegeben werden, wird nach § 26 Abs. 3 EStG unterstellt, dass eine Zusammenveranlagung gewählt wird, wenn der Erbe Kenntnis von seiner Erbenstellung und den steuerlichen Vorgängen des Erblassers hat. Bis zur Ermittlung des Erben ist grundsätzlich getrennt zu veranlagen (→ BFH vom 21. 6. 2007 – BStBl II S. 770).

Wahl der Veranlagungsart

Die zur Ausübung der Wahl auf getrennte Veranlagung erforderliche Erklärung kann grundsätzlich noch im Rechtsbehelfsverfahren mit Ausnahme des Revisionsverfahrens und, soweit es nach der AO zulässig ist, im Rahmen der Änderung von Steuerbescheiden abgegeben oder widerrufen werden (→ BFH vom 28. 8. 1981 – BStBl 1982 II S. 156 und vom 25. 6. 1993 – BStBl II S. 824). Ein Widerruf der einmal getroffenen Wahl kann jedoch nach den Grundsätzen von Treu und Glauben unzulässig sein (→ BFH vom 8. 3. 1973 – BStBl II S. 625). Auf die Ausübung des Wahlrechts nach § 26 Abs. 1 Satz 1 EStG findet die Anfechtungsbeschränkung des § 351 Abs. 1 AO keine Anwendung (→ BFH vom 25. 6. 1993 – BStBl II S. 824 und vom 19. 5. 1999 – BStBl II S. 762). Die Wahl der Veranlagungsart durch die Ehegatten löst nur die Rechtsfolgen der §§ 26a bis 26c EStG aus, lässt im Übrigen aber die Besteuerungsgrundlagen unberührt (→ BFH vom 3. 3. 2005 – BStBl II S. 564). Die erneute Ausübung des Wahlrechts bei Erlass eines Einkommensteueränderungsbescheids wird gegenstandslos, wenn der Änderungsbescheid wieder aufgehoben wird (→ BFH vom 24. 5. 1991 – BStBl 1992 II S. 123). Ist ein Ehegatte von Amts wegen zu veranlagen und wird auf Antrag eines der beiden Ehegatten eine getrennte Veranlagung durchgeführt, ist auch der andere Ehegatte zwingend getrennt zu veranlagen. Für die Veranlagung kommt es in einem solchen Fall auf das Vorliegen der Voraussetzungen des § 46 Abs. 2 EStG nicht mehr an (→ BFH vom 21. 9. 2006 – BStBl 2007 II S. 11).

Widerruf der Veranlagungsart

– Das Wahlrecht zwischen der getrennten Veranlagung und der Zusammenveranlagung können Ehegatten auch noch bis zur Unanfechtbarkeit eines Berichtigungs- oder Änderungsbescheids ausüben und die einmal getroffene Wahl innerhalb dieser Frist frei widerrufen. Eine Ausnahme gilt nur für den Fall, dass die Rechtsausübung willkürlich erscheint, z. B. wenn der die getrennte Veranlagung wählende Ehegatte keine eigenen Einkünfte hat oder wenn diese so gering sind, dass sie weder einem Steuerabzug unterlegen haben noch zur Einkommensteuerveranlagung führen können.

Entscheidet sich einer der Ehegatten nach einer bereits durchgeführten Zusammenveranlagung zulässigerweise für die getrennte Veranlagung, ist auch für den anderen Ehegatten eine getrennte Veranlagung durchzuführen, selbst wenn der Zusammenveranlagungsbescheid ihm gegenüber bestandskräftig geworden und die Festsetzungsfrist abgelaufen ist. Der Antrag auf getrennte Veranlagung stellt für die Veranlagung des anderen Ehegatten ein rückwirkendes Ereignis i. S. d. § 175 Abs. 1 Satz 1 Nr. 2 AO dar.

(→ BFH vom 28. 7. 2005 – BStBl II S. 865)

– Beantragen Ehegatten innerhalb der Frist für einen Einspruch gegen den Zusammenveranlagungsbescheid die getrennte Veranlagung oder die besondere Veranlagung im Jahr der Eheschließung, ist das Finanzamt bei der daraufhin für jeden durchzuführenden getrennten oder besonderen Veranlagung an die tatsächliche und rechtliche Beurteilung der Besteuerungsgrundlagen im Zusammenveranlagungsbescheid gebunden (→ BFH vom 3. 3. 2005 – BStBl II S. 564).

– Sagt das Finanzamt in der mündlichen Verhandlung im Wege tatsächlicher Verständigung zu, den angefochtenen Einkommensteuerbescheid unter Ansatz geringerer gewerblicher Einkünfte zu ändern und wird daraufhin übereinstimmend der Rechtsstreit in der Hauptsache für erledigt erklärt, ist der Kläger nicht gehindert, bis zur formellen Bestandskraft des Änderungsbescheids statt der bisherigen Zusammenveranlagung die getrennte Veranlagung zu wählen (→ BFH vom 24. 1. 2002 – BStBl 2002 II S. 408).

§ 26a   Getrennte Veranlagung von Ehegatten

(1) [1]Bei getrennter Veranlagung von Ehegatten in den in § 26 bezeichneten Fällen sind jedem Ehegatten die von ihm bezogenen Einkünfte zuzurechnen. [2]Einkünfte eines Ehegatten sind nicht allein deshalb zum Teil dem anderen Ehegatten zuzurechnen, weil dieser bei der Erzielung der Einkünfte mitgewirkt hat.

(2) [1]Sonderausgaben nach § 9c und außergewöhnliche Belastungen (§§ 33 bis 33b) werden in Höhe des bei einer Zusammenveranlagung der Ehegatten in Betracht kommenden Betrags bei beiden Veranlagungen jeweils zur Hälfte abgezogen, wenn die Ehegatten nicht gemeinsam eine andere Aufteilung beantragen. [2]Die nach § 33b Absatz 5 übertragbaren Pauschbeträge stehen den Ehegatten insgesamt nur einmal zu; sie werden jedem Ehegatten zur Hälfte gewährt. [3]Die nach § 34f zu gewährende Steuerermäßigung steht den Ehegatten in dem Verhältnis zu, in dem sie erhöhte Absetzungen nach § 7b oder Abzugsbeträge nach § 10e Absatz 1 bis 5 oder nach § 15b des Berlinförderungsgesetzes in Anspruch nehmen. [4]Die nach § 35a zu gewährende Steuerermäßigung steht den Ehegatten jeweils zur Hälfte zu, wenn die Ehegatten nicht gemeinsam eine andere Aufteilung beantragen.

---

[1] § 26a EStG wurde durch das Steuervereinfachungsgesetz 2011 neu gefasst und ist erstmals für den VZ 2013 anzuwenden → § 52 Abs. 68 Satz 1 EStG.
Anm.:
§ 26a EStG i. d. F. des Steuervereinfachungsgesetzes 2011 lautet:
„Einzelveranlagung von Ehegatten
(1) Bei der Einzelveranlagung von Ehegatten sind jedem Ehegatten die von ihm bezogenen Einkünfte zuzurechnen. Einkünfte sind nicht allein deshalb zum Teil dem anderen Ehegatten zuzurechnen, weil dieser bei der Erzielung der Einkünfte mitgewirkt hat.
(2) Sonderausgaben, außergewöhnliche Belastungen und die Steuerermäßigung nach § 35a werden demjenigen Ehegatten zugerechnet, der die Aufwendungen wirtschaftlich getragen hat. Auf übereinstimmenden Antrag der Ehegatten werden sie jeweils zur Hälfte abgezogen. Der Antrag des Ehegatten, der die Aufwendungen wirtschaftlich getragen hat, ist in begründeten Einzelfällen ausreichend. § 26 Absatz 2 Satz 3 gilt entsprechend.
(3) Die Anwendung des § 10d für den Fall des Übergangs von der Einzelveranlagung zur Zusammenveranlagung und von der Zusammenveranlagung zur Einzelveranlagung zwischen zwei Veranlagungszeiträumen, wenn bei beiden Ehegatten nicht ausgeglichene Verluste vorliegen, wird durch Rechtsverordnung der Bundesregierung mit Zustimmung des Bundesrates geregelt."

(3) Die Anwendung des § 10d für den Fall des Übergangs von der getrennten Veranlagung zur Zusammenveranlagung und von der Zusammenveranlagung zur getrennten Veranlagung, wenn bei beiden Ehegatten nicht ausgeglichene Verluste vorliegen, wird durch Rechtsverordnung der Bundesregierung mit Zustimmung des Bundesrates geregelt.

---

§ 61 Antrag auf anderweitige Verteilung der außergewöhnlichen Belastungen im Fall des § 26a des Gesetzes

EStDV
S 2263
1)

¹Der Antrag auf anderweitige Verteilung der als außergewöhnliche Belastungen vom Gesamtbetrag der Einkünfte abzuziehenden Beträge (§ 26a Abs. 2 des Gesetzes) kann nur von beiden Ehegatten gemeinsam gestellt werden. ²Kann der Antrag nicht gemeinsam gestellt werden, weil einer der Ehegatten dazu aus zwingenden Gründen nicht in der Lage ist, so kann das Finanzamt den Antrag des anderen Ehegatten als genügend ansehen.

§§ 62 bis 62c

EStDV

– weggefallen –

§ 62d Anwendung des § 10d des Gesetzes bei der Veranlagung von Ehegatten

EStDV
S 2263
2)

(1) ¹Im Fall der getrennten Veranlagung von Ehegatten (§ 26a des Gesetzes) kann der Steuerpflichtige den Verlustabzug nach § 10d des Gesetzes auch für Verluste derjenigen Veranlagungszeiträume geltend machen, in denen die Ehegatten nach § 26b des Gesetzes zusammen oder nach § 26c des Gesetzes besonders veranlagt worden sind. ²Der Verlustabzug kann in diesem Fall nur für Verluste geltend gemacht werden, die der getrennt veranlagte Ehegatte erlitten hat.

(2) ¹Im Fall der Zusammenveranlagung von Ehegatten (§ 26b des Gesetzes) kann der Steuerpflichtige den Verlustabzug nach § 10d des Gesetzes auch für Verluste derjenigen Veranlagungszeiträume geltend machen, in denen die Ehegatten nach § 26a des Gesetzes getrennt oder nach § 26c des Gesetzes besonders veranlagt worden sind. ²Im Fall der Zusammenveranlagung von Ehegatten (§ 26b des Gesetzes) in einem Veranlagungszeitraum, in den negative Einkünfte nach § 10d Abs. 1 des Gesetzes zurückgetragen werden, sind nach Anwendung des § 10d Abs. 1 des Gesetzes verbleibende negative Einkünfte für den Verlustvortrag nach § 10d Abs. 2 des Gesetzes in Veranlagungszeiträume, in denen eine Zusammenveranlagung nicht stattfindet, auf die Ehegatten nach dem Verhältnis aufzuteilen, in dem die auf die einzelnen Ehegatten entfallenden Verluste im Veranlagungszeitraum der Verlustentstehung zueinander stehen.

S 2263
3)

---

1) § 61 EStDV wurde durch das Steuervereinfachungsgesetz 2011 neu gefasst und ist erstmals für den VZ 2013 anzuwenden → § 84 Abs. 11 EStDV.
   Anm.:
   Die Neufassung lautet:
   „Antrag auf hälftige Verteilung von Abzugsbeträgen im Fall des § 26a des Gesetzes
   Können die Ehegatten den Antrag nach § 26a Absatz 2 des Gesetzes nicht gemeinsam stellen, weil einer der Ehegatten dazu aus zwingenden Gründen nicht in der Lage ist, kann das Finanzamt den Antrag des anderen Ehegatten als genügend ansehen.
2) § 62d Abs.1 EStDV wurde durch das Steuervereinfachungsgesetz 2011 geändert und ist erstmals für den VZ 2013 anzuwenden → § 84 Abs. 11 EStDV.
   Anm.:
   Die Änderungen lauten:
   a) In Satz 1 werden die Wörter „getrennte Veranlagung" durch das Wort „Einzelveranlagung" ersetzt und die Wörter „oder nach § 26c des Gesetzes besonders" gestrichen.
   b) In Satz 2 wird das Wort „getrennt" durch das Wort „einzeln" ersetzt.
3) § 62d Abs. 2 Satz 1 EStDV wurde durch das Steuervereinfachungsgesetz 2011 geändert und ist erstmals für den VZ 2013 anzuwenden → § 84 Abs. 11 EStDV.
   Anm.:
   Die Änderung lautet:
   In Absatz 2 Satz 1 wird das Wort „getrennt" durch das Wort „einzeln" ersetzt und werden die Wörter „oder nach § 26c des Gesetzes besonders" gestrichen.

R 26a	26a. *Veranlagung von Ehegatten nach § 26a EStG*
S 2263	*Für den VZ 2012 ist R 26a EStR 2008 weiter anzuwenden.*[1]

H 26a   **Hinweise**

Außergewöhnliche Belastungen

Die zumutbare Belastung bei getrennter Veranlagung ist vom G. d. E. beider Ehegatten zu berechnen (→ BFH vom 26. 3. 2009 – BStBl II S. 808).

Gütergemeinschaft

– Zur Frage der einkommensteuerrechtlichen Wirkung des Güterstands der allgemeinen Gütergemeinschaft zwischen Ehegatten → BFH-Gutachten vom 18. 2. 1959 (BStBl III S. 263),

– Gewerbebetrieb als Gesamtgut der in Gütergemeinschaft lebenden Ehegatten → H 15.9 (1) Gütergemeinschaft,

– Kein Gesellschaftsverhältnis, wenn die persönliche Arbeitsleistung eines Ehegatten in den Vordergrund tritt und im Betrieb kein nennenswertes ins Gesamtgut fallendes Kapital eingesetzt wird (→ BFH vom 20. 3. 1980 – BStBl II S. 634),

– Übertragung einer im gemeinsamen Ehegatteneigentum stehenden forstwirtschaftlich genutzten Fläche in das Alleineigentum eines Ehegatten → H 4.2 (12) Gütergemeinschaft,

– Ist die einkommensteuerrechtliche Auswirkung der Gütergemeinschaft zwischen Ehegatten streitig, ist hierüber im Verfahren der gesonderten und einheitlichen Feststellung (§§ 179, 180 AO) zu befinden (→ BFH vom 23. 6. 1971 – BStBl II S. 730).

Kinderbetreuungskosten

→ BMF vom *14. 3. 2012 (BStBl I S. 307), Rdnr. 26*

Pauschbetrag für behinderte Menschen

Der einem gemeinsamen Kind zustehende Pauschbetrag für behinderte Menschen, der auf Antrag der Eltern vollständig einem von ihnen übertragen wurde, ist bei getrennter Veranlagung bei beiden Elternteilen je zur Hälfte abzuziehen (→ BFH vom 19.4.2012 – BStBl II S. 861).

Zugewinngemeinschaft

Jeder Ehegatte bezieht – wie bei der Gütertrennung – die Nutzungen seines Vermögens selbst (→ §§ 1363 ff. BGB).

---

[1] Anm.:
R 26a EStR 2008 lautet:
„(1) Im Falle der getrennten Veranlagung werden die als Sonderausgaben (§§ 10 bis 10b EStG) abzuziehenden Beträge – mit Ausnahme der → Kinderbetreuungskosten i. S. d. § 10 Abs. 1 Nr. 5 oder 8 EStG – bei dem Ehegatten berücksichtigt, der sie auf Grund einer eigenen Verpflichtung selbst geleistet hat oder für dessen Rechnung sie im abgekürzten Zahlungsweg entrichtet wurden (→ R 10.1).
(2) ¹Die als außergewöhnliche Belastungen (§§ 33 bis 33b EStG abzuziehenden Beträge werden zunächst für die Ehegatten einheitlich nach den für die Zusammenveranlagung geltenden Grundsätzen ermittelt, ²Die einheitlich ermittelten Beträge werden grundsätzlich je zur Hälfte oder in einem gemeinsam beantragten anderen Aufteilungsverhältnis bei der Veranlagung jedes Ehegatten abgezogen. ³Abweichend hiervon sind jedoch die nach § 33b Abs. 5 EStG auf die Ehegatten zu übertragenden Pauschbeträge für behinderte Menschen und Hinterbliebene stets bei jedem Ehegatten zur Hälfte anzusetzen (§ 26a Abs. 2 EStG). ⁴Der Antrag auf anderweitige Aufteilung (§ 26a Abs. 2 Satz 1 und Satz 4 EStG, § 61 EStDV) kann noch im Rechtsbehelfsverfahren mit Ausnahme des Revisionsverfahrens und, soweit es nach den Vorschriften der Abgabenordnung zulässig ist, im Rahmen der Änderung von Steuerbescheiden geändert oder widerrufen werden; für den Widerruf genügt die Erklärung eines der Ehegatten. ⁵Die bestandskräftige Veranlagung des anderen Ehegatten ist in diesen Fällen nach § 175 Abs. 1 Satz 1 Nr. 2 AO zu ändern, da die Vorschriften des § 26 Abs. 1 EStG hinsichtlich der Besteuerung beider Ehegatten nur einheitlich angewendet werden können."

§ 26b Zusammenveranlagung von Ehegatten

Bei der Zusammenveranlagung von Ehegatten werden die Einkünfte, die die Ehegatten erzielt haben, zusammengerechnet, den Ehegatten gemeinsam zugerechnet und, soweit nichts anderes vorgeschrieben ist, die Ehegatten sodann gemeinsam als Steuerpflichtiger behandelt.

§ 62d Anwendung des § 10d des Gesetzes bei der Veranlagung von Ehegatten

(zu § 26a EStG abgedruckt)

26b. Zusammenveranlagung von Ehegatten nach § 26b EStG

Gesonderte Ermittlung der Einkünfte

(1) [1]Die Zusammenveranlagung nach § 26b EStG führt zwar zu einer Zusammenrechnung, nicht aber zu einer einheitlichen Ermittlung der Einkünfte der Ehegatten. [2]Wegen des Verlustabzugs nach § 10d EStG wird auf § 62d Abs. 2 EStDV und R 10d Abs. 6 hingewiesen.

Feststellung gemeinsamer Einkünfte

(2) Gemeinsame Einkünfte zusammenzuveranlagender Ehegatten sind grundsätzlich gesondert und einheitlich festzustellen (§ 180 Abs. 1 Nr. 2 Buchstabe a und § 179 Abs. 2 AO), sofern es sich nicht um Fälle geringer Bedeutung handelt (§ 180 Abs. 3 AO).

Hinweise

Feststellung gemeinsamer Einkünfte

Bei Ehegatten ist eine gesonderte und einheitliche Feststellung von Einkünften jedenfalls dann durchzuführen, wenn ein für die Besteuerung erhebliches Merkmal streitig ist, so auch, wenn zweifelhaft ist, ob Einkünfte vorliegen, an denen ggf. die Eheleute beteiligt sind (→ BFH vom 17. 5. 1995 – BStBl II S. 640). Dies ist nicht erforderlich bei Fällen von geringer Bedeutung. Solche Fälle sind beispielsweise bei Mieteinkünften von zusammenzuveranlagenden Ehegatten (→ BFH vom 20. 1. 1976 – BStBl II S. 305) und bei dem gemeinschaftlich erzielten Gewinn von zusammenzuveranlagenden Landwirts-Ehegatten (→ BFH vom 4. 7. 1985 – BStBl II S. 576) gegeben, wenn die Einkünfte verhältnismäßig einfach zu ermitteln sind und die Aufteilung feststeht.

Gesonderte Ermittlung der Einkünfte

Bei der Zusammenveranlagung nach § 26b EStG sind ebenso wie bei der getrennten Veranlagung nach § 26a EStG für jeden Ehegatten die von ihm bezogenen Einkünfte gesondert zu ermitteln (→ BFH vom 25. 2. 1988 – BStBl II S. 827).

Lebenspartnerschaft

Partner einer eingetragenen Lebenspartnerschaft haben keinen Anspruch auf Durchführung einer Zusammenveranlagung zur Einkommensteuer unter Anwendung des Splittingtarifs → BFH vom 26. 1. 2006 (BStBl II S. 515).

§ 26c Besondere Veranlagung für den Veranlagungszeitraum der Eheschließung

(1) [1]Bei besonderer Veranlagung für den Veranlagungszeitraum der Eheschließung werden Ehegatten so behandelt, als ob sie diese Ehe nicht geschlossen hätten. [2]§ 12 Nummer 2 bleibt unberührt. [3] § 26a Absatz 1 gilt sinngemäß.

(2) Bei der besonderen Veranlagung ist das Verfahren nach § 32a Absatz 5 anzuwenden, wenn der zu veranlagende Ehegatte zu Beginn des Veranlagungszeitraums verwitwet war und bei ihm die Voraussetzungen des § 32a Absatz 6 Nummer 1 vorgelegen hatten.

---

1) § 26c EStG wurde durch das Steuervereinfachungsgesetz 2011 aufgehoben und ist letztmals für den VZ 2012 anzuwenden → § 52 Abs. 68 Satz 1 EStG.

EStDV

§ 63

(weggefallen)

H 26c

Hinweise

Folgen der besonderen Veranlagung

Das Abzugsverbot für **Zuwendungen** an eine gegenüber dem Stpfl. oder seinem Ehegatten gesetzlich unterhaltsberechtigte Person oder deren Ehegatten, z. B. Zuwendungen des Ehemannes an die Mutter seiner Ehefrau, gilt auch bei der besonderen Veranlagung (§ 26c Abs. 1 Satz 2, § 12 Nr. 2 EStG).

Veranlagungswahlrecht bei Wiederheirat im VZ

→ R 26 Abs. 2 Satz 1

EStG

§ 27

(weggefallen)

EStG
S 2266

§ 28   Besteuerung bei fortgesetzter Gütergemeinschaft

Bei fortgesetzter Gütergemeinschaft gelten Einkünfte, die in das Gesamtgut fallen, als Einkünfte des überlebenden Ehegatten, wenn dieser unbeschränkt steuerpflichtig ist.

EStG

§§ 29 und 30

(weggefallen)

IV. Tarif

EStG
S 2280

§ 31   Familienleistungsausgleich

[1]Die steuerliche Freistellung eines Einkommensbetrags in Höhe des Existenzminimums eines Kindes einschließlich der Bedarfe für Betreuung und Erziehung oder Ausbildung wird im gesamten Veranlagungszeitraum durch die Freibeträge nach § 32 Absatz 6 oder durch Kindergeld nach Abschnitt X bewirkt. [2]Soweit das Kindergeld dafür nicht erforderlich ist, dient es der Förderung der Familie. [3]Im laufenden Kalenderjahr wird Kindergeld als Steuervergütung monatlich gezahlt. [4]Bewirkt der Anspruch auf Kindergeld für den gesamten Veranlagungszeitraum die nach Satz 1 gebotene steuerliche Freistellung nicht vollständig und werden deshalb bei der Veranlagung zur Einkommensteuer die Freibeträge nach § 32 Absatz 6 vom Einkommen abgezogen, erhöht sich die unter Abzug dieser Freibeträge ermittelte tarifliche Einkommensteuer um den Anspruch auf Kindergeld für den gesamten Veranlagungszeitraum; bei nicht zusammenveranlagten Eltern wird der Kindergeldanspruch im Umfang des Kinderfreibetrags angesetzt. [5]Satz 4 gilt entsprechend für mit dem Kindergeld vergleichbare Leistungen nach § 65. [6]Besteht nach ausländischem Recht Anspruch auf Leistungen für Kinder, wird dieser insoweit nicht berücksichtigt, als er das inländische Kindergeld übersteigt.

31. Prüfung der Steuerfreistellung

(1) – *unbesetzt* –

Anspruch auf Kindergeld

(2) ¹Bei der Prüfung der Steuerfreistellung ist auf das für den jeweiligen VZ zustehende Kindergeld oder die vergleichbare Leistung abzustellen, unabhängig davon, ob ein Antrag gestellt wurde oder eine Zahlung erfolgt ist. ²*Dem Kindergeld vergleichbare Leistungen i. S. d. § 65 Abs. 1 EStG oder Leistungen auf Grund über- oder zwischenstaatlicher Rechtsvorschriften sind wie Ansprüche auf Kindergeld bis zur Höhe der Beträge nach § 66 EStG zu berücksichtigen.* ³Auch ein Anspruch auf Kindergeld, dessen Festsetzung aus verfahrensrechtlichen Gründen nicht erfolgt ist, ist zu berücksichtigen.

Zurechnung des Kindergelds/zivilrechtlicher Ausgleich

(3) ¹Der Anspruch auf Kindergeld ist demjenigen zuzurechnen, der für das Kind Anspruch auf einen Kinderfreibetrag nach § 32 Abs. 6 EStG hat, auch wenn das Kindergeld an das Kind selbst oder einen Dritten (z. B. einen Träger von Sozialleistungen) ausgezahlt wird. ²Der Anspruch auf Kindergeld ist grundsätzlich beiden Elternteilen jeweils zur Hälfte zuzurechnen; dies gilt unabhängig davon, ob ein barunterhaltspflichtiger Elternteil Kindergeld über den zivilrechtlichen Ausgleich von seinen Unterhaltszahlungen abzieht oder ein zivilrechtlicher Ausgleich nicht in Anspruch genommen wird. ³In den Fällen des § 32 Abs. 6 Satz 3 EStG und in den Fällen der Übertragung des Kinderfreibetrags (§ 32 Abs. 6 Satz 6, 1. Alternative EStG) ist dem Stpfl. der gesamte Anspruch auf Kindergeld zuzurechnen. ⁴Wird für ein Kind lediglich der Freibetrag für den Betreuungs- und Erziehungs- oder Ausbildungsbedarf übertragen (§ 32 Abs. 6 Satz 6, 2. Alternative EStG), bleibt die Zurechnung des Anspruchs auf Kindergeld hiervon unberührt.

Abstimmung zwischen Finanzämtern und Familienkassen

(4) ¹Kommen die Freibeträge für Kinder zum Abzug, hat das Finanzamt die Veranlagung grundsätzlich unter Berücksichtigung des Anspruchs auf Kindergeld durchzuführen. ²Ergeben sich durch den Vortrag des Stpfl. begründete Zweifel am Bestehen eines Anspruchs auf Kindergeld, ist die Familienkasse zu beteiligen. ³Wird von der Familienkasse bescheinigt, dass ein Anspruch auf Kindergeld besteht, übernimmt das Finanzamt grundsätzlich die Entscheidung der Familienkasse über die Berücksichtigung des Kindes. ⁴Zweifel an der Richtigkeit der Entscheidung der einen Stelle (Finanzamt oder Familienkasse) oder eine abweichende Auffassung der Stelle, welche die Entscheidung getroffen hat, mitzuteilen. ⁵Diese teilt der anderen Stelle mit, ob sie den Zweifeln Rechnung trägt bzw. ob sie sich der abweichenden Auffassung anschließt. ⁶Kann im Einzelfall kein Einvernehmen erzielt werden, haben das Finanzamt und die Familienkasse der jeweils vorgesetzten Behörde zu berichten. ⁷Bis zur Klärung der Streitfrage ist die Festsetzung unter dem Vorbehalt der Nachprüfung durchzuführen.

Hinweise

Prüfung der Steuerfreistellung

Die Vergleichsrechnung, bei der geprüft wird, ob das Kindergeld oder der Ansatz der Freibeträge nach § 32 Abs. 6 EStG für den Stpfl. vorteilhafter ist, wird für jedes Kind einzeln durchgeführt. Dies gilt auch dann, wenn eine Zusammenfassung der Freibeträge für zwei und mehr Kinder wegen der Besteuerung außerordentlicher Einkünfte günstiger wäre (→ BFH vom 28. 4. 2010 – BStBl 2011 II S. 259).

Übersicht über vergleichbare ausländische Leistungen

→ *BZSt vom 7.12.2011 (BStBl 2012 I S. 18)*

Über- und zwischenstaatliche Rechtsvorschriften

Über- und zwischenstaatliche Rechtsvorschriften i. S. v. R 31 Abs. 1 Satz 4 sind insbesondere folgende Regelungen:

– Verordnung (EWG) Nr. 1408/71 des Rates zur Anwendung der Systeme der sozialen Sicherheit auf Arbeitnehmer und Selbständige sowie deren Familienangehörige, die innerhalb der Gemeinschaft zu- und abwandern i. d. F. der Bekanntmachung vom 30. 1. 1997 (ABl. EG Nr. L 28 vom 30. 1. 1997, S. 4), zuletzt geändert durch VO (EG) Nr. 592/2008 vom 17. 6. 2008 (ABl. EG Nr. L 177 vom 4. 7. 2008, S. 1); zuletzt geändert durch VO (EG) Nr. 592/2008 vom 17. 6. 2008

(ABl. EG Nr. L 177 vom 4. 7. 2008, S. 1), ab 1. 5. 2010 mit Inkrafttreten der VO (EG) Nr. 987/2009 gilt die VO (EG) 883/2004 des Europäischen Parlaments und des Rates vom 29. 4. 2004 zur Koordinierung der Systeme der sozialen Sicherheit (ABl. EG Nr. L 200 vom 7. 6. 2004, S. 1), geändert durch VO (EG) Nr. 988/2009 vom 16. 9. 2009 (ABl. EG Nr. L 284 vom 30. 10. 2009, S. 43), zu den Übergangsbestimmungen siehe Art. 87 VO (EG) Nr. 883/2004;

– Verordnung (EWG) Nr. 574/72 des Rates über die Durchführung der Verordnung (EWG) 1408/71 über die Anwendung der Systeme der sozialen Sicherheit auf Arbeitnehmer und Selbständige sowie deren Familienangehörige, die innerhalb der Gemeinschaft zu- und abwandern i. d. F. der Bekanntmachung vom 30. 1. 1997 (ABl. EG Nr. L 28 vom 30. 1. 1997, S. 102), zuletzt geändert durch VO (EG) Nr. 120/2009 des Rates vom 9. 2. 2009 (ABl. EG Nr. L 39 vom 10. 2. 2009, S. 29); ab 1. 5. 2010 ersetzt durch die Verordnung (EG) Nr. 987/2009 des Europäischen Parlaments und des Rates vom 16. 9. 2009 zur Festlegung der Modalitäten für die Durchführung der Verordnung (EG) Nr. 883/2004 über die Koordinierung der Systeme der sozialen Sicherheit (ABl. EG Nr. L 284 vom 30. 10. 2009, S. 1), zu den Übergangsbestimmungen siehe Art. 93 VO (EG) Nr. 987/2009 i. V. m. Art. 87 VO (EG) Nr. 883/2004;

– die Verordnungen (EWG) Nr. 1408/71 und (EWG) Nr. 574/72 gelten bis auf weiteres im Verhältnis zu den EWR-Staaten Island, Liechtenstein und Norwegen. Gleiches gilt bis zur Übernahme der VO (EG) Nr. 883/2004 und 987/2009 im Verhältnis zur Schweiz und zu Drittstaatsangehörigen im Sinne der VO (EG) Nr. 859/2003;

– Verordnung (EG) Nr. 859/2003 des Rates vom 14. 5. 2003 zur Ausdehnung der Bestimmungen der Verordnung (EWG) Nr. 1408/71 und der Verordnung (EWG) Nr. 574/72 auf Drittstaatsangehörige, die ausschließlich aufgrund ihrer Staatsangehörigkeit nicht bereits unter diese Bestimmungen fallen (ABl. EG Nr. L 124 vom 20. 5. 2003, S. 1);

– EWR-Abkommen vom 2. 5. 1992 (BGBl. 1993 II S. 226) i. d. F. des Anpassungsprotokolls vom 17. 3. 1993 (BGBl. II S. 1294);

– Abkommen zwischen der Europäischen Gemeinschaft und ihren Mitgliedstaaten einerseits und der Schweizerischen Eidgenossenschaft andererseits über die Freizügigkeit vom 21. 6. 1999 (BGBl. 2001 II S. 810), in Kraft getreten am 1. 6. 2002 (BGBl. II S. 1692). Nach diesem Abkommen gelten die gemeinschaftsrechtlichen Koordinierungsvorschriften (Verordnungen (EWG) Nr. 1408/71 und 574/72) auch im Verhältnis zur Schweiz.

Auf Grund der vorstehenden Regelungen besteht grundsätzlich vorrangig ein Anspruch im Beschäftigungsstaat. Wenn die ausländische Familienleistung geringer ist und der andere Elternteil dem deutschen Recht der sozialen Sicherheit unterliegt, besteht Anspruch auf einen Unterschiedsbetrag zum Kindergeld in Deutschland.

– Bosnien und Herzegowina
  → Serbien und Montenegro

– Kroatien
  → Serbien und Montenegro

– Marokko
  Abkommen zwischen der Bundesrepublik Deutschland und dem Königreich Marokko über Kindergeld vom 25. 3. 1981 (BGBl. 1995 II S. 634 ff.) i. d. F. des Zusatzabkommens vom 22. 11. 1991 (BGBl. 1995 II S. 640), beide in Kraft getreten am 1. 8. 1996 (BGBl. II S. 1455);

– Mazedonien
  → Serbien und Montenegro

– Serbien und Montenegro
  Abkommen zwischen der Bundesrepublik Deutschland und der Sozialistischen Föderativen Republik Jugoslawien über Soziale Sicherheit vom 12. 10. 1968 (BGBl. 1969 II S. 1437) in Kraft getreten am 1. 9. 1996 (BGBl. II S. 1568) i. d. F. des Änderungsabkommens vom 30. 9. 1974 (BGBl. 1975 II S. 389) in Kraft getreten am 1. 1. 1975 (BGBl. II S. 916).
  Das vorgenannte Abkommen gilt im Verhältnis zu Bosnien und Herzegowina, Serbien und Montenegro uneingeschränkt fort, nicht jedoch im Verhältnis zur Republik Kroatien, zur Republik Slowenien und zur Republik Mazedonien;

– Slowenien
  → Serbien und Montenegro

– Türkei
  Abkommen zwischen der Bundesrepublik Deutschland und der Republik Türkei über Soziale Sicherheit vom 30. 4. 1964 (BGBl. 1965 II S. 1169 ff.) in Kraft getreten am 1. 11. 1965 (BGBl. II S. 1588) i. d. F. des Zusatzabkommens vom 2. 11. 1984 zur Änderung des Abkommens (BGBl. 1986 II S. 1040 ff.) in Kraft getreten am 1. 4. 1987 (BGBl. II S. 188);

– Tunesien
  Abkommen zwischen der Bundesrepublik Deutschland und der Tunesischen Republik über Kindergeld vom 20. 9. 1991 (BGBl. 1995 II S. 642 ff.) in Kraft getreten am 1. 8. 1996 (BGBl. II S. 2522).

I

Höhe des *inländischen* Kindergelds *für Kinder* in einzelnen Abkommensstaaten

Angaben in Euro je Monat	1. Kind	2. Kind	3. Kind	4. Kind	5. Kind	6. Kind	ab 7. Kind
Bosnien und Herzegowina	5,11	12,78	30,68	30,68	35,79	35,79	35,79
Kosovo	5,11	12,78	30,68	30,68	35,79	35,79	35,79
Marokko	5,11	12,78	12,78	12,78	12,78	12,78	–
Montenegro	5,11	12,78	30,68	30,68	35,79	35,79	35,79
Serbien	5,11	12,78	30,68	30,68	35,79	35,79	35,79
Türkei	5,11	12,78	30,68	30,68	35,79	35.79	35,79
Tunesien	5,11	12,78	12,78	12,78	–	–	–

Zivilrechtlicher Ausgleich

Verzichtet der zum Barunterhalt verpflichtete Elternteil durch gerichtlichen oder außergericht-lichen Vergleich auf die Anrechnung des hälftigen Kindergeldes auf den Kindesunterhalt, ist sein zivilrechtlicher Ausgleichsanspruch gleichwohl in die Vergleichsberechnung des § 31 EStG ein-zubeziehen (→ BFH vom 16. 3. 2004 – BStBl 2005 II S. 332). Sieht das Zivilrecht eines anderen Staa-tes nicht vor, dass das Kindergeld die Unterhaltszahlung an das Kind mindert, ist der für das Kind bestehende Kindergeldanspruch dennoch bei der Vergleichsberechnung nach § 31 EStG anzuset-zen (→ BFH vom 13. 8. 2002 – BStBl II S. 867).

Zurechnung des Kindergelds

Bei der Prüfung der Steuerfreistellung ist der gesamte Anspruch auf Kindergeld dem vollen Kin-derfreibetrag gegenüberzustellen, wenn der halbe Kinderfreibetrag auf den betreuenden Elternteil übertragen wurde, weil der andere Elternteil seiner Unterhaltsverpflichtung gegenüber dem Kind nicht nachkam (→ BFH vom 16. 3. 2004 – BStBl 2005 II S. 594).

§ 32   Kinder, Freibeträge für Kinder

EStG
S 2282

(1) Kinder sind

1. im ersten Grad mit dem Steuerpflichtigen verwandte Kinder,
2. Pflegekinder (Personen, mit denen der Steuerpflichtige durch ein familienähnliches, auf längere Dauer berechnetes Band verbunden ist, sofern er sie nicht zu Erwerbszwecken in seinen Haus-halt aufgenommen hat und das Obhuts- und Pflegeverhältnis zu den Eltern nicht mehr besteht).

(2) [1]Besteht bei einem angenommenen Kind das Kindschaftsverhältnis zu den leiblichen Eltern weiter, ist es vorrangig als angenommenes Kind zu berücksichtigen. [2]Ist ein im ersten Grad mit dem Steuerpflichtigen verwandtes Kind zugleich ein Pflegekind, ist es vorrangig als Pflegekind zu berücksichtigen.

(3) Ein Kind wird in dem Kalendermonat, in dem es lebend geboren wurde, und in jedem folgen-den Kalendermonat, zu dessen Beginn es das 18. Lebensjahr noch nicht vollendet hat, berücksichtigt.

(4) [1]Ein Kind, das das 18. Lebensjahr vollendet hat, wird berücksichtigt, wenn es

1. noch nicht das 21. Lebensjahr vollendet hat, nicht in einem Beschäftigungsverhältnis steht und bei einer Agentur für Arbeit im Inland als Arbeitsuchender gemeldet ist oder
2. noch nicht das 25. Lebensjahr vollendet hat und
   a) für einen Beruf ausgebildet wird oder
   b) sich in einer Übergangszeit von höchstens vier Monaten befindet, die zwischen zwei Ausbil-dungsabschnitten oder zwischen einem Ausbildungsabschnitt und der Ableistung des gesetz-lichen Wehr- oder Zivildienstes, einer vom Wehr- oder Zivildienst befreienden Tätigkeit als Entwicklungshelfer oder als Dienstleistender im Ausland nach § 14b des Zivildienstgesetzes oder der Ableistung eines freiwilligen Dienstes im Sinne des Buchstaben d liegt, oder

c) eine Berufsausbildung mangels Ausbildungsplatzes nicht beginnen oder fortsetzen kann oder

d) ein freiwilliges soziales Jahr oder ein freiwilliges ökologisches Jahr im Sinne des Jugendfreiwilligendienstegesetzes oder einen Freiwilligendienst im Sinne des Beschlusses Nr. 1719/2006/EG des Europäischen Parlaments und des Rates vom 15. November 2006 zur Einführung des Programms „Jugend in Aktion" (ABl. EU Nr. L 327 S. 30) oder einen anderen Dienst im Ausland im Sinne von § 14b des Zivildienstgesetzes oder einen entwicklungspolitischen Freiwilligendienst „weltwärts" im Sinne der Richtlinie des Bundesministeriums für wirtschaftliche Zusammenarbeit und Entwicklung vom 1. August 2007 (BAnz. 2008 S. 1297) oder einen Freiwilligendienst aller Generationen im Sinne von § 2 Absatz 1a des Siebten Buches Sozialgesetzbuch oder einen Internationalen Jugendfreiwilligendienst im Sinne der Richtlinie des Bundesministeriums für Familie, Senioren, Frauen und Jugend vom 20. Dezember 2010 (GMBl S. 1778) oder einen Bundesfreiwilligendienst im Sinne des Bundesfreiwilligendienstgesetzes leistet oder

[1] [2] [3] 3. wegen körperlicher, geistiger oder seelischer Behinderung außerstande ist, sich selbst zu unterhalten; Voraussetzung ist, dass die Behinderung vor Vollendung des 25. Lebensjahres eingetreten ist. ²*Nach Abschluss einer erstmaligen Berufsausbildung und eines Erststudiums wird ein Kind in den Fällen des Satzes 1 Nummer 2 nur berücksichtigt, wenn das Kind keiner Erwerbstätigkeit nachgeht.* ³*Eine Erwerbstätigkeit mit bis zu 20 Stunden regelmäßiger wöchentlicher Arbeitszeit, ein Ausbildungsdienstverhältnis oder ein geringfügiges Beschäftigungsverhältnis im Sinne der §§ 8 und 8a des Vierten Buches Sozialgesetzbuch sind unschädlich.*

(5) ¹In den Fällen des Absatzes 4 Satz 1 Nummer 1 oder Nummer 2 Buchstabe a und b wird ein Kind, das

1. den gesetzlichen Grundwehrdienst oder Zivildienst geleistet hat, oder

2. sich an Stelle des gesetzlichen Grundwehrdienstes freiwillig für die Dauer von nicht mehr als drei Jahren zum Wehrdienst verpflichtet hat, oder

3. eine vom gesetzlichen Grundwehrdienst oder Zivildienst befreiende Tätigkeit als Entwicklungshelfer im Sinne des § 1 Absatz 1 des Entwicklungshelfer-Gesetzes ausgeübt hat,

für einen der Dauer dieser Dienste oder der Tätigkeit entsprechenden Zeitraum, höchstens für die Dauer des inländischen gesetzlichen Grundwehrdienstes oder bei anerkannten Kriegsdienstverweigerern für die Dauer des inländischen gesetzlichen Zivildienstes, über das 21. oder [4] 25. Lebensjahr hinaus berücksichtigt. ²Wird der gesetzliche Grundwehrdienst oder Zivildienst in einem Mitgliedstaat der Europäischen Union oder einem Staat, auf den das Abkommen über den Europäischen Wirtschaftsraum Anwendung findet, geleistet, so ist die Dauer dieses Dienstes maß-[5] gebend. ³Absatz 4 Satz 2 *und 3* gilt entsprechend.

S 2282a [6] (6) ¹Bei der Veranlagung zur Einkommensteuer wird für jedes zu berücksichtigende Kind des Steuerpflichtigen ein Freibetrag von 2 184 Euro für das sächliche Existenzminimum des Kindes (Kinderfreibetrag) sowie ein Freibetrag von 1 320 Euro für den Betreuungs- und Erziehungs- oder Ausbildungsbedarf des Kindes vom Einkommen abgezogen. ²Bei Ehegatten, die nach den §§ 26, 26b zusammen zur Einkommensteuer veranlagt werden, verdoppeln sich die Beträge nach Satz 1, wenn das Kind zu beiden Ehegatten in einem Kindschaftsverhältnis steht. ³Die Beträge nach Satz 2 stehen dem Steuerpflichtigen auch dann zu, wenn

---

1) Zur Anwendung von Absatz 4 Satz 1 Nummer 3: Kinder, die vor dem 1.1.2007 in der Zeit ab ihrem 25. Geburtstag und vor ihrem 27. Geburtstag eine Behinderung erlitten haben, deretwegen sie außerstande sind, sich selbst zu unterhalten, werden bei Vorliegen der materiell-rechtlichen Voraussetzungen auch im VZ 2007 und darüber hinaus berücksichtigt → § 52 Abs. 40 Satz 8 EStG.

2) Zur Anwendung von Absatz 4 Satz 1 Nr. 3: Kinder, die vor dem 1.1.2007 in der Zeit ab ihrem 25. Geburtstag und vor ihrem 27. Geburtstag eine Behinderung erlitten haben, deretwegen sie außerstande sind, sich selbst zu unterhalten, werden bei Vorliegen der materiell-rechtlichen Voraussetzungen auch im VZ 2007 und darüber hinaus berücksichtigt. → § 52 Abs. 40 Satz 8 EStG.

3) *Absatz 4 Sätze 2 bis 10 wurden durch das Steuervereinfachungsgesetz 2011 ab VZ 2012 durch Satz 2 und 3 ersetzt.*

4) Zur Anwendung von Absatz 5 Satz 1: Kinder, die im Jahr 2006 das 24. Lebensjahr vollendeten (also Kinder, die nach dem 1. 1. 1982 und vor dem 2. 1. 1983 geboren sind) und einen der genannten Dienste absolviert haben, werden über das 26. Lebensjahres hinaus berücksichtigt. Kinder, die im Jahr 2006 bereits das 25., 26. oder 27. Lebensjahr vollendeten (also Kinder, die nach dem 1. 1. 1979 und vor dem 2. 1. 1982 geboren sind) und einen der genannten Dienste absolviert haben, werden wie bisher über die Vollendung des 27. Lebensjahres hinaus berücksichtigt → § 52 Abs. 40 Satz 9 EStG.

5) *Absatz 5 Satz 3 wurde durch das Steuervereinfachungsgesetz 2011 ab VZ 2012 geändert.*

6) *Absatz 6 Satz 6 und 7 wurde durch das Steuervereinfachungsgesetz 2011 ab VZ 2012 neu gefasst und die Sätze 8 bis 11 angefügt.*

1.   der andere Elternteil verstorben oder nicht unbeschränkt einkommensteuerpflichtig ist oder
2.   der Steuerpflichtige allein das Kind angenommen hat oder das Kind nur zu ihm in einem Pfle-gekindschaftsverhältnis steht.

[4]Für ein nicht nach § 1 Absatz 1 oder 2 unbeschränkt einkommensteuerpflichtiges Kind können die Beträge nach den Sätzen 1 bis 3 nur abgezogen werden, soweit sie nach den Verhältnissen seines Wohnsitzstaates notwendig und angemessen sind. [5]Für jeden Kalendermonat, in dem die Voraussetzungen für einen Freibetrag nach den Sätzen 1 bis 4 nicht vorliegen, ermäßigen sich die dort genannten Beträge um ein Zwölftel. [6]Abweichend von Satz 1 wird bei einem unbe-schränkt einkommensteuerpflichtigen Elternpaar, bei dem die Voraussetzungen des § 26 Absatz 1 Satz 1 nicht vorliegen, auf Antrag eines Elternteils der dem anderen Elternteil zustehende Kin-derfreibetrag auf ihn übertragen, wenn er, nicht jedoch der andere Elternteil, seiner Unterhalts-pflicht gegenüber dem Kind für das Kalenderjahr im Wesentlichen nachkommt *oder der andere Elternteil mangels Leistungsfähigkeit nicht unterhaltspflichtig ist.* [7]*Eine Übertragung nach Satz 6 scheidet für Zeiträume aus, in denen Unterhaltsleistungen nach dem Unterhaltsvorschussgesetz gezahlt werden.* [8]*Bei minderjährigen Kindern wird der dem Elternteil, in dessen Wohnung das Kind nicht gemeldet ist, zustehende Freibetrag für den Betreuungs- und Erziehungs- oder Ausbil-dungsbedarf auf Antrag des anderen Elternteils auf diesen übertragen, wenn bei dem Elternpaar die Voraussetzungen des § 26 Absatz 1 Satz 1 nicht vorliegen.* [9]*Eine Übertragung nach Satz 8 scheidet aus, wenn der Übertragung widersprochen wird, weil der Elternteil, bei dem das Kind nicht gemeldet ist, Kinderbetreuungskosten trägt oder das Kind regelmäßig in einem nicht unwe-sentlichen Umfang betreut.* [10]*Die den Eltern nach den Sätzen 1 bis 9 zustehenden Freibeträge können auf Antrag auch auf einen Stiefelternteil oder Großelternteil übertragen werden, wenn dieser das Kind in seinen Haushalt aufgenommen hat oder dieser einer Unterhaltspflicht gegen-über dem Kind unterliegt.* [11]*Die Übertragung nach Satz 10 kann auch mit Zustimmung des berechtigten Elternteils erfolgen, die nur für künftige Kalenderjahre widerrufen werden kann.*

32.1. Im ersten Grad mit dem Stpfl. verwandte Kinder

– unbesetzt –

Hinweise

Anerkennung der Vaterschaft

Die Anerkennung der Vaterschaft begründet den gesetzlichen Vaterschaftstatbestand des § 1592 Nr. 2 BGB und bestätigt das zwischen dem Kind und seinem Vater von der Geburt an bestehende echte Verwandtschaftsverhältnis i. S. d. § 32 Abs. 1 Nr. 1 EStG. Bestandskräftige Einkommensteu-erbescheide sind nach § 175 Abs. 1 Satz 1 Nr. 2 AO zu ändern und kindbedingte Steuervorteile zu berücksichtigen (→ BFH vom 28. 7. 2005 – BStBl 2008 II S. 350).

Annahme als Kind

DA-FamEStG 63.2.1.2 Abs. 1 und 3 (**BStBl 2012 I S. 734**):

„(1) Ein angenommenes minderjähriges Kind ist ein Kind i. S. v. § 32 Abs. 1 Nr. 1 EStG. Die Annahme wird vom Familiengericht ausgesprochen und durch Zustellung des Annahme-beschlusses an **die annehmende Person** rechtswirksam (§ 197 Abs. 2 FamFG). Mit der Annahme als Kind erlischt das Verwandtschaftsverhältnis des Kindes zu seinen leiblichen Eltern; nimmt ein Ehegatte das Kind seines Ehegatten an, erlischt das Verwandtschaftsverhältnis nur zu dem anderen Elternteil und dessen Verwandten (§ 1755 BGB).
...

(3) Wird eine volljährige Person als Kind angenommen, gilt diese ebenfalls als im ersten Grad mit der annehmenden Person verwandt. Das Verwandtschaftsverhältnis zu den leiblichen Eltern erlischt jedoch nur dann, wenn das Familiengericht der Annahme die Wirkung einer Voll-annahme beigelegt hat (§ 1772 BGB). ..."

Gemeinschaftsrechtliche Koordinierungsvorschriften

Kindergeld nach dem EStG ist eine Familienleistung i. S. d. Art. 4 Abs. 1 Buchst. h der Verord-nung (EWG) Nr. 1408/71 des Rates über die Anwendung der Systeme der sozialen Sicherheit auf Arbeitnehmer und Selbständige sowie deren Familienangehörige, die innerhalb der Gemein-schaft zu- und abwandern – ABl. EG Nr. L 28 vom 30. 1. 1997, S. 4, zuletzt geändert in der Fas-sung vom 30. 1. 1997 VO/EG) Nr. 1399/1999 des Rates vom 29. 4. 1999 – ABl. EG Nr. L 164 vom 30. 6. 1999, S. 1 (→ BFH vom 13. 8. 2002 – BFH/NV 2002 S. 1588).

R 32.2

32.2. Pflegekinder

Pflegekindschaftsverhältnis

S 2282   (1) ¹Ein Pflegekindschaftsverhältnis (§ 32 Abs. 1 Nr. 2 EStG) setzt voraus, dass das Kind im Haushalt der Pflegeeltern sein Zuhause hat und diese zu dem Kind in einer familienähnlichen, auf längere Dauer angelegten Beziehung wie zu einem eigenen Kind stehen, z. B., wenn der Stpfl. ein Kind im Rahmen von Hilfe zur Erziehung in Vollzeitpflege (§§ 27, 33 SGB VIII) oder im Rahmen von Eingliederungshilfe (§ 35a Abs. 2 Nr. 3 SGB VIII) in seinen Haushalt aufnimmt, sofern das Pflegeverhältnis auf Dauer angelegt ist. ²Hieran fehlt es, wenn ein Kind von vornherein nur für eine begrenzte Zeit im Haushalt des Stpfl. Aufnahme findet. ³Kinder, die mit dem Ziel der Annahme vom Stpfl. in Pflege genommen werden (§ 1744 BGB), sind regelmäßig Pflegekinder. ⁴Zu Erwerbszwecken in den Haushalt aufgenommen sind z. B. Kostkinder. ⁵Hat der Stpfl. mehr als sechs Kinder in seinem Haushalt aufgenommen, spricht eine Vermutung dafür, dass es sich um Kostkinder handelt.

Kein Obhuts- und Pflegeverhältnis zu den leiblichen Eltern

(2) ¹Voraussetzung für ein Pflegekindschaftsverhältnis zum Stpfl. ist, dass das Obhuts- und Pflegeverhältnis zu den leiblichen Eltern nicht mehr besteht, d. h. die familiären Bindungen zu diesen auf Dauer aufgegeben sind. ²Gelegentliche Besuchskontakte allein stehen dem nicht entgegen.

Altersunterschied

(3) ¹Ein Altersunterschied wie zwischen Eltern und Kindern braucht nicht unbedingt zu bestehen. ²Dies gilt auch, wenn das zu betreuende Geschwister von Kind an wegen Behinderung pflegebedürftig war und das betreuende Geschwister die Stelle der Eltern, z. B. nach deren Tod, einnimmt. ³Ist das zu betreuende Geschwister dagegen erst im Erwachsenenalter pflegebedürftig geworden, wird im Allgemeinen ein dem Eltern-Kind-Verhältnis ähnliches Pflegeverhältnis nicht mehr begründet werden können.

H 32.2   **Hinweise**

Familienähnliches, auf längere Dauer berechnetes Band; nicht zu Erwerbszwecken

DA-FamEStG 63.2.2.3 (*BStBl 2012 I S. 734*):

„(1) Ein familienähnliches Band wird allgemein dann angenommen, wenn zwischen **der Pflegeperson** und dem Kind ein Aufsichts-, Betreuungs- und Erziehungsverhältnis wie zwischen Eltern und leiblichen Kind besteht. Es kommt nicht darauf an, ob die Pflegeeltern die Personensorge innehaben.

(2) Die nach § 32 Abs. 1 Nr. 2 EStG erforderliche familienähnliche Bindung muss von vornherein auf mehrere Jahre angelegt sein. Maßgebend ist nicht die tatsächliche Dauer der Bindung, wie sie sich aus rückschauender Betrachtung darstellt, sondern vielmehr die Dauer, die der Bindung nach dem Willen der Beteiligten bei der Aufnahme des Kindes zugedacht ist. Dabei kann bei einer von den Beteiligten beabsichtigten Dauer von mindestens zwei Jahren im Regelfall davon ausgegangen werden, dass ein Pflegekindschaftsverhältnis i. S. d. EStG begründet worden ist. Das Gleiche gilt, wenn ein Kind mit dem Ziel der Annahme als Kind in Pflege genommen wird. Werden von einer Pflegeperson bis zu sechs Kinder in ihren Haushalt aufgenommen, ist davon auszugehen, dass die Haushaltsaufnahme nicht zu Erwerbszwecken erfolgt. Keine Pflegekinder sind sog. Kostkinder. Hat die Pflegeperson mehr als sechs Kinder in ihren Haushalt aufgenommen, spricht eine Vermutung dafür, dass es sich um Kostkinder handelt, vgl. R 32.2 Abs. 1 EStR 2008. In einem erwerbsmäßig betriebenen Heim (Kinderhaus) oder in einer sonstigen betreuten Wohnform nach § 34 SGB VIII untergebrachte Kinder sind keine Pflegekinder (BFH vom 23. 9. 1998 – BStBl 1999 II S. 133 und vom 2. 4. 2009 – BStBl 2010 II S. 345). Die sozialrechtliche Einordnung hat Tatbestandswirkung (BFH vom 2.4.2009 – BStBl 2010 II S. 345), d. h. sie ist ein Grundlagenbescheid, dem Bindungswirkung nach § 175 Abs. 1 Satz 1 Nr. 1 AO zukommt.

(3) Ein Altersunterschied wie zwischen Eltern und Kindern braucht nicht unbedingt zu bestehen. Ein Pflegekindschaftsverhältnis kann daher auch zwischen Geschwistern, z. B. Waisen, gegeben sein (BFH vom 5. 8. 1977 – BStBl II S. 832). Das Gleiche gilt ohne Rücksicht auf einen Altersunterschied, wenn der zu betreuende Geschwisterteil von Kind an wegen Behinderung pflegebedürftig war und der betreuende Teil die Stelle der Eltern, etwa nach deren Tod, einnimmt. Ist der zu betreuende Geschwisterteil dagegen erst nach Eintritt der Volljährigkeit pflegebedürftig geworden, so wird im Allgemeinen ein dem Eltern-Kind-Verhältnis ähnliches Pflegeverhältnis nicht mehr begründet werden können. Auch die Aufnahme einer sonstigen volljährigen Person insbesondere eines volljährigen Familienangehörigen in den Haushalt und die Sorge für diese Person begründet für sich allein regelmäßig kein Pflegekindschaftsverhältnis, selbst wenn die Person behindert ist. Wenn es sich bei der Person jedoch um einen schwer geistig oder seelisch behinderten Menschen handelt, der in seiner geistigen Entwicklung einem Kind gleichsteht,

kann ein Pflegekindschaftsverhältnis unabhängig vom Alter der behinderten Person und der Pflegeeltern begründet werden.

(4) Anhaltspunkt für das Vorliegen einer familienähnlichen Bindung kann eine vom Jugendamt erteilte Pflegeerlaubnis nach § 44 SGB VIII sein. Sie ist jedoch nicht in jedem Fall vorgeschrieben, z. B. dann nicht, wenn das Kind der Pflegeperson vom Jugendamt vermittelt worden ist, wenn Pflegekind und Pflegeperson miteinander verwandt oder verschwägert sind, oder wenn es sich um eine nicht gewerbsmäßige Tagespflege handelt. Wird eine amtliche Pflegeerlaubnis abgelehnt bzw. eine solche widerrufen, kann davon ausgegangen werden, dass ein familienähnliches, auf längere Dauer angelegtes Band zwischen Pflegeperson und Kind nicht bzw. nicht mehr vorliegt."

Fehlendes Obhuts- und Pflegeverhältnis zu den Eltern

DA-FamEStG 63.2.2.4 *(BStBl 2012 I S. 734)*:

„Ein Pflegekindschaftsverhältnis setzt des Weiteren voraus, dass ein Obhuts- und Pflegeverhältnis zu den Eltern nicht mehr besteht. Ob ein Obhuts- und Pflegeverhältnis zu den leiblichen Eltern noch besteht, hängt vom Einzelfall ab und ist insbesondere unter Berücksichtigung des Alters des Kindes, der Anzahl und der Dauer der Besuche der leiblichen Eltern bei dem Kind sowie der Frage zu beurteilen, ob und inwieweit vor der Trennung bereits ein Obhuts- und Pflegeverhältnis des Kindes zu den leiblichen Eltern bestanden hat (BFH vom 20. 1. 1995 – BStBl II S. 585 und vom 7. 9. 1995 – BStBl 1996 II S. 63). Ein Pflegekindschaftsverhältnis liegt nicht vor, wenn die Pflegeperson nicht nur mit dem Kind, sondern auch mit einem Elternteil des Kindes in häuslicher Gemeinschaft lebt, und zwar selbst dann nicht, wenn der Elternteil durch eine Schul- oder Berufsausbildung in der Obhut und Pflege des Kindes beeinträchtigt ist (BFH vom 9. 3. 1989 – BStBl II S. 680). Ein zwischen einem allein erziehenden Elternteil und seinem Kind im Kleinkindalter begründetes Obhuts- und Pflegeverhältnis wird durch die vorübergehende Abwesenheit des Elternteils nicht unterbrochen (BFH vom 12. 6. 1991 – BStBl 1992 II S. 20). Das Weiterbestehen eines Obhuts- und Pflegeverhältnisses zu den Eltern ist i. d. R. anzunehmen, wenn ein Pflegekind von seinen Eltern nur gelegentlich im Haushalt der Pflegeperson besucht wird bzw. wenn es seine leiblichen Eltern ebenfalls nur gelegentlich besucht. Die Auflösung des Obhuts- und Pflegeverhältnisses des Kindes zu den leiblichen Eltern kann i. d. R. angenommen werden, wenn ein noch nicht schulpflichtiges Kind mindestens ein Jahr lang bzw. ein noch schulpflichtiges Kind über zwei Jahre und länger keine ausreichenden Kontakte mehr hat (BFH vom 20. 1. 1995 – BStBl II S. 582 und vom 7. 9. 1995 – BStBl 1996 II S. 63)."

32.3. Allgemeines zur Berücksichtigung von Kindern

R 32.3

[1]Ein Kind wird vom Beginn des Monats an, in dem die Anspruchsvoraussetzungen erfüllt sind, berücksichtigt. [2]Entsprechend endet die Berücksichtigung mit Ablauf des Monats, in dem die Anspruchsvoraussetzungen wegfallen (Monatsprinzip). [3]*Für die Frage, ob ein Kind lebend geboren wurde, ist im Zweifel das Personenstandsregister des Standesamtes maßgebend.* [4]Eine Berücksichtigung außerhalb des Zeitraums der unbeschränkten Steuerpflicht der Eltern ist – auch in den Fällen des § 2 Abs. 7 Satz 3 EStG – nicht möglich. [5] Ein vermisstes Kind ist bis zur Vollendung des 18. Lebensjahres zu berücksichtigen.

S 2282

Hinweise

H 32.3

Berücksichtigung in Sonderfällen

DA-FamEStG 31.2.2 Abs. 1 (BStBl 2012 I S. 734):

„Ab dem auf die Eheschließung des volljährigen Kindes folgenden Monat sind die Eltern grundsätzlich nicht mehr kindergeldanspruchsberechtigt, da die Unterhaltsverpflichtung dann vorrangig beim Ehegatten liegt (BFH vom 2.3.2000 – BStBl II S. 522). Der Monat der Eheschließung gehört zum Anspruchszeitraum. Abweichend von Satz 1 sind die Eltern auch für den Zeitraum nach der Eheschließung des Kindes kindergeldanspruchsberechtigt, wenn der Ehegatte zum vollständigen Unterhalt des Kindes aufgrund niedrigen verfügbaren Nettoeinkommens (siehe DA 31.2.4) nicht in der Lage ist, das Kind selbst ebenfalls nicht über ein verfügbares Nettoeinkommen in Höhe des Grundfreibetrages (steuerfrei zu stellendes Existenzminimum) nach § 32a Abs. 1 Satz 2 Nr. 1 EStG verfügt und die Eltern deshalb für das Kind aufkommen müssen – sog. Mangelfall (vgl. BFH vom 19.4.2007 – BStBl 2008 II S. 756)."

Entsprechendes gilt für

– verheiratete Kinder, die dauernd getrennt leben,

– geschiedene Kinder,

- in einer eingetragenen Lebenspartnerschaft lebende Kinder (auch im Fall des dauernden Getrenntlebens und nach Aufhebung der Lebenspartnerschaft),
- Kinder, die einen Anspruch auf Unterhalt nach § 1615l BGB gegen den Vater bzw. gegen die Mutter ihres Kindes haben

(→ DA-FamEStG 63.1.1 Abs. 6 – *BStBl 2012 I S. 734*).

Der Unterhaltsanspruch der Mutter eines nichtehelichen Kindes gegenüber dem Vater ihres Kindes nach § 1615l BGB geht der Verpflichtung der Eltern der Kindsmutter vor. Die Berücksichtigung der Kindsmutter bei ihren Eltern als Kind entfällt daher aus Anlass der Geburt des Enkelkindes, es sei denn, der Kindsvater ist zum Unterhalt nicht in der Lage (→ BFH vom 19. 5. 2004 – BStBl II S. 943).

§ 1615l BGB abgedruckt zu → H 33a.1 (Unterhaltsanspruch der Mutter bzw. des Vaters eines nichtehelichen Kindes)

Ermittlung des verfügbaren Nettoeinkommens

DA-FamEStG 31.2.4 (BStBl 2012 I S. 734):

„Für die Ermittlung des verfügbaren Nettoeinkommens ist zunächst die Summe aus

- *steuerpflichtigen Einkünften i. S. d. § 2 Abs. 1 EStG (DA 31.2.4.1, 31.2.4.3),*
- *steuerfreien Einnahmen (DA 31.2.4.2, 31.2.4.3) und*
- *Erstattungen von Steuern vom Einkommen (Einkommensteuer, Kapitalertragsteuer einschließlich Abgeltungsteuer, Kirchensteuer, Lohnsteuer, Solidaritätszuschlag)*

zu bilden. Davon sind abzuziehen:

- *unvermeidbare Vorsorgeaufwendungen (Sozialversicherungsbeiträge, Beiträge zur Basiskranken- und Pflegeversicherung),*
- *tatsächlich gezahlte Steuern vom Einkommen Steuervorauszahlungen, -nachzahlungen, Steuerabzugsbeträge).*

Nicht zu berücksichtigen sind Unterhaltsleistungen des Kindes an seinen Ehegatten und an sein eigenes Kind (vgl. BFH vom 7.4.2011 – BStBl II S. 974 und vom 9.2.2012 – BStBl II S. 463)."

32.4. Kinder, die Arbeit suchen

– unbesetzt –

Hinweise

Kinder, die Arbeit suchen

→ DA-FamEStG 63.3.1 (*BStBl 2012 I S. 734*):

„(1) Ein noch nicht 21 Jahre altes Kind kann nach § 32 Abs. 4 Satz 1 Nr. 1 EStG berücksichtigt werden, wenn es nicht in einem Beschäftigungsverhältnis steht und bei einer Agentur für Arbeit im Inland **arbeitsuchend** gemeldet ist. Geringfügige Beschäftigungen i. S. v. § 8 SGB IV bzw. § 8a SGB IV (siehe Abs. 3) und Maßnahmen nach § 16d SGB II, bei denen kein übliches Arbeitsentgelt, sondern neben der Hilfe zum Lebensunterhalt eine angemessene Entschädigung für Mehraufwendungen des **Leistungsempfängers** gewährt wird, stehen der Berücksichtigung nicht entgegen. Ein Kind, das in einem anderen EU- bzw. EWR-Staat oder in der Schweiz bei der staatlichen Arbeitsvermittlung arbeitslos gemeldet ist, kann ebenfalls berücksichtigt werden. …

(2) Der Nachweis, dass ein Kind bei einer Agentur für Arbeit im Inland **arbeitsuchend** gemeldet ist, hat über eine Bescheinigung der zuständigen Agentur für Arbeit im Inland zu erfolgen. Es sind diesbezüglich keine weiteren Prüfungen durch die Familienkasse erforderlich. Auch der Nachweis der Arbeitslosigkeit oder des Bezugs von Arbeitslosengeld **nach § 117 SGB III** dient als Nachweis der Meldung als **arbeitsuchend**.

(3) Eine geringfügige Beschäftigung liegt vor, wenn das Arbeitsentgelt aus der Beschäftigung regelmäßig 400 Euro monatlich nicht übersteigt. Hierfür ist das monatliche Durchschnittseinkommen maßgeblich. Ein höheres Entgelt in einzelnen Monaten eines Kalenderjahres hat keine Auswirkungen auf die Berücksichtigungsfähigkeit, wenn im Beschäftigungsjahr im Durchschnitt der Monate, in denen eine geringfügige Beschäftigung ausgeübt wird, die Grenze von 400 Euro nicht überschritten wird. Wird diese Grenze überschritten, ist eine Berücksichtigung nach § 32 Abs. 4

Satz 1 Nr. 1 EStG für die Monate, in denen das Beschäftigungsverhältnis besteht, ausgeschlossen. Diese Grundsätze gelten auch, wenn die geringfügige Beschäftigung ausschließlich in Privathaushalten bzw. wenn anstelle der Beschäftigung eine selbständige Tätigkeit ausgeübt wird.

(4) Eine Berücksichtigung ist auch möglich, wenn das Kind wegen Erkrankung oder eines Beschäftigungsverbotes nach §§ 3, 6 MuSchG nicht bei einer Agentur für Arbeit im Inland **arbeitsuchend** gemeldet ist, siehe aber DA 31.2. Ist das Kind jedoch wegen der Inanspruchnahme von Elternzeit nicht **arbeitsuchend** gemeldet, besteht während dieser Zeit kein Anspruch auf Kindergeld für dieses Kind. *Eine Berücksichtigung während einer Erkrankung setzt voraus, dass diese durch eine ärztliche Bescheinigung nachgewiesen wird.* Bei einer Erkrankung von mehr als sechs Monaten hat die Familienkasse nach Vorlage eines amtsärztlichen Attestes zu entscheiden, ob das Kind noch berücksichtigt werden kann. Neben der Feststellung, ob und wann die Arbeitsuche voraussichtlich fortgesetzt oder begonnen werden kann, sind Angaben zu Art und Schwere der Erkrankung nicht zu verlangen. Meldet sich das Kind nach Wegfall der Hinderungsgründe nicht unmittelbar bei der zuständigen Agentur für Arbeit im Inland arbeitsuchend, ist die Festsetzung ab dem Monat, der dem Monat folgt, in dem die Hinderungsgründe wegfallen, nach § 70 Abs. 2 *Satz 1* EStG aufzuheben."

32.5. Kinder, die für einen Beruf ausgebildet werden

– unbesetzt –

R 32.5

S 2282

Hinweise

H 32.5

Allgemeines

- → DA-FamEStG 63.3.2 *(BStBl 2012 I S. 734)*
- Als Berufsausbildung ist die Ausbildung für einen künftigen Beruf zu verstehen. In der Berufsausbildung befindet sich, wer sein Berufsziel noch nicht erreicht hat, sich aber ernstlich darauf vorbereitet (→ BFH vom 9. 6. 1999 – BStBl II S. 706). Dem steht nicht entgegen, dass das Kind auf Grund der Art der jeweiligen Ausbildungsmaßnahme die Möglichkeit der Erzielung eigener Einkünfte erlangt (→ BFH vom 16. 4. 2002 – BStBl II S. 523).

Beginn und Ende der Berufsausbildung

- Das Referendariat im Anschluss an die erste juristische Staatsprüfung gehört zur Berufsausbildung (→ BFH vom 10. 2. 2000 – BStBl II S. 398).
- Ein Kind befindet sich nicht in Ausbildung, wenn es sich zwar an einer Universität immatrikuliert, aber tatsächlich das Studium noch nicht aufgenommen hat (→ BFH vom 23. 11. 2001 – BStBl 2002 II S. 484).
- Ein Universitätsstudium ist in dem Zeitpunkt abgeschlossen, in dem eine nach dem einschlägigen Prüfungsrecht zur Feststellung des Studienerfolgs vorgesehene Prüfungsentscheidung ergangen ist oder ein Prüfungskandidat von der vorgesehenen Möglichkeit, sich von weiteren Prüfungsabschnitten befreien zu lassen, Gebrauch gemacht hat (→ BFH vom 21. 1. 1999 – BStBl II S. 141). Die Berufsausbildung endet bereits vor Bekanntgabe des Prüfungsergebnisses, wenn das Kind nach Erbringung aller Prüfungsleistungen eine Vollzeiterwerbstätigkeit aufnimmt (→ BFH vom 24. 5. 2000 – BStBl II S. 473).
- → DA-FamEStG 63.3.2.*7 (BStBl 2012 I S. 734).*

1. Ein Kind kann sich auch dann noch in Berufsausbildung befinden, wenn es nach erfolgreichem Abschluss eines Studiums an weiteren Qualifizierungsmaßnahmen im geprüften Studienfach teilnimmt, sofern diese als Grundlage für den angestrebten Beruf geeignet sind und das Kind seine Weiterqualifizierung ernsthaft und nachhaltig betreibt.

2. Da der Eintritt in einen der akademischen Ausbildung entsprechenden Beruf grundsätzlich schon mit erfolgreichem Abschluss des Studiums möglich ist, sind an den Nachweis dafür, dass die weitere Teilnahme an Übungen und Vorlesungen im gleichen Studienfach zur Verbesserung der beruflichen Stellung geeignet ist, strenge Anforderungen zu stellen. Gleiches gilt für den Nachweis der Ernsthaftigkeit der weiteren Ausbildungsmaßnahmen.

(→ BFH vom 24. 2. 2010 – BFH/NV 2010, S. 1431)

Behinderte Kinder, die für einen Beruf ausgebildet werden

→ *DA-FamEStG 63.3.2.1.4 (BStBl 2012 I S. 734):*

„Ein behindertes Kind wird auch dann für einen Beruf ausgebildet, wenn es durch gezielte Maßnahmen auf eine – wenn auch einfache – Erwerbstätigkeit vorbereitet wird, die nicht spezifische Fähigkeiten oder Fertigkeiten erfordert. Unter diesem Gesichtspunkt kann z. B. auch der Besuch einer Schule für behinderte Menschen, einer Heimsonderschule, das Arbeitstraining in einer Anlernwerkstatt oder die Förderung im Berufsbildungsbereich einer Werkstatt für behinderte Menschen den Grundtatbestand des § 32 Abs. 4 Satz 1 Nr. 2 Buchst. a EStG erfüllen."

Erneute Berufsausbildung

Im Rahmen der Altersgrenze des § 32 Abs. 4 Satz 1 i. V. m. Abs. 5 EStG ist eine Berufsausbildung ungeachtet dessen zu berücksichtigen, ob es sich um die erste oder eine weitere Ausbildung handelt bzw. ob eine zusätzliche Ausbildungsmaßnahme einer beruflichen Qualifizierung oder einem anderen Beruf dient (→ BFH vom 20. 7. 2000 – BStBl 2001 II S. 107).

Praktikum

– → DA-FamEStG 63.3.2.**5** (*BStBl 2012 I S. 734*):

„(1) *Während* eines Praktikums *wird ein Kind für einen Beruf ausgebildet*, sofern dadurch Kenntnisse, Fähigkeiten und Erfahrungen vermittelt werden, die als Grundlagen für die Ausübung des angestrebten Berufs geeignet sind (vgl. BFH vom 9. 6. 1999 – BStBl II S. 713) und es sich nicht lediglich um ein gering bezahltes Arbeitsverhältnis handelt. *Das Praktikum muss für das angestrebte Berufsziel förderlich sein (BFH vom 15.7.2003 – BStBl II S. 843).* Dies gilt unabhängig davon, ob *es* nach der maßgeblichen Ausbildungs- oder Studienordnung vorgeschrieben ist. Ein vorgeschriebenes Praktikum ist als notwendige fachliche Voraussetzung oder Ergänzung der eigentlichen Ausbildung an einer Schule, Hochschule oder sonstigen Ausbildungsstätte ohne weiteres anzuerkennen. Gleiches gilt für ein durch die Ausbildungs- oder Studienordnung empfohlenes Praktikum sowie für ein Praktikum, das in dem mit der späteren Ausbildungsstätte abgeschlossenen schriftlichen Ausbildungsvertrag oder der von dieser Ausbildungsstätte schriftlich gegebenen verbindlichen Ausbildungszusage vorgesehen ist. In anderen Fällen kann ein Praktikum grundsätzlich nur für eine Dauer von maximal sechs Monaten berücksichtigt werden. Die Anerkennung kann auch darüber hinaus erfolgen, wenn ein ausreichender Bezug zum Berufsziel glaubhaft gemacht wird. Davon kann ausgegangen werden, wenn dem Praktikum ein detaillierter Ausbildungsplan zu Grunde liegt, der darauf zielt, unter fachkundiger Anleitung für die Ausübung des angestrebten Berufs wesentliche Kenntnisse und Fertigkeiten zu vermitteln. Es ist unschädlich, wenn das Kind für das Praktikum von einem Studium beurlaubt wird (vgl. DA 63.3.2.3 Abs. 3 Satz 1). Kann eine praktische Tätigkeit *nach § 32 Abs. 4 Satz 1 Nr. 2 Buchst. a EStG berücksichtigt* werden, ist stets zu prüfen, ob die Voraussetzungen des § 32 Abs. 4 Satz 1 Nr. 1 oder Nr. 2 Buchst. c EStG gegeben sind.

(2) Sieht die maßgebliche Ausbildungs- und Prüfungsordnung praktische Tätigkeiten vor, die nicht zur Fachausbildung gehören, aber ersatzweise zur Erfüllung der Zugangsvoraussetzungen genügen, so sind diese als ein zur *Ausbildung* gehörendes Praktikum anzusehen. Das Gleiche gilt für ein Praktikum, das im Einvernehmen mit der künftigen Ausbildungsstätte zur Erfüllung einer als Zugangsvoraussetzung vorgeschriebenen hauptberuflichen Tätigkeit geleistet werden kann."

– Das Anwaltspraktikum eines Jurastudenten ist Berufsausbildung, auch wenn es weder gesetzlich noch durch die Studienordnung vorgeschrieben ist (→ BFH vom 9. 6. 1999 – BStBl II S. 713).

– Zur Berufsausbildung eines Studenten der Anglistik, der einen Abschluss in diesem Studiengang anstrebt, gehört auch ein Auslandspraktikum als Fremdsprachenassistent an einer Schule in Großbritannien während eines Urlaubssemesters → BFH vom 14. 1. 2000 (BStBl II S. 199).

Promotion

Zur Berufsausbildung gehört auch die Vorbereitung auf eine Promotion, wenn diese im Anschluss an das Studium ernsthaft und nachhaltig durchgeführt wird (→ BFH vom 9. 6. 1999 – BStBl II S. 708).

Schulbesuch

– Zur Berufsausbildung gehört auch der Besuch von Allgemeinwissen vermittelnden Schulen wie Grund-, Haupt- und Oberschulen sowie von Fach- und Hochschulen. Auch der Besuch eines Colleges in den USA kann zur Berufsausbildung zählen (→ BFH vom 9. 6. 1999 – BStBl II S. 705).

– → DA-FamEStG 63.3.2. (*BStBl 2012 I S. 734*)

Soldat auf Zeit

Ein Soldat auf Zeit , der zum Offizier ausgebildet wird, befindet sich in Berufsausbildung (→ BFH vom 16. 4. 2002 – BStBl II S. 523); Gleiches gilt für die Ausbildung zum Unteroffizier (→ BFH vom 15. 7. 2003 – BStBl 2007 II S. 247).

Sprachaufenthalt im Ausland

→ DA-FamEStG 63.3.2.*6 (BStBl 2012 I S. 734)*:

„(1) Sprachaufenthalte im Ausland sind regelmäßig **berücksichtigungsfähig**, wenn der Erwerb der Fremdsprachenkenntnisse nicht dem ausbildungswilligen Kind allein überlassen bleibt, sondern Ausbildungsinhalt und Ausbildungsziel von einer fachlich autorisierten Stelle vorgegeben werden. Davon ist ohne weiteres auszugehen, wenn der Sprachaufenthalt mit anerkannten Formen der Berufsausbildung verbunden wird (z. B. Besuch einer allgemeinbildenden Schule, eines Colleges oder einer Universität). In allen anderen Fällen – insbesondere bei Auslandsaufenthalten im Rahmen von Au-pair-Verhältnissen – setzt die Anerkennung voraus, dass der Aufenthalt von einem theoretisch-systematischen Sprachunterricht in einer Fremdsprache begleitet wird (vgl. BFH vom 9. 6. 1999 – BStBl II S. 701 und S. 710 und vom 19. 2. 2002 – BStBl II S. 469).

(2) Es kann regelmäßig eine ausreichende Ausbildung angenommen werden, wenn ein begleitender Sprachunterricht von wöchentlich zehn Unterrichtsstunden stattfindet. *Das Leben in der Gastfamilie zählt nicht dazu.* Im Einzelnen gilt *DA 63.3.2.1.3 Abs. 1 bis 3.*"

Umfang der zeitlichen Inanspruchnahme durch die Berufsausbildung

→ DA-FamEStG 63.3.2.*1.3* Abs. *1 bis 3 (BStBl 2012 I S. 734)*:

„(1) Die Ausbildung muss ernsthaft betrieben werden, damit sie berücksichtigungsfähig ist. Sie muss Zeit und Arbeitskraft des Kindes dermaßen in Anspruch nehmen, dass ein greifbarer Bezug zu dem angestrebten Berufsziel hergestellt wird und Bedenken gegen die Ernsthaftigkeit ausgeschlossen werden können.

(2) Bei Ausbildungsgängen, die keine regelmäßige Präsenz an einer Ausbildungsstätte erfordern (z. B. Universitäts- und Fachhochschulstudiengänge, Fernuniversität einschließlich der als Fernstudium angebotenen, andere Fernlehrgänge), sollte die Ernsthaftigkeit durch Vorlage von Leistungsnachweisen („Scheine„, Bescheinigungen des Betreuenden über Einreichung von Arbeiten zur Kontrolle), die Aufschluss über die Fortschritte des Lernenden geben, in den in der DA-Ü festgelegten Zeitabständen belegt werden. Sind bei Studenten die Semesterbescheinigungen aussagekräftig (durch Ausweis der Hochschulsemester), sind diese als Nachweis ausreichend.

(3) Eine tatsächliche Unterrichts- bzw. Ausbildungszeit von zehn Wochenstunden kann regelmäßig als ausreichende Ausbildung anerkannt werden. Eine tatsächliche Unterrichts- bzw. Ausbildungszeit von weniger als zehn Wochenstunden kann nur dann als ausreichende Ausbildung anerkannt werden, wenn

– *das Kind zur Teilnahme am Schulunterricht zur Erfüllung der Schulpflicht verpflichtet ist (BFH vom 28.4.2010 – BStBl II S. 1060),*

– *der zusätzliche ausbildungsbezogene Zeitaufwand (z. B. für Vor- und Nachbereitung) über das übliche Maß hinausgeht oder*

– *die besondere Bedeutung der Maßnahme für das angestrebte Berufsziel dies rechtfertigt.*

Üblich ist ein Zeitaufwand für die häusliche Vor- und Nacharbeit, welcher der Dauer der Unterrichts- bzw. Ausbildungszeit entspricht, sowie ein Zeitaufwand für den Weg von und zur Ausbildungsstätte bis zu einer Stunde für die einfache Wegstrecke. Über das übliche Maß hinaus geht der ausbildungsbezogene Zeitaufwand z. B.

– *bei besonders umfangreicher Vor- und Nacharbeit oder*

– *wenn neben die Unterrichtseinheiten zusätzliche ausbildungsfördernde Aktivitäten bzw. die praktische Anwendung des Gelernten treten.*

Die besondere Bedeutung der Maßnahme für das angestrebte Berufsziel rechtfertigt eine geringere Stundenanzahl, z. B. bei

– *Erwerb einer qualifizierten Teilnahmebescheinigung,*

– *Prüfungsteilnahme,*

– *regelmäßigen Leistungskontrollen,*

– *berufszielbezogener Üblichkeit der Durchführung einer solchen Maßnahme, wenn die Ausbildungsmaßnahme der üblichen Vorbereitung auf einen anerkannten Prüfungsabschluss dient oder wenn die einschlägigen Ausbildungs- oder Studienordnungen bzw. entsprechende Fachbereiche die Maßnahme vorschreiben oder empfehlen."*

Unterbrechungszeiten

– Zur Berufsausbildung zählen Unterbrechungszeiten wegen Erkrankung oder Mutterschaft, nicht jedoch Unterbrechungszeiten wegen der Betreuung eines eigenen Kindes (→ BFH vom 15. 7. 2003 – BStBl II S. 848).

– Ist für den Zeitraum eines Urlaubssemesters der Besuch von Vorlesungen und der Erwerb von Leistungsnachweisen nach hochschulrechtlichen Bestimmungen untersagt, sind für diesen Zeitraum die Voraussetzungen einer Berufsausbildung nicht erfüllt (→ BFH vom 13. 7. 2004 – BStBl II S. 999).

– → DA-FamEStG 63.3.2.**7** Abs. 9 und 63.3.2.**8** (*BStBl 2012 I S. 734*)

Volontariat

– Eine Volontärtätigkeit, die ausbildungswillige Kinder vor Annahme einer voll bezahlten Beschäftigung gegen geringe Entlohnung absolvieren, ist grundsätzlich als Berufsausbildung anzuerkennen, wenn das Volontariat der Erlangung der angestrebten beruflichen Qualifikation dient und somit der Ausbildungscharakter im Vordergrund steht (→ BFH vom 9. 6. 1999 – BStBl II S. 706).

– → DA-FamEStG 63.3.2.**3** Abs. 3 (*BStBl 2012 I S. 734*)

R 32.6

S 2282

32.6. Kinder, die sich in einer Übergangszeit befinden

– unbesetzt –

H 32.6

Hinweise

Übergangszeit nach § 32 Abs. 4 Satz 1 Nr. 2 Buchst. b EStG

– → DA-FamEStG 63.3.3 Abs. 1 bis 4 (*BStBl 2012 I S. 734*):

„(1) Nach § 32 Abs. 4 Satz 1 Buchst. b EStG besteht für ein noch nicht 25 Jahre altes Kind (siehe aber Übergangsregelung des § 52 Abs. 40 Satz 7 EStG) auch dann Anspruch auf Kindergeld, wenn es sich in einer Übergangszeit von höchstens vier Monaten befindet, die zwischen zwei Ausbildungsabschnitten oder zwischen einem Ausbildungsabschnitt und der Ableitung

– *des gesetzlichen Wehr- oder ZD,*

– *einer vom Wehr- oder ZD befreienden Tätigkeit als Entwicklungshelfer i. S. d. § 1 Abs. 1 EhfG,*

– *eines anderen Dienstes im Ausland nach § 14b ZDG oder*

– *eines geregelten Freiwilligendienstes i. S. d. § 32 Abs. 4 Satz 1 Nr. 2 Buchst. d EStG (vgl. DA 63.3.5)*

– *liegt. Als gesetzlicher Wehr- bzw. ZD gilt auch:*

– *ein freiwilliger zusätzlicher Wehrdienst im Anschluss an den GWD i. S. d. § 6b WPflG,*

– *ein freiwilliger zusätzlicher ZD gemäß § 41a ZDG sowie*

– *ein freiwilliger Wehrdienst nach dem 7. Abschnitt des WPflG.*

Kinder sind auch in Übergangszeiten von höchstens vier Monaten zwischen dem Abschluss der Ausbildung und dem Beginn eines der in Satz 1 genannten Dienste und Tätigkeiten zu berücksichtigen (vgl. BFH vom 25.1.2007 – BStBl 2008 II S. 664). Die Übergangszeit von höchstens vier Monaten ist nicht taggenau zu berechnen, sondern umfasst vier volle Kalendermonate (BFH vom 15.7.2003 – BStBl II S. 847). Endet z. B. ein Ausbildungsabschnitt im Juli, muss der nächste spätestens im Dezember beginnen.

(2) Übergangszeiten ergeben sich als vom Kind nicht zu vermeidende Zwangspausen, z. B. durch Rechtsvorschriften über den Ausbildungsverlauf, aus dem festen Einstellungsterminen der Ausbildungsbetriebe oder den Einstellungsgewohnheiten staatlicher Ausbildungsinstitutionen. Eine Übergangszeit im Sinne einer solchen Zwangspause kann auch in Betracht kommen, wenn das Kind den vorangegangenen Ausbildungsplatz – ggf. aus von ihm zu vertretenden Gründen – verloren oder die Ausbildung abgebrochen hat. Als Ausbildungsabschnitt gilt jeder Zeitraum, der nach § 32 Abs. 4 Satz 1 Nr. 2 Buchst. a EStG zu berücksichtigen ist.

(3) Eine Berücksichtigung des Kindes während der Übergangszeit hat zu erfolgen, wenn es entweder bereits einen Ausbildungsplatz hat oder sich um einen Platz im nachfolgenden Ausbildungsabschnitt, der innerhalb des zeitlichen Rahmens des § 32 Abs. 4 Satz 1 Nr. 2 Buchst. b EStG beginnt, beworben hat. Gleichermaßen ist zu verfahren, wenn der Berechtigte bei Beendigung der Ausbildung des Kindes an einer allgemeinbildenden Schule oder in einem sonstigen Ausbildungsabschnitt glaubhaft erklärt, dass sich das Kind um einen solchen Ausbildungsplatz sobald wie möglich bewerben wird, und die Familienkasse unter Würdigung aller Umstände zu der Überzeugung gelangt, dass die Fortsetzung der Ausbildung zu dem angegebenen Zeitpunkt wahrscheinlich ist. Entsprechend ist bei Übergangszeiten zwischen einem Ausbildungsabschnitt und einem Dienst bzw. einer Tätigkeit i. S. d. Abs. 1 Satz 1 und 2 zu verfahren.

(4) Eine Übergangszeit liegt nicht vor, wenn das Kind sich nach einem Ausbildungsabschnitt oder einem Dienst bzw. einer Tätigkeit i. S. d. Abs. 1 Satz 1 und 2 wegen Kindesbetreuung nicht um einen Anschlussausbildungsplatz bemüht."

32.7. Kinder, die mangels Ausbildungsplatz ihre Berufsausbildung nicht beginnen oder fortsetzen können

Allgemeines

(1) [1]Grundsätzlich ist jeder Ausbildungswunsch des Kindes anzuerkennen, es sei denn, dass seine Verwirklichung wegen der persönlichen Verhältnisse des Kindes ausgeschlossen erscheint. [2]Dies gilt auch dann, wenn das Kind bereits eine abgeschlossene Ausbildung in einem anderen Beruf besitzt. [3]Das Finanzamt kann verlangen, dass der Stpfl. die ernsthaften Bemühungen des Kindes um einen Ausbildungsplatz durch geeignete Unterlagen nachweist oder zumindest glaubhaft macht.

Ausbildungsplätze

(2) Ausbildungsplätze sind neben betrieblichen und überbetrieblichen insbesondere solche an Fach- und Hochschulen sowie Stellen, an denen eine in der Ausbildungs- oder Prüfungsordnung vorgeschriebene praktische Tätigkeit abzuleisten ist.

→ Ernsthafte Bemühungen um einen Ausbildungsplatz

(3) [1]Für die Berücksichtigung eines Kindes ohne Ausbildungsplatz ist Voraussetzung, dass es dem Kind trotz ernsthafter Bemühungen nicht gelungen ist, seine Berufsausbildung zu beginnen oder fortzusetzen. [2]Als Nachweis der ernsthaften Bemühungen kommen z. B. Bescheinigungen der Agentur für Arbeit über die Meldung des Kindes als Bewerber um eine berufliche Ausbildungsstelle, Unterlagen über eine Bewerbung bei der Zentralen Vergabestelle von Studienplätzen, Bewerbungsschreiben unmittelbar an Ausbildungsstellen sowie deren Zwischennachricht oder Ablehnung in Betracht.

(4) [1]Die Berücksichtigung eines Kindes ohne Ausbildungsplatz ist ausgeschlossen, wenn es sich wegen Kindesbetreuung nicht um einen Ausbildungsplatz bemüht. [2]Eine Berücksichtigung ist dagegen möglich, wenn das Kind infolge Erkrankung oder wegen eines Beschäftigungsverbots nach den §§ 3 und 6 Mutterschutzgesetz daran gehindert ist, seine Berufsausbildung zu beginnen oder fortzusetzen.

Hinweise

Kinder ohne Ausbildungsplatz

– Ein Mangel eines Ausbildungsplatzes liegt sowohl in Fällen vor, in denen das Kind noch keinen Ausbildungsplatz gefunden hat, als auch dann, wenn ihm ein solcher bereits zugesagt wurde, es diesen aber aus schul-, studien- oder betriebsorganisatorischen Gründen erst zu einem späteren Zeitpunkt antreten kann (→ BFH vom 15. 7. 2003 – BStBl II S. 845).

– Die Vermutung, dass das Kind keine weitere Berufsausbildung anstrebt, kann durch Nachweis eines sicheren Ausbildungsplatzes für das folgende Kalenderjahr widerlegt werden (→ BFH vom 7. 8. 1992 – BStBl 1993 II S. 103).

– Kein Mangel eines Ausbildungsplatzes liegt vor, wenn das Kind die objektiven Anforderungen an den angestrebten Ausbildungsplatz nicht erfüllt oder wenn es im Falle des Bereitstehens eines Ausbildungsplatzes aus anderen Gründen am Antritt gehindert ist, z. B. wenn es im Ausland arbeitsvertraglich gebunden ist (→ BFH vom 15. 7. 2003 – BStBl II S. 843).

– → DA-FamEStG 63.3.4 (**BStBl 2012 I S. 734**).

Kinderbetreuung

Keine Berücksichtigung als Ausbildungsplatz suchendes Kind, wenn ernsthafte Bemühungen um einen Ausbildungsplatz wegen der Betreuung des eigenen Kindes unterbleiben (→ BFH vom 24. 9. 2009 – III R 83/08 –, BFH/NV 2010, S. 619).

R 32.8

S 2282

32.8. Kinder, die ein freiwilliges soziales oder ökologisches Jahr oder freiwillige Dienste leisten

– unbesetzt –

H 32.8

Hinweise

Geregelte Freiwilligendienste

→ *DA-FamEStG 63.3.5 (BStBl 2012 I S. 734)*

R 32.9

S 2282

32.9. Kinder, die wegen körperlicher, geistiger oder seelischer Behinderung außerstande sind, sich selbst zu unterhalten

[1]Als Kinder, die wegen körperlicher, geistiger oder seelischer Behinderung außerstande sind, sich selbst zu unterhalten, kommen insbesondere Kinder in Betracht, deren Schwerbehinderung (§ 2 Abs. 2 SGB IX) festgestellt ist oder die einem schwer behinderten Menschen gleichgestellt sind (§ 2 Abs. 3 SGB IX). [2]Ein Kind, das wegen seiner Behinderung außerstande ist, sich selbst zu unterhalten, kann bei Vorliegen der sonstigen Voraussetzungen über das 25. Lebensjahr hinaus ohne altersmäßige Begrenzung berücksichtigt werden. [3]Eine Berücksichtigung setzt voraus, dass die Behinderung, deretwegen das Kind nicht in der Lage ist, sich selbst zu unterhalten, vor Vollendung des 25. Lebensjahres eingetreten ist.

H 32.9

Hinweise

Altersgrenze

Die Altersgrenze, innerhalb derer die Behinderung eingetreten sein muss, ist nicht aufgrund entsprechender Anwendung des § 32 Abs. 5 Satz 1 EStG z. B. um den Zeitraum des vom Kind in früheren Jahren geleisteten Grundwehrdienstes zu verlängern (→ BFH vom 2. 6. 2005 – BStBl II S. 756).

Außerstande sein, sich selbst zu unterhalten

– → *H 32.2, 32.3 (Ermittlung des verfügbaren Nettoeinkommens)*
– → *DA-FamEStG 63.3.6.4 (BStBl 2012 I S. 734):*

> *„(1) Bei behinderten Kindern ist grundsätzlich der notwendige Lebensbedarf den kindeseigenen Mitteln gegenüberzustellen. Der notwendige Lebensbedarf des behinderten Kindes setzt sich aus dem allgemeinen Lebensbedarf und dem individuellen behinderungsbedingten Mehrbedarf zusammen (vgl. BFH vom 15.10.1999 – BStBl 2000 II S.75 und 79). Als allgemeiner Lebensbedarf ist der Grundfreibetrag nach § 32a Abs. 1 Satz 2 Nr. 1 EStG i. H. v. 8 004 Euro anzusetzen. Dabei ist auf den Kalendermonat abzustellen (Einzelheiten insbesondere zum behinderungsbedingten Sonderbedarf sowie zu Sonderzuwendungen und einmaligen Nachzahlungen siehe BMF-Schreiben vom 22.11.2010 Abschnitt VI – BStBl I S. 1346).*
>
> *(2) Übersteigen das verfügbare Nettoeinkommen des Kindes (Ermittlung siehe DA 31.2.4) und die Leistungen Dritter nicht den allgemeinen Lebensbedarf i. H. v. 8 004 Euro, ist davon auszugehen, dass das Kind außerstande ist, sich selbst zu unterhalten. Bei dieser vereinfachten Berechnung zählen zum verfügbaren Nettoeinkommen und den Leistungen Dritter keine Leis-*

tungen, die dem Kind wegen eines behinderungsbedingten Bedarfs zweckgebunden zufließen, insbesondere sind dies Pflegegeld bzw. -zulage aus der gesetzlichen Unfallversicherung, nach § 35 BVG oder nach § 64 SGB XII, Ersatz der Mehrkosten für den Kleider- und Wäscheverschleiß (z. B. § 15 BVG), die Grundrente und die Schwerstbeschädigtenzulage nach § 31 BVG und Leistungen der Pflegeversicherung (§ 3 Nr. 1a EStG) oder die Eingliederungshilfe bei voll- und teilstationärer Unterbringung.

(3) Wird nach der Berechnung i. S. d. Abs. 2 der Grundfreibetrag nach § 32a Abs. 1 Satz 2 Nr. 1 EStG überschritten, ist eine ausführliche Berechnung (vgl. Abs. 1 Satz 1) vorzunehmen. Die kindeseigenen Mittel setzen sich aus dem verfügbaren Nettoeinkommen und sämtlichen Leistungen Dritter zusammen; das Vermögen des Kindes gehört nicht zu den kindeseigenen Mitteln (BFH vom 19.8.2002 – BStBl 2003 II S. 88 und 91). Das verfügbare Nettoeinkommen des behinderten Kindes ist entsprechend DA 31.2.4 zu ermitteln. Alle nicht nach DA 31.2.4 erfassten finanziellen Mittel des behinderten Kindes sind als Leistungen Dritter zu berücksichtigen, mit Ausnahme von Unterhaltsleistungen der Personen, bei denen das Kind berücksichtigt werden kann. Die Eingliederungshilfe (z. B. in Form der Heimunterbringung) bei voll- und teilstationärer Unterbringung ist in voller Höhe als Leistung Dritter den eigenen Mitteln des Kindes zuzurechnen (vgl. BFH vom 15.10.1999 – BStBl 2000 II S. 75). Das verfügbare Nettoeinkommen des Kindes sowie Leistungen Dritter, die an einen Sozialleistungsträger abgezweigt, übergeleitet oder diesem erstattet werden, mindern die Leistungen des Sozialleistungsträgers in entsprechender Höhe. Dies gilt auch für einen Kostenbeitrag der Eltern. Übersteigen die kindeseigenen Mittel nicht den notwendigen Lebensbedarf, besteht ein Anspruch auf Kindergeld (s. Vordruck „Berechnungsschema für das volljährige behinderte Kind"). Falls die kindeseigenen Mittel den notwendigen Lebensbedarf überschreiten und die kindeseigenen Mittel ungleichmäßig zufließen, ist zu prüfen, ab welchem vollen Monat das Kind in der Lage ist, selbst für seinen Lebensunterhalt zu sorgen.

(4) Zum behinderungsbedingten Mehrbedarf gehören alle mit einer Behinderung zusammenhängenden außergewöhnlichen Belastungen, z. B. Aufwendungen für die Hilfe bei den gewöhnlichen und regelmäßig wiederkehrenden Verrichtungen des täglichen Lebens, für die Pflege sowie für einen erhöhten Wäschebedarf. Sofern kein Einzelnachweis erfolgt, bemisst sich der behinderungsbedingte Mehrbedarf grundsätzlich in Anlehnung an den Pauschbetrag für behinderte Menschen des § 33b Abs. 3 EStG. Anstelle des Pauschbetrages kann das Pflegegeld als behinderungsbedingter Mehrbedarf angesetzt werden, wenn das Kind Pflegegeld aus der Pflegeversicherung erhält (BFH vom 24.8.2004 – BStBl 2010 II S. 1052). Dies gilt gleichermaßen für das Blindengeld (BFH vom 31.8.2006 – BStBl 2010 II S. 1054). Die Sätze 1 bis 4 sind bei allen behinderten Kindern unabhängig von ihrer Wohn- oder Unterbringungssituation anzuwenden. Erhält das Kind Eingliederungshilfe, sind die Absätze 7 und 8 zu beachten.

(5) Neben dem nach Abs. 4 ermittelten behinderungsbedingten Mehrbedarf (einschließlich Eingliederungshilfe) kann ein weiterer behinderungsbedingter Mehrbedarf angesetzt werden. Hierzu gehören alle übrigen durch die Behinderung bedingten Aufwendungen wie z. B. Operationskosten und Heilbehandlungen, Kuren, Arzt- und Arzneikosten; bestehen Zweifel darüber, ob die Aufwendungen durch die Behinderung bedingt sind, ist eine ärztliche Bescheinigung hierüber vorzulegen. Zum weiteren behinderungsbedingten Mehrbedarf zählen bei allen behinderten Kindern auch persönliche Betreuungsleistungen der Eltern, soweit sie über die durch das Pflegegeld abgedeckte Grundpflege und hauswirtschaftliche Verrichtungen hinausgehen und nach amtsärztlicher Bescheinigung unbedingt erforderlich sind. Der hierfür anzusetzende Stundensatz beträgt 8 Euro. Fahrtkosten sind ebenfalls zu berücksichtigen (H 33.1 – 33.4 (Fahrtkosten behinderter Menschen) EStH 2010); Leistungen Dritter, z. B. durch Eingliederungshilfe, sind immer gegenzurechnen, wenn der entsprechende Bedarf, für den sie geleistet werden, im nachgewiesenen behinderungsbedingten Mehrbedarf enthalten ist. Mehraufwendungen, die einem behinderten Kind anlässlich einer Urlaubsreise durch Kosten für Fahrten, Unterbringung und Verpflegung einer Begleitperson entstehen, können ebenfalls neben dem Pauschbetrag für behinderte Menschen (§ 33b Abs. 3 EStG) i. H. v. bis zu 767 Euro als behinderungsbedingter Mehrbedarf berücksichtigt werden, sofern die Notwendigkeit ständiger Begleitung nachgewiesen ist. Der Nachweis ist vor Antritt der Reise durch ein amtsärztliches Gutachten oder die Fest-stellungen im Ausweis nach SGB IX (bis 30.6.2001: Schwerbehindertenausweis), z. B. durch den Vermerk „Die Notwendigkeit ständiger Begleitung ist nachgewiesen", zu erbringen (BFH vom 4.7.2002 – BStBl II S. 765).

(6) Ein Kind ist vollstationär oder auf vergleichbare Weise untergebracht, wenn es nicht im Haushalt der Eltern lebt, sondern anderweitig auf Kosten eines Dritten (i. d. R. der Sozialleistungsträger) untergebracht ist. Dabei ist es unerheblich, ob es vollstationär versorgt wird, in einer eigenen Wohnung oder in sonstigen Wohneinrichtungen (z. B. betreutes Wohnen) lebt. Vollstationäre oder vergleichbare Unterbringung liegt auch dann vor, wenn sich das Kind zwar zeitweise (z. B. am Wochenende oder in den Ferien) im Haushalt der Eltern aufhält, der Platz im Heim, im Rahmen des betreuten Wohnens usw. aber durchgehend auch während dieser Zeit zur Verfügung

steht. *Ein Kind ist z. B. teilstationär untergebracht, wenn es bei seinen Eltern lebt und zeitweise in einer Einrichtung, z. B. Werkstatt für behinderte Menschen, betreut wird.*

(7) Falls ein vollstationär untergebrachtes behindertes Kind außer Eingliederungshilfe einschließlich Taschengeld (Barbetrag gemäß § 27b Abs. 2 SGB XII) und ggf. einem Arbeitsentgelt aus einer Werkstatt für behinderte Menschen (zuzüglich Arbeitsförderungsgeld gem. § 43 SGB IX) kein weiteres verfügbares Nettoeinkommen hat, kann aus Vereinfachungsgründen davon ausgegangen werden, dass die eigenen Mittel des Kindes nicht ausreichen, sich selbst zu unterhalten. Ansonsten sind das verfügbare Nettoeinkommen und die Leistungen Dritter im Einzelnen zu ermitteln und dem Bedarf des Kindes gegenüberzustellen (siehe Abs. 1 Satz 1 und Absätze 3 bis 5). Die Ermittlung des behinderungsbedingten Mehrbedarfs erfolgt regelmäßig durch Einzelnachweis der Aufwendungen, indem die im Wege der Eingliederungshilfe übernommenen Kosten für die Unterbringung abzüglich des Taschengeldes und des nach der SvEV zu ermittelnden Wertes der Verpflegung angesetzt werden (BFH vom 15.10.1999 – BStBl 2000 II S. 79). Der Pauschbetrag für behinderte Menschen ist nicht neben der Eingliederungshilfe zu berücksichtigen, da deren Ansatz einem Einzelnachweis entspricht. Der Berechtigte kann weiteren behinderungsbedingten Mehrbedarf glaubhaft machen (siehe Abs. 5).

(8) Wird für ein teilstationär untergebrachtes Kind Eingliederungshilfe geleistet und hat das Kind außer Taschengeld und Arbeitsentgelt aus einer Werkstatt für behinderte Menschen (ggf. zuzüglich Arbeitsförderungsgeld gem. § 43 SGB IX) kein weiteres verfügbares Nettoeinkommen, so kann davon ausgegangen werden, dass es außerstande ist, sich selbst zu unterhalten. Besitzt dieses Kind dagegen weiteres verfügbares Nettoeinkommen, so sind dieses sowie die Leistungen Dritter im Einzelnen zu ermitteln und dem Bedarf des Kindes gegenüberzustellen (siehe Abs. 1 Satz 1 und Absätze 3 bis 5). Dabei sind die Leistungen im Rahmen der Eingliederungshilfe abzüglich des nach SvEV zu bestimmenden Wertes der Verpflegung als behinderungsbedingter Mehrbedarf anzusetzen. Für die Pflege und Betreuung außerhalb der teilstationären Unterbringung ist neben dem behinderungsbedingten Mehrbedarf nach Satz 3 mindestens ein Betrag in Höhe des Pauschbetrags für behinderte Menschen nach § 33b Abs. 3 EStG als Bedarf des Kindes zu berücksichtigen. Der Berechtigte kann weiteren behinderungsbedingten Mehrbedarf glaubhaft machen (siehe Abs. 5)."

Beispiele:

A. Im Haushalt eines Stpfl. lebt dessen 29-jähriger Sohn, der durch einen Unfall im Alter von 21 Jahren schwerbehindert wurde (Grad der Behinderung 100, gesundheitliche Merkzeichen „G" und „H"). Er arbeitet tagsüber in einer Werkstatt für behinderte Menschen (WfB). Hierfür erhält er ein monatliches Arbeitsentgelt von 75 €. Die Kosten für die Beschäftigung in der WfB von monatlich 1 250 € und die Fahrtkosten für den arbeitstäglichen Transport zur WfB von monatlich 100 € trägt der Sozialhilfeträger im Rahmen der Eingliederungshilfe. Der Sohn bezieht daneben Rente wegen voller Erwerbsminderung aus der gesetzlichen Rentenversicherung von monatlich 300 €, wovon nach Abzug eines Eigenanteils zur gesetzlichen Kranken- und Pflegeversicherung der Rentner in Höhe von 20 € noch 280 € ausgezahlt werden. Außerdem erhält er eine private Rente von monatlich 270 €. Der Besteuerungs- bzw. der Ertragsanteil der Renten beträgt 50 % und 49 %. Der Stpfl. macht einen Aufwand für Fahrten (3 000 km im Jahr) glaubhaft, für die kein Kostenersatz geleistet wird. Der Sohn beansprucht freies Mittagessen in der Werkstatt. Er hat keinen Anspruch auf Pflegegeld.

Ermittlung des gesamten notwendigen Lebensbedarfs für den VZ 2012:

Grundbedarf (§ 32a Abs. 1 Satz 2 Nr. 1 EStG)		8 004 €
Behinderungsbedingter Mehrbedarf:		
Kosten der Beschäftigung in der WfB (1 200 € × 12)	15 000 €	
im Grundbedarf enthaltene Verpflegung, ermittelt nach SvEV		
(86 € × 12)	*– 1 032 €*	
	13 968 €	
Fahrtbedarf (WfB – Elternhaus), (100 € × 12)	1 200 €	
darüber hinaus bestehender Fahrtbedarf		
(3 000 km × 0,30 €)	900 €	
pauschaler behinderungsbedingter Mehrbedarf in Höhe des		
Pauschbetrags für behinderte Menschen (§ 33b Abs. 3 EStG)	3 700 €	**19 768 €**
Gesamter notwendiger Lebensbedarf		**27 772 €**
Ermittlung der eigenen Mittel des Kindes:		
Einkünfte:		
Keine Einkünfte aus nichtselbständiger Arbeit, da das Arbeitsentgelt (75 € × 12 = 900 €) nicht den Arbeitnehmer-Pauschbetrag nach § 9a EStG übersteigt.		
Besteuerungsanteil der Rente wegen voller Erwerbsminderung		
(50 % von 3 360 €)		1 680 €

(Anmerkung: Sozialversicherungsbeiträge bleiben für die
Berechnung der eigenen Mittel unberücksichtigt,
→ DA-FamEStG 63.3.6.4 Abs. 3 Satz 3 i. V. m. *DA-FamEStG*
31.2.4 Satz 2

Ertragsanteil der privaten Rente (49 % von 3 240 €)	1 587 €	
Werbungskosten-Pauschbetrag	– 102 €	3 165 €

Einnahmen / Leistungen Dritter:

Rente wegen voller Erwerbsminderung, soweit Besteuerungs-anteil übersteigend	1 680 €	
Private Rente, soweit Ertragsanteil übersteigend	1 653 €	
Eingliederungshilfe	15 000 €	
Fahrtkostenübernahme durch Sozialhilfeträger	1 200 €	**19 533 €**
Summe der eigenen Mittel		**22 698 €**

Der Sohn verfügt nicht über die für die Bestreitung seines notwendigen Lebensbedarfs
erforderlichen Mittel; Er ist außerstande, sich selbst zu unterhalten und deshalb steuerlich
zu berücksichtigen.

B. Die 25-jährige Tochter (Grad der Behinderung 100, gesundheitliches Merkzeichen „H")
    eines Stpfl. ist vollstationär in einer Einrichtung für behinderte Menschen untergebracht.
    An den Wochenenden und während ihres Urlaubs hält sie sich im Haushalt des Stpfl. auf. Die
    Kosten der Unterbringung in der Einrichtung (Eingliederungshilfe) von jährlich 30 000 €
    tragen der Sozialhilfeträger im Rahmen der Eingliederungshilfe in Höhe von 27 000 € und
    die Pflegeversicherung in Höhe von 3 000 €. Der Sozialhilfeträger zahlt der Tochter ferner
    ein monatliches Taschengeld von 100 € und eine monatliche Bekleidungspauschale von
    50 € und wendet für die Fahrten zwischen Elternhaus und Einrichtung jährlich 600 € auf.
    Für die Zeit des Aufenthalts im elterlichen Haushalt erhält die Tochter ein monatliches
    Pflegegeld von 225 €. In diesen Zeiträumen erbringen die Eltern durchschnittlich monat-
    lich 10 Stunden persönlicher Betreuungsleistungen, die vom Pflegegeld nicht abgedeckt
    und nach amtsärztlicher Bescheinigung unbedingt erforderlich sind. Sie leisten einen
    monatlichen Kostenbeitrag an den Sozialhilfeträger von 31 € (§ 94 Abs. 2 SGB XII).

Ermittlung des gesamten notwendigen Lebensbedarfs für den VZ *2012*:

Grundbedarf (*§ 32a Abs. 1 Satz 2 Nr. 1 EStG*)		8 004 €
Behinderungsbedingter Mehrbedarf:		
Kosten des Platzes in der Einrichtung	30 000 €	
Im Grundbedarf enthaltene Verpflegung, ermittelt nach der SvEV (*219 €* × 12)	*– 2 628 €*	
	27 372 €	
Fahrtbedarf (Einrichtung – Elternhaus)	600 €	
Vom Pflegegeld abgedeckter Pflegebedarf (225 € × 12)	2 700 €	
Betreuungsleistungen der Eltern (10 Stunden × 12 × 8 €)	960 €	*31 632 €*
Gesamter notwendiger Lebensbedarf:		*39 636 €*

Ermittlung der eigenen Mittel des Kindes:

Eingliederungshilfe (Kostenbeitrag in Höhe von 12 × 31 € ist abgezogen)	26 628 €
Leistung nach § 43a SGB XI (Abgeltung der Pflege in vollstationären Einrich-tungen der Behindertenhilfe)	3 000 €
Taschengeld (100 € × 12)	1 200 €
Bekleidungspauschale (50 € × 12)	600 €
Fahrtkostenübernahme durch Sozialhilfeträger	600 €
Pflegegeld (225 € × 12)	2 700 €
Summe der eigenen Mittel	34 728 €

Ein pauschaler behinderungsbedingter Mehraufwand in Höhe des Pauschbetrags für
behinderte Menschen nach § 33b Abs. 3 EStG kann nicht zusätzlich angesetzt werden,
weil der Ansatz der Kosten bei vollstationärer Unterbringung einem Einzelnachweis entspricht.

Die Tochter ist außerstande, sich selbst zu unterhalten. Es kommen die Freibeträge gemäß
§ 32 Abs. 6 Satz 1 EStG zum Abzug.

Nachweis der Behinderung

Anhang 14b → *DA-FamEStG 63.3.6.2 Abs. 1 (BStBl 2012 I S. 734):*

„Den Nachweis einer Behinderung kann der Berechtigte erbringen:

1. *bei einer Behinderung, deren Grad auf mindestens 50 festgestellt ist, durch einen Ausweis nach dem SGB IX oder durch einen Bescheid der nach § 69 Abs. 1 SGB IX zuständigen Behörde,*

2. *bei einer Behinderung, deren Grad auf weniger als 50, aber mindestens 25 festgestellt ist,*

   a) *durch eine Bescheinigung der nach § 69 Abs. 1 SGB IX zuständigen Behörde auf Grund eines Feststellungsbescheids nach § 69 Abs. 1 des SGB IX, die eine Äußerung darüber enthält, ob die Behinderung zu einer dauernden Einbuße der körperlichen Beweglichkeit geführt hat oder auf einer typischen Berufskrankheit beruht,*

   b) *wenn dem Kind wegen seiner Behinderung nach den gesetzlichen Vorschriften Renten oder andere laufende Bezüge zustehen, durch den Rentenbescheid oder einen entsprechenden Bescheid,*

3. *bei einer Einstufung als schwerstpflegebedürftige Person in Pflegestufe III nach dem SGB XI oder diesem entsprechenden Bestimmungen durch den entsprechenden Bescheid.*

Der Nachweis der Behinderung kann auch in Form einer Bescheinigung bzw. eines Zeugnisses des behandelnden Arztes oder eines ärztlichen Gutachtens erbracht werden (BFH vom 16.4.2002 – BStBl II S. 738). Aus der Bescheinigung bzw. dem Gutachten muss folgendes hervorgehen:

– *Umfang der Behinderung,*

– *Beginn der Behinderung, soweit das Kind das 25. Lebensjahr vollendet hat, und*

– *Auswirkungen der Behinderung auf die Erwerbsfähigkeit des Kindes.*

Für ein Kind, das wegen seiner Behinderung bereits länger als ein Jahr in einer Kranken- oder Pflegeeinrichtung untergebracht ist, genügt eine Bestätigung des für diese Einrichtung zuständigen Arztes hierüber; die Bescheinigung ist nach spätestens fünf Jahren zu erneuern."

Suchtkrankheiten

Suchtkrankheiten können Behinderungen darstellen (→ BFH vom 16. 4. 2002 – BStBl II S. 738).

Ursächlichkeit der Behinderung

Anhang 14b → *DA-FamEStG 63.3.6.3 (BStBl 2012 I S. 734):*

„(1) Beträgt der Grad der Behinderung weniger als 50 und treten keine besonderen Umstände hinzu, die einer Erwerbstätigkeit auf dem allgemeinen Arbeitsmarkt entgegenstehen, ist die Behinderung grundsätzlich als nicht ursächlich für die mangelnde Fähigkeit zum Selbstunterhalt anzusehen. Es ist unbeachtlich, ob die mögliche Erwerbstätigkeit dem behinderten Menschen nach seinem derzeitigen Bildungs- und Ausbildungsstand zugemutet werden kann. Allein die Feststellung eines sehr hohen Grades der Behinderung rechtfertigt die Annahme der Ursächlichkeit nicht.

(2) Die Ursächlichkeit der Behinderung für die Unfähigkeit des Kindes, sich selbst zu unterhalten, kann grundsätzlich angenommen werden, wenn:

– *der Grad der Behinderung 50 oder mehr beträgt und besondere Umstände hinzutreten, aufgrund derer eine Erwerbstätigkeit unter den üblichen Bedingungen des allgemeinen Arbeitsmarktes ausgeschlossen erscheint. Als besondere Umstände gelten z. B.*

– *Unterbringung in einer Werkstatt für behinderte Menschen,*

– *Bezug von Leistungen der Grundsicherung im Alter und bei Erwerbsminderung nach dem SGB XII oder*

– *die Fortdauer einer Schul- oder Berufsausbildung eines Kindes aufgrund seiner Behinderung über das 25. Lebensjahr hinaus,*

– *im Ausweis über die Eigenschaft als schwerbehinderter Mensch oder im Feststellungsbescheid das Merkmal „H" (hilflos) eingetragen ist,*

– *eine volle Erwerbsminderungsrente gegenüber dem Kind bewilligt ist.*

Dem Merkzeichen „H" steht die Einstufung als schwerstpflegebedürftig in Pflegestufe III nach dem SGB XI oder diesem entsprechenden Bestimmungen gleich. Die Einstufung als schwerstpflegebedürftig ist durch Vorlage des entsprechenden Bescheides nachzuweisen. Wird der Nachweis der Behinderung gem. DA 63.3.6.2 Abs. 1 Satz 2 geführt, ist in jedem Fall die Reha/SB-Stelle zu beteiligen (vgl. Abs. 3).

(3) Bestehen Zweifel an der Ursächlichkeit der Behinderung, ist eine Stellungnahme der Reha/SB-Stelle der Agentur für Arbeit darüber einzuholen, ob die Voraussetzungen für eine Mehrfachanrechnung gem. § 76 Abs. 1 oder Abs. 2 SGB IX erfüllt sind oder ob das Kind nach Art und Umfang seiner Behinderung in der Lage ist, eine arbeitslosenversicherungspflichtige, mindestens

15 Stunden wöchentlich umfassende Beschäftigung unter den üblichen Bedingungen des für ihn in Betracht kommenden Arbeitsmarktes auszuüben. Liegen die Voraussetzungen für eine Mehrfachanrechnung vor, ist das Kind zu berücksichtigen, auch wenn es eine Erwerbstätigkeit von mehr als 15 Stunden wöchentlich ausüben könnte. Ist das Kind nicht in der Lage eine mindestens 15 Stunden wöchentlich umfassende Beschäftigung unter den üblichen Bedingungen des für ihn in Betracht kommenden Arbeitsmarktes auszuüben, kann unterstellt werden, dass die Ursächlichkeit der Behinderung gegeben ist. Für die Anfrage ist der Vordruck „Kindergeld für ein behindertes Kind„ zu verwenden. Der Feststellungsbescheid und ggf. vorhandene ärztliche Bescheinigungen sind beizufügen. Ist der Reha/SB-Stelle der Agentur für Arbeit mangels hinreichender Unterlagen eine Stellungnahme nicht möglich, teilt sie dies auf der Rückseite des Vordrucks „Kindergeld für ein behindertes Kind„ der Familienkasse mit. In diesem Fall ist der Antrag stellenden Person unter Verwendung des Vordrucks „Kindergeld für ein behindertes Kind – Beteiligung des Ärztlichen/Psychologischen Dienstes der Agentur für Arbeit“ vorzuschlagen, das Kind durch den Ärztlichen/Psychologischen Dienst der Agentur für Arbeit begutachten zu lassen. Dabei ist er auf die Rechtsfolgen der Nichtfeststellbarkeit der Anspruchsvoraussetzungen hinzuweisen. Sofern der Berechtigte innerhalb der gesetzten Frist nicht widerspricht, leitet die Familienkasse erneut eine Anfrage der Reha/SB-Stelle zu, die ihrerseits die Begutachtung durch den Ärztlichen Dienst und ggf. den Psychologischen Dienst veranlasst. Das Gutachten ist an die Reha/SB-Stelle zu senden, damit diese die Anfrage der Familienkasse beantworten kann. Das Gutachten verbleibt bei der Reha/SB-Stelle. Erscheint das Kind ohne Angabe von Gründen nicht zur Begutachtung, gibt der Ärztliche Dienst/Psychologische Dienst die Unterlagen an die Reha/SB-Stelle zurück, die ihrerseits die Familienkasse unterrichtet. Wird die Begutachtung verweigert, so ist der Antrag abzulehnen. Zur Überprüfung der Festsetzung vgl. DA-Ü.

(4) Die Behinderung muss nicht die einzige Ursache dafür sein, dass das Kind außerstande ist, sich selbst zu unterhalten. Eine Mitursächlichkeit ist ausreichend, wenn ihr nach den Gesamtumständen des Einzelfalls erhebliche Bedeutung zukommt (BFH vom 19.11.2008 – BStBl 2010 II S. 1057). Die Prüfung der Mitursächlichkeit kommt in den Fällen zum Tragen, in denen das Kind grundsätzlich in der Lage ist, eine Erwerbstätigkeit auf dem allgemeinen Arbeitsmarkt auszuüben (d. h. eine mindestens 15 Stunden wöchentlich umfassende Beschäftigung), die Behinderung der Vermittlung einer Arbeitsstelle jedoch entgegensteht. Eine allgemein ungünstige Situation auf dem Arbeitsmarkt oder andere Umstände (z. B. mangelnde Mitwirkung bei der Arbeitsvermittlung, Ablehnung von Stellenangeboten), die zur Arbeitslosigkeit des Kindes führen, begründen hingegen keine Berücksichtigung nach § 32 Abs. 4 Satz 1 Nr. 3 EStG."

32.10. *Erwerbstätigkeit* R 32.10

– unbesetzt –

I

Hinweise H 32.10

I

Das Entlassungsgeld von Wehr- und Zivildienstleistenden entfällt im Zuflussjahr auf die Zeit nach Beendigung des Dienstes (→ BFH vom 14. 5. 2002 – BStBl II S. 746). Zur Aufteilung sonstiger Einkünfte und Bezüge sowie der übrigen Pauschbeträge nach § 9a EStG und der Kostenpauschale nach R 32.10 Abs. 4 Satz 1 gilt R 33a.4 Abs. 2 Satz 1 Nr. 1, zur Aufteilung anderer Einkünfte gilt R 33a.4 Abs. 2 Satz 1 Nr. 2 entsprechend. Zu einer anderen wirtschaftlich gerechtfertigten Aufteilung → R 33a.4 Abs. 2 Satz 2.

Ausschluss von Kindern auf Grund einer Erwerbstätigkeit

→ DA-FamEStG 63.4 (BStBl 2012 I S. 734):

„DA 63.4.1 Allgemeines

(1) Ein über 18 Jahre altes Kind, das eine erstmalige Berufsausbildung oder ein Erststudium abgeschlossen hat und

– *weiterhin für einen Beruf ausgebildet wird (§ 32 Abs. 4 Satz 1 Nr. 2 Buchst. a EStG),*

– *sich in einer Übergangszeit befindet (§ 32 Abs. 4 Satz 1 Nr. 2 Buchst. b EStG),*

– *seine Berufsausbildung mangels Ausbildungsplatz nicht beginnen oder fortsetzen kann (§ 32 Abs. 4 Satz 1 Nr. 2 Buchst. c EStG) oder*

– *einen Freiwilligendienst leistet (§ 32 Abs. 4 Satz 1 Nr. 2 Buchst. d EStG), wird nach § 32 Abs. 4 Satz 2 EStG nur berücksichtigt, wenn es keiner anspruchsschädlichen Erwerbstätigkeit i. S. d. § 32 Abs. 4 Satz 3 EStG nachgeht (vgl. DA 63.4.3). Dies gilt auch, wenn die erstmalige Berufsausbildung vor Vollendung des 18. Lebensjahres abgeschlossen worden ist. Der Wortlaut des § 32 Abs. 4 Satz 2 EStG ist so auszulegen, dass bereits bei Vorliegen eines der beiden Tatbestandsmerkmale (Abschluss einer erstmaligen Berufsausbildung oder Abschluss eines Erststudiums) die Prüfung einer anspruchsschädlichen Erwerbstätigkeit nach den Sätzen 2 und 3 erfolgen muss.*

(2) Die Einschränkung des § 32 Abs. 4 Satz 2 EStG gilt nicht für Kinder ohne Arbeitsplatz i. S. v. § 32 Abs. 4 Satz 1 Nr. 1 EStG (vgl. DA 63.3.1) und behinderte Kinder i. S. d. § 32 Abs. 4 Satz 1 Nr. 3 EStG (vgl. DA 63.3.6).

DA 63.4.2   Erstmalige Berufsausbildung und Erststudium

DA 63.4.2.1   Berufsausbildung nach § 32 Abs. 4 Satz 2 EStG

DA 63.4.2.1.1 Berufsausbildung

(1) Eine Berufsausbildung i. S. d. § 32 Abs. 4 Satz 2 EStG liegt vor, wenn das Kind durch eine berufliche Ausbildungsmaßnahme die notwendigen fachlichen Fertigkeiten und Kenntnisse erwirbt, die zur Aufnahme eines Berufs befähigen. Voraussetzung ist, dass der Beruf durch eine Ausbildung in einem öffentlich-rechtlich geordneten Ausbildungsgang erlernt wird (BFH vom 6.3.1992 – BStBl II S. 661) und der Ausbildungsgang durch eine Prüfung abgeschlossen wird. Das Tatbestandsmerkmal „Berufsausbildung" nach § 32 Abs. 4 Satz 2 EStG ist enger gefasst als das Tatbestandsmerkmal „für einen Beruf ausgebildet werden" nach § 32 Abs. 4 Satz 1 Nr. 2 Buchst. a EStG (vgl. DA 63.3.2). Es handelt sich bei einer „Berufsausbildung" i. S. v. Satz 2 stets auch um eine Maßnahme, in der das Kind nach Satz 1 „für einen Beruf ausgebildet wird". Jedoch ist nicht jede allgemein berufsqualifizierende Maßnahme gleichzeitig auch eine „Berufsausbildung". Der Abschluss einer solchen Maßnahme (z. B. der Erwerb eines Schulabschlusses, ein Volontariat oder ein freiwilliges Berufspraktikum) führt nicht bereits dazu, dass ein Kind, das im Anschluss weiterhin die Anspruchsvoraussetzungen nach § 32 Abs. 4 Satz 1 Nr. 2 EStG erfüllt, nur noch unter den weiteren Voraussetzungen der Sätze 2 und 3 berücksichtigt wird.

> *Beispiel:*
>
> *Nach dem Abitur absolvierte ein 20-jähriges Kind ein Praktikum. Danach kann es eine Berufsausbildung mangels Ausbildungsplatz nicht beginnen und geht zur Überbrückung des Zeitraums zwischen Praktikum und Berufsausbildung einer Erwerbstätigkeit nach (30 Wochenstunden).*
>
> *In der Zeit zwischen Praktikum und Beginn der Berufsausbildung erfüllt das Kind den Grundtatbestand des § 32 Abs. 4 Satz 1 Nr. 2 Buchst. c EStG. § 32 Abs. 4 Satz 2 und 3 EStG ist nicht einschlägig, da das Praktikum zwar das Tatbestandsmerkmal des § 32 Abs. 4 Satz 1 Nr. 2 Buchst. a EStG („für einen Beruf ausgebildet werden") erfüllt, jedoch keine „Berufsausbildung" i. S. d. § 32 Abs. 4 Satz 2 EStG darstellt. Der Kindergeldanspruch besteht somit unabhängig davon, wie viele Stunden das Kind in der Woche arbeitet.*

(2) Zur Berufsausbildung zählen insbesondere:

- *Berufsausbildungsverhältnisse gem. § 1 Abs. 3, §§ 4 bis 52 BBiG. Der erforderliche Abschluss besteht hierbei in der erfolgreich abgelegten Abschlussprüfung i. S. d. § 37 BBiG. Gleiches gilt, wenn die Abschlussprüfung nach § 43 Abs. 2 BBiG ohne ein Ausbildungsverhältnis auf Grund einer entsprechenden schulischen Ausbildung abgelegt wird, die gem. den Voraussetzungen des § 43 Abs. 2 BBiG als im Einzelnen gleichwertig anerkannt ist;*
- *mit Berufsausbildungsverhältnissen vergleichbare betriebliche Ausbildungsgänge außerhalb des Geltungsbereichs des BBiG (zurzeit nach der Schiffsmechaniker-Ausbildungsverordnung);*
- *die Ausbildung auf Grund der bundes- oder landesrechtlichen Ausbildungsregelungen für Berufe im Gesundheits- und Sozialwesen;*
- *landesrechtlich geregelte Berufsabschlüsse an Berufsfachschulen;*
- *die Berufsausbildung behinderter Menschen in anerkannten Berufsausbildungsberufen oder auf Grund von Regelungen der zuständigen Stellen in besonderen „Behinderten-Ausbildungsberufen" und*
- *die Berufsausbildung in einem öffentlich-rechtlichen Dienstverhältnis sowie die Berufsausbildung auf Kauffahrteischiffen, die nach dem Flaggenrechtsgesetz die Bundesflagge führen, soweit es sich nicht um Schiffe der kleinen Hochseefischerei und der Küstenfischerei handelt.*

(3) Von Abs. 2 nicht erfasste Bildungsmaßnahmen werden einer Berufsausbildung i. S. d. § 32 Abs. 4 Satz 2 EStG gleichgestellt, wenn sie dem Nachweis einer Sachkunde dienen, die Voraussetzung zur Aufnahme einer fest umrissenen beruflichen Betätigung ist. Die Ausbildung muss in einem geordneten Ausbildungsgang erfolgen und durch eine staatliche oder staatlich anerkannte Prüfung abgeschlossen werden. Der erfolgreiche Abschluss der Prüfung muss Voraussetzung für die Aufnahme der beruflichen Betätigung sein. Die Ausbildung und der Abschluss müssen von Umfang und Qualität der Ausbildungsmaßnahmen und Prüfungen her grundsätzlich mit den Anforderungen vergleich-

bar sein, die bei Berufsausbildungsmaßnahmen i. S. d. Abs. 2 gestellt werden. Dazu gehört z. B. die Ausbildung zu Berufspiloten auf Grund der JAR-FCL 1 deutsch vom 15.4.2003, BAnz 2003 Nr. 80a.

DA 63.4.2.1.2 Erstmalige Berufsausbildung

(1) Die Berufsausbildung ist als erstmalige Berufsausbildung anzusehen, wenn ihr keine andere abgeschlossene Berufsausbildung bzw. kein abgeschlossenes Hochschulstudium vorausgegangen ist. Wird ein Kind ohne entsprechende Berufsausbildung in einem Beruf tätig und führt es die zugehörige Berufsausbildung nachfolgend durch (nachgeholte Berufsausbildung), handelt es sich dabei um eine erstmalige Berufsausbildung.

(2) Eine erstmalige Berufsausbildung ist abgeschlossen, wenn sie zur Aufnahme eines Berufs befähigt. Das gilt auch, wenn sich daran eine darauf aufbauende weitere Ausbildung anschließt (z. B. bestandene Verkäuferprüfung gefolgt von einer Ausbildung zum Einzelhandelskaufmann, oder Meisterausbildung nach abgeschlossener Gesellenprüfung).

(3) DA 63.4.2.1.1 und Abs. 1 bis 2 gelten entsprechend für ausländische Berufsausbildungsabschlüsse, die inländischen Abschlüssen gleichgestellt sind. Bei Abschlüssen aus einem Mitgliedstaat der EU oder des EWR oder der Schweiz ist i. d. R. davon auszugehen, dass diese gleichgestellt sind.

DA 63.4.2.2 Erststudium – Abschluss

DA 63.4.2.2.1 Erststudium

(1) Ein Studium i. S. d. § 32 Abs. 4 Satz 2 EStG liegt vor, wenn es an einer Hochschule i. S. d. § 1 HRG absolviert wird. Hochschulen i. S. dieser Vorschrift sind Universitäten, Pädagogische Hochschulen, Kunsthochschulen, Fachhochschulen und sonstige Einrichtungen des Bildungswesens, die nach Landesrecht staatliche Hochschulen sind. Gleichgestellt sind private und kirchliche Bildungseinrichtungen sowie Hochschulen des Bundes, die nach Landesrecht als Hochschule anerkannt werden (§ 70 HRG). Nach Landesrecht kann vorgesehen werden, dass bestimmte an Berufsakademien oder anderen Ausbildungseinrichtungen erfolgreich absolvierte Ausbildungsgänge einem abgeschlossenen Studium an einer Fachhochschule gleichwertig sind und die gleichen Berechtigungen verleihen, auch wenn es sich bei diesen Ausbildungseinrichtungen nicht um Hochschulen i. S. d. § 1 HRG handelt. Studien können auch als Fernstudien durchgeführt werden (§ 13 HRG).

(2) Ein Studium stellt ein Erststudium i. S. d. § 32 Abs. 4 Satz 2 EStG dar, wenn es sich um eine Erstausbildung handelt. Es darf ihm kein anderes durch einen berufsqualifizierenden Abschluss beendetes Studium bzw. keine andere abgeschlossene nichtakademische Berufsausbildung i. S. v. DA 63.4.2.1 vorangegangen sein. Dies gilt auch in den Fällen, in denen während eines Studiums eine Berufsausbildung abgeschlossen wird, unabhängig davon, ob die beiden Ausbildungen sich inhaltlich ergänzen.

(3) Bei einem Wechsel des Studiums ohne Abschluss des zunächst betriebenen Studiengangs stellt das zunächst aufgenommene Studium kein abgeschlossenes Erststudium dar. Bei einer Unterbrechung eines Studiengangs ohne einen berufsqualifizierenden Abschluss und seiner späteren Weiterführung stellt der der Unterbrechung vorangegangene Studienteil kein abgeschlossenes Erststudium dar.

(4) Postgraduale Zusatz-, Ergänzungs- und Aufbaustudien i. S. d. § 12 HRG setzen den Abschluss eines Studiums voraus und stellen daher kein Erststudium dar.

(5) Studien- und Prüfungsleistungen an ausländischen Hochschulen, die zur Führung eines ausländischen akademischen Grades berechtigen, der nach § 20 HRG in Verbindung mit dem Recht des Landes, in dem der Gradinhaber seinen Wohnsitz oder gewöhnlichen Aufenthalt hat, anerkannt wird, sowie Studien- und Prüfungsleistungen, die von Staatsangehörigen eines Mitgliedstaats der EU oder von Vertragstaaten des EWR oder der Schweiz an Hochschulen dieser Staaten erbracht werden, sind nach diesen Grundsätzen inländischen Studien- und Prüfungsleistungen gleichzustellen. Für die Gleichstellung von Studien- und Prüfungs-leistungen werden die in der Datenbank „anabin" (www.anabin.de) der Zentralstelle für ausländisches Bildungswesen beim Sekretariat der Kultusministerkonferenz aufgeführten Bewertungsvorschläge zugrunde gelegt.

DA 63.4.2.2.2 Abschluss

(1) Ein Studium wird i. d. R. durch eine Prüfung abgeschlossen (§§ 15, 16 HRG). Mit bestandener Prüfung wird i. d. R. ein Hochschulgrad verliehen. Hochschulgrade sind u. a. der Diplom-, Magister-, Bachelor- oder Mastergrad. Zwischenprüfungen stellen keinen Abschluss eines Studiums i. S. d. § 32 Abs. 4 Satz 2 EStG dar.

(2) Die von den Hochschulen angebotenen Studiengänge führen in der Regel zu einem berufsqualifizierenden Abschluss (§ 10 Abs. 1 Satz 1 HRG). Im Zweifel ist davon auszugehen, dass die entsprechenden Prüfungen berufsqualifizierend sind.

(3) Nach § 19 Abs. 2 HRG ist der Bachelor- oder Bakkalaureusgrad einer inländischen Hochschule ein berufsqualifizierender Abschluss. Daraus folgt, dass der Abschluss eines Bachelorstudiengangs den Abschluss eines Erststudiums darstellt und ein nachfolgender Studiengang als weiteres Stu-

dium anzusehen ist. Dies gilt auch, wenn ein Masterstudium i. S. d. § 19 HRG auf einem Bachelor-studiengang aufbaut (konsekutives Masterstudium).

(4) Werden zwei (oder ggf. mehrere) Studiengänge parallel studiert, die zu unterschiedlichen Zeiten abgeschlossen werden, stellt der nach dem berufsqualifizierenden Abschluss eines Studienganges weiter fortgesetzte Studiengang vom Zeitpunkt dieses Abschlusses an kein Erststudium mehr dar.

(5) Als berufsqualifizierender Studienabschluss gilt auch der Abschluss eines Studiengangs, durch den die fachliche Eignung für einen beruflichen Vorbereitungsdienst oder eine berufliche Einführung vermittelt wird (§ 10 Abs. 1 Satz 2 HRG). Dazu zählt insbesondere der Vorbereitungsdienst der Rechts- oder Lehramtsreferendare.

DA 63.4.3 Anspruchsunschädliche Erwerbstätigkeit

Nach Abschluss einer erstmaligen Berufsausbildung oder eines Erststudiums wird ein Kind in den Fällen des § 32 Abs. 4 Satz 1 Nr. 2 EStG nur berücksichtigt, wenn es keiner anspruchsschädlichen Erwerbstätigkeit nachgeht. Ein Kind ist erwerbstätig, wenn es einer auf die Erzielung von Einkünften gerichteten Beschäftigung nachgeht, die den Einsatz seiner persönlichen Arbeitskraft erfordert (BFH vom 16.5.1975 – BStBl II S. 537). Das ist der Fall bei einem Kind, das eine nicht-selbständige Tätigkeit, eine land- und forstwirtschaftliche, eine gewerbliche oder eine selbständige Tätigkeit ausübt. Keine Erwerbstätigkeit ist insbesondere:

- *ein Au-Pair-Verhältnis,*
- *die Verwaltung eigenen Vermögens.*

Anspruchsunschädlich nach § 32 Abs. 4 Satz 3 EStG ist

- *eine Erwerbstätigkeit mit bis zu 20 Stunden regelmäßiger wöchentlicher Arbeitszeit (vgl. DA 63.4.3.1),*
- *ein Ausbildungsdienstverhältnis (vgl. DA 63.4.3.2) oder*
- *ein geringfügiges Beschäftigungsverhältnis i. S. d. §§ 8 und 8a SGB IV (vgl. DA 63.4.3.3).*

Eine Erwerbstätigkeit im Rahmen eines geregelter Freiwilligendienstes nach § 32 Abs. 4 Satz 1 Nr. 2 Buchst. d EStG ist unschädlich.

DA 63.4.3.1 Regelmäßige wöchentliche Arbeitszeit bis zu 20 Stunden

(1) Unschädlich für den Kindergeldanspruch ist eine Erwerbstätigkeit, wenn die regelmäßige wöchentliche Arbeitszeit insgesamt nicht mehr als 20 Stunden beträgt. Bei der Ermittlung der regelmäßigen wöchentlichen Arbeitszeit ist grundsätzlich die individuell vertraglich vereinbarte Arbeitszeit zu Grunde zu legen. Es sind nur Zeiträume ab dem Folgemonat nach Abschluss einer erstmaligen Berufsausbildung bzw. eines Erststudiums einzubeziehen.

(2) Eine vorübergehende (höchstens zwei Monate andauernde) Ausweitung der Beschäftigung auf mehr als 20 Stunden ist unbeachtlich, wenn während des Zeitraumes innerhalb eines Kalenderjahres, in dem einer der Grundtatbestände des § 32 Abs. 4 Satz 1 Nr. 2 EStG erfüllt ist, die durchschnittliche wöchentliche Arbeitszeit nicht mehr als 20 Stunden beträgt. Durch einen Jahreswechsel wird eine vorübergehende Ausweitung nicht unterbrochen. Bei der Ermittlung der durchschnittlichen wöchentlichen Arbeitszeit sind nur volle Kalenderwochen mit gleicher Arbeitszeit anzusetzen.

> *Beispiel:*
>
> *Ein Kind schließt nach dem Abitur eine Berufsausbildung ab und studiert ab Oktober 2011. Gemäß vertraglicher Vereinbarung ist das Kind ab dem 1. April 2012 mit einer wöchentlichen Arbeitszeit von 20 Stunden als Bürokraft beschäftigt. In den Semesterferien arbeitet das Kind – auf Grund einer zusätzlichen vertraglichen Vereinbarung – vom 1. August bis zur Kündigung am 30. September 2012 in Vollzeit mit 40 Stunden wöchentlich. Ab dem 1. November 2012 ist das Kind gemäß vertraglicher Vereinbarung mit einer wöchentlichen Arbeitszeit von 15 Stunden als Verkaufsaushilfe tätig. Somit ergeben sich folgende Arbeitszeiten pro voller Woche:*
>
> *vom 1. April bis 31. Juli 2012 (17 Wochen und 3 Tage): 20 Stunden pro Woche*
>
> *vom 1. August bis 30. September 2012 (8 Wochen und 5 Tage): 40 Stunden pro Woche (= Ausweitung der Beschäftigung)*
>
> *vom 1. November bis 31. Dezember 2012 (8 Wochen und 5 Tage): 15 Stunden pro Woche*
>
> *Die durchschnittliche wöchentliche Arbeitszeit beträgt 15 Stunden; Berechnung:*
>
> *(17 Wochen × 20 Std.) + (8 Wochen × 40 Std.) + (8 Wochen × 15 Std.) = 15 Std.*
> *52 Wochen*
>
> *Das Kind ist aufgrund des Studiums das gesamte Jahr 2012 nach § 32 Abs. 4 Satz 1 Nr. 2 Buchst. a EStG zu berücksichtigen. Das Studium wird jedoch nach Abschluss einer erstmaligen Berufsausbildung durchgeführt, so dass das Kind nach § 32 Abs. 4 Satz 2 und 3 EStG nur berücksichtigt werden kann, wenn die ausgeübte Erwerbstätigkeit anspruchsunschädlich ist. Da die Ausweitung der Beschäftigung des Kindes lediglich vorübergehend ist und gleichzeitig*

während des Vorliegens des Grundtatbestandes nach § 32 Abs. 4 Satz 1 Nr. 2 EStG die durchschnittliche wöchentliche Arbeitszeit 20 Stunden nicht übersteigt, ist die Erwerbstätigkeit anspruchsunschädlich. Das Kind ist während des gesamten Kalenderjahres zu berücksichtigen.

Variante:

Würde das Kind während der Semesterferien dagegen vom 16. Juli bis 25. September 2012 (= mehr als zwei Monate) vollzeiterwerbstätig sein, wäre die Ausweitung der Erwerbstätigkeit nicht nur vorübergehend und damit diese Erwerbstätigkeit als anspruchsschädlich einzustufen. Dies gilt unabhängig davon, dass auch hier die durchschnittliche wöchentliche Arbeitszeit 20 Stunden nicht überschritten würde. Das Kind könnte demnach für den Monat August 2012 nicht berücksichtigt werden (vgl. auch DA 63.4.4)

(3) Führt eine vorübergehende (höchstens zwei Monate andauernde) Ausweitung der Beschäftigung auf über 20 Wochenstunden dazu, dass die durchschnittliche wöchentliche Arbeitszeit insgesamt mehr als 20 Stunden beträgt, ist der Zeitraum der Ausweitung anspruchsschädlich, nicht der gesamte Zeitraum der Erwerbstätigkeit.

Beispiel:

Ein Kind befindet sich während des gesamten Kalenderjahres 2012 im Studium. Diesem ist eine abgeschlossene Berufsausbildung vorausgegangen. Neben dem Studium übt das Kind ganzjährig eine Beschäftigung mit einer vertraglich vereinbarten Arbeitszeit von 20 Stunden wöchentlich aus. In der vorlesungsfreien Zeit von Juli bis August weitet das Kind seine wöchentliche Arbeitszeit vorübergehend auf 40 Stunden aus. Ab September beträgt die wöchentliche Arbeitszeit wieder 20 Stunden.

Durch die vorübergehende Ausweitung seiner Arbeitszeit erhöht sich die durchschnittliche wöchentliche Arbeitszeit des Kindes auf über 20 Stunden. Aus diesem Grund ist der Zeitraum der Ausweitung als anspruchsschädlich anzusehen. Für die Monate Juli und August entfällt daher nach § 32 Abs. 4 Satz 2 und 3 EStG der Anspruch.

(4) Mehrere nebeneinander ausgeübte Tätigkeiten (z. B. eine Erwerbstätigkeit nach Abs. 1 Satz 1 und eine geringfügige Beschäftigung nach DA 63.4.3.3) sind anspruchsunschädlich, wenn dadurch insgesamt die 20-Stunden-Grenze des § 32 Abs. 4 Satz 3 EStG nicht überschritten wird. Hingegen ist eine innerhalb eines Ausbildungsdienstverhältnisses erbrachte Erwerbstätigkeit außer Betracht zu lassen.

DA 63.4.3.2 Ausbildungsdienstverhältnis

(1) Die Erwerbstätigkeit im Rahmen eines Ausbildungsdienstverhältnisses ist stets anspruchsunschädlich. Ein solches liegt vor, wenn die Ausbildungsmaßnahme Gegenstand des Dienstverhältnisses ist (vgl. R 9.2 LStR 2011 und H 9.2 „Ausbildungsdienstverhältnis", LStH 2011). Hierzu zählen z. B.

– *die Berufsausbildungsverhältnisse gemäß § 1 Abs. 3, §§ 4 bis 52 BBiG,*

– *ein Praktikum bzw. ein Volontariat, bei dem die Voraussetzungen nach DA 63.3.2.5 bzw. DA 63.3.2.3 Abs. 3 vorliegen,*

– *das Referendariat bei Lehramtsanwärtern und Rechtsreferendaren zur Vorbereitung auf das zweite Staatsexamen,*

– *duale Studiengänge (siehe aber Abs. 2),*

– *das Dienstverhältnis von Beamtenanwärtern und Aufstiegsbeamten,*

– *das Dienstverhältnis eines Berufssoldaten während des Studiums an einer Bundeswehrhochschule,*

– *das Praktikum eines Pharmazeuten im Anschluss an den universitären Teil des Pharmaziestudiums,*

– *das im Rahmen der Ausbildung zum Erzieher abzuleistende Anerkennungsjahr.*

Dagegen liegt kein Ausbildungsdienstverhältnis vor, wenn die Ausbildungsmaßnahme nicht Gegenstand des Dienstverhältnisses ist, auch wenn sie seitens des Arbeitgebers gefördert wird, z. B. durch ein Stipendium oder eine Verringerung der vertraglich vereinbarten Arbeitszeit.

(2) Bei berufsbegleitenden und berufsintegrierten dualen Studiengängen fehlt es häufig an einer Ausrichtung der Tätigkeit für den Arbeitgeber auf den Inhalt des Studiums, so dass in solchen Fällen die Annahme eines Ausbildungsdienstverhältnisses ausscheidet. Liegt hingegen eine Verknüpfung zwischen Studium und praktischer Tätigkeit vor, die über eine bloße thematische Verbindung zwischen der Fachrichtung des Studiengangs und der in dem Unternehmen ausgeübten Tätigkeit oder eine rein organisatorische Verzahnung hinausgeht, ist die Tätigkeit als im Rahmen eines Ausbildungsdienstverhältnisses ausgeübt zu betrachten. Eine entsprechende Ausrichtung der berufspraktischen Tätigkeit kann z. B. anhand der Studienordnung oder der Kooperationsvereinbarung zwischen Unternehmen und Hochschule glaubhaft gemacht werden.

DA 63.4.3.3 Geringfügiges Beschäftigungsverhältnis

(1) Geringfügige Beschäftigungsverhältnisse nach § 32 Abs. 4 Satz 3 EStG sind:
- *geringfügig entlohnte Beschäftigungen (§§ 8 Abs. 1 Nr. 1 und 8a SGB IV) und*
- *kurzfristige Beschäftigungen (§§ 8 Abs. 1 Nr. 2 SGB und 8a SGB IV).*

(2) Bei der Beurteilung, ob ein geringfügiges Beschäftigungsverhältnis vorliegt, ist grundsätzlich die Einstufung des Arbeitgebers maßgeblich.

(3) Eine neben einem Ausbildungsdienstverhältnis ausgeübte geringfügige Beschäftigung ist unschädlich. Hinsichtlich einer neben einer Erwerbstätigkeit (vgl. DA 63.4.3.2 Abs. 1 Satz 1) ausgeübten geringfügigen Beschäftigung vgl. DA 63.4.3.1 Abs. 4 Satz 1.

DA 63.4.4 Monatsprinzip

Liegen die Anspruchsvoraussetzungen des § 32 Abs. 4 Satz 1 bis 3 EStG wenigstens an einem Tag im Kalendermonat vor, besteht nach § 66 Abs. 2 EStG für diesen Monat Anspruch auf Kindergeld. Hat ein Kind eine erstmalige Berufsausbildung oder ein Erststudium abgeschlossen und erfüllt es weiterhin einen Anspruchstatbestand des § 32 Abs. 4 Satz 1 Nr. 2 EStG, entfällt der Kindergeldanspruch nur in den Monaten, in denen die anspruchsschädliche Erwerbstätigkeit den gesamten Monat umfasst. DA 70.2.1.2 ist zu beachten.

Beispiel:

Ein Kind schließt nach dem Abitur zunächst eine Berufsausbildung mit der Gesellenprüfung ab und studiert ab dem Jahr 2010. Ab dem 20. Juli 2012 nimmt es unbefristet eine anspruchsschädliche Erwerbstätigkeit auf.

Aufgrund des Studiums ist das Kind nach § 32 Abs. 4 Satz 1 Nr. 2 Buchst. a EStG zu berücksichtigen. Das Studium wird jedoch nach Abschluss einer erstmaligen Berufsausbildung durchgeführt, so dass das Kind nach § 32 Abs. 4 Satz 2 EStG nur berücksichtigt werden kann, wenn es keiner anspruchsschädlichen Erwerbstätigkeit nachgeht. Für die Monate August bis Dezember 2012 kann das Kind nicht berücksichtigt werden. Neben den Monaten Januar bis Juni kann das Kind auch im Juli berücksichtigt werden, da es wenigstens an einem Tag die Anspruchsvoraussetzung – keine anspruchsschädliche Erwerbstätigkeit – erfüllt."

R 32.11

32.11. Verlängerungstatbestände bei Arbeit suchenden Kindern und Kindern in Berufsausbildung

S 2282

– unbesetzt –

H 32.11

Hinweise

Dienste im Ausland

DA-FamEStG 63.5 Abs. 5 (*BStBl 2012 I S. 734*):

„(5) Als Verlängerungstatbestände sind nicht nur der **nach deutschem Recht geleistete GWD bzw. ZD** sowie die Entwicklungshilfedienste nach dem EhfG oder dem ZDG zu berücksichtigen, sondern auch entsprechende Dienste nach ausländischen Rechtsvorschriften. Eine Berücksichtigung der nach ausländischen Rechtsvorschriften geleisteten Dienste ist jedoch grundsätzlich nur bis zur Dauer des deutschen gesetzlichen **GWD** oder **ZD** möglich. Dabei ist auf die zu Beginn des Auslandsdienstes maßgebende Dauer des deutschen **GWD** oder **ZD** abzustellen. Wird der gesetzliche **GWD** oder **ZD** in einem anderen EU- bzw. EWR-Staat geleistet, so ist nach § 32 Abs. 5 Satz 2 EStG die Dauer dieses Dienstes maßgebend, auch wenn dieser länger als die Dauer des entsprechenden deutschen Dienstes ist."

Entwicklungshelfer

- → *Gesetz vom 18.6.1969 (BGBl. I S. 549 – EhfG), zuletzt geändert durch Artikel 21 des Gesetzes vom 20.12.2011 (BGBl. I S. 2854).*
- *Entwicklungshelfer sind deutsche Personen, die nach Vollendung ihres 18. Lebensjahres und auf Grund einer Verpflichtung für zwei Jahre gegenüber einem anerkannten Träger des Entwicklungsdienstes Tätigkeiten in Entwicklungsländern ohne Erwerbsabsicht ausüben (→ § 1 EhfG). Als Träger des Entwicklungsdienstes sind anerkannt:*
  a) *Deutsche Gesellschaft für internationale Zusammenarbeit (GIZ), Bonn / Eschborn,*
  b) *Arbeitsgemeinschaft für Entwicklungshilfe e.V. (AGEH), Köln,*
  c) *Dienste in Übersee, Gemeinnützige Gesellschaft mbH (DÜ) beim Evangelischen Entwicklungsdienst (EED), Bonn,*

d) Eirene, Internationaler Christlicher Friedensdienst e.V., Neuwied,

e) Weltfriedensdienst e.V., Berlin,

f) Christliche Fachkräfte International e.V. (CFI), Stuttgart.

g) Forum Ziviler Friedensdienst e.V. (forumZFD), Bonn

Ermittlung des Verlängerungszeitraums

DA-FamEStG 63.5 Abs. 3 (*BStBl 2012 I S. 734*):

„(3) Bei der Ermittlung des Verlängerungszeitraums sind zunächst die Monate nach Vollendung des 18. Lebensjahres zu berücksichtigen, in denen mindestens an einem Tag ein Dienst bzw. eine Tätigkeit i. S. d. § 32 Abs. 5 Satz 1 EStG geleistet wurde. Dabei sind auch die Monate zu berücksichtigen, für die Anspruch auf Kindergeld bestand, weil der Dienst bzw. die Tätigkeit nicht am Monatsersten begonnen bzw. am Monatsletzten beendet wurde (vgl. BFH vom 20. 5. 2010 – BStBl II S. 827). Ein Verlängerungszeitraum liegt hingegen nicht vor, wenn keine Ausbildungsverzögerung eingetreten ist. Keine Ausbildungsverzögerung liegt in Monaten vor, in denen an allen Tagen, an denen ein Dienst oder eine Tätigkeit i. S. d. § 32 Abs. 5 Satz 1 EStG geleistet wurde, auch eine Berufsausbildung absolviert wurde."

32.12. Höhe der Freibeträge für Kinder in Sonderfällen R 32.12

Einem Stpfl., der die vollen Freibeträge für Kinder erhält, weil der andere Elternteil verstorben ist (§ 32 Abs. 6 Satz 3 EStG), werden Stpfl. in Fällen gleichgestellt, in denen

1. der Wohnsitz oder gewöhnliche Aufenthalt des anderen Elternteiles nicht zu ermitteln ist **oder**

2. der Vater des Kindes amtlich nicht feststellbar ist.

S 2282

32.13. Übertragung der Freibeträge für Kinder R 32.13

Barunterhaltsverpflichtung

(1) ¹Bei dauernd getrennt lebenden oder geschiedenen Ehegatten sowie bei Eltern eines nichtehelichen Kindes ist der Elternteil, in dessen Obhut das Kind sich nicht befindet, grundsätzlich zur Leistung von Barunterhalt verpflichtet. ²Wenn die Höhe nicht durch gerichtliche Entscheidung, Verpflichtungserklärung, Vergleich oder anderweitig durch Vertrag festgelegt ist, können dafür die von den Oberlandesgerichten als Leitlinien aufgestellten Unterhaltstabellen, z. B. „Düsseldorfer Tabelle", einen Anhalt geben.

S 2282

Der Unterhaltsverpflichtung im Wesentlichen nachkommen

(2) ¹Ein Elternteil kommt seiner Barunterhaltsverpflichtung gegenüber dem Kind im Wesentlichen nach, wenn er sie mindestens zu 75 % erfüllt. ²Der Elternteil, in dessen Obhut das Kind sich befindet, erfüllt seine Unterhaltsverpflichtung in der Regel durch die Pflege und Erziehung des Kindes (§ 1606 Abs. 3 BGB).

Maßgebender Verpflichtungszeitraum

(3) ¹Hat aus Gründen, die in der Person des Kindes liegen, oder wegen des Todes des Elternteiles die Unterhaltsverpflichtung nicht während des ganzen Kalenderjahres bestanden, ist für die Frage, inwieweit sie erfüllt worden ist, nur auf den Verpflichtungszeitraum abzustellen. ²Wird ein Elternteil erst im Laufe des Kalenderjahres zur Unterhaltszahlung verpflichtet, ist für die Prüfung, ob er seiner Barunterhaltsverpflichtung gegenüber dem Kind zu mindestens 75 % nachgekommen ist, nur der Zeitraum zu Grunde zu legen, für den der Elternteil zur Unterhaltsleistung verpflichtet wurde. ³Im Übrigen kommt es nicht darauf an, ob die unbeschränkte Steuerpflicht des Kindes oder der Eltern während des ganzen Kalenderjahres bestanden hat.

Verfahren

(4) ¹Wird die Übertragung **des** dem anderen Elternteil zustehenden *Kinderfreibetrags* beantragt, weil dieser seiner Unterhaltsverpflichtung gegenüber dem Kind für das Kalenderjahr nicht im

¹⁾ *Die bisher in R 32.13 Abs. 4 EStR 2008 enthaltene Regelung, dass die Übertragung des Kinderfreibetrags stets auch zur Übertragung des Freibetrags für den Betreuungs- und Erziehung oder Ausbildungsbedarf führt, gilt weiterhin (→ BMF vom – BStBl I S.).*

Wesentlichen nachgekommen ist *oder mangels Leistungsfähigkeit nicht unterhaltspflichtig ist*, muss der Antragsteller die Voraussetzungen dafür darlegen*; eine Übertragung des dem anderen Elternteil zustehenden Kinderfreibetrags scheidet für Zeiträume aus, in denen Unterhaltsleistungen nach dem Unterhaltsvorschussgesetz gezahlt worden sind.* [2]*Dem betreuenden* Elternteil ist *auf Antrag* der dem anderen Elternteil, in dessen Wohnung das minderjährige Kind nicht gemeldet ist, zustehende Freibetrag für den Betreuungs- und Erziehungs- oder Ausbildungsbedarf *zu* übertragen. [3]*Die Übertragung scheidet aus, wenn der Elternteil, bei dem das Kind nicht gemeldet ist, der Übertragung widerspricht, weil er Kinderbetreuungskosten trägt (z. B., weil er als barunterhaltsverpflichteter Elternteil ganz oder teilweise für einen sich aus Kindergartenbeiträgen ergebenden Mehrbedarf des Kindes aufkommt) oder das Kind regelmäßig in einem nicht unwesentlichen Umfang betreut (z. B., wenn eine außergerichtliche Vereinbarung über einen regelmäßigen Umgang an Wochenenden und in den Ferien vorliegt). [4]Die Voraussetzungen für die Übertragung sind monatsweise zu prüfen.* [5]In Zweifelsfällen ist dem anderen Elternteil Gelegenheit zu geben, sich zum Sachverhalt zu äußern (§ 91 AO). [6]In dem Kalenderjahr, in dem das Kind das 18. Lebensjahr vollendet, ist eine Übertragung des Freibetrags für den Betreuungs- und Erziehungs- oder Ausbildungsbedarf nur für den Teil des Kalenderjahres möglich, in dem das Kind noch minderjährig ist. [7]Werden die Freibeträge für Kinder bei einer Veranlagung auf den Stpfl. übertragen, teilt das Finanzamt dies dem für den anderen Elternteil zuständigen Finanzamt mit. [8]Ist der andere Elternteil bereits veranlagt, ist die Änderung der Steuerfestsetzung, sofern sie nicht nach § 164 Abs. 2 Satz 1 oder § 165 Abs. 2 AO vorgenommen werden kann, nach § 175 Abs. 1 Satz 1 Nr. 2 AO durchzuführen. [9]Beantragt der andere Elternteil eine Herabsetzung der gegen ihn festgesetzten Steuer mit der Begründung, die Voraussetzungen für die Übertragung der Freibeträge für Kinder auf den Stpfl. lägen nicht vor, ist der Stpfl. unter den Voraussetzungen des § 174 Abs. 4 und 5 AO zu dem Verfahren hinzuzuziehen. [10]Obsiegt der andere Elternteil, kommt die Änderung der Steuerfestsetzung beim Stpfl. nach § 174 Abs. 4 AO in Betracht. [11]Dem Finanzamt des Stpfl. ist zu diesem Zweck die getroffene Entscheidung mitzuteilen.

Hinweise

Beispiele zu R 32.13 Abs. 3

A. Das Kind beendet im Juni seine Berufsausbildung und steht ab September in einem Arbeitsverhältnis. Seitdem kann es sich selbst unterhalten. Der zum Barunterhalt verpflichtete Elternteil ist seiner Verpflichtung nur für die Zeit bis einschließlich Juni nachgekommen. Er hat seine für 8 Monate bestehende Unterhaltsverpflichtung für 6 Monate, also zu 75 % erfüllt.

B. Der Elternteil, der bisher seiner Unterhaltsverpflichtung durch Pflege und Erziehung des Kindes voll nachgekommen ist, verzieht im August ins Ausland und leistet von da an keinen Unterhalt mehr. Er hat seine Unterhaltsverpflichtung, bezogen auf das Kalenderjahr, nicht mindestens zu 75 % erfüllt.

Beurteilungszeitraum

Bei der Beurteilung der Frage, ob ein Elternteil seiner Unterhaltsverpflichtung gegenüber einem Kind nachgekommen ist, ist nicht auf den Zeitpunkt abzustellen, in dem der Unterhalt gezahlt worden ist, sondern auf den Zeitraum, für den der Unterhalt bestimmt ist (→ BFH vom 11. 12. 1992 – BStBl 1993 II S. 397).

Freistellung von der Unterhaltsverpflichtung

Stellt ein Elternteil den anderen Elternteil von der Unterhaltsverpflichtung gegenüber einem gemeinsamen Kind gegen ein Entgelt frei, das den geschätzten Unterhaltsansprüchen des Kindes entspricht, behält der freigestellte Elternteil den Anspruch auf den (halben) Kinderfreibetrag (→ BFH vom 25. 1. 1996 – BStBl 1997 II S. 21).

Konkrete Unterhaltsverpflichtung

Kommt ein Elternteil seiner konkret-individuellen Unterhaltsverpflichtung nach, ist vom Halbteilungsgrundsatz auch dann nicht abzuweichen, wenn diese Verpflichtung im Verhältnis zum Unterhaltsbedarf des Kindes oder zur Unterhaltszahlung des anderen Elternteils gering ist (→ BFH vom 25. 7. 1997 – BStBl 1998 II S. 433).

Das gilt auch in Fällen, in denen sich eine nur geringe Unterhaltsverpflichtung aus einem Urteil eines Gerichts der ehemaligen Deutschen Demokratischen Republik ergibt (→ BFH vom 25. 7. 1997 – BStBl 1998 II S. 435)

Steuerrechtliche Folgewirkungen der Übertragung

Infolge der Übertragung der Freibeträge für Kinder auf einen Stiefelternteil oder die Großeltern können sich bei den kindbedingten Steuerentlastungen, die vom Erhalt eines Freibetrags nach § 32 Abs. 6 EStG abhängen, Änderungen ergeben. Solche Folgeänderungen können zum Beispiel eintreten beim Entlastungsbetrag für Alleinerziehende (§ 24b EStG), beim Prozentsatz der zumutbaren Belastung (§ 33 Abs. 3 EStG), beim Freibetrag nach § 33a Abs. 2 EStG und bei der Übertragung des dem Kind zustehenden Behinderten- oder Hinterbliebenen-Pauschbetrags (§ 33b Abs. 5 EStG).

Übertragung im Lohnsteuerabzugsverfahren

→ R 39.2 Abs. 9 LStR 2011

---

§ 32a   Einkommensteuertarif

EStG
S 2283
1)
2)

(1) [1]Die tarifliche Einkommensteuer bemisst sich nach dem zu versteuernden Einkommen. [2]Sie beträgt vorbehaltlich der §§ 32b, 32d, 34, 34a, 34b und 34c jeweils in Euro für zu versteuernde Einkommen

---

[1] Anm.: Die Einkommensteuer-Grund- und Splittingtabellen ergeben sich aus Abschnitt D (am Ende dieser Handausgabe abgedruckt, S. 1467).

[2] *Absatz 1 wurde durch das Gesetz zum Abbau der kalten Progression ab VZ 2013 geändert → § 52 Abs. 41 EStG.*
Absatz. 1 EStG wird für den VZ 2013 bzw. ab dem VZ 2014 wie folgt gefasst:
VZ 2013
„(1) Die tarifliche Einkommensteuer im Veranlagungszeitraum 2013 bemisst sich nach dem zu versteuernden Einkommen. Sie beträgt vorbehaltlich der §§ 32b, 32d, 34, 34a, 34b und 34c jeweils in Euro für zu versteuernde Einkommen
1. bis 8 130 Euro (Grundfreibetrag):
   0;
2. von 8 131 Euro bis 13 685 Euro:
   $(897,39 \cdot y + 1.400) \cdot y$;
3. von 13 686 Euro bis 53 727 Euro:
   $(225,14 \cdot z + 2 397) \cdot z + 1 055$;
4. von 53 728 Euro bis 249 999 Euro:
   $0,42 \cdot x - 8 303$;
5. von 250 000 Euro an:
   $0,45 \cdot x - 15 803$.
„y" ist ein Zehntausendstel des den Grundfreibetrag übersteigenden Teils des auf einen vollen Euro-Betrag abgerundeten zu versteuernden Einkommens. „z" ist ein Zehntausendstel des 13 685 Euro übersteigenden Teils des auf einen vollen Euro-Betrag abgerundeten zu versteuernden Einkommens. „x" ist das auf einen vollen Euro-Betrag abgerundete zu versteuernde Einkommen. Der sich ergebende Steuerbetrag ist auf den nächsten vollen Euro-Betrag abzurunden."
VZ ab 2014
„(1) Die tarifliche Einkommensteuer in den Veranlagungszeiträumen ab 2014 bemisst sich nach dem zu versteuernden Einkommen. Sie beträgt vorbehaltlich der §§ 32b, 32d, 34, 34a, 34b und 34c jeweils in Euro für zu versteuernde Einkommen
1. bis 8 354 Euro (Grundfreibetrag):
   0;
2. von 8 355 Euro bis 14 062 Euro:
   $(873,34 \cdot y + 1 400) \cdot y$;
3. von 14 063 Euro bis 55 208 Euro:
   $(219,10 \cdot z + 2 397) \cdot z + 1 084$;
4. von 55 209 Euro bis 249 999 Euro:
   $0,42 \cdot x - 8 531$;
5. von 250 000 Euro an:
   $0,45 \cdot x - 16 031$.
„y" ist ein Zehntausendstel des den Grundfreibetrag übersteigenden Teils des auf einen vollen Euro-Betrag abgerundeten zu versteuernden Einkommens. „z" ist ein Zehntausendstel des 14 062 Euro übersteigenden Teils des auf einen vollen Euro-Betrag abgerundeten zu versteuernden Einkommens. „x" ist das auf einen vollen Euro-Betrag abgerundete zu versteuernde Einkommen. Der sich ergebende Steuerbetrag ist auf den nächsten vollen Euro-Betrag abzurunden."

1. bis 8 004 Euro (Grundfreibetrag):
   0;

2. von 8 005 Euro bis 13 469 Euro:
   $(912{,}17 \cdot y + 1\,400) \cdot y$;

3. von 13 470 Euro bis 52 881 Euro:
   $(228{,}74 \cdot z + 2\,397) \cdot z + 1\,038$;

4. von 52 882 Euro bis 250 730 Euro:
   $0{,}42 \cdot x - 8\,172$;

5. von 250 731 Euro an:
   $0{,}45 \cdot x - 15\,694$.

[3]„y" ist ein Zehntausendstel des 8 004 Euro übersteigenden Teils des auf einen vollen Euro-Betrag abgerundeten zu versteuernden Einkommens. [4]„z" ist ein Zehntausendstel des 13 469 Euro übersteigenden Teils des auf einen vollen Euro-Betrag abgerundeten zu versteuernden Einkommens. [5]„x" ist das auf einen vollen Euro-Betrag abgerundete zu versteuernde Einkommen. [6]Der sich ergebende Steuerbetrag ist auf den nächsten vollen Euro-Betrag abzurunden.

(2) bis (4) (weggefallen).

(5) Bei Ehegatten, die nach den §§ 26, 26b zusammen zur Einkommensteuer veranlagt werden, beträgt die tarifliche Einkommensteuer vorbehaltlich der §§ 32b, 34, 34a, 34b und 34c das Zweifache des Steuerbetrags, der sich für die Hälfte ihres gemeinsam zu versteuernden Einkommens nach Absatz 1 ergibt (Splitting-Verfahren).

(6) [1]Das Verfahren nach Absatz 5 ist auch anzuwenden zur Berechnung der tariflichen Einkommensteuer für das zu versteuernde Einkommen

1. bei einem verwitweten Steuerpflichtigen für den Veranlagungszeitraum, der dem Kalenderjahr folgt, in dem der Ehegatte verstorben ist, wenn der Steuerpflichtige und sein verstorbener Ehegatte im Zeitpunkt seines Todes die Voraussetzungen des § 26 Absatz 1 Satz 1 erfüllt haben,

2. bei einem Steuerpflichtigen, dessen Ehe in dem Kalenderjahr, in dem er sein Einkommen bezogen hat, aufgelöst worden ist, wenn in diesem Kalenderjahr

   a) der Steuerpflichtige und sein bisheriger Ehegatte die Voraussetzungen des § 26 Absatz 1 Satz 1 erfüllt haben,

   b) der bisherige Ehegatte wieder geheiratet hat und

   c) der bisherige Ehegatte und dessen neuer Ehegatte ebenfalls die Voraussetzungen des § 26 Absatz 1 Satz 1 erfüllen.

[1]|

[2][2]Voraussetzung für die Anwendung des Satzes 1 ist, dass der Steuerpflichtige nicht nach den §§ 26, 26a getrennt zur Einkommensteuer veranlagt wird.

H 32a   **Hinweise**

Auflösung der Ehe (außer durch Tod) und Wiederheirat eines Ehegatten

Ist eine Ehe, für die die Voraussetzungen des § 26 Abs. 1 EStG vorgelegen haben, im VZ durch Aufhebung oder Scheidung aufgelöst worden und ist der Stpfl. im selben VZ eine neue Ehe eingegangen, für die die Voraussetzungen des § 26 Abs. 1 Satz 1 EStG ebenfalls vorliegen, so kann nach § 26 Abs. 1 Satz 2 EStG für die aufgelöste Ehe das Wahlrecht zwischen getrennter Veranlagung (§ 26a EStG) und Zusammenveranlagung (§ 26b EStG) nicht ausgeübt werden. Der andere Ehegatte, der nicht wieder geheiratet hat, ist mit dem von ihm bezogenen Einkommen nach dem Splitting-Verfahren zu besteuern (§ 32a Abs. 6 Satz 1 Nr. 2 EStG). Der Auflösung einer Ehe durch Aufhebung oder Scheidung steht die Nichtigerklärung einer Ehe gleich (→ H 26 – Allgemeines).

Auflösung einer Ehe

Ist eine Ehe, die der Stpfl. im VZ des Todes des früheren Ehegatten geschlossen hat, im selben VZ wieder aufgelöst worden, so ist er für den folgenden VZ auch dann wieder nach § 32a Abs. 6 Satz 1

---

[1] *Absatz 6 Satz 1 Nr. 2 Satz 2 wurde durch das Steuervereinfachungsgesetz 2011 ab VZ 2012 aufgehoben.*
[2] Absatz 6 Satz 2 wurde durch das Steuervereinfachungsgesetz 2011 geändert und ist erstmals für den VZ 2013 anzuwenden→ § 52 Abs. 68 Satz 1 EStG.
Anm.:
Die Änderung lautet:
In Satz 2 wird das Wort „getrennt" durch das Wort „einzeln" ersetzt.

Nr. 1 EStG als Verwitweter zu behandeln, wenn die Ehe in anderer Weise als durch Tod aufgelöst worden ist (→ BFH vom 9. 6. 1965 – BStBl III S. 590).

Dauerndes Getrenntleben im Todeszeitpunkt

Die Einkommensteuer eines verwitweten Stpfl. ist in dem VZ, der dem VZ des Todes folgt, nur dann nach dem Splittingtarif festzusetzen, wenn er und sein verstorbener Ehegatte im Zeitpunkt des Todes nicht dauernd getrennt gelebt haben (→ BFH vom 27. 02. 1998 – BStBl II S. 350)

Todeserklärung eines verschollenen Ehegatten

→ H 26 (Allgemeines)

Veranlagung der alten Ehe bei Wiederheirat

Ist eine Ehe, für die die Voraussetzungen des § 26 Abs. 1 EStG vorgelegen haben, im VZ durch Tod eines Ehegatten aufgelöst worden und hat der überlebende Ehegatte noch im selben VZ eine neue Ehe geschlossen, für die die Voraussetzungen des § 26 Abs. 1 Satz 1 EStG ebenfalls vorliegen, so kann für die aufgelöste Ehe das Wahlrecht zwischen getrennter Veranlagung (§ 26a EStG) und Zusammenveranlagung (§ 26b EStG) nur dann ausgeübt werden, wenn für die neue Ehe die besondere Veranlagung nach § 26c EStG gewählt worden ist (§ 26 Abs. 1 Satz 2 und 3 EStG). Ist dies nicht geschehen, so ist für das z. v. E. des verstorbenen Ehegatten das Splitting-Verfahren anzuwenden (§ 32a Abs. 6 Satz 1 Nr. 2 EStG).

Veranlagung der neuen Ehe bei Wiederheirat

Geht der verwitwete Stpfl. im VZ, der dem VZ des Todes des früheren Ehegatten folgt, eine neue Ehe ein, so findet § 32a Abs. 6 Satz 1 Nr. 1 EStG nur dann Anwendung, wenn für die neue Ehe die besondere Veranlagung nach § 26c EStG gewählt worden ist oder die Voraussetzungen des § 26 Abs. 1 EStG nicht vorgelegen haben.

---

§ 32b Progressionsvorbehalt

(1) [1]Hat ein zeitweise oder während des gesamten Veranlagungszeitraums unbeschränkt Steuerpflichtiger oder ein beschränkt Steuerpflichtiger, auf den § 50 Absatz 2 Satz 2 Nummer 4 Anwendung findet,

1. a) Arbeitslosengeld, Teilarbeitslosengeld, Zuschüsse zum Arbeitsentgelt, Kurzarbeitergeld, Winterausfallgeld, Insolvenzgeld, Arbeitslosenhilfe, Übergangsgeld, Altersübergangsgeld, Altersübergangsgeld-Ausgleichsbetrag, Unterhaltsgeld als Zuschuss, Eingliederungshilfe nach dem Dritten Buch Sozialgesetzbuch oder dem Arbeitsförderungsgesetz, das aus dem Europäischen Sozialfonds finanzierte Unterhaltsgeld sowie Leistungen nach § 10 des Dritten Buches Sozialgesetzbuch, die dem Lebensunterhalt dienen; Insolvenzgeld, das nach § 170 Absatz 1 des Dritten Buches Sozialgesetzbuch einem Dritten zusteht, ist dem Arbeitnehmer zuzurechnen, [1]

    b) Krankengeld, Mutterschaftsgeld, Verletztengeld, Übergangsgeld oder vergleichbare Lohnersatzleistungen nach dem Fünften, Sechsten oder Siebten Buch Sozialgesetzbuch, der Reichsversicherungsordnung, dem Gesetz über die Krankenversicherung der Landwirte oder dem Zweiten Gesetz über die Krankenversicherung der Landwirte,

    c) Mutterschaftsgeld, Zuschuss zum Mutterschaftsgeld, die Sonderunterstützung nach dem Mutterschutzgesetz sowie den Zuschuss bei Beschäftigungsverboten für die Zeit vor oder nach einer Entbindung sowie für den Entbindungstag während einer Elternzeit nach beamtenrechtlichen Vorschriften;

    d) Arbeitslosenbeihilfe oder Arbeitslosenhilfe nach dem Soldatenversorgungsgesetz,

    e) Entschädigungen für Verdienstausfall nach dem Infektionsschutzgesetz vom 20. Juli 2000 (BGBl. I S. 1045),

    f) Versorgungskrankengeld oder Übergangsgeld nach dem Bundesversorgungsgesetz,

    g) nach § 3 Nummer 28 steuerfreie Aufstockungsbeträge oder Zuschläge,

    h) Verdienstausfallentschädigung nach dem Unterhaltssicherungsgesetz,

---

[1] *Absatz 1 Satz 1 Nr. 1 Buchstabe a wurde durch das Gesetz zur Verbesserung der Eingliederungschancen am Arbeitsmarkt (Inkrafttreten am 1.4.2012) geändert.*

i)   (weggefallen)

j)   Elterngeld nach dem Bundeselterngeld- und Elternzeitgesetz oder

2.   ausländische Einkünfte, die im Veranlagungszeitraum nicht der deutschen Einkommensteuer unterlegen haben; dies gilt nur für Fälle der zeitweisen unbeschränkten Steuerpflicht einschließlich der in § 2 Absatz 7 Satz 3 geregelten Fälle; ausgenommen sind Einkünfte, die nach einem sonstigen zwischenstaatlichen Übereinkommen im Sinne der Nummer 4 steuerfrei sind und die nach diesem Übereinkommen nicht unter dem Vorbehalt der Einbeziehung bei der Berechnung der Einkommensteuer stehen,

3.   Einkünfte, die nach einem Abkommen zur Vermeidung der Doppelbesteuerung steuerfrei sind,

4.   Einkünfte, die nach einem sonstigen zwischenstaatlichen Übereinkommen unter dem Vorbehalt der Einbeziehung bei der Berechnung der Einkommensteuer steuerfrei sind,

[1] 5.   Einkünfte, die bei Anwendung von § 1 Absatz 3 oder § 1a oder § 50 Absatz 5 Satz 2 Nummer 2 im Veranlagungszeitraum bei der Ermittlung des zu versteuernden Einkommens unberücksichtigt bleiben, weil sie nicht der deutschen Einkommensteuer oder einem Steuerabzug unterliegen; ausgenommen sind Einkünfte, die nach einem sonstigen zwischenstaatlichen Übereinkommen im Sinne der Nummer 4 steuerfrei sind und die nach diesem Übereinkommen nicht unter dem Vorbehalt der Einbeziehung bei der Berechnung der Einkommensteuer stehen,

bezogen, so ist auf das nach § 32a Absatz 1 zu versteuernde Einkommen ein besonderer Steuersatz anzuwenden. [2]Satz 1 Nummer 3 gilt nicht für Einkünfte

1.   aus einer anderen als in einem Drittstaat belegenen land- und forstwirtschaftlichen Betriebsstätte,

2.   aus einer anderen als in einem Drittstaat belegenen gewerblichen Betriebsstätte, die nicht die Voraussetzungen des § 2a Absatz 2 Satz 1 erfüllt,

3.   aus der Vermietung oder der Verpachtung von unbeweglichem Vermögen oder von Sachinbegriffen, wenn diese in einem anderen Staat als in einem Drittstaat belegen sind, oder

4.   aus der entgeltlichen Überlassung von Schiffen, sofern diese ausschließlich oder fast ausschließlich in einem anderen als einem Drittstaat eingesetzt worden sind, es sei denn, es handelt sich um Handelsschiffe, die

     a)   von einem Vercharterer ausgerüstet überlassen, oder

     b)   an in einem anderen als in einem Drittstaat ansässige Ausrüster, die die Voraussetzungen des § 510 Absatz 1 des Handelsgesetzbuchs erfüllen, überlassen, oder

     c)   insgesamt nur vorübergehend an in einem Drittstaat ansässige Ausrüster, die die Voraussetzungen des § 510 Absatz 1 des Handelsgesetzbuchs erfüllen, überlassen

     worden sind, oder

5.   aus dem Ansatz des niedrigeren Teilwerts oder der Übertragung eines zu einem Betriebsvermögen gehörenden Wirtschaftsguts im Sinne der Nummern 3 und 4.

[3]§ 2a Absatz 2a gilt entsprechend.

(1a) Als unmittelbar von einem unbeschränkt Steuerpflichtigen bezogene ausländische Einkünfte im Sinne des Absatzes 1 Nummer 3 gelten auch die ausländischen Einkünfte, die eine Organgesellschaft im Sinne des § 14 oder des § 17 des Körperschaftsteuergesetzes bezogen hat und die nach einem Abkommen zur Vermeidung der Doppelbesteuerung steuerfrei sind, in dem Verhältnis, in dem dem unbeschränkt Steuerpflichtigen das Einkommen der Organgesellschaft bezogen auf das gesamte Einkommen der Organgesellschaft im Veranlagungszeitraum zugerechnet wird.

(2) [1]Der besondere Steuersatz nach Absatz 1 ist der Steuersatz, der sich ergibt, wenn bei der Berechnung der Einkommensteuer das nach § 32a Absatz 1 zu versteuernde Einkommen vermehrt oder vermindert wird um

1.   im Fall des Absatzes 1 Nummer 1 die Summe der Leistungen nach Abzug des Arbeitnehmer-Pauschbetrags (§ 9a Satz 1 Nummer 1), soweit er nicht bei der Ermittlung der Einkünfte aus nichtselbständiger Arbeit abziehbar ist;

2.   im Fall des Absatzes 1 Nummer 2 bis 5 die dort bezeichneten Einkünfte, wobei die darin enthaltenen außerordentlichen Einkünfte mit einem Fünftel zu berücksichtigen sind. [2]Bei der Ermittlung der Einkünfte im Fall des Absatzes 1 Nummer 2 bis 5

---

[1] Absatz 1 Satz 1 Nr. 5 i. d. F. des JStG 2008 ist bei Staatsangehörigen eines Mitgliedstaates der Europäischen Union oder eines Staates, auf den das Abkommen über den Europäischen Wirtschaftsraum anwendbar ist, die im Hoheitsgebiet eines dieser Staaten ihren Wohnsitz oder gewöhnlichen Aufenthalt haben, auf Antrag auch für VZ vor 2008 anzuwenden, soweit Steuerbescheide noch nicht bestandskräftig sind, → § 52 Absatz 43a EStG. Mit dem JStG 2009 erfolgte ab VZ 2009 eine Anpassung an den geänderten Absatz 1 des § 50 EStG.

a) ist der Arbeitnehmer-Pauschbetrag (§ 9a Satz 1 Nummer 1 Buchstabe a) abzuziehen, soweit er nicht bei der Ermittlung der Einkünfte aus nichtselbständiger Arbeit abziehbar ist;

b) sind Werbungskosten nur insoweit abzuziehen, als sie zusammen mit den bei der Ermittlung der Einkünfte aus nichtselbständiger Arbeit abziehbaren Werbungskosten den Arbeitnehmer-Pauschbetrag (§ 9a Satz 1 Nummer 1 Buchstabe a) übersteigen.

[2]Ist der für die Berechnung des besonderen Steuersatzes maßgebende Betrag höher als 250 000 Euro und sind im zu versteuernden Einkommen Einkünfte im Sinne des § 2 Absatz 1 Satz 1 Nummer 1 bis 3 enthalten, ist für den Anteil dieser Einkünfte am zu versteuernden Einkommen der Steuersatz im Sinne des Satzes 1 nach § 32a mit der Maßgabe zu berechnen, dass in Absatz 1 Satz 2 die Angabe „§ 32b" und die Nummer 5 entfallen sowie die Nummer 4 in folgender Fassung anzuwenden ist: [1]

„4. von 52 152 Euro an: 0,42 · x – 7 914."

[3]Für die Bemessung des Anteils im Sinne des Satzes 2 gilt § 32c Absatz 1 Satz 2 und 3 entsprechend.

(3) [1]Die Träger der Sozialleistungen im Sinne des Absatzes 1 Nummer 1 haben die Daten über die im Kalenderjahr gewährten Leistungen sowie die Dauer des Leistungszeitraums für jeden Empfänger bis zum 28. Februar des Folgejahres nach amtlich vorgeschriebenem Datensatz durch amtlich bestimmte Datenfernübertragung zu übermitteln, soweit die Leistungen nicht auf der Lohnsteuerbescheinigung (§ 41b Absatz 1 Satz 2 Nummer 5) auszuweisen sind; § 41b Absatz 2 und § 22a Absatz 2 gelten entsprechend. [2]Der Empfänger der Leistungen ist entsprechend zu informieren und auf die steuerliche Behandlung dieser Leistungen und seine Steuererklärungspflicht hinzuweisen. [3]In den Fällen des *§ 170* Absatz 1 des Dritten Buches Sozialgesetzbuch ist Empfänger des an Dritte ausgezahlten Insolvenzgeldes der Arbeitnehmer, der seinen Arbeitsentgeltanspruch übertragen hat. [2] [3]

32b. Progressionsvorbehalt

R 32b

Allgemeines

S 2295

(1) [1]Entgelt-, Lohn- oder Einkommensersatzleistungen der gesetzlichen Krankenkassen unterliegen auch insoweit dem Progressionsvorbehalt nach § 32b Abs. 1 *Satz 1* Nr. 1 Buchstabe b EStG, als sie freiwillig Versicherten gewährt werden. [2]Beim Übergangsgeld, das behinderten oder von Behinderung bedrohten Menschen nach den §§ 45 bis 52 SGB IX gewährt wird, handelt es sich um steuerfreie Leistungen nach dem SGB III, SGB VI, SGB VII oder dem Bundesversorgungsgesetz, die dem Progressionsvorbehalt unterliegen. [3]Leistungen nach der Berufskrankheitenverordnung sowie das Krankentagegeld aus einer privaten Krankenversicherung und Leistungen zur Sicherung des Lebensunterhalts und zur Eingliederung in Arbeit nach dem SGB II (sog. Arbeitslosengeld II) gehören nicht zu den Entgelt-, Lohn- oder Einkommensersatzleistungen, die dem Progressionsvorbehalt unterliegen.

(2) [1]In den Progressionsvorbehalt sind die Entgelt-, Lohn- und Einkommensersatzleistungen mit den Beträgen einzubeziehen, die als Leistungsbeträge nach den einschlägigen Leistungsgesetzen festgestellt werden. [2]Kürzungen dieser Leistungsbeträge, die sich im Falle der Abtretung oder durch

---

[1] Absatz 2 Satz 2 und 3 ist nur für den VZ 2007 anzuwenden → § 52 Abs. 43a Satz 3 EStG.

[2] Absatz 3 wurde durch das JStG 2008 neu gefasst und Absatz 4 aufgehoben. Abweichend davon kann das BMF den Zeitpunkt der erstmaligen Übermittlung der Mitteilungen durch ein im BStBl zu veröffentlichendes Schreiben mitteilen. Bis zu diesem Zeitpunkt sind § 32b Abs. 3 und 4 EStG in der am 20. 12. 2003 geltenden Fassung weiter anzuwenden → § 52 Abs. 43a Satz 4 und 5 EStG.

Absatz 3 in der am 20.12.2003 geltenden Fassung lautet:

„3) [1]Die Träger der Sozialleistungen im Sinne des Absatzes 1 Nr. 1 haben bei Einstellung der Leistung oder spätestens am Ende des jeweiligen Kalenderjahres dem Empfänger die Dauer des Leistungszeitraums sowie Art und Höhe der während des Kalenderjahres gezahlten Leistungen mit Ausnahme des Insolvenzgeldes zu bescheinigen. [2]In der Bescheinigung ist der Empfänger auf die steuerliche Behandlung dieser Leistungen und seine Steuererklärungspflicht hinzuweisen."

Absatz 4 in der am 20. 12. 2003 geltenden Fassung lautet:

„(4) [1]Die Bundesagentur für Arbeit hat die Daten über das im Kalenderjahr gewährte Insolvenzgeld für jeden Empfänger bis zum 28. Februar des Folgejahres nach amtlich vorgeschriebenem Datensatz durch Datenfernübertragung an die amtlich bestimmte Übermittlungsstelle zu übermitteln; § 41b Abs. 2 gilt entsprechend. [2]Der Arbeitnehmer ist entsprechend zu informieren und auf die steuerliche Behandlung des Insolvenzgeldes und seine Steuererklärungspflicht hinzuweisen. [3]In den Fällen des § 188 Abs. 1 des Dritten Buches Sozialgesetzbuch ist Empfänger des an Dritte ausgezahlten Insolvenzgeldes der Arbeitnehmer, der seinen Arbeitsentgeltanspruch übertragen hat."

Mit BMF-Schreiben vom 22. 2. 2011 (BStBl I S. 214) wurde der Zeitpunkt der erstmaligen Übermittlung der dem Progressionsvorbehalt unterliegenden Leistungen an die Finanzverwaltung gemäß § 32b Abs. 3 EStG i. V. m. § 52 Abs. 43a Satz 4 EStG bekannt gegeben.

[3] *Absatz 3 Satz 3 wurde durch das Gesetz zur Verbesserung der Eingliederungschancen am Arbeitsmarkt (Inkrafttreten am 1. 4. 2012) geändert.*

den Abzug von Versichertenanteilen an den Beiträgen zur Rentenversicherung, Arbeitslosenversicherung und ggf. zur Kranken- und Pflegeversicherung ergeben, bleiben unberücksichtigt. [3]Der bei der Ermittlung der Einkünfte aus nichtselbständiger Arbeit nicht ausgeschöpfte Arbeitnehmer-Pauschbetrag ist auch von Entgelt-, Lohn- und Einkommensersatzleistungen abzuziehen.

Rückzahlung von Entgelt-, Lohn- oder Einkommensersatzleistungen

(3) [1]Werden die in § 32b Abs. 1 *Satz 1* Nr. 1 EStG bezeichneten Entgelt-, Lohn- oder Einkommensersatzleistungen zurückgezahlt, sind sie von den im selben Kalenderjahr bezogenen Leistungsbeträgen abzusetzen, unabhängig davon, ob die zurückgezahlten Beträge im Kalenderjahr ihres Bezugs dem Progressionsvorbehalt unterlegen haben. [2]Ergibt sich durch die Absetzung ein negativer Betrag, weil die Rückzahlungen höher sind als die im selben Kalenderjahr empfangenen Beträge oder weil den zurückgezahlten keine empfangenen Beträge gegenüberstehen, ist auch der negative Betrag bei der Ermittlung des besonderen Steuersatzes nach § 32b EStG zu berücksichtigen (negativer Progressionsvorbehalt). [3]Aus Vereinfachungsgründen bestehen keine Bedenken, zurückgezahlte Beträge dem Kalenderjahr zuzurechnen, in dem der Rückforderungsbescheid ausgestellt worden ist. [4]Beantragt der Stpfl., die zurückgezahlten Beträge dem Kalenderjahr zuzurechnen, in dem sie tatsächlich abgeflossen sind, hat er den Zeitpunkt des tatsächlichen Abflusses anhand von Unterlagen, z. B. Aufhebungs-/Erstattungsbescheide oder Zahlungsbelege, nachzuweisen oder glaubhaft zu machen.

Rückwirkender Wegfall von Entgelt-, Lohn- oder Einkommensersatzleistungen

(4) Fällt wegen der rückwirkenden Zubilligung einer Rente der Anspruch auf Sozialleistungen (z. B. Kranken- oder Arbeitslosengeld) rückwirkend ganz oder teilweise weg, ist dies am Beispiel des Krankengeldes steuerlich wie folgt zu behandeln:

1. Soweit der Krankenkasse ein Erstattungsanspruch nach § 103 SGB X gegenüber dem Rentenversicherungsträger zusteht, ist das bisher gezahlte Krankengeld als Rentenzahlung anzusehen und nach § 22 Nr. 1 Satz 3 Buchstabe a EStG der Besteuerung zu unterwerfen. [2]Das Krankengeld unterliegt insoweit nicht dem Progressionsvorbehalt nach § 32b EStG.

2. Gezahlte und die Rentenleistung übersteigende Krankengeldbeträge i. S. d. § 50 Abs. 1 Satz 2 SGB V sind als Krankengeld nach § 3 Nr. 1 Buchstabe a EStG steuerfrei; § 32b EStG ist anzuwenden. [2]Entsprechendes gilt für das Krankengeld, das wegen infolge rückwirkender Zubilligung einer Rente aus einer ausländischen gesetzlichen Rentenversicherung nach § 50 Abs. 1 Satz 3 SGB V an die Krankenkasse zurückzuzahlen ist.

3. Soweit die nachträgliche Feststellung des Rentenanspruchs auf VZ zurückwirkt, für die Steuerbescheide bereits ergangen sind, sind diese Steuerbescheide nach § 175 Abs. 1 Satz 1 Nr. 2 AO zu ändern.

Fehlende Entgelt-, Lohn- oder Einkommensersatzleistungen

(5) [1]Hat ein Arbeitnehmer trotz Arbeitslosigkeit kein Arbeitslosengeld erhalten, weil ein entsprechender Antrag abgelehnt worden ist, kann dies durch die Vorlage des Ablehnungsbescheids nachgewiesen werden; hat der Arbeitnehmer keinen Antrag gestellt, kann dies durch die Vorlage der vom Arbeitgeber nach § 312 SGB III ausgestellten Arbeitsbescheinigung im Original belegt werden. [2]Kann ein Arbeitnehmer weder durch geeignete Unterlagen nachweisen noch in sonstiger Weise glaubhaft machen, dass er keine Entgelt-, Lohn- oder Einkommensersatzleistungen erhalten hat, kann das Finanzamt bei der für den Arbeitnehmer zuständigen Agentur für Arbeit (§ 327 SGB III) eine Bescheinigung darüber anfordern (Negativbescheinigung).

H 32b   **Hinweise**

Allgemeines

Ist für Einkünfte nach § 32b Abs. 1 EStG der Progressionsvorbehalt zu beachten, ist wie folgt zu verfahren:

1. Ermittlung des nach § 32a Abs. 1 EStG maßgebenden z. v. E.

2. Dem z. v. E. werden für die Berechnung des besonderen Steuersatzes die Entgelt-, Lohn- oder Einkommensersatzleistungen (§ 32b Abs. 1 Satz 1 Nr. 1 EStG) sowie die unter § 32b Abs. 1 Satz 1 Nr. 2 bis 5 EStG fallenden Einkünfte im Jahr ihrer Entstehung hinzugerechnet oder von ihm abgezogen. Der sich danach ergebende besondere Steuersatz ist auf das nach § 32a Abs. 1 EStG ermittelte z. v. E. anzuwenden.

Beispiele:

Fall	A	B
z. v. E. (§ 2 Abs. 5 EStG)	20 000 €	20 000 €
Fall A Arbeitslosengeld	5 000 €	
oder		
Fall B zurückgezahltes Arbeitslosengeld		– 1 500 €
Für die Berechnung des Steuersatzes maßgebendes z. v. E.	25 000 €	18 500 €
Steuer nach Splittingtarif	1 626 €	376 €
besonderer (= durchschnittlicher) Steuersatz	6,5040 %	2,0324 %
Die Anwendung des besonderen Steuersatzes auf das z. v. E.		
ergibt als Steuer	1 300 €	406 €

Ein Verlustabzug (§ 10d EStG) ist bei der Ermittlung des besonderen Steuersatzes nach § 32b Abs. 1 EStG nicht zu berücksichtigen.

Anwendung auf Lohnersatzleistungen

Der Progressionsvorbehalt für Lohnersatzleistungen ist verfassungsgemäß (BVerfG vom 3. 5. 1995 – BStBl II S. 758).

Anwendung bei Stpfl. mit Einkünften aus nichtselbständiger Arbeit

→ R 46.2

Ausländische Einkünfte

Die Höhe ist nach dem deutschen Steuerrecht zu ermitteln (→ BFH vom 20. 9. 2006 – BStBl 2007 II S. 756). Die steuerfreien ausländischen Einkünfte aus nichtselbständiger Arbeit i. S. d. § 32b Abs. 1 Satz 1 Nr. 2 bis 5 EStG sind als Überschuss der Einnahmen über die Werbungskosten zu berechnen. Dabei sind die tatsächlich angefallenen Werbungskosten bzw. der Arbeitnehmer-Pauschbetrag nach Maßgabe des § 32b Abs. 2 Satz 1 Nr. 2 Satz 2 EStG zu berücksichtigen.

Beispiel für Einkünfte aus nichtselbständiger Arbeit:
Der inländische stpfl. Arbeitslohn beträgt 20 000 €; die Werbungskosten betragen 500 €. Der nach DBA/ATE unter Progressionsvorbehalt steuerfreie Arbeitslohn beträgt 10 000 €; im Zusammenhang mit der Erzielung des steuerfreien Arbeitslohns sind Werbungskosten in Höhe von 400 € tatsächlich angefallen.

Inländischer steuerpflichtiger Arbeitslohn	20 000 €
./. Arbeitnehmer-Pauschbetrag (§ 9a Satz 1 Nr. 1 Buchstabe a EStG)	./. 1 000 €
steuerpflichtige Einkünfte gem. § 19 EStG	19 000 €
Ausländische Progressionseinnahmen	10 000 €
./. Arbeitnehmer-Pauschbetrag	0 €
maßgebende Progressionseinkünfte (§ 32b Abs. 2 Satz 1 Nr. 2 Satz 2 EStG)	10 000 €

Ausländische Personengesellschaft

Nach einem DBA freigestellte Einkünfte aus der Beteiligung an einer ausländischen Personengesellschaft unterliegen auch dann dem Progressionsvorbehalt, wenn die ausländische Personengesellschaft in dem anderen Vertragsstaat als juristische Person besteuert wird (→ BFH vom 4. 4. 2007 – BStBl II S. 521).

Ausländische Renteneinkünfte

Ausländische Renteneinkünfte sind im Rahmen des Progressionsvorbehalts mit dem Besteuerungsanteil (§ 22 Nr. 1 Satz 3 Buchstabe a Doppelbuchstabe aa EStG) und nicht mit dem Ertragsanteil zu berücksichtigen, wenn die Leistung der ausländischen Altersversorgung in ihrem Kerngehalt den gemeinsamen und typischen Merkmalen der inländischen Basisversorgung entspricht. Zu den wesentlichen Merkmalen der Basisversorgung gehört, dass die Renten erst bei Erreichen einer bestimmten Altersgrenze bzw. bei Erwerbsunfähigkeit gezahlt werden und als Entgeltersatzleistung der Lebensunterhaltssicherung dienen (→ BFH vom 14. 7. 2010 – BStBl 2011 II S. 628).

Ausländische Sozialversicherungsbeiträge

Beiträge an die schweizerische Alters- und Hinterlassenenversicherung können nicht bei der Ermittlung des besonderen Steuersatzes im Rahmen des Progressionsvorbehaltes berücksichtigt werden (→ BFH vom 18.4.2012 – BStBl II S. 721).

Ausländische Verluste

– Durch ausländische Verluste kann der Steuersatz auf Null sinken (→ BFH vom 25. 5. 1970 – BStBl II S. 660).

– Drittstaatenverluste i. S. d. § 2a EStG werden nur nach Maßgabe des § 2a EStG berücksichtigt (→ BFH vom 17. 11. 1999 – BStBl 2000 II S. 605).

– *Ausländische Verluste aus der Veräußerung oder Aufgabe eines Betriebs, die nach einem DBA von der Bemessungsgrundlage der deutschen Steuer auszunehmen sind, unterfallen im Rahmen des Progressionsvorbehaltes nicht der sog. Fünftel-Methode (→ BFH vom 1.2.2012 – BStBl II S. 405).*

EU-Tagegeld

Zur steuerlichen Behandlung des von Organen der EU gezahlten Tagegeldes → BMF vom 12. 4. 2006 (BStBl I S. 340).

Grundfreibetrag

Es begegnet keinen verfassungsrechtlichen Bedenken, dass wegen der in § 32a Abs. 1 Satz 2 EStG angeordneten vorrangigen Anwendung des Progressionsvorbehalts des § 32b EStG auch ein z. v. E. unterhalb des Grundfreibetrags der Einkommensteuer unterliegt (→ BFH vom 9. 8. 2001 – BStBl II S. 778).

Leistungen der gesetzlichen Krankenkasse

– Leistungen der gesetzlichen Krankenkasse für eine Ersatzkraft im Rahmen der Haushaltshilfe an nahe Angehörige (§ 38 Abs. 4 Satz 2 SGB V) unterliegen nicht dem Progressionsvorbehalt (→ BFH vom 17. 6. 2005 – BStBl 2006 II S. 17).

– Die Einbeziehung des Krankengeldes, das ein freiwillig in einer gesetzlichen Krankenkasse versicherter Stpfl. erhält, in den Progressionsvorbehalt, ist verfassungsgemäß (→ BFH vom 26. 11. 2008 – BStBl 2009 II S. 376).

Anm.:

OFD Magdeburg 16. 5. 2006, S 2295 – 43 – St 223 (StEd 2006 S. 526)

Der BFH hat mit Urteil vom 17. 6. 2005 entschieden, dass Leistungen der gesetzlichen Krankenkasse für eine Ersatzkraft im Rahmen der Haushaltshilfe für nahe Angehörige (§ 38 Abs. 4 Satz 2 SGB V) nicht dem Progressionsvorbehalt nach § 32b EStG unterliegen. Nach der Entscheidung des BFH ist Versicherter i. S. d. § 38 Abs. 4 Satz 2 SGB V nur, wer selbst an der Weiterführung seines Haushalts gehindert ist und deshalb Haushaltshilfe in Anspruch nimmt.

Der BFH führt aus, nur diesem Versicherten gegenüber erbringe die gesetzliche Krankenkasse ihre Leistungen. Auch die Erstattung des Verdienstausfalls Hilfe leistender naher Angehöriger erfolge daher sozialversicherungsrechtlich ausschließlich gegenüber dem Versicherten, an den die Hilfeleistung erbracht worden sei. Daraus folge, dass die Erstattung des Verdienstausfalls durch die Krankenkasse weder beim Versicherten noch beim Hilfe leistenden Angehörigen zum Bezug einer Lohnersatzleistung i. S. d. § 32b Abs. 1 Nr. 1 b EStG führe.

Dem Angehörigen könne die aufgrund des Versicherungsverhältnisses erbrachte Leistung nicht als eigene Einnahme zugeordnet werden. Für den Versicherten als Zahlungsempfänger stelle die Erstattungsleistung keinen Lohnersatz dar, weil sie nicht an die Stelle eines eigenen Lohnanspruchs aus einem Dienstverhältnis trete.

Das BMF sprach sich für eine allgemeine Anwendung des Urteils aus. Die Grundsätze des Urteils müssen deshalb auch auf folgende Fälle angewandt werden, da die Rechtsgrundlage jeweils vergleichbar ist:

– Verdienstausfall bei häuslicher Krankenpflege nach § 37 Abs. 4 SGB V, sofern es sich um Verwandte und Verschwägerte bis zum zweiten Grad oder die Ehepartner handelt, und Mitaufnahme einer Begleitperson zur stationären Behandlung aus medizinischen Gründen nach § 11 Abs. 3 SGB V,

– Verdienstausfall an Lebend-Organ-Spender und an Begleitpersonen, die aus medizinischen Gründen zur stationären Behandlung mit aufgenommen werden,

– Verdienstausfall im Falle der Gewährung häuslicher Pflege nach § 198 RVO bzw. Haushaltshilfe nach § 199 RVO bei Schwangerschaft und Mutterschutz.

Sonstige zwischenstaatliche Übereinkommen

→ OFD Frankfurt 3.1.2012, S 2295 A – 25 – St 513 (StEK EStG § 32b Nr. 116), u. a.:

Unter § 32b Abs. 1 Satz 1 Nr. 4 EStG fallen Einkünfte, die nach einem sonstigen zwischenstaatlichen Übereinkommen unter dem Vorbehalt der Einbeziehung bei der Berechnung der Einkommensteuer steuerfrei sind.

Dies sind Einkünfte, die nicht in den Anwendungsbereich eines DBA fallen, da dafür die Nr. 3 des § 32b Abs. 1 EStG vorrangig anzuwenden ist.

Es handelt sich bei den Einkünften insbesondere um Bezüge des Personals internationaler Organisationen, die nach dem jeweiligen zwischenstaatlichen Abkommen unter Progressionsvorbehalt von der deutschen Steuer freigestellt sind. Enthält das Abkommen dagegen keinen Progressionsvorbehalt, entfällt die Anwendung des § 32 b Abs. 1 Satz 1 Nr. 4 EStG.

Steuerfreiheit einer Leibrente

Ist eine Leibrente sowohl nach einem DBA als auch nach § 3 Nr. 6 EStG steuerfrei, unterliegt sie nicht dem Progressionsvorbehalt (→ BFH vom 22. 1. 1997 – BStBl II S. 358).

Übermittlungspflichten

Mitteilungspflichtige, die nicht über die technischen Voraussetzungen für die Übermittlung der Daten verfügen und denen aufgrund der geringen Fallzahlen von Leistungen die Schaffung dieser Voraussetzungen nicht zuzumuten ist, können auf Antrag die Daten auch in Papierform übermitteln, bis ihnen ein geeignetes Verfahren zur Datenfernübertragung zur Verfügung gestellt wird.

→ FinMin Baden-Württemberg vom 12. 4. 2011, 3 – S 229.5/23, StEd 2011 S. 333

Vorfinanziertes Insolvenzgeld

Soweit Insolvenzgeld vorfinanziert wird, das nach § 188 Abs. 1 SGB III einem Dritten zusteht, ist die Gegenleistung für die Übertragung des Arbeitsentgeltanspruchs als Insolvenzgeld anzusehen. Die an den Arbeitnehmer gezahlten Entgelte hat dieser i. S. d. § 32b Abs. 1 Satz 1 Nr. 1 Buchstabe a EStG bezogen, wenn sie ihm nach den Regeln über die Überschusseinkünfte zugeflossen sind (→ BFH vom 28.3.2012 – BStBl II S. 596).

Zeitweise unbeschränkte Steuerpflicht

– Besteht wegen Zu- oder Wegzugs nur zeitweise die unbeschränkte Steuerpflicht, sind die außerhalb der unbeschränkten Steuerpflicht im Kalenderjahr erzielten Einkünfte im Wege des Progressionsvorbehalts zu berücksichtigen, wenn diese nicht der beschränkten Steuerpflicht unterliegen (→ BFH vom 15. 5. 2002 – BStBl II S. 660, vom 19. 12. 2001 – BStBl 2003 II S. 302 und vom 19. 11. 2003 – BStBl 2004 II S. 549).

– Vorab entstandene Werbungskosten im Zusammenhang mit einer beabsichtigten Tätigkeit im Ausland sind beim Progressionsvorbehalt zu berücksichtigen, wenn dies nicht durch ein DBA ausgeschlossen wird (→ BFH vom 20. 9. 2006 – BStBl 2007 II S. 756).

Zusammentreffen von Progressionseinkünften und Tarifermäßigung nach § 34 Abs. 1 EStG

→ H 34.2 (Berechnungsbeispiele), Beispiel 4

§ 32c   Tarifbegrenzung bei Gewinneinkünften   EStG

(abgedruckt in der Handausgabe 2007, da für VZ ab 2008 ohne Bedeutung)

§ 32d   Gesonderter Steuertarif für Einkünfte aus Kapitalvermögen   EStG

(1) [1]Die Einkommensteuer für Einkünfte aus Kapitalvermögen, die nicht unter § 20 Absatz 8 fallen, beträgt 25 Prozent. [2]Die Steuer nach Satz 1 vermindert sich um die nach Maßgabe des Absatzes 5 anrechenbaren ausländischen Steuern. [3]Im Fall der Kirchensteuerpflicht ermäßigt sich

die Steuer nach den Sätzen 1 und 2 um 25 Prozent der auf die Kapitalerträge entfallenden Kirchensteuer. [4]Die Einkommensteuer beträgt damit

$$\frac{e - 4q}{4 + k}.$$

[5]Dabei sind „e" die nach den Vorschriften des § 20 ermittelten Einkünfte, „q" die nach Maßgabe des Absatzes 5 anrechenbare ausländische Steuer und „k" der für die Kirchensteuer erhebende Religionsgesellschaft (Religionsgemeinschaft) geltende Kirchensteuersatz.

(2) Absatz 1 gilt nicht

1. für Kapitalerträge im Sinne des § 20 Absatz 1 Nummer 4 und 7 sowie Absatz 2 Satz 1 Nummer 4 und 7,

   a) wenn Gläubiger und Schuldner einander nahe stehende Personen sind, soweit die den Kapitalerträgen entsprechenden Aufwendungen beim Schuldner Betriebsausgaben oder Werbungskosten im Zusammenhang mit Einkünften sind, die der inländischen Besteuerung unterliegen und § 20 Absatz 9 Satz 1 zweiter Halbsatz keine Anwendung findet,

   b) wenn sie von einer Kapitalgesellschaft oder Genossenschaft an einen Anteilseigner gezahlt werden, der zu mindestens 10 Prozent an der Gesellschaft oder Genossenschaft beteiligt ist. [2]Dies gilt auch, wenn der Gläubiger der Kapitalerträge eine dem Anteilseigner nahe stehende Person ist, oder

   c) soweit ein Dritter die Kapitalerträge schuldet und diese Kapitalanlage im Zusammenhang mit einer Kapitalüberlassung an einen Betrieb des Gläubigers steht. [2]Dies gilt entsprechend, wenn Kapital überlassen wird

      aa) an eine dem Gläubiger der Kapitalerträge nahestehende Person oder

      bb) an eine Personengesellschaft, bei der der Gläubiger der Kapitalerträge oder eine diesem nahestehende Person als Mitunternehmer beteiligt ist oder

      cc) an eine Kapitalgesellschaft oder Genossenschaft, an der der Gläubiger der Kapitalerträge oder eine diesem nahestehende Person zu mindestens 10 Prozent beteiligt ist,

   sofern der Dritte auf den Gläubiger oder eine diesem nahestehende Person zurückgreifen kann. [3]Ein Zusammenhang ist anzunehmen, wenn die Kapitalanlage und die Kapitalüberlassung auf einem einheitlichen Plan beruhen. [4]Hiervon ist insbesondere dann auszugehen, wenn die Kapitalüberlassung in engem zeitlichen Zusammenhang mit einer Kapitalanlage steht oder die jeweiligen Zinsvereinbarungen miteinander verknüpft sind. [5]Von einem Zusammenhang ist jedoch nicht auszugehen, wenn die Zinsvereinbarungen marktüblich sind oder die Anwendung des Absatzes 1 beim Steuerpflichtigen zu keinem Belastungsvorteil führt. [6]Die Sätze 1 bis 5 gelten sinngemäß, wenn das überlassene Kapital vom Gläubiger der Kapitalerträge für die Erzielung von Einkünften im Sinne des § 2 Absatz 1 Satz 1 Nummer 4, 6 und 7 eingesetzt wird.

   [2]Insoweit findet § 20 Absatz 6 und 9 keine Anwendung;

2. für Kapitalerträge im Sinne des § 20 Absatz 1 Nummer 6 Satz 2. [2]Insoweit findet § 20 Absatz 6 keine Anwendung;

3. auf Antrag für Kapitalerträge im Sinne des § 20 Absatz 1 Nummer 1 und 2 aus einer Beteiligung an einer Kapitalgesellschaft, wenn der Steuerpflichtige im Veranlagungszeitraum, für den der Antrag erstmals gestellt wird, unmittelbar oder mittelbar

   a) zu mindestens 25 Prozent an der Kapitalgesellschaft beteiligt ist oder

   b) zu mindestens 1 Prozent an der Kapitalgesellschaft beteiligt und beruflich für diese tätig ist.

   [2]Insoweit finden § 3 Nummer 40 Satz 2 und § 20 Absatz 6 und 9 keine Anwendung. [3]Der Antrag gilt für die jeweilige Beteiligung erstmals für den Veranlagungszeitraum, für den er gestellt worden ist. [4]Er ist spätestens zusammen mit der Einkommensteuererklärung für den jeweiligen Veranlagungszeitraum zu stellen und gilt, solange er nicht widerrufen wird, auch für die folgenden vier Veranlagungszeiträume, ohne dass die Antragsvoraussetzungen erneut zu belegen sind. [5]Die Widerrufserklärung muss dem Finanzamt spätestens mit der Steuererklärung für den Veranlagungszeitraum zugehen, für den die Sätze 1 bis 4 erstmals nicht mehr angewandt werden sollen. [6]Nach einem Widerruf ist ein erneuter Antrag des Steuerpflichtigen für diese Beteiligung an der Kapitalgesellschaft nicht mehr zulässig.

[1]) 4. für sonstige Bezüge im Sinne des § 20 Absatz 1 Nummer 1 Satz 2 und für Einnahmen im Sinne des § 20 Absatz 1 Nummer 9 Satz 1 zweiter Halbsatz, soweit sie das Einkommen der leistenden Körperschaft gemindert haben; dies gilt nicht, soweit die verdeckte Gewinnausschüttung das Einkommen einer dem Steuerpflichtigen nahe stehenden Person erhöht hat und § 32a des Körperschaftsteuergesetzes auf die Veranlagung dieser nahe stehenden Person keine Anwendung findet.

---

[1]) Absatz 2 Nr. 4 i. d. F. des JStG 2010 ist erstmals für den VZ 2011 anzuwenden → § 52a Abs. 15 Satz 2 EStG.

(3) [1]Steuerpflichtige Kapitalerträge, die nicht der Kapitalertragsteuer unterlegen haben, hat der Steuerpflichtige in seiner Einkommensteuererklärung anzugeben. [2]Für diese Kapitalerträge erhöht sich die tarifliche Einkommensteuer um den nach Absatz 1 ermittelten Betrag.

(4) Der Steuerpflichtige kann mit der Einkommensteuererklärung für Kapitalerträge, die der Kapitalertragsteuer unterlegen haben, eine Steuerfestsetzung entsprechend Absatz 3 Satz 2 insbesondere in Fällen eines nicht vollständig ausgeschöpften Sparer-Pauschbetrags, einer Anwendung der Ersatzbemessungsgrundlage nach § 43a Absatz 2 Satz 7, eines noch nicht im Rahmen des § 43a Absatz 3 berücksichtigten Verlusts, eines Verlustvortrags nach § 20 Absatz 6 und noch nicht berücksichtigter ausländischer Steuern, zur Überprüfung des Steuereinbehalts dem Grund oder der Höhe nach oder zur Anwendung von Absatz 1 Satz 3 beantragen.

(5) [1]In den Fällen der Absätze 3 und 4 ist bei unbeschränkt Steuerpflichtigen, die mit ausländischen Kapitalerträgen in dem Staat, aus dem die Kapitalerträge stammen, zu einer der deutschen Einkommensteuer entsprechenden Steuer herangezogen werden, die auf ausländische Kapitalerträge festgesetzte und gezahlte und um einen entstandenen Ermäßigungsanspruch gekürzte ausländische Steuer, jedoch höchstens 25 Prozent ausländische Steuer auf den einzelnen Kapitalertrag, auf die deutsche Steuer anzurechnen. [2]Soweit in einem Abkommen zur Vermeidung der Doppelbesteuerung die Anrechnung einer ausländischen Steuer einschließlich einer als gezahlt geltenden Steuer auf die deutsche Steuer vorgesehen ist, gilt Satz 1 entsprechend. [3]Die ausländischen Steuern sind nur bis zur Höhe der auf die im jeweiligen Veranlagungszeitraum bezogenen Kapitalerträge im Sinne des Satzes 1 entfallenden deutschen Steuer anzurechnen.

(6) [1]Auf Antrag des Steuerpflichtigen werden anstelle der Anwendung der Absätze 1, 3 und 4 die nach § 20 ermittelten Kapitaleinkünfte den Einkünften im Sinne des § 2 hinzugerechnet und der tariflichen Einkommensteuer unterworfen, wenn dies zu einer niedrigeren Einkommensteuer einschließlich der Zuschlagsteuern führt (Günstigerprüfung). [2]Absatz 5 ist mit der Maßgabe anzuwenden, dass die nach dieser Vorschrift ermittelten ausländischen Steuern auf die zusätzliche tarifliche Einkommensteuer anzurechnen sind, die auf die hinzugerechneten Kapitaleinkünfte entfällt. [3]Der Antrag kann für den jeweiligen Veranlagungszeitraum nur einheitlich für sämtliche Kapitalerträge gestellt werden. [4]Bei zusammenveranlagten Ehegatten kann der Antrag nur für sämtliche Kapitalerträge beider Ehegatten gestellt werden.

32d. Gesonderter Tarif für Einkünfte aus Kapitalvermögen

R 32d

Verrechnung von Kapitaleinkünften

(1) Verluste aus Kapitaleinkünften nach § 32d Abs. 1 EStG dürfen nicht mit positiven Erträgen aus Kapitaleinkünften nach § 32d Abs. 2 EStG verrechnet werden.

Nahe stehende Personen

(2) Anders als bei § 32d Abs. 2 Nr. 1 Buchstabe a EStG ist von einem Näheverhältnis i. S. d. § 32d Abs. 2 Nr. 1 Buchstabe b Satz 2 EStG zwischen Personengesellschaft und Gesellschafter nicht schon allein deshalb auszugehen, weil der Gesellschafter einer Kapitalgesellschaft, an der die Personengesellschaft beteiligt ist, ein Darlehen gewährt und dafür Zinszahlungen erhält.

Veranlagungsoption

(3) [1]§ 32d Abs. 2 Nr. 3 Satz 4 EStG dient der Verwaltungsvereinfachung in Form eines erleichterten Nachweises der Tatbestandsvoraussetzungen und ersetzt nicht das Vorliegen einer Beteiligung nach § 32d Abs. 2 Nr. 3 Satz 1 EStG. [2]Sinkt die Beteiligung unter die Grenzen nach § 32d Abs. 2 Nr. 3 Satz 1 Buchstabe a oder b EStG, ist auch innerhalb der Frist des § 32d Abs. 2 Nr. 3 Satz 4 EStG ein Werbungskostenabzug unzulässig.

Hinweise

H 32d

Allgemeines

Einzelfragen zur Abgeltungsteuer → *BMF vom 9. 10. 2012 (BStBl I S. 950); Ergänzung des BMF-Schreibens vom 22. 12. 2009 (BStBl 2010 I S. 94) unter Berücksichtigung der Änderungen durch BMF vom 16. 11. 2010 (BStBl I S. 1305)*

Anrechnung

Die Anrechnung der auf Zinserträge einbehaltenen Kapitalertragsteuer im Rahmen der Einkommensteuer- bzw. Körperschaftsteuerveranlagung (§ 36 Abs. 2 Nr. 2 EStG) setzt auch bei Zinserträgen auf Spareinlagen die Vorlage einer Steuerbescheinigung voraus, die die in § 32d EStG geforderten Angaben enthält.

Die Vorlage eines Sparbuchs, in dem die einbehaltene Kapitalertragsteuer ggf. gesondert ausgewiesen ist, reicht hiernach zur Anrechnung der Kapitalertragsteuer nicht aus.

→ **OFD Frankfurt 26.6.2012, S 2401 A – 2 – St 54 –** (DB 2012 S. 1596)

Beispiel (zu R 32d Abs. 3)

A hielt als Alleingesellschafter 100 % der Anteile an der der A-GmbH. Der Erwerb der Beteiligung wurde fremdfinanziert. Im Rahmen der Einkommensteuererklärung 2011 übte A sein Optionsrecht nach § 32d Abs. 2 Nr. 3 EStG für die Beteiligung an der A-GmbH aus und beantragte den Abzug der angefallenen Schuldzinsen als Werbungskosten bei den Einkünften aus Kapitalvermögen. Am 15.12.2012 veräußerte A die Beteiligung. Dabei verblieb ein Schuldüberhang. Im Rahmen seiner Einkommensteuererklärung 2012 macht A nachträgliche Schuldzinsen als Werbungskosten bei den Einkünften aus Kapitalvermögen geltend.

Lösung:

Da die Voraussetzungen des § 32d Abs. 2 Nr. 3 Satz 1 EStG im VZ 2012 zu keinem Zeitpunkt erfüllt waren, kommt ein Abzug der Schuldzinsen als Werbungskosten bei den Einkünften aus Kapitalvermögen nicht mehr in Betracht.

→ OFD Münster vom 16.3.2012, Kurzinformation Einkommensteuer Nr. 7/2012 (DStR 2012 S. 756)

EStG
S 2284

§ 33 Außergewöhnliche Belastungen

(1) Erwachsen einem Steuerpflichtigen zwangsläufig größere Aufwendungen als der überwiegenden Mehrzahl der Steuerpflichtigen gleicher Einkommensverhältnisse, gleicher Vermögensverhältnisse und gleichen Familienstands (außergewöhnliche Belastung), so wird auf Antrag die Einkommensteuer dadurch ermäßigt, dass der Teil der Aufwendungen, der die dem Steuerpflichtigen zumutbare Belastung (Absatz 3) übersteigt, vom Gesamtbetrag der Einkünfte abgezogen wird.

(2) [1]Aufwendungen erwachsen dem Steuerpflichtigen zwangsläufig, wenn er sich ihnen aus rechtlichen, tatsächlichen oder sittlichen Gründen nicht entziehen kann und soweit die Aufwendungen den Umständen nach notwendig sind und einen angemessenen Betrag nicht übersteigen. [2]Aufwendungen, die zu den Betriebsausgaben, Werbungskosten oder Sonderausgaben gehören, bleiben dabei außer Betracht; das gilt für Aufwendungen im Sinne des § 10 Absatz 1 Nummer 7 oder 9 nur [1] insoweit, als sie als Sonderausgaben abgezogen werden können. [3]Aufwendungen, die durch Diätverpflegung entstehen, können nicht als außergewöhnliche Belastung berücksichtigt werden.

(3) [1]Die zumutbare Belastung beträgt

bei einem Gesamtbetrag der Einkünfte	bis 15 340 Euro	über 15 340 Euro bis 51 130 Euro	über 51 130 Euro
1. bei Steuerpflichtigen, die keine Kinder haben und bei denen die Einkommensteuer			
a) nach § 32a Absatz 1,	5	6	7
b) nach § 32a Absatz 5 oder 6 (Splitting-Verfahren) zu berechnen ist;	4	5	6
2. bei Steuerpflichtigen mit			
a) einem Kind oder zwei Kindern,	2	3	4
b) drei oder mehr Kindern	1	1	2
		Prozent des Gesamtbetrags der Einkünfte.	

[2]Als Kinder des Steuerpflichtigen zählen die, für die er Anspruch auf einen Freibetrag nach § 32 Absatz 6 oder Kindergeld hat.

(4) Die Bundesregierung wird ermächtigt, durch Rechtsverordnung mit Zustimmung des Bundesrates die Einzelheiten des Nachweises von Aufwendungen nach Absatz 1 zu bestimmen.

---

[1] *Absatz 2 Satz 2 wurde durch das Steuervereinfachungsgesetz 2011 ab VZ 2012 geändert.*

§ 64   Nachweis von Krankheitskosten[1]

(1) Den Nachweis der Zwangsläufigkeit von Aufwendungen im Krankheitsfall hat der Steuerpflichtige zu erbringen:

1. *durch eine Verordnung eines Arztes oder Heilpraktikers für Arznei-, Heil- und Hilfsmittel (§§ 2, 23, 31 bis 33 des Fünften Buches Sozialgesetzbuch);*

2. *durch ein amtsärztliches Gutachten oder eine ärztliche Bescheinigung eines Medizinischen Dienstes der Krankenversicherung (§ 275 des Fünften Buches Sozialgesetzbuch) für*

   a) *eine Bade- oder Heilkur; bei einer Vorsorgekur ist auch die Gefahr einer durch die Kur abzuwendenden Krankheit, bei einer Klimakur der medizinisch angezeigte Kurort und die voraussichtliche Kurdauer zu bescheinigen,*

   b) *eine psychotherapeutische Behandlung; die Fortführung einer Behandlung nach Ablauf der Bezuschussung durch die Krankenversicherung steht einem Behandlungsbeginn gleich,*

   c) *eine medizinisch erforderliche auswärtige Unterbringung eines an Legasthenie oder einer anderen Behinderung leidenden Kindes des Steuerpflichtigen,*

   d) *die Notwendigkeit der Betreuung des Steuerpflichtigen durch eine Begleitperson, sofern sich diese nicht bereits aus dem Nachweis der Behinderung nach § 65 Absatz 1 Nummer 1 ergibt,*

   e) *medizinische Hilfsmittel, die als allgemeine Gebrauchsgegenstände des täglichen Lebens im Sinne von § 33 Absatz 1 des Fünften Buches Sozialgesetzbuch anzusehen sind,*

   f) *wissenschaftlich nicht anerkannte Behandlungsmethoden, wie z. B. Frisch- und Trockenzellenbehandlungen, Sauerstoff-, Chelat- und Eigenbluttherapie.*

   Der nach Satz 1 zu erbringende Nachweis muss vor Beginn der Heilmaßnahme oder dem Erwerb des medizinischen Hilfsmittels ausgestellt worden sein;

3. *durch eine Bescheinigung des behandelnden Krankenhausarztes für Besuchsfahrten zu einem für längere Zeit in einem Krankenhaus liegenden Ehegatten oder Kind des Steuerpflichtigen, in dem bestätigt wird, dass der Besuch des Steuerpflichtigen zur Heilung oder Linderung einer Krankheit entscheidend beitragen kann.*

(2) Die zuständigen Gesundheitsbehörden haben auf Verlangen des Steuerpflichtigen die für steuerliche Zwecke erforderlichen Gesundheitszeugnisse, Gutachten oder Bescheinigungen auszustellen.

33.1. Außergewöhnliche Belastungen allgemeiner Art

[1]§ 33 EStG setzt eine Belastung des Stpfl. auf Grund außergewöhnlicher und dem Grunde und der Höhe nach zwangsläufiger Aufwendungen voraus. [2]Der Stpfl. ist belastet, wenn ein Ereignis in seiner persönlichen Lebenssphäre ihn zu Ausgaben zwingt, die er selbst endgültig zu tragen hat. [3]Die Belastung tritt mit der Verausgabung ein. [4]Zwangsläufigkeit dem Grunde nach wird in der Regel auf Aufwendungen des Stpfl. für sich selbst oder für Angehörige i. S. d. § 15 AO beschränkt sein. [5]Aufwendungen für andere Personen können diese Voraussetzung nur ausnahmsweise erfüllen (sittliche Pflicht).

33.2. Aufwendungen für existentiell notwendige Gegenstände

Aufwendungen zur Wiederbeschaffung oder Schadensbeseitigung können im Rahmen des Notwendigen und Angemessenen unter folgenden Voraussetzungen als außergewöhnliche Belastung berücksichtigt werden:.

1. Sie müssen einen existentiell notwendigen Gegenstand betreffen – dies sind Wohnung, Hausrat und Kleidung, nicht aber z. B. ein PKW oder eine Garage.

2. Der Verlust oder die Beschädigung muss durch ein unabwendbares Ereignis wie Brand, Hochwasser, Kriegseinwirkung, Vertreibung, politische Verfolgung verursacht sein, oder von dem Gegenstand muss eine → Gesundheitsgefährdung ausgehen, die beseitigt werden muss und die nicht auf Verschulden des Stpfl. oder seines Mieters oder auf einen Baumangel zurückzuführen ist (z. B. bei Schimmelpilzbildung).

3. Dem Stpfl. müssen tatsächlich finanzielle Aufwendungen entstanden sein; ein bloßer Schadenseintritt reicht zur Annahme von Aufwendungen nicht aus.

---

[1] § 64 EStDV wurde durch das Steuervereinfachungsgesetz 2011 neu gefasst und ist in allen Fällen anzuwenden, in denen die Einkommensteuer noch nicht bestandskräftig festgesetzt ist → § 84 Abs. 3f EStDV.

4. Die Aufwendungen müssen ihrer Höhe nach notwendig und angemessen sein und werden nur berücksichtigt, soweit sie den Wert des Gegenstandes im Vergleich zu vorher nicht übersteigen.

5. Nur der endgültig verlorene Aufwand kann berücksichtigt werden, d. h. die Aufwendungen sind um einen etwa nach Schadenseintritt noch vorhandenen Restwert zu kürzen.

6. Der Stpfl. muss glaubhaft darlegen, dass er den Schaden nicht verschuldet hat und dass realisierbare Ersatzansprüche gegen Dritte nicht bestehen.

7. Ein Abzug scheidet aus, sofern der Stpfl. zumutbare Schutzmaßnahmen unterlassen oder eine allgemein zugängliche und übliche Versicherungsmöglichkeit nicht wahrgenommen hat.

8. Das schädigende Ereignis darf nicht länger als drei Jahre zurückliegen, bei Baumaßnahmen muss mit der Wiederherstellung oder Schadensbeseitigung innerhalb von drei Jahren nach dem schädigenden Ereignis begonnen worden sein.

R 33.3   33.3. Aufwendungen wegen Pflegebedürftigkeit und erheblich eingeschränkter Alltagskompetenz

Voraussetzungen und Nachweis

(1) [1]Zu dem begünstigten Personenkreis zählen pflegebedürftige Personen, bei denen mindestens ein Schweregrad der Pflegebedürftigkeit i. S. d. §§ 14, 15 SGB XI besteht und Personen, bei denen eine erhebliche Einschränkung der Alltagskompetenz nach § 45a SGB XI festgestellt wurde. [2]Der Nachweis ist durch eine Bescheinigung (z. B. Leistungsbescheid oder -mitteilung) der sozialen Pflegekasse oder des privaten Versicherungsunternehmens, das die private Pflegeversicherung durchführt, oder nach § 65 Abs. 2 EStDV zu führen. [3]Pflegekosten von Personen, die nicht zu dem nach Satz 1 begünstigten Personenkreis zählen und ambulant gepflegt werden, können ohne weiteren Nachweis auch dann als außergewöhnliche Belastungen berücksichtigt werden, wenn sie von einem anerkannten Pflegedienst nach § 89 SGB XI gesondert in Rechnung gestellt worden sind.

Eigene Pflegeaufwendungen

S 2284

(2) [1]Zu den Aufwendungen infolge Pflegebedürftigkeit und erheblich eingeschränkter Alltagskompetenz zählen sowohl Kosten für die Beschäftigung einer ambulanten Pflegekraft und/oder die Inanspruchnahme von Pflegediensten, von Einrichtungen der Tages- oder Nachtpflege, der Kurzzeitpflege oder von nach Landesrecht anerkannten niedrigschwelligen Betreuungsangeboten als auch Aufwendungen zur Unterbringung in einem Heim. [2]Wird bei einer Heimunterbringung wegen Pflegebedürftigkeit der private Haushalt aufgelöst, ist die Haushaltsersparnis mit dem in § 33a Abs. 1 Satz 1 EStG genannten Höchstbetrag der abziehbaren Aufwendungen anzusetzen. [3]Liegen die Voraussetzungen nur während eines Teiles des Kalenderjahres vor, sind die anteiligen Beträge anzusetzen ($1/_{360}$ pro Tag, $1/_{12}$ pro Monat).

(3) – unbesetzt –

Konkurrenz zu § 33b Abs. 3 EStG

(4) [1]Die Inanspruchnahme eines Pauschbetrages nach § 33b Abs. 3 EStG schließt die Berücksichtigung von *Pflegeaufwendungen* nach Absatz 2 im Rahmen des § 33 EStG aus. [2]*Zur Berücksichtigung eigener Aufwendungen der Eltern für ein behindertes Kind* → R 33b. Abs. 2.

Pflegeaufwendungen für Dritte

(5) Hat der pflegebedürftige Dritte im Hinblick auf sein Alter oder eine etwaige Bedürftigkeit dem Stpfl. Vermögenswerte zugewendet, z. B. ein Hausgrundstück, kommt ein Abzug der Pflegeaufwendungen nur in der Höhe in Betracht, wie die Aufwendungen den Wert des hingegebenen Vermögens übersteigen.[1]

R 33.4   33.4. Aufwendungen wegen Krankheit *und* Behinderung *sowie für Integrationsmaßnahmen*

Nachweis

S 2284

(1) [1]Der Nachweis von Krankheitskosten ist nach § 64 EStDV zu führen. [2]Bei Aufwendungen für eine Augen-Laser-Operation ist die Vorlage eines amtsärztlichen Attests nicht erforderlich. [3]Bei einer andauernden Erkrankung mit anhaltendem Verbrauch bestimmter Arznei-, Heil- und Hilfsmittel reicht die einmalige Vorlage einer Verordnung. [4]Wurde die Notwendigkeit einer Seh-

---

[1] Anm.: → BFH vom 12. 11. 1996 (BStBl 1997 II S. 387).

*hilfe in der Vergangenheit durch einen Augenarzt festgestellt, genügt in den Folgejahren die Seh-
schärfenbestimmung durch einen Augenoptiker. [5]Als Nachweis der angefallenen Krankheitsauf-
wendungen kann auch die Vorlage der Erstattungsmitteilung der privaten Krankenversicherung
oder der Beihilfebescheid einer Behörde ausreichen. [6]Diese Erleichterung entbindet den Stpfl.
aber nicht von der Verpflichtung, dem Finanzamt die Zwangsläufigkeit, Notwendigkeit und Angemessenheit nicht erstatteter Aufwendungen auf Verlangen nachzuweisen. [7]Wurde die Notwendigkeit einer Kur offensichtlich im Rahmen der Bewilligung von Zuschüssen oder Beihilfen anerkannt, genügt bei Pflichtversicherten die Bescheinigung der Versicherungsanstalt und bei
öffentlich Bediensteten der Beihilfebescheid.*

Privatschulbesuch

(2) [1]Ist ein Kind ausschließlich wegen einer Behinderung im Interesse einer angemessenen
Berufsausbildung auf den Besuch einer Privatschule (Sonderschule oder allgemeine Schule in privater Trägerschaft) mit individueller Förderung angewiesen, weil eine geeignete öffentliche Schule
oder eine den schuldgeldfreien Besuch ermöglichende geeignete Privatschule nicht zur Verfügung
steht oder nicht in zumutbarer Weise erreichbar ist, ist das Schulgeld dem Grunde nach als außergewöhnliche Belastung nach § 33 EStG – neben einem auf den Stpfl. übertragbaren Pauschbetrag
für behinderte Menschen – zu berücksichtigen. [2]Der Nachweis, dass der Besuch der Privatschule
erforderlich ist, muss durch eine Bestätigung der zuständigen obersten Landeskultusbehörde oder
der von ihr bestimmten Stelle geführt werden.

Kur

(3) [1]Kosten für Kuren im Ausland sind in der Regel nur bis zur Höhe der Aufwendungen anzuerkennen, die in einem dem Heilzweck entsprechenden inländischen Kurort entstehen würden.
[2]Verpflegungsmehraufwendungen anlässlich einer Kur können nur in tatsächlicher Höhe nach
Abzug der Haushaltsersparnis von 1/5 der Aufwendungen berücksichtigt werden.

Aufwendungen behinderter Menschen für Verkehrsmittel

(4) Macht ein gehbehinderter Stpfl. neben den Aufwendungen für Privatfahrten mit dem eigenen
Pkw auch solche für andere Verkehrsmittel (z. B. für Taxis) geltend, ist die als noch angemessen
anzusehende jährliche Fahrleistung von 3 000 km (beim GdB von mindestens 80 oder GdB von
mindestens 70 und Merkzeichen G) – bzw. von 15 000 km (bei Merkzeichen aG, BI oder H) – entsprechend zu kürzen. *[2]Die Aufwendungen für die behindertengerechte Umrüstung eines PKWs
können im VZ des Abflusses als außergewöhnliche Belastungen neben den angemessenen Aufwendungen für Fahrten berücksichtigt werden. [3]Eine Verteilung auf mehrere VZ ist nicht zulässig.*

Behinderungsbedingte Baukosten

*(5) [1]Um- oder Neubaukosten eines Hauses oder einer Wohnung können im VZ des Abflusses
eine außergewöhnliche Belastung darstellen, soweit die Baumaßnahme durch die Behinderung
bedingt ist. [2]Eine Verteilung auf mehrere VZ ist nicht zulässig. [3]Für den Nachweis der Zwangsläufigkeit der Aufwendungen ist die Vorlage folgender Unterlagen ausreichend:*

– *der Bescheid eines gesetzlichen Trägers der Sozialversicherung oder der Sozialleistungen
über die Bewilligung eines pflege- bzw. behinderungsbedingten Zuschusses (z. B. zur Verbesserung des individuellen Wohnumfeldes nach § 40 Abs. 4 SGB XI) oder*

– *das Gutachten des Medizinischen Dienstes der Krankenversicherung (MDK), des Sozialmedizi-
nischen Dienstes (SMD) oder der Medicproof Gesellschaft für Medizinische Gutachten mbH.*

Aufwendungen für Deutsch- und Integrationskurse

*(6) [1]Aufwendungen für den Besuch von Sprachkursen, in denen Deutsch gelehrt wird, sind
nicht als außergewöhnliche Belastungen abziehbar. [2]Gleiches gilt für Integrationskurse, es sei
denn, der Stpfl. weist durch Vorlage einer Bestätigung der Teilnahmeberechtigung nach § 6 Abs. 1
Satz 1 und 3 der Verordnung über die Durchführung von Integrationskursen für Ausländer und
Spätaussiedler nach, dass die Teilnahme am Integrationskurs verpflichtend war und damit aus
rechtlichen Gründen zwangsläufig erfolgte.*

Hinweise

H 33.1–33.4

Abzugsberechtigte Person

Bei den außergewöhnlichen Belastungen kommt der Abzug von Aufwendungen eines Dritten
auch unter dem Gesichtspunkt der Abkürzung des Vertragswegs nicht in Betracht (→ BMF
vom 7. 7. 2008 – BStBl I S. 717).

Abkürzung des Zahlungsweges

Bei den außergewöhnlichen Belastungen kommt der Abzug von Aufwendungen eines Dritten auch unter dem Gesichtspunkt der Abkürzung des Vertragswegs nicht in Betracht (→ BMF vom 7.7.2008 – BStBl I S. 717).

Adoption

– Aufwendungen im Zusammenhang mit einer Adoption sind nicht zwangsläufig (→ BFH vom 13. 3. 1987 – BStBl II S. 495 und vom 20. 3. 1987 – BStBl II S. 596).

– Adoptionskosten unfreiwillig kinderloser Eltern sind auch unter Berücksichtigung der neueren Rechtsprechung des BFH zur Berücksichtigungsfähigkeit von Aufwendungen für eine homologe künstliche Befruchtung nicht als außergewöhnliche Belastungen im Sinne von § 33 Abs. 1 EStG anzuerkennen (→ FG Hamburg vom 8. 6. 1999 – EFG 1999 S. 1132).

Asbestbeseitigung

Die tatsächliche Zwangsläufigkeit von Aufwendungen zur Beseitigung von Asbest ist nicht anhand der abstrakten Gefährlichkeit von Asbestfasern zu beurteilen; erforderlich sind zumindest konkret zu befürchtende Gesundheitsgefährdungen. Denn die Notwendigkeit einer Asbestsanierung hängt wesentlich von der verwendeten Asbestart und den baulichen Gegebenheiten ab (→ BFH vom 29.3.2012 – BStBl II S. 570).

→ Gesundheitsgefährdung

→ Formaldehydschaden

Asyl

Die Anerkennung als Asylberechtigter lässt nicht ohne weiteres auf ein unabwendbares Ereignis für den Verlust von Hausrat und Kleidung schließen (→ BFH vom 26. 4. 1991 – BStBl II S. 755).

Auflagen

Aufwendungen zur Erfüllung von Auflagen und Weisungen sind bei einer Einstellung des Strafverfahrens nach § 153a Abs. 2 StPO nicht als außergewöhnliche Belastung zu berücksichtigen (→ BFH vom 19. 12. 1995 – BStBl 1996 II S. 197).

Aussiedlung und Übersiedlung

Bei Übersiedlung bzw. Aussiedlung nach diesem Zeitpunkt können die Aufwendungen für die Wiederbeschaffung von Hausrat und Kleidung nicht als außergewöhnliche Belastung anerkannt werden, es sei denn, es wird im Einzelfall ein unabwendbares Ereignis glaubhaft gemacht (→ BMF vom 25. 4. 1990 – BStBl I S. 222).

Außergewöhnlich

Außergewöhnlich sind Aufwendungen, wenn sie nicht nur der Höhe, sondern auch ihrer Art und dem Grunde nach außerhalb des Üblichen liegen und insofern nur einer Minderheit entstehen. Die typischen Aufwendungen der Lebensführung sind aus dem Anwendungsbereich des § 33 EStG ungeachtet ihrer Höhe im Einzelfall ausgeschlossen (→ BFH vom 29. 9. 1989 – BStBl 1990 II S. 418, vom 19. 5. 1995 – BStBl II S. 774, vom 22. 10. 1996 – BStBl 1997 II S. 558 und vom 12. 11. 1996 – BStBl 1997 II S. 387.

Aussteuer

Aufwendungen für die Aussteuer einer heiratenden Tochter sind regelmäßig nicht als zwangsläufig anzusehen. Dies gilt auch dann, wenn die Eltern ihrer Tochter keine Berufsausbildung gewährt haben (→ BFH vom 3. 6. 1987 – BStBl II S. 779).

Behindertengerechte Ausstattung

– Mehraufwendungen für die notwendige behindertengerechte Gestaltung des individuellen Wohnumfelds sind außergewöhnliche Belastungen. Sie stehen so stark unter dem Gebot der sich aus der Situation ergebenden Zwangsläufigkeit, dass die Erlangung eines etwaigen Gegenwerts regelmäßig in den Hintergrund tritt. Es ist nicht erforderlich, dass die Behinderung auf einem nicht vorhersehbaren Ereignis beruht und deshalb ein schnelles Handeln des Stpfl.

oder seiner Angehörigen geboten ist. Auch die Frage nach zumutbaren Handlungsalternativen stellt sich in solchen Fällen nicht (→ BFH vom 24. 2. 2011 – BStBl II S. 1012).
– *R 33.4 Abs. 5*

Bestattungskosten

eines nahen Angehörigen sind regelmäßig als außergewöhnliche Belastung zu berücksichtigen, soweit sie nicht aus dem Nachlass bestritten werden können und auch nicht durch Ersatzleistungen gedeckt sind (→ BFH vom 8. 9. 1961 – BStBl 1962 III S. 31, vom 19. 10. 1990 – BStBl 1991 II S. 140, vom 17. 6. 1994 – BStBl II S. 754 und vom 22. 2. 1996 – BStBl II S. 413). Leistungen aus einer Sterbegeldversicherung oder aus einer Lebensversicherung, die dem Stpfl. anlässlich des Todes eines nahen Angehörigen außerhalb des Nachlasses zufließen, sind auf die als außergewöhnliche Belastung anzuerkennenden Kosten anzurechnen (→ BFH vom 19. 10. 1990 – BStBl 1991 II S. 140 und vom 22. 2. 1996 – BStBl II S. 413).

Zu den außergewöhnlichen Belastungen gehören nur solche Aufwendungen, die unmittelbar mit der eigentlichen Bestattung zusammenhängen. Nur mittelbar mit einer Bestattung zusammenhängende Kosten werden mangels Zwangsläufigkeit nicht als außergewöhnliche Belastung anerkannt. Zu diesen mittelbaren Kosten gehören z. B.:

– Aufwendungen für die Bewirtung von Trauergästen (→ BFH vom 17. 9. 1987 – BStBl 1988 II S. 130),

– Aufwendungen für die Trauerkleidung (→ BFH vom 12. 8. 1966 – BStBl 1967 III S. 364),

– Reisekosten für die Teilnahme an einer Bestattung eines nahen Angehörigen (→ BFH vom 17. 6. 1994 – BStBl II S. 754).

Betreuervergütung

Vergütungen für einen ausschließlich zur Vermögenssorge bestellten Betreuer stellen keine außergewöhnlichen Belastungen, sondern Betriebsausgaben bzw. Werbungskosten bei den mit dem verwalteten Vermögen erzielten Einkünften dar, sofern die Tätigkeit des Betreuers weder einer kurzfristigen Abwicklung des Vermögens noch der Verwaltung ertraglosen Vermögens dient (→ BFH vom 14. 9. 1999 – BStBl 2000 II S. 69).

Betrug

Durch Betrug veranlasste vergebliche Zahlungen für einen Grundstückskauf sind nicht zwangsläufig (→ BFH vom 19. 5. 1995 – BStBl II S. 774).

Darlehen

Werden die Ausgaben über Darlehen finanziert, tritt die Belastung bereits im Zeitpunkt der Verausgabung ein (→ BFH vom 10. 6. 1988 – BStBl II S. 814).
→ Verausgabung

Darlehenstilgung nach dem BAföG

Die Rückzahlung eines Darlehens nach dem BAföG ist keine außergewöhnliche Belastung i. S. d. § 33 Abs. 1 EStG (→ FG Münster vom 11. 6. 1996 – EFG 1996 S. 1224).

Diätverpflegung

Aufwendungen, die durch Diätverpflegung entstehen, sind von der Berücksichtigung als außergewöhnliche Belastung auch dann ausgeschlossen, wenn die Diätverpflegung an die Stelle einer sonst erforderlichen medikamentösen Behandlung tritt (→ BFH vom 21. 6. 2007 – BStBl II S. 880).

Eigene Pflegeaufwendungen

– Ob die Pflegebedürftigkeit bereits vor Beginn des Heimaufenthalts oder erst später eingetreten ist, ist ohne Bedeutung (→ BMF vom 20. 1. 2003 – BStBl I S. 89).

– Werden die Aufwendungen des Stpfl. für seine behinderungsbedingte Unterbringung in einem Altenwohnheim als außergewöhnliche Belastung nach § 33 EStG berücksichtigt, steht dem Steuerpflichtigen daneben der Behinderten-Pauschbetrag nach § 33b Abs. 3 Satz 3 EStG nicht zu (→ BFH vom 4. 11. 2004 – BStBl 2005 II S. 271).

Eltern-Kind-Verhältnis

Aufwendungen des nichtsorgeberechtigten Elternteils zur Kontaktpflege sind nicht außergewöhnlich (→ BFH vom 27. 9. 2007 – BStBl 2008 II S. 287).

Anm.: → BFH vom 27. 9. 2007 – III R 28/05 – BStBl 2008 II S. 287

Ergänzungspflegervergütung

Wird für einen Minderjährigen im Zusammenhang mit einer Erbauseinandersetzung die Anordnung einer Ergänzungspflegschaft erforderlich, sind die Aufwendungen hierfür nicht als außergewöhnliche Belastungen zu berücksichtigen (→ BFH vom 14. 9. 1999 – BStBl 2000 II S. 69).

Erpressungsgelder

Erpressungsgelder sind keine außergewöhnlichen Belastungen, wenn der Erpressungsgrund selbst und ohne Zwang geschaffen worden ist (→ BFH vom 18. 3. 2004 – BStBl II S. 867).

Ersatz von dritter Seite

Ersatz und Unterstützungen von dritter Seite zum Ausgleich der Belastung sind von den berücksichtigungsfähigen Aufwendungen abzusetzen, es sei denn, die vertragsgemäße Erstattung führt zu steuerpflichtigen Einnahmen beim Stpfl. (→ BFH vom 14. 3. 1975 – BStBl II S. 632 und vom 6. 5. 1994 – BStBl 1995 II S. 104). Die Ersatzleistungen sind auch dann abzusetzen, wenn sie erst in einem späteren Kalenderjahr gezahlt werden, der Stpfl. aber bereits in dem Kalenderjahr, in dem die Belastung eingetreten ist, mit der Zahlung rechnen konnte (→ BFH vom 21. 8. 1974 – BStBl 1975 II S. 14). Werden Ersatzansprüche gegen Dritte nicht geltend gemacht, entfällt die Zwangsläufigkeit, wobei die Zumutbarkeit Umfang und Intensität der erforderlichen Rechtsverfolgung bestimmt (→ BFH vom 20. 9. 1991 – BStBl 1992 II S. 137 und vom 18. 6. 1997 – BStBl II S. 805). Der Verzicht auf die Inanspruchnahme von staatlichen Transferleistungen (z. B. Eingliederungshilfe nach § 35a SGB VIII) steht dem Abzug von Krankheitskosten als außergewöhnliche Belastungen nicht entgegen (→ BFH vom 11. 11. 2010 – BStBl 2011 II S. 969). Der Abzug von Aufwendungen nach § 33 EStG ist ausgeschlossen, wenn der Stpfl. eine allgemein zugängliche und übliche Versicherungsmöglichkeit nicht wahrgenommen hat (→ BFH vom 6. 5. 1994 – BStBl 1995 II S. 104). Dies gilt auch, wenn lebensnotwendige Vermögensgegenstände, wie Hausrat und Kleidung wiederbeschafft werden müssen (→ BFH vom 26. 6. 2003 – BStBl 2004 II S. 47).

– **Hausratversicherung**

Anzurechnende Leistungen aus einer Hausratversicherung sind nicht aufzuteilen in einen Betrag, der auf allgemein notwendigen und angemessenen Hausrat entfällt, und in einen solchen, der die Wiederbeschaffung von Gegenständen und Kleidungsstücken gehobenen Anspruchs ermöglichen soll (→ BFH vom 30. 6. 1999 – BStBl II S. 766).

– **Krankenhaustagegeldversicherungen**

Bis zur Höhe der durch einen Krankenhausaufenthalt verursachten Kosten sind die Leistungen abzusetzen, nicht aber Leistungen aus einer Krankentagegeldversicherung (→ BFH vom 22. 10. 1971 – BStBl 1972 II S. 177).

– **Private Pflegezusatzversicherung**

Das aus einer privaten Pflegezusatzversicherung bezogene Pflege(tage)geld mindert die abziehbaren Pflegekosten (→ BFH vom 14. 4. 2011 – BStBl II S. 701).

Fahrtkosten, allgemein

Unumgängliche Fahrtkosten, die dem Grunde nach als außergewöhnliche Belastung zu berücksichtigen sind, sind bei Benutzung eines Pkw nur in Höhe der Kosten für die Benutzung eines öffentlichen Verkehrsmittels abziehbar, es sei denn, es bestand keine zumutbare öffentliche Verkehrsverbindung (→ BFH vom 3. 12. 1998 – BStBl 1999 II S. 227).

→ Fahrtkosten behinderter Menschen

→ Familienheimfahrten

→ Kur

→ Mittagsheimfahrt

→ Pflegeaufwendungen für Dritte

→ Zwischenheimfahrten

Fahrtkosten behinderter Menschen

Kraftfahrzeugkosten bei behinderter Menschen können im Rahmen der Angemessenheit neben den Pauschbeträgen nur wie folgt berücksichtigt werden (→ BMF vom 29. 4. 1996 – BStBl I S. 446 und vom 21. 11. 2001 – BStBl I S. 868):

1. **Bei geh- und stehbehinderten Stpfl. (GdB von mindestens 80 oder GdB von mindestens 70 und Merkzeichen G):**

   Aufwendungen für durch die Behinderung veranlasste unvermeidbare Fahrten sind als außergewöhnliche Belastung anzuerkennen, soweit sie nachgewiesen oder glaubhaft gemacht werden und angemessen sind.

   Aus Vereinfachungsgründen kann im Allgemeinen ein Aufwand für Fahrten bis zu 3 000 km im Jahr als angemessen angesehen werden.

2. **Bei außergewöhnlich gehbehinderten Steuerpflichtigen (Merkzeichen aG), blinden (Merkzeichen Bl) und hilflosen Menschen (Merkzeichen H):**

   In den Grenzen der Angemessenheit dürfen nicht nur die Aufwendungen für durch die Behinderung veranlasste unvermeidbare Fahrten, sondern auch für Freizeit-, Erholungs- und Besuchsfahrten abgezogen werden. Die tatsächliche Fahrleistung ist nachzuweisen oder glaubhaft zu machen. Eine Fahrleistung von mehr als 15 000 km im Jahr liegt in aller Regel nicht mehr im Rahmen des Angemessenen (→ BFH vom 2. 10. 1992 – BStBl 1993 II S. 286). Die Begrenzung auf jährlich 15 000 km gilt ausnahmsweise nicht, wenn die Fahrleistung durch eine berufsqualifizierende Ausbildung bedingt ist, die nach der Art und Schwere der Behinderung nur durch den Einsatz eines Pkw durchgeführt werden kann. In diesem Fall können weitere rein private Fahrten nur noch bis zu 5 000 km jährlich berücksichtigt werden (→ BFH vom 13. 12. 2001 – BStBl 2002 II S. 198).

3. Ein höherer Aufwand als 0,30 €/km ist unangemessen und darf deshalb im Rahmen des § 33 EStG nicht berücksichtigt werden (→ BFH vom 19. 5. 2004 – BStBl II 2005 S. 23). Das gilt auch dann, wenn sich der höhere Aufwand wegen einer nur geringen Jahresfahrleistung ergibt (→ BFH vom 18. 12. 2003 – BStBl 2004 II S. 453).

Die Kosten können auch berücksichtigt werden, wenn sie nicht beim behinderten Menschen selbst, sondern bei einem Stpfl. entstanden sind, auf den der Behinderten-Pauschbetrag nach § 33b Abs. 5 EStG übertragen worden ist; das gilt jedoch nur für solche Fahrten, an denen der behinderte Mensch selbst teilgenommen hat (→ BFH vom 1. 8. 1975 – BStBl II S. 825).

Familienheimfahrten

Aufwendungen verheirateter Wehrpflichtiger für Familienheimfahrten sind keine außergewöhnliche Belastung (→ BFH vom 5. 12. 1969 – BStBl 1970 II S. 210).

Fehlbelegungsabgabe

Mit dem Beschluss vom 26. 3. 1996 – 2 BvR 1810/95 – hat die 1. Kammer des Zweiten Senats des BVerfG die Verfassungsbeschwerde gegen ein Urteil des Hessischen Finanzgerichts nicht zur Entscheidung angenommen, durch welches das Gericht festgestellt hatte, die Fehlbelegungsabgabe erfülle nicht die nach § 10b EStG an eine Spende zu stellenden Anforderungen und stelle auch keine außergewöhnliche Belastung i. S. d. § 33 EStG dar.

Formaldehydemission

→ Gesundheitsgefährdung

Freiwillige Ablösungen

von laufenden Kosten für die Anstaltsunterbringung eines pflegebedürftigen Kindes sind nicht zwangsläufig (→ BFH vom 14. 11. 1980 – BStBl 1981 II S. 130).

Gegenwert

– Die Erlangung eines Gegenwerts schließt insoweit die Belastung des Stpfl. aus. Ein Gegenwert liegt vor, wenn der betreffende Gegenstand oder die bestellte Leistung eine gewisse Marktfähigkeit besitzen, die in einem bestimmten Verkehrswert zum Ausdruck kommt (→ BFH vom 4. 3. 1983 – BStBl II S. 378 und vom 29. 11. 1991 – BStBl 1992 II S. 290). Bei der Beseitigung eingetretener Schäden an einem Vermögensgegenstand, der für den Stpfl. von existenziell wichtiger Bedeutung ist, ergibt sich ein Gegenwert nur hinsichtlich von Wertverbesserungen, nicht jedoch hinsichtlich des verlorenen Aufwandes (→ BFH vom 6. 5. 1994 – BStBl 1995 II S. 104).

- → Gesundheitsgefährdung
- → Behindertengerechte Ausstattung

Gesundheitsgefährdung

- Geht von einem Gegenstand des existenznotwendigen Bedarfs eine konkrete Gesundheitsgefährdung aus, die beseitigt werden muss (z. B. asbesthaltige Außenfassade des Hauses), sind die Sanierungskosten und die Kosten für eine ordnungsgemäße Entsorgung des Schadstoffs aus tatsächlichen Gründen zwangsläufig entstanden. Die Sanierung muss im Zeitpunkt ihrer Durchführung unerlässlich sein (→ BFH vom 9. 8. 2001 – BStBl 2002 II S. 240und vom 23. 5. 2002 – BStBl II S. 592). Der Stpfl. ist verpflichtet, die medizinische Indikation der Maßnahmen nachzuweisen. Eines amts- oder vertrauensärztlichen Gutachtens bedarf es hierzu nicht (→ BFH vom 11. 11. 2010 – BStBl 2011 II S. 966).
- Tauscht der Stpfl. gesundheitsgefährdende Gegenstände des existenznotwendigen Bedarfs aus, steht die Gegenwertlehre dem Abzug der Aufwendungen nicht entgegen. Der sich aus der Erneuerung ergebende Vorteil ist jedoch anzurechnen („Neu für Alt") (→ BFH vom 11. 11. 2010 – BStBl 2011 II S. 966).
- *Sind die von einem Gegenstand des existenznotwendigen Bedarfs ausgehenden konkreten Gesundheitsgefährdungen auf einen Dritten zurückzuführen und unterlässt der Stpfl. die Durchsetzung realisierbarer zivilrechtlicher Abwehransprüche, sind die Aufwendungen zur Beseitigung konkreter Gesundheitsgefährdungen nicht abziehbar (→ BFH vom 29.3.2012 – BStBl II S. 570).*
- → Mietzahlungen

Getrennte Veranlagung

Die zumutbare Belastung bei getrennter Veranlagung ist vom G. d. E. beider Ehegatten zu berechnen (→ BFH vom 26. 3. 2009 – BStBl II S. 808).

Gutachter

Ergibt sich aus Gutachten die Zwangsläufigkeit von Aufwendungen gem. § 33 Abs. 2 EStG, können auch die Aufwendungen für das Gutachten berücksichtigt werden (→ BFH vom 23. 5. 2002 – BStBl II S. 592).

Haushaltsersparnis

Wird bei einer Heimunterbringung wegen Pflegebedürftigkeit der private Haushalt aufgelöst, können nur die über die üblichen Kosten der Unterhaltung eines Haushalts hinausgehenden Aufwendungen als außergewöhnliche Belastung berücksichtigt werden (→ BFH vom 22. 8. 1980 – BStBl 1981 II S. 23, vom 29. 9. 1989 – BStBl 1990 II S. 418 und vom 15. 4. 2010 – BStBl II S. 794). Kosten der Unterbringung in einem Krankenhaus können regelmäßig ohne Kürzung um eine Haushaltsersparnis als außergewöhnliche Belastung anerkannt werden.

Heimunterbringung

- Aufwendungen eines nicht pflegebedürftigen Stpfl., der mit seinem pflegebedürftigen Ehegatten in ein Wohnstift übersiedelt, erwachsen nicht zwangsläufig i. S. d. § 33 Abs. 2 Satz 1 EStG (→ BFH vom 15. 4. 2010 – BStBl II S. 794).
- Bei einem durch Krankheit veranlassten Aufenthalt in einem Seniorenheim sind die Kosten für die Unterbringung außergewöhnliche Belastungen. Der Aufenthalt kann auch krankheitsbedingt sein, wenn keine zusätzlichen Pflegekosten entstanden sind und kein Merkmal „H" oder „Bl" im Schwerbehindertenausweis festgestellt ist (→ BFH vom 13. 10. 2010 – BStBl 2011 II S.1010).
- Zur Berücksichtigung der Aufwendungen von Eltern erwachsener behinderter Menschen in vollstationärer Heimunterbringung als außergewöhnliche Belastung → BMF vom 14. 4. 2003 (BStBl I S. 360).
- Kosten für die behinderungsbedingte Unterbringung in einer sozial-therapeutischen Einrichtung können außergewöhnliche Belastungen sein (→ BFH vom 9. 12. 2010 – BStBl 2011 II S. 1011).

Kapitalabfindung von Unterhaltsansprüchen

Der Abzug einer vergleichsweise vereinbarten Kapitalabfindung zur Abgeltung sämtlicher möglicherweise in der Vergangenheit entstandener und künftiger Unterhaltsansprüche eines geschiedenen Ehegatten scheidet in aller Regel wegen fehlender Zwangsläufigkeit aus (→ BFH vom 26. 2. 1998 – BStBl II S. 605).

Krankenhaustagegeldversicherung

Die Leistungen sind von den berücksichtigungsfähigen Aufwendungen abzusetzen (→ BFH vom 22. 10. 1971 – BStBl 1972 II S. 177).

Krankentagegeldversicherung

Die Leistungen sind – im Gegensatz zu Leistungen aus einer Krankenhaustagegeldversicherung – kein Ersatz für Krankenhauskosten (→ BFH vom 22. 10. 1971 – BStBl 1972 II S. 177).

Krankenversicherungsbeiträge

Da Krankenversicherungsbeiträge ihrer Art nach Sonderausgaben sind, können sie auch bei an sich beihilfeberechtigten Angehörigen des öffentlichen Dienstes nicht als außergewöhnliche Belastung berücksichtigt werden, wenn der Stpfl. wegen seines von Kindheit an bestehenden Leidens keine Aufnahme in eine private Krankenversicherung gefunden hat (→ BFH vom 29. 11. 1991 – BStBl 1992 II S. 293).

Krankheitskosten für Unterhaltsberechtigte

Für einen Unterhaltsberechtigten aufgewendete Krankheitskosten können beim Unterhaltspflichtigen grundsätzlich nur insoweit als außergewöhnliche Belastung anerkannt werden, als der Unterhaltsberechtigte nicht in der Lage ist, die Krankheitskosten selbst zu tragen (→ BFH vom 11. 7. 1990 – BStBl 1991 II S. 62). Ein schwerbehindertes Kind, das angesichts der Schwere und der Dauer seiner Erkrankung seinen Grundbedarf und behinderungsbedingten Mehrbedarf nicht selbst zu decken in der Lage ist und bei dem ungewiss ist, ob sein Unterhaltsbedarf im Alter durch Leistungen Unterhaltspflichtiger gedeckt werden kann, darf jedoch zur Altersvorsorge maßvoll Vermögen bilden. Die das eigene Vermögen des Unterhaltsempfängers betreffende Bestimmung des § 33a Abs. 1 Satz 4 EStG kommt im Rahmen des § 33 EStG nicht zur Anwendung (→ BFH vom 11. 2. 2010 – BStBl II S. 621).

Künstliche Befruchtung

– Aufwendungen für eine künstliche Befruchtung, die einem Ehepaar zu einem gemeinsamen Kind verhelfen soll, das wegen Empfängnisunfähigkeit der Ehefrau sonst von ihrem Ehemann nicht gezeugt werden könnte (homologe künstliche Befruchtung), können außergewöhnliche Belastungen sein (→ BFH vom 18. 6. 1997 – BStBl II S. 805). Dies gilt auch für ein nicht verheiratetes Paar, wenn die Richtlinien der ärztlichen Berufsordnungen beachtet werden; insbesondere eine fest gefügte Partnerschaft vorliegt und der Mann die Vaterschaft anerkennen wird (→ BFH vom 10. 5. 2007 – BStBl II S. 871).

– Aufwendungen eines Ehepaares für eine medizinisch angezeigte künstliche Befruchtung mit dem Samen eines Dritten (heterologe künstliche Befruchtung) sind als Krankheitskosten zu beurteilen und damit als außergewöhnliche Belastung zu berücksichtigen (→ BFH vom 16. 12. 2010 – BStBl 2011 S. 414).

– Aufwendungen für eine künstliche Befruchtung nach vorangegangener freiwilliger Sterilisation sind keine außergewöhnlichen Belastungen (→ BFH vom 3. 3. 2005 – BStBl II S. 566).

ergänzend: → BFH vom 21. 2. 2008 – BFH/NV 2008, 1309–1370

Kur

Kosten für eine Kurreise können als außergewöhnliche Belastung nur abgezogen werden, wenn die Kurreise zur Heilung oder Linderung einer Krankheit nachweislich notwendig ist und eine andere Behandlung nicht oder kaum erfolgversprechend erscheint (→ BFH vom 12. 6. 1991 – BStBl II S. 763).

– **Erholungsurlaub/Abgrenzung zur** Heilkur

Im Regelfall ist zur Abgrenzung einer Heilkur vom Erholungsurlaub ärztliche Überwachung zu fordern. Gegen die Annahme einer Heilkur kann auch die Unterbringung in einem Hotel oder Privatquartier anstatt in einem Sanatorium und die Vermittlung durch ein Reisebüro sprechen (→ BFH vom 12. 6. 1991 – BStBl II S. 763).

– **Fahrtkosten**

Als Fahrtkosten zum Kurort sind grundsätzlich die Kosten der öffentlichen Verkehrsmittel anzusetzen (→ BFH vom 12. 6. 1991 – BStBl II S. 763). Die eigenen Kfz-Kosten können nur ausnahmsweise berücksichtigt werden, wenn besondere persönliche Verhältnisse dies erfordern (→ BFH vom 30. 6. 1967 – BStBl III S. 655).

Aufwendungen für Besuchsfahrten zu in Kur befindlichen Angehörigen sind keine außergewöhnliche Belastung (→ BFH vom 16. 5. 1975 – BStBl II S. 536).

– **Nachkur**

Nachkuren in einem typischen Erholungsort sind auch dann nicht abziehbar, wenn sie ärztlich verordnet sind; dies gilt erst recht, wenn die Nachkur nicht unter einer ständigen ärztlichen Aufsicht in einer besonderen Kranken- oder Genesungsanstalt durchgeführt wird (→ BFH vom 4. 10. 1968 – BStBl 1969 II S. 179).

Mediation

Nach den BFH-Urteilen vom 30. 6. 2005 (BStBl 2006 II S. 491 und 492) können Kosten, die durch eine Familienmediation im Ehescheidungsverfahren entstehen, nicht mehr als außergewöhnliche Belastungen nach § 33 EStG berücksichtigt werden. Diese Kosten entstehen dem Stpfl. nach der Rechtsprechung des BFH nicht zwangsläufig, weil in einem Mediationsverfahren lediglich Regelungen über Familiensachen außerhalb des Zwangsverbundes nach § 623 Abs. 1 Satz 3 ZPO vereinbart werden.

→ OFD Hannover vom 11. 5. 2007, S 2284 – 189 – StO 213 (DB 2007 S. 1438)

Medizinische Fachliteratur

Aufwendungen eines Stpfl. für medizinische Fachliteratur sind auch dann nicht als außergewöhnliche Belastungen zu berücksichtigen, wenn die Literatur dazu dient, die Entscheidung für eine bestimmte Therapie oder für die Behandlung durch einen bestimmten Arzt zu treffen (→ BFH vom 6. 4. 1990 – BStBl II S. 958, BFH vom 24. 10. 1995 – BStBl 1996 II S. 88).

Mietzahlungen

Mietzahlungen für eine ersatzweise angemietete Wohnung können als außergewöhnliche Belastung zu berücksichtigen sein, wenn eine Nutzung der bisherigen eigenen Wohnung wegen Einsturzgefahr amtlich untersagt ist. Dies gilt jedoch nur bis zur Wiederherstellung der Bewohnbarkeit oder bis zu dem Zeitpunkt, in dem der Stpfl. die Kenntnis erlangt, dass eine Wiederherstellung der Bewohnbarkeit nicht mehr möglich ist (→ BFH vom 21. 4. 2010 – BStBl II S. 965).

Mittagsheimfahrt

Aufwendungen für Mittagsheimfahrten stellen keine außergewöhnliche Belastung dar, auch wenn die Fahrten wegen des Gesundheitszustands oder einer Behinderung des Stpfl. angebracht oder erforderlich sind (→ BFH vom 4. 7. 1975 – BStBl II S. 738).

Neben den Pauschbeträgen für behinderte Menschen zu berücksichtigende Aufwendungen

→ H 33b

Pflegeaufwendungen

– Ob die Pflegebedürftigkeit bereits vor Beginn des Heimaufenthalts oder erst später eingetreten ist, ist ohne Bedeutung (→ BMF vom 20. 1. 2003 – BStBl I S. 89).
– Aufwendungen wegen Pflegebedürftigkeit sind nur insoweit zu berücksichtigen, als die Pflegekosten die Leistungen der Pflegepflichtversicherung und das aus einer ergänzenden Pflegekrankenversicherung bezogene Pflege(tage)geld übersteigen (→ BFH vom 14. 4. 2011 – BStBl II S. 701).

Pflegeaufwendungen für Dritte

Pflegeaufwendungen (z. B. Kosten für die Unterbringung in einem Pflegeheim), die dem Stpfl. infolge der Pflegebedürftigkeit einer Person erwachsen, der gegenüber der Stpfl. zum Unterhalt verpflichtet ist (z. B. seine Eltern oder Kinder), können grundsätzlich als außergewöhnliche Belastungen abgezogen werden, sofern die tatsächlich angefallenen Pflegekosten von den reinen Unterbringungskosten abgegrenzt werden können (→ BFH vom 12. 11. 1996 – BStBl 1997 II S. 387). Zur Berücksichtigung von besonderem Unterhaltsbedarf einer unterhaltenen Person (z. B. wegen Pflegebedürftigkeit) neben typischen Unterhaltsaufwendungen → BMF vom 2. 12. 2002 (BStBl I S. 1389). Aufwendungen, die einem Stpfl. für die krankheitsbedingte Unterbringung eines Angehörigen in einem Heim entstehen, stellen als Krankheitskosten eine außergewöhnliche Belastung i. S. d. § 33 EStG dar. Ob die Pflegebedürftigkeit bereits vor Beginn des Heimaufenthalts oder erst später eingetreten ist, ist ohne

Bedeutung (→ BMF vom 20. 1. 2003 – BStBl I S. 89). Abziehbar sind neben den Pflegekosten auch die im Vergleich zu den Kosten der normalen Haushaltsführung entstandenen Mehrkosten für Unterbringung und Verpflegung (→ BFH vom 24. 2. 2000 – BStBl II S. 294).

- **Fahrtkosten**

Aufwendungen für Fahrten, um einen kranken Angehörigen, der im eigenen Haushalt lebt, zu betreuen und zu versorgen, können unter besonderen Umständen außergewöhnliche Belastungen sein. Die Fahrten dürfen nicht lediglich der allgemeinen Pflege verwandtschaftlicher Beziehungen dienen (→ BFH vom 6. 4. 1990 – BStBl II S. 958 und vom 22. 10. 1996 – BStBl 1997 II S. 558).

- **Übertragung des gesamten sicheren Vermögens**

→ R 33.3 Abs. 5

Aufwendungen für die Unterbringung und Pflege eines bedürftigen Angehörigen sind nicht als außergewöhnliche Belastung zu berücksichtigen, soweit der Stpfl. von dem Angehörigen dessen gesamtes sicheres Vermögen in einem Zeitpunkt übernommen hat, als dieser sich bereits im Rentenalter befand (→ BFH vom 12. 11. 1996 – BStBl 1997 II S. 387).

- **Zwangsläufigkeit bei persönlicher Pflege**

Aufwendungen, die durch die persönliche Pflege eines nahen Angehörigen entstehen, sind nur dann außergewöhnliche Belastungen, wenn die Übernahme der Pflege unter Berücksichtigung der näheren Umstände des Einzelfalls aus rechtlichen oder sittlichen Gründen i. S. d. § 33 Abs. 2 EStG zwangsläufig ist. Allein das Bestehen eines nahen Verwandtschaftsverhältnisses reicht für die Anwendung des § 33 EStG nicht aus. Bei der erforderlichen Gesamtbewertung der Umstände des Einzelfalls sind u. a. der Umfang der erforderlichen Pflegeleistungen und die Höhe der für den Stpfl. entstehenden Aufwendungen zu berücksichtigen (→ BFH vom 22. 10. 1996 – BStBl 1997 II S. 558).

Praxisgebühr

Bei der Praxisgebühr handelt es sich um zusätzliche Krankheitskosten und damit um außergewöhnliche Belastungen i. S. d. § 33 EStG

→ OFD Frankfurt vom 15. 11. 2004, S 2284 A – 53 – St II 2.06 (DB 2004 S. 2782).

Privatschule

Aufwendungen für den Schulbesuch eines Kindes werden durch die Vorschriften des Familienleistungsausgleichs und § 33a Abs. 2 EStG abgegolten und können daher grundsätzlich nur dann außergewöhnliche Belastungen sein, wenn es sich bei diesen Aufwendungen um unmittelbare Krankheitskosten handelt (→ BFH vom 17. 4. 1997 – BStBl II S. 752).

Außergewöhnliche Belastungen liegen nicht vor, wenn ein Kind ausländischer Eltern, die sich nur vorübergehend im Inland aufhalten, eine fremdsprachliche Schule besucht (→ BFH vom 23. 11. 2000 – BStBl 2001 II S. 132).

Prozesskosten

sind grundsätzlich nicht als außergewöhnliche Belastungen zu berücksichtigen, da es regelmäßig am Merkmal der Zwangsläufigkeit fehlt; das gilt unabhängig davon, ob der Stpfl. Kläger oder Beklagter ist. Ein Abzug kommt ausnahmsweise in Betracht, wenn der Stpfl. ohne den Rechtsstreit Gefahr liefe, seine Existenzgrundlage zu verlieren und seine lebensnotwendigen Bedürfnisse in dem üblichen Rahmen nicht mehr befriedigen zu können (→ BMF vom 20. 12. 2011 – BStBl I S. 1286).

In folgenden Einzelfällen ist nach der Rechtsprechung des BFH die erforderliche Zwangsläufigkeit gegeben und demzufolge ein Abzug der Kosten als außergewöhnliche Belastungen möglich:

- **Scheidung**

Die unmittelbaren und unvermeidbaren Kosten des Scheidungsprozesses sind als zwangsläufig erwachsen anzusehen. Dies sind die Prozesskosten für die Scheidung und den Versorgungsausgleich (sog. Zwangsverbund, § 137 Abs. 1, Abs. 2 Satz 2 FamFG). Aufwendungen für die Auseinandersetzung gemeinsamen Vermögens anlässlich einer Scheidung sind dagegen nicht als außergewöhnliche Belastung zu berücksichtigen, unabhängig davon, ob die Eheleute die Vermögensverteilung selbst regeln oder die Entscheidung dem Familiengericht übertragen (→ BFH vom 30. 6. 2005 – BStBl 2006 II S. 491, 492).

- **Umgangsrecht**

Die Übernahme eines Prozesskostenrisikos kann unter engen Voraussetzungen als zwangsläufig anzusehen sein, wenn ein Rechtsstreit einen für den Stpfl. existentiell wichtigen Bereich berührt (→ BFH vom 9. 5. 1996 – BStBl II S. 596), beispielsweise bei Streitigkeiten über das Umgangsrecht der Eltern mit ihren Kindern (→ BFH vom 4. 12. 2001 – BStBl 2002 II S. 382).

– Vaterschaftsfeststellung

Wird ein Stpfl. auf Feststellung der Vaterschaft und Zahlung des Regelunterhaltes verklagt, sind die ihm auferlegten Prozesskosten zwangsläufig, wenn er ernsthafte Zweifel an seiner Vaterschaft substantiiert dargelegt sowie schlüssige Beweise angeboten hat und wenn sein Verteidigungsvorbringen bei objektiver Betrachtung Erfolg versprechend schien. Ist der Nachweis der Vaterschaft im Verlauf eines Vaterschaftsfeststellungsprozesses mit hinreichender Wahrscheinlichkeit – etwa durch ein Sachverständigengutachten – geführt, sind Prozesskosten, die auf einer Fortsetzung des Prozesses beruhen, nicht mehr zwangsläufig (→ BFH vom 18. 3. 2004 – BStBl II S. 726).

Rechtliche Pflicht

Zahlungen in Erfüllung rechtsgeschäftlicher Verpflichtungen erwachsen regelmäßig nicht zwangsläufig. Unter rechtliche Gründe i. S. v. § 33 Abs. 2 EStG fallen danach nur solche rechtlichen Verpflichtungen, die der Stpfl. nicht selbst gesetzt hat (→ BFH vom 18. 7. 1986 – BStBl II S. 745 und vom 19. 5. 1995 – BStBl II S. 774).

→ Kapitalabfindung von Unterhaltsansprüchen

Regresszahlungen

Regresszahlungen des Vaters eines nichtehelichen Kindes gem. § 1615b BGB für vom Ehemann der Mutter des Kindes (Scheinvater) gewährten Unterhalt sind nicht als außergewöhnliche Belastung abzugsfähig, wenn in den VZ der Unterhaltsgewährung durch den Scheinvater für das Kind ein Anspruch auf Kindergeld oder ein Anspruch auf einen Kinderfreibetrag bestand (→ FG Baden-Württemberg, Freiburg, vom 16. 2. 1995 – EFG 1995 S. 892).

Rentenversicherungsbeiträge

→ Sittliche Pflicht

Sanierung eines selbst genutzten Gebäudes

Aufwendungen für die Sanierung eines selbst genutzten Wohngebäudes, nicht aber die Kosten für übliche Instandsetzungs- und Modernisierungsmaßnahmen oder die Beseitigung von Baumängeln, können als außergewöhnliche Belastung abzugsfähig sein, wenn

– *durch die Baumaßnahmen konkrete Gesundheitsgefährdungen abgewehrt werden z. B. bei einem asbestgedeckten Dach (→ BFH vom 29.3.2012 – BStBl II S. 570) → aber Asbestbeseitigung,*

– *unausweichliche Schäden beseitigt werden, weil eine konkrete und unmittelbar bevorstehende Unbewohnbarkeit des Gebäudes droht und daraus eine aufwändige Sanierung folgt z. B. bei Befall eines Gebäudes mit Echtem Hausschwamm (→ BFH vom 29.3.2012 – BStBl II S. 572),*

– *vom Gebäude ausgehende unzumutbare Beeinträchtigungen behoben werden z. B. Geruchsbelästigungen (→ BFH vom 29.3.2012 – BStBl II S. 574).*

Der Grund für die Sanierung darf weder beim Erwerb des Grundstücks erkennbar gewesen noch vom Grundstückseigentümer verschuldet worden sein. Auch muss der Stpfl. realisierbare Ersatzansprüche gegen Dritte verfolgen, bevor er seine Aufwendungen steuerlich geltend machen kann und er muss sich den aus der Erneuerung ergebenden Vorteil anrechnen lassen („Neu für Alt"). Die Zwangsläufigkeit der Aufwendungen ist anhand objektiver Kriterien nachzuweisen.

→ *Gesundheitsgefährdung*

Schadensersatzleistungen

können zwangsläufig sein, wenn der Stpfl. bei der Schädigung nicht vorsätzlich oder grob fahrlässig gehandelt hat (→ BFH vom 3. 6. 1982 – BStBl II S. 749).

Scheidung

→ Prozesskosten

Schuldzinsen

Schuldzinsen und andere mit einem Kredit in Zusammenhang stehende Aufwendungen können nur dann eine außergewöhnliche Belastung bilden, wenn die Schuldaufnahme durch Ausgaben veranlasst ist, die ihrerseits eine außergewöhnliche Belastung darstellen (→ BFH vom 29. 7. 1997 – BStBl II S. 772).

Sittliche Pflicht

Eine die Zwangsläufigkeit von Aufwendungen begründende sittliche Pflicht ist nur dann zu bejahen, wenn diese so unabdingbar auftritt, dass sie ähnlich einer Rechtspflicht von außen her als eine Forderung oder zumindest Erwartung der Gesellschaft derart auf den Stpfl. einwirkt, dass ihre Erfüllung als eine selbstverständliche Handlung erwartet und die Missachtung dieser Erwartung als moralisch anstößig empfunden wird, wenn das Unterlassen der Aufwendungen also Sanktionen im sittlich-moralischen Bereich oder auf gesellschaftlicher Ebene zur Folge haben kann (→ BFH vom 27. 10. 1989 – BStBl 1990 II S. 294 und vom 22. 10. 1996 – BStBl 1997 II S. 558). Die sittliche Pflicht gilt nur für unabdingbar notwendige Aufwendungen (→ BFH vom 12. 12. 2002 – BStBl 2003 II S. 299). Bei der Entscheidung ist auf alle Umstände des Einzelfalls, insbesondere die persönlichen Beziehungen zwischen den Beteiligten, ihre Einkommens- und Vermögensverhältnisse sowie die konkrete Lebenssituation, bei der Übernahme einer Schuld auch auf den Inhalt des Schuldverhältnisses abzustellen (→ BFH vom 24. 7. 1987 – BStBl II S. 715).

Die allgemeine sittliche Pflicht, in Not geratenen Menschen zu helfen, kann allein die Zwangsläufigkeit nicht begründen (→ BFH vom 8. 4. 1954 – BStBl III S. 188).

Zwangsläufigkeit kann vorliegen, wenn das Kind des Erblassers als Alleinerbe Nachlassverbindlichkeiten erfüllt, die auf existentiellen Bedürfnissen seines in Armut verstorbenen Elternteils unmittelbar vor oder im Zusammenhang mit dessen Tod beruhen (→ BFH vom 24. 7. 1987 – BStBl II S. 715).

Nachzahlungen zur Rentenversicherung eines Elternteils sind nicht aus sittlichen Gründen zwangsläufig, wenn auch ohne die daraus entstehenden Rentenansprüche der Lebensunterhalt des Elternteils sichergestellt ist (→ BFH vom 7. 3. 2002 – BStBl II S. 473).

Spielsucht

Aufwendungen zur Bekämpfung einer Spielsucht sind außergewöhnliche Belastungen, wenn sie medizinisch indiziert sind. Zum Nachweis der medizinischen Notwendigkeit einer Teilnahme an Gruppentreffen suchtgefährdeter Menschen ist grundsätzlich die Vorlage eines vor Beginn der Maßnahme ausgestellten amtsärztlichen oder vertrauensärztlichen Zeugnisses erforderlich (→ BFH vom 21. 7. 1998 – BFH/NV 1999 S. 300).

Sterilisation

Aufwendungen für die Wiederherstellung der Zeugungsfähigkeit nach einer selbst veranlassten Sterilisation sind keine außergewöhnliche Belastung, da es an der Zwangsläufigkeit für diese Aufwendungen fehlt (→ FG Köln vom 1. 12. 1994 – EFG 1995 S. 718).

Strafverfahren

→ Prozesskosten

Studiengebühren

Gebühren für die Hochschulausbildung eines Kindes sind weder nach § 33a Abs. 2 EStG noch nach § 33 EStG als außergewöhnliche Belastung abziehbar (→ BFH vom 17. 12. 2009 – BStBl 2010 II S. 341).

Toupet

Aufwendungen für ein Haarteil (sog. Toupet) können nur dann als außergewöhnliche Belastung anerkannt werden, wenn eine krankheitsbedingte Notwendigkeit der Anschaffung durch ein vor dem Kauf ausgestelltes Attest eines Amts- oder Vertrauensarztes nachgewiesen wird und der Stpfl. vor der Geltendmachung der Aufwendungen als außergewöhnliche Belastung ihre Erstattung ohne Erfolg bei seiner Krankenkasse oder Beihilfestelle schriftlich geltend gemacht hat (→ FG Baden-Württemberg, Freiburg, vom 4. 9. 1998 – EFG 1998 S. 1589).

Trinkgelder

Trinkgelder sind nicht zwangsläufig i. S. d. § 33 Abs. 2 EStG und zwar unabhängig davon, ob die zugrunde liegende Leistung selbst als außergewöhnliche Belastung zu beurteilen ist (→ BFH vom 30.10.2003 – BStBl 2004 II S. 270 und vom 19.4.2012 – BStBl 2012 II S. 577).

Trunksucht

Aufwendungen, die einem Stpfl. durch den Besuch einer Gruppe der Anonymen Alkoholiker entstehen, sind als außergewöhnliche Belastung zu berücksichtigen, wenn die Teilnahme an den Gruppentreffen als therapeutische Maßnahme zur Heilung von Trunksucht medizinisch indiziert ist. Der Nachweis dieser Voraussetzungen ist durch ein vor Beginn der Therapie ausgestelltes amtsärztliches Zeugnis zu erbringen, das auch die voraussichtliche Dauer der empfohlenen Teilnahme an der Gruppentherapie enthält (→ BFH vom 13. 2. 1987 – BStBl II S. 427).

Umgangsrecht

→ Prozesskosten

Umschulungskosten

Kosten für eine Zweitausbildung sind dann nicht berücksichtigungsfähig, wenn die Erstausbildung nicht endgültig ihren wirtschaftlichen Wert verloren hat (→ BFH vom 28. 8. 1997 – BStBl 1998 II S. 183).

Umzug

Umzugskosten sind unabhängig von der Art der Wohnungskündigung durch den Mieter oder Vermieter in der Regel nicht außergewöhnlich (→ BFH vom 28. 2. 1975 – BStBl II S. 482 und vom 23. 6. 1978 – BStBl II S. 526).

Unterbringung eines nahen Angehörigen in einem Heim

→ BMF vom 2. 12. 2002 (BStBl I S. 1389)

Unterhaltsverpflichtung

→ Kapitalabfindung von Unterhaltsansprüchen
→ Pflegeaufwendungen für Dritte

Urlaubsreise

Aufwendungen für die Wiederbeschaffung von Kleidungsstücken, die dem Stpfl. auf einer Urlaubsreise entwendet wurden, können regelmäßig nicht als außergewöhnliche Belastung angesehen werden, weil üblicherweise ein notwendiger Mindestbestand an Kleidung noch vorhanden ist (→ BFH vom 3. 9. 1976 – BStBl II S. 712).

Vaterschaftsfeststellungsprozess

→ Prozesskosten

Verausgabung

Aus dem Zusammenhang der Vorschriften von § 33 Abs. 1 EStG und § 11 Abs. 2 Satz 1 EStG folgt, dass außergewöhnliche Belastungen für das Kalenderjahr anzusetzen sind, in dem die Aufwendungen tatsächlich geleistet worden sind (→ BFH vom 30. 7. 1982 – BStBl II S. 744 und vom 10. 6. 1988 – BStBl II S. 814). Dies gilt grundsätzlich auch, wenn die Aufwendungen (nachträgliche) Anschaffungs- oder Herstellungskosten eines mehrjährig nutzbaren Wirtschaftsguts darstellen (→ BFH vom 22. 10. 2009 – BStBl 2010 II S. 280).

→ Darlehen
→ Ersatz von dritter Seite

Vermögensebene

Auch Kosten zur Beseitigung von Schäden an einem Vermögensgegenstand können Aufwendungen i. S. v. § 33 EStG sein, wenn der Vermögensgegenstand für den Stpfl. von existentiell wichtiger Bedeutung ist. Eine Berücksichtigung nach § 33 EStG scheidet aus, wenn Anhaltspunkte für ein Verschulden des Stpfl. erkennbar oder Ersatzansprüche gegen Dritte gegeben sind oder wenn der Stpfl. eine allgemein zugängliche und übliche Versicherungsmöglichkeit nicht wahrgenommen hat (→ BFH vom 6. 5. 1994 – BStBl 1995 II S. 104). Dies gilt auch, wenn lebensnotwendige Vermögensgegenstände, wie Hausrat und Kleidung wiederbeschafft werden müssen (→ BFH vom 26. 6. 2003 – BStBl 2004 II S. 47).

→ R 33.2

Verschulden

Ein eigenes (ursächliches) Verschulden des Stpfl. schließt die Berücksichtigung von Aufwendungen zur Wiederherstellung von Vermögensgegenständen nach § 33 EStG aus (→ BFH vom 6. 5. 1994 – BStBl 1995 II S. 104).

→ Vermögensebene

Versicherung

Eine Berücksichtigung von Aufwendungen zur Wiederherstellung von Vermögensgegenständen nach § 33 EStG scheidet aus, wenn der Stpfl. eine allgemein zugängliche und übliche Versicherungsmöglichkeit nicht wahrgenommen hat (→ BFH vom 6. 5. 1994 – BStBl 1995 II S. 104). Dies gilt auch, wenn lebensnotwendige Vermögensgegenstände, wie Hausrat und Kleidung wiederbeschafft werden müssen (→ BFH vom 26. 6. 2003 – BStBl 2004 II S. 47).

→ Ersatz von dritter Seite

→ Vermögensebene

→ Bestattungskosten

Wohngemeinschaft

Nicht erstattete Kosten für die behinderungsbedingte Unterbringung eines Menschen im arbeitsfähigen Alter in einer betreuten Wohngemeinschaft können außergewöhnliche Belastungen sein. Werden die übrigen Kosten vom Sozialhilfeträger übernommen, kann die Notwendigkeit der Unterbringung unterstellt werden (→ BFH vom 23. 5. 2002 – BStBl II S. 567).

Zinsen

Zinsen für ein Darlehen können ebenfalls zu den außergewöhnlichen Belastungen zählen, soweit die Darlehensaufnahme selbst zwangsläufig erfolgt ist (→ BFH vom 6. 4. 1990 – BStBl II S. 958); sie sind im Jahr der Verausgabung abzuziehen.

Zivilprozess

→ Prozesskosten

Zwischenheimfahrten

Fahrtkosten aus Anlass von Zwischenheimfahrten können als sog. mittelbare Krankheitskosten nicht berücksichtigt werden. Dies gilt nicht für Kosten der Zwischenheimfahrten einer Begleitperson, die ein krankes, behandlungsbedürftiges Kind, das altersbedingt einer Begleitperson bedarf, zum Zwecke einer amtsärztlich bescheinigten Heilbehandlung von mehrstündiger Dauer gefahren und wieder abgeholt hat, wenn es der Begleitperson nicht zugemutet werden kann, die Behandlung abzuwarten (→ BFH vom 3. 12. 1998 – BStBl 1999 II S. 227).

§ 33a   Außergewöhnliche Belastung in besonderen Fällen

EStG
S 2285

(1) [1]Erwachsen einem Steuerpflichtigen Aufwendungen für den Unterhalt und eine etwaige Berufsausbildung einer dem Steuerpflichtigen oder seinem Ehegatten gegenüber gesetzlich unterhaltsberechtigten Person, so wird auf Antrag die Einkommensteuer dadurch ermäßigt, dass die Aufwendungen bis zu 8 004 Euro im Kalenderjahr vom Gesamtbetrag der Einkünfte abgezogen werden. [2]Der Höchstbetrag nach Satz 1 erhöht sich um den Betrag der im jeweiligen Veranlagungszeitraum nach § 10 Absatz 1 Nummer 3 für die Absicherung der unterhaltsberechtigten Person aufgewandten Beiträge; dies gilt nicht für Kranken- und Pflegeversicherungsbeiträge, die bereits nach § 10 Absatz 1 Nummer 3 Satz 1 anzusetzen sind. [3]Der gesetzlich unterhaltsberechtigten Person gleichgestellt ist eine Person, wenn bei ihr zum Unterhalt bestimmte inländische öffentliche Mittel mit Rücksicht auf die Unterhaltsleistungen des Steuerpflichtigen gekürzt werden. [4]Voraussetzung ist, dass weder der Steuerpflichtige noch eine andere Person Anspruch auf einen Freibetrag nach § 32 Absatz 6 oder auf Kindergeld für die unterhaltene Person hat und die unterhaltene Person kein oder nur ein geringes Vermögen besitzt.

[5]Hat die unterhaltene Person andere Einkünfte oder Bezüge, so vermindert sich die Summe der nach Satz 1 und Satz 2 ermittelten Beträge um den Betrag, um den diese Einkünfte und Bezüge den Betrag von 624 Euro im Kalenderjahr übersteigen, sowie um die von der unterhaltenen Person als Ausbildungshilfe aus öffentlichen Mitteln oder von Förderungseinrichtungen, die hierfür öffentliche Mittel erhalten, bezogenen Zuschüsse; zu den Bezügen gehören auch *steuerfreie*

1)

Gewinne nach den §§ 14, 16 Absatz 4, § 17 Absatz 3 und § 18 Absatz 3, die nach § 19 Absatz 2 steuerfrei bleibenden Einkünfte sowie Sonderabschreibungen und erhöhte Absetzungen, soweit sie die höchstmöglichen Absetzungen für Abnutzung nach § 7 übersteigen. [6]Ist die unterhaltene Person nicht unbeschränkt einkommensteuerpflichtig, so können die Aufwendungen nur abgezogen werden, soweit sie nach den Verhältnissen des Wohnsitzstaates der unterhaltenen Person notwendig und angemessen sind, höchstens jedoch der Betrag, der sich nach den Sätzen 1 bis 5 ergibt; ob der Steuerpflichtige zum Unterhalt gesetzlich verpflichtet ist, ist nach inländischen Maßstäben zu beurteilen. [7]Werden die Aufwendungen für eine unterhaltene Person von mehreren Steuerpflichtigen getragen, so wird bei jedem der Teil des sich hiernach ergebenden Betrags abgezogen, der seinem Anteil am Gesamtbetrag der Leistungen entspricht.

S 2288
2)

(2) [1]Zur Abgeltung des Sonderbedarfs eines sich in Berufsausbildung befindenden, auswärtig untergebrachten, volljährigen Kindes, für das Anspruch auf einen Freibetrag nach § 32 Absatz 6 oder Kindergeld besteht, kann der Steuerpflichtige einen Freibetrag in Höhe von 924 Euro je Kalenderjahr vom Gesamtbetrag der Einkünfte abziehen. [2]Für ein nicht unbeschränkt einkommensteuerpflichtiges Kind *mindert* sich *der vorstehende Betrag* nach Maßgabe des Absatzes 1 Satz 6. [4]Erfüllen mehrere Steuerpflichtige für dasselbe Kind die Voraussetzungen nach Satz 1, so kann der Freibetrag insgesamt nur einmal abgezogen werden. [5]Jedem Elternteil steht grundsätzlich die Hälfte des Abzugsbetrags nach den Sätzen 1 *und 2* zu. [6]Auf gemeinsamen Antrag der Eltern ist eine andere Aufteilung möglich.

S 2285a

(3) [1]Für jeden vollen Kalendermonat, in dem die in den Absätzen 1 und 2 bezeichneten Voraussetzungen nicht vorgelegen haben, ermäßigen sich die dort bezeichneten Beträge um je ein Zwölftel. [2]Eigene Einkünfte und Bezüge der unterhaltenen Person oder des Kindes, die auf diese Kalendermonate entfallen, vermindern die nach Satz 1 ermäßigten Höchstbeträge und Freibeträge nicht. [3]Als Ausbildungshilfe bezogene Zuschüsse mindern nur die zeitanteiligen Höchstbeträge und Freibeträge der Kalendermonate, für die die Zuschüsse bestimmt sind.

(4) In den Fällen der Absätze 1 und 2 kann wegen der in diesen Vorschriften bezeichneten Aufwendungen der Steuerpflichtige eine Steuerermäßigung nach § 33 nicht in Anspruch nehmen.

R 33a.1   33a.1. Aufwendungen für den Unterhalt und eine etwaige Berufsausbildung

S 2285   **Gesetzlich unterhaltsberechtigte Person**

(1) Gesetzlich unterhaltsberechtigt sind Personen, denen gegenüber die Stpfl. nach dem BGB oder dem LPartG unterhaltsverpflichtet ist. *[2]Somit müssen die zivilrechtlichen Voraussetzungen eines Unterhaltsanspruchs vorliegen und die Unterhaltskonkurrenzen beachtet werden.* [3]Für den Abzug *ist dabei die tatsächliche Bedürftigkeit des Unterhaltsempfängers erforderlich (sog. konkrete Betrachtungsweise).* [4]Eine Prüfung, ob im Einzelfall tatsächlich ein Unterhaltsanspruch besteht, ist aus Gründen der Verwaltungsvereinfachung nicht erforderlich, wenn die unterstützte Person unbeschränkt steuerpflichtig sowie dem Grunde nach (potenziell) unterhaltsberechtigt ist, tatsächlich Unterhalt erhält und alle übrigen Voraussetzungen des § 33a Abs. 1 EStG vorliegen; insoweit wird die Bedürftigkeit der unterstützten Person typisierend unterstellt. [5]Gehört die unterhaltsberechtigte Person zum Haushalt des Stpfl., kann regelmäßig davon ausgegangen werden, dass ihm dafür Unterhaltsaufwendungen in Höhe des maßgeblichen Höchstbetrags erwachsen.

Arbeitskraft und Vermögen

(2) [1]Die zu unterhaltende Person muss zunächst ihre Arbeitskraft und ihr eigenes Vermögen, wenn es nicht geringfügig ist, einsetzen und verwerten. [2]Hinsichtlich des vorrangigen Einsatzes und Verwertung der eigenen Arbeitskraft ist Absatz 1 Satz 4 entsprechend anzuwenden. [3]Als geringfügig kann in der Regel ein Vermögen bis zu einem gemeinen Wert (Verkehrswert) von 15 500 Euro angesehen werden. [4]Dabei bleiben außer Betracht:

1. Vermögensgegenstände, deren Veräußerung offensichtlich eine Verschleuderung bedeuten würde,

2. Vermögensgegenstände, die einen besonderen persönlichen Wert, z. B. Erinnerungswert, für den Unterhaltsempfänger haben oder zu seinem Hausrat gehören, und ein angemessenes Hausgrundstück im Sinne von § 90 Abs. 2 Nr. 8 SGB XII, wenn der Unterhaltsempfänger das Hausgrundstück allein oder zusammen mit Angehörigen bewohnt, denen es nach seinem Tode weiter als Wohnung dienen soll.

---

1) *Absatz 1 Satz 5 wurde durch das Steuervereinfachungsgesetz 2011 ab VZ 2012 geändert.*
2) *Absatz 2 Satz 2 wurde durch das Steuervereinfachungsgesetz 2011 ab VZ 2012 aufgehoben, die bisherigen Sätze 3 bis 6 wurden Sätze 2 bis 5; Satz 2 und 4 wurde geändert.*

Einkünfte und Bezüge

(3) ¹Einkünfte sind stets in vollem Umfang zu berücksichtigen, also auch soweit sie zur Bestreitung des Unterhalts nicht zur Verfügung stehen oder die Verfügungsbefugnis beschränkt ist. ²Dies gilt auch für Einkünfte, die durch unvermeidbare Versicherungsbeiträge des Kindes gebunden sind. ³Bezüge i. S. v. § 33a Abs. 1 Satz 5 EStG sind alle Einnahmen in Geld oder Geldeswert, die nicht im Rahmen der einkommensteuerrechtlichen Einkunftsermittlung erfasst werden. ⁴Zu diesen Bezügen gehören insbesondere:

1. *Kapitalerträge i. S. d. § 32d Abs. 1 EStG ohne Abzug des Sparer-Pauschbetrags nach § 20 Abs. 9 EStG,*

2. *die nicht der Besteuerung unterliegenden Teile der Leistungen (§ 22 Nr. 1 Satz 3 Buchstabe a Doppelbuchstabe aa EStG) und die Teile von Leibrenten, die den Ertragsanteil nach § 22 Nr. 1 Satz 3 Buchstabe a Doppelbuchstabe bb EStG übersteigen,*

3. *Einkünfte und Leistungen, soweit sie dem Progressionsvorbehalt unterliegen,*

4. *steuerfreie Einnahmen nach § 3 Nr. 1 Buchstabe a und § 3b EStG,*

5. *die nach § 3 Nr. 40 und 40a EStG steuerfrei bleibenden Beträge abzüglich der damit in Zusammenhang stehenden Aufwendungen i. S. d. § 3c EStG,*

6. *pauschal besteuerte Bezüge nach § 40a EStG,*

7. *Unterhaltsleistungen des geschiedenen oder dauernd getrennt lebenden Ehegatten, soweit sie nicht als sonstige Einkünfte i. S. d. § 22 Nr. 1a EStG erfasst sind,*

8. *Zuschüsse eines Trägers der gesetzlichen Rentenversicherung zu den Aufwendungen eines Rentners für seine Krankenversicherung.*

⁵Bei der Feststellung der anzurechnenden Bezüge sind aus Vereinfachungsgründen insgesamt 180 Euro im Kalenderjahr abzuziehen, wenn nicht höhere Aufwendungen, die im Zusammenhang mit dem Zufluss der entsprechenden Einnahmen stehen, nachgewiesen oder glaubhaft gemacht werden. ⁶Ein solcher Zusammenhang ist z. B. bei Kosten eines Rechtsstreits zur Erlangung der Bezüge und bei Kontoführungskosten gegeben.

Opfergrenze, Ländergruppeneinteilung

(4) ¹Die → Opfergrenze ist unabhängig davon zu beachten, ob die unterhaltene Person im Inland oder im Ausland lebt. ²Die nach § 33a Abs. 1 **Satz 6** EStG maßgeblichen Beträge sind anhand der → Ländergruppeneinteilung zu ermitteln.

Anhang 2

Erhöhung des Höchstbetrages für Unterhaltsleistungen um Beiträge zur Kranken- und Pflegeversicherung

(5) ¹Der Höchstbetrag nach § 33a Abs. 1 Satz 1 EStG erhöht sich um die für die Absicherung der unterhaltsberechtigten Person aufgewandten Beiträge zur Kranken- und Pflegeversicherung nach § 10 Abs. 1 Nr. 3 EStG, wenn für diese beim Unterhaltsleistenden kein Sonderausgabenabzug möglich ist. ²Dabei ist es nicht notwendig, dass die Beiträge tatsächlich von dem Unterhaltsverpflichteten gezahlt oder erstattet wurden. ³Für diese Erhöhung des Höchstbetrages genügt es, wenn der Unterhaltsverpflichtete seiner Unterhaltsverpflichtung nachkommt. ⁴Die Gewährung von Sachunterhalt (z. B. Unterkunft und Verpflegung) ist ausreichend.

Hinweise

H 33a.1

Allgemeines zum Abzug von Unterhaltsaufwendungen

Abziehbare Aufwendungen i. S. d. § 33a Abs. 1 Satz 1 EStG sind solche für den typischen Unterhalt, d. h. die üblichen für den laufenden Lebensunterhalt bestimmten Leistungen, sowie Aufwendungen für eine Berufsausbildung. Dazu können auch gelegentliche oder einmalige Leistungen gehören. Diese dürfen aber regelmäßig nicht als Unterhaltsleistungen für Vormonate und auch nicht zur Deckung des Unterhaltsbedarfs für das Folgejahr berücksichtigt werden (→ BFH vom 13. 2. 1987 – BStBl II S. 341, vom 5. 5. 2010 – BStBl 2011 II S. 164und vom 11. 11. 2010 – BStBl 2011 II S. 966). Den Aufwendungen für den typischen Unterhalt sind auch Krankenversicherungsbeiträge, deren Zahlung der Stpfl. übernommen hat, zuzurechnen (→ BFH vom 31. 10. 1973 – BStBl 1974 II S. 86). Eine Kapitalabfindung, mit der eine Unterhaltsverpflichtung abgelöst wird, kann nur im Rahmen des § 33a Abs. 1 EStG berücksichtigt werden (→ BFH vom 19. 6. 2008 – BStBl 2009 II S. 365).

Abgrenzung zu § 33 EStG

Typische Unterhaltsaufwendungen – insbesondere für Ernährung, Kleidung, Wohnung, Hausrat und notwendige Versicherungen – können nur nach § 33a Abs. 1 EStG berücksichtigt werden. Erwachsen dem Stpfl. außer Aufwendungen für den typischen Unterhalt und eine Berufsausbildung Aufwendungen für einen besonderen Unterhaltsbedarf der unterhaltenen Person, z. B. Krankheitskosten, kommt dafür eine Steuerermäßigung nach § 33 EStG in Betracht (→ BFH vom 19. 6. 2008 – BStBl 2009 II S. 365 und BMF vom 2. 12. 2002 – BStBl I S. 1389). Zur Berücksichtigung von Aufwendungen wegen Pflegebedürftigkeit und erheblich eingeschränkter Alltagskompetenz → R 33.3, von Aufwendungen wegen *Krankheit und Behinderung* → R 33.4 und von Aufwendungen für existentiell notwendige Gegenstände → R 33.2.

Anrechnung eigener Einkünfte und Bezüge

– **Allgemeines**

  Leistungen des Stpfl., die neben Unterhaltsleistungen aus einem anderen Rechtsgrund (z. B. Erbauseinandersetzungsvertrag) erbracht werden, gehören zu den anzurechnenden Einkünften und Bezügen der unterhaltenen Person (→ BFH vom 17. 10. 1980 – BStBl 1981 II S. 158).

– **Ausbildungshilfen**

  Ausbildungshilfen der Agentur für Arbeit mindern nur dann den Höchstbetrag des § 33a Abs. 1 EStG bei den Eltern, wenn sie Leistungen abdecken, zu denen die Eltern gesetzlich verpflichtet sind. Eltern sind beispielsweise nicht verpflichtet, ihrem Kind eine zweite Ausbildung zu finanzieren, der sich das Kind nachträglich nach Beendigung der ersten Ausbildung unterziehen will. Erhält das Kind in diesem Fall Ausbildungshilfen zur Finanzierung von Lehrgangsgebühren, Fahrtkosten oder Arbeitskleidung, sind diese nicht auf den Höchstbetrag anzurechnen (→ BFH vom 4. 12. 2001 – BStBl 2002 II S. 195). Der Anspruch auf kindergeldähnliche Leistungen nach ausländischem Recht steht dem Kindergeldanspruch gleich (→ BFH vom 4. 12. 2003 – BStBl 2004 II S. 275).

– *Einkünfte und Bezüge*

  → R 33a.1 Abs. 3

– **Leistungen für Mehrbedarf bei Körperschaden**

  Leistungen, die nach bundes- oder landesgesetzlichen Vorschriften gewährt werden, um einen Mehrbedarf zu decken, der durch einen Körperschaden verursacht ist, sind keine anzurechnenden Bezüge (→ BFH vom 22. 7. 1988 – BStBl II S. 830).

– **Zusammenfassendes Beispiel für die Anrechnung:**

  Ein Stpfl. unterhält seinen 35-jährigen Sohn mit 100 € monatlich. Dieser erhält Arbeitslohn von jährlich 7 200 €. Davon wurden gesetzliche Sozialversicherungsbeiträge i. H. v. 1 472 € abgezogen (Krankenversicherung 568 €, Rentenversicherung 716 €, Pflegeversicherung 88 € und Arbeitslosenversicherung 100 €). Daneben erhält er seit seinem 30. Lebensjahr eine lebenslängliche Rente aus einer privaten Unfallversicherung i.H.v. 150 € monatlich.

Tatsächliche Unterhaltsleistungen		1 200 €
Ungekürzter Höchstbetrag		8 004 €
Erhöhungsbetrag nach § 33a Abs. 1 Satz 2 EStG		
Krankenversicherung	568 €	
abzüglich 4 %	– 22 €	
(→ BMF vom 13. 9. 2010 – BStBl I S. 681, Rz. 59)		
verbleiben	546 €	546 €
Pflegeversicherung	88 €	88 €
Erhöhungsbetrag		634 €
Ungekürzter Höchstbetrag und Erhöhungsbetrag gesamt		8 638 €
Einkünfte des Sohnes		
Arbeitslohn	7 200 €	
Arbeitnehmer-Pauschbetrag	– 1 000 €	
Einkünfte i. S. d. § 19 EStG	6 200 €	6 200 €
Leibrente	1 800 €	
Hiervon Ertragsanteil 44 %	792 €	
Werbungskosten-Pauschbetrag	– 102 €	
Einkünfte i. S. d. § 22 EStG	690 €	690 €
S. d. E.		6 890 €
Bezüge des Sohnes		
Steuerlich nicht erfasster Teil der Rente	1 008 €	
Kostenpauschale	– 180 €	
Bezüge	828 €	828 €
S. d. E. und Bezüge		7 718 €
anrechnungsfreier Betrag		– 624 €
anrechnende Einkünfte		7 094 €	7 094 €
Höchstbetrag		1 544 €
Abzugsfähige Unterhaltsleistungen		1 200 €

– Zuschüsse

Zu den ohne anrechnungsfreien Betrag anzurechnenden Zuschüssen gehören z. B. die als Zuschuss gewährten Leistungen nach dem BAföG, nach dem SGB III gewährte Berufsausbildungsbeihilfen und Ausbildungsgelder sowie Stipendien aus öffentlichen Mitteln. Dagegen sind Stipendien aus dem ERASMUS/SOKRATES-Programm der EU nicht anzurechnen, da die Stipendien nicht die üblichen Unterhaltsaufwendungen, sondern allein die anfallenden Mehrkosten eines Auslandsstudiums (teilweise) abdecken (→ BFH vom 17.10.2001 – BStBl 2002 II S. 793).

Eingetragene Lebenspartnerschaft

→ BMF vom 7. 6. 2010 (BStBl I S. 582), Rz. 1

Geringes Vermögen („Schonvermögen")

– Nicht gering kann auch Vermögen sein, das keine anzurechnenden Einkünfte abwirft; Vermögen ist auch dann zu berücksichtigen, wenn es die unterhaltene Person für ihren künftigen Unterhalt benötigt (→ BFH vom 14. 8. 1997 – BStBl 1998 II S. 241).

– Bei Ermittlung des für den Unterhaltshöchstbetrag schädlichen Vermögens sind Verbindlichkeiten und Verwertungshindernisse vom Verkehrswert der aktiven Vermögensgegenstände, der mit dem gemeinen Wert nach dem BewG zu ermitteln ist, in Abzug zu bringen (Nettovermögen) (→ BFH vom 11. 2. 2010 – BStBl II S. 628). Wertmindernd zu berücksichtigen sind dabei auch ein Nießbrauchsvorbehalt sowie ein dinglich gesichertes Veräußerungs- und Belastungsverbot (→ BFH vom 29. 5. 2008 – BStBl 2009 II S. 361).

– Die Bodenrichtwerte nach dem BauGB sind für die Ermittlung des Verkehrswertes von Grundvermögen i. S. d. § 33a EStG nicht verbindlich (→ BFH vom 11. 2. 2010 – BStBl II S. 628).

– Ein angemessenes Hausgrundstück i. S. d. § 90 Abs. 2 Nr. 8 SGB XII bleibt außer Betracht (→ R 33a.1 Abs. 2).

§ 90 Abs. 2 Nr. 8 SGB XII hat folgenden Wortlaut

„Einzusetzendes Vermögen

…

(2) Die Sozialhilfe darf nicht abhängig gemacht werden vom Einsatz oder von der Verwertung

…

8. eines angemessenen Hausgrundstücks, das von der nachfragenden Person oder einer anderen in den § 19 Abs. 1 bis 3 genannten Person allein oder zusammen mit Angehörigen ganz oder teilweise bewohnt wird und nach ihrem Tod von ihren Angehörigen bewohnt werden soll. Die Angemessenheit bestimmt sich nach der Zahl der Bewohner, dem Wohnbedarf (zum Beispiel behinderter, blinder oder pflegebedürftiger Menschen), der Grundstücksgröße, der Hausgröße, dem Zuschnitt und der Ausstattung des Wohngebäudes sowie dem Wert des Grundstücks einschließlich des Wohngebäudes."

Geschiedene oder dauernd getrennt lebende Ehegatten

– Durch Antrag und Zustimmung nach § 10 Abs. 1 Nr. 1 EStG werden alle in dem betreffenden VZ geleisteten Unterhaltsaufwendungen zu Sonderausgaben umqualifiziert. Ein Abzug als außergewöhnliche Belastung ist nicht möglich, auch nicht, soweit sie den für das Realsplitting geltenden Höchstbetrag übersteigen (→ BFH vom 7. 11. 2000 – BStBl 2001 II S. 338). Sind für das Kalenderjahr der Trennung oder Scheidung die Vorschriften über die Ehegattenbesteuerung (§§ 26 bis 26b, § 32a Abs. 5 EStG) anzuwenden, dann können Aufwendungen für den Unterhalt des dauernd getrennt lebenden oder geschiedenen Ehegatten nicht nach § 33a Abs. 1 abgezogen werden (→ BFH vom 31. 5. 1989 – BStBl II S. 658).

– Unterhaltszahlungen an die Schwiegereltern sind während der Ehe, ungeachtet des dauernd Getrenntlebens der Ehegatten, als außergewöhnliche Belastungen nach § 33a Abs. 1 Satz 1 EStG abziehbar.
→ BFH vom 27. 7. 2011 – VI R 13/10 –, BStBl II S. 965.

Gleichgestellte Person

→ BMF vom 7. 6. 2010 (BStBl I S. 582)

Anhang 4

Haushaltsgemeinschaft

Lebt der Unterhaltsberechtigte mit bedürftigen Angehörigen in einer Haushaltsgemeinschaft und wird seine Rente bei der Berechnung der Sozialhilfe als Einkommen der Haushaltsgemeinschaft angerechnet, ist die Rente nur anteilig auf den Höchstbetrag des § 33a Abs. 1 Satz 1 EStG anzurechnen. In diesem Fall sind die Rente und die Sozialhilfe nach Köpfen aufzuteilen (→ BFH vom 19. 6. 2002 – BStBl II S. 753).

Heimunterbringung

→ Personen in einem Altenheim oder Altenwohnheim

Ländergruppeneinteilung

Anhang 2 → *BMF vom 4. 10. 2011 (BStBl I S. 961)*

Opfergrenze

→ BMF vom 7. 6. 2010 (BStBl I S. 582), Rzn. 10 – 12

Personen in einem Altenheim oder Altenwohnheim

Zu den Aufwendungen für den typischen Unterhalt gehören grundsätzlich auch Kosten der Unterbringung in einem Altenheim oder Altenwohnheim (→ BFH vom 29. 9. 1989 – BStBl 1990 II S. 418).

Personen im Ausland

Anhang 3 – Zur Berücksichtigung von Aufwendungen für den Unterhalt → BMF vom 7. 6. 2010 (BStBl I S. 588)

Anhang 2 – Ländergruppeneinteilung → *BMF vom 4. 10. 2011 (BStBl I S. 961)*

Unterhalt für mehrere Personen

– Unterhält der Stpfl. mehrere Personen, die einen gemeinsamen Haushalt führen, so ist der nach § 33a Abs. 1 EStG abziehbare Betrag grundsätzlich für jede unterhaltsberechtigte oder gleichgestellte Person getrennt zu ermitteln. Der insgesamt nachgewiesene Zahlungsbetrag ist unterschiedslos nach Köpfen aufzuteilen (→ BFH vom 12. 11. 1993 – BStBl 1994 II S. 731 und BMF vom 7. 6. 2010 – BStBl I S. 588, Rz. 19). Handelt es sich bei den unterhaltenen Personen um in Haushaltsgemeinschaft lebende Ehegatten, z. B. Eltern, sind die Einkünfte und Bezüge zunächst für jeden Ehegatten gesondert festzustellen und sodann zusammenzurechnen. Die zusammengerechneten Einkünfte und Bezüge sind um 1 248 € (zweimal 624 €) zu kürzen. Der verbleibende Betrag ist von der Summe der beiden Höchstbeträge abzuziehen (→ BFH vom 15. 11. 1991 – BStBl 1992 II S. 245).

– Unterstützen Eltern ihr Kind und dessen Ehepartner sind zur Ermittlung der abziehbaren Unterhaltsleistungen, die Unterhaltszahlungen auf beide je zur Hälfte aufzuteilen. Die auf den Ehepartner des Kindes entfallenden Unterhaltszahlungen können mangels gesetzlicher Unterhaltsverpflichtung nicht steuermindernd berücksichtigt werden. Die auf das Kind entfallenden Unterhaltszahlungen sind bis zur Höhe der Differenz zwischen dem Höchstbetrag nach § 33a Abs. 1 Satz 1 EStG und den eigenen anrechenbaren Einkünften abzüglich des anrechnungsfreien Betrags abziehbar (→ BFH vom 22. 9. 2004 – BFH/NV 2005 S. 523).

Unterhaltsanspruch der Mutter bzw. des Vaters eines nichtehelichen Kindes

§ 1615l BGB:

(1) [1]Der Vater hat der Mutter für die Dauer von sechs Wochen vor und acht Wochen nach der Geburt des Kindes Unterhalt zu gewähren. [2]Dies gilt auch hinsichtlich der Kosten, die infolge der Schwangerschaft oder der Entbindung außerhalb dieses Zeitraums entstehen.

(2) [1]Soweit die Mutter einer Erwerbstätigkeit nicht nachgeht, weil sie infolge der Schwangerschaft oder einer durch die Schwangerschaft oder die Entbindung verursachten Krankheit dazu außerstande ist, ist der Vater verpflichtet, ihr über die in Absatz 1 Satz 1 bezeichnete Zeit hinaus Unterhalt zu gewähren. [2]Das Gleiche gilt, soweit von der Mutter wegen der Pflege oder Erziehung des Kindes eine Erwerbstätigkeit nicht erwartet werden kann. [3]Die Unterhaltspflicht beginnt frühestens vier Monate vor der Geburt; und besteht für mindestens drei Jahre nach der Geburt. [4]Sie verlängert sich, solange und soweit dies der Billigkeit entspricht. [5]Dabei sind insbesondere die Belange des Kindes und die bestehenden Möglichkeiten der Kinderbetreuung zu berücksichtigen.

(3) [1]Die Vorschriften über die Unterhaltspflicht zwischen Verwandten sind entsprechend anzuwenden. [2]Die Verpflichtung des Vaters geht der Verpflichtung der Verwandten der Mutter vor. [3]§ 1613 Abs. 2 gilt entsprechend. [4]Der Anspruch erlischt nicht mit dem Tod des Vaters.

(4) [1]Wenn der Vater das Kind betreut, steht ihm der Anspruch nach Absatz 2 Satz 2 gegen die Mutter zu. [2]In diesem Falle gilt Absatz 3 entsprechend.

Der gesetzliche Unterhaltsanspruch der Mutter eines nichtehelichen Kindes gegenüber dem Kindsvater nach § 1615l BGB ist vorrangig gegenüber der Unterhaltsverpflichtung ihrer Eltern mit der Folge, dass für die Kindsmutter der Anspruch ihrer Eltern auf Kindergeld oder Freibeträge für

Kinder erlischt und für die Unterhaltsleistungen des Kindsvaters an sie eine Berücksichtigung nach § 33a Abs. 1 EStG in Betracht kommt (→ BFH vom 19. 5. 2004 – BStBl II S. 943).

Unterhaltsberechtigung

– Dem Grunde nach gesetzlich unterhaltsberechtigt sind nach § 1601 BGB Verwandte in gerader Linie i. S. d. § 1589 Satz 1 BGB wie z. B. Kinder, Enkel, Eltern und Großeltern, sowie nach §§ 1360 ff., 1570 BGB Ehegatten untereinander. Voraussetzung für die Annahme einer gesetzlichen Unterhaltsberechtigung i. S. d. § 33a Abs. 1 EStG ist die tatsächliche Bedürftigkeit des Unterhaltsempfängers i. S. d. § 1602 BGB. Nach der sog. konkreten Betrachtungsweise kann die Bedürftigkeit des Unterhaltsempfängers nicht typisierend unterstellt werden. Dies führt dazu, dass die zivilrechtlichen Voraussetzungen eines Unterhaltsanspruchs (§§ 1601 – 1603 BGB) vorliegen müssen und die Unterhaltskonkurrenzen (§§ 1606 und 1608 BGB) zu beachten sind (→ BMF vom 7. 6. 2010 – BStBl I S. 588, Rz. 8 und BFH vom 5. 5. 2010 – BStBl 2011 II S. 116).

– Bei landwirtschaftlich tätigen Angehörigen greift die widerlegbare Vermutung, dass diese nicht unterhaltsbedürftig sind, soweit der landwirtschaftliche Betrieb in einem nach den Verhältnissen des Wohnsitzstaates üblichen Umfang und Rahmen betrieben wird (→ BFH vom 5. 5. 2010 – BStBl 2011 II S. 116).

– Für Inlandssachverhalte gilt die Vereinfachungsregelung in R 33a Abs. 1 Satz 4 EStR.

– Die Unterhaltsberechtigung muss gegenüber dem Stpfl. oder seinem Ehegatten bestehen. Die Voraussetzungen für eine Ehegattenveranlagung nach § 26 Abs. 1 Satz 1 EStG müssen nicht gegeben sein (→ BFH vom 27. 7. 2001 – BStBl II S. 965).

33a.2. Freibetrag zur Abgeltung des Sonderbedarfs eines sich in Berufsausbildung befindenden, auswärtig untergebrachten, volljährigen Kindes   R 33a.2

Allgemeines

(1) [1]Den Freibetrag nach § 33a Abs. 2 EStG kann nur erhalten, wer für das in Berufsausbildung befindliche Kind einen Anspruch auf einen Freibetrag nach § 32 Abs. 6 EStG oder Kindergeld hat. [2]Der Freibetrag nach § 33a Abs. 2 EStG kommt daher für Kinder i. S. d. § 63 Abs. 1 EStG in Betracht.   S 2288

Auswärtige Unterbringung

(2) [1]Eine auswärtige Unterbringung i. S. d. § 33a Abs. 2 Satz 1 EStG liegt vor, wenn ein Kind außerhalb des Haushalts der Eltern wohnt. [2]Dies ist nur anzunehmen, wenn für das Kind außerhalb des Haushalts der Eltern eine Wohnung ständig bereitgehalten und das Kind auch außerhalb des elterlichen Haushalts verpflegt wird. [3]Seine Unterbringung muss darauf angelegt sein, die räumliche Selbständigkeit des Kindes während seiner ganzen Ausbildung, z. B. eines Studiums, oder eines bestimmten Ausbildungsabschnitts, z. B. eines Studiensemesters oder -trimesters, zu gewährleisten. [4]Voraussetzung ist, dass die auswärtige Unterbringung auf eine gewisse Dauer angelegt ist. [5]Auf die Gründe für die auswärtige Unterbringung kommt es nicht an.

Hinweise   H 33a.2

Aufwendungen für die Berufsausbildung

Aufwendungen des Stpfl. für die Ausbildung eines Kindes sind den Kalendermonaten zuzurechnen, die sie wirtschaftlich betreffen. Erstreckt sich das Studium einschließlich der unterrichts- und vorlesungsfreien Zeit über den ganzen VZ, kann davon ausgegangen werden, dass beim Stpfl. in jedem Monat Aufwendungen anfallen (→ BFH vom 22. 3. 1996 – BStBl 1997 II S. 30). Aufwendungen des Stpfl. für die Berufsausbildung eines Kindes i. S. d. § 33a Abs. 2 EStG sind nicht gegeben, wenn das Kind die Aufwendungen aus eigenem Vermögen bestreitet; das ist auch der Fall, wenn ein Kapitalvermögen von den Eltern mit der Auflage geschenkt worden ist, den Lebensunterhalt und die Ausbildungskosten aus den anfallenden Zinsen zu tragen (→ BFH vom 23. 2. 1994 – BStBl II S. 694).

Auswärtige Unterbringung

– **Asthma**

   Keine auswärtige Unterbringung des Kindes wegen Asthma (→ BFH vom 26. 6. 1992 – BStBl 1993 II S. 212),

– **Getrennte Haushalte beider Elternteile**

Auswärtige Unterbringung liegt nur vor, wenn das Kind aus den Haushalten beider Elternteile ausgegliedert ist (→ BFH vom 5. 2. 1988 – BStBl II S. 579),

– **Haushalt des Kindes in Eigentumswohnung des Stpfl.**

Auswärtige Unterbringung liegt vor, wenn das Kind in einer Eigentumswohnung des Stpfl. einen selbständigen Haushalt führt (→ BFH vom 26. 1. 1994 – BStBl II S. 544 und vom 25. 1. 1995 – BStBl II S. 378). Ein Freibetrag gem. § 33a Abs. 2 EStG wegen auswärtiger Unterbringung ist ausgeschlossen, wenn die nach dem EigZulG begünstigte Wohnung als Teil eines elterlichen Haushalts anzusehen ist (→ BMF vom 21. 12. 2004 (BStBl I S. 305).

– **Klassenfahrt**

Keine auswärtige Unterbringung, da es an der erforderlichen Dauer fehlt (→ BFH vom 5. 11. 1982 – BStBl 1983 II S. 109),

– **Legasthenie**

Werden Aufwendungen für ein an Legasthenie leidendes Kind als außergewöhnliche Belastung i. S. d. § 33 EStG berücksichtigt (→ H 33.1-33.4 – Legasthenie), ist daneben ein Freibetrag nach § 33a Abs. 2 EStG wegen auswärtiger Unterbringung des Kindes nicht möglich (→ BFH vom 26. 6. 1992 – BStBl 1993 II S. 278),

– **Praktikum**

Keine auswärtige Unterbringung bei Ableistung eines Praktikums außerhalb der Hochschule, wenn das Kind nur dazu vorübergehend auswärtig untergebracht ist (→ BFH vom 20. 5. 1994 – BStBl II S. 699),

– **Sprachkurs**

Keine auswärtige Unterbringung bei dreiwöchigem Sprachkurs (→ BFH vom 29. 9. 1989 – BStBl 1990 II S. 62),

– **Verheiratetes Kind**

Auswärtige Unterbringung liegt vor, wenn ein verheiratetes Kind mit seinem Ehegatten eine eigene Wohnung bezogen hat (→ BFH vom 8. 2. 1974 – BStBl II S. 299).

Freiwilliges soziales Jahr

Die Tätigkeit im Rahmen eines freiwilligen sozialen Jahres ist grundsätzlich nicht als Berufsausbildung zu beurteilen (→ BFH vom 24. 6. 2004 – BStBl 2006 II S. 294).

Ländergruppeneinteilung

Anhang 2   → *BMF vom 4. 10. 2011 (BStBl I S. 961)*

Studiengebühren

Gebühren für die Hochschulausbildung eines Kindes sind weder nach § 33a Abs. 2 EStG noch nach § 33 EStG als außergewöhnliche Belastung abziehbar (→ BFH vom 17. 12. 2009 – BStBl 2010 II S. 341).

R 33a.3   **33a.3. Zeitanteilige Ermäßigung nach § 33a *Abs. 3* EStG**

S 2285 **Ansatz bei unterschiedlicher Höhe des Höchstbetrags nach § 33a Abs. 1 EStG oder des Freibetrags nach § 33a Abs. 2 EStG**

(1) Ist in einem Kalenderjahr der Höchstbetrag nach § 33a Abs. 1 EStG oder der Freibetrag nach § 33a Abs. 2 EStG in unterschiedlicher Höhe anzusetzen, z. B. bei Anwendung der Ländergruppeneinteilung für einen Teil des Kalenderjahres, wird für den Monat, in dem die geänderten Voraussetzungen eintreten, der jeweils höhere Betrag angesetzt.

Aufteilung der eigenen Einkünfte und Bezüge

(2) ¹Der Jahresbetrag der eigenen Einkünfte und Bezüge ist für die Anwendung des § 33a *Abs. 3* Satz 2 EStG wie folgt auf die Zeiten innerhalb und außerhalb des *Unterhaltszeitraums* aufzuteilen:

1. Einkünfte aus nichtselbständiger Arbeit, sonstige Einkünfte sowie Bezüge nach dem Verhältnis der in den jeweiligen Zeiträumen zugeflossenen Einnahmen; die Grundsätze des § 11 Abs. 1 EStG gelten entsprechend; Pauschbeträge nach § *9a EStG* und die Kostenpauschale nach *R 33a.1 Abs. 3 Satz 5* sind hierbei zeitanteilig anzusetzen;

2.   andere Einkünfte auf jeden Monat des Kalenderjahres mit einem Zwölftel.

²Der Stpfl. kann jedoch nachweisen, dass eine andere Aufteilung wirtschaftlich gerechtfertigt ist, wie es z. B. der Fall ist, wenn bei Einkünften aus selbständiger Arbeit die Tätigkeit erst im Laufe des Jahres aufgenommen wird oder wenn bei Einkünften aus nichtselbständiger Arbeit im **Unterhaltszeitraum** höhere Werbungskosten angefallen sind als bei verhältnismäßiger bzw. zeitanteiliger Aufteilung darauf entfallen würden.

Hinweise

Allgemeines

–   Der Höchstbetrag für den Abzug von Unterhaltsaufwendungen (§ 33a Abs. 1 EStG) und der Freibetrag nach § 33a Abs. 2 EStG sowie *der anrechnungsfreie Betrag* nach § 33a Abs. 1 *Satz 5* EStG ermäßigen sich für jeden vollen Kalendermonat, in dem die Voraussetzungen für die Anwendung der betreffenden Vorschrift nicht vorgelegen haben, um je ein Zwölftel (§ 33a Abs. 3 Satz 1 EStG). Erstreckt sich das Studium eines Kindes einschließlich der unterrichts- und vorlesungsfreien Zeit über den ganzen VZ, kann davon ausgegangen werden, dass beim Stpfl. in jedem Monat Aufwendungen anfallen, so dass § 33a Abs. 3 Satz 1 EStG nicht zur Anwendung kommt (→ BFH vom 22. 3. 1996 – BStBl 1997 II S. 30).

–   Eigene Einkünfte und Bezüge der unterhaltenen Person sind nur anzurechnen, soweit sie auf den Unterhaltszeitraum entfallen (§ 33a Abs. 3 Satz 2 EStG). Leisten Eltern Unterhalt an ihren Sohn nur während der Dauer seines Wehrdienstes, unterbleibt die Anrechnung des Entlassungsgeldes nach § 9 des Wehrsoldgesetzes, da es auf die Zeit nach Beendigung des *Wehrdienstes* entfällt (→ BFH vom 26. 4. 1991 – BStBl II S. 716).

Beispiel für die Aufteilung eigener Einkünfte und Bezüge auf die Zeiten innerhalb und außerhalb des Unterhaltszeitraums:

Der Stpfl. unterhält seine allein stehende im Inland lebende Mutter vom 15. April bis 15. September (Unterhaltszeitraum) mit insgesamt 3 000 €. Die Mutter bezieht ganzjährig eine monatliche Rente aus der gesetzlichen Rentenversicherung von 200 € (Besteuerungsanteil 50 %). Außerdem hat sie im Kalenderjahr Einkünfte aus Vermietung und Verpachtung in Höhe von 1 050 €.

Höchstbetrag für das Kalenderjahr 8 004 € (§ 33a Abs. 1 Satz 1 EStG)		
anteiliger Höchstbetrag für April bis September (⁶/₁₂ von 8 004 € =)		4 002 €
Eigene Einkünfte der Mutter im Unterhaltszeitraum:		
Einkünfte aus Leibrenten		
Besteuerungsanteil 50 % von 2 400 € =	1 200 €	
abzgl. Werbungskosten-Pauschbetrag (§ 9a Satz 1 Nr. 3 EStG)	− 102 €	
Einkünfte	1 098 €	
auf den Unterhaltszeitraum entfallen ⁶/₁₂ von 498 €		549 €
Einkünfte aus Vermietung und Verpachtung	1 050 €	
auf den Unterhaltszeitraum entfallen ⁶/₁₂		525 €
S. d. E. im Unterhaltszeitraum		1 074 €
Eigene Bezüge der Mutter im Unterhaltszeitraum:		
steuerfreier Teil der Rente	1 200 €	
abzüglich Kostenpauschale	− 180 €	
verbleibende Bezüge	1 020 €	
auf den Unterhaltszeitraum entfallen ⁶/₁₂		510 €
Summe der eigenen Einkünfte und Bezüge im Unterhaltszeitraum		1 584 €
abzüglich anteiliger anrechnungsfreier Betrag (⁶/₁₂ von 624 € =)		− 312 €
anzurechnende Einkünfte und Bezüge	1 272 €	−1 272 €
abzuziehender Betrag		2 730 €

Besonderheiten bei Zuschüssen

Als Ausbildungshilfe bezogene Zuschüsse jeglicher Art, z. B. Stipendien für ein Auslandsstudium aus öffentlichen oder aus privaten Mitteln, mindern die zeitanteiligen Höchstbeträge und Freibeträge nur der Kalendermonate, für die der Zuschüsse bestimmt sind (§ 33a Abs. 3 Satz 3 EStG). Liegen bei der unterhaltenen Person sowohl eigene Einkünfte und Bezüge als auch Zuschüsse vor, die als Ausbildungshilfe nur für einen Teil des Unterhaltszeitraums bestimmt sind, dann sind zunächst die eigenen Einkünfte und Bezüge anzurechnen und sodann die Zuschüsse zeitanteilig entsprechend ihrer Zweckbestimmung.

Beispiel:

Ein über 25 Jahre altes Kind des Stpfl. B studiert während des ganzen Kalenderjahrs, erhält von ihm monatliche Unterhaltsleistungen i. H. v. 500 € und gehört nicht zum Haushalt des Stpfl. Verlängerungstatbestände nach § 32 Abs. 5 EStG liegen nicht vor. Dem Kind fließt in den Monaten Januar bis Juni Arbeitslohn von 3 400 € zu, die Werbungskosten übersteigen nicht den Arbeitnehmer-Pauschbetrag. Für die Monate Juli bis Dezember bezieht es ein Stipendium aus öffentlichen Mitteln von 6 000 €.

ungekürzter Höchstbetrag nach § 33a Abs. 1 EStG für das Kalenderjahr		*8 004 €*
Arbeitslohn	*3 400 €*	
abzüglich Arbeitnehmer-Pauschbetrag	*–1 000 €*	
Einkünfte aus nichtselbständiger Arbeit	*2 400 €*	
anrechnungsfreier Betrag	*– 624 €*	
anzurechnende Einkünfte	*1 766 €*	*– 1 766 €*
verminderter Höchstbetrag nach § 33a Abs. 1 EStG		*6 238 €*
zeitanteiliger verminderter Höchstbetrag für		
Januar – Juni (6/12 von 6.238 €)		*3 119 €*
Unterhaltsleistungen Jan. – Juni (6 × 500 €)		*3 000 €*
abzugsfähige Unterhaltsleistungen Jan. – Juni		*3 000 €*
zeitanteiliger verminderter Höchstbetrag nach		
§ 33a Abs. 1 EStG für Juli – Dez.		
		3 119 €
Ausbildungszuschuss (Auslandsstipendium)	*6 000 €*	
abzüglich Kostenpauschale	*– 180 €*	
anzurechnende Bezüge	*5 820 €*	*– 5 820 €*
Höchstbetrag nach § 33a Abs. 1 EStG für		*0 €*
Juli – Dez.		
abzugsfähige Unterhaltsleistungen Juli – Dez.		*0 €*

EStG

S 2286

§ 33b Pauschbeträge für behinderte Menschen, Hinterbliebene und Pflegepersonen

(1) [1]Wegen der Aufwendungen für die Hilfe bei den gewöhnlichen und regelmäßig wiederkehrenden Verrichtungen des täglichen Lebens, für die Pflege sowie für einen erhöhten Wäschebedarf können behinderte Menschen unter den Voraussetzungen des Absatzes 2 anstelle einer Steuerermäßigung nach § 33 einen Pauschbetrag nach Absatz 3 geltend machen (Behinderten-Pauschbetrag). [2]Das Wahlrecht kann für die genannten Aufwendungen im jeweiligen Veranlagungszeitraum nur einheitlich ausgeübt werden.

(2) Die Pauschbeträge erhalten

1. behinderte Menschen, deren Grad der Behinderung auf mindestens 50 festgestellt ist;

2. behinderte Menschen, deren Grad der Behinderung auf weniger als 50, aber mindestens auf 25 festgestellt ist, wenn

   a) dem behinderten Menschen wegen seiner Behinderung nach gesetzlichen Vorschriften Renten oder andere laufende Bezüge zustehen, und zwar auch dann, wenn das Recht auf die Bezüge ruht oder der Anspruch auf die Bezüge durch Zahlung eines Kapitals abgefunden worden ist, oder

   b) die Behinderung zu einer dauernden Einbuße der körperlichen Beweglichkeit geführt hat oder auf einer typischen Berufskrankheit beruht.

(3) [1]Die Höhe des Pauschbetrags richtet sich nach dem dauernden Grad der Behinderung. [2]Als Pauschbeträge werden gewährt bei einem Grad der Behinderung

von 25 und 30	310 Euro,
von 35 und 40	430 Euro,
von 45 und 50	570 Euro,
von 55 und 60	720 Euro,
von 65 und 70	890 Euro,
von 75 und 80	1 060 Euro,
von 85 und 90	1 230 Euro,
von 95 und 100	1 420 Euro.

[3]Für behinderte Menschen, die hilflos im Sinne des Absatzes 6 sind, und für Blinde erhöht sich der Pauschbetrag auf 3 700 Euro.

(4) [1]Personen, denen laufende Hinterbliebenenbezüge bewilligt worden sind, erhalten auf Antrag einen Pauschbetrag von 370 Euro (Hinterbliebenen-Pauschbetrag), wenn die Hinterbliebenenbezüge geleistet werden

1. nach dem Bundesversorgungsgesetz oder einem anderen Gesetz, das die Vorschriften des Bundesversorgungsgesetzes über Hinterbliebenenbezüge für entsprechend anwendbar erklärt, oder

2. nach den Vorschriften über die gesetzliche Unfallversicherung oder

3. nach den beamtenrechtlichen Vorschriften an Hinterbliebene eines an den Folgen eines Dienstunfalls verstorbenen Beamten oder

4. nach den Vorschriften des Bundesentschädigungsgesetzes über die Entschädigung für Schäden an Leben, Körper oder Gesundheit.

[2]Der Pauschbetrag wird auch dann gewährt, wenn das Recht auf die Bezüge ruht oder der Anspruch auf die Bezüge durch Zahlung eines Kapitals abgefunden worden ist.

(5) [1]Steht der Behinderten-Pauschbetrag oder der Hinterbliebenen-Pauschbetrag einem Kind zu, für das der Steuerpflichtige Anspruch auf einen Freibetrag nach § 32 Absatz 6 oder auf Kindergeld hat, so wird der Pauschbetrag auf Antrag auf den Steuerpflichtigen übertragen, wenn ihn das Kind nicht in Anspruch nimmt. [2]Dabei ist der Pauschbetrag grundsätzlich auf beide Elternteile je zur Hälfte aufzuteilen, *es sei denn der Kinderfreibetrag wurde auf den anderen Elternteil übertragen*. [3]Auf gemeinsamen Antrag der Eltern ist eine andere Aufteilung möglich. [4]In diesen Fällen besteht für Aufwendungen, für die der Behinderten-Pauschbetrag gilt, kein Anspruch auf eine Steuerermäßigung nach § 33. [1)]

(6) [1]Wegen der außergewöhnlichen Belastungen, die dem Steuerpflichtigen durch die Pflege einer Person erwachsen, die nicht nur vorübergehend hilflos ist, kann er anstelle einer Steuerermäßigung nach § 33 einen Pauschbetrag von 924 Euro im Kalenderjahr geltend machen (Pflege-Pauschbetrag), wenn er dafür keine Einnahmen erhält. [2]Zu diesen Einnahmen zählt unabhängig von der Verwendung nicht das von den Eltern eines behinderten Kindes für dieses Kind empfangene Pflegegeld. [3]Hilflos im Sinne des Satzes 1 ist eine Person, wenn sie für eine Reihe von häufig und regelmäßig wiederkehrenden Verrichtungen zur Sicherung ihrer persönlichen Existenz im Ablauf eines jeden Tages fremder Hilfe dauernd bedarf. [4]Diese Voraussetzungen sind auch erfüllt, wenn die Hilfe in Form einer Überwachung oder Anleitung zu den in Satz 2 genannten Verrichtungen erforderlich ist oder wenn die Hilfe zwar nicht dauernd geleistet werden muss, jedoch eine ständige Bereitschaft zur Hilfeleistung erforderlich ist. [5]Voraussetzung ist, dass der Steuerpflichtige die Pflege im Inland entweder in seiner Wohnung oder in der Wohnung des Pflegebedürftigen persönlich durchführt. [6]Wird ein Pflegebedürftiger von mehreren Steuerpflichtigen im Veranlagungszeitraum gepflegt, wird der Pauschbetrag nach der Zahl der Pflegepersonen, bei denen die Voraussetzungen der Sätze 1 bis 4 vorliegen, geteilt.

(7) Die Bundesregierung wird ermächtigt, durch Rechtsverordnung mit Zustimmung des Bundesrates zu bestimmen, wie nachzuweisen ist, dass die Voraussetzungen für die Inanspruchnahme der Pauschbeträge vorliegen.

---

§ 65 Nachweis der Behinderung

(1) Den Nachweis einer Behinderung hat der Steuerpflichtige zu erbringen:

1. *bei einer Behinderung, deren Grad auf mindestens 50 festgestellt ist, durch Vorlage eines Ausweises nach dem Neunten Buch Sozialgesetzbuch oder eines Bescheides der nach § 69 Absatz 1 des Neunten Buches Sozialgesetzbuch zuständigen Behörde,*

2. *bei einer Behinderung, deren Grad auf weniger als 50, aber mindestens 25 festgestellt ist,*

   a) *durch eine Bescheinigung der nach § 69 Absatz 1 des Neunten Buches Sozialgesetzbuch zuständigen Behörde auf Grund eines Feststellungsbescheids nach § 69 Absatz 1 des Neunten Buches Sozialgesetzbuch, die eine Äußerung darüber enthält, ob die Behinderung zu einer dauernden Einbuße der körperlichen Beweglichkeit geführt hat oder auf einer typischen Berufskrankheit beruht, oder,*

   b) *wenn ihm wegen seiner Behinderung nach den gesetzlichen Vorschriften Renten oder andere laufende Bezüge zustehen, durch den Rentenbescheid oder den die anderen laufenden Bezüge nachweisenden Bescheid.*

[1)] *Absatz 5 Satz 2 wurde durch das Steuervereinfachungsgesetz 2011 ab VZ 2012 neu gefasst.*

(2) [1]*Die gesundheitlichen Merkmale „blind" und „hilflos" hat der Steuerpflichtige durch einen Ausweis nach dem Neunten Buch Sozialgesetzbuch, der mit den Merkzeichen „Bl" oder „H" gekennzeichnet ist, oder durch einen Bescheid der nach § 69 des Neunten Buches Sozialgesetzbuch zuständigen Behörde, der die entsprechenden Feststellungen enthält, nachzuweisen.* [2]*Dem Merkzeichen „H" steht die Einstufung als Schwerstpflegebedürftiger in Pflegestufe III nach dem Elften Buch Sozialgesetzbuch, dem Zwölften Buch Sozialgesetzbuch oder diesen entsprechenden gesetzlichen Bestimmungen gleich; dies ist durch Vorlage des entsprechenden Bescheides nachzuweisen.*

(3) *Der Steuerpflichtige hat die Unterlagen nach den Absätzen 1 und 2 zusammen mit seiner Steuererklärung oder seinem Antrag auf Lohnsteuerermäßigung der Finanzbehörde vorzulegen.*

(4) [1]*Ist der behinderte Mensch verstorben und kann sein Rechtsnachfolger die Unterlagen nach den Absätzen 1 und 2 nicht vorlegen, so genügt zum Nachweis eine gutachtliche Stellungnahme der nach § 69 des Neunten Buches Sozialgesetzbuch zuständigen Behörde.* [2]*Diese Stellungnahme hat die Finanzbehörde einzuholen.*

R 33b

S 2286

33b. Pauschbeträge für behinderte Menschen, Hinterbliebene und Pflegepersonen

(1) [1]Ein Pauschbetrag für behinderte Menschen, der Hinterbliebenen-Pauschbetrag und der Pflege-Pauschbetrag können mehrfach gewährt werden, wenn mehrere Personen die Voraussetzungen erfüllen (z. B. Stpfl., Ehegatte, Kind), oder wenn eine Person die Voraussetzungen für verschiedene Pauschbeträge erfüllt. [2]Mit dem Pauschbetrag für behinderte Menschen werden die laufenden und typischen Aufwendungen für die Hilfe bei den gewöhnlichen und regelmäßig wiederkehrenden Verrichtungen des täglichen Lebens, für die Pflege sowie für einen erhöhten Wäschebedarf abgegolten. [3]Es handelt sich um Aufwendungen, die behinderten Menschen erfahrungsgemäß durch ihre Krankheit bzw. Behinderung entstehen und deren alleinige behinderungsbedingte Veranlassung nur schwer nachzuweisen ist. [4]Alle übrigen behinderungsbedingten Aufwendungen (z. B. Operationskosten sowie Heilbehandlungen, Kuren, Arznei- und Arztkosten, → Fahrtkosten) können daneben als außergewöhnliche Belastung nach § 33 EStG berücksichtigt werden.

(2) *Unabhängig von einer Übertragung des Behinderten-Pauschbetrags nach § 33b Abs. 5 EStG können Eltern ihre eigenen zwangsläufigen Aufwendungen für ein behindertes Kind nach § 33 EStG abziehen.*

(3) Eine Übertragung des Pauschbetrages für behinderte Menschen auf die Eltern eines Kindes mit Wohnsitz oder gewöhnlichem Aufenthalt im Ausland ist nur möglich, wenn das Kind als unbeschränkt steuerpflichtig behandelt wird (insbesondere § 1 Abs. 3 Satz 2, 2. Halbsatz EStG ist zu beachten).

(4) Ein Stpfl. führt die Pflege auch dann noch persönlich durch, wenn er sich zur Unterstützung zeitweise einer ambulanten Pflegekraft bedient.

(5) § 33b Abs. 6 Satz 6 EStG gilt auch, wenn nur ein Stpfl. den Pflege-Pauschbetrag tatsächlich in Anspruch nimmt.

(6) Der Pflege-Pauschbetrag nach § 33b Abs. 6 EStG kann neben dem nach § 33b Abs. 5 EStG vom Kind auf die Eltern übertragenen Pauschbetrag für behinderte Menschen in Anspruch genommen werden.

(7) *Beiträge zur Rentenversicherung, Kranken- und Pflegeversicherung der pflegenden Person, die die Pflegekasse übernimmt, führen nicht zu Einnahmen i. S. d. § 33b Abs. 6 Satz 1 EStG.*

(8) [1]Bei Beginn, Änderung oder Wegfall der Behinderung im Laufe eines Kalenderjahres ist stets der Pauschbetrag nach dem höchsten Grad zu gewähren, der im Kalenderjahr festgestellt war. [2]Eine Zwölftelung ist nicht vorzunehmen. [3]Dies gilt auch für den Hinterbliebenen- und Pflege-Pauschbetrag.

(9) *Der Nachweis der Behinderung nach § 65 Abs. 1 Nr. 2 Buchstabe a EStDV gilt als geführt, wenn die dort genannten Bescheinigungen behinderten Menschen nur noch in elektronischer Form übermittelt werden und der Ausdruck einer solchen elektronisch übermittelten Bescheinigung vom Stpfl. vorgelegt wird.*

H 33b

Hinweise

Allgemeines

– Zur Behinderung i. S. d. § 33b EStG → § 69 SGB IX, zur Hilflosigkeit § 33b Abs. 6 EStG, zur Pflegebedürftigkeit → R 33.3 Abs. 1.

Nachweis der Behinderung von in Deutschland nicht steuerpflichtigen Kindern bei Übertragung des Behinderten-Pauschbetrags nach § 33b Abs. 5 EStG

BMF vom 8. 8. 1997 (BStBl I S. 1016)

IV B 1 – S 2286 – 60/97

Im Einvernehmen mit den obersten Finanzbehörden der Länder gilt ab Veranlagungszeitraum 1996 in Ergänzung zu R 194 Abs. 3 EStR 1996 [Anm.: jetzt R 33c Abs. 4 EStR 2005] für den Nachweis der Behinderung von in Deutschland nicht steuerpflichtigen Kindern Folgendes:

Das in einem EU/EWR-Mitgliedstaat ansässige behinderte Kind bzw. sein Erziehungsberechtigter kann sich an das zuständige Auslandsversorgungsamt wenden und im förmlichen Verfahren nach § 4 Abs. 1 SchwbG [Anm.: jetzt § 69 SGB IX] einen Antrag auf Feststellung über das Vorliegen einer Behinderung und den Grad der Behinderung stellen. Das Versorgungsamt wird den Antragsteller auffordern, ärztliche Befundberichte zu übersenden, wonach das Versorgungsamt den Grad der Behinderung bestimmen kann. Daraufhin wird dem Behinderten ein Feststellungsbescheid erteilt, der gegenüber dem deutschen Finanzamt, bei dem der steuerpflichtige Elternteil steuerlich geführt wird, als Nachweis dient.

Für jedes Land gibt es ein zuständiges Auslandsversorgungsamt. Die Zuständigkeit der Auslandsversorgungsämter ist durch die Auslandszuständigkeitsverordnung (AuslZuStV) vom 28. 5. 1991 (BGBl. I S. 1204) geregelt.

– An die für die Gewährung des Pauschbetrags für behinderte Menschen und des Pflege-Pauschbetrags vorzulegenden Bescheinigungen, Ausweise oder Bescheide sind die Finanzbehörden gebunden (→ BFH vom 5. 2. 1988 – BStBl II S. 436). Bei den Nachweisen nach § 65 Abs. 1 Nr. 2 Buchstabe b EStDV kann es sich z. B. um Rentenbescheide des Versorgungsamtes oder eines Trägers der gesetzlichen Unfallversicherung oder bei Beamten, die Unfallruhegeld beziehen, um einen entsprechenden Bescheid ihrer Behörde handeln. Der Rentenbescheid eines Trägers der gesetzlichen Rentenversicherung der Arbeiter und Angestellten genügt nicht (→ BFH vom 25. 4. 1968 – BStBl II S. 606).

– Verwaltungsakte, die die Voraussetzungen für die Inanspruchnahme der Pauschbeträge feststellen (→ § 65 EStDV), sind Grundlagenbescheide i. S. d. § 171 Abs. 10 und § 175 Abs. 1 Satz 1 Nr. 1 AO (→ BMF vom 5. 2. 1988 – BStBl II S. 436). Auf Grund eines solchen Bescheides ist ggf. eine Änderung früherer Steuerfestsetzungen hinsichtlich der Anwendung des § 33b EStG nach § 175 Abs. 1 Satz 1 Nr. 1 AO unabhängig davon vorzunehmen, ob ein Antrag i. S. d. § 33b Abs. 1 EStG für den Besteuerungszeitraum dem Grunde nach bereits gestellt worden ist. Die Änderung ist für alle Kalenderjahre vorzunehmen, über die sich der Grundlagenbescheid erstreckt (→ BFH vom 22. 2. 1991 – BStBl II S. 717 und vom 13. 12. 1985 – BStBl 1986 II S. 245).

– Einen Pauschbetrag von 3 700 € können behinderte Menschen unabhängig vom Grad der Behinderung erhalten, in deren Ausweis das Merkzeichen „Bl" oder „H" (→ § 69 Abs. 5 SGB IX) eingetragen ist.

Hinterbliebenen-Pauschbetrag

Zu den Gesetzen, die das BVG für entsprechend anwendbar erklären (§ 33b Abs. 4 Nr. 1 EStG), gehören:

– das Soldatenversorgungsgesetz (→ § 80),

– das ZDG (→ § 47),

– das Häftlingshilfegesetz (→ §§ 4 und 5),

– das Gesetz über die Unterhaltsbeihilfe für Angehörige von Kriegsgefangenen (→ § 3),

– das Gesetz über die Bundespolizei (→ § 59 Abs. 1 i. V. m. dem Soldatenversorgungsgesetz),

– das Gesetz über das Zivilschutzkorps (→ § 46 i. V. m. dem Soldatenversorgungsgesetz),

– das Gesetz zur Regelung der Rechtsverhältnisse der unter Artikel 131 GG fallenden Personen (→ §§ 66, 66a),

– das Gesetz zur Einführung des Bundesversorgungsgesetzes im Saarland (→ § 5 Abs. 1),

– das Infektionsschutzgesetz (→ § 63),

– das Gesetz über die Entschädigung für Opfer von Gewalttaten (→ § 1 Abs. 1).

Nachweis der Behinderung

– Der Nachweis für die Voraussetzungen eines Pauschbetrages ist gem. § 65 EStDV zu führen (zum Pflege-Pauschbetrag → BFH vom 20. 2. 2003 – BStBl II S. 476). Nach § 69 Abs. 1 SGB IX zuständige Behörden sind die für die Durchführung des Bundesversorgungsgesetzes zuständigen Behörden (Versorgungsämter) und die gem. § 69 Abs. 1 S. 7 SGB IX nach Landesrecht für zuständig erklärten Behörden.

- Zum Nachweis der Behinderung von in Deutschland nicht steuerpflichtigen Kindern → BMF vom 8. 8. 1997 (BStBl I S. 1016).
- An die für die Gewährung des Pauschbetrags für behinderte Menschen und des Pflege-Pauschbetrags vorzulegenden Bescheinigungen, Ausweise oder Bescheide sind die Finanzbehörden gebunden (→ BFH vom 5. 2. 1988 – BStBl II S. 436).
- Bei den Nachweisen nach § 65 Abs. 1 Nr. 2 Buchstabe b EStDV kann es sich z. B. um Rentenbescheide des Versorgungsamtes oder eines Trägers der gesetzlichen Unfallversicherung oder bei Beamten, die Unfallruhegeld beziehen, um einen entsprechenden Bescheid ihrer Behörde handeln. Der Rentenbescheid eines Trägers der gesetzlichen Rentenversicherung der Arbeiter und Angestellten genügt nicht (→ BFH vom 25. 4. 1968 – BStBl II S. 606).

Neben den Pauschbeträgen für behinderte Menschen zu berücksichtigende Aufwendungen

Folgende Aufwendungen können neben den Pauschbeträgen für behinderte Menschen als außergewöhnliche Belastung nach § 33 EStG berücksichtigt werden:

- Operationskosten, Kosten für Heilbehandlungen, Arznei- und Arztkosten (→ R 33b Abs. 1 EStR),
- Kraftfahrzeugkosten (→ H 33.1–33.4 – Fahrtkosten behinderter Menschen sowie → R 33b Abs. 1 Satz 4 EStR),
- Führerscheinkosten für ein schwer geh- und stehbehindertes Kind (→ BFH vom 26. 3. 1993 – BStBl II S. 749),
- Kosten für eine Heilkur (→ BFH vom 11. 12. 1987 – BStBl 1988 II S. 275, → H 33.1–33.4 (Kur) sowie → R 33.4 Abs. 1 und 3),
- Schulgeld für den Privatschulbesuch des behinderten Kindes (→ H 33.1–33.4 – Privatschule und → R 33.4 Abs. 2) sowie
- Kosten für die behindertengerechte Ausgestaltung des eigenen Wohnhauses (→ *R 33.4 Abs. 5* und H 33.1–33.4 – Behindertengerechte Ausstattung).

Pflegebedürftigkeit

→ R 33.3 Abs. 1

Pflege-Pauschbetrag

- Eine sittliche Verpflichtung zur Pflege ist anzuerkennen, wenn eine enge persönliche Beziehung zu der gepflegten Person besteht (→ BFH vom 29. 8. 1996 – BStBl 1997 II S. 199).
- Der Pflege-Pauschbetrag nach § 33b Abs. 6 EStG ist nicht nach der Zahl der Personen aufzuteilen, welche bei ihrer Einkommensteuerveranlagung die Berücksichtigung eines Pflege-Pauschbetrages begehren, sondern nach der Zahl der Stpfl., welche eine hilflose Person in ihrer Wohnung oder in der Wohnung des Pflegebedürftigen tatsächlich persönlich gepflegt haben (→ BFH vom 14. 10. 1997 – BStBl 1998 II S. 20).
- Abgesehen von der Pflege durch Eltern (§ 33b Abs. 6 Satz 2 EStG) schließen Einnahmen der Pflegeperson für die Pflege unabhängig von ihrer Höhe die Gewährung des Pflege-Pauschbetrags aus. Hierzu gehört grundsätzlich auch das weitergeleitete Pflegegeld. Der Ausschluss von der Gewährung des Pflege-Pauschbetrags gilt nicht, wenn das Pflegegeld lediglich treuhänderisch für den Pflegebedürftigen verwaltet wird und damit ausschließlich Aufwendungen des Pflegebedürftigen bestritten werden. In diesem Falle muss die Pflegeperson die konkrete Verwendung des Pflegegeldes nachweisen und ggf. nachträglich noch eine Vermögenstrennung durchführen (→ BFH vom 3. 3. 2002 – BStBl II S. 417).

- → BFH vom 17. 7. 2008 (BFH/NV 2009 S. 131)

Übertragung des Pauschbetrags von einem im Ausland lebenden Kind

Der Pauschbetrag nach § 33b Abs. 3 EStG für ein behindertes Kind kann nicht nach § 33b Abs. 5 EStG auf einen im Inland unbeschränkt steuerpflichtigen Elternteil übertragen werden, wenn das Kind im Ausland außerhalb eines EU/EWR-Mitgliedstaates seinen Wohnsitz oder gewöhnlichen Aufenthalt hat und im Inland keine eigenen Einkünfte erzielt (→ BFH vom 2. 6. 2005 – BStBl II S. 828; → auch R 33b Abs. 3).

Weiterleitung des Pflegegeldes

→ OFD Düsseldorf vom 8. 3. 2004 (DB 2004 S. 958)

Zuordnung des übertragenen Pauschbetrags für behinderte Menschen bei getrennter Veranlagung

→ *H 26a (Pauschbetrag für behinderte Menschen)*

§ 34   Außerordentliche Einkünfte

EStG
S 2290
1)

(1) [1]Sind in dem zu versteuernden Einkommen außerordentliche Einkünfte enthalten, so ist die auf alle im Veranlagungszeitraum bezogenen außerordentlichen Einkünfte entfallende Einkommensteuer nach den Sätzen 2 bis 4 zu berechnen. [2]Die für die außerordentlichen Einkünfte anzusetzende Einkommensteuer beträgt das Fünffache des Unterschiedsbetrags zwischen der Einkommensteuer für das um diese Einkünfte verminderte zu versteuernde Einkommen (verbleibendes zu versteuerndes Einkommen) und der Einkommensteuer für das verbleibende zu versteuernde Einkommen zuzüglich eines Fünftels dieser Einkünfte. [3]Ist das verbleibende zu versteuernde Einkommen negativ und das zu versteuernde Einkommen positiv, so beträgt die Einkommensteuer das Fünffache der auf ein Fünftel des zu versteuernden Einkommens entfallenden Einkommensteuer. [4]Die Sätze 1 bis 3 gelten nicht für außerordentliche Einkünfte im Sinne des Absatzes 2 Nummer 1, wenn der Steuerpflichtige auf diese Einkünfte ganz oder teilweise § 6b oder § 6c anwendet.

(2) Als außerordentliche Einkünfte kommen nur in Betracht:

1. Veräußerungsgewinne im Sinne der §§ 14, 14a Absatz 1, der §§ 16 und 18 Absatz 3 mit Ausnahme des steuerpflichtigen Teils der Veräußerungsgewinne, die nach § 3 Nummer 40 Buchstabe b in Verbindung mit § 3c Absatz 2 teilweise steuerbefreit sind;

2. Entschädigungen im Sinne des § 24 Nummer 1;

3. Nutzungsvergütungen und Zinsen im Sinne des § 24 Nummer 3, soweit sie für einen Zeitraum von mehr als drei Jahren nachgezahlt werden;

4. Vergütungen für mehrjährige Tätigkeiten; mehrjährig ist eine Tätigkeit, soweit sie sich über mindestens zwei Veranlagungszeiträume erstreckt und einen Zeitraum von mehr als zwölf Monaten umfasst.

2)

(3) [1]Sind in dem zu versteuernden Einkommen außerordentliche Einkünfte im Sinne des Absatzes 2 Nummer 1 enthalten, so kann auf Antrag abweichend von Absatz 1 die auf den Teil dieser außerordentlichen Einkünfte, der den Betrag von insgesamt 5 Millionen Euro nicht übersteigt, entfallende Einkommensteuer nach einem ermäßigten Steuersatz bemessen werden, wenn der Steuerpflichtige das 55. Lebensjahr vollendet hat oder wenn er im sozialversicherungsrechtlichen Sinne dauernd berufsunfähig ist. [2]Der ermäßigte Steuersatz beträgt 56 Prozent des durchschnittlichen Steuersatzes, der sich ergäbe, wenn die tarifliche Einkommensteuer nach dem gesamten zu versteuernden Einkommen zuzüglich dem Progressionsvorbehalt unterliegenden Einkünfte zu bemessen wäre, mindestens jedoch 14 Prozent. [3]Auf das um die in Satz 1 genannten Einkünfte verminderte zu versteuernde Einkommen (verbleibendes zu versteuerndes Einkommen) sind vorbehaltlich des Absatzes 1 die allgemeinen Tarifvorschriften anzuwenden. [4]Die Ermäßigung nach den Sätzen 1 bis 3 kann der Steuerpflichtige nur einmal im Leben in Anspruch nehmen. [5]Erzielt der Steuerpflichtige in einem Veranlagungszeitraum mehr als einen Veräußerungs- oder Aufgabegewinn im Sinne des Satzes 1, kann er die Ermäßigung nach den Sätzen 1 bis 3 nur für einen Veräußerungs- oder Aufgabegewinn beantragen. [6]Absatz 1 Satz 4 ist entsprechend anzuwenden.

34.1. Umfang der steuerbegünstigten Einkünfte

R 34.1

S 2290

(1) [1] § 34 Abs. 1 EStG ist grundsätzlich bei allen Einkunftsarten anwendbar. [2] § 34 Abs. 3 EStG ist nur auf Einkünfte i. S. d. § 34 Abs. 2 Nr. 1 EStG anzuwenden. [3]Die von der S. d. E., dem G. d. E. und dem Einkommen abzuziehenden Beträge sind zunächst bei den nicht nach § 34 EStG begünstigten Einkünften zu berücksichtigen. [4]Liegen die Voraussetzungen für die Steuerermäßigung nach § 34 Abs. 1 EStG und § 34 Abs. 3 EStG nebeneinander vor, ist eine Verrechnung der noch nicht abgezogenen Beträge mit den außerordentlichen Einkünften in der Reihenfolge vorzunehmen, dass sie zu dem für den Stpfl. günstigsten Ergebnis führt. [5]Sind in dem Einkommen Einkünfte aus Land- und Forstwirtschaft enthalten und bestehen diese zum Teil aus außerordentlichen Einkünften, die

---

[1]) Zur zeitlichen Anwendung → § 52 Absatz 47 EStG.
[2]) *Absatz 2 Nr. 5 wurde durch das Steuervereinfachungsgesetz 2011 ab VZ 2012 aufgehoben.*

nach § 34 EStG ermäßigt zu besteuern sind, ist hinsichtlich der Anwendung dieser Vorschrift der Freibetrag nach § 13 Abs. 3 EStG zunächst von den nicht nach § 34 EStG begünstigten Einkünften aus Land- und Forstwirtschaft abzuziehen. [6]Wird für einen Gewinn i. S. d. § 34 Abs. 2 Nr. 1 EStG die Tarifbegünstigung nach § 34a EStG in Anspruch genommen, scheidet die Anwendung des § 34 Abs. 3 EStG aus.

(2) Tarifbegünstigte Veräußerungsgewinne i. S. d. §§ 14 und 14a Abs. 1, der §§ 16 und 18 Abs. 3 EStG liegen grundsätzlich nur vor, wenn die stillen Reserven in einem einheitlichen wirtschaftlichen Vorgang aufgedeckt werden.

(3) [1]Die gesamten außerordentlichen Einkünfte sind grundsätzlich bis zur Höhe des z. v. E. tarifbegünstigt. [2]In Fällen, in denen Verluste zu verrechnen sind, sind die vorrangig anzuwendenden besonderen Verlustverrechnungsbeschränkungen (z. B. § 2a Abs. 1, § 2b i. V. m. § 52 Abs. 4, § 15 Abs. 4, § 15b EStG) zu beachten.

(4) [1]Veräußerungskosten sind bei der Ermittlung des tarifbegünstigten Veräußerungsgewinns erst im Zeitpunkt des Entstehens des Veräußerungsgewinns zu berücksichtigen, auch wenn sie bereits im VZ vor dem Entstehen des Veräußerungsgewinns angefallen sind. [2]Die übrigen außerordentlichen Einkünfte unterliegen der Tarifvergünstigung in dem VZ, in dem sie nach den allgemeinen Grundsätzen vereinnahmt werden, nur insoweit, als nicht in früheren VZ mit diesen Einkünften unmittelbar zusammenhängende Betriebsausgaben bzw. Werbungskosten die Einkünfte des Stpfl. gemindert haben.

H 34.1

Hinweise

Arbeitnehmer-Pauschbetrag

Der Arbeitnehmer-Pauschbetrag ist bei der Ermittlung der nach § 34 EStG begünstigten außerordentlichen Einkünfte aus nichtselbständiger Tätigkeit nur insoweit abzuziehen, als tariflich voll zu besteuernde Einnahmen dieser Einkunftsart dafür nicht mehr zur Verfügung stehen (→ BFH vom 29. 10. 1998 – BStBl 1999 II S. 588).

Betriebsaufgabegewinn in mehreren VZ

Erstreckt sich eine Betriebsaufgabe über zwei Kalenderjahre und fällt der Aufgabegewinn daher in zwei VZ an, kann die Tarifermäßigung nach § 34 Abs. 3 EStG für diesen Gewinn auf Antrag in beiden VZ gewährt werden. Der Höchstbetrag von fünf Millionen Euro ist dabei aber insgesamt nur einmal zu gewähren (→ BMF vom 20. 12. 2005 – BStBl 2006 I S. 7).

Betriebsveräußerung

a)   Gewerbebetrieb: → R 16

b)   Betrieb der Land- und Forstwirtschaft:

Veräußert ein Land- und Forstwirt seinen Betrieb und pachtet er diesen unmittelbar nach der Veräußerung zurück, ist auf den Veräußerungsgewinn i. S. d. § 14 EStG § 34 Abs. 1 oder 3 EStG anzuwenden (→ BFH vom 28. 3. 1985 – BStBl II S. 508).

Freibetrag nach § 16 Abs. 4 EStG

→ H 16 (13) Freibetrag und H 16 (13) Teileinkünfteverfahren

Geschäfts- oder Firmenwert

Wird für den bei der erklärten Betriebsaufgabe nicht in das Privatvermögen zu überführenden Geschäfts- oder Firmenwert (→ H 16 (5) später ein Erlös erzielt, ist der Gewinn nicht nach § 34 EStG begünstigt (→ BFH vom 30. 1. 2002 – BStBl II S. 387).

Nicht entnommene Gewinne

Anhang 17b

Sind sowohl die Voraussetzungen für eine Tarifbegünstigung nach § 34a EStG als auch die Voraussetzungen für eine Begünstigung nach § 34 Abs. 1 EStG erfüllt, kann der Stpfl. wählen, welche Begünstigung er in Anspruch nehmen will (→ BMF vom 11. 8. 2008 – BStBl I S. 838, Rn. 6).

34.2. Steuerberechnung unter Berücksichtigung der Tarifermäßigung

R 34.2

(1) [1]Für Zwecke der Steuerberechnung nach § 34 Abs. 1 EStG ist zunächst für den VZ, in dem die außerordentlichen Einkünfte erzielt worden sind, die Einkommensteuer zu ermitteln, die sich ergibt, wenn die in dem z. v. E. enthaltenen außerordentlichen Einkünfte nicht in die Bemessungsgrundlage einbezogen werden. [2]Sodann ist in einer Vergleichsberechnung die Einkommensteuer zu errechnen, die sich unter Einbeziehung eines Fünftels der außerordentlichen Einkünfte ergibt. [3]Bei diesen nach den allgemeinen Tarifvorschriften vorzunehmenden Berechnungen sind dem Progressionsvorbehalt (§ 32b EStG) unterliegende Einkünfte zu berücksichtigen. [4]Der Unterschiedsbetrag zwischen beiden Steuerbeträgen ist zu verfünffachen und der sich so ergebende Steuerbetrag der nach Satz 1 ermittelten Einkommensteuer hinzuzurechnen.

(2) [1]Sind in dem z. v. E. auch Einkünfte enthalten, die nach § 34 Abs. 3 oder § 34b Abs. 3 EStG ermäßigten Steuersätzen unterliegen, ist die jeweilige Tarifermäßigung unter Berücksichtigung der jeweils anderen Tarifermäßigung zu berechnen. [2]Einkünfte, die nach § 34a Abs. 1 EStG mit einem besonderen Steuersatz versteuert werden, bleiben bei der Berechnung der Tarifermäßigung nach § 34 Abs. 1 EStG unberücksichtigt.

Hinweise

H 34.2

Berechnungsbeispiele

Beispiel 1

Berechnung der Einkommensteuer nach § 34 Abs. 1 EStG

Der Stpfl., der Einkünfte aus Gewerbebetrieb und Vermietung und Verpachtung (einschließlich Entschädigung i. S. d. § 34 EStG) hat, und seine Ehefrau werden zusammen veranlagt. Es sind die folgenden Einkünfte und Sonderausgaben anzusetzen:

Einkünfte aus Gewerbebetrieb		45 000 €
Einkünfte aus Vermietung und Verpachtung		
– laufende Einkünfte		+ 5 350 €
– Einkünfte aus Entschädigung i. S. d. § 34 Abs. 2 Nr. 2 EStG		+ 25 000 €
G. d. E.		75 350 €
Sonderausgaben		– 3 200 €
Einkommen		72 150 €
z. v. E.		72 150 €
z. v. E.	72 150 €	
abzüglich Einkünfte i. S. d. § 34 Abs. 2 Nr. 2 EStG	– 25 000 €	
verbleibendes z. v. E.	47 150 €	
darauf entfallender Steuerbetrag		7 388 €
verbleibendes z. v. E.	47 150 €	
zuzüglich 1/5 der Einkünfte i. S. d. § 34 Abs. 2 Nr. 2 EStG	+ 5 000 €	
	52 150 €	
darauf entfallender Steuerbetrag	8 846 €	
abzüglich Steuerbetrag auf das verbleibende z. v. E.	– 7 388 €	
Unterschiedsbetrag	1 458 €	
multipliziert mit Faktor 5	7 290 €	7 290 €
tarifliche Einkommensteuer		**14 678 €**

Beispiel 2

Berechnung der Einkommensteuer nach § 34 Abs. 1 EStG bei negativem verbleibenden zu versteuernden Einkommen

Der Stpfl., der Einkünfte aus Gewerbebetrieb hat, und seine Ehefrau werden zusammen veranlagt. Die Voraussetzungen des § 34 Abs. 3 und § 16 Abs. 4 EStG liegen nicht vor. Es sind die folgenden Einkünfte und Sonderausgaben anzusetzen:

Einkünfte aus Gewerbebetrieb, laufender Gewinn	+ 5 350 €	
Veräußerungsgewinn (§ 16 EStG)	+ 225 000 €	230 350 €
Einkünfte aus Vermietung und Verpachtung		– 45 000 €
G. d. E.		185 350 €
Sonderausgaben		– 3 200 €
Einkommen/z. v. E.		182 150 €
Höhe der Einkünfte i. S. d. § 34 Abs. 2 EStG,		
die nach § 34 Abs. 1 EStG besteuert werden können;		
max. aber bis zur Höhe des z. v. E.		182 150 €
z. v. E.	182 150 €	
abzgl. Einkünfte i. S. d. § 34 Abs. 2 EStG	– 225 000 €	
verbleibendes z. v. E.	– 42 850 €	

Damit ist das gesamte z. v. E.
in Höhe von 182 150 € gem. § 34 EStG tarifbegünstigt.

1/5 des z. v. E. (§ 34 Abs. 1 Satz 3 EStG)	36 430 €	
darauf entfallender Steuerbetrag	4 454 €	
multipliziert mit Faktor 5	22 720 €	
tarifliche Einkommensteuer		**22 720 €**

Beispiel 3

Berechnung der Einkommensteuer nach § 34 Abs. 1 EStG mit Einkünften, die dem Progressionsvorbehalt unterliegen

(Entsprechende Anwendung des BFH-Urteils vom 22. 9. 2009 – BStBl 2010 II S. 1032)

Der Stpfl. hat Einkünfte aus nichtselbständiger Arbeit und aus Vermietung und Verpachtung (einschließlich einer Entschädigung i. S. d. § 34 EStG). Es sind folgende Einkünfte und Sonderausgaben anzusetzen:

Einkünfte aus nichtselbständiger Arbeit	10 000 €	
Einkünfte aus Vermietung und Verpachtung		
– laufende Einkünfte	+ 60 000 €	
– Einkünfte aus Entschädigung i. S. d. § 34 Abs. 2 Nr. 2 EStG	+ 30 000 €	
G. d. E.	100 000 €	
Sonderausgaben	– 3 200 €	
Einkommen/z. v. E.	96 800 €	
Arbeitslosengeld	20 000 €	
z. v. E.	96 800 €	
abzüglich Einkünfte i. S. d. § 34 Abs. 2 Nr. 2 EStG	– 30 000 €	
verbleibendes z. v. E.	66 800 €	
zuzüglich Arbeitslosengeld § 32b Abs. 2 EStG	+ 20 000 €	
für die Berechnung des Steuersatzes gem. § 32b Abs. 2 EStG		
maßgebendes verbleibendes z. v. E.	86 800 €	
Steuer nach Grundtarif	28 284 €	
besonderer (= durchschnittlicher) Steuersatz § 32b Abs. 2 EStG	32,5852 %	
Steuerbetrag auf verbleibendes z. v. E. (66 800 €) unter Berücksichtigung des Progressionsvorbehalts		21 766 €
verbleibendes z. v. E.	66 800 €	
zuzüglich 1/5 der Einkünfte i. S. d. § 34 EStG	+ 6 000 €	
	72 800 €	
zuzüglich Arbeitslosengeld § 32b Abs. 2 EStG	+ 20 000 €	
für die Berechnung des Steuersatzes gem. § 32b Abs. 2 EStG		
maßgebendes z. v. E. mit 1/5 der außerordentlichen Einkünfte	92 800 €	
Steuer nach Grundtarif	30 804 €	
besonderer (= durchschnittlicher) Steuersatz § 32b Abs. 2 EStG	33,1939 %	
Steuerbetrag auf z. v. E. mit 1/5 der außerordentlichen Einkünfte (72 800 €) unter Berücksichtigung des Progressionsvorbehalts	24 165 €	
abzüglich Steuerbetrag auf das verbleibende z. v. E.	– 21 766 €	
Unterschiedsbetrag	2 399 €	
multipliziert mit Faktor 5	11 995 €	11 995 €
tarifliche Einkommensteuer		**33 761 €**

Beispiel 4

Berechnung der Einkommensteuer nach § 34 Abs. 1 EStG bei negativem verbleibenden z. v. E. und Einkünften, die dem Progressionsvorbehalt unterliegen (→ BFH-Urteil vom 17. 1. 2008 – BStBl 2011 II S. 21)

Der Stpfl. hat Einkünfte aus nichtselbständiger Arbeit und aus Vermietung und Verpachtung (einschließlich einer Entschädigung i. S. d. § 34 EStG). Es sind folgende Einkünfte und Sonderausgaben anzusetzen:

Einkünfte aus nichtselbständiger Arbeit	10 000 €	
Einkünfte aus Vermietung und Verpachtung		
laufende Einkünfte	– 20 000 €	
Einkünfte aus Entschädigung i. S. d. § 34 Abs. 2 Nr. 2 EStG	+ 30 000 €	
G. d. E.	20 000 €	
Sonderausgaben	– 5 000 €	
Einkommen / z. v. E.	15 000 €	
Höhe der Einkünfte i. S. d. § 34 Abs. 2 EStG, die nach § 34 Abs. 1 besteuert werden können, maximal bis zur Höhe des z. v. E.		15 000 €
z. v. E.	15 000 €	

abzüglich Einkünfte i. S. d. § 34 Abs. 2 EStG	– 30 000 €	
verbleibendes z. v. E.	– 15 000 €	

Damit ist das gesamte z. v. E. in Höhe von 15 000 € gem. § 34 EStG tarifbegünstigt.

1/5 des z. v. E. (§ 34 Abs. 1 Satz 3 EStG)		3 000 €
Arbeitslosengeld	40 000 €	
abzüglich negatives verbleibendes z. v. E.	– 15 000 €	
dem Progressionsvorbehalt unterliegende Bezüge werden nur insoweit berücksichtigt, als sie das negative verbleibende z.v.E. übersteigen	25 000 €	+ 25 000 €
für die Berechnung des Steuersatzes gem. § 32b Abs. 2 EStG maßgebendes verbleibendes z. v. E.		28 000 €
Steuer nach Grundtarif	5 004 €	
besonderer (= durchschnittlicher) Steuersatz	17,8714 %	
Steuerbetrag auf 1/5 des z. v. E. (3 000 €)	536 €	
multipliziert mit Faktor 5	2 680 €	
tarifliche Einkommensteuer		**2 680 €**

Beispiel 5

Berechnung der Einkommensteuer bei Zusammentreffen der Vergünstigungen nach § 34 Abs. 1 EStG und § 34 Abs. 3 EStG

Der Stpfl., der Einkünfte aus Gewerbebetrieb hat, und seine Ehefrau werden zusammenveranlagt. Im Zeitpunkt der Betriebsveräußerung hatte der Stpfl. das 55. Lebensjahr vollendet. Es sind die folgenden Einkünfte und Sonderausgaben anzusetzen:

Einkünfte aus Gewerbebetrieb (laufender Gewinn)		25 000 €
Veräußerungsgewinn (§ 16 EStG)	120 000 €	
davon bleiben nach § 16 Abs. 4 EStG steuerfrei	– 45 000 €	+ 75 000 €
Einkünfte, die Vergütung für eine mehrjährige Tätigkeit sind		+100 000 €
Einkünfte aus Vermietung und Verpachtung		+ 3 500 €
G. d. E.		203 500 €
Sonderausgaben		– 3 200 €
Einkommen/ z. v. E.		200 300 €

1. Steuerberechnung nach § 34 Abs. 1 EStG

1.1 Ermittlung des Steuerbetrags ohne Einkünfte nach § 34 Abs. 1 EStG

z. v. E.		200 300 €
abzüglich Einkünfte nach § 34 Abs. 1 EStG	–100 000 €	100 300 €
(darauf entfallender Steuerbetrag =	25 816 €)	
abzgl. Einkünfte nach § 34 Abs. 3 EStG		– 75 000 €
		25 300 €
darauf entfallender Steuerbetrag	1 694 €	

Für das z. v. E. ohne Einkünfte nach § 34 Abs. 1 EStG würde sich eine Einkommensteuer nach Splittingtarif von 25 816 € ergeben. Sie entspricht einem durchschnittlichen Steuersatz von 25,7387 %. Der ermäßigte Steuersatz beträgt mithin 56 % von 25,7387 % = 14,4136 %. Der ermäßigte Steuersatz ist höher als der mindestens anzusetzende Steuersatz in Höhe von 14 % (§ 34 Abs. 3 Satz 2 EStG). Daher ist der Mindeststeuersatz nicht maßgeblich. Mit dem ermäßigten Steuersatz gemäß § 34 Abs. 3 EStG zu versteuern: 14,4136 % von 75 000 € = 10 810 €

Steuerbetrag nach § 34 Abs. 3 EStG (ohne Einkünfte nach § 34 Abs. 1 EStG)	10 810 €
zuzüglich Steuerbetrag von 25 300 € (= z. v. E. ohne Einkünfte nach § 34 Abs. 1 EStG und § 34 Abs. 3 EStG)	+ 1 694 €
Steuerbetrag ohne Einkünfte aus § 34 Abs. 1 EStG	12 504 €

1.2 Ermittlung des Steuerbetrags mit 1/5 der Einkünfte nach § 34 Abs. 1 EStG

z. v. E.		200 300 €
abzüglich Einkünfte nach § 34 Abs. 1 EStG		–100 000 €
zuzüglich 1/5 der Einkünfte nach § 34 Abs. 1 EStG		+ 20 000 €
		120 300 €
(darauf entfallender Steuerbetrag =	34 182 €)	
abzüglich Einkünfte nach § 34 Abs. 3 EStG		– 75 000 €
		45 300 €
darauf entfallender Steuerbetrag	6 862 €	

Für das z. v. E. ohne die Einkünfte nach § 34 Abs. 1 EStG zuzüglich 1/5 der Einkünfte nach § 34 Abs. 1 EStG würde sich eine Einkommensteuer nach Splittingtarif von 34 182 € ergeben. Sie entspricht einem durchschnittlichen Steuersatz von 28,4139 %. Der ermäßigte Steuersatz beträgt mithin 56 % von 28,4139 % = 15,9117 %. Der ermäßigte Steuersatz ist höher als der mindestens anzusetzende Steuersatz in Höhe von 14 % (§ 34 Abs. 3 Satz 2 EStG). Daher ist der Mindeststeuersatz nicht maßgeblich. Mit dem ermäßigten Steuersatz zu versteuern: 15,9117 % von 75 000 € = 11 933 €.

Steuerbetrag nach § 34 Abs. 3 EStG (unter Berücksichtigung von 1/5 der Einkünfte nach § 34 Abs. 1 EStG) zuzüglich Steuerbetrag von 45 300 €	11 933 €
(= z. v. E. ohne Einkünfte nach § 34 Abs. 3 und § 34 Abs. 1 EStG mit 1/5 der Einkünfte nach § 34 Abs. 1 EStG)	+ 6 862 €
Steuerbetrag mit 1/5 der Einkünfte nach § 34 Abs. 1 EStG	18 795 €

1.3 Ermittlung des Unterschiedsbetrages nach § 34 Abs. 1 EStG

Steuerbetrag mit 1/5 der Einkünfte nach § 34 Abs. 1 EStG	18 795 €
abzgl. Steuerbetrag ohne Einkünfte nach § 34 Abs. 1 EStG (→ Nr. 1.1)	– 12 504 €
Unterschiedsbetrag	6 291 €
verfünffachter Unterschiedsbetrag nach § 34 Abs. 1 EStG	31 455 €

2. Steuerberechnung nach § 34 Abs. 3 EStG

z. v. E.	200 300 €
abzüglich Einkünfte nach § 34 Abs. 1 EStG	– 100 000 €
	– 100 300 €
Steuerbetrag von 100 300 €	25 816 €
zuzüglich verfünffachter Unterschiedsbetrag nach § 34 Abs. 1 EStG (→ Nr. 1.3)	+ 31 455 €
Summe	57 271 €

Ermittlung des ermäßigten Steuersatzes nach Splittingtarif auf der Grundlage des z. v. E.
55 071 €/200 300 € = 28,5926 %
Der ermäßigte Steuersatz beträgt mithin 56 % von 28,5926 % = 16,0118 %. Der ermäßigte Steuersatz ist höher als der mindestens anzusetzende Steuersatz in Höhe von 14 % (§ 34 Abs. 3 Satz 2 EStG). Daher ist der Mindeststeuersatz nicht maßgeblich. Mit dem ermäßigten Steuersatz zu versteuern: 16,0118 % von 75 000 € = 12 008 €.

Steuerbetrag nach § 34 Abs. 3 EStG	12 008 €

3. Berechnung der gesamten Einkommensteuer

nach dem Splittingtarif entfallen auf das z. v. E. ohne begünstigte Einkünfte (→ Nr. 1.1)	1 694 €
verfünffachter Unterschiedsbetrag nach § 34 Abs. 1 EStG (→ Nr. 1.3)	31 455 €
Steuer nach § 34 Abs. 3 EStG (→ Nr. 2)	12 008 €
tarifliche Einkommensteuer	**45 157 €**

Negativer Progressionsvorbehalt

Unterliegen Einkünfte sowohl der Tarifermäßigung des § 34 Abs. 1 EStG als auch dem negativen Progressionsvorbehalt des § 32b EStG, ist eine integrierte Steuerberechnung nach dem Günstigkeitsprinzip vorzunehmen. Danach sind die Ermäßigungsvorschriften in der Reihenfolge anzuwenden, die zu einer geringeren Steuerbelastung führt, als dies bei ausschließlicher Anwendung des negativen Progressionsvorbehalts der Fall wäre (→ BFH vom 15. 11. 2007 – BStBl 2008 II S. 375).

Progressionsvorbehalt

Hat der Stpfl. neben außerordentlichen Einkünften i. S. v. § 34 Abs. 2 EStG auch steuerfreie Einnahmen i. S. v. § 32b Abs. 1 EStG bezogen, so sind diese in der Weise in die Berechnung nach § 34 Abs. 1 EStG einzubeziehen, dass sie in voller Höhe dem verbleibenden zu versteuernden Einkommen hinzugerechnet (→ BFH vom 22. 9. 2009 – IX R 93/07 – DStR 2009 S. 2657).

34.3. Besondere Voraussetzungen für die Anwendung des § 34 Abs. 1 EStG

(1) Entschädigungen i. S. d. § 24 Nr. 1 EStG sind nach § 34 Abs. 1 i. V. m. Abs. 2 Nr. 2 EStG nur begünstigt, wenn es sich um außerordentliche Einkünfte handelt; dabei kommt es nicht darauf an, im Rahmen welcher Einkunftsart sie angefallen sind.

(2) ¹Die Nachzahlung von Nutzungsvergütungen und Zinsen i. S. d. § 34 Abs. 2 Nr. 3 EStG muss einen Zeitraum von mehr als 36 Monaten umfassen. ²Es genügt nicht, dass sie auf drei Kalenderjahre entfällt.

I

Hinweise

Entlassungsentschädigungen

- → BMF vom 24. 5. 2004 (BStBl I S. 505, berichtigt BStBl I S. 633) unter Berücksichtigung der Änderungen durch BMF vom 17. 1. 2011 (BStBl I S. 39)
- Die Rückzahlung einer Abfindung ist auch dann im Abflussjahr zu berücksichtigen, wenn die Abfindung im Zuflussjahr begünstigt besteuert worden ist. Eine Lohnrückzahlung ist regelmäßig kein rückwirkendes Ereignis, das zur Änderung des Einkommensteuerbescheides des Zuflussjahres berechtigt (→ BFH vom 4. 5. 2006 – BStBl II S. 911).

Entschädigung i. S. d. § 24 Nr. 1 EStG

→ R 24.1

Entschädigung in zwei VZ

- Außerordentliche Einkünfte i. S. d. § 34 Abs. 2 Nr. 2 EStG sind (nur) gegeben, wenn die zu begünstigenden Einkünfte in einem VZ zu erfassen sind (→ BFH vom 21. 3. 1996 – BStBl II S. 416 und vom 14. 5. 2003 – BStBl II S. 881). Die Tarifermäßigung nach § 34 Abs. 1 EStG kann aber unter besonderen Umständen ausnahmsweise auch dann in Betracht kommen, wenn die Entschädigung nicht in einem Kalenderjahr zufließt, sondern sich auf zwei Kalenderjahre verteilt. Voraussetzung ist jedoch stets, dass die Zahlung der Entschädigung von vornherein in einer Summe vorgesehen war und nur wegen ihrer ungewöhnlichen Höhe und der besonderen Verhältnisse des Zahlungspflichtigen auf zwei Jahre verteilt wurde oder wenn der Entschädigungsempfänger – bar aller Existenzmittel – dringend auf den baldigen Bezug einer Vorauszahlung angewiesen war (→ BFH vom 2. 9. 1992 – BStBl 1993 II S. 831).
- Bei Land- und Forstwirten mit einem vom Kalenderjahr abweichenden Wirtschaftsjahr ist die Tarifermäßigung ausgeschlossen, wenn sich die außerordentlichen Einkünfte aufgrund der Aufteilungsvorschrift des § 4a Abs. 2 Nr. 1 Satz 1 EStG auf mehr als zwei VZ verteilen (→ BFH vom 4. 4. 1968 – BStBl II S. 411).
- Planwidriger Zufluss
  → BMF vom 24. 5. 2004 (BStBl I S. 505, berichtigt BStBl I S. 633) unter Berücksichtigung der Änderungen durch BMF vom 17. 1. 2011 (BStBl I S. 39), Rz. 17 – 20
- Die Steuerbegünstigung einer Entlassungsentschädigung entfällt nicht rückwirkend, wenn der Arbeitgeber nachträglich einen weiteren Abfindungsbetrag zahlt, ohne hierzu aufgrund der ursprünglichen Entschädigungsvereinbarung verpflichtet zu sein (→ FG Münster vom 14. 11. 1997 – EFG 1998 S. 470, rkr., Rev. wurde zurückgenommen).
- Die Ablösung wiederkehrender Bezüge aus einer Betriebs- oder Anteilsveräußerung durch eine Einmalzahlung kann als Veräußerungserlös auch dann tarifbegünstigt sein, wenn im Jahr der Betriebs- oder Anteilsveräußerung eine Einmalzahlung tarifbegünstigt versteuert worden ist, diese aber im Verhältnis zum Ablösebetrag als geringfügig (im Urteilsfall weniger als 1 %) anzusehen ist (→ BFH vom 14. 1. 2004 – BStBl II S. 493).

Nutzungsvergütungen i. S. d. § 24 Nr. 3 EStG

- Werden Nutzungsvergütungen oder Zinsen i. S. d. § 24 Nr. 3 EStG für einen Zeitraum von mehr als drei Jahren nachgezahlt, ist der gesamte Nachzahlungsbetrag nach § 34 Abs. 2 Nr. 3 i. V. m. Absatz 1 EStG begünstigt. Nicht begünstigt sind Nutzungsvergütungen, die in einem Einmalbetrag für einen drei Jahre übersteigenden Nutzungszeitraum gezahlt werden und von denen ein Teilbetrag auf einen Nachzahlungszeitraum von weniger als drei Jahren und die im Übrigen auf den zukünftigen Nutzungszeitraum entfallen (→ BFH vom 19. 4. 1994 – BStBl II S. 640).

– Die auf Grund eines Zwangsversteigerungsverfahrens von der öffentlichen Hand als Ersteherin gezahlten sog. Bargebotszinsen stellen keine „Zinsen auf Entschädigungen" i. S. v. § 24 Nr. 3 EStG dar (→ BFH vom 28. 4. 1998 – BStBl II S. 560).

Vorabentschädigungen

Teilzahlungen, die ein Handelsvertreter entsprechend seinen abgeschlossenen Geschäften laufend vorweg auf seine künftige Wettbewerbsentschädigung (§ 90a HGB) und auf seinen künftigen Ausgleichsanspruch (§ 89b HGB) erhält, führen in den jeweiligen Veranlagungszeiträumen zu keiner → Zusammenballung von Einkünften und lösen deshalb auch nicht die Tarifermäßigung nach § 34 Abs. 1 EStG aus (→ BFH vom 20. 7. 1988 – BStBl II S. 936).

Zinsen i. S. d. § 24 Nr. 3 EStG

→ Nutzungsvergütungen

Zusammenballung von Einkünften

– Eine Entschädigung ist nur dann tarifbegünstigt, wenn sie zu einer Zusammenballung von Einkünften innerhalb eines VZ führt (→ BFH vom 4. 3. 1998 – BStBl II S. 787).

  → BMF vom 18. 11. 1997, (BStBl I S. 973)

  → BMF vom 24. 5. 2004 (BStBl I S. 505, berichtigt BStBl I S. 633) unter Berücksichtigung der Änderungen durch BMF vom 17. 1. 2011 (BStBl I S. 39), Rz. 9 – 16

– Erhält ein Stpfl. wegen der Körperverletzung durch einen Dritten auf Grund von mehreren gesonderten und unterschiedliche Zeiträume betreffenden Vereinbarungen mit dessen Versicherung Entschädigungen als Ersatz für entgangene und entgehende Einnahmen, steht der Zufluss der einzelnen Entschädigungen in verschiedenen VZ der tarifbegünstigten Besteuerung jeder dieser Entschädigungen nicht entgegen (→ BFH vom 21. 1. 2004 – BStBl II S. 716).

R 34.4
S 2290

34.4. Anwendung des § 34 Abs. 1 EStG auf Einkünfte aus der Vergütung für eine mehrjährige Tätigkeit (§ 34 Abs. 2 Nr. 4 EStG)

Allgemeines

(1) [1]§ 34 Abs. 2 Nr. 4 i. V. m. Abs. 1 EStG gilt grundsätzlich für alle Einkunftsarten. [2]§ 34 Abs. 1 EStG ist auch auf Nachzahlungen von Ruhegehaltsbezügen und von Renten i. S. d. § 22 Nr. 1 EStG **anwendbar, *soweit diese nicht für den laufenden VZ geleistet werden.*** [3]Voraussetzung für die Anwendung ist, dass auf Grund der Einkunftsermittlungsvorschriften eine → Zusammenballung von Einkünften eintritt, die bei Einkünften aus nichtselbständiger Arbeit auf wirtschaftlich vernünftigen Gründen beruht und bei anderen Einkünften nicht dem vertragsgemäßen oder dem typischen Ablauf entspricht.

Einkünfte aus nichtselbständiger Arbeit

(2) Bei Einkünften aus nichtselbständiger Arbeit kommt es nicht darauf an, dass die Vergütung für eine abgrenzbare Sondertätigkeit gezahlt wird, dass auf sie ein Rechtsanspruch besteht oder dass sie eine zwangsläufige Zusammenballung von Einnahmen darstellt.

Ermittlung der Einkünfte

(3) [1]Bei der Ermittlung der dem § 34 Abs. 2 Nr. 4 i. V. m. Abs. 1 EStG unterliegenden Einkünfte gilt R 34.1 Abs. 4 *Satz 2*. [2]Handelt es sich sowohl bei den laufenden Einnahmen als auch bei den außerordentlichen Bezügen um Versorgungsbezüge i. S. d. § 19 Abs. 2 EStG, können im Kalenderjahr des Zuflusses die Freibeträge für Versorgungsbezüge nach § 19 Abs. 2 EStG nur einmal abgezogen werden; sie sind zunächst bei den nicht nach § 34 EStG begünstigten Einkünften zu berücksichtigen. [3]Nur insoweit nicht verbrauchte Freibeträge für Versorgungsbezüge sind bei den nach § 34 EStG begünstigten Einkünften abzuziehen. [4]Entsprechend ist bei anderen Einkunftsarten zu verfahren, bei denen ein im Rahmen der Einkünfteermittlung anzusetzender Freibetrag oder Pauschbetrag abzuziehen ist. [5]Werden außerordentliche Einkünfte aus nichtselbständiger Arbeit neben laufenden Einkünften dieser Art bezogen, ist bei diesen Einkünften der Arbeitnehmer-Pauschbetrag oder der Pauschbetrag nach § 9a Satz 1 Nr. 1 Buchstabe b EStG insgesamt nur einmal abzuziehen, wenn insgesamt keine höheren Werbungskosten nachgewiesen werden. [6]In anderen Fällen sind die auf die jeweiligen Einnahmen entfallenden tatsächlichen Werbungskosten bei diesen Einnahmen zu berücksichtigen.

Hinweise

Arbeitslohn für mehrere Jahre

Die Anwendung des § 34 Abs. 2 Nr. 4 i. V. m. § 34 Abs. 1 EStG setzt nicht voraus, dass der Arbeitnehmer die Arbeitsleistung erbringt; es genügt, dass der Arbeitslohn für mehrere Jahre gezahlt worden ist (→ BFH vom 17. 7. 1970 – BStBl II S. 683).

Außerordentliche Einkünfte i. S. d. § 34 Abs. 2 Nr. 4 i. V. m. § 34 Abs. 1 EStG

1. § 34 Abs. 2 Nr. 4 i. V. m. § 34 Abs. 1 EStG ist z. B. anzuwenden, wenn
   - eine Lohnzahlung für eine Zeit, die vor dem Kalenderjahr liegt, deshalb nachträglich geleistet wird, weil der Arbeitgeber Lohnbeträge zu Unrecht einbehalten oder mangels flüssiger Mittel nicht in der festgelegten Höhe ausgezahlt hat (→ BFH vom 17. 7. 1970 – BStBl II S. 683).
   - der Arbeitgeber Prämien mehrerer Kalenderjahre für eine Versorgung oder für eine Unfallversicherung des Arbeitnehmers deshalb voraus- oder nachzahlt, weil er dadurch günstigere Prämiensätze erzielt oder weil die Zusammenfassung satzungsgemäßen Bestimmungen einer Versorgungseinrichtung entspricht.
   - dem Stpfl. Tantiemen für mehrere Jahre in einem Kalenderjahr zusammengeballt zufließen (→ BFH vom 11. 6. 1970 – BStBl II S. 639).
   - dem Stpfl. Zahlungen, die zur Abfindung von Pensionsanwartschaften geleistet werden, zufließen. Dem Zufluss steht nicht entgegen, dass der Ablösungsbetrag nicht an den Stpfl., sondern an einen Dritten gezahlt worden ist (→ BFH vom 12. 4. 2007 – BStBl II S. 581).

2. § 34 Abs. 2 Nr. 4 i. V. m. § 34 Abs. 1 EStG ist z. B. nicht anzuwenden bei zwischen Arbeitgeber und Arbeitnehmer vereinbarten und regelmäßig ausgezahlten gewinnabhängigen Tantiemen, deren Höhe erst nach Ablauf des Wirtschaftsjahrs festgestellt werden kann; es handelt sich hierbei nicht um die Abgeltung einer mehrjährigen Tätigkeit (→ BFH vom 30. 8. 1966 – BStBl III S. 545).

3. § 34 Abs. 2 Nr. 4 i. V. m. § 34 Abs. 1 EStG kann in besonders gelagerten Ausnahmefällen anzuwenden sein, wenn die Vergütung für eine mehrjährige nichtselbständige Tätigkeit dem Stpfl. aus wirtschaftlich vernünftigen Gründen nicht in einem Kalenderjahr, sondern in zwei Kalenderjahren in Teilbeträgen zusammengeballt ausgezahlt wird (→ BFH vom 16. 9. 1966 – BStBl 1967 III S. 2).

→ Vergütung für eine mehrjährige Tätigkeit

Gewinneinkünfte

Die Annahme außerordentlicher Einkünfte i. S. d. § 34 Abs. 2 Nr. 4 EStG setzt voraus, dass die Vergütung für mehrjährige Tätigkeiten eine Progressionswirkung typischerweise erwarten lässt. Dies kann bei Einkünften i. S. d. § 2 Abs. 2 Satz 1 Nr. 1 EStG dann der Fall sein, wenn
- der Stpfl. sich während mehrerer Jahre ausschließlich einer bestimmten Sache gewidmet und die Vergütung dafür in einem einzigen Veranlagungszeitraum erhalten hat oder
- eine sich über mehrere Jahre erstreckende Sondertätigkeit, die von der übrigen Tätigkeit des Stpfl. ausreichend abgrenzbar ist und nicht zum regelmäßigen Gewinnbetrieb gehört, in einem einzigen Veranlagungszeitraum entlohnt wird oder
- der Stpfl. für eine mehrjährige Tätigkeit eine Nachzahlung in einem Betrag aufgrund einer vorausgegangenen rechtlichen Auseinandersetzung erhalten hat

(→ BFH vom 14. 12. 2006 – BStBl 2007 II S. 180) oder
- eine einmalige Sonderzahlung für langjährige Dienste auf Grund einer arbeitnehmerähnlichen Stellung geleistet wird (→ BFH vom 7. 7. 2004 – BStBl 2005 II S. 276).

ferner: Ist ein Honorar, das einem Rechtsanwalt für die mehrjährige Bearbeitung diverser Klageverfahren für die gleichen Mandanten in einem einzigen Veranlagungszeitraum zufließt, unter Beachtung des Gleichheitssatzes den außerordentlichen Einkünften i. S. d. § 34 Abs. 2 Nr. 4 EStG zuzuordnen?

→ FG Hamburg vom 28.9.2009 (5 K 201/08) – Rev. – III R 84/11

Jubiläumszuwendungen

Zuwendungen, die ohne Rücksicht auf die Dauer der Betriebszugehörigkeit lediglich aus Anlass eines Firmenjubiläums erfolgen, erfüllen die Voraussetzungen von → § 34 Abs. 2 Nr. 4 EStG nicht (→ BFH vom 3. 7. 1987 – BStBl II S. 820).

Nachzahlung von Versorgungsbezügen

§ 34 Abs. 2 Nr. 4 i. V. m. § 34 Abs. 1 EStG ist auch auf Nachzahlungen anwendbar, die als Ruhegehalt für eine ehemalige Arbeitnehmertätigkeit gezahlt werden (→ BFH vom 28. 2. 1958 – BStBl III S. 169).

Tantiemen

→ außerordentliche Einkünfte i. S. d. § 34 Abs. 2 Nr. 4 i. V. m. § 34 Abs. 1 EStG

Verbesserungsvorschläge

Die einem Arbeitnehmer gewährte Prämie für einen Verbesserungsvorschlag stellt keine Entlohnung für eine mehrjährige Tätigkeit i. S. d. § 34 Abs. 2 Nr. 4 i. V. m. § 34 Abs. 1 EStG dar, wenn sie nicht nach dem Zeitaufwand des Arbeitnehmers, sondern ausschließlich nach der Kostenersparnis des Arbeitgebers in einem bestimmten künftigen Zeitraum berechnet wird (→ BFH vom 16. 12. 1996 – BStBl 1997 II S. 222).

Vergütung für eine mehrjährige Tätigkeit

Die Anwendung von § 34 Abs. 2 Nr. 4 i. V. m. § 34 Abs. 1 EStG ist nicht dadurch ausgeschlossen, dass die Vergütungen für eine mehr als mehrjährige Tätigkeit während eines Kalenderjahrs in mehreren Teilbeträgen gezahlt werden (→ BFH vom 11. 6. 1970 – BStBl II S. 639).

Versorgungsbezüge

→ Nachzahlung von Versorgungsbezügen

Zusammenballung von Einkünften

Eine Zusammenballung von Einkünften ist nicht anzunehmen, wenn die Vertragsparteien die Vergütung bereits durch ins Gewicht fallende Teilzahlungen auf mehrere Kalenderjahre verteilt haben (→ BFH vom 10. 2. 1972 – BStBl II S. 529).

R 34.5   34.5. Anwendung der Tarifermäßigung nach § 34 Abs. 3 EStG

Berechnung

(1) [1]Für das gesamte z. v. E. i. S. d. § 32a Abs. 1 EStG – also einschließlich der außerordentlichen Einkünfte, soweit sie zur Einkommensteuer heranzuziehen sind – ist der Steuerbetrag nach den allgemeinen Tarifvorschriften zu ermitteln. [2]Aus dem Verhältnis des sich ergebenden Steuerbetrags zu dem gerundeten z. v. E. ergibt sich der durchschnittliche Steuersatz, der auf vier Dezimalstellen abzurunden ist. [3]56 % dieses durchschnittlichen Steuersatzes, mindestens *14 %*, ist der anzuwendende ermäßigte Steuersatz.

Beschränkung auf einen Veräußerungsgewinn

(2) [1]Die Ermäßigung nach § 34 Abs. 3 Satz 1 bis 3 EStG kann der Stpfl. nur einmal im Leben in Anspruch nehmen, selbst dann, wenn der Stpfl. mehrere Veräußerungs- oder Aufgabegewinne innerhalb eines VZ erzielt. [2]Dabei ist die Inanspruchnahme einer Steuerermäßigung nach § 34 EStG in VZ vor dem 1. 1. 2001 unbeachtlich (§ 52 Abs. 47 *Satz 8* EStG). [3]Wird der zum Betriebsvermögen eines Einzelunternehmers gehörende Mitunternehmeranteil im Zusammenhang mit der Veräußerung des Einzelunternehmens veräußert, ist die Anwendbarkeit des § 34 Abs. 3 EStG für beide Vorgänge getrennt zu prüfen. [4]Liegen hinsichtlich beider Vorgänge die Voraussetzungen des § 34 Abs. 3 EStG vor, kann der Stpfl. die ermäßigte Besteuerung nach § 34 Abs. 3 EStG entweder für die Veräußerung des Einzelunternehmens oder für die Veräußerung des Mitunternehmeranteiles beantragen. [5]Die Veräußerung eines Anteils an einer Mitunternehmerschaft (Obergesellschaft), zu deren Betriebsvermögen die Beteiligung an einer anderen Mitunternehmerschaft gehört (mehrstöckige Personengesellschaft), stellt für die Anwendbarkeit des § 34 Abs. 3 EStG einen einheitlich zu beurteilenden Veräußerungsvorgang dar.

Nachweis der dauernden Berufsunfähigkeit

(3) R 16 Abs. 14 gilt entsprechend.

Hinweise

Beispiel

→ H 34.2 Berechnungsbeispiele, Beispiel 5

---

§ 34a   Begünstigung der nicht entnommenen Gewinne

(1) [1]Sind in dem zu versteuernden Einkommen nicht entnommene Gewinne aus Land- und Forstwirtschaft, Gewerbebetrieb oder selbständiger Arbeit (§ 2 Absatz 1 Satz 1 Nummer 1 bis 3) im Sinne des Absatzes 2 enthalten, ist die Einkommensteuer für diese Gewinne auf Antrag des Steuerpflichtigen ganz oder teilweise mit einem Steuersatz von 28,25 Prozent zu berechnen; dies gilt nicht, soweit für die Gewinne der Freibetrag nach § 16 Absatz 4 oder die Steuerermäßigung nach § 34 Absatz 3 in Anspruch genommen wird oder es sich um Gewinne im Sinne des § 18 Absatz 1 Nummer 4 handelt. [2]Der Antrag nach Satz 1 ist für jeden Betrieb oder Mitunternehmeranteil für jeden Veranlagungszeitraum gesondert bei dem für die Einkommensbesteuerung zuständigen Finanzamt zu stellen. [3]Bei Mitunternehmeranteilen kann der Steuerpflichtige den Antrag nur stellen, wenn sein Anteil am nach § 4 Absatz 1 Satz 1 oder § 5 ermittelten Gewinn mehr als 10 Prozent beträgt oder 10 000 Euro übersteigt. [4]Der Antrag kann bis zur Unanfechtbarkeit des Einkommensteuerbescheids für den nächsten Veranlagungszeitraum vom Steuerpflichtigen ganz oder teilweise zurückgenommen werden; der Einkommensteuerbescheid ist entsprechend zu ändern. [5]Die Festsetzungsfrist endet insoweit nicht, bevor die Festsetzungsfrist für den nächsten Veranlagungszeitraum abgelaufen ist.

(2) Der nicht entnommene Gewinn des Betriebs oder Mitunternehmeranteils ist der nach § 4 Absatz 1 Satz 1 oder § 5 ermittelte Gewinn vermindert um den positiven Saldo der Entnahmen und Einlagen des Wirtschaftsjahres.

(3) [1]Der Begünstigungsbetrag ist der im Veranlagungszeitraum nach Absatz 1 Satz 1 auf Antrag begünstigte Gewinn. [2]Der Begünstigungsbetrag des Veranlagungszeitraums, vermindert um die darauf entfallende Steuerbelastung nach Absatz 1 und den darauf entfallenden Solidaritätszuschlag, vermehrt um den nachversteuerungspflichtigen Betrag des Vorjahres und den auf diesen Betrieb oder Mitunternehmeranteil nach Absatz 5 übertragenen nachversteuerungspflichtigen Betrag, vermindert um den Nachversteuerungsbetrag im Sinne des Absatzes 4 und den auf einen anderen Betrieb oder Mitunternehmeranteil nach Absatz 5 übertragenen nachversteuerungspflichtigen Betrag, ist der nachversteuerungspflichtige Betrag des Betriebs oder Mitunternehmeranteils zum Ende des Veranlagungszeitraums. [3]Dieser ist für jeden Betrieb oder Mitunternehmeranteil jährlich gesondert festzustellen.

(4) [1]Übersteigt der positive Saldo der Entnahmen und Einlagen des Wirtschaftsjahres bei einem Betrieb oder Mitunternehmeranteil den nach § 4 Absatz 1 Satz 1 oder § 5 ermittelten Gewinn (Nachversteuerungsbetrag), ist vorbehaltlich Absatz 5 eine Nachversteuerung durchzuführen, soweit zum Ende des vorangegangenen Veranlagungszeitraums ein nachversteuerungspflichtiger Betrag nach Absatz 3 festgestellt wurde. [2]Die Einkommensteuer auf den Nachversteuerungsbetrag beträgt 25 Prozent. [3]Der Nachversteuerungsbetrag ist um die Beträge, die für die Erbschaftsteuer (Schenkungsteuer) anlässlich der Übertragung des Betriebs oder Mitunternehmeranteils entnommen wurden, zu vermindern.

(5) [1]Die Übertragung oder Überführung eines Wirtschaftsguts nach § 6 Absatz 5 Satz 1 bis 3 führt unter den Voraussetzungen des Absatzes 4 zur Nachversteuerung. [2]Eine Nachversteuerung findet nicht statt, wenn der Steuerpflichtige beantragt, den nachversteuerungspflichtigen Betrag in Höhe des Buchwerts des übertragenen oder überführten Wirtschaftsguts, höchstens jedoch in Höhe des Nachversteuerungsbetrags, den die Übertragung oder Überführung des Wirtschaftsguts ausgelöst hätte, auf den anderen Betrieb oder Mitunternehmeranteil zu übertragen.

(6) [1]Eine Nachversteuerung des nachversteuerungspflichtigen Betrags nach Absatz 4 ist durchzuführen

1. in den Fällen der Betriebsveräußerung oder -aufgabe im Sinne der §§ 14, 16 Absatz 1 und 3 sowie des § 18 Absatz 3,

2. in den Fällen der Einbringung eines Betriebs oder Mitunternehmeranteils in eine Kapitalgesellschaft oder eine Genossenschaft sowie in den Fällen des Formwechsels einer Personengesellschaft in eine Kapitalgesellschaft oder Genossenschaft,

3. wenn der Gewinn nicht mehr nach § 4 Absatz 1 Satz 1 oder § 5 ermittelt wird oder

4. wenn der Steuerpflichtige dies beantragt.

[2]In den Fällen der Nummern 1 und 2 ist die nach Absatz 4 geschuldete Einkommensteuer auf Antrag des Steuerpflichtigen oder seines Rechtsnachfolgers in regelmäßigen Teilbeträgen für einen Zeitraum von höchstens zehn Jahren seit Eintritt der ersten Fälligkeit zinslos zu stunden,

wenn ihre alsbaldige Einziehung mit erheblichen Härten für den Steuerpflichtigen verbunden
wäre.

(7) ¹In den Fällen der unentgeltlichen Übertragung eines Betriebs oder Mitunternehmeranteils
nach § 6 Absatz 3 hat der Rechtsnachfolger den nachversteuerungspflichtigen Betrag fortzuführen. ²In den Fällen der Einbringung eines Betriebs oder Mitunternehmeranteils zu Buchwerten
nach § 24 des Umwandlungssteuergesetzes geht der für den eingebrachten Betrieb oder Mitunternehmeranteil festgestellte nachversteuerungspflichtige Betrag auf den neuen Mitunternehmeranteil über.

(8) Negative Einkünfte dürfen nicht mit ermäßigt besteuerten Gewinnen im Sinne von Absatz 1
Satz 1 ausgeglichen werden; sie dürfen insoweit auch nicht nach § 10d abgezogen werden.

(9) ¹Zuständig für den Erlass der Feststellungsbescheide über den nachversteuerungspflichtigen
Betrag ist das für die Einkommensbesteuerung zuständige Finanzamt. ²Die Feststellungsbescheide
können nur insoweit angegriffen werden, als sich der nachversteuerungspflichtige Betrag gegenüber dem nachversteuerungspflichtigen Betrag des Vorjahres verändert hat. ³Die gesonderten Feststellungen nach Satz 1 können mit dem Einkommensteuerbescheid verbunden werden.

(10) ¹Sind Einkünfte aus Land- und Forstwirtschaft, Gewerbebetrieb oder selbständiger Arbeit
nach § 180 Absatz 1 Nummer 2 Buchstabe a oder b der Abgabenordnung gesondert festzustellen,
können auch die Höhe der Entnahmen und Einlagen sowie weitere für die Tarifermittlung nach
den Absätzen 1 bis 7 erforderliche Besteuerungsgrundlagen gesondert festgestellt werden. ²Zu-
ständig für die gesonderten Feststellungen nach Satz 1 ist das Finanzamt, das für die gesonderten
Feststellungen nach § 180 Absatz 1 Nummer 2 der Abgabenordnung zuständig ist. ³Die gesonderten Feststellungen nach Satz 1 können mit der Feststellung nach § 180 Absatz 1 Nummer 2 der
Abgabenordnung verbunden werden. ⁴Die Feststellungsfrist für die gesonderte Feststellung nach
Satz 1 endet nicht vor Ablauf der Feststellungsfrist für die Feststellung nach § 180 Absatz 1
Nummer 2 der Abgabenordnung.

(11) ¹Der Bescheid über die gesonderte Feststellung des nachversteuerungspflichtigen Betrags ist
zu erlassen, aufzuheben oder zu ändern, soweit der Steuerpflichtige einen Antrag nach Absatz 1
stellt oder diesen ganz oder teilweise zurücknimmt und sich die Besteuerungsgrundlagen im Einkommensteuerbescheid ändern. ²Dies gilt entsprechend, wenn der Erlass, die Aufhebung oder
Änderung des Einkommensteuerbescheids mangels steuerlicher Auswirkung unterbleibt. ³Die
Feststellungsfrist endet nicht, bevor die Festsetzungsfrist für den Veranlagungszeitraum abgelaufen ist, auf dessen Schluss der nachversteuerungspflichtige Betrag des Betriebs oder Mitunternehmeranteils gesondert festzustellen ist.

H 34a   **Hinweise**

Allgemeines

Anhang 5 VIII   → BMF vom 11. 8. 2008 (BStBl I S. 838)

EStG   ***§ 34b   Steuersätze bei Einkünften aus außerordentlichen Holznutzungen[1]***
S 2291

(1) Außerordentliche Holznutzungen sind

1. *Holznutzungen, die aus volks- oder staatswirtschaftlichen Gründen erfolgt sind. ²Sie liegen
   nur insoweit vor, als sie durch gesetzlichen oder behördlichen Zwang veranlasst sind;*

2. *Holznutzungen infolge höherer Gewalt (Kalamitätsnutzungen). ²Sie sind durch Eis-, Schnee-,
   Windbruch oder Windwurf, Erdbeben, Bergrutsch, Insektenfraß, Brand oder durch Naturereignisse mit vergleichbaren Folgen verursacht. ³Hierzu gehören nicht die Schäden, die in
   der Forstwirtschaft regelmäßig entstehen.*

*(2) ¹Zur Ermittlung der Einkünfte aus außerordentlichen Holznutzungen sind von den Einnahmen
sämtlicher Holznutzungen die damit in sachlichem Zusammenhang stehenden Betriebsausgaben
abzuziehen. ²Das nach Satz 1 ermittelte Ergebnis ist auf die ordentlichen und außerordentlichen
Holznutzungsarten aufzuteilen, in dem die außerordentlichen Holznutzungen zur gesamten Holznutzung ins Verhältnis gesetzt wird. ³Bei einer Gewinnermittlung durch Betriebsvermögensvergleich sind die im Wirtschaftsjahr veräußerten Holzmengen maßgebend. ⁴Bei einer Gewinnermittlung nach den Grundsätzen des § 4 Absatz 3 ist von den Holzmengen auszugehen, die den im
Wirtschaftsjahr zugeflossenen Einnahmen zugrunde liegen. ⁵Die Sätze 1 bis 4 gelten für entnom-
menes Holz entsprechend.*

---

[1] *§ 34b EStG wurde durch das Steuervereinfachungsgesetz 2011 ab VZ 2012 neu gefasst.*

(3) Die Einkommensteuer bemisst sich für die Einkünfte aus außerordentlichen Holznutzungen im Sinne des Absatzes 1

1. nach der Hälfte des durchschnittlichen Steuersatzes, der sich ergäbe, wenn die tarifliche Einkommensteuer nach dem gesamten zu versteuernden Einkommen zuzüglich der dem Progressionsvorbehalt unterliegenden Einkünfte zu bemessen wäre;

2. nach dem halben Steuersatz der Nummer 1, soweit sie den Nutzungssatz (§ 68 der Einkommensteuer-Durchführungsverordnung) übersteigen.

(4) Einkünfte aus außerordentlichen Holznutzungen sind nur anzuerkennen, wenn

1. das im Wirtschaftsjahr veräußerte oder entnommene Holz mengenmäßig getrennt nach ordentlichen und außerordentlichen Holznutzungen nachgewiesen wird und

2. Schäden infolge höherer Gewalt unverzüglich nach Feststellung des Schadensfalls der zuständigen Finanzbehörde mitgeteilt und nach der Aufarbeitung mengenmäßig nachgewiesen werden.

(5) Die Bundesregierung wird ermächtigt, durch Rechtsverordnung mit Zustimmung des Bundesrates

1. die Steuersätze abweichend von Absatz 3 für ein Wirtschaftsjahr aus sachlichen Billigkeitsgründen zu regeln,

2. die Anwendung des § 4a des Forstschäden-Ausgleichsgesetzes für ein Wirtschaftsjahr aus sachlichen Billigkeitsgründen zu regeln,

wenn besondere Schadensereignisse nach Absatz 1 Nummer 2 vorliegen und eine Einschlagsbeschränkung (§ 1 Absatz 1 des Forstschäden-Ausgleichsgesetzes) nicht angeordnet wurde.

§ 68 Nutzungssatz, Betriebsgutachten, Betriebswerk[1]

EStDV
S 2291

(1) [1]Der Nutzungssatz muss periodisch für zehn Jahre durch die Finanzbehörde festgesetzt werden. [2]Er muss den Nutzungen entsprechen, die unter Berücksichtigung der vollen Ertragsfähigkeit des Waldes in Kubikmetern (Festmetern) nachhaltig erzielbar sind.

(2) [1]Der Festsetzung des Nutzungssatzes ist ein amtlich anerkanntes Betriebsgutachten oder ein Betriebswerk zu Grunde zu legen, das auf den Anfang des Wirtschaftsjahres aufzustellen ist, von dem an die Periode von zehn Jahren beginnt. [2]Es soll innerhalb eines Jahres nach diesem Stichtag der Finanzbehörde übermittelt werden. [3]Sofern der Zeitraum, für den es aufgestellt wurde, nicht unmittelbar an den vorherigen Zeitraum der Nutzungssatzfeststellung anschließt, muss es spätestens auf den Anfang des Wirtschaftsjahrs des Schadensereignisses aufgestellt sein.

(3) [1]Ein Betriebsgutachten im Sinne des **Absatzes 2** ist amtlich anerkannt, wenn die Anerkennung von einer Behörde oder einer Körperschaft des öffentlichen Rechts des Landes, in dem der forstwirtschaftliche Betrieb **liegt,** ausgesprochen wird. [2]Die Länder bestimmen, welche Behörden oder Körperschaften des öffentlichen Rechts diese Anerkennung auszusprechen haben.

34b.1 Gewinnermittlung

R 34b.1
S 2291

Allgemeines

(1) [1]Die Einkünfte aus Holznutzungen sind nach den Grundsätzen der jeweiligen Gewinnermittlungsart für jedes Wirtschaftsjahr gesondert zu ermitteln. [2]Eine Holznutzung liegt vor, wenn aus einem Wirtschaftsgut Baumbestand heraus Holz vom Grund und Boden getrennt wird und im Zuge der Aufarbeitung vom Anlagevermögen zum Umlaufvermögen wird. [3]Entsprechendes gilt, wenn Holz auf dem Stamm verkauft wird. [4]Mit der Zuordnung zum Umlaufvermögen ist der Holzvorrat mit den tatsächlichen Anschaffungs- oder Herstellungskosten zu bewerten.

Pauschalierung

(2) [1]Die Pauschalierung der Betriebsausgaben nach § 51 EStDV darf nur vorgenommen werden, wenn es zulässig ist, den Gewinn für die forstwirtschaftliche Nutzung des Betriebs nach den Grundsätzen des § 4 Abs. 3 EStG zu ermitteln und die zum Betrieb gehörenden forstwirtschaftlich genutzten Flächen iim Sinne des § 34 Abs. 2 Nr. 1 Buchstabe b des Bewertungsgesetzes zum Beginn des Wirtschaftsjahres 50 Hektar nicht übersteigen. [2]Soweit unter diesen Voraussetzungen oder nach § 4 des Forstschäden-Ausgleichsgesetzes Gewinne aus Holznutzungen pauschal

---

[1]) § 68 EStDV wurde durch das Steuervereinfachungsgesetz 2011 ab VZ 2012 neu gefasst.

ermittelt werden, gelten die pauschalen Betriebsausgaben auch für die Ermittlung der nach § 34b EStG begünstigten Einkünfte aus außerordentlichen Holznutzungen.

Abweichende Wirtschaftsjahre

(3) Die für jedes Wirtschaftsjahr gesondert ermittelten Einkünfte für außerordentliche Holznutzungen sind bei abweichenden Wirtschaftsjahren – den übrigen laufenden Einkünften entsprechend - zeitanteilig und getrennt nach den Einkünften i. S. v. § 34b Abs. 2 i. V. m. Abs. 3 Nr. 1 und 2 EStG dem jeweiligen VZ zuzuordnen.

Mehrere Betriebe

(4) Unterhält ein Stpfl. mehrere Betriebe mit eigenständiger Gewinnermittlung, sind die Einkünfte aus außerordentlichen Holznutzungen nach § 34b Abs. 2 i. V. m. Abs. 3 Nr. 1 und 2 EStG für jeden Betrieb gesondert zu ermitteln und dem jeweiligen VZ zuzurechnen.

H 34b.1 Hinweise

Bewertung des Baumbestandes

Zur steuerlichen Behandlung des Baumbestandes → BMF vom 16. 5. 2012 (BStBl I S. 595).

Ferner:

Sind die Anschaffungskosten für das stehende Holz eines Forstbetriebs nach einem Holzeinschlag – insbesondere zum Abbau von Überbeständen und zur Schaffung von Wirtschaftswegen und Wirtschaftsplätzen – anteilig zu mindern?
Ist bereits ein einzelner Baum oder erst ein Baumbestand ab einer Mindestgröße von 1 ha als selbständiges Wirtschaftsgut anzusehen?

→ Thüringer Finanzgericht vom 10. 2. 2011 – EFG 2012, S. 678 – Rev. – IV R 35/11

Forstschäden-Ausgleichsgesetz

– → Forstschäden-Ausgleichsgesetz;

Gesetz vom 26. 8. 1985 (BGBl. I S. 1757, BStBl I S. 592), zuletzt geändert durch Artikel 18 des JStG 2009.

– → H 13.5 (Forstwirtschaft)

Zeitliche Anwendung

Zur zeitlichen Anwendung der Tarifvorschrift des § 34b EStG und des § 68 EStDV → BMF vom vom 16. 5. 2012 (BStBl I S. 594).

R 34b.2 34b.2 Ordentliche und außerordentliche Holznutzungen

S 2291 *Definition*

(1) [1]Außerordentliche Holznutzungen liegen vor, wenn bei einer Holznutzung die in § 34b Abs. 1 EStG genannten Voraussetzungen erfüllt sind. [2]Es ist unerheblich, ob sie in Nachhaltsbetrieben oder in aussetzenden Betrieben anfallen. [3]Alle übrigen Holznutzungen sind ordentliche Holznutzungen. [4]Die Veräußerung des Grund und Bodens einschließlich des Aufwuchses oder die Veräußerung des Grund und Bodens und des stehenden Holzes an denselben Erwerber in getrennten Verträgen ist keine Holznutzung i. S. d. § 34b EStG.

Zeitpunkt der Verwertung

(2) [1] § 34b EStG begünstigt die Einkünfte aus der Verwertung von außerordentlichen Holznutzungen (→ R 34b.1 Abs. 1) durch Veräußerung oder Entnahme. [2]Zeitpunkt der Verwertung ist in den Fällen der Gewinnermittlung nach § 4 Abs. 1 EStG der Zeitpunkt der Veräußerung oder Entnahme. [3]Soweit die Grundsätze des § 4 Abs. 3 EStG anzuwenden sind, ist der Zeitpunkt des Zuflusses der Einnahmen oder der Entnahme maßgebend.

Holznutzungen aus volks- und staatswirtschaftlichen Gründen

(3) ¹Eine Nutzung geschieht aus volks- oder staatswirtschaftlichen Gründen, wenn sie z. B. durch gesetzlichen oder behördlichen Zwang veranlasst worden ist. ²Dies sind insbesondere Holznutzungen infolge einer Enteignung oder einer drohenden Enteignung, z. B. beim Bau von Verkehrswegen. ³Ein Zwang kann dabei schon angenommen werden, wenn der Stpfl. nach den Umständen des Falles der Ansicht sein kann, dass er im Fall der Verweigerung des Verkaufs ein behördliches Enteignungsverfahren zu erwarten habe. ⁴Unter einem unmittelbar drohenden behördlichen Eingriff sind jedoch nicht diejenigen Verpflichtungen zu verstehen, die allein auf Grund der Waldgesetze vorzunehmen sind.

Holznutzungen infolge höherer Gewalt (Kalamitätsnutzungen)

(4) ¹Holznutzungen infolge höherer Gewalt liegen neben den in § 34b Abs. 1 Nr. 2 Satz 2 EStG genannten Fällen auch dann vor, wenn sie durch Naturereignisse verursacht sind, die im Gesetz nicht besonders aufgeführt sind. ²Kalamitätsnutzungen knüpfen stets an das Vorliegen eines außergewöhnlichen Naturereignisses im Sinne höherer Gewalt an. ³Eine Holznutzung infolge höherer Gewalt kann auch in einem Wirtschaftsjahr nach Eintritt des Schadensereignisses erfolgen. ⁴Zu den Holznutzungen infolge höherer Gewalt zählen nicht Schadensfälle von einzelnen Bäumen (z. B. Dürrhölzer, Schaden durch Blitzschlag), soweit sie sich im Rahmen der regelmäßigen natürlichen Abgänge halten.

(5) ¹Bei vorzeitigen Holznutzungen auf Grund von Schäden durch militärische Übungen sind dieselben Steuersätze wie für Holznutzungen infolge höherer Gewalt anzuwenden. ²Ersatzleistungen für Schäden, die sich beseitigen lassen (z. B. Schäden an Wegen und Jungpflanzungen), sind nach R 6.6 zu behandeln.

Hinweise

H 34b.2

Höhere Gewalt

Außerordentliche Holznutzungen infolge gesetzlicher oder behördlicher Anordnungen gehören nicht zu den Holznutzungen infolge höherer Gewalt (→ RFH vom 23. 8. 1939 – RStBl S. 1056).

Kalamitätsfolgehiebe

Muss ein nach einem Naturereignis stehengebliebener Bestand nach forstwirtschaftlichen Grundsätzen eingeschlagen werden (sog. Kalamitätsfolgehiebe), werden die daraus anfallenden Nutzungen steuerlich nur als Kalamitätsnutzungen begünstigt, wenn sie nicht in die planmäßige Holznutzung der nächsten Jahre einbezogen werden können, insbesondere aber, wenn nicht hiebreife Bestände eingeschlagen werden müssen (→ BFH vom 11. 4. 1961 – BStBl III S. 276).

Rotfäule

kann nur insoweit zu einer Holznutzung infolge höherer Gewalt führen, als sie einen Schaden verursacht, der die Summe der im forstwirtschaftlichen Betrieb des Stpfl. regelmäßig und üblich anfallenden Schäden mengenmäßig in erheblichem Umfang übersteigt (→ BFH vom 10. 10. 1963 – BStBl 1964 III S. 119).

→ Erlasse der obersten Finanzbehörden der Länder vom 15. 6. 1967 (BStBl II S. 197)

34b.3 Ermittlung der Einkünfte aus außerordentlichen Holznutzungen

R 34b.3

S 2291

Grundsätze

(1) Zur Ermittlung der Einkünfte aus außerordentlichen Holznutzungen, sind die mit allen Holznutzungen im Zusammenhang stehenden Betriebseinnahmen und Betriebsausgaben gesondert aufzuzeichnen.

(2) ¹Einnahmen aus sämtlichen Holznutzungen sind die Erlöse aus der Verwertung des Holzes, die der Gewinnermittlung des Wirtschaftsjahres zugrunde gelegt wurden. ²Hierzu gehören insbesondere die Erlöse für das veräußerte Holz und der Teilwert für das entnommene Holz. ³Nicht zu den Einnahmen aus sämtlichen Holznutzungen gehören die Einnahmen aus Nebennutzungen und aus Verkäufen von Wirtschaftsgütern des Anlagevermögens. ⁴Von den Einnahmen aus sämtlichen Holznutzungen sind die mit diesen Einnahmen in sachlichem Zusammenhang stehenden Betriebsausgaben des Wirtschaftsjahrs abzuziehen, die der Gewinnermittlung des Wirtschaftsjahres zugrunde gelegt wurden. ⁵Dazu gehören insbesondere die festen und beweglichen Verwaltungskosten, Steuern, Zwangsbeiträge und die

Betriebskosten. [6]Erhöhte Absetzungen für Abnutzungen, Sonderabschreibungen sowie Buchwertminderungen und -abgänge sind zu berücksichtigen. [7]Eine Aktivierung von Holzvorräten ist keine Verwertung des Holzes. [8]Der Investitionsabzugsbetrag nach § 7g EStG ist weder als Einnahme noch als Ausgabe zu berücksichtigen, die mit einer Holznutzung in sachlichem Zusammenhang steht. [9]Zum Zeitpunkt der Erfassung der Einnahmen → R 34b.2 Abs. 2.

Pauschalierung

(3) [1]Im Fall der Pauschalierung nach § 51 EStDV oder § 4 des Forstschäden-Ausgleichsgesetzes gilt Absatz 2 entsprechend. [2]Die nicht mit den Pauschsätzen abgegoltenen, aber abzugsfähigen Wiederaufforstungskosten, Buchwertminderungen und -abgänge beim Wirtschaftsgut Baumbestand sind zusätzlich als Betriebsausgaben zu berücksichtigen.

Entschädigungen

(4) [1]Die Berücksichtigung von Entschädigungen und Zuschüssen richtet sich nach den Grundsätzen der maßgebenden Gewinnermittlung. [2]Die Zuordnung der Entschädigungen und Zuschüsse zu den Einnahmen aus Holznutzungen oder zu den übrigen Betriebseinnahmen oder -ausgaben richtet sich nach dem Grund der Zahlung. [3]Soweit für Entschädigungen die Tarifvergünstigung nach § 34 Abs. 1 i. V. m. § 24 Nr. 2 EStG in Anspruch genommen wird, sind die entsprechenden Betriebseinnahmen und die damit in sachlichem Zusammenhang stehenden Betriebsausgaben für Zwecke des § 34b EStG zur Vermeidung einer doppelten Berücksichtigung zu korrigieren.

R 34b.4

34b.4 Ermittlung der Steuersätze

S 2291 *Durchschnittlicher Steuersatz*

(1) [1]Für das gesamte z. v. E. i. S. d. § 32a Abs. 1 EStG – also einschließlich der Einkünfte aus außerordentlichen Holznutzungen – ist der Steuerbetrag nach den allgemeinen Tarifvorschriften zu ermitteln. [2]Aus dem Verhältnis des sich ergebenden Steuerbetrags zu dem gesamten z. v. E. ergibt sich der durchschnittliche Steuersatz, der auf vier Dezimalstellen abzurunden ist. [3]Die Hälfte bzw. ein Viertel dieses durchschnittlichen Steuersatzes ist der anzuwendende ermäßigte Steuersatz nach § 34b Abs. 3 EStG.

Anzuwendende Steuersätze

(2) [1]Der Umfang der ordentlichen Holznutzung ist für die Anwendung der Steuersätze nach § 34b Abs. 3 EStG ohne Bedeutung. [2]Für die Frage, mit welchen Steuersätzen die Einkünfte aus außerordentlichen Holznutzungen zu versteuern sind, ist die im Wirtschaftsjahr verwertete Holzmenge des Betriebs maßgebend. [3]Auf die Einkünfte aus außerordentlichen Holznutzungen des Betriebs ist die Hälfte des durchschnittlichen Steuersatzes i. S. d. Absatzes 1 anzuwenden, wenn die Voraussetzungen des § 68 EStDV nicht vorliegen.

(3) [1]Auf Einkünfte aus außerordentlichen Holznutzungen des Betriebs ist unter den Voraussetzungen des § 68 EStDV bis zur Höhe des Nutzungssatzes (Absatz 4) die Hälfte des durchschnittlichen Steuersatzes (§ 34b Abs. 3 Nr. 1 EStG) und für darüber hinausgehende außerordentliche Holznutzungen ein Viertel des durchschnittlichen Steuersatzes (§ 34b Abs. 3 Nr. 2 EStG) anzuwenden. [2]Hierzu sind die Einkünfte aus außerordentlichen Holznutzungen nach dem Verhältnis der Holzmengen zum Nutzungssatz aufzuteilen.

Nutzungssatz

(4) [1]Der Nutzungssatz i. S. d. § 34b Abs. 3 Nr. 2 EStG i. V. m § 68 EStDV ist eine steuerliche Bemessungsgrundlage. [2]Er muss den Nutzungen entsprechen, die unter Berücksichtigung der vollen jährlichen Ertragsfähigkeit des Waldes in Kubikmetern (Festmetern) objektiv nachhaltig im Betrieb erzielbar sind. [3]Maßgebend für die Bemessung des Nutzungssatzes sind nicht die Nutzungen, die nach dem Willen des Betriebsinhabers in einem Zeitraum von zehn Jahren erzielt werden sollen (subjektiver Hiebsatz), sondern die Nutzungen, die unter Berücksichtigung der vollen Ertragsfähigkeit nachhaltig erzielt werden können (objektive Nutzungsmöglichkeit). [4]Aus diesem Grunde kann sich der Hiebsatz der Forsteinrichtung vom Nutzungssatz unterscheiden. [5]Die amtliche Anerkennung eines Betriebsgutachtens oder die Vorlage eines Betriebswerks schließt daher eine Prüfung durch den Forstsachverständigen der zuständigen Finanzbehörde nicht aus.

Hinweise

Beispiel zur Verwertung des Holzes in einem Wj.

Grundsachverhalt:

Ein Forstwirt hat in seinem Betrieb (150 ha forstwirtschaftlich genutzte Fläche) einen Sturmschaden mit einem Gesamtumfang von 5.200 fm. Er hat außerdem noch 800 fm ordentliche Holznutzung. Die gesamte Holzmenge von 6.000 fm wird im gleichen Wj. veräußert. Die Einkünfte aus der Verwertung der Holznutzungen betragen insgesamt 180.000 €. Der Stpfl. hat kein gültiges Betriebswerk bzw. amtlich anerkanntes Betriebsgutachten.

Lösung:

a) *Zuordnung der Holzmengen*

Die ordentliche Holznutzung unterliegt im Umfang von 800 fm der regulären Besteuerung. Die außerordentliche Holznutzung infolge höherer Gewalt unterliegt mit 5.200 fm der Tarifvergünstigung des § 34b Abs. 3 Nr. 1 EStG im Umfang von 5.200 fm.

b) *Zuordnung der Steuersätze*

Einkünfte aus allen Holznutzungen	*180.000 €*
davon aus	
– ordentlichen Holznutzungen (800/6.000)	*24.000 €*
= Normalsteuersatz	
– außerordentlichen Holznutzungen (5.200/6.000)	*156.000 €*
= Steuersatz nach § 34b Abs. 3 Nr. 1 EStG (1/2)	

Abwandlung:

Der aufgrund eines Betriebswerks festgesetzte Nutzungssatz beträgt 1.000 fm.

a) *Zuordnung der Holzmengen*

Die ordentliche Holznutzung unterliegt im Umfang von 800 fm der regulären Besteuerung. Eine Auffüllung des Nutzungssatzes mit Kalamitätsnutzungen erfolgt nicht. Die außerordentliche Holznutzung infolge höherer Gewalt unterliegt mit 1.000 fm dem Steuersatz des § 34b Abs. 3 Nr. 1 EStG und mit 4.200 fm dem Steuersatz des § 34b Abs. 3 Nr. 2 EStG.

b) *Zuordnung der Steuersätze*

Einkünfte aus allen Holznutzungen	*180.000 €*
davon aus	
– ordentlichen Holznutzungen (800/6.000)	*24.000 €*
= Normalsteuersatz	
– a. o. Holznutzungen (1.000/6.000)	*30.000 €*
= Steuersatz nach § 34b Abs. 3 Nr. 1 EStG (1/2)	
– a. o. Holznutzungen (4.200/6.000)	*126.000 €*
= Steuersatz nach § 34b Abs. 3 Nr. 2 EStG (1/4)	

Beispiel zur Verwertung des Holzes über mehrere Wirtschaftsjahre

Im Wirtschaftsjahr 01 veräußert er die gesamte ordentliche Holznutzung von 800 fm und die Kalamitätsnutzung von 2.200 fm. Die Einkünfte aus der Verwertung der Holznutzungen betragen insgesamt 100.000 €. Im Wj. 02 veräußert er die restliche Kalamitätsnutzung von 3.000 fm und erzielt hieraus Einkünfte in Höhe von 80.000 €.

Lösung:

a) *Zuordnung der Steuersätze im Wj. 01*

Einkünfte aus allen Holznutzungen	*100.000 €*
davon aus	
– ordentlichen Holznutzungen (800/3.000)	*26.666 €*
= Normalsteuersatz	
– a. o. Holznutzungen bis zur Höhe des Nutzungssatzes (1.000/3.000)	*33.334 €*
= § 34b Abs. 3 Nr. 1 EStG (1/2)	

– *a. o. Holznutzungen über dem Nutzungssatz (1.200/3.000)*   40.000 €
= *§ 34b Abs. 3 Nr. 2 EStG (1/4)*

b)   *Zuordnung der Steuersätze im Wj. 02*

Einkünfte aus allen Holznutzungen   80.000 €
davon aus
– *ordentlichen Holznutzungen (0/3.000)*   0 €
= *Normalsteuersatz*
– *a. o. Holznutzungen bis zur Höhe des Nutzungssatzes (1.000/3.000)*   26.666 €
= *§ 34b Abs. 3 Nr. 1 EStG (1/2)*
– *a. o. Holnutzungen über dem Nutzungssatz (2.000/3.000)*   53.334 €
= *§ 34b Abs. 3 Nr. 2 EStG (1/4)*

Beispiel zur Verwertung des Holzes in den Fällen des § 51 EStDV

Ein Stpfl. hat in seinem land- und forstwirtschaftlichen Betrieb 40 ha forstwirtschaftlich genutzte Fläche und ermittelt seinen Gewinn nach § 4 Abs. 3 EStG. Der Stpfl. hat kein amtlich anerkanntes Betriebsgutachten. In den Wj. 01 und 02 beantragt er die Anwendung von § 51 EStDV.

Im Wj. 01 sind ein Sturmschaden mit einem Gesamtumfang von 800 fm und 100 fm ordentliche Holznutzung angefallen. Neben der ordentlichen Holznutzung wird Kalamitätsholz im Umfang von 500 fm verwertet. Die Einnahmen aus der Verwertung der Holznutzungen betragen insgesamt 24.000 €. Es sind keine Buchwertminderungen und Wiederaufforstungskosten zu berücksichtigen.

Im Wj. 02 verwertet er das restliche Kalamitätsholz im Umfang von 300 fm und eine ordentliche Holznutzung im Umfang von 200 fm. Die Einnahmen aus der Verwertung der Holznutzungen betragen insgesamt 20.000 €. Der Stpfl. hat sofort abziehbare Wiederaufforstungskosten in Höhe von 6.000 € aufgewendet.

Lösung:

Die Einkünfte aus Holznutzungen im Wj. 01 betragen 10.800 € (Einnahmen 24.000 € abzüglich des Betriebsausgabenpauschsatzes nach § 51 Abs. 2 EStDV von 55 % = 13.200 €). Nach der Vereinfachungsregelung der R 34b.6 Abs. 3 EStR kann für die Berechnung des § 34b EStG ein Nutzungssatz von 5 fm/ha × 40 ha = 200 fm zu Grunde gelegt werden.

a)   *Zuordnung der Steuersätze im Wj. 01*

Einkünfte aus allen Holznutzungen   10.800 €
davon aus
– *ordentlichen Holznutzungen (100/600)*   1.800 €
= *Normalsteuersatz*
– *a. o. Holznutzungen bis zur Höhe des Nutzungssatzes (200/600)*   3.600 €
= *§ 34b Abs. 3 Nr. 1 EStG (1/2)*
– *a. o. Holznutzungen über dem Nutzungssatz (300/600)*   5.400 €
= *§ 34b Abs. 3 Nr. 2 EStG (1/4)*

Die Einkünfte aus Holznutzungen im Wj. 02 betragen 3.000 € (Einnahmen 20.000 € abzüglich des Betriebsausgabenpauschsatzes nach § 51 Abs. 2 EStDV von 55 % = 11.000 € und der Wiederaufforstungskosten in Höhe von 6.000 €). Nach der Vereinfachungsregelung der R 34b.6 Abs. 3 EStR kann für die Berechnung des § 34b EStG ein Nutzungssatz von 5 fm/ha × 40 ha = 200 fm zu Grunde gelegt werden.

b)   *Zuordnung der Steuersätze im Wirtschaftsjahr 02*

Einkünfte aus allen Holznutzungen   3.000 €
davon aus
– *ordentlichen Holznutzungen (200/500)*   1.200 €
= *Normalsteuersatz*
– *a. o. Holznutzungen bis zur Höhe des Nutzungssatzes (200/500)*   1.200 €
= *§ 34b Abs. 3 Nr. 1 EStG (1/2)*

– a. o. Holznutzungen über dem Nutzungssatz (100/500)   **600 €**
= § 34b Abs. 3 Nr. 2 EStG (1/4)

34b.5 Umfang der Tarifvergünstigung   R 34b.5

Grundsätze   S 2291

(1) ¹Die Tarifvergünstigung bei Einkünften aus außerordentlichen Holznutzungen nach § 34b EStG stellt eine Progressionsmilderung der dort bestimmten laufenden Einkünfte dar. Sie wird für einen Veranlagungszeitraum gewährt. ²Bei abweichenden Wirtschaftsjahren ist nach R 34b.1 Abs. 3 zu verfahren. ³Ergeben sich im VZ nach einer Saldierung (→ R 34b.1 Abs. 3 und 4) insgesamt keine positiven Einkünfte aus außerordentlichen Holznutzungen, scheidet eine Tarifvergünstigung nach § 34b EStG aus. ⁴Bei der Berechnung der Tarifvergünstigung ist maximal das z. v. E. zugrunde zu legen.

Verhältnis zu § 34 EStG

(2) ¹Treffen Einkünfte aus außerordentlichen Holznutzungen i. S. d. § 34b EStG mit außerordentlichen Einkünften im Sinne des § 34 Abs. 2 EStG zusammen und übersteigen diese Einkünfte das z. v. E., sind die von der S. d. E., dem G. d. E. und dem Einkommen abzuziehenden Beträge zunächst bei den nicht nach § 34 EStG begünstigten Einkünften, danach bei den nach § 34 Abs. 1 EStG begünstigten Einkünften und danach bei den nach § 34 Abs. 3 EStG begünstigten Einkünften zu berücksichtigen, wenn der Stpfl. keine andere Zuordnung beantragt. ²Der Freibetrag nach § 13 Abs. 3 EStG darf dabei nur von Einkünften aus Land- und Forstwirtschaft abgezogen werden.

Hinweise   H 34b.5

Beispiel

Ein Stpfl. betreibt einen land- und forstwirtschaftlichen Einzelbetrieb (Wj. vom 1.7. – 30.6.) und ist daneben seit dem VZ 02 an einer forstwirtschaftlichen Mitunternehmerschaft beteiligt (Wj. = Kj.). Im Wj. 01/02 ist für den Einzelbetrieb eine Gesamtmenge Kalamitätsholz i. H. v. 1.200 fm anerkannt worden, die in den Wj. 01/02 – 03/04 verwertet wird. Der auf Grund eines Betriebswerks festgesetzte Nutzungssatz für den Einzelbetrieb beträgt 500 fm. Im Wj. 03/04 entstehen auf Grund von Wiederaufforstungskosten negative Einkünfte aus Holznutzungen. Für die Mitunternehmerschaft liegen Feststellungen des zuständigen Finanzamts vor. Aus der Verwertung von Holz hat der Stpfl. folgende Einkünfte erzielt:

Einzelbetrieb

Wj. 01/02

Einkünfte aus allen Holznutzungen (1.000 fm)	30.000 €
davon aus	
– ordentlichen Holznutzungen (300 fm/1.000 fm)	9.000 €
= außerordentlichen Holznutzungen nach § 34b Abs. 3 Nr. 1 EStG (500 fm/1.000 fm)	15.000 €
– außerordentlichen Holznutzungen nach § 34b Abs. 3 Nr. 2 EStG (200 fm/1.000 fm)	6.000 €

Wj. 02/03

Einkünfte aus allen Holznutzungen (600 fm)	21.000 €
davon aus	
– ordentlichen Holznutzungen (200 fm/600 fm)	7.000 €
– außerordentlichen Holznutzungen nach § 34b Abs. 3 Nr. 1 EStG (400 fm/600 fm)	14.000 €

Wj. 03/04

Einkünfte aus allen Holznutzungen (300 fm)	– 6.000 €
davon aus	
– ordentlichen Holznutzungen (200 fm/300 fm)	– 4.000 €
– außerordentlichen Holznutzungen nach § 34b Abs. 3 Nr. 1 EStG (100 fm/300 fm)	– 2.000 €
Im Wj. 04/05 fallen keine Einkünfte aus Holznutzungen an.	

Mitunternehmerschaft

VZ 02

Einkünfte aus allen Holznutzungen	**19.000 €**
davon aus	
– ordentlichen Holznutzungen	**5.000 €**
– außerordentlichen Holznutzungen nach § 34b Abs. 3 Nr. 1 EStG	**4.000 €**
– außerordentlichen Holznutzungen nach § 34b Abs. 3 Nr. 2 EStG	**10.000 €**

VZ 03

Einkünfte aus allen Holznutzungen	**9.000 €**
davon aus	
– ordentlichen Holznutzungen	**1.000 €**
– außerordentlichen Holznutzungen nach § 34b Abs. 3 Nr. 1 EStG	**2.000 €**
– außerordentlichen Holznutzungen nach § 34b Abs. 3 Nr. 2 EStG	**6.000 €**

VZ 04

Einkünfte aus allen Holznutzungen	**3.600 €**
davon aus	
– ordentlichen Holznutzungen	**1.200 €**
– außerordentlichen Holznutzungen nach § 34b Abs. 3 Nr. 1 EStG	**2.400 €**

Lösung:

Für die VZ 01 – 04 ergibt sich unter Berücksichtigung von § 4a Abs. 2 Nr. 1 EStG folgende Zuordnung der Einkünfte aus Holznutzungen:

	Einkünfte aus Holznut- zungen Wj.	Zuordnung zu VZ			
		VZ 01	VZ 02	VZ 03	VZ 04
ordentliche Holznutzungen (Normalsteuersatz)					
aus Wj. 01/02	9.000 €	4.500 €	4.500 €		
aus Wj. 02/03	7.000 €		3.500 €	3.500 €	
aus Wj. 03/04	– 4.000 €			– 2.000 €	– 2.000 €
Mitunterneh- merschaft	–		5.000 €	1.000 €	1.200 €
Summe (Normalsteuersatz)		4.500 €	13.000 €	2.500 €	– 800 €
außerordentliche Holznutzungen nach § 34b Abs. 3 Nr. 1 EStG (1/2-Steuersatz)					
aus Wj. 01/02	15.000 €	7.500 €	7.500 €		
aus Wj. 02/03	14.000 €		7.000 €	7.000 €	
aus Wj. 03/04	– 2.000 €			– 1.000 €	– 1.000 €
Mitunterneh- merschaft	–		4.000 €	2.000 €	2.400 €
Summe (1/2-Steuersatz)		7.500 €	18.500 €	8.000 €	1.400 €
außerordentliche Holznutzungen nach § 34b Abs. 3 Nr. 2 EStG (1/4-Steuersatz)					
aus Wj. 01/02	6.000 €	3.000 €	3.000 €		
Mitunterneh- merschaft	–		10.000 €	6.000 €	
Summe (1/4-Steuersatz)		3.000 €	13.000 €	6.000 €	

34b.6 Voraussetzungen für die Anwendung der Tarifvergünstigung

Aufstellung und Vorlage eines Betriebsgutachtens oder eines Betriebswerks

(1) [1]Für die Festsetzung des Nutzungssatzes i. S. d. § 34b Abs. 3 Nr. 2 EStG ist grundsätzlich ein amtlich anerkanntes Betriebsgutachten oder Betriebswerk erforderlich. [2]Dieses soll nach § 68 Abs. 2 Satz 2 EStDV innerhalb eines Jahres nach dem Stichtag seiner Aufstellung dem Forstsachverständigen der zuständigen Finanzbehörde zur Überprüfung zugeleitet werden. [3]Wird es nicht innerhalb eines Jahres übermittelt, kann dies im Falle nicht mehr nachprüfbarer Daten bei der Festsetzung eines Nutzungssatzes zu Lasten des Stpfl. gehen (z. B. durch Unsicherheitszuschläge). [4]Enthält es Mängel (z. B. methodische Mängel, unzutreffende Naturaldaten), kann es zurückgewiesen werden; ein Gegengutachten der zuständigen Finanzbehörde ist nicht erforderlich.

(2) [1]Wird ein amtlich anerkanntes Betriebsgutachten oder ein Betriebswerk nicht fortlaufend aufgestellt oder wird es infolge einer Betriebsumstellung neu aufgestellt und schließt deshalb nicht an den vorherigen Zeitraum der Nutzungssatzfeststellung an, kann es im Schadensfalle nur berücksichtigt werden, wenn es spätestens auf den Anfang des Wirtschaftsjahres des Schadensereignisses aufgestellt wurde. [2]Gleiches gilt für den Fall, dass ein amtlich anerkanntes Betriebsgutachten oder Betriebswerk erstmals nach einem Schadensereignis erstellt wird; Absatz 1 Satz 3 und 4 sind entsprechend anzuwenden.

Vereinfachungsregelung

(3) [1]Aus Vereinfachungsgründen kann bei Betrieben mit bis zu 50 Hektar forstwirtschaftlich genutzter Fläche, für die nicht bereits aus anderen Gründen ein amtlich anerkanntes Betriebsgutachten oder ein Betriebswerk vorliegt, auf die Festsetzung eines Nutzungssatzes verzichtet werden. [2]In diesen Fällen ist bei der Anwendung des § 34b EStG ein Nutzungssatz von fünf Erntefestmetern ohne Rinde je Hektar zugrunde zu legen.

Festsetzung eines Nutzungssatzes

(4) [1]Nach Prüfung der vorgelegten Unterlagen ist ein Nutzungssatz zu ermitteln und periodisch für einen Zeitraum von zehn Jahren festzusetzen. [2]Er stellt eine unselbständige Besteuerungsgrundlage dar und kann gegebenenfalls auch nachträglich geändert werden. [3]Der festgesetzte Nutzungssatz muss zum Zeitpunkt der Veräußerung der außerordentlichen Holznutzungen gültig sein.

Nutzungsnachweis

(5) [1]Für den Nutzungsnachweis nach § 34b Abs. 4 Nr. 1 EStG genügt es, wenn der Stpfl. die Holznutzungen eines Wirtschaftsjahrs mengenmäßig getrennt nach ordentlichen und außerordentlichen Holznutzungen nachweist. [2]Im Falle eines besonderen Schadensereignisses i. S. d. § 34b Abs. 5 EStG gelten zudem die Regelungen in R 34b.7 Abs. 1.

Kalamitätsmeldungen

(6) [1]Schäden infolge höherer Gewalt werden nur anerkannt, wenn sie nach Feststellung des Schadensfalls ohne schuldhaftes Zögern und vor Beginn der Aufarbeitung der zuständigen Finanzbehörde nach amtlichem Vordruck für jeden Betrieb gesondert mitgeteilt werden. [2]Die Mitteilung darf nicht deshalb verzögert werden, weil der Schaden dem Umfang und der Höhe nach noch nicht feststeht.

34b.7 Billigkeitsmaßnahmen nach § 34b Abs. 5 EStG

Besonderer Steuersatz

(1) [1]Werden aus sachlichen Billigkeitsgründen die Regelungen des § 34b Abs. 5 EStG für ein Wirtschaftsjahr in Kraft gesetzt, bestimmt sich der Umfang des mit dem besonderen Steuersatz der Rechtsverordnung zu begünstigenden Kalamitätsholzes nach der für das betroffene Wirtschaftsjahr anerkannten Schadensmenge (Begünstigungsvolumen). [2]Grundlage hierfür ist die nach der Aufarbeitung nachgewiesene Schadensmenge (→ R 34b.6 Abs. 6). [3]Das Begünstigungsvolumen wird durch Kalamitätsnutzungen gemindert, die dem Steuersatz nach § 34b Abs. 5 EStG unterworfen werden.

(2) [1]Die unter die Tarifvergünstigung nach § 34b Abs. 5 EStG fallenden Einkünfte werden im Wirtschaftsjahr der Verwertung des Kalamitätsholzes gesondert ermittelt. [2]Daneben kann für andere Kalamitätsnutzungen die Tarifvergünstigung nach § 34b Abs. 3 EStG in Betracht kommen. [3]Der besondere Steuersatz der Rechtsverordnung ist so lange zu berücksichtigen, bis das Begünstigungsvolumen nach Absatz 1 durch Kalamitätsnutzungen jeglicher Art aufgebraucht ist.

Bewertung von Holzvorräten

(3) Bei der Gewinnermittlung durch Betriebsvermögensvergleich kann nach Maßgabe der Rechtsverordnung für das darin benannte Wirtschaftsjahr von der Aktivierung des eingeschlagenen und unverkauften Kalamitätsholzes ganz oder teilweise abgesehen werden.

Weisungen im Rahmen einer Vielzahl von Einzelfällen

(4) [1]Die in § 34b Abs. 5 EStG vorgesehenen Billigkeitsmaßnahmen können nach Maßgabe der Absätze 1 bis 3 auch bei größeren, regional begrenzten Schadensereignissen, die nicht nur Einzelfälle betreffen, im Wege typisierender Verwaltungsanweisungen auf der Grundlage des § 163 AO entsprechend angewendet werden. [2]Darüber hinaus gehende Billigkeitsmaßnahmen sind nur in begründeten Einzelfällen unter Berücksichtigung der sachlichen und persönlichen Unbilligkeit zulässig.

H 34b.7   **Hinweise**

Beispiel

Ein Forstwirt hat im Wj. 01 eine Holzmenge von 10.000 fm aufgearbeitet. Davon sind 9.000 fm aufgrund eines besonders großen Sturmschadens als Kalamitätsholz angefallen. Der Vorrat an aufgearbeitetem und unverkauftem Kalamitätsholz vorangegangener Wirtschaftsjahre beträgt 350 fm.

Der für die Wirtschaftsjahre 00 bis 09 festgesetzte Nutzungssatz beträgt 1.500 fm.

Eine Einschlagsbeschränkung nach dem Forstschäden-Ausgleichsgesetz wurde nicht angeordnet. Die Bundesregierung hat mit Zustimmung des Bundesrats eine Rechtsverordnung erlassen, wonach zum Ausgleich des Sturmschadens das im Wirtschaftsjahr 01 angefallene Kalamitätsholz einheitlich mit einem Viertel des durchschnittlichen Steuersatzes zu besteuern ist.

Im Wj. 01 veräußert er die ordentliche Holznutzung von 1.000 fm, das Kalamitätsholz vorangegangener Wj. von 350 fm und 3.000 fm Kalamitätsholz des Schadensjahres.

Im Wj. 02 veräußert er weitere 4.000 fm Kalamitätsholz aus dem Wj. 01.

Im Wj. 03 fallen weitere 500 fm Kalamitätsholz an, die er sofort veräußert. Zudem veräußert er noch die gesamte restliche Holzmenge von 2.000 fm.

Lösung:

Wj. 01

Die veräußerte ordentliche Holznutzung von 1.000 fm ist ohne Tarifvergünstigung zu besteuern. Das Kalamitätsholz im Umfang von 9.000 fm unterliegt im Wj. der Holznutzung infolge der Anordnung einem Viertel des durchschnittlichen Steuersatzes. Davon sind im Wj. 01 3.000 fm veräußert worden und unterliegen der besonderen Tarifvergünstigung. Dies gilt auch für den im Wj. 01 veräußerten Holzvorrat an Kalamitätsholz vorangegangener Wj. von 350 fm. Das verbleibende Begünstigungsvolumen nach § 34b Abs. 5 EStG beträgt 5.650 fm.

Wj. 02

Das veräußerte Kalamitätsholz von 4.000 fm unterliegt in vollem Umfang einem Viertel des durchschnittlichen Steuersatzes. Das verbleibende Begünstigungsvolumen nach § 34b Abs. 5 EStG beträgt 1.650 fm.

Wj. 03

Das veräußerte Kalamitätsholz von 2.500 fm unterliegt im Umfang von 1.650 fm dem besonderen Steuersatz nach § 34b Abs. 5 EStG. Die verbleibenden 850 fm liegen innerhalb des im Wj. 03 gültigen Nutzungssatzes; hierfür gilt der Steuersatz nach § 34b Abs. 3 Nr. 1 EStG.

R 34b.8   **34b.8 Rücklage nach § 3 des Forstschäden-Ausgleichsgesetzes**

S 2291   [1]Die Bildung einer steuerfreien Rücklage nach § 3 des Forstschäden-Ausgleichsgesetzes ist von den nutzungssatzmäßigen Einnahmen der vorangegangenen drei Wirtschaftsjahre abhängig. [2]Dabei sind Über- und Unternutzungen in den jeweiligen Wirtschaftsjahren nicht auszugleichen. [3]Übersteigt die tatsächliche Holznutzung eines Wirtschaftsjahres den Nutzungssatz nicht, so sind alle Einnahmen aus Holznutzungen des Wirtschaftsjahres als nutzungssatzmäßige Einnahmen zu berücksichtigen. [4]Übersteigt dagegen die tatsächliche Holznutzung im Wirtschaftsjahr den Nutzungssatz, sind zur Ermittlung der nutzungssatzmäßigen Einnahmen alle Einnahmen aus Holznutzungen im Verhältnis des Nutzungssatzes zur gesamten Holznutzung aufzuteilen. [5]Dies setzt voraus, dass für das Wirtschaftsjahr der Bildung einer Rücklage und der drei vorangegangenen Wirtschaftsjahre jeweils ein Nutzungssatz gültig ist. [6]Der durch die Rücklage verursachte Aufwand oder Ertrag ist bei der Ermittlung der Einkünfte aus außerordentlichen Holznutzungen nach § 34b Abs. 2 EStG zu berücksichtigen.

V. Steuerermäßigungen

1. Steuerermäßigung bei ausländischen Einkünften

§ 34c

(1) ¹Bei unbeschränkt Steuerpflichtigen, die mit ausländischen Einkünften in dem Staat, aus dem die Einkünfte stammen, zu einer der deutschen Einkommensteuer entsprechenden Steuer herangezogen werden, ist die festgesetzte und gezahlte und um einen entstandenen Ermäßigungsanspruch gekürzte ausländische Steuer auf die deutsche Einkommensteuer anzurechnen, die auf die Einkünfte aus diesem Staat entfällt; das gilt nicht für Einkünfte aus Kapitalvermögen, auf die § 32d Absatz 1 und 3 bis 6 anzuwenden ist. ²Die auf die ausländischen Einkünfte nach Satz 1 erster Halbsatz entfallende deutsche Einkommensteuer ist in der Weise zu ermitteln, dass die sich bei der Veranlagung des zu versteuernden Einkommens, einschließlich der ausländischen Einkünfte, nach den §§ 32a, 32b, 34, 34a und 34b ergebende deutsche Einkommensteuer im Verhältnis dieser ausländischen Einkünfte zur Summe der Einkünfte aufgeteilt wird. ³Bei der Ermittlung des zu versteuernden Einkommens, der Summe der Einkünfte und der ausländischen Einkünfte sind die Einkünfte nach Satz 1 zweiter Halbsatz nicht zu berücksichtigen; bei der Ermittlung der ausländischen Einkünfte sind die ausländischen Einkünfte nicht zu berücksichtigen, die in dem Staat, aus dem sie stammen, nach dessen Recht nicht besteuert werden. ⁴Gehören ausländische Einkünfte der in § 34d Nummer 3, 4, 6, 7 und 8 Buchstabe c genannten Art zum Gewinn eines inländischen Betriebs, sind bei ihrer Ermittlung Betriebsausgaben und Betriebsvermögensminderungen abzuziehen, die mit den diesen Einkünften zugrunde liegenden Einnahmen in wirtschaftlichem Zusammenhang stehen. ⁵Die ausländischen Steuern sind nur insoweit anzurechnen, als sie auf die im Veranlagungszeitraum bezogenen Einkünfte entfallen.

(2) Statt der Anrechnung (Absatz 1) ist die ausländische Steuer auf Antrag bei der Ermittlung der Einkünfte abzuziehen, soweit sie auf ausländische Einkünfte entfällt, die nicht steuerfrei sind.

(3) Bei unbeschränkt Steuerpflichtigen, bei denen eine ausländische Steuer vom Einkommen nach Absatz 1 nicht angerechnet werden kann, weil die Steuer nicht der deutschen Einkommensteuer entspricht oder nicht in dem Staat erhoben wird, aus dem die Einkünfte stammen, oder weil keine ausländischen Einkünfte vorliegen, ist die festgesetzte und gezahlte und um einen entstandenen Ermäßigungsanspruch gekürzte ausländische Steuer bei der Ermittlung der Einkünfte abzuziehen, soweit sie auf Einkünfte entfällt, die der deutschen Einkommensteuer unterliegen.

(4) (weggefallen)

(5) Die obersten Finanzbehörden der Länder oder die von ihnen beauftragten Finanzbehörden können mit Zustimmung des Bundesministeriums der Finanzen die auf ausländische Einkünfte entfallende deutsche Einkommensteuer ganz oder zum Teil erlassen oder in einem Pauschbetrag festsetzen, wenn es aus volkswirtschaftlichen Gründen zweckmäßig ist oder die Anwendung des Absatzes 1 besonders schwierig ist.

(6) ¹Die Absätze 1 bis 3 sind vorbehaltlich der Sätze 2 bis 6 nicht anzuwenden, wenn die Einkünfte aus einem ausländischen Staat stammen, mit dem ein Abkommen zur Vermeidung der Doppelbesteuerung besteht. ²Soweit in einem Abkommen zur Vermeidung der Doppelbesteuerung die Anrechnung einer ausländischen Steuer auf die deutsche Einkommensteuer vorgesehen ist, sind Absatz 1 Satz 2 bis 5 und Absatz 2 entsprechend auf die nach dem Abkommen anzurechnende ausländische Steuer anzuwenden; das gilt nicht für Einkünfte, auf die § 32d Abs. 1 und 3 bis 6 anzuwenden ist; bei nach dem Abkommen als gezahlt geltenden ausländischen Steuerbeträgen sind Absatz 1 Satz 3 und Absatz 2 nicht anzuwenden. ³Absatz 1 Satz 3 gilt auch dann entsprechend, wenn die Einkünfte in dem ausländischen Staat nach dem Abkommen zur Vermeidung der Doppelbesteuerung mit diesem Staat nicht besteuert werden können. ⁴Bezieht sich ein Abkommen zur Vermeidung der Doppelbesteuerung nicht auf eine Steuer vom Einkommen dieses Staates, so sind die Absätze 1 und 2 entsprechend anzuwenden. ⁵In den Fällen des § 50d Absatz 9 sind die Absätze 1 bis 3 und Satz 6 entsprechend anzuwenden. ⁶Absatz 3 ist anzuwenden, wenn der Staat, mit dem ein Abkommen zur Vermeidung der Doppelbesteuerung besteht, Einkünfte besteuert, die nicht aus diesem Staat stammen, es sei denn, die Besteuerung hat ihre Ursache in einer Gestaltung, für die wirtschaftliche oder sonst beachtliche Gründe fehlen, oder das Abkommen gestattet dem Staat die Besteuerung dieser Einkünfte.

(7) Durch Rechtsverordnung können Vorschriften erlassen werden über

1. die Anrechnung ausländischer Steuern, wenn die ausländischen Einkünfte aus mehreren fremden Staaten stammen,

2. den Nachweis über die Höhe der festgesetzten und gezahlten ausländischen Steuern,

---

¹) Absatz 6 Satz 5 i. V. m. Satz 1 in der abgedruckten Fassung ist für alle VZ anzuwenden, soweit Steuerbescheide noch nicht bestandskräftig sind → § 52 Abs. 49 Satz 3 EStG.

3. die Berücksichtigung ausländischer Steuern, die nachträglich erhoben oder zurückgezahlt werden.

EStDV
S 2293

§ 68a   Einkünfte aus mehreren ausländischen Staaten

[1]Die für die Einkünfte aus einem ausländischen Staat festgesetzte und gezahlte und um einen entstandenen Ermäßigungsanspruch gekürzte ausländische Steuer ist nur bis zur Höhe der deutschen Steuer anzurechnen, die auf die Einkünfte aus diesem ausländischen Staat entfällt. [2]Stammen die Einkünfte aus mehreren ausländischen Staaten, so sind die Höchstbeträge der anrechenbaren ausländischen Steuern für jeden einzelnen ausländischen Staat gesondert zu berechnen.

EStDV
S 2293

§ 68b   Nachweis über die Höhe der ausländischen Einkünfte und Steuern

[1]Der Steuerpflichtige hat den Nachweis über die Höhe der ausländischen Einkünfte und über die Festsetzung und Zahlung der ausländischen Steuern durch Vorlage entsprechender Urkunden (z. B. Steuerbescheid, Quittung über die Zahlung) zu führen. [2]Sind diese Urkunden in einer fremden Sprache abgefasst, so kann eine beglaubigte Übersetzung in die deutsche Sprache verlangt werden.

EStDV
S 2293

§ 69
– weggefallen –

R 34c

34c. Anrechnung und Abzug ausländischer Steuern

R 34c (1)   Umrechnung ausländischer Steuern

S 2293
S 2293a

(1) [1]Die nach § 34c Abs. 1 und Abs. 6 EStG auf die deutsche Einkommensteuer anzurechnende oder nach § 34c Abs. 2, 3 und 6 EStG bei der Ermittlung der Einkünfte abzuziehende ausländische Steuer ist auf der Grundlage der von der Europäischen Zentralbank täglich veröffentlichten Euro-Referenzkurse umzurechnen. [2]Zur Vereinfachung ist die Umrechnung dieser Währungen auch zu den Umsatzsteuer-Umrechnungskursen zulässig, die monatlich im Bundessteuerblatt Teil I veröffentlicht werden.

R 34c (2)   Zu berücksichtigende ausländische Steuer

(2) [1]Entfällt eine zu berücksichtigende ausländische Steuer auf negative ausländische Einkünfte, die unter die Verlustausgleichsbeschränkung des § 2a Abs. 1 EStG fallen, oder auf durch die durch spätere Verrechnung gekürzte positive ausländische Einkünfte, ist sie im Rahmen des Höchstbetrags (→ Absatz 3) nach § 34c Abs. 1 EStG anzurechnen oder auf Antrag nach § 34c Abs. 2 EStG bei der Ermittlung der Einkünfte abzuziehen. [2]Bei Abzug erhöhen sich die – im VZ nicht ausgleichsfähigen – negativen ausländischen Einkünfte. [3]Die nach § 34c Abs. 1 und 6 anzurechnende ausländische Steuer ist nicht zu kürzen, wenn die entsprechenden Einnahmen nach § 3 Nr. 40 EStG teilweise steuerfrei sind.

H 34c (1 – 2)

Hinweise

Anrechnung ausländischer Steuern bei Bestehen von DBA

→ H 34c (5) (Anrechnung)

Festsetzung ausländischer Steuern

Eine Festsetzung i. S. d. § 34c Abs. 1 EStG kann auch bei einer Anmeldungssteuer vorliegen. Die Anrechnung solcher Steuern hängt von einer hinreichend klaren Bescheinigung des Anmeldenden über die Höhe der für den Stpfl. abgeführten Steuer ab (→ BFH vom 5. 2. 1992 – BStBl II S. 607).

Nichtanrechenbare ausländische Steuern

→ § 34c Abs. 3 EStG

Verzeichnis ausländischer Steuern in Nicht-DBA-Staaten, die der deutschen Einkommensteuer entsprechen   Anhang 6

→ Anhang 12 der amtlichen Ausgabe die Entsprechung nicht aufgeführter ausländischer Steuern mit der deutschen Einkommensteuer wird erforderlichenfalls vom BMF festgestellt.

Hongkong Income Tax

Seit dem Steuerjahr 2003/2004 unterliegen die in der Sonderverwaltungszone Hongkong erzielten Gewinne von Kapitalgesellschaften einer Gewinnsteuer („Profit Tax") von 17,5 %. Eine Quellensteuer wird auf die Ausschüttungen (Dividenden) nicht erhoben.

Bei der beantragten Anrechnung der „Hongkong Income Tax" handelt es sich nach Auffassung des BZSt um die Gewinnsteuer („Profit Tax") der Kapitalgesellschaft, die keine Quellensteuerbelastung für den Anteilseigner darstellt. Eine Anrechnung (§ 34c Abs. 1 EStG) sowie ein Abzug (§ 34c Abs. 2 EStG) der ausgewiesenen „Hongkong Income Tax" kommen daher nicht in Betracht.

→ OFD Koblenz vom 15. 3. 2007, S 2293 A – St 33 3 (StEK EStG § 34 c/204)

Ermittlung des Höchstbetrags für die Steueranrechnung   R 34c (3)

(3) [1]Bei der Ermittlung des Höchstbetrags nach § 34c Abs. 1 Satz 2 EStG bleiben ausländische Einkünfte, die nach § 34c Abs. 5 EStG pauschal besteuert werden, und die Pauschsteuer außer Betracht. [2]Ebenfalls nicht zu berücksichtigen sind nach § 34c Abs. 1 Satz 3 EStG die ausländischen Einkünfte, die in dem Staat, aus dem sie stammen, nach dessen Recht nicht besteuert werden. [3]Die ausländischen Einkünfte sind für die deutsche Besteuerung unabhängig von der Einkünfteermittlung im Ausland nach den Vorschriften des deutschen Einkommensteuerrechts zu ermitteln. [4]Dabei sind alle Betriebsausgaben und Werbungskosten zu berücksichtigen, die mit den im Ausland erzielten Einnahmen in wirtschaftlichem Zusammenhang stehen. [5]Die § 3 Nr. 40 und § 3c Abs. 2 EStG sind zu beachten. [6]Bei zusammenveranlagten Ehegatten (→ § 26b EStG) ist für die Ermittlung des Höchstbetrags eine einheitliche Summe der Einkünfte zu bilden. [7]Haben zusammenveranlagte Ehegatten ausländische Einkünfte aus demselben Staat bezogen, sind für die nach § 68a EStDV für jeden einzelnen ausländischen Staat gesondert durchzuführende Höchstbetragsberechnung der anrechenbaren ausländischen Steuern die Einkünfte und anrechenbare Steuern der Ehegatten aus diesem Staat zusammenzurechnen. *[8]Bei der Ermittlung des Höchstbetrags ist § 2a Abs. 1 EStG sowohl im VZ des Entstehens von negativen Einkünften als auch in den VZ späterer Verrechnung zu beachten.*

Hinweise   H 34c (3)

Anrechnung (bei)

– **abweichender ausländischer Bemessungsgrundlage**
   Keinen Einfluss auf die Höchstbetragsberechnung, wenn Einkünfteidentität dem Grunde nach besteht (→ BFH vom 2. 2. 1994, Leitsatz 8 – BStBl II S. 727),

– **abweichender ausländischer Steuerperiode möglich** → BFH vom 4. 6. 1991 (BStBl 1992 II S. 187),

– EU-/EWR-Fällen
   Ist die Berechnungsformel in § 34c Abs. 1 Satz 2 EStG mit dem Grundsatz der Freiheit des Kapitalverkehrs in der EU zu vereinbaren?
   → FG Baden-Württemberg vom 21. 7. 2010 (1 K 332/09) – Rev. – I R 71/10

– **schweizerischer Steuern bei sog. Pränumerando-Besteuerung** mit Vergangenheitsbemessung
   → BFH vom 31. 7. 1991 (BStBl II S. 922),

– **schweizerischer Abzugssteuern bei Grenzgängern**
   § 34c EStG nicht einschlägig. Die Anrechnung erfolgt in diesen Fällen entsprechend § 36 EStG
   (→ Artikel 15a Abs. 3 DBA Schweiz),

– Zinseinkünften unter Berücksichtigung von Stückzinsen
   → BMF vom 6. 12. 2011 (BStBl I S. 1222)

– US-Staatensteuern und -Gemeindesteuern
   Hinsichtlich der in den USA erhobenen Staaten- und Gemeindeeinkommensteuern besteht ein abkommensloser Zustand und es kann zu einer Doppelbesteuerung kommen, die ggf. aufgrund nationaler Vorschriften zu beseitigen ist.
   → FinMin Schleswig-Holstein vom 9. 6. 2011, VI 302 – S 2293 – 134

Ermittlung des Höchstbetrags für die Steueranrechnung

Beispiel:

Ein verheirateter Stpfl., der im Jahr 2005 das 65. Lebensjahr vollendet hatte, hat im Jahr **2012**

Einkünfte aus Gewerbebetrieb	100 000 €
Einkünfte aus Vermietung und Verpachtung	5 300 €
Sonderausgaben und Freibeträge	6 140 €

In den Einkünften aus Gewerbebetrieb sind Darlehenszinsen von einem ausländischen Schuldner im Betrag von 20 000 € enthalten, für die im Ausland eine Einkommensteuer von 2 500 € gezahlt werden musste. Nach Abzug der hierauf entfallenden Betriebsausgaben einschließlich Refinanzierungskosten betragen die ausländischen Einkünfte 6 500 €. Die auf die ausländischen Einkünfte entfallende anteilige deutsche Einkommensteuer ist wie folgt zu ermitteln:

S. d. E. (100 000 € + 5 300 € =)	105 300 €
Altersentlastungsbetrag	– 1 900 €
G. d. E.	103 400 €
Sonderausgaben und Freibeträge	– 6 140 €
z. v. E.	97 260 €
Einkommensteuer nach dem Splittingtarif	24 586 €
anteilige Steuer	
= 24 586 € × 6 500 € : 105 300 €	
= 1 517,65 € (aufgerundet)	1 518 €

Nur bis zu diesem Betrag kann die ausländische Steuer angerechnet werden.

Quellensteuerhöchstsätze bei ausländischen Einnahmen aus Dividenden, Zinsen und Lizenzgebühren unbeschränkt steuerpflichtiger natürlicher Personen

→ Internet-Seite des BZSt

R 34c (4)   Antragsgebundener Abzug ausländischer Steuern

(4) [1]Das Antragsrecht auf Abzug ausländischer Steuern bei der Ermittlung der Einkünfte nach § 34c EStG muss für die gesamten Einkünfte und Steuern aus demselben Staat einheitlich ausgeübt werden. [2]Zusammenveranlagte Ehegatten müssen das Antragsrecht nach § 34c Abs. 2 EStG für ausländische Steuern auf Einkünfte aus demselben Staat nicht einheitlich ausüben. [3]Werden Einkünfte gesondert festgestellt, ist über den Steuerabzug im Feststellungsverfahren zu entscheiden. [4]Der Antrag ist grundsätzlich in der Feststellungserklärung zu stellen. [5]In Fällen der gesonderten und einheitlichen Feststellung kann jeder Beteiligte einen Antrag stellen. [6]Hat ein Stpfl. in einem VZ neben den festzustellenden Einkünften andere ausländische Einkünfte aus demselben Staat als Einzelperson und/oder als Beteiligter bezogen, ist die Ausübung oder Nichtausübung des Antragsrechts in der zuerst beim zuständigen Finanzamt eingegangenen Feststellungs- oder Steuererklärung maßgebend. [7]Der Antrag kann noch im Rechtsbehelfsverfahren mit Ausnahme des Revisionsverfahrens und, soweit es nach der AO zulässig ist, im Rahmen der Änderung von Steuerbescheiden nachgeholt oder zurückgenommen werden. [8]Die abzuziehende ausländische Steuer ist zu kürzen, soweit die entsprechenden Einnahmen nach § 3 Nr. 40 EStG teilweise steuerfrei sind.

R 34c (5)   Bestehen von DBA

(5) Sieht ein DBA die Anrechnung ausländischer Steuern vor, kann dennoch auf Antrag der nach innerstaatlichem Recht wahlweise eingeräumte Abzug der ausländischen Steuern bei der Ermittlung der Einkünfte beansprucht werden.

H 34c (5)   Hinweise

Allgemeines/Doppelbesteuerungsabkommen

Anhang 6   Stand der DBA → Anhang 6

3. Steuerermäßigung bei Einkünften aus Gewerbebetrieb

§ 35

(1) Die tarifliche Einkommensteuer, vermindert um die sonstigen Steuerermäßigungen mit Ausnahme der §§ 34f, 34g und 35a, ermäßigt sich, soweit sie anteilig auf im zu versteuernden Einkommen enthaltene gewerbliche Einkünfte entfällt (Ermäßigungshöchstbetrag),

1. bei Einkünften aus gewerblichen Unternehmen im Sinne des § 15 Absatz 1 Satz 1 Nummer 1

    um das 3,8-fache des jeweils für den dem Veranlagungszeitraum entsprechenden Erhebungszeitraum nach § 14 des Gewerbesteuergesetzes für das Unternehmen festgesetzten Steuermessbetrags (Gewerbesteuer-Messbetrag); Absatz 2 Satz 5 ist entsprechend anzuwenden;

2. bei Einkünften aus Gewerbebetrieb als Mitunternehmer im Sinne des § 15 Absatz 1 Satz 1 Nummer 2 oder als persönlich haftender Gesellschafter einer Kommanditgesellschaft auf Aktien im Sinne des § 15 Absatz 1 Satz 1 Nummer 3

    um das 3,8-fache des jeweils für den dem Veranlagungszeitraum entsprechenden Erhebungszeitraum festgesetzten anteiligen Gewerbesteuer-Messbetrags.

[2]Der Ermäßigungshöchstbetrag ist wie folgt zu ermitteln:

$$\frac{\text{Summe der positiven gewerblichen Einkünfte}}{\text{Summe aller positiven Einkünfte}} \times \text{geminderte tarifliche Steuer.}$$

[3]Gewerbliche Einkünfte im Sinne der Sätze 1 und 2 sind die der Gewerbesteuer unterliegenden Gewinne und Gewinnanteile, soweit sie nicht nach anderen Vorschriften von der Steuerermäßigung nach § 35 ausgenommen sind. [4]Geminderte tarifliche Steuer ist die tarifliche Steuer nach Abzug von Beträgen auf Grund der Anwendung zwischenstaatlicher Abkommen und nach Anrechnung der ausländischen Steuern nach § 34c Absatz 1 und 6 dieses Gesetzes und § 12 des Außensteuergesetzes. [5]Der Abzug des Steuerermäßigungsbetrags ist auf die tatsächlich zu zahlende Gewerbesteuer beschränkt.

(2) [1]Bei Mitunternehmerschaften im Sinne des § 15 Absatz 1 Satz 1 Nummer 2 oder bei Kommanditgesellschaften auf Aktien im Sinne des § 15 Absatz 1 Satz 1 Nummer 3 ist der Betrag des Gewerbesteuer-Messbetrags und der auf die einzelnen Mitunternehmer oder auf die persönlich haftenden Gesellschafter entfallende Anteil gesondert und einheitlich festzustellen. [2]Der Anteil eines Mitunternehmers am Gewerbesteuer-Messbetrag richtet sich nach seinem Anteil am Gewinn der Mitunternehmerschaft nach Maßgabe des allgemeinen Gewinnverteilungsschlüssels; Vorabgewinnanteile sind nicht zu berücksichtigen. [3]Wenn auf Grund der Bestimmungen in einem Abkommen zur Vermeidung der Doppelbesteuerung bei der Festsetzung des Gewerbesteuer-Messbetrags für die Mitunternehmerschaft nur der auf einen Teil der Mitunternehmer entfallende anteilige Gewerbeertrag berücksichtigt wird, ist der Gewerbesteuer-Messbetrag nach Maßgabe des allgemeinen Gewinnverteilungsschlüssels in voller Höhe auf diese Mitunternehmer entsprechend ihrer Anteile am Gewerbeertrag der Mitunternehmerschaft aufzuteilen. [4]Der anteilige Gewerbesteuer-Messbetrag ist als Prozentsatz mit zwei Nachkommastellen gerundet zu ermitteln. [5]Bei der Festsetzung nach Satz 1 sind anteilige Gewerbesteuer-Messbeträge, die aus einer Beteiligung an einer Mitunternehmerschaft stammen, einzubeziehen.

(3) [1]Zuständig für die gesonderte Feststellung nach Absatz 2 ist das für die gesonderte Feststellung der Einkünfte zuständige Finanzamt. [2]Für die Ermittlung der Steuerermäßigung nach Absatz 1 sind die Festsetzung des Gewerbesteuer-Messbetrags, die Feststellung des Anteils an dem festzusetzenden Gewerbesteuer-Messbetrag nach Absatz 2 und die Festsetzung der Gewerbesteuer Grundlagenbescheide. [3]Für die Ermittlung des anteiligen Gewerbesteuer-Messbetrags nach Absatz 2 sind die Festsetzung des Gewerbesteuer-Messbetrags und die Festsetzung des anteiligen Gewerbesteuer-Messbetrags aus der Beteiligung an einer Mitunternehmerschaft Grundlagenbescheide.

(4) Für die Aufteilung und die Feststellung der tatsächlich zu zahlenden Gewerbesteuer bei Mitunternehmerschaften im Sinne des § 15 Absatz 1 Satz 1 Nummer 2 und bei Kommanditgesellschaften auf Aktien im Sinne des § 15 Absatz 1 Satz 1 Nummer 3 gelten die Absätze 2 und 3 entsprechend.

35. Steuerermäßigung bei Einkünften aus Gewerbebetrieb

– *unbesetzt* –

H 35   Hinweise

Allgemeines

Anhang 9 → BMF vom 24. 2. 2009 (BStBl I S. 440) unter Berücksichtigung der Änderungen durch BMF vom 22. 12. 2009, BStBl I S. 43) und vom 25. 11. 2010 (BStBl I S. 1312).

Beteiligungen im Betriebsvermögen eines Einzelunternehmens

Mit dem BMF-Schreiben vom 25. 11. 2010 (BStBl I S. 1312) wurde die Anwendung des § 35 EStG bei Beteiligungen an doppel- bzw. mehrstöckigen Personengesellschaften neu geregelt. Danach ist bei der Vergleichsrechnung zwischen dem 3,8-fachen des Gewerbesteuer-Messbetrags und der tatsächlich zu zahlenden Gewerbesteuer auf die bei dem anrechnungsberechtigten Oberge-sellschafter zusammengefassten (anteiligen) Beträge abzustellen. Gleiches gilt für die Frage, ob die Berücksichtigung eines Gewerbesteuer-Messbetrags für Zwecke des § 35 EStG ausgeschlos-sen ist, weil er mit negativen Einkünften im Zusammenhang steht. Insoweit sind die (Gesamt-)Einkünfte des Obergesellschafters aus der Beteiligung an der Obergesellschaft maßgebend.
Es ist gefragt worden, ob die vorstehenden Grundsätze auch dann gelten, wenn eine Beteiligung im Betriebsvermögen eines Einzelunternehmens gehalten wird.
Hierzu bitte ich die Auffassung zu vertreten, dass die für doppel- bzw. mehrstöckigen Personen-gesellschaften geltenden Regelungen auch dann anzuwenden sind, wenn eine Beteiligung im Betriebsvermögen eines Einzelunternehmens gehalten wird, weil auch in diesen Fällen lediglich eine Einkunftsquelle im Sinne des § 35 EStG vorliegt.
→ FinMin SH vom 21. 7. 2011 – VI 307 – S 2296a – 001

Beteiligungserträge

1. Bei der gesonderten und einheitlichen Feststellung sind nur anteilige Gewerbesteuer-Mess-beträge einzubeziehen, die aus einer Beteiligung an einer Mitunternehmerschaft stammen.

2. § 35 EStG ist auch bei Vorliegen einer Organschaft nicht entsprechend auf anteilige Gewer-besteuer-Messbeträge anzuwenden, die aus einer Beteiligung an einer Kapitalgesellschaft (Organgesellschaft) stammen.

3. Der „Durchleitung" anteiliger Gewerbesteuer-Messbeträge durch eine Kapitalgesellschaft steht die Abschirmung der Vermögenssphäre der Kapitalgesellschaft gegenüber ihren Anteilseignern entgegen.

     → BFH vom 22. 9. 2011, IV R 3/10, BStBl 2012 S. 14

Tonnagesteuer

Ist nach dem Meistbegünstigungsprinzip davon auszugehen, dass der Gewerbesteuermessbetrag vorrangig auf gem. § 5a Abs. 4a Satz 3 EStG zum pauschalen Tonnagegewinn hinzugerechnete Sondervergütungen entfällt, oder hat eine anteilige Zurechnung des Gewerbesteuermessbetrags zum pauschalen Tonnagegewinn einerseits und den Sondervergütungen andererseits zu erfol-gen?

→ Niedersächsisches FG vom 24. 5. 2011 – 12 K 160/10 – Rev. – IV R 26/11

---

4. Steuerermäßigung bei Aufwendungen für haushaltsnahe Beschäftigungsverhält-nisse und für die Inanspruchnahme haushaltsnaher Dienstleistungen

EStG
S 2296b

§ 35a   Steuerermäßigung bei Aufwendungen für haushaltsnahe Beschäftigungsver-hältnisse und für die Inanspruchnahme haushaltsnaher Dienstleistungen

     (1) Für haushaltsnahe Beschäftigungsverhältnisse, bei denen es sich um eine geringfügige Beschäftigung im Sinne des § 8a des Vierten Buches Sozialgesetzbuch handelt, ermäßigt sich die tarifliche Einkommensteuer, vermindert um die sonstige Steuerermäßigungen, auf Antrag um 20 Prozent, höchstens 510 Euro, der Aufwendungen des Steuerpflichtigen.

     (2) [1]Für andere als in Absatz 1 aufgeführte haushaltsnahe Beschäftigungsverhältnisse oder für die Inanspruchnahme von haushaltsnahen Dienstleistungen, die nicht Dienstleistungen nach Absatz 3 sind, ermäßigt sich die tarifliche Einkommensteuer, vermindert um die sonstige Steu-erermäßigungen, auf Antrag um 20 Prozent, höchstens 4 000 Euro, der Aufwendungen des Steu-erpflichtigen. [2]Die Steuerermäßigung kann auch in Anspruch genommen werden für die Inan-

spruchnahme von Pflege- und Betreuungsleistungen sowie für Aufwendungen, die einem Steuerpflichtigen wegen der Unterbringung in einem Heim oder zur dauernden Pflege erwachsen, soweit darin Kosten für Dienstleistungen enthalten sind, die mit denen einer Hilfe im Haushalt vergleichbar sind.

(3) [1]Für die Inanspruchnahme von Handwerkerleistungen für Renovierungs-, Erhaltungs- und Modernisierungsmaßnahmen, mit Ausnahme der nach dem CO_2-Gebäudesanierungsprogramm der KfW Förderbank geförderten Maßnahmen, ermäßigt sich die tarifliche Einkommensteuer, vermindert um die sonstige Steuerermäßigungen, auf Antrag um 20 Prozent der Aufwendungen des Steuerpflichtigen, höchstens jedoch um 1 200 Euro, der Aufwendungen des Steuerpflichtigen. [2]Dies gilt nicht für öffentlich geförderte Maßnahmen, für die zinsverbilligte Darlehen oder steuerfreie Zuschüsse in Anspruch genommen werden.

(4) [1]Die Steuerermäßigung nach den Absätzen 1 bis 3 kann nur in Anspruch genommen werden, wenn das Beschäftigungsverhältnis, die Dienstleistung oder die Handwerkerleistung in einem in der Europäischen Union oder dem Europäischen Wirtschaftsraum liegenden Haushalt des Steuerpflichtigen oder – bei Pflege- und Betreuungsleistungen – der gepflegten oder betreuten Person ausgeübt oder erbracht wird. [2]In den Fällen des Absatzes 2 Satz 2 zweiter Halbsatz ist Voraussetzung, dass das Heim oder der Ort der dauernden Pflege in der Europäischen Union oder dem Europäischen Wirtschaftsraum liegt.

(5) [1]Die Steuerermäßigungen nach den Absätzen 1 bis 3 können nur in Anspruch genommen werden, soweit die Aufwendungen nicht Betriebsausgaben oder Werbungskosten darstellen und soweit sie nicht als Sonderausgaben oder außergewöhnliche Belastungen berücksichtigt worden sind; für Aufwendungen, die dem Grunde nach unter *§ 10 Absatz 1 Nummer 5* fallen, ist eine Inanspruchnahme ebenfalls ausgeschlossen. [2]Der Abzug von der tariflichen Einkommensteuer nach den Absätzen 2 und 3 gilt nur für Arbeitskosten. [3]Voraussetzung für die Inanspruchnahme der Steuerermäßigung für haushaltsnahe Dienstleistungen nach Absatz 2 oder für Handwerkerleistungen nach Absatz 3 ist, dass der Steuerpflichtige für die Aufwendungen eine Rechnung erhalten hat und die Zahlung auf das Konto des Erbringers der Leistung erfolgt ist. [4]Leben zwei Alleinstehende in einem Haushalt zusammen, können sie die Höchstbeträge nach den Absätzen 1 bis 3 insgesamt jeweils nur einmal in Anspruch nehmen.

[1)]

Anwendungsschreiben

→ BMF vom 15. 2. 2010 (BStBl I S. 140)

Anhang 13a

---

§ 35b Steuerermäßigung bei Belastung mit Erbschaftsteuer

EStG
[2)]

[1]Sind bei der Ermittlung des Einkommens Einkünfte berücksichtigt worden, die im Veranlagungszeitraum oder in den vorangegangenen vier Veranlagungszeiträumen als Erwerb von Todes wegen der Erbschaftsteuer unterlegen haben, so wird auf Antrag die um sonstige Steuermäßigungen gekürzte tarifliche Einkommensteuer, die auf diese Einkünfte entfällt, um den in Satz 2 bestimmten Prozentsatz ermäßigt. [2]Der Prozentsatz bestimmt sich nach dem Verhältnis, in dem die festgesetzte Erbschaftsteuer zu dem Betrag steht, der sich ergibt, wenn dem steuerpflichtigen Erwerb (§ 10 Absatz 1 des Erbschaftsteuer- und Schenkungsteuergesetzes) die Freibeträge nach §§ 16 und 17 und der steuerfreie Betrag nach § 5 des Erbschaftsteuer- und Schenkungsteuergesetzes hinzugerechnet werden. [3]Die Sätze 1 und 2 gelten nicht, soweit Erbschaftsteuer nach § 10 Absatz 1 Nummer 1a abgezogen wird.

[1)] *Absatz 5 Satz 1 wurde durch das Steuervereinfachungsgesetz 2011 ab VZ 2012 geändert.*
[2)] Zur zeitlichen Anwendung → § 52 Absatz 50c EStG.

VI. Steuererhebung

1. Erhebung der Einkommensteuer

EStG
S 2298

§ 36 Entstehung und Tilgung der Einkommensteuer

(1) Die Einkommensteuer entsteht, soweit in diesem Gesetz nichts anderes bestimmt ist, mit Ablauf des Veranlagungszeitraums.

(2) Auf die Einkommensteuer werden angerechnet:

1. die für den Veranlagungszeitraum entrichteten Einkommensteuer-Vorauszahlungen (§ 37);

2. die durch Steuerabzug erhobene Einkommensteuer, soweit sie auf die bei der Veranlagung erfassten Einkünfte oder auf die nach § 3 Nummer 40 dieses Gesetzes oder nach § 8b Absatz 1 und 6 Satz 2 des Körperschaftsteuergesetzes bei der Ermittlung des Einkommens außer Ansatz bleibenden Bezüge entfällt und nicht die Erstattung beantragt oder durchgeführt worden ist. [2]Die durch Steuerabzug erhobene Einkommensteuer wird nicht angerechnet, wenn die in § 45a Absatz 2 oder 3 bezeichnete Bescheinigung nicht vorgelegt worden ist. [3]In den Fällen des § 8b Absatz 6 Satz 2 des Körperschaftsteuergesetzes ist es für die Anrechnung ausreichend, wenn die Bescheinigung nach § 45a Absatz 2 und 3 vorgelegt wird, die dem Gläubiger der Kapitalerträge ausgestellt worden ist.

(3) [1]Die Steuerbeträge nach Absatz 2 Nummer 2 sind auf volle Euro aufzurunden. [2]Bei den durch Steuerabzug erhobenen Steuern ist jeweils die Summe der Beträge einer einzelnen Abzugsteuer aufzurunden.

(4) [1]Wenn sich nach der Abrechnung ein Überschuss zuungunsten des Steuerpflichtigen ergibt, hat der Steuerpflichtige (Steuerschuldner) diesen Betrag, soweit er den fällig gewordenen, aber nicht entrichteten Einkommensteuer-Vorauszahlungen entspricht, sofort, im Übrigen innerhalb eines Monats nach Bekanntgabe des Steuerbescheids zu entrichten (Abschlusszahlung). [2]Wenn sich nach der Abrechnung ein Überschuss zugunsten des Steuerpflichtigen ergibt, wird dieser dem Steuerpflichtigen nach Bekanntgabe des Steuerbescheids ausgezahlt. [3]Bei Ehegatten, die nach den §§ 26, 26b zusammen zur Einkommensteuer veranlagt worden sind, wirkt die Auszahlung an einen Ehegatten auch für und gegen den anderen Ehegatten.

1)
(5) [1]In den Fällen des § 16 Absatz 3a kann auf Antrag des Steuerpflichtigen die festgesetzte Steuer, die auf den Aufgabegewinn und den durch den Wechsel der Gewinnermittlungsart erzielten Gewinn entfällt, in fünf gleichen Jahresraten entrichtet werden, wenn die Wirtschaftsgüter einem Betriebsvermögen des Steuerpflichtigen in einem anderen Mitgliedstaat der Europäischen Union oder des Europäischen Wirtschaftsraums zuzuordnen sind, sofern durch diese Staaten Amtshilfe entsprechend oder im Sinne der Richtlinie 77/799/EWG einschließlich der in diesem Zusammenhang anzuwendenden Durchführungsbestimmungen in den für den jeweiligen Veranlagungszeitraum geltenden Fassungen oder eines entsprechenden Nachfolgerechtsakts und gegenseitige Unterstützung bei der Beitreibung *im Sinne der Beitreibungsrichtlinie* einschließlich der in diesem Zusammenhang anzuwendenden Durchführungsbestimmungen in den für den jeweiligen Veranlagungszeitraum geltenden Fassungen oder eines entsprechenden Nachfolgerechtsaktes geleistet werden. [2]Die erste Jahresrate ist innerhalb eines Monats nach Bekanntgabe des Steuerbescheids zu entrichten; die übrigen Jahresraten sind jeweils am 31. Mai der Folgejahre fällig. [3]Die Jahresraten sind nicht zu verzinsen. [4]Wird der Betrieb oder Teilbetrieb während dieses Zeitraums eingestellt, veräußert oder in andere als die in Satz 1 genannten Staaten verlegt, wird die noch nicht entrichtete Steuer innerhalb eines Monats nach diesem Zeitpunkt fällig; Satz 2 bleibt unberührt. [5]Ändert sich die festgesetzte Steuer, sind die Jahresraten entsprechend anzupassen.

R 36

36. Anrechnung von Steuervorauszahlungen und von Steuerabzugsbeträgen

S 2298
S 2299b
S 2204
[1]Die Anrechnung von Kapitalertragsteuer setzt voraus, dass die der Anrechnung zugrunde liegenden Einnahmen bei der Veranlagung erfasst werden und der Anteilseigner die in § 45a Abs. 2 oder 3 EStG bezeichnete Bescheinigung im Original vorlegt. [2]Ob die Einnahmen im Rahmen der Einkünfte aus Kapitalvermögen anfallen oder bei einer anderen Einkunftsart, ist für die Anrechnung unerheblich. [3]Bei der Bilanzierung abgezinster Kapitalforderungen erfolgt die Anrechnung der Kapitalertragsteuer stets im Erhebungsjahr, auch wenn die der Anrechnung zugrunde liegenden Einnahmen ganz oder teilweise bereits in früheren Jahren zu erfassen waren.

---

1) *Absatz 5 Satz 1 wurde durch das BeitrRLUmsG ab VZ 2012 geändert.*

Anrechnung

Die Höhe der anzurechnenden ausländischen Steuern (§ 34c Abs. 6 Satz 2 EStG) ergibt sich aus den jeweiligen DBA. Danach ist regelmäßig die in Übereinstimmung mit dem DBA erhobene und nicht zu erstattende ausländische Steuer anzurechnen. Bei Dividenden, Zinsen und Lizenzgebühren sind das hiernach die nach den vereinbarten Quellensteuersätzen erhobenen Quellensteuern, die der ausländische Staat als Quellenstaat auf diese Einkünfte erheben darf. Nur diese Steuern sind in Übereinstimmung mit dem jeweiligen DBA erhoben und nicht zu erstatten. Eine Anrechnung von ausländischer Steuer kommt auch dann nur in Höhe der abkommensrechtlich begrenzten Quellensteuer in Betracht, wenn eine darüber hinausgehende ausländische Steuer wegen Ablaufs der Erstattungsfrist im ausländischen Staat nicht mehr erstattet werden kann (→ BFH vom 15. 3. 1995 – BStBl II S. 580). Dies gilt nach der Neufassung des § 34c Abs. 1 Satz 1 EStG auch für Nicht-DBA-Fälle.

Anrechnung ausländischer Steuern bei Zinseinkünften unter Berücksichtigung von Stückzinsen

→ BMF vom 6. 12. 2011 (BStBl I S. 1222)

Fiktive Quellensteuer

Nachweis über das Vorliegen der Voraussetzungen für die Anrechnung fiktiver Quellensteuern bei ausländischen Zinseinkünften nach DBA → BMF vom 12. 5. 1998 (BStBl I S. 554) unter Berücksichtigung der Änderungen durch → BMF vom 6. 12. 2011 (BStBl I S. 1222).

Gestaltungsmissbrauch

§ 42 AO steht der Anwendung des § 34c Abs. 3 EStG jedenfalls dann nicht entgegen, wenn der den Steuerabzug begehrende unbeschränkt steuerpflichtige Gesellschafter einer ausländischen Domizilgesellschaft ausländische Steuern vom Einkommen gezahlt hat, die auf ihm nach § 42 AO zugerechnete Einkünfte der Gesellschaft erhoben wurden (→ BFH vom 1. 4. 2003 – BStBl II S. 869).

Hinweise

Pauschalierung

– Pauschalierung der Einkommensteuer für ausländische Einkünfte gem. § 34c Abs. 5 EStG → BMF vom 10. 4. 1984 (BStBl I S. 252)
– Steuerliche Behandlung von Arbeitnehmereinkünften bei ATE → BMF vom 31. 10. 1983 (BStBl I S. 470; *LStH 2012*, Anhang 7)

---

§ 34d   Ausländische Einkünfte

Ausländische Einkünfte im Sinne des § 34c Absatz 1 bis 5 sind

1. **Einkünfte aus einer in einem ausländischen Staat betriebenen Land- und Forstwirtschaft (§§ 13 und 14) und Einkünfte der in den Nummern 3, 4, 6, 7 und 8 Buchstabe c genannten Art, soweit sie zu den Einkünften aus Land- und Forstwirtschaft gehören;**

2. **Einkünfte aus Gewerbebetrieb (§§ 15 und 16),**
   a) **die durch eine in einem ausländischen Staat belegene Betriebsstätte oder durch einen in einem ausländischen Staat tätigen ständigen Vertreter erzielt werden, und Einkünfte der in den Nummern 3, 4, 6, 7 und 8 Buchstabe c genannten Art, soweit sie zu den Einkünften aus Gewerbebetrieb gehören,**
   b) **die aus Bürgschafts- und Avalprovisionen erzielt werden, wenn der Schuldner Wohnsitz, Geschäftsleitung oder Sitz in einem ausländischen Staat hat, oder**
   c) **die durch den Betrieb eigener oder gecharterter Seeschiffe oder Luftfahrzeuge aus Beförderungen zwischen ausländischen oder von ausländischen zu inländischen Häfen erzielt werden, einschließlich der Einkünfte aus anderen mit solchen Beförderungen zusammenhängenden, sich auf das Ausland erstreckenden Beförderungsleistungen;**

3. **Einkünfte aus selbständiger Arbeit (§ 18), die in einem ausländischen Staat ausgeübt oder verwertet wird oder worden ist, und Einkünfte der in den Nummern 4, 6, 7 und 8 Buchstabe c genannten Art, soweit sie zu den Einkünften aus selbständiger Arbeit gehören;**

4. Einkünfte aus der Veräußerung von

   a) Wirtschaftsgütern, die zum Anlagevermögen eines Betriebs gehören, wenn die Wirtschaftsgüter in einem ausländischen Staat belegen sind,

   b) Anteilen an Kapitalgesellschaften, wenn die Gesellschaft Geschäftsleitung oder Sitz in einem ausländischen Staat hat;

5. Einkünfte aus nichtselbständiger Arbeit (§ 19), die in einem ausländischen Staat ausgeübt oder, ohne im Inland ausgeübt zu werden oder worden zu sein, in einem ausländischen Staat verwertet wird oder worden ist, und Einkünfte, die von ausländischen öffentlichen Kassen mit Rücksicht auf ein gegenwärtiges oder früheres Dienstverhältnis gewährt werden. [2]Einkünfte, die von inländischen öffentlichen Kassen einschließlich der Kassen der Deutschen Bundesbahn und der Deutschen Bundesbank mit Rücksicht auf ein gegenwärtiges oder früheres Dienstverhältnis gewährt werden, gelten auch dann als inländische Einkünfte, wenn die Tätigkeit in einem ausländischen Staat ausgeübt wird oder worden ist;

6. Einkünfte aus Kapitalvermögen (§ 20), wenn der Schuldner Wohnsitz, Geschäftsleitung oder Sitz in einem ausländischen Staat hat oder das Kapitalvermögen durch ausländischen Grundbesitz gesichert ist;

7. Einkünfte aus Vermietung und Verpachtung (§ 21), soweit das unbewegliche Vermögen oder die Sachinbegriffe in einem ausländischen Staat belegen oder die Rechte zur Nutzung in einem ausländischen Staat überlassen worden sind;

8. sonstige Einkünfte im Sinne des § 22, wenn

   a) der zur Leistung der wiederkehrenden Bezüge Verpflichtete Wohnsitz, Geschäftsleitung oder Sitz in einem ausländischen Staat hat,

   b) bei privaten Veräußerungsgeschäften die veräußerten Wirtschaftsgüter in einem ausländischen Staat belegen sind,

   c) bei Einkünften aus Leistungen einschließlich der Einkünfte aus Leistungen im Sinne des § 49 Absatz 1 Nummer 9 der zur Vergütung der Leistung Verpflichtete Wohnsitz, Geschäftsleitung oder Sitz in einem ausländischen Staat hat.

H 34d

Hinweise

Ausländische Betriebsstätteneinkünfte

Ausländische Einkünfte aus Gewerbebetrieb, die durch eine in einem ausländischen Staat belegene Betriebsstätte erzielt worden sind, liegen auch dann vor, wenn der Stpfl. im Zeitpunkt der steuerlichen Erfassung dieser Einkünfte die Betriebsstätte nicht mehr unterhält. Voraussetzung ist, dass die betriebliche Leistung, die den nachträglichen Einkünften zugrunde liegt, von der ausländischen Betriebsstätte während der Zeit ihres Bestehens erbracht worden ist.

→ § 34d Nr. 2 Buchstabe a EStG

→ BFH vom 15. 7. 1964 (BStBl III S. 551)

→ BFH vom 12. 10. 1978 (BStBl 1979 II S. 64)

→ BFH vom 16. 7. 1969 (BStBl 1970 II S. 56); dieses Urteil ist nur i. S. d. vorzitierten Rechtsprechung zu verstehen.

---

2. Steuerermäßigung bei Einkünften aus Land- und Forstwirtschaft (§ 34e)

EStG
S 2293b

§ 34e

(letztmals abgedruckt in der Handausgabe 2000)

2a. Steuerermäßigung für Steuerpflichtige mit Kindern bei Inanspruchnahme erhöhter Absetzungen für Wohngebäude oder der Steuerbegünstigungen für eigengenutztes Wohneigentum (§ 34f)

EStG
S 2293c

§ 34f

(letztmals abgedruckt in der Handausgabe 2005)

2b. Steuerermäßigung bei Zuwendungen an politische Parteien und an unabhängige Wählervereinigungen

[1]Die tarifliche Einkommensteuer, vermindert um die sonstigen Steuerermäßigungen, mit Ausnahme des § 34f Absatz 3, ermäßigt sich bei Zuwendungen an

1. politische Parteien im Sinne des § 2 des Parteiengesetzes und

2. Vereine ohne Parteicharakter, wenn

   a) der Zweck des Vereins ausschließlich darauf gerichtet ist, durch Teilnahme mit eigenen Wahlvorschlägen an Wahlen auf Bundes-, Landes- oder Kommunalebene bei der politischen Willensbildung mitzuwirken, und

   b) der Verein auf Bundes-, Landes- oder Kommunalebene bei der jeweils letzten Wahl wenigstens ein Mandat errungen oder der zuständigen Wahlbehörde oder dem zuständigen Wahlorgan angezeigt hat, dass er mit eigenen Wahlvorschlägen auf Bundes-, Landes- oder Kommunalebene an der jeweils nächsten Wahl teilnehmen will.

[2]Nimmt der Verein an der jeweils nächsten Wahl nicht teil, wird die Ermäßigung nur für die bis zum Wahltag an ihn geleisteten Beiträge und Spenden gewährt. [3]Die Ermäßigung für Beiträge und Spenden an den Verein wird erst wieder gewährt, wenn er sich mit eigenen Wahlvorschlägen an einer Wahl beteiligt hat. [4]Die Ermäßigung wird in diesem Fall nur für Beiträge und Spenden gewährt, die nach Beginn des Jahres, in dem die Wahl stattfindet, geleistet werden.

[2]Die Ermäßigung beträgt 50 Prozent der Ausgaben, höchstens jeweils 825 Euro für Ausgaben nach den Nummern 1 und 2, im Falle der Zusammenveranlagung von Ehegatten höchstens jeweils 1 650 Euro. [3]§ 10b Absatz 3 und 4 gilt entsprechend.

Hinweise   H 34g

Nachweis von Zuwendungen an politische Parteien

→ BMF vom **30. 8. 2012 (BStBl I S. 884)**.

Zuwendungen an unabhängige Wählervereinigungen

→ BMF vom 16. 6. 1989 (BStBl I S. 239):

„Durch das Gesetz zur steuerlichen Begünstigung von Zuwendungen an unabhängige Wählervereinigungen vom 25. 7. 1988 (BStBl I S. 397) ist § 34g EStG ausgeweitet worden. Wie für Zuwendungen an politische Parteien wird nach § 34g Nr. 2 EStG auch für Mitgliedsbeiträge und Spenden an unabhängige Wählervereinigungen, die bestimmte Voraussetzungen erfüllen, eine Tarifermäßigung von 50 % der Ausgaben, höchstens 600 DM[1] bzw. 1 200 DM[2] im Falle der Zusammenveranlagung von Ehegatten, gewährt. Die Vorschrift gilt nach Artikel 4 Nr. 11c des Haushaltsbegleitgesetzes 1989 (BStBl I S. 19) rückwirkend ab 1984.

Unter Bezugnahme auf das Ergebnis der Erörterungen mit den obersten Finanzbehörden der Länder gilt für die Anwendung der Vorschrift Folgendes:

1. Die Höchstbeträge von 600 DM[1] und 1 200 DM[2] im Falle der Zusammenveranlagung von Ehegatten gelten für Mitgliedsbeiträge und Spenden (Zuwendungen) an politische Parteien nach § 34g Nr. 1 EStG und für Zuwendungen an unabhängige Wählervereinigungen nach § 34g Nr. 2 EStG gesondert und nebeneinander.

   Als Ausgabe gilt auch die Zuwendung von Wirtschaftsgütern mit Ausnahme von Nutzungen und Leistungen. Zur Bewertung von Sachzuwendungen wird auf § 10b Abs. 3 EStG hingewiesen.

2. Die Tarifermäßigung nach § 34g Nr. 2 EStG wird nur für Mitgliedsbeiträge und Spenden an unabhängige Wählervereinigungen in der Rechtsform des eingetragenen oder des nichtrechtsfähigen Vereins gewährt. Ein Sonderausgabenabzug nach § 10b Abs. 2 EStG ist nicht möglich. Der Zweck einer unabhängigen Wählervereinigung ist auch dann als ausschließlich auf die in § 34g Nr. 2 Buchstabe a EStG genannten politischen Zwecke gerichtet anzusehen, wenn sie gesellige Veranstaltungen durchführt, die im Vergleich zu ihrer poli-

---
[1] Ab 2002 825 Euro.
[2] Ab 2002 1 650 Euro.

tischen Tätigkeit von untergeordneter Bedeutung sind, und wenn eine etwaige wirtschaftliche Betätigung ihre politische Tätigkeit nicht überwiegt. Ihr Zweck ist dagegen zum Beispiel nicht ausschließlich auf die politische Tätigkeit gerichtet, wenn sie neben dem politischen Zweck einen anderen Satzungszweck zum Beispiel gemeinnütziger oder wirtschaftlicher Art hat.

3. Die nach § 34g Nr. 2 Buchstabe b EStG ggf. erforderliche Anzeige gegenüber der zuständigen Wahlbehörde oder dem zuständigen Wahlorgan kann formlos in der Zeit vom ersten Tag nach der letzten Wahl bis zu dem Tag erfolgen, an dem die Anmeldefrist für die nächste Wahl abläuft. Die Anzeige kann der zuständigen Wahlbehörde oder dem zuständigen Wahlorgan bereits mehrere Jahre vor der nächsten Wahl zugehen. Sie muss ihr spätestens am Ende des Jahres vorliegen, für das eine Tarifermäßigung für Zuwendungen an die unabhängige Wählervereinigung beantragt wird. Spendenbestätigungen dürfen erst ausgestellt werden, wenn die Anzeige tatsächlich erfolgt ist.

4. Nach § 34g Satz 3 EStG wird die Steuerermäßigung für Beiträge und Spenden an eine unabhängige Wählervereinigung, die an der jeweils nächsten Wahl nicht teilgenommen hat, erst wieder gewährt, wenn sie sich mit eigenen Wahlvorschlägen an einer Wahl beteiligt hat. Diese einschränkende Regelung gilt nur für Beiträge und Spenden an unabhängige Wählervereinigungen, die der zuständigen Wahlbehörde vor einer früheren Wahl ihre Teilnahme angekündigt und sich dann entgegen dieser Mitteilung nicht an der Wahl beteiligt haben. Sie gilt nicht für unabhängige Wählervereinigungen, die sich an einer früheren Wahl zwar nicht beteiligt, eine Beteiligung an dieser Wahl aber auch nicht angezeigt haben.

Beispiele:

a) Der neugegründete Verein A teilt der zuständigen Wahlbehörde im Jahr 01 mit, dass er an der nächsten Kommunalwahl am 20. 5. 03 teilnehmen will. Er nimmt an dieser Wahl jedoch nicht teil, ebenso nicht an der folgenden Wahl im Jahr 08. Im Jahr 09 teilt er der Wahlbehörde mit, dass er an der nächsten Wahl am 5. 4. 13 teilnehmen will. An dieser Wahl nimmt er dann auch tatsächlich teil.

Die Steuerermäßigung nach § 34g Nr. 2 EStG kann gewährt werden für Beiträge und Spenden, die in der Zeit vom 1. 1. 01 bis zum 20. 5. 03 und vom 1. 1. 13 bis zum 5. 4. 13 an den Verein geleistet worden sind. In der Zeit vom 21. 5. 03 bis zum 31. 12. 12 geleistete Beiträge und Spenden sind nicht begünstigt. Nach dem 5. 4. 13 geleistete Beiträge und Spenden sind begünstigt, wenn der Verein bei der Wahl am 5. 4. 13 ein Mandat errungen hat oder noch im Jahr 13 anzeigt, dass er an der nächsten Wahl teilnehmen will.

b) Der Verein B ist in der Wahlperiode 1 mit einem Mandat im Stadtrat vertreten. An der Wahl für die Wahlperiode 2 am 15. 10. 05 nimmt er nicht teil. Er hatte eine Teilnahme auch nicht angekündigt. Am 20. 11. 05 teilt er der zuständigen Wahlbehörde mit, dass er an der Wahl für die Wahlperiode 3 am 9. 9. 10 teilnehmen will.

Die Steuerermäßigung kann für alle bis zum 9. 9. 10 an den Verein geleisteten Beiträge und Spenden gewährt werden. Nach diesem Termin geleistete Beiträge und Spenden sind nur begünstigt, wenn der Verein an der Wahl am 9. 9. 10 teilgenommen hat.

c) Der Verein C wird im Jahr 01 gegründet. An der nächsten Kommunalwahl am 10. 2. 03 nimmt er nicht teil. Er hatte eine Teilnahme an dieser Wahl auch nicht angekündigt. Am 11. 2. 03 teilt er der zuständigen Wahlbehörde mit, dass er an der nächsten Wahl am 15. 3. 08 teilnehmen will.

Die Steuerermäßigung kann für Beiträge und Spenden gewährt werden, die ab dem 1. 1. 03 an den Verein geleistet worden sind. Nach dem 15. 3. 08 geleistete Beiträge und Spenden sind nur begünstigt, wenn der Verein tatsächlich an der Wahl am 15. 3. 08 teilgenommen hat und entweder erfolgreich war (mindestens ein Mandat) oder bei erfolgloser Teilnahme der zuständigen Wahlbehörde mitteilt, dass er auch an der folgenden Wahl teilnehmen will.

5. Eine Teilnahme an einer Wahl liegt nur vor, wenn die Wähler die Möglichkeit haben, die Wählervereinigung zu wählen. Der Wahlvorschlag der Wählervereinigung muss also auf dem Stimmzettel enthalten sein.

6. Der Steuerpflichtige hat dem Finanzamt durch eine Spendenbestätigung der unabhängigen Wählervereinigung nachzuweisen, dass alle Voraussetzungen des § 34g EStG für die Gewährung der Tarifermäßigung erfüllt sind.[1]

---

[1] BMF vom **30. 8. 2012 (BStBl I S. 884)**.

Hinweise

Abtretung

Der Anspruch auf die Anrechnung von Steuerabzugsbeträgen kann nicht abgetreten werden. Abgetreten werden kann nur der Anspruch auf Erstattung von überzahlter Einkommensteuer, der sich durch den Anrechnungsbetrag ergibt. Der Erstattungsanspruch entsteht wie die zu veranlagende Einkommensteuer mit Ablauf des VZ. Die Abtretung wird erst wirksam, wenn sie der Gläubiger nach diesem Zeitpunkt der zuständigen Finanzbehörde anzeigt (§ 46 Abs. 2 AO).

Anrechnung

– Änderungen

Die Vorschriften über die Aufhebung oder Änderung von Steuerfestsetzungen können – auch wenn im Einkommensteuerbescheid die Steuerfestsetzung und die Anrechnung technisch zusammengefasst sind – nicht auf die Anrechnung angewendet werden. Die Korrektur der Anrechnung richtet sich nach §§ 129 bis 131 AO. Zum Erlass eines Abrechnungsbescheides → § 218 Abs. 2 AO.

Die Anrechnung von Steuerabzugsbeträgen und Steuervorauszahlungen ist ein Verwaltungsakt mit Bindungswirkung. Diese Bindungswirkung muss auch beim Erlass eines Abrechnungsbescheids nach § 218 Abs. 2 AO beachtet werden. Deshalb kann im Rahmen eines Abrechnungsbescheides die Steueranrechnung zugunsten oder zuungunsten des Stpfl. nur dann geändert werden, wenn eine der Voraussetzungen der §§ 129 – 131 AO gegeben ist (→ BMF vom 15. 4. 1997 – BStBl 1997 II S. 787).

– bei Veranlagung

Die Anrechnung von Steuerabzugsbeträgen ist unzulässig, soweit die Erstattung beantragt oder durchgeführt worden ist (§ 36 Abs. 2 Nr. 2 EStG).

Durch einen bestandskräftig abgelehnten Antrag auf Erstattung von Kapitalertragsteuer wird die Anrechnung von Kapitalertragsteuer bei der Veranlagung zur Einkommensteuer nicht ausgeschlossen.

– Teil der Steuererhebung

Die Anrechnung von Steuervorauszahlungen (§ 36 Abs. 2 Nr. 1 EStG) und von erhobenen Steuerabzugsbeträgen (§ 36 Abs. 2 Nr. 2 EStG) auf die Einkommensteuer ist Teil der Steuererhebung (→ BFH vom 14. 11. 1984 – BStBl 1985 II S. 216).

Investmentfonds

Zur Anrechnung der Kapitalertragsteuer bei Investmentanteilen → OFD Frankfurt a. M. vom 31. 8. 2010 – S 2400 A – 36 – St 54 mit folgenden Schwerpunkten:

1. Steuerbescheinigung
2. Steuerbescheinigung bei Auslandsverwahrung
3. Kapitalertragsteuer bei ausländischen thesaurierenden Investmentfonds

Personengesellschaft

→ H 15.8 (3) GmbH-Beteiligung

§ 37 Einkommensteuer-Vorauszahlung

(1) [1]Der Steuerpflichtige hat am 10. März, 10. Juni, 10. September und 10. Dezember Vorauszahlungen auf die Einkommensteuer zu entrichten, die er für das laufende Veranlagungszeitraum voraussichtlich schulden wird. [2]Die Einkommensteuer-Vorauszahlung entsteht jeweils mit Beginn des Kalendervierteljahres, in dem die Vorauszahlungen zu entrichten sind, oder, wenn die Steuerpflicht erst im Laufe des Kalendervierteljahres begründet wird, mit Begründung der Steuerpflicht.

(2) (weggefallen)

(3) [1]Das Finanzamt setzt die Vorauszahlungen durch Vorauszahlungsbescheid fest. [2]Die Vorauszahlungen bemessen sich grundsätzlich nach der Einkommensteuer, die sich nach Anrechnung der Steuerabzugsbeträge und der Körperschaftsteuer (§ 36 Absatz 2 Nummer 2) bei der letzten Veranlagung ergeben hat. [3]Das Finanzamt kann bis zum Ablauf des auf den Veranlagungszeitraum folgenden 15. Kalendermonats die Vorauszahlungen an die Einkommensteuer anpassen, die sich für den Veranlagungszeitraum voraussichtlich ergeben wird; dieser Zeitraum verlängert sich auf 23 Monate, wenn die Einkünfte aus Land- und Forstwirtschaft bei der erstmaligen Steuerfestsetzung die

anderen Einkünfte voraussichtlich überwiegen werden. [4]Bei der Anwendung der Sätze 2 und 3 bleiben Aufwendungen im Sinne des *§ 10 Absatz 1 Nummer 1, 1a, 1b, 4, 5, 7 und 9*, der §§ 10b und 33 sowie die abziehbaren Beträge nach § 33a, wenn die Aufwendungen und abziehbaren Beträge insgesamt 600 Euro nicht übersteigen, außer Ansatz. [5]Die Steuerermäßigung nach § 34a bleibt außer Ansatz. [6]Bei der Anwendung der Sätze 2 und 3 bleibt der Sonderausgabenabzug nach § 10a Absatz 1 außer Ansatz. [7]Außer Ansatz bleiben bis zur Anschaffung oder Fertigstellung der Objekte im Sinne des § 10e Absatz 1 und 2 und § 10h auch die Aufwendungen, die nach § 10e Absatz 6 und § 10h Satz 3 wie Sonderausgaben abgezogen werden; Entsprechendes gilt auch für Aufwendungen, die nach § 10i für nach dem Eigenheimzulagengesetz begünstigte Objekte wie Sonderausgaben abgezogen werden. [8]Negative Einkünfte aus der Vermietung oder Verpachtung eines Gebäudes im Sinne des § 21 Absatz 1 Satz 1 Nummer 1 werden bei der Festsetzung der Vorauszahlungen nur für Kalenderjahre berücksichtigt, die nach der Anschaffung oder Fertigstellung dieses Gebäudes beginnen. [9]Wird ein Gebäude vor dem Kalenderjahr seiner Fertigstellung angeschafft, tritt an die Stelle der Anschaffung die Fertigstellung. [10]Satz 8 gilt nicht für negative Einkünfte aus der Vermietung oder Verpachtung eines Gebäudes, für das erhöhte Absetzungen nach den §§ 14a, 14c oder 14d des Berlinförderungsgesetzes oder Sonderabschreibungen nach § 4 des Fördergebietsgesetzes in Anspruch genommen werden. [11]Satz 8 gilt für negative Einkünfte aus der Vermietung oder Verpachtung eines anderen Vermögensgegenstands im Sinne des § 21 Absatz 1 Satz 1 Nummer 1 bis 3 entsprechend mit der Maßgabe, dass an die Stelle der Anschaffung oder Fertigstellung die Aufnahme der Nutzung durch den Steuerpflichtigen tritt. [12]In den Fällen des § 31, in denen die gebotene steuerliche Freistellung eines Einkommensbetrags in Höhe des Existenzminimums eines Kindes durch das Kindergeld nicht in vollem Umfang bewirkt wird, bleiben bei der Anwendung der Sätze 2 und 3 Freibeträge nach § 32 Absatz 6 und zu verrechnendes Kindergeld außer Ansatz.

(4) [1]Bei einer nachträglichen Erhöhung der Vorauszahlungen ist die letzte Vorauszahlung für den Veranlagungszeitraum anzupassen. [2]Der Erhöhungsbetrag ist innerhalb eines Monats nach Bekanntgabe des Vorauszahlungsbescheids zu entrichten.

(5) [1]Vorauszahlungen sind nur festzusetzen, wenn sie mindestens 400 Euro im Kalenderjahr und mindestens 100 Euro für einen Vorauszahlungszeitpunkt betragen. [2]Festgesetzte Vorauszahlungen sind nur zu erhöhen, wenn sich der Erhöhungsbetrag im Fall des Absatzes 3 Satz 2 bis 5 für einen Vorauszahlungszeitpunkt auf mindestens 100 Euro, im Fall des Absatzes 4 auf mindestens 5 000 Euro beläuft.

R 37   **37. Einkommensteuer-Vorauszahlung**

S 2297   Bei der Veranlagung von Ehegatten nach § 26a EStG ist für die Ermittlung der 600-Euro-Grenze in § 37 Abs. 3 EStG die Summe der für beide Ehegatten in Betracht kommenden Aufwendungen und abziehbaren Beträge zugrunde zu legen.

H 37   **Hinweise**

Anpassung von Vorauszahlungen

Eine Anpassung ist auch dann noch möglich, wenn eine Einkommensteuererklärung für den abgelaufenen VZ bereits abgegeben worden ist (→ BFH vom 27. 9. 1976 – BStBl 1977 II S. 33).

Erhöhung von Vorauszahlungen

Im Falle der Erhöhung einer Vorauszahlung zum nächsten Vorauszahlungstermin des laufenden Kalenderjahrs gilt die Monatsfrist des § 37 Abs. 4 Satz 2 EStG nicht (→ BFH vom 22. 8. 1974 – BStBl 1975 II S. 15 und vom 25. 6. 1981 – BStBl 1982 II S. 105).

Verfahren bei der Geltendmachung von negativen Einkünften aus der Beteiligung an Verlustzuweisungsgesellschaften und vergleichbaren Modellen

→ BMF vom 13. 7. 1992 (BStBl I S. 404) und vom 28. 6. 1994 (BStBl I S. 420).

Verteilung von Vorauszahlungen

Vorauszahlungen sind grundsätzlich in vier gleich großen Teilbeträgen zu leisten. Eine Ausnahme hiervon kommt auch dann nicht in Betracht, wenn der Stpfl. geltend macht, der Gewinn des laufenden VZ entstehe nicht gleichmäßig (→ BFH vom 22.11.2011 – BStBl 2012 II S. 329).

---

[1]) *Absatz 3 Satz 4 wurde durch das Steuervereinfachungsgesetz 2011 ab VZ 2012 geändert.*

Vorauszahlungen bei Arbeitnehmern

Die Festsetzung von Einkommensteuer-Vorauszahlungen ist auch dann zulässig, wenn der Stpfl. ausschließlich Einkünfte aus nichtselbständiger Arbeit erzielt, die dem Lohnsteuerabzug unterliegen (→ BFH vom 20. 12. 2004 – BStBl 2005 II S. 358).

§ 37a   Pauschalierung der Einkommensteuer durch Dritte

EStG
S 2297a

(1) [1]Das Finanzamt kann auf Antrag zulassen, dass das Unternehmen, das Sachprämien im Sinne des § 3 Nummer 38 gewährt, die Einkommensteuer für den Teil der Prämien, der nicht steuerfrei ist, pauschal erhebt. [2]Bemessungsgrundlage der pauschalen Einkommensteuer ist der gesamte Wert der Prämien, die den im Inland ansässigen Steuerpflichtigen zufließen. [3]Der Pauschsteuersatz beträgt 2,25 Prozent.

(2) [1]Auf die pauschale Einkommensteuer ist § 40 Absatz 3 sinngemäß anzuwenden. [2]Das Unternehmen hat die Prämienempfänger von der Steuerübernahme zu unterrichten.

(3) [1]Über den Antrag entscheidet das Betriebsstättenfinanzamt des Unternehmens (§ 41a Absatz 1 Satz 1 Nummer 1). [2]Hat das Unternehmen mehrere Betriebsstättenfinanzämter, so ist das Finanzamt der Betriebsstätte zuständig, in der die für die pauschale Besteuerung maßgebenden Prämien ermittelt werden. [3]Die Genehmigung zur Pauschalierung wird mit Wirkung für die Zukunft erteilt und kann zeitlich befristet werden; sie erstreckt sich auf alle im Geltungszeitraum ausgeschütteten Prämien.

(4) Die pauschale Einkommensteuer gilt als Lohnsteuer und ist von dem Unternehmen in der Lohnsteuer-Anmeldung der Betriebsstätte im Sinne des Absatzes 3 anzumelden und spätestens am zehnten Tag nach Ablauf des für die Betriebsstätte maßgebenden Lohnsteuer-Anmeldungszeitraums an das Betriebsstättenfinanzamt abzuführen.

§ 37b   Pauschalierung der Einkommensteuer bei Sachzuwendungen

EStG

(1) [1]Steuerpflichtige können die Einkommensteuer einheitlich für alle innerhalb eines Wirtschaftsjahres gewährten

1. betrieblich veranlassten Zuwendungen, die zusätzlich zur ohnehin vereinbarten Leistung oder Gegenleistung erbracht werden, und

2. Geschenke im Sinne des § 4 Absatz 5 Satz 1 Nummer 1,

die nicht in Geld bestehen, mit einem Pauschsteuersatz von 30 Prozent erheben. [2]Bemessungsgrundlage der pauschalen Einkommensteuer sind die Aufwendungen des Steuerpflichtigen einschließlich Umsatzsteuer; bei Zuwendungen an Arbeitnehmer verbundener Unternehmen ist Bemessungsgrundlage mindestens der sich nach § 8 Absatz 3 Satz 1 ergebende Wert. [3]Die Pauschalierung ist ausgeschlossen,

1. soweit die Aufwendungen je Empfänger und Wirtschaftsjahr oder

2. wenn die Aufwendungen für die einzelne Zuwendung

den Betrag von 10 000 Euro übersteigen.

(2) [1]Absatz 1 gilt auch für betrieblich veranlasste Zuwendungen an Arbeitnehmer des Steuerpflichtigen, soweit sie nicht in Geld bestehen und zusätzlich zum ohnehin geschuldeten Arbeitslohn erbracht werden. [2]In den Fällen des § 8 Absatz 2 Satz 2 bis 8, Absatz 3, § 40 Absatz 2 sowie in Fällen, in denen Vermögensbeteiligungen überlassen werden, ist Absatz 1 nicht anzuwenden; Entsprechendes gilt, soweit die Zuwendungen nach § 40 Absatz 1 pauschaliert worden sind. [3]§ 37a Absatz 1 bleibt unberührt. [1)]

(3) [1]Die pauschal besteuerten Sachzuwendungen bleiben bei der Ermittlung der Einkünfte des Empfängers außer Ansatz. [2]Auf die pauschale Einkommensteuer ist § 40 Absatz 3 sinngemäß anzuwenden. [3]Der Steuerpflichtige hat den Empfänger von der Steuerübernahme zu unterrichten.

(4) [1]Die pauschale Einkommensteuer gilt als Lohnsteuer und ist von dem die Sachzuwendung gewährenden Steuerpflichtigen in der Lohnsteuer-Anmeldung der Betriebsstätte nach § 41 Absatz 2 anzumelden und spätestens am zehnten Tag nach Ablauf des für die Betriebsstätte maßgebenden

---

1) *Absatz 2 Satz 2 wurde durch das Gesetz zur Änderung und Vereinfachung der Unternehmensbesteuerung und des steuerlichen Reisekostenrechts ab VZ 2014 geändert* → § 52 Abs. 1 EStG.
Anm.:
In Absatz 2 Satz 2 werden die Wörter „§ 8 Absatz 2 Satz 2 bis 8" durch die Wörter „§ 8 Absatz 2 Satz 2 bis 10" ersetzt.

Lohnsteuer-Anmeldungszeitraums an das Betriebsstättenfinanzamt abzuführen. [2]Hat der Steuerpflichtige mehrere Betriebsstätten im Sinne des Satzes 1, so ist das Finanzamt der Betriebsstätte zuständig, in der die für die pauschale Besteuerung maßgebenden Sachbezüge ermittelt werden.

H 37b

Hinweise

Allgemeines

Anhang 15a Zur Pauschalierung der Einkommensteuer bei Sachzuwendungen → BMF vom 29. 4. 2008 (BStBl I S. 566)

→ ergänzend zu den Themen
  Anwendungsbereich des § 37b EStG,
  Zeitpunkt der Wahlrechtsausübung,
  Bemessungsgrundlage

→ OFD Rheinland vom 28.3.2012 (DStR 2012 S. 1085)

Kirchensteuer

→ Gleich lautende Erlasse der obersten Finanzbehörden der Länder vom 28. 12. 2006 (BStBl 2007 I S. 76):

Steuerpflichtige, die Sachzuwendungen nach Maßgabe des § 37b EStG gewähren, können die darauf entfallende Einkommensteuer mit einem Pauschsteuersatz von 30 % abgeltend erheben.

Die pauschale Einkommensteuer gilt als Lohnsteuer und ist von dem die Sachzuwendung gewährenden Steuerpflichtigen in der Lohnsteuer-Anmeldung anzugeben und an das Betriebsstättenfinanzamt abzuführen. In gleicher Weise ist auch hinsichtlich der zu entrichtenden Kirchensteuer zu verfahren. Bei der Erhebung der Kirchensteuer kann der Steuerpflichtige zwischen einem vereinfachten Verfahren und einem Nachweisverfahren wählen. Diese Wahl kann für jeden Lohnsteuer-Anmeldungszeitraum unterschiedlich getroffen werden. Im Einzelnen gilt Folgendes:

1. Entscheidet sich der Steuerpflichtige für die Vereinfachungsregelung, hat er für sämtliche Empfänger von Zuwendungen Kirchensteuer zu entrichten. Dabei ist ein ermäßigter Steuersatz anzuwenden, der in pauschaler Weise dem Umstand Rechnung trägt, dass nicht alle Empfänger Angehörige einer steuererhebenden Religionsgemeinschaft sind. Die im vereinfachten Verfahren ermittelten Kirchensteuern sind in der Lohnsteuer-Anmeldung bei Kennzahl 47 gesondert anzugeben. Die Aufteilung auf die steuererhebenden Religionsgemeinschaften wird von der Finanzverwaltung übernommen.

2. a) Macht der Steuerpflichtige Gebrauch von der ihm zustehenden Nachweismöglichkeit, dass einzelne Empfänger keiner steuererhebenden Religionsgemeinschaft angehören, kann er hinsichtlich dieser Empfänger von der Entrichtung der auf die pauschale Einkommensteuer entfallenden Kirchensteuer absehen; für die übrigen Empfänger ist der allgemeine Kirchensteuersatz anzuwenden.

   b) Als Nachweis über das Religionsbekenntnis bzw. die Nichtzugehörigkeit zu einer steuererhebenden Religionsgemeinschaft genügt eine Erklärung nach beigefügtem Muster. Die Erklärung des Empfängers muss vom Steuerpflichtigen aufbewahrt werden. Bei Arbeitnehmern des Steuerpflichtigen ist die Religionszugehörigkeit anhand des in den Lohnkonten aufzuzeichnenden Religionsbekenntnisses zu ermitteln.

   c) Kann der Steuerpflichtige bei einzelnen Empfängern die Religionszugehörigkeit nicht ermitteln, kann er aus Vereinfachungsgründen die gesamte pauschale Einkommensteuer im Verhältnis der kirchensteuerpflichtigen zu den nicht kirchensteuerpflichtigen Empfängern aufteilen; der auf die kirchensteuerpflichtigen Empfänger entfallende Anteil ist Bemessungsgrundlage für die Anwendung des allgemeinen Kirchensteuersatzes. Die so ermittelte Kirchensteuer ist im Verhältnis der Konfessions- bzw. Religionszugehörigkeit der kirchensteuerpflichtigen Empfänger aufzuteilen. Die im Nachweisverfahren ermittelten Kirchensteuern sind in der Lohnsteuer-Anmeldung unter der jeweiligen Kirchensteuer-Kennzahl (z. B. 61, 62) anzugeben.

3. Die Höhe der Kirchensteuersätze ergibt sich sowohl bei Anwendung der Vereinfachungsregelung (Nr. 1) als auch im Nachweisverfahren (Nr. 2) aus den Kirchensteuerbeschlüssen der steuererhebenden Religionsgemeinschaften. Die in den jeweiligen Ländern geltenden Regelungen werden für jedes Kalenderjahr im BStBl I veröffentlicht.

4. Dieser Erlass ist erstmals für Sachzuwendungen anzuwenden, die nach dem 31. 12. 2006 gewährt werden.

Sachzuwendungen

§ 37b EStG enthält keine Ausschlussfrist, bis zu welchem Zeitpunkt die pauschale Einkommensteuer spätestens anzumelden ist. Im BMF-Schreiben vom 29. 4. 2008 (BStBl I S. 566) ist lediglich ausgesagt, dass die Entscheidung zur Anwendung der Pauschalierung spätestens in der letzten LSt-Anmeldung des Wirtschaftsjahrs der Zuwendung zu treffen ist. In der letzten LSt-Anmeldung wird die Entscheidung auch dann getroffen, wenn für den letzten LSt-Anmeldungszeitraum eine geänderte Anmeldung abgegeben wird, solange das verfahrensrechtlich noch möglich ist (→ LfSt Bayern vom 19. 6. 2009 – S 2297a.1.1 – 1/8 St 33).

2. Steuerabzug vom Arbeitslohn (Lohnsteuer)

§ 38   Erhebung der Lohnsteuer

EStG
S 2360

(1) [1]Bei Einkünften aus nichtselbständiger Arbeit wird die Einkommensteuer durch Abzug vom Arbeitslohn erhoben (Lohnsteuer), soweit der Arbeitslohn von einem Arbeitgeber gezahlt wird, der

1. im Inland einen Wohnsitz, seinen gewöhnlichen Aufenthalt, seine Geschäftsleitung, seinen Sitz, eine Betriebsstätte oder einen ständigen Vertreter im Sinne der §§ 8 bis 13 der Abgabenordnung hat (inländischer Arbeitgeber) oder

2. einem Dritten (Entleiher) Arbeitnehmer gewerbsmäßig zur Arbeitsleistung im Inland überlässt, ohne inländischer Arbeitgeber zu sein (ausländischer Verleiher).

[2]Inländischer Arbeitgeber im Sinne des Satzes 1 ist in den Fällen der Arbeitnehmerentsendung auch das in Deutschland ansässige aufnehmende Unternehmen, das den Arbeitslohn für die ihm geleistete Arbeit wirtschaftlich trägt; Voraussetzung hierfür ist nicht, dass das Unternehmen dem Arbeitnehmer den Arbeitslohn im eigenen Namen und für eigene Rechnung auszahlt. [3]Der Lohnsteuer unterliegt auch der im Rahmen des Dienstverhältnisses von einem Dritten gewährte Arbeitslohn, wenn der Arbeitgeber weiß oder erkennen kann, dass derartige Vergütungen erbracht werden; dies ist insbesondere anzunehmen, wenn Arbeitgeber und Dritter verbundene Unternehmen im Sinne von § 15 des Aktiengesetzes sind.

(2) [1]Der Arbeitnehmer ist Schuldner der Lohnsteuer. [2]Die Lohnsteuer entsteht in dem Zeitpunkt, in dem der Arbeitslohn dem Arbeitnehmer zufließt.

(3) [1]Der Arbeitgeber hat die Lohnsteuer für Rechnung des Arbeitnehmers bei jeder Lohnzahlung vom Arbeitslohn einzubehalten. [2]Bei juristischen Personen des öffentlichen Rechts hat die öffentliche Kasse, die den Arbeitslohn zahlt, die Pflichten des Arbeitgebers. [3]In den Fällen der nach § 7f Absatz 1 Satz 1 Nummer 2 des Vierten Buches Sozialgesetzbuch an die Deutsche Rentenversicherung Bund übertragenen Wertguthaben hat die Deutsche Rentenversicherung Bund bei Inanspruchnahme des Wertguthabens die Pflichten des Arbeitgebers.

(3a) [1]Soweit sich aus einem Dienstverhältnis oder einem früheren Dienstverhältnis tarifvertragliche Ansprüche des Arbeitnehmers auf Arbeitslohn unmittelbar gegen einen Dritten mit Wohnsitz, Geschäftsleitung oder Sitz im Inland richten und von diesem durch die Zahlung von Geld erfüllt werden, hat der Dritte die Pflichten des Arbeitgebers. [2]In anderen Fällen kann das Finanzamt zulassen, dass ein Dritter mit Wohnsitz, Geschäftsleitung oder Sitz im Inland die Pflichten des Arbeitgebers im eigenen Namen erfüllt. [3]Voraussetzung ist, dass der Dritte

1. sich hierzu gegenüber dem Arbeitgeber verpflichtet hat,

2. den Lohn auszahlt oder er nur Arbeitgeberpflichten für von ihm vermittelte Arbeitnehmer übernimmt und

3. die Steuererhebung nicht beeinträchtigt wird.

[4]Die Zustimmung erteilt das Betriebsstättenfinanzamt des Dritten auf dessen Antrag im Einvernehmen mit dem Betriebsstättenfinanzamt des Arbeitgebers; sie darf mit Nebenbestimmungen versehen werden, die die ordnungsgemäße Steuererhebung sicherstellen und die Überprüfung des Lohnsteuerabzugs nach § 42f erleichtern sollen. [5]Die Zustimmung kann mit Wirkung für die Zukunft widerrufen werden. [6]In den Fällen der Sätze 1 und 2 sind die das Lohnsteuerverfahren betreffenden Vorschriften mit der Maßgabe anzuwenden, dass an die Stelle des Arbeitgebers der Dritte tritt; der Arbeitgeber ist von seinen Pflichten befreit, soweit der Dritte diese Pflichten erfüllt hat. [7]Erfüllt der Dritte die Pflichten des Arbeitgebers, kann er den Arbeitslohn, der einem

Arbeitnehmer in demselben Lohnabrechnungszeitraum aus mehreren Dienstverhältnissen zufließt, für die Lohnsteuerermittlung und in der Lohnsteuerbescheinigung zusammenrechnen.

(4) [1]Wenn der vom Arbeitgeber geschuldete Barlohn zur Deckung der Lohnsteuer nicht ausreicht, hat der Arbeitnehmer dem Arbeitgeber den Fehlbetrag zur Verfügung zu stellen oder der Arbeitgeber einen entsprechenden Teil der anderen Bezüge des Arbeitnehmers zurückzubehalten. [2]Soweit der Arbeitnehmer seiner Verpflichtung nicht nachkommt und der Arbeitgeber den Fehlbetrag nicht durch Zurückbehaltung von anderen Bezügen des Arbeitnehmers aufbringen kann, hat der Arbeitgeber dies dem Betriebsstättenfinanzamt (§ 41a Absatz 1 Satz 1 Nummer 1) anzuzeigen. [3]Der Arbeitnehmer hat dem Arbeitgeber die von einem Dritten gewährten Bezüge (Absatz 1 Satz 2) am Ende des jeweiligen Lohnzahlungszeitraums anzugeben; wenn der Arbeitnehmer keine Angabe oder eine erkennbar unrichtige Angabe macht, hat der Arbeitgeber dies dem Betriebsstättenfinanzamt anzuzeigen. [4]Das Finanzamt hat die zu wenig erhobene Lohnsteuer vom Arbeitnehmer nachzufordern.

---

§ 38a   Höhe der Lohnsteuer

(1) [1]Die Jahreslohnsteuer bemisst sich nach dem Arbeitslohn, den der Arbeitnehmer im Kalenderjahr bezieht (Jahresarbeitslohn). [2]Laufender Arbeitslohn gilt in dem Kalenderjahr als bezogen, in dem der Lohnzahlungszeitraum endet; in den Fällen des § 39b Absatz 5 Satz 1 tritt der Lohnabrechnungszeitraum an die Stelle des Lohnzahlungszeitraums. [3]Arbeitslohn, der nicht als laufender Arbeitslohn gezahlt wird (sonstige Bezüge), wird in dem Kalenderjahr bezogen, in dem er dem Arbeitnehmer zufließt.

(2) Die Jahreslohnsteuer wird nach dem Jahresarbeitslohn so bemessen, dass sie der Einkommensteuer entspricht, die der Arbeitnehmer schuldet, wenn er ausschließlich Einkünfte aus nichtselbständiger Arbeit erzielt.

(3) [1]Vom laufenden Arbeitslohn wird die Lohnsteuer jeweils mit dem auf den Lohnzahlungszeitraum fallenden Teilbetrag der Jahreslohnsteuer erhoben, die sich bei Umrechnung des laufenden Arbeitslohns auf einen Jahresarbeitslohn ergibt. [2]Von sonstigen Bezügen wird die Lohnsteuer mit dem Betrag erhoben, der zusammen mit der Lohnsteuer für den laufenden Arbeitslohn des Kalenderjahres und für etwa im Kalenderjahr bereits gezahlte sonstige Bezüge die voraussichtliche Jahreslohnsteuer ergibt.

[1])   (4) Bei der Ermittlung der Lohnsteuer werden die Besteuerungsgrundlagen des Einzelfalls durch die Einreihung der Arbeitnehmer in Steuerklassen (§ 38b), Feststellung von Freibeträgen und Hinzurechnungsbeträgen (§ 39a) *sowie Bereitstellung von elektronischen Lohnsteuerabzugsmerkmalen (§ 39e) oder Ausstellung von entsprechenden Bescheinigungen für den Lohnsteuerabzug (§ 39 Absatz 3 und § 39e Absatz 7 und 8)* berücksichtigt.

---

§ 38b   Lohnsteuerklassen, *Zahl der Kinderfreibeträge*

(1) [1]Für die Durchführung des Lohnsteuerabzugs werden Arbeitnehmer in Steuerklassen eingereiht. [2]Dabei gilt Folgendes:

1. In die Steuerklasse I gehören Arbeitnehmer, die
   a) *unbeschränkt einkommensteuerpflichtig und*
   aa) *ledig sind,*
   bb) *verheiratet, verwitwet oder geschieden sind und bei denen die Voraussetzungen für die Steuerklasse III oder IV nicht erfüllt sind oder*
   b) *beschränkt einkommensteuerpflichtig sind;*

2. in die Steuerklasse II gehören die unter Nummer 1 *Buchstabe a* bezeichneten Arbeitnehmer, wenn bei ihnen der Entlastungsbetrag für Alleinerziehende (§ 24b) zu berücksichtigen ist;

3. in die Steuerklasse III gehören Arbeitnehmer,
   a) die verheiratet sind, wenn beide Ehegatten unbeschränkt einkommensteuerpflichtig sind und nicht dauernd getrennt leben und
   aa) der Ehegatte des Arbeitnehmers keinen Arbeitslohn bezieht oder
   bb) der Ehegatte des Arbeitnehmers auf Antrag beider Ehegatten in die Steuerklasse V eingereiht wird,

---

[1]) *Absatz 4 wurde durch das BeitrRLUmsG ab 1. 1. 2012 geändert.*
[2]) *§ 38b EStG wurde durch das BeitrRLUmsG ab 1. 1. 2012 geändert.*

b) die verwitwet sind, wenn sie und ihr verstorbener Ehegatte im Zeitpunkt seines Todes unbeschränkt einkommensteuerpflichtig waren und in diesem Zeitpunkt nicht dauernd getrennt gelebt haben, für das Kalenderjahr, das dem Kalenderjahr folgt, in dem der Ehegatte verstorben ist,

c) deren Ehe aufgelöst worden ist, wenn

    aa) im Kalenderjahr der Auflösung der Ehe beide Ehegatten unbeschränkt einkommensteuerpflichtig waren und nicht dauernd getrennt gelebt haben und

    bb) der andere Ehegatte wieder geheiratet hat, von seinem neuen Ehegatten nicht dauernd getrennt lebt und er und sein neuer Ehegatte unbeschränkt einkommensteuerpflichtig sind,

    für das Kalenderjahr, in dem die Ehe aufgelöst worden ist;

4. in die Steuerklasse IV gehören Arbeitnehmer, die verheiratet sind, wenn beide Ehegatten unbeschränkt einkommensteuerpflichtig sind und nicht dauernd getrennt leben und der Ehegatte des Arbeitnehmers ebenfalls Arbeitslohn bezieht;

5. in die Steuerklasse V gehören die unter Nummer 4 bezeichneten Arbeitnehmer, wenn der Ehegatte des Arbeitnehmers auf Antrag beider Ehegatten in die Steuerklasse III eingereiht wird;

6. die Steuerklasse VI gilt bei Arbeitnehmern, die nebeneinander von mehreren Arbeitgebern Arbeitslohn beziehen, für die Einbehaltung der Lohnsteuer vom Arbeitslohn aus dem zweiten und weiteren Dienstverhältnis *sowie in den Fällen des § 39c.*

³Als unbeschränkt einkommensteuerpflichtig im Sinne der Nummern 3 und 4 gelten nur Personen, die die Voraussetzungen des § 1 Absatz 1 oder 2 oder des § 1a erfüllen.

(2) ¹Für ein minderjähriges und nach § 1 Absatz 1 unbeschränkt einkommensteuerpflichtiges Kind im Sinne des § 32 Absatz 1 Nummer 1 und Absatz 3 werden bei der Anwendung der Steuerklassen I bis IV die Kinderfreibeträge als Lohnsteuerabzugsmerkmal nach § 39 Absatz 1 wie folgt berücksichtigt:

1. mit Zähler 0,5, wenn dem Arbeitnehmer der Kinderfreibetrag nach § 32 Absatz 6 Satz 1 zusteht, oder

2. mit Zähler 1, wenn dem Arbeitnehmer der Kinderfreibetrag zusteht, weil

*   a) die Voraussetzungen des § 32 Absatz 6 Satz 2 vorliegen oder*

*   b) der andere Elternteil vor dem Beginn des Kalenderjahres verstorben ist oder*

*   c) der Arbeitnehmer allein das Kind angenommen hat.*

²Soweit dem Arbeitnehmer Kinderfreibeträge nach § 32 Absatz 1 bis 6 zustehen, die nicht nach Satz 1 berücksichtigt werden, ist die Zahl der Kinderfreibeträge auf Antrag vorbehaltlich des § 39a Absatz 1 Nummer 6 zu Grunde zu legen. ³In den Fällen des Satzes 2 können die Kinderfreibeträge für mehrere Jahre gelten, wenn nach den tatsächlichen Verhältnissen zu erwarten ist, dass die Voraussetzungen bestehen bleiben. ⁴Bei Anwendung der Steuerklassen III und IV sind auch Kinder des Ehegatten bei der Zahl der Kinderfreibeträge zu berücksichtigen. ⁵Der Antrag kann nur nach amtlich vorgeschriebenem Vordruck gestellt werden.

(3) ¹Auf Antrag des Arbeitnehmers kann abweichend von Absatz 1 oder 2 eine für ihn ungünstigere Steuerklasse oder geringere Zahl der Kinderfreibeträge als Lohnsteuerabzugsmerkmal gebildet werden. ²Dieser Antrag ist nach amtlich vorgeschriebenem Vordruck zu stellen und vom Arbeitnehmer eigenhändig zu unterschreiben.

§ 39   *Lohnsteuerabzugsmerkmale*

EStG
1)
S 2363

(1) ¹Für die Durchführung des Lohnsteuerabzugs werden auf Veranlassung des Arbeitnehmers Lohnsteuerabzugsmerkmale gebildet (§ 39a Absatz 1 und 4, § 39e Absatz 1 in Verbindung mit § 39e Absatz 4 Satz 1 und nach § 39e Absatz 8). ²Soweit Lohnsteuerabzugsmerkmale nicht nach § 39e Absatz 1 Satz 1 automatisiert gebildet werden oder davon abweichend zu bilden sind, ist das Finanzamt für die Bildung der Lohnsteuerabzugsmerkmale nach den §§ 38b und 39a und die Bestimmung ihrer Geltungsdauer zuständig. ³Für die Bildung der Lohnsteuerabzugsmerkmale sind die von den Meldebehörden nach § 39e Absatz 2 Satz 2 mitgeteilten Daten vorbehaltlich einer nach Satz 2 abweichenden Bildung durch das Finanzamt bindend. ⁴Die Bildung der Lohnsteuerabzugsmerkmale ist eine gesonderte Feststellung von Besteuerungsgrundlagen im Sinne des § 179 Absatz 1 der Abgabenordnung , die unter dem Vorbehalt der Nachprüfung steht. ⁵Die Bildung und die Änderung der Lohnsteuerabzugsmerkmale sind dem Arbeitnehmer bekannt zu

---

1) *§ 39 wurde durch das BeitrRLUmsG ab VZ 2012 neu gefasst.*

geben. ⁶Die Bekanntgabe richtet sich nach § 119 Absatz 2 der Abgabenordnung und § 39e Absatz 6 . ⁷Der Bekanntgabe braucht keine Belehrung über den zulässigen Rechtsbehelf beigefügt zu werden. ⁸Ein schriftlicher Bescheid mit einer Belehrung über den zulässigen Rechtsbehelf ist jedoch zu erteilen, wenn einem Antrag des Arbeitnehmers auf Bildung oder Änderung der Lohnsteuerabzugsmerkmale nicht oder nicht in vollem Umfang entsprochen wird oder der Arbeitnehmer die Erteilung eines Bescheids beantragt. ⁹Vorbehaltlich des Absatzes 5 ist § 153 Absatz 2 der Abgabenordnung nicht anzuwenden..

S 2363 **(2)** ¹Für die Bildung und die Änderung der Lohnsteuerabzugsmerkmale nach Absatz 1 Satz 2 des nach § 1 Absatz 1 unbeschränkt einkommensteuerpflichtigen Arbeitnehmers ist das Wohnsitzfinanzamt im Sinne des § 19 Absatz 1 Satz 1 und 2 der Abgabenordnung und in den Fällen des Absatzes 4 Nummer 5 das Betriebsstättenfinanzamt nach § 41a Absatz 1 Satz 1 Nummer 1 zuständig. ²Ist der Arbeitnehmer nach § 1 Absatz 2 unbeschränkt einkommensteuerpflichtig, nach § 1 Absatz 3 als unbeschränkt einkommensteuerpflichtig zu behandeln oder beschränkt einkommensteuerpflichtig, ist das Betriebsstättenfinanzamt für die Bildung und die Änderung der Lohnsteuerabzugsmerkmale zuständig. ³Ist der nach § 1 Absatz 3 als unbeschränkt einkommensteuerpflichtig zu behandelnde Arbeitnehmer gleichzeitig bei mehreren inländischen Arbeitgebern tätig, ist für die Bildung der weiteren Lohnsteuerabzugsmerkmale das Betriebsstättenfinanzamt zuständig, das erstmals Lohnsteuerabzugsmerkmale gebildet hat. ⁴Bei Ehegatten, die beide Arbeitslohn von inländischen Arbeitgebern beziehen, ist das Betriebsstättenfinanzamt des älteren Ehegatten zuständig.

S 2364 **(3)** ¹Wurde einem Arbeitnehmer in den Fällen des Absatzes 2 Satz 2 keine Identifikationsnummer zugeteilt, hat ihm das Betriebsstättenfinanzamt auf seinen Antrag hin eine Bescheinigung für den Lohnsteuerabzug auszustellen. ²In diesem Fall tritt an die Stelle der Identifikationsnummer das vom Finanzamt gebildete lohnsteuerliche Ordnungsmerkmal nach § 41b Absatz 2 Satz 1 und 2 . ³Die Bescheinigung der Steuerklasse I kann auch der Arbeitgeber beantragen, wenn dieser den Antrag nach Satz 1 im Namen des Arbeitnehmers stellt. ⁴Diese Bescheinigung ist als Beleg zum Lohnkonto zu nehmen und während des Dienstverhältnisses, längstens bis zum Ablauf des jeweiligen Kalenderjahres, aufzubewahren.

S 2364 **(4)** Lohnsteuerabzugsmerkmale sind

1. Steuerklasse (§ 38b Absatz 1) und Faktor (§ 39f),

2. Zahl der Kinderfreibeträge bei den Steuerklassen I bis IV (§ 38b Absatz 2),

3. Freibetrag und Hinzurechnungsbetrag (§ 39a),

¹⁾ 4. Höhe der Beiträge für eine private Krankenversicherung und für eine private Pflege-Pflichtversicherung (§ 39b Absatz 2 Satz 5 Nummer 3 Buchstabe d) für die Dauer von zwölf Monaten, wenn der Arbeitnehmer dies beantragt,

5. Mitteilung, dass der vom inländischen Arbeitgeber gezahlte Arbeitslohn nach einem Abkommen zur Vermeidung der Doppelbesteuerung von der Lohnsteuer freizustellen ist, wenn der Arbeitnehmer oder der Arbeitgeber dies beantragt.

S 2364 **(5)** ¹Treten bei einem Arbeitnehmer die Voraussetzungen für eine für ihn ungünstigere Steuerklasse oder geringere Zahl der Kinderfreibeträge ein, ist der Arbeitnehmer verpflichtet, dem Finanzamt dies mitzuteilen und die Steuerklasse und die Zahl der Kinderfreibeträge umgehend ändern zu lassen. ²Dies gilt insbesondere, wenn die Voraussetzungen für die Berücksichtigung des Entlastungsbetrags für Alleinerziehende, für die die Steuerklasse II zur Anwendung kommt, entfallen. ³Eine Mitteilung ist nicht erforderlich, wenn die Abweichung einen Sachverhalt betrifft, der zu einer Änderung der Daten führt, die nach § 39e Absatz 2 Satz 2 von den Meldebehörden zu übermitteln sind. ⁴Kommt der Arbeitnehmer seiner Verpflichtung nicht nach, ändert das Finanzamt die Steuerklasse und die Zahl der Kinderfreibeträge von Amts wegen. ⁵Unterbleibt die Änderung der Lohnsteuerabzugsmerkmale, hat das Finanzamt zu wenig erhobene Lohnsteuer vom Arbeitnehmer nachzufordern, wenn diese 10 Euro übersteigt.

S 2364 **(6)** ¹Ändern sich die Voraussetzungen für die Steuerklasse oder für die Zahl der Kinderfreibeträge zu Gunsten des Arbeitnehmers, kann dieser beim Finanzamt die Änderung der Lohnsteuerabzugsmerkmale beantragen. ²Die Änderung ist mit Wirkung von dem ersten Tag des Monats an vorzunehmen, in dem erstmals die Voraussetzungen für die Änderung vorlagen. ³Ehegatten, die beide in einem Dienstverhältnis stehen, können einmalig im Laufe des Kalenderjahres beim Finanzamt die Änderung der Steuerklassen beantragen. ⁴Dies gilt unabhängig von der automatisierten Bildung der Steuerklassen nach § 39e Absatz 3 Satz 3 sowie einer von den Ehegatten gewünschten Änderung der automatisierten Bildung. ⁵Das Finanzamt hat eine Änderung nach Satz 3 mit Wirkung vom Beginn des Kalendermonats vorzunehmen, der auf die Antragstellung folgt. ⁶Für eine Berücksichtigung der Änderung im laufenden Kalenderjahr ist der Antrag nach Satz 1 oder 3 spätestens bis zum 30. November zu stellen.

---

¹⁾ Zu Absatz 4 Nr. 4 und 5 → § 52 Abs. 50g EStG.

(7) ¹*Wird ein unbeschränkt einkommensteuerpflichtiger Arbeitnehmer beschränkt einkommensteuerpflichtig, hat er dies dem Finanzamt unverzüglich mitzuteilen.* ²*Das Finanzamt hat die Lohnsteuerabzugsmerkmale vom Zeitpunkt des Eintritts der beschränkten Einkommensteuerpflicht an zu ändern.* ³*Absatz 1 Satz 5 bis 8 gilt entsprechend.* ⁴*Unterbleibt die Mitteilung, hat das Finanzamt zu wenig erhobene Lohnsteuer vom Arbeitnehmer nachzufordern, wenn diese 10 Euro übersteigt.*

(8) ¹*Der Arbeitgeber darf die Lohnsteuerabzugsmerkmale nur für die Einbehaltung der Lohn- und Kirchensteuer verwenden.* ²*Er darf sie ohne Zustimmung des Arbeitnehmers nur offenbaren, soweit dies gesetzlich zugelassen ist.*

(9) ¹*Ordnungswidrig handelt, wer vorsätzlich oder leichtfertig entgegen Absatz 8 ein Lohnsteuermerkmal verwendet.* ²*Die Ordnungswidrigkeit kann mit einer Geldbuße bis zu zehntausend Euro geahndet werden.*   1)

§ 39a   Freibetrag und Hinzurechnungsbetrag

EStG
S 2365
2)

(1) ¹*Auf Antrag des unbeschränkt einkommensteuerpflichtigen Arbeitnehmers ermittelt das Finanzamt die Höhe eines vom Arbeitslohn insgesamt abzuziehenden Freibetrags aus der Summe der folgenden Beträge:*

1. Werbungskosten, die bei den Einkünften aus nichtselbständiger Arbeit anfallen, soweit sie den Arbeitnehmer-Pauschbetrag (§ 9a Satz 1 Nummer 1 Buchstabe a)³⁾ oder bei Versorgungsbezügen den Pauschbetrag (§ 9a Satz 1 Nummer 1 Buchstabe b) übersteigen,

2. Sonderausgaben im Sinne des § des § 10 Absatz 1 Nummer 1, 1a, 1b, 4, 5, 7 und 9 und des § 10b, soweit sie den Sonderausgaben-Pauschbetrag von 36 Euro übersteigen,   4)

3. der Betrag, der nach den §§ 33, 33a und 33b Absatz 6 wegen außergewöhnlicher Belastungen zu gewähren ist,

4. die Pauschbeträge für behinderte Menschen und Hinterbliebene (§ 33b Absatz 1 bis 5),

5. die folgenden Beträge, wie sie nach § 37 Absatz 3 bei der Festsetzung von Einkommensteuer-Vorauszahlungen zu berücksichtigen sind:

   a) die Beträge, die nach § 10d Absatz 2, §§ 10e, 10f, 10g, 10h, 10i, nach § 15b des Berlinförderungsgesetzes oder nach § 7 des Fördergebietsgesetzes abgezogen werden können,

   b) die negative Summe der Einkünfte im Sinne des § 2 Absatz 1 Satz 1 Nummer 1 bis 3, 6 und 7 und der negativen Einkünfte im Sinne des § 2 Absatz 1 Satz 1 Nummer 5,

   c) das Vierfache der Steuerermäßigung nach den §§ 34f und 35a,

6. die Freibeträge nach § 32 Absatz 6 für jedes Kind im Sinne des § 32 Absatz 1 bis 4, für das kein Anspruch auf Kindergeld besteht. ²*Soweit für diese Kinder Kinderfreibeträge nach § 38b Absatz 2 berücksichtigt worden sind, ist die Zahl der Kinderfreibeträge entsprechend zu vermindern.* ³ *Der Arbeitnehmer ist verpflichtet, den nach Satz 1 ermittelten Freibetrag ändern zu lassen, wenn für das Kind ein Kinderfreibetrag nach § 38b Absatz 2 berücksichtigt wird,*

7. ein Betrag für ein zweites oder ein weiteres Dienstverhältnis insgesamt bis zur Höhe des auf volle Euro abgerundeten zu versteuernden Jahresbetrags nach § 39b Absatz 2 Satz 5, bis zu dem nach der Steuerklasse des Arbeitnehmers, die für den Lohnsteuerabzug vom Arbeitslohn aus dem ersten Dienstverhältnis anzuwenden ist, Lohnsteuer nicht zu erheben ist. ²Voraussetzung ist, dass

   a) der Jahresarbeitslohn aus dem ersten Dienstverhältnis geringer ist als der nach Satz 1 maßgebende Eingangsbetrag und

   b) in Höhe des Betrags *für ein zweites oder ein weiteres Dienstverhältnis zugleich für das erste Dienstverhältnis ein Betrag ermittelt wird, der dem Arbeitslohn hinzuzurechnen ist (Hinzurechnungsbetrag).*

³Soll für das erste Dienstverhältnis auch ein Freibetrag nach den Nummern 1 bis 6 *und 8 ermittelt* werden, ist nur der diesen Freibetrag übersteigende Betrag als Hinzurechnungs-

---

1) → Lohnsteuerabzugsmerkmal.
2) *§ 39a wurde durch das BeitrRLUmsG vom 7. 12. 2011 (BGBl. I S. 2592 = BStBl I S. 1171) ab VZ 2012 geändert.*
3) In § 9a Satz 1 Nr. 1 Buchstabe a EStG wurde durch das Steuervereinfachungsgesetz 2011 die Angabe „920 Euro" durch die Angabe „1 000 Euro" ersetzt und ist erstmals für den VZ 2011 anzuwenden. Beim Steuerabzug vom Arbeitslohn gilt dies für laufenden Arbeitslohn, der für einen nach dem 30. 11. 2011 endenden Lohnzahlungszeitraum gezahlt wird, und für sonstige Bezüge, die nach dem 30. 11. 2011 zufließen. Dies gilt entsprechend für § 39a Abs. 1 Nr. 1 EStG →§ 52 Abs. 23e Satz 1 bis 3 EStG.
4) *Absatz 1 Nr. 2 wurde durch das Steuervereinfachungsgesetz 2011 ab VZ 2012 geändert.*

betrag zu berücksichtigen. ⁴*Ist der Freibetrag höher als der Hinzurechnungsbetrag, ist nur der den Hinzurechnungsbetrag übersteigende Freibetrag zu berücksichtigen.*

8. der Entlastungsbetrag für Alleinerziehende (§ 24b) bei Verwitweten, die nicht in Steuerklasse II gehören.

²*Der insgesamt abzuziehende Freibetrag und der Hinzurechnungsbetrag gelten mit Ausnahme von Satz 1 Nummer 4 für die gesamte Dauer des Kalenderjahres.*

¹⁾ (2) ¹*Der Antrag ist nach amtlich vorgeschriebenem Vordruck zu stellen und vom Arbeitnehmer eigenhändig zu unterschreiben.* ²*Die Frist für die Antragstellung beginnt am 1. Oktober des Vorjahres, für das der Freibetrag gelten soll.* ³*Sie endet am 30. November des Kalenderjahres, in dem der Freibetrag gilt.* ⁴Der Antrag ist hinsichtlich eines Freibetrags aus der Summe der nach Absatz 1 Satz 1 Nummer 1 bis 3 und 8 in Betracht kommenden Aufwendungen und Beträge unzulässig, wenn die Aufwendungen im Sinne des § 9, soweit sie den Arbeitnehmer-Pauschbetrag³⁾ übersteigen, die Aufwendungen im Sinne des § 10 Absatz 1 Nummer 1, 1a, 1b, 4, 5, 7 und 9, der §§ 10b und 33 sowie die abziehbaren Beträge den §§ 24b, 33a und 33b Absatz 6 insgesamt 600 Euro nicht übersteigen. ⁵Das Finanzamt kann auf nähere Angaben des Arbeitnehmers verzichten, wenn *er*

1. *höchstens den Freibetrag beantragt, der für das vorangegangene Kalenderjahr ermittelt wurde, und*

2. *versichert, dass sich die maßgebenden Verhältnisse nicht wesentlich geändert haben.*

⁶Das Finanzamt hat den Freibetrag durch Aufteilung in Monatsfreibeträge, *falls erforderlich in Wochen- und Tagesfreibeträge,* jeweils auf die der Antragstellung folgenden Monate des Kalenderjahres gleichmäßig zu verteilen. ⁷Abweichend hiervon darf ein Freibetrag, der im Monat Januar eines Kalenderjahres beantragt wird, mit Wirkung vom 1. Januar dieses Kalenderjahres an berücksichtigt werden. ⁸*Ist der Arbeitnehmer beschränkt einkommensteuerpflichtig, hat das Finanzamt den nach Absatz 4 ermittelten Freibetrag durch Aufteilung in Monatsbeträge, falls erforderlich in Wochen und Tagesbeträge, jeweils auf die voraussichtliche Dauer des Dienstverhältnisses im Kalenderjahr gleichmäßig zu verteilen.* ⁹Die Sätze 5 bis 8 gelten für den Hinzurechnungsbetrag nach Absatz 1 Satz 1 Nummer 7 entsprechend.

²⁾ (3) ¹Für Ehegatten, die beide unbeschränkt einkommensteuerpflichtig sind und nicht dauernd getrennt leben, ist jeweils die Summe der nach Absatz 1 Satz 1 Nummer 2 bis 5 und 8 in Betracht kommenden Beträge gemeinsam zu ermitteln; der in Absatz 1 Satz 1 Nummer 2 genannte Betrag ist zu verdoppeln. ²Für die Anwendung des Absatzes 2 Satz 4 ist die Summe der für beide Ehegatten in Betracht kommenden Aufwendungen im Sinne des § 9, soweit sie jeweils den Arbeitnehmer-Pauschbetrag³⁾ übersteigen, und der Aufwendungen im Sinne des § 10 Absatz 1 Nummer 1, 1a, 1b, 4, 5, 7 und 9, der §§ 10b und 33 sowie der abziehbaren Beträge nach §§ 24b, 33a und 33b Absatz 6 maßgebend. ³Die nach Satz 1 ermittelte Summe ist je zur Hälfte auf die Ehegatten aufzuteilen, wenn für jeden *Ehegatten Lohnsteuerabzugsmerkmale gebildet werden* und die Ehegatten keine andere Aufteilung beantragen. ⁴*Für eine andere Aufteilung gilt Absatz 1 Satz 2 entsprechend.* ⁵Für einen Arbeitnehmer, dessen Ehe in dem Kalenderjahr, für das *der Freibetrag* gilt, aufgelöst worden ist und dessen bisheriger Ehegatte in demselben Kalenderjahr wieder geheiratet hat, sind die nach Absatz 1 in Betracht kommenden Beträge ausschließlich auf Grund der in seiner Person erfüllten Voraussetzungen zu ermitteln. ⁶Satz 1 zweiter Halbsatz ist auch anzuwenden, wenn die tarifliche Einkommensteuer nach § 32a Absatz 6 zu ermitteln ist.

(4) ¹*Für einen beschränkt einkommensteuerpflichtigen Arbeitnehmer, für den § 50 Absatz 1 Satz 4 anzuwenden ist, ermittelt das Finanzamt auf Antrag einen Freibetrag, der vom Arbeitslohn insgesamt abzuziehen ist, aus der Summe der folgenden Beträge:*

1. *Werbungskosten, die bei den Einkünften aus nichtselbständiger Arbeit anfallen, soweit sie den Arbeitnehmer-Pauschbetrag (§ 9a Satz 1 Nummer 1 Buchstabe a)⁴⁾ oder bei Versorgungsbezügen den Pauschbetrag (§ 9a Satz 1 Nummer 1 Buchstabe b) übersteigen,*

2. *Sonderausgaben im Sinne des § 10b , soweit sie den Sonderausgaben-Pauschbetrag (§ 10c) übersteigen, und die wie Sonderausgaben abziehbaren Beträge nach § 10e oder § 10i, jedoch*

---

1) *Absatz 2 Satz 4 wurde durch das Steuervereinfachungsgesetz 2011 ab VZ 2012 geändert.*
2) *Absatz 3 Satz 2 wurde durch das Steuervereinfachungsgesetz 2011 ab VZ 2012 geändert.*
3) In § 9a Satz 1 Nr. 1 Buchstabe a EStG wurde durch das Steuervereinfachungsgesetz 2011 die Angabe „920 Euro" durch die Angabe „1 000 Euro" ersetzt und ist erstmals für den VZ 2011 anzuwenden. Beim Steuerabzug vom Arbeitslohn gilt dies für laufenden Arbeitslohn, der für einen nach dem 30. 11. 2011 endenden Lohnzahlungszeitraum gezahlt wird, und für sonstige Bezüge, die nach dem 30. 11. 2011 zufließen. Dies gilt entsprechend für § 39a Abs. 1 Nr. 1 EStG →§ 52 Abs. 23e Satz 1 bis 3 EStG.
4) In § 9a Satz 1 Nr. 1 Buchstabe a EStG wurde durch das Steuervereinfachungsgesetz 2011 die Angabe „920 Euro" durch die Angabe „1 000 Euro" ersetzt und ist erstmals für den VZ 2011 anzuwenden. Beim Steuerabzug vom Arbeitslohn gilt dies für laufenden Arbeitslohn, der für einen nach dem 30. 11. 2011 endenden Lohnzahlungszeitraum gezahlt wird, und für sonstige Bezüge, die nach dem 30. 11. 2011 zufließen. Dies gilt entsprechend für § 39a Abs. 1 Nr. 1 EStG →§ 52 Abs. 23e Satz 1 bis 3 EStG.

erst nach Fertigstellung oder Anschaffung des begünstigten Objekts oder nach Fertigstellung der begünstigten Maßnahme,

3. den Freibetrag oder den Hinzurechnungsbetrag nach Absatz 1 Satz 1 Nummer 7.

[2] Der Antrag kann nur nach amtlich vorgeschriebenem Vordruck bis zum Ablauf des Kalenderjahres gestellt werden, für das die Lohnsteuerabzugsmerkmale gelten.

(5) Ist zu wenig Lohnsteuer erhoben worden, weil ein Freibetrag unzutreffend *als Lohnsteuerabzugsmerkmal ermittelt* worden ist, hat das Finanzamt den Fehlbetrag vom Arbeitnehmer nachzufordern, wenn er 10 Euro übersteigt.

§ 39b   *Einbehaltung der Lohnsteuer*

EStG
S 2366
1)

(1) Bei unbeschränkt und beschränkt einkommensteuerpflichtigen Arbeitnehmern hat der Arbeitgeber den Lohnsteuerabzug nach Maßgabe der Absätze 2 bis 6 durchzuführen.

(2) [1]Für die Einbehaltung der Lohnsteuer vom laufenden Arbeitslohn hat der Arbeitgeber die Höhe des laufenden Arbeitslohns im Lohnzahlungszeitraum festzustellen und auf einen Jahresarbeitslohn hochzurechnen. [2]Der Arbeitslohn eines monatlichen Lohnzahlungszeitraums ist mit zwölf, der Arbeitslohn eines wöchentlichen Lohnzahlungszeitraums mit 360/7 und der Arbeitslohn eines täglichen Lohnzahlungszeitraums mit 360 zu vervielfältigen. [3]Von dem hochgerechneten Jahresarbeitslohn sind ein etwaiger Versorgungsfreibetrag (§ 19 Absatz 2) und Altersentlastungsbetrag (§ 24a) abzuziehen. [4]Außerdem ist der hochgerechnete Jahresarbeitslohn um einen etwaigen *als Lohnsteuerabzugsmerkmal* für den Lohnzahlungszeitraum *mitgeteilten* Freibetrag (§ 39a Absatz 1) oder Hinzurechnungsbetrag (§ 39a Absatz 1 Satz 1 Nummer 7), vervielfältigt unter sinngemäßer Anwendung von Satz 2, zu vermindern oder zu erhöhen. [5]Der so verminderte oder erhöhte hochgerechnete Jahresarbeitslohn, vermindert um

S 2367

1. den Arbeitnehmer-Pauschbetrag (§ 9a Satz 1 Nummer 1 Buchstabe a) oder bei Versorgungsbezügen den Pauschbetrag (§ 9a Satz 1 Nummer 1 Buchstabe b) und den Zuschlag zum Versorgungsfreibetrag (§ 19 Absatz 2) in den Steuerklassen I bis V,

2. den Sonderausgaben-Pauschbetrag (§ 10c Satz 1) in den Steuerklassen I bis V,

3. eine Vorsorgepauschale aus den Teilbeträgen

   a) für die Rentenversicherung bei Arbeitnehmern, die in der gesetzlichen Rentenversicherung pflichtversichert oder von der gesetzlichen Rentenversicherung nach § 6 Absatz 1 Nummer 1 des Sechsten Buches Sozialgesetzbuch befreit sind, in den Steuerklassen I bis VI in Höhe des Betrags, der bezogen auf den Arbeitslohn 50 Prozent des Beitrags in der allgemeinen Rentenversicherung unter Berücksichtigung der jeweiligen Beitragsbemessungsgrenzen entspricht,

   b) für die Krankenversicherung bei Arbeitnehmern, die in der gesetzlichen Krankenversicherung versichert sind, in den Steuerklassen I bis VI in Höhe des Betrags, der bezogen auf den Arbeitslohn unter Berücksichtigung der Beitragsbemessungsgrenze und den ermäßigten Beitragssatz (§ 243 des Fünften Buches Sozialgesetzbuch) dem Arbeitnehmeranteil eines pflichtversicherten Arbeitnehmers entspricht,

   c) für die Pflegeversicherung bei Arbeitnehmern, die in der sozialen Pflegeversicherung versichert sind, in den Steuerklassen I bis VI in Höhe des Betrags, der bezogen auf den Arbeitslohn unter Berücksichtigung der Beitragsbemessungsgrenze und den bundeseinheitlichen Beitragssatz dem Arbeitnehmeranteil eines pflichtversicherten Arbeitnehmers entspricht, erhöht um den Beitragszuschlag des Arbeitnehmers nach § 55 Absatz 3 des Elften Buches Sozialgesetzbuch, wenn die Voraussetzungen dafür vorliegen,

   d) für die Krankenversicherung und für die private Pflege-Pflichtversicherung bei Arbeitnehmern, die nicht unter Buchstabe b und c fallen, in den Steuerklassen I bis V in Höhe der dem Arbeitgeber mitgeteilten Beiträge im Sinne des § 10 Absatz 1 Nummer 3, etwaig vervielfältigt unter sinngemäßer Anwendung von Satz 2 auf einen Jahresbetrag, vermindert um den Betrag, der bezogen auf den Arbeitslohn unter Berücksichtigung der Beitragsbemessungsgrenze und den ermäßigten Beitragssatz in der gesetzlichen Krankenversicherung sowie den bundeseinheitlichen Beitragssatz in der sozialen Pflegeversicherung dem Arbeitgeberanteil für einen pflichtversicherten Arbeitnehmer entspricht, wenn der Arbeitgeber gesetzlich verpflichtet ist, Zuschüsse zu den Kranken- und Pflegeversicherungsbeiträgen des Arbeitnehmers zu leisten;

   [2]Entschädigungen im Sinne des § 24 Nummer 1 sind bei Anwendung der Buchstaben a bis c nicht zu berücksichtigen; mindestens ist für die Summe der Teilbeträge nach den Buchstaben b und c oder für den Teilbetrag nach Buchstabe d ein Betrag in Höhe von 12 Prozent des

1) § 39b EStG wurde durch das BeitrRLUmsG ab VZ 2012 neu gefasst.

Arbeitslohns, höchstens 1 900 Euro in den Steuerklassen I, II, IV, V, VI und höchstens 3 000 Euro in der Steuerklasse III anzusetzen,

4. den Entlastungsbetrag für Alleinerziehende (§ 24b) in der Steuerklasse II,

ergibt den zu versteuernden Jahresbetrag. [6]Für den zu versteuernden Jahresbetrag ist die Jahreslohnsteuer in den Steuerklassen I, II und IV nach § 32a Absatz 1 sowie in der Steuerklasse III nach § 32a Absatz 5 zu berechnen. [7]In den Steuerklassen V und VI ist die Jahreslohnsteuer zu berechnen, die sich aus dem Zweifachen des Unterschiedsbetrags zwischen dem Steuerbetrag für das Eineinviertelfache und dem Steuerbetrag für das Dreiviertelfache des zu versteuernden Jahresbetrags nach § 32a Absatz 1 ergibt; die Jahreslohnsteuer beträgt jedoch mindestens 14 Prozent des Jahresbetrags, für den 9 429 Euro übersteigenden Teil des Jahresbetrags höchstens 42 Prozent und für den 26 441 Euro übersteigenden Teil des zu versteuernden Jahresbetrags jeweils 42 Prozent sowie für den 200 584 Euro übersteigenden Teil des zu versteuernden Jahresbetrags jeweils 45 Prozent. [8]Für die Lohnsteuerberechnung ist *die als Lohnsteuerabzugsmerkmal mitgeteilte* Steuerklasse maßgebend. [9]Die monatliche Lohnsteuer ist $1/_{12}$, die wöchentliche Lohnsteuer sind $7/_{360}$ und die tägliche Lohnsteuer ist $1/_{360}$ der Jahreslohnsteuer. [10]Bruchteile eines Cents, die sich bei der Berechnung nach den Sätzen 2 und 9 ergeben, bleiben jeweils außer Ansatz. [11]Die auf den Lohnzahlungszeitraum entfallende Lohnsteuer ist vom Arbeitslohn einzubehalten. [12]Das Betriebsstättenfinanzamt kann allgemein oder auf Antrag zulassen, dass die Lohnsteuer unter den Voraussetzungen des § 42b Absatz 1 nach dem voraussichtlichen Jahresarbeitslohn ermittelt wird, wenn gewährleistet ist, dass die zutreffende Jahreslohnsteuer (§ 38a Absatz 2) nicht unterschritten wird.

S 2368

(3) [1]Für die Einbehaltung der Lohnsteuer von einem sonstigen Bezug hat der Arbeitgeber den voraussichtlichen Jahresarbeitslohn ohne den sonstigen Bezug festzustellen. [2]Hat der Arbeitnehmer Lohnsteuerbescheinigungen aus früheren Dienstverhältnissen des Kalenderjahres nicht vorgelegt, so ist bei der Ermittlung des voraussichtlichen Jahresarbeitslohns der Arbeitslohn für Beschäftigungszeiten bei früheren Arbeitgebern mit dem Betrag anzusetzen, der sich ergibt, wenn der laufende Arbeitslohn im Monat der Zahlung des sonstigen Bezugs entsprechend der Beschäftigungsdauer bei früheren Arbeitgebern hochgerechnet wird. [3]Der voraussichtliche Jahresarbeitslohn ist um den Versorgungsfreibetrag (§ 19 Absatz 2) und den Altersentlastungsbetrag (§ 24a), wenn die Voraussetzungen für den Abzug dieser Beträge jeweils erfüllt sind, sowie um einen etwaigen *als Lohnsteuerabzugsmerkmal mitgeteilten* Jahresfreibetrag zu vermindern und um einen etwaigen Jahreshinzurechnungsbetrag zu erhöhen. [4]Für den so ermittelten Jahresarbeitslohn (maßgebender Jahresarbeitslohn) ist die Lohnsteuer nach Maßgabe des Absatzes 2 Satz 5 bis 7 zu ermitteln. [5]Außerdem ist die Jahreslohnsteuer für den maßgebenden Jahresarbeitslohn unter Einbeziehung des sonstigen Bezugs zu ermitteln. [6]Dabei ist der sonstige Bezug, soweit es sich nicht um einen sonstigen Bezug im Sinne des Satzes 9 handelt, um den Versorgungsfreibetrag und den Altersentlastungsbetrag zu vermindern, wenn die Voraussetzungen für den Abzug dieser Beträge jeweils erfüllt sind und soweit sie nicht bei der Steuerberechnung für den maßgebenden Jahresarbeitslohn berücksichtigt worden sind. [7]Für die Lohnsteuerberechnung ist *die als Lohnsteuerabzugsmerkmal mitgeteilte* Steuerklasse maßgebend. [8]Der Unterschiedsbetrag zwischen den ermittelten Jahreslohnsteuerbeträgen ist die Lohnsteuer, die vom sonstigen Bezug einzubehalten ist. [9]Die Lohnsteuer ist bei einem sonstigen Bezug im Sinne des § 34 Absatz 1 und 2 Nummer 2 und 4 in der Weise zu ermäßigen, dass der sonstige Bezug bei der Anwendung des Satzes 5 mit einem Fünftel anzusetzen und der Unterschiedsbetrag im Sinne des Satzes 8 zu verfünffachen ist; § 34 Absatz 1 Satz 3 ist sinngemäß anzuwenden. [10]Ein sonstiger Bezug im Sinne des § 34 Absatz 1 und 2 Nummer 4 ist bei der Anwendung des Satzes 4 in die Bemessungsgrundlage für die Vorsorgepauschale nach Absatz 2 Satz 5 Nummer 3 einzubeziehen.

(4) In den Kalenderjahren 2010 bis 2024 ist Absatz 2 Satz 5 Nummer 3 Buchstabe a mit der Maßgabe anzuwenden, dass im Kalenderjahr 2010 der ermittelte Betrag auf 40 Prozent begrenzt und dieser Prozentsatz in jedem folgenden Kalenderjahr um je 4 Prozentpunkte erhöht wird.

(5) [1]Wenn der Arbeitgeber für den Lohnzahlungszeitraum lediglich Abschlagszahlungen leistet und eine Lohnabrechnung für einen längeren Zeitraum (Lohnabrechnungszeitraum) vornimmt, kann er den Lohnabrechnungszeitraum als Lohnzahlungszeitraum behandeln und die Lohnsteuer abweichend von § 38 Absatz 3 bei der Lohnabrechnung einbehalten. [2]Satz 1 gilt nicht, wenn der Lohnabrechnungszeitraum fünf Wochen übersteigt oder die Lohnabrechnung nicht innerhalb von drei Wochen nach dessen Ablauf erfolgt. [3]Das Betriebsstättenfinanzamt kann anordnen, dass die Lohnsteuer von den Abschlagszahlungen einzubehalten ist, wenn die Erhebung der Lohn-

---

1) *Absatz 2 Satz 7 zweiter Halbsatz wurde durch das Gesetz zum Abbau der kalten Progression* vom 20.2.2013 (BGBl. I S. 283) *geändert; für Lohnzahlungszeiträume, die nach dem 31.12.2012 und vor dem 1.1.2014 enden → § 52 Abs. 51c EStG, für Lohnzahlungszeiträume die nach dem 31.12.2013 enden → § 52 Abs. 51d EStG.*
Anm.:
Die Änderungen lauten:
a) Im zweiten Halbsatz wird die Angabe „9.429" durch die Angabe „9.550" ersetzt (§ 52 Abs. 51c EStG).
b) Im zweiten Halbsatz wird die Angabe „9.550" durch die Angabe „9.763" ersetzt (§ 52 Abs. 51d EStG).

steuer sonst nicht gesichert erscheint. ⁴Wenn wegen einer besonderen Entlohnungsart weder ein Lohnzahlungszeitraum noch ein Lohnabrechnungszeitraum festgestellt werden kann, gilt als Lohnzahlungszeitraum die Summe der tatsächlichen Arbeitstage oder Arbeitswochen.

(6) Das Bundesministerium der Finanzen hat im Einvernehmen mit den obersten Finanzbehörden der Länder auf der Grundlage der Absätze 2 und 3 einen Programmablaufplan für die maschinelle Berechnung der Lohnsteuer aufzustellen und bekannt zu machen.

(7) (weggefallen)

§ 39c   Einbehaltung der Lohnsteuer ohne Lohnsteuerabzugsmerkmale

(1) ¹Solange der Arbeitnehmer dem Arbeitgeber zum Zweck des Abrufs der elektronischen Lohnsteuerabzugsmerkmale (§ 39e Absatz 4 Satz 1) die ihm zugeteilte Identifikationsnummer sowie den Tag der Geburt schuldhaft nicht mitteilt oder das Bundeszentralamt für Steuern die Mitteilung elektronischer Lohnsteuerabzugsmerkmale ablehnt, hat der Arbeitgeber die Lohnsteuer nach Steuerklasse VI zu ermitteln. ²Kann der Arbeitgeber die elektronischen Lohnsteuerabzugsmerkmale wegen technischer Störungen nicht abrufen oder hat der Arbeitnehmer die fehlende Mitteilung der ihm zuzuteilenden Identifikationsnummer nicht zu vertreten, hat der Arbeitgeber für die Lohnsteuerberechnung die voraussichtlichen Lohnsteuerabzugsmerkmale im Sinne des § 38b längstens für die Dauer von drei Kalendermonaten zu Grunde zu legen. ³Hat nach Ablauf der drei Kalendermonate der Arbeitnehmer die Identifikationsnummer sowie den Tag der Geburt nicht mitgeteilt, ist rückwirkend Satz 1 anzuwenden. ⁴Sobald dem Arbeitgeber in den Fällen des Satzes 2 die elektronischen Lohnsteuerabzugsmerkmale vorliegen, sind die Lohnsteuerermittlungen für die vorangegangenen Monate zu überprüfen und, falls erforderlich, zu ändern. ⁵Die zu wenig oder zu viel einbehaltene Lohnsteuer ist jeweils bei der nächsten Lohnabrechnung auszugleichen.

(2) ¹Ist ein Antrag nach § 39 Absatz 3 Satz 1 oder § 39e Absatz 8 nicht gestellt, hat der Arbeitgeber die Lohnsteuer nach Steuerklasse VI zu ermitteln. ²Legt der Arbeitnehmer binnen sechs Wochen nach Eintritt in das Dienstverhältnis oder nach Beginn des Kalenderjahres eine Bescheinigung für den Lohnsteuerabzug vor, ist Absatz 1 Satz 4 und 5 sinngemäß anzuwenden.

(3) ¹In den Fällen des § 38 Absatz 3a Satz 1 kann der Dritte die Lohnsteuer für einen sonstigen Bezug mit 20 Prozent unabhängig von den Lohnsteuerabzugsmerkmalen des Arbeitnehmers ermitteln, wenn der maßgebende Jahresarbeitslohn nach § 39b Absatz 3 zuzüglich des sonstigen Bezugs 10 000 Euro nicht übersteigt. ²Bei der Feststellung des maßgebenden Jahresarbeitslohns sind nur die Lohnzahlungen des Dritten zu berücksichtigen.

§ 39d

(weggefallen)

§ 39e   Verfahren zur Bildung und Anwendung der elektronischen Lohnsteuerabzugsmerkmale

(1) ¹Das Bundeszentralamt für Steuern bildet für jeden Arbeitnehmer grundsätzlich automatisiert die Steuerklasse und für die bei den Steuerklassen I bis IV zu berücksichtigenden Kinder die

EStG
S 2366
2)

EStG
3)

EStG
4)

1)

¹⁾ *Absatz 6 wurde durch das BeitrRLUmsG ab VZ 2012 aufgehoben; der bisherige Absatz 8 wurde Absatz 6. Absatz 6 in der am 31.12.2010 geltenden Fassung ist weiterhin anzuwenden, bis das BMF den Zeitpunkt für den erstmaligen automatisierten Abruf der Lohnsteuerabzugsmerkmale nach § 39 Abs. 4 Nr. 5 EStG mitgeteilt hat (§ 52 Abs. 50g EStG) → § 52 Abs. 51b EStG.* Absatz 6 in der am 31.12.2010 geltenden Fassung lautet:
„(6) ¹Ist einem Abkommen zur Vermeidung der Doppelbesteuerung der von einem Arbeitgeber (§ 38) gezahlte Arbeitslohn von der Lohnsteuer freizustellen, so erteilt das Betriebsstättenfinanzamt auf Antrag des Arbeitnehmers oder des Arbeitgebers eine entsprechende Bescheinigung. ²Der Arbeitgeber hat diese Bescheinigung als Beleg zum Lohnkonto (§ 41 Absatz 1) aufzubewahren."
²⁾ *§ 39c EStG wurde durch das BeitrRLUmsG ab VZ 2012 neu gefasst.*
³⁾ *§ 39d EStG wurde durch das BeitrRLUmsG ab 1. 1. 2012 aufgehoben.*
⁴⁾ *§ 39e EStG wurde durch das BeitrRLUmsG ab VZ 2012 neu gefasst.*

Zahl der Kinderfreibeträge nach § 38b Absatz 2 Satz 1 als Lohnsteuerabzugsmerkmale (§ 39 Absatz 4 Satz 1 Nummer 1 und 2); für Änderungen gilt § 39 Absatz 2 entsprechend. [2]Soweit das Finanzamt Lohnsteuerabzugsmerkmale nach § 39 bildet, teilt es sie dem Bundeszentralamt für Steuern zum Zweck der Bereitstellung für den automatisierten Abruf durch den Arbeitgeber mit. [3]Lohnsteuerabzugsmerkmale sind frühestens bereitzustellen mit Wirkung von Beginn des Kalenderjahres an, für das sie anzuwenden sind, jedoch nicht für einen Zeitpunkt vor Beginn des Dienstverhältnisses.

(2) Das Bundeszentralamt für Steuern speichert zum Zweck der Bereitstellung automatisiert abrufbarer Lohnsteuerabzugsmerkmale für den Arbeitgeber *die Lohnsteuerabzugsmerkmale unter Angabe der Identifikationsnummer sowie für jeden Steuerpflichtigen* folgende Daten zu den in § 139b Absatz 3 der Abgabenordnung genannten Daten hinzu:

1. rechtliche Zugehörigkeit zu einer steuererhebenden Religionsgemeinschaft sowie Datum des Eintritts und Austritts,

2. melderechtlicher Familienstand sowie *den Tag der Begründung oder Auflösung des Familienstands und bei Verheirateten die Identifikationsnummer des Ehegatten,*

3. Kinder mit ihrer Identifikationsnummer.

[2]Die nach Landesrecht für das Meldewesen zuständigen Behörden (Meldebehörden) haben dem Bundeszentralamt für Steuern unter Angabe der Identifikationsnummer *und des Tages der Geburt* die in Satz 1 Nummer 1 bis 3 bezeichneten Daten und deren Änderungen im Melderegister mitzuteilen. [3]*In den Fällen des Satzes 1* Nummer 3 besteht die Mitteilungspflicht nur, *wenn das Kind mit Hauptwohnsitz oder alleinigem Wohnsitz im Zuständigkeitsbereich der Meldebehörde gemeldet ist und solange* das Kind das 18. Lebensjahr *noch nicht* vollendet hat. [4]Sofern die Identifikationsnummer noch nicht zugeteilt wurde, *teilt die Meldebehörde* die Daten unter Angabe des Vorläufigen Bearbeitungsmerkmals nach § 139b Absatz 6 Satz 2 der Abgabenordnung mit. [5]*Für die Datenübermittlung gilt § 6 Absatz 2a der Zweiten Bundesmeldedatenübermittlungsverordnung vom 31. Juli 1995 (BGBl. I S. 1011), die zuletzt durch Artikel 1 der Verordnung vom 11. März 2011 (BGBl. I S. 325) geändert worden ist, in der jeweils geltenden Fassung entsprechend.*

[1])(3) [1]Das Bundeszentralamt für Steuern hält die Identifikationsnummer, den Tag der Geburt, Merkmale für den Kirchensteuerabzug und die Lohnsteuerabzugsmerkmale des Arbeitnehmers nach § 39 Absatz 4 zum unentgeltlichen automatisierten Abruf durch den Arbeitgeber nach amtlich vorgeschriebenem Datensatz bereit *(elektronische Lohnsteuerabzugsmerkmale)*. [2]Bezieht ein Arbeitnehmer nebeneinander von mehreren Arbeitgebern Arbeitslohn, sind für jedes weitere Dienstverhältnis elektronische Lohnsteuerabzugsmerkmale zu bilden. [3]*Haben Arbeitnehmer im Laufe des Kalenderjahres geheiratet, gilt für die automatisierte Bildung der Steuerklassen Folgendes:*

1. *Steuerklasse III ist zu bilden, wenn die Voraussetzungen des § 38b Absatz 1 Satz 2 Nummer 3 Buchstabe a Doppelbuchstabe aa vorliegen;*

2. *für beide Ehegatten ist Steuerklasse IV zu bilden, wenn die Voraussetzungen des § 38b Absatz 1 Satz 2 Nummer 4 vorliegen.*

[4]Das Bundeszentralamt für Steuern führt die elektronischen Lohnsteuerabzugsmerkmale des Arbeitnehmers zum Zweck ihrer Bereitstellung nach Satz 1 mit der Wirtschafts-Identifikationsnummer (§ 139c der Abgabenordnung) des Arbeitgebers zusammen.

(4) [1]Der Arbeitnehmer hat jedem seiner Arbeitgeber bei Eintritt in das Dienstverhältnis zum Zweck des Abrufs der Lohnsteuerabzugsmerkmale mitzuteilen,

1. *wie die Identifikationsnummer sowie der Tag der Geburt lauten,*

2. *ob es sich um das erste oder ein weiteres Dienstverhältnis handelt (§ 38b Absatz 1 Satz 2 Nummer 6) und*

3. *ob und in welcher Höhe ein nach § 39a Absatz 1 Satz 1 Nummer 7 festgestellter Freibetrag abgerufen werden soll.*

[2]Der Arbeitgeber hat bei Beginn des Dienstverhältnisses die elektronischen Lohnsteuerabzugsmerkmale für den Arbeitnehmer beim Bundeszentralamt für Steuern durch Datenfernübertragung abzurufen und sie in das Lohnkonto für den Arbeitnehmer zu übernehmen. [3]*Für den Abruf der elektronischen Lohnsteuerabzugsmerkmale hat sich der Arbeitgeber zu authentifizieren und seine Wirtschafts-Identifikationsnummer, die Daten des Arbeitnehmers nach Satz 1 Nummer 1 und 2, den Tag des Beginns des Dienstverhältnisses und etwaige Angaben nach Satz 1 Nummer 3 mitzuteilen.* [4]Zur Plausibilitätsprüfung der Identifikationsnummer hält das Bundeszentralamt für Steuern für den Arbeitgeber entsprechende Regeln bereit. [5]Der Arbeitgeber hat den Tag der Beendigung des Dienstverhältnisses unverzüglich dem Bundeszentralamt für Steuern durch Datenfernübertragung mitzuteilen. [6]Beauftragt der Arbeitgeber einen Dritten mit der Durchfüh-

---

[1]) *Zur erstmaligen Anwendung von § 39e Abs. 3 Satz 1 → § 52 Absatz 50g EStG i. d. F. des BeitrRLUmsG.*
[2]) *Zu Absatz 3 Satz 3 → § 52 Absatz 52 EStG.*

rung des Lohnsteuerabzugs, hat sich der Dritte für den Datenabruf zu authentifizieren und zusätzlich seine Wirtschafts-Identifikationsnummer mitzuteilen. [7]*Für die Verwendung der elektronischen Lohnsteuerabzugsmerkmale gelten die Schutzvorschriften des § 39 Absatz 8 und 9 sinngemäß.*

(5) [1]Die abgerufenen elektronischen Lohnsteuerabzugsmerkmale sind vom Arbeitgeber für die Durchführung des Lohnsteuerabzugs des Arbeitnehmers anzuwenden, bis

1. *ihm das Bundeszentralamt für Steuern geänderte elektronische Lohnsteuerabzugsmerkmale zum Abruf bereitstellt oder*

2. *der Arbeitgeber dem Bundeszentralamt für Steuern die Beendigung des Dienstverhältnisses mitteilt.*

[2]*Sie sind in der üblichen Lohnabrechnung anzugeben.* [3]*Der Arbeitgeber ist verpflichtet, die vom Bundeszentralamt für Steuern bereitgestellten Mitteilungen und elektronischen Lohnsteuerabzugsmerkmale monatlich anzufragen und abzurufen.*

(6) [1]Gegenüber dem Arbeitgeber gelten die Lohnsteuerabzugsmerkmale (§ 39 Absatz 4) mit dem Abruf der elektronischen Lohnsteuerabzugsmerkmale als bekannt gegeben. [2]*Einer Rechtsbehelfsbelehrung bedarf es nicht.* [3]*Die Lohnsteuerabzugsmerkmale gelten gegenüber dem Arbeitnehmer als bekannt gegeben, sobald der Arbeitgeber dem Arbeitnehmer den Ausdruck der Lohnabrechnung mit den nach Absatz 5 Satz 2 darin ausgewiesenen elektronischen Lohnsteuerabzugsmerkmalen ausgehändigt oder elektronisch bereitgestellt hat.* [4]*Die elektronischen Lohnsteuerabzugsmerkmale sind dem Steuerpflichtigen auf Antrag vom zuständigen Finanzamt mitzuteilen oder elektronisch bereitzustellen.* [5]*Wird dem Arbeitnehmer bekannt, dass die elektronischen Lohnsteuerabzugsmerkmale zu seinen Gunsten von den nach § 39 zu bildenden Lohnsteuerabzugsmerkmalen abweichen, ist er verpflichtet, dies dem Finanzamt unverzüglich mitzuteilen.* [6]*Der Steuerpflichtige kann beim zuständigen Finanzamt*

1. *den Arbeitgeber benennen, der zum Abruf von elektronischen Lohnsteuerabzugsmerkmalen berechtigt ist (Positivliste) oder nicht berechtigt ist (Negativliste).* [2]*Hierfür hat der Arbeitgeber dem Arbeitnehmer seine Wirtschafts-Identifikationsnummer mitzuteilen.* [3]*Für die Verwendung der Wirtschafts-Identifikationsnummer gelten die Schutzvorschriften des § 39 Absatz 8 und 9 sinngemäß; oder*

2. *die Bildung oder die Bereitstellung der elektronischen Lohnsteuerabzugsmerkmale allgemein sperren oder allgemein freischalten lassen.*

[7]*Macht der Steuerpflichtige von seinem Recht nach Satz 6 Gebrauch, hat er die Positivliste, die Negativliste, die allgemeine Sperrung oder die allgemeine Freischaltung in einem bereitgestellten elektronischen Verfahren oder nach amtlich vorgeschriebenem Vordruck dem Finanzamt zu übermitteln.* [8]*Werden wegen einer Sperrung nach Satz 6 einem Arbeitgeber, der Daten abrufen möchte, keine elektronischen Lohnsteuerabzugsmerkmale bereitgestellt, wird dem Arbeitgeber die Sperrung mitgeteilt und dieser hat die Lohnsteuer nach Steuerklasse VI zu ermitteln.*

(7) [1]Auf Antrag des Arbeitgebers kann das Betriebsstättenfinanzamt zur Vermeidung unbilliger Härten zulassen, dass er nicht am Abrufverfahren teilnimmt. [2]*Dem Antrag eines Arbeitgebers ohne maschinelle Lohnabrechnung, der ausschließlich Arbeitnehmer im Rahmen einer geringfügigen Beschäftigung in seinem Privathaushalt im Sinne des § 8a des Vierten Buches Sozialgesetzbuch beschäftigt, ist stattzugeben.* [3]*Der Arbeitgeber hat dem Antrag unter Angabe seiner Wirtschafts-Identifikationsnummer ein Verzeichnis der beschäftigten Arbeitnehmer mit Angabe der jeweiligen Identifikationsnummer und des Tages der Geburt des Arbeitnehmers beizufügen.* [4]*Der Antrag ist nach amtlich vorgeschriebenem Vordruck jährlich zu stellen und vom Arbeitgeber zu unterschreiben.* [5]*Das Betriebsstättenfinanzamt übermittelt dem Arbeitgeber für die Durchführung des Lohnsteuerabzugs für ein Kalenderjahr eine arbeitgeberbezogene Bescheinigung mit den Lohnsteuerabzugsmerkmalen des Arbeitnehmers (Bescheinigung für den Lohnsteuerabzug) sowie etwaige Änderungen.* [6]*Diese Bescheinigung sowie die Änderungsmitteilungen sind als Belege zum Lohnkonto zu nehmen und bis zum Ablauf des Kalenderjahres aufzubewahren.* [7]*Absatz 5 Satz 1 und 2 sowie Absatz 6 Satz 3 gelten entsprechend.* [8]*Der Arbeitgeber hat den Tag der Beendigung des Dienstverhältnisses unverzüglich dem Betriebsstättenfinanzamt mitzuteilen.*

(8) [1]Ist einem nach § 1 Absatz 1 unbeschränkt einkommensteuerpflichtigen Arbeitnehmer keine Identifikationsnummer zugeteilt, hat das Wohnsitzfinanzamt auf Antrag eine Bescheinigung für den Lohnsteuerabzug für die Dauer eines Kalenderjahres auszustellen. [2]*Diese Bescheinigung ersetzt die Verpflichtung und Berechtigung des Arbeitgebers zum Abruf der elektronischen Lohnsteuerabzugsmerkmale (Absätze 4 und 6).* [3]*In diesem Fall tritt an die Stelle der Identifikationsnummer das lohnsteuerliche Ordnungsmerkmal nach § 41b Absatz 2 Satz 1 und 2.* [4]*Für die Durchführung des Lohnsteuerabzugs hat der Arbeitnehmer seinem Arbeitgeber vor Beginn des Kalenderjahres oder bei Eintritt in das Dienstverhältnis die nach Satz 1 ausgestellte Bescheinigung für den Lohnsteuerabzug vorzulegen.* [5]*§ 39c Absatz 1 Satz 2 bis 5 ist sinngemäß anzuwenden.* [6]*Der Arbeitgeber hat die Bescheinigung für den Lohnsteuerabzug entgegenzunehmen und*

während des Dienstverhältnisses, längstens bis zum Ablauf des jeweiligen Kalenderjahres, aufzubewahren.

(9) Ist die Wirtschafts-Identifikationsnummer noch nicht oder nicht vollständig eingeführt, tritt an ihre Stelle die Steuernummer der Betriebsstätte oder des Teils des Betriebs des Arbeitgebers, in dem der für den Lohnsteuerabzug maßgebende Arbeitslohn des Arbeitnehmers ermittelt wird (§ 41 Absatz 2).

(10) Die beim Bundeszentralamt für Steuern nach Absatz 2 Satz 1 gespeicherten Daten können auch zur Prüfung und Durchführung der Einkommensbesteuerung (§ 2) des Steuerpflichtigen für Veranlagungszeiträume ab 2005 verwendet werden.

EStG

§ 39f[1] Faktorverfahren anstelle Steuerklassenkombination III/V

(1) [1]Bei Ehegatten, die in die Steuerklasse IV gehören (§ 38b Absatz 1 Satz 2 Nummer 4), hat das Finanzamt auf Antrag beider Ehegatten nach § 39a anstelle der Steuerklassenkombination III/V (§ 38b Absatz 1 Satz 2 Nummer 5) *als Lohnsteuerabzugsmerkmal* jeweils die Steuerklasse IV in Verbindung mit einem Faktor zur Ermittlung der Lohnsteuer *zu bilden*, wenn der Faktor kleiner als 1 ist. [2]Der Faktor ist Y : X und vom Finanzamt mit drei Nachkommastellen ohne Rundung zu berechnen. [3]„Y" ist die voraussichtliche Einkommensteuer für beide Ehegatten nach dem Splittingverfahren (§ 32a Absatz 5) unter Berücksichtigung der in § 39b Absatz 2 genannten Abzugsbeträge. [4]„X" ist die Summe der voraussichtlichen Lohnsteuer bei Anwendung der Steuerklasse IV für jeden Ehegatten. [5]In die Bemessungsgrundlage für Y werden jeweils neben den Jahresarbeitslöhnen der ersten Dienstverhältnisse zusätzlich nur Beträge einbezogen, die nach § 39a Absatz 1 Satz 1 Nummer 1 bis 6 als Freibetrag *ermittelt und als Lohnsteuerabzugsmerkmal gebildet* werden könnten; Freibeträge werden neben dem Faktor nicht *als Lohnsteuerabzugsmerkmal gebildet.* [6]In den Fällen des § 39a Absatz 1 Satz 1 Nummer 7 sind bei der Ermittlung von Y und X die Hinzurechnungsbeträge zu berücksichtigen; die Hinzurechnungsbeträge sind zusätzlich *als Lohnsteuerabzugsmerkmal* für das erste Dienstverhältnis *zu bilden.* [7]Arbeitslöhne aus zweiten und weiteren Dienstverhältnissen (Steuerklasse VI) sind im Faktorverfahren nicht zu berücksichtigen.

(2) Für die Einbehaltung der Lohnsteuer vom Arbeitslohn hat der Arbeitgeber Steuerklasse IV und den Faktor anzuwenden.

(3) [1] § 39 Absatz 6 Satz 3 und 5 gilt sinngemäß. [2]§ 39a ist anzuwenden mit der Maßgabe, dass ein Antrag nach amtlich vorgeschriebenem Vordruck (§ 39a Absatz 2) nur erforderlich ist, wenn bei der Faktorermittlung zugleich Beträge nach § 39a Absatz 1 Satz 1 Nummer 1 bis 6 berücksichtigt werden sollen.

(4) Das Faktorverfahren ist im Programmablaufplan für die maschinelle Berechnung der Lohnsteuer (§ 39b Absatz 6) zu berücksichtigen.

EStG

§ 40 Pauschalierung der Lohnsteuer in besonderen Fällen

S 2370

(1) [1]Das Betriebsstättenfinanzamt (§ 41a Absatz 1 Satz 1 Nummer 1) kann auf Antrag des Arbeitgebers zulassen, dass die Lohnsteuer mit einem unter Berücksichtigung der Vorschriften des § 38a zu ermittelnden Pauschsteuersatz erhoben wird, soweit

1. von dem Arbeitgeber sonstige Bezüge in einer größeren Zahl von Fällen gewährt werden oder

2. in einer größeren Zahl von Fällen Lohnsteuer nachzuerheben ist, weil der Arbeitgeber die Lohnsteuer nicht vorschriftsmäßig einbehalten hat.

[2]Bei der Ermittlung des Pauschsteuersatzes ist zu berücksichtigen, dass die in Absatz 3 vorgeschriebene Übernahme der pauschalen Lohnsteuer durch den Arbeitgeber für den Arbeitnehmer eine in Geldeswert bestehende Einnahme im Sinne des § 8 Absatz 1 darstellt (Nettosteuersatz). [3]Die Pauschalierung ist in den Fällen des Satzes 1 Nummer 1 ausgeschlossen, soweit der Arbeitgeber einem Arbeitnehmer sonstige Bezüge von mehr als 1 000 Euro im Kalenderjahr gewährt. [4]Der Arbeitgeber hat dem Antrag eine Berechnung beizufügen, aus der sich der durchschnittliche Steuersatz unter Zugrundelegung der durchschnittlichen Jahresarbeitslöhne und der durchschnittlichen Jahreslohnsteuer in jeder Steuerklasse für diejenigen Arbeitnehmer ergibt, denen die Bezüge gewährt werden sollen oder gewährt worden sind.

---

[1] *§ 39f EStG wurde durch das BeitrRLUmsG mit Wirkung ab dem 1.1.2012 geändert.*

(2) [1]Abweichend von Absatz 1 kann der Arbeitgeber die Lohnsteuer mit einem Pauschsteuersatz von 25 Prozent erheben, soweit er

S 2371
1)

1. arbeitstäglich Mahlzeiten im Betrieb an die Arbeitnehmer unentgeltlich oder verbilligt abgibt oder Barzuschüsse an ein anderes Unternehmen leistet, das arbeitstäglich Mahlzeiten an die Arbeitnehmer unentgeltlich oder verbilligt abgibt. [2]Voraussetzung ist, dass die Mahlzeiten nicht als Lohnbestandteile vereinbart sind,

2. Arbeitslohn aus Anlass von Betriebsveranstaltungen zahlt,

3. Erholungsbeihilfen gewährt, wenn diese zusammen mit Erholungsbeihilfen, die in demselben Kalenderjahr früher gewährt worden sind, 156 Euro für den Arbeitnehmer, 104 Euro für dessen Ehegatten und 52 Euro für jedes Kind nicht übersteigen und der Arbeitgeber sicherstellt, dass die Beihilfen zu Erholungszwecken verwendet werden,

4. Vergütungen für Verpflegungsmehraufwendungen anlässlich einer Tätigkeit im Sinne des § 4 Absatz 5 Satz 1 Nummer 5 Satz 2 bis 4 zahlt, soweit diese die dort bezeichneten Pauschbeträge um nicht mehr als 100 Prozent übersteigen,   2)

5. den Arbeitnehmern zusätzlich zum ohnehin geschuldeten Arbeitslohn unentgeltlich oder verbilligt Personalcomputer übereignet; das gilt auch für Zubehör und Internetzugang. [2]Das Gleiche gilt für Zuschüsse des Arbeitgebers, die zusätzlich zum ohnehin geschuldeten Arbeitslohn zu den Aufwendungen des Arbeitnehmers für die Internetnutzung gezahlt werden.

[2]Der Arbeitgeber kann die Lohnsteuer mit einem Pauschsteuersatz von 15 Prozent für Sachbezüge in Form der unentgeltlichen oder verbilligten Beförderung eines Arbeitnehmers zwischen Wohnung und Arbeitsstätte und für zusätzlich zum ohnehin geschuldeten Arbeitslohn geleistete Zuschüsse zu den Aufwendungen des Arbeitnehmers für Fahrten zwischen Wohnung und Arbeitsstätte erheben, soweit diese Bezüge den Betrag nicht übersteigen, den der Arbeitnehmer nach § 9 Absatz 1 Satz 3 Nummer 4 und Absatz 2 als Werbungskosten geltend machen könnte, wenn die Bezüge nicht pauschal besteuert würden. [3]Die nach Satz 2 pauschal besteuerten Bezüge mindern die nach § 9 Absatz 1 Satz 3 Nummer 4 und Absatz 2 abziehbaren Werbungskosten; sie bleiben bei der Anwendung des § 40a Absatz 1 bis 4 außer Ansatz.   2)

(3) [1]Der Arbeitgeber hat die pauschale Lohnsteuer zu übernehmen. [2]Er ist Schuldner der pauschalen Lohnsteuer; auf den Arbeitnehmer abgewälzte pauschale Lohnsteuer gilt als zugeflossener Arbeitslohn und mindert nicht die Bemessungsgrundlage. [3]Der pauschal besteuerte Arbeitslohn und die pauschale Lohnsteuer bleiben bei einer Veranlagung zur Einkommensteuer und beim Lohnsteuer-Jahresausgleich außer Ansatz. [4]Die pauschale Lohnsteuer ist weder auf die Einkommensteuer noch auf die Jahreslohnsteuer anzurechnen.

§ 40a Pauschalierung der Lohnsteuer für Teilzeitbeschäftigte und geringfügig Beschäftigte

EStG
S 2372
3)

(1) [1]Der Arbeitgeber kann unter Verzicht auf *den Abruf von elektronischen Lohnsteuerabzugsmerkmalen (§ 39e Absatz 4 Satz 2)* oder die Vorlage einer Bescheinigung für den Lohnsteuer-

[1]) *Absatz 2 Satz 1 Nr. 1a wurde durch das Gesetz zur Änderung und Vereinfachung der Unternehmensbesteuerung und des steuerlichen Reisekostenrechts geändert und ist in der geänderten Fassung erstmals für den VZ 2014 anzuwenden → § 52 Abs. 1 EStG.*
Anm.:
Die Änderungen lauten:
a) Satz 1 wird wie folgt geändert:
aa) Nach Nummer 1 wird folgende Nummer 1a eingefügt:
„1a. oder auf seine Veranlassung ein Dritter den Arbeitnehmern anlässlich einer beruflichen Tätigkeit außerhalb seiner Wohnung und ersten Tätigkeitsstätte Mahlzeiten zur Verfügung stellt, die nach § 8 Absatz 2 Satz 8 und 9 mit dem Sachbezugswert anzusetzen sind,"
bb) Nummer 4 wird wie folgt gefasst:
„4. Vergütungen für Verpflegungsmehraufwendungen anlässlich einer Tätigkeit im Sinne des § 9 Absatz 4a Satz 3 bis 6 zahlt, soweit diese die dort bezeichneten Pauschalen um nicht mehr als 100 Prozent übersteigen,"
b) Satz 2 wird wie folgt gefasst:
„Der Arbeitgeber kann die Lohnsteuer mit einem Pauschsteuersatz von 15 Prozent für Sachbezüge in Form der unentgeltlichen oder verbilligten Beförderung eines Arbeitnehmers zwischen Wohnung und erster Tätigkeitsstätte und für zusätzlich zum ohnehin geschuldeten Arbeitslohn geleistete Zuschüsse zu den Aufwendungen des Arbeitnehmers für Fahrten zwischen Wohnung und erster Tätigkeitsstätte erheben, soweit diese Bezüge den Betrag nicht übersteigen, den der Arbeitnehmer nach § 9 Absatz 1 Satz 3 Nummer 4 und Absatz 2 als Werbungskosten geltend machen könnte, wenn die Bezüge nicht pauschal besteuert würden."
[2]) *Absatz 2 Satz 1 Nummer 4 und Satz 2 wurden durch das Gesetz zur Änderung und Vereinfachung der Unternehmensbesteuerung und des steuerlichen Reisekostenrechts ab VZ 2014 geändert.*
[3]) *§ 40a EStG wurde durch das BeitrRLUmsG ab 1. 1. 2012 geändert.*

abzug (§ 39 Absatz 3 oder § 39e Absatz 7 oder Absatz 8) bei Arbeitnehmern, die nur kurzfristig beschäftigt werden, die Lohnsteuer mit einem Pauschsteuersatz von 25 Prozent des Arbeitslohns erheben. [2]Eine kurzfristige Beschäftigung liegt vor, wenn der Arbeitnehmer bei dem Arbeitgeber gelegentlich, nicht regelmäßig wiederkehrend beschäftigt wird, die Dauer der Beschäftigung 18 zusammenhängende Arbeitstage nicht übersteigt und

1. der Arbeitslohn während der Beschäftigungsdauer 62 Euro durchschnittlich je Arbeitstag nicht übersteigt oder

2. die Beschäftigung zu einem unvorhersehbaren Zeitpunkt sofort erforderlich wird.

(2) Der Arbeitgeber kann unter Verzicht auf *den Abruf von elektronischen Lohnsteuerabzugsmerkmalen (§ 39e Absatz 4 Satz 2) oder die Vorlage einer Bescheinigung für den Lohnsteuerabzug (§ 39 Absatz 3 oder § 39e Absatz 7 oder Absatz 8)* die Lohnsteuer einschließlich Solidaritätszuschlag und Kirchensteuern (einheitliche Pauschsteuer) für das Arbeitsentgelt aus geringfügigen Beschäftigungen im Sinne des § 8 Absatz 1 Nummer 1 oder des § 8a des Vierten Buches Sozialgesetzbuch, für das er Beiträge nach § 168 Absatz 1 Nummer 1b oder 1c (geringfügig versicherungspflichtig Beschäftigte) oder nach § 172 Absatz 3 oder 3a (versicherungsfrei geringfügig Beschäftigte) des Sechsten Buches Sozialgesetzbuch zu entrichten hat, mit einem einheitlichen Pauschsteuersatz in Höhe von insgesamt 2 Prozent des Arbeitsentgelts erheben.

(2a) Hat der Arbeitgeber in den Fällen des Absatzes 2 keine Beiträge nach § 168 Absatz 1 Nummer 1b oder 1c oder nach § 172 Absatz 3 oder 3a des Sechsten Buches Sozialgesetzbuch zu entrichten, kann er unter Verzicht auf *den Abruf von elektronischen Lohnsteuerabzugsmerkmalen (§ 39e Absatz 4 Satz 2) oder die Vorlage einer Bescheinigung für den Lohnsteuerabzug (§ 39 Absatz 3 oder § 39e Absatz 7 oder Absatz 8)* die Lohnsteuer mit einem Pauschsteuersatz in Höhe von 20 Prozent des Arbeitsentgelts erheben.

(3) [1]Abweichend von den Absätzen 1 und 2a kann der Arbeitgeber unter Verzicht auf *den Abruf von elektronischen Lohnsteuerabzugsmerkmalen (§ 39e Absatz 4 Satz 2) oder die Vorlage einer Bescheinigung für den Lohnsteuerabzug (§ 39 Absatz 3 oder § 39e Absatz 7 oder Absatz 8)* bei Aushilfskräften, die in Betrieben der Land- und Forstwirtschaft im Sinne des § 13 Absatz 1 Nummer 1 bis 4 ausschließlich mit typisch land- oder forstwirtschaftlichen Arbeiten beschäftigt werden, die Lohnsteuer mit einem Pauschsteuersatz von 5 Prozent des Arbeitslohns erheben. [2]Aushilfskräfte im Sinne dieser Vorschrift sind Personen, die für die Ausführung und für die Dauer von Arbeiten, die nicht ganzjährig anfallen, beschäftigt werden; eine Beschäftigung mit anderen land- und forstwirtschaftlichen Arbeiten ist unschädlich, wenn deren Dauer 25 Prozent der Gesamtbeschäftigungsdauer nicht überschreitet. [3]Aushilfskräfte sind nicht Arbeitnehmer, die zu den land- und forstwirtschaftlichen Fachkräften gehören oder die der Arbeitgeber mehr als 180 Tage im Kalenderjahr beschäftigt.

(4) Die Pauschalierungen nach den Absätzen 1 und 3 sind unzulässig

1. bei Arbeitnehmern, deren Arbeitslohn während der Beschäftigungsdauer durchschnittlich je Arbeitsstunde 12 Euro übersteigt,

2. bei Arbeitnehmern, die für eine andere Beschäftigung von demselben Arbeitgeber Arbeitslohn beziehen, der nach den § 39b oder § 39c dem Lohnsteuerabzug unterworfen wird.

(5) Auf die Pauschalierungen nach den Absätzen 1 bis 3 ist § 40 Absatz 3 anzuwenden.

(6) [1]Für die Erhebung der einheitlichen Pauschsteuer nach Absatz 2 ist die Deutsche Rentenversicherung Knappschaft-Bahn-See/Verwaltungsstelle Cottbus zuständig. [2]Die Regelungen zum Steuerabzug vom Arbeitslohn sind entsprechend anzuwenden. [3]Für die Anmeldung, Abführung und Vollstreckung der einheitlichen Pauschsteuer gelten dabei die Regelungen für die Beiträge nach § 168 Absatz 1 Nummer 1b oder 1c oder nach § 172 Absatz 3 oder 3a des Sechsten Buches Sozialgesetzbuch. [4]Die Deutsche Rentenversicherung Knappschaft-Bahn-See/Verwaltungsstelle Cottbus hat die einheitliche Pauschsteuer auf die erhebungsberechtigten Körperschaften aufzuteilen; dabei entfallen aus Vereinfachungsgründen 90 Prozent der einheitlichen Pauschsteuer auf die Lohnsteuer, 5 Prozent auf den Solidaritätszuschlag und 5 Prozent auf die Kirchensteuern. [5]Die erhebungsberechtigten Kirchen haben sich auf eine Aufteilung des Kirchensteueranteils zu verständigen und diesen der Deutsche Rentenversicherung Knappschaft-Bahn-See/Verwaltungsstelle Cottbus mitzuteilen. [6]Die Deutsche Rentenversicherung Knappschaft-Bahn-See/Verwaltungsstelle Cottbus ist berechtigt, die einheitliche Pauschsteuer nach Absatz 2 zusammen mit den Sozialversicherungsbeiträgen beim Arbeitgeber einzuziehen.

EStG
S 2373

§ 40b Pauschalierung der Lohnsteuer bei bestimmten Zukunftssicherungsleistungen

(1) Der Arbeitgeber kann die Lohnsteuer von den Zuwendungen zum Aufbau einer nicht kapitalgedeckten betrieblichen Altersversorgung an eine Pensionskasse mit einem Pauschsteuersatz von 20 Prozent der Zuwendungen erheben.

(2) [1]Absatz 1 gilt nicht, soweit die zu besteuernden Beiträge und Zuwendungen des Arbeitgebers für den Arbeitnehmer 1 752 Euro im Kalenderjahr übersteigen oder nicht aus seinem ersten Dienstverhältnis bezogen werden. [2]Sind mehrere Arbeitnehmer gemeinsam in der Pensionskasse versichert, so gilt als Zuwendung für den einzelnen Arbeitnehmer der Teilbetrag, der sich bei einer Aufteilung der gesamten Zuwendungen durch die Zahl der begünstigten Arbeitnehmer ergibt, wenn dieser Teilbetrag 1 752 Euro nicht übersteigt; hierbei sind Arbeitnehmer, für die Zuwendungen von mehr als 2 148 Euro im Kalenderjahr geleistet werden, nicht einzubeziehen. [3]Für Zuwendungen, die der Arbeitgeber aus Anlass der Beendigung des Dienstverhältnisses erbracht hat, vervielfältigt sich der Betrag von 1 752 Euro mit der Anzahl der Kalenderjahre, in denen das Dienstverhältnis des Arbeitnehmers zu dem Arbeitgeber bestanden hat; in diesem Fall ist Satz 2 nicht anzuwenden. [4]Der vervielfältigte Betrag vermindert sich um die nach Absatz 1 pauschal besteuerten Zuwendungen, die der Arbeitgeber in dem Kalenderjahr, in dem das Dienstverhältnis beendet wird, und in den sechs vorangegangenen Kalenderjahren erbracht hat.

(3) Von den Beiträgen für eine Unfallversicherung des Arbeitnehmers kann der Arbeitgeber die Lohnsteuer mit einem Pauschsteuersatz von 20 Prozent der Beiträge erheben, wenn mehrere Arbeitnehmer gemeinsam in einem Unfallversicherungsvertrag versichert sind und der Teilbetrag, der sich bei einer Aufteilung der gesamten Beiträge ohne Abzug der Versicherungsteuer durch die Zahl der begünstigten Arbeitnehmer ergibt, 62 Euro im Kalenderjahr nicht übersteigt.

(4) In den Fällen des § 19 Absatz 1 Satz 1 Nummer 3 Satz 2 hat der Arbeitgeber die Lohnsteuer mit einem Pauschsteuersatz in Höhe von 15 Prozent der Sonderzahlungen zu erheben.

(5) [1] § 40 Absatz 3 ist anzuwenden. [2]Die Anwendung des § 40 Absatz 1 Satz 1 Nummer 1 auf Bezüge im Sinne des Absatzes 1, des Absatzes 3 und des Absatzes 4 ist ausgeschlossen.

§ 41 Aufzeichnungspflichten beim Lohnsteuerabzug

EStG

(1) [1]Der Arbeitgeber hat am Ort der Betriebsstätte (Absatz 2) für jeden Arbeitnehmer und jedes Kalenderjahr ein Lohnkonto zu führen. [2]In das Lohnkonto sind die *nach § 39e Absatz 4 Satz 2 und Absatz 5 Satz 3 abgerufenen elektronischen Lohnsteuerabzugsmerkmale sowie die* für den Lohnsteuerabzug erforderlichen Merkmale aus *der vom Finanzamt ausgestellten Bescheinigung für den Lohnsteuerabzug (§ 39 Absatz 3 oder § 39e Absatz 7 oder Absatz 8)* zu übernehmen. [3]Bei jeder Lohnzahlung für das Kalenderjahr, für das das Lohnkonto gilt, sind im Lohnkonto die Art und Höhe des gezahlten Arbeitslohns einschließlich der steuerfreien Bezüge sowie die einbehaltene oder übernommene Lohnsteuer einzutragen; an die Stelle der Lohnzahlung tritt in den Fällen des § 39b Absatz 5 Satz 1 die Lohnabrechnung. [4]Ferner sind das Kurzarbeitergeld, das Schlechtwettergeld, das Winterausfallgeld, der Zuschuss zum Mutterschaftsgeld nach dem Mutterschutzgesetz, der Zuschuss bei Beschäftigungsverboten für die Zeit vor oder nach einer Entbindung sowie für den Entbindungstag während einer Elternzeit nach beamtenrechtlichen Vorschriften, die Entschädigungen für Verdienstausfall nach dem Infektionsschutzgesetz vom 20. Juli 2000 (BGBl. I S. 1045) sowie die nach § 3 Nummer 28 steuerfreien Aufstockungsbeträge oder Zuschläge einzutragen. [5]Ist während der Dauer des Dienstverhältnisses in anderen Fällen als in denen des Satzes 4 der Anspruch auf Arbeitslohn für mindestens fünf aufeinander folgende Arbeitstage im Wesentlichen weggefallen, so ist dies jeweils durch Eintragung des Großbuchstabens U zu vermerken. [6]Hat der Arbeitgeber die Lohnsteuer von einem sonstigen Bezug im ersten Dienstverhältnis berechnet und ist dabei der Arbeitslohn aus früheren Dienstverhältnissen des Kalenderjahres außer Betracht geblieben, so ist dies durch Eintragung des Großbuchstabens S zu vermerken. [7]Die Bundesregierung wird ermächtigt, durch Rechtsverordnung mit Zustimmung des Bundesrates vorzuschreiben, welche Einzelangaben im Lohnkonto aufzuzeichnen sind. [8]Dabei können für Arbeitnehmer mit geringem Arbeitslohn und für die Fälle der §§ 40 bis 40b Aufzeichnungserleichterungen sowie für steuerfreie Bezüge Aufzeichnungen außerhalb des Lohnkontos zugelassen werden. [9]Die Lohnkonten sind bis zum Ablauf des sechsten Kalenderjahres, das auf die zuletzt eingetragene Lohnzahlung folgt, aufzubewahren.

(2) [1]Betriebsstätte ist der Betrieb oder Teil des Betriebs des Arbeitgebers, in dem der für die Durchführung des Lohnsteuerabzugs maßgebende Arbeitslohn ermittelt wird. [2]Wird der maßgebende Arbeitslohn nicht in dem Betrieb oder einem Teil des Betriebs des Arbeitgebers oder nicht im Inland ermittelt, so gilt als Betriebsstätte der Mittelpunkt der geschäftlichen Leitung des Arbeitgebers im Inland; im Falle des § 38 Absatz 1 Satz 1 Nummer 2 gilt als Betriebsstätte der Ort im Inland, an dem die Arbeitsleistung ganz oder vorwiegend stattfindet. [3]Als Betriebsstätte gilt auch der inländische Heimathafen deutscher Handelsschiffe, wenn die Reederei im Inland keine Niederlassung hat.

S 2376

1)

[1] *Absatz 1 Satz 2 wurde durch das BeitrRLUmsG ab 1. 1. 2012 geändert.*

EStG
S 2377

§ 41a   Anmeldung und Abführung der Lohnsteuer

(1) [1]Der Arbeitgeber hat spätestens am zehnten Tag nach Ablauf eines jeden Lohnsteuer-Anmeldungszeitraums

1. dem Finanzamt, in dessen Bezirk sich die Betriebsstätte (§ 41 Absatz 2) befindet (Betriebsstättenfinanzamt), eine Steuererklärung einzureichen, in der er die Summen der im Lohnsteuer-Anmeldungszeitraum einzubehaltenden und zu übernehmenden Lohnsteuer angibt (Lohnsteuer-Anmeldung),

2. die im Lohnsteuer-Anmeldungszeitraum insgesamt einbehaltene und übernommene Lohnsteuer an das Betriebsstättenfinanzamt abzuführen.

[2]Die Lohnsteuer-Anmeldung ist nach amtlich vorgeschriebenem Datensatz durch Datenfernübertragung nach Maßgabe der Steuerdaten-Übermittlungsverordnung zu übermitteln. [3]Auf Antrag kann das Finanzamt zur Vermeidung von unbilligen Härten auf eine elektronische Übermittlung verzichten; in diesem Fall ist die Lohnsteuer-Anmeldung nach amtlich vorgeschriebenem Vordruck abzugeben und vom Arbeitgeber oder von einer zu seiner Vertretung berechtigten Person zu unterschreiben. [4]Der Arbeitgeber wird von der Verpflichtung zur Abgabe weiterer Lohnsteuer-Anmeldungen befreit, wenn er Arbeitnehmer, für die er Lohnsteuer einzubehalten oder zu übernehmen hat, nicht mehr beschäftigt und das dem Finanzamt mitteilt.

(2) [1]Lohnsteuer-Anmeldungszeitraum ist grundsätzlich der Kalendermonat. [2]Lohnsteuer-Anmeldungszeitraum ist das Kalendervierteljahr, wenn die abzuführende Lohnsteuer für das vorangegangene Kalenderjahr mehr als 1 000 Euro, aber nicht mehr als 4 000 Euro betragen hat; Lohnsteuer-Anmeldungszeitraum ist der Kalendermonat, wenn die abzuführende Lohnsteuer für das vorangegangene Kalenderjahr nicht mehr als 1 000 Euro betragen hat. [3]Hat die Betriebsstätte nicht während des ganzen vorangegangenen Kalenderjahres bestanden, so ist die für das vorangegangene Kalenderjahr abzuführende Lohnsteuer für die Feststellung des Lohnsteuer-Anmeldungszeitraums auf einen Jahresbetrag umzurechnen. [4]Wenn die Betriebsstätte im vorangegangenen Kalenderjahr noch nicht bestanden hat, ist die auf einen Jahresbetrag umgerechnete für den ersten vollen Kalendermonat nach der Eröffnung der Betriebsstätte abzuführende Lohnsteuer maßgebend.

(3) [1]Die oberste Finanzbehörde des Landes kann bestimmen, dass die Lohnsteuer nicht dem Betriebsstättenfinanzamt, sondern einer anderen öffentlichen Kasse anzumelden und an diese abzuführen ist; die Kasse erhält insoweit die Stellung einer Landesfinanzbehörde. [2]Das Betriebsstättenfinanzamt oder die zuständige andere öffentliche Kasse können anordnen, dass die Lohnsteuer abweichend von dem nach Absatz 1 maßgebenden Zeitpunkt anzumelden und abzuführen ist, wenn die Abführung der Lohnsteuer nicht gesichert erscheint.

(4) [1]Arbeitgeber, die eigene oder gecharterte Handelsschiffe betreiben, dürfen vom Gesamtbetrag der anzumeldenden und abzuführenden Lohnsteuer einen Betrag von 40 Prozent der Lohnsteuer der auf solchen Schiffen in einem zusammenhängenden Arbeitsverhältnis von mehr als 183 Tagen beschäftigten Besatzungsmitglieder abziehen und einbehalten. [2]Die Handelsschiffe müssen in einem inländischen Seeschiffsregister eingetragen sein, die deutsche Flagge führen und zur Beförderung von Personen oder Gütern im Verkehr mit oder zwischen ausländischen Häfen, innerhalb eines ausländischen Hafens oder zwischen einem ausländischen Hafen und der Hohen See betrieben werden. [3]Die Sätze 1 und 2 sind entsprechend anzuwenden, wenn Seeschiffe im Wirtschaftsjahr überwiegend außerhalb der deutschen Hoheitsgewässer zum Schleppen, Bergen oder zur Aufsuchung von Bodenschätzen oder zur Vermessung von Energielagerstätten unter dem Meeresboden eingesetzt werden. [4]Ist für den Lohnsteuerabzug die Lohnsteuer nach der Steuerklasse V oder VI zu ermitteln, so bemisst sich der Betrag nach Satz 1 nach der Lohnsteuer der Steuerklasse I.

EStG
S 2378

§ 41b   Abschluss des Lohnsteuerabzugs

(1) [1]Bei Beendigung eines Dienstverhältnisses oder am Ende des Kalenderjahres hat der Arbeitgeber das Lohnkonto des Arbeitnehmers abzuschließen. [2]Auf Grund der Eintragungen im Lohnkonto hat der Arbeitgeber spätestens bis zum 28. Februar des Folgejahres nach amtlich vorgeschriebenem Datensatz auf elektronischem Weg nach Maßgabe der Steuerdaten-Übermittlungsverordnung vom 28. Januar 2003 (BGBl. I S. 139), zuletzt geändert durch Artikel 1 der Verordnung vom 26. Juni 2007 (BGBl. I S. 1185), in der jeweils geltenden Fassung, insbesondere folgende Angaben zu übermitteln (elektronische Lohnsteuerbescheinigung):

1)
1. Name, Vorname, *Tag der Geburt* und Anschrift des Arbeitnehmers, die *abgerufenen elektronischen Lohnsteuerabzugsmerkmale oder die* auf der entsprechenden Bescheinigung *für den Lohnsteuerabzug eingetragenen Lohnsteuerabzugsmerkmale*, die Bezeichnung und die Num-

---

[1]) *Absatz 1 Satz 2 Nr. 1 wurde durch das BeitrRLUmsG ab VZ 2012 geändert.*

mer des Finanzamts, an das die Lohnsteuer abgeführt worden ist, sowie die Steuernummer des Arbeitgebers,

2. die Dauer des Dienstverhältnisses während des Kalenderjahres sowie die Anzahl der nach § 41 Abs. 1 Satz 6 vermerkten Großbuchstaben U,

3. die Art und Höhe des gezahlten Arbeitslohns sowie den nach § 41 Abs. 1 Satz 7 vermerkten Großbuchstaben S,

4. die einbehaltene Lohnsteuer, den Solidaritätszuschlag und die Kirchensteuer,

5. das Kurzarbeitergeld, das Schlechtwettergeld, das Winterausfallgeld, den Zuschuss zum Mutterschaftsgeld nach dem Mutterschutzgesetz, die Entschädigungen für Verdienstausfall nach dem Infektionsschutzgesetz vom 20. Juli 2000 (BGBl. I S. 1045), zuletzt geändert durch Artikel 11 § 3 des Gesetzes vom 6. August 2002 (BGBl. I S. 3082), in der jeweils geltenden Fassung, sowie die nach § 3 Nr. 28 steuerfreien Aufstockungsbeträge oder Zuschläge,

6. die auf die Entfernungspauschale anzurechnenden steuerfreien Arbeitgeberleistungen für Fahrten zwischen Wohnung und Arbeitsstätte,

7. die pauschal besteuerten Arbeitgeberleistungen für Fahrten zwischen Wohnung und Arbeitsstätte,

8. (weggefallen) ¹⁾

9. für die steuerfreie Sammelbeförderung nach § 3 Nr. 32 den Großbuchstaben F,

10. die nach § 3 Nr. 13 und 16 steuerfrei gezahlten Verpflegungszuschüsse und Vergütungen bei doppelter Haushaltsführung,

11. Beiträge zu den gesetzlichen Rentenversicherungen und an berufsständische Versorgungseinrichtungen, getrennt nach Arbeitgeber- und Arbeitnehmeranteil,

12. die nach § 3 Nr. 62 gezahlten Zuschüsse zur Kranken- und Pflegeversicherung,

13. die Beiträge des Arbeitnehmers zur gesetzlichen Krankenversicherung und zur sozialen Pflegeversicherung,

14. die Beiträge des Arbeitnehmers zur Arbeitslosenversicherung,

15. den nach § 39b Absatz 2 Satz 5 Nummer 3 Buchstabe d berücksichtigten Teilbetrag der Vorsorgepauschale.

³Der Arbeitgeber hat dem Arbeitnehmer einen nach amtlich vorgeschriebenem Muster gefertigten Ausdruck der elektronischen Lohnsteuerbescheinigung mit Angabe des lohnsteuerlichen Ordnungsmerkmals (Absatz 2) auszuhändigen oder elektronisch bereitzustellen. *⁴Soweit der Arbeitgeber nicht zur elektronischen Übermittlung nach Absatz 1 Satz 2 verpflichtet ist, hat er nach Ablauf des Kalenderjahres oder wenn das Dienstverhältnis vor Ablauf des Kalenderjahres beendet wird, auf der vom Finanzamt ausgestellten Bescheinigung für den Lohnsteuerabzug (§ 39 Absatz 3, § 39e Absatz 7 oder Absatz 8) eine Lohnsteuerbescheinigung auszustellen. ⁵Er hat dem Arbeitnehmer diese Bescheinigung auszuhändigen.* ²⁾ *⁶Nicht ausgehändigte Bescheinigungen für den Lohnsteuerabzug mit Lohnsteuerbescheinigungen hat der Arbeitgeber dem Betriebsstättenfinanzamt einzureichen.*

(2) ¹Für die Datenübermittlung nach Absatz 1 Satz 2 hat der Arbeitgeber aus dem Namen, Vornamen und Geburtsdatum des Arbeitnehmers ein Ordnungsmerkmal nach amtlich festgelegter Regel für den Arbeitnehmer zu bilden und zu verwenden. ²Das lohnsteuerliche Ordnungsmerkmal darf nur erhoben, gebildet, verarbeitet oder genutzt werden für die Zuordnung der elektronischen Lohnsteuerbescheinigung oder sonstiger für das Besteuerungsverfahren erforderlicher Daten zu einem bestimmten Steuerpflichtigen und für Zwecke des Besteuerungsverfahrens. ³Nach Vergabe der Identifikationsnummer (§ 139b der Abgabenordnung) hat der Arbeitgeber für die Datenübermittlung anstelle des lohnsteuerlichen Ordnungsmerkmals die Identifikationsnummer des Arbeitnehmers zu verwenden. ⁴Das Bundesministerium der Finanzen teilt den Zeitpunkt der erstmaligen Verwendung durch ein im Bundessteuerblatt zu veröffentlichendes Schreiben mit. ⁵Der nach Maßgabe der Steuerdaten-Übermittlungsverordnung authentifizierte Arbeitgeber kann die Identifikationsnummer des Arbeitnehmers für die Übermittlung der Lohnsteuerbescheinigung 2010 beim Bundeszentralamt für Steuern erheben. ⁶Das Bundeszentralamt für Steuern teilt dem Arbeitgeber die Identifikationsnummer des Arbeitnehmers mit, sofern die übermittelten Daten mit den nach § 139b Absatz 3 der Abgabenordnung beim Bundeszentralamt für Steuern gespeicherten Daten übereinstimmen. ⁷Die Anfrage des Arbeitgebers und die Antwort des Bundeszentralamtes für Steuern sind über die zentrale Stelle (§ 81) zuübermitteln. ⁸ § 22a Absatz 2 Satz 5 bis 8 ist entsprechend anzuwenden.

---

¹⁾ *Absatz 1 Satz 2 Nr. 8 wurde durch das Gesetz zur Änderung und Vereinfachung der Unternehmensbesteuerung und des steuerlichen Reisekostenrechts ab VZ 2014 eingefügt.*
Anm.:
„8. für die dem Arbeitnehmer zur Verfügung gestellten Mahlzeiten nach § 8 Absatz 2 Satz 8 den Großbuchstaben M,"

²⁾ *Absatz 1 Satz 4 wurde durch das BeitrRLUmsG ab VZ 2012 geändert und Satz 5 und 6 angefügt.*

1)

(3) [1]Ein Arbeitgeber ohne maschinelle Lohnabrechnung, der ausschließlich Arbeitnehmer im Rahmen einer geringfügigen Beschäftigung in seinem Privathaushalt im Sinne des § 8a des Vierten Buches Sozialgesetzbuch beschäftigt und keine elektronische Lohnsteuerbescheinigung erteilt, hat an Stelle der elektronischen Lohnsteuerbescheinigung eine entsprechende Lohnsteuerbescheinigung *nach amtlich vorgeschriebenem Muster auszustellen.* [2]Der Arbeitgeber hat dem Arbeitnehmer die Lohnsteuerbescheinigung auszuhändigen. [3]In den übrigen Fällen hat der Arbeitgeber die Lohnsteuerbescheinigung dem Betriebsstättenfinanzamt einzureichen.

(4) Die Absätze 1 bis 3 gelten nicht für Arbeitnehmer, soweit sie Arbeitslohn bezogen haben, der nach den §§ 40 bis 40b pauschal besteuert worden ist.

EStG
S 2379

§ 41c Änderung des Lohnsteuerabzugs

(1) [1]Der Arbeitgeber ist berechtigt, bei der jeweils nächstfolgenden Lohnzahlung bisher erhobene Lohnsteuer zu erstatten oder noch nicht erhobene Lohnsteuer nachträglich einzubehalten,

2)
1. wenn ihm *elektronische Lohnsteuerabzugsmerkmale zum Abruf zur Verfügung gestellt werden oder ihm der Arbeitnehmer eine Bescheinigung für den Lohnsteuerabzug* mit Eintragungen vorlegt, die auf einen Zeitpunkt vor *Abruf der Lohnsteuerabzugsmerkmale oder vor Vorlage der Bescheinigung für den Lohnsteuerabzug* zurückwirken, oder

2. wenn er erkennt, dass er die Lohnsteuer bisher nicht vorschriftsmäßig einbehalten hat; dies gilt auch bei rückwirkender Gesetzesänderung.

[2]In den Fällen des Satzes 1 Nummer 2 ist der Arbeitgeber jedoch verpflichtet, wenn ihm dies wirtschaftlich zumutbar ist.

(2) [1]Die zu erstattende Lohnsteuer ist dem Betrag zu entnehmen, den der Arbeitgeber für seine Arbeitnehmer insgesamt an Lohnsteuer einbehalten oder übernommen hat. [2]Wenn die zu erstattende Lohnsteuer aus dem Betrag nicht gedeckt werden kann, der insgesamt an Lohnsteuer einzubehalten oder zu übernehmen ist, wird der Fehlbetrag dem Arbeitgeber auf Antrag vom Betriebsstättenfinanzamt ersetzt.

(3) [1]Nach Ablauf des Kalenderjahres oder, wenn das Dienstverhältnis vor Ablauf des Kalenderjahres endet, nach Beendigung des Dienstverhältnisses, ist die Änderung des Lohnsteuerabzugs nur bis zur Übermittlung oder Ausschreibung der Lohnsteuerbescheinigung zulässig. [2]Bei Änderung des Lohnsteuerabzugs nach Ablauf des Kalenderjahres ist die nachträglich einzubehaltende Lohnsteuer nach dem Jahresarbeitslohn zu ermitteln. [3]Eine Erstattung von Lohnsteuer ist nach Ablauf des Kalenderjahres nur im Wege des Lohnsteuer-Jahresausgleichs nach § 42b zulässig.

3)
(4) [1]Der Arbeitgeber hat die Fälle, in denen er die Lohnsteuer nach Absatz 1 nicht nachträglich einbehält oder die Lohnsteuer nicht nachträglich einbehalten werden kann, weil

1. der Arbeitnehmer vom Arbeitgeber Arbeitslohn nicht mehr bezieht oder

2. der Arbeitgeber nach Ablauf des Kalenderjahres bereits die Lohnsteuerbescheinigung übermittelt oder ausgeschrieben hat,

dem Betriebsstättenfinanzamt unverzüglich anzuzeigen. [2]Das Finanzamt hat die zu wenig erhobene Lohnsteuer vom Arbeitnehmer nachzufordern, wenn der nachzufordernde Betrag 10 Euro übersteigt. [3] § 42d bleibt unberührt.

EStG

§§ 42 und 42a

(weggefallen)

---

[1]) *Absatz 3 Satz 1 wurde durch das BeitrRLUmsG ab VZ 2012 geändert, Satz 2 und 3 wurde durch einen neuen Satz 2 ersetzt und der bisherige Satz 4 wurde Satz 3.*
[2]) *Absatz 1 Satz 1 Nr. 1 wurde durch das BeitrRLUmsG ab 1. 1. 2012 neu gefasst.*
[3]) *Absatz 4 Satz 1 Nr. 1 wurde durch das BeitrRLUmsG ab 1. 1. 2012 aufgehoben und die bisherigen Nummern 2 und 3 wurden die Nummern 1 und 2.*

§ 42b Lohnsteuer-Jahresausgleich durch den Arbeitgeber

EStG
S 2381

(1) [1]Der Arbeitgeber ist berechtigt, seinen unbeschränkt einkommensteuerpflichtigen Arbeitnehmern, die während des abgelaufenen Kalenderjahres (Ausgleichsjahr) ständig in einem *zu ihm* bestehenden Dienstverhältnis gestanden haben, die für das Ausgleichsjahr einbehaltene Lohnsteuer insoweit zu erstatten, als sie die auf den Jahresarbeitslohn entfallende Jahreslohnsteuer übersteigt (Lohnsteuer-Jahresausgleich). [2]Er ist zur Durchführung des Lohnsteuer-Jahresausgleichs verpflichtet, wenn er am 31. Dezember des Ausgleichsjahres mindestens zehn Arbeitnehmer beschäftigt. [3]Der Arbeitgeber darf den Lohnsteuer-Jahresausgleich nicht durchführen, wenn [1]

1. der Arbeitnehmer es beantragt oder
2. der Arbeitnehmer für das Ausgleichsjahr oder für einen Teil des Ausgleichsjahres nach den Steuerklassen V oder VI zu besteuern war oder
3. der Arbeitnehmer für einen Teil des Ausgleichsjahres nach den Steuerklassen II, III oder IV zu besteuern war oder
3a. bei der Lohnsteuerberechnung ein Freibetrag oder Hinzurechnungsbetrag zu berücksichtigen war oder
3b. das Faktorverfahren angewandt wurde oder
4. der Arbeitnehmer im Ausgleichsjahr Kurzarbeitergeld, Schlechtwettergeld, Winterausfallgeld, Zuschuss zum Mutterschaftsgeld nach dem Mutterschutzgesetz, Zuschuss bei Beschäftigungsverboten für die Zeit vor oder nach einer Entbindung sowie für den Entbindungstag während einer Elternzeit nach beamtenrechtlichen Vorschriften, Entschädigungen für Verdienstausfall nach dem Infektionsschutzgesetz vom 20. Juli 2000 (BGBl. I S. 1045) oder nach § 3 Nummer 28 steuerfreie Aufstockungsbeträge oder Zuschläge bezogen hat oder
4a. die Anzahl der im Lohnkonto oder in der Lohnsteuerbescheinigung eingetragenen Großbuchstaben U mindestens eins beträgt oder
5. für den Arbeitnehmer im Ausgleichsjahr im Rahmen der Vorsorgepauschale jeweils nur zeitweise Beträge nach § 39b Absatz 2 Satz 5 Nummer 3 Buchstabe a bis d oder der Beitragszuschlag nach § 39b Absatz 2 Satz 5 Nummer 3 Buchstabe c berücksichtigt wurden oder
6. der Arbeitnehmer im Ausgleichsjahr ausländische Einkünfte aus nichtselbständiger Arbeit bezogen hat, die nach einem Abkommen zur Vermeidung der Doppelbesteuerung oder unter Progressionsvorbehalt nach § 34c Absatz 5 von der Lohnsteuer freigestellt waren.

(2) [1]Für den Lohnsteuer-Jahresausgleich hat der Arbeitgeber den Jahresarbeitslohn aus dem zu ihm bestehenden Dienstverhältnis festzustellen. [2]Dabei bleiben Bezüge im Sinne des § 34 Absatz 1 und 2 Nummer 2 und 4 außer Ansatz, wenn der Arbeitnehmer nicht jeweils die Einbeziehung in den Lohnsteuer-Jahresausgleich beantragt. [3]Vom Jahresarbeitslohn sind der etwa in Betracht kommende Versorgungsfreibetrag und Zuschlag zum Versorgungsfreibetrag und der etwa in Betracht kommende Altersentlastungsbetrag abzuziehen. [4]Für den so geminderten Jahresarbeitslohn ist *die Jahreslohnsteuer nach § 39b Absatz 2 Satz 6 und 7 zu ermitteln nach Maßgabe der Steuerklasse, die für den letzten Lohnzahlungszeitraum des Ausgleichsjahres als elektronisches Lohnsteuerabzugsmerkmal abgerufen oder auf der Bescheinigung für den Lohnsteuerabzug oder etwaigen Mitteilungen über Änderungen zuletzt eingetragen wurde.* [5]Den Betrag, um den die sich hiernach ergebende Jahreslohnsteuer die Lohnsteuer unterschreitet, die von der zugrunde gelegten Jahresarbeitslohn insgesamt erhoben worden ist, hat der Arbeitgeber dem Arbeitnehmer zu erstatten. [6]Bei der Ermittlung der insgesamt erhobenen Lohnsteuer ist die Lohnsteuer auszuscheiden, die von den nach Satz 2 außer Ansatz gebliebenen Bezügen einbehalten worden ist.

(3) [1]Der Arbeitgeber darf den Lohnsteuer-Jahresausgleich frühestens bei der Lohnabrechnung für den letzten im Ausgleichsjahr endenden Lohnzahlungszeitraum, spätestens bei der Lohnabrechnung für den letzten Lohnzahlungszeitraum, der im Monat März des dem Ausgleichsjahr folgenden Kalenderjahres endet, durchführen. [2]Die zu erstattende Lohnsteuer ist dem Betrag zu entnehmen, den der Arbeitgeber für seine Arbeitnehmer für den Lohnzahlungszeitraum insgesamt an Lohnsteuer erhoben hat. [3]§ 41c Absatz 2 Satz 2 ist anzuwenden.

(4) [1]Im Lohnkonto für das Ausgleichsjahr ist die im Lohnsteuer-Jahresausgleich erstattete Lohnsteuer gesondert einzutragen. [2]In der Lohnsteuerbescheinigung für das Ausgleichsjahr ist der sich nach Verrechnung der erhobenen Lohnsteuer mit der erstatteten Lohnsteuer ergebende Betrag als erhobene Lohnsteuer einzutragen.

---

[1] *Absatz 1 Satz 1 wurde durch das BeitrRLUmsG ab VZ 2012 geändert und Satz 3 aufgehoben.*

EStG

§ 42c

(weggefallen)

EStG
S 2383

§ 42d Haftung des Arbeitgebers und Haftung bei Arbeitnehmerüberlassung

(1) Der Arbeitgeber haftet

1. für die Lohnsteuer, die er einzubehalten und abzuführen hat,

2. für die Lohnsteuer, die er beim Lohnsteuer-Jahresausgleich zu Unrecht erstattet hat,

3. für die Einkommensteuer (Lohnsteuer), die auf Grund fehlerhafter Angaben im Lohnkonto oder in der Lohnsteuerbescheinigung verkürzt wird,

4. für die Lohnsteuer, die in den Fällen des § 38 Absatz 3a der Dritte zu übernehmen hat.

¹⁾ **(2)** Der Arbeitgeber haftet nicht, soweit Lohnsteuer nach § 39 *Absatz 5* oder § 39a Absatz 5 nachzufordern ist und in den vom Arbeitgeber angezeigten Fällen des § 38 Absatz 4 Satz 2 und 3 und des § 41c Absatz 4.

(3) ¹Soweit die Haftung des Arbeitgebers reicht, sind der Arbeitgeber und der Arbeitnehmer Gesamtschuldner. ²Das Betriebsstättenfinanzamt kann die Steuerschuld oder Haftungsschuld nach pflichtgemäßem Ermessen gegenüber jedem Gesamtschuldner geltend machen. ³Der Arbeitgeber kann auch dann in Anspruch genommen werden, wenn der Arbeitnehmer zur Einkommensteuer veranlagt wird. ⁴Der Arbeitnehmer kann im Rahmen der Gesamtschuldnerschaft nur in Anspruch genommen werden,

1. wenn der Arbeitgeber die Lohnsteuer nicht vorschriftsmäßig vom Arbeitslohn einbehalten hat,

2. wenn der Arbeitnehmer weiß, dass der Arbeitgeber die einbehaltene Lohnsteuer nicht vorschriftsmäßig angemeldet hat. ²Dies gilt nicht, wenn der Arbeitnehmer den Sachverhalt dem Finanzamt unverzüglich mitgeteilt hat.

(4) ¹Für die Inanspruchnahme des Arbeitgebers bedarf es keines Haftungsbescheids und keines Leistungsgebots, soweit der Arbeitgeber

1. die einzubehaltende Lohnsteuer angemeldet hat oder

2. nach Abschluss einer Lohnsteuer-Außenprüfung seine Zahlungsverpflichtung schriftlich anerkennt.

²Satz 1 gilt entsprechend für die Nachforderung zu übernehmender pauschaler Lohnsteuer.

(5) Von der Geltendmachung der Steuernachforderung oder Haftungsforderung ist abzusehen, wenn diese insgesamt 10 Euro nicht übersteigt.

S 2384 **(6)** ¹Soweit einem Dritten (Entleiher) Arbeitnehmer gewerbsmäßig zur Arbeitsleistung überlassen werden, haftet er mit Ausnahme der Fälle, in denen eine Arbeitnehmerüberlassung nach § 1 Absatz 3 des Arbeitnehmerüberlassungsgesetzes vorliegt, neben dem Arbeitgeber ²Der Entleiher haftet nicht, wenn der Überlassung eine Erlaubnis nach § 1 des Arbeitnehmerüberlassungsgesetzes in der Fassung der Bekanntmachung vom 3. Februar 1995 (BGBl. I S. 158), das zuletzt durch
²⁾ Artikel 11 Nummer 21 des Gesetzes vom 30. Juli 2004 (BGBl. I S. 1950) geändert worden ist, in der jeweils geltenden Fassung zugrunde liegt und soweit er nachweist, dass er den nach § 51 Absatz 1 Nummer 2 Buchstabe d vorgesehenen Mitwirkungspflichten nachgekommen ist. ³Der Entleiher haftet ferner nicht, wenn er über das Vorliegen einer Arbeitnehmerüberlassung ohne Verschulden irrte. ⁴Die Haftung beschränkt sich auf die Lohnsteuer für die Zeit, für die ihm der Arbeitnehmer überlassen worden ist. ⁵Soweit die Haftung des Entleihers reicht, sind der Arbeitgeber, der Entleiher und der Arbeitnehmer Gesamtschuldner. ⁶Der Entleiher darf auf Zahlung nur in Anspruch genommen werden, soweit die Vollstreckung in das inländische bewegliche Vermögen des Arbeitgebers fehlgeschlagen ist oder keinen Erfolg verspricht; § 219 Satz 2 der Abgabenordnung ist entsprechend anzuwenden. ⁷Ist durch die Umstände der Arbeitnehmerüberlassung die Lohnsteuer schwer zu ermitteln, so ist die Haftungsschuld mit 15 Prozent des zwischen Verleiher und Entleiher vereinbarten Entgelts ohne Umsatzsteuer anzunehmen, solange der Entleiher nicht glaubhaft macht, dass die Lohnsteuer, für die er haftet, niedriger ist. ⁸Die Absätze 1 bis 5 sind entsprechend anzuwenden. ⁹Die Zuständigkeit des Finanzamts richtet sich nach dem Ort der Betriebsstätte des Verleihers.

---

¹⁾ *Absatz 2 wurde durch das BeitrRLUmsG ab 1. 1. 2012 geändert.*
²⁾ Das Arbeitnehmerüberlassungsgesetz wurde zuletzt durch Artikel 26 des Gesetzes zur Verbesserung der Eingliederungschancen am Arbeitsmarkt vom 20. 12. 2011 (BGBl. I S. 2854) geändert.

(7) Soweit der Entleiher Arbeitgeber ist, haftet der Verleiher wie ein Entleiher nach Absatz 6.

(8) [1]Das Finanzamt kann hinsichtlich der Lohnsteuer der Leiharbeitnehmer anordnen, dass der Entleiher einen bestimmten Teil des mit dem Verleiher vereinbarten Entgelts einzubehalten und abzuführen hat, wenn dies zur Sicherung des Steueranspruchs notwendig ist; Absatz 6 Satz 4 ist anzuwenden. [2]Der Verwaltungsakt kann auch mündlich erlassen werden. [3]Die Höhe des einzubehaltenden und abzuführenden Teils des Entgelts bedarf keiner Begründung, wenn der in Absatz 6 Satz 7 genannte Prozentsatz nicht überschritten wird.

(9) [1]Der Arbeitgeber haftet auch dann, wenn ein Dritter nach § 38 Absatz 3a dessen Pflichten trägt. [2]In diesen Fällen haftet der Dritte neben dem Arbeitgeber. [3]Soweit die Haftung des Dritten reicht, sind der Arbeitgeber, der Dritte und der Arbeitnehmer Gesamtschuldner. [4]Absatz 3 Satz 2 bis 4 ist anzuwenden; Absatz 4 gilt auch für die Inanspruchnahme des Dritten. [5]Im Fall des § 38 Absatz 3a Satz 2 beschränkt sich die Haftung des Dritten auf die Lohnsteuer, die für die Zeit zu erheben ist, für die er sich gegenüber dem Arbeitgeber zur Vornahme des Lohnsteuerabzugs verpflichtet hat; der maßgebende Zeitraum endet nicht, bevor der Dritte seinem Betriebsstättenfinanzamt die Beendigung seiner Verpflichtung gegenüber dem Arbeitgeber angezeigt hat. [6]In den Fällen des § 38 Absatz 3a Satz 7 ist als Haftungsschuld der Betrag zu ermitteln, um den die Lohnsteuer, die für den gesamten Arbeitslohn des Lohnzahlungszeitraums zu berechnen und einzubehalten ist, die insgesamt tatsächlich einbehaltene Lohnsteuer übersteigt. [7]Betrifft die Haftungsschuld mehrere Arbeitgeber, so ist sie bei fehlerhafter Lohnsteuerberechnung nach dem Verhältnis der Arbeitslöhne und für nachträglich zu erfassende Arbeitslohnbeträge nach dem Verhältnis dieser Beträge auf die Arbeitgeber aufzuteilen. [8]In den Fällen des § 38 Absatz 3a ist das Betriebsstättenfinanzamt des Dritten für die Geltendmachung der Steuer- oder Haftungsschuld zuständig.

§ 42e   Anrufungsauskunft

EStG
S 2388

[1]Das Betriebsstättenfinanzamt hat auf Anfrage eines Beteiligten darüber Auskunft zu geben, ob und inwieweit im einzelnen Falle die Vorschriften über die Lohnsteuer anzuwenden sind. [2]Sind für einen Arbeitgeber mehrere Betriebsstättenfinanzämter zuständig, so erteilt das Finanzamt die Auskunft, in dessen Bezirk sich die Geschäftsleitung (§ 10 der Abgabenordnung) des Arbeitgebers im Inland befindet. [3]Ist dieses Finanzamt kein Betriebsstättenfinanzamt, so ist das Finanzamt zuständig, in dessen Bezirk sich die Betriebsstätte mit den meisten Arbeitnehmern befindet. [4]In den Fällen der Sätze 2 und 3 hat der Arbeitgeber sämtliche Betriebsstättenfinanzämter, das Finanzamt der Geschäftsleitung und erforderlichenfalls die Betriebsstätte mit den meisten Arbeitnehmern anzugeben sowie zu erklären, für welche Betriebsstätten die Auskunft von Bedeutung ist.

§ 42f   Lohnsteuer-Außenprüfung

EStG
S 2386

1)

(1) Für die Außenprüfung der Einbehaltung oder Übernahme und Abführung der Lohnsteuer ist das Betriebsstättenfinanzamt zuständig.

(2) [1]Für die Mitwirkungspflicht des Arbeitgebers bei der Außenprüfung gilt § 200 der Abgabenordnung. [2]Darüber hinaus haben die Arbeitnehmer des Arbeitgebers dem mit der Prüfung Beauftragten jede gewünschte Auskunft über Art und Höhe ihrer Einnahmen zu geben und auf Verlangen die etwa in ihrem Besitz befindlichen *Bescheinigungen für den Lohnsteuerabzug*sowie die Belege über bereits entrichtete Lohnsteuer vorzulegen. [3]Dies gilt auch für Personen, bei denen es streitig ist, ob sie Arbeitnehmer des Arbeitgebers sind oder waren.

(3) [1]In den Fällen des § 38 Absatz 3a ist für die Außenprüfung das Betriebsstättenfinanzamt des Dritten zuständig; § 195 Satz 2 der Abgabenordnung bleibt unberührt. [2]Die Außenprüfung ist auch beim Arbeitgeber zulässig; dessen Mitwirkungspflichten bleiben neben den Pflichten des Dritten bestehen.

(4) Auf Verlangen des Arbeitgebers können die Außenprüfung und die Prüfungen durch die Träger der Rentenversicherung (§ 28p des Vierten Buches Sozialgesetzbuch) zur gleichen Zeit durchgeführt werden.

---

1) *Absatz 2 wurde durch das BeitrRLUmsG ab 1. 1. 2012 geändert.*

3. Steuerabzug vom Kapitalertrag (Kapitalertragsteuer)

EStG
S 2400
1)

§ 43   Kapitalerträge mit Steuerabzug

(1) ¹Bei den folgenden inländischen und in den Fällen der Nummern 6, 7 Buchstabe a und Nummern 8 bis 12 sowie Satz 2 auch ausländischen Kapitalerträgen wird die Einkommensteuer durch Abzug vom Kapitalertrag (Kapitalertragsteuer) erhoben:

2)   1.   Kapitalerträgen im Sinne des § 20 Absatz 1 Nummer 1, *soweit diese nicht nachfolgend in Nummer 1a gesondert genannt sind, und Kapitalerträgen im Sinne des § 20 Absatz 1 Nummer 2.* ²Entsprechendes gilt für Kapitalerträge im Sinne des § 20 Absatz 2 Satz 1 Nummer 2 Buchstabe a und Nummer 2 Satz 2;

3)   1a. *Kapitalerträgen im Sinne des § 20 Absatz 1 Nummer 1 aus Aktien, die entweder gemäß § 5 des Depotgesetzes zur Sammelverwahrung durch eine Wertpapiersammelbank zugelassen sind und dieser zur Sammelverwahrung im Inland anvertraut wurden, bei denen eine Sonderverwahrung gemäß § 2 Satz 1 des Depotgesetzes erfolgt oder bei denen die Erträge gegen Aushändigung der Dividendenscheine ausgezahlt oder gutgeschrieben werden;*

2.   Zinsen aus Teilschuldverschreibungen, bei denen neben der festen Verzinsung ein Recht auf Umtausch in Gesellschaftsanteile (Wandelanleihen) oder eine Zusatzverzinsung, die sich nach der Höhe der Gewinnausschüttungen des Schuldners richtet (Gewinnobligationen), eingeräumt ist, und Zinsen aus Genussrechten, die nicht in § 20 Absatz 1 Nummer 1 genannt sind. ²Zu den Gewinnobligationen gehören nicht solche Teilschuldverschreibungen, bei denen der Zinsfuß nur vorübergehend herabgesetzt und gleichzeitig eine von dem jeweiligen Gewinnergebnis des Unternehmens abhängige Zusatzverzinsung bis zur Höhe des ursprünglichen Zinsfußes festgelegt worden ist. ³Zu den Kapitalerträgen im Sinne des Satzes 1 gehören nicht die Bundesbankgenussrechte im Sinne des § 3 Absatz 1 des Gesetzes über die Liquidation der Deutschen Reichsbank und der Deutschen Golddiskontbank in der im Bundesgesetzblatt Teil III, Gliederungsnummer 7620-6, veröffentlichten bereinigten Fassung das, zuletzt durch das Gesetz vom 17. Dezember 1975 (BGBl. I S. 3123) geändert worden ist;

3.   Kapitalerträgen im Sinne des § 20 Absatz 1 Nummer 4;

4.   Kapitalerträgen im Sinne des § 20 Absatz 1 Nummer 6; § 20 Absatz 1 Nummer 6 Satz 2 und 3 in der am 1. Januar 2008 anzuwendenden Fassung bleiben für Zwecke der Kapitalertragsteuer unberücksichtigt. ²Der Steuerabzug vom Kapitalertrag ist in den Fällen des § 20 Absatz 1 Nummer 6 Satz 4 in der am 31. Dezember 2004 geltenden Fassung nur vorzunehmen, wenn das Versicherungsunternehmen auf Grund einer Mitteilung des Finanzamts weiß oder infolge der Verletzung eigener Anzeigeverpflichtungen nicht weiß, dass die Kapitalerträge nach dieser Vorschrift zu den Einkünften aus Kapitalvermögen gehören;

S 2405   5.   (weggefallen)

4)   6.   ausländischen Kapitalerträgen im Sinne der *Nummern 1 und 1a*;

7.   Kapitalerträgen im Sinne des § 20 Absatz 1 Nummer 7, außer bei Kapitalerträgen im Sinne der Nummer 2, wenn

a)   es sich um Zinsen aus Anleihen und Forderungen handelt, die in ein öffentliches Schuldbuch oder in ein ausländisches Register eingetragen oder über die Sammelurkunden im Sinne des § 9a des Depotgesetzes oder Teilschuldverschreibungen ausgegeben sind;

b)   der Schuldner der nicht in Buchstabe a genannten Kapitalerträge ein inländisches Kreditinstitut oder ein inländisches Finanzdienstleistungsinstitut im Sinne des Gesetzes über das Kreditwesen ist. ²Kreditinstitut in diesem Sinne ist auch die Kreditanstalt für Wiederaufbau, eine Bausparkasse, ein Versicherungsunternehmen für Erträge aus Kapitalanlagen, die mit Einlagegeschäften bei Kreditinstituten vergleichbar sind, die Deutsche Postbank AG, die Deutsche Bundesbank bei Geschäften mit jedermann einschließlich ihrer Betriebsangehörigen im Sinne der §§ 22 und 25 des Gesetzes über die Deutsche Bundesbank und eine inländische Zweigstelle eines ausländischen Kreditinstituts oder eines ausländischen Finanzdienstleistungsinstituts im Sinne der §§ 53

---

1) § 43 EStG wurde durch das Unternehmensteuerreformgesetz 2008 und durch das JStG 2009 grundsätzlich geändert und ist erstmals auf Kapitalerträge anzuwenden, die dem Gläubiger nach dem 31. 12. 2008 zufließen → § 52a Abs. 1 EStG.
2) *Absatz 1 Satz 1 Nr. 1 Satz 1 wurde durch das OGAW-IV-UmsG geändert und ist erstmals auf Kapitalerträge anzuwenden, die dem Gläubiger nach dem 31. 12. 2011 zufließen, → § 52a Abs. 16b EStG.*
3) *Absatz 1 Satz 1 Nr. 1 Satz 1 Nr. 1a wurde durch das OGAW-IV-UmsG eingefügt und ist erstmals auf Kapitalerträge anzuwenden, die dem Gläubiger nach dem 31. 12. 2011 zufließen, → § 52a Abs. 16b EStG.*
4) *Absatz 1 Satz 1 Nr. 6 wurde durch das OGAW-IV-UmsG neu gefasst und ist erstmals auf Kapitalerträge anzuwenden, die dem Gläubiger nach dem 31. 12. 2011 zufließen, → § 52a Abs. 16b EStG.*

und 53b des Gesetzes über das Kreditwesen, nicht aber eine ausländische Zweigstelle eines inländischen Kreditinstituts oder eines inländischen Finanzdienstleistungsinstituts. [3]Die inländische Zweigstelle gilt anstelle des ausländischen Kreditinstituts oder des ausländischen Finanzdienstleistungsinstituts als Schuldner der Kapitalerträge.

7a. Kapitalerträgen im Sinne des § 20 Absatz 1 Nummer 9;

7b. Kapitalerträgen im Sinne des § 20 Absatz 1 Nummer 10 Buchstabe a;

7c. Kapitalerträgen im Sinne des § 20 Absatz 1 Nummer 10 Buchstabe b;

8. Kapitalerträgen im Sinne des § 20 Absatz 1 Nummer 11;

9. Kapitalerträgen im Sinne des § 20 Absatz 2 Satz 1 Nummer 1 Satz 1 und 2;

10. Kapitalerträgen im Sinne des § 20 Absatz 2 Satz 1 Nummer 2 Buchstabe b und Nummer 7;

11. Kapitalerträgen im Sinne des § 20 Absatz 2 Satz 1 Nummer 3;

12. Kapitalerträgen im Sinne des § 20 Absatz 2 Satz 1 Nummer 8.

[2]Dem Steuerabzug unterliegen auch Kapitalerträge im Sinne des § 20 Absatz 3, die neben den in den Nummern 1 bis 12 bezeichneten Kapitalerträgen oder an deren Stelle gewährt werden. [3]Der Steuerabzug ist ungeachtet des § 3 Nummer 40 und des § 8b des Körperschaftsteuergesetzes vorzunehmen. [4]Für Zwecke des Kapitalertragsteuerabzugs gilt die Übertragung eines von einer auszahlenden Stelle verwahrten oder verwalteten Wirtschaftsguts im Sinne des § 20 Absatz 2 auf einen anderen Gläubiger als Veräußerung des Wirtschaftsguts. [5]Satz 4 gilt nicht, wenn der Steuerpflichtige der auszahlenden Stelle *unter Benennung der in Satz 6 Nummer 4 bis 6 bezeichneten Daten* mitteilt, dass es sich um eine unentgeltliche Übertragung handelt. [6]*Die auszahlende Stelle hat in den Fällen des Satzes 5 folgende Daten dem für sie zuständigen Betriebsstättenfinanzamt bis zum 31. Mai des jeweiligen Folgejahres nach amtlich vorgeschriebenem Datensatz auf elektronischem Weg nach Maßgabe der Steuerdaten-Übermittlungsverordnung in der jeweils geltenden Fassung mitzuteilen:* ¹⁾ ¹⁾

1. *Bezeichnung der auszahlenden Stelle,*

2. *das zuständige Betriebsstättenfinanzamt,*

3. *das übertragene Wirtschaftsgut, den Übertragungszeitpunkt, den Wert zum Übertragungszeitpunkt und die Anschaffungskosten des Wirtschaftsguts,*

4. *Name, Geburtsdatum, Anschrift und Identifikationsnummer des Übertragenden,*

5. *Name, Geburtsdatum, Anschrift und Identifikationsnummer des Empfängers, sowie die Bezeichnung des Kreditinstituts, der Nummer des Depots, des Kontos oder des Schuldbuchkontos,*

6. *soweit bekannt, das persönliche Verhältnis (Verwandtschaftsverhältnis, Ehe, Lebenspartnerschaft) zwischen Übertragendem und Empfänger.* ²⁾

(1a) (weggefallen)

(2) [1]Der Steuerabzug ist außer in den Fällen des Absatzes 1 Satz 1 Nummer *1a und 7c* nicht vorzunehmen, wenn Gläubiger und Schuldner der Kapitalerträge (Schuldner) oder die auszahlende Stelle im Zeitpunkt des Zufließens dieselbe Person sind. [2]Der Steuerabzug ist außerdem nicht vorzunehmen, wenn in den Fällen des Absatzes 1 Satz 1 Nummer 6, 7 und 8 bis 12 Gläubiger der Kapitalerträge ein inländisches Kreditinstitut oder inländisches Finanzdienstleistungsinstitut nach Absatz 1 Satz 1 Nummer 7 Buchstabe b oder eine inländische Kapitalanlagegesellschaft ist. [3]Bei Kapitalerträgen im Sinne des Absatzes 1 Satz 1 Nummer 6 und 8 bis 12 ist ebenfalls kein Steuerabzug vorzunehmen, wenn ³⁾

1. eine unbeschränkt steuerpflichtige Körperschaft, Personenvereinigung oder Vermögensmasse, die nicht unter Satz 2 oder § 44a Absatz 4 Satz 1 fällt, Gläubigerin der Kapitalerträge ist, oder

2. die Kapitalerträge Betriebseinnahmen eines inländischen Betriebs sind und der Gläubiger der Kapitalerträge dies gegenüber der auszahlenden Stelle nach amtlich vorgeschriebenem Muster erklärt; dies gilt entsprechend für Kapitalerträge aus Options- und Termingeschäften im Sinne des Absatzes 1 Satz 1 Nummer 8 und 11, wenn sie zu den Einkünften aus Vermietung und Verpachtung gehören.

[4]Im Fall des § 1 Absatz 1 Nummer 4 und 5 des Körperschaftsteuergesetzes ist Satz 3 Nummer 1 nur anzuwenden, wenn die Körperschaft, Personenvereinigung oder Vermögensmasse durch eine Bescheinigung des für sie zuständigen Finanzamts ihre Zugehörigkeit zu dieser Gruppe von Steu-

---

¹⁾ *Absatz 1 Satz 5 und 6 wurde durch das JStG 2010 neu gefasst und ist erstmals auf Übertragungen anzuwenden, die nach dem 31.12.2011 vorgenommen werden → § 52a Abs. 15a EStG.*

²⁾ *Absatz 1 Satz 5 und 6 wurden durch das JStG 2010 neu gefasst und ist erstmals auf Übertragungen anzuwenden, die nach dem 31.12.2011 vorgenommen werden → § 52a Abs. 15a EStG .*

³⁾ *Absatz 2 Satz 1 wurde durch das OGAW-IV-UmsG geändert und ist erstmals auf Kapitalerträge anzuwenden, die dem Gläubiger nach dem 31.12.2011 zufließen, → § 52a Abs. 16b EStG.*

erpflichtigen nachweist. [5]Die Bescheinigung ist unter dem Vorbehalt des Widerrufs auszustellen. [6]Die Fälle des Satzes 3 Nummer 2 hat die auszahlende Stelle gesondert aufzuzeichnen und die Erklärung der Zugehörigkeit der Kapitalerträge zu den Betriebseinnahmen oder zu den Einnahmen aus Vermietung und Verpachtung sechs Jahre aufzubewahren; die Frist beginnt mit dem Schluss des Kalenderjahres, in dem die Freistellung letztmalig berücksichtigt wird. [7]Die auszahlende Stelle hat in den Fällen des Satzes 3 Nummer 2 daneben die Konto- oder Depotbezeichnung oder die sonstige Kennzeichnung des Geschäftsvorgangs, Vor- und Zunamen des Gläubigers sowie die Identifikationsnummer nach § 139b der Abgabenordnung bzw. bei Personenmehrheit den Firmennamen und die zugehörige Steuernummer nach amtlich vorgeschriebenem Datensatz zu speichern und durch Datenfernübertragung zu übermitteln. [8]Das Bundesministerium der Finanzen wird den Empfänger der Datenlieferungen sowie den Zeitpunkt der erstmaligen Übermittlung durch ein im Bundessteuerblatt zu veröffentlichendes Schreiben mitteilen.

[1)] (3) [1]Kapitalerträge im Sinne des Absatzes 1 Satz 1 Nummer 1 Satz 1 sowie Nummer *1a bis 4* sind inländische, wenn der Schuldner Wohnsitz, Geschäftsleitung oder Sitz im Inland hat; Kapitalerträge im Sinne des Absatzes 1 Satz 1 Nummer 4 sind auch dann inländische, wenn der Schuldner eine Niederlassung im Sinne des § 106, § 110a oder § 110d des Versicherungsaufsichtsgesetzes im Inland hat. [2]Kapitalerträge im Sinne des Absatzes 1 Satz 1 Nummer 1 Satz 2 sind inländische, wenn der Schuldner der veräußerten Ansprüche die Voraussetzungen des Satzes 1 erfüllt. [3]Kapitalerträge im Sinne des § 20 Absatz 1 Nummer 1 Satz 4 sind inländische, wenn der Emittent der Aktien Geschäftsleitung oder Sitz im Inland hat. [4]Kapitalerträge im Sinne des Absatzes 1 Satz 1 Nummer 6 sind ausländische, wenn weder die Voraussetzungen nach Satz 1 noch nach Satz 2 vorliegen.

(4) Der Steuerabzug ist auch dann vorzunehmen, wenn die Kapitalerträge beim Gläubiger zu den Einkünften aus Land- und Forstwirtschaft, aus Gewerbebetrieb, aus selbständiger Arbeit oder aus Vermietung und Verpachtung gehören.

(5) [1]Für Kapitalerträge im Sinne des § 20, soweit sie der Kapitalertragsteuer unterlegen haben, ist die Einkommensteuer mit dem Steuerabzug abgegolten; die Abgeltungswirkung des Steuerabzugs tritt nicht ein, wenn der Gläubiger nach § 44 Absatz 1 Satz 8 und 9 und Absatz 5 in Anspruch genommen werden kann. [2]Dies gilt nicht in Fällen des § 32d Absatz 2 und für Kapitalerträge, die zu den Einkünften aus Land- und Forstwirtschaft, aus Gewerbebetrieb, aus selbständiger Arbeit oder aus Vermietung und Verpachtung gehören. [3]Auf Antrag des Gläubigers werden Kapitalerträge im Sinne des Satzes 1 in die besondere Besteuerung von Kapitalerträgen nach § 32d einbezogen. [4]Eine vorläufige Festsetzung der Einkommensteuer im Sinne des § 165 Absatz 1 Satz 2 Nummer 2 bis 4 der Abgabenordnung umfasst auch Einkünfte im Sinne des Satzes 1, für die der Antrag nach Satz 3 nicht gestellt worden ist.

H 43 — Hinweise

Allgemeines

Anhang 14a Einzelfragen zur Abgeltungsteuer →*BMF vom 9. 10. 2012 (BStBl I S. 950); Ergänzung des BMF-Schreibens vom 22. 12. 2009 (BStBl 2010 I S. 94) unter Berücksichtigung der Änderungen durch BMF vom 16. 11. 2010 (BStBl I S. 1305).*

Insolvenz

Der Abzug von Kapitalertragsteuer ist auch bei dem Gläubiger von Kapitalerträgen vorzunehmen, der in Insolvenz gefallen ist (→ BFH vom 20. 12. 1995 – BStBl 1996 II S. 308).

Mitbestimmungsorgane

Bei Personalvertretungen, Elternbeiräten und ähnlichen Mitbestimmungsorganen, die als Teile einer inländischen juristischen Person des öffentlichen Rechts anzusehen sind, kann ein Kapitalertragsteuereinbehalt auf Zinserträge in der Regel durch Vorlage einer NV 2-Bescheinigung i. S. d. § 44a Abs. 4 Satz 3 EStG vermieden werden.

→ OFD Frankfurt vom 9.3.2012, S 2405 A – 6 – St 54 – (DB 2012 S. 1838)

Rückzahlung einer Dividende

→ H 44b.1

[1)] *Absatz 3 Satz 1 wurde durch das OGAW-IV-UmsG geändert und ist erstmals auf Kapitalerträge anzuwenden, die dem Gläubiger nach dem 31. 12. 2011 zufließen, → § 52a Abs. 16b EStG.*

Typische Unterbeteiligung

Der Gewinnanteil aus einer typischen Unterbeteiligung unterliegt der Kapitalertragsteuer. Der Zeitpunkt des Zuflusses bestimmt sich für die Zwecke der Kapitalertragsteuer nach dem vertraglich bestimmten Tag der Auszahlung (§ 44 Abs. 3 EStG) (→ BFH vom 28. 11. 1990 – BStBl 1991 II S. 313).

---

§ 43a   Bemessung der Kapitalertragsteuer

(1) [1]Die Kapitalertragsteuer beträgt

1. in den Fällen des § 43 Absatz 1 Satz 1 Nummer 1 bis 4, 6 bis 7a und 8 bis 12 sowie Satz 2:

   25 Prozent des Kapitalertrags;

2. in den Fällen des § 43 Absatz 1 Satz 1 Nummer 7b und 7c:

   15 Prozent des Kapitalertrags.

[2]Im Fall einer Kirchensteuerpflicht ermäßigt sich die Kapitalertragsteuer um 25 Prozent der auf die Kapitalerträge entfallenden Kirchensteuer. [3] § 32d Absatz 1 Satz 4 und 5 gilt entsprechend.

(2) [1]Dem Steuerabzug unterliegen die vollen Kapitalerträge ohne jeden Abzug. [2]In den Fällen des § 43 Absatz 1 Satz 1 Nummer 9 bis 12 bemisst sich der Steuerabzug nach § 20 Absatz 4 und 4a, wenn die Wirtschaftsgüter von der die Kapitalerträge auszahlenden Stelle erworben oder veräußert und seitdem verwahrt oder verwaltet worden sind. [3]Überträgt der Steuerpflichtige die Wirtschaftsgüter auf ein anderes Depot, hat die abgebende inländische auszahlende Stelle der übernehmenden inländischen auszahlenden Stelle die Anschaffungsdaten mitzuteilen. [4]Satz 3 gilt in den Fällen des § 43 Absatz 1 Satz 5 entsprechend. [5]Handelt es sich bei der abgebenden auszahlenden Stelle um ein Kreditinstitut oder Finanzdienstleistungsinstitut mit Sitz in einem anderen Mitgliedstaat der Europäischen Gemeinschaft, in einem anderen Vertragsstaat des EWR-Abkommens vom 3. Januar 1994 (ABl. EG Nr. L 1 S. 3) in der jeweils geltenden Fassung oder in einem anderen Vertragsstaat nach Artikel 17 Absatz 2 Ziffer i der Richtlinie 2003/48/EG vom 3. Juni 2003 im Bereich der Besteuerung von Zinserträgen (ABl. EU Nr. L 157 S. 38), kann der Steuerpflichtige den Nachweis nur durch eine Bescheinigung des ausländischen Instituts führen; dies gilt entsprechend für eine in diesem Gebiet belegene Zweigstelle eines inländischen Kreditinstituts oder Finanzdienstleistungsinstituts. [6]In allen anderen Fällen ist ein Nachweis der Anschaffungsdaten nicht zulässig. [7]Sind die Anschaffungsdaten nicht nachgewiesen, bemisst sich der Steuerabzug nach 30 Prozent der Einnahmen aus der Veräußerung oder Einlösung der Wirtschaftsgüter. [8]In den Fällen des § 43 Absatz 1 Satz 4 gelten der Börsenpreis zum Zeitpunkt der Übertragung zuzüglich Stückzinsen als Einnahmen aus der Veräußerung und die mit dem Depotübertrag verbundenen Kosten als Veräußerungskosten im Sinne des § 20 Absatz 4 Satz 1. [9]Zur Ermittlung des Börsenpreises ist der niedrigste am Vortag der Übertragung im regulierten Markt notierte Kurs anzusetzen; liegt am Vortag eine Notierung nicht vor, so werden die Wirtschaftsgüter mit dem letzten innerhalb von 30 Tagen vor dem Übertragungstag im regulierten Markt notierten Kurs angesetzt; Entsprechendes gilt für Wertpapiere, die im Inland in den Freiverkehr einbezogen sind oder in einem anderen Staat des Europäischen Wirtschaftsraums zum Handel an einem geregelten Markt im Sinne des Artikels 1 Nummer 13 der Richtlinie 93/22/EWG des Rates vom 10. Mai 1993 über Wertpapierdienstleistungen (ABl. EG Nr. L 141 S. 27) zugelassen sind. [10]Liegt ein Börsenpreis nicht vor, bemisst sich die Steuer nach 30 Prozent der Anschaffungskosten. [11]Die übernehmende auszahlende Stelle hat als Anschaffungskosten den von der abgebenden Stelle angesetzten Börsenpreis anzusetzen und die bei der Übertragung als Einnahmen aus der Veräußerung angesetzten Stückzinsen nach Absatz 3 zu berücksichtigen. [12]Satz 9 gilt entsprechend. [13]Liegt ein Börsenpreis nicht vor, bemisst sich der Steuerabzug nach 30 Prozent der Einnahmen aus der Veräußerung oder Einlösung der Wirtschaftsgüter. [14]Hat die auszahlende Stelle die Wirtschaftsgüter vor dem 1. Januar 1994 erworben oder veräußert und seitdem verwahrt oder verwaltet, kann sie den Steuerabzug nach 30 Prozent der Einnahmen aus der Veräußerung oder Einlösung der Wertpapiere und Kapitalforderungen bemessen. [15]Abweichend von den Sätzen 2 bis 14 bemisst sich der Steuerabzug bei Kapitalerträgen aus nicht für einen marktmäßigen Handel bestimmten schuldbuchfähigen Wertpapieren des Bundes und der Länder oder bei Kapitalerträgen im Sinne des § 43 Absatz 1 Satz 1 Nummer 7 Buchstabe b aus nicht in Inhaber- oder Orderschuldverschreibungen verbrieften Kapitalforderungen nach dem vollen Kapitalertrag ohne jeden Abzug.

(3) [1]Die auszahlende Stelle hat ausländische Steuern auf Kapitalerträge nach Maßgabe des § 32d Absatz 5 zu berücksichtigen. [2]Sie hat unter Berücksichtigung des § 20 Absatz 6 Satz 5 im Kalenderjahr negative Kapitalerträge einschließlich gezahlter Stückzinsen bis zur Höhe der positiven Kapitalerträge auszugleichen; liegt ein gemeinsamer Freistellungsauftrag im Sinne des § 44a Absatz 2 Satz 1 Nummer 1 in Verbindung mit § 20 Absatz 9 Satz 2 vor, erfolgt ein gemeinsamer Ausgleich. [3]Der nicht ausgeglichene Verlust ist auf das nächste Kalenderjahr zu übertragen. [4]Auf Verlangen des Gläubigers der Kapitalerträge hat sie über die Höhe eines nicht aus-

geglichenen Verlusts eine Bescheinigung nach amtlich vorgeschriebenem Muster zu erteilen; der Verlustübertrag entfällt in diesem Fall. [5]Der unwiderrufliche Antrag auf Erteilung der Bescheinigung muss bis zum 15. Dezember des laufenden Jahres der auszahlenden Stelle zugehen. [6]Überträgt der Gläubiger der Kapitalerträge seine im Depot befindlichen Wirtschaftsgüter vollständig auf ein anderes Depot, hat die abgebende auszahlende Stelle der übernehmenden auszahlenden Stelle auf Verlangen des Gläubigers der Kapitalerträge die Höhe des nicht ausgeglichenen Verlusts mitzuteilen; eine Bescheinigung nach Satz 4 darf in diesem Fall nicht erteilt werden. [7]Erfährt die auszahlende Stelle nach Ablauf des Kalenderjahres von der Veränderung einer Bemessungsgrundlage oder einer zu erhebenden Kapitalertragsteuer, hat sie die entsprechende Korrektur erst zum Zeitpunkt ihrer Kenntnisnahme vorzunehmen; § 44 Absatz 5 bleibt unberührt. [8]Die vorstehenden Sätze gelten nicht in den Fällen des § 20 Absatz 8 und des § 44 Absatz 1 Satz 4 Nummer 1 Buchstabe a Doppelbuchstabe bb sowie bei Körperschaften, Personenvereinigungen oder Vermögensmassen.

(4) [1]Die Absätze 2 und 3 gelten entsprechend für die das Bundesschuldbuch führende Stelle oder eine Landesschuldenverwaltung als auszahlende Stelle. [2]Werden die Wertpapiere oder Forderungen von einem Kreditinstitut oder einem Finanzdienstleistungsinstitut mit der Maßgabe der Verwahrung und Verwaltung durch die das Bundesschuldbuch führende Stelle oder eine Landesschuldenverwaltung erworben, hat das Kreditinstitut oder das Finanzdienstleistungsinstitut der das Bundesschuldbuch führenden Stelle oder einer Landesschuldenverwaltung zusammen mit den im Schuldbuch einzutragenden Wertpapieren und Forderungen den Erwerbszeitpunkt und die Anschaffungsdaten sowie in Fällen des Absatzes 2 den Erwerbspreis der für einen marktmäßigen Handel bestimmten schuldbuchfähigen Wertpapiere des Bundes oder der Länder und außerdem mitzuteilen, dass es diese Wertpapiere und Forderungen erworben oder veräußert und seitdem verwahrt oder verwaltet hat.

Hinweise

Allgemeines

– Anrechnung spanischer Quellensteuer auf die deutsche Abgeltungsteuer nach § 43a Abs. 3 EStG für das Jahr 2009 (→ BMF vom 8. 9. 2011 BStBl I S. 954)
– Anrechnung norwegischer Quellensteuer auf die deutsche Abgeltungsteuer nach § 43a Abs. 3 EStG für das Jahr 2009; Anwendung der geänderten Übersicht des BZSt für Steuern über die Anrechenbarkeit der Quellensteuer von DBA-Staaten ab dem 1. 7. eines Kalenderjahres (→ BMF vom 15. 11. 2011 BStBl I S. 1113)

EStG § 43b Bemessung der Kapitalertragsteuer bei bestimmten Gesellschaften

(1) [1]Auf Antrag wird die Kapitalertragsteuer für Kapitalerträge im Sinne des § 20 Absatz 1 Nummer 1, die einer Muttergesellschaft, die weder ihren Sitz noch ihre Geschäftsleitung im Inland hat, oder einer in einem anderen Mitgliedstaat der Europäischen Union gelegenen Betriebsstätte dieser Muttergesellschaft, aus Ausschüttungen einer Tochtergesellschaft zufließen, nicht erhoben. [2]Satz 1 gilt auch für Ausschüttungen einer Tochtergesellschaft, die einer in einem anderen Mitgliedstaat der Europäischen Union gelegenen Betriebsstätte einer unbeschränkt steuerpflichtigen Muttergesellschaft zufließen. [3]Ein Zufluss an die Betriebsstätte liegt nur vor, wenn die Beteiligung an einer Tochtergesellschaft tatsächlich zu dem Betriebsvermögen der Betriebsstätte gehört. [4]Sätze 1 bis 3 gelten nicht für Kapitalerträge im Sinne des § 20 Absatz 1 Nummer 1, die anlässlich der Liquidation oder Umwandlung einer Tochtergesellschaft zufließen.

[1)] (2) [1]Muttergesellschaft im Sinne des Absatzes 1 ist jede Gesellschaft, die die in der Anlage 2 zu diesem Gesetz bezeichneten Voraussetzungen erfüllt und nach Artikel 3 Absatz 1 Buchstabe a der Richtlinie 90/435/EWG des Rates vom 23. Juli 1990 über das gemeinsame Steuersystem der Mutter- und Tochtergesellschaften verschiedener Mitgliedstaaten (ABl. EG Nummer L 225 S. 6, Nummer L 266 S. 20, 1997 Nummer L 16 S. 98), zuletzt geändert durch Richtlinie 2006/98/EG des Rates vom 20. November 2006 (ABl. EU Nummer L 363 S. 129), im Zeitpunkt der Entstehung der Kapitalertragsteuer nach § 44 Absatz 1 Satz 2 nachweislich mindestens zu 15 Prozent unmittelbar am Kapital der Tochtergesellschaft (Mindestbeteiligung) beteiligt ist. [2]Ist die Mindestbeteiligung zu diesem Zeitpunkt nicht erfüllt, ist der Zeitpunkt des Gewinnverteilungsbeschlusses maßgeblich. [3]Tochtergesellschaft im Sinne des Absatzes 1 sowie des Satzes 1 ist jede unbeschränkt steu-

---

1) Absatz 2 Satz 1 ist auf Ausschüttungen, die nach dem 31. 12. 2008 zufließen, mit der Maßgabe anzuwenden, dass an die Stelle der Angabe „15 Prozent" die Angabe „10 Prozent" tritt → § 52 Absatz 55c EStG.

erpflichtige Gesellschaft, die die in der Anlage 2 zu diesem Gesetz und in Artikel 3 Absatz 1 Buchstabe b der Richtlinie 90/435/EWG bezeichneten Voraussetzungen erfüllt. [4]Weitere Voraussetzung ist, dass die Beteiligung nachweislich ununterbrochen zwölf Monate besteht. [5]Wird dieser Beteiligungszeitraum nach dem Zeitpunkt der Entstehung der Kapitalertragsteuer gemäß § 44 Absatz 1 Satz 2 vollendet, ist die einbehaltene und abgeführte Kapitalertragsteuer nach § 50d Absatz 1 Satz 2 zu erstatten; das Freistellungsverfahren nach § 50d Absatz 2 ist ausgeschlossen.

(2a) Betriebsstätte im Sinne der Absätze 1 und 2 ist eine feste Geschäftseinrichtung in einem anderen Mitgliedstaat der Europäischen Union, durch die die Tätigkeit der Muttergesellschaft ganz oder teilweise ausgeübt wird, wenn das Besteuerungsrecht für die Gewinne dieser Geschäftseinrichtung nach dem jeweils geltenden Abkommen zur Vermeidung der Doppelbesteuerung dem Staat, in dem sie gelegen ist, zugewiesen wird und diese Gewinne in diesem Staat der Besteuerung unterliegen.

(3) Absatz 1 in Verbindung mit Absatz 2 gilt auch, wenn die Beteiligung der Muttergesellschaft [1]) am Kapital der Tochtergesellschaft mindestens 10 Prozent beträgt, und der Staat, in dem die Muttergesellschaft nach einem mit einem anderen Mitgliedstaat der Europäischen Union abgeschlossenen Abkommen zur Vermeidung der Doppelbesteuerung als ansässig gilt, dieser Gesellschaft für Ausschüttungen der Tochtergesellschaft eine Steuerbefreiung oder eine Anrechnung der deutschen Körperschaftsteuer auf die Steuer der Muttergesellschaft gewährt und seinerseits Ausschüttungen an eine unbeschränkt steuerpflichtige Muttergesellschaft ab der gleichen Beteiligungshöhe von der Kapitalertragsteuer befreit.

Anlage 2
(zu § 43b)

Gesellschaften im Sinne der Richtlinie 90/435/EWG

Gesellschaft im Sinne der genannten Richtlinie ist jede Gesellschaft, die

1. eine der aufgeführten Formen aufweist:

   a) die nach der Verordnung (EG) Nummer 2157/2001 des Rates vom 8. Oktober 2001 über das Statut der Europäischen Gesellschaft (SE) (ABl. EG Nummer L 294 S. 1), zuletzt geändert durch die Verordnung (EG) Nummer 1791/2006 des Rates vom 20. November 2006 (ABl. EU Nummer L 363 S. 1) und der Richtlinie 2001/86/EG des Rates vom 8. Oktober 2001 zur Ergänzung des Statuts der Europäischen Gesellschaft hinsichtlich der Beteiligung der Arbeitnehmer (ABl. EU Nummer L 294 S. 22) gegründeten Gesellschaften sowie die nach der Verordnung (EG) Nummer 1435/2003 des Rates vom 22. Juli 2003 über das Statut der Europäischen Genossenschaft (SCE) (ABl. EU Nummer L 207 S. 1, 2007 Nummer L 49 S. 35) und nach der Richtlinie 2003/72/EG des Rates vom 22. Juli 2003 zur Ergänzung des Statuts der Europäischen Genossenschaft hinsichtlich der Beteiligung der Arbeitnehmer (ABl. EU Nummer L 207 S. 25) gegründeten Genossenschaften;

   b) Gesellschaften belgischen Rechts mit der Bezeichnung „société anonyme"/„naamloze vennootschap", „société en commandite par actions"/„commanditaire vennootschap op aandelen", „société privée à responsabilité limitée"/„besloten vennootschap met beperkte aansprakelijkheid", „société coopérative à responsabilité limitée"/„coöperatieve vennootschap met beperkte aansprakelijkheid", „société coopérative à responsabilité illimitée"/„coöperatieve vennootschap met onbeperkte aansprakelijkheid", „société en nom collectif"/„vennootschap onder firma", „société en commandite simple"/„gewone commanditaire vennootschap", öffentliche Unternehmen, die eine der genannten Rechtsformen angenommen haben, und andere nach belgischem Recht gegründete Gesellschaften, die der belgischen Körperschaftsteuer unterliegen;

   c) Gesellschaften bulgarischen Rechts mit der Bezeichnung „събирателното дружество", „командитното дружество", „дружеството с ограничена отговорност", „акционерното дружество", „командитното дружество с акции", „неперсонифицирано дружество", „кооперации", „кооперативни съюзи", „държавни предприятия", die nach bulgarischem Recht gegründet wurden und gewerbliche Tätigkeiten ausüben;

   d) Gesellschaften tschechischen Rechts mit der Bezeichnung „akciová společnost", „společnost s ručením omezeným";

---

[1]) Letztmalige Anwendung des Absatzes 3 auf Ausschüttungen, die vor dem 1.1.2009 zugeflossen sind
→ § 52 Absatz 55d EStG.

e) Gesellschaften dänischen Rechts mit der Bezeichnung „aktieselskab" oder „anpartssels-kab". Weitere nach dem Körperschaftsteuergesetz steuerpflichtige Gesellschaften, soweit ihr steuerbarer Gewinn nach den allgemeinen steuerrechtlichen Bestimmungen für die „aktieselskaber" ermittelt und besteuert wird;

f) Gesellschaften deutschen Rechts mit der Bezeichnung „Aktiengesellschaft", „Komman-ditgesellschaft auf Aktien", „Gesellschaft mit beschränkter Haftung", „Versicherungsver-ein auf Gegenseitigkeit", „Erwerbs- und Wirtschaftsgenossenschaft", „Betrieb gewerb-licher Art von juristischen Personen des öffentlichen Rechts", und andere nach deutschem Recht gegründete Gesellschaften, die der deutschen Körperschaftsteuer unterliegen;

g) Gesellschaften estnischen Rechts mit der Bezeichnung „täisühing", „usaldusühing", „osaühing", „aktsiaselts", „tulundusühistu";

h) Gesellschaften griechischen Rechts mit der Bezeichnung „ανώνυμη εταιρεία", „εταιρεία περιορισμένης ευθύνης (Ε.Π.Ε.)" und andere nach griechischem Recht gegründete Gesell-schaften, die der griechischen Körperschaftsteuer unterliegen;

i) Gesellschaften spanischen Rechts mit der Bezeichnung „sociedad anónima", „sociedad comanditaria por acciones", „sociedad de responsabilidad limitada", die öffentlich-recht-lichen Körperschaften, deren Tätigkeit unter das Privatrecht fällt. Andere nach spa-nischem Recht gegründete Körperschaften, die der spanischen Körperschaftsteuer („im-puesto sobre sociedades") unterliegen;

j) Gesellschaften französischen Rechts mit der Bezeichnung „société anonyme", „société en commandite par actions", „société à responsabilité limitée", „sociétés par actions simpli-fiées", „sociétés d'assurances mutuelles", „caisses d'épargne et de prévoyance", „sociétés civiles", die automatisch der Körperschaftsteuer unterliegen, „coopératives", „unions de coopératives", die öffentlichen Industrie- und Handelsbetriebe und -unternehmen und andere nach französischem Recht gegründete Gesellschaften, die der französischen Kör-perschaftsteuer unterliegen;

k) nach irischem Recht gegründete oder eingetragene Gesellschaften, gemäß dem Industrial and Provident Societies Act eingetragene Körperschaften, gemäß dem Building Societies Act gegründete „building societies" und „trustee savings banks" im Sinne des Trustee Savings Banks Act von 1989;

l) Gesellschaften italienischen Rechts mit der Bezeichnung „società per azioni", „società in accomandita per azioni", „società a responsabilità limitata", „società cooperative", „società di mutua assicurazione" sowie öffentliche und private Körperschaften, deren Tätigkeit ganz oder überwiegend handelsgewerblicher Art ist;

m) Gesellschaften zyprischen Rechts mit der Bezeichnung „εταιρείες" im Sinne der Einkom-mensteuergesetze;

n) Gesellschaften lettischen Rechts mit der Bezeichnung „akciju sabiedrība", „sabiedrība ar ierobežotu atbildību";

o) Gesellschaften litauischen Rechts;

p) Gesellschaften luxemburgischen Rechts mit der Bezeichnung „société anonyme", „société en commandite par actions", „société à responsabilité limitée", „société coopéra-tive", „société coopérative organisée comme une société anonyme", „association d'assu-rances mutuelles", association d'épargne-pension", „entreprise de nature commerciale, industrielle ou minière de l'Etat, des communes, des syndicats de communes, des établis-sements publics et des autres personnes morales de droit public" sowie andere nach luxemburgischem Recht gegründete Gesellschaften, die der luxemburgischen Körper-schaftsteuer unterliegen;

q) Gesellschaften ungarischen Rechts mit der Bezeichnung „közkereseti társaság", „betéti társaság", „közös vállalat", „korlátolt felelösségü társaság", „részvénytársaság", „egyesü-lés", „szövetkezet";

r) Gesellschaften maltesischen Rechts mit der Bezeichnung „Kumpaniji ta' Responsabilita' Limitata", „Soċjetajiet en commandite li l-kapital tagħhom maqsum f'azzjonijiet";

s) Gesellschaften niederländischen Rechts mit der Bezeichnung „naamloze vennootschap", „besloten vennootschap met beperkte aansprakelijkheid", „Open commanditaire ven-nootschap", „Coöperatie", „onderlinge waarborgmaatschappij", „Fonds voor gemene rekening", „vereniging op coöperatieve grondslag", „vereniging welke op onderlinge grondslag als verzekeraar of kredietinstelling optreedt" und andere nach niederländi-schem Recht gegründete Gesellschaften, die der niederländischen Körperschaftsteuer unterliegen;

t) Gesellschaften österreichischen Rechts mit der Bezeichnung „Aktiengesellschaft", „Gesellschaft mit beschränkter Haftung", „Versicherungsvereine auf Gegenseitigkeit", „Erwerbs- und Wirtschaftsgenossenschaften", „Betriebe gewerblicher Art von Körperschaften des öffentlichen Rechts", „Sparkassen" und andere nach österreichischem Recht gegründete Gesellschaften, die der österreichischen Körperschaftsteuer unterliegen;

u) Gesellschaften polnischen Rechts mit der Bezeichnung „spółka akcyjna", „spółka z ograniczoną odpowiedzialnością";

v) die nach portugiesischem Recht gegründeten Handelsgesellschaften oder zivilrechtlichen Handelsgesellschaften, Genossenschaften und öffentlichen Unternehmen;

w) Gesellschaften rumänischen Rechts mit der Bezeichnung „societăţi pe acţiuni", „societăţi în comandită pe acţiuni", „societăţi cu răspundere limitată";

x) Gesellschaften slowenischen Rechts mit der Bezeichnung „delniška družba", „komanditna družba", „družba z omejeno odgovornostjo";

y) Gesellschaften slowakischen Rechts mit der Bezeichnung „akciová spoločnosť", „spoločnosť s ručením obmedzeným", „komanditná spoločnosť";

z) Gesellschaften finnischen Rechts mit der Bezeichnung „osakeyhtiö"/„aktiebolag", „osuuskunta"/„andelslag", „säästöpankki"/„sparbank" und „vakuutusyhtiö"/„försäkringsbolag";

aa) Gesellschaften schwedischen Rechts mit der Bezeichnung „aktiebolag", „försäkringsaktiebolag", „ekonomiska föreningar", „sparbanker", „ömsesidiga försäkringsbolag";

ab) nach dem Recht des Vereinigten Königreichs gegründete Gesellschaften."

2. nach dem Steuerrecht eines Mitgliedstaats in Bezug auf den steuerlichen Wohnsitz als in diesem Staat ansässig und auf Grund eines mit einem dritten Staat geschlossenen Doppelbesteuerungsabkommens in Bezug auf den steuerlichen Wohnsitz nicht als außerhalb der Gemeinschaft ansässig betrachtet wird und

3. ohne Wahlmöglichkeit einer der nachstehenden Steuern

– vennootschapsbelasting/impôt des sociétés in Belgien,
– selskabsskat in Dänemark,
– Körperschaftsteuer in Deutschland,
– Yhteisöjen tulovero/inkomstskatten för samfund in Finnland,
– φόρος εισοδήματος νομικών προσώπων κερδοσκοπικού χαρακτήρα in Griechenland,
– impuesto sobre sociedades in Spanien,
– impôt sur les sociétés in Frankreich,
– corporation tax in Irland,
– imposta sul reddito delle persone giuridiche in Italien,
– impôt sur le revenu des collectivités in Luxemburg,
– vennootschapsbelasting in den Niederlanden,
– Körperschaftsteuer in Österreich,
– imposto sobre o rendimento das pessoas colectivas in Portugal,
– Statlig inkomstskatt in Schweden,
– corporation tax im Vereinigten Königreich,
– Daň z příjmů právnických in der Tschechischen Republik,
– Tulumaks in Estland,
– Φόρος Εισοδήματος in Zypern,
– uzņēmumu ienākuma nodoklis in Lettland,
– Pelno mokestis in Litauen,
– Társasági adó, osztalékadó in Ungarn,
– Taxxa fuq l-income in Malta,
– Podatek dochodowy od osób prawnych in Polen,
– Davek od dobička pravnih oseb in Slowenien,
– daň z príjmov právnických osôb in der Slowakei,
– корпоративен данък in Bulgarien,
– impozit pe profit in Rumänien,

oder irgendeiner Steuer, die eine dieser Steuern ersetzt, unterliegt, ohne davon befreit zu sein.

H 43b

Hinweise

❙ Zuständige Behörde

Zuständige Behörde für die Durchführung des Erstattungs- oder Freistellungsverfahrens ist das BZSt, 53221 Bonn.

EStG

§ 44   Entrichtung der Kapitalertragsteuer

S 2407
1)

(1) [1]Schuldner der Kapitalertragsteuer ist in den Fällen des § 43 Absatz 1 Satz 1 Nummer 1 bis 7b und 8 bis 12 sowie Satz 2 der Gläubiger der Kapitalerträge. [2]Die Kapitalertragsteuer entsteht in dem Zeitpunkt, in dem die Kapitalerträge dem Gläubiger zufließen. [3]In diesem Zeitpunkt haben in den Fällen des § 43 Absatz 1 Satz 1 Nummer 1 , 2 bis 4 sowie 7a und 7b der Schuldner der Kapitalerträge, jedoch in den Fällen des § 43 Absatz 1 Satz 1 Nummer 1 Satz 2 die für den ❙ Verkäufer der Wertpapiere den Verkaufsauftrag ausführende Stelle im Sinne des Satzes 4 Nummer 1 und in den Fällen des *§ 43 Absatz 1 Satz 1 Nummer 1a, 6, 7 und 8 bis 12 sowie Satz 2* die die Kapitalerträge auszahlende Stelle den Steuerabzug für Rechnung des Gläubigers der Kapitalerträge vorzunehmen. [4]Die die Kapitalerträge auszahlende Stelle ist

1. in den Fällen des § 43 Absatz 1 Satz 1 Nummer 7 Buchstabe a und Nummer 8 sowie Satz 2

    a) das inländische Kreditinstitut oder das inländische Finanzdienstleistungsinstitut im Sinne des § 43 Absatz 1 Satz 1 Nummer 7 Buchstabe b, das inländische Wertpapierhandelsunternehmen oder die inländische Wertpapierhandelsbank,

        aa) das die Teilschuldverschreibungen, die Anteile an einer Sammelschuldbuchforderung, die Wertrechte, die Zinsscheine oder sonstigen Wirtschaftsgüter verwahrt oder verwaltet oder deren Veräußerung durchführt und die Kapitalerträge auszahlt oder gutschreibt oder in den Fällen des § 43 Absatz 1 Satz 1 Nummer 8 und 11 die Kapitalerträge auszahlt oder gutschreibt,

        bb) das die Kapitalerträge gegen Aushändigung der Zinsscheine oder der Teilschuldverschreibungen einem anderen als einem ausländischen Kreditinstitut oder einem ausländischen Finanzdienstleistungsinstitut auszahlt oder gutschreibt;

    b) der Schuldner der Kapitalerträge in den Fällen des § 43 Absatz 1 Satz 1 Nummer 7 Buchstabe a und Nummer 10unter den Voraussetzungen des Buchstabens a, wenn kein inländisches Kreditinstitut oder kein inländisches Finanzdienstleistungsinstitut die die Kapitalerträge auszahlende Stelle ist;

2. in den Fällen des § 43 Absatz 1 Satz 1 Nummer 7 Buchstabe b das inländische Kreditinstitut oder das inländische Finanzdienstleistungsinstitut, das die Kapitalerträge als Schuldner auszahlt oder gutschreibt;

2)
3. *in den Fällen des § 43 Absatz 1 Satz 1 Nummer 1a*

    a) *das inländische Kredit- oder Finanzdienstleistungsinstitut im Sinne des § 43 Absatz 1 Satz 1 Nummer 7 Buchstabe b, das inländische Wertpapierhandelsunternehmen oder die inländische Wertpapierhandelsbank, welche die Anteile verwahrt oder verwaltet und die Kapitalerträge auszahlt oder gutschreibt oder die Kapitalerträge gegen Aushändigung der Dividendenscheine auszahlt oder gutschreibt oder die Kapitalerträge an eine ausländische Stelle auszahlt,*

    b) *die Wertpapiersammelbank, der die Anteile zur Sammelverwahrung anvertraut wurden, wenn sie die Kapitalerträge an eine ausländische Stelle auszahlt.*

3)
[5]Die innerhalb eines Kalendermonats einbehaltene Steuer ist jeweils bis zum 10. des folgenden Monats an das Finanzamt abzuführen, das für die Besteuerung

1. des Schuldners der Kapitalerträge,

2. der den Verkaufsauftrag ausführenden Stelle oder

3. der die Kapitalerträge auszahlenden Stelle

❙ nach dem Einkommen zuständig ist; bei Kapitalerträgen im Sinne des § 43 Absatz 1 Satz 1 Nummer 1 ist die einbehaltene Steuer in dem Zeitpunkt abzuführen, in dem die Kapitalerträge dem Gläubiger zufließen. [6]Dabei ist die Kapitalertragsteuer, die zu demselben Zeitpunkt abzuführen ist, jeweils auf den nächsten vollen Eurobetrag abzurunden. [7]Wenn Kapitalerträge ganz

---

1) *Absatz 1 wurde durch das OGAW-IV-UmsG geändert und ist erstmals auf Kapitalerträge anzuwenden, die dem Gläubiger nach dem 31. 12. 2011 zufließen, → § 52a Abs. 16b EStG.*
2) *Absatz 1 Satz 4 Nr. 3 wurde durch das OGAW-IV-UmsG angefügt.*
3) *Absatz 1 Satz 5 wurde durch das OGAW-IV-UmsG geändert.*

oder teilweise nicht in Geld bestehen (§ 8 Absatz 2) und der in Geld geleistete Kapitalertrag nicht zur Deckung der Kapitalertragsteuer ausreicht, hat der Gläubiger der Kapitalerträge dem zum Steuerabzug Verpflichteten den Fehlbetrag zur Verfügung zu stellen. [8]Soweit der Gläubiger seiner Verpflichtung nicht nachkommt, hat der zum Steuerabzug Verpflichtete dies dem für ihn zuständigen Betriebsstättenfinanzamt anzuzeigen. [9]Das Finanzamt hat die zu wenig erhobene Kapitalertragsteuer vom Gläubiger der Kapitalerträge nachzufordern.

(2) [1]Gewinnanteile (Dividenden) und andere Kapitalerträge im Sinne des § 43 Absatz 1 Satz 1 Nummer 1, deren Ausschüttung von einer Körperschaft beschlossen wird, fließen dem Gläubiger der Kapitalerträge an dem Tag zu (Absatz 1), der im Beschluss als Tag der Auszahlung bestimmt worden ist. [2]Ist die Ausschüttung nicht festgesetzt, ohne dass über den Zeitpunkt der Auszahlung ein Beschluss gefasst worden ist, so gilt als Zeitpunkt des Zufließens der Tag nach der Beschlussfassung. [3]Für Kapitalerträge im Sinne des § 20 Absatz 1 Nummer 1 Satz 4 gelten diese Zuflusszeitpunkte entsprechend.

<!-- S 2408 -->

(3) [1]Ist bei Einnahmen aus der Beteiligung an einem Handelsgewerbe als stiller Gesellschafter in dem Beteiligungsvertrag über den Zeitpunkt der Ausschüttung keine Vereinbarung getroffen, so gilt der Kapitalertrag am Tag nach der Aufstellung der Bilanz oder einer sonstigen Feststellung des Gewinnanteils des stillen Gesellschafters, spätestens jedoch sechs Monate nach Ablauf des Wirtschaftsjahres, für das der Kapitalertrag ausgeschüttet oder gutgeschrieben werden soll, als zugeflossen. [2]Bei Zinsen aus partiarischen Darlehen gilt Satz 1 entsprechend.

<!-- S 2408 -->

(4) Haben Gläubiger und Schuldner der Kapitalerträge vor dem Zufließen ausdrücklich Stundung des Kapitalertrags vereinbart, weil der Schuldner vorübergehend zur Zahlung nicht in der Lage ist, so ist der Steuerabzug erst mit Ablauf der Stundungsfrist vorzunehmen.

<!-- S 2408 -->

(5) [1]Die Schuldner der Kapitalerträge oder die die Kapitalerträge auszahlenden Stellen haften für die Kapitalertragsteuer, die sie einzubehalten und abzuführen haben, es sei denn, sie weisen nach, dass sie die ihnen auferlegten Pflichten weder vorsätzlich noch grob fahrlässig verletzt haben. [2]Der Gläubiger der Kapitalerträge wird nur in Anspruch genommen, wenn

<!-- S 2409 -->

1. der Schuldner, die den Verkaufsauftrag ausführende Stelle oder die die Kapitalerträge auszahlende Stelle die Kapitalerträge nicht vorschriftsmäßig gekürzt hat,

2. der Gläubiger weiß, dass der Schuldner, die den Verkaufsauftrag ausführende Stelle oder die die Kapitalerträge auszahlende Stelle die einbehaltene Kapitalertragsteuer nicht vorschriftsmäßig abgeführt hat, und dies dem Finanzamt nicht unverzüglich mitteilt oder

3. das die Kapitalerträge auszahlende inländische Kreditinstitut oder das inländische Finanzdienstleistungsinstitut die Kapitalerträge zu Unrecht ohne Abzug der Kapitalertragsteuer ausgezahlt hat.

[3]Für die Inanspruchnahme des Schuldners der Kapitalerträge, der den Verkaufsauftrag ausführende Stelle und der die Kapitalerträge auszahlenden Stelle bedarf es keines Haftungsbescheids, soweit der Schuldner, die den Verkaufsauftrag ausführende Stelle oder die die Kapitalerträge auszahlende Stelle die einbehaltene Kapitalertragsteuer richtig angemeldet hat oder soweit sie ihre Zahlungsverpflichtungen gegenüber dem Finanzamt oder dem Prüfungsbeamten des Finanzamts schriftlich anerkennen.

(6) [1]In den Fällen des § 43 Absatz 1 Satz 1 Nummer 7c gilt die juristische Person des öffentlichen Rechts und die von der Körperschaftsteuer befreite Körperschaft, Personenvereinigung oder Vermögensmasse als Gläubiger und der Betrieb gewerblicher Art und der wirtschaftliche Geschäftsbetrieb als Schuldner der Kapitalerträge. [2]Die Kapitalertragsteuer entsteht, auch soweit sie auf verdeckte Gewinnausschüttungen entfällt, die im abgelaufenen Wirtschaftsjahr vorgenommen worden sind, im Zeitpunkt der Bilanzerstellung; sie entsteht spätestens acht Monate nach Ablauf des Wirtschaftsjahres; in den Fällen des § 20 Absatz 1 Nummer 10 Buchstabe b Satz 2 am Tag nach der Beschlussfassung über die Verwendung und in den Fällen des § 22 Absatz 4 des Umwandlungssteuergesetzes am Tag nach der Veräußerung. [3]Die Kapitalertragsteuer entsteht in den Fällen des § 20 Absatz 1 Nummer 10 Buchstabe b Satz 3 zum Ende des Wirtschaftsjahres. [4]Die Absätze 1 bis 4 und 5 Satz 2 sind entsprechend anzuwenden. [5]Der Schuldner der Kapitalerträge haftet für die Kapitalertragsteuer, soweit sie auf verdeckte Gewinnausschüttungen und auf Veräußerungen im Sinne des § 22 Absatz 4 des Umwandlungssteuergesetzes entfällt.

<!-- S 2408, 1), 2) -->

(7) [1]In den Fällen des § 14 Absatz 3 des Körperschaftsteuergesetzes entsteht die Kapitalertragsteuer in dem Zeitpunkt der Feststellung der Handelsbilanz der Organgesellschaft; sie entsteht spätestens acht Monate nach Ablauf des Wirtschaftsjahres der Organgesellschaft. [2]Die entstandene Kapitalertragsteuer ist an dem auf den Entstehungszeitpunkt nachfolgenden Werktag an

<!-- 3) -->

[1] Absatz 6 i. d. F. des JStG 2007 ist für alle Kapitalerträge anzuwenden, für die § 52 Abs. 53 Satz 1 EStG nicht gilt → § 52 Absatz 53 Satz 5 EStG.
[2] Absatz 6 Satz 2 und 5 sind für Anteile, die bereits am 12. 12. 2006 einbringungsgeboren waren, in der am 12. 12. 2006 geltenden Fassung weiter anzuwenden → § 52 Absatz 55e Satz 2 EStG.
[3] Zur zeitlichen Anwendung von Absatz 7 → BMF vom 5. 4. 2005 (BStBl I S. 617).

das Finanzamt abzuführen, das für die Besteuerung der Organgesellschaft nach dem Einkommen zuständig ist. ³Im Übrigen sind die Absätze 1 bis 4 entsprechend anzuwenden.

H 44   **Hinweise**

Allgemeines

Anhang 14a   Einzelfragen zur Abgeltungsteuer →*BMF vom 9. 10. 2012 (BStBl I S. 950); Ergänzung des BMF-Schreibens vom 22. 12. 2009 (BStBl 2010 I S. 94) unter Berücksichtigung der Änderungen durch BMF vom 16. 11. 2010 (BStBl I S. 1305).*

Zuflusszeitpunkt

Eine Dividende gilt auch dann gem. § 44 Abs. 2 Satz 2 EStG als am Tag nach dem Gewinnausschüttungsbeschluss zugeflossen, wenn dieser bestimmt, die Ausschüttung solle nach einem bestimmten Tag erfolgen (→ BFH vom 20. 12. 2006 – BStBl 2007 II S. 616).

EStG
S 2404

§ 44a Abstandnahme vom Steuerabzug

(1) Bei Kapitalerträgen im Sinne des § 43 Absatz 1 Satz 1 Nummer 3, 4, 6, 7 und 8 bis 12 sowie Satz 2, die einem unbeschränkt einkommensteuerpflichtigen Gläubiger zufließen, ist der Steuerabzug nicht vorzunehmen,

1) 1. soweit die Kapitalerträge zusammen mit den Kapitalerträgen, für die die Kapitalertragsteuer nach § 44b zu erstatten ist *oder nach Absatz 10 kein Steuerabzug vorzunehmen ist*, den Sparer-Pauschbetrag nach § 20 Absatz 9 nicht übersteigen,

2. wenn anzunehmen ist, dass auch für Fälle der Günstigerprüfung nach § 32d Absatz 6 keine Steuer entsteht.

(2) ¹Voraussetzung für die Abstandnahme vom Steuerabzug nach Absatz 1 ist, dass dem nach § 44 Absatz 1 zum Steuerabzug Verpflichteten in den Fällen

1. des Absatzes 1 Nummer 1 ein Freistellungsauftrag des Gläubigers der Kapitalerträge nach amtlich vorgeschriebenem Muster oder

2. des Absatzes 1 Nummer 2 eine Nichtveranlagungs-Bescheinigung des für den Gläubiger zuständigen Wohnsitzfinanzamts

vorliegt. ²In den Fällen des Satzes 1 Nummer 2 ist die Bescheinigung unter dem Vorbehalt des Widerrufs auszustellen. ³Ihre Geltungsdauer darf höchstens drei Jahre betragen und muss am Schluss eines Kalenderjahres enden. ⁴Fordert das Finanzamt die Bescheinigung zurück oder erkennt der Gläubiger, dass die Voraussetzungen für ihre Erteilung weggefallen sind, so hat er dem Finanzamt die Bescheinigung zurückzugeben.

(2a) ¹Ein Freistellungsauftrag kann nur erteilt werden, wenn der Gläubiger der Kapitalerträge seine Identifikationsnummer (§ 139b der Abgabenordnung) und bei gemeinsamen Freistellungsaufträgen auch die Identifikationsnummer des Ehegatten mitteilt. ²Ein Freistellungsauftrag ist ab dem 1. Januar 2016 unwirksam, wenn der Meldestelle im Sinne des § 45d Absatz 1 Satz 1 keine Identifikationsnummer des Gläubigers der Kapitalerträge und bei gemeinsamen Freistellungsaufträgen auch keine des Ehegatten vorliegt. ³Die Meldestelle im Sinne des § 45d Absatz 1 Satz 1 kann die Identifikationsnummer beim Bundeszentralamt für Steuern anfragen, sofern der Gläubiger der Kapitalerträge nicht widerspricht; Gleiches gilt für die Identifikationsnummer des Ehegatten bei gemeinsamen Freistellungsaufträgen, sofern dieser nicht widerspricht. ⁴In der Anfrage dürfen nur die in § 139b Absatz 3 der Abgabenordnung genannten Daten des Gläubigers der Kapitalerträge und bei gemeinsamen Freistellungsaufträgen die des Ehegatten angegeben werden, soweit sie der Meldestelle bekannt sind. ⁵Die Anfrage hat nach amtlich vorgeschriebenem Datensatz durch Datenfernübertragung zu erfolgen. ⁶Im Übrigen ist § 150 Absatz 6 der Abgabenordnung entsprechend anzuwenden. ⁷Das Bundeszentralamt für Steuern teilt der Meldestelle die Identifikationsnummer mit, sofern die übermittelten Daten mit den nach § 139b Absatz 3 der Abgabenordnung beim Bundeszentralamt für Steuern gespeicherten Daten übereinstimmen. ⁸Die Meldestelle darf die Identifikationsnummer nur verwenden, soweit dies zur Erfüllung von steuerlichen Pflichten erforderlich ist.

(3) Der nach § 44 Absatz 1 zum Steuerabzug Verpflichtete hat in seinen Unterlagen das Finanzamt, das die Bescheinigung erteilt hat, den Tag der Ausstellung der Bescheinigung und die in der

---

1) *Absatz 1 Nr. 1 wurde durch das OGAW-IV-UmsG geändert und ist erstmals auf Kapitalerträge anzuwenden, die dem Gläubiger nach dem 31. 12. 2011 zufließen,* → *§ 52a Abs. 16b EStG .*

Bescheinigung angegebene Steuer- und Listennummer zu vermerken sowie die Freistellungsaufträge aufzubewahren.

(4) ¹Ist der Gläubiger

S 2405

1. eine von der Körperschaftsteuer befreite inländische Körperschaft, Personenvereinigung oder Vermögensmasse oder

2. eine inländische juristische Person des öffentlichen Rechts,

so ist der Steuerabzug bei Kapitalerträgen im Sinne des § 43 Absatz 1 Satz 1 Nummer 4, 6, 7 und 8 bis 12 sowie Satz 2 nicht vorzunehmen. ²Dies gilt auch, wenn es sich bei den Kapitalerträgen um Bezüge im Sinne des § 20 Absatz 1 Nummer 1 und 2 handelt, die der Gläubiger von einer von der Körperschaftsteuer befreiten Körperschaft bezieht. ³Voraussetzung ist, dass der Gläubiger dem Schuldner oder dem die Kapitalerträge auszahlenden inländischen Kreditinstitut oder inländischen Finanzdienstleistungsinstitut durch eine Bescheinigung des für seine Geschäftsleitung oder seinen Sitz zuständigen Finanzamts nachweist, dass er eine Körperschaft, Personenvereinigung oder Vermögensmasse im Sinne des Satzes 1 Nummer 1 oder 2 ist. ⁴Absatz 2 Satz 2 bis 4 und Absatz 3 gelten entsprechend. ⁵Die in Satz 3 bezeichnete Bescheinigung wird nicht erteilt, wenn die Kapitalerträge in den Fällen des Satzes 1 Nummer 1 in einem wirtschaftlichen Geschäftsbetrieb anfallen, für den die Befreiung von der Körperschaftsteuer ausgeschlossen ist, oder wenn sie in den Fällen des Satzes 1 Nummer 2 in einem nicht von der Körperschaftsteuer befreiten Betrieb gewerblicher Art anfallen. ⁶Ein Steuerabzug ist auch nicht vorzunehmen bei Kapitalerträgen im Sinne des § 49 Absatz 1 Nummer 5 Buchstabe c und d, die einem Anleger zufließen, der einer nach den Rechtsvorschriften eines Mitgliedstaates der Europäischen Union oder des Europäischen Wirtschaftsraums gegründeten Gesellschaft im Sinne des Artikels 54 des Vertrags über die Arbeitsweise der Europäischen Union oder des Artikels 34 des Abkommens über den Europäischen Wirtschaftsraum mit Sitz und Ort der Geschäftsleitung innerhalb des Hoheitsgebietes eines dieser Staaten ist, und der einer Körperschaft im Sinne des § 5 Absatz 1 Nummer 3 des Körperschaftsteuergesetzes vergleichbar ist; soweit es sich um eine nach den Rechtsvorschriften eines Mitgliedstaates des Europäischen Wirtschaftsraums gegründete Gesellschaft oder eine Gesellschaft mit Ort und Geschäftsleitung in diesem Staat handelt, ist zusätzlich Voraussetzung, dass mit diesem Staat ein Amtshilfeabkommen besteht.

(4a) ¹Absatz 4 ist entsprechend auf Personengesellschaften im Sinne des § 212 Absatz 1 des Fünften Buches Sozialgesetzbuch anzuwenden. ²Dabei tritt die Personengesellschaft an die Stelle des Gläubigers der Kapitalerträge.

(4b) ¹Werden Kapitalerträge im Sinne des § 43 Absatz 1 Satz 1 Nummer 1 von einer Genossenschaft an ihre Mitglieder gezahlt, hat sie den Steuerabzug nicht vorzunehmen, wenn ihr für das jeweilige Mitglied ¹⁾

1. eine Nichtveranlagungs-Bescheinigung nach Absatz 2 Satz 1 Nummer 2,

2. eine Bescheinigung nach Absatz 5 Satz 4,

3. eine Bescheinigung nach Absatz 7 Satz 4 oder

4. eine Bescheinigung nach Absatz 8 Satz 3 vorliegt; in diesen Fällen ist ein Steuereinbehalt in Höhe von drei Fünfteln vorzunehmen.

²Eine Genossenschaft hat keinen Steuerabzug vorzunehmen, wenn ihr ein Freistellungsauftrag erteilt wurde, der auch Kapitalerträge im Sinne des Satzes 1 erfasst, soweit die Kapitalerträge zusammen mit den Kapitalerträgen, für die nach Absatz 1 kein Steuerabzug vorzunehmen ist oder für die die Kapitalertragsteuer nach § 44b zu erstatten ist, den mit dem Freistellungsauftrag beantragten Freibetrag nicht übersteigen. ³Dies gilt auch, wenn die Genossenschaft einen Verlustausgleich nach § 43a Absatz 3 Satz 2 unter Einbeziehung von Kapitalerträgen im Sinne des Satzes 1 durchgeführt hat.

(5) ¹Bei Kapitalerträgen im Sinne des § 43 Absatz 1 Satz 1 Nummer 6, 7 und 8 bis 12 sowie Satz 2, die einem unbeschränkt oder beschränkt einkommensteuerpflichtigen Gläubiger zufließen, ist der Steuerabzug nicht vorzunehmen, wenn die Kapitalerträge Betriebseinnahmen des Gläubigers sind und die Kapitalertragsteuer bei ihm auf Grund der Art seiner Geschäfte auf Dauer höher wäre als die gesamte festzusetzende Einkommensteuer oder Körperschaftsteuer. ²Ist der Gläubiger ein Lebens- oder Krankenversicherungsunternehmen als Organgesellschaft, ist für die Anwendung des Satzes 1 eine bestehende Organschaft im Sinne des § 14 des Körperschaftsteuergesetzes nicht zu berücksichtigen, wenn die beim Organträger anzurechnende Kapitalertragsteuer, einschließlich der Kapitalertragsteuer des Lebens- oder Krankenversicherungsunternehmens, die auf Grund von § 19 Absatz 5 des Körperschaftsteuergesetzes anzurechnen wäre, höher wäre, als die gesamte festzusetzende Körperschaftsteuer. ³Für die Prüfung der Voraussetzung des Satzes 2 ist auf die Verhältnisse der dem Antrag auf Erteilung einer Bescheinigung im Sinne des Satzes 4 vorangehenden drei Veranlagungszeiträume abzustellen. ⁴Die

---

¹⁾ *Durch das Steuervereinfachungsgesetz 2011 wurde Absatz 4b eingefügt; dieser ist erstmals auf Kapitalerträge anzuwenden, die dem Gläubiger nach dem 31. 12. 2011 zufließen → § 52a Abs. 16a Satz 2 EStG.*

Voraussetzung des Satzes 1 ist durch eine Bescheinigung des für den Gläubiger zuständigen Finanzamts nachzuweisen. [5]Die Bescheinigung ist unter dem Vorbehalt des Widerrufs auszustellen. [6]Die Voraussetzung des Satzes 2 ist gegenüber dem für den Gläubiger zuständigen Finanzamt durch eine Bescheinigung des für den Organträger zuständigen Finanzamts nachzuweisen.

(6) [1]Voraussetzung für die Abstandnahme vom Steuerabzug nach den Absätzen 1, 4 und 5 bei Kapitalerträgen im Sinne des § 43 Absatz 1 Satz 1 Nummer 6, 7 und 8 bis 12 sowie Satz 2 ist, dass die Teilschuldverschreibungen, die Anteile an der Sammelschuldbuchforderung, die Wertrechte, die Einlagen und Guthaben oder sonstigen Wirtschaftsgüter im Zeitpunkt des Zufließens der Einnahmen unter dem Namen des Gläubigers der Kapitalerträge bei der die Kapitalerträge auszahlenden Stelle verwahrt oder verwaltet werden. [2]Ist dies nicht der Falle, ist die Bescheinigung nach § 45a Abs. 2 durch einen entsprechenden Hinweis zu kennzeichnen. [3]*Wird bei einem inländischen Kredit- oder Finanzdienstleistungsinstitut im Sinne des § 43 Absatz 1 Satz 1 Nummer 7 Buchstabe b ein Konto oder Depot für eine gemäß § 5 Absatz 1 Nummer 9 des Körperschaftsteuergesetzes befreite Stiftung im Sinne des § 1 Absatz 1 Nummer 5 des Körperschaftsteuergesetzes auf den Namen eines anderen Berechtigten geführt und ist das Konto oder Depot durch einen Zusatz zur Bezeichnung eindeutig sowohl vom übrigen Vermögen des anderen Berechtigten zu unterscheiden als auch steuerlich der Stiftung zuzuordnen, so gilt es für die Anwendung des Absatzes 4, des Absatzes 7, des Absatzes 10 Satz 1 Nummer 3 und des § 44b Absatz 6 in Ver-* [1]) *bindung mit Absatz 7 als im Namen der Stiftung geführt.*

(7) [1]Ist der Gläubiger eine inländische

1. Körperschaft, Personenvereinigung oder Vermögensmasse im Sinne des § 5 Absatz 1 Nummer 9 des Körperschaftsteuergesetzes oder

2. Stiftung des öffentlichen Rechts, die ausschließlich und unmittelbar gemeinnützigen oder mildtätigen Zwecken dient, oder

3. juristische Person des öffentlichen Rechts, die ausschließlich und unmittelbar kirchlichen Zwecken dient,

so ist der Steuerabzug bei Kapitalerträgen im Sinne des § 43 Absatz 1 Satz 1 Nummer 7a bis 7c nicht vorzunehmen. [2]Der Steuerabzug vom Kapitalertrag ist außerdem nicht vorzunehmen bei Kapitalerträgen im Sinne des § 43 Absatz 1 Satz 1 Nummer 1, soweit es sich um Erträge aus Anteilen an Gesellschaften mit beschränkter Haftung, Namensaktien nicht börsenorientierter Aktiengesellschaften und aus Genussrechten handelt, und bei Kapitalerträgen im Sinne des § 43 Absatz 1 Satz 1 Nummer 2 und Nummer 3; Voraussetzung für die Abstandnahme bei Kapitalerträgen aus Genussrechten im Sinne des § 43 Absatz 1 Satz 1 Nummer 1 und Kapitalerträgen im Sinne des § 43 Absatz 1 Satz 1 Nummer 2 ist, dass die Genussrechte und Wirtschaftsgüter im Sinne des § 43 [2]) Absatz 1 Satz 1 Nummer 2 nicht sammelverwahrt werden ist. [3]Bei allen übrigen Kapitalerträgen nach § 43 Absatz 1 Satz 1 Nummer 1 und 2 ist § 44b Absatz 6 sinngemäß anzuwenden. [4]Voraussetzung für die Anwendung der Sätze 1 und 2 ist, dass der Gläubiger durch eine Bescheinigung des für seine Geschäftsleitung oder seinen Sitz zuständigen Finanzamts nachweist, dass er eine Körperschaft, Personenvereinigung oder Vermögensmasse nach Satz 1 ist. [5]Absatz 4 gilt entsprechend.

[3]) (8) [1]Ist der Gläubiger

1. eine nach § 5 Absatz 1 mit Ausnahme der Nummer 9 des Körperschaftsteuergesetzes oder nach anderen Gesetzen von der Körperschaftsteuer befreite Körperschaft, Personenvereinigung oder Vermögensmasse oder

2. eine inländische juristische Person des öffentlichen Rechts, die nicht in Absatz 7 bezeichnet ist,

so ist der Steuerabzug bei Kapitalerträgen aus Anteilen im Sinne des § 43 Absatz 1 Satz 1 Nummer 1, soweit es sich um Erträge aus Anteilen an Gesellschaften mit beschränkter Haftung, Namensaktien nicht börsennotierter Aktiengesellschaften handelt, sowie von Erträgen aus Genussrechten im Sinne des § 43 Absatz 1 Satz 1 Nummer 1 und Kapitalerträgen im Sinne des § 43 Absatz 1 Satz 1 Nummer 2 und 3 unter der Voraussetzung, dass diese Wirtschaftsgüter nicht sammelverwahrt werden, und bei Kapitalerträgen im Sinne des § 43 Absatz 1 Satz 1 Nummer 7a nur in Höhe von drei Fünfteln vorzunehmen. [2]Bei allen übrigen Kapitalerträgen nach § 43 Absatz 1 Satz 1 Nummer 1 bis 3 ist § 44b Absatz 6 in Verbindung mit Satz 1 sinngemäß anzuwenden (Erstattung von zwei Fünfteln der gesetzlich in § 43a vorgeschriebenen Kapitalertragsteuer). [3]Voraussetzung für die Anwendung des Satzes 1 ist, dass der Gläubiger durch eine Bescheinigung des für seine Geschäftsleitung oder seinen Sitz zuständigen Finanzamts nachweist, dass er eine Körperschaft, Personenvereinigung oder Vermögensmasse im Sinne des Satzes 1 ist. [4]Absatz 4 gilt entsprechend.

---

[1]) *Durch das Steuervereinfachungsgesetz 2011 wurde Absatz 6 Satz 3 angefügt; dieser ist erstmals auf Kapitalerträge anzuwenden, die dem Gläubiger nach dem 31. 12. 2011 zufließen → § 52a Abs. 16a Satz 2 EStG.*

[2]) *Absatz 7 Satz 2 wurde durch das Steuervereinfachungsgesetz 2011 geändert und ist erstmals auf Kapitalerträge anzuwenden, die dem Gläubiger nach dem 31. 12. 2011 zufließen → § 52a Abs. 16a Satz 2 EStG.*

[3]) *Absatz 8 Satz 1 wurde durch das Steuervereinfachungsgesetz 2011 geändert und ist erstmals auf Kapitalerträge anzuwenden, die dem Gläubiger nach dem 31. 12. 2011 zufließen → § 52a Abs. 16a Satz 2 EStG.*

(8a) Absatz 8 ist entsprechend auf Personengesellschaften im Sinne des § 212 Absatz 1 des Fünften Buches Sozialgesetzbuch anzuwenden. Dabei tritt die Personengesellschaft an die Stelle des Gläubigers der Kapitalerträge. [1]

(9) [1]Ist der Gläubiger der Kapitalerträge im Sinne des § 43 Absatz 1 eine beschränkt steuerpflichtige Körperschaft im Sinne des § 2 Nummer 1 des Körperschaftsteuergesetzes, so werden zwei Fünftel der einbehaltenen und abgeführten Kapitalertragsteuer erstattet. [2] § 50d Absatz 1 Satz 3 bis 11 , Absatz 3 und 4 ist entsprechend anzuwenden. [3]Der Anspruch auf eine weitergehende Freistellung und Erstattung nach § 50d Absatz 1 in Verbindung mit § 43b oder § 50g oder nach einem Abkommen zur Vermeidung der Doppelbesteuerung bleibt unberührt. [4]Verfahren nach den vorstehenden Sätzen und nach § 50d Absatz 1 soll das Bundeszentralamt für Steuern verbinden. [2]

(10) [1]Werden Kapitalerträge im Sinne des § 43 Absatz 1 Satz 1 Nummer 1a gezahlt, hat die auszahlende Stelle keinen Steuerabzug vorzunehmen, wenn [3]

1. *der auszahlenden Stelle eine Nichtveranlagungs-Bescheinigung nach Absatz 2 Satz 1 Nummer 2 für den Gläubiger vorgelegt wird,*

2. *der auszahlenden Stelle eine Bescheinigung nach Absatz 5 für den Gläubiger vorgelegt wird,*

3. *der auszahlenden Stelle eine Bescheinigung nach Absatz 7 Satz 4 für den Gläubiger vorgelegt wird oder*

4. *der auszahlenden Stelle eine Bescheinigung nach Absatz 8 Satz 3 für den Gläubiger vorgelegt wird; in diesen Fällen ist ein Steuereinbehalt in Höhe von drei Fünfteln vorzunehmen.*

[2]Wird der auszahlenden Stelle ein Freistellungsauftrag erteilt, der auch Kapitalerträge im Sinne des Satzes 1 erfasst, oder führt diese einen Verlustausgleich nach § 43a Absatz 3 Satz 2 unter Einbeziehung von Kapitalerträgen im Sinne des Satzes 1 durch, so hat sie den Steuerabzug nicht vorzunehmen, soweit die Kapitalerträge zusammen mit den Kapitalerträgen, für die nach Absatz 1 kein Steuerabzug vorzunehmen ist oder die Kapitalertragsteuer nach § 44b zu erstatten ist, den mit dem Freistellungsauftrag beantragten Freistellungsbetrag nicht übersteigen. [3]Absatz 6 ist entsprechend anzuwenden. [4]Werden Kapitalerträge im Sinne des § 43 Absatz 1 Satz 1 Nummer 1a von einer auszahlenden Stelle im Sinne des § 44 Absatz 1 Satz 4 Nummer 3 an eine ausländische Stelle ausgezahlt, hat diese auszahlende Stelle über den von ihr vor der Zahlung in das Ausland von diesen Kapitalerträgen vorgenommenen Steuerabzug der letzten inländischen auszahlenden Stelle in der Wertpapierverwahrkette, welche die Kapitalerträge auszahlt oder gutschreibt, auf deren Antrag eine Sammel-Steuerbescheinigung für die Summe der eigenen und der für Kunden verwahrten Aktien nach amtlich vorgeschriebenem Muster auszustellen. [5]Der Antrag darf nur für Aktien gestellt werden, die mit Dividendenberechtigung erworben und mit Dividendenanspruch geliefert wurden. [6]Wird eine solche Sammel- Steuerbescheinigung beantragt, ist die Ausstellung von Einzel-Steuerbescheinigungen oder die Weiterleitung eines Antrags auf Ausstellung einer Einzel-Steuerbescheinigung über den Steuerabzug von denselben Kapitalerträgen ausgeschlossen; die Sammel-Steuerbescheinigung ist als solche zu kennzeichnen. [7]Auf die ihr ausgestellte Sammel-Steuerbescheinigung wendet die letzte inländische auszahlende Stelle § 44b Absatz 6 mit der Maßgabe an, dass sie von den ihr nach dieser Vorschrift eingeräumten Möglichkeiten Gebrauch zu machen hat.

Hinweise

H 44a

Allgemeines

Einzelfragen zur Abgeltungsteuer → *BMF vom 9. 10. 2012 (BStBl I S. 950); Ergänzung des BMF-Schreibens vom 22. 12. 2009 (BStBl 2010 I S. 94) unter Berücksichtigung der Änderungen durch BMF vom 16. 11. 2010 (BStBl I S. 1305)*

Anhang 14a

Freistellungsauftrag

Muster des amtlich vorgeschriebenen Vordrucks → *BMF vom 9. 10. 2012 (BStBl I S. 950); Ergänzung des BMF-Schreibens vom 22. 12. 2009 (BStBl 2010 I S. 94) unter Berücksichtigung der Änderungen durch BMF vom 16. 11. 2010 (BStBl I S. 1305)*

Anhang 14a

---

[1] *Absatz 8a wurde durch das BeitrRLUmsG (Inkrafttreten am 1. 1. 2012) eingefügt.*
[2] *Absatz 9 Satz 2 wurde durch das OGAW-IV-UmsG geändert und ist erstmals auf Kapitalerträge anzuwenden, die dem Gläubiger nach dem 31. 12. 2011 zufließen,* → *§ 52a Abs. 16b EStG.*
[3] *Absatz 10 wurde durch das OGAW-IV-UmsG angefügt und wurde durch das BeitrRLUmsG um die Sätze 4 bis 7 ergänzt. Er ist erstmals auf Kapitalerträge anzuwenden, die dem Gläubiger nach dem 31. 12. 2011 zufließen* → *§ 52a Abs. 16b EStG.*

Genossenschaften

Kapitalertragsteuer ist bei einer eingetragenen Genossenschaft auch dann zu erheben, wenn diese auf Dauer höher wäre als die festzusetzende Körperschaftsteuer, weil die Genossenschaft ihre Geschäftsüberschüsse an ihre Mitglieder rückvergütet (→ BFH vom 10. 7. 1996 – BStBl 1997 II S. 38).

Insolvenz

– Im Insolvenzverfahren über das Vermögen einer Personengesellschaft kann dem Insolvenzverwalter keine NV-Bescheinigung erteilt werden (→ BFH vom 9. 11. 1994 – BStBl 1995 II S. 255).

– Der Kapitalertragsteuerabzug gem. § 43 Abs. 1 EStG ist auch bei dem Gläubiger von Kapitalerträgen vorzunehmen, der in Insolvenz gefallen ist und bei dem wegen hoher Verlustvorträge die Kapitalertragsteuer auf Dauer höher wäre als die gesamte festzusetzende Einkommensteuer (sog. Überzahler). Eine solche Überzahlung beruht nicht auf Grund der „Art seiner Geschäfte" i. S. v. § 44a Abs. 5 EStG. Bei einem solchen Gläubiger von Kapitalerträgen kann deshalb auch nicht aus Gründen sachlicher Billigkeit vom Kapitalertragsteuerabzug abgesehen werden (→ BFH vom 20. 12. 1995 – BStBl 1996 II S. 308).

Kommunale Unternehmen

Der Kapitalertragsteuerabzug ist auch bei einem kommunalen Unternehmen (z. B. Abwasserentsorgungsunternehmen) vorzunehmen, bei dem diese auf Dauer höher als die gesamte festzusetzende Körperschaftsteuer ist (→ BFH vom 29. 3. 2000 – BStBl II S. 496).

Sammel-Steuerbescheinigungen

Zur Anwendung der Sammel-Steuerbescheinigung nach § 44a Abs. 10 Satz 4 EStG → BMF vom 1.3.2012 (BStBl I S. 236) und vom 29.12.2011 (BStBl 2012 I S. 45) (Veröffentlichung des Musters).

Verlustvortrag/Verfassungsmäßigkeit

Kapitalertragsteuer ist auch dann zu erheben, wenn diese wegen hoher Verlustvorträge höher ist als die festzusetzende Einkommensteuer, § 44a Abs. 5 EStG ist verfassungsgemäß (→ BFH vom 20. 12. 1995 – BStBl 1996 II S. 199).

EStG §44b Erstattung der Kapitalertragsteuer

(1) [1]Bei Kapitalerträgen im Sinne des § 43 Absatz 1 Satz 1 Nummer 1 und 2, die einem unbeschränkt einkommensteuerpflichtigen und in den Fällen des § 44a Absatz 5 auch einem beschränkt einkommensteuerpflichtigen Gläubiger zufließen, wird auf Antrag die einbehaltene und abgeführte Kapitalertragsteuer unter den Voraussetzungen des § 44a Absatz 1 Nummer 2, Absatz 2 Satz 1 Nummer 2 und Absatz 5 in dem dort bestimmten Umfang erstattet. [2]Dem Antrag auf Erstattung sind

a) die Nichtveranlagungs-Bescheinigung nach § 44a Absatz 2 Satz 1 Nummer 2 sowie eine Steuerbescheinigung nach § 45a Absatz 3 oder

b) die Bescheinigung nach § 44a Absatz 5 sowie eine Steuerbescheinigung nach § 45a Absatz 2 oder Absatz 3 beizufügen.

(2) [1]Für die Erstattung ist das Bundeszentralamt für Steuern zuständig. [2]Der Antrag ist nach amtlich vorgeschriebenem Muster zu stellen und zu unterschreiben.

(3) [1]Die Antragsfrist endet am 31. Dezember des Jahres, das dem Kalenderjahr folgt, in dem die Einnahmen zugeflossen sind. [2]Die Frist kann nicht verlängert werden.

(4) Die Erstattung ist ausgeschlossen, wenn die vorgeschriebenen Steuerbescheinigungen nicht vorgelegt oder durch einen Hinweis nach § 44a Absatz 6 Satz 2 gekennzeichnet worden sind.

(5) [1]Ist Kapitalertragsteuer einbehalten oder abgeführt worden, obwohl eine Verpflichtung hierzu nicht bestand, oder hat der Gläubiger dem nach § 44 Absatz 1 zum Steuerabzug Verpflichteten die Bescheinigung nach § 43 Absatz 2 Satz 4, den Freistellungsauftrag, die Nichtveranlagungs-Bescheinigung oder die Bescheinigungen nach § 44a Absatz 4 oder 5 erst zu einem Zeitpunkt vorgelegt, zu dem die Kapitalertragsteuer bereits abgeführt war, oder nach diesem Zeitpunkt erst die Erklärung nach § 43 Absatz 2 Satz 3 Nummer 2 abgegeben, ist auf Antrag des nach § 44 Absatz 1 zum Steuerabzug Verpflichteten die Steueranmeldung (§ 45a Absatz 1) insoweit zu ändern; stattdessen kann der zum Steuerabzug Verpflichtete bei der folgenden Steueranmeldung die abzuführende Kapitalertragsteuer entsprechend kürzen. [2]Erstattungsberechtigt ist der Antragsteller. [3]Die vorstehenden Sätze sind in den Fällen des Absatzes 6 nicht anzuwenden.

(6) [1]Werden Kapitalerträge im Sinne des § 43 Absatz 1 Satz 1 Nummer 1 und 2 durch ein inländisches Kredit- oder Finanzdienstleistungsinstitut im Sinne des § 43 Absatz 1 Satz 1 Nummer 7 Buchstabe b, das die Wertpapiere, Wertrechte oder sonstigen Wirtschaftsgüter unter dem Namen des Gläubigers verwahrt oder verwaltet, als Schuldner der Kapitalerträge oder für Rechnung des Schuldners gezahlt, kann das Kredit- oder Finanzdienstleistungsinstitut die einbehaltene und abgeführte Kapitalertragsteuer dem Gläubiger der Kapitalerträge bis zur Ausstellung einer Steuerbescheinigung, längstens bis zum 31. März des auf den Zufluss der Kapitalerträge folgenden Kalenderjahres, unter den folgenden Voraussetzungen erstatten:

1. dem Kredit- oder Finanzdienstleistungsinstitut wird eine Nichtveranlagungs-Bescheinigung nach § 44a Absatz 2 Satz 1 Nummer 2 für den Gläubiger vorgelegt,

2. dem Kredit- oder Finanzdienstleistungsinstitut wird eine Bescheinigung nach § 44a Absatz 5 für den Gläubiger vorgelegt,

3. dem Kredit- oder Finanzdienstleistungsinstitut wird eine Bescheinigung nach § 44a Absatz 7 Satz 4 für den Gläubiger vorgelegt und eine Abstandnahme war nicht möglich oder

4. dem Kredit- oder Finanzdienstleistungsinstitut wird eine Bescheinigung nach § 44a Absatz 8 Satz 3 für den Gläubiger vorgelegt und die teilweise Abstandnahme war nicht möglich; in diesen Fällen darf die Kapitalertragsteuer nur in Höhe von zwei Fünfteln erstattet werden.

[2]Das erstattende Kredit- oder Finanzdienstleistungsinstitut haftet in sinngemäßer Anwendung des § 44 Absatz 5 für zu Unrecht vorgenommene Erstattungen; für die Zahlungsaufforderung gilt § 219 Satz 2 der Abgabenordnung entsprechend. [3]Das Kredit- oder Finanzdienstleistungsinstitut hat die Summe der Erstattungsbeträge in der Steueranmeldung gesondert anzugeben und von der von ihm abzuführenden Kapitalertragsteuer abzusetzen. [4]Wird dem Kredit- oder Finanzdienstleistungsinstitut ein Freistellungsauftrag erteilt, der auch Kapitalerträge im Sinne des Satzes 1 erfasst, oder führt das Institut einen Verlustausgleich nach § 43a Absatz 3 Satz 2 unter Einbeziehung von Kapitalerträgen im Sinne des Satzes 1 aus, so hat es bis zur Ausstellung der Steuerbescheinigung, längstens bis zum 31. März des auf den Zufluss der Kapitalerträge folgenden Kalenderjahres, die einbehaltene und abgeführte Kapitalertragsteuer auf diese Kapitalerträge zu erstatten; Satz 2 ist entsprechend anzuwenden.

44b.1. Erstattung von Kapitalertragsteuer durch das *BZSt* nach den §§ 44b und 45b EStG

R 44b.1

Liegen die Voraussetzungen für die Erstattung von Kapitalertragsteuer durch das *BZSt* nach den §§ 44b und 45b EStG vor, kann der Anteilseigner wählen, ob er die Erstattung im Rahmen

S 2410

1. eines Einzelantrags (→ R 44b.2) oder

2. eines Sammelantragsverfahrens (→ R 45b)

beansprucht.

Hinweise

H 44b.1

Allgemeines

Einzelfragen zur Abgeltungsteuer → *BMF vom 9. 10. 2012 (BStBl I S. 950); Ergänzung des BMF-Schreibens vom 22. 12. 2009 (BStBl 2010 I S. 94) unter Berücksichtigung der Änderungen durch BMF vom 16. 11. 2010 (BStBl I S. 1305).*

Rückzahlung einer Dividende

Werden steuerpflichtige Kapitalerträge auf Grund einer tatsächlichen oder rechtlichen Verpflichtung in einem späteren Jahr zurückgezahlt, berührt die Rückzahlung den ursprünglichen Zufluss nicht. Eine Erstattung/Verrechnung der Kapitalertragsteuer, die von der ursprünglichen Dividende einbehalten und abgeführt worden ist, kommt deshalb nicht in Betracht (→ BFH vom 13. 11. 1985 – BStBl 1986 II S. 193).

R 44b.2 **44b.2. Einzelantrag beim *BZSt* (§ 44b EStG)**

(1) Voraussetzungen für die Erstattung:

1. Dem auf amtlichen Vordruck zu stellenden Antrag ist das Original
    – der vom zuständigen Wohnsitzfinanzamt ausgestellten Nichtveranlagungs-(NV-)Bescheinigung oder
    – der Bescheinigung i. S. d. § 44a Abs. 5 EStG
    beizufügen.

2. Der Anteilseigner weist die Höhe der Kapitalertragsteuer durch die Urschrift der Steuerbescheinigung oder durch eine als solche gekennzeichnete Ersatzbescheinigung eines inländischen Kreditinstituts nach (§ 45a Abs. 2 **oder** 3 EStG). [2]Wird für Ehegatten ein gemeinschaftliches Depot unterhalten, ist es unter den Voraussetzungen des § 26 EStG nicht zu beanstanden, wenn die Bescheinigung auf den Namen beider Ehegatten lautet.

(2) [1]Eine NV-Bescheinigung ist nicht zu erteilen, wenn der Anteilseigner voraussichtlich von Amts wegen oder auf Antrag zur Einkommensteuer veranlagt wird. [2]Das gilt auch, wenn die Veranlagung voraussichtlich nicht zur Festsetzung einer Steuer führt. [3]Im Falle der Eheschließung hat der Anteilseigner eine vorher auf seinen Namen ausgestellte NV-Bescheinigung an das Finanzamt auch dann zurückzugeben, wenn die Geltungsdauer noch nicht abgelaufen ist. [4]Das Finanzamt hat auf Antrag eine neue NV-Bescheinigung auszustellen, wenn anzunehmen ist, dass für den unbeschränkt steuerpflichtigen Anteilseigner und seinen Ehegatten auch nach der Eheschließung eine Veranlagung zur Einkommensteuer nicht in Betracht kommt; bei Veranlagung auf Antrag gilt Satz 1 entsprechend. [5]Für Kapitalerträge, die nach einem Erbfall zugeflossen sind, berechtigt eine auf den Namen des Erblassers ausgestellte NV-Bescheinigung nicht zur Erstattung der Kapitalertragsteuer an die Erben.

(3) Für die Erstattung von Kapitalertragsteuer bei Kapitalerträgen i. S. d. § 43 Abs. 1 Satz 1 Nr. 2 EStG gelten die Absätze 1 und 2 entsprechend.

EStG
S 2410

§ 45 Ausschluss der Erstattung von Kapitalertragsteuer

[1]In den Fällen, in denen die Dividende an einen anderen als an den Anteilseigner ausgezahlt wird, ist die Erstattung von Kapitalertragsteuer an den Zahlungsempfänger ausgeschlossen. [2]Satz 1 gilt nicht für den Erwerber eines Dividendenscheins in den Fällen des § 20 Absatz 2 Satz 1 Nummer 2 Buchstabe a. [3]In den Fällen des § 20 Absatz 2 Satz 1 Nummer 2 Buchstabe b ist die Erstattung von Kapitalertragsteuer an den Erwerber von Zinsscheinen nach § 37 Absatz 2 der Abgabenordnung ausgeschlossen.

EStG
S 2401

§ 45a Anmeldung und Bescheinigung der Kapitalertragsteuer

1) (1) [1]Die Anmeldung der einbehaltenen Kapitalertragsteuer ist dem Finanzamt innerhalb der in § 44 Absatz 1 oder Absatz 7 festgesetzten Frist nach amtlich vorgeschriebenem Vordruck auf elektronischem Weg nach Maßgabe der Steuerdaten-Übermittlungsverordnung zu übermitteln; *die auszahlende Stelle hat die Kapitalertragsteuer auf die Erträge im Sinne des § 43 Absatz 1 Satz 1 Nummer 1a jeweils gesondert für das Land, in dem sich der Ort der Geschäftsleitung des Schuldners der Kapitalerträge befindet, anzugeben.* [2]Satz 1 gilt entsprechend, wenn ein Steuerabzug nicht oder nicht in voller Höhe vorzunehmen ist. [3]Der Grund für die Nichtabführung ist anzugeben. [4]Auf Antrag kann das Finanzamt zur Vermeidung unbilliger Härten auf eine elektronische Übermittlung verzichten; in diesem Fall ist die Kapitalertragsteuer-Anmeldung von dem Schuldner, der den Verkaufsauftrag ausführenden Stelle, der auszahlenden Stelle oder einer vertretungsberechtigten Person zu unterschreiben.

2) (2) [1]In den Fällen des § 43 Absatz 1 Satz 1 Nummer 1 , 2 bis 4, 7a und 7b sind der Schuldner der Kapitalerträge und in den Fällen des § 43 Absatz 1 Satz 1 Nummer 1a, 6, 7 und 8 bis 12 sowie Satz 2 die Kapitalerträge auszahlende Stelle vorbehaltlich des Absatzes 3 verpflichtet, dem Gläubiger der Kapitalerträge auf Verlangen eine Bescheinigung nach amtlich vorgeschriebenem Muster auszustellen, die die nach § 32d erforderlichen Angaben enthält. [2]Die Bescheinigung braucht nicht unterschrieben zu werden, wenn sie in einem maschinellen Verfahren ausgedruckt

---

[1]) *Absatz 1 Satz 1 wurde durch das OGAW-IV-UmsG geändert und ist erstmals auf Kapitalerträge anzuwenden, die dem Gläubiger nach dem 31. 12. 2011 zufließen, → § 52a Abs. 16b EStG.*

[2]) *Absatz 2 Satz 1 wurde durch das OGAW-IV-UmsG geändert und ist erstmals auf Kapitalerträge anzuwenden, die dem Gläubiger nach dem 31. 12. 2011 zufließen, → § 52a Abs. 16b EStG.*

worden ist und den Aussteller erkennen lässt. [3]§ 44a Abs. 6 gilt sinngemäß; über die zu kennzeichnenden Bescheinigungen haben die genannten Institute und Unternehmen Aufzeichnungen zu führen. [4]Diese müssen einen Hinweis auf den Buchungsbeleg über die Auszahlung an den Empfänger der Bescheinigung enthalten.

(3) [1]Werden die Kapitalerträge für Rechnung des Schuldners durch ein inländisches Kreditinstitut oder ein inländisches Finanzdienstleistungsinstitut gezahlt, so hat anstelle des Schuldners das Kreditinstitut oder das Finanzdienstleistungsinstitut die Bescheinigung zu erteilen, *sofern nicht die Voraussetzungen des Absatzes 2 Satz 1 erfüllt sind.* [2]Satz 1 gilt in den Fällen des § 20 Absatz 1 Nummer 1 Satz 4 entsprechend; der Emittent der Aktien gilt insoweit als Schuldner der Kapitalerträge. [1)]

(4) [1]Eine Bescheinigung nach Absatz 2 oder Absatz 3 ist auch zu erteilen, wenn in Vertretung des Gläubigers ein Antrag auf Erstattung der Kapitalertragsteuer nach § 44b gestellt worden ist oder gestellt wird. [2]Satz 1 gilt entsprechend, wenn nach *§ 44a Absatz 8 Satz 1* der Steuerabzug nur nicht in voller Höhe vorgenommen worden ist. [2)]

(5) [1]Eine Ersatzbescheinigung darf nur ausgestellt werden, wenn die Urschrift nach den Angaben des Gläubigers abhanden gekommen oder vernichtet ist. [2]Die Ersatzbescheinigung muss als solche gekennzeichnet sein. [3]Über die Ausstellung von Ersatzbescheinigungen hat der Aussteller Aufzeichnungen zu führen.

(6) [1]Eine Bescheinigung, die den Absätzen 2 bis 5 nicht entspricht, hat der Aussteller zurückzufordern und durch eine berichtigte Bescheinigung zu ersetzen. [2]Die berichtigte Bescheinigung ist als solche zu kennzeichnen. [3]Wird die zurückgeforderte Bescheinigung nicht innerhalb eines Monats nach Zusendung der berichtigten Bescheinigung an den Aussteller zurückgegeben, hat der Aussteller das nach seinen Unterlagen für den Empfänger zuständige Finanzamt schriftlich zu benachrichtigen.

(7) [1]Der Aussteller einer Bescheinigung, die den Absätzen 2 bis 5 nicht entspricht, haftet für die auf Grund der Bescheinigung verkürzten Steuern oder zu Unrecht gewährten Steuervorteile. [2]Ist die Bescheinigung nach Absatz 3 durch ein inländisches Kreditinstitut oder ein inländisches Finanzdienstleistungsinstitut auszustellen, so haftet der Schuldner auch, wenn er zum Zweck der Bescheinigung unrichtige Angaben macht. [3]Der Aussteller haftet nicht

1. in den Fällen des Satzes 2,

2. wenn er die ihm nach Absatz 6 obliegenden Verpflichtungen erfüllt hat.

Hinweise

H 45a

Steuerbescheinigung

Zur Ausstellung von Steuerbescheinigungen für Kapitalerträge nach § 45a Absatz 2 und 3 EStG
→ BMF vom **20. 12. 2012 (BStBl 2013 I S. 36)**.

---

§ 45b   Erstattung von Kapitalertragsteuer auf Grund von Sammelanträgen

EStG

(1) [1]Wird in den Fällen des § 44b Absatz 1 der Antrag auf Erstattung von Kapitalertragsteuer in Vertretung des Gläubigers der Kapitalerträge durch einen Vertreter im Sinne des Absatzes 2 gestellt, so kann von der Nichtveranlagungs-Bescheinigung nach § 44a Absatz 2 Satz 1 Nummer 2 oder der Bescheinigung nach § 44a Absatz 5 sowie der Steuerbescheinigung nach § 45a Absatz 2 oder 3 abgesehen werden, wenn der Vertreter versichert, dass

1. eine Bescheinigung im Sinne des § 45a Absatz 2 oder 3 als ungültig gekennzeichnet oder nach den Angaben des Gläubigers der Kapitalerträge abhanden gekommen oder vernichtet ist,

2. die Wertpapiere oder die Kapitalforderungen im Zeitpunkt des Zufließens der Einnahmen in einem auf den Namen des Vertreters lautenden Wertpapierdepot bei einem inländischen Kreditinstitut oder der inländischen Zweigniederlassung eines der in § 53b Absatz 1 oder Absatz 7 des Gesetzes über das Kreditwesen genannten Institute oder Unternehmen verwahrt waren oder bei Vertretern im Sinne des Absatzes 2 Satz 1 Nummer 3 zu diesem Zeitpunkt der Geschäftsanteil vom Vertreter verwaltet wurde,

---

[1)] *Absatz 3 Satz 1 wurde durch das OGAW-IV-UmsG geändert und ist erstmals auf Kapitalerträge anzuwenden, die dem Gläubiger nach dem 31. 12. 2011 zufließen, → § 52a Abs. 16b EStG.*
[2)] Das Wort „nur" ist durch ein Redaktionsversehen nicht gestrichen worden.

3. eine NichtveranlagungsBescheinigung nach § 44a Absatz 2 Satz 1 Nummer 2 oder eine Bescheinigung nach § 44a Absatz 5 vorliegt und

4. die Angaben in dem Antrag wahrheitsgemäß nach bestem Wissen und Gewissen gemacht worden sind.

²Über Anträge, in denen ein Vertreter versichert, dass die Bescheinigung im Sinne des § 45a Absatz 2 oder Absatz 3 als ungültig gekennzeichnet oder nach den Angaben des Anteilseigners Gläubigers der Kapitalerträge abhanden gekommen oder vernichtet ist, haben die Vertreter Aufzeichnungen zu führen. ³Die Sätze 1 und 2 sind entsprechend anzuwenden, wenn der Gläubiger der Kapitalerträge dem Vertreter einen Freistellungsauftrag erteilt hat.

(2) ¹Absatz 1 gilt für Anträge, die

1. eine Kapitalgesellschaft in Vertretung ihrer Arbeitnehmer stellt, soweit es sich um Einnahmen aus Anteilen handelt, die den Arbeitnehmern von der Kapitalgesellschaft überlassen worden sind und von ihr, einem inländischen Kreditinstitut oder einer inländischen Zweigniederlassung eines der in § 53b Absatz 1 oder 7 des Gesetzes über das Kreditwesen genannten Institute oder Unternehmen verwahrt werden;

2. der von einer Kapitalgesellschaft bestellte Treuhänder in Vertretung der Arbeitnehmer dieser Kapitalgesellschaft stellt, soweit es sich um Einnahmen aus Anteilen handelt, die den Arbeitnehmern von der Kapitalgesellschaft überlassen worden sind und von dem Treuhänder, einem inländischen Kreditinstitut oder einer inländischen Zweigniederlassung eines der in § 53b Absatz 1 oder 7 des Gesetzes über das Kreditwesen genannten Institute oder Unternehmen verwahrt werden.

¹)▌

²Den Arbeitnehmern im Sinne des Satzes 1 Nummer 1 und 2 stehen Arbeitnehmer eines mit der Kapitalgesellschaft verbundenen Unternehmens (§ 15 des Aktiengesetzes) sowie frühere Arbeitnehmer der Kapitalgesellschaft oder eines mit ihr verbundenen Unternehmens gleich. ³Den von der Kapitalgesellschaft überlassenen Anteilen stehen Aktien gleich, die den Arbeitnehmern bei einer Kapitalerhöhung auf Grund ihres Bezugsrechts aus den von der Kapitalgesellschaft überlassenen Aktien zugeteilt worden sind oder die den Arbeitnehmern auf Grund einer Kapitalerhöhung aus Gesellschaftsmitteln gehören.

(2a) ¹Sammelanträge auf volle oder teilweise Erstattung können auch Gesamthandsgemeinschaften für ihre Mitglieder im Sinne von § 44a Absatz 7 und 8 stellen. ²Die Absätze 1 und 2 sind entsprechend anzuwenden.

(3) ¹Erkennt der Vertreter des Gläubigers der Kapitalerträge vor Ablauf der Festsetzungsfrist im Sinne der §§ 169 bis 171 der Abgabenordnung, dass die Erstattung ganz oder teilweise zu Unrecht festgesetzt worden ist, so hat er dies dem Bundeszentralamt für Steuern anzuzeigen. ²Das Bundeszentralamt für Steuern hat die zu Unrecht erstatteten Beträge von dem Gläubiger zurückzufordern, für den sie festgesetzt worden sind. ³Der Vertreter des Gläubigers haftet für die zurückzuzahlenden Beträge.

(4) ¹§ 44b Absatz 1 bis 4 gilt entsprechend. ²Die Antragsfrist gilt als gewahrt, wenn der Gläubiger die beantragende Stelle bis zu dem in § 44b Absatz 3 bezeichneten Zeitpunkt schriftlich mit der Antragstellung beauftragt hat.

(5) Die Vollmacht, den Antrag auf Erstattung von Kapitalertragsteuer zu stellen, ermächtigt zum Empfang der Steuererstattung.

R 45b

45b. Sammelantrag beim *BZSt*

(1) ¹Der Anteilseigner muss den Sammelantragsteller zu seiner Vertretung bevollmächtigt haben. ²Der Nachweis einer Vollmacht ist nur zu verlangen, wenn begründete Zweifel an der Vertretungsmacht bestehen. ³Abweichend von § 80 Abs. 1 Satz 2 AO ermächtigt bei einem Sammelantrag auf Erstattung von Kapitalertragsteuer die für die Antragstellung erteilte Vollmacht auch zum Empfang der Steuererstattungen.

(2) Die Anweisungen in → R 44b.2 gelten für den Sammelantrag mit folgenden Abweichungen:

1. Beauftragt der Anteilseigner einen in § 45b EStG genannten Vertreter, einen Sammelantrag beim *BZSt* zu stellen, hat er dem Vertreter das Original der NV-Bescheinigung, des Freistellungsauftrags oder der Bescheinigung i. S. d. § 44a Abs. 5, Abs. 7 oder Abs. 8 EStG vorzulegen.

2. In den Sammelantrag auf Erstattung von Kapitalertragsteuer dürfen auch Einnahmen einbezogen werden, für die der Anteilseigner die Ausstellung einer Jahressteuerbescheinigung bean-

---

¹) *Absatz 2 Satz 1 Nr. 3 wurde durch das Steuervereinfachungsgesetz 2011 aufgehoben. Absatz 2 i. d. F. des Steuervereinfachungsgesetzes 2011 ist erstmals auf Kapitalerträge anzuwenden, die dem Gläubiger nach dem 31. 12. 2011 zufließen, → §52a Abs. 16a Satz 2 EStG.*

tragt hat, wenn der Vertreter des Anteilseigners versichert, dass eine Steuerbescheinigung über zu erstattende Kapitalertragsteuer nicht erteilt worden ist. [2]Das Gleiche gilt für Einnahmen, für die dem Anteilseigner eine Steuerbescheinigung ausgestellt worden ist, wenn der Vertreter des Anteilseigners versichert, dass die Bescheinigung als ungültig gekennzeichnet oder nach den Angaben des Anteilseigners abhanden gekommen oder vernichtet ist.

(3) Für die Erstattung von Kapitalertragsteuer bei Kapitalerträgen i. S. d. § 43 Abs. 1 Satz 1 Nr. 2 EStG gelten die Absätze 1 und 2 entsprechend.

Hinweise   H 45b

Sammelantragsverfahren nach § 45b EStG

– Sammelanträge sind grundsätzlich elektronisch zu übermitteln. Für die elektronische Übermittlung gilt die Steuerdaten-Übermittlungs-Verordnung (StDÜV) vom 28. 1. 2003 (BGBl I S. 139), zuletzt geändert durch *das Steuervereinfachungsgesetz 2011 vom 1. 11. 2011 (BGBl I S. 2131).*

– Zur Anwendung → BMF vom *16. 11. 2011 (BStBl I S. 1063).*

– Zur Anwendung des Erstattungsverfahrens nach § 44b Abs. 6 Satz 1 bis 3 EStG ab dem 1. 1. 2011 für Korrekturen, erstmalige Anträge im Rahmen des Sammelantragsverfahrens und Korrekturen vor diesem Zeitpunkt → BMF vom 19. 3. 2010 (BStBl I S. 1305).

§ 45c   EStG
                                                                              [1]
(weggefallen)

R 45c

§ 45d   Mitteilungen an das Bundeszentralamt für Steuern   EStG
                                                                             S 2409a

(1) [1]Wer nach § 44 Absatz 1 dieses Gesetzes und § 7 des Investmentsteuergesetzes zum Steuerabzug verpflichtet ist oder auf Grund von Sammelanträgen nach § 45b Absatz 1 und 2 die Erstattung von Kapitalertragsteuer beantragt, hat dem Bundeszentralamt für Steuern bis zum 31. Mai des Jahres, das auf das Jahr folgt, in dem die Kapitalerträge den Gläubigern zufließen, folgende Daten zu übermitteln:

[2]

[1] § 45c EStG wurde durch das Unternehmensteuerreformgesetz 2008 ab VZ 2009 aufgehoben → § 52a Absatz 1 EStG.

[2] Absatz 1 wurde durch das JStG 2010 neu gefasst. Die Neufassung ist erstmals für Kapitalerträge anzuwenden, die ab dem 1. 1. 2013 zufließen; eine Übermittlung der Identifikationsnummer hat für Kapitalerträge, die vor dem 1. 1. 2016 zufließen, nur zu erfolgen, wenn sie der Meldestelle vorliegen → § 52a Abs. 16 Satz 9 EStG.

Anm.: Die Neufassung lautet:

„(1) Wer nach § 44 Absatz 1 dieses Gesetzes und § 7 des Investmentsteuergesetzes zum Steuerabzug verpflichtet ist oder auf Grund von Sammelanträgen nach § 45b Absatz 1 und 2 die Erstattung von Kapitalertragsteuer beantragt (Meldestelle), hat dem Bundeszentralamt für Steuern bis zum 1. März des Jahres, das auf das Jahr folgt, in dem die Kapitalerträge den Gläubigern zufließen, folgende Daten zu übermitteln:
1. Vor- und Zuname, Identifikationsnummer (§ 139b der Abgabenordnung) sowie das Geburtsdatum des Gläubigers der Kapitalerträge; bei einem gemeinsamen Freistellungsauftrag sind die Daten beider Ehegatten zu übermitteln,
2. Anschrift des Gläubigers der Kapitalerträge,
3. bei den Kapitalerträgen, für die ein Freistellungsauftrag erteilt worden ist,
a) die Kapitalerträge, bei denen vom Steuerabzug Abstand genommen worden ist oder bei denen auf Grund des Freistellungsauftrags gemäß § 44b Absatz 6 Satz 4 dieses Gesetzes oder gemäß § 7 Absatz 5 Satz 1 des Investmentsteuergesetzes Kapitalertragsteuer erstattet wurde,
b) die Kapitalerträge, bei denen die Erstattung von Kapitalertragsteuer beim Bundeszentralamt für Steuern beantragt worden ist,
4. die Kapitalerträge, bei denen auf Grund einer Nichtveranlagungs-Bescheinigung einer natürlichen Person nach § 44a Absatz 2 Satz 1 Nummer 2 vom Steuerabzug Abstand genommen oder eine Erstattung vorgenommen wurde,
5. Name und Anschrift der Meldestelle.
Die Daten sind nach amtlich vorgeschriebenem Datensatz durch Datenfernübertragung zu übermitteln; im Übrigen ist § 150 Absatz 6 der Abgabenordnung entsprechend anzuwenden."

1. Vor- und Zunamen sowie das Geburtsdatum der Person – gegebenenfalls auch des Ehegatten –, die den Freistellungsauftrag erteilt hat (Auftraggeber),
2. Anschrift des Auftraggebers,
3. bei den Kapitalerträgen, für die ein Freistellungsauftrag erteilt worden ist,
   a) die Kapitalerträge, bei denen vom Steuerabzug Abstand genommen worden ist oder bei denen auf Grund des Freistellungsauftrags gemäß § 44b Absatz 6 Satz 4 oder gemäß § 7 Absatz 5 Satz 1 des Investmentsteuergesetzes Kapitalertragsteuer erstattet wurde,
   b) die Kapitalerträge, bei denen die Erstattung von Kapitalertragsteuer und die Vergütung von Körperschaftsteuer beim Bundeszentralamt für Steuern beantragt worden ist,
4. Namen und Anschrift des Empfängers des Freistellungsauftrags.

[2]Die Datenübermittlung hat nach amtlich vorgeschriebenem Datensatz auf amtlich vorgeschriebenen maschinell verwertbaren Datenträgern zu erfolgen. [3]Im Übrigen findet § 150 Absatz 6 der Abgabenordnung entsprechende Anwendung. [4]Das Bundeszentralamt für Steuern kann auf Antrag eine Übermittlung nach amtlich vorgeschriebenem Vordruck zulassen, wenn eine Übermittlung nach Satz 2 eine unbillige Härte mit sich bringen würde.

(2) [1]Das Bundeszentralamt für Steuern darf den Sozialleistungsträgern die Daten nach Absatz 1 mitteilen, soweit dies zur Überprüfung des bei der Sozialleistung zu berücksichtigenden Einkommens oder Vermögens erforderlich ist oder der Betroffene zustimmt. [2]Für Zwecke des Satzes 1 ist das Bundeszentralamt für Steuern berechtigt, die ihm von den Sozialleistungsträgern übermittelten Daten mit den vorhandenen Daten nach Absatz 1 im Wege des automatisierten Datenabgleichs zu überprüfen und das Ergebnis den Sozialleistungsträgern mitzuteilen.

[1)] (3) [1]Ein inländischer Versicherungsvermittler im Sinne des § 59 Absatz 1 des Versicherungsvertragsgesetzes hat bis zum 30. März des Folgejahres das Zustandekommen eines Vertrages im Sinne des § 20 Absatz 1 Nummer 6 zwischen einer im Inland ansässigen Person und einem Versicherungsunternehmen mit Sitz und Geschäftsleitung im Ausland gegenüber dem Bundeszentralamt für Steuern mitzuteilen; dies gilt nicht, wenn das Versicherungsunternehmen eine Niederlassung im Inland hat oder das Versicherungsunternehmen dem Bundeszentralamt für Steuern bis zu diesem Zeitpunkt das Zustandekommen eines Vertrages angezeigt und den Versicherungsvermittler hierüber in Kenntnis gesetzt hat. [2]Folgende Daten sind zu übermitteln:

1. Vor- und Zunamen sowie Geburtsdatum, Anschrift und Steueridentifikationsnummer des Versicherungsnehmers,
2. Name und Anschrift des Versicherungsunternehmens sowie Vertragsnummer oder sonstige Kennzeichnung des Vertrages,
3. Name und Anschrift des Versicherungsvermittlers, wenn die Mitteilung nicht vom Versicherungsunternehmen übernommen wurde,
4. Laufzeit und garantierte Versicherungssumme oder Beitragssumme für die gesamte Laufzeit,
5. Angabe, ob es sich um einen konventionellen, einen fondsgebundenen oder einen vermögensverwaltenden Versicherungsvertrag handelt.

[3]Die Daten sind nach amtlich vorgeschriebenem Datensatz durch Datenfernübertragung zu übermitteln; im Übrigen ist § 150 Absatz 6 der Abgabenordnung entsprechend anzuwenden.

EStG   **§ 45e   Ermächtigung für Zinsinformationsverordnung**

[1]Die Bundesregierung wird ermächtigt, durch Rechtsverordnung mit Zustimmung des Bundesrates die Richtlinie 2003/48/EG des Rates vom 3. Juni 2003 (ABl. EU Nr. L 157 S. 38) in der jeweils geltenden Fassung im Bereich der Besteuerung von Zinserträgen umzusetzen. [2]§ 45d Absatz 1 Satz 2 bis 4 und Absatz 2 sind entsprechend anzuwenden.

---

1) Absatz 3 Satz 2 und 3 wurde durch das JStG 2010 neu gefasst. Absatz 3 EStG ist für Versicherungsverträge anzuwenden, die nach dem 31. 12. 2008 abgeschlossen werden; die erstmalige Übermittlung hat bis zum 30. 3. 2011 zu erfolgen → § 52a Absatz 16 Satz 10 EStG i. d. F. des JStG 2010.

Hinweise

Einführungsschreiben zur Zinsinformationsverordnung

→ BMF vom 30. 1. 2008 (BStBl I S. 320)

Zinsinformationsverordnung vom 26. 1. 2004

→ BGBl. I S. 128 (BStBl I S. 297), zuletzt geändert durch die Zweite Verordnung zur Änderung der Zinsinformationsverordnung vom 5. 11. 2007 (BGBl. I S. 2562).

---

4. Veranlagung von Steuerpflichtigen mit steuerabzugspflichtigen Einkünften

§ 46   Veranlagung bei Bezug von Einkünften aus nichtselbständiger Arbeit

(1) (weggefallen)

(2) Besteht das Einkommen ganz oder teilweise aus Einkünften aus nichtselbständiger Arbeit, von denen ein Steuerabzug vorgenommen worden ist, so wird eine Veranlagung nur durchgeführt,

1. wenn die positive Summe der einkommensteuerpflichtigen Einkünfte, die nicht dem Steuerabzug vom Arbeitslohn zu unterwerfen waren, vermindert um die darauf entfallenden Beträge nach § 13 Absatz 3 und § 24a, oder die positive Summe der Einkünfte und Leistungen, die dem Progressionsvorbehalt unterliegen, jeweils mehr als 410 Euro beträgt;

2. wenn der Steuerpflichtige nebeneinander von mehreren Arbeitgebern Arbeitslohn bezogen hat; das gilt nicht, soweit nach § 38 Absatz 3a Satz 7 Arbeitslohn von mehreren Arbeitgebern für den Lohnsteuerabzug zusammengerechnet worden ist;

3. wenn bei einem Steuerpflichtigen die Summe der beim Steuerabzug vom Arbeitslohn nach § 39b Absatz 2 Satz 5 Nummer 3 Buchstabe b bis d berücksichtigten Teilbeträge der Vorsorgepauschale größer ist als die abziehbaren Vorsorgeaufwendungen nach § 10 Absatz 1 Nummer 3 und Nummer 3a in Verbindung mit Absatz 4 und der im Kalenderjahr insgesamt erzielte Arbeitslohn 10 200 Euro übersteigt, oder bei Ehegatten, die die Voraussetzungen des § 26 Absatz 1 erfüllen, der im Kalenderjahr von den Ehegatten insgesamt erzielte Arbeitslohn 19 400 Euro übersteigt; [1]

3a. wenn von Ehegatten, die nach den §§ 26, 26b zusammen zur Einkommensteuer zu veranlagen sind, beide Arbeitslohn bezogen haben und einer für den Veranlagungszeitraum oder einen Teil davon nach der Steuerklasse V oder VI besteuert oder bei Steuerklasse IV der Faktor (§ 39f) eingetragen worden ist;

4. wenn *für einen Steuerpflichtigen ein Freibetrag im Sinne des § 39a Absatz 1 Satz 1 Nummer 1 bis 3, 5 oder Nummer 6 ermittelt* worden ist und der im Kalenderjahr insgesamt erzielte Arbeitslohn 10 200 Euro übersteigt oder bei Ehegatten, die die Voraussetzungen des § 26 Absatz 1 erfüllen, der im Kalenderjahr von den Ehegatten insgesamt erzielte Arbeitslohn 19 400 Euro übersteigt; dasselbe gilt für einen Steuerpflichtigen, der zum Personenkreis des § 1 Absatz 2 gehört oder für einen beschränkt einkommensteuerpflichtigen Arbeitnehmer, wenn diese Eintragungen auf einer Bescheinigung *für den Lohnsteuerabzug (§ 39 Absatz 3 Satz 1)* erfolgt sind; [1] [2]

4a. wenn bei einem Elternpaar, bei dem die Voraussetzungen des § 26 Absatz 1 Satz 1 nicht vorliegen,

---

[1] *Absatz 2 Nr. 3 und 4 wurde durch das Gesetz zum Abbau der kalten Progression geändert; für den VZ 2013 → § 52 Abs. 55j EStG, für den VZ 2014 → § 52 Abs. 55k EStG.*
Anm.:
§ 46 Abs. 2 wird wie folgt geändert:
a) In Nummer 3 wird die Angabe „10.200" durch die Angabe „10.500" und die Angabe „19.400" durch die Angabe „19.700" ersetzt. (Zur Anwendung → § 52 Abs. 55j EStG (→ § 52 Abs. 55k EStG – erstmals für den VZ 2013 anzuwenden).
b) In Nummer 3 wird die Angabe „10.500" durch die Angabe „10.700" durch „19.700" durch die Angabe „20.200" ersetzt. (→ § 52 Abs. 55k EStG(→ § 52 Abs. 55k EStG – erstmals für den VZ 2014 anzuwenden).
c) in Nummer 4 wird die Angabe „10.200" durch die Angabe „10.500" und die Angabe „19.400" durch die Angabe „19.700" ersetzt. (→ § 52 Abs. 55j EStG(→ § 52 Abs. 55k EStG – erstmals für den VZ 2013 anzuwenden).
d) In Nummer 4 wird die Angabe 10.500 durch die Angabe „10.700" und die Angabe „19.700" durch die Angabe „20.200" ersetzt (→ § 52 Abs. 55k EStG – erstmals für den VZ 2014 anzuwenden).
[2] *Absatz 2 Nr. 4 wurde durch das BeitrRLUmsG ab VZ 2012 geändert.*

a) bis c) (weggefallen)

1) d) im Fall des § 33a Absatz 2 *Satz 5* das Elternpaar gemeinsam eine Aufteilung des Abzugs-betrags in einem anderen Verhältnis als je zur Hälfte beantragt oder

e) im Fall des § 33b Absatz 5 Satz 3 das Elternpaar gemeinsam eine Aufteilung des Pausch-betrags für behinderte Menschen oder des Pauschbetrags für Hinterbliebene in einem anderen Verhältnis als je zur Hälfte beantragt.

[2]Die Veranlagungspflicht besteht für jeden Elternteil, der Einkünfte aus nichtselbständiger Arbeit bezogen hat;

2) 5. wenn bei einem Steuerpflichtigen die Lohnsteuer für einen sonstigen Bezug im Sinne des § 34 Absatz 1 und 2 Nummer 2 und 4 nach § 39b Absatz 3 Satz 9 oder für einen sonstigen Bezug nach § 39c *Absatz 3* ermittelt wurde;

5a. wenn der Arbeitgeber die Lohnsteuer von einem sonstigen Bezug berechnet hat und dabei der Arbeitslohn aus früheren Dienstverhältnissen des Kalenderjahres außer Betracht geblie-ben ist (§ 39b Absatz 3 Satz 2, § 41 Absatz 1 Satz 7, Großbuchstabe S);

6. wenn die Ehe des Arbeitnehmers im Veranlagungszeitraum durch Tod, Scheidung oder Auf-hebung aufgelöst worden ist und er oder sein Ehegatte der aufgelösten Ehe im Veranla-gungszeitraum wieder geheiratet hat;

3) 7. wenn

a) für einen unbeschränkt Steuerpflichtigen im Sinne des § 1 Absatz 1 *bei der Bildung der Lohnsteuerabzugsmerkmale (§ 39)* ein Ehegatte im Sinne des § 1a Absatz 1 Nummer 2 berücksichtigt worden ist oder

b) für einen Steuerpflichtigen, der zum Personenkreis des § 1 Absatz 3 oder des § 1a gehört, *Lohnsteuerabzugsmerkmale nach § 39 Absatz 2 gebildet worden sind; das nach § 39 Absatz 2 Satz 2 bis 4 zuständige Betriebsstätten*finanzamt ist dann auch für die Veranla-gung zuständig;

8. wenn die Veranlagung beantragt wird, insbesondere zur Anrechnung von Lohnsteuer auf die Einkommensteuer. [2]Der Antrag ist durch Abgabe einer Einkommensteuererklärung zu stellen.

(3) [1]In den Fällen des Absatzes 2 ist ein Betrag in Höhe der einkommensteuerpflichtigen Ein-künfte, von denen der Steuerabzug vom Arbeitslohn nicht vorgenommen worden ist, vom Ein-kommen abzuziehen, wenn diese Einkünfte insgesamt nicht mehr als 410 Euro betragen. [2]Der Betrag nach Satz 1 vermindert sich um den Altersentlastungsbetrag, soweit dieser den unter Ver-wendung des § 24a Satz 5 maßgebenden Prozentsatzes zu ermittelnden Anteil des Arbeits-lohns mit Ausnahme der Versorgungsbezüge im Sinne des § 19 Absatz 2 übersteigt, und um den nach § 13 Absatz 3 zu berücksichtigenden Betrag.

(4) [1]Kommt nach Absatz 2 eine Veranlagung zur Einkommensteuer nicht in Betracht, so gilt die Einkommensteuer, die auf die Einkünfte aus nichtselbständiger Arbeit entfällt, für den Steuer-pflichtigen durch den Lohnsteuerabzug als abgegolten, soweit er nicht für zu wenig erhobene Lohnsteuer in Anspruch genommen werden kann. [2] § 42b bleibt unberührt.

(5) Durch Rechtsverordnung kann in den Fällen des Absatzes 2 Nummer 1, in denen die ein-kommensteuerpflichtigen Einkünfte, von denen der Steuerabzug vom Arbeitslohn nicht vor-genommen worden ist, den Betrag von 410 Euro übersteigen, die Besteuerung so gemildert wer-den, dass auf die volle Besteuerung dieser Einkünfte stufenweise übergeleitet wird.

EStDV
S 2270

§ 70 Ausgleich von Härten in bestimmten Fällen

[1]*Betragen in den Fällen des § 46 Abs. 2 Nr. 1 bis 7 des Gesetzes die einkommensteuerpflichtigen Einkünfte, von denen der Steuerabzug vom Arbeitslohn nicht vorgenommen worden ist, insgesamt mehr als 410 Euro, so ist vom Einkommen der Betrag abzuziehen, um den die bezeichneten Ein-künfte, vermindert um das entfallenden Altersentlastungsbetrag (§ 24a des Gesetzes) und den nach § 13 Abs. 3 des Gesetzes zu berücksichtigenden Betrag, niedriger als 820 Euro sind (Här-teausgleichsbetrag).* [2]*Der Härteausgleichsbetrag darf nicht höher sein als die nach Satz 1 vermin-derten Einkünfte.*

---

1) *Absatz 2 Nr. 4a wurde durch das Steuervereinfachungsgesetz 2011 ab VZ 2012 geändert.*
2) *Absatz 2 Nr. 5 wurde durch das BeitrRLUmsG ab VZ 2012 geändert.*
3) *Absatz 2 Nr. 7 wurde durch das BeitrRLUmsG ab VZ 2012 neu gefasst.*

46.1. Veranlagung nach § 46 Abs. 2 Nr. 2 EStG R 46.1

§ 46 Abs. 2 Nr. 2 EStG gilt auch für die Fälle, in denen der Stpfl. rechtlich in nur einem Dienstverhältnis steht, die Bezüge aber von verschiedenen öffentlichen Kassen ausgezahlt und gesondert nach Maßgabe der jeweiligen Lohnsteuerkarte dem Steuerabzug unterworfen worden sind. S 2270

46.2. Veranlagung nach § 46 Abs. 2 Nr. 8 EStG R 46.2

(1) Die Vorschrift des § 46 Abs. 2 Nr. 8 EStG ist nur anwendbar, wenn der Arbeitnehmer nicht bereits nach den Vorschriften des § 46 Abs. 2 Nr. 1 bis 7 EStG zu veranlagen ist. S 2270

(2) Der Antrag ist innerhalb der allgemeinen Festsetzungsfrist von vier Jahren zu stellen.

(3) Sollen ausländische Verluste, die nach einem DBA bei der Ermittlung des z. v. E. (§ 2 Abs. 5 EStG) außer Ansatz geblieben sind, zur Anwendung des negativen Progressionsvorbehalts berücksichtigt werden, ist auf Antrag eine Veranlagung durchzuführen.

(4) [1]Hat ein Arbeitnehmer im VZ zeitweise nicht in einem Dienstverhältnis gestanden, so kann die Dauer der Nichtbeschäftigung z. B. durch eine entsprechende Bescheinigung des der Agentur für Arbeit, wie einen Bewilligungsbescheid über das Arbeitslosengeld oder eine Bewilligung von Leistungen nach dem SGB III, belegt werden. [2]Kann ein Arbeitnehmer Zeiten der Nichtbeschäftigung durch geeignete Unterlagen nicht nachweisen oder in sonstiger Weise glaubhaft machen, ist dies kein Grund, die Antragsveranlagung nicht durchzuführen. [3]Ob und in welcher Höhe außer dem auf der Lohnsteuerbescheinigung ausgewiesenen Arbeitslohn weiterer Arbeitslohn zu berücksichtigen ist, hängt von dem im Einzelfall ermittelten Sachverhalt ab. [4]Für dessen Beurteilung gelten die Grundsätze der freien Beweiswürdigung.

Hinweise H 46.2

Abtretung/Verpfändung

– zur Abtretung bzw. Verpfändung des Erstattungsanspruchs → § 46 AO sowie AEAO zu § 46
– zum Entstehen des Erstattungsanspruchs → § 38 AO i. V. m. § 36 Abs. 1 EStG

Anlaufhemmung

Eine Anlaufhemmung gem. § 170 Abs. 2 Satz 1 Nr. 1 AO kommt in den Fällen des § 46 Abs. 2 Nr. 8 EStG nicht in Betracht (→ BFH vom 14. 4. 2011 – BStBl II S. 746).

Antrag auf Veranlagung

Kommt eine Veranlagung des Stpfl. nach § 46 Abs. 2 EStG nicht in Betracht, können auch Grundlagenbescheide nicht über die Änderungsnorm des § 175 Abs. 1 Satz 1 Nr. 1 AO zu einer solchen führen (→ BFH vom 9.2.2012 – BStBl II S. 750).

Pfändung des Erstattungsanspruchs aus der Antragsveranlagung

→ § 46 Abs. 6 AO sowie AEAO zu § 46

Rechtswirksamer Antrag

Ein Antrag auf Veranlagung zur Einkommensteuer ist nur dann rechtswirksam gestellt, wenn der amtlich vorgeschriebene Vordruck verwendet wird, dieser innerhalb der allgemeinen Festsetzungsfrist beim Finanzamt eingeht und bis dahin auch vom Arbeitnehmer eigenhändig unterschrieben ist (→ BFH vom 10. 10. 1986 – BStBl 1987 II S. 77). Eine Einkommensteuererklärung ist auch dann „nach amtlich vorgeschriebenem Vordruck" abgegeben, wenn ein – auch einseitig – privat gedruckter oder fotokopierter Vordruck verwendet wird, der dem amtlichen Muster entspricht (→ BFH vom 22. 5. 2006 – BStBl II S. 912).

Der Pfändungsgläubiger eines Einkommensteuererstattungsanspruchs ist nicht berechtigt, durch Abgabe einer von ihm selbst oder seinem Bevollmächtigten für den Vollstreckungsschuldner ausgefertigten und unterschriebenen Einkommensteuererklärung für diesen die Veranlagung zur Einkommensteuer i. S. d. § 46 Abs. 2 Nr. 8 EStG zu beantragen (→ BFH vom 18. 8. 1998 – BStBl 1999 II S. 84).

Schätzungsbescheid

Für die Durchführung des Veranlagungsverfahrens bedarf es keines Antrags des Stpfl., wenn das Finanzamt das Veranlagungsverfahren von sich aus bereits durchgeführt und einen Schätzungsbescheid unter dem Vorbehalt der Nachprüfung erlassen hat. Dies gilt jedenfalls dann, wenn bei Erlass des Steuerbescheids aus der insoweit maßgeblichen Sicht des Finanzamts die Voraussetzungen für eine Veranlagung von Amts wegen vorlagen (→ BFH vom 22. 5. 2006 – BStBl II S. 912).

R 46.3

46.3. Härteausgleich
– unbesetzt –

H 46.3

Hinweise

Abhängigkeit der Veranlagung vom Härteausgleich

Eine Veranlagung ist unabhängig vom Härteausgleich nach § 46 Abs. 3 EStG durchzuführen, auch wenn dieser im Ergebnis zu einem Betrag unter 410 Euro führt (→ BFH vom 2. 12. 1971 – BStBl 1972 II S. 278).

Allgemeines

Bestehen die einkommensteuerpflichtigen Einkünfte, die nicht der Lohnsteuer zu unterwerfen waren, sowohl aus positiven Einkünften als auch aus negativen Einkünften (Verlusten), so wird ein Härteausgleich nur gewährt, wenn die Summe dieser Einkünfte abzüglich der darauf entfallenden Beträge nach § 13 Abs. 3 und § 24a EStG einen positiven Einkunftsbetrag von nicht mehr als 410 Euro bzw. 820 Euro ergibt. Das gilt auch in den Fällen der Zusammenveranlagung von Ehegatten, in denen der eine Ehegatte positive und der andere Ehegatte negative Einkünfte, die nicht der Lohnsteuer zu unterwerfen waren, bezogen hat, und im Falle der Veranlagung nach § 46 Abs. 2 Nr. 4 EStG (→ BFH vom 24. 4. 1961 – BStBl III S. 310).

Beispiel:

Ein Arbeitnehmer, der im Jahr 2005 das 65. Lebensjahr vollendet hatte und auf dessen Lohnsteuerkarte ein Freibetrag i. S. d. § 39a Abs. 1 Nr. 5 EStG eingetragen worden ist, hat neben seinen Einkünften aus nichtselbständiger Arbeit (Ruhegeld) in *2012* folgende Einkünfte bezogen:

Gewinn aus Land- und Forstwirtschaft		2 000 €
Verlust aus Vermietung und Verpachtung		– 300 €
positive Summe dieser Einkünfte		1 700 €
Prüfung des Veranlagungsgrundes nach § 46 Abs. 2 Nr. 1 EStG:		
Summe der einkommensteuerpflichtigen Einkünfte, die nicht dem Steuerabzug vom Arbeitslohn unterlagen		1 700 €
Abzug nach § 13 Abs. 3 EStG	670 €	
Altersentlastungsbetrag nach § 24a EStG (40 % aus 1 700 €=)	+ 680 €	– 1 350 €
		350 €

Die Voraussetzungen nach § 46 Abs. 2 Nr. 1 EStG sind nicht gegeben; der Arbeitnehmer ist nach § 46 Abs. 2 Nr. 4 EStG zu veranlagen.

Betrag der einkommensteuerpflichtigen (Neben-)Einkünfte	1 700 €
Abzug nach § 13 Abs. 3 EStG	– 670 €
Altersentlastungsbetrag nach § 24a EStG	– 680 €
Vom Einkommen abziehbarer Betrag	350 €

Anwendung der §§ 34, 34b EStG

Würden Einkünfte, die nicht der Lohnsteuer zu unterwerfen waren, auf Grund eines Härteausgleichsbetrags in gleicher Höhe unversteuert bleiben, ist für die Anwendung dieser Ermäßigungsvorschriften kein Raum (→ BFH vom 29. 5. 1963 – BStBl III S. 379 und vom 2. 12. 1971 – BStBl 1972 II S. 278).

Lohnersatzleistung

Der Härteausgleich nach § 46 Abs. 3 EStG ist nicht auf dem Progressionsvorbehalt unterliegende Lohnersatzleistungen anzuwenden (→ BFH vom 5. 5. 1994 – BStBl II S. 654).

§ 47

EStG

(weggefallen)

VII. Steuerabzug bei Bauleistungen

§ 48 Steuerabzug

EStG

(1) [1]Erbringt jemand im Inland eine Bauleistung (Leistender) an einen Unternehmer im Sinne des § 2 des Umsatzsteuergesetzes oder an eine juristische Person des öffentlichen Rechts (Leistungsempfänger), ist der Leistungsempfänger verpflichtet, von der Gegenleistung einen Steuerabzug in Höhe von 15 Prozent für Rechnung des Leistenden vorzunehmen. [2]Vermietet der Leistungsempfänger Wohnungen, so ist Satz 1 nicht auf Bauleistungen für diese Wohnungen anzuwenden, wenn er nicht mehr als zwei Wohnungen vermietet. [3]Bauleistungen sind alle Leistungen, die der Herstellung, Instandsetzung, Instandhaltung, Änderung oder Beseitigung von Bauwerken dienen. [4]Als Leistender gilt auch derjenige, der über eine Leistung abrechnet, ohne sie erbracht zu haben.

(2) [1]Der Steuerabzug muss nicht vorgenommen werden, wenn der Leistende dem Leistungsempfänger eine im Zeitpunkt der Gegenleistung gültige Freistellungsbescheinigung nach § 48b Absatz 1 Satz 1 vorlegt oder die Gegenleistung im laufenden Kalenderjahr den folgenden Betrag voraussichtlich nicht übersteigen wird.

1. 15 000 Euro, wenn der Leistungsempfänger ausschließlich steuerfreie Umsätze nach § 4 Nummer 12 Satz 1 des Umsatzsteuergesetzes ausführt,

2. 5 000 Euro in den übrigen Fällen.

[2]Für die Ermittlung des Betrags sind die für denselben Leistungsempfänger erbrachten und voraussichtlich zu erbringenden Bauleistungen zusammenzurechnen.

(3) Gegenleistung im Sinne des Absatzes 1 ist das Entgelt zuzüglich Umsatzsteuer.

(4) Wenn der Leistungsempfänger den Steuerabzugsbetrag angemeldet und abgeführt hat,

1. ist § 160 Absatz 1 Satz 1 der Abgabenordnung nicht anzuwenden,

2. sind § 42d Absatz 6 und 8 und § 50a Absatz 7 nicht anzuwenden.

Hinweise

H 48

Steuerabzug bei Bauleistungen

→ BMF vom 27. 12. 2002 (BStBl I S. 1399) unter Berücksichtigung der Änderungen durch BMF vom 4. 9. 2003 (BStBl I S. 431)

---

§ 48a Verfahren

EStG

(1) [1]Der Leistungsempfänger hat bis zum zehnten Tag nach Ablauf des Monats, in dem die Gegenleistung im Sinne des § 48 erbracht wird, eine Anmeldung nach amtlich vorgeschriebenem Vordruck abzugeben, in der er den Steuerabzug für den Anmeldungszeitraum selbst zu berechnen hat. [2]Der Abzugsbetrag ist am zehnten Tag nach Ablauf des Anmeldungszeitraums fällig und an das für den Leistenden zuständige Finanzamt für Rechnung des Leistenden abzuführen. [3]Die Anmeldung des Abzugsbetrages steht einer Steueranmeldung gleich.

(2) Der Leistungsempfänger hat mit dem Leistenden unter Angabe

1. des Namens und der Anschrift des Leistenden,

2. des Rechnungsbetrages, des Rechnungsdatums und des Zahlungstags,

3. der Höhe des Steuerabzugs und

4. des Finanzamts, bei dem der Abzugsbetrag angemeldet worden ist,

über den Steuerabzug abzurechnen.

(3) [1]Der Leistungsempfänger haftet für einen nicht oder zu niedrig abgeführten Abzugsbetrag. [2]Der Leistungsempfänger haftet nicht, wenn ihm im Zeitpunkt der Gegenleistung eine Freistellungsbescheinigung (§ 48b) vorgelegen hat, auf deren Rechtmäßigkeit er vertrauen konnte. [3]Er darf insbesondere dann nicht auf eine Freistellungsbescheinigung vertrauen, wenn diese durch

unlautere Mittel oder durch falsche Angaben erwirkt wurde und ihm dies bekannt oder infolge grober Fahrlässigkeit nicht bekannt war. [4]Den Haftungsbescheid erlässt das für den Leistenden zuständige Finanzamt.

(4) § 50b gilt entsprechend.

§ 48b   Freistellungsbescheinigung

(1) [1]Auf Antrag des Leistenden hat das für ihn zuständige Finanzamt, wenn der zu sichernde Steueranspruch nicht gefährdet erscheint und ein inländischer Empfangsbevollmächtigter bestellt ist, eine Bescheinigung nach amtlich vorgeschriebenen Vordruck zu erteilen, die den Leistungsempfänger von der Pflicht zum Steuerabzug befreit. [2]Eine Gefährdung kommt insbesondere dann in Betracht, wenn der Leistende

1. Anzeigepflichten nach § 138 der Abgabenordnung nicht erfüllt,

2. seiner Auskunfts- und Mitwirkungspflicht nach § 90 der Abgabenordnung nicht nachkommt,

3. den Nachweis der steuerlichen Ansässigkeit durch Bescheinigung der zuständigen ausländischen Steuerbehörde nicht erbringt.

(2) Eine Bescheinigung soll erteilt werden, wenn der Leistende glaubhaft macht, dass keine zu sichernden Steueransprüche bestehen.

(3) In der Bescheinigung sind anzugeben:

1. Name, Anschrift und Steuernummer des Leistenden,

2. Geltungsdauer der Bescheinigung,

3. Umfang der Freistellung sowie der Leistungsempfänger, wenn sie nur für bestimmte Bauleistungen gilt,

4. das ausstellende Finanzamt.

(4) Wird eine Freistellungsbescheinigung aufgehoben, die nur für bestimmte Bauleistungen gilt, ist dies den betroffenen Leistungsempfängern mitzuteilen.

(5) Wenn eine Freistellungsbescheinigung vorliegt, gilt § 48 Absatz 4 entsprechend.

(6) [1]Das Bundeszentralamt für Steuern erteilt dem Leistungsempfänger im Sinne des § 48 Absatz 1 Satz 1 im Wege einer elektronischen Abfrage Auskunft über die beim Bundeszentralamt für Steuern gespeicherten Freistellungsbescheinigungen. [2]Mit dem Antrag auf die Erteilung einer Freistellungsbescheinigung stimmt der Antragsteller zu, dass seine Daten nach § 48b Absatz 3 beim Bundeszentralamt für Steuern gespeichert werden und dass über die gespeicherten Daten an die Leistungsempfänger Auskunft gegeben wird.

§ 48c   Anrechnung

(1) [1]Soweit der Abzugsbetrag einbehalten und angemeldet worden ist, wird er auf vom Leistenden zu entrichtende Steuern nacheinander wie folgt angerechnet

1. die nach § 41a Absatz 1 einbehaltene und angemeldete Lohnsteuer,

2. die Vorauszahlungen auf die Einkommen- oder Körperschaftsteuer,

3. die Einkommen- oder Körperschaftsteuer des Besteuerungs- oder Veranlagungszeitraums, in dem die Leistung erbracht worden ist, und

4. die vom Leistenden im Sinne der §§ 48, 48a anzumeldenden und abzuführenden Abzugsbeträge.

[2]Die Anrechnung nach Satz 1 Nummer 2 kann nur für Vorauszahlungszeiträume innerhalb des Besteuerungs- oder Veranlagungszeitraums erfolgen, in dem die Leistung erbracht worden ist. [3]Die Anrechnung nach Satz 1 Nummer 2 darf nicht zu einer Erstattung führen.

(2) [1]Auf Antrag des Leistenden erstattet das nach § 20a Absatz 1 der Abgabenordnung zuständige Finanzamt den Abzugsbetrag. [2]Die Erstattung setzt voraus, dass der Leistende nicht zur Abgabe von Lohnsteueranmeldungen verpflichtet ist und eine Veranlagung zur Einkommen- oder Körperschaftsteuer nicht in Betracht kommt oder der Leistende glaubhaft macht, dass im Veranlagungszeitraum keine zu sichernden Steueransprüche entstehen werden. [3]Der Antrag ist nach amtlich vorgeschriebenen Muster bis zum Ablauf des zweiten Kalenderjahres zu stellen, das auf das Jahr folgt, in dem der Abzugsbetrag angemeldet worden ist; weitergehende Fristen nach einem Abkommen zur Vermeidung der Doppelbesteuerung bleiben unberührt.

(3) Das Finanzamt kann die Anrechnung ablehnen, soweit der angemeldete Abzugsbetrag nicht abgeführt worden ist und Anlass zu der Annahme besteht, dass ein Missbrauch vorliegt.

§ 48d   Besonderheiten im Falle von Doppelbesteuerungsabkommen

(1) ¹Können Einkünfte, die dem Steuerabzug nach § 48 unterliegen, nach einem Abkommen zur Vermeidung der Doppelbesteuerung nicht besteuert werden, so sind die Vorschriften über die Einbehaltung, Abführung und Anmeldung der Steuer durch den Schuldner der Gegenleistung ungeachtet des Abkommens anzuwenden. ²Unberührt bleibt der Anspruch des Gläubigers der Gegenleistung auf Erstattung der einbehaltenen und abgeführten Steuer. ³Der Anspruch ist durch Antrag nach § 48c Absatz 2 geltend zu machen. ⁴Der Gläubiger der Gegenleistung hat durch eine Bestätigung der für ihn zuständigen Steuerbehörde des anderen Staates nachzuweisen, dass er dort ansässig ist. ⁵ § 48b gilt entsprechend. ⁶Der Leistungsempfänger kann sich im Haftungsverfahren nicht auf die Rechte des Gläubigers aus dem Abkommen berufen.

(2) Unbeschadet des § 5 Absatz 1 Nummer 2 des Finanzverwaltungsgesetzes liegt die Zuständigkeit für Entlastungsmaßnahmen nach Absatz 1 bei dem nach § 20a der Abgabenordnung zuständigen Finanzamt.

VIII. Besteuerung beschränkt Steuerpflichtiger

§ 49   Beschränkt steuerpflichtige Einkünfte

(1) Inländische Einkünfte im Sinne der beschränkten Einkommensteuerpflicht (§ 1 Absatz 4) sind

1.   Einkünfte aus einer im Inland betriebenen Land- und Forstwirtschaft (§§ 13, 14);

2.   Einkünfte aus Gewerbebetrieb (§§ 15 bis 17),

   a)   für den im Inland eine Betriebsstätte unterhalten wird oder ein ständiger Vertreter bestellt ist,

   b)   die durch den Betrieb eigener oder gecharterter Seeschiffe oder Luftfahrzeuge aus Beförderungen zwischen inländischen und von inländischen zu ausländischen Häfen erzielt werden, einschließlich der Einkünfte aus anderen mit solchen Beförderungen zusammenhängenden, sich auf das Inland erstreckenden Beförderungsleistungen,

   c)   die von einem Unternehmen im Rahmen einer internationalen Betriebsgemeinschaft oder eines Pool-Abkommens, bei denen ein Unternehmen mit Sitz oder Geschäftsleitung im Inland die Beförderung durchführt, aus Beförderungen und Beförderungsleistungen nach Buchstabe b erzielt werden,

   d)   die, soweit sie nicht zu den Einkünften im Sinne der Nummern 3 und 4 gehören, durch im Inland ausgeübte oder verwertete künstlerische, sportliche, artistische, unterhaltende oder ähnliche Darbietungen erzielt werden, einschließlich der Einkünfte aus anderen mit diesen Leistungen zusammenhängenden Leistungen, unabhängig davon, wem die Einnahmen zufließen,

   e)   die unter den Voraussetzungen des § 17 erzielt werden, wenn es sich um Anteile an einer Kapitalgesellschaft handelt,

   aa)   die ihren Sitz oder ihre Geschäftsleitung im Inland hat oder

   bb)   bei deren Erwerb aufgrund eines Antrags nach § 13 Absatz 2 oder § 21 Absatz 2 Satz 3 Nummer 2 des Umwandlungssteuergesetzes nicht der gemeine Wert der eingebrachten Anteile angesetzt worden ist oder auf die § 17 Absatz 5 Satz 2 anzuwenden war,

   f)   die, soweit sie nicht zu den Einkünften im Sinne des Buchstabens a gehören, durch

   aa)   Vermietung oder Verpachtung oder

   bb)   Veräußerung

   von inländischem unbeweglichem Vermögen, von Sachinbegriffen oder Rechten, die im Inland belegen oder in ein inländisches öffentliches Buch oder Register eingetragen sind oder deren Verwertung in einer inländischen Betriebsstätte oder anderen Einrichtung erfolgt, erzielt werden. ²Als Einkünfte aus Gewerbebetrieb gelten auch die Einkünfte aus Tätigkeiten im Sinne dieses Buchstabens, die von einer Körperschaft im Sinne des § 2 Nummer 1 des Körperschaftsteuergesetzes erzielt werden, die mit einer Kapitalgesellschaft oder sonstigen juristischen Person im Sinne des § 1 Absatz 1 Nummer 1 bis 3 des Körperschaftsteuergesetzes vergleichbar ist; oder

   g)   die aus der Verschaffung der Gelegenheit erzielt werden, einen Berufssportler als solchen im Inland vertraglich zu verpflichten; dies gilt nur, wenn die Gesamteinnahmen 10 000 Euro übersteigen;

3. Einkünfte aus selbständiger Arbeit (§ 18), die im Inland ausgeübt oder verwertet wird oder worden ist, oder für die im Inland eine feste Einrichtung oder eine Betriebsstätte unterhalten wird;

4. Einkünfte aus nichtselbständiger Arbeit (§ 19), die

    a) im Inland ausgeübt oder verwertet wird oder worden ist,

    b) aus inländischen öffentlichen Kassen einschließlich der Kassen des Bundeseisenbahnvermögens und der Deutschen Bundesbank mit Rücksicht auf ein gegenwärtiges oder früheres Dienstverhältnis gewährt werden, ohne dass ein Zahlungsanspruch gegenüber der inländischen öffentlichen Kasse bestehen muss,

    c) als Vergütung für eine Tätigkeit als Geschäftsführer, Prokurist oder Vorstandsmitglied einer Gesellschaft mit Geschäftsleitung im Inland bezogen werden,

    d) als Entschädigung im Sinne des § 24 Nummer 1 für die Auflösung eines Dienstverhältnisses gezahlt werden, soweit für die zuvor ausgeübte Tätigkeit bezogenen Einkünfte der inländischen Besteuerung unterlegen haben,

    e) an Bord eines im internationalen Luftverkehr eingesetzten Luftfahrzeugs ausgeübt wird, das von einem Unternehmen mit Geschäftsleitung im Inland betrieben wird;

5. Einkünfte aus Kapitalvermögen im Sinne des

    a) § 20 Absatz 1 Nummer 1 mit Ausnahme der Erträge aus Investmentanteilen im Sinne des § 2 des Investmentsteuergesetzes, Nummer 2, 4, 6 und 9, wenn der Schuldner Wohnsitz, Geschäftsleitung oder Sitz im Inland hat oder wenn es sich um Fälle des § 44 Absatz 1 Satz 4 Nummer 1 Buchstabe a Doppelbuchstabe bb dieses Gesetzes handelt; dies gilt auch für Erträge aus Wandelanleihen und Gewinnobligationen;

    b) § 20 Absatz 1 Nummer 1 in Verbindung mit §§ 2 und 7 des Investmentsteuergesetzes

        aa) bei Erträgen im Sinne des § 7 Absatz 3 des Investmentsteuergesetzes,

        bb) bei Erträgen im Sinne des § 7 Absatz 1, 2 und 4 des Investmentsteuergesetzes, wenn es sich um Fälle des § 44 Absatz 1 Satz 4 Nummer 1 Buchstabe a Doppelbuchstabe bb dieses Gesetzes handelt,

    c) § 20 Absatz 1 Nummer 5 und 7, wenn

        aa) das Kapitalvermögen durch inländischen Grundbesitz, durch inländische Rechte, die den Vorschriften des bürgerlichen Rechts über Grundstücke unterliegen, oder durch Schiffe, die in ein inländisches Schiffsregister eingetragen sind, unmittelbar oder mittelbar gesichert ist. ²Ausgenommen sind Zinsen aus Anleihen und Forderungen, die in ein öffentliches Schuldbuch eingetragen oder über die Sammelurkunden im Sinne des § 9a des Depotgesetzes oder Teilschuldverschreibungen ausgegeben sind, oder

        bb) das Kapitalvermögen aus Genussrechten besteht, die nicht in § 20 Absatz 1 Nummer 1 genannt sind, oder

    d) § 43 Absatz 1 Satz 1 Nummer 7 Buchstabe a, Nummer 9 und 10 sowie Satz 2, wenn sie von einem Schuldner oder von einem inländischen Kreditinstitut oder einem inländischen Finanzdienstleistungsinstitut im Sinne des § 43 Absatz 1 Satz 1 Nummer 7 Buchstabe b einem anderen als einem ausländischen Kreditinstitut oder einem ausländischen Finanzdienstleistungsinstitut

        aa) gegen Aushändigung der Zinsscheine ausgezahlt oder gutgeschrieben werden und die Teilschuldverschreibungen nicht von dem Schuldner, dem inländischen Kreditinstitut oder dem inländischen Finanzdienstleistungsinstitut verwahrt werden, oder

        bb) gegen Übergabe der Wertpapiere ausgezahlt oder gutgeschrieben werden und diese vom Kreditinstitut weder verwahrt noch verwaltet werden.

    ² § 20 Absatz 3 gilt entsprechend;

6. Einkünfte aus Vermietung und Verpachtung (§ 21), soweit sie nicht zu den Einkünften im Sinne der Nummern 1 bis 5 gehören, wenn das unbewegliche Vermögen, die Sachinbegriffe oder Rechte im Inland belegen oder in ein inländisches öffentliches Buch oder Register eingetragen sind oder in einer inländischen Betriebsstätte oder in einer anderen Einrichtung verwertet werden;

¹⁾ 7. sonstige Einkünfte im Sinne des § 22 Nummer 1 Satz 3 Buchstabe a Doppelbuchstabe aa, die von den inländischen gesetzlichen Rentenversicherungsträgern, den inländischen landwirtschaftlichen Alterskassen, den inländischen berufsständischen Versorgungseinrichtungen, den

---

¹⁾ *Absatz 1 Nr. 7 wurde durch das LSV-NOG ab VZ 2013 geändert.*
Anm.:
Die Angabe „den inländischen landwirtschaftlichen Alterskassen," wurde durch die Angabe „der inländischen landwirtschaftlichen Alterskasse" ersetzt.

inländischen Versicherungsunternehmen oder sonstigen inländischen Zahlstellen gewährt werden; dies gilt entsprechend für Leibrenten und andere Leistungen ausländischer Zahlstellen, wenn die Beiträge, die den Leistungen zugrunde liegen, nach § 10 Absatz 1 Nummer 2 ganz oder teilweise bei der Ermittlung der Sonderausgaben berücksichtigt wurden;

8. sonstige Einkünfte im Sinne des § 22 Nummer 2, soweit es sich um private Veräußerungsgeschäfte handelt, mit

   a) inländischen Grundstücken oder

   b) inländischen Rechten, die den Vorschriften des bürgerlichen Rechts über Grundstücke unterliegen;

8a. sonstige Einkünfte im Sinne des § 22 Nummer 4;

9. sonstige Einkünfte im Sinne des § 22 Nummer 3, auch wenn sie bei Anwendung dieser Vorschrift einer anderen Einkunftsart zuzurechnen wären, soweit es sich um Einkünfte aus inländischen unterhaltenden Darbietungen, aus der Nutzung beweglicher Sachen im Inland oder aus der Überlassung der Nutzung oder des Rechts auf Nutzung von gewerblichen, technischen, wissenschaftlichen und ähnlichen Erfahrungen, Kenntnissen und Fertigkeiten, zum Beispiel Plänen, Mustern und Verfahren, handelt, die im Inland genutzt werden oder worden sind; dies gilt nicht, soweit es sich um steuerpflichtige Einkünfte im Sinne der Nummern 1 bis 8 handelt;

10. sonstige Einkünfte im Sinne des § 22 Nummer 5; dies gilt auch für Leistungen ausländischer Zahlstellen, soweit die Leistungen bei einem unbeschränkt Steuerpflichtigen zu Einkünften nach § 22 Nummer 5 Satz 1 führen würden oder wenn die Beiträge, die den Leistungen zugrunde liegen, nach § 10 Absatz 1 Nummer 2 ganz oder teilweise bei der Ermittlung der Sonderausgaben berücksichtigt wurden.

(2) Im Ausland gegebene Besteuerungsmerkmale bleiben außer Betracht, soweit bei ihrer Berücksichtigung inländische Einkünfte im Sinne des Absatzes 1 nicht angenommen werden könnten.

(3) [1]Bei Schifffahrt- und Luftfahrtunternehmen sind die Einkünfte im Sinne des Absatzes 1 Nummer 2 Buchstabe b mit 5 Prozent der für diese Beförderungsleistungen vereinbarten Entgelte anzusetzen. [2]Das gilt auch, wenn solche Einkünfte durch eine inländische Betriebsstätte oder einen inländischen ständigen Vertreter erzielt werden (Absatz 1 Nummer 2 Buchstabe a). [3]Das gilt nicht in den Fällen des Absatzes 1 Nummer 2 Buchstabe c oder soweit das deutsche Besteuerungsrecht nach einem Abkommen zur Vermeidung der Doppelbesteuerung ohne Begrenzung des Steuersatzes aufrechterhalten bleibt.   S 1302

(4) [1]Abweichend von Absatz 1 Nummer 2 sind Einkünfte steuerfrei, die ein beschränkt Steuerpflichtiger mit Wohnsitz oder gewöhnlichem Aufenthalt in einem ausländischen Staat durch den Betrieb eigener oder gecharterter Schiffe oder Luftfahrzeuge aus einem Unternehmen bezieht, dessen Geschäftsleitung sich in dem ausländischen Staat befindet. [2]Voraussetzung für die Steuerbefreiung ist, dass dieser ausländische Staat Steuerpflichtigen mit Wohnsitz oder gewöhnlichem Aufenthalt im Geltungsbereich dieses Gesetzes eine entsprechende Steuerbefreiung für derartige Einkünfte gewährt und dass das Bundesministerium für Verkehr, Bau- und Stadtentwicklung die Steuerbefreiung nach Satz 1 für verkehrspolitisch unbedenklich erklärt hat.

49.1. Beschränkte Steuerpflicht bei Einkünften aus Gewerbebetrieb   R 49.1

(1) [1]Einkünfte aus Gewerbebetrieb unterliegen nach § 49 Abs. 1 Nr. 2 Buchstabe a EStG auch dann der beschränkten Steuerpflicht, wenn im Inland keine Betriebsstätte unterhalten wird, sondern nur ein ständiger Vertreter für den Gewerbebetrieb bestellt ist (§ 13 AO). [2]Ist der ständige Vertreter ein Kommissionär oder Makler, der Geschäftsbeziehungen für das ausländische Unternehmen im Rahmen seiner ordentlichen Geschäftstätigkeit unterhält, und ist die Besteuerung des ausländischen Unternehmens nicht durch ein DBA geregelt, sind die Einkünfte des ausländischen Unternehmens insoweit nicht der Besteuerung zu unterwerfen. [3]Das gilt auch, wenn der ständige Vertreter ein Handelsvertreter (§ 84 HGB) ist, der weder eine allgemeine Vollmacht zu Vertragsverhandlungen und Vertragsabschlüssen für das ausländische Unternehmen besitzt noch über ein Warenlager dieses Unternehmens verfügt, von dem er regelmäßig Bestellungen für das Unternehmen ausführt.   S 2300   Anhang 6

(2) [1]Auf Einkünfte, die ein beschränkt Stpfl. durch den Betrieb eigener oder gecharterter Schiffe oder Luftfahrzeuge aus einem Unternehmen bezieht, dessen Geschäftsleitung sich in einem ausländischen Staat befindet, sind die Sätze 2 und 3 des Absatzes 1 nicht anzuwenden. [2]Einkünfte aus Gewerbebetrieb, die ein Unternehmen im Rahmen einer internationalen Betriebsgemeinschaft oder eines Pool-Abkommens erzielt, unterliegen nach § 49 Abs. 1 Nr. 2 Buchstabe c EStG der beschränkten Steuerpflicht auch, wenn das die Beförderung durchführende Unternehmen mit Sitz oder Geschäftsleitung im Inland nicht als ständiger Vertreter des ausländischen Beteiligten anzusehen ist.   S 1302

(3) Bei gewerblichen Einkünften, die durch im Inland ausgeübte oder verwertete künstlerische, sportliche, artistische, *unterhaltende* oder ähnliche Darbietungen erzielt werden, kommt es für die Begründung der beschränkten Steuerpflicht nicht darauf an, ob im Inland eine Betriebsstätte unterhalten wird oder ein ständiger Vertreter bestellt worden ist und ob die Einnahmen dem Darbietenden, dem die Darbietung Verwertenden oder einem Dritten zufließen.

(4) [1]Hat der Stpfl. im Falle des § 49 Abs. 1 Nr. 2 Buchstabe e EStG wegen Verlegung des Wohnsitzes in das Ausland den Vermögenszuwachs der Beteiligung i. S. d. § 17 Abs. 1 Satz 1 EStG nach § 6 AStG versteuert, ist dieser Vermögenszuwachs vom tatsächlich erzielten Veräußerungsgewinn abzusetzen (§ 6 Abs. 1 Satz 5 AStG). [2]Ein sich dabei ergebender Verlust ist bei der Ermittlung der Summe der zu veranlagenden inländischen Einkünfte auszugleichen.

H 49.1 Hinweise

Anteilsveräußerung mit Verlust nach Wegzug ins EU-/EWR-Ausland

→ § 6 Abs. 6 AStG.

Beschränkt steuerpflichtige inländische Einkünfte aus Gewerbebetrieb bei Verpachtung

liegen vor, solange der Verpächter für seinen Gewerbebetrieb im Inland einen ständigen Vertreter, gegebenenfalls den Pächter seines Betriebs, bestellt hat und während dieser Zeit weder eine Betriebsaufgabe erklärt noch den Betrieb veräußert (→ BFH vom 13. 11. 1963 – BStBl 1964 III S. 124 und vom 12. 4. 1978 – BStBl II S. 494).

Besteuerung beschränkt steuerpflichtiger Einkünfte nach § 50a EStG

→ BMF vom 25. 11. 2010 (BStBl I S. 1350)

→ R 49.1 Abs. 3

Nachträgliche Einkünfte aus Gewerbebetrieb im Zusammenhang mit einer inländischen Betriebsstätte

→ H 34d sinngemäß

Schiff- und Luftfahrt

Pauschalierung der Einkünfte → § 49 Abs. 3 EStG

Steuerfreiheit der Einkünfte bei Gegenseitigkeit mit ausländischem Staat → § 49 Abs. 4 EStG

Anhang 6 → BMF vom 17. 1. 2012 (BStBl I S. 108) mit Verzeichnis der Staaten, die eine dem § 49 Abs. 4 EStG entsprechende Steuerbefreiung gewähren; Gegenseitigkeit wird erforderlichenfalls vom BMF festgestellt.

Ständiger Vertreter

kann auch ein inländischer Gewerbetreibender sein, der die Tätigkeit im Rahmen eines eigenen Gewerbebetriebs ausübt (→ BFH vom 28. 6. 1972 – BStBl II S. 785).

Zweifelsfragen zur Besteuerung der Einkünfte aus Vermietung und Verpachtung/der Veräußerung von Grundstücken durch beschränkt Stpfl.

Anhang 19.VII – Zur Vermietung und Verpachtung gem. § 49 Abs. 1 Nr. 2 Buchstabe f Doppelbuchstabe aa EStG
→ BMF vom 16. 5. 2011 (BStBl I S. 530)

– Zur Veräußerung → BMF vom 15. 12. 1994 (BStBl I S. 883).

R 49.2 49.2. Beschränkte Steuerpflicht bei Einkünften aus selbständiger Arbeit

S 2300 [1]Zur Ausübung einer selbständigen Tätigkeit gehört z. B. die inländische Vortragstätigkeit durch eine im Ausland ansässige Person. [2]Eine Verwertung einer selbständigen Tätigkeit im Inland liegt z. B. vor, wenn ein beschränkt steuerpflichtiger Erfinder sein Patent einem inländischen Betrieb überlässt oder wenn ein beschränkt steuerpflichtiger Schriftsteller sein Urheberrecht an einem Werk auf ein inländisches Unternehmen überträgt.

Hinweise

H 49.2

Ausüben einer selbständigen Tätigkeit

setzt das persönliche Tätigwerden im Inland voraus (→ BFH vom 12. 11. 1986 – BStBl 1987 II S. 372).

Beschränkt steuerpflichtige inländische Einkünfte eines im Ausland ansässigen Textdichters

→ BFH vom 28. 2. 1973 (BStBl II S. 660)

→ BFH vom 20. 7. 1988 (BStBl 1989 II S. 87)

49.3. Bedeutung der Besteuerungsmerkmale im Ausland bei beschränkter Steuerpflicht

R 49.3

(1) ¹Nach § 49 Abs. 2 EStG sind bei der Feststellung, ob inländische Einkünfte i. S. d. beschränkten Steuerpflicht vorliegen, die im Ausland gegebenen Besteuerungsmerkmale insoweit außer Betracht zu lassen, als bei ihrer Berücksichtigung steuerpflichtige inländische Einkünfte nicht angenommen werden könnten (isolierende Betrachtungsweise). ²Danach unterliegen z. B. Einkünfte, die unter den Voraussetzungen des § 17 EStG aus der Veräußerung des Anteiles an einer Kapitalgesellschaft erzielt werden, auch dann der beschränkten Steuerpflicht (§ 49 Abs. 1 Nr. 2 Buchstabe e EStG), wenn der Anteil in einem ausländischen Betriebsvermögen gehalten wird. S 2300

(2) Vergütungen für die Überlassung der Nutzung oder des Rechts auf Nutzung von gewerblichem Know-how, die weder Betriebseinnahmen eines inländischen Betriebs sind noch zu den Einkünften i. S. d. § 49 Abs. 1 Nr. 1 bis 8 EStG gehören, sind als sonstige Einkünfte i. S. d. § 49 Abs. 1 Nr. 9 EStG beschränkt steuerpflichtig.

(3) ¹Wird für verschiedenartige Leistungen eine einheitliche Vergütung gewährt, z. B. für Leistungen i. S. d. § 49 Abs. 1 Nr. 3 oder 9 EStG, ist die Vergütung nach dem Verhältnis der einzelnen Leistungen aufzuteilen. ²Ist eine Trennung nicht ohne besondere Schwierigkeit möglich, kann die Gesamtvergütung zur Vereinfachung den sonstigen Einkünften i. S. d. § 49 Abs. 1 Nr. 9 EStG zugeordnet werden.

---

§ 50 Sondervorschriften für beschränkt Steuerpflichtige

EStG
S 2301

(1) ¹Beschränkt Steuerpflichtige dürfen Betriebsausgaben (§ 4 Absatz 4 bis 8) oder Werbungskosten (§ 9) nur insoweit abziehen, als sie mit inländischen Einkünften in wirtschaftlichem Zusammenhang stehen. ² § 32a Absatz 1 ist mit der Maßgabe anzuwenden, dass das zu versteuernde Einkommen um den Grundfreibetrag des § 32a Absatz 1 Satz 2 Nummer 1 erhöht wird; dies gilt bei Einkünften nach § 49 Absatz 1 Nummer 4 nur in Höhe des diese Einkünfte abzüglich der nach Satz 4 abzuziehenden Aufwendungen übersteigenden Teils des Grundfreibetrags. ³*Die §§ 10, 10a, 10c, 16* **[1]**
Absatz 4, die §§ 24b, 32, 32a Absatz 6, die §§ 33, 33a, 33b und 35a sind nicht anzuwenden. ⁴Hiervon **[1]**
abweichend sind bei Arbeitnehmern, die Einkünfte aus nichtselbständiger Arbeit im Sinne des § 49 Absatz 1 Nummer 4 beziehen, § 10 Absatz 1 Nummer 2 Buchstabe a, Nummer 3 und Absatz 3 sowie § 10c anzuwenden, soweit die Aufwendungen auf die Zeit entfallen, in der Einkünfte im Sinne des § 49 Absatz 1 Nummer 4 erzielt wurden und die Einkünfte nach § 49 Absatz 1 Nummer 4 nicht übersteigen. ⁵Die Jahres- und Monatsbeträge der Pauschalen nach § 9a Satz 1 Nummer 1 und § 10c ermäßigen sich zeitanteilig, wenn Einkünfte im Sinne des § 49 Absatz 1 Nummer 4 nicht während eines vollen Kalenderjahres oder Kalendermonats zugeflossen sind.

(2) ¹Die Einkommensteuer für Einkünfte, die dem Steuerabzug vom Arbeitslohn oder vom Kapitalertrag oder dem Steuerabzug auf Grund des § 50a unterliegen, gilt bei beschränkt Steuerpflichtigen durch den Steuerabzug als abgegolten. ²Satz 1 gilt nicht

1. für Einkünfte eines inländischen Betriebs;

2. wenn nachträglich festgestellt wird, dass die Voraussetzungen der unbeschränkten Einkommensteuerpflicht im Sinne des § 1 Absatz 2 oder Absatz 3 oder des § 1a nicht vorgelegen haben; § 39 *Absatz 7* ist sinngemäß anzuwenden; **[2]**

---

¹⁾ *Absatz 1 Satz 3 und 4 wurde durch das Steuervereinfachungsgesetz 2011 ab VZ 2012 geändert.*
²⁾ *Absatz 2 Satz 2 Nr. 2 und Nr. 4 Buchstabe a, Absatz 3 und 6 wurden durch das BeitrRLUmsG ab VZ 2012 geändert.*
Der Zeitpunkt der erstmaligen Anwendung von Absatz 2 i. d. F. des Begleitgesetzes zur zweiten Föderalismusreform wird durch eine Rechtsverordnung der Bundesregierung bestimmt, die der Zustimmung des Bundesrates bedarf; dieser Zeitpunkt darf nicht vor dem 31. 12. 2011 liegen → § 52 Abs. 58 Satz 3 EStG.

3. in Fällen des § 2 Absatz 7 Satz 3;

4. für Einkünfte aus nichtselbständiger Arbeit im Sinne des § 49 Absatz 1 Nummer 4,

   a) wenn *als Lohnsteuerabzugsmerkmal ein Freibetrag nach § 39a Absatz 4 gebildet worden ist* oder

   b) wenn die Veranlagung zur Einkommensteuer beantragt wird (§ 46 Absatz 2 Nummer 8);

5. für Einkünfte im Sinne des § 50a Absatz 1 Nummer 1, 2 und 4, wenn die Veranlagung zur Einkommensteuer beantragt wird.

[1)] [3]In den Fällen des Satzes 2 Nummer 4 erfolgt die Veranlagung durch das Betriebsstättenfinanzamt, das die Bescheinigung nach § 39d Absatz 1 Satz 3erteilt hat. [4]Bei mehreren Betriebsstättenfinanzämtern ist das Betriebsstättenfinanzamt zuständig, in dessen Bezirk der Arbeitnehmer zuletzt beschäftigt war. [5]Bei Arbeitnehmern mit Steuerklasse VI ist das Betriebsstättenfinanzamt zuständig, in dessen Bezirk der Arbeitnehmer zuletzt unter Anwendung der Steuerklasse I [1)] beschäftigt war. [6]*Hat der Arbeitgeber für den Arbeitnehmer keine elektronischen Lohnsteuerabzugsmerkmale (§ 39e Absatz 4 Satz 2) abgerufen und wurde keine Bescheinigung für den Lohnsteuerabzug nach § 39 Absatz 3 Satz 1 oder § 39e Absatz 7 Satz 5 ausgestellt*, ist das Betriebsstättenfinanzamt zuständig, in dessen Bezirk der Arbeitnehmer zuletzt beschäftigt war. [7]Satz 2 Nummer 4 Buchstabe b und Nummer 5 gilt nur für Staatsangehörige eines Mitgliedstaats der Europäischen Union oder eines anderen Staates, auf den das Abkommen über den Europäischen Wirtschaftsraum Anwendung findet, die im Hoheitsgebiet eines dieser Staaten ihren Wohnsitz oder gewöhnlichen Aufenthalt haben.

(3) § 34c Abs. 1 bis 3 ist bei Einkünften aus Land- und Forstwirtschaft, Gewerbebetrieb oder selbständiger Arbeit, für die im Inland ein Betrieb unterhalten wird, entsprechend anzuwenden, soweit darin nicht Einkünfte aus einem ausländischen Staat enthalten sind, mit denen der beschränkt Steuerpflichtige dort in einem der unbeschränkten Steuerpflicht ähnlichen Umfang zu einer Steuer vom Einkommen herangezogen wird.

S 2302

(4) Die obersten Finanzbehörden der Länder oder die von ihnen beauftragten Finanzbehörden können mit Zustimmung des Bundesministeriums der Finanzen die Einkommensteuer bei beschränkt Steuerpflichtigen ganz oder zum Teil erlassen oder in einem Pauschbetrag festsetzen, wenn dies im besonderen öffentlichen Interesse liegt; ein besonderes öffentliches Interesse besteht insbesondere

1. an der inländischen Veranstaltung international bedeutsamer kultureller und sportlicher Ereignisse, um deren Ausrichtung ein internationaler Wettbewerb stattfindet, oder

2. am inländischen Auftritt einer ausländischen Kulturvereinigung, wenn ihr Auftritt wesentlich aus öffentlichen Mitteln gefördert wird.

EStDV

§ 73

– weggefallen –

R 50

50. Bemessungsgrundlage für die Einkommensteuer und Steuerermäßigung für ausländische Steuern

S 2301
Anhang 6

[1] § 50 **Abs. 3** EStG ist auch im Verhältnis zu Staaten anzuwenden, mit denen ein DBA besteht. [2]Es ist in diesem Fall grundsätzlich davon auszugehen, dass Ertragsteuern, für die das DBA gilt, der deutschen Einkommensteuer entsprechen. [3]Bei der Ermittlung des Höchstbetrags für Zwecke der Steueranrechnung (→ R 34c) sind in die Summe der Einkünfte nur die Einkünfte einzubeziehen, die im Wege der Veranlagung besteuert werden.

H 50

Hinweise

Anwendung des § 50 Abs. 5 Satz 2 Nr. 2 EStG (jetzt § 50 Abs. 2 Satz 2 Nr. 4 EStG i. d. F. des JStG 2009)

→ BMF vom 30. 12. 1996 (BStBl I S. 1506)

Anwendung des § 50 Abs. 3 EStG

→ R 34c gilt entsprechend.

[1)] *Absatz 2 Satz 3 und 6 wurde durch das BeitrRLUmsG ab VZ 2012 geändert.*

Ausländische Kulturvereinigungen

- Zu Billigkeitsmaßnahmen nach § 50 Abs. 7 EStG (jetzt § 50 Abs. 4 EStG) bei ausländischen Kulturvereinigungen →BMF vom 20. 7. 1983 (BStBl I S. 382) – sog. Kulturorchestererlass – und BMF vom 30. 5. 1995 (BStBl I S. 336)

- Als „solistisch besetztes Ensemble" i. S. d. Tz. 4 des sog. Kulturorchestererlasses ist eine Formation jedenfalls dann anzusehen, wenn bei den einzelnen Veranstaltungen nicht mehr als fünf Mitglieder auftreten und die ihnen abverlangte künstlerische Gestaltungshöhe mit derjenigen eines Solisten vergleichbar ist (→ BFH vom 7. 3. 2007 – BStBl 2008 II S. 186).

→ weitere Hinweise bei H 50a „Ausländische Kulturvereinigungen"

Europäische Vereinswettbewerbe von Mannschaftssportarten

→ BMF vom 20. 3. 2008 (BStBl I S. 538)

Wechsel zwischen beschränkter und unbeschränkter Steuerpflicht

→ § 2 Abs. 7 Satz 3 EStG

---

§ 50a   Steuerabzug bei beschränkt Steuerpflichtigen

EStG
S 2303

(1) Die Einkommensteuer wird bei beschränkt Steuerpflichtigen im Wege des Steuerabzugs erhoben

S 2411

1. bei Einkünften, die durch im Inland ausgeübte künstlerische, sportliche, artistische, unterhaltende oder ähnliche Darbietungen erzielt werden, einschließlich der Einkünfte aus anderen mit diesen Leistungen zusammenhängenden Leistungen, unabhängig davon, wem die Einkünfte zufließen (§ 49 Absatz 1 Nummer 2 bis 4 und 9), es sei denn, es handelt sich um Einkünfte aus nichtselbständiger Arbeit, die bereits dem Steuerabzug vom Arbeitslohn nach § 38 Absatz 1 Satz 1 Nummer 1 unterliegen,

2. bei Einkünften aus der inländischen Verwertung von Darbietungen im Sinne der Nummer 1 (§ 49 Absatz 1 Nummer 2 bis 4 und 6),

3. bei Einkünften, die aus Vergütungen für die Überlassung der Nutzung oder des Rechts auf Nutzung von Rechten, insbesondere von Urheberrechten und gewerblichen Schutzrechten, von gewerblichen, technischen, wissenschaftlichen und ähnlichen Erfahrungen, Kenntnissen und Fertigkeiten, zum Beispiel Plänen, Mustern und Verfahren, herrühren, sowie bei Einkünften, die aus der Verschaffung der Gelegenheit erzielt werden, einen Berufssportler über einen begrenzten Zeitraum vertraglich zu verpflichten (§ 49 Absatz 1 Nummer 2, 3, 6 und 9),

4. bei Einkünften, die Mitgliedern des Aufsichtsrats, Verwaltungsrats, Grubenvorstands oder anderen mit der Überwachung der Geschäftsführung von Körperschaften, Personenvereinigungen und Vermögensmassen im Sinne des § 1 des Körperschaftsteuergesetzes beauftragten Personen sowie von anderen inländischen Personenvereinigungen des privaten und öffentlichen Rechts, bei denen die Gesellschafter nicht als Unternehmer (Mitunternehmer) anzusehen sind, für die Überwachung der Geschäftsführung gewährt werden (§ 49 Absatz 1 Nummer 3).

(2) ¹Der Steuerabzug beträgt 15 Prozent, in den Fällen des Absatzes 1 Nummer 4 beträgt er 30 Prozent der gesamten Einnahmen. ²Vom Schuldner der Vergütung ersetzte oder übernommene Reisekosten gehören nur insoweit zu den Einnahmen, als die Fahrt- und Übernachtungsauslagen die tatsächlichen Kosten und die Vergütungen für Verpflegungsmehraufwand die Pauschbeträge nach § 4 Absatz 5 Satz 1 Nummer 5 übersteigen. ³Bei Einkünften im Sinne des Absatzes 1 Nummer 1 wird ein Steuerabzug nicht erhoben, wenn die Einnahmen je Darbietung 250 Euro nicht übersteigen.

S 2412

(3) ¹Der Schuldner der Vergütung kann von den Einnahmen in den Fällen des Absatzes 1 Nummer 1, 2 und 4 mit ihnen in unmittelbarem wirtschaftlichem Zusammenhang stehende

1)

---

1) Absatz 3 Satz 1, Absatz 5 Satz 3 und Absatz 5 Satz 6 Nr. 5 wurden durch das das Begleitgesetz zur zweiten Föderalismusreform vom 10. 8. 2009 (BGBl. I S. 2702) geändert bzw. aufgehoben.
Der Zeitpunkt der erstmaligen Anwendung von Absatz 5 i. d. F. des Begleitgesetzes zur zweiten Föderalismusreform wird durch eine Rechtsverordnung der Bundesregierung bestimmt, die der Zustimmung des Bundesrates bedarf; dieser Zeitpunkt darf nicht vor dem 31. 12. 2011 liegen → § 52 Abs. 58a Satz 2 EStG.
Anm.: Die Änderungen lauten:
– In Absatz 3 Satz 1 wird das Wort „Finanzamt" durch die Wörter „Bundeszentralamt für Steuern" ersetzt.
– In Absatz 5 Satz 3 werden die Wörter „für ihn zuständigen Finanzamt" durch die Wörter „Bundeszentralamt für Steuern" ersetzt.
– Absatz 5 Satz 6 Nummer 5 wird gestrichen.

Betriebsausgaben oder Werbungskosten abziehen, die ihm ein beschränkt Steuerpflichtiger in einer für das Finanzamt nachprüfbaren Form nachgewiesen hat oder die vom Schuldner der Vergütung übernommen worden sind. [2]Das gilt nur, wenn der beschränkt Steuerpflichtige Staatsangehöriger eines Mitgliedstaats der Europäischen Union oder eines anderen Staates ist, auf den das Abkommen über den Europäischen Wirtschaftsraum Anwendung findet, und im Hoheitsgebiet eines dieser Staaten seinen Wohnsitz oder gewöhnlichen Aufenthalt hat. [3]Es gilt entsprechend bei einer beschränkt steuerpflichtigen Körperschaft, Personenvereinigung oder Vermögensmasse im Sinne des § 32 Absatz 4 des Körperschaftsteuergesetzes. [4]In diesen Fällen beträgt der Steuerabzug von den nach Abzug der Betriebsausgaben oder Werbungskosten verbleibenden Einnahmen (Nettoeinnahmen), wenn

1. Gläubiger der Vergütung eine natürliche Person ist, 30 Prozent,
2. Gläubiger der Vergütung eine Körperschaft, Personenvereinigung oder Vermögensmasse ist, 15 Prozent.

(4) [1]Hat der Gläubiger einer Vergütung seinerseits Steuern für Rechnung eines anderen beschränkt steuerpflichtigen Gläubigers einzubehalten (zweite Stufe), kann er vom Steuerabzug absehen, wenn seine Einnahmen bereits dem Steuerabzug nach Absatz 2 unterlegen haben. [2]Wenn der Schuldner der Vergütung auf zweiter Stufe Betriebsausgaben oder Werbungskosten nach Absatz 3 geltend macht, die Veranlagung nach § 50 Absatz 2 Satz 2 Nummer 5 beantragt oder die Erstattung der Abzugsteuer nach § 50d Absatz 1 oder einer anderen Vorschrift beantragt, hat er die sich nach Absatz 2 oder Absatz 3 ergebende Steuer zu diesem Zeitpunkt zu entrichten; Absatz 5 gilt entsprechend.

(5) [1]Die Steuer entsteht in dem Zeitpunkt, in dem die Vergütung dem Gläubiger zufließt. [2]In diesem Zeitpunkt hat der Schuldner der Vergütung den Steuerabzug für Rechnung des Gläubigers (Steuerschuldner) vorzunehmen. [3]Er hat die innerhalb eines Kalendervierteljahres einbehaltene Steuer jeweils bis zum zehnten des dem Kalendervierteljahr folgenden Monats an das für ihn zuständige Finanzamt abzuführen. [4]Der Schuldner der Vergütung haftet für die Einbehaltung und Abführung der Steuer. [5]Der Steuerschuldner kann in Anspruch genommen werden, wenn der Schuldner der Vergütung den Steuerabzug nicht vorschriftsmäßig vorgenommen hat. [6]Der Schuldner der Vergütung ist verpflichtet, dem Gläubiger auf Verlangen die folgenden Angaben nach amtlich vorgeschriebenem Muster zu bescheinigen:

1. den Namen und die Anschrift des Gläubigers;
2. die Art der Tätigkeit und Höhe der Vergütung in Euro;
3. den Zahlungstag;
4. den Betrag der einbehaltenen und abgeführten Steuer nach Absatz 2 oder Absatz 3,
5. das Finanzamt, an das die Steuer abgeführt worden ist.

(6) Die Bundesregierung kann durch Rechtsverordnung mit Zustimmung des Bundesrates bestimmen, dass bei Vergütungen für die Nutzung oder das Recht auf Nutzung von Urheberrechten (Absatz 1 Nummer 3), die nicht unmittelbar an den Gläubiger, sondern an einen Beauftragten geleistet werden, an Stelle des Schuldners der Vergütung der Beauftragte die Steuer einzubehalten und abzuführen hat und für die Einbehaltung und Abführung haftet.

(7) [1]Das Finanzamt des Vergütungsgläubigers kann anordnen, dass der Schuldner der Vergütung für Rechnung des Gläubigers (Steuerschuldner) die Einkommensteuer von beschränkt steuerpflichtigen Einkünften, soweit diese nicht bereits dem Steuerabzug unterliegen, im Wege des Steuerabzugs einzubehalten und abzuführen hat, wenn dies zur Sicherung des Steueranspruchs zweckmäßig ist. [2]Der Steuerabzug beträgt 25 Prozent der gesamten Einnahmen, bei Körperschaften, Personenvereinigungen oder Vermögensmassen 15 Prozent der gesamten Einnahmen, wenn der Vergütungsgläubiger nicht glaubhaft macht, dass die voraussichtlich geschuldete Steuer niedriger ist. [3]Absatz 5 gilt entsprechend mit der Maßgabe, dass die Steuer bei dem Finanzamt anzumelden und abzuführen ist, das den Steuerabzug angeordnet hat. [4]§ 50 Absatz 2 Satz 1 ist nicht anzuwenden.

---

1) → Fußnote zu Absatz 3 Satz 1.
2) → Fußnote zu Absatz 3 Satz 1.

§ 73a   Begriffsbestimmungen
EStDV
S 2303
S 2412

(1) Inländisch im Sinne des § 50a Abs. 1 Nr. 4 des Gesetzes sind solche Personenvereinigungen, die ihre Geschäftsleitung oder ihren Sitz im Geltungsbereich des Gesetzes haben.

(2) Urheberrechte im Sinne des § 50a Abs. 1 Nr. 3 des Gesetzes sind Rechte, die nach Maßgabe des Urheberrechtsgesetzes vom 9. September 1965 (BGBl. I S. 1273), zuletzt geändert durch das Gesetz vom 7. Dezember 2008 (BGBl. I S. 2349), in der jeweils geltenden Fassung geschützt sind.

(3) Gewerbliche Schutzrechte im Sinne des § 50a Abs. 1 Nr. 3 des Gesetzes sind Rechte, die nach Maßgabe des Geschmacksmustergesetzes vom 12. März 2004 (BGBl. I S. 390), zuletzt geändert durch Artikel 7 des Gesetzes vom 7. Juli 2008 (BGBl. I S. 1191), des Patentgesetzes in der Fassung der Bekanntmachung vom 16. Dezember 1980 (BGBl. 1981 I S. 1), zuletzt geändert durch Artikel 2 des Gesetzes vom 7. Juli 2008 (BGBl. I S. 1191), des Gebrauchsmustergesetzes in der Fassung der Bekanntmachung vom 28. August 1986 (BGBl. I S. 1455), zuletzt geändert durch Artikel 3 des Gesetzes vom 7. Juli 2008 (BGBl. I S. 1191) und des Markengesetzes vom 25. Oktober 1994 (BGBl. I S. 3082; 1995 I S. 156), zuletzt geändert durch Artikel 4 des Gesetzes vom 7. Juli 2008 (BGBl. I S. 1191), in der jeweils geltenden Fassung geschützt sind.

§ 73b   (weggefallen)
EStDV

§ 73c   Zeitpunkt des Zufließens im Sinne des § 50a Abs. 5 Satz 1 des Gesetzes
EStDV
S 2303
S 2411
S 2412

Die Vergütungen im Sinne des § 50a Abs. 1 des Gesetzes fließen dem Gläubiger zu

1. *im Falle der Zahlung, Verrechnung oder Gutschrift:*

   bei Zahlung, Verrechnung oder Gutschrift;

2. *im Falle der Hinausschiebung der Zahlung wegen vorübergehender Zahlungsunfähigkeit des Schuldners:*

   bei Zahlung, Verrechnung oder Gutschrift;

3. *im Falle der Gewährung von Vorschüssen:*

   bei Zahlung, Verrechnung oder Gutschrift der Vorschüsse.

§ 73d   Aufzeichnungen, Aufbewahrungspflichten, Steueraufsicht
EStDV
S 2303
S 2411
S 2412

(1) ¹Der Schuldner der Vergütungen im Sinne des § 50a Abs. 1 des Gesetzes (Schuldner) hat besondere Aufzeichnungen zu führen. ²Aus den Aufzeichnungen müssen ersichtlich sein

1. *Name und Wohnung des beschränkt steuerpflichtigen Gläubigers (Steuerschuldners),*
2. *Höhe der Vergütungen in Euro,*
3. *Höhe und Art der von der Bemessungsgrundlage des Steuerabzugs abgezogenen Betriebsausgaben oder Werbungskosten,*
4. *Tag, an dem die Vergütungen dem Steuerschuldner zugeflossen sind,*
5. *Höhe und Zeitpunkt der Abführung der einbehaltenen Steuer.*

³Er hat in Fällen des § 50a Abs. 3 des Gesetzes die von der Bemessungsgrundlage des Steuerabzugs abgezogenen Betriebsausgaben oder Werbungskosten und die Staatsangehörigkeit des beschränkt steuerpflichtigen Gläubigers in einer für das Finanzamt nachprüfbaren Form zu dokumentieren.¹⁾

(2) Bei der Veranlagung des Schuldners zur Einkommensteuer (Körperschaftsteuer) und bei Außenprüfungen, die bei dem Schuldner vorgenommen werden, ist auch zu prüfen, ob die Steuern ordnungsmäßig einbehalten und abgeführt worden sind.

---

1) In § 73d Abs. 1 Satz 3 EStDV wurde durch das das Begleitgesetz zur zweiten Föderalismusreform das Wort „Finanzamt" durch die Wörter „Bundeszentralamt für Steuern" ersetzt.
Der Zeitpunkt der erstmaligen Anwendung wird durch eine Rechtsverordnung der Bundesregierung bestimmt, die der Zustimmung des Bundesrates bedarf; dieser Zeitpunkt darf nicht vor dem 31. 12. 2011 liegen → § 84 Abs. 3h Satz 4 EStDV.

EStDV
S 2303
S 2411
S 2412

§ 73e   Einbehaltung, Abführung und Anmeldung
der Steuer von Vergütungen im Sinne des § 50a Abs. 1 und 7 des Gesetzes
(§ 50a Abs. 5 des Gesetzes)[1)]

[1]*Der Schuldner hat die innerhalb eines Kalendervierteljahrs einbehaltene Steuer von Vergütungen im Sinne des § 50a Abs. 1 des Gesetzes unter der Bezeichnung „Steuerabzug von Vergütungen im Sinne des § 50a Abs. 1 des Einkommensteuergesetzes" jeweils bis zum zehnten des dem Kalendervierteljahr folgenden Monats an das für seine Besteuerung nach dem Einkommen zuständige Finanzamt (Finanzkasse) abzuführen; stimmen Betriebs- und Wohnsitzfinanzamt nicht überein, so ist die einbehaltene Steuer an das Betriebsfinanzamt abzuführen. [2]Bis zum gleichen Zeitpunkt hat der Schuldner dem nach Satz 1 zuständigen Finanzamt eine Steueranmeldung über den Gläubiger, die Höhe der Vergütungen im Sinne des § 50a Abs. 1 des Gesetzes, die Höhe und Art der von der Bemessungsgrundlage abgezogenen Betriebsausgaben oder Werbungskosten und die Höhe des Steuerabzugs zu übersenden. [3]Satz 2 gilt entsprechend, wenn ein Steuerabzug auf Grund der Vorschrift des § 50a Abs. 2 Satz 3 oder Abs. 4 Satz 1 des Gesetzes nicht vorzunehmen ist oder auf Grund eines Abkommens zur Vermeidung der Doppelbesteuerung nicht oder nicht in voller Höhe vorzunehmen ist. [4]Die Steueranmeldung ist nach amtlich vorgeschriebenem Vordruck auf elektronischem Weg zu übermitteln nach Maßgabe der Steuerdaten-Übermittlungsverordnung vom 28. Januar 2003 (BGBl. I S. 139), geändert durch die Verordnung vom 20. Dezember 2006 (BGBl. I S. 3380), in der jeweils geltenden Fassung. [5]Auf Antrag kann das Finanzamt zur Vermeidung unbilliger Härten auf eine elektronische Übermittlung verzichten; in diesem Fall ist die Steueranmeldung vom Schuldner oder von einem zu seiner Vertretung Berechtigten zu unterschreiben. [6]Ist es zweifelhaft, ob der Gläubiger beschränkt oder unbeschränkt steuerpflichtig ist, so darf der Schuldner die Einbehaltung der Steuer nur dann unterlassen, wenn der Gläubiger durch eine Bescheinigung des nach den abgabenrechtlichen Vorschriften für die Besteuerung seines Einkommens zuständigen Finanzamts nachweist, dass er unbeschränkt steuerpflichtig ist. [7]Die Sätze 1, 2, 4 und 5 gelten entsprechend für die Steuer nach § 50a Abs. 7 des Gesetzes mit der Maßgabe, dass die Steuer an das Finanzamt abzuführen und bei dem Finanzamt anzumelden ist, das den Steuerabzug angeordnet hat.

EStDV
S 2303
S 2411

§ 73f   Steuerabzug in den Fällen des § 50a Abs. 6 des Gesetzes

[1]*Der Schuldner der Vergütungen für die Nutzung oder das Recht auf Nutzung von Urheberrechten im Sinne des § 50a Abs. 1 Nr. 3 des Gesetzes braucht den Steuerabzug nicht vorzunehmen, wenn er diese Vergütungen auf Grund eines Übereinkommens nicht an den beschränkt steuerpflichtigen Gläubiger (Steuerschuldner), sondern an die Gesellschaft für musikalische Aufführungs- und mechanische Vervielfältigungsrechte (Gema) oder an einen anderen Rechtsträger abführt und die obersten Finanzbehörden der Länder mit Zustimmung des Bundesministeriums der Finanzen einwilligen, dass dieser andere Rechtsträger an die Stelle des Schuldners tritt. [2]In diesem Falle hat die Gema oder der andere Rechtsträger den Steuerabzug vorzunehmen; § 50a Abs. 5 des Gesetzes sowie die §§ 73d und 73e gelten entsprechend.

EStDV
S 2303
S 2411
S 2412

§ 73g   Haftungsbescheid[2)]

(1) Ist die Steuer nicht ordnungsmäßig einbehalten oder abgeführt, so hat das **Bundeszentralamt für Steuern oder das zuständige Finanzamt** die Steuer von dem Schuldner, in den Fällen des § 73f von dem dort bezeichneten Rechtsträger, durch Haftungsbescheid oder von dem Steuerschuldner durch Steuerbescheid anzufordern.

(2) Der Zustellung des Haftungsbescheids an den Schuldner bedarf es nicht, wenn der Schuldner die einbehaltene Steuer dem **Bundeszentralamt für Steuern oder das zuständige Finanzamt** ordnungsmäßig angemeldet hat (§ 73e) oder wenn er vor dem **Bundeszentralamt für Steuern oder das zuständige Finanzamt** oder einem Prüfungsbeamten des **Bundeszentralamts für Steuern oder des Finanzamts** seine Verpflichtung zur Zahlung der Steuer schriftlich anerkannt hat.

---

[1]) § 73e Satz 1, 2 und 5 EStDV wurde durch das Begleitgesetz zur zweiten Föderalismusreform das Wort „Finanzamt" durch die Wörter „Bundeszentralamt für Steuern" geändert.
Der Zeitpunkt der erstmaligen Anwendung wird durch eine Rechtsverordnung der Bundesregierung bestimmt, die der Zustimmung des Bundesrates bedarf; dieser Zeitpunkt darf nicht vor dem 31. 12. 2011 liegen → § 84 Abs. 3h Satz 4 EStDV.

[2]) In § 73g Abs. 1 und 2 EStDV wurde durch das Begleitgesetz zur zweiten Föderalismusreform das Wort Finanzamt" durch die Wörter Bundeszentralamt für Steuern" ersetzt.
Der Zeitpunkt der erstmaligen Anwendung wird durch eine Rechtsverordnung der Bundesregierung bestimmt, die der Zustimmung des Bundesrates bedarf; dieser Zeitpunkt darf nicht vor dem 31.12.2011 liegen → § 84 Abs. 3h Satz 4 EStDV.

50a.1. Steuerabzug bei Lizenzgebühren, Vergütungen für die Nutzung von Urheberrechten und bei Veräußerungen von Schutzrechten usw.

[1]Lizenzgebühren für die Verwertung gewerblicher Schutzrechte und Vergütungen für die Nutzung von Urheberrechten, deren Empfänger im Inland weder einen Wohnsitz noch ihren gewöhnlichen Aufenthalt haben, unterliegen nach § 49 Abs. 1 *Nr. 2 Buchstabe f Doppelbuchstabe aa bzw.* Nr. 6 EStG der beschränkten Steuerpflicht, wenn die Patente in die deutsche Patentrolle eingetragen sind oder wenn die gewerblichen Erfindungen oder Urheberrechte in einer inländischen Betriebsstätte oder in einer anderen Einrichtung verwertet werden. [2]Als andere Einrichtungen sind öffentlich-rechtliche Rundfunkanstalten anzusehen, soweit sie sich in dem durch Gesetz oder Staatsvertrag bestimmten Rahmen mit der Weitergabe von Informationen in Wort und Bild beschäftigen und damit hoheitliche Aufgaben wahrnehmen, so dass sie nicht der Körperschaftsteuer unterliegen und damit auch keine Betriebsstätte begründen. [3]In den übrigen Fällen ergibt sich die beschränkte Steuerpflicht für Lizenzgebühren aus § 49 Abs. 1 Nr. 2 Buchstabe a oder Nr. 9 EStG. [4]Dem Steuerabzug unterliegen auch Lizenzgebühren, die den Einkünften aus selbständiger Arbeit zuzurechnen sind (§ 49 Abs. 1 Nr. 3 EStG).

Hinweise

Haftung

Ist es ermessensfehlerhaft, den Schuldner von Entgelten für die Nutzung einer Maschine durch Nacherhebungsbescheid für nicht angemeldete Steuerabzugsbeträge in Anspruch zu nehmen, wenn der ausländische Vergütungsgläubiger nicht mehr existiert?
→ Sächsisches Finanzgericht vom 3.11.2011 (6 K 1507/07) – Rev. – I R 80/11 –

Kundenadressen

Einkünfte aus der Überlassung von Kundenadressen zur Nutzung im Inland fallen auch dann nicht gem. § 49 Abs. 1 Nr. 9 EStG unter die beschränkte Steuerpflicht, wenn die Adressen vom ausländischen Überlassenden nach Informationen über das Konsumverhalten der betreffenden Kunden selektiert wurden. Es handelt sich nicht um die Nutzungsüberlassung von Know-how, sondern von Datenbeständen (→ BFH vom 13. 11. 2002 – BStBl 2003 II S. 249).

Rechteüberlassung

Die entgeltliche Überlassung eines Rechts führt zu inländischen Einkünften, wenn die Rechteverwertung Teil einer gewerblichen oder selbständigen Tätigkeit im Inland (§ 49 Abs. 1 Nr. 2 Buchstabe a oder Nr. 3 EStG) ist oder die Überlassung zeitlich begrenzt zum Zwecke der Verwertung in einer inländischen Betriebsstätte oder anderen inländischen Einrichtung erfolgt (§ 49 Abs. 1 Nr. 6 EStG). Dies gilt auch dann, wenn das Recht vom originären beschränkt steuerpflichtigen Inhaber selbst überlassen wird, wie z. B. bei der Überlassung der Persönlichkeitsrechte eines Sportlers durch diesen selbst im Rahmen einer Werbekampagne (→ BMF vom 2. 8. 2005 – BStBl I S. 844).

Spezialwissen

Auch ein rechtlich nicht geschütztes technisches Spezialwissen, wie es in § 49 Abs. 1 Nr. 9 EStG aufgeführt ist, kann wie eine Erfindung zu behandeln sein, wenn sein Wert etwa dadurch greifbar ist, dass es in Lizenzverträgen zur Nutzung weitergegeben werden kann (→ BFH vom 26. 10. 2004 – BStBl 2005 II S. 167).

50a.2. Berechnung des Steuerabzugs nach § 50a EStG in besonderen Fällen

– unbesetzt –

Hinweise

Allgemeines

– Zum Steuerabzug gem. § 50a EStG bei Einkünften beschränkt Steuerpflichtiger aus künstlerischen, sportlichen, artistischen, unterhaltenden oder ähnlichen Darbietungen → BMF vom 25. 11. 2010 (BStBl I S. 1350).
– Zur Haftung eines im Ausland ansässigen Vergütungsschuldners gem. § 50a Abs. 5 EStG auf der sog. zweiten Ebene → BFH vom 22. 8. 2007 (BStBl 2008 II S. 190).

Auslandskorrespondenten

→ BMF vom 13. 3. 1998 (BStBl I S. 351)

Ausländische Kulturvereinigungen

– → BMF vom 20. 7. 1983 (BStBl I S. 382) und BMF vom 30. 5. 1995 (BStBl I S. 336)

– → Die ESt-Referatsleiter des Bundes und der Länder haben folgende Einzelfragen zum sog. Kulturorchestererlass (BMF vom 20. 7. 1983 – BStBl I S. 382, ergänzt durch BMF vom 30. 5. 1995 – BStBl I S. 336) erörtert:

1. Nach dem Erlass sind ausländische Kulturvereinigungen nach § 50 Abs. 7 EStG von der deutschen Einkommensteuer freizustellen, wenn ihr Auftritt im Inland wesentlich aus öffentlichen Mitteln gefördert wird. Als öffentliche Mittel sind alle Leistungen aus öffentlichen Kassen zu behandeln, die unmittelbar für einen Auftritt oder mehrere Auftritte einer ausländischen Kulturvereinigung im Inland gewährt werden.

   a) Eine Förderung aus öffentlichen Mitteln i. S. dieses Erlasses liegt auch dann vor, wenn der Regiebetrieb einer öffentlich-rechtlichen Körperschaft, der keine eigene Rechtspersönlichkeit hat und dessen Haushalt Teil des Gemeindehaushalts ist, als Veranstalter Zahlungen an eine ausländische Kulturvereinigung leistet.

   b) Beiträge, die aus einem öffentlichen Haushalt z. B. an eine gemeinnützige Körperschaft geleistet werden, die diese ihrerseits an eine Kulturvereinigung weiterleitet, sind nach dem Kulturorchestererlass keine öffentlichen Mittel; eine Steuerfreiheit kommt bei einer „institutionellen Förderung" nicht in Betracht. Für eine Steuerbegünstigung muss sich die Förderung stets auf den konkreten Auftritt einer bestimmten ausländischen Kulturvereinigung beziehen. Ein solcher „Projektzuschuss" bzw. „Veranstaltungszuschuss" setzt keine unmittelbare Zahlung aus dem öffentlichen Haushalt an die Kulturvereinigung voraus; er liegt auch dann vor, wenn die Leistungen aus dem öffentlichen Haushalt an die gemeinnützige Körperschaft unter der Auflage geleistet werden, sie an die Künstlervereinigung weiterzuleiten („durchlaufender Posten").

2. Nach dem Erlass ist eine wesentliche Förderung aus öffentlichen Mitteln anzunehmen, wenn sie (mindestens) ein Drittel der Kosten des Auftritts im Inland deckt. Der Erlass ist auch dann anzuwenden, wenn aus öffentlichen Mitteln nicht nur die Kosten des Auftritts, sondern auch eine Gage gezahlt wird. Die Gage gehört zu den Kosten des Auftritts.

3. Bei Solisten und solistisch besetzten Ensembles kommt eine Steuerfreistellung nicht in Betracht (Rn. 4 des Erlasses). Eine Abgrenzung zwischen Kulturvereinigung und solistisch besetzten Ensembles kann nicht typisierend allein auf Grund der Anzahl der Künstler erfolgen; entscheidend sind vielmehr die Umstände des Einzelfalles.

   Bei Jazz-Ensembles ist grundsätzlich von Kulturvereinigungen auszugehen.

→ OFD München vom 11. 4. 2000 (DStR 2000 S. 1009)

Doppelbesteuerungsabkommen

Nach § 50d Abs. 1 Satz 1 EStG sind die Vorschriften über die Einbehaltung, Abführung und Anmeldung der Steuer durch den Schuldner der Vergütung nach § 50a EStG ungeachtet eines DBA anzuwenden, wenn Einkünfte nach dem Abkommen nicht oder nur nach einem niedrigeren Steuersatz besteuert werden können (→ BFH vom 13. 7. 1994 – BStBl 1995 II S. 129).

Fotomodelle

Zur Aufteilung von Gesamtvergütungen beim Steuerabzug von Einkünften beschränkt stpfl. Fotomodelle → BMF vom 9. 1. 2009 (BStBl I S. 362)

Sicherungseinbehalt nach § 50a Abs. 7 EStG

– Allgemeines → BMF vom 2. 8. 2002 (BStBl I S. 710)

– Sperrwirkung gem. § 48 Abs. 4 EStG → BMF vom 27. 12. 2002 (BStBl I S. 1399) unter Berücksichtigung der Änderungen durch BMF vom 4. 9. 2003 (BStBl I S. 437); Tz. 96 ff.

Steueranmeldung

– Im Falle einer Aussetzung (Aufhebung) der Vollziehung dürfen ausgesetzte Steuerbeträge nur an den Vergütungsschuldner und nicht an den Vergütungsgläubiger erstattet werden (→ BFH vom 13. 8. 1997 BStBl II S. 700 und BMF vom 25. 11. 2010 (BStBl I S. 1350, Rz. 68).

– Zu Inhalt und Wirkungen einer Steueranmeldung gem. § 73e EStDV und zur gemeinschaftsrechtskonformen Anwendung des § 50a EStG → BFH vom 7. 11. 2007 (BStBl 2008 II S. 228 und BMF vom 25. 11. 2010 (BStBl I S. 1350, Rz. 68).

Steuerbescheinigung nach § 50a Abs. 5 Satz 6 EStG

Das amtliche Muster ist auf der Internetseite des BZSt (www.bzst.bund.de) abrufbar.

Übersicht

Übernimmt der Schuldner der Vergütung die Steuer nach § 50a EStG und den Solidaritätszuschlag (sog. Nettovereinbarung), ergibt sich zur Ermittlung der Abzugsteuer in den Fällen des § 50a Abs. 2 Satz 1, erster Halbsatz und Satz 3 EStG folgender Berechnungssatz in %, der auf die jeweilige Netto-Vergütung anzuwenden ist:

Bei einer Netto-Vergütung in € Zufluss nach dem 31. 12. 2008	Berechnungssatz für die Steuer nach § 50a EStG in % der Netto-Vergütung	Berechnungssatz für den Solidaritäts- zuschlag in % der Netto-Vergütung
bis 250,00	0,00	0,00
mehr als 250,00	17,82	0,98

Zuständigkeit

Örtlich zuständig für den Erlass eines Nachforderungsbescheides gem. § 73g Abs. 1 EStDV gegen den Vergütungsgläubiger (Steuerschuldner) ist das für die Besteuerung des Vergütungsschuldners nach dem Einkommen zuständige Finanzamt (§ 73e Satz 1 EStDV).

IX. Sonstige Vorschriften, Bußgeld-, Ermächtigungs- und Schlussvorschriften

§ 50b   Prüfungsrecht

¹**Die Finanzbehörden sind berechtigt, Verhältnisse, die für die Anrechnung oder Vergütung von Körperschaftsteuer, für die Anrechnung oder Erstattung von Kapitalertragsteuer, für die Nichtvornahme des Steuerabzugs, für die Ausstellung der Jahresbescheinigung nach § 24c oder für die Mitteilungen an das Bundeszentralamt für Steuern nach § 45e von Bedeutung sind oder der Aufklärung bedürfen, bei den am Verfahren Beteiligten zu prüfen.** ²**Die §§ 193 bis 203 der Abgabenordnung gelten sinngemäß.**

EStG
S 2304
S 2409

§ 50c

(weggefallen)

EStG
1)

50c. Wertminderung von Anteilen durch Gewinnausschüttungen

In Fällen, in denen gem. § 52 Abs. 59 EStG ab dem VZ 2001 noch § 50c EStG i. d. F. des Gesetzes vom 24. 3. 1999 (Steuerentlastungsgesetz 1999/2000/2002, BGBl. I S. 402) anzuwenden ist, gilt R 227d EStR 1999 weiter.²⁾

R 50c
S 2189

§ 50d   Besonderheiten im Falle von Doppelbesteuerungsabkommen und der §§ 43b und 50g

(1) ¹**Können Einkünfte, die dem Steuerabzug vom Kapitalertrag oder dem Steuerabzug auf Grund des § 50a unterliegen, nach §§ 43b, 50g oder nach einem Abkommen zur Vermeidung der Doppelbesteuerung nicht oder nur nach einem niedrigeren Steuersatz besteuert werden, so sind die Vorschriften über die Einbehaltung, Abführung und Anmeldung der Steuer ungeachtet der §§ 43b und 50g sowie des Abkommens anzuwenden.** ²**Unberührt bleibt der Anspruch des Gläubigers der Kapitalerträge oder Vergütungen auf völlige oder teilweise Erstattung der einbehaltenen und abgeführ-**

EStG
S 2411

---

1) Durch das StSenkG wurde § 50c EStG aufgehoben. Zur zeitlichen Anwendung → § 52 Abs. 59 EStG.
2) Anhang 15 der Handausgabe 2001.

ten oder auf Grund Haftungsbescheid oder Nachforderungsbescheid entrichteten Steuer. ³Die Erstattung erfolgt auf Antrag des Gläubigers der Kapitalerträge oder Vergütungen auf der Grundlage eines Freistellungsbescheids; der Antrag ist nach amtlich vorgeschriebenem Vordruck bei dem Bundeszentralamt für Steuern zu stellen. *⁴Dem Vordruck ist in den Fällen des § 43 Absatz 1 Satz 1 Nummer 1a eine Bescheinigung nach § 45a Absatz 2 beizufügen.* ⁵Der zu erstattende Betrag wird nach Bekanntgabe des Freistellungsbescheids ausgezahlt. ⁶Hat der Gläubiger der Vergütungen im Sinne des § 50a nach § 50a Absatz 5 Steuern für Rechnung beschränkt steuerpflichtiger Gläubiger einzubehalten, kann die Auszahlung des Erstattungsanspruchs davon abhängig gemacht werden, dass er die Zahlung der von ihm einzubehaltenden Steuer nachweist, hierfür Sicherheit leistet oder unwiderruflich die Zustimmung zur Verrechnung seines Erstattungsanspruchs mit seiner Steuerzahlungsschuld erklärt. ⁷Das Bundeszentralamt für Steuern kann zulassen, dass Anträge auf maschinell verwertbaren Datenträgern gestellt werden. *⁸Der Antragsteller hat in den Fällen des § 43 Absatz 1 Satz 1 Nummer 1a zu versichern, dass ihm eine Bescheinigung im Sinne des § 45a Absatz 2 vorliegt oder, soweit er selbst die Kapitalerträge als auszahlende Stelle dem Steuerabzug unterworfen hat, nicht ausgestellt wurde; er hat die Bescheinigung zehn Jahre nach Antragstellung aufzubewahren.* ⁹Die Frist für den Antrag auf Erstattung beträgt vier Jahre nach Ablauf des Kalenderjahres, in dem die Kapitalerträge oder Vergütungen bezogen worden sind. *¹⁰Die Frist nach Satz 9 endet nicht vor Ablauf von sechs Monaten nach dem Zeitpunkt der Entrichtung der Steuer.* ¹¹Für die Erstattung der Kapitalertragsteuer gilt § 45 entsprechend. ¹²Der Schuldner der Kapitalerträge oder Vergütungen kann sich vorbehaltlich des Absatzes 2 nicht auf die Rechte des Gläubigers aus dem Abkommen berufen.

(1a) ¹Der nach Absatz 1 in Verbindung mit § 50g zu erstattende Betrag ist zu verzinsen. ²Der Zinslauf beginnt zwölf Monate nach Ablauf des Monats, in dem der Antrag auf Erstattung und alle für die Entscheidung erforderlichen Nachweise vorliegen, frühestens am Tag der Entrichtung der Steuer durch den Schuldner der Kapitalerträge oder Vergütungen. ³Er endet mit Ablauf des Tages, an dem der Freistellungsbescheid wirksam wird. ⁴Wird der Freistellungsbescheid aufgehoben, geändert oder nach § 129 der Abgabenordnung berichtigt, ist eine bisherige Zinsfestsetzung zu ändern. ⁵ § 233a Absatz 5 der Abgabenordnung gilt sinngemäß. ⁶Für die Höhe und Berechnung der Zinsen gilt § 238 der Abgabenordnung. ⁷Auf die Festsetzung der Zinsen ist § 239 der Abgabenordnung sinngemäß anzuwenden. ⁸Die Vorschriften dieses Absatzes sind nicht anzuwenden, wenn der Steuerabzug keine abgeltende Wirkung hat (§ 50 Absatz 2).

(2) ¹In den Fällen der §§ 43b, § 50a Absatz 1, § 50g kann der Schuldner der Kapitalerträge oder Vergütungen den Steuerabzug nach Maßgabe des § 43b oder § 50g oder des Abkommens unterlassen oder nach einem niedrigeren Steuersatz vornehmen, wenn das Bundeszentralamt für Steuern dem Gläubiger auf Grund eines vom ihm nach amtlich vorgeschriebenem Vordruck gestellten Antrags unter Vorbehalt des Widerrufs bescheinigt, dass die Voraussetzungen dafür vorliegen (Freistellung im Steuerabzugsverfahren); dies gilt auch bei Kapitalerträgen, die einer nach einem Abkommen zur Vermeidung der Doppelbesteuerung im anderen Vertragsstaat ansässigen Kapitalgesellschaft, die am Nennkapital einer unbeschränkt steuerpflichtigen Kapitalgesellschaft im Sinne des § 1 Absatz 1 Nummer 1 des Körperschaftsteuergesetzes zu mindestens einem Zehntel unmittelbar beteiligt ist und im Staat ihrer Ansässigkeit den Steuern vom Einkommen oder Gewinn unterliegt, ohne davon befreit zu sein, von der unbeschränkt steuerpflichtigen Kapitalgesellschaft zufließen. ²Die Freistellung kann unter dem Vorbehalt des Widerrufs erteilt und von Auflagen oder Bedingungen abhängig gemacht werden. ³Sie kann in den Fällen des § 50a Absatz 1 von der Bedingung abhängig gemacht werden, dass die Erfüllung der Verpflichtungen nach § 50a Absatz 5 nachgewiesen wird, soweit die Vergütungen an andere beschränkt Steuerpflichtige weitergeleitet werden. ⁴Die Geltungsdauer der Bescheinigung nach Satz 1 beginnt frühestens an dem Tag, an dem der Antrag beim Bundeszentralamt für Steuern eingeht; sie beträgt mindestens ein Jahr und darf drei Jahre nicht überschreiten; der Gläubiger der Kapitalerträge oder der Vergütungen ist verpflichtet, den Wegfall der Voraussetzungen für die Freistellung unverzüglich dem Bundesamt für Finanzen mitzuteilen. ⁵Voraussetzung für die Abstandnahme vom Steuerabzug ist, dass dem Schuldner der Kapitalerträge oder Vergütungen die Bescheinigung nach Satz 1 vorliegt. ⁶Über den Antrag ist innerhalb von drei Monaten zu entscheiden. ⁷Die Frist beginnt mit der Vorlage aller für die Entscheidung erforderlichen Nachweise. ⁸Bestehende Anmeldeverpflichtungen bleiben unberührt.

(3) ¹Eine ausländische Gesellschaft hat keinen Anspruch auf völlige oder teilweise Entlastung nach Absatz 1 oder Absatz 2, soweit Personen an ihr beteiligt sind, denen die Erstattung oder Freistellung nicht zustände, wenn sie die Einkünfte unmittelbar erzielten, und die von der auslän-

1) *Absatz 1 Satz 4 und 8 wurde durch das OGAW-IV-UmsG eingefügt und der neue Satz 10 geändert. Absatz 1 i. d. F. des OGAW-IV-UmsG ist erstmals auf Kapitalerträge anzuwenden, die dem Gläubiger nach dem 31. 12. 2011 zufließen → § 52a Abs. 16b EStG.*
2) Absatz 3 i. d. F. d. BeitrRLUmsG ist erstmals ab 1. 1. 2012 anzuwenden, sowie für alle vorangegangenen Zeiträume, soweit Steuerbescheide oder Freistellungsbescheinigungen noch nicht bestandskräftig sind und diese Regelung zu einer günstigeren Entlastungsberechtigung führt → BMF vom 24. 1. 2012 (BStBl I S. 171).

dischen Gesellschaft im betreffenden Wirtschaftsjahr erzielten Bruttoerträge nicht aus eigener Wirtschaftstätigkeit stammen, sowie

1. in Bezug auf diese Erträge für die Einschaltung der ausländischen Gesellschaft wirtschaftliche oder sonst beachtliche Gründe fehlen oder

2. die ausländische Gesellschaft nicht mit einem für ihren Geschäftszweck angemessen eingerichteten Geschäftsbetrieb am allgemeinen wirtschaftlichen Verkehr teilnimmt.

[2]Maßgebend sind ausschließlich die Verhältnisse der ausländischen Gesellschaft; organisatorische, wirtschaftliche oder sonst beachtliche Merkmale der Unternehmen, die der ausländischen Gesellschaft nahe stehen (§ 1 Absatz 2 des Außensteuergesetzes), bleiben außer Betracht. [3]An einer eigenen Wirtschaftstätigkeit fehlt es, soweit die ausländische Gesellschaft ihre Bruttoerträge aus der Verwaltung von Wirtschaftsgütern erzielt oder ihre wesentlichen Geschäftstätigkeiten auf Dritte überträgt. [4]Die Feststellungslast für das Vorliegen wirtschaftlicher oder sonst beachtlicher Gründe im Sinne von Satz 1 Nummer 1 sowie des Geschäftsbetriebs im Sinne von Satz 1 Nummer 2 obliegt der ausländischen Gesellschaft. [5] Die Sätze 1 bis 3 sind nicht anzuwenden, wenn mit der Hauptgattung der Aktien der ausländischen Gesellschaft ein wesentlicher und regelmäßiger Handel an einer anerkannten Börse stattfindet oder für die ausländische Gesellschaft die Vorschriften des Investmentsteuergesetzes gelten.

(4) [1]Der Gläubiger der Kapitalerträge oder Vergütungen im Sinne des § 50a hat nach amtlich vorgeschriebenem Vordruck durch eine Bestätigung der für ihn zuständigen Steuerbehörde des anderen Staates nachzuweisen, dass er dort ansässig ist oder die Voraussetzungen des § 50g Absatz 3 Nummer 5 Buchstabe c erfüllt sind. [2]Das Bundesministerium der Finanzen kann im Einvernehmen mit den obersten Finanzbehörden der Länder erleichterte Verfahren oder vereinfachte Nachweise zulassen.

(5) [1]Abweichend von Absatz 2 kann das Bundeszentralamt für Steuern in den Fällen des § 50a Absatz 1 Nummer 3 den Schuldner der Vergütung auf Antrag allgemein ermächtigen, den Steuerabzug zu unterlassen oder nach einem niedrigeren Steuersatz vorzunehmen (Kontrollmeldeverfahren). [2]Die Ermächtigung kann in Fällen geringer steuerlicher Bedeutung erteilt und mit Auflagen verbunden werden. [3]Einer Bestätigung nach Absatz 4 Satz 1 bedarf es im Kontrollmeldeverfahren nicht. [4]Inhalt der Auflage kann die Angabe des Namens, des Wohnortes oder des Ortes des Sitzes oder der Geschäftsleitung des Schuldners und des Gläubigers, der Art der Vergütung, des Bruttobetrags und des Zeitpunkts der Zahlungen sowie des einbehaltenen Steuerbetrags sein. [5]Mit dem Antrag auf Teilnahme am Kontrollmeldeverfahren gilt die Zustimmung des Gläubigers und des Schuldners zur Weiterleitung der Angaben des Schuldners an den Wohnsitz- oder Sitzstaat des Gläubigers als erteilt. [6]Die Ermächtigung ist als Beleg aufzubewahren. [7]Absatz 2 Satz 8 gilt entsprechend.

(6) Soweit Absatz 2 nicht anwendbar ist, gilt Absatz 5 auch für Kapitalerträge im Sinne des § 43 Absatz 1 Satz 1 Nummer 1 und 4, wenn sich im Zeitpunkt der Zahlung des Kapitalertrags der Anspruch auf Besteuerung nach einem niedrigeren Steuersatz ohne nähere Ermittlungen feststellen lässt.

(7) Werden Einkünfte im Sinne des § 49 Absatz 1 Nummer 4 aus einer Kasse einer juristischen Person des öffentlichen Rechts im Sinne der Vorschrift eines Abkommens zur Vermeidung der Doppelbesteuerung über den öffentlichen Dienst gewährt, so ist diese Vorschrift bei Bestehen eines Dienstverhältnisses mit einer anderen Person in der Weise auszulegen, dass die Vergütungen für der erstgenannten Person geleistete Dienste gezahlt werden, wenn sie ganz oder im Wesentlichen aus öffentlichen Mitteln aufgebracht werden.

(8) [1]Sind Einkünfte eines unbeschränkt Steuerpflichtigen aus nichtselbständiger Arbeit (§ 19) nach einem Abkommen zur Vermeidung der Doppelbesteuerung von der Bemessungsgrundlage der deutschen Steuer auszunehmen, wird die Freistellung bei der Veranlagung ungeachtet des Abkommens nur gewährt, soweit der Steuerpflichtige nachweist, dass der Staat, dem nach dem Abkommen das Besteuerungsrecht zusteht, auf dieses Besteuerungsrecht verzichtet hat oder dass die in diesem Staat auf die Einkünfte festgesetzten Steuern entrichtet wurden. [2]Wird ein solcher Nachweis erst geführt, nachdem die Einkünfte in eine Veranlagung zur Einkommensteuer einbezogen wurden, ist der Steuerbescheid insoweit zu ändern. [3] § 175 Absatz 1 Satz 2 der Abgabenordnung ist entsprechend anzuwenden.

(9) [1]Sind Einkünfte eines unbeschränkt Steuerpflichtigen nach einem Abkommen zur Vermeidung der Doppelbesteuerung von der Bemessungsgrundlage der deutschen Steuer auszunehmen, so wird die Freistellung der Einkünfte ungeachtet des Abkommens nicht gewährt, wenn

1. der andere Staat die Bestimmungen des Abkommens so anwendet, dass die Einkünfte in diesem Staat von der Besteuerung auszunehmen sind oder nur zu einem durch das Abkommen begrenzten Steuersatz besteuert werden können, oder

2. die Einkünfte in dem anderen Staat nur deshalb nicht steuerpflichtig sind, weil sie von einer Person bezogen werden, die in diesem Staat nicht auf Grund ihres Wohnsitzes, ständigen Auf-

enthalts, des Ortes ihrer Geschäftsleitung, des Sitzes oder eines ähnlichen Merkmals unbeschränkt steuerpflichtig ist.

²Nummer 2 gilt nicht für Dividenden, die nach einem Abkommen zur Vermeidung der Doppelbesteuerung von der Bemessungsgrundlage der deutschen Steuer auszunehmen sind, es sei denn, die Dividenden sind bei der Ermittlung des Gewinns der ausschüttenden Gesellschaft abgezogen worden. ³Bestimmungen eines Abkommens zur Vermeidung der Doppelbesteuerung, die die Freistellung von Einkünften in einem weitergehenden Umfang einschränken, sowie Absatz 8 und § 20 Absatz 2 des Außensteuergesetzes bleiben unberührt.

(10) ¹Sind auf Vergütungen im Sinne des § 15 Absatz 1 Satz 1 Nummer 2 Satz 1 zweiter Halbsatz und Nummer 3 zweiter Halbsatz die Vorschriften eines Abkommens zur Vermeidung der Doppelbesteuerung anzuwenden und enthält das Abkommen keine solche Vergütungen betreffende ausdrückliche Regelung, gelten diese Vergütungen für Zwecke der Anwendung des Abkommens ausschließlich als Unternehmensgewinne. ²Absatz 9 Nummer 1 bleibt unberührt.

1) *(11) ¹Sind Dividenden beim Zahlungsempfänger nach einem Abkommen zur Vermeidung der Doppelbesteuerung von der Bemessungsgrundlage der deutschen Steuer auszunehmen, wird die Freistellung ungeachtet des Abkommens nur insoweit gewährt, als die Dividenden nach deutschem Steuerrecht nicht einer anderen Person zuzurechnen sind. ²Soweit die Dividenden nach deutschem Steuerrecht einer anderen Person zuzurechnen sind, werden sie bei dieser Person freigestellt, wenn sie bei ihr als Zahlungsempfänger nach Maßgabe des Abkommens freigestellt würden.*

H 50d   **Hinweise**

Entlastungsberechtigung ausländischer Gesellschaften

Zur Anwendung des § 50d Abs. 3 EStG → BMF vom 24.1.2012 (BStBl I S. 171)

Entlastung von deutscher Abzugsteuer gem. § 50a Abs. 4 EStG bei künstlerischer, sportlicher Tätigkeit oder ähnlichen Darbietungen

→ BMF vom 25. 11. 2010 (BStBl I S. 1350)

Freistellungsverfahren nach § 50d EStG

Das in § 50d EStG vorgesehene Freistellungsverfahren verstößt nicht gegen Völkerrecht und geht § 155 Abs. 1 Satz 3 AO vor (→ BFH vom 21. 5. 1997 – BFH/NV 1997 S. 760).

Gestaltungsmissbrauch

Werden im Inland erzielte Einnahmen zur Vermeidung inländischer Steuer durch eine ausländische Kapitalgesellschaft „durchgeleitet", kann ein Missbrauch rechtlicher Gestaltungsmöglichkeiten auch dann vorliegen, wenn der Staat, in dem die Kapitalgesellschaft ihren Sitz hat, kein sog. Niedrigbesteuerungsland ist (→ BFH vom 29. 10. 1997 – BStBl 1998 II S. 235).

Körperschaftsteuervergütung

Eine Vergütung von Körperschaftsteuer gem. § 52 KStG a. F. gehört zu den „Dividenden" i. S. d. Art. 10 DBA-Schweiz, → BFH vom 25. 2. 2004 (BStBl II S. 740).

Kontrollmeldeverfahren auf Grund von DBA

→ BMF vom 18. 12. 2002 (BStBl I S. 1386)
→ BMF vom 20. 5. 2009 (BStBl I S. 645)

Merkblatt des BMF

zur Entlastung von

– deutscher Abzugsteuer gem. § 50a Abs. 4 EStG auf Grund von DBA vom 7. 5. 2002 (BStBl I S. 521),

---

1) *Absatz 11 wurde durch das Gesetz zur Änderung des Gemeindefinanzreformgesetzes und von steuerlichen Vorschriften angefügt und ist erstmals auf Zahlungen anzuwenden, die nach dem 31. 12. 2011 erfolgen → § 52 Abs. 59a Satz 9 EStG.*

- deutscher Kapitalertragsteuer von Dividenden und bestimmten anderen Kapitalerträgen gem. § 44d EStG a. F. (§ 43b EStG n. F.), den DBA oder sonstigen zwischenstaatlichen Abkommen vom 1. 3. 1994 (BStBl I S. 203).

Merkblatt des BZSt

zur Entlastung vom Steuerabzug i. S. v. § 50a Abs. 4 EStG auf Grund von DBA

- bei Vergütungen an ausländische Künstler und Sportler vom 9. 10. 2002 (BStBl I S. 904),
- bei Lizenzgebühren und ähnlichen Vergütungen vom 9. 10. 2002 (BStBl I S. 916).

Das BZSt bietet aktuelle Fassungen seiner Merkblätter sowie die Bestellung von Antragsvordrucken im Internet an (www.bzst.de).

Merkblatt zur Steuerfreistellung ausländischer Einkünfte gem. § 50d Abs. 8 EStG   Anhang 6

- → BMF vom 21. 7. 2005 (BStBl I S. 821)

- → FinMin Schleswig-Holstein vom 16. 6. 2011, VI 305 S 1300 541 (Auszug)

  Steuerpflichtige, die in China arbeiten und neben den Einkünften aus nichtselbständiger Arbeit in China auch außerhalb Chinas Einkünfte beziehen, sind verpflichtet, innerhalb von 30 Tagen nach Ablauf jedes Kalenderjahres eine Steuererklärung hierüber abzugeben. Dies gilt grundsätzlich auch für Einkünfte, die im Zusammenhang mit der in China ausgeübten Tätigkeit stehen. Hierzu zählt beispielsweise auch die Vergütung aus der Ausübung von Aktienoptionsrechten, die von einem nichtchinesischen Unternehmen an einen nichtchinesischen Arbeitnehmer nach dessen Ausreise aus China gezahlt wird, wenn sie (teilweise) auf eine Tätigkeit in China entfällt. Die örtlich zuständige chinesische Behörde kann Einkommen, das außerhalb Chinas ausgezahlt wird und im Zusammenhang mit der in China ausgeübten Tätigkeit steht, von der Besteuerung freistellen, wenn dies gegenüber der Behörde beantragt und nachgewiesen wird. Einen generellen Steuerverzicht gibt es diesbezüglich jedoch nicht, auch nicht für Vergütungen aus Aktienoptionsrechten. Eine Freistellung nach § 50 d Abs. 8 EStG kommt daher nur in Betracht, wenn der Steuerpflichtige nachweist, dass die in China festgesetzten Steuern entrichtet wurden oder dass die chinesischen Behörden für die betroffenen Einkünfte auf ihr Besteuerungsrecht verzichtet haben.

Sondervergütungen (§ 50d Abs. 10 EStG)

- Erhält ein in den USA ansässiger Gesellschafter einer deutschen Personengesellschaft Lizenzvergütungen für von ihm der Gesellschaft eingeräumte Rechte, so dürfen diese Vergütungen nach Art. 12 Abs. 1 DBA-USA 1989 a. F. nur in den USA und nicht in Deutschland besteuert werden. Die in § 50d Abs. 10 Satz 1 EStG angeordnete Umqualifizierung von Sondervergütungen i. S. v. § 15 Abs. 1 Satz 1 Nr. 2 Satz 1 zweiter Halbsatz EStG in abkommensrechtliche Unternehmensgewinne ändert daran nichts (gegen BMF vom 16. 4. 2010, BStBl I S. 354, dort Tz. 2.2.1 und 5.1) → BFH vom 8. 9. 2010 – I R – 74/09 (DStR 2010 S. 2450).

- Die Pension, die der zwischenzeitlich in den USA ansässige ehemalige Geschäftsführer der Komplementär-GmbH einer inländischen KG für seine frühere Geschäftsführertätigkeit bezieht, kann nach Art. 18 Abs. 1 DBA-USA 1989 a. F. unbeschadet des § 15 Abs. 1 Satz 1 Nr. 2 Satz 1 zweiter Halbsatz EStG 1997 nur in den USA besteuert werden. § 50d Abs. 10 i. V. m. § 52 Abs. 59a Satz 8 EStG 2002 i. d. F. des JStG 2009 ändert daran nichts – BFH vom 8. 11. 2010 – I R 106/09 (DStR 2011 S. 14).

- Besteuerungsrecht Deutschlands für Sondervergütungen in Gestalt von Pensionszahlungen aufgrund des sog. Treaty Override in § 50d Abs. 10 EStG? → FG Düsseldorf vom 7. 12. 2010 – 13 K 1214/06 E – Rev. – I R 5/11

Zuständige Behörde

- Zuständige Behörde für das Erstattungs-, Freistellungs- und Kontrollmeldeverfahren ist das BZSt, 53221 Bonn.

- Ist bei einer eventuell gemeinschaftswidrig erhobenen Kapitalertragsteuer das BZSt für die Erstattung der strittigen Kapitalertragsteuer zuständig?
  → FG Köln vom 28. 1. 2010 (2 K 4328/03) – Rev. → II R 5/10
  Ferner:
  Ist die sog. Mutter-Tochter-Richtlinie aufgrund der primärrechtlichen Grundfreiheiten so auszulegen, dass auch einer französischen Muttergesellschaft in der Rechtsform der S.A.S., die nicht in der Anlage 2 zum EStG 1997 i. d. F. des Streitjahres 2001 aufgeführt ist, deutsche abgeführte Kapitalertragsteuer (resultierend aus der Ausschüttung einer deutschen Tochtergesellschaft) zu erstatten ist?

EStG   **§ 50e   Bußgeldvorschriften; Nichtverfolgung von Steuerstraftaten bei geringfügiger Beschäftigung in Privathaushalten**

S 2411   (1) [1]Ordnungswidrig handelt, wer vorsätzlich oder leichtfertig entgegen § 45d Absatz 1 Satz 1, § 45d Absatz 3 Satz 1, der nach § 45e erlassenen Rechtsverordnung oder den unmittelbar geltenden Verträgen mit den in Artikel 17 der Richtlinie 2003/48/EG genannten Staaten und Gebieten eine Mitteilung nicht, nicht richtig, nicht vollständig oder nicht rechtzeitig abgibt. [2]Die Ordnungswidrigkeit kann mit einer Geldbuße bis zu fünftausend Euro geahndet werden.

(2) [1]Liegen die Voraussetzungen des § 40a Absatz 2 vor, werden Steuerstraftaten (§§ 369 bis 376 der Abgabenordnung) als solche nicht verfolgt, wenn der Arbeitgeber in den Fällen des § 8a des Vierten Buches Sozialgesetzbuch entgegen § 41a Absatz 1 Nummer 1, auch in Verbindung mit Absatz 2 und 3 und § 51a, und § 40a Absatz 6 Satz 3 dieses Gesetzes in Verbindung mit § 26a Absatz 7 Satz 1 des Vierten Buches Sozialgesetzbuch für das Arbeitsentgelt die Lohnsteuer-Anmeldung und die Anmeldung der einheitlichen Pauschalsteuer nicht oder nicht rechtzeitig durchführt und dadurch Steuern verkürzt oder für sich oder einen anderen nicht gerechtfertigte Steuervorteile erlangt. [2]Die Freistellung von der Verfolgung nach Satz 1 gilt auch für den Arbeitnehmer einer in Satz 1 genannten Beschäftigung, der die Finanzbehörde pflichtwidrig über steuerlich erhebliche Tatsachen aus dieser Beschäftigung in Unkenntnis lässt. [3]Die Bußgeldvorschriften der §§ 377 bis 384 der Abgabenordnung bleiben mit der Maßgabe anwendbar, dass § 378 der Abgabenordnung auch bei vorsätzlichem Handeln anwendbar ist.

EStG   **§ 50f   Bußgeldvorschriften**

S 2411   (1) Ordnungswidrig handelt, wer vorsätzlich oder leichtfertig

1. entgegen § 22a Absatz 1 Satz 1 und 2 dort genannte Daten nicht, nicht richtig, nicht vollständig oder nicht rechtzeitig übermittelt oder eine Mitteilung nicht, nicht richtig, nicht vollständig oder nicht rechtzeitig macht oder

2. entgegen § 22a Abs. 2 Satz 9 die Identifikationsnummer für andere als die dort genannten Zwecke verwendet.

(2) Die Ordnungswidrigkeit kann in den Fällen des Absatzes 1 Nummer 1 mit einer Geldbuße bis zu fünfzigtausend Euro und in den übrigen Fällen mit einer Geldbuße bis zu zehntausend Euro geahndet werden.

(3) Verwaltungsbehörde im Sinne des § 36 Absatz 1 Nummer 1 des Gesetzes über Ordnungswidrigkeiten ist die zentrale Stelle nach § 81.

EStG   **§ 50g   Entlastung vom Steuerabzug bei Zahlungen von Zinsen und Lizenzgebühren zwischen verbundenen Unternehmen verschiedener Mitgliedstaaten der Europäischen Union**

S 2411   (1) [1]Auf Antrag werden die Kapitalertragsteuer für Zinsen und die Steuer auf Grund des § 50a für Lizenzgebühren, die von einem Unternehmen der Bundesrepublik Deutschland oder einer dort gelegenen Betriebsstätte eines Unternehmens eines anderen Mitgliedstaates der Europäischen Union als Schuldner an ein Unternehmen eines anderen Mitgliedstaates der Europäischen Union oder an eine in einem anderen Mitgliedstaat der Europäischen Union gelegenen Betriebsstätte eines Unternehmens eines Mitgliedstaates der Europäischen Union als Gläubiger gezahlt werden, nicht erhoben. [2]Erfolgt die Besteuerung durch Veranlagung, werden die Zinsen und Lizenzgebühren bei der Ermittlung der Einkünfte nicht erfasst. [3]Voraussetzung für die Anwendung der Sätze 1 und 2 ist, dass der Gläubiger der Zinsen oder Lizenzgebühren ein mit dem Schuldner verbundenes Unternehmen oder dessen Betriebsstätte ist. [4]Die Sätze 1 bis 3 sind nicht anzuwenden, wenn die Zinsen oder Lizenzgebühren an eine Betriebsstätte eines Unternehmens eines Mitgliedstaates der Europäischen Union als Gläubiger gezahlt werden, die in einem Staat außerhalb der Europäischen Union oder im Inland gelegen ist und in der die Tätigkeit des Unternehmens ganz oder teilweise ausgeübt wird.

(2) Absatz 1 ist nicht anzuwenden auf die Zahlung von

1. Zinsen,

    a) die nach deutschem Recht als Gewinnausschüttung behandelt werden (§ 20 Absatz 1 Nummer 1 Satz 2), oder

    b) die auf Forderungen beruhen, die einen Anspruch auf Beteiligung am Gewinn des Schuldner begründen;

2. Zinsen oder Lizenzgebühren, die den Betrag übersteigen, den der Schuldner und der Gläubiger ohne besondere Beziehungen, die zwischen den beiden oder einem von ihnen und einem Dritten auf Grund von Absatz 3 Nummer 5 Buchstabe b bestehen, vereinbart hätten.

(3) Für die Anwendung der Absätze 1 und 2 gelten die folgenden Begriffsbestimmungen und Beschränkungen:

1. Der Gläubiger muss der Nutzungsberechtigte sein. Nutzungsberechtigter ist

   a) ein Unternehmen, wenn es die Einkünfte im Sinne von § 2 Absatz 1 erzielt;

   b) eine Betriebsstätte, wenn

      aa) die Forderung, das Recht oder der Gebrauch von Informationen, auf Grund derer/dessen Zahlungen von Zinsen oder Lizenzgebühren geleistet werden, tatsächlich zu der Betriebsstätte gehört und

      bb) die Zahlungen der Zinsen oder Lizenzgebühren Einkünfte darstellen, auf Grund derer die Gewinne der Betriebsstätte in dem Mitgliedstaat der Europäischen Union, in dem sie gelegen ist, zu einer der in Nummer 5 Buchstabe a Doppelbuchstabe cc genannten Steuer beziehungsweise im Fall Belgiens dem „impôt des non-résidents/belasting der nietverblijfhouders" beziehungsweise im Fall Spaniens dem „Impuesto sobre la Renta de no Residentes" beziehungsweise zu einer mit diesen Steuern identischen oder weitgehend ähnlichen Steuer herangezogen werden, die nach dem jeweiligen Zeitpunkt des Inkrafttretens der Richtlinie 2003/49/EG des Rates vom 3. Juni 2003 über eine gemeinsame Steuerregelung für Zahlungen von Zinsen und Lizenzgebühren zwischen verbundenen Unternehmen verschiedener Mitgliedstaaten (ABl. EU Nummer L 157 S. 49), zuletzt geändert durch die Richtlinie 2006/98/EG des Rates vom 20. November 2006 (ABl. EU Nummer L 363 S. 129), anstelle der bestehenden Steuern oder ergänzend zu ihnen eingeführt wird.

2. Eine Betriebsstätte gilt nur dann als Schuldner der Zinsen oder Lizenzgebühren, wenn die Zahlung bei der Ermittlung des Gewinns der Betriebsstätte eine steuerlich abzugsfähige Betriebsausgabe ist.

3. Gilt eine Betriebsstätte eines Unternehmens eines Mitgliedstaates der Europäischen Union als Schuldner oder Gläubiger von Zinsen oder Lizenzgebühren, so wird kein anderer Teil des Unternehmens als Schuldner oder Gläubiger der Zinsen oder Lizenzgebühren angesehen.

4. Im Sinne des Absatzes 1 sind

   a) „Zinsen" Einkünfte aus Forderungen jeder Art, auch wenn die Forderungen durch Pfandrechte an Grundstücken gesichert sind, insbesondere Einkünfte aus öffentlichen Anleihen und aus Obligationen einschließlich der damit verbundenen Aufgelder und der Gewinne aus Losanleihen; Zuschläge für verspätete Zahlung und die Rückzahlung von Kapital gelten nicht als Zinsen;

   b) „Lizenzgebühren" Vergütungen jeder Art, die für die Nutzung oder für das Recht auf Nutzung von Urheberrechten an literarischen, künstlerischen oder wissenschaftlichen Werken, einschließlich kinematografischer Filme und Software, von Patenten, Marken, Mustern oder Modellen, Plänen, geheimen Formeln oder Verfahren oder für die Mitteilung gewerblicher, kaufmännischer oder wissenschaftlicher Erfahrungen gezahlt werden; Zahlungen für die Nutzung oder das Recht auf Nutzung gewerblicher, kaufmännischer oder wissenschaftlicher Ausrüstungen gelten als Lizenzgebühren.

5. Die Ausdrücke „Unternehmen eines Mitgliedstaates der Europäischen Union", „verbundenes Unternehmen" und „Betriebsstätte" bedeuten:

   a) „Unternehmen eines Mitgliedstaates der Europäischen Union" jedes Unternehmen, das

      aa) eine der in Anlage 3 Nummer 1 zu diesem Gesetz aufgeführten Rechtsformen aufweist und

      bb) nach dem Steuerrecht eines Mitgliedstaates in diesem Mitgliedstaat ansässig ist und nicht nach einem zwischen dem betreffenden Staat und einem Staat außerhalb der Europäischen Union geschlossenen Abkommen zur Vermeidung der Doppelbesteuerung von Einkünften für steuerliche Zwecke als außerhalb der Gemeinschaft ansässig gilt und

      cc) einer der in Anlage 3 Nummer 2 zu diesem Gesetz aufgeführten Steuern unterliegt und nicht von ihr befreit ist. Entsprechendes gilt für eine mit diesen Steuern identische oder weitgehend ähnliche Steuer, die nach dem jeweiligen Zeitpunkt des Inkrafttretens der Richtlinie 2003/49/EG des Rates vom 3. Juni 2003 (ABl. EU Nummer L 157 S. 49), zuletzt geändert durch die Richtlinie 2006/98/EG des Rates vom 20. November 2006 (ABl. EU Nummer L 363 S. 129), anstelle der bestehenden Steuern oder ergänzend zu ihnen eingeführt wird.

[2]Ein Unternehmen ist im Sinne von Doppelbuchstabe bb in einem Mitgliedstaat der Europäischen Union ansässig, wenn es der unbeschränkten Steuerpflicht im Inland oder einer vergleichbaren Besteuerung in einem anderen Mitgliedstaat der Europäischen Union nach dessen Rechtsvorschriften unterliegt.

b) „Verbundenes Unternehmen" jedes Unternehmen, das dadurch mit einem zweiten Unternehmen verbunden ist, dass

aa) das erste Unternehmen unmittelbar mindestens zu 25 Prozent an dem Kapital des zweiten Unternehmens beteiligt ist oder

bb) das zweite Unternehmen unmittelbar mindestens zu 25 Prozent an dem Kapital des ersten Unternehmens beteiligt ist oder

cc) ein drittes Unternehmen unmittelbar mindestens zu 25 Prozent an dem Kapital des ersten Unternehmens und dem Kapital des zweiten Unternehmens beteiligt ist.

[2]Die Beteiligungen dürfen nur zwischen Unternehmen bestehen, die in einem Mitgliedstaat der Europäischen Union ansässig sind.

c) „Betriebsstätte" eine feste Geschäftseinrichtung in einem Mitgliedstaat der Europäischen Union, in der die Tätigkeit eines Unternehmens eines anderen Mitgliedstaates der Europäischen Union ganz oder teilweise ausgeübt wird.

(4) [1]Die Entlastung nach Absatz 1 ist zu versagen oder zu entziehen, wenn der hauptsächliche Beweggrund oder einer der hauptsächlichen Beweggründe für Geschäftsvorfälle die Steuervermeidung oder der Missbrauch sind. [2] § 50d Absatz 3 bleibt unberührt.

(5) Entlastungen von der Kapitalertragsteuer für Zinsen und der Steuer auf Grund des § 50a nach einem Abkommen zur Vermeidung der Doppelbesteuerung, die weiter gehen als die nach Absatz 1 gewährten, werden durch Absatz 1 nicht eingeschränkt.

(6) [1]Ist im Fall des Absatzes 1 Satz 1 eines der Unternehmen ein Unternehmen der Schweizerischen Eidgenossenschaft oder ist eine in der Schweizerischen Eidgenossenschaft gelegene Betriebsstätte eines Unternehmens eines anderen Mitgliedstaats der Europäischen Union Gläubiger der Zinsen oder Lizenzgebühren, gelten die Absätze 1 bis 5 entsprechend mit der Maßgabe, dass die Schweizerische Eidgenossenschaft insoweit einem Mitgliedstaat der Europäischen Union gleichgestellt ist. [2]Absatz 3 Nummer 2 Buchstabe a gilt entsprechend mit der Maßgabe, dass ein Unternehmen der Schweizerischen Eidgenossenschaft jedes Unternehmen ist, das

1. eine der folgenden Rechtsformen aufweist:

– Aktiengesellschaft/société anonyme/società anonima;

– Gesellschaft mit beschränkter Haftung/société à responsabilité limitée/società a responsabilità limitata;

– Kommanditaktiengesellschaft/société en commandite par actions/società in accomandita per azioni, und

2. nach dem Steuerrecht der Schweizerischen Eidgenossenschaft dort ansässig ist und nicht nach einem zwischen der Schweizerischen Eidgenossenschaft und einem Staat außerhalb der Europäischen Union geschlossenen Abkommen zur Vermeidung der Doppelbesteuerung von Einkünften für steuerliche Zwecke als außerhalb der Gemeinschaft oder der Schweizerischen Eidgenossenschaft ansässig gilt, und

3. unbeschränkt der schweizerischen Körperschaftsteuer unterliegt, ohne von ihr befreit zu sein.

Anlage 3 (zu § 50g)
– auf nach dem 31. Dezember 2006 erfolgende Zahlungen anzuwenden –

1. Unternehmen im Sinne von § 50g Absatz 3 Nummer 5 Buchstabe a Doppelbuchstabe aa sind:

a) Gesellschaften belgischen Rechts mit der Bezeichnung:

„naamloze vennootschap"/„société anonyme", „commanditaire vennootschap op aandelen"/„société en commandite par actions", „besloten vennootschap met beperkte aansprakelijkheid"/„société privée à responsabilité limitée" sowie öffentlich-rechtliche Körperschaften, deren Tätigkeit unter das Privatrecht fällt;

b) Gesellschaften dänischen Rechts mit der Bezeichnung:

„aktieselskab" und „anpartsselskab";

c) Gesellschaften deutschen Rechts mit der Bezeichnung:

„Aktiengesellschaft", „Kommanditgesellschaft auf Aktien" und „Gesellschaft mit beschränkter Haftung";

d) Gesellschaften griechischen Rechts mit der Bezeichnung:

„ανώνυμη εταιρία";

e) Gesellschaften spanischen Rechts mit der Bezeichnung:

„sociedad anónima", „sociedad comanditaria por acciones", „sociedad de responsabilidad limitada" sowie öffentlich-rechtliche Körperschaften, deren Tätigkeit unter das Privatrecht fällt;

f) Gesellschaften französischen Rechts mit der Bezeichnung:

„société anonyme", „société en commandite par actions", „société à responsabilité limitée" sowie die staatlichen Industrie- und Handelsbetriebe und -unternehmen;

g) Gesellschaften irischen Rechts mit der Bezeichnung:

„public companies limited by shares or by guarantee", „private companies limited by shares or by guarantee", gemäß den „Industrial and Provident Societies Acts" eingetragene Einrichtungen oder gemäß den „Building Societies Acts" eingetragene „building societies";

h) Gesellschaften italienischen Rechts mit der Bezeichnung:

„società per azioni", „società in accomandita per azioni", „società a responsabilità limitata" sowie staatliche und private Industrie- und Handelsunternehmen;

i) Gesellschaften luxemburgischen Rechts mit der Bezeichnung:

„société anonyme", „société en commandite par actions" und „société à responsabilité limitée";

j) Gesellschaften niederländischen Rechts mit der Bezeichnung:

„naamloze vennootschap" und „besloten vennootschap met beperkte aansprakelijkheid";

k) Gesellschaften österreichischen Rechts mit der Bezeichnung:

„Aktiengesellschaft" und „Gesellschaft mit beschränkter Haftung";

l) Gesellschaften portugiesischen Rechts in Form von Handelsgesellschaften oder zivilrechtlichen Handelsgesellschaften sowie Genossenschaften und öffentliche Unternehmen;

m) Gesellschaften finnischen Rechts mit der Bezeichnung:

„osakeyhtiö/aktiebolag", „osuuskunta/andelslag", „säästöpankki/sparbank" und „vakuutusyhtiö/försäkringsbolag";

n) Gesellschaften schwedischen Rechts mit der Bezeichnung:

„aktiebolag" und „försäkringsaktiebolag";

o) nach dem Recht des Vereinigten Königreichs gegründete Gesellschaften;

p) Gesellschaften tschechischen Rechts mit der Bezeichnung:

„akciová společnost", „společnost s ručením omezeným", „veřejná obchodní společnost", „komanditní společnost", und „družstvo";

q) Gesellschaften estnischen Rechts mit der Bezeichnung:

„täisühing", „usaldusühing", „osaühing", „aktsiaselts" und „tulundusühistu";

r) Gesellschaften zyprischen Rechts, die nach dem Gesellschaftsrecht als Gesellschaften bezeichnet werden, Körperschaften des öffentlichen Rechts und sonstige Körperschaften, die als Gesellschaft im Sinne der Einkommensteuergesetze gelten;

s) Gesellschaften lettischen Rechts mit der Bezeichnung:

„akciju sabiedrība" und „sabiedrība ar ierobežotu atbildību";

t) nach dem Recht Litauens gegründete Gesellschaften;

u) Gesellschaften ungarischen Rechts mit der Bezeichnung:

„közkereseti társaság", „betéti társaság", „közös vállalat", „korlátolt felelösségű társaság", „részvénytársaság", „egyesülés", „közhasznú társaság" und „szövetkezet";

v) Gesellschaften maltesischen Rechts mit der Bezeichnung:

„Kumpaniji ta' Responsabilita' Limitata" und „Soċjetajiet in akkomandita li l-kapital tagħhom maqsum f'azzjonijiet";

w) Gesellschaften polnischen Rechts mit der Bezeichnung:

„spółka akcyjna" und „spółka z ograniczoną odpowiedzialnością";

x) Gesellschaften slowenischen Rechts mit der Bezeichnung:

„delniška družba", „komanditna delniška družba", „komanditna družba", „družba z omejeno odgovornostjo" und „družba z neomejeno odgovornostjo";

y) Gesellschaften slowakischen Rechts mit der Bezeichnung:

„akciová spoločnos", „spoločnosť s ručením obmedzeným", „komanditná spoločnos", „verejná obchodná spoločnos" und „družstvo";

aa) Gesellschaften bulgarischen Rechts mit der Bezeichnung:

„събирателното дружество", „командитното дружество", „дружеството с ограничена отговорност", „акционерното дружество", „командитното дружество с акции", „кооперации", „кооперативни съюзи", „държавни предприятия", die nach bulgarischem Recht gegründet wurden und gewerbliche Tätigkeiten ausüben;

ab) Gesellschaften rumänischen Rechts mit der Bezeichnung:

„societăţi pe acţiuni", „societăţi în comandită pe acţiuni", „societăţi cu răspundere limitată".

2. Steuern im Sinne von § 50g Absatz 3 Nummer 5 Buchstabe a Doppelbuchstabe cc sind:
   - impôt des sociétés/vennootschapsbelasting in Belgien,
   - selskabsskat in Dänemark,
   - Körperschaftsteuer in Deutschland,
   - Φόρος εισοδήματος νομικών προσώπων in Griechenland,
   - impuesto sobre sociedades in Spanien,
   - impôt sur les sociétés in Frankreich,
   - corporation tax in Irland,
   - imposta sul reddito delle persone giuridiche in Italien,
   - impôt sur le revenu des collectivités in Luxemburg,
   - vennootschapsbelasting in den Niederlanden,
   - Körperschaftsteuer in Österreich,
   - imposto sobre o rendimento da pessoas colectivas in Portugal,
   - yhteisöjen tulovero/inkomstskatten för samfund in Finnland,
   - statlig inkomstskatt in Schweden,
   - corporation tax im Vereinigten Königreich,
   - Daň z příjmů právnických osob in der Tschechischen Republik,
   - Tulumaks in Estland,
   - φόρος εισοδήματος in Zypern,
   - Uzņēmumu ienākuma nodoklis in Lettland,
   - Pelno mokestis in Litauen,
   - Társasági adó in Ungarn,
   - Taxxa fuq l-income in Malta,
   - Podatek dochodowy od osób prawnych in Polen,
   - Davek od dobička pravnih oseb in Slowenien,
   - Daň z príjmov právnických osôb in der Slowakei,
   - корпоративен данък; in Bulgarien,
   - impozit pe profit, impozitul pe veniturile obţinute din România de nerezidenţi in Rumänien.

EStG

§ 50h Bestätigung für Zwecke der Entlastung von Quellensteuern in einem anderen Mitgliedstaat der Europäischen Union oder der Schweizerischen Eidgenossenschaft

Auf Antrag hat das Finanzamt, das für die Besteuerung eines Unternehmens der Bundesrepublik Deutschland oder einer dort gelegenen Betriebsstätte eines Unternehmens eines anderen Mitgliedstaats der Europäischen Union im Sinne des § 50g Absatz 3 Nummer 5 oder eines Unternehmens der Schweizerischen Eidgenossenschaft im Sinne des § 50g Absatz 6 Satz 2 zuständig ist, für die Entlastung von der Quellensteuer dieses Staats auf Zinsen oder Lizenzgebühren im Sinne des § 50g zu bescheinigen, dass das empfangende Unternehmen steuerlich im Inland ansässig ist oder die Betriebsstätte im Inland gelegen ist.

§ 51 Ermächtigungen

(1) Die Bundesregierung wird ermächtigt, mit Zustimmung des Bundesrates

1. zur Durchführung dieses Gesetzes Rechtsverordnungen zu erlassen, soweit dies zur Wahrung der Gleichmäßigkeit bei der Besteuerung, zur Beseitigung von Unbilligkeiten in Härtefällen, zur Steuerfreistellung des Existenzminimums oder zur Vereinfachung des Besteuerungsverfahrens erforderlich ist, und zwar:

   a) über die Abgrenzung der Steuerpflicht, die Beschränkung der Steuererklärungspflicht auf die Fälle, in denen eine Veranlagung in Betracht kommt, über die den Einkommensteuererklärungen beizufügenden Unterlagen und über die Beistandspflichten Dritter;

   b) über die Ermittlung der Einkünfte und die Feststellung des Einkommens einschließlich der abzugsfähigen Beträge,

   c) über die Höhe von besonderen Betriebsausgaben-Pauschbeträgen für Gruppen von Betrieben, bei denen hinsichtlich der Besteuerungsgrundlagen annähernd gleiche Verhältnisse vorliegen, wenn der Steuerpflichtige Einkünfte aus Gewerbebetrieb (§ 15) oder selbständiger Arbeit (§ 18) erzielt, in Höhe eines Prozentsatzes der Umsätze im Sinne des § 1 Absatz 1 Nummer 1 des Umsatzsteuergesetzes; Umsätze aus der Veräußerung von Wirtschaftsgütern des Anlagevermögens sind nicht zu berücksichtigen. [2]Einen besonderen Betriebsausgaben-Pauschbetrag dürfen nur Steuerpflichtige in Anspruch nehmen, die ihren Gewinn durch Einnahme-Überschussrechnung nach § 4 Absatz 3 ermitteln. [3]Bei der Festlegung der Höhe des besonderen Betriebsausgaben-Pauschbetrags ist der Zuordnung der Betriebe entsprechend der Klassifikation der Wirtschaftszweige, Fassung für Steuerstatistiken, Rechnung zu tragen. [4]Bei der Ermittlung der besonderen Betriebsausgaben-Pauschbeträge sind alle Betriebsausgaben mit Ausnahme der an das Finanzamt gezahlten Umsatzsteuer zu berücksichtigen. [5]Bei der Veräußerung oder Entnahme von Wirtschaftsgütern des Anlagevermögens sind die Anschaffungs- oder Herstellungskosten vermindert um die Absetzungen für Abnutzung nach § 7 Absatz 1 oder 4 sowie die Veräußerungskosten neben dem besonderen Betriebsausgaben-Pauschbetrag abzugsfähig. [6]Der Steuerpflichtige kann im folgenden Veranlagungszeitraum zur Ermittlung der tatsächlichen Betriebsausgaben übergehen. [7]Wechselt der Steuerpflichtige zur Ermittlung der tatsächlichen Betriebsausgaben, sind die abnutzbaren Wirtschaftsgüter des Anlagevermögens mit ihren Anschaffungs- oder Herstellungskosten, vermindert um die Absetzungen für Abnutzung nach § 7 Absatz 1 oder 4, in ein laufend zu führendes Verzeichnis aufzunehmen. [8]§ 4 Absatz 3 Satz 5 bleibt unberührt. [9]Nach dem Wechsel zur Ermittlung der tatsächlichen Betriebsausgaben ist eine erneute Inanspruchnahme des besonderen Betriebsausgaben-Pauschbetrags erst nach Ablauf der folgenden vier Veranlagungszeiträume zulässig; die §§ 140 und 141 der Abgabenordnung bleiben unberührt;

   d) über die Veranlagung, die Anwendung der Tarifvorschriften und die Regelung der Steuerentrichtung einschließlich der Steuerabzüge;

   e) über die Besteuerung der beschränkt Steuerpflichtigen einschließlich eines Steuerabzugs;

   f) in Fällen, in denen ein Sachverhalt zu ermitteln und steuerrechtlich zu beurteilen ist, der sich auf Vorgänge außerhalb des Geltungsbereichs dieses Gesetzes bezieht, und außerhalb des Geltungsbereichs dieses Gesetzes ansässige Beteiligte oder andere Personen nicht wie bei Vorgängen innerhalb des Geltungsbereichs dieses Gesetzes zur Mitwirkung bei der Ermittlung des Sachverhalts herangezogen werden können, zu bestimmen,

      aa) in welchem Umfang Aufwendungen im Sinne des § 4 Absatz 4 oder des § 9 den Gewinn oder den Überschuss der Einnahmen über die Werbungskosten nur unter Erfüllung besonderer Mitwirkungs- und Nachweispflichten mindern dürfen. [2]Die besonderen Mitwirkungs- und Nachweispflichten können sich erstrecken auf

         aaa) die Angemessenheit der zwischen nahestehenden Personen im Sinne des § 1 Absatz 2 des Außensteuergesetzes in ihren Geschäftsbeziehungen vereinbarten Bedingungen,

         bbb) die Angemessenheit der Gewinnabgrenzung zwischen unselbständigen Unternehmensteilen,

         ccc) die Pflicht zur Einhaltung von für nahestehende Personen geltenden Dokumentations- und Nachweispflichten auch bei Geschäftsbeziehungen zwischen nicht nahestehenden Personen,

         ddd) die Bevollmächtigung der Finanzbehörde durch den Steuerpflichtigen, in seinem Namen mögliche Auskunftsansprüche gegenüber den von der Finanzbehörde benannten Kreditinstituten außergerichtlich und gerichtlich geltend zu machen;

bb) dass eine ausländische Gesellschaft ungeachtet des § 50d Absatz 3 nur dann einen Anspruch auf völlige oder teilweise Entlastung vom Steuerabzug nach § 50d Absatz 1 und 2 oder § 44a Absatz 9 hat, soweit sie die Ansässigkeit der an ihr unmittelbar oder mittelbar beteiligten natürlichen Personen, deren Anteil unmittelbar oder mittelbar 10 Prozent übersteigt, darlegt und nachweisen kann;

cc) dass § 2 Absatz 5b Satz 1, § 32d Absatz 1 und § 43 Absatz 5 in Bezug auf Einkünfte im Sinne des § 20 Absatz 1 Nummer 1 und die steuerfreien Einnahmen nach § 3 Nummer 40 Satz 1 und 2 nur dann anzuwenden sind, wenn die Finanzbehörde bevollmächtigt wird, im Namen des Steuerpflichtigen mögliche Auskunftsansprüche gegenüber den von der Finanzbehörde benannten Kreditinstituten außergerichtlich und gerichtlich geltend zu machen.

²Die besonderen Nachweis- und Mitwirkungspflichten auf Grund dieses Buchstabens gelten nicht, wenn die außerhalb des Geltungsbereichs dieses Gesetzes ansässigen Beteiligten oder andere Personen in einem Staat oder Gebiet ansässig sind, mit dem ein Abkommen besteht, das die Erteilung von Auskünften entsprechend Artikel 26 des Musterabkommens der OECD zur Vermeidung der Doppelbesteuerung auf dem Gebiet der Steuern vom Einkommen und vom Vermögen in der Fassung von 2005 vorsieht oder der Staat oder das Gebiet Auskünfte in einem vergleichbaren Umfang erteilt oder die Bereitschaft zu einer entsprechenden Auskunftserteilung besteht;

2. Vorschriften durch Rechtsverordnung zu erlassen

a) über die sich aus der Aufhebung oder Änderung von Vorschriften dieses Gesetzes ergebenden Rechtsfolgen, soweit dies zur Wahrung der Gleichmäßigkeit bei der Besteuerung oder zur Beseitigung von Unbilligkeiten in Härtefällen erforderlich ist;

b) (weggefallen)

c) über den Nachweis von Zuwendungen im Sinne des § 10b einschließlich erleichterter Nachweisanforderungen;

d) über Verfahren, die in den Fällen des § 38 Absatz 1 Nummer 2 den Steueranspruch der Bundesrepublik Deutschland sichern oder die sicherstellen, dass bei Befreiungen im Ausland ansässiger Leiharbeitnehmer von der Steuer der Bundesrepublik Deutschland auf Grund von Abkommen zur Vermeidung der Doppelbesteuerung die ordnungsgemäße Besteuerung im Ausland gewährleistet ist. ²Hierzu kann nach Maßgabe zwischenstaatlicher Regelungen bestimmt werden, dass

aa) der Entleiher in dem hierzu notwendigen Umfang an derartigen Verfahren mitwirkt,

bb) er sich im Haftungsverfahren nicht auf die Freistellungsbestimmungen des Abkommens berufen kann, wenn er seine Mitwirkungspflichten verletzt;

e) bis m) (weggefallen)

n) über Sonderabschreibungen

S 2185

aa) im Tiefbaubetrieb des Steinkohlen-, Pechkohlen-, Braunkohlen- und Erzbergbaues bei Wirtschaftsgütern des Anlagevermögens unter Tage und bei bestimmten mit dem Grubenbetrieb unter Tage in unmittelbarem Zusammenhang stehenden, der Förderung, Seilfahrt, Wasserhaltung und Wetterführung sowie der Aufbereitung des Minerals dienenden Wirtschaftsgütern des Anlagevermögens über Tage, soweit die Wirtschaftsgüter

für die Errichtung von neuen Förderschachtanlagen, auch in Form von Anschlussschachtanlagen,

für die Errichtung neuer Schächte sowie die Erweiterung des Grubengebäudes und den durch Wasserzuflüsse aus stillliegenden Anlagen bedingten Ausbau der Wasserhaltung bestehender Schachtanlagen,

für Rationalisierungsmaßnahmen in der Hauptschacht-, Blindschacht-, Strecken- und Abbauförderung, im Streckenvortrieb, in der Gewinnung, Versatzwirtschaft, Seilfahrt, Wetterführung und Wasserhaltung sowie in der Aufbereitung,

für die Zusammenfassung von mehreren Förderschachtanlagen zu einer einheitlichen Förderschachtanlage und

für den Wiederaufschluss stillliegender Grubenfelder und Feldesteile,

bb) im Tagebaubetrieb des Braunkohlen- und Erzbergbaues bei bestimmten Wirtschaftsgütern des beweglichen Anlagevermögens (Grubenaufschluss, Entwässerungsanlagen, Großgeräte sowie Einrichtungen des Grubenrettungswesens und der ersten Hilfe und im Erzbergbau auch Aufbereitungsanlagen), die

für die Erschließung neuer Tagebaue, auch in Form von Anschlusstagebauen, für Rationalisierungsmaßnahmen bei laufenden Tagebauen, beim Übergang zum Tieftagebau für die Freilegung und Gewinnung der Lagerstätte und

für die Wiederinbetriebnahme stillgelegter Tagebaue

von Steuerpflichtigen, die den Gewinn nach § 5 ermitteln, vor dem 1. Januar 1990 angeschafft oder hergestellt werden. [2]Die Sonderabschreibungen können bereits für Anzahlungen auf Anschaffungskosten und für Teilherstellungskosten zugelassen werden. [3]Hat der Steuerpflichtige vor dem 1. Januar 1990 die Wirtschaftsgüter bestellt oder mit ihrer Herstellung begonnen, so können die Sonderabschreibungen auch für nach dem 31. Dezember 1989 und vor dem 1. Januar 1991 angeschaffte oder hergestellte Wirtschaftsgüter sowie für vor dem 1. Januar 1991 geleistete Anzahlungen auf Anschaffungskosten und entstandene Teilherstellungskosten in Anspruch genommen werden. [4]Voraussetzung für die Inanspruchnahme der Sonderabschreibungen ist, dass die Förderungswürdigkeit der bezeichneten Vorhaben von der obersten Landesbehörde für Wirtschaft im Einvernehmen mit dem Bundesministerium für Wirtschaft und Technologie bescheinigt worden ist. [5]Die Sonderabschreibungen können im Wirtschaftsjahr der Anschaffung oder Herstellung und in den vier folgenden Wirtschaftsjahren in Anspruch genommen werden, und zwar bei beweglichen Wirtschaftsgütern des Anlagevermögens bis zu insgesamt 50 Prozent, bei unbeweglichen Wirtschaftsgütern des Anlagevermögens bis zu insgesamt 30 Prozent der Anschaffungs- oder Herstellungskosten. [6]Bei den begünstigten Vorhaben im Tagebaubetrieb des Braunkohlen- und Erzbergbaues kann außerdem zugelassen werden, dass die vor dem 1. Januar 1991 aufgewendeten Kosten für den Vorabraum bis zu 50 Prozent als sofort abzugsfähige Betriebsausgaben behandelt werden;

o) (weggefallen)

p) über die Bemessung der Absetzung für Abnutzung oder Substanzverringerung bei nicht zu einem Betriebsvermögen gehörenden Wirtschaftsgütern, die vor dem 21. Juni 1948 angeschafft oder hergestellt oder die unentgeltlich erworben sind. [2]Hierbei kann bestimmt werden, dass die Absetzungen für Abnutzung oder Substanzverringerung nicht nach den Anschaffungs- oder Herstellungskosten, sondern nach Hilfswerten (am 21. Juni 1948 maßgebender Einheitswert, Anschaffungs- oder Herstellungskosten des Rechtsvorgängers abzüglich der von ihm vorgenommenen Absetzungen, fiktive Anschaffungskosten an einem noch zu bestimmenden Stichtag) zu bemessen sind. [3]Zur Vermeidung von Härten kann zugelassen werden, dass anstelle der Absetzungen für Abnutzung, die nach dem am 21. Juni 1948 maßgebenden Einheitswert zu bemessen sind, der Betrag abgezogen wird, der für das Wirtschaftsgut in dem Veranlagungszeitraum 1947 als Absetzung für Abnutzung geltend gemacht werden konnte. [4]Für das Land Berlin tritt in den Sätzen 1 bis 3 an die Stelle des 21. Juni 1948 jeweils der 1. April 1949;

q) über erhöhte Absetzungen bei Herstellungskosten

aa) für Maßnahmen, die für den Anschluss eines im Inland belegenen Gebäudes an eine Fernwärmeversorgung einschließlich der Anbindung an das Heizsystem erforderlich sind, wenn die Fernwärmeversorgung überwiegend aus Anlagen der Kraft-Wärme-Kopplung, zur Verbrennung von Müll oder zur Verwertung von Abwärme gespeist wird,

bb) für den Einbau von Wärmepumpenanlagen, Solaranlagen und Anlagen zur Wärmerückgewinnung in einem im Inland belegenen Gebäude einschließlich der Anbindung an das Heizsystem,

cc) für die Errichtung von Windkraftanlagen, wenn die mit diesen Anlagen erzeugte Energie überwiegend entweder unmittelbar oder durch Verrechnung mit Elektrizitätsbezügen des Steuerpflichtigen von einem Elektrizitätsversorgungsunternehmen zur Versorgung eines im Inland belegenen Gebäudes des Steuerpflichtigen verwendet wird, einschließlich der Anbindung an das Versorgungssystem des Gebäudes,

dd) für die Errichtung von Anlagen zur Gewinnung von Gas, das aus pflanzlichen oder tierischen Abfallstoffen durch Gärung unter Sauerstoffabschluss entsteht, wenn dieses Gas zur Beheizung eines im Inland belegenen Gebäudes des Steuerpflichtigen oder zur Warmwasserbereitung in einem solchen Gebäude des Steuerpflichtigen verwendet wird, einschließlich der Anbindung an das Versorgungssystem des Gebäudes,

ee) für den Einbau einer Warmwasseranlage zur Versorgung von mehr als einer Zapfstelle und einer zentralen Heizungsanlage oder bei einer zentralen Heizungs- und Warmwasseranlage für den Einbau eines Heizkessels, eines Brenners, einer zentralen Steuerungseinrichtung, einer Wärmeabgabeeinrichtung und eine Änderung der Abgasanlage in einem im Inland belegenen Gebäude oder in einer im Inland belegenen Eigentumswohnung, wenn mit dem Einbau nicht vor Ablauf von zehn Jahren seit Fertigstellung dieses Gebäudes begonnen worden ist und der Einbau nach dem 30. Juni 1985 fertig gestellt worden ist; Entsprechendes gilt bei Anschaffungskosten für neue Einzelöfen, wenn keine Zentralheizung vorhanden ist.

S 2190

S 2198

[2]Voraussetzung für die Gewährung der erhöhten Absetzungen ist, dass die Maßnahmen vor dem 1. Januar 1992 fertig gestellt worden sind; in den Fällen des Satzes 1 Doppelbuchstabe aa müssen die Gebäude vor dem 1. Juli 1983 fertig gestellt worden sein, es sei denn, dass der Anschluss nicht schon im Zusammenhang mit der Errichtung des Gebäudes möglich war. [3]Die erhöhten Absetzungen dürfen jährlich 10 Prozent der Aufwendungen nicht übersteigen. [4]Sie dürfen nicht gewährt werden, wenn für dieselbe Maßnahme eine Investitionszulage in Anspruch genommen wird. [5]Sind die Aufwendungen Erhaltungsaufwand und entstehen sie bei einer zu eigenen Wohnzwecken genutzten Wohnung im eigenen Haus, für die der Nutzungswert nicht mehr besteuert wird, und liegen in den Fällen des Satzes 1 Doppelbuchstabe aa die Voraussetzungen des Satzes 2 zweiter Halbsatz vor, so kann der Abzug dieser Aufwendungen wie Sonderausgaben mit gleichmäßiger Verteilung auf das Kalenderjahr, in dem die Arbeiten abgeschlossen worden sind, und die neun folgenden Kalenderjahre zugelassen werden, wenn die Maßnahme vor dem 1. Januar 1992 abgeschlossen worden ist;

S 2211   r)   nach denen Steuerpflichtige größere Aufwendungen

       aa)   für die Erhaltung von nicht zu einem Betriebsvermögen gehörenden Gebäuden, die überwiegend Wohnzwecken dienen,

       bb)   zur Erhaltung eines Gebäudes in einem förmlich festgelegten Sanierungsgebiet oder städtebaulichen Entwicklungsbereich, die für Maßnahmen im Sinne des § 177 des Baugesetzbuchs sowie für bestimmte Maßnahmen, die der Erhaltung, Erneuerung und funktionsgerechten Verwendung eines Gebäudes dienen, das wegen seiner geschichtlichen, künstlerischen oder städtebaulichen Bedeutung erhalten bleiben soll, und zu deren Durchführung sich der Eigentümer neben bestimmten Modernisierungsmaßnahmen gegenüber der Gemeinde verpflichtet hat, aufgewendet worden sind,

       cc)   zur Erhaltung von Gebäuden, die nach den jeweiligen landesrechtlichen Vorschriften Baudenkmale sind, soweit die Aufwendungen nach Art und Umfang zur Erhaltung des Gebäudes als Baudenkmal und zu seiner sinnvollen Nutzung erforderlich sind,

auf zwei bis fünf Jahre gleichmäßig verteilen können. [2]In den Fällen der Doppelbuchstaben bb und cc ist Voraussetzung, dass der Erhaltungsaufwand vor dem 1. Januar 1990 entstanden ist. [3]In den Fällen von Doppelbuchstabe cc sind die Denkmaleigenschaft des Gebäudes und die Voraussetzung, dass die Aufwendungen nach Art und Umfang zur Erhaltung des Gebäudes als Baudenkmal und zu seiner sinnvollen Nutzung erforderlich sind, durch eine Bescheinigung der nach Landesrecht zuständigen oder von der Landesregierung bestimmten Stelle nachzuweisen;

S 2185   s)   nach denen bei Anschaffung oder Herstellung von abnutzbaren beweglichen und bei Herstellung von abnutzbaren unbeweglichen Wirtschaftsgütern des Anlagevermögens auf Antrag ein Abzug von der Einkommensteuer für den Veranlagungszeitraum der Anschaffung oder Herstellung bis zur Höhe von 7,5 Prozent der Anschaffungs- oder Herstellungskosten dieser Wirtschaftsgüter vorgenommen werden kann, wenn eine Störung des gesamtwirtschaftlichen Gleichgewichts eingetreten ist oder sich abzeichnet, die eine nachhaltige Verringerung der Umsätze oder der Beschäftigung zur Folge hatte oder erwarten lässt, insbesondere bei einem erheblichen Rückgang der Nachfrage nach Investitionsgütern oder Bauleistungen. [2]Bei der Bemessung des von der Einkommensteuer abzugsfähigen Betrags dürfen nur berücksichtigt werden

       aa)   die Anschaffungs- oder Herstellungskosten von beweglichen Wirtschaftsgütern, die innerhalb eines jeweils festzusetzenden Zeitraums, der ein Jahr nicht übersteigen darf (Begünstigungszeitraum), angeschafft oder hergestellt werden,

       bb)   die Anschaffungs- oder Herstellungskosten von beweglichen Wirtschaftsgütern, die innerhalb des Begünstigungszeitraums bestellt und angezahlt werden oder mit deren Herstellung innerhalb des Begünstigungszeitraums begonnen wird, wenn sie innerhalb eines Jahres, bei Schiffen innerhalb zweier Jahre, nach Ablauf des Begünstigungszeitraums geliefert oder fertig gestellt werden. [2]Soweit bewegliche Wirtschaftsgüter im Sinne des Satzes 1 mit Ausnahme von Schiffen nach Ablauf eines Jahres, aber vor Ablauf zweier Jahre nach dem Ende des Begünstigungszeitraums geliefert oder fertig gestellt werden, dürfen bei Bemessung des Abzugs von der Einkommensteuer nur die bis zum Ablauf eines Jahres nach dem Ende des Begünstigungszeitraums aufgewendeten Anzahlungen und Teilherstellungskosten berücksichtigt werden,

       cc)   die Herstellungskosten von Gebäuden, bei denen innerhalb des Begünstigungszeitraums der Antrag auf Baugenehmigung gestellt wird, wenn sie bis zum Ablauf von zwei Jahren nach dem Ende des Begünstigungszeitraums fertig gestellt werden;

dabei scheiden geringwertige Wirtschaftsgüter im Sinne des § 6 Absatz 2 und Wirtschaftsgüter, die in gebrauchtem Zustand erworben werden, aus. [3]Von der Begünstigung können außerdem Wirtschaftsgüter ausgeschlossen werden, für die Sonderabschreibungen, erhöhte Absetzungen oder die Investitionszulage nach § 19 des Berlinförderungsgesetzes in

Anspruch genommen werden. [4]In den Fällen des Satzes 2 Doppelbuchstabe bb und cc können bei Bemessung des von der Einkommensteuer abzugsfähigen Betrags bereits die im Begünstigungszeitraum, im Falle des Satzes 2 Doppelbuchstabe bb Satz 2 auch die bis zum Ablauf eines Jahres nach dem Ende des Begünstigungszeitraums aufgewendeten Anzahlungen und Teilherstellungskosten berücksichtigt werden; der Abzug von der Einkommensteuer kann insoweit schon für den Veranlagungszeitraum vorgenommen werden, in dem die Anzahlungen oder Teilherstellungskosten aufgewendet worden sind. [5]Übersteigt der von der Einkommensteuer abzugsfähige Betrag die für den Veranlagungszeitraum der Anschaffung oder Herstellung geschuldete Einkommensteuer, so kann der übersteigende Betrag von der Einkommensteuer für den darauf folgenden Veranlagungszeitraum abgezogen werden. [6]Entsprechendes gilt, wenn in den Fällen des Satzes 2 Doppelbuchstabe bb und cc der Abzug von der Einkommensteuer bereits für Anzahlungen oder Teilherstellungskosten geltend gemacht wird. [7]Der Abzug von der Einkommensteuer darf jedoch die für den Veranlagungszeitraum der Anschaffung oder Herstellung und den folgenden Veranlagungszeitraum insgesamt zu entrichtende Einkommensteuer nicht übersteigen. [8]In den Fällen des Satzes 2 Doppelbuchstabe bb Satz 2 gilt dies mit der Maßgabe, dass an die Stelle des Veranlagungszeitraums der Anschaffung oder Herstellung der Veranlagungszeitraum tritt, in dem zuletzt Anzahlungen oder Teilherstellungskosten aufgewendet worden sind. [9]Werden begünstigte Wirtschaftsgüter von Gesellschaften im Sinne des § 15 Absatz 1 Satz 1 Nummer 2 und 3 angeschafft oder hergestellt, so ist der abzugsfähige Betrag nach dem Verhältnis der Gewinnanteile einschließlich der Vergütungen aufzuteilen. [10]Die Anschaffungs- oder Herstellungskosten der Wirtschaftsgüter, die bei Bemessung des von der Einkommensteuer abzugsfähigen Betrags berücksichtigt worden sind, werden durch den Abzug von der Einkommensteuer nicht gemindert. [11]Rechtsverordnungen auf Grund dieser Ermächtigung bedürfen der Zustimmung des Bundestages. [12]Die Zustimmung gilt als erteilt, wenn der Bundestag nicht binnen vier Wochen nach Eingang der Vorlage der Bundesregierung die Zustimmung verweigert hat;

t) (weggefallen)

u) über Sonderabschreibungen bei abnutzbaren Wirtschaftsgütern des Anlagevermögens, die der Forschung oder Entwicklung dienen und nach dem 18. Mai 1983 und vor dem 1. Januar 1990 angeschafft oder hergestellt werden. [2]Voraussetzung für die Inanspruchnahme der Sonderabschreibungen ist, dass die beweglichen Wirtschaftsgüter ausschließlich und die unbeweglichen Wirtschaftsgüter zu mehr als 33 ⅓ Prozent der Forschung oder Entwicklung dienen. [3]Die Sonderabschreibungen können auch für Ausbauten und Erweiterungen an bestehenden Gebäuden, Gebäudeteilen, Eigentumswohnungen oder im Teileigentum stehenden Räumen zugelassen werden, wenn die ausgebauten oder neu hergestellten Gebäudeteile zu mehr als 33 ⅓ Prozent der Forschung oder Entwicklung dienen. [4]Die Wirtschaftsgüter dienen der Forschung oder Entwicklung, wenn sie verwendet werden

S 2185

aa) zur Gewinnung von neuen wissenschaftlichen oder technischen Erkenntnissen und Erfahrungen allgemeiner Art (Grundlagenforschung) oder

bb) zur Neuentwicklung von Erzeugnissen oder Herstellungsverfahren oder

cc) zur Weiterentwicklung von Erzeugnissen oder Herstellungsverfahren, soweit wesentliche Änderungen dieser Erzeugnisse oder Verfahren entwickelt werden.

[5]Die Sonderabschreibungen können im Wirtschaftsjahr der Anschaffung oder Herstellung und in den vier folgenden Wirtschaftsjahren in Anspruch genommen werden, und zwar

aa) bei beweglichen Wirtschaftsgütern des Anlagevermögens bis zu insgesamt 40 Prozent,

bb) bei unbeweglichen Wirtschaftsgütern des Anlagevermögens, die zu mehr als 66 ⅔ Prozent der Forschung oder Entwicklung dienen, bis zu insgesamt 15 Prozent, die nicht zu mehr als 66 ⅔ Prozent, aber zu mehr als 33 ⅓ Prozent der Forschung oder Entwicklung dienen, bis zu insgesamt 10 Prozent,

cc) bei Ausbauten und Erweiterungen an bestehenden Gebäuden, Gebäudeteilen, Eigentumswohnungen oder im Teileigentum stehenden Räumen, wenn die ausgebauten oder neu hergestellten Gebäudeteile zu mehr als 66 ⅔ Prozent der Forschung oder Entwicklung dienen, bis zu insgesamt 15 Prozent, zu nicht mehr als 66 ⅔ Prozent, aber zu mehr als 33 ⅓ Prozent der Forschung oder Entwicklung dienen, bis zu insgesamt 10 Prozent

der Anschaffungs- oder Herstellungskosten. [6]Sie können bereits für Anzahlungen auf Anschaffungskosten und für Teilherstellungskosten zugelassen werden. [7]Die Sonderabschreibungen sind nur unter der Bedingung zuzulassen, dass die Wirtschaftsgüter und die ausgebauten oder neu hergestellten Gebäudeteile mindestens drei Jahre nach ihrer Anschaffung oder Herstellung in dem erforderlichen Umfang der Forschung oder Entwicklung in einer inländischen Betriebsstätte des Steuerpflichtigen dienen;

v) (weggefallen)

S 2185 w) über Sonderabschreibungen bei Handelsschiffen, die auf Grund eines vor dem 25. April 1996 abgeschlossenen Schiffbauvertrags hergestellt, in einem inländischen Seeschiffsregister eingetragen und vor dem 1. Januar 1999 von Steuerpflichtigen angeschafft oder hergestellt worden sind, die den Gewinn nach § 5 ermitteln. [2]Im Falle der Anschaffung eines Handelsschiffes ist weitere Voraussetzung, dass das Schiff vor dem 1. Januar 1996 in ungebrauchtem Zustand vom Hersteller oder nach dem 31. Dezember 1995 auf Grund eines vor dem 25. April 1996 abgeschlossenen Kaufvertrags bis zum Ablauf des vierten auf das Jahr der Fertigstellung folgenden Jahres erworben worden ist. [3]Bei Steuerpflichtigen, die in eine Gesellschaft im Sinne des § 15 Absatz 1 Satz 1 Nummer 2 und Absatz 3 nach Abschluss des Schiffbauvertrags (Unterzeichnung des Hauptvertrags) eingetreten sind, dürfen Sonderabschreibungen nur zugelassen werden, wenn sie der Gesellschaft vor dem 1. Januar 1999 beitreten. [4]Die Sonderabschreibungen können im Wirtschaftsjahr der Anschaffung oder Herstellung und in den vier folgenden Wirtschaftsjahren bis zu insgesamt 40 Prozent der Anschaffungs- oder Herstellungskosten in Anspruch genommen werden. [5]Sie können bereits für Anzahlungen auf Anschaffungskosten und für Teilherstellungskosten zugelassen werden. [6]Die Sonderabschreibungen sind nur unter der Bedingung zuzulassen, dass die Handelsschiffe innerhalb eines Zeitraums von acht Jahren nach ihrer Anschaffung oder Herstellung nicht veräußert werden; für Anteile an einem Handelsschiff gilt dies entsprechend. [7]Die Sätze 1 bis 6 gelten für Schiffe, die der Seefischerei dienen, entsprechend. [8]Für Luftfahrzeuge, die vom Steuerpflichtigen hergestellt oder in ungebrauchtem Zustand vom Hersteller erworben worden sind und die zur gewerbsmäßigen Beförderung von Personen oder Sachen im internationalen Luftverkehr oder zur Verwendung zu sonstigen gewerblichen Zwecken im Ausland bestimmt sind, gelten die Sätze 1 bis 4 und 6 mit der Maßgabe entsprechend, dass an die Stelle der Eintragung in ein inländisches Seeschiffsregister die Eintragung in die deutsche Luftfahrzeugrolle, an die Stelle des Höchstsatzes von 40 Prozent ein Höchstsatz von 30 Prozent und bei der Vorschrift des Satzes 6 an die Stelle des Zeitraums von acht Jahren ein Zeitraum von sechs Jahren treten;

S 2198a x) über erhöhte Absetzungen bei Herstellungskosten für Modernisierungs- und Instandsetzungsmaßnahmen im Sinne des § 177 des Baugesetzbuchs sowie für bestimmte Maßnahmen, die der Erhaltung, Erneuerung und funktionsgerechten Verwendung eines Gebäudes dienen, das wegen seiner geschichtlichen, künstlerischen oder städtebaulichen Bedeutung erhalten bleiben soll, und zu deren Durchführung sich der Eigentümer neben bestimmten Modernisierungsmaßnahmen gegenüber der Gemeinde verpflichtet hat, die für Gebäude in einem förmlich festgelegten Sanierungsgebiet oder städtebaulichen Entwicklungsbereich aufgewendet worden sind; Voraussetzung ist, dass die Maßnahmen vor dem 1. Januar 1991 abgeschlossen worden sind. [2]Die erhöhten Absetzungen dürfen jährlich 10 Prozent der Aufwendungen nicht übersteigen;

S 2198b y) über erhöhte Absetzungen für Herstellungskosten an Gebäuden, die nach den jeweiligen landesrechtlichen Vorschriften Baudenkmale sind, soweit die Aufwendungen nach Art und Umfang zur Erhaltung des Gebäudes als Baudenkmal und zu seiner sinnvollen Nutzung erforderlich sind; Voraussetzung ist, dass die Maßnahmen vor dem 1. Januar 1991 abgeschlossen worden sind. [2]Die Denkmaleigenschaft des Gebäudes und die Voraussetzung, dass die Aufwendungen nach Art und Umfang zur Erhaltung des Gebäudes als Baudenkmal und zu seiner sinnvollen Nutzung erforderlich sind, sind durch eine Bescheinigung der nach Landesrecht zuständigen oder von der Landesregierung bestimmten Stelle nachzuweisen. [3]Die erhöhten Absetzungen dürfen jährlich 10 Prozent der Aufwendungen nicht übersteigen;

3. die in § 4a Absatz 1 Satz 2 Nummer 1, § 10 Absatz 5, § 22 Nummer 1 Satz 3 Buchstabe a, § 26a Absatz 3, § 34c Absatz 7, § 46 Absatz 5 und § 50a Absatz 6 vorgesehenen Rechtsverordnungen zu erlassen.

S 1987 (2) [1]Die Bundesregierung wird ermächtigt, durch Rechtsverordnung Vorschriften zu erlassen, nach denen die Inanspruchnahme von Sonderabschreibungen und erhöhten Absetzungen sowie die Bemessung der Absetzung für Abnutzung in fallenden Jahresbeträgen ganz oder teilweise ausgeschlossen werden können, wenn eine Störung des gesamtwirtschaftlichen Gleichgewichts eingetreten ist oder sich abzeichnet, die erhebliche Preissteigerungen mit sich gebracht hat oder erwarten lässt, insbesondere, wenn die Inlandsnachfrage nach Investitionsgütern oder Bauleistungen das Angebot wesentlich übersteigt. [2]Die Inanspruchnahme von Sonderabschreibungen und erhöhten Absetzungen sowie die Bemessung der Absetzung für Abnutzung in fallenden Jahresbeträgen darf nur ausgeschlossen werden

1. für bewegliche Wirtschaftsgüter, die innerhalb eines jeweils festzusetzenden Zeitraums, der frühestens mit dem Tage beginnt, an dem die Bundesregierung ihren Beschluss über die Verordnung bekannt gibt, und der ein Jahr nicht übersteigen darf, angeschafft oder hergestellt werden. [2]Für bewegliche Wirtschaftsgüter, die vor Beginn dieses Zeitraums bestellt und angezahlt worden sind oder mit deren Herstellung vor Beginn dieses Zeitraums angefangen worden

ist, darf jedoch die Inanspruchnahme von Sonderabschreibungen und erhöhten Absetzungen sowie die Bemessung der Absetzung für Abnutzung in fallenden Jahresbeträgen nicht ausgeschlossen werden;

2. für bewegliche Wirtschaftsgüter und für Gebäude, die in dem in Nummer 1 bezeichneten Zeitraum bestellt werden oder mit deren Herstellung in diesem Zeitraum begonnen wird. [2]Als Beginn der Herstellung gilt bei Gebäuden der Zeitpunkt, in dem der Antrag auf Baugenehmigung gestellt wird.

[3]Rechtsverordnungen auf Grund dieser Ermächtigung bedürfen der Zustimmung des Bundestages und des Bundesrates. [4]Die Zustimmung gilt als erteilt, wenn der Bundesrat nicht binnen drei Wochen, der Bundestag nicht binnen vier Wochen nach Eingang der Vorlage der Bundesregierung die Zustimmung verweigert hat.

(3) [1]Die Bundesregierung wird ermächtigt, durch Rechtsverordnung mit Zustimmung des Bundesrates Vorschriften zu erlassen, nach denen die Einkommensteuer einschließlich des Steuerabzugs vom Arbeitslohn, des Steuerabzugs vom Kapitalertrag und des Steuerabzugs bei beschränkt Steuerpflichtigen

1. um höchstens 10 Prozent herabgesetzt werden kann. [2]Der Zeitraum, für den die Herabsetzung gilt, darf ein Jahr nicht übersteigen; er soll sich mit dem Kalenderjahr decken. [3]Voraussetzung ist, dass eine Störung des gesamtwirtschaftlichen Gleichgewichts eingetreten ist oder sich abzeichnet, die eine nachhaltige Verringerung der Umsätze oder der Beschäftigung zur Folge hatte oder erwarten lässt, insbesondere bei einem erheblichen Rückgang der Nachfrage nach Investitionsgütern und Bauleistungen oder Verbrauchsgütern;

2. um höchstens 10 Prozent erhöht werden kann. [2]Der Zeitraum, für den die Erhöhung gilt, darf ein Jahr nicht übersteigen; er soll sich mit dem Kalenderjahr decken. [3]Voraussetzung ist, dass eine Störung des gesamtwirtschaftlichen Gleichgewichts eingetreten ist oder sich abzeichnet, die erhebliche Preissteigerungen mit sich gebracht hat oder erwarten lässt, insbesondere, wenn die Nachfrage nach Investitionsgütern und Bauleistungen oder Verbrauchsgütern das Angebot wesentlich übersteigt.

[2]Rechtsverordnungen auf Grund dieser Ermächtigung bedürfen der Zustimmung des Bundestages.

(4) Das Bundesministerium der Finanzen wird ermächtigt,

1. im Einvernehmen mit den obersten Finanzbehörden der Länder die Vordrucke für
   a) (weggefallen)
   b) die Erklärungen zur Einkommensbesteuerung,
   c) *die Anträge nach § 38b Absatz 2 , nach § 39a Absatz 2 , in dessen Vordrucke der Antrag nach § 39f einzubeziehen ist, die Anträge nach § 39a Absatz 4 sowie die Anträge zu den elektronischen Lohnsteuerabzugsmerkmalen (§ 38b Absatz 3 und § 39e Absatz 6 Satz 7),* [1)]
   d) die Lohnsteuer-Anmeldung (§ 41a Absatz 1),
   e) die Anmeldung der Kapitalertragsteuer (§ 45a Absatz 1) und den Freistellungsauftrag nach § 44a Absatz 2 Satz 1 Nummer 1,
   f) die Anmeldung des Abzugsbetrags (§ 48a),
   g) die Erteilung der Freistellungsbescheinigung § 48b),
   h) die Anmeldung der Abzugsteuer (§ 50a),
   i) die Entlastung von der Kapitalertragsteuer und vom Steuerabzug nach § 50a auf Grund von Abkommen zur Vermeidung der Doppelbesteuerung

   und die Muster *der Bescheinigungen für den Lohnsteuerabzug nach § 39 Absatz 3 Satz 1 und § 39e Absatz 7 Satz 5,* des Ausdrucks der elektronischen Lohnsteuerbescheinigung (§ 41b Absatz 1), das Muster der Lohnsteuerbescheinigung nach § 41b Absatz 3 *Satz 1,* der Anträge auf Erteilung einer Bescheinigung *für den Lohnsteuerabzug nach § 39 Absatz 3 Satz 1 und § 39e Absatz 7 Satz 1* sowie der in § 45a Absatz 2 und 3 und § 50a Absatz 5 Satz 6 vorgesehenen Bescheinigungen zu bestimmen; [2)]

1a. im Einvernehmen mit den obersten Finanzbehörden der Länder auf der Basis der §§ 32a und 39b einen Programmablaufplan für die Herstellung von Lohnsteuertabellen zur manuellen Berechnung der Lohnsteuer aufzustellen und bekannt zu machen. [2]Der Lohnstufenabstand beträgt bei den Jahrestabellen 36. [3]Die in den Tabellenstufen auszuweisende Lohnsteuer ist aus der Obergrenze der Tabellenstufen zu berechnen und muss an der Obergrenze mit der maschinell berechneten Lohnsteuer übereinstimmen. [4]Die Monats-, Wochen- und Tagestabellen sind aus den Jahrestabellen abzuleiten;

[1)] *Absatz 4 Nr. 1 Buchstabe c wurde durch das BeitrRLUmsG ab VZ 2012 neu gefasst.*
[2)] *In Absatz 4 Nr. 1 wurde der nach Buchstabe i folgende Satzteil durch das BeitrRLUmsG ab VZ 2012 geändert.*

1b. im Einvernehmen mit den obersten Finanzbehörden der Länder den Mindestumfang der nach § 5b elektronisch zu übermittelnden Bilanz und Gewinn- und Verlustrechnung zu bestimmen;

1c. durch Rechtsverordnung zur Durchführung dieses Gesetzes mit Zustimmung des Bundesrates Vorschriften über einen von dem vorgesehenen erstmaligen Anwendungszeitpunkt gemäß § 52 Absatz 15a in der Fassung des Artikels 1 des Gesetzes vom 20. Dezember 2008 (BGBl. I S. 2580) abweichenden späteren Anwendungszeitpunkt zu erlassen, wenn bis zum 31. Dezember 2010 erkennbar ist, dass die technischen oder organisatorischen Voraussetzungen für eine Umsetzung der in § 5b Absatz 1 in der Fassung des Artikels 1 des Gesetzes vom 20. Dezember 2008 (BGBl. I S. 2580) vorgesehenen Verpflichtung nicht ausreichen.

2. den Wortlaut dieses Gesetzes und der zu diesem Gesetz erlassenen Rechtsverordnungen in der jeweils geltenden Fassung satzweise nummeriert mit neuem Datum und in neuer Paragraphenfolge bekannt zu machen und dabei Unstimmigkeiten im Wortlaut zu beseitigen.

EStDV

§§ 74 bis 80

– weggefallen –

EStDV
S 2185

§ 81 Bewertungsfreiheit für bestimmte Wirtschaftsgüter des Anlagevermögens im Kohlen- und Erzbergbau

(1) [1]Steuerpflichtige, die den Gewinn nach § 5 des Gesetzes ermitteln, können bei abnutzbaren Wirtschaftsgütern des Anlagevermögens, bei denen die in den Absätzen 2 und 3 bezeichneten Voraussetzungen vorliegen, im Wirtschaftsjahr der Anschaffung oder Herstellung und in den vier folgenden Wirtschaftsjahren Sonderabschreibungen vornehmen, und zwar

1. *bei beweglichen Wirtschaftsgütern des Anlagevermögens bis zur Höhe von insgesamt 50 Prozent,*

2. *bei unbeweglichen Wirtschaftsgütern des Anlagevermögens bis zur Höhe von insgesamt 30 Prozent*

der Anschaffungs- oder Herstellungskosten. [2]§ 9a gilt entsprechend.

(2) Voraussetzung für die Anwendung des Absatzes 1 ist,

1. *dass die Wirtschaftsgüter*

   a) *im Tiefbaubetrieb des Steinkohlen-, Pechkohlen-, Braunkohlen- und Erzbergbaues*

      aa) *für die Errichtung von neuen Förderschachtanlagen, auch in der Form von Anschlussschachtanlagen,*

      bb) *für die Errichtung neuer Schächte sowie die Erweiterung des Grubengebäudes und den durch Wasserzuflüsse aus stillliegenden Anlagen bedingten Ausbau der Wasserhaltung bestehender Schachtanlagen,*

      cc) *für Rationalisierungsmaßnahmen in der Hauptschacht-, Blindschacht-, Strecken- und Abbauförderung, im Streckenvortrieb, in der Gewinnung, Versatzwirtschaft, Seilfahrt, Wetterführung und Wasserhaltung sowie in der Aufbereitung,*

      dd) *für die Zusammenfassung von mehreren Förderschachtanlagen zu einer einheitlichen Förderschachtanlage oder*

      ee) *für den Wiederaufschluss stillliegender Grubenfelder und Feldesteile,*

   b) *im Tagebaubetrieb des Braunkohlen- und Erzbergbaues*

      aa) *für die Erschließung neuer Tagebaue, auch in Form von Anschlusstagebauen,*

      bb) *für Rationalisierungsmaßnahmen bei laufenden Tagebauen,*

      cc) *beim Übergang zum Tieftagebau für die Freilegung und Gewinnung der Lagerstätte oder*

      dd) *für die Wiederinbetriebnahme stillgelegter Tagebaue*

      angeschafft oder hergestellt werden und

2. *dass die Förderungswürdigkeit dieser Vorhaben von der obersten Landesbehörde oder der von ihr bestimmten Stelle im Einvernehmen mit dem Bundesministerium für Wirtschaft und Technologie bescheinigt worden ist.*

(3) Die Abschreibungen nach Absatz 1 können nur in Anspruch genommen werden

1. *in den Fällen des Absatzes 2 Nr. 1 Buchstabe a bei Wirtschaftsgütern des Anlagevermögens unter Tage und bei den in der Anlage 5 zu dieser Verordnung bezeichneten Wirtschaftsgütern des Anlagevermögens über Tage,*

2. in den Fällen des Absatzes 2 Nr. 1 Buchstabe b bei den in der Anlage 6 zu dieser Verordnung bezeichneten Wirtschaftsgütern des beweglichen Anlagevermögens.

(4) Die Abschreibungen nach Absatz 1 können in Anspruch genommen werden bei im Geltungsbereich dieser Verordnung ausschließlich des in Artikel 3 des Einigungsvertrages genannten Gebiets

1. *vor dem 1. Januar 1990 angeschafften oder hergestellten Wirtschaftsgütern,*

2. a) *nach dem 31. Dezember 1989 und vor dem 1. Januar 1991 angeschafften oder hergestellten Wirtschaftsgütern,*

   b) *vor dem 1. Januar 1991 geleisteten Anzahlungen auf Anschaffungskosten und entstandenen Teilherstellungskosten,*

wenn der Steuerpflichtige vor dem 1. Januar 1990 die Wirtschaftsgüter bestellt oder mit ihrer Herstellung begonnen hat.

(5) Bei den in Absatz 2 Nr. 1 Buchstabe b bezeichneten Vorhaben können die vor dem 1. Januar 1990 im Geltungsbereich dieser Verordnung ausschließlich des in Artikel 3 des Einigungsvertrages genannten Gebiets aufgewendeten Kosten für den Vorabraum bis zu 50 Prozent als sofort abzugsfähige Betriebsausgaben behandelt werden.

Anlage 5 zur Einkommensteuer-Durchführungsverordnung
(zu § 81 Abs. 3 Nr. 1 EStDV)

Verzeichnis der Wirtschaftsgüter des
Anlagevermögens über Tage im Sinne des § 81 Abs. 3 Nr. 1

Die Bewertungsfreiheit des § 81 kann im Tiefbaubetrieb des Steinkohlen-, Pechkohlen-, Braunkohlen- und Erzbergbaues für die Wirtschaftsgüter des Anlagevermögens über Tage in Anspruch genommen werden, die zu den folgenden, mit dem Grubenbetrieb unter Tage in unmittelbarem Zusammenhang stehenden, der Förderung, Seilfahrt, Wasserhaltung und Wetterführung sowie der Aufbereitung des Minerals dienenden Anlagen und Einrichtungen gehören:

1. *Förderanlagen und -einrichtungen einschließlich Schachthalle, Hängebank, Wagenumlauf und Verladeeinrichtungen sowie Anlagen der Berge- und Grubenholzwirtschaft,*

2. *Anlagen und Einrichtungen der Wetterwirtschaft und Wasserhaltung,*

3. *Waschkauen sowie Einrichtungen der Grubenlampenwirtschaft, des Grubenrettungswesens und der Ersten Hilfe,*

4. *Siebern, Wäsche und sonstige Aufbereitungsanlagen; im Erzbergbau alle der Aufbereitung dienenden Anlagen sowie die Anlagen zum Rösten von Eisenerzen, wenn die Anlagen nicht zu einem Hüttenbetrieb gehören.*

Anlage 6 zur Einkommensteuer-Durchführungsverordnung
(zu § 81 Abs. 3 Nr. 2 EStDV)

Verzeichnis der Wirtschaftsgüter des
beweglichen Anlagevermögens im Sinne des § 81 Abs. 3 Nr. 2

Die Bewertungsfreiheit des § 81 kann im Tagebaubetrieb des Braunkohlen- und Erzbergbaues für die folgenden Wirtschaftsgüter des beweglichen Anlagevermögens in Anspruch genommen werden:

1. *Grubenaufschluss,*

2. *Entwässerungsanlagen,*

3. *Großgeräte, die der Lösung, Bewegung und Verkippung der Abraummassen sowie der Förderung und Bewegung des Minerals dienen, soweit sie wegen ihrer besonderen, die Ablagerungs- und Größenverhältnisse des Tagebaubetriebs berücksichtigenden Konstruktion nur für diesen Tagebaubetrieb oder anschließend für andere begünstigte Tagebaubetriebe verwendet werden; hierzu gehören auch Spezialabraum- und -kohlenwagen einschließlich der dafür erforderlichen Lokomotiven sowie Transportbandanlagen mit den Auf- und Übergaben und den dazugehörigen Bunkereinrichtungen mit Ausnahme der Rohkohlenbunker in Kraftwerken, Brikettfabriken oder Versandanlagen, wenn die Wirtschaftsgüter die Voraussetzungen des ersten Halbsatzes erfüllen,*

4. *Einrichtungen des Grubenrettungswesens und der Ersten Hilfe,*

5. *Wirtschaftsgüter, die zu den Aufbereitungsanlagen im Erzbergbau gehören, wenn die Aufbereitungsanlagen nicht zu einem Hüttenbetrieb gehören.*

EStDV **§ 82**

– weggefallen –

EStDV **§ 82a Erhöhte Absetzungen von Herstellungskosten und Sonderbehandlung von Erhaltungsaufwand für bestimmte Anlagen und Einrichtungen bei Gebäuden**

(zu § 21 EStG abgedruckt)

EStDV **§ 82b Behandlung größeren Erhaltungsaufwands bei Wohngebäuden**

(zu § 21 EStG abgedruckt)

EStDV **§§ 82c bis 82e**

– weggefallen –

EStDV
S 2185
§ 82f Bewertungsfreiheit für Handelsschiffe, für Schiffe, die der Seefischerei dienen, und für Luftfahrzeuge

(1) [1]Steuerpflichtige, die den Gewinn nach § 5 des Gesetzes ermitteln, können bei Handelsschiffen, die in einem inländischen Seeschiffsregister eingetragen sind, im Wirtschaftsjahr der Anschaffung oder Herstellung und in den vier folgenden Wirtschaftsjahren Sonderabschreibungen bis zu insgesamt 40 Prozent der Anschaffungs- oder Herstellungskosten vornehmen. [2] § 9a gilt entsprechend.

(2) Im Falle der Anschaffung eines Handelsschiffs ist Absatz 1 nur anzuwenden, wenn das Handelsschiff vor dem 1. Januar 1996 in ungebrauchtem Zustand vom Hersteller oder nach dem 31. Dezember 1995 bis zum Ablauf des vierten auf das Jahr der Fertigstellung folgenden Jahres erworben worden ist.

(3) [1]Die Inanspruchnahme der Abschreibungen nach Absatz 1 ist nur unter der Bedingung zulässig, dass die Handelsschiffe innerhalb eines Zeitraums von acht Jahren nach ihrer Anschaffung oder Herstellung nicht veräußert werden. [2]Für Anteile an Handelsschiffen gilt dies entsprechend.

(4) Die Abschreibungen nach Absatz 1 können bereits für Anzahlungen auf Anschaffungskosten und für Teilherstellungskosten in Anspruch genommen werden.

(5) [1]Die Abschreibungen nach Absatz 1 können nur in Anspruch genommen werden, wenn das Handelsschiff vor dem 1. Januar 1999 angeschafft oder hergestellt wird und der Kaufvertrag oder Bauvertrag vor dem 25. April 1996 abgeschlossen worden ist. [2]Bei Steuerpflichtigen, die in eine Gesellschaft im Sinne des § 15 Absatz 1 Satz 1 Nummer 2 und Absatz 3 des Einkommensteuergesetzes nach Abschluss des Schiffbauvertrags (Unterzeichnung des Hauptvertrags) eintreten, sind Sonderabschreibungen nur zulässig, wenn sie der Gesellschaft vor dem 1. Januar 1999 beitreten.

(6) [1]Die Absätze 1 bis 5 gelten für Schiffe, die der Seefischerei dienen, entsprechend. [2]Für Luftfahrzeuge, die vom Steuerpflichtigen hergestellt oder in ungebrauchtem Zustand vom Hersteller erworben worden sind und die zur gewerbsmäßigen Beförderung von Personen oder Sachen im internationalen Luftverkehr oder zur Verwendung zu sonstigen gewerblichen Zwecken im Ausland bestimmt sind, gelten die Absätze 1 und 3 bis 5 mit der Maßgabe entsprechend, dass an die Stelle der Eintragung in ein inländisches Seeschiffsregister die Eintragung in die deutsche Luftfahrzeugrolle, an die Stelle des Höchstsatzes von 40 vom Hundert ein Höchstsatz von 30 Prozent und bei der Vorschrift des Absatzes 3 an die Stelle des Zeitraums von acht Jahren ein Zeitraum von sechs Jahren treten.

EStDV **§ 82g Erhöhte Absetzungen von Herstellungskosten für bestimmte Baumaßnahmen**

Letztmals abgedruckt in der Handausgabe 2009

EStDV **§ 82h**

– weggefallen –

EStDV **§ 82i Erhöhte Absetzungen von Herstellungskosten bei Baudenkmälern**

Letztmals abgedruckt in der Handausgabe 2009

§ 83

– weggefallen –

§ 51a   Festsetzung und Erhebung von Zuschlagsteuern

(1) Auf die Festsetzung und Erhebung von Steuern, die nach der Einkommensteuer bemessen werden (Zuschlagsteuern), sind die Vorschriften dieses Gesetzes entsprechend anzuwenden.

S 2444

(2) ¹Bemessungsgrundlage ist die Einkommensteuer, die abweichend von § 2 Absatz 6 unter Berücksichtigung von Freibeträgen nach § 32 Absatz 6 in allen Fällen des § 32 festzusetzen wäre. ²Zur Ermittlung der Einkommensteuer im Sinne des Satzes 1 ist das zu versteuernde Einkommen um die nach § 3 Nummer 40 steuerfreien Beträge zu erhöhen und um die nach § 3c Absatz 2 nicht abziehbaren Beträge zu mindern. ³§ 35 ist bei der Ermittlung der festzusetzenden Einkommensteuer nach Satz 1 nicht anzuwenden.

(2a) ¹Vorbehaltlich des § 40a Absatz 2 in der Fassung des Gesetzes vom 23. Dezember 2002 (BGBl. I S. 4621) ist beim Steuerabzug vom Arbeitslohn Bemessungsgrundlage die Lohnsteuer; beim Steuerabzug vom laufenden Arbeitslohn und beim Jahresausgleich ist die Lohnsteuer maßgebend, die sich ergibt, wenn der nach § 39b Absatz 2 Satz 5 zu versteuernde Jahresbetrag für die Steuerklassen I, II und III um den Kinderfreibetrag von 4 368 Euro sowie den Freibetrag für den Betreuungs- und Erziehungs- oder Ausbildungsbedarf von 2 640 Euro und für die Steuerklasse IV um den Kinderfreibetrag von 2 184 Euro sowie den Freibetrag für den Betreuungs- und Erziehungs- oder Ausbildungsbedarf von 1 320 Euro für jedes Kind vermindert wird, für das eine Kürzung der Freibeträge für Kinder nach § 32 Absatz 6 Satz 4 nicht in Betracht kommt. ²Bei der Anwendung des § 39b für die Ermittlung der Zuschlagsteuern ist die *als Lohnsteuerabzugsmerkmal gebildete*Zahl der Kinderfreibeträge maßgebend. ³Bei Anwendung des § 39f ist beim Steuerabzug vom laufenden Arbeitslohn die Lohnsteuer maßgebend, die sich bei Anwendung des nach § 39f Absatz 1 ermittelten Faktors auf den nach den Sätzen 1 und 2 ermittelten Betrag ergibt.

1)

(2b) Wird die Einkommensteuer nach § 43 Absatz 1 durch Abzug vom Kapitalertrag (Kapitalertragsteuer) erhoben, wird die darauf entfallende Kirchensteuer nach dem Kirchensteuersatz der Religionsgemeinschaft, der der Kirchensteuerpflichtige angehört, als Zuschlag zur Kapitalertragsteuer erhoben.

2)

(2c) ¹Der zur Vornahme des Steuerabzugs verpflichtete Schuldner der Kapitalerträge oder die auszahlende Stelle im Sinne des § 44 Absatz 1 Satz 3 oder in den Fällen des Satzes 2 die Person

3)

---

¹) *Absatz 2a Satz 2 wurde durch das BeitrRLUmsG ab VZ 2012 geändert.*
²) Absatz 2b ist erstmals auf nach dem 31. 12. 2008 zufließende Kapitalerträge anzuwenden → § 52a Abs. 18 Satz 1 EStG.
³) Absatz 2c wurde durch das BeitrRLUmsG neu gefasst und ist erstmals auf nach dem 31. 12. 2013 zufließende Kapitalerträge anzuwenden →§ 52a Abs. 18 Satz 2 EStG.
Absatz 2c i.d.F. des BeitrRLUmsG lautet:
„(2c) ¹Der zur Vornahme des Steuerabzugs vom Kapitalertrag Verpflichtete (Kirchensteuerabzugsverpflichteter) hat die auf die Kapitalertragsteuer nach Absatz 2b entfallende Kirchensteuer nach folgenden Maßgaben einzubehalten:
1. Das Bundeszentralamt für Steuern speichert unabhängig von und zusätzlich zu den in § 139b Absatz 3 der Abgabenordnung genannten und nach § 39e gespeicherten Daten des Steuerpflichtigen den Kirchensteuersatz der steuererhebenden Religionsgemeinschaft des Kirchensteuerpflichtigen sowie die ortsbezogenen Daten, mit deren Hilfe der Kirchensteuerpflichtige seiner Religionsgemeinschaft zugeordnet werden kann. ²Die Daten werden als automatisiert abrufbares Merkmal für den Kirchensteuerabzug bereitgestellt;
2. sofern dem Kirchensteuerabzugsverpflichteten die Identifikationsnummer des Schuldners der Kapitalertragsteuer nicht bereits bekannt ist, kann er sie beim Bundeszentralamt für Steuern anfragen. ²In der Anfrage dürfen nur die in § 139b Absatz 3 der Abgabenordnung genannten Daten des Schuldners der Kapitalertragsteuer angegeben werden, soweit sie dem Kirchensteuerabzugs-verpflichteten bekannt sind. ³Die Anfrage hat nach amtlich vorgeschriebenem Datensatz durch Datenfernübertragung zu erfolgen. ⁴Im Übrigen ist die Steuerdaten-Übermittlungsverordnung entsprechend anzuwenden. ⁵Das Bundeszentralamt für Steuern teilt dem Kirchensteuerabzugsverpflichteten die Identifikationsnummer mit, sofern die übermittelten Daten mit den nach § 139b Absatz 3 der Abgabenordnung beim Bundeszentralamt für Steuern gespeicherten Daten übereinstimmen;
3. der Kirchensteuerabzugsverpflichtete hat unter Angabe der Identifikations-nummer des Schuldners der Kapitalertragsteuer einmal jährlich im Zeitraum vom 1. September bis 31. Oktober beim Bundeszentralamt für Steuern anzufragen, ob der Schuldner der Kapitalertragsteuer an 31. August des betreffenden Jahres (Stichtag) kirchensteuerpflichtig ist (Regelabfrage). ²Für Kapitalerträge im Sinne des § 43 Absatz 1 Nummer 4 aus Versicherungsverträgen hat der Kirchensteuerabzugsverpflichtete eine auf den Zuflusszeitpunkt der Kapitalerträge bezogene Abfrage (Anlassabfrage) an das Bundeszentralamt für Steuern zu richten. ³Auf die Anfrage hin teilt das Bundeszentralamt für Steuern dem Kirchensteuerabzugsverpflichteten die rechtliche Zugehörigkeit zu einer steuererhebenden Religionsgemeinschaft und den für die Religionsgemeinschaft geltenden Kirchensteuersatz zum Zeitpunkt der Anfrage als automatisiert abrufbares Merkmal nach Nummer 1 mit. ⁴Rechtzeitig vor Regel- oder Anlassabfrage

oder Stelle, die die Auszahlung an den Gläubiger vornimmt, hat die auf die Kapitalertragsteuer nach Absatz 2b entfallende Kirchensteuer auf schriftlichen Antrag des Kirchensteuerpflichtigen hin einzubehalten (Kirchensteuerabzugsverpflichteter). [2]Zahlt der Abzugsverpflichtete die Kapitalerträge nicht unmittelbar an den Gläubiger aus, ist Kirchensteuerabzugsverpflichteter die Person oder Stelle, die die Auszahlung für die Rechnung des Schuldners an den Gläubiger vornimmt; in diesem Fall hat der Kirchensteuerabzugsverpflichtete zunächst die vom Schuldner der Kapitalerträge erhobene Kapitaler-tragsteuer gemäß § 43a Absatz 1 Satz 3 in Verbindung mit § 32d Absatz 1 Satz 4 und 5 zu ermäßigen und im Rahmen seiner Steuer-anmeldung nach § 45a Absatz 1 die abzuführende Kapitalertragsteuer entsprechend zu kürzen. [3]Der Antrag nach Satz 1 kann nicht auf Teilbeträge des Kapitalertrags eingeschränkt werden; er kann nicht rückwirkend widerrufen werden. [4]Der Antrag hat die Religionsangehörigkeit des Steuerpflichtigen zu benennen. [5]Der Kirchensteuerabzugsverpflichtete hat den Kirchensteuerabzug getrennt nach Religionsangehörigkeiten an das für ihn zuständige Finanzamt abzuführen. [6]Der abgeführte Steuerabzug ist an die Religionsgemeinschaft weiterzuleiten. [7]§ 44 Absatz 5 ist mit der Maßgabe anzuwenden, dass der Haftungsbescheid von dem für den Kirchensteuerabzugsverpflichteten zuständigen Finanzamt erlassen wird. [8]Satz 6 gilt entsprechend. [9]§ 45a Absatz 2 ist mit der Maßgabe anzuwenden, dass auch die Religionsgemeinschaft angegeben wird. [10]Sind an den Kapitalerträgen mehrere Personen beteiligt, kann der Antrag nach Satz 1 nur gestellt werden, wenn es sich um Ehegatten handelt oder alle Beteiligten derselben Religionsgemeinschaft angehören. [11]Sind an den Kapitalerträgen Ehegatten beteiligt, haben diese für den Antrag nach Satz 1 übereinstimmend zu erklären, in welchem Verhältnis der auf jeden Ehegatten entfallende Anteil der Kapitalerträge zu diesen Erträgen steht. [12]Die Kapitalerträge sind entsprechend diesem Verhältnis aufzuteilen und die Kirchensteuer ist einzubehalten, soweit ein Anteil einem kirchensteuerpflichtigen Ehegatten zuzuordnen ist. [13]Wird das Verhältnis nicht erklärt, wird der Anteil nach dem auf ihn entfallenden Kopfteil ermittelt. [14]Der Kirchensteuerabzugsverpflichtete darf die durch den Kirchensteuerabzug erlangten Daten nur für den Kirchensteuerabzug verwenden; für andere Zwecke darf er sie nur verwenden, soweit der Kirchensteuer-pflichtige zustimmt oder dies gesetzlich zugelassen ist.

[1])   (2d) [1]Wird die nach Absatz 2b zu erhebende Kirchensteuer nicht nach Absatz 2c als Kirchensteuerabzug vom Kirchensteuerabzugsverpflichteten einbehalten, wird sie nach Ablauf des Kalenderjahres nach dem Kapitalertragsteuerbetrag veranlagt, der sich ergibt, wenn die Steuer auf Kapitalerträge nach § 32d Absatz 1 Satz 4 und 5 errechnet wird; wenn Kirchensteuer als Kirchensteuerabzug nach Absatz 2c erhoben wurde, wird eine Veranlagung auf Antrag des Steuerpflichtigen durchgeführt. [2]Der Abzugsverpflichtete hat dem Kirchensteuerpflichtigen auf dessen Verlangen hin eine Bescheinigung über die einbehaltene Kapitalertragsteuer zu erteilen. [3]Der Kirchensteuerpflichtige hat die erhobene Kapitalertragsteuer zu erklären und die Bescheinigung nach Satz 2 oder nach § 45a Absatz 2 oder 3 vorzulegen.

(Fortsetzung Fußnote 3 von Seite 779)
  ist der Schuldner der Kapitalertragsteuer vom Kirchensteuerabzugsverpflichteten auf die bevorstehende Datenabfrage sowie das gegenüber dem Bundeszentralamt für Steuern bestehende Widerspruchsrecht, das sich auf die Übermittlung von Daten zur Religionszugehörigkeit bezieht (Absatz 2e Satz 1), schriftlich oder in anderer geeigneter Form hinzuweisen. [5]Der Hinweis hat individuell zu erfolgen. [6]Gehört der Schuldner der Kapitalertragsteuer keiner steuererhebenden Religionsgemeinschaft an oder hat dem Abruf von Daten zur Religionszugehörigkeit widersprochen (Sperrvermerk), so teilt das Bundeszentralamt für Steuern dem Kirchensteuerabzugsverpflichteten zur Religionszugehörigkeit einen neutralen Wert (Nullwert) mit. [7]Der Kirchensteuerabzugsverpflichtete hat die vorhandenen Daten zur Religionszugehörigkeit unverzüglich zu löschen, wenn ein Nullwert übermittelt wurde;
4. im Falle einer am Stichtag oder im Zuflusszeitpunkt bestehenden Kirchensteuerpflicht hat der Kirchensteuerabzugsverpflichtete den Kirchensteuerabzug für die steuererhebende Religionsgemeinschaft durchzuführen und den Kirchensteuerbetrag an das für ihn zuständige Finanzamt abzuführen. [2]§ 45a Absatz 1 gilt entsprechend; in der Steueranmeldung sind die nach Satz 1 einbehaltenen Kirchensteuerbeträge für jede steuererhebende Religionsgemeinschaft jeweils als Summe anzumelden. [3]Die auf Grund der Regelabfrage vom Bundeszentralamt für Steuern bestätigte Kirchensteuerpflicht hat der Kirchensteuerabzugsverpflichtete dem Kirchensteuerabzug des auf den Stichtag folgenden Kalenderjahres zu Grunde zu legen. [4]Das Ergebnis einer Anlassabfrage wirkt anlassbezogen.
  [2]Die Daten gemäß Nummer 3 sind nach amtlich vorgeschriebenem Datensatz durch Datenfernübertragung zu übermitteln. [3]Die Verbindung der Anfrage nach Nummer 2 mit der Anfrage nach Nummer 3 zu einer Anfrage ist zulässig. [4]Auf Antrag kann das Bundeszentralamt für Steuern zur Vermeidung unbilliger Härten auf eine elektronische Übermittlung verzichten. [5]§ 44 Absatz 5 ist mit der Maßgabe anzuwenden, dass der Haftungsbescheid von dem für den Kirchensteuerabzugsverpflichteten zuständigen Finanzamt erlassen wird. [6]§ 45a Absatz 2 ist mit der Maßgabe anzuwenden, dass die steuererhebende Religionsgemeinschaft angegeben wird. [7]Sind an den Kapitalerträgen ausschließlich Ehegatten beteiligt, wird der Anteil an der Kapitalertragsteuer hälftig ermittelt. [8]Der Kirchensteuerabzugsverpflichtete darf die von ihm für die Durchführung des Kirchensteuerabzugs erhobenen Daten ausschließlich für diesen Zweck verwenden. [9]Er hat organisatorisch dafür Sorge zu tragen, dass ein Zugriff von Daten für andere Zwecke gesperrt ist. [10]Für andere Zwecke dürfen der Kirchensteuerabzugsverpflichtete und die beteiligte Finanzbehörde die Daten nur verwenden, soweit der Kirchensteuerpflichtige zustimmt oder dies gesetzlich zugelassen ist."

1) Absatz 2d ist erstmals auf nach dem 31. 12. 2008 zufließende Kapitalerträge anzuwenden → § 52a Abs. 18 *Satz 1* EStG.

(2e) [1]Die Auswirkungen der Absätze 2c bis 2d werden unter Beteiligung von Vertretern von [1] Kirchensteuern erhebenden Religionsgemeinschaften und weiteren Sachverständigen durch die Bundesregierung mit dem Ziel überprüft, einen umfassenden verpflichtenden Quellensteuerabzug auf der Grundlage eines elektronischen Informationssystems, das den Abzugsverpflichteten Auskunft über die Zugehörigkeit zu einer Kirchensteuer erhebenden Religionsgemeinschaft gibt, einzuführen. [2]Die Bundesregierung unterrichtet den Bundestag bis spätestens zum 30. Juni 2010 über das Ergebnis.

(3) Ist die Einkommensteuer für Einkünfte, die dem Steuerabzug unterliegen, durch den Steuerabzug abgegolten oder werden solche Einkünfte bei der Veranlagung zur Einkommensteuer oder beim Lohnsteuer-Jahresausgleich nicht erfasst, gilt dies für die Zuschlagsteuer entsprechend.

(4) [1]Die Vorauszahlungen auf Zuschlagsteuern sind gleichzeitig mit den festgesetzten Vorauszahlungen auf die Einkommensteuer zu entrichten. [2]Solange ein Bescheid über die Vorauszahlungen auf Zuschlagsteuern nicht erteilt worden ist, sind die Vorauszahlungen ohne besondere Aufforderung nach Maßgabe der für die Zuschlagsteuern geltenden Vorschriften zu entrichten. [3] § 240 Absatz 1 Satz 3 der Abgabenordnung ist insoweit nicht anzuwenden; § 254 Absatz 2 der Abgabenordnung gilt insoweit sinngemäß.

(5) [1]Mit einem Rechtsbehelf gegen die Zuschlagsteuer kann weder die Bemessungsgrundlage noch die Höhe des zu versteuernden Einkommens angegriffen werden. [2]Wird die Bemessungsgrundlage geändert, ändert sich die Zuschlagsteuer entsprechend.

(6) Die Absätze 1 bis 5 gelten für die Kirchensteuern nach Maßgabe landesrechtlicher Vorschriften.

Hinweise

Kirchensteuersatz 2013 – Mindestkirchensteuer

→ auch H 40.

Der gesetzliche Kirchensteuersatz beträgt in allen Bundesländern 9% der anfallenden Lohnsteuer und 8% in Baden Württemberg und Bayern. Manche Bundesländer verlangen eine Mindestkirchensteuer. Wenn die Lohnsteuer pauschal ermittelt wird, ist die Kirchensteuer ebenfalls pauschal anzusetzen.

Bundesland	Allgemeiner Kirchensteuersatz	Kirchensteuersatz bei LhSt-Pauschalierung Vereinfachtes Verfahren	Mindest KiSt im Jahr
Baden-Württemberg	8%	6,5%	
Bayern	8%	7%	
Berlin	9%	5%	
Brandenburg	9%	5%	
Bremen	9%	7%	
Hamburg	9%	4%	3,60 EUR
Hessen	9%	7%	1,80 EUR
Mecklenburg-Vorpommern	9%	5%	3,60 EUR

---

[1] *Absatz 2e wurde durch das das BeitrRLUmsG neu gefasst und ist erstmals auf nach dem 31. 12. 2013 zufließende Kapitalerträge anzuwenden → § 52a Abs. 18 Satz 2 EStG.*
Absatz 2e i.d.F. des BeitrRLUmsG lautet:
„(2e) [1]Der Schuldner der Kapitalertragsteuer kann unter Angabe seiner Identifikationsnummer schriftlich beim Bundeszentralamt für Steuern beantragen, dass der automatisierte Datenabruf seiner rechtlichen Zugehörigkeit zu einer steuererhebenden Religionsgemeinschaft bis auf schriftlichen Widerruf unterbleibt (Sperrvermerk). [2]Das Bundeszentralamt für Steuern kann für die Abgabe der Erklärungen nach Satz 1 ein anderes sicheres Verfahren zur Verfügung stellen. [3]Der Sperrvermerk verpflichtet den Kirchensteuerpflichtigen zur Abgabe einer Steuererklärung zum Zwecke der Veranlagung nach Absatz 2d Satz 1. [4]Den Sperrvermerk übermittelt das Bundeszentralamt für Steuern dem für den Kirchensteuerpflichtigen zuständigen Wohnsitz-Finanzamt, das diesen zur Abgabe einer Steuererklärung auffordert (§ 149 Absatz 1 Satz 2 der Abgabenordnung)."

Bundesland	Allgemeiner Kirchen-steuersatz	Kirchensteuersatz bei LhSt-Pauschalierung Vereinfachtes Verfahren	Mindest KiSt im Jahr
Niedersachsen	9%	6%	
Nordrhein-Westfalen	9%	7%	
Rheinland-Pfalz	9%	7%	
Saarland	9%	7%	
Sachsen	9%	5%	3,60 EUR[1]
Sachsen-Anhalt	9%	5%	3,60 EUR[2]
Schleswig-Holstein	9%	6%	3,60 EUR[3]
Thüringen	9%	5%	3,60 EUR[4]

Der Arbeitgeber kann zwischen einem vereinfachten Verfahren und Nachweisverfahren wählen. Bei 400-EUR-Jobs wird eine Pauschalsteuer von 2% erhoben, mit der auch die Kirchensteuer abgegolten ist. Die Sätze für das vereinfachte Verfahren können sie der Tabelle oben entnehmen. Eine prozentuale Aufteilung der pauschalierten Kirchensteuer nach einem Verteilungsschlüssel ist zum 1. 1. 2007 weggefallen. Danach wurde zum Beispiel in Bayern die Kirchensteuer zu 70% auf die katholische und zu 30% auf die evangelische Kirche aufgeteilt.

EStG
S 2259

5)
6)

§ 52 Anwendungsvorschriften

(1) [1]Diese Fassung des Gesetzes ist, soweit in den folgenden Absätzen und § 52a nichts anderes bestimmt ist, erstmals für den Veranlagungszeitraum 2012 [2011] anzuwenden. [2]Beim Steuerabzug vom Arbeitslohn gilt Satz 1 mit der Maßgabe, dass diese Fassung erstmals auf den laufenden Arbeitslohn anzuwenden ist, der für einen nach dem 31. Dezember 2011 [nach dem 31. Dezember 2010] endenden Lohnzahlungszeitraum gezahlt wird, und auf sonstige Bezüge, die nach dem 31. Dezember 2011 [31. Dezember 2010] zufließen.

(1a) § 1 Absatz 3 Satz 4 in der Fassung des Artikels 1 des Gesetzes vom 20. Dezember 2007 (BGBl. I S. 3150) ist für Staatsangehörige eines Mitgliedstaates der Europäischen Union oder eines Staates, auf den das Abkommen über den Europäischen Wirtschaftsraum anwendbar ist, auf Antrag auch für Veranlagungszeiträume vor 2008 anzuwenden, soweit Steuerbescheide noch nicht bestandskräftig sind.

(2) § 1a Absatz 1 ist für Staatsangehörige eines Mitgliedstaates der Europäischen Union auf Antrag auch für Veranlagungszeiträume vor 1996 anzuwenden, soweit Steuerbescheide noch nicht bestandskräftig sind; für Staatsangehörige und für das Hoheitsgebiet Finnlands, Islands, Norwegens, Österreichs und Schwedens gilt dies ab dem Veranlagungszeitraum 1994.

(3) [1]§ 2a Absatz 1 Satz 1 Nummer 6 Buchstabe b in der Fassung der Bekanntmachung vom 22. Dezember 1999 (BGBl. I S. 2601) ist erstmals auf negative Einkünfte eines Steuerpflichtigen anzuwenden, die er aus einer entgeltlichen Überlassung von Schiffen auf Grund eines nach dem 31. Dezember 1999 rechtswirksam abgeschlossenen obligatorischen Vertrags oder gleichstehenden Rechtsakts erzielt. [2]§ 2a Absatz 1 bis 2a in der Fassung des Artikels 1 des Gesetzes vom 19. Dezember 2008 (BGBl. I S. 2794) ist in allen Fällen anzuwenden, in denen die Steuer noch

---

1) Die Mindestkirchensteuer verlangt in diesen Ländern nur die evangelische Kirche.
2) Die Mindestkirchensteuer verlangt in diesen Ländern nur die evangelische Kirche.
3) Die Mindestkirchensteuer verlangt in diesen Ländern nur die evangelische Kirche.
4) Die Mindestkirchensteuer verlangt in diesen Ländern nur die evangelische Kirche.
5) *Absatz 1 wurde durch das Gesetz zur Änderung und Vereinfachung der Unternehmensbesteuerung und des steuerlichen Reisekostenrechts (Inkrafttreten 1.1.2014) geändert.*
Absatz 1 in der ab VZ 2014 geltenden Fassung lautet:
„(1) [1]Diese Fassung des Gesetzes ist, soweit in den folgenden Absätzen und § 52a nichts anderes bestimmt ist, erstmals für den Veranlagungszeitraum *2014* anzuwenden. [2]Beim Steuerabzug vom Arbeitslohn gilt Satz 1 mit der Maßgabe, dass diese Fassung erstmals auf den laufenden Arbeitslohn anzuwenden ist, der für einen nach dem 31. Dezember *2013* endenden Lohnzahlungszeitraum gezahlt wird, und auf sonstige Bezüge, die nach dem 31. Dezember *2013* zufließen."
6) Absatz 1 wurde durch das Steuervereinfachungsgesetz 2011 (Inkrafttreten 5. 11. 2011) geändert. Die nachfolgenden Absätze 2 bis 68 enthalten auch die Änderungen durch das Steuervereinfachungsgesetz 2011, das BeitrRLUmsG, das Gesetz zur Änderung des Gemeindefinanzreformgesetzes und von steuerlichen Vorschriften sowie das Gesetz zum Abbau der kalten Progression.

nicht bestandskräftig festgesetzt ist. [3]Für negative Einkünfte im Sinne des § 2a Absatz 1 und 2, die vor der ab dem 24. Dezember 2008 geltenden Fassung nach § 2a Absatz 1 Satz 5 bestandskräftig gesondert festgestellt wurden, ist § 2a Absatz 1 Satz 3 bis 5 in der vor dem 24. Dezember 2008 geltenden Fassung weiter anzuwenden. [4]§ 2a Absatz 3 und 4 in der Fassung der Bekanntmachung vom 16. April 1997 (BGBl. I S. 821) ist letztmals für den Veranlagungszeitraum 1998 anzuwenden. [5]§ 2a Absatz 3 Satz 3, 5 und 6 in der Fassung der Bekanntmachung vom 16. April 1997 (BGBl. I S. 821) ist für Veranlagungszeiträume ab 1999 weiter anzuwenden, soweit sich ein positiver Betrag im Sinne des § 2a Absatz 3 Satz 3 ergibt oder soweit eine in einem ausländischen Staat belegene Betriebsstätte im Sinne des § 2a Absatz 4 in der Fassung des Satzes 8 in eine Kapitalgesellschaft umgewandelt, übertragen oder aufgegeben wird. [6]Insoweit ist in § 2a Absatz 3 Satz 5 letzter Halbsatz die Bezeichnung „§ 10d Absatz 3" durch „§ 10d Absatz 4" zu ersetzen. [7]§ 2a Absatz 4 ist für die Veranlagungszeiträume 1999 bis 2005 in der folgenden Fassung anzuwenden:

„(4) Wird eine in einem ausländischen Staat belegene Betriebsstätte

1. in eine Kapitalgesellschaft umgewandelt oder
2. entgeltlich oder unentgeltlich übertragen oder
3. aufgegeben, jedoch die ursprünglich von der Betriebsstätte ausgeübte Geschäftstätigkeit ganz oder teilweise von einer Gesellschaft, an der der inländische Steuerpflichtige zu mindestens 10 Prozent unmittelbar oder mittelbar beteiligt ist, oder von einer ihm nahestehenden Person im Sinne des § 1 Absatz 2 des Außensteuergesetzes in der Fassung der Bekanntmachung vom 20. Dezember 1996 (BGBl. I S. 2049) fortgeführt,

so ist ein nach Absatz 3 Satz 1 und 2 abgezogener Verlust, soweit er nach Absatz 3 Satz 3 nicht wieder hinzugerechnet worden ist oder nicht noch hinzuzurechnen ist, im Veranlagungszeitraum der Umwandlung, Übertragung oder Aufgabe in entsprechender Anwendung des Absatzes 3 Satz 3 dem Gesamtbetrag der Einkünfte hinzuzurechnen."

[8]§ 2a Absatz 4 ist für Veranlagungszeiträume ab 2006 in der folgenden Fassung anzuwenden:

„(4) Wird eine in einem ausländischen Staat belegene Betriebsstätte

1. in eine Kapitalgesellschaft umgewandelt oder
2. entgeltlich oder unentgeltlich übertragen oder
3. aufgegeben, jedoch die ursprünglich von der Betriebsstätte ausgeübte Geschäftstätigkeit ganz oder teilweise von einer Gesellschaft, an der der inländische Steuerpflichtige zu mindestens 10 Prozent unmittelbar oder mittelbar beteiligt ist, oder von einer ihm nahe stehenden Person im Sinne des § 1 Absatz 2 des Außensteuergesetzes fortgeführt,

so ist ein nach Absatz 3 Satz 1 und 2 abgezogener Verlust, soweit er nach Absatz 3 Satz 3 nicht wieder hinzugerechnet worden ist oder nicht noch hinzuzurechnen ist, im Veranlagungszeitraum der Umwandlung, Übertragung oder Aufgabe in entsprechender Anwendung des Absatzes 3 Satz 3 dem Gesamtbetrag der Einkünfte hinzuzurechnen. [2]Satz 1 gilt entsprechend bei Beendigung der unbeschränkten Einkommensteuerpflicht (§ 1 Absatz 1) durch Aufgabe des Wohnsitzes oder des gewöhnlichen Aufenthalts oder bei Beendigung der unbeschränkten Körperschaftsteuerpflicht (§ 1 Absatz 1 des Körperschaftsteuergesetzes) durch Verlegung des Sitzes oder des Orts der Geschäftsleitung sowie bei unbeschränkter Einkommensteuerpflicht (§ 1 Absatz 1) oder unbeschränkter Körperschaftsteuerpflicht (§ 1 Absatz 1 des Körperschaftsteuergesetzes) bei Beendigung der Ansässigkeit im Inland auf Grund der Bestimmungen eines Abkommens zur Vermeidung der Doppelbesteuerung."

(4) § 2b in der Fassung der Bekanntmachung vom 19. Oktober 2002 (BGBl. I S. 4210, 2003 I S. 179) ist weiterhin für Einkünfte aus einer Einkunftsquelle im Sinne des § 2b anzuwenden, die der Steuerpflichtige nach dem 4. März 1999 und vor dem 11. November 2005 rechtswirksam erworben oder begründet hat.

(4a) [1]§ 3 Nummer 8a in der Fassung des Artikels 2 des Gesetzes vom 7. Dezember 2011 (BGBl. I S. 2592) ist in allen Fällen anzuwenden, in denen die Steuer noch nicht bestandskräftig festgesetzt ist. [2]§ 3 Nummer 9 in der bis zum 31. Dezember 2005 geltenden Fassung ist weiter anzuwenden für vor dem 1. Januar 2006 entstandene Ansprüche der Arbeitnehmer auf Abfindungen oder für Abfindungen wegen einer vor dem 1. Januar 2006 getroffenen Gerichtsentscheidung oder einer am 31. Dezember 2005 anhängigen Klage, soweit die Abfindungen dem Arbeitnehmer vor dem 1. Januar 2008 zufließen. [3]Gleiches gilt für Abfindungen auf Grund eines vor dem 1. Januar 2006 abgeschlossenen Sozialplans, wenn die Arbeitnehmer in dem zugrunde liegenden und vor dem 1. Januar 2006 vereinbarten Interessenausgleich namentlich bezeichnet worden sind (§ 1 Absatz 5 Satz 1 des Kündigungsschutzgesetzes sowie § 125 der Insolvenzordnung in der jeweils am 31. Dezember 2008 geltenden Fassung); ist in Abfindung in einem vor dem 25. Dezember 2008 ergangenen Steuerbescheid als steuerpflichtige Einnahme berücksichtigt worden, ist dieser Bescheid insoweit auf Antrag des Arbeitnehmers zu ändern. [4]§ 3 Nummer 10 in der bis zum 31. Dezember 2005 geltenden Fassung ist weiter anzuwenden für Entlassungen vor dem 1. Januar 2006, soweit die Übergangsgelder und Übergangsbeihilfen dem Arbeitnehmer vor dem 1. Januar 2008 zufließen, und für an Soldatinnen auf Zeit und Soldaten auf Zeit gezahlte Übergangsbeihilfen, wenn das Dienstverhältnis vor dem 1. Januar 2006 begründet wurde. [5]§ 3 Nummer 13 und 16 in der Fassung des Gesetzes vom 20. April 2009 (BGBl. I S. 774) ist erstmals ab dem Veranlagungszeitraum 2007 anzuwenden. [6]Auf fortlaufende Leistungen nach dem Gesetz über die Heimkehrerstiftung vom 21. Dezember 1992 (BGBl. I S. 2094, 2101), zuletzt geändert durch Artikel 1 des Gesetzes vom 10. Dezember 2007 (BGBl. I S. 2830), ist § 3 Nummer 19 in der bis zum 31. Dezember 2010 geltenden Fassung dieses Gesetzes weiter anzuwenden.

(4b) [1]§ 3 Nummer 26 und 26a in der Fassung des Artikels 1 des Gesetzes vom 19. Dezember 2008 (BGBl. I S. 2794) ist in allen Fällen anzuwenden, in denen die Steuer noch nicht bestandskräftig festgesetzt ist. [2]§ 3 Nummer 26a Satz 2 und Nummer 26b in der Fassung des Artikels 1 des Gesetzes vom 8. Dezember 2010 (BGBl. I S. 1768) ist erstmals ab dem Veranlagungszeitraum 2011 anzuwenden.

(4c) § 3 Nummer 34 in der Fassung des Artikels 1 des Gesetzes vom 19. Dezember 2008 (BGBl. I S. 2794) ist erstmals auf Leistungen des Arbeitgebers im Kalenderjahr 2008 anzuwenden.

(4d) [1]§ 3 Nummer 40 ist erstmals anzuwenden für

1. Gewinnausschüttungen, auf die bei der ausschüttenden Körperschaft der nach Artikel 3 des Gesetzes vom 23. Oktober 2000 (BGBl. I S. 1433) aufgehobene Vierte Teil des Körperschaftsteuergesetzes nicht mehr anzuwenden ist; für die übrigen in § 3 Nummer 40 genannten Erträge im Sinne des § 20 gilt Entsprechendes;

2. Erträge im Sinne des § 3 Nummer 40 Satz 1 Buchstabe a, b, c und j nach Ablauf des ersten Wirtschaftsjahres der Gesellschaft, an der die Anteile bestehen, für das das Körperschaftsteuergesetz in der Fassung des Artikels 3 des Gesetzes vom 23. Oktober 2000 (BGBl. I S. 1433) erstmals anzuwenden ist.

[2]§ 3 Nummer 40 Satz 3 und 4 in der am 12. Dezember 2006 geltenden Fassung ist für Anteile, die einbringungsgeboren im Sinne des § 21 des Umwandlungssteuergesetzes in der am 12. Dezember 2006 geltenden Fassung sind, weiter anzuwenden. [3]§ 3 Nummer 40 Satz 1 Buchstabe d in der Fassung des Artikels 1 des Gesetzes vom 13. Dezember 2006 (BGBl. I S. 2878) ist erstmals auf Bezüge im Sinne des § 20 Absatz 1 Nummer 1 und auf Einnahmen im Sinne des § 20 Absatz 1 Nummer 9 anzuwenden, die nach dem 18. Dezember 2006 zugeflossen sind.

(4e) [1]§ 3 Nummer 40a in der Fassung des Gesetzes vom 30. Juli 2004 (BGBl. I S. 2013) ist auf Vergütungen im Sinne des § 18 Absatz 1 Nummer 4 anzuwenden, wenn die vermögensverwaltende Gesellschaft oder Gemeinschaft nach dem 31. März 2002 und vor dem 1. Januar 2009 gegründet worden ist oder soweit die Vergütungen in Zusammenhang mit der Veräußerung von Anteilen an Kapitalgesellschaften stehen, die nach dem 7. November 2003 und vor dem 1. Januar 2009 erworben worden sind. [2]§ 3 Nummer 40a in der Fassung des Artikels 3 des Gesetzes vom 12. August 2008 (BGBl. I S. 1672) ist erstmals auf Vergütungen im Sinne des § 18 Absatz 1 Nummer 4 anzuwenden, wenn die vermögensverwaltende Gesellschaft oder Gemeinschaft nach dem 31. Dezember 2008 gegründet worden ist.

(4f) § 3 Nummer 41 ist erstmals auf Gewinnausschüttungen oder Gewinne aus der Veräußerung eines Anteils an einer ausländischen Kapitalgesellschaft sowie aus deren Auflösung oder Herabsetzung ihres Kapitals anzuwenden, wenn auf die Ausschüttung oder auf die Gewinne aus der Veräußerung § 3 Nummer 40 Buchstabe a, b, c und d des Einkommensteuergesetzes in der Fassung des Artikels 3 des Gesetzes vom 23. Oktober 2000 (BGBl. I S. 1433) anwendbar wäre.

[1]) *(4g) § 3 Nummer 45 in der Fassung des Artikels 3 des Gesetzes vom 8. Mai 2012 (BGBl. I S. 1030) ist erstmals anzuwenden auf Vorteile, die in einem nach dem 31. Dezember 1999 endenden Lohnzahlungszeitraum oder als sonstige Bezüge nach dem 31. Dezember 1999 zugewendet werden.*

(5) § 3 Nummer 55e in der Fassung des Artikels 2 des Gesetzes vom 7. Dezember 2011 (BGBl. I S. 2592) ist auch auf Übertragungen vor dem 1. Januar 2012, für die noch keine bestandskräftige Steuerfestsetzung erfolgt ist, anzuwenden, es sei denn der Steuerpflichtige beantragt die Nichtanwendung.

(6) [1]§ 3 Nummer 63 ist bei Beiträgen für eine Direktversicherung nicht anzuwenden, wenn die entsprechende Versorgungszusage vor dem 1. Januar 2005 erteilt wurde und der Arbeitnehmer gegenüber dem Arbeitgeber für diese Beiträge auf die Anwendung des § 3 Nummer 63 verzichtet hat. [2]Der Verzicht gilt für die Dauer des Dienstverhältnisses; er ist bis zum 30. Juni 2005 oder bei einem späteren Arbeitgeberwechsel bis zur ersten Beitragsleistung zu erklären. [3]§ 3 Nummer 63 Satz 3 und 4 ist nicht anzuwenden, wenn § 40b Absatz 1 und 2 in der am 31. Dezember 2004 geltenden Fassung angewendet wird.

(7) § 3 Nummer 65 in der Fassung des Artikels 1 des Gesetzes vom 13. Dezember 2006 (BGBl. I S. 2878) ist in allen Fällen anzuwenden, in denen die Einkommensteuer noch nicht bestandskräftig festgesetzt ist.

---

[1]) *Absatz 4g wurde durch das Gesetz zur Änderung des Gemeindefinanzreformgesetzes und von steuerlichen Vorschriften (Inkrafttreten 1. 1. 2012) eingefügt.*

(8) § 3 Nummer 70 Satz 3 Buchstabe b in der Fassung des Artikels 7 des Gesetzes vom 22. Juni 2011 (BGBl. I S. 1126) ist erstmals ab dem 1. Januar 2011 anzuwenden.

(8a) [1]§ 3c Absatz 2 ist erstmals auf Aufwendungen anzuwenden, die mit Erträgen im wirtschaftlichen Zusammenhang stehen, auf die § 3 Nummer 40 erstmals anzuwenden ist. [2]§ 3c Absatz 2 Satz 3 und 4 in der am 12. Dezember 2006 geltenden Fassung ist für Anteile, die einbringungsgeboren im Sinne des § 21 des Umwandlungssteuergesetzes in der am 12. Dezember 2006 geltenden Fassung sind, weiter anzuwenden. [3]§ 3c Absatz 2 Satz 2 in der Fassung des Artikels 1 des Gesetzes vom 8. Dezember 2010 (BGBl. I S. 1768) ist erstmals ab dem Veranlagungszeitraum 2011 anzuwenden.

(8b) [1]§ 4 Absatz 1 in der Fassung des Artikels 1 des Gesetzes vom 7. Dezember 2006 (BGBl. I S. 2782) ist erstmals für nach dem 31. Dezember 2005 endende Wirtschaftsjahre anzuwenden. [2]Für Wirtschaftsjahre, die vor dem 1. Januar 2006 enden, gilt § 4 Absatz 1 Satz 3 für Fälle, in denen ein bisher einer inländischen Betriebsstätte eines unbeschränkt Steuerpflichtigen zuzuordnendes Wirtschaftsgut einer ausländischen Betriebsstätte dieses Steuerpflichtigen zuzuordnen ist, deren Einkünfte durch ein Abkommen zur Vermeidung der Doppelbesteuerung freigestellt sind oder wenn das Wirtschaftsgut bei einem beschränkt Steuerpflichtigen nicht mehr einer inländischen Betriebsstätte zuzuordnen ist. [3]§ 4 Absatz 1 Satz 4 in der Fassung des Artikels 1 des Gesetzes vom 8. Dezember 2010 (BGBl. I S. 1768) gilt in allen Fällen, in denen § 4 Absatz 1 Satz 3 anzuwenden ist.

(9) § 4 Absatz 2 Satz 2 in der Fassung des Gesetzes vom 22. Dezember 1999 (BGBl. I S. 2601) ist auch für Veranlagungszeiträume vor 1999 anzuwenden.

(10) [1]§ 4 Absatz 3 Satz 4 ist nicht anzuwenden, soweit die Anschaffungs- oder Herstellungskosten vor dem 1. Januar 1971 als Betriebsausgaben abgesetzt worden sind. [2]§ 4 Absatz 3 Satz 4 und 5 in der Fassung des Artikels 1 des Gesetzes vom 28. April 2006 (BGBl. I S. 1095) ist erstmals für Wirtschaftsgüter anzuwenden, die nach dem 5. Mai 2006 angeschafft, hergestellt oder in das Betriebsvermögen eingelegt werden. [3]Die Anschaffungs- oder Herstellungskosten für nicht abnutzbare Wirtschaftsgüter des Anlagevermögens, die vor dem 5. Mai 2006 angeschafft, hergestellt oder in das Betriebsvermögen eingelegt wurden, sind erst im Zeitpunkt des Zuflusses des Veräußerungserlöses oder im Zeitpunkt der Entnahme als Betriebsausgaben zu berücksichtigen.

(11) [1]§ 4 Absatz 4a in der Fassung des Gesetzes vom 22. Dezember 1999 (BGBl. I S. 2601) ist erstmals für das Wirtschaftsjahr anzuwenden, das nach dem 31. Dezember 1998 endet. [2]Über- und Unterentnahmen vorangegangener Wirtschaftsjahre bleiben unberücksichtigt. [3]Bei vor dem 1. Januar 1999 eröffneten Betrieben sind im Falle der Betriebsaufgabe bei der Überführung von Wirtschaftsgütern aus dem Betriebsvermögen in das Privatvermögen die Buchwerte nicht als Entnahme anzusetzen; im Falle der Betriebsveräußerung ist nur der Veräußerungsgewinn als Entnahme anzusetzen. [4]Die Aufzeichnungspflichten im Sinne des § 4 Absatz 4a Satz 7 sind erstmals ab dem 1. Januar 2000 zu erfüllen.

(12) [1]§ 4 Absatz 5 Satz 1 Nummer 1 Satz 2 in der Fassung des Artikels 9 des Gesetzes vom 29. Dezember 2003 (BGBl. I S. 3076) ist erstmals für Wirtschaftsjahre anzuwenden, die nach dem 31. Dezember 2003 beginnen. [2]§ 4 Absatz 5 Satz 1 Nummer 2 Satz 1 in der Fassung des Artikels 9 des Gesetzes vom 29. Dezember 2003 (BGBl. I S. 3076) ist erstmals für Wirtschaftsjahre anzuwenden, die nach dem 31. Dezember 2003 beginnen. [3]§ 4 Absatz 5 Satz 1 Nummer 6 Satz 3 in der Fassung des Artikels 1 des Gesetzes vom 28. April 2006 (BGBl. I S. 1095) ist erstmals für Wirtschaftsjahre anzuwenden, die nach dem 31. Dezember 2005 beginnen. [4]§ 4 Absatz 5 Satz 1 Nummer 6a in der Fassung der Bekanntmachung vom 19. Oktober 2002 (BGBl. I S. 4210) ist letztmals für den Veranlagungszeitraum 2002 anzuwenden. [5]In den Fällen, in denen die Einkommensteuer für die Veranlagungszeiträume bis einschließlich 2002 noch nicht formell bestandskräftig oder hinsichtlich der Aufwendungen für eine betrieblich veranlasste doppelte Haushaltsführung vorläufig festgesetzt ist, ist § 9 Absatz 1 Satz 3 Nummer 5 in der Fassung des Artikels 1 des Gesetzes vom 15. Dezember 2003 (BGBl. I S. 2645) anzuwenden; dies gilt auch für unter dem Vorbehalt der Nachprüfung ergangene Einkommensteuerbescheide für Veranlagungszeiträume bis einschließlich 2002, soweit nicht bereits Festsetzungsverjährung eingetreten ist. [6]§ 4 Absatz 5 Satz 1 Nummer 11 in der Fassung des Artikels 1 des Gesetzes vom 28. Dezember 2003 (BGBl. I S. 2840) ist erstmals für das Wirtschaftsjahr anzuwenden, das nach dem 31. Dezember 2003 endet. [7]§ 4 Absatz 5b in der Fassung des Artikels 1 des Gesetzes vom 14. August 2007 (BGBl. I S. 1912) gilt erstmals für Gewerbesteuer, die für Erhebungszeiträume festgesetzt wird, die nach dem 31. Dezember 2007 enden. [8]§ 4 Absatz 5 Satz 1 Nummer 6 in der Fassung des Gesetzes vom 20. April 2009 (BGBl. I S. 774) ist erstmals ab dem Veranlagungszeitraum 2007 anzuwenden. [9]§ 4

1)

---

[1]) *Absatz 12 Satz 4 und 5 wurde durch das Gesetz zur Änderung und Vereinfachung der Unternehmensbesteuerung und des steuerlichen Reisekostenrechts (Inkrafttreten 1.1.2014) neu gefasst. Absatz 12 Satz 4 und 5 in der ab VZ 2014 geltenden Fassung lauten:*
„[4]§ 4 Absatz 5 Satz 1 **Nummer 5** in der Fassung des Artikels 1 des Gesetzes vom 20. Februar 2013 (BGBl. I S. 285) ist erstmals ab dem 1. Januar 2014 anzuwenden.
[5]§ 4 Absatz 5 Satz 1 Nummer 6a in der Fassung des Artikels 1 des Gesetzes vom 20. Februar 2013 (BGBl. I S. 285) ist erstmals ab dem 1. Januar 2014 anzuwenden."

Absatz 5 Satz 1 Nummer 6b Satz 2 und Satz 3 in der Fassung des Artikels 1 des Gesetzes vom 8. Dezember 2010 (BGBl. I S. 1768) ist erstmals ab dem Veranlagungszeitraum 2007 anzuwenden. [10]§ 4 Absatz 5 Satz 1 Nummer 13 in der Fassung des Gesetzes vom 9. Dezember 2010 (BGBl. I S. 1900) ist erstmals für Wirtschaftsjahre anzuwenden, die nach dem 30. September 2010 beginnen. [11]§ 4 Absatz 9 in der Fassung des Artikels 2 des Gesetzes vom 7. Dezember 2011 (BGBl. I S. 2592) ist für Veranlagungszeiträume ab 2004 anzuwenden.

(12a) [1]§ 4d Absatz 1 Satz 1 Nummer 1 Satz 1 Buchstabe b Satz 1 in der Fassung des Artikels 1 des Gesetzes vom 19. Dezember 2008 (BGBl. I S. 2794) ist erstmals für das Wirtschaftsjahr anzuwenden, das nach dem 31. Dezember 2007 endet. [2]§ 4d Absatz 1 Satz 1 Nummer 1 Satz 1 in der Fassung des Artikels 5 Nummer 1 des Gesetzes vom 10. Dezember 2007 (BGBl. I S. 2838) ist erstmals bei nach dem 31. Dezember 2008 zugesagten Leistungen der betrieblichen Altersversorgung anzuwenden.

(12b) § 4e in der Fassung des Artikels 6 des Gesetzes vom 26. Juni 2001 (BGBl. I S. 1310) ist erstmals für das Wirtschaftsjahr anzuwenden, das nach dem 31. Dezember 2001 endet.

(12c) (weggefallen)

(12d) [1]§ 4h in der Fassung des Artikels 1 des Gesetzes vom 14. August 2007 (BGBl. I S. 1912) ist erstmals für Wirtschaftsjahre anzuwenden, die nach dem 25. Mai 2007 beginnen und nicht vor dem 1. Januar 2008 enden. [2]§ 4h Absatz 5 Satz 3 in der Fassung des Artikels 1 des Gesetzes vom 19. Dezember 2008 (BGBl. I S. 2794) ist erstmals auf schädliche Beteiligungserwerbe nach dem 28. November 2008 anzuwenden, deren sämtliche Erwerbe und gleichgestellte Rechtsakte nach dem 28. November 2008 stattfinden. [3]§ 4h Absatz 2 Satz 1 Buchstabe a in der Fassung des Artikels 1 des Gesetzes vom 16. Juli 2009 (BGBl. I S. 1959) ist erstmals für Wirtschaftsjahre anzuwenden, die nach dem 25. Mai 2007 beginnen und nicht vor dem 1. Januar 2008 enden. [4]§ 4h Absatz 1, 2 Satz 1 Buchstabe c Satz 2, Absatz 4 Satz 1 und 4 und Absatz 5 Satz 1 und 2 in der Fassung des Artikels 1 des Gesetzes vom 22. Dezember 2009 (BGBl. I S. 3950) ist erstmals für Wirtschaftsjahre anzuwenden, die nach dem 31. Dezember 2009 enden. [5]Nach den Grundsätzen des § 4h Absatz 1 Satz 1 bis 3 in der Fassung des Artikels 1 des Gesetzes vom 22. Dezember 2009 (BGBl. I S. 3950) zu ermittelnde EBITDA-Vorträge für Wirtschaftsjahre, die nach dem 31. Dezember 2006 beginnen und vor dem 1. Januar 2010 enden, erhöhen auf Antrag das verrechenbare EBITDA des ersten Wirtschaftsjahres, das nach dem 31. Dezember 2009 endet; § 4h Absatz 5 des Einkommensteuergesetzes, § 8a Absatz 1 des Körperschaftsteuergesetzes und § 2 Absatz 4 Satz 1, § 4 Absatz 2 Satz 2, § 9 Satz 3, § 15 Absatz 3, § 20 Absatz 9 des Umwandlungssteuergesetzes in der Fassung des Gesetzes vom 22. Dezember 2009 (BGBl. I S. 3950) sind dabei sinngemäß anzuwenden.

(12e) [1]§ 5 Absatz 1a in der Fassung des Artikels 3 des Bilanzrechtsmodernisierungsgesetzes vom 25. Mai 2009 (BGBl. I S. 1102) ist erstmals für Wirtschaftsjahre anzuwenden, die nach dem 31. Dezember 2009 beginnen. [2]§ 5 Absatz 1a in der Fassung des Artikels 3 des Bilanzrechtsmodernisierungsgesetzes vom 25. Mai 2009 (BGBl. I S. 1102) ist erstmals für Wirtschaftsjahre anzuwenden, die nach dem 31. Dezember 2008 beginnen, wenn das Wahlrecht nach Artikel 66 Absatz 3 Satz 6 des Einführungsgesetzes zum Handelsgesetzbuch in der Fassung des Artikels 2 des Bilanzrechtsmodernisierungsgesetzes vom 25. Mai 2009 (BGBl. I S. 1102) ausgeübt wird.

(13) [1]§ 5 Absatz 4a ist erstmals für das Wirtschaftsjahr anzuwenden, das nach dem 31. Dezember 1996 endet. [2]Rückstellungen für drohende Verluste aus schwebenden Geschäften, die am Schluss des letzten vor dem 1. Januar 1997 endenden Wirtschaftsjahres zulässigerweise gebildet worden sind, sind in den Schlussbilanzen des ersten nach dem 31. Dezember 1996 endenden Wirtschaftsjahres und der fünf folgenden Wirtschaftsjahre mit mindestens 25 Prozent im ersten und jeweils mindestens 15 Prozent im zweiten bis sechsten Wirtschaftsjahr gewinnerhöhend aufzulösen.

(14) Soweit Rückstellungen für Aufwendungen, die Anschaffungs- oder Herstellungskosten für ein Wirtschaftsgut sind, in der Vergangenheit gebildet worden sind, sind sie in dem ersten Veranlagungszeitraum, dessen Veranlagung noch nicht bestandskräftig ist, in vollem Umfang aufzulösen.

(15) [1]Für Gewerbebetriebe, in denen der Steuerpflichtige vor dem 1. Januar 1999 bereits Einkünfte aus dem Betrieb von Handelsschiffen im internationalen Verkehr erzielt hat, kann der Antrag nach § 5a Absatz 3 Satz 1 auf Anwendung der Gewinnermittlung nach § 5a Absatz 1 in dem Wirtschaftsjahr, das nach dem 31. Dezember 1998 endet, oder in einem der beiden folgenden Wirtschaftsjahre gestellt werden (Erstjahr). [2]§ 5a Absatz 3 in der Fassung des Artikels 9 des Gesetzes vom 29. Dezember 2003 (BGBl. I S. 3076) ist erstmals für das Wirtschaftsjahr anzuwenden, das nach dem 31. Dezember 2005 endet. [3]§ 5a Absatz 3 Satz 1 in der am 31. Dezember 2003 geltenden Fassung ist weiterhin anzuwenden, wenn der Steuerpflichtige im Fall der Anschaffung das Handelsschiff auf Grund eines vor dem 1. Januar 2006 rechtswirksam abgeschlossenen schuldrechtlichen Vertrags oder gleichgestellten Rechtsaktes angeschafft oder im Fall der Herstellung mit der Herstellung des Handelsschiffs vor dem 1. Januar 2006 begonnen hat. [4]In Fällen des Satzes 3 muss der Antrag auf Anwendung des § 5a Absatz 1 spätestens bis zum Ablauf des Wirtschaftsjahres gestellt werden, das vor dem 1. Januar 2008 endet. [5]§ 5a Absatz 5 Satz 3 in der Fassung des

Artikels 1 des Gesetzes vom 14. August 2007 (BGBl. I S. 1912) ist erstmals für Wirtschaftsjahre anzuwenden, die nach dem 17. August 2007 enden. [6]Soweit Ansparabschreibungen im Sinne von § 7g Absatz 3 in der bis zum 17. August 2007 geltenden Fassung zum Zeitpunkt des Übergangs zur Gewinnermittlung nach § 5a Absatz 1 noch nicht gewinnerhöhend aufgelöst worden sind, ist § 5a Absatz 5 Satz 3 in der bis zum 17. August 2007 geltenden Fassung weiter anzuwenden.

(15a) § 5b in der Fassung des Artikels 1 des Gesetzes vom 20. Dezember 2008 (BGBl. I S. 2850) ist erstmals für Wirtschaftsjahre anzuwenden, die nach dem 31. Dezember 2010 beginnen.

(16) [1]§ 6 Absatz 1 in der Fassung des Artikels 1 des Gesetzes vom 7. Dezember 2006 (BGBl. I S. 2782) ist erstmals für nach dem 31. Dezember 2005 endende Wirtschaftsjahre anzuwenden. [2]§ 6 Absatz 1 in der Fassung des Gesetzes vom 24. März 1999 (BGBl. I S. 402) ist erstmals für das erste nach dem 31. Dezember 1998 endende Wirtschaftsjahr (Erstjahr) anzuwenden. [3]In Höhe von vier Fünfteln des im Erstjahr durch die Anwendung des § 6 Absatz 1 Nummer 1 und 2 in der Fassung des Gesetzes vom 24. März 1999 (BGBl. I S. 402) entstehenden Gewinns kann im Erstjahr eine den steuerlichen Gewinn mindernde Rücklage gebildet werden, die in den dem Erstjahr folgenden vier Wirtschaftsjahren jeweils mit mindestens einem Viertel gewinnerhöhend aufzulösen ist (Auflösungszeitraum). [4]Scheidet ein der Regelung nach den Sätzen 1 bis 3 unterliegendes Wirtschaftsgut im Auflösungszeitraum ganz oder teilweise aus, ist im Wirtschaftsjahr des Ausscheidens der für das Wirtschaftsgut verbleibende Teil der Rücklage nach Satz 3 in vollem Umfang oder teilweise gewinnerhöhend aufzulösen. [5]Soweit ein der Regelung nach den Sätzen 1 bis 3 unterliegendes Wirtschaftsgut im Auflösungszeitraum erneut auf den niedrigeren Teilwert abgeschrieben wird, ist der für das Wirtschaftsgut verbleibende Teil der Rücklage nach Satz 3 in Höhe der Abschreibung gewinnerhöhend aufzulösen. [6]§ 3 Nummer 40 Satz 1 Buchstabe a Satz 2 in der Fassung des Gesetzes vom 23. Oktober 2000 (BGBl. I S. 1433) und § 8b Absatz 2 Satz 2 des Körperschaftsteuergesetzes in der Fassung des Gesetzes vom 23. Oktober 2000 (BGBl. I S. 1433) sind in den Fällen der Sätze 3 bis 5 entsprechend anzuwenden. [7]§ 6 Absatz 1 Nummer 1a in der Fassung des Artikels 1 des Gesetzes vom 15. Dezember 2003 (BGBl. I S. 2645) ist erstmals für Baumaßnahmen anzuwenden, mit denen nach dem 31. Dezember 2003 begonnen wird. [8]Als Beginn gilt bei Baumaßnahmen, für die eine Baugenehmigung erforderlich ist, der Zeitpunkt, in dem der Bauantrag gestellt wird, bei baugenehmigungsfreien Bauvorhaben, für die Bauunterlagen einzureichen sind, der Zeitpunkt, in dem die Bauunterlagen eingereicht werden. [9]Sämtliche Baumaßnahmen im Sinne des § 6 Absatz 1 Nummer 1a Satz 1 an einem Objekt gelten als eine Baumaßnahme im Sinne des Satzes 7. [10]§ 6 Absatz 1 Nummer 2b und 3a Buchstabe f in der Fassung des Artikels 3 des Bilanzrechtsmodernisierungsgesetzes vom 25. Mai 2009 (BGBl. I S. 1102) sind erstmals für Wirtschaftsjahre anzuwenden, die nach dem 31. Dezember 2009 beginnen; § 6 Absatz 1 Nummer 2b und § 6 Absatz 1 Nummer 3a Buchstabe f in der Fassung des Artikels 3 des Bilanzrechtsmodernisierungsgesetzes vom 25. Mai 2009 (BGBl. I S. 1102) sind erstmals für Wirtschaftsjahre anzuwenden, die nach dem 31. Dezember 2008 beginnen, wenn das Wahlrecht nach Artikel 66 Absatz 3 Satz 6 des Einführungsgesetzes zum Handelsgesetzbuch in der Fassung des Artikels 2 des Bilanzrechtsmodernisierungsgesetzes vom 25. Mai 2009 (BGBl. I S. 1102) ausgeübt wird; für die Hälfte des Gewinns, der sich aus der erstmaligen Anwendung des § 6 Absatz 1 Nummer 2b ergibt, kann eine den Gewinn mindernde Rücklage gebildet werden, die im folgenden Wirtschaftsjahr gewinnerhöhend aufzulösen ist. [11]§ 6 Absatz 1 Nummer 4 Satz 2 in der Fassung des Artikels 1 des Gesetzes vom 28. April 2006 (BGBl. I S. 1095) ist erstmals für Wirtschaftsjahre anzuwenden, die nach dem 31. Dezember 2005 beginnen. [12]§ 6 Absatz 1 Nummer 4 Satz 6 in der am 24. Dezember 2008 geltenden Fassung ist letztmalig für das Wirtschaftsjahr anzuwenden, das vor dem 1. Januar 2009 endet. [13]§ 6 Absatz 1 Nummer 4 Satz 6 in der Fassung des Artikels 1 des Gesetzes vom 19. Dezember 2008 (BGBl. I S. 2794) ist erstmalig für Wirtschaftsjahre, die nach dem 31. Dezember 2008 beginnen, anzuwenden. [14]§ 6 Absatz 2 und 2a in der Fassung des Artikels 1 des Gesetzes vom 22. Dezember 2009 (BGBl. I S. 3950) ist erstmals bei Wirtschaftsgütern anzuwenden, die nach dem 31. Dezember 2009 angeschafft, hergestellt oder in das Betriebsvermögen eingelegt werden. [15]§ 6 Absatz 6 Satz 2 und 3 ist erstmals für Einlagen anzuwenden, die nach dem 31. Dezember 1998 vorgenommen werden.

(16a) [1]§ 6 Absatz 5 Satz 1 zweiter Halbsatz in der Fassung des Artikels 1 des Gesetzes vom 8. Dezember 2010 (BGBl. I S. 1768) gilt in allen Fällen, in denen § 4 Absatz 1 Satz 3 anzuwenden ist. [2]§ 6 Absatz 5 Satz 3 bis 5 in der Fassung des Gesetzes vom 20. Dezember 2001 (BGBl. I S. 3858) ist erstmals auf Übertragungsvorgänge nach dem 31. Dezember 2000 anzuwenden. [3]§ 6 Absatz 5 Satz 6 in der Fassung des Gesetzes vom 20. Dezember 2001 (BGBl. I S. 3858) ist erstmals auf Anteilsbegründungen und Anteilserhöhungen nach dem 31. Dezember 2000 anzuwenden.

(16b) § 6a Absatz 2 Nummer 1 erste Alternative und Absatz 3 Satz 2 Nummer 1 Satz 6 erster Halbsatz in der Fassung des Artikels 6 des Gesetzes vom 26. Juni 2001 (BGBl. I S. 1310) ist bei Pensionsverpflichtungen gegenüber Berechtigten anzuwenden, denen der Pensionsverpflichtete erstmals eine Pensionszusage nach dem 31. Dezember 2000 erteilt hat; § 6a Absatz 2 Nummer 1 zweite Alternative sowie § 6a Absatz 3 Satz 2 Nummer 1 Satz 1 und § 6a Absatz 3 Satz 2 Nummer 1 Satz 6 zweiter Halbsatz sind bei Pensionsverpflichtungen anzuwenden, die auf einer nach dem 31. Dezember 2000 vereinbarten Entgeltumwandlung im Sinne von § 1 Absatz 2 des Betriebsrentengesetzes beruhen.

(17) § 6a Absatz 2 Nummer 1 und Absatz 3 Satz 2 Nummer 1 Satz 6 in der Fassung des Artikels 5 Nummer 2 des Gesetzes vom 10. Dezember 2007 (BGBl. I S. 2838) sind erstmals bei nach dem 31. Dezember 2008 erteilten Pensionszusagen anzuwenden.

(18) [1]§ 6b in der Fassung des Gesetzes vom 24. März 1999 (BGBl. I S. 402) ist erstmals auf Veräußerungen anzuwenden, die nach dem 31. Dezember 1998 vorgenommen werden. [2]Für Veräußerungen, die vor diesem Zeitpunkt vorgenommen worden sind, ist § 6b in der im Veräußerungszeitpunkt geltenden Fassung weiter anzuwenden.

(18a) [1]§ 6b in der Fassung des Artikels 1 des Gesetzes vom 20. Dezember 2001 (BGBl. I S. 3858) ist erstmals auf Veräußerungen anzuwenden, die nach dem 31. Dezember 2001 vorgenommen werden. [2]Für Veräußerungen, die vor diesem Zeitpunkt vorgenommen worden sind, ist § 6b in der im Veräußerungszeitpunkt geltenden Fassung weiter anzuwenden.

(18b) [1]§ 6b in der Fassung des Artikels 1 des Gesetzes vom 26. April 2006 (BGBl. I S. 1091) ist erstmals auf Veräußerungen nach dem 31. Dezember 2005 anzuwenden. [2]Für Veräußerungen, die vor diesem Zeitpunkt vorgenommen werden, ist § 6b in der im Veräußerungszeitpunkt geltenden Fassung weiter anzuwenden. [3]§ 6b Absatz 10 Satz 11 in der am 12. Dezember 2006 geltenden Fassung ist für Anteile, die einbringungsgeboren im Sinne des § 21 des Umwandlungssteuergesetzes in der am 12. Dezember 2006 geltenden Fassung sind, weiter anzuwenden.

(19) [1]§ 6c in der Fassung des Gesetzes vom 24. März 1999 (BGBl. I S. 402) ist erstmals auf Veräußerungen anzuwenden, die nach dem 31. Dezember 1998 vorgenommen werden. [2]Für Veräußerungen, die vor diesem Zeitpunkt vorgenommen worden sind, ist § 6c in der im Veräußerungszeitpunkt geltenden Fassung weiter anzuwenden.

(20) § 6d ist erstmals für das Wirtschaftsjahr anzuwenden, das nach dem 31. Dezember 1998 endet.

(21) [1]§ 7 Absatz 1 Satz 4 in der Fassung des Gesetzes vom 24. März 1999 (BGBl. I S. 402) ist erstmals für Einlagen anzuwenden, die nach dem 31. Dezember 1998 vorgenommen werden. [2]§ 7 Absatz 1 Satz 6 in der Fassung des Gesetzes vom 24. März 1999 (BGBl. I S. 402) ist erstmals für das nach dem 31. Dezember 1998 endende Wirtschaftsjahr anzuwenden. [3]§ 7 Absatz 1 Satz 4 in der Fassung des Artikels 9 des Gesetzes vom 29. Dezember 2003 (BGBl. I S. 3076) ist erstmals bei Wirtschaftsgütern anzuwenden, die nach dem 31. Dezember 2003 angeschafft oder hergestellt worden sind. [4]§ 7 Absatz 1 Satz 5 zweiter Halbsatz in der Fassung des Artikels 1 des Gesetzes vom 8. Dezember 2010 (BGBl. I S. 1768) ist erstmals für Einlagen anzuwenden, die nach dem 31. Dezember 2010 vorgenommen werden.

(21a) [1]§ 7 Absatz 2 Satz 2 in der Fassung des Gesetzes vom 23. Oktober 2000 (BGBl. I S. 1433) ist erstmals bei Wirtschaftsgütern anzuwenden, die nach dem 31. Dezember 2000 angeschafft oder hergestellt worden sind. [2]Bei Wirtschaftsgütern, die vor dem 1. Januar 2001 angeschafft oder hergestellt worden sind, ist § 7 Absatz 2 Satz 2 des Einkommensteuergesetzes in der Fassung des Gesetzes vom 22. Dezember 1999 (BGBl. I S. 2601) weiter anzuwenden. [3]§ 7 Absatz 2 und 3 in der bis zum 31. Dezember 2007 geltenden Fassung ist letztmalig anzuwenden für vor dem 1. Januar 2008 angeschaffte oder hergestellte bewegliche Wirtschaftsgüter.

(21b) [1]Bei Gebäuden, soweit sie zu einem Betriebsvermögen gehören und nicht Wohnzwecken dienen, ist § 7 Absatz 4 Satz 1 und 2 in der Fassung des Gesetzes vom 22. Dezember 1999 (BGBl. I S. 2601) weiter anzuwenden, wenn der Steuerpflichtige im Falle der Herstellung vor dem 1. Januar 2001 mit der Herstellung des Gebäudes begonnen hat oder im Falle der Anschaffung das Objekt auf Grund eines vor dem 1. Januar 2001 rechtswirksam abgeschlossenen obligatorischen Vertrags oder gleichstehenden Rechtsakts angeschafft hat. [2]Als Beginn der Herstellung gilt bei Gebäuden, für die eine Baugenehmigung erforderlich ist, der Zeitpunkt, in dem der Bauantrag gestellt wird; bei baugenehmigungsfreien Gebäuden, für die Bauunterlagen einzureichen sind, der Zeitpunkt, in dem die Bauunterlagen eingereicht werden.

(21c) § 7 Absatz 5 in der Fassung des Artikels 1 des Gesetzes vom 8. April 2010 (BGBl. I S. 386) ist auf Antrag auch für Veranlagungszeiträume vor 2010 anzuwenden, soweit Steuerbescheide noch nicht bestandskräftig sind.

(22) § 7a Absatz 6 des Einkommensteuergesetzes 1979 in der Fassung der Bekanntmachung vom 21. Juni 1979 (BGBl. I S. 721) ist letztmals für das Wirtschaftsjahr anzuwenden, das dem Wirtschaftsjahr vorangeht, für das § 15a erstmals anzuwenden ist.

(23) [1]§ 7g Absatz 1 bis 4 und 7 in der Fassung des Artikels 1 des Gesetzes vom 14. August 2007 (BGBl. I S. 1912) ist erstmals für Wirtschaftsjahre anzuwenden, die nach dem 17. August 2007 enden. [2]§ 7g Absatz 5 und 6 in der Fassung des Artikels 1 des Gesetzes vom 14. August 2007 (BGBl. I S. 1912) ist erstmals bei Wirtschaftsgütern anzuwenden, die nach dem 31. Dezember 2007 angeschafft oder hergestellt werden. [3]Bei Ansparabschreibungen, die in vor dem 18. August 2007 endenden Wirtschaftsjahren gebildet worden sind, und Wirtschaftsgütern, die vor dem 1. Januar 2008 angeschafft oder hergestellt worden sind, ist § 7g in der bis zum 17. August 2007 geltenden Fassung weiter anzuwenden. [4]Soweit Ansparabschreibungen noch nicht gewinnerhöhend aufgelöst worden sind, vermindert sich der Höchstbetrag von 200 000 Euro nach § 7g Absatz 1 Satz 4 in der Fassung des Artikels 1 des Gesetzes vom 14. August 2007 (BGBl. I S. 1912) um die noch vorhandenen Anspar-

abschreibungen. [5]In Wirtschaftsjahren, die nach dem 31. Dezember 2008 und vor dem 1. Januar 2011 enden, ist § 7g Absatz 1 Satz 2 Nummer 1 mit der Maßgabe anzuwenden, dass bei Gewerbebetrieben oder der selbständigen Arbeit dienenden Betrieben, die ihren Gewinn nach § 4 Absatz 1 oder § 5 ermitteln, ein Betriebsvermögen von 335 000 Euro, bei Betrieben der Land- und Forstwirtschaft ein Wirtschaftswert oder Ersatzwirtschaftswert von 175 000 Euro und bei Betrieben, die ihren Gewinn nach § 4 Absatz 3 ermitteln, ohne Berücksichtigung von Investitionsabzugsbeträgen ein Gewinn von 200 000 Euro nicht überschritten wird. [6]Bei Wirtschaftsgütern, die nach dem 31. Dezember 2008 und vor dem 1. Januar 2011 angeschafft oder hergestellt werden, ist § 7g Absatz 6 Nummer 1 mit der Maßgabe anzuwenden, dass der Betrieb zum Schluss des Wirtschaftsjahres, das der Anschaffung oder Herstellung vorangeht, die Größenmerkmale des Satzes 5 nicht überschreitet.

(23a) [1]§ 7h Absatz 1 Satz 1 und 3 in der Fassung des Artikels 9 des Gesetzes vom 29. Dezember 2003 (BGBl. I S. 3076) sind erstmals für Modernisierungs- und Instandsetzungsmaßnahmen anzuwenden, mit denen nach dem 31. Dezember 2003 begonnen wird. [2]Als Beginn gilt bei Baumaßnahmen, für die eine Baugenehmigung erforderlich ist, der Zeitpunkt, in dem der Bauantrag gestellt wird, bei baugenehmigungsfreien Bauvorhaben, für die Bauunterlagen einzureichen sind, der Zeitpunkt, in dem die Bauunterlagen eingereicht werden.

(23b) [1]§ 7i Absatz 1 Satz 1 und 5 in der Fassung des Artikels 9 des Gesetzes vom 29. Dezember 2003 (BGBl. I S. 3076) sind erstmals für Baumaßnahmen anzuwenden, mit denen nach dem 31. Dezember 2003 begonnen wird. [2]Als Beginn gilt bei Baumaßnahmen, für die eine Baugenehmigung erforderlich ist, der Zeitpunkt, in dem der Bauantrag gestellt wird, bei baugenehmigungsfreien Bauvorhaben, für die Bauunterlagen einzureichen sind, der Zeitpunkt, in dem die Bauunterlagen eingereicht werden.

(23c) § 8 Absatz 2 in der Fassung des Gesetzes vom 20. April 2009 (BGBl. I S. 774) ist erstmals ab dem Veranlagungszeitraum 2007 anzuwenden.

(23d) [1]§ 9 Absatz 1 Satz 3 Nummer 4 und 5 und Absatz 2 in der Fassung des Gesetzes vom 20. April 2009 (BGBl. I S. 774) ist erstmals ab dem Veranlagungszeitraum 2007 anzuwenden. [2]§ 9 Absatz 1 Satz 3 Nummer 5 in der Fassung des Artikels 1 des Gesetzes vom 15. Dezember 2003 (BGBl. I S. 2645) ist erstmals ab dem Veranlagungszeitraum 2003 anzuwenden und in Fällen, in denen die Einkommensteuer noch nicht formell bestandskräftig oder hinsichtlich der Aufwendungen für eine beruflich veranlasste doppelte Haushaltsführung vorläufig festgesetzt ist. [3]§ 9 Absatz 1 Satz 3 Nummer 7 Satz 2 in der Fassung des Artikels 1 des Gesetzes vom 22. Dezember 2009 (BGBl. I S. 3950) ist erstmals für die im Veranlagungszeitraum 2010 angeschafften oder hergestellten Wirtschaftsgüter anzuwenden. [4]Für die Anwendung des § 9 Absatz 5 Satz 2 in der Fassung des Artikels 1 des Gesetzes vom 15. Dezember 2003 (BGBl. I S. 2645) gilt Absatz 16 Satz 7 bis 9 entsprechend. [5]§ 9 Absatz 6 in der Fassung des Artikels 2 des Gesetzes vom 7. Dezember 2011 (BGBl. I S. 2592) ist für Veranlagungszeiträume ab 2004 anzuwenden.

(23e) [1]§ 9a Satz 1 Nummer 1 Buchstabe a in Fassung des Artikels 1 Nummer 5 Buchstabe a des Gesetzes vom 1. November 2011 (BGBl. I S. 2131) ist erstmals für den Veranlagungszeitraum 2011 anzuwenden. [2]Beim Steuerabzug vom Arbeitslohn ist er auf laufenden Arbeitslohn, der für einen nach dem 30. November 2011 endenden Lohnzahlungszeitraum gezahlt wird, und auf sonstige Bezüge, die nach dem 30. November 2011 zufließen, erstmals anzuwenden. [3]Dies gilt entsprechend für § 39a Absatz 1 Nummer 1, Absatz 2 Satz 4, Absatz 3 Satz 2 und § 39d Absatz 2 Satz 1 Nummer 1.

(23f) § 9c in der Fassung des Artikels 1 des Gesetzes vom 22. Dezember 2008 (BGBl. I S. 2955) gilt auch für Kinder, die wegen einer vor dem 1. Januar 2007 in der Zeit ab Vollendung des 25. Lebensjahres und vor Vollendung des 27. Lebensjahres eingetretenen körperlichen, geistigen oder seelischen Behinderung außerstande sind, sich selbst zu unterhalten.

(23g) [1]§ 10 Absatz 1 Nummer 1a in der Fassung des Artikels 1 des Gesetzes vom 20. Dezember 2007 (BGBl. I S. 3150) ist auf alle Versorgungsleistungen anzuwenden, die auf nach dem 31. Dezember 2007 vereinbarten Vermögensübertragungen beruhen. [2]Für Versorgungsleistungen, die auf vor dem 1. Januar 2008 vereinbarten Vermögensübertragungen beruhen, gilt dies nur, wenn das übertragene Vermögen nur deshalb einen ausreichenden Ertrag bringt, weil ersparte Aufwendungen mit Ausnahme des Nutzungsvorteils eines zu eigenen Zwecken vom Vermögensübernehmer genutzten Grundstücks zu den Erträgen des Vermögens gerechnet werden.

(24) [1]§ 10 Absatz 1 Nummer 2 Buchstabe b Satz 1 ist für Vertragsabschlüsse nach dem 31. Dezember 2011 mit der Maßgabe anzuwenden, dass der Vertrag die Zahlung der Leibrente nicht vor Vollendung des 62. Lebensjahres vorsehen darf. [2]Für Verträge im Sinne des § 10 Absatz 1 Nummer 2 Buchstabe b, die vor dem 1. Januar 2011 abgeschlossen wurden, und bei Kranken- und Pflegeversicherungen im Sinne des § 10 Absatz 1 Nummer 3, bei denen das Versicherungsverhältnis vor dem 1. Januar 2011 bestanden hat, ist § 10 Absatz 2 Satz 2 Nummer 2 und Satz 3 mit der Maßgabe anzuwenden, dass

1. die erforderliche Einwilligung zur Datenübermittlung als erteilt gilt, wenn die übermittelnde Stelle den Steuerpflichtigen schriftlich darüber informiert, dass vom Vorliegen einer Einwilligung ausgegangen wird, das in Nummer 2 beschriebene Verfahren Anwendung findet und

die Daten an die zentrale Stelle übermittelt werden, wenn der Steuerpflichtige dem nicht innerhalb einer Frist von vier Wochen nach Erhalt dieser schriftlichen Information schriftlich widerspricht;

2. die übermittelnde Stelle, wenn die nach § 10 Absatz 2 Satz 2 Nummer 2 oder Satz 3 erforderliche Einwilligung des Steuerpflichtigen vorliegt oder als erteilt gilt, die für die Datenübermittlung nach § 10 Absatz 2a erforderliche Identifikationsnummer (§ 139b der Abgabenordnung) der versicherten Person und des Versicherungsnehmers abweichend von § 22a Absatz 2 Satz 1 und 2 beim Bundeszentralamt für Steuern erheben kann. [2]Das Bundeszentralamt für Steuern teilt der übermittelnden Stelle die Identifikationsnummer der versicherten Person und des Versicherungsnehmers mit, sofern die übermittelten Daten mit den nach § 139b Absatz 3 der Abgabenordnung beim Bundeszentralamt für Steuern gespeicherten Daten übereinstimmen. [3]Stimmen die Daten nicht überein, findet § 22a Absatz 2 Satz 1 und 2 Anwendung. [3]§ 10 Absatz 1 Nummer 3 Satz 4 in der Fassung des Artikels 1 des Gesetzes vom 8. Dezember 2010 (BGBl. I S. 1768) ist erstmals für den Veranlagungszeitraum 2011 anzuwenden. [4]§ 10 Absatz 2 Satz 3 und Absatz 2a Satz 4 in der Fassung des Artikels 1 des Gesetzes vom 8. Dezember 2010 (BGBl. I S. 1768) ist erstmals für die Übermittlung der Daten des Veranlagungszeitraumes 2011 anzuwenden.

[5]§ 10 Absatz 2a Satz 8 in der Fassung des Artikels 2 des Gesetzes vom 7. Dezember 2011 (BGBl. I S. 2592) gilt auch für den Veranlagungszeitraum 2011 sowie für den Veranlagungszeitraum 2010, soweit am 14. Dezember 2011 noch keine erstmalige Steuerfestsetzung erfolgt ist.

(24a) [1]§ 10 Absatz 1 Nummer 4 in der Fassung des Artikels 1 des Gesetzes vom 8. Dezember 2010 (BGBl. I S. 1768) ist erstmals ab dem Veranlagungszeitraum 2011 anzuwenden. [2]§ 10 Absatz 1 Nummer 5 in der Fassung des Artikels 1 des Gesetzes vom 1. November 2011 (BGBl. I S. 2131) gilt auch für Kinder, die wegen einer vor dem 1. Januar 2007 in der Zeit ab Vollendung des 25. Lebensjahres und vor Vollendung des 27. Lebensjahres eingetretenen körperlichen, geistigen oder seelischen Behinderung außerstande sind, sich selbst zu unterhalten. [3]§ 10 Absatz 1 Nummer 7 Satz 1 in der Fassung des Artikels 2 des Gesetzes vom 7. Dezember 2011 (BGBl. I S. 2592) ist für Veranlagungszeiträume ab 2012 anzuwenden.

(24a) [1]§ 10 Absatz 1 Nummer 9 in der Fassung des Artikels 1 des Gesetzes vom 19. Dezember 2008 (BGBl. I S. 2794) ist erstmals für den Veranlagungszeitraum 2008 anzuwenden. [2]Für Schulgeldzahlungen an Schulen in freier Trägerschaft oder an überwiegend privat finanzierte Schulen, die in einem anderen Mitgliedstaat der Europäischen Union oder in einem Staat belegen sind, auf den das Abkommen über den Europäischen Wirtschaftsraum Anwendung findet, und die zu einem von dem zuständigen inländischen Ministerium eines Landes, von der Kultusministerkonferenz der Länder oder von einer inländischen Zeugnisanerkennungsstelle anerkannten oder einem inländischen Abschluss an einer öffentlichen Schule als gleichwertig anerkannten allgemein bildenden oder berufsbildenden Schul-, Jahrgangs- oder Berufsabschluss führen, gilt § 10 Absatz 1 Nummer 9 in der Fassung des Artikels 1 Nummer 7 Buchstabe a Doppelbuchstabe cc des Gesetzes vom 13. Dezember 2006 (BGBl. I S. 2878) für noch nicht bestandskräftige Steuerfestsetzungen der Veranlagungszeiträume vor 2008 mit der Maßgabe, dass es sich nicht um eine gemäß Artikel 7 Absatz 4 des Grundgesetzes staatlich genehmigte oder nach Landesrecht erlaubte Ersatzschule oder eine nach Landesrecht anerkannte allgemein bildende Ergänzungsschule handeln muss.

(24b) § 10 Absatz 5 in der am 31. Dezember 2009 geltenden Fassung ist auf Beiträge zu Versicherungen im Sinne des § 10 Absatz 1 Nummer 2 Buchstabe b Doppelbuchstabe bb bis dd in der am 31. Dezember 2004 geltenden Fassung weiterhin anzuwenden, wenn die Laufzeit dieser Versicherungen vor dem 1. Januar 2005 begonnen hat und ein Versicherungsbeitrag bis zum 31. Dezember 2004 entrichtet wurde.

(24c) [1]§ 10a Absatz 1 Satz 4 in der Fassung des Artikels 1 des Gesetzes vom 19. Dezember 2008 (BGBl. I S. 2794) sowie § 81a Satz 1 Nummer 5 und § 86 Absatz 1 Satz 2 Nummer 4 in der Fassung des Artikels 1 des Gesetzes vom 29. Juli 2008 (BGBl. I S. 1509) sind erstmals für den Veranlagungszeitraum 2008 anzuwenden. [2]Für die Anwendung des § 10a stehen den in der inländischen gesetzlichen Rentenversicherung Pflichtversicherten nach § 10a Absatz 1 Satz 1 die Pflichtmitglieder in einem ausländischen gesetzlichen Alterssicherungssystem gleich, wenn diese Pflichtmitgliedschaft

1. mit einer Pflichtmitgliedschaft in einem inländischen Alterssicherungssystem nach § 10a Absatz 1 Satz 1 oder Satz 3 vergleichbar ist und

2. vor dem 1. Januar 2010 begründet wurde.

[3]Für die Anwendung des § 10a stehen den Steuerpflichtigen nach § 10a Absatz 1 Satz 4 die Personen gleich,

1. die aus einem ausländischen gesetzlichen Alterssicherungssystem eine Leistung erhalten, die den in § 10a Absatz 1 Satz 4 genannten Leistungen vergleichbar ist,

2. unmittelbar vor dem Bezug der entsprechenden Leistung einer der in Satz 1 oder Satz 3 genannten begünstigten Personengruppen angehörten und

3. noch nicht das 67. Lebensjahr vollendet haben.

[4]Als Altersvorsorgebeiträge (§ 82) sind bei den in den Sätzen 2 und 3 genannten Personengruppen nur diejenigen Beiträge zu berücksichtigen, die vom Abzugsberechtigten zugunsten seines vor dem 1. Januar 2010 abgeschlossenen Vertrags geleistet wurden.

(24d) [1]§ 10a Absatz 5 Satz 3 in der Fassung des Artikels 1 des Gesetzes vom 20. Dezember 2007 (BGBl. I S. 3150) ist auch für Veranlagungszeiträume vor 2008 anzuwenden, soweit

1. sich dies zugunsten des Steuerpflichtigen auswirkt oder

2. die Steuerfestsetzung bei Inkrafttreten des Jahressteuergesetzes 2008 vom 20. Dezember 2007 (BGBl. I S. 3150) noch nicht unanfechtbar war oder unter dem Vorbehalt der Nachprüfung stand.

[2]Für Verträge, auf die bereits vor dem 1. Januar 2010 Altersvorsorgebeiträge im Sinne des § 82 eingezahlt wurden, kann die übermittelnde Stelle, wenn die nach § 10a Absatz 2a erforderliche Einwilligung des Steuerpflichtigen vorliegt, die für die Übermittlung der Daten nach § 10a Absatz 5 Satz 1 in der Fassung des Artikels 1 des Gesetzes vom 16. Juli 2009 (BGBl. I S. 1959) erforderliche Identifikationsnummer (§ 139b der Abgabenordnung) des Steuerpflichtigen abweichend von § 22a Absatz 2 Satz 1 und 2 beim Bundeszentralamt für Steuern erheben. [3]Das Bundeszentralamt für Steuern teilt dem Anbieter die Identifikationsnummer des Steuerpflichtigen mit, sofern die übermittelten Daten mit den nach § 139b Absatz 3 der Abgabenordnung beim Bundeszentralamt für Steuern gespeicherten Daten übereinstimmen. [4]Stimmen die Daten nicht überein, findet § 22a Absatz 2 Satz 1 und 2 Anwendung.

(24e) [1]§ 10b Absatz 1 Satz 3 und Absatz 1a in der Fassung des Gesetzes vom 14. Juli 2000 (BGBl. I S. 1034) sind auf Zuwendungen anzuwenden, die nach dem 31. Dezember 1999 geleistet werden. [2]§ 10b Absatz 1 und 1a in der Fassung des Artikels 1 des Gesetzes vom 10. Oktober 2007 (BGBl. I S. 2332) sind auf Zuwendungen anzuwenden, die nach dem 31. Dezember 2006 geleistet werden. [3]Für Zuwendungen, die im Veranlagungszeitraum 2007 geleistet werden, gilt auf Antrag des Steuerpflichtigen § 10b Absatz 1 in der am 26. Juli 2000 geltenden Fassung. [4]§ 10b Absatz 1 Satz 2 in der Fassung des Artikels 1 des Gesetzes vom 19. Dezember 2008 (BGBl. I S. 2794) ist auf Mitgliedsbeiträge anzuwenden, die nach dem 31. Dezember 2006 geleistet werden. [5]§ 10b Absatz 1 Satz 1 bis 5, Absatz 1a Satz 1 und Absatz 4 Satz 4 in der Fassung des Artikels 1 des Gesetzes vom 8. April 2010 (BGBl. I S. 386) ist in allen Fällen anzuwenden, in denen die Einkommensteuer noch nicht bestandskräftig festgesetzt ist; bei Anwendung dieses Satzes gelten jedoch die bisherigen für den jeweiligen Veranlagungszeitraum festgelegten Höchstabzugsgrenzen des § 10b Absatz 1 und 1a unverändert fort. [6]§ 10b Absatz 1 Satz 6 in der Fassung des Artikels 1 des Gesetzes vom 8. April 2010 (BGBl. I S. 386) ist auf Zuwendungen anzuwenden, die nach dem 31. Dezember 2009 geleistet werden. [7]§ 10b Absatz 1 Satz 7 in der Fassung des Artikels 1 des Gesetzes vom 8. April 2010 (BGBl. I S. 386) ist in allen Fällen anzuwenden, in denen die Einkommensteuer noch nicht bestandskräftig festgesetzt ist und in denen die Mitgliedsbeiträge nach dem 31. Dezember 2006 geleistet werden. [8]§ 10b Absatz 1 Satz 7 in der Fassung des Artikels 1 des Gesetzes vom 8. Dezember 2010 (BGBl. I S. 1768) ist in allen Fällen anzuwenden, in denen die Einkommensteuer noch nicht bestandskräftig festgesetzt ist und in denen die Mitgliedsbeiträge nach dem 31. Dezember 2006 geleistet werden. [9]§ 10b Absatz 1 Satz 8 in der Fassung des Artikels 1 des Gesetzes vom 8. Dezember 2010 (BGBl. I S. 1768) ist in allen Fällen anzuwenden, in denen die Einkommensteuer noch nicht bestandskräftig festgesetzt ist.

(25) [1]Auf den am Schluss des Veranlagungszeitraums 1998 festgestellten verbleibenden Verlustabzug ist § 10d in der Fassung des Gesetzes vom 16. April 1997 (BGBl. I S. 821) anzuwenden. [2]Satz 1 ist letztmals für den Veranlagungszeitraum 2003 anzuwenden. [3]§ 10d in der Fassung des Artikels 1 des Gesetzes vom 22. Dezember 2003 (BGBl. I S. 2840) ist erstmals für den Veranlagungszeitraum 2004 anzuwenden. [4]Auf den Verlustrücktrag aus dem Veranlagungszeitraum 2004 in den Veranlagungszeitraum 2003 ist § 10d Absatz 1 in der für den Veranlagungszeitraum 2004 geltenden Fassung anzuwenden. [5]§ 10d Absatz 4 Satz 4 und 5 in der Fassung des Artikels 1 des Gesetzes vom 8. Dezember 2010 (BGBl. I S. 1768) gilt erstmals für Verluste, für die nach dem 13. Dezember 2010 eine Erklärung zur Feststellung des verbleibenden Verlustvortrags abgegeben wird. [6]§ 10d Absatz 4 Satz 6 in der Fassung des Artikels 1 des Gesetzes vom 13. Dezember 2006 (BGBl. I S. 2878) gilt für alle bei Inkrafttreten dieses Gesetzes noch nicht abgelaufenen Feststellungsfristen. [7]*§ 10d Absatz 1 Satz 1 in der Fassung des Artikels 1 des Gesetzes vom 20. Februar 2013 (BGBl. I S. 285) ist erstmals auf negative Einkünfte anzuwenden, die bei der Ermittlung des Gesamtbetrags der Einkünfte des Veranlagungszeitraums 2013 nicht ausgeglichen werden können.* [1]

(26) [1]Für nach dem 31. Dezember 1986 und vor dem 1. Januar 1991 hergestellte oder angeschaffte Wohnungen im eigenen Haus oder Eigentumswohnungen sowie in diesem Zeitraum fer-

---

[1] *Absatz 25 Satz 7 wurde durch das Gesetz zur Änderung und Vereinfachung der Unternehmensbesteuerung und des steuerlichen Reisekostenrechts (Inkrafttreten 26. 2. 2013) angefügt.*

tig gestellte Ausbauten oder Erweiterungen ist § 10e des Einkommensteuergesetzes 1990 in der Fassung der Bekanntmachung vom 7. September 1990 (BGBl. I S. 1898) weiter anzuwenden. [2]Für nach dem 31. Dezember 1990 hergestellte oder angeschaffte Wohnungen im eigenen Haus oder Eigentumswohnungen sowie in diesem Zeitraum fertig gestellte Ausbauten oder Erweiterungen ist § 10e des Einkommensteuergesetzes in der durch Gesetz vom 24. Juni 1991 (BGBl. I S. 1322) geänderten Fassung weiter anzuwenden. [3]Abweichend von Satz 2 ist § 10e Absatz 1 bis 5 und 6 bis 7 in der durch Gesetz vom 25. Februar 1992 (BGBl. I S. 297) geänderten Fassung erstmals für den Veranlagungszeitraum 1991 bei Objekten im Sinne des § 10e Absatz 1 und 2 anzuwenden, wenn im Falle der Herstellung der Steuerpflichtige nach dem 30. September 1991 den Bauantrag gestellt oder mit der Herstellung begonnen hat oder im Falle der Anschaffung der Steuerpflichtige das Objekt nach dem 30. September 1991 auf Grund eines nach diesem Zeitpunkt rechtswirksam abgeschlossenen obligatorischen Vertrags oder gleichstehenden Rechtsakts angeschafft hat oder mit der Herstellung des Objekts nach dem 30. September 1991 begonnen worden ist. [4]§ 10e Absatz 5a ist erstmals bei in § 10e Absatz 1 und 2 bezeichneten Objekten anzuwenden, wenn im Falle der Herstellung der Steuerpflichtige den Bauantrag nach dem 31. Dezember 1991 gestellt oder, falls ein solcher nicht erforderlich ist, mit der Herstellung nach diesem Zeitpunkt begonnen hat, oder im Falle der Anschaffung der Steuerpflichtige das Objekt auf Grund eines nach dem 31. Dezember 1991 rechtswirksam abgeschlossenen obligatorischen Vertrags oder gleichstehenden Rechtsakts angeschafft hat. [5]§ 10e Absatz 1 Satz 4 in der Fassung des Gesetzes vom 23. Juni 1993 (BGBl. I S. 944) und Absatz 6 Satz 3 in der Fassung des Gesetzes vom 21. Dezember 1993 (BGBl. I S. 2310) ist erstmals anzuwenden, wenn der Steuerpflichtige das Objekt auf Grund eines nach dem 31. Dezember 1993 rechtswirksam abgeschlossenen obligatorischen Vertrags oder gleichstehenden Rechtsakts angeschafft hat. [6]§ 10e ist letztmals anzuwenden, wenn der Steuerpflichtige im Falle der Herstellung vor dem 1. Januar 1996 mit der Herstellung des Objekts begonnen hat oder im Falle der Anschaffung das Objekt auf Grund eines vor dem 1. Januar 1996 rechtswirksam abgeschlossenen obligatorischen Vertrags oder gleichstehenden Rechtsakts hat. [7]Als Beginn der Herstellung gilt bei Objekten, für die eine Baugenehmigung erforderlich ist, der Zeitpunkt, in dem der Bauantrag gestellt wird; bei baugenehmigungsfreien Objekten, für die Bauunterlagen einzureichen sind, der Zeitpunkt, in dem die Bauunterlagen eingereicht werden.

(27) [1]§ 10f Absatz 1 Satz 1 in der Fassung des Artikels 9 des Gesetzes vom 29. Dezember 2003 (BGBl. I S. 3076) ist erstmals für Baumaßnahmen anzuwenden, die nach dem 31. Dezember 2003 begonnen wurden. [2]Als Beginn gilt bei Baumaßnahmen, für die eine Baugenehmigung erforderlich ist, der Zeitpunkt, in dem der Bauantrag gestellt wird, bei baugenehmigungsfreien Bauvorhaben, für die Bauunterlagen einzureichen sind, der Zeitpunkt, in dem die Bauunterlagen eingereicht werden. [3]§ 10f Absatz 2 Satz 1 in der Fassung des Artikels 9 des Gesetzes vom 29. Dezember 2003 (BGBl. I S. 3076) ist erstmals auf Erhaltungsaufwand anzuwenden, der nach dem 31. Dezember 2003 entstanden ist.

(27a) [1]§ 10g in der Fassung des Artikels 9 des Gesetzes vom 29. Dezember 2003 (BGBl. I S. 3076) ist erstmals auf Aufwendungen anzuwenden, die auf nach dem 31. Dezember 2003 begonnene Herstellungs- und Erhaltungsmaßnahmen entfallen. [2]Als Beginn gilt bei Baumaßnahmen, für die eine Baugenehmigung erforderlich ist, der Zeitpunkt, in dem der Bauantrag gestellt wird; bei baugenehmigungsfreien Bauvorhaben, für die Bauunterlagen einzureichen sind, der Zeitpunkt, in dem die Bauunterlagen eingereicht werden.

(28) [1]§ 10h ist letztmals anzuwenden, wenn der Steuerpflichtige vor dem 1. Januar 1996 mit der Herstellung begonnen hat. [2]Als Beginn der Herstellung gilt bei Baumaßnahmen, für die eine Baugenehmigung erforderlich ist, der Zeitpunkt, in dem der Bauantrag gestellt wird; bei baugenehmigungsfreien Baumaßnahmen, für die Bauunterlagen einzureichen sind, der Zeitpunkt, in dem die Bauunterlagen eingereicht werden.

(29) [1]§ 10i in der Fassung der Bekanntmachung vom 16. April 1997 (BGBl. I S. 821) ist letztmals anzuwenden, wenn der Steuerpflichtige im Falle der Herstellung vor dem 1. Januar 1999 mit der Herstellung des Objekts begonnen hat oder im Falle der Anschaffung das Objekt auf Grund eines vor dem 1. Januar 1999 rechtswirksam abgeschlossenen obligatorischen Vertrags oder gleichstehenden Rechtsakts angeschafft hat. [2]Als Beginn der Herstellung gilt bei Objekten, für die eine Baugenehmigung erforderlich ist, der Zeitpunkt, in dem der Bauantrag gestellt wird; bei baugenehmigungsfreien Objekten, für die Bauunterlagen einzureichen sind, der Zeitpunkt, in dem die Bauunterlagen eingereicht werden.

(30) [1]§ 11 Absatz 1 Satz 3 und Absatz 2 Satz 3 in der Fassung des Artikels 1 des Gesetzes vom 9. Dezember 2004 (BGBl. I S. 3310) sind im Hinblick auf Erbbauzinsen und andere Entgelte für die Nutzung eines Grundstücks erstmals für Vorauszahlungen anzuwenden, die nach dem 31. Dezember 2003 geleistet wurden. [2]§ 11 Absatz 2 Satz 4 in der Fassung des Artikels 1 des Gesetzes vom 13. Dezember 2006 (BGBl. I S. 2878) ist erstmals auf ein Damnum oder Disagio im Zusammenhang mit einem Kredit für ein Grundstück anzuwenden, das nach dem 31. Dezember 2003 geleistet wurde, in anderen Fällen für ein Damnum oder Disagio, das nach dem 31. Dezember 2004 geleistet wurde.

(30a) § 12 Nummer 5 in der Fassung des Artikels 2 des Gesetzes vom 7. Dezember 2011 (BGBl. I S. 2592) ist für Veranlagungszeiträume ab 2004 anzuwenden.

(30b) [1]Für die Anwendung des § 13 Absatz 7 in der Fassung des Artikels 1 des Gesetzes vom 22. Dezember 2005 (BGBl. I S. 3683) gilt Absatz 33a entsprechend. [2]§ 13 Absatz 7, § 15 Absatz 1a sowie § 18 Absatz 4 Satz 2 in der Fassung des Artikels 1 des Gesetzes vom 7. Dezember 2006 (BGBl. I S. 2782) sind erstmals für nach dem 31. Dezember 2005 endende Wirtschaftsjahre anzuwenden.

(31) [1]§ 13a in der Fassung des Gesetzes vom 19. Dezember 2000 (BGBl. I S. 1790) ist erstmals für das Wirtschaftsjahr anzuwenden, das nach dem 31. Dezember 2001 endet. [2]§ 13a in der Fassung des Gesetzes vom 20. Dezember 2001 (BGBl. I S. 3794) ist erstmals für Wirtschaftsjahre anzuwenden, die nach dem 31. Dezember 2001 beginnen.

(32) § 14a in der Fassung des Gesetzes vom 19. Dezember 2000 (BGBl. I S. 1790) ist erstmals für das Wirtschaftsjahr anzuwenden, das nach dem 31. Dezember 2001 endet.

(32a) § 15 Absatz 3 Nummer 1 in der Fassung des Artikels 1 des Gesetzes vom 13. Dezember 2006 (BGBl. I S. 2878) ist auch für Veranlagungszeiträume vor 2006 anzuwenden.

(32b) § 15 Absatz 4 Satz 3 bis 5 ist erstmals auf Verluste anzuwenden, die nach Ablauf des ersten Wirtschaftsjahres der Gesellschaft, auf deren Anteile sich die in § 15 Absatz 4 Satz 4 bezeichneten Geschäfte beziehen, entstehen, für das das Körperschaftsteuergesetz in der Fassung des Artikels 3 des Gesetzes vom 23. Oktober 2000 (BGBl. I S. 1433) erstmals anzuwenden ist.

(33) [1]§ 15a ist nicht auf Verluste anzuwenden, soweit sie

1. durch Sonderabschreibungen nach § 82f der Einkommensteuer-Durchführungsverordnung,

2. durch Absetzungen für Abnutzung in fallenden Jahresbeträgen nach § 7 Absatz 2 von den Herstellungskosten oder von den Anschaffungskosten von in ungebrauchtem Zustand vom Hersteller erworbenen Seeschiffen, die in einem inländischen Seeschiffsregister eingetragen sind,

entstehen; Nummer 1 gilt nur bei Schiffen, deren Anschaffungs- oder Herstellungskosten zu mindestens 30 Prozent durch Mittel finanziert werden, die weder unmittelbar noch mittelbar in wirtschaftlichem Zusammenhang mit der Aufnahme von Krediten durch den Gewerbebetrieb stehen, zu dessen Betriebsvermögen das Schiff gehört. [2]§ 15a ist in diesen Fällen erstmals anzuwenden auf Verluste, die in nach dem 31. Dezember 1999 beginnenden Wirtschaftsjahren entstehen, wenn der Schiffbauvertrag vor dem 25. April 1996 abgeschlossen worden ist und der Gesellschafter der Gesellschaft vor dem 1. Januar 1999 beigetreten ist; soweit Verluste, die in dem Betrieb der Gesellschaft entstehen und nach Satz 1 oder nach § 15a Absatz 1 Satz 1 ausgleichsfähig oder abzugsfähig sind, zusammen das Eineinviertelfache der insgesamt geleisteten Einlage übersteigen, ist § 15a auf Verluste anzuwenden, die in nach dem 31. Dezember 1994 beginnenden Wirtschaftsjahren entstehen. [3]Scheidet ein Kommanditist oder ein anderer Mitunternehmer, dessen Haftung der eines Kommanditisten vergleichbar ist und dessen Kapitalkonto in der Steuerbilanz der Gesellschaft auf Grund von ausgleichs- oder abzugsfähigen Verlusten negativ geworden ist, aus der Gesellschaft aus oder wird in einem solchen Falle die Gesellschaft aufgelöst, so gilt der Betrag, den der Mitunternehmer nicht ausgleichen muss, als Veräußerungsgewinn im Sinne des § 16. [4]In Höhe der nach Satz 3 als Gewinn zuzurechnenden Beträge sind bei den anderen Mitunternehmern unter Berücksichtigung der für die Zurechnung von Verlusten geltenden Grundsätze Verlustanteile anzusetzen. [5]Bei der Anwendung des § 15a Absatz 3 sind nur Verluste zu berücksichtigen, auf die § 15a Absatz 1 anzuwenden ist. [6]§ 15a Absatz 1a, 2 Satz 1 und Absatz 5 in der Fassung des Artikels 1 des Gesetzes vom 19. Dezember 2008 (BGBl. I S. 2794) sind erstmals auf Einlagen anzuwenden, die nach dem 24. Dezember 2008 getätigt werden.

(33a) [1]§ 15b in der Fassung des Artikels 1 des Gesetzes vom 22. Dezember 2005 (BGBl. I S. 3683) ist nur auf Verluste der dort bezeichneten Steuerstundungsmodelle anzuwenden, denen der Steuerpflichtige nach dem 10. November 2005 beigetreten ist oder für die nach dem 10. November 2005 mit dem Außenvertrieb begonnen wurde. [2]Der Außenvertrieb beginnt in dem Zeitpunkt, in dem die Voraussetzungen für die Veräußerung der konkret bestimmbaren Fondsanteile erfüllt sind und die Gesellschaft selbst oder über ein Vertriebsunternehmen mit Außenwirkung an den Markt herangetreten ist. [3]Dem Beginn des Außenvertriebs stehen der Beschluss von Kapitalerhöhungen und die Reinvestition von Erlösen in neue Projekte gleich. [4]Besteht das Steuerstundungsmodell nicht im Erwerb eines Anteils an einem geschlossenen Fonds, ist § 15b in der Fassung des Artikels 1 des Gesetzes vom 22. Dezember 2005 (BGBl. I S. 3683) anzuwenden, wenn die Investition nach dem 10. November 2005 rechtsverbindlich getätigt wurde.

(34) [1]§ 16 Absatz 1 in der Fassung des Artikels 1 des Gesetzes vom 20. Dezember 2001 (BGBl. I S. 3858) ist erstmals auf Veräußerungen anzuwenden, die nach dem 31. Dezember 2001 erfolgen. [2]§ 16 Absatz 2 Satz 3 und Absatz 3 Satz 2 in der Fassung der Bekanntmachung vom 16. April 1997 (BGBl. I S. 821) ist erstmals auf Veräußerungen anzuwenden, die nach dem 31. Dezember 1993 erfolgen. [3]§ 16 Absatz 3 Satz 1 und 2 in der Fassung des Gesetzes vom 24. März 1999 (BGBl. I S. 402) ist erstmals auf Veräußerungen und Realteilungen anzuwenden, die nach dem

31. Dezember 1998 erfolgen. [4]§ 16 Absatz 3 Satz 2 bis 4 in der Fassung des Gesetzes vom 20. Dezember 2001 (BGBl. I S. 3858) ist erstmals auf Realteilungen nach dem 31. Dezember 2000 anzuwenden. [5]§ 16 Absatz 3a in der Fassung des Artikels 1 des Gesetzes vom 8. Dezember 2010 (BGBl. I S. 1768) ist in allen offenen Fällen anzuwenden. [6]§ 16 Absatz 4 in der Fassung der Bekanntmachung vom 16. April 1997 (BGBl. I S. 821) ist erstmals auf Veräußerungen anzuwenden, die nach dem 31. Dezember 1995 erfolgen; hat der Steuerpflichtige bereits für Veräußerungen vor dem 1. Januar 1996 Veräußerungsfreibeträge in Anspruch genommen, bleiben diese unberücksichtigt. [7]§ 16 Absatz 4 in der Fassung des Gesetzes vom 23. Oktober 2000 (BGBl. I S. 1433) ist erstmals auf Veräußerungen und Realteilungen anzuwenden, die nach dem 31. Dezember 2000 erfolgen. [8]§ 16 Absatz 5 in der Fassung des Gesetzes vom 7. Dezember 2006 (BGBl. I S. 2782) ist erstmals anzuwenden, wenn die ursprüngliche Übertragung der veräußerten Anteile nach dem 12. Dezember 2006 erfolgt ist. [9]§ 16 Absatz 3b in der Fassung des Artikels 1 des Gesetzes vom 1. November 2011 (BGBl. I S. 2131) ist nur auf Aufgaben im Sinne des § 16 Absatz 3 Satz 1 nach dem 4. November 2011 anzuwenden.

(34a) [1]§ 17 in der Fassung des Artikels 1 des Gesetzes vom 23. Oktober 2000 (BGBl. I S. 1433) ist, soweit Anteile an unbeschränkt körperschaftsteuerpflichtigen Gesellschaften veräußert werden, erstmals auf Veräußerungen anzuwenden, die nach Ablauf des ersten Wirtschaftsjahres der Gesellschaft, deren Anteile veräußert werden, vorgenommen werden, für das das Körperschaftsteuergesetz in der Fassung des Artikels 3 des Gesetzes vom 23. Oktober 2000 (BGBl. I S. 1433) erstmals anzuwenden ist; für Veräußerungen, die vor diesem Zeitpunkt vorgenommen werden, ist § 17 in der Fassung des Gesetzes vom 22. Dezember 1999 (BGBl. I S. 2601) anzuwenden. [2]§ 17 Absatz 2 Satz 4 in der Fassung des Gesetzes vom 24. März 1999 (BGBl. I S. 402) ist auch für Veranlagungszeiträume vor 1999 anzuwenden.

(34b) Für die Anwendung des § 18 Absatz 4 Satz 2 in der Fassung des Artikels 1 des Gesetzes vom 22. Dezember 2005 (BGBl. I S. 3683) gilt Absatz 33a entsprechend.

(34c) Wird eine Versorgungsverpflichtung nach § 3 Nummer 66 auf einen Pensionsfonds übertragen und hat der Steuerpflichtige bereits vor dieser Übertragung Leistungen auf Grund dieser Versorgungsverpflichtung erhalten, so sind insoweit auf die Leistungen aus dem Pensionsfonds im Sinne des § 22 Nummer 5 Satz 1 die Beträge nach § 9a Satz 1 Nummer 1 und § 19 Absatz 2 entsprechend anzuwenden; § 9a Satz 1 Nummer 3 ist nicht anzuwenden.

(35) § 19a in der am 31. Dezember 2008 geltenden Fassung ist weiter anzuwenden, wenn

1. die Vermögensbeteiligung vor dem 1. April 2009 überlassen wird oder

2. auf Grund einer am 31. März 2009 bestehenden Vereinbarung ein Anspruch auf die unentgeltliche oder verbilligte Überlassung einer Vermögensbeteiligung besteht sowie die die Vermögensbeteiligung vor dem 1. Januar 2016 überlassen wird

und der Arbeitgeber bei demselben Arbeitnehmer im Kalenderjahr nicht § 3 Nummer 39 anzuwenden hat.

(36) [1]§ 20 Absatz 1 Nummer 1 bis 3 in der Fassung des Gesetzes vom 24. März 1999 (BGBl. I S. 402) ist letztmals anzuwenden für Ausschüttungen, für die der Vierte Teil des Körperschaftsteuergesetzes nach § 34 Absatz 10a des Körperschaftsteuergesetzes in der Fassung des Artikels 3 des Gesetzes vom 23. Oktober 2000 (BGBl. I S. 1433) letztmals anzuwenden ist. [2]§ 20 Absatz 1 Nummer 1 und 2 in der Fassung des Gesetzes vom 23. Oktober 2000 (BGBl. I S. 1433) ist erstmals für Erträge anzuwenden, für die Satz 1 nicht gilt. [3]§ 20 Absatz 1 Nummer 6 in der Fassung des Gesetzes vom 7. September 1990 (BGBl. I S. 1898) ist erstmals auf nach dem 31. Dezember 1974 zugeflossene Zinsen aus Versicherungsverträgen anzuwenden, die nach dem 31. Dezember 1973 abgeschlossen worden sind. [4]§ 20 Absatz 1 Nummer 6 in der Fassung des Gesetzes vom 20. Dezember 1996 (BGBl. I S. 2049) ist erstmals auf Zinsen aus Versicherungsverträgen anzuwenden, bei denen die Ansprüche nach dem 31. Dezember 1996 entgeltlich erworben worden sind. [5]Für Kapitalerträge aus Versicherungsverträgen, die vor dem 1. Januar 2005 abgeschlossen worden sind, ist § 20 Absatz 1 Nummer 6 in der am 31. Dezember 2004 geltenden Fassung mit der Maßgabe weiterhin anzuwenden, dass in Satz 3 die Angabe „§ 10 Absatz 1 Buchstabe b Satz 5" durch die Angabe „§ 10 Absatz 1 Nummer 2 Buchstabe b Satz 6" ersetzt wird. [6]§ 20 Absatz 1 Nummer 1 Satz 4, § 43 Absatz 3, § 44 Absatz 1, 2 und 5 und § 45a Absatz 1 und 3 in der Fassung des Artikels 1 des Gesetzes vom 13. Dezember 2006 (BGBl. I S. 2878) sind erstmals auf Verkäufe anzuwenden, die nach dem 31. Dezember 2006 getätigt werden. [7]§ 20 Absatz 1 Nummer 6 Satz 1 in der Fassung des Artikels 1 des Gesetzes vom 13. Dezember 2006 (BGBl. I S. 2878) ist auf Erträge aus Versicherungsverträgen, die nach dem 31. Dezember 2004 abgeschlossen werden, anzuwenden. [8]§ 20 Absatz 1 Nummer 6 Satz 3 in der Fassung des Artikels 1 des Gesetzes vom 13. Dezember 2006 (BGBl. I S. 2878) ist erstmals anzuwenden auf Versicherungsleistungen im Erlebensfall bei Versicherungsverträgen, die nach dem 31. Dezember 2006 abgeschlossen werden, und auf Versicherungsleistungen bei Rückkauf eines Vertrages nach dem 31. Dezember 2006. [9]§ 20 Absatz 1 Nummer 6 Satz 2 ist für Vertragsabschlüsse nach dem 31. Dezember 2011 mit der Maßgabe anzuwenden, dass die Versicherungsleistung nach Vollendung des 62. Lebensjahres des Steuerpflichtigen ausgezahlt wird. [10]§ 20 Absatz 1 Nummer 6 Satz 5 in der Fassung des Artikels 1 des Gesetzes

vom 19. Dezember 2008 (BGBl. I S. 2794) ist für alle Kapitalerträge anzuwenden, die dem Versicherungsunternehmen nach dem 31. Dezember 2008 zufließen. [11]§ 20 Absatz 1 Nummer 6 Satz 6 in der Fassung des Artikels 1 des Gesetzes vom 19. Dezember 2008 (BGBl. I S. 2794) ist für alle Versicherungsverträge anzuwenden, die nach dem 31. März 2009 abgeschlossen werden oder bei denen die erstmalige Beitragsleistung nach dem 31. März 2009 erfolgt. [12]Wird auf Grund einer internen Teilung nach § 10 des Versorgungsausgleichsgesetzes oder einer externen Teilung nach § 14 des Versorgungsausgleichsgesetzes ein Anrecht in Form eines Versicherungsvertrags zugunsten der ausgleichsberechtigten Person begründet, gilt dieser Vertrag insoweit zu dem gleichen Zeitpunkt als abgeschlossen wie derjenige der ausgleichspflichtigen Person.

(36a) Für die Anwendung des § 20 Absatz 1 Nummer 4 Satz 2 in der Fassung des Artikels 1 des Gesetzes vom 22. Dezember 2005 (BGBl. I S. 3683) gilt Absatz 33a entsprechend. [1)]

(37) [1]§ 20 Absatz 1 Nummer 9 in der Fassung des Artikels 1 des Gesetzes vom 8. Dezember 2010 (BGBl. I S. 1768) ist erstmals für den Veranlagungszeitraum 2011 anzuwenden. [2]§ 20 Absatz 1 Nummer 9 Satz 2 in der Fassung des Artikels 1 des Gesetzes vom 8. Dezember 2010 (BGBl. I S. 1768) ist erstmals für den Veranlagungszeitraum 2009 anzuwenden, soweit in den Einnahmen aus Leistungen zuzurechnende wiederkehrende Bezüge im Sinne des § 22 Nummer 1 Satz 2 Buchstabe a und b enthalten sind.

(37a) [1]§ 20 Absatz 1 Nummer 10 Buchstabe a ist erstmals auf Leistungen anzuwenden, die nach Ablauf des ersten Wirtschaftsjahres des Betriebs gewerblicher Art mit eigener Rechtspersönlichkeit erzielt werden, für das das Körperschaftsteuergesetz in der Fassung des Artikels 3 des Gesetzes vom 23. Oktober 2000 (BGBl. I S. 1433) erstmals anzuwenden ist. [2]§ 20 Absatz 1 Nummer 10 Buchstabe b ist erstmals auf Gewinne anzuwenden, die nach Ablauf des ersten Wirtschaftsjahres des Betriebs gewerblicher Art ohne eigene Rechtspersönlichkeit oder des wirtschaftlichen Geschäftsbetriebs erzielt werden, für das das Körperschaftsteuergesetz in der Fassung des Artikels 3 des Gesetzes vom 23. Oktober 2000 (BGBl. I S. 1433) erstmals anzuwenden ist. [3]§ 20 Absatz 1 Nummer 10 Buchstabe b Satz 3 ist erstmals für den Veranlagungszeitraum 2001 anzuwenden. [4]§ 20 Absatz 1 Nummer 10 Buchstabe b Satz 1 in der Fassung des Artikels 1 des Gesetzes vom 31. Juli 2003 (BGBl. I S. 1550) ist erstmals ab dem Veranlagungszeitraum 2004 anzuwenden. [5]§ 20 Absatz 1 Nummer 10 Buchstabe b Satz 1 in der am 12. Dezember 2006 geltenden Fassung ist für Anteile, die einbringungsgeboren im Sinne des § 21 des Umwandlungssteuergesetzes in der am 12. Dezember 2006 geltenden Fassung sind, weiter anzuwenden. [6]§ 20 Absatz 1 Nummer 10 Buchstabe b Satz 2 zweiter Halbsatz in der Fassung des Artikels 1 des Gesetzes vom 7. Dezember 2006 (BGBl. I S. 2782) ist erstmals auf Einbringungen oder Formwechsel anzuwenden, für die das Umwandlungssteuergesetz in der Fassung des Artikels 6 des Gesetzes vom 7. Dezember 2006 (BGBl. I S. 2782) anzuwenden ist. [7]§ 20 Absatz 1 Nummer 10 Buchstabe b Satz 2 zweiter Halbsatz ist auf Einbringungen oder Formwechsel, für die das Umwandlungssteuergesetz in der Fassung des Artikels 6 des Gesetzes vom 7. Dezember 2006 (BGBl. I S. 2782) noch nicht anzuwenden ist, in der folgenden Fassung anzuwenden:

„in Fällen der Einbringung nach dem Achten und des Formwechsels nach dem Zehnten Teil des Umwandlungssteuergesetzes gelten die Rücklagen als aufgelöst."

[8]§ 20 Absatz 1 Nummer 10 Buchstabe b Satz 3 in der Fassung des Artikels 1 des Gesetzes vom 19. Dezember 2008 (BGBl. I S. 2794) ist erstmals für den Veranlagungszeitraum 2009 anzuwenden.

(37b) § 20 Absatz 2 Satz 1 Nummer 4 Sätze 2 und 4 in der Fassung des Gesetzes vom 20. Dezember 2001 (BGBl. I S. 3794) ist für alle Veranlagungszeiträume anzuwenden, soweit Steuerbescheide noch nicht bestandskräftig sind.

(37c) § 20 Absatz 2a Satz 1 in der Fassung des Gesetzes vom 24. März 1999 (BGBl. I S. 402) ist letztmals anzuwenden für Ausschüttungen, für die der Vierte Teil des Körperschaftsteuergesetzes nach § 34 Absatz 10a des Körperschaftsteuergesetzes in der Fassung des Artikels 3 des Gesetzes vom 23. Oktober 2000 (BGBl. I S. 1433) letztmals anzuwenden ist.

(37d) [1]§ 20 Absatz 1 Nummer 4 Satz 2 und Absatz 2b in der Fassung des Artikels 1 des Gesetzes vom 13. Dezember 2006 (BGBl. I S. 2878) ist erstmals für den Veranlagungszeitraum 2006 anzuwenden. [2]Absatz 33a gilt entsprechend.

(37e) Für die Anwendung des § 21 Absatz 1 Satz 2 in der Fassung des Artikels 1 des Gesetzes vom 22. Dezember 2005 (BGBl. I S. 3683) gilt Absatz 33a entsprechend.

(38) [1]§ 22 Nummer 1 Satz 2 ist erstmals auf Bezüge anzuwenden, die nach Ablauf des Wirtschaftsjahres der Körperschaft, Personenvereinigung oder Vermögensmasse erzielt werden, die die Bezüge gewährt, für das das Körperschaftsteuergesetz in der Fassung der Bekanntmachung vom 22. April 1999 (BGBl. I S. 817), zuletzt geändert durch Artikel 4 des Gesetzes vom 14. Juli 2000 (BGBl. I S. 1034), letztmalig anzuwenden ist. [2]Für die Anwendung des § 22 Nummer 1 Satz 1 zweiter Halbsatz in der Fassung des Artikels 1 des Gesetzes vom 22. Dezember 2005 (BGBl. I S. 3683) gilt Absatz 33a entsprechen. [3]§ 22 Nummer 3 Satz 4 zweiter Halbsatz in der Fassung des

Artikels 1 des Gesetzes vom 13. Dezember 2006 (BGBl. I S. 2878) ist auch in den Fällen anzuwenden, in denen am 1. Januar 2007 die Feststellungsfrist noch nicht abgelaufen ist. [4]Wird auf Grund einer internen Teilung nach § 10 des Versorgungsausgleichsgesetzes oder einer externen Teilung nach § 14 des Versorgungsausgleichsgesetzes ein Anrecht zugunsten der ausgleichsberechtigten Person begründet, gilt dieser Vertrag insoweit zu dem gleichen Zeitpunkt als abgeschlossen wie derjenige der ausgleichspflichtigen Person, wenn die aus diesem Vertrag ausgezahlten Leistungen zu einer Besteuerung nach § 22 Nummer 5 Satz 2 Buchstabe b in Verbindung mit § 20 Absatz 1 Nummer 6 oder nach § 22 Nummer 5 Satz 2 Buchstabe c in Verbindung mit § 20 Absatz 1 Nummer 6 Satz 2 führen.

(38a) [1]Abweichend von § 22a Absatz 1 Satz 1 kann das Bundeszentralamt für Steuern den Zeitpunkt der erstmaligen Übermittlung von Rentenbezugsmitteilungen durch ein im Bundessteuerblatt zu veröffentlichendes Schreiben mitteilen. [2]Der Mitteilungspflichtige nach § 22a Absatz 1 kann die Identifikationsnummer (§ 139b der Abgabenordnung) eines Leistungsempfängers, dem in den Jahren 2005 bis 2008 Leistungen zugeflossen sind, abweichend von § 22a Absatz 2 Satz 1 und 2 beim Bundeszentralamt für Steuern erheben. [3]Das Bundeszentralamt für Steuern teilt dem Mitteilungspflichtigen die Identifikationsnummer des Leistungsempfängers mit, sofern die übermittelten Daten mit den nach § 139b Absatz 3 der Abgabenordnung beim Bundeszentralamt für Steuern gespeicherten Daten übereinstimmen. [4]Stimmen die Daten nicht überein, findet § 22a Absatz 2 Satz 1 und 2 Anwendung. [5]§ 22a Absatz 1 Satz 1 Nummer 1 Satz 2 und 3 in der Fassung des Artikels 1 des Gesetzes vom 8. Dezember 2010 (BGBl. I S. 1768) ist erstmals für die Rentenbezugsmitteilungen anzuwenden, die für den Veranlagungszeitraum 2011 zu übermitteln sind. [6]Im Übrigen ist § 22a in der Fassung des Artikels 1 des Gesetzes vom 8. Dezember 2010 (BGBl. I S. 1768) erstmals für die Rentenbezugsmitteilungen anzuwenden, die für den Veranlagungszeitraum 2010 zu übermitteln sind.

(39) § 25 Absatz 4 in der Fassung des Artikels 1 des Gesetzes 20. Dezember 2008 (BGBl. I S. 2850) ist erstmals für Einkommensteuererklärungen anzuwenden, die für den Veranlagungszeitraum 2011 abzugeben sind.

(40) [1]§ 32 Absatz 1 Nummer 2 in der Fassung des Artikels 1 des Gesetzes vom 15. Dezember 2003 (BGBl. I S. 2645) ist in allen Fällen anzuwenden, in denen die Einkommensteuer noch nicht bestandskräftig festgesetzt ist. [2]§ 32 Absatz 4 Satz 1 Nummer 2 Buchstabe d ist für den Veranlagungszeitraum 2000 in der folgenden Fassung anzuwenden:

d) „ein freiwilliges soziales Jahr im Sinne des Gesetzes zur Förderung eines freiwilligen sozialen Jahres, ein freiwilliges ökologisches Jahr im Sinne des Gesetzes zur Förderung eines freiwilligen ökologischen Jahres oder einen Freiwilligendienst im Sinne des Beschlusses Nummer 1686/98/EG des Europäischen Parlaments und des Rates vom 20. Juli 1998 zur Einführung des gemeinschaftlichen Aktionsprogramms „Europäischer Freiwilligendienst für junge Menschen" (ABl. EG Nummer L 214 S. 1) oder des Beschlusses Nummer 1031/2000/EG des Europäischen Parlaments und des Rates vom 13. April 2000 zur Einführung des gemeinschaftlichen Aktionsprogramms „Jugend" (ABl. EG Nummer L 117 S. 1) leistet oder"

[3]§ 32 Absatz 4 Satz 1 Nummer 2 Buchstabe d in der Fassung des Gesetzes vom 16. August 2001 (BGBl. I S. 2074) ist erstmals für den Veranlagungszeitraum 2001 anzuwenden. [4]§ 32 Absatz 4 Satz 1 Nummer 2 Buchstabe d in der Fassung des Artikels 2 Absatz 5 Buchstabe a des Gesetzes vom 16. Mai 2008 (BGBl. I S. 842) ist auf Freiwilligendienste im Sinne des Beschlusses Nummer 1719/2006/EG des Europäischen Parlaments und des Rates vom 15. November 2006 zur Einführung des Programms „Jugend in Aktion" (ABl. EU Nummer L 327 S. 30), die ab dem 1. Januar 2007 begonnen wurden, ab dem Veranlagungszeitraum 2007 anzuwenden. [5]Die Regelungen des § 32 Absatz 4 Satz 1 Nummer 2 Buchstabe d in der bis zum 31. Dezember 2007 anzuwendenden Fassung sind, bezogen auf die Ableistung eines freiwilligen sozialen Jahres im Sinne des Gesetzes zur Förderung eines freiwilligen sozialen Jahres oder eines freiwilligen ökologischen Jahres im Sinne des Gesetzes zur Förderung eines freiwilligen ökologischen Jahres auch über den 31. Dezember 2007 hinaus anzuwenden, soweit die vorstehend genannten freiwilligen Jahre vor dem 1. Juni 2008 vereinbart oder begonnen wurden und über den 31. Mai 2008 hinausgehen und die Beteiligten nicht die Anwendung der Vorschriften des Jugendfreiwilligendienstegesetzes vereinbaren. [6]§ 32 Absatz 4 Satz 1 Nummer 2 Buchstabe d in der Fassung des Artikels 1 des Gesetzes vom 16. Juli 2009 (BGBl. I S. 1959) ist auf einen Freiwilligendienst aller Generationen im Sinne von § 2 Absatz 1a des Siebten Buches Sozialgesetzbuch ab dem Veranlagungszeitraum 2009 anzuwenden. [7]§ 32 Absatz 4 Satz 1 Nummer 2 in der Fassung des Artikels 1 des Gesetzes vom 19. Juli 2006 (BGBl. I S. 1652) ist für Kinder, die im Veranlagungszeitraum 2006 das 24. Lebensjahr vollendeten, mit der Maßgabe anzuwenden, dass an die Stelle der Angabe „noch nicht das 25. Lebensjahr vollendet hat" die Angabe „noch nicht das 26. Lebensjahr vollendet hat" tritt; für Kinder, die im Veranlagungszeitraum 2006 das 25. oder 26. Lebensjahr vollendeten, ist § 32 Absatz 4 Satz 1 Nummer 2 weiterhin in der bis zum 31. Dezember 2006 geltenden Fassung anzuwenden. [8]§ 32 Absatz 4 Satz 1 Nummer 3 in der Fassung des Artikels 1 des Gesetzes vom 19. Juli 2006 (BGBl. I S. 1652) ist erstmals für Kinder anzuwenden, die im Veranlagungszeitraum 2007 wegen einer vor Vollendung des 25. Lebensjahres eingetretenen körperlichen, geistigen

oder seelischen Behinderung außerstande sind, sich selbst zu unterhalten; für Kinder, die wegen einer vor dem 1. Januar 2007 in der Zeit ab der Vollendung des 25. Lebensjahres und vor Vollendung des 27. Lebensjahres eingetretenen körperlichen, geistigen oder seelischen Behinderung außerstande sind, sich selbst zu unterhalten, ist § 32 Absatz 4 Satz 1 Nummer 3 weiterhin in der bis zum 31. Dezember 2006 geltenden Fassung anzuwenden. [9]§ 32 Absatz 5 Satz 1 in der Fassung des Artikels 1 des Gesetzes vom 19. Juli 2006 (BGBl. I S. 1652) ist für Kinder, die im Veranlagungszeitraum 2006 das 24. Lebensjahr vollendeten, mit der Maßgabe anzuwenden, dass an die Stelle der Angabe „über das 21. oder 25. Lebensjahr hinaus" die Angabe „über das 21. oder 26. Lebensjahr hinaus" tritt; für Kinder, die im Veranlagungszeitraum 2006 das 25., 26. oder 27. Lebensjahr vollendeten, ist § 32 Absatz 5 Satz 1 weiterhin in der bis zum 31. Dezember 2006 geltenden Fassung anzuwenden. [10]Für die nach § 10 Absatz 1 Nummer 2 Buchstabe b und §§ 10a, 82 begünstigten Verträge, die vor dem 1. Januar 2007 abgeschlossen wurden, gelten für das Vorliegen einer begünstigten Hinterbliebenenversorgung die Altersgrenzen des § 32 in der bis zum 31. Dezember 2006 geltenden Fassung. [11]Dies gilt entsprechend für die Anwendung des § 93 Absatz 1 Satz 3 Buchstabe b.

(40a) (weggefallen)

(41) § 32a Absatz 1 ist *für die Veranlagungszeiträume* 2010 *bis 2012* in der folgenden Fassung anzuwenden: [1]

„(1) [1]Die tarifliche Einkommensteuer bemisst sich nach dem zu versteuernden Einkommen. [2]Sie beträgt vorbehaltlich der §§ 32b, 32d, 34, 34a, 34b und 34c jeweils in Euro für zu versteuernde Einkommen

1. bis 8 004 Euro (Grundfreibetrag):

    0;

2. von 8 005 Euro bis 13 469 Euro:

    $(912{,}17 \cdot y + 1\,400) \cdot y$;

3. von 13 470 Euro bis 52 881 Euro:

    $(228{,}74 \cdot z + 2\,397) \cdot z + 1\,038$;

4. von 52 882 Euro bis 250 730 Euro:

    $0{,}42 \cdot x - 8\,172$;

5. von 250 731 Euro an:

    $0{,}45 \cdot x - 15\,694$.

[3]„y" ist ein Zehntausendstel des 8 004 Euro übersteigenden Teils des auf einen vollen Euro-Betrag abgerundeten zu versteuernden Einkommens. [4]„z" ist ein Zehntausendstel des 13 469 Euro übersteigenden Teils des auf einen vollen Euro-Betrag abgerundeten zu versteuernden Einkommens. [5] „x" ist das auf einen vollen Euro-Betrag abgerundete zu versteuernde Einkommen. [6]Der sich ergebende Steuerbetrag ist auf den nächsten vollen Euro-Betrag abzurunden."

[2]Für den Veranlagungszeitraum 2013 ist § 32a Absatz 1 in der Fassung des Artikels 1 Nummer 1 Buchstabe a des Gesetzes vom 20. Februar 2013 (BGBl. I S. 283). [3]§ 32a Absatz 1 in der Fassung des Artikels 1 Nummer 1 Buchstabe b des Gesetzes vom 20. Februar 2013 (BGBl. I S. 283) ist erstmals für den Veranlagungszeitraum 2014 anzuwenden.) [2]

(42) und (43) (weggefallen

(43a) [1]§ 32b Absatz 1 Nummer 5 in der Fassung des Artikels 1 des Gesetzes vom 20. Dezember 2007 (BGBl. I S. 3150) ist bei Staatsangehörigen eines Mitgliedstaates der Europäischen Union oder eines Staates, auf den das Abkommen über den Europäischen Wirtschaftsraum anwendbar ist, die im Hoheitsgebiet eines dieser Staaten ihren Wohnsitz oder gewöhnlichen Aufenthalt haben, auf Antrag auch für Veranlagungszeiträume vor 2008 anzuwenden, soweit Steuerbescheide noch nicht bestandskräftig sind. [2]§ 32b Absatz 1 Satz 2 und 3 in der Fassung des Artikels 1 des Gesetzes vom 19. Dezember 2008 (BGBl. I S. 2794) ist erstmals für den Veranlagungszeitraum 2008 anzuwenden. [3]§ 32b Absatz 2 Satz 2 und 3 in der Fassung des Artikels 1 des Gesetzes vom 13. Dezember 2006 (BGBl. I S. 2878) ist letztmals für den Veranlagungszeitraum 2007 anzuwenden. [4]Abweichend von § 32b Absatz 3 kann das Bundesministerium der Finanzen den Zeitpunkt der erstmaligen Übermittlung der Mitteilungen durch ein im Bundessteuerblatt zu veröffentlichendes Schreiben mitteilen. [5]Bis zu diesem Zeitpunkt sind § 32b Absatz 3 und 4 in der am 20. Dezember 2003 geltenden Fassung weiter anzuwenden. [6]Der Träger der Sozialleistungen nach § 32b Absatz 1 Nummer 1 darf die Identifikationsnummer (§ 139b der Abgabenordnung) eines Leistungsempfängers, dem im Kalenderjahr vor dem Zeitpunkt der erstmaligen Übermittlung Leistungen zugeflossen sind, abweichend von § 22a Absatz 2 Satz 1 und 2 beim Bundeszen-

---

[1]) *Absatz 41 Satz 1 wurde durch das Gesetz zum Abbau der kalten Progression (Inkrafttreten 26. 2 .2013) geändert.*

[2]) *Absatz 41 Satz 2 (Inkrafttreten 1. 1. 2013) und Satz 3 (Inkrafttreten 1. 1. 2014) wurde durch das Gesetz zum Abbau der kalten Progression angefügt.*

tralamt für Steuern erheben. [7]Das Bundeszentralamt für Steuern teilt dem Träger der Sozialleistungen die Identifikationsnummer des Leistungsempfängers mit, sofern die ihm vom Träger der Sozialleistungen übermittelten Daten mit den nach § 139b Absatz 3 der Abgabenordnung beim Bundeszentralamt für Steuern gespeicherten Daten übereinstimmen. [8]Stimmen die Daten nicht überein, findet § 22a Absatz 2 Satz 1 und 2 Anwendung. [9]Die Anfrage des Trägers der Sozialleistungen und die Antwort des Bundeszentralamtes für Steuern sind über die zentrale Stelle (§ 81) zu übermitteln. [10]Die zentrale Stelle führt eine ausschließlich automatisierte Prüfung der ihr übermittelten Daten daraufhin durch, ob sie vollständig und schlüssig sind und ob das vorgeschriebene Datenformat verwendet worden ist.

(44) § 32c in der Fassung des Artikels 1 des Gesetzes vom 13. Dezember 2006 (BGBl. I S. 2878) ist letztmals für den Veranlagungszeitraum 2007 anzuwenden.

(45) und (46) (weggefallen)

(46a) § 33b Absatz 6 in der Fassung des Artikels 1 des Gesetzes vom 9. Dezember 2004 (BGBl. I S. 3310) ist in allen Fällen anzuwenden, in denen die Einkommensteuer noch nicht bestandskräftig festgesetzt ist.

(47) [1]§ 34 Absatz 1 Satz 1 in der Fassung des Gesetzes vom 23. Oktober 2000 (BGBl. I S. 1433) ist erstmals für den Veranlagungszeitraum 1999 anzuwenden. [2]Auf § 34 Absatz 2 Nummer 1 in der Fassung des Gesetzes vom 23. Oktober 2000 (BGBl. I S. 1433) ist Absatz 4a in der Fassung des Gesetzes vom 23. Oktober 2000 (BGBl. I S. 1433) entsprechend anzuwenden. [3]Satz 2 gilt nicht für die Anwendung des § 34 Absatz 3 in der Fassung des Gesetzes vom 19. Dezember 2000 (BGBl. I S. 1812). [4]In den Fällen, in denen nach dem 31. Dezember eines Jahres mit zulässiger steuerlicher Rückwirkung eine Vermögensübertragung nach dem Umwandlungssteuergesetz erfolgt oder ein Veräußerungsgewinn im Sinne des § 34 Absatz 2 Nummer 1 in der Fassung des Gesetzes vom 23. Oktober 2000 (BGBl. I S. 1433) erzielt wird, gelten die außerordentlichen Einkünfte als nach dem 31. Dezember dieses Jahres erzielt. [5]§ 34 Absatz 3 Satz 1 in der Fassung des Gesetzes vom 19. Dezember 2000 (BGBl. I S. 1812) ist ab dem Veranlagungszeitraum 2 002 mit der Maßgabe anzuwenden, dass an die Stelle der Angabe „10 Millionen Deutsche Mark" die Angabe „5 Millionen Euro" tritt. [6]§ 34 Absatz 3 Satz 2 in der Fassung des Artikels 9 des Gesetzes vom 29. Dezember 2003 (BGBl. I S. 3076) ist erstmals für den Veranlagungszeitraum 2004 und für die Veranlagungszeiträume 2005 bis 2008 mit der Maßgabe anzuwenden, dass an die Stelle der Angabe „16 Prozent" die Angabe „15 Prozent" tritt. [7]§ 34 Absatz 3 Satz 2 in der Fassung des Gesetzes vom 8. Dezember 2010 (BGBl. I S. 1768) ist erstmals für den Veranlagungszeitraum 2009 anzuwenden. [8]Für die Anwendung des § 34 Absatz 3 Satz 4 in der Fassung des Gesetzes vom 19. Dezember 2000 (BGBl. I S. 1812) ist die Inanspruchnahme einer Steuerermäßigung nach § 34 in Veranlagungszeiträumen vor dem 1. Januar 2001 unbeachtlich.

(48) § 34a in der Fassung des Artikels 1 des Gesetzes vom 19. Dezember 2008 (BGBl. I S. 2794) ist erstmals für den Veranlagungszeitraum 2008 anzuwenden.

(49) [1]§ 34c Absatz 1 Satz 1 bis 3 sowie § 34c Absatz 6 Satz 2 in der Fassung des Artikels 1 des Gesetzes vom 19. Dezember 2008 (BGBl. I S. 2794) sind erstmals für den Veranlagungszeitraum 2009 anzuwenden. [2]§ 34c Absatz 1 Satz 2 ist für den Veranlagungszeitraum 2008 in der folgenden Fassung anzuwenden:

„Die auf diese ausländischen Einkünfte entfallende deutsche Einkommensteuer ist in der Weise zu ermitteln, dass die sich bei der Veranlagung des zu versteuernden Einkommens, einschließlich der ausländischen Einkünfte, nach den §§ 32a, 32b, 34, 34a und 34b ergebende deutsche Einkommensteuer im Verhältnis dieser ausländischen Einkünfte zur Summe der Einkünfte aufgeteilt wird."

[3]§ 34c Absatz 6 Satz 5 in Verbindung mit Satz 1 in der Fassung des Artikels 1 des Gesetzes vom 13. Dezember 2006 (BGBl. I S. 2878) ist für alle Veranlagungszeiträume anzuwenden, soweit Steuerbescheide noch nicht bestandskräftig sind.

(50) [1]§ 34f Absatz 3 und 4 Satz 2 in der Fassung des Gesetzes vom 25. Februar 1992 (BGBl. I S. 297) ist erstmals anzuwenden bei Inanspruchnahme der Steuerbegünstigung nach § 10e Absatz 1 bis 5 in der Fassung des Gesetzes vom 25. Februar 1992 (BGBl. I S. 297). [2]§ 34f Absatz 4 Satz 1 ist erstmals anzuwenden bei Inanspruchnahme der Steuerbegünstigung nach § 10e Absatz 1 bis 5 oder nach § 15b des Berlinförderungsgesetzes für nach dem 31. Dezember 1991 hergestellte oder angeschaffte Objekte.

(50a) [1]§ 35 in der Fassung des Artikels 1 des Gesetzes vom 19. Dezember 2008 (BGBl. I S. 2794) ist erstmals für den Veranlagungszeitraum 2008 anzuwenden. [2]Gewerbesteuer-Messbeträge, die Erhebungszeiträumen zuzuordnen sind, die vor dem 1. Januar 2008 enden, sind abweichend von § 35 Absatz 1 Satz 1 nur mit dem 1,8-fachen des Gewerbesteuer-Messbetrags zu berücksichtigen.

(50b) [1]§ 35a in der Fassung des Gesetzes vom 23. Dezember 2002 (BGBl. I S. 4621) ist erstmals für im Veranlagungszeitraum 2003 geleistete Aufwendungen anzuwenden, soweit die den Aufwendungen zu Grunde liegenden Leistungen nach dem 31. Dezember 2002 erbracht worden sind. [2]§ 35a in der Fassung des Artikels 1 des Gesetzes vom 13. Dezember 2006 (BGBl. I S. 2878) ist erstmals für im Veranlagungszeitraum 2006 geleistete Aufwendungen anzuwenden, soweit die den Aufwendungen zu Grunde liegenden Leistungen nach dem 31. Dezember 2005 erbracht worden sind. [3]§ 35a Absatz 1 Satz 1 und Absatz 2 Satz 1 und 2 in der Fassung des Artikels 1 des Gesetzes vom 20. Dezember 2007 (BGBl. I S. 3150) ist in allen Fällen anzuwenden, in denen die Einkommensteuer noch nicht bestandskräftig festgesetzt ist. [4]§ 35a in der Fassung des Artikels 1 des Gesetzes vom 21. Dezember 2008 (BGBl. I S. 2896) ist erstmals anzuwenden bei Aufwendungen, die im Veranlagungszeitraum 2009 geleistet und deren zu Grunde liegende Leistungen nach dem 31. Dezember 2008 erbracht worden sind. [5]§ 35a in der Fassung des Artikels 1 des Gesetzes vom 22. Dezember (BGBl. I S. 2955) ist erstmals für im Veranlagungszeitraum 2009 geleistete Aufwendungen anzuwenden, soweit die den Aufwendungen zu Grunde liegenden Leistungen nach dem 31. Dezember 2008 erbracht worden sind. [6]§ 35a Absatz 3 in der Fassung des Artikels 1 des Gesetzes vom 8. Dezember 2010 (BGBl. I S. 1768) ist erstmals für im Veranlagungszeitraum 2011 geleistete Aufwendungen anzuwenden, soweit die den Aufwendungen zu Grunde liegenden Leistungen nach dem 31. Dezember 2010 erbracht worden sind. [7]§ 35a Absatz 5 Satz 1 in der Fassung des Artikels 1 des Gesetzes vom 8. Dezember 2010 (BGBl. I S. 1768) ist erstmals für im Veranlagungszeitraum 2009 geleistete Aufwendungen anzuwenden, soweit die den Aufwendungen zu Grunde liegenden Leistungen nach dem 31. Dezember 2008 erbracht worden sind.

(50c) § 35b in der Fassung des Artikels 5 des Gesetzes vom 24. Dezember 2008 (BGBl. I S. 3018) ist erstmals für den Veranlagungszeitraum 2009 anzuwenden, wenn der Erbfall nach dem 31. Dezember 2008 eingetreten ist.

(50d) [1]§ 36 Absatz 2 Nummer 2 und 3 und Absatz 3 Satz 1 in der Fassung des Gesetzes vom 24. März 1999 (BGBl. I S. 402) ist letztmals anzuwenden für Ausschüttungen, für die der Vierte Teil des Körperschaftsteuergesetzes nach § 34 Absatz 10a des Körperschaftsteuergesetzes in der Fassung des Artikels 3 des Gesetzes vom 23. Oktober 2000 (BGBl. I S. 1433) letztmals anzuwenden ist. [2]§ 36 Absatz 2 Nummer 2 und Absatz 3 Satz 1 in der Fassung des Gesetzes vom 23. Oktober 2000 (BGBl. I S. 1433) ist erstmals für Erträge anzuwenden, für die Satz 1 nicht gilt. [3]§ 36 Absatz 5 in der Fassung des Artikels 1 des Gesetzes vom 8. Dezember 2010 (BGBl. I S. 1768) gilt in allen Fällen, in denen § 16 Absatz 3a anzuwenden ist.

(50e) Die §§ 36a bis 36e in der Fassung des Gesetzes vom 24. März 1999 (BGBl. I S. 402) sind letztmals anzuwenden für Ausschüttungen, für die der Vierte Teil des Körperschaftsteuergesetzes nach § 34 Absatz 10a des Körperschaftsteuergesetzes in der Fassung des Artikels 3 des Gesetzes vom 23. Oktober 2000 (BGBl. I S. 1433) letztmals anzuwenden ist.

(50f) [1]§ 37 Absatz 3 ist, soweit die erforderlichen Daten nach § 10 Absatz 2 Satz 3 noch nicht nach § 10 Absatz 2a übermittelt wurden, mit der Maßgabe anzuwenden, dass

1. als Beiträge im Sinne des § 10 Absatz 1 Nummer 3 Buchstabe a die für den letzten Veranlagungszeitraum geleisteten Beiträge zugunsten einer privaten Krankenversicherung vermindert um 20 Prozent oder Beiträge zur gesetzlichen Krankenversicherung vermindert um 4 Prozent,

2. als Beiträge im Sinne des § 10 Absatz 1 Nummer 3 Buchstabe b die bei der letzten Veranlagung berücksichtigten Beiträge zugunsten einer gesetzlichen Pflegeversicherung

anzusetzen sind; mindestens jedoch 1 500 Euro. [2]Bemessen sich die Vorauszahlungen auf der Veranlagung des Veranlagungszeitraums 2008, dann sind 1 500 Euro als Beiträge im Sinne des § 10 Absatz 1 Nummer 3 anzusetzen, wenn der Steuerpflichtige keine höheren Beiträge gegenüber dem Finanzamt nachweist. [3]Bei zusammen veranlagten Ehegatten ist der in den Sätzen 1 und 2 genannte Betrag von 1 500 Euro zu verdoppeln. [4]§ 37 Absatz 3 Satz 3 in der in der Fassung des Artikels 1 des Gesetzes vom 1. November 2011 (BGBl. I S. 2131) ist erstmals für Besteuerungszeiträume anzuwenden, die nach dem 31. Dezember 2009 beginnen.

(50g) [1]Das Bundesministerium der Finanzen kann im Einvernehmen mit den obersten Finanzbehörden der Länder in einem Schreiben mitteilen, wann die in § 39 Absatz 4 Nummer 4 und 5 genannten Lohnsteuerabzugsmerkmale erstmals abgerufen werden können (§ 39e Absatz 3 Satz 1). [2]Dieses Schreiben ist im Bundessteuerblatt zu veröffentlichen.

(51) [1]§ 39b Absatz 2 Satz 5 Nummer 1 ist auf laufenden Arbeitslohn, der für einen nach dem 30. November 2011 aber vor dem 1. Januar 2012 endenden täglichen, wöchentlichen und monatlichen Lohnzahlungszeitraum gezahlt wird, mit der Maßgabe anzuwenden, dass der verminderte oder erhöhte hochgerechnete Jahresarbeitslohn nicht um den Arbeitnehmer-Pauschbetrag (§ 9a Satz 1 Nummer 1 Buchstabe a), sondern um den lohnsteuerlichen Ausgleichsbetrag 2011 in Höhe von 1880 Euro vermindert wird. [2]Bei sonstigen Bezügen (§ 39b Absatz 3), die nach dem 30. November 2011 aber vor dem 1. Januar 2012 zufließen, beim permanenten Lohnsteuer-Jahresausgleich (§ 39b Absatz 2 Satz 12) für einen nach dem 30. November 2011 aber vor dem 1. Januar 2012 endenden Lohnzahlungszeitraum und beim Lohnsteuer-Jahresausgleich durch den Arbeitgeber (§ 42b) für das Ausgleichsjahr 2011 ist jeweils ein Arbeitnehmer- Pauschbetrag von 1000 Euro zu berücksichtigen.

(51a) § 39b Absatz 3 Satz 10 ist auf sonstige Bezüge, die nach dem 31. Dezember 2008 und vor dem 1. Januar 2010 zufließen, in folgender Fassung anzuwenden:

„Ein sonstiger Bezug im Sinne des § 34 Absatz 1 und 2 Nummer 2 und Nummer 4 ist bei der Anwendung des Satzes 4 in die Bemessungsgrundlage für die Vorsorgepauschale nach Absatz 2 Satz 5 Nummer 3 einzubeziehen."

(51b) § 39b Absatz 6 in der am 31. Dezember 2010 geltenden Fassung ist weiterhin anzuwenden, bis das Bundesministerium der Finanzen den Zeitpunkt für den erstmaligen automatisierten Abruf der Lohnsteuerabzugsmerkmale nach § 39 Absatz 4 Nummer 5 mitgeteilt hat (Absatz 50g).

[1] *(51c) Für Lohnzahlungszeiträume, die nach dem 31. Dezember 2012 und vor dem 1. Januar 2014 enden, ist § 39b Absatz 2 Satz 7 in der Fassung des Artikels 1 Nummer 2 Buchstabe a des Gesetzes vom 20. Februar 2013 (BGBl. I S. 283) anzuwenden.*

[2] *(51d) § 39b Absatz 2 Satz 7 in der Fassung des Artikels 1 Nummer 2 Buchstabe b des Gesetzes vom 20. Februar 2013 (BGBl. I S. 283) ist erstmals für Lohnzahlungszeiträume anzuwenden, die nach dem 31. Dezember 2013 enden.*

(52) Haben Arbeitnehmer im Laufe des Kalenderjahres geheiratet, wird abweichend von § 39e Absatz 3 Satz 3 für jeden Ehegatten automatisiert die Steuerklasse IV gebildet, wenn die Voraussetzungen des § 38b Absatz 1 Satz 2 Nummer 3 oder Nummer 4 vorliegen.

(52a) § 40 Absatz 2 Satz 2 und 3 in der Fassung des Gesetzes vom 20. April 2009 (BGBl. I S. 774) ist erstmals anzuwenden auf den laufenden Arbeitslohn, der für einen nach dem 31. Dezember 2006 endenden Lohnzahlungszeitraum gezahlt wird, und auf sonstige Bezüge, die nach dem 31. Dezember 2006 zufließen.

(52b) [1]§ 40b Absatz 1 und 2 in der am 31. Dezember 2004 geltenden Fassung ist weiter anzuwenden auf Beiträge für eine Direktversicherung des Arbeitnehmers und Zuwendungen an eine Pensionskasse, die auf Grund einer Versorgungszusage geleistet werden, die vor dem 1. Januar 2005 erteilt wurde. [2]Sofern die Beiträge für eine Direktversicherung die Voraussetzungen des § 3 Nummer 63 erfüllen, gilt dies nur, wenn der Arbeitnehmer nach Absatz 6 gegenüber dem Arbeitgeber für diese Beiträge auf die Anwendung des § 3 Nummer 63 verzichtet hat. [3]§ 40b Absatz 4 in der Fassung des Artikels 1 des Gesetzes vom 13. Dezember 2006 (BGBl. I S. 2878) ist erstmals anzuwenden auf Sonderzahlungen, die nach dem 23. August 2006 gezahlt werden.

(52c) § 41b Absatz 1 Satz 2 Satzteil vor Nummer 1 in der Fassung des Artikels 1 des Gesetzes vom 20. Dezember 2007 (BGBl. I S. 3150) ist erstmals anzuwenden für Lohnsteuerbescheinigungen von laufendem Arbeitslohn, der für einen nach dem 31. Dezember 2008 endenden Lohnzahlungszeitraum gezahlt wird, und von sonstigen Bezügen, die nach dem 31. Dezember 2008 zufließen.

(53) [1]Die §§ 43 bis 45c in der Fassung des Gesetzes vom 22. Dezember 1999 (BGBl. I S. 2601) sind letztmals anzuwenden für Ausschüttungen, für die der Vierte Teil des Körperschaftsteuergesetzes nach § 34 Absatz 10a des Körperschaftsteuergesetzes in der Fassung des Artikels 3 des Gesetzes vom 23. Oktober 2000 (BGBl. I S. 1433) letztmals anzuwenden ist. [2]Die §§ 43 bis 45c in der Fassung des Artikels 1 des Gesetzes vom 23. Oktober 2000 (BGBl. I S. 1433), dieses wiederum geändert durch Artikel 2 des Gesetzes vom 19. Dezember 2000 (BGBl. I S. 1812), sind auf Kapitalerträge anzuwenden, für die Satz 1 nicht gilt. [3]§ 44 Absatz 6 Satz 3 in der Fassung des Gesetzes vom 20. Dezember 2001 (BGBl. I S. 3858) ist erstmals für den Veranlagungszeitraum 2001 anzuwenden. [4]§ 45d Absatz 1 Satz 1 in der Fassung des Gesetzes vom 20. Dezember 2001 (BGBl. I S. 3794) ist für Mitteilungen auf Grund der Steuerabzugspflicht nach § 18a des Auslandinvestment-Gesetzes auf Kapitalerträge anzuwenden, die den Gläubigern nach dem 31. Dezember 2001 zufließen. [5]§ 44 Absatz 6 in der Fassung des Artikels 1 des Gesetzes vom 13. Dezember 2006 (BGBl. I S. 2878) ist erstmals für Kapitalerträge anzuwenden, für die Satz 1 nicht gilt.

(53a) [1]§ 43 Absatz 1 Satz 1 Nummer 1 Satz 2 und Absatz 3 Satz 2 sind erstmals auf Entgelte anzuwenden, die nach dem 31. Dezember 2004 zufließen, es sei denn, die Veräußerung ist vor dem 29. Juli 2004 erfolgt. [2]§ 43 Absatz 1 Satz 1 Nummer 7 Buchstabe b Satz 2 in der Fassung des Artikels 1 des Gesetzes vom 13. Dezember 2006 (BGBl. I S. 2878) ist erstmals auf Verträge anzuwenden, die nach dem 31. Dezember 2006 abgeschlossen werden.

(54) Bei der Veräußerung oder Einlösung von Wertpapieren und Kapitalforderungen, die von der das Bundesschuldbuch führenden Stelle oder einer Landesschuldenverwaltung verwahrt oder verwaltet werden können, bemisst sich der Steuerabzug nach den bis zum 31. Dezember 1993 geltenden Vorschriften, wenn sie vor dem 1. Januar 1994 emittiert worden sind; dies gilt nicht für besonders in Rechnung gestellte Stückzinsen.

(55) § 43a Absatz 2 Satz 7 ist erstmals auf Erträge aus Wertpapieren und Kapitalforderungen anzuwenden, die nach dem 31. Dezember 2001 erworben worden sind.

(55a) Die Anlage 2 (zu § 43b) in der Fassung des Artikels 1 des Gesetzes vom 20. Dezember 2007 (BGBl. I S. 3150) ist auf Ausschüttungen im Sinne des § 43b anzuwenden, die nach dem 31. Dezember 2006 zufließen.

(55b) (weggefallen)

---

[1] *Absatz 51c (Inkrafttreten 1. 1. 2013) wurde durch das Gesetz zum Abbau der kalten Progression eingefügt.*
[2] *Absatz 51d (Inkrafttreten 1. 1. 2014) wurde durch das Gesetz zum Abbau der kalten Progression eingefügt.*

(55c) § 43b Absatz 2 Satz 1 ist auf Ausschüttungen, die nach dem 31. Dezember 2008 zufließen, mit der Maßgabe anzuwenden, dass an die Stelle der Angabe „15 Prozent" die Angabe „10 Prozent" tritt.

(55d) § 43b Absatz 3 ist letztmals auf Ausschüttungen anzuwenden, die vor dem 1. Januar 2009 zugeflossen sind.

(55e) [1] § 44 Absatz 1 Satz 5 in der Fassung des Gesetzes vom 21. Juli 2004 (BGBl. I S. 1753) ist erstmals auf Ausschüttungen anzuwenden, die nach dem 31. Dezember 2004 erfolgen. [2] § 44 Absatz 6 Satz 2 und 5 in der am 12. Dezember 2006 geltenden Fassung sind für Anteile, die einbringungsgeboren im Sinne des § 21 des Umwandlungssteuergesetzes in der am 12. Dezember 2006 geltenden Fassung sind, weiter anzuwenden.

(55f) Für die Anwendung des § 44 Absatz 1 Satz 1 Nummer 1 und Absatz 2 Satz 1 Nummer 1 auf Kapitalerträge, die nach dem 31. Dezember 2006 zufließen, gilt Folgendes:

[1] „Ist ein Freistellungsauftrag vor dem 1. Januar 2007 unter Beachtung des § 20 Absatz 4 in der bis dahin geltenden Fassung erteilt worden, darf der nach § 44 Absatz 1 zum Steuerabzug Verpflichtete den angegebenen Freistellungsbetrag nur zu 56,37 Prozent berücksichtigen. [2] Sind in dem Freistellungsauftrag der gesamte Sparer-Freibetrag nach § 20 Absatz 4 in der Fassung des Artikels 1 des Gesetzes vom 19. Juli 2006 (BGBl. I S. 1652) und der gesamte Werbungskosten-Pauschbetrag nach § 9a Satz 1 Nummer 2 in der Fassung des Artikels 1 des Gesetzes vom 19. Juli 2006 (BGBl. I S. 1652) angegeben, ist der Werbungskosten-Pauschbetrag in voller Höhe zu berücksichtigen."

(55g) [1] § 44a Absatz 7 und 8 in der Fassung des Artikels 1 des Gesetzes vom 15. Dezember 2003 (BGBl. I S. 2645) ist erstmals für Ausschüttungen anzuwenden, die nach dem 31. Dezember 2003 erfolgen. [2] Für Ausschüttungen, die vor dem 1. Januar 2004 erfolgen, sind § 44a Absatz 7 und § 44c in der Fassung der Bekanntmachung vom 19. Oktober 2002 (BGBl. I S. 4210, 2003 I S. 179) weiterhin anzuwenden. [3] § 44a Absatz 7 und 8 in der Fassung des Artikels 1 des Gesetzes vom 9. Dezember 2004 (BGBl. I S. 3310) und § 45b Absatz 2a sind erstmals auf Ausschüttungen anzuwenden, die nach dem 31. Dezember 2004 erfolgen.

(55h) § 44b Absatz 1 Satz 2 in der Fassung des Artikels 1 des Gesetzes vom 13. Dezember 2006 (BGBl. I S. 2878) ist erstmals auf Kapitalerträge anzuwenden, die nach dem 31. Dezember 2006 zufließen.

(55i) § 45a Absatz 4 Satz 2 in der Fassung des Artikels 1 des Gesetzes vom 13. Dezember 2006 (BGBl. I S. 2878) ist erstmals ab dem 1. Januar 2007 anzuwenden.

(55j) *Für den Veranlagungszeitraum 2013 ist § 46 Absatz 2 Nummer 3 und 4 in der Fassung des Artikels 1 Nummer 3 Buchstabe a und c des Gesetzes vom 20. Februar 2013 (BGBl. I S. 283) anzuwenden.* [1]

(55k) *§ 46 Absatz 2 Nummer 3 und 4 in der Fassung des Artikels 1 Nummer 3 Buchstabe b und d des Gesetzes vom 20. Februar 2013 (BGBl. I S. 283) ist erstmals für den Veranlagungszeitraum 2014 anzuwenden.* [2]

(56) § 48 in der Fassung des Gesetzes vom 30. August 2001 (BGBl. I S. 2267) ist erstmals auf Gegenleistungen anzuwenden, die nach dem 31. Dezember 2001 erbracht werden.

(57) § 49 Absatz 1 Nummer 2 Buchstaben e und f sowie Nummer 8 in der Fassung des Gesetzes vom 7. Dezember 2006 (BGBl. I S. 2782) ist erstmals für den Veranlagungszeitraum 2006 anzuwenden.

(57a) [1] § 49 Absatz 1 Nummer 5 Buchstabe a in der Fassung des Gesetzes vom 22. Dezember 1999 (BGBl. I S. 2601) ist letztmals anzuwenden für Ausschüttungen, für die der Vierte Teil des Körperschaftsteuergesetzes nach § 34 Absatz 10a des Körperschaftsteuergesetzes in der Fassung des Artikels 3 des Gesetzes vom 23. Oktober 2000 (BGBl. I S. 1433) letztmals anzuwenden ist. [2] § 49 Absatz 1 Nummer 5 Buchstabe a in der Fassung des Gesetzes vom 23. Oktober 2000 (BGBl. I S. 1433) ist erstmals für Kapitalerträge anzuwenden, für die Satz 1 nicht gilt. [3] § 49 Absatz 1 Nummer 5 Buchstabe b in der Fassung des Gesetzes vom 22. Dezember 1999 (BGBl. I S. 2601) ist letztmals anzuwenden für Ausschüttungen, für die der Vierte Teil des Körperschaftsteuergesetzes nach § 34 Absatz 10a des Körperschaftsteuergesetzes in der Fassung des Artikels 3 des Gesetzes vom 23. Oktober 2000 (BGBl. I S. 1433) letztmals anzuwenden ist. [4] Für die Anwendung des § 49 Absatz 1 Nummer 5 Buchstabe a in der Fassung des Gesetzes vom 20. Dezember 2001 (BGBl. I S. 3794) gelten bei Kapitalerträgen, die nach dem 31. Dezember 2000 zufließen, die Sätze 1 und 2 entsprechend. [5] § 49 Absatz 1 Nummer 5 Buchstabe a und b in der Fassung des Gesetzes vom 9. Dezember 2004 (BGBl. I S. 3310) ist erstmals auf Kapitalerträge, die nach dem 31. Dezember 2003 zufließen, anzuwenden.

---

[1] *Absatz 55j wurde durch das Gesetz zum Abbau der kalten Progression (Inkrafttreten 1. 1. 2013) neu gefasst.*
[2] *Absatz 51k wurde durch das Gesetz zum Abbau der kalten Progression (Inkrafttreten 1. 1. 2014) eingefügt.*

(58) [1] § 50 Absatz 1 in der Fassung des Artikels 1 des Gesetzes vom 20. Dezember 2007 (BGBl. I S. 3150) ist bei Staatsangehörigen eines Mitgliedstaates der Europäischen Union oder eines Staates, auf den das Abkommen über den Europäischen Wirtschaftsraum anwendbar ist, die im Hoheitsgebiet eines dieser Staaten ihren Wohnsitz oder gewöhnlichen Aufenthalt haben, auf Antrag auch für Veranlagungszeiträume vor 2008 anzuwenden, soweit Steuerbescheide noch nicht bestandskräftig sind. [2] § 50 Absatz 5 Satz 2 Nummer 3 in der Fassung der Bekanntmachung vom 19. Oktober 2002 (BGBl. I S. 4210; 2003 I S. 179) ist letztmals anzuwenden auf Vergütungen, die vor dem 1. Januar 2009 zufließen. [3] Der Zeitpunkt der erstmaligen Anwendung des § 50 Absatz 2 in der Fassung des Artikels 8 des Gesetzes vom 10. August 2009 (BGBl. I S. 2702) wird durch eine Rechtsverordnung der Bundesregierung bestimmt, die der Zustimmung des Bundesrates bedarf; dieser Zeitpunkt darf nicht vor dem 31. Dezember 2011 liegen.

(58a) [1] § 50a in der Fassung des Artikels 1 des Gesetzes vom 19. Dezember 2008 (BGBl. I S. 2794) ist erstmals auf Vergütungen anzuwenden, die nach dem 31. Dezember 2008 zufließen. [2] Der Zeitpunkt der erstmaligen Anwendung des § 50a Absatz 3 und 5 in der Fassung des Artikels 8 des Gesetzes vom 10. August 2009 (BGBl. I S. 2702) wird durch eine Rechtsverordnung der Bundesregierung bestimmt, die der Zustimmung des Bundesrates bedarf; dieser Zeitpunkt darf nicht vor dem 31. Dezember 2011 liegen.

(58b) § 50a Absatz 7 Satz 3 in der Fassung des Gesetzes vom 20. Dezember 2001 (BGBl. I S. 3794) ist erstmals auf Vergütungen anzuwenden, für die der Steuerabzug nach dem 22. Dezember 2001 angeordnet worden ist.

(58c) § 50b in der Fassung des Artikels 1 des Gesetzes vom 13. Dezember 2006 (BGBl. I S. 2878) ist erstmals anzuwenden für Jahresbescheinigungen, die nach dem 31. Dezember 2004 ausgestellt werden.

(59) § 50c in der Fassung des Gesetzes vom 24. März 1999 (BGBl. I S. 402) ist weiter anzuwenden, wenn für die Anteile vor Ablauf des ersten Wirtschaftsjahres, für das das Körperschaftsteuergesetz in der Fassung des Artikels 3 des Gesetzes vom 23. Oktober 2000 (BGBl. I S. 1433) erstmals anzuwenden ist, ein Sperrbetrag zu bilden war.

(59a) [1] § 50d in der Fassung des Gesetzes vom 22. Dezember 1999 (BGBl. I S. 2601) ist letztmals anzuwenden für Ausschüttungen, für die der Vierte Teil des Körperschaftsteuergesetzes nach § 34 Absatz 10a des Körperschaftsteuergesetzes in der Fassung des Artikels 3 des Gesetzes vom 23. Oktober 2000 (BGBl. I S. 1433) letztmals anzuwenden ist. [2] § 50d in der Fassung des Gesetzes vom 23. Oktober 2000 (BGBl. I S. 1433) ist erstmals auf Kapitalerträge anzuwenden, für die Satz 1 nicht gilt. [3] § 50d in der Fassung des Gesetzes vom 20. Dezember 2001 (BGBl. I S. 3794) ist ab 1. Januar 2002 anzuwenden; für Anträge auf die Erteilung von Freistellungsbescheinigungen, die bis zum 31. Dezember 2001 gestellt worden sind, ist § 50d Absatz 2 Satz 4 nicht anzuwenden. [4] § 50d Absatz 1 in der Fassung des Artikels 1 des Gesetzes vom 15. Dezember 2003 (BGBl. I S. 2645) ist ab 1. Januar 2002 anzuwenden. [5] § 50d Absatz 1, 1a, 2 und 4 in der Fassung des Gesetzes vom 2. Dezember 2004 (BGBl. I S. 3112) ist erstmals auf Zahlungen anzuwenden, die nach dem 31. Dezember 2003 erfolgen. [6] § 50d Absatz 9 Satz 1 Nummer 1 in der Fassung des Artikels 1 des Gesetzes vom 13. Dezember 2006 (BGBl. I S. 2878) ist für alle Veranlagungszeiträume anzuwenden, soweit Steuerbescheide noch nicht bestandskräftig sind. [7] § 50d Absatz 1, 1a, 2 und 5 in der Fassung des Artikels 1 des Gesetzes vom 19. Dezember 2008 (BGBl. I S. 2794) ist erstmals auf Vergütungen anzuwenden, die nach dem 31. Dezember 2008 zufließen. [8] § 50d Absatz 10 in der Fassung des Artikels 1 des Gesetzes vom 19. Dezember 2008 (BGBl. I S. 2794) ist in allen Fällen anzuwenden, in denen die Einkommen- und Körperschaftsteuer noch nicht bestandskräftig festgesetzt ist. [9] *§ 50d Absatz 11 in der Fassung des Artikels 3 des Gesetzes vom 8. Mai 2012 (BGBl. I S. 1030) ist erstmals auf Zahlungen anzuwenden, die nach dem 31. Dezember 2011 erfolgen.* [1]

(59b) § 50f in der Fassung des Artikels 1 des Gesetzes vom 8. Dezember 2010 (BGBl. I S. 1768) ist erstmals für die Rentenbezugsmitteilungen anzuwenden, die für den Veranlagungszeitraum 2010 zu übermitteln sind.

(59c) Die Anlage 3 (zu § 50g) in der Fassung des Artikels 1 des Gesetzes vom 20. Dezember 2007 (BGBl. I S. 3150) ist auf Zahlungen anzuwenden, die nach dem 31. Dezember 2006 erfolgen.

(59d) § 51 Absatz 4 Nummer 1 in der Fassung des Gesetzes vom 24. März 1999 (BGBl. I S. 402) ist letztmals anzuwenden für Ausschüttungen, für die der Vierte Teil des Körperschaftsteuergesetzes nach § 34 Absatz 10a des Körperschaftsteuergesetzes in der Fassung des Artikels 3 des Gesetzes vom 23. Oktober 2000 (BGBl. I S. 1433) letztmals anzuwenden ist.

(59e) [1] § 52 Absatz 8 in der Fassung des Artikels 1 Nummer 59 des Jahressteuergesetzes 1996 vom 11. Oktober 1995 (BGBl. I S. 1250) ist nicht mehr anzuwenden. [2] § 52 Absatz 8 in der Fassung des Artikels 8 Nummer 5 des Dritten Finanzmarktförderungsgesetzes vom 24. März 1998 (BGBl. I S. 529) ist in folgender Fassung anzuwenden:

---

[1] *Absatz 59a Satz 9 wurde durch das Gesetz zur Änderung des Gemeindefinanzreformgesetzes und von steuerlichen Vorschriften (Inkrafttreten 1. 1. 2012) angefügt.*

„(8) § 6b Absatz 1 Satz 2 Nummer 5 und Absatz 4 Satz 1 Nummer 2 ist erstmals auf Veräußerungen anzuwenden, die nach dem Inkrafttreten des Artikels 7 des Dritten Finanzmarktförderungsgesetzes vorgenommen werden."

(60) § 55 in der Fassung des Gesetzes vom 24. März 1999 (BGBl. I S. 402) ist auch für Veranlagungszeiträume vor 1999 anzuwenden.

(61) Die §§ 62 und 65 in der Fassung des Gesetzes vom 16. Dezember 1997 (BGBl. I S. 2970) sind erstmals für den Veranlagungszeitraum 1998 anzuwenden.

(61a) [1]§ 62 Absatz 2 in der Fassung des Gesetzes vom 30. Juli 2004 (BGBl. I S. 1950) ist erstmals für den Veranlagungszeitraum 2005 anzuwenden. [2]§ 62 Absatz 2 in der Fassung des Artikels 2 Nummer 2 des Gesetzes vom 13. Dezember 2006 (BGBl. I S. 2915) ist in allen Fällen anzuwenden, in denen das Kindergeld noch nicht bestandskräftig festgesetzt ist.

(62) § 66 Absatz 3 in der Fassung der Bekanntmachung vom 16. April 1997 (BGBl. I S. 821) ist letztmals für das Kalenderjahr 1997 anzuwenden, so dass Kindergeld auf einen nach dem 31. Dezember 1997 gestellten Antrag rückwirkend längstens bis einschließlich Juli 1997 gezahlt werden kann.

(62a) § 70 Absatz 4 in der am 31. Dezember 2011 geltenden Fassung ist weiter für Kindergeldfestsetzungen anzuwenden, die Zeiträume betreffen, die vor dem 1. Januar 2012 enden.

(63) § 73 in der Fassung der Bekanntmachung vom 16. April 1997 (BGBl. I S. 821) ist weiter für Kindergeld anzuwenden, das der private Arbeitgeber für Zeiträume vor dem 1. Januar 1999 auszuzahlen hat.

(63a) [1]§ 79 Satz 1 gilt entsprechend für die in Absatz 24c Satz 2 und 3 genannten Personen, sofern sie unbeschränkt steuerpflichtig sind oder für das Beitragsjahr nach § 1 Absatz 3 als unbeschränkt steuerpflichtig behandelt werden. [2]Der Anbieter eines Altersvorsorgevertrages hat seinen Vertragspartner bis zum 31. Juli 2012 in hervorgehobener Weise schriftlich darauf hinzuweisen, dass ab dem Beitragsjahr 2012 eine weitere Voraussetzung für das Bestehen einer mittelbaren Zulageberechtigung nach § 79 Satz 2 die Zahlung von eigenen Altersvorsorgebeiträgen in Höhe von mindestens 60 Euro pro Beitragsjahr ist.

(63b) [1]Der Zulageberechtigte kann für ein abgelaufenes Beitragsjahr bis zum Beitragsjahr 2011 Altersvorsorgebeiträge auf einen auf seinen Namen lautenden Altersvorsorgevertrag leisten, wenn

1. der Anbieter des Altersvorsorgevertrages davon Kenntnis erhält, in welcher Höhe und für welches Beitragsjahr die Altersvorsorgebeiträge berücksichtigt werden sollen,

2. in dem Beitragsjahr, für das die Altersvorsorgebeiträge berücksichtigt werden sollen, ein Altersvorsorgevertrag bestanden hat,

3. im fristgerechten Antrag auf Zulage für dieses Beitragsjahr eine Zulageberechtigung nach § 79 Satz 2 angegeben wurde, aber tatsächlich eine Zulageberechtigung nach § 79 Satz 1 vorliegt,

4. die Zahlung der zurück zu beziehenden Altersvorsorgebeiträge bis zum Ablauf von zwei Jahren nach Erteilung der Bescheinigung nach § 92, mit der zuletzt Ermittlungsergebnisse für dieses Beitragsjahr bescheinigt wurden, längstens jedoch bis zum Beginn der Auszahlungsphase des Altersvorsorgevertrages erfolgt und

5. der Zulageberechtigte vom Anbieter in hervorgehobener Weise darüber informiert wurde oder dem Anbieter seine Kenntnis darüber versichert, dass die Leistungen aus diesen Altersvorsorgebeiträgen der vollen nachgelagerten Besteuerung nach § 22 Nummer 5 Satz 1 unterliegen.

[2]Wurden die Altersvorsorgebeiträge dem Altersvorsorgevertrag gutgeschrieben und sind die Voraussetzungen nach Satz 1 erfüllt, hat der Anbieter der zentralen Stelle (§ 81) die entsprechenden Daten nach § 89 Absatz 2 Satz 1 für das zurückliegende Beitragsjahr nach einem mit der zentralen Stelle abgestimmten Verfahren mitzuteilen. [3]Die Beträge nach Satz 1 gelten für die Ermittlung der zu zahlenden Altersvorsorgezulage nach § 83 als Altersvorsorgebeiträge für das Beitragsjahr, für das sie gezahlt wurden. [4]Für die Anwendung des § 10a Absatz 1 Satz 1 sowie bei der Ermittlung der dem Steuerpflichtigen zustehenden Zulage im Rahmen des § 2 Absatz 6 und des § 10a sind die nach Satz 1 gezahlten Altersvorsorgebeiträge weder für das Beitragsjahr nach Satz 1 Nummer 2 noch für das Beitragsjahr der Zahlung zu berücksichtigen.

(64) § 86 in der Fassung des Gesetzes vom 15. Januar 2003 ist erstmals für den Veranlagungszeitraum 2002 anzuwenden.

(65) [1]§ 91 Absatz 1 Satz 4 in der Fassung des Artikels 1 des Gesetzes vom 20. Dezember 2007 (BGBl. I S. 3150) ist ab Veranlagungszeitraum 2002 anzuwenden. [2]§ 91 Absatz 1 Satz 1 in der Fassung des Artikels 1 des Gesetzes vom 19. Dezember 2008 (BGBl. I S. 2794) ist bis zum 31. Dezember 2008 mit der Maßgabe anzuwenden, dass die Wörter „Spitzenverband der landwirtschaftlichen Sozialversicherung" durch die Wörter „Gesamtverband der landwirtschaftlichen Alterskassen" zu ersetzen sind.

(66) Endet die unbeschränkte Steuerpflicht eines Zulageberechtigten im Sinne des Absatzes 24c Satz 2 und 3 durch Aufgabe des inländischen Wohnsitzes oder gewöhnlichen Aufenthalts und wird die Person nicht nach § 1 Absatz 3 als unbeschränkt einkommensteuerpflichtig behandelt, gelten die §§ 93 und 94 entsprechend; § 95 Absatz 2 und 3 und § 99 Absatz 1 in der am 31. Dezember 2008 geltenden Fassung sind anzuwenden.

(67) [1]Wurde der Rückzahlungsbetrag nach § 95 Absatz 1 in Verbindung mit den §§ 93 und 94 Absatz 2 Satz 1 bis zum 9. September 2009 bestandskräftig festgesetzt oder ist die Frist für den Festsetzungsantrag nach § 94 Absatz 2 Satz 2 in Verbindung mit § 90 Absatz 4 Satz 2 bis zu diesem Zeitpunkt bereits abgelaufen, findet § 95 Absatz 2 und 3 und § 99 Absatz 1 in der am 31. Dezember 2008 geltenden Fassung weiter Anwendung. [2]Handelt es sich nicht um einen Fall des Satzes 1 ist § 95 in der Fassung des Artikels 1 des Gesetzes vom 8. April 2010 (BGBl. I S. 386) anzuwenden; bereits vor dem 15. April 2010 erlassene Bescheide können entsprechend aufgehoben oder geändert werden. [3]Wurde ein Stundungsbescheid nach § 95 Absatz 2 Satz 2 in der am 31. Dezember 2008 geltenden Fassung bekannt gegeben, ist § 95 Absatz 2 Satz 3 in der am 31. Dezember 2008 geltenden Fassung dieses Gesetzes weiter anzuwenden.

(68) [1]§ 25 Absatz 3, die §§ 26, 26a und 32a Absatz 6 in der Fassung des Artikels 1 des Gesetzes vom 1. November 2011 (BGBl. I S. 2131) sind erstmals für den Veranlagungszeitraum 2013 anzuwenden. [2]§ 26c in der am 31. Dezember 2011 geltenden Fassung ist letztmals für den Veranlagungszeitraum 2012 anzuwenden.

EStDV
S 2259

§ 84   Anwendungsvorschriften

(1) Die vorstehende Fassung dieser Verordnung ist, soweit in den folgenden Absätzen nichts anderes bestimmt ist, erstmals für den Veranlagungszeitraum 2012 [2011] anzuwenden.

(1a) § 7 der Einkommensteuer-Durchführungsverordnung 1997 in der Fassung der Bekanntmachung vom 18. Juni 1997 (BGBl. I S. 1558) ist letztmals für das Wirtschaftsjahr anzuwenden, das vor dem 1. Januar 1999 endet.

(1b) Die §§ 8 und 8a der Einkommensteuer-Durchführungsverordnung 1986 in der Fassung der Bekanntmachung vom 24. Juli 1986 (BGBl. I S. 1239) sind letztmals für das Wirtschaftsjahr anzuwenden, das vor dem 1. Januar 1990 endet.

(2) [1]§ 8c Abs. 1 und 2 Satz 3 in der Fassung dieser Verordnung ist erstmals für Wirtschaftsjahre anzuwenden, die nach dem 31. August 1993 beginnen. [2]§ 8c Abs. 2 Satz 1 und 2 ist erstmals für Wirtschaftsjahre anzuwenden, die nach dem 30. Juni 1990 beginnen. [3]Für Wirtschaftsjahre, die vor dem 1. Mai 1984 begonnen haben, ist § 8c Abs. 1 und 2 der Einkommensteuer-Durchführungsverordnung 1981 in der Fassung der Bekanntmachung vom 23. Juni 1982 (BGBl. I S. 700) weiter anzuwenden.

(2a) § 11c Abs. 2 Satz 3 ist erstmals für das nach dem 31. Dezember 1998 endende Wirtschaftsjahr anzuwenden.

(2b) § 29 Abs. 1 ist auch für Veranlagungszeiträume vor 1996 anzuwenden, soweit die Fälle, in denen Ansprüche aus Versicherungsverträgen nach dem 13. Februar 1992 zur Tilgung oder Sicherung von Darlehen eingesetzt wurden, noch nicht angezeigt worden sind.

(3) § 29 Abs. 3 bis 6, §§ 31 und 32 sind in der vor dem 1. Januar 1996 geltenden Fassung für vor diesem Zeitpunkt an Bausparkassen geleistete Beiträge letztmals für den Veranlagungszeitraum 2005 anzuwenden.

(3a) § 51 in der Fassung des Artikels 2 des Gesetzes vom 1. November 2011 (BGBl. I S. 2131) ist erstmals für das Wirtschaftsjahr anzuwenden, das nach dem 31. Dezember 2011 beginnt.

(3b) [1]§ 54 Abs. 1 Satz 2 in der Fassung des Artikels 1a des Gesetzes vom 20. Dezember 2007 (BGBl. I S. 3150) ist erstmals für Vorgänge nach dem 31. Dezember 2007 anzuwenden. [2]§ 54 Abs. 4 in der Fassung des Artikels 2 des Gesetzes vom 7. Dezember 2006 (BGBl. I S. 2782) ist erstmals auf Verfügungen über Anteile an Kapitalgesellschaften anzuwenden, die nach dem 31. Dezember 2006 beurkundet werden.

(3c) § 56 in der Fassung des Artikels 10 in der Fassung des Artikels 10 des Gesetzes vom 29. Dezember 2003 (BGBl. I S. 3076) ist erstmals für den Veranlagungszeitraum 2004 anzuwenden.

(3d) § 60 Abs. 1 und 4 in der Fassung des Artikels 2 des Gesetzes vom 20. Dezember 2008 (BGBl. I S. 2850) ist erstmals für Wirtschaftsjahre (Gewinnermittlungszeiträume) anzuwenden, die nach dem 31. Dezember 2010 beginnen.

(3e) § 62d Abs. 2 Satz 2 in der Fassung des Artikels 2 in der Fassung des Artikels 2 des Gesetzes vom 22. Dezember 2003 (BGBl. I S. 2840) ist erstmals auf Verluste anzuwenden, die aus dem Veranlagungszeitraum 2004 in den Veranlagungszeitraum 2003 zurückgetragen werden.

(3f) § 64 Absatz 1 in der Fassung des Artikels 2 des Gesetzes vom 1. November 2011 (BGBl. I S. 2131) ist in allen Fällen anzuwenden, in denen die Einkommensteuer noch nicht bestandskräftig festgesetzt ist.

(3g) § 70 in der Fassung des Gesetzes vom 19. Dezember 2000 (BGBl. I S. 1790) ist erstmals ab dem Veranlagungszeitraum 2002 anzuwenden.

(3h) ¹Die §§ 73a, 73c, 73d Abs. 1 sowie die §§ 73e und 73f Satz 1 in der Fassung des Artikels 2 des Gesetzes vom 19. Dezember 2008 (BGBl. I S. 2794) sind erstmals auf Vergütungen anzuwenden, die nach dem 31. Dezember 2008 zufließen. ²Abweichend von Satz 1 ist § 73e Satz 4 und 5 in der Fassung des Artikels 2 des Gesetzes vom 19. Dezember 2008 (BGBl. I S. 2794) erstmals auf Vergütungen anzuwenden, die nach dem 31. Dezember 2009 zufließen. ³§ 73e Satz 4 in der Fassung der Bekanntmachung vom 10. Mai 2000 (BGBl. I S. 717) ist letztmals auf Vergütungen anzuwenden, die vor dem 1. Januar 2010 zufließen. ⁴Der Zeitpunkt der erstmaligen Anwendung des § 73d Absatz 1 Satz 3, des § 73e Satz 1, 2 und 5 sowie des § 73g Absatz 1 und 2 in der Fassung des Artikels 9 des Gesetzes vom 10. August 2009 (BGBl. I S. 2702) wird durch eine Rechtsverordnung der Bundesregierung bestimmt, die der Zustimmung des Bundesrates bedarf; dieser Zeitpunkt darf nicht vor dem 31. Dezember 2011 liegen.

(3i) § 80 der Einkommensteuer-Durchführungsverordnung 1997 in der Fassung der Bekanntmachung vom 18. Juni 1997 (BGBl. I S. 1558) ist letztmals für das Wirtschaftsjahr anzuwenden, das vor dem 1. Januar 1999 endet.

(4) ¹§ 82a ist auf Tatbestände anzuwenden, die in dem in Artikel 3 des Einigungsvertrages genannten Gebiet nach dem 31. Dezember 1990 und vor dem 1. Januar 1992 verwirklicht worden sind. ²Auf Tatbestände, die im Geltungsbereich dieser Verordnung ausschließlich des in Artikel 3 des Einigungsvertrages genannten Gebiets verwirklicht worden sind, ist

1. *§ 82a Abs. 1 und 2 bei Herstellungskosten für Einbauten von Anlagen und Einrichtungen im Sinne von dessen Absatz 1 Nr. 1 bis 5 anzuwenden, die nach dem 30. Juni 1985 und vor dem 1. Januar 1992 fertiggestellt worden sind,*

2. *§ 82a Abs. 3 Satz 1 ab dem Veranlagungszeitraum 1987 bei Erhaltungsaufwand für Arbeiten anzuwenden, die vor dem 1. Januar 1992 abgeschlossen worden sind,*

3. *§ 82a Abs. 3 Satz 2 ab dem Veranlagungszeitraum 1987 bei Aufwendungen für Einzelöfen anzuwenden, die vor dem 1. Januar 1992 angeschafft worden sind,*

4. *§ 82a Abs. 3 Satz 1 in der Fassung der Bekanntmachung vom 24. Juli 1986 für Veranlagungszeiträume vor 1987 bei Erhaltungsaufwand für Arbeiten anzuwenden, die nach dem 30. Juni 1985 abgeschlossen worden sind,*

5. *§ 82a Abs. 3 Satz 2 in der Fassung der Bekanntmachung vom 24. Juli 1986 für Veranlagungszeiträume vor 1987 bei Aufwendungen für Einzelöfen anzuwenden, die nach dem 30. Juni 1985 angeschafft worden sind,*

6. *§ 82a bei Aufwendungen für vor dem 1. Juli 1985 fertiggestellte Anlagen und Einrichtungen in den vor diesem Zeitpunkt geltenden Fassungen weiter anzuwenden.*

(4a) ¹§ 82b der Einkommensteuer-Durchführungsverordnung 1997 in der Fassung der Bekanntmachung vom 18. Juni 1997 (BGBl. I S. 1558) ist letztmals auf Erhaltungsaufwand anzuwenden, der vor dem 1. Januar 1999 entstanden ist. ²§ 82b in der Fassung des Artikels 10 in der Fassung des Artikels 10 des Gesetzes vom 29. Dezember 2003 (BGBl. I S. 3076) ist erstmals auf Erhaltungsaufwand anzuwenden, der nach dem 31. Dezember 2003 entstanden ist.

(4b) § 82d der Einkommensteuer-Durchführungsverordnung 1986 ist auf Wirtschaftsgüter sowie auf ausgebaute und neu hergestellte Gebäudeteile anzuwenden, die im Geltungsbereich dieser Verordnung ausschließlich des in Artikel 3 des Einigungsvertrages genannten Gebiets nach dem 18. Mai 1983 und vor dem 1. Januar 1990 hergestellt oder angeschafft worden sind.

(5) § 82f Abs. 5 und 7 Satz 1 der Einkommensteuer-Durchführungsverordnung 1979 in der Fassung der Bekanntmachung vom 24. September 1980 (BGBl. I S. 1801) ist letztmals für das Wirtschaftsjahr anzuwenden, das dem Wirtschaftsjahr vorangeht, für das § 15a des Gesetzes erstmals anzuwenden ist.

(6) ¹§ 82g ist auf Maßnahmen anzuwenden, die nach dem 30. Juni 1987 und vor dem 1. Januar 1991 in dem Geltungsbereich dieser Verordnung ausschließlich des in Artikel 3 des Einigungsvertrages genannten Gebiets abgeschlossen worden sind. ²Auf Maßnahmen, die vor dem 1. Juli 1987 in dem Geltungsbereich dieser Verordnung ausschließlich des in Artikel 3 des Einigungsvertrages genannten Gebiets abgeschlossen worden sind, ist § 82g in der vor diesem Zeitpunkt geltenden Fassung weiter anzuwenden.

(7) ¹§ 82h in der durch die Verordnung vom 19. Dezember 1988 (BGBl. I S. 2301) geänderten Fassung ist erstmals auf Maßnahmen, die nach dem 30. Juni 1987 in dem Geltungsbereich dieser Verordnung ausschließlich des in Artikel 3 des Einigungsvertrages genannten Gebiets abgeschlossen worden sind, und letztmals auf Erhaltungsaufwand, der vor dem 1. Januar 1990 in dem Geltungsbereich dieser Verordnung ausschließlich des in Artikel 3 des Einigungsvertrages genannten

Gebiets entstanden ist, mit der Maßgabe anzuwenden, dass der noch nicht berücksichtigte Teil des Erhaltungsaufwands in dem Jahr, in dem das Gebäude letztmals zur Einkunftserzielung genutzt wird, als Betriebsausgaben oder Werbungskosten abzusetzen ist. ²Auf Maßnahmen, die vor dem 1. Juli 1987 in dem Geltungsbereich dieser Verordnung ausschließlich des in Artikel 3 des Einigungsvertrages genannten Gebiets abgeschlossen worden sind, ist § 82h in der vor diesem Zeitpunkt geltenden Fassung weiter anzuwenden.

(8) § 82i ist auf Herstellungskosten für Baumaßnahmen anzuwenden, die nach dem 31. Dezember 1977 und vor dem 1. Januar 1991 in dem Geltungsbereich dieser Verordnung ausschließlich des in Artikel 3 des Einigungsvertrages genannten Gebiets abgeschlossen worden sind.

(9) § 82k der Einkommensteuer-Durchführungsverordnung 1986 ist auf Erhaltungsaufwand, der vor dem 1. Januar 1990 in dem Geltungsbereich dieser Verordnung ausschließlich des in Artikel 3 des Einigungsvertrages genannten Gebiets entstanden ist, mit der Maßgabe anzuwenden, dass der noch nicht berücksichtigte Teil des Erhaltungsaufwands in dem Jahr, in dem das Gebäude letztmals zur Einkunftserzielung genutzt wird, als Betriebsausgaben oder Werbungskosten abzusetzen ist.

(10) ¹In Anlage 3 (zu § 80 Abs. 1) ist die Nummer 26 erstmals für das Wirtschaftsjahr anzuwenden, das nach dem 31. Dezember 1990 beginnt. ²Für Wirtschaftsjahre, die vor dem 1. Januar 1991 beginnen, ist die Nummer 26 in Anlage 3 in der vor diesem Zeitpunkt geltenden Fassung anzuwenden.

(11) § 56 Satz 1 Nummer 1, § 61 und § 62d in der Fassung des Artikels 2 des Gesetzes vom 1. November 2011 (BGBl. I S. 2131) sind erstmals für den Veranlagungszeitraum 2013 anzuwenden.

EStDV

§ 85
– gegenstandslos –

EStG
S 2259

§ 52a Anwendungsvorschriften zur Einführung einer Abgeltungsteuer auf Kapitalerträge und Veräußerungsgewinne

(1) Beim Steuerabzug vom Kapitalertrag ist diese Fassung des Gesetzes erstmals auf Kapitalerträge anzuwenden, die dem Gläubiger nach dem 31. Dezember 2008 zufließen, soweit in den folgenden Absätzen nichts anderes bestimmt ist.

(2) § 2 Absatz 2 und 5a bis 6 in der Fassung des Artikels 1 des Gesetzes vom 14. August 2007 (BGBl. I S. 1912) ist erstmals ab dem Veranlagungszeitraum 2009 anzuwenden.

(3) ¹§ 3 Nummer 40 Satz 1 und 2 in der Fassung des Artikels 1 des Gesetzes vom 14. August 2007 (BGBl. I S. 1912) ist erstmals ab dem Veranlagungszeitraum 2009 anzuwenden. ²Abweichend von Satz 1 ist § 3 Nummer 40 in der bis zum 31. Dezember 2008 anzuwendenden Fassung bei Veräußerungsgeschäften, bei denen § 23 Absatz 1 Satz 1 Nummer 2 in der bis zum 31. Dezember 2008 anzuwendenden Fassung nach dem 31. Dezember 2008 Anwendung findet, weiterhin anzuwenden.

(4) ¹§ 3c Absatz 2 Satz 1 in der Fassung des Artikels 1 des Gesetzes vom 14. August 2007 (BGBl. I S. 1912) ist erstmals ab dem Veranlagungszeitraum 2009 anzuwenden. ²Abweichend von Satz 1 ist § 3c Absatz 2 Satz 1 in der bis zum 31. Dezember 2008 anzuwendenden Fassung bei Veräußerungsgeschäften, bei denen § 23 Absatz 1 Satz 1 Nummer 2 in der bis zum 31. Dezember 2008 anzuwendenden Fassung nach dem 31. Dezember 2008 Anwendung findet, weiterhin anzuwenden.

(5) § 6 Absatz 1 Nummer 5 Satz 1 Buchstabe c in der Fassung des Artikels 1 des Gesetzes vom 14. August 2007 (BGBl. I S. 1912) ist auf Einlagen anzuwenden, die nach dem 31. Dezember 2008 erfolgen.

(6) § 9a in der Fassung des Artikels 1 des Gesetzes vom 14. August 2007 (BGBl. I S. 1912) ist erstmals ab dem Veranlagungszeitraum 2009 anzuwenden.

(7) § 10 Absatz 1 Nummer 4 in der Fassung des Artikels 1 des Gesetzes vom 14. August 2007 (BGBl. I S. 1912) ist erstmals auf Kapitalerträge anzuwenden, die nach dem 31. Dezember 2008 zufließen und auf die § 51a Absatz 2b bis 2d anzuwenden ist.

(8) ¹§ 20 Absatz 1 Nummer 7 in der Fassung des Artikels 1 des Gesetzes vom 14. August 2007 (BGBl. I S. 1912) ist vorbehaltlich der Regelungen in Absatz 10 Satz 6 bis 8 erstmals auf Kapitalerträge anzuwenden, die dem Gläubiger nach dem 31. Dezember 2008 zufließen. ²§ 20 Absatz 1 Nummer 7 Satz 3 ist in allen Fällen anzuwenden, in denen die Steuer noch nicht bestandskräftig festgesetzt ist.

(9) § 20 Absatz 1 Nummer 11 in der Fassung des Artikels 1 des Gesetzes vom 14. August 2007 (BGBl. I S. 1912) ist erstmals auf nach dem 31. Dezember 2008 zufließende Stillhalterprämien anzuwenden.

(10) ¹§ 20 Absatz 2 Satz 1 Nummer 1 in der Fassung des Artikels 1 des Gesetzes vom 14. August 2007 (BGBl. I S. 1912) ist erstmals auf Gewinne aus der Veräußerung von Anteilen anzuwenden, die

nach dem 31. Dezember 2008 erworben werden. ²§ 20 Absatz 2 Satz 1 Nummer 2 in der Fassung des Artikels 1 des Gesetzes vom 14. August 2007 (BGBl. I S. 1912) ist erstmals auf Veräußerungen nach dem 31. Dezember 2008 anzuwenden. ³§ 20 Absatz 2 Satz 1 Nummer 3 in der Fassung des Artikels 1 des Gesetzes vom 14. August 2007 (BGBl. I S. 1912) ist erstmals auf Gewinne aus Termingeschäften anzuwenden, bei denen der Rechtserwerb nach dem 31. Dezember 2008 erfolgt. ⁴§ 20 Absatz 2 Satz 1 Nummer 4, 5 und 8 in der Fassung des Artikels 1 des Gesetzes vom 14. August 2007 (BGBl. I S. 1912) ist erstmals auf Gewinne anzuwenden, bei denen die zugrunde liegenden Wirtschaftsgüter, Rechte oder Rechtspositionen nach dem 31. Dezember 2008 erworben oder geschaffen werden. ⁵§ 20 Absatz 2 Satz 1 Nummer 6 in der Fassung des Artikels 1 des Gesetzes vom 14. August 2007 (BGBl. I S. 1912) ist erstmals auf die Veräußerung von Ansprüchen nach dem 31. Dezember 2008 anzuwenden, bei denen der Versicherungsvertrag nach dem 31. Dezember 2004 abgeschlossen wurde; dies gilt auch für Versicherungsverträge, die vor dem 1. Januar 2005 abgeschlossen wurden, sofern bei einem Rückkauf zum Veräußerungszeitpunkt die Erträge nach § 20 Absatz 1 Nummer 6 in der am 31. Dezember 2004 geltenden Fassung steuerpflichtig wären. ⁶§ 20 Absatz 2 Satz 1 Nummer 7 in der Fassung des Artikels 1 des Gesetzes vom 14. August 2007 (BGBl. I S. 1912) ist erstmals auf nach dem 31. Dezember 2008 zufließende Kapitalerträge aus der Veräußerung sonstiger Kapitalforderungen anzuwenden. ⁷Für Kapitalerträge aus Kapitalforderungen, die zum Zeitpunkt des vor dem 1. Januar 2009 erfolgten Erwerbs zwar Kapitalforderungen im Sinne des § 20 Absatz 1 Nummer 7 in der am 31. Dezember 2008 anzuwendenden Fassung, aber nicht Kapitalforderungen im Sinne des § 20 Absatz 2 Satz 1 Nummer 4 in der am 31. Dezember 2008 anzuwendenden Fassung sind, ist § 20 Absatz 2 Satz 1 Nummer 7 nicht anzuwenden; für die bei der Veräußerung in Rechnung gestellten Stückzinsen ist Satz 6 anzuwenden; Kapitalforderungen im Sinne des § 20 Absatz 2 Satz 1 Nummer 4 in der am 31. Dezember 2008 anzuwendenden Fassung liegen auch vor, wenn die Rückzahlung nur teilweise garantiert ist oder wenn eine Trennung zwischen Ertrags- und Vermögensebene möglich erscheint. ⁸Bei Kapitalforderungen, die zwar nicht die Voraussetzungen von § 20 Absatz 1 Nummer 7 in der am 31. Dezember 2008 anzuwendenden Fassung, aber die Voraussetzungen von § 20 Absatz 1 Nummer 7 in der Fassung des Artikels 1 des Gesetzes vom 14. August 2007 (BGBl. I S. 1912) erfüllen, ist § 20 Absatz 2 Satz 1 Nummer 7 in Verbindung mit § 20 Absatz 1 Nummer 7 vorbehaltlich der Regelung in Absatz 11 Satz 4 und 6 auf alle nach dem 30. Juni 2009 zufließenden Kapitalerträge anzuwenden, es sei denn, die Kapitalforderung wurde vor dem 15. März 2007 angeschafft. ⁹§ 20 Absatz 2 Satz 2 und 3 in der Fassung des Artikels 1 des Gesetzes vom 14. August 2007 (BGBl. I S. 1912) ist erstmals auf Veräußerungen, Einlösungen, Abtretungen oder verdeckte Einlagen nach dem 31. Dezember 2008 anzuwenden. ¹⁰§ 20 Absatz 3 bis 9 in der Fassung des Artikels 1 des Gesetzes vom 19. Dezember 2008 (BGBl. I S. 2794), geändert durch Artikel 1 des Gesetzes vom 8. Dezember 2010 (BGBl. I S. 1768), ist erstmals auf nach dem 31. Dezember 2008 zufließende Kapitalerträge anzuwenden. ¹¹§ 20 Absatz 4a Satz 3 in der Fassung des Artikels 1 des Gesetzes vom 8. Dezember 2010 (BGBl. I S. 1768) ist erstmals für Wertpapiere anzuwenden, die nach dem 31. Dezember 2009 geliefert wurden, sofern für die Lieferung § 20 Absatz 4 anzuwenden ist.

(10a) § 22 Nummer 3 Satz 5 und 6 in der Fassung des Artikels 1 des Gesetzes vom 19. Dezember 2008 (BGBl. I S. 2794) ist letztmals für den Veranlagungszeitraum 2013 anzuwenden.

(11) ¹§ 23 Absatz 1 Satz 1 Nummer 1 in der am 1. Januar 2000 geltenden Fassung und § 23 Absatz 1 Satz 1 Nummer 2 und 3 in der am 1. Januar 1999 geltenden Fassung sind auf Veräußerungsgeschäfte anzuwenden, bei denen die Veräußerung auf einem nach dem 31. Dezember 1998 rechtswirksam abgeschlossenen obligatorischen Vertrag oder gleichstehenden Rechtsakt beruht. ²§ 23 Absatz 1 Satz 1 Nummer 2 Satz 2 und 3 in der am 16. Dezember 2004 geltenden Fassung ist erstmals für den Veranlagungszeitraum 2005 anzuwenden. ³§ 23 Absatz 1 Satz 1 Nummer 2 in der Fassung des Artikels 1 des Gesetzes vom 14. August 2007 (BGBl. I S. 1912) ist erstmals auf Veräußerungsgeschäfte anzuwenden, bei denen die Wirtschaftsgüter nach dem 31. Dezember 2008 auf Grund eines nach diesem Zeitpunkt rechtswirksam abgeschlossenen obligatorischen Vertrags oder gleichstehenden Rechtsakts angeschafft wurden; § 23 Absatz 1 Satz 1 Nummer 2 Satz 2 in der Fassung des Artikels 1 des Gesetzes vom 8. Dezember 2010 (BGBl. I S. 1768) ist erstmals auf Veräußerungsgeschäfte anzuwenden, bei denen die Gegenstände des täglichen Gebrauchs auf Grund eines nach dem 13. Dezember 2010 rechtskräftig abgeschlossenen Vertrags oder gleichstehenden Rechtsakts angeschafft wurden. ⁴§ 23 Absatz 1 Satz 1 Nummer 2 in der am 1. Januar 1999 geltenden Fassung ist letztmals auf Veräußerungsgeschäfte anzuwenden, bei denen die Wirtschaftsgüter vor dem 1. Januar 2009 erworben wurden. ⁵§ 23 Absatz 1 Satz 1 Nummer 3 in der am 1. Januar 1999 geltenden Fassung ist letztmals auf Veräußerungsgeschäfte anzuwenden, bei denen die Veräußerung auf einem vor dem 1. Januar 2009 rechtswirksam abgeschlossenen obligatorischen Vertrag oder gleichstehenden Rechtsakt beruht. ⁶§ 23 Absatz 1 Satz 1 Nummer 4 ist auf Termingeschäfte anzuwenden, bei denen der Erwerb des Rechts auf einen Differenzausgleich, Geldbetrag oder Vorteil nach dem 31. Dezember 1998 und vor dem 1. Januar 2009 erfolgt. ⁷§ 23 Absatz 1 Satz 5 ist erstmals für Einlagen und verdeckte Einlagen anzuwenden, die nach dem 31. Dezember 1999 vorgenommen werden. ⁸§ 23 Absatz 3 Satz 4 in der Fassung des Gesetzes vom 22. Dezember 1999 (BGBl. I S. 2601) ist auf Veräußerungsgeschäfte anzuwenden, bei denen der Steuerpflichtige das Wirtschaftsgut nach dem 31. Juli 1995 und vor dem 1. Januar 2009 anschafft oder nach dem 31. Dezember 1998 und vor dem 1. Januar 2009 fertig stellt; § 23 Absatz 3 Satz 4 in der Fassung des Artikels 1 des Gesetzes vom 19. Dezember

2008 (BGBl. I S. 2794) ist auf Veräußerungsgeschäfte anzuwenden, bei denen der Steuerpflichtige das Wirtschaftsgut nach dem 31. Dezember 2008 anschafft oder fertig stellt. [9]§ 23 Absatz 1 Satz 2 und 3 sowie § 23 Absatz 3 Satz 3 in der am 12. Dezember 2006 geltenden Fassung sind für Anteile, die einbringungsgeboren im Sinne des § 21 des Umwandlungssteuergesetzes in der am 12. Dezember 2006 geltenden Fassung sind, weiter anzuwenden. [10]§ 23 Absatz 3 Satz 9 zweiter Halbsatz in der Fassung des Artikels 1 des Gesetzes vom 13. Dezember 2006 (BGBl. I S. 2878) ist auch in den Fällen anzuwenden, in denen am 1. Januar 2007 die Feststellungsfrist noch nicht abgelaufen ist. [11]§ 23 Absatz 3 Satz 9 und 10 in der Fassung des Artikels 1 des Gesetzes vom 14. August 2007 (BGBl. I S. 1912), geändert durch Artikel 1 des Gesetzes vom 8. Dezember 2010 (BGBl. I S. 1768), ist erstmals für den Veranlagungszeitraum 2009 und ist letztmals für den Veranlagungszeitraum 2013 anzuwenden.

(12) § 24c ist letztmals für den Veranlagungszeitraum 2008 anzuwenden.

(13) § 25 Absatz 1 in der Fassung des Artikels 1 des Gesetzes vom 14. August 2007 (BGBl. I S. 1912) ist erstmals für den Veranlagungszeitraum 2009 anzuwenden.

(14) § 32 Absatz 4 Satz 4 in der Fassung des Artikels 1 des Gesetzes vom 14. August 2007 (BGBl. I S. 1912) ist erstmals ab dem Veranlagungszeitraum 2009 anzuwenden.

(15) [1]§ 32d in der Fassung des Artikels 1 des Gesetzes vom 19. Dezember 2008 (BGBl. I S. 2794) ist erstmals für den Veranlagungszeitraum 2009 anzuwenden. [2]§ 32d in der Fassung des Artikels 1 des Gesetzes vom 8. Dezember 2010 (BGBl. I S. 1768) ist erstmals für den Veranlagungszeitraum 2011 anzuwenden.

(15a) § 43 Absatz 1 Satz 5 und 6 in der Fassung des Artikels 1 des Gesetzes vom 8. Dezember 2010 (BGBl. I S. 1768) ist erstmals auf Übertragungen anzuwenden, die nach dem 31. Dezember 2011 vorgenommen werden.

(16) [1]§ 43 Absatz 3 Satz 1, zweiter Halbsatz in der Fassung des Artikels 1 des Gesetzes vom 19. Dezember 2008 (BGBl. I S. 2794) ist erstmals für Kapitalerträge anzuwenden, die dem Gläubiger nach dem 31. Dezember 2009 zufließen. [2]§ 43a Absatz 3 Satz 2 in der Fassung des Artikels 1 des Gesetzes vom 19. Dezember 2008 (BGBl. I S. 2794) ist erstmals für Kapitalerträge anzuwenden, die dem Gläubiger nach dem 31. Dezember 2009 zufließen. [3]§ 44a Absatz 2a in der Fassung des Artikels 1 des Gesetzes vom 8. Dezember 2010 (BGBl. I S. 1768) ist ab dem 1. Januar 2011 anzuwenden. [4]§ 44a Absatz 8 Satz 1 in der Fassung des Artikels 1 des Gesetzes vom 14. August 2007 (BGBl. I S. 1912) und Satz 2 in der Fassung des Artikels 1 des Gesetzes vom 19. Dezember 2008 (BGBl. I S. 2794) sind erstmals auf Kapitalerträge anzuwenden, die dem Gläubiger nach dem 31. Dezember 2007 zufließen. [5]Für Kapitalerträge im Sinne des § 43 Absatz 1 Satz 1 Nummer 1, die nach dem 31. Dezember 2007 und vor dem 1. Januar 2009 zufließen, ist mit der Maßgabe anzuwenden, dass an die Stelle der Wörter „drei Viertel" die Wörter „drei Viertel" und an die Stelle der Wörter „zwei Fünftel" die Wörter „ein Viertel" treten. [6]§ 44a Absatz 9 in der Fassung des Artikels 1 des Gesetzes vom 8. Dezember 2010 (BGBl. I S. 1768) ist erstmals auf Kapitalerträge anzuwenden, die dem Gläubiger nach dem 31. Dezember 2008 zufließen. [7]§ 44b Absatz 1 Satz 1 in der Fassung des Artikels 1 des Gesetzes vom 19. Dezember 2008 (BGBl. I S. 2794) ist erstmals für Kapitalerträge anzuwenden, die dem Gläubiger nach dem 31. Dezember 2009 zufließen. [8]§ 45a Absatz 4 Satz 2 in der Fassung des Artikels 1 des Gesetzes vom 20. Dezember 2007 (BGBl. I S. 3150) ist erstmals auf Kapitalerträge anzuwenden, die dem Gläubiger nach dem 31. Dezember 2007 zufließen. [9]§ 45d Absatz 1 in der Fassung des Artikels 1 des Gesetzes vom 8. Dezember 2010 (BGBl. I S. 1768) ist erstmals für Kapitalerträge anzuwenden, die ab dem 1. Januar 2013 zufließen; eine Übermittlung der Identifikationsnummer hat für Kapitalerträge, die vor dem 1. Januar 2016 zufließen, nur zu erfolgen, wenn sie der Meldestelle vorliegt. [10]§ 45d Absatz 3 in der Fassung des Artikels 1 des Gesetzes vom 8. Dezember 2010 (BGBl. I S. 1768) ist für Versicherungsverträge anzuwenden, die nach dem 31. Dezember 2008 abgeschlossen werden; die erstmalige Übermittlung hat bis zum 30. März 2011 zu erfolgen.

(16a) [1]§ 44a Absatz 7 und 8, § 44b Absatz 5 und 6, § 45b und § 45d Absatz 1 in der Fassung des Artikels 1 des Gesetzes vom 16. Juli 2009 (BGBl. I S. 1959), geändert durch Artikel 1 des Gesetzes vom 8. Dezember 2010 (BGBl. I S. 1768), sind erstmals auf Kapitalerträge anzuwenden, die dem Gläubiger nach dem 31. Dezember 2009 zufließen. [2]§ 44a Absatz 4b, 6, 7 und 8 und § 45b Absatz 2 in der Fassung des Artikels 1 des Gesetzes vom 1. November 2011 (BGBl. I S. 2131) sind erstmals auf Kapitalerträge anzuwenden, die dem Gläubiger nach dem 31. Dezember 2011 zufließen.

(16b) § 43 Absatz 1 bis 3, § 44 Absatz 1, § 44a Absatz 1, 9 und 10, § 45a Absatz 1 bis 3 und § 50a Absatz 1 in der Fassung des Artikels 7 des Gesetzes vom 22. Juni 2011 (BGBl. I S. 1126) und § 44a Absatz 10 in der Fassung des Artikels 2 des Gesetzes vom 7. Dezember 2011 (BGBl. I S. 2592) sind erstmals auf Kapitalerträge anzuwenden, die dem Gläubiger nach dem 31. Dezember 2011 zufließen.

(17) § 49 Absatz 1 Nummer 5 Satz 1 Buchstabe d, Satz 2 und Nummer 8 in der Fassung des Artikels 1 des Gesetzes vom 14. August 2007 (BGBl. I S. 1912) ist erstmals auf Kapitalerträge anzuwenden, die nach dem 31. Dezember 2008 zufließen.

(18) ¹§ 51a Absatz 2b bis 2d in der Fassung des Artikels 1 des Gesetzes vom 14. August 2007 (BGBl. I S. 1912) ist erstmals auf nach dem 31. Dezember 2008 zufließende Kapitalerträge anzuwenden. ²§ 51a Absatz 2c und 2e in der Fassung des Artikels 2 des Gesetzes vom 7 Dezember 2011 (BGBl. I S. 2592) ist erstmals auf nach dem 31. Dezember 2013 zufließende Kapitalerträge anzuwenden.

1)

§ 52b   Übergangsregelungen bis zur Anwendung der elektronischen Lohnsteuerabzugsmerkmale

EStG
S 2259
2)

Anm.:

– § 52b EStG wurde durch das BeitrRLUmsG (Inkrafttreten 1. 1. 2013) aufgehoben.

– → aber:

Elektronische Lohnsteuerabzugsmerkmale; Startschreiben zum erstmaligen Abruf und zur Anwendung ab dem Kalenderjahr 2013 (→ BMF vom 19.12.2012 – BStBl I S. 1258):

Nach § 52b Absatz 5 Satz 1 Einkommensteuergesetz (EStG) in der Fassung der Bekanntmachung vom 8. Oktober 2009 (BGBl. I S. 3366, 3862), die zuletzt durch Artikel 3 des Gesetzes vom 8. Mai 2012 (BGBl. I S. 1030) geändert worden ist, hat das Bundesministerium der Finanzen den Zeitpunkt der erstmaligen Anwendung der elektronischen Lohnsteuerabzugsmerkmale (ELStAM) für die Durchführung des Lohnsteuerabzugs sowie den Zeitpunkt des erstmaligen Abrufs der ELStAM durch den Arbeitgeber (Starttermin) in einem BMF-Schreiben (Startschreiben) zu bestimmen.

Im Einvernehmen mit den obersten Finanzbehörden der Länder wird als Starttermin für das Verfahren der elektronischen Lohnsteuerabzugsmerkmale (ELStAM-Verfahren) der 1. November 2012 festgelegt. Ab diesem Zeitpunkt können die Arbeitgeber die ELStAM der Arbeitnehmer mit Wirkung ab dem 1. Januar 2013 abrufen. Damit hat der Arbeitgeber das ELStAM-Verfahren grundsätzlich für laufenden Arbeitslohn, der für einen nach dem 31. Dezember 2012 endenden Lohnzahlungszeitraum gezahlt wird, und für sonstige Bezüge, die nach dem 31. Dezember 2012 zufließen, anzuwenden (§ 52b Absatz 5 Satz 2 EStG).

Abweichend von § 52b Absatz 5 Satz 2 EStG in der o. g. Fassung sind für die Einführung des ELStAM-Verfahrens die verfahrenserleichternden Regelungen des § 52b -neu- EStG in der Fassung des Jahressteuergesetzes 2013 (JStG 2013) zu beachten. Das parlamentarische Verfahren zum JStG 2013 ist noch nicht abgeschlossen. Es ist aber davon auszugehen, dass die Neufassung des § 52b EStG zu einem späteren Zeitpunkt in Kraft treten wird. Damit sind die in der Entwurfsfassung des BMF-Schreibens mit Stand vom 2. Oktober 2012 – IV C 5 – S 2363/07/0002-03 – / – 2012/0813379 – (sog. ELStAM-Startschreiben) enthaltenen Regelungen für den Lohnsteuerabzug im Einführungszeitraum 2013 weiterhin anzuwenden. Dieser Entwurf enthält insbesondere Ausführungen zur Möglichkeit der weiteren Anwendung der Lohnsteuerkarte 2010 oder sonstiger Papierbescheinigungen solange der Arbeitgeber das ELStAM-Verfahren in 2013 noch nicht anwendet. Die Entwurfsfassung dieses BMF-Schreibens steht auf den Internetseiten des Bundesministeriums der Finanzen

(http://www.bundesfinanzministerium.de) unter der Rubrik Themen -Steuern – Steuerarten – Lohnsteuer – BMF-Schreiben/Allgemeines

bzw. unter

http://www.bundesfinanzministerium.de/Content/DE/Downloads/BMF_Schreiben/Steuerarten/Lohnsteuer/2012-10-02-elstam.html

zur Einsicht und zum Abruf bereit.

Für die Durchführung des Regelverfahrens zur Anwendung der ELStAM wird auf § 39e EStG und die Entwurfsfassung des BMF-Schreibens mit Stand vom 11. Oktober 2012 – IV C 5 – S 2363/07/0002-03 – / – 2012/0929862 – (sog. ELStAM-Anwendungsschreiben) hingewiesen. Die Entwurfsfassung dieses BMF-Schreibens steht auf den Internetseiten des Bundesministeriums der Finanzen

(http://www.bundesfinanzministerium.de) unter der Rubrik Themen – Steuern – Steuerarten – Lohnsteuer – BMF-Schreiben/Allgemeines

bzw. unter

http://www.bundesfinanzministerium.de/Content/DE/Downloads/BMF_Schreiben/Steuerarten/Lohnsteuer/2012-10-12-LStAbzugsmerkmale.pdf?__blob=publicationFile&v=4

zur Einsicht und zum Abruf bereit.

---

¹⁾ Absatz 18 Satz 2 wurde durch das BeitrRLUmsG (Inkrafttreten 14. 12. 2011) angefügt.
²⁾ *§ 52b EStG wurde durch das BeitrRLUmsG (Inkrafttreten 1. 1. 2013) aufgehoben.*

§ 53 Sondervorschrift zur Steuerfreistellung des Existenzminimums eines Kindes in den Veranlagungszeiträumen 1983 bis 1995

[1]In den Veranlagungszeiträumen 1983 bis 1995 sind in Fällen, in denen die Einkommensteuer noch nicht formell bestandskräftig oder hinsichtlich der Höhe der Kinderfreibeträge vorläufig festgesetzt ist, für jedes bei der Festsetzung berücksichtigte Kind folgende Beträge als Existenzminimum des Kindes steuerfrei zu belassen:

1983	3 732 Deutsche Mark,
1984	3 864 Deutsche Mark,
1985	3 924 Deutsche Mark,
1986	4 296 Deutsche Mark,
1987	4 416 Deutsche Mark,
1988	4 572 Deutsche Mark,
1989	4 752 Deutsche Mark,
1990	5 076 Deutsche Mark,
1991	5 388 Deutsche Mark,
1992	5 676 Deutsche Mark,
1993	5 940 Deutsche Mark,
1994	6 096 Deutsche Mark,
1995	6 168 Deutsche Mark.

[2]Im Übrigen ist § 32 in der für den jeweiligen Veranlagungszeitraum geltenden Fassung anzuwenden. [3]Für die Prüfung, ob die nach Satz 1 und 2 gebotene Steuerfreistellung bereits erfolgt ist, ist das dem Steuerpflichtigen im jeweiligen Veranlagungszeitraum zustehende Kindergeld mit dem auf das bisherige zu versteuernde Einkommen des Steuerpflichtigen in demselben Veranlagungszeitraum anzuwendenden Grenzsteuersatz in einen Freibetrag umzurechnen; dies gilt auch dann, soweit das Kindergeld dem Steuerpflichtigen im Wege eines zivilrechtlichen Ausgleichs zusteht. [4]Die Umrechnung des zustehenden Kindergeldes ist entsprechend dem Umfang der bisher abgezogenen Kinderfreibeträge vorzunehmen. [5]Bei einem unbeschränkt einkommensteuerpflichtigen Elternpaar, bei dem die Voraussetzungen des § 26 Absatz 1 Satz 1 nicht vorliegen, ist eine Änderung der bisherigen Inanspruchnahme des Kinderfreibetrags unzulässig. [6]Erreicht die Summe aus dem bei der bisherigen Einkommensteuerfestsetzung abgezogenen Kinderfreibetrag und dem nach Satz 3 und 4 berechneten Freibetrag nicht den nach Satz 1 und 2 für den jeweiligen Veranlagungszeitraum maßgeblichen Betrag, ist der Unterschiedsbetrag vom bisherigen zu versteuernden Einkommen abzuziehen und die Einkommensteuer neu festzusetzen. [7]Im Zweifel hat der Steuerpflichtige die Voraussetzungen durch Vorlage entsprechender Unterlagen nachzuweisen.

§ 54

(weggefallen)

§ 55 Schlussvorschriften (Sondervorschriften für die Gewinnermittlung nach § 4 oder nach Durchschnittssätzen bei vor dem 1. Juli 1970 angeschafftem Grund und Boden)

(1) [1]Bei Steuerpflichtigen, deren Gewinn für das Wirtschaftsjahr, in das der 30. Juni 1970 fällt, nicht nach § 5 zu ermitteln ist, gilt bei Grund und Boden, der mit Ablauf des 30. Juni 1970 zu ihrem Anlagevermögen gehört hat, als Anschaffungs- oder Herstellungskosten (§ 4 Absatz 3 Satz 4 und § 6 Absatz 1 Nummer 2 Satz 1) das Zweifache des nach den Absätzen 2 bis 4 zu ermittelnden Ausgangsbetrags. [2]Zum Grund und Boden im Sinne des Satzes 1 gehören nicht die mit ihm in Zusammenhang stehenden Wirtschaftsgüter und Nutzungsbefugnisse.

(2) [1]Bei der Ermittlung des Ausgangsbetrags des zum land- und forstwirtschaftlichen Vermögen (§ 33 Absatz 1 Satz 1 des Bewertungsgesetzes in der Fassung der Bekanntmachung vom 10. Dezember 1965 – BGBl. I S. 1861 –, zuletzt geändert durch das Bewertungsänderungsgesetz 1971 vom 27. Juli 1971 – BGBl. I S. 1157) gehörenden Grund und Bodens ist seine Zuordnung zu den Nutzungen und Wirtschaftsgütern (§ 34 Absatz 2 des Bewertungsgesetzes) am 1. Juli 1970 maßgebend; dabei sind die Hof- und Gebäudeflächen sowie die Hausgärten im Sinne des § 40 Absatz 3 des Bewertungsgesetzes nicht in die einzelne Nutzung einzubeziehen. [2]Es sind anzusetzen:

1. Bei Flächen, die nach dem Bodenschätzungsgesetz vom 20. Dezember 2007 (BGBl. I S. 3150, 3176) in der jeweils geltenden Fassung zu schätzen sind, für jedes katastermäßig abgegrenzte Flurstück der Betrag in Deutsche Mark, der sich ergibt, wenn die für das Flurstück am 1. Juli 1970 im amtlichen Verzeichnis nach § 2 Absatz 2 der Grundbuchordnung (Liegenschaftskataster) ausgewiesene Ertragsmesszahl vervierfacht wird. ²Abweichend von Satz 1 sind für Flächen der Nutzungsteile

   a) Hopfen, Spargel, Gemüsebau und Obstbau   2,05 Euro je Quadratmeter,
   b) Blumen- und Zierpflanzenbau sowie Baumschulen   2,56 Euro je Quadratmeter

   anzusetzen, wenn der Steuerpflichtige dem Finanzamt gegenüber bis zum 30. Juni 1972 eine Erklärung über die Größe, Lage und Nutzung der betreffenden Flächen abgibt,

2. für Flächen der forstwirtschaftlichen Nutzung
   je Quadratmeter 0,51 Euro,

3. für Flächen der weinbaulichen Nutzung der Betrag, der sich unter Berücksichtigung der maßgebenden Lagenvergleichszahl (Vergleichszahl der einzelnen Weinbaulage, § 39 Absatz 1 Satz 3 und § 57 des Bewertungsgesetzes), die für ausbauende Betriebsweise mit Fassweinerzeugung anzusetzen ist, aus der nachstehenden Tabelle ergibt:

Lagenvergleichszahl	Ausgangsbetrag je Quadratmeter in Euro
bis 20	1,28
21 bis 30	1,79
31 bis 40	2,56
41 bis 50	3,58
51 bis 60	4,09
61 bis 70	4,60
71 bis 100	5,11
über 100	6,39

4. für Flächen der sonstigen land- und forstwirtschaftlichen Nutzung, auf die Nummer 1 keine Anwendung findet,
   je Quadratmeter   0,51 Euro,
5. für Hofflächen, Gebäudeflächen und Hausgärten im Sinne des § 40 Absatz 3 des Bewertungsgesetzes
   je Quadratmeter   2,56 Euro,
6. für Flächen des Geringstlandes
   je Quadratmeter   0,13 Euro,
7. für Flächen des Abbaulandes
   je Quadratmeter   0,26 Euro,
8. für Flächen des Unlandes
   je Quadratmeter   0,05 Euro.

(3) ¹Lag am 1. Juli 1970 kein Liegenschaftskataster vor, in dem Ertragsmesszahlen ausgewiesen sind, so ist der Ausgangsbetrag in sinngemäßer Anwendung des Absatzes 2 Satz 2 Nummer 1 Satz 1 auf der Grundlage der durchschnittlichen Ertragsmesszahl der landwirtschaftlichen Nutzung eines Betriebs zu ermitteln, die die Grundlage für die Hauptfeststellung des Einheitswerts auf den 1. Januar 1964 bildet. ²Absatz 2 Satz 2 Nummer 1 Satz 2 bleibt unberührt.

(4) Bei nicht zum land- und forstwirtschaftlichen Vermögen gehörendem Grund und Boden ist als Ausgangsbetrag anzusetzen:

1. Für unbebaute Grundstücke der auf den 1. Januar 1964 festgestellte Einheitswert. ²Wird auf den 1. Januar 1964 kein Einheitswert festgestellt oder hat sich der Bestand des Grundstücks nach dem 1. Januar 1964 und vor dem 1. Juli 1970 verändert, so ist der Wert maßgebend, der sich ergeben würde, wenn das Grundstück nach seinem Bestand vom 1. Juli 1970 und nach den Wertverhältnissen vom 1. Januar 1964 zu bewerten wäre;
2. für bebaute Grundstücke der Wert, der sich nach Nummer 1 ergeben würde, wenn das Grundstück unbebaut wäre.

(5) ¹Weist der Steuerpflichtige nach, dass der Teilwert für Grund und Boden im Sinne des Absatzes 1 am 1. Juli 1970 höher ist als das Zweifache des Ausgangsbetrags, so ist auf Antrag des Steuerpflichtigen der Teilwert als Anschaffungs- oder Herstellungskosten anzusetzen. ²Der Antrag ist bis zum 31. Dezember 1975 bei dem Finanzamt zu stellen, das für die Ermittlung des Gewinns aus dem Betrieb zuständig ist. ³Der Teilwert ist gesondert festzustellen. ⁴Vor dem

1. Januar 1974 braucht diese Feststellung nur zu erfolgen, wenn ein berechtigtes Interesse des Steuerpflichtigen gegeben ist. ⁵Die Vorschriften der Abgabenordnung und der Finanzgerichtsordnung über die gesonderte Feststellung von Besteuerungsgrundlagen gelten entsprechend.

(6) ¹Verluste, die bei der Veräußerung oder Entnahme von Grund und Boden im Sinne des Absatzes 1 entstehen, dürfen bei der Ermittlung des Gewinns in Höhe des Betrags nicht berücksichtigt werden, um den der ausschließlich auf den Grund und Boden entfallende Veräußerungspreis oder der an dessen Stelle tretende Wert nach Abzug der Veräußerungskosten unter dem Zweifachen des Ausgangsbetrags liegt. ²Entsprechendes gilt bei Anwendung des § 6 Absatz 1 Nummer 2 Satz 2.

(7) Grund und Boden, der nach § 4 Absatz 1 Satz 5 des Einkommensteuergesetzes 1969 nicht anzusetzen war, ist wie eine Einlage zu behandeln; er ist dabei mit dem nach Absatz 1 oder 5 maßgebenden Wert anzusetzen.

R 55
S 2188

55. Bodengewinnbesteuerung

Zu den Wirtschaftsgütern und Nutzungsbefugnissen nach § 55 Abs. 1 Satz 2 EStG gehören insbesondere Milchlieferrechte, Zuckerrübenlieferrechte, Weinanbaurechte, Bodenschätze und Eigenjagdrechte.

H 55

Hinweise

Abschreibung auf den niedrigeren Teilwert

Abschreibung auf den niedrigeren Teilwert ist bei Grund und Boden, der mit dem Zweifachen des Ausgangsbetrags als Einlage anzusetzen war, auch dann ausgeschlossen, wenn für die Minderung des Werts des Grund und Bodens eine Entschädigung gezahlt und diese als Betriebseinnahme erfasst wird (→ BFH vom 10. 8. 1978 – BStBl 1979 II S. 103).

Ein außer Betracht bleibender Veräußerungs- oder Entnahmeverlust kann nicht im Wege der Teilwertabschreibung vorweggenommen werden (→ BFH vom 16. 10. 1997 – BStBl 1998 II S. 185).

Ackerprämienberechtigung (Ackerquote)

Ein immaterielles Wirtschaftsgut Ackerquote entsteht erst, wenn es in den Verkehr gebracht wurde (→ BFH vom 30. 9. 2010 – BStBl 2011 II S. 406).

Ausschlussfrist

Versäumt ein Land- und Forstwirt es, rechtzeitig vor Ablauf der Ausschlussfrist die Feststellung des höheren Teilwerts nach § 55 Abs. 5 EStG zu beantragen, und ist auch die Wiedereinsetzung in den vorigen Stand wegen Ablaufs der Jahresfrist nicht mehr möglich, kann er aus Billigkeitsgründen nicht so gestellt werden, als hätte das Finanzamt den höheren Teilwert festgestellt (→ BFH vom 26. 5. 1994 – BStBl II S. 833).

Bodengewinnbesteuerung

Zu Fragen der Bodengewinnbesteuerung →BMWF vom 29. 2. 1972 (BStBl I S. 102) – Tz. 1 bis 6 und 9 bis 13.¹⁾

Milchlieferrecht

– Zur Bewertung von mit land- und forstwirtschaftlichem Grund und Boden im Zusammenhang stehenden Milchlieferrechten → BMF vom 14. 1. 2003 (BStBl I S. 78).
– Die Verlustausschlussklausel des § 55 Abs. 6 EStG ist bei der Entnahme bzw. der Veräußerung der Milchlieferrechte flurstücksbezogen anzuwenden (→ BFH vom 22. 7. 2010 – BStBl 2011 II S. 210).

Ergänzende Hinweise → OFD Karlsruhe vom 20. 2. 2004 – S 2134 A – St 317 – StEK EStG § 55/41

Verlustausschlussklausel

– Verlustausschlussklausel des § 55 Abs. 6 EStG zwingt bei Hinzuerwerb eines Miteigentumsanteils dazu, für den neu erworbenen Anteil als Buchwert die Anschaffungskosten getrennt von dem schon bisher diesem Miteigentümer gehörenden Anteil anzusetzen; gilt entsprechend bei

¹⁾ Anm.: Tz. 13 überholt durch BFH vom 10. 8. 1978 (BStBl 1979 II S. 103).

Gesamthandseigentum. Bei einer **späteren Veräußerung** dieser Grundstücksflächen ist der **Ver-äußerungsgewinn** für beide Buchwerte gesondert zu ermitteln (→ BFH vom 8. 8. 1985 – BStBl 1986 II S. 6),

– Für die Anwendung des § 55 Abs. 6 EStG ist unerheblich, auf welchen Umständen der Veräuße-rungsverlust oder Entnahmeverlust oder die Teilwertabschreibung des Grund und Bodens beru-hen. Demgemäß sind vom Abzugsverbot auch Wertminderungen betroffen, die nicht auf eine Veränderung der Preisverhältnisse, sondern auf tatsächliche Veränderungen am Grundstück zurückgehen. Überlässt ein Landwirt einem Dritten das Recht, ein Sandvorkommen – das in einem bisher landwirtschaftlich genutzten und weiterhin zum Betriebsvermögen rechnenden Grundstück vorhanden ist – abzubauen, so vollzieht sich die Nutzung des Sandvorkommens im Privatbereich und der Landwirt erzielt hieraus Einkünfte aus Vermietung und Verpachtung. Die von den Einnahmen aus dem Sandvorkommen abzuziehenden Werbungskosten können auch das Betriebsvermögen des Landwirts betreffen. Die dadurch bewirkte Vermögensminderung kann jedoch, weil nicht betrieblich veranlasst, den betrieblichen Gewinn nicht mindern. Ihr ist deswegen eine gewinnerhöhende Entnahme gegenüberzustellen. Die Höhe der Entnahme legt insoweit den Umfang der Werbungskosten bei den Einkünften aus Vermietung und Verpach-tung fest (→ BFH vom 16. 10. 1997 – BStBl 1998 II S. 185).

Zuckerrübenlieferrechte

Der Entnahmewert für nicht an Aktien gebundene Zuckerrübenlieferrechte ist um einen ggf. von dem Buchwert des Grund und Bodens abzuspaltenden Buchwert zu vermindern. Der abgespaltene Buchwert unterliegt ebenso wenig wie der Buchwert des Grund und Bodens vor der Abspaltung einer AfA (→ BFH vom 9. 9. 2010 – BStBl 2011 II S. 171).

---

§ 56 Sondervorschriften für Steuerpflichtige in dem in Artikel 3 des Einigungsvertrags genannten Gebiet

EStG
S 2259a

Bei Steuerpflichtigen, die am 31. Dezember 1990 einen Wohnsitz oder ihren gewöhnlichen Auf-enthalt in dem in Artikel 3 des Einigungsvertrages genannten Gebiet und im Jahre 1990 keinen Wohnsitz oder gewöhnlichen Aufenthalt im bisherigen Geltungsbereich dieses Gesetzes hatten, gilt Folgendes:

§ 7 Absatz 5 ist auf Gebäude anzuwenden, die in dem in Artikel 3 des Einigungsvertrages genann-ten Gebiet nach dem 31. Dezember 1990 angeschafft oder hergestellt worden sind.

---

§ 57 Besondere Anwendungsregeln aus Anlass der Herstellung der Einheit Deutschlands

EStG
S 2259b

(1) Die §§ 7c, 7f, 7g, 7k und 10e dieses Gesetzes, die §§ 76, 78, 82a und 82f der Einkommensteu-er-Durchführungsverordnung sowie die §§ 7 und 12 Absatz 3 des Schutzbaugesetzes sind auf Tat-bestände anzuwenden, die in dem in Artikel 3 des Einigungsvertrages genannten Gebiet nach dem 31. Dezember 1990 verwirklicht worden sind.

(2) Die §§ 7b und 7d dieses Gesetzes sowie die §§ 81, 82d, 82g und 82i der Einkommensteuer-Durchführungsverordnung sind nicht auf Tatbestände anzuwenden, die in dem in Artikel 3 des Einigungsvertrages genannten Gebiet verwirklicht worden sind.

(3) Bei der Anwendung des § 7g Absatz 2 Nummer 1 und des § 14a Absatz 1 ist in dem in Artikel 3 des Einigungsvertrages genannten Gebiet anstatt vom maßgebenden Einheitswert des Betriebs der Land- und Forstwirtschaft und dem darin ausgewiesenen Werten vom Ersatzwirt-schaftswert nach § 125 des Bewertungsgesetzesauszugehen.

(4) [1] § 10d Absatz 1 ist mit der Maßgabe anzuwenden, dass der Sonderausgabenabzug erstmals von dem für die zweite Hälfte des Veranlagungszeitraums 1990 ermittelten Gesamtbetrag der Einkünfte vorzunehmen ist. [2] § 10d Absatz 2 und 3 ist auch für Verluste anzuwenden, die in dem in Artikel 3 des Einigungsvertrages genannten Gebiet im Veranlagungszeitraum 1990 entstanden sind.

(5) § 22 Nummer 4 ist auf vergleichbare Bezüge anzuwenden, die auf Grund des Gesetzes über Rechtsverhältnisse der Abgeordneten der Volkskammer der Deutschen Demokratischen Repu-blik vom 31. Mai 1990 (GBl. I Nr. 30 S. 274) gezahlt worden sind.

(6) § 34f Absatz 3 Satz 3 ist erstmals auf die in dem in Artikel 3 des Einigungsvertrags genannten Gebiet für die zweite Hälfte des Veranlagungszeitraums 1990 festgesetzte Einkommensteuer anzuwenden.

EStG
S 2259c

§ 58   Weitere Anwendung von Rechtsvorschriften, die vor Herstellung der Einheit Deutschlands in dem in Artikel 3 des Einigungsvertrages genannten Gebiet gegolten haben

(1) Die Vorschriften über Sonderabschreibungen nach § 3 Absatz 1 des Steueränderungsgesetzes vom 6. März 1990 (GBl. I Nr. 17 S. 136) in Verbindung mit § 7 der Durchführungsbestimmung zum Gesetz zur Änderung der Rechtsvorschriften über die Einkommen-, Körperschaft- und Vermögensteuer – Steueränderungsgesetz – vom 16. März 1990 (GBl. I Nr. 21 S. 195) sind auf Wirtschaftsgüter weiter anzuwenden, die nach dem 31. Dezember 1989 und vor dem 1. Januar 1991 in dem in Artikel 3 des Einigungsvertrages genannten Gebiet angeschafft oder hergestellt worden sind.

(2) ¹Rücklagen nach § 3 Absatz 2 des Steueränderungsgesetzes vom 6. März 1990 (GBl. I Nr. 17 S. 136) in Verbindung mit § 8 der Durchführungsbestimmung zum Gesetz zur Änderung der Rechtsvorschriften über die Einkommen-, Körperschaft- und Vermögensteuer – Steueränderungsgesetz – vom 16. März 1990 (GBl. I Nr. 21 S. 195) dürfen, soweit sie zum 31. Dezember 1990 zulässigerweise gebildet worden sind, auch nach diesem Zeitpunkt fortgeführt werden. ²Sie sind spätestens im Veranlagungszeitraum 1995 gewinn- oder sonst einkünfteerhöhend aufzulösen. ³Sind vor dieser Auflösung begünstigte Wirtschaftsgüter angeschafft oder hergestellt worden, sind die in die Rücklage eingestellten Beträge von den Anschaffungs- oder Herstellungskosten abzuziehen; die Rücklage ist in Höhe des abgezogenen Betrags im Veranlagungszeitraum der Anschaffung oder Herstellung gewinn- oder sonst einkünfteerhöhend aufzulösen.

(3) Die Vorschrift über den Steuerabzugsbetrag nach § 9 Absatz 1 der Durchführungsbestimmung zum Gesetz zur Änderung der Rechtsvorschriften über die Einkommen-, Körperschaft- und Vermögensteuer – Steueränderungsgesetz – vom 16. März 1990 (GBl. I Nr. 21 S. 195) ist für Steuerpflichtige weiter anzuwenden, die vor dem 1. Januar 1991 in dem in Artikel 3 des Einigungsvertrages genannten Gebiet eine Betriebsstätte begründet haben, wenn sie von dem Tag der Begründung der Betriebsstätte an zwei Jahre lang die Tätigkeit ausüben, die Gegenstand der Betriebsstätte ist.

EStG

§§ 59 bis 61

(weggefallen)

X. Kindergeld

EStG
S 2470

§ 62   Anspruchsberechtigte

(1) Für Kinder im Sinne des § 63 hat Anspruch auf Kindergeld nach diesem Gesetz, wer

1. im Inland einen Wohnsitz oder seinen gewöhnlichen Aufenthalt hat oder

2. ohne Wohnsitz oder gewöhnlichen Aufenthalt im Inland

    a) nach § 1 Absatz 2 unbeschränkt einkommensteuerpflichtig ist oder

    b) nach § 1 Absatz 3 als unbeschränkt einkommensteuerpflichtig behandelt wird.

(2) Ein nicht freizügigkeitsberechtigter Ausländer erhält Kindergeld nur, wenn er

1. eine Niederlassungserlaubnis besitzt,

2. eine Aufenthaltserlaubnis besitzt, die zur Ausübung einer Erwerbstätigkeit berechtigt oder berechtigt hat, es sei denn, die Aufenthaltserlaubnis wurde

    a) nach § 16 oder § 17 des Aufenthaltsgesetzes erteilt,

    b) nach § 18 Absatz 2 des Aufenthaltsgesetzes erteilt und die Zustimmung der Bundesagentur für Arbeit darf nach der Beschäftigungsverordnung nur für einen bestimmten Höchstzeitraum erteilt werden,

    c) nach § 23 Absatz 1 des Aufenthaltsgesetzes wegen eines Krieges in seinem Heimatland oder nach den §§ 23a, 24, 25 Absatz 3 bis 5 des Aufenthaltsgesetzes erteilt

    oder

3. eine in Nummer 2 Buchstabe c genannte Aufenthaltserlaubnis besitzt und

    a) sich seit mindestens drei Jahren rechtmäßig, gestattet oder geduldet im Bundesgebiet aufhält und

b) im Bundesgebiet berechtigt erwerbstätig ist, laufende Geldleistungen nach dem Dritten Buch Sozialgesetzbuch bezieht oder Elternzeit in Anspruch nimmt.

Hinweise

H 62

Anspruchsberechtigung

→ DA-FamEStG 62.1 – 62.7 (*BStBl 2012 I S. 734*)

I

§ 63   Kinder

(1) [1]Als Kinder werden berücksichtigt

1.   Kinder im Sinne des § 32 Absatz 1,

2.   vom Berechtigten in seinen Haushalt aufgenommene Kinder seines Ehegatten,

3.   vom Berechtigten in seinen Haushalt aufgenommene Enkel.

[2] § 32 Absatz 3 bis 5 gilt entsprechend. [3]Kinder, die weder einen Wohnsitz noch ihren gewöhnlichen Aufenthalt im Inland, in einem Mitgliedstaat der Europäischen Union oder in einem Staat, auf den das Abkommen über den Europäischen Wirtschaftsraum Anwendung findet, haben, werden nicht berücksichtigt, es sei denn, sie leben im Haushalt eines Berechtigten im Sinne des § 62 Absatz 1 Nummer 2 Buchstabe a. [4]Kinder im Sinne von § 2 Absatz 4 Satz 2 des Bundeskindergeldgesetzes werden nicht berücksichtigt.

(2) Die Bundesregierung wird ermächtigt, durch Rechtsverordnung, die nicht der Zustimmung des Bundesrates bedarf, zu bestimmen, dass einem Berechtigten, der im Inland erwerbstätig ist oder sonst seine hauptsächlichen Einkünfte erzielt, für seine in Absatz 1 Satz 3 erster Halbsatz bezeichneten Kinder Kindergeld ganz oder teilweise zu leisten ist, soweit dies mit Rücksicht auf die durchschnittlichen Lebenshaltungskosten für Kinder in deren Wohnsitzstaat und auf die dort gewährten, dem Kindergeld vergleichbaren Leistungen geboten ist.

Hinweise

H 63

Anwendung des Abkommens über den Europäischen Wirtschaftsraum

→ DA-FamEStG 62.4.3 (*BStBl 2012 I S. 734*)

Berücksichtigung von Kindern

→ R 32.1 – R 32.11
→ DA-FamEStG 31.1 – 31.2.3 und 63.1 – 63.5 (*BStBl 2012 I S. 734*)

Territoriale Voraussetzungen

→ DA-FamEStG 63.6.1 (*BStBl 2012 I S. 734*)

Die territorialen Voraussetzungen gelten nicht, wenn die Voraussetzungen nach einem zwischenstaatlichen Abkommen über die Soziale Sicherheit → H 31 (Über- und zwischenstaatliche Rechtsvorschriften) erfüllt sind → DA-FamEStG 63.6.2 Abs. 2 (*BStBl 2012 I S. 734*).

§ 64   Zusammentreffen mehrerer Ansprüche

(1) Für jedes Kind wird nur einem Berechtigten Kindergeld gezahlt.

(2) [1]Bei mehreren Berechtigten wird das Kindergeld demjenigen gezahlt, der das Kind in seinen Haushalt aufgenommen hat. [2]Ist ein Kind in den gemeinsamen Haushalt von Eltern, einem Elternteil und dessen Ehegatten, Pflegeeltern oder Großeltern aufgenommen worden, so bestimmen diese untereinander den Berechtigten. [3]Wird eine Bestimmung nicht getroffen, so bestimmt

das Familiengericht auf Antrag den Berechtigten. [4]Den Antrag kann stellen, wer ein berechtigtes Interesse an der Zahlung des Kindergeldes hat. [5]Lebt ein Kind im gemeinsamen Haushalt von Eltern und Großeltern, so wird das Kindergeld vorrangig einem Elternteil gezahlt; es wird an einen Großelternteil gezahlt, wenn der Elternteil gegenüber der zuständigen Stelle auf seinen Vorrang schriftlich verzichtet hat.

(3) [1]Ist das Kind nicht in den Haushalt eines Berechtigten aufgenommen, so erhält das Kindergeld derjenige, der dem Kind eine Unterhaltsrente zahlt. [2]Zahlen mehrere Berechtigte dem Kind Unterhaltsrenten, so erhält das Kindergeld derjenige, der dem Kind die höchste Unterhaltsrente zahlt. [3]Werden gleich hohe Unterhaltsrenten gezahlt oder zahlt keiner der Berechtigten dem Kind Unterhalt, so bestimmen die Berechtigten untereinander, wer das Kindergeld erhalten soll. [4]Wird eine Bestimmung nicht getroffen, so gilt Absatz 2 Satz 3 und 4 entsprechend.

H 64

Hinweise

Haushaltsaufnahme

→ DA-FamEStG 63.1.3 und 64.2 (*BStBl 2012 I S. 734*)

Zusammentreffen mehrerer Ansprüche

DA-FamEStG 64.1 – 64.4 (*BStBl 2012 I S. 734*)

EStG
S 2473

§ 65   Andere Leistungen für Kinder

(1) [1]Kindergeld wird nicht für ein Kind gezahlt, für das eine der folgenden Leistungen zu zahlen ist oder bei entsprechender Antragstellung zu zahlen wäre:

1. Kinderzulagen aus der gesetzlichen Unfallversicherung oder Kinderzuschüsse aus den gesetzlichen Rentenversicherungen,

2. Leistungen für Kinder, die im Ausland gewährt werden und dem Kindergeld oder einer der unter Nummer 1 genannten Leistungen vergleichbar sind,

3. Leistungen für Kinder, die von einer zwischen- oder überstaatlichen Einrichtung gewährt werden und dem Kindergeld vergleichbar sind.

[2]Soweit es für die Anwendung von Vorschriften dieses Gesetzes auf den Erhalt von Kindergeld ankommt, stehen die Leistungen nach Satz 1 dem Kindergeld gleich. [3]Steht ein Berechtigter in einem Versicherungspflichtverhältnis zur Bundesagentur für Arbeit nach § 24 des Dritten Buches Sozialgesetzbuch oder ist er versicherungsfrei nach § 28 Nummer 1 des Dritten Buches Sozialgesetzbuch oder steht er im Inland in einem öffentlich-rechtlichen Dienst- oder Amtsverhältnis, so wird sein Anspruch auf Kindergeld für ein Kind nicht nach Satz 1 Nummer 3 mit Rücksicht darauf ausgeschlossen, dass sein Ehegatte als Beamter, Ruhestandsbeamter oder sonstiger Bediensteter der Europäischen Gemeinschaften für das Kind Anspruch auf Kinderzulage hat.

(2) Ist in den Fällen des Absatzes 1 Satz 1 Nummer 1 der Bruttobetrag der anderen Leistung niedriger als das Kindergeld nach § 66, wird Kindergeld in Höhe des Unterschiedsbetrags gezahlt, wenn er mindestens 5 Euro beträgt.

H 65

Hinweise

Leistungen, die den Kindergeldanspruch ausschließen

→ DA-FamEStG 65.1 (*BStBl 2012 I S. 734*)

Teilkindergeld

→ DA-FamEStG 65.2 (*BStBl 2012 I S. 734*)

Vergleichbare ausländische Leistungen

– →*BZSt vom 7.12.2011 (BStBl 2012 I S. 18)*

– Österreichisches Kindergeld ist mit dem deutschen Kindergeld vergleichbar (→ BFH vom 13. 8. 2002 – BFH/NV 2002 S. 1661).

§ 66 Höhe des Kindergeldes, Zahlungszeitraum

(1) [1]Das Kindergeld beträgt monatlich für erste und zweite Kinder jeweils 184 Euro, für dritte Kinder 190 Euro und für das vierte und jedes weitere Kind jeweils 215 Euro. [2]Darüber hinaus wird für jedes Kind, für das im Kalenderjahr 2 009 mindestens für einen Kalendermonat ein Anspruch auf Kindergeld besteht, für das Kalenderjahr 2009 ein Einmalbetrag in Höhe von 100 Euro gezahlt.

(2) Das Kindergeld wird monatlich vom Beginn des Monats an gezahlt, in dem die Anspruchsvoraussetzungen erfüllt sind, bis zum Ende des Monats, in dem die Anspruchsvoraussetzungen wegfallen.

Hinweise

Anspruchszeitraum

→ DA-FamEStG 66.2 (*BStBl 2012 I S. 734*)

Höhe des Kindergeldes

→ DA-FamEStG 66.1 (*BStBl 2012 I S. 734*)

Zählkinder

Beispiel:

Ein Berechtigter hat aus einer früheren Beziehung zwei Kinder, für die die Mutter das Kindergeld erhält. Diese Kinder werden bei dem Berechtigten, der aus seiner jetzigen Beziehung zwei weitere Kinder hat, als Zählkinder berücksichtigt. Somit erhält er für sein zweitjüngstes (also sein drittes) Kind Kindergeld in Höhe von 190 € und für sein jüngstes (also sein viertes) Kind Kindergeld in Höhe von 215 €.

§ 67 Antrag

[1]Das Kindergeld ist bei der zuständigen Familienkasse schriftlich zu beantragen. [2]Den Antrag kann außer dem Berechtigten auch stellen, wer ein berechtigtes Interesse an der Leistung des Kindergeldes hat.

Hinweise

Antragstellung

→ DA-FamEStG 67.2 (*BStBl 2012 I S. 734*)

Auskunfts- und Beratungspflicht der Familienkassen

→ DA-FamEStG 67.1 (*BStBl 2012 I S. 734*)

Kinder über 18 Jahre

→ DA-FamEStG 67.2.3 (*BStBl 2012 I S. 734*)

Mitwirkungspflichten

→ § 68 EStG

→ DA-FamEStG 67.4 (*BStBl 2012 I S. 734*)

Zuständigkeit

Dem BZSt obliegt die Durchführung des Familienleistungsausgleichs nach Maßgabe des § 31 EStG. Die Bundesagentur für Arbeit stellt dem BZSt zur Durchführung dieser Aufgaben ihre Dienststellen als Familienkassen zur Verfügung; die Fachaufsicht obliegt dem BZSt (§ 5 Abs. 1 Nr. 11 FVG).

EStG
S 2476

§ 68   Besondere Mitwirkungspflichten

(1) ¹Wer Kindergeld beantragt oder erhält, hat Änderungen in den Verhältnissen, die für die Leistung erheblich sind oder über die im Zusammenhang mit der Leistung Erklärungen abgegeben worden sind, unverzüglich der zuständigen Familienkasse mitzuteilen. ²Ein Kind, das das 18. Lebensjahr vollendet hat, ist auf Verlangen der Familienkasse verpflichtet, an der Aufklärung des für die Kindergeldzahlung maßgebenden Sachverhalts mitzuwirken; § 101 der Abgabenordnung findet insoweit keine Anwendung.

(2) (weggefallen)

(3) Auf Antrag des Berechtigten erteilt die das Kindergeld auszahlende Stelle eine Bescheinigung über das für das Kalenderjahr ausgezahlte Kindergeld.

(4) Die Familienkassen dürfen den die Bezüge im öffentlichen Dienst anweisenden Stellen Auskunft über den für die jeweilige Kindergeldzahlung maßgebenden Sachverhalt erteilen.

H 68

Hinweise

Bescheinigung über zustehendes Kindergeld

→ DA-FamEStG 68.3 (*BStBl 2012 I S. 734*)

EStG
S 2477

§ 69   Überprüfung des Fortbestehens von Anspruchsvoraussetzungen durch Meldedaten-Übermittlung

Die Meldebehörden übermitteln in regelmäßigen Abständen den Familienkassen nach Maßgabe einer auf Grund des § 20 Absatz 1 des Melderechtsrahmengesetzes zu erlassenden Rechtsverordnung die in § 18 Absatz 1 des Melderechtsrahmengesetzes genannten Daten aller Einwohner, zu deren Person im Melderegister Daten von minderjährigen Kindern gespeichert sind, und dieser Kinder, soweit die Daten nach ihrer Art für die Prüfung der Rechtmäßigkeit des Bezuges von Kindergeld geeignet sind.

H 69

Hinweise

Meldedatenabgleich

→ DA-FamEStG 69.1 (*BStBl 2012 I S. 734*)

EStG
S 2478

§ 70   Festsetzung und Zahlung des Kindergeldes

(1) Das Kindergeld nach § 62 wird von den Familienkassen durch Bescheid festgesetzt und ausgezahlt.

(2) ¹Soweit in den Verhältnissen, die für den Anspruch auf Kindergeld erheblich sind, Änderungen eintreten, ist die Festsetzung des Kindergeldes mit Wirkung vom Zeitpunkt der Änderung der Verhältnisse aufzuheben oder zu ändern. ²Ist die Änderung einer Kindergeldfestsetzung nur wegen einer Anhebung der in § 66 Absatz 1 genannten Kindergeldbeträge erforderlich, kann von der Erteilung eines schriftlichen Änderungsbescheides abgesehen werden.

(3) ¹Materielle Fehler der letzten Festsetzung können durch Neufestsetzung oder durch Aufhebung der Festsetzung beseitigt werden. ²Neu festgesetzt oder aufgehoben wird mit Wirkung ab dem auf die Bekanntgabe der Neufestsetzung oder der Aufhebung der Festsetzung folgenden Monat. ³Bei der Neufestsetzung oder Aufhebung der Festsetzung nach Satz 1 ist § 176 der Abga-

benordnung entsprechend anzuwenden; dies gilt nicht für Monate, die nach der Verkündung der maßgeblichen Entscheidung eines obersten Gerichtshofes des Bundes beginnen.

(4) (weggefallen) ▌1)

§ 71

(weggefallen)

§ 72 Festsetzung und Zahlung des Kindergeldes an Angehörige des öffentlichen Dienstes

(1) [1]Steht Personen, die

1. in einem öffentlich-rechtlichen Dienst-, Amts- oder Ausbildungsverhältnis stehen, mit Ausnahme der Ehrenbeamten, oder

2. Versorgungsbezüge nach beamten- oder soldatenrechtlichen Vorschriften oder Grundsätzen erhalten oder

3. Arbeitnehmer des Bundes, eines Landes, einer Gemeinde, eines Gemeindeverbandes oder einer sonstigen Körperschaft, einer Anstalt oder einer Stiftung des öffentlichen Rechts sind, einschließlich der zu ihrer Berufsausbildung Beschäftigten,

Kindergeld nach Maßgabe dieses Gesetzes zu, wird es von den Körperschaften, Anstalten oder Stiftungen des öffentlichen Rechts festgesetzt und ausgezahlt. [2]Die genannten juristischen Personen sind insoweit Familienkasse.

(2) Der Deutschen Post AG, der Deutschen Postbank AG und der Deutschen Telekom AG obliegt die Durchführung dieses Gesetzes für ihre jeweiligen Beamten und Versorgungsempfänger in Anwendung des Absatzes 1.

(3) Absatz 1 gilt nicht für Personen, die ihre Bezüge oder Arbeitsentgelt

1. von einem Dienstherrn oder Arbeitgeber im Bereich der Religionsgesellschaften des öffentlichen Rechts oder

2. von einem Spitzenverband der Freien Wohlfahrtspflege, einem diesem unmittelbar oder mittelbar angeschlossenen Mitgliedsverband oder einer einem solchen Verband angeschlossenen Einrichtung oder Anstalt

erhalten.

(4) Die Absätze 1 und 2 gelten nicht für Personen, die voraussichtlich nicht länger als sechs Monate in den Kreis der in Absatz 1 Satz 1 Nummer 1 bis 3 und Absatz 2 Bezeichneten eintreten.

(5) Obliegt mehreren Rechtsträgern die Zahlung von Bezügen oder Arbeitsentgelt (Absatz 1 Satz 1) gegenüber einem Berechtigten, so ist für die Durchführung dieses Gesetzes zuständig:

1. bei Zusammentreffen von Versorgungsbezügen mit anderen Bezügen oder Arbeitsentgelt der Rechtsträger, dem die Zahlung der anderen Bezüge oder des Arbeitsentgelts obliegt;

2. bei Zusammentreffen mehrerer Versorgungsbezüge der Rechtsträger, dem die Zahlung der neuen Versorgungsbezüge im Sinne der beamtenrechtlichen Ruhensvorschriften obliegt;

3. bei Zusammentreffen von Arbeitsentgelt (Absatz 1 Satz 1 Nummer 3) mit Bezügen aus einem der in Absatz 1 Satz 1 Nummer 1 bezeichneten Rechtsverhältnisse der Rechtsträger, dem die Zahlung dieser Bezüge obliegt;

4. bei Zusammentreffen mehrerer Arbeitsentgelte (Absatz 1 Satz 1 Nummer 3) der Rechtsträger, dem die Zahlung des höheren Arbeitsentgelts obliegt oder – falls die Arbeitsentgelte gleich hoch sind – der Rechtsträger, zu dem das zuerst begründete Arbeitsverhältnis besteht.

(6) [1]Scheidet ein Berechtigter im Laufe eines Monats aus dem Kreis der in Absatz 1 Satz 1 Nummer 1 bis 3 Bezeichneten aus oder tritt er im Laufe eines Monats in diesen Kreis ein, so wird das Kindergeld für diesen Monat von der Stelle gezahlt, die bis zum Ausscheiden oder Eintritt

---

1) § 70 Abs. 4 EStG wurde durch das Steuervereinfachungsgesetz 2011 ab VZ 2012 aufgehoben und ist weiter für Kindergeldfestsetzungen anzuwenden, die Zeiträume betreffen, die vor dem 1. Januar 2012 enden → § 52 Abs. 62a EStG.
Anm.:
§ 70 Abs. 4 EStG lautete:
„(4) Eine Kindergeldfestsetzung ist aufzuheben oder zu ändern, wenn nachträglich bekannt wird, dass die Einkünfte und Bezüge des Kindes den Grenzbetrag nach § 32 Absatz 4 über- oder unterschreiten."

des Berechtigten zuständig war. [2]Dies gilt nicht, soweit die Zahlung von Kindergeld für ein Kind in Betracht kommt, das erst nach dem Ausscheiden oder Eintritt bei dem Berechtigten nach § 63 zu berücksichtigen ist. [3]Ist in einem Fall des Satzes 1 das Kindergeld bereits für einen folgenden Monat gezahlt worden, so muss der für diesen Monat Berechtigte die Zahlung gegen sich gelten lassen.

(7) [1]In den Abrechnungen der Bezüge und des Arbeitsentgelts ist das Kindergeld gesondert auszuweisen, wenn es zusammen mit den Bezügen oder dem Arbeitsentgelt ausgezahlt wird. [2]Der Rechtsträger hat die Summe des von ihm für alle Berechtigten ausgezahlten Kindergeldes dem Betrag, den er insgesamt an Lohnsteuer einzubehalten hat, zu entnehmen und bei der nächsten Lohnsteuer-Anmeldung gesondert abzusetzen. [3]Übersteigt das insgesamt ausgezahlte Kindergeld den Betrag, der insgesamt an Lohnsteuer abzuführen ist, so wird der übersteigende Betrag dem Rechtsträger auf Antrag von dem Finanzamt, an das die Lohnsteuer abzuführen ist, aus den Einnahmen der Lohnsteuer ersetzt.

(8) [1]Abweichend von Absatz 1 Satz 1 werden Kindergeldansprüche auf Grund über- oder zwischenstaatlicher Rechtsvorschriften durch die Familienkassen der Bundesagentur für Arbeit festgesetzt und ausgezahlt. [2]Dies gilt auch für Fälle, in denen Kindergeldansprüche sowohl nach Maßgabe dieses Gesetzes als auch auf Grund über- oder zwischenstaatlicher Rechtsvorschriften bestehen.

H 72

Hinweise

Festsetzung und Zahlung des Kindergeldes

→ DA-FamEStG 72.1 – 72.3 (**BStBl 2012 I S. 734**)

EStG
S 2480

§ 73

(weggefallen)

EStG
S 2486

§ 74   Zahlung des Kindergeldes in Sonderfällen

(1) [1]Das für ein Kind festgesetzte Kindergeld nach § 66 Absatz 1 kann an das Kind ausgezahlt werden, wenn der Kindergeldberechtigte ihm gegenüber seiner gesetzlichen Unterhaltspflicht nicht nachkommt. [2]Kindergeld kann an Kinder, die bei der Festsetzung des Kindergeldes berücksichtigt werden, bis zur Höhe des Betrags, der sich bei entsprechender Anwendung des § 76 ergibt, ausgezahlt werden. [3]Dies gilt auch, wenn der Kindergeldberechtigte mangels Leistungsfähigkeit nicht unterhaltspflichtig ist oder nur Unterhalt in Höhe eines Betrags zu leisten braucht, der geringer ist als das für die Auszahlung in Betracht kommende Kindergeld. [4]Die Auszahlung kann auch an die Person oder Stelle erfolgen, die dem Kind Unterhalt gewährt.

(2) Für Erstattungsansprüche der Träger von Sozialleistungen gegen die Familienkasse gelten die §§ 102 bis 109 und 111 bis 113 des Zehnten Buches Sozialgesetzbuch entsprechend.

H 74

Hinweise

Zahlung des Kindergeldes in Sonderfällen

→ DA-FamEStG 74.1 – 74.2 (**BStBl 2012 I S. 734**)

EStG
S 2487

§ 75   Aufrechnung

(1) Mit Ansprüchen auf Rückzahlung von Kindergeld kann die Familienkasse gegen Ansprüche auf laufendes Kindergeld bis zu deren Hälfte aufrechnen, wenn der Leistungsberechtigte nicht nachweist, dass er dadurch hilfebedürftig im Sinne der Vorschriften des Zwölften Buches Sozialgesetzbuch über die Hilfe zum Lebensunterhalt oder im Sinne der Vorschriften des Zweiten Buches Sozialgesetzbuch über die Leistungen zur Sicherung des Lebensunterhalts wird.

(2) Absatz 1 gilt für die Aufrechnung eines Anspruchs auf Erstattung von Kindergeld gegen einen späteren Kindergeldanspruch eines mit dem Erstattungspflichtigen in Haushaltsgemeinschaft lebenden Berechtigten entsprechend, soweit es sich um laufendes Kindergeld für ein Kind handelt, das bei beiden berücksichtigt werden kann oder konnte.

Hinweise

Aufrechnung

→ DA-FamEStG 75.1 – 75.4 (*BStBl 2012 I S. 734*)

§ 76   Pfändung

[1]Der Anspruch auf Kindergeld kann nur wegen gesetzlicher Unterhaltsansprüche eines Kindes, das bei der Festsetzung des Kindergeldes berücksichtigt wird, gepfändet werden. [2]Für die Höhe des pfändbaren Betrags gilt:

1. [1]Gehört das unterhaltsberechtigte Kind zum Kreis der Kinder, für die dem Leistungsberechtigten Kindergeld gezahlt wird, so ist eine Pfändung bis zu dem Betrag möglich, der bei gleichmäßiger Verteilung des Kindergeldes auf jedes dieser Kinder entfällt. [2]Ist das Kindergeld durch die Berücksichtigung eines weiteren Kindes erhöht, für das einer dritten Person Kindergeld oder dieser oder dem Leistungsberechtigten eine andere Geldleistung für Kinder zusteht, so bleibt der Erhöhungsbetrag bei der Bestimmung des pfändbaren Betrages des Kindergeldes nach Satz 1 außer Betracht;

2. der Erhöhungsbetrag nach Nummer 1 Satz 2 ist zugunsten jedes bei der Festsetzung des Kindergeldes berücksichtigten unterhaltsberechtigten Kindes zu dem Anteil pfändbar, der sich bei gleichmäßiger Verteilung auf alle Kinder, die bei der Festsetzung des Kindergeldes zugunsten des Leistungsberechtigten berücksichtigt werden, ergibt.

Hinweise

Pfändung

→ DA-FamEStG 76.1 – 76.5 (*BStBl 2012 I S. 734*)

§ 76a   *(weggefallen)*

§ 77   Erstattung von Kosten im Vorverfahren

(1) [1]Soweit der Einspruch gegen die Kindergeldfestsetzung erfolgreich ist, hat die Familienkasse demjenigen, der den Einspruch erhoben hat, die zur zweckentsprechenden Rechtsverfolgung oder Rechtsverteidigung notwendigen Aufwendungen zu erstatten. [2]Dies gilt auch, wenn der Einspruch nur deshalb keinen Erfolg hat, weil die Verletzung einer Verfahrens- oder Formvorschrift nach § 126 der Abgabenordnungunbeachtlich ist. [3]Aufwendungen, die durch das Verschulden eines Erstattungsberechtigten entstanden sind, hat dieser selbst zu tragen; das Verschulden eines Vertreters ist dem Vertretenen zuzurechnen.

(2) Die Gebühren und Auslagen eines Bevollmächtigten oder Beistandes, der nach den Vorschriften des Steuerberatungsgesetzes zur geschäftsmäßigen Hilfeleistung in Steuersachen befugt ist, sind erstattungsfähig, wenn dessen Zuziehung notwendig war.

---

[1] *§ 76a EStG wurde durch das Gesetz zur Reform des Kontopfändungsschutzes vom 7. 7. 2009 (BGBl. I S. 1707) am 1. 1. 2012 aufgehoben.*

(3) ¹Die Familienkasse setzt auf Antrag den Betrag der zu erstattenden Aufwendungen fest. ²Die Kostenentscheidung bestimmt auch, ob die Zuziehung eines Bevollmächtigten oder Beistandes im Sinne des Absatzes 2 notwendig war.

H 77

Hinweise

Dienstanweisung

zur Durchführung von Rechtsbehelfsverfahren im Zusammenhang mit dem steuerlichen Familienleistungsausgleich nach dem X. Abschnitt des EStG.

→ BStBl 2000 I S. 761

EStG
S 2489

§ 78 Übergangsregelungen

(1) bis (4) (weggefallen)

(5) ¹Abweichend von § 64 Absatz 2 und 3 steht Berechtigten, die für Dezember 1990 für ihre Kinder Kindergeld in dem in Artikel 3 des Einigungsvertrages genannten Gebiet bezogen haben, das Kindergeld für diese Kinder auch für die folgende Zeit zu, solange sie ihren Wohnsitz oder gewöhnlichen Aufenthalt in diesem Gebiet beibehalten und die Kinder die Voraussetzungen ihrer Berücksichtigung weiterhin erfüllen. ² § 64 Absatz 2 und 3 ist insoweit erst für die Zeit vom Beginn des Monats an anzuwenden, in dem ein hierauf gerichteter Antrag bei der zuständigen Stelle eingegangen ist; der hiernach Berechtigte muss die nach Satz 1 geleisteten Zahlungen gegen sich gelten lassen.

H 78

Hinweise

Sonderregelung für Berechtigte in den neuen Bundesländern

→ DA-FamEStG 78.1 (*BStBl 2012 I S. 734*)

XI. Altersvorsorgezulage

EStG
S 2490
1)
2)

§ 79 Zulageberechtigte

¹Die in § 10a Absatz 1 genannten Personen haben Anspruch auf eine Altersvorsorgezulage (Zulage). ²Leben die Ehegatten nicht dauernd getrennt (§ 26 Absatz 1) und haben sie ihren Wohnsitz oder gewöhnlichen Aufenthalt in einem Mitgliedstaat der Europäischen Union oder einem Staat, auf den das Abkommen über den Europäischen Wirtschaftsraum anwendbar ist, und ist nur ein Ehegatte nach Satz 1 begünstigt, so ist auch der andere Ehegatte zulageberechtigt, wenn ein auf seinen Namen lautender Altersvorsorgevertrag besteht *und er zugunsten dieses Altersvorsorgevertrages im jeweiligen Beitragsjahr mindestens 60 Euro geleistet hat.*

H 79

Hinweise

Altersvermögensgesetz

Anhang 1

→ BMF vom 31. 3. 2010 (BStBl I S. 270)

---

1) § 79 Satz 1 EStG gilt entsprechend für die in § 52 Abs. 24c Satz 2 und 3 EStG genannten Personen, sofern sie unbeschränkt steuerpflichtig sind oder für das Beitragsjahr nach § 1 Abs. 3 EStG als unbeschränkt steuerpflichtig behandelt werden → § 52 Abs. 63a Satz 1 EStG.

2) *§ 79 Satz 2 EStG wurde durch das BeitrRLUmsG ab VZ 2012 geändert. Der Anbieter eines Altersvorsorgevertrages hat seinen Vertragspartner bis zum 31. 7. 2012 in hervorgehobener Weise schriftlich darauf hinzuweisen, dass ab dem Beitragsjahr 2012 eine weitere Voraussetzung für das Bestehen einer mittelbaren Zulageberechtigung nach Satz 2 die Zahlung von eigenen Altersvorsorgebeiträgen in Höhe von mindestens 60 Euro pro Beitragsjahr ist → § 52 Abs. 63a Satz 2 EStG.*

§ 80   Anbieter

EStG
S 2490

Anbieter im Sinne dieses Gesetzes sind Anbieter von Altersvorsorgeverträgen gemäß § 1 Absatz 2 des Altersvorsorgeverträge-Zertifizierungsgesetzes sowie die in § 82 Absatz 2 genannten Versorgungseinrichtungen.

§ 81   Zentrale Stelle

EStG
S 2490

Zentrale Stelle im Sinne dieses Gesetzes ist die Deutsche Rentenversicherung Bund.

§ 81a   Zuständige Stelle

EStG
S 2490

[1]Zuständige Stelle ist bei einem

1. Empfänger von Besoldung nach dem Bundesbesoldungsgesetz oder einem Landesbesoldungsgesetz die die Besoldung anordnende Stelle,

2. Empfänger von Amtsbezügen im Sinne des § 10a Absatz 1 Satz 1 Nummer 2 die die Amtsbezüge anordnende Stelle,

3. versicherungsfrei Beschäftigten sowie bei einem von der Versicherungspflicht befreiten Beschäftigten im Sinne des § 10a Absatz 1 Satz 1 Nummer 3 der die Versorgung gewährleistende Arbeitgeber der rentenversicherungsfreien Beschäftigung,

4. Beamten, Richter, Berufssoldaten und Soldaten auf Zeit im Sinne des § 10a Absatz 1 Satz 1 Nummer 4 der zur Zahlung des Arbeitsentgelts verpflichtete Arbeitgeber und

5. Empfänger einer Versorgung im Sinne des § 10a Absatz 1 Satz 4 die die Versorgung anordnende Stelle.

[2]Für die in § 10a Absatz 1 Satz 1 Nummer 5 genannten Steuerpflichtigen gilt Satz 1 entsprechend.

§ 82   Altersvorsorgebeiträge

EStG
S 2491

(1) [1]Geförderte Altersvorsorgebeiträge sind im Rahmen der in § 10a genannten Grenzen

1. Beiträge,

2. Tilgungsleistungen,

die der Zulageberechtigte (§ 79) bis zum Beginn der Auszahlungsphase zugunsten eines auf seinen Namen lautenden Vertrags leistet, der nach § 5 des Altersvorsorgeverträge-Zertifizierungsgesetzes zertifiziert ist. [2]Die Zertifizierung ist Grundlagenbescheid im Sinne des § 171 Absatz 10 der Abgabenordnung. [3]Als Tilgungsleistungen gelten auch Beiträge, die vom Zulageberechtigten zugunsten eines auf seinen Namen lautenden Altersvorsorgevertrags im Sinne des § 1 Absatz 1a Satz 1 Nummer 3 des Altersvorsorgeverträge-Zertifizierungsgesetzes erbracht wurden und die zur Tilgung eines im Rahmen des Altersvorsorgevertrags abgeschlossenen Darlehens abgetreten wurden. [4]Im Fall der Übertragung von gefördertem Altersvorsorgevermögen nach § 1 Absatz 1 Satz 1 Nummer 10 Buchstabe b des Altersvorsorgeverträge-Zertifizierungsgesetzes in einen Altersvorsorgevertrag im Sinne des § 1 Absatz 1a Satz 1 Nummer 3 des Altersvorsorgeverträge-Zertifizierungsgesetzes gelten die Beiträge nach Satz 1 Nummer 1 ab dem Zeitpunkt der Übertragung als Tilgungsleistungen nach Satz 3; eine erneute Förderung nach § 10a oder Abschnitt XI erfolgt insoweit nicht. [5]Tilgungsleistungen nach Satz 1 und Satz 3 werden nur berücksichtigt, wenn das zugrunde liegende Darlehen für eine nach dem 31. Dezember 2007 vorgenommene wohnungswirtschaftliche Verwendung im Sinne des § 92a Absatz 1 Satz 1 eingesetzt wurde.

(2) [1]Zu den Altersvorsorgebeiträgen gehören auch

a) die aus dem individuell versteuerten Arbeitslohn des Arbeitnehmers geleisteten Beiträge an einen Pensionsfonds, eine Pensionskasse oder eine Direktversicherung zum Aufbau einer kapitalgedeckten betrieblichen Altersversorgung und

b) Beiträge des Arbeitnehmers und des ausgeschiedenen Arbeitnehmers, die dieser im Fall der zunächst durch Entgeltumwandlung (§ 1a des Betriebsrentengesetzes) finanzierten und nach § 3 Nummer 63 oder § 10a und diesem Abschnitt geförderten kapitalgedeckten betrieblichen Altersversorgung nach Maßgabe des § 1a Absatz 4 und § 1b Absatz 5 Satz 1 Nummer 2 des Betriebsrentengesetzes selbst erbringt, wenn eine Auszahlung der zugesagten Altersversorgungsleistung in Form einer Rente oder eines Auszahlungsplans (§ 1 Absatz 1 Satz 1 Nummer 4 des Altersvorsorgeverträge-Zertifizierungsgesetzes) vorgesehen ist. [2]Die §§ 3 und 4 des Betriebsrentengesetzes stehen dem vorbehaltlich des § 93 nicht entgegen.

(3) Zu den Altersvorsorgebeiträgen gehören auch die Beitragsanteile, die zur Absicherung der verminderten Erwerbsfähigkeit des Zulageberechtigten und zur Hinterbliebenenversorgung verwendet werden, wenn in der Leistungsphase die Auszahlung in Form einer Rente erfolgt.

(4) Nicht zu den Altersvorsorgebeiträgen zählen

1. Aufwendungen, die vermögenswirksame Leistungen nach dem Fünften Vermögensbildungsgesetz, in der jeweils geltenden Fassung darstellen,

2. prämienbegünstigte Aufwendungen nach dem Wohnungsbau-Prämiengesetz in der Fassung der Bekanntmachung vom 30. Oktober 1997 (BGBl. I S. 2678), zuletzt geändert durch Artikel 5 des Gesetzes vom 29. Juli 2008 (BGBl. I S. 1509), in der jeweils geltenden Fassung,

3. Aufwendungen, die im Rahmen des § 10 als Sonderausgaben geltend gemacht werden,

4. Zahlungen nach § 92a Absatz 2 Satz 4 Nummer 1 und Absatz 3 Satz 9 Nummer 2 oder

5. Übertragungen im Sinne des § 3 Nummer 55 bis 55c.

§ 83   Altersvorsorgezulage

In Abhängigkeit von den geleisteten Altersvorsorgebeiträgen wird eine Zulage gezahlt, die sich aus einer Grundzulage (§ 84) und einer Kinderzulage (§ 85) zusammensetzt.

§ 84   Grundzulage

[1]Jeder Zulageberechtigte erhält eine Grundzulage; diese beträgt jährlich 154 Euro. [2]Für Zulageberechtigte nach § 79 Satz 1, die zu Beginn des Beitragsjahres (§ 88) das 25. Lebensjahr noch nicht vollendet haben, erhöht sich die Grundzulage nach Satz 1 um einmalig 200 Euro. [3]Die Erhöhung nach Satz 2 ist für das erste nach dem 31. Dezember 2007 beginnende Beitragsjahr zu gewähren, für das eine Altersvorsorgezulage beantragt wird.

§ 85   Kinderzulage

(1) [1]Die Kinderzulage beträgt für jedes Kind, für das dem Zulageberechtigten Kindergeld ausgezahlt wird, jährlich 185 Euro. [2]Für ein nach dem 31. Dezember 2007 geborenes Kind erhöht sich die Kinderzulage nach Satz 1 auf 300 Euro. [3]Der Anspruch auf Kinderzulage entfällt für den Veranlagungszeitraum, für den das Kindergeld insgesamt zurückgefordert wird. [4]Erhalten mehrere Zulageberechtigte für dasselbe Kind Kindergeld, steht die Kinderzulage demjenigen zu, dem für den ersten Anspruchszeitraum (§ 66 Absatz 2) im Kalenderjahr Kindergeld ausgezahlt worden ist.

(2) [1]Bei Eltern, die miteinander verheiratet sind, nicht dauernd getrennt leben (§ 26 Absatz 1) und ihren Wohnsitz oder gewöhnlichen Aufenthalt in einem Mitgliedstaat der Europäischen Union oder einem Staat haben, auf den das Abkommen über den Europäischen Wirtschaftsraum anwendbar ist, wird die Kinderzulage der Mutter zugeordnet, auf Antrag beider Eltern dem Vater. [2]Der Antrag kann für ein abgelaufenes Beitragsjahr nicht zurückgenommen werden.

§ 86   Mindesteigenbeitrag

(1) [1]Die Zulage nach den §§ 84 und 85 wird gekürzt, wenn der Zulageberechtigte nicht den Mindesteigenbeitrag leistet. [2]Dieser beträgt jährlich 4 Prozent der Summe der in dem dem Kalenderjahr vorangegangenen Kalenderjahr

1. erzielten beitragspflichtigen Einnahmen im Sinne des Sechsten Buches Sozialgesetzbuch,

2. bezogenen Besoldung und Amtsbezüge,

3. in den Fällen des § 10a Absatz 1 Satz 1 Nummer 3 und Nummer 4 erzielten Einnahmen, die beitragspflichtig wären, wenn die Versicherungsfreiheit in der gesetzlichen Rentenversicherung nicht bestehen würde und

4. bezogenen Rente wegen voller Erwerbsminderung oder Erwerbsunfähigkeit oder bezogenen Versorgungsbezüge wegen Dienstunfähigkeit in den Fällen des § 10a Absatz 1 Satz 4,

jedoch nicht mehr als die in § 10a Absatz 1 Satz 1 genannten Beträge, vermindert um die Zulage nach den §§ 84 und 85; gehört der Ehegatte zum Personenkreis nach § 79 Satz 2, berechnet sich der Mindesteigenbeitrag des nach § 79 Satz 1 Begünstigten unter Berücksichtigung der den Ehegatten insgesamt zustehenden Zulagen. [3]Auslandsbezogene Bestandteile nach den §§ 52 ff. des Bundesbesoldungsgesetzes oder entsprechender Regelungen eines Landesbesoldungsgesetzes bleiben unberücksichtigt. [4]Als Sockelbetrag sind ab dem Jahr 2005 jährlich 60 Euro zu leisten. [5]Ist der Sockelbetrag höher als der Mindesteigenbeitrag nach Satz 2, so ist der Sockelbetrag als Mindesteigenbeitrag zu leisten. [6]Die Kürzung der Zulage ermittelt sich nach dem Verhältnis der Altersvorsorgebeiträge zum Mindesteigenbeitrag.

(2) [1]Ein nach § 79 Satz 2 begünstigter Ehegatte hat Anspruch auf eine ungekürzte Zulage, wenn der zum begünstigten Personenkreis nach § 79 Satz 1 gehörende Ehegatte seinen geförderten Mindesteigenbeitrag unter Berücksichtigung der den Ehegatten insgesamt zustehenden Zulagen erbracht hat. [2]Werden bei einer in der gesetzlichen Rentenversicherung pflichtversicherten Person beitragspflichtige Einnahmen zu Grunde gelegt, die höher sind als das tatsächlich erzielte Entgelt oder die Entgeltersatzleistung, ist das tatsächlich erzielte Entgelt oder der Zahlbetrag der Entgeltersatzleistung für die Berechnung des Mindesteigenbeitrags zu berücksichtigen. [3]Satz 2 gilt auch in den Fällen, in denen im vorangegangenen Jahr keine beitragspflichtigen Einnahmen oder kein tatsächliches Entgelt erzielt worden ist.

(3) [1]Für Versicherungspflichtige nach dem Gesetz über die Alterssicherung der Landwirte ist Absatz 1 mit der Maßgabe anzuwenden, dass auch die Einkünfte aus Land- und Forstwirtschaft im Sinne des § 13 des zweiten dem Beitragsjahr vorangegangenen Veranlagungszeitraums als beitragspflichtige Einnahmen des vorangegangenen Kalenderjahres gelten. [2]Negative Einkünfte im Sinne des Satzes 1 bleiben unberücksichtigt, wenn weitere nach Absatz 1 oder Absatz 2 zu berücksichtigende Einnahmen erzielt werden.

(4) Wird nach Ablauf des Beitragsjahres festgestellt, dass die Voraussetzungen für die Gewährung einer Kinderzulage nicht vorgelegen haben, ändert sich dadurch die Berechnung des Mindesteigenbeitrags für dieses Beitragsjahr nicht.

§ 87 Zusammentreffen mehrerer Verträge

EStG
S 2493

(1) [1]Zahlt der nach § 79 Satz 1 Zulageberechtigte Altersvorsorgebeiträge zugunsten mehrerer Verträge, so wird die Zulage nur für zwei dieser Verträge gewährt. [2]Der insgesamt nach § 86 zu leistende Mindesteigenbeitrag muss zugunsten dieser Verträge geleistet worden sein. [3]Die Zulage ist entsprechend dem Verhältnis der auf diese Verträge geleisteten Beiträge zu verteilen.

(2) [1]Der nach § 79 Satz 2 Zulageberechtigte kann die Zulage für das jeweilige Beitragsjahr nicht auf mehrere Altersvorsorgeverträge verteilen. [2]Es ist nur der Altersvorsorgevertrag begünstigt, für den zuerst die Zulage beantragt wird.

§ 88 Entstehung des Anspruchs auf Zulage

EStG
S 2493

Der Anspruch auf die Zulage entsteht mit Ablauf des Kalenderjahres, in dem die Altersvorsorgebeiträge geleistet worden sind (Beitragsjahr).

§ 89 Antrag

EStG
S 2493

(1) [1]Der Zulageberechtigte hat den Antrag auf Zulage nach amtlich vorgeschriebenem Vordruck bis zum Ablauf des zweiten Kalenderjahres, das auf das Beitragsjahr (§ 88) folgt, bei dem Anbieter seines Vertrages einzureichen. [2]Hat der Zulageberechtigte im Beitragsjahr Altersvorsorgebeiträge für mehrere Verträge gezahlt, so hat er mit dem Zulageantrag zu bestimmen, auf welche Verträge die Zulage überwiesen werden soll. [3]Beantragt der Zulageberechtigte die Zulage für mehr als zwei Verträge, so wird die Zulage nur für die zwei Verträge mit den höchsten Altersvorsorgebeiträgen gewährt. [4]Sofern eine Zulagenummer (§ 90 Absatz 1 Satz 2) durch die zentrale Stelle (§ 81) oder eine Versicherungsnummer nach § 147 des Sechsten Buches Sozialge-

setzbuch für den nach § 79 Satz 2 berechtigten Ehegatten noch nicht vergeben ist, hat dieser über seinen Anbieter eine Zulagenummer bei der zentralen Stelle zu beantragen. [5]Der Antragsteller ist verpflichtet, dem Anbieter unverzüglich eine Änderung der Verhältnisse mitzuteilen, die zu einer Minderung oder zum Wegfall des Zulageanspruchs führt.

(1a) [1]Der Zulageberechtigte kann den Anbieter seines Vertrages schriftlich bevollmächtigen, für ihn abweichend von Absatz 1 die Zulage für jedes Beitragsjahr zu beantragen. [2]Absatz 1 Satz 5 gilt mit Ausnahme der Mitteilung geänderter beitragspflichtiger Einnahmen entsprechend. [3]Ein Widerruf der Vollmacht ist bis zum Ablauf des Beitragsjahres, für das der Anbieter keinen Antrag auf Zulage stellen soll, gegenüber dem Anbieter zu erklären.

(2) [1]Der Anbieter ist verpflichtet,

a) die Vertragsdaten,

b) die Versicherungsnummer nach § 147 des Sechsten Buches Sozialgesetzbuch oder die Zulagenummer des Zulageberechtigten und dessen Ehegatten, oder einen Antrag auf Vergabe einer Zulagenummer eines nach § 79 Satz 2 berechtigten Ehegatten,

c) die vom Zulageberechtigten mitgeteilten Angaben zur Ermittlung des Mindesteigenbeitrags (§ 86),

d) die für die Gewährung der Kinderzulage erforderlichen Daten,

e) die Höhe der geleisteten Altersvorsorgebeiträge und

f) das Vorliegen einer nach Absatz 1a erteilten Vollmacht

als die für die Ermittlung und Überprüfung des Zulageanspruchs und Durchführung des Zulageverfahrens erforderlichen Daten zu erfassen. [2]Er hat die Daten der bei ihm im Laufe eines Kalendervierteljahres eingegangenen Anträge bis zum Ende des folgenden Monats nach amtlich vorgeschriebenem Datensatz durch amtlich bestimmte Datenfernübertragung an die zentrale Stelle zu übermitteln. [3]Dies gilt auch im Fall des Absatzes 1 Satz 5.

(3) [1]Ist der Anbieter nach Absatz 1a Satz 1 bevollmächtigt worden, hat er der zentralen Stelle die nach Absatz 2 Satz 1 erforderlichen Angaben für jedes Kalenderjahr bis zum Ablauf des auf das Beitragsjahr folgenden Kalenderjahres zu übermitteln. [2]Liegt die Bevollmächtigung erst nach dem im Satz 1 genannten Meldetermin vor, hat der Anbieter die Angaben bis zum Ende des folgenden Kalendervierteljahres nach der Bevollmächtigung, spätestens jedoch bis zum Ablauf der in Absatz 1 Satz 1 genannten Antragsfrist, zu übermitteln. [3]Absatz 2 Satz 2 und 3 gilt sinngemäß.

EStG
S 2494

§ 90 Verfahren

(1) [1]Die zentrale Stelle ermittelt auf Grund der von ihr erhobenen oder der ihr übermittelten Daten, ob und in welcher Höhe ein Zulageanspruch besteht. [2]Soweit der zuständige Träger der Rentenversicherung keine Versicherungsnummer vergeben hat, vergibt die zentrale Stelle zur Erfüllung der ihr nach diesem Abschnitt zugewiesenen Aufgaben eine Zulagenummer. [3]Die zentrale Stelle teilt im Fall eines Antrags nach § 10a Absatz 1a der zuständigen Stelle, im Fall eines Antrags nach § 89 Absatz 1 Satz 4 dem Anbieter die Zulagenummer mit; von dort wird sie an den Antragsteller weitergeleitet.

(2) [1]Die zentrale Stelle veranlasst die Auszahlung an den Anbieter zugunsten der Zulageberechtigten durch die zuständige Kasse. [2]Ein gesonderter Zulagenbescheid ergeht vorbehaltlich des Absatzes 4 nicht. [3]Der Anbieter hat die erhaltenen Zulagen unverzüglich den begünstigten Verträgen gutzuschreiben. [4]Zulagen, die nach Beginn der Auszahlungsphase für das Altersvorsorgevermögen von der zentralen Stelle an den Anbieter überwiesen werden, können vom Anbieter an den Anleger ausgezahlt werden. [5]Besteht kein Zulageanspruch, so teilt die zentrale Stelle dies dem Anbieter durch Datensatz mit. [6]Die zentrale Stelle teilt dem Anbieter die Altersvorsorgebeiträge im Sinne des § 82, auf die § 10a oder dieser Abschnitt angewendet wurde, durch Datensatz mit.

(3) [1]Erkennt die zentrale Stelle nachträglich, dass der Zulageanspruch ganz oder teilweise nicht besteht oder weggefallen ist, so hat sie zu Unrecht gutgeschriebene oder ausgezahlte Zulagen zurückzufordern und dies dem Anbieter durch Datensatz mitzuteilen. [2]Bei bestehendem Vertragsverhältnis hat der Anbieter das Konto zu belasten. [3]Die ihm im Kalendervierteljahr mitgeteilten Rückforderungsbeträge hat er bis zum zehnten Tag des dem Kalendervierteljahr folgenden Monats in einem Betrag bei der zentralen Stelle anzumelden und an diese abzuführen. [4]Die Anmeldung nach Satz 3 ist nach amtlich vorgeschriebenem Vordruck abzugeben. [5]Sie gilt als Steueranmeldung im Sinne der Abgabenordnung.

(4) [1]Eine Festsetzung der Zulage erfolgt nur auf besonderen Antrag der Zulageberechtigten. [2]Der Antrag ist schriftlich innerhalb eines Jahres nach Erteilung der Bescheinigung nach § 92 durch den Anbieter vom Antragsteller an den Anbieter zu richten. [3]Der Anbieter leitet den Antrag der zentralen Stelle zur Festsetzung zu. [4]Er hat dem Antrag eine Stellungnahme und die

zur Festsetzung erforderlichen Unterlagen beizufügen. [5]Die zentrale Stelle teilt die Festsetzung auch dem Anbieter mit. [6]Im Übrigen gilt Absatz 3 entsprechend.

§ 91 Datenerhebung und Datenabgleich

EStG
S 2495
1)

(1) [1]Für die Berechnung und Überprüfung der Zulage sowie die Überprüfung des Vorliegens der Voraussetzungen des Sonderausgabenabzugs nach § 10a übermitteln die Träger der gesetzlichen Rentenversicherung, die Bundesagentur für Arbeit, die Meldebehörden, die Familienkassen und die Finanzämter der zentralen Stelle auf Anforderung die bei ihnen vorhandenen Daten nach § 89 Absatz 2 durch Datenfernübertragung; für Zwecke der Berechnung des Mindesteigenbeitrags für ein Beitragsjahr darf die zentrale Stelle bei den Trägern der gesetzlichen Rentenversicherung die beitragspflichtigen Einnahmen sowie in den Fällen des § 10a Absatz 1 Satz 4 die Höhe der bezogenen Rente wegen voller Erwerbsminderung oder Erwerbsunfähigkeit erheben, sofern diese nicht vom Anbieter nach § 89 übermittelt worden sind. [2]Für Zwecke der Überprüfung nach Satz 1 darf die zentrale Stelle die ihr übermittelten Daten mit den ihr nach § 89 Absatz 2 übermittelten Daten automatisiert abgleichen. [3]Führt die Überprüfung zu einer Änderung der ermittelten oder festgesetzten Zulage, ist dies dem Anbieter mitzuteilen. [4]Ergibt die Überprüfung eine Abweichung von dem in der Steuerfestsetzung berücksichtigten Sonderausgabenabzug nach § 10a oder der gesonderten Feststellung nach § 10a Absatz 4, ist dies dem Finanzamt mitzuteilen; die Steuerfestsetzung oder die gesonderte Feststellung ist insoweit zu ändern.

(2) [1]Die zuständige Stelle hat der zentralen Stelle die Daten nach § 10a Absatz 1 Satz 1 zweiter Halbsatz bis zum 31. März des dem Beitragsjahr folgenden Kalenderjahres durch Datenfernübertragung zu übermitteln. [2]Liegt die Einwilligung nach § 10a Absatz 1 Satz 1 zweiter Halbsatz erst nach dem im Satz 1 genannten Meldetermin vor, hat die zuständige Stelle die Daten spätestens bis zum Ende des folgenden Kalendervierteljahres nach Erteilung der Einwilligung nach Maßgabe von Satz 1 zu übermitteln.

§ 92 Bescheinigung

EStG
S 2495

[1]Der Anbieter hat dem Zulageberechtigten jährlich eine Bescheinigung nach amtlich vorgeschriebenem Vordruck zu erteilen über

1. die Höhe der im abgelaufenen Beitragsjahr geleisteten Altersvorsorgebeiträge (Beiträge und Tilgungsleistungen),
2. die im abgelaufenen Beitragsjahr getroffenen, aufgehobenen oder geänderten Ermittlungsergebnisse (§ 90),
3. die Summe der bis zum Ende des abgelaufenen Beitragsjahres dem Vertrag gutgeschriebenen Zulagen,
4. die Summe der bis zum Ende des abgelaufenen Beitragsjahres geleisteten Altersvorsorgebeiträge (Beiträge und Tilgungsleistungen),
5. den Stand des Altersvorsorgevermögens,
6. den Stand des Wohnförderkontos (§ 92a Abs. 2 Satz 1) und
7. Die Bestätigung der durch den Anbieter erfolgten Datenübermittlung an die zentrale Stelle im Fall des § 10a Abs. 5 Satz 1.

[2]In den Fällen des § 92a Abs. 2 Satz 10 erster Halbsatz bedarf es keiner jährlichen Bescheinigung, wenn zu Satz 1 Nummer 1 und 2 keine Angaben erforderlich sind, sich zu Satz 1 Nummer 3 bis 5 keine Änderungen gegenüber der zuletzt erteilten Bescheinigung ergeben und der Anbieter dem Zulageberechtigten eine Bescheinigung ausgestellt hat, in der der jährliche Stand des Wohnförderkontos bis zum Beginn der vereinbarten Auszahlungsphase ausgewiesen wurde. [3]Der Anbieter kann dem Zulageberechtigten mit dessen Einverständnis die Bescheinigung auch elektronisch bereitstellen.

§ 92a Verwendung für eine selbst genutzte Wohnung

EStG
S 2496

(1) [1]Der Zulageberechtigte kann das in einem Altersvorsorgevertrag gebildete und nach § 10a oder diesem Abschnitt geförderte Kapital bis zu 75 Prozent oder zu 100 Prozent wie folgt verwenden (Altersvorsorge-Eigenheimbetrag):

---

1) Absatz 1 Satz 1 wurde durch das LSV-NOG ab VZ 2013 geändert.

1. bis zum Beginn der Auszahlungsphase unmittelbar für die Anschaffung oder Herstellung einer Wohnung oder

2. zu Beginn der Auszahlungsphase zur Entschuldung einer Wohnung oder

3. bis zum Beginn der Auszahlungsphase unmittelbar für den Erwerb von Geschäftsanteilen (Pflichtanteilen) an einer eingetragenen Genossenschaft für die Selbstnutzung einer Genossenschaftswohnung.

[2]Eine nach Satz 1 begünstigte Wohnung ist

1. eine Wohnung in einem eigenen Haus oder

2. eine eigene Eigentumswohnung oder

3. eine Genossenschaftswohnung einer eingetragenen Genossenschaft,

wenn diese Wohnung in einem Mitgliedstaat der Europäischen Union oder in einem Staat, auf den das Abkommen über den Europäischen Wirtschaftsraum (EWR-Abkommen) anwendbar ist, belegen ist und die Hauptwohnung oder den Mittelpunkt der Lebensinteressen des Zulageberechtigten darstellt. [3]Der Altersvorsorge-Eigenheimbetrag nach Satz 1 gilt nicht als Leistung aus einem Altersvorsorgevertrag, die dem Zulageberechtigten im Zeitpunkt der Auszahlung zufließt. [4]Einer Wohnung im Sinne des Satzes 2 steht ein eigentumsähnliches oder lebenslanges Dauerwohnrecht nach § 33 des Wohnungseigentumsgesetzes gleich, soweit Vereinbarungen nach § 39 des Wohnungseigentumsgesetzes getroffen werden.

(2) [1]Der Altersvorsorge-Eigenheimbetrag, die Tilgungsleistungen im Sinne des § 82 Absatz 1 Satz 1 Nummer 2 und die hierfür gewährten Zulagen sind vom Anbieter gesondert zu erfassen (Wohnförderkonto). [2]Beiträge, die nach § 82 Absatz 1 Satz 3 wie Tilgungsleistungen behandelt wurden, sind im Zeitpunkt der unmittelbaren Darlehenstilgung einschließlich der zur Tilgung eingesetzten Zulagen und Erträge in das Wohnförderkonto aufzunehmen; dies gilt nicht, wenn Absatz 3 Satz 8 anzuwenden ist. [3]Nach Ablauf eines Beitragsjahres, letztmals für das Beitragsjahr des Beginns der Auszahlungsphase, ist der sich aus dem Wohnförderkonto ergebende Gesamtbetrag um 2 Prozent zu erhöhen. [4]Das Wohnförderkonto ist zu vermindern um

1. Zahlungen des Zulageberechtigten auf einen auf seinen Namen lautenden zertifizierten Altersvorsorgevertrag nach § 1 Absatz 1 des Altersvorsorgeverträge-Zertifizierungsgesetzes bis zum Beginn der Auszahlungsphase zur Minderung der in das Wohnförderkonto eingestellten Beträge; erfolgt die Einzahlung nicht beim Anbieter, der das Wohnförderkonto führt, hat der Zulageberechtigte dies den Anbietern, in den Fällen des Satzes 10 erster Halbsatz auch der zentralen Stelle mitzuteilen,

2. den Verminderungsbetrag nach Satz 5.

[5]Verminderungsbetrag ist der sich mit Ablauf des Kalenderjahres des Beginns der Auszahlungsphase ergebende Stand des Wohnförderkontos dividiert durch die Anzahl der Jahre bis zur Vollendung des 85. Lebensjahres des Zulageberechtigten; als Beginn der Auszahlungsphase gilt der vom Zulageberechtigten und Anbieter vereinbarte Zeitpunkt, der zwischen der Vollendung des 60. Lebensjahres und des 68. Lebensjahres des Zulageberechtigten liegen muss; ist ein Auszahlungszeitpunkt nicht vereinbart, so gilt die Vollendung des 67. Lebensjahres als Beginn der Auszahlungsphase. [6]Anstelle einer Verminderung nach Satz 5 kann der Zulageberechtigte zu Beginn der Auszahlungsphase von seinem Anbieter, in den Fällen des Satzes 10 erster Halbsatz von der zentralen Stelle die Auflösung des Wohnförderkontos verlangen (Auflösungsbetrag). [7]Der Anbieter hat bei Einstellung in das Wohnförderkonto die Beträge nach Satz 2 und Satz 4 Nummer 1 und zu Beginn der Auszahlungsphase den vertraglich vorgesehenen Beginn der Auszahlungsphase sowie ein Verlangen nach Satz 6 der zentralen Stelle nach amtlich vorgeschriebenem Datensatz durch Datenfernübertragung mitzuteilen. [8]Wird gefördertes Altersvorsorgevermögen nach § 93 Absatz 2 Satz 1 von einem Anbieter auf einen anderen auf den Namen des Zulageberechtigten lautenden Altersvorsorgevertrag übertragen und wird für den Zulageberechtigten zugleich ein Wohnförderkonto geführt, so ist das Wohnförderkonto beim Anbieter des bisherigen Vertrags zu schließen und vom Anbieter des neuen Altersvorsorgevertrags fortzuführen. [9]Dies gilt entsprechend bei Übertragungen nach § 93 Absatz 1 Satz 4 Buchstabe c und § 93 Absatz 1a. [10]Wurde die Geschäftsbeziehung im Hinblick auf den jeweiligen Altersvorsorgevertrag zwischen dem Zulageberechtigten und dem Anbieter beendet, weil das angesparte Kapital vollständig aus dem Altersvorsorgevertrag entnommen oder das gewährte Darlehen vollständig getilgt wurde, wird das Wohnförderkonto bei diesem Anbieter geschlossen und von der zentralen Stelle weitergeführt; erfolgt eine Zahlung nach Satz 4 Nummer 1 oder nach Absatz 3 Satz 9 Nummer 2 wird das Wohnförderkonto vom Zeitpunkt der Einzahlung vom Anbieter, bei dem die Einzahlung erfolgt, weitergeführt. [11]Der Zulageberechtigte kann abweichend von Satz 10 bestimmen, dass das Wohnförderkonto nicht von der zentralen Stelle weitergeführt, sondern mit dem Wohnförderkonto eines weiteren Anbieters, der ebenfalls ein Wohnförderkonto für den Zulageberechtigten führt, zusammengeführt wird. [12]Der Zulageberechtigte hat dies beiden Anbietern schriftlich mitzuteilen. [13]In den Fällen des Satzes 10 erster Halbsatz teilt der Anbieter dem Zulageberechtigten die beabsichtigte Übertragung des Wohnförderkontos auf die zentrale Stelle mit. [14]Erhält der Anbie-

ter innerhalb von vier Wochen nach Übersendung der Mitteilung nach Satz 13 keine Mitteilung des Zulageberechtigten nach Satz 12, teilt der Anbieter der zentralen Stelle nach amtlich vorgeschriebenem Datensatz durch amtlich bestimmte Datenfernübertragung den Stand des Wohnförderkontos und den Zeitpunkt der Beendigung der Geschäftsbeziehung mit. [15]In den Fällen des Satzes 11 hat der Anbieter die Mitteilung des Satzes 14 ergänzt um die Angaben zu dem neuen Anbieter der zentralen Stelle zu übermitteln. [16]In den Fällen des Satzes 10 zweiter Halbsatz teilt die zentrale Stelle dem Anbieter nach amtlich vorgeschriebenem Datensatz durch amtlich bestimmte Datenfernübertragung den Stand des Wohnförderkontos mit.

(2a) [1]Geht im Rahmen der Regelung von Scheidungsfolgen der Eigentumsanteil des Zulageberechtigten an der Wohnung im Sinne des Absatzes 1 Satz 2 ganz oder teilweise auf den anderen Ehegatten über, geht das Wohnförderkonto in Höhe des Anteils, der dem Verhältnis des übergegangenen Eigentumsanteils zum verbleibenden Eigentumsanteil entspricht, mit allen Rechten und Pflichten auf den anderen Ehegatten über; dabei ist auf das Lebensalter des anderen Ehegatten abzustellen. [2]Hat der andere Ehegatte das Lebensalter für den vertraglich vereinbarten Beginn der Auszahlungsphase oder, soweit kein Beginn der Auszahlungsphase vereinbart wurde, das 67. Lebensjahr im Zeitpunkt des Übergangs des Wohnförderkontos bereits überschritten, so gilt als Beginn der Auszahlungsphase der Zeitpunkt des Übergangs des Wohnförderkontos. [3]Der Anbieter, der das Wohnförderkonto für den Zulageberechtigten führt, in den Fällen des Absatzes 2 Satz 10 erster Halbsatz die zentrale Stelle, hat auch das übergegangene Wohnförderkonto zu führen. [4]Der Zulageberechtigte hat den Übergang des Eigentumsanteils dem Anbieter, in den Fällen des Absatzes 2 Satz 10 erster Halbsatz der zentralen Stelle, nachzuweisen. [5]Dazu hat er die für die Anlage eines Wohnförderkontos erforderlichen Daten des anderen Ehegatten mitzuteilen. [6]Der Anbieter hat der zentralen Stelle die Daten des anderen Ehegatten und den Stand des übergegangenen Wohnförderkontos nach amtlich vorgeschriebenem Datensatz durch amtlich bestimmte Datenfernübertragung zu übermitteln, es sei denn, es liegt ein Fall des Absatzes 2 Satz 10 vor.

(3) [1]Nutzt der Zulageberechtigte die Wohnung im Sinne des Absatzes 1 Satz 2, für die ein Altersvorsorge-Eigenheimbetrag verwendet oder für die eine Tilgungsförderung im Sinne des § 82 Absatz 1 in Anspruch genommen worden ist, nicht nur vorübergehend nicht mehr zu eigenen Wohnzwecken, hat er dies dem Anbieter, in der Auszahlungsphase der zentralen Stelle, unter Angabe des Zeitpunkts der Aufgabe der Selbstnutzung mitzuteilen; eine Aufgabe der Selbstnutzung liegt auch vor, soweit der Zulageberechtigte das Eigentum an der Wohnung aufgibt. [2]In den Fällen des Absatzes 2 Satz 10 erster Halbsatz besteht die Mitteilungspflicht auch in der Zeit bis zum Beginn der Auszahlungsphase gegenüber der zentralen Stelle. [3]Die Mitteilungspflicht gilt entsprechend für den Rechtsnachfolger der begünstigten Wohnung, wenn der Zulageberechtigte stirbt. [4]Die Anzeigepflicht entfällt, wenn das Wohnförderkonto vollständig zurückgeführt worden ist, es sei denn, es liegt ein Fall des § 22 Nummer 5 Satz 6 vor. [5]Im Fall des Satzes 1 gelten bei einem bestehenden Wohnförderkonto die erfassten Beträge als Leistungen aus einem Altersvorsorgevertrag, die dem Zulageberechtigten im Zeitpunkt der Aufgabe zufließen; das Wohnförderkonto ist aufzulösen (Auflösungsbetrag). [6]Verstirbt der Zulageberechtigte, ist der Auflösungsbetrag ihm noch zuzurechnen. [7]Der Anbieter hat den Auflösungsbetrag der zentralen Stelle nach amtlich vorgeschriebenem Datensatz durch Datenfernübertragung unter Angabe des Zeitpunkts der Aufgabe mitzuteilen. [8]Wurde im Falle des Satzes 1 eine Tilgungsförderung nach § 82 Absatz 1 Satz 3 in Anspruch genommen und erfolgte keine Einstellung in das Wohnförderkonto nach Absatz 2 Satz 2, gelten die Tilgungsleistungen sowie die darauf entfallenden Zulagen und Erträge als gefördertes Altersvorsorgevermögen. [9]Die Sätze 5 und 6 sind nicht anzuwenden, wenn

1. der Zulageberechtigte einen Betrag in Höhe des noch nicht zurückgeführten Betrags im Wohnförderkonto innerhalb eines Jahres vor und von vier Jahren nach Ablauf des Veranlagungszeitraums, in dem er die Wohnung letztmals zu eigenen Wohnzwecken genutzt hat, für eine weitere Wohnung im Sinne des Absatzes 1 Satz 2 verwendet,

2. der Zulageberechtigte einen Betrag in Höhe des noch nicht zurückgeführten Betrags im Wohnförderkonto innerhalb eines Jahres nach Ablauf des Veranlagungszeitraums, in dem er die Wohnung letztmals zu eigenen Wohnzwformatecken genutzt hat, auf einen auf seinen Namen lautenden zertifizierten Altersvorsorgevertrag zahlt; Absatz 2 Satz 4 Nummer 1 und Satz 7 sind entsprechend anzuwenden,

3. der Ehegatte des verstorbenen Zulageberechtigten innerhalb eines Jahres Eigentümer der Wohnung wird, er sie zu eigenen Wohnzwecken nutzt und die Ehegatten im Zeitpunkt des Todes des Zulageberechtigten nicht dauernd getrennt gelebt haben (§ 26 Absatz 1) und ihren Wohnsitz oder gewöhnlichen Aufenthalt in einem Mitgliedstaat der Europäischen Union oder einem Staat hatten, auf den das Abkommen über den Europäischen Wirtschaftsraum (EWR-Abkommen) anwendbar ist; dem vollständigen Übergang des Eigentumsanteils des verstorbenen Zulageberechtigten an den Ehegatten steht ein anteiliger Übergang gleich, wenn der Stand des Wohnförderkontos zum Todeszeitpunkt die auf den übergehenden Anteil entfallenden originären Anschaffungs- oder Herstellungskosten nicht übersteigt; in diesem Fall führt der Anbieter das Wohnförderkonto für den überlebenden Ehegatten fort und teilt dies der zentralen Stelle mit,

4. die Ehewohnung auf Grund einer richterlichen Entscheidung nach § 1361b des Bürgerlichen Gesetzbuchs oder nach der Verordnung über die Behandlung der Ehewohnung und des Hausrats dem anderen Ehegatten zugewiesen wird oder

5. der Zulageberechtigte krankheits- oder pflegebedingt die Wohnung nicht mehr bewohnt, sofern er Eigentümer dieser Wohnung bleibt, sie ihm weiterhin zur Selbstnutzung zur Verfügung steht und sie nicht von Dritten, mit Ausnahme seines Ehegatten, genutzt wird.

[10]In den Fällen des Satzes 9 Nummer 1 und 2 hat der Zulageberechtigte dem Anbieter, in den Fällen des Absatzes 2 Satz 10 erster Halbsatz und in der Auszahlungsphase der zentralen Stelle, die Reinvestitionsabsicht und den Zeitpunkt der Reinvestition oder die Aufgabe der Reinvestitionsabsicht mitzuteilen; in den Fällen des Satzes 9 Nummer 3 und 4 gelten die Sätze 1 bis 9 entsprechend für den Ehegatten, wenn er die Wohnung nicht nur vorübergehend nicht mehr zu eigenen Wohnzwecken nutzt. [11]Satz 5 ist mit der Maßgabe anzuwenden, dass der Eingang der Mitteilung der aufgegebenen Reinvestitionsabsicht als Zeitpunkt der Aufgabe gilt.

(4) [1]Absatz 3 ist auf Antrag des Steuerpflichtigen nicht anzuwenden, wenn er

1. die Wohnung im Sinne des Absatzes 1 Satz 2 auf Grund eines beruflich bedingten Umzugs für die Dauer der beruflich bedingten Abwesenheit nicht selbst nutzt; wird während dieser Zeit mit einer anderen Person ein Nutzungsrecht für diese Wohnung vereinbart, ist diese Vereinbarung von vornherein entsprechend zu befristen,

2. beabsichtigt, die Selbstnutzung wieder aufzunehmen und

3. die Selbstnutzung spätestens mit der Vollendung seines 67. Lebensjahres des Steuerpflichtigen aufnimmt.

[2]Der Steuerpflichtige hat den Antrag bei der zentralen Stelle zu stellen und dabei die notwendigen Nachweise zu erbringen. [3]Die zentrale Stelle erteilt dem Steuerpflichtigen einen Bescheid über die Bewilligung des Antrags. [4]Entfällt eine der in Satz 1 genannten Voraussetzungen, ist Absatz 3 mit der Maßgabe anzuwenden, dass bei einem Wegfall der Voraussetzung nach Satz 1 Nummer 1 als Zeitpunkt der Aufgabe der Zeitpunkt des Wegfalls der Voraussetzung und bei einem Wegfall der Voraussetzung nach Satz 1 Nummer 2 oder Nummer 3 der Eingang der Mitteilung des Steuerpflichtigen nach Absatz 3 als Zeitpunkt der Aufgabe gilt, spätestens jedoch die Vollendung des 67. Lebensjahres des Steuerpflichtigen.

§ 92b Verfahren bei Verwendung für eine selbst genutzte Wohnung

(1) [1]Der Zulageberechtigte hat die Verwendung des Kapitals nach § 92a Absatz 1 Satz 1 bei der zentralen Stelle zu beantragen und dabei die notwendigen Nachweise zu erbringen. [2]Er hat zu bestimmen, aus welchen Altersvorsorgeverträgen welche Beträge ausgezahlt werden sollen. [3]Die zentrale Stelle teilt dem Zulageberechtigten durch Bescheid und den Anbietern der in Satz 2 genannten Altersvorsorgeverträge nach amtlich vorgeschriebenem Datensatz durch Datenfernübertragung mit, welche Beträge förderunschädlich ausgezahlt werden können.

(2) [1]Die Anbieter der in Absatz 1 Satz 2 genannten Altersvorsorgeverträge dürfen den Altersvorsorge-Eigenheimbetrag auszahlen, sobald sie die Mitteilung nach Absatz 1 Satz 3 erhalten haben. [2]Sie haben der zentralen Stelle nach amtlich vorgeschriebenem Datensatz durch Datenfernübertragung Folgendes anzuzeigen:

1. den Auszahlungszeitpunkt und den Auszahlungsbetrag,

2. die Summe der bis zum Auszahlungszeitpunkt dem Altersvorsorgevertrag gutgeschriebenen Zulagen,

3. die Summe der bis zum Auszahlungszeitpunkt geleisteten Altersvorsorgebeiträge und

4. den Stand des geförderten Altersvorsorgevermögens im Zeitpunkt der Auszahlung.

(3) [1]Die zentrale Stelle stellt zu Beginn der Auszahlungsphase und in den Fällen des § 92a Absatz 2 Satz 8 bis 11; Absatz 2a und 3 Satz 5 den Stand des Wohnförderkontos, soweit für die Besteuerung erforderlich den Verminderungsbetrag und den Auflösungsbetrag von Amts wegen gesondert fest. [2]Die zentrale Stelle teilt die Feststellung dem Zulageberechtigten, in den Fällen des § 92a Absatz 2a auch dem anderen Ehegatten, durch Bescheid und dem Anbieter nach amtlich vorgeschriebenem Datensatz durch Datenfernübertragung mit. [3]Der Anbieter hat auf Anforderung der zentralen Stelle die zur Feststellung erforderlichen Unterlagen vorzulegen. [4]Auf Antrag des Zulageberechtigten stellt die zentrale Stelle den Stand des Wohnförderkontos gesondert fest. [5] § 90 Absatz 4 Satz 2 bis 5 gilt entsprechend.

§ 93 Schädliche Verwendung

(1) [1]Wird gefördertes Altersvorsorgevermögen nicht unter den in § 1 Absatz 1 Satz 1 Nummer 4 und 10 Buchstabe c des Altersvorsorgeverträge-Zertifizierungsgesetzes oder § 1 Absatz 1 Satz 1 Nummer 4, 5 und 10 Buchstabe c des Altersvorsorgeverträge-Zertifizierungsgesetzes in der bis zum 31. Dezember 2004 geltenden Fassung genannten Voraussetzungen an den Zulageberechtigten ausgezahlt (schädliche Verwendung), sind die auf das ausgezahlte geförderte Altersvorsorgevermögen entfallenden Zulagen und die nach § 10a Absatz 4 gesondert festgestellten Beträge (Rückzahlungsbetrag) zurückzuzahlen. [2]Dies gilt auch bei einer Auszahlung nach Beginn der Auszahlungsphase (§ 1 Absatz 1 Nummer 2 des Altersvorsorgeverträge-Zertifizierungsgesetzes) und bei Auszahlungen im Fall des Todes des Zulageberechtigten. [3]Hat der Zulageberechtigte Zahlungen im Sinne des § 92a Absatz 2 Satz 4 Nummer 1 oder § 92a Absatz 3 Satz 9 Nummer 2 geleistet, dann handelt es sich bei dem hierauf beruhenden Altersvorsorgevermögen um gefördertes Altersvorsorgevermögen im Sinne des Satzes 1, der Rückzahlungsbetrag bestimmt sich insoweit nach der für die in das Wohnförderkonto eingestellten Beträge gewährten Förderung. [4]Eine Rückzahlungsverpflichtung besteht nicht für den Teil der Zulagen und der Steuerermäßigung,

a) der auf nach § 1 Absatz 1 Satz 1 Nummer 2des Altersvorsorgeverträge-Zertifizierungsgesetzes angespartes gefördertes Altersvorsorgevermögen entfällt, wenn es in Form einer Hinterbliebenenrente an die dort genannten Hinterbliebenen ausgezahlt wird; dies gilt auch für Leistungen im Sinne des *§ 82 Absatz 3* an Hinterbliebene des Steuerpflichtigen;

b) der den Beitragsanteilen zuzuordnen ist, die für die zusätzliche Absicherung der verminderten Erwerbsfähigkeit und eine zusätzliche Hinterbliebenenabsicherung ohne Kapitalbildung verwendet worden sind;

c) der auf gefördertes Altersvorsorgevermögen entfällt, das im Fall des Todes des Zulageberechtigten auf einen auf den Namen des Ehegatten lautenden Altersvorsorgevertrag übertragen wird, wenn die Ehegatten im Zeitpunkt des Todes des Zulageberechtigten nicht dauernd getrennt gelebt haben (§ 26 Absatz 1) und ihren Wohnsitz oder gewöhnlichen Aufenthalt in einem Mitgliedstaat der Europäischen Union oder einem Staat hatten, auf den das Abkommen über den Europäischen Wirtschaftsraum (EWR-Abkommen) anwendbar ist;

d) der auf den Altersvorsorge-Eigenheimbetrag entfällt.

(1a) [1]Eine schädliche Verwendung liegt nicht vor, wenn gefördertes Altersvorsorgevermögen auf Grund einer internen Teilung nach § 10 des Versorgungsausgleichsgesetzes oder auf Grund einer externen Teilung nach § 14 des Versorgungsausgleichsgesetzes auf einen zertifizierten Altersvorsorgevertrag oder eine nach § 82 Absatz 2 begünstigte betriebliche Altersversorgung übertragen wird; die auf das übertragene Anrecht entfallende steuerliche Förderung geht mit allen Rechten und Pflichten auf die ausgleichsberechtigte Person über. [2]Eine schädliche Verwendung liegt ebenfalls nicht vor, wenn gefördertes Altersvorsorgevermögen auf Grund einer externen Teilung nach § 14 des Versorgungsausgleichsgesetzes auf die Versorgungsausgleichskasse oder die gesetzliche Rentenversicherung übertragen wird; die Rechte und Pflichten der ausgleichspflichtigen Person aus der steuerlichen Förderung des übertragenen Anteils entfallen. [3]In den Fällen der Sätze 1 und 2 teilt die zentrale Stelle der ausgleichspflichtigen Person die Höhe der auf die Ehezeit im Sinne des § 3 Absatz 1 des Versorgungsausgleichsgesetzes entfallenden gesondert festgestellten Beträge nach § 10a Absatz 4 und die ermittelten Zulagen mit. [4]Die entsprechenden Beträge sind monatsweise zuzuordnen. [5]Die zentrale Stelle teilt die geänderte Zuordnung der gesondert festgestellten Beträge nach § 10a Absatz 4 sowie der ermittelten Zulagen der ausgleichspflichtigen und in den Fällen des Satzes 1 auch der ausgleichsberechtigten Person durch Feststellungsbescheid mit. [6]Nach Eintritt der Unanfechtbarkeit dieses Feststellungsbescheids informiert die zentrale Stelle den Anbieter durch einen Datensatz über die geänderte Zuordnung.

(2) [1]Die Übertragung von gefördertem Altersvorsorgevermögen auf einen anderen auf den Namen des Zulageberechtigten lautenden Altersvorsorgevertrag (§ 1 Absatz 1 Satz 1 Nummer 10 Buchstabe b des Altersvorsorgeverträge-Zertifizierungsgesetzes) stellt keine schädliche Verwendung dar. [2]Dies gilt sinngemäß in den Fällen des § 4 Absatz 2 und 3 des Betriebsrentengesetzes, wenn das geförderte Altersvorsorgevermögen auf eine der in § 82 Absatz 2 Buchstabe a genannten Einrichtungen der betrieblichen Altersversorgung zum Aufbau einer kapitalgedeckten betrieblichen Altersversorgung übertragen und eine lebenslange Altersversorgung im Sinne des § 1 Absatz 1 Satz 1 Nummer 4 des Altersvorsorgeverträge-Zertifizierungsgesetzes oder § 1 Absatz 1 Satz 1 Nummer 4 und 5 des Altersvorsorgeverträge-Zertifizierungsgesetzes in der bis zum 31. Dezember 2004 geltenden Fassung vorgesehen wird. [3]In den übrigen Fällen der Abfindung von Anwartschaften der betrieblichen Altersversorgung gilt dies, soweit das geförderte Altersvorsorgevermögen zugunsten eines auf den Namen des Zulageberechtigten lautenden Altersvorsorgevertrages geleistet wird.

(3) [1]Auszahlungen zur Abfindung einer Kleinbetragsrente zu Beginn der Auszahlungsphase gelten nicht als schädliche Verwendung. [2]Eine Kleinbetragsrente ist eine Rente, die bei gleichmäßiger Verrentung des gesamten zu Beginn der Auszahlungsphase zur Verfügung stehenden

Kapitals eine monatliche Rente ergibt, die 1 Prozent der monatlichen Bezugsgröße nach § 18 des Vierten Buches Sozialgesetzbuch nicht übersteigt. [3]Bei der Berechnung dieses Betrages sind alle bei einem Anbieter bestehenden Verträge des Zulageberechtigten insgesamt zu berücksichtigen, auf die nach diesem Abschnitt geförderte Altersvorsorgebeiträge geleistet wurden.

(4) [1]Wird bei einem Altersvorsorgevertrag nach § 1 Absatz 1a des Altersvorsorgeverträge-Zertifizierungsgesetzes das Darlehen nicht wohnungswirtschaftlich im Sinne des § 92a Absatz 1 Satz 1 verwendet oder tritt ein Fall des § 92a Absatz 3 Satz 8 ein, kommt es zum Zeitpunkt der Darlehensauszahlung oder in Fällen des § 92a Absatz 3 Satz 8 zum Zeitpunkt der Aufgabe der Wohnung zu einer schädlichen Verwendung des geförderten Altersvorsorgevermögens, es sei denn, das geförderte Altersvorsorgevermögen wird innerhalb eines Jahres nach Ablauf des Veranlagungszeitraums, in dem das Darlehen ausgezahlt wurde oder der Zulageberechtigte die Wohnung letztmals zu eigenen Wohnzwecken nutzte, auf einen anderen zertifizierten Altersvorsorgevertrag übertragen, der auf den Namen des Zulageberechtigten lautet. [2]Der Zulageberechtigte hat dem Anbieter die Absicht zur Kapitalübertragung, den Zeitpunkt der Kapitalübertragung und die Aufgabe der Absicht zur Kapitalübertragung mitzuteilen. [3]Wird die Absicht zur Kapitalübertragung aufgegeben, tritt die schädliche Verwendung zu dem Zeitpunkt ein, zu dem die Mitteilung des Zulageberechtigten hierzu beim Anbieter eingeht, spätestens aber am 1. Januar des zweiten Jahres nach dem Jahr, in dem das Darlehen ausgezahlt wurde oder der Zulageberechtigte die Wohnung letztmals zu eigenen Wohnzwecken nutzte.

EStG
S 2497

§ 94 Verfahren bei schädlicher Verwendung

(1) [1]In den Fällen des § 93 Absatz 1 hat der Anbieter der zentralen Stelle vor der Auszahlung des geförderten Altersvorsorgevermögens die schädliche Verwendung nach amtlich vorgeschriebenem Datensatz durch amtlich bestimmte Datenfernübertragung anzuzeigen. [2]Die zentrale Stelle ermittelt den Rückzahlungsbetrag und teilt diesen dem Anbieter durch Datensatz mit. [3]Der Anbieter hat den Rückzahlungsbetrag einzubehalten, mit der nächsten Anmeldung nach § 90 Absatz 3 anzumelden und an die zentrale Stelle abzuführen. [4]Der Anbieter hat die einbehaltenen und abgeführten Beträge sowie die dem Vertrag bis zur schädlichen Verwendung gutgeschriebenen Erträge dem Zulageberechtigten nach amtlich vorgeschriebenem Vordruck zu bescheinigen und der zentralen Stelle nach amtlich vorgeschriebenem Datensatz durch amtlich bestimmte Datenfernübertragung mitzuteilen und diese Beträge sowie die dem Vertrag bis zur schädlichen Verwendung gutgeschriebenen Erträge dem Zulageberechtigten zu bescheinigen. [5]Die zentrale Stelle unterrichtet das für den Zulageberechtigten zuständige Finanzamt. [6]In den Fällen des § 93 Absatz 3 gilt Satz 1 entsprechend.

(2) [1]Eine Festsetzung des Rückzahlungsbetrags erfolgt durch die zentrale Stelle auf besonderen Antrag des Zulageberechtigten oder sofern die Rückzahlung nach Absatz 1 ganz oder teilweise nicht möglich oder nicht erfolgt ist. [2]§ 90 Absatz 4 Satz 2 bis 6 gilt entsprechend; § 90 Absatz 4 Satz 5 gilt nicht, wenn die Geschäftsbeziehung im Hinblick auf den jeweiligen Altersvorsorgevertrag zwischen dem Zulageberechtigten und dem Anbieter beendet wurde. [3]Im Rückforderungsbescheid sind auf den Rückzahlungsbetrag die vom Anbieter bereits einbehaltenen und abgeführten Beträge nach Maßgabe der Bescheinigung nach Absatz 1 Satz 4 anzurechnen. [4]Der Zulageberechtigte hat den verbleibenden Rückzahlungsbetrag innerhalb eines Monats nach Bekanntgabe des Rückforderungsbescheids an die zuständige Kasse zu entrichten. [5]Die Frist für die Festsetzung des Rückzahlungsbetrags beträgt vier Jahre und beginnt mit Ablauf des Kalenderjahres, in dem die Auszahlung im Sinne des § 93 Absatz 1 erfolgt ist.

EStG
S 2498
[1])

§ 95 Sonderfälle der Rückzahlung

(1) Die §§ 93 und 94 gelten entsprechend, wenn

1. sich der Wohnsitz oder gewöhnliche Aufenthalt des Zulageberechtigten außerhalb der Mitgliedstaaten der Europäischen Union und der Staaten befindet, auf die das Abkommen über den Europäischen Wirtschaftsraum (EWR-Abkommen) anwendbar ist, oder wenn der Zulageberechtigte ungeachtet eines Wohnsitzes oder gewöhnlichen Aufenthaltes in einem dieser Staaten nach einem Abkommen zur Vermeidung der Doppelbesteuerung mit einem dritten Staat als außerhalb des Hoheitsgebiets dieser Staaten ansässig gilt und

2. entweder die Zulageberechtigung des Zulageberechtigten endet oder die Auszahlungsphase des Altersvorsorgevertrages begonnen hat.

---

[1]) Zur zeitlichen Anwendung → § 52 Abs. 66 und 67 EStG.

(2) [1]Auf Antrag des Zulageberechtigten ist der Rückzahlungsbetrag (§ 93 Absatz 1 Satz 1) zunächst bis zum Beginn der Auszahlung (§ 1 Absatz 1 Nummer 2 des Altersvorsorgeverträge-Zertifizierungsgesetzes oder § 92a Absatz 2 Satz 5) zu stunden. [2]Die Stundung ist zu verlängern, wenn der Rückzahlungsbetrag mit mindestens 15 Prozent der Leistungen aus dem Altersvorsorgevertrag getilgt wird. [3]Die Stundung endet, wenn das geförderte Altersvorsorgevermögen nicht unter den in § 1 Absatz 1 Satz 1 Nummer 4 des Altersvorsorgeverträge-Zertifizierungsgesetzes genannten Voraussetzungen an den Zulageberechtigten ausgezahlt wird. [4]Der Stundungsantrag ist über den Anbieter an die zentrale Stelle zu richten. [5]Die zentrale Stelle teilt ihre Entscheidung auch dem Anbieter mit.

(3) Wurde der Rückzahlungsbetrag nach Absatz 2 gestundet und

1. verlegt der ehemals Zulageberechtigte seinen ausschließlichen Wohnsitz oder gewöhnlichen Aufenthalt in einen Mitgliedstaat der Europäischen Union oder einen Staat, auf den das Abkommen über den Europäischen Wirtschaftsraum (EWR-Abkommen) anwendbar ist, oder

2. wird der ehemals Zulageberechtigte erneut zulageberechtigt,

sind der Rückzahlungsbetrag und die bereits entstandenen Stundungszinsen von der zentralen Stelle zu erlassen.

§ 96 Anwendung der Abgabenordnung, allgemeine Vorschriften

EStG
S 2499

(1) [1]Auf die Zulagen und die Rückzahlungsbeträge sind die für Steuervergütungen geltenden Vorschriften der Abgabenordnung entsprechend anzuwenden. [2]Dies gilt nicht für § 163 der Abgabenordnung.

(2) [1]Der Anbieter haftet als Gesamtschuldner neben dem Zulageempfänger für die Zulagen und die nach § 10a Absatz 4 gesondert festgestellten Beträge, die wegen seiner vorsätzlichen oder grob fahrlässigen Pflichtverletzung zu Unrecht gezahlt, nicht einbehalten oder nicht zurückgezahlt worden sind. [2]Für die Inanspruchnahme des Anbieters ist die zentrale Stelle zuständig.

(3) Die zentrale Stelle hat auf Anfrage des Anbieters Auskunft über die Anwendung des Abschnitts XI zu geben.

(4) [1]Die zentrale Stelle kann beim Anbieter ermitteln, ob er seine Pflichten erfüllt hat. [2]Die §§ 193 bis 203 der Abgabenordnung gelten sinngemäß. [3]Auf Verlangen der zentralen Stelle hat der Anbieter ihr Unterlagen, soweit sie im Ausland geführt und aufbewahrt werden, verfügbar zu machen.

(5) Der Anbieter erhält vom Bund oder den Ländern keinen Ersatz für die ihm aus diesem Verfahren entstehenden Kosten.

(6) [1]Der Anbieter darf die im Zulageverfahren bekannt gewordenen Verhältnisse der Beteiligten nur für das Verfahren verwerten. [2]Er darf sie ohne Zustimmung der Beteiligten nur offenbaren, soweit dies gesetzlich zugelassen ist.

(7) [1]Für die Zulage gelten die Strafvorschriften des § 370 Absatz 1 bis 4, der §§ 371, 375 Absatz 1 und des § 376 sowie die Bußgeldvorschriften der §§ 378, 379 Absatz 1 und 4 und der §§ 383 und 384 der Abgabenordnung entsprechend. [2]Für das Strafverfahren wegen einer Straftat nach Satz 1 sowie der Begünstigung einer Person, die eine solche Tat begangen hat, gelten die §§ 385 bis 408, für das Bußgeldverfahren wegen einer Ordnungswidrigkeit nach Satz 1 die §§ 409 bis 412 der Abgabenordnung entsprechend.

§ 97 Übertragbarkeit

EStG
S 2499

[1]Das nach § 10a oder Abschnitt XI geförderte Altersvorsorgevermögen einschließlich seiner Erträge, die geförderten laufenden Altersvorsorgebeiträge und der Anspruch auf die Zulage sind nicht übertragbar. [2]§ 93 Absatz 1a und § 4 des Betriebsrentengesetzes bleiben unberührt.

§ 98 Rechtsweg

EStG
S 2499

In öffentlich-rechtlichen Streitigkeiten über die aufgrund des Abschnitts XI ergehenden Verwaltungsakte ist der Finanzrechtsweg gegeben.

§ 99 Ermächtigung

(1) Das Bundesministerium der Finanzen wird ermächtigt, die Vordrucke für die Anträge nach § 89, für die Anmeldung nach § 90 Absatz 3 und für die in den §§ 92 und 94 Absatz 1 Satz 4 vorgesehenen Bescheinigungen und im Einvernehmen mit den obersten Finanzbehörden der Länder den Vordruck für die nach § 22 Nummer 5 Satz 7 vorgesehene Bescheinigung und den Inhalt und Aufbau der für die Durchführung des Zulageverfahrens zu übermittelnden Datensätze zu bestimmen.

(2) ¹Das Bundesministerium der Finanzen wird ermächtigt, im Einvernehmen mit dem Bundesministerium für Arbeit und Soziales und dem Bundesministerium des Innern durch Rechtsverordnung mit Zustimmung des Bundesrates Vorschriften zur Durchführung dieses Gesetzes über das Verfahren für die Ermittlung, Festsetzung, Auszahlung, Rückzahlung und Rückforderung der Zulage sowie die Rückzahlung und Rückforderung der nach § 10a Absatz 4 festgestellten Beträge zu erlassen. ²Hierzu gehören insbesondere

1. Vorschriften über Aufzeichnungs-, Aufbewahrungs-, Bescheinigungs- und Anzeigepflichten des Anbieters,

2. Grundsätze des vorgesehenen Datenaustausches zwischen den Anbietern, der zentralen Stelle, den Trägern der gesetzlichen Rentenversicherung, der Bundesagentur für Arbeit, den Meldebehörden, den Familienkassen, den zuständigen Stellen und den Finanzämtern und

3. Vorschriften über Mitteilungspflichten, die für die Erteilung der Bescheinigungen nach § 22 Nummer 5 Satz 7 und § 92 erforderlich sind.

---

1) Zur Anwendung von § 99 Abs. 1 EStG → § 52 Abs. 66 und 67 EStG.

B.
Anlage zu den
Einkommensteuer-Richtlinien

Anlage (zu R 4.6)
Übersicht
über die Berichtigung des Gewinns bei Wechsel der Gewinnermittlungsart

Übergang	Berichtigung des Gewinns im ersten Jahr nach dem Übergang:
1. von der Einnahmenüberschussrechnung zum Bestandvergleich, zur Durchschnittssatzgewinnermittlung oder zur Richtsatzschätzung	Der Gewinn des ersten Jahres ist insbesondere um die folgenden Hinzurechnungen und Abrechnungen zu berichtigen:

+ Warenbestand
+ Warenforderungsanfangsbestand
+ Sonstige Forderungen
– Warenschuldenanfangsbestand
+ Anfangsbilanzwert (Anschaffungskosten) der nicht abnutzbaren Wirtschaftsgüter des Anlagevermögens (mit Ausnahme des Grund und Bodens), soweit diese während der Dauer der Einnahmenüberschussrechnung angeschafft und ihre Anschaffungskosten vor dem 1. 1. 1971 als Betriebsausgaben abgesetzt wurden, ohne dass ein Zuschlag nach § 4 Abs. 3 Satz 2 EStG in den vor dem Steuerneuordnungsgesetz geltenden Fassungen gemacht wurde.

2. vom Bestandsvergleich, von der Durchschnittssatzgewinnermittlung oder von der Richtsatzschätzung zur Einnahmenüberschussrechnung

Der Überschuss der Betriebseinnahmen über die Betriebsausgaben sind im ersten Jahr insbesondere um die folgenden Hinzurechnungen und Abrechnungen zu berichtigen:

+ Warenschuldenbestand des Vorjahrs
– Warenendbestand des Vorjahrs
– Warenforderungsbestand des Vorjahrs
– Sonstige Forderungen.

Sind in früheren Jahren Korrektivposten gebildet und nicht oder noch nicht in voller Höhe aufgelöst worden, ist dies bei Hinzurechnung des Unterschiedsbetrags zu berücksichtigen; noch nicht aufgelöste Zuschläge vermindern, noch nicht aufgelöste Abschläge erhöhen den Unterschiedsbetrag.

Bei der Anwendung der vorstehenden Übersicht ist Folgendes zu beachten:

– Die vorstehende Übersicht ist nicht erschöpfend. Beim Wechsel der Gewinnermittlungsart sind auch andere als die oben bezeichneten Positionen durch Zu- und Abrechnungen zu berücksichtigen. Das gilt insbesondere *für Rückstellungen sowie* für die Rechnungsabgrenzungsposten, z. B. im Voraus gezahlte Miete und im Voraus vereinnahmte Zinsen, *soweit die Einnahmen oder Ausgaben bei der Einnahmenüberschussrechnung nicht gem. § 11 Abs. 1 Satz 3 oder Abs. 2 Satz 3 EStG verteilt werden.*
– Die Zu- und Abrechnungen unterbleiben für Wirtschaftsgüter des Umlaufvermögens und Schulden für Wirtschaftsgüter des Umlaufvermögens, die von § 4 Abs. 3 Satz 4 EStG erfasst werden. Zur zeitlichen Anwendung dieser Regelung → § 52 Abs. 10 Satz 2 und 3 EStG.

C.

Anhänge

Übersicht

I.

Steuerliche Förderung der privaten Altersvorsorge und betrieblichen Altersversorgung

BMF vom 31. 3. 2010 (BStBl I S. 270) – Auszug –

$$\frac{\text{IV C 3 – S 2222/09/10041}}{\text{IV C 5 – S 2333/07/0003}} - 2010/0256374$$

Zur steuerlichen Förderung der privaten Altersvorsorge und betrieblichen Altersversorgung nehme ich im Einvernehmen mit den obersten Finanzbehörden der Länder wie folgt Stellung:

Für die Inanspruchnahme des Sonderausgabenabzugs nach § 10a EStG wird, was die Prüfungskompetenz der Finanzämter betrifft, vorab auf § 10a Abs. 5 Satz 3 EStG hingewiesen, wonach die in der Bescheinigung des Anbieters mitgeteilten übrigen Voraussetzungen für den Sonderausgabenabzug nach § 10a Abs. 1 bis 3 EStG im Wege des automatisierten Datenabgleichs nach § 91 EStG durch die zentrale Stelle (Zentrale Zulagenstelle für Altersvermögen – ZfA –) überprüft werden.

Inhaltsübersicht

---

[1] Anm.: Teil B ist in der Lohnsteuer Handausgabe 2013 abgedruckt.

A. Private Altersvorsorge

I. Förderung durch Zulage und Sonderausgabenabzug

1. Begünstigter Personenkreis

a) Allgemeines

1   Die persönlichen Voraussetzungen müssen im jeweiligen Beitragsjahr (Veranlagungszeitraum) zumindest während eines Teils des Jahres vorgelegen haben.

b) Unmittelbar begünstigte Personen

aa) Pflichtversicherte in der inländischen gesetzlichen Rentenversicherung (§ 10a Abs. 1 Satz 1 Halbsatz 1 EStG) und Pflichtversicherte nach dem Gesetz über die Alterssicherung der Landwirte (§ 10a Abs. 1 Satz 3 EStG)

2   In der inländischen gesetzlichen Rentenversicherung pflichtversichert ist, wer nach §§ 1 bis 4, 229, 229a und 230 des Sechsten Buches Sozialgesetzbuch (SGB VI) der Versicherungspflicht unterliegt. Hierzu gehört der in der Anlage 1 Abschnitt A aufgeführte Personenkreis. Allein die Zahlung von Pflichtbeiträgen zur inländischen gesetzlichen Rentenversicherung ohne Vorliegen einer Versicherungspflicht, beispielsweise von dritter Seite aufgrund eines Forderungsüberganges (Regressierung) wegen eines Schadensersatzanspruchs (§ 119 des Zehnten Buches Sozialgesetzbuch – SGB X –), begründet nicht die Zugehörigkeit zu dem nach § 10a Abs. 1 Satz 1 EStG begünstigten Personenkreis.

3   Pflichtversicherte nach dem Gesetz über die Alterssicherung der Landwirte gehören, soweit sie nicht als Pflichtversicherte der inländischen gesetzlichen Rentenversicherung ohnehin bereits anspruchsberechtigt sind, in dieser Eigenschaft ebenfalls zum begünstigten Personenkreis. Darunter fallen insbesondere die in Anlage 1 Abschnitt B aufgeführten Personen.

bb) Empfänger von Besoldung und diesen gleichgestellte Personen (§ 10a Abs. 1 Satz 1 Halbsatz 2 EStG)

Zum begünstigten Personenkreis nach § 10a Abs. 1 Satz 1 Halbsatz 2 EStG gehören: 4

– Empfänger von inländischer Besoldung nach dem Bundesbesoldungsgesetz – BBesG – oder einem entsprechenden Landesbesoldungsgesetz (§ 10a Abs. 1 Satz 1 Halbsatz 2 Nr. 1 EStG),

– Empfänger von Amtsbezügen aus einem inländischen Amtsverhältnis, deren Versorgungsrecht die entsprechende Anwendung des § 69e Abs. 3 und 4 des Beamtenversorgungsgesetzes – BeamtVG – vorsieht (§ 10a Abs. 1 Satz 1 Halbsatz 2 Nr. 2 EStG),

– die nach § 5 Abs. 1 Satz 1 Nr. 2 und 3 SGB VI versicherungsfrei Beschäftigten und die nach § 6 Abs. 1 Satz 1 Nr. 2 SGB VI oder nach § 230 Abs. 2 Satz 2 SGB VI von der Versicherungspflicht befreiten Beschäftigten, deren Versorgungsrecht die entsprechende Anwendung des § 69e Abs. 3 und 4 BeamtVG vorsieht (§ 10a Abs. 1 Satz 1 Halbsatz 2 Nr. 3 EStG),

– Beamte, Richter, Berufssoldaten und Soldaten auf Zeit, die ohne Besoldung beurlaubt sind, für die Zeit einer Beschäftigung, wenn während der Beurlaubung die Gewährleistung einer Versorgungsanwartschaft unter den Voraussetzungen des § 5 Abs. 1 Satz 1 SGB VI auf diese Beschäftigung erstreckt wird (§ 10a Abs. 1 Satz 1 Halbsatz 2 Nr. 4 EStG) und

– Steuerpflichtige im Sinne von § 10a Abs. 1 Satz 1 Nr. 1 bis 4 EStG, die beurlaubt sind und deshalb keine Besoldung, Amtsbezüge oder Entgelt erhalten, sofern sie eine Anrechnung von Kindererziehungszeiten nach § 56 SGB VI in Anspruch nehmen könnten, wenn die Versicherungsfreiheit in der inländischen gesetzlichen Rentenversicherung nicht bestehen würde (§ 10a Abs. 1 Satz 1 Halbsatz 2 Nr. 5 EStG). Der formale Grund für die Beurlaubung ist insoweit ohne Bedeutung.

Einzelheiten ergeben sich aus der Anlage 2 zu diesem Schreiben.

Neben den vorstehend genannten Voraussetzungen ist für die steuerliche Förderung die schriftliche Einwilligung zur Weitergabe der für einen maschinellen Datenabgleich notwendigen Daten von der zuständigen Stelle (§ 81a EStG) an die ZfA erforderlich. Die Einwilligung ist spätestens bis zum Ablauf des zweiten Kalenderjahres, das auf das Beitragsjahr folgt, gegenüber der zuständigen Stelle zu erteilen. Die zuständigen Stellen haben die Daten nach § 10a Abs. 1 Satz 1 EStG zeitnah – spätestens bis zum Ende des folgenden Kalendervierteljahres – nach Vorlage der Einwilligung an die ZfA zu übermitteln (§ 91 Abs. 2 EStG). Wechselt die zuständige Stelle, muss gegenüber der neuen zuständigen Stelle eine Einwilligung abgegeben werden. 5

Auch der Gesamtrechtsnachfolger (z. B. Witwe, Witwer) kann die Einwilligung innerhalb der Frist für den Verstorbenen/die Verstorbene nachholen.

Wenn ein Angehöriger dieses Personenkreises keine Sozialversicherungsnummer hat, muss über die zuständige Stelle eine Zulagenummer bei der ZfA beantragt werden (§ 10a Abs. 1a EStG).

cc) Pflichtversicherten gleichstehende Personen

Nach § 10a Abs. 1 Satz 3 EStG stehen den Pflichtversicherten der inländischen gesetzlichen Rentenversicherung Personen gleich, die wegen Arbeitslosigkeit bei einer inländischen Agentur für Arbeit als Arbeitssuchende gemeldet sind und der Versicherungspflicht in der Rentenversicherung nicht unterliegen, weil sie eine Leistung nach dem Zweiten Buch Sozialgesetzbuch nur wegen des zu berücksichtigenden Einkommens oder Vermögens nicht beziehen. Wird eine Leistung nicht gezahlt, weil sich der Arbeitslose nicht bei einer Agentur für Arbeit als Arbeitssuchender gemeldet hat, besteht keine Förderberechtigung nach § 10a Abs. 1 Satz 3 EStG. 6

dd) Pflichtversicherte in einer ausländischen gesetzlichen Rentenversicherung

Zum begünstigten Personenkreis gehören nach § 52 Abs. 24c Satz 2 EStG auch Pflichtmitglieder in einem ausländischen gesetzlichen Alterssicherungssystem, wenn diese Pflichtmitgliedschaft 7

– mit einer Pflichtmitgliedschaft in einem inländischen Alterssicherungssystem nach § 10a Abs. 1 Satz 1 oder 3 vergleichbar ist und

– vor dem 1. Januar 2010 begründet wurde,

sofern sie unbeschränkt einkommensteuerpflichtig sind oder für das Beitragsjahr nach § 1 Abs. 3 EStG als unbeschränkt einkommensteuerpflichtig behandelt werden (vgl. Rz. 32). Das gilt ebenso für den Fall der Arbeitslosigkeit, wenn die Pflichtversicherung in der ausländischen gesetzlichen Rentenversicherung fortbesteht. In sämtlichen ausländischen Rentenversicherungssystemen der Anrainerstaaten der Bundesrepublik Deutschland bestehen derartige Pflichtversicherungen.

ee) Sonderfall: Beschäftigte internationaler Institutionen

Bedienstete der Europäischen Gemeinschaften (Beamte und sonstige Bedienstete) sind für die Beurteilung der Zugehörigkeit zum begünstigten Personenkreis und für das Verfahren grundsätz- 8 lich so zu behandeln, als bestünde für sie eine Pflichtmitgliedschaft in einem ausländischen gesetzlichen Alterssicherungssystem, die mit einer Pflichtmitgliedschaft in einem inländischen Alterssicherungssystem nach § 10a Abs. 1 Satz 1 oder 3 EStG vergleichbar ist (vgl. Rz. 7). Dies gilt entsprechend insbesondere für die Beschäftigten der Europäischen Patentorganisation (EPO) sowie Koordinierten Organisationen (Europäische Weltraumorganisation [ESA]/Europarat/Nordatlantikvertragsorganisation [NATO]/Organisation für wirtschaftliche Zusammenarbeit und Entwicklung [OECD]/Westeuropäische Union [WEU]/Europäisches Zentrum für mittelfristige Wettervorhersage [EZMV, engl. ECWMF]).

ff) Entsendete Pflichtversicherte und Beamte, denen eine Tätigkeit im Ausland zugewiesen wurde

9   Bei Pflichtversicherten in der inländischen gesetzlichen Rentenversicherung, die von ihrem Arbeitgeber entsendet werden, ergibt sich die Zugehörigkeit zum begünstigten Personenkreis unmittelbar aus § 10a Abs. 1 Satz 1 Halbsatz 1 EStG.

10   Beamte, denen im dienstlichen oder öffentlichen Interesse vorübergehend eine Tätigkeit bei einer öffentlichen Einrichtung außerhalb der Bundesrepublik Deutschland zugewiesen wurde (§ 123a BRRG) und die in ihrem bisherigen inländischen Alterssicherungssystem verbleiben, gehören unmittelbar zu der nach § 10a Abs. 1 Satz 1 Nr. 1 EStG begünstigten Personengruppe.

gg) Bezieher einer Rente wegen voller Erwerbsminderung oder Erwerbsunfähigkeit oder einer Versorgung wegen Dienstunfähigkeit

11   Zum begünstigten Personenkreis nach § 10a Abs. 1 Satz 4 EStG gehören Personen, die nicht nach § 10a Abs. 1 Satz 1 oder 3 EStG begünstigt sind und eine Rente wegen voller Erwerbsminderung oder Erwerbsunfähigkeit oder eine Versorgung wegen Dienstunfähigkeit aus einem der in § 10a Abs. 1 Satz 1 oder 3 EStG genannten inländischen Alterssicherungssysteme beziehen, wenn sie unmittelbar vor dem Bezug der Leistung einer in § 10a Abs. 1 Satz 1 oder 3 EStG genannten Personengruppe angehörten. Eine vorangegangene Zugehörigkeit zu einer begünstigten Personengruppe ist auch anzunehmen, wenn eine Förderberechtigung nur wegen des Fehlens der Einwilligung (Rz. 5) nicht bestand. Der Bezug einer Rente wegen teilweiser Erwerbsminderung oder einer Rente wegen Berufsunfähigkeit begründet keine Zugehörigkeit zum begünstigten Personenkreis nach § 10a Abs. 1 Satz 4 EStG. Voraussetzung für die Inanspruchnahme der steuerlichen Förderung bei Beziehern einer Versorgung wegen Dienstunfähigkeit ist die Erteilung einer Einwilligungserklärung (Rz. 5). Zum begünstigten Personenkreis gehören auch Bezieher einer Rente wegen voller Erwerbsminderung oder Erwerbsunfähigkeit oder einer Versorgung wegen Dienstunfähigkeit, deren Rente/Versorgung vor dem 1. Januar 2002 begonnen hat.

12   Ein tatsächlicher Bezug der Rente wegen voller Erwerbsminderung oder Erwerbsunfähigkeit oder Versorgung wegen Dienstunfähigkeit ist nicht erforderlich, wenn ein Anspruch dem Grunde nach besteht (einschließlich Antragstellung), aber die Rente oder Versorgung aufgrund von Anrechnungsvorschriften (z. B. §§ 93 Abs. 1 SGB VI, 53 ff. BeamtVG) nicht geleistet wird.

13   Zum begünstigten Personenkreis gehören auch Personen,

- die aus einem ausländischen gesetzlichen Alterssicherungssystem eine Leistung erhalten, die mit einer Rente wegen voller Erwerbsminderung oder Erwerbsunfähigkeit oder einer Versorgung wegen Dienstunfähigkeit aus einem der in § 10a Abs. 1 Satz 1 oder 3 EStG genannten inländischen Alterssicherungssysteme vergleichbar ist,

- die unmittelbar vor dem Bezug dieser Leistung einer der in Rz. 2 bis 10 genannten Personengruppen angehörten,

- das 67. Lebensjahr noch nicht vollendet haben und

- unbeschränkt einkommensteuerpflichtig sind oder für das Beitragsjahr nach § 1 Abs. 3 EStG als unbeschränkt einkommensteuerpflichtig behandelt werden (vgl. Rz. 32).

14   Gehörte der Empfänger einer Versorgung wegen Dienstunfähigkeit vor Beginn der Versorgung zum begünstigten Personenkreis und wechselt die zuständige Stelle (§ 81a EStG) wegen des Versorgungsbezugs, muss er gegenüber der die Versorgung anordnenden Stelle seine Einwilligung (vgl. Rz. 5) erklären.

15   Bei den Personen nach § 10a Abs. 1 Satz 4 EStG ist der unmittelbare zeitliche Zusammenhang gegeben, wenn im Veranlagungszeitraum vor dem Eintritt der vollen Erwerbsminderung/Erwerbsunfähigkeit oder Dienstunfähigkeit eine Zugehörigkeit zur Personengruppe nach § 10a Abs. 1 Sätze 1 und 3 EStG bestand. Dies gilt entsprechend für den in Rz. 13 genannten Personenkreis.

16   Die Begünstigung nach § 10a Abs. 1 Satz 4 EStG endet, wenn die anspruchsbegründende Leistung wegfällt oder in eine Altersrente umgestellt wird, spätestens jedoch mit der Vollendung des 67. Lebensjahres des Steuerpflichtigen. Rz. 1 findet Anwendung.

c) Nicht unmittelbar begünstigte Personen

Nicht unmittelbar begünstigt sind insbesondere die in Anlage 1 Abschnitt C aufgeführten Personengruppen. 17

d) Mittelbar zulageberechtigte Personen

Bei Ehegatten, die nicht dauernd getrennt leben (§ 26 Abs. 1 EStG) und von denen nur ein Ehegatte unmittelbar zulageberechtigt ist, ist auch der andere Ehegatte (mittelbar) zulageberechtigt, 18

– wenn beide Ehegatten jeweils einen auf ihren Namen lautenden, nach § 5 des Altersvorsorgeverträge-Zertifizierungsgesetzes (AltZertG) zertifizierten Vertrag (Altersvorsorgevertrag) abgeschlossen haben oder der unmittelbar zulageberechtigte Ehegatte über eine förderbare Versorgung im Sinne des § 82 Abs. 2 EStG bei einer Pensionskasse, einem Pensionsfonds oder über eine nach § 82 Abs. 2 EStG förderbare Direktversicherung verfügt und der andere Ehegatte einen auf seinen Namen lautenden, nach § 5 AltZertG zertifizierten Vertrag abgeschlossen hat und

– sie ihren Wohnsitz oder gewöhnlichen Aufenthalt in einem Mitgliedstaat der Europäischen Union oder einem Staat, auf den das Abkommen über den Europäischen Wirtschaftsraum anwendbar ist, (EU-/EWR-Staat) haben.

Es reicht nicht aus, wenn der nicht unmittelbar zulageberechtigte Ehegatte über eine förderbare Versorgung im Sinne des § 82 Abs. 2 EStG bei einer Pensionskasse, einem Pensionsfonds oder über eine nach § 82 Abs. 2 EStG förderbare Direktversicherung verfügt (BFH-Urteil vom 21. Juli 2009, BStBl II S. 995). Eigene Altersvorsorgebeiträge müssen nur von dem unmittelbar zulageberechtigten Ehegatten, nicht jedoch von dem mittelbar zulageberechtigten Ehegatten erbracht werden (vgl. Rz. 76 ff.). Zum Sonderausgabenabzug nach § 10a EStG vgl. Rz. 85. Im Hinblick auf die Beantragung einer Zulagenummer wird auf § 89 Abs. 1 Satz 4 EStG verwiesen.

Die mittelbare Zulageberechtigung entfällt, 19

– wenn der mittelbar Zulageberechtigte unmittelbar zulageberechtigt wird,

– der unmittelbar zulageberechtigte Ehegatte nicht mehr zum zulageberechtigten Personenkreis gehört,

– die Ehegatten dauernd getrennt leben oder

– mindestens ein Ehegatte seinen Wohnsitz oder gewöhnlichen Aufenthalt nicht mehr in einem EU-/EWR-Staat, hat.

Fließen dem mittelbar zulageberechtigten Ehegatten Leistungen aus einem Altersvorsorgevertrag zu, kann er für diesen Vertrag keine Zulage mehr beanspruchen.

Ein mittelbar zulageberechtigter Ehegatte verliert im Falle der Auflösung der Ehe – auch wenn die Ehegatten nicht bereits während des ganzen Jahres getrennt gelebt haben – bereits für das Jahr der Auflösung der Ehe seine Zulageberechtigung, wenn der unmittelbar Zulageberechtigte im selben Jahr wieder geheiratet hat und er und der neue Ehegatte nicht dauernd getrennt leben und ihren Wohnsitz oder gewöhnlichen Aufenthalt in einem EU-/EWR-Staat, haben. 20

Bei eingetragenen Lebenspartnerschaften kommt eine mittelbare Zulageberechtigung nicht in Betracht. 21

2. Altersvorsorgebeiträge (§ 82 EStG)

a) Private Altersvorsorgebeiträge

Altersvorsorgebeiträge im Sinne des § 82 Abs. 1 EStG sind die zugunsten eines auf den Namen des Zulageberechtigten lautenden nach § 5 AltZertG zertifizierten Vertrags (Altersvorsorgevertrag) geleisteten Beiträge und Tilgungsleistungen. Die dem Vertrag gutgeschriebenen oder zur Tilgung eingesetzten Zulagen stellen – anders als im AltZertG – keine Altersvorsorgebeiträge dar und sind daher selbst nicht zulagefähig. Beiträge zugunsten von Verträgen, bei denen mehrere Personen Vertragspartner sind, sind nicht begünstigt. Dies gilt auch für Verträge, die von Ehegatten gemeinsam abgeschlossen werden. Der Notwendigkeit zum Abschluss eigenständiger Verträge steht jedoch nicht entgegen, wenn eine dritte Person oder der Ehegatte für das im Rahmen eines zertifizierten Altersvorsorgevertrages aufgenommene Darlehen mithaftet. 22

Altersvorsorgebeiträge nach § 82 Abs. 1 Satz 1 Nr. 2 EStG sind die zugunsten eines auf den Namen des Zulageberechtigten lautenden Altersvorsorgevertrages geleisteten Tilgungen für ein Darlehen, das der Zulageberechtigte ausschließlich für eine nach dem 31. Dezember 2007 vorgenommene wohnungswirtschaftliche Verwendung im Sinne des § 92a Abs. 1 Satz 1 EStG eingesetzt hat, vgl. hierzu Rz. 215 bis 223. Dies gilt auch, wenn das für eine entsprechende Verwendung nach Satz 1 aufgenommene Darlehen später auf einen zertifizierten Altersvorsorgevertrag in Form eines Darlehensvertrages umgeschuldet wird; auch mehrfache Umschuldungen sind in den Fällen der wohnungswirtschaftlichen Verwendung im Sinne des § 92a Abs. 1 Satz 1 EStG nach dem 31. Dezember 2007 möglich. Es kommt nicht darauf an, ob das abgelöste Darlehen im Rahmen eines zertifizierten Alters- 23 vorsorgevertrags gewährt worden ist und ob der Zulageberechtigte alleiniger oder gemeinschaftlicher Darlehensnehmer des abgelösten Darlehens war. Die für die Tilgungsleistungen gezahlten Zulagen sind unmittelbar für die Tilgung des jeweiligen Darlehens zu verwenden. Bei Beiträgen zugunsten mehrerer Altersvorsorgeverträge vgl. Rz. 107, 108. Der Zulageberechtigte muss die vertragsgemäße Verwendung des Darlehens gegenüber seinem Anbieter nachweisen. Der Anbieter hat solange ganz oder teilweise von nicht ordnungsgemäß verwendeten Darlehensbeträgen auszugehen, bis die ordnungsgemäße Verwendung nachgewiesen ist.

24   Setzt sich ein Altersvorsorgevertrag aus einer Vertragsgestaltung im Sinne des § 1 Abs. 1 AltZertG und einem Rechtsanspruch auf Gewährung eines Darlehens zusammen (§ 1 Abs. 1a Satz 1 Nr. 2 AltZertG), handelt es sich bei den geleisteten Beiträgen für den Vertragsteil, der nach § 1 Abs. 1 AltZertG ausgestaltet ist, um Altersvorsorgebeiträge nach § 82 Abs. 1 Satz 1 Nr. 1 EStG und bei den zur Tilgung des Darlehens geleisteten Zahlungen um Altersvorsorgebeiträge nach § 82 Abs. 1 Satz 1 Nr. 2 EStG.

25   Handelt es sich um Zahlungen zugunsten eines zertifizierten Altersvorsorgevertrages nach § 1 Abs. 1a Satz 1 Nr. 3 AltZertG, ist zu differenzieren: Zahlungen, die unmittelbar für die Tilgung des Darlehens eingesetzt werden, sind Tilgungsleistungen nach § 82 Abs. 1 Satz 1 Nr. 2 EStG. Wird mit den vom Zulageberechtigten geleisteten Zahlungen jedoch zunächst Altersvorsorgevermögen gebildet, welches zu einem späteren Zeitpunkt zur Tilgung des Darlehens eingesetzt wird und ist dies bereits bei Vertragsabschluss unwiderruflich vereinbart worden, dann gelten die geleisteten Zahlungen bereits im Zahlungszeitpunkt als Tilgungsleistungen nach § 82 Abs. 1 Satz 3 EStG.

26   Der in der zu zahlenden Kreditrate enthaltene Zinsanteil sowie die anfallenden Kosten und Gebühren sind keine Altersvorsorgebeiträge und damit nicht nach § 10a/Abschnitt XI EStG begünstigt. Die Förderung bezieht sich nur auf den in der gezahlten Kreditrate enthaltenen Tilgungsanteil.

27   Wird gefördertes Altersvorsorgevermögen von einem Altersvorsorgevertrag im Sinne des § 1 Abs. 1 oder Abs. 1a Satz 1 Nr. 2 AltZertG in einen Altersvorsorgevertrag im Sinne des § 1 Abs. 1a Satz 1 Nr. 3 AltZertG übertragen (§ 1 Abs. 1 Nr. 10 Buchstabe b AltZertG), sind ab dem Zeitpunkt der Übertragung des gebildeten Kapitals, frühestens ab der Inanspruchnahme des Vorfinanzierungsdarlehens oder des Zwischenkredits, die damit übertragenen und bereits geförderten Beiträge nicht mehr Beiträge im Sinne des § 82 Abs. 1 Satz 1 Nr. 1 EStG, sondern bereits geförderte Tilgungsleistungen nach § 82 Abs. 1 Satz 3 EStG. Dies gilt auch, wenn ein Altersvorsorgevertrag im Sinne des § 1 Abs. 1a Satz 1 Nr. 3 AltZertG für eine Umschuldung im Sinne der Rz. 23 genutzt wird.

b) Beiträge im Rahmen der betrieblichen Altersversorgung

28   Auf die Ausführungen in Rz. 265 ff. und 290 ff. wird hingewiesen.

c) Altersvorsorgebeiträge nach Beginn der Auszahlungsphase

29   Für Altersvorsorgebeiträge zugunsten eines Vertrags, die nach Beginn der Auszahlungsphase geleistet wurden, kommt eine steuerliche Förderung nach § 10a/Abschnitt XI EStG nicht mehr in Betracht.

d) Beiträge, die über den Mindesteigenbeitrag hinausgehen

30   Auch Beiträge, die über den Mindesteigenbeitrag hinausgehen, sind Altersvorsorgebeiträge. Zum Begriff der Überzahlung wird auf Rz. 122 verwiesen.

31   Sieht der Altersvorsorgevertrag allerdings eine vertragliche Begrenzung auf einen festgelegten Höchstbetrag vor (z. B. den Betrag nach § 10a EStG oder den nach § 86 EStG erforderlichen Mindesteigenbeitrag zuzüglich Zulageanspruch) handelt es sich bei Zahlungen, die darüber hinausgehen, um zivilrechtlich nicht geschuldete Beträge, hinsichtlich derer dem Anleger ein Rückerstattungsanspruch gegen den Anbieter zusteht. Diese Beträge stellen grundsätzlich keine Altersvorsorgebeiträge im Sinne des § 82 Abs. 1 EStG dar (Ausnahme vgl. Rz. 123). Der Anbieter darf diese Beträge daher nicht in seine Bescheinigung nach § 10a Abs. 5 Satz 1 EStG aufnehmen.

e) Beiträge von Versicherten in einer ausländischen gesetzlichen Rentenversicherung

32   Als Altersvorsorgebeiträge im Sinne des § 82 EStG sind bei den in Rz. 7, 8 und 13 genannten Personengruppen nur diejenigen Beiträge zu berücksichtigen, die vom Zulageberechtigten zugunsten eines vor dem 1. Januar 2010 abgeschlossenen Vertrags geleistet wurden.

3. Zulage

a) Grundzulage

33   Jeder unmittelbar Zulageberechtigte erhält auf Antrag für seine im abgelaufenen Beitragsjahr gezahlten Altersvorsorgebeiträge eine Grundzulage. Für die Zulagengewährung bei mittelbar

zulageberechtigten Ehegatten sind die Rz. 18 bis 21 zu beachten. Die Grundzulage beträgt ab dem Jahr 2008 jährlich 154 €.

Für unmittelbar Zulageberechtigte, die das 25. Lebensjahr noch nicht vollendet haben, erhöht sich die Grundzulage einmalig um einen Betrag von 200 € (sog. Berufseinsteiger-Bonus). Für die Erhöhung ist kein gesonderter Antrag erforderlich. Die erhöhte Grundzulage ist einmalig für das erste nach dem 31. Dezember 2007 beginnende Beitragsjahr zu zahlen, für das der Zulageberechtigte die Altersvorsorgezulage beantragt, wenn er zu Beginn des betreffenden Beitragsjahres das 25. Lebensjahr noch nicht vollendet hat. Das Datum des Vertragsabschlusses ist insoweit unerheblich. Für die Berechnung des Mindesteigenbeitrages ist in dem ersten Beitragsjahr, in dem die Voraussetzungen für die Gewährung des Erhöhungsbetrages vorliegen, die erhöhte Grundzulage zu berücksichtigen. Erbringt der Zulageberechtigte nicht den erforderlichen Mindesteigenbeitrag (§ 86 Abs. 1 EStG), erfolgt eine entsprechende Kürzung der Altersvorsorgezulage und damit auch des in der erhöhten Grundzulage enthaltenen einmalig zu gewährenden Erhöhungsbetrages (vgl. Rz. 78). Eine Nachholungsmöglichkeit des gekürzten Erhöhungsbetrages in späteren Beitragsjahren gibt es nicht.   34

b) Kinderzulage

aa) Allgemeines

Anspruch auf Kinderzulage besteht für jedes Kind, für das für mindestens einen Monat des Beitragsjahres Kindergeld an den Zulageberechtigten ausgezahlt worden ist. Die Kinderzulage beträgt ab dem Jahr 2008 für jedes vor dem 1. Januar 2008 geborene Kind 185 € und für jedes nach dem 31. Dezember 2007 geborene Kind 300 € jährlich. Auf den Zeitpunkt der Auszahlung des Kindergeldes kommt es nicht an. Anspruch auf Kinderzulage besteht für ein Beitragsjahr auch dann, wenn das Kindergeld für dieses Jahr erst in einem späteren Kalenderjahr rückwirkend gezahlt wurde. Wird ein Kind z. B. am Ende des Beitragsjahres geboren, so besteht der Anspruch auf Kinderzulage für das gesamte Jahr, auch wenn das Kindergeld für Dezember regelmäßig erst im nachfolgenden Kalenderjahr ausgezahlt wird.   35

Wird einem anderen als dem Kindergeldberechtigten, z. B. einer Behörde, das Kindergeld ausgezahlt (§ 74 EStG), ist die Festsetzung des Kindergelds für die Zulageberechtigung maßgebend.   36

Beispiel:

Für den kindergeldberechtigten Vater wird Kindergeld festgesetzt. Wegen der Unterbringung des Kindes in einem Heim stellt das Jugendamt einen Antrag auf Abzweigung des Kindergelds, dem stattgegeben wird. Das Kindergeld wird nicht an den Vater, sondern an das Jugendamt ausgezahlt.   37

Anspruch auf Kinderzulage hat in diesem Fall der Vater.

Dem Kindergeld gleich stehen andere Leistungen für Kinder im Sinne des § 65 Abs. 1 Satz 1 EStG (§ 65 Abs. 1 Satz 2 EStG). Zu den mit dem Kindergeld vergleichbaren Leistungen im Sinne des § 65 Abs. 1 Satz 1 Nr. 2 EStG wird auf das Schreiben des Bundesamtes für Finanzen vom 5. August 2004, BStBl I S. 742 verwiesen.   38

bb) Kinderzulageberechtigung bei miteinander verheirateten Eltern

Steht ein Kind zu beiden Ehegatten, die   39

– nicht dauernd getrennt leben (§ 26 Abs. 1 EStG) und

– ihren Wohnsitz oder gewöhnlichen Aufenthalt in einem EU-/EWR-Staat haben,

in einem Kindschaftsverhältnis (§ 32 Abs. 1 EStG), erhält grundsätzlich die Mutter die Kinderzulage. Die Eltern können gemeinsam für das jeweilige Beitragsjahr beantragen, dass der Vater die Zulage erhält. In beiden Fällen kommt es nicht darauf an, welchem Elternteil das Kindergeld ausgezahlt wurde. Die Übertragung der Kinderzulage muss auch in den Fällen beantragt werden, in denen die Mutter keinen Anspruch auf Altersvorsorgezulage hat, weil sie beispielsweise keinen Altersvorsorgevertrag abgeschlossen hat. Eine Übertragungsmöglichkeit besteht nicht, wenn das Kind nur zu einem der Ehegatten in einem Kindschaftsverhältnis steht (vgl. Rz. 43).

Der Antrag kann   40

– für jedes einzelne Kind gestellt werden,

– nach Eingang beim Anbieter nicht mehr widerrufen werden.

Hat der Vater seinem Anbieter eine Vollmacht (vgl. Rz. 233) zur formlosen Antragstellung erteilt, kann der Antrag auf Übertragung der Kinderzulage von der Mutter auf ihn auch für die Folgejahre bis auf Widerruf erteilt werden. Der Antrag kann vor Ende des Beitragsjahres, für das er erstmals nicht mehr gelten soll, gegenüber dem Anbieter des Vaters widerrufen werden.   41

cc) Kinderzulageberechtigung in anderen Fällen

42   Sind die Eltern nicht miteinander verheiratet, leben sie dauernd getrennt oder haben sie ihren Wohnsitz oder gewöhnlichen Aufenthalt nicht in einem EU-/EWR-Staat, erhält der Elternteil die Kinderzulage, dem das Kindergeld für das Kind ausgezahlt wird (§ 85 Abs. 1 Satz 1 EStG). Eine Übertragung der Kinderzulage nach § 85 Abs. 2 EStG ist in diesen Fällen nicht möglich. Dies gilt auch, wenn derjenige Elternteil, dem das Kindergeld ausgezahlt wird, keine Grundzulage erhält.

43   Sind nicht beide Ehegatten Eltern des Kindes, ist eine Übertragung der Kinderzulage nach § 85 Abs. 2 EStG nicht zulässig. Erhält beispielsweise ein Zulageberechtigter Kindergeld für ein in seinen Haushalt aufgenommenes Kind seines Ehegatten (§ 63 Abs. 1 Satz 1 Nr. 2 EStG), steht nur ihm die Kinderzulage nach § 85 Abs. 1 EStG zu.

44   Erhält ein Großelternteil nach § 64 Abs. 2 EStG das Kindergeld, steht nur ihm die Kinderzulage zu.

45   Wird das Kindergeld dem Kind selbst ausgezahlt, haben die Eltern keinen Anspruch auf die Kinderzulage für dieses Kind. Dem Kind selbst steht in diesem Fall die Kinderzulage nur zu, soweit es auch eine Grundzulage erhält.

dd) Wechsel des Kindergeldempfängers im Laufe des Beitragsjahrs

46   Wurde während des Beitragsjahrs mehreren Zulageberechtigten für unterschiedliche Zeiträume Kindergeld ausgezahlt, hat gem. § 85 Abs. 1 Satz 4 EStG grundsätzlich derjenige den Anspruch auf die Kinderzulage, dem für den zeitlich frühesten Anspruchszeitraum im Beitragsjahr Kindergeld ausgezahlt wurde. Dies gilt nicht bei einem Wechsel zwischen den in Rz. 39 genannten Elternteilen.

Beispiel:

47   Das Kind lebt mit den Großeltern und der unverheirateten Mutter in einem gemeinsamen Haushalt. Ein Großelternteil erhält das Kindergeld für die Monate Januar bis Mai 2007. Ab Juni 2007 erhält die Mutter das Kindergeld.

Die Kinderzulage steht dem zulageberechtigten Großelternteil zu, da dieser im Jahr 2007 den zeitlich ersten Kindergeldanspruch besaß.

48   Hat der Kindergeldberechtigte keinen Kindergeldantrag gestellt, wird aber vom Finanzamt der Kinderfreibetrag nach § 32 Abs. 6 Satz 1 EStG berücksichtigt, besteht nach § 85 Abs. 1 Satz 1 EStG kein Anspruch auf die Kinderzulage.

ee) Kindergeldrückforderung

49   Stellt sich zu einem späteren Zeitpunkt heraus, dass das gesamte Kindergeld im Beitragsjahr zu Unrecht ausgezahlt wurde und wird das Kindergeld dahingehend insgesamt zurückgefordert, entfällt der Anspruch auf die Zulage gem. § 85 Abs. 1 Satz 3 EStG. Darf dieses zu Unrecht ausgezahlte Kindergeld aus verfahrensrechtlichen Gründen nicht zurückgefordert werden, bleibt der Anspruch auf die Zulage für das entsprechende Beitragsjahr bestehen. Wird Kindergeld teilweise zu Unrecht ausgezahlt und später für diese Monate zurückgezahlt, bleibt der Anspruch auf Zulage für das entsprechende Beitragsjahr ebenfalls bestehen; allerdings ist in diesen Fällen Rz. 46 zu beachten.

c) Mindesteigenbeitrag

aa) Allgemeines

50   Die Altersvorsorgezulage wird nur dann in voller Höhe gewährt, wenn der Berechtigte einen bestimmten Mindesteigenbeitrag zugunsten der begünstigten – maximal zwei – Verträge erbracht hat (§§ 86, 87 EStG).

51   Der Mindesteigenbeitrag ermittelt sich wie folgt:

in den Veranlagungszeiträumen 2002 und 2003	1 % der maßgebenden Einnahmen maximal 525 € abzüglich der Zulage
in den Veranlagungszeiträumen 2004 und 2005	2 % der maßgebenden Einnahmen maximal 1 050 € abzüglich der Zulage
in den Veranlagungszeiträumen 2006 und 2007	3 % der maßgebenden Einnahmen maximal 1 575 € abzüglich der Zulage
ab dem Veranlagungszeitraum 2008 jährlich	4 % der maßgebenden Einnahmen maximal 2 100 € abzüglich der Zulage

Der Mindesteigenbeitrag gem. Rz. 51 ist – auch bei Beiträgen zugunsten von Verträgen, die vor dem 1. Januar 2005 abgeschlossen wurden – mit dem Sockelbetrag nach § 86 Abs. 1 Satz 4 EStG zu vergleichen. Dieser beträgt ab dem Beitragsjahr 2005 jährlich einheitlich 60 €. Die Altersvorsorgezulage wird nicht gekürzt, wenn der Berechtigte in dem maßgebenden Beitragsjahr den höheren der beiden Beträge als Eigenbeitrag zugunsten der begünstigten – maximal zwei – Verträge eingezahlt hat. Zu den Besonderheiten bei Ehegatten vgl. Rz. 73 ff.   52

Hat der Zulageberechtigte in dem dem Beitragsjahr vorangegangenen Kalenderjahr keine maßgebenden Einnahmen (vgl. Rz. 58) erzielt, ist als Mindesteigenbeitrag immer der Sockelbetrag zugrunde zu legen.   53

Beispiel 1:

A, ledig, Sitz des Arbeitgebers in Bremen, keine Kinder, zahlt zugunsten seines Altersvorsorgevertrags im Jahr 2008 eigene Beiträge von 1 946 € ein. Im Jahr 2007 hatte er beitragspflichtige Einnahmen i.H.v. 53 000 €. Die beitragspflichtigen Einnahmen des A überschreiten nicht die Beitragsbemessungsgrenze in der allgemeinen Rentenversicherung (West) für das Kalenderjahr 2007.   54

Beitragspflichtige Einnahmen	53 000 €
4 %	2 120 €
höchstens	2 100 €
anzusetzen	2 100 €
abzüglich Zulage	154 €
Mindesteigenbeitrag (§ 86 Abs. 1 Satz 2 EStG)	1 946 €
Sockelbetrag (§ 86 Abs. 1 Satz 4 EStG)	60 €
maßgebend (§ 86 Abs. 1 Satz 5 EStG)	1 946 €

Da A den Mindesteigenbeitrag erbracht hat, wird die Zulage von 154 € nicht gekürzt.

Abwandlung des Beispiels 1 in Rz. 54:   55

A erhält zudem Kinderzulage für seine in den Jahren 2004 und 2005 geborenen Kinder.

Beitragspflichtige Einnahmen	53 000 €
4 %	2 120 €
höchstens	2 100 €
anzusetzen	2 100 €
abzüglich Zulage (154 € + 2 × 185 €)	524 €
Mindesteigenbeitrag (§ 86 Abs. 1 Satz 2 EStG)	1 576 €
Sockelbetrag (§ 86 Abs. 1 Satz 4 EStG)	60 €
maßgebend (§ 86 Abs. 1 Satz 5 EStG)	1 576 €

Die von A geleisteten Beiträge übersteigen den Mindesteigenbeitrag. Die Zulage wird nicht gekürzt.

Beispiel 2:

B werden in der gesetzlichen Rentenversicherung für das Jahr 2008 Kindererziehungszeiten (§ 56 SGB VI) angerechnet. Sie hat zwei Kinder, die in den Jahren 2006 und 2007 geboren worden sind, und zahlt zugunsten ihres Altersvorsorgevertrags im Jahr 2008 eigene Beiträge i.H.v. 30 € ein. Im Jahr 2008 hat sie keine beitragspflichtigen Einnahmen erzielt, 2007 erzielte sie aus einer geringfügigen (rentenversicherungspflichtigen) Beschäftigung beitragspflichtige Einnahmen i.H.v. insgesamt 4 800 €. Außerdem erhielt sie im Jahr 2007 Elterngeld i.H.v. 300 € (keine beitragspflichtigen Einnahmen, vgl. Rz. 70).   56

Elterngeld (kein Ansatz)	0 €		
Beitragspflichtige Einnahmen	4 800 €		
4 %	192 €		
höchstens	2 100 €		
anzusetzen		192 €	
abzüglich Zulage (154 € + 2 × 185 €)		524 €	
Mindesteigenbeitrag (§ 86 Abs. 1 Satz 2 EStG)		0 €	
Sockelbetrag (§ 86 Abs. 1 Satz 4 EStG)		60 €	
maßgebend (§ 86 Abs. 1 Satz 5 EStG)			60 €
geleisteter Eigenbeitrag			30 €
Kürzungsfaktor (Eigenbeitrag ./. Mindesteigenbeitrag × 100)			50 %

Da B den Mindesteigenbeitrag (in Höhe des Sockelbetrages) nur zu 50 % geleistet hat, wird die Zulage von insgesamt 524 € um 50 % gekürzt, so dass eine Zulage i.H.v. 262 € gewährt wird.

57   Für die Berechnung der Zulagehöhe sowie des erforderlichen Mindesteigenbeitrags wird u. a. von der ZfA auf der Internetseite www.deutsche-rentenversicherung.de ein Zulagerechner zur Verfügung gestellt.

bb) Berechnungsgrundlagen

58   Maßgebend für den individuell zu ermittelnden Mindesteigenbeitrag (Rz. 51) ist die Summe der in dem dem Beitragsjahr vorangegangenen Kalenderjahr erzielten beitragspflichtigen Einnahmen im Sinne des SGB VI, der bezogenen Besoldung und Amtsbezüge, in den Fällen des § 10a Abs. 1 Satz 1 Halbsatz 2 Nr. 3 und 4 EStG der erzielten Einnahmen, die beitragspflichtig gewesen wären, wenn die Versicherungsfreiheit in der gesetzlichen Rentenversicherung nicht bestanden hätte und der bezogenen Bruttorente wegen voller Erwerbsminderung oder Erwerbsunfähigkeit oder bezogenen Versorgungsbezüge wegen Dienstunfähigkeit (maßgebende Einnahmen). Die entsprechenden Beträge sind auf volle Euro abzurunden, dies gilt auch für die Ermittlung des Mindesteigenbeitrags.

Zu Besonderheiten siehe Rz. 71 ff.

(1) Beitragspflichtige Einnahmen

59   Als „beitragspflichtige Einnahmen" im Sinne des SGB VI ist nur der Teil des Arbeitsentgelts zu erfassen, der die jeweils gültige Beitragsbemessungsgrenze nicht übersteigt. Insoweit ist auf diejenigen Einnahmen abzustellen, die im Rahmen des sozialrechtlichen Meldeverfahrens den Trägern der gesetzlichen Rentenversicherung gemeldet werden.

60   Die beitragspflichtigen Einnahmen ergeben sich

–   bei Arbeitnehmern und Beziehern von Vorruhestandsgeld aus der Durchschrift der „Meldung zur Sozialversicherung nach der DEÜV" (Arbeitsentgelte) und

–   bei rentenversicherungspflichtigen Selbständigen aus der vom Rentenversicherungsträger erstellten Bescheinigung.

61   Als beitragspflichtige Einnahmen bei dem in den Rz. 7 und 8 beschriebenen Personenkreis sind die Einnahmen aus der nichtselbständigen Tätigkeit zu berücksichtigen, die die Zugehörigkeit zum Personenkreis nach § 52 Abs. 24c Satz 2 EStG begründen; Freistellungen nach dem jeweiligen DBA sind bei der Bestimmung der beitragspflichtigen Einnahmen unbeachtlich.

62   Bei der Ermittlung der nach § 86 EStG maßgebenden Einnahmen ist auf die in dem dem Beitragsjahr vorangegangenen Kalenderjahr erzielten beitragspflichtigen Einnahmen im Sinne des SGB VI abzustellen. Dabei handelt es sich um diejenigen Einnahmen, die im Rahmen des sozialversicherungsrechtlichen Meldeverfahrens den Trägern der gesetzlichen Sozialversicherung gemeldet wurden. Für die Zuordnung der erzielten beitragspflichtigen Einnahmen zu den einzelnen Beitragsjahren ist auf die sozialversicherungsrechtlichen Wertungen abzustellen. Dies gilt auch, wenn der Steuerpflichtige in einem Beitragsjahr beitragspflichtige Einnahmen erzielt, die sozialversicherungsrechtlich einem von der tatsächlichen Zahlung abweichenden Jahr zuzurechnen sind.

(2) Besoldung und Amtsbezüge

Die Besoldung und die Amtsbezüge ergeben sich aus den Bezüge-/Besoldungsmitteilungen bzw. den Mitteilungen über die Amtsbezüge der die Besoldung bzw. die Amtsbezüge anordnenden Stelle. Für die Bestimmung der maßgeblichen Besoldung ist auf die in dem betreffenden Kalenderjahr zugeflossene Besoldung/Amtsbezüge entsprechend der Besoldungsmitteilung/Mitteilung über die Amtsbezüge abzustellen.   63

Für die Mindesteigenbeitragsberechnung sind sämtliche Bestandteile der Besoldung oder Amtsbezüge außer den Auslandsdienstbezügen im Sinne der § 52 ff. BBesG oder entsprechender Regelungen eines Landesbesoldungsgesetzes zu berücksichtigen. Dabei ist es unerheblich, ob die Bestandteile   64

– beitragspflichtig wären, wenn die Versicherungsfreiheit in der gesetzlichen Rentenversicherung nicht bestünde,
– steuerfrei oder
– ruhegehaltsfähig sind.

Besoldungsbestandteile sind u. a. das Grundgehalt, Leistungsbezüge an Hochschulen, der Familienzuschlag, Zulagen und Vergütungen, ferner Anwärterbezüge, jährliche Sonderzahlungen, vermögenswirksame Leistungen, das jährliche Urlaubsgeld, der Altersteilzeitzuschlag und die Sachbezüge.

Die Höhe der Amtsbezüge richtet sich nach den jeweiligen bundes- oder landesrechtlichen Vorschriften.   65

(3) Land- und Forstwirte

Bei einem Land- und Forstwirt, der nach dem Gesetz über die Alterssicherung der Landwirte pflichtversichert ist, ist für die Berechnung des Mindesteigenbeitrags auf die Einkünfte im Sinne des § 13 EStG des zweiten dem Beitragsjahr vorangegangenen Veranlagungszeitraums abzustellen (§ 86 Abs. 3 EStG). Ist dieser Land- und Forstwirt neben seiner land- und forstwirtschaftlichen Tätigkeit auch als Arbeitnehmer tätig und in der gesetzlichen Rentenversicherung pflichtversichert, sind die beitragspflichtigen Einnahmen des Vorjahres und die positiven Einkünfte im Sinne des § 13 EStG des zweiten dem Beitragsjahr vorangegangenen Veranlagungszeitraums zusammenzurechnen. Eine Saldierung mit negativen Einkünften im Sinne des § 13 EStG erfolgt nicht.   66

(4) Beziecher einer Rente wegen voller Erwerbsminderung/Erwerbsunfähigkeit oder einer Versorgung wegen Dienstunfähigkeit

Der Bruttorentenbetrag ist der Jahresbetrag der Rente vor Abzug der einbehaltenen eigenen Beitragsanteile zur Kranken- und Pflegeversicherung. Nicht diesem Betrag hinzuzurechnen sind Zuschüsse zur Krankenversicherung. Leistungsbestandteile, wie z. B. der Auffüllbetrag nach § 315a SGB VI oder der Rentenzuschlag nach § 319a SGB VI sowie Steigerungsbeträge aus der Höherversicherung nach § 269 SGB VI zählen zum Bruttorentenbetrag. Es sind nur die Rentenzahlungen für die Mindesteigenbeitragsberechnung zu berücksichtigen, die zur unmittelbaren Zulageberechtigung führen. Private Renten oder Leistungen der betrieblichen Altersversorgung bleiben unberücksichtigt.   67

Hat der Beziecher einer Rente wegen voller Erwerbsminderung/Erwerbsunfähigkeit oder einer Versorgung wegen Dienstunfähigkeit im maßgeblichen Bemessungszeitraum (auch) Einnahmen nach § 86 Abs. 1 Satz 2 Nr. 1 bis 3 EStG bezogen, sind diese Einnahmen bei der Mindesteigenbeitragsberechnung mit zu berücksichtigen.   68

Beispiel:

A erhält im April 2008 den Bescheid, mit dem ihm die Deutsche Rentenversicherung rückwirkend ab dem 1. Oktober 2007 eine Rente wegen voller Erwerbsminderung bewilligt. Das Krankengeld, das ihm bis zum Beginn der laufenden Rentenzahlung noch bis zum 31. Mai 2008 von seiner gesetzlichen Krankenkasse gezahlt wird, wird aufgrund deren Erstattungsanspruchs mit der Rentennachzahlung verrechnet.   69

In dem Beitragsjahr 2007, in das der Beginn der rückwirkend bewilligten Rente fällt, gehörte A noch aufgrund des Bezugs von Entgeltersatzleistungen zum begünstigten Personenkreis nach § 10a Abs. 1 Satz 1 EStG. Als Bemessungsgrundlage für den für 2007 zu zahlenden Mindesteigenbeitrag wäre hier entweder die in 2006 berücksichtigten beitragspflichtigen Einnahmen oder das ggf. niedrigere tatsächlich bezogene Krankengeld heranzuziehen – vgl. Rz. 72.

Ab Beginn des Beitragsjahres 2008 liegt der Tatbestand des Leistungsbezuges vor, aus dem sich die Zugehörigkeit zum begünstigten Personenkreis nach § 10a Abs. 1 Satz 4 EStG begründet. Die Bemessungsgrundlage für den im Kalenderjahr 2008 zu leistenden Mindesteigenbeitrag bildet damit die Rente, die am 1. Oktober 2007 begonnen hat, und das im Zeitraum vom 1. Januar bis zum 30. September 2007 bezogene Krankengeld.

(5) Elterngeld

70   Das Elterngeld ist keine maßgebende Einnahme im Sinne des § 86 EStG. Eine Berücksichtigung im Rahmen der Mindesteigenbeitragsberechnung scheidet daher aus.

(6) Sonderfälle

71   In der gesetzlichen Rentenversicherung werden für bestimmte pflichtversicherte Personen abweichend vom tatsächlich erzielten Entgelt (§ 14 SGB IV) oder von der Entgeltersatzleistung andere Beträge als beitragspflichtige Einnahmen berücksichtigt. Beispielhaft sind folgende Personen zu nennen:

- zu ihrer Berufsausbildung Beschäftigte,
- behinderte Menschen, die in Einrichtungen der Jugendhilfe oder in anerkannten Werkstätten für behinderte Menschen beschäftigt werden,
- Personen, die für eine Erwerbstätigkeit befähigt werden sollen,
- Bezieher von Kurzarbeiter- oder Winterausfallgeld,
- Beschäftigte, die in einem Altersteilzeitarbeitsverhältnis stehen,
- Bezieher von Vorruhestandsgeld, Krankengeld, Arbeitslosengeld, Unterhaltsgeld, Übergangsgeld, Verletztengeld oder Versorgungskrankengeld,
- als wehr- oder zivildienstleistende Versicherte,
- Versicherte, die für Zeiten der Arbeitsunfähigkeit oder Rehabilitation ohne Anspruch auf Krankengeld versichert sind,
- Personen, die einen Pflegebedürftigen nicht erwerbsmäßig wenigstens 14 Stunden in der Woche in seiner häuslichen Umgebung pflegen,
- Bezieher von Arbeitslosengeld II.

72   Sind die rentenrechtlich berücksichtigten beitragspflichtigen Einnahmen in den genannten Fallgestaltungen höher als das tatsächlich erzielte Entgelt, der Zahlbetrag der Entgeltersatzleistung (z. B. das Arbeitslosengeld oder Krankengeld) oder der als Arbeitslosengeld II ausgezahlte Betrag, dann sind die tatsächlichen Einnahmen anstelle der rentenrechtlich berücksichtigten Einnahmen für die Berechnung des individuellen Mindesteigenbeitrags zugrunde zu legen. Bei Altersteilzeitarbeit ist das aufgrund der abgesenkten Arbeitszeit erzielte Arbeitsentgelt – ohne Aufstockungs- und Unterschiedsbetrag – maßgebend.

cc) Besonderheiten bei Ehegatten, die die Voraussetzungen des § 26 Abs. 1 EStG erfüllen

73   Gehören beide Ehegatten zum unmittelbar begünstigten Personenkreis, ist für jeden Ehegatten anhand seiner maßgebenden Einnahmen (Rz. 58 bis 72) ein eigener Mindesteigenbeitrag nach Maßgabe der Rz. 51 und 53 zu berechnen.

74   Die Grundsätze zur Zuordnung der Kinderzulage (Rz. 39 ff.) gelten auch für die Ermittlung des Mindesteigenbeitrags.

75   Ist nur ein Ehegatte unmittelbar und der andere mittelbar begünstigt, ist die Mindesteigenbeitragsberechnung nur für den unmittelbar begünstigten Ehegatten durchzuführen. Berechnungsgrundlage sind seine Einnahmen im Sinne der Rz. 58 bis 72. Der sich nach Anwendung des maßgebenden Prozentsatzes ergebende Betrag ist um die den Ehegatten insgesamt zustehenden Zulagen zu vermindern.

76   Hat der unmittelbar begünstigte Ehegatte den erforderlichen geförderten Mindesteigenbeitrag zugunsten seines Altersvorsorgevertrags oder einer förderbaren Versorgung im Sinne des § 82 Abs. 2 EStG bei einer Pensionskasse, einem Pensionsfonds oder einer nach § 82 Abs. 2 EStG förderbaren Direktversicherung erbracht, erhält auch der Ehegatte mit dem mittelbaren Zulageanspruch die Altersvorsorgezulage ungekürzt. Es ist nicht erforderlich, dass er neben der Zulage eigene Beiträge zugunsten seines Altersvorsorgevertrags leistet.

Beispiel:

77   A und B sind verheiratet und haben drei Kinder, die in den Jahren 1995, 1997 und 2000 geboren wurden. A erzielt sozialversicherungspflichtige Einkünfte bei einem Arbeitgeber mit Sitz in Bremen. Im Jahr 2007 betragen seine beitragspflichtigen Einnahmen 53 000 €.
B erzielt keine Einkünfte und hat für das Beitragsjahr auch keinen Anspruch auf Kindererziehungszeiten mehr. B ist nur mittelbar zulageberechtigt. Beide haben in 2008 einen eigenen Altersvorsorgevertrag abgeschlossen. A zahlt einen eigenen jährlichen Beitrag von 1 237 € zugunsten seines Vertrags ein. B erbringt keine eigenen Beiträge; es fließen nur die ihr zustehende Grundzulage und die Kinderzulagen für drei Kinder auf ihren Vertrag.

Mindesteigenbeitragsberechnung für A:

Beitragspflichtige Einnahmen	53 000 €
4 %	2 120 €
höchstens	2 100 €
anzusetzen	2 100 €
abzüglich Zulage (2 × 154 € + 3 × 185 €)	863 €
Mindesteigenbeitrag (§ 86 Abs. 1 Satz 2 EStG)	1 237 €
Sockelbetrag (§ 86 Abs. 1 Satz 4 EStG)	60 €
maßgebend (§ 86 Abs. 1 Satz 5 EStG)	1 237 €

Beide Ehegatten haben Anspruch auf die volle Zulage, da A seinen Mindesteigenbeitrag von 1 237 € erbracht hat, der sich auch unter Berücksichtigung der B zustehenden Kinder- und Grundzulage errechnet.

dd) Kürzung der Zulage

Erbringt der unmittelbar Begünstigte in einem Beitragsjahr nicht den erforderlichen Mindesteigenbeitrag, ist die für dieses Beitragsjahr zustehende Altersvorsorgezulage (Grundzulage und Kinderzulage) nach dem Verhältnis der geleisteten Altersvorsorgebeiträge zum erforderlichen Mindesteigenbeitrag zu kürzen. Ist der Ehegatte nur mittelbar zulageberechtigt, gilt dieser Kürzungsmaßstab auch für ihn, unabhängig davon, ob er eigene Beiträge zugunsten seines Vertrags geleistet hat (§ 86 Abs. 2 Satz 1 EStG). 78

Beispiel:

Wie Beispiel in Rz. 77, allerdings haben A und B im Beitragsjahr 2008 zugunsten ihrer Verträge jeweils folgende Beiträge geleistet: 79

A	1 100 €
B	200 €

Mindesteigenbeitragsberechnung für A:

Beitragspflichtige Einnahmen	53 000 €
4 %	2 120 €
höchstens	2 100 €
anzusetzen	2 100 €
abzüglich Zulage (2 × 154 € + 3 × 185 €)	863 €
Mindesteigenbeitrag (§ 86 Abs. 1 Satz 2 EStG)	1 237 €
Sockelbetrag (§ 86 Abs. 1 Satz 4 EStG)	60 €
maßgebend (§ 86 Abs. 1 Satz 5 EStG)	1 237 €
tatsächlich geleisteter Eigenbeitrag	1 100 €

dies entspricht 88,92 % des Mindesteigenbeitrags (1 100 ./. 1 237 × 100 = 88,92)

Zulageanspruch A:

88,92 % von 154 €	136,94 €

Zulageanspruch B:

88,92 % von 709 € (154 € + 3 × 185 €)	630,44 €
Zulageansprüche insgesamt	767,38 €

Die eigenen Beiträge von B haben keine Auswirkung auf die Berechnung der Zulageansprüche, können aber von A im Rahmen seines Sonderausgabenabzugs nach § 10a Abs. 1 EStG (vgl. Rz. 85) geltend gemacht werden (1 100 € + 200 € + Zulagen A und B 767,38 € = 2 067,38 €).

4. Sonderausgabenabzug

80   Neben der Zulageförderung nach Abschnitt XI EStG können die zum begünstigten Personenkreis gehörenden Steuerpflichtigen ihre Altersvorsorgebeiträge (vgl. Rz. 22–32) bis zu bestimmten Höchstbeträgen als Sonderausgaben geltend machen (§ 10a Abs. 1 EStG). Bei Ehegatten, die nach § 26b EStG zusammen zur Einkommensteuer veranlagt werden, kommt es nicht darauf an, ob der Ehemann oder die Ehefrau die Altersvorsorgebeiträge geleistet hat. Altersvorsorgebeiträge gelten auch dann als eigene Beiträge des Steuerpflichtigen, wenn sie im Rahmen der betrieblichen Altersversorgung direkt vom Arbeitgeber an die Versorgungseinrichtung gezahlt werden.

81   Zu den abziehbaren Sonderausgaben gehören die im Veranlagungszeitraum geleisteten Altersvorsorgebeiträge (siehe Rz. 22 ff. und Rz. 290 ff.). Außerdem ist die dem Steuerpflichtigen zustehende Altersvorsorgezulage (Grund- und Kinderzulage) zu berücksichtigen. Hierbei ist abweichend von § 11 Abs. 2 EStG der für das Beitragsjahr (= Kalenderjahr) entstandene Anspruch auf Zulage für die Höhe des Sonderausgabenabzugs maßgebend (§ 10a Abs. 1 Satz 1 EStG). Ob und wann die Zulage dem begünstigten Vertrag gutgeschrieben wird, ist unerheblich. Bei der Ermittlung des nach § 10a Abs. 1 anzusetzenden Anspruchs auf Zulage ist der Erhöhungsbetrag nach § 84 Satz 2 und 3 EStG nicht zu berücksichtigen.

82   Die Höhe der Altersvorsorgebeiträge hat der Steuerpflichtige bis zum Veranlagungszeitraum 2009 durch eine Bescheinigung des Anbieters nach amtlich vorgeschriebenem Vordruck nachzuweisen (§ 10a Abs. 5 Satz 1 EStG). Die übrigen Tatbestandsvoraussetzungen für die Inanspruchnahme des Sonderausgabenabzugs nach § 10a EStG werden grundsätzlich im Wege des Datenabgleichs nach § 91 EStG durch die ZfA überprüft. Eine gesonderte Prüfung durch die Finanzämter erfolgt grundsätzlich nicht.

83   Ab dem Veranlagungszeitraum 2010 ist die Höhe der vom Steuerpflichtigen geleisteten Altersvorsorgebeiträge durch einen entsprechenden Datensatz des Anbieters nachzuweisen. Hierzu hat der Steuerpflichtige gegenüber dem Anbieter schriftlich darin einzuwilligen, dass dieser die im jeweiligen Beitragsjahr zu berücksichtigenden Altersvorsorgebeiträge unter Angabe der steuerlichen Identifikationsnummer (§ 139b AO) an die ZfA übermittelt. Die Einwilligung muss dem Anbieter spätestens bis zum Ablauf des zweiten Kalenderjahres, das auf das Beitragsjahr folgt, vorliegen. Die Einwilligung gilt auch für folgende Beitragsjahre, wenn der Steuerpflichtige sie nicht gegenüber seinem Anbieter schriftlich widerruft. Sind beide Ehegatten unmittelbar zulageberechtigt oder ist ein Ehegatte unmittelbar zulageberechtigt und ein Ehegatte mittelbar berechtigt, müssen beide Ehegatten die Einwilligungserklärung abgeben. Die Einwilligung gilt auch ohne gesonderte Erklärung als erteilt, wenn

–   der Zulageberechtigte seinen Anbieter bevollmächtigt hat, für ihn den Zulageantrag zu stellen (Rz. 233),

–   dem Anbieter für das betreffende Beitragsjahr ein Zulageantrag des mittelbar Zulageberechtigten vorliegt.

Bei Vorliegen der Einwilligung hat der Anbieter die nach § 10a Abs. 5 EStG erforderlichen Daten an die ZfA zu übermitteln. Zu diesen Daten zählt u. a. die Versicherungsnummer nach § 147 SGB VI oder die Zulagenummer. Soweit noch keine Versicherungs- oder Zulagenummer vergeben wurde, gilt die Einwilligung dem Zulageberechtigten auch als Antrag auf Vergabe einer Zulagenummer durch die ZfA. Der Anbieter hat den Zulageberechtigten über die erfolgte Datenübermittlung in der Bescheinigung nach § 92 EStG zu informieren. Werden die erforderlichen Daten aus Gründen, die der Steuerpflichtige nicht zu vertreten hat (z. B. technische Probleme), vom Anbieter nicht übermittelt, kann der Steuerpflichtige den Nachweis über die geleisteten Altersvorsorgebeiträge auch in anderer Weise erbringen.

a) Umfang des Sonderausgabenabzugs bei Ehegatten

84   Für Ehegatten, bei denen die Voraussetzungen des § 26 Abs. 1 EStG vorliegen und die beide unmittelbar begünstigt sind, ist die Begrenzung auf den Höchstbetrag nach § 10a Abs. 1 EStG jeweils gesondert vorzunehmen. Ein nicht ausgeschöpfter Höchstbetrag eines Ehegatten kann dabei nicht auf den anderen Ehegatten übertragen werden.

85   Ist nur ein Ehegatte nach § 10a Abs. 1 EStG unmittelbar begünstigt, kommt ein Sonderausgabenabzug bis zu der in § 10a Abs. 1 EStG genannten Höhe grundsätzlich nur für seine Altersvorsorgebeiträge sowie die ihm und dem mittelbar zulageberechtigten Ehegatten zustehenden Zulagen in Betracht. Der Höchstbetrag verdoppelt sich in diesem Fall nicht. Hat der mittelbar zulageberechtigte Ehegatte einen eigenen Altersvorsorgevertrag abgeschlossen, können die zugunsten dieses Vertrags geleisteten Altersvorsorgebeiträge beim Sonderausgabenabzug des unmittelbar zulage-

berechtigten Ehegatten berücksichtigt werden, wenn der Höchstbetrag durch die vom unmittelbar Zulageberechtigten geleisteten Altersvorsorgebeiträge sowie die zu berücksichtigenden Zulagen nicht ausgeschöpft wird. Auf das Beispiel in Rz. 79 wird hingewiesen. Der mittelbar Begünstigte hat, auch wenn er keine Altersvorsorgebeiträge erbracht hat, bis zum Veranlagungszeitraum 2009 die vom Anbieter ausgestellte Bescheinigung beizufügen (§ 10a Abs. 5 Satz 2 EStG). Ab dem Veranlagungszeitraum 2010 hat er gegenüber seinem Anbieter in die Datenübermittlung nach § 10a Abs. 2a Satz 1 EStG einzuwilligen (§ 10a Abs. 2a Satz 3 EStG).

b) Günstigerprüfung

Ein Sonderausgabenabzug nach § 10a Abs. 1 EStG wird nur gewährt, wenn er für den Steuerpflichtigen einkommensteuerlich günstiger ist als der Anspruch auf Zulage nach Abschnitt XI EStG (§ 10a Abs. 2 Satz 1 und 2 EStG). Bei der Veranlagung zur Einkommensteuer wird diese Prüfung von Amts wegen vorgenommen. Voraussetzung hierfür ist allerdings, dass der Steuerpflichtige den Sonderausgabenabzug nach § 10a Abs. 1 EStG im Rahmen seiner Einkommensteuererklärung beantragt und die nach § 10a Abs. 5 Satz 1 EStG erforderliche Bescheinigung beigefügt hat. Anstelle der Vorlage der Bescheinigung nach § 10a Abs. 5 EStG hat der Steuerpflichtige ab dem Veranlagungszeitraum 2010 gegenüber seinem Anbieter in die Datenübermittlung nach § 10a Abs. 2a Satz 1 EStG einzuwilligen; der Nachweis über die Höhe der geleisteten Beiträge erfolgt dann durch den entsprechenden Datensatz des Anbieters. `86`

Bei der Günstigerprüfung wird stets auf den sich nach den erklärten Angaben ergebenden Zulageanspruch abgestellt. Daher ist es für die Höhe des im Rahmen des Sonderausgabenabzugs zu berücksichtigenden Zulageanspruchs unerheblich, ob ein Zulageantrag gestellt worden ist. Der Erhöhungsbetrag nach § 84 Satz 2 und 3 EStG bleibt bei der Ermittlung der dem Steuerpflichtigen zustehenden Zulage außer Betracht. `87`

Ist eine bereits erteilte Bescheinigung nach § 10a Abs. 5 Satz 1 EStG materiell unzutreffend (z. B. weil der der Bescheinigung zugrunde liegende tatsächliche Geldfluss von den bescheinigten Werten abweicht) und wurde aufgrund dieser falschen Bescheinigung bereits eine bestandskräftige Steuerfestsetzung durchgeführt, ist nach der Korrektur oder Berichtigung der Anbieterbescheinigung in der Regel (siehe insoweit Rz. 90) eine Änderung der Einkommensteuerfestsetzung nach § 10a Abs. 5 Satz 3 EStG vorzunehmen. `88`

Rz. 88 gilt ab dem Beitragsjahr 2010 entsprechend für die Datenübermittlung nach § 10a EStG. Der Steuerbescheid kann dann auch geändert werden, wenn die Daten nach Bekanntgabe des Steuerbescheids, aber innerhalb der in § 10a EStG benannten Fristen übermittelt werden. `89`

§ 10a Abs. 5 Satz 3 EStG ist auch für Veranlagungszeiträume vor 2008 anzuwenden, soweit sich dies zugunsten des Steuerpflichtigen auswirkt oder die Steuerfestsetzung bei Inkrafttreten des Jahressteuergesetzes 2008 noch nicht unanfechtbar war oder unter dem Vorbehalt der Nachprüfung stand (§ 52 Abs. 24d EStG). `90`

§ 10a Abs. 5 Satz 3 EStG ist nicht anzuwenden, wenn nach einer bestandskräftigen Einkommensteuerfestsetzung für den betreffenden Veranlagungszeitraum erstmals eine Anbieterbescheinigung vorgelegt wird. In diesen Fällen gelten die allgemeinen Regelungen der Abgabenordnung. `91`

aa) Anrechnung des Zulageanspruchs

Erfolgt aufgrund der Günstigerprüfung ein Sonderausgabenabzug, erhöht sich die unter Berücksichtigung des Sonderausgabenabzugs ermittelte tarifliche Einkommensteuer um den Anspruch auf Zulage (§ 10a Abs. 2 EStG i. V. m. § 2 Abs. 6 Satz 2 EStG). Durch diese Hinzurechnung wird erreicht, dass dem Steuerpflichtigen im Rahmen der Einkommensteuerveranlagung nur die über den Zulageanspruch hinausgehende Steuerermäßigung gewährt wird. Der Erhöhungsbetrag nach § 84 Satz 2 und 3 EStG bleibt bei der Ermittlung der dem Steuerpflichtigen zustehenden Zulage außer Betracht. Um die volle Förderung sicherzustellen, muss stets die Zulage beantragt werden. Über die zusätzliche Steuerermäßigung kann der Steuerpflichtige verfügen; sie wird nicht Bestandteil des Altersvorsorgevermögens. Die Zulage verbleibt auch dann auf dem Altersvorsorgevertrag, wenn die Günstigerprüfung ergibt, dass der Sonderausgabenabzug für den Steuerpflichtigen günstiger ist. `92`

bb) Ehegatten

Wird bei einer Zusammenveranlagung von Ehegatten der Sonderausgabenabzug beantragt, gilt für die Günstigerprüfung Folgendes: `93`

Ist nur ein Ehegatte unmittelbar begünstigt und hat der andere Ehegatte keinen Altersvorsorgevertrag abgeschlossen, wird die Steuerermäßigung für die Aufwendungen nach § 10a Abs. 1 EStG des berechtigten Ehegatten mit seinem Zulageanspruch verglichen. `94`

Ist nur ein Ehegatte unmittelbar begünstigt und hat der andere Ehegatte einen Anspruch auf Altersvorsorgezulage aufgrund seiner mittelbaren Zulageberechtigung nach § 79 Satz 2 EStG, wird die Steuerermäßigung für die im Rahmen des § 10a Abs. 1 EStG berücksichtigten Aufwendungen beider `95`

Ehegatten einschließlich der hierfür zustehenden Zulagen mit dem den Ehegatten insgesamt zustehenden Zulageanspruch verglichen (§ 10a Abs. 3 Satz 2 i. V. m. Abs. 2 EStG; vgl. auch das Beispiel in Rz. 99).

96   Haben beide unmittelbar begünstigten Ehegatten Altersvorsorgebeiträge geleistet, wird die Steuerermäßigung für die Summe der für jeden Ehegatten nach § 10a Abs. 1 EStG anzusetzenden Aufwendungen mit dem den Ehegatten insgesamt zustehenden Zulageanspruch verglichen (§ 10a Abs. 3 Satz 1 i. V. m. Abs. 2 EStG; vgl. auch das Beispiel in Rz. 98). Auch wenn nur für die von einem Ehegatten geleisteten Altersvorsorgebeiträge ein Sonderausgabenabzug nach § 10a Abs. 1 EStG beantragt wird, wird bei der Ermittlung der über den Zulageanspruch hinausgehenden Steuerermäßigung die den beiden Ehegatten zustehende Zulage berücksichtigt (§ 10a Abs. 3 Satz 3 EStG).

97   Im Fall der getrennten Veranlagung nach § 26a EStG oder der besonderen Veranlagung nach § 26c EStG ist Rz. 94 oder 95 entsprechend anzuwenden; sind beide Ehegatten unmittelbar begünstigt, erfolgt die Günstigerprüfung für jeden Ehegatten wie bei einer Einzelveranlagung. Es wird daher nur der den jeweiligen Ehegatten zustehende Zulageanspruch angesetzt.

Beispiel:

98   Ehegatten, die beide unmittelbar begünstigt sind, haben im Jahr 2008 ein zu versteuerndes Einkommen i.H.v. 150 000 € (ohne Sonderausgabenabzug nach § 10a EStG). Darin sind Einkünfte aus unterschiedlichen Einkunftsarten enthalten. Sie haben mit den Beiträgen i.H.v. 2 300 € (Ehemann) / 900 € (Ehefrau) zugunsten ihrer Verträge mehr als die erforderlichen Mindesteigenbeiträge gezahlt und daher für das Beitragsjahr 2008 jeweils einen Zulageanspruch von 154 €.

Ehemann		Ehefrau	
Eigenbeitrag	2 300 €	Eigenbeitrag	900 €
davon gefördert höchstens (2 100 € – 154 €)	1 946 €	davon gefördert höchstens (2 100 € – 154 €)	1 946 €
gefördert somit	1 946 €	gefördert somit	900 €
Abziehbare Sonderausgaben (1 946 € + 154 € =)	2 100 €	Abziehbare Sonderausgaben (900 € + 154 € =)	1 054 €

zu versteuerndes Einkommen (bisher)		150 000 €
abzüglich Sonderausgaben Ehemann	2 100 €	
abzüglich Sonderausgaben Ehefrau	1 054 €	
		3 154 €
zu versteuerndes Einkommen (neu)		146 846 €
Einkommensteuer auf 150 000 €		47 172 €
Einkommensteuer auf 146 846 €		45 846 €
Differenz		1 326 €
abzüglich Zulageansprüche insgesamt (2 × 154 €)		308 €
zusätzliche Steuerermäßigung insgesamt		1 018 €

Der Sonderausgabenabzug nach § 10a EStG ergibt für die Ehegatten eine zusätzliche Steuerermäßigung i.H.v. 1 018 €. Zur Zurechnung der auf den einzelnen Ehegatten entfallenden Steuerermäßigung vgl. Rz. 105.

Beispiel:

99   Ehegatten haben im Jahr 2008 ein zu versteuerndes Einkommen i.H.v. 150 000 € (ohne Sonderausgabenabzug nach § 10a EStG). Darin sind Einkünfte aus unterschiedlichen Einkunftsarten enthalten. Nur der Ehemann ist unmittelbar begünstigt; er hat den erforderlichen Mindesteigenbeitrag erbracht. Seine Ehefrau hat einen eigenen Altersvorsorgevertrag abgeschlossen und ist daher mittelbar zulageberechtigt. Sie haben Beiträge i.H.v. 1 700 € (Ehemann) bzw. 250 € (Ehefrau) zugunsten ihrer Verträge gezahlt und – da sie den erforderlichen Mindesteigenbeitrag geleistet haben – für das Beitragsjahr 2008 jeweils einen Zulageanspruch von 154 €.

Ehemann			Ehefrau
Eigenbeitrag	1 700 €	Eigenbeitrag	250 €
davon gefördert	1 700 €		
durch den unmittelbar Zulageberechtigten ausgeschöpftes Abzugsvolumen:			
Eigenbeitrag des Ehemanns	1 700 €		
Zulageanspruch Ehemann	154 €		
Zulageanspruch Ehefrau	154 €		
ausgeschöpft somit	2 008 €		
Abzugsvolumen insgesamt	2 100 €		
noch nicht ausgeschöpft	92 €	förderbar	92 €
Abziehbare Sonderausgaben der Ehegatten insgesamt:			
(1 700 € + 92 € + 154 € + 154 € =)	2 100 €		

zu versteuerndes Einkommen (bisher)	150 000 €
abzüglich Sonderausgaben Ehemann	2 100 €
zu versteuerndes Einkommen (neu)	147 900 €
Steuer auf 150 000 €	47 172 €
Steuer auf 147 900 €	46 290 €
Differenz	882 €
abzüglich Zulageansprüche insgesamt (2 × 154 €)	308 €
zusätzliche Steuerermäßigung insgesamt	574 €

Der Sonderausgabenabzug nach § 10a EStG ergibt für die Ehegatten eine zusätzliche Steuerermäßigung i.H.v. 574 €. Zur Zurechnung der auf den einzelnen Ehegatten entfallenden Steuerermäßigung vgl. Rz. 106.

c) Gesonderte Feststellung der zusätzlichen Steuerermäßigung

Eine gesonderte Feststellung der zusätzlichen Steuerermäßigung nach § 10a Abs. 4 Satz 1 EStG ist nur durchzuführen, wenn der Sonderausgabenabzug nach § 10a Abs. 1 EStG günstiger ist als der Zulageanspruch nach Abschnitt XI EStG. Das Wohnsitzfinanzamt stellt in diesen Fällen die über den Zulageanspruch hinausgehende Steuerermäßigung fest und teilt sie der ZfA mit. Wirkt sich eine Änderung der Einkommensteuerfestsetzung auf die Höhe der Steuerermäßigung aus, ist die Feststellung nach § 10a Abs. 4 Satz 1 i. V. m. § 10d Abs. 4 Satz 4 EStG ebenfalls zu ändern.   100

Ehegatten, bei denen die Voraussetzungen des § 26 Abs. 1 EStG vorliegen, ist die über den Zulageanspruch hinausgehende Steuerermäßigung – unabhängig von der gewählten Veranlagungsart – jeweils getrennt zuzurechnen (§ 10a Abs. 4 Satz 3 EStG). Hierbei gilt Folgendes: 101

Gehören beide Ehegatten zu dem nach § 10a Abs. 1 EStG begünstigten Personenkreis, ist die über den Zulageanspruch hinausgehende Steuerermäßigung jeweils getrennt zuzurechnen (§ 10a Abs. 4 Satz 3 EStG). Die Zurechnung erfolgt im Verhältnis der als Sonderausgaben berücksichtigten Altersvorsorgebeiträge (geförderte Eigenbeiträge; § 10a Abs. 4 Satz 3 Halbsatz 2 EStG).   102

Gehört nur ein Ehegatte zu dem nach § 10a Abs. 1 EStG begünstigten Personenkreis und ist der andere Ehegatte nicht nach § 79 Satz 2 EStG zulageberechtigt, weil er keinen eigenen Altersvorsorgevertrag abgeschlossen hat, ist die Steuerermäßigung dem Ehegatten zuzurechnen, der zum unmittelbar begünstigten Personenkreis gehört.   103

Gehört nur ein Ehegatte zu dem nach § 10a Abs. 1 EStG begünstigten Personenkreis und ist der andere Ehegatte nach § 79 Satz 2 EStG zulageberechtigt, ist die Steuerermäßigung den Ehegatten getrennt zuzurechnen. Die Zurechnung erfolgt im Verhältnis der als Sonderausgaben berücksichtigten Altersvorsorgebeiträge (geförderte Eigenbeiträge; § 10a Abs. 4 Satz 3 und 4 EStG).   104

Fortführung des Beispiels aus Rz. 98:   105

Die zusätzliche Steuerermäßigung von 1 018 € ist den Ehegatten für die gesonderte Feststellung nach § 10a Abs. 4 Satz 2 EStG getrennt zuzurechnen. Aufteilungsmaßstab hierfür sind die nach § 10a Abs. 1 EStG berücksichtigten Eigenbeiträge.

Zusätzliche Steuerermäßigung insgesamt		1 018,00 €
davon Ehemann	(1 946 € ./. 2 846 € × 100 = 68,38 %)	696,11 €
davon Ehefrau	(900 € ./. 2 846 € × 100 = 31,62 %)	321,89 €

Diese Beträge und die Zuordnung zu den jeweiligen Verträgen sind nach § 10a Abs. 4 EStG gesondert festzustellen und der ZfA als den jeweiligen Verträgen zugehörig mitzuteilen.

106   Fortführung des Beispiels aus Rz. 99:

Die zusätzliche Steuerermäßigung von 574 € ist den Ehegatten für die gesonderte Feststellung nach § 10a Abs. 4 Satz 4 EStG getrennt zuzurechnen. Aufteilungsmaßstab hierfür ist das Verhältnis der Eigenbeiträge des unmittelbar zulageberechtigten Ehegatten zu den wegen der Nichtausschöpfung des Höchstbetrags berücksichtigten Eigenbeiträgen des mittelbar zulageberechtigten Ehegatten.

Zusätzliche Steuerermäßigung insgesamt		574,00 €
davon Ehemann	(1 700 € ./. 1 792 € × 100 = 94,86 %)	544,50 €
davon Ehefrau	(92 € ./. 1 792 € × 100 = 5,14 %)	29,50 €

Diese Beträge und die Zuordnung zu den jeweiligen Verträgen sind nach § 10a Abs. 4 EStG gesondert festzustellen und der ZfA als den jeweiligen Verträgen zugehörig mitzuteilen.

5. Zusammentreffen mehrerer Verträge

a) Altersvorsorgezulage

107   Die Altersvorsorgezulage wird bei einem unmittelbar Zulageberechtigten höchstens für zwei Verträge gewährt (§ 87 Abs. 1 Satz 1 EStG). Der Zulageberechtigte kann im Zulageantrag jährlich neu bestimmen, für welche Verträge die Zulage gewährt werden soll (§ 89 Abs. 1 Satz 2 EStG). Wurde nicht der gesamte nach § 86 EStG erforderliche Mindesteigenbeitrag zugunsten dieser Verträge geleistet, wird die Zulage entsprechend gekürzt (§ 86 Abs. 1 Satz 6 EStG). Die zu gewährende Zulage wird entsprechend dem Verhältnis der zugunsten dieser beiden Verträge geleisteten Altersvorsorgebeiträge verteilt. Es steht dem Zulageberechtigten allerdings frei, auch wenn er mehrere Verträge abgeschlossen hat, die Förderung nur für einen Vertrag in Anspruch zu nehmen.

108   Erfolgt bei mehreren Verträgen keine Bestimmung oder wird die Zulage für mehr als zwei Verträge beantragt, wird die Zulage nur für die zwei Verträge gewährt, für die im Beitragsjahr die höchsten Altersvorsorgebeiträge geleistet wurden (§ 89 Abs. 1 Satz 3 EStG).

Beispiel:

109   Der Zulageberechtigte zahlt im Jahr 2008 800 €, 800 € und 325 € zugunsten von drei verschiedenen Altersvorsorgeverträgen (ohne Zulage). Sein Mindesteigenbeitrag beträgt 1 461 €.

Der Zulageberechtigte beantragt die Zulage für die Verträge 1 und 2:

	Vertrag 1	Vertrag 2	Vertrag 3
Beiträge	800 €	800 €	325 €
Zulage	77 € (800 € ./. 1 600 € × 154 €)	77 € (800 € ./. 1 600 € × 154 €)	–

Er erhält die ungekürzte Zulage von 154 €, da zugunsten der Verträge 1 und 2 in der Summe der erforderliche Mindesteigenbeitrag geleistet worden ist.

110   Abwandlung:

Wie oben, der Zulageberechtigte zahlt die Beiträge (ohne Zulage) jedoch i.H.v. 650 €, 650 € und 325 € zugunsten von drei verschiedenen Altersvorsorgeverträgen.

Weil der Zulageberechtigte mit den Einzahlungen zugunsten der zwei Verträge, für die die Zulage beantragt wird, nicht den Mindesteigenbeitrag von 1 461 € erreicht, wird die Zulage von 154 € im Verhältnis der Altersvorsorgebeiträge zum Mindesteigenbeitrag gekürzt (§ 86 Abs. 1 Satz 6 EStG). Die Zulage beträgt 154 € × 1 300 € ./. 1 461 € = 137,03 €, sie wird den Verträgen 1 und 2 mit jeweils 68,52 € gutgeschrieben:

	Vertrag 1	Vertrag 2	Vertrag 3
Beiträge	650 €	650 €	325 €
Zulage	68,52 € (650 € ./. 1 300 € × 137,03 €)	68,52 € (650 € ./. 1 300 € × 137,03 €)	–

Der nach § 79 Satz 2 EStG mittelbar Zulageberechtigte kann die Zulage für das jeweilige Beitrags-   **111**
jahr nicht auf mehrere Verträge verteilen (§ 87 Abs. 2 EStG). Es ist nur der Vertrag begünstigt, für
den zuerst die Zulage beantragt wird.

b) Sonderausgabenabzug

Für den Sonderausgabenabzug nach § 10a Abs. 1 EStG ist keine Begrenzung der Anzahl der zu   **112**
berücksichtigenden Verträge vorgesehen. Der Steuerpflichtige kann im Rahmen des Höchstbetrags nach § 10a Abs. 1 Satz 1 EStG auch Altersvorsorgebeiträge für Verträge geltend machen, für
die keine Zulage beantragt wurde oder aufgrund des § 87 Abs. 1 EStG keine Zulage gewährt wird.
In dem Umfang, in dem eine Berücksichtigung nach § 10a EStG erfolgt, gelten die Beiträge als
steuerlich gefördert. Die Zurechnung der über den Zulageanspruch nach Abschnitt XI EStG
hinausgehenden Steuerermäßigung erfolgt hierbei im Verhältnis der berücksichtigten Altersvorsorgebeiträge (§ 10a Abs. 4 Satz 2 EStG).

Beispiel:

Der Steuerpflichtige zahlt im Jahr 2008 insgesamt 2 400 € Beiträge (ohne Zulage von 154 €)   **113**
auf vier verschiedene Altersvorsorgeverträge ein (800 €, 800 €, 400 €, 400 €). Sein Mindesteigenbeitrag beträgt 1 461 €. Die Zulage wird für die beiden Verträge mit je 800 € Beitragsleistung beantragt. Die zusätzliche Steuerermäßigung für den Sonderausgabenabzug nach § 10a
Abs. 1 EStG beträgt 270 €.

Die Steuerermäßigung ist den vier Verträgen wie folgt zuzurechnen:

	Vertrag 1	Vertrag 2	Vertrag 3	Vertrag 4
Beiträge	800 €	800 €	400 €	400 €
Zulage	77 €	77 €	–	–
Zusätzliche Steu-erermäßigung	90 € (800 € ./. 2 400 € × 270 €)	90 € (800 € ./. 2 400 € × 270 €)	45 € (400 € ./. 2 400 € × 270 €)	45 € (400 € ./. 2 400 € × 270 €)

Obwohl die Altersvorsorgebeiträge für die Verträge 3 und 4 sich nicht auf die Zulagegewäh-
rung auswirken (§ 87 Abs. 1 Satz 1 EStG), gehören die auf diese Beiträge entfallenden Leistungen aus diesen Verträgen in der Auszahlungsphase ebenfalls zu den sonstigen Einkünften
nach § 22 Nr. 5 Satz 1 EStG, soweit sie als Sonderausgaben berücksichtigt wurden. In folgender Höhe sind die Beiträge steuerlich begünstigt worden:

Sonderausgabenhöchstbetrag abzüglich Zulage im Verhältnis zu den geleisteten Beiträgen (2 100 € – 154 € = 1 946 € 1 946 € ./. 2 400 € × 100 = 81,08 %)	648,64 € (81,08 % von 800 €)	648,64 € (81,08 % von 800 €)	324,32 € (81,08 % von 400 €)	324,32 € (81,08 % von 400 €)
Zulage	77 €	77 €	–	–
bei den einzelnen Verträgen sind somit die folgenden Einzahlungen steuerlich begünstigt (725,64 € + 725,64 € + 324,32 € + 324,32 € = 2 099,92 €)	725,64 €	725,64 €	324,32 €	324,32 €

II. Nachgelagerte Besteuerung nach § 22 Nr. 5 EStG

1. Allgemeines

§ 22 Nr. 5 EStG ist anzuwenden auf Leistungen aus Altersvorsorgeverträgen im Sinne des § 82   **114**
Abs. 1 EStG sowie auf Leistungen aus Pensionsfonds, Pensionskassen und Direktversicherungen.
Korrespondierend mit der Freistellung der Beiträge, Zahlungen, Erträge und Wertsteigerungen
von steuerlichen Belastungen in der Ansparphase werden die Leistungen erst in der Auszahlungsphase besteuert (nachgelagerte Besteuerung; zu Ausnahmen vgl. Rz. 159 ff.), und zwar auch dann,

wenn zugunsten des Vertrags ausschließlich Beiträge geleistet wurden, die nicht nach § 10a oder Abschnitt XI EStG gefördert worden sind. § 22 Nr. 5 EStG ist gegenüber anderen Vorschriften des EStG und des InvStG eine vorrangige Spezialvorschrift. Dies bedeutet auch, dass die ab dem 1. Januar 2009 geltende Abgeltungsteuer in diesen Fällen keine Anwendung findet.

115   Während der Ansparphase erfolgt bei zertifizierten Altersvorsorgeverträgen keine Besteuerung von Erträgen und Wertsteigerungen. Dies gilt unabhängig davon, ob oder in welchem Umfang die Altersvorsorgebeiträge nach § 10a oder Abschnitt XI EStG gefördert wurden. Die Zuflussfiktion, wonach bei thesaurierenden Fonds ein jährlicher Zufluss der nicht zur Kostendeckung oder Ausschüttung verwendeten Einnahmen und Gewinne anzunehmen ist, findet im Zusammenhang mit Altersvorsorgeverträgen keine Anwendung (§ 2 Abs. 1 Satz 2 InvStG, § 14 Abs. 5 Satz 2 InvStG). Laufende Erträge ausschüttender Fonds, die wieder angelegt werden, werden in der Ansparphase nicht besteuert.

116   Die Regelungen über die Erhebung der Kapitalertragsteuer sind nicht anzuwenden. In der Ansparphase fallen keine kapitalertragsteuerpflichtigen Kapitalerträge an; die Leistungen in der Auszahlungsphase unterliegen nach § 22 Nr. 5 EStG der Besteuerung im Rahmen der Einkommensteuerveranlagung, so dass auch in der Auszahlungsphase kein Kapitalertragsteuerabzug vorzunehmen ist. Da es sich um Einkünfte nach § 22 Nr. 5 EStG handelt, ist kein Sparer-Freibetrag nach § 20 Abs. 4 EStG (ab 2009: Sparer-Pauschbetrag nach § 20 Abs. 9 EStG) anzusetzen. Der Pauschbetrag für Werbungskosten bestimmt sich nach § 9a Satz 1 Nr. 3 EStG.

117   Der Umfang der Besteuerung der Leistungen in der Auszahlungsphase richtet sich danach, inwieweit die Beiträge in der Ansparphase steuerfrei gestellt (§ 3 Nr. 63 und 66 EStG), nach § 10a/Abschnitt XI EStG (Sonderausgabenabzug und Altersvorsorgezulage) gefördert worden sind, durch steuerfreie Zuwendungen nach § 3 Nr. 56 EStG oder durch die nach § 3 Nr. 55b Satz 1 EStG steuerfreien Leistungen aus einem im Versorgungsausgleich begründeten Anrecht erworben wurden. Dies gilt auch für Leistungen aus einer ergänzenden Absicherung der verminderten Erwerbsfähigkeit oder Dienstunfähigkeit und einer zusätzlichen Absicherung der Hinterbliebenen. Dabei ist von einer einheitlichen Behandlung der Beitragskomponenten für Alter und Zusatzrisiken auszugehen. Die Abgrenzung von geförderten und nicht geförderten Beiträgen im Fall einer internen Teilung nach § 10 des Versorgungsausgleichsgesetzes – VersAusglG – (BGBl. I S. 700) ist bei der ausgleichsberechtigten Person genauso vorzunehmen, wie sie bei der ausgleichspflichtigen Person erfolgt wäre, wenn die interne Teilung nicht stattgefunden hätte.

118   Zu den Einzelheiten zur Besteuerung der Leistungen aus Pensionsfonds, Pensionskassen und Direktversicherungen vgl. Rz. 329 ff.

2. Abgrenzung der geförderten und der nicht geförderten Beiträge

a) Geförderte Beiträge

119   Zu den geförderten Beiträgen gehören die geleisteten Eigenbeiträge zuzüglich der für das Beitragsjahr zustehenden Altersvorsorgezulage, soweit sie den Höchstbetrag nach § 10a EStG nicht übersteigen, mindestens jedoch die gewährten Zulagen und die geleisteten Sockelbeträge im Sinne des § 86 Abs. 1 Satz 4 EStG. Zu den im Rahmen der betrieblichen Altersversorgung im Sinne des § 22 Nr. 5 EStG geförderten Beiträgen vgl. Rz. 247 ff.

120   Soweit Altersvorsorgebeiträge zugunsten eines zertifizierten Altersvorsorgevertrags, für den keine Zulage beantragt wird oder der als weiterer Vertrag nicht mehr zulagebegünstigt ist (§ 87 Abs. 1 Satz 1 EStG), als Sonderausgaben im Sinne des § 10a EStG berücksichtigt werden, gehören die Beiträge ebenfalls zu den geförderten Beiträgen.

121   Bei einem mittelbar zulageberechtigten Ehegatten gehören die im Rahmen des Sonderausgabenabzugs nach § 10a Abs. 1 EStG berücksichtigten Altersvorsorgebeiträge (vgl. Rz. 85, 99, 104) und die für dieses Beitragsjahr zustehende Altersvorsorgezulage zu den geförderten Beiträgen.

b) Nicht geförderte Beiträge

122   Zu den nicht geförderten Beiträgen gehören Beträge,

– die zugunsten eines zertifizierten Altersvorsorgevertrags in einem Beitragsjahr eingezahlt werden, in dem der Anleger nicht zum begünstigten Personenkreis gehört,

– für die er keine Altersvorsorgezulage und keinen steuerlichen Vorteil aus dem Sonderausgabenabzug nach § 10a EStG erhalten hat oder

– die den Höchstbetrag nach § 10a EStG abzüglich der individuell für das Beitragsjahr zustehenden Zulage übersteigen ("Überzahlungen"), sofern es sich nicht um den Sockelbetrag handelt.

123   Sieht der zertifizierte Altersvorsorgevertrag vertraglich die Begrenzung auf einen festgelegten Höchstbetrag (z. B. den Betrag nach § 10a EStG oder den nach § 86 EStG erforderlichen Mindest-

eigenbeitrag zuzüglich Zulageanspruch) vor, handelt es sich bei Zahlungen, die darüber hinausgehen, um zivilrechtlich nicht geschuldete Beträge. Der Anleger kann sie entweder nach den allgemeinen zivilrechtlichen Vorschriften vom Anbieter zurückfordern oder in Folgejahren mit
geschuldeten Beiträgen verrechnen lassen. In diesem Fall sind sie für das Jahr der Verrechnung als
Altersvorsorgebeiträge zu behandeln.

3. Leistungen, die ausschließlich auf geförderten Altersvorsorgebeiträgen beruhen (§ 22 Nr. 5 Satz 1 EStG)

Die Leistungen in der Auszahlungsphase unterliegen in vollem Umfang der Besteuerung nach § 22   124
Nr. 5 Satz 1 EStG, wenn die gesamten Altersvorsorgebeiträge in der Ansparphase nach § 10a oder
Abschnitt XI EStG gefördert worden sind. Dies gilt auch, soweit die Leistungen auf gutgeschriebe-
nen Zulagen sowie den erzielten Erträgen und Wertsteigerungen beruhen.

Beispiel:

Der Steuerpflichtige hat über 25 Jahre einschließlich der Zulagen immer genau die förder-   125
baren Höchstbeiträge zugunsten eines begünstigten Altersvorsorgevertrags eingezahlt. Er
erhält ab Vollendung des 65. Lebensjahres eine monatliche Rente i.H.v. 500 €.

Die Rentenzahlung ist mit 12 × 500 € = 6 000 € im Rahmen der Einkommensteuerveranlagung
nach § 22 Nr. 5 Satz 1 EStG voll steuerpflichtig.

4. Leistungen, die zum Teil auf geförderten, zum Teil auf nicht geförderten Altersvorsorgebeiträgen beruhen (§ 22 Nr. 5 Satz 1 und 2 EStG)

Hat der Steuerpflichtige in der Ansparphase sowohl geförderte als auch nicht geförderte Beiträge   126
zugunsten des Vertrags geleistet, sind die Leistungen in der Auszahlungsphase aufzuteilen.

Soweit die Altersvorsorgebeiträge nach § 10a oder Abschnitt XI EStG gefördert worden sind, sind   127
die Leistungen nach § 22 Nr. 5 Satz 1 EStG voll zu besteuern. Insoweit gilt Rz. 124 entsprechend.

Aufteilungsfälle liegen z. B. vor, wenn   128

– ein Vertrag, der die Voraussetzungen des AltZertG bisher nicht erfüllt hat, in einen zertifizierten
  Altersvorsorgevertrag umgewandelt worden ist (§ 1 Abs. 1 AltZertG),

– ein zertifizierter Altersvorsorgevertrag nicht in der gesamten Ansparphase gefördert worden ist,
  weil z. B. in einigen Jahren die persönlichen Fördervoraussetzungen nicht vorgelegen haben,
  aber weiterhin Beiträge eingezahlt worden sind,

– der Begünstigte höhere Beiträge eingezahlt hat, als im einzelnen Beitragsjahr nach § 10a EStG
  begünstigt waren.

Für die Frage des Aufteilungsmaßstabs sind die Grundsätze des BMF-Schreibens vom 11. November
2004, BStBl I S. 1061[1] anzuwenden. Beiträge, die nach dem 31. Dezember 2001 zugunsten eines zertifizierten Altersvorsorgevertrages geleistet wurden, sind danach getrennt aufzuzeichnen und die
sich daraus ergebenden Leistungen einschließlich zugeteilter Erträge getrennt zu ermitteln. Dabei
scheidet die Anwendung eines beitragsproportionalen Verfahrens für einen längeren Zeitraum –
mehr als zwei Beitragsjahre – zur Ermittlung der sich aus den entsprechenden Beiträgen ergebenden
Leistungen und Erträge aus.

Die Besteuerung von Leistungen, die auf nicht geförderten Beiträgen beruhen, richtet sich nach   129
der Art der Leistung. Es werden insoweit drei Gruppen unterschieden:

– Leistungen in Form einer lebenslangen Rente oder einer Berufsunfähigkeits-, Erwerbsmin-
  derungs- und Hinterbliebenenrente, § 22 Nr. 5 Satz 2 Buchstabe a EStG (Rz. 130)

– andere Leistungen aus Altersvorsorgeverträgen (zertifizierten Versicherungsverträgen), Pensionsfonds, Pensionskassen und Direktversicherungen, § 22 Nr. 5 Satz 2 Buchstabe b EStG (Rz. 131)

– übrige Leistungen, § 22 Nr. 5 Satz 2 Buchstabe c EStG (Rz. 132).

Soweit es sich um eine lebenslange Rente oder eine Berufsunfähigkeits-, Erwerbsminderungs- und   130
Hinterbliebenenrente handelt, die auf nicht geförderten Beiträgen beruht, erfolgt die Besteuerung
nach § 22 Nr. 5 Satz 2 Buchstabe a i. V. m. § 22 Nr. 1 Satz 3 Buchstabe a Doppelbuchstabe bb EStG
mit dem entsprechenden Ertragsanteil. Werden unter einer Grundrente Überschussbeteiligungen
in Form einer Bonusrente gezahlt, so ist der gesamte Auszahlungsbetrag mit einem einheitlichen
Ertragsanteil der Besteuerung zu unterwerfen. R 22.4 Abs. 1 Satz 1 EStR 2005 ist in diesen Fällen
nicht einschlägig, da mit der Überschussbeteiligung in Form einer Bonusrente kein neues Rentenrecht begründet wird. In der Mitteilung nach § 22 Nr. 5 EStG ist der Betrag von Grund- und Bonusrente in einer Summe auszuweisen.

Wird auf nicht geförderten Beiträgen beruhendes Kapital aus einem zertifizierten Versicherungsver-   131
trag ausgezahlt, ist nach § 22 Nr. 5 Satz 2 Buchstabe b EStG die Regelung des § 20 Abs. 1 Nr. 6 EStG

---

[1] *Ergänzt durch BMF vom 14.3.2012 (BStBl I S. 311).*

in der für den zugrunde liegenden Vertrag geltenden Fassung entsprechend anzuwenden. Erfolgt bei einem vor dem 1. Januar 2005 abgeschlossenen Versicherungsvertrag die Kapitalauszahlung erst nach Ablauf von 12 Jahren seit Vertragsabschluss und erfüllt der Vertrag die weiteren Voraussetzungen des § 10 Abs. 1 Nr. 2 EStG in der am 31. Dezember 2004 geltenden Fassung, unterliegt die Kapitalauszahlung insgesamt nicht der Besteuerung (§ 52 Abs. 36 Satz 5 EStG). Liegen die genannten Voraussetzungen nicht vor, unterliegen die rechnungsmäßigen und außerrechnungsmäßigen Zinsen der Besteuerung (§ 52 Abs. 36 Satz 5 EStG). Bei einem nach dem 31. Dezember 2004 abgeschlossenen Versicherungsvertrag, der die Voraussetzungen des § 20 Abs. 1 Nr. 6 EStG erfüllt, unterliegt bei Kapitalauszahlungen der Unterschiedsbetrag zwischen der Versicherungsleistung und der Summe der auf sie entrichteten Beiträge der Besteuerung. Erfolgt die Auszahlung erst nach Vollendung des 60. Lebensjahres des Steuerpflichtigen und hat der Vertrag im Zeitpunkt der Auszahlung mindestens 12 Jahre bestanden, ist nur die Hälfte dieses Unterschiedsbetrags der Besteuerung zu Grunde zu legen. Für nach dem 31. Dezember 2011 abgeschlossene Verträge ist grundsätzlich auf die Vollendung des 62. Lebensjahres abzustellen.

132   Erhält der Steuerpflichtige in der Auszahlungsphase gleich bleibende oder steigende monatliche (Teil-)Raten, variable Teilraten oder eine Kapitalauszahlung, auf die § 22 Nr. 5 Satz 2 Buchstabe b EStG nicht anzuwenden ist (z. B. Teilkapitalauszahlung aus einem Altersvorsorgevertrag in der Form eines zertifizierten Bank- oder Fondssparplans oder Bausparvertrags), gilt § 22 Nr. 5 Satz 2 Buchstabe c EStG. Zu versteuern ist der Unterschiedsbetrag zwischen der ausgezahlten Leistung und den auf sie entrichteten Beiträgen. Erfolgt die Auszahlung der Leistung nach Vollendung des 60. Lebensjahres des Leistungsempfängers und hatte der Vertrag eine Laufzeit von mehr als 12 Jahren, ist nur die Hälfte des Unterschiedsbetrags zu versteuern. Für nach dem 31. Dezember 2011 abgeschlossene Verträge ist grundsätzlich auf die Vollendung des 62. Lebensjahres abzustellen. Für die Berechnung des Unterschiedsbetrags ist das BMF-Schreiben vom 1. Oktober 2009, BStBl I S. 1172 entsprechend anzuwenden.

Beispiel:

133   A (geb. im Januar 1961) hat einen Altervorsorgevertrag abgeschlossen und zugunsten dieses Vertrages ausschließlich geförderte Beiträge eingezahlt (§ 10a EStG/Abschnitt XI EStG). Der Vertrag sieht vor, dass 10 % der geleisteten Beiträge zur Absicherung der verminderten Erwerbsfähigkeit eingesetzt werden.

Im Januar 2020 wird A vermindert erwerbsfähig und erhält aus dem Altersvorsorgevertrag eine Erwerbsminderungsrente i.H.v. 100 € monatlich ausgezahlt. Die Zahlung der Erwerbsminderungsrente steht unter der auflösenden Bedingung des Wegfalls der Erwerbsminderung. Der Versicherer hat sich vorbehalten, die Voraussetzungen für die Rentengewährung alle zwei Jahre zu überprüfen. Diese Rente endet mit Ablauf des Jahres 2025. Ab dem Jahr 2026 erhält A aus dem Vertrag eine Altersrente i.H.v. monatlich 150 €.

Die Erwerbsminderungsrente ist im Jahr 2020 i.H.v. 1 200 € (12 × 100 €) im Rahmen der Einkünfte aus § 22 Nr. 5 Satz 1 EStG zu erfassen. Dies gilt entsprechend für die Jahre 2021 bis 2025. Ab dem Jahr 2026 erfolgt eine Erfassung der Altersrente i.H.v. 1 800 € (12 × 150 €) nach § 22 Nr. 5 Satz 1 EStG.

Abwandlung:

A leistet ab dem Jahr 2008 einen jährlichen Beitrag i.H.v. insgesamt 1 000 €. Er ist in den Jahren 2008 bis 2017 (10 Jahre) unmittelbar förderberechtigt. Die von ihm geleisteten Beiträge werden nach § 10a EStG/Abschnitt XI EStG gefördert. Im Jahr 2018 und 2019 ist er hingegen nicht förderberechtigt. Er zahlt in den Jahren jedoch – trotz der fehlenden Förderung – weiterhin einen jährlichen Beitrag i.H.v. 1 000 €. Ende des Jahres 2019 beträgt das von A geförderte Altersvorsorgevermögen 15 000 €. Das Gesamtvermögen beläuft sich auf 18 000 €.

Die Erwerbsminderungsrente ist im Jahr 2020 i.H.v. 1 000 € (1 200 € × 15/18) im Rahmen der Einkünfte aus § 22 Nr. 5 Satz 1 EStG zu erfassen. Die verbleibenden 200 € sind nach § 22 Nr. 5 Satz 2 Buchstabe a EStG i. V. m. § 22 Nr. 1 Satz 3 Buchstabe a Doppelbuchstabe bb Satz 5 EStG i. V. m. § 55 EStDV mit einem Ertragsanteil i.H.v. 7 % (bemessen nach einer voraussichtlichen Laufzeit von 6 Jahren) steuerlich zu erfassen. Der Ertragsanteil bemisst sich grundsätzlich nach der Zeitspanne zwischen dem Eintritt des Versicherungsfalles (Begründung der Erwerbsminderung) und dem voraussichtlichen Leistungsende (hier: Erreichen der für die Hauptversicherung vereinbarten Altersgrenze). Steht der Anspruch auf Rentengewährung unter der auflösenden Bedingung des Wegfalls der Erwerbsminderung und lässt der Versicherer das Fortbestehen der Erwerbsminderung in mehr oder minder regelmäßigen Abständen prüfen, wird hierdurch die zu berücksichtigende voraussichtliche Laufzeit nicht berührt. Ab dem Jahr 2026 erfolgt eine Erfassung der Altersrente i.H.v. 1 500 € (1 800 € × 15/18) nach § 22 Nr. 5 Satz 1 EStG. Der verbleibende Rentenbetrag i.H.v. 300 € wird mit dem vom Alter des Rentenberechtigten bei Beginn der Altersrente abhängigen Ertragsanteil nach § 22 Nr. 5 Satz 2 Buchstabe a EStG i. V. m. § 22 Nr. 1 Satz 3 Buchstabe a Doppelbuchstabe bb EStG erfasst.

5. Leistungen, die ausschließlich auf nicht geförderten Altersvorsorgebeiträgen beruhen

Hat der Steuerpflichtige in der Ansparphase ausschließlich nicht geförderte Beiträge zugunsten eines zertifizierten Altersvorsorgevertrags eingezahlt, gelten für die gesamte Auszahlungsleistung die Ausführungen in Rz. 129 bis 133. 134

6. Wohnförderkonto

Das im Wohneigentum gebundene steuerlich geförderte Altersvorsorgekapital wird nach § 22 Nr. 5 EStG nachgelagert besteuert und zu diesem Zweck in einem Wohnförderkonto erfasst. In diesem hat der Anbieter die geförderten Tilgungsbeiträge (vgl. Rz. 23 – 27), die hierfür gewährten Zulagen sowie den entnommenen Altersvorsorge-Eigenheimbetrag vertragsbezogen zu erfassen. Die Tilgungsleistungen für ein zur wohnungswirtschaftlichen Verwendung in Anspruch genommenes Darlehen sind in das Wohnförderkonto einzustellen, sobald die Meldung der ZfA über die Steuerverstrickung dieser Tilgungsleistungen (§ 90 Abs. 2 Satz 6 EStG) dem Anbieter vorliegt. Die Zulagen für Tilgungsleistungen sind spätestens in das Wohnförderkonto einzustellen, wenn sie dem Altersvorsorgevertrag gutgeschrieben wurden. Zulagen für Tilgungsleistungen, die erst nach der vollständigen Tilgung des Darlehens, für das die Tilgungsleistungen gezahlt wurden, ausgezahlt werden, müssen vom Anbieter unmittelbar an den Zulageberechtigten weitergereicht werden. Diese Zulagen sind aber dennoch im Wohnförderkonto zu erfassen. Die Erfassung erfolgt durch die ZfA, wenn diese das Wohnförderkonto führt, Rz. 245 bleibt unberührt. Zulagen für Tilgungsleistungen, die erst nach Beginn der Auszahlungsphase beantragt werden, müssen vom Anbieter an den Anleger weitergereicht werden; der Anbieter hat diesen Betrag als Leistung nach § 22 Nr. 5 Satz 1 EStG zu behandeln und entsprechend nach § 22a EStG zu melden. Sie sind nicht im Wohnförderkonto zu erfassen. Die dazugehörigen Tilgungsleistungen sind rückwirkend zum letzten Tag vor Beginn der Auszahlungsphase in das Wohnförderkonto einzustellen. Zahlungen, die nach § 82 Abs. 1 Satz 3 EStG als Tilgungsleistungen gelten (Rz. 25 und 27), werden erst im Zeitpunkt der tatsächlichen Darlehenstilgung einschließlich der zur Tilgung eingesetzten Zulagen und Erträge in das Wohnförderkonto eingestellt (§ 92a Abs. 2 Satz 2 EStG). Dies gilt nicht, wenn vor diesem Zeitpunkt die Selbstnutzung der geförderten Wohnung aufgegeben wurde. In diesem Fall sind die als Tilgungsleistungen behandelten Zahlungen (§ 82 Abs. 1 Satz 3 EStG), die dafür gewährten Zulagen und die entsprechenden Erträge als gefördertes Altersvorsorgevermögen zu behandeln. 135

Der sich aus dem Wohnförderkonto ergebende Gesamtbetrag ist in der Ansparphase jährlich um 2 Prozent zu erhöhen. Diese Erhöhung erfolgt – unabhängig vom Zeitpunkt der Einstellung der entsprechenden Beträge ins Wohnförderkonto – nach Ablauf des jeweiligen Beitragsjahres; letztmals ist sie im Zeitpunkt des Beginns der Auszahlungsphase vorzunehmen. 136

Beispiel:

Der am 5. Februar 1970 geborene Zulageberechtigte hat in seinem zertifizierten Darlehensvertrag mit dem Anbieter vereinbart, dass die Auszahlungsphase am 1. Februar 2035 beginnt. Das Darlehen wurde im Jahr 2033 vollständig getilgt und das Wohnförderkonto auf die ZfA übertragen. Der Gesamtbetrag des Wohnförderkontos am 31. Dezember 2034 beträgt nach der Erhöhung um zwei Prozent 30 000 €. 137

Das Wohnförderkonto wird letztmals zum 1. Februar 2035 für 2035 um zwei Prozent auf 30 600 € erhöht. Im Fall der jährlichen Teilauflösung (Rz. 147) ist dieser Betrag in den Veranlagungszeiträumen 2035 bis 2055 in Höhe von 1/21 von 30 600 € = 1 457,14 € zu versteuern. Wählt der Zulageberechtigte die Auflösung des Wohnförderkontos (Rz. 150) werden im Veranlagungszeitraum 2035 70 Prozent von 30 600 € = 21 420 € versteuert.

Das Wohnförderkonto ist vom Anbieter vertragsbezogen zu führen. Wird die Geschäftsbeziehung zwischen dem Zulageberechtigten und dem Anbieter im Hinblick auf den betreffenden Altersvorsorgevertrag durch eine vollständige Entnahme des angesparten Kapitals oder eine vollständige Tilgung des gewährten Darlehens beendet, wird das betreffende Wohnförderkonto von dem Anbieter geschlossen und auf die ZfA (§ 92a Abs. 2 Satz 10 Halbsatz 1 EStG), einen anderen Anbieter oder beim selben Anbieter auf einen anderen Vertrag (§ 92a Abs. 2 Satz 11 EStG) übertragen. 138

Vor einer Übertragung des geschlossenen Wohnförderkontos auf die ZfA hat der Anbieter dem Zulageberechtigten die beabsichtigte Übertragung des Wohnförderkontos mitzuteilen. Der Zulageberechtigte kann bis spätestens vier Wochen nach Übersendung des Schreibens gegenüber dem Anbieter schriftlich bestimmen, dass das Wohnförderkonto nicht auf die ZfA übertragen werden soll, sondern mit einem Wohnförderkonto desselben oder eines anderen Anbieters zusammen zu führen ist. In der Mitteilung nach Satz 1 hat der Anbieter über die Wahlmöglichkeiten und den Tag des Fristablaufs (Eingang beim Anbieter) zu informieren. Bestimmt der Zulageberechtigte die Übertragung auf einen anderen Anbieter, so hat er den Anbieter, auf den das Wohnförderkonto übertragen werden soll, genau zu bezeichnen, die entsprechenden Vertragsdaten anzugeben und auch diesen Anbieter zu informieren. 139

Erteilt der Zulageberechtigte eine entsprechende Weisung, hat der bisherige Anbieter das Wohnförderkonto auf den vom Zulageberechtigten bestimmten Anbieter unter Angabe des Stands des 140

Wohnförderkontos und des Zeitpunkts der Beendigung der Geschäftsbeziehung zu übertragen (§ 92a Abs. 2 Satz 15 EStG i. V. m. § 11 Abs. 3 Satz 4 AltvDV). Der bisherige Anbieter hat dies der ZfA ergänzt um Angaben zu dem neuen Anbieter mitzuteilen (§ 92a Abs. 2 Satz 15 EStG). Für das übertragene Wohnförderkonto ist ab dem Zeitpunkt der Zusammenführung der Beginn der Auszahlungsphase des aufnehmenden Vertrags maßgebend.

141   Bestimmt der Zulageberechtigte eine Zusammenführung des Wohnförderkontos mit einem beim selben Anbieter geführten Wohnförderkonto, hat der Anbieter dies der ZfA mitzuteilen unter Angabe

- des Stands des Wohnförderkontos,

- des Zeitpunktes der Beendigung der Geschäftsbeziehung bezogen auf den bisherigen Vertrag und

- der Vertragsdaten des Wohnförderkontos, in das er die Beträge des bisherigen Wohnförderkontos eingestellt hat.

142   Erhält der Anbieter innerhalb von vier Wochen nach Übersendung der Mitteilung keine Weisung des Zulageberechtigten, hat er der ZfA mit der Übertragung des Wohnförderkontos dessen Stand und den Zeitpunkt der Beendigung der Geschäftsbeziehung mitzuteilen (§ 92a Abs. 2 Satz 14 EStG).

143   Das Wohnförderkonto wird vermindert um Zahlungen des Zulageberechtigten, die dieser – soweit Vertragsvereinbarungen nicht entgegen stehen – auf einen auf seinen Namen lautenden Altersvorsorgevertrag zur Minderung der in das Wohnförderkonto eingestellten Beträge leistet. Die zur Minderung des Wohnförderkontos geleisteten Beträge sind keine Altersvorsorgebeiträge (§ 82 Abs. 4 Nr. 4 EStG); insoweit kann erneute Förderung beansprucht werden. Sie stellen jedoch gefördertes Altersvorsorgevermögen dar, welches im Fall einer schädlichen Verwendung bei der Berechnung des Rückzahlungsbetrages (§ 94 EStG) zu berücksichtigen ist. Hierbei bestimmt sich der Rückzahlungsbetrag nach der Förderung, die für die in das Wohnförderkonto eingestellten und durch die Zahlung getilgten Beträge gewährt wurde.

Beispiel:

144   Der Stand des Wohnförderkontos des Zulageberechtigten beträgt 10 000 €. Dieser Betrag setzt sich aus eingestellten Zulagen (4 000 €), Tilgungsleistungen (5 000 €) und dem Erhöhungsbetrag (1 000 €) zusammen. Neben den Zulagen hat der Zulageberechtigte noch einen über die Zulage hinausgehenden Steuervorteil (§ 10a EStG) in Höhe von 800 € erhalten.

Der Zulageberechtigte entscheidet sich, Einzahlungen auf einen zertifizierten Altersvorsorgevertrag zur Minderung seines Wohnförderkontos in Höhe von 5 000 € vorzunehmen. Auf dem Wohnförderkonto verbleiben somit 5 000 €. Auf dem neu abgeschlossenen Altersvorsorgevertrag gehen in den nächsten 10 Jahren keine zusätzlichen Einzahlungen ein. Das angesparte Altersvorsorgevermögen einschließlich der Erträge beläuft sich nach 10 Jahren auf insgesamt 6 100 €. Jetzt verwendet der Zulageberechtigte das geförderte Altersvorsorgevermögen schädlich.

Zur Auszahlung gelangen:

Altersvorsorgevermögen	6 100 €
abzüglich Zulagen	2 000 €
abzüglich Steuervorteil	400 €
=	3 700 €
Betrag nach § 22 Nr. 5 Satz 3 EStG	
Altersvorsorgevermögen	6 100 €
abzüglich Zulagen	2 000 €
=	4 100 €
Auf diesen Betrag ist § 22 Nr. 5 Satz 2 Buchst. c EStG anzuwenden.	
maßgebender Betrag	4 100 €
abzüglich eingezahlte Beträge (Tilgungsleistungen)	2 500 €
=	1 600 €

Nach § 22 Nr. 5 Satz 2 Buchst. c EStG sind 1 600 € zu versteuern.

Das Wohnförderkonto bleibt von der schädlichen Verwendung unberührt.

Der Zulageberechtigte kann die Zahlung zur Minderung der in das Wohnförderkonto eingestellten 145
Beträge auch an einen anderen Anbieter leisten als an den, der das Wohnförderkonto führt. In diesem Fall hat er beide Anbieter über diese Zahlungen zu informieren. Damit soll sichergestellt werden, dass das Wohnförderkonto entsprechend vermindert wird und die Zahlungen nicht als Altersvorsorgebeiträge behandelt werden.

Führt die ZfA das Wohnförderkonto, hat der Zulageberechtigte neben dem Anbieter auch die ZfA 146
zu informieren. In diesem Fall wird das Wohnförderkonto ab dem Zeitpunkt der Einzahlung von
dem Anbieter, bei dem die Einzahlung erfolgt, weitergeführt. Dies gilt entsprechend für Zahlungen
nach § 92a Abs. 3 Satz 9 Nr. 2 EStG (Einzahlung der in das Wohnförderkonto eingestellten Beträge
bei Aufgabe der Selbstnutzung).

Eine weitere Verminderung des Wohnförderkontos erfolgt durch den jährlichen Verminderungs- 147
betrag (§ 92a Abs. 2 Satz 5 EStG), der nachgelagert besteuert wird (§ 22 Nr. 5 Satz 4 EStG). Dieser
Betrag stellt eine jährliche Teilauflösung des Wohnförderkontos dar. Er ergibt sich, indem zu
Beginn der Auszahlungsphase der im Wohnförderkonto eingestellte Gesamtbetrag einschließlich
des darin enthaltenen Erhöhungsbetrages zu gleichen Teilen auf die Jahre bis zur Vollendung des
85. Lebensjahres verteilt wird (vgl. auch Beispiel unter Rz. 137).

Der Beginn der Auszahlungsphase ergibt sich grundsätzlich aus den vertraglichen Vereinbarun- 148
gen. Er muss zwischen der Vollendung des 60. und des 68. Lebensjahres des Zulageberechtigten
liegen (§ 92a Abs. 2 Satz 5 EStG). Der vereinbarte Zeitpunkt kann zwischen Anbieter und Zulage-
berechtigtem einvernehmlich bis zu Beginn der Auszahlungsphase geändert werden. Wird das
Wohnförderkonto von der ZfA geführt (Rz. 138), ist eine Änderung des Auszahlungsbeginns nicht
möglich. Soweit der Vertrag keine anders lautende Vereinbarung enthält, gilt als Beginn der Auszahlungsphase die Vollendung des 67. Lebensjahres.

Gibt der Zulageberechtigte die Selbstnutzung der geförderten Wohnung nicht nur vorübergehend 149
auf (Rz. 224), ist das Wohnförderkonto aufzulösen. Dies gilt auch für den Fall der Aufgabe der Rein-
vestitionsabsicht im Sinne des § 92a Abs. 3 Satz 9 Nr. 1 und 2 in Verbindung mit Satz 10 EStG (vgl.
Abschnitt IV). Gleiches gilt, wenn der Zulageberechtigte in der Auszahlungsphase stirbt und das
Wohnförderkonto noch nicht vollständig zurückgeführt worden ist. Der Auflösungsbetrag (§ 92a
Abs. 3 Satz 5 EStG) gilt im Zeitpunkt der Aufgabe der Selbstnutzung als Leistung im Sinne des § 22
Nr. 5 Satz 1 EStG (§ 22 Nr. 5 Satz 4 EStG). Im Falle des Todes des Zulageberechtigten ist der Auf-
lösungsbetrag noch dem Erblasser zuzurechnen, so dass in dessen letzter Einkommensteuererklä-
rung die nachgelagerte Besteuerung vorgenommen wird.

Anstelle der sukzessiven Besteuerung durch Verminderung des Wohnförderkontos kann der Steu- 150
erpflichtige die einmalige Besteuerung wählen. Hierfür kann er verlangen, dass das Wohnförderkonto zu Beginn der Auszahlungsphase vollständig aufgelöst wird. Der Antrag ist beim Anbieter
oder der ZfA, wenn diese das Wohnförderkonto führt, spätestens zu Beginn der Auszahlungsphase
zu stellen. Ein späterer Antrag ist ausgeschlossen. Im Fall eines wirksamen Antrages wird der Auflösungsbetrag (§ 92a Abs. 2 Satz 6 EStG) als der im Wohnförderkonto eingestellte Gesamtbetrag
einschließlich des darin enthaltenen Erhöhungsbetrages zu 70 Prozent der Besteuerung unterworfen (§ 22 Nr. 5 Satz 5 EStG).

Gibt der Zulageberechtigte die Selbstnutzung der geförderten Wohnung nach der Einmalbesteue- 151
rung innerhalb einer Frist von 20 Jahren nicht nur vorübergehend auf, ist der bisher noch nicht
besteuerte Betrag gestaffelt nach der Haltedauer im Zeitpunkt der Aufgabe der Selbstnutzung ein-
einhalbfach (innerhalb eines Zeitraums von zehn Jahren ab Beginn der Auszahlungsphase) oder
einfach (in den nachfolgenden zehn Jahren) mit dem individuellen Steuersatz der Besteuerung zu
unterwerfen (§ 22 Nr. 5 Satz 6 EStG). Der Tod des Zulageberechtigten führt hingegen nicht zu
einer nachgelagerten Besteuerung des noch nicht erfassten Betrages.

Beispiel:

Der Zulageberechtigte bestimmt zum Beginn der Auszahlungsphase, die am 1. Juli 2034 152
beginnt, die Auflösung des Wohnförderkontos. Bei einer Aufgabe der Selbstnutzung in der
Zeit vom 1. Juli 2034 bis einschließlich 30. Juni 2044 ist der bisher noch nicht besteuerte Betrag
mit dem Eineinhalbfachen der Besteuerung zu unterwerfen, in der Zeit vom 1. Juli 2044 bis
einschließlich 30. Juni 2054 mit dem Einfachen.

7. Nachträgliche Änderung der Vertragsbedingungen

Erfüllt ein Altersvorsorgevertrag aufgrund nachträglicher Änderungen nicht mehr die Zertifizie- 153
rungskriterien nach dem AltZertG, gilt im Zeitpunkt der Vertragsänderung das Altersvorsorgevermögen als zugeflossen. Wird bei einem Altersvorsorgevertrag nach § 1 Abs. 1a AltZertG das Darlehen nicht wohnungswirtschaftlich im Sinne des § 92a Abs. 1 Satz 1 EStG verwendet, erfolgt kein
Zufluss, soweit das Altersvorsorgevermögen zuvor auf einen weiteren zertifizierten Vertrag übertragen worden ist.

154   Soweit ungefördertes Altersvorsorgevermögen zufließt, gelten die Ausführungen in Rz. 129 bis 133. Soweit gefördertes Altersvorsorgevermögen zufließt, finden die Regelungen der schädlichen Verwendung Anwendung (vgl. Rz. 177 ff.).

8. Provisionserstattungen bei geförderten Altersvorsorgeverträgen

155   Abschluss- und Vertriebskosten eines Altersvorsorgevertrages, die dem Steuerpflichtigen erstattet werden, unterliegen der Besteuerung nach § 22 Nr. 5 Satz 9 EStG unabhängig davon, ob der Erstattungsbetrag auf den Altersvorsorgevertrag eingezahlt oder an den Steuerpflichtigen ausgezahlt wird.

9. Bonusleistungen bei geförderten Altersvorsorgeverträgen

156   Bonusleistungen, die im Zusammenhang mit einem Altersvorsorgevertrag stehen, z. B. Sonderauszahlungen oder Zins-Boni für die Nichtinanspruchnahme eines Bau-Darlehens, unterliegen ebenfalls der Besteuerung nach § 22 Nr. 5 EStG.

10. Bescheinigungspflicht des Anbieters

157   Nach § 22 Nr. 5 Satz 7 EStG hat der Anbieter beim erstmaligen Bezug von Leistungen sowie bei Änderung der im Kalenderjahr auszuzahlenden Leistungen dem Steuerpflichtigen nach amtlich vorgeschriebenem Vordruck den Betrag der im abgelaufenen Kalenderjahr zugeflossenen Leistungen zu bescheinigen. In dieser Bescheinigung sind die Leistungen entsprechend den Grundsätzen in Rz. 126 bis 156 gesondert auszuweisen. In den Fällen, in denen die ZfA das Wohnförderkonto führt, erhält der Steuerpflichtige die entsprechenden Angaben nach § 22 Nr. 5 Satz 7 EStG von der ZfA.

158   Wird bei einem Altersvorsorgevertrag nach Beginn der Auszahlungsphase noch eine Förderung gewährt oder eine gewährte Förderung zurückgefordert, ist die Aufteilung der Leistung hinsichtlich des Beruhens auf geförderten/nicht geförderten Beiträgen neu vorzunehmen. Die Bescheinigung(en) nach § 22 Nr. 5 Satz 7 EStG sowie die Rentenbezugsmitteilung(en) nach § 22a EStG sind ab Beginn der Auszahlungsphase zu korrigieren. Eine Korrektur ab Beginn der Auszahlungsphase ist auch erforderlich, wenn die ZfA die Feststellung des Verminderungsbetrages oder des Auflösungsbetrages ändert.

III. Schädliche Verwendung von Altersvorsorgevermögen

1. Allgemeines

159   Nach den Regelungen des AltZertG und des § 93 EStG darf Altersvorsorgevermögen nur wie folgt ausgezahlt werden:

frühestens   mit Vollendung des 60. Lebensjahres (bei nach dem 31. Dezember 2011 abgeschlossenen Verträgen grundsätzlich mit Vollendung des 62. Lebensjahres – § 14 Abs. 2 AltZertG)

                    oder

                    mit Beginn der Altersrente

                    – aus der gesetzlichen Rentenversicherung

                    oder

                    – nach dem Gesetz über die Alterssicherung der Landwirte

                    oder

                    mit Beginn einer Versorgung nach beamten- oder soldatenversorgungsrechtlichen Regelungen wegen Erreichens der Altersgrenze

in monatlichen Leistungen in Form

                    einer lebenslangen gleich bleibenden oder steigenden monatlichen Leibrente (§ 1 Abs. 1 Satz 1 Nr. 2 und 4 Buchstabe a AltZertG)

                    oder

                    eines Auszahlungsplans mit gleich bleibenden oder steigenden Raten und unmittelbar anschließender lebenslanger Teilkapitalverrentung spätestens ab dem 85. Lebensjahr des Zulageberechtigten (§ 1 Abs. 1 Satz 1 Nr. 4 Buchstabe a AltZertG)

                    oder

                    einer lebenslangen Verminderung des monatlichen Nutzungsentgeltes für eine vom Zulageberechtigten selbst genutzte Genossenschaftswohnung (§ 1 Abs. 1 Satz 1 Nr. 4 Buchstabe b AltZertG)

                    oder

                    einer zeitlich befristeten Verminderung des monatlichen Nutzungsentgeltes für eine vom Zulageberechtigten selbst genutzte Genossenschaftswohnung mit einer anschließenden Teilkapitalverrentung ab spätestens dem 85. Lebensjahr des Zulageberechtigten (§ 1 Abs. 1 Satz 1 Nr. 4 Buchstabe b AltZertG)

                    oder

einer Hinterbliebenenrente (§ 1 Abs. 1 Satz 1 Nr. 2 AltZertG)

oder

einer Rente wegen verminderter Erwerbsfähigkeit oder Dienstunfähigkeit (§ 1 Abs. 1 Satz 1 Nr. 2 AltZertG)

außerhalb der monatlichen Leistungen

in Form eines zusammengefassten Auszahlungsbetrags i.H.v. bis zu 12 Monatsleistungen (§ 1 Abs. 1 Satz 1 Nr. 4 Buchstabe a und b AltZertG; dies gilt auch bei einer Hinterbliebenen- oder Erwerbsminderungsrente)

oder

die in der Auszahlungsphase anfallenden Zinsen und Erträge (§ 1 Abs. 1 Satz 1 Nr. 4 Buchstabe a und b AltZertG); hierbei handelt es sich um die bereits erwirtschafteten Zinsen und Erträge

oder

in Form einer Auszahlung zur Abfindung einer Kleinbetragsrente im Sinne des § 93 Abs. 3 EStG (§ 1 Abs. 1 Satz 1 Nr. 4 Buchstabe a und b AltZertG; dies gilt auch bei einer Hinterbliebenen- oder Erwerbsminderungsrente); vgl. Rz. 161

oder

in Form einer einmaligen Teilkapitalauszahlung von bis zu 30 % des zu Beginn der Auszahlungsphase zur Verfügung stehenden Kapitals (§ 1 Abs. 1 Satz 1 Nr. 4 Buchstabe a und b AltZertG); vgl. Rz. 170

oder

wenn der Vertrag im Verlauf der Ansparphase gekündigt und das gebildete geförderte Kapital auf einen anderen auf den Namen des Zulageberechtigten lautenden Altersvorsorgevertrag übertragen wird (§ 1 Abs. 1 Satz 1 Nr. 10 Buchstabe b AltZertG)

oder

wenn im Fall der Aufgabe der Selbstnutzung der Genossenschaftswohnung, des Ausschlusses, des Ausscheidens des Mitglieds aus der Genossenschaft oder der Auflösung der Genossenschaft mindestens die eingezahlten Eigenbeiträge, Zulagen und die gutgeschriebenen Erträge auf einen auf den Namen des Zulageberechtigten lautenden Altersvorsorgevertrag übertragen werden (§ 1 Abs. 1 Satz 1 Nr. 5 Buchstabe a AltZertG)

oder

wenn im Fall der Verminderung des monatlichen Nutzungsentgelts für eine vom Zulageberechtigten selbst genutzte Genossenschaftswohnung der Vertrag bei Aufgabe der Selbstnutzung der Genossenschaftswohnung in der Auszahlungsphase gekündigt wird und das noch nicht verbrauchte Kapital auf einen anderen auf den Namen des Zulageberechtigten lautenden Altersvorsorgevertrag desselben oder eines anderen Anbieters übertragen wird (§ 1 Abs. 1 Satz 1 Nr. 11 AltZertG)

oder

wenn im Falle des Versorgungsausgleichs auf Grund einer internen oder externen Teilung nach den §§ 10 oder 14 VersAusglG gefördertes Altersvorsorgevermögen auf einen auf den Namen der ausgleichsberechtigten Person lautenden Altersvorsorgevertrag oder eine nach § 82 Abs. 2 EStG begünstigte betriebliche Altersversorgung (einschließlich der Versorgungsausgleichskasse nach dem Gesetz über die Versorgungsausgleichskasse) übertragen wird (§ 93 Abs. 1a Satz 1 EStG)

oder

wenn im Falle des Todes des Zulageberechtigten das geförderte Altersvorsorgevermögen auf einen auf den Namen des Ehegatten lautenden Altersvorsorgevertrag übertragen wird, wenn die Ehegatten im Zeitpunkt des Todes des Zulageberechtigten nicht dauernd getrennt gelebt haben (§ 26 Abs. 1 EStG) und ihren Wohnsitz oder gewöhnlichen Aufenthalt in einem EU-/EWR-Staat hatten

oder

im Verlauf der Ansparphase als Altersvorsorge-Eigenheimbetrag im Sinne des § 92a EStG (§ 1 Abs. 1 Satz 1 Nr. 10 Buchstabe c AltZertG).

Soweit der Vertrag für den Fall der Erwerbsminderung oder eine Hinterbliebenenrente im Sinne des § 1 Abs. 1 Satz 1 Nr. 2 AltZertG vorsieht, dürfen diese im Versicherungsfall schon vor Erreichen der Altersgrenze zur Auszahlung kommen.   160

Eine Kleinbetragsrente nach § 93 Abs. 3 EStG liegt vor, wenn bei gleichmäßiger Verteilung des zu Beginn der Auszahlungsphase zur Verfügung stehenden geförderten Kapitals – einschließlich einer eventuellen Teilkapitalauszahlung – der Wert von 1 % der monatlichen Bezugsgröße (West) nach § 18 SGB IV nicht überschritten wird. Die monatliche Bezugsgröße zum 1. Januar 2010   161 beträgt 2 555 €, so dass im Jahr 2010 eine Kleinbetragsrente bei einem monatlichen Rentenbetrag von nicht mehr als 25,55 € vorliegt. Das geförderte Altersvorsorgevermögen von sämtlichen Verträgen bei einem Anbieter ist für die Berechnung zusammenzufassen.

162   Bestehen bei einem Anbieter mehrere Verträge, aus denen sich unterschiedliche Auszahlungstermine ergeben, liegt eine Kleinbetragsrente vor, wenn alle für die Altersversorgung zur Auszahlung kommenden Leistungen, die auf geförderten Altersvorsorgebeiträgen beruhen, den Wert von 1 % der monatlichen Bezugsgröße nach § 18 SGB IV nicht übersteigen. Stichtag für die Berechnung, ob die Voraussetzungen für das Vorliegen einer Kleinbetragsrente gegeben sind, ist der Tag des Beginns der Auszahlungsphase für den abzufindenden Vertrag. Der Beginn der Auszahlung aus dem ersten Vertrag ist zu prognostizieren und festzuhalten, in welcher Höhe zukünftig Leistungen monatlich anfallen würden. Wird der Höchstwert nicht überschritten, liegen insgesamt Kleinbetragsrenten vor, die unschädlich abgefunden werden können. Wird der Höchstwert bei Auszahlung der weiteren Leistungen dennoch überschritten, z. B. wegen günstiger Konditionen am Kapitalmarkt, verbleibt es für die bereits abgefundenen Verträge bei der ursprünglichen Prognose; eine schädliche Verwendung tritt insoweit nicht ein. Für den bei Feststellung der Überschreitung des Höchstwerts zur Auszahlung anstehenden und alle weiteren Verträge mit späterem Auszahlungsbeginn kommt eine Abfindung nicht mehr in Betracht.

163   Für die Zusammenfassung (§ 93 Abs. 3 Satz 3 EStG) ist auf die sich aus der entsprechenden Absicherung des jeweiligen biometrischen Risikos ergebende Leistung abzustellen, wenn für dieses Risiko ein eigenes Deckungskapital gebildet wurde. Für die Prüfung, ob eine Kleinbetragsrente vorliegt, erfolgt die Zusammenfassung getrennt nach dem jeweils abgesicherten Risiko und dem jeweiligen Deckungskapital. In die Prüfung, ob eine Kleinbetragsrente vorliegt, sind nur die Leistungen einzubeziehen, die für den entsprechenden Versicherungsfall zur Auszahlung kommen. Eine nachträgliche Verschiebung von Deckungskapital mit dem Ziel, das Vorliegen der Voraussetzungen für eine Kleinbetragsrente herbeizuführen, ist nicht zulässig.

164   Für die Abfindung einer Altersrente kann eine solche Betrachtung erst zu Beginn der Auszahlungsphase dieser Rente vorgenommen werden. Dementsprechend ist die Auszahlung der Abfindung einer Kleinbetragsrente aus der Altersrente bereits vor Beginn der Auszahlungsphase eine schädliche Verwendung im Sinne des § 93 EStG. Bei Leistungen für den Fall der Erwerbsminderung oder bei Hinterbliebenenrenten im Sinne des § 1 Abs. 1 Satz 1 Nr. 2 AltZertG ist für den Beginn der Auszahlungsphase Rz. 160 zu beachten.

165   Geht nach der Auszahlung der Kleinbetragsrentenabfindung beim Anbieter eine Zulagenzahlung für den Anleger ein, hat dies keinen Einfluss auf das Vorliegen einer Kleinbetragsrente. Diese Zulage gehörte im Zeitpunkt des Beginns der Auszahlungsphase noch nicht zum zur Verfügung stehenden Altersvorsorgevermögen und ist daher nicht in die Berechnung des Höchstbetrages für die Kleinbetragsrentenabfindung einzubeziehen.

166   Die Zulage kann im Fall einer abgefundenen Altersrente vom Anbieter unmittelbar an den Zulageberechtigten weitergereicht werden. Sie ist in diesem Fall nicht in die Bescheinigung nach § 92 EStG als dem Vertrag gutgeschriebene Zulage aufzunehmen. Der Anbieter hat diese Zulage als Leistung nach § 22 Nr. 5 Satz 1 EStG zu behandeln und entsprechend nach § 22a EStG zu melden.

167   Zulagen, die nach der Auszahlung der Kleinbetragsrentenabfindung wegen Erwerbsminderung beim Anbieter eingehen, sind dem Altersvorsorgevertrag für die Alters- und ggf. Hinterbliebenenabsicherung gutzuschreiben und nicht unmittelbar an den Zulageberechtigten weiterzureichen.

168   Wird eine Hinterbliebenenrente aus einer zusätzlichen Hinterbliebenenrisikoabsicherung ohne Kapitalbildung gezahlt oder als Kleinbetragsrente abgefunden, darf eine nach dem Beginn der Auszahlungsphase für diese Hinterbliebenenrisikorente ermittelte Zulage nicht mehr an den/die Hinterbliebenen ausgezahlt werden. Sie fällt dem bisherigen Altersvorsorgekapital zu.

169   Etwas anderes gilt für den Teil der Zulagen, der auf nach § 1 Abs. 1 Nr. 2 AltZertG angespartes gefördertes Altersvorsorgevermögen entfällt, das in Form einer Hinterbliebenenrente oder Abfindung einer Hinterbliebenenkleinbetragsrente an die in § 1 Abs. 1 Nr. 2 AltZertG genannten Hinterbliebenen ausgezahlt wird (d. h., für die Hinterbliebenenrente wird das bei Risikoeintritt vorhandene Kapital eingesetzt). Dieser Teil der Zulagen darf nach Beginn der Auszahlungsphase der Hinterbliebenenrente(n) an den/die Hinterbliebenen weitergereicht werden. Der Anbieter hat diesen Teil der Zulage als Leistung nach § 22 Nr. 5 Satz 1 EStG zu behandeln und entsprechend nach § 22a EStG zu melden.

170   Die Entnahme des Teilkapitalbetrags von bis zu 30 % des zur Verfügung stehenden Kapitals aus dem Vertrag hat zu Beginn der Auszahlungsphase zu erfolgen. Nach § 92a Abs. 1 Satz 1 Nr. 2 EStG darf zu Beginn der Auszahlungsphase auch Kapital zur Entschuldung einer begünstigten Wohnung entnommen werden. Beide Arten der Entnahme sind kombinierbar. Bemessungsgrundlage für die in den Regelungen enthaltenen Prozentsätze (bis zu 30 %, bis zu 75 % oder 100 %) ist jeweils das zu Beginn der Auszahlungsphase vorhandene Kapital. Eine Verteilung über mehrere Auszahlungszeitpunkte ist nicht möglich.

171   Soweit gefördertes Altersvorsorgevermögen nicht diesen gesetzlichen Regelungen entsprechend ausgezahlt wird, liegt eine schädliche Verwendung (§ 93 EStG) vor.

Erfolgt die Auszahlung des geförderten Altersvorsorgevermögens abweichend von den in Rz. 159   172
aufgeführten Möglichkeiten in Raten, z. B. als Rentenzahlung im Rahmen einer vereinbarten Rentengarantiezeit im Falle des Todes des Zulageberechtigten, so stellt jede Teilauszahlung eine
anteilige schädliche Verwendung dar.

Wird nicht gefördertes Altersvorsorgevermögen (zur Abgrenzung von geförderten und nicht geför-   173
derten Beiträgen vgl. Rz. 119 ff.) abweichend von den in Rz. 159 aufgeführten Möglichkeiten verwendet, liegt keine schädliche Verwendung vor (Rz. 195 f.).

Im Fall einer Übertragung nach § 1 Abs. 1 Satz 1 Nr. 10 Buchstabe b AltZertG gilt das geförderte   174
Altersvorsorgevermögen im aufnehmenden Altersvorsorgevertrag auch als gefördertes Vermögen.
Im Zeitpunkt der Übertragung erfolgt keine Besteuerung. Dies gilt auch für das gleichzeitig mit
übertragene nicht geförderte Altersvorsorgevermögen. Die Sätze 1 bis 3 gelten auch bei einer
Übertragung von einer Versorgung im Sinne des § 82 Abs. 2 EStG auf eine andere Versorgung im
Sinne des § 82 Abs. 2 EStG.

Rz. 174 ist entsprechend anzuwenden bei einer Übertragung im Falle des Todes des Zulageberech-   175
tigten auf einen auf den Namen des Ehegatten lautenden Altersvorsorgevertrag, wenn die Ehegatten im Zeitpunkt des Todes nicht dauernd getrennt gelebt haben (§ 26 Abs. 1 EStG) und ihren
Wohnsitz in einem EU-/EWR-Staat hatten.

2. Auszahlung von gefördertem Altersvorsorgevermögen

a) Möglichkeiten der schädlichen Verwendung

Eine schädliche Verwendung von gefördertem Altersvorsorgevermögen liegt beispielsweise in fol-   176
genden Fällen vor:

–   (Teil-)Kapitalauszahlung aus einem geförderten Altersvorsorgevertrag an den Zulageberechtig-
    ten während der Ansparphase oder nach Beginn der Auszahlungsphase (§ 93 Abs. 1 Satz 1
    und 2 EStG), soweit das Kapital nicht als Altersvorsorge-Eigenheimbetrag (§ 1 Abs. 1 Satz 1
    Nr. 10 Buchstabe c AltZertG i. V. m. § 93 Abs. 1 Satz 1 EStG), im Rahmen einer Rente, eines Aus-
    zahlungsplans oder einer Verminderung des monatlichen Nutzungsentgeltes für eine vom Zula-
    geberechtigten selbst genutzte Genossenschaftswohnung im Sinne des § 1 Abs. 1 Satz 1 Nr. 4
    Buchstabe a und b AltZertG oder als Abfindung einer Kleinbetragsrente ausgezahlt wird;

–   (Teil-)Kapitalauszahlung aus gefördertem Altersvorsorgevermögen bei einer externen Teilung
    (§ 14 VersAusglG) im Rahmen des Versorgungsausgleichs, soweit das Kapital nicht unmittelbar
    zur Begründung eines Anrechts in einem Altersvorsorgevertrag oder in einer nach § 82 Abs. 2
    EStG begünstigten betrieblichen Altersversorgung (einschließlich Versorgungsausgleichskasse)
    verwendet wird (vgl. Rz. 182);

–   Weiterzahlung der Raten oder Renten aus gefördertem Altersvorsorgevermögen an die Erben
    im Fall des Todes des Zulageberechtigten nach Beginn der Auszahlungsphase (§ 93 Abs. 1
    Satz 2 EStG), sofern es sich nicht um eine Hinterbliebenenversorgung im Sinne des § 1 Abs. 1
    Satz 1 Nr. 2 AltZertG handelt (§ 93 Abs. 1 Satz 3 Buchstabe a EStG); zu Heilungsmöglichkeiten
    für den überlebenden Ehegatten vgl. Rz. 191 ff.;

–   (Teil-)Kapitalauszahlung aus gefördertem Altersvorsorgevermögen im Fall des Todes des Zula-
    geberechtigten an die Erben (§ 93 Abs. 1 Satz 2 EStG; zu Heilungsmöglichkeiten für den überle-
    benden Ehegatten vgl. Rz. 191 ff.).

b) Folgen der schädlichen Verwendung

aa) Rückzahlung der Förderung

Liegt eine schädliche Verwendung von gefördertem Altersvorsorgevermögen vor, sind die darauf   177
entfallenden während der Ansparphase gewährten Altersvorsorgezulagen und die nach § 10a
Abs. 4 EStG gesondert festgestellten Steuerermäßigungen zurückzuzahlen (Rückzahlungsbetrag
§ 94 Abs. 1 EStG; vgl. Beispiel in Rz. 187). Der Anbieter darf Kosten und Gebühren, die durch die
schädliche Verwendung entstehen (z. B. Kosten für die Vertragsbeendigung), nicht mit diesem
Rückzahlungsbetrag verrechnen. Abschluss- und Vertriebskosten i. S. d. § 1 Abs. 1 Satz 1 Nr. 8 Alt-
ZertG sowie bis zur schädlichen Verwendung angefallene Kosten i. S. d. § 7 Abs. 1 Satz 1 Nr. 1
und 2 und Beitragsanteile zur Absicherung der verminderten Erwerbsfähigkeit oder der Hinterbliebenenabsicherung im Sinne des § 1 Abs. 1 Satz 1 Nr. 3 AltZertG können dagegen vom Anbieter
berücksichtigt werden, soweit sie auch angefallen wären, wenn die schädliche Verwendung nicht
stattgefunden hätte.

Wurde für ein Beitragsjahr bereits eine Zulage zugunsten eines Vertrages ausgezahlt, dessen steu-   178
erlich gefördertes Altersvorsorgevermögen anschließend schädlich verwendet wird, und gehen
während der Antragsfrist noch weitere Zulageanträge für zugunsten anderer Verträge geleistete
Beiträge ein, so werden neben dem Antrag zu dem zwischenzeitlich schädlich verwendeten Ver-

179   trag alle für dieses Beitragsjahr eingehenden rechtswirksamen Zulageanträge in die Zulageermittlung nach den Verteilungsvorschriften gem. §§ 87 Abs. 1 und 89 Abs. 1 Satz 3 EStG einbezogen.

179   Eine Rückzahlungsverpflichtung besteht nicht für den Teil der Zulagen, der auf nach § 1 Abs. 1 Nr. 2 AltZertG angespartes gefördertes Altersvorsorgevermögen entfällt, wenn es in Form einer Hinterbliebenenrente an die dort genannten Hinterbliebenen ausgezahlt wird. Dies gilt auch für den entsprechenden Teil der Steuerermäßigung.

180   Im Fall der schädlichen Verwendung besteht ebenfalls keine Rückzahlungsverpflichtung für den Teil der Zulagen oder der Steuerermäßigung, der den Beitragsanteilen zuzuordnen ist, die für die Absicherung der verminderten Erwerbsfähigkeit und einer zusätzlichen Hinterbliebenenabsicherung ohne Kapitalbildung eingesetzt worden sind.

181   Für den Fall der schädlichen Verwendung sowie für die Beitragszusage nach § 1 Abs. 1 Nr. 3 AltZertG ist zu beachten, dass nach dem Beginn der Auszahlungsphase einer Rente wegen Erwerbsminderung oder einer Abfindung einer Kleinbetragsrente wegen Erwerbsminderung keine Beitragsanteile mehr der Absicherung der verminderten Erwerbsfähigkeit zuzuordnen sind.

182   Erfolgt aufgrund des § 6 VersAusglG eine Auszahlung aus gefördertem Altersvorsorgevermögen oder wird gefördertes Altersvorsorgevermögen aufgrund einer externen Teilung nach § 14 VersAusglG nicht im Rahmen des § 93 Abs. 1a Satz 1 EStG übertragen, treten die Folgen der schädlichen Verwendung zu Lasten der ausgleichspflichtigen Person ein. Dies gilt selbst dann, wenn die ausgleichsberechtigte Person das an sie im Rahmen einer Vereinbarung nach § 6 VersAusglG ausgezahlte Kapital wieder auf einen Altersvorsorgevertrag oder in eine nach § 82 Abs. 2 EStG begünstigte betriebliche Altersversorgung (einschließlich Versorgungsausgleichskasse) einzahlt. Die auf das ausgezahlte geförderte Altersvorsorgevermögen entfallenden Zulagen und die nach § 10a Abs. 4 EStG gesondert festgestellten Beträge sind zurückzuzahlen.

183   Werden dem Zulageberechtigten Raten im Rahmen eines Auszahlungsplans mit einer anschließenden Teilkapitalverrentung ab spätestens dem 85. Lebensjahr gezahlt und lässt er sich nach Beginn der Auszahlungsphase, aber vor Beginn der Teilkapitalverrentung, das gesamte für den Auszahlungsplan noch vorhandene Kapital auszahlen, handelt es sich um eine schädliche Verwendung des gesamten noch vorhandenen geförderten Altersvorsorgevermögens. Dies gilt selbst dann, wenn dem Anleger aus dem Teil des Kapitals, das als Einmalbetrag in eine Rentenversicherung eingezahlt wurde, ab spätestens dem 85. Lebensjahr eine Rente gezahlt wird. Deshalb sind auch die auf das gesamte zum Zeitpunkt der Teil-Kapitalentnahme noch vorhandene geförderte Altersvermögen entfallenden Zulagen und die nach § 10a Abs. 4 EStG gesondert festgestellten Beträge zurückzuzahlen.

184   Die Rückforderung erfolgt sowohl für die Zulagen als auch für die gesondert festgestellten Steuerermäßigungen durch die ZfA. Die Rückforderung zieht keine Änderung von Einkommensteuer- oder Feststellungsbescheiden im Sinne des § 10a Abs. 4 EStG nach sich.

185   Verstirbt der Zulageberechtigte und wird steuerlich gefördertes Altersvorsorgevermögen schädlich verwendet (Rz. 176), hat die Rückzahlung (Rz. 177) vor der Auszahlung des Altervorsorgevermögens an die Erben oder Vermächtnisnehmer zu erfolgen.

bb) Besteuerung nach § 22 Nr. 5 Satz 3 EStG

186   § 22 Nr. 5 Satz 3 EStG regelt die Besteuerung in den Fällen, in denen das ausgezahlte geförderte Altersvorsorgevermögen steuerschädlich verwendet wird (§ 93 EStG). Der Umfang der steuerlichen Erfassung richtet sich insoweit nach der Art der ausgezahlten Leistung (§ 22 Nr. 5 Satz 2 EStG). Hierbei sind Rz. 129 bis 134 zu beachten. Als ausgezahlte Leistung im Sinne des § 22 Nr. 5 Satz 2 EStG gilt das geförderte Altersvorsorgevermögen nach Abzug der Zulagen im Sinne des Abschnitts XI EStG. Die insoweit nach § 10a Abs. 4 EStG gesondert festgestellten, zurückgezahlten Beträge sind nicht in Abzug zu bringen.

Beispiel:

187   Der 50-jährige Steuerpflichtige hat zugunsten eines Altersvorsorgevertrags ausschließlich geförderte Beiträge (insgesamt 38 000 €) eingezahlt. Zum Zeitpunkt der schädlichen Verwendung (Kapitalauszahlung aus einem zertifizierten Banksparplan) beträgt das Altersvorsorgevermögen 55 000 €. Dem Altersvorsorgevertrag wurden Zulagen i.H.v. insgesamt 3 080 € gutgeschrieben. Die Steuerermäßigungen nach § 10a EStG wurden i.H.v. 5 000 € festgestellt.

Zur Auszahlung gelangen:

Altersvorsorgevermögen	55 000 €
abzüglich Zulagen	3 080 €
abzüglich Steuervorteil	5 000 €
=	46 920 €

Betrag nach § 22 Nr. 5 Satz 3 EStG	
Altersvorsorgevermögen	55 000 €
abzüglich Zulagen	3 080 €
=	51 920 €
Auf diesen Betrag ist § 22 Nr. 5 Satz 2 Buchstabe c EStG anzuwenden.	
maßgebender Betrag	51 920 €
abzüglich Eigenbeiträge	38 000 €
	13 920 €

Nach § 22 Nr. 5 Satz 2 Buchstabe c EStG sind 13 920 € zu versteuern.

Verstirbt der Zulageberechtigte und wird steuerlich gefördertes Altersvorsorgevermögen außer- 188 halb einer zulässigen Hinterbliebenenabsicherung an die Erben ausgezahlt, sind die bis zum Todestag entstandenen Erträge dem Erblasser zuzurechnen. Die nach dem Todeszeitpunkt entstehenden Erträge sind von den Erben zu versteuern.

Abwandlung des Beispiels zu Rz. 187. 189

Der 60-jährige Steuerpflichtige hat zugunsten eines Altersvorsorgevertrags (zertifizierter Banksparplan) ausschließlich geförderte Beiträge (insgesamt 38 000 €) eingezahlt. Dem Altersvorsorgevertrag wurden Zulagen i.H.v. insgesamt 3 080 € gutgeschrieben. Die Steuerermäßigungen nach § 10a EStG wurden i.H.v. 5 000 € festgestellt. Bevor die Auszahlung beginnt, verstirbt er. Im Zeitpunkt seines Todes beträgt das angesparte Altersvorsorgevermögen 55 000 €. Bis es im Wege der Einmalkapitalauszahlung zur Auszahlung des Altersvorsorgevermögens an die Tochter kommt, beträgt das Vermögen 55 500 €.

Zur Auszahlung gelangen:

Altersvorsorgevermögen	55 500 €
abzüglich Zulagen	3 080 €
abzüglich Steuervorteil	5 000 €
=	47 420 €
Betrag nach § 22 Nr. 5 Satz 3 EStG beim Steuerpflichtigen	
Altersvorsorgevermögen im Todeszeitpunkt	55 000 €
abzüglich Zulagen	3 080 €
=	51 920 €
Auf diesen Betrag ist § 22 Nr. 5 Satz 2 Buchstabe c EStG anzuwenden.	
maßgebender Betrag	51 920 €
abzüglich Eigenbeiträge	38 000 €
Unterschiedsbetrag	13 920 €
davon zu versteuern 50 %	6 960 €

Nach § 22 Nr. 5 Satz 2 Buchstabe c EStG sind beim Steuerpflichtigen 6 960 € zu versteuern.

Bei der Tochter unterliegen 500 € der Besteuerung nach § 22 Nr. 5 Satz 3 i. V. m. Satz 2 Buchstabe c EStG.

Die als Einkünfte nach § 22 Nr. 5 Satz 3 EStG i. V. m. § 22 Nr. 5 Satz 2 EStG zu besteuernden 190 Beträge muss der Anbieter gem. § 94 Abs. 1 Satz 4 EStG dem Zulageberechtigten bescheinigen und im Wege des Rentenbezugsmitteilungsverfahrens (§ 22a EStG) mitteilen. Ergeben sich insoweit steuerpflichtige Einkünfte nach § 22 Nr. 5 Satz 3 EStG für einen anderen Leistungsempfänger (z. B. Erben), ist für diesen eine entsprechende Rentenbezugsmitteilung der ZfA zu übermitteln.

c) Übertragung begünstigten Altersvorsorgevermögens auf den überlebenden Ehegatten

191   Haben die Ehegatten im Zeitpunkt des Todes des Zulageberechtigten nicht dauernd getrennt gelebt (§ 26 Abs. 1 EStG) und hatten sie im Zeitpunkt des Todes ihren Wohnsitz oder gewöhnlichen Aufenthalt in einem EU-/EWR-Staat, treten die Folgen der schädlichen Verwendung nicht ein, wenn das geförderte Altersvorsorgevermögen des verstorbenen Ehegatten zugunsten eines auf den Namen des überlebenden Ehegatten lautenden zertifizierten Altersvorsorgevertrags übertragen wird (§ 93 Abs. 1 Satz 4 Buchstabe c EStG). Eine solche Übertragung kann beispielsweise durch Abtretung eines Auszahlungsanspruchs erfolgen. Es ist unerheblich, ob der Vertrag des überlebenden Ehegatten bereits bestand oder im Zuge der Kapitalübertragung neu abgeschlossen wird und ob der überlebende Ehegatte selbst zum begünstigten Personenkreis gehört oder nicht. Die Auszahlung von Leistungen aus diesem Altersvorsorgevertrag richtet sich nach § 1 Abs. 1 AltZertG.

192   Hat der verstorbene Ehegatte einen Altersvorsorgevertrag mit einer Rentengarantiezeit abgeschlossen, treten die Folgen einer schädlichen Verwendung auch dann nicht ein, wenn die jeweiligen Rentengarantieleistungen fortlaufend mit dem jeweiligen Auszahlungsanspruch und nicht kapitalisiert unmittelbar zugunsten eines zertifizierten Altersvorsorgevertrags des überlebenden Ehegatten übertragen werden. Im Fall der Kapitalisierung des Auszahlungsanspruchs gilt Rz. 191 entsprechend.

193   Steht das Altersvorsorgevermögen nicht dem überlebenden Ehegatten allein zu, sondern beispielsweise einer aus dem überlebenden Ehegatten und den Kindern bestehenden Erbengemeinschaft, treten ebenfalls die in Rz. 191 genannten Rechtsfolgen ein, wenn das gesamte geförderte Altersvorsorgevermögen zugunsten eines auf den Namen des überlebenden Ehegatten lautenden zertifizierten Altersvorsorgevertrags übertragen wird. Es ist unschädlich, wenn die übrigen Erben für den über die Erbquote des überlebenden Ehegatten hinausgehenden Kapitalanteil einen Ausgleich erhalten. Satz 1 und 2 gelten entsprechend, wenn Rentengarantieleistungen im Sinne der Rz. 192 der Erbengemeinschaft zustehen und diese unmittelbar mit dem jeweiligen Auszahlungsanspruch zugunsten eines zertifizierten Altersvorsorgevertrags des überlebenden Ehegatten übertragen werden.

194   Die Verwendung des geförderten geerbten Altersvorsorgevermögens zur Begleichung der durch den Erbfall entstehenden Erbschaftsteuer stellt auch beim überlebenden Ehegatten eine schädliche Verwendung dar.

3. Auszahlung von nicht gefördertem Altersvorsorgevermögen

195   Die Auszahlung von Altersvorsorgevermögen, das aus nicht geförderten Beiträgen (vgl. Rz. 122 ff.) stammt, stellt keine schädliche Verwendung im Sinne von § 93 EStG dar. Bei Teilauszahlungen aus einem zertifizierten Altersvorsorgevertrag gilt das nicht geförderte Kapital als zuerst ausgezahlt (Meistbegünstigung).

Beispiel:

196   A, ledig, hat (ab 2008) über 20 Jahre jährlich (einschließlich der Grundzulage von 154 €) 2 100 € geförderte Beiträge zugunsten eines Fondssparplans eingezahlt. Zusätzlich hat er jährlich 500 € nicht geförderte Beiträge geleistet. Zusätzlich zur Zulage von 3 080 € hat A über die gesamte Ansparphase insgesamt einen – gesondert festgestellten – Steuervorteil i.H.v. 12 500 € erhalten (§ 10a EStG). Am 31. Dezember 2027 beträgt das Kapital, das aus nicht geförderten Beiträgen besteht, 14 000 €. A entnimmt einen Betrag von 12 000 €.

Nach Rz. 195 ist davon auszugehen, dass A das nicht geförderte Altersvorsorgevermögen entnommen hat. Aus diesem Grund kommt es nicht zur Rückforderung der gewährten Zulagen und Steuerermäßigungen. Allerdings hat A nach § 22 Nr. 5 Satz 2 Buchstabe c EStG den Unterschiedsbetrag zwischen der Leistung (Auszahlung) und der Summe der auf sie entrichteten Beiträge zu versteuern.

4. Sonderfälle der Rückzahlung

197   Endet die Zulageberechtigung oder hat die Auszahlungsphase des Altersvorsorgevertrags begonnen, treten grundsätzlich die Folgen der schädlichen Verwendung ein,

    – wenn sich der Wohnsitz oder gewöhnliche Aufenthalt des Zulageberechtigten außerhalb der EU-/EWR-Staaten befindet oder

    – wenn sich der Wohnsitz oder gewöhnliche Aufenthalt zwar in einem EU-/EWR-Staat befindet, der Zulageberechtigte aber nach einem DBA als außerhalb eines EU-/EWR-Staates ansässig gilt.

Dabei kommt es nicht darauf an, ob aus dem Altersvorsorgevertrag Gelder ausgezahlt werden oder nicht.

198   Auf Antrag des Zulageberechtigten wird der Rückzahlungsbetrag (Zulagen und Steuerermäßigungen) bis zum Beginn der Auszahlungsphase gestundet, wenn keine vorzeitige Auszahlung von gefördertem Altersvorsorgevermögen erfolgt (§ 95 Abs. 2 EStG). Bei Beginn der Auszahlungsphase ist die Stundung auf Antrag des Zulageberechtigten zu verlängern bzw. erstmalig zu gewähren, wenn der Rückzahlungsbetrag mit mindestens 15 % der Leistungen aus dem Altersvorsorgevertrag getilgt wird. Für die

Dauer der gewährten Stundung sind Stundungszinsen nach § 234 AO zu erheben. Die Stundung kann innerhalb eines Jahres nach Erteilung der Bescheinigung nach § 92 EStG für das Jahr, in dem die Voraussetzungen des § 95 Abs. 1 EStG eingetreten sind, beim Anbieter beantragt werden. Beantragt der Zulageberechtigte eine Stundung innerhalb der Jahresfrist, aber erst nach Zahlung des Rückzahlungsbetrages, ist ein Bescheid über die Stundung eines Rückzahlungsbetrages zu erlassen und der maschinell einbehaltene und abgeführte Rückzahlungsbetrag rückabzuwickeln.

Beispiel:

Ende der Zulageberechtigung   199
bei Wohnsitz außerhalb eines EU-/EWR-Staats am 31.12.2010

Beginn der Auszahlungsphase am 01.02.2012

Das Altersvorsorgevermögen wird nicht vorzeitig ausgezahlt.

Summe der zurückzuzahlenden Zulagen und Steuervorteile: 1 500 €

Monatliche Leistung aus dem Altersvorsorgevertrag ab 01.02.2012: 100 €

Der Rückzahlungsbetrag i. H. v. 1 500 € ist bis zum 1. Februar 2012 zu stunden. Die Stundung ist zu verlängern, wenn der Rückzahlungsbetrag vom 1. Februar 2012 an mit 15 € pro Monat getilgt wird. Für die Dauer der gewährten Stundung sind Stundungszinsen nach § 234 AO zu erheben. Die Stundungszinsen werden mit Ablauf des Kalenderjahres, in dem die Stundung geendet hat, festgesetzt (§ 239 Abs. 1 Nr. 2 AO).

IV. Altersvorsorge-Eigenheimbetrag und Tilgungsförderung für eine wohnungswirtschaftliche Verwendung

1. Allgemeines

Die Auszahlung eines Altersvorsorge-Eigenheimbetrages ist nur aus einem zertifizierten Altersvor-   200
sorgevertrag und die Tilgungsförderung nur bei Zahlung von Tilgungsleistungen auf einen zertifizierten Altersvorsorgevertrag möglich. Für den Bereich der betrieblichen Altersversorgung sind
diese Möglichkeiten gesetzlich nicht vorgesehen. Dies gilt auch, wenn das Altersvorsorgevermögen aus Beiträgen im Sinne des § 82 Abs. 2 EStG gebildet worden ist.

Die Einschränkung der Entnahmemöglichkeit nach § 92a Abs. 1 Satz 1 EStG (bis zu 75 Prozent oder   201
zu 100 Prozent) sowie die für vor dem 1. Januar 2008 abgeschlossene Verträge geltende Übergangsregelung für die Jahre 2008 und 2009 (mindestens 10 000 €) bezieht sich nur auf das nach § 10a oder
Abschnitt XI EStG geförderte Altersvorsorgevermögen einschließlich der erwirtschafteten Erträge,
Wertsteigerungen und Zulagen. Der Altersvorsorgevertrag darf vorsehen, dass nur eine vollständige
Auszahlung des gebildeten Kapitals für eine Verwendung im Sinne des § 92a EStG verlangt werden
kann. Nicht gefördertes Kapital kann unbegrenzt ausgezahlt werden, wenn der Vertrag dies zulässt;
insoweit sind die in der Auszahlung enthaltenen Erträge im Rahmen des § 22 Nr. 5 Satz 2 EStG zu
besteuern.

2. Zulageberechtigter als Entnahmeberechtigter

Entnahmeberechtigt im Sinne des § 92a Abs. 1 Satz 1 EStG sind unbeschränkt steuerpflichtige Per-   202
sonen, die in einem Altersvorsorgevertrag Altersvorsorgevermögen gebildet haben, das nach § 10a
oder Abschnitt XI EStG gefördert wurde. Eine Zulageberechtigung nach § 79 EStG muss im Zeitpunkt der Entnahme und der wohnungswirtschaftlichen Verwendung nicht bestehen.

3. Entnehmbare Beträge

Der Altersvorsorge-Eigenheimbetrag oder die Summe der Altersvorsorge-Eigenheimbeträge darf   203
die Herstellungs- oder Anschaffungskosten der Wohnung inklusive der Anschaffungsnebenkosten
(z. B. Notargebühren, Grunderwerbsteuer) zuzüglich der Anschaffungskosten für den dazugehörenden Grund und Boden nicht überschreiten (vgl. Rz. 216).

Hat der Zulageberechtigte mehrere Altersvorsorgeverträge, kann er die Entnahmemöglichkeit für   204
jeden dieser Verträge nutzen. Dabei muss der Zeitpunkt der Entnahme aus den einzelnen Verträgen nicht identisch sein. Es ist auch eine mehrmalige Entnahme aus demselben Vertrag zulässig.
Jede Entnahme muss jedoch unmittelbar mit einer wohnungswirtschaftlichen Verwendung nach
§ 92a Abs. 1 Satz 1 EStG zusammenhängen. Auch eine Entnahme in mehreren Teilbeträgen in
Abhängigkeit vom Baufortschritt ist zulässig, solange die Einschränkung der Entnahmemöglichkeit
nach § 92a Abs. 1 Satz 1 EStG (bis zu 75 % oder zu 100 % des bei der erstmaligen Entnahme für
diese begünstigte Wohnung vorhandenen geförderten Altersvorsorgevermögens) beachtet wird.

Hat der Zulageberechtigte 100 Prozent des geförderten Altersvorsorgevermögens entnommen, gehö-   205
ren auch die Zulagen, die nach erfolgter Entnahme für die entnommenen Beiträge noch auf den
Altersvorsorgevertrag ausgezahlt werden, zum entnehmbaren Betrag. Dies gilt auch dann, wenn die
Auszahlung dieser Zulagen nicht mehr im unmittelbar zeitlichen Zusammenhang mit der wohnungswirtschaftlichen Verwendung steht. Ein gesonderter Entnahmeantrag ist hierfür nicht erforderlich.

206 Ändert sich nach Erteilung des Bescheides über die Entnahme des Altersvorsorge-Eigenheimbetrags rückwirkend der Umfang der steuerlichen Förderung, gilt das nicht geförderte Kapital als zuerst entnommen (vgl. Rz. 195). Das Wohnförderkonto ist entsprechend zu korrigieren. Im Fall der rückwirkenden Verringerung der steuerlichen Förderung ist auch der Bescheid entsprechend zu korrigieren. Hinsichtlich der Einhaltung der 75 %-Grenze ist auf den Zeitpunkt der erstmaligen Erteilung des Entnahmebescheides abzustellen.

Beispiel:

207 A hat im Jahr 2009 Altersvorsorgebeiträge in Höhe von 1 946 € auf seinen Altersvorsorgevertrag eingezahlt. Anfang des Jahres 2010 erhält er für die Altersvorsorgebeiträge des Jahres 2009 154 € Zulage. Das Kapital in seinem Altersvorsorgevertrag beträgt mit den in den Vorjahren angesparten Beträgen insgesamt 12 154 €, davon sind 12 154 € gefördert und 0 € ungefördert. Weitere Beiträge zahlt er nicht ein.

Mitte des Jahres 2010 entnimmt er 75 % des geförderten Vermögens = 9 115,50 € als Altersvorsorge-Eigenheimbetrag. Es werden 9 115,50 € ins Wohnförderkonto eingestellt.

Im Herbst des Jahres 2010 stellt die ZfA fest, dass A für das Jahr 2009 keinen Zulageanspruch hatte. Der Anbieter zahlt die Zulage von 154 € an die ZfA zurück.

Rückwirkend zum Zeitpunkt der Entnahme betrachtet, wären damit 12 000 € Kapital im Altersvorsorgevertrag gewesen, davon 10 054 € gefördert und 1 946 € ungefördert.

Auf den entnommenen Altersvorsorge-Eigenheimbetrag von 9 115,50 € entfallen somit 7 169,50 € auf gefördertes Vermögen und 1 946 € auf ungefördertes Vermögen. Das Wohnförderkonto wird auf 7 169,50 € korrigiert.

Zu beachten ist, dass ggf. in dem ungeförderten Vermögen enthaltene Erträge nach § 22 Nr. 5 Satz 2 EStG im Zeitpunkt der Entnahme zu versteuern sind.

4. Begünstigte Verwendung (§ 92a Abs. 1 EStG)

208 Für den Altersvorsorge-Eigenheimbetrag sieht der Gesetzgeber drei verschiedene begünstigte Verwendungsarten vor:

– bis zum Beginn der Auszahlungsphase unmittelbar für die Anschaffung oder Herstellung einer Wohnung (§ 92a Abs. 1 Satz 1 Nr. 1 EStG)

– zu Beginn der Auszahlungsphase zur Entschuldung einer Wohnung (§ 92a Abs. 1 Satz 1 Nr. 2 EStG) und

– ohne zeitliche Beschränkung jederzeit für den Erwerb von Geschäftsanteilen (Pflichtanteilen) an einer eingetragenen Genossenschaft für die Selbstnutzung einer Genossenschaftswohnung (§ 92a Abs. 1 Satz 1 Nr. 3 EStG).

Andere **begünstigte** Verwendungsarten sieht das Gesetz nicht vor.

a) Unmittelbare Anschaffung oder Herstellung

209 Der Entnahmevorgang und die Anschaffung/Herstellung der Wohnung müssen in einem unmittelbaren zeitlichen Zusammenhang erfolgen. Davon ist auszugehen, wenn innerhalb von einem Monat vor Antragstellung bei der ZfA und bis zwölf Monate nach Auszahlung entsprechende Aufwendungen für die Anschaffung/Herstellung entstanden sind. Aufwendungen, für die der Zulageberechtigte bereits eine vertragsmäßige Verwendung im Sinne des WoPG erklärt hat, bleiben unberücksichtigt.

210 Der Antrag nach § 92b Abs. 1 EStG ist unter Vorlage der notwendigen Nachweise vom Zulageberechtigten bei der ZfA zu stellen. Der Zulageberechtigte kann den Anbieter hierzu bevollmächtigen. Im Rahmen eines einheitlichen Vertrages nach § 1 Abs. 1a AltZertG ist nicht zu beanstanden, wenn der Anbieter die für die Prüfung der Entnahmevoraussetzungen erforderlichen Daten an die ZfA übermittelt und das Vorliegen der den Daten zugrunde liegenden Nachweise bestätigt.

b) Entschuldung

211 Eine weitere begünstigte Verwendung für den Altersvorsorge-Eigenheimbetrag ist die vollständige oder teilweise Ablösung eines für die Anschaffung oder Herstellung der selbst genutzten Wohnung eingesetzten Darlehens (Entschuldung); auf den Anschaffungs-/Herstellungszeitpunkt kommt es insoweit nicht an. Eine Entschuldung ist nur zu Beginn der Auszahlungsphase möglich. Zu diesem Zeitpunkt muss eine Selbstnutzung vorliegen, eine vorangegangene Vermietung ist unerheblich. Die Entnahme von gefördertem Altersvorsorgevermögen nach § 92a Abs. 1 Satz 1 Nr. 2 EStG ist auch zur teilweisen Entschuldung möglich. Der Beginn der Auszahlungsphase und damit der Zeitpunkt der Entnahmemöglichkeit bestimmt sich aus dem Altersvorsorgevertrag, aus dem die Entnahme erfolgen soll und liegt zwischen der Vollendung des 60. und 68. Lebensjahres des Zulageberechtigten. Soweit der Vertrag keine anders lautende Vereinbarung enthält, gilt als Beginn der Auszahlungsphase die Vollendung des 67. Lebensjahres. Zu Beginn der Auszahlung

einer Leistung aus einer ergänzenden Absicherung der verminderten Erwerbsfähigkeit oder Dienstunfähigkeit ist eine Entnahme für die Entschuldung nicht zulässig. Im Zeitpunkt der Entnahme für die Entschuldung beginnt gleichzeitig die Besteuerung des entsprechenden Wohnförderkontos. Rz. 210 Satz 1 und 2 gilt entsprechend.

c) Genossenschaftsanteile

Eine weitere begünstigte Verwendung für den Altersvorsorge-Eigenheimbetrag ist – ohne zeitliche Beschränkung – der Erwerb von Geschäftsanteilen (Pflichtanteilen) an einer eingetragenen Genossenschaft für die Selbstnutzung einer Genossenschaftswohnung (§ 92a Abs. 1 Satz 1 Nr. 3 EStG). Der Pflichtanteil ist der Anteil, den der Zulageberechtigte erwerben muss, um eine Genossenschaftswohnung selbst beziehen zu können. Hiervon abzugrenzen ist der Erwerb von weiteren Geschäftsanteilen an einer eingetragenen Genossenschaft.   212

Die Wohnungsgenossenschaft muss in diesen Fällen nicht die im AltZertG genannten Voraussetzungen für das Anbieten von Altersvorsorgeverträgen erfüllen, da eine entsprechende Bezugnahme in § 92a Abs. 1 Satz 1 Nr. 3 EStG fehlt. Erforderlich ist lediglich, dass es sich um eine in das Genossenschaftsregister eingetragene Genossenschaft handelt.   213

Rz. 210 Satz 1 und 2 gilt entsprechend.   214

5. Begünstigte Wohnung

Als begünstigte Wohnung zählt   215

– eine Wohnung in einem eigenen Haus (dies kann auch ein Mehrfamilienhaus sein),
– eine eigene Eigentumswohnung,
– eine Genossenschaftswohnung einer in das Genossenschaftsregister eingetragenen Genossenschaft oder
– ein eigentumsähnliches oder lebenslanges Dauerwohnrecht.

Die Wohnung muss in einem EU-/EWR-Staat liegen und mit Beginn der Selbstnutzung die Hauptwohnung oder den Mittelpunkt der Lebensinteressen des Zulageberechtigten darstellen. Nicht begünstigt sind somit Ferien- oder Wochenendwohnungen.

Der Zulageberechtigte muss wirtschaftlicher Eigentümer (§ 39 Abs. 2 Nr. 1 Satz 1 AO) der begünstigten Wohnung sein. Er muss nicht Alleineigentümer der Wohnung werden, ein Miteigentumsanteil ist grundsätzlich ausreichend. Die Höhe des Eigentumsanteils ist insoweit von nachrangiger Bedeutung. Der Entnahmebetrag darf jedoch die Anschaffungs-/Herstellungskosten des Miteigentumsanteils nicht übersteigen.   216

Im Fall der Entschuldung gilt Rz. 216 sinngemäß mit der Maßgabe, dass der Entnahmebetrag auf die Höhe der auf den Miteigentumsanteil entfallenden originären Anschaffungs-/Herstellungskosten beschränkt ist. Sind Ehegatten gesamtschuldnerische Darlehensnehmer, kann der Zulageberechtigte das Darlehen bis zur Höhe seiner anteiligen Anschaffungs-/Herstellungskosten ablösen.   217

Der Erwerb eines eigentumsähnlichen (unbefristeten und vererbbaren) oder lebenslangen (befristeten und nicht vererbbaren) Dauerwohnrechts nach § 33 Wohneigentumsgesetz wird bei der Verwendung des Altersvorsorge-Eigenheimbetrags dem Wohneigentum gleichgestellt. Voraussetzung hierfür ist, dass Vereinbarungen im Sinne des § 39 Wohnungseigentumsgesetz getroffen werden, die den Fortbestand des Dauerwohnrechts auch im Falle einer Zwangsversteigerung sicherstellen.   218

Für den Begriff der Wohnung gelten die bewertungsrechtlichen Abgrenzungsmerkmale, die nach der Rechtsprechung des Bundesfinanzhofs, insbesondere zur Abgeschlossenheit und zum eigenen Zugang, maßgebend sind. Auf die Art des Gebäudes, in dem sich die Wohnung befindet, kommt es nicht an.   219

6. Anschaffung oder Herstellung

Es gelten die allgemeinen einkommensteuerlichen Grundsätze zur Anschaffung oder Herstellung.   220

7. Selbstnutzung

Eine Wohnung wird nur zu Wohnzwecken genutzt, wenn sie tatsächlich bewohnt wird. Der Zulageberechtigte muss nicht Alleinnutzer der Wohnung sein. Ein Ehegatte nutzt eine ihm gehörende Wohnung, die er zusammen mit dem anderen Ehegatten bewohnt, auch dann zu eigenen Wohnzwecken, wenn der andere Ehegatte ein Wohnrecht an der gesamten Wohnung hat. Eine Nutzung zu eigenen Wohnzwecken liegt regelmäßig auch vor, wenn die Wohnung in der Form des betreuten Wohnens genutzt wird.   221

Eine Wohnung im eigenen Haus oder eine Eigentumswohnung dient nicht eigenen Wohnzwecken, wenn sie in vollem Umfang betrieblich oder beruflich genutzt oder unentgeltlich überlassen wird.   222

Die unentgeltliche Überlassung an Angehörige im Sinne des § 15 AO dient ebenfalls nicht den eigenen Wohnzwecken des Zulageberechtigten.

223   Dient die Wohnung teilweise beruflichen oder betrieblichen Zwecken, liegt insoweit keine Nutzung zu eigenen Wohnzwecken vor.

8. Aufgabe der Selbstnutzung der eigenen Wohnung

224   Die Auflösung des Wohnförderkontos und Besteuerung des Auflösungsbetrags erfolgt, wenn der Zulageberechtigte die Selbstnutzung der geförderten Wohnung nicht nur vorübergehend oder das Eigentum an der geförderten Wohnung vollständig aufgibt. Bei anteiliger Aufgabe des Eigentums erfolgt die Auflösung des Wohnförderkontos und die Besteuerung des Auflösungsbetrags, soweit der Stand des Wohnförderkontos die auf den verbleibenden Miteigentumsanteil entfallenden originären Anschaffungs-/Herstellungskosten übersteigt. Von einer nur vorübergehenden Aufgabe der Selbstnutzung kann nach Würdigung des Einzelfalls bei einem Zeitraum von bis zu einem Jahr ausgegangen werden.

225   Sofern das Wohnförderkonto noch nicht vollständig zurückgeführt ist, hat der Zulageberechtigte dem Anbieter, der das Wohnförderkonto führt, unverzüglich den Zeitpunkt der Aufgabe der Selbstnutzung oder des Eigentumsübergangs mitzuteilen. Führt die ZfA das Wohnförderkonto, hat der Zulageberechtigte die ZfA direkt zu informieren. Im Fall des Todes des Zulageberechtigten besteht diese Mitteilungspflicht für den Rechtsnachfolger.

226   Eine Auflösung des Wohnförderkontos in den Fällen der Rz. 224 unterbleibt,

a)   wenn der Zulageberechtigte einen Betrag in Höhe des Stands des Wohnförderkontos innerhalb eines Jahres vor und von vier Jahren nach Ablauf des Veranlagungszeitraums, in dem die Nutzung zu eigenen Wohnzwecken aufgegeben wurde, für eine weitere förderbare Wohnung verwendet (§ 92a Abs. 3 Satz 9 Nr. 1 EStG). In diesem Fall hat der Zulageberechtigte dem Anbieter seine Absicht, in eine weitere selbst genutzte eigene Wohnimmobilie zu investieren, mitzuteilen; führt die ZfA das Wohnförderkonto, so hat er die ZfA zu informieren. Übersteigt der Stand des Wohnförderkontos die auf den Eigentumsanteil des Zulageberechtigten entfallenden Anschaffungs- oder Herstellungskosten, erfolgt zum Zeitpunkt der Reinvestition die Teilauflösung und Besteuerung des den reinvestierten Betrag übersteigenden Anteils des Wohnförderkontos. Eine Besteuerung erfolgt nicht, soweit der übersteigende Anteil gemäß Buchstabe b vom Zulageberechtigten auf einen auf seinen Namen lautenden Altersvorsorgevertrag eingezahlt wird. Gibt er die Reinvestitionsabsicht auf, erfolgt zu diesem Zeitpunkt die Auflösung des Wohnförderkontos und Besteuerung des Auflösungsbetrags;

b)   wenn der Zulageberechtigte innerhalb eines Jahres nach Ablauf des Veranlagungszeitraums, in dem die Nutzung zu eigenen Wohnzwecken aufgegeben wurde, einen Betrag in Höhe des Stands des Wohnförderkontos auf einen auf seinen Namen lautenden Altersvorsorgevertrag zahlt (§ 92a Abs. 3 Satz 9 Nr. 2 EStG). In diesem Fall hat der Zulageberechtigte dem Anbieter seine Absicht, in einen Altersvorsorgevertrag zu investieren, mitzuteilen. Besteht dieser Altersvorsorgevertrag nicht bei dem Anbieter, der das Wohnförderkonto führt, so hat der Zulageberechtigte beide Anbieter darüber zu informieren, dass er eine Zahlung nach § 92a Abs. 3 Satz 9 Nr. 2 EStG vorgenommen hat; führt die ZfA das Wohnförderkonto, so hat er auch die ZfA zu informieren. Ist der reinvestierte Betrag geringer als der Stand des Wohnförderkontos, erfolgt zum Zeitpunkt der Reinvestition die Teilauflösung und Besteuerung des den reinvestierten Betrag übersteigenden Anteils des Wohnförderkontos. Gibt er die Reinvestitionsabsicht auf, erfolgt zu diesem Zeitpunkt die Auflösung des Wohnförderkontos und Besteuerung des Auflösungsbetrags;

c)   wenn der Ehegatte des verstorbenen Zulageberechtigten innerhalb eines Jahres Eigentümer der geförderten Wohnung wird und diese zu eigenen Wohnzwecken nutzt; hierbei müssen die Ehegatten im Zeitpunkt des Todes des Zulageberechtigten nicht dauernd getrennt gelebt (§ 26 Abs. 1 EStG) und ihren Wohnsitz oder gewöhnlichen Aufenthalt in einem EU-/EWR-Staat gehabt haben (§ 92a Abs. 3 Satz 9 Nr. 3 EStG). In diesem Fall wird das Wohnförderkonto aus dem Vertrag des verstorbenen Zulageberechtigten für den überlebenden Ehegatten weitergeführt; dies gilt auch in der Auszahlungsphase, solange das Wohnförderkonto noch nicht vollständig zurückgeführt wurde; einer Übertragung auf einen Vertrag des Ehegatten bedarf es nicht;

d)   solange die Ehewohnung aufgrund einer richterlichen Entscheidung nach § 1361b BGB oder nach der Verordnung über die Behandlung der Ehewohnung und des Hausrats dem Ehegatten des Zulageberechtigten zugewiesen und von diesem selbst genutzt wird (§ 92a Abs. 3 Satz 9 Nr. 4 EStG). Hierbei wird das Wohnförderkonto grundsätzlich für den Zulageberechtigten weitergeführt;

e)   wenn der Zulageberechtigte krankheits- oder pflegebedingt die Wohnung nicht mehr bewohnt, sofern er Eigentümer dieser Wohnung bleibt, sie ihm weiterhin zur Selbstnutzung zur Verfügung steht und sie nicht von Dritten, mit Ausnahme seines Ehegatten, genutzt wird;

f)   auf Antrag des Zulageberechtigten – in den Fällen des Buchstaben c des überlebenden Ehegatten – bei der ZfA, wenn er die eigene Wohnung aufgrund eines beruflich bedingten Umzugs für die

Dauer der beruflich bedingten Abwesenheit nicht mehr selbst nutzt und beabsichtigt, die Selbstnutzung wieder aufzunehmen. Die Selbstnutzung muss bei Beendigung der beruflich bedingten Abwesenheit, spätestens mit der Vollendung des 67. Lebensjahres des Zulageberechtigten – in den Fällen des Buchstaben c des überlebenden Ehegatten – wieder aufgenommen werden. Wird während der beruflich bedingten Abwesenheit mit einer anderen Person ein Nutzungsrecht vereinbart, muss die Vereinbarung von vornherein entsprechend befristet werden (§ 92a Abs. 4 EStG). Gibt der Zulageberechtigte – in den Fällen des Buchstaben c der überlebende Ehegatte – seine Absicht, die Selbstnutzung wieder aufzunehmen, auf oder hat er die Selbstnutzung bis zur Vollendung seines 67. Lebensjahres nicht wieder aufgenommen, erfolgt die Auflösung des Wohnförderkontos und Besteuerung des Auflösungsbetrags. Dies gilt auch für den Fall, dass die Selbstnutzung nach einem Wegfall der berufsbedingten Abwesenheitsgründe nicht wieder aufgenommen wird.

Beiträge,   227

– die nach § 82 Abs. 1 Satz 3 EStG wie Tilgungsleistungen behandelt wurden, weil sie zugunsten eines Altersvorsorgevertrags im Sinne des § 1 Abs. 1a Satz 1 Nr. 3 AltZertG erbracht und zur Tilgung eines im Rahmen des Altersvorsorgevertrags abgeschlossenen Darlehens abgetreten wurden,

– die aber noch nicht in das Wohnförderkonto eingestellt wurden, weil die unmittelbare Darlehenstilgung noch nicht erfolgt ist,

gelten einschließlich der darauf entfallenden Zulagen und Erträge als gefördertes Altersvorsorgevermögen, wenn der Zulageberechtigte die Selbstnutzung der geförderten Wohnung nicht nur vorübergehend oder das Eigentum an der Wohnung vollständig aufgibt. Wird bei einem Altersvorsorgevertrag nach § 1 Abs. 1a Satz 1 Nr. 3 AltZertG das Darlehen nicht mehr wohnungswirtschaftlich im Sinne des § 92a Abs. 1 Satz 1 EStG verwendet, wird ein steuerschädlicher Zufluss angenommen, es sei denn, das Altersvorsorgevermögen wird zuvor auf einen weiteren zertifizierten Vertrag übertragen (vgl. Rz. 153 und 154). Der Anbieter hat dies der ZfA nach amtlich vorgeschriebenen Datensatz anzuzeigen, sobald er davon Kenntnis erlangt. Die Rückforderung der steuerlichen Förderung erfolgt von der ZfA unmittelbar gegenüber dem Zulageberechtigten.

V. Sonstiges

1. Pfändungsschutz (§ 97 EStG)

Gem. § 97 EStG sind das geförderte Altersvorsorgevermögen einschließlich der hierauf entfallenden   228
Erträge und Wertzuwächse, die geförderten laufenden Altersvorsorgebeiträge und der Anspruch auf Zulage nicht übertragbar. Dieses Vermögen ist daher unpfändbar; dies gilt auch für den Fall einer Verbraucherinsolvenz (§ 851 Abs. 1 Zivilprozessordnung – ZPO – sowie §§ 4 und 304 ff. InsO). Der Pfändungsschutz erstreckt sich nicht auf Kapital, das nicht gefördert Beiträgen (vgl. Rz. 122 f.) einschließlich der hierauf entfallenden Erträge und Wertzuwächse beruht und auch nicht auf das in einer Immobilie gebundene geförderte Vermögen. Der Pfändung des steuerlich nicht geförderten Altersvorsorgevermögens steht ein vertragliches Abtretungs- und Übertragungsverbot nicht entgegen. Im Fall einer Verpfändung tritt insoweit eine schädliche Verwendung im Sinne des § 93 EStG ein.

Der Einsatz des geförderten Altersvorsorgevermögens zur Tilgung des Darlehens, zur Verpfändung,   229
zur Sicherungsabtretung und zur Aufrechnung bei Altersvorsorgeverträgen nach § 1 Abs. 1a Satz 1 Nr. 3 AltZertG stellt keine Übertragung im Sinne des § 97 EStG dar. Das Übertragungsverbot des § 97 EStG findet auf gefördertes Altersvorsorgevermögen, das im Rahmen eines Altersvorsorgevertrages nach § 1 Abs. 1a Satz 1 Nr. 3 AltZertG gebildet wurde, im Verhältnis der Vertragspartner untereinander keine Anwendung. Da es sich um einen einheitlichen Vertrag handeln muss, erfolgt lediglich eine Umbuchung innerhalb des Vertrages.

Die in der Auszahlungsphase an den Vertragsinhaber zu leistenden Beträge unterliegen nicht dem   230
Pfändungsschutz nach § 97 EStG. Insoweit sind ausschließlich die zivilrechtlichen Regelungen (z. B. §§ 850 ff. ZPO) maßgeblich.

2. Verfahrensfragen

a) Zulageantrag

Die Zulage wird nur auf Antrag gewährt. Ein rechtswirksamer Antrag setzt nach § 89 Abs. 1 EStG   231
voraus, dass der Steuerpflichtige die Altersvorsorgezulage nach amtlich vorgeschriebenem Vordruck beantragt. Der Vordruck muss innerhalb der Antragsfrist des § 89 Abs. 1 Satz 1 EStG beim Anbieter eingehen und bis dahin vom Antragsteller eigenhändig unterschrieben sein. Zudem muss erkennbar sein, wer Antragsteller ist; dies setzt voraus, dass die üblichen Personaldaten angegeben werden. Dem Antrag muss ferner entnommen werden können, dass eine Grundzulage und ggf. auch eine Kinderzulage vom Steuerpflichtigen beantragt werden.

232 Ist bei Tilgungsleistungen eines unmittelbar Zulageberechtigten aus Sicht des Anbieters die wohnungswirtschaftliche Verwendung nicht gegeben, hat er dennoch den Antrag auf Zulage an die ZfA weiterzuleiten und die Altersvorsorgebeiträge insoweit mit 0 € zu übermitteln.

233 Ab 1. Januar 2005 hat der Zulageberechtigte die Möglichkeit, dem jeweiligen Anbieter eine schriftliche Vollmacht zu erteilen, für ihn den Antrag – bis auf Widerruf – zu stellen. Die Vollmacht kann im Rahmen des Zulageantrags oder formlos erteilt werden und ist auch für zurückliegende Beitragsjahre, für die noch kein Zulageantrag gestellt worden ist, möglich.

234 Die Antragsfrist endet mit Ablauf des zweiten Kalenderjahres nach Ablauf des Beitragsjahres. Maßgebend ist der Zeitpunkt, in dem der Zulageantrag beim Anbieter eingeht (§ 89 Abs. 1 EStG). Hat der Zulageberechtigte dem Anbieter seines Vertrages eine schriftliche Vollmacht zur formlosen Antragstellung erteilt (§ 89 Abs. 1a EStG), gilt als Antragseingang die Erstellung des Datensatzes durch den Anbieter.

235 Der Zulageberechtigte kann grundsätzlich auf Angaben zu den beitragspflichtigen Einnahmen und zur Höhe seiner Bruttorente im Zulageantrag verzichten. In diesen Fällen darf die ZfA die Angaben bei den Trägern der gesetzlichen Rentenversicherung erheben. Dies gilt nicht, wenn der Zulageberechtigte nicht der deutschen Rentenversicherung unterliegt oder wenn er Einkünfte aus Land- und Forstwirtschaft hat. Für die Bezieher einer Rente wegen voller Erwerbsminderung nach dem Gesetz über die Alterssicherung der Landwirte darf die ZfA bei fehlender Angabe im Zulageantrag die Höhe der Bruttorente beim Gesamtverband der landwirtschaftlichen Alterskassen erheben. An die Stelle des Gesamtverbands tritt ab 1. Januar 2009 der Spitzenverband der landwirtschaftlichen Sozialversicherung. Sind die der gesetzlichen Rentenversicherung zugrunde liegenden beitragspflichtigen Einnahmen höher als das tatsächlich erzielte Entgelt oder ein Zahlbetrag von Entgeltersatzleistungen des Zulageberechtigten (siehe Rz. 71 f.), sollte dies im Zulageantrag angegeben werden. Andernfalls werden die höheren – beim Rentenversicherungsträger erhobenen – beitragspflichtigen Einnahmen der Mindesteigenbeitragsberechnung zugrunde gelegt. Bei einem Begünstigten nach § 10a Abs. 1 Satz 1 Halbsatz 2 EStG werden die erforderlichen Daten von den zuständigen Stellen an die ZfA übermittelt.

236 Zur Durchführung des Verfahrens ist es erforderlich, dass der Anleger dem Anbieter die Änderungen der folgenden Verhältnisse mitteilt:

1. Änderung der Art der Zulageberechtigung (mittelbar/unmittelbar),
2. Änderung des Familienstandes,
3. Änderung der Daten zur Ermittlung des Mindesteigenbeitrages, sofern diese im Antrag angegeben worden sind (z. B. tatsächliches Entgelt),
4. Wegfall des Kindergeldes für ein Kind, für das eine Kinderzulage beantragt wird,
5. Änderung der Zuordnung der Kinder.

In seinem eigenen Interesse sollte der Anleger darüber hinaus auch die Änderungen der folgenden Tatbestände anzeigen:

1. Änderung bei der Verteilung der Zulage auf mehrere Verträge,
2. Änderung des beruflichen Status (z. B. Beamter wird Angestellter oder umgekehrt),
3. Erhöhung der Anzahl der Kinder für die eine Kinderzulage beantragt werden soll,
4. Änderungen der zuständigen Familienkasse und der KindergeldNr.

b) Festsetzungsfrist

237 Die reguläre Frist für die Berechnung bzw. Festsetzung der Altersvorsorgezulage beträgt vier Jahre (§ 169 Abs. 2 Satz 1 Nr. 2 AO) und beginnt mit Ablauf des Jahres, in dem sie entstanden ist, d. h. mit Ablauf des Beitragsjahres (§ 88 EStG i. V. m. § 170 Abs. 1 AO).

238 Die Festsetzungsfrist für die Rückforderung der Zulage nach § 90 Abs. 3 EStG sowie für die Aufhebung, Änderung oder Berichtigung der Zulagefestsetzung nach einer Festsetzung im Sinne des § 90 Abs. 4 EStG beginnt nach § 170 Abs. 3 AO nicht vor Ablauf des Jahres, in dem der Antrag nach § 89 EStG gestellt worden ist.

Beispiel:

239 Der Zulageantrag für das Beitragsjahr 2002 geht im Jahr 2004 beim Anbieter ein und wird von diesem im Dezember 2004 per Datenübertragung an die ZfA übermittelt. Die ZfA ermittelt die Zulage und überweist sie im Jahr 2005 an den Anbieter. Im Rahmen des Datenabgleichs stellt die ZfA im Jahr 2008 fest, dass der Anleger nicht zum begünstigten Personenkreis gehört. Sie teilt dies dem Anbieter noch im gleichen Jahr mit und fordert gem. § 90 Abs. 3 EStG die gewährte Zulage zurück.

Nach § 170 Abs. 3 AO beginnt die Festsetzungsfrist für die Rückforderung nach § 90 Abs. 3 EStG mit Ablauf des Jahres 2004. Damit endet die vierjährige Festsetzungsfrist mit Ablauf des Jahres 2008. Die ZfA hat folglich den Rückforderungsanspruch vor Ablauf der Festsetzungsfrist geltend gemacht.

Die Festsetzungsfrist endet frühestens in dem Zeitpunkt, in dem über den Zulageantrag unanfecht-   240
bar entschieden worden ist (§ 171 Abs. 3 AO). Maßgebend ist der Zeitpunkt, in dem die Bescheinigung des Anbieters nach § 92 EStG dem Zulageberechtigten zugegangen ist.

Korrigiert die ZfA die Berechnung der Zulage nach § 90 Abs. 3 EStG, hat die erneute Bescheini-   241
gung nach § 92 EStG über das korrigierte Ergebnis keine Auswirkung auf die Festsetzungsfrist.

Beantragt der Zulageberechtigte die förmliche Festsetzung der Zulage nach § 90 Abs. 4 EStG, tritt   242
insoweit eine weitere Ablaufhemmung nach § 171 Abs. 3 AO ein. Geht dieser Antrag innerhalb der
Jahresfrist des § 90 Abs. 4 EStG beim Anbieter ein, gilt § 171 Abs. 3a Satz 1 zweiter Halbsatz AO
entsprechend.

c) Bescheinigungs- und Informationspflichten des Anbieters

Hat der Anleger im abgelaufenen Beitragsjahr Altersvorsorgebeiträge auf den Vertrag eingezahlt   243
oder wurde der Anbieter von der ZfA über die Ermittlungsergebnisse im abgelaufenen Beitragsjahr informiert oder hat sich im abgelaufenen Beitragsjahr der Stand des Altersvorsorgevermögens
oder der Stand des Wohnförderkontos geändert, ist der Anbieter verpflichtet, dem Anleger eine
Bescheinigung nach § 92 EStG auszustellen. Dies gilt auch nach einer vollständigen schädlichen
Verwendung (§ 93 Abs. 1 EStG), nach Eintritt der Voraussetzungen des § 95 Abs. 1 EStG, nach
Abfindung einer Kleinbetragsrente nach § 93 Abs. 3 EStG, nach einer Übertragung von gefördertem Altersvorsorgevermögen nach § 93 Abs. 1a EStG und in der Auszahlungsphase. Die Übertragung nach § 93 Abs. 1a EStG stellt bei der ausgleichsberechtigten Person keine zu bescheinigende
Einzahlung von Altersvorsorgebeiträgen dar. Wie bei der ausgleichspflichtigen Person ist ein geänderter Stand des Altersvorsorgevermögens zu bescheinigen.

Bei der Ermittlung des Standes des Altersvorsorgevermögens ist auch der Wert des in eine auf-   244
schiebend bedingte bzw. sofort beginnende Rentenversicherung investierten Kapitals mit in die
Bescheinigung aufzunehmen. Bezogen auf den Teil des Altersvorsorgevermögens, der in eine auf-
schiebende oder sofort beginnende Rentenversicherung investiert worden ist, ist das von der Versicherung jährlich neu errechnete Deckungskapital der Rentenversicherung mit einzubeziehen.

Die jährliche Bescheinigungspflicht nach § 92 EStG entfällt für den Anbieter, wenn die ZfA das   245
Wohnförderkonto weiterführt, weil die Geschäftsbeziehung zwischen dem Anbieter und dem Zulageberechtigten im Hinblick auf den jeweiligen Altersvorsorgevertrag beendet wurde und der
Anbieter in dem Fall eine Bescheinigung ausgestellt hat, in der der Stand des Wohnförderkontos
getrennt nach den einzelnen Jahren bis zum vereinbarten Beginn der Auszahlungsphase ausgewiesen wird. Dies gilt jedoch nur, wenn für das abgelaufene Beitragsjahr keine geleisteten
Altersvorsorgebeiträge des Zulageberechtigten und keine Ermittlungsergebnisse der ZfA zu
bescheinigen sind. Darüber hinaus dürfen sich gegenüber der zuletzt erteilten Bescheinigung
weder zur Summe der bis zum Ende des abgelaufenen Beitragsjahres dem Vertrag gutgeschriebenen Zulagen und der geleisteten Altersvorsorgebeiträge noch zum Stand des Altersvorsorgevermögens Änderungen ergeben.

Die jährliche Information nach § 7 Abs. 4 AltZertG hat zu erfolgen, solange der Vertrag besteht,   246
d. h. auch in der Auszahlungsphase. Auch wenn das gebildete Kapital oder ein Teil davon für eine
sofort beginnende oder für eine aufgeschobene Rente (Teilkapitalverrentung ab dem vollendeten
85. Lebensjahr) an ein Versicherungsunternehmen übertragen worden ist, besteht die Informati-
onspflicht des Anbieters wegen der Einheitlichkeit des Vertrages fort. Er muss sich in diesem Fall
die Daten, die er für die Erfüllung seiner Informationspflichten benötigt, von dem Versicherungsunternehmen mitteilen lassen.

B. Betriebliche Altersversorgung[1)]
– nicht abgedruckt –

C. Besonderheiten beim Versorgungsausgleich

I. Allgemeines

1. Gesetzliche Neuregelung des Versorgungsausgleichs

Mit dem VersAusglG vom 3. April 2009 wurden die Vorschriften zum Versorgungsausgleich   356
grundlegend geändert. Es gilt künftig für alle ausgleichsreifen Anrechte auf Altersversorgung der
Grundsatz der internen Teilung, der bisher schon bei der gesetzlichen Rentenversicherung zur
Anwendung kam. Bisher wurden alle von den Ehegatten während der Ehe erworbenen Anrechte
auf eine Versorgung wegen Alter und Invalidität bewertet und im Wege eines Einmalausgleichs
ausgeglichen, vorrangig über die gesetzliche Rentenversicherung.

[1)] Anm.: Teil B ist in der Lohnsteuer Handausgabe 2013 abgedruckt.

357 Das neue VersAusglG sieht dagegen die interne Teilung als Grundsatz des Versorgungsausgleichs auch für alle Systeme der betrieblichen Altersversorgung und privaten Altersvorsorge vor. Hierbei werden die von den Ehegatten in den unterschiedlichen Altersversorgungssystemen erworbenen Anrechte zum Zeitpunkt der Scheidung innerhalb des jeweiligen Systems geteilt und für den ausgleichsberechtigten Ehegatten eigenständige Versorgungsanrechte geschaffen, die unabhängig von den Versorgungsanrechten des ausgleichspflichtigen Ehegatten im jeweiligen System gesondert weitergeführt werden.

358 Zu einem Ausgleich über ein anderes Versorgungssystem (externe Teilung) kommt es nur noch in den in §§ 14 bis 17 VersAusglG geregelten Ausnahmefällen. Bei einer externen Teilung entscheidet die ausgleichsberechtigte Person über die Zielversorgung. Sie bestimmt also, in welches Versorgungssystem der Ausgleichswert zu transferieren ist (ggf. Aufstockung einer bestehenden Anwartschaft, ggf. Neubegründung einer Anwartschaft). Dabei darf die Zahlung des Kapitalbetrags an die gewählte Zielversorgung nicht zu nachteiligen steuerlichen Folgen bei der ausgleichspflichtigen Person führen, es sei denn, sie stimmt der Wahl der Zielversorgung zu.

359 Die gesetzliche Rentenversicherung ist Auffang-Zielversorgung, wenn die ausgleichsberechtigte Person ihr Wahlrecht nicht ausübt und es sich nicht um eine betriebliche Altersversorgung handelt. Bei einer betrieblichen Altersversorgung wird bei fehlender Ausübung des Wahlrechts ein Anspruch in der Versorgungsausgleichskasse begründet.

360 Verbunden ist die externe Teilung mit der Leistung eines Kapitalbetrags in Höhe des Ausgleichswerts, der vom Versorgungsträger der ausgleichspflichtigen Person an den Versorgungsträger der ausgleichsberechtigten Person gezahlt wird. (Ausnahme: Externe Teilung von Beamtenversorgungen nach § 16 VersAusglG; hier findet wie nach dem bisherigen Quasi-Splitting zwischen der gesetzlichen Rentenversicherung und dem Träger der Beamtenversorgung ein Erstattungsverfahren im Leistungsfall statt.)

361 Kommt in Einzelfällen weder die interne Teilung noch die externe Teilung in Betracht, etwa weil ein Anrecht zum Zeitpunkt des Versorgungsausgleichs nicht ausgleichsreif ist (§ 19 VersAusglG), z. B. ein Anrecht bei einem ausländischen, zwischenstaatlichen oder überstaatlichen Versorgungsträger oder ein Anrecht im Sinne des BetrAVG, das noch verfallbar ist, kommt es zu Ausgleichsansprüchen nach der Scheidung (§ 20 ff. VersAusglG). Zur steuerlichen Behandlung der Ausgleichsansprüche nach der Scheidung vgl. BMF-Schreiben vom 30. Januar 2008, BStBl I S. 390.

362 Nach § 20 des Lebenspartnerschaftsgesetzes – LPartG – (BGBl. I 2001 S. 266) findet, wenn eine Lebenspartnerschaft aufgehoben wird, in entsprechender Anwendung des VersAusglG mit Ausnahme der §§ 32 bis 38 VersAusglG ein Ausgleich von im In- oder Ausland bestehenden Anrechten (§ 2 Abs. 1 VersAusglG) statt, soweit sie in der Lebenspartnerschaftszeit begründet oder aufrechterhalten worden sind. Schließen die Lebenspartner in einem Lebenspartnerschaftsvertrag (§ 7 LPartG) Vereinbarungen über den Versorgungsausgleich, so sind die §§ 6 bis 8 VersAusglG entsprechend anzuwenden. Die Ausführungen zum VersAusglG gelten dementsprechend auch in diesen Fällen.

363 Von den nachfolgenden Ausführungen unberührt bleiben steuerliche Auswirkungen, die sich in Zusammenhang mit Pensionszusagen ergeben, die durch Körperschaften an ihre Gesellschafter erteilt wurden und die ganz oder teilweise gesellschaftsrechtlich veranlasst sind.

2. Besteuerungszeitpunkte

364 Bei der steuerlichen Beurteilung des Versorgungsausgleichs ist zwischen dem Zeitpunkt der Teilung eines Anrechts im Versorgungsausgleich durch gerichtliche Entscheidung und dem späteren Zufluss der Leistungen aus den unterschiedlichen Versorgungssystemen zu unterscheiden.

365 Bei der internen Teilung wird die Übertragung der Anrechte auf die ausgleichsberechtigte Person zum Zeitpunkt des Versorgungsausgleichs für beide Ehegatten nach § 3 Nr. 55a EStG steuerfrei gestellt, weil auch bei den im Rahmen eines Versorgungsausgleichs übertragenen Anrechten auf eine Alters- und Invaliditätsversorgung das Prinzip der nachgelagerten Besteuerung eingehalten wird. Die Besteuerung erfolgt erst während der Auszahlungsphase. Die später zufließenden Leistungen gehören dabei bei beiden Ehegatten zur gleichen Einkunftsart, da die Versorgungsanrechte innerhalb des jeweiligen Systems geteilt wurden. Ein Wechsel des Versorgungssystems und ein damit möglicherweise verbundener Wechsel der Besteuerung weg von der nachgelagerten Besteuerung hat nicht stattgefunden. Lediglich die individuellen Merkmale für die Besteuerung sind bei jedem Ehegatten gesondert zu ermitteln.

366 Bei einer externen Teilung kann dagegen die Übertragung der Anrechte zu einer Besteuerung führen, da sie mit einem Wechsel des Versorgungsträgers und damit regelmäßig mit einem Wechsel des Versorgungssystems verbunden ist. § 3 Nr. 55b Satz 1 EStG stellt deshalb die Leistung des Ausgleichswerts in den Fällen der externen Teilung für beide Ehegatten steuerfrei, soweit das Prinzip der nachgelagerten Besteuerung insgesamt eingehalten wird. Soweit die späteren Leistungen bei der ausgleichsberechtigten Person jedoch nicht der nachgelagerten Besteuerung unterliegen werden (z. B. Besteuerung nach § 20 Abs. 1 Nr. 6 EStG oder nach § 22 Nr. 1 Satz 3 Buchstabe a Doppel-

buchstabe bb EStG mit dem Ertragsanteil), greift die Steuerbefreiung gem. § 3 Nr. 55b Satz 2 EStG nicht, und die Leistung des Ausgleichswerts ist bereits im Zeitpunkt der Übertragung beim ausgleichspflichtigen Ehegatten zu besteuern. Die Besteuerung der später zufließenden Leistungen erfolgt bei jedem Ehegatten unabhängig davon, zu welchen Einkünften die Leistungen beim jeweils anderen Ehegatten führen, und richtet sich danach, aus welchem Versorgungssystem sie jeweils geleistet werden.

II. Interne Teilung (§ 10 VersAusglG)

1. Steuerfreiheit nach § 3 Nr. 55a EStG

§ 3 Nr. 55a EStG stellt klar, dass die aufgrund einer internen Teilung durchgeführte Übertragung von Anrechten steuerfrei ist; dies gilt sowohl für die ausgleichspflichtige als auch für die ausgleichsberechtigte Person.   **367**

2. Besteuerung

Die Leistungen aus den übertragenen Anrechten gehören bei der ausgleichsberechtigten Person zu den Einkünften, zu denen die Leistungen bei der ausgleichspflichtigen Person gehören würden, wenn die interne Teilung nicht stattgefunden hätte. Die (späteren) Versorgungsleistungen sind daher (weiterhin) Einkünfte aus nichtselbständiger Arbeit (§ 19 EStG) oder aus Kapitalvermögen (§ 20 EStG) oder sonstige Einkünfte (§ 22 EStG). Ausgleichspflichtige Person und ausgleichsberechtigte Person versteuern beide die ihnen jeweils zufließenden Leistungen. Liegen Einkünfte aus nichtselbständiger Arbeit vor, gilt Rz. 328 auch für die ausgleichsberechtigte Person.   **368**

Für die Ermittlung des Versorgungsfreibetrags und des Zuschlags zum Versorgungsfreibetrag nach § 19 Abs. 2 EStG, des Besteuerungsanteils nach § 22 Nr. 1 Satz 3 Buchstabe a Doppelbuchstabe aa EStG sowie des Ertragsanteils nach § 22 Nr. 1 Satz 3 Buchstabe a Doppelbuchstabe bb EStG bei der ausgleichsberechtigten Person ist auf deren Versorgungsbeginn bzw. deren Lebensalter abzustellen. Die Art einer Versorgungszusage (Alt-/Neuzusage) bei der ausgleichsberechtigten Person entspricht grundsätzlich der Art der Versorgungszusage der ausgleichspflichtigen Person. Dies gilt auch bei einer Änderung des Leistungsspektrums nach § 11 Abs. 1 Nr. 3 VersAusglG. Bei einer Hinterbliebenenversorgung zugunsten von Kindern ändert sich die bisher maßgebende Altersgrenze (Rz. 250) nicht. Die Aufstockung eines zugesagten Sterbegeldes (vgl. Rz. 251) ist möglich. Sofern die Leistungen bei der ausgleichsberechtigten Person nach § 22 Nr. 5 EStG zu besteuern sind, ist für die Besteuerung auf die der ausgleichspflichtigen Person gewährten Förderung abzustellen, soweit diese auf die übertragene Anwartschaft entfällt (vgl. Rz. 117).   **369**

Wird das Anrecht aus einem Altersvorsorgevertrag oder einem Direktversicherungsvertrag intern geteilt und somit ein eigenes Anrecht der ausgleichsberechtigten Person begründet, gilt der Altersvorsorge- oder Direktversicherungsvertrag der ausgleichsberechtigten Person insoweit zu dem gleichen Zeitpunkt als abgeschlossen wie derjenige der ausgleichspflichtigen Person (§ 52 Abs. 36 Satz 12 EStG). Dies gilt entsprechend, wenn die Leistungen bei der ausgleichsberechtigten Person nach § 22 Nr. 5 Satz 2 Buchstabe c i. V. m. § 20 Abs. 1 Nr. 6 EStG zu besteuern sind.   **370**

III. Externe Teilung (§ 14 VersAusglG)

1. Steuerfreiheit nach § 3 Nr. 55b EStG

Nach § 3 Nr. 55b Satz 1 EStG ist der aufgrund einer externen Teilung an den Träger der Zielversorgung geleistete Ausgleichswert grundsätzlich steuerfrei, soweit die späteren Leistungen aus den dort begründeten Anrechten zu steuerpflichtigen Einkünften bei der ausgleichsberechtigten Person führen würden. Soweit die Übertragung von Anrechten im Rahmen des Versorgungsausgleichs zu keinen Einkünften im Sinne des EStG führt, bedarf es keiner Steuerfreistellung nach § 3 Nr. 55b EStG. Die Steuerfreiheit nach § 3 Nr. 55b Satz 1 EStG greift gemäß § 3 Nr. 55b Satz 2 EStG nicht, soweit Leistungen, die auf dem begründeten Anrecht beruhen, bei der ausgleichsberechtigten Person zu Einkünften nach § 20 Abs. 1 Nr. 6 EStG oder § 22 Nr. 1 Satz 3 Buchstabe a Doppelbuchstabe bb EStG führen würden.   **371**

Wird bei der externen Teilung einer betrieblichen Altersversorgung für die ausgleichsberechtigte Person ein Anrecht in einer betrieblichen Altersversorgung begründet, richtet sich die Art der Versorgungszusage (Alt-/Neuzusage) bei der ausgleichsberechtigten Person grundsätzlich nach der Art der Versorgungszusage der ausgleichspflichtigen Person. Dies gilt auch bei einer Änderung des Leistungsspektrums nach § 11 Abs. 1 Satz 2 Nr. 3 VersAusglG. Bei einer Hinterbliebenenversorgung zugunsten von Kindern ändert sich die bisher maßgebende Altersgrenze (Rz. 250) nicht. Die Aufstockung eines zugesagten Sterbegeldes (vgl. Rz. 251) ist möglich. Wird im Rahmen der externen Teilung eine bestehende Versorgungszusage der ausgleichsberechtigten Person aufgestockt, richtet sich die Art der Versorgungszusage nach den Rz. 306 ff.   **372**

2. Besteuerung bei der ausgleichsberechtigten Person

373   Für die Besteuerung bei der ausgleichsberechtigten Person ist unerheblich, zu welchen Einkünften die Leistungen aus dem übertragenen Anrecht bei der ausgleichspflichtigen Person geführt hätten, da mit der externen Teilung ein neues Anrecht begründet wird. Bei der ausgleichsberechtigten Person unterliegen Leistungen aus Altersvorsorgeverträgen, Pensionskassen, Pensionsfonds oder Direktversicherungen, die auf dem nach § 3 Nr. 55b Satz 1 EStG steuerfrei geleisteten Ausgleichswert beruhen, insoweit in vollem Umfang der nachgelagerten Besteuerung nach § 22 Nr. 5 Satz 1 EStG.

3. Beispiele

Beispiel 1:

374   Im Rahmen einer externen Teilung zahlt das Versicherungsunternehmen X, bei dem der Arbeitnehmerehegatte A eine betriebliche Altersversorgung über eine Direktversicherung (Kapitalversicherung mit Sparanteil) aufgebaut hat, den vom Familiengericht festgesetzten Ausgleichswert an das Versicherungsunternehmen Y zugunsten von Ehegatte B in einen zertifizierten Altersvorsorgevertrag in Form einer Rentenversicherung. Die Beiträge an das Versicherungsunternehmen X wurden in der Vergangenheit ausschließlich pauschal besteuert (§ 40b Abs. 1 und 2 EStG in der am 31. Dezember 2004 geltenden Fassung i. V. m. § 52 Abs. 52b EStG).

Der Ausgleichswert führt nicht zu steuerbaren Einkünften, da kein Erlebensfall oder Rückkauf vorliegt (§ 22 Nr. 5 Satz 2 Buchstabe b i. V. m. § 20 Abs. 1 Nr. 6 EStG). Der Steuerbefreiung nach § 3 Nr. 55b EStG bedarf es daher nicht. Die spätere durch die externe Teilung gekürzte Kapitalleistung unterliegt bei A der Besteuerung nach § 22 Nr. 5 Satz 2 Buchstabe b i. V. m. § 20 Abs. 1 Nr. 6 EStG (ggf. steuerfrei wenn die Direktversicherung vor dem 1. Januar 2005 abgeschlossen wurde, § 52 Abs. 36 Satz 5 EStG i. V. m. § 20 Abs. 1 Nr. 6 Satz 2 EStG a. F.). Die Leistungen aus dem zertifizierten Altervorsorgevertrag, die auf dem eingezahlten Ausgleichswert beruhen, unterliegen bei B der Besteuerung nach § 22 Nr. 5 Satz 2 EStG (vgl. Rz. 129 bis 134).

Beispiel 2:

375   Im Rahmen einer externen Teilung zahlt ein Versicherungsunternehmen X, bei der der Arbeitnehmerehegatte A eine betriebliche Altersversorgung über eine Direktversicherung (Rentenversicherung) aufgebaut hat, einen Ausgleichswert an das Versicherungsunternehmen Y zugunsten von Ehegatte B in einen zertifizierten Altersvorsorgevertrag. Die Beiträge an das Versicherungsunternehmen X waren steuerfrei (§ 3 Nr. 63 EStG).

Der Ausgleichswert ist steuerfrei nach § 3 Nr. 55b EStG. Die spätere geminderte Leistung unterliegt bei A der Besteuerung nach § 22 Nr. 5 Satz 1 EStG. Die Leistung bei B unterliegt – soweit diese auf dem eingezahlten Ausgleichswert beruht – ebenfalls der Besteuerung nach § 22 Nr. 5 Satz 1 EStG (vgl. Rz. 124 ff.).

Beispiel 3:

376   Im Rahmen einer externen Teilung zahlt der Arbeitgeber des Arbeitnehmerehegatten A mit dessen Zustimmung (§§ 14 Abs. 4 i. V. m. 15 Abs. 3 VersAusglG) den hälftigen Kapitalwert aus einer Direktzusage in einen privaten Rentenversicherungsvertrag mit Kapitalwahlrecht des Ehegatten B ein.

Der Ausgleichswert ist steuerpflichtig, da die späteren Leistungen aus dem Rentenversicherungsvertrag zu lediglich mit dem Ertragsanteil steuerpflichtigen Einkünften beim Ehegatten B führen (§ 3 Nr. 55b Satz 2 EStG). Beim Ausgleichswert handelt es sich um steuerpflichtigen – ggf. nach der Fünftelregelung ermäßigt zu besteuernden – Arbeitslohn des Arbeitnehmerehegatten A.

4. Verfahren

377   Der Versorgungsträger der ausgleichspflichtigen Person hat grundsätzlich den Versorgungsträger der ausgleichsberechtigten Person über die für die Besteuerung der Leistungen erforderlichen Grundlagen zu informieren. Andere Mitteilungs-, Informations- und Aufzeichnungspflichten bleiben hiervon unberührt.

IV. Steuerunschädliche Übertragung im Sinne des § 93 Absatz 1a EStG

378   Eine steuerunschädliche Übertragung im Sinne des § 93 Abs. 1a Satz 1 EStG liegt vor, wenn auf Grund einer Entscheidung des Familiengerichts im Wege der internen Teilung nach § 10 VersAusglG oder externen Teilung nach § 14 VersAusglG während der Ehezeit (§ 3 Abs. 1 VersAusglG) gebildetes gefördertes Altersvorsorgevermögen auf einen zertifizierten Altersvorsorgevertrag oder in eine nach § 82 Abs. 2 EStG begünstigte betriebliche Altersversorgung (einschließlich der Versorgungsausgleichskasse) übertragen wird. Dies ist bei der internen Teilung immer der Fall. Es ist unerheblich, ob die ausgleichsberechtigte Person selbst zulageberechtigt ist. Werden die bei einer internen Tei-

lung entstehenden Kosten mit dem Altersvorsorgevermögen verrechnet (§ 13 VersAusglG), liegt insoweit keine schädliche Verwendung vor. Im Falle der Verrechnung reduziert sich die Beitragszusage (§ 1 Abs. 1 Satz 1 Nr. 3 AltZertG) des Anbieters entsprechend dem Verhältnis von Verrechnungsbetrag zu dem unmittelbar vor der Verrechnung vorhandenen Altersvorsorgekapital.

Die Übertragung auf Grund einer internen Teilung nach § 10 VersAusglG oder einer externen Teilung nach § 14 VersAusglG auf einen Altersvorsorgevertrag oder eine nach § 82 Abs. 2 EStG begünstigte betriebliche Altersversorgung (einschließlich Versorgungsausgleichskasse) der ausgleichsberechtigten Person führt nicht zu steuerpflichtigen Einnahmen.   379

Beruht die auf die Ehezeit entfallende, aufzuteilende Altersvorsorgevermögen auf geförderten und ungeförderten Beiträgen, ist das zu übertragende Altersvorsorgevermögen entsprechend dem Verhältnis der hierin enthaltenen geförderten und ungeförderten Beiträge aufzuteilen und anteilig zu übertragen.   380

Im Fall der Übertragung im Sinne des § 93 Abs. 1a Satz 1 EStG erfolgt die Mitteilung über die Durchführung der Kapitalübertragung nach dem Verfahren gemäß § 11 AltvDV. Bei der internen Teilung entfällt der Datenaustausch zwischen den Anbietern nach § 11 Abs. 1 bis 3 AltvDV. Der Anbieter der ausgleichspflichtigen Person teilt der ZfA in seiner Meldung zur Kapitalübertragung (§ 11 Abs. 4 AltvDV) neben dem Prozentsatz des geförderten Altersvorsorgekapitals, das übertragen wird, auch die vom Familiengericht angegebene Ehezeit im Sinne des § 3 Abs. 1 VersAusglG mit.   381

Erfolgt die interne Teilung und damit verbunden die Übertragung eines Anrechts im Bereich der betrieblichen Altersversorgung, erlangt die ausgleichsberechtigte Person die versorgungsrechtliche Stellung eines ausgeschiedenen Arbeitnehmers im Sinne des BetrAVG (§ 12 VersAusglG). Damit erlangt sie bei einem Pensionsfonds, einer Pensionskasse oder einer Direktversicherung auch das Recht zur Fortsetzung der betrieblichen Versorgung mit eigenen Beiträgen, die nach § 82 Abs. 2 Buchstabe b EStG zu den Altersvorsorgebeiträgen gehören können, wenn ein Fortsetzungsrecht bei der ausgleichspflichtigen Person für die Versorgung bestanden hätte. Rz. 292 ff. gelten entsprechend.   382

Die ZfA teilt der ausgleichspflichtigen Person den Umfang der auf die Ehezeit entfallenden steuerlichen Förderung nach § 10a/Abschnitt XI EStG mit. Diese Mitteilung beinhaltet die beitragsjahrbezogene Auflistung der ermittelten Zulagen sowie die nach § 10a Abs. 4 EStG gesondert festgestellten Beträge, soweit der ZfA diese bekannt sind, für die innerhalb der Ehezeit liegenden Beitragsjahre. Für die Beitragsjahre, in die der Beginn oder das Ende der Ehezeit fällt, wird die Förderung monatsweise zugeordnet, indem jeweils ein Zwölftel der für das betreffende Beitragsjahr gewährten Förderung den zu der Ehezeit zählenden Monaten zugerechnet wird. Die monatsweise Zuordnung erfolgt unabhängig davon, ob die für diese Beitragsjahre gezahlten Beiträge vor, nach oder während der Ehezeit auf den Altersvorsorgevertrag eingezahlt wurden. Die Mitteilung der Höhe der für den Vertrag insgesamt gewährten Förderung ist kein Verwaltungsakt.   383

Soweit das während der Ehezeit gebildete geförderte Altersvorsorgevermögen im Rahmen des § 93 Abs. 1a Satz 1 EStG übertragen wird, geht die steuerliche Förderung mit allen Rechten und Pflichten auf die ausgleichsberechtigte Person über. Dies hat zur Folge, dass im Falle einer schädlichen Verwendung des geförderten Altersvorsorgevermögens derjenige Ehegatte die Förderung zurückzahlen muss, der über das ihm zugerechnete geförderte Altersvorsorgevermögen schädlich verfügt. Leistungen aus dem geförderten Altersvorsorgevermögen sind beim Leistungsempfänger nachgelagert zu besteuern. Die Feststellung der geänderten Zuordnung der steuerlichen Förderung erfolgt beitragsjahrbezogen durch die ZfA. Sie erteilt sowohl der ausgleichspflichtigen als auch der ausgleichsberechtigten Person einen Feststellungsbescheid über die Zuordnung der nach § 10a Abs. 4 EStG gesondert festgestellten Beträge sowie der ermittelten Zulagen. Einwände gegen diese Bescheide können nur erhoben werden, soweit sie sich gegen die geänderte Zuordnung der steuerlichen Förderung richten. Nach Eintritt der Unanfechtbarkeit dieser Feststellungsbescheide werden auch die Anbieter durch einen Datensatz nach § 90 Abs. 2 Satz 6 EStG von der ZfA über die geänderte Zuordnung informiert.   384

Die ZfA kann die Mitteilung über den Umfang der auf die Ehezeit entfallenden steuerlichen Förderung (§ 93 Abs. 1a Satz 2 EStG, vgl. Rz. 383) und den Feststellungsbescheid über die geänderte Zuordnung der steuerlichen Förderung (§ 93 Abs. 1a Satz 5 EStG, vgl. Rz. 384) an die ausgleichspflichtige Person in einem Schreiben zusammenfassen, sofern deutlich wird, dass ein Einspruch nur zulässig ist, soweit er sich gegen die Zuordnung der steuerlichen Förderung richtet.   385

Stellt die ausgleichspflichtige Person nach der Übertragung im Sinne des § 93 Abs. 1a Satz 1 EStG einen Antrag auf Altersvorsorgezulage für ein Beitragsjahr in der Ehezeit, sind bei der Ermittlung des Zulageanspruchs die gesamten von der ausgleichspflichtigen Person gezahlten Altersvorsorgebeiträge des Beitragsjahrs – also auch der übertragene Teil der Altersvorsorgebeiträge – zugrunde zu legen. Die Zulage wird vollständig dem Vertrag der ausgleichspflichtigen Person gutgeschrieben. Die Zuordnung der Steuerverstrickung auf die ausgleichspflichtige und die ausgleichsberechtigte Person erfolgt, als wenn die Zulage bereits vor der Übertragung dem Vertrag gutgeschrieben worden wäre.   386

Werden nach Erteilung der Mitteilung über den Umfang der auf die Ehezeit entfallenden steuerlichen Förderung und der Feststellungsbescheide über die geänderte Zuordnung der steuerlichen   387

Förderung für die Ehezeit Ermittlungsergebnisse getroffen, aufgehoben oder geändert, so hat die ZfA eine geänderte Mitteilung über den Umfang der auf die Ehezeit entfallenden steuerlichen Förderung zu erteilen und die Feststellungsbescheide über die geänderte Zuordnung der steuerlichen Förderung nach § 175 AO zu ändern. Nach Eintritt der Unanfechtbarkeit dieser geänderten Feststellungsbescheide werden auch die Anbieter durch einen Datensatz nach § 90 Abs. 2 Satz 6 EStG von der ZfA über die geänderte Zuordnung informiert.

V. Leistungen an die ausgleichsberechtigte Person

388   Nach § 19 Abs. 1 Nr. 2 EStG sind Leistungen, die die ausgleichsberechtigte Person auf Grund der internen oder externen Teilung später aus einer Direktzusage oder von einer Unterstützungskasse erhält, Einkünfte aus nichtselbständiger Arbeit; Rz. 328 gilt entsprechend. Sie unterliegen dem Lohnsteuererhebung nach den allgemeinen Regelungen. Bei der ausgleichspflichtigen Person liegen Einkünfte aus nichtselbständiger Arbeit nur hinsichtlich der durch die Teilung gekürzten Leistungen vor.

389   Sowohl bei der ausgleichspflichtigen Person als auch bei der ausgleichsberechtigten Person werden der Arbeitnehmer-Pauschbetrag (§ 9a Satz 1 Nr. 1 Buchstabe a EStG) oder, soweit die Voraussetzungen dafür jeweils vorliegen, der Pauschbetrag für Werbungskosten (§ 9a Satz 1 Nr. 1 Buchstabe b EStG), der Versorgungsfreibetrag und der Zuschlag zum Versorgungsfreibetrag (§ 19 Abs. 2 EStG) berücksichtigt. Die steuerlichen Abzugsbeträge sind nicht auf die ausgleichspflichtige Person und die ausgleichsberechtigte Person aufzuteilen.

390   Zur Neuberechnung des Versorgungsfreibetrags und des Zuschlags zum Versorgungsfreibetrag vgl. Rz. 369.

D. Anwendungsregelung

391   Dieses Schreiben ist mit Wirkung ab 1. Januar 2010 anzuwenden. Soweit die Regelungen den ab dem 1. September 2009 geltenden Versorgungsausgleich betreffen, sind die entsprechenden Rz. bereits ab diesem Zeitpunkt anzuwenden.

392   Bei Versorgungszusagen, die vor dem 1. Januar 2005 erteilt wurden (Altzusagen, vgl. Rz. 306 ff.), ist es nicht zu beanstanden, wenn in den Versorgungsordnungen in Abweichung von Rz. 247 ff. die Möglichkeit einer Elternrente oder der Beitragserstattung einschließlich der gutgeschriebenen Erträge an die in Rz. 250 genannten Personen im Fall des Versterbens vor Erreichen der Altersgrenze und in Abweichung von Rz. 272 lediglich für die zugesagte Altersversorgung, nicht aber für die Hinterbliebenen- oder Invaliditätsversorgung die Auszahlung in Form einer Rente oder eines Auszahlungsplans vorgesehen ist. Dagegen sind Versorgungszusagen, die nach dem 31. Dezember 2004 (Neuzusagen, vgl. Rz. 306 ff.) aufgrund von Versorgungsordnungen erteilt werden, die die Voraussetzungen dieses Schreibens nicht erfüllen, aus steuerlicher Sicht nicht mehr als betriebliche Altersversorgung anzuerkennen und eine steuerliche Förderung ist hierfür nicht mehr möglich. Im Fall der nach § 40b EStG a. F. pauschal besteuerten (Alt-)Direktversicherungen gilt nach Rz. 251 weiterhin keine Begrenzung bezüglich des Kreises der Bezugsberechtigten.

393   Das BMF-Schreiben vom 20. Januar 2009 – IV C 3 – S 2496/08/10011 / IV C 5 –S 2333/07/0003 –, BStBl I S. 273[1] wird mit Wirkung ab 1. Januar 2010 aufgehoben.

Anlage 1

Pflichtversicherte in der gesetzlichen Rentenversicherung (§ 10a Abs. 1 Satz 1 Halbsatz 1 EStG) und Pflichtversicherte nach dem Gesetz über die Alterssicherung der Landwirte (§ 10a Abs. 1 Satz 3 EStG) / Nicht begünstigter Personenkreis

A. Pflichtversicherte in der gesetzlichen Rentenversicherung (§ 10a Abs. 1 Satz 1 Halbsatz 1 EStG)

1.   Personen, die gegen Arbeitsentgelt oder zu ihrer Berufsausbildung beschäftigt sind (§ 1 Satz 1 Nr. 1 des Sechsten Buches Sozialgesetzbuch – SGB VI –).

         Hierzu gehören auch geringfügig beschäftigte Personen im Sinne des § 8 Abs. 1 Nr. 1 des Vierten Buches Sozialgesetzbuch (SGB IV), die auf die Versicherungsfreiheit verzichtet haben und den pauschalen Arbeitgeberbeitrag zur gesetzlichen Rentenversicherung auf den vollen Beitragssatz aufstocken.

         Auch während des Bezuges von Kurzarbeitergeld (bis zum 31. Dezember 2006 auch Winterausfallgeld) nach dem Dritten Buch Sozialgesetzbuch (SGB III) besteht die Versicherungspflicht fort.

---

[1] Abgedruckt in der Einkommensteuer Handausgabe 2009.

2. Behinderte Menschen, die in anerkannten Werkstätten für behinderte Menschen oder in Blindenwerkstätten im Sinne des § 143 SGB IX oder für diese Einrichtungen in Heimarbeit tätig sind (§ 1 Satz 1 Nr. 2 Buchstabe a SGB VI).

3. Behinderte Menschen, die in Anstalten, Heimen oder gleichartigen Einrichtungen in gewisser Regelmäßigkeit eine Leistung erbringen, die einem Fünftel der Leistung eines vollerwerbsfähigen Beschäftigten in gleichartiger Beschäftigung entspricht; hierzu zählen auch Dienstleistungen für den Träger der Einrichtung (§ 1 Satz 1 Nr. 2 Buchstabe b SGB VI).

4. Personen, die in Einrichtungen der Jugendhilfe oder in Berufsbildungswerken oder ähnlichen Einrichtungen für behinderte Menschen für eine Erwerbstätigkeit befähigt werden sollen (§ 1 Satz 1 Nr. 3 SGB VI).

5. Auszubildende, die in einer außerbetrieblichen Einrichtung im Rahmen eines Berufsausbildungsvertrags nach dem Berufsbildungsgesetz ausgebildet werden (§ 1 Satz 1 Nr. 3a SGB VI).

6. Mitglieder geistlicher Genossenschaften, Diakonissen und Angehörige ähnlicher Gemeinschaften während ihres Dienstes für die Gemeinschaft und während der Zeit ihrer außerschulischen Ausbildung (§ 1 Satz 1 Nr. 4 SGB VI).

7. Schwestern vom Deutschen Roten Kreuz.

8. Helfer im freiwilligen sozialen Jahr.

9. Helfer im freiwilligen ökologischen Jahr.

10. Heimarbeiter.

11. Seeleute (Mitglieder der Schiffsbesatzung von Binnenschiffen oder deutschen Seeschiffen).

12. Bezieher von Ausgleichsgeld nach dem Gesetz zur Förderung der Einstellung der landwirtschaftlichen Erwerbstätigkeit.

13. Selbständig tätige Lehrer und Erzieher, die im Zusammenhang mit ihrer selbständigen Tätigkeit keinen versicherungspflichtigen Arbeitnehmer beschäftigen (§ 2 Satz 1 Nr. 1 SGB VI).

14. Pflegepersonen, die in der Kranken-, Wochen-, Säuglings- oder Kinderpflege tätig sind und im Zusammenhang mit ihrer selbständigen Tätigkeit keinen versicherungspflichtigen Arbeitnehmer beschäftigen (§ 2 Satz 1 Nr. 2 SGB VI).

15. Selbständig tätige Hebammen und Entbindungspfleger (§ 2 Satz 1 Nr. 3 SGB VI).

16. Selbständig tätige Seelotsen der Reviere im Sinne des Gesetzes über das Seelotswesen (§ 2 Satz 1 Nr. 4 SGB VI).

17. Selbständige Künstler und Publizisten (§ 2 Satz 1 Nr. 5 SGB VI), wenn sie die künstlerische oder publizistische Tätigkeit erwerbsmäßig und nicht nur vorübergehend ausüben und im Zusammenhang mit der künstlerischen oder publizistischen Tätigkeit nicht mehr als einen Arbeitnehmer beschäftigen, es sei denn, die Beschäftigung erfolgt zur Berufsausbildung oder ist geringfügig im Sinne des § 8 SGB IV.

18. Selbständig tätige Hausgewerbetreibende (§ 2 Satz 1 Nr. 6 SGB VI).

19. Selbständig tätige Küstenschiffer und Küstenfischer, die zur Besatzung ihres Fahrzeuges gehören oder als Küstenfischer ohne Fahrzeug fischen und regelmäßig nicht mehr als vier versicherungspflichtige Arbeitnehmer beschäftigen (§ 2 Satz 1 Nr. 7 SGB VI).

20. Gewerbetreibende, die in die Handwerksrolle eingetragen sind und in ihrer Person die für die Eintragung in die Handwerksrolle erforderlichen Voraussetzungen erfüllen, wobei Handwerksbetriebe im Sinne der §§ 2 und 3 der Handwerksordnung sowie Betriebsfortführungen aufgrund von § 4 der Handwerksordnung außer Betracht bleiben; ist eine Personengesellschaft in die Handwerksrolle eingetragen, gilt als Gewerbetreibender, wer als Gesellschafter in seiner Person die Voraussetzungen für die Eintragung in die Handwerksrolle erfüllt (§ 2 Satz 1 Nr. 8 SGB VI).

21. Personen, die im Zusammenhang mit ihrer selbständigen Tätigkeit regelmäßig keinen versicherungspflichtigen Arbeitnehmer beschäftigen und auf Dauer und im Wesentlichen nur für einen Auftraggeber tätig sind; bei Gesellschaftern gelten als Auftraggeber die Auftraggeber der Gesellschaft (§ 2 Satz 1 Nr. 9 SGB VI).

22. Selbständig tätige Personen für die Dauer des Bezugs eines Zuschusses nach § 421l SGB III (Existenzgründungszuschuss; ab 1. Januar 2003) (§ 2 Satz 1 Nr. 10 SGB VI).

Versicherungspflichtig sind ferner Personen in der Zeit,

23. für die ihnen Kindererziehungszeiten anzurechnen sind (§ 3 Satz 1 Nr. 1 SGB VI).

Versicherungspflicht wegen Kindererziehung besteht für die ersten 36 Kalendermonate nach dem Geburtsmonat des Kindes (§ 56 Abs. 5 SGB VI). Werden innerhalb des 36-Kalendermonatszeitraumes mehrere Kinder erzogen (z. B. bei Mehrlingsgeburten), verlängert sich die Zeit der Versicherung um die Anzahl an Kalendermonaten, in denen gleichzeitig mehrere Kinder erzogen werden. Dies gilt auch für Elternteile, die während der Erziehungszeit Anwartschaften auf Versorgung im Alter nach beamtenrechtlichen Vorschriften oder Grundsätzen oder entsprechenden kirchenrechtlichen Regelungen oder nach den Regelungen einer berufsständischen Versorgungseinrichtung aufgrund der Erziehung erworben haben, die systembezogen nicht gleichwertig berücksichtigt wird wie die Kindererziehung nach dem SGB VI.

24. in der sie einen Pflegebedürftigen im Sinne des § 14 SGB XI nicht erwerbsmäßig wenigstens 14 Stunden wöchentlich in seiner häuslichen Umgebung pflegen, wenn der Pflegebedürftige Anspruch auf Leistungen aus der sozialen oder einer privaten Pflegeversicherung hat (nicht erwerbsmäßig tätige Pflegepersonen – § 3 Satz 1 Nr. 1a SGB VI).

25. in der sie aufgrund gesetzlicher Pflicht Wehrdienst oder Zivildienst leisten (§ 3 Satz 1 Nr. 2 SGB VI); bis zum 29. April 2005 trat eine Versicherungspflicht nur ein, wenn der Wehr- oder Zivildienst mehr als drei Tage dauerte.

26. für die sie von einem Leistungsträger Krankengeld, Verletztengeld, Versorgungskrankengeld, Übergangsgeld, Unterhaltsgeld (bis 31. Dezember 2004), Arbeitslosengeld oder Arbeitslosenhilfe (bis 31. Dezember 2004) beziehen, wenn sie im letzten Jahr vor Beginn der Leistung zuletzt versicherungspflichtig waren (§ 3 Satz 1 Nr. 3 SGB VI).

27. für die sie ab 1. Januar 2005 von den jeweils zuständigen Trägern nach dem Sozialgesetzbuch Zweites Buch (SGB II) Arbeitslosengeld II beziehen; dies gilt nicht für Empfänger der Leistung,

     a) die Arbeitslosengeld II nur darlehensweise oder

     b) nur Leistungen nach § 23 Abs. 3 Satz 1 SGB II beziehen oder

     c) die aufgrund von § 2 Abs. 1a BAföG keinen Anspruch auf Ausbildungsförderung haben oder

     d) deren Bedarf sich nach § 12 Abs. 1 Nr. 1 BAföG oder nach § 66 Abs. 1 Satz 1 SGB III bemisst oder

     e) die versicherungspflichtig beschäftigt oder versicherungspflichtig selbständig tätig sind oder eine Leistung beziehen, wegen der sie nach § 3 Satz 1 Nr. 3 SGB VI versicherungspflichtig sind (für Zeiten ab 1. Januar 2007).

28. für die sie Vorruhestandsgeld beziehen, wenn sie unmittelbar vor Beginn der Leistung versicherungspflichtig waren (§ 3 Satz 1 Nr. 4 SGB VI).

Nach Übergangsrecht im SGB VI bleiben in dieser Beschäftigung oder Tätigkeit weiterhin versicherungspflichtig:

29. Handwerker, die am 31. Dezember 2003 versicherungspflichtig waren und in dieser Tätigkeit versicherungspflichtig bleiben (§ 229 Abs. 2a SGB VI).

30. Personen, die am 31. Dezember 1991 im Beitrittsgebiet als Selbständige versicherungspflichtig waren, und nicht ab 1. Januar 1992 nach §§ 1 bis 3 SGB VI versicherungspflichtig geworden sind und keine Beendigung der Versicherungspflicht beantragt haben (§ 229a Abs. 1 SGB VI).

31. Personen, die am 31. Dezember 1991 als Beschäftigte von Körperschaften, Anstalten oder Stiftungen des öffentlichen Rechts oder ihrer Verbände versicherungspflichtig waren (§ 230 Abs. 2 Nr. 1 SGB VI).

32. Personen, die am 31. Dezember 1991 als satzungsgemäße Mitglieder geistlicher Genossenschaften, Diakonissen oder Angehörige ähnlicher Gemeinschaften versicherungspflichtig waren (§ 230 Abs. 2 Nr. 2 SGB VI).

33. Nach dem Recht ab 1. April 2003 geringfügig Beschäftigte oder selbständig Tätige, die nach dem bis 31. März 2003 geltenden Recht versicherungspflichtig waren, wenn sie nicht die Befreiung von der Versicherungspflicht beantragt haben (§ 229 Abs. 6 SGB VI).

34. Personen, die im Anschluss an den Bezug von Arbeitslosenhilfe Unterhaltsgeld beziehen, für die Dauer des Bezugs von Unterhaltsgeld (§ 229 Abs. 8 SGB VI) (ab 1. Januar 2005).

Auf Antrag sind versicherungspflichtig:

35. Entwicklungshelfer, die Entwicklungsdienst oder Vorbereitungsdienst leisten (§ 4 Abs. 1 Satz 1 Nr. 1 SGB VI).

36. Deutsche, die für eine begrenzte Zeit im Ausland beschäftigt sind (§ 4 Abs. 1 Satz 1 Nr. 2 SGB VI).

37. Personen, die für eine begrenzte Zeit im Ausland beschäftigt sind und die Staatsangehörigkeit eines EU-Mitgliedstaates haben, wenn sie die allgemeine Wartezeit von fünf Jahren erfüllt haben und nicht nach den Rechtsvorschriften des EU-Mitgliedstaates pflicht- oder freiwillig versichert sind (§ 4 Abs. 1 Satz 1 Nr. 3 SGB VI).

38. Personen, die nicht nur vorübergehend selbständig tätig sind, wenn sie die Versicherungspflicht innerhalb von fünf Jahren nach der Aufnahme der selbständigen Tätigkeit oder dem Ende der Versicherungspflicht aufgrund dieser Tätigkeit beantragen (§ 4 Abs. 2 SGB VI).

39. Personen, die Krankengeld, Verletztengeld, Versorgungskrankengeld, Übergangsgeld, Unterhaltsgeld (bis 31. Dezember 2004), Arbeitslosengeld oder Arbeitslosenhilfe (bis 31. Dezember 2004) beziehen, aber im letzten Jahr vor Beginn der Leistung nicht versicherungspflichtig waren (§ 4 Abs. 3 Satz 1 Nr. 1 SGB VI).

40. Personen, die nur deshalb keinen Anspruch auf Krankengeld haben, weil sie nicht in der gesetzlichen Krankenversicherung versichert sind oder in der gesetzlichen Krankenversicherung ohne Anspruch auf Krankengeld versichert sind, u. a. für die Zeit der Arbeitsunfähigkeit, wenn sie im letzten Jahr vor Beginn der Arbeitsunfähigkeit zuletzt versicherungspflichtig waren, längstens jedoch für 18 Monate (§ 4 Abs. 3 Satz 1 Nr. 2 SGB VI).

B. Pflichtversicherte nach dem Gesetz über die Alterssicherung der Landwirte
(§ 10a Abs. 1 Satz 3 EStG)

Hierzu gehören insbesondere

1. versicherungspflichtige Landwirte,
2. versicherungspflichtige Ehegatten von Landwirten,
3. versicherungspflichtige mitarbeitende Familienangehörige,
4. ehemalige Landwirte, die nach Übergangsrecht weiterhin unabhängig von einer Tätigkeit als Landwirt oder mitarbeitender Familienangehöriger versicherungspflichtig sind.

C. Nicht begünstigter Personenkreis

Nicht zum Kreis der zulageberechtigten Personen gehören:

1. Freiwillig Versicherte in der gesetzlichen Rentenversicherung (vgl. §§ 7, 232 SGB VI)
2. Von der Versicherungspflicht in der gesetzlichen Rentenversicherung befreite Personen für die Zeit der Befreiung; das sind insbesondere

    a) Angestellte und selbständig Tätige für die Beschäftigung oder selbständige Tätigkeit, wegen der sie aufgrund einer durch Gesetz angeordneten oder auf Gesetz beruhenden Verpflichtung Mitglied einer öffentlich-rechtlichen Versicherungseinrichtung oder Versorgungseinrichtung ihrer Berufsgruppe (berufsständische Versorgungseinrichtung für z. B. Ärzte, Architekten, Rechtsanwälte) und zugleich kraft gesetzlicher Verpflichtung Mitglied einer berufsständischen Kammer sind. Für die Befreiung sind weitere Voraussetzungen zu erfüllen (§ 6 Abs. 1 Satz 1 Nr. 1 SGB VI),

    b) Gewerbetreibende im Handwerksbetrieb, wenn für sie mindestens 18 Jahre lang Pflichtbeiträge gezahlt worden sind, ausgenommen Bezirksschornsteinfeger (§ 6 Abs. 1 Satz 1 Nr. 4 SGB VI),

    c) Lehrer und Erzieher an nichtöffentlichen Schulen oder Anstalten (private Ersatzschulen) (§ 6 Abs. 1 Satz 1 Nr. 2 SGB VI),

    d) Selbständige mit einem Auftraggeber als sog. Existenzgründer (§ 6 Abs. 1a SGB VI),

    e) ab 1. Januar 2005 Bezieher von Arbeitslosengeld II, wenn sie im letzten Kalendermonat vor dem Bezug von Arbeitslosengeld II nicht versichert waren und weitere Voraussetzungen erfüllen (§ 6 Abs. 1b SGB VI),

    f) Personen, die am 31. Dezember 1991 von der Versicherungspflicht befreit waren (§ 231 Abs. 1 SGB VI),

    g) Selbständige mit einem Auftraggeber, die bereits vor dem 1. Januar 1999 diese Tätigkeit ausübten und weitere Voraussetzungen erfüllen (§ 231 Abs. 5 SGB VI),

    h) Selbständige (z. B. Lehrer, Erzieher, Pflegepersonen), die bereits am 31. Dezember 1998 nach §§ 2 Satz 1 Nr. 1 bis 3, 229a Abs. 1 SGB VI versicherungspflichtig waren und weitere Voraussetzungen erfüllen (§ 231 Abs. 6 SGB VI),

    i) unter bestimmten Voraussetzungen deutsche Seeleute, die auf einem Seeschiff beschäftigt sind, das nicht berechtigt ist, die Bundesflagge zu führen (§ 231 Abs. 7 SGB VI),

    j) selbständig Tätige, die am 31. Dezember 1991 im Beitrittsgebiet aufgrund eines Versicherungsvertrages von der Versicherungspflicht befreit waren, es sei denn sie haben bis zum 31. Dezember 1994 erklärt, dass die Befreiung von der Versicherungspflicht enden soll (§ 231a SGB VI).

3. In der gesetzlichen Rentenversicherung versicherungsfreie Personen; das sind insbesondere

    a) geringfügig Beschäftigte, die den Arbeitgeberbeitrag i.H.v. 15 % (bis zum 30. Juni 2006: 12 %) zur Rentenversicherung nicht durch eigene Beiträge aufstocken (§ 5 Abs. 2 Nr. 1 SGB VI i. V. m. §§ 8 Abs. 1, 8a SGB IV), dies gilt nicht für Personen, die im Rahmen betrieblicher Berufsbildung, nach dem Gesetz zur Förderung eines freiwilligen sozialen Jahres, nach dem Gesetz zur Förderung eines freiwilligen ökologischen Jahres oder nach § 1 Satz 1 Nr. 2 bis 4 SGB VI beschäftigt sind oder von der Möglichkeit einer stufenweisen Wiederaufnahme einer nicht geringfügigen Tätigkeit Gebrauch machen,

    b) selbständig Tätige, die wegen der Geringfügigkeit der Tätigkeit versicherungsfrei sind (§ 5 Abs. 2 Nr. 2 SGB VI i. V. m. § 8 Abs. 3 SGB IV),

c) Personen, die eine geringfügige nicht erwerbsmäßige Pflegetätigkeit ausüben (§ 5 Abs. 2 Satz 1 Nr. 3 SGB VI),

d) Personen, die während der Dauer eines Studiums als ordentliche Studierende einer Fachschule oder Hochschule ein Praktikum ableisten, das in ihrer Studienordnung oder Prüfungsordnung vorgeschrieben ist (§ 5 Abs. 3 SGB VI),

e) Bezieher einer Vollrente wegen Alters (§ 5 Abs. 4 Nr. 1 SGB VI),

f) Personen, die nach beamtenrechtlichen Vorschriften oder Grundsätzen oder entsprechenden kirchenrechtlichen Regelungen oder einer berufsständischen Versorgungseinrichtung eine Versorgung nach Erreichen einer Altersgrenze beziehen oder die in der Gemeinschaft übliche Versorgung im Alter erhalten (§ 5 Abs. 4 Nr. 2 SGB VI),

g) Personen, die bis zum Erreichen der Regelaltersgrenze nicht in der gesetzlichen Rentenversicherung versichert waren oder nach Erreichen der Regelaltersgrenze eine Beitragserstattung aus ihrer Versicherung bei der gesetzlichen Rentenversicherung erhalten haben (§ 5 Abs. 4 Nr. 3 SGB VI),

h) Polizeivollzugsbeamte auf Widerruf, Handwerker, Mitglieder der Pensionskasse deutscher Einsenbahnen und Straßenbahnen sowie Versorgungsbezieher, die am 31. Dezember 1991 versicherungsfrei waren (§ 230 Abs. 1 SGB VI),

4. Ohne Vorliegen von Versicherungspflicht in der gesetzlichen Rentenversicherung

a) selbständig Tätige,

b) Handwerker, die am 31. Dezember 1991 nicht versicherungspflichtig waren (§ 229 Abs. 2 SGB VI),

c) Vorstandsmitglieder von Aktiengesellschaften in der Beschäftigung als Vorstand und weiteren Beschäftigungen in Konzernunternehmen (§ 1 Satz 4 SGB VI). Bis zum 31. Dezember 2003 waren Vorstandsmitglieder von Aktiengesellschaften in allen Beschäftigungen, d. h. auch außerhalb des Konzerns nicht versicherungspflichtig. Seit dem 1. Januar 2004 besteht in Nebenbeschäftigungen nur dann keine Versicherungspflicht, wenn die Nebenbeschäftigung bereits am 6. November 2003 ausgeübt wurde (§ 229 Abs. 1a SGB VI),

d) Mitglieder des Deutschen Bundestages, der Landtage sowie des Europäischen Parlaments.

Anlage 2

Begünstigter Personenkreis nach § 10a Abs. 1 Satz 1 Halbsatz 2 EStG

1. Empfänger von Besoldung nach dem Bundesbesoldungsgesetz oder einem entsprechenden Landesbesoldungsgesetz (§ 10a Abs. 1 Satz 1 Halbsatz 2 Nr. 1 EStG), insbesondere:

a) Bundesbeamte, Beamte der Länder, der Gemeinden, der Gemeindeverbände sowie der sonstigen der Aufsicht eines Landes unterstehenden Körperschaften, Anstalten und Stiftungen des öffentlichen Rechts; hierzu gehören nicht die Ehrenbeamten,

b) Richter des Bundes und der Länder; hierzu gehören nicht die ehrenamtlichen Richter,

c) Berufssoldaten und Soldaten auf Zeit.

2. Empfänger von Amtsbezügen aus einem Amtsverhältnis (§ 10a Abs. 1 Satz 1 Halbsatz 2 Nr. 2 EStG)

In einem öffentlich-rechtlichen Amtsverhältnis stehen z. B. die Mitglieder der Regierung des Bundes oder eines Landes (z. B. § 1 Bundesministergesetz) sowie die Parlamentarischen Staatssekretäre auf Bundes- und Landesebene (z. B. § 1 Abs. 3 des Gesetzes über die Rechtsverhältnisse der Parlamentarischen Staatssekretäre).

3. Sonstige Beschäftigte von Körperschaften, Anstalten oder Stiftungen des öffentlichen Rechts, deren Verbänden einschließlich der Spitzenverbände oder ihrer Arbeitsgemeinschaften (§ 10a Abs. 1 Satz 1 Halbsatz 2 Nr. 3 EStG), wenn ihnen nach beamtenrechtlichen Vorschriften oder Grundsätzen oder entsprechenden kirchenrechtlichen Regelungen Anwartschaft auf Versorgung bei verminderter Erwerbsfähigkeit und im Alter sowie auf Hinterbliebenenversorgung gewährleistet und die Gewährleistung gesichert ist, u. a. rentenversicherungsfreie Kirchenbeamte und Geistliche in öffentlich-rechtlichen Dienstverhältnissen.

4. Satzungsmäßige Mitglieder geistlicher Genossenschaften, Diakonissen oder Angehörige ähnlicher Gemeinschaften (§ 10a Abs. 1 Satz 1 Halbsatz 2 Nr. 3 EStG), wenn ihnen nach den Regeln der Gemeinschaft Anwartschaft auf die in der Gemeinschaft übliche Versorgung bei verminderter Erwerbsfähigkeit und im Alter gewährleistet und die Gewährleistung gesichert ist.

5. Lehrer oder Erzieher, die an nichtöffentlichen Schulen oder Anstalten beschäftigt sind (§ 10a Abs. 1 Satz 1 Halbsatz 2 Nr. 3 EStG), wenn ihnen nach beamtenrechtlichen Vorschriften oder Grundsätzen oder entsprechenden kirchenrechtlichen Regelungen Anwartschaft auf Versor-

gung bei verminderter Erwerbsfähigkeit und im Alter sowie auf Hinterbliebenenversorgung gewährleistet und die Gewährleistung gesichert ist.

6. Beamte, Richter, Berufssoldaten und Soldaten auf Zeit, die ohne Besoldung beurlaubt sind, für die Zeit einer Beschäftigung, wenn während der Beurlaubung die Gewährleistung einer Versorgungsanwartschaft unter den Voraussetzungen des § 5 Abs. 1 Satz 1 SGB VI auf diese Beschäftigung erstreckt wird (§ 10a Abs. 1 Satz 1 Halbsatz 2 Nr. 4 EStG).

7. Steuerpflichtige im Sinne der oben unter Ziffer 1. bis 6. aufgeführten, die beurlaubt sind und deshalb keine Besoldung, Amtsbezüge oder Entgelt erhalten, sofern sie eine Anrechnung von Kindererziehungszeiten nach § 56 SGB VI (d. h. im Sinne der gesetzlichen Rentenversicherung) in Anspruch nehmen könnten, wenn die Versicherungsfreiheit in der gesetzlichen Rentenversicherung nicht bestehen würde.

In den Fällen der Nrn. 2 bis 5 muss das Versorgungsrecht jedoch die Absenkung des Versorgungsniveaus in entsprechender Anwendung des § 69e Abs. 3 Satz 1 und Abs. 4 des Beamtenversorgungsgesetzes vorsehen.

II.
Einkommensteuerrechtliche Behandlung von Vorsorgeaufwendungen und Altersbezügen

BMF vom 13. 9. 2010 (BStBl I S. 681)

$$\frac{\text{IV C 8 – S 2222/09/10041}}{\text{IV C 5 – S 2345/08/0001}} – 2010/0628045$$

unter Berücksichtigung der Änderungen durch BMF vom 7.12.2011 (BStBl I S. 1223)

Zum Sonderausgabenabzug für Beiträge nach § 10 Absatz 1 und zur Besteuerung von Versorgungsbezügen nach § 19 Absatz 2 sowie von Einkünften nach § 22 Nummer 1 Satz 3 Buchstabe a des Einkommensteuergesetzes (EStG) gilt im Einvernehmen mit den obersten Finanzbehörden der Länder Folgendes:

Inhaltsübersicht

A. Abzug von Altersvorsorgeaufwendungen – § 10 EStG –

I. Sonderausgabenabzug für Beiträge nach § 10 Absatz 1 Nummer 2 EStG

1. Begünstigte Beiträge

a) Beiträge im Sinne des § 10 Absatz 1 Nummer 2 Buchstabe a EStG

aa) Beiträge zu den gesetzlichen Rentenversicherungen

1   Als Beiträge zur gesetzlichen Rentenversicherung sind Beiträge an folgende Träger der gesetzlichen Rentenversicherung zu berücksichtigen:
- Deutsche Rentenversicherung Bund
- Deutsche Rentenversicherung Knappschaft-Bahn-See
- Deutsche Rentenversicherung Regionalträger.

2   Die Beiträge können wie folgt erbracht und nachgewiesen werden:

Art der Beitragsleistung	Nachweis durch
Pflichtbeiträge aufgrund einer abhängigen Beschäftigung einschließlich des nach § 3 Nummer 62 EStG steuerfreien Arbeitgeberanteils	Lohnsteuerbescheinigung
Pflichtbeiträge aufgrund einer selbstständigen Tätigkeit (mit Ausnahme von selbstständigen Künstlern und Publizisten)	Beitragsbescheinigung des Rentenversicherungsträgers oder der Künstlersozialkasse
freiwillige Beiträge	Beitragsbescheinigung des Rentenversicherungsträgers
Nachzahlung von freiwilligen Beiträgen	Beitragsbescheinigung des Rentenversicherungsträgers
freiwillige Zahlung von Beiträgen zum Ausgleich einer Rentenminderung (bei vorzeitiger Inanspruchnahme einer Altersrente) § 187a des Sechsten Buches Sozialgesetzbuch – SGB VI –	Beitragsbescheinigung des Rentenversicherungsträgers
freiwillige Zahlung von Beiträgen zum Auffüllen von Rentenanwartschaften, die durch einen Versorgungsausgleich gemindert worden sind § 187 SGB VI	Besondere Beitragsbescheinigung des Rentenversicherungsträgers
Abfindung von Anwartschaften auf betriebliche Altersversorgung § 187b SGB VI	Besondere Beitragsbescheinigung des Rentenversicherungsträgers

3   Bei selbständigen Künstlern und Publizisten, die nach Maßgabe des Künstlersozialversicherungsgesetzes versicherungspflichtig sind, ist als Beitrag zur gesetzlichen Rentenversicherung der von diesen entrichtete Beitrag an die Künstlersozialkasse zu berücksichtigen. Die Künstlersozialkasse fungiert als Einzugsstelle und nicht als Träger der gesetzlichen Rentenversicherung. Der Beitrag des Versicherungspflichtigen stellt den hälftigen Gesamtbeitrag dar. Der andere Teil wird in der Regel von der Künstlersozialkasse aufgebracht und setzt sich aus der Künstlersozialabgabe und einem Zuschuss des Bundes zusammen. Der von der Künstlersozialkasse gezahlte Beitragsanteil ist bei der Ermittlung der nach § 10 Absatz 1 Nummer 2 EStG zu berücksichtigenden Aufwendungen nicht anzusetzen.

4   Zu den Beiträgen zur gesetzlichen Rentenversicherung gehören auch Beiträge an ausländische gesetzliche Rentenversicherungsträger vgl. BFH vom 24. Juni 2009, BStBl II S. 1000). Der Beitrag eines inländischen Arbeitgebers, den dieser an eine ausländische Rentenversicherung zahlt, ist dem Arbeitnehmer zuzurechnen, wenn die Abführung auf vertraglicher und nicht auf gesetzlicher Grundlage erfolgte (BFH vom 18. Mai 2004, BStBl II S. 1014). Die Anwendung des § 3 Nummer 62 EStG kommt in diesen Fällen nicht in Betracht.

bb) Beiträge zu den landwirtschaftlichen Alterskassen

5   In der Alterssicherung der Landwirte können der Landwirt, sein Ehegatte oder in bestimmten Fällen mitarbeitende Familienangehörige versichert sein. Beiträge zu den landwirtschaftlichen Alterskassen können, soweit sie zum Aufbau einer eigenen Altersversorgung führen, von dem zur Zahlung Verpflichteten als Beiträge i. S. d. § 10 Absatz 1 Nummer 2 Satz 1 Buchstabe a EStG geltend

---

[1] *Aufgehoben durch BMF vom 7.12.2011 (BStBl I S. 1223).*

gemacht werden. Werden dem Versicherungspflichtigen aufgrund des Gesetzes zur Alterssicherung der Landwirte Beitragszuschüsse gewährt, mindern diese die nach § 10 Absatz 1 Nummer 2 Satz 1 Buchstabe a EStG anzusetzenden Beiträge.

cc) Beiträge zu berufsständischen Versorgungseinrichtungen

Bei berufsständischen Versorgungseinrichtungen im steuerlichen Sinne handelt es sich um öffentlich-rechtliche Versicherungs- oder Versorgungseinrichtungen für Beschäftigte und selbständig tätige Angehörige der kammerfähigen freien Berufe, die den gesetzlichen Rentenversicherungen vergleichbare Leistungen erbringen. Die Mitgliedschaft in der berufsständischen Versorgungseinrichtung tritt aufgrund einer gesetzlichen Verpflichtung bei Aufnahme der betreffenden Berufstätigkeit ein. Die Mitgliedschaft in einer berufsständischen Versorgungseinrichtung führt in den in § 6 Absatz 1 SGB VI genannten Fallgestaltungen auf Antrag zu einer Befreiung von der gesetzlichen Rentenversicherungspflicht. 6

Welche berufsständischen Versorgungseinrichtungen diese Voraussetzung erfüllen, wird jeweils durch gesondertes BMF-Schreiben bekannt gegeben. 7

b) Beiträge im Sinne des § 10 Absatz 1 Nummer 2 Buchstabe b EStG

aa) Allgemeines

Eigene Beiträge (H 10.1 [abzugsberechtigte Person] der Einkommensteuer-Hinweise 2008 – EStH 2008 –) zum Aufbau einer eigenen kapitalgedeckten Altersversorgung liegen vor, wenn Personenidentität zwischen dem Beitragszahler, der versicherten Person und dem Leistungsempfänger besteht (bei Ehegatten siehe R 10.1 der Einkommensteuer-Richtlinien 2008 – EStR 2008 –). Im Fall einer ergänzenden Hinterbliebenenabsicherung ist insoweit ein abweichender Leistungsempfänger zulässig. 8

Die Beiträge können als Sonderausgaben berücksichtigt werden, wenn die Laufzeit des Vertrages nach dem 31. Dezember 2004 beginnt (zu Versicherungsverträgen mit einem Beginn der Laufzeit und mindestens einer Beitragsleistung vor dem 1. Januar 2005 vgl. Rz. 78) und der Vertrag nur die Zahlung einer monatlichen, gleich bleibenden oder steigenden, lebenslangen Leibrente vorsieht, die nicht vor Vollendung des 60. Lebensjahres des Steuerpflichtigen beginnt (bei nach dem 31. Dezember 2011 abgeschlossenen Verträgen ist regelmäßig die Vollendung des 62. Lebensjahres maßgebend). 9

Ein Auszahlungsplan erfüllt dieses Kriterium nicht. Bei einem Auszahlungsplan wird nur ein bestimmtes zu Beginn der Auszahlungsphase vorhandenes Kapital über eine gewisse Laufzeit verteilt. Nach Laufzeitende ist das Kapital aufgebraucht, so dass die Zahlungen dann enden. Insoweit ist eine lebenslange Auszahlung nicht gewährleistet. Eine andere Wertung ergibt sich auch nicht durch eine Kombination eines Auszahlungsplans mit einer sich anschließenden Teilkapitalverrentung. Begrifflich ist die „Teilverrentung" zwar eine Leibrente, allerdings wird der Auszahlungsplan durch die Verknüpfung mit einer Rente nicht selbst zu einer Leibrente. 10

Ein planmäßiges Sinken der Rentenhöhe ist nicht zulässig. Geringfügige Schwankungen in der Rentenhöhe, sofern diese Schwankungen auf in einzelnen Jahren unterschiedlich hohen Überschussanteilen in der Auszahlungsphase beruhen, die für die ab Beginn der Auszahlung garantierten Rentenleistungen gewährt werden, sind unschädlich. D. h. der auf Basis des zu Beginn der Auszahlungsphase garantierten Kapitals zuzügl. der unwiderruflich zugeteilten Überschüsse zu errechnende Rentenbetrag darf während der gesamten Auszahlungsphase nicht unterschritten werden. Ein Anlageprodukt, bei dem dem Anleger lediglich eine Rente zugesichert wird, die unter diesen Rentenbetrag sinken kann, erfüllt demnach nicht die an eine Leibrente i. S. d. § 10 Absatz 1 Nummer 2 Satz 1 Buchstabe b EStG zu stellenden steuerlichen Voraussetzungen. 11

Eine Auszahlung durch die regelmäßige Gutschrift einer gleich bleibenden oder steigenden Anzahl von Investmentanteilen sowie die Auszahlung von regelmäßigen Raten im Rahmen eines Auszahlungsplans sind keine lebenslange Leibrente i. S. d. § 10 Absatz 1 Nummer 2 Satz 1 Buchstabe b EStG. 12

Damit sichergestellt ist, dass die Voraussetzungen für eine Leibrente im Sinne des § 10 Absatz 1 Nummer 2 Satz 1 Buchstabe b EStG vorliegen, insbesondere dass die Rente während ihrer Laufzeit nicht sinken kann, muss der Vertrag die Verpflichtung des Anbieters enthalten, vor Rentenbeginn die Leibrente auf Grundlage einer anerkannten Sterbetafel zu berechnen und dabei den während der Laufzeit der Rente geltenden Zinsfaktor festzulegen. 13

In der vertraglichen Vereinbarung muss geregelt sein, dass die Ansprüche aus dem Vertrag nicht vererblich, nicht übertragbar, nicht beleihbar, nicht veräußerbar und nicht kapitalisierbar sind. 14

Ab dem Veranlagungszeitraum 2010 ist für die Berücksichtigung von Beiträgen im Sinne des § 10 Absatz 1 Nummer 2 Satz 1 Buchstabe b EStG als Sonderausgaben Voraussetzung, dass 15

– die Beiträge zugunsten eines Vertrages geleistet wurden, der nach § 5a des Altersvorsorgeverträge-Zertifizierungsgesetzes – AltZertG – zertifiziert ist (Grundlagenbescheid im Sinne des § 171 Absatz 10 AO), und

– der Steuerpflichtige gegenüber dem Anbieter in die Datenübermittlung nach § 10 Absatz 2a EStG eingewilligt hat. Die Einwilligung muss dem Anbieter spätestens bis zum Ablauf des zweiten Kalenderjahres, das auf das Beitragsjahr folgt, vorliegen. Die Einwilligung gilt auch für folgende Beitragsjahre, wenn der Steuerpflichtige sie nicht gegenüber seinem Anbieter schriftlich widerruft.

Der Anbieter hat bei Vorliegen einer Einwilligung des Steuerpflichtigen die im jeweiligen Beitragsjahr zu berücksichtigenden Beiträge unter Angabe der steuerlichen Identifikationsnummer (§ 139b AO) und der Vertragsdaten an die zentrale Stelle (§ 81 EStG) zu übermitteln. Der Anbieter kann davon ausgehen, dass die zugunsten des Vertrages geleisteten Beiträge der Person zuzurechnen sind, die einen vertraglichen Anspruch auf die Altersleistung hat. Werden die erforderlichen Daten aus Gründen, die der Steuerpflichtige nicht zu vertreten hat (z. B. technische Probleme), vom Anbieter nicht übermittelt, kann der Steuerpflichtige den Nachweis über die Beiträge im Sinne des § 10 Absatz 1 Nummer 2 Satz 1 Buchstabe b EStG auch in anderer Weise erbringen. Sind die übermittelten Daten unzutreffend und werden sie daher nach Bekanntgabe des Steuerbescheids vom Anbieter aufgehoben und korrigiert, kann der Steuerbescheid insoweit geändert werden. Werden die Daten innerhalb der Frist des § 10 Absatz 2a Satz 4 und 6 EStG und erstmalig nach Bekanntgabe des Steuerbescheids übermittelt, kann der Steuerbescheid ebenfalls insoweit geändert werden.

16   Es reicht für die Berücksichtigung sämtlicher im Veranlagungszeitraum 2010 geleisteter Beiträge im Sinne des § 10 Absatz 1 Nummer 2 Satz 1 Buchstabe b EStG aus, wenn der Vertrag im Laufe des Kalenderjahres 2010 zertifiziert wurde.

bb) Absicherung von Berufsunfähigkeit, verminderter Erwerbsfähigkeit und Hinterbliebenen

17   Ergänzend können der Eintritt der Berufsunfähigkeit, der verminderten Erwerbsfähigkeit oder auch Hinterbliebene abgesichert werden, wenn die Zahlung einer Rente vorgesehen ist. Eine zeitliche Befristung einer Berufsunfähigkeits- oder Erwerbsminderungsrente ist ausschließlich im Hinblick auf die entfallende Versorgungsbedürftigkeit (Verbesserung der Gesundheitssituation oder Erreichen der Altersgrenze für den Bezug der Altersrente aus dem entsprechenden Vertrag) nicht zu beanstanden. Ebenso ist es unschädlich, wenn der Vertrag bei Eintritt der Berufsunfähigkeit oder der verminderten Erwerbsfähigkeit anstelle oder ergänzend zu einer Rentenzahlung eine Beitragsfreistellung vorsieht.

18   Die ergänzende Absicherung des Eintritts der Berufsunfähigkeit, der verminderten Erwerbsfähigkeit und von Hinterbliebenen ist nur dann unschädlich, wenn mehr als 50 % der Beiträge auf die eigene Altersversorgung des Steuerpflichtigen entfallen. Für das Verhältnis der Beitragsanteile zueinander ist regelmäßig auf den konkret vom Steuerpflichtigen zu zahlenden (Gesamt-)Beitrag abzustellen. Dabei dürfen die Überschussanteile aus den entsprechenden Risiken die darauf entfallenden Beiträge mindern.

19   Sieht der Basisrentenvertrag vor, dass der Steuerpflichtige bei Eintritt der Berufsunfähigkeit oder einer verminderten Erwerbsfähigkeit von der Verpflichtung zur Beitragszahlung für diesen Vertrag – vollständig oder teilweise – freigestellt wird, sind die insoweit auf die Absicherung dieses Risikos entfallenden Beitragsanteile der Altersvorsorge zuzuordnen. Das gilt jedoch nur, wenn sie der Finanzierung der vertraglich vereinbarten lebenslangen Leibrente i. S. d. § 10 Absatz 1 Nummer 2 Satz 1 Buchstabe b EStG dienen und aus diesen Beitragsanteilen keine Leistungen wegen Berufsunfähigkeit oder verminderter Erwerbsfähigkeit gezahlt werden, d. h. es wird lediglich der Anspruch auf eine Altersversorgung weiter aufgebaut. Eine Zuordnung zur Altersvorsorge kann jedoch nicht vorgenommen werden, wenn der Steuerpflichtige vertragsgemäß wählen kann, ob er eine Rente wegen Berufsunfähigkeit oder verminderter Erwerbsfähigkeit erhält oder die Beitragsfreistellung in Anspruch nimmt.

20   Sieht der Basisrentenvertrag vor, dass der Steuerpflichtige eine Altersrente und nach seinem Tode der überlebende Ehepartner seinerseits eine lebenslange Leibrente i. S. d. § 10 Absatz 1 Nummer 2 Satz 1 Buchstabe b EStG (insbesondere nicht vor Vollendung seines 60. bzw. 62. Lebensjahres für Verträge die nach dem 31. Dezember 2011 abgeschlossen wurden) erhält, handelt es sich nicht um eine ergänzende Hinterbliebenenabsicherung, sondern insgesamt um eine Altersvorsorge. Der Beitrag ist in diesen Fällen in vollem Umfang der Altersvorsorge zuzurechnen. Erfüllt dagegen die zugesagte Rente für den hinterbliebenen Ehegatten nicht die Voraussetzungen des § 10 Absatz 1 Nummer 2 Satz 1 Buchstabe b EStG (insbesondere im Hinblick auf das Mindestalter für den Beginn der Rentenzahlung), liegt eine ergänzende Hinterbliebenenabsicherung vor. Die Beitragsanteile, die nach versicherungsmathematischen Grundsätzen auf das Risiko der Rentenzahlung an den hinterbliebenen Ehegatten entfallen, sind daher den ergänzenden Hinterbliebenenabsicherung zuzuordnen.

21   Wird die Hinterbliebenenversorgung ausschließlich aus dem bei Tod des Steuerpflichtigen vorhandenen Altersvorsorge-(Rest-)kapitals finanziert, handelt es sich bei der Hinterbliebenenabsicherung nicht um eine Risikoabsicherung und der Beitrag ist insoweit der Altersvorsorge zuzurechnen. Das gilt auch, wenn der Steuerpflichtige eine entsprechend gestaltete Absicherung des Ehegatten als besondere Komponente im Rahmen seines (einheitlichen) Basisrentenvertrages hinzu- oder später wieder abwählen kann (z. B. bei Scheidung, Wiederheirat etc.).

Sowohl die Altersversorgung als auch die ergänzenden Absicherungen müssen in einem einheitli- 22
chen Vertrag geregelt sein. Andernfalls handelt es sich nicht um ergänzende Absicherungen zu
einem Basisrentenvertrag, sondern um eigenständige Versicherungen. In diesem Fall sind die Aufwendungen hierfür unter den Voraussetzungen des § 10 Absatz 1 Nummer 3a EStG als sonstige
Vorsorgeaufwendungen zu berücksichtigen (Rz. 77 ff.).

Bei einem Basisrentenvertrag auf Grundlage von Investmentfonds kann der Einschluss einer ergän- 23
zenden Absicherung des Eintritts der Berufsunfähigkeit, der verminderten Erwerbsfähigkeit oder
einer zusätzlichen Hinterbliebenenrente im Wege eines einheitlichen Vertrags zugunsten Dritter
gem. §§ 328 ff. BGB erfolgen. Hierbei ist die Kapitalanlagegesellschaft Versicherungsnehmer, während der Steuerpflichtige die versicherte Person ist und den eigentlichen (Renten-)Anspruch gegen
das entsprechende Versicherungsunternehmen erhält. Dies wird im Fall der Vereinbarung einer
Berufsunfähigkeits- bzw. Erwerbsunfähigkeitsrente in den Vertragsbedingungen durch Abtretung
des Bezugsrechts an den Steuerpflichtigen ermöglicht. Im Falle der Vereinbarung einer zusätzlichen
Hinterbliebenenrente erfolgt die Abtretung des Bezugsrechts an den privilegierten Hinterbliebenen.
Die Kapitalanlagegesellschaft leitet die Beiträge des Steuerpflichtigen, soweit sie für die ergänzende
Absicherung bestimmt sind, an den Versicherer weiter.

Zu den Hinterbliebenen, die zusätzlich abgesichert werden können, gehören nur der Ehegatte des 24
Steuerpflichtigen und Kinder i. S. d. § 32 EStG. Der Anspruch auf Waisenrente ist dabei auf den
Zeitraum zu begrenzen, in dem das Kind die Voraussetzungen des § 32 EStG erfüllt. Es ist nicht zu
beanstanden, wenn die Waisenrente auch für den Zeitraum gezahlt wird, in dem das Kind nur die
Voraussetzungen nach § 32 Absatz 4 Satz 1 EStG erfüllt. Für die vor dem 1. Januar 2007 abge-
schlossenen Verträge gilt für das Vorliegen einer begünstigten Hinterbliebenenversorgung die
Altersgrenze des § 32 EStG in der bis zum 31. Dezember 2006 geltenden Fassung (§ 52 Absatz 40
Satz 7 EStG). In diesen Fällen können z. B. Kinder in Berufsausbildung in der Regel bis zur Vollendung des 27. Lebensjahres berücksichtigt werden.

cc) Weitere Vertragsvoraussetzungen

Für die Anerkennung als Beiträge zur eigenen kapitalgedeckten Altersversorgung i. S. d. § 10 25
Absatz 1 Nummer 2 Satz 1 Buchstabe b EStG müssen die Ansprüche aus dem Vertrag folgende
weitere Voraussetzungen erfüllen:

– Nichtvererblichkeit:

   Es darf nach den Vertragsbedingungen nicht zu einer Auszahlung an die Erben kommen; im
   Todesfall kommt das vorhandene Vermögen der Versichertengemeinschaft bzw. der Gemeinschaft der verbleibenden Versorgungssparer zugute. Die Nichtvererblichkeit wird z. B. nicht ausgeschlossen durch gesetzlich zugelassene Hinterbliebenenleistungen im Rahmen der ergänzenden Hinterbliebenenabsicherung (Rz. 17 ff.) und durch Rentenzahlungen für die Zeit bis zum
   Ablauf des Todesmonats an die Erben.

   Eine Rentengarantiezeit, also die Vereinbarung, dass die Altersrente unabhängig vom Tod der
   versicherten Person mindestens bis zum Ablauf einer vereinbarten Garantiezeit gezahlt wird,
   widerspricht der im EStG geforderten Nichtvererblichkeit.

   Im Rahmen von Fondsprodukten (Publikumsfonds) kann die Nichtvererblichkeit dadurch
   sichergestellt werden, dass keine erbrechtlich relevanten Vermögenswerte aufgrund des Basisrentenvertrages beim Steuerpflichtigen vorhanden sind. Diese Voraussetzung kann entweder
   über eine auflösend bedingte Ausgestaltung des schuldrechtlichen Leistungsanspruchs („Treuhandlösung") oder im Wege spezieller Sondervermögen erfüllt werden, deren Vertragsbedingungen vorsehen, dass im Falle des Todes des Anlegers dessen Anteile zugunsten des Sondervermögens eingezogen werden („Fondslösung"). Ebenso kann diese Voraussetzung durch eine
   vertragliche Vereinbarung zwischen dem Anbieter und dem Steuerpflichtigen erfüllt werden,
   nach der im Falle des Todes des Steuerpflichtigen der Gegenwert seiner Fondsanteile der Spa-
   rergemeinschaft zugute kommt („vertragliche Lösung").

   Für die bei einem fondsbasierten Basis-/Rürup-Rentenprodukt im Rahmen der „vertraglichen
   Lösung" anfallenden „Sterblichkeitsgewinne" sowie für den Einzug der Anteile am Sondervermögen und die anschließende Verteilung bei der „Treuhandlösung" fällt mit Blick auf die persönlichen Freibeträge der Erwerber keine Erbschaftsteuer an.

– Nichtübertragbarkeit:

   Der Vertrag darf keine Übertragung der Ansprüche des Leistungsempfängers auf eine andere
   Person vorsehen z. B. im Wege der Schenkung; die Pfändbarkeit nach den Vorschriften der
   Zivilprozessordnung (ZPO) steht dem nicht entgegen. Übertragung zur Regelung von Scheidungsfolgen nach dem Versorgungsausgleichsgesetz – VersAusglG – vom 3. April 2009 (BGBl. I
   S. 700), insbesondere im Rahmen einer internen (§ 10 VersAusglG) oder externen Teilung
   (§ 14 VersAusglG), ist unschädlich. Der Vertrag darf zulassen, dass die Ansprüche des Leistungsempfängers aus dem Vertrag unmittelbar auf einen Vertrag auch bei einem anderen

Unternehmen übertragen werden, sofern der neue Vertrag die Voraussetzungen des § 10 Absatz 1 Nummer 2 Satz 1 Buchstabe b EStG ebenfalls erfüllt.

– Nichtbeleihbarkeit:

Es muss vertraglich ausgeschlossen sein, dass die Ansprüche z. B. sicherungshalber abgetreten oder verpfändet werden können.

– Nichtveräußerbarkeit:

Der Vertrag muss so gestaltet sein, dass die Ansprüche nicht an einen Dritten veräußert werden können.

– Nichtkapitalisierbarkeit:

Es darf vertraglich kein Recht auf Kapitalisierung des Rentenanspruchs vorgesehen sein mit Ausnahme der Abfindung einer Kleinbetragsrente in Anlehnung an § 93 Absatz 3 Satz 2 und 3 EStG. Die Abfindungsmöglichkeit besteht erst mit dem Beginn der Auszahlungsphase, frühestens mit Vollendung des 60. Lebensjahres des Leistungsempfängers (bei nach dem 31. Dezember 2011 abgeschlossenen Verträgen ist grundsätzlich die Vollendung des 62. Lebensjahres maßgebend, vgl. Rz. 9).

26   Zu den nach § 10 Absatz 1 Nummer 2 Satz 1 Buchstabe b EStG begünstigten Beiträgen können auch Beiträge an Pensionsfonds, Pensionskassen und Direktversicherungen gehören, die im Rahmen der betrieblichen Altersversorgung erbracht werden (rein arbeitgeberfinanzierte und durch Entgeltumwandlung finanzierte Beiträge sowie Eigenbeiträge), sofern es sich um Beiträge zu einem entsprechend zertifizierten Vertrag handelt (vgl. Rz. 15). Nicht zu berücksichtigen sind steuerfreie Beiträge, pauschal besteuerte Beiträge (H 10.1 [Zukunftssicherungsleistungen] EStH 2008) und Beiträge, die aufgrund einer Altzusage geleistet werden (vgl. Rz. 306 ff., 331 und 333 des BMF-Schreiben vom 31. März 2010, BStBl I S. 270).

27   Werden Beiträge zugunsten von Vorsorgeverträgen geleistet, die u. a. folgende Möglichkeiten vorsehen, liegen keine Beiträge i. S. d. § 10 Absatz 1 Nummer 2 Satz 1 Buchstabe b EStG vor:

– Kapitalwahlrecht,

– Anspruch bzw. Optionsrecht auf (Teil-) Auszahlung nach Eintritt des Versorgungsfalls,

– Zahlung eines Sterbegeldes,

– Abfindung einer Rente – Abfindungsansprüche und Beitragsrückerstattungen im Fall einer Kündigung des Vertrags; dies gilt nicht für gesetzliche Abfindungsansprüche (z. B. § 3 Betriebsrentengesetz – BetrAVG) oder die Abfindung einer Kleinbetragsrente (vgl. Rz. 25).

c) Zusammenhang mit steuerfreien Einnahmen

28   Voraussetzung für die Berücksichtigung von Vorsorgeaufwendungen i. S. d. § 10 Absatz 1 Nummer 2 EStG ist, dass sie nicht in unmittelbarem wirtschaftlichen Zusammenhang mit steuerfreien Einnahmen stehen. Beiträge – z. B. zur gesetzlichen Rentenversicherung – in unmittelbarem wirtschaftlichen Zusammenhang mit steuerfreiem Arbeitslohn (z. B. nach dem Auslandstätigkeitserlass, aufgrund eines Doppelbesteuerungsabkommens oder aufgrund des zusätzlichen Höchstbetrags von 1 800 € nach § 3 Nummer 63 Satz 3 EStG) sind nicht als Sonderausgaben abziehbar. Dies gilt nicht, wenn Arbeitslohn nicht zum Zufluss von Arbeitslohn führt, jedoch beitragspflichtig ist (z. B. Umwandlung zugunsten einer Direktzusage oberhalb von 4 % der Beitragsbemessungsgrenze in der allgemeinen Rentenversicherung; § 115 des Vierten Buches Sozialgesetzbuch – SGB IV –). Die Hinzurechnung des nach § 3 Nummer 62 EStG steuerfreien Arbeitgeberanteils oder eines gleichgestellten steuerfreien Zuschusses des Arbeitgebers nach § 10 Absatz 1 Nummer 2 Satz 2 EStG bleibt hiervon unberührt; dies gilt nicht, soweit der steuerfreie Arbeitgeberanteil auf steuerfreien Arbeitslohn entfällt.

d) Beitragsempfänger

29   Zu den Beitragsempfängern i. S. d. § 10 Absatz 2 Nummer 2 Satz 1 Buchstabe a EStG gehören auch Pensionsfonds, die wie Versicherungsunternehmen den aufsichtsrechtlichen Regelungen des Versicherungsaufsichtsgesetzes unterliegen und – seit 1. Januar 2006 – Anbieter i. S. d. § 80 EStG. Die Produktvoraussetzungen für das Vorliegen einer Basisrente (§ 10 Absatz 1 Nummer 2 Satz 1 Buchstabe b EStG) werden dadurch nicht erweitert.

2. Ermittlung des Abzugsbetrags nach § 10 Absatz 3 EStG

a) Höchstbetrag

30   Die begünstigten Beiträge sind nach § 10 Absatz 3 EStG bis zu 20 000 € als Sonderausgaben abziehbar. Im Falle der Zusammenveranlagung von Ehegatten verdoppelt sich der Betrag auf 40 000 € – unabhängig davon, wer von den Ehegatten die begünstigten Beiträge entrichtet hat.

b) Kürzung des Höchstbetrags nach § 10 Absatz 3 Satz 3 EStG

Der Höchstbetrag ist bei einem Steuerpflichtigen, der zum Personenkreis des § 10c Absatz 3 Satz 3   31
Nummer 1 oder 2 EStG gehört, um den Betrag zu kürzen, der dem Gesamtbeitrag (Arbeitgeber-
und Arbeitnehmeranteil) zur allgemeinen Rentenversicherung entspricht. Der Gesamtbeitrag ist
dabei anhand der Einnahmen aus der Tätigkeit zu ermitteln, die die Zugehörigkeit zum genannten
Personenkreis begründen.

Für die Berechnung des Kürzungsbetrages ist auf den zu Beginn des jeweiligen Kalenderjahres   32
geltenden Beitragssatz in der allgemeinen Rentenversicherung abzustellen.

aa) Kürzung des Höchstbetrags beim Personenkreis des § 10c Absatz 3 Satz 3 Nummer 1 Buchstabe a EStG

Zum Personenkreis des § 10c Absatz 3 Satz 3 Nummer 1 Buchstabe a EStG gehören insbesondere   33

– Beamte, Richter, Berufssoldaten, Soldaten auf Zeit, Amtsträger,

– Arbeitnehmer, die nach § 5 Absatz 1 Nummer 2 und 3 SGB VI oder § 230 SGB VI versicherungsfrei sind (z. B. Beschäftigte bei Trägern der Sozialversicherung, Geistliche der als öffentlich-
   rechtliche Körperschaften anerkannten Religionsgemeinschaften),

– Arbeitnehmer, die auf Antrag des Arbeitgebers von der gesetzlichen Rentenversicherungspflicht
   befreit worden sind, z. B. eine Lehrkraft an nicht öffentlichen Schulen, bei der eine Altersversorgung nach beamtenrechtlichen oder entsprechenden kirchenrechtlichen Grundsätzen gewährleistet ist.

Der Höchstbetrag nach § 10 Absatz 3 Satz 1 EStG ist um einen fiktiven Gesamtbeitrag zur allgemei-   34
nen Rentenversicherung zu kürzen. Bemessungsgrundlage für den Kürzungsbetrag sind die erzielten steuerpflichtigen Einnahmen aus der Tätigkeit, die die Zugehörigkeit zum Personenkreis des
§ 10c Absatz 3 Satz 3 Nummer 1 Buchstabe a EStG begründen, höchstens bis zum Betrag der Beitragsbemessungsgrenze in der allgemeinen Rentenversicherung.

Es ist unerheblich, ob die Zahlungen insgesamt beitragspflichtig gewesen wären, wenn Versiche-   35
rungspflicht in der gesetzlichen Rentenversicherung bestanden hätte. Aus Vereinfachungsgründen
ist einheitlich auf die Beitragsbemessungsgrenze (Ost) in der allgemeinen Rentenversicherung
abzustellen.

bb) Kürzung des Höchstbetrags beim Personenkreis des § 10c Absatz 3 Nummer 1 Buchstabe b EStG

Zum Personenkreis des § 10c Absatz 3 Satz 3 Nummer 1 Buchstabe b EStG gehören Arbeitnehmer,   36
die während des ganzen oder eines Teils des Kalenderjahres nicht der gesetzlichen Rentenversicherungspflicht unterliegen und denen eine betriebliche Altersversorgung im Zusammenhang
mit einem im betreffenden Veranlagungszeitraum bestehenden Dienstverhältnis zugesagt worden
ist. Hierzu können insbesondere beherrschende Gesellschafter-Geschäftsführer einer GmbH oder
Vorstandsmitglieder einer Aktiengesellschaft gehören. Für die Beurteilung der Zugehörigkeit zu
diesem Personenkreis sind alle Formen der betrieblichen Altersversorgung zu berücksichtigen.
Ohne Bedeutung sind dabei die Art der Finanzierung, die Höhe der Versorgungszusage und die
Art des Durchführungswegs. Ebenso ist unerheblich, ob im betreffenden Veranlagungszeitraum
Beiträge erbracht wurden oder die Versorgungsanwartschaft angewachsen ist.

Für die Beurteilung, ob eine Kürzung vorzunehmen ist, ist auf das konkrete Dienstverhältnis in   37
dem jeweiligen Veranlagungszeitraum abzustellen. Nicht einzubeziehen sind Anwartschaftsrechte
aus einer im gesamten Veranlagungszeitraum privat fortgeführten Direktversicherung, bei der der
Arbeitnehmer selbst Versicherungsnehmer ist.

Für Veranlagungszeiträume von 2005 bis 2007 wird hinsichtlich der Zugehörigkeit zum Personenkreis   38
des § 10c Absatz 3 Satz 3 Nummer 1 Buchstabe b EStG (bis zum 31. Dezember 2009 war der betroffene
Personenkreis in § 10c Absatz 3 Nummer 2 EStG geregelt) danach differenziert, ob das Anwartschaftsrecht ganz oder teilweise ohne eigene Beitragsleistung bzw. durch nach § 3 Nummer 63 EStG steuerfreie Beiträge aufgebaut wurde; siehe hierzu BMF-Schreiben vom 22. Mai 2007, BStBl I S. 493.

Kommt eine Kürzung des Höchstbetrages nach § 10 Absatz 3 Satz 3 EStG in Betracht, gelten die   39
Rz. 34 und Rz. 35 entsprechend.

cc) Kürzung des Höchstbetrags bei Steuerpflichtigen mit Einkünften im Sinne des § 22 Nummer 4 EStG

Zu den Steuerpflichtigen, die Einkünfte i. S. d. § 22 Nummer 4 EStG beziehen, gehören insbesondere   40

– Bundestagsabgeordnete,

– Landtagsabgeordnete,

– Abgeordnete des Europaparlaments.

41   Nicht zu diesem Personenkreis gehören z. B.

       – ehrenamtliche Mitglieder kommunaler Vertretungen,

       – kommunale Wahlbeamte wie Landräte und Bürgermeister.

42   Eine Kürzung des Höchstbetrags nach § 10 Absatz 3 Satz 3 Nummer 2 EStG ist jedoch nur vorzunehmen, wenn der Steuerpflichtige zum genannten Personenkreis gehört und ganz oder teilweise ohne eigene Beitragsleistung einen Anspruch auf Altersversorgung nach dem Abgeordnetengesetz, dem Europaabgeordnetengesetz oder entsprechenden Gesetzen der Länder erwirbt.

43   Bemessungsgrundlage für den Kürzungsbetrag sind die Einnahmen i. S. d. § 22 Nummer 4 EStG, soweit sie die Zugehörigkeit zum Personenkreis im Sinne der Rz. 42 begründen, höchstens der Betrag der Beitragsbemessungsgrenze in der allgemeinen Rentenversicherung. Aus Vereinfachungsgründen ist einheitlich auf die Beitragsbemessungsgrenze (Ost) in der allgemeinen Rentenversicherung abzustellen.

c) Kürzung des Höchstbetrags bei Ehegatten

44   Bei Ehegatten ist für jeden Ehegatten gesondert zu prüfen, ob und ggf. in welcher Höhe der gemeinsame Höchstbetrag von 40 000 € zu kürzen ist (Rz. 31 ff.).

d) Übergangsregelung (2005 bis 2024)

45   Für den Übergangszeitraum von 2005 bis 2024 sind die nach den Rz. 1 bis 26 und 29 bis 44 zu berücksichtigenden Aufwendungen mit dem sich aus § 10 Absatz 3 Satz 4 und 6 EStG ergebenden Prozentsatz anzusetzen:

Jahr	Prozentsatz
2010	70
2011	72
2012	74
2013	76
2014	78
2015	80
2016	82
2017	84
2018	86
2019	88
2020	90
2021	92
2022	94
2023	96
2024	98
ab 2025	100

e) Kürzung des Abzugsbetrags bei Arbeitnehmern nach § 10 Absatz 3 Satz 5 EStG

46   Bei Arbeitnehmern, die steuerfreie Arbeitgeberleistungen nach § 3 Nummer 62 EStG oder diesen gleichgestellte steuerfreie Zuschüsse des Arbeitgebers erhalten haben, ist der sich nach Rz. 45 ergebende Abzugsbetrag um diese Beträge zu kürzen (nicht jedoch unter 0 €). Haben beide Ehegatten steuerfreie Arbeitgeberleistungen erhalten, ist der Abzugsbetrag um beide Beträge zu kürzen.

Beispiele

47   Bei der Berechnung der Beispiele wurde ein Beitragssatz zur allgemeinen Rentenversicherung (RV) i. H v. 19,9 % unterstellt.

48   **Beispiel 1:**

       Ein lediger Arbeitnehmer zahlt im Jahr 2010 einen Arbeitnehmeranteil zur allgemeinen Rentenversicherung i. H v. 4 000 €. Zusätzlich wird ein steuerfreier Arbeitgeberanteil in gleicher Höhe gezahlt. Daneben hat der Arbeitnehmer noch eine Leibrentenversicherung i. S. d. § 10 Absatz 1 Nummer 2 Satz 1 Buchstabe b EStG abgeschlossen und dort Beiträge i. H v. 3 000 € eingezahlt.

       Im Jahr 2010 können Altersvorsorgeaufwendungen i. H. v. 3 700 € als Sonderausgaben nach § 10 Absatz 1 Nummer 2 i. V. m. Absatz 3 EStG abgezogen werden:

Arbeitnehmerbeitrag	4 000 €
Arbeitgeberbeitrag	4 000 €

Leibrentenversicherung	3 000 €	
insgesamt	11 000 €	
Höchstbetrag	20 000 €	
70 % des geringeren Betrages		7 700 €
abzügl. steuerfreier Arbeitgeberanteil		4 000 €
verbleibender Betrag		3 700 €

Zusammen mit dem steuerfreien Arbeitgeberbeitrag werden damit Altersvorsorgeaufwendungen i. H. v. 7 700 € von der Besteuerung freigestellt. Dies entspricht 70 % der insgesamt geleisteten Beiträge.

Beispiel 2: 49

Ein lediger Beamter zahlt 3 000 € in eine begünstigte Leibrentenversicherung i. S. d. § 10 Absatz 1 Nummer 2 Satz 1 Buchstabe b EStG, um zusätzlich zu seinem Pensionsanspruch eine Altersversorgung zu erwerben. Seine Einnahmen aus dem Beamtenverhältnis betragen 40 202 €.

Im Jahr 2010 können Altersvorsorgeaufwendungen i. H. v. 2 100 € als Sonderausgaben abgezogen werden:

Leibrentenversicherung		3 000 €
Höchstbetrag	20 000 €	
abzügl. fiktiver Gesamtbeitrag RV	8 000 €	
(40 202 € × 19,9 % =)		
gekürzter Höchstbetrag		12 000 €
70 % des geringeren Betrages		2 100 €

Auch bei diesem Steuerpflichtigen werden 70 % der Beiträge von der Besteuerung freigestellt.

Beispiel 3: 50

Die Eheleute A und B zahlen im Jahr 2010 jeweils 8 000 € für eine Leibrentenversicherung i. S. d. § 10 Absatz 1 Nummer 2 Satz 1 Buchstabe b EStG. A ist im Jahr 2010 als selbständiger Steuerberater tätig und zahlt darüber hinaus 15 000 € in die berufsständische Versorgungseinrichtung der Steuerberater, die der gesetzlichen Rentenversicherung vergleichbare Leistungen erbringt. B ist Beamtin ohne eigene Aufwendungen für ihre künftige Pension. Ihre Einnahmen aus dem Beamtenverhältnis betragen 40 202 €.

Im Jahr 2010 können Altersvorsorgeaufwendungen i. H. v. 21 700 € als Sonderausgaben abgezogen werden:

berufsständische Versorgungseinrichtung	15 000 €	
Leibrentenversicherung	16 000 €	
insgesamt		31 000 €
Höchstbetrag	40 000 €	
abzügl. fiktiver Gesamtbeitrag RV	8 000 €	
(40 202 € × 19,9 % =)		
gekürzter Höchstbetrag		32 000 €
70 % des geringeren Betrages		21 700 €

Die Beiträge nach § 168 Absatz 1 Nummer 1b oder 1c SGB VI (geringfügig versicherungspflichtig Beschäftigte) oder nach § 172 Absatz 3 oder 3a SGB VI (versicherungsfrei geringfügig Beschäftigte) vermindern den abziehbaren Betrag nur, wenn der Steuerpflichtige die Hinzurechnung dieser Beiträge zu den Vorsorgeaufwendungen nach § 10 Absatz 1 Nummer 2 Satz 3 EStG beantragt hat. Dies gilt, obwohl der Arbeitgeberbeitrag nach § 3 Nummer 62 EStG steuerfrei ist. 51

Für Veranlagungszeiträume vor 2008 erfolgt hingegen eine Hinzurechnung und Kürzung unabhängig davon, ob der Beitrag in einer Lohnsteuerbescheinigung ausgewiesen wird oder ob eine Pauschalbesteuerung nach § 40a EStG erfolgt ist. Im Fall der Zusammenveranlagung von Ehegatten ist dieses Verfahren entsprechend anzuwenden. Eine Einzelbetrachtung der Ehegatten ist nicht vorzunehmen. Der bei den Ehegatten insgesamt zu berücksichtigende Abzugsbetrag für Altersvorsorgeaufwendungen ist folglich um die Summe der für einen oder beide Ehegatten erbrachten steuerfreien Arbeitgeberleistungen nach § 3 Nummer 62 EStG oder diesen gleichgestellten steuerfreien Zuschüsse des Arbeitgebers zu mindern; das Ergebnis dieser Berechnung darf 0 € nicht unterschreiten. 52

II. Sonderausgabenabzug für sonstige Vorsorgeaufwendungen nach § 10 Absatz 1 Nummer 3 und Nummer 3a EStG

1. Allgemeines

53   Mit dem Gesetz zur verbesserten steuerlichen Berücksichtigung von Vorsorgeaufwendungen (Bürgerentlastungsgesetz Krankenversicherung vom 16. Juli 2009) hat der Gesetzgeber die steuerliche Berücksichtigung von Kranken- und Pflegeversicherungsbeiträgen zum 1. Januar 2010 neu geregelt. Die vom Steuerpflichtigen tatsächlich geleisteten Beiträge für eine Absicherung auf sozialhilfegleichem Versorgungsniveau (Basisabsicherung) zur privaten und gesetzlichen Krankenversicherung und zur gesetzlichen Pflegeversicherung werden in vollem Umfang steuerlich berücksichtigt. Ab dem Veranlagungszeitraum 2010 ist deshalb innerhalb der sonstigen Vorsorgeaufwendungen zwischen den Basiskrankenversicherungsbeiträgen (Rz. 54 ff.) und den Beiträgen zur gesetzlichen Pflegeversicherung in § 10 Absatz 1 Nummer 3 EStG (Rz. 76) sowie den weiteren sonstigen Vorsorgeaufwendungen in § 10 Absatz 1 Nummer 3a EStG (Rz. 77 ff.) zu unterscheiden. Die Beiträge können grundsätzlich vom Versicherungsnehmer, in den Fällen des § 10 Absatz 1 Nummer 3 Satz 2 EStG aber abweichend auch vom Unterhaltsverpflichteten geltend gemacht werden, wenn dieser die eigenen Beiträge eines Kindes, für das ein Anspruch auf einen Kinderfreibetrag oder auf Kindergeld besteht, wirtschaftlich getragen hat.

2. Sonstige Vorsorgeaufwendungen

a) Beiträge zur Basiskrankenversicherung (§ 10 Absatz 1 Nummer 3 Satz 1 Buchstabe a EStG)

54   Begünstigt sind nach § 10 Absatz 1 Nummer 3 Satz 1 Buchstabe a EStG Beiträge zur Krankenversicherung, soweit diese zur Erlangung eines durch das Zwölfte Buch Sozialgesetzbuch bestimmten sozialhilfegleichen Versorgungsniveaus erforderlich sind (Basiskrankenversicherung):

–   Für Beiträge zur gesetzlichen Krankenversicherung (GKV) sind dies die nach dem Dritten Titel des Ersten Abschnitts des Achten Kapitels des Fünften Buches Sozialgesetzbuch (SGB V) oder die nach dem Sechsten Abschnitt des Zweiten Gesetzes über die Krankenversicherung der Landwirte festgesetzten Beiträge, ggf. gemindert um 4 % des Beitrags, soweit sich aus diesem ein Anspruch auf Krankengeld oder ein Anspruch auf eine Leistung, die anstelle von Krankengeld gewährt wird, ergeben kann.

–   Für Beiträge zu einer privaten Krankenversicherung (PKV) sind dies die Beitragsanteile, die auf Vertragsleistungen entfallen, die, mit Ausnahme der auf das Krankengeld entfallenden Beitragsanteile, in Art, Umfang und Höhe den Leistungen nach dem Dritten Kapitel des SGB V vergleichbar sind, auf die ein Anspruch besteht.

55   Die im einkommensteuerrechtlichen Zusammenhang verwendeten Begriffe Basisabsicherung und Basiskrankenversicherung sind vom Basistarif im Sinne des § 12 Absatz 1a des Versicherungsaufsichtsgesetzes (VAG) abzugrenzen. Der Basistarif wurde zum 1. Januar 2009 eingeführt und ist ein besonders gestalteter Tarif. Dieser muss grundsätzlich von jedem privaten Krankenversicherungsunternehmen angeboten werden. Die Leistungen des Basistarifs entsprechen den Pflichtleistungen der GKV. Die so genannte Basisabsicherung im Sinne des Einkommensteuerrechts ist jedoch kein spezieller Tarif, sondern die Absicherung der Leistungen auf dem Niveau der GKV (mit Ausnahme des Krankengeldes), die auch in jedem anderen Tarif als dem Basistarif enthalten sein kann. Für die Absicherung solcher Leistungen gezahlte Beitragsanteile können nach § 10 Absatz 1 Nummer 3 Satz 1 Buchstabe a EStG steuerlich geltend gemacht werden.

56   Beitragsrückerstattungen mindern – unabhängig von ihrer Bezeichnung, z. B. als Pauschalleistung, und soweit sie auf die Basisabsicherung entfallen – die nach § 10 Absatz 1 Nummer 3 Satz 1 Buchstabe a EStG abziehbaren Krankenversicherungsbeiträge in dem Jahr, in dem sie zufließen. Beitragsrückerstattungen in diesem Sinne sind z. B. auch Prämienzahlungen nach § 53 SGB V und Bonuszahlungen nach § 65a SGB V. Zur Ermittlung der auf die Basisabsicherung entfallenden Höhe der Beitragsrückerstattung ist der Vertragsstand zugrunde zu legen, der den erstatteten Beitragszahlungen zugrunde lag, unabhängig vom Vertragsstand zum Zuflusszeitpunkt der Beitragsrückerstattung.

57   Keine Beiträge im Sinne des § 10 Absatz 1 Nummer 3 Satz 1 Buchstabe a EStG sind Beiträge zu einer Auslandskrankenversicherung (Reisekrankenversicherung), die zusätzlich zu einem bestehenden Versicherungsschutz in der GKV oder PKV ohne eingehende persönliche Risikoprüfung abgeschlossen werden.

aa) Beiträge zur gesetzlichen Krankenversicherung

1) Allgemeines

58   Die Beiträge zur GKV sowie die Beiträge zur landwirtschaftlichen Krankenkasse gehören grundsätzlich zu den Beiträgen für eine Basiskrankenversicherung. Hierzu zählt auch ein eventuell von der Krankenkasse erhobener kassenindividueller Zusatzbeitrag im Sinne des § 242 SGB V.

Nicht der Basisabsicherung zuzurechnen ist hingegen der Beitragsanteil, der der Finanzierung des Krankengeldes dient. Dieser Anteil wird mit einem pauschalen Abschlag in Höhe von 4 % bemessen und von der Finanzverwaltung von den übermittelten Beträgen (Beitrag einschließlich eines kassenindividuellen Zusatzbeitrags im Sinne des § 242 SGB V) abgezogen. Der Abschlag ist allerdings nur dann vorzunehmen, wenn der Steuerpflichtige im Krankheitsfall einen Anspruch auf Krankengeldzahlung oder einen Anspruch auf eine Leistung hat, die anstelle von Krankengeld gewährt wird. Werden über die GKV auch Leistungen abgesichert, die über die Pflichtleistungen hinausgehen, so sind auch die darauf entfallenden Beitragsanteile nicht der Basisabsicherung zuzurechnen. Hierzu gehören Beiträge für Wahl- und Zusatztarife, die z. B. Leistungen wie Chefarztbehandlung oder Einbettzimmer abdecken. 59

Ermittelt sich bei einem freiwillig Versicherten der Beitrag unter Berücksichtigung mehrerer Einkunftsarten nach einem einheitlichen Beitragssatz, ist die Kürzung um 4 % für den gesamten Beitrag vorzunehmen, auch wenn nur ein Teil der Einkünfte bei der Bemessung der Höhe des Krankengeldes berücksichtigt wird. 60

2) Einzelne Personengruppen

(a) Pflichtversicherte Arbeitnehmer

Der dem pflichtversicherten Arbeitnehmer zuzurechnende GKV-Beitrag ist grundsätzlich von der Finanzverwaltung um 4 % zu mindern. Ist der Finanzverwaltung bekannt, dass der Arbeitnehmer im Einzelfall keinen Anspruch hat auf Krankengeld bzw. eine Leistung, die anstelle von Krankengeld gewährt wird, ist bei Berücksichtigung des Sonderausgabenabzugs von der Finanzverwaltung keine Minderung in Höhe von 4 % vorzunehmen. 61

(b) Freiwillig gesetzlich versicherte Arbeitnehmer

Bei Arbeitnehmern, bei denen der Arbeitgeber den Gesamtbeitrag des Arbeit-nehmers an die GKV abführt (Firmenzahler) oder bei Arbeitnehmern, bei denen der Beitrag an die GKV vom Arbeitnehmer selbst gezahlt wird (Selbstzahler), ist der Beitrag nach Abzug des steuerfreien Arbeitgeberzuschusses (§ 3 Nummer 62 EStG) von der Finanzverwaltung um 4 % zu mindern, soweit grundsätzlich ein Anspruch auf Krankengeld oder auf eine Leistung besteht, die anstelle von Krankengeld gewährt wird. 62

(c) Freiwillig gesetzlich versicherte Selbständige

Besteht bei Selbständigen ein Anspruch auf Krankengeld oder ein Anspruch auf eine Leistung, die anstelle von Krankengeld gewährt wird, ist der Beitrag von der Finanzverwaltung um 4 % zu mindern. 63

(d) Pflichtversicherte selbständige Künstler und Publizisten

Wird von der Künstlersozialkasse an Stelle der steuerfreien Arbeitgeberanteile ein steuerfreier Betrag abgeführt, ist der Beitrag um diesen Betrag zu kürzen. Besteht ein Anspruch auf Krankengeld oder ein Anspruch auf eine Leistung, die anstelle von Krankengeld gewährt wird, ist der ggf. um den steuerfreien Betrag gekürzte Beitrag von der Finanzverwaltung um 4 % zu mindern. 64

(e) Freiwillig gesetzlich versicherte Künstler und Publizisten

Der Beitrag ist um den von der Künstlersozialkasse gewährten steuerfreien Beitragszuschuss zu kürzen. Besteht ein Anspruch auf Krankengeld oder ein Anspruch auf eine Leistung, die anstelle von Krankengeld gewährt wird, ist der ggf. um den steuerfreien Zuschuss gekürzte Beitrag von der Finanzverwaltung um 4 % zu mindern. 65

(f) Pflichtversicherte Rentner

Der im Rahmen der Krankenversicherung der Rentner (KVdR) erhobene Beitrag ist nicht um 4 % zu mindern. 66

(g) Freiwillig gesetzlich versicherte Rentner

Der Beitrag ist um einen gewährten steuerfreien Zuschuss zur Krankenversicherung zu kürzen. Bezieht ein freiwillig gesetzlich versicherter Rentner neben der Rente noch andere Einkünfte und besteht im Zusammenhang mit diesen anderen Einkünften ein Anspruch auf Krankengeld oder ein Anspruch auf eine Leistung, die anstelle von Krankengeld gewährt wird, ist der ggf. um den von der Rentenversicherung gezahlten steuerfreien Zuschuss gekürzte Beitrag von der Finanzverwaltung um 4 % zu mindern. 67

bb) Beiträge zur privaten Krankenversicherung

1) Allgemeines

68   Der Basisabsicherung in einer PKV dienen die jeweiligen Beitragsanteile, mit denen die Versicherungs-leistungen finanziert werden, die in Art, Umfang und Höhe den Leistungen nach dem Dritten Kapitel des SGB V – also den Pflichtleistungen der GKV – vergleichbar sind und auf die ein Anspruch besteht. Nicht zur Basisabsicherung gehören – wie bei der GKV – Beitragsanteile, die der Finanzierung von Wahlleistungen (z. B. Chefarztbehandlung, Einbettzimmer) im Sinne des § 1 Absatz 1 i. V. m. § 2 Absatz 1 KVBEVO (vgl. Rz. 69), des Krankenhaustagegeldes oder des Krankentagegeldes dienen.

69   Sind in einem Versicherungstarif begünstigte und nicht begünstigte Versicherungsleistungen abge-sichert, muss der vom Versicherungsnehmer geleistete Beitrag durch das Krankenversicherungs-unternehmen aufgeteilt werden. Wie diese Aufteilung in typisierender Weise zu erfolgen hat, wird durch die „Verordnung zur tarifbezogenen Ermittlung der steuerlich berücksichtigungsfähigen Bei-träge zum Erwerb eines Krankenversicherungsschutzes im Sinne des § 10 Absatz 1 Nummer 3 Satz 1 Buchstabe a des Einkommensteuergesetzes (Krankenversicherungsbeitragsanteil-Ermittlungsver-ordnung; KVBEVO)" (BGBl I 2009, S. 2730) geregelt. Die wesentlichen Grundsätze der Beitragsauf-teilung lassen sich wie folgt zusammenfassen:

–   Enthält ein Tarif nur Leistungen, mit denen eine Basisabsicherung gewährleistet wird, ist eine tarifbezogene Beitragsaufteilung nicht erforderlich. Der für diesen Tarif geleistete Beitrag ist insgesamt abziehbar. Dies gilt auch für Beiträge zum Basistarif im Sinne des § 12 Absatz 1a VAG. Ergibt sich im Rahmen des Basistarifs ein Anspruch auf Krankengeld, ist vom Beitrag ein Abschlag von 4 % vorzunehmen.

–   Enthält ein Tarif nur Wahlleistungen ist eine tarifbezogene Beitragsaufteilung nicht durch-zuführen. Der für diesen Tarif geleistete Beitrag ist insgesamt nicht nach § 10 Absatz 1 Nummer 3 EStG abziehbar.

–   Enthält ein Tarif sowohl Leistungen, mit denen eine Basisabsicherung gewährleistet wird, als auch solche, die darüber hinausgehen, hat das Krankenversicherungsunternehmen nach den Vorschriften der KVBEVO den nicht nach § 10 Absatz 1 Nummer 3 EStG abziehbaren Beitrags-anteil zu ermitteln.

–   Enthält ein erstmals nach dem 1. Mai 2009 für das Neugeschäft angebotener Tarif nur in gerin-gerem Umfang Leistungen, mit denen eine Basisabsicherung gewährleistet wird, und ansonsten Leistungen, die diesem Niveau nicht entsprechen, hat das Krankenversicherungsunternehmen vom geleisteten Beitrag einen Abschlag in Höhe von 99 % vorzunehmen. Gleiches gilt, wenn – mit Ausnahme des Basistarifs im Sinne des § 12 Absatz 1a VAG – Krankentagegeld oder Kran-kenhaustagegeld zusammen mit anderen Leistungen in einem Tarif abgesichert ist.

70   Zahlt der Versicherte für seine Basisabsicherung zunächst einen erhöhten Beitrag, um ab einem bestimmten Alter durch eine entsprechend erhöhte Alterungsrückstellung i. S. d. § 12 Absatz 4a VAG eine zuvor vereinbarte zeitlich unbefristete Beitragsentlastung für seine Basisabsicherung zu erhalten, ist auch der auf die Basisabsicherung entfallende Beitragsanteil für die erhöhte Alte-rungsrückstellung nach § 10 Absatz 1 Nummer 3 Satz 1 Buchstabe a EStG abziehbar.

71   Mit Beiträgen zugunsten einer so genannten Anwartschaftsversicherung erwirbt der Versiche-rungsnehmer den Anspruch, zu einem späteren Zeitpunkt eine private Krankenversicherung zu einem ermäßigten Beitrag zu erhalten. Der Versicherungsnehmer wird dabei hinsichtlich seines der Beitragsbemessung zugrunde gelegten Gesundheitszustands und ggf. auch hinsichtlich der Alterungsrückstellung so gestellt, als sei der Krankenversicherungsvertrag bereits zu einem frühe-ren Zeitpunkt abgeschlossen worden. Übersteigen die Beiträge für eine Anwartschaftsversiche-rung jährlich nicht einen Betrag in Höhe von 100 €, sind sie aus Billigkeitsgründen insgesamt wie Beiträge zu einer Basiskrankenversicherung zu behandeln. Die den Betrag von 100 € übersteigen-den Beiträge für eine Anwartschaftsversicherung sind nur insoweit wie Beiträge zu einer Basis-krankenversicherung zu behandeln, als sie auf die Minderung von Beitragsbestandteilen gerichtet sind, die der Basiskrankenversicherung zuzurechnen sind.

2) Einzelne Personengruppen

(a) Privat versicherte Arbeitnehmer

72   Hat ein Arbeitnehmer mit dem Lohn einen steuerfreien Zuschuss für seine Krankenversicherung erhalten, steht dieser insgesamt in unmittelbarem Zusammenhang mit den Vorsorgeaufwendun-gen im Sinne des § 10 Absatz 1 Nummer 3 EStG (§ 10 Absatz 2 Satz 1 Nummer 1 EStG). Dies gilt auch, wenn der Arbeitnehmer Wahlleistungen abgesichert hat. Der Zuschuss mindert in vollem Umfang die Beiträge zur Basisabsicherung.

Beispiel:

73   A ist privat krankenversicherter Arbeitnehmer und hat für seine Krankenversicherung einen Beitrag in Höhe von insgesamt 6 000 € jährlich an seine Krankenversicherung zu leisten. Diese

Summe setzt sich zusammen aus einem Beitrag in Höhe von 500 € für einen Tarif, der ausschließlich Wahlleistungen abdeckt und einem Beitrag in Höhe von 5 500 € für einen Tarif, der sowohl Leistungen abdeckt, die der Basisabsicherung dienen, als auch darüber hinausgehende Leistungen. Der Beitrag in Höhe von 5 500 € für einen Tarif, der sowohl Leistungen abdeckt, die der Basisabsicherung dienen als auch darüber hinausgehende Leistungen, ist durch das Versicherungsunternehmen nach der KVBEVO aufzuteilen. Nach der Aufteilung ergibt sich für die Absicherung von Leistungen, die der Basisabsicherung dienen, ein Beitragsanteil in Höhe von 4 500 € und für die Absicherung von Leistungen, die nicht der Basisabsicherung dienen, ein Beitragsanteil in Höhe von 1 000 €. Das Versicherungsunternehmen übermittelt einen Beitrag für die Basisabsicherung in Höhe von 4 500 € an die Finanzverwaltung (ZfA). A erhält von seinem Arbeitgeber jährlich einen steuerfreien Zuschuss in Höhe von 3 000 € zu seinem Krankenversicherungsbeitrag.

Lösung:

Der Beitrag in Höhe von 500 € für einen Tarif, der ausschließlich Wahlleistungen abdeckt, ist insgesamt nicht nach § 10 Absatz 1 Nummer 3 EStG zu berücksichtigen. Eine Aufteilung nach der KVBEVO ist insoweit nicht erforderlich. Der Beitrag für die Basisabsicherung in Höhe von 4 500 € wurde der Finanzverwaltung vom Versicherungsunternehmen per Datensatz übermittelt. Dieser wird von der Finanzverwaltung um den vom Arbeitgeber steuerfrei gezahlten Zuschuss in Höhe von 3 000 € vermindert. Es verbleibt danach ein Beitrag in Höhe von 1 500 €, der als sonstige Vorsorgeaufwendungen im Sinne des § 10 Absatz 1 Nummer 3 EStG bei der Ermittlung des entsprechenden Abzugsvolumens zu berücksichtigen ist.

(b) Privat versicherte Künstler und Publizisten

Der Beitrag ist um einen gewährten steuerfreien Zuschuss zur Krankenversicherung zu kürzen.   74

(c) Privat versicherte Rentner

Der Beitrag ist um einen gewährten steuerfreien Zuschuss zur Krankenversicherung zu kürzen.   75

b) Beiträge zur gesetzlichen Pflegeversicherung

Begünstigt sind nach § 10 Absatz 1 Nummer 3 Satz 1 Buchstabe b EStG Beiträge zur gesetzlichen Pflegeversicherung, d. h. zur sozialen Pflegeversicherung und zur privaten Pflege-Pflichtversicherung. Die Beiträge sind nach Abzug des steuerfreien Arbeitgeberzuschusses (§ 3 Nummer 62 EStG) bzw. des an Stelle des steuerfreien Arbeitgeberzuschusses gezahlten Betrags, z. B. von der Künstlersozialkasse, ungekürzt anzusetzen. Für Beiträge zugunsten einer Anwartschaftsversicherung zur Pflegeversicherung gilt Rz. 71 entsprechend.   76

c) Weitere sonstige Vorsorgeaufwendungen

Begünstigt sind nach § 10 Absatz 1 Nummer 3a EStG Beiträge zu   77

– gesetzlichen oder privaten Kranken- und Pflegeversicherungen, soweit diese nicht nach § 10 Absatz 1 Nummer 3 EStG zu berücksichtigen sind; hierzu zählen z. B. Beitragsanteile, die auf Wahlleistungen entfallen, Beiträge zur freiwilligen privaten Pflegeversicherung oder Basiskrankenversicherungsbeiträge und Beiträge zur gesetzlichen Pflegeversicherung bei fehlender Einwilligung nach § 10 Absatz 2a EStG,

– Versicherungen gegen Arbeitslosigkeit (gesetzliche Beiträge an die Bundesagentur für Arbeit und Beiträge zu privaten Versicherungen),

– Erwerbs- und Berufsunfähigkeitsversicherungen, die nicht Bestandteil einer Versicherung im Sinne des § 10 Absatz 1 Nummer 2 Satz 1 Buchstabe b EStG sind; dies gilt auch für Beitragsbestandteile einer kapitalbildenden Lebensversicherung im Sinne des § 20 Absatz 1 Nummer 6 EStG, die bei der Ermittlung des steuerpflichtigen Ertrags nicht abgezogen werden dürfen,

– Unfallversicherungen, wenn es sich nicht um eine Unfallversicherung mit garantierter Beitragsrückzahlung handelt, die insgesamt als Rentenversicherung oder Kapitalversicherung behandelt wird,

– Haftpflichtversicherungen,

– Lebensversicherungen, die nur für den Todesfall eine Leistung vorsehen (Risikolebensversicherung).

Rz. 28 gilt entsprechend.

Beiträge zu nachfolgenden Versicherungen sind ebenfalls nach § 10 Absatz 1 Nummer 3a EStG begünstigt, wenn die Laufzeit dieser Versicherungen vor dem 1. Januar 2005 begonnen hat und mindestens ein Versicherungsbeitrag bis zum 31. Dezember 2004 entrichtet wurde; der Zeitpunkt des Vertragsabschlusses ist insoweit unmaßgeblich: 78

   – Rentenversicherungen ohne Kapitalwahlrecht, die die Voraussetzungen des § 10 Absatz 1 Satz 1 Nummer 2 EStG nicht erfüllen,

   – Rentenversicherungen mit Kapitalwahlrecht gegen laufende Beitragsleistungen, wenn das Kapitalwahlrecht nicht vor Ablauf von zwölf Jahren seit Vertragsabschluss ausgeübt werden kann,

   – Kapitalversicherungen gegen laufende Beitragsleistungen mit Sparanteil, wenn der Vertrag für die Dauer von mindestens zwölf Jahren abgeschlossen worden ist.

79   Ein Versicherungsbeitrag ist bis zum 31. Dezember 2004 entrichtet, wenn nach § 11 Absatz 2 EStG der Beitrag einem Kalenderjahr vor 2005 zuzuordnen ist. Für Beiträge im Rahmen der betrieblichen Altersversorgung an einen Pensionsfonds, an eine Pensionskasse oder für eine Direktversicherung gilt Rz. 289 des BMF-Schreibens vom 31. März 2010, BStBl I S. 270.

80   Für die Berücksichtigung von diesen Beiträgen (Rz. 78) gelten außerdem die bisherigen Regelungen des § 10 Absatz 1 Nummer 2 Satz 2 bis 6 und Absatz 2 Satz 2 EStG in der am 31. Dezember 2004 geltenden Fassung.

3. Ermittlung des Abzugsbetrags

a) Höchstbetrag nach § 10 Absatz 4 EStG

81   Vorsorgeaufwendungen im Sinne des § 10 Absatz 1 Nummer 3 und Nummer 3a EStG können (vorbehaltlich der Rz. 85 und der Günstigerprüfung Rz. 108 ff.) grundsätzlich bis zur Höhe von 2 800 € abgezogen werden (z. B. bei Steuerpflichtigen, die Aufwendungen für ihre Krankenversicherung und Krankheitskosten vollständig aus eigenen Mitteln tragen oder bei Angehörigen von Beihilfeberechtigten, die nach den beihilferechtlichen Bestimmungen nicht über einen eigenen Beihilfeanspruch verfügen).

82   Bei einem Steuerpflichtigen, der ganz oder teilweise ohne eigene Aufwendungen einen eigenen Anspruch auf vollständige oder teilweise Erstattung oder Übernahme von Krankheitskosten hat oder für dessen Krankenversicherung Leistungen im Sinne des § 3 Nummer 9, 14, 57 oder 62 EStG erbracht werden, vermindert sich der Höchstbetrag auf 1 900 €. Dies gilt auch, wenn die Voraussetzungen nur in einem Teil des Kalenderjahres vorliegen. Ohne Bedeutung ist hierbei, ob aufgrund eines Anspruchs tatsächlich Leistungen erbracht werden, sowie die konkrete Höhe des Anspruchs. Es kommt nur darauf an, dass ganz oder teilweise ohne eigene Aufwendungen ein eigener Anspruch besteht. Ein vom Arbeitgeber im Rahmen einer geringfügigen Beschäftigung erbrachter pauschaler Beitrag zur GKV führt nicht zum Ansatz des verminderten Höchstbetrages.

83   Der Höchstbetrag i. H. v. 1 900 € gilt z. B. für

   – Rentner, die aus der gesetzlichen Rentenversicherung nach § 3 Nummer 14 EStG steuerfreie Zuschüsse zu den Krankenversicherungsbeiträgen erhalten,

   – Rentner, bei denen der Träger der gesetzlichen Rentenversicherung Beiträge an die GKV zahlt,

   – sozialversicherungspflichtige Arbeitnehmer, für die der Arbeitgeber nach § 3 Nummer 62 EStG steuerfreie Beiträge zur Krankenversicherung leistet; das gilt auch dann, wenn der Arbeitslohn aus einer Auslandstätigkeit aufgrund eines DBA steuerfrei gestellt wird,

   – Besoldungsempfänger oder gleichgestellte Personen, die von ihrem Arbeitgeber nach § 3 Nummer 11 EStG steuerfreie Beihilfen zu Krankheitskosten erhalten,

   – Beamte, die in der GKV freiwillig versichert sind und deshalb keine Beihilfe zu ihren Krankheitskosten – trotz eines grundsätzlichen Anspruchs – erhalten,

   – Versorgungsempfänger im öffentlichen Dienst mit Beihilfeanspruch oder gleichgestellte Personen,

   – in der GKV ohne eigene Beiträge familienversicherte Angehörige,

   – Personen, für die steuerfreie Leistungen der Künstlersozialkasse nach § 3 Nummer 57 EStG erbracht werden.

84   Der nach § 3 Nummer 62 EStG steuerfreie Arbeitgeberanteil zur gesetzlichen Kranken- und Pflegeversicherung ist bei der Ermittlung des Höchstbetrages nach § 10 Absatz 4 EStG nicht zu berücksichtigen.

b) Mindestansatz

85   Übersteigen die vom Steuerpflichtigen geleisteten Beiträge für die Basisabsicherung (Basiskrankenversicherung – Rz. 54 ff. – und gesetzliche Pflegeversicherung – Rz. 76 –) den Höchstbetrag von 2 800 €/1 900 €, sind diese Beiträge für die Basisabsicherung als Sonderausgaben anzusetzen. Eine betragsmäßige Deckelung auf den Höchstbetrag erfolgt in diesen Fällen nicht. Ein zusätzlicher Abzug von Beiträgen nach § 10 Absatz 1 Nummer 3a EStG ist daneben nicht möglich (vorbehaltlich der Günstigerprüfung Rz. 108 ff.).

c) Abzugsbetrag bei Ehegatten

aa) Zusammenveranlagung nach § 26b EStG

Bei zusammen veranlagten Ehegatten ist zunächst für jeden Ehegatten nach dessen persönlichen Verhältnissen der ihm zustehende Höchstbetrag zu bestimmen. Die Summe der beiden Höchstbeträge ist der gemeinsame Höchstbetrag (§ 10 Absatz 4 Satz 3 EStG). Übersteigen die von den Ehegatten geleisteten Beiträge für die Basisabsicherung (Basiskrankenversicherung – Rz. 54 ff. – und gesetzliche Pflegeversicherung – Rz. 76) in der Summe den gemeinsamen Höchstbetrag, sind diese Beiträge für die Basisabsicherung als Sonderausgaben zu berücksichtigen. Eine betragsmäßige Deckelung auf den gemeinsamen Höchstbetrag erfolgt in diesen Fällen nicht. Ein zusätzlicher Abzug von Beiträgen nach § 10 Absatz 1 Nummer 3a EStG ist daneben nicht möglich (vorbehaltlich der Günstigerprüfung Rz. 108 ff.).

86

bb) Getrennte Veranlagung nach § 26a EStG

Wird von den Ehegatten die getrennte Veranlagung beantragt, wird der Höchstbetrag sowie der Mindestansatz für jeden Ehegatten gesondert ermittelt. Für die Berechnung des Mindestansatzes ist bei jedem Ehegatten der von ihm als Versicherungsnehmer geleistete Beitrag zur Basisabsicherung anzusetzen. Ist ein Kind Versicherungsnehmer, werden die Beiträge zur Kranken- und Pflegeversicherung im Sinne des § 10 Absatz 1 Nummer 3 Satz 2 EStG jedoch von den Ehegatten getragen, können die Ehegatten die Zuordnung der geleisteten Beiträge einvernehmlich bestimmen; im Übrigen erfolgt die Zuordnung entsprechend der Zuordnung der Kinderfreibeträge.

87

Beispiel:

Ehemann A ist selbständig tätig und privat versichert. Er leistet als Versicherungsnehmer (VN) für seine Basiskrankenversicherung einen Jahresbeitrag in Höhe von 6 000 € bei Versicherung X. Seine Ehefrau B ist Beamtin und privat versichert bei Versicherung Y. Der von B als VN zu leistende Jahresbeitrag zur Basiskrankenversicherung beträgt 3 500 €. Der gemeinsame Sohn S ist im Vertrag von B mitversichert. Der hierfür zu leistende Jahresbeitrag zur Basiskrankenversicherung beträgt 1 000 €. Die Tochter T (24 Jahre alt) ist in der studentischen Krankenversicherung (KVdS) versichert und zahlt als VN einen Jahresbeitrag zu ihrer Basiskrankenversicherung in Höhe von 2 000 €. A und B erstatten T den von ihr geleisteten Jahresbeitrag im Rahmen ihrer Unterhaltsverpflichtung. Die Eheleute A und B beantragen die getrennte Veranlagung nach § 26a EStG.

Lösung:

Der Höchstbetrag für Vorsorgeaufwendungen nach § 10 Absatz 4 EStG beträgt für A 2 800 € nach § 10 Absatz 4 Satz 1 EStG, da er seine Krankenversicherung vollständig aus eigenen Mitteln finanziert und auch keine steuerfreien Leistungen zu seinen Krankheitskosten erhält. Für B mindert sich der Höchstbetrag nach § 10 Absatz 4 Satz 2 EStG auf 1 900 €, da B einen Anspruch auf steuerfreie Beihilfen zu ihren Krankheitskosten hat. Dem für jeden Ehegatten gesondert ermittelten Höchstbetrag sind die jeweils von A bzw. von B als VN geleisteten Jahresbeiträge zur Basiskrankenversicherung gegenüberzustellen. Sowohl bei A als auch bei B übersteigen die als VN geleisteten Jahresbeiträge zur Basiskrankenversicherung die Höchstbeträge nach § 10 Absatz 4 EStG. Daher sind jeweils die Beiträge zur Basiskrankenversicherung anzusetzen (Mindestansatz).

A kann den Basiskrankenversicherungsbeitrag in Höhe von 6 000 € geltend machen. B kann in ihrer Veranlagung den von ihr als VN geleisteten Basiskrankenversicherungsbeitrag in Höhe von 3 500 € zuzüglich des Basiskrankenversicherungsbeitrags für ihren Sohn S in Höhe 1 000 €, zusammen = 4 500 € ansetzen. Den von A und B an T erstatteten Basiskrankenversicherungsbeitrag in Höhe von 2 000 € können A und B jeweils hälftig – entsprechend dem ihnen jeweils zustehenden Kinderfreibetrag – im Rahmen der Sonderausgaben geltend machen, es sei denn, sie bestimmen ein-vernehmlich eine andere Aufteilung.

4. Verfahren

Die erforderlichen Daten werden von den übermittelnden Stellen entweder mit der elektronischen Lohnsteuerbescheinigung, der Rentenbezugsmitteilung oder bei Vorliegen der Einwilligung nach § 10 Absatz 2a Satz 1 EStG nach amtlich vorgeschriebenem Datensatz durch Datenfernübertragung übermittelt. Übermittelnde Stellen sind die Versicherungsunternehmen, die Träger der gesetzlichen Kranken- und Pflegeversicherung und die Künstlersozialkasse. Die übermittelnden Stellen haben die geleisteten und erstatteten Beiträge im Sinne des § 10 Absatz 1 Nummer 3 EStG sowie die weiteren nach § 10 Absatz 2a Satz 4 Nummer 2 EStG erforderlichen Daten nach amtlich vorgeschriebenem Datensatz durch Datenfernübertragung an die Finanzverwaltung zu übermitteln; für die zeitliche Zuordnung ist § 11 EStG zu beachten (vgl. auch H 11 EStH). Der Abzug der steuerfreien Zuschüsse zu den Kranken- und Pflegeversicherungsbeiträgen und die Minderung um 4 % bei den Beiträgen zur gesetzlichen Krankenversicherung, wenn ein Anspruch auf Kran-

88

kengeld oder ein Anspruch auf eine Leistung besteht, die anstelle von Krankengeld gewährt wird, werden von der Finanzverwaltung vorgenommen (im Einzelnen vgl. Rz. 61 ff.). Die Beiträge zu einer privaten Krankenversicherung werden bereits durch das Versicherungsunternehmen um einen Beitragsanteil, der auf Krankentagegeld entfällt, gemindert, so dass die Finanzverwaltung hier nur noch ggf. gewährte Zuschüsse abziehen muss.

89   Sind die übermittelten Daten unzutreffend und werden sie daher nach Bekanntgabe des Steuerbescheids von der übermittelnden Stelle aufgehoben oder korrigiert, kann der Steuerbescheid insoweit geändert werden. Werden die Daten innerhalb der Frist des § 10 Absatz 2a Satz 4 und 6 EStG und erstmalig nach Bekanntgabe des Steuerbescheids übermittelt, kann der Steuerbescheid ebenfalls insoweit geändert werden.

90   Werden steuerfreie Zuschüsse von anderen Stellen als den Mitteilungspflichtigen (§ 22a EStG), den Arbeitgebern oder der Künstlersozialkasse gewährt (z. B. bei Wehrpflichtigen oder in der Elternzeit), sind diese vom Steuerpflichtigen in der Einkommensteuererklärung anzugeben.

a) Gesetzlich Versicherte

91   Bei Vorliegen einer Familienversicherung i. S. d. § 10 SGB V ist für die mitversicherte Person mangels eigener Beitragsleistung kein Datensatz zu übermitteln.

aa) Pflichtversicherte Arbeitnehmer

92   Der vom Arbeitgeber einbehaltene und abgeführte Arbeitnehmerkranken- und Arbeitnehmerpflegeversicherungsbeitrag zur GKV wird im Rahmen der elektronischen Lohnsteuerbescheinigung an die Finanzverwaltung übermittelt. Erstattet die GKV Beiträge oder erhebt sie vom Versicherten unmittelbar einen kassenindividuellen Zusatzbeitrag im Sinne des § 242 SGB V, sind die jeweiligen Beträge – sofern sie auf die Basisabsicherung entfallen – unmittelbar von der GKV an die Finanzverwaltung (ZfA) zu übermitteln.

bb) Freiwillig gesetzlich versicherte Arbeitnehmer

93   Für Arbeitnehmer, bei denen der Arbeitgeber den Gesamtbeitrag des Arbeitnehmers zur Kranken- und Pflegeversicherung an die GKV abführt (Firmenzahler), hat der Arbeitgeber in der elektronischen Lohnsteuerbescheinigung der Finanzverwaltung den abgeführten Beitrag und den geleisteten steuerfreien Arbeitgeberzuschuss (§ 3 Nummer 62 EStG) mitzuteilen. Erstattet die GKV Beiträge oder erhebt sie vom Versicherten unmittelbar einen kassenindividuellen Zusatzbeitrag im Sinne des § 242 SGB V, sind die jeweiligen Beträge – sofern sie auf die Basisabsicherung entfallen – unmittelbar von der GKV an die Finanzverwaltung (ZfA) zu übermitteln.

94   Für Arbeitnehmer, bei denen der Kranken- und Pflegeversicherungsbeitrag an die GKV vom Arbeitnehmer selbst gezahlt wird (Selbstzahler), hat der Arbeitgeber in der elektronischen Lohnsteuerbescheinigung der Finanzverwaltung den geleisteten steuerfreien Arbeitgeberzuschuss (§ 3 Nummer 62 EStG) mitzuteilen. Die vom Arbeitnehmer unmittelbar an die GKV geleisteten oder von der GKV erstatteten Beiträge einschließlich eines kassenindividuellen Zusatzbeitrags im Sinne des § 242 SGB V sind – sofern sie auf die Basisabsicherung entfallen – von der GKV an die Finanzverwaltung (ZfA) zu übermitteln. Hat der Arbeitnehmer aus der GKV einen Anspruch auf Krankengeld bzw. eine Leistung, die anstelle von Krankengeld gewährt wird, ist dies bei der Übermittlung anzugeben.

cc) Freiwillig gesetzlich versicherte Selbständige

95   Die vom Selbständigen an die GKV geleisteten oder von der GKV erstatteten Beiträge einschließlich eines kassenindividuellen Zusatzbeitrags im Sinne des § 242 SGB V sind – sofern sie auf die Basisabsicherung entfallen – von der GKV an die Finanzverwaltung (ZfA) zu übermitteln. Hat der Selbständige aus der GKV einen Anspruch auf Krankengeld bzw. eine Leistung, die anstelle von Krankengeld gewährt wird, ist dies bei der Übermittlung anzugeben.

dd) Pflichtversicherte selbständige Künstler und Publizisten

96   Die Künstlersozialkasse übermittelt die Höhe der vom Künstler oder Publizisten geleisteten oder von der Künstlersozialkasse erstatteten Beiträge zur gesetzlichen Kranken- und Pflegeversicherung an die Finanzverwaltung (ZfA). Die an Stelle der steuerfreien Arbeitgeberanteile von der Künstlersozialkasse gezahlten steuerfreien Beträge sind gesondert auszuweisen und zu übermitteln. Hat der Künstler oder Publizist aus der GKV einen Anspruch auf Krankengeld bzw. eine Leistung, die anstelle von Krankengeld gewährt wird, ist dies bei der Übermittlung anzugeben.

ee) Freiwillig gesetzlich versicherte Künstler und Publizisten

Die vom Künstler oder Publizisten an die GKV geleisteten oder von der GKV erstatteten Beiträge einschließlich eines kassenindividuellen Zusatzbeitrags im Sinne des § 242 SGB V sind – sofern sie auf die Basisabsicherung entfallen – von der GKV an die Finanzverwaltung (ZfA) zu übermitteln. Hat der Künstler oder Publizist aus der GKV einen Anspruch auf Krankengeld bzw. eine Leistung, die anstelle von Krankengeld gewährt wird, ist dies bei der Übermittlung anzugeben. Die Künstlersozialkasse übermittelt die Höhe des an den Künstler oder Publizisten steuerfrei gezahlten Beitragszuschusses an die Finanzverwaltung (ZfA). 97

ff) Pflichtversicherte Rentner

Bei den Empfängern einer Rente aus der gesetzlichen Rentenversicherung oder aus einer betrieblichen Altersversorgung wird in der Regel der Kranken- und Pflegeversicherungsbeitrag zur GKV unmittelbar vom Rentenversicherungs-/Versorgungsträger einbehalten und abgeführt. Die entsprechenden Daten werden zusammen mit der Rentenbezugsmitteilung vom Träger der gesetzlichen Rentenversicherung bzw. vom Versorgungsträger an die Finanzverwaltung (ZfA) übermittelt. Erstattet die GKV Beiträge oder erhebt sie vom Versicherten unmittelbar einen kassenindividuellen Zusatzbeitrag im Sinne des § 242 SGB V, sind die jeweiligen Beträge – sofern sie auf die Basisabsicherung entfallen – unmittelbar von der GKV an die Finanzverwaltung (ZfA) zu übermitteln. 98

gg) Pflichtversicherte Empfänger einer Kapitalleistung aus der betrieblichen Altersversorgung

Die vom Empfänger einer Kapitalleistung aus der betrieblichen Altersversorgung unmittelbar an die GKV geleisteten oder von der GKV erstatteten Kranken- und Pflegeversicherungsbeiträge sind von der GKV an die Finanzverwaltung (ZfA) zu übermitteln. 99

hh) Freiwillig gesetzlich versicherte Rentner

Die vom Empfänger einer Rente unmittelbar an die GKV geleisteten oder von der GKV erstatteten Kranken- und Pflegeversicherungsbeiträge einschließlich eines kassenindividuellen Zusatzbeitrags im Sinne des § 242 SGB V sind – sofern sie auf die Basisabsicherung entfallen – von der GKV an die Finanzverwaltung (ZfA) zu übermitteln. Die Höhe des vom Mitteilungspflichtigen im Sinne des § 22a Absatz 1 EStG (z. B. Träger der gesetzlichen Rentenversicherung) gewährten steuerfreien Zuschusses zu den Krankenversicherungsbeiträgen ist im Rahmen der Rentenbezugsmitteilung an die Finanzverwaltung (ZfA) zu übermitteln. 100

b) Privat Versicherte

aa) Privat versicherte Arbeitnehmer

Bei privat versicherten Arbeitnehmern übermittelt das Versicherungsunternehmen die Höhe der geleisteten und erstatteten Beiträge zur Basiskrankenversicherung und zur privaten Pflege-Pflichtversicherung an die Finanzverwaltung (ZfA). 101

Bei Arbeitnehmern, denen mit dem Lohn ein steuerfreier Zuschuss gezahlt wird, hat der Arbeitgeber in der elektronischen Lohnsteuerbescheinigung der Finanzverwaltung die Höhe des geleisteten steuerfreien Arbeitgeberzuschusses mitzuteilen. 102

bb) Privat versicherte Künstler und Publizisten

Bei Künstlern und Publizisten, für die von der Künstlersozialkasse ein Zuschuss zur Krankenversicherung abgeführt wird, hat die Künstlersozialkasse die Höhe des Zuschusses der Finanzverwaltung mitzuteilen. 103

cc) Privat versicherte Rentner

Die vom Empfänger einer Rente unmittelbar an die PKV geleisteten oder von der PKV erstatteten Kranken- und Pflegeversicherungsbeiträge sind von der PKV an die Finanzverwaltung (ZfA) zu übermitteln. Der vom Mitteilungspflichtigen im Sinne des § 22a Absatz 1 EStG (z. B. Träger der gesetzlichen Rentenversicherung) gewährte steuerfreie Zuschuss zu den Krankenversicherungsbeiträgen ist im Rahmen der Rentenbezugsmitteilung an die Finanzverwaltung (ZfA) zu übermitteln. 104

5. Einwilligung in die Datenübermittlung

Voraussetzung für den Sonderausgabenabzug nach § 10 Absatz 1 Nummer 3 EStG ist, dass der Steuerpflichtige in die Übertragung der erforderlichen Daten schriftlich einwilligt. Die Finanzverwaltung geht von einer Einwilligung aus, wenn die entsprechenden Daten von der übermittelnden 105

Stelle nach § 10 Absatz 2a Satz 1 EStG an die Finanzverwaltung (ZfA) übertragen wurden. Entsprechendes gilt bei einer Einwilligung nach § 52 Absatz 24 EStG.

106   Legt der Steuerpflichtige eine Bescheinigung eines ausländischen Versicherungsunternehmens oder des Trägers einer ausländischen gesetzlichen Krankenversicherung über die Höhe der nach § 10 Absatz 1 Nummer 3 EStG abziehbaren Beiträge im Rahmen der Einkommensteuerveranlagung vor, gilt die Einwilligung als erteilt.

6. Nachweis bei fehlgeschlagener Datenübermittlung

107   Werden die erforderlichen Daten aus Gründen, die der Steuerpflichtige nicht zu vertreten hat (z. B. technische Probleme), vom Versicherungsunternehmen, dem Träger der gesetzlichen Kranken- und Pflegeversicherung, der Künstlersozialkasse, einem Mitteilungspflichtigen (§ 22a EStG) oder dem Arbeitgeber nicht übermittelt, kann der Steuerpflichtige den Nachweis über die geleisteten und erstatteten Beiträge im Sinne von § 10 Absatz 1 Nummer 3 EStG auch in anderer Weise erbringen.

III. Günstigerprüfung nach § 10 Absatz 4a EStG

108   Die Regelungen zum Abzug von Vorsorgeaufwendungen nach § 10 Absatz 1 Nummer 2, 3 und 3a EStG sind in bestimmten Fällen ungünstiger als nach der für das Kalenderjahr 2004 geltenden Fassung des § 10 Absatz 3 EStG. Zur Vermeidung einer Schlechterstellung wird in diesen Fällen der höhere Betrag berücksichtigt. Die Überprüfung erfolgt von Amts wegen. Einbezogen in die Überprüfung werden nur Vorsorgeaufwendungen, die nach dem ab 2005 geltenden Recht abziehbar sind. Hierzu gehört nicht der nach § 10 Absatz 1 Nummer 2 Satz 2 EStG hinzuzurechnende Betrag (steuerfreier Arbeitgeberanteil zur gesetzlichen Rentenversicherung und ein diesem gleichgestellter steuerfreier Zuschuss des Arbeitgebers).

109   Für die Jahre 2011 bis 2019 werden bei der Anwendung des § 10 Absatz 3 EStG in der für das Kalenderjahr 2004 geltenden Fassung die Höchstbeträge für den Vorwegabzug schrittweise gekürzt; Einzelheiten ergeben sich aus der Tabelle zu § 10 Absatz 4a EStG.

110   Ab dem Jahr 2006 werden in die Günstigerprüfung nach § 10 Absatz 4a Satz 1 EStG zunächst nur die Vorsorgeaufwendungen ohne die Beiträge nach § 10 Absatz 1 Nummer 2 Satz 1 Buchstabe b EStG einbezogen. Die Beiträge zu einer eigenen kapitalgedeckten Altersversorgung i. S. d. § 10 Absatz 1 Nummer 2 Satz 1 Buchstabe b EStG (siehe Rz. 8 bis 26) werden gesondert und zwar stets mit dem sich aus § 10 Absatz 3 Satz 4 und 6 EStG ergebenden Prozentsatz berücksichtigt. Hierfür erhöhen sich die nach der Günstigerprüfung als Sonderausgaben zu berücksichtigenden Beträge um einen Erhöhungsbetrag (§ 10 Absatz 4a Satz 1 und 3 EStG) für Beiträge nach § 10 Absatz 1 Nummer 2 Satz 1 Buchstabe b EStG. Es ist jedoch im Rahmen der Günstigerprüfung mindestens der Betrag anzusetzen, der sich ergibt, wenn auch die Beiträge nach § 10 Absatz 1 Nummer 2 Satz 1 Buchstabe b EStG in die Günstigerprüfung nach § 10 Absatz 4a Satz 1 EStG einbezogen werden, allerdings ohne Hinzurechnung des Erhöhungsbetrags nach § 10 Absatz 4a Satz 1 und 3 EStG. Der jeweils höhere Betrag (Vorsorgeaufwendungen nach dem ab 2010 geltenden Recht, Vorsorgeaufwendungen nach dem für das Jahr 2004 geltenden Recht zuzügl. Erhöhungsbetrag oder Vorsorgeaufwendungen nach dem für das Jahr 2004 geltenden Recht einschließlich Beiträge nach § 10 Absatz 1 Nummer 2 Satz 1 Buchstabe b EStG) wird dann als Sonderausgaben berücksichtigt.

111   **Beispiel:**

Die Eheleute A (Gewerbetreibender) und B (Hausfrau) zahlen im Jahr **2010** folgende Versicherungsbeiträge:

Basisrente (§ 10 Absatz 1 Nummer 2 Satz 1 Buchstabe b EStG)	2 000 €
Private Krankenversicherung (Basisabsicherung – § 10 Absatz 1 Nummer 3 Satz 1 Buchstabe a EStG)	5 000 €
Private Krankenversicherung (Wahlleistungen – § 10 Absatz 1 Nummer 3a EStG)	500 €
Beiträge zur gesetzlichen Pflegeversicherung	500 €
Haftpflichtversicherungen	1 200 €
Kapitalversicherung (Versicherungsbeginn 1995, Laufzeit 25 Jahre)	3 600 €
Kapitalversicherung (Versicherungsbeginn 2005, Laufzeit 20 Jahre)	2 400 €
Insgesamt	15 200 €

Die Beiträge zu der Kapitalversicherung mit Versicherungsbeginn im Jahr 2005 sind nicht zu berücksichtigen, weil sie nicht die Voraussetzungen des § 10 Absatz 1 Nummer 2 und 3a EStG erfüllen.

Abziehbar nach § 10 Absatz 1 Nummer 2 i. V.m § 10 Absatz 3 EStG und § 10 Absatz 1 Nummer 3 und 3a i. V.m § 10 Absatz 4 EStG (abziehbare Vorsorgeaufwendungen nach dem ab 2010 geltenden Recht):

a) Beiträge zur Altersversorgung: 2 000 €
    Höchstbetrag (ungekürzt)   40 000 €
    zu berücksichtigen   2 000 €
    davon **70** %   1 400 €

b) sonstige Vorsorgeaufwendungen:
    Private Krankenversicherung   5 000 €
    (Basisabsicherung – § 10 Absatz 1
    Nummer 3 Satz 1 Buchstabe a EStG)
    Private Krankenversicherung   500 €
    (Wahlleistungen – § 10 Absatz 1
    Nummer 3a EStG)
    Gesetzliche Pflegepflichtversicherung   500 €
    Haftpflichtversicherungen   1 200 €
    Kapitalversicherung (88 % von 3 600 €)   3 168 €
    Zwischensumme   10 368 €
    Höchstbetrag nach § 10 Absatz 4 EStG: 5 600 €
    Beiträge nach § 10 Absatz 1   5 500 €
    Nummer 3 EStG (Basisabsicherung +
    gesetzliche Pflegeversicherung)
    anzusetzen somit   5 600 €

c) abziehbar insgesamt   7 000 €

Günstigerprüfung nach § 10 Absatz 4a Satz 1 EStG:

Abziehbare Vorsorgeaufwendungen in der für das Kalenderjahr 2004 geltenden Fassung des § 10 Absatz 3 EStG (ohne Beiträge i. S. d. § 10 Absatz 1 Nummer 2 Satz 1 Buchstabe b EStG) zuzügl. Erhöhungsbetrag nach § 10 Absatz 4a Satz 3 EStG:

a) Private Krankenversicherung   5 000 €
    (Basisabsicherung – § 10 Absatz 1
    Nummer 3 Satz 1 Buchstabe a EStG)
    Private Krankenversicherung   500 €
    (Wahlleistungen – § 10 Absatz 1
    Nummer 3a EStG)
    Gesetzliche Pflegepflichtversicherung   500 €
    Haftpflichtversicherungen   1 200 €
    Kapitalversicherung   3 168 €
    Summe   10 368 €
    davon abziehbar:
    Vorwegabzug   6 136 €   6 136 €
    verbleibende Aufwendungen   4 232 €
    Grundhöchstbetrag   2 668 €   2 668 €
    verbleibende Aufwendungen   1 564 €
    hälftige Aufwendungen   782 €
    hälftiger Höchstbetrag   1 334 €   782 €
    Zwischensumme   9 586 €

b) zuzüglich Erhöhungsbetrag nach § 10   2 000 €
    Absatz 4a Satz 3 EStG/Basisrente (§ 10
    Absatz 1 Nummer 2 Satz 1 Buchstabe b EStG)
    davon 70 %   1 400 €
    Erhöhungsbetrag   1 400 €

c) Abzugsvolumen nach § 10 Absatz 4a Satz 1   10 986 €
    EStG somit:

Ermittlung des Mindestbetrags nach § 10a Absatz 4a Satz 2 EStG:

Nach § 10 Absatz 4a Satz 2 EStG ist bei Anwendung der Günstigerprüfung aber mindestens der Betrag anzusetzen, der sich ergibt, wenn auch die Beiträge zur **Basisrente** (§ 10 Absatz 1 Nummer 2 Satz 1 Buchstabe b EStG) in die Berechnung des Abzugsvolumens nach dem bis 2004 geltenden Recht einbezogen werden:

a)	Basisrente	2 000 €		
	Private Krankenversicherung	5 000 €		
	(Basisabsicherung – § 10 Absatz 1			
	Nummer 3 Satz 1 Buchstabe a EStG)			
	Private Krankenversicherung	500 €		
	(Wahlleistungen – § 10 Absatz 1			
	Nummer 3a EStG)			
	Gesetzliche Pflegepflichtversicherung	500 €		
	Haftpflichtversicherungen	1 200 €		
	Kapitalversicherung	3 168 €		
	Summe	12 368 €		
	davon abziehbar:			
	Vorwegabzug	6 136 €	6 136 €	
	verbleibende Aufwendungen	6 232 €		
	Grundhöchstbetrag	2 668 €	2 668 €	
	verbleibende Aufwendungen	3 564 €		
	hälftige Aufwendungen	1 782 €		
	hälftiger Höchstbetrag	1 334 €	1 334 €	
	Zwischensumme			10 138 €
b)	Mindestabzugsvolumen nach § 10 Absatz 4a			10 138 €
	Satz 2 EStG			
	Zusammenstellung:			
	Abzugsvolumen nach neuem Recht			7 000 €
	Günstigerprüfung nach § 10 Absatz 4a Satz 1			10 986 €
	EStG			
	Mindestabzugsvolumen nach § 10 Absatz 4a			10 138 €
	Satz 2 EStG			

Die Eheleute A können somit für das Jahr 2010 einen Betrag von 10 986 € als Vorsorgeaufwendungen abziehen.

B. Besteuerung von Versorgungsbezügen – § 19 Absatz 2 EStG –

I. Arbeitnehmer-/Werbungskosten-Pauschbetrag/Zuschlag zum Versorgungsfreibetrag

112   Ab 2005 ist der Arbeitnehmer-Pauschbetrag (§ 9a Satz 1 Nummer 1 Buchstabe a EStG) bei Versorgungsbezügen i. S. d. § 19 Absatz 2 EStG nicht mehr anzuwenden. Stattdessen wird – wie auch bei den Renten – ein Werbungskosten-Pauschbetrag von 102 € berücksichtigt (§ 9a Satz 1 Nummer 1 Buchstabe b EStG). Als Ausgleich für den Wegfall des Arbeitnehmer-Pauschbetrags wird dem Versorgungsfreibetrag ein Zuschlag von zunächst 900 € hinzugerechnet, der für jeden ab 2006 neu in den Ruhestand tretenden Jahrgang abgeschmolzen wird (§ 19 Absatz 2 Satz 3 EStG). Bei Einnahmen aus nichtselbständiger Arbeit i. S. d. § 19 Absatz 1 EStG und Versorgungsbezügen i. S. d. § 19 Absatz 2 EStG kommen der Arbeitnehmer-Pauschbetrag und der Werbungskosten-Pauschbetrag nebeneinander zur Anwendung. Der Werbungskosten-Pauschbetrag ist auch zu berücksichtigen, wenn bei Einnahmen aus nichtselbständiger Arbeit i. S. d. § 19 Absatz 1 EStG höhere Werbungskosten anzusetzen sind.

II. Versorgungsfreibetrag/Zuschlag zum Versorgungsfreibetrag

1. Allgemeines

113   Der maßgebende Prozentsatz für den steuerfreien Teil der Versorgungsbezüge und der Höchstbetrag des Versorgungsfreibetrags sowie der Zuschlag zum Versorgungsfreibetrag bestimmen sich ab 2005 nach dem Jahr des Versorgungsbeginns (§ 19 Absatz 2 Satz 3 EStG). Sie werden für jeden ab 2006 neu in den Ruhestand tretenden Jahrgang abgeschmolzen.

2. Berechnung des Versorgungsfreibetrags und des Zuschlags zum Versorgungsfreibetrag

114   Der Versorgungsfreibetrag und der Zuschlag zum Versorgungsfreibetrag (Freibeträge für Versorgungsbezüge) berechnen sich auf der Grundlage des Versorgungsbezugs für Januar 2005 bei Versorgungsbeginn vor 2005 bzw. des Versorgungsbezugs für den ersten vollen Monat bei Versorgungsbeginn ab 2005; wird der Versorgungsbezug insgesamt nicht für einen vollen Monat gezahlt (z. B. wegen Todes des Versorgungsempfängers), ist der Bezug des Teilmonats auf einen Monatsbetrag hochzurechnen. Bei einer nachträglichen Festsetzung von Versorgungsbezügen ist der Monat maßgebend, für den die Versorgungsbezüge erstmals festgesetzt werden; auf den Zah-

lungstermin kommt es nicht an. Bei Bezügen und Vorteilen aus früheren Dienstleistungen i. S. d. § 19 Absatz 2 Satz 2 Nummer 2 EStG, die wegen Erreichens einer Altersgrenze gezahlt werden, ist der Monat maßgebend, in dem der Steuerpflichtige das 63. Lebensjahr oder, wenn er schwerbehindert ist, das 60. Lebensjahr vollendet hat, da die Bezüge erst mit Erreichen dieser Altersgrenzen als Versorgungsbezüge gelten. Der maßgebende Monatsbetrag ist jeweils mit zwölf zu vervielfältigen und um Sonderzahlungen zu erhöhen, auf die zu diesem Zeitpunkt (erster voller Monat bzw. Januar 2005) ein Rechtsanspruch besteht (§ 19 Absatz 2 Satz 4 EStG). Die Sonderzahlungen (z. B. Urlaubs- oder Weihnachtsgeld) sind mit dem Betrag anzusetzen, auf den bei einem Bezug von Versorgungsbezügen für das ganze Jahr des Versorgungsbeginns ein Rechtsanspruch besteht. Bei Versorgungsempfängern, die schon vor dem 1. Januar 2005 in Ruhestand gegangen sind, können aus Vereinfachungsgründen die Sonderzahlungen 2004 berücksichtigt werden.

3. Festschreibung des Versorgungsfreibetrags und des Zuschlags zum Versorgungsfreibetrag

Der nach der Rz. 114 ermittelte Versorgungsfreibetrag und der Zuschlag zum Versorgungsfreibetrag gelten grundsätzlich für die gesamte Laufzeit des Versorgungsbezugs (§ 19 Absatz 2 Satz 8 EStG). 115

4. Neuberechnung des Versorgungsfreibetrags und des Zuschlags zum Versorgungsfreibetrag

Regelmäßige Anpassungen des Versorgungsbezugs (laufender Bezug und Sonderzahlungen) führen nicht zu einer Neuberechnung (§ 19 Absatz 2 Satz 9 EStG). Zu einer Neuberechnung führen nur Änderungen des Versorgungsbezugs, die ihre Ursache in der Anwendung von Anrechnungs-, Ruhens-, Erhöhungs- oder Kürzungsregelungen haben (§ 19 Absatz 2 Satz 10 EStG), z. B. Wegfall, Hinzutreten oder betragsmäßige Änderungen. Dies ist insbesondere der Fall, wenn der Versorgungsempfänger neben seinen Versorgungsbezügen 116

– Erwerbs- oder Erwerbsersatzeinkommen (§ 53 des Beamtenversorgungsgesetzes – BeamtVG –),

– andere Versorgungsbezüge (§ 54 BeamtVG),

– Renten (§ 55 BeamtVG) oder

– Versorgungsbezüge aus zwischenstaatlicher und überstaatlicher Verwendung (§ 56 BeamtVG)

erzielt, wenn sich die Voraussetzungen für die Gewährung des Familienzuschlags oder des Unterschiedsbetrags nach § 50 BeamtVG ändern oder wenn ein Witwen- oder Waisengeld nach einer Unterbrechung der Zahlung wieder bewilligt wird. Ändert sich der anzurechnende Betrag aufgrund einer einmaligen Sonderzahlung und hat dies nur eine einmalige Minderung des Versorgungsbezugs zur Folge, so kann auf eine Neuberechnung verzichtet werden. Auf eine Neuberechnung kann aus Vereinfachungsgründen auch verzichtet werden, wenn der Versorgungsbezug, der bisher Bemessungsgrundlage für den Versorgungsfreibetrag war, vor und nach einer Anpassung aufgrund von Anrechnungs-, Ruhens-, Erhöhungs- und Kürzungsregelungen mindestens 7 500 € jährlich/625 € monatlich beträgt, also die Neuberechnung zu keiner Änderung der Freibeträge für Versorgungsbezüge führen würde.

In den Fällen einer Neuberechnung ist der geänderte Versorgungsbezug, ggf. einschließlich zwischenzeitlicher Anpassungen, Bemessungsgrundlage für die Berechnung der Freibeträge für Versorgungsbezüge (§ 19 Absatz 2 Satz 11 EStG). 117

Bezieht ein Steuerpflichtiger zunächst Versorgungsbezüge wegen verminderter Erwerbsfähigkeit, bestimmen sich der Prozentsatz, der Höchstbetrag des Versorgungsfreibetrags und der Zuschlag zum Versorgungsfreibetrag nach dem Jahr des Beginns dieses Versorgungsbezugs. Wird der Versorgungsbezug wegen verminderter Erwerbsfähigkeit mit Vollendung des 63. Lebensjahres des Steuerpflichtigen oder, wenn er schwerbehindert ist, mit Vollendung des 60. Lebensjahres, in einen Versorgungsbezug wegen Erreichens der Altersgrenze umgewandelt, bestimmen sich der Prozentsatz, der Höchstbetrag des Versorgungsfreibetrags und der Zuschlag zum Versorgungsfreibetrag weiterhin nach dem Jahr des Beginns des Versorgungsbezugs wegen verminderter Erwerbsfähigkeit. Da es sich bei der Umwandlung des Versorgungsbezugs nicht um eine regelmäßige Anpassung handelt, ist eine Neuberechnung des Versorgungsfreibetrags erforderlich. 118

5. Zeitanteilige Berücksichtigung des Versorgungsfreibetrags und des Zuschlags zum Versorgungsfreibetrag

Werden Versorgungsbezüge nur für einen Teil des Kalenderjahres gezahlt, so ermäßigen sich der Versorgungsfreibetrag und der Zuschlag zum Versorgungsfreibetrag für jeden vollen Kalendermonat, für den keine Versorgungsbezüge geleistet werden, in diesem Kalenderjahr um ein Zwölftel (§ 19 Absatz 2 Satz 12 EStG). Bei Zahlung mehrerer Versorgungsbezüge erfolgt eine Kürzung nur für Monate, für die keiner der Versorgungsbezüge geleistet wird. Ändern sich der Versorgungsfreibetrag und/oder der Zuschlag zum Versorgungsfreibetrag im Laufe des Kalenderjahrs aufgrund einer Neuberechnung nach Rz. 116, sind in diesem Kalenderjahr die höchsten Freibeträge für Versorgungsbezüge maßgebend (§ 19 Absatz 2 Satz 11 2. Halbsatz EStG); eine zeitanteilige Aufteilung 119 ist nicht vorzunehmen. Die Änderung der Freibeträge für Versorgungsbezüge kann im Lohnsteuerabzugsverfahren berücksichtigt werden (R 39b.3 Absatz 1 Satz 4 bis 6 der Lohnsteuer-Richtlinien 2008 – LStR 2008 –).

6. Mehrere Versorgungsbezüge

120 Bei mehreren Versorgungsbezügen bestimmen sich der maßgebende Prozentsatz für den steuerfreien Teil der Versorgungsbezüge und der Höchstbetrag des Versorgungsfreibetrags sowie der Zuschlag zum Versorgungsfreibetrag nach dem Beginn des jeweiligen Versorgungsbezugs. Die Summe aus den jeweiligen Freibeträgen für Versorgungsbezüge wird nach § 19 Absatz 2 Satz 6 EStG auf den Höchstbetrag des Versorgungsfreibetrags und den Zuschlag zum Versorgungsfreibetrag nach dem Beginn des ersten Versorgungsbezugs begrenzt. Fällt der maßgebende Beginn mehrerer laufender Versorgungsbezüge in dasselbe Kalenderjahr, können die Bemessungsgrundlagen aller Versorgungsbezüge zusammengerechnet werden, da in diesen Fällen für sie jeweils dieselben Höchstbeträge gelten.

121 Werden mehrere Versorgungsbezüge von unterschiedlichen Arbeitgebern gezahlt, ist die Begrenzung der Freibeträge für Versorgungsbezüge im Lohnsteuerabzugsverfahren nicht anzuwenden; die Gesamtbetrachtung und ggf. die Begrenzung erfolgt im Veranlagungsverfahren. Treffen mehrere Versorgungsbezüge bei demselben Arbeitgeber zusammen, ist die Begrenzung auch im Lohnsteuerabzugsverfahren zu beachten.

Beispiel:

122 Zwei Ehegatten erhalten jeweils eigene Versorgungsbezüge. Der Versorgungsbeginn des einen Ehegatten liegt im Jahr 2005, der des anderen im Jahr 2006. Im Jahr 2010 verstirbt der Ehegatte, der bereits seit 2005 Versorgungsbezüge erhalten hatte. Dem überlebenden Ehegatten werden ab 2010 zusätzlich zu seinen eigenen Versorgungsbezügen i. H. v. monatlich 400 € Hinterbliebenenbezüge von monatlich 250 € gezahlt.

Für die eigenen Versorgungsbezüge des überlebenden Ehegatten berechnen sich die Freibeträge für Versorgungsbezüge nach dem Jahr des Versorgungsbeginns 2006. Der Versorgungsfreibetrag beträgt demnach 38,4 % von 4 800 € (= 400 € Monatsbezug × 12) = 1 844 € (aufgerundet); der Zuschlag zum Versorgungsfreibetrag beträgt 864 €.

Für den Hinterbliebenenbezug sind mit Versorgungsbeginn im Jahr 2010 die Freibeträge für Versorgungsbezüge nach § 19 Absatz 2 Satz 7 EStG unter Zugrundelegung des maßgeblichen Prozentsatzes, des Höchstbetrags und des Zuschlags zum Versorgungsfreibetrag des verstorbenen Ehegatten zu ermitteln (siehe dazu Rz. 123 bis 126). Für die Berechnung sind also die Beträge des maßgebenden Jahres 2005 zugrunde zu legen. Der Versorgungsfreibetrag für die Hinterbliebenenbezüge beträgt demnach 40 % von 3 000 € (= 250 € Monatsbezug × 12) = 1 200 €; der Zuschlag zum Versorgungsfreibetrag beträgt 900 €.

Die Summe der Versorgungsfreibeträge ab 2010 beträgt (1 844 € zuzügl. 1 200 € =) 3 044 €. Der insgesamt berücksichtigungsfähige Höchstbetrag bestimmt sich nach dem Jahr des Beginns des ersten Versorgungsbezugs (2005: 3 000 €). Da der Höchstbetrag überschritten ist, ist der Versorgungsfreibetrag auf insgesamt 3 000 € zu begrenzen. Auch die Summe der Zuschläge zum Versorgungsfreibetrag (864 € zuzügl. 900 € =) 1 764 € ist nach dem maßgebenden Jahr des Versorgungsbeginns (2005) auf insgesamt 900 € zu begrenzen.

7. Hinterbliebenenversorgung

123 Folgt ein Hinterbliebenenbezug einem Versorgungsbezug, bestimmen sich der Prozentsatz, der Höchstbetrag des Versorgungsfreibetrags und der Zuschlag zum Versorgungsfreibetrag für den Hinterbliebenenbezug nach dem Jahr des Beginns des Versorgungsbezugs des Verstorbenen (§ 19 Absatz 2 Satz 7 EStG). Bei Bezug von Witwen- oder Waisengeld ist für die Berechnung der Freibeträge für Versorgungsbezüge das Jahr des Versorgungsbeginns des Verstorbenen maßgebend, der diesen Versorgungsanspruch zuvor begründete.

Beispiel:

124 Im Oktober 2009 verstirbt ein 67-jähriger Ehegatte, der seit dem 63. Lebensjahr Versorgungsbezüge erhalten hat. Der überlebende Ehegatte erhält ab November 2009 Hinterbliebenenbezüge.

Für den verstorbenen Ehegatten sind die Freibeträge für Versorgungsbezüge bereits mit der Pensionsabrechnung für Januar 2005 (40 % der voraussichtlichen Versorgungsbezüge 2005, maximal 3 000 € zuzügl. 900 € Zuschlag) festgeschrieben worden. Im Jahr 2009 sind die Freibeträge für Versorgungsbezüge des verstorbenen Ehegatten mit zehn Zwölfteln zu berücksichtigen. Für den überlebenden Ehegatten sind mit der Pensionsabrechnung für November 2009 eigene Freibeträge für Versorgungsbezüge zu ermitteln. Zugrunde gelegt werden dabei die hochgerechneten Hinterbliebenenbezüge (einschl. Sonderzahlungen). Darauf sind nach § 19 Absatz 2 Satz 7 EStG der maßgebliche Prozentsatz, der Höchstbetrag und der Zuschlag zum

Versorgungsfreibetrag des verstorbenen Ehegatten (40 %, maximal 3 000 € zuzügl. 900 € Zuschlag) anzuwenden. Im Jahr 2009 sind die Freibeträge für Versorgungsbezüge des überlebenden Ehegatten mit zwei Zwölfteln zu berücksichtigen.

Erhält ein Hinterbliebener Sterbegeld, stellt dieses gem. R 19.8 Absatz 1 Nummer 1 und R 19.9 Absatz 3 Nummer 3 LStR 2008 ebenfalls einen Versorgungsbezug dar. Für das Sterbegeld gelten zur Berechnung der Freibeträge für Versorgungsbezüge ebenfalls der Prozentsatz, der Höchstbetrag und der Zuschlag zum Versorgungsfreibetrag des Verstorbenen. Das Sterbegeld darf als Leistung aus Anlass des Todes die Berechnung des Versorgungsfreibetrags für etwaige sonstige Hinterbliebenenbezüge nicht beeinflussen und ist daher nicht in deren Berechnungsgrundlage einzubeziehen. Das Sterbegeld ist vielmehr als eigenständiger – zusätzlicher – Versorgungsbezug zu behandeln. Die Zwölftelungsregelung ist für das Sterbegeld nicht anzuwenden. Als Bemessungsgrundlage für die Freibeträge für Versorgungsbezüge ist die Höhe des Sterbegeldes im Kalenderjahr anzusetzen, unabhängig von der Zahlungsweise und Berechnungsart. | 125

Beispiel:

Im April 2009 verstirbt ein Ehegatte, der zuvor seit 2004 Versorgungsbezüge i. H. v. 1 500 € monatlich erhalten hat. Der überlebende Ehegatte erhält ab Mai 2009 laufende Hinterbliebenenbezüge i. H. v. 1 200 € monatlich. Daneben wird ihm einmalig Sterbegeld i. H. v. zwei Monatsbezügen des verstorbenen Ehegatten, also 3 000 € gezahlt. | 126

Laufender Hinterbliebenenbezug:

Monatsbetrag 1 200 € × 12 = 14 400 €. Auf den hochgerechneten Jahresbetrag werden der für den Verstorbenen maßgebende Prozentsatz und Höchstbetrag des Versorgungsfreibetrags (2005), zuzügl. des Zuschlags von 900 € angewandt. Das bedeutet im vorliegenden Fall 14 400 € × 40 % = 5 760 €, höchstens 3 000 €. Da der laufende Hinterbliebenenbezug nur für acht Monate gezahlt wurde, erhält der überlebende Ehegatte acht Zwölftel dieses Versorgungsfreibetrags, 3 000 € : 12 = 250 € × 8 = 2 000 €. Der Versorgungsfreibetrag für den laufenden Hinterbliebenenbezug beträgt somit 2 000 €, der Zuschlag zum Versorgungsfreibetrag 600 € (acht Zwölftel von 900 €).

Sterbegeld:

Gesamtbetrag des Sterbegelds 2 × 1 500 € = 3 000 €. Auf diesen Gesamtbetrag von 3 000 € werden ebenfalls der für den Verstorbenen maßgebende Prozentsatz und Höchstbetrag des Versorgungsfreibetrags (2005), zuzügl. des Zuschlags von 900 € angewandt, 3 000 € × 40 % = 1 200 €. Der Versorgungsfreibetrag für das Sterbegeld beträgt 1 200 €, der Zuschlag zum Versorgungsfreibetrag 900 €.

Beide Versorgungsfreibeträge ergeben zusammen einen Betrag von 3 200 €, auf den der insgesamt berücksichtigungsfähige Höchstbetrag nach dem maßgebenden Jahr 2005 anzuwenden ist. Der Versorgungsfreibetrag für den laufenden Hinterbliebenenbezug und das Sterbegeld zusammen beträgt damit 3 000 €. Dazu kommt der Zuschlag zum Versorgungsfreibetrag von insgesamt 900 €.

8. Berechnung des Versorgungsfreibetrags im Falle einer Kapitalauszahlung/Abfindung

Wird anstelle eines monatlichen Versorgungsbezugs eine Kapitalauszahlung/Abfindung an den Versorgungsempfänger gezahlt, so handelt es sich um einen sonstigen Bezug. Für die Ermittlung der Freibeträge für Versorgungsbezüge ist das Jahr des Versorgungsbeginns zugrunde zu legen, die Zwölftelungsregelung ist für diesen sonstigen Bezug nicht anzuwenden. Bemessungsgrundlage ist der Betrag der Kapitalauszahlung/Abfindung im Kalenderjahr. | 127

Beispiel:

Dem Versorgungsempfänger wird im Jahr 2009 eine Abfindung i. H. v. 10 000 € gezahlt. Der Versorgungsfreibetrag beträgt (33,6 % von 10 000 € = 3 360 €, höchstens) 2 500 €; der Zuschlag zum Versorgungsfreibetrag beträgt 756 €. | 128

Bei Zusammentreffen mit laufenden Bezügen darf der Höchstbetrag, der sich nach dem Jahr des Versorgungsbeginns bestimmt, nicht überschritten werden (siehe dazu Beispiele in Rz. 124 und 126 zum Sterbegeld). | 129

Die gleichen Grundsätze gelten auch, wenn Versorgungsbezüge in einem späteren Kalenderjahr nachgezahlt oder berichtigt werden. | 130

9. Zusammentreffen von Versorgungsbezügen (§ 19 EStG) und Rentenleistungen (§ 22 EStG)

Die Frei- und Pauschbeträge sind für jede Einkunftsart gesondert zu berechnen. Der Lohnsteuerabzug ist weiterhin nur für die Versorgungsbezüge vorzunehmen. | 131

III. Aufzeichnungs- und Bescheinigungspflichten

132   Nach § 4 Absatz 1 Nummer 4 LStDV hat der Arbeitgeber im Lohnkonto des Arbeitnehmers in den Fällen des § 19 Absatz 2 EStG die für die zutreffende Berechnung des Versorgungsfreibetrags und des Zuschlags zum Versorgungsfreibetrag erforderlichen Angaben aufzuzeichnen. Aufzuzeichnen sind die Bemessungsgrundlage für den Versorgungsfreibetrag (Jahreswert, Rz. 114), das Jahr des Versorgungsbeginns und die Zahl der Monate (Zahl der Zwölftel), für die Versorgungsbezüge gezahlt werden. Bei mehreren Versorgungsbezügen sind die Angaben für jeden Versorgungsbezug getrennt aufzuzeichnen, soweit die maßgebenden Versorgungbeginne in unterschiedliche Kalenderjahre fallen (vgl. Rz. 120). Demnach können z. B. alle Versorgungsbezüge mit Versorgungsbeginn bis zum Jahre 2005 zusammengefasst werden. Zu den Bescheinigungspflichten wird auf die jährlichen BMF-Schreiben zu den Lohnsteuerbescheinigungen hingewiesen.

C. Besteuerung von Einkünften gem. § 22 Nummer 1 Satz 3 Buchstabe a EStG

I. Allgemeines

133   Leibrenten und andere Leistungen aus den gesetzlichen Rentenversicherungen, den landwirtschaftlichen Alterskassen, den berufsständischen Versorgungseinrichtungen und aus Leibrentenversicherungen i. S. d. § 10 Absatz 1 Nummer 2 Satz 1 Buchstabe b EStG (vgl. Rz. 8 bis 26) werden innerhalb eines bis in das Jahr 2039 reichenden Übergangszeitraums in die vollständige nachgelagerte Besteuerung überführt (§ 22 Nummer 1 Satz 3 Buchstabe a Doppelbuchstabe aa EStG). Diese Regelung gilt sowohl für Leistungen von inländischen als auch von ausländischen Versorgungsträgern.

134   Bei den übrigen Leibrenten erfolgt die Besteuerung auch weiterhin mit dem Ertragsanteil (§ 22 Nummer 1 Satz 3 Buchstabe a Doppelbuchstabe bb EStG ggf. i. V. m. § 55 Absatz 2 EStDV; vgl. Rz. 175 und 176) , es sei denn, es handelt sich um nach dem 31. Dezember 2004 abgeschlossene Rentenversicherungen, bei denen keine lebenslange Rentenzahlung vereinbart und erbracht wird. In diesen Fällen wird die Besteuerung im Wege der Ermittlung des Unterschiedsbetrags nach § 20 Absatz 1 Nummer 6 EStG vorgenommen. Die Regelungen in § 22 Nummer 5 EStG bleiben unberührt (vgl. insoweit auch BMF-Schreiben vom 31. März 2010, BStBl I S. 270).

II. Leibrenten und andere Leistungen i. S. d. § 22 Nummer 1 Satz 3 Buchstabe a Doppelbuchstabe aa EStG

1. Leistungen aus den gesetzlichen Rentenversicherungen, aus den landwirtschaftlichen Alterskassen und aus den berufsständischen Versorgungseinrichtungen

135   § 22 Nummer 1 Satz 3 Buchstabe a Doppelbuchstabe aa EStG erfasst alle Leistungen unabhängig davon, ob sie als Rente oder Teilrente (z. B. Altersrente, Erwerbsminderungsrente, Hinterbliebenenrente als Witwen-/Witwerrente, Waisenrente oder Erziehungsrente) oder als einmalige Leistung (z. B. Sterbegeld oder Abfindung von Kleinbetragsrenten) ausgezahlt werden.

a) Besonderheiten bei Leibrenten und anderen Leistungen aus den gesetzlichen Rentenversicherungen

136   Zu den Leistungen i. S. d. § 22 Nummer 1 Satz 3 Buchstabe a Doppelbuchstabe aa EStG gehören auch Zusatzleistungen und andere Leistungen wie Zinsen.

137   § 22 Nummer 1 Satz 3 Buchstabe a Doppelbuchstabe aa EStG gilt nicht für Einnahmen i. S. d. § 3 EStG wie z. B.

- Leistungen aus der gesetzlichen Unfallversicherung wie z. B. Berufsunfähigkeits- oder Erwerbsminderungsrenten der Berufsgenossenschaft (§ 3 Nummer 1 Buchstabe a EStG),

- Sachleistungen und Kinderzuschüsse (§ 3 Nummer 1 Buchstabe b EStG),

- Übergangsgelder nach dem Sechsten Buch Sozialgesetzbuch – SGB VI (§ 3 Nummer 1 Buchstabe c EStG),

- den Abfindungsbetrag einer Witwen- oder Witwerrente wegen Wiederheirat des Berechtigten nach § 107 SGB VI (§ 3 Nummer 3 Buchstabe a EStG),

- die Erstattung von Versichertenbeiträgen, in Fällen, in denen das mit der Einbeziehung in die Rentenversicherung verfolgte Ziel eines Rentenanspruchs nicht oder voraussichtlich nicht erreicht oder nicht vollständig erreicht werden kann (§§ 210 und 286d SGB VI), die Erstattung von freiwilligen Beiträgen im Zusammenhang mit Nachzahlungen von Beiträgen in besonderen Fällen (§§ 204, 205 und 207 des SGB VI) sowie die Erstattung der vom Versicherten zu Unrecht geleisteten Beiträge nach § 26 Viertes Buch Sozialbesetzbuch (§ 3 Nummer 3 Buchstabe b EStG),

- Ausgleichszahlungen nach § 86 Bundesversorgungsgesetz (§ 3 Nummer 6 EStG),

- Renten, die als Entschädigungsleistungen auf Grund gesetzlicher Vorschriften – insbesondere des Bundesentschädigungsgesetzes – zur Wiedergutmachung nationalsozialistischen Unrechts gewährt werden (§ 3 Nummer 8 EStG),

- Zuschüsse zur freiwilligen oder privaten Krankenversicherung (§ 3 Nummer 14 EStG),
- Leistungen nach den §§ 294 bis 299 SGB VI für Kindererziehung an Mütter der Geburtsjahrgänge vor 1921 (§ 3 Nummer 67 EStG); aus Billigkeitsgründen gehören dazu auch Leistungen nach § 294a Satz 2 SGB VI für Kinderziehung an Mütter der Geburtsjahrgänge vor 1927, die am 18. Mai 1990 ihren gewöhnlichen Aufenthalt im Beitrittsgebiet und am 31. Dezember 1991 keinen eigenen Anspruch auf Rente aus eigener Versicherung hatten.

Renten i. S. d. § 9 Anspruchs- und Anwartschaftsüberführungsgesetz (AAÜG) werden zwar von der Deutschen Rentenversicherung Bund ausgezahlt, es handelt sich jedoch nicht um Leistungen aus der gesetzlichen Rentenversicherung. Die Besteuerung erfolgt nach § 22 Nummer 1 Satz 3 Buchstabe a Doppelbuchstabe bb EStG ggf. i. V. m. § 55 Absatz 2 EStDV, soweit die Rente nicht nach § 3 Nummer 6 EStG steuerfrei ist.   **138**

b) Besonderheiten bei Leibrenten und anderen Leistungen aus den landwirtschaftlichen Alterskassen

Die Renten wegen Alters, wegen Erwerbsminderung und wegen Todes nach dem Gesetz über die Alterssicherung der Landwirte (ALG) gehören zu den Leistungen i. S. d. § 22 Nummer 1 Satz 3 Buchstabe a Doppelbuchstabe aa EStG.   **139**

Steuerfrei sind z. B. Sachleistungen nach dem ALG (§ 3 Nummer 1 Buchstabe b EStG), Geldleistungen nach den §§ 10, 36 bis 39 ALG (§ 3 Nummer 1 Buchstabe c EStG) sowie Beitragserstattungen nach den §§ 75 und 117 des Gesetzes über die Alterssicherung der Landwirte (§ 3 Nummer 3 Buchstabe b EStG).   **140**

c) Besonderheiten bei Leibrenten und anderen Leistungen aus den berufsständischen Versorgungseinrichtungen

Leistungen aus berufsständischen Versorgungseinrichtungen werden nach § 22 Nummer 1 Satz 3 Buchstabe a Doppelbuchstabe aa EStG besteuert, unabhängig davon, ob die Beiträge als Sonderausgaben nach § 10 Absatz 1 Nummer 2 Satz 1 Buchstabe a EStG berücksichtigt wurden. Die Besteuerung erfolgt auch dann nach § 22 Nummer 1 Satz 3 Buchstabe a Doppelbuchstabe aa EStG, wenn die berufsständische Versorgungseinrichtung keine den gesetzlichen Rentenversicherungen vergleichbaren Leistungen erbringt.   **141**

Unselbständige Bestandteile der Rente (z. B. Kinderzuschüsse) werden zusammen mit der Rente nach § 22 Nummer 1 Satz 3 Buchstabe a Doppelbuchstabe aa EStG besteuert.[1]   **142**

Einmalige Leistungen (z. B. Kapitalauszahlungen, Sterbegeld, Abfindung von Kleinbetragsrenten) unterliegen ebenfalls der Besteuerung nach § 22 Nummer 1 Satz 3 Buchstabe a Doppelbuchstabe aa EStG. Das gilt auch für Kapitalauszahlungen, bei denen die erworbenen Anwartschaften auf Beiträgen beruhen, die vor dem 1. Januar 2005 erbracht worden sind.   **143**

Entsprechend den Regelungen zur gesetzlichen Rentenversicherung sind ab dem Veranlagungszeitraum 2007 folgende Leistungen nach § 3 Nummer 3 Buchstabe c EStG i. V. m. § 3 Nummer 3 Buchstabe a und b EStG steuerfrei: **144**

- Witwen- und Witwerrentenabfindungen (§ 3 Nummer 3 Buchstabe c EStG i. V. m. § 3 Nummer 3 Buchstabe a EStG) bei der ersten Wiederheirat, wenn der Abfindungsbetrag das 60-fache der abzufindenden Monatsrente nicht übersteigt. Übersteigt die Abfindung den genannten Betrag, dann handelt es sich bei der Zahlung insgesamt nicht um eine dem § 3 Nummer 3 Buchstabe a EStG entsprechende Abfindung.
- Beitragserstattungen (§ 3 Nummer 3 Buchstabe c EStG i. V. m. § 3 Nummer 3 Buchstabe b EStG), wenn nicht mehr als 59 Beitragsmonate und höchstens die Beiträge abzügl. des steuerfreien Arbeitgeberanteils bzw. -zuschusses (§ 3 Nummer 62 EStG) nominal erstattet werden. Werden bis zu 60 % der für den Versicherten geleisteten Beiträge erstattet, handelt es sich aus Vereinfachungsgründen insgesamt um eine steuerfreie Beitragserstattung.

Die Möglichkeit der steuerfreien Erstattung von Beiträgen, die nicht Pflichtbeiträge sind, besteht für den Versicherten insgesamt nur einmal. Eine bestimmte Wartefrist – vgl. § 210 Absatz 2 SGB VI – ist insoweit nicht zu beachten. Damit die berufsständische Versorgungseinrichtung erkennen kann, ob es sich um eine steuerfreie Beitragserstattung oder steuerpflichtige Leistung handelt, hat derjenige, der die Beitragserstattung beantragt, gegenüber der berufsständischen Versorgungseinrichtung zu versichern, dass er eine entsprechende Beitragserstattung bisher noch nicht beantragt hat.

Wird die Erstattung von Pflichtbeiträgen beantragt, ist eine steuerfreie Beitragserstattung erst möglich, wenn nach dem Ausscheiden aus der Versicherungspflicht mindestens 24 Monate vergangen sind und nicht erneut eine Versicherungspflicht eingetreten ist. Unter diesen Voraussetzungen kann eine steuerfreie Beitragserstattung auch mehrmals in Betracht kommen, wenn

---

[1] *Bestätigt durch BFH vom 31.8.2011 (BStBl 2012 II S. 312).*

nach einer Beitragserstattung für den Steuerpflichtigen erneut eine Versicherungspflicht in einer berufsständischen Versorgungseinrichtung begründet wird und diese zu einem späteren Zeitpunkt wieder erlischt. Beantragt der Steuerpflichtige somit aufgrund seines Ausscheidens aus der Versicherungspflicht erneut eine Beitragserstattung, dann handelt es sich nur dann um eine steuerfreie Beitragserstattung, wenn lediglich die geleisteten Pflichtbeiträge erstattet werden. Erfolgt eine darüber hinausgehende Erstattung, handelt es sich insgesamt um eine nach § 22 Nummer 1 Satz 3 Buchstabe a Doppelbuchstabe aa EStG steuerpflichtige Leistung. Damit die berufsständische Versorgungseinrichtung die Leistungen zutreffend zuordnen kann, hat derjenige, der die Beitragserstattung beantragt, in den Fällen des Ausscheidens aus der Versicherungspflicht auch im Falle der Erstattung von Pflichtbeiträgen gegenüber der berufsständischen Versorgungseinrichtung zu erklären, ob er bereits eine Beitragserstattung aus einer berufsständischen Versorgungseinrichtung in Anspruch genommen hat.

Nach § 3 Nummer 3 Buchstabe b EStG sind auch Beitragserstattungen nach den §§ 204, 205, 207, 286d SGB VI, § 26 SGB IV steuerfrei. Liegen die in den Vorschriften genannten Voraussetzungen auch bei der von einer berufsständischen Versorgungseinrichtung durchgeführten Beitragserstattung vor, handelt es sich insoweit um eine steuerfreie Leistung.

2. Leibrenten und andere Leistungen aus Rentenversicherungen i. S. d. § 10 Absatz 1 Nummer 2 Satz 1 Buchstabe b EStG

145   Leistungen aus Rentenversicherungen i. S. d. § 10 Absatz 1 Nummer 2 Satz 1 Buchstabe b EStG (vgl. Rz. 8 ff.) unterliegen der nachgelagerten Besteuerung gem. § 22 Nummer 1 Satz 3 Buchstabe a Doppelbuchstabe aa EStG. Vgl. im Einzelnen die Ausführungen unter Rz. 8 ff.

146   Für Renten aus Rentenversicherungen, die nicht den Voraussetzungen des § 10 Absatz 1 Nummer 2 Satz 1 Buchstabe b EStG entsprechen – insbesondere für Renten aus Verträgen i. S. d. § 10 Absatz 1 Nummer 3a Buchstabe b EStG – bleibt es bei der Ertragsanteilsbesteuerung (vgl. insoweit Rz. 151 ff.), es sei denn, es handelt sich um nach dem 31. Dezember 2004 abgeschlossene Rentenversicherungen, bei denen keine lebenslange Rentenzahlung vereinbart und erbracht wird. Dann erfolgt die Besteuerung nach § 20 Absatz 1 Nummer 6 EStG im Wege der Ermittlung des Unterschiedsbetrags. Die Regelungen in § 22 Nummer 5 EStG bleiben unberührt (vgl. BMF-Schreiben vom 31. März 2010, BStBl I S. 270).

147   Wird ein Rentenversicherungsvertrag mit Versicherungsbeginn nach dem 31. Dezember 2004, der die Voraussetzungen des § 10 Absatz 1 Nummer 2 Satz 1 Buchstabe b EStG nicht erfüllt, in einen zertifizierten Basisrentenvertrag umgewandelt, der die Voraussetzungen des § 10 Absatz 1 Nummer 2 Buchstabe b EStG erfüllt, führt dies zur Beendigung des bestehenden Vertrages – mit den entsprechenden steuerlichen Konsequenzen – und zum Abschluss eines neuen Basisrentenvertrages im Zeitpunkt der Umstellung. Die Beiträge einschließlich des aus dem Altvertrag übertragenen Kapitals können im Rahmen des Sonderausgabenabzugs nach § 10 Absatz 1 Nummer 2 Satz 1 Buchstabe b EStG berücksichtigt werden. Die sich aus dem Basisrentenvertrag ergebenden Leistungen unterliegen insgesamt der Besteuerung nach § 22 Nummer 1 Satz 3 Buchstabe a Doppelbuchstabe aa EStG.

148   Wird ein Kapitallebensversicherungsvertrag in einen Rentenversicherungsvertrag i. S. d. § 10 Absatz 1 Nummer 2 Buchstabe b EStG umgewandelt, führt auch dies zur Beendigung des bestehenden Vertrages – mit den entsprechenden steuerlichen Konsequenzen – und zum Abschluss eines neuen Basisrentenvertrages im Zeitpunkt der Umstellung. Die Beiträge einschließlich des aus dem Altvertrag übertragenen Kapitals können im Rahmen des Sonderausgabenabzugs nach § 10 Absatz 1 Nummer 2 Satz 1 Buchstabe b EStG berücksichtigt werden. Die sich aus dem Basisrentenvertrag ergebenden Leistungen unterliegen insgesamt der Besteuerung nach § 22 Nummer 1 Satz 3 Buchstabe a Doppelbuchstabe aa EStG.

149   Wird entgegen der ursprünglichen vertraglichen Vereinbarung (vgl. Rz. 9) ein zertifizierter Basisrentenvertrag in einen Vertrag umgewandelt, der die Voraussetzungen des § 10 Absatz 1 Nummer 2 Satz 1 Buchstabe b EStG nicht erfüllt, ist steuerlich von einem neuen Vertrag auszugehen. Wird dabei die auf den „alten" Vertrag entfallende Versicherungsleistung ganz oder teilweise auf den „neuen" Vertrag angerechnet, fließt die angerechnete Versicherungsleistung dem Versicherungsnehmer zu und unterliegt im Zeitpunkt der Umwandlung des Vertrags der Besteuerung nach § 22 Nummer 1 Satz 3 Buchstabe a Doppelbuchstabe aa EStG. Ist die Umwandlung als Missbrauch von rechtlichen Gestaltungsmöglichkeiten (§ 42 der Abgabenordnung – AO –) anzusehen, z. B. Umwandlung innerhalb kurzer Zeit nach Vertragsabschluss ohne erkennbaren sachlichen Grund, ist für die vor der Umwandlung geleisteten Beiträge der Sonderausgabenabzug nach § 10 Absatz 1 Nummer 2 Satz 1 Buchstabe b EStG zu versagen oder rückgängig zu machen.

150   Werden Ansprüche des Leistungsempfängers aus einem Versicherungsvertrag mit Versicherungsbeginn nach dem 31. Dezember 2004, der die Voraussetzungen des § 10 Absatz 1 Nummer 2 Buchstabe b EStG erfüllt, unmittelbar auf einen Vertrag bei einem anderen Unternehmen übertragen, gilt die Versicherungsleistung nicht als dem Leistungsempfänger zugeflossen, wenn der neue Vertrag nach § 5a AltZertG zertifiziert ist. Sie unterliegt daher im Zeitpunkt der Übertragung nicht der Besteuerung.

III. Leibrenten und andere Leistungen i. S. d. § 22 Nummer 1 Satz 3 Buchstabe a Doppelbuchstabe bb EStG

Der Anwendungsbereich des § 22 Nummer 1 Satz 3 Buchstabe a Doppelbuchstabe bb EStG 151 umfasst diejenigen Leibrenten und anderen Leistungen, die nicht bereits unter Doppelbuchstabe aa der Vorschrift (vgl. Rz. 135 ff.) oder § 22 Nummer 5 EStG einzuordnen sind, wie Renten aus

– Rentenversicherungen, die nicht den Voraussetzungen des § 10 Absatz 1 Nummer 2 Satz 1 Buchstabe b EStG entsprechen, weil sie z. B. eine Teilkapitalisierung oder Einmalkapitalauszahlung (Kapitalwahlrecht) oder einen Rentenbeginn vor Vollendung des 60. Lebensjahres vorsehen (bei nach dem 31. Dezember 2011 abgeschlossenen Verträgen ist regelmäßig die Vollendung des 62. Lebensjahres maßgebend) oder die Laufzeit der Versicherung vor dem 1. Januar 2005 begonnen hat, oder

– Verträgen i. S. d. § 10 Absatz 1 Nummer 3a Buchstabe b EStG.

Bei nach dem 31. Dezember 2004 abgeschlossenen Rentenversicherungen muss eine lebenslange 152 **Rentenzahlung vereinbart und erbracht werden.**

Werden neben einer Grundrente Überschussbeteiligungen in Form einer Bonusrente gezahlt, so ist der gesamte Auszahlungsbetrag mit einem einheitlichen Ertragsanteil der Besteuerung zu unterwerfen. Mit der Überschussbeteiligung in Form einer Bonusrente wird kein neues Rentenrecht begründet (R 22.4 Absatz 1 Satz 1 EStR 2008). In der Mitteilung nach § 22a EStG (bei Leistungen i. S. d. § 22 Nummer 5 Satz 2 Buchstabe a EStG in der Mitteilung nach § 22 Nummer 5 Satz 7 EStG) ist der Betrag von Grund- und Bonusrente in einer Summe auszuweisen.

Dem § 22 Nummer 1 Satz 3 Buchstabe a Doppelbuchstabe bb EStG zuzuordnen sind auch abge- 153 kürzte Leibrenten, die nicht unter § 22 Nummer 1 Satz 3 Buchstabe a Doppelbuchstabe aa EStG fallen (z. B. private selbständige Erwerbsminderungsrente, Waisenrente aus einer privaten Versicherung, die die Voraussetzungen des § 10 Absatz 1 Nummer 2 Satz 1 Buchstabe b EStG nicht erfüllt). Dies gilt bei Rentenversicherungen (vgl. Rz. 19 des BMF-Schreibens vom 1. Oktober 2009, BStBl I S. 1172) nur, wenn sie vor dem 1. Januar 2005 abgeschlossen wurden.

Auf Antrag des Steuerpflichtigen sind unter bestimmten Voraussetzungen auch Leibrenten und 154 andere Leistungen i. S. d. § 22 Nummer 1 Satz 3 Buchstabe a Doppelbuchstabe aa EStG nach § 22 Nummer 1 Satz 3 Buchstabe a Doppelbuchstabe bb EStG zu versteuern (sog. Öffnungsklausel). Wegen der Einzelheiten hierzu vgl. die Ausführungen unter Rz. **177 ff.**

IV. Besonderheiten bei der kapitalgedeckten betrieblichen Altersversorgung

Die Versorgungsleistungen einer Pensionskasse, eines Pensionsfonds oder aus einer Direktver- 155 sicherung (z. B. Rente, Auszahlungsplan, Teilkapitalauszahlung, Einmalkapitalauszahlung) unterliegen der Besteuerung nach § 22 Nummer 5 EStG. Einzelheiten zur Besteuerung von Leistungen aus der betrieblichen Altersversorgung sind im BMF-Schreiben vom 31. März 2010, BStBl I S. 270, Rz. 326 ff. geregelt.

V. Durchführung der Besteuerung

1. Leibrenten und andere Leistungen i. S. d. § 22 Nummer 1 Satz 3 Buchstabe a Doppelbuchstabe aa EStG

a) Allgemeines

In der Übergangszeit bis zur vollständigen nachgelagerten Besteuerung unterliegt nur ein Teil der 156 Leibrenten und anderen Leistungen der Besteuerung. In Abhängigkeit vom Jahresbetrag der Rente und dem Jahr des Rentenbeginns wird der steuerfreie Teil der Rente ermittelt, der grundsätzlich für die gesamte Laufzeit der Rente gilt. Diese Regelung bewirkt, dass Rentenerhöhungen, die auf einer regelmäßigen Rentenanpassung beruhen, vollständig nachgelagert besteuert werden.

b) Jahresbetrag der Rente

Bemessungsgrundlage für die Ermittlung des der Besteuerung unterliegenden Anteils der Rente ist 157 der Jahresbetrag der Rente (§ 22 Nummer 1 Satz 3 Buchstabe a Doppelbuchstabe aa Satz 2 EStG). Jahresbetrag der Rente ist die Summe der im Kalenderjahr zugeflossenen Rentenbeträge einschließlich der bei Auszahlung einbehaltenen eigenen Beitragsanteile zur Kranken- und Pflegeversicherung. Steuerfreie Zuschüsse zu den Krankenversicherungsbeiträgen sind nicht Bestandteil des Jahresbetrags der Rente. Zum Jahresbetrag der Rente gehören auch die im Kalenderjahr zugeflossenen anderen Leistungen. Bei rückwirkender Zubilligung der Rente ist ggf. Rz. 229 zu beachten. Eine Pfändung der Rente hat keinen Einfluss auf die Höhe des nach § 22 EStG zu berücksichtigenden Jahresbetrags der Rente.

c) Bestimmung des Prozentsatzes

aa) Allgemeines

158   Der Prozentsatz in der Tabelle in § 22 Nummer 1 Satz 3 Buchstabe a Doppelbuchstabe aa Satz 3 EStG bestimmt sich grundsätzlich nach dem Jahr des Rentenbeginns.

159   Unter Beginn der Rente ist der Zeitpunkt zu verstehen, ab dem die Rente (ggf. nach rückwirkender Zubilligung) tatsächlich bewilligt wird (siehe Rentenbescheid).

160   Wird die bewilligte Rente bis auf 0 € gekürzt, z. B. weil eigene Einkünfte anzurechnen sind, steht dies dem Beginn der Rente nicht entgegen und unterbricht die Laufzeit der Rente nicht. Verzichtet der Rentenberechtigte in Kenntnis der Kürzung der Rente auf die Beantragung, beginnt die Rente jedoch nicht zu laufen, solange sie mangels Beantragung nicht dem Grunde nach bewilligt wird.

161   Fließt eine andere Leistung vor dem Beginn der Leibrente zu, bestimmt sich der Prozentsatz für die Besteuerung der anderen Leistung nach dem Jahr ihres Zuflusses, andernfalls nach dem Jahr des Beginns der Leibrente.

bb) Erhöhung oder Herabsetzung der Rente

162   Soweit Renten i. S. d. § 22 Nummer 1 Satz 3 Buchstabe a Doppelbuchstabe aa EStG später z. B. wegen Anrechnung anderer Einkünfte erhöht oder herabgesetzt werden, ist keine neue Rente anzunehmen. Gleiches gilt, wenn eine Teil-Altersrente in eine volle Altersrente oder eine volle Altersrente in eine Teil-Altersrente umgewandelt wird (§ 42 SGB VI). Für den erhöhten oder verminderten Rentenbetrag bleibt der ursprünglich ermittelte Prozentsatz maßgebend (zur Neuberechnung des Freibetrags vgl. Rz. 171 ff.).

cc) Besonderheiten bei Folgerenten aus derselben Versicherung

163   Renten aus derselben Versicherung oder demselben Vertrag liegen vor, wenn Renten auf ein und demselben Rentenrecht beruhen. Das ist beispielsweise der Fall, wenn eine Rente wegen voller Erwerbsminderung einer Rente wegen teilweiser Erwerbsminderung folgt oder umgekehrt, bei einer Altersrente, der eine (volle oder teilweise) Erwerbsminderungsrente vorherging, oder wenn eine kleine Witwen- oder Witwerrente einer großen Witwen- oder Witwerrente folgt und umgekehrt oder eine Altersrente einer Erziehungsrente folgt. Das gilt auch dann, wenn die Rentenempfänger nicht identisch sind wie z. B. bei einer Altersrente mit nachfolgender Witwen- oder Witwerrente oder Waisenrente. Leistungen aus Anrechten, die im Rahmen des Versorgungsausgleichs durch interne Teilung auf die ausgleichsberechtigte Person übertragen wurden oder die zu Lasten der Anrechte der ausgleichspflichtigen Person für die ausgleichsberechtigte Person durch externe Teilung begründet wurden, stellen einen eigenen Rentenanspruch der ausgleichsberechtigten Person dar. Die Rente der ausgleichsberechtigten Person ist daher keine Rente aus der Versicherung oder dem Vertrag der ausgleichspflichtigen Person.

164   Folgen nach dem 31. Dezember 2004 Renten aus derselben Versicherung oder demselben Vertrag einander nach, wird bei der Ermittlung des Prozentsatzes nicht der tatsächliche Beginn der Folgerente herangezogen. Vielmehr wird ein fiktives Jahr des Rentenbeginns ermittelt, indem vom tatsächlichen Rentenbeginn der Folgerente die Laufzeiten vorhergehender Renten abgezogen werden. Dabei darf der Prozentsatz von 50 % nicht unterschritten werden.

    Beispiel:

165   A bezieht von Oktober 2003 bis Dezember 2006 (= 3 Jahre und 3 Monate) eine Erwerbsminderungsrente i. H. v. 1 000 €. Anschließend ist er wieder erwerbstätig. Ab Februar 2013 erhält er seine Altersrente i. H. v. 2 000 €.

     In 2003 und 2004 ist die Erwerbsminderungsrente gem. § 55 Absatz 2 EStDV mit einem Ertragsanteil von 4 % zu versteuern, in 2005 und 2006 gem. § 22 Nummer 1 Satz 3 Buchstabe a Doppelbuchstabe aa EStG mit einem Besteuerungsanteil von 50 %. Der der Besteuerung unterliegende Teil für die ab Februar 2013 gewährte Altersrente ermittelt sich wie folgt:

Rentenbeginn der Altersrente	Februar 2013
abzügl. der Laufzeit der Erwerbsminderungsrente (3 Jahre und 3 Monate)	
= fiktiver Rentenbeginn	November 2009
Besteuerungsanteil lt. Tabelle	58 %
Jahresbetrag der Rente in 2013: 11 × 2 000 €	22 000 €
Betragsmäßiger Besteuerungsanteil (58 % von 22 000 €)	12 760 €

166   Renten, die vor dem 1. Januar 2005 geendet haben, werden nicht als vorhergehende Renten berücksichtigt und wirken sich daher auf die Höhe des Prozentsatzes für die Besteuerung der nachfolgenden Rente nicht aus.

Abwandlung des Beispiels in Rz. 165:   167

Die Erwerbsminderungsrente wurde von Oktober 2000 bis Dezember 2004 bezogen.

In diesem Fall folgen nicht nach dem 31. Dezember 2004 mehrere Renten aus derselben Versicherung einander nach mit der Folge, dass für die Ermittlung des Besteuerungsanteils für die Altersrente das Jahr 2013 maßgebend ist und folglich ein Besteuerungsanteil von 66 %.

Lebt eine wegen Wiederheirat des Berechtigten weggefallene Witwen- oder Witwerrente wegen   168
Auflösung oder Nichtigerklärung der erneuten Ehe oder der erneuten Lebenspartnerschaft wieder
auf (§ 46 Absatz 3 SGB VI), ist bei Wiederaufleben der Witwen- oder Witwerrente für die Ermittlung des Prozentsatzes nach § 22 Nummer 1 Satz 3 Buchstabe a Doppelbuchstabe aa Satz 3 EStG
der Rentenbeginn des erstmaligen Bezugs maßgebend.

d) Ermittlung des steuerfreien Teils der Rente

aa) Allgemeines

Nach § 22 Nummer 1 Satz 3 Buchstabe a Doppelbuchstabe aa Satz 4 und 5 EStG gilt der steuerfreie   169
Teil der Rente für die gesamte Laufzeit des Rentenbezugs. Der steuerfreie Teil der Rente wird in
dem Jahr ermittelt, das dem Jahr des Rentenbeginns folgt. Bei Renten, die vor dem 1. Januar 2005
begonnen haben, ist der steuerfreie Teil der Rente des Jahres 2005 maßgebend.

bb) Bemessungsgrundlage für die Ermittlung des steuerfreien Teils der Rente

Bemessungsgrundlage für die Ermittlung des steuerfreien Teils der Rente ist der Jahresbetrag der   170
Rente in dem Jahr, das dem Jahr des Rentenbeginns folgt. Bei Renten mit Rentenbeginn vor dem
1. Januar 2005 ist der Jahresbetrag der Rente des Jahres 2005 maßgebend. Zum Jahresbetrag der
Rente vgl. Rz. 157.

cc) Neuberechnung des steuerfreien Teils der Rente

Ändert sich der Jahresbetrag der Rente und handelt es sich hierbei nicht um eine regelmäßige   171
Anpassung (z. B. jährliche Rentenerhöhung), ist der steuerfreie Teil der Rente auf der Basis des bisher maßgebenden Prozentsatzes mit der veränderten Bemessungsgrundlage neu zu ermitteln.
Auch Rentennachzahlungen oder -rückzahlungen sowie der Wegfall des Kinderzuschusses zur
Rente aus einer berufsständischen Versorgungseinrichtung können zu einer Neuberechnung des
steuerfreien Teils der Rente führen.

Der steuerfreie Teil der Rente ist in dem Verhältnis anzupassen, in dem der veränderte Jahresbetrag   172
der Rente zum Jahresbetrag der Rente steht, der der Ermittlung des bisherigen steuerfreien Teils der
Rente zugrunde gelegen hat. Regelmäßige Anpassungen des Jahresbetrags der Rente bleiben dabei
außer Betracht (§ 22 Nummer 1 Satz 3 Buchstabe a Doppelbuchstabe aa Satz 7 EStG). Die für die
Berechnung erforderlichen Angaben ergeben sich aus der Rentenbezugsmitteilung (vgl. Rz. 223 ff.).

Beispiel:

R bezieht ab Mai 2008 eine monatliche Witwenrente aus der gesetzlichen Rentenversicherung   173
i. H. v. 1100 €. Die Rente wird aufgrund regelmäßiger Anpassungen zum 1. Juli 2008, zum
1. Juli 2009, zum 1. Juli 2010 und zum 1. Juli 2011 jeweils um 10 € erhöht. Wegen anderer Einkünfte wird die Rente ab August 2011 auf 830 € gekürzt.

Rentenzeitraum	Monatsbetrag	Betrag im Zahlungszeitraum
1.5. – 30. 6. 2008	1 100,00 €	2 200,00 €
1.7. – 31. 12. 2008	1 110,00 €	6 660,00 €
Jahresrente 2008		8 860,00 €
1.1. – 30. 6. 2009	1 110,00 €	6 660,00 €
1.7. – 31. 12. 2009	1 120,00 €	6 720,00 €
Jahresrente 2009		13 380,00 €
1.1. – 30. 6. 2010	1 120,00 €	6 720,00 €
1.7. – 31. 12. 2010	1 130,00 €	6 780,00 €
Jahresrente 2010		13 500,00 €
1.1. – 30. 6. 2011	1 130,00 €	6 780,00 €
1.7. – 31. 7. 2011	1 140,00 €	1 140,00 €
1.8. – 31. 12. 2011	830,00 €	4 150,00 €
Jahresrente 2011		12 070,00 €

Dem Finanzamt liegen die folgenden Rentenbezugsmitteilungen vor:

Jahr	Leistungsbetrag	Anpassungsbetrag
2008	8 860,00 €	0,00 €
2009	13 380,00 €	0,00 €
2010	13 500,00 €	120,00 €
2011	12 070,00 €	206,00 €

Berechnung des steuerfreien Teils der Rente 2009

Jahresrente 2009	13 380,00 €
– der Besteuerung unterliegender Teil: 56 % von 13 380,00 € =	–7 492,80 €
= steuerfreier Teil der Rente	5 887,20 €

Neuberechnung des steuerfreien Teils der Rente im Jahr 2011

Jahresrente 2011 ohne regelmäßige Anpassungen	
(12 070,00 € – 206,00 €) =	11 864,00 €
(11 864,00 €/13 380,00 €) × 5 887,20 € =	5 220,16 €

Ermittlung des der Besteuerung unterliegenden Teils der Rente in Anlehnung an den Wortlaut des § 22 Nummer 1 Satz 3 Buchstabe a Doppelbuchstabe aa Satz 3 bis 7 EStG

Jahr	Besteuerungsanteil der Rente	
2008	56 % von 8 860,00 € =	4 961,60 €
2009	56 % von 13 380,00 € =	7 492,80 €
2010	13 500,00 € – 5 887,20 € =	7 612,80 €
2011	12 070,00 € – 5 220,16 € =	6 849,84 €

Ermittlung des der Besteuerung unterliegenden Teils der Rente in Anlehnung an die Einkommensteuererklärung / die Rentenbezugsmitteilung

	2008	2009	2010	2011
Jahresrente lt. Rentenbezugsmitteilung	8 860,00 €	13 380,00 €	13 500,00 €	12 070,00 €
– Anpassungsbetrag lt. Rentenbezugsmitteilung	– 0,00 €	– 0,00 €	–120,00 €	–206,00 €
Zwischensumme	8 860,00 €	13 380,00 €	13 380,00 €	11 864,00 €
darauf fester Prozentsatz (hier: 56 %)	4 961,60 €	7 492,80 €	7 492,80 €	6 643,84 €
+ Anpassungsbetrag lt. Rentenbezugsmitteilung	+ 0,00 €	+ 0,00 €	+ 120,00 €	+ 206,00 €
= der Besteuerung unterliegende Anteil der Rente	4 961,60 €	7 492,80 €	7 612,80 €	6 849,84 €

174   Folgerenten i. S. d. § 22 Nummer 1 Satz 3 Buchstabe a Doppelbuchstabe aa Satz 8 EStG (vgl. Rz. 163 ff.) werden für die Berechnung des steuerfreien Teils der Rente (§ 22 Nummer 1 Satz 3 Buchstabe a Doppelbuchstabe aa Satz 3 bis 7 EStG) als eigenständige Renten behandelt. Das gilt nicht, wenn eine wegen Wiederheirat weggefallene Witwen- oder Witwerrente (vgl. Rz. 168) wieder auflebt. In diesem Fall berechnet sich der steuerfreie Teil der Rente nach der ursprünglichen, später weggefallenen Rente (vgl. Rz. 169 und 170).

2. Leibrenten und andere Leistungen i. S. d. § 22 Nummer 1 Satz 3 Buchstabe a Doppelbuchstabe bb EStG

175   Leibrenten i. S. d. § 22 Nummer 1 Satz 3 Buchstabe a Doppelbuchstabe bb EStG (vgl. Rz. 151) unterliegen auch ab dem Veranlagungszeitraum 2005 nur mit dem Ertragsanteil der Besteuerung. Die Ertragsanteile sind gegenüber dem bisherigen Recht abgesenkt worden. Sie ergeben sich aus der Tabelle in § 22 Nummer 1 Satz 3 Buchstabe a Doppelbuchstabe bb Satz 4 EStG. Die neuen Ertragsanteile gelten sowohl für Renten, deren Rentenbeginn vor dem 1. Januar 2005 liegt, als auch für Renten, die erst nach dem 31. Dezember 2004 zu laufen beginnen.

Für abgekürzte Leibrenten (vgl. Rz. 153) – z. B. aus einer privaten selbständigen Erwerbsmin-   176
derungsversicherung, die nur bis zum 65. Lebensjahr gezahlt wird – bestimmen sich die Ertragsanteile auch weiterhin nach § 55 Absatz 2 EStDV.

3. Öffnungsklausel

a) Allgemeines

Durch die Öffnungsklausel in § 22 Nummer 1 Satz 3 Buchstabe a Doppelbuchstabe bb Satz 2 EStG   177
werden auf Antrag des Steuerpflichtigen Teile der Leibrenten oder anderer Leistungen, die anderenfalls der nachgelagerten Besteuerung nach § 22 Nummer 1 Satz 3 Buchstabe a Doppelbuchstabe aa EStG unterliegen würden, nach § 22 Nummer 1 Satz 3 Buchstabe a Doppelbuchstabe bb
EStG besteuert.

b) Antrag

Der Antrag ist vom Steuerpflichtigen beim zuständigen Finanzamt in der Regel im Rahmen der   178
Einkommensteuererklärung formlos zu stellen. Der Antrag kann nicht vor Beginn des Leistungsbezugs gestellt werden. Die Öffnungsklausel in § 22 Nummer 1 Satz 3 Buchstabe a Doppelbuchstabe bb Satz 2 EStG ist nicht von Amts wegen anzuwenden.

c) 10-Jahres-Grenze

Die Anwendung der Öffnungsklausel setzt voraus, dass bis zum 31. Dezember 2004 über einen Zeit-   179
raum von mindestens zehn Jahren Beiträge oberhalb des Betrags des Höchstbetrags zur gesetzlichen Rentenversicherung gezahlt wurden. Dabei ist jedes Kalenderjahr getrennt zu betrachten. Die
Jahre müssen nicht unmittelbar aufeinander folgen. Dabei sind Beiträge grundsätzlich dem Jahr
zuzurechnen, in dem sie gezahlt oder für das sie bescheinigt werden. Sofern Beiträge jedoch rentenrechtlich (als Nachzahlung) in einem anderen Jahr wirksam werden, sind diese dem Jahr zuzurechnen, in dem sie rentenrechtlich wirksam werden. Für die Prüfung, ob die 10-Jahres-Grenze erfüllt ist,
sind nur Zahlungen zu berücksichtigen, die bis zum 31. Dezember 2004 geleistet wurden (BFH vom
19. Januar 2010 – X R 53/08 RdNummer 85). Sie müssen außerdem „für" Beitragsjahre vor dem
1. Januar 2005 gezahlt worden sein. Der jährliche Höchstbeitrag ist auch dann maßgebend, wenn
nur für einen Teil des Jahres Versicherungspflicht bestand oder nicht während des ganzen Jahres
Beiträge geleistet wurden (BFH vom 4. Februar 2010 – X R 58/08 RdNummer 83).

d) Maßgeblicher Höchstbeitrag

Für die Prüfung, ob Beiträge oberhalb des Betrags des Höchstbeitrags gezahlt wurden, ist grund-   180
sätzlich der Höchstbeitrag zur gesetzlichen Rentenversicherung der Angestellten und Arbeiter
(West) des Jahres heranzuziehen, dem die Beiträge zuzurechnen sind. In den Jahren, in denen im
gesamten Kalenderjahr eine Versicherung in der knappschaftlichen Rentenversicherung bestand,
ist deren Höchstbeitrag maßgebend. Bis 1949 galten in den gesetzlichen Rentenversicherungen
unterschiedliche Höchstbeiträge für Arbeiter und Angestellte. Sofern keine Versicherungspflicht in
den gesetzlichen Rentenversicherungen bestand, ist stets der Höchstbeitrag für Angestellte in der
gesetzlichen Rentenversicherung der Arbeiter und Angestellten zu Grunde zu legen. Höchstbeitrag ist die Summe des Arbeitgeberanteils und des Arbeitnehmeranteils zur jeweiligen gesetzlichen Rentenversicherung. Die maßgeblichen Höchstbeiträge ergeben sich für die Jahre 1927 bis
2004 aus der als Anlage beigefügten Tabelle.

e) Ermittlung der gezahlten Beiträge

Für die Frage, ob in einem Jahr Beiträge oberhalb des Betrags des Höchstbeitrags gezahlt wurden,   181
sind sämtliche Beiträge an gesetzliche Rentenversicherungen, an landwirtschaftliche Alterskassen
und an berufsständische Versorgungseinrichtungen zusammenzurechnen, die dem einzelnen Jahr
zuzurechnen sind (Rz. 179). Beiträge zur gesetzlichen Rentenversicherung aufgrund eines Versorgungsausgleichs (§ 187 Absatz 1 Nummer 1 SGB VI), bei vorzeitiger Inanspruchnahme einer Altersrente (§ 187a SGB VI) oder zur Erhöhung der Rentenanwartschaft (§ 187b SGB VI) sind in dem Jahr
zu berücksichtigen, in dem sie geleistet wurden. Dies gilt entsprechend für Beitragszahlungen dieser
Art an landwirtschaftliche Alterskassen und berufsständische Versorgungseinrichtungen.

Für die Anwendung der Öffnungsklausel werden nur Beiträge berücksichtigt, die eigene Beitrags-   182
leistungen des Steuerpflichtigen enthalten. Bei der Ermittlung der gezahlten Beiträge kommt es
nicht darauf an, ob die Beiträge vom Steuerpflichtigen vollständig oder teilweise selbst getragen
wurden. Es ist auch unerheblich, ob es sich um Pflichtbeiträge, freiwillige Beiträge oder Beiträge
zur Höherversicherung handelt.

Beiträge auf Grund von Nachversicherungen in gesetzliche Rentenversicherungen, an landwirt-   183
schaftliche Alterskassen und an berufsständische Versorgungseinrichtungen sind nicht zu berück-

sichtigen. Eine Nachversicherung wird durchgeführt, wenn ein Beschäftigungsverhältnis, das unter bestimmten Voraussetzungen nicht der Versicherungspflicht in der gesetzlichen Rentenversicherung oder in einer berufsständischen Versorgungseinrichtung unterlag (z. B. als Beamtenverhältnis), unter Verlust der Versorgungszusage gelöst wird.

184   Zuschüsse zum Beitrag nach § 32 des Gesetzes über die Alterssicherung der Landwirte werden bei der Berechnung mit einbezogen.

185   Der jährliche Höchstbeitrag ist auch dann maßgebend, wenn nur für einen Teil des Jahres eine Versicherungspflicht bestand oder nicht während des ganzen Jahres Beiträge geleistet wurden (BFH vom 4. Februar 2010 – X R 58/08 RdNummer 83). Ein anteiliger Ansatz des Höchstbeitrags erfolgt nicht.

f) Nachweis der gezahlten Beiträge

186   Der Steuerpflichtige muss einmalig nachweisen, dass er über einen Zeitraum von mindestens zehn Jahren vor dem 1. Januar 2005 Beiträge oberhalb des Betrags des Höchstbeitrags gezahlt hat. Der Nachweis ist durch Bescheinigungen der Versorgungsträger, an die die Beiträge geleistet wurden – bzw. von deren Rechtsnachfolgern – zu erbringen. Aus der Bescheinigung muss sich ergeben, dass die Beiträge vor dem 1. Januar 2005 geleistet wurden und welchem Jahr sie zugerechnet wurden. Soweit der Versorgungsträger für Beiträge eine Zahlung vor dem 1. Januar 2005 nicht bescheinigen kann, hat er in der Bescheinigung ausdrücklich darauf hinzuweisen. In diesen Fällen obliegt es dem Steuerpflichtigen, den Zahlungszeitpunkt vor dem 1. Januar 2005 nachzuweisen. Wird der Nachweis nicht geführt, sind diese Beträge nicht in die Berechnung einzubeziehen, Pflichtbeiträge gelten hierbei als in dem Jahr gezahlt, für das sie bescheinigt werden. Beiträge oberhalb des Höchstbeitrags, die nach dem 31. Dezember 2004 geleistet worden sind, bleiben für die Anwendung der Öffnungsklausel auch dann außer Betracht, wenn im Übrigen vor dem 1. Januar 2005 über einen Zeitraum von mindestens zehn Jahren Beiträge oberhalb des Betrags des Höchstbeitrags zur gesetzlichen Rentenversicherung geleistet worden sind. Wurde vom Steuerpflichtigen eine von den Grundsätzen dieses BMF-Schreibens abweichende Bescheinigung vorgelegt, ist als Folge der durch die BFH-Rechtsprechung vom 19. Januar 2010 (Az. X R 53/08) geänderten Rechtslage bis spätestens für den VZ 2011 eine den Grundsätzen dieses BMF-Schreibens entsprechende neue Beitragsbescheinigung vorzulegen (vgl. auch Rz. 203).

g) Ermittlung des auf Beiträgen oberhalb des Betrags des Höchstbeitrags beruhenden Teils der Leistung

187   Der Teil der Leibrenten oder anderen Leistungen, der auf Beiträgen oberhalb des Betrags des Höchstbeitrags beruht, ist vom Versorgungsträger nach denselben Grundsätzen zu ermitteln wie in Leistungsfällen, bei denen keine Beiträge oberhalb des Betrags des Höchstbeitrags geleistet wurden. Dieser Teil wird bezogen auf jeden einzelnen Rentenanspruch getrennt ermittelt. Dabei sind die insgesamt in den einzelnen Kalenderjahren – ggf. zu verschiedenen Versorgungsträgern – geleisteten Beiträge nach Maßgabe der Rz. 191 bis 193 zu berücksichtigen. Jedes Kalenderjahr ist getrennt zu betrachten. Für jedes Jahr ist der Teil der Leistung, der auf Beiträgen oberhalb des Betrags des Höchstbeitrags beruht, gesondert zu ermitteln. Eine Zusammenrechnung der den einzelnen Jahren zuzurechnenden Beiträge und eine daraus resultierende Durchschnittsbildung sind nicht zulässig. Sofern Beiträge zur gesetzlichen Rentenversicherung oberhalb des Betrags des Höchstbeitrags geleistet werden und in diesen Beiträgen Höherversicherungsbeiträge enthalten sind, sind diese vorrangig als oberhalb des Betrags des Höchstbeitrags geleistet anzusehen. Wurde vom Steuerpflichtigen eine von den Grundsätzen dieses BMF-Schreibens abweichende Bescheinigung vorgelegt, ist bis spätestens für den VZ 2011 eine den Grundsätzen dieses BMF-Schreibens entsprechende neue Beitragsbescheinigung vorzulegen (vgl. auch Rz. 203).

188   Abweichend hiervon wird bei berufsständischen Versorgungseinrichtungen zugelassen, dass die tatsächlich geleisteten Beiträge und die den Höchstbeitrag übersteigenden Beiträge zum im entsprechenden Jahr maßgebenden Höchstbeitrag ins Verhältnis gesetzt werden. Aus dem Verhältnis der Summen der sich daraus ergebenden Prozentsätze ergibt sich der Prozentsatz für den Teil der Leistung, der auf Beiträge oberhalb des Betrags des Höchstbeitrags entfällt. Für Beitragszahlungen ab dem Jahr 2005 ist für übersteigende Beiträge kein Prozentsatz anzusetzen. Diese Vereinfachungsregelung ist zulässig, wenn

–   alle Mitglieder der einheitlichen Anwendung der Vereinfachungsregelung zugestimmt haben oder

–   die berufsständische Versorgungseinrichtung für das Mitglied den Teil der Leistung, der auf Beiträgen oberhalb des Betrags des Höchstbeitrags zur gesetzlichen Rentenversicherung beruht, nicht nach Rz. 187 ermitteln kann.

Beispiel:

189   Der Versicherte V war in den Jahren 1969 bis 2005 bei einer berufsständischen Versorgungseinrichtung versichert. Die Aufteilung kann wie folgt durchgeführt werden:

Jahr	tatsächlich geleistete Beiträge in DM / €	Höchstbeitrag zur gesetzlichen Rentenversicherung (HB) in DM / €	übersteigende Beiträge in DM / €	tatsächlich geleistete Beiträge in % des HB	übersteigende Beiträge in % des HB
1969	2 321,00 DM	3 264,00 DM	0 DM	71,11 %	0,00 %
1970	3 183,00 DM	3 672,00 DM	0 DM	86,68 %	0,00 %
1971	2 832,00 DM	3 876,00 DM	0 DM	73,07 %	0,00 %
1972	10 320,00 DM	4 284,00 DM	6 036,00 DM	240,90 %	140,90 %
1973	11 520,00 DM	4 968,00 DM	6 552,00 DM	231,88 %	131,88 %
1974	12 600,00 DM	5 400,00 DM	7 200,00 DM	233,33 %	133,33 %
1975	13 632,00 DM	6 048,00 DM	7 584,00 DM	225,40 %	125,40 %
1976	15 024,00 DM	6 696,00 DM	8 328,00 DM	224,37 %	124,37 %
1977	16 344,00 DM	7 344,00 DM	9 000,00 DM	222,55 %	122,55 %
1978	14 400,00 DM	7 992,00 DM	6 408,00 DM	180,18 %	80,18 %
1979	16 830,00 DM	8 640,00 DM	8 190,00 DM	194,79 %	94,79 %
1980	12 510,00 DM	9 072,00 DM	3 438,00 DM	137,90 %	37,90 %
1981	13 500,00 DM	9 768,00 DM	3 732,00 DM	138,21 %	38,21 %
1982	12 420,00 DM	10 152,00 DM	2 268,00 DM	122,34 %	22,34 %
1983	14 670,00 DM	10 900,00 DM	3 770,00 DM	134,59 %	34,59 %
1984	19 440,00 DM	11 544,00 DM	7 896,00 DM	168,40 %	68,40 %
1985	23 400,00 DM	12 306,60 DM	11 093,40 DM	190,14 %	90,14 %
1986	18 360,00 DM	12 902,40 DM	5 457,60 DM	142,30 %	42,30 %
1987	17 730,00 DM	12 790,80 DM	4 939,20 DM	138,62 %	38,62 %
1988	12 510,00 DM	13 464,00 DM	0 DM	92,91 %	0,00 %
1989	14 310,00 DM	13 688,40 DM	621,60 DM	104,54 %	4,54 %
1990	16 740,00 DM	14 137,20 DM	2 602,80 DM	118,41 %	18,41 %
1991	18 000,00 DM	14 001,00 DM	3 999,00 DM	128,56 %	28,56 %
1992	16 110,00 DM	14 443,20 DM	1 666,80 DM	111,54 %	11,54 %
1993	16 020,00 DM	15 120,00 DM	900,00 DM	105,95 %	5,95 %
1994	17 280,00 DM	17 510,40 DM	0 DM	98,68 %	0,00 %
1995	16 020,00 DM	17 409,60 DM	0 DM	92,02 %	0,00 %
1996	20 340,00 DM	18 432,00 DM	1 908,00 DM	110,35 %	10,35 %
1997	22 140,00 DM	19 975,20 DM	2 164,80 DM	110,84 %	10,84 %
1998	23 400,00 DM	20 462,40 DM	2 937,60 DM	114,36 %	14,36 %
1999	22 500,00 DM	20 094,00 DM	2 406,00 DM	111,97 %	11,97 %
2000	24 210,00 DM	19 917,60 DM	4 292,40 DM	121,55 %	21,55 %
2001	22 230,00 DM	19 940,40 DM	2 289,60 DM	111,48 %	11,48 %
2002	12 725,00 €	10 314,00 €	2 411,00 €	123,38 %	23,38 %
2003	14 721,80 €	11 934,00 €	2 787,80 €	123,36 %	23,36 %
2004	14 447,00 €	12 051,00 €	2 396,00 €	119,88 %	19,88 %
2005	13 274,50 €	12 168,00 €	0,00 €	109,09 %	0,00 %
			Summe	**5 165,63 %**	**1 542,07 %**
			entspricht	**100 %**	**29,85 %**

Von den Leistungen unterliegt ein Anteil von 29,85 % der Besteuerung nach § 22 Nummer 1 Satz 3 Buchstabe a Doppelbuchstabe bb EStG.

h) Aufteilung bei Beiträgen an mehr als einen Versorgungsträger

190   Weist der Steuerpflichtige die Zahlung von Beiträgen an mehr als einen Versorgungsträger nach, gilt im Einzelnen Folgendes:

aa) Beiträge an mehr als eine berufsständische Versorgungseinrichtung

191   Die Beiträge bis zum jeweiligen Höchstbeitrag sind einer vom Steuerpflichtigen zu bestimmenden berufsständischen Versorgungseinrichtung vorrangig zuzuordnen. Die berufsständischen Versorgungseinrichtungen haben entsprechend dieser Zuordnung den Teil der Leistung zu ermitteln, der auf Beiträgen beruht, die jährlich isoliert betrachtet oberhalb des Betrags des Höchstbeitrags zur gesetzlichen Rentenversicherung gezahlt wurden.

bb) Beiträge an die gesetzliche Rentenversicherung und an berufsständische Versorgungseinrichtungen

192   Die Beiträge bis zum jeweiligen Höchstbeitrag sind vorrangig der gesetzlichen Rentenversicherung zuzuordnen. Die berufsständische Versorgungseinrichtung hat den Teil der Leistung zu ermitteln, der auf Beiträgen beruht, die in den einzelnen Jahren oberhalb des Betrags des Höchstbeitrags zur gesetzlichen Rentenversicherung gezahlt wurden. Dies gilt für den Träger der gesetzlichen Rentenversicherung entsprechend, wenn die Beiträge zur gesetzlichen Rentenversicherung bereits oberhalb des Höchstbeitrags zur gesetzlichen Rentenversicherung liegen.

193   Beiträge an die landwirtschaftlichen Alterskassen sind für die Frage der Anwendung der Öffnungsklausel wie Beiträge zur gesetzlichen Rentenversicherung zu behandeln. Sind Beiträge an die gesetzliche Rentenversicherung und an die landwirtschaftlichen Alterskassen geleistet worden, sind die Beiträge bis zum jeweiligen Höchstbeitrag vorrangig der gesetzlichen Rentenversicherung zuzuordnen.

Beispiel:

194   Der Steuerpflichtige N hat in den Jahren 1980 bis 1990 folgende Beiträge zur gesetzlichen Rentenversicherung der Arbeiter und Angestellten und an eine berufsständische Versorgungseinrichtung gezahlt. Im Jahr 1981 hat er i. H. v. 22 100 DM Rentenversicherungsbeiträge für die Jahre 1967 bis 1979 nachentrichtet, dabei entfielen auf jedes Jahr 1 700 DM. Im Jahr 1982 hat er neben seinem Grundbeitrag von 2 200 DM außerdem einen Höherversicherungsbeitrag nach § 11 Angestelltenversicherungsgesetz in Höhe von 8 000 DM an die gesetzliche Rentenversicherung gezahlt. Er beantragt die Anwendung der Öffnungsklausel.

Jahr	Beiträge zur gesetzlichen Rentenversicherung	Beiträge an die Berufsständische Versorgungseinrichtung	Höchstbeitrag zur gesetzlichen Rentenversicherung	übersteigende Beiträge
1	2	3	4	5
1967	1 700,00 DM	–	2 352,00 DM	–
1968	1 700,00 DM	–	2 880,00 DM	–
1969	1 700,00 DM	–	3 264,00 DM	–
1970	1 700,00 DM	–	3 672,00 DM	–
1971	1 700,00 DM	–	3 876,00 DM	–
1972	1 700,00 DM	–	4 284,00 DM	–
1973	1 700,00 DM	–	4 968,00 DM	–
1974	1 700,00 DM	–	5 400,00 DM	–
1975	1 700,00 DM	–	6 048,00 DM	–
1976	1 700,00 DM	–	6 696,00 DM	–
1977	1 700,00 DM	–	7 344,00 DM	–
1978	1 700,00 DM	–	7 992,00 DM	–
1979	1 700,00 DM	–	8 640,00 DM	–
1980	2 000,00 DM	8 000,00 DM	9 072,00 DM	928,00 DM
1981	2 100,00 DM	8 600,00 DM	9 768,00 DM	932,00 DM
1982	10 200,00 DM	8 200,00 DM	10 152,00 DM	8 248,00 DM
1983	2 300,00 DM	9 120,00 DM	10 900,00 DM	520,00 DM
1984	2 400,00 DM	9 500,00 DM	11 544,00 DM	356,00 DM
1985	2 500,00 DM	9 940,00 DM	12 306,60 DM	133,40 DM
1986	2 600,00 DM	10 600,00 DM	12 902,40 DM	297,60 DM
1987	2 700,00 DM	11 300,00 DM	12 790,80 DM	1 209,20 DM

Jahr	Beiträge zur gesetzlichen Rentenversicherung	Beiträge an die Berufsständische Versorgungsein-richtung	Höchstbeitrag zur gesetzlichen Rentenversiche-rung	übersteigende Beiträge
1	2	3	4	5
1988	2 800,00 DM	11 800,00 DM	13 464,00 DM	1 136,00 DM
1989	2 900,00 DM	12 400,00 DM	13 688,40 DM	1 611,60 DM
1990	3 000,00 DM	12 400,00 DM	14 137,20 DM	1 262,80 DM

Die Nachzahlung im Jahr 1981 allein führt nicht zur Anwendung der Öffnungsklausel, auch wenn in diesem Jahr Beiträge oberhalb des 1981 geltenden Höchstbeitrags und über einen Zeitraum von mindestens 10 Jahren gezahlt wurden, da die Jahresbeiträge in den Jahren, denen die jeweiligen Nachzahlungen zuzurechnen sind, jeweils nicht oberhalb des Betrags des Höchstbeitrags liegen.

Im Beispielsfall ist die Öffnungsklausel jedoch anzuwenden, da unabhängig von der Nachzahlung in die gesetzliche Rentenversicherung durch die zusätzliche Zahlung von Beiträgen an eine berufsständische Versorgungseinrichtung über einen Zeitraum von mindestens zehn Jahren Beiträge oberhalb des Betrags des Höchstbeitrags zur gesetzlichen Rentenversicherung geleistet wurden (Jahre 1980 bis 1990). Die Öffnungsklausel ist vorrangig auf die Rente aus der berufsständischen Versorgungseinrichtung anzuwenden. Für die Berechnung durch die berufsständische Versorgungseinrichtung, welcher Teil der Rente auf Beiträgen oberhalb des Betrags des Höchstbeitrags beruht, sind die übersteigenden Beiträge (Spalte 5 der Tabelle) – höchstens jedoch die tatsächlich an die berufsständische Versorgungseinrichtung geleisteten Beiträge – heranzuziehen. Es ist ausreichend, wenn die berufsständische Versorgungseinrichtung dem Steuerpflichtigen den prozentualen Anteil der auf die übersteigenden Beiträge entfallenden Leistungen mitteilt. Auf dieser Grundlage hat der Steuerpflichtige selbst in der Auszahlungsphase jährlich den konkreten Anteil der Rente zu ermitteln, der nach § 22 Nummer 1 Satz 3 Buchstabe a Doppelbuchstabe bb EStG der Besteuerung unterliegt.

Eine Besonderheit ergibt sich im Beispielsfall für das Jahr 1982. Aufgrund der Zahlung von Höherversicherungsbeiträgen im Jahr 1982 wurden auch an die gesetzliche Rentenversicherung Beiträge oberhalb des Höchstbeitrags zur gesetzlichen Rentenversicherung geleistet. Diese Beiträge sind der gesetzlichen Rentenversicherung zuzuordnen. Die gesetzliche Rentenversicherung hat auf der Grundlage der Entgeltpunkte des Jahres 1982 den Anteil der Rente aus der gesetzlichen Rentenversicherung zu ermitteln, der auf Beiträge oberhalb des Höchstbeitrags entfällt. Dabei gelten die fiktiven Entgeltpunkte für die Höherversicherungsbeiträge innerhalb der Rentenversicherung vorrangig als oberhalb des Höchstbeitrags zur gesetzlichen Rentenversicherung geleistet. Die Öffnungsklausel ist im Beispielsfall sowohl auf die Rente aus der berufsständischen Versorgungseinrichtung (8 200 DM) als auch auf die Rente aus der gesetzlichen Rentenversicherung (48 DM) anzuwenden.

Die Ermittlung des Teils der Leistung, der auf Beiträgen oberhalb des Betrags des Höchstbeitrags zur gesetzlichen Rentenversicherung (Spalte 5 der Tabelle) beruht, erfolgt durch den Versorgungsträger. Hierbei ist nach den Grundsätzen in Rz. 187 bis 189 zu verfahren.

i) Öffnungsklausel bei einmaligen Leistungen

Einmalige Leistungen unterliegen nicht der Besteuerung, soweit auf sie die Öffnungsklausel Anwendung findet.   195

Beispiel:

Nach der Bescheinigung der Versicherung beruhen 12 % der Leistungen auf Beiträgen, die   196
oberhalb des Betrags des Höchstbeitrags geleistet wurden. Nach dem Tod des Steuerpflichtigen erhält die Witwe W ein einmaliges Sterbegeld und eine monatliche Witwenrente.

Von der Witwenrente unterliegt ein Anteil von 88 % der nachgelagerten Besteuerung nach § 22 Nummer 1 Satz 3 Buchstabe a Doppelbuchstabe aa EStG und ein Anteil von 12 % der Besteuerung mit dem Ertragsanteil nach § 22 Nummer 1 Satz 3 Buchstabe a Doppelbuchstabe bb EStG. Der Ertragsanteil bestimmt sich nach dem Lebensjahr der rentenberechtigten Witwe W bei Beginn der Witwenrente; die Regelung zur Folgerente findet bei der Ertragsanteilsbesteuerung keine Anwendung.

Das Sterbegeld unterliegt zu einem Anteil von 88 % der nachgelagerten Besteuerung nach § 22 Nummer 1 Satz 3 Buchstabe a Doppelbuchstabe aa EStG. 12 % des Sterbegelds unterliegen nicht der Besteuerung.

j) Versorgungsausgleich unter Ehegatten oder unter Lebenspartnern

197   Anrechte, auf deren Leistungen die Öffnungsklausel anzuwenden ist, können in einen Versorgungsausgleich unter Ehegatten oder Lebenspartnern einbezogen worden sein. Soweit ein solches Anrecht auf die ausgleichsberechtigte Person übertragen bzw. soweit zu Lasten eines solchen Anrechts für die ausgleichsberechtigte Person ein Anrecht begründet wurde (§§ 10, 14 VersAusglG), kann auf Antrag der ausgleichsberechtigten Person auf die darauf beruhenden Leistungen die Öffnungsklausel ebenfalls Anwendung finden. Es besteht insoweit ein Auskunftsanspruch gegen die ausgleichspflichtige Person bzw. den Versorgungsträger (§ 4 VersAusglG). In dem Umfang, wie die ausgleichsberechtigte Person für übertragene oder begründete Anrechte die Öffnungsklausel anwenden kann, entfällt für die ausgleichspflichtige Person die Anwendbarkeit der Öffnungsklausel. Dabei kommt es nicht darauf an, ob die ausgleichsberechtigte Person tatsächlich von der Anwendbarkeit der Öffnungsklausel Gebrauch macht.

198   Die Anwendung der Öffnungsklausel bei der ausgleichsberechtigten Person setzt voraus, dass die ausgleichspflichtige Person bis zum 31. Dezember 2004 über einen Zeitraum von mindestens zehn Jahren Beiträge oberhalb des Betrages des Höchstbeitrags zur gesetzlichen Rentenversicherung gezahlt hat (vgl. Rz. 179). Dabei sind sämtliche Beitragszahlungen der ausgleichspflichtigen Person ohne Beschränkung auf die Ehe- bzw. Lebenspartnerschaftszeit heranzuziehen.

Bei Ehen bzw. Lebenspartnerschaften, die nach dem 31. Dezember 2004 geschlossen werden, kommt die Öffnungsklausel hinsichtlich der Leistungen an die ausgleichsberechtigte Person, die auf im Wege des Versorgungsausgleichs übertragenen oder begründeten Anrechten beruhen, nicht zur Anwendung, da die während der Ehe- bzw. Lebenspartnerschaftszeit erworbenen Leistungen der ausgleichspflichtigen Person insgesamt nicht auf bis zum 31. Dezember 2004 geleisteten Beiträgen oberhalb des Höchstbetrags beruhen.

Erhält die ausgleichsberechtigte Person neben der Leistung, die sich aus dem im Rahmen des Versorgungsausgleichs übertragenen oder begründeten Anrecht ergibt, noch eine auf „eigenen" Beiträgen beruhende Leistung, ist das Vorliegen der 10-Jahres-Grenze für diese Leistung gesondert zu prüfen. Die Beitragszahlungen der ausgleichspflichtigen Person sind dabei nicht zu berücksichtigen.

199   Der auf dem im Rahmen des Versorgungsausgleichs übertragenen oder begründeten Anrecht beruhende Teil der Leistung, der auf Beiträgen oberhalb des Betrags des Höchstbeitrags zur gesetzlichen Rentenversicherung beruht, ermittelt sich ehe- bzw. lebenspartnerschaftszeitbezogen. Dazu ist der Teil der Leistung, der auf in der Ehe- bzw. Lebenspartnerschaftszeit von der ausgleichspflichtigen Person geleisteten Beiträgen oberhalb des Höchstbeitrags beruht, ins Verhältnis zu der insgesamt während der Ehe- bzw. Lebenspartnerschaftszeit erworbenen Leistung der ausgleichspflichtigen Person zu setzen. Als insgesamt während der Ehe- bzw. Lebenspartnerschaftszeit erworbenes Anrecht ist stets der durch das Familiengericht dem Versorgungsausgleich zugrunde gelegte Wert maßgeblich. Abänderungsverfahren nach §§ 225, 226 des Gesetzes über das Verfahren in Familiensachen und in den Angelegenheiten der freiwilligen Gerichtsbarkeit (FamFG) oder § 51 VersAusglG sind zu berücksichtigen. Mit dem sich danach ergebenden prozentualen Anteil unterliegt die sich aus dem im Rahmen des Versorgungsausgleichs übertragenen oder begründeten Anrecht ergebende Leistung an die ausgleichsberechtigte Person der Besteuerung nach § 22 Nummer 1 Satz 3 Buchstabe a Doppelbuchstabe bb EStG. Entsprechend reduziert sich der Teil der Leistung der ausgleichspflichtigen Person, auf den die Öffnungsklausel anwendbar ist. Hierzu ist zunächst bei der ausgleichspflichtigen Person der Betrag der Leistung zu ermitteln, der sich aus allen durch eigene Versicherung erworbenen Anrechten ergibt und auf bis zum 31. Dezember 2004 gezahlten Beiträgen oberhalb des Höchstbetrags zur gesetzlichen Rentenversicherung beruht, wenn kein Versorgungsausgleich durchgeführt worden wäre. Dabei sind auch diejenigen Anrechte, die der ausgleichspflichtigen Person infolge des durchgeführten Versorgungsausgleichs nicht mehr zustehen, weil sie übertragen worden sind bzw. zu ihren Lasten ein Anrecht für die ausgleichsberechtigte Person begründet worden ist, zu berücksichtigen. Von diesem Betrag wird der Betrag der Leistung abgezogen, der auf Anrechten beruht, die auf die ausgleichsberechtigte Person im Rahmen des Versorgungsausgleichs übertragen wurden und für die die ausgleichsberechtigte Person die Öffnungsklausel in Anspruch nehmen kann. Der verbleibende Betrag ist ins Verhältnis zu der der ausgleichspflichtigen Person nach Berücksichtigung des Versorgungsausgleichs tatsächlich verbleibenden Leistung zu setzen. Mit diesem Prozentsatz unterliegt die nach Durchführung des Versorgungsausgleichs verbleibende Leistung der ausgleichspflichtigen Person der Öffnungsklausel nach § 22 Nummer 1 Satz 3 Buchstabe a Doppelbuchstabe bb Satz 2 EStG. Diese Berechnung ist auch dann vorzunehmen, wenn die ausgleichsberechtigte Person die Anwendung der Öffnungsklausel auf das im Versorgungsausgleich übertragene oder begründete Anrecht nicht geltend macht.

200   Die Anwendung der Öffnungsklausel auf im Rahmen des Versorgungsausgleichs übertragene bzw. begründete Anrechte ist unabhängig vom Rentenbeginn der ausgleichspflichtigen Person und unabhängig davon, ob diese für sich selbst die Öffnungsklausel beantragt. Der bei der ausgleichsberechtigten Person nach § 22 Nummer 1 Satz 3 Buchstabe a Doppelbuchstabe aa EStG anzuwendende Prozentsatz (für die Kohortenbesteuerung) bestimmt sich nach dem Jahr ihres Rentenbeginns.

Bezieht die ausgleichsberechtigte Person vom gleichen Versorgungsträger neben der Leistung, die auf dem im Rahmen des Versorgungsausgleichs übertragenen oder begründeten Anrecht beruht, eine durch eigene Versicherung erworbene Leistung, ist die Anwendung der Öffnungsklausel und deren Umfang für die Leistung aus eigener Versicherung gesondert zu ermitteln. Die Beitragszahlungen der ausgleichspflichtigen Person sind dabei nicht zu berücksichtigen. Der sich insoweit ergebende Prozentsatz kann von demjenigen abweichen, der auf das von der ausgleichspflichtigen Person auf die ausgleichsberechtigte Person übertragene bzw. begründete Anrecht anzuwenden ist. Wird vom Versorgungsträger eine einheitliche Leistung erbracht, die sich aus der eigenen und dem im Rahmen des Versorgungsausgleichs übertragenen bzw. begründeten Anrecht zusammensetzt, kann vom Versorgungsträger ein sich auf die Gesamtleistung ergebender einheitlicher Prozentsatz ermittelt werden. Dabei sind ggf. weitere Rentenanteile, die auf einem durchgeführten Versorgungsausgleich beruhen und für die die Anwendbarkeit der Öffnungsklausel nicht gegeben ist, mit einem Verhältniswert von 0 einzubringen. Solange für Rentenanteile aus dem Versorgungsausgleich die Anwendbarkeit der Öffnungsklausel und der entsprechende Verhältniswert nicht festgestellt sind, ist stets von einem Wert von 0 auszugehen. Wird kein auf die Gesamtleistung anzuwendender Wert ermittelt, sind die einzelnen Leistungsteile, auf die der/die berechnete/n Verhältniswert/e anzuwenden ist/sind, anzugeben.

201

Beispiel:

Berechnung für die ausgleichsberechtigte Person:

202

Nach dem Ausscheiden aus dem Erwerbsleben erhält A von einer berufsständischen Versorgungseinrichtung eine Rente i. H. v. monatlich 1 000 €. Diese Rente beruht zu 200 € auf im Rahmen des Versorgungsausgleichs auf A übertragenen Rentenanwartschaften von seiner geschiedenen Ehefrau. Die Voraussetzungen der Öffnungsklausel liegen vor. Nach Ermittlung der berufsständischen Versorgungseinrichtung unterliegen 25 % der übertragenen und 5 % der durch eigene Versicherung erworbenen Rentenanwartschaft des A nach § 22 Nummer 1 Satz 3 Buchstabe a Doppelbuchstabe bb Satz 2 EStG der Ertragsanteilsbesteuerung.

Weist die berufsständische Versorgungseinrichtung die Renten jährlich getrennt aus, sind die jeweiligen Prozentsätze unmittelbar auf die einzelnen Renten anzuwenden.

800 € × 12 = 9 600 €

95 % nach § 22 Nummer 1 Satz 3 Buchstabe a Doppelbuchstabe aa EStG — 9 120 €

5 % nach § 22 Nummer 1 Satz 3 Buchstabe a Doppelbuchstabe bb EStG — 480 €

200 € × 12 = 2 400 €

75 % nach § 22 Nummer 1 Satz 3 Buchstabe a Doppelbuchstabe aa EStG — 1 800 €

25 % nach § 22 Nummer 1 Satz 3 Buchstabe a Doppelbuchstabe bb EStG — 600 €

Insgesamt zu versteuern

nach § 22 Nummer 1 Satz 3 Buchstabe a Doppelbuchstabe aa EStG — 10 920 €

nach § 22 Nummer 1 Satz 3 Buchstabe a Doppelbuchstabe bb EStG — 1 080 €

Weist die berufsständische Versorgungseinrichtung einen einheitlichen Rentenbetrag aus, kann anstelle der Rentenaufteilung auch ein einheitlicher Prozentsatz ermittelt werden.

Der einheitliche Wert für die gesamte Leistung berechnet sich wie folgt:

[(800 € × 5 %) + (200 € × 25 %)] / 1 000 € = 9 %

1 000 € × 12 = 12 000 €

91 % nach § 22 Nummer 1 Satz 3 Buchstabe a Doppelbuchstabe aa EStG — 10 920 €

9 % nach § 22 Nummer 1 Satz 3 Buchstabe a Doppelbuchstabe bb EStG — 1 080 €

9 % der Rente aus der berufsständischen Versorgungseinrichtung unterliegen der Besteuerung nach § 22 Nummer 1 Satz 3 Buchstabe a Doppelbuchstabe bb EStG.

Berechnung für die ausgleichsberechtigte Person:

B hat Rentenanwartschaften bei einer berufsständischen Versorgungseinrichtung von insgesamt 1 500 € erworben. Davon wurden im Versorgungsausgleich 200 € auf ihren geschiedenen Ehemann A übertragen. B erfüllt die Voraussetzungen für die Anwendung der Öffnungsklausel. 35 % der gesamten Anwartschaft von 1 500 € beruhen auf bis zum 31. Dezember 2004 gezahlten Beiträgen oberhalb des Höchstbetrags zur gesetzlichen Rentenversicherung. Für die Ehezeit hat der Träger der berufsständischen Versorgungseinrichtung einen Anteil von 25 % ermittelt.

Der auf die nach Durchführung des Versorgungsausgleichs der B noch zustehende Rente von 1 300 € anwendbare Prozentsatz für die Öffnungsklausel ermittelt sich wie folgt:

Rente der ausgleichsberechtigten Person *vor* Versorgungsausgleich:

1 500 € × 12 = 18 000 €

Anteilsberechnung für Öffnungsklausel, wenn kein Versorgungsausgleich erfolgt wäre:

35 % von 18 000 € = 6 300 €;

6 300 € der insgesamt von B erworbenen Rentenanwartschaften unterliegen (auf Antrag) der Ertragsanteilsbesteuerung (§ 22 Nummer 1 Satz 3 Buchstabe a Doppelbuchstabe bb EStG), die restlichen 11 700 € sind nach § 22 Nummer 1 Satz 3 Buchstabe a Doppelbuchstabe aa EStG zu versteuern.

Im Versorgungsausgleich übertragene Rentenanwartschaft:
200 € × 12 = 2 400 €
25 % von 2 400 € = 600 €

Von den im Versorgungsausgleich auf den geschiedenen Ehemann A übertragenen Rentenanwartschaften können 600 € mit dem Ertragsanteil besteuert werden.

Verbleibender Betrag der ausgleichsberechtigten Person für die Anteilsberechnung im Rahmen der Öffnungsklausel:
6 300 € – 600 € = 5 700 €

Der für B verbleibende Betrag, der mit dem Ertragsanteil (§ 22 Nummer 1 Satz 3 Buchstabe a Doppelbuchstabe bb EStG) besteuert werden kann, beträgt 5 700 €.

Rente der ausgleichsberechtigten Person *nach* Versorgungsausgleich:
1 300 € × 12 = 15 600 €

Anteilsberechnung bei der ausgleichsberechtigten Person:
5 700 € von 15 600 € = 36,54 %

Dies entspricht 36,54 % der B nach Durchführung des Versorgungsausgleich zustehenden Rente. Dieser Anteil der Rente ist nach § 22 Nummer 1 Satz 3 Buchstabe a Doppelbuchstabe bb EStG zu versteuern. Für den übrigen Anteil von Höhe von 63,46 % (9 900 € von 15 600 €) ist § 22 Nummer 1 Satz 3 Buchstabe a Doppelbuchstabe aa EStG anzuwenden.

Rechenweg für die Anteilsberechnung (Öffnungsklausel) bei der ausgleichsberechtigten Person in verkürzter Darstellung:
(18 000 € × 35 % – 2 400 € × 25 %) / 15 600 € × 100 = 36,54 %

k) Bescheinigung der Leistung nach § 22 Nummer 1 Satz 3 Buchstabe a Doppelbuchstabe bb Satz 2 EStG

203   Der Versorgungsträger hat dem Steuerpflichtigen auf dessen Verlangen den prozentualen Anteil der Leistung zu bescheinigen, der auf bis zum 31. Dezember 2004 geleisteten Beiträgen beruht, die oberhalb des Betrags des Höchstbeitrags zur gesetzlichen Rentenversicherung gezahlt wurden. Im Fall der Anwendung der Vereinfachungsregelung (Rz. 188) hat der Versorgungsträger die Berechnung – entsprechend dem Beispielsfall in Rz. 189 – darzustellen.

Wurden Beiträge an mehr als einen Versorgungsträger gezahlt und ist der Höchstbeitrag – auch unter Berücksichtigung der Zusammenrechnung nach Rz. 181 – nur bei einem Versorgungsträger überschritten, so ist nur von diesem Versorgungsträger eine Bescheinigung zur Aufteilung der Leistung auszustellen. Der dort bescheinigte Prozentsatz ist nur auf die Leistung dieses Versorgungsträgers anzuwenden. Für die Leistungen der übrigen Versorgungsträger kommt die Öffnungsklausel nicht zur Anwendung. Diese unterliegen in vollem Umfang der Besteuerung nach § 22 Nummer 1 Satz 3 Buchstabe a Doppelbuchstabe aa EStG.

Stellt die gesetzliche Rentenversicherung fest, dass geleistete Beiträge zur gesetzlichen Rentenversicherung mindestens einem Jahr zugerechnet wurden, für welches die geleisteten Beiträge oberhalb des Betrags des Höchstbeitrags lagen, so stellt sie – unabhängig davon, ob die Voraussetzungen für die Öffnungsklausel erfüllt sind – eine Mitteilung aus, in der bescheinigt wird, welcher Teil der Leistung auf Beiträgen oberhalb des Betrags des Höchstbeitrags beruht. Für die Frage, welchem Jahr die geleisteten Beiträge zuzurechnen sind, ist Rz. 179 zu beachten. In dieser Bescheinigung wird ausdrücklich darauf hingewiesen, über wie viele Jahre der Betrag des Höchstbeitrags überschritten wurde und dass die Öffnungsklausel nur zur Anwendung kommt, wenn bis zum 31. Dezember 2004 über einen Zeitraum von mindestens zehn Jahren Beiträge oberhalb des Betrags des Höchstbeitrags geleistet wurden. Sind die Voraussetzungen der Öffnungsklausel durch Beiträge an weitere Versorgungsträger erfüllt, dient diese Mitteilung der gesetzlichen Rentenversicherung als Bescheinigung zur Aufteilung der Leistung. Der darin mitgeteilte Prozentsatz ist in diesem Fall auf die Leistung der gesetzlichen Rentenversicherung anzuwenden; eine weitere Bescheinigung ist nicht erforderlich.

Die endgültige Entscheidung darüber, ob die Öffnungsklausel zur Anwendung kommt, obliegt ausschließlich der Finanzverwaltung und nicht der die Rente auszahlenden Stelle. Der Steuerpflichtige muss deshalb die Anwendung der Öffnungsklausel beim Finanzamt und nicht beim Versorgungsträger beantragen. Der Versorgungsträger ermittelt hierfür den Teil der Leistung, der auf Beiträgen oberhalb des Betrags des Höchstbeitrags beruht und bescheinigt diesen. Für VZ ab 2011 kommt die Öffnungsklausel nur dann zur Anwendung, wenn der Steuerpflichtige das Vorliegen der Voraussetzungen (vgl. Rz. 179 und 181) nachweist. Der Versorgungsträger erstellt ihm hierfür auf Antrag eine entsprechende Bescheinigung. Wenn bei einer vorangegangenen Bescheinigung von den Grundsätzen dieses BMF-Schreibens nicht abgewichen wurde, genügt eine Bestätigung des Versorgungsträgers, dass die vorangegangene Bescheinigung den Grundsätzen dieses BMF-Schreibens entspricht.

D. Besonderheiten beim Versorgungsausgleich

I. Allgemeines

1. Gesetzliche Neuregelung des Versorgungsausgleichs

Mit dem VersAusglG wurden die Vorschriften zum Versorgungsausgleich grundlegend geändert. Es gilt künftig für alle ausgleichsreifen Anrechte auf Altersversorgung der Grundsatz der internen Teilung, der bisher schon bei der gesetzlichen Rentenversicherung zur Anwendung kam. Bisher wurden alle von den Ehegatten während der Ehe erworbenen Anrechte auf eine Versorgung wegen Alter und Invalidität bewertet und im Wege eines Einmalausgleichs ausgeglichen, vorrangig über die gesetzliche Rentenversicherung.   204

Das neue VersAusglG sieht dagegen die interne Teilung als Grundsatz des Versorgungsausgleichs auch für alle Systeme der betrieblichen Altersversorgung und privaten Altersversorgung vor. Hierbei werden die von den Ehegatten in den unterschiedlichen Altersversorgungssystemen erworbenen Anrechte zum Zeitpunkt der Scheidung innerhalb des jeweiligen Systems geteilt und für den ausgleichsberechtigten Ehegatten eigenständige Versorgungsanrechte geschaffen, die unabhängig von den Versorgungsanrechten des ausgleichspflichtigen Ehegatten im jeweiligen System gesondert weitergeführt werden.   205

Zu einem Ausgleich über ein anderes Versorgungssystem (externe Teilung) kommt es nur noch in den in §§ 14 bis 17 VersAusglG geregelten Ausnahmefällen. Bei einer externen Teilung entscheidet die ausgleichsberechtigte Person über die Zielversorgung. Sie bestimmt also, in welches Versorgungssystem der Ausgleichswert zu transferieren ist (ggf. Aufstockung einer bestehenden Anwartschaft, ggf. Neubegründung einer Anwartschaft). Dabei darf die Zahlung des Kapitalbetrags an die gewählte Zielversorgung nicht zu nachteiligen steuerlichen Folgen bei der ausgleichspflichtigen Person führen, es sei denn, sie stimmt der Wahl der Zielversorgung zu.   206

Die gesetzliche Rentenversicherung ist Auffang-Zielversorgung, wenn die ausgleichsberechtigte Person ihr Wahlrecht nicht ausübt und es sich nicht um eine betriebliche Altersversorgung handelt. Bei einer betrieblichen Altersversorgung wird bei fehlender Ausübung des Wahlrechts ein Anspruch in der Versorgungsausgleichskasse begründet.   207

Verbunden ist die externe Teilung mit der Leistung eines Kapitalbetrags in Höhe des Ausgleichswerts, der vom Versorgungsträger der ausgleichspflichtigen Person an den Versorgungsträger der ausgleichsberechtigten Person gezahlt wird. (Ausnahme: Externe Teilung von Beamtenversorgungen nach § 16 VersAusglG; hier findet wie nach dem bisherigen Quasi-Splitting zwischen der gesetzlichen Rentenversicherung und dem Träger der Beamtenversorgung ein Erstattungsverfahren im Leistungsfall statt.)   208

Kommt in Einzelfällen weder die interne Teilung noch die externe Teilung in Betracht, etwa weil ein Anrecht zum Zeitpunkt des Versorgungsausgleichs nicht ausgleichsreif ist (§ 19 VersAusglG), z. B. ein Anrecht bei einem ausländischen, zwischenstaatlichen oder überstaatlichen Versorgungsträger oder ein Anrecht im Sinne des Betriebsrentengesetzes, das noch verfallbar ist, kommt es zu Ausgleichsansprüchen nach der Scheidung (§ 20 ff. VersAusglG). Zur steuerlichen Behandlung der Ausgleichsansprüche nach der Scheidung vgl. BMF-Schreiben vom 31. März 2010, BStBl I S. 270.   209

2. Besteuerungszeitpunkte

Bei der steuerlichen Beurteilung des Versorgungsausgleichs ist zwischen dem Zeitpunkt der Teilung eines Anrechts im Versorgungsausgleich durch gerichtliche Entscheidung und dem späteren Zufluss der Leistungen aus den unterschiedlichen Versorgungssystemen zu unterscheiden.   210

Bei der internen Teilung wird die Übertragung der Anrechte auf die ausgleichsberechtigte Person zum Zeitpunkt des Versorgungsausgleichs für beide Ehegatten nach § 3 Nummer 55a EStG steuerfrei gestellt, weil auch bei den im Rahmen eines Versorgungsausgleichs übertragenen Anrechten auf eine Alters- und Invaliditätsversorgung das Prinzip der nachgelagerten Besteuerung eingehalten wird. Die Besteuerung erfolgt erst während der Auszahlungsphase. Die später zufließenden Leistungen gehören dabei bei beiden Ehegatten zur gleichen Einkunftsart, da die Versorgungsanrechte innerhalb des jeweiligen Systems geteilt wurden. Ein Wechsel des Versorgungssystems und ein damit möglicherweise verbundener Wechsel der Besteuerung weg von der nachgelagerten Besteuerung hat nicht stattgefunden. Lediglich die individuellen Merkmale für die Besteuerung sind bei jedem Ehegatten gesondert zu ermitteln.   211

Bei einer externen Teilung kann dagegen die Übertragung der Anrechte zu einer Besteuerung führen, da sie mit einem Wechsel des Versorgungsträgers und damit regelmäßig mit einem Wechsel des Versorgungssystems verbunden ist. § 3 Nummer 55b Satz 1 EStG stellt deshalb die Leistung des Ausgleichswerts in den Fällen der externen Teilung für beide Ehegatten steuerfrei, soweit das Prinzip der nachgelagerten Besteuerung insgesamt eingehalten wird. Soweit die späteren Leistungen bei der ausgleichsberechtigten Person jedoch nicht der nachgelagerten Besteuerung unterliegen werden (z. B. Besteuerung nach § 20 Absatz 1 Nummer 6 EStG oder nach § 22 Nummer 1 Satz 3 Buchstabe a Doppelbuchstabe bb EStG mit dem Ertragsanteil), greift die Steuerbefreiung gem. § 3   212

Nummer 55b Satz 2 EStG nicht, und die Leistung des Ausgleichswerts ist bereits im Zeitpunkt der Übertragung beim ausgleichspflichtigen Ehegatten zu besteuern. Die Besteuerung der später zufließenden Leistungen erfolgt bei jedem Ehegatten unabhängig davon, zu welchen Einkünften die Leistungen beim jeweils anderen Ehegatten führen, und richtet sich danach, aus welchem Versorgungssystem sie jeweils geleistet werden.

II. Interne Teilung (§ 10 VersAusglG)

1. Steuerfreiheit des Teilungsvorgangs nach § 3 Nummer 55a EStG

213   § 3 Nummer 55a EStG stellt klar, dass die aufgrund einer internen Teilung durchgeführte Übertragung von Anrechten steuerfrei ist; dies gilt sowohl für die ausgleichspflichtige als auch für die ausgleichsberechtigte Person.

2. Besteuerung bei der ausgleichsberechtigten Person

214   Die Leistungen aus den übertragenen Anrechten gehören bei der ausgleichsberechtigten Person zu den Einkünften, zu denen die Leistungen bei der ausgleichspflichtigen Person gehören würden, wenn die interne Teilung nicht stattgefunden hätte. Die (späteren) Versorgungsleistungen sind daher (weiterhin) Einkünfte aus nichtselbständiger Arbeit (§ 19 EStG) oder aus Kapitalvermögen (§ 20 EStG) oder sonstige Einkünfte (§ 22 EStG). Ausgleichspflichtige und ausgleichsberechtigte Person versteuern beide die ihnen jeweils zufließenden Leistungen.

215   Für die Ermittlung des Versorgungsfreibetrags und des Zuschlags zum Versorgungsfreibetrag nach § 19 Absatz 2 EStG, des Besteuerungsanteils nach § 22 Nummer 1 Satz 3 Buchstabe a Doppelbuchstabe aa EStG sowie des Ertragsanteils nach § 22 Nummer 1 Satz 3 Buchstabe a Doppelbuchstabe bb EStG bei der ausgleichsberechtigten Person ist auf deren Versorgungsbeginn, deren Rentenbeginn bzw. deren Lebensalter abzustellen.

216   Zu Besonderheiten bei der Öffnungsklausel s. Rz. 197 ff.

III. Externe Teilung (§ 14 VersAusglG)

1. Steuerfreiheit nach § 3 Nummer 55b EStG

217   Nach § 3 Nummer 55b Satz 1 EStG ist der aufgrund einer externen Teilung an den Träger der Zielversorgung geleistete Ausgleichswert grundsätzlich steuerfrei, soweit die späteren Leistungen aus den dort begründeten Anrechten zu steuerpflichtigen Einkünften bei der ausgleichsberechtigten Person führen würden. Soweit die Übertragung von Anrechten im Rahmen des Versorgungsausgleichs zu keinen Einkünften im Sinne des EStG führt, bedarf es keiner Steuerfreistellung nach § 3 Nummer 55b EStG. Die Steuerfreiheit nach § 3 Nummer 55b Satz 1 EStG greift gemäß § 3 Nummer 55b Satz 2 EStG nicht, soweit Leistungen, die auf dem begründeten Anrecht beruhen, bei der ausgleichsberechtigten Person zu Einkünften nach § 20 Absatz 1 Nummer 6 EStG oder § 22 Nummer 1 Satz 3 Buchstabe a Doppelbuchstabe bb EStG führen würden.

2. Besteuerung bei der ausgleichsberechtigten Person

218   Für die Besteuerung bei der ausgleichsberechtigten Person ist unerheblich, zu welchen Einkünften die Leistungen aus den übertragenen Anrechten bei der ausgleichspflichtigen Person geführt hätten, da mit der externen Teilung ein neues Anrecht begründet wird.

3. Beispiele

Beispiel 1:

219   Im Rahmen einer externen Teilung zahlt das Versicherungsunternehmen X, bei der der ausgleichspflichtige Ehegatte A eine private Rentenversicherung mit Kapitalwahlrecht abgeschlossen hat, einen Ausgleichswert an das Versicherungsunternehmen Y zugunsten des ausgleichsberechtigten Ehegatten B in eine private Rentenversicherung, die dieser als Zielversorgung gewählt hat.

Der Ausgleichswert ist nicht steuerfrei nach § 3 Nummer 55b Satz 1 EStG, da sich aus der Übertragung keine Einkünfte im Sinne des EStG ergeben (kein Fall des § 20 Absatz 1 Nummer 6 EStG, da es sich weder um einen Erlebensfall noch um einen Rückkauf handelt); mangels Anwendbarkeit von § 3 Nummer 55b Satz 1 EStG kann auch kein Fall des Satzes 2 dieser Vorschrift vorliegen. Bei Ausübung des Kapitalwahlrechts unterliegt die spätere geminderte Kapitalleistung bei A der Besteuerung nach § 20 Absatz 1 Nummer 6 EStG (ggf. keine Besteuerung wegen § 52 Absatz 36 EStG); Rentenleistungen sind bei A steuerpflichtig nach § 22 Nummer 1 Satz 3 Buchstabe a Doppelbuchstabe bb EStG. Die Leistungen werden bei B in gleicher Weise besteuert.

Beispiel 2:

Im Rahmen einer externen Teilung zahlt das Versicherungsunternehmen X, bei dem der ausgleichspflichtige Ehegatte A eine Basisrentenversicherung (§ 10 Absatz 1 Nummer 2 Satz 1 Buchstabe b EStG) abgeschlossen hat, einen Ausgleichswert an das Versicherungsunternehmen Y zugunsten des ausgleichsberechtigten Ehegatten B in eine private Rentenversicherung, die dieser als Zielversorgung gewählt hat.   220

Der Ausgleichswert ist nicht steuerfrei nach § 3 Nummer 55b Satz 2 EStG, denn die Leistungen, die auf dem begründeten Anrecht beruhen, würden bei der ausgleichsberechtigten Person zu Einkünften nach § 20 Absatz 1 Nummer 6 EStG (bei Ausübung eines Kapitalwahlrechts) oder nach § 22 Nummer 1 Satz 3 Buchstabe a Doppelbuchstabe bb EStG (bei Rentenzahlungen) führen. A hat im Zeitpunkt der Zahlung durch das Versicherungsunternehmen X einen Betrag in Höhe des Ausgleichswerts nach § 22 Nummer 1 Satz 3 Buchstabe a Doppelbuchstabe aa EStG zu versteuern. Die späteren durch den Versorgungsausgleich gekürzten Leistungen unterliegen bei A ebenfalls der Besteuerung nach § 22 Nummer 1 Satz 3 Buchstabe a Doppelbuchstabe aa EStG. Bei Ausübung des Kapitalwahlrechts unterliegt die spätere Kapitalleistung bei B der Besteuerung nach § 20 Absatz 1 Nummer 6 EStG; Rentenleistungen sind bei B steuerpflichtig nach § 22 Nummer 1 Satz 3 Buchstabe a Doppelbuchstabe bb EStG.

4. Verfahren

Der Versorgungsträger der ausgleichspflichtigen Person hat grundsätzlich den Versorgungsträger der ausgleichsberechtigten Person über die für die Besteuerung der Leistungen erforderlichen Grundlagen zu informieren. Andere Mitteilungs-, Informations- und Aufzeichnungspflichten bleiben hiervon unberührt.   221

IV. Neuberechnung des Versorgungsfreibetrags und des Zuschlags zum Versorgungsfreibetrag

Werden im Zeitpunkt der Wirksamkeit der Teilung bereits Versorgungsbezüge bezogen, erfolgt bei der ausgleichspflichtigen Person eine Neuberechnung des Versorgungsfreibetrags und des Zuschlags zum Versorgungsfreibetrag entsprechend § 19 Absatz 2 Satz 10 EStG. Bei der ausgleichsberechtigten Person sind der Versorgungsfreibetrag und der Zuschlag zum Versorgungsfreibetrag erstmals zu berechnen, da es sich um einen neuen Versorgungsbezug handelt. Dabei bestimmen sich der Prozentsatz, der Höchstbetrag des Versorgungsfreibetrags und der Zuschlag zum Versorgungsfreibetrag nach dem Jahr, für das erstmals Anspruch auf den Versorgungsbezug auf Grund der internen oder externen Teilung besteht.   222

E. Rentenbezugsmitteilung nach § 22a EStG[1]

F. Anwendungsregelung

Dieses Schreiben ist mit Wirkung ab 1. Januar 2010 anzuwenden. Soweit die Regelungen den ab dem 1. September 2009 geltenden Versorgungsausgleich betreffen, sind die entsprechenden Rz. bereits ab diesem Zeitpunkt anzuwenden.   248

Das BMF-Schreiben vom 30. Januar 2008 – IV C 8 – S 2222/07/0003 / IV C 5 – S 2345/08/0001 (2008/0017104) –, BStBl I S. 390 (unter Berücksichtigung der Änderungen durch das BMF-Schreiben vom 18. September 2008 – IV C 3 – S 2496/08/10011 (2008/0502682) –, BStBl I S. 887), wird mit Wirkung ab 1. Januar 2010 aufgehoben.   249

Zusammenstellung der Höchstbeiträge in der gesetzlichen Rentenversicherung der Arbeiter und Angestellten und in der knappschaftlichen Rentenversicherung (jeweils Arbeitgeber- und Arbeitnehmeranteil) für die Jahre 1927 bis 2004

Jahr	Gesetzliche Rentenversicherung der Arbeiter und Angestellten		Knappschaftliche Rentenversicherung	
	Arbeiter	Angestellte	Arbeiter	Angestellte
1927	83,43 RM	240,00 RM	383,67 RM	700,00 RM
1928	104,00 RM	280,00 RM	371,25 RM	816,00 RM
1929	104,00 RM	360,00 RM	355,50 RM	901,60 RM
1930	104,00 RM	360,00 RM	327,83 RM	890,40 RM
1931	104,00 RM	360,00 RM	362,48 RM	915,60 RM
1932	104,00 RM	360,00 RM	405,40 RM	940,80 RM
1933	104,00 RM	360,00 RM	405,54 RM	940,80 RM
1934	124,80 RM	300,00 RM	456,00 RM	806,40 RM

[1] *Aufgehoben durch BMF vom 7.12.2011 (BStBl I S. 1223).*

Jahr	Gesetzliche Rentenversicherung der Arbeiter und Angestellten		Knappschaftliche Rentenversicherung	
	Arbeiter	Angestellte	Arbeiter	Angestellte
1935	124,80 RM	300,00 RM	456,00 RM	806,40 RM
1936	124,80 RM	300,00 RM	456,00 RM	806,40 RM
1937	124,80 RM	300,00 RM	456,00 RM	806,40 RM
1938	136,37 RM	300,00 RM	461,93 RM	1 767,60 RM
1939	140,40 RM	300,00 RM	471,90 RM	1 771,20 RM
1940	140,40 RM	300,00 RM	471,90 RM	1 771,20 RM
1941	140,40 RM	300,00 RM	472,73 RM	1 767,60 RM
1942	171,00 RM	351,60 RM	478,50 RM	1 764,00 RM
1943	201,60 RM	403,20 RM	888,00 RM	1 032,00 RM
1944	201,60 RM	403,20 RM	888,00 RM	1 032,00 RM
1945	201,60 RM	403,20 RM	888,00 RM	1 032,00 RM
1946	201,60 RM	403,20 RM	888,00 RM	1 032,00 RM
1947	201,60 RM	403,20 RM	888,00 RM	1 462,00 RM
1948	201,60 DM[1])	403,20 DM[1])	888,00 DM[1])	1 548,00 DM[1])
1949	504,00 DM	588,00 DM	1 472,50 DM	1 747,50 DM
1950	720,00 DM		1 890,00 DM	
1951	720,00 DM		1 890,00 DM	
1952	780,00 DM		2 160,00 DM	
1953	900,00 DM		2 700,00 DM	
1954	900,00 DM		2 700,00 DM	
1955	967,50 DM		2 700,00 DM	
1956	990,00 DM		2 700,00 DM	
1957	1 215,00 DM		2 770,00 DM	
1958	1 260,00 DM		2 820,00 DM	
1959	1 344,00 DM		2 820,00 DM	
1960	1 428,00 DM		2 820,00 DM	
1961	1 512,00 DM		3 102,00 DM	
1962	1 596,00 DM		3 102,00 DM	
1963	1 680,00 DM		3 384,00 DM	
1964	1 848,00 DM		3 948,00 DM	
1965	2 016,00 DM		4 230,00 DM	
1966	2 184,00 DM		4 512,00 DM	
1967	2 352,00 DM		4 794,00 DM	
1968	2 880,00 DM		5 358,00 DM	
1969	3 264,00 DM		5 640,00 DM	
1970	3 672,00 DM		5 922,00 DM	
1971	3 876,00 DM		6 486,00 DM	
1972	4 284,00 DM		7 050,00 DM	
1973	4 968,00 DM		7 896,00 DM	
1974	5 400,00 DM		8 742,00 DM	
1975	6 048,00 DM		9 588,00 DM	
1976	6 696,00 DM		10 716,00 DM	
1977	7 344,00 DM		11 844,00 DM	
1978	7 992,00 DM		12 972,00 DM	
1979	8 640,00 DM		13 536,00 DM	
1980	9 072,00 DM		14 382,00 DM	
1981	9 768,00 DM		15 876,00 DM	
1982	10 152,00 DM		16 356,00 DM	
1983	10 900,00 DM		17 324,00 DM	
1984	11 544,00 DM		18 624,00 DM	
1985	12 306,60 DM		19 892,30 DM	

---

[1]) Die im Jahr 1948 vor der Währungsreform geltenden Höchstbeiträge wurden entsprechend der Umstellung der Renten im Verhältnis 1:1 von Reichsmark (RM) in Deutsche Mark (DM) umgerechnet.

Jahr	Gesetzliche Rentenversicherung der Arbeiter und Angestellten		Knappschaftliche Rentenversicherung	
	Arbeiter	Angestellte	Arbeiter	Angestellte
1986	12 902,40 DM		20 658,60 DM	
1987	12 790,80 DM		20 831,40 DM	
1988	13 464,00 DM		21 418,20 DM	
1989	13 688,40 DM		22 005,00 DM	
1990	14 137,20 DM		22 885,20 DM	
1991	14 001,00 DM		22 752,00 DM	
1992	14 443,20 DM		23 637,60 DM	
1993	15 120,00 DM		24 831,00 DM	
1994	17 510,40 DM		28 764,00 DM	
1995	17 409,60 DM		28 454,40 DM	
1996	18 432,00 DM		29 988,00 DM	
1997	19 975,20 DM		32 602,80 DM	
1998	20 462,40 DM		33 248,40 DM	
1999	20 094,00 DM		32 635,20 DM	
2000	19 917,60 DM		32 563,20 DM	
2001	19 940,40 DM		32 613,60 DM	
2002	10 314,00 Euro		16 916,40 Euro	
2003	11 934,00 Euro		19 425,00 Euro	
2004	12 051,00 Euro		19 735,80 Euro	

III.
Anwendung des § 10 Abs. 1 Nr. 2 Buchstabe a EStG i. d. F. des AltEinkG bei Beiträgen an berufsständische Versorgungseinrichtungen

BMF vom 7. 2. 2007 (BStBl I S. 262)

IV C 8 – S 2221 – 128/06

Im Einvernehmen mit den obersten Finanzbehörden des Bundes und der Länder übersende ich die in der Anlage beigefügte Liste der berufsständischen Versorgungseinrichtungen, die den gesetzlichen Rentenversicherungen vergleichbare Leistungen im Sinne des § 10 Abs. 1 Nr. 2 Buchstabe a EStG erbringen. Der Vollständigkeit halber wird darauf hingewiesen, dass es für die Frage des Vorliegens von Beiträgen im Sinne des § 10 Abs. 1 Nr. 2 Buchstabe a EStG nicht darauf ankommt, in welchem Land der Versicherungsnehmer seinen Wohnsitz hat.

Anlage

Berufsgruppe	Versorgungswerk
Ärzte	Baden-Württembergische Versorgungsanstalt für Ärzte, Zahnärzte und Tierärzte Postfach 26 49, 72016 Tübingen
	Bayerische Ärzteversorgung Denninger Str. 37, 81925 München
	Berliner Ärzteversorgung Postfach 146, 14131 Berlin
	Ärzteversorgung Land Brandenburg Postfach 10 01 35, 03001 Cottbus
	Versorgungswerk der Ärztekammer Bremen Postfach 10 77 29 , 28077 Bremen
	Versorgungswerk der Ärztekammer Hamburg Winterhuder Weg 62, 22085 Hamburg
	Versorgungswerk der Landesärztekammer Hessen Mittlerer Hasenpfad 25, 60598 Frankfurt/Main
	Ärzteversorgung Mecklenburg-Vorpommern Postfach 120, 30001 Hannover

Berufsgruppe	Versorgungswerk
noch Ärzte	Ärzteversorgung Niedersachsen Postfach 120, 30001 Hannover
	Nordrheinische Ärzteversorgung Postfach 10 39 53, 40030 Düsseldorf
	Ärzteversorgung Westfalen-Lippe Postfach 59 03, 48135 Münster
	Versorgungseinrichtung der Bezirksärztekammer Koblenz Emil-Schüller-Str. 45, 56068 Koblenz
	Versorgungseinrichtung der Bezirksärztekammer Trier Postfach 23 08, 54213 Trier
	Versorgungswerk der Ärztekammer des Saarlandes Postfach 10 02 62, 66002 Saarbrücken
	Sächsische Ärzteversorgung Postfach 10 04 51, 01074 Dresden
	Ärzteversorgung Sachsen-Anhalt Postfach 120, 30001 Hannover
	Versorgungseinrichtung der Ärztekammer Schleswig-Holstein Postfach 11 06, 23781 Bad Segeberg
	Ärzteversorgung Thüringen Postfach 10 06 19, 07706 Jena
Apotheker	Bayerische Apothekerversorgung Arabellastr. 31, 81925 München
	Apothekerversorgung Berlin Postfach 37 01 46, 14131 Berlin
	Versorgungswerk der Landesapothekerkammer Hessen Postfach 90 06 43, 60446 Frankfurt/Main
	Apothekerversorgung Mecklenburg-Vorpommern Wismarsche Straße 104, 19055 Schwerin
	Apothekerversorgung Niedersachsen Berliner Allee 20, 30175 Hannover
	Versorgungswerk der Apothekerkammer Nordrhein Postfach 4, 40213 Düsseldorf
	Versorgungswerk der Apothekerkammer Westfalen-Lippe Bismarckallee 25, 48151 Münster
	Sächsisch-Thüringische Apothekerversorgung Pillnitzer Landstr. 10, 01326 Dresden
	Apothekerversorgung Schleswig-Holstein Düsternbrooker Weg 75, 24105 Kiel
Architekten	Versorgungswerk der Architektenkammer Baden-Württemberg Danneckerstraße 52, 70182 Stuttgart
	Bayerische Architektenversorgung Arabellastraße 31, 81925 München
	Versorgungswerk der Architektenkammer Berlin Potsdamer Str. 47, 14163 Berlin-Zehlendorf
	Versorgungswerk der Architektenkammer Nordrhein-Westfalen Postfach 32 12 45, 40427 Düsseldorf
	Versorgungswerk der Architektenkammer Sachsen Goetheallee 37, 01309 Dresden
Ingenieure	Ingenieurversorgung Baden-Württemberg Zellerstr. 26, 70180 Stuttgart

Berufsgruppe	Versorgungswerk
noch Ingenieure	Versorgungswerk der Architektenkammer Baden-Württemberg Danneckerstr. 52, 70182 Stuttgart
	Bayerische Ingenieurversorgung Bau mit Psychotherapeutenversorgung Arabellastr. 31, 81925 München
	Ingenieurversorgung Mecklenburg-Vorpommern Alexandrinenstr. 32, 19055 Schwerin
	Versorgungswerk der Ingenieurkammer Niedersachsen Hohenzollernstr. 52, 30161 Hannover
	Versorgungswerk der Architektenkammer Nordrhein-Westfalen Postfach 32 12 45, 40427 Düsseldorf
Mitglieder des Landtags	Versorgungswerk der Mitglieder des Landtags Nordrhein-Westfalen Platz des Landtags 1, 40221 Düsseldorf
Notare	Notarkasse Anstalt des öffentlichen Rechts Ottostr. 10, 80333 München
	Notarversorgung Hamburg Gustav-Mahler-Platz 1, 20354 Hamburg
	Notarversorgung Köln Breite Str. 67, 40213 Düsseldorf
	Notarversorgungskasse Koblenz Postfach 20 11 54, 56011 Koblenz
	Versorgungswerk der Saarländischen Notarkammer Rondell 3, 66424 Homburg
	Ländernotarkasse -Anstalt des öffentlichen Rechts Springerstr. 8, 04105 Leipzig
Psychologische Psychotherapeuten	Bayerische Ingenieurversorgung Bau mit Psychotherapeutenversorgung Arabellastr. 31, 81925 München
	Psychotherapeutenversorgungswerk (PVW) Niedersachsen Neue Wiesen 5 A, 30855 Langenhagen
	Versorgungswerk der Psychotherapeutenkammer Nordrhein-Westfalen Postfach 10 52 41, 40043 Düsseldorf
	Versorgungswerk der Psychotherapeutenkammer Schleswig-Holstein Walkerdamm 17, 24103 Kiel
Rechtsanwälte	Versorgungswerk der Rechtsanwälte in Baden-Württemberg Hohe Str. 16, 70174 Stuttgart
	Bayerische Rechtsanwalts- und Steuerberaterversorgung Arabellastr. 31, 81925 München
	Versorgungswerk der Rechtsanwälte in Berlin Schlüterstr. 42, 10707 Berlin
	Versorgungswerk der Rechtsanwälte im Land Brandenburg Grillendamm 2, 14776 Brandenburg a.d.H.
	Hanseatische Rechtsanwaltsversorgung Bremen Knochenhauerstr. 36/37, 28195 Bremen
	Versorgungswerk der Rechtsanwältinnen und Rechtsanwälte in der Freien und Hansestadt Hamburg Jungfernstieg 44, 20354 Hamburg
	Versorgungswerk der Rechtsanwälte im Land Hessen Bockenheimer Landstr. 13 – 15, 60325 Frankfurt
	Versorgungswerk der Rechtsanwälte in Mecklenburg-Vorpommern Schelfstr. 35, 19055 Schwerin

Berufsgruppe	Versorgungswerk
noch Rechtsanwälte	Rechtsanwaltsversorgung Niedersachsen Postfach 12 11, 29202 Celle
	Versorgungswerk der Rechtsanwälte im Lande Nordrhein-Westfalen Breite Str. 67, 40213 Düsseldorf
	Versorgungswerk der rheinland-pfälzischen Rechtsanwaltskammern Bahnhofstr. 12, 56068 Koblenz
	Versorgungswerk der Rechtsanwaltskammer des Saarlandes Am Schlossberg 5, 66119 Saarbrücken
	Sächsisches Rechtsanwaltsversorgungswerk Am Wallgässchen 1a – 2b, 01097 Dresden
	Versorgungswerk der Rechtsanwälte im Land Sachsen-Anhalt Breite Str. 67, 40213 Düsseldorf
	Schleswig-Holsteinisches Versorgungswerk für Rechtsanwälte Postfach 20 49, 24830 Schleswig
	Versorgungswerk der Rechtsanwälte in Thüringen Lange Brücke 21, 99084 Erfurt
Steuerberater	Versorgungswerk der Steuerberater in Baden-Württemberg Hegelstr. 33, 70174 Stuttgart
	Bayerische Rechtsanwalts- und Steuerberaterversorgung Arabellastr. 31, 81925 München
	Versorgungswerk der Steuerberater und Steuerbevollmächtigten im Land Brandenburg Tuchmacherstr. 48b, 14482 Potsdam
	Versorgungswerk der Steuerberater in Hessen Postfach 10 52 41, 40043 Düsseldorf
	Versorgungswerk der Steuerberater und Steuerbevollmächtigten in Mecklenburg-Vorpommern Ostseeallee 40, 18107 Rostock
	Versorgungswerk der Steuerberater und Steuerbevollmächtigten im Land Niedersachsen Adenauerallee 20, 30175 Hannover
	Versorgungswerk der Steuerberater im Land Nordrhein-Westfalen Postfach 10 52 41, 40043 Düsseldorf
	Versorgungswerk der Steuerberaterinnen und Steuerberater in Rheinland-Pfalz Postfach 10 52 41, 40043 Düsseldorf
	Versorgungswerk der Steuerberater/Steuerberaterinnen und Wirtschaftsprüfer/Wirtschaftsprüferinnen im Saarland Am Kieselhumes 15, 66123 Saarbrücken
	Versorgungswerk der Steuerberater und Steuerbevollmächtigten im Freistaat Sachsen Emil-Fuchs-Str. 2, 04105 Leipzig
	Versorgungswerk der Steuerberater im Land Sachsen-Anhalt Humboldtstr. 12, 39112 Magdeburg
	Versorgungswerk der Steuerberater und Steuerberaterinnen im Land Schleswig-Holstein Hopfenstr. 2d, 24114 Kiel

Berufsgruppe	Versorgungswerk
Tierärzte	Baden-Württembergische Versorgungsanstalt für Ärzte, Zahnärzte und Tierärzte Postfach 26 49, 72016 Tübingen
	Bayerische Ärzteversorgung Denningerstr. 37, 81925 München
	Versorgungswerk der Landestierärztekammer Hessen Postfach 14 09, 66524 Niedernhausen
	Versorgungswerk der Landestierärztekammer Mecklenburg-Vorpommern Postfach, 14131 Berlin
	Tierärzteversorgung Niedersachsen Postfach 120, 30001 Hannover
	Versorgungswerk der Tierärztekammer Nordrhein Postfach 10 07 23, 47884 Kempen
	Versorgungswerk der Tierärztekammer Westfalen-Lippe Goebenstr. 50, 48151 Münster
	Sächsische Ärzteversorgung Postfach 10 04 51, 01074 Dresden
	Versorgungswerk der Landestierärztekammer Thüringen Postfach 37 01 46, 14131 Berlin
Wirtschafts-prüfer	Versorgungswerk der Wirtschaftsprüfer und der Vereidigten Buchprüfer im Lande Nordrhein-Westfalen Tersteegenstr. 14, 40474 Düsseldorf
	Versorgungswerk der Steuerberater/Steuerberaterinnen und Wirtschaftsprüfer/Wirtschaftsprüferinnen im Saarland Am Kieselhumes 15, 66123 Saarbrücken
Zahnärzte	Baden-Württembergische Versorgungsanstalt für Ärzte, Zahnärzte und Tierärzte Postfach 26 49, 72016 Tübingen
	Bayerische Ärzteversorgung Denningerstr. 37, 81925 München
	Versorgungswerk der Zahnärztekammer Berlin Rheinbabenallee 12, 14199 Berlin
	Versorgungswerk der Zahnärztekammer Hamburg Postfach 74 09 25, 22099 Hamburg
	Hessische Zahnärzteversorgung Lyoner Str. 21, 60528 Frankfurt
	Versorgungswerk der Zahnärztekammer Mecklenburg-Vorpommern Postfach 74 09 25, 22099 Hamburg
	Altersversorgungswerk der Zahnärztekammer Niedersachsen Postfach 81 06 61, 30506 Hannover
	Versorgungswerk der Zahnärztekammer Nordrhein Postfach 10 51 32, 40042 Düsseldorf
	Versorgungswerk der Zahnärztekammer Westfalen-Lippe Postfach 88 43, 48047 Münster
	Versorgungsanstalt der Landeszahnärztekammer Rheinland-Pfalz 117-er Ehrenhof 3, 55118 Mainz
	Versorgungswerk der Ärztekammer des Saarlandes Postfach 10 02 62, 66002 Saarbrücken
	Zahnärzteversorgung Sachsen Schützenhöhe 11, 01099 Dresden
	Altersversorgungswerk der Zahnärztekammer Sachsen-Anhalt Postfach 81 06 61, 30506 Hannover

Berufsgruppe	Versorgungswerk
noch Zahnärzte	Versorgungswerk der Zahnärztekammer Schleswig-Holstein Westring 498, 24106 Kiel
	Versorgungswerk der Landeszahnärztekammer Thüringen Barbarossastr. 16, 99092 Erfurt

IV.
Berücksichtigung von Vorsorgeaufwendungen bei Gesellschafter-Geschäftsführern von Kapitalgesellschaften
(§ 10 Absatz 3 EStG i. d. F. bis VZ 2004, § 10 Absatz 4a EStG n. F.)

BMF-Schreiben vom 22. 5. 2007 (BStBl I S. 493)
IV C 8 – S 2221/07/0002

Unter Bezugnahme auf das Ergebnis der Erörterungen mit den obersten Finanzbehörden der Länder gilt für die Kürzung des Vorwegabzugs nach § 10 Absatz 3 Nummer 2 Satz 2 Buchstabe a EStG in der bis zum 31. Dezember 2004 geltenden Fassung, die Kürzung des Höchstbetrags nach § 10 Absatz 3 Satz 3 EStG und die Kürzung der Vorsorgepauschale nach § 10c Absatz 3 Nummer 2 EStG bei Gesellschafter-Geschäftsführern von Kapitalgesellschaften Folgendes:

1. Allgemeines

a) Gekürzte Vorsorgepauschale nach § 10c Absatz 3 Nummer 2 EStG bis 31. Dezember 2004

1 Zum Personenkreis des § 10c Absatz 3 Nummer 2 EStG in der bis zum 31. Dezember 2004 geltenden Fassung gehören Arbeitnehmer, die während des ganzen oder eines Teils des Kalenderjahres nicht der Versicherungspflicht in der gesetzlichen Rentenversicherung unterliegen, eine Berufstätigkeit ausgeübt und im Zusammenhang damit aufgrund vertraglicher Vereinbarungen Anwartschaftsrechte auf eine Altersversorgung ganz oder teilweise ohne eigene Beitragsleistung erworben haben. Diesem Personenkreis ist die gekürzte Vorsorgepauschale zu gewähren (§ 10c Absatz 3 EStG). Eine Altersversorgung in diesem Sinne liegt vor, wenn die Anwartschaft auf das altersbedingte Ausscheiden aus dem Erwerbsleben gerichtet ist. Die ergänzende Absicherung gegen den Eintritt der Berufsunfähigkeit, der verminderten Erwerbsfähigkeit und von Hinterbliebenen ist nicht zu berücksichtigen. Eine Altersversorgung in diesem Sinne liegt nicht vor, wenn die Anwartschaft ausschließlich auf den Eintritt der Berufsunfähigkeit, der verminderten Erwerbsfähigkeit und die Hinterbliebenenabsicherung gerichtet ist.

2 Diese Regelung findet über die Günstigerprüfung nach § 10c Absatz 5 EStG auch noch für Veranlagungszeiträume nach dem 31. Dezember 2004 Anwendung.

b) Gekürzte Vorsorgepauschale nach § 10c Absatz 3 Nummer 2 EStG ab dem 11. Januar 2005

3 [1)]Mit Wirkung ab 11. Januar 2005 wurde der Personenkreis des § 10c Absatz 3 Nummer 2 EStG erweitert. Hierunter fallen nunmehr Arbeitnehmer, die während des ganzen oder eines Teils des Kalenderjahres nicht der Versicherungspflicht in der gesetzlichen Rentenversicherung unterliegen, eine Berufstätigkeit ausüben und im Zusammenhang damit aufgrund vertraglicher Vereinbarungen Anwartschaftsrechte auf eine Altersversorgung ganz oder teilweise ohne eigene Beitragsleistung oder – über die Formulierung des § 10c Absatz 3 Nummer 2 EStG in der bis zum 31. Dezember 2004 geltenden Fassung hinaus – durch Beiträge, die nach § 3 Nummer 63 EStG steuerfrei waren, erworben haben.

4 [2)]Für die Günstigerprüfung nach § 10c Absatz 5 EStG bedeutet dies: Fällt der Steuerpflichtige lediglich aufgrund von § 3 Nummer 63 EStG steuerfreien Beitragszahlungen unter den Anwendungsbereich des § 10c Absatz 3 Nummer 2 EStG, so ist für die Günstigerprüfung die gekürzte Vorsorgepauschale nach neuem Recht mit der – insoweit – ungekürzten Vorsorgepauschale nach altem Recht zu vergleichen.

c) Gekürzter Vorwegabzug nach § 10 Absatz 3 Nummer 2 Satz 2 Buchstabe a EStG bis 31. Dezember 2004

5 Nach § 10 Absatz 3 Nummer 2 Satz 2 Buchstabe a EStG in der bis zum 31. Dezember 2004 geltenden Fassung ist der Vorwegabzug u. a. zu kürzen, wenn der Steuerpflichtige zum Personenkreis des § 10c Absatz 3 Nummer 2 EStG in der für das Kalenderjahr 2004 geltenden Fassung gehört

---

[1)] Ab VZ 2008 überholt → § 10c Absatz 3 Satz 3 i. V. m. § 10c Absatz 3 Nummer 2 EStG.
[2)] Ab VZ 2008 überholt → § 10c Absatz 3 Satz 3 i. V. m. § 10c Absatz 3 Nummer 2 EStG.

(Rn. 1). Diese Regelung findet über die Günstigerprüfung nach § 10 Absatz 4a EStG auch noch für Veranlagungszeiträume nach dem 31. Dezember 2004 Anwendung.

d) Gekürzte Basisversorgung nach § 10 Absatz 3 Satz 3 EStG ab 11. Januar 2005

Auch das ab dem 11. Januar 2005 geltende Recht zur Berücksichtigung von Vorsorgeaufwendungen sieht für den Personenkreis des § 10c Absatz 3 Nummer 2 EStG eine Sonderregelung vor (§ 10 Absatz 3 Satz 3 EStG – Rn. 3). Demnach ist das dem Steuerpflichtigen grundsätzlich zustehende Abzugsvolumen für Aufwendungen zum Aufbau einer Basisversorgung i. H. v. 20 000 € zu kürzen, wenn der Steuerpflichtige zum Personenkreis nach § 10c Absatz 3 Nummer 2 EStG gehört und der Betreffende ganz oder teilweise ohne eigene Beitragsleistungen einen Anspruch auf Altersversorgung erwirbt. Durch die Aufnahme dieser Einschränkung wird sichergestellt, dass sich der betroffene Personenkreis trotz Erweiterung des § 10c Absatz 3 Nummer 2 EStG nicht von dem Personenkreis i. S. d. § 10c Absatz 3 Nummer 2 EStG in der bis zum 31. Dezember 2004 geltenden Fassung unterscheidet.   6

Fällt der Steuerpflichtige also lediglich aufgrund von nach § 3 Nummer 63 EStG steuerfreien Beitragszahlungen unter den Anwendungsbereich des § 10c Absatz 3 Nummer 2 EStG, so kommt für ihn allein aus diesem Umstand heraus weder eine Kürzung des für eine Basisversorgung zur Verfügung stehenden Abzugsvolumens nach § 10 Absatz 3 Satz 3 EStG in der ab 11. Januar 2005 geltenden Fassung, noch eine Kürzung des Vorwegabzugs nach § 10 Absatz 3 Nummer 2 Satz 2 Buchstabe a EStG in der bis zum 31. Dezember 2004 geltenden Fassung im Rahmen der nach § 10 Absatz 4a EStG vorzunehmenden Wege der Günstigerprüfung in Betracht. Denn nach § 10 Absatz 3 Satz 3 EStG in der ab 11. Januar 2005 geltenden Fassung muss der Steuerpflichtige nicht nur zum Personenkreis des § 10c Absatz 3 Nummer 2 EStG gehören, sondern seine Altersversorgung auch ganz oder teilweise ohne eigene Beiträge erworben haben. Da arbeitnehmerfinanzierte ebenso wie arbeitgeberfinanzierte Beiträge zur betrieblichen Altersversorgung nach § 3 Nummer 63 EStG stets aus dem Arbeitslohn des Arbeitnehmers geleistet werden, ist insoweit immer eine eigene Beitragsleistung gegeben. Die Kürzung des Vorwegabzugs im Rahmen der Günstigerprüfung kommt in diesen Fällen ebenfalls nicht in Betracht, da § 10c Absatz 3 Nummer 2 EStG in der für das Kalenderjahr 2004 geltenden Fassung noch nicht auf Beitragsleistungen nach § 3 Nummer 63 EStG abstellt und deshalb nach der für das Kalenderjahr 2004 geltenden Fassung des § 10 Absatz 3 insofern keine Kürzung des Vorwegabzugs ausgelöst wird.   7

2. Zugehörigkeit zum Personenkreis nach § 10c Absatz 3 Nummer 2 EStG in der bis zum 31. Dezember 2004 geltenden Fassung bei Gesellschafter-Geschäftsführern von Kapitalgesellschaften

a) Alleingesellschafter-Geschäftsführer

Der Alleingesellschafter-Geschäftsführer gehört nicht zum Personenkreis nach § 10c Absatz 3 Nummer 2 EStG in der bis zum 31. Dezember 2004 geltenden Fassung, wenn ihm von der Gesellschaft eine betriebliche Altersversorgung im Rahmen einer Direktzusage oder über eine Unterstützungskasse zugesagt wird. Der Alleingesellschafter-Geschäftsführer erwirbt die Anwartschaftsrechte auf die Altersversorgung durch eine Verringerung seiner gesellschaftsrechtlichen Ansprüche und damit durch eigene Beiträge (BFH-Urteil vom 16. Oktober 2002, BStBl 2004 II S. 546). Dementsprechend führt die einem Alleingesellschafter-Geschäftsführer von seiner Gesellschaft zugesagte Altersversorgung (Direktzusage, Unterstützungskasse) weder zum Ansatz der gekürzten Vorsorgepauschale (§ 10c EStG), einer Kürzung des für eine Basisversorgung zur Verfügung stehenden Abzugsvolumens (§ 10 Absatz 3 Satz 3 EStG) noch zu einer Kürzung des im Rahmen der Günstigerprüfung mit zu berücksichtigenden Vorwegabzugs (§ 10 Absatz 4a EStG).   8

Dies gilt nicht, wenn der Alleingesellschafter-Geschäftsführer zusätzlich eine betriebliche Altersversorgung durch steuerfreie Beiträge nach § 3 Nummer 63 EStG aufbaut. In diesem Fall begründet die Steuerfreistellung – unabhängig von der Höhe der Beiträge, der sich daraus ergebenden Anwartschaft und der Finanzierungsform (arbeitgeberfinanziert, Entgeltumwandlung) – ab dem 11. Januar 2005 die Zugehörigkeit zum Personenkreis des § 10c Absatz 3 Nummer 2 EStG und damit die gekürzte Vorsorgepauschale. Das für eine Basisversorgung zur Verfügung stehende Abzugsvolumen (§ 10 Absatz 3 Satz 3 EStG) bzw. der im Rahmen der Günstigerprüfung zu berücksichtigende Vorwegabzug (§ 10 Absatz 4a EStG) werden hingegen nicht gekürzt (vgl. Rn. 7).   9

b) Mehrere Gesellschafter-Geschäftsführer

Bei mehreren Gesellschafter-Geschäftsführern ist von Bedeutung, ob die Kapitalgesellschaft ihren Gesellschafter-Geschäftsführern eine Altersversorgung im Rahmen einer Direktzusage oder über eine Unterstützungskasse zusagt, wenn das entsprechende Anwartschaftsrecht auf Altersversorgung auf Dauer gesehen ausschließlich durch einen der Beteiligungsquote des Gesellschafter-Geschäftsführers entsprechenden Verzicht auf gesellschaftsrechtliche Ansprüche erworben wird   10

(BFH-Urteil vom 23. Februar 2005, BStBl II S. 634). Ist dies der Fall, gehört der betreffende Gesellschafter-Geschäftsführer nicht zum Personenkreis nach § 10c Absatz 3 Nummer 2 EStG in der bis zum 31. Dezember 2004 geltenden Fassung; zu den Auswirkungen bei der Ermittlung der Vorsorgepauschale und der als Sonderausgaben abziehbaren Vorsorge- bzw. Altersvorsorgeaufwendungen siehe Rn. 1 bis 7.

11   Für die Frage, ob ein Gesellschafter-Geschäftsführer die ihm zustehende Anwartschaft auf Altersversorgung mit einem entsprechenden Verzicht auf ihm zustehende gesellschaftsrechtliche Ansprüche erwirbt, ist der auf seine Altersversorgungszusage entfallende Anteil am Gesamtaufwand der Gesellschaft für die Altersversorgungszusagen aller Gesellschafter typisierend und vorausschauend zu ermitteln. Sodann ist der sich danach ergebende persönliche Anteil am Altersvorsorgeaufwand zu vergleichen mit der persönlichen Beteiligungsquote des Gesellschafter-Geschäftsführers.

12   Die Aufwandsquote ist im Jahr der Erteilung der Versorgungszusage zu ermitteln. Lediglich bei aufwandsrelevanten Änderungen der den Gesellschaftern erteilten Zusagen ist die Aufwandsquote im Jahr der Änderung erneut zu berechnen. Der Vergleich mit der Beteiligungsquote ist dagegen veranlagungszeitraumbezogen vorzunehmen.

13   Die Ermittlung des Gesamtaufwands der Gesellschaft für die ihren Gesellschaftern erteilten Alterversorgungszusagen hat in typisierender Form zu erfolgen. Hierbei sind die Barwerte der allen Gesellschaftern zustehenden Anwartschaften auf eine Altersversorgung zum Zeitpunkt des Beginns der jeweiligen Auszahlungsphase zu ermitteln. Die Barwertermittlung erfolgt für jeden Gesellschafter entsprechend der zum 31. Dezember des betreffenden Veranlagungszeitraums bestehenden Altersversorgungszusage nach versicherungsmathematischen Grundsätzen. Die Bewertung hat auf den Zeitpunkt des frühest möglichen vertraglichen Beginns der Auszahlungsphase zu erfolgen. Für Gesellschafter, die bereits Leistungen erhalten, ist eine Barwertermittlung zum Zeitpunkt des tatsächlichen Auszahlungsbeginns vorzunehmen.

14   Bei der Ermittlung des Gesamtaufwands der Gesellschaft ist nicht zu berücksichtigen, ob die Gesellschaft in dem jeweiligen Wirtschaftsjahr einen die Höhe des Aufwands für die Altersversorgungszusage entsprechenden Gewinn erzielt hat und in dieser Höhe eine Gewinnausschüttung an die Gesellschafter hätte vornehmen können.

15   Der einem Gesellschafter-Geschäftsführer prozentual zustehende Barwertanteil an der Summe der allen Gesellschaftern zustehenden Barwerte ist mit seiner Beteiligungsquote an der Kapitalgesellschaft zu vergleichen. Eine mittelbare Beteiligung an der Kapitalgesellschaft ist für die quotale Ermittlung nicht anders zu beurteilen als eine unmittelbare Beteiligung an der Kapitalgesellschaft (BFH-Urteil vom 15. November 2006, BStBl II 2007 S. 387). Ist die Beteiligungsquote eines Gesellschafter-Geschäftsführers gleich dem Barwertanteil oder größer, gehört der entsprechende Gesellschafter-Geschäftsführer nicht zum Personenkreis nach § 10c Absatz 3 Nummer 2 EStG. Auf die Bagatellregelung (Rn. 22) wird hingewiesen.

16   Abweichend zum Vergleich der Barwerte kann der prozentuale Anteil der Anwartschaft auf Altersversorgung eines Gesellschafter-Geschäftsführers an der Summe der Anwartschaften auf Altersversorgung aller Gesellschafter auch durch die Ermittlung des prozentualen Anteils des dem einzelnen Gesellschafter-Geschäftsführer wegen des Erreichens der Altersgrenze nominal zugesagten Betrags an den von der Kapitalgesellschaft allen Gesellschaftern wegen des Erreichens der Altersgrenze zugesagten nominalen Versorgungsbeträgen erfolgen. Voraussetzung ist, dass der voraussichtliche Leistungsbeginn der den Gesellschaftern zugesagten Versorgungen nicht mehr als 5 Jahre auseinander liegt und die Versorgungsleistungen strukturell vergleichbar sind (z. B. Art der Dynamisierung der Versorgungsleistungen).

17   Ändern sich die Beteiligungsverhältnisse, so hat eine Neubetrachtung zu erfolgen.

c) Ehegatten-Gesellschafter

18   Die vorstehenden Grundsätze gelten bei zusammenveranlagten Gesellschafter-Geschäftsführern entsprechend (BFH-Urteil vom 26. September 2006, BStBl 2007 II S. 452).

d) Mehrere Gesellschafter, die nicht alle zur Geschäftsführung berufen sind

19   Sind die Gesellschafter nur teilweise zur Geschäftsführung berufen, sind die unter Rn. 10 ff. aufgestellten Grundsätze unverändert anzuwenden.

Beispiel:

20   An der ABC-GmbH sind die Gesellschafter A, B und C zu jeweils 1/3 Anteilen beteiligt. Die Geschäftsführung erfolgt durch die Gesellschafter A und B. Die GmbH hat ihren Gesellschafter-Geschäftsführern in der Summe eine monatliche Pensionszusage von nominal 9 000 € erteilt. Hiervon entfallen auf

Gesellschafter A 4 500 € und Gesellschafter B 4 500 €

Gesellschafter A 6 000 € und Gesellschafter B 3 000 €

Der Leistungsbeginn der den Gesellschafter-Geschäftsführern zugesagten Pensionen liegt nicht mehr als 5 Jahre auseinander (vgl. Rn. 16).

Lösung:　21

Ausgehend von 1/3 Beteiligung und 9 000 € Gesamtzusage entsprächen 3 000 € Pensionszusage dem Verhältnis der Beteiligung.

Im Fall a) überschreiten beide Gesellschafter-Geschäftsführer diese Quote, d. h. die Finanzierung ihrer Pensionszusage erfolgt teilweise auch über einen Gewinnverzicht des Gesellschafter C. Demzufolge fallen die Gesellschafter-Geschäftsführer A und B unter den Personenkreis des § 10c Absatz 3 Nummer 2 EStG.

Im Fall b) überschreitet lediglich Gesellschafter-Geschäftsführer A diese Quote, d. h. die Finanzierung seiner Pensionszusage erfolgt hier teilweise über einen Gewinnverzicht des Gesellschafter C mit den Folgen wie im Fall a). Gesellschafter-Geschäftsführer B hingegen erhält keine höhere Pensionszusage, als ihm nach seiner Beteiligung zusteht. Demzufolge gehört er nicht zum Personenkreis des § 10c Absatz 3 Nummer 2 EStG.

e) Bagatellgrenze

Geringfügige Abweichungen von bis zu 10 Prozentpunkten zwischen der Beteiligungsquote und　22
dem Barwertanteil oder dem Anteil der nominal zugesagten Versorgungsleistung wegen des Erreichens der Altersgrenze (vgl. hierzu unter Rn. 16) sind zugunsten des Steuerpflichtigen unbeachtlich.

f) Beweislastverteilung

Der Gesellschafter-Geschäftsführer mit Anwartschaft auf Altersversorgung, der eine Kürzung　23
des Vorwegabzugs/Höchstbetrags vermeiden will, trägt die Beweislast dafür, dass er für sein Anwartschaftsrecht auf Altersversorgung allein aufkommen muss. Vor diesem Hintergrund sind deshalb dem Wohnsitzfinanzamt die Beteiligungsverhältnisse und das Verhältnis der Altersversorgungen zueinander darzulegen. In den Fällen der Rn. 13 ff. sind darüber hinaus die nach versicherungsmathematischen Grundsätzen zu den genannten Zeitpunkten ermittelten Barwerte vorzulegen.

g) Vorstandsmitglieder von Aktiengesellschaften

Für Vorstandsmitglieder von Aktiengesellschaften sind die aufgestellten Grundsätze entspre　24
chend anzuwenden.

Das BMF-Schreiben vom 9. Juli 2004 – IV C 4 – S 2221 – 115/04 – (BStBl I S. 582) wird hiermit auf-　25
gehoben. Die Regelungen in Rz. 28 und 58 des BMF-Schreibens vom 24. Februar 2005 – IV C 3 – S 2255 – 51/05 / IV C 4 – S 2221 – 37/05 / IV C 5 – S 2345 – 9/05 – (BStBl I S. 429) sind nicht mehr anzuwenden, soweit sie im Widerspruch zu diesem BMF-Schreiben stehen.

V.
Rentenbezugsmitteilungsverfahren nach § 22a EStG

BMF vom 7. 12. 2011 (BStBl I S. 1223)
IV C 3 – S 2257-c/10/10005 :003–2011/0693211

Zum Rentenbezugsmitteilungsverfahren nach § 22a EStG nehme ich im Einvernehmen mit den obersten Finanzbehörden der Länder wie folgt Stellung:

A. Allgemeines

1   Nach § 22a Absatz 1 Satz 1 und 2 EStG müssen Rentenbezugsmitteilungen von den Mitteilungspflichtigen durch Datenfernübertragung nach amtlich vorgeschriebenem Datensatz an die zentrale Stelle übermittelt werden. Hierbei hat der Mitteilungspflichtige für Rentenbezugsmitteilungen, die für den Veranlagungszeitraum 2010 ff. zu übermitteln sind, die im Bundessteuerblatt veröffentlichten Auslegungsvorschriften der Finanzverwaltung zu beachten (§ 22a Absatz 1 Satz 1 EStG). Die Finanzverwaltung ist nicht an die Angaben aus der Rentenbezugsmitteilung gebunden, da diese kein Grundlagenbescheid im Sinne des § 171 Absatz 10 AO ist. Der für die Übersendung der Rentenbezugsmitteilung erforderliche amtlich vorgeschriebene Datensatz ist auf der Internetseite des Bundeszentralamtes für Steuern – BZSt – (www.bzst.bund.de) veröffentlicht (vgl. BMF-Schreiben vom 13. August 2008, BStBl I S. 846). Die für die Datenübermittlung erforderliche Schnittstelle und die dazugehörige Dokumentation werden von der zentralen Stelle in einem geschützten Bereich des Internets unter http://www.zfa.deutsche-rentenversicherung-bund.de zur Verfügung gestellt.

2   Für jeden Vertrag und für jede Leibrente oder andere Leistung nach § 22 Nummer 1 Satz 3 Buchstabe a EStG oder § 22 Nummer 5 EStG, bei denen die tatbestandlichen Voraussetzungen erfüllt sind, ist eine gesonderte Rentenbezugsmitteilung erforderlich; ob diese Leistung beim Leistungsempfänger gegebenenfalls einer anderen Einkunftsart (z. B. Einkünften aus Gewerbebetrieb nach § 15 oder Einkünften aus selbständiger Arbeit nach § 18 EStG) zuzuordnen ist, ist von der Finanzverwaltung zu prüfen. Eine gesonderte Rentenbezugsmitteilung ist auch erforderlich, wenn es sich um verschiedene Renten bzw. Leistungen aus derselben Versicherung oder demselben Vertragsverhältnis handelt (vgl. Rz. 17 ff. dieses Schreibens und Rz. 163 des BMF-Schreibens vom 13. September 2010, BStBl I S. 681).

3   Soweit Renten, Teile von Renten oder andere (Teil-)Leistungen steuerfrei sind oder nicht der Besteuerung unterliegen (z. B. Leistungen aus der gesetzlichen Unfallversicherung; siehe auch Rz. 137 des BMF-Schreibens vom 13. September 2010, BStBl I S. 681), ist keine Rentenbezugsmitteilung zu übermitteln (vgl. Rz. 103 f.). Aufzunehmen sind hingegen Renten oder andere (Teil-)Leistungen, für die Deutschland infolge eines Doppelbesteuerungsabkommens kein oder nur ein eingeschränktes Besteuerungsrecht hat.

4   Die Rentenbezugsmitteilung ist bis zum 1. März des Jahres zu übermitteln, das auf das Jahr folgt, in dem die Leistung zugeflossen ist (§ 22a Absatz 1 Satz 1 EStG). Die Rentenbezugsmitteilung darf nicht vor Ablauf des Jahres übermittelt werden, in dem die Leistung zugeflossen ist. Dies gilt auch dann, wenn die Leistung im Laufe des Jahres beendet wurde. Für die Veranlagungszeiträume 2005 bis 2008 waren die Rentenbezugsmitteilungen in dem Zeitraum vom 1. Oktober bis 31. Dezember 2009 zu übermitteln (§ 52 Absatz 38a EStG; Schreiben des BZSt vom 28. Oktober 2008, BStBl I S. 955).

B. Mitteilungspflichtige

Mitteilungspflichtig nach § 22a Absatz 1 Satz 1 EStG sind die Träger der gesetzlichen Rentenversicherung, der Spitzenverband der landwirtschaftlichen Sozialversicherung für die Träger der Alterssicherung der Landwirte, die berufsständischen Versorgungseinrichtungen, die Pensionskassen inklusive der Versorgungsausgleichskasse, die Pensionsfonds, die Versicherungsunternehmen, die Unternehmen, die Verträge im Sinne des § 10 Absatz 1 Nummer 2 Satz 1 Buchstabe b EStG anbieten, und die Anbieter im Sinne des § 80 EStG. Dies gilt auch, wenn es sich bei diesen Einrichtungen um Einrichtungen mit Sitz im Ausland handelt und sie zur Ausübung des Geschäftsbetriebs im Inland befugt sind. 5

Zu den Mitteilungspflichtigen im Sinne des § 22a EStG zählen auch die Versorgungsanstalt des Bundes und der Länder, die Zusatzversorgungskassen des kommunalen und kirchlichen Dienstes, die Versorgungsanstalt der deutschen Kulturorchester, die Versorgungsanstalt der deutschen Bühnen, die Versorgungsanstalt der deutschen Bezirksschornsteinfegermeister, die Hilfskasse des Landtages Nordrhein-Westfalen und die Gemeinsame Ausgleichskasse im Seelotswesen der Seelotsreviere, da sie die Versicherung biometrischer Risiken betreiben. 6

C. Inhalt der Rentenbezugsmitteilung

Die in die Rentenbezugsmitteilung aufzunehmenden Daten sind § 22a Absatz 1 EStG zu entnehmen. Sie werden im amtlich vorgeschriebenen Datensatz konkretisiert. 7

I. Angaben zum Leistungsempfänger (Baustein 03 LeistungsempfängerDaten)

Leistungsempfänger im Sinne des § 22a EStG ist grundsätzlich die Person, die Inhaber des Rechts ist, die (Versicherungs-)Leistung zu fordern. Dies gilt auch bei der Auszahlung von Sterbegeldern. Wird eine Leistung an einen Nachlassverwalter oder -pfleger ausgezahlt, ist nicht dieser, sondern der Erbe oder die Erben Leistungsempfänger (vgl. auch Rz. 103). Unerheblich ist, ob der Leistungsempfänger die (Versicherungs-)Leistung aufgrund eines widerruflichen oder unwiderruflichen Bezugsrechts fordern kann. Leibrenten oder andere Leistungen i. S. d. § 22 Nummer 1 Satz 3 Buchstabe a und § 22 Nummer 5 EStG unterliegen nur der Mitteilungspflicht, wenn sie natürlichen Personen zufließen. § 39 AO ist zu beachten. 8

Beispiel:

A hat als Versicherungsnehmer eine Berufsunfähigkeitsversicherung zugunsten seines Sohnes B abgeschlossen und leistet auch die Beiträge. Nachdem B berufsunfähig geworden ist, erhält er aus der Versicherung eine Rente. In der Rentenbezugsmitteilung ist B als Leistungsempfänger auszuweisen. 9

Fließen z. B. bei einer Abtretung oder Pfändung des Anspruchs oder in den Fällen des abgekürzten Zahlungswegs einem Dritten die Zahlungen zu, sind sie vom Leistungsempfänger zu versteuern. Daher ist der Leistungsempfänger in die Rentenbezugsmitteilung aufzunehmen. 10

Wird bei Versterben des Leistungsempfängers innerhalb einer vertraglich vereinbarten Rentengarantiezeit die Rente an einen Dritten weitergezahlt, wird der Dritte Leistungsempfänger. Daher ist der Dritte als Leistungsempfänger in die Rentenbezugsmitteilung aufzunehmen. 11

Beispiel:

A erhält eine lebenslange Leibrente aus seiner privaten Rentenversicherung. Die vertraglichen Vereinbarungen sehen eine garantierte Rentenlaufzeit von zehn Jahren vor. Zwei Jahre nach Rentenbeginn verstirbt A. Für die verbleibende garantierte Rentenlaufzeit erhält die langjährige Lebensgefährtin von A die Rentenzahlung, weil A sie gegenüber seinem Versicherungsunternehmen als Empfängerin bestimmt hat. Die Lebensgefährtin versteuert die ihr zufließenden Rentenzahlungen mit dem Ertragsanteil, der für A gegolten hat. Für A ist letztmals für das Todesjahr eine Rentenbezugsmitteilung zu übermitteln. Für die Lebensgefährtin sind ab Beginn ihres Rentenbezugs Rentenbezugsmitteilungen zu übermitteln, die auch Angaben zu der vorangegangenen Rente des A enthalten (vgl. Rz. 73). 12

Wird mehreren Leistungsempfängern, beispielsweise Ehegatten, gemeinsam eine Leistung gewährt, ist die Leistung zu gleichen Teilen auf die Leistungsempfänger aufzuteilen und für jeden Leistungsempfänger eine Rentenbezugsmitteilung zu übermitteln. 13

Die Rentenbezugsmitteilung muss die Identifikationsnummer nach § 139b AO (Datenfeld idNr), den Familiennamen (Datenfeld nName), den Vornamen (Datenfeld vName) und das Geburtsdatum des Leistungsempfängers (Datenfeld gebDt) beinhalten. Ein Vorsatzwort (Datenfeld vWort), ein Namenszusatz (Datenfeld namZu) oder ein Titel des Leistungsempfängers (Datenfeld titel) ist aufzunehmen, soweit bekannt. Eine Übermittlung des Geburtsorts ist nicht erforderlich. Zum Verfahren zur Erlangung der Identifikationsnummer vgl. Rz. 108 ff. Ist ein konkretes Geburtsdatum nicht bekannt und haben die Meldebehörden als Geburtsdatum „jhjj-00-00" gespeichert, dann ist dieses Geburtsdatum in die Rentenbezugsmitteilung aufzunehmen. Die Verwendung 14 eines davon abweichenden Geburtsdatums (beispielsweise „jhjj-07-01") führt zur Abweisung des Datensatzes mit Fehlernummer 3004.

15   In den in Rz. 11 genannten Fällen hat der Mitteilungspflichtige – z. B. bei Vertragsabschluss – darauf hinzuwirken, dass ihm spätestens zum Zeitpunkt der Auszahlung u. a. das Geburtsdatum des Leistungsempfängers zur Verfügung steht. Konnte der Mitteilungspflichtige das Geburtsdatum nicht erheben, weil beispielsweise der der Leistungsauszahlung zugrunde liegende Vertragsabschluss bereits vor Einführung des Rentenbezugsmitteilungsverfahrens erfolgte, hat er alle ihm zur Verfügung stehenden Unterlagen (z. B. vorgelegter Erbschein) auszuwerten.

16   Ab dem Veranlagungszeitraum 2011 hat der Mitteilungspflichtige eine ausländische Anschrift des Leistungsempfängers in die Rentenbezugsmitteilung aufzunehmen, soweit diese bekannt ist. In diesen Fällen ist zudem eine ihm bekannte Staatsangehörigkeit (ggf. auch mehrere) zu übermitteln (§ 22a Absatz 1 Satz 1 Nummer 1 EStG). Die Übermittlung eines inländischen Staatenschlüssels ist hierbei nicht zulässig.

II. Leistungsbezug

1. Leistungsart / Rechtsgrund (Baustein 05 Leistungsbetrag)

a) Allgemeines

17   In der Rentenbezugsmitteilung ist zu den einzelnen (Teil-)Leistungen der entsprechende Rechtsgrund zu übermitteln (Datenfeld leRg). Der Betrag der Leibrenten und anderen Leistungen im Sinne des § 22 Nummer 1 Satz 3 Buchstabe a Doppelbuchstabe aa, Doppelbuchstabe bb Satz 4 und Doppelbuchstabe bb Satz 5 EStG i. V. m. § 55 Absatz 2 EStDV sowie im Sinne des § 22 Nummer 5 EStG muss jeweils gesondert ausgewiesen sein. Leistungen nach § 22 Nummer 5 EStG sind unterschieden nach Leistungen im Sinne des Satz 1 bis 6 und 9 mitzuteilen. Eine Übersicht der Rechtsgründe ist als Anlage 1 beigefügt.

18   Zu einem übermittelten Rechtsgrund ist eine Leistung nur anzugeben, wenn auch tatsächlich Zahlungen oder Rückzahlungen aufgrund von Rückforderungen zu diesem Rechtsgrund erfolgt sind. Sind im Kalenderjahr (Teil-)Leistungen zu einem bestimmten Rechtsgrund jedoch weder gezahlt noch zurückgezahlt worden, hat in diesen Fällen keine Übermittlung einer Leistung i. H. v. 0 € zu erfolgen. Eine Leistung ist ebenfalls nicht zu übermitteln, wenn die Rentenansprüche – z. B. wegen anderer Einkünfte – ruhen und daher im gesamten Kalenderjahr keine Zahlungen erfolgt sind oder gewährte Leistungen in demselben Kalenderjahr vollständig zurückgezahlt wurden. Die Angabe von 0 € im Datenfeld leBtr ist dagegen nur in den Fällen zulässig, in denen mit der Rentenbezugsmitteilung zwar keine Leistung zu übermitteln ist, aber Daten zum Baustein 07 anzugeben sind, oder soweit eine Rentenbezugsmitteilung berichtigt werden muss (vgl. Rz. 99 ff.).

19   Für jeden Vertrag und für jede Leibrente oder andere Leistung ist eine gesonderte Rentenbezugsmitteilung erforderlich (vgl. Rz. 2). Erfolgt während des Leistungsbezugs ein Wechsel der Besteuerungsnorm und damit auch ein Wechsel des der Leistung zuzurechnenden Rechtsgrundes (wird z. B. nach einer privaten Erwerbsunfähigkeitsrente eine private Altersrente oder nach einer kleinen Witwen/Witwer-Rente eine große gezahlt), handelt es sich um zwei selbständig zu meldende Leistungen. In diesem Fall sind jeweils separate Rentenbezugsmitteilungen zu übermitteln.

Beispiel 1:

20   R erhält in der Zeit vom 1. September 2007 bis 30. Juni 2010 eine Erwerbsminderungsrente aus einer privaten Rentenversicherung. Ab dem 1. Juli 2010 wird eine lebenslange Altersrente aus einer privaten Rentenversicherung gezahlt.

Im Jahr 2011 sind für 2010 eine Rentenbezugsmitteilung für die Erwerbsminderungsrente im Sinne des § 22 Nummer 1 Satz 3 Buchstabe a Doppelbuchstabe bb Satz 5 EStG i. V. m. § 55 Absatz 2 EStDV mit Rechtsgrund 03 und eine Rentenbezugsmitteilung für die lebenslange Altersrente im Sinne des § 22 Nummer 1 Satz 3 Buchstabe a Doppelbuchstabe bb Satz 4 EStG mit Rechtsgrund 02 zu übermitteln. Eine zusammenfassende Rentenbezugsmitteilung für beide Leistungen ist nicht zulässig.

Beispiel 2:

21   A hat eine betriebliche Altersversorgung in einer Pensionskasse aufgebaut. Diese beruht zu 50 % auf geförderten Beträgen. Vom 1. Juli 2010 bis zum 30. Juni 2012 erhält er aus seiner betrieblichen Altersversorgung eine Erwerbsminderungsrente. Ab 1. Juli 2012 bezieht er eine Altersrente aus der betrieblichen Altersversorgung.

Im Jahr 2013 sind für 2012 für die Erwerbsminderungsrente sowie für die Altersrente je eine Rentenbezugsmitteilung zu erstellen.

In der Rentenbezugsmitteilung für die Erwerbsminderungsrente ist die Leistung aufzuteilen. Soweit die Leistung auf ungeförderten Beträgen beruht, ist dieser Teil der Leistung mit Rechtsgrund 08 zu melden (§ 22 Nummer 5 Satz 2 Buchstabe a EStG i. V. m. § 22 Nummer 1 Satz 3 Buchstabe a Doppelbuchstabe bb Satz 5 EStG i. V. m. § 55 Absatz 2 EStDV). Der auf die geförderten Beträge entfallende Teil der Leistung ist in derselben Rentenbezugsmitteilung mit dem Rechtsgrund 04 zu melden (§ 22 Nummer 5 Satz 1 EStG).

Für die Altersrente ist eine gesonderte Rentenbezugsmitteilung zu erstellen. Hierbei ist ebenfalls die Leistung aufzuteilen. Soweit die Leistung auf ungeförderten Beträgen beruht, ist dieser Teil der Leistung mit Rechtsgrund 07 zu melden (§ 22 Nummer 5 Satz 2 Buchstabe a EStG i. V. m. § 22 Nummer 1 Satz 3 Buchstabe a Doppelbuchstabe bb Satz 4 EStG). Der auf die geförderten Beträge entfallende Teil der Leistung ist in derselben Rentenbezugsmitteilung mit dem Rechtsgrund 04 zu melden (§ 22 Nummer 5 Satz 1 EStG).

Zu Besonderheiten bei der Bestimmung des Rentenbeginns im Zusammenhang mit der Umwandlung von Renten, die nach § 22 Nummer 1 Satz 3 Buchstabe a Doppelbuchstabe aa EStG zu besteuern sind, vgl. Rz. 92 f. (Folgerenten).   22

b) Besonderheiten bei Renten aus der Basisversorgung

Werden Leistungen aus den gesetzlichen Rentenversicherungen, den landwirtschaftlichen Alterskassen, den berufsständischen Versorgungseinrichtungen und aus Basisrentenverträgen im Sinne des § 10 Absatz 1 Nummer 2 Satz 1 Buchstabe b EStG gezahlt, ist die Besteuerung nach § 22 Nummer 1 Satz 3 Buchstabe a Doppelbuchstabe aa EStG vorzunehmen. Daher hat die Meldung ausschließlich mit Rechtsgrund 01 zu erfolgen. Dies gilt unabhängig davon, ob es sich hierbei um eine Rente oder Teilrente (Altersrente, Erwerbsminderungsrente, Berufsunfähigkeitsrente, Hinterbliebenenrente) handelt. Soweit einmalige Leistungen möglich sind (z. B. Sterbegeld, Abfindung von Kleinbetragsrenten), sind diese ebenfalls nur mit Rechtsgrund 01 zu übermitteln (vgl. Rz. 135 des BMF-Schreibens vom 13. September 2010, BStBl I S. 681).   23

c) Besonderheiten zur Öffnungsklausel

Die Anwendung der Öffnungsklausel (§ 22 Nummer 1 Satz 3 Buchstabe a Doppelbuchstabe bb Satz 2 EStG; vgl. Rz. 177 ff. des BMF-Schreibens vom 13. September 2010, BStBl I S. 681) ist antragsgebunden und daher im Rentenbezugsmitteilungsverfahren nicht zu berücksichtigen. In der Rentenbezugsmitteilung sind die Leistungen den Einkünften des § 22 Nummer 1 Satz 3 Buchstabe a Doppelbuchstabe aa EStG zuzuordnen und ausschließlich mit Rechtsgrund 01 zu übermitteln.   24

Beispiel:

R bezieht seit 2009 eine Rente i. H. v. 45.000 € aus einer berufsständischen Versorgungseinrichtung. Im Rahmen der Veranlagung weist R nach, dass die Voraussetzungen zur Anwendung der Öffnungsklausel erfüllt sind. Nach der Bescheinigung der berufsständischen Versorgungseinrichtung beruhen 22 % der Leistungen auf Beiträgen, die oberhalb des Betrags des Höchstbeitrags zur gesetzlichen Rentenversicherung geleistet wurden. Von der Rente i. H. v. 45.000 € unterliegt demnach auf Antrag ein Anteil von 22 % = 9.990 € der Besteuerung mit dem Ertragsanteil nach § 22 Nummer 1 Satz 3 Buchstabe a Doppelbuchstabe bb EStG.   25

In der Rentenbezugsmitteilung ist die Rente ausschließlich nach § 22 Nummer 1 Satz 3 Buchstabe a Doppelbuchstabe aa EStG mit Rechtsgrund 01 i. H. v. 45.000 € zu übermitteln. Ob die Voraussetzungen für die Anwendung der Öffnungsklausel vorliegen, ist im Rahmen der Veranlagung zu prüfen.

d) Besonderheiten zu den Leistungen im Sinne des § 22 Nummer 5 EStG

§ 22 Nummer 5 EStG ist anzuwenden auf Leistungen aus Altersvorsorgeverträgen, Pensionsfonds, Pensionskassen, Direktversicherungen und der Versorgungsausgleichskasse. Der Umfang der Besteuerung der (Teil-)Leistungen richtet sich danach, inwieweit die Beiträge in der Ansparphase steuerfrei gestellt (§ 3 Nummer 63 und 66 EStG) oder nach § 10a/Abschnitt XI EStG (Sonderausgabenabzug und Altersvorsorgezulage) gefördert wurden oder inwieweit die Leistungen auf Ansprüchen beruhen, die durch steuerfreie Zuwendungen nach § 3 Nummer 56 EStG oder durch die nach § 3 Nummer 55b Satz 1 EStG steuerfreien Leistungen aus einem im Versorgungsausgleich begründeten Anrecht erworben wurden (geförderte Beiträge oder steuerfreie Zuwendungen).   26

Leistungen, die auf geförderten Beiträgen oder steuerfreien Zuwendungen beruhen, unterliegen in vollem Umfang der Besteuerung (Rechtsgrund 04). Beruhen die Leistungen auf nicht geförderten Beiträgen und wurden keine steuerfreien Zuwendungen geleistet, richtet sich die Besteuerung nach der Art der Leistung. Rz. 129 bis 134 und Rz. 331 bis 333 und 337 des BMF-Schreibens vom 31. März 2010 (BStBl I S. 270) sind hierbei zu beachten. Wird ein Rentenanspruch im Sinne des § 22 Nummer 5 Satz 2 Buchstabe a EStG abgefunden (z. B. Abfindung von Kleinbetragsrenten), richtet sich die Besteuerung des Abfindungsbetrags nach § 22 Nummer 5 Satz 2 Buchstabe b EStG. Zur Ermittlung des zu übermittelnden Betrages unter Berücksichtigung des   27 hälftigen Unterschiedsbetrages gelten die Ausführungen im BMF-Schreiben vom 1. Oktober 2009 (BStBl I S. 1172, Rz. 54 ff.). Aus Vereinfachungsgründen wird es nicht beanstandet, wenn abweichend hiervon für Zwecke der Rentenbezugsmitteilung der Unterschiedsbetrag einmal jährlich ermittelt wird.

Beispiel 1:

28   M erhält erstmalig im Jahr 2010 eine lebenslange Rente aus seiner betrieblichen Altersversorgung bei der Pensionskasse X i. H. v. 6.000 €. Die Leistung beruht i. H. v. 500 € auf steuerlich geförderten Beiträgen, da die Beiträge in der Aufbauphase ab dem Veranlagungszeitraum 2002 anteilig nach § 3 Nummer 63 EStG steuerfrei eingezahlt wurden.

Für das Jahr 2010 ist eine Rentenbezugsmitteilung zu erstellen. Da die Leistung teilweise auf geförderten und teilweise auf nicht geförderten Beiträgen beruht, ist entsprechend Rz. 17 zu der einzelnen Teilleistung der jeweilige Rechtsgrund zu übermitteln. Die Leistung i. H. v. 500 €, die auf geförderten Beiträgen beruht und in vollem Umfang der Besteuerung unterliegt, ist in der Rentenbezugsmitteilung mit Rechtsgrund 04 (§ 22 Nummer 5 Satz 1 EStG) zu übermitteln. Der Teil der Leistung, der auf nicht geförderten Beiträgen beruht (5.500 €), ist in der Rentenbezugsmitteilung mit Rechtsgrund 07 (§ 22 Nummer 5 Satz 2 Buchstabe a EStG i. V. m. § 22 Nummer 1 Satz 3 Buchstabe a Doppelbuchstabe bb EStG) zu übermitteln.

Beispiel 2:

29   A bezieht in 2010 eine lebenslange Rente aus der betrieblichen Altersversorgung der Pensionskasse Y i. H. v. 2.000 €. Die Versorgungszusage wurde nach dem 31. Dezember 2004 erteilt (Neuzusage). Für die Beiträge konnte in der Aufbauphase nicht die Steuerfreiheit nach § 3 Nummer 63 EStG gewährt werden, da sie im Rahmen eines zweiten Dienstverhältnisses (Steuerklasse VI) geleistet wurden. Die Neuzusage beruht auf einem nach § 5a AltZertG zertifizierten Vertragsmuster (Basisrente).

Es handelt sich um eine Leistung aus einer Neuzusage, die vollständig auf nicht geförderten Beiträgen in der Aufbauphase beruht. Die Voraussetzungen der Basisrente des § 10 Absatz 1 Nummer 2 Buchstabe b Satz 1 EStG sind erfüllt. In der Rentenbezugsmitteilung für das Jahr 2010 ist der Leistungsbetrag i. H. v. 2.000 € mit Rechtsgrund 06 (§ 22 Nummer 5 Satz 2 Buchstabe a EStG i. V. m. § 22 Nummer 1 Satz 3 Buchstabe a Doppelbuchstabe aa EStG) zu übermitteln.

Beispiel 3:

30   B erhält seit dem Jahr 2000 eine Erwerbsminderungsrente aus der betrieblichen Altersversorgung der Pensionskasse Z. Im Jahr 2010 beträgt die Leistung 6.000 €. Die Leistung beruht vollständig auf nicht geförderten Beiträgen, da die Beiträge in der Aufbauphase individuell über die Lohnsteuerkarte versteuert wurden und keine Förderung nach § 10a/Abschnitt XI EStG gewährt wurde.

Es handelt sich um eine abgekürzte Leibrente (Erwerbsminderungsrente) aus einer Pensionskasse, die ausschließlich auf nicht geförderten Beiträgen beruht. In der Rentenbezugsmitteilung für das Jahr 2010 ist der Leistungsbetrag i. H. v. 6.000 € mit Rechtsgrund 08 (§ 22 Nummer 5 Satz 2 Buchstabe a EStG i. V. m. § 22 Nummer 1 Satz 3 Buchstabe a Doppelbuchstabe bb Satz 5 EStG i. V. m. § 55 Absatz 2 EStDV) zu übermitteln. Da es sich um eine abgekürzte Leibrente handelt, ist auch das Ende der Rente in der Rentenbezugsmitteilung anzugeben (siehe Rz. 83 ff.).

Beispiel 4:

31   R hat am 1. Januar 2005 einen Altersvorsorgevertrag (Banksparplan) abgeschlossen. Ihm wurde eine Verzinsung von konstant 3,25 % zugesagt (Auszahlungs- und Ansparphase / Kosten werden aus Vereinfachungsgründen nicht berücksichtigt). Da R weder die steuerliche Förderung nach § 10a EStG noch nach Abschnitt XI EStG in Anspruch nimmt, zahlt er zugunsten dieses Banksparplans ausschließlich nicht geförderte Beiträge i. H. v. jährlich 2.000 € ein (25 Jahre × 2.000 € = 50.000 €). Zum 1. Januar 2030 beträgt das von ihm aufgebaute Altersvorsorgevermögen rund 77.800 €.

R erhält von seinem Anbieter ab dem 1. Januar 2030 eine monatliche Auszahlung i. H. v. 383 € aus einem Auszahlungsplan. Ab der Vollendung seines 85. Lebensjahres erhält er eine monatliche Rente in gleicher Höhe. Für die Finanzierung dieser Rente wird zu Beginn der Auszahlungsphase ein Betrag i. H. v. 9.800 € eingesetzt.

Die auf nicht gefördertem Kapital beruhenden Leistungen, die im Rahmen des Auszahlungsplans gezahlt werden, unterliegen der Besteuerung nach § 22 Nummer 5 Satz 2 Buchstabe c EStG. Da die Auszahlung erst mit Vollendung des 65. Lebensjahres und nach einer Laufzeit von mindestens 12 Jahren erfolgt, ist § 20 Absatz 1 Nummer 6 Satz 2 EStG entsprechend anzuwenden und nur der hälftige Unterschiedsbetrag anzusetzen. Die ab der Vollendung des 85. Lebensjahres gezahlte Rente wird nach § 22 Nummer 5 Satz 2 Buchstabe a EStG mit dem Ertragsanteil erfasst.

Für die Ermittlung des Unterschiedsbetrags entfällt von den insgesamt geleisteten Beiträgen der gleiche Prozentsatz auf die Auszahlung im Rahmen des Auszahlungsplans, wie das für den Auszahlungsplan verwendete Kapital im Verhältnis zum Gesamtkapital steht.

Stand des Altersvorsorgevermögens zum 1. Januar 2030	77.800 €
Verwendung für die Teilkapitalverrentung	9.800 €
für den Auszahlungsplan stehen zur Verfügung	68.000 €
Einzahlungen insgesamt	50.000 €
davon für den Auszahlungsplan verwendet (68.000 / 77.800 × 50.000)	43.702 €

Ansonsten gelten die Ausführungen im BMF-Schreiben vom 1. Oktober 2009 (BStBl I S. 1172, Rz. 61 ff.) entsprechend. Es wird abweichend hiervon nicht beanstandet, wenn der Unterschiedsbetrag für Zwecke der Rentenbezugsmitteilung einmal jährlich nach der folgenden Formel ermittelt wird.

$$\frac{\text{Auszahlungsbetrag im VZ} \times (\text{Summe der entrichteten Beiträge} - \text{Summe der verbrauchten Beiträge})}{\text{Zeitwert am Ende des VZ}}$$

Beispiel 5:

Der 50-jährige C hat seit dem 1. Januar 2002 zugunsten eines Altersvorsorgevertrags (Bankspar-plan) ausschließlich geförderte Beiträge (insgesamt 12.000 €) eingezahlt. Im Jahr 2010 verwendet er das Altersvorsorgevermögen steuerschädlich, indem er sich das gesamte Kapital in einer Summe auszahlen lässt. Zum Zeitpunkt der schädlichen Verwendung beträgt das Altersvorsorgevermögen 17.500 €. Dem Altersvorsorgevertrag wurden insgesamt Zulagen i. H. v. 918 € gutgeschrieben. Einen über die Zulagen hinausgehenden Steuervorteil nach § 10a EStG hat C während der gesamten Vertragslaufzeit nicht erhalten.

Das ausgezahlte geförderte Altersvorsorgevermögen wurde steuerschädlich i. S. d. § 93 Absatz 1 Satz 1 EStG verwendet. Die Besteuerung erfolgt nach § 22 Nummer 5 Satz 3 EStG i. V. m. § 22 Nummer 5 Satz 2 Buchstabe c EStG. Nach § 22 Nummer 5 Satz 3 EStG ergibt sich als Leistungsbetrag das ausgezahlte Altersvorsorgevermögen abzüglich der Zulagen.

Altersvorsorgevermögen	17.500 €
abzüglich Zulagen	918 €
Betrag nach § 22 Nummer 5 Satz 3 EStG =	16.582 €
Auf diesen Betrag ist § 22 Nummer 5 Satz 2 Buchstabe c EStG anzuwenden.	
maßgeblicher Betrag	16.582 €
abzüglich Eigenbeiträge	12.000 €
zu versteuern =	4.582 €

In der Rentenbezugsmitteilung für das Jahr 2010 ist der Leistungsbetrag i. H. v. 4.582 € mit Rechtsgrund 12d zu übermitteln.

Beispiel 6:

G verfügt seit 1970 über eine betriebliche Altersversorgung bei einer Pensionskasse. Zum 1. Juli 2010 lässt er sich eine Kapitalabfindung i. H. v. 110.000 € auszahlen. Die Kapitalabfindung beruht i. H. v. 10.000 € auf gefördertem Kapital, da die diesem Kapital zugrunde liegenden Beiträge ab dem 1. Januar 2002 steuerfrei nach § 3 Nummer 63 EStG waren.

Die Kapitalabfindung ist steuerrechtlich in einen steuerfreien und in einen voll zu versteuernden Teil aufzuteilen. Die Leistung i. H. v. 10.000 €, die auf gefördertem Kapital beruht, unterliegt in vollem Umfang der Besteuerung nach § 22 Nummer 5 Satz 1 EStG. In der Rentenbezugsmitteilung für das Jahr 2010 ist dieser Leistungsbetrag i. H. v. 10.000 € mit Rechtsgrund 04 zu übermitteln. Für die Kapitalauszahlung i. H. v. 100.000 €, die auf nicht gefördertem Kapital beruht, ist nach § 22 Nummer 5 Satz 2 Buchstabe b EStG die Regelung des § 20 Absatz 1 Nummer 6 EStG in der für den zugrunde liegenden Vertrag geltenden Fassung entsprechend anzuwenden. Hier ist die Kapitalauszahlung bei einem vor dem 1. Januar 2005 abgeschlossenen Vertrag erst nach Ablauf von 12 Jahren seit Vertragsabschluss erfolgt, so dass dieser Teil der Auszahlung nicht der Besteuerung unterliegt. Für diesen Teil der Leistung ist keine Rentenbezugsmitteilung zu übermitteln.

Ist eine Leistung nach mehreren Rechtsgründen in unterschiedlicher Höhe zu versteuern, weil z. B. ein Teil der Leistung nach § 22 Nummer 5 Satz 1 EStG in voller Höhe (Rechtsgrund 04 bzw. 05) zu versteuern ist und der andere Teil der Leistung nach § 22 Nummer 5 Satz 2 Buchstabe a i. V. m. § 22 Nummer 1 Satz 3 Buchstabe a Doppelbuchstabe bb EStG ggf. i. V. m. § 55 Absatz 2 EStDV (Rechtsgrund 07 bzw. 08) mit dem Ertragsanteil der Besteuerung unterliegt, ist in die Rentenbezugsmitteilung die (Teil-)Leistung mit dem jeweiligen Rechtsgrund und dem entsprechenden Leistungsbetrag aufzunehmen.

32

33

34

Beispiel:

35   R erhält im Jahr 2010 aus einem Altersvorsorgevertrag (Rentenversicherung) eine lebenslange Rente i. H. v. 1.100 €. Die Rente beruht i. H. v. 220 € auf steuerlich nicht geförderten Beiträgen.

In der Rentenbezugsmitteilung für das Jahr 2010 sind die Teile der Rente jeweils gesondert mit dem zutreffenden Rechtsgrund mitzuteilen – der auf steuerlich geförderten Beiträgen beruhende Teil der Rente i. H. v. 880 € mit Rechtsgrund 04 (§ 22 Nummer 5 Satz 1 EStG) und der auf steuerlich nicht geförderten Beiträgen beruhende Teil der Rente i. H. v. 220 €, welcher der Besteuerung mit dem Ertragsanteil unterliegt, mit Rechtsgrund 07 (§ 22 Nummer 5 Satz 2 Buchstabe a i. V. m. § 22 Nummer 1 Satz 3 Buchstabe a Doppelbuchstabe bb EStG).

36   Für Versorgungsleistungen aufgrund einer Direktzusage und aus einer Unterstützungskasse sind keine Rentenbezugsmitteilungen zu übermitteln, da diese Leistungen zu Einkünften aus nichtselbständiger Arbeit führen (vgl. Rz. 327 des BMF-Schreibens vom 31. März 2010, BStBl I S. 270).

37   Die Übertragung von Altersvorsorgevermögen entsprechend § 93 Absatz 2 EStG sowie die Übertragung von Anwartschaften im Rahmen einer betrieblichen Altersversorgung entsprechend § 3 Nummer 55 EStG i. V. m. § 4 Absatz 2 und 3 BetrAVG führt zu keiner Besteuerung. Das gilt gleichermaßen für die Übertragung von gefördertem wie ungefördertem Altersvorsorgevermögen. Es ist vom abgebenden Anbieter insoweit keine Rentenbezugsmitteilung zu erstellen.

38   Wird gefördertes Altersvorsorgevermögen förderschädlich verwendet, richtet sich der Umfang der Besteuerung nach der Art der ausgezahlten Leistung. Rz. 129 bis 134 des BMF-Schreibens vom 31. März 2010 (BStBl I S. 270) sind zu beachten. Führt eine förderschädliche Auszahlung von gefördertem Altersvorsorgevermögen zu einem negativen Leistungsbetrag, ist dieser in der Rentenbezugsmitteilung anzugeben. Dies gilt auch bei der Auszahlung von nicht gefördertem Altersvorsorgevermögen. Bei Anwendung des § 22 Nummer 5 Satz 3 i. V. m. Satz 2 Buchstabe b EStG ist bei Verträgen mit Vertragsabschluss vor dem 1. Januar 2005 ein negativer Leistungsbetrag nicht möglich. Rechnungsmäßige und außerrechnungsmäßige Zinsen (§ 22 Nummer 5 Satz 2 Buchstabe b EStG i. V. m § 20 Absatz 1 Nummer 6 EStG in der bis zum 31. Dezember 2004 geltenden Fassung) von 0 € sind in der Rentenbezugsmitteilung nicht anzugeben (vgl. Rz. 18).

Beispiel:

39   A hat zum 1. Januar 2008 einen Altersvorsorgevertrag (Fondssparplan) abgeschlossen und zugunsten dieses Vertrags jährliche Beiträge i. H. v. jeweils 1.000 € eingezahlt, die nicht nach § 10a/Abschnitt XI EStG gefördert wurden. Der Anbieter verteilt die Abschluss- und Vertriebskosten i. H. v. insgesamt 500 € auf fünf Jahre. Zum 31. Dezember 2010 wird der Vertrag von A gekündigt. Die von den Beiträgen abzüglich der anteiligen Abschluss- und Vertriebskosten erworbenen Fondsanteile sind auf einen Wert von 2.500 € gesunken. Kosten für die Kündigung werden vom Anbieter nicht erhoben.

Die Besteuerung erfolgt nach § 22 Nummer 5 Satz 2 Buchstabe c EStG mit dem Unterschiedsbetrag zwischen der Leistung und der Summe der auf sie entrichteten Beiträge:

Leistung	2.500 €
abzüglich geleistete Beiträge	3.000 €
negativer Leistungsbetrag	− 500 €

Dieser negative Leistungsbetrag ist mit Rechtsgrund 11 zu übermitteln.

Würde der Anbieter noch Kosten für die Kündigung fordern, wäre auch dieser Betrag im Jahr der Zahlung als negativer Leistungsbetrag in der Rentenbezugsmitteilung mit Rechtsgrund 11 zu übermitteln.

2. Leistungsbetrag (mit Zufluss/Abfluss)
(Baustein 04 BezugsDaten und Baustein 05 Leistungsbetrag)

40   In der Rentenbezugsmitteilung sind die im Kalenderjahr zugeflossenen Leistungen getrennt nach Rechtsgründen anzugeben (Datenfeld leBtr). Sofern (Teil-)Leistungen aus demselben Recht demselben Rechtsgrund zuzuordnen sind, sind diese zusammengefasst in einer Summe zu übermitteln. Dies ist auch bei einer unterjährigen Software-Änderung sicherzustellen. Der Betrag der Leistung kann positiv oder negativ sein. Die Angabe von 0 € ist nur in den in Rz. 18 genannten Fällen zulässig. Erfolgt im Kalenderjahr tatsächlich keine Zahlung oder Rückforderung oder sind gezahlte Leistungen in demselben Jahr vollständig zurückgezahlt worden, ist eine (Teil-)Leistung nicht mitzuteilen (vgl. Rz. 18).

41   Das Währungskennzeichen der Leistung ist anzugeben (Datenfeld leWkz). Hierbei darf in einer Rentenbezugsmitteilung, die für einen Veranlagungszeitraum vor 2011 übermittelt wird, nur ein einheitliches Währungskennzeichen verwendet werden. D. h., die Datenfelder leWkz (im Baustein 04) und beWkz (im Baustein 07) dürfen nicht voneinander abweichen (vgl. Rz. 95). Werden Beträge mit einer ausländischen Währungseinheit gemeldet, sind diese von der Landesfinanzverwaltung in die

maßgebliche inländische Währung (Euro) umzurechnen. Hierbei entspricht der Umrechnungskurs dem rechnerischen und auf volle 50 Cent abgerundeten Durchschnittswert der gesamten für den maßgebenden Veranlagungszeitraum ermittelten Umsatzsteuer-Umrechnungskurse. Währungen, für die keine Umsatzsteuer-Umrechnungskurse veröffentlicht werden, sind zu dem letzten Tageskurs des Jahres umzurechnen, in dem die Leistung gezahlt wurde. Der Steuerpflichtige kann im Veranlagungsverfahren eine Währungsumrechnung nach dem Kurs des Zuflusstages einheitlich für den gesamten Veranlagungszeitraum nachweisen.

Einmalige Leistungen – wie Sterbegeld oder Abfindung von Kleinbetragsrenten (vgl. Rz. 135 des BMF-Schreibens vom 13. September 2010, BStBl I S. 681) – sind in Höhe des Leistungsbetrags in der Rentenbezugsmitteilung auszuweisen. Dies gilt auch für Kapitalauszahlungen von berufsständischen Versorgungseinrichtungen (vgl. Rz. 143 des BMF-Schreibens vom 13. September 2010, BStBl I S. 681). Der Leistungsbetrag einmaliger Leistungen ist in der Rentenbezugsmitteilung nicht gesondert auszuweisen, wenn weitere Leistungen mit dem gleichen Rechtsgrund im Jahr des Zuflusses geleistet werden (vgl. aber Besonderheiten zum Rentenbeginn Rz. 75 ff. und den Unterschied zu Nachzahlungsbeträgen Rz. 61 ff.).

Beispiel 1:

Für B werden Zahlungen in eine Direktversicherung geleistet (kein Fall von § 52 Absatz 34c EStG). Vor Fälligkeit der entsprechenden Leistungen verstirbt B. Seiner nichtehelichen Lebensgefährtin L wird als alleiniger Erbin einmalig ein Sterbegeld i. H. v. 8.000 € ausgezahlt. Das Sterbegeld beruht vollständig auf geförderten Beträgen.

Das Sterbegeld ist in voller Höhe steuerpflichtig (§ 22 Nummer 5 Satz 1 EStG). Der Leistungsbetrag i. H. v. 8.000 € ist in der Rentenbezugsmitteilung mit L als Leistungsempfängerin (Rechtsgrund 04) auszuweisen.

Beispiel 2:

R steht ab 2010 eine Rente aus einem zertifizierten Basisrentenvertrag i. H. v. 25 € zu. Das Versicherungsunternehmen bietet ihm anstelle monatlicher Rentenzahlungen die Abfindung der Kleinbetragsrente i. H. v. 5.000 € an; dieses Angebot nimmt R an.

Der Abfindungsbetrag der Kleinbetragsrente ist mit dem Besteuerungsanteil steuerpflichtig (§ 22 Nummer 1 Satz 3 Buchstabe a Doppelbuchstabe aa EStG). In der Rentenbezugsmitteilung ist der Leistungsbetrag i. H. v. 5.000 € mit Rechtsgrund 01 auszuweisen.

Beispiel 3:

R erhält ab dem 1. Juli 2010 aus einem Altersvorsorgevertrag eine monatliche Rente i. H. v. 900 € sowie im Juli 2010 eine einmalige Teilkapitalauszahlung i. H. v. 30.000 € (20 % des zu Beginn der Auszahlungsphase zur Verfügung stehenden Kapitals, § 1 Absatz 1 Satz 1 Nummer 4 AltZertG). Die Leistungen beruhen vollständig auf geförderten Beiträgen.

In der Rentenbezugsmitteilung für das Jahr 2010 sind die laufenden Rentenzahlungen i. H. v. insgesamt 5.400 € (6 × 900 €) sowie die einmalige Teilkapitalauszahlung i. H. v. 30.000 € in einer Summe als Leistungen nach § 22 Nummer 5 Satz 1 EStG zusammen i. H. v. 35.400 € mit Rechtsgrund 04 zu übermitteln.

Beispiel 4:

R bezieht von einer berufsständischen Versorgungseinrichtung im Februar 2010 ein Sterbegeld i. H. v. 4.000 € sowie ab dem 1. März 2010 eine monatliche Hinterbliebenenrente i. H. v. 500 €.

In der Rentenbezugsmitteilung für das Jahr 2010 sind die Leistungen aus der Hinterbliebenenrente und das Sterbegeld in einer Summe als Leistungen nach § 22 Nummer 1 Satz 3 Buchstabe a Doppelbuchstabe aa EStG zusammen i. H. v. 9.000 € (4.000 € + 10 × 500 €) mit Rechtsgrund 01 zu übermitteln.

Wird für das Sterbevierteljahr eine Hinterbliebenenrente in Höhe der Versichertenrente gewährt, ist eine Rentenbezugsmitteilung auch dann für diese Leistung zu übermitteln, wenn nach den drei Monaten die Hinterbliebenenrente wegen der Höhe der eigenen Einkünfte in voller Höhe ruht.

Ist wegen rückwirkender Zubilligung einer Rente der Anspruch auf eine bisher gewährte Sozialleistung (z. B. auf Kranken-, Arbeitslosengeld oder Sozialhilfe) ganz oder teilweise weggefallen und steht dem Leistenden deswegen gegenüber dem Rentenversicherungsträger (z. B. nach § 103 des Zehnten Buches Sozialgesetzbuch – SGB X –) ein Erstattungsanspruch zu, sind die bisher gezahlten Sozialleistungen in Höhe dieses Erstattungsanspruchs als Rentenzahlungen anzusehen. Die Rente gilt in dieser Höhe im Zeitpunkt der Zahlung der ursprünglichen Sozialleistungen als dem Leistungsempfänger zugeflossen. Die umgewidmeten Beträge unterliegen ebenfalls der Mitteilungspflicht nach § 22a EStG, wenn sie nach dem 31. Dezember 2004 zugeflossen sind. Insoweit sind auch nachträglich die entsprechenden Rentenbezugsmitteilungen zu übermitteln. Dem Leistungsempfänger bleibt es unbenommen, dem Finanzamt einen abweichenden Zuflusszeitpunkt zu belegen.

42

43

44

45

46

47

48

Beispiel 1:

49   R erhält in der Zeit vom 1. Juli 2009 bis 30. September 2010 Krankengeld. Mit Bescheid vom 31. August 2010 wird R rückwirkend ab dem 1. Juli 2009 von der gesetzlichen Rentenversicherung eine monatliche Erwerbsminderungsrente i. H. v. 1.000 € gewährt. Die Auszahlung erfolgt ab dem 1. Oktober 2010. Zum Ausgleich des bisher an R gezahlten Krankengeldes erstattet die gesetzliche Rentenversicherung der Krankenkasse für den Zeitraum vom 1. Juli 2009 bis 30. September 2010 je Monat einen Betrag von 1.000 €.

Soweit der Krankenkasse ein Erstattungsanspruch nach § 103 SGB X gegenüber dem Rentenversicherungsträger zusteht, ist das bisher gezahlte Krankengeld als Rentenzahlung i. S. d. § 22 Nummer 1 Satz 3 Buchstabe a Doppelbuchstabe aa EStG anzusehen. Der Zufluss der Rentenzahlung erfolgte im Zeitpunkt der ursprünglichen Zahlung des Krankengeldes. Aus diesem Grund ist für das Jahr 2009 eine Rentenbezugsmitteilung mit einem Leistungsbetrag i. H. v. 6.000 € (6 x 1.000 €) mit Rechtsgrund 01 zu übermitteln. In die Rentenbezugsmitteilung für das Jahr 2010 ist ein Leistungsbetrag i. H. v. 12.000 € (12 × 1.000 €) mit Rechtsgrund 01 aufzunehmen.

Beispiel 2:

50   R erhält in der Zeit vom 1. Juli 2009 bis 30. September 2010 monatlich ein Arbeitslosengeld i. H. v. 800 €. Mit Bescheid vom 31. August 2010 wird R rückwirkend ab dem 1. Juli 2009 von der gesetzlichen Rentenversicherung eine monatliche Altersrente i. H. v. 1.000 € gewährt. Die Auszahlung erfolgt ab dem 1. Oktober 2010. Zum Ausgleich des bisher an R gezahlten Arbeitslosengeldes erstattet die gesetzliche Rentenversicherung der Arbeitsagentur für den Zeitraum vom 1. Juli 2009 bis 30. September 2010 je Monat einen Betrag von 800 €.

Soweit der Arbeitsagentur ein Erstattungsanspruch nach § 103 SGB X gegenüber dem Rentenversicherungsträger zusteht, ist das bisher gezahlte Arbeitslosengeld als Rentenzahlung i. S. d. § 22 Nummer 1 Satz 3 Buchstabe a Doppelbuchstabe aa EStG anzusehen. Der Zufluss der Rentenzahlung erfolgte im Zeitpunkt der ursprünglichen Zahlung des Arbeitslosengeldes. Aus diesem Grund ist für das Jahr 2009 eine Rentenbezugsmitteilung mit einem Leistungsbetrag i. H. v. 4.800 € (6 x 800 €) mit Rechtsgrund 01 zu übermitteln. In die Rentenbezugsmitteilung für das Jahr 2010 ist ein Leistungsbetrag i. H. v. 13.200 € (12 × 1.000 € + 6 × 200 €) mit Rechtsgrund 01 aufzunehmen.

51   Werden Renten oder andere Leistungen zurückgefordert, sind sie im Kalenderjahr der Rückzahlung von den entsprechenden Leistungen abzuziehen. Die Saldierung erfolgt nur zwischen den aus demselben Rechtsgrund übermittelten Leistungen. Übersteigt in einem Kalenderjahr der zurückgezahlte Betrag den Betrag der zugeflossenen Leistungen, ist der übersteigende Betrag als negativer Betrag in der Rentenbezugsmitteilung anzugeben.

Beispiel 1:

52   R erhält seit Mai 2008 eine Erwerbsminderungsrente i. H. v. monatlich 1.000 € aus der gesetzlichen Rentenversicherung. Eine Rentenanpassung erfolgte in dieser Zeit nicht. Mitte des Jahres 2010 stellt der Träger der gesetzlichen Rentenversicherung als Mitteilungspflichtiger fest, dass R seit 2008 einen Anspruch auf eine Rente aus der gesetzlichen Unfallversicherung hatte und fordert für diesen Zeitraum die gesamten Rentenzahlungen zurück. Die Rückzahlung erfolgt im Jahr 2010.

Der Leistungsbetrag der für 2010 zu übermittelnden Rentenbezugsmitteilung ermittelt sich wie folgt:

Leistungsbetrag	6.000 € (6 × 1.000 €)
Rückforderung	− 26.000 € (für 2010, 2009 und 2008 = 26 × 1.000 €)
Negativ-Leistungsbetrag	− 20.000 €

Der negative Leistungsbetrag ist mit Rechtsgrund 01 zu übermitteln.

Beispiel 2:

53   R erhält seit Mai 2008 eine Erwerbsminderungsrente aus einer privaten Rentenversicherung, die weder die Voraussetzungen eines Altersvorsorgevertrags noch die eines Basisrentenvertrags erfüllt. Im Zeitpunkt der Erstellung der Leistungsmitteilung für den Veranlagungszeitraum 2010 (also Stand Januar 2011) stellt der Mitteilungspflichtige fest, dass die von ihm getroffene Einordnung unzutreffend ist und es sich bei der ausgezahlten Rente tatsächlich um eine private Altersrente gehandelt hat.

Hinsichtlich der bisher mit Rechtsgrund 03 übermittelten Erwerbsminderungsrente für die Jahre 2008 und 2009 ist jeweils eine berichtigte Rentenbezugsmitteilung zu übermitteln. Hierin ist die nach § 22 Nummer 1 Satz 3 Buchstabe a Doppelbuchstabe bb EStG zu versteuernde lebenslange private Altersrente nunmehr mit Rechtsgrund 02 und dem entsprechenden Leistungsbetrag zu übermitteln. Für das Jahr 2010 ist die lebenslange private Altersrente mit Rechtsgrund 02 mit dem entsprechenden Leistungsbetrag zu übermitteln.

In der Rentenbezugsmitteilung ist das Jahr des Zu- oder Abflusses der Leistung, der Beiträge   54
bzw. des Beitragszuschusses anzugeben (Datenfeld leJahr). § 11 EStG ist zu beachten. Hiernach
sind Einnahmen und Ausgaben dem Kalenderjahr zuzuordnen, in dem sie dem Leistungsempfänger zugeflossen bzw. von ihm geleistet worden sind (Zuflussprinzip/Abflussprinzip). So ist beispielsweise bei Rückzahlung einer Leistung (z. B. nach Rückforderung der Rentenzahlung) die
Rentenbezugsmitteilung für das Jahr zu übermitteln, in dem die Rückzahlung tatsächlich erfolgte. Das Jahr, für welches die Rückzahlung bzw. Rückforderung erfolgte, ist unmaßgeblich.

Eine Ausnahme vom Zufluss- und Abflussprinzip besteht gemäß § 11 Absatz 1 Satz 2, Absatz 2   55
Satz 2 EStG für regelmäßig wiederkehrende Zahlungen, die kurz vor oder nach dem Jahreswechsel bezogen bzw. geleistet und innerhalb des Zeitraums kurz vor bis kurz nach dem Jahreswechsel fällig werden. Diese Zu- bzw. Abflüsse sind dem Jahr zuzurechnen, zu dem sie wirtschaftlich
gehören. Unter einem kurzen Zeitraum ist eine Zeitspanne von 10 Tagen zu verstehen.

Der für die Anwendung des § 11 EStG erforderliche Zeitpunkt des tatsächlichen Zuflusses beim   56
Leistungsempfänger ist den Mitteilungspflichtigen in der Regel nicht bekannt. Für Zwecke der
Rentenbezugsmitteilung kann aus Vereinfachungsgründen der Tag der Auszahlung beim Leis-
tungsverpflichteten als Zuflusszeitpunkt angenommen werden. Der Mitteilungspflichtige kann
von anderen Kriterien ausgehen, wenn dies wegen seiner organisatorischen Verhältnisse zu
genaueren Ergebnissen führt. Dem Leistungsempfänger bleibt es unbenommen, dem Finanzamt
einen abweichenden Zuflusszeitpunkt zu belegen.

Beispiel 1:

A hat im November 2010 von seiner Rentenversicherung unrechtmäßig eine Rente für   57
November 2010 erhalten. Er zahlt diese nach Rückforderung am 5. Januar 2011 zurück. Die
Ausnahmeregel von § 11 EStG kommt nicht zur Anwendung, da es sich bei der Rückforderung nicht um eine regelmäßig wiederkehrende Zahlung handelt. Für die Erstellung der Rentenbezugsmitteilung ist die Rückzahlung dem Jahr 2011 zuzuordnen, d. h., dass in der Rentenbezugsmitteilung als Jahr des Zuflusses/Abflusses der Leistung (Datenfeld leJahr) 2011 zu
übermitteln ist.

Beispiel 2:

Die am 30. Dezember 2010 fällige Rente für Dezember 2010 wird A am 2. Januar 2011 ausge-   58
zahlt. Nach § 11 Absatz 1 Satz 2 EStG ist der grundsätzlich dem Jahr des Zuflusses (2011)
zuzuordnende Betrag hier ausnahmsweise dem Jahr 2010 zuzuordnen, da es sich um eine
regelmäßig wiederkehrende Zahlung handelt, die kurz vor dem Jahreswechsel bezogen
worden und im Zeitraum kurz vor dem Jahreswechsel fällig geworden ist. D. h., dass in der
Rentenbezugsmitteilung als Jahr des Zuflusses/Abflusses der Leistung (Datenfeld leJahr)
2010 zu übermitteln ist.

Abwandlung 1:

Wie oben, jedoch ist die Dezember-Rente bereits am 1. Dezember 2010 fällig. Der Betrag ist
dem Jahr des Zuflusses 2011 zuzuordnen, da § 11 Absatz 1 Satz 2 EStG nicht anzuwenden
ist. Die Zahlung ist zwar kurz nach dem Jahreswechsel bezogen, aber nicht innerhalb des
Zeitraums kurz vor bis kurz nach dem Jahreswechsel, sondern bereits am 1. Dezember 2010
fällig geworden. D. h., dass in der Rentenbezugsmitteilung als Jahr des Zuflusses/Abflusses
der Leistung (Datenfeld leJahr) 2011 zu übermitteln ist.

Abwandlung 2:

Wie oben, jedoch ist die Dezember-Rente erst am 1. Januar 2011 fällig. Der Betrag ist dem Jahr
2010 zuzuordnen, da es sich nach § 11 Absatz 1 Satz 2 EStG um eine regelmäßig wiederkehrende Zahlung handelt, die kurz nach dem Jahreswechsel fällig geworden und ebenfalls kurz
nach dem Jahreswechsel gezahlt worden ist. D. h., dass in der Rentenbezugsmitteilung als Jahr
des Zuflusses/Abflusses der Leistung (Datenfeld leJahr) 2010 zu übermitteln ist.

Beispiel 3:

Die am 30. Dezember 2010 fällige Rente für Dezember 2010 wird am 9. Januar 2011 durch   59
den Mitteilungspflichtigen zur Auszahlung angewiesen. Tatsächlich gutgeschrieben wird
der Betrag dem Leistungsempfänger erst am 11. Januar 2011, ohne dass der Mitteilungspflichtige hiervon Kenntnis erlangt. Der Mitteilungspflichtige kann unterstellen, dass der
Betrag bereits am 9. Januar 2011 beim Rentenempfänger gutgeschrieben wurde. Der Betrag
ist vom Mitteilungspflichtigen unter Anwendung der Ausnahmeregelung des § 11 Absatz 1
Satz 2 EStG dem Jahr 2010 zuzuordnen, da es sich um eine regelmäßig wiederkehrende Einnahme handelt, die innerhalb kurzer Zeit nach Beendigung des Kalenderjahres, zu dem sie
wirtschaftlich gehört, zugeflossen ist und auch innerhalb des Zeitraums kurz vor bis kurz
nach dem Jahreswechsel fällig geworden ist. D. h., dass in der Rentenbezugsmitteilung als
Jahr des Zuflusses/Abflusses der Leistung (Datenfeld leJahr) 2010 zu übermitteln ist. Für das
Steuerfestsetzungsverfahren entsteht dadurch keine Bindungswirkung; dem Leistungsempfänger bleibt es unbenommen, dem Finanzamt den abweichenden Zuflusszeitpunkt nachzuweisen.

Beispiel 4:

60   Eine Rentennachzahlung für das Jahr 2008 wird am 28. Dezember 2009 zur Auszahlung angewiesen. Für die Erstellung der Rentenbezugsmitteilung kann der Mitteilungspflichtige aus Vereinfachungsgründen unterstellen, dass der Betrag am 28. Dezember 2009 dem Konto des Rentenempfängers gutgeschrieben wurde. Für die Erstellung der Rentenbezugsmitteilung ist die Rentennachzahlung dem Jahr 2009 zuzuordnen, d. h., dass in der Rentenbezugsmitteilung als Jahr des Zuflusses/Abflusses der Leistung (Datenfeld leJahr) 2009 zu übermitteln ist. Für das Steuerfestsetzungsverfahren entsteht dadurch keine Bindungswirkung; dem Leistungsempfänger bleibt es unbenommen, dem Finanzamt den abweichenden Zuflusszeitpunkt nachzuweisen.

3. Nachzahlungsbetrag (Baustein 05 Leistungsbetrag)

61   Im Leistungsbetrag enthaltene Nachzahlungen für mehrere Jahre sind gesondert in der Rentenbezugsmitteilung auszuweisen (Datenfeld leBtrNach). Es handelt sich um einen Davon-Betrag der zugeflossenen Leistung, der als in dem Jahr gezahlt gilt, für das die Rentenbezugsmitteilung erstellt wird. Eine Prüfung, ob § 34 EStG Anwendung findet, erfolgt im Steuerfestsetzungsverfahren.

62   Im Datenfeld leBtrNach dürfen keine Eintragungen enthalten sein, wenn die Leistungen nach den Rechtsgründen 10 oder 12c zu versteuern sind. Datensätze, die dennoch in diesem Feld befüllt sind, werden mit einer entsprechenden Fehlermeldung abgewiesen.

63   Sind in dem gezahlten Gesamtbetrag sowohl Nachzahlungen für vorangegangene Kalenderjahre als auch für das laufende Jahr enthalten, ist nur die Nachzahlung für die vorangegangenen Jahre gesondert auszuweisen. Die Nachzahlung für das laufende Jahr ist nicht gesondert zu melden.

Beispiel:

64   Die Rente des Leistungsempfängers beginnt am 1. November 2008. Die laufende Rente i. H. v. 500 € monatlich wird erstmalig im August 2010 zur Zahlung angewiesen. Die Rentennachzahlung für die Zeit vom 1. November 2008 bis zum 31. Juli 2010 i. H. v. 10.500 € wird ebenfalls im August 2010 überwiesen. Insgesamt wird 2010 eine Gesamtsumme von 13.000 € gezahlt, die sich aus folgenden Einzelbeträgen zusammensetzt:

Zahlung für August bis Dezember 2010 (laufend)	2.500 €
Nachzahlung Januar bis Juli	3.500 €
Nachzahlung für Vorjahre	7.000 €.

Im Baustein 05 (Leistungsbetrag) ist im Datenfeld leBtr die gesamte Summe i. H. v. 13.000 € und im Datenfeld leBtrNach der Betrag von 7.000 € einzutragen.

4. Betrag, der auf regelmäßigen Anpassungen beruht (Baustein 04 BezugsDaten)

65   In den Fällen, in denen die Leistung ganz oder teilweise der Besteuerung nach § 22 Nummer 1 Satz 3 Buchstabe a Doppelbuchstabe aa EStG (Rechtsgrund 01) unterliegt, ist in der Rentenbezugsmitteilung die auf regelmäßigen Rentenanpassungen beruhende Erhöhung des Jahresbetrags der Rente gegenüber dem Jahr mitzuteilen, das dem Jahr des Rentenbeginns folgt (Datenfeld leApBtr). Das gilt auch bei einer Neuberechnung der Rente. Bei Renten, die vor dem 1. Januar 2005 begonnen haben, sind nur die Erhöhungen des Jahresbetrags der Rente gegenüber dem Jahr 2005 mitzuteilen.

66   Soweit sich die Besteuerung nicht nach § 22 Nummer 1 Satz 3 Buchstabe a Doppelbuchstabe aa EStG (Rechtsgrund 01) richtet, sind keine Rentenanpassungsbeträge auszuweisen.

Beispiel 1:

67   R bezieht ab Mai 2008 eine monatliche Witwenrente aus der gesetzlichen Rentenversicherung i. H. v. 1.100 €. Die Rente wird aufgrund regelmäßiger Anpassungen zum 1. Juli 2008, zum 1. Juli 2009, zum 1. Juli 2010 und zum 1. Juli 2011 jeweils um 10 € erhöht.

Rentenzeitraum	Monatsbetrag	Betrag im Zahlungszeitraum
1.05. – 30.06.2008	1.100,00 €	2.200,00 €
1.07. – 31.12.2008	1.110,00 €	6.660,00 €
Jahresrente 2008		8.860,00 €
1.01. – 30.06.2009	1.110,00 €	6.660,00 €
1.07. – 31.12.2009	1.120,00 €	6.720,00 €
Jahresrente 2009		13.380,00 €

1.01. – 30.06.2010	1.120,00 €	6.720,00 €
1.07. – 31.12.2010	1.130,00 €	6.780,00 €

Jahresrente 2010	13.500,00 €
Jahresrente 2009	13.380,00 €
Rentenanpassungsbetrag 2010	120,00 €

1.01. – 30.06.2011	1.130,00 €	6.780,00 €
1.07. – 31.12.2011	1.140,00 €	6.840,00 €

Jahresrente 2011	13.620,00 €
Jahresrente 2009	13.380,00 €
Rentenanpassungsbetrag 2011	240,00 €

In den Rentenbezugsmitteilungen für die Jahre 2008 bis 2011 ist als Leistungsbetrag der jeweilige Jahresbetrag der Rente auszuweisen. Zusätzlich ist ab dem Jahr 2010 die auf regelmäßigen Rentenanpassungen beruhende Erhöhung des Jahresbetrags der Rente gegenüber dem Jahr 2009 mitzuteilen.

Regelmäßige Rentenanpassungen unterliegen (im vorliegenden Fall ab dem Jahr 2010) gemäß § 22 Nummer 1 Satz 3 Buchstabe a Doppelbuchstabe aa Satz 7 EStG vollständig der nachgelagerten Besteuerung.

Rentenbezugsmitteilungen

Jahr	Leistungsbetrag	Anpassungsbetrag
2008	8.860,00 €	keine Angabe[1]
2009	13.380,00 €	keine Angabe[2]
2010	13.500,00 €	120,00 €
2011	13.620,00 €	240,00 €

Auch in Fällen, in denen sich – z. B. wegen Anrechnung anderer Einkünfte – die monatliche Rente vermindert, können in der gekürzten Rente Teile enthalten sein, die auf einer regelmäßigen Anpassung des Jahresbetrags der Rente beruhen. 68

Abwandlung des Beispiels in Rz. 67:

Wegen anderer Einkünfte erhält R ab August 2011 eine auf 830 € gekürzte Witwenrente. Eine regelmäßige Rentenanpassung erfolgte im Jahr 2012 nicht. 69

Ab 2011 ist der steuerfreie Teil der Rente neu zu berechnen, da sich die Jahresrente nicht aufgrund regelmäßiger Anpassungen geändert hat, sondern auch wegen der Anrechnung anderer Einkünfte auf die Witwenrente (§ 22 Nummer 1 Satz 3 Buchstabe a Doppelbuchstabe aa Satz 6 EStG).

Rentenzeitraum	Monatsbetrag	Betrag im Zahlungszeitraum
1.01. – 30.06.2011	1.130,00 €	6.780,00 €
1.07. – 31.07.2011	1.140,00 €	1.140,00 €
1.08. – 31.12.2011	830,00 €	4.150,00 €
Jahresrente 2011		12.070,00 €
Rentenanpassungsbetrag 2011 (Berechnung siehe unten)		206,00 €
1.01. – 31.12.2012	830,00 €	9.960,00 €
Jahresrente 2012		9.960,00 €
Rentenanpassungsbetrag 2012 (12 x 18,20 €)		218,40 €

In der ab August 2011 gekürzten Rente ist derselbe prozentuale Erhöhungsbetrag enthalten, der auf regelmäßigen Anpassungen der Jahresrente beruht, wie in der ungekürzten Rente für Juli 2011. Der in der Rente enthaltene auf regelmäßigen Anpassungen beruhende Teil der Rente errechnet sich wie folgt:

Januar bis Juni 2011:	jeweils 1.130,00 € – (13.380,00 € / 12) = 15,00 € insgesamt 90 €
Juli 2011:	1.140,00 € – (13.380,00 € / 12) = 25,00 € insgesamt 25 €
August bis Dezember 2011:	jeweils (830,00 € / 1.140,00 €) × 25 € = 18,20 € insgesamt 91 €
Jahresanpassungsbetrag 2011	206 €

---

[1] Im Datensatz ist weder die Übermittlung des Datenfeldes leApBtr mit einem Betrag i. H. v. 0,00 € noch die Übermittlung eines leeren Datenfeldes zulässig.

[2] Im Datensatz ist weder die Übermittlung des Datenfeldes leApBtr mit einem Betrag i. H. v. 0,00 € noch die Übermittlung eines leeren Datenfeldes zulässig.

In den Rentenbezugsmitteilungen ist jeweils der ermittelte Rentenanpassungsbetrag anzugeben, beispielsweise für den Veranlagungszeitraum 2011 ist ein Anpassungsbetrag von 206 € auszuweisen.

Beispiel 2:

70   R erhält seit dem 1. Mai 2003 eine Altersrente. Diese beträgt im Jahr 2005 und bis zum 30. Juni 2007 monatlich 900 €. Zum 1. Juli 2007 wird die monatliche Rente um 10 € erhöht. Aufgrund eines Versorgungsausgleichs im Rahmen der Scheidung von R wird die Rente ab dem 1. September 2008 auf monatlich 600 € gekürzt. Eine regelmäßige Rentenanpassung erfolgte im Jahr 2008 und 2009 nicht.

Rentenzeitraum	Monatsbetrag	Betrag im Zahlungszeitraum
1.01. – 31.12.2005	900,00 €	10.800,00 €
Jahresrente 2005		10.800,00 €
1.01. – 31.12.2006	900,00 €	10.800,00 €
Jahresrente 2006		10.800,00 €
Jahresrente 2005		10.800,00 €
Rentenanpassungsbetrag 2006		0,00 €[1]
1.01. – 30.06.2007	900,00 €	5.400,00 €
1.07. – 31.12.2007	910,00 €	5.460,00 €
Jahresrente 2007		10.860,00 €
Jahresrente 2005		10.800,00 €
Rentenanpassungsbetrag 2007		60,00 €
1.01. – 31.08.2008	910,00 €	7.280,00 €
1.09. – 31.12.2008	600,00 €	2.400,00 €
Jahresrente 2008		9.680,00 €
Rentenanpassungsbetrag 2008 (Berechnung siehe unten)		106,36 €
1.01. – 31.12.2009	600,00 €	7.200,00 €
Jahresrente 2009		7.200,00 €
Rentenanpassungsbetrag 2009 (12 x 6,59 €)		79,08 €

Berechnung Rentenanpassungsbetrag 2008:

In der ab September 2008 gekürzten Rente ist derselbe prozentuale Erhöhungsbetrag enthalten, der auf regelmäßigen Anpassungen der Jahresrente beruht, wie in der ungekürzten Rente in den Vormonaten. Der in der Rente enthaltene auf regelmäßigen Anpassungen beruhende Teil der Rente errechnet sich wie folgt:

Januar bis August 2008:	jeweils 910,00 € – (10.800,00 insgesamt 80,00 € / 12) = 10,00 €
September bis Dezember 2008:	jeweils (600,00 € / 910,00 €) <u>insgesamt 26,36 €</u> × 10,00 € = 6,59 €
Jahresanpassungsbetrag 2008	106,36 €

In den Rentenbezugsmitteilungen ist jeweils der ermittelte Rentenanpassungsbetrag anzugeben, beispielsweise für den Veranlagungszeitraum 2008 ist ein Anpassungsbetrag von 106,36 € auszuweisen.

71   Bei einer vollständigen oder teilweisen Rückforderung der Rente ist der in der Rückforderung enthaltene, auf regelmäßigen Anpassungen beruhende Teil der Rente zu ermitteln. Dieser Betrag ist für den Ausweis in der Rentenbezugsmitteilung mit dem in der laufenden Rente enthaltenen Teil der Rente, der auf regelmäßigen Anpassungen beruht, zu saldieren. Ggf. ist auch ein negativer Betrag in der Rentenbezugsmitteilung auszuweisen.

Abwandlung des Beispiels in Rz. 67:

72   Wegen anderer Einkünfte wird die Rente für die Jahre 2009 bis 2010 von R im Jahr 2011 zurückgefordert und zurückgezahlt. Im Jahr 2011 wird die Rente rechtmäßig gezahlt:

---

[1] Im Datensatz ist weder die Übermittlung des Datenfeldes leApBtr mit einem Betrag i. H. v. 0,00 € noch die Übermittlung eines leeren Datenfeldes zulässig.

In der Rentenbezugsmitteilung für das Jahr 2011 sind folgende Beträge auszuweisen:

Jahr	Leistungsbetrag	Anpassungsbetrag
2011	13.620,00 €	240,00 €[1]
Rückforderung für das Jahr 2010	– 13.500,00 €	– 120,00 €
Rückforderung für das Jahr 2009	– 13.380,00 €	keine Angabe[2]
Summe (negativer Betrag)	– 13.260,00 €	120,00 €

Für das Jahr 2011 würde sich ein Rentenanpassungsbetrag von 240 € ergeben. Für den Ausweis in der Rentenbezugsmitteilung ist dieser Betrag nach Rz. 71 mit dem in der Rückforderung enthaltenen Teil der Rente, der auf regelmäßige Anpassungen beruht (in dem Fall 120 €), zu saldieren, so dass sich für 2011 ein Rentenanpassungsbetrag von 120 € ergibt.

5. Rentengarantiezeit (Baustein 05 Leistungsbetrag, Block „Garantierente")

Sofern es sich bei der gemeldeten Leistung um eine Leistung an einen Dritten aufgrund vereinbarter Rentengarantiezeit handelt, ist dieser Tatbestand in die Meldung aufzunehmen. Hierbei handelt es sich um Fallgestaltungen, bei denen der ursprüngliche Rentenempfänger innerhalb einer Rentengarantiezeit verstorben ist und die Rente für die noch ausstehenden Zahlungen vereinbarungsgemäß an einen Dritten geleistet wird. In diesem Fall ist das Geburtsdatum des Erblassers (Datenfeld erbGebDt) und/oder der Beginn des Leistungsbezugs an den Erblasser (Datenfeld erbLeBeginn) zu melden. Ist weder das Geburtsdatum des Erblassers, noch der Beginn des Leistungsbezugs bekannt, ist mindestens die Leistung mit einem leeren Block „Garantierente" zu bescheinigen. Vgl. auch Beispiel unter Rz. 12.

73

III. Angaben zum Zeitpunkt des Beginns und zum Ende des Leistungsbezugs (Baustein 04 BezugsDaten)

In der Rentenbezugsmitteilung müssen der Zeitpunkt des Beginns (Datenfeld leBeginn) und – soweit bekannt – das voraussichtliche Ende des jeweiligen Leistungsbezugs (Datenfeld leEnde) übermittelt werden.

74

1. Beginn (Datenfeld leBeginn)

Unter dem Beginn der Leistung ist der Zeitpunkt zu verstehen, ab dem die Leistung (ggf. rückwirkend) bewilligt wird (vgl. Rz. 159 des BMF-Schreibens vom 13. September 2010, BStBl I Seite 681). Bei Renten aus Versicherungsverträgen bzw. aus einem privaten Altersvorsorgevertrag oder einer betrieblichen Altersversorgung ist der sich aus dem Vertrag ergebende versicherungsrechtliche Beginn maßgebend. Unmaßgeblich ist z. B., wann ein Versicherungsvertrag abgeschlossen oder eine Versorgungsverpflichtung nach § 3 Nummer 66 EStG auf einen Pensionsfonds übertragen wurde. Sofern ein Anspruch auf eine Leistung aufgrund eines Versorgungsausgleichs besteht, ist als Beginn der Leistung der Zeitpunkt mitzuteilen, zu dem die Leistung für die ausgleichsberechtigte Person versicherungs- oder vertragsrechtlich beginnt. Soweit der tatsächliche Beginn der Leistung seitens des Mitteilungspflichtigen technisch nicht vorgehalten wurde, ist dieser vor Übermittlung der Rentenbezugsmitteilung aufzuklären. Bei Systemumstellungen des Mitteilungspflichtigen ist sicher zu stellen, dass der zutreffende Leistungsbeginn übermittelt wird.

75

Beispiel:

Die Pensionskasse X hat die Daten aller Leistungsempfänger erst ab dem 1. Januar 2002 elektronisch gespeichert. R bezieht seine lebenslange Rente aus der Pensionskasse X bereits seit 1. Juli 1990. Für 2010 beträgt die Rente insgesamt 3.800 €, die ausschließlich auf nicht geförderten Beiträgen beruht.

Der Mitteilungspflichtige hat den gesamten Rentenbetrag i. H. v. 3.800 € mit Rechtsgrund 07 zu melden (§ 22 Nummer 5 Satz 2 Buchstabe a EStG i. V. m. § 22 Nummer 1 Satz 3 Buchstabe a Doppelbuchstabe bb EStG). Der für die Ermittlung des zutreffenden Ertragsanteils erforderliche Leistungsbeginn ist in der Rentenbezugsmitteilung mit dem 1. Juli 1990 auszuweisen.

76

---

[1] Im Datensatz ist weder die Übermittlung des Datenfeldes leApBtr mit einem Betrag i. H. v. 0,00 € noch die Übermittlung eines leeren Datenfeldes zulässig.

[2] Im Datensatz ist weder die Übermittlung des Datenfeldes leApBtr mit einem Betrag i. H. v. 0,00 € noch die Übermittlung eines leeren Datenfeldes zulässig.

77 Wird eine Erwerbsminderungsrente oder eine Rente wegen Berufs- oder Erwerbsunfähigkeit wegen desselben Versicherungsfalles mehrfach hintereinander auf Zeit bewilligt und schließen sich die Bezugszeiten unmittelbar aneinander an, liegt weiterhin dieselbe abgekürzte Leibrente vor, so dass auch in diesen Fällen als Beginn des Leistungsbezugs stets das Datum der ersten Bewilligung zu übermitteln ist.

Beispiel:

78 R hat eine private Berufsunfähigkeitsversicherung abgeschlossen. Im Versicherungsfall soll bei einem Invaliditätsgrad von mindestens 50 % eine Berufsunfähigkeitsrente bis zum Zeitpunkt der Bewilligung einer Altersrente gezahlt werden. Der Versicherer behält sich vor, die Voraussetzungen der Invalidität in regelmäßigen Abständen (alle drei Jahre) zu prüfen. Am 1. Juni 2007 tritt der Versicherungsfall ein. R ist in diesem Zeitpunkt 52 Jahre alt. Der Versicherer zahlt die vereinbarte Rente zunächst bis Mai 2010. R konnte nachweisen, dass die Invalidität weiterhin vorliegt. Die Rente wird daraufhin ohne Unterbrechung weiter gezahlt.

In den Rentenbezugsmitteilungen für die Jahre 2007 ff. ist die private Berufsunfähigkeitsrente als abgekürzte Leibrente jeweils mit Rechtsgrund 03 (§ 22 Nummer 1 Satz 3 Buchstabe a Doppelbuchstabe bb Satz 5 EStG i. V. m. § 55 Absatz 2 EStDV) zu übermitteln. Als Rentenbeginn ist immer der 1. Juni 2007 anzugeben.

79 Wird eine Hinterbliebenenrente wegen desselben Versicherungsfalles mehrfach hintereinander auf Zeit bewilligt und schließen sich die Bezugszeiten unmittelbar aneinander an, liegt weiterhin dieselbe abgekürzte Leibrente vor, so dass auch in diesen Fällen als Beginn des Leistungsbezugs stets das Datum der ersten Bewilligung zu übermitteln ist. Dies gilt auch dann, wenn zwischenzeitlich aufgrund von Anrechnungsvorschriften die Zahlung zeitweise vollständig ruhte. Sind dagegen für einen Zeitraum die Anspruchsvoraussetzungen für die Hinterbliebenenrente nicht mehr gegeben und erst zu einem späteren Zeitpunkt wieder erfüllt, liegt eine neue Bewilligung vor. In diesem Fall ist als Beginn des Leistungsbezugs das Datum der erneuten Bewilligung zu übermitteln. Zudem ist Rz. 92 ff. zu beachten.

Beispiel 1:

80 R erhält aus der gesetzlichen Rentenversicherung seit dem 1. Juni 2010 eine monatliche Waisenrente. Aufgrund von Anrechnungsvorschriften (R hat in dieser Zeit aufgrund einer Nebenbeschäftigung ein sehr hohes Einkommen bezogen) wird in der Zeit vom 1. Januar 2011 bis zum 31. Juli 2011 keine Waisenrente ausgezahlt. Ab dem 1. August 2011 wird die Rente wieder ausgezahlt.

In der Rentenbezugsmitteilung ist die Waisenrente mit Rechtsgrund 01 (§ 22 Nummer 1 Satz 3 Buchstabe a Doppelbuchstabe aa EStG) zu übermitteln. Als Rentenbeginn ist immer der 1. Juni 2010 anzugeben.

Beispiel 2:

81 R erhält aus der gesetzlichen Rentenversicherung seit dem 1. Juni 2010 eine monatliche Waisenrente. Im Zeitraum vom 1. Januar 2012 bis zum 31. Juli 2012 erhält R keine Waisenrente, da die Voraussetzungen für eine Gewährung aufgrund einer fehlenden Schul- bzw. Berufsausbildung nicht vorliegen. Mit Aufnahme seines Studiums, am 1. August 2012, wird R erneut eine monatliche Waisenrente bewilligt und ausgezahlt.

Für den Veranlagungszeitraum 2010 und 2011 ist in der Rentenbezugsmitteilung die Waisenrente mit Rechtsgrund 01 (§ 22 Nummer 1 Satz 3 Buchstabe a Doppelbuchstabe aa EStG) zu übermitteln. Als Rentenbeginn der 1. Juni 2010 anzugeben.

Ab dem Veranlagungszeitraum 2012 ist für die Waisenrente (nunmehr Folgerente) in der Rentenbezugsmitteilung neben dem Rechtsgrund 01 auch als Vorzeitraum der 1. Juni 2010 bis 31. Dezember 2011 und als Rentenbeginn der 1. August 2012 auszuweisen.

82 Bei einmaligen Leistungen, die vor Beginn der Rente ausgezahlt werden, ist als Beginn des Leistungsbezugs das Datum der Zahlung der einmaligen Leistung anzugeben.

2. Ende (Datenfeld leEnde)

83 Das voraussichtliche Ende der Leistung ist insbesondere anzugeben

– bei Zahlung einer abgekürzten Leibrente (z. B. Rente wegen teilweiser oder voller Erwerbsminderung), deren Besteuerung sich nach § 22 Nummer 1 Satz 3 Buchstabe a Doppelbuchstabe bb Satz 5 EStG i. V. m. § 55 Absatz 2 EStDV (Rechtsgrund 03) richtet,

– bei entsprechenden Leistungen im Sinne von § 22 Nummer 5 Satz 2 Buchstabe a EStG i. V. m. § 22 Nummer 1 Satz 3 Buchstabe a Doppelbuchstabe bb Satz 5 EStG i. V. m. § 55 Absatz 2 EStDV ggf. i. V. m. § 55 Absatz 1 Nummer 1 EStDV (Rechtsgrund 08) oder

– bei Zahlungen nach § 22 Nummer 5 Satz 3 i. V. m. Satz 2 Buchstabe a EStG i. V. m. § 22 Nummer 1 Satz 3 Buchstabe a Doppelbuchstabe bb Satz 5 EStG i. V. m. § 55 Absatz 2 EStDV (Rechtsgrund 12b).

Für die Bemessung der Laufzeit kommt es auf die vertraglichen Vereinbarungen oder die gesetzlichen Regelungen an. Als Ende des Leistungsbezugs ist das voraussichtliche Leistungsende (z. B. Erreichen einer Altersgrenze, Beginn der Altersrente bei einer kombinierten Rentenversicherung, voraussichtlicher Ablauf der Hauptversicherung) maßgeblich. Das gilt auch, wenn der Anspruch auf Rentengewährung unter der auflösenden Bedingung des Wegfalls der Erwerbsminderung steht und der Versicherer das Fortbestehen der Erwerbsminderung in Abständen überprüfen lässt. Ist der Wegfall oder die Umwandlung in eine Altersrente nicht bei Erreichen eines bestimmten Alters vorgesehen, sondern von anderen Umständen – z. B. Bezug von Altersrente aus der gesetzlichen Rentenversicherung – abhängig, hat der Mitteilungspflichtige grundsätzlich davon auszugehen, dass der Wegfall oder die Umwandlung in die Altersrente mit Vollendung des 65. Lebensjahres erfolgt und dies in der Rentenbezugsmitteilung anzugeben. Entfällt eine Rente wegen verminderter Erwerbsfähigkeit vor Vollendung des 65. Lebensjahres oder wird sie vor diesem Zeitpunkt in eine vorzeitige Altersrente umgewandelt, ist die Laufzeit bis zum Wegfall oder zum Umwandlungszeitpunkt maßgebend (vgl. Richtlinie R 22.4 Absatz 5 Satz 3 und 5 EStR). Wird eine Erwerbsminderungsrente über die Vollendung des 65. Lebensjahres hinaus gezahlt und zu einem späteren Zeitpunkt umgewandelt, ist der tatsächliche Umwandlungszeitpunkt als Ende der Leistung aufzunehmen. Wird eine in Satz 1 genannte Leistung gezahlt und verstirbt der Empfänger, ist weiterhin in der Rentenbezugsmitteilung das voraussichtliche Ende der Leistung anzugeben und nicht das tatsächliche Ende der Leistung, d. h. in diesen Fällen ist nicht das Sterbedatum in die Rentenbezugsmitteilung (Datenfeld leEnde) aufzunehmen.

Ist ein Ende der Leistung zum Zeitpunkt der Datenübermittlung nicht bekannt, ist das Datenfeld nicht zu befüllen, d. h., ein fiktives Datum (z. B. 31.12.9999) ist nicht zu verwenden. Wird zu einem späteren Zeitpunkt das Ende der Leistung (z. B. Tod) bekannt, ist allein aus diesem Grunde keine Korrekturmeldung für Vorjahre erforderlich.   84

Beispiel 1:

R (geboren am 5. Juni 1950) erhält ab dem 1. Juli 2005 aus seiner privaten Berufsunfähigkeitsversicherung eine monatliche Rente. Es handelt sich bei dem von R abgeschlossenen Versicherungsprodukt nicht um einen Altersvorsorge- oder Basisrentenvertrag. Die Laufzeit der Berufsunfähigkeitsrente ist begrenzt auf die Zeit bis zum Beginn der gesetzlichen Altersrente, spätestens jedoch auf die Zeit, bis zum Ende des Monats, in dem R das 65. Lebensjahr vollendet.   85

In der Rentenbezugsmitteilung ist die Rente mit Rechtsgrund 03 (§ 22 Nummer 1 Satz 3 Buchstabe a Doppelbuchstabe bb EStG i. V. m. § 55 Absatz 2 EStDV) zu übermitteln. Neben anderen Daten ist zwingend das für die Ermittlung des zutreffenden Ertragsanteils erforderliche Leistungsende – Datenfeld leEnde: 30. Juni 2015 – anzugeben.

Beispiel 2 (Abwandlung des Beispiels 1):

Die Zahlung der Berufsunfähigkeitsrente wird am 31. Juli 2010 aufgrund des Bezugs einer Altersrente aus der gesetzlichen Rentenversicherung eingestellt.   86

Die Berufsunfähigkeitsrente endet mit Beginn der Altersrente. In der Rentenbezugsmitteilung ist die Rente mit Rechtsgrund 03 (§ 22 Nummer 1 Satz 3 Buchstabe a Doppelbuchstabe bb EStG i. V. m. § 55 Absatz 2 EStDV) zu übermitteln. Zudem ist aufgrund des Wegfalls zum 31. Juli 2010 das neue Leistungsende – Datenfeld leEnde: 31. Juli 2010 – auszuweisen. Die Rentenbezugsmitteilung für das Jahr 2010 darf aber erst nach Ablauf des Jahres, also frühestens am 1. Januar 2011, übermittelt werden. In diesen Fällen sind Mitteilungen für die Vorjahre nur aufgrund des geänderten Leistungsendes nicht zu berichtigen.

Beispiel 3:

R (geboren am 10. Mai 1955) erhält seit dem 1. April 1999 eine Berufsunfähigkeitsrente aus einer privaten Versicherung (kein Altersvorsorge- oder Basisrentenvertrag). Die Berufsunfähigkeit wird vom Anbieter zunächst nur bis zum 31. März 2010 anerkannt. Aufgrund eines erneuten Antrages wird mit Schreiben vom 1. Februar 2010 die Berufsunfähigkeit für weitere drei Jahre bis zum 31. März 2013 anerkannt.   87

Die Berufsunfähigkeitsrente ist nach § 22 Nummer 1 Satz 3 Buchstabe a Doppelbuchstabe bb EStG i. V. m. § 55 Absatz 2 EStDV zu versteuern. Es handelt sich um eine einzige abgekürzte Leibrente. Die voraussichtliche Laufzeit ist unter Berücksichtigung der jeweiligen Verlängerung und des ursprünglichen Beginns neu zu bestimmen. In den Rentenbezugsmitteilungen bis 2009 ist als Leistungsende – Datenfeld leEnde: 31. März 2010 – anzugeben. Erst in der Mitteilung für das Jahr 2010 ist das veränderte, neue Leistungsende – Datenfeld leEnde: 31. März 2013 – zu übermitteln.

Beispiel 4:

R (geboren am 20. Januar 1990) erhält aus einer privaten Versicherung (kein Altersvorsorge- oder Basisrentenvertrag) seit dem 1. Juni 2010 eine monatliche Waisenrente. Aufgrund der vertraglichen Vereinbarungen soll die Waisenrente, vorbehaltlich der Vorlage von entsprechen-   88 den Ausbildungs- bzw. Studienbescheinigungen, während der Ausbildungszeit, längstens jedoch bis zum Ende des Monats der Vollendung des 25. Lebensjahres, gezahlt werden.

In der Rentenbezugsmitteilung ist die Waisenrente mit Rechtsgrund 03 (§ 22 Nummer 1 Satz 3 Buchstabe a Doppelbuchstabe bb EStG i. V. m. § 55 Absatz 2 EStDV) zu übermitteln. Neben anderen Daten ist zwingend das für die Ermittlung des zutreffenden Ertragsanteils erforderliche Leistungsende – Datenfeld leEnde: 31. Januar 2015 – anzugeben. Entfällt die Zahlung zu einem früheren Zeitpunkt, ist das frühere Ende ab der Rentenbezugsmitteilung anzugeben, ab der dem Mitteilungspflichtigen der neue Zeitpunkt bekannt ist.

Beispiel 5:

89   R (geboren am 20. Januar 2000) erhält aus einer privaten Versicherung (kein Altersvorsorge- oder Basisrentenvertrag) seit dem 1. Juni 2010 eine monatliche Waisenrente. Aufgrund der vertraglichen Vereinbarungen soll die Waisenrente mindestens bis zum 18. Lebensjahr gewährt werden. Nach dem 18. Lebensjahr wird eine Leistung nur gewährt, wenn das Kind sich in einer Schul- oder Berufsausbildung befindet, längstens jedoch bis zum Ende des Monats der Vollendung des 25. Lebensjahres.

In der Rentenbezugsmitteilung ist die Waisenrente mit Rechtsgrund 03 (§ 22 Nummer 1 Satz 3 Buchstabe a Doppelbuchstabe bb EStG i. V. m. § 55 Absatz 2 EStDV) zu übermitteln. Für das Jahr 2010 ist neben anderen Daten zwingend das für die Ermittlung des zutreffenden Ertragsanteils erforderliche Leistungsende – Datenfeld leEnde: 19. Januar 2018 – anzugeben.

Beispiel 6 (Fortführung des Beispiels 5):

90   R legt im Jahre 2018 der Versicherung einen Nachweis vor, dass er ein Studium aufgenommen hat (das Ende ist nicht bekannt).

In der Rentenbezugsmitteilung ist die Waisenrente mit Rechtsgrund 03 (§ 22 Nummer 1 Satz 3 Buchstabe a Doppelbuchstabe bb EStG i. V. m. § 55 Absatz 2 EStDV) zu übermitteln. Für das Jahr 2018 ist neben anderen Daten zwingend das für die Ermittlung des zutreffenden Ertragsanteils erforderliche Leistungsende – Datenfeld leEnde: 19. Januar 2025 – anzugeben. Eine Korrektur der Rentenbezugsmitteilungen für die Vorjahre allein aufgrund des geänderten Leistungsendes ist nicht erforderlich.

91   Bei Einmalkapitalauszahlungen ist ebenfalls das Ende der Leistung anzugeben. Dieses Datum muss in dem Monat liegen, der als Leistungsbeginn ausgewiesen wird. Wird neben der Einmalkapitalauszahlung eine laufende Rente aus demselben Rechtsgrund gezahlt, gilt dies nicht. In diesem Fall ist ggf. das voraussichtliche Ende der laufenden Zahlung anzugeben (vgl. Rz. 83). Soweit in anderen Fällen das Ende der Leistung auf die Höhe der Besteuerung keine Auswirkung hat (z. B. bei Erwerbsminderungsrenten im Sinne des § 22 Nummer 1 Satz 3 Buchstabe a Doppelbuchstabe aa EStG – Rechtsgrund 01), kann auf die Übermittlung des voraussichtlichen Endes des Leistungsbezugs verzichtet werden. Dies gilt auch bei steuerpflichtigen Kapitalauszahlungen.

3. Folgerenten (Baustein 06 Vorzeiträume)

92   Folgen nach dem 31. Dezember 2004 Renten aus derselben Versicherung einander nach (vgl. Beispiel Rz. 20 f. dieses Schreibens, Rz. 163 und 164 des BMF-Schreibens vom 13. September 2010, BStBl I S. 681), wird in den Fällen, in denen die Leistung ganz oder teilweise der Besteuerung nach § 22 Nummer 1 Satz 3 Buchstabe a Doppelbuchstabe aa EStG (Rechtsgrund 01) oder der Besteuerung nach § 22 Nummer 5 Satz 2 Buchstabe a EStG i. V. m. § 22 Nummer 1 Satz 3 Buchstabe a Doppelbuchstabe aa EStG (Rechtsgrund 06) unterliegt, aufgrund vorhergehender Renten ein fiktiver Rentenbeginn zur Bestimmung des Besteuerungsanteils der nachfolgenden Rente ermittelt. Dafür sind auch Beginn (Datenfeld vorBeginn) und Ende der vorhergehenden Renten (Datenfeld vorEnde) mitzuteilen (vgl. § 22 Nummer 1 Satz 3 Buchstabe a Doppelbuchstabe aa Satz 8 EStG).

Beispiel:

93   A wird zunächst vom 1. Januar 1999 bis 31. Dezember 2001 eine Erwerbsminderungsrente aus der gesetzlichen Rentenversicherung gewährt. Die Gewährung der Erwerbsminderungsrente wird Ende 2001 bis zum 31. Dezember 2004 und noch einmal vom 1. Januar 2005 bis 30. September 2007 verlängert. Sodann wird festgestellt, dass ab dem 1. Oktober 2007 die Voraussetzungen für die Gewährung einer Erwerbsminderungsrente nicht mehr vorliegen. Die Rentenzahlung wird eingestellt. Ab 1. Oktober 2010 erhält A seine Altersrente aus der gesetzlichen Rentenversicherung.

Da die Erwerbsminderungsrente wegen desselben Versicherungsfalles mehrfach hintereinander auf Zeit bewilligt wird, liegt eine einzige Rente mit einer Laufzeit vom 1. Januar 1999 bis 30. September 2007 vor. In den Rentenbezugsmitteilungen (Rechtsgrund 01) für 2005, 2006 und 2007 ist als Rentenbeginn der 1. Januar 1999 auszuweisen. Als Ende der Rente ist für die Erwerbsminderungsrente der 30. September 2007 mitzuteilen (ergänzender Hinweis: Für die Jahre 1999 bis 2004 waren keine Rentenbezugsmitteilungen zu übermitteln).

Für die Altersrente (Folgerente) ist in der Rentenbezugsmitteilung (Rechtsgrund 01) für 2010 als Vorzeitraum der 1. Januar 1999 bis 30. September 2007 und als Rentenbeginn der 1. Oktober 2010 auszuweisen.

IV. Angaben zur Identifikation des Mitteilungspflichtigen
(Baustein 00 MeldegrundDaten und Baustein 02 MitteilungspflichtigenDaten)

Zur Identifikation des Leistenden müssen Bezeichnung und Anschrift des Mitteilungspflichtigen (Datenfeld mipfBez und ein Adressblock) sowie die von der zentralen Stelle vergebene Kundennummer (Datenfeld kdnr) in der Rentenbezugsmitteilung übermittelt werden. Der Mitteilungspflichtige hat einen Ordnungsbegriff (Datenfeld mipfOrdBg) und/oder ein Merkmal zur Leistung (Datenfeld leMm) zu vergeben. Eines dieser Kriterien ist zwingend in der Rentenbezugsmitteilung anzugeben. Für Rückfragen der Finanzverwaltung sind die Angaben zum Ansprechpartner empfehlenswert (u. a. Datenfeld mipfAnName). Diese sind ausschließlich für den Dienstgebrauch zu verwenden und nicht an den Steuerpflichtigen weiterzugeben.   94

V. Angaben zu Beiträgen, die an die Träger der gesetzlichen Kranken- und Pflegeversicherung abgeführt werden, sowie zu den Beitragszuschüssen
(Baustein 07 BeitragsDaten)

Beiträge im Sinne des § 10 Absatz 1 Satz 1 Nummer 3 Buchstabe a Satz 1 und 2 und Buchstabe b EStG, die vom Mitteilungspflichtigen an die Träger der gesetzlichen Kranken- und Pflegeversicherung abgeführt werden, sind in die Rentenbezugsmitteilung nach § 22aAbsatz 1 Satz 1 Nummer 5 EStG aufzunehmen. Dies gilt auch für erstattete Beiträge. Die dem Leistungsempfänger zustehenden Beitragszuschüsse nach § 106 des Sechsten Buches Sozialgesetzbuch (SGB VI) sind ebenfalls in die Rentenbezugsmitteilung aufzunehmen (§ 22a Absatz 1 Satz 1 Nummer 6 EStG). Dies gilt auch für zurückgeforderte Beitragszuschüsse. Im Datensatz ist neben der Art und der Höhe der geleisteten oder erstatteten Beiträge bzw. der geleisteten oder zurückgeforderten Beitragszuschüsse (Datenfelder betragArt und betrag) auch das Währungskennzeichen (Datenfeld beWkz) anzugeben (hierbei ist Rz. 41 zu beachten). Für Rentenbezugsmitteilungen, die für den Veranlagungszeitraum 2011 ff. übermittelt werden, entfällt das Datenfeld beWkz.   95

In der Rentenbezugsmitteilung ist zusätzlich auch der Zeitraum anzugeben, für den die Beitragszahlung, die Erstattung der Beiträge oder die Zahlung bzw. Rückforderung des Zuschusses erfolgt (Datenfelder beZBeginn und beZEnde). Hierbei muss das Jahr des Beginns des Zeitraums gleich dem Jahr des Endes des Zeitraums sein, d. h., dass der Baustein 07 mehrfach zu verwenden ist, wenn beispielsweise der Zeitraum der Beitragszahlung einen Kalenderjahrwechsel umfasst.   96

Soweit die auf eine Rente entfallenden Beiträge im Sinne des § 10 Absatz 1 Satz 1 Nummer 3 Buchstabe a Satz 1 und 2 und Buchstabe b EStG bereits mit einer elektronischen Lohnsteuerbescheinigung übermittelt worden sind, sind diese nicht in die Rentenbezugsmitteilung nach § 22a Absatz 1 Satz 1 EStG aufzunehmen.   97

Soweit die Beitragsdaten nicht mit der Rentenbezugsmitteilung und auch nicht mit der elektronischen Lohnsteuerbescheinigung übermittelt werden, müssen die Beitragsdaten nach § 10 Absatz 2a EStG von den übermittelnden Stellen (z. B. Versicherungsunternehmen) nach amtlich vorgeschriebenem Datensatz durch Datenfernübertragung an die zentrale Stelle übermittelt werden. Der für die Übermittlung der Beitragsdaten erforderliche amtlich vorgeschriebene Datensatz ist auf der Internetseite des BZSt (www.bzst.bund.de) veröffentlicht (vgl. BMF-Schreiben vom 11. Oktober 2010, BStBl I S. 759).   98

D. Stornierung/Berichtigungen von Rentenbezugsmitteilungen

Eine Rentenbezugsmitteilung ist unverzüglich zu berichtigen, wenn sich Änderungen der Daten in den Bausteinen   99

– BezugsDaten (Baustein 04),

– Leistungsbetrag (Baustein 05),

– Vorzeiträume (Baustein 06)

und/oder

– BeitragsDaten (Baustein 07)

ergeben. Des Weiteren ist eine Berichtigungsmeldung erforderlich, wenn das Geburtsdatum des Leistungsempfängers korrigiert werden soll.

Eine Berichtigung hat zur Folge, dass die von der zentralen Stelle auf Basis der ursprünglichen Meldung des Mitteilungspflichtigen erstellte und weitergeleitete Meldung an die Finanzverwaltung ebenfalls berichtigt wird.   100

101   Eine Rentenbezugsmitteilung ist unverzüglich zu stornieren, wenn die Grundlage der Meldung entfallen ist oder Änderungen an Schlüsselfeldern vorgenommen werden müssen (vgl. Rz. 102). Die Grundlage der Meldung ist entfallen, wenn die Meldung irrtümlich oder zu Unrecht übermittelt wurde. Eine Stornierung hat zur Folge, dass die von der zentralen Stelle auf der Basis der ursprünglichen Meldung des Mitteilungspflichtigen erstellte und weitergeleitete Meldung an die Finanzverwaltung ebenfalls storniert wird.

102   Der Datensatz wird über Schlüsselfelder identifiziert, um eine eindeutige Zuordnung von Berichtigungen und Stornierungen zu ermöglichen. Sofern Änderungen an Schlüsselfeldern vorgenommen werden müssen, ist die ursprüngliche Meldung zu stornieren. Anschließend ist eine neue Meldung mit dem bzw. den geänderten Schlüsselfeld/ern zu übermitteln. Schlüsselfelder im Datensatz sind die Kundennummer des Mitteilungspflichtigen (Datenfeld kdnr), der Mitteilungsordnungsbegriff und/oder das Merkmal zur Leistung (Datenfeld mipfOrdB und/oder Datenfeld leMm), die Identifikationsnummer (Datenfeld idNr) und das Jahr des Zuflusses/Abflusses der Leistung (Datenfeld leJahr).

E. Fälle, in denen eine Rentenbezugsmitteilung nicht zu übermitteln ist

103   Nicht in das Rentenbezugsmitteilungsverfahren einbezogen werden Renten, Teile von Renten oder andere (Teil-)Leistungen, die steuerfrei oder nicht steuerbar sind (z. B. Leistungen aus der gesetzlichen Unfallversicherung; siehe auch Rz. 3). Dazu gehören z. B. auch Kapitalauszahlungen, die auf nicht geförderten Beträgen beruhen bei einem vor dem 1. Januar 2005 abgeschlossenen Altersvorsorgevertrag in Form eines Versicherungsvertrags nach Ablauf von 12 Jahren seit Vertragsabschluss, wenn der Vertrag die weiteren Voraussetzungen des § 10 Absatz 1 Nummer 2 EStG in der am 31. Dezember 2004 geltenden Fassung erfüllt (§ 52 Absatz 36 Satz 5 EStG, vgl. auch Rz. 333 i. V. m. Rz. 131 des BMF-Schreibens vom 31. März 2010, BStBl I S. 270). Sind anspruchsberechtigte Hinterbliebene nicht vorhanden und wird deshalb das Sterbegeld höchstens in Höhe der tatsächlich entstandenen und übernommenen Krankheits- und/oder Beerdigungskosten an sonstige Personen ausgezahlt, die diese Kosten getragen haben, kann auf die Übermittlung einer Rentenbezugsmitteilung aus verwaltungsökonomischen Gründen verzichtet werden. Erfolgt die Zahlung der Leistung an den Nachlassverwalter/-pfleger und ist dem Mitteilungspflichtigen nicht bekannt, welchem Leistungsempfänger die Leistung zuzurechnen ist, ist eine Rentenbezugsmitteilung nicht zu übermitteln.

104   Nicht in das Rentenbezugsmitteilungsverfahren einbezogen werden auch Renten, Teile von Renten oder andere (Teil-)Leistungen, die nicht der Besteuerung nach § 22 Nummer 1 Satz 3 Buchstabe a oder nach § 22 Nummer 5 EStG unterliegen (z. B. Leistungen aus Restschuldversicherungen, soweit Leistungen aus dieser Versicherung unmittelbar der Tilgung eines bestimmten Restdarlehens bzw. Restkredits dienen). Dies gilt auch für Zeitrenten, die nach § 20 Absatz 1 Nummer 6 EStG zu besteuern sind (vgl. Rz. 20 des BMF-Schreibens vom 1. Oktober 2009, BStBl I 2009 S. 1172).

F. Ident-Abgleich

105   Die bei der zentralen Stelle eingehenden Rentenbezugsmitteilungen werden an das BZSt / Zentrum für Informationsverarbeitung und Informationstechnik (ZIVIT) zum Ident-Abgleich weitergeleitet. Mithilfe des Ident-Abgleichs wird die Gültigkeit der von den Mitteilungspflichtigen übermittelten Identifikationsnummer überprüft, indem die steuerliche Identifikationsnummer und das Geburtsdatum (Datenfelder idNr und gebDt) mit dem Datenbestand der Identifikationsnummer-Datenbank des BZSt/ZIVIT abgeglichen werden. Bei Übereinstimmung wird die Anschrift des Leistungsempfängers beigestellt sowie die zuständige Bundesfinanzamt-Nummer ergänzt und sodann der zentralen Stelle übermittelt. Zusätzlich wird grundsätzlich ab dem 1. Oktober 2011 die steuerliche Identifikationsnummer des Ehegatten beigesteuert, wenn diese bekannt ist. Die zentrale Stelle übernimmt die Weiterleitung bzw. Zuordnung der Rentenbezugsmitteilungen an die zuständigen Landesfinanzbehörden.

106   Fehlerhafte Datensätze werden mit einem dem Fehlerkatalog entsprechenden Hinweis zurückgesandt.

107   Wird die Identifikationsnummer beispielsweise als fehlerhaft abgewiesen (Fehlernummer 3001), hat der Mitteilungspflichtige durch Nachfrage beim Leistungsempfänger oder Nutzung des maschinellen Anfrageverfahrens die Identifikationsnummer erneut zu ermitteln. Wird dagegen eine Identität nicht bestätigt (Fehlernummer 3004), hat sich die Überprüfung beim Mitteilungspflichtigen nicht nur auf den technischen Aspekt zu beziehen, ob tatsächlich die Daten aus dem Datenbestand des Mitteilungspflichtigen in die Rentenbezugsmitteilung eingearbeitet wurden, sondern auch eine inhaltliche Überprüfung, d. h., ggf. eine Rücksprache mit dem Leistungsempfänger beinhalten.

G. Mitteilung der Identifikationsnummer (§ 139b AO) an den Mitteilungspflichtigen – Maschinelles Anfrageverfahren zur Abfrage der Identifikationsnummer (MAV)

Der Leistungsempfänger hat dem Mitteilungspflichtigen seine Identifikationsnummer mitzutei-   **108**
len. Kommt der Leistungsempfänger dieser Verpflichtung trotz Aufforderung nicht nach, kann
sich der Mitteilungspflichtige mit der Bitte um Mitteilung der Identifikationsnummer des Leistungsempfängers an das BZSt wenden. In der Anfrage dürfen nur die in § 139b Absatz 3 AO
genannten Daten des Leistungsempfängers angegeben werden.

Der Mitteilungspflichtige nach § 22a Absatz 1 EStG kann die Identifikationsnummer (§ 139b AO)   **109**
eines Leistungsempfängers, dem in den Jahren 2005 bis 2008 Leistungen zugeflossen sind (Be-
standsrentner), abweichend von § 22a Absatz 2 Satz 1 und 2 EStG – auch ohne vorherige Anfrage
beim Steuerpflichtigen – beim BZSt erheben (§ 52 Absatz 38a Satz 2 EStG). Das BZSt teilt dem
Mitteilungspflichtigen die Identifikationsnummer des Leistungsempfängers mit, sofern die übermittelten Daten mit den nach § 139b Absatz 3 AO beim BZSt gespeicherten Daten übereinstimmen. Stimmen die Daten nicht überein, findet § 22a Absatz 2 Satz 1 und 2 EStG Anwendung. D. h., der Mitteilungspflichtige muss sich nun an den Steuerpflichtigen wenden, um die
Identifikationsnummer zu erfragen. Erhält er vom Steuerpflichtigen zeitnah keine oder eine fehlerhafte Identifikationsnummer oder ist dem Mitteilungspflichtigen bekannt, dass der Steuerpflichtige bisher keine Identifikationsnummer erhalten hat, ist eine erneute Anfrage an das BZSt
zu übermitteln. Wurde eine Identifikationsnummer beispielsweise aufgrund einer fehlenden Mel-
depflicht in Deutschland bisher nicht vergeben, nimmt das BZSt in diesen Fällen die Neuvergabe
einer Identifikationsnummer aufgrund der übermittelten Personendaten vor. Konnte die Rentenbezugsmitteilung aufgrund einer fehlenden Identifikationsnummer nicht rechtzeitig übermittelt
werden, obwohl der Mitteilungspflichtige alle erforderlichen Maßnahmen zur Erlangung der
Identifikationsnummer veranlasst hatte, so beruht die Fristüberschreitung nicht auf Gründen, die
der Mitteilungspflichtige zu vertreten hat.

Die Anfrage des Mitteilungspflichtigen und die Antwort des BZSt sind nach amtlich vorgeschrie-   **110**
benem Datensatz durch Datenfernübertragung über die zentrale Stelle zu übermitteln. Die amtlich vorgeschriebenen Datensätze sind auf der Internetseite des BZSt (www.bzst.bund.de) veröffentlicht (vgl. BMF-Schreiben vom 28. September 2009, BStBl I S. 1171). Die für die
Datenübermittlung erforderliche Schnittstelle und die dazugehörige Dokumentation werden im
geschützten Bereich des Internets der zentralen Stelle unter http://www.zfa.deutsche-renten-
versicherung-bund.de zur Verfügung gestellt.

Das BZSt darf dem Mitteilungspflichtigen nur die Identifikationsnummer des jeweiligen Leis-   **111**
tungsempfängers übermitteln. Der Mitteilungspflichtige darf die Identifikationsnummer nur verwenden, soweit dies für die Erfüllung steuerlicher Pflichten erforderlich ist. Hat eine zur Datenübermittlung verpflichtete Stelle bereits beim BZSt die Identifikationsnummer nach § 22a
Absatz 2 EStG für die Übermittlung der Daten erhoben und wird in einer anderen Vorschrift
durch einen Verweis auf § 22a Absatz 2 EStG das maschinelle Anfrageverfahren zur Abfrage der
steuerlichen Identifikationsnummer eröffnet (z. B. § 10a Absatz 5 Satz 2 EStG), kann die zur
Datenübermittlung verpflichtete Stelle die bereits beim BZSt erhobene Identifikationsnummer
für die Übermittlung der Daten an die Finanzverwaltung auch in dem weiteren Verfahren verwenden. Der Wortlaut des § 22a Absatz 2 Satz 9 EStG steht dem nicht entgegen. Im Übrigen gilt
§ 139b Absatz 2 Satz 2 AO. Danach dürfen nicht öffentliche Stellen die Identifikationsnummer
erheben oder verwenden, soweit dies für Datenübermittlungen zwischen ihnen und den Finanzbehörden erforderlich ist oder eine Rechtsvorschrift die Erhebung oder Verwendung der Identifikationsnummer ausdrücklich erlaubt oder anordnet. Ist die Identifikationsnummer bereits im
Datenbestand der zur Datenübermittlung verpflichteten Stelle, hat sie die Identifikationsnummer
auch zu verwenden. Die dargestellte Erhebungs- und Verwendungsmöglichkeit wirkt grundsätzlich personenbezogen. Da Konzerne der Versicherungsbranche infolge der dort geltenden sog.
Spartentrennung häufig als Verbund mehrerer eigenständiger juristischer Personen organisiert
sind, gilt hier deswegen Folgendes: Es ist bei jeder juristischen Person gesondert zu prüfen, ob sie
nach § 139b Absatz 2 AO berechtigt ist, die Identifikationsnummer zu erheben und zu verwenden. Innerhalb des Konzerns muss sichergestellt werden (ggf. durch entsprechende Zugriffs-
beschränkungen), dass nur verwendungsberechtigte Personen auf die Identifikationsnummer
zugreifen können.

H. Unterrichtung des Leistungsempfängers

Der Leistungsempfänger ist vom Mitteilungspflichtigen jeweils darüber zu unterrichten, dass die   **112**
Leistung der zentralen Stelle mitgeteilt wird (§ 22a Absatz 3 EStG). Dies kann im Rentenbe-
scheid, in einer Rentenanpassungsmitteilung, in einer sonstigen Mitteilung über Leistungen oder
in der Mitteilung nach § 22 Nummer 5 Satz 7 EStG erfolgen. Zusätzliche Angaben, aus denen der
Leistungsempfänger die zum Ausfüllen der Anlage R zur Einkommensteuererklärung benötigten
Daten entnehmen kann, sind zweckmäßig.

I. Ermittlungspflicht

113   Nach geltendem Recht sind die Finanzämter bei der Ermittlung der steuererheblichen Sachverhalte an den Grundsatz der Verhältnismäßigkeit gebunden. Danach ist auch bei Vorliegen einer Rentenbezugsmitteilung zu berücksichtigen, inwieweit der Ermittlungsaufwand bei der Finanzbehörde aber auch bei den Steuerpflichtigen durch das voraussichtliche steuerliche Ergebnis gerechtfertigt wäre.

J. Anwendungsregelung

114   Dieses Schreiben ist grundsätzlich mit Wirkung ab 1. Januar 2012 anzuwenden. Es ist auch anzuwenden, sofern Rentenbezugsmitteilungen für Veranlagungszeiträume vor 2012 ab dem 1. Januar 2012 ausgestellt, berichtigt oder storniert werden.

115   Abschnitt E des BMF-Schreibens vom 13. September 2010 – IV C 3 – S 2222/09/10041 / IV C 5 – S 2345/08/0001 – (BStBl I S. 681) wird mit Wirkung ab 1. Januar 2012 aufgehoben.

Kurzübersicht über die Rechtsgründe der Rentenbezugsmitteilungen

Rechts-grund	Besteuerungsnorm	Beschreibung und Besteuerungsansatz	Fundstelle	Rz des BMF-Schreibens
01	§ 22 Nummer 1 Satz 3 Buchstabe a Doppelbuchstabe aa EStG	Leibrente aus der Basisversorgung: Besteuerung des Besteuerungsanteils (Kohorte) RA 1 = aus gesetzlichen Rentenversicherungen, RA 2 = aus landwirtschaftlichen Alterskassen, RA 3 = aus berufsständischen Versorgungseinrichtungen, RA 4 = Basis-Renten	BMF-Schreiben vom 13.09.2010	135–150
02	§ 22 Nummer 1 Satz 3 Buchstabe a Doppelbuchstabe bb Satz 4 EStG	Leibrenten aus privaten Rentenversicherungen (RA 6): Besteuerung des Ertragsanteils	BMF-Schreiben vom 13.09.2010	151–152
03	§ 22 Nummer 1 Satz 3 Buchstabe a Doppelbuchstabe bb Satz 5 EStG i. V. m. § 55 Absatz 2 EStDV	Leibrenten aus privaten Rentenversicherungen mit befristeter Laufzeit (RA 7): Besteuerung des Ertragsanteils nach § 55 EStDV	R 22.4 Absatz 4–6 EStH 2009 und BMF-Schreiben vom 13.09.2010	153
04	§ 22 Nummer 5 Satz 1 EStG	Leistungen aus einem Altersvorsorgevertrag, einem Pensionsfonds, einer Pensionskasse (inkl. Versorgungsausgleichskasse) oder aus einer Direktversicherung, die auf gefördertem Kapital beruhen: volle Besteuerung (Nummer 1 der LM)	BMF-Schreiben vom 31.03.2010	124, 334
05	§ 22 Nummer 5 Satz 1 EStG i. V. m. § 52 Absatz 34c EStG (in Rechtsgrund 04 nicht enthalten)	Leistungen aus einem Pensionsfonds, wenn die Versorgungsleistungen aus einer Direktzusage/Unterstützungskasse steuerfrei nach § 3 Nummer 66 EStG	BMF-Schreiben vom 31.03.2010	340–341

Rechts-grund	Besteuerungsnorm	Beschreibung und Besteue-rungsansatz	Fundstelle	Rz des BMF-Schreibens
		auf den Pensionsfonds über-tragen wurden: volle Besteuerung, aber Anwendung §§ 9a Satz 1 Nummer 1, 19 Absatz 2 EStG (Nummer 2 der LM)		
06	§ 22 Nummer 5 Satz 2 Buch-stabe a EStG i. V. m. § 22 Num-mer 1 Satz 3 Buch-stabe a Doppelbuch-stabe aa EStG (ist nicht mit Rechts-grund 01 zu über-mitteln)	Leistungen aus einem Pen-sionsfonds, einer Pensions-kasse (inkl. Versorgungs-ausgleichskasse) oder aus einer Direktversicherung (Neuzusage), die auf nicht gefördertem Kapital beru-hen, die Voraussetzungen der Basis-Rente sind erfüllt: Besteuerung des Besteue-rungsanteils (Kohorte) (Nummer 3 der LM)	BMF-Schrei-ben vom 31.03.2010	332
07	§ 22 Nummer 5 Satz 2 Buch-stabe a EStG i. V. m. § 22 Num-mer 1 Satz 3 Buch-stabe a Doppelbuch-stabe bb EStG (ggf. i. V. m. § 55 Absatz 1 Num-mer 1 EStDV)	Lebenslange Leibrente aus einem Altersvorsorgever-trag, einem Pensionsfonds, einer Pensionskasse (inkl. Versorgungsausgleichskas-se) oder einer Direktver-sicherung (Alt- oder Neu-zusage), die auf nicht gefördertem Kapital beruht, die Voraussetzungen der Basis-Rente sind nicht erfüllt (bei Neuzusage): Besteuerung des Ertrags-anteils (Nummer 4 der LM)	BMF-Schrei-ben vom 31.03.2010	130, 331, 332
08	§ 22 Nummer 5 Satz 2 Buchstabe a EStG i. V. m. § 22 Num-mer 1 Satz 3 Buch-stabe a Doppelbuch-stabe bb Satz 5 EStG i. V. m. § 55 Absatz 2 EStDV (ggf. i. V. m. § 55 Absatz 1 Num-mer 1 EStDV)	Abgekürzte Leibrente aus einem Altersvorsorgever-trag, einem Pensionsfonds, einer Pensionskasse (inkl. Versorgungsausgleichskas-se) oder einer Direktver-sicherung (Alt- oder Neu-zusage), die auf nicht gefördertem Kapital beruht, die Voraussetzungen der Basis-Rente sind nicht erfüllt (bei Neuzusage): Besteuerung des Ertrags-anteils nach § 55 Absatz 2 EStDV (Nummer 5 der LM)	BMF-Schrei-ben vom 31.03.2010	130, 331, 332
09	unbesetzt			
10	§ 22 Nummer 5 Satz 2 Buchstabe b EStG i. V. m. § 20 Absatz 1 Nummer 6 EStG in der jeweils für den Vertrag gelten-den Fassung	Andere Leistungen (ins-besondere Kapitalauszah-lungen) aus einem Alters-vorsorgevertrag in Form eines Versicherungsvertra-ges, einem Pensionsfonds, einer Pensionskasse (inkl. Versorgungsausgleichskas-	BMF-Schrei-ben vom 31.03.2010	131, 333

Rechts-grund	Besteuerungsnorm	Beschreibung und Besteue-rungsansatz	Fundstelle	Rz des BMF-Schreibens
	(ggf. i. V. m. § 52 Absatz 36 Satz 5 EStG)	se) oder einer Direktver-sicherung, die auf nicht gefördertem Kapital beru-hen, Altvertrag (vor dem 01.01.2005): Besteuerung der rechnungs-mäßigen und außerrech-nungsmäßigen Zinsen; Neuvertrag (nach dem 31.12.2004): Besteuerung des Unter-schiedsbetrags zwischen der Versicherungsleistung und der auf sie entrichteten Beiträge (bei Auszahlung nach dem 60./62. Lebens-jahr und Laufzeit von min-destens 12 Jahren mit der Hälfte dieses Unterschieds-betrages) (Nummer 6 der LM)		
11	§ 22 Nummer 5 Satz 2 Buchstabe c EStG	Auf nicht gefördertem Kapi-tal beruhende Leistungen (z. B. aus einem zerti-fizierten Bank- oder Invest-mentfondssparplan), die nicht bereits nach § 22 Nummer 5 Satz 2 Buch-stabe a bzw. Buchstabe b EStG erfasst werden: Besteuerung des Unter-schiedsbetrags zwischen den Leistungen und der auf sie entrichteten Beiträge (bei Auszahlung nach dem 60./62. Lebensjahr und Laufzeit von mindestens 12 Jahren mit der Hälfte dieses Unterschiedsbetrags) (Nummer 7 der LM)	BMF-Schrei-ben vom 31.03.2010	132
12a	§ 22 Nummer 5 Satz 3 EStG i. V. m. § 22 Num-mer 5 Satz 2 Buch-stabe a i. V. m. § 22 Num-mer 1 Satz 3 Buch-stabe a Doppelbuch-stabe bb EStG (ggf. i. V. m. § 55 Absatz 1 Num-mer 1 EStDV)	Das ausgezahlte geförderte Altersvorsorgevermögen wurde steuerschädlich i. S. d. § 93 Absatz 1 Satz 1 und 2 EStG verwendet und als lebenslange Leibrente aus-gezahlt, die Vorausetzun-gen der Basis-Rente sind nicht erfüllt: Die Besteuerung richtet sich nach den Ausführungen zu Rechts-grund 07 (Nummer 8a der LM)	BMF-Schrei-ben vom 31.03.2010	186, 347, 130, 331, 332
12b	§ 22 Nummer 5 Satz 3 EStG i. V. m. § 22 Num-mer 5 Satz 2 Buch-stabe a	Das ausgezahlte geförderte Altersvorsorgevermögen wurde steuerschädlich i. S. d. § 93 Absatz 1 Satz 1 und 2 EStG verwendet und als	BMF-Schrei-ben vom 31.03.2010	186, 347, 130, 331, 332

Rechts-grund	Besteuerungsnorm	Beschreibung und Besteuerungsansatz	Fundstelle	Rz des BMF-Schreibens
	i. V. m. § 22 Nummer 1 Satz 3 Buchstabe a Doppelbuchstabe bb Satz 5 EStG i. V. m. § 55 Absatz 2 EStDV (ggf. i. V. m § 55 Absatz 1 Nummer 1 EStDV)	abgekürzte Leibrente ausgezahlt, die Voraussetzungen der Basis-Rente sind nicht erfüllt: Die Besteuerung richtet sich nach den Ausführungen zu Rechtsgrund 08 (Nummer 8b der LM)		
12c	§ 22 Nummer 5 Satz 3 EStG i. V. m. § 22 Nummer 5 Satz 2 Buchstabe b i. V. m. § 20 Absatz 1 Nummer 6 in der jeweils für den Vertrag geltenden Fassung (ggf. i. V. m. § 52 Absatz 36 Satz 5 EStG)	Das ausgezahlte geförderte Altersvorsorgevermögen wurde steuerschädlich i. S. d. § 93 Absatz 1 Satz 1 und 2 EStG verwendet und als andere Leistung (insbesondere Kapitalauszahlung) aus einem Altersvorsorgevertrag, einem Pensionsfonds, einer Pensionskasse (inkl. Versorgungsausgleichskasse) oder einer Direktversicherung ausgezahlt: Die Besteuerung richtet sich nach den Ausführungen zu Rechtsgrund 10 (Nummer 8c der LM)	BMF-Schreiben vom 31.03.2010	186, 347, 131, 333
12d	§ 22 Nummer 5 Satz 3 EStG i. V. m. § 22 Nummer 5 Satz 2 Buchstabe c EStG	Das ausgezahlte geförderte Altersvorsorgevermögen wurde steuerschädlich i. S. d. § 93 Absatz 1 Satz 1 und 2 EStG verwendet und als Leistung (z. B. aus einem zertifizierten Bank- oder Investmentfondssparplan) ausgezahlt, die nicht bereits nach § 22 Nummer 5 Satz 2 Buchstabe a bzw. Buchstabe b EStG erfasst wird: Die Besteuerung richtet sich nach den Ausführungen zu Rechtsgrund 11 (Nummer 8d der LM)	BMF-Schreiben vom 31.03.2010	186, 132
13	Keine Anwendungsfälle			
14	§ 22 Nummer 5 Satz 4 EStG i. V. m. § 92a Absatz 2 Satz 5 EStG	Sukzessiv zu versteuernde Beträge aus dem Wohnförderkonto, Verminderungsbetrag: Besteuerung des jährlichen Verminderungsbetrags, der sich ergibt, wenn der Gesamtbetrag des Wohnförderkontos zu Beginn der Auszahlungsphase bis zum 85. Lebensjahr gleichmäßig verteilt wird (Nummer 9 der LM)	BMF-Schreiben vom 31.03.2010	147

Rechts-grund	Besteuerungsnorm	Beschreibung und Besteue-rungsansatz	Fundstelle	Rz des BMF-Schreibens
15	§ 22 Nummer 5 Satz 4 EStG i. V. m. § 92a Absatz 3 Satz 5 EStG	Das in der Wohnung gebundene geförderte Kapital wurde steuerschädlich verwendet: Besteuerung des Auflösungsbetrags nach § 92a Absatz 3 Satz 5 EStG in Höhe des Gesamtbetrags des Wohnförderkontos (Nummer 10 der LM)	BMF-Schreiben vom 31.03.2010	149
16	§ 22 Nummer 5 Satz 5 EStG	Einmalbesteuerung der Beträge aus dem Wohnförderkonto zu Beginn der Auszahlungsphase: Besteuerung in Höhe von 70 % des Gesamtbetrags des Wohnförderkontos (zu übermitteln ist der Gesamtbetrag des Wohnförderkontos) (Nummer 11 der LM)	BMF-Schreiben vom 31.03.2010	150
17	§ 22 Nummer 5 Satz 6 EStG	Das in der Wohnung gebundene Kapital wurde in der Auszahlungsphase innerhalb der Frist von 20 Jahren nach der Einmalbesteuerung steuerschädlich verwendet: Besteuerung des Eineinhalbfachen (innerhalb der ersten zehn Jahre) bzw. des Einfachen (zwischen dem zehnten und dem zwanzigsten Jahr) des noch nicht versteuerten Restbetrags i. H. v. 30 % des Gesamtbetrags des Wohnförderkontos im Zeitpunkt der Einmalbesteuerung (Nummer 12 der LM)	BMF-Schreiben vom 31.03.2010	151
18	§ 22 Nummer 5 Satz 9 EStG	Provisionserstattungen bei geförderten Altersvorsorgeverträgen: Besteuerung der erstatteten Abschluss- und Vertriebskosten (Nummer 13 der LM)	BMF-Schreiben vom 31.03.2010	155

Erläuterungen
LM = Leistungsmitteilung im Sinne des § 22 Nummer 5 Satz 7 EStG.
RA = Rentenart lt. Anlage R der Einkommensteuererklärung.
Gefördertes Kapital ist Kapital, das auf geförderten Beträgen und Zulagen im Sinne des Abschnitts XI EStG beruht.
Geförderte Beträge im Sinne des § 22 Nummer 5 EStG sind:
– Beiträge, auf die § 3 Nummer 63, § 10a oder Abschnitt XI EStG angewendet wurde,
– steuerfreie Leistungen nach § 3 Nummer 66 EStG,
– steuerfreie Zuwendungen nach § 3 Nummer 56 EStG oder
– steuerfreie Leistungen nach § 3 Nummer 55b Satz 1 EStG.

Übersicht

I. Steuerliche Anerkennung von Darlehensverträgen zwischen Angehörigen
    BMF vom 23. 12. 2010 (BStBl I 2011 S. 37)

II. Berücksichtigung ausländischer Verhältnisse; Ländergruppeneinteilung ab 1. Januar 2010
    BMF vom 6. 11. 2009 (BStBl I S. 1323)

I.
Steuerliche Anerkennung von Darlehensverträgen zwischen Angehörigen

BMF vom 23. 12. 2010 (BStBl I 2011 S. 37)
IV C 6 – S 2144/07/10004 – 2010/0862046

Im Einvernehmen mit den obersten Finanzbehörden der Länder gilt für die Beurteilung von Darle-   1
hensverträgen zwischen Angehörigen oder zwischen einer Personengesellschaft und Angehörigen
der die Gesellschaft beherrschenden Gesellschafter Folgendes:

1. Allgemeine Voraussetzungen der steuerrechtlichen Anerkennung

Voraussetzung für die steuerrechtliche Anerkennung ist, dass der Darlehensvertrag zivilrechtlich   2
wirksam geschlossen worden ist und tatsächlich wie vereinbart durchgeführt wird; dabei müssen
Vertragsinhalt und Durchführung dem zwischen Fremden Üblichen entsprechen (Fremdvergleich),
vgl. BFH-Urteile vom 18. Dezember 1990 (BStBl 1991 II S. 391) und vom 12. Februar 1992 (BStBl II
S. 468). Die Nichtbeachtung zivilrechtlicher Formerfordernisse führt nicht alleine und ausnahmslos
dazu, das Vertragsverhältnis steuerrechtlich nicht anzuerkennen. Die zivilrechtliche Unwirksamkeit
des Darlehensvertrages ist jedoch ein besonderes Indiz gegen den vertraglichen Bindungswillen der
Vertragsbeteiligten, das zur Versagung der steuerrechtlichen Anerkennung führen kann; vgl. BFH-
Urteile vom 22. Februar 2007 (BStBl II S. 20) und vom 12. Mai 2009 (BStBl II S. 24) sowie Rdnr. 9.

Der Darlehensvertrag und seine tatsächliche Durchführung müssen die Trennung der Vermögens-   3
und Einkunftssphären der vertragsschließenden Angehörigen (z. B. Eltern und Kinder) gewährleisten. Eine klare, deutliche und einwandfreie Abgrenzung von einer Unterhaltsgewährung oder
einer verschleierten Schenkung der Darlehenszinsen muss in jedem Einzelfall und während der
gesamten Vertragsdauer möglich sein, vgl. BFH-Urteile vom 7. November 1990 (BStBl 1991 II
S. 291), vom 4. Juni 1991 (BStBl II S. 838) und vom 25. Januar 2000 (BStBl II S. 393).

2. Fremdvergleich bei Darlehensverträgen zwischen Angehörigen

a) Allgemeines

Es steht Angehörigen grundsätzlich frei, ihre Rechtsverhältnisse untereinander so zu gestalten,   4
dass sie für sie steuerlich möglichst günstig sind. Das Vereinbarte muss jedoch in jedem Einzelfall
und während der gesamten Vertragsdauer nach Inhalt und Durchführung dem entsprechen, was
fremde Dritte bei der Gestaltung eines entsprechenden Darlehensverhältnisses üblicherweise vereinbaren würden, vgl. BFH-Urteile vom 7. November 1990 (BStBl 1991 II S. 291), vom
18. Dezember 1990 (BStBl 1991 II S. 391) und vom 12. Februar 1992 (BStBl II S. 468). Vergleichs-
maßstab sind die Vertragsgestaltungen, die zwischen Darlehensnehmern und Kreditinstituten
üblich sind.

Das setzt insbesondere voraus, dass   5

– eine Vereinbarung über die Laufzeit und über Art und Zeit der Rückzahlung des Darlehens
  getroffen worden ist,

– die Zinsen zu den Fälligkeitszeitpunkten entrichtet werden und

– der Rückzahlungsanspruch ausreichend besichert ist.

Eine ausreichende Besicherung liegt bei Hingabe banküblicher Sicherheiten vor. Dazu gehören   6
vornehmlich die dingliche Absicherung durch Hypothek oder Grundschuld. Außerdem kommen
alle anderen Sicherheiten, die für das entsprechende Darlehen banküblich sind, in Betracht, wie
Bankbürgschaften, Sicherungsübereignung von Wirtschaftsgütern, Forderungsabtretung sowie
Schuldmitübernahme oder Schuldbeitritt eines fremden Dritten oder eines Angehörigen, wenn dieser über entsprechend ausreichende Vermögenswerte verfügt. Das aus dem Fremdvergleich abge-
leitete generelle Erfordernis einer ausreichenden Besicherung wird durch einen konkreten Fremdvergleich im jeweiligen Einzelfall überlagert, vgl. BFH-Urteil vom 12. Mai 2009 (BStBl II S. 24).

Der Fremdvergleich ist auch durchzuführen, wenn Vereinbarungen nicht unmittelbar zwischen   7
Angehörigen getroffen werden, sondern zwischen einer Personengesellschaft und Angehörigen
der Gesellschafter, wenn die Gesellschafter, mit deren Angehörigen die Vereinbarungen getroffen
wurden, die Gesellschaft beherrschen, vgl. BFH-Urteil vom 18. Dezember 1990 (BStBl 1991 II

S. 581) und vom 15. April 1999 (BStBl II S. 524). Gleiches gilt, wenn beherrschende Gesellschafter einer Personengesellschaft Darlehensforderungen gegen die Personengesellschaft an Angehörige schenkweise abtreten.

b) Fremdvergleich bei wirtschaftlich voneinander unabhängigen Angehörigen

8   Ein Darlehensvertrag zwischen volljährigen, voneinander wirtschaftlich unabhängigen Angehörigen kann ausnahmsweise steuerrechtlich bereits anerkannt werden, wenn er zwar nicht in allen Punkten dem zwischen Fremden Üblichen entspricht (vgl. Rdnrn. 2 bis 7), aber die Darlehensmittel, die aus Anlass der Herstellung oder Anschaffung von Vermögensgegenständen gewährt werden (z. B. Bau- oder Anschaffungsdarlehen), ansonsten bei einem fremden Dritten hätten aufgenommen werden müssen. Entscheidend ist, dass die getroffenen Vereinbarungen tatsächlich vollzogen werden, insbesondere die Darlehenszinsen regelmäßig gezahlt werden. Die Modalitäten der Darlehenstilgung und die Besicherung brauchen in diesen Fällen nicht geprüft zu werden, vgl. BFH-Urteil vom 4. Juni 1991 (BStBl II S. 838) und vom 25. Januar 2000 (BStBl II S. 393).

c) Zivilrechtliche Unwirksamkeit

9   Der zivilrechtlichen Unwirksamkeit eines Vertrages kommt eine Indizwirkung gegen die Ernstlichkeit der Vereinbarung zu. Sie spricht damit gegen deren steuerrechtliche Anerkennung. Diese Indizwirkung gegen den vertraglichen Bindungswillen wird verstärkt, wenn den Vertragspartnern die Nichtbeachtung der Formvorschriften insbesondere bei klarer Zivilrechtslage angelastet werden kann, vgl. BFH-Urteil vom 12. Mai 2009 (BStBl II S. 24). Die Vertragspartner können aber darlegen und nachweisen, dass sie zeitnah nach dem Auftauchen von Zweifeln an der zivilrechtlichen Wirksamkeit alle erforderlichen Maßnahmen ergriffen haben, um die zivilrechtliche Wirksamkeit des Vertrages herbeizuführen und dass ihnen die Unwirksamkeit nicht anzulasten ist. Dies ist zumindest dann der Fall, wenn sich die Formvorschriften nicht aus dem Gesetzeswortlaut, sondern nur im Wege der erweiternden Auslegung oder der Analogieschlusses ergeben, sich diese Auslegung oder Analogie nicht aufdrängt und keine veröffentlichte Rechtsprechung oder allgemein zugängliche Literatur existiert, vgl. BFH-Urteil vom 13. Juli 1999 (BStBl II S. 386). In diesem Fall ist der Darlehensvertrag von Anfang an steuerrechtlich anzuerkennen.

3. Schenkweise begründete Darlehensforderung

10   Wird die unentgeltliche Zuwendung eines Geldbetrags an einen Angehörigen davon abhängig gemacht, dass der Empfänger den Betrag als Darlehen wieder zurückgeben muss, ist ertragsteuerlich weder die vereinbarte Schenkung noch die Rückgabe als Darlehen anzuerkennen. Der Empfänger erhält nicht die alleinige und unbeschränkte Verfügungsmacht über die Geldmittel, da er sie nur zum Zwecke der Rückgabe an den Zuwendenden oder an eine Personengesellschaft, die der Zuwendende oder dessen Angehörige beherrschen, verwenden darf. Entsprechendes gilt im Verhältnis zwischen Eltern und minderjährigen Kindern, wenn das Kindesvermögen nicht einwandfrei vom Elternvermögen getrennt wird. Da die Schenkung tatsächlich nicht vollzogen wurde, begründet die Rückgewähr der Geldbeträge kein mit ertragsteuerlicher Wirkung anzuerkennendes Darlehensverhältnis. Die Vereinbarungen zwischen den Angehörigen sind vielmehr ertragsteuerlich als eine modifizierte Schenkung zu beurteilen, die durch die als Darlehen bezeichneten Bedingungen gegenüber dem ursprünglichen Schenkungsversprechen in der Weise abgeändert sind, dass der Vollzug der Schenkung bis zur Rückzahlung des sog. Darlehens aufgeschoben und der Umfang der Schenkung durch die Zahlung sog. Darlehenszinsen erweitert ist. Daher dürfen die als Darlehenszinsen geltend gemachten Aufwendungen nicht als Betriebsausgaben oder Werbungskosten abgezogen werden, vgl. BFH-Urteil vom 22. Januar 2002 (BStBl II S. 685). Ertragsteuerrechtlich sind die Schenkung und die Darlehensforderung jedoch anzuerkennen, wenn das Darlehen an eine zivil- und auch steuerrechtlich eigenständige GmbH gegeben wird, vgl. BFH-Urteil vom 19. Dezember 2007 (BStBl 2008 II S. 568).

11   Die Abhängigkeit zwischen Schenkung und Darlehen ist insbesondere in folgenden Fällen unwiderleglich zu vermuten:
– Vereinbarung von Schenkung und Darlehen in ein und derselben Urkunde,
– Schenkung unter der Auflage der Rückgabe als Darlehen,
– Schenkungsversprechen unter der aufschiebenden Bedingung der Rückgabe als Darlehen.

12   Eine Abhängigkeit zwischen Schenkung und Darlehen ist hingegen nicht allein deshalb zu vermuten, weil die Vereinbarung von Schenkung und Darlehen zwar in mehreren Urkunden, aber innerhalb kurzer Zeit erfolgt ist. Die Beurteilung, ob eine gegenseitige Abhängigkeit der beiden Verträge vorliegt, ist anhand der gesamten Umstände des jeweiligen Einzelfalles zu beurteilen; vgl. BFH-Urteil vom 18. Januar 2001 (BStBl II S. 393). Es kann aber auch bei einem längeren Abstand zwischen Schenkungs- und Darlehensvertrag eine auf einem Gesamtplan beruhende sachliche Verknüpfung bestehen, vgl. BFH-Urteil vom 22. Januar 2002, (BStBl II S. 685).

Die Abhängigkeit zwischen Schenkung und Darlehen ist insbesondere bei folgenden Vertrags- 13
gestaltungen widerleglich zu vermuten:

– Vereinbarungsdarlehen nach § 607 Abs. 2 BGB[1)],

– Darlehenskündigung nur mit Zustimmung des Schenkers,

– Zulässigkeit von Entnahmen durch den Beschenkten zu Lasten des Darlehenskontos nur mit Zustimmung des Schenkers.

Die Vermutung ist widerlegt, wenn Schenkung und Darlehen sachlich und zeitlich unabhängig 14
voneinander vorgenommen worden sind. Voraussetzung hierfür ist, dass die Schenkung zivilrechtlich wirksam vollzogen wurde. Der Schenkende muss endgültig, tatsächlich und rechtlich entrei-
chert und der Empfänger entsprechend bereichert sein; eine nur vorübergehende oder formale
Vermögensverschiebung reicht nicht aus, vgl. BFH-Urteile vom 22. Mai 1984 (BStBl 1985 II S. 243),
vom 18. Dezember 1990 (BStBl 1991 II S. 581), vom 4. Juni 1991 (BStBl II S. 838) und vom
12. Februar 1992 (BStBl II S. 468).

Die Grundsätze zu schenkweise begründeten Darlehensforderungen gelten auch für partiarische 15
Darlehen und für nach dem 31. Dezember 1992 schenkweise begründete stille Beteiligungen, es
sei denn, es ist eine Beteiligung am Verlust vereinbart, oder der stille Beteiligte ist als Mitunternehmer anzusehen. Im Übrigen ist R 15.9 (2) EStR anzuwenden.

Dieses Schreiben ersetzt die BMF-Schreiben vom 1. Dezember 1992 (BStBl I S. 729), vom 25. Mai 16
1993 (BStBl I S. 410), vom 30. Mai 2001 (BStBl I S. 348) und vom 2. April 2007 BStBl S. 441) und ist
in allen offenen Fällen anzuwenden.

II.
Berücksichtigung ausländischer Verhältnisse;
Ländergruppeneinteilung ab 1. Januar *2012*[2)]

BMF vom *4. 10. 2011* (BStBl I *S. 961*)
IV C 4 – S 2285/07/0005:005 – 2011/0607670

Die Beträge des § 1 Absatz 3 Satz 2, des *§ 10 Absatz 1 Nummer 5 Satz 3*, des § 32 Absatz 6 Satz 4,
des § 33a Absatz 1 Satz 6 und Absatz 2 *Satz 2* EStG sind *ab dem Veranlagungszeitraum 2012* wie
folgt anzusetzen:[3)]

in voller Höhe	**mit ¾**	**mit ½**	**mit ¼**
Wohnsitzstaat des Steuerpflichtigen bzw. der unterhaltenen Person			
1	**2**	**3**	**4**
Andorra	Bahamas	**Algerien**	Afghanistan
Australien	Bahrain	Antigua und Barbuda	Ägypten
Belgien	Barbados	**Äquatorialguinea**	Albanien
Brunei Darussalam	Estland	Argentinien	Angola
Dänemark	Korea, Republik	**Aserbaidschan**	Armenien
Finnland	**Kroatien**	**Bosnien und Herzegowina**	Äthiopien
Frankreich	Malta	Botsuana	Bangladesch
Griechenland	Oman	Brasilien	Belize
Hongkong	Portugal	Bulgarien	Benin
Insel Man/Isle of Man	Saudi Arabien	Chile	Bhutan
Irland	Slowakische Republik	Cookinseln	Bolivien
Island	Slowenien	Costa Rica	Burkina Faso
Israel	Taiwan	Dominica	Burundi
Italien	Trinidad und Tobago	**Dominikanische Republik**	China (VR)
Japan	Tschechische Republik	Gabun	Dschibuti

[1)] § 607 Abs. 2 BGB wurde durch das Gesetz zur Modernisierung des Schuldrechts vom 26. 11. 2001 (BGBl. I S. 3138) mit Wirkung zum 1. 1. 2002 geändert. Für Vereinbarungendarlehen ist nunmehr § 311 Abs. 1 BGB maßgebend.

[2)] Änderungen des BMF-Schreibens vom *4. 10. 2011* gegenüber den BMF-Schreiben vom *6. 11. 2009* (BStBl I S. 1323), vom 9. 9. 2008 (BStBl I S. 936), vom 17. 11. 2003 (BStBl I S. 637) und vom 9. 2. 2005 (BStBl I S. 369) sind durch Fettdruck hervorgehoben.

[3)] Auf die konkreten Lebenshaltungskosten am Wohnort ist nicht abzustellen (→ BFH vom 25. 11. 2010 – BStBl 2011 II S. 283).

in voller Höhe	mit ¾	mit ½	mit ¼
Wohnsitzstaat des Steuerpflichtigen bzw. der unterhaltenen Person			
1	2	3	4
Kaiman-Inseln	Turks- und Caicos-Inseln	Grenada	Ecuador
Kanada	**Ungarn**	**Iran, Islamische Republik**	Elfenbeinküste/Côte d'Ivoire
Kanalinseln bzw. Normannische Inseln/Channel Islands		**Jamaika**	El Salvador
Katar		Kasachstan	Eritrea
Kuwait		**Kolumbien**	Fidschi
Liechtenstein		**Kuba**	Gambia
Luxemburg		Lettland	Georgien
Macau		Libanon	Ghana
Monaco		Libysch-Arabische Dschamahirija/Libyen	Guatemala
Neuseeland		Litauen	Guinea
Niederlande		Malaysia	Guinea-Bissau
Norwegen		Mauritius	Guyana
Österreich		**Mazedonien, ehemalige jugoslawische Republik**	Haiti
Palästinensische Gebiete		Mexiko	Honduras
San Marino		Montenegro	Indien
Schweden		**Namibia**	Indonesien
Schweiz		Nauru	Irak
Singapur		Niue	Jemen
Spanien		Palau	Jordanien
Vereinigte Arabische Emirate		Panama	Kambodscha
Vereinigte Staaten		Polen	Kamerun
Vereinigtes Königreich		Rumänien	Kap Verde
Zypern		Russische Föderation	Kenia
		Serbien	Kirgisistan
		Seychellen	Kiribati
		St. Kitts und Nevis	Komoren
		St. Lucia	Kongo, Republik
		St. Vincent und die Grenadinen	Kongo, Demokratische Republik
		Südafrika	Korea, Demokratische VR
		Suriname	Kosovo
		Türkei	Laos, Demokratische VR
		Uruguay	Lesotho
		Venezuela	Liberia
		Weißrussland/Belarus	Madagaskar
			Malawi
			Malediven
			Mali
			Marokko
			Marshallinseln
			Mauretanien
			Mikronesien, Föderierte Staaten von
			Moldau, Republik/ Moldawien
			Mongolei
			Mosambik
			Myanmar
			Nepal

in voller Höhe	mit ¾	mit ½	mit ¼
Wohnsitzstaat des Steuerpflichtigen bzw. der unterhaltenen Person			
1	2	3	4
			Nicaragua
			Niger
			Nigeria
			Pakistan
			Papua Neuguinea
			Paraguay
			Peru
			Philippinen
			Ruanda
			Salomonen
			Sambia
			Samoa
			São Tomé und Principe
			Senegal
			Sierra Leone
			Simbabwe
			Somalia
			Sri Lanka
			Sudan
			Swasiland
			Syrien, Arabische Republik
			Tadschikistan
			Tansania, Vereinigte Republik
			Thailand
			Timor-Leste
			Togo
			Tonga
			Tschad
			Tunesien
			Turkmenistan
			Tuvalu
			Uganda
			Ukraine
			Usbekistan
			Vanuatu
			Vietnam
			Zentralafrikanische Republik

Dieses Schreiben ersetzt ab dem Veranlagungszeitraum 2012 das BMF-Schreiben vom 6. November 2009 (BStBl I S. 1323).

Übersicht

I. Berücksichtigung von Aufwendungen für den Unterhalt von Personen im Ausland als außergewöhnliche Belastung nach § 33a des Einkommensteuergesetzes (EStG)
BMF vom 7. 6. 2010 (BStBl I S. 582)

II. Allgemeine Hinweise zur Berücksichtigung von Unterhaltsaufwendungen nach § 32a Absatz 1 EStG als außergewöhnliche Belastung
BMF vom 7. 6. 2010 (BStBl I S. 588)

I.
Berücksichtigung von Aufwendungen für den Unterhalt von Personen im Ausland als außergewöhnliche Belastung nach § 33a des Einkommensteuergesetzes (EStG)

BMF vom 7. 6. 2010 (BStBl I S. 582)
IV C 4 – S 2285/07/0006 :001 – 2010/0415753

Inhaltsübersicht

Im Einvernehmen mit den obersten Finanzbehörden der Länder gelten für die Berücksichtigung von Unterhaltsaufwendungen an Personen im Ausland als außergewöhnliche Belastung die folgenden Grundsätze. Wesentliche Änderungen gegenüber den bisherigen Regelungen sind durch Fettdruck hervorgehoben.

1. Unterhaltsempfänger

1.1 Zum Abzug berechtigende Unterhaltsempfänger

Aufwendungen für den Unterhalt an Personen im Ausland dürfen nur abgezogen werden, wenn diese gegenüber dem Steuerpflichtigen oder seinem Ehegatten[1] nach inländischem Recht gesetzlich unterhaltsberechtigt sind (§ 33a Absatz 1 Satz 1 und 5, 2. Halbsatz[2] EStG; BFH-Urteil vom 4. Juli 2002, BStBl II S. 760). | 1

1.2 Zum Abzug nicht berechtigende Unterhaltsempfänger

Ein Abzug nach § 33a Absatz 1 EStG kommt nicht in Betracht, wenn der Unterhaltsempfänger | 2

– ein Kind ist, für das ein Anspruch auf Freibeträge für Kinder nach § 32 Absatz 6 EStG oder Kindergeld besteht (§ 33a Absatz 1 Satz 3[3] EStG); andere Leistungen für Kinder und dem inländischen Kindergeld vergleichbare Familienbeihilfen nach ausländischem Recht stehen nach § 65 EStG dem Kindergeld gleich (BFH-Urteil vom 4. Dezember 2003, BStBl 2004 II S. 275)[4];

– der nicht dauernd getrennt lebende und nicht unbeschränkt einkommensteuerpflichtige Ehegatte des Steuerpflichtigen ist und das Veranlagungswahlrecht nach § 26 Absatz 1 Satz 1 i. V. m. § 1a Absatz 1 Nr. 2 EStG gegeben ist, es sei denn, § 26c EStG kommt zur Anwendung;

– der geschiedene oder dauernd getrennt lebende Ehegatte des Steuerpflichtigen ist und der Sonderausgabenabzug nach § 10 Absatz 1 Nr. 1 i. V. mit § 1a Absatz 1 Nr. 1 EStG vorgenommen wird;

– zwar nach ausländischem, aber nicht nach inländischem Recht unterhaltsberechtigt ist, selbst wenn die Unterhaltspflicht des Steuerpflichtigen aufgrund internationalem Privatrechts im Inland verbindlich ist (BFH-Urteil vom 4. Juli 2002, a. a. O.).

2. Feststellungslast / Beweisgrundsätze / Erhöhte Mitwirkungspflicht und Beweisvorsorge des Steuerpflichtigen

Der Steuerpflichtige trägt nach den im Steuerrecht geltenden allgemeinen Beweisgrundsätzen für Steuerermäßigungen die objektive Beweislast (Feststellungslast). Bei Sachverhalten im Ausland müssen sich die Steuerpflichtigen in besonderem Maße um Aufklärung und Beschaffung geeigneter, in besonderen Fällen auch zusätzlicher Beweismittel bemühen (§ 90 Absatz 2 AO). Danach trifft den Steuerpflichtigen bei der Gestaltung der tatsächlichen Verhältnisse eine Pflicht zur Beweisvorsorge. Aus den Unterlagen muss hervorgehen, dass Geldbeträge des Steuerpflichtigen tatsächlich verwendet worden und an den Unterhaltsempfänger gelangt sind. Der Steuerpflichtige muss, wenn er seine Aufwendungen steuerlich geltend machen will, dafür Sorge tragen, dass sichere und leicht nachprüfbare Belege oder Bescheinigungen vorliegen, die den Zugang und Abfluss der Geldbeträge erkennen lassen. Eigenerklärungen oder eidesstattliche Versicherungen sind allein keine ausreichenden Mittel zur Glaubhaftmachung (BFH-Urteil vom 3. Juni 1987, BStBl II S. 675). Unterlagen in ausländischer Sprache ist eine deutsche Übersetzung durch einen amtlich zugelassenen Dolmetscher, ein Konsulat oder eine sonstige zuständige (ausländische) Dienststelle beizufügen. Hierfür anfallende Aufwendungen sind keine Unterhaltsaufwendungen. | 3

Die Erfüllung der Pflichten zur Aufklärung des Sachverhalts und zur Vorsorge und Beschaffung von Beweismitteln muss erforderlich, möglich, zumutbar und verhältnismäßig sein. Ist ein Steuerpflichtiger wegen der besonderen Situation im Wohnsitzstaat der unterhaltenen Person nicht in der Lage, beweisgeeignete Unterlagen zu erlangen, so ist ihm dies unter dem Gesichtspunkt des Beweisnotstands nur nach Würdigung der Gesamtumstände des Einzelfalls anzulasten. Ein Beweisnotstand kann beispielsweise in Betracht kommen, wenn wegen der sozialen oder politischen Verhältnisse (etwa im Falle eines Bürgerkriegs) im Heimatland des Empfängers die Beschaffung von beweiserheblichen Unterlagen nicht möglich oder für den Steuerpflichtigen mit erheblichen Schwierigkeiten verbunden und daher unzumutbar ist (BFH-Urteil vom 2. Juni 2004, BStBl 2005 II S. 483). Die Weigerung der zuständigen Heimatbehörde, die Angaben der unterstützten Person auf der Unterhaltserklärung zu bestätigen, stellt keinen Beweisnotstand dar (Hinweis auf Rz. 7). | 4

3. Nachweis der Unterhaltsbedürftigkeit

Voraussetzung für den Abzug von Unterhaltsaufwendungen ist der Nachweis über die Unterhaltsbedürftigkeit der im Ausland lebenden unterhaltenen Person. Hierzu sind folgende Angaben des Steuerpflichtigen und der unterhaltenen Person erforderlich: | 5

---

[1] Die Voraussetzungen für eine Ehegattenveranlagung nach § 26 Abs. 1 Satz 1 EStG müssen nicht gegeben sein (→ BFH vom 27. 7. 2011 – BStBl II S. 965).
[2] Ab dem VZ 2010: Satz 6, 2. Halbsatz.
[3] Ab dem VZ 2010: Satz 4.
[4] Hinweis auf Schreiben des BfF vom 14. 2. 2002 (BStBl I S. 241).

- das Verwandtschaftsverhältnis der unterhaltenen Person zum Steuerpflichtigen oder seinem Ehegatten,

- Name, Geburtsdatum und -ort, berufliche Tätigkeit, Anschrift, Familienstand der unterhaltenen Person sowie eine Aussage, ob zu ihrem Haushalt noch weitere Personen gehören; diese Angaben sind durch eine Bestätigung der Heimatbehörde (Gemeinde-/Meldebehörde)[1] der unterhaltenen Person nachzuweisen,

- Angaben über Art und Umfang der eigenen Einnahmen (einschließlich Unterhaltsleistungen von dritter Seite) und des eigenen Vermögens der unterhaltenen Person im Kalenderjahr der Unterhaltsleistung sowie eine Aussage darüber, ob die unterhaltene Person nicht, gelegentlich oder regelmäßig beruflich tätig war und ob Unterstützungsleistungen aus öffentlichen Mitteln erbracht worden sind,

  bei erstmaliger Antragstellung sind außerdem detaillierte Angaben darüber zu machen, wie der Unterhalt bisher bestritten worden ist, welche jährlichen Einnahmen vor der Unterstützung bezogen worden sind, ob eigenes Vermögen vorhanden war und welcher Wert davon auf Hausbesitz entfällt. Die Einnahmen sind durch Vorlage geeigneter Unterlagen (z. B. Steuerbescheide, Rentenbescheide, Verdienstbescheinigungen, Bescheide der ausländischen Arbeits- oder Sozialverwaltung) zu belegen,

- Angaben darüber, ob noch andere Personen zum Unterhalt beigetragen haben, welche Unterhaltsbeiträge sie geleistet haben und ab wann und aus welchen Gründen die unterhaltene Person nicht selbst für ihren Lebensunterhalt aufkommen konnte.

6   Zur Erleichterung und Vereinheitlichung der insoweit vorzunehmenden Sachverhaltsaufklärung und zur erleichterten Beweisführung werden zweisprachige Unterhaltserklärungen in den gängigsten Sprachen nach anliegendem Muster aufgelegt und auf den Internetseiten des Bundesministeriums der Finanzen (http://www. formulare-bfinv.de) zum Download bereit gestellt. Die Richtigkeit der darin zu den persönlichen und wirtschaftlichen Verhältnissen geforderten detaillierten Angaben ist durch Unterschrift der unterhaltenen Person zu bestätigen und durch Vorlage geeigneter Unterlagen (z. B. Steuerbescheide, Rentenbescheide, Verdienstbescheinigungen, Bescheide der Arbeits- oder Sozialverwaltung) zu belegen. Für jede unterhaltene Person ist eine eigene Unterhaltserklärung einzureichen. Die Vorlage der Unterhaltserklärung schließt nicht aus, dass das Finanzamt nach den Umständen des Einzelfalls weitere Auskünfte oder Nachweise verlangen kann.[2]

7   Ist eine Unterhaltserklärung als Nachweis für die Bedürftigkeit der unterhaltenen Person nur unvollständig ausgefüllt, so ist grundsätzlich die Bedürftigkeit der sie betreffenden Person nicht anzuerkennen (BFH-Urteil vom 2. Dezember 2004, a. a. O.). Weigert sich die Heimatbehörde, die Angaben auf der zweisprachigen Unterhaltserklärung zu bestätigen (vgl. hierzu auch Rz. 4), kann die behördliche Bestätigung zum Verwandtschaftsverhältnis, zu Name, Geburtsdatum und -ort, zur beruflichen Tätigkeit und Anschrift, zum Familienstand der unterhaltenen Person sowie zu Haushaltsmitgliedern auf anderen Dokumenten erbracht werden.

4. Unterstützung von Personen im erwerbsfähigen Alter (Erwerbsobliegenheit)

8   Bei Personen im erwerbsfähigen Alter ist davon auszugehen, dass sie ihren Lebensunterhalt durch eigene Arbeit verdienen (BFH-Urteil vom 2. Dezember 2004, a. a. O.). Hierzu hat die unterhaltene Person ihre Arbeitskraft als die ihr zur Bestreitung ihres Lebensunterhalts zur Verfügung stehende Quelle in ausreichendem Maße auszuschöpfen (sog. Erwerbsobliegenheit). Für Personen im erwerbsfähigen Alter sind daher – mangels Zwangsläufigkeit – grundsätzlich keine Unterhaltsaufwendungen anzuerkennen. Die Erwerbsobliegenheit ist bei allen unterhaltsberechtigten Personen, die nicht einkommensteuerpflichtig sind, zu prüfen (z. B. auch bei dem im Ausland lebenden Ehegatten[3]). Die in R 33a.1 Absatz 2 Satz 2 i. V. m. Absatz 1 Satz 4 EStR aufgeführte Vereinfachungsregelung gilt in diesen Fällen nicht.

9   Der Einsatz der eigenen Arbeitskraft darf nicht gefordert werden, wenn die unterhaltene Person aus gewichtigen Gründen keiner oder nur in geringem Umfang einer Beschäftigung gegen Entgelt nachgehen kann (BFH-Urteil vom 13. März 1987, BStBl II Seite 599). Als Gründe kommen beispielsweise Alter (ab vollendetem 65. Lebensjahr), Behinderung, schlechter Gesundheitszustand, die Erziehung oder Betreuung von Kindern unter 6 Jahren, die Pflege behinderter Angehöriger, ein ernsthaft und nachhaltig betriebenes Studium oder eine Berufsausbildung in Betracht. Eine von den zuständigen Heimatbehörden bestätigte Arbeitslosigkeit der unterhaltenen Person stellt grundsätzlich keinen gewichtigen Grund dar.

---

[1] Besonderheiten sind den Unterhaltserklärungen für Korea bzw. die Türkei zu entnehmen (vgl. Rz. 6).

[2] Der Abzug von Unterhaltsaufwendungen entfällt trotz Vorlage einer amtlichen Unterhaltsbescheinigung, wenn die Unterhaltsbedürftigkeit nicht glaubhaft ist. Dies ist der Fall, wenn die Unterhaltszahlungen nicht den gesamten Lebensbedarf der unterhaltenen Person abdecken (→ BFH vom 11. 11. 2010 – BStBl 2011 II S. 966).

[3] Bei Unterhaltszahlungen an den im Ausland lebenden Ehegatten ist im Rahmen einer bestehenden Ehegemeinschaft die Erwerbsobliegenheit nicht zu prüfen (→ BFH vom 5. 5. 2010 – BStBl 2011 II S. 115).

Bei Personen unter 65 Jahren, die bereits eine Rente beziehen, kann auf den Einsatz der eigenen Arbeitskraft nur dann verzichtet werden, wenn die Rente auf Grund eines schlechten Gesundheitszustandes oder einer Behinderung gezahlt wird. An den Nachweis einer Behinderung und eines schlechten Gesundheitszustandes sind im Regelfall strenge Anforderungen zu stellen. Der Nachweis ist durch eine Bescheinigung des behandelnden Arztes zu führen, die mindestens Ausführungen zur Art der Krankheit, zum Krankheitsbild und den dadurch bedingten dauernden Beeinträchtigungen bzw. dem Grad der Behinderung der unterstützten Person enthalten muss. Außerdem ist anzugeben, in welchem Umfang die unterstützte Person noch in der Lage ist, einer Erwerbstätigkeit nachzugehen. Entsprechend den in Rz. 3 genannten Grundsätzen ist den Unterlagen eine deutsche Übersetzung beizufügen. Die Vorlage der Bescheinigung eines Arztes schließt nicht aus, dass das Finanzamt nach den Umständen des Einzelfalles weitere Auskünfte oder Nachweise verlangen kann.

5. Nachweis von Aufwendungen für den Unterhalt

5.1. Überweisungen

Post- und Bankbelege

Überweisungen sind grundsätzlich durch Post- oder Bankbelege (Buchungsbestätigung oder Kontoauszüge) nachzuweisen, die die unterhaltene Person als Empfänger ausweisen. Durch solche Unterlagen wird in der Regel in hinreichendem Maße bewiesen, wann und wie viel Geld aus dem Vermögensbereich des Unterhaltsleistenden abgeflossen ist, und es kann im Allgemeinen unterstellt werden, dass diese Beträge auch in den Verfügungsbereich des Adressaten gelangt, nämlich auf dessen Bankkonto im Ausland verbucht bzw. von der Post bar ausgehändigt worden sind (BFH-Urteil vom 14. Mai 1982, BStBl II S. 772). Für den Geldtransfer anfallende Aufwendungen (Porto, Spesen und Bearbeitungsgebühren) sind keine Unterhaltsaufwendungen. | 10

Mehrere Personen

Werden mehrere Personen, die in einem gemeinsamen Haushalt leben, unterhalten, so genügt es, wenn die Überweisungsbelege auf den Namen einer dieser Personen lauten. | 11

Abweichender Kontoinhaber

Bei Überweisungen auf ein nicht auf den Namen der unterhaltenen Person lautendes Konto im Ausland muss der Steuerpflichtige neben den inländischen Zahlungsbelegen eine Bescheinigung der Bank über die Kontovollmacht und über den Zeitpunkt, die Höhe und den Empfänger der Auszahlung vorlegen. | 12

Ersatzbelege

Sind Zahlungsbelege abhanden gekommen, hat der Steuerpflichtige Ersatzbelege zu beschaffen. Die hierfür anfallenden Kosten sind keine Unterhaltsaufwendungen. | 13

5.2. Andere Zahlungswege

Allgemeine Grundsätze

Der Steuerpflichtige kann auch einen anderen Zahlungsweg wählen, wenn die so erbrachte Unterhaltsleistung in hinreichender Form nachgewiesen wird (BFH-Urteil vom 14. Mai 1982, BStBl II S. 774). Entsprechend den unter Rz. 3, 4 dargelegten Grundsätzen sind bei baren Unterhaltszahlungen sowie bei allen anderen Zahlungswegen erhöhte Beweisanforderungen zu erfüllen. Abhebungsnachweise oder detaillierte Empfängerbestätigungen (vgl. Rz. 18) sind erforderlich. Zwischen der Abhebung und jeweiligen Geldübergabe muss ein ausreichender Sachzusammenhang (Zeitraum von höchstens zwei Wochen) bestehen. Die Durchführung der Reise ist stets durch Vorlage von Fahrkarten, Tankquittungen, Grenzübertrittsvermerken, Flugscheinen, Visa usw. nachzuweisen. | 14

Mitnahme von Bargeld bei Familienheimfahrten

Erleichterungen gelten bei Familienheimfahrten des Steuerpflichtigen zu seiner von ihm unterstützten und im Ausland lebenden Familie. Eine Familienheimfahrt liegt nur vor, wenn der Steuerpflichtige seinen im Ausland lebenden Ehegatten besucht, der dort weiter den Familienhaushalt aufrecht erhält. Lebt auch der Ehegatte im Inland und besucht der Steuerpflichtige nur seine im Ausland lebenden Kinder bei den eigenen Eltern, liegt keine Familienheimfahrt vor mit der Folge, dass die allgemeinen Beweisgrundsätze gelten (BFH-Urteil vom 19. Mai 2004, BStBl 2005 II S. 24). | 15

Bei Arbeitnehmern kann grundsätzlich davon ausgegangen werden, dass der Steuerpflichtige je Familienheimfahrt einen Nettomonatslohn für den Unterhalt des Ehegatten, der Kinder und ande- | 16 rer im Haushalt der Ehegatten lebender Angehöriger mitnimmt. Diese Beweiserleichterung gilt nur für bis zu vier im Kalenderjahr nachweislich durchgeführte Familienheimfahrten. Im Rahmen der Beweiserleichterung kann aber höchstens ein Betrag geltend gemacht werden, der sich ergibt, wenn der vierfache Nettomonatslohn um die auf andere Weise erbrachten und nachgewiesenen oder glaubhaft gemachten Zahlungen gekürzt wird (vgl. BFH-Urteil vom 4. August 1994, BStBl 1995 II S. 114).

Macht der Steuerpflichtige höhere Aufwendungen als (pauschal) den vierfachen Nettomonatslohn geltend, müssen alle Zahlungen entsprechend den allgemeinen Grundsätzen nachgewiesen werden.

Beispiel 1:

Ein Arbeitnehmer hat seinen Familienhaushalt (Ehefrau, minderjähriges Kind, verwitwete Mutter) in Spanien (Ländergruppe 1). Er hat im Jahr 2009 nachweislich zwei Heimfahrten unternommen und macht die Mitnahme von Bargeld im Wert von je 1 500 Euro geltend, ohne diese jedoch belegen zu können. Außerdem hat er drei Zahlungen in Höhe von jeweils 1 450 Euro nachgewiesen. Sein Nettomonatslohn beläuft sich auf 1 312 Euro. Die Opfergrenze kommt nicht zur Anwendung.

1. Aufwendungen für den Unterhalt:

Mitnahme von Bargeld	2 624 Euro
(2 tatsächliche Familienheimfahrten × 1 312 Euro, Rz. 16 Satz 1)	
Überweisungen (3 × 1 450 Euro)	4 350 Euro
Summe	6 974 Euro

2. Berechnung der abziehbaren Unterhaltsaufwendungen:

Vierfacher Nettomonatslohn (1 312 Euro × 4)	5 248 Euro
(jährlich höchstens anzusetzen im Rahmen der Beweiserleichterung)	
./. Anderweitig nachgewiesene Zahlungen	4 350 Euro
Verbleibender Betrag im Rahmen der Beweiserleichterung	898 Euro
Anzusetzende Unterhaltsaufwendungen (4 350 Euro + 898 Euro)	5 248 Euro

Geldtransfer durch eine Mittelsperson

17 Der Geldtransfer durch eine Mittelsperson (hierzu zählt auch ein neutrales gewerbliches Transportunternehmen) kann grundsätzlich nicht anerkannt werden. Dies gilt nicht, wenn wegen der besonderen Situation im Wohnsitzstaat (z. B. Krisengebiet) ausnahmsweise kein anderer Zahlungsweg möglich ist. In diesem Fall sind neben der Identität der Mittelsperson (Name und Anschrift) der genaue Reiseverlauf darzustellen sowie ein lückenloser Nachweis über die Herkunft des Geldes im Inland und über jeden einzelnen Schritt bis zur Übergabe an die unterhaltene Person zu erbringen. Die Durchführung der Reise durch eine private Mittelsperson ist stets durch die Vorlage von Fahrkarten, Tankquittungen, Grenzübertrittsvermerken, Flugscheinen, Visa usw. nachzuweisen.

Empfängerbestätigung

18 Eine Empfängerbestätigung muss für die Übergabe jedes einzelnen Geldbetrags ausgestellt werden. Sie muss den Namen und die Anschrift des Steuerpflichtigen und der unterhaltenen Person, den Ort, das Datum der Ausstellung und die Unterschrift des Empfängers sowie den Zeitpunkt der Geldübergabe enthalten. Um die ihr zugedachte Beweisfunktion zu erfüllen, muss sie Zug um Zug gegen Hingabe des Geldes ausgestellt werden. Nachträglich ausgestellte oder zusammengefasste Empfängerbestätigungen sind nicht anzuerkennen.

6. Aufteilung einheitlicher Unterhaltsleistungen auf mehrere Personen

19 Werden Personen unterhalten, die in einem gemeinsamen Haushalt leben, sind die insgesamt nachgewiesenen bzw. glaubhaft gemachten Aufwendungen einheitlich nach Köpfen aufzuteilen, auch soweit unterhaltene Personen nicht zu den zum Abzug berechtigten Unterhaltsempfängern (Rz. 2) gehören (BFH-Urteile vom 12. November 1993, BStBl 1994 II S. 731 und vom 19. Juni. 2002, BStBl II S. 753).

Beispiel 2:

Ein Steuerpflichtiger unterstützt im Jahr 2009 seine Ehefrau, sein minderjähriges Kind (Kindergeld wird gewährt), seine verwitwete Mutter und seine Schwester, die im Heimatland in einem gemeinsamen Haushalt leben, mit 6 000 Euro.

Von den Aufwendungen für den Unterhalt in Höhe von 6 000 Euro entfallen auf jede unterstützte Person 1 500 Euro (6 000 Euro : 4). Die Schwester des Steuerpflichtigen und das minderjährige Kind gehören nicht zu den zum Abzug berechtigenden Unterhaltsempfängern (Rz. 1). Abziehbar sind – vorbehaltlich anderer Abzugsbeschränkungen – lediglich die für die Ehefrau (1 500 Euro) und die Mutter (1 500 Euro) erbrachten Aufwendungen.

7. Unterstützung durch mehrere Personen

7.1. Unterstützung durch mehrere unbeschränkt einkommensteuerpflichtige Personen

Werden Aufwendungen für eine unterhaltene Person von mehreren unbeschränkt Einkommen-   20
steuerpflichtigen getragen, so wird bei jedem der Teil des sich hiernach ergebenden Betrags abgezogen, der seinem Anteil am Gesamtbetrag der Leistung entspricht (§ 33a Absatz 1 Satz 6[1] EStG).

Beispiel 3

Vier Töchter A, B, C und D unterstützen ihren in einem Land der Ländergruppe 1 (keine Kürzung) lebenden bedürftigen Vater im Jahr 2 009 mit jeweils 250 Euro.

Der Abzug der Aufwendungen für den Unterhalt von insgesamt 12 000 Euro ist auf den Höchstbetrag von 7 680 Euro[2] (§ 33a Absatz 1 Satz 1 EStG) beschränkt. Dieser ist entsprechend dem Anteil der Töchter am Gesamtbetrag der Leistungen mit jeweils 1 920 Euro (7 680 Euro : 4) abziehbar.

7.2. Unterstützung durch eine im Inland nicht unbeschränkt einkommensteuerpflichtige Person

Tragen mehrere Personen zum Unterhalt bei und ist eine davon im Inland nicht unbeschränkt ein-   21
kommensteuerpflichtig, wird diese bei der Aufteilung des abziehbaren Betrags nicht berücksichtigt. Deren Unterhaltsleistungen sind bei der unterhaltenen Person als Bezüge (Rz. 28) zu erfassen.

Beispiel 4:

Sachverhalt wie Beispiel 3, die Tochter D lebt jedoch in Frankreich.

Höchstbetrag (§ 33a Absatz 1 Satz 1 EStG)		7 680 Euro[3]
– anrechenbare Bezüge (250 Euro × 12)	3 000 Euro	
Kostenpauschale	– 180 Euro	
	2 820 Euro	
anrechnungsfreier Betrag	– 624 Euro	
anzurechnende Bezüge	2 196 Euro	2 196 Euro
abziehbarer Höchstbetrag		5 484 Euro

Bei den Töchtern A, B und C ist wegen ihrer Leistungen in gleicher Höhe jeweils ein Betrag von 1 828 Euro (5 484 Euro : 3) abzuziehen.

8. Zeitanteilige Ermäßigung des Höchstbetrags

8.1. Feststellung der Monate der Unterhaltszahlungen

Für jeden vollen Kalendermonat, in dem die allgemeinen Voraussetzungen für den Abzug von Auf-   22
wendungen für den Unterhalt nicht vorgelegen haben, ermäßigt sich der nach Rz. 32 in Betracht kommende Höchstbetrag um ein Zwölftel (§ 33a Absatz 3 Satz 1 EStG). Es ist deshalb festzustellen, für welche Monate Zahlungen geleistet wurden.

Beispiel 5:

Der Steuerpflichtige unterstützt seine in Italien (Ländergruppe 1) lebende bedürftige 70 Jahre alte Mutter durch monatliche Überweisungen vom Juni bis Dezember 2009 in Höhe von 800 Euro.

Nachgewiesene Aufwendungen für den Unterhalt	5 600 Euro
Höchstbetrag (§ 33a Absatz 1 Satz 1 EStG)	7 680 Euro
Zeitanteilige Ermäßigung des Höchstbetrags um $^{5}/_{12}$	
(§ 33a Absatz 4 Satz 1 EStG, erste Zahlung im Juni)	– 3 200 Euro[4]
Abziehbare Aufwendungen für den Unterhalt ($^{7}/_{12}$)	4 480 Euro

---

[1] Ab dem VZ 2010: Satz 7.
[2] Ab dem VZ 2010 beträgt der Höchstbetrag nach § 33a Absatz 1 Satz 1 EStG 8 004 Euro.
[3] Ab dem VZ 2010 beträgt der Höchstbetrag nach § 33a Absatz 1 Satz 1 EStG 8 004 Euro.
[4] Ab dem VZ 2010 beträgt der Höchstbetrag nach § 33a Absatz 1 Satz 1 EStG 8 004 Euro.

8.2. Zeitliche Zuordnung der Unterhaltsaufwendungen

23 Unterhaltsaufwendungen können nur abgezogen werden, soweit sie dem laufenden Lebensbedarf der unterhaltenen Person im Kalenderjahr der Leistung dienen.[1]

24 Auch nur gelegentliche oder einmalige Leistungen im Kalenderjahr können Aufwendungen für den Unterhalt sein. Die Unterstützung und die Eignung der Leistungen zur Deckung des laufenden Unterhalts sind dabei besonders sorgfältig zu prüfen. Unterhaltsaufwendungen dürfen aber grundsätzlich nicht auf Monate vor ihrer Zahlung zurückbezogen werden. Dabei ist davon auszugehen, dass der Unterhaltsverpflichtete seine Zahlungen so einrichtet, dass sie zur Deckung des Lebensbedarfs der unterhaltenen Person bis zum Erhalt der nächsten Unterhaltszahlung dienen. Etwas anderes gilt, wenn damit Schulden getilgt werden, die der unterhaltenen Person in den vorangegangenen Monaten des Jahres durch Bestreitung von Lebenshaltungskosten entstanden sind, und wenn der Steuerpflichtige dies nachweist (BFH-Urteil vom 2. Dezember 2004, a. a. O.).

25 Soweit Zahlungen nicht ausschließlich dazu bestimmt sind, den Unterhaltsbedarf des laufenden sondern auch des folgenden Jahres abzudecken, können die gesamten Unterhaltsaufwendungen nur im Jahr der Zahlung, nicht jedoch im Folgejahr berücksichtigt werden. Dabei wird zugunsten des Steuerpflichtigen unterstellt, dass die Zahlung der Bedarfsdeckung bis zum Ende des Kalenderjahres der Zahlung dient.

Beispiel 6:

Der Steuerpflichtige überweist erstmals im Dezember 2009 einen Betrag von 3 000 Euro an seinen bedürftigen Vater in einem Land der Ländergruppe 1 (keine Kürzung). Die Zahlung ist für den Unterhalt bis zum 30. 06. 2010 bestimmt.

Die Unterhaltszahlung ist in 2009 abgeflossen (§ 11 Absatz 2 EStG). Die Unterhaltsaufwendungen sind mit 640 Euro ($^{1}/_{12}$ von 7 680 Euro) abziehbar. Eine Berücksichtigung in 2010 ist nicht möglich.

8.3. Vereinfachungsregelungen

26 Aus Vereinfachungsgründen kann davon ausgegangen werden, dass

– Unterhaltsleistungen an den Ehegatten stets zur Deckung des Lebensbedarfs des gesamten Kalenderjahrs bestimmt sind;

– bei Unterhaltsleistungen an andere unterhaltene Personen die einzelne Zahlung ohne Rücksicht auf die Höhe ab dem Zeitpunkt, in dem sie geleistet wurde, zur Deckung des Lebensbedarfs der unterhaltenen Person bis zur nächsten Zahlung reicht. Dies gilt auch, wenn einzelne Zahlungen den auf einen Monat entfallenden anteiligen Höchstbetrag nicht erreichen;

– die einzige oder letzte Unterhaltsleistung im Kalenderjahr der Bedarfsdeckung bis zum Schluss des Kalenderjahrs dient;

– bei jeder nachgewiesenen Familienheimfahrt Unterhalt geleistet wird (Rz. 15, 16);

– Unterhaltsleistungen an den Ehegatten auch zum Unterhalt anderer Personen bestimmt sind, die mit diesem in einem gemeinsamen Haushalt (Rz. 19) leben.

Beispiel 7:

Der Steuerpflichtige unterstützt im Kalenderjahr 2009 seine in einem Land der Ländergruppe 1 (keine Kürzung) lebende bedürftige Ehefrau durch eine einmalige Zahlung im Monat Juli in Höhe von 5 000 Euro.

Es ist davon auszugehen, dass die Aufwendungen für den Unterhalt an die Ehefrau zur Deckung des Lebensbedarfs des gesamten Kalenderjahres bestimmt sind. Die Aufwendungen für den Unterhalt sind in voller Höhe (5 000 Euro) abziehbar.

Beispiel 8:

Der Steuerpflichtige unterstützt seinen in einem Land der Ländergruppe 2 (Kürzung des Höchstbetrages auf ¾ bzw. 5 760 Euro) lebenden bedürftigen schwerkranken Vater durch gelegentliche Überweisungen im Laufe des Kalenderjahres 2009 in Höhe von 3 200 Euro, und zwar im Februar mit 1 200 Euro und im November mit 2 000 Euro.

Es ist aus Vereinfachungsgründen davon auszugehen, dass die Zahlung im Februar ohne Rücksicht auf die Höhe zur Deckung des Lebensbedarfs des Vaters bis zur nächsten Zahlung im November reicht.

Die tatsächlich geleisteten Unterhaltszahlungen sind in voller Höhe (3 200 Euro) abziehbar, da sie unter dem anteiligen Höchstbetrag von 5 280 Euro ($^{11}/_{12}$ von 5 760 Euro) liegen.

---

[1] Bestätigt durch BFH vom 11. 11. 2010 (BStBl 2011 II S. 966).

Beispiel 9:

Der Steuerpflichtige unterstützt im Kalenderjahr 2009 seine in einem Land der Ländergruppe 1 (keine Kürzung) lebende bedürftige 80 Jahre alte Mutter durch eine einmalige Zahlung im Monat Juli in Höhe von 5 000 Euro.

Es ist davon auszugehen, dass die Aufwendungen für den Unterhalt an die Mutter der Bedarfsdeckung bis zum Schluss des Kalenderjahres dienen. Von den tatsächlichen Aufwendungen für den Unterhalt in Höhe von 5 000 Euro sind jedoch unter Berücksichtigung der zeitanteiligen Kürzung des Höchstbetrags nach § 33a Absatz 3 Satz 1 EStG lediglich 3 840 Euro ($^6/_{12}$ von 7 680 Euro) abziehbar.

Beispiel 10:

Wie Beispiel 9, aber der Steuerpflichtige leistet vier Zahlungen in Höhe von insgesamt 8 000 Euro (je 2 000 Euro im Februar, Juni, August und November).

Es ist davon auszugehen, dass von Februar an (Zeitpunkt der ersten Unterhaltsleistung) Unterhalt erbracht wurde und dass die letzte Unterhaltsrate der Bedarfsdeckung bis zum Ende des Kalenderjahrs dient. Die tatsächlichen Aufwendungen in Höhe von 8 000 Euro sind damit unter Berücksichtigung der zeitanteiligen Kürzung des Höchstbetrags nach § 33a Absatz 3 Satz 1 EStG lediglich in Höhe von 7 040 Euro ($^{11}/_{12}$ von 7 680 Euro) abziehbar.

8.4. Zeitpunkt des Abflusses der Unterhaltsleistung

Eine Unterhaltsleistung ist in dem Zeitpunkt abgeflossen, in dem der Steuerpflichtige die wirtschaftliche Verfügungsmacht über das Geld verliert. Für Überweisungen bedeutet dies, dass die Leistung grundsätzlich mit Abgabe des Überweisungsträgers bei der Überweisungsbank, spätestens jedoch mit der Lastschrift (Wertstellung) bei der unterstützenden Person abgeflossen ist (BFH-Urteil vom 6. März 1997, BStBl II Seite 509). 27

Beispiel 11:

Der Steuerpflichtige überweist mit Wertstellung 23. Dezember 2009 einen Betrag von 3 000 Euro an seine bedürftige Mutter in der Türkei. Das Geld wird am 6. Januar 2010 auf dem Konto der Mutter gutgeschrieben.

Die Unterhaltsleistung ist in 2009 abgeflossen (§ 11 Absatz 2 EStG). Daher sind die Unterhaltsaufwendungen als Leistungen des Monats Dezember 2009 zu berücksichtigen. Eine Berücksichtigung in 2010 ist nicht möglich.

9. Anrechnung eigener Bezüge der unterhaltenen Personen

9.1. Begriff der Bezüge

Bezüge sind alle Einnahmen in Geld oder Geldeswert, die nicht im Rahmen der einkommensteuerrechtlichen Einkunftsermittlung erfasst werden. Bezüge im Ausland, die – wenn sie im Inland anfielen – Einkünfte wären, sind wie inländische Einkünfte zu ermitteln. Unter Beachtung der Ländergruppeneinteilung (Rz. 32) sind Sachbezüge nach der jeweils geltenden Sozialversicherungsentgeltverordnung mit dem sich ergebenden Anteil anzusetzen. Werbungskosten-Pauschbeträge, Sparer-Pauschbetrag und die Kostenpauschale (Rz. 30) sind jedoch nicht zu kürzen. 28

9.2. Umrechnung ausländischer Bezüge

Ausländische Bezüge sind in Euro umzurechnen. Hierfür können die jährlich vom Bundeszentralamt für Steuern im Bundessteuerblatt Teil I für Zwecke des Familienleistungsausgleichs veröffentlichten Devisenkurse zugrunde gelegt werden (§ 32 Absatz 4 Satz 10 EStG ist dabei entsprechend anzuwenden). 29

9.3. Berücksichtigung der Kostenpauschale

Bei Bezügen, die nicht wie inländische Einkünfte ermittelt werden, ist eine Kostenpauschale von 180 Euro (unabhängig von der Ländergruppeneinteilung) zu berücksichtigen, wenn nicht höhere Aufwendungen geltend gemacht werden. 30

Beispiel 12:

Ein Steuerpflichtiger unterstützt seine im Heimatland (Ländergruppe 2, Kürzung auf ¾) lebenden Eltern durch zwei Überweisungen am 3. April und am 6. September 2009 von jeweils 750 Euro. Der Vater erzielt im Jahr Kalenderjahr 2009 Bezüge aus gewerblicher Tätigkeit (Rz. 28) von – umgerechnet – 1 000 Euro im Kalenderjahr. Die Mutter bezieht eine Rente von – umgerechnet – 1 440 Euro im Kalenderjahr.

1. Höhe der Aufwendungen für den Unterhalt

Nachgewiesene Zahlungen	1 500 Euro

2. Berechnung der Höchstbeträge

Berechnung der Höchstbeträge: 7 680 Euro[1] × 2		15 360 Euro
Zeitanteilige Ermäßigung auf $^9/_{12}$ (§ 33a Absatz 4 Satz 1 EStG) (Erste Zahlung im April)		11 520 Euro
Ermäßigung nach der Ländergruppeneinteilung auf ¾		8 640 Euro

3. Berechnung der anzurechnenden Bezüge

3.1 Bezüge aus gewerblicher Tätigkeit (Vater)	1 000 Euro	750 Euro
Im Unterstützungszeitraum anteilig: $^9/_{12}$ (April bis Dezember, § 33a Absatz 4 Satz 2 EStG)		
3.2 Renteneinnahmen (Mutter) (Erfassung der Rente in voller Höhe)	1 440 Euro	
Werbungskostenpauschbetrag 102 Euro (für den den sonstigen Einkünften vergleichbaren Rentenanteil)	102 Euro	
Kostenpauschale 180 Euro (für den Rentenanteil, der bei einer inländischen Rente als Bezug zu erfassen wäre)	− 180 Euro	
Anzusetzende Rente	1 158 Euro	
Im Unterstützungszeitraum angefallen: $^9/_{12}$ (April bis Dezember, § 33a Absatz 4 Satz 2 EStG)		868 Euro
3.3 Summe der anteilig anzurechnenden Bezüge (April bis Dezember, § 33a Absatz 4 Satz 2 EStG)		1 618 Euro
Anrechnungsfreier Betrag (§ 33a Absatz 1 Satz 4[2] EStG): 624 Euro × 2	1 248 Euro	
Kürzung nach der Ländergruppeneinteilung auf ¾	936 Euro	
Im Unterstützungszeitraum anteilig zu berücksichtigen: $^9/_{12}$		702 Euro
Summe der anzurechnenden Bezüge		916 Euro

4. Berechnung des abziehbaren Höchstbetrags

Ermäßigte zeitanteilige Höchstbeträge (Nr. 2)	8 640 Euro
Anzurechnende Bezüge (Nr. 3)	− 916 Euro
Abziehbarer Höchstbetrag	7 724 Euro

Abziehbar sind jedoch höchstens die nachgewiesenen Unterhaltsaufwendungen in Höhe von 1 500 Euro (Nr. 1).

9.4. Unterstützungszeitraum / Schwankende Bezüge

31 Bezüge der unterhaltenen Person, die auf Kalendermonate entfallen, in denen die Voraussetzungen für die Anerkennung von Aufwendungen für den Unterhalt nicht vorlagen, vermindern nicht den ermäßigten Höchstbetrag (§ 33a Absatz 4 Satz 2 EStG). Bei schwankenden Bezügen ist aus Vereinfachungsgründen keine monatliche Betrachtungsweise bzw. Zuordnung vorzunehmen, sondern der jeweilige Unterstützungszeitraum als Ganzes zu sehen.

10. Abzugsbeschränkungen

10.1. Verhältnisse des Wohnsitzstaates (Ländergruppeneinteilung)

32 Aufwendungen für den Unterhalt können nur abgezogen werden, soweit sie nach den Verhältnissen des Wohnsitzstaates notwendig und angemessen sind (§ 33a Absatz 1 Satz 3[3] EStG). Als Maßstab gilt ab 2004 grundsätzlich das Pro-Kopf-Einkommen der Bevölkerung.

Die Ländergruppeneinteilung und die sich hiernach ergebenden Kürzungen für die einzelnen Staaten werden durch BMF-Schreiben bekannt gegeben (zuletzt durch BMF-Schreiben vom 6. November 2009, BStBl I Seite 1323)[4].

Vorübergehende Inlandsbesuche eines Unterhaltsempfängers mit Wohnsitz im Ausland führen unabhängig davon, dass nicht nachgewiesene Aufwendungen in Höhe des inländischen existenz-

---

[1] Ab dem VZ 2010 beträgt der Höchstbetrag nach § 33a Absatz 1 Satz 1 EStG 8 004 Euro.
[2] Ab dem VZ 2010: Satz 5.
[3] Ab dem VZ 2010: Satz 6.
[4] → Anhang 2 III.

notwendigen Bedarfs je Tag geschätzt werden können, nicht zu einem Aussetzen der Ländergruppeneinteilung (BFH-Urteil vom 5. Juni 2003, BStBl II Seite 714).

Der Höchstbetrag nach § 33a Absatz 1 Satz 1 EStG und der anrechnungsfreie Betrag nach § 33a Absatz 1 Satz 4[1] EStG sind entsprechend der Ländergruppeneinteilung zu kürzen.   33

10.2 Opfergrenzenregelung

Sinn und Zweck der Opfergrenze

Eine Abzugsbeschränkung von Unterhaltsaufwendungen kann sich auch durch die Berücksichtigung der Verhältnisse des Steuerpflichtigen selbst und die Anwendung der sog. Opfergrenze ergeben (vgl. hierzu Rz. 9 – 11 des BMF-Schreibens „Allgemeine Hinweise zur Berücksichtigung von Unterhaltsaufwendungen nach § 33a Absatz 1 EStG als außergewöhnliche Belastung" vom 7. Juni 2010).   34

Beispiel 13:

Ein unbeschränkt einkommensteuerpflichtiger ausländischer Arbeitnehmer unterstützt seine im Heimatland (Ländergruppe 1, keine Kürzung) in einem gemeinsamen Haushalt lebenden Angehörigen, und zwar seine Ehefrau, sein minderjähriges Kind (Kindergeld wird gewährt) und seine Schwiegereltern. Er hatte im Kalenderjahr 2009 Aufwendungen für den Unterhalt in Höhe von 8 400 Euro. Die Unterhaltsbedürftigkeit der Ehefrau und der Schwiegereltern ist nachgewiesen. Alle Personen haben keine Bezüge. Der Steuerpflichtige hat Einnahmen (Bruttoarbeitslohn, Steuererstattungen, Kindergeld) in Höhe von 27 998 Euro. Die Abzüge von Lohn- und Kirchensteuer und Solidaritätszuschlag betragen 4 196 Euro. Die Arbeitnehmerbeiträge zur Sozialversicherung belaufen sich auf 5 852 Euro. An Werbungskosten sind ihm 4 250 Euro entstanden.

1. Die Aufwendungen für den Unterhalt sind nach Köpfen auf alle unterstützten Personen aufzuteilen (Rz. 19). Hiernach entfallen auf jede unterstützte Person 2 100 Euro (8 400 Euro : 4)

2. Das minderjährige Kind, für das Kindergeld gewährt wird, gehört nicht zu den begünstigten Unterhaltsempfängern (Rz. 2). Insoweit kommt ein Abzug nicht in Betracht.

3. Für die Unterhaltsleistungen an die Ehefrau gilt die Opfergrenzenregelung nicht. Sie sind in voller Höhe (2 100 Euro) abziehbar.

4. Für die Unterhaltsleistungen an die Schwiegereltern (4 200 Euro) kann eine Begrenzung durch die Opfergrenze in Betracht kommen.

4.1 Berechnung des Nettoeinkommens

Verfügbare Einnahmen (Bruttoarbeitslohn, Steuererstattungen, Kindergeld)	27 998 Euro
– Abzüge für Lohn- und Kirchensteuer und Solidaritätszuschlag	– 4 196 Euro
– Arbeitnehmerbeiträge zur Sozialversicherung	– 5 852 Euro
– Werbungskosten	– 4 250 Euro
Bemessungsgrundlage für die Ermittlung der Opfergrenze (Nettoeinkommen)	13 700 Euro

4.2 Berechnung der Opfergrenze

1 % je volle 500 Euro des Nettoeinkommens (13 700 Euro : 500 Euro = 27,4)	27 % (abgerundet)
abzgl. je 5 %-Punkte für Ehefrau und Kind	– 10 %
Maßgebender Prozentsatz für die Berechnung der Opfergrenze	17 %

Die Opfergrenze liegt somit bei 2 329 Euro (17 % von 13 700 Euro).

5. Berechnung der Abzugsbeträge

5.1 Aufwendungen für den Unterhalt an die Ehefrau: Nachgewiesene Zahlungen (Nr. 3)	2 100 Euro
5.2 Aufwendungen für den Unterhalt an die Schwiegereltern: Nachgewiesene Zahlungen (Nr. 4): 4 200 Euro, davon höchstens zu berücksichtigen (Opfergrenze, Nr. 4.2)	2 329 Euro
Summe der abziehbaren Unterhaltsaufwendungen	4 429 Euro

---

[1] Ab dem VZ 2010: Satz 5.

11. Anwendungsregelung

35   Rz. 8 ist hinsichtlich der Prüfung der Erwerbsobliegenheit bei unterstützten nicht unbeschränkt einkommensteuerpflichtigen Personen im EU-/EWR-Gebiet ab dem Veranlagungszeitraum 2010 anzuwenden. Soweit nach den Rz. 11, 19 und 26 bei der Aufteilung einheitlicher Unterhaltsleistungen auf mehrere Personen nur noch die in einem Haushalt lebenden Personen berücksichtigt werden, sind die Änderungen ebenfalls erst ab dem Veranlagungszeitraum 2010 anzuwenden. Im Übrigen gelten die vorstehenden Grundsätze für alle offenen Fälle und ersetzen das BMF-Schreiben vom 9. Februar 2006 (BStBl I Seite 217).

II.

Allgemeine Hinweise zur Berücksichtigung von Unterhaltsaufwendungen nach § 33a Absatz 1 EStG als außergewöhnliche Belastung

BMF vom 7. 6. 2010 (BStBl I S. 588)

IV C 4 – S 2285/07/0006 :001 – 2010/0415733

Inhaltsübersicht

Im Einvernehmen mit den obersten Finanzbehörden der Länder gelten für die steuerliche Behandlung von Unterhaltsaufwendungen als außergewöhnliche Belastung nach § 33a Absatz 1 EStG die folgenden allgemeinen Grundsätze. Wesentliche Änderungen gegenüber den bisherigen Regelungen sind durch Fettdruck hervorgehoben.

1. Begünstigter Personenkreis

1   Nach § 33a Absatz 1 Satz 1 EStG sind Aufwendungen für den Unterhalt und die Berufsausbildung einer dem Steuerpflichtigen oder seinem Ehegatten gegenüber gesetzlich unterhaltsberechtigten Person bis zu dem vorgesehenen Höchstbetrag als außergewöhnliche Belastung zu berücksichtigen. Gesetzlich unterhaltsberechtigt sind seit dem 1. August 2001 auch die Partner einer eingetragenen Lebenspartnerschaft (BFH-Urteil vom 20. Juli 2006, BStBl II Seite 883).

2   Den gesetzlich Unterhaltsberechtigten stehen nach § 33a Absatz 1 Satz 2[1] EStG Personen gleich, bei denen die inländische öffentliche Hand ihre Leistungen (z. B. Sozialhilfe oder Arbeitslosengeld II) wegen der Unterhaltsleistungen des Steuerpflichtigen ganz oder teilweise nicht gewährt oder, wenn ein entsprechender Antrag gestellt würde, ganz oder teilweise nicht gewähren würde (sog. sozialrechtliche Bedarfsgemeinschaft). Unterhaltsleistungen des Steuerpflichtigen für seinen bedürftigen im Inland lebenden ausländischen Lebensgefährten können auch nach § 33a Absatz 1 Satz 2[1] EStG abziehbar sein, wenn der Lebensgefährte bei Inanspruchnahme von Sozialhilfe damit rechnen müsste, keine Aufenthaltsgenehmigung zu erhalten oder ausgewiesen zu werden (BFH-Urteil vom 20. April 2006, BStBl 2007 II Seite 41).

2. Besonderheiten bei gleichgestellten Personen

3   Als Personen, die gesetzlich unterhaltsberechtigten Personen gleichstehen, kommen insbesondere Partner einer eheähnlichen Gemeinschaft oder in Haushaltsgemeinschaft mit dem Steuerpflichtigen lebende Verwandte und Verschwägerte in Betracht (BFH-Urteil vom 23. Oktober 2002, BStBl 2003 II Seite 187). Seit dem 1. August 2006 können dies auch Partner einer gleichgeschlechtlichen Lebensgemeinschaft (lebenspartnerschaftsähnliche Gemeinschaft) sein (§ 7 Absatz 3 Nummer 3c i. V. m. Absatz 3a SGB II und § 20 SGB XII). Ob eine Gemeinschaft in diesem Sinne vorliegt, ist ausschließlich nach sozialrechtlichen Kriterien zu beurteilen (sozialrechtliche Bedarfsgemeinschaft).

---

[1] Ab dem VZ 2010: Satz 3.

Hat die unterhaltene Person Leistungen der inländischen öffentlichen Hand erhalten, die zur 4
Bestreitung des Unterhalts bestimmt oder geeignet sind, sind diese Beträge als Bezüge der unterhaltenen Person im Rahmen des § 33a Absatz 1 Satz 4[1] EStG zu berücksichtigen. Bei Vorliegen
einer sozialrechtlichen Bedarfsgemeinschaft zwischen der unterhaltenen Person und dem Steuerpflichtigen werden typischerweise Sozialleistungen gekürzt oder nicht gewährt, da bei Prüfung der
Hilfsbedürftigkeit der unterhaltenen Person nicht nur deren eigenes Einkommen und Vermögen,
sondern auch das Einkommen und Vermögen der mit ihm in der Bedarfsgemeinschaft lebenden
Personen berücksichtigt wird. Deshalb sind nach dem SGB II in die Prüfung eines Anspruchs auf
Arbeitslosengeld II die Einkünfte und das Vermögen des Partners einer eheähnlichen oder lebenspartnerschaftsähnlichen Gemeinschaft einzubeziehen.

Da die Vorschriften des § 20 Satz 1 SGB XII und der §§ 7 Absatz 3 Nummer 3c i. V. m. Absatz 3a, 9 5
Absatz 2 SGB II eheähnliche und lebenspartnerschaftsähnliche Gemeinschaften faktisch wie Ehegatten behandeln, bestehen keine Bedenken, wenn in diesen Fällen grundsätzlich davon ausgegangen wird, dass bei der unterstützten Person die Voraussetzungen des § 33a Absatz 1 Satz 2[2]
EStG vorliegen, auch wenn sie keinen Antrag auf Sozialhilfe oder Arbeitslosengeld II gestellt hat.
Bei Vorliegen einer Haushaltsgemeinschaft mit Verwandten oder Verschwägerten kann aus Vereinfachungsgründen ebenfalls auf die Vorlage eines Kürzungs- oder Ablehnungsbescheids verzichtet werden, obwohl in diesen Fällen lediglich die widerlegbare Vermutung einer Unterhaltsgewährung besteht (§ 9 Absatz 5 SGB II, § 36 SGB XII).

Wird auf die Vorlage eines Kürzungs- oder Ablehnungsbescheids verzichtet, setzt die steuermin- 6
dernde Berücksichtigung der Unterhaltsleistungen voraus, dass die unterstützte Person schriftlich
versichert,

– dass sie für den jeweiligen Veranlagungszeitraum keine zum Unterhalt bestimmten Mittel aus
  inländischen öffentlichen Kassen erhalten und auch keinen entsprechenden Antrag gestellt hat,

– dass im jeweiligen Veranlagungszeitraum eine sozialrechtliche Bedarfsgemeinschaft (§§ 7
  Absatz 3 Nummer 3c i. V. m. Absatz 3a, 9 Absatz 2 SGB II) mit dem Steuerpflichtigen bestand
  und

– über welche anderen zum Unterhalt bestimmten Einkünfte und Bezüge sowie über welches
  Vermögen sie verfügt hat.

Die Vorlage der oben genannten Erklärung schließt im Einzelfall nicht aus, dass das Finanzamt 7
weitere Nachweise oder Auskünfte verlangen und ggf. ein Auskunftsersuchen an die zuständigen
Behörden (§ 93 AO) stellen kann.

In entsprechender Anwendung der R 33a.1 Absatz 1 Satz 5 EStR ist auch bei Unterhaltszahlungen 8
an gleichgestellte Personen davon auszugehen, dass dem Steuerpflichtigen Unterhaltsaufwendungen in Höhe des maßgeblichen Höchstbetrags erwachsen. Wegen möglicher Abzugsbeschränkungen wird auf die Ausführungen unter Tz. 3.3. (Rz. 12) verwiesen.

3. Abzugsbeschränkung/Ermittlung der abzugsfähigen Unterhaltsaufwendungen unter Berück-
sichtigung des verfügbaren Nettoeinkommens

3.1 Ermittlung des verfügbaren Nettoeinkommens

Eine Beschränkung der Abziehbarkeit von Aufwendungen für den Unterhalt kann sich durch die 9
Berücksichtigung der Verhältnisse des Steuerpflichtigen selbst ergeben. Es ist zu prüfen, inwieweit
der Steuerpflichtige zur Unterhaltsleistung unter Berücksichtigung seiner persönlichen Einkommensverhältnisse verpflichtet ist bzw. bis zu welcher Höhe ihm die Übernahme der Unterhaltsleistungen überhaupt möglich ist. Hierfür ist es notwendig, das verfügbare Nettoeinkommen des Steuerpflichtigen zu ermitteln.

Bei der Ermittlung des verfügbaren Nettoeinkommens sind alle steuerpflichtigen Einkünfte i. S. d. 10
§ 2 Absatz 1 EStG (Gewinneinkünfte i. S. d. §§ 13 – 18 EStG – z. B. unter Berücksichtigung des
Investitionsabzugsbetrages und erhöhter Absetzungen –, Überschusseinkünfte i. S. d. §§ 19 – 23
EStG – auch unter Berücksichtigung privater Veräußerungsgeschäfte –), alle steuerfreien Einnahmen (z. B. Kindergeld und vergleichbare Leistungen, Leistungen nach dem SGB II, SGB III und
BEEG, ausgezahlte Arbeitnehmer-Sparzulagen nach dem 5. VermBG, Eigenheimzulage, steuerfreier Teil der Rente) sowie etwaige Steuererstattungen (Einkommensteuer, Kirchensteuer, Solidaritätszuschlag) anzusetzen.[3] Wegen der Besonderheiten bei der Berücksichtigung von Kindergeld
wird auch auf die Ausführungen unter Rz. 12 verwiesen.

Abzuziehen sind die entsprechenden Steuervorauszahlungen und -nachzahlungen sowie die Steuerabzugsbeträge (Lohn- und Kirchensteuern, Kapitalertragsteuer, Solidaritätszuschlag).

---

[1] Ab dem VZ 2010: Satz 5.
[2] Ab dem VZ 2010: Satz 3.
[3] *Die Berechnung des verfügbaren Nettoeinkommens ist bei Selbständigen auf Grundlage eines Dreijahreszeitraums vorzunehmen. Steuerzahlungen sind dabei in dem Jahr abzuziehen, in dem sie gezahlt worden
sind (→ BFH vom 31.3.2012 – BStBl 2012 II S. 769).*

Ferner sind die unvermeidbaren Versicherungsbeiträge mindernd zu berücksichtigen (gesetzliche Sozialabgaben bei Arbeitnehmern, gesetzliche Kranken- und Pflegeversicherungsbeiträge bei Rentnern, für alle Übrigen ab dem Veranlagungszeitraum 2010 die Beiträge zu einer Basiskranken- und Pflegepflichtversicherung).

Der Arbeitnehmer-Pauschbetrag ist auch dann abzuziehen, wenn der Steuerpflichtige keine Werbungskosten hatte (BFH-Urteil vom 11. Dezember 1997, BStBl 1998 II Seite 292). Entsprechendes gilt für den Abzug anderer Werbungskosten-Pauschbeträge nach § 9a EStG und des Sparer-Pauschbetrags nach § 20 Absatz 9 EStG bei der Ermittlung der anderen Einkünfte.

3.2 Anwendung der Opfergrenze auf das verfügbare Nettoeinkommen (keine Haushaltsgemeinschaft)

11 Unter Berücksichtigung seiner Verhältnisse ist ein Steuerpflichtiger nur insoweit zur Unterhaltsleistung verpflichtet, als die Unterhaltsaufwendungen in einem vernünftigen Verhältnis zu seinen Einkünften stehen und ihm nach Abzug der Unterhaltsaufwendungen genügend Mittel zur Bestreitung des Lebensbedarfs für sich und ggf. für seinen Ehegatten und seine Kinder verbleiben – sog. Opfergrenze (BFH-Urteil vom 27. September 1991, BStBl 1992 II Seite 35).

Soweit keine Haushaltsgemeinschaft mit der unterhaltenen Person besteht, sind Aufwendungen für den Unterhalt im Allgemeinen höchstens insoweit als außergewöhnliche Belastung anzuerkennen, als sie einen bestimmten Prozentsatz des verfügbaren Nettoeinkommens nicht übersteigen. Dieser beträgt 1 Prozent je volle 500 Euro des verfügbaren Nettoeinkommens, höchstens 50 Prozent, und ist um je 5 Prozent für den (ggf. auch geschiedenen) Ehegatten und für jedes Kind, für das der Steuerpflichtige Anspruch auf Freibeträge für Kinder nach § 32 Absatz 6 EStG, Kindergeld oder eine andere Leistung für Kinder (§ 65 EStG) hat, zu kürzen, höchstens um 25 Prozent.

Die Opfergrenzenregelung gilt nicht bei Aufwendungen für den Unterhalt an den (ggf. auch geschiedenen) Ehegatten.

Beispiel 1:

A unterstützt seinen im Kalenderjahr 2010 nicht mit ihm in einer Haushaltsgemeinschaft lebenden eingetragenen Lebenspartner B im Sinne des Lebenspartnerschaftsgesetzes. A erzielt Einkünfte aus Gewerbebetrieb in Höhe von 30 000 Euro und einen Verlust aus Vermietung und Verpachtung in Höhe von 5 000 Euro. Hierauf entfallen Einkommensteuervorauszahlungen in Höhe von 5 000 Euro und eigene Beiträge zu einer Basiskranken- und Pflegepflichtversicherung in Höhe von 6 000 Euro. Des Weiteren erhält A im April 2010 eine Einkommensteuererstattung für den Veranlagungszeitraum 2008 in Höhe von 1 000 Euro. B hat keine eigenen Einkünfte und Bezüge.

Berechnung der außergewöhnlichen Belastung nach § 33a Absatz 1 EStG:

Höchstbetrag nach § 33a Absatz 1 Satz 1 EStG	8 004 Euro
Nettoeinkommen des A	
Einkünfte aus Gewerbebetrieb	30 000 Euro
Verlust aus Vermietung und Verpachtung	– 5 000 Euro
zuzüglich Einkommensteuererstattung	1 000 Euro
abzüglich Beiträge zur Basiskranken- und Pflegepflichtversicherung	– 6 000 Euro
abzüglich Einkommensteuervorauszahlung	– 5 000 Euro
Verfügbares Nettoeinkommen für die Berechnung der Opfergrenze:	15 000 Euro
Opfergrenze: 1 % je volle 500 Euro	30 %
30 % von 15 000 Euro	4 500 Euro

A kann Unterhaltsleistungen bis zur Höhe der Opfergrenze von 4 574 Euro als außergewöhnliche Belastung nach § 33a Absatz 1 EStG geltend machen.

3.3 Ermittlung der abziehbaren Unterhaltsaufwendungen bei einer Haushaltsgemeinschaft

12 Bei einer bestehenden Haushaltsgemeinschaft mit der unterhaltenen Person (sozialrechtliche Bedarfsgemeinschaft) ist die Opfergrenze nicht mehr anzuwenden (BFH-Urteil vom 29. Mai 2008, BStBl 2009 II Seite 363). Für die Ermittlung der nach § 33a Absatz 1 EStG maximal abziehbaren Unterhaltsaufwendungen sind die verfügbaren Nettoeinkommen des Unterhaltsleistenden und der unterhaltenen Person(en) zusammenzurechnen und dann nach Köpfen auf diese Personen zu verteilen (BFH-Urteil vom 17. Dezember 2009, BStBl 2010 II Seite 343).

Für zur Haushaltsgemeinschaft gehörende gemeinsame Kinder (im Sinne des § 32 EStG) des Steuerpflichtigen und der unterhaltenen Person wird das hälftige Kindergeld jeweils dem Nettoeinkommen des Steuerpflichtigen und der unterhaltenen Person zugerechnet. Bei der Ermittlung der maximal abziehbaren Unterhaltsaufwendungen sind die den Eltern gemeinsam zur Verfügung stehenden Mittel um den nach § 1612a BGB zu ermittelnden Mindestunterhalt der Kinder zu kürzen (BFH-Urteil vom 17. Dezember 2009, a. a. O.). Der verbleibende Betrag ist auf die Eltern nach Köpfen zu verteilen und ergibt die maximal abziehbaren Unterhaltsaufwendungen i. S. d. § 33a Absatz 1 EStG.

Für zur Haushaltsgemeinschaft gehörende Kinder (im Sinne des § 32 EStG) des Steuerpflichtigen, die zu der unterhaltenen Person in keinem Kindschaftsverhältnis stehen, wird bei der Berechnung des verfügbaren Nettoeinkommens das hälftige Kindergeld hinzugerechnet. Bei der Ermittlung der maximal abziehbaren Unterhaltsaufwendungen ist das gemeinsame verfügbare Nettoeinkommen um die Hälfte des nach § 1612a BGB zu ermittelnden Mindestunterhalts für diese Kinder bzw. dieses Kind zu kürzen und der verbleibende Betrag nach Köpfen zu verteilen.

Gemäß § 1612a BGB richtet sich der Mindestunterhalt nach dem doppelten Freibetrag für das sächliche Existenzminimum eines Kindes (Kinderfreibetrag) nach § 32 Absatz 6 Satz 1 EStG (in 2009: 1 932 Euro bzw. in 2010: 2 184 Euro). Er beträgt monatlich entsprechend dem Alter des Kindes für die Zeit bis zur Vollendung des sechsten Lebensjahres 87 Prozent (erste Altersstufe), für die Zeit vom siebten bis zur Vollendung des zwölften Lebensjahres 100 Prozent (zweite Altersstufe) und für die Zeit vom dreizehnten Lebensjahr an 117 Prozent (dritte Altersstufe) eines Zwölftels des doppelten Kinderfreibetrages.

Soweit bei einer eheähnlichen oder lebenspartnerschaftsähnlichen Lebensgemeinschaft zu der Haushaltsgemeinschaft auch Kinder (im Sinne des § 32 EStG) des Lebensgefährten/der Lebensgefährtin gehören, die zum Steuerpflichtigen in keinem Kindschaftsverhältnis stehen und denen gegenüber der Steuerpflichtige nicht unterhaltsverpflichtet ist, ist aus Vereinfachungsgründen typisierend zu unterstellen, dass deren Unterhaltsbedarf in vollem Umfang durch das Kindergeld und die Unterhaltszahlungen des anderen Elternteils abgedeckt wird und sie damit nicht der sozialrechtlichen Bedarfsgemeinschaft angehören. Dies hat zur Folge, dass diese Kinder bei der Ermittlung und Verteilung des verfügbaren Nettoeinkommens nicht berücksichtigt werden. Kindergeld, das der unterhaltenen Person für ein solches Kind zufließt, ist demnach bei der Ermittlung des verfügbaren Nettoeinkommens nicht zu berücksichtigen.

Beispiel 2:

A und B leben zusammen mit dem leiblichen Kind von B in eheähnlicher Gemeinschaft und bilden eine Haushaltsgemeinschaft. A ist nicht der leibliche Vater des Kindes.

Im Kalenderjahr 2009 erzielt A Einnahmen aus nichtselbständiger Arbeit in Höhe von 30 000 Euro und einen Verlust aus privaten Veräußerungsgeschäften in Höhe von 5 000 Euro. Hierauf entfallen Steuern in Höhe von 5 000 Euro und Sozialversicherungsbeiträge in Höhe von 6 200 Euro. Des Weiteren erhält A im April 2009 eine Einkommensteuererstattung für den Veranlagungszeitraum 2007 in Höhe von 1 000 Euro. B erhält Kindergeld und hat darüber hinaus keine eigenen Einkünfte und Bezüge.

Berechnung der außergewöhnlichen Belastung nach § 33a Absatz 1 EStG:

Höchstbetrag nach § 33a Absatz 1 Satz 1 EStG		7 680 Euro[1]
Nettoeinkommen des A:		
Arbeitslohn	30 000 Euro	
abzüglich Arbeitnehmer-Pauschbetrag	− 920 Euro	29 080 Euro
Verlust aus privaten Veräußerungsgeschäften	− 5 000 Euro	
zuzüglich Einkommensteuererstattung	1 000 Euro	
abzüglich Sozialversicherung	− 6 200 Euro	
abzüglich Lohnsteuer	− 5 000 Euro	
Nettoeinkommen des A:		13 880 Euro
Nettoeinkommen der B:		0 Euro
Gemeinsames verfügbares Nettoeinkommen:		13 880 Euro
Aufteilung des Nettoeinkommens nach Köpfen		: 2
Maximal als Unterhaltszahlung zur Verfügung stehender Betrag		6 940 Euro

---

[1] Ab dem VZ 2010 beträgt der Höchstbetrag nach § 33a Absatz 1 Satz 1 EStG 8 004 Euro.

A kann maximal Unterhaltsleistungen in Höhe von 6 940 Euro als außergewöhnliche Belastung nach § 33a Absatz 1 EStG geltend machen. Die Opfergrenze ist nicht anzuwenden. Bei der Ermittlung und Verteilung des verfügbaren Nettoeinkommens ist das Kind von B nicht zu berücksichtigen.

Beispiel 3:

Der Steuerpflichtige A lebt im Kalenderjahr 2 009 mit seiner Lebensgefährtin B in einer ehe-ähnlichen Gemeinschaft. A hat zwei leibliche Kinder (Kind X vollendet im Mai 2009 das sechste Lebensjahr, Kind Y vollendet im Juni 2009 das fünfzehnte Lebensjahr) mit in den Haushalt gebracht, die zu B in keinem Kindschaftsverhältnis stehen. Gleiches gilt für die zwei von B mit in die Haushaltsgemeinschaft gebrachten Kinder. Für alle Kinder wird noch Kinder-geld gezahlt. A erzielt im Jahr 2009 Einnahmen aus nichtselbständiger Arbeit in Höhe von 39 000 Euro (Sozialversicherungsbeträge und einbehaltene Lohnsteuer jeweils 8 000 Euro) sowie einen Überschuss aus Vermietung und Verpachtung in Höhe von 1 000 Euro. Außerdem hat A im Jahr 2009 Steuervorauszahlungen in Höhe von 2 000 Euro und eine Steuernachzah-lung für das Jahr 2007 in Höhe von 4 000 Euro geleistet. B hat keine weiteren Einkünfte oder Bezüge und kein eigenes Vermögen.

Berechnung des Mindestunterhalts:

1 932 Euro × 2 = 3 864 Euro, davon $^1/_{12}$ = 322 Euro (monatlicher Ausgangswert)

Kind X:

monatlicher Mindestunterhalt von Januar bis Mai nach der ersten Altersstufe:

87 % von 322 Euro = 280,14 Euro (* 5 = gesamt 1 400,70 Euro)

monatlicher Mindestunterhalt von Juni bis Dezember nach der zweiten Altersstufe:

100 % von 322 Euro = 322 Euro (* 7 = gesamt 2 254 Euro)

Jahresmindestunterhalt für Kind X = 3 654,70 Euro

davon hälftiger Anteil des A = 1 827 Euro

Kind Y:

monatlicher Mindestunterhalt von Januar bis Dezember nach der dritten Altersstufe:

117 % von 322 Euro = 376,74 Euro

Jahresmindestunterhalt für Kind Y = 4 520,88 Euro

davon hälftiger Anteil des A = 2 260 Euro

Berechnung der außergewöhnlichen Belastung nach § 33a Absatz 1 EStG:

Höchstbetrag nach § 33a Absatz 1 Satz 1 EStG:		7 680 Euro[1]
Nettoeinkommen des A:		
Arbeitslohn	39 000 Euro	
abzüglich Arbeitnehmer-Pauschbetrag	− 920 Euro	38 080 Euro
abzüglich Sozialversicherung	− 8 000 Euro	
abzüglich Lohnsteuer	− 8 000 Euro	
Überschuss aus Vermietung und Verpachtung	1 000 Euro	
abzüglich Steuernachzahlung	− 4 000 Euro	
abzüglich Steuervorauszahlungen	− 2 000 Euro	
Zuzüglich hälftiges Kindergeld für die Kinder des A	2 068 Euro	
Nettoeinkommen des A:		19 148 Euro
Nettoeinkommen der B:		0 Euro
Gemeinsames Nettoeinkommen von A und B:		19 148 Euro
abzüglich Mindestunterhalt für 2 Kinder des A (1 827 Euro + 2 260 Euro =)		− 4 087 Euro
Gemeinsames verfügbares Nettoeinkommen:		15 061 Euro
Aufteilung des Nettoeinkommens nach Köpfen auf A und B		: 2
Maximal als Unterhaltszahlung zur Verfügung ste-hender Betrag		7 531 Euro

A kann maximal Unterhaltsleistungen in Höhe von 7 531 Euro als außergewöhnliche Belastung nach § 33a Absatz 1 EStG geltend machen. Die Opfergrenze ist nicht anzuwenden. Bei der Ermittlung und Verteilung des verfügbaren Nettoeinkommens sind die leiblichen Kinder von B nicht zu berücksichtigen.

---

[1] Ab dem VZ 2010 beträgt der Höchstbetrag nach § 33a Absatz 1 Satz 1 EStG 8 004 Euro.

Beispiel 4:

A und B sind miteinander verwandt und bilden eine Haushaltsgemeinschaft. Im Kalenderjahr 2009 erzielt A Einnahmen aus nichtselbständiger Arbeit in Höhe von 20 000 Euro. Hierauf entfallen Lohnsteuer in Höhe von 2 000 Euro und Sozialversicherungsbeiträge in Höhe von 4 000 Euro. Des Weiteren erhält A im April 2009 eine Einkommensteuererstattung für den Veranlagungszeitraum 2007 in Höhe von 1 000 Euro.

B erhält eine – wegen des Vorliegens einer Haushaltgemeinschaft – gekürzte Sozialhilfe in Höhe von 4 000 Euro.

Berechnung der außergewöhnlichen Belastung nach § 33a Absatz 1 EStG:

Höchstbetrag nach § 33a Absatz 1 EStG		7 680 Euro[1]
Bezüge des B: Sozialhilfe	4 000 Euro	
Kostenpauschale	– 180 Euro	
anrechnungsfreier Betrag (§ 33a Absatz 1 Satz 4[2] EStG)	– 624 Euro	
anzurechnende Bezüge	3 196 Euro	– 3 196 Euro
Verbleibender Höchstbetrag:		4 484 Euro
Nettoeinkommen des A:		
Arbeitslohn	20 000 Euro	
abzüglich Arbeitnehmer-Pauschbetrag	– 920 Euro	19 080 Euro
zuzüglich Einkommensteuererstattung	1 000 Euro	
abzüglich Sozialversicherung	– 4 000 Euro	
abzüglich Lohnsteuer	– 2 000 Euro	
Nettoeinkommen des A:		14 080 Euro
Nettoeinkommen der B:		4 000 Euro
Gemeinsames verfügbares Nettoeinkommen:		18 080 Euro
Aufteilung des Nettoeinkommens nach Köpfen		: 2
Maximal als Unterhaltszahlung zur Verfügung stehender Betrag		9 040 Euro

Die Unterhaltsleistungen des A können bis zur Höhe von 4 484 Euro als außergewöhnliche Belastung nach § 33a Absatz 1 EStG berücksichtigt werden.

4. Eigene Einkünfte und Bezüge der unterhaltenen Person

Ab dem Veranlagungszeitraum 2010 entfällt der bislang in § 33a Absatz 1 Satz 4 EStG enthaltene Verweis auf § 32 Absatz 4 Satz 2 EStG, so dass die unvermeidbaren Versicherungsbeiträge der unterhaltenen Person im Rahmen der Ermittlung der eigenen Einkünfte und Bezüge nicht mehr zu berücksichtigen sind. Dies beruht auf dem Umstand, dass die Kranken- und Pflegeversicherungsbeiträge, die der Mindestversorgung dienen, künftig bereits bei der Bemessung des Höchstbetrages berücksichtigt werden und daher zur Vermeidung einer Doppelberücksichtigung nicht zusätzlich die Einkünfte und Bezüge der unterhaltenen Person mindern dürfen.   13

5. Nachweiserfordernisse

Bei Bargeldzahlungen ist die Rz. 14 des BMF-Schreibens „Berücksichtigung von Aufwendungen für den Unterhalt von Personen im Ausland als außergewöhnliche Belastung nach § 33a Absatz 1 EStG" vom 7. Juni 2010 sinngemäß anzuwenden.   14

6. Anwendungsregelung

Die vorstehenden Grundsätze sind – soweit nicht ausdrücklich etwas anderes bestimmt ist – ab sofort auf alle offenen Fälle anzuwenden und ersetzen das BMF-Schreiben vom 28. März 2003 (BStBl I Seite 243).   15

---

[1] Ab dem VZ 2010 beträgt der Höchstbetrag nach § 33a Absatz 1 Satz 1 EStG 8 004 Euro.
[2] Ab dem VZ 2010: Satz 5.

Neuregelung der einkommensteuerlichen Behandlung von Berufsausbildungskosten gemäß § 10 Absatz 1 Nummer 7, § 12 Nummer 5 EStG in der Fassung des Gesetzes zur Änderung der Abgabenordnung und weiterer Gesetze vom 21. Juli 2004 (BGBl. I S. 1753, BStBl I 2005 S. 343) ab 2004

BMF-Schreiben vom 4. November 2005 – IV C 8 – S 2227 – 5/05 – (BStBl I S. 955) unter Berücksichtigung der Änderungen durch BMF-Schreiben vom 21. Juni 2007 – IV C 4 – S 2227/07/0002 – 2007/0137269 – (BStBl I S. 492) und BFH-Urteil vom 18. Juni 2009 – VI R 14/07 – (BStBl II 2010 S. 816)

BMF vom 22. 9. 2010 (BStBl I S. 721)[1]
IV C 4 – S 2227/07/10002 :002 – 2010/0416045

Die einkommensteuerliche Behandlung von Berufsausbildungskosten wurde durch das Gesetz zur Änderung der Abgabenordnung und weiterer Gesetze vom 21. Juli 2004 (BGBl. I S. 1753, BStBl I 2005 S. 343) neu geordnet (Neuordnung). Nach dem Ergebnis der Erörterungen mit den obersten Finanzbehörden der Länder unter Einbeziehung der Rechtsfolgen aus der allgemeinen Anwendung des BFH-Urteils vom 18. Juni 2009 – VI R 14/07 – (BStBl II 2010, S. 816) und notwendiger redaktioneller Änderungen gelten dazu die nachfolgenden Ausführungen.

Inhaltsverzeichnis

1. Grundsätze

1 Aufwendungen für die erstmalige Berufsausbildung oder ein Erststudium stellen nach § 12 Nummer 5 EStG keine Betriebsausgaben oder Werbungskosten dar, es sei denn, die Bildungsmaßnahme findet im Rahmen eines Dienstverhältnisses statt (Ausbildungsdienstverhältnis).

Aufwendungen für die eigene Berufsausbildung, die nicht Betriebsausgaben oder Werbungskosten darstellen, können nach § 10 Absatz 1 Nummer 7 EStG bis zu 4 000 Euro im Kalenderjahr als Sonderausgaben abgezogen werden.

2 Ist einer Berufsausbildung oder einem Studium eine abgeschlossene erstmalige Berufsausbildung oder ein abgeschlossenes Erststudium vorausgegangen (weitere Berufsausbildung oder weiteres Studium), handelt es sich dagegen bei den durch die weitere Berufsausbildung oder das weitere Studium veranlassten Aufwendungen um Betriebsausgaben oder Werbungskosten, wenn ein hinreichend konkreter, objektiv feststellbarer Zusammenhang mit späteren im Inland steuerpflichtigen Einnahmen aus der angestrebten beruflichen Tätigkeit besteht. Entsprechendes gilt für ein Erststudium nach einer abgeschlossenen nichtakademischen Berufsausbildung (BFH vom 18. Juni 2009 – VI R 14/07 –, BStBl II 2010 S. 816). Die Rechtsprechung des BFH zur Rechtslage vor der Neuordnung ist insoweit weiter anzuwenden, BFH vom 4. Dezember 2002 – VI R 120/01 – (BStBl II 2003 S. 403); vom 17. Dezember 2002 – VI R 137/01 – (BStBl II 2003 S. 407); vom 13. Februar 2003 – IV R 44/01 – (BStBl II 2003 S. 698); vom 29. April 2003 –VI R 86/99 – (BStBl II 2003 S. 749); vom 27. Mai 2003 – VI R 33/01 – (BStBl II 2004 S. 884); vom 22. Juli 2003 –VI R 190/97 – (BStBl II 2004 S. 886); vom 22. Juli 2003 – VI R 137/99 – (BStBl II 2004 S. 888); vom 22. Juli 2003 – VI R 50/02 – (BStBl II 2004 S. 889); vom 13. Oktober 2003 – VI R 71/02 – (BStBl II 2004 S. 890); vom 4. November 2003 –VI R 96/01 – (BStBl II 2004 S. 891).

---

[1] → auch § 4 Abs. 9, § 9 Abs. 6, § 10 Abs. 1 Nr. 7 Satz 1 und § 12 Nr. 5 EStG i. d. F. des BeitrRLUmsG.

Unberührt von der Neuordnung bleibt die Behandlung von Aufwendungen für eine berufliche 3
Fort- und Weiterbildung. Sie stellen Betriebsausgaben oder Werbungskosten dar, sofern sie durch
den Beruf veranlasst sind, soweit es sich dabei nicht um eine erstmalige Berufsausbildung oder ein
Erststudium i. S. d. § 12 Nummer 5 EStG handelt.

2. Erstmalige Berufsausbildung, Erststudium und Ausbildungsdienstverhältnisse i. S. d. § 12 Nummer 5 EStG

2.1 Erstmalige Berufsausbildung

Unter dem Begriff „Berufsausbildung" i. S. d. § 12 Nummer 5 EStG ist eine berufliche Ausbildung 4
unter Ausschluss eines Studiums zu verstehen.

Eine Berufsausbildung i. S. d. § 12 Nummer 5 EStG liegt vor, wenn der Steuerpflichtige durch eine
berufliche Ausbildungsmaßnahme die notwendigen fachlichen Fertigkeiten und Kenntnisse
erwirbt, die zur Aufnahme eines Berufs befähigen. Voraussetzung ist, dass der Beruf durch eine
Ausbildung im Rahmen eines öffentlich-rechtlich geordneten Ausbildungsgangs erlernt wird (BFH
vom 6. März 1992 – VI R 163/88 –, BStBl II 1992 S. 661) und der Ausbildungsgang durch eine Prüfung abgeschlossen wird.

Die Auslegung des Begriffs „Berufsausbildung" im Rahmen des § 32 Absatz 4 EStG ist für § 12
Nummer 5 EStG nicht maßgeblich.

Zur Berufsausbildung zählen: 5

– Berufsausbildungsverhältnisse gemäß § 1 Absatz 3, §§ 4 bis 52 Berufsbildungsgesetz (Artikel 1
  des Gesetzes zur Reform der beruflichen Bildung [Berufsbildungsreformgesetz – BerBiRefG]
  vom 23. März 2005, BGBl. I S. 931 zuletzt geändert durch Gesetz vom 5. Februar 2009, BGBl. I
  S. 160, im Folgenden BBiG), sowie anerkannte Lehr- und Anlernberufe oder vergleichbar geregelte Ausbildungsberufe aus der Zeit vor dem In-Kraft-Treten des BBiG, § 104 BBiG. Der erforderliche Abschluss besteht hierbei in der erfolgreich abgelegten Abschlussprüfung i. S. d. § 37
  BBiG. Gleiches gilt, wenn die Abschlussprüfung nach § 43 Absatz 2 BBiG ohne ein Ausbildungsverhältnis auf Grund einer entsprechenden schulischen Ausbildung abgelegt wird, die gemäß
  den Voraussetzungen des § 43 Absatz 2 BBiG als im Einzelnen gleichwertig anerkannt ist;

– mit Berufsausbildungsverhältnissen vergleichbare betriebliche Ausbildungsgänge außerhalb
  des Geltungsbereichs des BBiG (zurzeit nach der Schiffsmechaniker-Ausbildungsverordnung
  vom 12. April 1994, BGBl. I S. 797 in der jeweils geltenden Fassung);

– die Ausbildung auf Grund der bundes- oder landesrechtlichen Ausbildungsregelungen für
  Berufe im Gesundheits- und Sozialwesen;

– landesrechtlich geregelte Berufsabschlüsse an Berufsfachschulen;

– die Berufsausbildung behinderter Menschen in anerkannten Berufsausbildungsberufen oder
  auf Grund von Regelungen der zuständigen Stellen in besonderen „Behinderten-Ausbildungsberufen" und

– die Berufsausbildung in einem öffentlich-rechtlichen Dienstverhältnis sowie die Berufsausbildung auf Kauffahrtschiffen, die nach dem Flaggenrechtsgesetz vom 8. Februar 1951 (BGBl. I
  S. 79) die Bundesflagge führen, soweit es sich nicht um Schiffe der kleinen Hochseefischerei
  und der Küstenfischerei handelt.

Andere Bildungsmaßnahmen werden einer Berufsausbildung i. S. d. § 12 Nummer 5 EStG gleich- 6
gestellt, wenn sie dem Nachweis einer Sachkunde dienen, die Voraussetzung zur Aufnahme einer
fest umrissenen beruflichen Betätigung ist. Die Ausbildung muss im Rahmen eines geordneten
Ausbildungsgangs erfolgen und durch eine staatliche oder staatlich anerkannte Prüfung abgeschlossen werden.[1] Der erfolgreiche Abschluss der Prüfung muss Voraussetzung für die Aufnahme
der beruflichen Betätigung sein. Die Ausbildung und der Abschluss müssen vom Umfang und Qualität der Ausbildungsmaßnahmen und Prüfungen her grundsätzlich mit den Anforderungen, die im
Rahmen von Berufsausbildungsmaßnahmen i. S. d. Rz. 5 gestellt werden, vergleichbar sein.

Dazu gehört z. B. die Ausbildung zu Berufspiloten auf Grund der JAR-FCL 1 deutsch vom 15. April
2003, Bundesanzeiger 2003 Nummer 80a.

Aufwendungen für den Besuch allgemein bildender Schulen sind Kosten der privaten Lebensfüh- 7
rung i. S. d. § 12 Nummer 1 EStG und dürfen daher nicht bei den einzelnen Einkunftsarten abgezogen werden. Der Besuch eines Berufskollegs zum Erwerb der Fachhochschulreife gilt als Besuch
einer allgemein bildenden Schule. Dies gilt auch, wenn ein solcher Abschluss, z. B. das Abitur,
nach Abschluss einer Berufsausbildung nachgeholt wird (BFH vom 22. Juni 2006 –VI R 5/04 –,
BStBl II S. 717). Derartige Aufwendungen können als Sonderausgaben gemäß § 10 Absatz 1
Nummer 7 oder Nummer 9 EStG vom Gesamtbetrag der Einkünfte abgezogen werden.

---

[1] → *Die Ausbildung zum Rettungssanitäter ist eine erstmalige Berufsausbildung* (→ BFH vom 27. 10. 2011 –
BStBl 2012 II S. 825).

8 Die Berufsausbildung ist als erstmalige Berufsausbildung anzusehen, wenn ihr keine andere abgeschlossene Berufsausbildung beziehungsweise kein abgeschlossenes berufsqualifizierendes Hochschulstudium vorausgegangen ist. Wird ein Steuerpflichtiger ohne entsprechende Berufsausbildung in einem Beruf tätig und führt er die zugehörige Berufsausbildung nachfolgend durch (nachgeholte Berufsausbildung), handelt es sich dabei um eine erstmalige Berufsausbildung (BFH vom 6. März 1992 – VI R 163/88 –, BStBl II 1992 S. 661).

9 Diese Grundsätze gelten auch für die Behandlung von Aufwendungen für Anerkennungsjahre und praktische Ausbildungsabschnitte als Bestandteil einer Berufsausbildung. Soweit eine vorherige abgeschlossene Berufsausbildung vorangegangen ist, stellen sie Teil einer ersten Berufsausbildung dar und unterliegen § 12 Nummer 5 EStG. Nach einer vorherigen abgeschlossenen Berufsausbildung oder einem berufsqualifizierenden Studium können Anerkennungsjahre und Praktika einen Bestandteil einer weiteren Berufsausbildung darstellen oder bei einem entsprechenden Veranlassungszusammenhang als Fort- oder Weiterbildung anzusehen sein.

10 Bei einem Wechsel und einer Unterbrechung der erstmaligen Berufsausbildung sind die in Rz. 19 angeführten Grundsätze entsprechend anzuwenden.

11 Inländischen Abschlüssen gleichgestellt sind Berufsausbildungsabschlüsse von Staatsangehörigen eines Mitgliedstaats der Europäischen Union (EU) oder eines Vertragstaats des europäischen Wirtschaftsraums (EWR) oder der Schweiz, die in einem dieser Länder erlangt werden, sofern der Abschluss in mindestens einem dieser Länder unmittelbar den Zugang zu dem entsprechenden Beruf eröffnet. Ferner muss die Tätigkeit, zu denen die erlangte Qualifikation in mindestens einem dieser Länder befähigt, der Tätigkeit, zu der ein entsprechender inländischer Abschluss befähigt, gleichartig sein. Zur Vereinfachung kann in der Regel davon ausgegangen werden, dass eine Gleichartigkeit vorliegt.

2.2 Erststudium

2.2.1 Grundsätze

12 Ein Studium i. S. d. § 12 Nummer 5 EStG liegt dann vor, wenn es sich um ein Studium an einer Hochschule i. S. d. § 1 Hochschulrahmengesetz handelt (Gesetz vom 26. Januar 1976, BGBl. I S. 185 in der Fassung der Bekanntmachung vom 19. Januar 1999, BGBl. I S. 18, zuletzt geändert durch Gesetz vom 12. April 2007, BGBl. I S. 506, im Folgenden HRG). Nach dieser Vorschrift sind Hochschulen die Universitäten, die Pädagogischen Hochschulen, die Kunsthochschulen, die Fachhochschulen und die sonstigen Einrichtungen des Bildungswesens, die nach Landesrecht staatliche Hochschulen sind. Gleichgestellt sind private und kirchliche Bildungseinrichtungen sowie die Hochschulen des Bundes, die nach Landesrecht als Hochschule anerkannt werden, § 70 HRG. Studien können auch als Fernstudien durchgeführt werden, § 13 HRG. Auf die Frage, welche schulischen Abschlüsse oder sonstigen Leistungen den Zugang zum Studium eröffnet haben, kommt es nicht an.

13 Ein Studium stellt dann ein erstmaliges Studium i. S. d. § 12 Nummer 5 EStG dar, wenn es sich um eine Erstausbildung handelt. Es darf ihm kein anderes durch einen berufsqualifizierenden Abschluss beendetes Studium oder keine andere abgeschlossene nichtakademische Berufsausbildung i. S. d. Rz. 4 bis 11 vorangegangen sein (BFH vom 18. Juni 2009 – VI R 14/07 –, BStBl II 2010 S. 816). Dies gilt auch in den Fällen, in denen während eines Studiums eine Berufsausbildung erst abgeschlossen wird, unabhängig davon, ob die beiden Ausbildungen sich inhaltlich ergänzen. In diesen Fällen ist eine Berücksichtigung der Aufwendungen für das Studium als Werbungskosten/ Betriebsausgaben erst – unabhängig vom Zahlungszeitpunkt – ab dem Zeitpunkt des Abschlusses der Berufsausbildung möglich. Davon ausgenommen ist ein Studium, das im Rahmen eines Dienstverhältnisses stattfindet (siehe Rz. 27). Ein Studium wird auf Grund der entsprechenden Prüfungsordnung einer inländischen Hochschule durch eine Hochschulprüfung oder eine staatliche oder kirchliche Prüfung abgeschlossen, §§ 15, 16 HRG.

14 Auf Grund einer berufsqualifizierenden Hochschulprüfung kann ein Hochschulgrad verliehen werden. Hochschulgrade sind der Diplom- und der Magistergrad i. S. d. § 18 HRG. Das Landesrecht kann weitere Grade vorsehen. Ferner können die Hochschulen Studiengänge einrichten, die auf Grund entsprechender berufsqualifizierender Prüfungen zu einem Bachelor- oder Bakkalaureusgrad und einem Master- oder Magistergrad führen, § 19 HRG. Der Magistergrad i. S. d. § 18 HRG setzt anders als der Master- oder Magistergrad i. S. d. des § 19 HRG keinen vorherigen anderen Hochschulabschluss voraus. Zwischenprüfungen stellen keinen Abschluss eines Studiums i. S. d. § 12 Nummer 5 EStG dar.

15 Die von den Hochschulen angebotenen Studiengänge führen in der Regel zu einem berufsqualifizierenden Abschluss, § 10 Absatz 1 Satz 1 HRG. Im Zweifel ist davon auszugehen, dass die entsprechenden Prüfungen berufsqualifizierend sind.

16 Die Ausführungen bei den Berufsausbildungskosten zur Behandlung von Aufwendungen für Anerkennungsjahre und Praktika gelten entsprechend, vgl. Rz. 9.

Studien- und Prüfungsleistungen an ausländischen Hochschulen, die zur Führung eines ausländischen akademischen Grades berechtigen, der nach § 20 HRG in Verbindung mit dem Recht des Landes, in dem der Gradinhaber seinen inländischen Wohnsitz oder inländischen gewöhnlichen Aufenthalt hat, anerkannt wird, sowie Studien- und Prüfungsleistungen, die von Staatsangehörigen eines Mitgliedstaats der EU oder von Vertragstaaten des EWR oder der Schweiz an Hochschulen dieser Staaten erbracht werden, sind nach diesen Grundsätzen inländischen Studien- und Prüfungsleistungen gleichzustellen. Der Steuerpflichtige hat die Berechtigung zur Führung des Grades nachzuweisen. Für die Gleichstellung von Studien- und Prüfungsleistungen werden die in der Datenbank „anabin" (www.anabin.de) der Zentralstelle für ausländisches Bildungswesen beim Sekretariat der Kultusministerkonferenz aufgeführten Bewertungsvorschläge zugrunde gelegt. | 17

2.2.2 Einzelfragen

Fachschulen: | 18

Die erstmalige Aufnahme eines Studiums nach dem berufsqualifizierenden Abschluss einer Fachschule stellt auch dann ein Erststudium dar, wenn die von der Fachschule vermittelte Bildung und das Studium sich auf ein ähnliches Wissensgebiet beziehen. Die Aufwendungen für ein solches Erststudium können bei Vorliegen der entsprechenden Voraussetzungen als Betriebsausgaben oder Werbungskosten berücksichtigt werden.

Wechsel und Unterbrechung des Studiums: | 19

Bei einem Wechsel des Studiums ohne Abschluss des zunächst betriebenen Studiengangs, z. B. von Rechtswissenschaften zu Medizin, stellt das zunächst aufgenommene Jurastudium kein abgeschlossenes Erststudium dar. Bei einer Unterbrechung eines Studiengangs ohne einen berufsqualifizierenden Abschluss und seiner späteren Weiterführung stellt der der Unterbrechung nachfolgende Studienteil kein weiteres Studium dar.

Beispiel:

An einer Universität wird der Studiengang des Maschinenbaustudiums aufgenommen, anschließend unterbrochen und nunmehr eine Ausbildung als Kfz-Mechaniker begonnen, aber ebenfalls nicht abgeschlossen. Danach wird der Studiengang des Maschinenbaustudiums weitergeführt und abgeschlossen. § 12 Nummer 5 EStG ist auf beide Teile des Maschinenbaustudiums anzuwenden. Das gilt unabhängig davon, ob das Maschinenbaustudium an derselben Hochschule fortgeführt oder an einer anderen Hochschule bzw. Fachhochschule aufgenommen und abgeschlossen wird.

Abwandlung:

Wird das begonnene Studium statt dessen, nachdem die Ausbildung zum Kfz-Mechaniker erfolgreich abgeschlossen wurde, weitergeführt und abgeschlossen, ist § 12 Nummer 5 EStG nur auf den ersten Teil des Studiums anzuwenden, da der Fortsetzung des Studiums eine abgeschlossene nichtakademische Berufsausbildung vorausgeht.

Mehrere Studiengänge: | 20

Werden zwei (oder ggf. mehrere) Studiengänge parallel studiert, die zu unterschiedlichen Zeiten abgeschlossen werden, stellt der nach dem berufsqualifizierenden Abschluss eines der Studiengänge weiter fortgesetzte andere Studiengang vom Zeitpunkt des Abschlusses an ein weiteres Studium dar.

Aufeinander folgende Abschlüsse unterschiedlicher Hochschultypen: | 21

Da die Universitäten, Pädagogischen Hochschulen, Kunsthochschulen, Fachhochschulen sowie weitere entsprechende landesrechtliche Bildungseinrichtungen gleichermaßen Hochschulen i. S. d. § 1 HRG darstellen, stellt ein Studium an einer dieser Bildungseinrichtungen nach einem abgeschlossen Studium an einer anderen dieser Bildungseinrichtungen ein weiteres Studium dar. So handelt es sich bei einem Universitätsstudium nach einem abgeschlossenen Fachhochschulstudium um ein weiteres Studium.

Ergänzungs- und Aufbaustudien: | 22

Postgraduale Zusatz-, Ergänzungs- und Aufbaustudien i. S. d. § 12 HRG setzen den Abschluss eines ersten Studiums voraus und stellen daher ein weiteres Studium dar.

Vorbereitungsdienst: | 23

Als berufsqualifizierender Studienabschluss gilt auch der Abschluss eines Studiengangs, durch den die fachliche Eignung für einen beruflichen Vorbereitungsdienst oder eine berufliche Einführung vermittelt wird, § 10 Absatz 1 Satz 2 HRG. Dazu zählt beispielhaft der jur. Vorbereitungsdienst (Referendariat). Das erste juristische Staatsexamen stellt daher einen berufsqualifizierenden Abschluss dar.

24   Bachelor- und Masterstudiengänge:

Nach § 19 Absatz 2 HRG stellt der Bachelor- oder Bakkalaureusgrad einer inländischen Hochschule einen berufsqualifizierenden Abschluss dar. Daraus folgt, dass der Abschluss eines Bachelorstudiengangs den Abschluss eines Erststudiums darstellt und ein nachfolgender Studiengang als
weiteres Studium anzusehen ist.

Nach § 19 Absatz 3 HRG kann die Hochschule auf Grund von Prüfungen, mit denen ein weiterer
berufsqualifizierender Abschluss erworben wird, einen Master- oder Magistergrad verleihen. Die
Hochschule kann einen Studiengang ausschließlich mit dem Abschluss Bachelor anbieten (grund-
ständig). Sie kann einen Studiengang mit dem Abschluss als Bachelor und einem inhaltlich darauf
aufbauenden Masterstudiengang vorsehen (konsekutives Masterstudium). Sie kann aber auch ein
Masterstudium anbieten, ohne selbst einen entsprechenden Bachelorstudiengang anzubieten
(postgraduales Masterstudium).

Ein Masterstudium i. S. d. § 19 HRG kann nicht ohne ein abgeschlossenes Bachelor- oder anderes
Studium aufgenommen werden. Es stellt daher ein weiteres Studium dar. Dies gilt auch für den
Master of Business Administration (MBA).

Er ermöglicht Studenten verschiedener Fachrichtungen ein anwendungsbezogenes Postgraduier-
tenstudium in den Wirtschaftwissenschaften.

25   Berufsakademien und andere Ausbildungseinrichtungen:

Nach Landesrecht kann vorgesehen werden, dass bestimmte an Berufsakademien oder anderen
Ausbildungseinrichtungen erfolgreich absolvierte Ausbildungsgänge einem abgeschlossenen Studium an einer Fachhochschule gleichwertig sind und die gleichen Berechtigungen verleihen, auch
wenn es sich bei diesen Ausbildungseinrichtungen nicht um Hochschulen i. S. d. § 1 HRG handelt.
Soweit dies der Fall ist, stellt ein entsprechend abgeschlossenes Studium unter der Voraussetzung,
dass ihm kein anderes abgeschlossenes Studium oder keine andere abgeschlossene Berufsausbildung vorangegangen ist, ein Erststudium i. S. d. § 12 Nummer 5 EStG dar.

26   Promotion:

Es ist regelmäßig davon auszugehen, dass dem Promotionsstudium und der Promotion durch die
Hochschule selber der Abschluss eines Studiums vorangeht. Aufwendungen für ein Promotionsstudium und die Promotion stellen Betriebsausgaben oder Werbungskosten dar, sofern ein berufs-
bezogener Veranlassungszusammenhang zu bejahen ist (BFH vom 4. November 2003 – VI R 96/01
–, BStBl II 2004, S. 891). Dies gilt auch, wenn das Promotionsstudium bzw. die Promotion im Einzelfall ohne vorhergehenden berufsqualifizierenden Studienabschluss durchgeführt wird.

Eine Promotion stellt keinen berufsqualifizierenden Abschluss eines Studienganges dar.

2.3 Berufsausbildung oder Studium im Rahmen eines Ausbildungsdienstverhältnisses

27   Eine erstmalige Berufsausbildung oder ein Studium findet im Rahmen eines Ausbildungsdienstverhältnisses statt, wenn die Ausbildungsmaßnahme Gegenstand des Dienstverhältnisses ist (vgl. R 9.2
LStR 2008[1] und H 9.2 „Ausbildungsdienstverhältnis" LStH 2010[2] sowie die dort angeführte Rechtsprechung des BFH). Die dadurch veranlassten Aufwendungen stellen Werbungskosten dar. Zu
den Ausbildungsdienstverhältnissen zählen z. B. die Berufsausbildungsverhältnisse gemäß § 1
Absatz 3, §§ 4 bis 52 BBiG.

28   Dementsprechend liegt kein Ausbildungsdienstverhältnis vor, wenn die Berufsausbildung oder das
Studium nicht Gegenstand des Dienstverhältnisses ist, auch wenn die Berufsbildungsmaßnahme
oder das Studium seitens des Arbeitgebers durch Hingabe von Mitteln, z. B. eines Stipendiums,
gefördert wird.

3. Abzug von Aufwendungen für die eigene Berufsausbildung als Sonderausgaben, § 10 Absatz 1 Nummer 7 EStG

29   Bei der Ermittlung der Aufwendungen gelten die allgemeinen Grundsätze des Einkommensteuergesetzes. Dabei sind die Regelungen in § 4 Absatz 5 Satz 1 Nummer 5 und 6b, § 9 Absatz 1 Satz 3
Nummer 4 und 5 und Absatz 2 EStG[3] zu beachten. Zu den abziehbaren Aufwendungen gehören
z. B.

– Lehrgangs-, Schul- oder Studiengebühren, Arbeitsmittel, Fachliteratur,

– Fahrten zwischen Wohnung und Ausbildungsort,

---

1) → LStR 2011.
2) → LStH **2012**.
3) → *Regelungsinhalt zu § 9 Abs. 1 Satz 3 Nr. 4 und 5 und Abs. 2 EStG hier überholt, da eine Bildungseinrichtung keine regelmäßige Arbeitsstätte ist.*

- Mehraufwendungen für Verpflegung,
- Mehraufwendungen wegen auswärtiger Unterbringung.

Für den Abzug von Aufwendungen für eine auswärtige Unterbringung ist nicht erforderlich, dass die Voraussetzungen einer doppelten Haushaltsführung vorliegen.

4. Anwendungszeitraum

Die Grundsätze dieses Schreibens sind in allen noch offenen Fällen ab dem Veranlagungszeitraum   30
2004 anzuwenden. Dieses Schreiben ersetzt die BMF-Schreiben vom 4. November 2005 – IV C 8 –
S 2227 – 5/05 – (BStBl I S. 955) und 21. Juni 2007 – IV C 4 – S 2227/07/0002 – 2007/0137269 – (BStBl I
S. 492).

Auswirkung des Gesetzes zur Modernisierung des GmbH-Rechts und zur Bekämpfung von Missbräuchen (MoMiG) auf nachträgliche Anschaffungskosten gemäß § 17 Absatz 2 EStG; BMF-Schreiben vom 8. Juni 1999 (BStBl I S. 545)

BMF vom 21. 10. 2010 (BStBl I S. 832)
IV C 6 – S 2244/08/10001 – 2010/0810418

Der Bundesfinanzhof (BFH) hat unter Geltung des GmbH-Rechts vor Inkrafttreten des Gesetzes zur Modernisierung des GmbH-Rechts und zur Bekämpfung von Missbräuchen (MoMiG) am 1. November 2008 (BGBl. I S. 2026) in mehreren Urteilen zur Höhe der nachträglichen Anschaffungskosten gemäß § 17 Absatz 2 EStG in den Fällen des Darlehensverlustes eines i. S. des § 17 EStG beteiligten Gesellschafters Stellung genommen (BFH-Urteile vom 24. April 1997, BStBl 1999 II S. 339 und BStBl 1999 II S. 342, vom 4. November 1997, BStBl 1999 II S. 344, sowie vom 10. November 1998, BStBl 1999 II S. 348). Nach den in diesen Urteilen zum Ausdruck kommenden Rechtsgrundsätzen gehören zu den Anschaffungskosten einer Beteiligung i. S. des § 17 EStG auch nachträgliche Aufwendungen auf die Beteiligung, wenn sie durch das Gesellschaftsverhältnis veranlasst und weder Werbungskosten bei den Einkünften aus Kapitalvermögen noch Veräußerungskosten sind. Danach zählt zu diesen Aufwendungen auch die Wertminderung des Rückzahlungsanspruchs aus einem der Gesellschaft gewährten Darlehen. Nach Auffassung des BFH muss der Begriff der nachträglichen Anschaffungskosten in § 17 EStG weit ausgelegt werden, damit das die Einkommensbesteuerung beherrschende Nettoprinzip im Anwendungsbereich dieser Norm ausreichend wirksam werden kann. Dem durch die Beteiligung veranlassten Ertrag ist der durch sie veranlasste Aufwand gegenüberzustellen. Als nachträgliche Anschaffungskosten i. S. des § 17 Absatz 2 EStG kommen deshalb nicht nur Aufwendungen in Betracht, die auf der Ebene der Gesellschaft als Nachschüsse oder verdeckte Einlagen zu werten sind, sondern auch sonstige, durch das Gesellschaftsverhältnis veranlasste Aufwendungen des Gesellschafters, sofern diese nicht Werbungskosten bei den Einkünften aus Kapitalvermögen oder Veräußerungskosten i. S. von § 17 Absatz 2 EStG sind. Die Finanzverwaltung hatte die Anwendung der durch die genannten BFH-Urteile geschaffenen Rechtsgrundsätze seinerzeit in dem BMF-Schreiben vom 8. Juni 1999 (BStBl I S. 545) zusammengefasst.

Zu der Frage, welche Folgen sich für die Anwendung des § 17 EStG aufgrund des ab dem 1. November 2008 geltenden MoMiG (a. a. O.) ergeben, nehme ich im Einvernehmen mit den obersten Finanzbehörden der Länder wie folgt Stellung:

1. Rechtslage auf Grund des MoMiG

Das bisherige Recht bestand zum einen aus dem Bereich der gesetzlichen Regelungen in §§ 32a, 32b GmbHG (sog. Novellenregeln), und zum anderen aus der BGH-Rechtsprechung entwickelten analogen Anwendung der §§ 30, 31 GmbHG (sog. Rechtsprechungsregeln). Durch das MoMiG wurde das Eigenkapitalersatzrecht grundlegend dereguliert. Die Bestimmungen über kapitalersetzende Darlehen (§§ 32a, 32b GmbHG) wurden im Rahmen des MoMiG aus dem GmbHG entfernt und im Insolvenzrecht sowie im Anfechtungsgesetz (AnfG) neu geordnet. Damit hat der Gesetzgeber auch den zu §§ 30, 31 GmbHG entwickelten Rechtsprechungsregeln die gesetzliche Grundlage entzogen. Kern der Neuregelungen in den §§ 39 Absatz 1 Nummer 5, §§ 44a, 135, 143 Absatz 3 der Insolvenzordnung (InsO) ist eine gesetzliche Nachrangigkeit aller Rückzahlungsansprüche aus Gesellschafterdarlehen in der Insolvenz, unabhängig davon, ob sie in der Krise gewährt wurden oder nicht („insolvenzrechtliches Institut der Nachrangigkeit"). Ist das Darlehen im Jahr vor Stellung des Insolvenzantrags getilgt worden oder wurde es zehn Jahre vor dem Eröffnungsantrag besichert, so ist gemäß § 135 Absatz 1 Nummer 2 InsO zusätzlich die Insolvenzanfechtung eröffnet, d. h. es besteht die Anfechtbarkeit der im letzten Jahr vor dem Insolvenzantrag von der Gesellschaft zurückgezahlten Gesellschafterleistungen, und zwar unabhängig von einer tatbestandlichen Anknüpfung an einen eigenkapitalersetzenden Charakter der Leistung. Wurde das Darlehen im Jahr vor Erlangung eines vollstreckbaren Schuldtitels zurückgezahlt oder wurde es zehn Jahre vor diesem Zeitpunkt besichert, so ist – außerhalb des Insolvenzverfahrens – zusätzlich die Anfechtungsmöglichkeit nach § 6 AnfG eröffnet. Das frühere Sanierungsprivileg und das frühere Kleinanlegerprivileg werden sinngemäß in § 39 Absatz 1 Nummer 5, Absatz 4 und 5 InsO beibehalten, so dass die vorgenannten Einschränkungen hier nicht gelten.

2. Nachrangigkeit der Gesellschafterdarlehen

Während die Rechtsprechung bisher von einer Anbindung an das Eigenkapitalersatzrecht ausging (BFH-Urteil vom 13. Juli 1999, BStBl II S. 724), ist nach Abschaffung der Eigenkapitalersatzregeln in §§ 32a, 32b GmbHG die Darlehensgewährung durch den Gesellschafter selbst die alleinige Voraussetzung für die insolvenzrechtliche Bindung des Darlehens. Mit Ausnahme der durch das Sanierungsprivileg und das Kleinanlegerprivileg begünstigten Gesellschafterdarlehen treten alle

Gesellschafterdarlehen in der Insolvenz unabhängig von ihrer vertraglichen Ausgestaltung und unabhängig vom Zeitpunkt der Hingabe gemäß § 39 Absatz 1 Nummer 5 InsO an die letzte Stelle aller Gläubiger.

Für die Frage nachträglicher Anschaffungskosten im Rahmen des § 17 Absatz 2 EStG ist auf die gesellschaftsrechtliche Veranlassung abzustellen. Unbeschadet der Aufgabe des Eigenkapital-ersatzrechts durch das MoMiG orientiert sich deshalb die Auslegung einer gesellschaftsrechtlichen Veranlassung nach wie vor an der bereits von dem BMF-Schreiben vom 8. Juni 1999 (BStBl I S. 545) herangezogenen Figur des ordentlichen und gewissenhaften Geschäftsführers, so dass bei gesellschaftsrechtlicher Veranlassung auch zukünftig nachträgliche Anschaffungskosten bei uneinbringlichen Rückzahlungsansprüchen des Gesellschafters anzunehmen sind.

3. Steuerliche Folgerungen für den Anschaffungskostenbegriff i. S. des § 17 EStG

Ein Darlehen ist nach Auffassung des BFH u. a. dann durch das Gesellschaftsverhältnis veranlasst, wenn im Zeitpunkt seiner Gewährung oder Weitergewährung die Rückzahlung des Darlehens angesichts der finanziellen Situation der Gesellschaft in dem Maße gefährdet ist, dass ein ordentlicher Kaufmann das Risiko einer Kreditgewährung zu denselben Bedingungen wie der Gesellschafter nicht mehr eingegangen wäre (sog. Krise). Der Begriff der Krise und die steuerliche Anknüpfung an die Krise werden auch im zeitlichen Geltungsbereich des MoMiG beibehalten. Außerdem ist auch nach der Abschaffung des Eigenkapitalersatzrechts im Rahmen des MoMiG eine gesellschaftsrechtliche Veranlassung der Darlehensgewährung danach zu beurteilen, ob die Gesellschaft unter den bestehenden Verhältnissen von einem Dritten noch einen Kredit zu marktüblichen Bedingungen erhalten hätte. Die bisherige Rechtsprechung des BFH zu nachträglichen Anschaffungskosten im Rahmen des § 17 Absatz 2 EStG kann daher grundsätzlich weiterhin angewendet werden.

Was im Fall der Hingabe des Darlehens in der Krise der Gesellschaft gilt, gilt nach Auffassung des BFH grundsätzlich auch bei einem der Gesellschaft vor der Krise gewährten Darlehen, wenn der Gesellschafter das Darlehen stehen lässt, obwohl er es hätte abziehen können und es angesichts der veränderten finanziellen Situation der Gesellschaft absehbar war, dass die Rückzahlung gefährdet sein wird (sog. stehen gelassenes Darlehen).

Im Einzelnen unterscheidet der BFH für die Frage des Umfangs nachträglicher Anschaffungskosten vier Fallgruppen:

a) Hingabe des Darlehens in der Krise

Im Falle der Hingabe des Darlehens in der Krise ist nach Auffassung des BFH für die Höhe der Anschaffungskosten dessen Nennwert maßgeblich.

b) Stehen gelassene Darlehen

Im Falle eines „stehen gelassenen" Darlehens ist grundsätzlich der gemeine Wert in dem Zeitpunkt maßgeblich, in dem es der Gesellschafter mit Rücksicht auf das Gesellschaftsverhältnis nicht abzieht; dies kann ein Wert erheblich unter dem Nennwert des Darlehens, im Einzelfall sogar ein Wert von 0 Euro sein. Nach der neuen, durch das MoMiG geschaffenen Rechtslage kann allerdings ein „stehen gelassenes" Darlehen begrifflich nur noch dann vorliegen, wenn die Krise zeitlich vor dem Beginn des Anfechtungszeitraums nach § 6 AnfG entstanden ist.

Ist die Krise erst nach dem Beginn des Anfechtungszeitraums entstanden, ist die Fallgruppe der „krisenbestimmten" Darlehen anzuwenden (vgl. hierzu unten unter d).

c) Finanzplandarlehen

Schon unter der Geltung des früheren GmbH-Rechts waren von den eigenkapitalersetzenden Darlehen die sog. Finanzplandarlehen abzugrenzen. Dies sind solche Darlehen, die von vornherein in die Finanzplanung der Gesellschaft in der Weise einbezogen werden, dass die zur Aufnahme der Geschäfte erforderliche Kapitalausstattung der Gesellschaft krisenunabhängig durch eine Kombination von Eigen- und Fremdfinanzierung erreicht werden soll. Solche von den Gesellschaftern gewährten „finanzplanmäßigen" Kredite zur Finanzierung des Unternehmenszwecks sind nach Gesellschaftsrecht den Einlagen gleichgestellt. Die Bindungen für sog. Finanzplandarlehen ergaben sich schon vor dem Inkrafttreten des MoMiG nicht aus dem Eigenkapitalersatzrecht, sondern aus den vertraglich herbeigeführten Vereinbarungen und Bindungen der Gesellschafter. Auch der Bundesgerichtshof (BGH) hat zwischen Eigenkapitalersatzrecht und Finanzplandarlehen differenziert. Die Abschaffung des Eigenkapitalersatzrechts hat also keine Auswirkungen auf die bisherige Behandlung der Finanzplandarlehen.

Liegt ein in diesem Sinne krisenunabhängiges Finanzplandarlehen vor, ist es nach Auffassung des BFH nicht nur von vornherein – also mit seiner Hingabe – gesellschaftsrechtlich als Haftkapital gebunden; es ist auch für die steuerrechtliche Beurteilung davon auszugehen, dass es mit Rücksicht auf das Gesellschaftsverhältnis gewährt wurde. Dementsprechend erhöhen sich im Falle seines Verlustes die Anschaffungskosten der Beteiligung nicht nur in Höhe seines Wertes im Zeitpunkt der Krise, sondern in Höhe seines Wertes im Zeitpunkt der Gründung der Gesellschaft, also seines Nennwertes.

d) Krisenbestimmte Darlehen

Was für Finanzplandarlehen gilt, muss – jedenfalls im Grundsatz – auch für krisenbestimmte Darlehen gelten. Dies sind Darlehen, bei denen der Gesellschafter schon vor dem Eintritt der Krise mit bindender Wirkung gegenüber der Gesellschaft oder den Gesellschaftsgläubigern erklärt, dass er das Darlehen auch im Falle einer Krise stehen lassen werde. Für die Frage der Höhe der nachträglichen Anschaffungskosten ist allerdings bei krisenbestimmten Darlehen weiter zu differenzieren. Es ist hier zu prüfen, ob die Krisenbindung des Darlehens – wie häufig – auf vertraglichen Vereinbarungen oder aber auf den gesetzlichen Neuregelungen der InsO und des AnfG aufgrund des MoMiG beruht:

aa) Krisenbestimmte Darlehen aufgrund vertraglicher Vereinbarungen

Hat der Gesellschafter schon zu einem früheren Zeitpunkt mit bindender Wirkung gegenüber der Gesellschaft oder den Gesellschaftsgläubigern erklärt, dass er das Darlehen auch in der Krise der Gesellschaft stehen lassen wird, führt der Ausfall eines solchen krisenbestimmten Darlehens zu nachträglichen Anschaffungskosten auf die Beteiligung in Höhe des Nennwerts des Darlehens. Denn zu einer solchen Erklärung wäre ein Darlehensgeber, der nicht auch Gesellschafter ist, mit Rücksicht auf das ihm bei Gefährdung des Rückzahlungsanspruchs regelmäßig zustehende außerordentliche Kündigungsrecht im Allgemeinen nicht bereit.

Der Ansatz in Höhe des Nennwerts des Darlehens beruht nach Auffassung des BFH auf der Erwägung, dass bei den krisenbestimmten Darlehen die Bindung bereits mit dem Verzicht auf eine ordentliche und außerordentliche Kündigung im Zeitpunkt der Krise eintritt und deshalb der Verlust des Darlehens auf diesem Verzicht und nicht nur auf den später eintretenden gesetzlichen Rechtsfolgen der Krise beruht, womit sich diese Fallgruppe wesentlich von derjenigen der „stehen gelassenen" Darlehen unterscheidet.

bb) Krisenbestimmte Darlehen aufgrund der gesetzlichen Neuregelungen in §§ 39, 135 InsO sowie § 6 AnfG

Beruht die Krisenbindung des Darlehens auf den gesetzlichen Neuregelungen der InsO und des AnfG aufgrund des MoMiG, so ist davon auszugehen, dass bereits die gesetzlichen Neuregelungen in der InsO und im AnfG mit Beginn des Anfechtungszeitraums den darlehensgebenden Gesellschafter wirtschaftlich regelmäßig so stellen, als habe er eine Krisenbindung vereinbart.

Die nachträglichen Anschaffungskosten bemessen sich für den Fall, dass die gesellschaftsrechtliche Veranlassung auf die insolvenzrechtliche Nachrangigkeit zurückgeht, nach dem gemeinen Wert im Zeitpunkt des Beginns des Anfechtungszeitraums.

4. Sanierungsprivileg

Nach § 39 Absatz 1 Nummer 5, Absatz 4 InsO unterliegen zwar Darlehen (Darlehensforderungen), die zum Zwecke der Sanierung des Unternehmens hingegeben werden, nicht dem oben beschriebenen Nachranggebot. Gleichwohl ist es nach der Rechtsprechung des BFH (BFH-Urteil vom 19. August 2008, BStBl II 2009 S. 5) zum bisherigen Sanierungsprivileg (§ 32a Absatz 3 Satz 3 GmbHG a.F.), – welche sinngemäß auch auf die neue Rechtslage nach dem MoMiG übertragen werden kann – der Sinn und Zweck des Sanierungsprivilegs als Sonderregelung, Anreize dafür zu bieten, einer GmbH Risikokapital zur Verfügung zu stellen und sich an Sanierungen zu beteiligen. Dieser Zweck würde nach Ansicht des BFH unterlaufen, wenn der das Sanierungsprivileg gebende Gesellschafter gegenüber anderen Gesellschaftern steuerrechtlich benachteiligt würde. Daher führen spätere Darlehensverluste auch hier sowohl nach der alten als auch nach der neuen Rechtslage zu nachträglichen Anschaffungskosten.

5. Kleinanlegerprivileg

Sinn und Zweck des Kleinanlegerprivilegs gemäß § 39 Absatz 1 Nummer 5, Absatz 5 InsO (bisher Zwerganteilsprivileg nach § 32a Absatz 3 Satz 2 GmbHG a.F.) ist – anders als beim unter 4. beschriebenen Sanierungsprivileg – nicht die Schaffung eines Anreizes zur Gewährung von Risikokapital, sondern allein die gesetzliche Klarstellung, dass nicht geschäftsführende GmbH-Gesellschafter mit einer nur geringen Beteiligung am Stammkapital nicht unternehmerisch beteiligt sind und deshalb nicht in der Finanzierungsverantwortung für die Gesellschaft stehen (BR-Drucks. 967/96 S. 22 f.; BT-Drucks. 13/7141 S. 11 f.). Der damalige Gesetzgeber hat damit die BGH-Rechtsprechung zu den eigenkapitalersetzenden Gesellschafterdarlehen bei Aktiengesellschaften auch im

Bereich der Gesellschaften mit beschränkter Haftung für anwendbar gehalten. Diese Grundentscheidung hat der Gesetzgeber auch im Rahmen der durch das MoMiG vollzogenen gesetzlichen Neuregelung beibehalten. Allerdings wurde die Schwelle für die Finanzierungsfolgenverantwortung des Gesellschafters nunmehr rechtsformneutral auf eine 10-Prozent-Beteiligung festgesetzt (BT-Drucks. 16/6140 S. 57).

Die Nichtberücksichtigung des Verlustes eines im Sinne des § 32a Abs. 3 Satz 2 GmbHG a. F. beteiligten Gesellschafters im Rahmen der nachträglichen Anschaffungskosten nach § 17 Absatz 2 EStG (BFH-Urteil vom 2. April 2008, BStBl II S. 706) ist daher – unter Beachtung der geänderten Beteiligungsgrenze – auch auf die Rechtslage nach MoMiG übertragbar.

6. Anwendungsregelung

Dieses BMF-Schreiben ist in allen noch offenen Fällen anzuwenden, bei denen auf die Behandlung des Darlehens die Vorschriften des MoMiG anzuwenden sind. Ein Darlehen ist nach den Vorschriften des MoMiG zu behandeln, wenn das Insolvenzverfahren bei einer GmbH nach dem 31. Oktober 2008 eröffnet wurde oder wenn Rechtshandlungen, die nach § 6 AnfG der Anfechtung unterworfen sind, nach dem 31. Oktober 2008 vorgenommen wurden. Für die übrigen Darlehen gilt weiterhin das BMF-Schreiben vom 8. Juni 1999 (BStBl I S. 545).

Übersicht

I.
Bewertung des beweglichen Anlagevermögens und des Vorratsvermögens (§ 6 Abs. 1 Nrn. 1 und 2 EStG);
hier: Voraussetzungen für den Ansatz von Festwerten sowie deren Bemessung

BMF vom 8. 3. 1993 (BStBl I S. 276)

IV B 2 – S 2174a – 1/93

[1]Nach §§ 5 Abs. 1, 6 Abs. 1 Nrn. 1 und 2 EStG in Verbindung mit §§ 240 Abs. 3, 256 Satz 2 HGB[1]) können Wirtschaftsgüter des Sachanlagevermögens sowie Roh-, Hilfs- und Betriebsstoffe mit einem Festwert angesetzt werden, wenn sie regelmäßig ersetzt werden, ihr Gesamtwert für das Unternehmen von nachrangiger Bedeutung ist und ihr Bestand in seiner Größe, seinem Wert und seiner Zusammensetzung nur geringen Veränderungen unterliegt. [2]Zudem ist in der Regel alle drei Jahre eine körperliche Bestandsaufnahme durchzuführen.

Zu der Frage, unter welchen Voraussetzungen der Gesamtwert der für einen einzelnen Festwert in Betracht kommenden Wirtschaftsgüter von nachrangiger Bedeutung ist, sowie zu der Frage, welche Abschreibungsmethoden bei der Ermittlung der Wertigkeit beweglicher Wirtschaftsgüter des Sachanlagevermögens (sog. Anhaltewert) zugrunde zu legen sind, nehme ich im Einvernehmen mit den obersten Finanzbehörden der Länder wie folgt Stellung:

1. Nachrangigkeit

Zur Beurteilung der Nachrangigkeit ist auf die Bilanzsumme abzustellen. Der Gesamtwert der für einen einzelnen Festwert in Betracht kommenden Wirtschaftsgüter ist für das Unternehmen grundsätzlich von nachrangiger Bedeutung, wenn er an den dem Bilanzstichtag vorangegangenen fünf Bilanzstichtagen im Durchschnitt 10 v. H. der Bilanzsumme nicht überstiegen hat.

2. Ermittlung des sog. Anhaltewerts

Der Anhaltewert von beweglichen Wirtschaftsgütern des Sachanlagevermögens ist anhand der steuerlich zulässigen linearen oder degressiven Absetzungen für Abnutzung nach § 7 EStG zu ermitteln. Erhöhte Absetzungen oder Sonderabschreibungen dürfen dagegen bei der Ermittlung des Anhaltewerts nicht berücksichtigt werden.

II.
1. Neuregelung der Teilwertabschreibung gemäß § 6 Abs. 1 Nrn. 1 und 2 EStG durch das Steuerentlastungsgesetz 1999/2000/2002;
voraussichtlich dauernde Wertminderung; Wertaufholungsgebot; steuerliche Rücklage nach § 52 Abs. 16 EStG

BMF vom 25. 2. 2000 (BStBl 2000 I S. 372)

IV C 2 – S 2171b – 14/00

unter Berücksichtigung der Änderungen durch BMF vom 26. 3. 2009

(BStBl I S. 514)

IV C 6 – S 2171-b/0 – 2009/0195335

und vom 10.9.2012 (BStBl I S. 939)[2])

IV C 6 – S 2171-b/0 :005 – 2012/0828282

[1]Nach § 6 Abs. 1 Nrn. 1 und 2 EStG i. d. F. des Steuerentlastungsgesetzes 1999/2000/2002 (BGBl. 1999 I S. 402, BStBl 1999 I S. 304) erfordert der Ansatz des niedrigeren Teilwerts mit Wirkung ab dem ersten nach dem 31. Dezember 1998 endenden Wirtschaftsjahr (Erstjahr) eine voraussichtlich dauernde Wertminderung. [2]Daneben ist das bislang geltende Wertbeibehaltungswahlrecht aufgehoben und stattdessen ein striktes Wertaufholungsgebot eingeführt worden. [3]Zur Sicherung einer dem Unternehmen verbleibenden, ausreichenden Liquidität kann aus dem Gewinn, der im Erstjahr aus der Anwendung der Neuregelung entsteht, auf fünf Jahre verteilt werden (§ 52 Abs. 16 EStG). [4]Zu den sich hieraus ergebenden Fragen nehme ich im Einvernehmen mit den obersten Finanzbehörden der Länder wie folgt Stellung:

---

1) → Anhang 13.
2) → *Anhang 5 II 4.*

1　**I. Allgemeines**

[1]Der Teilwert ist auch nach der Neuregelung durch das Steuerentlastungsgesetz 1999/2000/2002 grundsätzlich nach den in den EStR und den entsprechenden Hinweisen enthaltenen Anweisungen zu ermitteln. [2]Insbesondere kann der Teilwert von zum Absatz bestimmten Waren bei gesunkenen Verkaufspreisen weiterhin retrograd ermittelt werden (vgl. R 36 Abs. 2 EStR 1999[1]). [3]Wenn bei rentabel geführten Betrieben der Verkaufspreis bewusst nicht kostendeckend kalkuliert ist (sogenannte Verlustprodukte), ist eine Teilwertabschreibung nicht zulässig (BFH vom 29. April 1999, BStBl 1999 II S. 681).

2　[1]Die Nachweispflicht für den niedrigeren Teilwert liegt unverändert beim Steuerpflichtigen. [2]Darüber hinaus trägt der Steuerpflichtige nunmehr auch die Darlegungs- und Feststellungslast für eine voraussichtlich dauernde Wertminderung. [3]Zudem ist im Rahmen des Wertaufholungsgebots nachzuweisen, dass und in welchem Umfang der Teilwert weiterhin unter der Bewertungsobergrenze liegt.

II. Voraussichtlich dauernde Wertminderung[2]

1. Begriff

3　Eine voraussichtlich dauernde Wertminderung bedeutet ein voraussichtlich nachhaltiges Absinken des Werts des Wirtschaftsguts unter den maßgeblichen Buchwert; eine nur vorübergehende Wertminderung reicht für eine Teilwertabschreibung nicht aus (vgl. auch § 253 Abs. 2 HGB[3]).

4　[1]Die Wertminderung ist voraussichtlich nachhaltig, wenn der Steuerpflichtige hiermit aus der Sicht am Bilanzstichtag aufgrund objektiver Anzeichen ernsthaft zu rechnen hat. [2]Aus der Sicht eines sorgfältigen und gewissenhaften Kaufmanns müssen mehr Gründe für als gegen eine Nachhaltigkeit sprechen. [3]Grundsätzlich ist von einer voraussichtlich dauernden Wertminderung auszugehen, wenn der Wert des Wirtschaftsguts die Bewertungsobergrenze während eines erheblichen Teils der voraussichtlichen Verweildauer im Unternehmen nicht erreichen wird. [4]Wertminderung aus besonderem Anlass (z. B. Katastrophen oder technischer Fortschritt) sind regelmäßig von Dauer. [5]Zusätzliche Erkenntnisse bis zum Zeitpunkt der Aufstellung der Handelsbilanz sind zu berücksichtigen. [6]Wenn keine Handelsbilanz aufzustellen ist, ist der Zeitpunkt der Aufstellung der Steuerbilanz maßgebend.

5　Für die Beurteilung eines voraussichtlich dauernden Wertverlustes zum Bilanzstichtag kommt der Eigenart des betreffenden Wirtschaftsguts eine maßgebliche Bedeutung zu (BFH vom 27. November 1974, BStBl II 1975 S. 294).

2. Abnutzbares Anlagevermögen

6　[1]Für die Wirtschaftsgüter des abnutzbaren Anlagevermögens kann von einer voraussichtlich dauernden Wertminderung ausgegangen werden, wenn der Wert des jeweiligen Wirtschaftsguts zum Bilanzstichtag mindestens für die halbe Restnutzungsdauer unter dem planmäßigen Restbuchwert liegt[4]. [2]Die verbleibende Nutzungsdauer ist für Gebäude nach § 7 Abs. 4 und 5 EStG, für andere Wirtschaftsgüter grundsätzlich nach den amtlichen AfA-Tabellen zu bestimmen.[5]

Beispiel 1:

7　Der Steuerpflichtige hat eine Maschine zu Anschaffungskosten von 100 000 DM erworben. Die Nutzungsdauer beträgt 10 Jahre, die jährliche AfA beträgt 10 000 DM. Im Jahre 02 beträgt der Teilwert nur noch 30 000 DM bei einer Restnutzungsdauer von 8 Jahren.

Lösung:

8　Eine Teilwertabschreibung auf 30 000 DM ist zulässig. Die Minderung ist voraussichtlich von Dauer, da der Wert des Wirtschaftsguts zum Bilanzstichtag bei planmäßiger Abschreibung erst nach 5 Jahren, das heißt erst nach mehr als der Hälfte der Restnutzungsdauer, erreicht wird.

Abwandlung:

9　Der Teilwert beträgt 50 000 DM.

Lösung:

10　Eine Teilwertabschreibung auf 50 000 DM ist nicht zulässig. Die Minderung ist voraussichtlich nicht von Dauer, da der Wert des Wirtschaftsguts zum Bilanzstichtag bei planmäßiger

---

1) Jetzt → R 6.8 Abs. 2 EStR.
2) Zur voraussichtlich dauernden Wertminderung bei börsennotierten Aktien, die als Finanzanlage gehalten werden, → Anhang 5, II.2.
3) → § 253 Abs. 3 HGB in der ab 29. 5. 2009 geltenden Fassung.
4) Bestätigt durch BFH vom 29. 4. 2009 (BStBl II S. 899).
5) Dies gilt auch dann, wenn der Stpfl. beabsichtigt, das Wirtschaftsgut vor Ablauf seiner betriebsgewöhnlichen Nutzungsdauer zu veräußern (→ BFH vom 29. 4. 2009 – BStBl II S. 899).

Abschreibung schon nach 3 Jahren und damit früher als nach mehr als der Hälfte der Restnutzungsdauer erreicht wird.

3. Nichtabnutzbares Anlagevermögen

[1]Für die Wirtschaftsgüter des nichtabnutzbaren Anlagevermögens ist grundsätzlich darauf abzustellen, ob die Gründe für eine niedrigere Bewertung voraussichtlich anhalten werden. Kursschwankungen von börsennotierten Wirtschaftsgütern des Anlagevermögens stellen eine nur vorübergehende Wertminderung dar. [2]Sie berechtigen demgemäß nicht zum Ansatz des niedrigeren Teilwerts.[1]   11

Beispiel 2:

Der Steuerpflichtige ist Eigentümer eines mit Altlasten verseuchten Grundstücks. Die ursprünglichen Anschaffungskosten des Grund und Bodens betragen 200 000 DM. Zum Bilanzstichtag ermittelt ein Gutachter den Wert des Grundstücks aufgrund der festgestellten Altlast mit nur noch 10 000 DM. Aus umweltrechtlichen Gründen ist der Steuerpflichtige grundsätzlich verpflichtet, die Altlast zu beseitigen. Mangels akuter Umweltgefährdung wird die zuständige Behörde die Schadensbeseitigung jedoch erst fordern, wenn der Steuerpflichtige die derzeitige Nutzung des Grundstücks ändert. Die Bildung einer Rückstellung ist aus diesem Grund nicht zulässig.   12

Lösung:

Eine Teilwertabschreibung in Höhe von 190 000 DM auf den vom Gutachter ermittelten Wert ist zulässig.[2] Zwar ist der Steuerpflichtige grundsätzlich verpflichtet, die Altlast zu beseitigen. Allerdings ist vor dem Hintergrund einer eventuellen Nutzungsänderung des Grundstücks nicht zu erwarten, dass der Steuerpflichtige in absehbarer Zeit behördlich zur Beseitigung des Schadens aufgefordert wird. Aus der Sicht am Bilanzstichtag ist daher von einer voraussichtlich dauernden Wertminderung des Grundstücks auszugehen. Wird die Altlast später beseitigt und erhöht sich dementsprechend der Wert des Grundstücks, ist eine Zuschreibung bis höchstens zu den ursprünglichen Anschaffungskosten vorzunehmen.   13

Beispiel 3:

Der Steuerpflichtige betreibt ein Kiesausbeuteunternehmen. Der zu dem Unternehmen gehörige Grund und Boden ist z. T. aufgeschlossen, z. T. rekultiviert und wieder der ursprünglichen landwirtschaftlichen Nutzung zugeführt. Da die Preise für landwirtschaftliche Grundstücke allgemein gefallen sind, macht der Steuerpflichtige zum Bilanzstichtag eine Teilwertabschreibung für die Grundstücke geltend. Nach den Feststellungen des Finanzamtes liegen die Richtwerte für die verfüllten Grundstücke indes höher als die Anschaffungskosten.   14

Lösung:

Eine Teilwertabschreibung ist nicht zulässig. Die Preise auf dem Markt für landwirtschaftliche Grundstücke unterliegen ebenso wie die anderen Immobilienpreise marktbedingten Schwankungen. Die Preisschwankungen stellen deshalb eine nur vorübergehende Wertminderung dar. Die Preise für die verfüllten Grundstücke liegen am Bilanzstichtag sogar höher als die Anschaffungskosten. Aus diesem Grund ist es auch für die Grundstücke, auf denen noch die Kiesausbeute betrieben wird, nicht ausgeschlossen, dass die Preise bis zu dem Zeitpunkt, an dem die Kiesausbeute und die sich daran anschließende Wiederauffüllung abgeschlossen sein werden, die Anschaffungskosten wieder erreichen oder sogar noch übersteigen.   15

Beispiel 4:

Der Steuerpflichtige hat festverzinsliche Wertpapiere mit einer Restlaufzeit von 4 Jahren, die dazu bestimmt sind, dauernd dem Geschäftsbetrieb zu dienen, zum Wert von 102 % erworben. Die Papiere werden bei Fälligkeit zu 100 % eingelöst. Aufgrund einer nachhaltigen Änderung des Zinsniveaus unterschreitet der Börsenkurs den Einlösebetrag zum Bilanzstichtag auf Dauer und beträgt zum Bilanzstichtag nur noch 98 %.   16

Lösung:

Eine Teilwertabschreibung ist nur auf 100 % zulässig, weil die Papiere bei Fälligkeit zum Nennwert eingelöst werden. Der niedrigere Börsenkurs am Bilanzstichtag ist nicht von Dauer.   17

Beispiel 5:

Der Steuerpflichtige hat Aktien der X-AG zum Preis von 100 DM/Stück erworben. Die Aktien sind als langfristige Kapitalanlage dazu bestimmt, dauernd dem Geschäftsbetrieb zu dienen.   18

a) Der Kurs der Aktien schwankt nach der Anschaffung zwischen 70 und 100 DM. Am Bilanzstichtag beträgt der Börsenpreis 90 DM.

---

[1] Die Sätze 2 und 3 sind durch BMF vom 26. 3. 2009 (Anhang 5, II.2.) überholt und ab dem 30. April 2009 (Datum der amtlichen Veröffentlichung der Entscheidung im BStBl II) nicht weiter anzuwenden.

[2] Auch BMF vom 11. 5. 2010 (BStBl I S. 495), Rdnr. 10.

19   **Lösung:**

20   Eine Teilwertabschreibung ist nicht zulässig. Der durch die Kursschwankung verursachte niedrigere Börsenpreis am Bilanzstichtag stellt eine nur vorübergehende Wertminderung dar.

       b)   Die X-AG gerät im Laufe des Wirtschaftsjahres unerwartet in Zahlungsschwierigkeiten und es droht ein Insolvenzverfahren. Der Aktienkurs bricht daraufhin auf 20 DM ein. Nachfolgend wird ein Sanierungsplan für die Gesellschaft erstellt. Im Zusammenhang damit erhält die Gesellschaft einen Liquiditätskredit. Daraufhin erholt sich der Aktienkurs auf 40 DM und schwankt bis zum Bilanzstichtag zwischen 35 und 40 DM. Am Bilanzstichtag beträgt der Kurs 38 DM.

21   **Lösung:**

22   Der durch die plötzliche Zahlungsnot verursachte Kurseinbruch stellt eine Wertminderung aus besonderem Anlass und keine bloße Kursschwankung dar. Aus diesem Grund ist eine Teilwertabschreibung zulässig, für deren Höhe auch die Kurserholung zu berücksichtigen ist. Die Aktien können hiermit mit 40 DM/Stück angesetzt werden. Der demgegenüber niedrigere Börsenpreis am Bilanzstichtag folgt aus einer Kursschwankung und stellt insoweit eine nur vorübergehende Wertminderung dar.

4. Umlaufvermögen

23   ¹Die Wirtschaftsgüter des Umlaufvermögens sind nicht dazu bestimmt, dem Betrieb auf Dauer zu dienen. ²Sie werden stattdessen regelmäßig für den Verkauf oder den Verbrauch gehalten. ³Dem gemäß kommt dem Zeitpunkt der Veräußerung oder Verwendung für die Bestimmung einer voraussichtlich dauernden Wertminderung eine besondere Bedeutung zu. Hält die Minderung bis zum Zeitpunkt der Aufstellung der Bilanz (vgl. Tz. 4) oder den vorangegangenen Verkaufs- oder Verbrauchszeitpunkt an, so ist die Wertminderung voraussichtlich von Dauer. ⁴Zusätzliche Erkenntnisse bis zu diesem Zeitpunkt sind zu berücksichtigen. ⁵Allgemeine Marktentwicklungen, z. B. Kursschwankungen von börsennotierten Wirtschaftsgütern des Umlaufvermögens, sind zusätzliche Erkenntnisse und als solche in die Beurteilung einer voraussichtlich dauernden Wertminderung der Wirtschaftsgüter zum Bilanzstichtag einzubeziehen.

    Beispiel 6:¹⁾

24   Der Steuerpflichtige hält festverzinsliche Wertpapiere, die bei Fälligkeit zu 100 % eingelöst werden. Aufgrund einer Änderung des Zinsniveaus beträgt der Börsenkurs am Bilanzstichtag nur noch 98 % gegenüber dem Nennwert. Bis zum Zeitpunkt der Bilanzaufstellung hat sich der Börsenkurs auf 98,5 % erholt.

    Lösung:

25   Grundsätzlich ist eine Teilwertabschreibung zum Bilanzstichtag zulässig. Allerdings sind die zusätzlichen Erkenntnisse bis zur Bilanzaufstellung zu berücksichtigen. Danach können die Wertpapiere mit einem Kurswert von 98,5 % des Nennwerts angesetzt werden.

    Beispiel 7:

26   Der Steuerpflichtige hat Aktien zum Preis von 100 DM/Stück erworben. Zum Bilanzstichtag ist der Börsenpreis der Aktien auf 80 DM/Stück gesunken.

       a)   Bis zum Zeitpunkt der Bilanzaufstellung hat der Börsenkurs zwischen 70 und 90 DM geschwankt.

    Lösung:

27   Grundsätzlich ist eine Teilwertabschreibung zum Bilanzstichtag zulässig. Die Erkenntnisse bis zum Zeitpunkt der Bilanzaufstellung haben jedoch gezeigt, dass die ursprüngliche Wertminderung in Höhe von 20 DM/Stück nicht von Dauer war. Vielmehr ist eine voraussichtlich dauernde Wertminderung nur in Höhe von 10 DM/Stück gegeben, so dass eine Teilwertabschreibung nur in dieser Höhe vorgenommen werden kann. Die Aktien können demnach mit 90 DM/Stück angesetzt werden.

       b)   Bis zum Zeitpunkt der Bilanzaufstellung hat der Börsenkurs zwischen 70 und 110 DM geschwankt.

28   **Lösung:**

29   Die Erkenntnisse bis zum Zeitpunkt der Bilanzaufstellung haben gezeigt, dass die ursprüngliche Wertminderung von 20 DM/Stück nicht von Dauer war. Vielmehr hat der Wert der Aktie bis zur Bilanzaufstellung die ursprünglichen Anschaffungskosten sogar noch überstiegen. Eine Teilwertabschreibung zum Bilanzstichtag ist daher nicht zulässig.

---

¹⁾ *Rz. 24 und 25 sind überholt; zur zeitlichen Anwendung → BMF vom 10.9.2012, Anhang 5 II 4.*

c) Bis zum Zeitpunkt der Bilanzaufstellung hat der Börsenkurs zwischen 60 und 80 DM geschwankt.

Lösung: 30

Eine Teilwertabschreibung zum Bilanzstichtag ist zulässig. Die Erkenntnisse bis zum Zeitpunkt   31
der Bilanzaufstellung haben gezeigt, dass die ursprüngliche Wertminderung in Höhe von
20 DM/Stück von Dauer war. Aus diesem Grund kann eine Teilwertabschreibung in Höhe von
20 DM/Stück vorgenommen werden. Eine Teilwertabschreibung unter den Wert des Bilanz-
stichtags kommt allerdings nicht in Betracht. Die Aktien können somit mit 80 DM/Stück angesetzt werden.

Beispiel 8:

Der Steuerpflichtige hat eine Forderung aus einem Kredit im Nennwert von 100 an die Y-KG.   32
Wegen unerwarteter Zahlungsausfälle ist die Y-KG im Laufe des Wirtschaftsjahrs notleidend
geworden. Am Bilanzstichtag kann die Forderung des Steuerpflichtigen deshalb nur in Höhe
von 20 % bedient werden. Bis zum Zeitpunkt der Bilanzaufstellung stellt die Y-KG wider
Erwarten eine Sicherheit in Höhe von 30 % der Forderung.

Lösung:

Am Bilanzstichtag ist eine Teilwertabschreibung auf die Forderung des Steuerpflichtigen in   33
Höhe von 80 % zulässig, da mit überwiegender Wahrscheinlichkeit nur mit einem Zahlungs-
eingang von 20 % gerechnet werden kann. Zwar gewinnt die Forderung bis zum Zeitpunkt
der Bilanzaufstellung durch die Gestellung der Sicherheit nachträglich an Wert. Ein unerwar-
tetes Ereignis dieser Art ist jedoch keine zusätzliche Erkenntnis im Sinne der Tzn. 4, 23.

III. Wertaufholungsgebot

1. Allgemeines

[1]Mit der Erfüllung eines Wertaufholungsgebots anstelle des bislang geltenden Wertbeibehaltungs-   34
wahlrechts ergibt sich nunmehr der Wertansatz eines Wirtschaftsguts für jeden Bilanzstichtag aus
dem Vergleich der um die zulässigen Abzüge geminderten Anschaffungs- oder Herstellungskosten
oder des an deren Stelle tretenden Werts als der Bewertungsobergrenze und dem niedrigeren Teilwert als der Bewertungsgrenze.[1] [2]Hat sich der Wert des Wirtschaftsguts nach einer vorangegangenen Teilwertabschreibung wieder erhöht, so ist diese Betriebsvermögensmehrung bis zum Erreichen der Bewertungsobergrenze steuerlich zu erfassen. [3]Dabei kommt es nicht darauf an, ob die
konkreten Gründe für die vorherige Teilwertabschreibung weggefallen sind. [4]Auch eine Erhöhung
des Teilwerts aus anderen Gründen führt zu einer Korrektur des Bilanzansatzes. [5]Gleiches gilt
auch, wenn die vorherige Teilwertabschreibung steuerlich nicht oder nicht vollständig wirksam
wurde (vgl. Tz. 36).

2. Nachweispflicht

[1]Grundsätzlich hat der Steuerpflichtige die Bewertungsobergrenze anhand geeigneter Unterlagen   35
(historische Anschaffungs- oder Herstellungskosten) nachzuweisen. [2]Können die historischen
Anschaffungs- oder Herstellungskosten nicht nachgewiesen werden, gilt der Buchwert, der in der
ältesten noch vorhandenen Bilanz als Anfangswert für das Wirtschaftsgut ausgewiesen ist, als
Bewertungsobergrenze, es sei denn, die Finanzbehörde legt – zum Beispiel auf Grund der dort vorhandenen Unterlagen – eine höhere Bewertungsobergrenze dar.

3. Steuerrechtliche Sonderregelungen (z. B. § 50c EStG)

[1]Steuerrechtliche Sonderregelungen stehen dem Wertaufholungsgebot nicht entgegen (vgl.   36
Tz. 34). [2]So dient beispielsweise die Regelung des § 50c EStG, wonach eine ausschüttungsbedingte
Teilwertabschreibung letztlich ohne Gewinnauswirkung bleibt, der zutreffenden Versteuerung der
Dividendeneinnahmen. [3]Die Teilwertabschreibung als solche und damit das Wertaufholungsgebot
bleiben hiervon unberührt.

IV. Rücklage nach § 52 Abs. 16 EStG[2]

[1]Nach § 52 Abs. 16 Satz 3, 7 und 10 EStG kann der Gewinn, der im ersten nach dem 31. Dezember   37
1998 endenden Wirtschaftsjahr durch die Anwendung der Neuregelungen in § 6 Abs. 1 bis 3 und
3a EStG entsteht, in Höhe von vier Fünftel bzw. neun Zehntel in eine den Gewinn mindernde
Rücklage eingestellt werden. [2]Das sich hiernach ergebende steuerrechtliche Wahlrecht ist grundsätzlich in Übereinstimmung mit der Handelsbilanz auszuüben (§ 5 Abs. 1 Satz 2 EStG). [3]Die steu-

---

[1] Das Wertaufholungsgebot ist auch insoweit verfassungsgemäß, als es Teilwertabschreibungen erfasst, die
vor dessen Einführung vorgenommen worden sind (→ BFH vom 25. 2. 2010 – BStBl II S. 784).
[2] EStG i. d. F. vor BilMoG.

errechtliche Anerkennung der Rücklage ist jedoch vom Ausweis eines entsprechenden Sonderpostens mit Rückgabeanteil in der Handelsbilanz nur abhängig, soweit auch in der Handelsbilanz durch Zuschreibung ein entsprechend höherer Gewinn ausgewiesen wird.

2. Teilwertabschreibung gemäß § 6 Abs. 1 Nr. 2 Satz 2 EStG i. d. F. des Steuerentlastungsgesetzes 1999/2000/2002; Vorliegen einer voraussichtlich dauernden Wertminderung bei börsennotierten Aktien, die als Finanzanlage gehalten werden; Anwendung des BFH-Urteils vom 26. September 2007 – I R 58/06 – (BStBl II 2009 S. 294)

BMF vom 26. 3. 2009 (BStBl I S. 514)
IV C 6 – S 2171-b/0 – 2009/0195335

Nach den Grundsätzen des BFH-Urteils vom 26. September 2007 – I R 58/06 – (BStBl II 2009, S. 294) ist bei börsennotierten Anteilen an einer Kapitalgesellschaft, die als Finanzanlage gehalten werden, von einer voraussichtlich dauernden Wertminderung i. S. d. § 6 Abs. 1 Nr. 2 Satz 2 EStG auszugehen, wenn der Börsenwert zum Bilanzstichtag unter die Anschaffungskosten gesunken ist und zum Zeitpunkt der Bilanzaufstellung keine konkreten Anhaltspunkte für eine alsbaldige Wertaufholung vorliegen. Der BFH hat in der genannten Entscheidung allerdings offengelassen, ob jedwedes Absinken des Kurswerts unter die Anschaffungskosten zu einer Teilwertabschreibung führt oder ob Wertveränderungen innerhalb einer gewissen „Bandbreite" aus Gründen der Bewertungsstetigkeit und der Verwaltungsökonomie als nur vorübergehende, nicht zu einer Teilwertabschreibung berechtigende Wertschwankungen zu beurteilen sind.

Unter Bezugnahme auf das Ergebnis der Erörterungen mit den obersten Finanzbehörden der Länder nehme ich zur Anwendung der Grundsätze dieses Urteils wie folgt Stellung:

Die Grundsätze dieses Urteils, das nur die Bewertung von börsennotierten Anteilen, die im Anlagevermögen gehalten werden, betrifft, sind prinzipiell über den entschiedenen Einzelfall hinaus anzuwenden.

Die vom BFH in dem Urteil offengelassene Frage der Behandlung von Wertveränderungen innerhalb einer gewissen „Bandbreite" ist durch eine zeitliche und rechnerische Komponente auszufüllen. Von einer voraussichtlich dauernden Wertminderung ist demnach nur dann auszugehen, wenn der Börsenkurs von börsennotierten Aktien zu dem jeweils aktuellen Bilanzstichtag um mehr als 40 v. H. unter die Anschaffungskosten gesunken ist oder zu dem jeweils aktuellen Bilanzstichtag und dem vorangegangenen Bilanzstichtag um mehr als 25 v. H. unter die Anschaffungskosten gesunken ist. Sätze 5 und 6 der Rz. 4 des BMF-Schreibens vom 25. Februar 2000 (BStBl I S. 372[1]), wonach zusätzliche Erkenntnisse bis zum Zeitpunkt der Aufstellung der Handels- bzw. Steuerbilanz zu berücksichtigen sind, gelten entsprechend.

Die Regelungen dieses Schreibens können frühestens in der ersten nach dem 26. September 2007 – I R 58/06 – (BStBl II 2009, S. 294 aufzustellenden Bilanz berücksichtigt werden; sie sind spätestens in der ersten nach dem 30. April 2009 (Datum der amtlichen Veröffentlichung der Entscheidung im BStBl II) aufzustellenden Bilanz anzuwenden. Tz. 11 Sätze 2 und 3 und Tzn. 18 bis 22 des BMF-Schreibens vom 25. Februar 2000 (BStBl I S. 372) sind insoweit überholt und ab dem 30. April 2009 nicht weiter anzuwenden. Wurde die Bewertung von börsennotierten Anteilen, die im Anlagevermögen gehalten werden, bereits in einer vor dem 26. September 2007 (Datum der BFH-Entscheidung) aufgestellten Bilanz entsprechend den Urteils- und oben genannten mit den obersten Finanzbehörden der Länder abgestimmten Grundsätzen gebildet, bleibt dieser Ansatz bestehen.

Eine Änderung des Bilanzpostens für vor diesem Zeitpunkt aufgestellten Bilanzen ist im Rahmen einer Bilanzberichtigung möglich (vgl. dazu R 4.4 EStR i. d. F. der EStÄR 2008).

---

3. Abzinsung von Verbindlichkeiten und Rückstellungen in der steuerlichen Gewinnermittlung nach § 6 Abs. 1 Nrn. 3 und 3a EStG in der Fassung des Steuerentlastungsgesetzes 1999/2000/2002

BMF vom 26. 5. 2005 (BStBl I S. 699)

Inhaltsübersicht

[1]Nach § 6 Abs. 1 Nr. 3 und 3a Buchstabe e Satz 1 des Einkommensteuergesetzes (EStG) in der Fassung des Steuerentlastungsgesetzes 1999/2000/2002 (BGBl. 1999 I S. 402) sind Verbindlichkeiten und Rückstellungen mit einem Zinssatz von 5,5 % abzuzinsen. [2]Die Neuregelung ist für nach dem 31. Dezember 1998 endende Wirtschaftsjahre anzuwenden (§ 52 Abs. 16 Satz 2 EStG). [3]Ausgenommen sind Verbindlichkeiten und Rückstellungen, deren Laufzeiten am Bilanzstichtag weniger als 12 Monate betragen, die verzinslich sind oder auf einer Anzahlung oder Vorausleistung beruhen. [4]Nach dem Ergebnis einer Erörterung mit den obersten Finanzbehörden der Länder gilt für die Abzinsung von Verbindlichkeiten und Rückstellungen Folgendes:

A. Bewertungsverfahren

1   Bei der Abzinsung von Verbindlichkeiten und Rückstellungen nach § 6 Abs. 1 Nr. 3 und 3a EStG sind finanz- oder versicherungsmathematische Grundsätze unter Berücksichtigung eines Zinssatzes von 5,5 % anzuwenden.

2   [1]Aus Vereinfachungsgründen kann der Abzinsungsbetrag auch nach §§ 12 bis 14 Bewertungsgesetz (BewG) ermittelt werden. [2]Die vereinfachten Bewertungsverfahren sind einheitlich für alle abzuzinsenden Verbindlichkeiten oder Rückstellungen maßgebend und an den nachfolgenden Bilanzstichtagen beizubehalten.

B. Abzinsung von Verbindlichkeiten in der steuerlichen Gewinnermittlung

I. Abzinsung von unverzinslichen Verbindlichkeiten, die in einem Betrag fällig sind (Fälligkeitsdarlehen)

1. Ermittlung der maßgebenden Restlaufzeit am Bilanzstichtag

a) Grundsätze

3   Die (verbleibende) Laufzeit einer Verbindlichkeit am Bilanzstichtag ist tagegenau zu berechnen. Dabei kann aus Vereinfachungsgründen das Kalenderjahr mit 360 Tagen, jeder volle Monat mit 30 Tagen, der Monat, in dem der Fälligkeitstag liegt, mit der Anzahl der tatsächlichen Tage einschließlich des Fälligkeitstages, höchstens jedoch mit 30 Tagen gerechnet werden.

4   [1]Grundsätzlich ist der vereinbarte Rückzahlungszeitpunkt maßgebend. [2]Ist nach den Verhältnissen am Bilanzstichtag davon auszugehen, dass die Rückzahlung voraussichtlich zu einem anderen Zeitpunkt erfolgt, ist dieser zu berücksichtigen.

Beispiel 1

Nach dem Darlehensvertrag beträgt die Laufzeit einer Verbindlichkeit am Bilanzstichtag 31. 12. 2001 noch 2 Jahre (Rückzahlung am 31. 12. 2003). Eine vorzeitige Tilgung ist jedoch möglich. Im Dezember 2001 hat der Schuldner mitgeteilt, dass die Rückzahlung voraussichtlich bereits am 31. 12. 02 erfolgen wird.

Die voraussichtliche Restlaufzeit beträgt nach den Erkenntnissen am Bilanzstichtag 31. 12. 2001 noch 12 Monate. Der vertragliche Rückzahlungstermin ist unbeachtlich.

b) Vom Leben bestimmter Personen abhängige Laufzeit

5   [1]Ist die Laufzeit einer unverzinslichen Verbindlichkeit durch das Leben einer oder mehrerer Personen bedingt, ist bei Anwendung der Vereinfachungsregelung nach Randnummer 2 zur Berechnung der Laufzeit von der mittleren Lebenserwartung der betreffenden Personen am Bilanzstichtag auszugehen. [2]Die jeweilige mittlere Lebenserwartung ergibt sich aus der „Sterbetafel für die Bundesrepublik Deutschland 1986/88 nach dem Gebietsstand seit dem 3. Oktober 1990" (vgl. Tabelle 1 in Anlage[1]).

c) Verbindlichkeiten mit unbestimmter Laufzeit

6   [1]Steht am Bilanzstichtag der Rückzahlungszeitpunkt einer unverzinslichen Verbindlichkeit, deren Fälligkeit nicht vom Leben einer oder mehrerer bestimmter Personen abhängt, nicht fest, ist vorrangig die Restlaufzeit zu schätzen. [2]Das gilt auch dann, wenn die Darlehensvereinbarung eine jederzeitige Kündbarkeit vorsieht oder die gesetzliche Kündigungsfrist nach § 488 Abs. 3 des Bürgerlichen Gesetzbuches (BGB) in der Fassung des Gesetzes zur Modernisierung des Schuldrechtes vom 26. November 2001 (BGBl. I S. 3138) nicht ausgeschlossen wird.

7   Liegen für eine objektive Schätzung der Restlaufzeit keine Anhaltspunkte vor, kann hilfsweise § 13 Abs. 2 BewG analog angewendet werden:

[1]Nach § 13 Abs. 2 BewG sind Nutzungen und Leistungen von unbestimmter Dauer, die nicht vom Leben bestimmter Personen abhängen, mit dem 9,3fachen des Jahreswertes zu bewerten. [2]Nach

---

[1]) nicht abgedruckt

der Tabelle 3 (Vervielfältiger für Tilgungsdarlehen, vgl. Randnummer 10) entspricht dieser Faktor unter Berücksichtigung der Randnummer 3 einer Laufzeit von 12 Jahren, 10 Monaten und 12 Tagen. [3]Dementsprechend ergibt sich nach Tabelle 2 für Fälligkeitsdarlehen (vgl. Randnummer 8) ein Vervielfältiger von 0,503.

2. Maßgebender Vervielfältiger

Bei Anwendung der Vereinfachungsregelung nach Randnummer 2 erfolgt die Bewertung einer   **8** unverzinslichen Verbindlichkeit, die in einem Betrag fällig ist, mittels der als Anlage beigefügten Tabelle 2[1]. Dabei ist der Nennwert der Verbindlichkeit mit dem von der Restlaufzeit abhängigen Vervielfältiger zu multiplizieren.

Beispiel 2

Die Restlaufzeit einer Verbindlichkeit beträgt am Bilanzstichtag 31. 12. 2001 noch 1 Jahr, 3 Monate und 10 Tage. Bei Anwendung der Vereinfachungsregelung ist der maßgebende Vervielfältiger nach Tabelle 2 wie folgt zu interpolieren: In der steuerlichen Gewinnermittlung zum 31. 12. 2001 ist die Verbindlichkeit (Nennwert 100 000 €) somit in Höhe von 100 000 € × 0,934 = 93 400 € anzusetzen.

Vervielfältiger für 2 Jahre:	0,898
Vervielfältiger für 1 Jahr:	0,948
Differenz:	– 0,050
davon ($^3/_{12}$ + $^{10}/_{360}$):	– 0,014
interpoliert (0,948 – 0,014):	0,934

In der steuerlichen Gewinnermittlung zum 31. 12. 2001 ist die Verbindlichkeit (Nennwert 100 000 €) somit in Höhe von 100 000 € × 0,934 = 93 400 € anzusetzen.

II. Abzinsung von unverzinslichen Verbindlichkeiten, die in gleichen Jahresraten getilgt werden (Tilgungsdarlehen)

1. Ermittlung der maßgebenden Restlaufzeit am Bilanzstichtag

Die Restlaufzeit einer Verbindlichkeit, die in gleichen Jahresraten getilgt wird (Tilgungsdarlehen),   **9** endet unter sinngemäßer Anwendung der Randnummern 3 und 4 mit Fälligkeit der letzten Rate.

Beispiel 3

Zum Bilanzstichtag 31. 12. 2001 ist eine unverzinsliche Verbindlichkeit mit einem Restwert von 10 000 € zu bewerten, die an jedem 1. Tag eines Monats in Höhe von 500 € zu tilgen ist.

Zum Bilanzstichtag 31. 12. 2001 sind noch insgesamt 20 Monatsraten à 500 € erforderlich, um die Verbindlichkeit vollständig zu tilgen. Die letzte Zahlung wird demnach am 01. 08. 2003 erfolgen. Die Restlaufzeit zum Bilanzstichtag 31. 12. 2001 beträgt somit 1 Jahr, 7 Monate und 1 Tag.

2. Jahreswert und maßgebender Vervielfältiger (Kapitalwert)

[1]Bei Anwendung der Vereinfachungsregelung nach Randnummer 2 erfolgt die Bewertung einer   **10** unverzinslichen Verbindlichkeit, die in gleichen Jahresraten getilgt wird (Tilgungsdarlehen), mittels der als Anlage beigefügten Tabelle 3[2]. [2]Dabei ist der Jahreswert (Jahresbetrag) der Verbindlichkeit mit dem von der Restlaufzeit abhängigen Vervielfältiger zu multiplizieren. [3]Der Jahreswert ist die Summe der Zahlungen innerhalb eines Jahres.

Beispiel 4

Sachverhalt wie Beispiel 3, von der Vereinfachungsregelung wird Gebrauch gemacht.

Der Jahreswert beträgt 12 × 500 € = 6 000 €. Zum Bilanzstichtag 31. 12. 2001 ist eine Restlaufzeit von 1 Jahr und 7 Monaten und 1 Tag maßgebend. Der Vervielfältiger (Kapitalwert) nach Tabelle 3 ermittelt sich wie folgt:

Kapitalwert für 2 Jahre:	1,897
Kapitalwert für 1 Jahr:	0,974
Differenz:	0,923
davon ($^7/_{12}$ + $^1/_{360}$):	0,541
interpoliert 0,974 + 0,541:	1,515

In der steuerlichen Gewinnermittlung zum 31. 12. 2001 ist die Verbindlichkeit mit 6 000 € × 1,515 = 9 090 € anzusetzen.

---

[1] nicht abgedruckt.
[2] nicht abgedruckt.

III. Ausnahmen von der Abzinsung

11   [1]Eine Abzinsung unterbleibt, wenn die Laufzeit der Verbindlichkeit am Bilanzstichtag weniger als 12 Monate beträgt, die Verbindlichkeit verzinslich ist oder auf einer Anzahlung oder Vorausleistung beruht (§ 6 Abs. 1 Nr. 3 Satz 2 EStG). [2]Der Steuerpflichtige hat darzulegen, dass ein Tatbestand des § 6 Abs. 1 Nr. 3 Satz 2 EStG vorliegt.

1. Laufzeit am Bilanzstichtag von weniger als 12 Monaten

12   [1][1]Eine Laufzeit von weniger als 12 Monaten ist gegeben, wenn die Verbindlichkeit vor Ablauf eines Jahres nach dem Bilanzstichtag vollständig getilgt wird. [2]Auf die Randnummern 4 bis 7 wird hingewiesen.

2. Verzinsliche Verbindlichkeiten

a) Allgemeines

13   [1]Eine verzinsliche Verbindlichkeit liegt vor, wenn ein Zinssatz von mehr als 0 % vereinbart wurde. [2]Dabei ist es unerheblich, ob am Bilanzstichtag fällige Zinsen auch tatsächlich gezahlt wurden. [3]So ist bei einer Stundung von Zinszahlungen weiterhin eine verzinsliche Verbindlichkeit anzunehmen.

14   Stehen einer Verbindlichkeit keine Kapitalverzinsung, sondern andere wirtschaftliche Nachteile[2] gegenüber (z. B. Verpflichtung zur unentgeltlichen Überlassung eines Wirtschaftsgutes des Betriebsvermögens), liegt eine verzinsliche Verbindlichkeit vor.

15   [1]Die mit der Gewährung von Darlehen zur Förderung des sozialen Wohnungsbaus, des Wohnungsbaus für Angehörige des öffentlichen Dienstes und des Bergarbeiterwohnungsbaus oder anderer Förderprogramme im Bereich des Wohnungswesens verbundenen Auflagen, die den Darlehensnehmer insbesondere dazu verpflichten, die geförderten Wohnungen nur bestimmten Wohnungssuchenden zu überlassen (Belegungsbindung) oder Vorteile aus der Zinslosigkeit in Form von preisgünstigen Mieten an Dritte weiterzugeben, entsprechen in ihrem wirtschaftlichen Gehalt einer Zinsvereinbarung; derartige Darlehen sind nicht abzuzinsen (BMF-Schreiben vom 23. August 1999, BStBl I S. 818). [2]Entsprechendes kann gelten, wenn zinslose Kredite im Rahmen einer Regionalförderung an Unternehmen zweckgebunden gewährt werden und die Zweckbindung ihrem wirtschaftlichen Gehalt nach einer Zinsbelastung entspricht (z. B. Verpflichtung zur Schaffung zusätzlicher Dauerarbeitsplätze über einen bestimmten Zeitraum).

16   Ist nach den Umständen des jeweiligen Einzelfalles davon auszugehen, dass bei wirtschaftlicher Betrachtung eine Verzinslichkeit (d. h. eine Gegenleistung für die Kapitalüberlassung) nicht gegeben ist, liegt eine unverzinsliche Verbindlichkeit vor.

b) Verbindlichkeiten, die zeitweise verzinslich sind

17   Ist nach der Darlehensvereinbarung nur in bestimmten Zeiträumen eine Verzinsung vorgesehen, liegt eine verzinsliche Verbindlichkeit vor. In diesem Fall unterbleibt eine Abzinsung; Randnummer 16 ist zu beachten.

Beispiel 5

A gewährt Unternehmer U am 01. 01. 2001 ein Darlehen über 50 000 €. Die Rückzahlung soll am 31. 12. 2005 erfolgen. Eine vorzeitige Rückzahlung ist möglich. Für den Zeitraum 01. 01. 2004 bis 31. 10. 2004 sind Zinsen in Höhe von 5 % p. a. zu entrichten.

Es handelt sich um ein verzinsliches Darlehen im Sinne von § 6 Abs. 1 Nr. 3 Satz 2 EStG, auch wenn teilweise keine Verzinsung vorgesehen ist. Eine Abzinsung unterbleibt.

Weiterführung Beispiel 5

Das Darlehen wird vorzeitig am 31. 12. 2003 zurückgezahlt.

Die jeweiligen Bilanzansätze zum 31. 12. 2001 und 31. 12. 2002 bleiben unverändert, auch wenn das Darlehen aufgrund der vorzeitigen Tilgung vor Beginn des Zinslaufes tatsächlich unverzinst bleibt.

18   [1]Entsteht oder entfällt aufgrund eines bestimmten Ereignisses die Verzinslichkeit im Sinne des § 6 Abs. 1 Nr. 3 Satz 2 EStG (z. B. neue vertragliche Vereinbarung zu den Zinskonditionen, Eintritt einer Bedingung), ist die Verbindlichkeit für die Anwendung der Steuerrechtsnorm ab dem Bilanzstichtag, der dem Ereignis folgt, nach den vorgenannten Grundsätzen neu zu bewerten. [2]Das gilt

---

1) Ein mit gesetzlicher Frist kündbares Darlehen begründet keine Verbindlichkeit mit einer Laufzeit von weniger als 12 Monaten, wenn nach den Erfahrungen der Vergangenheit keine alsbaldige Kündigung droht (→ BFH vom 27. 1. 2010 – BStBl II S. 478).

2) Die bloße Zweckbindung ist nicht geeignet, einen die Verzinsung ersetzenden Nachteil zu begründen; denn sie ändert nichts daran, dass der Zinsvorteil dem Darlehensnehmer ungeschmälert zugute kommt (→ BFH vom 27. 1. 2010 – BStBl II S. 478).

unabhängig von der zivilrechtlichen Rechtslage. Die Bilanzansätze der dem Ereignis vorangegangenen Wirtschaftsjahre bleiben unberührt.

c) Verbindlichkeiten, deren Verzinsung vom Eintritt eines bestimmten Ereignisses abhängt (bedingt verzinsliche Verbindlichkeiten)

[1]Hängt nach der Darlehensvereinbarung die Verzinslichkeit im Sinne von § 6 Abs. 1 Nr. 3 Satz 2 EStG vom Eintritt einer Bedingung ab, bleibt diese Bedingung zunächst unberücksichtigt. [2]Bei Eintritt der Bedingung gilt Randnummer 18 entsprechend.

19

Beispiel 6

A gewährt dem Unternehmer B am 01. 01. 2000 ein betriebliches Fälligkeitsdarlehen, das jährlich mit 5 % zu verzinsen ist. Fallen im Betrieb des B vor Rückzahlung des Darlehens Verluste an, entfällt die Verzinsung rückwirkend ab Beginn der Laufzeit. Bereits gezahlte Zinsen sind zu erstatten. Im Wirtschaftsjahr 01. 01. 2002 bis 31. 12. 2002 erwirtschaftet B einen Verlust.

Die Bedingung (Entstehung eines Verlustes) ist erst zu berücksichtigen, wenn sie eingetreten ist (Randnummer 19). Die Verbindlichkeit ist daher als verzinsliches Darlehen (zunächst) nicht abzuzinsen. Der Verlust in 2002 führt zu einem die Verzinslichkeit beeinflussenden Ereignis im Sinne der Randnummer 18. Ab dem Bilanzstichtag, der dem Verlustentstehungsjahr folgt, d. h. ab dem 31. 12. 2003, ist die Verbindlichkeit abzuzinsen. Die Bilanzstichtage 31. 12. 2000 bis 31. 12. 2002 (keine Abzinsung) bleiben unberührt.

Beispiel 7

Nach der Darlehensvereinbarung ist die betriebliche Verbindlichkeit nur dann (rückwirkend) zu verzinsen, wenn der Gläubiger seinen Arbeitsplatz verliert und innerhalb eines Jahres keine neue Anstellung findet.

Das Darlehen ist (zunächst) unverzinslich und daher abzuzinsen. Bei Eintritt der Bedingung ist die Verbindlichkeit zu verzinsen, so dass ab dem diesem Ereignis folgenden Bilanzstichtag der Nennwert anzusetzen ist. Die vorangegangenen Bewertungen bleiben aber unberührt (Randnummer 18).

3. Anzahlungen oder Vorausleistungen

Anzahlungen und Vorausleistungen sind Vorleistungen, die in Erfüllung eines zu einem späteren Zeitpunkt noch zu vollziehenden Rechtsgeschäftes erbracht werden (vgl. auch Urteil des Bundesfinanzhofes – BFH – vom 2. Juni 1978 – BStBl II S. 475 – und vom 21. November 1980, BStBl 1981 II S. 179).

20

IV. Unverzinsliche Verbindlichkeiten von Körperschaften gegenüber ihren Anteilseignern

[1]Erhält eine Körperschaft von einem Anteilseigner ein unverzinsliches Darlehen, sind die Regelungen zur Abzinsung von Verbindlichkeiten anzuwenden. [2]Das gilt auch für verbundene Unternehmen (z. B. Organschaften). [3]Ein Darlehen ist verzinslich im Sinne von § 6 Abs. 1 Nr. 3 Satz 2 EStG, wenn anstelle der Kapitalverzinsung andere Gegenleistungen im Sinne der Randnummern 14 und 15 gewährt werden.[1]

21

Die gewinnmindernden Erhöhungen der abgezinsten Verbindlichkeiten aufgrund kürzerer Restlaufzeiten sind keine Vergütungen im Sinne von § 8a KStG.

22

V. Unverzinsliche Verbindlichkeiten innerhalb einer Mitunternehmerschaft im Sinne von § 15 Abs. 1 Satz 1 Nr. 2 EStG

Die o. g. Regelungen zur Abzinsung von Verbindlichkeiten gelten auch bei Darlehen innerhalb einer Mitunternehmerschaft im Sinne von § 15 Abs. 1 Satz 1 Nr. 2 EStG, soweit es sich dabei ertragsteuerlich nicht um Einlagen oder Entnahmen handelt (vgl. z. B. BFH-Urteile vom 12. Dezember 1996, BStBl 1998 II S. 180 zu Kapitalüberlassungen eines Gesellschafters an seine Personengesellschaft und vom 9. Mai 1996, BStBl II S. 642 zu Darlehen von Personengesellschaften an deren Mitunternehmer).

23

---

[1] Bestätigt durch BFH vom 6. 10. 2009 (BStBl 2010 II S. 177) und vom 27. 1. 2010 (BStBl II S. 478).

C. Abzinsung von Rückstellungen in der steuerlichen Gewinnermittlung

I. Abzinsung von Rückstellungen für Geld- und Sachleistungsverpflichtungen

1. Ermittlung der voraussichtlichen Restlaufzeit einer Rückstellung am Bilanzstichtag

a) Grundsatz

24 [1]Die voraussichtliche Restlaufzeit einer Rückstellung für eine ungewisse Verpflichtung am Bilanzstichtag ist nach den Umständen des jeweiligen Einzelfalles zu schätzen; die Randnummern 3 bis 7 gelten entsprechend. [2]Hinsichtlich der Berechnung des Abzinsungsbetrages wird auf die Randnummern 1 und 2 verwiesen.

b) Geldleistungsverpflichtungen

25 [1]Bei der Ermittlung der Laufzeit einer Geldleistungsverpflichtung ist auf den voraussichtlichen Erfüllungszeitpunkt abzustellen. [2]Sind mehrere Teilbeträge zu entrichten, ist die Rückstellung entsprechend aufzuteilen. [3]Die Teilleistungen sind dann hinsichtlich ihrer Fälligkeit einzeln zu beurteilen.

c) Sachleistungsverpflichtungen

26 [1]Bei Sachleistungsverpflichtungen ist gemäß § 6 Abs. 1 Nr. 3a Buchstabe e Satz 2 EStG auf den Zeitraum bis zum Beginn der Erfüllung der Verpflichtung abzustellen. [2]Ist eine in Teilleistungen zu erbringende Verpflichtung als Einheit zu sehen, ist der Beginn der ersten Teilleistung maßgebend.

d) Garantie- und Gewährleistungsrückstellungen

27 [1]Die Laufzeit von Einzelrückstellungen für Garantie- und Gewährleistungsansprüche (Sachleistungsverpflichtungen) ist nach den Umständen des jeweiligen Einzelfalles zu schätzen. [2]Auf Pauschalrückstellungen findet das Abzinsungsgebot gemäß § 6 Abs. 1 Nr. 3a Buchstabe e EStG aus Vereinfachungsgründen keine Anwendung.

2. Maßgebender Vervielfältiger

28 [1]Bei Anwendung der Vereinfachungsregelung nach Randnummer 2 erfolgt die Bewertung einer abzuzinsenden Rückstellung für eine Geld- oder Sachleistungsverpflichtung mittels Tabelle 2[1]). [2]Dabei ist die Rückstellung unter Berücksichtigung der Wertverhältnisse am Bilanzstichtag mit dem von der Restlaufzeit abhängigen Vervielfältiger zu multiplizieren.

II. Abzinsung von Rückstellungen für Verpflichtungen, für deren Entstehen im wirtschaftlichen Sinne der laufende Betrieb ursächlich ist

29 [1]Nach § 6 Abs. 1 Nr. 3a Buchstabe d Satz 1 EStG sind Rückstellungen für Verpflichtungen, für deren Entstehen im wirtschaftlichen Sinne der laufende Betrieb ursächlich ist, zeitanteilig in gleichen Raten anzusammeln. [2]Gleichzeitig sind die ratierlich angesammelten Rückstellungen abzuzinsen (§ 6 Abs. 1 Nr. 3a Buchstabe e Satz 1 EStG). [3]Bei der Abzinsung gelten die Randnummern 24 bis 28 entsprechend.

Beispiel 8

Unternehmer U pachtet ab 01. 01. 2001 für 20 Jahre ein unbebautes Grundstück und errichtet eine betrieblich genutzte Lagerhalle. U hat sich verpflichtet, die Lagerhalle nach Ablauf des Pachtvertrages abzureißen. Die voraussichtlichen Kosten betragen nach den Verhältnissen des Bilanzstichtages 31. 12. 2001 insgesamt 20 000 €, am 31. 12. 2002 21 000 €. Bei der Abzinsung soll die Vereinfachungsregelung angewendet werden.

Für die Abrissverpflichtung hat U eine Rückstellung für ungewisse Verbindlichkeiten zu bilden. Da für das Entstehen der Verpflichtung im wirtschaftlichen Sinne der laufende Betrieb ursächlich ist (Nutzung der Lagerhalle), ist die Rückstellung nach § 6 Abs. 1 Nr. 3a Buchstabe d Satz 1 EStG zeitanteilig in gleichen Raten anzusammeln.

Bewertung am Bilanzstichtag 31. 12. 2001

Zum 31. 12. 2001 ist unter Berücksichtigung der Wertverhältnisse am Bilanzstichtag eine Rückstellung von 1/20 × 20 000 € = 1 000 € anzusetzen, die zusätzlich nach § 6 Abs. 1 Nr. 3a Buchstabe e Satz 1 EStG abzuzinsen ist. Der Beginn der Erfüllung der Sachleistungsverpflichtung (Abbruch) ist voraussichtlich der 31. 12. 2020 (Ablauf des Pachtvertrages). Am 31. 12. 2001 ist somit eine Restlaufzeit von 19 Jahren maßgebend. Nach Tabelle 2 ergibt sich ein Vervielfältiger von 0,362. Der Ansatz in der steuerlichen Gewinnermittlung zum 31. 12. 2001 beträgt somit 1 000 € × 0,362 = 362 €.

---

[1]) nicht abgedruckt.

Bewertung am Bilanzstichtag 31. 12. 2002

Am 31. 12. 2002 sind unter Berücksichtigung der erhöhten voraussichtlichen Kosten nach den Verhältnissen am Bilanzstichtag 31. 12. 2002 und einer Restlaufzeit von 18 Jahre 2/20 × 21 000 € × 0,381 = 800 € anzusetzen.

III. Ausnahmen von der Abzinsung

[1]Die Ausnahmen hinsichtlich der Abzinsung von Verbindlichkeiten (§ 6 Abs. 1 Nr. 3 Satz 2 EStG) gelten nach § 6 Abs. 1 Nr. 3a Buchstabe e Satz 1 zweiter Halbsatz EStG entsprechend. [2]Somit unterbleibt eine Abzinsung, wenn die Laufzeit der Rückstellung am Bilanzstichtag weniger als 12 Monate beträgt, die auf der Rückstellung basierende ungewisse Verbindlichkeit verzinslich ist oder die Rückstellung auf einer Anzahlung oder Vorausleistung beruht.   30

1. Laufzeit am Bilanzstichtag von weniger als 12 Monaten

Auf die Randnummern 24 bis 27 wird hingewiesen.   31

2. Verzinslichkeit der einer Rückstellung zugrunde liegenden Verbindlichkeit

a) Grundsatz

Für die Frage, ob die einer Rückstellung zugrunde liegende Verbindlichkeit verzinslich ist, gelten die in Abschnitt B genannten Regelungen (Randnummern 13 bis 18) zur Verzinslichkeit von Verbindlichkeiten entsprechend.   32

b) Rückstellungen für Steuerschulden

[1]Rückstellungen für Steuerschulden, die nach § 233a Abgabenordnung – AO – verzinst werden, sind nicht abzuzinsen. Insoweit basiert die ungewisse Verbindlichkeit auf einer zeitweise verzinslichen Verpflichtung im Sinne der Randnummer 17. [2]Aus Vereinfachungsgründen gilt dies auch dann, wenn möglicherweise Zinsen nicht festgesetzt werden (z. B. bei einer Steuerfestsetzung vor Beginn des Zinslaufs nach § 233a Abs. 2 AO).   33

3. Auf Anzahlungen oder Vorausleistungen beruhende Rückstellungen

Auf Randnummer 20 wird verwiesen.   34

D. Rücklagen nach § 52 Abs. 16 EStG[1)]

1. Gesetzliche Regelung

[1]Nach § 52 Abs. 16 Sätze 10 und 12 EStG gelten die Regelungen in § 6 Abs. 1 Nr. 3 und 3a EStG auch für Verbindlichkeiten und Rückstellungen, die bereits zum Ende eines vor dem 1. Januar 1999 endenden Wirtschaftsjahres angesetzt oder gebildet worden sind. [2]Für den entsprechenden, aufgrund der erstmaligen Abzinsung entstandenen Gewinn kann jeweils in Höhe von neun Zehntel eine den Gewinn mindernde Rücklage gebildet werden (Wahlrecht), die in den folgenden neun Wirtschaftsjahren jeweils mit mindestens einem Neuntel gewinnerhöhend aufzulösen ist (§ 52 Abs. 16 Sätze 11 und 14 EStG)[2)]. [3]Scheidet die gesamte Verbindlichkeit während des Auflösungszeitraums aus dem Betriebsvermögen aus oder ist die gesamte Rückstellung aufzulösen, ist die entsprechende Rücklage zum Ende des Wirtschaftsjahres des Ausscheidens oder der Auflösung in vollem Umfang gewinnerhöhend aufzulösen. [4]Wird die Verbindlichkeit nicht vollständig, sondern lediglich bis auf einen geringen Restbetrag getilgt, ist zu prüfen, ob im Hinblick auf § 52 Abs. 16 Satz 11 zweiter Teilsatz EStG ein Missbrauch von Gestaltungsmöglichkeiten im Sinne von § 42 AO vorliegt. [5]Die Rücklage ist in Übereinstimmung mit der handelsrechtlichen Jahresbilanz zu bilden (§ 5 Abs. 1 Satz 2 EStG); die steuerrechtliche Anerkennung der Rücklage ist jedoch vom Ausweis eines entsprechenden Sonderpostens mit Rücklagenanteil in der Handelsbilanz nur abhängig, soweit auch in der Handelsbilanz durch Abzinsung ein entsprechend höherer Gewinn ausgewiesen wird.   35

Die genannten Grundsätze gelten nicht für Gewinne aus der Abzinsung von Verbindlichkeiten und Rückstellungen, die erstmals in nach dem 31. Dezember 1998 endenden Wirtschaftsjahren passiviert werden.   36

[1)] EStG i. d. F. vor BilMoG.
[2)] Die Rücklage nach § 52 Abs. 16 EStG kann nur anteilig in Anspruch genommen werden, wenn sie nicht im ersten nach dem 31. 12. 1998 endenden Wirtschaftsjahr gebildet wird (BFH vom 25. 8. 2010 – BStBl 2011 II S. 169).

2. Rücklagefähige Gewinne

37   [1]Es ist ausschließlich die Gewinnauswirkung aufgrund der erstmaligen Anwendung der Abzinsungs-regelung rücklagefähig. [2]Sonstige gewinnwirksame Änderungen der Bewertung einer Verbindlich-keit oder Rückstellung bleiben unberücksichtigt. [3]Dabei ist die am Ende des dem Wirtschaftsjahr der erstmaligen Abzinsung vorangegangenen Wirtschaftsjahres passivierte Verbindlichkeit oder Rück-stellung (Ausgangswert) nach den Verhältnissen am Ende des Wirtschaftsjahres der erstmaligen Anwendung der Abzinsungsregelung abzuzinsen. [4]Soweit im Wirtschaftsjahr der erstmaligen Abzin-sung Änderungen zu einer gewinnerhöhenden Verminderung der abzuzinsenden Verbindlichkeit oder Rückstellung führen (z. B. geringere voraussichtliche Aufwendungen), sind diese Änderungen vom Ausgangswert abzuziehen.

Beispiel 9

Wie Beispiel 8, der Bilanzstichtag 31. 12. 2001 ist jedoch durch 31. 12. 1998 und der Bilanzstich-tag 31. 12. 2002 durch 31. 12. 1999 (erstmalige gesetzliche Abzinsung) zu ersetzen. Die noch in Deutsche Mark aufzustellende Bilanz 31. 12. 1998 wurde aus Vereinfachungsgründen in Euro umgerechnet.

In der steuerlichen Gewinnermittlung 31. 12. 1998 ist die Ansammlungsrückstellung nach bis-heriger Rechtslage noch nicht abzuzinsen und somit in Höhe von 1 000 € anzusetzen. Bei der Bewertung der Rückstellungen in der steuerlichen Gewinnermittlung 31. 12. 1999 ist erstmals eine Abzinsung erforderlich.

Ohne Abzinsung wäre die Rückstellung mit 2/20 × 21 000 € = 2 100 € zu bewerten. Die Gewinnminderung aufgrund der aufzustockenden Rückstellung würde 1 100 € betragen. Nach der gesetzlichen Neuregelung sind jedoch 2/20 × 21 000 € × 0,381 = 800 € anzusetzen, so dass die bisherige Rückstellung um 200 € zu vermindern ist und sich der Gewinn entsprechend erhöht.

Rücklagefähig nach § 52 Abs. 16 EStG ist die Gewinnauswirkung aus der Abzinsung der Rück-stellung zum 31. 12. 1998 (1 000 €) mit dem Abzinsungsfaktor am Ende des Wirtschaftsjahres 1999. Eine Korrektur des Rückstellungsansatzes 31. 12. 1998 als Ausgangswert für die Abzin-sung erfolgt nicht, da die Rückstellung in 1999 vor der Abzinsung nicht zu vermindern, son-dern ausschließlich zu erhöhen ist.

Ansatz zum 31. 12. 1998:	1 000 €
Ansatz nach Abzinsung mit dem Faktor am 31. 12. 1999: 1 000 € × 0,381 =	381 €
Abzinsungsbetrag:	619 €
davon rücklagefähig 9/10 =	**557 €**

Beispiel 10

In der Bilanz 31. 12. 1998 wurde eine Rückstellung für eine unverzinsliche, ungewisse Verbind-lichkeit mit 100 000 € bewertet (zur Vereinfachung Umrechnung DM in €). Nach den Erkennt-nissen bei Aufstellung der Bilanz zum 31. 12. 1999 werden die voraussichtlichen Aufwendun-gen jedoch nur 80 000 € betragen (voraussichtliche Erfüllung in 5 Jahren). Bei der Abzinsung wird von der Vereinfachungsregelung Gebrauch gemacht.

In der Bilanz 31. 12. 1999 sind die voraussichtlichen Aufwendungen in Höhe von 80 000 € maß-gebend. Zudem ist die Rückstellung nach § 6 Abs. 1 Nr. 3a Buchstabe e EStG abzuzinsen. Es ergibt sich ein Ansatz von 80 000 € × 0,765 = 61 200 € und eine Gewinnerhöhung von 100 000 € – 61 200 € = 38 800 €. Rücklagefähig ist jedoch nur der Teil der Gewinnerhöhung, der auf die (erstmalige) Abzinsung beruht:

Ansatz am 31. 12. 1998 abzüglich der Verminderung in 1999 vor der Abzinsung (100 000 € – 20 000 €):	80 000 €
Ansatz nach Abzinsung mit dem Faktor am 31. 12. 1999: 80 000 € × 0,765 =	61 200 €
Abzinsungsbetrag:	18 800 €
davon rücklagefähig 9/10:	16 920 €

3. Auflösung der Rücklage

38   [1]Die Rücklage ist in den dem Wirtschaftsjahr der Bildung folgenden Wirtschaftsjahren jeweils mit mindestens 1/9 gewinnerhöhend aufzulösen. [2]Das gilt auch dann, wenn die tatsächliche oder voraussichtliche Restlaufzeit kürzer ist als der Auflösungszeitraum. [3]In diesen Fällen ist die verblei-bende Rücklage bei Ausscheiden der Verbindlichkeit oder bei Auflösung der Rückstellung in einem Betrag gewinnerhöhend aufzulösen.

Fortsetzung Beispiel 10

Zum 31. 12. 1999 wird eine den Gewinn mindernde Rücklage von 16 920 € passiviert, die in den folgenden Wirtschaftsjahren mindestens zu 1/9 = 1 880 € gewinnerhöhend aufzulösen ist. Da die Rückstellung zum 31. 12. 2004 aufgelöst wird, ist auch die verbleibende Rücklage von 16 920 € – (1 880 € × 4) = 9 400 € gewinnerhöhend auszubuchen.

Die Ausbuchung des höheren Restbetrages kann beispielsweise dadurch vermieden werden, dass anstelle der jährlichen Auflösung von 1/9 die Rücklage an den Bilanzstichtagen 31. 12. 2000 bis 31. 12. 2004 zu je 1/5 = 3 384 € gewinnerhöhend aufgelöst wird. Ein höherer Restbetrag bei Auflösung der Rückstellung verbleibt in diesem Fall nicht.

E. Gewerbesteuerliche Behandlung

Aus dem Abzinsungsvorgang nach § 6 Abs. 1 Nr. 3 EStG ergeben sich keine Dauerschuldentgelte im Sinne von § 8 Nr. 1 Gewerbesteuergesetz (GewStG). 39

F. Buchtechnische Abwicklung

Die Abzinsungsregelungen nach § 6 Abs. 1 Nr. 3 und 3a Buchstabe e Satz 1 und 2 EStG sind spezielle bilanzsteuerrechtliche Vorschriften für die Bewertung von Verbindlichkeiten und Rückstellungen in der steuerlichen Gewinnermittlung. 40

[1]Ist eine Verbindlichkeit oder Rückstellung abzuzinsen, ist in der steuerlichen Gewinnermittlung stets der abgezinste Betrag auszuweisen; die Bildung eines Rechnungsabgrenzungspostens unterbleibt. [2]Dabei stellt die Abzinsung einen außerordentlichen Ertrag, die nachfolgende Aufzinsung einen außerordentlichen Aufwand dar. 41

G. Zeitliche Anwendung

Die Grundsätze dieses Schreibens sind vorbehaltlich Randnummer 43 in allen noch offenen Fällen anzuwenden. 42

[1]Bei der Bewertung von Verbindlichkeiten, die vor dem 1. Juni 2005 entstanden sind und deren Verzinsung von künftigen Einnahmen, Gewinnen oder ähnlichen Betriebsvermögensmehrungen abhängt, ist abweichend von Randnummer 19 aus Vertrauensschutzgründen davon auszugehen, dass diese Bedingungen eintreten werden und folglich zeitweise verzinsliche Verbindlichkeiten im Sinne von Randnummer 17 vorliegen. [2]Bei Verbindlichkeiten, die nach dem 31. Mai 2005 entstanden sind, ist Randnummer 19 uneingeschränkt anzuwenden. 43

Beispiel 11

Einem in Zahlungsschwierigkeiten befindlichen Unternehmen wird am 1. Juli 2004 ein Darlehen gewährt. Um eine Überschuldung zu vermeiden, hat der Darlehensgeber gegen Besserungsschein auf eine Verzinsung der Verbindlichkeit verzichtet. Bei Wegfall des Liquiditätsengpasses soll aber eine (nachträgliche) marktübliche Verzinsung ab Beginn der Darlehenslaufzeit erfolgen.

Die Verzinslichkeit der Verbindlichkeit hängt vom Betriebsvermögensmehrungsmerkmal „Liquidität" ab. Nach Randnummer 43 ist in vor dem 1. Juni 2005 entstandenen Verbindlichkeiten bei der Bewertung davon auszugehen, dass die Bedingung (Wegfall des Liquiditätsengpasses) eintreten wird. Eine Abzinsung unterbleibt, da aufgrund dieser Annahme eine teilweise verzinsliche Verpflichtung i. S. v. Randnummer 17 vorliegt.

Beispiel 12

Nach der Darlehensvereinbarung (Vertrag vom 30. Juni 2004) ist die Verbindlichkeit grundsätzlich verzinslich. Für Wirtschaftsjahre, in denen kein Bilanzgewinn ausgewiesen wird, sind jedoch keine Zinsleistungen zu erbringen. Im Wirtschaftsjahr 1. Januar 2004 bis 31. Dezember 2004 weist der Schuldner einen Bilanzverlust aus.

Nach Randnummer 19 bleibt die Bedingung, nach der eine Verzinsung für Wirtschaftsjahre unterbleibt, in denen kein Bilanzgewinn ausgewiesen wird, zunächst unberücksichtigt. Da der Schuldner bereits im Wirtschaftsjahr des Beginns der Darlehenslaufzeit einen Bilanzverlust ausgewiesen hat, d. h. die Bedingung eingetreten ist, gilt Randnummer 18 entsprechend, so dass für Zwecke der **steuerbilanziellen Abzinsung** ab dem Bilanzstichtag, der dem Verlustentstehungsjahr folgt, d. h. ab dem 31. Dezember 2005, grundsätzlich abzuzinsen wäre, da das Darlehen (zunächst) unverzinst bleibt. Gleichzeitig liegt aber ein **neues** ungewisses Ereignis i. S. v. Randnummer 19 vor, denn im Falle von künftigen Bilanzgewinnen lebt die Verzinsung wieder auf. Da die Verzinsung des Darlehens weiterhin von künftigen Bilanzgewinnen abhängt, gilt die Fiktion gemäß Randnummer 43, so dass weiterhin nicht abgezinst wird.

4. Voraussichtlich dauernde Wertminderung bei festverzinslichen Wertpapieren im Umlaufvermögen; Anwendung der Grundsätze des BFH-Urteils vom 8. 6. 2011 (BStBl II 2012 S. 716)

BMF vom 10. 9. 2012 (BStBl I S. 939)

IV C 6 – S 2171-b/0 : 005 – 2012/0828282

Der BFH hat mit Urteil vom 8. Juni 2011 (BStBl II 2012 S. 716) entschieden, dass bei festverzinslichen Wertpapieren, die eine Forderung in Höhe des Nominalwerts der Forderung verbriefen, eine Teilwertabschreibung unter ihren Nennwert allein wegen gesunkener Kurse regelmäßig nicht zulässig ist. Dies gilt auch dann, wenn die Wertpapiere zum Umlaufvermögen gehören.

Unter Bezugnahme auf das Ergebnis der Erörterungen mit den obersten Finanzbehörden der Länder nehme ich zur Anwendung der Urteilsgrundsätze wie folgt Stellung:

Die Grundsätze dieses Urteils sind über den entschiedenen Einzelfall hinaus anwendbar, wenn es sich um festverzinsliche Wertpapiere im Umlaufvermögen handelt, kein Bonitäts- und Liquiditätsrisiko hinsichtlich der Rückzahlung der Nominalbeträge besteht und die Wertpapiere bei Endfälligkeit zu ihrem Nennwert eingelöst werden können.

Die Rzn. 24 und 25 (Lösung zu Beispiel 6) des BMF-Schreibens vom 25. Februar 2000 (BStBl I S. 372) sind insoweit überholt.

Die Grundsätze des BFH-Urteils vom 8. Juni 2011 (a.a.O.) zur Bewertung von festverzinslichen Wertpapieren im Umlaufvermögen können frühestens in der ersten nach dem 8. Juni 2011 (Tag der BFH-Entscheidung) aufzustellenden Bilanz berücksichtigt werden; sie sind spätestens in der ersten auf einen Bilanzstichtag nach dem 22.10.2012 aufzustellenden Bilanz (Tag der Veröffentlichung des BFH-Urteils im BStBl II) anzuwenden.

Die Bewertung festverzinslicher Wertpapiere im Anlagevermögen wird durch diese Regelung nicht berührt. Insoweit verbleibt es bei der bisher bereits durch Verwaltungsauffassung geregelten Bewertung zum Nominalwert (vgl. Rz. 16 des BMF-Schreibens vom 25. Februar 2000 (a.a.O.).

III.
unbesetzt

IV.
Zweifelsfragen zu § 6 Abs. 3 EStG i. d. F. des Unternehmenssteuerfortentwicklungsgesetzes vom 21. 12. 2001 (UntStFG, BGBl. I S. 3858) im Zusammenhang mit der unentgeltlichen Übertragung von Mitunternehmeranteilen mit Sonderbetriebsvermögen sowie Anteilen von Mitunternehmeranteilen mit Sonderbetriebsvermögen

BMF vom 3. 3. 2005 (BStBl I S. 458)

IV B 2 – S 2241 – 14/05

unter Berücksichtigung der Änderungen durch BMF vom 7. 12. 2006 (BStBl I S. 766)

IV B 2 – S 2241 – 53/06

Unter Bezugnahme auf das Ergebnis der Erörterungen mit den obersten Finanzbehörden der Länder nehme ich zu Zweifelsfragen im Zusammenhang mit der unentgeltlichen Übertragung eines Mitunternehmeranteils und eines Teils eines Mitunternehmeranteils bei vorhandenem Sonderbetriebsvermögen sowie der unentgeltlichen Aufnahme in ein Einzelunternehmen wie folgt Stellung:

A. Persönlicher Anwendungsbereich

1   [1]Übertragender und Aufnehmender können natürliche Personen, Mitunternehmerschaften und Kapitalgesellschaften sein. [2]In den Fällen der Übertragung von Teilen eines Mitunternehmeranteils sowie der unentgeltlichen Aufnahme in ein Einzelunternehmen nach § 6 Abs. 3 Satz 1 2. HS und Satz 2 EStG ist die Übertragung nur auf natürliche Personen zulässig.

2   [1]Bei unentgeltlichen Übertragungen von einer oder auf eine Kapitalgesellschaft gehen jedoch die Regelungen zur verdeckten Gewinnausschüttung i. S. d. § 8 Abs. 3 KStG oder der verdeckten Einlage vor (BFH-Urteil vom 18. 12. 1990, BStBl 1991 II S. 512[1]). [2]Handelt es sich bei der unentgeltlichen Übertragung eines Mitunternehmeranteils oder eines Teils eines Mitunternehmeranteils um eine verdeckte Einlage (z. B. bei der Übertragung auf eine GmbH, an der der Übertragende betei-

---

[1] Bestätigt durch BFH vom 20. 7. 2005 (BStBl 2006 II S. 457).

ligt ist), greifen die Regelungen über die Betriebsaufgabe ein (BFH-Urteil vom 24. August 2000 – BStBl 2005 S. 173[1]). [3]In Fällen der verdeckten Einlage eines Teils eines Mitunternehmeranteils ist § 16 Abs. 1 Satz 2 EStG zu beachten.

Beispiel 1:

A überträgt seinen Mitunternehmeranteil unentgeltlich auf eine steuerbefreite Körperschaft (z. B. Stiftung), zu der keine gesellschaftsrechtlichen Verbindungen bestehen.

Der übertragende A realisiert keinen Gewinn, da die Wirtschaftsgüter mit den Buchwerten anzusetzen sind (§ 6 Abs. 3 Satz 1 EStG). Bei der übernehmenden Körperschaft kommt es unter Anwendung des § 8 Abs. 1 KStG, § 6 Abs. 3 Satz 3 EStG zu einer Buchwertfortführung.

Beispiel 2:

A überträgt seinen Mitunternehmeranteil im Rahmen einer verdeckten Einlage unentgeltlich auf die A-GmbH, deren Gesellschafter er ist.

Der Übertragungsvorgang führt zur Aufdeckung der stillen Reserven (ggf. nach §§ 16, 34 EStG begünstigt). Die Anschaffungskosten der GmbH-Beteiligung erhöhen sich bei A um den Wert des Mitunternehmeranteils.

B. Sachlicher Anwendungsbereich

[1]Der Mitunternehmeranteil eines Gesellschafters umfasst sowohl den Anteil am Gesamthandsvermögen als auch das dem einzelnen Mitunternehmer zuzurechnende Sonderbetriebsvermögen (BFH-Urteil vom 12. April 2000 – BStBl 2001 II S. 26). [2]Im Rahmen des § 6 Abs. 3 EStG kommt nur die funktionale Betrachtung zur Anwendung. Funktional wesentlich können nur solche Wirtschaftsgüter sein, die für die Funktion des Betriebes von Bedeutung sind; auf das Vorhandensein erheblicher stiller Reserven kommt es nicht an.   3

I. Übertragung des gesamten Mitunternehmeranteils (§ 6 Abs. 3 Satz 1 1. HS EStG)

1. Übertragung von funktional wesentlichem Sonderbetriebsvermögen

Wird der gesamte Anteil des Mitunternehmers an der Gesellschaft übertragen, setzt § 6 Abs. 3 Satz 1 EStG voraus, dass neben dem Anteil am Gesamthandsvermögen auch sämtliche Wirtschaftsgüter des Sonderbetriebsvermögens, die für die Funktion des Betriebes von Bedeutung sind (im folgenden funktional wesentliches Sonderbetriebsvermögen genannt), übertragen werden.   4

[1]Wird anlässlich der Übertragung des Anteils am Gesamthandsvermögen funktional wesentliches Sonderbetriebsvermögen zurückbehalten und in das Privatvermögen des Übertragenden überführt, ist eine Buchwertfortführung nach § 6 Abs. 3 Satz 1 EStG nicht zulässig. [2]Es liegt insgesamt eine tarifbegünstigte Aufgabe des gesamten Mitunternehmeranteils vor (BFH-Beschluss vom 31. August 1995, BStBl II S. 890). [3]Die stillen Reserven im Gesamthandsvermögen und im Sonderbetriebsvermögen sind aufzudecken. § 6 Abs. 3 Satz 2 EStG in der Fassung des Unternehmenssteuererfortentwicklungsgesetzes (UntStFG) vom 20. Dezember 2001 (BStBl 2002 I S. 35) ist nicht anwendbar, da der Übertragende mit der Übertragung des (gesamten) Anteils am Gesamthandsvermögens nicht mehr Mitunternehmer ist.   5

[1]Wird anlässlich der Übertragung des Anteils am Gesamthandsvermögen funktional wesentliches Sonderbetriebsvermögen nach § 6 Abs. 5 Satz 3 EStG zum Buchwert übertragen oder nach § 6 Abs. 5 Sätze 1 und 2 EStG in ein anderes Betriebsvermögen/Sonderbetriebsvermögen des Steuerpflichtigen überführt, findet § 6 Abs. 3 Satz 1 EStG auf die Übertragung des Anteils am Gesamthandsvermögen keine Anwendung. [2]Der sich aus der Übertragung des Anteils am Gesamthandsvermögen ergebende Gewinn ist nicht nach §§ 16, 34 EStG begünstigt (BFH-Urteile vom 19. März 1991 – BStBl II S. 635 und vom 2. Oktober 1997 – BStBl 1998 II S. 104).   6

[1]Wird im zeitlichen und sachlichen Zusammenhang mit der Übertragung des Mitunternehmeranteils (sog. Gesamtplanrechtsprechung, BFH-Urteil vom 6. September 2000, BStBl 2001 II S. 229) funktional wesentliches Sonderbetriebsvermögen entnommen oder (z. B. nach § 6 Abs. 5 EStG) zum Buchwert in ein anderes Betriebsvermögen überführt oder übertragen, kann der Anteil am Gesamthandsvermögen nicht nach § 6 Abs. 3 EStG zum Buchwert übertragen werden. [2]Die in dem Mitunternehmeranteil enthaltenen stillen Reserven sind in den Fällen, in denen das Sonderbetriebsvermögen zum Buchwert überführt oder übertragen wird, als laufender Gewinn zu versteuern, soweit ein Buchwertansatz nicht in Betracht kommt.   7

Beispiel:

Vater V war Kommanditist bei der X-KG, an die er ein Grundstück (wesentliche Betriebsgrundlage) vermietet hatte. V übertrug im Juli 2003 seinen Kommanditanteil unentgeltlich auf

---

[1] Bestätigt in Bezug auf eine das gesamte Nennkapital umfassende Beteiligung an einer Kapitalgesellschaft durch BFH vom 20. 7. 2005 (BStBl 2006 II S. 457).

seinen Sohn S. Bereits im März 2003 hatte V das Grundstück nach § 6 Abs. 5 Satz 3 Nr. 2 EStG zum Buchwert auf die von ihm neu gegründete gewerblich geprägte Y-GmbH & Co KG übertragen.

Die Buchwertübertragung des Grundstücks ist nach der sog. Gesamtplanrechtsprechung im Zusammenhang mit der Übertragung des Kommanditanteils nach § 6 Abs. 3 EStG zu beurteilen. Die Voraussetzungen für eine Buchwertübertragung nach § 6 Abs. 3 EStG liegen danach nicht vor, weil das Grundstück (wesentliche Betriebsgrundlage im Sonderbetriebsvermögen) nicht an den Sohn übertragen wurde. Ein Anwendungsfall von § 6 Abs. 3 Satz 2 EStG (unschädliches Zurückbehalten einer wesentlichen Betriebsgrundlage) liegt nicht vor, weil das Grundstück nicht mehr Sonderbetriebsvermögen der X-KG ist, sondern zum Betriebsvermögen der Y-GmbH & Co KG gehört. V muss deshalb die stillen Reserven in seinem Kommanditanteil im Jahr 2003 als laufenden Gewinn versteuern. Der (zwingende) Buchwertansatz für das auf die GmbH & Co KG übertragene Grundstück wird hiervon nicht berührt.

2. Übertragung von funktional nicht wesentlichem Sonderbetriebsvermögen

8   [1]Wird anlässlich der Übertragung des Anteils am Gesamthandsvermögen funktional nicht wesentliches Sonderbetriebsvermögen entnommen oder nach § 6 Abs. 5 EStG zum Buchwert in ein anderes Betriebsvermögen überführt oder übertragen, steht dies der Anwendung des § 6 Abs. 3 Satz 1 EStG im Hinblick auf die Übertragung des Mitunternehmeranteils nicht entgegen. [2]Wird dieses Sonderbetriebsvermögen entnommen, entsteht insoweit ein laufender Gewinn (BFH-Urteil vom 29. Oktober 1987 – BStBl 1988 II S. 374).

II. Übertragung eines Teils eines Mitunternehmeranteils

1. Übertragung bei funktional wesentlichem Sonderbetriebsvermögen

a) quotale Übertragung eines Teils des Anteils am Gesamthandsvermögen und eines Teils des Sonderbetriebsvermögens (§ 6 Abs. 3 Satz 1 2. HS EStG)

9   [1]§ 6 Abs. 3 Satz 1 EStG ist im Falle der unentgeltlichen Übertragung eines Teils eines Anteils am Gesamthandsvermögen bei gleichzeitigem Vorhandensein von funktional wesentlichem Sonderbetriebsvermögen nur anwendbar, soweit das funktional wesentliche Sonderbetriebsvermögen in demselben Verhältnis übergeht, in dem der übertragene Teil des Anteils am Gesamthandsvermögen zum gesamten Anteil am Gesamthandsvermögen steht (vgl. BFH-Urteil vom 24. August 2000 – BStBl 2005 II S. 173). [2]Umfasst das Sonderbetriebsvermögen mehrere Wirtschaftsgüter, z. B. Grundstücke, müssen alle funktional wesentlichen Wirtschaftsgüter anteilig übertragen werden.

b) disquotale Übertragung von Gesamthandsvermögen und Sonderbetriebsvermögen

aa) Übertragung eines Teils des Anteils am Gesamthandsvermögen unter gleichzeitiger Zurückbehaltung von Sonderbetriebsvermögen (unterquotale Übertragung – § 6 Abs. 3 Satz 2 EStG)

10   Wird anlässlich der Teilanteilsübertragung von Gesamthandsvermögen funktional wesentliches Sonderbetriebsvermögen nicht oder in geringerem Umfang (unterquotal) übertragen, als es dem übertragenen Teil des Anteils am Gesamthandsvermögen entspricht, liegt insgesamt eine Übertragung nach § 6 Abs. 3 Satz 2 EStG vor.

11   [1]Voraussetzung für die Buchwertübertragung ist, dass der Übernehmer den übernommenen Mitunternehmeranteil über einen Zeitraum von mindestens fünf Jahren nicht veräußert oder aufgibt. [2]Der Veräußerung des Mitunternehmeranteils steht die Veräußerung nur des Anteils am Gesamthandsvermögen oder eines Teils davon und/oder des mit dem Mitunternehmeranteil übernommenen funktional wesentlichen Sonderbetriebsvermögens oder eines Teils davon innerhalb der 5-Jahresfrist gleich. [3]Bezogen auf den ursprünglichen Übertragungsvorgang liegen die Voraussetzungen für die Buchwertübertragung nicht mehr vor. [4]Für die gesamte Übertragung nach § 6 Abs. 3 Satz 2 EStG sind rückwirkend auf den ursprünglichen Übertragungsstichtag die Teilwerte anzusetzen (§ 175 Abs. 1 Satz 1 Nr. 2 AO). [5]Der dabei beim Übertragenden entstehende Gewinn ist laufender Gewinn (§ 16 Abs. 1 Satz 2 i. V. m. § 16 Abs. 3 EStG). [6]Für die Berechnung der Behaltefrist ist grundsätzlich auf den Übergang des wirtschaftlichen Eigentums hinsichtlich des übernommenen Mitunternehmeranteils (= Übergang von Nutzen und Lasten) abzustellen.

12   War der Übernehmer bereits vor der unentgeltlichen Teilanteilsübertragung Mitunternehmer dieser Mitunternehmerschaft, ist von einer Veräußerung oder Entnahme des übernommenen Anteils erst auszugehen, wenn der Anteil der Beteiligung nach der Veräußerung oder Entnahme des (Teil-)Mitunternehmeranteils unter dem Anteil der übernommenen Beteiligung liegt oder das mit dem Mitunternehmeranteil übernommene funktional wesentliche Sonderbetriebsvermögen innerhalb der 5-Jahresfrist veräußert oder entnommen wird.

Beispiel:

V und S sind jeweils zu 50 % an einer OHG beteiligt. V überträgt unentgeltlich einen Teil seines Gesellschaftsanteils auf S, behält sein Sonderbetriebsvermögen aber zurück, so dass V jetzt zu 25 % und S zu 75 % an der OHG beteiligt sind. S reduziert innerhalb der 5-Jahresfrist seine Beteiligung auf 20 % und veräußert entsprechend einen Teil seines Mitunternehmeranteils.

Es liegt eine Übertragung von V auf S nach § 6 Abs. 3 Satz 2 EStG vor, bei der die Behaltefristen zu beachten sind. Da der Anteil des S nach der Veräußerung (20 %) unter dem Anteil der übernommenen Beteiligung (25 %) liegt, hat er auch einen Teil des übernommenen Mitunternehmeranteils veräußert. Für die ursprüngliche Übertragung von V auf S ist damit insgesamt § 6 Abs. 3 EStG nicht anwendbar (Tz. 11). Für die gesamte Übertragung nach § 6 Abs. 3 Satz 2 EStG sind rückwirkend auf den ursprünglichen Übertragungsstichtag die Teilwerte anzusetzen (§ 175 Abs. 1 Satz 1 Nr. 2 AO). Der dabei beim V entstehende Gewinn ist laufender Gewinn (§ 16 Abs. 1 Satz 2 i. V. m. § 16 Abs. 3 EStG).

[1]Eine Veräußerung ist grundsätzlich auch eine Einbringung nach den §§ 20, 24 UmwStG, unabhängig davon, ob die Buchwerte, Teilwerte[1]) oder Zwischenwerte angesetzt werden. [2]Als Veräußerung gilt auch ein Formwechsel nach § 25 UmwStG. [3]Überträgt der Rechtsnachfolger einzelne Wirtschaftsgüter des übernommenen Sonderbetriebsvermögens gegen Gewährung von Gesellschaftsrechten nach § 6 Abs. 5 EStG auf einen Dritten, liegt auch eine Veräußerung vor. [4]Wird der nach § 6 Abs. 3 Satz 2 übertragene Mitunternehmer(teil)anteil vom Übernehmer zu einem späteren Zeitpunkt zu Buchwerten nach § 20 UmwStG in eine Kapitalgesellschaft oder zu Buchwerten nach § 24 UmwStG in eine Personengesellschaft eingebracht, liegt – abweichend vom oben genannten Grundsatz – keine schädliche Veräußerung im Sinne des § 6 Abs. 3 Satz 2 EStG vor, wenn der Einbringende die hierfür erhaltene Beteiligung an der Kapitalgesellschaft oder den erhaltenen Mitunternehmeranteil über einen Zeitraum von mindestens fünf Jahren – beginnend mit der ursprünglichen Übertragung des Mitunternehmeranteils nach § 6 Abs. 3 Satz 2 EStG – nicht veräußert oder aufgibt und die Kapitalgesellschaft oder die Personengesellschaft den eingebrachten Mitunternehmeranteil oder die eingebrachten Wirtschaftsgüter innerhalb der genannten Frist nicht veräußert[2]).   13

[1]Eine unentgeltliche Weiterübertragung ist unschädlich; dabei geht die Behaltefrist jedoch auf den Rechtsnachfolger über. [2]Dem Rechtsnachfolger ist die Behaltedauer des Übertragenden anzurechnen.   14

Voraussetzung für die Buchwertübertragung ist außerdem, dass das zurückbehaltene Betriebsvermögen weiterhin zum Betriebsvermögen derselben Mitunternehmerschaft gehört.   15

Wird das zurückbehaltene Sonderbetriebsvermögen aufgrund eines Gesamtplanes im Zusammenhang mit der unentgeltlichen Aufnahme einer natürlichen Person in ein bestehendes Einzelunternehmen oder der unentgeltlichen Übertragung eines Teils eines Mitunternehmeranteils entnommen oder veräußert, ist eine Buchwertübertragung nicht möglich.

bb) Übertragung eines Teils des Anteils am Gesamthandsvermögen unter gleichzeitiger überquotaler Übertragung von Sonderbetriebsvermögen

Wird anlässlich der Teilanteilsübertragung von Gesamthandsvermögen Sonderbetriebsvermögen in größerem Umfang (überquotal) übertragen, als es dem übertragenen Teil des Anteils am Gesamthandsvermögen entspricht, ist der Vorgang in eine Übertragung nach § 6 Abs. 3 Satz 1 EStG für den quotalen Teil des Sonderbetriebsvermögens und eine Übertragung nach § 6 Abs. 5 EStG für den überquotalen Teil des Sonderbetriebsvermögens aufzuteilen.   16

Werden im Zusammenhang mit dem überquotal übertragenen Sonderbetriebsvermögen Verbindlichkeiten übernommen, liegt insoweit eine entgeltliche Übertragung vor, auf die § 6 Abs. 5 EStG keine Anwendung findet (BMF-Schreiben vom 7. Juni 2001 – BStBl I S. 367).   17

Die o. g. Grundsätze gelten auch, wenn die Mitunternehmerstellung des Empfängers mit der Teilanteilsübertragung erstmals begründet wird (BFH-Urteil vom 6. Dezember 2000 – BStBl 2003 II S. 194).   18

2. Übertragung bei funktional nicht wesentlichem Sonderbetriebsvermögen

[1]Wird ein Teil eines Mitunternehmeranteils unentgeltlich übertragen, jedoch für die Mitunternehmerschaft funktional nicht wesentliches Sonderbetriebsvermögen zurückbehalten, ist § 6 Abs. 3 Satz 1 EStG uneingeschränkt anwendbar. [2]Dies gilt auch, wenn funktional nicht wesentliches Sonderbetriebsvermögen in größerem Umfang übertragen wird, als es dem übertragenen Teil des Gesellschaftsanteils entspricht. [3]Der übernehmende Gesellschafter hat die Buchwerte fortzuführen. [4]Bei der Überführung des zurückbehaltenen Sonderbetriebsvermögens in das Privatvermögen entsteht laufender Gewinn (s. Rdnr. 8).   19

---

[1]) Gemeiner Wert bei Umwandlungen nach dem 12. 12. 2006 → §§ 20, 24 UmwStG i. d. F. des SEStEG.
[2]) Zur Nachweispflicht gem. § 22 Abs. 3 UmwStG → BMF vom **11. 11. 2011 (BStBl I S. 1314), Randnr. 22.28 ff.**

III. Isolierte Übertragung von Sonderbetriebsvermögen

20   [1]Wird das Sonderbetriebsvermögen isoliert (d. h. ohne Änderung der Beteiligungsverhältnisse bei der Mitunternehmerschaft) unentgeltlich übertragen, liegt keine Übertragung eines Mitunternehmeranteils vor (BFH-Urteil vom 11. Dezember 1990 – BStBl 1991 II S. 510). [2]Liegen die Voraussetzungen des § 6 Abs. 5 Satz 3 EStG in der jeweiligen Fassung (StSenkG vom 23. Oktober 2000 (BStBl I S. 1428) oder UntStFG vom 20. Dezember 2001 (BStBl 2002 I S. 35)) vor, erfolgt die Übertragung zum Buchwert. [3]Andernfalls handelt es sich um eine Entnahme. §§ 16, 34 EStG sind nicht anwendbar.

C. Unentgeltliche Aufnahme einer natürlichen Person in ein bestehendes Einzelunternehmen (§ 6 Abs. 3 Satz 1 2. Halbsatz EStG)

21   [1]Bei der unentgeltlichen Aufnahme einer natürlichen Person in ein bestehendes Einzelunternehmen unter Zurückbehaltung von Betriebsvermögen ist § 6 Abs. 3 Satz 2 EStG anzuwenden, wenn das zurückbehaltene Betriebsvermögen Sonderbetriebsvermögen bei der entstandenen Mitunternehmerschaft wird. [2]Zu Behaltefristen Tz. 11 ff.

D. Fälle der mitunternehmerischen Betriebsaufspaltung

22   [1][1]Entsteht infolge einer unentgeltlichen Übertragung nach § 6 Abs. 3 EStG eine mitunternehmerische Betriebsaufspaltung (vgl. hierzu auch BMF-Schreiben vom 28. April 1998, BStBl I S. 583), sind folgende Fallgruppen zu unterscheiden:

a) Übertragung von Sonderbetriebsvermögen, das nach der Übertragung im Gesamthandseigentum des Übertragenden und des Übernehmenden steht

Begründen der Übertragende und der Übernehmer hinsichtlich des anteilig übertragenen Sonderbetriebsvermögens nach der Übertragung zivilrechtlich eine Gesamthandsgemeinschaft (§ 718 ff. BGB), wird diese unmittelbar zur Besitzpersonengesellschaft.

In diesem Fall folgt der unter § 6 Abs. 3 Satz 1 EStG fallenden Übertragung eine Zurechnung der Wirtschaftsgüter des Sonderbetriebsvermögens zum Gesamthandsvermögen der Besitzpersonengesellschaft gemäß § 6 Abs. 5 Satz 3 EStG unmittelbar nach.

Entsteht die mitunternehmerische Betriebsaufspaltung infolge einer Übertragung nach § 6 Abs. 3 Satz 2 EStG, so führt eine unterquotale Übertragung des Sonderbetriebsvermögens in die Besitzpersonengesellschaft zu keiner schädlichen Veräußerung oder Aufgabe i. S. des § 6 Abs. 3 Satz 2 EStG; für die einer Übertragung nach § 6 Abs. 3 Satz 2 EStG nachfolgenden Übertragungen sind insbesondere die Tzn. 11 und 13 zu beachten.

b) Übertragung von Sonderbetriebsvermögen, das nach der Übertragung im Bruchteilseigentum des Übertragenden und Übernehmenden steht

Wird bei der anteiligen Übertragung von Sonderbetriebsvermögen dem Übernehmer zivilrechtlich ein Bruchteil zu Eigentum übertragen (§ 741 BGB), findet zuerst eine unentgeltliche Übertragung eines Teils eines Mitunternehmeranteils (einschließlich des Sonderbetriebsvermögens) auf den übernehmenden Gesellschafter nach § 6 Abs. 3 EStG statt. Anschließend erfolgt sowohl bei dem übertragenden Gesellschafter als auch bei dem übernehmenden Gesellschafter eine Überführung des Sonderbetriebsvermögens in das Sonderbetriebsvermögen bei der Besitzpersonengesellschaft (GbR) gemäß § 6 Abs. 5 Satz 2 EStG.

Hinsichtlich des Sonderbetriebsvermögens findet hier allerdings kein Rechtsträgerwechsel statt, sondern es erfolgt hier nur ein Zuordnungswechsel von dem Sonderbetriebsvermögen bei der bisherigen Personengesellschaft in das Sonderbetriebsvermögen der Besitzpersonengesellschaft (BFH-Urteil vom 18. August 2005 – BStBl II S. 830)

Beispiel (für eine quotale Übertragung des Sonderbetriebsvermögens):

A ist zu 60 % an der AB OHG beteiligt, der er auch ein im Sonderbetriebsvermögen befindliches Grundstück zur Nutzung überlässt. In 2002 überträgt A die Hälfte seines Mitunternehmeranteils (½ des Gesamthandsanteils und ½ des Sonderbetriebsvermögens) unentgeltlich auf C. Die AC-GbR überlässt das Grundstück der ABC-OHG entgeltlich zur Nutzung.

a) Das Grundstück steht in Gesamthandsvermögen von A und C

b) Das Grundstück steht im Bruchteilseigentum von A und C

zu a)

Zunächst liegt eine unentgeltliche Teil-Mitunternehmeranteilsübertragung nach § 6 Abs. 3 Satz 1 EStG vor, die zwingend eine Buchwertfortführung vorschreibt. Im zweiten Schritt ändert

---

1) Tz. 22 i. d. F. des BMF vom 7. 12. 2006 (BStBl I S. 766).

sich aufgrund der steuerlichen Beurteilung des neu entstandenen Gebildes als mitunternehmerische Betriebsaufspaltung die bisherige Zuordnung des Grundstücks als Sonderbetriebsvermögen bei der OHG. Das Grundstück wird Gesamthandsvermögen bei der AC-GbR. Die damit verbundene Übertragung des Sonderbetriebsvermögens in das Gesamthandsvermögen der AC-GbR erfolgt nach § 6 Abs. 5 Satz 3 Nr. 2 EStG zum Buchwert.

zu b)

Zunächst liegt eine unentgeltliche Teil-Mitunternehmeranteilsübertragung nach § 6 Abs. 3 Satz 1 EStG vor, die zwingend eine Buchwertfortführung vorschreibt. Im zweiten Schritt ändert sich aufgrund der steuerlichen Beurteilung des neu entstandenen Gebildes als mitunternehmerische Betriebsaufspaltung die bisherige Zuordnung des Grundstücks als Sonderbetriebsvermögen bei der OHG. Das Grundstück wird – wegen des fehlenden Rechtsträgerwechsels bei dem Bruchteilseigentum – zu Sonderbetriebsvermögen der Gesellschafter bei der „gesamthandsvermögenslosen" AC-GbR (BFH vom 18. August 2005, a. a. O.). Die damit verbundene Überführung des Sonderbetriebsvermögens bei der OHG auf das Sonderbetriebsvermögen bei der AC-GbR erfolgt nach § 6 Abs. 5 Satz 2 EStG zum Buchwert.

E. Zeitliche Anwendung

[1] [1]Dieses Schreiben ist auf alle Übertragungen nach dem 31. Dezember 2000 anzuwenden. [2]In Erbfällen mit sog. qualifizierter Nachfolgeklausel sind die Tz. 72 bis 74 in der Fassung des BMF-Schreibens vom 14. März 2006 (BStBl I S. 253)[2]zur ertragsteuerlichen Behandlung der Erbengemeinschaft und ihrer Auseinandersetzung weiter anzuwenden.　23

Auf gemeinsamen Antrag vom Übertragenden und Übernehmenden ist dieses Schreiben in allen noch offenen Fällen auch für Übertragungen vor dem 1. Januar 2001 anzuwenden.　24

Für unterquotale Übertragungen (vgl. Tz. 10) sind dabei die Behaltefristen des § 6 Abs. 3 Satz 2 EStG zu beachten; dies gilt nicht, wenn der übernommene Mitunternehmeranteil vom Übernehmenden vor dem 1. Januar 2002 veräußert oder entnommen wurde.

Für überquotale Übertragungen (vgl. Tz. 16) vor dem 1. Januar 2001 kann in den offenen Fällen auf gemeinsamen Antrag vom Übertragenden und Übernehmenden aus Vertrauensschutzgründen der gesamte Übertragungsvorgang als unter § 6 Abs. 3 EStG in der damals geltenden Fassung fallend angesehen werden.

V.
Passivierung von Verbindlichkeiten bei Vereinbarung eines einfachen oder qualifizierten Rangrücktritts; Auswirkungen des § 5 Abs. 2a EStG

BMF vom 8. 9. 2006 (BStBl I S. 497)

IV B 2 – S 2133 – 10/06

Unter Bezugnahme auf das Ergebnis der Erörterung mit den obersten Finanzbehörden der Länder nehme ich zur Anwendung des § 5 Abs. 2a EStG in der Fassung des Steuerbereinigungsgesetzes 1999 vom 22. 12. 1999, BGBl. I 1999, 2601, auf Fälle, in denen zwischen Schuldner und Gläubiger eine Rangrücktrittsvereinbarung abgeschlossen wurde, wie folgt Stellung:

I. Begriff der Rangrücktrittsvereinbarung

1. Einfacher Rangrücktritt

Bei einem einfachen Rangrücktritt vereinbaren Schuldner und Gläubiger, dass eine Rückzahlung der Verbindlichkeit nur dann zu erfolgen habe, wenn der Schuldner dazu aus zukünftigen Gewinnen, aus einem Liquidationsüberschuss oder aus anderem – freien – Vermögen künftig in der Lage ist und der Gläubiger mit seiner Forderung im Rang hinter alle anderen Gläubiger zurücktritt.　1

Bei dieser Vereinbarung handelt es sich um einen Rangrücktritt, der mit einer Besserungsabrede verbunden wird.

2. Qualifizierter Rangrücktritt

Bei einem qualifizierten Rangrücktritt erklärt der Gläubiger sinngemäß, er wolle wegen der Forderung erst nach Befriedigung sämtlicher anderer Gläubiger der Gesellschaft und – bis zur Abwendung der Krise – auch nicht vor, sondern nur zugleich mit den Einlagenrückgewähransprüchen der Gesellschafter berücksichtigt, also so behandelt werden, als handele es sich bei seiner Forderung　2

---

[1]) Tz. 23 i. d. F. des BMF vom 7. 12. 2006 (BStBl I S. 766).

[2]) → Anhang 8 I.

um statutarisches Kapital (vgl. Urteil des BGH vom 8. Januar 2001, BGHZ 146, 264-280). Ziel der Vereinbarung eines qualifizierten Rangrücktritts ist, die Verbindlichkeit in der insolvenzrechtlichen Überschuldungsbilanz der Gesellschaft nicht auszuweisen.

II. Ertragsteuerliche Behandlung

1. Grundsätzliche Passivierungspflicht

3 Eine Verbindlichkeit ist zu passivieren, wenn sie rechtlich entstanden und wirtschaftlich verursacht ist. Dagegen widerspricht es den Grundsätzen ordnungsmäßiger Buchführung, wenn ein Kaufmann Verbindlichkeiten in seiner Bilanz ausweist, obwohl mit einer Inanspruchnahme durch den Gläubiger mit an Sicherheit grenzender Wahrscheinlichkeit nicht mehr zu rechnen ist und die – rechtlich bestehende – Verpflichtung keine wirtschaftliche Belastung mehr darstellt (BFH vom 22. November 1988, BStBl 1989 II S. 359). Allein die Tatsache, dass der Schuldner die Verbindlichkeit mangels ausreichenden Vermögens nicht oder nur teilweise tilgen kann, begründet noch keine Annahme einer fehlenden wirtschaftlichen Belastung (BFH vom 9. Februar 1993, BStBl II S. 747).

2. Wirkung der Rangrücktrittsvereinbarung

4 Die Vereinbarung eines einfachen oder eines qualifizierten Rangrücktritts hat keinen Einfluss auf die Bilanzierung der Verbindlichkeit. Im Gegensatz zu einem Forderungsverzicht mindert sich oder erlischt die Verbindlichkeit nicht. Diese wird weiterhin geschuldet und stellt für den Steuerpflichtigen eine wirtschaftliche Belastung dar; lediglich die Rangfolge der Tilgung ändert sich. Die Verbindlichkeit ist weiterhin als Fremdkapital in der (Steuer-)Bilanz der Gesellschaft auszuweisen.

3. Anwendung des § 5 Abs. 2a EStG auf Rangrücktrittsvereinbarungen

5 Gemäß § 5 Abs. 2a EStG darf weder eine Verbindlichkeit angesetzt noch eine Rückstellung gebildet werden, wenn die Verpflichtung nur zu erfüllen ist, soweit künftig Einnahmen oder Gewinne anfallen. Eine solche Verbindlichkeit oder Rückstellung darf erst angesetzt werden, wenn die Einnahmen oder Gewinne angefallen sind.

6 Voraussetzung für die Anwendung des § 5 Abs. 2a EStG ist, dass zwischen dem Ansatz der Verbindlichkeit und Gewinnen und Einnahmen eine Abhängigkeit im Zahlungsjahr besteht. Haben Schuldner und Gläubiger eine Vereinbarung im Sinne der Rdnr. 1 (= einfacher Rangrücktritt) geschlossen, besteht die erforderliche Abhängigkeit zwischen Verbindlichkeit und Einnahmen oder Gewinnen nicht, so dass der Tatbestand des § 5 Abs. 2a EStG nicht erfüllt ist; die Verbindlichkeit ist zu passivieren. Fehlt dagegen eine Bezugnahme auf die Möglichkeit einer Tilgung auch aus sonstigem freien Vermögen, ist der Ansatz von Verbindlichkeiten oder Rückstellungen bei derartigen Vereinbarungen ausgeschlossen.[1]

7 Bei einer Vereinbarung im Sinne der Rdnr. 2 (qualifizierter Rangrücktritt) liegen die Voraussetzungen des § 5 Abs. 2a EStG nicht vor, weil eine Abhängigkeit zwischen Verbindlichkeit und Einnahmen oder Gewinnen nicht besteht, sondern die Begleichung der Verbindlichkeit zeitlich aufschiebend bedingt – bis zur Abwendung der Krise – verweigert werden kann.

8 Die Aussagen des BFH im Urteil vom 10. November 2005 (BStBl 2006 II S. 618) stehen dem nicht entgegen. Die Vereinbarung eines Rangrücktritts (ohne Besserungsabrede) erfüllt nicht die Tatbestandsvoraussetzungen des § 5 Abs. 2a EStG. Daher kann es in einem solchen Fall nicht auf eine ausdrückliche Bezugnahme auf die Möglichkeit der Tilgung auch aus einem Liquidationsüberschuss oder aus sonstigem freien Vermögen ankommen.

III. Zeitliche Anwendung

9 Dieses Schreiben ist in allen offenen Fällen anzuwenden. Es ersetzt das BMF-Schreiben vom 18. August 2004 (BStBl I S. 850).

---

[1] Bestätigt durch BFH vom 30. 11. 2011 (BStBl 2012 II S. 332).

VI.

1. Rückstellungen für Verpflichtungen zur Gewährung von
– Vergütungen für die Zeit der Arbeitsfreistellung vor Ausscheiden aus dem Dienstverhältnis –
Jahreszusatzleistungen im Jahr des Eintritts des Versorgungsfalls

BMF vom 11. 11. 1999 (BStBl I S. 959)

IV C 2 – S 2176 – 102/99

I. Vergütungen für die Zeit der Arbeitsfreistellung vor Ausscheiden aus dem Dienstverhältnis

Räumt ein Arbeitgeber seinen Arbeitnehmern in einer Zusage das Recht ein, vor Eintritt in den Ruhestand bei formal fortbestehendem Dienstverhältnis die Arbeitsleistung ganz oder teilweise einzustellen, ohne dass die Vergütung in dieser Zeitspanne entsprechend dem Umfang der tatsächlich geleisteten Arbeit reduziert wird, stellt sich die Frage, ob und ggf. in welchem Umfang der Arbeitgeber für diese Zahlungsverpflichtung Rückstellungen zu bilden hat. Nach dem Ergebnis einer Erörterung mit den obersten Finanzbehörden der Länder gilt zu diesen Fragen Folgendes: 1

1. Abgrenzung zu Zusagen auf Leistungen der betrieblichen Altersversorgung

Eine Zusage auf Leistungen der betrieblichen Altersversorgung im Sinne von § 1 Betriebsrentengesetz liegt nur vor, wenn das Dienstverhältnis im Zeitpunkt des Eintritts des Versorgungsfalls formal beendet ist. Eine Zusage, nach der Leistungen fällig werden, ohne dass das Dienstverhältnis formal beendet ist, ist nicht als Zusage auf Leistungen der betrieblichen Altersversorgung anzusehen. Für eine derartige Verpflichtung darf insoweit eine Rückstellung nach § 6a EStG nicht gebildet werden. Für die Zuordnung der Zusage ist die jeweils getroffene schriftliche Vereinbarung maßgebend. 2

Eine derartige eindeutige Zuordnung ist nicht möglich, wenn der Arbeitgeber oder der Arbeitnehmer nach dem Inhalt der Zusage wählen können, ob die Leistungen mit Arbeitsfreistellung vor Ausscheiden aus dem Dienstverhältnis oder zu einem anderen Zeitpunkt, z. B. erst mit Eintritt des Versorgungsfalls (z. B. Eintritt in den Ruhestand) fällig werden. In einem solchen Fall ist für jede der beiden Leistungsalternativen getrennt zu ermitteln, ob und ggf. in welcher Höhe eine Rückstellung zulässig ist. Für die Verpflichtung aus der Zusage darf in der Steuerbilanz nur die sich bei einem Vergleich ergebende niedrigere Rückstellung ausgewiesen werden. Wird später ein Fälligkeitszeitpunkt eindeutig festgelegt, richtet sich ab dem Zeitpunkt dieser Festlegung die Rückstellung nach den hierfür geltenden allgemeinen Grundsätzen. 3

Die Grundsätze des BMF-Schreibens vom 25. April 1995 (BStBl I S. 250) zur Rückstellung für die Verpflichtung zur Gewährung betrieblicher Teilrenten bleiben unberührt. 4

2. Arbeitsfreistellung zum Ausgleich für vom Arbeitnehmer erbrachte Vorleistungen

Arbeitgeber und Arbeitnehmer vereinbaren, dass der Arbeitnehmer die Vergütung für künftig von ihm zu leistende Mehrarbeit (z. B. Überstunden) nach erbrachter Mehrarbeit nicht sofort ausbezahlt erhält, sondern dieser Vergütungsanspruch beim Arbeitgeber nur betragsmäßig erfasst wird und erst im Zusammenhang mit einer vollen oder teilweisen Arbeitsfreistellung vor Beendigung des Dienstverhältnisses zur Auszahlung gelangt. Der angesammelte Vergütungsanspruch wird mit der Vergütung verrechnet, die dem Arbeitnehmer für die Zeit der Arbeitsfreistellung zu gewähren ist. Wegen der erst künftigen Auszahlung kann hierfür dem Arbeitnehmer eine gesonderte Gegenleistung (Verzinsung) zugesagt sein. Diese kann beispielsweise bestehen in einem festen jährlichen Prozentbetrag des angesammelten Vergütungsanspruchs, wobei sich der Prozentbetrag auch nach dem Umfang der jährlichen Gehaltsentwicklung richten kann, oder in einem Betrag in Abhängigkeit von der Entwicklung bestimmter am Kapitalmarkt angelegter Vermögenswerte. 5

Der Arbeitgeber hat für seine Verpflichtung, den angesammelten Vergütungsanspruch künftig zu erfüllen, nach den Verhältnissen am Bilanzstichtag eine Rückstellung wegen Erfüllungsrückstand zu bilden. Bei der Bewertung der Rückstellung sind nur die dem Arbeitnehmer zustehenden Vergütungsansprüche einschließlich der darauf entfallenden Arbeitgeberanteile zur Sozialversicherung zu berücksichtigen. 6

Die sich aus der gesondert zugesagten Gegenleistung ergebende Verpflichtung ist als gesonderte Rückstellung auszuweisen. Dabei ist nur der Teil dieser Verpflichtung zu berücksichtigen, der sich bis zum Bilanzstichtag ergeben hat. 7

Ist die Fälligkeit der Verpflichtungen auch abhängig von biologischen Ereignissen, so ist nach versicherungsmathematischen Grundsätzen zu bewerten. 8

Mögliche Ansprüche gegenüber Dritten (z. B. Erstattungsbeiträge) sind bei der Bewertung des Erfüllungsrückstandes gegenzurechnen (vgl. § 6 Abs. 1 Nr. 3a Buchstabe c EStG); für Wirtschafts- 9 jahre, die vor dem 1 Januar 1999 enden, sind bei der Gegenrechnung die Grundsätze in EStH 38, Rückgriffsansprüche[1], zu berücksichtigen.

10   Die Rückstellung wegen Erfüllungsrückstandes ist nach den Grundsätzen von § 6 Abs. 1 Nr. 3a Buchstabe e EStG abzuzinsen. Besteht die Möglichkeit, den Zeitpunkt der Fälligkeit der Verpflichtung zu bestimmen, ist für die Abzinsung auf den letztmöglichen Zeitpunkt abzustellen, in dem die Fälligkeit eintreten kann; der sich danach ergebende Abzinsungszeitraum ist pauschal um drei Jahre zu vermindern. Eine Abzinsung unterbleibt in Fällen einer gesondert zugesagten Gegenleistung; die Verpflichtung ist in diesem Fall verzinslich. Auch für Wirtschaftsjahre, die vor dem 1. Januar 1999 enden, gilt entsprechendes. Die Rückstellung wegen der gesondert zugesagten Gegenleistung ist ebenfalls nicht abzuzinsen, wenn für diese Verpflichtung eine Verzinsung vorgesehen ist.

11   Soll ein künftiger Anspruch des Arbeitnehmers auf laufendes Gehalt oder auf Sonderzahlungen (z. B. Weihnachts- oder Urlaubsgeld oder auf Jubiläumszuwendungen) mit der Vergütung verrechnet werden, die dem Arbeitnehmer in der Zeit der Arbeitsfreistellung zu zahlen ist, sind die vorstehenden Grundsätze entsprechend anzuwenden.

3. Arbeitsfreistellung ohne vom Arbeitnehmer erbrachte Vorleistungen

12   Arbeitgeber und Arbeitnehmer vereinbaren, dass der Arbeitnehmer vor dem tatsächlichen Ausscheiden aus dem Dienstverhältnis unter Fortzahlung (ggf. geminderter) Bezüge von der Arbeit freigestellt wird. Eine konkrete Vorleistung hat der Arbeitnehmer hierfür vor der Arbeitsfreistellung nicht zu erbringen.

13   In der Zeit vor der Arbeitsfreistellung liegt ein Erfüllungsrückstand mangels Vorleistung des Arbeitnehmers nicht vor; die Bildung einer Rückstellung wegen Erfüllungsrückstand ist nicht zulässig. In der Zeit vor der Arbeitsfreistellung scheidet auch für Wirtschaftsjahre, die vor dem 1. Januar 1997 geendet haben, eine Rückstellung für drohende Verluste aus schwebenden Arbeitsverhältnissen aus, und zwar unter Berücksichtigung der Grundsätze der BFH-Urteile vom 3. Februar 1993 (BStBl II S. 441) und vom 2. Oktober 1997 (BStBl 1998 II S. 205).

14   In der Zeit ab der vollständigen Arbeitsfreistellung ist eine Rückstellung für ungewisse Verbindlichkeiten zu bilden (vgl. BFH-Urteil vom 6. April 1993, BStBl II S. 709). Die Rückstellung ist abzuzinsen, wenn die Laufzeit der Verpflichtung am Bilanzstichtag mindestens zwölf Monate beträgt; im übrigen gelten die in Rdnrn. 6 bis 10 genannten Grundsätze.

15   nicht abgedruckt

4. Vereinbarung von Altersteilzeit auf der Grundlage des Gesetzes vom 23. Juli 1996 – Altersteilzeitgesetz – (BGBl. I S. 1078)[2]

16   Ist vorgesehen, dass der Arbeitnehmer während der gesamten Zeitspanne der Altersteilzeit seine Arbeitsleistung um ein bestimmtes Maß reduziert, ohne dass die Vergütung entsprechend stark gemindert wird, scheidet eine Rückstellungsbildung vor und während der Altersteilzeit aus (vgl. BMF-Schreiben vom 13. März 1987, BStBl I S. 365, und BFH-Urteil vom 16. März 1987, BStBl 1988 II S. 338).

17 – 21   nicht abgedruckt

II. Jahreszusatzleistungen im Jahr des Eintritts des Versorgungsfalls

22   Verpflichtet sich der Arbeitgeber, seinen Arbeitnehmern neben dem laufenden Gehalt zugesagte Jahreszusatzleistungen (z. B. Jahresabschlussleistungen), auch im Jahr des Eintritts des Versorgungsfalls (ganz oder teilweise) neben den fälligen Leistungen der betrieblichen Altersversorgung zu gewähren, gilt nach dem Ergebnis einer Erörterung mit den obersten Finanzbehörden der Länder Folgendes:

23   Diese Zusatzleistungen sind nicht Teil der Zusage auf Leistungen der betrieblichen Altersversorgung. Eine Rückstellung nach § 6a EStG darf hierfür nicht gebildet werden. Auch eine andere Rückstellung wegen Erfüllungsrückstand ist in Wirtschaftsjahren vor dem Jahr des Ausscheidens nicht zulässig. Ein Erfüllungsrückstand liegt nicht vor, da derartige Zusatzleistungen in dem Jahr wirtschaftlich verursacht sind, für das sie erbracht werden.

---

[1] Jetzt → H 6.11 (Rückgriffsansprüche).
[2] Rdnrn. 15 und 17 bis 21 sind für Bilanzen, die nach dem 23. 4. 2007 aufgestellt werden, nicht weiter anzuwenden; zur Anwendung für vor dem 24. 4. 2007 aufgestellte Bilanzen → BMF vom 28. 3. 2007 (BStBl I S. 297) unter Berücksichtigung der Änderungen durch BMF vom 11. 3. 2008 (BStBl I S. 496), Rdnr. 18.

2. Bilanzsteuerliche Berücksichtigung von Altersteilzeitvereinbarungen im Rahmen des so genannten „Blockmodells" nach dem Altersteilzeitgesetz (AltTZG)

BMF-Schreiben vom 11. 11. 1999 (BStBl I S. 959)
BFH-Urteil vom 30. 11. 2005 (BStBl 2007 II S. 251)

BMF vom 28. 3. 2007 – BStBl I S. 297) unter Berücksichtigung der Änderungen durch BMF
vom 11. 3. 2008 (BStBl I S. 496)
IV B 2 – S 2175/07/0002

Der BFH hat mit Urteil vom 30. November 2005 (BStBl 2007 II S. 251) entschieden, dass für Verpflichtungen, im Rahmen einer Vereinbarung über Altersteilzeit nach dem AltTZG in der Freistellungsphase einen bestimmten Prozentsatz des bisherigen Arbeitsentgeltes zu zahlen, in der Beschäftigungsphase eine ratierlich anzusammelnde Rückstellung zu bilden ist.

Nach Abstimmung mit den obersten Finanzbehörden der Länder sind Altersteilzeitvereinbarungen, wonach der Arbeitnehmer in der ersten Hälfte der Altersteilzeit (Beschäftigungsphase) eine geringere laufende Vergütung einschließlich der hierauf entfallenden Arbeitgeberanteile zur gesetzlichen Rentenversicherung und der sog. Aufstockungsbeträge nach § 3 Abs. 1 Satz 1 Nr. 1 Buchstabe a AltTZG erhält, als es seiner geleisteten Arbeit entspricht und er in der zweiten Hälfte der Altersteilzeit (Freistellungsphase) bei Fortzahlung der Vergütungen entsprechend der in der ersten Hälfte vereinbarten Höhe vollständig von der Arbeit freigestellt wird, in der steuerlichen Gewinnermittlung wie folgt zu berücksichtigen:

1. Rückstellungen für die laufenden Vergütungen in der Freistellungsphase

Für die Verpflichtungen aus vertraglichen Altersteilzeitvereinbarungen, in der Freistellungsphase weiterhin laufende Vergütungen zu zahlen, sind erstmals am Ende des Wirtschaftsjahres, in dem die Altersteilzeit (Beschäftigungsphase) beginnt, Rückstellungen für ungewisse Verbindlichkeiten zu passivieren.   1

Bemessungsgrundlage sind die gesamten in der Freistellungsphase zu gewährenden Vergütungen einschließlich der zu erbringenden Aufstockungsbeträge sowie sonstige Nebenleistungen (z. B. Urlaubs- und Weihnachtsgeld, Arbeitgeberanteile zur gesetzlichen Sozialversicherung).   2

2. Bewertung der Rückstellungen

a) Wertverhältnisse des Bilanzstichtages

Bei der Bewertung der Rückstellungen sind die Kosten- und Wertverhältnisse des jeweiligen Bilanzstichtages maßgebend (§ 252 Abs. 1 Nr. 4 Handelsgesetzbuch – HGB[1]).   3

b) Gegenrechnung künftiger Vorteile

Gemäß § 6 Abs. 1 Nr. 3a Buchstabe c und § 52 Abs. 16 Satz 2 EStG sind künftige Vorteile, die mit der Erfüllung einer Verpflichtung voraussichtlich verbunden sein werden, bei der Rückstellungsbewertung in nach dem 31. Dezember 1998 endenden Wirtschaftsjahren wertmindernd zu berücksichtigen. Nach R 6.11 Abs. 1 EStR 2005 setzt eine Gegenrechnung voraus, dass am Bilanzstichtag nach den Umständen des Einzelfalles mehr Gründe für als gegen den Vorteilseintritt sprechen.   4

Der Erstattungsanspruch nach § 4 Abs. 1 AltTZG besteht bei Wiederbesetzung des durch die Altersteilzeitvereinbarung freigewordenen Arbeitsplatzes (§ 3 Abs. 1 Satz 1 Nr. 2 und § 3 Abs. 3 AltTZG). Er steht im Zusammenhang mit den Altersteilzeitverpflichtungen und stellt somit einen Vorteil im Sinne von § 6 Abs. 1 Nr. 3a Buchstabe c EStG dar.   5

Erstattungsansprüche sind gegenzurechnen, wenn mehr Gründe für als gegen die Wiederbesetzung des Arbeitsplatzes und die Inanspruchnahme der Erstattungsleistungen nach § 4 AltTZG sprechen. So sind beispielsweise künftige Erstattungsleistungen rückstellungsmindernd zu berücksichtigen, wenn nach den betriebsinternen Unterlagen die Wiederbesetzung des Arbeitsplatzes anzunehmen ist und sich keine Anhaltspunkte für die Nichterfüllung der Voraussetzungen des § 3 AltTZG für Leistungen nach § 4 AltTZG ergeben. Bei Abschluss eines neuen Arbeitsvertrages mit einem Arbeitnehmer im Sinne von § 3 Abs. 1 Satz 1 Nr. 2 AltTZG ist regelmäßig von einem voraussichtlichen Vorteilseintritt auszugehen.   6

Liegen die Voraussetzungen des § 3 AltTZG für Leistungen im Sinne von § 4 AltTZG vor, ist für die Monate vor dem Bilanzstichtag, in denen der Arbeitgeber einen „begünstigten" Arbeitnehmer tatsächlich beschäftigt hat und nach dem AltTZG entstandene Erstattungsleistungen noch nicht aus-   7

---

1) Jetzt → § 6 Abs. 1 Nr. 3a Buchstabe f EStG.

gezahlt wurden, anstelle der Gegenrechnung eine Forderung in Höhe der für diese Monate bestehenden Erstattungsansprüche zu aktivieren.

c) Ratierliche Ansammlung

8   Die Rückstellungen für die laufenden Vergütungen in der Freistellungsphase sind entsprechend der ratierlichen wirtschaftlichen Verursachung in der Beschäftigungsphase zeitanteilig in gleichen Raten anzusammeln.

d) Abzinsung nach § 6 Abs. 1 Nr. 3a Buchstabe e EStG

9   Nach § 6 Abs. 1 Nr. 3a Buchstabe e Satz 1 und § 52 Abs. 16 Satz 2 EStG sind in nach dem 31. Dezember 1998 endenden Wirtschaftsjahren Rückstellungen mit einem Zinssatz von 5,5 % abzuzinsen. Ausgenommen sind Rückstellungen, deren Laufzeiten am Bilanzstichtag weniger als 12 Monate betragen, die verzinslich sind oder auf einer Anzahlung oder Vorausleistung beruhen.

10   Ob die Verpflichtung zur Leistungserbringung in der Freistellungsphase verzinslich ist, richtet sich nach der konkreten Vereinbarung im jeweiligen Einzelfall. Wird beispielsweise während der gesamten Laufzeit der Altersteilzeit eine Vergütung in unveränderter Höhe bezogen, liegt eine unverzinsliche Verpflichtung vor. Allgemeine Wertfortschreibungen, wie z. B. mögliche oder konkret vereinbarte Tariferhöhungen, stellen keine Verzinslichkeit im Sinne des § 6 Abs. 1 Nr. 3a Buchstabe e EStG dar.

e) Versicherungsmathematische Bewertung

11   Die Rückstellungen für Altersteilzeitverpflichtungen sind grundsätzlich versicherungsmathematisch unter Berücksichtigung der Randnummern 3 bis 10 zu bewerten. Für die Anwendung der neuen „Richttafeln 2005 G" von Prof. Klaus Heubeck gelten die Regelungen in Randnummer 2 des BMF-Schreibens vom 16. Dezember 2005 (BStBl I S. 1054) entsprechend.

f) Pauschalwertverfahren

12   Aus Vereinfachungsgründen ist es nicht zu beanstanden, die Rückstellungen für Altersteilzeitverpflichtungen – abweichend von den Randnummern 9 bis 11 und der Regelungen des BMF-Schreibens vom 26. Mai 2005 (BStBl I S. 699) – nach einem pauschalen Verfahren unter Verwendung der diesem Schreiben beigefügten Tabelle 1 zu bewerten. Die dort genannten Barwertfaktoren berücksichtigen die biometrische Wahrscheinlichkeit des Ausscheidens des Altersteilzeitberechtigten und die Abzinsung.

13   Altersteilzeitverpflichtungen können nur einheitlich entweder versicherungsmathematisch oder nach dem Pauschalwertverfahren bewertet werden. Die für ein Wirtschaftsjahr getroffene Wahl bindet das Unternehmen für die folgenden 4 Wirtschaftsjahre. Bei Anwendung des Pauschalwertverfahrens scheidet eine Rücklagenbildung nach § 52 Abs. 16 Satz 10 ff. EStG und R 6.11 Abs. 1 Satz 3 ff. EStR 2005 aus.

1. Beispiel

14   Arbeitgeber (Wirtschaftsjahr = Kalenderjahr) und Arbeitnehmer A vereinbaren am 5. April 2006 eine 4-jährige Altersteilzeit ab dem 1. Januar 2007 bis zum 31. Dezember 2010. Der Arbeitgeber beabsichtigt bereits bei Vertragsabschluss, den durch die Altersteilzeitvereinbarung frei werdenden Arbeitsplatz wieder zu besetzen und die Leistungen nach § 4 AltTZG in Anspruch zu nehmen.

In der Beschäftigungsphase (1. Januar 2007 bis 31. Dezember 2008) übt A weiterhin eine Vollzeittätigkeit aus und bezieht monatliche Leistungen in Höhe von 600 € (einschließlich Aufstockungsbetrag nach dem AltTZG i. H. v. 100 €). Diese Vergütungen erhält A auch in der Freistellungsphase vom 1. Januar 2009 bis 31. Dezember 2010.

Aufgrund dieser Vereinbarung beschäftigt der Arbeitgeber ab dem 1. Januar 2009 den bislang als arbeitslos gemeldeten Arbeitnehmer B (Arbeitsvertrag vom 5. April 2008). Im März 2009 beantragte er bei der Bundesagentur für Arbeit gemäß § 12 Abs. 1 AltTZG die Erstattung des Aufstockungsbetrages für den Arbeitnehmer A. Die Voraussetzungen des § 3 AltTZG liegen zu diesem Zeitpunkt vor. Die ersten Erstattungsleistungen wurden im Januar 2010 ausgezahlt. Der Arbeitgeber nimmt das Pauschalwertverfahren (Randnummer 12) in Anspruch.

Bilanzstichtag 31. 12. 2007

Für die in der Freistellungsphase (24 Monate) zu leistenden Vergütungen in Höhe von 24 × 600 € = 14 400 € passiviert der Arbeitgeber eine zeitanteilig anzusammelnde Rückstellung für ungewisse Verbindlichkeiten. Da am Bilanzstichtag mehr Gründe für als gegen die Wiederbesetzung des Arbeitsplatzes und die Inanspruchnahme des Erstattungsanspruches nach § 4 AltTZG sprechen, sind die Aufstockungsbeträge in der Freistellungsphase i. H. v. 24 × 100 € = 2 400 € als künftige Vorteile gegenzurechnen. Am Stichtag 31. 12. 2007 sind entspre chend der ratierlichen wirtschaftlichen Verursachung ½ × (14 400 € – 2 400 €) = 6 000 € maßgebend.

Bei Anwendung des Pauschalverfahrens gemäß *Tabelle 1* (ATZ 4, Restlaufzeit 3 Jahre) ergibt sich eine Rückstellung in Höhe von 6 000 € × 81 % = 4 860 €.

Bilanzstichtag 31. 12. 2008

Entsprechend der wirtschaftlichen Verursachung wird nunmehr die volle ratierliche Ansammlung erreicht. Es sind weiterhin die Aufstockungsbeträge als künftige Vorteile gegenzurechnen. Das Pauschalverfahren gemäß Tabelle 1 (ATZ 4, Restlaufzeit 2 Jahre) ergibt eine Rückstellung in Höhe von (14 400 € – 2 400 €) × 93 % = 11 160 €.

Bilanzstichtage 31. 12. 2009 und 31. 12. 2010

Am Stichtag 31. 12. 2009 ist die verbleibende Verpflichtung von 12 × 600 € = 7 200 € Bemessungsgrundlage. Gegenzurechnen sind nur noch die Aufstockungsbeträge, die nach dem Bilanzstichtag voraussichtlich für das Jahr 2010 ausgezahlt werden, also 12 × 100 € = 1 200 €. Das Pauschalverfahren gemäß Tabelle 1 (ATZ 4, Restlaufzeit 1 Jahr) ergibt somit eine Rückstellung in Höhe von (7 200 € – 1 200 €) × 96 % = 5 760 €. Hinsichtlich der bis zum Bilanzstichtag 31. 12. 2009 nach dem AltTZG entstandenen und noch nicht ausgezahlten Erstattungsleistungen i. H. v. 2 × 12 × 100 € = 2 400 € (1 Jahr Neubeschäftigung in der Freistellungsphase zzgl. Entsprechender Zeitraum der Beschäftigungsphase) ist eine Forderung zu aktivieren.

Die verbleibende Rückstellung von 5 760 € ist in 2010 vollständig aufzulösen.

4. Leistungen des Arbeitgebers zum Ausgleich für die Minderung der Ansprüche aus der gesetzlichen Rentenversicherung (sog. Nachteilsausgleich)

Wird neben den laufenden Altersteilzeitleistungen am Ende der Altersteilzeit ein Einmalbetrag als Ausgleich für die infolge der Altersteilzeitvereinbarung geminderte Rente aus der gesetzlichen Rentenversicherung gezahlt, ist es nicht zu beanstanden, diese Verpflichtung erstmals am Ende des Wirtschaftsjahres, in dem die Beschäftigungsphase beginnt, mit dem versicherungsmathematischen Barwert nach § 6 EStG unter Zugrundelegung des Zinssatzes von 5,5 % zurückzustellen. Das gilt auch dann, wenn der Nachteilsausgleich innerhalb der Freistellungsphase ausgezahlt werden soll. Die Rückstellung ist bis zum Ende der Beschäftigungsphase ratierlich anzusammeln. 15

Aus Vereinfachungsgründen ist es nicht zu beanstanden, die Rückstellung für den Nachteilsausgleich bis zum Ende der Beschäftigungsphase ratierlich anzusammeln und nach einem Pauschalwertverfahren unter Verwendung der diesem Schreiben beigefügten Tabelle 2 zu bewerten. Die dort genannten Barwertfaktoren berücksichtigen die Wahrscheinlichkeit des Ausscheidens des Ausgleichsberechtigten und die Abzinsung. Randnummer 13 gilt entsprechend. 16

Beispiel

Wie Randnummer 14, A erhält nach der Altersteilzeitvereinbarung vom 5. April 2006 zusätzlich am Ende der Freistellungsphase am 31. Dezember 2010 eine einmalige Abfindung in Höhe von 2 000 €. Der Arbeitgeber nimmt das Pauschalwertverfahren in Anspruch. 17

Es ergibt sich folgende Rückstellung für die Ausgleichszahlung von 2 000 €, die in der Beschäftigungsphase, also an den Bilanzstichtagen 31. 12. 2007 und 31. 12. 2008, ratierlich anzusammeln ist:

31. 12. 2007: 2 000 € × 1/2 × 75 % = 750 € (Tabelle 2, ATZ 4, Fälligkeit in 3 Jahren)
31. 12. 2008: 2 000 € × 2/2 × 87 % = 1 740 € (Tabelle 2, ATZ 4, Fälligkeit in 2 Jahren)
31. 12. 2009: 2 000 € × 93 % = 1 860 € (Tabelle 2, ATZ 4, Fälligkeit in 1 Jahr)
31. 12. 2010: Auflösung der Rückstellung

5. Zeitliche Anwendung

Die Regelungen dieses Schreibens können erstmals in nach dem 30. November 2005 (Datum der BFH-Entscheidung I R 110/104) aufgestellten Bilanzen berücksichtigt werden. Sie sind spätestens für Bilanzen maßgebend, die nach dem 23. April 2007 (Datum der Veröffentlichung des o. g. BFH-Urteils im Bundessteuerblatt) aufgestellt werden. Die Randnummern 15 und 17 bis 21 des BMF-Schreibens vom 11. November 1999 (BStBl I S. 959) sind ab diesem Zeitpunkt nicht weiter anzuwenden. Wurde die Rückstellung für Altersteilzeitverpflichtungen bereits in einer vor dem 30. November 2005 aufgestellten Bilanz entsprechend diesem Schreiben (28. März 2007) gebildet, so bleibt dieser Ansatz bestehen. 18

Eine Änderung des Bilanzpostens für vor diesem Zeitpunkt aufgestellte Bilanzen ist nur im Rahmen einer Bilanzberichtigung möglich. Diese ist zulässig, wenn der Steuerpflichtige zwar die Rückstellung entsprechend dem BMF-Schreiben vom 11. November 1999 gebildet, durch Zusätze oder Vermerke bei der Aufstellung der Bilanz aber dokumentiert hat, dass er einen entgegenstehenden Ansatz begehrt. Hat der Steuerpflichtige nach der erstmaligen Steuerfestsetzung innerhalb der Einspruchsfrist nach § 355 Abgabenordnung (AO) die Berücksichtigung des Bilanzansatzes mit einem dem BMF-Schreiben vom 11. November 1999 entgegenstehenden Wert begehrt, kann dies als Indiz für einen bereits im Aufstellungszeitpunkt der Bilanz gewollten – aufgrund der entgegenstehenden Verwaltungsanweisung aber nicht gewählten – abweichenden Wert angesehen werden. In diesen Fällen kann der Bilanzansatz berichtigt werden; dabei ist die Rückstellung entsprechend diesem Schreiben (28. März 2007) zu ermitteln.

Tabelle 1

Barwertfaktoren für laufende Altersteilzeitleistungen

Restlaufzeit in Jahren	Dauer des Altersteilzeitverhältnisses in Jahren								
	2	3	4	5	6	7	8	9	10
0	99 %	99 %	99 %	99 %	99 %	99 %	99 %	99 %	99 %
1	96 %	96 %	96 %	96 %	96 %	96 %	96 %	96 %	96 %
2	85 %	88 %	93 %	93 %	93 %	93 %	93 %	93 %	93 %
3		79 %	81 %	86 %	90 %	90 %	90 %	90 %	90 %
4			75 %	76 %	80 %	83 %	87 %	87 %	87 %
5				70 %	72 %	75 %	78 %	81 %	84 %
6					67 %	68 %	71 %	74 %	76 %
7						64 %	65 %	68 %	70 %
8							61 %	62 %	64 %
9								59 %	59 %
10									57 %

Tabelle 2

Barwertfaktoren für Abfindungsleistung

Dauer bis Fälligkeit in Jahren	Dauer des Altersteilzeitverhältnisses in Jahren								
	2	3	4	5	6	7	8	9	10
0	99 %	99 %	99 %	99 %	99 %	99 %	99 %	99 %	99 %
1	93 %	93 %	93 %	93 %	93 %	93 %	93 %	93 %	93 %
2	79 %	83 %	87 %	87 %	87 %	87 %	87 %	87 %	87 %
3	68 %	72 %	75 %	78 %	81 %	81 %	81 %	81 %	81 %
4	60 %	63 %	66 %	69 %	71 %	74 %	76 %	76 %	76 %
5	53 %	56 %	59 %	61 %	63 %	65 %	67 %	69 %	71 %
6	48 %	50 %	53 %	55 %	57 %	59 %	61 %	62 %	63 %
7	44 %	46 %	48 %	50 %	52 %	53 %	55 %	57 %	58 %
8		42 %	44 %	46 %	47 %	49 %	50 %	52 %	53 %
9			40 %	42 %	43 %	45 %	46 %	48 %	49 %
10				39 %	40 %	42 %	43 %	44 %	45 %
11					37 %	39 %	40 %	41 %	42 %
12						36 %	37 %	38 %	39 %
13							35 %	36 %	36 %
14								33 %	34 %
15									32 %

Bei Anwendung der Tabellen 1 und 2 sind die Dauer der Altersteilzeit (ATZ) und die Restlaufzeit auf ganze Jahre kaufmännisch zu runden (angefangene Jahre bis 6 Monate Abrundung, sonst Aufrundung).

VII.
Bilanzsteuerliche Behandlung von Pensionszusagen einer Personengesellschaft an einen Gesellschafter und dessen Hinterbliebene

BMF vom 29. 1. 2008 (BStBl I S. 317)
IV B 2 – S 2176/07/0001

1   Nach dem der bisherigen Verwaltungsauffassung zugrunde liegenden BFH-Urteil vom 8. Januar 1975 (BStBl II S. 437) ist eine Pensionszusage, die eine Personengesellschaft ihrem Gesellschafter-Geschäftsführer erteilt, als Gewinnverteilungsabrede zwischen den Gesellschaftern anzusehen, die den Gewinn der Gesellschaft nicht beeinflussen darf und dementsprechend auch nicht zur Rückstellungsbildung für die künftigen Pensionsleistungen berechtigt. Demgegenüber hat der BFH im Urteil vom 2. Dezember 1997 – VIII R 15/96 – (BStBl 2008 II S. 174) entschieden, eine derartige Pensionszusage führe bei der Gesellschaft zu einer zu passivierenden Verpflichtung, der auf

der Gesellschafterebene eine korrespondierende Forderung gegenüberstehe. Das Urteil lässt offen, ob diese Forderung in einer Sonderbilanz nur bei dem durch die Zusage begünstigten Gesellschafter oder anteilig bei allen Gesellschaftern erfasst werden muss.

Inzwischen hat der BFH mit Urteilen vom 14. Februar 2006 – VIII R 40/03 – (BStBl 2008 II S. 182) und vom 30. März 2006 – IV R 25/04 – (BStBl 2008 II S. 171) entschieden, dass der zur Pensionsrückstellung korrespondierende Aktivposten ausschließlich in der Sonderbilanz des begünstigten Gesellschafters zu aktivieren ist. In seinem Urteil vom 30. März 2006 – IV R 25/04 – (BStBl 2008 II S. 171) hat der BFH außerdem festgelegt, dass diese Rechtsprechung auch auf bereits vorher bestehende Pensionszusagen anzuwenden ist. Dies bedeutet, dass in solchen Fällen im ersten Jahr, dessen Veranlagung verfahrensrechtlich noch geändert werden kann, in der Sonderbilanz des begünstigten Gesellschafters die bisher nicht aktivierte Zuführung zur Pensionsrückstellung gewinnerhöhend nachzuholen ist.

Unter Berücksichtigung der Grundsätze dieser BFH-Urteile gilt zur künftigen bilanzsteuerrechtlichen Behandlung von Pensionszusagen einer Personengesellschaft an einen Gesellschafter und dessen Hinterbliebene im Einvernehmen mit den obersten Finanzbehörden der Länder Folgendes: 2

I. Pensionszusagen an einen Gesellschafter unmittelbar durch die Gesellschaft

1. Gesellschaftsebene

Die Gesellschaft hat für die sich aus der Pensionszusage ergebende Verpflichtung in der Gesellschaftsbilanz nach Maßgabe des § 6a EStG eine Pensionsrückstellung zu bilden; zum Passivierungswahlrecht bei laufenden Pensionen und Anwartschaften auf Pensionen, die vor dem 1. Januar 1987 rechtsverbindlich zugesagt worden sind (Altzusagen), vgl. R 6a Abs. 1 Satz 3 EStR 2005.   3

Für die Zeit nach vertraglich vorgesehenem Eintritt des Versorgungsfalls sind unter Beachtung der Grundsätze in R 6a Abs. 22 EStR 2005 laufende Pensionsleistungen auf der Gesellschaftsebene als Betriebsausgaben abziehbar und die gebildete Pensionsrückstellung gewinnerhöhend aufzulösen. Entfällt die Verpflichtung und ist die Rückstellung deshalb in vollem Umfang aufzulösen (z. B. im Falle des Todes des Gesellschafters ohne Hinterbliebenenversorgung), entsteht auf Gesellschaftsebene ein außerordentlicher, allen Gesellschaftern zugute kommender Ertrag. Zur Auflösung der Pensionsrückstellungen allgemein vgl. R 6a Abs. 21 EStR 2005.   4

2. Gesellschafterebene

Der aus der Zusage begünstigte Gesellschafter hat gemäß § 15 Abs. 1 Satz 1 Nr. 2 EStG in seiner Sonderbilanz eine Forderung auf künftige Pensionsleistungen zu aktivieren, die der Höhe der bei der Gesellschaft passivierten Pensionsverpflichtung entspricht (korrespondierende Bilanzierung); bei den nicht begünstigten Gesellschaftern sind keine Ansprüche zu aktivieren. Ist die Pensionszusage bereits vor Beginn des Wirtschaftsjahres, das nach dem 31. Dezember 2007 endet, erteilt worden (Altzusage), kann der begünstigte Gesellschafter in den Fällen, in denen die Pensionszusage bisher entweder als steuerlich unbeachtliche Gewinnverteilungsabrede behandelt worden ist oder zwar eine Passivierung der Pensionszusage in der Gesellschaftsbilanz erfolgt ist, aber die hierdurch entstehende Gewinnminderung durch eine anteilige Aktivierung in den Sonderbilanzen aller Gesellschafter neutralisiert worden ist, aus Billigkeitsgründen eine Rücklage in Höhe von 14/15 des aus der erstmaligen Anwendung dieses Schreibens entstehenden Gewinns (Ertrag aus der erstmaligen Aktivierung des Pensionsanspruchs in der Sonderbilanz und anteiliger Aufwand aus der erstmaligen Passivierung aller Pensionsrückstellungen in der Gesamthandsbilanz oder Ertrag aus der Differenz zwischen dem bisher aktivierten anteiligen Anspruch und dem nunmehr zu aktivierenden vollen Anspruch) bilden, die in den nachfolgenden vierzehn Wirtschaftsjahren zu mindestens je einem vierzehntel gewinnerhöhend aufzulösen ist. Die Rücklage darf nur gebildet werden, soweit aufgrund der erstmaligen Anwendung dieses Schreibens insgesamt – also unter anteiliger Berücksichtigung aller in der Gesamthandsbilanz zu passivierenden Rückstellungen – ein Gewinn beim begünstigten Gesellschafter verbleibt.   5

Beispiel:

A und B sind als Mitunternehmer an einer Personengesellschaft zu je 50 % beteiligt. Beide Mitunternehmer haben eine Pensionszusage erhalten, und zwar beträgt der

Wert für A am Bilanzstichtag 80

Wert für B am Bilanzstichtag (wegen längerer Zugehörigkeit
zur Gesellschaft) 100.

Für die Rücklagenbildung ist bei jedem Gesellschafter nicht nur die anteilige Passivierung „seiner" Pensionsrückstellung zu berücksichtigen, sondern die anteilige Passivierung aller Pensionsrückstellungen. Also ergibt sich für A kein rücklagefähiger Gewinn, sondern vielmehr ein Verlust von 10 (Aktivierung 80 ./. ½ von 180 = ./. 10). Bei B ergibt sich hingegen ein rücklagefähiger Gewinn von 10 (Aktivierung 100 ./. ½ von 180 = 10).

Die Rücklage in der Sonderbilanz des begünstigten Gesellschafters ist nur für Zwecke der Einkommensteuer zu berücksichtigen. Die Rücklage kann außerdem nur in Anspruch genommen werden, wenn von der Gesellschaft für Altzusagen die Grundsätze dieses Schreibens ab dem Erstjahr (das ist das Wirtschaftsjahr, das nach dem 31. Dezember 2007 endet – siehe RdNr. 10 –, in den Fällen der RdNr. 11 das entsprechende Vorjahr) angewendet werden. Wird also zunächst ein Antrag nach RdNr. 20 dieses Schreibens gestellt, für Altzusagen weiterhin nach der bisherigen Rechtslage zu verfahren und wird ein solcher Antrag später wieder zurückgenommen, kann die Rücklage nicht in Anspruch genommen werden. Die Rücklage ist bereits vor Ablauf des Fünfzehnjahreszeitraums aufzulösen, wenn der Pensionsanspruch wegfällt.

Entsprechendes gilt, wenn in der Vergangenheit in der Gesamthandsbilanz eine Pensionsrückstellung gebildet worden ist, die Zuführungen zur Rückstellung jedoch durch außerbilanzielle Hinzurechnungen neutralisiert worden sind. Die außerbilanziellen Hinzurechnungen sind hier bei dem Gesellschafter, bei dem sie vorgenommen worden sind, im Jahr der erstmaligen Anwendung dieses Schreibens als Aufwand zu berücksichtigen. Beim begünstigten Gesellschafter ist zusätzlich der Ertrag aus der erstmaligen Aktivierung des Pensionsanspruchs in der Sonderbilanz gewinnerhöhend zu erfassen. Der Saldo aus Gewinnerhöhung und Aufwandsberücksichtigung kann beim begünstigten Gesellschafter in eine Rücklage eingestellt werden; RdNr. 5 Satz 2 ff. sind hier entsprechend anzuwenden.

6   Laufende Pensionsleistungen sind als Sonderbetriebseinnahmen beim begünstigten Gesellschafter zu erfassen. Entsprechend den unterschiedlichen Rechtsgrundlagen ist zwischen Pensionsleistungen, die an noch beteiligte Gesellschafter gezahlt werden (§ 15 Abs. 1 Satz 1 Nr. 2 EStG), und Pensionsleistungen an ehemalige Gesellschafter (§ 15 Abs. 1 Satz 2 EStG) zu unterscheiden:

a) Pensionsleistungen an noch beteiligte Gesellschafter

7   Die Pensionsleistungen sind nach § 15 Abs. 1 Satz 1 Nr. 2 EStG als Sonderbetriebseinnahmen beim begünstigten Gesellschafter zu erfassen. Aufgrund der korrespondierenden Bilanzierung ist die in der Sonderbilanz aktivierte Forderung (RdNr. 5) entsprechend der gewinnerhöhenden Auflösung der Pensionsrückstellung in der Gesellschaftsbilanz (RdNr. 4) gewinnmindernd aufzulösen.

b) Pensionsleistungen an ehemalige Gesellschafter

8   Der ehemalige Gesellschafter ist mit den nachträglichen Einkünften in die gesonderte und einheitliche Feststellung für die Gesellschaft einzubeziehen; laufende Pensionsleistungen sind nach § 15 Abs. 1 Satz 2 EStG als Sonderbetriebseinnahmen dieses Gesellschafters zu erfassen.

Die aufgrund der Pensionszusage ausgewiesene Forderung bleibt nach § 15 Abs. 1 Satz 2 EStG nach dem Ausscheiden des Gesellschafters Sonderbetriebsvermögen dieses Gesellschafters. Die Forderung ist entsprechend der gewinnerhöhenden Auflösung der Pensionsrückstellung in der Gesamthandsbilanz gewinnmindernd aufzulösen.

c) Wegfall des Pensionsanspruches

9   Bei Wegfall des Pensionsanspruches (z. B. durch Tod des Gesellschafters ohne Hinterbliebenenversorgung) entsteht durch die Ausbuchung der Forderung ein außerordentlicher Aufwand, der zu Sonderbetriebsausgaben beim betreffenden Gesellschafter führt. Eine noch bestehende Rücklage nach RdNr. 5 ist gewinnerhöhend aufzulösen.

3. Zeitliche Anwendung

10   Die Regelungen in den RdNrn. 3 bis 9 sind erstmals in der Schlussbilanz des Wirtschaftsjahres anzuwenden, das nach dem 31. Dezember 2007 endet.

11   Die Regelungen in RdNrn. 3 bis 9 können auch bereits für Wirtschaftsjahre noch offener Veranlagungszeiträume der Vorjahre angewendet werden, wenn die Gesellschafter der Personengesellschaft dies einvernehmlich gegenüber dem für die Gesellschaft örtlich zuständigen Finanzamt schriftlich und unwiderruflich erklären und die bisher vorgelegten Bilanzen (Gesellschaftsbilanzen und Sonderbilanzen) entsprechend berichtigen.

II. Pensionszusage an einen Gesellschafter durch die Komplementär-GmbH einer GmbH & Co. KG

1. Gesellschaftsebene

12   Durch die von der Komplementär-GmbH gewährte Pensionszusage wird die Gesamthandsbilanz der GmbH & Co. KG nicht berührt.

2. Komplementärebene

Die Komplementär-GmbH hat für die sich aus der Zusage ergebende Verpflichtung in ihrer Steuerbilanz nach Maßgabe des § 6a EStG eine Pensionsrückstellung zu bilden; die übrigen in RdNrn. 3 und 4 aufgeführten Grundsätze gelten entsprechend. Der Rückstellungsaufwand stellt für die Komplementär-GmbH eine Sonderbetriebsausgabe im Rahmen der Gewinnermittlung für die Personengesellschaft dar (§ 15 Abs. 1 Satz 1 Nr. 2 EStG).

13

3. Kommanditistenebene

Für den aus der Zusage (noch beteiligten oder ehemaligen) begünstigten Gesellschafter sind die Grundsätze in RdNr. 5 Satz 1 und in RdNrn. 6 bis 9 entsprechend anzuwenden. Die Billigkeitsregelung der RdNr. 5 Satz 2 ff. ist hier nicht anzuwenden, weil diese Fallgestaltung bereits dem BFH-Urteil vom 16. Dezember 1992 (BStBl 1993 II S. 792) zugrunde lag.

14

III. Pensionszusage im Rahmen einer doppelstöckigen Personengesellschaft

Nach § 15 Abs. 1 Satz 1 Nr. 2 Satz 2 EStG steht der mittelbar über eine oder mehrere Personengesellschaften beteiligte Gesellschafter dem unmittelbar beteiligten Gesellschafter gleich. Für Pensionszusagen, die ein Gesellschafter von der Gesellschaft erhält, an der er mittelbar beteiligt ist, sind die Grundsätze der RdNrn. 3 bis 11 entsprechend anzuwenden.

15

Erhält der Gesellschafter die Zusage von der Komplementär-GmbH der Gesellschaft, an der er mittelbar beteiligt ist, sind die Grundsätze der RdNrn. 12 bis 14 entsprechend anzuwenden.

Dem steht § 52 Abs. 18 Satz 2 EStG i. d. F. des StÄndG 1992 vom 25. Februar 1992 (BGBl. I S. 297; BStBl I S. 146) nicht entgegen. Diese Vorschrift betraf die Auflösung von Pensionsrückstellungen in der ersten Schlussbilanz nach Einfügung des § 15 Abs. 1 Satz 1 Nr. 2 Satz 2 EStG (doppelstöckige Personengesellschaft) in das Einkommensteuergesetz und galt damit nur für das erste Wirtschaftsjahr, das nach dem 31. Dezember 1991 endete.

16

IV. Pensionszusage an Hinterbliebene eines Gesellschafters

Pensionszusagen an Hinterbliebene eines Gesellschafters (Witwen-/Witwerversorgung oder Waisenversorgung) sind vor Eintritt des Versorgungsfalls unselbständiger Bestandteil der Pensionszusage an den Gesellschafter; die insoweit bestehenden Verpflichtungen sind im Rahmen der Bewertung des Pensionsanspruchs zu berücksichtigen. Auf die Ausführungen unter RdNrn. 3 bis 16 wird verwiesen. Wird nach dem Tod des Gesellschafters der Hinterbliebene Gesellschafter, so führt er den Wert in seiner Sonderbilanz fort. Andere Hinterbliebene sind mit ihren nachträglichen Einkünften als Rechtsnachfolger des Gesellschafters nach § 15 Abs. 1 Satz 2 und § 24 Nr. 2 EStG in die gesonderte und einheitliche Gewinnfeststellung für die Gesellschaft einzubeziehen (BFH-Beschluss vom 25. Januar 1994, BStBl II S. 455); RdNr. 8 Satz 1 zweiter Halbsatz gilt entsprechend. Die Forderung des begünstigten Gesellschafters ist in dessen Sonderbilanz an den Wert anzupassen, der bei dem Hinterbliebenen anzusetzen ist. Der Hinterbliebene führt dann als Rechtsnachfolger die Sonderbilanz des Gesellschafters gemäß § 15 Abs. 1 Satz 2 EStG fort. War im Zeitpunkt der erstmaligen Anwendung der Grundsätze dieses Schreibens der Versorgungsfall für den Hinterbliebenen bereits eingetreten, ist hinsichtlich des Gewinns aus der erstmaligen Aktivierung des (restlichen) Pensionsanspruchs die Billigkeitsregelung in RdNr. 5 entsprechend anzuwenden.

17

Mit Urteil vom 2. Dezember 1997 – VIII R 42/96 – (BStBl II 2008 S. 177) hat der BFH entgegen der Auffassung im BMF-Schreiben vom 10. März 1992 (BStBl I S. 190) entschieden, dass eine bis einschließlich 31. Dezember 1985 in den Steuerbilanzen einer Personengesellschaft gebildete Rückstellung wegen Versorgungsleistungen an eine Gesellschafter-Witwe in der Bilanz zum 31. Dezember 1986 nicht gewinnerhöhend aufzulösen ist und eine Aktivierung des Versorgungsanspruchs in einer Sonderbilanz der Witwe zum 31. Dezember 1986 nicht gefordert werden kann. Die Grundsätze dieses BFH-Urteils sind in allen noch offenen Fällen anzuwenden; an der entgegenstehenden Auffassung in den BMF-Schreiben vom 16. Juli 1986 (BStBl I S. 359) und vom 10. März 1992 (BStBl I S. 190) wird nicht mehr festgehalten.

18

V. Rückdeckungsversicherung

Hat die Personengesellschaft eine Pensionszusage an einen Gesellschafter und dessen Hinterbliebene durch den Abschluss eines Versicherungsvertrags rückgedeckt, gehört der der Personengesellschaft zustehende Versicherungsanspruch (Rückdeckungsanspruch) nicht zum Betriebsvermögen der Gesellschaft. Die Prämien für die Rückdeckungsversicherung stellen keine Betriebsausgaben dar. Sie sind Entnahmen, die allen Gesellschaftern nach Maßgabe ihrer Beteiligung zuzurechnen sind (BFH-Urteil vom 28. Juni 2001 – BStBl 2002 II S. 724).

19

VI. Allgemeine Übergangsregelung betreffend die Behandlung von sog. Altzusagen

20   Die jeweilige Gesellschaft kann auf Antrag für Altzusagen (siehe RdNr. 5) auch für Wirtschaftsjahre, die nach dem 31. Dezember 2007 enden, die Pensionszusage als steuerlich unbeachtliche Gewinnverteilungsabrede behandeln oder aber bei Passivierung der Pensionsverpflichtung in der Gesamthandsbilanz die anteilige Aktivierung der Ansprüche in den Sonderbilanzen aller Gesellschafter vornehmen, wenn die betreffende Gesellschaft bisher kontinuierlich in dieser Weise verfahren ist und die Gesellschafter der betreffenden Personengesellschaft dies übereinstimmend gegenüber dem für die Gesellschaft örtlich zuständigen Finanzamt schriftlich erklären. In diesem Fall kann für Altzusagen die bisherige Behandlung zeitlich unbeschränkt fortgeführt werden. Der Antrag kann nur im Einvernehmen aller Gesellschafter zurückgenommen werden; eine Rücknahme des Antrags wirkt nur für die Zukunft.

VIII.
Anwendungsschreiben zur Begünstigung der nicht entnommenen Gewinne
(§ 34a EStG)

BMF vom 11. 8. 2008 (BStBl I S. 838)
IV C 6 – S 2290-a/07/10001 – 2008/0431405

Inhaltsübersicht

Im Einvernehmen mit den obersten Finanzbehörden der Länder gilt zur Anwendung der Tarif-begünstigung für nicht entnommene Gewinne nach § 34a EStG Folgendes:

I. Tarifbegünstigung für nicht entnommene Gewinne

1. Begünstigte Einkunftsarten

Der unbeschränkt oder beschränkt Steuerpflichtige kann die Tarifbegünstigung nach § 34a EStG für Einkünfte aus Land- und Forstwirtschaft (§ 13 EStG), Gewerbebetrieb (§ 15 EStG) und selb-ständiger Arbeit (§ 18 EStG) für den nicht entnommenen Teil des Gewinns aus einem Einzelunter-nehmen oder aus einem Mitunternehmeranteil in Anspruch nehmen. Die Ermittlung des zu ver-steuernden Einkommens (§ 2 Abs. 5 EStG) bleibt durch § 34a EStG unberührt. Damit sind insbesondere die Regelungen über den Verlustausgleich und -abzug vorrangig zu beachten. Der Verlustausgleich und -abzug ist auch dann vorzunehmen, wenn für nicht entnommene Gewinne die Tarifbegünstigung nach § 34a EStG in Anspruch genommen wird. Durch § 34a EStG kann daher kein Verlustvortrag nach § 10d EStG generiert werden.   1

Bei Mitunternehmeranteilen kommt eine Inanspruchnahme des § 34a EStG für den Gewinnanteil des Mitunternehmers aus der Mitunternehmerschaft, d. h. für den Anteil am Gewinn der Gesell-schaft sowie aus etwaigen Ergänzungs- und Sonderbilanzen des Mitunternehmers in Betracht. Auch der persönlich haftende Gesellschafter einer Kommanditgesellschaft auf Aktien, der kein Mitunternehmer ist, jedoch wie ein Mitunternehmer zu behandeln ist, kann für seinen nicht ent-nommenen Gewinnanteil nach § 15 Abs. 1 Satz 1 Nr. 3 EStG die Tarifbegünstigung nach § 34a EStG in Anspruch nehmen.   2

2. Begünstigter Gewinn bei beschränkter Steuerpflicht

Abweichend von der Behandlung der unbeschränkt Steuerpflichtigen gilt für beschränkt Steuer-pflichtige Folgendes: 3

Bei beschränkt Steuerpflichtigen erstreckt sich die Anwendung des § 34a EStG auf die Gewinn-einkünfte von § 49 EStG (ggf. eingeschränkt durch ein Doppelbesteuerungsabkommen). Entnah-men und Einlagen, die nicht diesen Einkünften zugeordnet werden können, bleiben außer Ansatz. Zu grenzüberschreitenden Überführungen und Übertragungen vgl. Tz. 34 ff.

3. Veräußerungsgewinne

Für Veräußerungsgewinne, bei denen der Steuerpflichtige den Freibetrag nach § 16 Abs. 4 EStG oder die Tarifermäßigung nach § 34 Abs. 3 EStG in Anspruch nimmt, ist eine Tarifbegünstigung nach § 34a EStG nicht möglich. Dies gilt auch für den Veräußerungsgewinn, der nach Abzug des Freibetrags nach § 16 Abs. 4 EStG zu versteuern ist, der bei Inanspruchnahme des § 34 Abs. 3 EStG die Höchstgrenze überschreitet oder nach § 3 Nr. 40 Satz 1 Buchst. b EStG dem Teileinkünftever-fahren unterliegt.   4

Eine Tarifbegünstigung nach § 34a EStG kommt jedoch in Betracht, soweit es sich um einen Ver-äußerungsgewinn handelt, der nicht aus dem Unternehmen entnommen wurde (z. B. bei Veräuße-rung eines Teilbetriebs oder Veräußerung eines in einem Betriebsvermögen befindlichen Mitunter-nehmeranteils) und kein Antrag nach § 16 Abs. 4 oder § 34 Abs. 3 EStG gestellt wurde.   5

Sind sowohl die Voraussetzungen für eine Tarifbegünstigung nach § 34a EStG als auch die Voraus-setzung für eine Begünstigung nach § 34 Abs. 1 EStG erfüllt, kann der Steuerpflichtige wählen, welche Begünstigung er in Anspruch nehmen will. Dies gilt auch für übrige Tarifermäßigungen (z. B. § 34b EStG).   6

4. Antragstellung

Der Antrag auf Tarifbegünstigung nach § 34a EStG ist grundsätzlich bei Abgabe der Einkommen-steuererklärung für jeden Betrieb oder Mitunternehmeranteil gesondert zu stellen. Dabei kann der Steuerpflichtige für jeden Betrieb oder Mitunternehmeranteil wählen, ob und in welcher Höhe er für den jeweils nicht entnommenen Gewinn die Tarifbegünstigung nach § 34a EStG in Anspruch nimmt. Der Antrag kann für jeden Betrieb oder Mitunternehmeranteil bis zur Höhe des nicht ent-nommenen Gewinns gestellt werden.   7

a) Antragstellung bei Einzelunternehmern

8   Einzelunternehmer können unabhängig von der Höhe des Gewinns nach § 4 Abs. 1 Satz 1 oder § 5 EStG die Tarifbegünstigung nach § 34a EStG ganz oder teilweise in Anspruch nehmen.

b) Antragstellung bei Mitunternehmern

9   Jeder einzelne Mitunternehmer kann nur dann einen Antrag stellen, wenn die Beteiligung am Gewinn (aus Gesamthands-, Sonder- und Ergänzungsbilanz) nach § 4 Abs. 1 Satz 1 oder § 5 EStG mehr als 10 % oder mehr als 10 000 € beträgt. Der vertraglichen Gewinnverteilungsabrede kommt keine Bedeutung zu. Einer einheitlichen Antragstellung aller Mitunternehmer einer Personengesellschaft bedarf es nicht.

Beispiel:

A und B sind Mitunternehmer der AB-OHG. A ist zu 90 %, B ist nach der getroffenen Gewinnverteilungsabrede zu 10 % am Gesamthandsgewinn beteiligt. Der Gewinn nach § 4 Abs. 1 Satz 1 EStG aus dem Gesamthandsbereich beträgt 200 000 €. Es sind nicht abzugsfähige Betriebsausgaben in Höhe von 30 000 € angefallen. B hat in seiner Sonderbilanz aus der Vermietung eines Grundstücks an die AB-OHG einen Verlust von 12 000 € erzielt.

Der nach § 4 Abs. 1 S. 1 und § 5 EStG ermittelte Gewinn der Mitunternehmerschaft beträgt 188 000 € (200 000 € Gesamthand abzgl. 12 000 € Sonderbilanz des B; die nicht abzugsfähigen Betriebsausgaben haben den Gewinn nach § 4 Abs. 1 Satz 1 EStG gemindert.). Hieran ist B mit weniger als 10 000 € (20 000 € Gesamthandsbereich abzgl. 12 000 € aus Sonderbilanz = 8 000 €) und nicht zu mehr als 10 % (8/188 = 4,25 %) beteiligt, so dass die Anwendung des § 34a EStG nur für A (Gewinnanteil 180 000 €) zulässig ist.

c) Änderung des Antrags

10   Hinsichtlich der Änderung des Antrages nach § 34a Abs. 1 Satz 1 EStG gelten die allgemeinen Grundsätze zur Ausübung von Wahlrechten (vgl. Nr. 8 des AEAO vor §§ 172–177). Danach können nach Eintritt der Unanfechtbarkeit der Steuerfestsetzung Wahlrechte nur noch ausgeübt werden, soweit die Steuerfestsetzung nach §§ 129, 164, 165, 172 ff. AO oder nach entsprechenden Regelungen in den Einzelsteuergesetzen korrigiert werden kann; dabei sind die §§ 177 und 351 Abs. 1 AO zu beachten. Darüber hinaus kann der Antrag jederzeit noch bis zur Unanfechtbarkeit des Einkommensteuerbescheids für den folgenden Veranlagungszeitraum ganz oder teilweise zurückgenommen (§ 34a Abs. 1 Satz 4 EStG) werden.

II. Nicht entnommener Gewinn

11   Maßgeblich für die Tarifbegünstigung nach § 34a EStG ist der nach § 4 Abs. 1 Satz 1 oder § 5 EStG ermittelte Gewinn (einschließlich Ergebnisse aus Ergebnisabführungsverträgen in Organschaftsfällen oder steuerfreier Gewinnbestandteile wie z. B. steuerfreie Betriebsstättengewinne, steuerfreie Teileinkünfte oder Investitionszulage). Dieser Gewinn ist der Unterschiedsbetrag zwischen dem Betriebsvermögen am Schluss des Wirtschaftsjahrs und dem Betriebsvermögen am Schluss des vorangegangenen Wirtschaftsjahrs (§ 4 Abs. 1 Satz 1, 1. Halbsatz EStG), vermehrt um die Hinzurechnungen der privat veranlassten Wertabgaben, die das Betriebsvermögen gemindert haben (Entnahmen) und vermindert um die privat veranlassten Wertzuführungen, die das Betriebsvermögen erhöht haben (Einlagen, § 4 Abs. 1 Satz 1, 2. Halbsatz EStG). Im Gewinn nach § 4 Abs. 1 Satz 1 EStG sind auch noch die Beträge enthalten, die zur weiteren Ermittlung des steuerpflichtigen Gewinns außerhalb der Bilanz abgezogen (z. B. steuerfreie Gewinnanteile) oder hinzugerechnet (z. B. nicht abzugsfähige Betriebsausgaben) werden.

12   Bei Personengesellschaften umfasst der Gewinn nach § 4 Abs. 1 Satz 1 EStG auch die Korrekturen aufgrund von Ergänzungsbilanzen und die Ergebnisse der Sonderbilanzen der Mitunternehmer.

13   Der nicht entnommene Gewinn i. S. d. § 34a EStG wird durch Abzug des positiven Saldos aus Entnahmen und Einlagen (bei Mitunternehmeranteilen Entnahmen und Einlagen der Gesamthands-, Sonder- und Ergänzungsbilanzen) vom Gewinn nach § 4 Abs. 1 Satz 1 EStG ermittelt (maximaler Begünstigungsbetrag).

14   Entnahmen i. S. d. § 34a EStG sind die Entnahmen nach § 4 Abs. 1 Satz 2 i. V. m. § 6 Abs. 1 Nr. 4 EStG. Es wird nicht zwischen Bar-, Sach- und Nutzungsentnahmen unterschieden. Zur Behandlung von Entnahmen nach § 4 Abs. 1 Satz 3 EStG bei Überführung von Wirtschaftsgütern ins Ausland vgl. Tz. 34 ff.

1. Gewinnermittlungsart

15   Die Tarifbegünstigung nach § 34a EStG kann nur in Anspruch genommen werden, wenn der Gewinn durch Bestandsvergleich (§ 4 Abs. 1 Satz 1 oder § 5 EStG) ermittelt wird. Das Erfordernis der Gewinnermittlung durch Bestandsvergleich erstreckt sich auch auf etwaige im Betriebsver-

mögen gehaltene Beteiligungen an vermögensverwaltenden, land- und forstwirtschaftlichen, gewerblichen oder freiberuflichen Personengesellschaften (vgl. BFH-Beschluss vom 11. April 2005, BStBl II S. 679). Es ist nicht erforderlich, dass die Untergesellschaft selbst ihren Gewinn nach § 4 Abs. 1 Satz 1 oder § 5 EStG ermittelt. Jedoch muss die Obergesellschaft ihren Gewinn aus der Untergesellschaft nach § 4 Abs. 1 Satz 1 oder § 5 EStG ermitteln.

Bei Gewinnermittlung durch Einnahmenüberschussrechnung (§ 4 Abs. 3 EStG) oder bei pauschalierten Gewinnermittlungen (§§ 5a, 13a EStG) ist eine ermäßigte Besteuerung nicht möglich.

2. Nicht abzugsfähige Betriebsausgaben

Die nach § 4 Abs. 4a, 5, 5a und 5b und § 4h EStG nicht abzugsfähigen Betriebsausgaben haben den nach § 4 Abs. 1 Satz 1 oder § 5 EStG ermittelten Gewinn gemindert, da sie außerbilanziell hinzuzurechnen sind. Soweit der steuerpflichtige Gewinn also auf Betriebsausgabenabzugsverboten beruht, kann keine Tarifbegünstigung nach § 34a EStG in Anspruch genommen werden.   16

> **Beispiel:**
> Der Gewinn (§ 4 Abs. 1 Satz 1 oder § 5 EStG) des Unternehmens beträgt 330 000 €. Es sind nicht abzugsfähige Betriebsausgaben (§ 4 Abs. 5 EStG) von 45 000 € angefallen. Der Unternehmer hat 70 000 € entnommen. Einlagen wurden in Höhe von 10 000 € getätigt.
>
> Der nicht entnommene Gewinn beträgt 270 000 € (330 000 € abzgl. Saldo Entnahmen (70 000 €) und Einlagen (10 000 €) (60 000 €)). Der steuerpflichtige Gewinn beträgt 375 000 € (330 000 € zzgl. 45 000 € nicht abzugsfähige Betriebsausgaben). Der Steuerpflichtige kann einen Antrag nach § 34a EStG für einen Gewinn bis zu 270 000 € stellen.

3. Steuerfreie Gewinnanteile

Steuerfreie Gewinnanteile sind Bestandteil des Steuerbilanzgewinns, können aufgrund ihrer Steuerfreiheit jedoch selbst nicht Gegenstand der Tarifbegünstigung nach § 34a EStG sein. Bei der Ermittlung des nicht entnommenen Gewinns gelten sie jedoch als vorrangig entnommen.   17

> **Beispiel:**
> Der Gewinn (§ 4 Abs. 1 Satz 1 oder § 5 EStG) des Unternehmens beträgt 330 000 €. Hierin sind steuerfreie Gewinnanteile (z. B. nach § 3 Nr. 40 EStG) von 50 000 € enthalten. Der Unternehmer hat 70 000 € entnommen. Einlagen wurden nicht getätigt.
>
> Der nicht entnommene Gewinn beträgt 260 000 € (330 000 € abzgl. 70 000 € Entnahmen). Der steuerpflichtige Gewinn beträgt 280 000 € (330 000 € abzgl. 50 000 € steuerfreie Gewinnanteile). Der Steuerpflichtige kann einen Antrag nach § 34a EStG für einen Gewinn bis zu 260 000 € stellen.

4. Ausländische Betriebsstätten

Einkünfte ausländischer Betriebsstätten sind im Rahmen des Betriebsvermögensvergleichs des Gesamtunternehmens zu erfassen und führen zu einem um die ausländischen Gewinnanteile erhöhten oder verminderten Gewinn nach § 4 Abs. 1 Satz 1 oder § 5 EStG. Damit beeinflussen ausländische Betriebsstättenergebnisse unmittelbar den nicht entnommenen Gewinn des (inländischen) Betriebes. Soweit die Gewinne aus ausländischen Betriebsstätten steuerfrei (z. B. aufgrund eines Doppelbesteuerungsabkommens) gestellt sind, können sie – wie die anderen steuerfreien Gewinnanteile – nicht Gegenstand der Tarifbegünstigung nach § 34a EStG sein. Vergleiche im Übrigen Tz. 34 ff.   18

5. Abweichendes Wirtschaftsjahr

Bei Personenunternehmen, die Einkünfte aus Gewerbebetrieb beziehen und ein abweichendes Wirtschaftsjahr haben, gilt der Gewinn in dem Veranlagungsjahr als bezogen, in dem das Wirtschaftsjahr endet (§ 4a Abs. 2 Nr. 2 EStG). Eine Aufteilung des Gewinns des Wirtschaftsjahrs 2007/ 2008 sowie der Entnahmen und Einlagen für Zwecke des § 34a EStG ist nicht vorzunehmen. Daher kann die Tarifbegünstigung nach § 34a EStG auch schon für den gesamten Gewinn des Wirtschaftsjahrs 2007/2008 beantragt werden, wenn die übrigen Voraussetzungen erfüllt sind.   19

Dagegen ist der Gewinn bei Personenunternehmen, die Einkünfte aus Land- und Forstwirtschaft erzielen und ein abweichendes Wirtschaftsjahr haben, auf die Kalenderjahre, in denen das Wirtschaftsjahr beginnt und endet, zeitanteilig aufzuteilen (§ 4a Abs. 2 Nr. 1 EStG). Die Entnahmen und Einlagen sind dabei für Zwecke des § 34a EStG ebenfalls zeitanteilig auf die betreffenden Kalenderjahre aufzuteilen. Der Antrag nach § 34a Abs. 1 EStG kann somit auch nur für den danach auf das jeweilige Kalenderjahr entfallenden nicht entnommenen Gewinn gestellt werden.

6. Nicht entnommener Gewinn bei Personengesellschaften

20   Bei Mitunternehmeranteilen werden sowohl die Entnahmen und Einlagen des Gesamthandsvermögens als auch die des Sonderbetriebsvermögens berücksichtigt. Deren Ermittlung erfolgt für Zwecke des § 34a EStG mitunternehmeranteilsbezogen, d. h. eine Entnahme des Mitunternehmers aus dem Betriebsvermögen der Mitunternehmerschaft mindert den nicht entnommenen Gewinn nur, wenn sie in sein Privatvermögen oder in ein anderes Betriebsvermögen erfolgt.

Die Übertragung eines Wirtschaftsguts aus dem Gesamthandsvermögen einer Mitunternehmerschaft in das Sonderbetriebsvermögen eines Mitunternehmers bei derselben Mitunternehmerschaft (und umgekehrt) hat keinen Einfluss auf die Höhe des nicht entnommenen Gewinns dieses Mitunternehmeranteils. Die Zahlung von Sondervergütungen i. S. v. § 15 Abs. 1 Satz 1 Nr. 2 Satz 1, 2. Halbsatz EStG an einen Mitunternehmer führt nur dann zu einer Entnahme i. S. d. § 34a EStG, wenn die Zahlung ins Privatvermögen (z. B. auf ein privates Bankkonto des Mitunternehmers) erfolgt.

7. Nicht entnommener Gewinn bei doppel- und mehrstöckigen Personengesellschaften

21   Bei doppel- und mehrstöckigen Personengesellschaften ist für den Mitunternehmer der Obergesellschaft nur ein einheitlicher begünstigter Gewinn zu ermitteln, der neben dem Gewinn aus der Obergesellschaft – einschließlich der Ergebnisse aus Ergänzungs- und Sonderbilanzen – auch die Ergebnisse aus einer etwaigen Sonderbilanz nach § 15 Abs. 1 Satz 1 Nr. 2 Satz 2 EStG bei der Untergesellschaft umfasst. Entnahmen des Mitunternehmers bei der Obergesellschaft sind zu addieren mit Entnahmen, die von ihm aus seinem Sonderbetriebsvermögen bei der Untergesellschaft (§ 15 Abs. 1 Satz 1 Nr. 2 Satz 2 EStG) getätigt werden. Gleiches gilt für Einlagen.

Zahlungen zwischen der Obergesellschaft und der Untergesellschaft haben keinen Einfluss auf das Begünstigungsvolumen.

Beispiel:

An der X-KG (Obergesellschaft) ist A zu 50 % als Mitunternehmer beteiligt. Die X-KG ist ihrerseits an der Y-OHG (Untergesellschaft) beteiligt. Die X-KG erzielt (einschließlich des von der Y-OHG stammenden Gewinnanteils) einen Gewinn von 80 000 €, der A zur Hälfte zugerechnet wird. A erzielt aus einem an die Y-OHG vermieteten Grundstück (Sonderbetriebsvermögen des A bei der Y-OHG) einen Gewinn von 5 000 €. Die gesamten Mietzahlungen der Y-OHG in Höhe von 20 000 € hat A privat verwendet. Aus der X-KG hat A 15 000 € entnommen. Weitere Entnahmen oder Einlagen wurden nicht getätigt.

Der nicht entnommene Gewinn des A beträgt 10 000 € (40 000 € Gewinnanteil Obergesellschaft zzgl. 5 000 € Gewinn aus dem Sonderbetriebsvermögen bei der Untergesellschaft) = 45 000 € Gewinn nach § 4 Abs. 1 Satz 1 EStG abzgl. Saldo aus Entnahmen (15 000 € aus Obergesellschaft zzgl. 20 000 € aus Sonderbetriebsvermögen bei der Untergesellschaft = 35 000 €) und Einlagen (0 €)).

III. Begünstigungsbetrag/Nachversteuerungspflichtiger Betrag

22   Aus der Ausgangsgröße des nicht entnommenen Gewinns werden zunächst der Begünstigungsbetrag (§ 34a Abs. 3 Satz 1 EStG) und daraus der nachversteuerungspflichtige Betrag entwickelt (§ 34a Abs. 3 Satz 2 EStG).

1. Begünstigungsbetrag

23   Der Begünstigungsbetrag ist der Teil des nicht entnommenen Gewinns, für den der Steuerpflichtige einen Antrag nach § 34a Abs. 1 EStG stellen kann und diesen auch gestellt hat. Der Begünstigungsbetrag ist die Bemessungsgrundlage für die Steuer nach § 34a Abs. 1 Satz 1 EStG.

Beispiel:

Der nicht entnommene Gewinn (§ 34a Abs. 2 EStG) beträgt 150 000 €. Der Steuerpflichtige stellt einen Antrag nach § 34a Abs. 1 Satz 1 EStG für 60 000 €.

Der Begünstigungsbetrag (§ 34a Abs. 3 Satz 1 EStG) beträgt 60 000 €.

Der Steuerpflichtige muss 90 000 € mit dem progressiven persönlichen Steuersatz (Bemessungsgrundlage verbleibendes z. v. E. nach Abzug des nach § 34a EStG begünstigt zu versteuernden Gewinns) versteuern. Für den Begünstigungsbetrag zahlt er 16 950 € (28,25 % v. 60 000 €) ESt zzgl. 932,25 € (5,5 % v. 16 950 €) SolZ.

2. Nachversteuerungspflichtiger Betrag des Veranlagungszeitraums

24   Der nachversteuerungspflichtige Betrag des Betriebs oder Mitunternehmeranteils für den laufenden Veranlagungszeitraum wird aus dem Begünstigungsbetrag durch Abzug der auf den Begüns

tigungsbetrag entfallenden Steuerbelastung (ESt und SolZ, nicht jedoch der KiSt) ermittelt. Der Betrag ist Euro und Cent genau zu ermitteln.

Beispiel:

Der Steuerpflichtige hat für 60 000 € seines im Jahr 01 nicht entnommenen Gewinns die Tarifbegünstigung nach § 34a EStG beantragt (wie voriges Beispiel).

Der nachversteuerungspflichtige Betrag des Jahres 01 ermittelt sich wie folgt:

Begünstigungsbetrag	60 000,00 €
Abzgl. ESt (28,25 % von 60 000 €)	16 950,00 €
Abzgl. SolZ (5,5 % von 16 950 €)	932,25 €
Nachversteuerungspflichtiger Betrag	42 117,75 €

3. Ermittlung des nachversteuerungspflichtigen Betrags zum Ende des Veranlagungszeitraums

Der nachversteuerungspflichtige Betrag ist jährlich fortzuschreiben und zum Ende des Veranlagungszeitraums für jeden Betrieb und Mitunternehmeranteil gesondert festzustellen (§ 34a Abs. 3 Satz 3 EStG). In den Fällen des § 34a Abs. 7 EStG (vgl. Tz. 47) ist der nachversteuerungspflichtige Betrag zum Ende des Tages vor dem steuerlichen Übertragungsstichtag festzustellen.   25

Die Ermittlung und Fortschreibung des nachversteuerungspflichtigen Betrags (§ 34a Abs. 3 Satz 2 EStG) wird durch das nachfolgende Schema veranschaulicht:

Nachversteuerungspflichtiger Betrag zum 31.12. des vorangegangenen Veranlagungszeitraums

zzgl.   nachversteuerungspflichtiger Betrag des laufenden Veranlagungszeitraums (§ 34a Abs. 3 EStG)

zzgl.   auf diesen Betrieb oder Mitunternehmeranteil von einem anderen Betrieb oder Mitunternehmeranteil desselben Steuerpflichtigen übertragener nachversteuerungspflichtiger Betrag (§ 34a Abs. 5 EStG)

abzgl. Nachversteuerungsbetrag des laufenden Veranlagungszeitraums (§ 34a Abs. 4, 5 und 6 EStG)

abzgl. auf einen anderen Betrieb oder Mitunternehmeranteil von diesem Betrieb oder Mitunternehmeranteil übertragener nachversteuerungspflichtiger Betrag (§ 34a Abs. 5 EStG)

=   Nachversteuerungspflichtiger Betrag zum 31.12. des Veranlagungszeitraums

IV. Nachversteuerung (§ 34a Abs. 4 EStG)

Liegt in späteren Jahren der positive Saldo von Entnahmen und Einlagen über dem Gewinn dieses Jahres, ist nach § 34a Abs. 4 EStG insoweit eine Nachversteuerung des festgestellten nachversteuerungspflichtigen Betrags durchzuführen.   26

1. Nachversteuerungsbetrag

Es kommt grundsätzlich zur Nachversteuerung, wenn der positive Saldo von Entnahmen und Einlagen im Wirtschaftsjahr den (positiven) Gewinn nach § 4 Abs. 1 Satz 1 oder § 5 EStG dieses Wirtschaftsjahrs übersteigt (Entnahmenüberhang). Im Fall eines Verlustes ist der Entnahmenüberhang so hoch wie der positive Saldo von Entnahmen und Einlagen. In Höhe des Entnahmenüberhangs entsteht ein Nachversteuerungsbetrag (Ausnahme: Entnahmen zur Zahlung von Erbschaft-/Schenkungsteuer, vgl. Tz. 30 und Fälle des § 34a Abs. 5 Satz 2 EStG, vgl. Tz. 32 und 33). Die Nachversteuerung wird in Höhe des Nachversteuerungsbetrags (max. in Höhe des festgestellten nachversteuerungspflichtigen Betrags) mit einem festen Steuersatz von 25 % zzgl. Solidaritätszuschlag und ggf. Kirchensteuer neben der Versteuerung des zu versteuernden Einkommens des laufenden Veranlagungszeitraums mit dem persönlichen Steuersatz vorgenommen.   27

Beispiel:

Der Steuerpflichtige hat im Jahr 04 einen Gewinn nach § 4 Abs. 1 Satz 1 EStG i. H. v. 8 000 €. Die Entnahmen betragen 50 000 €. Der für das Vorjahr festgestellte nachversteuerungspflichtige Betrag beträgt 60 000 €. Einlagen wurden nicht getätigt.

Der Steuerpflichtige muss den laufenden Gewinn des Jahres (8 000 €) nach § 32a EStG versteuern. Der Entnahmenüberhang beträgt 42 000 €, für die er 10 500 € ESt (25 % von 42 000 €) und 577,50 € SolZ zahlen muss. Der nachversteuerungspflichtige Betrag zum 31.12.04 ist i. H. v. 18 000 € festzustellen.

Bei der Ermittlung des Entnahmenüberhangs sind außerbilanzielle Hinzurechnungen (z. B. nicht abzugsfähige Betriebsausgaben) nicht zu berücksichtigen.   28

Beispiel:

Der Steuerpflichtige hat im Jahr 04 einen Gewinn nach § 4 Abs. 1 Satz 1 EStG i. H. v. 60 000 €. Es sind nicht abzugsfähige Betriebsausgaben nach § 4 Abs. 5 EStG i. H. v. 30 000 € entstanden.

Die Entnahmen betragen 80 000 €. Der für das Vorjahr festgestellte nachversteuerungspflichtige Betrag beträgt 60 000 €. Einlagen wurden nicht getätigt.

Der Steuerpflichtige muss den laufenden Gewinn des Jahres (90 000 € (60 000 € zzgl. nichtabzugsfähige Betriebsausgaben von 30 000 €)) nach § 32a EStG versteuern. Der Entnahmenüberhang beträgt 20 000 € (60 000 € abzgl. 80 000 €), für die er 5 000 € ESt (25 % von 20 000 €) und 275 € SolZ zahlen muss. Der nachversteuerungspflichtige Betrag zum 31. 12. 04 ist i. H. v. 40 000 € festzustellen.

2. Verwendungsreihenfolge

29   Die Verwendungsreihenfolge des positiven Saldos aus Entnahmen und Einlagen ist wie folgt aufgebaut:

1. positiver steuerfreier Gewinn des laufenden Jahres
2. positiver steuerpflichtiger Gewinn des laufenden Jahres
3. nicht entnommene und nach § 34a EStG begünstigte Gewinne der Vorjahre (= Nachversteuerungspflichtiger Gewinn der Vorjahre)
4. steuerfreie und nicht entnommene mit dem persönlichen Steuersatz versteuerte Gewinne der Vorjahre.

3. Entnahmen zur Zahlung von Erbschaft-/Schenkungsteuer

30   Eine Nachversteuerung nach § 34a Abs. 4 Satz 1 EStG ist nicht durchzuführen, soweit sie durch Entnahmen für die Erbschaft-/Schenkungsteuer anlässlich der Übertragung des Betriebs oder Mitunternehmeranteils ausgelöst wird. Die Erbschaft-/Schenkungsteuer anlässlich der Übertragung des Betriebs oder Mitunternehmeranteils berechnet sich wie folgt:

Festgesetzte   ×   (Erbschaftsteuerbemessungsgrundlage für den Betrieb oder Mitunterneh-
Erbschaftsteuer   meranteil; Erbschaftsteuerbemessungsgrundlage)

31   Entnahmen für die Erbschaft-/Schenkungsteuer sind bei der Ermittlung des nicht entnommenen Gewinns des laufenden Wirtschaftsjahrs zu berücksichtigen (vgl. Tz. 11). Die Regelung des § 34a Abs. 4 Satz 1 EStG lässt diese nur bei der Ermittlung des Nachversteuerungsbetrags unberücksichtigt.

Eine Entnahme aus einem Betrieb für die Erbschaftsteuer eines anderen Betriebsvermögens desselben Steuerpflichtigen fällt nicht unter die Ausnahmeregelung und führt daher im Fall des Entnahmenüberhangs zur Nachversteuerung beim Betrieb, bei dem die Entnahme getätigt wurde.

Wird die Erbschaft-/Schenkungsteuer nur teilweise aus dem Betrieb entnommen, gilt die Entnahme vorrangig als für die auf den Betrieb oder Mitunternehmeranteil entfallende Erbschaft-/Schenkungsteuer getätigt.

Beispiel:

Die Erbschaftsteuer beträgt insgesamt 100 000 €, davon entfallen 50 000 € auf den geerbten Gewerbebetrieb. Zur Bezahlung der Erbschaftsteuer entnimmt der Steuerpflichtige 80 000 € aus dem Betrieb. Die restlichen 20 000 € werden aus privaten Mitteln beglichen. Der Gewinn des Betriebs beträgt 0 €. Es wurde ein nachversteuerungspflichtiger Betrag von 60 000 € für diesen Betrieb festgestellt.

Der Entnahmenüberhang beträgt 80 000 €. Davon entfallen 50 000 € auf die Entnahme für Erbschaftsteuer (§ 34a Abs. 4 Satz 1 EStG). Es sind daher lediglich 30 000 € nachzuversteuern.

V. Übertragungen und Überführungen von einzelnen Wirtschaftsgütern

1. Entnahmereihenfolge bei Übertragung oder Überführung von einzelnen Wirtschaftsgüter (§ 34a Abs. 5 EStG)

32   Es besteht nach § 34a Abs. 5 Satz 2 EStG die Möglichkeit, bei Übertragungen und Überführungen von einzelnen Wirtschaftsgütern zum Buchwert in ein anderes Betriebsvermögen nach § 6 Abs. 5 EStG statt einer Nachversteuerung beim Ursprungsbetrieb den (anteiligen) nachversteuerungspflichtigen Betrag auf das übernehmende Unternehmen zu übertragen.

§ 34a Abs. 5 Satz 2 EStG ist nicht anzuwenden, wenn Geldbeträge von einem Betrieb oder Mitunternehmeranteil in einen anderen Betrieb oder Mitunternehmeranteil des Steuerpflichtigen unter den Voraussetzungen des § 6 Abs. 5 EStG überführt oder übertragen werden.

Ist in späteren Wirtschaftsjahren nach § 6 Abs. 5 Satz 4 oder 6 EStG für den Übertragungs-/Überführungsvorgang auf Grund eines schädlichen Ereignisses rückwirkend der Teilwert anzusetzen, ist insoweit die Übertragung des nachversteuerungspflichtigen Betrags rückgängig zu machen.

Beispiel:

Der Steuerpflichtige überführt in 01 ein Grundstück (Buchwert 200 000 €) zum Buchwert von seinem Einzelunternehmen in das Sonderbetriebsvermögen einer Personengesellschaft, an der er beteiligt ist. Der Steuerpflichtige tätigt in 01 übrige Entnahmen i. H. v. 60 000 €. Der Gewinn seines Einzelunternehmens beträgt in 01 40 000 €. Der nachversteuerungspflichtige Betrag des Einzelunternehmens zum 31. 12. 00 beträgt 300 000 €. Einlagen wurden nicht getätigt.

Die Gesamtentnahmen des Steuerpflichtigen betragen 260 000 €. Der Nachversteuerungsbetrag nach § 34a Abs. 4 EStG beträgt zunächst 220 000 € (260 000 € Entnahmen abzgl. 40 000 € Gewinn). Auf Antrag des Steuerpflichtigen können 200 000 € (= Buchwert des überführten Grundstücks) auf den nachversteuerungspflichtigen Betrag des Mitunternehmeranteils übertragen werden. Es verbleiben 20 000 €, die der Nachversteuerung mit 25 % unterliegen (= 5 000 €). Der nachversteuerungspflichtige Betrag des Einzelunternehmens zum 31. 12. 01 beträgt 80 000 € (300 000 € abzgl. 200 000 € Übertragung und. 20 000 € Nachversteuerung).

Der übertragungsfähige nachversteuerungspflichtige Betrag i. S. d. § 34a Abs. 5 EStG ist der nach Berücksichtigung der übrigen Entnahmen und hierauf nach § 34a Abs. 4 EStG erfolgender Nachversteuerungen verbleibende nachversteuerungspflichtige Betrag, maximal jedoch der Buchwert. 33

Beispiel:

Der Steuerpflichtige überführt in 01 ein Grundstück (Buchwert 200 000 €) zum Buchwert von seinem Einzelunternehmen in das Sonderbetriebsvermögen einer Personengesellschaft, an der er beteiligt ist. Der Steuerpflichtige tätigt in 01 übrige Entnahmen i. H. v. 60 000 €. Der Gewinn seines Einzelunternehmens beträgt in 01 0 €. Der nachversteuerungspflichtige Betrag des Einzelunternehmens zum 31. 12. 00 beträgt 150 000 €. Einlagen wurden nicht getätigt.

Die Gesamtentnahmen des Steuerpflichtigen betragen 260 000 €. Der Entnahmenüberhang nach § 34a Abs. 4 EStG beträgt (zunächst) 260 000 €, da ein Gewinn nicht erzielt wurde. Der Steuerpflichtige muss 60 000 € nachversteuern, da der Entnahmenüberhang insoweit auf den übrigen Entnahmen beruht. Auf Antrag des Steuerpflichtigen können 90 000 € (= Buchwert des überführten Grundstücks (200 000 €, maximal jedoch verbleibender nachversteuerungspflichtiger Betrag (150 000 € abzgl. Nachversteuerungsbetrag 60 000 €) auf den nachversteuerungspflichtigen Betrag des Mitunternehmeranteils übertragen werden. Der nachversteuerungspflichtige Betrag des Einzelunternehmens zum 31. 12. 01 beträgt 0 € (150 000 € abzgl. 60 000 € Nachversteuerungsbetrag abzgl. 90 000 € Übertragungsbetrag).

2. Grenzüberschreitende Überführungen und Übertragungen von Wirtschaftsgütern

Entnahmen i. S. d. § 4 Abs. 1 Satz 3ff. EStG aufgrund der Überführung oder Übertragung von Wirtschaftsgütern aus einem inländischen Betriebsvermögen in ein ausländisches Betriebsvermögen desselben Steuerpflichtigen sind grundsätzlich auch bei der Ermittlung des nicht entnommenen Gewinns und des Entnahmenüberhangs i. S. d. § 34a EStG zu berücksichtigen. Gleiches gilt für Einlagen i. S d. § 4 Abs. 1 Satz 7 EStG aufgrund der Überführung oder Übertragung aus einem ausländischen Betriebsvermögen in ein inländisches Betriebsvermögen desselben Steuerpflichtigen. Dabei sind jedoch folgende Fallgruppen zu unterscheiden: 34

a. Überführungen innerhalb eines Betriebs oder Mitunternehmeranteils

Bei unbeschränkt Steuerpflichtigen wirkt sich die Überführung eines Wirtschaftsguts von einer inländischen in eine ausländische Betriebsstätte nicht auf den Gewinn des Gesamtunternehmens aus, da der Entnahme aus der inländischen Betriebsstätte eine korrespondierende Einlage in die ausländische Betriebsstätte gegenübersteht. Entsprechendes gilt für die Überführung eines Wirtschaftsguts von einer ausländischen in eine inländische Betriebsstätte. 35

Bei beschränkt Steuerpflichtigen ist die Anwendung des § 34a EStG begrenzt auf den nicht entnommenen Gewinn/den Entnahmenüberhang der inländischen Betriebsstätte (vgl. Tz. 3). Die der Einlage in die inländische Betriebsstätte vorhergehende Entnahme aus dem ausländischen Betriebsvermögen oder die der Entnahme aus der inländischen Betriebsstätte nachfolgenden Einlage in das ausländische Betriebsvermögen bleibt infolge der in Satz 1 beschriebenen Begrenzung unberücksichtigt. 36

b. Überführungen und Übertragungen zwischen mehreren Betrieben oder Mitunternehmeranteilen

Die Überführung eines Wirtschaftsguts von einem inländischen Betrieb in einen anderen, im Ausland belegenen Betrieb desselben unbeschränkt Steuerpflichtigen ist eine Entnahme aus dem inländischen und eine Einlage in den ausländischen Betrieb. Eine Zusammenfassung ist – wie bei reinen Inlandsvorgängen – nicht zulässig. Entsprechendes gilt für die Überführung eines Wirtschaftsguts von einem ausländischen Betrieb in einen anderen, im Inland belegenen Betrieb desselben unbeschränkt Steuerpflichtigen. 37

38   Bei beschränkt Steuerpflichtigen haben derartige Vorgänge nur Bedeutung für den nicht entnom-
      menen Gewinn/den Entnahmenüberhang der inländischen Betriebsstätte. Infolge der in Tz. 36
      Satz 1 beschriebenen Begrenzung auf den nicht entnommenen Gewinn/den Entnahmenüberhang
      der inländischen Betriebsstätte sind die Verhältnisse im Ausland ohne Bedeutung.

39   Die grenzüberschreitende Übertragung eines Wirtschaftsguts aus dem oder in das Gesamthands-
      vermögen einer Personengesellschaft steht der grenzüberschreitenden Überführung aus einem
      oder in einen Betrieb gleich. Insoweit gelten die Ausführungen in Tz. 37 entsprechend.

c. Grenzüberschreitende Überführungen und Übertragungen bei Einkünften aus Land- und Forstwirtschaft und selbständiger Arbeit

40   Die vorstehenden Grundsätze gelten sinngemäß für Einkünfte aus Land- und Forstwirtschaft und
      selbständiger Arbeit.

VI. Nachversteuerungsfälle nach § 34a Abs. 6 EStG

41   Nach § 34a Abs. 6 EStG ist eine Nachversteuerung auch in den folgenden Fällen durchzuführen:

      –   Betriebsaufgaben (einschl. Realteilung nach § 16 Abs. 3 Satz 2 bis 4 EStG), -veräußerungen (vgl.
          Tz. 42)

      –   Umwandlungsfälle (vgl. Tz. 43)

      –   Wechsel der Gewinnermittlungsart (vgl. Tz. 44)

      –   Antrag des Steuerpflichtigen (freiwillige Nachversteuerung) (vgl. Tz. 45).

1. Betriebsaufgabe, -veräußerung

42   Wird ein ganzer Betrieb oder ein ganzer Mitunternehmeranteil vollständig aufgegeben, real geteilt
      oder veräußert (§ 16 EStG), entfällt die Grundlage für die Tarifbegünstigung nach § 34a EStG und
      damit die Möglichkeit, beim Steuerpflichtigen eine Nachversteuerung durchzuführen (§ 34a Abs. 6
      Satz 1 Nr. 1 EStG). Der für diesen Betrieb oder Mitunternehmeranteil festgestellte nachversteue-
      rungspflichtige Betrag ist in voller Höhe aufzulösen und nachzuversteuern. Dies gilt auch für die
      Fälle des § 16 Abs. 2 Satz 3 EStG.

      Veräußert der Steuerpflichtige nur einen Teil seines Betriebs oder Mitunternehmeranteils oder
      einen Teilbetrieb, löst dies hingegen keine Nachversteuerung der zuvor nach § 34a EStG begüns-
      tigten Gewinne aus, da eine Nachversteuerung beim Steuerpflichtigen im Rahmen des verbleiben-
      den Teils des Betriebs oder Mitunternehmeranteils weiterhin möglich ist.

2. Umwandlungsfälle

43   Eine Nachversteuerung in voller Höhe des festgestellten nachversteuerungspflichtigen Betrags ist
      bei Einbringung eines Betriebs oder Mitunternehmeranteils in eine Kapitalgesellschaft oder eine
      Genossenschaft sowie in den Fällen des Formwechsels einer Personengesellschaft in eine Kapital-
      gesellschaft oder Genossenschaft vorzunehmen (§ 34a Abs. 6 Satz 1 Nr. 2 EStG). Bei der Einbrin-
      gung eines Teils eines Betriebs, eines Teilbetriebs oder eines Teils eines Mitunternehmeranteils
      gilt Tz. 42 2. Absatz entsprechend.

3. Wechsel der Gewinnermittlungsart

44   Beim Übergang von der Gewinnermittlung durch Betriebsvermögensvergleich zur Einnahmen-
      überschussrechnung oder zu einer pauschalierten Gewinnermittlung (z. B. § 5a EStG, § 13a EStG)
      ist der festgestellte nachversteuerungspflichtige Betrag ebenfalls in voller Höhe aufzulösen (§ 34a
      Abs. 6 Satz 1 Nr. 3 EStG).

4. Antrag auf Nachversteuerung

45   Eine Nachversteuerung des gesamten oder eines Teils des festgestellten nachversteuerungspflich-
      tigen Betrags ist zudem durchzuführen, wenn der Steuerpflichtige dies beantragt (§ 34a Abs. 6
      Satz 1 Nr. 4 EStG).

5. Stundung

46   Bei Nachversteuerungen nach § 34a Abs. 6 Satz 1 Nr. 1 und 2 EStG besteht die Möglichkeit, die
      nach § 34a Abs. 4 EStG geschuldete Steuer über einen Zeitraum von bis zu 10 Jahren zinslos zu
      stunden. Voraussetzung ist jedoch, dass die sofortige Begleichung der Steuer eine erhebliche
      Härte darstellen würde. Ob eine erhebliche Härte vorliegt, ist nach den Gesamtumständen des
      jeweiligen Einzelfalls nach den Grundsätzen des § 222 AO zu prüfen.

Eine Stundung nach § 34a Abs. 6 Satz 2 EStG ist bei Wechsel der Gewinnermittlungsart und bei freiwilliger Nachversteuerung nicht vorgesehen. Die Stundungsmöglichkeit nach § 222 AO bleibt unberührt.

VII. Fälle des § 6 Abs. 3 EStG und § 24 UmwStG

In den Fällen der unentgeltlichen Übertragung eines ganzen Betriebs oder eines ganzen Mitunternehmeranteils nach § 6 Abs. 3 EStG und den Fällen der Einbringung eines ganzen Betriebs oder eines ganzen Mitunternehmeranteils zu Buchwerten in eine Personengesellschaft nach § 24 UmwStG ist nach § 34a Abs. 7 EStG der für diesen Betrieb oder Mitunternehmeranteil festgestellte nachversteuerungspflichtige Betrag (vgl. Tz. 25) auf den neuen (Mit-)Unternehmer zu übertragen. Bei der Übertragung eines Teils eines Betriebs, eines Teilbetriebs oder eines Teils eines Mitunternehmeranteils verbleibt der nachversteuerungspflichtige Betrag in voller Höhe beim bisherigen (Mit-)Unternehmer. Erfolgt die Einbringung eines ganzen Betriebs oder eines ganzen Mitunternehmeranteils hingegen nicht zu Buchwerten, ist der nachversteuerungspflichtige Betrag im Jahr der Einbringung in voller Höhe nachzuversteuern.

47

Findet die unentgeltliche Übertragung des Betriebs oder Mitunternehmeranteils nicht zum Ende des Wirtschaftsjahres statt, ist eine Schlussbilanz auf den Zeitpunkt der Übertragung zu erstellen. Geschieht dies nicht, sind die Entnahmen und Einlagen des Wirtschaftsjahres der Übertragung vor dem Übertragungsstichtag dem Rechtsvorgänger und die Entnahmen und Einlagen des Wirtschaftsjahres der Übertragung nach dem Übertragungsstichtag dem Rechtsnachfolger zuzurechnen. Maßgeblich ist der tatsächliche Zeitpunkt der Entnahmen und Einlagen. Der Gewinn des Wirtschaftsjahres der Übertragung ist im Wege der Schätzung auf Rechtsvorgänger und Rechtsnachfolger aufzuteilen. Zur Feststellung des nachversteuerungspflichtigen Betrags vgl. Tz. 25 Satz 2.

Die Übertragung des nachversteuerungspflichtigen Betrags auf den Rechtsnachfolger kann vermieden werden, wenn der Rechtsvorgänger vor der Übertragung die Nachversteuerung nach § 34a Abs. 6 Satz 1 Nr. 4 EStG beantragt.

VIII. Anwendungszeitpunkt

Dieses Schreiben ist ab Veranlagungszeitraum 2008 anzuwenden.

48

IX.
1.
Maßgeblichkeit der handelsrechtlichen Grundsätze ordnungsmäßiger Buchführung für die steuerliche Gewinnermittlung; Änderung des § 5 Absatz 1 EStG durch das Gesetz zur Modernisierung des Bilanzrechts (Bilanzrechtsmodernisierungsgesetz – BilMoG) vom 15. Mai 2009 (BGBl. I S. 1102, BStBl I S. 650)

BMF vom 12. 3. 2010 (BStBl I S. 239) unter Berücksichtigung der Änderung durch
BMF vom 22. 6. 2010 (BStBl I S. 597)

Durch das Gesetz zur Modernisierung des Bilanzrechts (BilMoG vom 25. Mai 2009 (BGBl. I S. 1102, BStBl I S. 650) wurde § 5 Absatz 1 EStG geändert. Danach ist für das Ende des Wirtschaftsjahres das Betriebsvermögen anzusetzen (§ 4 Absatz 1 Satz 1 EStG), das nach den handelsrechtlichen Grundsätzen ordnungsmäßiger Buchführung auszuweisen ist, es sei denn, im Rahmen der Ausübung eines steuerlichen Wahlrechtes wird oder wurde ein anderer Ansatz gewählt (§ 5 Absatz 1 Satz 1 EStG). § 5 Absatz 1 Satz 2 und 3 EStG knüpfen die Ausübung steuerlicher Wahlrechte an bestimmte Dokumentationspflichten. Zur Anwendung des § 5 Absatz 1 EStG i. d. F. des Bilanzrechtsmodernisierungsgesetzes nehme ich im Einvernehmen mit den obersten Finanzbehörden der Länder wie folgt Stellung:

I. Maßgeblichkeit der handelsrechtlichen Grundsätze ordnungsmäßiger Buchführung für die steuerliche Gewinnermittlung

1. Anwendung des § 5 Absatz 1 Satz 1 Halbsatz 1 EStG

Ausgangspunkt für die Ermittlung des steuerlichen Gewinns ist der Betriebsvermögensvergleich nach § 4 Absatz 1 Satz 1 EStG. Bei Gewerbetreibenden, die auf Grund gesetzlicher Vorschriften verpflichtet sind, Bücher zu führen und regelmäßig Abschlüsse zu machen, oder die dies freiwillig machen, ist das Betriebsvermögen anzusetzen, das nach den handelsrechtlichen Grundsätzen ordnungsmäßiger Buchführung auszuweisen ist (§ 5 Absatz 1 EStG). Soweit der Steuerpflichtige keine gesonderte Steuerbilanz aufstellt, ist Grundlage für die steuerliche Gewinnermittlung die Handelsbilanz unter Beachtung der vorgeschriebenen steuerlichen Anpassungen (§ 60 Absatz 2 Satz 1 EStDV).

1

2   Die allgemeinen Grundsätze zur Aktivierung, Passivierung und Bewertung der einzelnen Bilanz-
    posten wurden durch das BilMoG nicht geändert und sind für die steuerliche Gewinnermittlung
    maßgeblich. Der Grundsatz der Maßgeblichkeit wird durch die steuerlichen Ansatz- und Bewer-
    tungsvorbehalte durchbrochen (§ 5 Absatz 1a bis 4b, Absatz 6; §§ 6, 6a und 7 EStG).

a) Ansatz von Wirtschaftsgütern, Schulden und Rechnungsabgrenzungsposten

aa) Aktivierungsgebote, Aktivierungsverbote und Aktivierungswahlrechte

3   Handelsrechtliche Aktivierungsgebote und Aktivierungswahlrechte führen zu Aktivierungsgebo-
    ten in der Steuerbilanz, es sei denn, die Aktivierung in der Steuerbilanz ist aufgrund einer steuerli-
    chen Regelung ausgeschlossen.

    Beispiel

    Selbst geschaffene immaterielle Wirtschaftsgüter (§ 248 Absatz 2 Satz 1 HGB/§ 5 Absatz 2
    EStG)

    Nach § 248 Absatz 2 HGB können selbst geschaffene immaterielle Vermögensgegenstände
    des Anlagevermögens als Aktivposten in die Bilanz aufgenommen werden, soweit es sich nicht
    um Marken, Drucktitel, Verlagsrechte, Kundenlisten oder vergleichbare immaterielle Ver-
    mögensgegenstände des Anlagevermögens handelt. Eine Aktivierung selbst geschaffener
    immaterieller Wirtschaftsgüter des Anlagevermögens ist nach § 5 Absatz 2 EStG ausgeschlos-
    sen. Das Aktivierungswahlrecht in der Handelsbilanz führt nicht zu einem Aktivierungsgebot
    in der Steuerbilanz.

bb) Passivierungsgebote, Passivierungsverbote und Passivierungswahlrechte

4   Handelsrechtliche Passivierungsgebote sind – vorbehaltlich steuerlicher Vorschriften – auch für die
    steuerliche Gewinnermittlung maßgeblich. So sind für Pensionsverpflichtungen nach den Grund-
    sätzen ordnungsmäßiger Buchführung Rückstellungen für ungewisse Verbindlichkeiten zu bilden
    (im Einzelnen Randnummern 9 bis 11).

    Passivierungsverbote und Passivierungswahlrechte in der Handelsbilanz führen zu Passivierungs-
    verboten in der Steuerbilanz (BFH vom 3. Februar 1969, BStBl II S. 291).

b) Bewertungswahlrechte und Bewertungsvorbehalte

5   Bewertungswahlrechte, die in der Handelsbilanz ausgeübt werden können, ohne dass eine eigen-
    ständige steuerliche Regelung besteht, wirken wegen des maßgeblichen Handelsbilanzansatzes
    auch auf den Wertansatz in der Steuerbilanz.

    Beispiel 1

6   Fremdkapitalzinsen (§ 255 Absatz 3 Satz 2 HGB; R 6.3 Absatz 4 EStR)

    Zinsen für Fremdkapital gelten gemäß § 255 Absatz 3 Satz 2 HGB als Herstellungskosten des
    Vermögensgegenstands, wenn das Fremdkapital zur Herstellung eines Vermögensgegen-
    stands verwendet wird. Sind handelsrechtlich Fremdkapitalzinsen in die Herstellungskosten
    einbezogen worden, sind sie gemäß § 5 Absatz 1 Satz 1 Halbsatz 1 EStG auch in der steuerli-
    chen Gewinnermittlung als Herstellungskosten zu beurteilen.

    Beispiel 2

7   Bewertungsvereinfachungsverfahren (§ 240 Absatz 3 und 4 HGB)

    Nach § 240 Absatz 3 (Festwertbewertung) und 4 (Gruppenbewertung) HGB werden bei der
    Bewertung bestimmter Wirtschaftsgüter unter den genannten Voraussetzungen Erleichterun-
    gen gewährt. Steuerliche Regelungen hierzu bestehen nicht. Aufgrund des § 5 Absatz 1 Satz 1
    EStG sind bei Anwendung dieser Bewertungsvereinfachungsverfahren die Wertansätze der
    Handelsbilanz in die Steuerbilanz zu übernehmen.

    Beispiel 3

8   Einbeziehungswahlrechte (§ 255 Absatz 2 Satz 3 HGB)

    Nach § 255 Absatz 2 Satz 3 HGB ist der Kaufmann nicht verpflichtet, sondern berechtigt, ange-
    messene Teile der Kosten der allgemeinen Verwaltung sowie angemessene Aufwendungen
    für soziale Einrichtungen des Betriebs, für freiwillige soziale Leistungen und für die betriebli-
    che Altersversorgung bei der Berechnung der Herstellungskosten einzubeziehen. Bei der steu-
    erlichen Gewinnermittlung sind nach § 6 Absatz 1 Nummer 2 Satz 1 EStG die Herstellungskos-
    ten anzusetzen, also alle Aufwendungen, die ihrer Art nach Herstellungskosten sind (BFH vom
    21. Oktober 1993, BStBl 1994 II S. 176). Dazu gehören auch die in § 255 Absatz 2 Satz 3 HGB
    aufgeführten Kosten. Die steuerrechtliche Bewertungsvorschrift geht wegen des Bewertungs-
    vorbehalts in § 5 Absatz 6 EStG der handelsrechtlichen Regelung vor. Das gilt auch dann,
    wenn der Kaufmann gem. § 255 Absatz 2 Satz 3 HGB vom Ansatz dieser Kosten als Teil der
    Herstellungskosten in der Handelsbilanz absehen kann (BFH vom 21. Oktober 1993, a. a. O.).

c) Ansatz und Bewertung von Pensionsverpflichtungen im Sinne von § 6a EStG

Nach § 249 HGB müssen in der Handelsbilanz für unmittelbare Pensionszusagen Rückstellungen 9
gebildet werden. Dieses Passivierungsgebot gilt auch für die steuerliche Gewinnermittlung. Die
bilanzsteuerlichen Ansatz- und Bewertungsvorschriften des § 6a EStG schränken jedoch die Maßgeblichkeit des handelsrechtlichen Passivierungsgebotes ein.

In der steuerlichen Gewinnermittlung sind Pensionsrückstellungen nur anzusetzen, wenn die 10
Voraussetzungen des § 6a Absatz 1 und 2 EStG (z.B. Schriftformerfordernis, § 6a Absatz 1
Nummer 3 EStG) erfüllt sind. Die Passivierung einer Pensionszusage unterliegt zudem dem Bewertungsvorbehalt des § 6a Absatz 3 und 4 EStG. Die Bewertung kann somit vom handelsrechtlichen
Wert abweichen; die Regelungen in R 6a Absatz 20 Satz 2 bis 4 EStR, wonach der handelsrechtliche Ansatz der Pensionsrückstellung die Bewertungsobergrenze ist, sind nicht weiter anzuwenden.

Für laufende Pensionen und Anwartschaften auf Pensionen, die vor dem 1. Januar 1987 rechtsver- 11
bindlich zugesagt worden sind (sog. Altzusagen), gilt nach Artikel 28 des Einführungsgesetzes zum
HGB in der durch Gesetz vom 19. Dezember 1985 (BGBl. I S. 2355, BStBl 1986 I S. 94) geänderten
Fassung weiterhin das handels- und steuerrechtliche Passivierungswahlrecht.

2. Anwendung des § 5 Absatz 1 Satz 1 Halbsatz 2 EStG

Steuerliche Wahlrechte können sich aus dem Gesetz oder aus den Verwaltungsvorschriften (z.B. 12
R 6.5 Absatz 2 EStR, R 6.6 EStR oder BMF-Schreiben) ergeben.

a) Steuerliche Wahlrechte

Wahlrechte, die nur steuerrechtlich bestehen, können unabhängig vom handelsrechtlichen Wert- 13
ansatz ausgeübt werden (§ 5 Absatz 1 Satz 1 Halbsatz 2 EStG). Die Ausübung des steuerlichen
Wahlrechts wird insoweit nicht nach § 5 Absatz 1 Satz 1 Halbsatz 1 EStG durch die Maßgeblichkeit
der handelsrechtlichen Grundsätze ordnungsmäßiger Buchführung beschränkt.

Beispiel 1

Übertragung stiller Reserven bei der Veräußerung bestimmter Anlagegüter (§ 6b EStG) 14

Stille Reserven aus der Veräußerung bestimmter Anlagegüter können zur Vermeidung der
Besteuerung auf die Anschaffungs- oder Herstellungskosten anderer bestimmter Wirtschaftsgüter übertragen werden. Dazu sind deren Anschaffungs- oder Herstellungskosten zu mindern. Soweit die Übertragung auf ein anderes Wirtschaftsgut nicht vorgenommen wird, kann
der Steuerpflichtige eine den steuerlichen Gewinn mindernde Rücklage bilden. Eine Minderung der Anschaffungs- oder Herstellungskosten oder die Bildung einer entsprechenden
Rücklage in der Handelsbilanz ist nach den Vorschriften des HGB nicht zulässig. Die Abweichung vom Handelsbilanzansatz in der Steuerbilanz wird durch § 5 Absatz 1 Satz 1 Halbsatz 2
EStG zugelassen.

Beispiel 2

Teilwertabschreibungen (§ 6 Absatz 1 Nummer 1 Satz 2 und Nummer 2 Satz 2 EStG) 15

Vermögensgegenstände des Anlage- und Umlaufvermögens sind bei voraussichtlich dauernder Wertminderung außerplanmäßig abzuschreiben (§ 253 Absatz 3 Satz 3, Absatz 4 HGB).
Nach § 6 Absatz 1 Nummer 1 Satz 2 und Nummer 2 Satz 2 EStG kann bei einer voraussichtlich
dauernden Wertminderung der Teilwert angesetzt werden. Die Vornahme einer außerplanmäßigen Abschreibung in der Handelsbilanz ist nicht zwingend in der Steuerbilanz durch eine
Teilwertabschreibung nachzuvollziehen; der Steuerpflichtige kann darauf auch verzichten.

Hat der Steuerpflichtige in einem Wirtschaftsjahr eine Teilwertabschreibung vorgenommen und
verzichtet er in einem darauf folgenden Jahr auf den Nachweis der dauernden Wertminderung
(z.B. im Zusammenhang mit Verlustabzügen), ist zu prüfen, ob eine willkürliche Gestaltung vorliegt.

b) Handelsrechtliche und steuerliche Wahlrechte

Wahlrechte, die sowohl handelsrechtlich als auch steuerrechtlich bestehen, können aufgrund des 16
§ 5 Absatz 1 Satz 1 Halbsatz 2 EStG in der Handelsbilanz und in der Steuerbilanz unterschiedlich
ausgeübt werden.

Beispiel 1

Verbrauchsfolgeverfahren (§ 256 HGB/§ 6 Absatz 1 Nummer 2a EStG) 17

Nach § 256 HGB kann für den Wertansatz gleichartiger Vermögensgegenstände des Vorratsvermögens eine bestimmte Verbrauchsfolge unterstellt werden (Fifo und Lifo). Steuerrechtlich
besteht nach § 6 Absatz 1 Nummer 2a EStG dieses Wahlrecht nur für das Verbrauchsfolgever-

fahren, bei dem die zuletzt angeschafften oder hergestellten Wirtschaftsgüter zuerst verbraucht oder veräußert werden (Lifo).

Die Anwendung des Verbrauchsfolgeverfahrens in der Steuerbilanz setzt nicht voraus, dass der Steuerpflichtige die Wirtschaftsgüter auch in der Handelsbilanz unter Verwendung von Verbrauchsfolgeverfahren bewertet. Eine Einzelbewertung der Wirtschaftsgüter in der Handelsbilanz steht der Anwendung des Verbrauchsfolgeverfahrens nach § 6 Absatz 1 Nummer 2a Satz 1 EStG unter Beachtung der dort genannten Voraussetzungen nicht entgegen.

Beispiel 2

18   lineare und degressive Absetzung für Abnutzung (§ 253 HGB/§ 5 Absatz 6 i. V. m. § 7 Absatz 2 EStG)

Gemäß § 253 Absatz 3 Satz 1 HGB sind bei Vermögensgegenständen des Anlagevermögens, deren Nutzung zeitlich begrenzt ist, die Anschaffungs- oder Herstellungskosten um planmäßige Abschreibungen zu vermindern. Es ist demnach eine lineare oder degressive Abschreibung und eine Leistungsabschreibung sowie auch eine progressive Abschreibung möglich.

Gemäß § 7 Absatz 2 EStG i. d. F. des Gesetzes zur Umsetzung steuerrechtlicher Regelungen des Maßnahmenpakets „Beschäftigungssicherung durch Wachstumsstärkung" vom 21. Dezember 2008 (BGBl I S. 2896; BStBl 2009 I S. 133) kann bei beweglichen Wirtschaftsgütern des Anlagevermögens statt der Absetzung für Abnutzung in gleichen Jahresbeträgen (lineare Absetzung für Abnutzung) die Absetzung für Abnutzung in fallenden Jahresbeträgen (degressive Absetzung für Abnutzung) in Anspruch genommen werden. Die Absetzung für Abnutzung nach § 7 Absatz 2 EStG setzt nicht voraus, dass der Steuerpflichtige auch in der Handelsbilanz eine degressive Abschreibung vornimmt.

II. Aufzeichnungspflichten

19   Voraussetzung für die Ausübung steuerlicher Wahlrechte ist nach § 5 Absatz 1 Satz 2 EStG die Aufnahme der Wirtschaftsgüter, die nicht mit dem handelsrechtlich maßgeblichen Wert in der steuerlichen Gewinnermittlung ausgewiesen werden, in besondere, laufend zu führende Verzeichnisse. Die Verzeichnisse sind Bestandteil der Buchführung. Sie müssen nach § 5 Absatz 1 Satz 3 EStG den Tag der Anschaffung oder Herstellung, die Anschaffungs- oder Herstellungskosten, die Vorschrift des ausgeübten steuerlichen Wahlrechtes und die vorgenommenen Abschreibungen enthalten. Bei der Ausübung steuerlicher Wahlrechte für Wirtschaftsgüter des Sonderbetriebsvermögens ist eine gesonderte Aufzeichnung nach § 5 Absatz 1 Satz 2 EStG nicht erforderlich. Dies gilt auch für Umwandlungsvorgänge des Umwandlungssteuerrechts.

20   Eine besondere Form der Verzeichnisse ist nicht vorgeschrieben. Soweit die Angaben bereits im Anlagenverzeichnis oder in einem Verzeichnis für geringwertige Wirtschaftsgüter gemäß § 6 Absatz 2 Satz 4 EStG (für Wirtschaftsgüter, die nach dem 31. Dezember 2009 angeschafft, hergestellt oder in das Betriebsvermögen eingelegt worden sind) enthalten sind, oder das Anlagenverzeichnis um diese Angaben ergänzt wird, ist diese Dokumentation ausreichend. Zum Ausweis des Feldinventars genügt das Anbauverzeichnis nach § 142 AO. Die Aufstellung der Verzeichnisse kann auch nach Ablauf des Wirtschaftsjahres im Rahmen der Erstellung der Steuererklärung (z. B. bei vorbereitenden Abschlussbuchungen) erfolgen.

21   Die laufende Führung des in § 5 Absatz 1 Satz 3 EStG genannten Verzeichnisses ist Tatbestandsvoraussetzung für die wirksame Ausübung des jeweiligen steuerlichen Wahlrechtes. Wird das Verzeichnis nicht oder nicht vollständig geführt, ist der Gewinn hinsichtlich des betreffenden Wirtschaftsguts durch die Finanzbehörde so zu ermitteln, als wäre das Wahlrecht nicht ausgeübt worden. Wird ein steuerliches Wahlrecht im Wege der Bilanzänderung erstmals ausgeübt, ist dies durch eine Aufzeichnung nach § 5 Absatz 1 Satz 2 EStG zu dokumentieren.

22   Für die Bildung von steuerlichen Rücklagen ist eine Aufnahme in das besondere, laufend zu führende Verzeichnis nicht erforderlich, wenn die Rücklage in der Steuerbilanz abgebildet wird. Wird die Rücklage in einem folgenden Wirtschaftsjahr auf die Anschaffungs- oder Herstellungskosten eines Wirtschaftsgutes übertragen, handelt es sich um die Ausübung eines steuerlichen Wahlrechts im Sinne des § 5 Absatz 1 Satz 1 Halbsatz 2 EStG. Das Wirtschaftsgut ist mit den erforderlichen Angaben in das besondere, laufend zu führende Verzeichnis aufzunehmen. Soweit sich die Angaben aus der Buchführung im Sinne des § 6b Absatz 4 EStG ergeben, ist diese Dokumentation ausreichend.

23   Behandelt ein Steuerpflichtiger Zuschüsse für Anlagegüter erfolgsneutral, indem er die Anschaffungs- oder Herstellungskosten für das Wirtschaftsgut um die erhaltenen Zuschüsse mindert (R 6.5 Absatz 2 Satz 3 EStR), ist die gesonderte Aufzeichnung nach § 5 Absatz 1 Satz 2 EStG erforderlich. Die Aufzeichnungspflicht entfällt, sofern der Steuerpflichtige die Zuschüsse als Betriebseinnahme ansetzt (R 6.5 Absatz 2 Satz 2 EStR).

III. Anwendungsregelung

§ 5 Absatz 1 EStG i. d. F. des BilMoG ist nach § 52 Absatz 1 Satz 1 EStG i. V. m. Artikel 15 des Bil- 24
MoG erstmals für den Veranlagungszeitraum 2009, d. h. für Wirtschaftsjahre, die nach dem
31. Dezember 2008 enden, anzuwenden. Danach ist die Ausübung steuerlicher Wahlrechte nicht
mehr an die Übereinstimmung mit der handelsrechtlichen Jahresbilanz gebunden. Änderungen in
der Handelsbilanz, wie z. B. die Auflösung eines auf die Ausübung eines steuerlichen Wahlrechtes
beruhenden Sonderpostens mit Rücklagenanteil nach § 247 Absatz 3 HGB a. F., haben ab diesem
Zeitpunkt keine Auswirkungen auf die Steuerbilanz. Soweit handelsrechtlich die steuerlichen
Ansätze im Rahmen der Übergangsvorschriften zum BilMoG noch beibehalten werden, bestehen
die besonderen Aufzeichnungspflichten nach.

[1]Soweit Randnummer 8 von R 6.3 Absatz 4 EStR 2008 abweicht, ist es nicht zu beanstanden, wenn 25
für Wirtschaftsjahre, die vor der Veröffentlichung einer geänderten Richtlinienfassung enden, noch
nach R 6.3 Absatz 4 EStR 2008 verfahren wird.

2.

Allgemeine Verwaltungsvorschrift zur Änderung der Einkommensteuer-Richtlinien
2008 (Einkommensteuer-Änderungsrichtlinien 2012 – EStÄR 2012)
vom 25. März 2013 (BStBl I S. 276);
Herstellungskosten nach R 6.3 EStR;

BMF vom 25.3.2013 (BStBl I S. 296)
IV C 6 – S 2133/09/10001 :004 – 2012/1160068

Nach R 6.3 Absatz 1 EStÄR 2012 sind in die Herstellungskosten eines Wirtschaftsgutes auch Teile
der angemessenen Kosten der allgemeinen Verwaltung, der angemessenen Aufwendungen für
soziale Einrichtungen des Betriebs, für freiwillige soziale Leistungen und für die betriebliche
Altersversorgung (vgl. R 6.3 Absatz 3 EStR) einzubeziehen.

Im Einvernehmen mit den obersten Finanzbehörden der Länder wird es nicht beanstandet, wenn
bis zur Verifizierung des damit verbundenen Erfüllungsaufwandes, spätestens aber bis zu einer
Neufassung der Einkommensteuerrichtlinien bei der Ermittlung der Herstellungskosten nach der
Richtlinie R 6.3 Absatz 4 EStR 2008 verfahren wird.

---

[1] Randnummer 25 ergänzt durch BMF vom 22. 6. 2010 (BStBl I S. 597), *jetzt → R 6.3 Abs. 9 EStR*
Anm. → Anhang 5 IX 2.

Übersicht

I. Stand der Doppelbesteuerungsabkommen
   BMF vom 22. 1. 2013 (BStBl I S. 162)

II. Merkblatt zur Steuerfreistellung ausländischer Einkünfte gemäß § 50d Abs. 8 EStG
    BMF vom 21. 7. 2005 (BStBl I S. 821)

I.
Stand der Doppelbesteuerungsabkommen 1. 1. 2013

Stand der Doppelbesteuerungsabkommen und der
Doppelbesteuerungsverhandlungen am 1. Januar 2013

(BMF-Schreiben vom *22. 1. 2013, BStBl I S. 162*)

Hiermit übersende ich eine Übersicht über den gegenwärtigen Stand der Doppelbesteuerungsabkommen (DBA) und anderer Abkommen im Steuerbereich sowie der Abkommensverhandlun-
gen.

Wie die Übersicht zeigt, werden verschiedene der angeführten Abkommen nach ihrem Inkrafttreten rückwirkend anzuwenden sein. In geeigneten Fällen sind Steuerfestsetzungen vorläufig durchzuführen, wenn ungewiss ist, wann ein unterzeichnetes Abkommen in Kraft treten wird, das sich
zugunsten des Steuerschuldners auswirken wird. Umfang und Grund der Vorläufigkeit sind im
Bescheid anzugeben. Ob bei vorläufiger Steuerfestsetzung der Inhalt eines unterzeichneten
Abkommens bereits berücksichtigt werden soll, ist nach den Gegebenheiten des einzelnen Falles
zwischen BMF und Ländern abgestimmt zu entscheiden.

Zur Rechtslage nach dem **Zerfall der Sozialistischen Föderativen Republik Jugoslawien (SFRJ)** ist
auf Folgendes hinzuweisen:

Vereinbarungen über die Fortgeltung des DBA mit der SFRJ vom 26. März 1987 wurden geschlossen mit:

Republik Bosnien und Herzegowina (BGBl. 1992 II S. 1196),

Republik Serbien (Namensänderung; ehem. Bundesrepublik Jugoslawien BGBl. 1997 II S. 961),

Republik Kosovo (BGBl. 2011 II S. 748) und Montenegro (BGBl. 2011 II S. 745).

Zur Rechtslage nach dem **Zerfall der Sowjetunion** ist auf Folgendes hinzuweisen:

Vereinbarungen über die Fortgeltung des DBA mit der UdSSR vom 24. November 1981 wurden
geschlossen mit:

Republik Armenien (BGBl. 1993 II S. 169),

Republik Moldau (BGBl. 1996 II S. 768)

und

Turkmenistan (Bericht der Botschaft Aschgabat vom 11. August 1999 – Nr. 377/99).

Zur Rechtslage nach der **Teilung der Tschechoslowakei** ist auf Folgendes hinzuweisen:

Vereinbarungen über die Fortgeltung des DBA mit der Tschechoslowakischen Sozialistischen
Republik vom 19. Dezember 1980 wurden mit der Slowakischen Republik und mit der Tschechischen Republik getroffen (BGBl. 1993 II S. 762).

Hongkong wurde mit Wirkung ab 1. Juli 1997 ein besonderer Teil der VR China (Hongkong Special Administrative Region). Das allgemeine Steuerrecht der VR China gilt dort nicht. Damit ist das
zwischen der Bundesrepublik Deutschland und der VR China abgeschlossene DBA vom 10. Juni
1985 in Hongkong nicht anwendbar. Eine Einbeziehung Hongkongs in den Geltungsbereich des
DBA China ist nicht angestrebt. Vorgenannte Ausführungen zu Hongkong (außer Luftfahrtunternehmen) gelten in entsprechender Weise auch für **Macau** nach dessen Übergabe am 20. Dezember
1999 an die VR China (Macau Special Administrative Region).

Aufgrund des besonderen völkerrechtlichen Status von **Taiwan** wurde ein Steuerabkommen nur
von den Leitern des Deutschen Instituts in Taipeh und der Taipeh Vertretung in der Bundesrepublik Deutschland unterzeichnet. Das Gesetz vom 2. Oktober 2012 zum diesbezüglichen Abkommen
vom 19. und 28. Dezember 2011 zwischen dem Deutschen Institut in Taipeh und der Taipeh Vertretung in der Bundesrepublik Deutschland zur Vermeidung der Doppelbesteuerung und zur Verhinderung der Steuerverkürzung hinsichtlich der Steuern vom Einkommen und vom Vermögen ist
veröffentlicht (BGBl. I 2012, S. 2079). Das Abkommen ist am 7. Dezember 2012 in Kraft getreten
(BGBl. I 2012, S. 2461) und damit grundsätzlich ab 1. Januar 2013 anzuwenden.

Hinsichtlich der Abkommen auf dem Gebiet der **Kraftfahrzeugsteuer** ist zur Rechtslage nach dem
Zerfall der Sowjetunion auf Folgendes hinzuweisen:

Das Abkommen mit der UdSSR vom 21. Februar 1980 ist im Verhältnis zu den Nachfolgestaaten der UdSSR sowie zu Estland, Lettland und Litauen anzuwenden, bis mit diesen Staaten eine Neuregelung vereinbart wird. Voraussetzung ist, dass die genannten Staaten die im Abkommen vereinbarte Befreiung für deutsche Fahrzeuge gewähren. Diese Gegenseitigkeit muss auch hinsichtlich neuer Abgaben gewährleistet sein, die anstelle der UdSSR-Straßengebühr oder daneben eingeführt worden sind oder eingeführt werden, sofern sie mit der Kraftfahrzeugsteuer vergleichbar sind (siehe Ländererlasse).

Stand der Doppelbesteuerungsabkommen und anderer Abkommen im Steuerbereich 1. Januar 2013

I. Geltende Abkommen[1]

Abkommen		Fundstelle				Inkrafttreten				Anwendung grundsätzlich ab
		BGBl. II		BStBl I		BGBl. II		BStBl I		
mit	vom	Jg.	S.	Jg.	S.	Jg.	S.	Jg.	S.	
1. Abkommen auf dem Gebiet der Steuern vom Einkommen und vom Vermögen										
Ägypten	08.12.1987	1990	278	1990	280	1991	1.042	1992	7	01.01.1992
Algerien	12.11.2007	2008	1.188	2009	382	2009	136	2009	396	01.01.2009
Albanien	06.04.2010	2011	1.186	2012	292	2012	145	2012	305	01.01.2012
Argentinien	13.07.1978/	1979	585	1979	326	1979	1.332	1980	51	01.01.1976
	16.09.1996	1998	18	1998	187	2001	694	2001	540	01.01.1996
Armenien	24.11.1981	1983	2	1983	90	1983	427	1983	352	01.01.1980
(DBA mit UdSSR gilt fort, BGBl. 93 II S. 169)										
Aserbaidschan	25.08.2004	2005	1.146	2006	291	2006	120	2006	304:1	01.01.2006
Australien	24.11.1972	1974	337	1974	423	1975	216	1975	386	01.01.1971
Bangladesch[2]	29.05.1990	1991	1.410	1992	34	1993	847	1993	466	01.01.1990
Belarus (Weißrussland)	30.09.2005	2006	1.042	2007	276	2007	287	2007	290	01.01.2007
Belgien	11.04.1967/	1969	17	1969	38	1969	1.465	1969	468	01.01.1966
	05.11.2002	2003	1.615	2005	346	2003	1.744	2005	348	01.01.2004
Bolivien	30.09.1992	1994	1.086	1994	575	1995	907	1995	758	01.01.1991
Bosnien und Herzegowina	26.03.1987	1988	744	1988	372	1988	1.179	1989	35	01.01.1989
(DBA mit SFR Jugoslawien gilt fort, BGBl. 92 II S. 1.196)										
Bulgarien	02.06.1987	1988	770	1988	389	1988	1.179	1989	34	01.01.1989
	25.01.2010	2010	1286	2011	543	2011	584	2011	558	01.01.2011
China	10.06.1985	1986	446	1986	329	1986	731	1986	339	01.01.1985
(ohne Hongkong und Macau)										
Côte d'Ivoire	03.07.1979	1982	153	1982	357	1982	637	1982	628	01.01.1982
Dänemark	22.11.1995	1996	2.565	1996	1.219	1997	728	1997	624	01.01.1997
Ecuador	07.12.1982	1984	466	1984	339	1986	781	1986	358	01.01.1987
Estland	29.11.1996	1998	547	1998	543	1999	84	1999	269	01.01.1994
Finnland	05.07.1979	1981	1.164	1982	201	1982	577	1982	587	01.01.1981
Frankreich	21.07.1959/	1961	397	1961	342	1961	1.659	1961	712	01.01.1957
	09.06.1969/	1970	717	1970	900	1970	1.189	1970	1.072	01.01.1968
	28.09.1989/	1990	770	1990	413	1991	387	1991	93	01.01.1990
	20.12.2001	2002	2.370	2002	891	2003	542	2003	383	01.01.2002
Georgien	01.06.2006	2007	1.034	2008	482	2008	521	2008	494	01.01.2008
Ghana	12.08.2004	2006	1.018	2008	467	2008	51	2008	481	01.01.2008
Griechenland	18.04.1966	1967	852	1967	50	1968	30	1968	296	01.01.1964
Indien	19.06.1995	1996	706	1996	599	1997	751	1997	363	01.01.1997
Indonesien	30.10.1990	1991	1.086	1991	1.001	1991	1.401	1992	186	01.01.1992
Iran,	20.12.1968	1969	2.133	1970	768	1969	2.288	1970	777	01.01.1970
Islamische Republik						1970	282			
Irland	17.10.1962/	1964	266	1964	320	1964	632	1964	366	01.01.1959
	25.05.2010	2011	250	2012	14	2011	741	2012	16	01.01.2011
	30.03.2011	2011	1.042							01.01.2013
Island	18.03.1971	1973	357	1973	504	1973	1.567	1973	730	01.01.1968
Israel	09.07.1962/	1966	329	1966	700	1966	767	1966	946	01.01.1961
	20.07.1977	1979	181	1979	124	1979	1.031	1979	603	01.01.1970
Italien	18.10.1989	1990	742	1990	396	1993	59	1993	172	01.01.1993

---

[1] Änderungen sind durch seitliche Striche gekennzeichnet.
[2] Gilt nicht für die VSt

Abkommen mit	vom	Fundstelle BGBl. II Jg.	S.	BStBl I Jg.	S.	Inkrafttreten BGBl. II Jg.	S.	BStBl I Jg.	S.	Anwendung grundsätzlich ab
Jamaika	08.10.1974	1976	1.194	1976	407	1976	1.703	1976	632	01.01.1973
Japan	22.04.1966/	1967	871	1967	58	1967	2.028	1967	336	01.01.1967
	17.04.1979/	1980	1.182	1980	649	1980	1.426	1980	772	01.01.1977
	17.02.1983	1984	194	1984	216	1984	567	1984	388	01.01.1981
Jersey (begrenztes DBA)	04.07.2008	2009	589	2010	174	2010	38	2010	178	01.01.2010
Kanada	19.04.2001	2002	671	2002	505	2002	962	2002	521	01.01.2001
Kasachstan	26.11.1997	1998	1.592	1998	1.029	1999	86	1999	269	01.01.1996
Kenia	17.05.1977	1979	606	1979	337	1980	1.357	1980	792	01.01.1980
Kirgisistan	01.12.2005	2006	1.066	2007	233	2007	214	2007	246	01.01.2007
Korea, Republik	10.03.2000	2002	1.630	2003	24	2002	2.855	2003	36	01.01.2003
Kroatien	06.02.2006	2006	1.112	2007	246	2007	213	2007	259	01.01.2007
Kuwait	04.12.1987	1989	354	1989	150	1989	637	1989	268	01.01.1984 – 31.12.1997
	18.05.1999	2000	390	2000	439	2000	1.156	2000	1.383	01.01.1998
Lettland	21.02.1997	1998	330	1998	531	1998	2.630	1998	1.219	01.01.1996
Liberia	25.11.1970	1973	1.285	1973	615	1975	916	1975	943	01.01.1970
Liechtenstein	17.11.2011	2012	1.462							01.01.2013
Litauen	22.07.1997	1998	1.571	1998	1.016	1998	2.962	1999	121	01.01.1995
Luxemburg	23.08.1958/	1959	1.269	1959	1.022	1960	1.532	1960	398	01.01.1957
	15.06.1973/	1978	109	1978	72	1978	1.396	1979	83	01.01.1971
	11.12.2009	2010	1.150	2011	837	2011	713	2011	837	01.01.2010
Malaysia	08.04.1977	1978	925	1978	324	1979	288	1979	196	01.01.1971
	23.02.2010	2010	1310	2011	329	2011	464	2011	344	01.01.2011
Malta	08.03.2001/	2001	1.297	2002	76	2002	320	2002	240	01.01.2002
	17.06.2010	2011	275	2011	742	2011	640	2011	745	01.01.2012
Marokko	07.06.1972	1974	21	1974	59	1974	1.325	1974	1.009	01.01.1974
Mauritius	15.03.1978	1980	1.261	1980	667	1981	8	1981	34	01.01.1979
	07.10.2011	2012	1.050							01.01.2013
Mazedonien	13.07.2006	2010	1.153	2011	313	2011	462	2011	327	01.01.2011
Mexiko	23.02.1993	1993	1.966	1993	964	1994	617	1994	310	01.01.1994
	09.07.2008	2009	746			2010	62			01.01.2010
Moldau, Republik (DBA mit UdSSR gilt fort, BGBl. 96 II S. 768)	24.11.1981	1983	2	1983	90	1983	427	1983	352	01.01.1980
Mongolei	22.08.1994	1995	818	1995	607	1996	1.220	1996	1.135	01.01.1997
Namibia	02.12.1993	1994	1.262	1994	673	1995	770	1995	678	01.01.1993
Neuseeland	20.10.1978	1980	1.222	1980	654	1980	1.485	1980	787	01.01.1978
Niederlande	16.06.1959/	1960	1.781	1960	381	1960	2.216	1960	626	01.01.1956
	13.03.1980/	1980	1.150	1980	646	1980	1.486	1980	787	01.01.1979
	21.05.1991/	1991	1.428	1992	94	1992	170	1992	382	21.02.1992
	04.06.2004	2004	1.653	2005	364	2005	101	2005	368	01.01.2005
Norwegen	04.10.1991	1993	970	1993	655	1993	1.895	1993	926	01.01.1991
Österreich	24.08.2000/	2002	734	2002	584	2002	2.435	2002	958	01.01.2003
	29.12.2010	2011	1.209	2012	366	2012	146	2012	369	01.01.2013
Pakistan[1]	14.07.1994	1995	836	1995	617	1996	467	1996	445	01.01.1995
Philippinen	22.07.1983	1984	878	1984	544	1984	1.008	1984	612	01.01.1985
Polen	14.05.2003	2004	1.304	2005	349	2005	55	2005	363	01.01.2005
Portugal	15.07.1980	1982	129	1982	347	1982	861	1982	763	01.01.1983
Rumänien	04.07.2001	2003	1.594	2004	273	2004	102	2004	286	01.01.2004
Russische Föderation (Änderungsprotokoll)	29.05.1996/	1996	2.710	1996	1.490	1997	752	1997	363	01.01.1997
	15.10.2007	2008	1.398	2009	831	2009	820	2009	834	01.01.2010
Sambia	30.05.1973	1975	661	1975	688	1975	2.204	1976	7	01.01.1971
Schweden	14.07.1992	1994	686	1994	422	1995	29	1995	88	01.01.1995
Schweiz	11.08.1971/	1972	1.021	1972	518	1973	74	1973	61	01.01.1972
	30.11.1978/	1980	751	1980	398	1980	1.281	1980	678	01.01.1977
	17.10.1989/	1990	766	1990	409	1990	1.698	1991	93	01.01.1990
	21.12.1992/	1993	1.886	1993	927	1994	21	1994	110	01.01.1994
	12.03.2002/	2003	67	2003	165	2003	436	2003	329	01.01.2002/ 01.01.2004
	27.10.2010	2011	1.090	2012	512	2012	279	2012	516	01.01.2011/ 01.01.2012

---

[1] Gilt nicht für die VSt

Doppelbesteuerung/Ausländische Besteuerung

Abkommen		Fundstelle				Inkrafttreten				Anwendung grundsätzlich ab
		BGBl. II		BStBl I		BGBl. II		BStBl I		
mit	vom	Jg.	S.	Jg.	S.	Jg.	S.	Jg.	S.	
Serbien (Namensänderung; ehem. Bundesrepublik Jugoslawien); (DBA mit SFR Jugoslawien gilt fort, BGBl. 97 II S. 961)	26.03.1987	1988	744	1988	372	1988	1.179	1989	35	01.01.1989
Simbabwe	22.04.1988	1989	713	1989	310	1990	244	1990	178	01.01.1987
Singapur	28.06.2004	2006	930	2007	157	2007	24	2007	171	01.01.2007
Slowakei (DBA mit Tschechoslowakei gilt fort, BGBl. 93 II S. 762)	19.12.1980	1982	1.022	1982	904	1983	692	1983	486	01.01.1984
Slowenien	03.05.2006	2006	1.091	2007	171	2007	213	2007	183	01.01.2007
	17.05.2011	2012	154							30.07.2012
Spanien	05.12.1966	1968	9	1968	296	1968	140	1968	544	01.01.1968
	03.02.2011	2012	18							01.01.2013
Sri Lanka	13.09.1979	1981	630	1981	610	1982	185	1982	373	01.01.1983
Südafrika	25.01.1973	1974	1.185	1974	850	1975	440	1975	640	01.01.1965
Syrien	17.02.2010	2010	1359	2011	345	2011	463	2011	358	01.01.2011
Tadschikistan	27.03.2003	2004	1.034	2005	15	2004	1.565	2005	27	01.01.2005
Thailand	10.07.1967	1968	589	1968	1.046	1968	1.104	1969	18	01.01.1967
Trinidad und Tobago	04.04.1973	1975	679	1975	697	1977	263	1977	192	01.01.1972
Tschechien (DBA mit Tschechoslowakei gilt fort, BGBl. 93 II S. 762)	19.12.1980	1982	1.022	1982	904	1983	692	1983	486	01.01.1984
Türkei	16.04.1985	1989	866	1989	471	1989	1.066	1989	482	01.01.1990
	19.09.2011	2012	526							01.01.2011
Tunesien	23.12.1975	1976	1.653	1976	498	1976	1.927	1977	4	01.01.1976
Turkmenistan (DBA mit UdSSR gilt fort, Bericht der Botschaft Aschgabat vom 11. August 1999 – Nr. 377/99)	24.11.1981	1983	2	1983	90	1983	427	1983	352	01.01.1980
Ukraine	03.07.1995	1996	498	1996	675	1996	2.609	1996	1.421	01.01.1997
Ungarn	18.07.1977	1979	626	1979	348	1979	1.031	1979	602	01.01.1980
	28.02.2011	2011	919	2012	155	2012	47	2012	168	01.01.2012
Uruguay	05.05.1987	1988	1.060	1988	531	1990	740	1990	365	01.01.1991
	09.03.2010	2011	954	2012	350	2012	131	2012	365	01.01.2012
Usbekistan	07.09.1999	2001	978	2001	765	2002	269	2002	239	01.01.2002
Venezuela	08.02.1995	1996	727	1996	611	1997	1.809	1997	938	01.01.1997
Vereinigte Arab. Emirate (verlängert bis 09.08.2008)	09.04.1995	1996	518	1996	588	1996	1.221	1996	1.135	01.01.1992
	04.07.2006	2007	746	2007	724	2007	1.467	2007	726	10.08.2006
	01.07.2010	2011	538	2011	942	2011	873	2011	955	01.01.2009
Vereinigtes Königreich	26.11.1964/ 23.03.1970	1966	358	1966	729	1967	828	1967	40	01.01.1960
		1971	45	1971	139	1971	841	1971	340	01.01.1069
	30.03.2010	2010	1.333	2011	469	2011	536	2011	485	01.01.2011
Vereinigte Staaten (Bekanntmachung der Neufassung 04.06.2008)	29.08.1989/ 01.06.2006	1991	354	1991	94	1992	235	1992	262	01.01.1990
		2006	1.184	2008	766	2008	117	2008	782	01.01.07/ 01.01.08
		2008	611/ 851	2008	783					
Vietnam	16.11.1995	1996	2.622	1996	1.422	1997	752	1997	364	01.01.1997
Zypern	09.05.1974	1977	488	1977	340	1977	1.204	1977	618	01.01.1970
	18.02.2011	2011	1068	2012	222	2012	117	2012	235	01.01.2012

2. Abkommen auf dem Gebiet der Erbschaft- und Schenkungsteuern

Abkommen		Fundstelle				Inkrafttreten				Anwendung grundsätzlich ab
Dänemark[1]	22.11.1995	1996	2.565	1996	1.219	1997	728	1997	624	01.01.1997
Frankreich	12.10.2006	2007	1.402	2009	1.258	2009	596	2009	1.266	03.04.2009
Griechenland	18.11.1910/ 01.12.1910	1912	173[2]	–	–	1953	525	1953	377	01.01.1953
Schweden[1]	14.07.1992	1994	686	1994	422	1995	29	1995	88	01.01.1995

[1] Die Erbschaftsteuer bzw. Vorschriften zur Rechts- und Amtshilfe sind in den unter I.1. bzw. II.1 aufgeführten Abkommen enthalten.
[2] Angabe bezieht sich auf RGBl bzw. RStBl.

Abkommen		Fundstelle				Inkrafttreten				Anwendung grundsätzlich ab
		BGBl. II		BStBl I		BGBl. II		BStBl I		
mit	vom	Jg.	S.	Jg.	S.	Jg.	S.	Jg.	S.	
Schweiz	30.11.1978	1980	594	1980	243	1980	1.341	1980	786	28.09.1980
Vereinigte Staaten	03.12.1980/	1982	847	1982	765	1986	860	1986	478	01.01.1979
	14.12.1998	2000	1.170	2001	110	2001	62	2001	114	15.12.2000

3. Sonderabkommen betreffend Einkünfte und Vermögen von Schiffahrt (S)- und Luftfahrt (L)-Unternehmen[1]

Brasilien (S) (Protokoll)	17.08.1950	1951	11	–	–	1952	604	–	–	10.05.1952
Chile (S) (Handelsvertrag)	02.02.1951	1952	325	–	–	1953	128	–	–	08.01.1952
China (S) (Seeverkehrsvertrag)	31.10.1975	1976	1.521	1976	496	1977	428	1977	452	29.03.1977
Hongkong (L)	08.05.1997	1998	2.064	1998	1.156	1999	26	2000	1.554	01.01.1998
Hongkong (S)	13.01.2003	2004	34	2005	610	2005	332	2005	613	01.01.1998
Insel Man (S)	02.03.2009	2010	968	2011	510	2011	534	2011	511	01.01.2010
Jemen (L)	02.03.2005	2006	538	2006	229	2007	214	2007	231	01.01.1982
Jugoslawien (S)	26.06.1954	1959	735	–	–	1959	1.259	–	–	23.10.1959
Kolumbien (S, L)	10.09.1965	1967	762	1967	24	1971	855	1971	340	01.01.1962
Paraguay (L)	27.01.1983	1984	644	1984	456	1985	623	1985	222	01.01.1979
Saudi-Arabien (L)	08.11.2007	2008	782	2009	866	2009	1.027	2009	869	01.01.1967
Venezuela (S, L)	23.11.1987	1989	373	1989	161	1989	1.065	1990	2	01.01.1990

4. Abkommen auf dem Gebiet der Rechts- und Amtshilfe und des Auskunftsaustauschs

Andorra	25.11.2010	2011	1.213							
Anquilla	19.03.2010	2010	1.381			2011	948			01.01.2012
Antigua Barbuda	19.10.2010	2011	1.212							
Bahamas	09.04.2010	2011	642							01.01.2012
Belgien[2]	11.04.1967	1969	17	1969	38	1969	1.465	1969	468	01.01.1966
Bermuda	03.07.2009	2012	1.306							
Britische Jungferninseln	05.10.2010	2011	895							01.01.2012
Dänemark[2]	22.11.1995	1996	2.565	1996	1.219	1997	728	1997	624	01.01.1997
Finnland	25.09.1935	1936	37[3]	1936	94[3]	1954	740	1954	404	01.01.1936
Frankreich[2]	21.07.1959	1961	397	1961	342	1961	1.659	1961	712	01.01.1957
Gibraltar	13.08.2009	2010	984	2011	521	2011	535	2011	527	01.01.2011
Guernsey	26.03.2009	2010	973	2011	514	2011	535	2011	520	01.01.2011
Insel Man	02.03.2009	2010	957	2011	504	2011	534	2011	509	01.01.2011
Italien	09.06.1938	1939	124[3]	1939	377[3]	1956	2.154	1957	142	23.01.1939
Jersey	04.07.2008	2009	578	2010	166	2010	38	2010	177	01.01.2010
Liechtenstein	02.09.2009	2010	950	2011	286	2011	326	2011	292	01.01.2010
Kaimaninseln	27.05.2010	2011	664	2011	841	2011	823	2011	848	01.01.2012
Luxemburg[2]	23.08.1958	1959	1.269	1959	1.022	1960	1.532	1960	398	01.01.1957
Monaco	27.07.2010	2011	653							
Niederlande	21.05.1999	2001	2	2001	66	2001	691	2001	539	23.06.2001
Norwegen[2]	04.10.1991	1993	970	1993	655	1993	1.895	1993	926	01.01.1991
Österreich	04.10.1954	1955	833	1955	434	1955	926	1955	743	26.11.1955
San Marino	21.06.2010	2011	908							01.01.2012
Schweden[2]	14.07.1992	1994	686	1994	422	1995	29	1995	88	01.01.1995
St.Vincent und Grenadinen	29.03.2010	2011	253	2011	777	2011	696	2011	784	01.01.2012
Turks und Caicos Inseln	04.06.2010	2011	882							

5. Abkommen auf dem Gebiet der Kraftfahrzeugsteuer

Armenien (DBA mit UdSSR gilt fort, BGBl. 93 II S. 169)	21.02.1980	1980	890	1980	467	1980	1.484	1980	789	30.11.1980

[1] Siehe auch Bekanntmachungen über die Steuerbefreiungen nach § 49 Abs. 4 EStG (und § 2 Abs. 3 VStG):
Äthiopien L (BStBl 1962 I S. 536),
Afghanistan L (BStBl 1964 I S. 411),
Brasilien S, L (BStBl 2006 I S. 216),
Brunei Darussalam L (BStBl 2011 I S. 77),
Chile L (BStBl 1977 I S. 350),
Irak S, L (BStBl 1972 I S. 64),
Jordanien L (BStBl 1976 I S. 278),
Katar L (BStBl 2006 I S. 3),
Libanon S, L (BStBl 1959 I S. 198),
Papua-Neuguinea L (BStBl 1989 I S. 115),
Seychellen L (BStBl 1998 I S. 582),
Sudan L (BStBl 1983 I S. 370),
Zaire S, L (BStBl 1990 I S. 178).

[2] Die Erbschaftsteuer bzw. Vorschriften zur Rechts- und Amtshilfe sind in den unter I.1. bzw. II.1 aufgeführten Abkommen enthalten.

[3] Angabe bezieht sich auf RGBl bzw. RStBl.

Abkommen		Fundstelle				Inkrafttreten				Anwendung grundsätzlich ab
		BGBl. II		BStBl I		BGBl. II		BStBl I		
mit	vom	Jg.	S.	Jg.	S.	Jg.	S.	Jg.	S.	
Aserbaidschan (DBA mit UdSSR gilt fort, BGBl. 96 II S. 2.471)	21.02.1980	1980	890	1980	467	1980	1.484	1980	789	30.11.1980
Belarus (Weißrussland) (DBA mit UdSSR gilt fort, BGBl. 94 II S. 2.533)	21.02.1980	1980	890	1980	467	1980	1.484	1980	789	30.11.1980
Belgien[1]	17.12.1964	1966	1.508	1966	954	1967	1.748	–	–	01.04.1967
Bulgarien	12.02.1980	1980	888	1980	465	1980	1.488	1980	789	25.10.1980
Dänemark[1]	19.07.1931/ 25.07.1931	–	–	1931	562[2]	–	–	1954[3]		01.11.1953
Finnland[1]	31.03.1978	1979	1.317	1980	64	1980	212	1980	788	01.03.1980
Frankreich[1]	03.11.1969	1970	1.317	1971	82	1971	206	1971	305	01.02.1971
Georgien (DBA mit UdSSR gilt fort, BGBl. 92 II S. 1.128)	21.02.1980	1980	890	1980	467	1980	1.484	1980	789	30.11.1980
Griechenland[1]	21.09.1977	1979	406	1979	310	1979	1.049	1980	63	01.08.1979
Iran, Islamische Republik	17.03.1992	1993	914	1993	640	1995	992	1995	820	12.08.1995
Irland[1]	10.12.1976	1978	1.009	1978	344	1978	1.264	1978	460	01.10.1978
Israel	02.12.1983	1984	964	1984	615	1987	186	1987	374	01.02.1987
Italien[1]	18.02.1976	1978	1.005	1978	341	1979	912	1980	63	04.01.1979
Kasachstan (DBA mit UdSSR gilt fort, BGBl. 92 II S. 1.120)	21.02.1980	1980	890	1980	467	1980	1.484	1980	789	30.11.1980
Kirgisistan (DBA mit UdSSR gilt fort, BGBl. 92 II S. 1.015)	21.02.1980	1980	890	1980	467	1980	1.484	1980	789	30.11.1980
Kroatien	09.12.1996	1998	182	1998	160	1998	2.373	1998	1.426	25.06.1998
Lettland[4]	21.02.1997	1998	958	1998	624	1998	2.947	1999	164	22.10.1998
Liechtenstein	29.01.1934/ 27.02.1934	–	–	1934	288[2]	–	–	1934	288[2]	01.04.1934
Luxemburg[1]	31.01.1930/ 11.03.1930	–	–	1930	454[2]	–	–	1930	454[2]	01.04.1930
Moldau, Republik (DBA mit UdSSR gilt fort, BGBl. 96 II S. 768)	21.02.1980	1980	890	1980	467	1980	1.484	1980	789	30.11.1980
Niederlande[1]	31.01/ 23.04/ 19.05.1930	–	–	1930	454[2]	–	–	1930	454[2]	01.06.1930
Norwegen	11.11.1983	1984	674	1984	486	1984	1.047	1985	125	01.11.1984
Österreich[1]	18.11.1969	1970	1.320	1971	85	1971	215	1971	305	16.04.1971
Polen	19.07.1976	1978	1.012	1978	346	1978	1.328	1978	589	07.10.1978
Portugal[1]	24.07.1979	1980	886	1980	463	1982	1.186	1983	17	01.01.1983
Rumänien[4]	31.10.1973	1975	453	1975	621	1975	1.137	–	–	01.07.1975
Russische Föderation (DBA mit UdSSR gilt fort, BGBl. 92 II S. 1.016)	21.02.1980	1980	890	1980	467	1980	1.484	1980	789	30.11.1980
San Marino	06.05.1986	1987	339	1987	465	1990	14	1990	56	01.10.1987
Schweden[1]	15.07.1977	1979	409	1979	308	1979	1.140	1980	63	01.09.1979
Schweiz[5]	20.06.1928	–	–	1930	563[2]	–	–	1930	563[2]	15.07.1928
Slowakei (DBA mit Tschechoslowakei gilt fort, BGBl. 93 II S. 762)	08.02.1990	1991	662	1991	508	1992	594	1992	454	27.05.1992
Spanien[1]	08.03.1979	1979	1.320	1980	66	1980	900	1980	788	01.06.1980

[1] Siehe auch Artikel 5 der Richtlinie 1999/62/EG vom 17.06.1999 (ABl. EG L 187 S. 42) i.V.m. § 1 Abs. 1 Nr. 2 KraftStG (BGBl. I 2002 S. 3819) und Richtlinie 83/182/EWG vom 28.03.1983 (ABl. EG L 105 S. 59) i.V.m. § 3 Nr. 13 KraftStG.
[2] Angabe bezieht sich auf RGBl bzw. RStBl.
[3] Bundesanzeiger Nr. 123 vom 01.07.1954 S. 2.
[4] Siehe auch Interbus-Übereinkommen, welches bis 30. Juni 2001 zur Unterzeichnung auflag (ABl. EG 2002 L 321 S. 11, 44); gilt ab 1. Januar 2003 zugleich für Litauen und Slowenien.
[5] Siehe auch Verordnungen über die kraftfahrzeugsteuerliche Behandlung von schweizerischen Straßenfahrzeugen im grenzüberschreitenden Verkehr vom 27.03.1985 (BGBl. I S. 615) und vom 18.05.1994 (BGBl. I S. 1076).

Abkommen		Fundstelle				Inkrafttreten				Anwendung grundsätzlich ab
		BGBl. II		BStBl I		BGBl. II		BStBl I		
mit	vom	Jg.	S.	Jg.	S.	Jg.	S.	Jg.	S.	
Tadschikistan (DBA mit UdSSR gilt fort, BGBl. 95 II S. 255)	21.02.1980	1980	890	1980	467	1980	1.484	1980	789	30.11.1980
Türkei	30.05.1983	1984	594	1984	414	1985	55	1985	12	01.11.1984
Tunesien	30.03.1984	1984	962	1984	613	1986	675	1986	319	01.05.1986
Ukraine (DBA mit UdSSR gilt fort, BGBl. 93 II S. 1.189)	21.02.1980	1980	890	1980	467	1980	1.484	1980	789	30.11.1980
Ungarn[1]	12.02.1981	1982	291	1982	393	1982	640	1982	630	11.06.1982
Usbekistan (DBA mit UdSSR gilt fort, BGBl. 95 II S. 205)	21.02.1980	1980	890	1980	467	1980	1.484	1980	789	30.11.1980
Vereinigtes Königreich[2]	05.11.1971	1973	340	1973	495	1975	1.437	–	–	01.09.1973
Zypern	22.04.1980	1981	1.018	1981	742	1982	176	1982	376	01.02.1982

II. Künftige Abkommen und laufende Verhandlungen

Abkommen mit	Art des Abkommens[3]	Sachstand[4]	Geltung für		Bemerkungen
			Veranlagungssteuern[5] ab	Abzugsteuern[6] ab	
1. Abkommen auf dem Gebiet der Steuern vom Einkommen und vom Vermögen					
Ägypten	R-A	P: 09.11.2012	KR	KR	
Argentinien	R-A	V:			
Armenien	R-A	V:			
Australien	R-A	V:			
Belgien	R-A	P: 16.10.2009	KR		
	R-P	U: 21.01.2010	01.01.2010		
China	R-A	P: 12.07.2011	KR	KR	
Costa Rica	A	P: 16.10.2009			
Ecuador	R-A	P: 19.10.2012			
Finnland	R-A	P: 31.03.2011	KR	KR	
Frankreich	E-P	P: 15.10.2008	KR	KR	
Georgien	R-P	P: 21.06.2011	KR	KR	
Ghana	R-P	V:			
Griechenland	R-A	P: 02.10.2009	KR	KR	
Indien	R-P	V:			
Indonesien	R-A	V:			
Irland	R-P	V:			
Island	R-A	P: 12.07.2011	KR	KR	
Israel	R-A	P: 08.06.2009			
Italien	R-P	V:			
Japan	R-A	V:			
Jordanien	A	V:			
Katar	A	V:			
Kirgistan	R-P	V:			

[1] Siehe auch Interbus-Übereinkommen, welches bis 30. Juni 2001 zur Unterzeichnung auflag (ABl. EG 2002 L 321 S. 11, 44); gilt ab 1. Januar 2003 zugleich für Litauen und Slowenien.

[2] Siehe auch Artikel 5 der Richtlinie 1999/62/EG vom 17.06.1999 (ABl. EG L 187 S. 42) i. V. m. § 1 Abs. 1 Nr. 2 KraftStG (BGBl. I 2002 S. 3819) und Richtlinie 83/182/EWG vom 28.03.1983 (ABl. EG L 105 S. 59) i. V. m. § 3 Nr. 13 KraftStG.

[3] A: Erstmaliges Abkommen.
R–A: Revisionsabkommen als Ersatz eines bestehenden Abkommens.
R–P: Revisionsprotokoll zu einem bestehenden Abkommen.
E–P: Ergänzungsprotokoll zu einem bestehenden Abkommen.

[4] V: Verhandlung.
P: Paraphierung.
U: Unterzeichnung hat stattgefunden. Gesetzgebungs- oder Ratifikationsverfahren noch nicht abgeschlossen.

[5] Einkommen-, Körperschaft-, Gewerbe- und Vermögensteuer.
KR: Keine Rückwirkung vorgesehen.

[6] Abzugsteuern von Dividenden, Zinsen und Lizenzgebühren.
KR: Keine Rückwirkung vorgesehen.

Abkommen mit	Art des Abkommens[1]	Sachstand[2]	Geltung für		Bemerkungen
			Veranlagungssteuern[3] ab	Abzugsteuern[4] ab	
Kolumbien	A	V:			
Korea, Republik	R-P	V:			
Kroatien	R-P	V:			
Kuwait	R-P	V:			
Liberia	R-P	V:			
Libyen	A	V:			
Luxemburg	R-A	U: 23. 04. 2012			
Marokko	R-A	V:			
Mazedonien	R-P	V:			
Mongolei	R-A				
Namibia	R-P	V:			
Niederlande	R-A	P: 12. 04. 2012	KR	KR	
Norwegen	R-P	P: 23. 06. 2011			
Oman	A	P: 15. 08. 2012	KR	KR	
Philippinen	R-A	P: 20. 07. 2012			
Portugal	R-A	V:			
Serbien	A	V:			
Singapur	R-P	P: 27. 09. 2012			
Sri Lanka	R-A	P: 24. 08. 2012	KR	KR	
Südafrika	R-A	U: 09. 09. 2008	KR	KR	
Tadschikistan	R-P	V:			
Thailand	R-A	V:			
Tunesien	R-A	P: 04. 06. 2010	KR	KR	
Turkmenistan	A	P: 16. 04. 2012	KR	KR	
Ukraine	R-P	V:			
Usbekistan	R-P	V:			
Vereinigtes Königreich	R-P	P: 19. 03. 2012			
Vietnam	R-P	V:			

2. Abkommen auf dem Gebiet der Erbschaft- und Schenkungsteuern

Finnland	A	V:			
Italien	A	V:			

3. Sonderabkommen betreffend Einkünfte und Vermögen von Schifffahrt (S)– und Luftfahrt (L)-Unternehmen

Bahrain	A (L)	P: 08. 07. 2010	KR	KR	
Kamerun	A (L)	P: 18. 09. 2012	KR	KR	

4. Abkommen auf dem Gebiet der Amtshilfe und des Auskunftsaustauschs

Aruba	A	P: 14. 09. 2009	KR	KR	
Bahrain	A	P: 08. 07. 2010	KR	KR	
Barbados	A	P: 30. 11. 2011	KR	KR	
Brunei	A	V:			
Cookinseln	A	U: 03. 04. 2012	KR	KR	
Dominica	A	U: 21. 09. 2010	KR	KR	
Grenada	A	U: 03. 02. 2011	KR	KR	
Macau	A	V:			
Montserrat	A	U: 28. 10. 2011	KR	KR	
Niederländische Antillen	A	P: 15. 09. 2009	KR	KR	
St.Kitts und Nevis	A	P: 19. 10. 2010	KR	KR	
St. Lucia	A	U: 07. 06. 2010	KR	KR	

---

[1] A: Erstmaliges Abkommen.
R–A: Revisionsabkommen als Ersatz eines bestehenden Abkommens.
R–P: Revisionsprotokoll zu einem bestehenden Abkommen.
E–P: Ergänzungsprotokoll zu einem bestehenden Abkommen.
[2] V: Verhandlung.
P: Paraphierung.
U: Unterzeichnung hat stattgefunden. Gesetzgebungs- oder Ratifikationsverfahren noch nicht abgeschlossen.
[3] Einkommen-, Körperschaft-, Gewerbe- und Vermögensteuer.
KR: Keine Rückwirkung vorgesehen.
[4] Abzugsteuern von Dividenden, Zinsen und Lizenzgebühren.
KR: Keine Rückwirkung vorgesehen.

| Abkommen mit | Art des Abkommens[1] | Sachstand[2] | Geltung für | | Bemerkungen |
			Veranlagungssteuern[3] ab	Abzugsteuern[4] ab	
Vereinigte Staaten	A	V:			Im Zusammenhang mit dem FATCA-Gesetz der USA

5. Abkommen auf dem Gebiet der Kraftfahrzeugsteuer

Belarus (Weißrussland)	R-A	P: 10. 10. 2002	–	–	
Marokko	A	V:			
Slowenien	A	V:	–	–	

II.
Merkblatt zur Steuerfreistellung ausländischer Einkünfte gemäß § 50d Abs. 8 EStG[5]

BMF vom 21. 7. 2005 (BStBl I S. 821)
IV B 1 – S 2411 – 2/05

Unter Bezugnahme auf das Ergebnis der Erörterungen mit den Vertretern der obersten Finanzbehörden der Länder gilt für die Steuerfreistellung ausländischer Einkünfte nach § 50d Abs. 8 EStG folgendes Verfahren.

Inhaltsübersicht

1. Anwendungsbereich

Bei Einkünften aus nichtselbständiger Arbeit (§ 19 EStG), die nach einem Abkommen zur Vermeidung der Doppelbesteuerung (DBA) in einem ausländischen Staat besteuert werden können, wird

---

[1] A: Erstmaliges Abkommen.
R–A: Revisionsabkommen als Ersatz eines bestehenden Abkommens.
R–P: Revisionsprotokoll zu einem bestehenden Abkommen.
E–P: Ergänzungsprotokoll zu einem bestehenden Abkommen.
[2] V: Verhandlung.
P: Paraphierung.
U: Unterzeichnung hat stattgefunden. Gesetzgebungs- oder Ratifikationsverfahren noch nicht abgeschlossen.
[3] Einkommen-, Körperschaft-, Gewerbe- und Vermögensteuer.
KR: Keine Rückwirkung vorgesehen.
[4] Abzugsteuern von Dividenden, Zinsen und Lizenzgebühren.
KR: Keine Rückwirkung vorgesehen.
[5] Anlagen zum Merkblatt sind nicht abgedruckt.

die unter Progressionsvorbehalt (§ 32b Abs. 1 Nr. 3 EStG) erfolgende Freistellung von der deutschen Steuer eines unbeschränkt Steuerpflichtigen im Rahmen der Einkommensteuerveranlagung nach der Regelung des § 50d Abs. 8 EStG nur unter bestimmten Voraussetzungen gewährt. Der Steuerpflichtige muss für die Freistellung nachweisen, dass die in dem ausländischen Staat festgesetzten Steuern entrichtet wurden oder dass dieser Staat auf sein Besteuerungsrecht verzichtet hat. Das gilt nicht für Einkünfte aus Staaten, auf die der Auslandstätigkeitserlass (BMF-Schreiben vom 31. Oktober 1983 – IV B 6 – S 2293 – 50/83 – BStBl I S. 470 – und Anh. 22 LStR) anzuwenden ist. Die Regelung des § 50d Abs. 8 EStG ist auch in den Fällen nicht anzuwenden, in denen das einschlägige Doppelbesteuerungsabkommen der Bundesrepublik Deutschland das Besteuerungsrecht zuweist, weil der ausländische Staat von seinem Besteuerungsrecht keinen Gebrauch macht[1]) oder die Besteuerung von der Überweisung der Einkünfte in den Tätigkeitsstaat abhängig macht[2]).

Die Nachweispflicht besteht für das Veranlagungsverfahren. Sie gilt nicht für das Lohnsteuerabzugsverfahren. Das Betriebsstättenfinanzamt kann daher unverändert auf Antrag des Arbeitnehmers oder des Arbeitgebers (§ 38 EStG) eine Freistellungsbescheinigung erteilen (§ 39b Abs. 6 Satz 1 EStG). In das Antragsformular auf Erteilung der Freistellungsbescheinigung (Antrag für unbeschränkt einkommensteuerpflichtige Arbeitnehmer auf Erteilung einer Bescheinigung über die Freistellung des Arbeitslohns vom Steuerabzug auf Grund eines DBA) wurde ein Hinweis auf die abschließende Prüfung im Rahmen der Veranlagung aufgenommen.

Die Regelung des § 50d Abs. 8 EStG ist erstmals für den Veranlagungszeitraum 2004 anzuwenden.

2. Nachweispflicht

Bei der Anforderung und Prüfung von Nachweisen sind die objektiven Umstände des Einzelfalles und der Grundsatz der Verhältnismäßigkeit zu beachten.

Zu der Anwendung einer Bagatellgrenze vgl. Tz. 4.2.

2.1. Besteuerung im ausländischen Staat

2.1.1. Ermittlung und Nachweis der Höhe der Einkünfte

Die Einkünfte im Sinne des § 50d Abs. 8 EStG sind nach den Vorschriften des deutschen Steuerrechts zu ermitteln. Aufgrund der unterschiedlichen Steuersysteme und Begriffsbestimmungen können sich bei den der ausländischen und deutschen Besteuerung zugrunde gelegten Einkünften Abweichungen ergeben. Diese können unter anderem entstehen, weil der ausländische Staat ein vom Kalenderjahr abweichendes Steuerjahr[3]) hat oder Sachverhalte zeitlich abweichend von den Regelungen des deutschen Rechts erfasst. Daneben können Abweichungen aus der Definition der Begriffe „Arbeitslohn" und „Werbungskosten", aus der Zuordnung von Bezügen zu steuerpflichtigen oder steuerfreien Einnahmen, der Bewertung von Sachbezügen und nachträglichen Bonuszahlungen oder der Behandlung von Altersteilzeitmodellen resultieren.

Soweit der Steuerpflichtige die Ursachen eventueller Abweichungen glaubhaft macht (z. B. Kopie der ausländischen Steuererklärung/en und/oder Steuerbescheid/e, Berechnungsschema), gilt der Nachweis über die Höhe der Einkünfte für den jeweiligen Veranlagungszeitraum als erbracht.

2.1.2. Nachweis über die Festsetzung und Entrichtung der Steuern

Der Nachweis über die Zahlung der festgesetzten Steuern ist grundsätzlich durch Vorlage des Steuerbescheids der ausländischen Behörde sowie eines Zahlungsbelegs (Überweisungs- bzw. Einzahlungsbeleg der Bank oder der Finanzbehörde) zu erbringen. Sofern der ausländische Staat ein Selbstveranlagungsverfahren hat und daher keinen Steuerbescheid erteilt (z. B. USA), reicht die Vorlage des Zahlungsbelegs und einer Kopie der Steuererklärung aus.

In den Fällen, in denen der Steuerpflichtige tatsächlich nicht in der Lage ist, geeignete Nachweise zu erbringen, ist ausnahmsweise eine hinreichend bestimmte Bescheinigung des zivilrechtlichen oder wirtschaftlichen Arbeitgebers ausreichend. Hieraus müssen insbesondere die Höhe der im jeweiligen Veranlagungszeitraum zugeflossenen Einnahmen, die vom Arbeitgeber abgeführte Steuer und der Zeitraum der Tätigkeit im Ausland hervorgehen (Arbeitgeberbescheinigung). Eine Arbeitgeberbescheinigung ist z. B. in den Fällen ausreichend, in denen der Arbeitgeber durch das ausländische Recht zum Steuerabzug verpflichtet ist und die einbehaltene und vom Arbeitgeber abgeführte Steuer Abgeltungswirkung hat (z. B. Italien, Spanien) oder eine Nettolohnvereinbarung getroffen wurde. Wurde die Steuer im Rahmen einer Pauschalversteuerung durch den Arbeitgeber entrichtet, reicht eine Bescheinigung des Arbeitgebers über die rechtliche Grundlage und die tatsächliche Durchführung der Pauschalversteuerung für den Steuerpflichtigen aus.

---

[1]) (Art. 13 Abs. 2 DBA-Frankreich, Art. 15 Abs. 4 DBA-Österreich, Art. 15 Abs. 3 und 4 DBA-Schweiz).
[2]) (Art. II Abs. 2 DBA-Großbritannien, Art. II Abs. 2 DBA-Irland, Art. 2 Abs. 2 DBA-Israel, Art. 3 Abs. 3 DBA-Jamaika, Schlussprotokoll Nr. 2 DBA-Malaysia, Schlussprotokoll Nr. 1 Buchst. a DBA-Trinidad/Tobago).
[3]) (Australien, Bangladesch, Großbritannien, Indien, Iran, Mauritius, Namibia, Neuseeland, Pakistan, Sambia, Sri Lanka, Südafrika).

2.2. Verzicht auf das Besteuerungsrecht

Wenn der ausländische Staat auf das ihm zugewiesene Besteuerungsrecht verzichtet, hat der Steuerpflichtige Unterlagen vorzulegen, aus denen sich der Verzicht ergibt. Es kann sich hierbei um einen Verzicht gegenüber Einzelpersonen, bestimmten Personengruppen oder um einen generellen Verzicht handeln (z.B. Erlass, Steuerbefreiung, genereller Verzicht auf die Steuererhebung, völkerrechtlicher Vertrag).

3. Sonderfälle

3.1. Entwicklungszusammenarbeit

3.1.1. Besteuerungsrecht des Kassenstaates (Deutschland)

Sofern Vergütungen im Rahmen der Entwicklungszusammenarbeit gezahlt werden, ist zunächst zu prüfen, ob das anzuwendende DBA Deutschland als Kassenstaat das Besteuerungsrecht zuweist und eine Anwendung des § 50d Abs. 8 EStG damit ausscheidet[1].

3.1.2. Besteuerungsrecht des Tätigkeitsstaates/Freistellung im Tätigkeitsstaat

Soweit Arbeitnehmer im Rahmen der Entwicklungszusammenarbeit aufgrund von zwischenstaatlichen oder diesen vergleichbaren Abkommen oder Vereinbarungen in dem jeweiligen ausländischen Staat von der Steuer befreit sind (Verzicht auf das Besteuerungsrecht), ist dies durch geeignete Unterlagen nachzuweisen.

Arbeitgeber sind Organisationen und Firmen, die direkt oder indirekt durch die Bundesregierung, Landesregierungen oder andere deutsche staatliche Stellen mit der Durchführung personeller Leistungen im Rahmen der Entwicklungszusammenarbeit beauftragt worden sind. Weitere Auftraggeber sind z.B. die Europäische Union, internationale Finanzierungsinstitute und Regierungen anderer Staaten.

Als Nachweis ist dabei eine Bescheinigung des jeweiligen Arbeitgebers in Verbindung mit einem Auszug des geltenden Abkommens bzw. der Vereinbarung anzuerkennen.

Ein Muster einer Bescheinigung ist als Anlage 1 beigefügt.

3.2. V.A.E./Kuwait

In den Vereinigten Arabischen Emiraten (V.A.E.) werden mangels gesetzlicher Regelungen natürliche Personen unabhängig von ihrer Staatsangehörigkeit keiner Ertragsteuer (Einkommensteuer) unterworfen. In Kuwait werden von natürlichen Personen ebenfalls keine Ertragsteuern erhoben.

Sofern nachgewiesen wird (Arbeitgeberbescheinigung, Lohnabrechnungen), dass die Tätigkeit in einem dieser Staaten ausgeübt wurde, ist von einem Nachweis über den Verzicht des ausländischen Staates auf das Besteuerungsrecht abzusehen.

3.3. Schiffe unter ausländischer Flagge/Liberia

Für Einkünfte aus nichtselbständiger Tätigkeit von Seeleuten sehen die von der Bundesrepublik Deutschland abgeschlossenen Doppelbesteuerungsabkommen in der Regel vor, dass dem Staat das Besteuerungsrecht zusteht, in dem sich die tatsächliche Geschäftsleitung des Unternehmens befindet (z.B. Art. 15 Abs. 3 DBA-MA, Art. XI Abs. 5 DBA-Großbritannien, Art. 10 Abs. 3 DBA-Niederlande, Art. 15 Abs. 3 DBA-Spanien). Abweichend hiervon regelt das DBA-Liberia die Zuweisung des Besteuerungsrechts für die Einkünfte aus nichtselbständiger Arbeit von Seeleuten nicht gesondert. Es ist daher Artikel 15 Abs. 1 und 2 DBA-Liberia anzuwenden. Als Tätigkeitsstaat ist danach bei Arbeitsausübung an Bord von Schiffen, die unter liberianischer Flagge fahren, Liberia anzusehen, soweit sich das Schiff auf hoher See bzw. im Hoheitsgebiet von Liberia befindet. Die Einkünfte können aber grundsätzlich von der Republik Liberia besteuert werden, welche von ihrem Besteuerungsrecht jedoch keinen Gebrauch macht. Als Anlage 2 ist ein Muster einer Bescheinigung der Republik Liberia beigefügt, die diese für Arbeitnehmer ausstellt, die auf Schiffen unter liberianischer Flagge tätig werden. Die Bescheinigung ist anzuerkennen. Ab dem Veranlagungszeitraum 2005 ist ihr eine

Bescheinigung des Arbeitgebers beizufügen, in der die Angaben für den jeweiligen Steuerpflichtigen bestätigt werden (Dauer der Tätigkeit, Schiffsname, Bestätigung, dass unter liberianischer Flagge fahrend).

---

[1] (z.B. Art. 19 Abs. 3 DBA-Bangladesch, Art. 18 Abs. 2 DBA-Ecuador, Art. 19 Abs. 4 DBA-Indien, Art. 19 Abs. 3 DBA-Pakistan).

4. Festsetzungsverfahren

4.1. Festsetzung im Falle eines fehlenden Nachweises

Soweit die nach Tz. 2. und Tz. 3. erforderlichen Nachweise nicht oder nicht vollständig vorgelegt werden, ist die Steuer unter Einbeziehung der betroffenen Einkünfte festzusetzen. Der Einkommensteuerbescheid ist gemäß § 50d Abs. 8 Satz 2 EStG zugunsten des Steuerpflichtigen zu ändern, sobald die tatsächliche Besteuerung oder der Verzicht auf die Besteuerung im Ausland nachgewiesen wird. Die Festsetzungsfrist beginnt mit Ablauf des Jahres, in dem das Ereignis (Erbringung des Nachweises) eintritt (§ 50d Abs. 8 Satz 3 EStG). Die Verzinsung richtet sich nach § 233a Abs. 1 und 2 AO.

4.2. Bagatellgrenze

Bis auf weiteres ist aus Vereinfachungsgründen die Freistellung unter Progressionsvorbehalt von der deutschen Einkommensteuer auch ohne das Erbringen von Nachweisen zu gewähren, wenn der maßgebende, nach deutschem Recht ermittelte Arbeitslohn in dem jeweiligen Veranlagungszeitraum insgesamt nicht mehr als 10 000 € beträgt.

5. Informationsaustausch

Auf die Regelungen des Merkblattes zur zwischenstaatlichen Amtshilfe durch Auskunftsaustausch in Steuersachen (Amtshilfe-Merkblatt[1]; BMF-Schreiben vom 3. Februar 1999 – IV B 4 – S 1320 – 3/ 99 –, BStBl I S. 228 und BStBl I S. 974) weise ich hin. Abweichend von Tz. 1.6.1.2 des Amtshilfe-Merkblattes wurde der Auskunftsaustausch in Steuersachen zwischenzeitlich in vollem Umfang dem Bundesamt für Finanzen[2] übertragen (§ 1a Abs. 2 Satz 1 EG-Amtshilfe-Gesetz, § 5 Abs. 1 Nr. 5 Finanzverwaltungsgesetz; BMF-Schreiben vom 29. November 2004 – IV B 6 – S 1304 – 2/04 –).

In den Fällen, in denen der Steuerpflichtige die Nachweise im Sinne des § 50d Abs. 8 EStG erbracht hat, sind weder Auskunftsersuchen zu stellen noch Spontanauskünfte zu erteilen.

Bestehen Zweifel hinsichtlich der Zahlung der festgesetzten Steuer bzw. des Verzichts des ausländischen Staates auf sein Besteuerungsrecht, ist die Steuer unter Einbeziehung der betroffenen Einkünfte festzusetzen (Tz. 4.1. dieses Merkblattes) und ein Auskunftsersuchen an den ausländischen Staat zu richten. Entsprechendes gilt, soweit unklar ist, ob sämtliche steuerfrei zu stellenden Gehaltsbestandteile (z. B. Gratifikationen, Tantiemen, Urlaubsgeld) im ausländischen Staat zur Besteuerung herangezogen wurden. In diesen Fällen entfällt nach Tz. 5.1 des Amtshilfe-Merkblattes eine Anhörung des Steuerpflichtigen, sofern die Informationen auf Angaben beruhen, die der Steuerpflichtige in einem Antrag oder einer Erklärung gemacht hat. Gleichwohl kann der Steuerpflichtige gegen die Übermittlung aufgrund seiner Angaben in der Einkommensteuererklärung Einwendungen erheben (Anlage N sowie Tz. 6.1 Satz 1 Buchst. a und c und Satz 2 des Amtshilfe-Merkblattes).

Dieses Merkblatt hebt das Schreiben bezüglich des Auskunftsaustausches über Arbeitslöhne von in der Bundesrepublik Deutschland ansässigen und in anderen EU-Mitgliedstaaten tätigen Arbeitnehmern (BMF-Schreiben vom 3. Juni 1996 – IV C 7 – S 1320 – 8/96 –, BStBl I S. 644) mit der Maßgabe auf, dass die dort enthaltene Dienstwegeregelung für entsprechende Spontanauskünfte an einen anderen EU-Mitgliedstaat beibehalten wird. Hiernach geben die Finanzämter diese Informationen unmittelbar an das Bundesamt für Finanzen[3] weiter.

---

[1] Neufassung → BMF vom 25. 1. 2006 (BStBl I S. 26).
[2] Durch das Gesetz zur Neuorganisation der Bundesfinanzverwaltung und zur Schaffung eines Refinanzierungsregisters ist ab 1. 1. 2006 die Bezeichnung „Bundeszentralamt für Steuern" (bisher „Bundesamt für Finanzen") maßgebend.
[3] Durch das Gesetz zur Neuorganisation der Bundesfinanzverwaltung und zur Schaffung eines Refinanzierungsregisters ist ab 1. 1. 2006 die Bezeichnung „Bundeszentralamt für Steuern" (bisher „Bundesamt für Finanzen") maßgebend.

Übersicht

I. Steuerfreie Einnahmen aus ehrenamtlicher Tätigkeit;
    Gesetz zur weiteren Stärkung des bürgerschaftlichen Engagements vom 10. Oktober 2007
    Anwendungsschreiben zu § 3 Nr. 26a EStG
    BMF vom 25. 11. 2008 (BStBl I S. 985)
    unter Berücksichtigung der Änderungen durch BMF vom 14. 10. 2009 (BStBl I S. 1318)

II. Gemeinnützigkeitsrechtliche Folgerungen aus der Anwendung des § 3 Nummer 26a EStG:
    Zahlungen an Mitglieder des Vorstands
    BMF vom 14. 10. 2009 (BStBl I S. 1318)

I.

Steuerfreie Einnahmen aus ehrenamtlicher Tätigkeit;
Gesetz zur weiteren Stärkung des bürgerschaftlichen Engagements vom 10. Oktober 2007
Anwendungsschreiben zu § 3 Nr. 26a EStG

BMF vom 25. 11. 2008 (BStBl I S. 985)
IV C 4 – S 2121/07/0010
unter Berücksichtigung der Änderungen durch BMF vom 14. 10. 2009 (BStBl I S. 1318) IV C 4 –
S 2121/07/0010

Unter Bezugnahme auf das Ergebnis der Erörterung mit den obersten Finanzbehörden der Länder gilt zur Anwendung des § 3 Nr. 26a EStG in der Fassung des Gesetzes zur weiteren Stärkung des bürgerschaftlichen Engagements vom 10. Oktober 2007 (BStBl I S. 815) Folgendes:

1. Begünstigte Tätigkeiten

§ 3 Nr. 26a EStG sieht im Gegensatz zu § 3 Nr. 26 EStG keine Begrenzung auf bestimmte Tätigkeiten im gemeinnützigen Bereich vor. Begünstigt sind z. B. die Tätigkeiten der Mitglieder des Vorstands, des Kassierers, der Bürokräfte, des Reinigungspersonals, des Platzwartes, des Aufsichtspersonals, der Betreuer und Assistenzbetreuer im Sinne des Betreuungsrechts[1]. Die Tätigkeit der Amateursportler ist nicht begünstigt. Eine Tätigkeit im Dienst oder Auftrag einer steuerbegünstigten Körperschaft muss für deren ideellen Bereich einschließlich ihrer Zweckbetriebe ausgeübt werden. Tätigkeiten in einem steuerpflichtigen wirtschaftlichen Geschäftsbetrieb und bei der Verwaltung des Vermögens sind nicht begünstigt.

2. Nebenberuflichkeit

Eine Tätigkeit wird nebenberuflich ausgeübt, wenn sie – bezogen auf das Kalenderjahr – nicht mehr als ein Drittel der Arbeitszeit eines vergleichbaren Vollzeiterwerbs in Anspruch nimmt. Es können deshalb auch solche Personen nebenberuflich tätig sein, die im steuerrechtlichen Sinne keinen Hauptberuf ausüben, z. B. Hausfrauen, Vermieter, Studenten, Rentner oder Arbeitslose. Übt ein Steuerpflichtiger mehrere verschiedenartige Tätigkeiten i. S. d. § 3 Nr. 26 oder 26a EStG aus, ist die Nebenberuflichkeit für jede Tätigkeit getrennt zu beurteilen. Mehrere gleichartige Tätigkeiten sind zusammenzufassen, wenn sie sich nach der Verkehrsanschauung als Ausübung eines einheitlichen Hauptberufs darstellen, z. B. Erledigung der Buchführung oder Aufzeichnungen von jeweils weniger als dem dritten Teil des Pensums einer Bürokraft für mehrere gemeinnützige Körperschaften. Eine Tätigkeit wird nicht nebenberuflich ausgeübt, wenn sie als Teil der Haupttätigkeit anzusehen ist. Dies ist auch bei formaler Trennung von haupt- und nebenberuflicher selbständiger oder nichtselbständiger Tätigkeit für denselben Arbeitgeber anzunehmen, wenn beide Tätigkeiten gleichartig sind und die Nebentätigkeit unter ähnlichen organisatorischen Bedingungen wie die Haupttätigkeit ausgeübt wird oder der Steuerpflichtige mit der Nebentätigkeit eine ihm aus seinem Dienstverhältnis faktisch oder rechtlich obliegende Nebenpflicht erfüllt.

3. Auftraggeber/Arbeitgeber

Der Freibetrag wird nur gewährt, wenn die Tätigkeit im Dienst oder im Auftrag einer der in § 3 Nr. 26a EStG genannten Personen erfolgt. Als juristische Personen des öffentlichen Rechts kommen beispielsweise in Betracht Bund, Länder, Gemeinden, Gemeindeverbände, Industrie- und Handelskammern, Handwerkskammern, Rechtsanwaltskammern, Steuerberaterkammern, Wirtschaftsprüferkammern, Ärztekammern, Universitäten oder die Träger der Sozialversicherung. Zu den Einrichtungen i. S. d. § 5 Abs. 1 Nr. 9 des Körperschaftsteuergesetzes (KStG) gehören Körperschaften, Personenvereinigungen, Stiftungen und Vermögensmassen, die nach der Satzung oder

---

[1] Aufwandsentschädigung nach § 1835a BGB der rechtlichen Betreuer ab dem VZ 2011 → § 3 Nr. 26b EStG.

dem Stiftungsgeschäft und nach der tatsächlichen Geschäftsführung ausschließlich und unmittelbar gemeinnützige, mildtätige oder kirchliche Zwecke verfolgen. Nicht zu den begünstigten Einrichtungen gehören beispielsweise Berufsverbände (Arbeitgeberverband, Gewerkschaft) oder Parteien. Fehlt es an einem begünstigten Auftraggeber/Arbeitgeber, kann der Freibetrag nicht in Anspruch genommen werden.

Rechtliche Betreuer handeln wegen der rechtlichen und tatsächlichen Ausgestaltung des Vormundschafts- und Betreuungswesens im Dienst oder Auftrag einer juristischen Person des öffentlichen Rechts[1].

4. Förderung gemeinnütziger, mildtätiger und kirchlicher Zwecke

Die Begriffe der gemeinnützigen, mildtätigen und kirchlichen Zwecke ergeben sich aus den §§ 52 bis 54 der Abgabenordnung (AO). Eine Tätigkeit dient auch dann der selbstlosen Förderung begünstigter Zwecke, wenn sie diesen Zwecken nur mittelbar zugute kommt.

Wird die Tätigkeit im Rahmen der Erfüllung der Satzungszwecke einer juristischen Person ausgeübt, die wegen Förderung gemeinnütziger, mildtätiger oder kirchlicher Zwecke steuerbegünstigt ist, ist im Allgemeinen davon auszugehen, dass die Tätigkeit ebenfalls der Förderung dieser steuerbegünstigten Zwecke dient. Dies gilt auch dann, wenn die nebenberufliche Tätigkeit in einem so genannten Zweckbetrieb i. S. d. §§ 65 bis 68 AO ausgeübt wird, z. B. als nebenberuflicher Kartenverkäufer in einem Museum, Theater oder Opernhaus nach § 68 Nr. 7 AO.

Der Förderung begünstigter Zwecke kann auch eine Tätigkeit für eine juristische Person des öffentlichen Rechts dienen, z. B. nebenberufliche Aufsichtstätigkeit in einem Schwimmbad, nebenberuflicher Kirchenvorstand. Dem steht nicht entgegen, dass die Tätigkeit in den Hoheitsbereich der juristischen Person des öffentlichen Rechts fallen kann.

5. Nach § 3 Nr. 12 oder 26 EStG begünstigte Tätigkeiten

Der Freibetrag nach § 3 Nr. 26a EStG kann nicht in Anspruch genommen werden, wenn für die Einnahmen aus derselben Tätigkeit ganz oder teilweise eine Steuerbefreiung nach § 3 Nr. 12 EStG (Aufwandsentschädigungen aus öffentlichen Kassen) gewährt wird oder eine Steuerbefreiung nach § 3 Nr. 26 EStG (sog. Übungsleiterfreibetrag) gewährt wird oder gewährt werden könnte. Die Tätigkeit der Versichertenältesten fällt unter die schlichte Hoheitsverwaltung, so dass die Steuerbefreiungsvorschrift des § 3 Nr. 12 Satz 2 EStG anwendbar ist. Für eine andere Tätigkeit, die neben einer nach § 3 Nr. 12 oder 26 EStG begünstigten Tätigkeit bei einer anderen oder derselben Körperschaft ausgeübt wird, kann die Steuerbefreiung nach § 3 Nr. 26a EStG nur dann in Anspruch genommen werden, wenn die Tätigkeit nebenberuflich ausgeübt wird (s. dazu 2.) und die Tätigkeiten voneinander trennbar sind, gesondert vergütet werden und die dazu getroffenen Vereinbarungen eindeutig sind und durchgeführt werden. Einsatz- und Bereitschaftsdienstzeiten der Rettungssanitäter und Ersthelfer sind als einheitliche Tätigkeit zu behandeln, die insgesamt nach § 3 Nr. 26 EStG begünstigt sein kann und für die deshalb auch nicht teilweise die Steuerbefreiung nach § 3 Nr. 26a EStG gewährt wird.

6. Verschiedenartige Tätigkeiten

Erzielt der Steuerpflichtige Einnahmen, die teils für eine Tätigkeit, die unter § 3 Nr. 26a EStG fällt, und teils für eine andere Tätigkeit, die nicht unter § 3 Nr. 12, 26 oder 26a EStG fällt, gezahlt werden, ist lediglich für den entsprechenden Anteil nach § 3 Nr. 26a EStG der Freibetrag zu gewähren. Die Steuerfreiheit von Bezügen nach anderen Vorschriften, z. B. nach § 3 Nr. 13, 16 EStG, bleibt unberührt; wenn auf bestimmte Bezüge sowohl § 3 Nr. 26a EStG als auch andere Steuerbefreiungsvorschriften anwendbar sind, sind die Vorschriften in der Reihenfolge anzuwenden, die für den Steuerpflichtigen am günstigsten ist.

7. Höchstbetrag

Der Freibetrag nach § 3 Nr. 26a EStG ist ein Jahresbetrag. Dieser wird auch dann nur einmal gewährt, wenn mehrere begünstigte Tätigkeiten ausgeübt werden. Er ist nicht zeitanteilig aufzuteilen, wenn die begünstigte Tätigkeit lediglich wenige Monate ausgeübt wird.

Die Steuerbefreiung ist auch bei Ehegatten personenbezogen vorzunehmen. Auch bei der Zusammenveranlagung von Ehegatten kann der Freibetrag demnach von jedem Ehegatten bis zur Höhe der Einnahmen, höchstens 500 Euro, die er für eine eigene begünstigte Tätigkeit erhält, in Anspruch genommen werden. Eine Übertragung des nicht ausgeschöpften Teils des Freibetrags eines Ehegatten auf höhere Einnahmen des anderen Ehegatten aus der begünstigten nebenberuflichen Tätigkeit ist nicht zulässig.

---

[1] Aufwandsentschädigung nach § 1835a BGB der rechtlichen Betreuer ab dem VZ 2011 → § 3 Nr. 26b EStG.

8. Ehrenamtlicher Vorstand[1]

9. Werbungskosten- bzw. Betriebsausgabenabzug

Ein Abzug von Werbungskosten bzw. Betriebsausgaben, die mit den steuerfreien Einnahmen nach § 3 Nr. 26a EStG in einem unmittelbaren wirtschaftlichen Zusammenhang stehen, ist nur dann möglich, wenn die Einnahmen aus der Tätigkeit und gleichzeitig auch die jeweiligen Ausgaben den Freibetrag übersteigen. In Arbeitnehmerfällen ist in jedem Falle der Arbeitnehmer- Pauschbetrag anzusetzen, soweit er nicht bei anderen Dienstverhältnissen verbraucht ist.

Beispiel:

Ein Student, der keine anderen Einnahmen aus nichtselbständiger Arbeit erzielt, arbeitet nebenberuflich im Dienst der Stadt als Tierpfleger bei deren als gemeinnützig anerkanntem Tierheim. Dafür erhält er insgesamt 1 200 Euro im Jahr. Von den Einnahmen sind der Arbeitnehmer-Pauschbetrag von 920 Euro[2] (§ 9a Satz 1 Nr. 1 Buchstabe b EStG) und der Freibetrag nach § 3 Nr. 26a EStG bis zur Höhe der verbliebenen Einnahmen (280 Euro) abzuziehen. Die Einkünfte aus der nebenberuflichen Tätigkeit betragen 0 Euro.

10. Freigrenze des § 22 Nr. 3 EStG

Gehören die Einnahmen des Steuerpflichtigen aus seiner nebenberuflichen Tätigkeit zu den sonstigen Einkünften (§ 22 Nr. 3 EStG), ist der Freibetrag nach § 3 Nr. 26a EStG bei der Prüfung der Frage, ob die bei dieser Einkunftsart zu beachtende gesetzliche Freigrenze in Höhe von 256 Euro im Jahr überschritten ist, zu berücksichtigen.

Beispiel:[3]

Ein nebenberuflicher rechtlicher Betreuer erhält für die Betreuung von zwei Personen zweimal die Entschädigungspauschale nach § 1835a BGB, also insgesamt 646 Euro. Nach Abzug des Freibetrags nach § 3 Nr. 26a EStG betragen die Einkünfte 146 Euro, liegen also unterhalb der Freigrenze des § 22 Nr. 3 EStG von 256 Euro.

11. Lohnsteuerverfahren

Beim Lohnsteuerabzug ist eine zeitanteilige Aufteilung des Freibetrags nicht erforderlich. Dies gilt auch dann, wenn feststeht, dass das Dienstverhältnis nicht bis zum Ende des Kalenderjahres besteht. Der Arbeitnehmer hat dem Arbeitgeber jedoch schriftlich zu bestätigen, dass die Steuerbefreiung nach § 3 Nr. 26a EStG nicht bereits in einem anderen Dienst- oder Auftragsverhältnis berücksichtigt worden ist oder berücksichtigt wird. Diese Erklärung ist zum Lohnkonto zu nehmen.

12. Rückspende

Die Rückspende einer steuerfrei ausgezahlten Aufwandsentschädigung oder Vergütung an die steuerbegünstigte Körperschaft ist grundsätzlich zulässig. Für den Spendenabzug sind die Grundsätze des BMF-Schreibens vom 7. Juni 1999 (BStBl I S. 591) zur Anerkennung sog. Aufwandsspenden an gemeinnützige Vereine zu beachten.

II.
Gemeinnützigkeitsrechtliche Folgerungen aus der Anwendung des § 3 Nummer 26a EStG: Zahlungen an Mitglieder des Vorstands

BMF vom 14. 10. 2009 (BStBl I S. 1318) IV C 4 – S 2121/07/0010

Nach den Feststellungen der Finanzverwaltung haben gemeinnützige Vereine die Einführung des neuen Steuerfreibetrags für Einnahmen aus nebenberuflichen Tätigkeiten im Dienst oder Auftrag einer steuerbegünstigten Körperschaft oder einer Körperschaft des öffentlichen Rechts zur Förderung steuerbegünstigter Zwecke in Höhe von 500 Euro im Jahr durch das Gesetz zur weiteren Stärkung des bürgerschaftlichen Engagements vom 10. Oktober 2007 (vgl. § 3 Nummer 26a des Einkommensteuergesetzes – EStG) zum Anlass genommen, pauschale Tätigkeitsvergütungen an Mitglieder des Vorstands zu zahlen.

Im Einvernehmen mit den obersten Finanzbehörden der Länder gilt dazu Folgendes:

Nach dem gesetzlichen Regelstatut des BGB hat ein Vorstandsmitglied Anspruch auf Auslagenersatz (§§ 27, 670 BGB). Die Zahlung von pauschalen Vergütungen für Arbeits- oder Zeitaufwand

---

[1] Nummer 8 wurde durch BMF vom 14. 10. 2009 (Anhang 6a II) ersetzt.
[2] Ab VZ 2011: 1.000 Euro.
[3] Aufwandsentschädigung nach § 1835a BGB der rechtlichen Betreuer ab dem VZ 2011 → § 3 Nr. 26b EStG.

(Tätigkeitsvergütungen) an den Vorstand ist nur dann zulässig, wenn dies durch bzw. aufgrund einer Satzungsregelung ausdrücklich zugelassen ist. Ein Verein, der nicht ausdrücklich die Bezahlung des Vorstands regelt und der dennoch Tätigkeitsvergütungen an Mitglieder des Vorstands zahlt, verstößt gegen das Gebot der Selbstlosigkeit. Die regelmäßig in den Satzungen enthaltene Aussage: „Es darf keine Person … durch unverhältnismäßig hohe Vergütungen begünstigt werden" (vgl. Anlage 1 zu § 60 AO; dort § 4 der Mustersatzung) ist keine satzungsmäßige Zulassung von Tätigkeitsvergütungen an Vorstandsmitglieder.

Eine Vergütung ist auch dann anzunehmen, wenn sie nach der Auszahlung an den Verein zurückgespendet oder durch Verzicht auf die Auszahlung eines entstandenen Vergütungsanspruchs an den Verein gespendet wird.

Der Ersatz tatsächlich entstandener Auslagen (z. B. Büromaterial, Telefon- und Fahrtkosten) ist auch ohne entsprechende Regelung in der Satzung zulässig. Der Einzelnachweis der Auslagen ist nicht erforderlich, wenn pauschale Zahlungen den tatsächlichen Aufwand offensichtlich nicht übersteigen; dies gilt nicht, wenn durch die pauschalen Zahlungen auch Arbeits- oder Zeitaufwand abgedeckt werden soll. Die Zahlungen dürfen nicht unangemessen hoch sein (§ 55 Absatz 1 Nummer 3 AO).

Falls ein gemeinnütziger Verein bis zu dem Datum dieses Schreibens ohne ausdrückliche Erlaubnis dafür in seiner Satzung bereits Tätigkeitsvergütungen gezahlt hat, sind daraus unter den folgenden Voraussetzungen keine für die Gemeinnützigkeit des Vereins schädlichen Folgerungen zu ziehen:

1. Die Zahlungen dürfen nicht unangemessen hoch gewesen sein (§ 55 Absatz 1 Nummer 3 AO).
2. Die Mitgliederversammlung beschließt bis zum 31. Dezember 2010 eine Satzungsänderung, die Tätigkeitsvergütungen zulässt. An die Stelle einer Satzungsänderung kann ein Beschluss des Vorstands treten, künftig auf Tätigkeitsvergütungen zu verzichten.

Dieses Schreiben ersetzt meine Schreiben vom 22. April 2009 – IV C 4 – S 2121/07/0010 – (nicht im BStBl veröffentlicht) und vom 9. März 2009 – IV C 4 – S 2121/07/0010 – (BStBl I Seite 445) und Nummer 8 meines Schreibens vom 25. November 2008 – IV C 4 – S 2121/07/0010 – (BStBl I Seite 985).

Entlastungsbetrag für Alleinerziehende, § 24b EStG
Anwendungsschreiben

vom 29. 10. 2004 (BStBl I S. 1042)

IV C 4 – S 2281 – 515/04

Unter Bezugnahme auf das Ergebnis der Erörterungen mit den obersten Finanzbehörden der Länder gilt für die Anwendung des § 24b EStG ab dem Veranlagungszeitraum 2004 Folgendes:

I. Allgemeines

[1]Durch Artikel 9 des Haushaltsbegleitgesetzes 2004 vom 29. Dezember 2003 (BGBl. I S. 3076; BStBl 2004 I S. 120) wurde mit § 24b EStG ein Entlastungsbetrag für Alleinerziehende in Höhe von 1 308 Euro jährlich zum 1. Januar 2004 in das Einkommensteuergesetz eingefügt. [2]Durch das Gesetz zur Änderung der Abgabenordnung und weiterer Gesetze vom 21. Juli 2004 (BGBl. I S. 1753) wurden die Voraussetzungen für die Inanspruchnahme des Entlastungsbetrages für Alleinerziehende rückwirkend ab dem 1. Januar 2004 geändert, im Wesentlichen wurde der Kreis der Berechtigten erweitert.

Ziel des Entlastungsbetrages für Alleinerziehende ist es, die höheren Kosten für die eigene Lebens- bzw. Haushaltsführung der sog. echten Alleinerziehenden abzugelten, die einen gemeinsamen Haushalt nur mit ihren Kindern und keiner anderen erwachsenen Person führen, die tatsächlich oder finanziell zum Haushalt beiträgt.

Der Entlastungsbetrag für Alleinerziehende wird außerhalb des Familienleistungsausgleichs bei der Ermittlung des Gesamtbetrages der Einkünfte durch Abzug von der Summe der Einkünfte und beim Lohnsteuerabzug durch die Steuerklasse II berücksichtigt.

II. Anspruchsberechtigte

[1]Der Entlastungsbetrag für Alleinerziehende wird Steuerpflichtigen gewährt, die

- „allein stehend" sind und
- zu deren Haushalt mindestens ein Kind gehört, für das ihnen ein Freibetrag nach § 32 Abs. 6 EStG oder Kindergeld zusteht.

[2]„Allein stehend" im Sinne des § 24b Abs. 1 EStG sind nach § 24b Abs. 2 EStG Steuerpflichtige, die

- nicht die Voraussetzungen für die Anwendung des Splitting-Verfahrens (§ 26 Abs. 1 EStG) erfüllen oder
- verwitwet sind

und

- keine Haushaltsgemeinschaft mit einer anderen volljährigen Person bilden (Ausnahme siehe unter 3.).

1. Haushaltszugehörigkeit

[1]Ein Kind gehört zum Haushalt des Steuerpflichtigen, wenn es dauerhaft in dessen Wohnung lebt oder mit seiner Einwilligung vorübergehend, z. B. zu Ausbildungszwecken, auswärtig untergebracht ist. Haushaltszugehörigkeit erfordert ferner eine Verantwortung für das materielle (Versorgung, Unterhaltsgewährung) und immaterielle Wohl (Fürsorge, Betreuung) des Kindes. [2]Eine Heimunterbringung ist unschädlich, wenn die Wohnverhältnisse in der Familienwohnung die speziellen Bedürfnisse des Kindes berücksichtigen und es sich im Haushalt des Steuerpflichtigen regelmäßig aufhält (vgl. BFH-Urteil vom 14. November 2001, BStBl 2002 II S. 244). [3]Ist das Kind nicht in der Wohnung des Steuerpflichtigen gemeldet, trägt der Steuerpflichtige die Beweislast für das Vorliegen der Haushaltszugehörigkeit. [4]Ist das Kind bei mehreren Steuerpflichtigen gemeldet oder gehört es unstreitig zum Haushalt des Steuerpflichtigen ohne bei ihm gemeldet zu sein, ist es aber bei weiteren Steuerpflichtigen gemeldet, steht der Entlastungsbetrag demjenigen Alleinstehenden zu, zu dessen Haushalt das Kind tatsächlich gehört. [5]Dies ist im Regelfall derjenige, der das Kindergeld erhält.[1]

---

[1] Ist ein Kind annähernd gleichwertig in die beiden Haushalte seiner allein stehenden Eltern aufgenommen, können die Eltern – unabhängig davon, an welchen Berechtigten das Kindergeld ausgezahlt wird – untereinander bestimmen, wem der Entlastungsbetrag zustehen soll, auch wenn einer der Berechtigten hat bei seiner Veranlagung oder durch Berücksichtigung der Steuerklasse II beim Lohnsteuerabzug den Entlastungsbetrag bereits in Anspruch genommen. Treffen die Eltern keine Bestimmung über die Zuordnung des Entlastungsbetrags, steht er demjenigen zu, an den das Kindergeld ausgezahlt wird (→ BFH vom 28. 4. 2010 – BStBl II 2011 S. 30).

2. Splitting-Verfahren

[1]Es sind grundsätzlich nur Steuerpflichtige anspruchsberechtigt, die nicht die Voraussetzungen für die Anwendung des Splitting-Verfahrens erfüllen[1]. [2]Abweichend hiervon können verwitwete Steuerpflichtige nach § 24b Abs. 3 EStG den Entlastungsbetrag für Alleinerziehende erstmals zeitanteilig für den Monat des Todes des Ehegatten beanspruchen. [3]Darüber hinaus, insbesondere in den Fällen der getrennten oder der besonderen Veranlagung im Jahr der Eheschließung, kommt eine zeitanteilige Berücksichtigung nicht in Betracht.

Im Ergebnis sind nur Steuerpflichtige anspruchsberechtigt, die

- während des gesamten Veranlagungszeitraums nicht verheiratet (ledig, geschieden) sind,
- verheiratet sind, aber seit dem vorangegangenen Veranlagungszeitraum dauernd getrennt leben,
- verwitwet sind

oder

- deren Ehegatte im Ausland lebt und nicht unbeschränkt einkommensteuerpflichtig im Sinne des § 1 Abs. 1 oder 2 EStG oder des § 1a EStG ist.

3. Haushaltsgemeinschaft

Gemäß § 24b Abs. 2 Satz 1 EStG sind Steuerpflichtige nur dann „allein stehend", wenn sie keine Haushaltsgemeinschaft mit einer anderen volljährigen Person bilden.

[1]Der Gewährung des Entlastungsbetrages für Alleinerziehende steht es kraft Gesetzes nicht entgegen, wenn eine andere minderjährige Person in den Haushalt aufgenommen wird oder es sich bei der anderen volljährigen Person um ein leibliches Kind, Adoptiv-, Pflege-, Stief- oder Enkelkind handelt, für das dem Steuerpflichtigen ein Freibetrag für Kinder (§ 32 Abs. 6 EStG) oder Kindergeld zusteht oder das steuerlich nicht berücksichtigt wird, weil es

- den gesetzlichen Grundwehr- oder Zivildienst leistet (§ 32 Abs. 5 Satz 1 Nr. 1 EStG),
- sich an Stelle des gesetzlichen Grundwehrdienstes freiwillig für die Dauer von nicht mehr als drei Jahren zum Wehrdienst verpflichtet hat (§ 32 Abs. 5 Satz 1 Nr. 2 EStG) oder
- eine vom gesetzlichen Grundwehrdienst oder Zivildienst befreiende Tätigkeit als Entwicklungshelfer im Sinne des § 1 Abs. 1 des Entwicklungshelfer-Gesetzes ausübt (§ 32 Abs. 5 Satz 1 Nr. 3 EStG)

[2]§ 24b Abs. 2 Satz 2 EStG enthält neben der gesetzlichen Definition der Haushaltsgemeinschaft auch die widerlegbare Vermutung für das Vorliegen einer Haushaltsgemeinschaft, die an die Meldung der anderen volljährigen Person mit Haupt- oder Nebenwohnsitz in der Wohnung des Steuerpflichtigen anknüpft. [3]Eine nachträgliche Ab- bzw. Ummeldung ist insoweit unerheblich. [4]Die Vermutung gilt jedoch dann nicht, wenn die Gemeinde oder das Finanzamt positive Kenntnis davon hat, dass die tatsächlichen Verhältnisse von den melderechtlichen Verhältnissen zugunsten des Steuerpflichtigen abweichen.

a) Begriff der Haushaltsgemeinschaft

[1]Eine Haushaltsgemeinschaft liegt vor, wenn der Steuerpflichtige und die andere Person in der gemeinsamen Wohnung – im Sinne des § 8 AO – gemeinsam wirtschaften („Wirtschaften aus einem Topf")[2]. [2]Die Annahme einer Haushaltsgemeinschaft setzt hingegen nicht die Meldung der anderen Person in der Wohnung des Steuerpflichtigen voraus.

[1]Eine Haushaltsgemeinschaft setzt ferner nicht voraus, dass nur eine gemeinsame Kasse besteht und die zur Befriedigung jeglichen Lebensbedarfs dienenden Güter nur gemeinsam und aufgrund gemeinsamer Planung angeschafft werden. [2]Es genügt eine mehr oder weniger enge Gemeinschaft mit nahem Beieinanderwohnen, bei der jedes Mitglied der Gemeinschaft tatsächlich oder finanziell seinen Beitrag zur Haushalts- bzw. Lebensführung leistet und an ihr partizipiert (der gemeinsame Verbrauch der Lebensmittel oder Reinigungsmittel, die gemeinsame Nutzung des Kühlschrankes etc.).

Auf die Zahlungswege kommt es dabei nicht an, d. h. es steht der Annahme einer Haushaltsgemeinschaft nicht entgegen, wenn z. B. der Steuerpflichtige die laufenden Kosten des Haushalts ohne Miete trägt und die andere Person dafür vereinbarungsgemäß die volle Miete bezahlt.

---

[1] Bestätigt durch BFH vom 19. 10. 2006 (BStBl 2007 II S. 637); hiergegen eingelegte Verfassungsbeschwerde wurde zur Entscheidung angenommen (BVerfG vom 19. 6. 2009 – 2 BvR 310/07).

[2] *Ein gemeinsames Wirtschaften kann sowohl darin bestehen, dass die andere volljährige Person zu den Kosten des gemeinsamen Haushalts beiträgt, als auch in einer Entlastung durch tatsächliche Hilfe und Zusammenarbeit. Auf den Umfang der Hilfe oder des Anteils an den im Haushalt anfallenden Arbeiten kommt es grundsätzlich nicht an (→ BFH vom 28. 6. 2012 – BStBl II S. 815).*

Es kommt ferner nicht darauf an, dass der Steuerpflichtige und die andere Person in besonderer Weise materiell (Unterhaltsgewährung) und immateriell (Fürsorge und Betreuung) verbunden sind.

Deshalb wird grundsätzlich bei jeder Art von Wohngemeinschaften vermutet, dass bei Meldung der anderen Person in der Wohnung des Steuerpflichtigen auch eine Haushaltsgemeinschaft vorliegt.

[1]Als Kriterien für eine Haushaltsgemeinschaft können auch der Zweck und die Dauer der Anwesenheit der anderen Person in der Wohnung des Steuerpflichtigen herangezogen werden. [2]So liegt eine Haushaltsgemeinschaft nicht vor bei nur kurzfristiger Anwesenheit in der Wohnung oder nicht nur vorübergehender Abwesenheit von der Wohnung.

Beispiele für nur kurzfristige Anwesenheit:
Zu Besuchszwecken, aus Krankheitsgründen

Beispiele für nur vorübergehende Abwesenheit:
Krankenhausaufenthalt, Auslandsreise. Auslandsaufenthalt eines Montagearbeiters, doppelte Haushaltsführung aus beruflichen Gründen bei regelmäßiger Rückkehr in die gemeinsame Wohnung

Beispiele für eine nicht nur vorübergehende Abwesenheit:
Strafvollzug, bei Meldung als vermisst, Auszug aus der gemeinsamen Wohnung, evtl. auch Unterhaltung einer zweiten Wohnung aus privaten Gründen

Haushaltsgemeinschaften sind jedoch insbesondere gegeben bei:

- eheähnlichen Gemeinschaften,
- eingetragenen Lebenspartnerschaften,
- Wohngemeinschaften unter gemeinsamer Wirtschaftsführung mit einer sonstigen volljährigen Person (z. B. mit Studierenden, mit volljährigen Kindern, für die dem Steuerpflichtigen weder Kindergeld noch ein Freibetrag für Kinder zusteht, oder mit anderen Verwandten),
- nicht dauernd getrennt lebenden Ehegatten, bei denen keine Ehegattenbesteuerung in Betracht kommt (z. B. bei deutschen Ehegatten von Angehörigen der NATO-Streitkräfte).

Mit sonstigen volljährigen Personen besteht keine Haushaltsgemeinschaft, wenn sie sich tatsächlich und finanziell nicht an der Haushaltsführung beteiligen.

Die Fähigkeit, sich tatsächlich an der Haushaltsführung zu beteiligen, fehlt bei Personen, bei denen mindestens ein Schweregrad der Pflegebedürftigkeit im Sinne des § 14 SGB XI (Pflegestufe I, II oder III) besteht oder festgestellt ist.

Die Fähigkeit, sich finanziell an der Haushaltsführung zu beteiligen, fehlt bei Personen, die kein oder nur geringes Vermögen im Sinne des § 33a Abs. 1 Satz 3 EStG besitzen und deren Einkünfte und Bezüge im Sinne des § 32 Abs. 1 Satz 2 bis 4 EStG den dort genannten Betrag nicht übersteigen.

Der Nachweis des gesundheitlichen Merkmals „blind" richtet sich nach § 65 EStDV.

Der Nachweis über den Schweregrad der Pflegebedürftigkeit im Sinne des § 14 SGB XI ist durch Vorlage des Leistungsbescheides des Sozialhilfeträgers bzw. des privaten Pflegeversicherungsunternehmens zu führen.

Bei rückwirkender Feststellung des Merkmals „blind" oder der Pflegebedürftigkeit sind ggf. bestandskräftige Steuerfestsetzungen auch hinsichtlich des Entlastungsbetrages nach § 24b EStG zu ändern.

b) Widerlegbarkeit der Vermutung

Der Steuerpflichtige kann die Vermutung der Haushaltsgemeinschaft bei Meldung der anderen volljährigen Person in seiner Wohnung widerlegen, wenn er glaubhaft darlegt, dass eine Haushaltsgemeinschaft mit der anderen Person nicht vorliegt.

c) Unwiderlegbarkeit der Vermutung

Bei nichtehelichen, aber eheähnlichen Gemeinschaften und eingetragenen Lebenspartnerschaften scheidet wegen des Verbots einer Schlechterstellung von Ehegatten (vgl. BVerfG-Beschluss vom 10. November 1998, BStBl 1999 II S. 182) die Widerlegbarkeit aus.

Eheähnliche Gemeinschaften – im Sinne einer auf Dauer angelegten Verantwortungs- und Einstehensgemeinschaft – können anhand folgender, aus dem Sozialhilferecht abgeleiteter Indizien festgestellt werden:

- Dauer des Zusammenlebens (z. B. von länger als einem Jahr),
- Versorgung gemeinsamer Kinder im selben Haushalt,
- Versorgung anderer Angehöriger im selben Haushalt,

- der Mietvertrag ist von beiden Partnern unterschrieben und auf Dauer angelegt,
- gemeinsame Kontoführung,
- andere Verfügungsbefugnisse über Einkommen und Vermögen des Partners oder
- andere gemeinsame Verträge, z. B. über Unterhaltspflichten.

Beantragt ein Steuerpflichtiger den Abzug von Unterhaltsleistungen an den Lebenspartner als außergewöhnliche Belastungen nach § 33a Abs. 1 EStG, ist i. d. R. vom Vorliegen einer eheähnlichen Gemeinschaft auszugehen.

I.
Ertragsteuerliche Behandlung der Erbengemeinschaft und ihrer Auseinandersetzung

BMF vom 14. 3. 2006 (BStBl I S. 253)
IV B 2 – S 2242 – 7/6

Inhaltsübersicht

A. Allgemeines

Mit dem Tod des Erblassers geht der gesamte Nachlass unentgeltlich im Wege der Gesamtrechtsnachfolge auf den Alleinerben oder die Erbengemeinschaft über. Der Nachlass ist Gesamthandsvermögen der Erben (§ 1922 BGB). Die Erbengemeinschaft wird bis zu ihrer Auseinandersetzung (§ 2042 BGB) steuerlich bei den Überschusseinkünften wie eine Bruchteilsgemeinschaft (§ 39 Abs. 2 Nr. 2 AO) und bei den Gewinneinkünften als Mitunternehmerschaft behandelt.

Die steuerlichen Grundsätze zur Erbauseinandersetzung sind auch auf Abfindungszahlungen infolge eines gerichtlichen Vergleichs an angebliche Miterben anzuwenden (BFH-Urteil vom 14. März 1996 – BStBl II S. 310). Ein Erbprätendent mit möglichem Pflichtteilsanspruch, der zur Vermeidung weiterer Streitigkeiten Wirtschaftsgüter aus dem Nachlass erhält, ist steuerlich wie ein Erbe zu behandeln (BFH-Urteil vom 13. Februar 1997 – BStBl II S. 535).

B. Zurechnung der laufenden Einkünfte zwischen Erbfall und Erbauseinandersetzung

1. Allgemeines

Sowohl für den Bereich des Betriebsvermögens als auch für den Bereich des Privatvermögens bilden Erbfall und Erbauseinandersetzung für die Einkommensbesteuerung keine rechtliche Einheit. Hinterlässt ein Erblasser mehrere Erben, geht sein Vermögen mit dem Tod im Ganzen auf die Erben über und wird bei ihnen zu gemeinschaftlichem Vermögen. Die Miterben verwalten den Nachlass gemeinsam und können über Nachlassgegenstände auch nur gemeinschaftlich verfügen. Die Erbengemeinschaft kann unbegrenzt bestehen bleiben. Das Ergebnis ihrer Betätigung wird

1

2

Bestandteil des gemeinschaftlichen Vermögens. Hieraus ergeben sich Folgerungen für das Entstehen und die Zurechnung von steuerlichen Einkünften bei den Miterben.

2. Zurechnung laufender Gewinneinkünfte

3   Gehört ein gewerbliches, freiberufliches oder land- und forstwirtschaftliches Unternehmen zum Nachlass, geht es mit dem Erbfall auf die Erbengemeinschaft über (§ 1922 BGB). Sämtliche Miterben werden – abgesehen von bestimmten Sonderfällen (siehe Tz. 69 ff.) –Mitunternehmer im Sinne von § 15 Abs. 1 Satz 1 Nr. 2 EStG. Aufgrund ihrer Stellung als Miterben tragen sie ein Mitunternehmerrisiko und können Mitunternehmerinitiative entfalten. Diese Beurteilung hängt nicht von der Länge des Zeitraums ab, in dem die Erbengemeinschaft das Unternehmen weiterführt. Auch wenn die Erben ein Unternehmen frühzeitig nach dem Erbfall abwickeln und einstellen oder es auf eine andere Person übertragen, haben sie zunächst die Eigenschaft von Mitunternehmern erlangt und behalten diese bis zur Betriebsbeendigung oder Auseinandersetzung über den Betrieb. Als solche beziehen die Erben ihre Einkünfte kraft eigener Verwirklichung des Einkünftetatbestandes. Die laufenden Einkünfte sind den einzelnen Miterben als Mitunternehmern nach dem allgemeinen Gewinnverteilungsschlüssel zuzurechnen, der sich bei den Miterben grundsätzlich nach ihren Erbteilen bestimmt (§ 2038 Abs. 2, § 743 Abs. 1 BGB). Zur rückwirkenden Zurechnung laufender Einkünfte vgl. Tz. 7 ff., zur Zurechnung der Einkünfte an einen Vermächtnisnehmer als wirtschaftlichem Eigentümer eines Gewerbebetriebes vgl. Tz. 61.

4   Gehört zu einem Nachlass neben einem Gewerbebetrieb ein der selbständigen Arbeit dienendes Betriebsvermögen, ein land- und forstwirtschaftlicher Betrieb oder Privatvermögen, findet § 15 Abs. 3 Nr. 1 EStG (sog. Abfärberegelung) keine Anwendung.

5   Ist der Erblasser selbständig tätig i. S. d. § 18 Abs. 1 Nr. 1 EStG gewesen, erzielt die Erbengemeinschaft Einkünfte aus selbständiger Arbeit i. S. v. § 18 EStG allerdings nur dann, wenn keine berufsfremden Erben an der Erbengemeinschaft beteiligt sind. Berufsfremd ist, wer nicht die erforderliche freiberufliche Qualifikation besitzt. Ist zumindest ein Miterbe berufsfremd, erzielt die Erbengemeinschaft Einkünfte aus Gewerbebetrieb. Ist mit dem Übergang eines freiberuflichen Betriebsvermögens auf Grund fehlender Qualifikation des Erben, Miterben oder Vermächtnisnehmers eine Umqualifizierung des bisher freiberuflichen Vermögens in gewerbliches Betriebsvermögen und eine entsprechende Umqualifizierung der aus dem Betrieb erzielten Einkünfte verbunden, kommt es nicht zu einer Betriebsaufgabe (BFH-Urteil vom 12. März 1992 – BStBl 1993 II S. 36).

3. Zurechnung laufender Überschusseinkünfte

6   Hat der Erblasser Einkünfte aus Kapitalvermögen oder aus vermietetem oder verpachtetem Vermögen gehabt, wird dieses Vermögen nach dem Erbfall durch die Erbengemeinschaft zur Nutzung oder zum Gebrauch überlassen. Die Miterben bestimmen über die Verwendung des Vermögens, ihnen fließt der Vermögensertrag zu. Sie verwirklichen damit gemeinsam den Tatbestand der Einkunftserzielung nach §§ 20 bzw. 21 EStG. Die erzielten Einkünfte werden ihnen grundsätzlich nach ihren Erbanteilen zugerechnet (§ 2038 Abs. 2, § 743 Abs. 1 BGB).

4. Beendigung der Erbengemeinschaft und rückwirkende Zurechnung der laufenden Einkünfte

7   Die Einkunftserzielung durch die Erbengemeinschaft und damit die Zurechnung der laufenden Einkünfte an die Miterben nach Tz. 3 ff. findet ihr Ende, soweit sich die Miterben hinsichtlich des gemeinsamen Vermögens auseinandersetzen.

8   In den Fällen der Auseinandersetzung von Erbengemeinschaften – auch in den Fällen der Auseinandersetzung einer Mitunternehmerschaft – ist eine steuerlich unschädliche Rückwirkung auf den Zeitpunkt das Erbfalls in engen Grenzen anzuerkennen, da die Erbengemeinschaft eine gesetzliche Zufallsgemeinschaft ist, die auf Teilung angelegt ist. Bei der Auseinandersetzungsvereinbarung wird in der Regel eine rückwirkende Zurechnung laufender Einkünfte für sechs Monate anerkannt. Die Frist beginnt mit dem Erbfall, In diesen Fällen können die laufenden Einkünfte daher ohne Zwischenzurechnung ab dem Erbfall ungeschmälert dem die Einkunftsquelle übernehmenden Miterben zugerechnet werden. Dies gilt auch bei Teilauseinandersetzungen. Liegt eine Teilungsanordnung (§ 2048 BGB) des Erblassers vor und verhalten sich die Miterben tatsächlich bereits vor der Auseinandersetzung entsprechend dieser Anordnung, indem dem das Unternehmen fortführenden Miterben die Einkünfte zugeordnet werden, ist eine rückwirkende Zurechnung laufender Einkünfte auch über einen längeren Zeitraum, dessen Dauer sich an den Umständen des Einzelfalls zu orientieren hat, vorzunehmen. Soweit laufende Einkünfte rückwirkend zugerechnet werden, ist die Auseinandersetzung steuerlich so zu behandeln, als ob sich die Erbengemeinschaft unmittelbar nach dem Erbfall auseinandergesetzt hätte (Durchgangserwerb der Erbengemeinschaft). Solange die Teilungsanordnung von den Erben vor der Auseinandersetzung beachtet wird, sind die Veranlagungen vorläufig nach § 165 Abs. 1 Satz 1 AO durchzuführen.

9   Allerdings reicht es nicht aus, wenn die Miterben innerhalb der Frist lediglich den Entschluss fassen, sich auseinanderzusetzen. Vielmehr muss innerhalb der Frist eine klare und rechtlich bin-

dende Vereinbarung über die Auseinandersetzung und ihre Modalitäten vorliegen. Diese Auseinandersetzungsvereinbarung muss den Übergang von Nutzungen und Lasten für die von dieser Auseinandersetzung betroffenen Wirtschaftsgüter auf den Zeitpunkt des Erbfalls festlegen; sie muss auch tatsächlich durchgeführt werden. Soweit noch eine Wertfindung erforderlich ist, kann diese jedoch auch außerhalb der Frist erfolgen.

C. Erbauseinandersetzung durch Realteilung des Nachlasses

I. Erbauseinandersetzung über Betriebsvermögen

1. Teilung ohne Abfindungszahlungen

a) Allgemeines

Gehört zum Nachlass nur Betriebsvermögen und wird der Nachlass ohne Zahlung von Abfindungen real geteilt, ist die Realteilung kein entgeltlicher Vorgang, da es sich weder um einen Tausch von (Miteigentums-)Anteilen an den einzelnen Wirtschaftsgütern des Nachlasses noch um einen Tausch eines Gesamthandsanteils gegen Alleineigentum an den zugeteilten Wirtschaftsgütern, sondern um die Erfüllung des durch die Auseinandersetzungsvereinbarung konkretisierten gesetzlichen Auseinandersetzungsanspruchs handelt. Durch die Aufteilung können also weder Anschaffungskosten noch Veräußerungserlöse entstehen.   10

b) Gewinnrealisierung nach den Grundsätzen über die Betriebsaufgabe

Die Aufteilung eines Betriebsvermögens der Erbengemeinschaft ohne Betriebsfortführung ist   11
zugleich eine Betriebsaufgabe; durch *die* regelmäßig ein tarifbegünstigter Aufgabegewinn (§ 16 Abs. 3, § 34 EStG) entsteht; es sei denn, es liegt ein Fall der Realteilung i. S. v. § 16 Abs. 3 Satz 2 bis 4 EStG (vgl. Tz. 12) oder der Buchwertfortführung nach § 6 Abs. 5 EStG vor.

> **Beispiel 1**
>
> A und B sind Miterben zu ½. Zum Nachlass gehört ein Betriebsvermögen, das lediglich aus zwei Grundstücken besteht, die beide einen Buchwert von 200 000 € und einen Verkehrswert von 2 Mio. € haben. A und B setzen sich unter Aufgabe des Betriebs in der Weise auseinander, daß A das Grundstück 1 und B das Grundstück 2 erhält. Die Grundstücke gehören bei A und B jeweils zum Privatvermögen.
>
> D*urch* die Betriebsaufgabe entsteht ein Aufgabegewinn von 3,6 Mio. € in der Erbengemeinschaft, den A und B je zur Hälfte zu versteuern haben. A und B müssen für die künftigen Gebäude-AfA jeweils von den Entnahmewerten ausgehen (R 7.3 *Abs. 6* Satz 4 und R 7.4 Abs. 11.

c) Buchwertfortführung bei Übertragung in ein anderes Betriebsvermögen der Miterben

Die Miterben haben jedoch nach Maßgabe des § 16 Abs. 3 Satz 2 bis 4 EStG die Buchwerte fort-   12
zuführen, wenn die bei der Realteilung erworbenen Wirtschaftsgüter in ein anderes Betriebsvermögen übertragen werden. Die Grundsätze des BMF-Schreibens zur Realteilung vom 28. Februar 2006 (BStBl I S. 228) sind sinngemäß anzuwenden.

> **Beispiel 2**
>
> S und T sind Miterben zu je ½. Zum Nachlass gehört ein aus zwei Teilbetrieben bestehender Betrieb im Wert von je 1 Mio. €. S erhält Teilbetrieb 1, T erhält Teilbetrieb 2.
>
> Es liegt ein Fall der Realteilung vor. S und T haben nach § 16 Abs. 3 Satz 2 bis 4 EStG die Buchwerte fortzuführen.

Gleiches gilt, wenn der Nachlass aus zwei Betrieben besteht. Da die Mitunternehmerschaft (Erbengemeinschaft) nur ein Betriebsvermögen hat, sind die geerbten Betriebe wie Teilbetriebe der Erbengemeinschaft zu behandeln.

d) Ansatz bei Überführung von Wirtschaftsgütern in das Privatvermögen

Werden Wirtschaftsgüter, die zu den wesentlichen Betriebsgrundlagen gehören, von den Miterben   13
insgesamt ins Privatvermögen überführt, liegt zwingend eine Betriebsaufgabe vor. Im Übrigen wird auf Abschnitt I des BMF-Schreibens zur Realteilung vom 28. Februar 2006 (BStBl I S. 228) verwiesen. Ein etwaiger Entnahmegewinn ist allen Miterben zuzurechnen; es sei denn, dass der Gewinn nach den von den Miterben schriftlich getroffenen Vereinbarungen über die Erbauseinandersetzung dem entnehmenden Miterben zuzurechnen ist.

2. Teilung mit Abfindungszahlungen

a) Allgemeines

14 Wird im Rahmen einer Erbauseinandersetzung ein Nachlass real geteilt und erhält ein Miterbe wertmäßig mehr, als ihm nach seiner Erbquote zusteht, und zahlt er für dieses „Mehr" an seine Miterben einen Spitzen- oder Wertausgleich (Abfindung), liegt insoweit ein Anschaffungs- und Veräußerungsgeschäft vor. In Höhe der Abfindungszahlung liegen Anschaffungskosten vor. Derjenige, der die Abfindung erhält, erzielt einen Veräußerungserlös. Werden die bei der Aufteilung erworbenen Wirtschaftsgüter in ein anderes Betriebsvermögen der Miterben übertragen, ist der sich aus dem Veräußerungsgeschäft ergebende Veräußerungsgewinn nicht nach §§ 16 und 34 EStG begünstigt, sondern als laufender Gewinn zu besteuern. Der Gewinn rechnet grundsätzlich nicht zum Gewerbeertrag nach § 7 Satz 1 GewStG. Ab Erhebungszeitraum 2002 ist der Gewinn aus der Aufdeckung der stillen Reserven aber nach § 7 Satz 2 GewStG als Gewerbeertrag zu erfassen, soweit er nicht auf eine natürliche Person als unmittelbar beteiligtem Mitunternehmer entfällt. Werden die bei der Aufteilung erworbenen Wirtschaftsgüter insgesamt ins Privatvermögen übertragen, führt dieser Vorgang zu einer nach §§ 16 und 34 EStG steuerbegünstigten Betriebsaufgabe. Aufgabegewinn ist der Gewinn, der sich aus dem Entnahmegewinn (Übertragung der Wirtschaftsgüter ins Privatvermögen) und dem Gewinn aus der Abfindungszahlung ergibt.

Beispiel 3

A und B sind Miterben zu je ½. Zum Nachlass gehört ein Betriebsvermögen, das lediglich aus zwei Grundstücken besteht. Grundstück 1 hat einen Buchwert von 300 000 € und einen Verkehrswert von 3 Mio. €. Grundstück 2 hat einen Buchwert von 200 000 € und einen Verkehrswert von 2 Mio. €. A erhält das Grundstück 1, B das Grundstück 2 und eine Abfindung von A in Höhe von 500 000 €. A führt den Betrieb mit Grundstück 1 fort. Grundstück 2 wird Privatvermögen des B.

Die Abfindung stellt bei A Anschaffungskosten und bei B Veräußerungserlös dar. A erwirbt ⅚ seines Betriebsvermögens unentgeltlich und führt insoweit den Buchwert (= 250 000 €) fort. Der Buchwert ist zusätzlich um die Abfindungszahlung i. H. v. 500 000 € zu erhöhen. Nach Erbauseinandersetzung beträgt der Buchwert 750 000 €.

Für B liegt eine Betriebsaufgabe vor. Durch die Aufgabe seines Mitunternehmeranteils erzielt er einen Aufgabegewinn i. H. v. 2,25 Mio. €, der sich aus dem Gewinn aus der Entnahme des Grundstücks 2 (2 Mio. abzgl. 200 000 € Buchwert) und dem Gewinn aus der Abfindungszahlung (500 000 € abzgl. 50 000 € Buchwert) zusammensetzen. Der Gewinn ist nach §§ 16, 34 EStG begünstigt zu besteuern.

15 Die vorstehenden Grundsätze gelten auch, soweit sich die Erbengemeinschaft gemäß § 2042 Abs. 2, § 753 Abs. 1 BGB durch Zwangsversteigerung zum Zweck der Aufhebung der Gemeinschaft auseinandersetzt und die Erben dabei Nachlassgegenstände erwerben (BFH-Urteil vom 29. April 1992 – BStBl II S. 727).

16 Bei der Teilung im Rahmen einer Erbauseinandersetzung bezieht sich das Entgelt nicht auf das, was ein Miterbe aufgrund seiner Erbquote erhält, sondern nur auf das „Mehr", das er aufgrund eines neben der Teilung bestehenden besonderen entgeltlichen Rechtsgeschäfts bekommt. Es handelt sich hier also nicht um die bloße Aufteilung eines einheitlichen Rechtsvorgangs, sondern um die Beurteilung von zwei rechtlich selbständigen Vorgängen, von denen der eine unentgeltlich und der andere entgeltlich ist. Für die Zahlung einer Abfindung bedarf es daher regelmäßig einer gesonderten Vereinbarung zwischen den Beteiligten, da sich eine derartige Abwicklung nicht aus dem erbrechtlichen Auseinandersetzungsanspruch ergibt; die Zahlung einer Abfindung kann sich allerdings auch auf Grund einer Teilungsanordnung des Erblassers oder aufgrund einer vom Erblasser angeordneten Testamentsvollstreckung ergeben. Diese Vereinbarung ist bei der Berechnung des Anteils des Miterben am Aufgabegewinn in den Fällen der Betriebsaufgabe zu berücksichtigen.

17 Die Abfindungszahlung ist bei der Übertragung von Betrieben oder Teilbetrieben dem Teil des Kapitalkontos gegenüberzustellen, der dem Verhältnis von Abfindungszahlung zum Wert des übernommenen Betriebsvermögens entspricht.

Beispiel 4

S und T sind Miterben zu je ½. Zum Nachlass

gehört ein aus zwei Teilbetrieben bestehender Gewerbebetrieb. Teilbetriebsvermögen 1 hat einen Wert von 2 Mio. € und einen Buchwert von 200 000 €. Teilbetriebsvermögen 2 hat einen Wert von 1,6 Mio. € und einen Buchwert von 160 000 €. Im Wege der Erbauseinandersetzung erhält S das Teilbetriebsvermögen 1 und T das Teilbetriebsvermögen 2. Außerdem zahlt S an T eine Abfindung von 200 000 €.

S stehen wertmäßig am Nachlass 1,8 Mio. € (50 % von 3,6 Mio. €) zu. Da er aber 2 Mio. € erhält, also 200 000 € mehr, zahlt er diesen Betrag für ¹/₁₀ (10 % von 2 Mio. € = 200 000 €) des Teilbetriebsvermögens 1, das er mehr erhält. S erwirbt also ⁹/₁₀ des Teilbetriebsvermögens 1 unentgeltlich und $^1/_{10}$ entgeltlich. Auf diese $^1/_{10}$ entfällt ein Buchwert von 20 000 €, so dass S die Aktivwerte um 180 000 € (200 000 € Abfindung abzgl. anteiligem Buchwert von 20 000 €) aufstocken muss und T einen als laufenden Gewinn zu versteuernden Veräußerungsgewinn von 180 000 € (200 000 € Abfindung ./. 20 000 € anteiliger Buchwert) zu versteuern hat. Im Übrigen (für $^9/_{10}$ des Nachlasses) liegt eine steuerneutrale Realteilung vor (vgl. BMF-Schreiben zur Realteilung vom 28. Februar 2006, BStBl I S. 228).

Gleiches gilt, wenn der Nachlass aus zwei Betrieben besteht. Da die Mitunternehmerschaft (Erbengemeinschaft) nur ein Betriebsvermögen hat, sind die geerbten Betriebe wie Teilbetriebe der Erbengemeinschaft zu behandeln.

Beispiel 5

S und T sind Miterben zu je ½. Zum Nachlass gehört ein Betriebsvermögen, das aus dem Grundstück 1 (Teilwert 2 Mio. €, Buchwert 200 000 €) und dem Grundstück 2 (Teilwert 1,6 Mio. €, Buchwert 160 000 €) besteht. S erhält das Grundstück 1 und zahlt an T 200 000 € Abfindung. T erhält Grundstück 2 und die Abfindung. Beide bringen die Grundstücke in ein ihnen gehörendes Betriebsvermögen ein.

S stehen an dem Nachlass wertmäßig 1,8 Mio. € zu. Da er aber das Grundstück 1 im Wert von 2 Mio. € erhält, also 200 000 € mehr, zahlt er diesen Betrag für $^1/_{10}$ (200 000 €/ 2 Mio. € = $^1/_{10}$) des Grundstücks 1, das er erhält. S erwirbt also 9/10 des Grundstücks 1 unentgeltlich und $^1/_{10}$ entgeltlich. Auf diese $^1/_{10}$ entfällt ein Buchwert von 20 000 €, so dass S den Grundstücksbuchwert in seiner Bilanz um 180 000 € aufstocken muss und T einen Gewinn von 180 000 € (200 000 € Abfindung ./. 20 000 € anteiliger Buchwert) als laufenden Gewinn zu versteuern hat. Im Übrigen (für $^9/_{10}$ des Nachlasses) liegt eine steuerneutrale Realteilung vor.

b) Übernahme von Verbindlichkeiten über die Erbquote hinaus

[1]Eine Übernahme von Schulden über die Erbquote hinaus führt nicht zu Anschaffungskosten. Deshalb entsteht auch kein Veräußerungserlös, soweit ein Miterbe Verbindlichkeiten über die Erbquote hinaus übernimmt. Zur Übernahme von Verbindlichkeiten vgl. im Übrigen Tz. 23 ff.

18

Beispiel 6

Wie Beispiel 3 mit der Abwandlung, dass S den T von Betriebsschulden in Höhe von 200 000 €, die zum Betriebsvermögen 2 gehören, freistellt, also zum gesamthänderisch gebundenen Nachlass gehörende Verbindlichkeiten in Höhe von 20 000 € übernimmt.

S erhält wertmäßig nur 1,8 Mio. € und braucht an T keine Abfindung zu zahlen. Es liegt dann keine entgeltliche Teilung vor.

c) Buchwertfortführung im Zusammenhang mit Abfindungszahlungen

Werden Abfindungszahlungen geleistet, haben die Miterben, abgesehen von der notwendigen teilweisen Gewinnrealisierung nach Maßgabe der Abfindung, nach § 16 Abs. 3 Satz 2 bis 4 EStG die Buchwerte fortzuführen, soweit die zugeteilten Wirtschaftsgüter Betriebsvermögen bleiben. Der vom Miterben, der die Abfindungszahlung erhält, zu versteuernde Gewinn ist nach §§ 16, 34 EStG begünstigt. Der Gewinn rechnet grundsätzlich nicht zum Gewerbeertrag nach § 7 Satz 1 GewStG. Ab Erhebungszeitraum 2002 ist der Gewinn aus der Aufdeckung der stillen Reserven aber nach § 7 Satz 2 GewStG als Gewerbeertrag zu erfassen, soweit er nicht auf eine natürliche Person als unmittelbar beteiligten Mitunternehmer entfällt. Ist eine Buchwertfortführung nach § 16 Abs. 3 Satz 2 bis 4 EStG nicht möglich, kommt ggf. unter den dortigen Voraussetzungen eine Buchwertfortführung nach § 6 Abs. 5 EStG in Betracht.

19

Soweit Wirtschaftsgüter gegen Abfindungszahlungen übernommen werden und Betriebsvermögen bleiben, gilt für die AfA Folgendes: Bei der Übernahme eines Grundstücks ergeben sich hinsichtlich des Gebäudes zwei AfA-Reihen. Hinsichtlich des unentgeltlich erworbenen Gebäudeteils muss der übernehmende Miterbe die Buchwerte der Erbengemeinschaft fortführen. Bezüglich des entgeltlich erworbenen Gebäudeteils hat er Anschaffungskosten in Höhe der Abfindungszahlung, die Bemessungsgrundlage für die weitere AfA hinsichtlich des entgeltlich erworbenen Teils des Gebäudes sind. Entsprechendes gilt im Grundsatz, wenn kein Gebäude, sondern ein bewegliches Wirtschaftsgut übernommen wird; da jedoch die Nutzungsdauer des entgeltlich erworbenen Teils des Wirtschaftsguts hier regelmäßig mit der Restnutzungsdauer des unentgeltlich erworbenen Teils des Wirtschaftsguts übereinstimmt, kann in diesen Fällen auf eine Aufspaltung in zwei AfA-Reihen verzichtet werden.

20

Soweit Wirtschaftsgüter gegen Abfindungszahlungen übernommen werden, gilt für die Anwendung des § 6b EStG folgendes:

21

---

1) Grundsätzlich bestätigt durch BFH vom 19. 12. 2006 (BStBl 2007 II S. 216); eine überquotale Schuldübernahme kann ausnahmsweise zu Anschaffungskosten führen, wenn sie die Gegenleistung für ein zeitliches Vorziehen der Erbauseinandersetzung darstellt.

Für den entgeltlich erworbenen Teil des Wirtschaftsguts kann auf die durch die Abfindungszahlungen entstandenen Anschaffungskosten eine Rücklage nach § 6b EStG übertragen werden.

Hinsichtlich des unentgeltlich erworbenen Teils des Wirtschaftsguts ist im Falle einer späteren Veräußerung die Besitzzeit der Erbengemeinschaft und des Erblassers für die Besitzzeit i. S. d. § 6b Abs. 4 Satz 1 Nr. 2 EStG zu berücksichtigen, wenn die entsprechenden Voraussetzungen erfüllt sind.

II. Erbauseinandersetzung über Privatvermögen

1. Teilung ohne Abfindungszahlungen

a) Allgemeines

22   Auch bei der Erbauseinandersetzung über Privatvermögen führt eine Teilung ohne Abfindungszahlungen nicht zur Entstehung von Anschaffungskosten oder Veräußerungserlösen. Eine Erbauseinandersetzung kann auch in der Weise durchgeführt werden, dass einem Miterben ein Nutzungsrecht an einem zum Nachlass gehörenden Wirtschaftsgut eingeräumt wird, das einem anderen Miterben zugeteilt wird (z. B. Wohnrecht an einem Gebäude). Dieses Nutzungsrecht ist nicht gegen Entgelt bestellt. Die Ablösung des Nutzungsrechts durch den Miterben führt zu nachträglichen Anschaffungskosten (BFH-Urteil vom 28. November 1991 – BStBl 1992 II S. 381).

Ein unentgeltlicher Vorgang liegt auch vor, wenn Gesamthandseigentum in Bruchteilseigentum umgewandelt wird und ein Miterbe Anteile an der Bruchteilsgemeinschaft von einem anderen Miterben im Tauschwege gegen eigene Anteile erwirbt.

b) Behandlung von Nachlassverbindlichkeiten

23   [1]Eine Schuldübernahme führt auch insoweit nicht zu Anschaffungskosten, als sie die Erbquote übersteigt. Dies bedeutet gleichzeitig, dass Nachlassverbindlichkeiten einen wertmäßigen Ausgleich unter den Miterben bei einer Teilung und damit einen unentgeltlichen Rechtsvorgang ermöglichen. Dabei kommt es nicht darauf an, ob die übernommenen Verbindlichkeiten in einem Finanzierungszusammenhang mit zugeteilten Nachlassgegenständen stehen.

> **Beispiel 7**
>
> A und B sind Erben zu je ½. Zum Nachlass gehört ein Grundstück (Wert 2 Mio. €), das mit einer noch voll valutierten Hypothek von 1 Mio. DM belastet ist. Zum Nachlass gehören außerdem Wertpapiere (Wert 3 Mio. €). Die Erben setzen sich dahin auseinander, dass A das Grundstück und B die Wertpapiere erhält. B übernimmt außerdem die Verbindlichkeit in voller Höhe.
>
> Es liegt eine Teilung ohne Abfindungszahlung, also ein unentgeltlicher Rechtsvorgang vor. A erhält einen Wert von 2 Mio. € (Grundstück). B erhält ebenfalls einen Wert von 2 Mio. € (Wertpapiere im Wert von 3 Mio. € abzüglich einer übernommenen Verpflichtung von 1 Mio. €).

24   [2]Die Übernahme von Verbindlichkeiten der Erbengemeinschaft durch einzelne Miterben über die Erbquote hinaus führt auch dann nicht zu Anschaffungskosten, wenn durch die Art der Verteilung von Verbindlichkeiten zusätzlich Abfindungsbedarf geschaffen wird. Dies gilt unabhängig davon, ob durch die Art der Verteilung von Verbindlichkeiten ein bisher bestehender Finanzierungszusammenhang zwischen Wirtschaftsgut und Schuld erhalten bleibt oder nicht. Regelmäßig wird der Übernahme von Verbindlichkeiten eine interne Freistellungsverpflichtung zugrunde liegen.

> **Beispiel 8**
>
> A und B sind Erben zu je ½. Zum Nachlass gehören zwei Grundstücke im Wert von je 1 Mio. €, die mit Hypotheken von je 500 000 € belastet sind. A erhält Grundstück 1 und übernimmt auch die das Grundstück 2 betreffende Hypothek. B erhält das Grundstück 2 und zahlt an A 500 000 €.
>
> Es liegt eine Teilung ohne Abfindungszahlung vor. B hat mit der Zahlung von 500 000 € an A die Freistellung von der das Grundstück 2 belastenden Schuld intern beglichen.
>
> **Beispiel 9**
>
> A und B sind Erben zu je ½. Zum Nachlass gehört ein Grundstück (Wert 2 Mio. €), das mit einer noch voll valutierten Hypothek von 1 Mio. € belastet ist. Die zu Grunde liegende Verpflichtung betrifft ein Darlehen, das zur Anschaffung des Grundstücks verwendet worden ist. Zum Nachlass gehört außerdem eine Beteiligung an einer Kapitalgesellschaft (Wert 3 Mio. €).

---

[1] Grundsätzlich bestätigt durch BFH vom 19. 12. 2006 (BStBl 2007 II S. 216); eine überquotale Schuldübernahme kann ausnahmsweise zu Anschaffungskosten führen, wenn sie die Gegenleistung für ein zeitliches Vorziehen der Erbauseinandersetzung darstellt.

[2] Grundsätzlich bestätigt durch BFH vom 19. 12. 2006 (IX R 44/04); eine überquotale Schuldübernahme kann ausnahmsweise zu Anschaffungskosten führen, wenn sie die Gegenleistung für ein zeitliches Vorziehen der Erbauseinandersetzung darstellt.

Die Erben setzen sich dahin auseinander, dass A das Grundstück und das dazugehörige Darlehen und B die Beteiligung übernimmt. B leistet zusätzlich an A eine Zahlung von 1 Mio. €.

B bezahlt mit der Leistung von 1 Mio. € an A eine interne Schuldfreistellung wegen der Übernahme des hypothekarisch gesicherten Darlehens durch A i. H. v. 1 .Mio. €. Im Ergebnis hat somit A infolge der Freistellungsverpflichtung des B ein unbelastetes Grundstück im Wert von 2 Mio. € erhalten und B hat die Beteiligung zugeteilt bekommen, ist allerdings durch die Zahlung für die Freistellung belastet, so dass er im Ergebnis ebenfalls einen Wert von 2 Mio. € erhalten hat. Dass die Übernahme der Darlehensschuld durch A nach außen hin den Finanzierungszusammenhang zwischen Wirtschaftsgut und Schuld aufrechterhält, ist dabei ohne Bedeutung.

Die vom BFH in seinem Beschluss vom 5. Juli 1990 (BStBl 1990 II S. 837) zur Wertangleichung zugelassene Möglichkeit der Übernahme von Verbindlichkeiten der Erbengemeinschaft über die Erbquote hinaus bezieht sich nur auf Nachlassverbindlichkeiten. Dabei kommt es nicht darauf an, ob die Verbindlichkeit bereits im Zeitpunkt des Erbfalls bestanden hat oder ob sie erst im Zuge der Verwaltung des Nachlasses entstanden ist. Geht die Erbengemeinschaft dagegen im engen zeitlichen Zusammenhang mit der Erbauseinandersetzung Verbindlichkeiten ein, um insoweit eine gewinnneutrale Realteilung zu ermöglichen, handelt es sich nicht mehr um Nachlassverbindlichkeiten (§ 42 AO).   25

2. Teilung mit Abfindungszahlungen

a) Allgemeines

Wird im Rahmen einer Erbauseinandersetzung ein Nachlass real geteilt und erhält ein Miterbe wertmäßig mehr, als ihm nach seiner Erbquote zusteht, und zahlt er für dieses „Mehr" an seine Miterben eine Abfindung, so liegt insoweit – wie bei der Erbauseinandersetzung über Betriebsvermögen – ein Anschaffungs- und Veräußerungsvorgang vor. In Höhe der Abfindungszahlung entstehen Anschaffungskosten. Das gilt auch, soweit sich die Erbengemeinschaft durch Zwangsversteigerung zum Zwecke der Aufhebung der Gemeinschaft auseinandersetzt. Wird ein Wirtschaftsgut gegen Abfindungszahlung erworben, berechnen sich der entgeltlich und der unentgeltlich erworbene Teil des Wirtschaftsguts nach dem Verkehrswert (vgl. BFH-Urteil vom 29. Oktober 1991 – BStBl 1992 II S. 512). In der Regel kann davon ausgegangen werden, dass der Verkehrswert dem Wert entspricht, den die Miterben der Erbauseinandersetzung zugrunde legen (Anrechnungswert).   26

Beispiel 10

A und B sind Miterben zu je ½. Der Nachlass besteht aus einem Gebäude auf einem Erbbaugrundstück (Verkehrswert 1 Mio. €) und Bargeld (500 000 €). A erhält das Gebäude und zahlt an B eine Abfindung in Höhe von 250 000 €. B erhält das Bargeld und die Abfindungszahlung.

A hat Anschaffungskosten in Höhe von 250 000 €. Es ist unerheblich, aus welchem Vermögensbereich der die Abfindung Zahlende die Mittel für die Abfindungszahlung entnimmt. A zahlt die Abfindung nicht für das ganze Gebäude, auch nicht für den gesamten Anteil des B an dem Gebäude (½), sondern nur für das wertmäßige „Mehr", das er bei der Erbteilung erhalten hat. Das Gebäude ist 1 Mio. € wert. 750 000 € stehen dem A nach seiner Erbquote zu, so dass A mithin ¼ des Gebäudes für 250 000 € entgeltlich und ¾ des Gebäudes unentgeltlich erworben hat.

Der Veräußerungsgewinn ist nur steuerpflichtig, wenn die Voraussetzungen der § 17 EStG, § 23 EStG oder des § 21 UmwStG[1]) vorliegen. Gehört zum Nachlass eine wesentliche Beteiligung, ist Abschnitt 140 Abs. 3 Sätze 1 und 9 EStR 1990 zu beachten.   27

Beispiel 11

Erblasser E, zu dessen ertragsteuerlichem Privatvermögen eine 50 %ige Beteiligung an einer GmbH gehörte, wird von A und B beerbt. Im Zuge der Erbauseinandersetzung erhält A die gesamte Beteiligung gegen Ausgleichszahlung an B für dessen hälftigen Anteil.

A erlangt – auf der Grundlage getrennter Rechtsgeschäfte – die Beteiligung zum einen i. H. v. ½ (25 v. H.) in Erfüllung seines erbrechtlichen Auseinandersetzungsanspruchs entsprechend § 11d EStDV und zum anderen bezüglich des Mehrempfangs entgeltlich von B. B erzielt in Höhe der Ausgleichszahlung einen Veräußerungserlös der im Rahmen des § 17 EStG anzusetzen ist.

A führt die Anschaffungskosten des Erblassers zur Hälfte, nämlich für die auf ihn entfallende 25 %ige Beteiligung, fort; im Übrigen ist die Zahlung des A als Anschaffungskosten für die von B erhaltene 25 %ige Beteiligung anzusehen.

---

1) § 21 UmwStG i. d. F. des UmwStG vom 28. 10. 1994, zuletzt geändert durch das StVergAbG, war letztmals für Einbringungen vor dem 13. 12. 2006 anzuwenden.

b) Aufteilung von Abfindungsleistungen

28   Erhält ein Miterbe alle oder mehrere Wirtschaftsgüter des Nachlasses gegen Leistung einer Abfindung an die übrigen Miterben, so ist die Abfindung nach dem Verhältnis der Verkehrswerte der Wirtschaftsgüter aufzuteilen. *Tz.* 42 ist entsprechend anzuwenden.

Beispiel 12

Erben sind A und B je zur Hälfte. Zum Nachlass gehören Grundstück 1 (Verkehrswert 80 000 €) und Grundstück 2 (Verkehrswert 400 000 €). A übernimmt beide Grundstücke und zahlt an B 600 000 €.

Die Abfindungszahlungen sind Anschaffungskosten, die mit 400 000 € für den Erwerb des hälftigen Anteils am Grundstück 1 und mit 200 000 € für den Erwerb des hälftigen Anteils am Grundstück 2 aufgewendet worden sind.

29   Erhalten bei einer Erbauseinandersetzung mit Abfindungszahlungen mehrere Miterben Wirtschaftsgüter des Nachlasses, so sind die Anschaffungskosten ebenfalls im Verhältnis der Verkehrswerte auf die erlangten Nachlassgegenstände zu verteilen. *Tz.* 42 ist entsprechend anzuwenden.

Beispiel 13

Erben sind A und B je zur Hälfte. Zum Nachlass gehören Grundstück 1 (Verkehrswert 800 000 €), Grundstück 2 (Verkehrswert 600 000 €) und Grundstück 3 (Verkehrswert 400 000 €). A erhält Grundstück 1, B die Grundstücke 2 und 3. B zahlt an A eine Abfindung von 10 000 €.

Die Abfindung von 100 000 € stellt für B Anschaffungskosten dar. B muss diese Abfindung im Verhältnis der Verkehrswerte (6 : 4) auf Grundstück 2 und 3 verteilen. Dann erwirbt er jedes Grundstück zu $^1/_{10}$ entgeltlich und zu $^9/_{10}$ unentgeltlich.

c) Behandlung liquider Mittel des Nachlasses

30   Keine Anschaffungskosten liegen vor, soweit eine Abfindungszahlung dem Wert übernommener liquider Mittel des Nachlasses (z. B. Bargeld, Bankguthaben, Schecks) entspricht, weil es sich wirtschaftlich um einen Leistungsaustausch „Geld gegen Geld" handelt, der einer Rückzahlung der Abfindungszahlung gleichsteht.

Beispiel 14

Ein Nachlass besteht aus einem Grundstück (Verkehrswert 2 Mio. €) und aus Bankguthaben (Verkehrswert 2 Mio. €). Miterben sind A und B zu je ½. A erhält das Grundstück und das Bankguthaben und zahlt an B eine Abfindung von 2 Mio. €.

Es ist steuerlich davon auszugehen, dass der Nachlass im Wege der Naturalteilung verteilt wurde, bei der A das Grundstück und B das Bankguthaben erhalten hat. A hat deshalb keine Anschaffungskosten (vgl. auch Beispiel 8).

d) AfA-Bemessungsgrundlage und AfA-Satz nach Erbauseinandersetzung

31   Nach der Erbauseinandersetzung ist hinsichtlich der weiteren Abschreibung zwischen dem unentgeltlich erworbenen Teil des Wirtschaftsguts und dem entgeltlich erworbenen Teil zu unterscheiden.

Auf den unentgeltlich erworbenen Teil ist § 11d Abs. 1 EStDV anzuwenden. Der Miterbe führt die von der Erbengemeinschaft vorgenommene Abschreibung anteilig fort.

Soweit der Miterbe das Wirtschaftsgut entgeltlich erworben hat, sind der weiteren AfA seine Anschaffungskosten zu Grunde zu legen. Für den entgeltlich erworbenen Teil des Wirtschaftsguts bemessen sich die AfA

– bei beweglichen Wirtschaftsgütern und bei unbeweglichen Wirtschaftsgütern, die keine Gebäude sind, nach der tatsächlichen künftigen Nutzungsdauer des Wirtschaftsguts im Zeitpunkt der Erbauseinandersetzung.

– bei Gebäuden nach den hierfür geltenden Vorschriften (i. d. R. § 7 Abs. 4 EStG).

Danach kann sich bei Gebäuden für den unentgeltlich und den entgeltlich erworbenen Teil eine unterschiedliche Abschreibungsdauer ergeben.

Beispiel 15

Miterben sind S und T je zu ½. Zum Nachlass gehören ein bebautes Grundstück (Verkehrswerte: Gebäude 1,5 Mio. €, Grund und Boden 500 000 €) und Bargeld (1 Mio. €). Die ursprünglichen Anschaffungskosten des Gebäudes in Höhe von 2 Mio. € sind bei der Auseinandersetzung der Erbengemeinschaft am *1.* Januar 04 bereits mit jährlich 2 v. H. bis auf 800 000 € abgeschrieben. S erhält das Grundstück und zahlt an T eine Abfindung in Höhe von 500 000 €. T erhält das Bargeld und die Abfindungszahlung.

S hat das Grundstück zu ¼ entgeltlich erworben. Nach dem Verhältnis der Verkehrswerte entfallen auf das Gebäude 375 000 € und auf den Grund und Boden 125 000 € der Abfindungszahlung. Die AfA, die S nach der Erbauseinandersetzung vornehmen kann, bemessen sich wie folgt: Hinsichtlich ¾ des Gebäudes hat S nach § 11d Abs. 1 EStDV die AfA-Reihe der Erbengemeinschaft fortzuführen und mithin jährlich 2 v. H. von 1500 000 € (¾ von 2 Mio. € Anschaffungskosten des Erblassers) = 30 000 € abzuschreiben. Hinsichtlich ¼ des Gebäudes liegt ein entgeltlicher Erwerb vor. S hat insofern – soweit keine kürzere Nutzungsdauer als 50 Jahre in Betracht kommt (§ 7 Abs. 4 Satz 2 EStG) – über 50 Jahre 2 v. H. von 375 000 € (= 7500 €) jährlich abzusetzen.

III. Erbauseinandersetzung über einen Mischnachlass

1. Teilung ohne Abfindungszahlungen

a) Allgemeines

Auch beim Mischnachlass führt eine Teilung ohne Abfindungszahlungen nicht zur Entstehung von Anschaffungskosten oder Veräußerungserlösen. Demzufolge können auch hier keine Veräußerungsgewinne entstehen.

32

Beispiel 16

Erben sind A und B zu je ½. Zum Nachlass gehört ein Betriebsvermögen (Wert 3 Mio. €) und privater Grundbesitz (Wert 3 Mio. €). A und B setzen sich in der Weise auseinander, dass A den Betrieb und B den privaten Grundbesitz erhält.

Es liegen keine Anschaffungs- oder Veräußerungsgeschäfte vor mit der Folge, dass weder für A noch für B Anschaffungskosten entstehen. Der Mitunternehmeranteil des B geht ohne Gewinnrealisierung auf A nach § 6 Abs. 3 EStG zum Buchwert über. Dies gilt auch dann, wenn die Erbauseinandersetzung erst viele Jahre nach dem Erbfall stattfindet und der Umfang des Betriebsvermögens sich zwischenzeitlich verändert hat. A muss die Buchwerte fortführen. B tritt gemäß § 11 Abs. 1 EStDV in die Abschreibungsreihe der Erbengemeinschaft ein.

In der Teilung eines Mischnachlasses ohne Abfindungszahlungen liegt – ebenso wie in der Realteilung eines nur aus Betriebsvermögen bestehenden Nachlasses – nicht nur keine entgeltliche Anschaffung oder Veräußerung, sondern auch keine zur Gewinnrealisierung führende Aufgabe eines Mitunternehmeranteils gemäß § 16 Abs. 3 *Satz 1* EStG, sofern nicht alle wesentlichen Betriebsgrundlagen in das Privatvermögen überführt werden (vgl. Tzn. 11 und 13).

b) Schaffung von Privatvermögen im engen zeitlichen Zusammenhang mit der Auseinandersetzung

Die Teilung eines Mischnachlasses ohne Abfindungszahlung führt nicht zur Entstehung von Anschaffungskosten einerseits sowie eines Veräußerungs- bzw. Aufgabegewinns andererseits, es sei denn, alle wesentlichen Betriebsgrundlagen werden ins Privatvermögen überführt. Dabei kommt es nicht darauf an, ob bereits im Zeitpunkt des Erbfalls ein Mischnachlass bestanden hat oder ob sich im Zuge der Verwaltung des Nachlasses privates Nachlassvermögen gebildet hat. Wird dagegen durch Entnahmen liquider Mittel im engen zeitlichen Zusammenhang mit der Auseinandersetzung Privatvermögen geschaffen, um insoweit eine gewinnneutrale Teilung zu ermöglichen, ist diese Gestaltung nach § 42 AO steuerlich nicht anzuerkennen.

33

c) Behandlung von Nachlassverbindlichkeiten bei Mischnachlässen, insbesondere Schuldzinsenabzug

Auch bei einem Mischnachlass kann die Abstimmung mit dem Auseinandersetzungsguthaben des Miterben dadurch erreicht werden, dass der Miterbe Verbindlichkeiten der Erbengemeinschaft übernimmt. Wie sich derartige Schulden in der Folge bei den Miterben auswirken, hängt davon ab, mit welchem Vermögen sie in Zusammenhang stehen und wie dieses Vermögen beim Erben verwendet wird. So kann Privatvermögen der Erbengemeinschaft beim Miterben Betriebsvermögen und die damit zusammenhängende Verbindlichkeit Betriebsschuld werden.

34

Die Übernahme von Schulden über die Erbquote hinaus kann trotz fehlender Anschaffungskosten zu Betriebsvermögen führen, das den Schuldzinsenabzug ermöglicht.

Beispiel 17

A und B sind Miterben zu je ½. Zum Nachlass gehören ein Betrieb (Wert 3 Mio. €) sowie ein privates Grundstück (Wert 2 Mio. €), das mit einer Hypothek von 1 Mio. € belastet ist. A übernimmt den Betrieb und die Verbindlichkeit, B erhält das Grundstück.

Es ist von einer gewinnneutralen Teilung eines Mischnachlasses auszugehen, da auch beim Mischnachlass eine Wertangleichung zur Vermeidung von Ausgleichszahlungen durch überproportionale Übernahme von Nachlassverbindlichkeiten erreicht werden kann. Die von A zusätzlich zum Betrieb übernommene private Nachlassschuld bleibt keine Privatschuld, sondern wandelt sich nach der Übernahme durch A in eine Betriebsschuld um mit der Folge, daß A künftig die auf diese Schuld entfallenden Schuldzinsen als Betriebsausgaben abziehen kann.

35 Die Begleichung von Erbfallschulden (z. B. Pflichtteils- und Erbersatzansprüche) führt nicht zu Anschaffungskosten. Die Aufwendungen für die Finanzierung von Pflichtteils- und Erbersatzansprüchen dürfen nicht als Betriebsausgaben oder Werbungskosten abgezogen werden (BFH-Urteile vom 2. März 1993 – BStBl 1994 II S. 619, vom 25. November 1993 – BStBl 1994 II S. 623 und vom 27. Juli 1993 – BStBl 1994 II S. 625). Dies gilt auch für die Aufwendungen zur Finanzierung von Vermächtnissen.

Werden Pflichtteilsansprüche durch die Übertragung von im Nachlass befindlichen Wirtschaftsgütern, Betrieben, Teilbetrieben oder Mitunternehmeranteilen abgegolten, liegt grundsätzlich eine entgeltliche Übertragung vor. Dies bedeutet, dass der Erbe das einzelne Wirtschaftsgut, den Betrieb, Teilbetrieb oder Mitunternehmeranteil veräußert und der Pflichtteilsberechtigte Anschaffungskosten für das erhaltene Vermögen in Höhe seines Pflichtteilsanspruchs hat (BFH-Urteil vom 16. Dezember 2004 – BStBl 2005 II S. 554).

2. Teilung mit Abfindungszahlungen

a) Allgemeines

36 Auch beim Mischnachlass liegt Entgeltlichkeit nur vor, soweit Abfindungszahlungen geleistet werden. Hat daher im Rahmen einer Teilung ein Miterbe an andere Miterben Abfindungszahlungen zu leisten, führt dies zu Anschaffungskosten einerseits und zu einem – ggf. einkommensteuerpflichtigen – Veräußerungserlös andererseits.

Beispiel 18

Erben sind A und B je zur Hälfte. Zum Nachlass gehören ein Betrieb (Wert 1 Mio. €, Buchwert 200 000 €) und ein Privatgrundstück (Wert 500 000 €). A erhält den Betrieb, B das Grundstück und eine Abfindung von A i. H. v. 250 000 €.

Die Abfindung stellt bei A Anschaffungskosten, bei B Veräußerungserlös für die Übertragung eines Mitunternehmeranteils dar. Da A und B jeweils im Wert von 750 000 € am Gesamtnachlass beteiligt sind (= ½ von 1,5 Mio. €), erwirbt A ¾ des Betriebs unentgeltlich und führt insoweit die Buchwerte (= 150 000 €) fort. B erzielt durch die Übertragung eines Mitunternehmeranteils von ¼ einen – nach §§ 16, 34 EStG begünstigten – Veräußerungsgewinn von 200 000 € (= 250 000 € ./. 50 000 €). A stockt die Buchwerte um 200 000 € auf, da B ¼ des Betriebs entgeltlich an A übertragen hat. Das restliche ¼, das dem B als Mitunternehmer zuzurechnen war, ist unentgeltlich auf A übergegangen.

D. Entgeltliche und unentgeltliche Übertragung eines Erbteils

1. Allgemeines

37 Ein Miterbe kann seinen Anteil am Nachlass (seinen Erbteil) an einen anderen Miterben oder an einen Dritten verschenken oder verkaufen (§ 2033 Abs. 1 BGB). Wird ein Erbteil verschenkt, entstehen weder Anschaffungskosten noch Veräußerungserlöse. Wird ein Erbteil verkauft, hat der Käufer dagegen Anschaffungskosten und der Verkäufer einen Veräußerungserlös. Die Ausschlagung der Erbschaft gegen eine Abfindung steht der entgeltlichen Veräußerung des Erbteils gleich (vgl. BFH-Urteil vom 20. April 2004 – BStBl II S. 987).

2. Zum Nachlass gehört nur Betriebsvermögen

a) Schenkung eines Erbteils

38 Wird ein Erbteil verschenkt und gehört zum Nachlass nur Betriebsvermögen, hat der Beschenkte die Buchwerte des Schenkers fortzuführen (§ 6 Abs. 3 EStG).

b) Verkauf eines Erbteils

39 Die entgeltliche Übertragung des Erbanteils die Veräußerung eines Mitunternehmeranteils i. S. v. § 16 Abs. 1 Nr. 2 EStG, und zwar auch dann, wenn der Erwerber Miterbe ist. Anschaffungskosten und Veräußerungsgewinn errechnen sich wie bei der Übertragung eines Mitunternehmeranteils.

Beispiel 19

Der Nachlass besteht allein aus einem Einzelunternehmen. Das Kapitalkonto betrug 600 000 €. Erben sind A, B und C zu je einem Drittel, so dass auf jeden Miterben ein Kapitalkonto von 200 000 € entfällt. C verkauft seinen Erbteil und damit gleichzeitig seinen Mitunternehmeranteil an D für 320 000 €.

In diesem Fall liegt ein entgeltliches Veräußerungsgeschäft vor. Für C entsteht nach § 16 Abs. 2 EStG ein Veräußerungsgewinn i. H. v. 120 000 € (320 000 € Veräußerungserlös ./. 200 000 € Buchwert), der nach §§ 16, 34 EStG tarifbegünstigt ist. D hat Anschaffungskosten von 320 000 €, mit denen er seinen Anteil in der Bilanz der Erbengemeinschaft ausweisen muss. Das geschieht i. H. v. 200 000 € in der Hauptbilanz (Fortführung des Kapitalkontos des C) und in Höhe von 120 000 € in einer für D aufzustellenden positiven Ergänzungsbilanz.

3. Zum Nachlass gehört nur Privatvermögen

a) Schenkung eines Erbteils

Wird ein Erbteil verschenkt und gehört zum Nachlass nur Privatvermögen, findet § 11d Abs. 1 EStDV Anwendung. Durch den unentgeltlichen Erwerb des Erbteils ist der Beschenkte in die Rechtsstellung des Schenkers eingetreten, die dieser innerhalb der Erbengemeinschaft gehabt hat. Die anteilige AfA, die dem Beschenkten an den zum Nachlass gehörenden abnutzbaren Wirtschaftsgütern des Privatvermögens zusteht, bemisst sich demzufolge (weil der Schenker ebenfalls unentgeltlich erworben hat) nach der AfA-Bemessungsgrundlage der Erbengemeinschaft (§ 11d Abs. 1 Satz 1 EStDV). Der Beschenkte kann – anteilmäßig – nur noch das nicht bereits verbrauchte AfA-Volumen abschreiben.   40

b) Verkauf eines Erbteils

Verkauft ein Miterbe seinen Erbteil und gehört zum Nachlass nur Privatvermögen, ist § 11d Abs. 1 EStDV nicht anwendbar. Der Erwerber muss seine AfA ausgehend von seinen Anschaffungskosten nach § 7 EStG bemessen.   41

Beispiel 20

E wird von seinen Söhnen A, B und C zu je ⅓ beerbt. Zum Nachlass gehört nur ein privates Mietwohnhaus, das E für 2,5 Mio. € (Anteil Gebäude 2 Mio. €) erworben und jährlich mit 2 v. H. abgeschrieben hatte. C veräußert seinen Erbteil zum 01. 01. 04 für 700 000 € an D. Hiervon entfallen 560 000 € auf das Gebäude und 140 000 € auf den Grund und Boden. Im Zeitpunkt der Veräußerung hatte das Gebäude einen Restwert von 1,2 Mio. €.

Die AfA für das immer noch zum Nachlass gehörende Gebäude kann nicht mehr einheitlich vorgenommen werden. A und B haben als Miterben ihre Anteile am Nachlass und damit an dem Grundstück, aus dem der Nachlass besteht, unentgeltlich erworben. Sie müssen demzufolge nach § 11d Abs. 1 EStDV die AfA der Erbengemeinschaft – anteilig – fortführen. A und B können also jährlich je 13 334 € (je ⅓ von 40 000 €) absetzen. Für D hingegen ist, da er entgeltlich erworben hat, seine anteilige AfA nach seinen Anschaffungskosten zu bemessen. Er muss seinen Gebäudeanteil mit 2 v. H. von 560 000 € = 11 200 € abschreiben. Zu einem anderen Ergebnis kann D nur dann kommen, wenn er nachweist, dass die Nutzungsdauer kürzer ist.

Wird ein Erbteil entgeltlich erworben und gehören mehrere Wirtschaftsgüter zum Nachlass, ist für die Aufteilung der Anschaffungskosten des Erbteils einer nach außen hin erkennbaren Zuordnung der Anschaffungskosten durch die Erben zu folgen, soweit die Aufteilung nicht zu einer unangemessenen wertmäßigen Berücksichtigung der einzelnen Wirtschaftsgüter gehört (vgl. BFH-Urteil vom 27. Juli 2004 – BStBl 2006 II S. 9).   42

Verkauft ein Miterbe seinen Erbteil, so ist ein Veräußerungsgewinn nur steuerpflichtig, wenn die Voraussetzungen des § 17 EStG, des § 23 EStG oder des § 21 UmwStG[1] vorliegen.   43

4. Mischnachlass

Wird der Anteil an einem Mischnachlass veräußert, gelten die unter Tz. 32 ff. genannten Grundsätze.   44

a) Schenkung eines Erbteils

Eine Bewertung der Nachlassgegenstände ist hier nicht erforderlich. Im privaten Bereich des Nachlasses hat der Erwerber die AfA der Erbengemeinschaft nach § 11d Abs. 1 EStDV und im betrieblichen Bereich die Buchwerte der Erbengemeinschaft (§ 6 Abs. 3 EStG) fortzuführen.   45

b) Verkauf eines Erbteils

Wird bei einem Mischnachlass ein Erbteil verkauft, muss der für den Erbteil erzielte Veräußerungserlös aufgeteilt werden. Dabei ist der Veräußerungserlös im Verhältnis des Verkehrswertes des Mitunternehmeranteils und der anteiligen Verkehrswerte der Wirtschaftsgüter des Privatvermögens zu verteilen. Tz. 42 gilt entsprechend. Der Kaufpreis ist beim Erbschaftskäufer entsprechend aufzuteilen.   46

---

[1] § 21 UmwStG i. d. F. des UmwStG vom 28. 10. 1994, zuletzt geändert durch das StVergAbG, war letztmals für Einbringungen vor dem 13. 12. 2006 anzuwenden.

47 § 15 Abs. 3 Nr. 1 EStG (sog. Abfärberegelung) ist auch dann nicht auf die Erbengemeinschaft anzuwenden, wenn ein Miterbe seinen Erbteil veräußert und ein fremder Dritter in die Erbengemeinschaft eintritt.

E. Ausscheiden eines Miterben

1. Allgemeines

48 Scheidet ein Miterbe freiwillig aus der Erbengemeinschaft aus, wächst zivilrechtlich sein Anteil am Gemeinschaftsvermögen den verbliebenen Miterben zu. Die Anwachsung eines Erbteils für den Fall, dass mehrere Erben in der Weise eingesetzt sind, dass sie die gesetzliche Erbfolge ausschließen, und dass einer der Erben vor oder nach dem Eintritt des Erbfalls wegfällt, ist in § 2094 BGB geregelt.

Die Anwachsung ist ein Unterfall der Veräußerung des Erbteils. Ertragsteuerlich ist das Anwachsen als entgeltliche oder unentgeltliche Übertragung des Anteils des ausscheidenden Miterben auf die verbleibenden Miterben anzusehen.

2. Ausscheiden ohne Abfindung

49 Scheidet ein Miterbe ohne Abfindung aus der Erbengemeinschaft aus, finden die Grundsätze über die Schenkung eines Erbteils Anwendung.

3. Ausscheiden gegen Barabfindung

50 Scheidet ein Miterbe mit Barabfindung aus der Erbengemeinschaft aus, finden die Grundsätze über den Verkauf eines Erbteils Anwendung.

4. Ausscheiden gegen Sachwertabfindung

a) Grundsatz

51 Beim Ausscheiden gegen Sachwertabfindung können sich zusätzlich zu dem vom ausscheidenden Miterben zu versteuernden Veräußerungsgewinn auch für die verbleibenden Miterben Veräußerungsgewinne ergeben.

Beispiel 21

A, B und C sind Miterben zu je ⅓. Der Nachlass besteht nur aus einem Betriebsvermögen. Der Wert des Betriebsvermögens beträgt 3 Mio. €, der Buchwert 300 000 €. Die Bilanz des Unternehmens sieht wie folgt aus:

Wirtschaftsgut 1	100 000 €	KapKto A	100 000 €
	(TW 1 Mio. €)	KapKto B	100 000 €
Wirtschaftsgut 2	200 000 €	KapKto C	100 000 €
	(TW 2 Mio. €)		
	300 000 €		300 000 €

C scheidet gegen eine Abfindung von 1 Mio. € aus dem Unternehmen aus.

Nach dem Ausscheiden des C hat die Bilanz folgendes Bild:

Wirtschaftsgut 1	100 000 €		KapKto A	100 000 €
	+ 300 000 €	400 000 €	KapKto B	100 000 €
Wirtschaftsgut 2	200 000 €			
	+ 600 000 €	800 000 €	Anspruch C	1 000 000 €
		1 200 000 €		1 200 000 €

Für C ist ein tarifbegünstigter Veräußerungsgewinn von 900 000 € (1 000 000 € ./. 100 000 €) entstanden.

A und B müssen die Buchwerte der Wirtschaftsgüter 1 und 2 entsprechend aufstocken. Da die Wirtschaftsgüter zu ⅓ entgeltlich erworben wurden, erhöht sich die AfA-Bemessungsgrundlage um 900 000 € (Anschaffungskosten 1 Mio. € ./. Buchwert 100 000 €). Wenn C das Wirtschaftsgut 1 (Buchwert nunmehr 400 000 €) zur Tilgung seiner Ausgleichsforderung von 1 Mio. € erhält, müssen A und B dieses Wirtschaftsgut aus dem Betrieb nehmen. Da dieses Wirtschaftsgut 1 Mio. € wert ist, entsteht dadurch ein Veräußerungsgewinn i. H. v. 600 000 €, den A und B je zur Hälfte als laufenden Gewinn versteuern müssen. Ein Veräußerungsgewinn – und kein Entnahmegewinn – entsteht deshalb, weil die Hingabe des Sachwerts zum Wegfall der Schuld führt. Darin ist keine Entnahme, sondern eine Veräußerung, verbunden mit einer Gewinnrealisierung hinsichtlich des den Buchwert des Wirtschaftsguts übersteigenden Schuldenteils (Ausgleichsanspruch des C), zu sehen.

b) Buchwertfortführung

Gelangt die Sachwertabfindung beim ausscheidenden Miterben in ein Betriebsvermögen, der Miterbe die Buchwerte der Erbengemeinschaft fortführen. 52

Im Beispiel 21 entsteht kein Veräußerungsgewinn, wenn C das ihm zur Abfindung übereignete Wirtschaftsgut 1 in ein ihm gehörendes Betriebsvermögen nach § 6 Abs. 5 EStG zum Buchwert überführt. Für diesen Fall wird das Wirtschaftsgut 1 dem C zum Buchwert gegen Minderung seiner Beteiligungsrechte am Betrieb der Erbengemeinschaft übertragen. Da der Buchwert des Wirtschaftsguts 100 000 € beträgt, sinkt dadurch das Kapitalkonto des C unter gleichzeitigem Ausscheiden des C aus dem Betrieb auf Null. C muss das Wirtschaftsgut in seinen eigenen Betrieb mit 100 000 € erfolgsneutral (gegen entsprechende Erhöhung seines Kapitalkontos) einlegen. Für C entsteht weder ein Entnahme- noch ein Veräußerungsgewinn. Auch für A und B ergeben sich keine Gewinnauswirkungen.

F. Erbauseinandersetzung durch Veräußerung des Nachlasses

1. Allgemeines

Die Erbauseinandersetzung kann gem. §§ 2046 ff. BGB auch in der Weise erfolgen, dass alle Wirtschaftsgüter des Nachlasses veräußert werden. Anschließend werden alle Nachlassverbindlichkeiten abgezogen. Der Rest der Veräußerungserlöse wird den Erbquoten entsprechend anteilmäßig unter den Miterben verteilt. 53

2. Betriebsvermögen

Gehört zum Nachlass ein Betriebsvermögen, so kann der gesamte Betrieb von der Erbengemeinschaft veräußert werden. Dann liegt ein Fall des § 16 Abs. 1 EStG vor. Der von der Erbengemeinschaft erzielte Veräußerungsgewinn ist von den Miterben tarifbegünstigt zu versteuern (§§ 16, 34 EStG). 54

Wird der Betrieb von den Miterben nicht fortgeführt und werden die einzelnen Wirtschaftsgüter des Betriebsvermögens veräußert, kann eine begünstigte Betriebsaufgabe vorliegen (§ 16 Abs. 3 Satz 1 EStG).

3. Privatvermögen

Soweit zum Nachlass Privatvermögen gehört, ist die Veräußerung einkommensteuerrechtlich nur dann zu erfassen, wenn die §§ 17, 23 EStG oder § 21 UmwStG[1] zur Anwendung kommen. 55

G. Teilerbauseinandersetzung

1. Behandlung wie Gesamtauseinandersetzung

Bei der gegenständlichen Teilauseinandersetzung stellen die geleisteten Abfindungen Anschaffungskosten bzw. Veräußerungsentgelt dar, und zwar unabhängig davon, dass die Miterben am Nachlass beteiligt bleiben. 56

Beispiel 22

Erben sind A und B je zur Hälfte. Zum Nachlass gehören ein Betrieb (Wert 1 Mio. €, Buchwert 200 000 €) und ein Privatgrundstück (Wert 500 000 €). Bei einer Teilauseinandersetzung erhält A den Betrieb, B bekommt eine Abfindung von A i. H. v. 500 000 €. Das Grundstück verbleibt in der Erbengemeinschaft.

B erzielt einen tarifbegünstigten Veräußerungsgewinn von 400 000 €. A stockt die Buchwerte des Betriebs um 400 000 € auf. Der Wert und die spätere Verteilung des Restnachlasses bleiben zunächst außer Betracht.

Soweit im Rahmen einer Teilauseinandersetzung ein Wirtschaftsgut des Betriebsvermögens einem Miterben zu Lasten seiner Beteiligung am Restnachlass zugewiesen wird, das er in sein Privatvermögen übernimmt, entsteht ein Entnahmegewinn. Der Entnahmegewinn ist Teil des Gesamtgewinns der Mitunternehmerschaft. Dieser ist den Mitunternehmern (Miterben) nach dem allgemeinen Gewinnverteilungsschlüssel zuzurechnen, der sich bei den Miterben nach ihrem Anteil am Nachlass bestimmt (§ 2038 Abs. 2, § 743 Abs. 1 BGB), es sei denn, dass der Gewinn nach den von den Miterben schriftlich getroffenen Vereinbarungen über die Teilauseinandersetzung dem entnehmenden Miterben zuzurechnen ist. 57

Wird im Rahmen einer Teilauseinandersetzung ein Wirtschaftsgut aus dem Betriebsvermögen der Erbengemeinschaft (Mitunternehmerschaft) in ein anderes Betriebsvermögen eines der Miterben überführt, ist nach § 6 Abs. 5 EStG der Buchwert fortzuführen.

---

[1] § 21 UmwStG i. d. F. des UmwStG vom 28. 10. 1994, zuletzt geändert durch das StVergAbG, war letztmals für Einbringungen vor dem 13. 12. 2006 anzuwenden.

2. Behandlung von umgekehrten Abfindungen

58   Abfindungen in umgekehrter Richtung vermindern grundsätzlich die bei einer Teilauseinandersetzung angenommenen Anschaffungskosten und Veräußerungserlöse, wenn die Miterben eine weitere Auseinandersetzung im Auge hatten, bei der es zu umgekehrten Abfindungen kommt (BFH-
Beschluss vom 5. Juli 1990 – BStBl II S. 837). Davon ist auszugehen, wenn seit der vorausgegangenen Teilauseinandersetzung nicht mehr als fünf Jahre vergangen sind.

Eine spätere (weitere) Teilauseinandersetzung oder Endauseinandersetzung ist nicht mehr mit
vorangegangenen Teilauseinandersetzungen als Einheit zu betrachten, sondern wie eine selbständige Auseinandersetzung zu behandeln.

Ist bei einer vorangegangenen Teilauseinandersetzung eine Abfindung für den Erwerb mehrerer
Wirtschaftsgüter geleistet worden, ist die umgekehrte Abfindung auf diese Wirtschaftsgüter nach
dem Verhältnis ihrer Verkehrswerte im Zeitpunkt der vorangegangenen Teilauseinandersetzung
aufzuteilen.

Beispiel 23

Erben sind A und B zu je $^1/_2$. Zum Nachlass gehören ein Betrieb (Wert 1 Mio. €, Buchwert
200 000 €) und ein Privatgrundstück. Bei einer Teilauseinandersetzung erhält A den Betrieb
und muß an B eine Abfindung i. H. v. 500 000 € zahlen. Im Rahmen der vier (sechs) Jahre später erfolgenden Endauseinandersetzung erhält B das Grundstück, dessen Wert auf 500 000 €
festgestellt wurde, und zahlt deshalb an A eine Abfindung i. H. v. 250 000 €.

Die von B bei der Endauseinandersetzung an A zu zahlende umgekehrte Abfindung i. H. v.
250 000 € bewirkt, dass der Veräußerungsgewinn des B von ursprünglich 400 000 € nunmehr
nur noch 200 000 € beträgt und nicht mehr nach §§ 16, 34 EStG begünstigt ist. Die bisherige
Aufstockung der Buchwerte bei A um 400 000 € muss auf einen Aufstockungsbetrag von
200 000 € gemindert werden.

Dagegen würde sich die ursprüngliche Behandlung der Teilauseinandersetzung nicht mehr
ändern, wenn die Endauseinandersetzung sechs Jahre später erfolgt.

Dagegen würde sich die ursprüngliche Behandlung der Teilauseinandersetzung nicht mehr
ändern, wenn die Endauseinandersetzung sechs Jahre später erfolgt.

Aus der Veräußerung des Mitunternehmeranteils hat B einen nach den §§ 16 und 34 EStG
begünstigten Veräußerungsgewinn i. H. v. 400 000 € zu versteuern; A hat die Buchwerte entsprechend aufzustocken. Der sich aus der sechs Jahre späteren Teilerbauseinandersetzung
über das Grundstück ergebende Veräußerungsgewinn ist nur steuerpflichtig, wenn die
Voraussetzungen des § 23 EStG vorliegen.

59   Werden im Rahmen einer Teilauseinandersetzung entstandene Veräußerungsgewinne durch
umgekehrte Abfindungen gemindert, ist dies ein Ereignis, das Rückwirkung für die Vergangenheit
hat (§ 175 Abs. 1 Nr. 2 AO), weshalb die Minderung des Veräußerungsgewinns rückwirkend erfolgen muss.

Auch die bei dem die ursprüngliche Abfindung leistenden Miterben durch die umgekehrte Abfindung eintretende Verminderung der Anschaffungskosten hat rückwirkend zu erfolgen (§ 175
Abs. 1 Nr. 2 AO). Umgekehrte Abfindungen sind insoweit nicht erst ab dem Jahr ihrer Zahlung zu
berücksichtigen.

H. Vermächtnisse, Vorausvermächtnisse, Teilungsanordnung

1. Steuerliche Auswirkungen von Vermächtnissen

60   Im Falle der Erbeinsetzung liegt in vollem Umfang ein unentgeltlicher Erwerb unmittelbar vom
Erblasser vor. Der Erbe ist an die Buch- und Steuerwerte gem. §§ 7 Abs. 1, 11d Abs. 1 EStDV
gebunden, auch wenn ihm die Erfüllung von Vermächtnissen auferlegt wird. Die Erfüllung eines
Vermächtnisses durch den beschwerten Erben stellt kein Entgelt für den Erwerb des Erbteils dar
und führt daher bei ihm nicht zu Anschaffungskosten (BFH-Urteil vom 17. Oktober 1991 – BStBl
1992 II S. 392). Dies gilt auch, wenn ein Sachvermächtnis hinsichtlich eines Wirtschaftsguts des
Betriebsvermögens ausgesetzt wird und dieses Sachvermächtnis vom Erben und Betriebsübernehmer erfüllt wird. Geht aber ein Betrieb durch Erbeinsetzung auf den Verpflichteten über, dass der
Erbe oder die Erbengemeinschaft ein Wirtschaftsgut des Betriebsvermögens an einen Dritten
herausgeben muss, führt dies zur Entnahme dieses Wirtschaftsguts. Dies gilt auch dann, wenn das
Wirtschaftsgut beim Vermächtnisnehmer Betriebsvermögen wird (vgl. aber Tz. 65). Der Entnahmegewinn ist dem Alleinerben oder allen Miterben zuzurechnen.

Der Alleinerbe oder die Miterben können bei der Entnahme von Grund und Boden aus einem
land- und forstwirtschaftlichen Betrieb ggf. den Freibetrag nach § 14a Abs. 4 EStG in Anspruch
nehmen, wenn die Entnahme vor dem 1. Januar 2006 erfolgt.

Beispiel 24

A wurde vom Erblasser als Alleinerbe eingesetzt. Zum Nachlass gehört ein Gewerbebetrieb. In Erfüllung eines Vermächtnisses überträgt A auf B ein Betriebsgrundstück (Teilwert 1 Mio. €, Buchwert 400 000 €).

A führt nach § 6 Abs. 3 EStG die Buchwerte des Erblassers fort. Er erzielt bei der Übertragung des Grundstücks auf B einen laufenden nicht begünstigten Entnahmegewinn i. H. v. 600 000 € (= 1 Mio. € ./. 400 000 €). Das gilt auch, wenn das Grundstück beim Vermächtnisnehmer ins Betriebsvermögen übernommen wird.

Betrifft das Sachvermächtnis dagegen einen ganzen Betrieb, erzielt die Erbengemeinschaft (oder der Alleinerbe) keinen Veräußerungs- oder Aufgabegewinn. Der Vermächtnisnehmer führt nach § 6 Abs. 3 EStG die Buchwerte der Erbengemeinschaft fort. (BFH-Urteil vom 7. Dezember 1990 – BStBl 1991 II S. 350). Ist ein Gewerbebetrieb (Einzelunternehmen) aufgrund eines Sachvermächtnisses an einen der Miterben oder einen Dritten (Vermächtnisnehmer) herauszugeben, sind die nach dem Erbfall bis zur Erfüllung des Vermächtnisses erzielten gewerblichen Einkünfte grundsätzlich den Miterben als Mitunternehmern zuzurechnen. Abweichend von diesem Grundsatz sind die zwischen Erbfall und Erfüllung des Vermächtnisses angefallenen Einkünfte dem Vermächtnisnehmer zuzurechnen, wenn dieser schon vor der Erfüllung des Vermächtnisses als Inhaber des Gewerbebetriebs (Unternehmer) anzusehen ist (BFH-Urteil vom 24. September 1991 – BStBl 1992 II S. 330). 61

Besteht das Vermächtnis darin, dass dem Bedachten ein privates Wirtschaftsgut zu übertragen ist, ist er nach § 11d Abs. 1 EStDV an die bisher für den Alleinerben oder die Erbengemeinschaft maßgebenden Steuerwerte gebunden. 62

Wie die Erfüllung eines Vermächtnisses führt auch die Begleichung von Erbfallschulden (Pflichtteils- und Erbersatzansprüche) nicht zu Anschaffungskosten. Aufwendungen für die Finanzierung von Pflichtteils- und Erbersatzansprüchen dürfen nicht als Betriebsausgaben oder Werbungskosten abgezogen werden. Ein Vermächtnis führt ausnahmsweise dann zu einem Veräußerungserlös des beschwerten Erben oder der beschwerten Miterben und zu Anschaffungskosten des Vermächtnisnehmers, wenn der Vermächtnisnehmer für den Erwerb des vermachten Gegenstandes eine Gegenleistung zu erbringen hat. 63

nicht abgedruckt 64

2. Besonderheiten bei Vorausvermächtnissen

Betrifft das Vorausvermächtnis einen Betrieb, erzielt die Erbengemeinschaft keinen Veräußerungs- oder Aufgabegewinn. Der Vermächtnisnehmer führt nach § 6 Abs. 3 EStG die Buchwerte der Erbengemeinschaft fort. Demgegenüber liegt eine Entnahme durch die Erbengemeinschaft (nicht durch den Erblasser) vor, wenn ein Einzelwirtschaftsgut des Betriebsvermögens in Erfüllung eines Vorausvermächtnisses auf einen der Miterben übertragen wird. 65

Beispiel 25

Erben sind A und B je zur Hälfte. Der Nachlass umfasst neben anderen Nachlassgegenständen einen Betrieb. A erhält im Wege des Vorausvermächtnisses ein Grundstück dieses Betriebs (Teilwert 500 000 €, Buchwert 200 000 €), das er privat nutzt.

Die Erfüllung des Vorausvermächtnisses durch Übertragung des Betriebsgrundstücks auf A führt zu einem laufenden Entnahmegewinn bei der Erbengemeinschaft i. H. v. 300 000 €, der den beiden Miterben A und B im Rahmen der einheitlichen und gesonderten Feststellung der Gewinneinkünfte je hälftig zuzurechnen ist.

Wird in Erfüllung eines Vorausvermächtnisses ein Einzelwirtschaftsgut aus dem Betriebsvermögen der Erbengemeinschaft in ein anderes Betriebsvermögen eines der Miterben überführt, besteht nach § 6 Abs. 5 EStG die Pflicht zur – gewinnneutralen – Buchwertfortführung.

Beispiel 26

Erben sind A und B je zur Hälfte. Zum Nachlass gehört u. a. ein Betrieb. A erhält im Wege des Vorausvermächtnisses ein Grundstück dieses Betriebs (Teilwert 500 000 €, Buchwert 200 000 €), das er in einem eigenen Betrieb nutzt.

Ein Entnahmegewinn entsteht nicht, da A als Mitunternehmer zur Fortführung des Buchwertes berechtigt ist.

Besteht das Vorausvermächtnis darin, dass dem Bedachten ein privates Wirtschaftsgut zu übertragen ist, ist er nach § 11d Abs. 1 EStDV an die bisher für die Erbengemeinschaft maßgebenden Steuerwerte gebunden. 66

3. Steuerliche Auswirkungen von Teilungsanordnungen

67   Durch eine Teilungsanordnung (§ 2048 BGB) wird lediglich die Art und Weise der Erbauseinandersetzung durch den Erblasser festgelegt. Deshalb gehen auch bei der Teilungsanordnung zunächst alle Nachlassgegenstände auf die Erbengemeinschaft und nicht einzelne Nachlassgegenstände unmittelbar auf denjenigen Miterben über, der sie aufgrund der Teilungsanordnung erhalten soll. Verhalten sich die Miterben jedoch bereits vor der Auseinandersetzung entsprechend der Teilungsanordnung, ist dies auch steuerrechtlich anzuerkennen, solange die tatsächliche Auseinandersetzung innerhalb einer sich an den Umständen des Einzelfalls orientierenden Frist vorgenommen wird. Dies gilt auch bei Anordnung einer Testamentsvollstreckung. Setzen sich die Erben einverständlich über die Teilungsanordnung hinweg, ist für die steuerliche Beurteilung die tatsächliche Auseinandersetzung maßgeblich. Solange die Teilungsanordnung von den Erben vor der Auseinandersetzung beachtet wird, sind die Veranlagungen vorläufig nach § 165 Abs. 1 Satz 1 AO durchzuführen.

68   Zur Abgrenzung zwischen Teilungsanordnung und Vorausvermächtnis ist von Bedeutung, dass sich die Teilungsanordnung in der Zuweisung bestimmter Nachlassgegenstände innerhalb des Rahmens des Erbteils erschöpft, während das Vorausvermächtnis in der Zuweisung bestimmter Nachlassgegenstände außerhalb des Erbteils, d. h. über den Erbteil hinaus, besteht. Mit dem Vorausvermächtnis will der Erblasser einem der Erben einen zusätzlichen Vermögensvorteil zuwenden. Bei der Teilungsanordnung fehlt ein derartiger Begünstigungswille, sie beschränkt sich auf die Verteilung der Nachlassgegenstände bei der Erbauseinandersetzung. Bei der Abgrenzung zwischen Teilungsanordnung und Vorausvermächtnis kommt es nicht auf die formale Bezeichnung, sondern auf das tatsächlich Gewollte an.

I. Sonderfragen
I. Erbfolge bei der Beteiligung an einer Personengesellschaft

1. Fortsetzung der Gesellschaft durch die übrigen Gesellschafter oder Auflösungsklausel

69   Bei Tod eines Gesellschafters scheidet der verstorbene Gesellschafter aus der Gesellschaft aus und die überlebenden Gesellschafter setzen die Gesellschaft fort (§ 131 Abs. 3 Nr. 1 HGB). In diesem Fall geht zivilrechtlich der Gesellschaftsanteil nicht auf die Erben über. Diese erlangen lediglich einen privaten Abfindungsanspruch gegenüber den verbleibenden Gesellschaftern. Steuerlich realisiert der Erblasser durch Aufgabe seines Mitunternehmeranteils unter Anwachsung bei den verbleibenden Gesellschaftern einen begünstigten Veräußerungsgewinn (§§ 16, 34 EStG) in Höhe des Unterschieds zwischen dem Abfindungsanspruch und dem Buchwert seines Kapitalkontos im Todeszeitpunkt (BFH-Urteil vom 15. April 1993 – BStBl *1994 II* S. 227).

Ist im Gesellschaftsvertrag eine sog. Auflösungsklausel, nach der sich die Gesellschaft bei Tod eines Gesellschafters auflöst, enthalten, liegt insgesamt eine nach §§ 16, 34 EStG begünstigte Betriebsaufgabe vor, soweit weder nach Realteilungsgrundsätzen (vgl. BMF-Schreiben vom 28. Februar 2006 – BStBl I S. 228) noch nach § 6 Abs. 5 EStG eine Buchwertfortführung möglich ist. Satz 1 gilt nicht, sofern die Gesellschafter die Gesellschaft fortsetzen.

2. Eintrittsklausel

70   Ist im Gesellschaftsvertrag eine Eintrittsklausel des Inhalts vereinbart worden, dass ein oder mehrere Erben mit dem Tod eines Gesellschafters das Recht haben, in die Gesellschaft einzutreten, wird die Gesellschaft zunächst mit den verbleibenden Gesellschaftern fortgesetzt. Der Gesellschaftsanteil des verstorbenen Gesellschafters wächst mithin den übrigen Gesellschaftern an und die eintrittsberechtigten Erben erben lediglich das Eintrittsrecht. Hieraus folgt grundsätzlich, dass bei Zahlung einer Abfindung im Fall des Nichteintritts – wie bei der Fortsetzungsklausel – der Erblasser einen tarifbegünstigten Veräußerungsgewinn (§§ 16, 34 EStG) erzielt. Wird allerdings das Eintrittsrecht innerhalb von 6 Monaten nach dem Erbfall ausgeübt, gelten, wenn alle Erben von ihrem Eintrittsrecht Gebrauch machen, die Ausführungen über die einfache Nachfolgeklausel (Tz. 71.), wenn nur einer oder einige Erben von ihrem Eintrittsrecht Gebrauch machen, die Ausführungen über die qualifizierte Nachfolgeklausel (Tz. 72.) entsprechend.

3. Einfache Nachfolgeklausel

71   Im Fall der sog. einfachen Nachfolgeklausel wird die Gesellschaft beim Tod eines Gesellschafters mit allen Erben dieses Gesellschafters fortgesetzt. Mitunternehmeranteile, die vom Erblasser gesondert auf die Miterben übergegangen sind, können im Fall der sog. einfachen Nachfolgeklausel in die Erbauseinandersetzung einbezogen und abweichend aufgeteilt werden. Ausgleichszahlungen an die weichenden Miterben führen auch in diesem Fall zu Anschaffungskosten (BFH-Urteil vom 13. Dezember 1990 – BStBl 1992 II S. 510 sowie BFH-Urteil vom 29. Oktober 1991 – BStBl 1992 II S. 512).

Diese Betrachtungsweise hat zur Folge, dass durch die Einbeziehung von Mitunternehmeranteilen in die Erbauseinandersetzung im Fall der sog. einfachen Nachfolgeklausel eine gewinnneutrale Realteilung eines Nachlasses erreicht werden kann.

Beispiel 27 (bei Mischnachlass)

Gesellschafter einer OHG sind A, B und C. A stirbt. Erben sind D und E je zur Hälfte. Zum Nachlass gehören ein OHG-Anteil (Wert 2 Mio. €) sowie ein Privatgrundstück (Wert 2 Mio. €). D und E treten aufgrund der im Gesellschaftsvertrag verbrieften einfachen Nachfolgeklausel in die OHG ein. Das Grundstück wird zunächst in Erbengemeinschaft verwaltet. Nach einiger Zeit setzen sich D und E dergestalt auseinander, dass E dem D seinen Gesellschaftsanteil überlässt und dafür aus der Erbengemeinschaft das Privatgrundstück erhält. Ausgleichszahlungen erfolgen nicht.

Es ist von einer gewinnneutralen Teilung eines Mischnachlasses auszugehen, bei der D den Gesellschaftsanteil und E das Grundstück erhalten hat. Anschaffungskosten und Veräußerungsgewinne entstehen mangels Ausgleichszahlungen nicht.

Aus dieser Betrachtungsweise ergibt sich weiter, dass auch beim Vorhandensein von Sonderbetriebsvermögen eine gewinnneutrale Realteilung eines Nachlasses möglich ist.

Beispiel 28 (bei Mischnachlass)

Gesellschafter einer OHG sind A, B und C. A stirbt. Erben sind D und E je zu Hälfte. Zum Nachlass gehören ein OHG-Anteil (Wert 1,2 Mio. €), ein der OHG überlassenes Grundstück (Wert 800 000 €) und ein Privatgrundstück (Wert 2 Mio. €). D und E treten aufgrund der im Gesellschaftsvertrag verbrieften einfachen Nachfolgeklausel in die OHG ein. Das Privatgrundstück wird zunächst von der Erbengemeinschaft verwaltet. Nach einiger Zeit setzen sich D und E dergestalt auseinander, dass E dem D seinen Gesellschaftsanteil und seinen Anteil an dem der OHG überlassenen Grundstück überträgt und dafür aus der Erbengemeinschaft das Privatgrundstück erhält. Ausgleichszahlungen erfolgen nicht.

Es liegt eine gewinnneutrale Teilung eines Mischnachlasses vor, bei der D den Gesellschaftsanteil an der OHG und das der OHG überlassene Grundstück und E das Privatgrundstück erhält. Anschaffungskosten und Veräußerungs- bzw. Entnahmegewinne entstehen mangels Ausgleichszahlungen nicht.

4. Qualifizierte Nachfolgeklausel

In den Fällen der sog. qualifizierten Nachfolgeklausel folgen nicht alle Miterben, sondern nur einer oder einzelne von mehreren Miterben dem Erblasser in seiner Gesellschafterstellung nach. Nach dem BFH-Urteil vom 29. Oktober 1991 (BStBl 1992 II S. 512) hat dies zur Folge, dass nur die qualifizierten Miterben, nicht dagegen die nicht qualifizierten Miterben als Mitunternehmer anzusehen sind (kein Durchgangserwerb). Werden von den qualifizierten Miterben an die nicht qualifizierten Miterben Abfindungen geleistet, entstehen deshalb weder Veräußerungsgewinne noch Anschaffungskosten. Zur Behandlung der Schuldzinsen, die durch die Finanzierung der Wertausgleichsverbindlichkeiten veranlasst sind, wird auf das BMF-Schreiben vom 11. August 1994 (BStBl I S. 603)[1] verwiesen. | 72

Daraus ergibt sich weiter, dass es mit dem Erbfall zu einer anteiligen Entnahme etwaigen Sonderbetriebsvermögens kommt, soweit das Sonderbetriebsvermögen auf nicht qualifizierte Miterben entfällt (§ 39 Abs. 2 Nr. 2 AO). Denn das Sonderbetriebsvermögen geht – im Gegensatz zum Gesellschaftsanteil – zivilrechtlich auf die Erbengemeinschaft als Ganzes über. Dies gilt auch, wenn bei einer zeitnahen Auseinandersetzung das Sonderbetriebsvermögen auf den qualifizierten Miterben übergeht. | 73

Der Entnahmegewinn ist dem Erblasser zuzurechnen, da der nicht qualifizierte Miterbe nicht Mitunternehmer geworden ist. | 74

II. Sonderfragen im Bereich der Land- und Forstwirtschaft

1. Erbfolge im Bereich der Land- und Forstwirtschaft

Die Erbfolge im Bereich der Land- und Forstwirtschaft ist zivilrechtlich nach Landesrecht unterschiedlich geregelt. Im Übrigen gibt es bundesrechtliche Besonderheiten. | 75

Während in den Ländern Hamburg, Niedersachsen, Nordrhein-Westfalen und Schleswig-Holstein für bestimmte Höfe die sog. Höfeordnung (HöfeO) Anwendung findet, sind in anderen Ländern (z. B. in Hessen und in Teilen von Baden-Württemberg bis 31. Dezember 2000) für bestimmte Höfe sog. Landesanerbengesetze maßgebend. Es gibt aber auch Bundesländer, die weder eine HöfeO noch ein Landesanerbenrecht kennen (Bayern, Berlin, Brandenburg, Mecklenburg-Vorpommern, Saarland, Sachsen, Sachsen-Anhalt und Thüringen). Soweit keine Sonderregelung eingreift, können das Landgutrecht nach dem BGB (§ 2049 BGB) sowie das Zuweisungsverfahren nach §§ 13 – 17 Grundstücksverkehrsgesetz bedeutsam sein.

Abfindungen an weichende Erben sind stets Entgelte, wenn nach den jeweiligen landesrechtlichen Vorschriften der Hof nicht unmittelbar vom Altbauer im Wege der Sondererbfolge auf den Hof- | 76

---

[1] → Anhang 8 III.

erben als Alleinerben übergeht („Höferecht"), sondern zunächst auf die Erbengemeinschaft („Anerbenrecht"). Im letzteren Falle erwirbt der Hoferbe den Hof von der Erbengemeinschaft (Durchgangserwerb).

77 Was die als partielles Bundesrecht geltende HöfeO angeht, bestimmt § 4 HöfeO, dass der Hof als Teil der Erbschaft kraft Gesetzes nur einem der Erben zufällt und an seine Stelle im Verhältnis der Miterben zueinander der Hofeswert tritt. Diese Norm ist zivilrechtlich so zu verstehen, dass im Rahmen eines gespaltenen Nachlasses der Hof unmittelbar und sofort dem Hoferben als Alleinerben zufällt, während daneben zugleich für das hofesfreie Vermögen eine Erbengemeinschaft besteht. Wie der BGH in BGHZ 28, 194 (199 f.) ausgeführt hat, ist in den Fällen der HöfeO ist eine Miterbengemeinschaft hinsichtlich des Hofes ausgeschlossen, die weichenden Miterben erhalten vielmehr insoweit schuldrechtliche Abfindungsansprüche im Sinne gesetzlich angeordneter Vermächtnisse. Die weichenden Erben erhalten daher die Abfindung nach § 12 HöfeO nicht als Entgelt für die Aufgabe einer Erbquote am Hof. Die Abfindung einschließlich einer Nachabfindung nach § 13 HöfeO ist daher kein Entgelt. Aufwendungen für die Finanzierung der Abfindung sind nicht als Betriebsausgaben abzugsfähig.

Diese Betrachtungsweise gilt auch für die übrigen Landes-Höfegesetze. Nach § 9 Abs. 1 des Bremischen HöfeG fällt der Hof als Teil der Erbschaft nur einem Erben zu. § 14 des Rheinland-Pfälzischen Landesgesetzes über die HöfeO regelt die Erbfolge in gleicher Weise wie § 4 der HöfeO.

78 Nehmen in den Fällen der Tz. 77 Wirtschaftsgüter des Betriebsvermögens nicht an der Sonderrechtsnachfolge teil (hofesfreies Vermögen), sind sie auch steuerlich der Erbengemeinschaft zuzurechnen. Soweit diese Wirtschaftsgüter nicht anteilig dem Hoferben zuzurechnen sind, liegt eine Entnahme durch den Erblasser vor. Im Übrigen gelten die allgemeinen Regeln über die Behandlung der Erbauseinandersetzung.

79 Nehmen umgekehrt Wirtschaftsgüter des Privatvermögens an der Sonderrechtsnachfolge teil (z. B. Wohnung des Betriebsinhabers), findet insoweit ein unentgeltlicher Erwerb vom Erblasser statt und die Abfindung führt nicht zu Anschaffungskosten.

80 Anders als bei land- und forstwirtschaftlichen Betrieben, die unter den Anwendungsbereich der HöfeO oder unter vergleichbare Landes-Höferechte fallen („Höferecht"), ist die Erbfolge bei Betrieben zu beurteilen, in denen der Hof zunächst auf die Erbengemeinschaft übergeht. Dies ist insbesondere nach dem Badischen Hofgütergesetz und der Hessischen Landgüterordnung der Fall („Anerbenrecht"). Die Abfindung der „weichenden Erben" nach Badischem und Hessischem Landesrecht sowie deren Ergänzungsabfindungen (wenn die Berechtigung zur erbrechtlichen Schlechterstellung der Nicht-Hoferben entfällt) sind Entgelte. Denn der Hofübernehmer hat mehr an land- und forstwirtschaftlichem Betriebsvermögen bekommen, als ihm nach seiner Erbquote zustand. Insoweit vollzieht sich die Erbauseinandersetzung nach den allgemeinen Regeln.

81 Nach den allgemeinen Regeln vollzieht sich die Erbauseinandersetzung über einen land- und forstwirtschaftlichen Betrieb auch in den Bundesländern, die weder eine HöfeO noch ein Landesanerbenrecht kennen (Bayern, Berlin, Brandenburg, Mecklenburg-Vorpommern, Saarland, Sachsen, Sachsen-Anhalt und Thüringen).

2. Behandlung von Abfindungen, die das Kapitalkonto unterschreiten

82 Gehört zum Nachlass ein land- und forstwirtschaftlicher Betrieb, wird dieser gemäß § 2049 BGB im Rahmen der Erbauseinandersetzung in den meisten Fällen nur mit dem Ertragswert berücksichtigt. Wegen der geringen Ertragsfähigkeit liegen die Ertragswerte solcher Betriebe deutlich unter dem Verkehrswert und regelmäßig auch unter dem Buchwert. Das bedeutet, dass die weichenden Erben nach erbrechtlichen Regelungen eine geringere Abfindung erhalten, als ihrem Kapitalkonto (gemessen an der Erbquote) entspricht. Abfindungen, die das Kapitalkonto unterschreiten, sind ertragsteuerlich in der Weise zu behandeln, dass in solchen Fällen der Betriebsübernehmer gemäß § 6 Abs. 3 EStDV die Buchwerte fortführt. Dies bedeutet, dass keine Abstockung der Buchwerte erforderlich ist und die weichenden Erben keinen Veräußerungsverlust erleiden.

J. Übergangsregelung

83 Die Grundsätze dieses Schreibens sind in allen noch offenen Fällen anzuwenden. Es tritt an die Stelle der BMF-Schreiben vom 11. Januar 1993 (BStBl I S. 62) und vom 5. Dezember 2002 (BStBl I S. 1392).

Soweit die Erbauseinandersetzung vor dem 1. Januar 2001 durchgeführt worden ist, gelten weiterhin die in den BMF-Schreiben vom 11. Januar 1993 und 11. August 1994[1]) genannten Grundsätze (einschließlich Übergangsregelungen) unter Berücksichtigung der Gesetzesänderungen in § 6 Abs. 5 Satz 3 und § 16 Abs. 3 Satz 2 EStG i. d. F. des StEntlG 1999/2000/2002 für Vorgänge in der Zeit vom 1. Januar 1999 bis 31. Dezember 2000.

---

1) → Anhang 8 III.

II.
Ertragsteuerliche Behandlung der vorweggenommenen Erbfolge;
hier: Anwendung des Beschlusses des Großen Senats vom 5. 7. 1990
(BStBl II S. 847)

BMF vom 13. 1. 1993 (BStBl I S. 80)

IV B 3 – S 2190 – 37/92

unter Berücksichtigung der Änderungen durch
BMF vom 26. 2. 2007 (BStBl I S. 269)

$$\frac{\text{IV C 2} - \text{S 2230} - 46/06}{\text{IV C 3} - \text{S 2190} - 18/06}$$

Inhaltsübersicht

---

[1] § 14a Abs. 4 EStG ist letztmals für Entnahmen und Veräußerungen vor dem 1. 1. 2006 anzuwenden.

Unter Bezugnahme auf das Ergebnis der Erörterung mit den obersten Finanzbehörden der Länder nehme ich zur ertragsteuerlichen Behandlung der vorweggenommenen Erbfolge wie folgt Stellung:

A. Allgemeines

1. Begriff der vorweggenommenen Erbfolge

1 Unter vorweggenommener Erbfolge sind Vermögensübertragungen unter Lebenden mit Rücksicht auf die künftige Erbfolge zu verstehen. Der Übernehmer soll nach dem Willen der Beteiligten wenigstens teilweise eine unentgeltliche Zuwendung erhalten (Beschluß des Großen Senats des BFH vom 5. Juli 1990 – BStBl II S. 847). Der Vermögensübergang tritt nicht kraft Gesetzes, sondern aufgrund einzelvertraglicher Regelungen ein.

2. Abgrenzung zu voll entgeltlichen Geschäften

2 Im Gegensatz zum Vermögensübergang durch vorweggenommene Erbfolge ist ein Vermögensübergang durch voll entgeltliches Veräußerungsgeschäft anzunehmen, wenn die Werte der Leistung und Gegenleistung wie unter Fremden nach kaufmännischen Gesichtspunkten gegeneinander abgewogen sind (vgl. Abschnitt 23 Abs. 1 und 123 Abs. 3 EStR 1990). Trotz objektiver Ungleichwertigkeit von Leistung und Gegenleistung kann ein Veräußerungs-/Erwerbsgeschäft vorliegen, wenn die Beteiligten subjektiv von der Gleichwertigkeit ausgegangen sind (BFH-Urteil vom 29. Januar 1992 – BStBl 1992 II S. 465)[1].

B. Übertragung von Privatvermögen

I. Arten der Vermögensübertragung

3 Je nach Art der anläßlich der Vermögensübertragung durch vorweggenommene Erbfolge vereinbarten Leistungen liegt eine voll unentgeltliche oder eine teilentgeltliche Übertragung vor.

1. Versorgungsleistungen

4 Eine unentgeltliche Übertragung liegt vor, soweit Versorgungsleistungen (Versorgungsrenten und dauernde Lasten) bei der Übertragung von Vermögen vom Übernehmer dem Übergeber oder Dritten (z. B. Ehegatten des Übergebers, Geschwister des Übernehmers) zugesagt werden. Sie sind von den als Anschaffungskosten zu beurteilenden Veräußerungsleistungen und von steuerlich nicht abziehbaren Unterhaltsleistungen abzugrenzen.[2]

5 Eine als Anschaffungskosten zu beurteilende Veräußerungsleistung ist anzunehmen, wenn die beiderseitigen Leistungen nach den unter Tz. 2 dargestellten Grundsätzen nach kaufmännischen Gesichtspunkten gegeneinander abgewogen sind. Bei Vermögensübertragungen auf Abkömmlinge besteht eine nur in Ausnahmefällen zu widerlegende Vermutung dafür, daß die Übertragung aus familiären Gründen, nicht aber im Wege eines Veräußerungsgeschäfts unter kaufmännischer Abwägung von Leistung und Gegenleistung erfolgt (Beschluß des Großen Senats des BFH vom 5. Juli 1990 a. a. O.).

Bei der Abgrenzung zu nicht abziehbaren Unterhaltsleistungen ist Abschnitt 123 Absatz 3 EStR 1990 zu beachten (Beschluß des Großen Senats des BFH vom 15. Juli 1991 – BStBl 1992 II S. 78).[3]

6 [4]Versorgungsleistungen können mit dem Ertragsanteil zu berücksichtigende Leibrenten (§ 10 Abs. 1 Nr. 1a Satz 2, § 22 Nr. 1 Satz 1 i. V. m. Satz 3 Buchstabe a[5] EStG) oder in voller Höhe zu berücksichtigende dauernde Lasten (§ 10 Absatz 1 Nr. 1a Satz 1 EStG) darstellen (vgl. Beschluß des Großen Senats des BFH vom 5. Juli 1990 a. a. O.). Das gilt auch, wenn die Versorgungsleistung nicht aus den Erträgen des übertragenen Vermögens geleistet werden kann (BFH-Urteil vom

---

[1]) Bestätigt durch BFH vom 16. 12. 1993 (BStBl 1996 II S. 669) und vom 30. 7. 2003 (BStBl 2004 II S. 211).

[2]) Zur Abgrenzung → BMF vom 16. 9. 2004 (BStBl I S. 922) → Anhang 8 IV Einkommensteuer Handausgabe 2008 (gilt für wiederkehrende Leistungen im Zusammenhang mit einer Vermögensübertragung, die auf einem vor dem 1. 1. 2008 geschlossenen Übertragungsvertrag beruhen).
Zur Abgrenzung → BMF vom 11. 3. 2010 (BStBl I S. 227) → Anhang 8 IV (gilt für wiederkehrende Leistungen im Zusammenhang mit einer Vermögensübertragung, die auf einem nach dem 31. 12. 2007 geschlossenen Übertragungsvertrag beruhen).

[3]) Überholt durch BMF vom 16. 9. 2004 (BStBl I S. 922) Rz. 50 → Anhang 8 IV Einkommensteuer Handausgabe 2008 und BMF vom 11. 3. 2010 (BStBl I S. 227) → Anhang 8 IV.

[4]) Überholt; § 10 Abs. 1 Nr. 1a und § 22 Nr. 1b EStG wurden durch das JStG 2008 neu gefasst. Für wiederkehrende Leistungen im Zusammenhang mit einer Vermögensübertragung, die auf einem nach dem 31. 12. 2007 geschlossenen Übertragungsvertrag beruhen → BMF vom 11. 3. 2010 (BStBl I S. 227) → Anhang 8 IV.

[5]) Jetzt → Satz 3 Buchstabe a Doppelbuchstabe bb EStG.

23. Januar 1992 – BStBl II S. 526)[1]. Versorgungsleistungen in Geld sind als dauernde Last abziehbar, wenn sich ihre Abänderbarkeit entweder aus einer ausdrücklichen Bezugnahme auf § 323 ZPO oder in anderer Weise aus dem Vertrag ergibt (Beschluß des Großen Senats des BFH vom 15. Juli 1991, a. a. O.)[2].

2. Ausgleichs- und Abstandsverpflichtungen

Ein Veräußerungs- und Anschaffungsgeschäft liegt vor, soweit sich der Übernehmer zur Zahlung eines bestimmten Geldbetrags an andere Angehörige des Übergebers oder an Dritte (Gleichstellungsgeld) oder zu einer Abstandszahlung an den Übergeber verpflichtet. Entsprechendes gilt, wenn der Übernehmer verpflichtet ist, bisher in seinem Vermögen stehende Wirtschaftsgüter auf Dritte zu übertragen, oder wenn er zunächst zu einer Ausgleichszahlung verpflichtet war und diese Verpflichtung später durch Hingabe eines Wirtschaftsguts erfüllt.   7

Der Übernehmer erwirbt nicht deshalb entgeltlich, weil er Teile des übernommenen Vermögens an Angehörige oder Dritte zu übertragen hat.   8

3. Übernahme von Verbindlichkeiten

Die Übernahme von Verbindlichkeiten des Übergebers durch den Übernehmer führt zu einem Veräußerungsentgelt und zu Anschaffungskosten. Hierbei macht es keinen Unterschied, ob die Verbindlichkeiten im wirtschaftlichen oder rechtlichen Zusammenhang mit dem übernommenen Wirtschaftsgut stehen oder ob es sich um Verbindlichkeiten handelt, die nicht mit einer Einkunftsart in Zusammenhang stehen (vgl. BMF-Schreiben vom 7. August 1992 – BStBl I S. 522).   9

4. Vorbehalt oder Einräumung von Nutzungsrechten an dem übertragenen Vermögen[3]

Behält sich der Übergeber ein dingliches oder obligatorisches Nutzungsrecht (z. B. Nießbrauch, Wohnrecht) an übertragenen Wirtschaftsgütern vor oder verpflichtet er den Übernehmer, ihm oder einem Dritten ein solches Nutzungsrecht einzuräumen, wird das bereits mit dem Nutzungsrecht belastete Vermögen erworben. Ein entgeltlicher Erwerb liegt insoweit nicht vor (vgl. BFH-Urteil vom 24. April 1991 – BStBl II S. 793).   10

II. Höhe der Anschaffungskosten

1. Unverzinsliche Geldleistungspflichten

Hat sich der Übernehmer zu einer unverzinslichen Geldleistung verpflichtet, die nach mehr als einem Jahr zu einem bestimmten Zeitpunkt fällig wird, liegen Anschaffungskosten nicht in Höhe des Nennbetrags, sondern in Höhe des nach den Vorschriften des Bewertungsgesetzes abgezinsten Gegenwartswerts vor (BFH-Urteil vom 21. Oktober 1980 – BStBl 1981 II S. 160).   11

Den Zinsanteil kann der Übernehmer nach § 9 Abs. 1 Nr. 1 EStG als Werbungskosten im Jahr der Zahlung abziehen. Der Inhaber des aufgrund der getroffenen Vereinbarungen entstandenen Forderungsrechts hat insoweit steuerpflichtige Einkünfte nach § 20 Abs. 1 Nr. 7 EStG. Das ist bei echten Verträgen zugunsten Dritter der Begünstigte.

Beispiel:

V überträgt im Wege der vorweggenommenen Erbfolge auf seinen Sohn S zum 1. Januar 1992 ein schuldenfreies vermietetes Mehrfamilienhaus. S verpflichtet sich gegenüber V an seine Schwester T am 1. Januar 1995 200 000 DM zu zahlen.

Lösung:

S hat Anschaffungskosten für das Mehrfamilienhaus i.H. des Gegenwartswerts der unverzinslichen Geldleistungspflicht. Der Gegenwartswert beträgt nach § 12 Abs. 3 BewG 170 322 DM[4].

---

[1] → aber BMF vom 16. 9. 2004 – BStBl I S. 922 – Rz. 47 und 48 → Anhang 8 IV Einkommensteuer Handausgabe 2008 (gilt für wiederkehrende Leistungen im Zusammenhang mit einer Vermögensübertragung, die auf einem vor dem 1. 1. 2008 geschlossenen Übertragungsvertrag beruhen). Für Verträge nach dem 31. 12. 2007 überholt; § 10 Abs. 1 Nr. 1a EStG wurde durch das JStG 2008 neu gefasst.

[2] → BMF vom 16. 9. 2004 – BStBl I S. 922 – Rz. 47 und 48 → Anhang 8 IV Einkommensteuer Handausgabe 2008 (gilt für wiederkehrende Leistungen im Zusammenhang mit einer Vermögensübertragung, die auf einem vor dem 1. 1. 2008 geschlossenen Übertragungsvertrag beruhen). Für Verträge nach dem 31. 12. 2007 überholt; § 10 Abs. 1 Nr. 1a EStG wurde durch das JStG 2008 neu gefasst.

[3] Zur einkommensteuerrechtlichen Behandlung des Nießbrauchs und anderer Nutzungsrechte bei Einkünften aus Vermietung und Verpachtung → BMF vom 24. 7. 1998 (BStBl I S. 914) unter Berücksichtigung der Änderungen durch BMF vom 9. 2. 2001 (BStBl I S. 522) und vom 29. 5. 2006 (BStBl I S. 392) → Anhang 19 V.

[4] 170 400 DM auf Basis der Anlage zu BMF vom 26. 5. 2005 (BStBl I S. 699) → Anhang 9 V.

Den Zinsanteil i. H. v. 29 678 DM[1] kann S im Jahr der Zahlung als Werbungskosten nach § 9 Abs. 1 Nr. 1 EStG abziehen. T hat im Jahr der Zahlung in gleicher Höhe Einnahmen i. S. d. § 20 Abs. 1 Nr. 7 EStG.

2. Leistungen in Sachwerten

12   Ist der Übernehmer verpflichtet, Leistungen in Sachwerten zu erbringen (vgl. Tz. 7), hat er Anschaffungskosten in Höhe des gemeinen Werts der hingegebenen Wirtschaftsgüter. Entnimmt er ein Wirtschaftsgut aus dem Betriebsvermögen, ist der Teilwert maßgebend.

3. Anschaffungsnebenkosten

13   Im Rahmen eines teilentgeltlichen Erwerbs aufgewandte Anschaffungsnebenkosten (z. B. Notar-, Gerichtsgebühren) werden in voller Höhe den Anschaffungskosten zugerechnet (BFH-Urteil vom 10. Oktober 1991 – BStBl 1992 II S. 239). Nebenkosten eines in vollem Umfang unentgeltlichen Erwerbs führen weder zu Anschaffungskosten noch zu Werbungskosten. Nicht zu den Anschaffungskosten gehört die Schenkungsteuer (§ 12 Nr. 3 EStG).

III. Aufteilung des Veräußerungs- und Anschaffungsvorgangs in einen entgeltlichen und einen unentgeltlichen Teil

14   [2]Wird ein Wirtschaftsgut teilentgeltlich übertragen, ist der Vorgang in einen entgeltlichen und einen unentgeltlichen Teil aufzuteilen. Dabei berechnen sich der entgeltlich und der unentgeltlich erworbene Teil des Wirtschaftsguts nach dem Verhältnis des Entgelts (ohne Anschaffungsnebenkosten) zu dem Verkehrswert des Wirtschaftsguts. Werden mehrere Wirtschaftsgüter teilentgeltlich übertragen, ist eine von den Vertragsparteien vorgenommene Zuordnung der Anschaffungskosten auf die einzelnen Wirtschaftsgüter maßgeblich für die Besteuerung, wenn die Zuordnung nach außen hin erkennbar ist und die Aufteilung nicht zu einer nach § 42 AO unangemessenen wertmäßigen Berücksichtigung der einzelnen Wirtschaftsgüter führt. Ansonsten sind die Anschaffungskosten vorweg nach dem Verhältnis der Verkehrswerte den einzelnen Wirtschaftsgütern anteilig zuzurechnen.

15   Hat sich der Übergeber ein Nutzungsrecht an dem übertragenen Wirtschaftsgut vorbehalten, ist bei Aufteilung des Rechtsgeschäfts in den entgeltlichen und den unentgeltlichen Teil dem Entgelt der um den Kapitalwert des Nutzungsrechts geminderte Wert des Wirtschaftsguts gegenüberzustellen (BFH-Urteil vom 24. April 1991 – BStBl II S. 793).

IV. Absetzungen für Abnutzung

1. Bemessungsgrundlage

16   Soweit der Übernehmer das Wirtschaftsgut unentgeltlich erworben hat, führt er die AfA des Übergebers fort. Er kann die AfA nur bis zu dem Betrag abziehen, der anteilig von der Bemessungsgrundlage des Übergebers nach Abzug der AfA, der erhöhten Absetzungen und Sonderabschreibungen verbleibt (§ 11d Abs. 1 EStDV). Soweit er das Wirtschaftsgut entgeltlich erworben hat, bemessen sich die AfA nach seinen Anschaffungskosten.

Beispiel:

V überträgt seinem Sohn S im Wege der vorweggenommenen Erbfolge ein schuldenfreies Mietwohngrundstück mit einem Verkehrswert von 2 Millionen DM (Gebäude 1,6 Millionen DM, Grund und Boden 400 000 DM). V hatte das Mietwohngrundstück zum 1. Januar 1970 erworben und die auf das Gebäude entfallenden Anschaffungskosten von 700 000 DM mit jährlich 2 v. H. abgeschrieben. S hat seiner Schwester T einen Betrag von 1 Million DM zu zahlen. Der Übergang von Nutzungen und Lasten erfolgt zum 1. Januar 1992.

Lösung:

S hat Anschaffungskosten in Höhe von 1 Million DM. Nach dem Verhältnis der Verkehrswerte entfallen auf das Gebäude 800 000 DM und auf den Grund und Boden 200 000 DM. Eine Gegenüberstellung von Anschaffungskosten und Verkehrswert ergibt, daß S das Gebäude zu ½ unentgeltlich und zu ½ entgeltlich für 800 000 DM erworben hat.

---

[1] 29 600 DM auf Basis der Anlage zu BMF vom 26. 5. 2005 (BStBl I S. 699) → Anhang 9 V.
[2] Tz. 14 i. d. F. des BMF vom 26. 2. 2007 (BStBl I S. 269). Die Grundsätze dieses Schreibens sind in allen noch offenen Fällen anzuwenden.

Die AfA-Bemessungsgrundlage und das AfA-Volumen ab 1992 berechnen sich wie folgt:

	unentgeltlich	entgeltlich
	erworbener Teil des Gebäudes	
Bemessungsgrundlage ab 1992	350 000 DM	800 000 DM
	(½ von 700 000 DM)	
./. bereits von V für den unentgeltlich erworbenen Gebäudeteil in Anspruch genommene AfA 22 × 2 v. H. von 350 000 DM (½ von 700 000 DM)	154 000 DM	
AfA-Volumen ab 1992	196 000 DM	800 000 DM

2. Vomhundertsatz

Hinsichtlich des weiteren AfA-Satzes des Erwerbers ist zwischen dem unentgeltlich und dem entgeltlich erworbenen Teil des Wirtschaftsguts zu unterscheiden.   17

Für den unentgeltlich erworbenen Teil des Wirtschaftsguts hat der Übernehmer die vom Übergeber begonnene Abschreibung anteilig fortzuführen (§ 11d Abs. 1 EStDV).

Für den entgeltlich erworbenen Teil des Wirtschaftsguts bemessen sich die AfA

– bei beweglichen Wirtschaftsgütern und bei unbeweglichen Wirtschaftsgütern, die keine Gebäude sind, nach der tatsächlichen künftigen Nutzungsdauer des Wirtschaftsguts im Zeitpunkt des Übergangs von Nutzungen und Lasten,

– bei Gebäuden regelmäßig nach § 7 Abs. 4 EStG.

Danach ergibt sich bei Gebäuden für den unentgeltlich und den entgeltlich erworbenen Teil regelmäßig eine unterschiedliche Abschreibungsdauer.

Beispiel:

Beträgt im vorigen Beispiel die tatsächliche Nutzungsdauer des Gebäudes am 1. Januar 1992 nicht weniger als 50 Jahre, sind folgende Beträge als AfA abzuziehen:

	unentgeltlich	entgeltlich
	erworbener Teil des Gebäudes	
AfA-Satz (§ 7 Abs. 4 Satz 1 Nr. 2a EStG)	2 v. H.	2 v. H.
AfA jährlich	7 000 DM	16 000 DM
Abschreibungszeitraum	1992 – 2019	1992 – 2041

Die abzuziehenden AfA betragen mithin in den Jahren 1992 bis 2019 insgesamt 23 000 DM jährlich und in den Jahren 2020 bis 2041 16 000 DM jährlich.

Entsprechendes gilt im Grundsatz, wenn kein Gebäude, sondern ein bewegliches Wirtschaftsgut übernommen wird; da jedoch die Nutzungsdauer des entgeltlich erworbenen Teils des Wirtschaftsguts hier regelmäßig mit der Restnutzungsdauer des unentgeltlich erworbenen Teils des Wirtschaftsguts übereinstimmt, kann in diesen Fällen auf eine Aufspaltung in zwei AfA-Reihen verzichtet werden.   18

V. Bedingung und Befristung

Eine Leistungsverpflichtung des Übernehmers steht i. d. R. unter einer aufschiebenden Bedingung, wenn ihre Entstehung von einem Ereignis abhängt, dessen Eintritt ungewiß ist (z. B. Heirat); sie steht i. d. R. unter einer aufschiebenden Befristung, wenn ihre Entstehung von einem Ereignis abhängt, dessen Eintritt sicher, der Zeitpunkt aber ungewiß ist (z. B. Tod).   19

Von der Befristung ist die bloße Betagung zu unterscheiden, bei der lediglich der Eintritt der Fälligkeit der bereits bei Begründung des Schuldverhältnisses entstandenen Forderung von einem bestimmten Termin abhängt (BFH-Urteil vom 24. November 1972 – BStBl 1973 II S. 354). Hier liegen Anschaffungskosten bereits im Zeitpunkt der Vermögensübertragung vor. Die Grundsätze der Tz. 11 sind zu beachten.   20

Aufschiebend bedingte oder befristete Leistungsverpflichtungen des Übernehmers führen erst bei Eintritt des Ereignisses, von dem die Leistungspflicht abhängt, zu Veräußerungsentgelten und Anschaffungskosten (vgl. §§ 6, 8 BewG). Der Umfang des entgeltlichen Erwerbs des Wirtschaftsguts bestimmt sich nach dem Verhältnis seines Verkehrswertes zur Höhe der Leistungsverpflichtung im Zeitpunkt ihrer Entstehung und hat Auswirkungen für die Bemessung der künftigen AfA.   21

Beispiel:

V überträgt im Wege der vorweggenommenen Erbfolge auf seinen Sohn S zum 1. Januar 1985 ein schuldenfreies Mehrfamilienhaus. V hat die Herstellungskosten in Höhe von 400 000 DM mit jährlich 2 v. H. bis auf 320 000 DM abgeschrieben. S verpflichtet sich, an seine Schwester T im Zeitpunkt ihrer Heirat einen Betrag von 300 000 DM zu zahlen. T heiratet am 1. Januar

1990. Das Mehrfamilienhaus hat zu diesem Zeitpunkt einen Wert von 600 000 DM (Grund und Boden 120 000 DM, Gebäude 480 000 DM).

Lösung:

S hat das Mehrfamilienhaus zunächst unentgeltlich erworben und setzt gem. § 11d EStDV die AfA des V fort. Zum 1. Januar 1990 entstehen dem S Anschaffungskosten in Höhe von 300 000 DM. Nach dem Verhältnis der Verkehrswerte zum 1. Januar 1990 entfallen auf das Gebäude 240 000 DM und auf den Grund und Boden 60 000 DM. Die Gegenüberstellung der Anschaffungskosten und des Verkehrswertes des Gebäudes ergibt, daß S das Gebäude jeweils zur Hälfte entgeltlich für 240 000 DM und zur Hälfte unentgeltlich erworben hat.

Die AfA berechnen sich ab 1985 wie folgt:

AfA 1. Januar 1985 bis 31. Dezember 1989:	
5 Jahre × 2 v. H. = 10 v. H. von 400 000 DM =	40 000 DM
ab 1. Januar 1990:	
AfA unentgeltlich erworbener Gebäudeteil:	
2 v. H. von 200 000 DM (½ von 400 000 DM) =	4 000 DM
AfA entgeltlich erworbener Gebäudeteil:	
2 v. H. von 240 000 DM =	4 800 DM

Der verbleibende Abschreibungszeitraum beträgt für den unentgeltlich erworbenen Gebäudeteil 35 Jahre und für den entgeltlich erworbenen Gebäudeteil 50 Jahre, wenn keine kürzere Nutzungsdauer nachgewiesen wird.

VI. Schuldzinsenabzug

22 Schuldzinsen für Verbindlichkeiten, die im Rahmen der vorweggenommenen Erbfolge übernommen werden oder die aufgenommen werden, um Abfindungszahlungen zu leisten, sind als Werbungskosten abziehbar, wenn und soweit der Übernehmer das betreffende Wirtschaftsgut zur Erzielung steuerpflichtiger Einkünfte einsetzt. Dies gilt auch, wenn die Verbindlichkeiten, die der Übernehmer übernehmen muß, beim Übergeber ursprünglich privat veranlaßt waren (BFH-Urteil vom 8. November 1990 – BStBl 1991 II S. 450).

VII. Steuerpflicht der Veräußerungsgewinne

23 Die teilentgeltliche Veräußerung von Wirtschaftsgütern des Privatvermögens führt beim Übergeber nur unter den Voraussetzungen der §§ 17 und 23 EStG und der §§ 20, 21[1] Umwandlungssteuergesetz zu steuerpflichtigen Einkünften. Die Übertragung ist zur Ermittlung der steuerpflichtigen Einkünfte nach dem Verhältnis des nach den vorstehenden Grundsätzen ermittelten Veräußerungsentgelts zum Verkehrswert des übertragenen Wirtschaftsguts aufzuteilen (BFH-Urteil vom 17. Juli 1980 – BStBl 1981 II S. 11)[2].

Beispiel:

V hält Aktien einer Aktiengesellschaft (Grundkapital 100 000 DM) im Nennwert von 30 000 DM (Verkehrswert 120 000 DM). Er überträgt seine Aktien im Wege der vorweggenommenen Erbfolge auf seinen Sohn S. S leistet V eine Abstandszahlung von 60 000 DM. V hatte die Anteile für 94 000 DM erworben.

Lösung:

V erhält ein Veräußerungsentgelt i. H. v. 60 000 DM. Nach dem Verhältnis des Veräußerungsentgelts zum Verkehrswert ist die Beteiligung zu ½ entgeltlich übertragen worden. Der Veräußerungsgewinn wird nach § 17 Abs. 3 EStG nur insoweit zur Einkommensteuer herangezogen, als er den Teil von 20 000 DM übersteigt, der dem Nennwert des entgeltlich übertragenen Anteils (½ von 30 000 DM = 15 000 DM) entspricht.

Der steuerpflichtige Veräußerungsgewinn i. S. d. § 17 EStG beträgt:

Veräußerungspreis	60 000 DM
./. ½ Anschaffungskosten des V	47 000 DM
	13 000 DM[3]
./. Freibetrag nach § 17 Abs. 3 EStG	
¹⁵/₁₀₀ von 20 000 DM	3 000 DM

---

1) § 21 UmwStG i. d. F. des UmwStG vom 28. 10. 1994, zuletzt geändert durch das StVergAbG, war letztmals für Einbringungen vor dem 13. 12. 2006 anzuwenden.
2) Zum Werbungskostenabzug → BMF vom 5. 10. 2000 (BStBl I S. 1383), Rz. 30, → Anhang 16.
3) Für Veräußerungen nach dem 31. 12. 2001 und vor dem 1. 1. 2009 unterliegt der Veräußerungsgewinn nach § 3 Nr. 40 Satz 1 Buchstabe c EStG dem Halbeinkünfteverfahren. Für Veräußerungen nach dem 31. 12. 2008 unterliegt der Veräußerungsgewinn nach § 3 Nr. 40 Satz 1 Buchstabe c EStG dem Teileinkünfteverfahren.

Kürzung des Freibetrags

Veräußerungsgewinn	13 000 DM	
./. $^{15}/_{100}$ von 80 000 DM	12 000 DM	
	1 000 DM	
verbleibender Freibetrag		2 000 DM
		11 000 DM

In den Fällen des § 17 EStG ist bei einer späteren Veräußerung des unentgeltlich übertragenen Anteils durch den Übernehmer § 17 Abs. 1 Satz 5[4] EStG zu beachten.

C. Übertragung von Betriebsvermögen

I. Arten der Vermögensübertragung

Für die Übertragung von Betriebsvermögen im Wege der vorweggenommenen Erbfolge gelten die unter den Tz. 3 bis 10 dargelegten Grundsätze entsprechend. Folgende Besonderheiten sind zu beachten: 24

1. Versorgungsleistungen

Private Versorgungsleistungen stellen wie bei der Übertragung von Privatvermögen weder Veräußerungsentgelt noch Anschaffungskosten dar, sondern können wiederkehrende Bezüge (§ 22 Nr. 1 EStG)[5] und Sonderausgaben (§ 10 Abs. 1 Nr. 1a EStG) sein (vgl. Tz. 4).   25

[6]Sie sind von betrieblichen Versorgungsleistungen und betrieblichen Veräußerungsrenten abzugrenzen. Betriebliche Versorgungsleistungen sind nur in Ausnahmefällen anzunehmen (vgl. BFH-Urteil vom 20. Dezember 1988 – BStBl 1989 II S. 585). Eine betriebliche Veräußerungsrente ist gegeben, wenn bei der Veräußerung eines Betriebs, eines Teilbetriebs, eines Mitunternehmeranteils oder einzelner Wirtschaftsgüter des Betriebsvermögens Leistung und Gegenleistung nach den unter Tz. 2 dargestellten Grundsätzen gegeneinander abgewogen werden. Bei Betriebsübertragungen zwischen nahen Angehörigen gegen wiederkehrende Leistungen spricht, unabhängig vom Wert der übertragenen Vermögenswerte, eine widerlegbare Vermutung für eine private Versorgungsrente (BFH-Urteile vom 9. Oktober 1985 – BStBl 1986 II S. 51 und vom 29. Januar 1992 – BStBl II S. 465). Dies gilt auch, wenn der Übernehmer Versorgungsleistungen an Angehörige des Übergebers zusagt (BFH-Beschluß vom 5. Juli 1990, a. a. O.).   26

2. Übernahme von Verbindlichkeiten

Im Zusammenhang mit der Übertragung von Betriebsvermögen im Wege der vorweggenommenen Erbfolge übernommene private Verbindlichkeiten des Übergebers stellen Veräußerungsentgelte und Anschaffungskosten dar. Die Verbindlichkeiten sind, soweit sich aus ihrer Übernahme Anschaffungskosten des Betriebsvermögens ergeben, als Betriebsschulden zu passivieren (vgl. BFH-Urteil vom 8. November 1990 – BStBl 1991 II S. 450).   27

Die Übernahme betrieblicher Verbindlichkeiten führt zu einem Veräußerungsentgelt und zu Anschaffungskosten, wenn sie im Zusammenhang mit der Übertragung einzelner Wirtschaftsgüter des Betriebsvermögens steht.   28

Bei der Übertragung eines Betriebs, Teilbetriebs oder Mitunternehmeranteils stellen die übernommenen Verbindlichkeiten des übertragenen Betriebs, Teilbetriebs oder Mitunternehmeranteils kein Veräußerungsentgelt und keine Anschaffungskosten dar, so daß der Betriebsübernehmer hinsichtlich der übernommenen positiven und negativen Wirtschaftsgüter die Buchwerte des Übergebers fortzuführen hat.   29

Dies gilt grundsätzlich auch bei der Übertragung eines Betriebs, Teilbetriebs oder Mitunternehmeranteils, dessen steuerliches Kapitalkonto negativ ist, das Vorhandensein eines negativen Kapitalkontos einer unentgeltlichen Betriebsübertragung nicht entgegensteht (BFH-Urteile vom 23. April 1971 – BStBl II S. 686, und vom 24. August 1972 – BStBl 1973 II S. 111).   30

Ist allerdings neben der Übernahme des negativen Kapitalkontos noch ein Gleichstellungsgeld oder eine Abstandszahlung zu leisten oder wird eine private Verbindlichkeit übernommen, handelt es sich um eine entgeltliche Vermögensübertragung.   31

---

4) Jetzt § 17 Abs. 1 Satz 4 EStG.
5) Jetzt Versorgungsleistungen i. S. d. § 22 Nr. 1b EStG.
6) Zur Abgrenzung → BMF vom 16. 9. 2004 (BStBl I S. 922) → Anhang 13 IV Einkommensteuer Handausgabe 2008 (gilt für wiederkehrende Leistungen im Zusammenhang mit einer Vermögensübertragung, die auf einem vor dem 1. 1. 2008 geschlossenen Übertragungsvertrag beruhen).
Zur Abgrenzung → BMF vom 11. 3. 2010 (BStBl I S. 227) Rz. 80 → Anhang 13 IV (gilt für wiederkehrende Leistungen im Zusammenhang mit einer Vermögensübertragung, die auf einem nach dem 31. 12. 2007 geschlossenen Übertragungsvertrag beruhen).

Der Übergeber erhält ein Veräußerungsentgelt in Höhe der ihm zusätzlich gewährten Leistungen zuzüglich des übertragenen negativen Kapitalkontos, das in der Regel auch der Veräußerungsgewinn ist, und der Übernehmer hat Anschaffungskosten in entsprechender Höhe.

Beispiel:

V überträgt seinen Gewerbebetrieb mit einem Verkehrswert von 600 000 DM im Wege der vorweggenommenen Erbfolge auf seinen Sohn S. V hat ein negatives Kapitalkonto von 100 000 DM (Aktiva 300 000 DM, Passiva 400 000 DM). S hat an seine Schwester T ein Gleichstellungsgeld in Höhe von 150 000 DM zu zahlen.

Lösung:

Das an T zu zahlende Gleichstellungsgeld zuzüglich des übertragenen negativen Kapitalkontos führen zu einem Veräußerungsentgelt i. H. v. 250 000 DM, das auch gleichzeitig der Veräußerungsgewinn ist, und zu Anschaffungskosten bei S in gleicher Höhe.

3. Verpflichtung zur Übertragung von Gegenständen des Betriebsvermögens

32 Überträgt der Übernehmer auf Grund einer Verpflichtung gegenüber dem Übergeber einem Dritten ein Wirtschaftsgut des übernommenen Betriebsvermögens in unmittelbarem Anschluß an die Übertragung oder hält der Übergeber ein Wirtschaftsgut des Betriebsvermögens zurück und verliert das Wirtschaftsgut dadurch seine Eigenschaft als Betriebsvermögen, handelt es sich um eine Entnahme des Wirtschaftsguts durch den Übergeber. Ist der Übernehmer verpflichtet, das Wirtschaftsgut zu einem späteren Zeitpunkt auf einen Dritten zu übertragen, erfolgt die Entnahme regelmäßig durch den Übernehmer, der den durch die Entnahme realisierten Gewinn zu versteuern hat.

II. Übertragung einzelner Wirtschaftsgüter des Betriebsvermögens

1. Unentgeltliche Übertragung

33 Die unentgeltliche Übertragung einzelner Wirtschaftsgüter des Betriebsvermögens stellt beim Übergeber regelmäßig eine Entnahme des Wirtschaftsguts dar. Die anschließende Übertragung im Rahmen der vorweggenommenen Erbfolge erfolgt im Privatvermögen nach den hierfür geltenden Grundsätzen. Der Übernehmer des Wirtschaftsguts hat daher seine Abschreibung regelmäßig nach dem Entnahmewert des Übergebers zu bemessen (§ 11d Abs. 1 EStDV).

2. Teilentgeltliche Übertragung

34 Werden einzelne Wirtschaftsgüter des Betriebsvermögens teilentgeltlich auf den Übernehmer übertragen, handelt es sich in Höhe des unentgeltlich übertragenen Teils um eine Entnahme in Höhe des anteiligen Teilwerts und in Höhe des entgeltlich übertragenen Teils um eine Veräußerung.

Beispiel:

V überträgt ein bebautes Betriebsgrundstück im Wege der vorweggenommenen Erbfolge auf seinen Sohn S. Der Teilwert des Gebäudes beträgt 1 000 000 DM (Buchwert 100 000 DM). S hat an V eine Abstandszahlung zu leisten, die mit 250 000 DM auf das Gebäude entfällt.

Lösung:

Nach dem Verhältnis Veräußerungsentgelt zum Teilwert hat V das Gebäude zu ¾ entnommen (anteiliger Teilwert 750 000 DM) und zu ¼ veräußert (Veräußerungserlös 250 000 DM). S hat, soweit das Gebäude von V entnommen wurde, seine AfA nach dem Entnahmewert des V i. H. v. 750 000 DM (¾ von 1 000 000 DM) und, soweit er das Gebäude entgeltlich erworben hat, nach seinen Anschaffungskosten von 250 000 DM zu bemessen.

III. Übertragung eines Betriebs, Teilbetriebs oder Mitunternehmeranteils

1. Über dem Kapitalkonto liegendes Veräußerungsentgelt

35 Führen die vom Vermögensübernehmer zu erbringenden Leistungen bei Erwerb eines Betriebs, Teilbetriebs oder Mitunternehmeranteils zu einem Veräußerungspreis, der über dem steuerlichen Kapitalkonto des Übergebers liegt, ist von einem entgeltlichen Erwerb des Betriebs, Teilbetriebs oder Mitunternehmeranteils auszugehen. Der Veräußerungsgewinn im Sinne des § 16 Abs. 2 EStG ist durch Gegenüberstellung des Entgelts und des steuerlichen Kapitalkontos des Übergebers zu ermitteln (BFH-Urteil vom 10. Juli 1986 – BStBl II S. 811). Zur Ermittlung der Anschaffungskosten muß zunächst festgestellt werden, in welchen Buchwerten stille Reserven enthalten sind und wieviel sie insgesamt betragen. Diese stillen Reserven sind dann gleichmäßig um den Vomhundertsatz aufzulösen, der dem Verhältnis des aufzustockenden Betrages (Unterschied zwischen dem Buchwert des übertragenen Betriebsvermögens und dem Veräußerungspreis) zum Gesamtbetrag der vorhandenen stillen Reserven des beim Veräußerer ausgewiesenen Betriebsvermögens entspricht.

Zu einer Aufdeckung der stillen Reserven, die auf einen in dem vom Übertragenden selbst geschaffenen Geschäfts- oder Firmenwert entfallen, kommt es erst nach vollständiger Aufdeckung der stillen Reserven, die in den übrigen Wirtschaftsgütern des Betriebsvermögens enthalten sind.

Beispiel:

V überträgt im Wege der vorweggenommenen Erbfolge seinen Gewerbebetrieb mit einem Verkehrswert von 10 000 000 DM einschließlich der betrieblichen Verbindlichkeiten auf seinen Sohn S. S verpflichtet sich, an seinen Vater V eine Abstandszahlung von 500 000 DM und an seine Schwester T einen Gleichstellungsbetrag von 2 Mio. DM zu zahlen. Die Bilanz des Gewerbebetriebs zum Übertragungszeitpunkt stellt sich wie folgt dar:

	Buchwert	(Teilwert)		Buchwert
Geschäfts- oder Firmenwert	–	(3 Mio.)	Kapital	1 Mio. DM
Anlagevermögen	4 Mio. DM	(9 Mio.)	Verbindlichkeiten	7 Mio. DM
Umlaufvermögen	5 Mio. DM	(6 Mio.)	Rückstellungen	1 Mio. DM
	9 Mio. DM	18 Mio. DM		9 Mio. DM

Lösung:

Zum Erwerb des Betriebs wendet S 2 500 000 DM auf. Nicht zu den Anschaffungskosten gehören die übernommenen betrieblichen Verbindlichkeiten. V erzielt durch die entgeltliche Übertragung seines Betriebs einen nach §§ 16[1], 34[2] EStG begünstigten Veräußerungsgewinn in Höhe von 1 500 000 DM (Veräußerungsentgelt 2 500 000 DM ./. Betriebsvermögen 1 Mio. DM).

S hat V neben dem Kapitalkonto von 1 Mio. DM auch Teile der bisher nicht aufgedeckten stillen Reserven bezahlt (vgl. BFH-Urteil vom 10. Juli 1986 – BStBl II S. 811). Für S ergeben sich folgende Wertansätze:

Im Anlage- und Umlaufvermögen sind folgende stille Reserven enthalten:

Anlagevermögen	5 Mio. DM
Umlaufvermögen	1 Mio. DM
	6 Mio. DM

Diese stillen Reserven werden i. H. v. 1 500 000 DM (= 25 v. H.) aufgedeckt. Zu einer Aufdeckung der in dem von V selbst geschaffenen Geschäfts- oder Firmenwert enthaltenen stillen Reserven kommt es nicht.

S hat die Buchwerte um die anteilig aufgedeckten stillen Reserven wie folgt aufzustocken:

Anlagevermögen:	
bisheriger Buchwert	4 000 000 DM
+ anteilig aufgedeckte stille Reserven (25 v. H. von 5 Mio. DM)	1 250 000 DM
	5 250 000 DM
Umlaufvermögen:	
bisheriger Buchwert	5 000 000 DM
+ anteilig aufgedeckte stille Reserven (25 v. H. von 1 Mio. DM)	250 000 DM
	5 250 000 DM

Die Eröffnungsbilanz des S lautet:

Geschäfts- oder Firmenwert	0 DM	Kapital	2 500 000 DM
		Verbindlichkeiten	7 000 000 DM
Anlagevermögen	5 250 000 DM	Rückstellungen	1 000 000 DM
Umlaufvermögen	5 250 000 DM		
	10 500 000 DM		10 500 000 DM

[3]Der Freibetrag nach § 16 Abs. 4 EStG wird in den Fällen, in denen das Entgelt den Verkehrswert des Betriebs, Teilbetriebs oder Mitunternehmeranteils nicht erreicht, nur im Verhältnis des bei der Veräußerung tatsächlich entstandenen Gewinns zu dem bei einer unterstellten Veräußerung des ganzen Betriebs erzielbaren Gewinns gewährt (BFH-Urteil vom 10. Juli 1986 – BStBl II S. 811).   36

---

[1] Für Veräußerungen nach dem 31. 12. 1995 ist dem Stpfl. der Freibetrag nach § 16 Abs. 4 EStG nur einmal zu gewähren.

[2] Für Veräußerungen nach dem 31. 12. 2000 kann der Stpfl. die Steuerermäßigung nach § 34 Abs. 3 EStG nur einmal im Leben in Anspruch nehmen.

[3] Abweichend von Tz. 36 ist bei Übertragungen von Betrieben, Teilbetrieben oder Mitunternehmeranteilen im Wege der vorweggenommenen Erbfolge der Freibetrag nach § 16 Abs. 4 EStG auch in den Fällen, in denen das Entgelt den Verkehrswert des Betriebs, Teilbetriebs oder Mitunternehmeranteils nicht erreicht (teilentgeltliche Veräußerung), in voller Höhe zu gewähren (→ BMF vom 20. 12. 2005 – BStBl 2006 I S. 7).

37   Überschreiten die Anschaffungskosten das steuerliche Kapitalkonto des Übergebers, bestimmt sich der entgeltlich und der unentgeltlich erworbene Teil der einzelnen Wirtschaftsgüter nach dem Verhältnis der gesamten Anschaffungskosten zum Verkehrswert des Betriebs, Teilbetriebs oder Mitunternehmeranteils.

Aus Vereinfachungsgründen können die Aufstockungsbeträge wie nachträgliche Anschaffungskosten behandelt werden.

2. Veräußerungsentgelt bis zur Höhe des Kapitalkontos

38   Wendet der Übernehmer Anschaffungskosten bis zur Höhe des steuerlichen Kapitalkontos auf, hat er die Buchwerte des Übergebers fortzuführen. Ein Veräußerungsverlust liegt beim Übergeber nicht vor.

Beispiel:

V überträgt seinen Gewerbebetrieb mit einem Verkehrswert von 1 000 000 DM (steuerliches Kapitalkonto 500 000 DM) im Wege der vorweggenommenen Erbfolge auf seinen Sohn S. S hat an seine Schwester T eine Abstandszahlung in Höhe von 200 000 DM zu leisten, die er durch Kredit finanziert.

Lösung:

V erzielt keinen Veräußerungsgewinn. S führt die Buchwerte des V unverändert fort (§ 7 Abs. 1 EStDV[1]). Der Kredit führt zu einer Betriebsschuld, die zu passivieren ist.

IV. Abschreibungen

39   Der Übernehmer hat, soweit ein entgeltlicher Erwerb nicht gegeben ist, die Abschreibungen des Übergebers fortzuführen (§ 7 Abs. 1 EStDV[2]).

V. Schuldzinsen

40   Schuldzinsen für einen Kredit, der zur Finanzierung von Abstandszahlungen und Gleichstellungsgeldern aufgenommen wird, sind als Betriebsausgaben abziehbar, wenn und soweit sie im Zusammenhang mit der Übertragung des Betriebsvermögens stehen. Dies gilt auch, wenn die Schuldzinsen auf einer vom Rechtsvorgänger übernommenen privat veranlaßten Verbindlichkeit beruhen (vgl. Tz. 27).

VI. Verbleibensfristen und Vorbesitzzeiten

41   Fordern einzelne Regelungen (z. B. § 6b EStG, § 3 Zonenrandförderungsgesetz, § 5 Abs. 6 Investitionszulagengesetz 1986, § 2 Fördergebietsgesetz) ein Verbleiben der begünstigten Wirtschaftsgüter für einen bestimmten Zeitraum im Betriebsvermögen des Steuerpflichtigen, können die Verbleibensfristen nur hinsichtlich des nach Tz. 24 bis 37 unentgeltlich übertragenen Teils des Betriebsvermögens beim Rechtsvorgänger und Rechtsnachfolger zusammengefaßt werden (vgl. BFH-Urteil vom 10. Juli 1986 – BStBl II S. 811). Hinsichtlich des entgeltlich erworbenen Teils der Wirtschaftsgüter handelt es sich um eine Anschaffung, die gegebenenfalls neue Fristen in Gang setzt. Zu den Verbleibensvoraussetzungen für die Sonderabschreibungen nach § 3 Zonenrandförderungsgesetz vgl. das BMF-Schreiben vom 27. Dezember 1989 – BStBl I S. 518).

D. Übertragung von land- und forstwirtschaftlichen Vermögen

42   Die vorstehenden Grundsätze gelten für die Übertragung land- und forstwirtschaftlichen Vermögens im Wege einer vorweggenommenen Erbfolge entsprechend. Folgende Besonderheiten sind zu beachten:

1. Freibetrag nach § 14a Abs. 4 EStG[3]

43   Veräußert der Hofübernehmer Grund und Boden, um mit dem Veräußerungserlös weichende Erben abzufinden, können ggf. die Freibeträge nach § 14a Abs. 4 EStG beansprucht werden (vgl. Abschnitt 133b Abs. 3 EStR 1990)[4].

---

[1]) Jetzt → § 6 Abs. 3 EStG
[2]) Jetzt → § 6 Abs. 3 EStG
[3]) § 14a Abs. 4 EStG ist letztmals für Entnahmen und Veräußerungen vor dem 1. 1. 2006 anzuwenden.
[4]) Zuletzt R 14a EStR 2005, zuletzt abgedruckt in der Handausgabe 2006.

2. Abfindungen nach der Höfeordnung

Auf Abfindungen und Ergänzungsabfindungen, die der Übernehmer eines land- und forstwirtschaftlichen Betriebs nach §§ 12, 13, 17 Abs. 2 Höfeordnung an andere Abkömmlinge des Übergebers zahlen muß, sind die Grundsätze der ertragsteuerlichen Behandlung der Erbauseinandersetzung (Tz. 89 des BMF-Schreibens vom 11. 1. 1993 – BStBl I S. 62[1]) anzuwenden.   44

Für die Übertragung von hofesfreiem Vermögen gelten die Grundsätze der vorweggenommenen Erbfolge.

3. Gutabstandsgelder

Bei der Hofübergabe neben Altenteilsleistungen vereinbarte unverzinsliche Geldansprüche des Übergebers, die nur auf sein Verlangen zu erbringen sind und die mit seinem Tod erlöschen (Gutabstandsgelder), führen erst bei ihrer Entstehung zu Veräußerungsentgelten des Übergebers und Anschaffungskosten des Übernehmers.   45

4. Nach § 55 EStG pauschal bewerteter Grund und Boden

Bei Übertragung von nach § 55 Abs. 1 EStG mit pauschalen Buchwerten angesetztem Grund und Boden ist die Verlustklausel des § 55 Abs. 6 EStG zu beachten[2]. Der entgeltlich erworbene Teil des Grund und Bodens ist beim Übernehmer mit den tatsächlichen Anschaffungskosten zu bilanzieren. Veräußerungsverluste, die sich für den entgeltlich übertragenen Teil aufgrund der pauschalen Werte ergeben, dürfen nach § 55 Abs. 6 EStG nicht berücksichtigt werden; d. h., der Veräußerungsgewinn ist um die Differenz aus pauschalem Wert und Entgelt für den entgeltlich übertragenen Teil des Grund und Bodens zu erhöhen.   46

Beispiel:

V überträgt seinen land- und forstwirtschaftlichen Betrieb mit einem Verkehrswert von 800 000 DM (steuerliches Kapitalkonto 300 000 DM) im Wege der vorweggenommenen Erbfolge auf seinen Sohn S. S hat an seine Schwester T ein Gleichstellungsgeld in Höhe von 400 000 DM zu leisten. Bei Aufstellung einer Bilanz zum Übertragungszeitpunkt ergeben sich folgende Werte:

	Buchwert (Teilwert)		Buchwert (Teilwert)
pauschal bewerteter		Kapital	300 000 (800 000)
Grund und Boden	390 000 (260 000)	Verbindlichkeiten	150 000 (150 000)
sonstige Aktiva	60 000 (690 000)		
	450 000 (950 000)		450 000 (950 000)

Lösung:

Mit dem Gleichstellungsgeld von 400 000 DM erwirbt S 100 000 DM stille Reserven (400 000 DM Gleichstellungsgeld ./. 300 000 DM Kapital). Er hat damit $^1/_5$ der gesamten stillen Reserven aufzudecken (500 000 DM gesamte stille Reserven zu 100 000 DM entgeltlich erworbene stille Reserven). Die sonstigen Aktiva sind somit um 126 000 DM ($^1/_5$ von 630 000 DM) aufzustocken, der Grund und Boden ist um 26 000 DM ($^1/_5$ von 130 000 DM) abzustocken. Der Betrag von 26 000 DM fällt unter das Verlustausgleichsverbot des § 55 Abs. 6 EStG.

E. Mischfälle

[3]Besteht das übertragene Vermögen sowohl aus Privatvermögen als auch aus Betriebsvermögen, sind der steuerlichen Beurteilung die für die jeweiligen Vermögensarten geltenden Grundsätze zu Grunde zu legen. Werden zusammen mit dem Betrieb auch Wirtschaftsgüter des Privatvermögens übertragen, sind vertraglich vereinbarte Einzelpreise für das gesamte Betriebsvermögen einerseits und für das jeweilige Wirtschaftsgut des Privatvermögens andererseits bis zur Höhe der jeweiligen Verkehrswerte nicht zu beanstanden. Ansonsten, ist das Entgelt vorweg nach dem Verhältnis der Verkehrswerte des Betriebsvermögens und der privaten Wirtschaftsgüter aufzustellen.   47

Beispiel 1:

Im Rahmen der vorweggenommenen Erbfolge erhält Sohn S von seinem Vater V einen Betrieb der Land- und Forstwirtschaft mit einem Verkehrswert von 1 000 000 € (Buchwert 200 000 €) und ein Mietwohngrundstück mit einem Verkehrswert von 800 000 €. S ist verpflichtet, an V einen Betrag von 900 000 € zu zahlen. Sie vereinbaren einen Preis von 800 000 € für das Mietwohngrundstück und einen Preis von 100 000 € für den Betrieb der Land- und Forstwirtschaft.

---

[1] Jetzt → BMF vom 14. 3. 2006 (BStBl I S. 253), Tz. 77, → Anhang 8 I.
[2] Dies gilt auch für vom pauschal bewertetem Grund und Boden abgespalteten immateriellen Wirtschaftsgütern →BMF vom 14.1.2003 (BStBl I S. 78), Rn. 29.
[3] Tz. 47 i. d. F. des BMF-Schreiben vom 26. 2. 2007 (BStBl I S. 269). Die Grundsätze dieses Schreibens sind in allen noch offenen Fällen anzuwenden.

Lösung 1:

S hat Anschaffungskosten für den Betrieb der Land- und Forstwirtschaft und das Mietwohngrundstück in Höhe der Zahlung von 900 000 €. Auf Grund der vereinbarten Einzelpreise ist das Mietwohngrundstück voll entgeltlich erworben worden, die Übernahme des Betriebs der Land- und Forstwirtschaft wird wegen Unterschreitung des Kapitalkontos dagegen steuerlich neutral behandelt. Zur Bemessung der Abschreibung ist für das Mietwohngrundstück eine Kaufpreisaufteilung (nach den Verkehrswertanteilen von Grund und Boden und vom Gebäude) vorzunehmen.

Beispiel 2:

Im Rahmen der vorweggenommenen Erbfolge erhält S von seinem Vater V einen Gewerbebetrieb mit einem Verkehrswert von 1 Mio. € (Buchwert 100 000 €) und ein Mietwohngrundstück mit einem Verkehrswert von 500 000 €, das mit Verbindlichkeiten in Höhe von 150 000 € belastet ist. Die Verbindlichkeiten stehen im Zusammenhang mit dem Erwerb des Mietwohngrundstücks. S ist verpflichtet, seiner Schwester T einen Betrag von 600 000 € zu zahlen.

Lösung 2:

S hat Anschaffungskosten für den Gewerbebetrieb und das Mehrfamilienhaus von insgesamt 750 000 € (Verbindlichkeiten 150 000 €, Gleichstellungsgeld 600 000 €). Nach dem Verhältnis der Verkehrswerte (Gewerbebetrieb 1 Mio. €, Mietwohngrundstück 500 000 €) entfallen die Anschaffungskosten zu 2/3 auf den Gewerbebetrieb und zu 1/3 auf das Mietwohngrundstück. S hat danach Anschaffungskosten für den Gewerbebetrieb i. H. v. 500 000 € und für das Mietwohngrundstück von 250 000 €. Das Mehrfamilienhaus (Verkehrswert 500 000 €) erwirbt er zu ½ entgeltlich und zu ½ unentgeltlich. Die auf den Betriebserwerb entfallenden Verbindlichkeiten i. H. v. 100 000 € (2/3 von 150 000 €) stellen betriebliche Verbindlichkeiten des S dar.

F. Übergangsregelung

1. Allgemeines

48   Die Grundsätze dieses Schreibens sind in allen noch offenen Fällen anzuwenden. Soweit die Vermögensübertragung vor dem 1. Januar 1991 rechtlich bindend festgelegt und bis spätestens 31. Dezember 1993 vollzogen worden sind, sind auf Antrag die Rechtsgrundsätze anzuwenden, die aufgrund der Rechtsprechung vor Ergehen des Beschlusses des BFH vom 5. Juli 1990 (BStBl 1990 II S. 847) gegolten haben; in diesen Fällen ist nach den bisher maßgebenden Grundsätzen (vgl. BFH-Urteil vom 26. November 1985 – BStBl 1986 II S. 161) zu verfahren.

49   Im Falle der Tz. 48 Satz 2 ist ein Veräußerungsgewinn beim Übergeber unabhängig von der steuerlichen Behandlung beim Übernehmer gemäß § 163 AO oder § 176 AO außer Ansatz zu lassen. Zugunsten des Übernehmers sind auch in diesen Fällen die Grundsätze dieses Schreibens anzuwenden.

2. Nachholung unterbliebener AfA

50   Soweit eine vorweggenommene Erbfolge über abnutzbare Wirtschaftsgüter, die nach der Übertragung zur Erzielung von Einkünften im Sinne von § 2 Abs. 1 Nrn. 1 bis 7 EStG dienen, nach den bisher anzuwendenden Grundsätzen als unentgeltlicher Vorgang behandelt worden ist, sind die AfA in der Regel für den entgeltlich erworbenen Teil des Wirtschaftsguts zu niedrig angesetzt worden.

51   Für bereits veranlagte Kalenderjahre können die AfA nur berichtigt werden, soweit eine Aufhebung oder Änderung der Steuerfestsetzung verfahrensrechtlich zulässig ist (§§ 164, 165, 172 ff. AO). Eine Aufhebung oder Änderung nach § 173 Abs. 1 Nr. 2 AO scheidet aus, weil das Finanzamt bei ursprünglicher Kenntnis des Sachverhalts nach damaliger Rechtslage nicht anders entschieden hätte (BFH-Beschluß vom 23. November 1987 – BStBl 1988 II S. 180).

52   AfA, die bei dem entgeltlich erworbenen Teil eines Gebäudes unterblieben sind, für den die AfA nach § 7 Abs. 4 Satz 1 EStG zu bemessen gewesen wäre, sind in der Weise nachzuholen, daß die weiteren AfA von der nach den Grundsätzen dieses Schreibens ermittelten Bemessungsgrundlage mit dem für den entgeltlich erworbenen Teil des Gebäudes maßgebenden Vomhundertsatz vorgenommen werden. Die AfA können bis zu dem Betrag abgezogen werden, der von dieser Bemessungsgrundlage nach Abzug der bisherigen AfA, der erhöhten Absetzungen und Sonderabschreibungen verbleibt. Hierbei verlängert sich der Abschreibungszeitraum für den entgeltlich erworbenen Teil des Gebäudes über 25, 40 bzw. 50 Jahre hinaus (BFH-Urteil vom 3. Juli 1984 – BStBl II S. 709).

Beispiel:

V übertrug mit Wirkung zum 1. Januar 1980 im Wege der vorweggenommenen Erbfolge ein bebautes Grundstück mit einem Verkehrswert von 1 Mio. DM (Gebäude 800 000 DM, Grund und Boden 200 000 DM) auf seinen Sohn S. V hatte das Grundstück zum 1. Januar 1970 für 600 000 DM (Gebäude 480 000 DM, Grund und Boden 120 000 DM) erworben. S übernahm auf dem Grundstück lastende Verbindlichkeiten in Höhe von 400 000 DM und hatte an seine Schwester T 300 000 DM zu zahlen. Das Gebäude hatte am 1. Januar 1980 eine tatsächliche Nutzungsdauer von 50 Jahren. S hat seitdem die AfA des V, der das Gebäude nach § 7 Abs. 4 Nr. 2a EStG mit jährlich 2 v. H. abgeschrieben hat, unverändert fortgeführt. Die Einkommensteuerbescheide für S bis einschließlich 1989 sind bestandskräftig. In 1990 legte S dem Finanzamt den Sachverhalt dar.

Lösung:

S hat zum Erwerb des Grundstücks insgesamt 700 000 DM (Abfindungszahlung 300 000 DM und übernommene Verbindlichkeiten 400 000 DM) aufgewendet. Nach dem Verhältnis der Verkehrswerte entfallen auf das Gebäude 560 000 DM und auf den Grund und Boden 140 000 DM. Eine Gegenüberstellung der Anschaffungskosten und des Verkehrswerts des Gebäudes ergibt, daß S das Gebäude zu $^3/_{10}$ unentgeltlich und zu $^7/_{10}$ entgeltlich für Anschaffungskosten in Höhe von 560 000 DM erworben hat.

Ab 1990 berechnen sich die AfA wie folgt:

	unentgeltlich	entgeltlich
	erworbener Teil des Gebäudes	
Bemessungsgrundlage ab 1990	144 000 DM ($^3/_{10}$ von 480 000 DM)	560 000 DM
./. AfA 1970 bis 1989 für den unentgeltlich erworbenen Teil: 20 Jahre × 2 v. H. = 40 v. H. von 144 000 DM	57 600 DM	
./. AfA 1980 bis 1989 für den entgeltlich erworbenen Teil, die S nach § 11d EStDV bemessen hat: 10 Jahre × 2 v. H. = 20 v. H. von 336 000 DM (= $^7/_{10}$ von 480 000 DM)		67 200 DM
Insgesamt verbleibende AfA ab 1990	86 400 DM	492 800 DM
jährliche AfA ab 1990 2 v. H.	2 880 DM	11 200 DM
Verbleibender Absetzungszeitraum ab 1990	30 Jahre	44 Jahre
bis einschließlich:	2019	2033

Die AfA betragen mithin in den Jahren 1990 bis 2019 insgesamt 14 080 DM jährlich und in den Jahren 2020 bis 2033 11 200 DM jährlich.

Sind AfA bei dem entgeltlich erworbenen Teil des Gebäudes teilweise unterblieben, den der Übernehmer nunmehr nach § 7 Abs. 4 Satz 2 EStG abschreibt, bemessen sich die weiteren AfA nach seinen um die bereits abgezogenen AfA, erhöhten Absetzungen und Sonderabschreibungen verminderten Anschaffungskosten und der Restnutzungsdauer des Gebäudes. Entsprechendes gilt für den entgeltlich erworbenen Teil eines beweglichen Wirtschaftsgutes.   53

Die vorstehenden Grundsätze sind entsprechend anzuwenden, wenn die Aufstockungsbeträge wie nachträgliche Anschaffungskosten behandelt werden (Tz. 36).   54

3. Anschaffungsnaher Aufwand

Erhaltungsaufwand, den der Übernehmer bereits in bestandskräftig veranlagten Kalenderjahren – ausgehend von den bisher für die vorweggenommene Erbfolge angewandten Grundsätzen – als Werbungskosten abgezogen hat, und der sich bei Annahme eines teilentgeltlichen Erwerbs als anschaffungsnaher Aufwand (Abschnitt 157 Abs. 5 EStR 1990) darstellt, ist nicht nachträglich in die AfA-Bemessungsgrundlage einzubeziehen.   55

III.
Abzug von Schuldzinsen als Betriebsausgaben oder Werbungskosten
– Aufgabe der sog. Sekundärfolgenrechtsprechung durch den BFH;
Anwendung der BFH-Urteile vom 2. 3. 1993 – VIII R 47/90 –
(BStBl 1994 II S. 619), vom 25. 11. 1993
– IV R 66/93 – (BStBl 1994 II S. 623) und vom 27. 7. 1993
– VIII R 72/90 – (BStBl 1994 II S. 625)

BMF vom 11. 8. 1994 (BStBl I S. 603)

IV B 2 – S 2242 – 33/94

Mit Urteil vom 2. März 1993 – VIII R 47/90 – (BStBl 1994 II S. 619) hat der VIII. Senat des BFH mit Zustimmung des I., III. und IV. Senats die sog. Sekundärfolgenrechtsprechung (vgl. BFH-Urteile vom 2. April 1987 – BStBl II S. 621 –, vom 28. April 1989 – BStBl II S. 618 – und vom 17. Oktober 1991 – BStBl 1992 II S. 392 –) unter Hinweis auf die Beschlüsse des Großen Senats zur steuerlichen Behandlung von Kontokorrentzinsen vom 4. Juli 1990 (BStBl II S. 817) und zur Erbauseinandersetzung vom 5. Juli 1990 (BStBl II S. 837) als überholt aufgegeben.

Wird ein Pflichtteilsanspruch aufgrund einer Vereinbarung mit dem Erben eines Betriebes verzinslich gestundet, dürfen die hierauf entfallenden Schuldzinsen nach dem Urteil des VIII. Senats vom 2. März 1993 (a. a. O.) mangels Vorliegens einer Betriebsschuld nicht als Betriebsausgaben abgezogen werden.

Hat ein Hoferbe ein Darlehen aufgenommen, um damit die höferechtlichen Abfindungsansprüche der weichenden Erben zu tilgen, dürfen die Darlehenszinsen nach dem Urteil des IV. Senats vom 25. November 1993 – IV R 66/93 – (BStBl 1994 II S. 623) nicht als Betriebsausgaben abgezogen werden.

Ist eine OHG-Beteiligung aufgrund einer sog. qualifizierten Nachfolgeklausel unmittelbar und ausschließlich auf einen Miterben mit der Maßgabe übergegangen, daß er die übrigen Miterben insoweit abzufinden hat, stellen die durch die Finanzierung dieser – privaten – Wertausgleichsverbindlichkeit entstandenen Schuldzinsen keine Sonderbetriebsausgaben dar, wie der VIII. Senat mit Urteil vom 27. Juli 1993 – VIII R 72/90 – (BStBl 1994 II S. 625) entschieden hat.

Zur Anwendung der genannten BFH-Urteile nehme ich unter Bezugnahme auf das Ergebnis der Erörterungen mit den obersten Finanzbehörden der Länder wie folgt Stellung:

Das Urteil des VIII. Senats vom 2. März 1993 (a. a. O.) ist auch für Aufwendungen zur Finanzierung von Vermächtnisschulden, Erbersatzverbindlichkeiten und Zugewinnausgleichsschulden (vgl. zu letzteren auch das BFH-Urteil vom 8. Dezember 1992 – IX R 68/89 – BStBl 1993 II S. 434) zu beachten. Solche Aufwendungen sind nach der neuen Rechtsprechung privat veranlaßt. Die geänderte Rechtsprechung des BFH hat deshalb zur Folge, daß Aufwendungen für die Stundung bzw. Finanzierung von

– Pflichtteilsverbindlichkeiten

– Vermächtnisschulden

– Erbersatzverbindlichkeiten

– Zugewinnausgleichsschulden

– Abfindungsschulden nach der Höfeordnung

– Abfindungsschulden im Zusammenhang mit der Vererbung eines Anteils an einer Personengesellschaft im Wege der qualifizierten Nachfolgeklausel oder im Wege der qualifizierten Eintrittsklausel

nicht als Betriebsausgaben oder Werbungskosten abgezogen werden dürfen.

Die Tzn. 37 letzter Absatz, 70 und 89 Satz 4 des BMF-Schreibens zur ertragsteuerlichen Behandlung der Erbengemeinschaft und ihrer Auseinandersetzung (BStBl 1993 I S. 62 ff.) sind damit überholt. Dies gilt nicht, soweit nach Tzn. 36, 37 des BMF-Schreibens Privatschulden, die von Miterben im Rahmen der Realteilung eines Mischnachlasses übernommen werden, Betriebsschulden werden können.

Die geänderte Rechtsprechung und Verwaltungsauffassung ist für Werbungskosten erstmals für den Veranlagungszeitraum 1995 und für Betriebsausgaben erstmals für Wirtschaftsjahre, die nach dem 31. Dezember 1994 beginnen, anzuwenden.

IV.
Einkommensteuerrechtliche Behandlung von wiederkehrenden Leistungen im Zusammenhang mit einer Vermögensübertragung

BMF vom 11. 3. 2010 (BStBl I S. 227)
IV C 3 – S 2221/09/10004 – 2010/0188949

Inhalt

Unter Bezugnahme auf das Ergebnis der Erörterungen mit den obersten Finanzbehörden der Länder gilt zur einkommensteuerrechtlichen Behandlung von wiederkehrenden Leistungen im Zusammenhang mit einer Vermögensübertragung Folgendes:[1]

A. Allgemeines/Abgrenzung

1   Wiederkehrende Leistungen im Zusammenhang mit einer Vermögensübertragung können Versorgungsleistungen, Unterhaltsleistungen oder wiederkehrende Leistungen im Austausch mit einer Gegenleistung sein. Liegen die Voraussetzungen des § 10 Absatz 1 Nummer 1a EStG vor, sind die Versorgungsleistungen beim Verpflichteten als Sonderausgaben abziehbar und beim Berechtigten nach § 22 Nummer 1b EStG steuerpflichtig (vgl. B.). Unterhaltsleistungen (Zuwendungen) dürfen nach § 12 Nummer 2 EStG nicht abgezogen werden. Wiederkehrende Leistungen im Austausch mit einer Gegenleistung enthalten eine nichtsteuerbare oder steuerbare Vermögensumschichtung und einen Zinsanteil (vgl. C.).

B. Versorgungsleistungen im Zusammenhang mit einer unentgeltlichen Vermögensübertragung

I. Vermögensübertragung i. S. des § 10 Absatz 1 Nummer 1a EStG

1. Begriff der Vermögensübertragung

2   Nach § 10 Absatz 1 Nummer 1a EStG begünstigte Versorgungsleistungen sind wiederkehrende Leistungen, die im Zusammenhang mit einer Vermögensübertragung – in der Regel zur vorweggenommenen Erbfolge – geleistet werden. Voraussetzung ist die Übertragung bestimmten Vermögens (vgl. B.I.4.) grundsätzlich kraft einzelvertraglicher Regelung unter Lebenden mit Rücksicht auf die künftige Erbfolge. Eine Vermögensübertragung i. S. des § 10 Absatz 1 Nummer 1a EStG kann ihren Rechtsgrund auch in einer Verfügung von Todes wegen haben, wenn sie im Wege der vorweggenommenen Erbfolge zu Lebzeiten des Erblassers ebenfalls begünstigt wäre (BFH vom 11. Oktober 2007 – BStBl 2008 II Seite 123).

3   Der Übergeber behält sich in Gestalt der Versorgungsleistungen typischerweise Erträge seines Vermögens vor, die nunmehr allerdings vom Übernehmer erwirtschaftet werden müssen (BFH vom 15. Juli 1991 – BStBl 1992 II Seite 78). Somit ist eine Versorgung insoweit gewährleistet, als der Vermögensübergeber durch die jeweilige Übertragung begünstigten Vermögens nicht länger selbst die Früchte aus diesem übertragenen Vermögen erwirtschaftet. Soweit im Zusammenhang mit der Vermögensübertragung Versorgungsleistungen zugesagt werden, sind diese weder Veräußerungsentgelt noch Anschaffungskosten (BFH vom 5. Juli 1990 – BStBl II Seite 847).

2. Empfänger des Vermögens

4   Eine nach § 10 Absatz 1 Nummer 1a EStG begünstigte Vermögensübertragung (vgl. Rz. 2 f.) ist stets unter Angehörigen, grundsätzlich aber auch unter Fremden möglich (BFH vom 16. Dezember 1997 – BStBl 1998 II Seite 718). Empfänger des Vermögens können die Abkömmlinge und grundsätzlich auch gesetzlich erbberechtigte entferntere Verwandte des Übergebers sein (vgl. BFH vom 16. Dezember 1993 – BStBl 1996 II Seite 669). Hat der Übernehmer aufgrund besonderer persönlicher Beziehungen zum Übergeber ein persönliches Interesse an der lebenslangen angemessenen Versorgung des Übergebers oder sind die Vertragsbedingungen allein nach dem Versorgungsbedürfnis des Übergebers und der Leistungsfähigkeit des Übernehmers vereinbart worden, können auch nahe stehende Dritte (z. B. Schwiegerkinder, Neffen und Nichten) und ausnahmsweise auch familienfremde Dritte Empfänger des Vermögens sein (vgl. BFH vom 16. Dezember 1997 – BStBl 1998 II Seite 718).

3. Unentgeltlichkeit

5   Bei der Vermögensübertragung im Zusammenhang mit Versorgungsleistungen soll der Übernehmer nach dem Willen der Beteiligten – wenigstens teilweise – eine unentgeltliche Zuwendung erhalten. In den Fällen der Vermögensübertragung auf Angehörige spricht eine widerlegbare Vermutung dafür, dass die wiederkehrenden Leistungen unabhängig vom Wert des übertragenen Vermögens nach dem Versorgungsbedürfnis des Berechtigten und nach der wirtschaftlichen Leistungsfähigkeit des Verpflichteten (vgl. B.I.6) bemessen worden sind. Diese Vermutung ist widerlegt, wenn die Beteiligten Leistung und Gegenleistung nach kaufmännischen Gesichtspunkten gegeneinander abgewogen haben und subjektiv von der Gleichwertigkeit der beiderseitigen Leistungen ausgehen durften, auch wenn Leistung und Gegenleistung objektiv ungleichwertig sind (vgl. hierzu BFH vom 29. Januar 1992 – BStBl II Seite 465, vom 16. Dezember 1993 – BStBl 1996 II Seite 669 und vom 30. Juli 2003 – BStBl 2004 II Seite 211). In diesem Fall ist der Anwen-

---

[1] Änderungen gegenüber den BMF-Schreiben vom 16. 9. 2004 (BStBl I Seite 922), die nicht ausschließlich redaktioneller Art sind, sind durch Fettdruck hervorgehoben.

dungsbereich des § 10 Absatz 1 Nummer 1a EStG nicht eröffnet. Es gelten die Grundsätze über die einkommensteuerrechtliche Behandlung wiederkehrender Leistungen im Austausch mit einer Gegenleistung (vgl. C.).

Unter Fremden besteht eine nur in Ausnahmefällen widerlegbare Vermutung, dass bei der Über- 6 tragung von Vermögen Leistung und Gegenleistung kaufmännisch gegeneinander abgewogen sind. Ein Anhaltspunkt für ein entgeltliches Rechtsgeschäft kann sich auch daraus ergeben, dass die wiederkehrenden Leistungen auf Dauer die erzielbaren Erträge übersteigen. Die für die Entgeltlichkeit des Übertragungsvorgangs sprechende Vermutung kann hingegen z. B. widerlegt sein, wenn der Übernehmer aufgrund besonderer persönlicher (insbesondere familienähnlicher) Beziehungen zum Übergeber ein persönliches Interesse an der lebenslangen angemessenen Versorgung des Übergebers hat (BFH vom 16. Dezember 1997 – BStBl 1998 II Seite 718).

4. Gegenstand der Vermögensübertragung

Eine begünstigte Vermögensübertragung i. S. des § 10 Absatz 1 Nummer 1a EStG liegt nur vor bei 7 Versorgungsleistungen im Zusammenhang mit der Übertragung

– eines Mitunternehmeranteils an einer Personengesellschaft, die eine Tätigkeit i. S. der §§ 13, 15 Absatz 1 Satz 1 Nummer 1 oder des § 18 Absatz 1 EStG ausübt (vgl. Rz. 8 bis 11),

– eines Betriebs oder Teilbetriebs (vgl. Rz. 12 bis 14) sowie

– eines mindestens 50 Prozent betragenden Anteils an einer Gesellschaft mit beschränkter Haftung (GmbH), wenn der Übergeber als Geschäftsführer tätig war und der Übernehmer diese Tätigkeit nach der Übertragung übernimmt (vgl. Rz. 15 bis 20).

a) Mitunternehmeranteil an einer Personengesellschaft

Die Übertragung eines Mitunternehmeranteils an einer Personengesellschaft (OHG, KG, GbR) 8 oder an einer anderen Gesellschaft, bei der der Gesellschafter als Mitunternehmer anzusehen ist (z. B. atypisch stille Gesellschaft) ist nur dann begünstigt, wenn die Gesellschaft Einkünfte aus Land- und Forstwirtschaft, Gewerbebetrieb oder selbständiger Arbeit erzielt. Als Personengesellschaften gelten auch Gemeinschaften, wenn die Beteiligten eine dem Gesellschafter einer Personengesellschaft wirtschaftlich vergleichbare Stellung haben, z. B. als Beteiligter an einer Erbengemeinschaft oder Gütergemeinschaft (BFH vom 25. Juni 1984 – BStBl II Seite 751). Die Begünstigung kann in Anspruch genommen werden bei der Übertragung des gesamten Mitunternehmeranteils (einschließlich Sonderbetriebsvermögen) auf einen oder mehrere Übernehmer, bei der Übertragung eines Teils eines Mitunternehmeranteils (einschließlich der quotalen Übertragung der wesentlichen Betriebsgrundlagen des Sonderbetriebsvermögens) und bei der unentgeltlichen Aufnahme des Übernehmers in ein bestehendes Einzelunternehmen.

Die Übertragung von Anteilen an einer gewerblich infizierten Personengesellschaft i. S. des 9 § 15 Absatz 3 Nummer 1 1. Alternative EStG erfüllt den Tatbestand der begünstigten Übertragung eines Mitunternehmeranteils i. S. von § 10 Absatz 1 Nummer 1a Satz 2 Buchstabe a EStG. Ein Mitunternehmeranteil an einer Besitzgesellschaft im Rahmen einer Betriebsaufspaltung kann begünstigt im Zusammenhang mit Versorgungsleistungen übertragen werden, soweit ihr die gewerbliche Tätigkeit der Betriebsgesellschaft auch nach der Übertragung zugerechnet wird. Keine Begünstigung liegt vor, wenn eine vermögensverwaltende Personengesellschaft lediglich an einer gewerblich tätigen Gesellschaft beteiligt ist, § 15 Absatz 3 Nummer 1 2. Alternative EStG.

Anteile an einer gewerblich geprägten Personengesellschaft i. S. des § 15 Absatz 3 Nummer 2 EStG 10 (z. B. an einer vermögensverwaltenden GmbH & Co. KG) können nicht im Rahmen einer begünstigten Vermögensübertragung mit Versorgungsleistungen übertragen werden, da die Gesellschaft keine Tätigkeit i. S. des § 15 Absatz 1 Satz 1 Nummer 1 EStG ausübt.

Der Sonderausgabenabzug kommt auch in Betracht, wenn im Zusammenhang mit Versorgungs- 11 leistungen Anteile an einer Personengesellschaft übertragen werden, die verpachtet sind, oder wenn Anteile an einer Personengesellschaft übertragen werden, die selbst ihren gesamten Betrieb verpachtet hat, sofern der Betrieb mangels Betriebsaufgabeerklärung als fortgeführt gilt.

b) Betrieb oder Teilbetrieb

Neben der Übertragung eines laufenden Betriebs oder Teilbetriebs ist nach § 10 Absatz 1 12 Nummer 1a Satz 2 Buchstabe b EStG auch die Übertragung eines verpachteten Betriebs oder Teilbetriebs begünstigt, sofern der Betrieb oder Teilbetrieb mangels Betriebsaufgabeerklärung als fortgeführt gilt.

Ein Teilbetrieb i. S. des § 10 Absatz 1 Nummer 1a Satz 2 Buchstabe b EStG liegt vor, wenn ein mit 13 einer gewissen Selbständigkeit ausgestatteter, organisch geschlossener Teil des Gesamtbetriebs übertragen wird, der für sich betrachtet alle Merkmale eines Betriebs i. S. des EStG aufweist und für sich lebensfähig ist. Eine völlig selbständige Organisation mit eigener Buchführung ist nicht erforderlich (R 16 Absatz 3 EStR). Der Teilbetrieb muss bereits vor der Vermögensübertragung als solcher existiert haben.

14   Die Teilbetriebsfiktion des § 16 Absatz 1 Satz 1 Nummer 1 Satz 2 EStG ist für die Fälle der begünstigten Vermögensübertragung im Zusammenhang mit Versorgungsleistungen nicht anzuwenden. Eine das gesamte Nennkapital umfassende Beteiligung an einer Kapitalgesellschaft kann daher nicht nach § 10 Absatz 1 Nummer 1a Satz 2 Buchstabe b EStG begünstigt übertragen werden. Für die Übertragung von Anteilen an einer GmbH richtet sich die begünstigte Übertragung nach den Tatbestandsvoraussetzungen des § 10 Absatz 1 Nummer 1a Satz 2 Buchstabe c EStG.

c) Anteil an einer GmbH

15   Zu einer begünstigten Vermögensübertragung im Zusammenhang mit Versorgungsleistungen führt nur die Übertragung eines mindestens 50 Prozent betragenden Anteils an einer GmbH (einschließlich Unternehmergesellschaft, § 5a GmbHG), wenn der Übergeber als Geschäftsführer tätig war und der Übernehmer die Geschäftsführertätigkeit nach der Übertragung übernimmt. Begünstigt ist auch die Übertragung von Anteilen an einer der GmbH vergleichbaren Gesellschaftsform eines anderen Mitgliedstaats der Europäischen Union oder eines Staates, auf den das Abkommen über den Europäischen Wirtschaftsraum anzuwenden ist (vgl. Tabellen zum BMF-Schreiben vom 24. Dezember 1999 – BStBl I Seite 1076). Werden Anteile an anderen Körperschaften im Zusammenhang mit wiederkehrenden Leistungen übertragen, liegt keine begünstigte Vermögensübertragung nach § 10 Absatz 1 Nummer 1a EStG vor.

16   Es ist nicht erforderlich, dass der Übergeber seinen gesamten Anteil überträgt, sofern der übertragene Anteil mindestens 50 Prozent beträgt. Dabei sind Teilübertragungen jeweils isoliert zu betrachten.

Beispiel:

17   V ist zu 80 Prozent an der X-GmbH beteiligt. Außerdem ist er Geschäftsführer der X-GmbH. V überträgt am 10. Januar 2008 einen 20 Prozent betragenden Anteil an der X-GmbH auf seinen Sohn S. S verpflichtet sich dafür, wiederkehrende Leistungen i. H. v. monatlich 200 € an V zu zahlen. Am 1. Januar 2011 überträgt V den restlichen Anteil an der X-GmbH (60 Prozent) auf S. S wird Geschäftsführer der X-GmbH, V zieht sich aus der Geschäftsführertätigkeit vollständig zurück. S verpflichtet sich im Zuge dieser Übertragung, V zusätzlich monatliche Versorgungsleistungen i. H. v. 2 000 € zu zahlen.

Lösung:

Die wiederkehrenden Leistungen, die S im Zusammenhang mit der ersten Teilübertragung an V zu leisten hat, stellen keine Leistungen aufgrund einer nach § 10 Absatz 1 Nummer 1a Satz 2 Buchstabe c EStG begünstigten Vermögensübertragung dar, weil der übertragene GmbH-Anteil nicht mindestens 50 Prozent betragen hat. Im Übrigen hat S die Geschäftsführertätigkeit von V zu diesem Zeitpunkt noch nicht übernommen. Die Übertragung des 60 Prozent betragenden GmbH-Anteils stellt hingegen eine begünstigte Übertragung dar, weil isoliert betrachtet alle Voraussetzungen des § 10 Absatz 1 Nummer 1a Satz 2 Buchstabe c EStG erfüllt sind. S kann daher ab dem 1. Januar 2011 einen Betrag i. H. v. 2 000 € monatlich als Sonderausgaben geltend machen.

18   Überträgt ein Gesellschafter-Geschäftsführer einen mindestens 50 Prozent betragenden Anteil an der GmbH auf den Übernehmer, liegen begünstigte Versorgungsleistungen nur vor, solange der Vermögensübernehmer eine Geschäftsführertätigkeit ausübt. Es ist unschädlich, wenn der Übernehmer bereits vor der Übertragung Geschäftsführer der Gesellschaft war, solange er es auch nach der Übertragung bleibt. Voraussetzung ist jedoch, dass der Übergeber seine Geschäftsführertätigkeit insgesamt aufgibt. So ist es z. B. unschädlich, wenn der Vermögensübernehmer bereits die Funktion des Geschäftsführers für die finanziellen Aufgaben innehatte und der Vermögensübergeber Geschäftsführer für den technischen Bereich war und der Übergeber die Geschäftsführertätigkeit mit der Vermögensübertragung aufgibt. Es ist nicht erforderlich, dass der Übernehmer dieselbe Funktion im Rahmen der Geschäftsführung ausübt wie vormals der Übergeber. Wird der Vermögensübergeber für die GmbH in anderer Weise als der eines Geschäftsführers tätig (im Rahmen einer selbständigen oder nichtselbständigen Tätigkeit), so ist dieses ebenfalls unschädlich.

19   Überträgt der Vermögensübergeber seine GmbH-Beteiligung auf mehrere Vermögensübernehmer, liegt eine begünstigte Vermögensübertragung i. S. des § 10 Absatz 1 Nummer 1a Satz 2 Buchstabe c EStG nur bezogen auf den Vermögensübernehmer vor, der mindestens einen 50 Prozent betragenden Anteil erhalten und die Geschäftsführertätigkeit übernommen hat. Überträgt der Vermögensübergeber seine 100 Prozent-GmbH-Beteiligung zu jeweils 50 Prozent auf zwei Vermögensübernehmer, wird aber nur einer der Vermögensübernehmer Geschäftsführer, führt nur die Anteilsübertragung auf diesen zu einer begünstigten Vermögensübertragung i. S. des § 10 Absatz 1 Nummer 1a EStG. Sind oder werden beide Übernehmer Geschäftsführer der Gesellschaft, dann liegt in beiden Fällen eine begünstigte Übertragung i. S. des § 10 Absatz 1 Nummer 1a EStG vor.

Beispiel:

V ist zu 80 Prozent an der X-GmbH beteiligt. Er ist außerdem Geschäftsführer der Gesellschaft. V überträgt seine GmbH-Beteiligung auf seine drei Söhne S, T und U. S erhält einen 15 Prozent betragenden Anteil an der GmbH und verpflichtet sich, seinem Vater V wiederkehrende Leistungen i. H. v. 300 € monatlich zu zahlen. V überträgt dem Sohn T ebenfalls einen 15 Prozent betragenden Anteil an der GmbH und die Geschäftsführung im Bereich der Produktionsplanung. T verpflichtet sich, V wiederkehrende Leistungen i. H. v. 800 € monatlich zu zahlen. U erhält von V einen 50 Prozent betragenden Anteil an der GmbH und übernimmt die Geschäftsführung für den finanziellen Bereich der Gesellschaft von V. Er verpflichtet sich, V wiederkehrende Leistungen i. H. v. 2 000 € monatlich zu zahlen. V hat die Geschäftsführertätigkeit insgesamt aufgegeben. 20

Lösung:

Die Übertragungen der Anteile an S und T stellen keine begünstigten Übertragungen von Vermögen i. S. des § 10 Absatz 1 Nummer 1a Satz 2 EStG dar, da in beiden Fällen nicht mindestens ein 50 Prozent betragender Anteil übertragen wurde. An diesem Ergebnis ändert im Fall des T auch die Übertragung der Geschäftsführertätigkeit im Bereich der Produktionsplanung nichts, da die Voraussetzungen der Anteilshöhe und der Übernahme der Geschäftsführung gemeinsam erfüllt sein müssen. Die monatlichen Zahlungen der Söhne S und T sind somit nach den Grundsätzen über die einkommensteuerrechtliche Behandlung wiederkehrender Leistungen im Austausch mit einer Gegenleistung zu behandeln (vgl. C.). Lediglich die Übertragung auf den Sohn U ist begünstigt nach § 10 Absatz 1 Nummer 1a EStG.

d) Anderes Vermögen, Wirtschaftsüberlassungsverträge und Nießbrauchsrecht

Wird anderes als das in Rz. 7 genannte Vermögen übertragen (z. B. privater Grundbesitz, Wertpapiervermögen) oder erfüllt das übertragene Vermögen nicht die in Rz. 8 bis 20 genannten Bedingungen, liegt keine begünstigte Vermögensübertragung im Zusammenhang mit Versorgungsleistungen vor. Dies gilt auch für die Einräumung eines Nießbrauchsrechts und zwar unabhängig davon, ob das Nießbrauchsrecht an Vermögen i. S. des § 10 Absatz 1 Nummer 1a Satz 2 EStG bestellt ist oder nicht (vgl. aber zur sog. zeitlich gestreckten „gleitenden" Vermögensübertragung Rz. 25). Es gelten die Grundsätze über die einkommensteuerrechtliche Behandlung wiederkehrender Leistungen im Austausch mit einer Gegenleistung (vgl. C.). 21

Entsprechendes gilt für land- und forstwirtschaftliche Betriebe, wenn sie aufgrund von Wirtschaftsüberlassungsverträgen, die Vorstufe zur Hof- und Betriebsübertragung sind, überlassen werden. Eine begünstigte Vermögensübertragung im Zusammenhang mit Versorgungsleistungen kann in diesen Fällen erst bei der späteren tatsächlichen Übertragung des Hofs und Betriebs im Zusammenhang mit wiederkehrenden Leistungen vorliegen. Dies gilt auch für Pachtverträge, die steuerrechtlich als Wirtschaftsüberlassungsverträge gewürdigt werden. 22

e) Missbrauchsregelung

Wird der Anteil an einer GmbH im Betriebsvermögen eines Betriebs, Teilbetriebs oder einer Mitunternehmerschaft (Gesamthands- und Sonderbetriebsvermögen) im Zusammenhang mit wiederkehrenden Leistungen auf den Vermögensübernehmer (mit-)übertragen, liegt eine insgesamt nach § 10 Absatz 1 Nummer 1a Satz 2 Buchstabe a oder b EStG begünstigte Übertragung vor. Wurde der Anteil an der Körperschaft binnen eines Jahres vor der Vermögensübertragung in den Betrieb, Teilbetrieb oder die Mitunternehmerschaft eingelegt und gehört er dort nicht zum notwendigen Betriebsvermögen, oder der Betrieb, Teilbetrieb oder die Mitunternehmerschaft ist binnen eines Jahres vor der Vermögensübertragung durch Umwandlung einer Körperschaft entstanden, ist zu vermuten, dass § 10 Absatz 1 Nummer 1a Satz 2 Buchstabe c EStG umgangen werden soll; § 2 Absatz 1 und Absatz 2 UmwStG ist nicht anzuwenden. 23

5. Übertragung von Vermögen unter Nießbrauchsvorbehalt

Überträgt der Vermögensübergeber begünstigtes Vermögen im Zusammenhang mit Versorgungsleistungen (vgl. Rz. 7 bis 20) unter Vorbehalt eines Nießbrauchs, steht dies der Anerkennung von Versorgungsleistungen nicht entgegen, wenn der Nießbrauch lediglich Sicherungszwecken dient und der Vermögensübergeber gleichzeitig mit der Bestellung des Nießbrauchs dessen Ausübung nach § 1059 BGB dem Vermögensübernehmer überlässt. 24

Wird ein begünstigtes Vermögen (vgl. Rz. 7 bis 20) vorbehaltenes oder durch Vermächtnis eingeräumtes Nießbrauchsrecht im Zusammenhang mit wiederkehrenden Leistungen abgelöst, können diese im sachlichen Zusammenhang mit der Vermögensübertragung stehen und daher Versorgungsleistungen sein (sog. zeitlich gestreckte „gleitende" Vermögensübertragung; vgl. BFH vom 3. Juni 1992, BStBl 1993 II Seite 23). Dies gilt nicht, wenn die Ablösung des Nießbrauchs der lastenfreien Veräußerung des Vermögens dient. Für die Anerkennung von Versorgungsleistungen 25 kommt es nicht darauf an, ob die wiederkehrenden Leistungen bereits im Übertragungsvertrag selbst vereinbart wurden oder erst im Zusammenhang mit der Ablösung des Nießbrauchs vereinbart werden. Dies gilt auch, wenn im Fall des § 14 HöfeO Versorgungsleistungen (in Form des Altenteils) erbracht werden, sowie in den Fällen der sog. „Rheinischen Hofübergabe", wenn der Übergeber den Betrieb in Ausübung des Nießbrauchs wiederum an den Übernehmer verpachtet.

6. Ausreichend Ertrag bringendes Vermögen

a) Grundsätze

26   Das Merkmal der Versorgung ist nur bei der Übertragung von Vermögen i. S. des § 10 Absatz 1 Nummer 1a Satz 2 EStG erfüllt, das ausreichend Ertrag bringt, um die Versorgung des Übergebers aus dem übernommenen Vermögen zumindest zu einem Teil zu sichern.

27   Von ausreichend Ertrag bringendem Vermögen ist auszugehen, wenn nach überschlägiger Berechnung die wiederkehrenden Leistungen nicht höher sind als der langfristig erzielbare Ertrag des übergebenen Vermögens.

28   Zu Erträgen führen grundsätzlich nur Einnahmen die den Tatbestand einer Einkunftsart i. S. des § 2 Absatz 1 EStG erfüllen. Einnahmen aus einer Tätigkeit ohne Einkünfte- oder Gewinnerzielungsabsicht sind daher nicht als Erträge zu beurteilen.

29   Wird ein Betrieb oder Teilbetrieb i. S. des § 10 Absatz 1 Nummer 1a Satz 2 Buchstabe b EStG im Zusammenhang mit wiederkehrenden Leistungen im Wege der vorweggenommenen Erbfolge übertragen, besteht eine widerlegbare Vermutung (z. B. mehrjährige Verluste oder im Verhältnis zu den wiederkehrenden Leistungen geringe Gewinne des Unternehmens) dafür, dass die Erträge ausreichen, um die wiederkehrenden Leistungen in der vereinbarten Höhe zu erbringen, wenn der Betrieb oder Teilbetrieb vom Übernehmer tatsächlich fortgeführt wird. Entsprechendes gilt, wenn ein Mitunternehmeranteil oder der Teil eines Mitunternehmeranteils i. S. des § 10 Absatz 1 Nummer 1a Satz 2 Buchstabe a EStG oder ein Anteil an einer GmbH i. S. des § 10 Absatz 1 Nummer 1a Satz 2 Buchstabe c EStG übertragen wird. Die Beweiserleichterung ist nicht anzuwenden bei verpachteten oder überwiegend verpachteten Betrieben, Teilbetrieben, (Teil-)Mitunternehmeranteilen und GmbH-Anteilen oder bei Personengesellschaften, die selbst ihren gesamten Betrieb verpachtet haben.

30   Wird im Rahmen einer einheitlichen Vermögensübertragung neben begünstigtem Vermögen i. S. des § 10 Absatz 1 Nummer 1a Satz 2 EStG weiteres nicht begünstigtes Vermögen übertragen, greift die Beweiserleichterung nicht. Im Übrigen vgl. in diesem Fall Rz. 47.

31   Versorgungsleistungen, die aus den langfristig erzielbaren Erträgen des übergebenen Vermögens erbracht werden können, sind auch dann als Sonderausgaben abziehbar, wenn das übertragene Vermögen nicht über einen ausreichenden Unternehmenswert verfügt (entgegen BFH vom 12. Mai 2003, BStBl 2004 II Seite 100).

b) Ermittlung der Erträge

32   Greift die Beweiserleichterung (Rz. 29) nicht, sind zur Ermittlung der maßgebenden Erträge die auf der Grundlage des steuerlichen Gewinns ermittelten Erträge heranzuziehen. Absetzungen für Abnutzung, erhöhte Absetzungen und Sonderabschreibungen sowie außerordentliche Aufwendungen, z. B. größere Erhaltungsaufwendungen, die nicht jährlich üblicherweise anfallen, sind dabei den Erträgen hinzuzurechnen. Bei Einkünften aus Land- und Forstwirtschaft, aus Gewerbebetrieb und aus selbständiger Arbeit ist ein Unternehmerlohn nicht abzuziehen. Bei der Übertragung eines Anteils an einer GmbH mindert im Falle der Rz. 34 das Gesellschafter-Geschäftsführergehalt des Vermögensübergebers und im Falle der Rz. 35 das Gesellschafter-Geschäftsführergehalt des Vermögensübernehmers die auf der Grundlage des steuerlichen Gewinns ermittelten Erträge nicht. Bei der Ermittlung der Erträge aus dem GmbH-Anteil ist im Übrigen nicht auf die tatsächlich ausgeschütteten, sondern auf die ausschüttungsfähigen Gewinne abzustellen (BFH vom 21. Juli 2004 – BStBl 2005 II Seite 133).

33   Greift die Beweiserleichterung (Rz. 29) bei einem land- und forstwirtschaftlichen Betrieb nicht, kann die Ertragskraft ungeachtet der tatsächlichen Gewinnermittlung nach § 13a EStG durch Betriebsvermögensvergleich oder Einnahmen-Überschussrechnung berechnet werden.

34   Die wiederkehrenden Leistungen müssen durch entsprechende Erträge aus dem übernommenen Vermögen abgedeckt sein. Davon ist auszugehen, wenn nach den Verhältnissen im Zeitpunkt der Vermögensübertragung der durchschnittliche jährliche Ertrag ausreicht, um die jährlichen wiederkehrenden Leistungen zu erbringen. Bei Ablösung eines vom Übergeber vorbehaltenen Nutzungsrechts in den Fällen der zeitlich gestreckten Vermögensübertragung (vgl. Rz. 25) sind die Verhältnisse im Zeitpunkt der Ablösung maßgeblich (BFH vom 16. Juni 2004 – BStBl 2005 II Seite 130). Aus Vereinfachungsgründen ist es nicht zu beanstanden, wenn zur Ermittlung des durchschnittlichen Ertrags die Gewinne des Jahres der Vermögensübertragung und der beiden vorangegangenen Jahre herangezogen werden.

Reicht der durchschnittliche jährliche Ertrag nach den Verhältnissen im Zeitpunkt der Vermögens- 35
übertragung nicht aus, um die jährlichen wiederkehrenden Leistungen zu erbringen, bleibt es
dem Übernehmer unbenommen, nachzuweisen, dass für die Zukunft ausreichend hohe Netto-
erträge zu erwarten sind. Hiervon kann regelmäßig ausgegangen werden, wenn die durchschnittlichen Erträge des Jahres der Vermögensübertragung und der beiden folgenden Jahre ausreichen,
um die wiederkehrenden Leistungen zu erbringen. Die Veranlagungen sind insoweit sowohl beim
Übergeber als auch beim Übernehmer in dem Jahr der Vermögensübertragung und in den beiden
Folgejahren vorläufig gemäß § 165 AO vorzunehmen.

7. Betriebsaufgabe, Übertragung, Umwandlung und Umschichtung von übertragenem Ver-
mögen

a) Umschichtungsverpflichtung im Übertragungsvertrag

Verpflichtet sich der Übernehmer im Übertragungsvertrag zur Umschichtung des übertragenen 36
Vermögens in Vermögen i. S. des § 10 Absatz 1 Nummer 1a Satz 2 EStG, liegt keine begünstigte
Vermögensübertragung im Zusammenhang mit Versorgungsleistungen vor.

b) Betriebsaufgabe, Übertragung, Umwandlung und nachträgliche Umschichtung

Der sachliche Zusammenhang der wiederkehrenden Leistungen mit der begünstigten Vermögen- 37
sübertragung endet grundsätzlich, wenn der Übernehmer den Betrieb aufgibt oder das übernommene Vermögen dem Übernehmer steuerrechtlich nicht mehr zuzurechnen ist. Die im Zusammenhang mit der Vermögensübertragung vereinbarten wiederkehrenden Leistungen zwischen dem
Übergeber und dem Übernehmer sind ab diesem Zeitpunkt Unterhaltsleistungen i. S. des
§ 12 Nummer 2 EStG und dürfen beim Übernehmer nicht mehr als Sonderausgaben nach § 10
Absatz 1 Nummer 1a EStG abgezogen werden. Beim Übergeber sind sie nicht mehr nach
§ 22 Nummer 1b EStG steuerbar (BFH vom 31. März 2004 – BStBl II Seite 830).

Der sachliche Zusammenhang der wiederkehrenden Leistungen mit der Vermögensübertragung 38
endet nicht, wenn der Übernehmer seinerseits das übernommene Vermögen im Wege der vorweggenommenen Erbfolge weiter überträgt (vgl. Rz. 50). Geht dabei die Versorgungsverpflichtung
nicht mit über, können die Versorgungsleistungen weiterhin abgezogen werden, wenn der Übernehmer diese aus dem ihm im Rahmen der weiteren Vermögensübertragung seinerseits eingeräumten
Versorgungsleistungen oder aus einem an dem weiter übertragenen Vermögen vorbehaltenen
Nießbrauchsrecht bewirken kann.

Beispiel:

Der 65jährige Vater V übergab seinen bislang als Einzelunternehmen geführten Betrieb im 39
Jahre 2008 im Zusammenhang mit lebenslänglich zu erbringenden wiederkehrenden Leistungen von monatlich 5 000 € an seinen Sohn S. Im Jahre 2028 überträgt S das Einzelunternehmen im Hinblick auf die Generationennachfolge an seinen Sohn, den Enkel E des V. S erhält
hierfür von dem weiteren Vermögensübernehmer E lebenslang monatlich 10 000 €. Er bleibt
aber weiterhin verpflichtet, an seinen inzwischen 85jährigen Vater wiederkehrende Leistungen zu erbringen, die zwischenzeitlich in steuerlich anzuerkennender Weise auf 8 000 €
monatlich angepasst wurden.

Lösung:

Die von S zu erbringenden Zahlungen an V bleiben auch im Jahre 2028 und in den folgenden
Jahren Versorgungsleistungen und können von S als Sonderausgaben abgezogen werden.
Korrespondierend muss V die von S erhaltenen wiederkehrenden Leistungen ebenso als sonstige Einkünfte versteuern, wie dies für S hinsichtlich der von E gezahlten Versorgungsleistungen der Fall ist.

Werden nur Teile des begünstigt übernommenen Vermögens i. S. des § 10 Absatz 1 Nummer 1a 40
Satz 2 EStG auf Dritte übertragen, können die nach der Übertragung entrichteten wiederkehrenden Leistungen an den Übergeber weiterhin als Versorgungsleistungen zu beurteilen sein. Voraussetzung ist, dass der nicht übertragene Teil des übernommenen Vermögens nach der Übertragung
auf den Dritten ausreichende Erträge abwirft, um die Versorgungsleistungen zu finanzieren, und
weiterhin begünstigtes Vermögen i. S. des § 10 Absatz 1 Nummer 1a Satz 2 EStG vorliegt. Maßgebend für die Beurteilung sind die Erträge ab dem Zeitpunkt, ab dem der übertragene Ver-
mögensteil dem Übernehmer steuerrechtlich nicht mehr zuzurechnen ist (zur Ermittlung der
Erträge vgl. Rz. 32 bis 35).

41   [1]Überträgt der Vermögensübernehmer das begünstigt übernommene Vermögen auf einen Dritten und erwirbt mit dem Erlös zeitnah anderes Vermögen i. S. des § 10 Absatz 1 Nummer 1a Satz 2 EStG, sind die nach der Übertragung an den Übergeber entrichteten wiederkehrenden Leistungen weiterhin Versorgungsleistungen.

Dies gilt auch, wenn

- nicht der gesamte Erlös aus der Veräußerung zur Anschaffung verwendet wird, die wiederkehrenden Leistungen aber durch die Erträge aus dem neu angeschafften Vermögen abgedeckt werden,

oder

- der gesamte Erlös aus der Veräußerung zur Anschaffung dieses Vermögens nicht ausreicht, der Übernehmer bei der Umschichtung zusätzlich eigene Mittel zur Anschaffung aufwendet und der auf den reinvestierten Veräußerungserlös entfallende Anteil an den Erträgen ausreicht, um die vereinbarten wiederkehrenden Leistungen zu erbringen.

Maßgebend für die Beurteilung sind die Erträge ab dem Zeitpunkt der Anschaffung dieses Vermögens (nachträgliche Umschichtung). Von ausreichenden Erträgen kann regelmäßig ausgegangen werden, wenn die durchschnittlichen Erträge des Jahres der nachträglichen Umschichtung und der beiden folgenden Jahre ausreichen, um die wiederkehrenden Leistungen zu erbringen. Die Veranlagungen sind insoweit sowohl beim Übergeber als auch beim Übernehmer in dem Jahr der Umschichtung und in den beiden Folgejahren vorläufig gemäß § 165 AO vorzunehmen.

42   Die Einbringung begünstigt übernommenen Vermögens in eine GmbH i. S. des § 20 UmwStG oder in eine Personengesellschaft i. S. des § 24 UmwStG gegen Gewährung von Gesellschaftsanteilen oder -rechten und der Anteilstausch i. S. des § 21 UmwStG stellen – unabhängig davon, mit welchem Wert das eingebrachte Vermögen bei der übernehmenden Gesellschaft angesetzt wird – keine nachträgliche Umschichtung i. S. der Rz. 41 dar, wenn auch nach der Einbringung die übrigen Voraussetzungen der Rz. 7 bis 11 und 15 bis 20 bzw. nach dem Anteilstausch die übrigen Voraussetzungen der Rz. 15 bis 20 erfüllt sind. Der sachliche Zusammenhang der wiederkehrenden Leistungen mit der begünstigten Vermögensübertragung endet in diesen Fällen nicht. Dies gilt auch für die formwechselnde Umwandlung oder Verschmelzung von Personengesellschaften. Der sachliche Zusammenhang endet hingegen, soweit dem Vermögensübernehmer die erhaltenen GmbH-Anteile oder Mitunternehmeranteile steuerrechtlich nicht mehr zuzurechnen sind; Rz. 38 bleibt unberührt.

43   Im Fall der Realteilung (§ 16 Absatz 3 Satz 2 bis 4 EStG) wird der sachliche Zusammenhang der wiederkehrenden Leistungen mit der begünstigten Vermögensübertragung nur dann nicht beendet, wenn der Vermögensübernehmer einen Teilbetrieb oder Mitunternehmeranteil erhält und nach der Realteilung die übrigen Voraussetzungen der Rz. 7 bis 11 oder der Rz. 13 und 14 erfüllt sind. Im Falle der Realteilung eines land- und forstwirtschaftlichen Betriebs gilt dies auch, wenn der Vermögensübernehmer einzelne Wirtschaftsgüter erhält, die bei ihm nach der Realteilung einen selbständigen landwirtschaftlichen Betrieb darstellen (vgl. BMF-Schreiben vom 28. Februar 2006 – BStBl I Seite 228).

II. Versorgungsleistungen i. S. des § 10 Absatz 1 Nummer 1a EStG

1. Umfang der Versorgungsleistungen

44   Versorgungsleistungen sind alle im Übertragungsvertrag vereinbarten wiederkehrenden Leistungen in Geld oder Geldeswert. Hierzu gehören insbesondere Geldleistungen, Übernahme von Aufwendungen und Sachleistungen. Bei Sachleistungen sind mit Ausnahme persönlicher Dienstleistungen und der Wohnraumüberlassung die Werte nach § 8 Absatz 2 EStG maßgebend. Zur Bewertung von unbaren Altenteilsleistungen vgl. BFH vom 18. Dezember 1990 – BStBl 1991 II Seite 354.

45   Die Verpflichtung zur Erbringung wiederkehrender persönlicher Dienstleistungen durch persönliche Arbeit ist keine Versorgungsleistung. Stellt der Verpflichtete dagegen eine fremde Arbeitskraft, sind die Dienstleistungen Versorgungsleistungen i. H. des Lohnaufwands (BFH vom 22. Januar 1992 – BStBl II Seite 552).

46   In den Fällen der Wohnungsüberlassung an den Übergeber sind nur die mit der Nutzungsüberlassung tatsächlich zusammenhängenden Aufwendungen anzusetzen. Hierzu gehören insbesondere Aufwendungen für Sachleistungen wie Strom, Heizung, Wasser und Instandhaltungskosten, zu denen der Übernehmer aufgrund einer klaren und eindeutigen Bestimmung im Übertragungsvertrag verpflichtet ist. Entsprechendes gilt für Aufwendungen, mit denen der Übernehmer seiner bür-

---

[1] Schichtet ein Vermögensübernehmer das überlassene Vermögen in nicht ausreichend ertragbringende Wirtschaftsgüter um, sind die wiederkehrenden Leistungen auch dann nicht als Sonderausgaben abziehbar, wenn die Beteiligten die geschuldeten Versorgungsleistungen an die Erträge der neu erworbenen Vermögensgegenstände anpassen (→ BFH vom 18. 8. 2010 – BStBl 2011 II S. 633).

gerlich-rechtlich wirksamen Verpflichtung zur Instandhaltung nachkommt. Instandhaltungskosten dürfen jedoch nur als Versorgungsleistungen abgezogen werden, soweit sie der Erhaltung des vertragsgemäßen Zustands der Wohnung im Zeitpunkt der Übertragung dienen (BFH vom 25. August 1999 – BStBl 2000 II Seite 21 sowie BMF-Schreiben vom 21. Juli 2003 – BStBl I Seite 405). Ein Abzug anteiliger Absetzungen für Abnutzung und Schuldzinsen sowie anteiliger – vor allem öffentlicher – Lasten des Grundstücks, die vom Übernehmer als Eigentümer geschuldet werden, kommt nicht in Betracht (BFH vom 25. März 1992 – BStBl II Seite 1012).

Hat der Vermögensübergeber neben dem nach § 10 Absatz 1 Nummer 1a Satz 2 EStG begünstigten Vermögen im Rahmen des Übertragungsvertrags oder der Verfügung von Todes wegen weiteres nicht begünstigtes Vermögen übertragen (z. B. Grundvermögen, Wertpapiervermögen), ist für die Zuordnung der Versorgungsleistungen die konkrete Vereinbarung im Übertragungsvertrag maßgebend. Dabei wird es grundsätzlich nicht beanstandet, wenn die wiederkehrenden Leistungen in vollem Umfang der Übertragung des begünstigten Vermögens zugeordnet werden. Wirft das begünstigte Vermögen im Zeitpunkt der Vermögensübertragung im Verhältnis zu den wiederkehrenden Leistungen durchschnittlich nur geringe Erträge ab oder wurde keine konkrete Vereinbarung getroffen, sind die wiederkehrenden Leistungen anhand eines angemessenen Maßstabs (z. B. Verhältnis der Erträge der einzelnen Vermögenswerte) aufzuteilen.   47

Wird ein Betrieb der Land- und Forstwirtschaft übertragen, ist auch der Teil der Versorgungsleistungen begünstigt, der auf den Wohnteil des Betriebes (§ 160 Absatz 1 Nummer 3 BewG) entfällt (§ 10 Absatz 1 Nummer 1a Satz 3 EStG).   48

Versorgungsleistungen, die mit steuerbefreiten Einkünften des Übernehmers, z. B. aufgrund eines DBA, in wirtschaftlichem Zusammenhang stehen, können nicht als Sonderausgaben berücksichtigt werden. § 3 Nummer 40, § 3 Nummer 40a und § 32d EStG stehen der Abziehbarkeit der Versorgungsleistungen nicht entgegen.   49

2. Empfänger der Versorgungsleistungen

Als Empfänger der Versorgungsleistungen kommen in erster Linie der Übergeber des Vermögens i. S. des § 10 Absatz 1 Nummer 1a EStG, dessen Ehegatte und die gesetzlich erb- und pflichtteilsberechtigten Abkömmlinge des Übergebers (vgl. BFH vom 27. Februar 1992 – BStBl II Seite 612 und vom 26. November 2003 – BStBl 2004 II Seite 820) sowie der Lebenspartner einer eingetragenen Lebenspartnerschaft in Betracht. Empfänger von Versorgungsleistungen können auch die Eltern des Übergebers sein, wenn der Übergeber das übergebene Vermögen seinerseits von den Eltern im Wege der Vermögensübertragung im Zusammenhang mit Versorgungsleistungen erhalten hat (BFH vom 23. Januar 1997 – BStBl II Seite 458). Sind Empfänger der wiederkehrenden Leistungen die Geschwister des Übernehmers, besteht die widerlegbare Vermutung, dass diese nicht versorgt, sondern gleichgestellt werden sollen (vgl. BFH vom 20. Oktober 1999 – BStBl 2000 II Seite 602). Nicht zum Generationennachfolgeverbund gehörende Personen (z. B. die langjährige Haushälterin, der Lebensgefährte/die Lebensgefährtin, Mitarbeiter im Betrieb) können nicht Empfänger von Versorgungsleistungen sein (vgl. BFH vom 26. November 2003 – a. a. O.).   50

3. Korrespondenzprinzip bei Versorgungsleistungen

Im Zusammenhang mit einer Vermögensübertragung vereinbarte Versorgungsleistungen sind vom Berechtigten als Einkünfte nach § 22 Nummer 1b EStG zu versteuern, wenn der Verpflichtete zum Abzug der Leistungen als Sonderausgaben nach § 10 Absatz 1 Nummer 1a EStG berechtigt ist. Es kommt nicht darauf an, dass sich die wiederkehrenden Leistungen auch tatsächlich steuermindernd ausgewirkt haben.   51

Versorgungsleistungen anlässlich einer begünstigten Vermögensübertragung sind beim Empfänger in vollem Umfang steuerpflichtig und beim Verpflichteten in vollem Umfang als Sonderausgaben abziehbar. Dies gilt unabhängig davon, ob die wiederkehrenden Versorgungsleistungen in Form von Renten oder dauernden Lasten vereinbart sind. Bei der Ermittlung der Einkünfte nach § 22 Nummer 1b EStG ist § 9a Satz 1 Nummer 3 EStG anzuwenden.   52

Versorgungsleistungen können nur dann nach § 10 Absatz 1 Nummer 1a EStG als Sonderausgaben abgezogen werden, wenn der Empfänger der Versorgungsleistungen unbeschränkt einkommensteuerpflichtig ist. Eine Ausnahme gilt in den Fällen des § 1a Absatz 1 Nummer 1a EStG. Ist der Vermögensübernehmer Staatsangehöriger eines Mitgliedstaates der Europäischen Union oder eines Staates, auf den das Abkommen über den Europäischen Wirtschaftsraum anwendbar ist, und ist er nach § 1 Absatz 1 oder Absatz 3 EStG unbeschränkt einkommensteuerpflichtig, sind Versorgungsleistungen auch dann als Sonderausgaben abziehbar, wenn der Empfänger nicht unbeschränkt einkommensteuerpflichtig ist. Voraussetzung ist in diesem Fall, dass der Empfänger seinen Wohnsitz oder gewöhnlichen Aufenthalt im Hoheitsgebiet eines anderen Mitgliedstaates der Europäischen Union oder eines Staates hat, auf den das Abkommen über den Europäischen Wirtschaftsraum Anwendung findet, und dass die Besteuerung der Versorgungsleistungen beim Empfänger durch eine Bescheinigung der zuständigen ausländischen Steuerbehörde nachgewiesen wird.   53

54   Fallen die Voraussetzungen der Rz. 53 nach der Vermögensübertragung weg, liegen ab dem Zeit-
      punkt des Wegfalls nichtabziehbare Unterhaltsleistungen i. S. des § 12 Nummer 2 EStG vor.
      Ebenso stellen die wiederkehrenden Leistungen solange Unterhaltsleistungen i. S. des § 12
      Nummer 2 EStG dar, bis die Voraussetzungen der Rz. 53 erfüllt werden, sofern diese Voraussetzun-
      gen im Zeitpunkt der Vermögensübertragung nicht vorliegen.

55   Ist der Vermögensübernehmer in Deutschland nicht unbeschränkt einkommensteuerpflichtig und
      kann daher die wiederkehrenden Leistungen nicht als Sonderausgaben nach § 10 Absatz 1
      Nummer 1a EStG abziehen, hat der Empfänger der Versorgungsleistungen die wiederkehrenden
      Leistungen nicht zu versteuern.

4. Wiederkehrende Leistungen auf die Lebenszeit des Empfängers der Versorgungsleistungen

56   Versorgungsleistungen sind nur wiederkehrende Leistungen, die lebenslang – auf die Lebenszeit
      des Empfängers – gezahlt werden. Wiederkehrende Leistungen auf die Lebenszeit des Empfängers
      der Versorgungsleistungen, die

      (a)   für eine Mindestlaufzeit zu erbringen sind (sog. Mindestzeitrenten oder verlängerte Leibren-
            ten oder dauernde Lasten),

      (b)   auf eine bestimmte Zeit beschränkt sind (sog. abgekürzte Leibrenten oder dauernde Lasten),

      sind stets nach den Grundsätzen über die einkommensteuerrechtliche Behandlung wiederkehren-
      der Leistungen im Austausch mit einer Gegenleistung zu behandeln (zu (a) BFH vom 21. Oktober
      1999 – BStBl 2002 II Seite 650).

5. Rechtliche Einordnung von wiederkehrenden Leistungen, die keine Versorgungsleistungen sind

57   Liegen die Voraussetzungen einer begünstigten unentgeltlichen Vermögensübertragung im
      Zusammenhang mit Versorgungsleistungen nicht vor, weil z. B. kein begünstigtes Vermögen
      i. S. des § 10 Absatz 1 Nummer 1a Satz 2 EStG übertragen worden ist, die wiederkehrenden Leis-
      tungen nicht auf die Lebenszeit des Berechtigten zu zahlen sind (vgl. Rz. 56) oder die Erträge nicht
      ausreichen, um die wiederkehrenden Leistungen zu finanzieren (vgl. Rz. 26 bis 35), gelten die
      Grundsätze zu C. (BFH vom 12. Mai 2003 – BStBl 2004 II Seite 95).

58   Sind wiederkehrende Leistungen an Berechtigte zu erbringen, die nicht zum Generationennachfol-
      geverbund gehören (vgl. Rz. 50 Satz 4) oder erfüllt der Übertragungsvertrag die Voraussetzungen
      für eine steuerrechtliche Anerkennung nicht (Rz. 59 bis 64), ist zu prüfen, ob nichtabziehbare
      Unterhaltsleistungen nach § 12 Nummer 2 EStG oder wiederkehrende Leistungen im Austausch mit
      einer Gegenleistung vorliegen. Gleiches gilt, wenn der Übernehmer das übernommene Ver-
      mögen auf einen Dritten überträgt und die Voraussetzungen der Rz. 38 und 40 nicht vorliegen.

III. Anforderungen an den Übertragungsvertrag[1]

59   Die steuerrechtliche Anerkennung des Übertragungsvertrags setzt voraus, dass die gegenseitigen
      Rechte und Pflichten klar und eindeutig sowie rechtswirksam vereinbart und ernsthaft gewollt sind
      und die Leistungen wie vereinbart tatsächlich erbracht werden. Als wesentlicher Inhalt des Übertra-
      gungsvertrags müssen der Umfang des übertragenen Vermögens, die Höhe der Versorgungsleistun-
      gen und die Art und Weise der Zahlung vereinbart sein (BFH vom 15. Juli 1992 – BStBl II Seite 1020).

60   Die Vereinbarungen müssen zu Beginn des durch den Übertragungsvertrag begründeten Rechts-
      verhältnisses oder bei Änderung dieses Verhältnisses für die Zukunft getroffen werden. Änderun-
      gen der Versorgungsleistungen sind steuerrechtlich nur anzuerkennen, wenn sie durch ein in der
      Regel langfristig verändertes Versorgungsbedürfnis des Berechtigten und/oder die veränderte
      wirtschaftliche Leistungsfähigkeit des Verpflichteten veranlasst sind (BFH vom 15. Juli 1992 –
      BStBl II Seite 1020). Rückwirkende Vereinbarungen sind steuerrechtlich nicht anzuerkennen, es
      sei denn, die Rückbeziehung ist nur von kurzer Zeit und hat lediglich technische Bedeutung (BFH
      vom 21. Mai 1987 – BStBl II Seite 710 und vom 29. November 1988 – BStBl 1989 II Seite 281).

61   Einigen sich die Vertragsbeteiligten auf ein in Anbetracht des gestiegenen Versorgungsbedürfnisses
      – z. B. wegen des Umzugs des Versorgungsberechtigten in ein Pflegeheim – neues Versorgungskon-
      zept, sind Zahlungen, die ab diesem Zeitpunkt nicht mehr aus dem Ertrag des übergebenen Ver-
      mögens erbracht werden können, freiwillige Leistungen i. S. des § 12 Nummer 2 EStG (BFH vom
      13. Dezember 2005 – BStBl 2008 II, Seite 16). Um freiwillige Leistungen i. S. des § 12 Nummer 2 EStG
      handelt es sich auch, soweit die Zahlungen zwar aus dem Ertrag des übergebenen Vermögens
      erbracht werden können, aber die Anpassung der wiederkehrenden Leistungen zwecks Übernahme
      eines Pflegerisikos im ursprünglichen Übertragungsvertrag ausdrücklich ausgeschlossen war.

---

[1] Änderungen eines Versorgungsvertrags können nur dann steuerlich berücksichtigt werden, wenn sie von
   den Vertragsparteien schriftlich fixiert worden sind (→ BFH vom 15. 9. 2010 – BStBl 2011 II S. 641).

Werden die Versorgungsleistungen im Fall einer erheblichen Ertragsminderung infolge einer Betriebsverpachtung nicht angepasst, obwohl die Abänderbarkeit aufgrund wesentlich veränderter Bedingungen vertraglich nicht ausgeschlossen war, sind die die dauerhaften Erträge übersteigenden Zahlungen freiwillige Leistungen i. S. des § 12 Nummer 2 EStG.   62

[1]Werden die auf der Grundlage eines Übertragungsvertrags geschuldeten Versorgungsleistungen ohne Änderung der Verhältnisse, also willkürlich nicht mehr erbracht, sind sie steuerrechtlich nicht anzuerkennen, auch wenn die vereinbarten Zahlungen später wieder aufgenommen werden. Rz. 59 und 60 bleiben unberührt.   63

Machen die Parteien eines Übertragungsvertrags von einer vereinbarten Wertsicherungsklausel keinen Gebrauch, lässt dies für sich allein noch keinen zwingenden Schluss auf das Fehlen des Rechtsbindungswillens zu; die Abweichung vom Vereinbarten kann aber im Rahmen der gebotenen Gesamtwürdigung von Bedeutung sein (BFH vom 3. März 2004 – BStBl II Seite 826).   64

C. Entgeltliche Vermögensübertragung gegen wiederkehrende Leistungen

Wiederkehrende Leistungen im Austausch mit einer Gegenleistung enthalten bis zur Grenze der Angemessenheit eine nichtsteuerbare oder steuerbare Vermögensumschichtung i. H. ihres Barwerts (Tilgungsanteil) und einen Zinsanteil.   65

Ist der Barwert (Tilgungsanteil) der wiederkehrenden Leistungen höher als der Wert des übertragenen Vermögens, ist Entgeltlichkeit i. H. des angemessenen Kaufpreises anzunehmen. Der übersteigende Betrag ist eine Zuwendung i. S. des § 12 Nummer 2 EStG. Ist der Barwert der wiederkehrenden Leistungen mehr als doppelt so hoch wie der Wert des übertragenen Vermögens, liegt insgesamt eine Zuwendung i. S. des § 12 Nummer 2 EStG vor. Wiederkehrende Leistungen werden teilentgeltlich erbracht, wenn der Wert des übertragenen Vermögens höher ist als der Barwert der wiederkehrenden Leistungen.   66

I. Übertragung von Betriebsvermögen

Zur ertragsteuerlichen Behandlung der Veräußerung von Wirtschaftsgütern des Betriebsvermögens gegen Leibrenten, Veräußerungsrenten oder Kaufpreisraten gelten die allgemeinen Grundsätze. Im Fall der Gewinnermittlung nach § 4 Absatz 3 EStG siehe R 4.5 Absatz 5 EStR.   67

Das Wahlrecht nach R 16 Absatz 11 EStR im Fall der Veräußerung eines Betriebs gegen wiederkehrende Bezüge bleibt unberührt.   68

II. Übertragung von Privatvermögen gegen wiederkehrende Leistungen auf Lebenszeit

1. Behandlung beim Verpflichteten

a) Anschaffungskosten

Die Anschaffungskosten bemessen sich nach dem Barwert der wiederkehrenden Leistungen, ggf. nach dem anteiligen Barwert (vgl. Rz. 65 f.), der nach §§ 12 ff. BewG (bei lebenslänglichen Leistungen nach § 14 Absatz 1 BewG) oder nach versicherungsmathematischen Grundsätzen berechnet werden kann (vgl. R 6.2 Satz 1 EStR). Bei der Berechnung des Barwerts ungleichmäßig wiederkehrender Leistungen (dauernde Lasten) ist als Jahreswert der Betrag zu Grunde zu legen, der – aus der Sicht des Anschaffungszeitpunkts – in Zukunft im Durchschnitt der Jahre voraussichtlich erzielt wird (BFH vom 18. Oktober 1994 – BStBl 1995 II Seite 169).   69

Werden die wiederkehrenden Leistungen für den Erwerb eines zur Einkünfteerzielung dienenden abnutzbaren Wirtschaftsguts gezahlt, ist der Barwert der Rente oder dauernden Last Bemessungsgrundlage für die Absetzungen für Abnutzung, erhöhten Absetzungen und Sonderabschreibungen (BFH vom 9. Februar 1994 – BStBl 1995 II Seite 47). Der in den wiederkehrenden Leistungen enthaltene Tilgungsanteil kann im Zeitpunkt der Zahlung nicht gesondert als Werbungskosten abgezogen werden.   70

b) Zinsanteil

Der Zinsanteil von Veräußerungsleibrenten ist nach der Ertragsanteilstabelle des § 22 Nummer 1 Satz 3 Buchstabe a Doppelbuchstabe bb EStG (ggf. i. V. m. § 55 Absatz 2 EStDV) zu ermitteln (BFH vom 25. November 1992 – BStBl 1996 II Seite 666). Der Zinsanteil von dauernden Lasten ist in entsprechender Anwendung der Ertragsanteilstabelle des § 22 Nummer 1 Satz 3 Buchstabe a Doppelbuchstabe bb EStG (ggf. i. V. m. § 55 Absatz 1 EStDV) zu berechnen (BFH vom 9. Februar 1994 – BStBl 1995 II Seite 47), kann aber auch nach finanzmathematischen Grundsätzen unter Verwendung eines Zinsfußes von 5,5 Prozent berechnet werden. Bei der Berechnung nach finanzmathematischen Grundsätzen ist die voraussichtliche Laufzeit nach der zum jeweiligen Berechnungszeitpunkt geltenden Sterbetafel (zurzeit Sterbetafel nach dem Stand 2005/2007) zu bemessen (BFH vom 25. November 1992 – BStBl 1996 II Seite 663).   71

---

[1] Bestätigt durch BFH vom 15. 9. 2010 (BStBl 2011 II S. 641).

72   [1]Der Zinsanteil von Renten und dauernden Lasten darf grundsätzlich nicht abgezogen werden (BFH vom 25. November 1992 – BStBl 1996 II Seite 666). Dient das gegen Zahlung einer Rente oder dauernden Last erworbene Wirtschaftsgut der Einkünfteerzielung, ist der in den einzelnen Zahlungen enthaltene Zinsanteil dagegen als Werbungskosten abzuziehen (BFH vom 9. Februar 1994 – BStBl 1995 II Seite 47), sofern kein Werbungskostenabzugsverbot greift (z. B. § 20 Absatz 9 EStG). Bei Veräußerungsleibrenten sind auch die Erhöhungs- und Mehrbeträge aufgrund einer Wertsicherungsklausel nur mit dem Ertragsanteil als Werbungskosten zu berücksichtigen (BFH vom 19. August 2008 – BStBl 2010 II Seite 24).

2. Behandlung beim Berechtigten

a) Veräußerungspreis

73   Der Berechtigte erzielt für das entgeltlich im Austausch mit wiederkehrenden Leistungen übertragene Vermögen einen Veräußerungspreis i. H. des nach Rz. 69 zu ermittelnden Barwerts der wiederkehrenden Leistungen.

74   Veräußerungspreis bei privaten Veräußerungsgeschäften (§ 22 Nummer 2 EStG) gegen wiederkehrende Leistungen (Renten oder dauernde Lasten) ist – bis zur Höhe des nach Rz. 69 ermittelten Barwerts der wiederkehrenden Leistungen – der Unterschiedsbetrag zwischen der Summe der jährlichen Zahlungen und dem nach Rz. 71 zu ermittelnden Zinsanteil. Ein Gewinn aus privaten Veräußerungsgeschäften entsteht erstmals in dem Veranlagungszeitraum, in dem die in der Summe der jährlichen Zahlungen enthaltene Veräußerungspreis die ggf. um die Absetzungen für Abnutzung, erhöhten Absetzungen und Sonderabschreibungen verminderten Anschaffungs- oder Herstellungskosten sowie die zugehörigen Werbungskosten übersteigt. Bei Veräußerungsgewinnen i. S. des § 17 Absatz 2 EStG entsteht der Gewinn im Zeitpunkt der Veräußerung. Wird eine Beteiligung i. S. des § 17 EStG gegen eine Leibrente oder gegen einen in Raten zu zahlenden Kaufpreis veräußert, sind die Grundsätze der R 17 Absatz 7 Satz 2 i. V. m. R 16 Absatz 11 EStR und des BMF-Schreibens vom 3. August 2004 (BStBl I Seite 1187) zu beachten. Wird Kapitalvermögen gegen wiederkehrende Leistungen veräußert, kann auch ein Gewinn oder Ertrag i. S. des § 20 Absatz 2 EStG vorliegen, der den Regelungen über die Abgeltungsteuer unterliegt.

b) Zinsanteil

75   Der in wiederkehrenden Leistungen enthaltene Zinsanteil ist Entgelt für die Stundung des Veräußerungspreises, das auf die Laufzeit der wiederkehrenden Leistungen zu verteilen ist. Der Zinsanteil wird gemäß den in Rz. 71 dargelegten Grundsätzen ermittelt. Bei dauernden Lasten ist der zu ermittelnde Zinsanteil als Einkünfte aus Kapitalvermögen nach § 20 Absatz 1 Nummer 7 EStG zu versteuern (vgl. BFH vom 25. November 1992 – BStBl 1996 II Seite 663 und vom 26. November 1992 – BStBl 1993 II Seite 298). Der in Veräußerungsleibrenten enthaltene Ertragsanteil ist nach § 22 Nummer 1 Satz 3 Buchstabe a Doppelbuchstabe bb EStG zu versteuern.[2]

Beispiel:

76   V überträgt seinem Sohn S im Wege der vorweggenommenen Erbfolge eine vermietete Eigentumswohnung mit einem Verkehrswert von 210.000 €. S verpflichtet sich, V eine an dessen Bedürfnissen orientierte lebenslängliche Rente i. H. von monatlich 2.500 € (jährlich 30.000 €) zu zahlen. Der Barwert der wiederkehrenden Leistungen beträgt 350.000 €.

Lösung:

Da die vermietete Eigentumswohnung nicht zu den begünstigten Wirtschaftsgütern i. S. des § 10 Absatz 1 Nummer 1a Satz 2 EStG gehört (vgl. Rz 7), liegt keine Vermögensübertragung im Zusammenhang mit Versorgungsleistungen (vgl. B.), sondern bis zur Höhe eines angemessenen Kaufpreises (210.000 €) ein entgeltliches Geschäft gegen wiederkehrende Leistungen vor. Die Gegenleistung ist in dem Umfang als unangemessen anzusehen, in dem der Barwert der wiederkehrenden Leistungen (350.000 €) den Verkehrswert des übertragenen Vermögens (210.000 €) übersteigt (140.000 / 350.000 = 40 Prozent). S hat Anschaffungskosten für die vermietete Eigentumswohnung i. H. v. 210.000 € – abzüglich des Anteils für den Grund und Boden – Bemessungsgrundlage für die Absetzungen für Abnutzung sind. Der unangemessene Anteil der jährlichen Zahlung, also ein Betrag i. H. von (40 Prozent von 30 000 € =) 12 000 €, ist als Zuwendung i. S. des § 12 Nummer 2 EStG zu beurteilen. Der verbleibende Betrag von (30 000 € ./. 12 000 € =) 18 000 € ist in einen Tilgungs- und einen Zinsanteil zu zerlegen. Den nach der Ertragsanteilstabelle des § 22 Nummer 1 Satz 3 Buchstabe a Doppelbuchstabe bb EStG ermittelten Zinsanteil der Veräußerungsleibrente muss V als Berechtigter versteuern. S, als Verpflichteter, kann den Zinsanteil, der ebenfalls nach der Ertragsanteilstabelle des § 22 Nummer 1 Satz 3 Buchstabe a Doppelbuchstabe bb EStG zu ermitteln ist, als Werbungskosten nach § 9 Absatz 1 Satz 3 Nummer 1 EStG abziehen, weil er das erworbene Wirtschaftsgut zur

---

[1] Bestätigt durch BFH vom 18. 5. 2010 (BStBl 2011 II S. 675).
[2] Bestätigt durch BFH vom 18. 5. 2010 (BStBl 2011 II S. 675).

Erzielung von Einkünften aus Vermietung und Verpachtung verwendet. Bei V ist zu prüfen, ob der (angemessene) Tilgungsanteil als Gewinn aus einem privaten Veräußerungsgeschäft zu erfassen ist (vgl. Rz. 74).

III. Übertragung von Privatvermögen gegen wiederkehrende Leistungen auf bestimmte Zeit

1. Anschaffungskosten und Veräußerungspreis

Bei wiederkehrenden Leistungen auf bestimmte Zeit und bei für eine Mindestlaufzeit zu erbrin-   77
genden wiederkehrenden Leistungen liegen Anschaffungskosten i. H. des nach § 13 Absatz 1
BewG zu ermittelnden (ggf. anteiligen) Barwerts (Tilgungsanteil) vor. Bei wiederkehrenden Leistungen auf die Lebenszeit des Berechtigten, die auf eine bestimmte Zeit beschränkt sind, hat der
Verpflichtete Anschaffungskosten i. H. des nach § 13 Absatz 1 Satz 2 BewG i. V. m. § 14 BewG zu
ermittelnden Barwerts. Der Barwert kann auch nach versicherungsmathematischen Grundsätzen
ermittelt werden. Der Veräußerungspreis ist diesen Grundsätzen entsprechend zu ermitteln. Zur
steuerlichen Behandlung der Anschaffungskosten vgl. Rz. 69 f. Zur steuerlichen Behandlung des
Veräußerungspreises vgl. Rz. 73 f.

2. Zinsanteil

Für die Ermittlung des Zinsanteils einer Rente auf die Lebenszeit des Berechtigten bei vereinbarter   78
Mindestlaufzeit ist zunächst zu bestimmen, ob die laufenden Zahlungen mehr von den begriff-
lichen Merkmalen einer Leibrente oder mehr von denjenigen einer (Kaufpreis-) Rate geprägt werden. Eine einheitliche Rente ist dabei nicht in eine Zeitrente und in eine durch den Ablauf der Mindestlaufzeit aufschiebend bedingte Leibrente aufzuspalten. Wurde die durch die Lebensdauer des
Berechtigten bestimmte Wagniskomponente nicht zugunsten eines vorausbestimmten Leistungs-
volumens ausgeschaltet, dann ist der Ertragsanteil mittels der Ertragswerttabelle des § 22
Nummer 1 Satz 3 Buchstabe a Doppelbuchstabe bb Satz 4 EStG zu ermitteln (BFH vom 19. August
2008 – BStBl 2010 II Seite 24). Dies ist z. B. bei einer Rente auf die Lebenszeit des Empfängers mit
vereinbarter Mindestlaufzeit, die kürzer ist als die durchschnittliche Lebensdauer, der Fall. Zur
steuerlichen Behandlung dieses Ertragsanteils beim Verpflichteten und Berechtigten vgl. Rz. 72
und 75.

Überwiegen hingegen die Gründe für die Annahme, bei den wiederkehrenden Leistungen handele   79
es sich um (Kaufpreis-)Raten (z. B. bei einer Zeitrente, bei einer abgekürzten Leibrente oder bei
einer Leibrente, bei der die Mindestlaufzeit höher ist als die durchschnittliche Lebensdauer), dann
ist der Zinsanteil dieser auf besonderen Verpflichtungsgründen beruhenden Renten bzw. dauernden Lasten der Unterschiedsbetrag zwischen der Summe der jährlichen Zahlungen (vgl. aber
Rz. 65 ff.) und der jährlichen Minderung des Barwerts der wiederkehrenden Leistungen, der nach
finanzmathematischen Grundsätzen unter Verwendung eines Zinsfußes von 5,5 Prozent zu ermitteln ist (BFH vom 26. November 1992 – BStBl 1993 II Seite 298). Die jährliche Barwertminderung ist
nach § 13 Absatz 1 BewG, bei sog. verlängerten Leibrenten oder dauernden Lasten nach § 13
Absatz 1 Satz 2 BewG i. V. m. § 14 BewG zu ermitteln. Aus Vereinfachungsgründen kann der
Zinsanteil auch in Anlehnung an die Ertragswerttabelle des § 55 Absatz 2 EStDV bestimmt werden.
Zur steuerlichen Behandlung dieses Zinsanteils beim Verpflichteten vgl. Rz. 72. Beim Berechtigten
ist der Zinsanteil nach § 20 Absatz 1 Nummer 7 EStG zu besteuern.

D. Anwendungsregelung

I. Allgemeines

Vorstehende Regelungen sind grundsätzlich auf alle wiederkehrenden Leistungen im Zusammen-   80
hang mit einer Vermögensübertragung anzuwenden, die auf einem nach dem 31. Dezember 2007
geschlossenen Übertragungsvertrag (Abschluss des schuldrechtlichen Rechtsgeschäfts) beruhen.

Für wiederkehrende Leistungen in Zusammenhang mit einer Vermögensübertragung, die auf   81
einem vor dem 1. Januar 2008 geschlossenen Übertragungsvertrag beruhen, bleiben grundsätzlich
§ 10 Absatz 1 Nummer 1a EStG in der vor dem 1. Januar 2008 geltenden Fassung und das BMF-
Schreiben vom 16. September 2004 (BStBl I Seite 922)[1] weiter anwendbar. Dies gilt auch für vor
dem 1. Januar 2008 geschlossene Wirtschaftsüberlassungsverträge und Pachtverträge, die als Wirtschaftsüberlassungsverträge anzusehen sind.

Bringt das übertragene Vermögen nur deshalb einen ausreichenden Ertrag, weil ersparte Aufwen-   82
dungen zu den Erträgen des Vermögens gerechnet werden, gelten § 10 Absatz 1 Nummer 1a EStG
in der Fassung des JStG 2008 und die Regelungen dieses BMF-Schreibens. Rz. 76 des BMF-Schreibens vom 16. September 2004 findet ab dem Veranlagungszeitraum 2008 keine Anwendung mehr.
§ 10 Absatz 1 Nummer 1a EStG in der vor dem 1. Januar 2008 geltenden Fassung und das BMF-
Schreiben vom 16. September 2004 (BStBl I Seite 922) sind jedoch weiter anwendbar, wenn ein

---

[1] Letztmals abgedruckt in der Einkommensteuer Handausgabe 2008.

ausreichender Ertrag in Form des Nutzungsvorteils eines zu eigenen Zwecken genutzten Grundstücks vorliegt.

83   Maßgeblich für die zeitliche Einordnung ist bei der Regelung der Vermögensübertragung in einer
      Verfügung von Todes wegen der Eintritt des Erbfalls. Ergibt sich der Anspruch auf Versorgungs-
      leistungen aus einem in einer Verfügung von Todes wegen geregelten Vermächtnis, ist auf den
      Zeitpunkt des Anfalls des entsprechenden Vermächtnisses, also auf den Zeitpunkt der schuldrecht-
      lichen Entstehung des Vermächtnisanspruchs oder der Auflagenbegünstigung abzustellen.

84   Bedarf die schuldrechtliche Vereinbarung einer staatlichen Genehmigung (z. B. familien-, vor-
      mundschafts- oder nachlassgerichtliche Genehmigung), wirkt die Erteilung dieser Genehmigung
      auf den Zeitpunkt der Vornahme des Rechtsgeschäfts zurück, wenn die Vertragsparteien alles in
      ihrer Macht stehende getan haben, um einen wirksamen zivilrechtlichen Vertrag abzuschließen.
      Steht die schuldrechtliche Vereinbarung unter einer aufschiebenden Bedingung, tritt die von der
      Bedingung abhängige Wirkung erst mit dem Eintritt der aufschiebenden Bedingung ein.

II. Ablösung eines Nießbrauchsrechts

85   Wurde aufgrund eines vor dem 1. Januar 2008 abgeschlossenen Übertragungsvertrags (Rz. 81) Ver-
      mögen unter Nießbrauchsvorbehalt auf den Vermögensübernehmer übertragen und wird dieses
      Nießbrauchsrecht nach dem 31. Dezember 2007 im Zusammenhang mit wiederkehrenden Leistun-
      gen abgelöst, gilt Folgendes:

      – Wurde die Ablösung des Nießbrauchsrechts gegen Versorgungsleistungen und der Zeitpunkt
         bereits im Übertragungsvertrag verbindlich vereinbart, bleiben § 10 Absatz 1 Nummer 1a EStG
         in der vor dem 1. Januar 2008 geltenden Fassung und das BMF-Schreiben vom 16. September
         2004 (BStBl I Seite 922) weiter anwendbar.

      – Erfolgt die Vereinbarung der Ablösung des Nießbrauchsrechts erst später und nach dem
         31. Dezember 2007, gelten § 10 Absatz 1 Nummer 1a EStG in der Fassung des JStG 2008 und
         die Regelungen dieses BMF-Schreibens.

86   Entsprechendes gilt, wenn das Nießbrauchsrecht im Wege des Vermächtnisses eingeräumt worden ist.

III. Umschichtung

1. Umschichtungsverpflichtung im Übertragungsvertrag

87   Wurde vor dem 1. Januar 2008 ein Übertragungsvertrag abgeschlossen, der die Verpflichtung des
      Vermögensübernehmers vorsieht, ertragloses oder nicht ausreichend Ertrag bringendes Vermögen
      in eine ihrer Art nach bestimmte, ausreichend Ertrag bringende Vermögensanlage umzuschichten
      (vgl. Rz. 13 des BMF-Schreibens vom 16. September 2004 – BStBl I Seite 922), gelten § 10 Absatz 1
      Nummer 1a EStG in der Fassung des JStG 2008 und die Regelungen dieses BMF-Schreibens,
      wenn die Umschichtung nicht vor dem 1. Januar 2008 vollzogen ist.

2. Nachträgliche Umschichtung

88   Wurde vor dem 1. Januar 2008 rechtswirksam eine Vermögensübertragung im Zusammenhang mit
      Versorgungsleistungen vereinbart und wird das begünstigte Vermögen nach dem 31. Dezember
      2007 nachträglich umgeschichtet, ist die nachträgliche Umschichtung nach den Regelungen in den
      Rz. 28 ff. des BMF-Schreibens vom 16. September 2004 (BStBl I Seite 922) zu beurteilen. Es ist in
      diesen Fällen nicht erforderlich, dass in Vermögen i. S. des § 10 Absatz 1 Nummer 1a Satz 2 EStG
      in der Fassung des JStG 2008 umgeschichtet wird.

IV. Besteuerung nach § 22 Nummer 1b EStG

89   § 22 Nummer 1b EStG gilt ab dem Veranlagungszeitraum 2008 für die Besteuerung von Versor-
      gungsleistungen beim Empfänger der Leistungen unabhängig vom Zeitpunkt des Abschlusses des
      Übertragungsvertrags. § 22 Nummer 1b EStG regelt, dass die Einkünfte aus Versorgungsleistun-
      gen zu versteuern sind, soweit sie beim Zahlungsverpflichteten nach § 10 Absatz 1 Nummer 1a
      EStG als Sonderausgaben abgezogen werden können. Sofern also bei einem Vertragsabschluss
      vor dem 1. Januar 2008 Versorgungsleistungen in Form einer Leibrente vereinbart wurden und
      diese beim Vermögensübernehmer lediglich i. H. des Ertragsanteils als Sonderausgaben abziehbar
      sind, unterliegen beim Vermögensübergeber die Bezüge auch nur insoweit der Besteuerung nach
      § 22 Nummer 1b EStG.

V. Umwandlung einer Versorgungsleistung

90   Für vor dem 1. Januar 2008 abgeschlossene Vermögensübertragungsverträge bleibt Rz. 48 des
      BMF-Schreibens vom 16. September 2004 (BStBl I Seite 922) weiter anwendbar, auch wenn die
      Umwandlung einer Leibrente in eine dauernde Last erst nach dem 31. Dezember 2007 erfolgt.

Steuerermäßigung bei Einkünften aus Gewerbebetrieb gemäß § 35 EStG

BMF vom 24. Februar 2009 (BStBl I S. 440)

IV C 6 – S 2296-a/08/1002 – 2007/0220243

unter Berücksichtigung der Änderungen durch BMF vom 22. 12. 2009 (BStBl I 2010 S. 43)

IV C 6 – S 2296-a/08/10002 und vom 25. 11. 2010 (BStBl I S. 1312)

IV C 6 – S 2296-a/09/10001 – 2010/0912228

Inhaltsverzeichnis

Im Einvernehmen mit den obersten Finanzbehörden der Länder nehme ich zur Anwendung der Steuerermäßigung bei Einkünften aus Gewerbebetrieb nach § 35 EStG wie folgt Stellung:

1. Anwendungsbereich

§ 35 EStG ist erstmals für den Veranlagungszeitraum 2001 anzuwenden. Dies gilt auch für Einkünfte aus einem Gewerbebetrieb mit einem vom Kalenderjahr abweichenden Wirtschaftsjahr, wenn das Wirtschaftsjahr nach dem 31. Dezember 2000 endet (§ 52 Abs. 50a EStG 2001). Begünstigt sind unbeschränkt und beschränkt steuerpflichtige natürliche Personen mit Einkünften aus Gewerbebetrieb als Einzelunternehmer oder als unmittelbar oder mittelbar beteiligter Mitunternehmer i. S. d. § 15 Abs. 1 Satz 1 Nr. 2 EStG oder i. S. d. § 15 Abs. 3 Nr. 1 oder 2 EStG. Begünstigt sind auch die persönlich haftenden Gesellschafter einer Kommanditgesellschaft auf Aktien (KGaA) mit ihren Gewinnanteilen (§ 15 Abs. 1 Satz 1 Nr. 3 EStG). **1**

§ 35 EStG in der Fassung des Unternehmensteuerreformgesetz 2008 vom 14. August 2007 (BGBl. I S. 1912), geändert durch das Jahressteuergesetz 2008 vom 20. Dezember 2007 (BGBl. I S. 3150) und das Jahressteuergesetz 2009 vom 19. Dezember 2008 (BGBl. I S. 2794), ist erstmalig für den Veranlagungszeitraum 2008 anzuwenden. Gewerbesteuer-Messbeträge, die Erhebungszeiträumen zuzuordnen sind, die vor dem 1. Januar 2008 enden, sind nur mit dem 1,8fachen des Gewerbesteuer-Messbetrages zu berücksichtigen. **2**

Beispiel: **3**

A ist an der AB-OHG unmittelbar beteiligt. Die AB-OHG ist wiederum an der CD-OHG beteiligt.

A bezieht in 2008 aus der Beteiligung an der AB-OHG folgende Einkünfte:

- 50 000 Euro unmittelbar aus der Beteiligung an der AB-OHG. Die AB-OHG hat ein vom Kalenderjahr abweichendes Wirtschaftsjahr (01.07. bis 30.06.). Den Gewinn – ohne Berücksichtigung von eigenen Beteiligungserträgen – erzielt sie für das Wirtschaftsjahr 01. 07. 2007 bis 30. 06. 2008.

- 10 000 Euro mittelbar aus der Untergesellschaft CD-OHG. Das Wirtschaftjahr der CD-OHG entspricht dem Kalenderjahr. Der Gewinn wurde im Wirtschaftsjahr 01. 01. 2007 bis 31. 12. 2007 erzielt.

Lösung:

Der Gewerbeertrag der AB-OHG als Grundlage für die Berechnung des Gewerbesteuer-Messbetrags gilt gem. § 10 Abs. 2 GewStG als in dem Erhebungszeitraum 2008 bezogen. Der Gewerbeertrag für die CD-OHG, der aufgrund der Kürzungsvorschrift des § 9 Nr. 2 GewStG nicht in dem Gewerbeertrag der AB-OHG enthalten ist, aber dem nach § 35 Abs. 2 Satz 5 EStG in die Feststellung einzubeziehenden anteiligen Gewerbesteuer-Messbetrag zugrunde liegt, ist Grundlage für die Berechnung der Gewerbesteuer für den Erhebungszeitraum 2007.

A bezieht somit für 2008 Einkünfte aus Gewerbebetrieb, denen zwei unterschiedliche Erhebungszeiträume zu Grunde liegen. Für die Einkünfte aus dem Erhebungszeitraum 2007 (10 000 Euro aus der mittelbaren Beteiligung an der CD-OHG) ist für die Steuerermäßigung des § 35 EStG der Anrechnungsfaktor 1,8 zu berücksichtigen, zudem ist die Steuerermäßigung auf die tatsächlich zu zahlende Gewerbesteuer begrenzt.

4   Die Steuerermäßigung nach § 35 EStG mindert die Bemessungsgrundlage des Solidaritätszuschlags (§ 3 Abs. 2 SolZG), nicht aber die Bemessungsgrundlage der Kirchensteuer (§ 51a Abs. 2 Satz 3 EStG i. V. m. den jeweiligen Kirchensteuergesetzen).

2. Tarifliche Einkommensteuer i. S. d. § 35 Abs. 1 EStG

5   Ausgangsgröße für die Steuerermäßigung nach § 35 EStG ist die tarifliche Einkommensteuer, vermindert um die anzurechnenden ausländischen Steuern nach § 34c Abs. 1 und 6 EStG und § 12 AStG (tarifliche Einkommensteuer i. S. d. § 35 Abs. 1 *Satz 1* EStG). Die Steuerermäßigungen nach § 34f EStG, *§ 34g EStG* sowie nach *§ 35a* EStG sind erst nach Abzug der Steuerermäßigung nach § 35 EStG zu berücksichtigen.

3. Anrechnungsvolumen[1)]

6   Das Anrechnungsvolumen ist begrenzt auf den Ermäßigungshöchstbetrag (siehe Rz. 16 ff.); es darf die tatsächlich zu zahlende Gewerbesteuer (§ 35 Abs. 1 Satz 5 EStG) nicht übersteigen (Rz. 7).

7   Die tatsächlich zu zahlende Gewerbesteuer entspricht grundsätzlich der im Gewerbesteuerbescheid festgesetzten Gewerbesteuer für den jeweiligen Betrieb (vgl. § 35 Abs. 3 Satz 2 EStG) und in den Fällen des § 35 Abs. 1 Satz 1 Nr. 2 EStG der jeweils anteiligen festgesetzten Gewerbesteuer. Erfolgt die Festsetzung der Einkommensteuer vor Bekanntgabe des Gewerbesteuerbescheides durch die Gemeinde, kann die tatsächlich zu zahlende Gewerbesteuer auf der Grundlage des festgestellten Gewerbesteuer-Messbetrages und des Hebesatzes angesetzt werden (§ 16 Abs. 1 GewStG). Bei einer Abweichung zwischen der zunächst dem Einkommensteuerbescheid zugrunde gelegten „tatsächlich zu zahlenden Gewerbesteuer" und der im Gewerbesteuerbescheid festgesetzten Gewerbesteuer kann der Einkommensteuerbescheid nach § 175 Abs. 1 Satz 1 Nr. 1 AO geändert werden. Entsprechendes gilt, wenn die Kommune nach Bekanntgabe des Gewerbesteuerbescheides die tatsächlich zu zahlende Gewerbesteuer aufgrund einer Billigkeitsmaßnahme nach § 163 AO mindert. Bei einer Billigkeitsmaßnahme im Erhebungsverfahren gemäß § 227 AO besteht die Möglichkeit einer Änderung des Einkommensteuerbescheides gemäß § 175 Abs. 1 Satz 1 Nr. 2 AO.

Der Steuerpflichtige ist gemäß § 153 Abs. 2 AO verpflichtet, dem Finanzamt die Minderung der tatsächlich zu zahlenden Gewerbesteuer unverzüglich mitzuteilen.

8   Die Höhe der Steuerermäßigung beträgt das *3,8-fache* des nach § 14 GewStG festgesetzten Gewerbesteuer-Messbetrags oder des anteiligen Gewerbesteuer-Messbetrags (Anrechnungsvolumen). Maßgebend ist der Gewerbesteuer-Messbetrag, der für den Erhebungszeitraum festgesetzt worden ist, der dem Veranlagungszeitraum entspricht. Bei einem vom Kalenderjahr abweichenden Wirtschaftsjahr wird der Gewerbeertrag dem Erhebungszeitraum zugerechnet, in dem das Wirtschaftsjahr endet (§ 10 Abs. 2 GewStG).

9   Zur Ermittlung des auf den Mitunternehmer oder des auf den persönlich haftenden Gesellschafter einer KGaA entfallenden anteiligen Gewerbesteuer-Messbetrags siehe Rz. *29*.

10   Sind dem Steuerpflichtigen als Einzelunternehmer oder Mitunternehmer Gewinne aus mehreren Gewerbebetrieben zuzurechnen, sind die jeweiligen Gewerbesteuer-Messbeträge für jeden Gewerbebetrieb und für jede Mitunternehmerschaft getrennt zu ermitteln, mit dem Faktor 3,8 zu vervielfältigen und auf die zu zahlende Gewerbesteuer zu begrenzen. Dabei sind bei negativen gewerblichen Einkünften eines Betriebes oder aus einer Beteiligung der – auf Grund von Hinzurechnungen entstehende – zugehörige Gewerbesteuer-Messbetrag und die zu zahlende Gewerbesteuer nicht zu berücksichtigen. Die so ermittelten Beträge sind zur Berechnung des Anrechnungsvolumens zusammenzufassen. Bei zusammenveranlagten Ehegatten sind die Anrechnungsvolumina der Ehegatten zusammenzufassen. Zu den Besonderheiten bei mehrstöckigen Gesellschaften vgl. Rz. 27 und 28.

11   Die Festsetzungen des Gewerbesteuer-Messbetrags, der zu zahlenden Gewerbesteuer und die Feststellung der Prozentsätze nach § 35 Abs. 2 EStG (anteiliger Gewerbesteuer-Messbetrag und anteilig zu zahlende Gewerbesteuer bei Mitunternehmerschaften und KGaA) sind bei der Ermittlung der Steuerermäßigung nach § 35 Abs. 1 EStG Grundlagenbescheide (§ 35 Abs. 3 Satz 2 EStG).

12   Nicht nutzbares Anrechnungsvolumen kann nicht auf vorherige und nachfolgende Veranlagungszeiträume übertragen werden (vgl. BFH-Urteil vom 23. April 2008, BStBl II S. 7)

13   Der auf einen Veräußerungs- oder Aufgabegewinn nach § 18 Abs. 4 Satz 1 und 2 UmwStG *a. F.*, § 18 Abs. 3 Satz 1 und 2 UmwStG i. d. F. des SEStEG[2)] entfallende Gewerbesteuer-Messbetrag bleibt bei der Ermäßigung der Einkommensteuer nach § 35 EStG unberücksichtigt (§ 18 Abs. 4

---

1) *Bei der gesonderten und einheitlichen Feststellung nach § 35 Abs. 2 Satz 5 EStG sind auch bei Vorliegen einer Organschaft anteilige Gewerbesteuer-Messbeträge nicht einzubeziehen, die aus einer Beteiligung an einer Kapitalgesellschaft (Organgesellschaft) stammen (→ BFH vom 22. 9. 2011, BStBl 2012 II S. 14).*
2) Bestätigt durch BFH vom 15. 4. 2010 (BStBl II S. 912).

Satz 3 UmwStG, neu § 18 Abs. 3 Satz 3 UmwStG i. d. F. des SEStEG). § 35 EStG findet keine Anwendung auf Gewinne, die der Tonnagebesteuerung nach § 5a EStG unterliegen (§ 5a Abs. 5 EStG); insoweit sind auch der (anteilig) darauf entfallende Gewerbesteuer-Messbetrag und die (anteilig) darauf entfallende, tatsächlich zu zahlende Gewerbesteuer nicht zu berücksichtigen.

4. Gewerbliche Einkünfte i. S. d. § 35 EStG

Die gewerblichen Einkünfte i. S. d. § 35 EStG umfassen die Einkünfte aus Gewerbebetrieb i. S. d. § 15 EStG, wenn sie gewerbesteuerpflichtig und nicht von der Anwendung des § 35 EStG ausgeschlossen sind (vgl. Rz. 13). Einkünfte i. S. d. §§ 16 und 17 EStG gehören grundsätzlich nicht zu den gewerblichen Einkünften i. S. d. § 35 EStG. In die gewerblichen Einkünfte i. S. d. § 35 EStG einzubeziehen sind jedoch die gewerbesteuerpflichtigen Veräußerungsgewinne aus der 100 % igen Beteiligung an einer Kapitalgesellschaft (§ 16 Abs. 1 Satz 1 Nr. 1 Satz 2 EStG), wenn die Veräußerung nicht im engen Zusammenhang mit der Aufgabe des Gewerbebetriebs erfolgt (vgl. Abschn. 39 Abs. 1 Nr. 1 Satz 13 GewStR)[1] sowie die Veräußerungsgewinne, die nach § 7 Satz 2 GewStG gewerbesteuerpflichtig sind. Der Gewinn aus der Veräußerung eines Teils eines Mitunternehmeranteils i. S. d. § 16 Abs. 1 Satz 2 EStG gehört als laufender Gewinn auch zu den gewerblichen Einkünften i. S. d. § 35 EStG. Die auf einen Veräußerungs- oder Aufgabegewinn nach § 18 Abs. 4 Satz 1 und 2 UmwStG, neu § 18 Abs. 3 Satz 1 und 2 UmwStG i. d. F. des SEStEG entfallenden Einkünfte aus Gewerbebetrieb sind nicht in die gewerblichen Einkünfte i. S. d. § 35 EStG einzubeziehen. **14**

Nicht entnommene Gewinne i. S. d. § 34a EStG sind im Veranlagungszeitraum ihrer begünstigten Besteuerung bei der Steuerermäßigung nach § 35 EStG einzubeziehen. Im Veranlagungszeitraum der Nachversteuerung i. S. d. § 34a Abs. 4 EStG **15**

• gehören die Nachversteuerungsbeträge nicht zu den begünstigten gewerblichen Einkünften,

• gehört die Einkommensteuer auf den Nachversteuerungsbetrag zur tariflichen Einkommensteuer.

5. Ermittlung des Ermäßigungshöchstbetrags (§ 35 Abs. 1 Satz 2 EStG)

Die Steuerermäßigung wird durch § 35 Abs. 1 EStG auf die tarifliche Einkommensteuer beschränkt, die anteilig auf die gewerblichen Einkünfte entfällt (Ermäßigungshöchstbetrag). **16**

Der Ermäßigungshöchstbetrag wird wie folgt ermittelt (§ 35 Abs. 1 Satz 2 EStG):

$$\frac{\text{Summer der positiven Einkünfte}}{\text{Summer aller positiven Einkünfte}} \times \text{geminderte tarifliche Steuer}$$

Positive Einkünfte im Sinne dieser Berechnungsformel sind die positiven Einkünfte aus der jeweiligen Einkunftsquelle. Eine Saldierung der positiven mit den negativen Einkunftsquellen innerhalb der gleichen Einkunftsarten (sog. horizontaler Verlustausgleich) und zwischen den verschiedenen Einkunftsarten (sog. vertikaler Verlustausgleich) erfolgt nicht.

Aus Vereinfachungsgründen können die Einkünfte i. S. d. § 20 EStG als aus einer Einkunftsquelle stammen gelten.

Aus Vereinfachungsgründen gelten die Einkünfte i. S. d. § 20 EStG als aus einer Einkunftsquelle stammend.

Beispiel 1: **17**

Der ledige Steuerpflichtige A erzielt folgende Einkünfte

§ 15 EStG, Gewerbebetrieb 1		– 150 000 €
§ 15 EStG, Gewerbebetrieb 1		120 000 €
§ 17 EStG (nicht gewerbl. i. S. d. § 35 EStG)	30 000 €	
§ 21 EStG, Grundstück 1		– 100 000 €
§ 21 EStG, Grundstück 2		200 000 €
Summe der Einkünfte		100 000 €

Lösung:

Der Ermäßigungshöchstbetrag ermittelt sich wie folgt:

$$\frac{120\,000\ (\text{Einkünfte Gewerbebetrieb 2})}{350\,000\ (\text{Einkünfte Gewerbebetrieb 2} + \text{Einkünfte Grundstück 2})} \times \text{geminderte tarifliche Steuer}$$

---

[1] Jetzt → H 7.1 (3) Gewinn aus der Veräußerung einer 100 %igen Beteiligung an einer Kapitalgesellschaft GewStH.

Beispiel 2:

18 Ein zusammenveranlagtes Ehepaar erzielt folgende Einkünfte:

		EM			EF
§ 15 EStG	50 000 €	Gewerbebetrieb EM	– 25 000 €		Gewerbebetrieb EF
§ 19 EStG			10 000 €		
§ 21 EStG	– 30 000 €	Grundstück EM	25 000 €		Grundstück EF
Summe der Einkünfte:			30 000 €		

Lösung:

Der Ermäßigungshöchstbetrag ermittelt sich wie folgt:

$$\frac{50\,000 \text{ (Einkünfte aus Gewerbebetrieb EM)}}{85\,000 \text{ (Einkünfte Gewerbebetrieb EM + Einkünfte } \S\,19 + \text{Einkünfte Grundstück EF)}} \times \text{geminderte tarifliche Steuer}$$

6. Steuerermäßigung bei Mitunternehmerschaften

6.1. Aufteilung nach dem allgemeinen Gewinnverteilungsschlüssel

19 Der anteilige Gewerbesteuer-Messbetrag von Mitunternehmern ist gemäß § 35 Abs. 2 Satz 2 EStG nach Maßgabe des allgemeinen Gewinnverteilungsschlüssels zu ermitteln; auf die Verteilung im Rahmen der einheitlichen und gesonderten Feststellung der Einkünfte aus Gewerbebetrieb kommt es dabei nicht an. Dies gilt auch für Fälle der atypisch stillen Gesellschaft.

20 Für die Verteilung aufgrund des allgemeinen Gewinnverteilungsschlüssels ist grundsätzlich die handelsrechtliche Gewinnverteilung maßgeblich. Diese ergibt sich entweder aus den gesetzlichen Regelungen des HGB oder aus abweichenden gesellschaftsvertraglichen Vereinbarungen.

21 [1]Dies gilt jedoch nur insoweit, wie die handelsrechtliche Gewinnverteilung auch in steuerrechtlicher Hinsicht anzuerkennen ist. So sind steuerrechtliche Korrekturen der Gewinnverteilung bei Familienpersonengesellschaften in Fällen, in denen die gesellschaftsvertragliche Gewinnverteilung nicht anerkannt wird oder steuerrechtliche Korrekturen in Fällen, in denen eine unzulässige rückwirkende Änderung der Gewinnverteilungsabrede festgestellt wird, auch bei der Ermittlung des allgemeinen Gewinnverteilungsschlüssels i. S. d. § 35 Abs. 2 Satz 2 EStG zu berücksichtigen.

22 [2]Bei der Ermittlung des Aufteilungsmaßstabs für den Gewerbesteuer-Messbetrag sind Vorabgewinnanteile nach § 35 Abs. 2 Satz 2 2. Halbsatz EStG nicht zu berücksichtigen. Dies gilt auch für Sondervergütungen i. S. d. § 15 Abs. 1 Satz 1 Nr. 2 EStG, die in ihrer Höhe nicht vom Gewinn abhängig sind, sowie für die Ergebnisse aus Sonder- und Ergänzungsbilanzen.

23 [3]Demgegenüber sind gewinnabhängige Vorabgewinnanteile Bestandteil des allgemeinen Gewinnverteilungsschlüssels i. S. d. § 35 Abs. 2 Satz 2 EStG. Dies gilt auch für gewinnabhängige Sondervergütungen i. S. d. § 15 Abs. 1 Satz 1 Nr. 2 EStG.

[4]**Beispiel:**

24 Bei einer OHG wird die Gewinnverteilung durch gesellschaftsvertragliche Regelungen wie folgt vorgenommen:

a) Als Vorabgewinn erhalten die Geschäftsführer ihre ihnen nach dem Gesellschaftervertrag oder nach ihrem Geschäftsführervertrag zustehenden Tantiemen. Der Vorabgewinn ist für alle Geschäftsführer zusammen auf höchstens 10 % des Jahresergebnisses begrenzt. In diesem Rahmen dürfen jedem einzelnen Geschäftsführer vertraglich bis zu 2 % des Jahresergebnisses als Tantieme zugebilligt werden.

b) Von dem verbleibenden Betrag erhält jeder Gesellschafter in Gewinnjahren eine Vorab-Zuweisung in Höhe von bis zu 7 % des Nominalbetrags seines Kapitalanteils (Kapitalkonto I).

---

1) Rz. 21 des BMF vom 19. 9. 2007 (BStBl I S. 701) ist weiterhin anzuwenden, es sei denn, mindestens ein Mitunternehmer beantragt, auf die Anwendung zu verzichten → BMF vom 22. 12. 2009 (BStBl 2010 I S. 43).
2) Für Wirtschaftsjahre, die nach dem 30. 6. 2010 beginnen, gilt BMF vom 24. 2. 2009 (BStBl I S. 440) mit der Maßgabe, dass in Rz. 22 der Passus „die in ihrer Höhe nicht vom Gewinn abhängig sind" gestrichen wird → BMF vom 22. 12. 2009 (BStBl 2010 I S. 43).
3) Für Wirtschaftsjahre, die nach dem 30. 6. 2010 beginnen, gilt BMF vom 24. 2. 2009 (BStBl I S. 440) mit der Maßgabe, dass Rz. 23 und 24 aufgehoben werden → BMF vom 22. 12. 2009 (BStBl 2010 I S. 43). Rz. 23 des BMF-Schreibens vom 24. 2. 2009 (BStBl I S. 440) ist für Wirtschaftsjahre, die vor dem 1. 7. 2010 beginnen, weiterhin anzuwenden, es sei denn, mindestens ein Mitunternehmer beantragt, auf die Anwendung zu verzichten → BMF-Schreiben vom 22. 12. 2009 (BStBl 2010 I S. 43).
4) Für Wirtschaftsjahre, die nach dem 30. 6. 2010 beginnen, gilt das BMF-Schreiben vom 24. 2. 2009 (BStBl I S. 440) mit folgender Maßgabe, dass Rz. 23 und 24 aufgehoben werden → BMF vom 22. 12. 2009 (BStBl 2010 I S. 43).

c) Der Restbetrag ist nach Maßgabe des allgemeinen Gewinnverteilungsschlüssels auf die Gesellschafter zu verteilen.

Lösung:

Die gewinnabhängigen Gewinnbestandteile unter a) und b), die vor der (abschließenden) Gewinnschlüsselung eines (eventuellen) Restbetrags den Gesellschaftern zugerechnet werden, hängen von der Höhe des von der OHG erzielten Gewinns ab. Deshalb müssen im Beispielsfall auch die unter Buchstaben a) und b) dargestellten Gewinnabreden als Bestandteil des allgemeinen Gewinnverteilungsschlüssels i. S. d. § 35 Abs. 2 Satz 2 EStG angesehen werden.

Gewerbesteuer-Messbeträge aus gewerbesteuerpflichtigen Veräußerungsgewinnen sind ebenfalls entsprechend dem allgemeinen Gewinnverteilungsschlüssel aufzuteilen.   25

[1)]In die Aufteilung sind auch Gesellschafter einzubeziehen, für die eine Ermäßigung nach § 35   26
EStG nicht in Betracht kommt, beispielsweise Kapitalgesellschaften.

6.2. Besonderheiten bei mehrstöckigen Gesellschaften

Bei mehrstöckigen Mitunternehmerschaften sind bei der Ermittlung des Ermäßigungshöchstbe-   27
trags nach § 35 EStG die Einkünfte aus der Obergesellschaft (einschließlich der Ergebnisse der Untergesellschaft) als gewerbliche Einkünfte zu berücksichtigen. Es sind zudem die anteilig auf die Obergesellschaft entfallenden Gewerbesteuer-Messbeträge sämtlicher Untergesellschaften den Gesellschaftern der Obergesellschaft nach Maßgabe des allgemeinen Gewinnverteilungs-schlüssels zuzurechnen (§ 35 Absatz 2 Satz 5 EStG). Dies gilt auch für die Zurechnung eines antei-ligen Gewerbesteuer-Messbetrags einer Untergesellschaft an den mittelbar beteiligten Gesell-schafter, wenn sich auf der Ebene der Obergesellschaft ein negativer Gewerbeertrag und damit ein Gewerbesteuer-Messbetrag von 0 Euro ergibt. Ein Gewerbesteuer-Messbetrag der Unter- oder Obergesellschaft, dem jedoch negative Einkünfte auf Ebene der Obergesellschaft unter Berück-sichtigung der Einkünfte aus der Untergesellschaft zu Grunde liegen (z. B. aufgrund von Hin-zurechnungen), ist nicht zu berücksichtigen (vgl. Rz. 10). Für die Berücksichtigung der tatsächlich zu zahlenden Gewerbesteuer (§ 35 Absatz 1 Satz 5 EStG) gelten die Sätze 1 bis 4 entsprechend.

Die Berechnung der Beschränkung des Anrechnungsvolumens auf die tatsächlich gezahlte Gewer-besteuer (§ 35 Absatz 1 Satz 5 EStG) (Vergleich zwischen dem mit dem Faktor 3,8 vervielfältigten Gewerbesteuer-Messbetrag und der tatsächlich zu zahlenden Gewerbesteuer) ist bei mehrstöcki-gen Mitunternehmerschaften ausschließlich in Bezug auf die (anteiligen) Gewerbesteuer-Mess-beträge der Ober- und Untergesellschaft(en) und die (anteilige) tatsächlich zu zahlende Gewer-besteuer der Ober- und Untergesellschaft(en) des anrechnungsberechtigten Mitunternehmers der Obergesellschaft vorzunehmen (vgl. Rz. 10).

Beispiel:

A ist zu 70 % an der GmbH & Co KG I (KG I) beteiligt, die wiederum zu 50 % an der GmbH &   28
Co KG II (KG II) beteiligt ist. Die KG II erzielt einen Gewinn von 100 000 €. Für die KG II wird unter Berücksichtigung von §§ 8 und 9 GewStG ein Gewerbesteuer-Messbetrag von 1 000 € festgestellt; die tatsächlich zu zahlende Gewerbesteuer beträgt 3 600 €. Dies führt damit zu einem der KG I zuzurechnenden anteiligen Gewerbesteuer-Messbetrag von 500 € (50 % von 1 000 € entsprechend dem allgemeinen Gewinnverteilungsschlüssel) und einer zuzurechnen-den anteiligen tatsächlich zu zahlenden Gewerbesteuer von 1 800 € (50 % von 3 600 € entspre-chend dem allgemeinen Gewinnverteilungsschlüssel).

Der KG I werden aus der Beteiligung an der KG II Einkünfte von 50 000 € zugewiesen. Die KG I erzielt aus dem operativen Geschäft einen Verlust von 40 000 € und somit einen negati-ven Gewerbeertrag. Dies führt zu einem Gewerbesteuer-Messbetrag und zu einer zu zahlen-den Gewerbesteuer von 0 €. A werden aus der Beteiligung an der KG I insgesamt Einkünfte von 7 000 € zugewiesen (unter Einbezug des (anteiligen) Ergebnisanteils aus der KG II). Der aus der Beteiligung an der KG II stammende anteilige Gewerbesteuer-Messbetrag von 500 € und die anteilige zu zahlende Gewerbesteuer von 1 800 € ist in die Feststellung nach § 35 Absatz 2 EStG bei der KG I einzubeziehen und dem Gesellschafter A anteilig entsprechend dem allgemeinen Gewinnverteilungsschlüssel zuzurechnen.

Der auf A entfallende Gewerbesteuer-Messbetrag beträgt hiernach 350 € (70 % von 500 €) und die auf A entfallende tatsächlich zu zahlende Gewerbesteuer 1 260 € (70 % von 1 800 €). Bei A ist aufgrund seiner Beteiligung an der KG I eine Steuerermäßigung nach § 35 EStG in Höhe des 3,8-fachen Gewerbesteuer-Messbetrags von 350 € (=1 330 €), höchstens der Ermäßi-gungshöchstbetrag nach § 35 Absatz 1 Satz 2 EStG und begrenzt auf die tatsächlich zu zah-lende Gewerbesteuer von 1 260 € zu berücksichtigen. Bei der Ermittlung des Ermäßigungs-

---

[1)] *Bestätigt durch BFH vom 22. 9. 2011 (BStBl 2012 II S. 183): Bei Mitunternehmerschaften ist der auf den einzelnen Mitunternehmer entfallende Anteil am Gewerbesteuer-Messbetrag nach § 35 Abs. 2 Satz 1 EStG für sämtliche Mitunternehmer gesondert und einheitlich festzustellen. Dies gilt insbesondere auch für Mitunternehmer in der Rechtsform einer Kapitalgesellschaft.*

höchstbetrags für A sind in Bezug auf die Beteiligung an der KG I positive Einkünfte aus Gewerbebetrieb von 7 000 € anzusetzen.

6.3. Der anteilige Gewerbesteuer-Messbetrag bei einer KGaA

29 [1]Bei einer KGaA führt nur der auf die persönlich haftenden Gesellschafter entfallende Teil des Gewerbesteuer-Messbetrags zu einer Steuerermäßigung. Für die erforderliche Aufteilung des Gewerbesteuer-Messbetrags gilt die Regelung des § 35 Abs. 2 EStG. Zur Ermittlung des anteilig auf den persönlich haftenden Gesellschafter entfallenden Gewerbesteuer-Messbetrags ist ebenfalls auf den allgemeinen Gewinnverteilungsschlüssel (vgl. Rz. 18 ff.) abzustellen. Demnach ist das Verhältnis seines allgemeinen Gewinnanteils an der Gesellschaft, soweit er nicht auf seine Anteile am Grundkapital (Kommanditaktien) entfällt, zum Gesamtgewinn der KGaA maßgebend. Gewinnunabhängige Sondervergütungen werden bei der Ermittlung des Aufteilungsschlüssels nicht berücksichtigt.

Erhält der persönlich haftende Gesellschafter neben seiner Ausschüttung auf seine Anteile am Grundkapital beispielsweise nur eine gewinnunabhängige Tätigkeitsvergütung, beträgt sein anteiliger Gewerbesteuer-Messbetrag immer 0 Euro.

Für die Berücksichtigung der tatsächlich zu zahlenden Gewerbesteuer (§ 35 Abs. 1 Satz 5 EStG) gilt entsprechendes.

6.4. Ermittlung des Gewerbesteuer-Messbetrags bei unterjähriger Unternehmensübertragung und Gesellschafterwechsel

30 Tritt ein Gesellschafter während des Wirtschaftsjahrs in eine Personengesellschaft ein oder scheidet er aus dieser aus, und besteht die Personengesellschaft fort, geht der Gewerbebetrieb nicht im Ganzen auf einen anderen Unternehmer über. Für Zwecke der Berechnung der Steuerermäßigung ist der für den Erhebungszeitraum festgestellte Gewerbesteuer-Messbetrag auf die einzelnen Gesellschafter aufzuteilen. Maßgeblich ist dabei der von den Gesellschaftern gewählte allgemeine Gewinnverteilungsschlüssel einschließlich der Vereinbarungen, die anlässlich des Eintritts oder des Ausscheidens des Gesellschafters getroffen worden sind. Der Veräußerungs- und Aufgabegewinn des ausscheidenden Gesellschafters beeinflusst den allgemeinen Gewinnverteilungsschlüssel nicht.

31 Wird ein Einzelunternehmen durch Aufnahme eines oder mehrerer Gesellschafter in eine Personengesellschaft umgewandelt oder scheiden aus einer Personengesellschaft alle Gesellschafter bis auf einen aus und findet dieser Rechtsformwechsel während des Kalenderjahrs statt, ist der für den Erhebungszeitraum ermittelte einheitliche Steuermessbetrag dem Einzelunternehmer und der Personengesellschaft anteilig zuzurechnen und getrennt festzusetzen (Abschn. 69 Abs. 2 GewStR) [2]. Die getrennte Festsetzung des anteiligen Steuermessbetrags ist jeweils für die Anwendung des § 35 EStG maßgeblich. Eine gesonderte Aufteilung des Gewerbesteuer-Messbetrags zwischen dem Einzelunternehmen und der Personengesellschaft ist daher nicht erforderlich.

32 Besteht die sachliche Gewerbesteuerpflicht bei Vorgängen nach dem UmwStG für das Unternehmen fort, obwohl der gewerbesteuerliche Steuerschuldner wechselt, so ergehen mehrere den Steuerschuldnerwechsel berücksichtigende Gewerbesteuer-Messbescheide mit Anteilen des einheitlichen Gewerbesteuer-Messbetrags. Diese Anteile sind bei der Ermittlung der Steuerermäßigung nach § 35 EStG maßgeblich.

Für die Berücksichtigung der tatsächlich zu zahlenden Gewerbesteuer (§ 35 Abs. 1 Satz 5 EStG) gilt entsprechendes.

6.5. Gesonderte oder gesonderte und einheitliche Feststellung

33 Zuständig für die gesonderte Feststellung des anteiligen Gewerbesteuer-Messbetrags und der tatsächlich zu zahlenden Gewerbesteuer nach § 35 Abs. 2 EStG ist das für die gesonderte Feststellung der Einkünfte zuständige Finanzamt (§ 35 Abs. 3 Satz 1 EStG). Dabei sind die Festsetzung des Gewerbesteuer-Messbetrags, die tatsächlich zu zahlende Gewerbesteuer und die Festsetzung des anteiligen Gewerbesteuer-Messbetrags aus der Beteiligung an einer Mitunternehmerschaft Grundlagenbescheide (§ 35 Abs. 3 Satz 3 EStG).

---

[1] Bei Mitunternehmerschaften ist der auf den einzelnen Mitunternehmer entfallende Anteil am Gewerbesteuer-Messbetrag nach § 35 Abs. 3 Satz 1 EStG 2002 für sämtliche Mitunternehmer gesondert und einheitlich festzustellen. Dies gilt insbesondere auch für Mitunternehmer in der Rechtsform einer Kapitalgesellschaft → BFH vom 22. 9. 2011 – BStBl II 2012 S. 183 – IV R 8/09 –.

[2] Jetzt → R 11.1 Satz 3 GewStR 2009.

[1]Das Betriebsfinanzamt stellt außerdem die gewerblichen Einkünfte i. S. d. § 35 EStG und ggf. Verluste gemäß § 16 EStG, die nicht in die Ermittlung des Gewerbeertrages einzubeziehen sind, gesondert oder bei einer Beteiligung mehrerer Personen gesondert und einheitlich fest.   34

7. Anwendungszeitraum

Das BMF-Schreiben zu § 35 EStG vom 19. September 2007 (BStBl I S. 701) gilt letztmalig für den Veranlagungszeitraum 2007. Dieses Schreiben gilt erstmalig für Veranlagungszeiträume ab 2008.   35

---

1) Über die Frage, ob Teile des festgesetzten Gewerbesteuer-Messbetrags von der Einkommensteuerermäßigung nach § 35 Abs. 1 EStG ausgeschlossen sind, ist im Feststellungsverfahren nach § 35 Abs. 2 EStG zu entscheiden (→ BFH vom 15. 4. 2010, BStBl II S. 912).

Anwendung der Urteile des BFH vom 18. August 2009 (X R 40/06 – BStBl 2010 II S. 961) und vom 28. Oktober 2009 (VIII R 46/07 – BStBl 2010 II S. 964)

BMF vom 27. 10. 2010 (BStBl I S. 1204)

XVI. Steuerliche Gewinnermittlung;
Zweifelsfragen zur bilanzsteuerlichen Behandlung sog. geringwertiger
Wirtschaftsgüter nach § 6 Absatz 2 EStG und zum Sammelposten nach
§ 6 Absatz 2a EStG in der Fassung des Gesetzes zur Beschleunigung des
Wirtschaftswachstums vom 22. Dezember 2009
(BGBl. 2009 I S. 3950, BStBl 2010 I S. 2)

BMF vom 30. 9. 2010 (BStBl I S. 755)

XVII. Anwendung des Teileinkünfteverfahrens in der steuerlichen Gewinnermittlung
(§ 3 Nummer 40, § 3c Absatz 2 EStG)
BMF vom 8. 11. 2010 (BStBl I S. 1292)
IV C 6 – S 2128/07/10001

XVIII Zweifelsfragen zur Übertragung und Überführung von einzelnen Wirtschaftsgütern nach
§ 6 Absatz 5 EStG
BMF vom 8. 12. 2011 (BStBl I S. 1279)

I.
Betrieblicher Schuldzinsenabzug gemäß § 4 Absatz 4a EStG

BMF vom 17. 11. 2005 (BStBl I S. 1019)
IV C 2 – S 2144 – 50/05
unter Berücksichtigung der Änderungen durch BMF vom 7. 5. 2008 (BStBl I S. 588)[1]
und vom 18.2.2013 (BStBl I S. 197)
IV C 6 – S 2144/07/10001 – 2013/0017820

Unter Bezugnahme auf das Ergebnis der Erörterung mit den obersten Finanzbehörden der Länder gilt zur Berücksichtigung von Schuldzinsen nach § 4 Abs. 4a EStG Folgendes:

[1]Durch § 4 Abs. 4a EStG in der Fassung des Gesetzes zur Bereinigung von steuerlichen Vorschriften (Steuerbereinigungsgesetz 1999) vom 22. Dezember 1999 (BGBl. I S. 2601, BStBl 2000 I S. 13) ist die Abziehbarkeit von Schuldzinsen als Betriebsausgaben gesetzlich neu geregelt worden. [2]Mit dem Steueränderungsgesetz 2001 vom 20. Dezember 2001 (BGBl. I S. 3794, BStBl 2002 I S. 4) wurde die Vorschrift mit Wirkung ab dem Veranlagungszeitraum 2001 geändert.

[1]Der Neuregelung unterliegen nur Schuldzinsen, die betrieblich veranlasst sind. Dies erfordert im Hinblick auf die steuerliche Abziehbarkeit eine zweistufige Prüfung. [2]In einem ersten Schritt ist zu ermitteln, ob und inwieweit Schuldzinsen zu den betrieblich veranlassten Aufwendungen gehören. [3]In einem zweiten Schritt muss geprüft werden, ob der Betriebsausgabenabzug im Hinblick auf Überentnahmen eingeschränkt ist.

1

---

[1]) **Durch BMF vom 18. 2. 2013 wurden die Rdnrn. 10b und 41 neu eingefügt und die Rdnr. 27 neu gefasst.**

I. Betrieblich veranlasste Schuldzinsen[1]

2 [1]Die betriebliche Veranlassung von Schuldzinsen bestimmt sich nach den vom BFH entwickelten Grundsätzen. Insbesondere die Rechtsgrundsätze in den BFH-Beschlüssen vom 4. Juli 1990 (BStBl II S. 817) und vom 8. Dezember 1997 (BStBl II S. 193) sowie in den BFH-Urteilen vom 4. März 1998 (BStBl II S. 511) und vom 19. März 1998 (BStBl II S. 513) sind weiter anzuwenden. [2]Danach sind anhand des tatsächlichen Verwendungszwecks der Darlehensmittel der Erwerbs- oder Privatsphäre zuzuordnen.

3 [1]Darlehen zur Finanzierung außerbetrieblicher Zwecke, insbesondere zur Finanzierung von Entnahmen, sind nicht betrieblich veranlasst. Unterhält der Steuerpflichtige für den betrieblich und den privat veranlassten Zahlungsverkehr ein einheitliches – gemischtes – Kontokorrentkonto, ist für die Ermittlung der als Betriebsausgaben abziehbaren Schuldzinsen der Sollzinsen grundsätzlich aufzuteilen. [2]Das anzuwendende Verfahren bei der Aufteilung ergibt sich aus Tz. 11 bis 18 des BMF-Schreibens vom 10. November 1993 (BStBl I S. 930).[2]

4 [1]Dem Steuerpflichtigen steht es frei, zunächst dem Betrieb Barmittel ohne Begrenzung auf einen Zahlungsmittelüberschuss zu entnehmen und im Anschluss hieran betriebliche Aufwendungen durch Darlehen zu finanzieren (sog. Zwei-Konten-Modell). [2]Wird allerdings ein Darlehen nicht zur Finanzierung betrieblicher Aufwendungen, sondern tatsächlich zur Finanzierung einer Entnahme verwendet, ist dieses Darlehen außerbetrieblich veranlasst. [3]Ein solcher Fall ist dann gegeben, wenn dem Betrieb keine entnahmefähigen Barmittel zur Verfügung stehen und die Entnahme von Barmitteln erst dadurch möglich wird, dass Darlehensmittel in das Unternehmen fließen.

Beispiel 1a:

5 Der Steuerpflichtige unterhält ein Betriebsausgabenkonto, das einen Schuldsaldo von 10 000 € aufweist. Auf dem Betriebseinnahmenkonto besteht ein Guthaben von 5 000 €; hiervon entnimmt der Steuerpflichtige 4 000 €.

Die Schuldzinsen auf dem Betriebsausgabenkonto sind in vollem Umfang betrieblich veranlasst.

Beispiel 1b:

6 Der Steuerpflichtige unterhält ein einziges betriebliches Girokonto, über das Einnahmen wie Ausgaben gebucht werden. Dieses Konto weist zum Zeitpunkt der Geldentnahme einen Schuldsaldo in Höhe von 5 000 € aus, der unstreitig betrieblich veranlasst ist. Durch die privat veranlasste Erhöhung des Schuldsaldos um 40 000 € auf 90 000 € ergeben sich höhere Schuldzinsen.

Durch Anwendung der Zinszahlenstaffelmethode muss der privat veranlasste Anteil der Schuldzinsen ermittelt werden. Die privat veranlasste Erhöhung des Schuldsaldos von 40 000 € führt nicht bereits zu einer Entnahme von zum Betriebsvermögen gehörenden Wirtschaftsgütern und ist daher nicht bei der Ermittlung der Entnahmen i. S. des § 4 Abs. 4a EStG zu berücksichtigen.[3]

[1]Eine Entnahme i. S. d. § 4 Abs. 4a Satz 2 EStG liegt erst in dem Zeitpunkt vor, in dem der privat veranlasste Teil des Schuldsaldos durch eingehende Betriebseinnahmen getilgt wird, weil insoweit betriebliche Mittel zur Tilgung einer privaten Schuld verwendet werden. [2]Aus Vereinfachungsgründen ist es jedoch nicht zu beanstanden, wenn der Steuerpflichtige schon jetzt die Erhöhung des Schuldsaldos aus privaten Gründen als Entnahme bucht und bei der Tilgung des privat veranlassten Schuldsaldos keine Entnahmebuchung mehr vornimmt.

---

1) Bestätigt durch BFH vom 21. 9. 2005 (BStBl 2006 II S. 125).
2) Anm.: → Anhang 10 II.
3) Anm.: Zum sog. umgekehrten Zweikontenmodell (OFD Koblenz 27. 3. 2003 (StEd 2003 S. 367)
– Auszug –:
Soweit durch privat veranlasste Mittelabflüsse von einem betrieblichen Konto (gemischtes Kontokorrentkonto, Betriebsausgabenkonto, Betriebseinnahmenkonto oder Darlehenskonto) ein Negativsaldo entsteht oder sich erhöht, handelt es sich um eine Verbindlichkeit, die unmittelbar im Privatvermögen entsteht. Die insoweit verwendeten Mittel sind – im Gegensatz zur privat veranlassten Verwendung eines Guthabens auf einem betrieblichen Konto – zu keinem Zeitpunkt dem Betriebsvermögen zuzurechnen. Derartige Mittelabflüsse werden üblicherweise als kreditfinanzierte Entnahmen bezeichnet und buchungstechnisch als Entnahmen behandelt; sie sind nach Tz. 6 des BMF-Schreibens bei der Ermittlung der Überentnahmen im Sinne des § 4 Abs. 4a EStG nicht zu berücksichtigen.
Soweit ein solcher privat veranlasster Schuldsaldo durch eingehende Betriebseinnahmen oder durch Umbuchung vom Betriebseinnahmenkonto getilgt wird, liegt eine privat veranlasste Verwendung von betrieblichen Mitteln (= Einnahme) vor. Hierbei handelt es sich – im Gegensatz zu dem vorerwähnten privat veranlassten Mittelabfluss (= kreditfinanzierte Entnahme) – um eine Entnahme, die bei der Ermittlung der Überentnahmen im Sinne des § 4 Abs. 4a EStG zu berücksichtigen ist.
Anm.: Bei der Einschränkung des betrieblichen Schuldzinsenabzugs nach § 4 Abs. 4a EStG in dem Fall, dass die Entnahmen höher sind als die Summe aus Gewinn und Einlagen des Wirtschaftsjahres, sind auch Entnahmen auf Grund der nach § 52 Abs. 15 Satz 6 EStG bis zum 31. 12. 1998 zwangsweise vorzunehmenden Überführung von Wohnungen aus dem land- und forstwirtschaftlichen Vermögen in das Privatvermögen zu berücksichtigen (→ BMF vom 16. 6. 2003 – IV A 6 – S 2144 – 86/01).

Entsprechendes gilt, wenn der Steuerpflichtige zwei Konten unterhält und die privat veranlasste Erhöhung des Schuldsaldos durch betriebliche Zahlungseingänge oder durch Umbuchung vom Betriebseinnahmenkonto tilgt.

Beispiel 1c:

Der Steuerpflichtige benötigt zur Anschaffung einer Motoryacht, die er zu Freizeitzwecken nutzen will, 10 000 €. Mangels ausreichender Liquidität in seinem Unternehmen kann er diesen Betrag nicht entnehmen. Er möchte auch sein bereits debitorisch geführtes betriebliches Girokonto hierdurch nicht weiter belasten. Daher nimmt er zur Verstärkung seines betrieblichen Girokontos einen „betrieblichen" Kredit auf und entnimmt von diesem den benötigten Betrag.

7

Das Darlehen ist privat veranlasst, da es tatsächlich zur Finanzierung einer Entnahme verwendet wird und dem Betrieb keine entnahmefähigen Barmittel zur Verfügung standen. Die auf das Darlehen entfallenden Schuldzinsen sind dem privaten Bereich zuzuordnen. Der Betrag von 10 000 € ist nicht bei der Ermittlung der Entnahmen i. S. des § 4 Abs. 4a EStG zu berücksichtigen.

II. Überentnahme (§ 4 Abs. 4a Satz 2 EStG)

1. Begriffe Gewinn, Entnahme[1], Einlage[2]

Der Abzug betrieblich veranlasster Schuldzinsen ist eingeschränkt, wenn Überentnahmen vorliegen. Dies ist grundsätzlich der Fall, wenn die Entnahmen höher sind als die Summe aus Gewinn und Einlagen des Wirtschaftsjahrs.

[1]Die Regelung enthält zu den Begriffen Gewinn, Entnahme und Einlagen keine von § 4 Abs. 1 EStG abweichenden Bestimmungen. Es gelten daher die allgemeinen Grundsätze. [2]Maßgebend ist der steuerliche Gewinn[3] unter Berücksichtigung außerbilanzieller Hinzurechnungen vor Anwendung des § 4 Abs. 4a EStG. [3]Hierzu gehören auch Übergangsgewinne i. S. v. R 17 EStR 2003[4]. Hierbei ist auf den Gewinn des jeweiligen Betriebs abzustellen. [4]Daher bleiben einheitlich und gesondert festgestellte Gewinn-/Verlustanteile aus im Betriebsvermögen gehaltenen Beteiligungen an Mitunternehmerschaften (z. B. bei doppelstöckigen Personengesellschaften) unberücksichtigt. [5]Erst Auszahlungen aus Gewinnanteilen zwischen den verbundenen Unternehmen sind als Entnahmen oder Einlagen zu behandeln. [6]Steuerfreie Gewinne gehören zum Gewinn. [7]Bei steuerfreien Entnahmen (z. B. § 13 Abs. 4 und 5, § 14a Abs. 4 EStG) ist grundsätzlich der sich aus § 6 Abs. 1 Nr. 4 EStG ergebende Wert anzusetzen. [8]Aus Vereinfachungsgründen kann jedoch die Entnahme mit dem Buchwert angesetzt werden, wenn die darauf beruhende Gewinnerhöhung ebenfalls außer Ansatz bleibt. [10]Dies gilt sinngemäß in den Fällen des § 55 Abs. 6 EStG.

8

[1]Zum Gewinn gehört auch der Gewinn aus der Veräußerung oder Aufgabe eines Betriebes. [2]Zu den Entnahmen gehören auch Überführungen von Wirtschaftsgütern des Betriebsvermögens in das Privatvermögen anlässlich einer Betriebsaufgabe sowie der Erlös aus der Veräußerung eines Betriebes, soweit er in das Privatvermögen überführt wird (→ Anwendungsregelung Rdnr. 37). [3]Verbleibt nach der Betriebsaufgabe oder Betriebsveräußerung im Ganzen noch eine Überentnahme, sind Schuldzinsen nur unter den Voraussetzungen des § 4 Abs. 4a EStG als nachträgliche Betriebsausgaben zu berücksichtigen.

9

Die Überführung oder Übertragung von Wirtschaftsgütern aus einem Betriebsvermögen in ein anderes Betriebsvermögen ist als Entnahme aus dem abgebenden Betriebsvermögen und als Einlage in das aufnehmende Betriebsvermögen zu behandeln, auch wenn dieser Vorgang nach § 6 Abs. 5 EStG zu Buchwerten erfolgt.

10

[1]Der unentgeltliche Übergang eines Betriebs oder eines Mitunternehmeranteils führt beim bisherigen Betriebsinhaber (Mitunternehmer) nicht zu Entnahmen i. S. d. § 4 Abs. 4a EStG und beim Rechtsnachfolger nicht zu Einlagen i. S. dieser Vorschrift. [2]Die beim bisherigen Betriebsinhaber entstandenen Über- oder Unterentnahmen, sowie verbliebene Verluste gehen auf den Rechtsnachfolger über.

10a

[5][1]*Die geänderte betriebsvermögensmäßige Zuordnung eines Wirtschaftsguts aufgrund des Bestehens einer Bilanzierungskonkurrenz stellt weder eine Entnahme beim abgebenden Betrieb*

10b

---

[1] Tilgt der Stpfl. beim sog. „umgekehrten Zwei-Konten-Modell" mit eingehenden Betriebseinnahmen einen Sollsaldo, der durch Entnahmen entstanden ist oder sich erhöht hat, liegt im Zeitpunkt der Gutschrift eine Entnahme vor, die bei der Ermittlung der Überentnahmen zu berücksichtigen ist (→ BFH vom 3. 3. 2011 – BStBl II S. 688).

[2] *Die kurzfristige Einlage von Geld stellt einen Missbrauch von Gestaltungsmöglichkeiten des Rechts dar, wenn sie allein dazu dient, die Hinzurechnung nicht abziehbarer Schuldzinsen zu umgehen (→ BFH vom 21.8.2012 – BStBl 2013 II S. 16).*

[3] Bestätigt durch BFH vom 7. 3. 2006 (BStBl II S. 588).

[4] Jetzt → R 4.6 EStR.

[5] *Rdnr. 10b wurde durch BMF vom 18.2.2013 (BStBl I S. 197) eingefügt; zur Anwendung → Rdnr. 41.*

noch eine Einlage beim aufnehmenden Betrieb i. S. d. § 4 Abs. 4a EStG dar, wenn der Vorgang zum Buchwert stattgefunden hat (BFH vom 22. September 2011, BStBl 2012 II S. 10).

[2]Eine geänderte betriebsvermögensmäßige Zuordnung eines Wirtschaftsguts aufgrund des Bestehens einer Bilanzierungskonkurrenz im vorstehenden Sinne liegt u. a. vor, wenn:

a) ein Wirtschaftsgut nach Begründung einer mitunternehmerischen Betriebsaufspaltung einem anderen Betriebsvermögen zuzuordnen ist (BFH vom 22. September 2011, a. a. O.)

b) ein Wirtschaftsgut nach Verschmelzung einem anderen Betriebsvermögen zuzuordnen ist.

Beispiel:

Zum Betriebsvermögen der A-GmbH gehört eine fremdfinanzierte Beteiligung an der B-GmbH. Die B-GmbH ist ihrerseits an der C-KG als Kommanditistin beteiligt. Weiteres Betriebsvermögen hat die B-GmbH nicht. Die B-GmbH wird auf die A-GmbH verschmolzen, so dass die A-GmbH nunmehr unmittelbar an der C-KG beteiligt ist. Da die Beteiligung an der C-KG das einzige Betriebsvermögen der B-GmbH war, wird das Refinanzierungsdarlehen, das bisher bei der A-GmbH zu passivieren war, aufgrund des geänderten Finanzierungszusammenhangs nach § 6 Abs. 5 Satz 2 EStG zum Buchwert in das Sonderbetriebsvermögen der C-KG überführt.

2. Auswirkung von Verlusten

11 [1)][1]Mangels eigenständigen Gewinnbegriffs müssten Verluste in die Berechnung der Überentnahmen einfließen. [2]Nach Sinn und Zweck des Gesetzes ist aber in einem Verlustjahr die Überentnahme nicht höher als der Betrag anzusetzen, um den die Entnahmen die Einlagen des Wirtschaftsjahres übersteigen (Entnahmenüberschuss). [3]Der Verlust ist jedoch stets vorrangig mit Unterentnahmen vergangener und zukünftiger Wirtschaftsjahre zu verrechnen, d. h. Unterentnahmen des laufenden Wirtschaftsjahres sind primär mit nicht ausgeglichenen Verlusten des Vorjahres und umgekehrt Unterentnahmen des Vorjahres primär mit nicht ausgeglichenen Verlusten des laufenden Jahres zu verrechnen. [4]Entsprechendes gilt für einen Verlust, soweit er nicht durch einen Einlagenüberschuss ausgeglichen wird.

12 Verbleibende Verluste sind – ebenso wie die verbleibende Über- und Unterentnahmen – formlos festzuhalten.

Beispiel 2a:

13 Der Betrieb des Steuerpflichtigen hat für das Wirtschaftsjahr mit einem Verlust von 10 000 € abgeschlossen. Im Hinblick auf die Ertragslage des Betriebs hat der Steuerpflichtige keine Entnahmen vorgenommen. Dem Betrieb wurden aber auch keine Einlagen zugeführt. Im vorangegangenen Wirtschaftsjahr ergab sich eine Unterentnahme von 10 000 €.

Der Verlust bewirkt keine Überentnahme. Der Verlust ist mit der Unterentnahme des Vorjahres zu verrechnen, so dass ein Verlustbetrag von 9 000 € zur Verrechnung mit künftigen Unterentnahmen verbleibt.

14 Das Gleiche gilt, wenn der Steuerpflichtige in einer Verlustsituation Entnahmen tätigt, die zu einem Entnahmenüberschuss dieses Wirtschaftsjahres führen. In diesen Fällen ergeben sich im Hinblick auf diese Entnahmen eine Überentnahme, die sich jedoch nicht noch um den Verlust erhöht.

Beispiel 2b:

15 Der Betrieb des Steuerpflichtigen hat für das Wirtschaftsjahr mit einem Verlust von 10 000 € abgeschlossen. Dem Betrieb wurden Einlagen i. H. v. 8 000 € zugeführt. Der Steuerpflichtige entnimmt keine liquiden Mittel, er nutzt indes – wie bisher – einen zum Betriebsvermögen gehörigen Pkw auch für Privatfahrten. Die Nutzungsentnahme wird nach der 1 %-Methode, bezogen auf einen Listenpreis von 6 000 €, mit 7 200 € angesetzt. Aus dem vorangegangenen Wirtschaftsjahr stammt eine Unterentnahme von 10 000 €.

Zunächst ist der Einlagenüberschuss zu ermitteln. Die Einlagen von 8 000 € abzüglich Entnahmen von 7 200 € ergeben einen Einlagenüberschuss von 7 800 €. Der Einlagenüberschuss ist mit dem Verlust zu verrechnen. Soweit der Verlust von 10 000 € nicht mit dem Einlagenüberschuss von 7 800 € verrechnet werden kann, ist er mit der Unterentnahme des Vorjahres zu verrechnen. Der verbleibende Verlust von 1 200 € ist mit künftigen Unterentnahmen zu verrechnen.

Beispiel 2c:

15a Aus dem Wirtschaftsjahr 01 resultiert eine Unterentnahme von 20 000 €. Im Wirtschaftsjahr 02 entsteht ein Verlust in Höhe von 15 000 €. Die Einlagen betragen 3 000 €, die Entnahmen 40 000 €.

[1)] Bestätigt durch BFH vom 3. 3. 2011 (BStBl II S. 688).

Im Wirtschaftsjahr 03 beträgt der Verlust 10 000 €. Die Einlagen belaufen sich auf 30 000 €, die Entnahmen auf 10 000 €.

Wirtschaftsjahr 02:

Zunächst ist der Entnahmenüberschuss in Höhe von (3 000 € ./. 40 000 €) 37 000 € zu ermitteln. Dieser Betrag erhöht sich nicht um den Verlust in Höhe von 15 000 € (vgl. Rdnr. 11 Satz 2). Der Verlust ist jedoch mit der Unterentnahme des Vorjahres zu verrechnen; die verbleibende Unterentnahme i. H. v. (20 000 € ./. 15 000 €) 5 000 € ist vom Entnahmenüberschuss des laufenden Jahres abzusetzen, so dass eine Überentnahme in Höhe von 32 000 € verbleibt. Der Verlust ist aufgezehrt.

Wirtschaftsjahr 03:

Der Einlagenüberschuss dieses Wirtschaftsjahres (20 000 €) ist vorrangig mit dem Verlust dieses Wirtschaftsjahres (10 000 €) zu verrechnen (vgl. Rdnr. 11 Satz 4). Der danach verbleibende Einlagenüberschuss (10 000 €) ist mit der Überentnahme des Wirtschaftsjahres 02 (32 000 €) zu verrechnen, so dass sich für das Wirtschaftsjahr 03 eine Überentnahme von 22 000 € ergibt.

Abwandlung des Beispiels 2c; Der Betrieb wurde im Wirtschaftsjahr 02 eröffnet.

Wirtschaftsjahr 02:

Der Entnahmenüberschuss beträgt ebenfalls (3 000 € ./. 40 000 €) 37 000 €. Der Verlust i. H. v. 15 000 € erhöht diesen Betrag nicht, er bleibt zur Verrechnung mit zukünftigen Unterentnahmen bestehen. Die Überentnahme im Wirtschaftsjahr 02 beträgt 37 000 €.

Wirtschaftsjahr 03:

Der Einlagenüberschuss des Wirtschaftsjahres 03 (20 000 €) ist zuerst mit dem Verlust dieses Wirtschaftsjahres (10 000 €) zu verrechnen. Der danach verbleibende Einlagenüberschuss (10 000 €) ist vorrangig mit dem verbliebenen Verlust des Vorjahres (15 000 €) zu verrechnen (vgl. Rdnr. 11 Satz 3). Danach verbleibt kein Verrechnungspotenzial für die Überentnahmen des Vorjahres, so dass für die Berechnung der nicht abziehbaren Schuldzinsen die Überentnahme des Vorjahres i. H. v. 37 000 € heranzuziehen ist. Das nicht ausgeglichene Verlustpotenzial i. H. v. 5 000 € ist in den Folgejahren zu berücksichtigen.

III. Korrektur der Einlagen und Entnahmen des 4. Quartals (§ 4 Abs. 4a Satz 3 EStG)[1]

nicht abgedruckt

16 – 18

IV. Ermittlung des Hinzurechnungsbetrages (§ 4 Abs. 4a Sätze 4 und 5 EStG)

[1]§ 4 Abs. 4a Satz 3 EStG bestimmt, dass die betrieblich veranlassten Schuldzinsen pauschal in Höhe von 6 % der Überentnahme des Wirtschaftsjahrs zuzüglich der verbliebenen Überentnahme und abzüglich der verbliebenen Unterentnahme des vorangegangenen Wirtschaftsjahres zu nicht abziehbaren Betriebsausgaben umqualifiziert werden. [2]Der sich dabei ergebende Betrag, höchstens jedoch der um 2 050 € verminderte Betrag der im Wirtschaftsjahr angefallenen Schuldzinsen, ist nach § 4 Abs. 4a Satz 4 EStG dem Gewinn hinzuzurechnen.

19

Beispiel 3:

A hat sein Unternehmen am 1. Juni 02 mit einer Einlage von 50 000 € eröffnet. Er erwirtschaftete in 02 einen Verlust von 50 000 €. Entnahmen tätigte er in Höhe von 70 000 €. Betrieblich veranlasste Schuldzinsen – ohne Berücksichtigung von Zinsen für ein Investitionsdarlehen – fielen in Höhe von 15 000 € an.

20

Berechnung der Überentnahme:

Einlage	50 000 €
Entnahme	./. 70 000 €
Entnahmenüberschuss	20 000 €
Verlust (vgl. Tz. 11 bis *15a*)	50 000 €
Überentnahme	20 000 €

Berechnung des Hinzurechnungsbetrages:

20 000 € × 6 % =	1 200 €

Berechnung des Höchstbetrages:

Tatsächlich angefallene Zinsen	15 000 €
./. Kürzungsbetrag	2 050 €
	12 950 €

Da der Hinzurechnungsbetrag den Höchstbetrag nicht übersteigt, ist er in voller Höhe von 1 200 € dem Gewinn hinzuzurechnen.

---

[1] Überholt; § 4 Abs. 4a Satz 3 EStG -alt- wurde ab dem VZ 2001 durch das StÄndG 2001 aufgehoben.

21 ¹Bei der pauschalen Ermittlung des Hinzurechnungsbetrages handelt es sich lediglich um einen Berechnungsmodus, bei dem die unmittelbare und die mittelbare Gewinnauswirkung der Rechtsfolge nicht zu berücksichtigen ist(§ 4 Abs. 4a Satz 3 2. Halbsatz EStG). ²Im Hinblick auf den Ansatz des Hinzurechnungsbetrags ist eine Neuberechnung der Gewerbesteuer-Rückstellung nicht erforderlich, aber auch nicht zu beanstanden.

22 ¹)Zu den im Wirtschaftsjahr angefallenen Schuldzinsen gehören alle Aufwendungen zur Erlangung wie Sicherung eines Kredits einschließlich der Nebenkosten der Darlehensaufnahme und der Geldbeschaffungskosten (BFH vom 1. Oktober 2002, BStBl 2003 II S. 399). Nachzahlungs-, Aussetzungs- und Stundungszinsen im Sinne der Abgabenordnung sind ebenfalls in die nach § 4 Abs. 4a EStG zu kürzenden Zinsen einzubeziehen.

23 ²)¹Eine Überentnahme liegt auch vor, wenn sie sich lediglich aus Überentnahmen vorangegangener Wirtschaftsjahre ergibt. ²Überentnahmen und Unterentnahmen sind nicht nur zur Ermittlung der Berechnungsgrundlage für die hinzuzurechnenden Schuldzinsen, sondern auch zur Fortführung in den Folgejahren zu saldieren.

Beispiel 4:

24 Im Wirtschaftsjahr 02 ergibt sich eine Unterentnahme in Höhe von 50 000 €. Die Überentnahme des Wirtschaftsjahrs 01 betrug 60 000 €.

Die Überentnahme für Wirtschaftsjahr 02 berechnet sich wie folgt:

Unterentnahme Wj. 02	./. 50 000 €
Überentnahme Wj. 01	+ 60 000 €
verbleibende Überentnahme	+ 10 000 €
(Berechnungsgrundlage und im Folgejahr fortzuführen)	

25 ³)¹Der Kürzungsbetrag von höchstens 2 050 € ist betriebsbezogen. ²Zur Anwendung bei Mitunternehmerschaften vgl. Rdnr. 30.

V. Schuldzinsen aus Investitionsdarlehen (§ 4 Abs. 4a Satz 5 EStG)

26 Die Regelung nimmt Zinsen für Darlehen aus der Abzugsbeschränkung aus, wenn diese zur Finanzierung von Anschaffungs- oder Herstellungskosten betrieblicher Anlagegüter verwendet werden.⁴)

27 ⁵)¹Hierzu ist *nicht* erforderlich, dass zur Finanzierung *von Anschaffungs- oder Herstellungskosten* von Wirtschaftsgütern des Anlagevermögens ein gesondertes Darlehen aufgenommen wird. ²*Ob Schuldzinsen i. S d. § 4 Abs. 4a Satz 5 EStG für Darlehen zur Finanzierung von Anschaffungs- oder Herstellungskosten von Wirtschaftsgütern des Anlagevermögens vorliegen, ist ausschließlich nach der tatsächlichen Verwendung der Darlehensmittel zu bestimmen.* ³Werden Darlehensmittel zunächst auf ein betriebliches Kontokorrentkonto überwiesen, von dem sodann die *Anschaffungs- oder Herstellungskosten von Wirtschaftsgütern des Anlagevermögens* bezahlt werden, oder wird zunächst das Kontokorrentkonto belastet und anschließend eine Umschuldung in ein Darlehen vorgenommen, kann ein Finanzierungszusammenhang *mit den Anschaffungs- oder Herstellungskosten* von Wirtschaftsgütern des Anlagevermögens nur angenommen werden, wenn ein enger zeitlicher und betragsmäßiger Zusammenhang zwischen der Belastung auf dem Kontokorrentkonto und der Darlehensaufnahme besteht. ⁴*Dabei wird unwiderlegbar vermutet, dass die dem Kontokorrentkonto gutgeschriebenen Darlehensmittel zur Finanzierung der Anschaffungs- oder Herstellungskosten von Wirtschaftsgütern des Anlagevermögens verwendet werden, wenn diese innerhalb von 30 Tagen vor oder nach Auszahlung der Darlehensmittel tatsächlich über das entsprechende Kontokorrentkonto finanziert wurden.* ⁵*Beträgt der Zeitraum mehr als 30 Tage, muss der Steuerpflichtige den erforderlichen Finanzierungszusammenhang zwischen der Verwendung der Darlehensmittel und der Bezahlung der Anschaffungs- oder Herstellungskosten für die Wirtschaftsgüter des Anlagevermögens nachweisen.* ⁶*Eine Verwendung der Darle-*

---

¹) Rdnr. 22 Satz 1 ist in allen offenen Fällen anzuwenden. Soweit die Anwendung gegenüber der bisherigen Regelung zu einer Verschärfung der Besteuerung führt, ist Rdnr. 22 Satz 1 erstmals für Schuldzinsen anzuwenden, die nach dem Tag der Bekanntgabe dieses Schreibens im BStBl entstanden sind. Für vorher entstandene Schuldzinsen ist Rdnr. 22 des BMF-Schreibens vom 22. 5. 2000 (BStBl I S. 588) anzuwenden, → Rdnr. 37a.
Rdnr. 22 des BMF-Schreibens vom 22. 5. 2000 lautet:
Zu den im Wirtschaftsjahr angefallenen Schuldzinsen gehört neben den laufenden Schuldzinsen auch ein Damnum, soweit es den steuerlichen Gewinn des Wirtschaftsjahres gemindert hat. Geldbeschaffungskosten zählen jedoch nicht dazu.
²) Bestätigt durch BFH vom 17. 8. 2010 (BStBl II S. 1041).
³) Rdnr. 25 wurde durch BMF vom 7. 5. 2008 (BStBl I S. 588) neu gefasst.
⁴) Umlaufvermögen, das im Rahmen der Betriebseröffnung erworben und fremdfinanziert wurde, ist nicht begünstigt (→ BFH vom 23. 3. 2011 – BStBl II S. 753).
⁵) *Rdnr. 27 wurde durch BMF vom 18.2.2013 (BStBl I S. 197) neu gefasst; zur Anwendung → Rdnr. 41.*

hensmittel zur Finanzierung von Anschaffungs- oder Herstellungskosten von Wirtschaftsgütern des Anlagevermögens scheidet aus, wenn die Anschaffungs- oder Herstellungskosten im Zeitpunkt der Verwendung der Darlehensmittel bereits abschließend finanziert waren und die erhaltenen Darlehensmittel lediglich das eingesetzte Eigenkapital wieder auffüllen (BFH vom 9. Februar 2010, BStBl 2011 II S. 257).

[7]Werden die Anschaffungs- oder Herstellungskosten von Wirtschaftsgütern des Anlagevermögens über ein Kontokorrentkonto finanziert und entsteht oder erhöht sich dadurch ein negativer Saldo des Kontokorrentkontos, sind die dadurch veranlassten Schuldzinsen gemäß § 4 Abs. 4a Satz 5 EStG unbeschränkt als Betriebsausgaben abziehbar. [8]Der Anteil der unbeschränkt abziehbaren Schuldzinsen ist dabei nach der Zinszahlenstaffelmethode oder durch Schätzung zu ermitteln. [9]Entsprechend den Rdnrn. 11 bis 18 des BMF-Schreibens vom 10. November 1993 (BStBl I S. 930) ist für die Ermittlung der als Betriebsausgaben abziehbaren Schuldzinsen der Sollsaldo des Kontokorrentkontos anhand der zugrunde liegenden Geschäftsvorfälle nach seiner Veranlassung aufzuteilen und sind die Sollsalden des betrieblichen Unterkontos zu ermitteln. [10]Hierbei ist davon auszugehen, dass mit den eingehenden Betriebseinnahmen zunächst private Schuldenteile, dann die durch sonstige betriebliche Aufwendungen entstandenen Schuldenteile und zuletzt die durch die Investitionen entstandenen Schuldenteile getilgt werden.

[1]Wird demgegenüber ein gesondertes Darlehen aufgenommen, mit dem teilweise Wirtschaftsgüter des Anlagevermögens finanziert, teilweise aber auch sonstiger betrieblicher Aufwand bezahlt wird, können die Schuldzinsen nach § 4 Abs. 4a Satz 5 EStG – ungeachtet etwaiger Überentnahmen – als Betriebsausgaben abgezogen werden, soweit sie nachweislich auf die Anschaffung oder Herstellung der Wirtschaftsgüter des Anlagevermögens entfallen. [2]Der Steuerpflichtige ist hierfür nachweispflichtig.   28

[1)]VI. Besonderheiten bei Mitunternehmerschaften   29

1. Gesellschafts-/Gesellschafterbezogene Betrachtungsweise

[2)][1]Die Regelung des § 4 Abs. 4a EStG ist eine betriebsbezogene Gewinnhinzurechnung. [2]Der Hinzurechnungsbetrag ist daher auch für jede einzelne Mitunternehmerschaft zu ermitteln. [3]Der Begriff der Überentnahme sowie die ihn bestimmenden Merkmale (Einlage, Entnahme, Gewinn und ggf. Verlust) sind dagegen gesellschafterbezogen auszulegen (BFH vom 29. März 2007, BStBl 2008 II S. 420). [4]Die Überentnahme bestimmt sich nach dem Anteil des einzelnen Mitunternehmers am Gesamtgewinn der Mitunternehmerschaft (Anteil am Gewinn der Gesellschaft einschließlich Ergänzungsbilanzen zuzüglich/abzüglich seines im Sonderbetriebsvermögen erzielten Ergebnisses) und der Höhe seiner Einlagen und Entnahmen (einschließlich Sonderbetriebsvermögen).   30

[1]Der Kürzungsbetrag nach § 4 Abs. 4a Satz 4 EStG i. H. v. 2 050 € ist gesellschaftsbezogen anzuwenden, d. h. er ist nicht mit der Anzahl der Mitunternehmer zu vervielfältigen. [2]Er ist auf die einzelnen Mitunternehmer entsprechend ihrer Schuldzinsenquote aufzuteilen; dabei sind Schuldzinsen, die im Zusammenhang mit der Anschaffung oder Herstellung von Wirtschaftsgütern des Sonderbetriebsvermögens stehen, zu berücksichtigen (BFH vom 29. März 2007, BStBl 2008 II S. 420).

Beispiel 5:

[3)]An der X-OHG sind A, B und C zu jeweils einem Drittel beteiligt. Weitere Abreden bestehen nicht. Der Gewinn der OHG hat im Wirtschaftsjahr 120 000 € und die Schuldzinsen zur Finanzierung laufender Aufwendungen haben 10 000 € betragen. Die Entnahmen verteilen sich auf die Mitunternehmer wie folgt: B und C haben jeweils 80 000 € entnommen, während sich A auf eine Entnahme in Höhe von 20 000 € beschränkte. Einlagen wurden nicht getätigt.   31

Die Über- und Unterentnahmen entwickeln sich wie folgt:

	A	B	C
Gewinnanteil	40 000	40 000	40 000
Entnahmen	20 000	80 000	80 000
Über-/Unterentnahmen	20 000	– 40 000	– 40 000
6 %	0	2 400	2 400
Anteilige Zinsen	3 334	3 333	3 333
Mindestabzug	684	683	683
Höchstbetrag	2 650	2 650	2 650
Hinzurechnungsbetrag	0	2 400	2 400

Bei den Gesellschaftern B und C sind Überentnahmen in Höhe von jeweils 40 000 € entstanden. Demzufolge können Schuldzinsen in Höhe von jeweils 2 400 € (= 6 % aus 40 000 €) nicht

---

[1)] Tz. 29 gestrichen durch BMF vom 28. 3. 2001 (BStBl I S. 245).
[2)] Rdnr. 30 wurde durch BMF vom 7. 5. 2008 (BStBl I S. 588) neu gefasst. Zur Anwendung → Rdnr. 40.
[3)] Rdnr. 31 wurde durch BMF vom 7. 5. 2008 (BStBl I S. 588) neu gefasst. Zur Anwendung → Rdnr. 40.

als Betriebsausgaben abgezogen werden. Hieraus ergibt sich ein korrigierter Gewinn der Mitunternehmerschaft in Höhe von 124 800 €, der den Mitunternehmern A i. H. v. 40 000 und den Mitunternehmern B und C zu jeweils 42 400 € zuzurechnen ist.

2. Schuldzinsen

2.1. Gewinnermittlung der Personengesellschaft

32 [1][1]Zinsaufwendungen werden nur einbezogen, wenn sie im Rahmen der Ermittlung des Gesamtgewinns als Betriebsausgaben berücksichtigt worden sind. [2]Zinsen eines Darlehens des Gesellschafters an die Gesellschaft i. S. d. § 15 Abs. 1 S. 1 Nr. 2, 2. HS EStG gleichen sich im Rahmen ihrer Gesamtgewinnauswirkung aus (Betriebsausgaben im Gesamthandsvermögen und Betriebseinnahmen im Sonderbetriebsvermögen), sie sind keine Schuldzinsen i. S. d. § 4 Abs. 4a EStG.

Die von der Personengesellschaft geleisteten Zinsen sind den Gesellschaftern nach dem Gewinnverteilungsschlüssel zuzurechnen.

2.2. Darlehen im Sonderbetriebsvermögen

32a Ein Investitionsdarlehen im Sinne des § 4 Abs. 4a Satz 5 EStG liegt auch dann vor, wenn die Darlehensverbindlichkeit zwar im Sonderbetriebsvermögen auszuweisen ist, die Darlehensmittel aber zur Finanzierung von Anschaffungs- oder Herstellungskosten von Wirtschaftsgütern des Anlagevermögens des Gesamthandsvermögens eingesetzt werden.

32b In diesem Fall sind die Schuldzinsen in vollem Umfang abziehbar (§ 4 Abs. 4a Satz 5 EStG), unabhängig davon, ob das Darlehen im Gesamthandsvermögen als Verbindlichkeit gegenüber dem Gesellschafter ausgewiesen ist oder dem Gesellschafter für die Hingabe der Darlehensmittel (weitere) Gesellschaftsrechte gewährt werden.

32c [2][1]Zinsen aus Darlehen (im Sonderbetriebsvermögen des Gesellschafters) zur Finanzierung des Erwerbs eines Mitunternehmeranteils sind, soweit sie auf die Finanzierung von anteilig erworbenen Wirtschaftsgütern des Anlagevermögens (Gesamthands- und Sonderbetriebsvermögen) entfallen, wie Schuldzinsen aus Investitionsdarlehen (Rdnrn. 26 bis 29) zu behandeln. [2]Soweit diese nicht auf anteilig erworbene Wirtschaftsgüter des Anlagevermögens entfallen, sind sie in die Berechnung der nicht abziehbaren Schuldzinsen gem. § 4 Abs. 4a EStG einzubeziehen. [3]Bei der Refinanzierung der Gesellschaftereinlage oder des Kaufpreises des Mitunternehmeranteils mit einem einheitlichen Darlehen sind die Schuldzinsen im Verhältnis der Teilwerte der anteilig erworbenen Wirtschaftsgüter aufzuteilen.

Zinsen, die Sonderbetriebsausgaben eines Mitunternehmers darstellen, sind diesem bei der Ermittlung der nicht abziehbaren Schuldzinsen zuzurechnen.

3. Entnahmen/Einlagen

32d [3][1]Entnahmen liegen vor, wenn Wirtschaftsgüter (Barentnahmen, Waren, Erzeugnisse, Nutzungen und Leistungen) in den privaten Bereich der Gesellschafter oder in einen anderen betriebsfremden Bereich überführt werden. [2]In diesem Sinne ist die Zahlung der Geschäftsführungsvergütung i. S. d. § 15 Abs. 1 Satz 1 Nr. 2, 2. HS EStG auf ein privates Konto des Gesellschafters eine Entnahme, die bloße Gutschrift auf dem Kapitalkonto des Gesellschafters jedoch nicht. [3]Bei Darlehen des Gesellschafters an die Gesellschaft i. S. d. § 15 Abs. 1 S. 1 Nr. 2, 2. HS EStG stellt die Zuführung der Darlehensvaluta eine Einlage und die Rückzahlung des Darlehens an den Gesellschafter eine Entnahme dar. [3]Die unentgeltliche Übertragung eines Wirtschaftsguts in das Sonderbetriebsvermögen eines anderen Mitunternehmers derselben Mitunternehmerschaft ist als Entnahme i. S. d. § 4 Abs. 4a EStG beim abgebenden und als Einlage i. S. d. § 4 Abs. 4a EStG beim aufnehmenden Mitunternehmer zu berücksichtigen.

4. Umwandlungen nach dem UmwStG

4.1. Einbringung in eine Personengesellschaft (§ 24 UmwStG)

32e [1]In Umwandlungsfällen gem. § 24 UmwStG gelten die aufgestellten Grundsätze für Betriebsaufgaben und Betriebsveräußerungen gem. Rdnrn. 9 und 10 nicht. [2]Beim Einbringenden erfolgt keine Entnahme und bei der Zielgesellschaft keine Einlage. [3]Es ist lediglich ein entstandener Einbringungsgewinn beim Einbringenden zu berücksichtigen, der das Entnahmepotenzial erhöht (Minderung der Überentnahmen oder Erhöhung der Unterentnahmen). [4]Die Über- oder Unterentnahmen sowie ein ggf. vorhandenes Verlustpotenzial sind bei der Einbringung eines Betriebes oder bei der Aufnahme eines weiteren Gesellschafters in eine bestehende Mitunternehmerschaft unab-

---

1) Rdnr. 32 wurde durch BMF vom 7. 5. 2008 (BStBl I S. 588) neu gefasst. Zur Anwendung → Rdnr. 40.
2) Rdnr. 32c wurde durch BMF vom 7. 5. 2008 (BStBl I S. 588) neu gefasst. Zur Anwendung → Rdnr. 40.
3) Rdnr. 32d wurde durch BMF vom 7. 5. 2008 (BStBl I S. 588) neu gefasst. Zur Anwendung → Rdnr. 40.

hängig vom gewählten Wertansatz in der Zielgesellschaft fortzuführen. [5]Bei der Einbringung eines Teilbetriebs sind die Werte grundsätzlich aufzuteilen. [6]Es ist nicht zu beanstanden, wenn diese in voller Höhe dem Restbetrieb des Einbringenden zugerechnet werden. [7]Bei Einbringung eines Mitunternehmeranteils werden bei der Zielgesellschaft die Werte nicht fortgeführt.

Beispiel 6:

A bringt sein Einzelunternehmen (EU) zum 01. 01. 02 in die Personengesellschaft AB ein. Der Buchwert des EU beträgt 500 000 €, der Teilwert 600 000 €, der Gewinn in 01 50 000 €, Entnahmen 100 000 €, Einlagen 60 000 € und die zum 31. 12. 00 fortzuschreibenden Überentnahmen 20 000 €.

a)   Einbringung zum Buchwert; beim EU ergeben sich folgende Werte:

Entnahmen	100 000 €
Einlagen	60 000 €
Gewinn	50 000 €
Unterentnahme	10 000 €
Überentnahme Vj.	20 000 €
Überentnahme 01	10 000 €

Die Überentnahme i. H. v. 10 000 € ist in der Personengesellschaft fortzuführen.

b)   Einbringung zum Teilwert; beim EU ergeben sich folgende Werte:

Entnahmen	100 000 €
Einlagen	60 000 €
Gewinn	50 000 €
Einbringungsgewinn	100 000 €
Unterentnahme	110 000 €
Überentnahme Vj.	20 000 €
Unterentnahme 01	90 000 €

Die Unterentnahme i. H. v. 90 000 € ist in der Personengesellschaft fortzuführen.

4.2. Einbringung in eine Kapitalgesellschaft (§ 20 UmwStG)

Werden für eine Einbringung in eine Kapitalgesellschaft gewährte Gesellschaftsanteile im Privatvermögen gehalten, liegt eine Entnahme in Höhe des gewählten Wertansatzes vor.   32f

VII. Gewinnermittlung nach § 4 Abs. 3 EStG (§ 4 Abs. 4a Satz 6 EStG), § 5a und § 13a EStG

[1]Die genannten Grundsätze gelten auch bei der Gewinnermittlung durch Einnahmen-Überschussrechnung nach § 4 Abs. 3 EStG (§ 4 Abs. 4a Satz 6 EStG). [2]Hierzu müssen ab dem Jahr 2000 alle Entnahmen und Einlagen[1)] gesondert aufgezeichnet werden (§ 52 Abs. 11 Satz 4 EStG).   33

Werden ab dem Jahr 2000 die erforderlichen Aufzeichnungen nicht geführt, sind zumindest die nach § 4 Abs. 4a Satz 5 EStG privilegierten Schuldzinsen für „Investitionsdarlehen" sowie tatsächlich entstandene nicht begünstigte Schuldzinsen bis zum Sockelbetrag in Höhe von 2 050 € als Betriebsausgaben abziehbar.   34

Bei der Gewinnermittlung nach § 5a oder § 13a EStG findet § 4 Abs. 4a EStG hingegen keine Anwendung.   35

VIII. Anwendungsregelung

[1]Die Regelung der Einschränkung des Schuldzinsenabzugs ist erstmals für Wirtschaftsjahre anzuwenden, die nach dem 31. Dezember 1998 enden (§ 52 Abs. 11 Satz 1 EStG). [2]Die Über- und Unterentnahmen in Wirtschaftsjahren, die vor dem Jahr 1999 geendet haben, bleiben unberücksichtigt.[2)] [3)][3]Der Anfangsbestand ist daher mit 0 DM anzusetzen (§ 52 Abs. 11 Satz 2 EStG).   36

[1]Durch das StÄndG 2001 ist die sog. Quartalskorrektur nach § 4 Abs. 4a Satz 3 – alt – EStG mit dem VZ 2001 entfallen. [2]Soweit auf Grund der letztmals für den VZ 2000 vorzunehmenden Korrekturen die Entnahmen und Einlagen des 1. Quartals 2001 einbezogen worden sind, entfällt eine nochmalige Berücksichtigung im VZ 2001.   36a

---

1) *Für die Anwendung des § 4 Abs. 4a EStG sind die Entnahmen und Einlagen von Geld bei der Gewinnermittlung nach § 4 Abs. 3 EStG ebenso zu beachten wie bei der Gewinnermittlung nach § 4 Abs. 1 EStG* (→ BFH vom 21.8.2012 – BStBl 2013 II S. 16).

2) Die davon abweichende Auffassung des BFH, wonach Unterentnahmen aus Wirtschaftsjahren, die vor dem 1. 1. 1999 geendet haben, zu berücksichtigen sind, gilt nur für die VZ 1999 und 2000 (→ BMF vom 12. 6. 2006 – BStBl I S. 416). *Für VZ ab 2001 bestätigt durch BFH vom 9. 5. 2012 (BStBl II S. 667).*

3) Bei einem vom Kalenderjahr abweichenden Wirtschaftsjahr bleiben die vor dem 1. 1. 1999 getätigten Überentnahmen unberücksichtigt (→ BFH vom 23. 3. 2011 – BStBl II S. 753).

37　Nach § 52 Abs. 11 Satz 3 EStG gilt bei Betrieben, die vor dem 1. Januar 1999 eröffnet worden sind, abweichend von Rdnr. 9 Folgendes:

[1]Im Fall der Betriebsaufgabe sind bei der Überführung von Wirtschaftsgütern aus dem Betriebsvermögen in das Privatvermögen die Buchwerte nicht als Entnahme anzusetzen. [2]Im Fall der Betriebsveräußerung ist nur der Veräußerungsgewinn als Entnahme anzusetzen.[1)]

37a　[1]Rdnr. 22 Satz 1 ist in allen offenen Fällen anzuwenden. [2]Soweit die Anwendung gegenüber der bisherigen Regelung zu einer Verschärfung der Besteuerung führt, ist Rdnr. 22 Satz 1 erstmals für Schuldzinsen anzuwenden, die nach dem Tag der Bekanntgabe dieses Schreibens im BStBl[2)] entstanden sind. [3]Für vorher entstandene Schuldzinsen ist Rdnr. 22 des BMF-Schreibens vom 22. Mai 2000 (BStBl I, S. 588) anzuwenden[3)].

38　Bei Gewinnermittlung nach § 4 Abs. 3 EStG sind die Entnahmen und Einlagen für das Wirtschaftsjahr, das nach dem 31. Dezember 1998 endet, und für den Zeitraum bis zum 31. Dezember 1999 zu schätzen, sofern diese nicht gesondert aufgezeichnet sind.

39　[1]Dieses BMF-Schreiben tritt an die Stelle der BMF-Schreiben vom 22. Mai 2000 (BStBl I S. 588) und vom 28. März 2001 (BStBl I S. 245). [2]Die Regelungen in Rdnrn. 8 bis 10 des BMF-Schreibens vom 10. November 1993 (BStBl I S. 930) sind durch die BFH-Rechtsprechung überholt und nicht mehr anzuwenden.

40　[4)][1]Die Rdnrn. 30 bis 32d sind in allen offenen Fällen anzuwenden. [2]Die Rdnrn. 30 bis 32d des BMF-Schreibens vom 17. November 2005 (BStBl I S. 1019) können auf gemeinsamen Antrag der Mitunternehmer letztmals für das Wirtschaftsjahr angewandt werden, das vor dem 1. Mai 2008 beginnt.

41　[5)]*Die Rdnrn. 10b und 27 sind in allen offenen Fällen anzuwenden.*

II.
Schuldzinsen für Kontokorrentkredite als Betriebsausgaben oder Werbungskosten
BMF vom 10. 11. 1993 (BStBl I S. 930)
IV B 2 – S 2144 – 94/93

1　[1]Nach dem Beschluß des Großen Senats des Bundesfinanzhofs vom 4. Juli 1990 (BStBl II S. 817) sind Schuldzinsen steuerlich als Betriebsausgaben oder Werbungskosten nur anzuerkennen, wenn sie für eine Verbindlichkeit geleistet werden, die durch einen Betrieb oder durch Aufwendungen zur Erwerbung, Sicherung und Erhaltung von Einnahmen veranlaßt und deshalb einem Betriebsvermögen oder einer Einkunftsart im Sinne des § 2 Abs. 1 Nr. 4 bis 7 EStG zuzurechnen ist. [2]Zu den Folgerungen, die sich aus dieser Rechtsprechung für die steuerliche Behandlung von Schuldzinsen für Kontokorrentkredite und für die steuerliche Nichtanerkennung von Gestaltungen insbesondere bei Kombination mehrerer Kontokorrentkonten ergeben, nehme ich im Einvernehmen mit den obersten Finanzbehörden der Länder wie folgt Stellung:

A. Schuldzinsen als Betriebsausgaben
[1]Der Zahlungsverkehr des Steuerpflichtigen kann betrieblich oder privat (durch die persönliche Lebenssphäre) veranlaßt sein. [2]Für die steuerliche Behandlung eines Kontokorrentkontos kommt es deshalb darauf an, wie die einzelnen darüber geleisteten Zahlungen veranlaßt sind.

---

1) Anm.: → auch OFD Münster vom 12. 1. 2007, S 2144 – 52 – St 12 – 33 (DB 2007 S. 197):
　Diese Übergangsregelung stellt nach ihrem Wortlaut ausschließlich auf den Betrieb ab. Nach ihrem Sinn und Zweck findet die Regelung des § 52 Abs. 11 Satz 3 EStG auch in den Fällen der (ggf. sogar nur anteiligen) Veräußerung oder Aufgabe eines Mitunternehmeranteils Anwendung. Sie ist auf jeden einzelnen Veräußerungs- oder Aufgabevorgang eines vor dem 1. 1. 1999 erworbenen Mitunternehmeranteils analog und insgesamt einmalig anzuwenden.

2) Anm.: Das BMF-Schreiben vom 17. 11. 2005 (BStBl I S. 1019) wurde am 20. 12. 2005 im Bundessteuerblatt bekannt gegeben.

3) Anm.: Rdnr. 22 des BMF-Schreibens vom 22. 5. 2000 (BStBl I S. 588) lautet: Zu den im Wirtschaftsjahr angefallenen Schuldzinsen gehört neben den laufenden Schuldzinsen auch ein Damnum, soweit es den steuerlichen Gewinn des Wirtschaftsjahres gemindert hat. Geldbeschaffungskosten zählen jedoch nicht dazu.

4) Rdnr. 40 wurde durch BMF vom 7. 5. 2008 (BStBl I S. 588) eingefügt.
　Es wird nicht beanstandet, wenn der Saldo an Über- oder Unterentnahmen des Wirtschaftsjahres, für das letztmals die gesellschaftsbezogene Ermittlung nach der bisherigen Verwaltungsauffassung erfolgte, nach dem Gewinnverteilungsschlüssel der Mitunternehmerschaft den einzelnen Mitunternehmern zugerechnet wird. Auf eine Rückrechnung nach der gesellschafterbezogenen Ermittlungsmethode bis zur Gründung der Mitunternehmerschaft/Einführung der Vorschrift wird in diesen Fällen aus Vereinfachungsgründen verzichtet. Voraussetzung dafür ist ein übereinstimmender Antrag der Mitunternehmer (→ BMF vom 4. 11. 2008 – BStBl I S. 957).

5) *Rdnr. 41 wurde durch BMF vom 18.2.2013 (BStBl I S. 197) angefügt.*

I. Getrennte Kontokorrentkonten

1. Kontokorrentkonten für den betrieblich und privat veranlaßten Zahlungsverkehr

Unterhält der Steuerpflichtige für den betrieblich und den privat veranlaßten Zahlungsverkehr   2
getrennte, rechtlich selbständige Kontokorrentkonten, ist zu unterscheiden:

[1]Das Kontokorrentkonto für den betrieblich veranlaßten Zahlungsverkehr (betriebliches Konto)   3
rechnet zum Betriebsvermögen, soweit über das Kontokorrentkonto nicht auch privat veranlaßte
Aufwendungen geleistet werden, durch die ein Sollsaldo auf dem Kontokorrentkonto entsteht oder
sich erhöht. [2]Schuldzinsen für das betriebliche Konto sind grundsätzlich als Betriebsausgaben
abzuziehen.

[1]Das Kontokorrentkonto für den privat veranlaßten Zahlungsverkehr (privates Konto) rechnet   4
zum Privatvermögen, soweit über das Kontokorrentkonto nicht auch betrieblich veranlaßte Aufwendungen geleistet werden, durch die ein Sollsaldo auf dem Kontokorrentkonto entsteht oder
sich erhöht. [2]Schuldzinsen für das private Konto können nicht als Betriebsausgaben abgezogen
werden.

Entsteht oder erhöht sich durch privat veranlaßte Aufwendungen ein Sollsaldo auf dem betrieb-   5
lichen Konto oder durch betrieblich veranlaßte Aufwendungen ein Sollsaldo auf dem privaten Konto, ist das betreffende Konto nach den für ein gemischtes Kontokorrentkonto geltenden Grundsätzen (vgl. Tzn. 11–18) zu behandeln (BFH-Urteile vom 21. Februar 1991, BStBl II S. 514 und vom
5. März 1991, BStBl II S. 516).

Beispiel: 6

	betriebliches Kontokorrentkonto DM	privates Kontokorrentkonto DM
1.1.	+ 5 000	0
3.1. Entnahme	– 5 000	+ 5 000
Saldo	0	+ 5 000
10.1. Wareneinkauf	– 10 000	
Saldo	– 10 000	+ 5 000
15.1. Prämie Lebensversicherung		– 5 000
Saldo	– 10 000	0
20.1. Maschine	– 5 000	
Einkommensteuer	– 2 000	
Saldo	– 17 000	0

	betriebliches Unterkonto	privates Unterkonto	
	– 15 000	– 2 000	
25.1. Wareneinkauf	– 5 000		
Saldo	– 20 000	– 2 000	0
	– 22 000		

2. Mehrere Kontokorrentkonten für den betrieblich veranlaßten Zahlungsverkehr

[1]Unterhält der Steuerpflichtige für den betrieblich veranlaßten Zahlungsverkehr mehrere recht-   7
lich selbständige Kontokorrentkonten, gelten die Tzn. 3 und 5 für jedes Kontokorrentkonto. [2]Darü-
ber hinaus sind Umbuchungen von einem auf ein anderes Konto auf ihren Zusammenhang mit
einer Entnahme hin zu prüfen.

[1]– überholt durch BMF vom 22. 5. 2000 (BStBl I S. 588) –   8

[2]– überholt durch BMF vom 22. 5. 2000 (BStBl I S. 588) –   9

[3]– überholt durch BMF vom 22. 5. 2000 (BStBl I S. 588) –   10

---

[1]) *Die Regelungen in Rdnrn. 8 sind durch die BFH-Rechtsprechung überholt und nicht mehr anzuwenden*
→ BMF vom 17.11.2005 (BStBl I S. 1019); Anhang 10 I.

[2]) *Die Regelungen in Rdnr. 9 sind durch die BFH-Rechtsprechung überholt und nicht mehr anzuwenden*
→ BMF vom 17.11.2005 (BStBl I S. 1019); Anhang 10 I.

[3]) *Die Regelungen in Rdnr. 10 sind durch die BFH-Rechtsprechung überholt und nicht mehr anzuwenden*
→ BMF vom 17.11.2005 (BStBl I S. 1019); Anhang 10 I.

II. Gemischtes Kontokorrentkonto

11   Unterhält der Steuerpflichtige für den betrieblich und den privat veranlaßten Zahlungsverkehr ein einheitliches – gemischtes – Kontokorrentkonto, ist für die Ermittlung der als Betriebsausgaben abziehbaren Schuldzinsen der Sollsaldo grundsätzlich aufzuteilen.

1. Ermittlung des dem Betriebsvermögen zuzurechnenden Sollsaldos

12   [1]Der Sollsaldo rechnet zum Betriebsvermögen, soweit er betrieblich veranlaßt ist. [2]Zur Bestimmung des – anteiligen – betrieblich veranlaßten Sollsaldos sind die auf dem Kontokorrentkonto erfolgten Buchungen nach ihrer privaten und betrieblichen Veranlassung zu trennen. [3]Hierzu ist das Kontokorrentkonto rechnerisch in ein betriebliches und ein privates Unterkonto aufzuteilen. [4]Auf dem betrieblichen Unterkonto sind die betrieblich veranlaßten und auf dem privaten Unterkonto die privat veranlaßten Sollbuchungen zu erfassen. [5]Habenbuchungen sind vorab dem privaten Unterkonto bis zur Tilgung von dessen Schuldsaldo gutzuschreiben (BFH-Urteil vom 11. Dezember 1990, BStBl 1991 II S. 390); nur darüber hinausgehende Beträge sind dem betrieblichen Unterkonto zuzurechnen. [6]Betriebseinnahmen werden nicht zuvor mit Betriebsausgaben des gleichen Tages saldiert (BFH-Urteil vom 15. November 1990, BStBl 1991 II S. 226).

13   In der Schlußbilanz ist nur der nach diesen Grundsätzen für den Bilanzstichtag ermittelte Sollsaldo des betrieblichen Unterkontos auszuweisen.

2. Berechnung der als Betriebsausgaben abziehbaren Schuldzinsen

14   Schuldzinsen sind abzuziehen, soweit sie durch Sollsalden des betrieblichen Unterkontos veranlaßt sind (vgl. Tz. 12). Ihre Berechnung erfolgt grundsätzlich nach der Zinszahlenstaffelmethode.

15   [1]Bei der Zinszahlenstaffelmethode wird nicht auf die einzelne Buchung, sondern auf die jeweiligen Soll- oder Habensalden (Zwischensalden) abgestellt. [2]Dies hat zur Folge, daß dem Steuerpflichtigen eine Schuld nur anzurechnen ist, soweit diese Zwischensalden negativ sind. [3]Entsprechend sind auch nur dann Schuldzinsen zu berechnen. [4]Ausgehend von einem Zwischensaldo wird die Zinszahl für diesen Saldo für die Zeit (Tage) seiner unveränderten Dauer (Wertstellung) nach einer besonderen Formel berechnet (Zinszahlenstaffel):

$$\text{Zinszahl} = \frac{\text{Kapital} \times \text{Tage}}{100}$$

Am Ende der Rechnungsperiode werden die Zinszahlensummen der Soll- und Habenseite addiert und durch einen Zinsdivisor $\left(\frac{360}{\text{Zinsfuß}}\right)$ geteilt.

16   **Beispiel:**

		Buchungen gesamt DM	betrieblich DM	Zinstage	Zinszahlen	privat DM	Zinstage	Zinszahlen
Saldo	1.1.	0	0	1		0		
Abbuchung	2.1.	− 15 000	− 10 000			− 5 000		
Saldo	2.1.	− 15 000	− 10 000	1	$10\,000 \times {}^1/_{100}$ = 100 S	− 5 000	1	$5\,000 \times {}^1/_{100}$ = 50 S
bis Einlage	3.1.	+ 5000				+ 5 000		
Saldo	3.1.	− 10 000	− 10 000	7	$10\,000 \times {}^7/_{100}$ = 700 S	0		
bis Betriebseinnahme	10.1.	+ 15 000	+ 15 000					
Saldo	10.1.	+ 5 000	+ 5 000	10	$5\,000 \times {}^{10}/_{100}$ = 500 H	0		
bis Abbuchung	20.1.	− 8 000	− 8 000					
Saldo	20.1.	− 3 000	− 3 000	11	$3\,000 \times {}^{11}/_{100}$ = 330 S	0		
bis Betriebseinnahme	31.1.	+ 3 000	+ 3 000					
					500 H			
Saldo	31.1.	0	0		1 130 S	0		50 S

Bei einem Schuldzinssatz in Höhe von 9 v. H. und einem Guthabenzinssatz in Höhe von 1 v. H. ergeben sich am Ende der Rechnungsperiode folgende Zinsen:

– private Schuldzinsen: $\dfrac{50 \times 9}{360}$ = 1,25 DM

– betriebliche Schuldzinsen: $\dfrac{1130 \times 9}{360}$ = 28,25 DM

– betriebliche Guthabenzinsen: $\dfrac{500 \times 1}{360}$ = 1,38 DM

3. Schätzung

[1]Grundsätzlich muß der Steuerpflichtige die Unterteilung des gemischten Kontokorrentkontos vornehmen und die Entwicklung der Unterkonten darstellen; dies kann auch nachträglich geschehen. [2]Kommt der Steuerpflichtige seiner Mitwirkungspflicht nicht nach, sind die als Schuldzinsen abziehbaren Betriebsausgaben im Wege der Schätzung zu ermitteln. [3]Die Schätzung ist an den Umständen des einzelnen Falles auszurichten. [4]Sie muß das Ergebnis anstreben, das sich bei einer Aufteilung des gemischten Kontokorrentkontos in ein betriebliches und ein privates Unterkonto unter Anwendung der Zinszahlenstaffelrechnung ergeben würde (BFH-Urteil vom 15. November 1990, BStBl 1991 II S. 226).

17

[1]Im Einzelfall kann eine Schätzung nach dem – unter Umständen überschlägig ermittelten – Verhältnis der Summe der betrieblich und privat veranlaßten Sollbeträge in Betracht kommen, soweit diese zu einem Sollsaldo führen. [2]Zu diesem Zweck kann der Besteuerungszeitraum auch in geeignete Zeitabschnitte – etwa die banküblichen Abrechnungszeiträume – unterteilt werden. [3]Es bestehen keine Bedenken, nach diesem Verhältnis auch den zu Beginn der Zinszahlenstaffelrechnung bestehenden Sollsaldo aufzuteilen.

18

B. Schuldzinsen als Werbungskosten

Die vorstehenden Grundsätze gelten für den Abzug von Kontokorrentschuldzinsen als Werbungskosten entsprechend.

19

C. Zeitliche Anwendung

Die Grundsätze dieses Schreibens sind in allen noch offenen Fällen anzuwenden.

20

In Fällen der Gewinnermittlung nach § 4 Abs. 1 oder § 5 EStG ist es nicht zu beanstanden, wenn bei vor dem 1. Januar 1991 entstandenen Schuldzinsen weiterhin nach den Grundsätzen des Abschnitts 14a Abs. 4 Sätze 5 und 6 EStR 1990 verfahren wird.

21

Das BMF-Schreiben vom 15. März 1991 (BStBl I S. 331) wird aufgehoben.

22

III.
Ertragsteuerliche Behandlung von Incentive-Reisen

BMF vom 14. 10. 1996 (BStBl I S. 1192)

IV B 2 – S 2143 – 23/96

Im Einvernehmen mit den obersten Finanzbehörden der Länder nehme ich zur ertragsteuerlichen Behandlung von Incentive-Reisen bei den Unternehmen, die die Leistungen gewähren, und den Empfängern der Leistungen wie folgt Stellung:

[1]Incentive-Reisen werden von einem Unternehmen gewährt, um Geschäftspartner oder Arbeitnehmer des Betriebs für erbrachte Leistungen zu belohnen und zu Mehr- oder Höchstleistungen zu motivieren. Reiseziel, Unterbringung, Transportmittel und Teilnehmerkreis werden von dem die Reiseleistung gewährenden Unternehmen festgelegt. [2]Der Ablauf der Reise und die einzelnen Veranstaltungen dienen allgemein-touristischen Interessen.

1. Behandlung der Aufwendungen bei dem die Reiseleistung gewährenden Unternehmen:

a) Aufwendungen für Geschäftspartner

Wird eine Incentive-Reise mit Geschäftspartnern des Steuerpflichtigen durchgeführt, ist bei der Beurteilung der steuerlichen Abzugsfähigkeit der für die Reise getätigten Aufwendungen danach zu unterscheiden, ob die Reise als Belohnung zusätzlich zum vereinbarten Entgelt oder zur Anknüpfung, Sicherung oder Verbesserung von Geschäftsbeziehungen gewährt wird.

¹Wird die Reise in sachlichem und zeitlichem Zusammenhang mit den Leistungen des Empfängers als – zusätzliche – Gegenleistung gewährt, sind die tatsächlich entstandenen Fahrtkosten sowie die Unterbringungskosten in vollem Umfang als Betriebsausgaben abzugsfähig. ²Nutzt der Unternehmer allerdings ein eigenes Gästehaus, das sich nicht am Ort des Betriebs befindet, dürfen die Aufwendungen für die Unterbringung den Gewinn nicht mindern (§ 4 Abs. 5 Satz 1 Nr. 3 EStG). ³Die Aufwendungen für die Gewährung von Mahlzeiten sind als Bewirtungskosten in Höhe von 80 v. H. der angemessenen und nachgewiesenen Kosten abzugsfähig (§ 4 Abs. 5 Satz 1 Nr. 2 EStG).

¹Wird die Reise mit gegenwärtigen oder zukünftigen Geschäftspartnern durchgeführt, um allgemeine Geschäftsbeziehungen erst anzuknüpfen, zu erhalten oder zu verbessern, handelt es sich um ein Geschenk (§ 4 Abs. 5 Satz 1 Nr. 1 EStG). ²Fahrt- und Unterbringungskosten dürfen dann den Gewinn nicht mindern (BFH-Urteil vom 23. Juni 1993, BStBl II S. 806); Aufwendungen für die Bewirtung sind nach § 4 Abs. 5 Satz 1 Nr. 2 EStG zu beurteilen.

b) Aufwendungen für Arbeitnehmer

Wird die Reise mit Arbeitnehmern des Betriebs durchgeführt, sind die hierdurch veranlaßten Aufwendungen als Betriebsausgaben in voller Höhe berücksichtigungsfähig; die Abzugsbeschränkungen nach § 4 Abs. 5 Satz 1 Nr. 1, 2 und 3 EStG greifen nicht ein.

2. Behandlung der Reise beim Empfänger

a) Gewährung der Reiseleistungen an Geschäftspartner

aa) Erfassung als Betriebseinnahmen

¹Wendet der Unternehmer einem Geschäftspartner, der in einem Einzelunternehmen betriebliche Einkünfte erzielt, eine Incentive-Reise zu, hat der Empfänger den Wert der Reise im Rahmen seiner steuerlichen Gewinnermittlung als Betriebseinnahme zu erfassen (BFH-Urteile vom 22. Juli 1988, BStBl II S. 995; vom 20. April 1989, BStBl II S. 641). ²Wird der Wert der Incentive-Reise einer Personengesellschaft oder einer Kapitalgesellschaft zugewandt, haben sie in Höhe des Sachwerts der Reise eine Betriebseinnahme anzusetzen. ³Der Wert einer Reise ist auch dann als Betriebseinnahme anzusetzen, wenn das die Reiseleistungen gewährende Unternehmen die Aufwendungen nicht als Betriebsausgaben abziehen darf (BFH-Urteil vom 26. September 1995, BStBl II 1996 S. 273).

bb) Verwendung der erhaltenen Reiseleistungen

¹Mit der Teilnahme an der Reise wird eine Entnahme verwirklicht, da mit der Reise regelmäßig allgemein-touristische Interessen befriedigt werden. ²Dies gilt auch, wenn eine Personengesellschaft die empfangene Reiseleistung an ihre Gesellschafter weiterleitet (BFH-Urteil vom 26. September 1995 a. a. O.). ³Leitet die Kapitalgesellschaft die erhaltene Reiseleistung an ihre Gesellschafter weiter, so liegt hierin grundsätzlich eine verdeckte Gewinnausschüttung.

b) Gewährung der Reiseleistungen an Arbeitnehmer

Wird Arbeitnehmern des Unternehmens eine Incentive-Reise gewährt, liegt steuerpflichtiger Arbeitslohn vor (BFH-Urteil vom 9. März 1990, BStBl II S. 711), der unter den Voraussetzungen des § 40 Abs. 1 EStG pauschal versteuert werden kann.

c) Wert der Reise

¹Die Gewährung der Reise ist steuerlich in ihrer Gesamtheit zu beurteilen. ²Ihr Wert entspricht nach ihren Leistungsmerkmalen und ihrem Erlebniswert regelmäßig einer am Markt angebotenen Gruppenreise, bei der Reiseziel, Reiseprogramm und Reisedauer festgelegt und der Teilnehmerkreis begrenzt sind; deshalb können einzelne Teile der Durchführung und der Organisation aus der Sicht des Empfängers nur im Zusammenhang gesehen werden (vgl. BFH-Beschluß vom 27. November 1978, BStBl II 1979 S. 213). ³Bei der Wertermittlung ist weder den tatsächlichen Aufwendungen des zuwendenden Unternehmers noch der subjektiven Vorstellung des Empfängers entscheidende Bedeutung beizumessen (BFH-Urteil vom 22. Juli 1988, a. a. O.); ihr Wert kann daher grundsätzlich nicht aus den Aufwendungen – auch nicht vermindert um einen pauschalen Abschlag bei über das übliche Maß hinausgehenden Aufwendungen – abgeleitet werden. ⁴Der Wert der zugewandten Reise ist daher in ihrer Gesamtheit mit dem üblichen Endpreis am Abgabeort anzusetzen (§ 8 Abs. 2 EStG). ⁵Er entspricht regelmäßig dem Preis der von Reiseveranstaltern am Markt angebotenen Gruppenreisen mit vergleichbaren Leistungsmerkmalen (z. B. Hotelkategorie, Besichtigungsprogramme); eine Wertminderung wegen des vom zuwendenden Unternehmen festgelegten Reiseziels, des Reiseprogramms, der Reisedauer und des fest

umgrenzten Teilnehmerkreises kommt nicht in Betracht. [6]Rabatte, die dem die Leistung gewährenden Unternehmen eingeräumt werden, bleiben für die Bewertung beim Empfänger ebenfalls außer Betracht; gleiches gilt für Preisaufschläge, die das Unternehmen speziell für die Durchführung der Reise aufwenden muß.

d) Aufwendungen des Empfängers der Reiseleistungen

[1]Aufwendungen, die im Zusammenhang mit der Teilnahme an der Reise stehen, darf der Empfänger nicht als Betriebsausgaben oder Werbungskosten abziehen, da die Teilnahme an der Reise durch private Interessen, die nicht nur von untergeordneter Bedeutung sind, veranlaßt ist (BFH-Urteil vom 22. Juli 1988 a. a. O.; vgl. auch R 117a EStR). [2]Zur Berücksichtigung von einzelnen Aufwendungen als Betriebsausgaben wird auf H 117a („Einzelaufwendungen") EStH hingewiesen; hinsichtlich des Werbungskostenabzugs wird ergänzend auf Abschnitt 35 LStR verwiesen.

IV.
Ertragsteuerliche Erfassung der Nutzung eines betrieblichen Kraftfahrzeugs zu Privatfahrten, zu Fahrten zwischen Wohnung und Betriebsstätte sowie zu Familienheimfahrten nach § 4 Absatz 5 Satz 1 Nummer 6 und § 6 Absatz 1 Nummer 4 Satz 1 bis 3 EStG;

Berücksichtigung der Änderungen durch das Gesetz zur Eindämmung missbräuchlicher Steuergestaltungen vom 28. April 2006 (BStBl I S. 353) und des Gesetzes zur Fortführung der Gesetzeslage 2006 bei der Entfernungspauschale vom 20. April 2009 (BGBl. I S. 774, BStBl I S. 536)

BMF vom 18. 11. 2009 (BStBl I S. 1326)
IV C 6 – S 2177/07/10004 DOK 2009/0725394
unter Berücksichtigung der Änderungen durch BMF vom 15. 11. 2012 (BStBl I S. 1099)
IV C 6 – S 2177/10/10002 –– 2012/1038276

Im Einvernehmen mit den obersten Finanzbehörden der Länder gilt für die ertragsteuerliche Erfassung der Nutzung eines betrieblichen Kraftfahrzeugs zu Privatfahrten, zu Fahrten zwischen Wohnung und Betriebsstätte sowie zu Familienheimfahrten nach § 4 Absatz 5 Satz 1 Nummer 6 und § 6 Absatz 1 Nummer 4 Satz 1 bis 3 EStG Folgendes:

I. Anwendungsbereich des § 4 Absatz 5 Satz 1 Nummer 6 und des § 6 Absatz 1 Nummer 4 Satz 2 bis 3 EStG

1. Betriebliche Nutzung eines Kraftfahrzeugs

Die Zuordnung von Kraftfahrzeugen zu einem Betriebsvermögen richtet sich nach allgemeinen Grundsätzen (R 4.2 Absatz 1 EStR 2008). Zur betrieblichen Nutzung zählt auch die auf Wege zwischen Wohnung und Betriebsstätte und Familienheimfahrten entfallende Nutzung gemäß § 4 Absatz 5 Satz 1 Nummer 6 EStG.   **1**

Der private Nutzungsanteil eines zum Betriebsvermögen gehörenden Kraftfahrzeugs ist nach § 6 Absatz 1 Nummer 4 Satz 2 EStG mit 1 Prozent des inländischen Listenpreises zu bewerten, wenn dieses zu mehr als 50 Prozent betrieblich genutzt wird. Dies gilt auch für gemietete oder geleaste Kraftfahrzeuge. Kraftfahrzeuge i. S. dieser Regelung sind Kraftfahrzeuge, die typischerweise nicht nur vereinzelt und gelegentlich für private Zwecke genutzt werden (BFH-Urteil vom 13. Februar 2003, BStBl II S. 472). Hierzu zählen beispielsweise auch Geländekraftfahrzeuge, wobei die kraftfahrzeugsteuerrechtliche Einordnung vor der Neuregelung in § 2 Absatz 2a KraftStG zum 1. Mai 2005 unerheblich ist. Keine Kraftfahrzeuge i. d. S. sind Zugmaschinen oder Lastkraftwagen, die kraftfahrzeugsteuerrechtlich „andere Kraftfahrzeuge" sind.

Die bloße Behauptung, das Kraftfahrzeug werde nicht für Privatfahrten genutzt oder Privatfahrten würden ausschließlich mit anderen Kraftfahrzeugen durchgeführt, reicht nicht aus, um von dem Ansatz eines privaten Nutzungsanteils abzusehen (BFH-Urteil vom 13. Februar 2003, BStBl II S. 472). Vielmehr trifft den Steuerpflichtigen die objektive Beweislast, wenn ein nach der Lebenserfahrung untypischer Sachverhalt, wie z. B. die ausschließlich betriebliche Nutzung des einzigen betrieblichen Kraftfahrzeugs eines Unternehmers, der Besteuerung zugrunde gelegt werden soll.   **2**

Die Anwendung von § 4 Absatz 5 Satz 1 Nummer 6 EStG setzt voraus, dass ein Kraftfahrzeug für Fahrten zwischen Wohnung und Betriebsstätte oder für Familienheimfahrten genutzt wird. Die Zugehörigkeit des Kraftfahrzeugs zum Betriebsvermögen des Steuerpflichtigen ist hierbei nicht erforderlich. Für ein Kraftfahrzeug im Privatvermögen des Steuerpflichtigen werden im Ergebnis nur Aufwendungen in Höhe der Entfernungspauschale i. S. d. § 9 Absatz 1 Satz 3 Nummer 4 und   **3**

Nummer 5 Satz 1 bis 6 EStG zum Abzug zugelassen. Die Regelung des § 9 Absatz 2 EStG ist entsprechend anzuwenden.

2. Nachweis der betrieblichen Nutzung i. S. d. § 6 Absatz 1 Nummer 4 Satz 2 EStG

4   Der Umfang der betrieblichen Nutzung ist vom Steuerpflichtigen darzulegen und glaubhaft zu machen. Dies kann in jeder geeigneten Form erfolgen. Auch die Eintragungen in Terminkalendern, die Abrechnung gefahrener Kilometer gegenüber den Auftraggebern, Reisekostenaufstellungen sowie andere Abrechnungsunterlagen können zur Glaubhaftmachung geeignet sein. Sind entsprechende Unterlagen nicht vorhanden, kann die überwiegende betriebliche Nutzung durch formlose Aufzeichnungen über einen repräsentativen zusammenhängenden Zeitraum (i. d. R. 3 Monate) glaubhaft gemacht werden. Dabei reichen Angaben über die betrieblich veranlassten Fahrten (jeweiliger Anlass und die jeweils zurückgelegte Strecke) und die Kilometerstände zu Beginn und Ende des Aufzeichnungszeitraumes aus.

5   Auf einen Nachweis der betrieblichen Nutzung kann verzichtet werden, wenn sich bereits aus Art und Umfang der Tätigkeit des Steuerpflichtigen ergibt, dass das Kraftfahrzeug zu mehr als 50 Prozent betrieblich genutzt wird. Dies kann in der Regel bei Steuerpflichtigen angenommen werden, die ihr Kraftfahrzeug für eine durch ihren Betrieb oder Beruf bedingte typische Reisetätigkeit benutzen oder die zur Ausübung ihrer räumlich ausgedehnten Tätigkeit auf die ständige Benutzung des Kraftfahrzeugs angewiesen sind (z. B. bei Taxiunternehmern, Handelsvertretern, Handwerkern der Bau- und Baunebengewerbe, Landtierärzten). Diese Vermutung gilt, wenn ein Steuerpflichtiger mehrere Kraftfahrzeuge im Betriebsvermögen hält, nur für das Kraftfahrzeug mit der höchsten Jahreskilometerleistung. Für die weiteren Kraftkraftfahrzeuge gelten die allgemeinen Grundsätze. Die Vermutungsregelung ist nicht anzuwenden, sobald für ein weiteres Kraftfahrzeug der Nachweis über die überwiegende betriebliche Nutzung erbracht wird.

6   Keines weiteren Nachweises bedarf es, wenn die Fahrten zwischen Wohnung und Betriebsstätte und die Familienheimfahrten mehr als 50 Prozent der Jahreskilometerleistung des Kraftfahrzeugs ausmachen.

7   Hat der Steuerpflichtige den betrieblichen Nutzungsumfang des Kraftfahrzeugs einmal dargelegt, so ist – wenn sich keine wesentlichen Veränderungen in Art oder Umfang der Tätigkeit oder bei den Fahrten zwischen Wohnung und Betriebsstätte ergeben – auch für die folgenden Veranlagungszeiträume von diesem Nutzungsumfang auszugehen. Ein Wechsel der Kraftfahrzeugklasse kann im Einzelfall Anlass für eine erneute Prüfung des Nutzungsumfangs sein. Die im Rahmen einer rechtmäßigen Außenprüfung erlangten Kenntnisse bestimmter betrieblicher Verhältnisse des Steuerpflichtigen in den Jahren des Prüfungszeitraumes lassen Schlussfolgerungen auf die tatsächlichen Gegebenheiten in den Jahren vor oder nach dem Prüfungszeitraum zu (BFH-Urteil vom 28. August 1987, BStBl II 1988 S. 2).

3. Methodenwahl

8   Wird das Kraftfahrzeug zu mehr als 50 Prozent betrieblich genutzt, kann der Steuerpflichtige die Wahl zwischen der Besteuerung nach § 6 Absatz 1 Nummer 4 Satz 2 EStG (1 %-Regelung) oder nach § 6 Absatz 1 Nummer 4 Satz 3 EStG (Fahrtenbuchmethode, Randnummern 21 bis 30) durch Einreichen der Steuererklärung beim Finanzamt vornehmen; die Methodenwahl muss für das Wirtschaftsjahr einheitlich getroffen werden. Im Fall des Kraftfahrzeugwechsels (vgl. Randnummer 9) ist auch während eines Wirtschaftsjahres der Übergang zu einer anderen Ermittlungsmethode zulässig. Das Wahlrecht kann bis zur Bestandskraft der Steuerfestsetzung ausgeübt oder geändert werden.

4. Kraftfahrzeugwechsel

9   Wird das auch privat genutzte Kraftfahrzeug im laufenden Wirtschaftsjahr ausgewechselt, z. B. bei Veräußerung des bisher genutzten und Erwerb eines neuen Kraftfahrzeugs, ist der Ermittlung der pauschalen Wertansätze im Monat des Kraftfahrzeugwechsels der inländische Listenpreis des Kraftfahrzeugs zugrunde zu legen, das der Steuerpflichtige nach der Anzahl der Tage überwiegend genutzt hat.

II. Pauschale Ermittlung des privaten Nutzungswerts[1)]

1. Listenpreis

Für den pauschalen Nutzungswert ist der inländische Listenpreis des Kraftfahrzeugs im Zeitpunkt seiner Erstzulassung zuzüglich der Kosten für Sonderausstattung [2)] (z. B. Navigationsgerät, BFH-Urteil vom 16. Februar 2005, BStBl II S. 563) einschließlich der Umsatzsteuer (BFH-Urteil vom 6. März 2003, BStBl II S. 704) maßgebend. Das gilt auch für reimportierte Kraftfahrzeuge. Soweit das reimportierte Kraftfahrzeug mit zusätzlicher Sonderausstattung versehen ist, die sich im inländischen Listenpreis nicht niedergeschlagen hat, ist der Wert der Sonderausstattung, der sich aus der Preisliste des Herstellers ergibt, zusätzlich zu berücksichtigen. Soweit das reimportierte Kraftfahrzeug geringwertiger ausgestattet ist, ist der Wert der „Minderausstattung" anhand des inländischen Listenpreises eines vergleichbaren inländischen Kraftfahrzeugs angemessen zu berücksichtigen. Kosten für nur betrieblich nutzbare Sonderausstattung, wie z. B. der zweite Pedalsatz eines Fahrschulkraftfahrzeugs, sind nicht anzusetzen. Für Kraftfahrzeuge, für die der inländische Listenpreis nicht ermittelt werden kann, ist dieser zu schätzen. Der Listenpreis ist auf volle Hundert Euro abzurunden. Für Veranlagungszeiträume ab 2002 ist der Listenpreis für vor dem 1. Januar 2002 angeschaffte oder hergestellte Kraftfahrzeuge zunächst in Euro umzurechnen und danach auf volle Hundert Euro abzurunden.   10

Zeitpunkt der Erstzulassung ist der Tag, an dem das Kraftfahrzeug das erste Mal zum Straßenverkehr zugelassen worden ist. Das gilt auch für gebraucht erworbene Kraftfahrzeuge. Zeitpunkt der Erstzulassung des Kraftfahrzeugs ist nicht der Zeitpunkt der Erstzulassung des Kraftfahrzeugtyps, sondern des jeweiligen individuellen Kraftfahrzeugs. Bei inländischen Kraftfahrzeugen ergibt sich das Datum aus den Zulassungspapieren. Macht der Steuerpflichtige geltend, dass für ein importiertes oder ein reimportiertes Kraftfahrzeug ein anderes Datum maßgebend sei, trifft ihn die objektive Beweislast.   11

2. Nutzung mehrerer Kraftfahrzeuge und Nutzung durch mehrere Nutzungsberechtigte

a) Einzelunternehmen

[3)]*Gehören gleichzeitig mehrere Kraftfahrzeuge zum Betriebsvermögen, so ist der pauschale Nutzungswert grundsätzlich für jedes Kraftfahrzeug anzusetzen, das vom Steuerpflichtigen oder zu seiner Privatsphäre gehörenden Personen für Privatfahrten genutzt wird (vgl. Randnummer 2). Kann der Steuerpflichtige dagegen glaubhaft machen, dass bestimmte betriebliche Kraftfahrzeuge ausschließlich betrieblich genutzt werden, weil sie für eine private Nutzung nicht geeignet sind (z. B. bei sog. Werkstattwagen – BFH-Urteil vom 18. Dezember 2008 – VI R 34/07 – BStBl II S. 381) oder diese ausschließlich eigenen Arbeitnehmern zur Nutzung überlassen werden, ist für diese Kraftfahrzeuge kein pauschaler Nutzungswert zu ermitteln. Dies gilt entsprechend für Kraftfahrzeuge, die nach der betrieblichen Nutzungszuweisung nicht zur privaten Nutzung zur Verfügung stehen. Hierzu können z. B. Vorführwagen eines Kraftfahrzeughändlers, zur Vermietung bestimmte Kraftfahrzeuge oder Kraftfahrzeuge von Steuerpflichtigen, die ihre Tätigkeit nicht in einer festen örtlichen Einrichtung ausüben oder die ihre Leistungen nur durch den Einsatz eines Kraftfahrzeugs erbringen können, gehören. Gibt der Steuerpflichtige in derartigen Fällen in seiner Gewinnermittlung durch den Ansatz einer Nutzungsentnahme an, dass von ihm das Kraftfahrzeug mit dem höchsten Listenpreis auch privat genutzt wird, ist diesen Angaben aus Vereinfachungsgründen zu folgen und für weitere Kraftfahrzeuge kein zusätzlicher pauschaler Nutzungswert anzusetzen. Für die private Nutzung von betrieblichen Kraftfahrzeugen durch zur Privatsphäre des Steuerpflichtigen gehörende Personen gilt dies entsprechend, wenn je Person das Kraftfahrzeug mit dem nächsthöchsten Listenpreis berücksichtigt wird. Wird ein Kraftfahrzeug gemeinsam vom Steuerpflichtigen und einem oder mehreren Arbeitnehmern genutzt, so ist bei pauschaler Nutzungswertermittlung für Privatfahrten der Nutzungswert von 1 Prozent des Listenpreises entsprechend der Zahl der Nutzungsberechtigten aufzuteilen. Es gilt die widerlegbare Vermutung, dass für Fahrten zwischen Wohnung und Betriebsstätte und für Familienheimfahrten das Kraftfahrzeug mit dem höchsten Listenpreis genutzt wird.*   12

> **Beispiel 1:**
>
> *Zum Betriebsvermögen des Versicherungsmaklers C gehören fünf Kraftfahrzeuge, von denen vier von C, seiner Ehefrau und dem erwachsenen Sohn auch zu Privatfahrten genutzt werden; von C auch für Fahrten zwischen Wohnung und Betriebsstätte. Ein Kraftfahrzeug wird ausschließlich einem Angestellten auch zur privaten Nutzung überlassen; der Nutzungs-*

[1)] Bei Landwirten mit Durchschnittssatzbesteuerung nach § 24 UStG ist eine nach der 1 %-Regelung ermittelte Entnahme für die private Pkw-Nutzung nicht um eine fiktive Umsatzsteuer zu erhöhen (→ BFH vom 3. 2. 2010 – BStBl II S. 689).

[2)] Eine Sonderausstattung liegt nur dann vor, wenn das Fahrzeug bereits werkseitig im Zeitpunkt der Erstzulassung damit ausgestattet ist (→ BFH vom 13. 10. 2010 – BStBl 2011 II S. 361).

[3)] *Rdnr. 12 wurde durch BMF vom 15. 11. 2012 (BStBl I S. 1099) neu gefasst und ist in allen offenen Fällen anzuwenden.*

vorteil wird bei diesem lohnversteuert. Die betriebliche Nutzung der Kraftfahrzeuge beträgt jeweils mehr als 50 Prozent. Es befindet sich kein weiteres Kraftfahrzeug im Privatvermögen. Die private Nutzungsentnahme nach § 6 Absatz 1 Nummer 4 Satz 2 EStG ist für vier Kraftfahrzeuge anzusetzen, und zwar mit jeweils 1 Prozent des Listenpreises. Zusätzlich ist für Fahrten zwischen Wohnung und Betriebsstätte der Betriebsausgabenabzug zu kürzen. Dabei ist der höchste Listenpreis zugrunde zu legen.

Beispiel 2:

Zum Betriebsvermögen eines Architekturbüros gehören sechs Kraftfahrzeuge, die jeweils vom Betriebsinhaber, seiner Ehefrau und den Angestellten/freien Mitarbeitern genutzt werden. Der Steuerpflichtige erklärt glaubhaft eine Nutzungsentnahme für die zwei von ihm und seiner Ehefrau auch privat genutzten Kraftfahrzeuge mit den höchsten Listenpreisen. Die übrigen Kraftfahrzeuge werden den Angestellten/freien Mitarbeitern nicht zur privaten Nutzung überlassen; sie werden im Rahmen ihrer Tätigkeit genutzt, um die Bauprojekte zu betreuen und zu überwachen. Eine Nutzungswertbesteuerung der vier weiteren Kraftfahrzeuge ist nicht vorzunehmen. Weist der Steuerpflichtige dem betrieblichen Kraftfahrzeug eine bestimmte Funktion im Betrieb zu und erklärt er zudem durch den Ansatz einer Nutzungsentnahme für zwei andere Fahrzeuge, dass er und die zu seiner Privatsphäre gehörenden Personen jenes Kraftfahrzeug nicht privat nutzen, so soll dieser Erklärung grundsätzlich gefolgt werden. Die reine Möglichkeit der privaten Nutzung der den Mitarbeitern zur Betreuung und Überwachung von Bauprojekten zugeordneten Kraftfahrzeuge (z. B. am Wochenende) führt nicht zum Ansatz einer weiteren Nutzungsentnahme.

b) Personengesellschaft

13   Befinden sich Kraftfahrzeuge im Betriebsvermögen einer Personengesellschaft, ist ein pauschaler Nutzungswert für den Gesellschafter anzusetzen, dem die Nutzung des Kraftfahrzeugs zuzurechnen ist. Randnummer 12 ist entsprechend anzuwenden.

Beispiel 2:

Der IJK-OHG gehören die Gesellschafter I, J und K an. Es befinden sich 4 Kraftfahrzeuge im Betriebsvermögen. Die Gesellschafter I und K sind alleinstehend. Niemand aus ihrer Privatsphäre nutzt die betrieblichen Kraftfahrzeuge. Der Gesellschafter J ist verheiratet. Seine Ehefrau nutzt ein betriebliches Kraftfahrzeug auch zu Privatfahrten. Die betriebliche Nutzung der Kraftfahrzeuge beträgt jeweils mehr als 50 Prozent. Die Bruttolistenpreise der Kraftfahrzeuge betragen 80 000 €, 65 000 €, 50 000 € und 40 000 €. I nutzt das 80 000 €-Kraftfahrzeug, J das 50 000 €-Kraftfahrzeug, K das 65 000 €-Kraftfahrzeug und Frau J das 40 000 €-Kraftfahrzeug. Die private Nutzungsentnahme ist monatlich für den Gesellschafter I mit 1 Prozent von 80 000 €, für den Gesellschafter K mit 1 Prozent von 65 000 € und für den Gesellschafter J mit 1 Prozent von 50 000 € zuzüglich 1 Prozent von 40 000 € anzusetzen.

3. Nur gelegentliche Nutzung des Kraftfahrzeugs

14   Der pauschale Nutzungswert und die nicht abziehbaren Betriebsausgaben sind auch dann mit den Monatswerten zu ermitteln, wenn das Kraftfahrzeug nur gelegentlich zu Privatfahrten oder zu Fahrten zwischen Wohnung und Betriebsstätte genutzt wird.

15   Die Monatswerte sind nicht anzusetzen für volle Kalendermonate, in denen eine private Nutzung oder eine Nutzung zu Fahrten zwischen Wohnung und Betriebsstätte ausgeschlossen ist.

16   Hat ein Steuerpflichtiger mehrere Betriebsstätten in unterschiedlicher Entfernung von der Wohnung, kann bei der pauschalen Berechnung der nicht abziehbaren Betriebsausgaben nach § 4 Absatz 5 Satz 1 Nummer 6 EStG die Entfernung zur näher gelegenen Betriebsstätte zugrunde gelegt werden. Die Fahrten zur weiter entfernt gelegenen Betriebsstätte sind zusätzlich mit 0,002 Prozent des inländischen Listenpreises i. S. d. § 6 Absatz 1 Nummer 4 Satz 2 EStG für jeden weiteren Entfernungskilometer (Differenz zwischen den Entfernungen der Wohnung zur jeweiligen Betriebsstätte) anzusetzen.

Beispiel 3:

Der Unternehmer A wohnt in A-Stadt und hat dort eine Betriebsstätte (Entfernung zur Wohnung 30 km). Eine zweite Betriebsstätte unterhält er in B-Stadt (Entfernung zur Wohnung 100 km). A fährt zwischen Wohnung und Betriebsstätte mit dem Betriebs-Kraftfahrzeug (Bruttolistenpreis: 22 500 €). Er ist an 40 Tagen von der Wohnung zur Betriebsstätte in B-Stadt gefahren, an den anderen Tagen zur Betriebsstätte in A-Stadt (insgesamt an 178 Tagen). Die nicht abziehbaren Betriebsausgaben sind wie folgt zu ermitteln:

a) 22 500 € × 0,03 % × 30 km × 12 Monate =   2 430,00 €
    ./. 178 Tage × 30 km × 0,30 € =   1 602,00 €
         828,00 €   828,00 €

b) 22 500 € × 0,002 % × 70 (100 ./. 30) km × 40 Tage =   1 260,00 €
    ./. 40 Tage × 100 km × 0,30 € =   1 200,00 €
         60,00 €   60,00 €

Summe der nicht abziehbaren Betriebsausgaben   **888,00 €**

4. Nutzung im Rahmen unterschiedlicher Einkunftsarten

Nutzt der Steuerpflichtige das betriebliche Kraftfahrzeug auch im Rahmen anderer Einkunftsarten, sind die auf diese außerbetriebliche, aber nicht private Nutzung entfallenden Aufwendungen grundsätzlich nicht mit dem nach § 6 Absatz 1 Nummer 4 Satz 2 EStG (1 %-Regelung) ermittelten Betrag abgegolten (BFH-Urteil vom 26. April 2006, BStBl II 2007 S. 445). Es bestehen keine Bedenken, diese Entnahme mangels anderer Anhaltspunkte mit 0,001 % des inländischen Listenpreises des Kraftfahrzeugs je gefahrenem Kilometer zu bewerten; dieser Entnahmewert stellt vorbehaltlich bestehender Abzugsbeschränkungen die im Rahmen der anderen Einkunftsart abziehbaren Betriebsausgaben oder Werbungskosten dar. Aus Vereinfachungsgründen wird einkommensteuerrechtlich auf den Ansatz einer zusätzlichen Entnahme verzichtet, soweit die Aufwendungen bei der anderen Einkunftsart keinen Abzugsbeschränkungen unterliegen und dort nicht abgezogen werden.   17

5. Begrenzung der pauschalen Wertansätze (sog. Kostendeckelung)

Der pauschale Nutzungswert nach § 6 Absatz 1 Nummer 4 Satz 2 EStG sowie die nicht abziehbaren Betriebsausgaben für Fahrten zwischen Wohnung und Betriebsstätte und Familienheimfahrten nach § 4 Absatz 5 Satz 1 Nummer 6 EStG können die für das genutzte Kraftfahrzeug insgesamt tatsächlich entstandenen Aufwendungen übersteigen. Wird das im Einzelfall nachgewiesen, so sind diese Beträge höchstens mit den Gesamtkosten des Kraftfahrzeugs anzusetzen. Bei mehreren privat genutzten Kraftfahrzeugen können die zusammengefassten pauschal ermittelten Wertansätze auf die nachgewiesenen tatsächlichen Gesamtaufwendungen dieser Kraftfahrzeuge begrenzt werden; eine fahrzeugbezogene „Kostendeckelung" ist zulässig.   18

Wird neben dem pauschalen Nutzungswert nach § 6 Absatz 1 Nummer 4 Satz 2 EStG eine Entnahme aufgrund der Nutzung des Kraftfahrzeugs zur Erzielung anderer Einkunftsarten erfasst, ist auch dieser Betrag den tatsächlichen Aufwendungen gegenüberzustellen (vgl. Randnummer 17).   19

Bei Anwendung der Kostendeckelung müssen dem Steuerpflichtigen als abziehbare Aufwendungen mindestens die nach § 4 Absatz 5 Satz 1 Nummer 6 Satz 2, § 9 Absatz 1 Satz 3 Nummer 4 und Nummer 5 EStG ermittelten Beträge (Entfernungspauschalen) verbleiben.   20

Beispiel 4:

Für ein zu mehr als 50 Prozent für betriebliche Zwecke genutztes Kraftfahrzeug (Bruttolistenpreis 35 600 €) sind im Wirtschaftsjahr 7 400 € Gesamtkosten angefallen. Das Kraftfahrzeug wurde an 200 Tagen für Fahrten zwischen Wohnung und Betriebsstätte (Entfernung 27 Kilometer) genutzt. Ein Fahrtenbuch wurde nicht geführt.

1. pauschaler Wertansatz nach § 4 Absatz 5 Satz 1
    Nummer 6 EStG
    35 600 € × 0,03 % × 27 km × 12 Monate   3 460,32 €
2. privater Nutzungsanteil nach § 6 Absatz 1
    Nummer 4 Satz 2 EStG
    35 600 € × 1 % × 12 Monate   4 272,00 €
3. Prüfung der Kostendeckelung
    Gesamtaufwendungen   7 400,00 €
    Pauschale Wertansätze (Summe aus 1. und 2.)   7 732,32 €
    Höchstbetrag der pauschalen Wertansätze   7 400,00 €

Die pauschalen Wertansätze übersteigen die entstandenen Gesamtkosten. Es liegt ein Fall der Kostendeckelung vor. Der pauschale Wertansatz für die Fahrten zwischen Wohnung und Betriebsstätte nach § 4 Absatz 5 Satz 1 Nummer 6 EStG und der private Nutzungsanteil nach § 6 Absatz 1 Nummer 4 Satz 2 EStG sind auf die Höhe der Gesamtaufwendungen von 7 400 € beschränkt. Die Entfernungspauschale nach § 4 Absatz 5 Satz 1 Nummer 6 i. V. m. § 9 Absatz 1 Satz 3 Nummer 4 EStG i.H.v. 1 620,00 € (200 Tage × 27 km × 0,30 €) ist zu berücksichtigen.

III. Ermittlung des tatsächlichen privaten Nutzungswerts

1. Führung eines Fahrtenbuches

21 Fahrtenbuch soll die Zuordnung von Fahrten zur betrieblichen und beruflichen Sphäre ermöglichen und darstellen. Es muss laufend geführt werden.

22 Werden mehrere betriebliche Kraftfahrzeuge vom Unternehmer oder von zu seiner Privatsphäre gehörenden Personen zu Privatfahrten, zu Fahrten zwischen Wohnung und Betriebsstätte oder zu Familienheimfahrten genutzt, ist diese Nutzung für jedes der Kraftfahrzeuge, das zu mehr als 50 Prozent betrieblich genutzt wird, entweder pauschal im Wege der Listenpreisregelung oder aber konkret anhand der Fahrtenbuchmethode zu ermitteln (BFH-Urteil vom 3. August 2000, BStBl II 2001 S. 332). Gehören dabei gleichzeitig mehrere Kraftfahrzeuge zum Betriebsvermögen, und wird nicht für jedes dieser Kraftfahrzeuge ein Fahrtenbuch im Sinne des § 6 Absatz 1 Nummer 4 Satz 3 EStG geführt, ist für diejenigen Kraftfahrzeuge, für die kein Fahrtenbuch geführt wird, und die für Privatfahrten, für Fahrten zwischen Wohnung und Betriebsstätte oder für Familienheimfahrten genutzt werden, § 6 Absatz 1 Nummer 4 Satz 2 EStG (1 %-Regelung) und § 4 Absatz 5 Satz 1 Nummer 6 EStG (pauschale Ermittlung der nicht abziehbaren Betriebsausgaben) anzuwenden. Die Rdnrn. 12 und 13 gelten entsprechend.

> **Beispiel 5:**
>
> Zum Betriebsvermögen des Unternehmers C gehören 5 Kraftfahrzeuge, die von C, seiner Ehefrau und dem erwachsenen Sohn auch zu Privatfahrten genutzt werden. Die betriebliche Nutzung der Kraftfahrzeuge beträgt jeweils mehr als 50 Prozent. Es befindet sich kein weiteres Kraftfahrzeug im Privatvermögen. Für ein Kraftfahrzeug wird ein Fahrtenbuch geführt. Die (pauschale) private Nutzungsentnahme für die vier weiteren auch privat genutzten Kraftfahrzeuge ist nach § 6 Absatz 1 Nummer 4 Satz 2 EStG mit jeweils 1 Prozent des Listenpreises anzusetzen. Für das Kraftfahrzeug, für das ein Fahrtenbuch geführt wird, ist die Nutzungsentnahme mit den tatsächlich auf die private Nutzung entfallenden Aufwendungen anzusetzen.

2. Elektronisches Fahrtenbuch

23 Ein elektronisches Fahrtenbuch ist anzuerkennen, wenn sich daraus dieselben Erkenntnisse wie aus einem manuell geführten Fahrtenbuch gewinnen lassen. Beim Ausdrucken von elektronischen Aufzeichnungen müssen nachträgliche Veränderungen der aufgezeichneten Angaben technisch ausgeschlossen, zumindest aber dokumentiert werden (BFH-Urteil vom 16. November 2005, BStBl II 2006 S. 410).

3. Anforderungen an ein Fahrtenbuch

24 Ein Fahrtenbuch muss zeitnah und in geschlossener Form geführt werden. Es muss die Fahrten einschließlich des an ihrem Ende erreichten Gesamtkilometerstands vollständig und in ihrem fortlaufenden Zusammenhang wiedergeben (BFH-Urteil vom 9. November 2005, BStBl II 2006 S. 408). Das Fahrtenbuch muss mindestens folgende Angaben enthalten (vgl. R 8.1 Absatz 9 Nummer 2 Satz 3 LStR 2008[1]): Datum und Kilometerstand zu Beginn und Ende jeder einzelnen betrieblich/ beruflich veranlassten Fahrt, Reiseziel, Reisezweck und aufgesuchte Geschäftspartner. Wird ein Umweg gefahren, ist dieser aufzuzeichnen. Auf einzelne dieser Angaben kann verzichtet werden, soweit wegen der besonderen Umstände im Einzelfall die betriebliche/berufliche Veranlassung der Fahrten und der Umfang der Privatfahrten ausreichend dargelegt sind und Überprüfungsmöglichkeiten nicht beeinträchtigt werden. So sind z. B. folgende berufsspezifisch bedingte Erleichterungen möglich:

a) Handelsvertreter, Kurierdienstfahrer, Automatenlieferanten und andere Steuerpflichtige, die regelmäßig aus betrieblichen/beruflichen Gründen große Strecken mit mehreren unterschiedlichen Reisezielen zurücklegen.

25 Zu Reisezweck, Reiseziel und aufgesuchtem Geschäftspartner ist anzugeben, welche Kunden an welchem Ort besucht wurden. Angaben zu den Entfernungen zwischen den verschiedenen Orten sind nur bei größerer Differenz zwischen direkter Entfernung und tatsächlich gefahrenen Kilometern erforderlich.

b) Taxifahrer, Fahrlehrer

26 Bei Fahrten eines Taxifahrers im sog. Pflichtfahrgebiet ist es in Bezug auf Reisezweck, Reiseziel und aufgesuchtem Geschäftspartner ausreichend, täglich zu Beginn und Ende der Gesamtheit dieser Fahrten den Kilometerstand anzugeben mit der Angabe „Taxifahrten im Pflichtfahrgebiet" o. ä. Wurden Fahrten durchgeführt, die über dieses Gebiet hinausgehen, kann auf die genaue Angabe des Reiseziels nicht verzichtet werden.

27 Für Fahrlehrer ist es ausreichend, in Bezug auf Reisezweck, Reiseziel und aufgesuchten Geschäftspartner „Lehrfahrten", „Fahrschulfahrten" o. ä. anzugeben.

---

[1] → LStR 2011.

Werden regelmäßig dieselben Kunden aufgesucht, wie z. B. bei Lieferverkehr, und werden die   28
Kunden mit Name und (Liefer-)Adresse in einem Kundenverzeichnis unter einer Nummer geführt,
unter der sie später identifiziert werden können, bestehen keine Bedenken, als Erleichterung für
die Führung eines Fahrtenbuches zu Reiseziel, Reisezweck und aufgesuchtem Geschäftspartner
jeweils zu Beginn und Ende der Lieferfahrten Datum und Kilometerstand sowie die Nummern der
aufgesuchten Geschäftspartner aufzuzeichnen. Das Kundenverzeichnis ist dem Fahrtenbuch beizufügen.

Für die Aufzeichnung von Privatfahrten genügen jeweils Kilometerangaben; für Fahrten zwischen   29
Wohnung und Betriebsstätte genügt jeweils ein kurzer Vermerk im Fahrtenbuch.

4. Nichtanerkennung eines Fahrtenbuches

Wird die Ordnungsmäßigkeit der Führung eines Fahrtenbuches von der Finanzverwaltung z. B.   30
anlässlich einer Betriebsprüfung nicht anerkannt, ist der private Nutzungsanteil nach § 6 Absatz 1
Nummer 4 Satz 2 EStG zu bewerten, wenn die betriebliche Nutzung mehr als 50 Prozent beträgt.
Für Fahrten zwischen Wohnung und Betriebsstätte sowie für Familienheimfahrten ist die Ermittlung der nicht abziehbaren Betriebsausgaben nach § 4 Absatz 5 Satz 1 Nummer 6 EStG vorzunehmen.

5. Ermittlung des privaten Nutzungsanteils bei Ausschluss der 1 %-Regelung

Beträgt der Umfang der betrieblichen Nutzung 10 bis 50 Prozent, darf der private Nutzungsanteil   31
nicht gemäß § 6 Absatz 1 Nummer 4 Satz 2 EStG (1 %-Regelung) bewertet werden.

Der private Nutzungsanteil ist als Entnahme gemäß § 6 Absatz 1 Nummer 4 Satz 1 EStG mit den
auf die private Nutzung entfallenden tatsächlichen Selbstkosten (vgl. Randnummer 32) zu bewerten. Für Fahrten zwischen Wohnung und Betriebsstätte und Familienheimfahrten sind die nicht
abziehbaren Betriebsausgaben nach § 4 Absatz 5 Satz 1 Nummer 6 Satz 3 2. Alternative EStG zu
ermitteln.

IV. Gesamtaufwendungen für das Kraftfahrzeug

Zu den Gesamtaufwendungen für das Kraftfahrzeug (Gesamtkosten) gehören Kosten, die unmittel-   32
bar dem Halten und dem Betrieb des Kraftfahrzeugs zu dienen bestimmt sind und im Zusammenhang mit seiner Nutzung zwangsläufig anfallen (BFH-Urteil vom 14. September 2005, BStBl II 2006
S. 72). Zu den Gesamtkosten gehören nicht die Sonderabschreibungen (BFH-Urteil vom 25. März
1988, BStBl II S. 655). Außergewöhnliche Kraftfahrzeugkosten sind dagegen vorab der beruflichen
oder privaten Nutzung zuzurechnen. Aufwendungen, die ausschließlich der privaten Nutzung
zuzurechnen sind, sind vorab als Entnahme zu behandeln (z. B. Mautgebühren auf einer privaten
Urlaubsreise – BFH-Urteil vom 14. September 2005, BStBl II 2006 S. 72). Bei der Ermittlung des privaten Nutzungsanteils nach § 6 Absatz 1 Nummer 4 Satz 3 EStG sind die verbleibenden Kraftfahrzeugaufwendungen anhand des Fahrtenbuches anteilig der privaten Nutzung, der Nutzung für
Fahrten zwischen Wohnung und Betriebsstätte oder für Familienheimfahrten zuzurechnen.

V. Fahrten zwischen Wohnung und Betriebsstätte

1. Mehrfache Fahrten zwischen Wohnung und Betriebsstätte

Werden täglich mehrere Fahrten zwischen Wohnung und Betriebsstätte zurückgelegt, so verviel-   33
facht sich der pauschale Hinzurechnungsbetrag nach § 4 Absatz 5 Satz 1 Nummer 6 EStG nicht.
Für die Ermittlung des betrieblichen Nutzungsumfangs sind auch die Mehrfachfahrten zu berücksichtigen.

2. Abziehbare Aufwendungen bei behinderten Menschen für Fahrten zwischen Wohnung und Betriebsstätte sowie Familienheimfahrten

Behinderte Menschen, deren Grad der Behinderung mindestens 70 beträgt, sowie behinderte   34
Menschen, deren Grad der Behinderung weniger als 70, aber mindestens 50 beträgt und die in
ihrer Bewegungsfähigkeit im Straßenverkehr erheblich beeinträchtigt sind, können ihre tatsächlichen Kosten für die Benutzung eines eigenen oder zur Nutzung überlassenen Kraftfahrzeuges für
Fahrten zwischen Wohnung und Betriebsstätte sowie für Familienheimfahrten als Betriebsausgaben abziehen. Dabei ist der Gewinn nicht um Aufwendungen in Höhe des in § 4 Absatz 5 Satz 1
Nummer 6 EStG jeweils genannten positiven Unterschiedsbetrags zu erhöhen.

VI. Umsatzsteuerliche Beurteilung

Zur Frage des Vorsteuerabzugs und der Umsatzbesteuerung bei unternehmerisch genutzten Kraft-   35
fahrzeugen vgl. BMF-Schreiben vom 27. August 2004 (BStBl I S. 864). Ist die Anwendung der 1 %-

Regelung gem. § 6 Absatz 1 Nummer 4 Satz 2 EStG ausgeschlossen, weil das Kraftfahrzeug zu weniger als 50 Prozent betrieblich genutzt wird, und wird der nicht unternehmerische Nutzungsanteil nicht durch ein ordnungsgemäßes Fahrtenbuch nachgewiesen, ist dieser Nutzungsanteil im Wege der Schätzung zu ermitteln, wobei der Umsatzbesteuerung grundsätzlich der für ertragsteuerliche Zwecke ermittelte private Nutzungsanteil zugrunde zu legen ist.

VII. Zeitliche Anwendung

36   Dieses Schreiben ersetzt die BMF-Schreiben vom 21. Januar 2002 (BStBl I S. 148) und vom 7. Juli 2006 (BStBl I S. 446) und ist in allen offenen Fällen anzuwenden. Randnummer 12 ist erstmals auf Wirtschaftsjahre anzuwenden, die nach dem 31. Dezember 2009 beginnen. Randnummer 17 ist erstmals ab dem Veranlagungszeitraum 2007 anzuwenden; wird der Gewinn nach einem vom Kalenderjahr abweichenden Wirtschaftsjahr ermittelt, ist Randnummer 17 erstmals ab 1. Januar 2007 anzuwenden.

V.
Ertragsteuerliche Behandlung des Sponsoring

BMF vom 18. 2. 1998 (BStBl I S. 212)

IV B 2 – S 2144 – 40/98
IV B 7 – S 0183 – 62/98

Für die ertragsteuerliche Behandlung des Sponsoring gelten – unabhängig von dem gesponserten Bereich (z. B. Sport-, Kultur-, Sozio-, Öko- und Wissenschaftssponsoring) – im Einvernehmen mit den obersten Finanzbehörden der Länder folgende Grundsätze:

I. Begriff des Sponsoring

1   [1]Unter Sponsoring wird üblicherweise die Gewährung von Geld oder geldwerten Vorteilen durch Unternehmen zur Förderung von Personen, Gruppen und/oder Organisationen in sportlichen, kulturellen, kirchlichen, wissenschaftlichen, sozialen, ökologischen oder ähnlich bedeutsamen gesellschaftspolitischen Bereichen verstanden, mit der regelmäßig auch eigene unternehmensbezogene Ziele der Werbung oder Öffentlichkeitsarbeit verfolgt werden. [2]Leistungen eines Sponsors beruhen häufig auf einer vertraglichen Vereinbarung zwischen dem Sponsor und dem Empfänger der Leistungen (Sponsoring-Vertrag), in dem Art und Umfang der Leistungen des Sponsors und des Empfängers geregelt sind.

II. Steuerliche Behandlung beim Sponsor

2   Die im Zusammenhang mit dem Sponsoring gemachten Aufwendungen können

–   Betriebsausgaben i. S. des § 4 Abs. 4 EStG,

–   Spenden, die unter den Voraussetzungen der §§ 10b EStG, 9 Abs. 1 Nr. 2 KStG, 9 Nr. 5 GewStG abgezogen werden dürfen, oder

–   steuerlich nicht abziehbare Kosten der Lebensführung (§ 12 Nr. 1 EStG), bei Kapitalgesellschaften verdeckte Gewinnausschüttungen (§ 8 Abs. 3 Satz 2 KStG) sein.

1. Berücksichtigung als Betriebsausgaben

3   [1]Aufwendungen des Sponsors sind Betriebsausgaben, wenn der Sponsor wirtschaftliche Vorteile, die insbesondere in der Sicherung oder Erhöhung seines unternehmerischen Ansehens liegen können (vgl. BFH vom 3. Februar 1993, BStBl II S. 441, 445), für sein Unternehmen erstrebt oder für Produkte seines Unternehmens werben will. [2]Das ist insbesondere der Fall, wenn der Empfänger der Leistungen auf Plakaten, Veranstaltungshinweisen, in Ausstellungskatalogen, auf den von ihm benutzten Fahrzeugen oder anderen Gegenständen auf das Unternehmen oder die Produkte des Sponsors werbewirksam hinweist. [3]Die Berichterstattung in Zeitungen, Rundfunk oder Fernsehen kann einen wirtschaftlichen Vorteil, den der Sponsor für sich anstrebt, begründen, insbesondere wenn sie in seine Öffentlichkeitsarbeit eingebunden ist oder der Sponsor an Pressekonferenzen oder anderen öffentlichen Veranstaltungen des Empfängers mitwirken und eigene Erklärungen über sein Unternehmen oder seine Produkte abgeben kann.

4   Wirtschaftliche Vorteile für das Unternehmen des Sponsors können auch dadurch erreicht werden, daß der Sponsor durch Verwendung des Namens, von Emblemen oder Logos des Empfängers oder in anderer Weise öffentlichkeitswirksam auf seine Leistungen aufmerksam macht.

5   [1]Für die Berücksichtigung der Aufwendungen als Betriebsausgaben kommt es nicht darauf an, ob die Leistungen notwendig, üblich oder zweckmäßig sind; die Aufwendungen dürfen auch dann als

Betriebsausgaben abgezogen werden, wenn die Geld- oder Sachleistungen des Sponsors und die erstrebten Werbeziele für das Unternehmen nicht gleichwertig sind. [2]Bei einem krassen Mißverhältnis zwischen den Leistungen des Sponsors und dem erstrebten wirtschaftlichen Vorteil ist der Betriebsausgabenabzug allerdings zu versagen (§ 4 Abs. 5 Satz 1 Nr. 7 EStG).

Leistungen des Sponsors im Rahmen des Sponsoring-Vertrags, die die Voraussetzungen der RdNrn. 3, 4 und 5 für den Betriebsausgabenabzug erfüllen, sind keine Geschenke i. S. des § 4 Abs. 5 Satz 1 Nr. 1 EStG.   6

2. Berücksichtigung als Spende

Zuwendungen des Sponsors, die keine Betriebsausgaben sind, sind als Spenden (§ 10b EStG) zu behandeln, wenn sie zur Förderung steuerbegünstigter Zwecke freiwillig oder aufgrund einer freiwillig eingegangenen Rechtspflicht erbracht werden, kein Entgelt für eine bestimmte Leistung des Empfängers sind und nicht in einem tatsächlichen wirtschaftlichen Zusammenhang mit dessen Leistungen stehen (BFH vom 25. November 1987, BStBl II 1988 S. 220; vom 12. September 1990, BStBl II 1991 S. 258).   7

3. Nichtabziehbare Kosten der privaten Lebensführung oder verdeckte Gewinnausschüttungen

[1]Als Sponsoringaufwendungen bezeichnete Aufwendungen, die keine Betriebsausgaben und keine Spenden sind, sind nicht abziehbare Kosten der privaten Lebensführung (§ 12 Nr. 1 Satz 2 EStG). [2]Bei entsprechenden Zuwendungen einer Kapitalgesellschaft können verdeckte Gewinnausschüttungen vorliegen, wenn der Gesellschafter durch die Zuwendungen begünstigt wird, z. B. eigene Aufwendungen als Mäzen erspart (vgl. Abschnitt 31 Abs. 2 Satz 4 KStR 1995[1])).   8

III. Steuerliche Behandlung bei steuerbegünstigten Empfängern

[1]Die im Zusammenhang mit dem Sponsoring erhaltenen Leistungen können, wenn der Empfänger eine steuerbegünstigte Körperschaft ist, steuerfreie Einnahmen im ideellen Bereich, steuerfreie Einnahmen aus der Vermögensverwaltung oder steuerpflichtige Einnahmen eines wirtschaftlichen Geschäftsbetriebs sein. [2]Die steuerliche Behandlung der Leistungen beim Empfänger hängt grundsätzlich nicht davon ab, wie die entsprechenden Aufwendungen beim leistenden Unternehmen behandelt werden.   9

[1]Für die Abgrenzung gelten die allgemeinen Grundsätze (vgl. insbesondere Anwendungserlaß zur Abgabenordnung, zu § 67a, Tz. I/9). [2]Danach liegt kein wirtschaftlicher Geschäftsbetrieb vor, wenn die steuerbegünstigte Körperschaft dem Sponsor nur die Nutzung ihres Namens zu Werbezwecken in der Weise gestattet, daß der Sponsor selbst zu Werbezwecken oder zur Imagepflege auf seine Leistungen an die Körperschaft hinweist. [3]Ein wirtschaftlicher Geschäftsbetrieb liegt auch dann nicht vor, wenn der Empfänger der Leistungen z. B. auf Plakaten, Veranstaltungshinweisen, in Ausstellungskatalogen oder in anderer Weise auf die Unterstützung durch einen Sponsor lediglich hinweist. [4]Dieser Hinweis kann unter Verwendung des Namens, Emblems oder Logos des Sponsors, jedoch ohne besondere Hervorhebung, erfolgen. [5]Ein wirtschaftlicher Geschäftsbetrieb liegt dagegen vor, wenn die Körperschaft an den Werbemaßnahmen mitwirkt. Der wirtschaftliche Geschäftsbetrieb kann kein Zweckbetrieb (§§ 65 bis 68 AO) sein.

Dieses Schreiben ersetzt das BMF-Schreiben vom 9. Juli 1997 (BStBl I S. 726).

VI.
Einkommensteuerliche Behandlung der Aufwendungen für ein häusliches Arbeitszimmer nach § 4 Absatz 5 Satz 1 Nummer 6b, § 9 Absatz 5 und § 10 Absatz 1 Nummer. 7 EStG
Neuregelung durch das Jahressteuergesetz 2010 vom 8. Dezember 2010
(BGBl. I S. 1768, BStBl I S. 1394)

BMF vom 2. 3. 2011 (BStBl I S. 195)
IV C 6 – S 2145/07/10002

Im Einvernehmen mit den obersten Finanzbehörden der Länder gilt zur einkommensteuer-rechtlichen Behandlung der Aufwendungen für ein häusliches Arbeitszimmer nach § 4 Absatz 5 Satz 1 Nummer 6b, § 9 Absatz 5 und § 10 Absatz 1 Nummer 7 EStG in der Fassung des Jahressteuergesetzes 2010 (BGBl. I S. 1768, BStBl I S. 1394) Folgendes:

---

[1]) Jetzt → R 36 KStR 2004 und H 36 KStH 2010.

I. Grundsatz

1   Nach § 4 Absatz 5 Satz 1 Nummer 6b Satz 1 und § 9 Absatz 5 Satz 1 EStG dürfen die Aufwendungen für ein häusliches Arbeitszimmer sowie die Kosten der Ausstattung grundsätzlich nicht als Betriebsausgaben oder Werbungskosten abgezogen werden. Bildet das häusliche Arbeitszimmer den Mittelpunkt der gesamten betrieblichen und beruflichen Betätigung, dürfen die Aufwendungen in voller Höhe steuerlich berücksichtigt werden (§ 4 Absatz 5 Satz 1 Nummer 6b Satz 3 2. Halbsatz EStG). Steht für die betriebliche oder berufliche Tätigkeit kein anderer Arbeitsplatz zur Verfügung, sind die Aufwendungen bis zur Höhe von 1.250 Euro je Wirtschaftsjahr oder Kalenderjahr als Betriebsausgaben oder Werbungskosten abziehbar (§ 4 Absatz 5 Satz 1 Nummer 6b Satz 2 und 3 1. Halbsatz EStG). Der Betrag von 1.250 Euro ist kein Pauschbetrag. Es handelt sich um einen objektbezogenen Höchstbetrag, der nicht mehrfach für verschiedene Tätigkeiten oder Personen in Anspruch genommen werden kann, sondern ggf. auf die unterschiedlichen Tätigkeiten oder Personen aufzuteilen ist (vgl. Rdnr. 19 bis 21).

II. Anwendungsbereich der gesetzlichen Regelung

2   Unter die Regelungen des § 4 Absatz 5 Satz 1 Nummer 6b und § 9 Absatz 5 EStG fällt die Nutzung eines häuslichen Arbeitszimmers zur Erzielung von Einkünften aus sämtlichen Einkunftsarten.

III. Begriff des häuslichen Arbeitszimmers

3   Ein häusliches Arbeitszimmer ist ein Raum, der seiner Lage, Funktion und Ausstattung nach in die häusliche Sphäre des Steuerpflichtigen eingebunden ist, vorwiegend der Erledigung gedanklicher, schriftlicher, verwaltungstechnischer oder -organisatorischer Arbeiten dient (→ BFH-Urteile vom 19. September 2002, – VI R 70/01 –, BStBl II 2003 S. 139 und vom 16. Oktober 2002, – XI R 89/00 –, BStBl II 2003 S. 185) und ausschließlich oder nahezu ausschließlich zu betrieblichen und/oder beruflichen Zwecken genutzt wird; eine untergeordnete private Mitbenutzung (< 10 %) ist unschädlich. Es muss sich aber nicht zwingend um Arbeiten büromäßiger Art handeln; ein häusliches Arbeitszimmer kann auch bei geistiger, künstlerischer oder schriftstellerischer Betätigung gegeben sein. In die häusliche Sphäre eingebunden ist ein als Arbeitszimmer genutzter Raum regelmäßig dann, wenn er zur privaten Wohnung oder zum Wohnhaus des Steuerpflichtigen gehört. Dies betrifft nicht nur die Wohnräume, sondern ebenso Zubehörräume (→ BFH-Urteil vom 26. Februar 2003, – VI R 130/01 –, BStBl II 2004 S. 74 und BFH-Urteil vom 19. September 2002, – VI R 70/01 –, BStBl II 2003 S. 139). So kann auch ein Raum, z. B. im Keller oder unter dem Dach (Mansarde) des Wohnhauses, in dem der Steuerpflichtige seine Wohnung hat, ein häusliches Arbeitszimmer sein, wenn die Räumlichkeiten aufgrund der unmittelbaren Nähe mit den privaten Wohnräumen des Steuerpflichtigen als gemeinsame Wohneinheit verbunden sind.

4   Dagegen kann es sich bei einem im Keller oder Dachgeschoss eines Mehrfamilienhauses befindlichen Raum, der nicht zur Privatwohnung des Steuerpflichtigen gehört, sondern zusätzlich angemietet wurde, um ein außerhäusliches Arbeitszimmer handeln (→ BFH-Urteil vom 26. Februar 2003, – VI R 160/99 –, BStBl II S. 515 und vom 18. August 2005, – VI R 39/04 –, BStBl II 2006 S. 428). Maßgebend ist, ob eine innere häusliche Verbindung des Arbeitszimmers mit der privaten Lebenssphäre des Steuerpflichtigen besteht. Dabei ist das Gesamtbild der Verhältnisse im Einzelfall entscheidend. Für die Anwendung des § 4 Absatz 5 Satz 1 Nummer 6b, des § 9 Absatz 5 und des § 10 Absatz 1 Nummer 7 EStG ist es ohne Bedeutung, ob die Wohnung, zu der das häusliche Arbeitszimmer gehört, gemietet ist oder ob sie sich im Eigentum des Steuerpflichtigen befindet. Auch mehrere Räume können als ein häusliches Arbeitszimmer anzusehen sein; die Abtrennung der Räumlichkeiten vom übrigen Wohnbereich ist erforderlich.

5   Nicht unter die Abzugsbeschränkung des § 4 Absatz 5 Satz 1 Nummer 6b und § 9 Absatz 5 EStG fallen Räume, die ihrer Ausstattung und Funktion nach nicht einem Büro entsprechen (z. B. Betriebsräume, Lagerräume, Ausstellungsräume), selbst wenn diese ihrer Lage nach mit dem Wohnraum des Steuerpflichtigen verbunden und so in dessen häusliche Sphäre eingebunden sind (→ BFH-Urteil vom 28. August 2003, – IV R 53/01 –, BStBl II 2004 S. 55 und vom 26. März 2009 – VI R 15/07 –, BStBl II S. 598).

     Beispiele:

     a)   Ein häusliches Arbeitszimmer liegt in folgenden Fällen regelmäßig vor:

         –   häusliches Büro eines selbständigen Handelsvertreters, eines selbständigen Übersetzers oder eines selbständigen Journalisten,

         –   bei Anmietung einer unmittelbar angrenzenden oder unmittelbar gegenüberliegenden Zweitwohnung in einem Mehrfamilienhaus (→ BFH-Urteile vom 26. Februar 2003, – VI R 124/01 – und – VI R 125/01 –, BStBl II 2004 S. 69 und 72),

         –   häusliches ausschließlich beruflich genutztes Musikzimmer der freiberuflich tätigen Konzertpianistin, in dem diese Musikunterricht erteilt.

- Aufwendungen für einen zugleich als Büroarbeitsplatz und als Warenlager betrieblich genutzten Raum unterliegen der Abzugsbeschränkung für das häusliche Arbeitszimmer, wenn der Raum nach dem Gesamtbild der Verhältnisse vor allem aufgrund seiner Ausstattung und Funktion ein typisches häusliches Büro ist und die Ausstattung und Funktion als Lager dahinter zurücktritt (→ BFH-Urteil vom 22. November 2006 – X R 1/05 – BStBl II 2007 S. 304).

b) Kein häusliches Arbeitszimmer, sondern betrieblich genutzte Räume liegen regelmäßig in folgenden Fällen vor:

- Arzt-, Steuerberater- oder Anwaltspraxis grenzt an das Einfamilienhaus an oder befindet sich im selben Gebäude wie die Privatwohnung, wenn diese Räumlichkeiten für einen intensiven und dauerhaften Publikumsverkehr geöffnet und z. B. bei häuslichen Arztpraxen für Patientenbesuche und -untersuchungen eingerichtet sind (→ BFH-Urteil vom 5. Dezember 2002, – IV R 7/01 –, BStBl II 2003 S. 463 zu einer Notfallpraxis und Negativ-abgrenzung im BFH-Urteil vom 23. Januar 2003, – IV R 71/00 –, BStBl II 2004 S. 43 zur Gutachtertätigkeit einer Ärztin).

- In einem Geschäftshaus befinden sich neben der Wohnung des Bäckermeisters die Backstube, der Verkaufsraum, ein Aufenthaltsraum für das Verkaufspersonal und das Büro, in dem die Buchhaltungsarbeiten durchgeführt werden. Das Büro ist in diesem Fall aufgrund der Nähe zu den übrigen Betriebsräumen nicht als häusliches Arbeitszimmer zu werten.

- Im Keller ist ein Arbeitsraum belegen, der – anders als z. B. ein Archiv (→ BFH-Urteil vom 19. September 2002, – VI R 70/01 –, BStBl II 2003 S. 139) – keine (Teil-)Funktionen erfüllt, die typischerweise einem häuslichen Arbeitszimmer zukommen, z. B. Lager für Waren und Werbematerialien.

IV. Betroffene Aufwendungen

Zu den Aufwendungen für ein häusliches Arbeitszimmer gehören insbesondere die anteiligen Aufwendungen für: 6

- Miete,
- Gebäude-AfA, Absetzungen für außergewöhnliche technische oder wirtschaftliche Abnutzung, Sonderabschreibungen,
- Schuldzinsen für Kredite, die zur Anschaffung, Herstellung oder Reparatur des Gebäudes oder der Eigentumswohnung verwendet worden sind,
- Wasser- und Energiekosten,
- Reinigungskosten,
- Grundsteuer, Müllabfuhrgebühren, Schornsteinfegergebühren, Gebäudeversicherungen,
- Renovierungskosten,
- Aufwendungen für die Ausstattung des Zimmers, wie z. B. Tapeten, Teppiche, Fenstervorhänge, Gardinen und Lampen.

Die Kosten einer Gartenerneuerung können anteilig den Kosten des häuslichen Arbeitszimmers zuzurechnen sein, wenn bei einer Reparatur des Gebäudes Schäden am Garten verursacht worden sind. Den Kosten des Arbeitszimmers zuzurechnen sind allerdings nur diejenigen Aufwendungen, die der Wiederherstellung des ursprünglichen Zustands dienen (→ BFH-Urteil vom 6. Oktober 2004, – VI R 27/01 –, BStBl II S. 1071).

Luxusgegenstände wie z. B. Kunstgegenstände, die vorrangig der Ausschmückung des Arbeitszimmers dienen, gehören zu den nach § 12 Nummer 1 EStG nicht abziehbaren Aufwendungen (→ BFH-Urteil vom 30. Oktober 1990, – VIII R 42/87 –, BStBl II 1991 S. 340).   7

Keine Aufwendungen i. S. d. § 4 Absatz 5 Satz 1 Nummer 6b EStG sind die Aufwendungen für Arbeitsmittel (→ BFH-Urteil vom 21. November 1997, – VI R 4/97 –, BStBl II 1998 S. 351). Diese werden daher von § 4 Absatz 5 Satz 1 Nummer 6b EStG nicht berührt.   8

V. Mittelpunkt der gesamten betrieblichen und beruflichen Betätigung

Ein häusliches Arbeitszimmer ist der Mittelpunkt der gesamten betrieblichen und beruflichen Betätigung des Steuerpflichtigen, wenn nach Würdigung des Gesamtbildes der Verhältnisse und der Tätigkeitsmerkmale dort diejenigen Handlungen vorgenommen und Leistungen erbracht werden, die für die konkret ausgeübte betriebliche oder berufliche Tätigkeit wesentlich und prägend sind. Der Tätigkeitsmittelpunkt i. S. d. § 4 Absatz 5 Satz 1 Nummer 6b Satz 3 2. Halbsatz EStG bestimmt sich nach dem inhaltlichen (qualitativen) Schwerpunkt der betrieblichen und beruflichen Betätigung des Steuerpflichtigen.   9

Dem zeitlichen (quantitativen) Umfang der Nutzung des häuslichen Arbeitszimmers kommt im Rahmen dieser Würdigung lediglich eine indizielle Bedeutung zu; das zeitliche Überwiegen der außer-   10 häuslichen Tätigkeit schließt einen unbeschränkten Abzug der Aufwendungen für das häusliche Arbeitszimmer nicht von vornherein aus (→ BFH-Urteile vom 13. November 2002, – VI R 82/01 –, BStBl II 2004 S. 62, – VI R 104/01 –, BStBl II 2004 S. 65 und – VI R 28/02 –, BStBl II 2004 S. 59).

11 Übt ein Steuerpflichtiger nur eine betriebliche oder berufliche Tätigkeit aus, die in qualitativer Hinsicht gleichwertig sowohl im häuslichen Arbeitszimmer als auch am außerhäuslichen Arbeitsort erbracht wird, so liegt der Mittelpunkt der gesamten beruflichen und betrieblichen Betätigung dann im häuslichen Arbeitzimmer, wenn der Steuerpflichtige mehr als die Hälfte der Arbeitszeit im häuslichen Arbeitszimmer tätig wird (→ BFH-Urteil vom 23. Mai 2006, – VI R 21/03 –, BStBl II S. 600).

12 Übt ein Steuerpflichtiger mehrere betriebliche und berufliche Tätigkeiten nebeneinander aus, ist nicht auf eine Einzelbetrachtung der jeweiligen Betätigung abzustellen; vielmehr sind alle Tätigkeiten in ihrer Gesamtheit zu erfassen. Grundsätzlich lassen sich folgende Fallgruppen unterscheiden:

– Bilden bei allen Erwerbstätigkeiten – jeweils – die im häuslichen Arbeitszimmer verrichteten Arbeiten den qualitativen Schwerpunkt, so liegt dort auch der Mittelpunkt der Gesamttätigkeit.

– Bilden hingegen die außerhäuslichen Tätigkeiten – jeweils – den qualitativen Schwerpunkt der Einzeltätigkeiten oder lassen sich diese keinem Schwerpunkt zuordnen, so kann das häusliche Arbeitszimmer auch nicht durch die Summe der darin verrichteten Arbeiten zum Mittelpunkt der Gesamttätigkeit werden.

– Bildet das häusliche Arbeitszimmer schließlich den qualitativen Mittelpunkt lediglich einer Einzeltätigkeit, nicht jedoch im Hinblick auf die übrigen Tätigkeiten, ist regelmäßig davon auszugehen, dass das Arbeitszimmer nicht den Mittelpunkt der Gesamttätigkeit bildet. Der Steuerpflichtige hat jedoch die Möglichkeit, anhand konkreter Umstände des Einzelfalls glaubhaft zu machen oder nachzuweisen, dass die Gesamttätigkeit gleichwohl einem einzelnen qualitativen Schwerpunkt zugeordnet werden kann und dass dieser im häuslichen Arbeitszimmer liegt. Abzustellen ist dabei auf das Gesamtbild der Verhältnisse und auf die Verkehrsanschauung, nicht auf die Vorstellung des betroffenen Steuerpflichtigen (→ BFH-Urteil vom 13. Oktober 2003, – VI R 27/02 –, BStBl II 2004 S. 771 und vom 16. Dezember 2004, – IV R 19/03 –, BStBl II 2005 S. 212).

13 Das häusliche Arbeitszimmer und der Außendienst können nicht gleichermaßen „Mittelpunkt" der beruflichen Betätigung eines Steuerpflichtigen i. S. d. § 4 Absatz 5 Satz 1 Nummer 6b Satz 3 2. Halbsatz EStG sein (→ BFH-Urteil vom 21. Februar 2003, – VI R 14/02 –, BStBl II 2004 S. 68).

Beispiele, in denen das häusliche Arbeitszimmer den Mittelpunkt der gesamten betrieblichen und beruflichen Betätigung bilden kann:

– Bei einem Verkaufsleiter, der zur Überwachung von Mitarbeitern und zur Betreuung von Großkunden auch im Außendienst tätig ist, kann das häusliche Arbeitszimmer Tätigkeitsmittelpunkt sein, wenn er dort die für den Beruf wesentlichen Leistungen (z. B. Organisation der Betriebsabläufe) erbringt (→ BFH-Urteil vom 13. November 2002, – VI R 104/01 –, BStBl II 2004 S. 65).

– Bei einem Ingenieur, dessen Tätigkeit durch die Erarbeitung theoretischer, komplexer Problemlösungen im häuslichen Arbeitszimmer geprägt ist, kann dieses auch dann der Mittelpunkt der beruflichen Betätigung sein, wenn die Betreuung von Kunden im Außendienst ebenfalls zu seinen Aufgaben gehört (→ BFH-Urteil vom 13. November 2002, – VI R 28/02 –, BStBl II 2004 S. 59).

– Bei einem Praxis-Konsultant, der ärztliche Praxen in betriebswirtschaftlichen Fragen berät, betreut und unterstützt, kann das häusliche Arbeitszimmer auch dann den Mittelpunkt der gesamten beruflichen Tätigkeit bilden, wenn er einen nicht unerheblichen Teil seiner Arbeitszeit im Außendienst verbringt (→ BFH-Urteil vom 29. April 2003, – VI R 78/02 –, BStBl II 2004 S. 76).

Beispiele, in denen das Arbeitszimmer nicht den Mittelpunkt der gesamten betrieblichen und beruflichen Betätigung bildet:[1]

– Bei einem – freien oder angestellten – Handelsvertreter liegt der Tätigkeitsschwerpunkt außerhalb des häuslichen Arbeitszimmers, wenn die Tätigkeit nach dem Gesamtbild der Verhältnisse durch die Arbeit im Außendienst geprägt ist, auch wenn die zu Hause verrichteten Tätigkeiten zur Erfüllung der beruflichen Aufgaben unerlässlich sind (→ BFH-Urteil vom 13. November 2002, – VI R 82/01 –, BStBl II 2004 S. 62).

– Ein kaufmännischer Angestellter eines Industrieunternehmens ist nebenbei als Mitarbeiter für einen Lohnsteuerhilfeverein selbständig tätig und nutzt für letztere Tätigkeit sein häusliches Arbeitszimmer als „Beratungsstelle", in dem er Steuererklärungen erstellt, Beratungsgespräche führt und Rechtsbehelfe bearbeitet. Für diese Nebentätigkeit ist das Arbeitszim-

---

[1] *Bei einem Richter liegt der Mittelpunkt der beruflichen Tätigkeit im Gericht (→ BFH vom 8. 12. 2011 – BStBl 2012 II S. 236).*

mer zwar der Tätigkeitsmittelpunkt. Aufgrund der erforderlichen Gesamtbetrachtung ist das Arbeitszimmer jedoch nicht Mittelpunkt seiner gesamten betrieblichen und beruflichen Betätigung (→ BFH-Urteil vom 23. September 1999, – VI R 74/98 –, BStBl II 2000 S. 7).

– Bei einer Ärztin, die Gutachten über die Einstufung der Pflegebedürftigkeit erstellt und dazu ihre Patienten ausschließlich außerhalb des häuslichen Arbeitszimmers untersucht und dort (vor Ort) alle erforderlichen Befunde erhebt, liegt der qualitative Schwerpunkt nicht im häuslichen Arbeitszimmer, in welchem lediglich die Tätigkeit begleitende Aufgaben erledigt werden (→ BFH-Urteil vom 23. Januar 2003, – IV R 71/00 –, BStBl II 2004 S. 43).

– Bei einem Architekten, der neben der Planung auch mit der Ausführung der Bauwerke (Bauüberwachung) betraut ist, kann diese Gesamttätigkeit keinem konkreten Tätigkeitsschwerpunkt zugeordnet werden. Das häusliche Arbeitszimmer bildet in diesem Fall nicht den Mittelpunkt der gesamten beruflichen und betrieblichen Betätigung (→ BFH-Urteil vom 26. Juni 2003, – IV R 9/03 –, BStBl II 2004 S. 50).

– Bei Lehrern befindet sich der Mittelpunkt der betrieblichen und beruflichen Betätigung regelmäßig nicht im häuslichen Arbeitszimmer, weil die berufsprägenden Merkmale eines Lehrers im Unterrichten bestehen und diese Leistungen in der Schule o. Ä. erbracht werden (→ BFH-Urteil vom 26. Februar 2003, – VI R 125/01 –, BStBl II 2004 S. 72). Deshalb sind die Aufwendungen für das häusliche Arbeitszimmer auch dann nicht in voller Höhe abziehbar, wenn die überwiegende Arbeitszeit auf die Vor- und Nachbereitung des Unterrichts verwendet und diese Tätigkeit im häuslichen Arbeitszimmer ausgeübt wird.[1]

VI. Für die betriebliche oder berufliche Betätigung steht kein anderer Arbeitsplatz zur Verfügung

Anderer Arbeitsplatz i. S. d. § 4 Absatz 5 Satz 1 Nummer 6b Satz 2 EStG ist grundsätzlich jeder Arbeitsplatz, der zur Erledigung büromäßiger Arbeiten geeignet ist (→ BFH-Urteil vom 7. August 2003, – VI R 17/01 –, BStBl II 2004 S. 78). Weitere Anforderungen an die Beschaffenheit des Arbeitsplatzes werden nicht gestellt; unbeachtlich sind mithin grundsätzlich die konkreten Arbeitsbedingungen und Umstände wie beispielsweise Lärmbelästigung oder Publikumsverkehr (→ BFH-Urteil vom 7. August 2003, – VI R 162/00 –, BStBl II 2004 S. 83). Voraussetzung ist auch nicht das Vorhandensein eines eigenen, räumlich abgeschlossenen Arbeitsbereichs oder eines individuell zugeordneten Arbeitsplatzes, so dass auch ein Arbeitsplatz in einem Großraumbüro oder in der Schalterhalle einer Bank ein anderer Arbeitsplatz i. S. d. o. g. Vorschrift ist (→ BFH-Urteile vom 7. August 2003 – VI R 17/01 –, BStBl II 2004 S. 78 und – VI R 162/00 –, BStBl II 2004 S. 83). Die Ausstattung des häuslichen Arbeitszimmers mit Arbeitsmitteln, die im Betrieb/in dem vom Arbeitgeber zur Verfügung gestellten Raum nicht vorhanden sind, ist ohne Bedeutung. Ob ein anderer Arbeitsplatz vorliegt, ist nach objektiven Gesichtspunkten zu beurteilen. Subjektive Erwägungen des Steuerpflichtigen zur Annehmbarkeit des Arbeitsplatzes sind unbeachtlich. 14

Ein anderer Arbeitsplatz steht dem Steuerpflichtigen dann zur Verfügung, wenn dieser ihn in dem konkret erforderlichen Umfang und in der konkret erforderlichen Art und Weise tatsächlich nutzen kann. Die Erforderlichkeit des häuslichen Arbeitszimmers entfällt nicht bereits dann, wenn dem Steuerpflichtigen irgendein Arbeitsplatz zur Verfügung steht, sondern nur dann, wenn dieser Arbeitsplatz grundsätzlich so beschaffen ist, dass der Steuerpflichtige auf das häusliche Arbeitszimmer nicht angewiesen ist (→ BFH-Urteil vom 7. August 2003 – VI R 17/01 –, BStBl II 2004 S. 78). Die Beurteilung, ob für die betriebliche oder berufliche Tätigkeit kein anderer Arbeitsplatz zur Verfügung steht, ist jeweils tätigkeitsbezogen vorzunehmen. Ein anderer Arbeitsplatz steht auch dann zur Verfügung, wenn er außerhalb der üblichen Arbeitszeiten, wie z. B. am Wochenende oder in den Ferien, nicht zugänglich ist. Ändern sich die Nutzungsverhältnisse des Arbeitszimmers innerhalb eines Veranlagungszeitraumes, ist auf den Zeitraum der begünstigten Nutzung abzustellen. Werden in einem Arbeitszimmer sowohl Tätigkeiten, für die ein anderer Arbeitsplatz zur Verfügung steht, als auch Tätigkeiten, für die ein anderer Arbeitsplatz nicht zur Verfügung steht, ausgeübt, so sind die Aufwendungen dem Grunde nach nur zu berücksichtigen, soweit sie auf Tätigkeiten entfallen, für die ein anderer Arbeitsplatz nicht zur Verfügung steht. 15

Übt ein Steuerpflichtiger mehrere betriebliche oder berufliche Tätigkeiten nebeneinander aus, ist daher für jede Tätigkeit zu prüfen, ob ein anderer Arbeitsplatz zur Verfügung steht. Dabei kommt es nicht darauf an, ob ein für eine Tätigkeit zur Verfügung stehender Arbeitsplatz auch für eine andere Tätigkeit genutzt werden kann (z. B. Firmenarbeitsplatz auch für schriftstellerische Nebentätigkeit), vgl. Rdnr. 20. 16

Geht ein Steuerpflichtiger nur einer betrieblichen oder beruflichen Tätigkeit nach, muss ein vorhandener anderer Arbeitsplatz auch tatsächlich für alle Aufgabenbereiche dieser Erwerbstätigkeit genutzt werden können. Ist ein Steuerpflichtiger auf sein häusliches Arbeitszimmer angewiesen, 17

---

[1] **Auch bei einem Hochschullehrer ist das häusliche Arbeitszimmer grundsätzlich nicht der Mittelpunkt der beruflichen Tätigkeit (→ BFH vom 27. 10. 2011 – BStBl 2012 II S. 234).**

weil er dort einen nicht unerheblichen Teil seiner betrieblichen oder beruflichen Tätigkeit verrichten muss, ist der andere Arbeitsplatz unschädlich. Es genügt allerdings nicht, wenn er im häuslichen Arbeitszimmer Arbeiten verrichtet, die er grundsätzlich auch an einem anderen Arbeitsplatz verrichten könnte (→ BFH-Urteil vom 7. August 2003, – VI R 17/01 –, BStBl II 2004 S. 78).

Beispiele (kein anderer Arbeitsplatz vorhanden):

– Ein Lehrer hat für seine Unterrichtsvorbereitung in der Schule keinen Schreibtisch. Das jeweilige Klassenzimmer oder das Lehrerzimmer stellt keinen Arbeitsplatz im Sinne der Abzugsbeschränkung dar.

– Ein angestellter oder selbständiger Orchestermusiker hat im Konzertsaal keine Möglichkeit zu üben. Hierfür hat er sich ein häusliches Arbeitszimmer eingerichtet.

– Ein angestellter Krankenhausarzt übt eine freiberufliche Gutachtertätigkeit aus. Dafür steht ihm im Krankenhaus kein Arbeitsplatz zur Verfügung.

Beispiele (vorhandener anderer Arbeitsplatz steht nicht für alle Aufgabenbereiche der Erwerbstätigkeit zur Verfügung)

– Ein EDV-Berater übt außerhalb seiner regulären Arbeitszeit vom häuslichen Arbeitszimmer aus Bereitschaftsdienst aus und kann dafür den Arbeitsplatz bei seinem Arbeitgeber tatsächlich nicht nutzen (→ BFH-Urteil vom 7. August 2003, – VI R 41/98 –, BStBl II 2004 S. 80).

– Einer Schulleiterin mit einem Unterrichtspensum von 18 Wochenstunden steht im Schulsekretariat ein Schreibtisch nur für die Verwaltungsarbeiten zur Verfügung. Für die Vor- und Nachbereitung des Unterrichts kann dieser Arbeitsplatz nach objektiven Kriterien wie Größe, Ausstattung und Nutzung nicht genutzt werden; diese Arbeiten müssen im häuslichen Arbeitszimmer verrichtet werden (→ BFH-Urteil vom 7. August 2003, – VI R 118/00 –, BStBl II 2004 S. 82).

– Einem Grundschulleiter, der zu 50 % von der Unterrichtsverpflichtung freigestellt ist, steht für die Verwaltungstätigkeit ein Dienstzimmer von 11 qm zur Verfügung. Das Dienstzimmer bietet keinen ausreichenden Platz zur Unterbringung der für die Vor- und Nachbereitung des Unterrichts erforderlichen Gegenstände (→ BFH-Urteil vom 7. August 2003, – VI R 16/01 –, BStBl II 2004 S. 77).

– Muss ein Bankangestellter in einem nicht unerheblichen Umfang Büroarbeiten auch außerhalb der üblichen Bürozeiten verrichten und steht ihm hierfür sein regulärer Arbeitsplatz nicht zur Verfügung, können die Aufwendungen für ein häusliches Arbeitszimmer grundsätzlich (bis zu einer Höhe von 1.250 €) als Werbungskosten zu berücksichtigen sein (→ BFH-Urteil vom 7. August 2003, – VI R 162/00 –, BStBl II 2004 S. 83).

18 Der Steuerpflichtige muss konkret darlegen, dass ein anderer Arbeitsplatz für die jeweilige betriebliche oder berufliche Tätigkeit nicht zur Verfügung steht. Die Art der Tätigkeit kann hierfür Anhaltspunkte bieten. Zusätzliches Indiz kann eine entsprechende Bescheinigung des Arbeitgebers sein.

VII. Nutzung des Arbeitszimmers zur Erzielung unterschiedlicher Einkünfte

19 Übt ein Steuerpflichtiger mehrere betriebliche und berufliche Tätigkeiten nebeneinander aus und bildet das häusliche Arbeitszimmer den Mittelpunkt der gesamten betrieblichen und beruflichen Betätigung, so sind die Aufwendungen für das Arbeitszimmer entsprechend dem Nutzungsumfang den darin ausgeübten Tätigkeiten zuzuordnen. Liegt dabei der Mittelpunkt einzelner Tätigkeiten außerhalb des häuslichen Arbeitszimmers, ist der Abzug der anteiligen Aufwendungen auch für diese Tätigkeiten möglich.

20 Liegt der Mittelpunkt der gesamten betrieblichen und beruflichen Betätigung nicht im häuslichen Arbeitszimmer, steht für einzelne Tätigkeiten jedoch kein anderer Arbeitsplatz zur Verfügung, können die Aufwendungen bis zur Höhe von 1.250 € abgezogen werden. Dabei sind die Aufwendungen für das Arbeitszimmer entsprechend dem Nutzungsumfang den darin ausgeübten Tätigkeiten zuzuordnen. Soweit der Kostenabzug für eine oder mehrere Tätigkeiten möglich ist, kann der Steuerpflichtige diese anteilig insgesamt bis zum Höchstbetrag abziehen. Eine Vervielfachung des Höchstbetrages ist ausgeschlossen (objektbezogener Höchstbetrag, vgl. BFH-Urteil vom 20. November 2003, – IV R 30/03 –, BStBl II 2004 S. 775).

Beispiel:

Ein Angestellter nutzt sein Arbeitszimmer zu 40 % für seine nichtselbständige Tätigkeit und zu 60 % für eine unternehmerische Nebentätigkeit. Nur für die Nebentätigkeit steht ihm kein anderer Arbeitsplatz zur Verfügung. An Aufwendungen sind für das Arbeitszimmer insgesamt 2.500 € entstanden. Diese sind nach dem Nutzungsverhältnis aufzuteilen. Auf die nichtselbständige Tätigkeit entfallen 40 % von 2.500 € = 1.000 €, die nicht abgezogen werden können. Auf die Nebentätigkeit entfallen 60 % von 2.500 € = 1.500 €, die bis zu 1.250 € als Betriebsausgaben abgezogen werden können.

VIII. Nutzung des Arbeitszimmers durch mehrere Steuerpflichtige

Jeder Nutzende darf die Aufwendungen abziehen, die er getragen hat, wenn die Voraussetzungen   21
des § 4 Absatz 5 Satz 1 Nummer 6b Satz 2 oder 3 EStG in seiner Person vorliegen. Steht allen Nutzenden jeweils dem Grunde nach nur ein Abzug in beschränkter Höhe zu, ist der Höchstbetrag
dabei auf den jeweiligen Nutzenden nach seinem Nutzungsanteil aufzuteilen; er ist nicht mehrfach
zu gewähren (→ BFH-Urteil vom 20. November 2003, – IV R 30/03 –, BStBl II 2004 S. 775). Gleiches
gilt auch, wenn nur einem Nutzenden ein beschränkter Abzug zusteht (→ BFH-Urteil vom
23. September 2009, – IV R 21/08 –, BStBl II 2010 S. 337).

Beispiele:

– A und B nutzen gemeinsam ein häusliches Arbeitszimmer jeweils zu 50 Prozent. Die
  Gesamtaufwendungen betragen 4.000 €. Sowohl A als auch B steht für die im häuslichen
  Arbeitszimmer ausgeübte betriebliche oder berufliche Tätigkeit kein anderer Arbeitsplatz
  zur Verfügung. Sie können daher jeweils 625 € (50 % des begrenzten Abzugs) als Betriebsausgaben oder Werbungskosten abziehen.

– A und B nutzen gemeinsam ein häusliches Arbeitszimmer jeweils zu 50 Prozent (zeitlicher
  Nutzungsanteil). Die Gesamtaufwendungen betragen 4.000 €. Für A bildet das häusliche
  Arbeitszimmer den Mittelpunkt der gesamten betrieblichen und beruflichen Betätigung; A
  kann 2.000 € als Betriebsausgaben oder Werbungskosten abziehen. B steht für die im häus-
  lichen Arbeitszimmer ausgeübte betriebliche oder berufliche Tätigkeit kein anderer
  Arbeitsplatz zur Verfügung und kann daher 625 € (50 % des begrenzten Abzugs) als
  Betriebsausgaben oder Werbungskosten abziehen.

IX. Nicht ganzjährige Nutzung des häuslichen Arbeitszimmers

Ändern sich die Nutzungsverhältnisse innerhalb eines Wirtschafts- oder Kalenderjahres, können   22
nur die auf den Zeitraum, in dem das Arbeitszimmer den Mittelpunkt der gesamten betrieblichen
und beruflichen Betätigung bildet, entfallenden Aufwendungen in voller Höhe abgezogen werden.
Für den übrigen Zeitraum kommt ein beschränkter Abzug nur in Betracht, wenn für die betriebliche oder berufliche Betätigung kein anderer Arbeitsplatz zur Verfügung steht. Der Höchstbetrag
von 1.250 € ist auch bei nicht ganzjähriger Nutzung eines häuslichen Arbeitszimmers in voller
Höhe zum Abzug zuzulassen.

Beispiele:

– Ein Arbeitnehmer hat im 1. Halbjahr den Mittelpunkt seiner gesamten betrieblichen und
  beruflichen Tätigkeit in seinem häuslichen Arbeitszimmer. Im 2. Halbjahr übt er die Tätigkeit am Arbeitsplatz bei seinem Arbeitgeber aus. Die Aufwendungen für das Arbeitszimmer, die auf das 1. Halbjahr entfallen, sind in voller Höhe als Werbungskosten abziehbar.
  Für das 2. Halbjahr kommt ein Abzug nicht in Betracht.

– Ein Arbeitnehmer hat ein häusliches Arbeitszimmer, das er nur nach Feierabend und am
  Wochenende auch für seine nichtselbständige Tätigkeit nutzt. Seit 15. Juni ist er in diesem
  Raum auch schriftstellerisch tätig. Aus der schriftstellerischen Tätigkeit erzielt er Einkünfte
  aus selbständiger Arbeit. Fortan nutzt der Steuerpflichtige sein Arbeitszimmer zu 30 % für
  die nichtselbständige Tätigkeit und zu 70 % für die schriftstellerische Tätigkeit, wofür ihm
  kein anderer Arbeitsplatz zur Verfügung steht. Die Gesamtaufwendungen für das Arbeitszimmer betragen 5.000 €. Davon entfallen auf den Zeitraum ab 15. Juni (6,5/12 =) 2.708 €.
  Der auf die nichtselbständige Tätigkeit entfallende Kostenanteil ist insgesamt nicht abziehbar. Auf die selbständige Tätigkeit entfallen 70 % von 2.708 € = 1.896 €, die bis zum Höchstbetrag von 1.250 € als Betriebsausgaben abgezogen werden können. Eine zeitanteilige Kürzung des Höchstbetrages ist nicht vorzunehmen.

Wird das Arbeitszimmer für eine spätere Nutzung vorbereitet, bei der die Abzugsvoraussetzungen   23
vorliegen, sind die darauf entfallenden Aufwendungen entsprechend zu berücksichtigen (→ BFH-
Urteil vom 23. Mai 2006, – VI R 21/03 –, BStBl II S. 600).

X. Nutzung eines häuslichen Arbeitszimmers zu Ausbildungszwecken

Nach § 10 Absatz 1 Nummer 7 Satz 4 EStG ist die Regelung des § 4 Absatz 5 Satz 1 Nummer 6b   24
EStG auch für Aufwendungen für ein häusliches Arbeitszimmer anzuwenden, das für die eigene
Berufsausbildung genutzt wird. Im Rahmen der Ausbildungskosten können jedoch in jedem Fall
Aufwendungen nur bis zu insgesamt 4.000 € als Sonderausgaben abgezogen werden (§ 10
Absatz 1 Nummer 7 Satz 1 EStG). Wird das häusliche Arbeitszimmer auch zur Einkunfterzielung
genutzt, sind für die Aufteilung der Kosten Rdnr. 19 und 20 entsprechend anzuwenden.

XI. Besondere Aufzeichnungspflichten

25 Nach § 4 Absatz 7 EStG dürfen Aufwendungen für ein häusliches Arbeitszimmer bei der Gewinnermittlung nur berücksichtigt werden, wenn sie besonders aufgezeichnet sind. Es bestehen keine
Bedenken, wenn die auf das Arbeitszimmer anteilig entfallenden Finanzierungskosten im Wege
der Schätzung ermittelt werden und nach Ablauf des Wirtschafts- oder Kalenderjahres eine Aufzeichnung aufgrund der Jahresabrechnung des Kreditinstitutes erfolgt. Entsprechendes gilt für die
verbrauchsabhängigen Kosten wie z. B. Wasser- und Energiekosten. Es ist ausreichend, Abschrei-
bungsbeträge einmal jährlich – zeitnah nach Ablauf des Kalender- oder Wirtschaftsjahres – aufzuzeichnen.

XII. Zeitliche Anwendung

26 Nach § 52 Absatz 12 Satz 9 EStG i. d. F. des Jahressteuergesetzes 2010 ist § 4 Absatz 5 Satz 1
Nummer 6b EStG rückwirkend ab dem Veranlagungszeitraum 2007 anzuwenden. Wird der
Gewinn nach einem vom Kalenderjahr abweichenden Wirtschaftsjahr ermittelt, ist die Vorschrift
ab 1. Januar 2007 anzuwenden. Für den Teil des Wirtschaftsjahres, der vor dem 1. Januar 2007
liegt, ist § 4 Absatz 5 Satz 1 Nummer 6b EStG in der bis dahin gültigen Fassung maßgebend.

27 Das BMF-Schreiben vom 3. April 2007 (BStBl I S. 442) wird durch dieses Schreiben ersetzt. Es gilt
ab dem Veranlagungszeitraum 2007 und ersetzt ab diesem Veranlagungszeitraum die BMF-
Schreiben vom 7. Januar 2004 (BStBl I S. 143) und vom 14. September 2004 (BStBl I S. 861). Das
BMF-Schreiben zur Vermietung eines Büroraumes an den Arbeitgeber vom 13. Dezember 2005
(BStBl I 2006 S. 4) bleibt unberührt.

VII.

unbesetzt

VIII.

**Nutzungsüberlassung von Betrieben mit Substanzerhaltungspflicht des Berechtigten;
sog. Eiserne Verpachtung**

BMF vom 21. 2. 2002 (BStBl I S. 262)

IV A 6 – S 2132 – 4/02

Zur Gewinnermittlung des Verpächters und des Pächters bei der Verpachtung von Betrieben mit
Substanzerhaltungspflicht des Pächters („Eiserne Verpachtung") nach §§ 582a, 1048 BGB nehme
ich im Einvernehmen mit den obersten Finanzbehörden der Länder wie folgt Stellung:

[1]Für den Verpächter und für den Pächter sind entsprechend der BFH-Rechtsprechung (BFH-Urteil
vom 17. Februar 1998, BStBl II S. 505; BFH-Urteil vom 28. Mai 1998, BStBl 2000 II S. 286; BFH-
Urteil vom 24. Juni 1999, BStBl 2000 II S. 309) die allgemeinen Gewinnermittlungsgrundsätze, im
Falle des Betriebsvermögensvergleichs nach § 4 Abs. 1, § 5 EStG insbesondere die handels- und
steuerrechtlichen Grundsätze ordnungsmäßiger Buchführung maßgebend. [2]Die für den Bereich
der Land- und Forstwirtschaft getroffenen Erleichterungsregelungen (Ziffer 4 zweiter Absatz der
einheitlichen Ländererlasse vom 17. Dezember 1965, BStBl 1966 II S. 34) sowie die ergänzenden
Regelungen der Länder werden aufgehoben. Es gilt Folgendes:

I. Gewinnermittlung nach § 4 Abs. 1, § 5 EStG

A. Pachtbeginn

1. Anlagevermögen

[1]Das vom Pächter unter Rückgabeverpflichtung (§ 582a Abs. 3 Satz 1, § 1048 BGB) zur Nutzung
übernommene Inventar, d. h. die beweglichen Wirtschaftsgüter des Anlagevermögens, bleibt im
zivilrechtlichen und wirtschaftlichen Eigentum des Verpächters und ist ohne Rücksicht auf die
Gewinnermittlungsart weiterhin ihm zuzurechnen und von ihm unverändert mit den Werten fortzuführen, die sich nach den Vorschriften über die Gewinnermittlung ergeben. [2]Die Abschreibungen der abnutzbaren Wirtschaftsgüter stehen allein dem Verpächter als dem zivilrechtlichen und
wirtschaftlichen Eigentümer zu (BFH-Urteil vom 21. Dezember 1965, BStBl 1966 III S. 147).

2. Umlaufvermögen

[1]Übergibt der Verpächter im Zeitpunkt der Verpachtung mit eisernem Inventar auch Umlaufvermögen, das der Pächter nach Beendigung des Pachtverhältnisses zurückzugeben hat, so handelt es
sich dabei um die Gewährung eines Sachdarlehens. [2]Beim Verpächter tritt an die Stelle der übergebenen Wirtschaftsgüter eine Sachwertforderung, die mit dem gleichen Wert anzusetzen ist wie
die übergebenen Wirtschaftsgüter (BFH-Urteil vom 6. Dezember 1984, BStBl 1985 II S. 391; BFH-

Urteil vom 30. Januar 1986, BStBl II S. 399). [3]Der Pächter wird wirtschaftlicher Eigentümer der überlassenen Wirtschaftsgüter. Er muss diese bei Gewinnermittlung durch Betriebsvermögensvergleich nach § 4 Abs. 1, § 5 EStG nach den allgemeinen Grundsätzen aktivieren und in gleicher Höhe eine Rückgabeverpflichtung passivieren (BFH-Urteil vom 16. November 1978, BStBl 1979 II S. 138 und R 131 Abs. 2 EStR[1]).

B. Substanzerhaltung

1. Anspruch des Verpächters auf Substanzerhaltung

[1]Der Verpächter hat den Anspruch gegen den Pächter auf Substanzerhaltung des eisern verpachteten Inventars als sonstige Forderungen zu aktivieren (BFH-Urteil vom 17. Februar 1998, a. a. O.; BFH-Urteil vom 24. Juni 1999, a. a. O.). [2]Der Anspruch ist zu jedem Bilanzstichtag unter Berücksichtigung der Wiederbeschaffungskosten neu zu bewerten. [3]Er beträgt bei Pachtbeginn 0 DM/0 Euro und wird infolge der Abnutzung der verpachteten Wirtschaftsgüter von Jahr zu Jahr um den Wert der Abnutzung – unter Berücksichtigung der veränderten Wiederbeschaffungskosten – erhöht. [4]Im Ergebnis wirkt sich damit beim Verpächter nur der Unterschiedsbetrag zwischen der vorgenommenen Abschreibung und der Veränderung des Anspruchs auf Substanzerhaltung gewinnwirksam aus.

2. Verpflichtung des Pächters zur Substanzerhaltung

[1]Die Verpflichtung des Pächters, die zur Nutzung übernommenen Pachtgegenstände bei Beendigung der Pacht zurückzugeben, muss sich in seiner Bilanz gewinnwirksam widerspiegeln. [2]Der Pächter muss den Erfüllungsrückstand (noch nicht eingelöste Verpflichtung zur Substanzerhaltung) erfolgswirksam durch Passivierung einer Rückstellung ausweisen, auch wenn diese Verpflichtung noch nicht fällig ist (BFH-Urteil vom 3. Dezember 1991, BStBl 1993 II S. 89). [3]Der Bilanzposten entwickelt sich korrespondierend mit jenem des Verpächters wegen seines Anspruchs auf Substanzerhaltung (BFH-Urteil vom 17. Februar 1998, a. a. O.).

3. Erhaltungsaufwendungen und Ersatzbeschaffungen des Pächters

[1]Der Pächter hat die Verpflichtung, das zur Nutzung übernommene bewegliche Anlagevermögen zu erhalten und laufend zu ersetzen (§ 582a Abs. 2 Satz 1, § 1048 Abs. 1 Satz 2, 1. Halbsatz BGB). [2]Die Erhaltungsaufwendungen im ertragsteuerlichen Sinn sind bei ihm als Betriebsausgaben zu berücksichtigen. [3]Die vom Pächter ersetzten Wirtschaftsgüter werden Eigentum des Verpächters auch insoweit, als ihre Anschaffung oder Herstellung durch den Pächter über diese Verpflichtung hinausgeht (§ 582a Abs. 2 Satz 2, § 1048 Abs. 1 Satz 2, 2. Halbsatz BGB). [4]Sie sind vom Verpächter mit den vom Pächter aufgewendeten Anschaffungs- oder Herstellungskosten zu aktivieren und abzuschreiben. [5]Der Verpächter hat den auf die ersetzten Wirtschaftsgüter entfallenden (als sonstige Forderung aktivierten) Anspruch auf Substanzerhaltung aufzulösen (vgl. BFH-Urteil vom 17. Februar 1998, a. a. O.). [6]Beim Pächter ist die Rückstellung insoweit aufzulösen.

[1]Für über die zivilrechtliche Verpflichtung hinausgehende Anschaffungs- oder Herstellungskosten hat der Verpächter eine Wertausgleichsverpflichtung zu passivieren und der Pächter einen Wertausgleichsanspruch als sonstige Forderung zu aktivieren. [2]Beide Bilanzposten sind in den folgenden Wirtschaftsjahren unter Berücksichtigung von geänderten Wiederbeschaffungskosten gleichmäßig aufzulösen. [3]Der Auflösungszeitraum ergibt sich aus der Differenz zwischen der Nutzungsdauer des neu angeschafften oder hergestellten Wirtschaftsguts und der bei Pachtbeginn verbliebenen Restnutzungsdauer des ersetzten Wirtschaftsguts.

II. Gewinnermittlung nach § 4 Abs. 3 EStG

[1]Bei Gewinnermittlung durch Einnahmenüberschussrechnung nach § 4 Abs. 3 EStG haben die vorgenannten Forderungen und Verbindlichkeiten keine Auswirkung auf den Gewinn. Ersatzbeschaffungen von Wirtschaftsgütern des Anlagevermögens führen beim Pächter im Wirtschaftsjahr der Zahlung zu einer Betriebsausgabe. [2]Beim Verpächter führen sie im Wirtschaftsjahr der Ersatzbeschaffung zu einer Betriebseinnahme.

Dies gilt unabhängig von der Gewinnermittlungsart des jeweils anderen Vertragspartners.

III. Unentgeltliche Betriebsübertragung vom Verpächter auf den Pächter

Durch eine unentgeltliche Betriebsübertragung auf den Pächter (§ 6 Abs. 3 EStG) verzichtet der Verpächter aus privaten Gründen auf seinen Anspruch auf Substanzerhaltung (BFH-Urteil vom 24. Juni 1999, a. a. O.).

---

[1]) Jetzt → R 14 Abs. 2.

Der Forderungsverzicht löst beim Verpächter eine Gewinnrealisierung aus, wenn dieser seinen Gewinn durch Einnahmenüberschussrechnung ermittelt. Bei einem bilanzierenden Verpächter ist der Vorgang dagegen erfolgsneutral.

[1]Ist der Pächter verpflichtet, die gepachteten Gegenstände dem Verpächter nach Ablauf der Pachtzeit in neuwertigem Zustand zurückzugeben und erlässt der Verpächter dem Pächter diese Verbindlichkeit aus privaten Gründen (z. B. in Schenkungsabsicht), so ist die gebildete Pachterneuerungsrückstellung vom Pächter erfolgsneutral aufzulösen. [2]Es entsteht bei diesem Vorgang eine betriebliche Vermögensmehrung, die auf den Wegfall eines Passivpostens aus außerbetrieblichen Gründen zurückzuführen ist (BFH-Urteil vom 12. April 1989, BStBl II S. 612). Bei Gewinnermittlung des Pächters durch Einnahmenüberschussrechnung kann der Pächter eine Betriebsausgabe in der Höhe geltend machen, in der bei Gewinnermittlung nach Bestandsvergleich eine Rückstellung für die Verpflichtung zur Substanzerhaltung zu bilden gewesen wäre.

Hat der Pächter im Zeitpunkt des Betriebsübergangs gegen den Verpächter einen Wertausgleichsanspruch, entfällt dieser durch Vereinigung von Forderung und Verbindlichkeit in seiner Person.

IV. Buchwertmethode

[1]Ist die Eiserne Verpachtung im Vorgriff auf eine spätere Hofübertragung in der Land- und Forstwirtschaft vorgenommen worden, kann auf gemeinsamen Antrag von Pächter und Verpächter abweichend von den vorstehenden Grundsätzen aus Vereinfachungs- und Billigkeitsgründen auch nach der sog. Buchwertmethode verfahren werden. [2]Dies gilt jedoch nicht, wenn sowohl der Pächter als auch der Verpächter ihren Gewinn nach § 4 Abs. 1 EStG ermitteln.

[1]Unter Zugrundelegung der Buchwertmethode hat der Pächter die eisern übernommenen Wirtschaftsgüter in der Anfangsbilanz mit den Buchwerten des Verpächters anzusetzen und in gleicher Höhe eine Rückgabeverpflichtung zu bilanzieren, die in unveränderter Höhe fortzuführen ist; eine Abzinsung ist nicht vorzunehmen. [2]Er hat die Abschreibungen des Verpächters für die „eisern" zur Nutzung überlassenen Wirtschaftsgüter fortzuführen und kann für die von ihm vorgenommenen Ersatzbeschaffungen Absetzungen für Abnutzung, Sonderabschreibungen und Teilwertabschreibungen vornehmen. [3]Der Verpächter ist dagegen nicht mehr zu Abschreibungen berechtigt. [4]Die Buchwerte für die „eisern" zur Nutzung überlassenen Wirtschaftsgüter bleiben unverändert bestehen.

[1]Im Falle einer späteren unentgeltlichen Übertragung des Betriebs vom Verpächter auf den Pächter ist unter Zugrundelegung dieser Vereinfachungsregelung davon auszugehen, dass sich die Rückgabeverpflichtung des Pächters und die eingefrorenen Buchwerte des Verpächters gegenseitig ausgleichen, so dass sich eine Gewinnauswirkung im Sinne der Tz. III Abs. 2 daraus nicht ergibt. [2]Durch die Buchwertmethode werden im Ergebnis die steuerlichen Auswirkungen der späteren Betriebsübertragung in den Zeitpunkt der Verpachtung teilweise vorverlagert.

V. Übergangsregelungen

[1]Die vorstehenden Regelungen sind, grundsätzlich auf alle noch offenen Fälle anzuwenden. Sind Verträge vor dem 1. April 2002 abgeschlossen worden, für die die Erleichterungsregelungen für den Bereich der Land- und Forstwirtschaft (a. a. O.) in Anspruch genommen worden sind, sind jedoch auf einvernehmlichen Antrag von Pächter und Verpächter aus Vertrauensschutzgründen die bisherigen Grundsätze anzuwenden. [2]Beim Übergang auf die neuen Grundsätze gilt Folgendes:

1. Auswirkungen beim Verpächter

a) mit Gewinnermittlung nach § 4 Abs. 1, § 5 EStG

[1]Die Wirtschaftsgüter des Anlagevermögens sind mit ihren fortentwickelten Anschaffungs- oder Herstellungskosten anzusetzen, unabhängig davon, ob sie vom Verpächter oder vom Pächter angeschafft oder hergestellt worden sind. [2]Der auf der Grundlage der Wiederbeschaffungskosten ermittelte Anspruch auf Substanzerhaltung und ggf. eine Wertausgleichsverpflichtung sind in der Bilanz auszuweisen.

b) mit Gewinnermittlung nach § 4 Abs. 3 EStG

[1]Die nicht in Anspruch genommenen Absetzungen für Abnutzung oder Substanzverringerung für die bei Vertragsbeginn auf den Pächter übertragenen Wirtschaftsgüter des Anlagevermögens sind nachzuholen. [2]Die Buchwerte der vom Pächter ersatzbeschafften Wirtschaftsgüter sind gewinnerhöhend zu berücksichtigen.

2. Auswirkungen beim Pächter

a) mit Gewinnermittlung nach § 4 Abs. 1, § 5 EStG

[1]Die vom Verpächter übernommenen und die ersatzbeschafften Wirtschaftsgüter des Anlagevermögens sind auszubuchen. [2]Die bisher angesetzte Verpflichtung zur Substanzerhaltung ist durch eine auf der Grundlage der Wiederbeschaffungskosten ermittelte Verpflichtung oder ggf. durch eine Forderung (Wertausgleichsanspruch) zu ersetzen.

b) mit Gewinnermittlung nach § 4 Abs. 3 EStG

[1]Die während der Vertragslaufzeit vorgenommenen Absetzungen für Abnutzung oder Substanzverringerung für die vom Verpächter übernommenen Wirtschaftsgüter des Anlagevermögens sind gewinnerhöhend rückgängig zu machen. [2]Die Buchwerte der vom Pächter ersatzbeschafften Wirtschaftsgüter sind gewinnmindernd zu berücksichtigen.

Die vorgenannten Grundsätze sind bei Gewinnermittlung nach § 4 Abs. 1 EStG gewinnwirksam im Wege einer Bilanzberichtigung in der ersten Schlussbilanz vorzunehmen, deren Ergebnis noch nicht einer bestandskräftigen Veranlagung zugrunde liegt.

Bei Gewinnermittlung nach § 4 Abs. 3 EStG sind die Gewinnauswirkungen im ersten Wirtschaftsjahr, dessen Ergebnis noch nicht einer bestandskräftigen Veranlagung zugrunde liegt, zu berücksichtigen.

IX.
1. Ertragsteuerliche Behandlung von Sanierungsgewinnen; Steuerstundung und Steuererlass aus sachlichen Billigkeitsgründen (§§ 163, 222, 227 AO)[1]

BMF vom 27. 3. 2003 (BStBl I S. 240)
IV A 6 – S 2140 – 8/03

Im Einvernehmen mit den obersten Finanzbehörden der Länder nehme ich zur Frage der ertragsteuerlichen Behandlung von Sanierungsgewinnen wie folgt Stellung:

I. Sanierung

1. Begriff

[1]Eine Sanierung ist eine Maßnahme, die darauf gerichtet ist, ein Unternehmen oder einen Unternehmensträger (juristische oder natürliche Person) vor dem finanziellen Zusammenbruch zu bewahren und wieder ertragsfähig zu machen (= unternehmensbezogene Sanierung). [2]Das gilt auch für außergerichtliche Sanierungen, bei denen sich die Gesellschafterstruktur des in die Krise geratenen zu sanierenden Unternehmens (Personengesellschaft oder Kapitalgesellschaft) ändert, bei anderen gesellschaftsrechtlichen Umstrukturierungen im Rahmen der außergerichtlichen Sanierung von Kapitalgesellschaften sowie für Sanierungen im Rahmen eines Insolvenzverfahrens. $\quad$ 1

2. Einstellung des Unternehmens/Übertragende Sanierung

[1]Wird das Unternehmen nicht fortgeführt oder trotz der Sanierungsmaßnahme eingestellt, liegt eine Sanierung im Sinne dieser Regelung nur vor, wenn die Schulden aus betrieblichen Gründen (z. B. um einen Sozialplan zu Gunsten der Arbeitnehmer zu ermöglichen) erlassen werden. [2]Keine begünstigte Sanierung ist gegeben, soweit die Schulden erlassen werden, um dem Steuerpflichtigen oder einem Beteiligten einen schuldenfreien Übergang in sein Privatleben oder den Aufbau einer anderen Existenzgrundlage zu ermöglichen.[2] [3]Im Fall der übertragenden Sanierung (vgl. BFH-Urteil vom 24. April 1986, BStBl II S. 672) ist von einem betrieblichen Interesse auch auszugehen, soweit der Schuldenerlass erforderlich ist, um das Nachfolgeunternehmen (Auffanggesellschaft) von der Inanspruchnahme für Schulden des Vorgängerunternehmens freizustellen (z. B. wegen § 25 Abs. 1 HGB). $\quad$ 2

---

[1]) Zur ertragsteuerlichen Behandlung von Gewinnen aus einem Planinsolvenzverfahren (§§ 217 ff. InsO), aus einer erteilten Restschuldbefreiung (§§ 286 ff. InsO) oder einer Verbraucherinsolvenz (§§ 304 ff. InsO) → BMF vom 22. 12. 2009 (BStBl 2010 I S. 18, Anhang IX 2).

[2]) Bestätigt durch BFH vom 14. 7. 2010 (BStBl II S. 916).

II. Sanierungsgewinn

3 [1]Ein Sanierungsgewinn ist die Erhöhung des Betriebsvermögens, die dadurch entsteht, dass Schulden zum Zweck der Sanierung ganz oder teilweise erlassen werden. [2]Schulden werden insbesondere erlassen

– durch eine vertragliche Vereinbarung zwischen dem Schuldner und dem Gläubiger, durch die der Gläubiger auf eine Forderung verzichtet (Erlassvertrag nach § 397 Abs. 1 BGB) oder

– durch ein Anerkenntnis, dass ein Schuldverhältnis nicht besteht (negatives Schuldanerkenntnis nach § 397 Abs. 2 BGB, BFH-Urteil vom 27. Januar 1998, BStBl II S. 537).

4 [1]Voraussetzungen für die Annahme eines im Sinne dieses BMF-Schreibens begünstigten Sanierungsgewinns sind die Sanierungsbedürftigkeit und Sanierungsfähigkeit des Unternehmens, die Sanierungseignung des Schulderlasses und die Sanierungsabsicht der Gläubiger.[1)2)] [2]Liegt ein Sanierungsplan vor, kann davon ausgegangen werden, dass diese Voraussetzungen erfüllt sind.

5 [1]Unter den in Rn. 4 genannten Voraussetzungen führt auch der Forderungsverzicht eines Gläubigers gegen Besserungsschein zu einem begünstigten Sanierungsgewinn. [2]Tritt der Besserungsfall ein, so dass der Schuldner die in der Besserungsvereinbarung festgelegten Zahlungen an den Gläubiger leisten muss, ist der Abzug dieser Aufwendungen als Betriebsausgaben entsprechend den Rechtsgrundsätzen des § 3c Abs. 1 EStG ausgeschlossen. [3]Insoweit verringert sich allerdings nachträglich der Sanierungsgewinn. [4]Die vor Eintritt des Besserungsfalls nach den Verlustverrechnungen verbleibenden Sanierungsgewinn entfallende Steuer ist zunächst über den für den Eintritt des Besserungsfalles maßgeblichen Zeitpunkt hinaus zu stunden (vgl. Rn. 7 ff.).

6 [1]Wird der Gewinn des zu sanierenden Unternehmens gesondert festgestellt, erfolgt die Ermittlung des Sanierungsgewinns i. S. der Rn. 3 bis 5 durch das Betriebsfinanzamt. [2]Das sich daran anschließende Stundungs- und Erlassverfahren (Rn. 7 ff.) erfolgt durch das jeweilige Wohnsitzfinanzamt. [3]Auf Beispiel 2 in Rn. 8 wird hingewiesen.

III. Steuerstundung und Steuererlass aus sachlichen Billigkeitsgründen

7 [1]Zum 1. Januar 1999 ist die Insolvenzordnung – InsO – vom 5. Oktober 1994 (BGBl. I S. 2866, zuletzt geändert durch das Gesetz zur Einführung des Euro in Rechtspflegegesetzen und in Gesetzen des Straf- und Ordnungswidrigkeitenrechts, zur Änderung der Mahnvordruckverordnungen sowie zur Änderung weiterer Gesetze vom 13. Dezember 2001 (BGBl. I S. 3574) in Kraft getreten. [2]Die InsO hat die bisherige Konkurs- und Vergleichsordnung (alte Bundesländer) sowie die Gesamtvollstreckungsordnung (neue Bundesländer) abgelöst. [3]Die InsO verfolgt als wesentliche Ziele die bessere Abstimmung von Liquidations- und Sanierungsverfahren, die innerdeutsche Vereinheitlichung des Insolvenzrechts, die Förderung der außergerichtlichen Sanierung, die Stärkung der Gläubigerautonomie sowie die Einführung einer gesetzlichen Schuldenbefreiung für den redlichen Schuldner. [4]Die Besteuerung von Sanierungsgewinnen nach Streichung des § 3 Nr. 66 EStG (zuletzt i. d. F. der Bekanntmachung vom 16. April 1997, BGBl. I S. 821) ab dem 1. Januar 1998 steht mit der neuen InsO im Zielkonflikt.

8 [1]Die Erhebung der Steuer auf einen nach Ausschöpfen der ertragsteuerrechtlichen Verlustverrechnungsmöglichkeiten verbleibenden Sanierungsgewinn i. S. der Rn. 3 bis 5 bedeutet für den Steuerpflichtigen aus sachlichen Billigkeitsgründen eine erhebliche Härte. [2]Die entsprechende Steuer ist daher auf Antrag des Steuerpflichtigen nach § 163 AO abweichend festzusetzen (Satz 3 ff.) und nach § 222 AO mit dem Ziel des späteren Erlasses (§ 227 AO) zunächst unter Widerrufsvorbehalt ab Fälligkeit (AEAO zu § 240 Nr. 6a) zu stunden (vgl. Rn. 9 bis 11). [3]Zu diesem Zweck sind die Besteuerungsgrundlagen in der Weise zu ermitteln, dass Verluste/negative Einkünfte unbeschadet von Ausgleichs- und Verrechnungsbeschränkungen (insbesondere nach § 2 Abs. 3, § 2a, § 2b, § 10d, § 15 Abs. 4, § 15a, § 23 Abs. 3 EStG) für die Anwendung dieses BMF-Schreibens im Steuerfestsetzungsverfahren bis zur Höhe des Sanierungsgewinns vorrangig mit dem Sanierungsgewinn verrechnet werden. [4]Die Verluste/negativen Einkünfte sind insoweit aufgebraucht; sie gehen daher nicht in den nach § 10d Abs. 4 EStG festzustellenden verbleibenden Verlustvortrag oder den nach § 15a Abs. 4 und 5 EStG festzustellenden verrechenbaren Verlust ein. [5]Das gilt auch bei späteren Änderungen der Besteuerungsgrundlagen, z. B. aufgrund einer Betriebsprüfung, sowie für später entstandene Verluste, die im Wege des Verlustrücktrags berücksichtigt werden können; insoweit besteht bei Verzicht auf Vornahme des Verlustrücktrags (§ 10d Abs. 1 Sätze 7 und 8 EStG) kein Anspruch auf die Gewährung der Billigkeitsmaßnahme. [6]Die Festsetzung nach § 163 AO und die Stundung nach § 222 AO sind entsprechend anzupassen. [7]Sollte der Steuerpflichtige sich gegen die vorgenommene Verlustverrechnung im Festsetzungsverfahren wenden und die Verrechnung mit anderen Einkünften oder die Feststellung eines verbleibenden Verlustvortrags (§ 10d Abs. 4 EStG) begehren, ist darin die Rücknahme seines Erlassantrags zu sehen mit der Folge, dass die Billigkeitsmaßnahme keine Anwendung findet.

[1)] Zur Sanierung bei Betriebsaufspaltung → BFH vom 16. 5. 2002 (BStBl II S. 854).

[2)] Zur Sanierungsabsicht bei Vorlage eines Sanierungsplans und zur Sanierungsbedürftigkeit, insbesondere einer Personengesellschaft → BFH vom 10. 4. 2003 (BStBl 2004 II S. 9).

Beispiel 1:

Einzelunternehmen; Gewinn aus Gewerbebetrieb	1 500 000 €
(darin enthalten: Verlust aus laufendem Geschäft	– 500 000 €
Sanierungsgewinn	2 000 000 €)

Verrechenbare Verluste/negative Einkünfte:

Negative Einkünfte aus Vermietung und Verpachtung (V+V)	– 250 000 €
Verlustvortrag aus dem Vorjahr	
aus V+V	– 350 000 €
aus Gewerbebetrieb	– 600 000 €
aus einem Verlustzuweisungsmodell i. S. d. § 2b EStG	–100 000 €

Der Unternehmer beantragt den Erlass der auf den Sanierungsgewinn entfallenden Steuern.

Es ergibt sich folgende Berechnung:

Sanierungsgewinn	2 000 000 €
./. Verlust aus laufendem Geschäft	– 500 000 €
./. Negative Einkünfte aus V+V	– 250 000 €
./. Verlustvortrag aus dem Vorjahr (insgesamt)	– 1 050 000 €
Nach Verrechnung mit den Verlusten/negativen Einkünften verbleibender zu versteuernder Sanierungsgewinn	200 000 €

Bei Vorliegen der in Rn. 3 bis 5 genannten Voraussetzungen ist die Steuer auf diesen verbleibenden Sanierungsgewinn unter Widerrufsvorbehalt ab Fälligkeit zu stunden.

Aus dem folgenden Veranlagungszeitraum ergibt sich ein Verlustrücktrag, der sich wie folgt zusammensetzt:

Negative Einkünfte aus Gewerbebetrieb	– 80 000 €
Negative Einkünfte nach § 2b EStG	– 20 000 €
	–100 000 €

Der Verlustrücktrag ist vorrangig mit dem im VZ 01 nach Verlustverrechnung versteuerten Sanierungsgewinn zu verrechnen. Es ergibt sich folgende Berechnung:

Im VZ 01 versteuerter Sanierungsgewinn	200 000 €
./. Verlustrücktrag	– 100 000 €
Verbleibender zu versteuernder Sanierungsgewinn	100 000 €

Die Stundung ist entsprechend anzupassen.

Beispiel 2:

Die AB-KG (Komplementär A, Gewinn- und Verlustbeteiligung 75 %, Kommanditist B, Gewinn- und Verlustbeteiligung 25 %) erzielt im VZ 02 neben einem Verlust aus dem laufenden Geschäft i. H. v. 500 000 € einen Sanierungsgewinn i. H. v. 2 000 000 €. Aus der Beteiligung an der C-KG werden dem B negative Einkünfte i. S. d. § 2b EStG i. H. v. 100 000 € zugerechnet. B beantragt den Erlass der auf den Sanierungsgewinn entfallenden Steuern.

Gesonderte Feststellung der AB-KG:

Einkünfte aus Gewerbebetrieb (2 000 000 € – 500 000 € =)		1 500 000 €
davon B (25 %)		375 000 €
(nachrichtlich: Sanierungsgewinn		2 000 000 €
davon B (25 %)		500 000 €)

Das Betriebsfinanzamt stellt den Gewinn (1 500 000 €) gesondert fest und nimmt die Verteilung auf die einzelnen Gesellschafter vor. Zusätzlich teilt es nachrichtlich die Höhe des Sanierungsgewinns (2 000 000 €) sowie die entsprechend anteilige Verteilung auf die Gesellschafter mit. Darüber hinaus teilt es mit, dass es sich um einen Sanierungsgewinn im Sinne der Rn. 3 bis 5 dieses Schreibens handelt.

Einkommensteuerveranlagung des B:

Einkünfte aus Gewerbebetrieb aus dem Anteil an der AB-KG		375 000 €
(darin enthalten: Sanierungsgewinn	500 000 €)	
./. negative Einkünfte i. S. d. § 2b EStG		– 100 000 €
Nach Verrechnung mit den Verlusten/negativen Einkünften verbleibender zu versteuernder Sanierungsgewinn		275 000 €

Das Wohnsitzfinanzamt stundet unter Widerrufsvorbehalt ab Fälligkeit die anteilig auf den verbleibenden zu versteuernden Sanierungsgewinn von 275 000 € entfallende Steuer. Soweit

B in späteren VZ positive Einkünfte aus der Beteiligung an der C-KG erzielt, sind diese bei der Veranlagung anzusetzen; eine Verrechnung mit den negativen Einkünften i. S. d. § 2b EStG aus VZ 02 ist nicht möglich, da diese bereits mit dem Sanierungsgewinn steuerwirksam verrechnet worden sind.

9   [1]Zahlungen auf den Besserungsschein nach Rn. 5 vermindern nachträglich den Sanierungsgewinn. [2]Entsprechend verringert sich die zu stundende/zu erlassende Steuer.

Beispiel 3:

VZ 01

Gläubigerverzicht gegen Besserungsschein auf eine Forderung i. H. v.	1 500 000 €
Sanierungsgewinn nach Verlustverrechnungen	1 000 000 €
Laufender Gewinn	0 €
Bei einem angenommenen Steuersatz i. H. v. 25 % ergibt sich eine zu stundende Steuer von	250 000 €

VZ 02

Laufender Gewinn	300 000 €
Zahlung an den Gläubiger aufgrund Besserungsschein i. H. v. ist keine Betriebsausgabe. Daher bleibt es bei einem zu versteuernden Gewinn i. H. v.	100 000 € 300 000 €
Sanierungsgewinn aus VZ 01	1 000 000 €
./. Zahlung auf Besserungsschein	– 100 000 €
Verringerter Sanierungsgewinn	900 000 €
Auf den verringerten Sanierungsgewinn ergibt sich noch eine zu stundende Steuer i. H. v. 25 % von 900 000 € =	225 000 €

10   [1]Zum Zweck der Überwachung der Verlustverrechnungsmöglichkeiten sowie der Ausnutzung des Verlustrücktrags ist die Stundung bis zur Durchführung der nächsten noch ausstehenden Veranlagung, längstens bis zu einem besonders zu benennenden Zeitpunkt auszusprechen. [2]Erforderlichenfalls sind entsprechende Anschlussstundungen auszusprechen. [3]Die Ausschöpfung der Verlustverrechnungsmöglichkeiten mit Blick auf den Sanierungsgewinn ist in geeigneter Form durch das Finanzamt aktenkundig festzuhalten.

11   [1]Bei Forderungsverzicht gegen Besserungsschein (Rn. 5, 9) ist die auf den Sanierungsgewinn entfallende Steuer solange zu stunden, wie Zahlungen auf den Besserungsschein geleistet werden können. [2]Während dieses Zeitraums darf auch kein Erlass ausgesprochen werden.

12   [1]Nach abschließender Prüfung und nach Feststellung der endgültigen auf den verbleibenden zu versteuernden Sanierungsgewinn entfallenden Steuer[1]) ist die Steuer nach § 227 AO zu erlassen (Ermessensreduzierung auf Null). [2]Ggf. erhobene Stundungszinsen sind nach § 227 AO zu erlassen, soweit sie auf gestundete Steuerbeträge entfallen, die nach Satz 1 erlassen worden sind.

IV. Anwendungsregelung

13   [1]Dieses BMF-Schreiben ist auf Sanierungsgewinne i. S. der Rn. 3 bis 5 in allen noch offenen Fällen anzuwenden, für die die Regelung des § 3 Nr. 66 EStG i. d. F. der Bekanntmachung vom 16. April 1997 (BGBl. I S. 821) nicht mehr gilt. [2]Eine Stundung oder ein Erlass aus persönlichen Billigkeitsgründen bleibt unberührt.

V. Aufhebung der Mitwirkungspflichten

14   [1]Die mit BMF-Schreiben vom 2. Januar 2002 (BStBl I S. 61)[2]) vorgesehenen Mitwirkungspflichten des Bundesministeriums der Finanzen gelten nicht für Fälle der Anwendung dieses BMF-Schreibens. [2]Allerdings sind diese Fälle, soweit sie die im BMF-Schreiben vom 2. Januar 2002 genannten Betrags- oder Zeitgrenzen übersteigen, dem Bundesministerium der Finanzen mitzuteilen.

VI. Gewerbesteuerliche Auswirkungen

15   [1]Für Stundung und Erlass der Gewerbesteuer ist die jeweilige Gemeinde zuständig. [2]Spricht die Gemeinde Billigkeitsmaßnahmen aus, ist die Steuerermäßigung bei Einkünften aus Gewerbebetrieb (§ 35 EStG) entsprechend zu mindern.

---

[1]) Anm.: Zur Steuerberechnung → OFD Chemnitz vom 10. 10. 2006, S 2140 – 25/19 – St 21 (DB 2006 S. 2374).
[2]) Jetzt BMF vom 28. 7. 2003 (BStBl I S. 401).

2. Ertragsteuerliche Behandlung von Gewinnen aus einem Planinsolvenzverfahren (§§ 217 ff. InsO), aus einer erteilten Restschuldbefreiung (§§ 286 ff. InsO) oder einer Verbraucherinsolvenz (§§ 304 ff. InsO)

BMF vom 22. 12. 2009 (BStBl I 2010 S. 18)

IV C 6 – S 2140/07/10001-01

Im Insolvenzverfahren können natürliche Personen als Schuldner einen Antrag auf Restschuldbefreiung (§§ 286 ff. InsO) stellen, um nach einer Wohlverhaltensperiode von 6 Jahren die Befreiung von bislang gegenüber den Insolvenzgläubigern nicht erfüllten Verbindlichkeiten zu erlangen (sog. Restschuldbefreiungen). Die Restschuldbefreiung kann bei Land- und Forstwirten, Gewerbetreibenden und Selbständigen zu steuerpflichtigen Gewinnen führen. Eine vergleichbare Problematik ergibt sich auch im Rahmen des Planinsolvenzverfahrens (§§ 217 ff. InsO) und der Verbraucherinsolvenz (§§ 304 ff. InsO).

Im sog. Verbraucherinsolvenzverfahren erhalten u. a. auch Personen, die eine selbständige Tätigkeit ausgeübt haben, die Möglichkeit der Restschuldbefreiung; Voraussetzung ist u. a., dass ihre Vermögensverhältnisse überschaubar sind, d. h. im Zeitpunkt des Antrages auf Eröffnung des Insolvenzverfahrens sind weniger als 20 Gläubiger vorhanden, und dass gegen sie keine Forderungen aus Arbeitsverhältnissen bestehen.

Im Rahmen des Planinsolvenzverfahrens besteht die Möglichkeit, die Vermögensverwertung und -verteilung abweichend von den gesetzlichen Vorschriften der InsO durch die Erstellung eines Insolvenzplanes zu regeln. Der Insolvenzplan soll den Beteiligten (Insolvenzgläubiger und Schuldner) die Möglichkeit geben, die Zerschlagung des Unternehmens zu vermeiden und stattdessen eine Sanierung oder Übertragung des Unternehmens zu beschließen.

Die Besteuerung der Gewinne aus der Durchführung einer der vorgenannten Insolvenzverfahren steht im Widerspruch zu den Zielen der Insolvenzordnung. Im Einvernehmen mit den obersten Finanzbehörden der Länder gilt deshalb Folgendes:

1. Zeitpunkt der Gewinnentstehung bei Insolvenzverfahren

Der aufgrund einer erteilten Restschuldbefreiung entstandene Gewinn stellt kein rückwirkendes Ereignis i. S. von § 175 Absatz 1 Satz 1 Nummer 2 AO dar und ist damit erst im Zeitpunkt der Erteilung der Restschuldbefreiung realisiert.

Gleiches gilt für Gewinne, die im Rahmen einer Verbraucherinsolvenz (§§ 304 ff. InsO) entstehen.

2. Steuerstundung und Steuererlass aus sachlichen Billigkeitsgründen (§§ 163, 222, 227 AO)

Das BMF-Schreiben zur ertragsteuerlichen Behandlung von Sanierungsgewinnen vom 27. März 2003 – IV C 6 – S 2140 – 8/03 – (BStBl I S. 240)[1] ist auf Gewinne aus einer Restschuldbefreiung (§§ 286 ff. InsO) und aus einer Verbraucherinsolvenz (§§ 304 ff. InsO) entsprechend anzuwenden.

Unter den im o. g. BMF-Schreiben beschriebenen Voraussetzungen ist auch die aufgrund einer Restschuldbefreiung (§§ 286 ff. InsO) oder einer Verbraucherinsolvenz (§§ 304 ff. InsO) entstehende Steuer auf Antrag des Steuerpflichtigen nach § 163 AO abweichend festzusetzen und nach § 222 AO mit dem Ziel des späteren Erlasses (§ 227 AO) zunächst unter Widerrufsvorbehalt ab Fälligkeit (AEAO zu § 240 Nummer 6 Buchstabe a) zu stunden.

Rn. 2 Satz 2 des o. g. BMF-Schreibens (keine Begünstigung einer unternehmerbezogenen Sanierung) ist in den Fällen der Restschuldbefreiung (§§ 286 ff. InsO) und der Verbraucherinsolvenz (§§ 304 ff. InsO) nicht anzuwenden.

3. Fälle des Planinsolvenzverfahrens (§§ 217 ff. InsO)

Die Fälle der Planinsolvenz (§§ 217 ff. InsO) fallen originär unter den Anwendungsbereich des BMF-Schreibens vom 27. März 2003 (a. a. O.).

4. Anwendungsregelung

Dieses Schreiben ist auf alle offenen Fälle anzuwenden.

---

[1] → Anh. 10 IX.1.

X.
Anwendung des Halbeinkünfteverfahrens bei der Veräußerung von Betrieben, Teilbetrieben, Mitunternehmeranteilen und Beteiligungen an Kapitalgesellschaften gegen wiederkehrende Leistungen, bei denen der Steuerpflichtige die Zuflussbesteuerung gewählt hat;
Anwendung von R 139 Abs. 11 und R 140 Abs. 7 Satz 2 EStR[1])

BMF vom 3. 8. 2004 (BStBl I S. 1187)

IV A 6 – S 2244 – 16/04

[1]Wird ein Betrieb, ein Teilbetrieb, ein Mitunternehmeranteil oder eine Beteiligung i. S. d. § 17 EStG gegen eine Leibrente oder gegen einen in Raten zu zahlenden Kaufpreis (zur Verschaffung einer Versorgung) veräußert, hat der Veräußerer die Wahl zwischen der sofortigen Besteuerung eines Veräußerungsgewinns (Sofortbesteuerung) und einer nicht tarifbegünstigten Besteuerung als nachträgliche Betriebseinnahmen im Jahr des Zuflusses (Zuflussbesteuerung) (vgl. R 139 Abs. 11, R 140 Abs. 7 Satz 2 EStR). [2]Im Einvernehmen mit den obersten Finanzbehörden der Länder gilt hierzu Folgendes:

A. Veräußerungen nach dem 31. Dezember 2003

1. Veräußerung gegen Leibrente

Bei Veräußerung gegen eine Leibrente sind die Rentenzahlungen bei der Wahl der Zuflussbesteuerung in einen Zins- und einen Tilgungsanteil aufzuteilen.

1.1 Veräußerung von Betrieben, Teilbetrieben oder Mitunternehmeranteilen (§ 16 EStG)

[1]Mit ihrem Zinsanteil unterliegen die Rentenzahlungen im Jahr ihres Zuflusses als nachträgliche Einkünfte aus Gewerbebetrieb i. S. v. § 15 i. V. m. § 24 Nr. 2 EStG der Besteuerung. [2]Der Tilgungsanteil ist nach Verrechnung mit dem Buchwert des steuerlichen Kapitalkontos und etwaigen Veräußerungskosten im Jahr des Zuflusses als nachträgliche Einkünfte aus Gewerbebetrieb (§ 15 EStG i. V. m. § 24 Nr. 2 EStG) zu versteuern. [3]Bei Mitveräußerung eines Anteils an einer Kapitalgesellschaft, der im Betriebsvermögen gehalten wird, siehe ergänzend Nr. 3.

Die Aufteilung in einen Zins- und einen Tilgungsanteil ist nach §§ 13, 14 BewG oder nach versicherungsmathematischen Grundsätzen vorzunehmen.

1.2 Veräußerung von Anteilen an Kapitalgesellschaften i. S. v. § 17 EStG

[1]Mit ihrem Zinsanteil unterliegen die Rentenzahlungen im Jahr ihres Zuflusses als sonstige Einkünfte i. S. v. § 22 Nr. 1 Satz 3 Buchst. a EStG in voller Höhe der Besteuerung. [2]Der Tilgungsanteil ist nach Verrechnung mit den Anschaffungskosten der Beteiligung und etwaigen Veräußerungskosten im Jahr des Zuflusses als nachträgliche Einkünfte aus Gewerbebetrieb i. S. v. § 17 i. V. m. §§ 15, 24 Nr. 2 EStG zu versteuern. [3]Nur auf den Tilgungsanteil ist nach § 3 Nr. 40 Buchst. c EStG das Halbeinkünfteverfahren anzuwenden. [4]Der Zinsanteil ist nach der Tabelle in § 22 Nr. 1 Satz 3 Buchst. a Satz 3 EStG zu ermitteln.

2. Veräußerung gegen einen in Raten zu zahlenden Kaufpreis

[1]Bei Veräußerung gegen einen in Raten zu zahlenden Kaufpreis ist dieser in den Fällen, in denen die Raten während eines mehr als zehn Jahre dauernden Zeitraums zu zahlen sind und die Ratenvereinbarung sowie die sonstige Ausgestaltung des Vertrags eindeutig die Absicht des Veräußerers zum Ausdruck bringen, sich eine Versorgung zu verschaffen, nach Tab. 2 zu § 12 BewG in einen Zins- und einen Tilgungsanteil aufzuteilen. [2]Aus Vereinfachungsgründen kann der Zinsanteil auch in Anlehnung an die Ertragswerttabelle des § 55 Abs. 2 EStDV bestimmt werden.

2.1 Veräußerung von Betrieben, Teilbetrieben oder Mitunternehmeranteilen (§ 16 EStG)

[1]Der Zinsanteil unterliegt nach § 15 i. V. m. § 24 Nr. 2 EStG als nachträgliche Einkünfte aus Gewerbebetrieb im Jahr des Zuflusses der Besteuerung. [2]Der Tilgungsanteil ist nach Verrechnung mit dem Buchwert des steuerlichen Kapitalkontos und etwaigen Veräußerungskosten im Jahr des Zuflusses als nachträgliche Einkünfte aus Gewerbebetrieb (§ 15 i. V. m. § 24 Nr. 2 EStG) zu versteuern. [3]Bei Mitveräußerung eines Anteils an einer Kapitalgesellschaft, der im Betriebsvermögen gehalten wird, siehe ergänzend Nr. 3.

---

[1]) Jetzt → R 16 Abs. 11 und R 17 Abs. 7 Satz 2.

2.2 Veräußerung von Anteilen an Kapitalgesellschaften i. S. v. § 17 EStG

[1]Der Zinsanteil unterliegt nach § 20 Abs. 1 Nr. 7 EStG ggf. nach Abzug des Sparerfreibetrags (§ 20 Abs. 4 EStG) im Jahr des Zuflusses in voller Höhe der Besteuerung. [2]Der Tilgungsanteil nach Verrechnung mit den Anschaffungskosten der Beteiligung und etwaigen Veräußerungskosten gehört im Jahr des Zuflusses zu den Einkünften aus Gewerbebetrieb (§ 17 EStG). [3]Das Halbeinkünfteverfahren nach § 3 Nr. 40 Buchst. c EStG ist nur auf den Tilgungsanteil anzuwenden.

Beispiel:

A veräußert zum 1. Januar 2004 seine 50 %ige Beteiligung an der AB-GmbH gegen einen in 11 gleichen Jahresraten zu zahlenden Kaufpreis von 1 100 000 €. Die erste der jährlichen Raten von 100 000 € ist am 31. 12. 2004 zur Zahlung fällig. Eine Verzinsung ist nicht vereinbart. Nach dem Inhalt des Kaufvertrags wurde die Ratenzahlung vereinbart, um A eine Versorgung zu verschaffen. Die Anschaffungskosten der Beteiligung betrugen 100 000 €.

Die Jahresraten sind nach Tab. 2 zu § 12 Abs. 1 BewG in einen Tilgungs- und in einen Zinsanteil aufzuteilen:

Jahr	Zugeflossene Rate	Kapitalwert am Anfang	Kapitalwert am Ende	Tilgungsanteil	Zinsanteil § 20 Abs. 1 Nr. 7 EStG	Steuerpflicht § 17 EStG i. V. m. § 3 Nr. 40 Buchst. c EStG
2004	100 000	831 500	774 500	57 000	43 000	0
2005	100 000	774 500	714 300	60 200	39 800	8 600
2006	100 000	714 300	650 900	63 400	36 600	31 700
2007	100 000	650 900	583 900	67 000	33 000	33 500
2008	100 000	583 900	513 300	70 600	29 400	35 300
2009	100 000	513 300	438 800	74 500	25 500	37 250
2010	100 000	438 800	360 200	78 600	21 400	39 300
2011	100 000	360 200	277 200	83 000	17 000	41 500
2012	100 000	277 200	189 700	87 500	12 500	43 750
2013	100 000	189 700	97 400	92 300	7700	46 150
2014	100 000	97 400	0	97 400	2 600	48 700
Summe	1 100 000			831 500	268 500	365 750

[4]Die jeweiligen Zinsanteile sind im Jahr des Zuflusses als Einkünfte aus Kapitalvermögen i. S. v. § 20 Abs. 1 Nr. 7 EStG in vollem Umfang zu versteuern. [5]Der jeweilige Tilgungsanteil unterliegt nach Verrechnung mit den Anschaffungskosten der Beteiligung im Jahr des Zuflusses als nachträgliche Einkünfte aus Gewerbebetrieb nach § 17 i. V. m. §§ 15, 24 Nr. 2 EStG dem Halbeinkünfteverfahren (§ 3 Nr. 40 Buchst. c EStG).

3. Mitveräußerung eines Anteils an einer Kapitalgesellschaft, der im Betriebsvermögen gehalten wird

[1]Wird ein Anteil an einer Kapitalgesellschaft, der im Betriebsvermögen gehalten wird, im Rahmen der Veräußerung eines Betriebes, Teilbetriebes oder Mitunternehmeranteils gegen wiederkehrende Leistungen verkauft, so gelten die vorgenannten Regelungen mit der Maßgabe, dass die Zinsanteile Einkünfte aus Gewerbebetrieb darstellen, sinngemäß.

Beispiel:

Einzelunternehmer A hält eine Beteiligung an der B-GmbH (Buchwert 10 000 €) in seinem Betriebsvermögen. A verkauft seinen Gewerbebetrieb zum 1. Januar 2004 gegen einen in 11 gleichen Jahresraten zu zahlenden Kaufpreis von insgesamt 1 100 000 €. Auf die Veräußerung der Beteiligung entfällt ein Anteil von 10 % des Kaufpreises. Die erste der jährlichen Raten von 100 000 € ist am 31. 12. 2004 zur Zahlung fällig. Eine Verzinsung ist nicht vereinbart. Nach dem Inhalt des Kaufvertrags wurde die Ratenzahlung vereinbart, um A eine Versorgung zu verschaffen. Das Kapitalkonto zum Zeitpunkt des Verkaufs beträgt 100 000 €.

Jahr	Zuge-flossene Rate	Kapital-wert am Anfang	Kapital-wert am Ende	Til-gungs-anteil	Zinsan-teil § 15 i. V. m. § 24 Nr. 2 EStG	voll stpfl. Teil des Til-gungs-anteils	Stpfl. Teilbe-trag aus Beteili-gung § 15 EStG i. V. m. § 3 Nr. 40 Buchst. a EStG	Stpfl. Gesamt-betrag Tilgungs-anteil (§ 15 i. V. m. § 24 Nr. 2) insgesamt
2004	100 000	831 500	774 500	57 000	43 000	0	0	0
2005	100 000	774 500	714 300	60 200	39 800	15 480	860	16 340
2006	100 000	714 300	650 900	63 400	36 600	57 060	3 170	60 230
2007	100 000	650 900	583 900	67 000	33 000	60 300	3 350	63 650
2008	100 000	583 900	513 300	70 600	29 400	63 540	3 530	67 070
2009	100 000	513 300	438 800	74 500	25 500	67 050	3 725	70 775
2010	100 000	438 800	360 200	78 600	21 400	70 740	3 930	74 670
2011	100 000	360 200	277 200	83 000	17 000	74 700	4 150	78 850
2012	100 000	277 200	189 700	87 500	12 500	78 750	4 375	83 125
2013	100 000	189 700	97 400	92 300	7700	83 070	4 615	87 685
2014	100 000	97 400	0	97 400	2 600	87 660	4 870	92 530
Summe	1 100 000			831 500	268 500	658 350	38 575	694 925

[2]Die Zinsanteile sind im Jahr des Zuflusses als nachträgliche Einkünfte aus Gewerbebetrieb in vollem Umfang zu versteuern. [3]Die jeweiligen Tilgungsanteile unterliegen nach Verrechnung mit dem Kapitalkonto und unter Berücksichtigung des Halbeinkünfteverfahrens bei dem auf die Beteiligung entfallenden Teil (siehe vorletzte Spalte) ebenfalls als nachträgliche Einkünfte aus Gewerbebetrieb der Einkommensteuer.

B. Veräußerungen von Anteilen an Kapitalgesellschaften vor dem 1. Januar 2004, bei denen im Fall der Sofortbesteuerung das Halbeinkünfteverfahren anzuwenden wäre

1. Veräußerung von Anteilen an Kapitalgesellschaften gegen Leibrente

[1]Bei Veräußerung gegen eine Leibrente sind die Rentenzahlungen mit den Anschaffungskosten der Beteiligung und etwaigen Veräußerungskosten zu verrechnen. [2]Nach vollständiger Verrechnung sind die Rentenzahlungen in einen Zins- und einen Tilgungsanteil aufzuteilen. [3]Mit ihrem Zinsanteil unterliegen die Rentenzahlungen im Jahr ihres Zuflusses als sonstige Einkünfte i. S. v. § 22 Nr. 1 Satz 3 Buchst. a EStG in voller Höhe der Besteuerung. [4]Der Tilgungsanteil ist im Jahr des Zuflusses als nachträgliche Einkünfte aus Gewerbebetrieb i. S. v. § 17 i. V. m. §§ 15, 24 Nr. 2 EStG zu versteuern. [5]Nur auf den Tilgungsanteil ist nach § 3 Nr. 40 Buchst. c EStG das Halbeinkünfteverfahren anzuwenden. [6]Der Zinsanteil ist nach der Tabelle in § 22 Nr. 1 Satz 3 Buchst. a Satz 3 EStG zu ermitteln.

2. Veräußerung gegen einen in Raten zu zahlenden Kaufpreis

[1]Ratenzahlungen sind mit den Anschaffungskosten der Beteiligung und etwaigen Veräußerungs-kosten zu verrechnen und nach vollständiger Verrechnung in einen Zins- und einen Tilgungs-anteil aufzuteilen. [2]Die jeweiligen Zinsanteile sind im Jahr des Zuflusses nach § 20 Abs. 1 Nr. 7 EStG ggf. nach Abzug des Sparerfreibetrags (§ 20 Abs. 4 EStG) in vollem Umfang zu besteuern. [3]Der Tilgungsanteil unterliegt im Jahr des Zuflusses als nachträgliche Einkünfte aus Gewerbe-betrieb i. S. v. § 17 EStG i. V. m. §§ 15, 24 Nr. 2 EStG dem Halbeinkünfteverfahren (§ 3 Nr. 40 Buchst. c EStG).

3. Mitveräußerung eines Anteils an einer Kapitalgesellschaft, der im Betriebsvermögen gehalten wird

Wird ein Anteil an einer Kapitalgesellschaft, der im Betriebsvermögen gehalten wird, im Rahmen der Veräußerung eines Betriebes, Teilbetriebes oder Mitunternehmeranteils gegen wiederkehrende Leistungen verkauft, so gelten die vorgenannten Regelungen mit der Maßgabe, dass die Zinsanteile Einkünfte aus Gewerbebetrieb darstellen, sinngemäß.

XI.

1. Ertragsteuerliche Behandlung von Aufwendungen für VIP-Logen in Sportstätten

BMF vom 27. 3. 2003 (BStBl I S. 240)

IV A 6 – S 2140 – 8/03

[1]Unter Aufwendungen für VIP-Logen in Sportstätten werden solche Aufwendungen eines Steuerpflichtigen verstanden, die dieser für bestimmte sportliche Veranstaltungen trägt und für die er vom Empfänger dieser Leistung bestimmte Gegenleistungen mit Werbecharakter für die „gesponserte" Veranstaltung erhält. [2]Neben den üblichen Werbeleistungen (z. B. Werbung über Lautsprecheransagen, auf Videowänden, in Vereinsmagazinen) werden dem sponsernden Unternehmer auch Eintrittskarten für VIP-Logen überlassen, die nicht nur zum Besuch der Veranstaltung berechtigen, sondern auch die Möglichkeit der Bewirtung des Steuerpflichtigen und Dritter (z. B. Geschäftsfreunde, Arbeitnehmer) beinhalten. [3]Regelmäßig werden diese Maßnahmen in einem Gesamtpaket vereinbart, wofür dem Sponsor ein Gesamtbetrag in Rechnung gestellt wird.

Im Einvernehmen mit den obersten Finanzbehörden der Länder gilt zur ertragsteuerlichen Behandlung der Aufwendungen für VIP-Logen in Sportstätten Folgendes:

[1]Aufwendungen im Zusammenhang mit VIP-Logen in Sportstätten können betrieblich veranlasst (Ausnahme Rdnr. 11) und in der steuerlichen Gewinnermittlung entsprechend der Art der Aufwendungen einzeln zu berücksichtigen sein. [2]Dabei sind die allgemeinen Regelungen des § 4 Abs. 4 und 5 EStG in Verbindung mit dem zum Sponsoring ergangenen BMF-Schreiben vom 18. Februar 1998 (BStBl I S. 212[1]) zu beachten. [3]Bei den Aufwendungen sind zu unterscheiden:

1. Aufwendungen für Werbeleistungen

Die in den vertraglich abgeschlossenen Gesamtpaketen neben den Eintrittskarten, der Bewirtung, den Raumkosten u. ä. erfassten Aufwendungen für Werbeleistungen sind grundsätzlich als Betriebsausgaben gemäß § 4 Abs. 4 EStG abziehbar.

2. Aufwendungen für eine besondere Raumnutzung

Wird im Einzelfall glaubhaft gemacht, dass auf der Grundlage einer vertraglichen Vereinbarung Räumlichkeiten in der Sportstätte für betriebliche Veranstaltungen (z. B. Konferenzen, Besprechungen mit Geschäftspartnern) außerhalb der Tage, an denen Sportereignisse stattfinden, genutzt werden, stellen die angemessenen, auf diese Raumnutzung entfallenden Aufwendungen ebenfalls abziehbare Betriebsausgaben dar (vgl. Rdnr. 19).

3. Aufwendungen für VIP-Maßnahmen gegenüber Geschäftsfreunden

a) Geschenke

[1]Wendet der Steuerpflichtige seinen Geschäftsfreunden unentgeltlich Leistungen zu (beispielsweise Eintrittskarten), um geschäftliche Kontakte vorzubereiten und zu begünstigen oder um sich geschäftsfördernd präsentieren zu können, kann es sich um Geschenke im Sinne von § 4 Abs. 5 Satz 1 Nr. 1 EStG handeln, die nur abziehbar sind, wenn die Anschaffungs- oder Herstellungskosten der dem Empfänger im Wirtschaftsjahr zugewendeten Gegenstände insgesamt 35 Euro nicht übersteigen. [2]Der Geschenkbegriff des § 4 Abs. 5 Satz 1 Nr. 1 EStG entspricht demjenigen der bürgerlich-rechtlichen Schenkung.

[1]Erfolgt die Zuwendung dagegen als Gegenleistung für eine bestimmte in engem sachlichen oder sonstigem unmittelbaren Zusammenhang stehende Leistung des Empfängers, fehlt es an der für ein Geschenk notwendigen unentgeltlichen Zuwendung. [2]Die Aufwendungen sind dann grundsätzlich unbeschränkt als Betriebsausgaben abziehbar.

1

2

3

4

5

---

[1]) Anhang 10.V

b) Bewirtung

6   Aufwendungen für die Bewirtung von Geschäftsfreunden aus geschäftlichem Anlass sind gemäß
     § 4 Abs. 5 Satz 1 Nr. 2 EStG unter den dort genannten Voraussetzungen beschränkt abziehbar.

c) Behandlung beim Empfänger

7   [1]Bei den Empfängern der Geschenke ist der geldwerte Vorteil wegen der betrieblichen Veranlas-
     sung als Betriebseinnahme zu versteuern, und zwar auch dann, wenn für den Zuwendenden das
     Abzugsverbot des § 4 Abs. 5 Satz 1 Nr. 1 EStG gilt (BFH-Urteil vom 26. September 1995, BStBl 1996
     II S. 273). [2]Der Vorteil aus einer Bewirtung im Sinne des § 4 Abs. 5 Satz 1 Nr. 2 EStG ist dagegen
     aus Vereinfachungsgründen beim bewirteten Steuerpflichtigen nicht als Betriebseinnahme zu
     erfassen (R 18 Abs. 3 EStR 2003[1]).

4. Aufwendungen für VIP-Maßnahmen zugunsten von Arbeitnehmern

a) Geschenke

8   Aufwendungen für Geschenke an Arbeitnehmer des Steuerpflichtigen sind vom Abzugsverbot des § 4
     Abs. 5 Satz 1 Nr. 1 EStG ausgeschlossen und somit in voller Höhe als Betriebsausgaben abziehbar.

b) Bewirtung

9   [1]Bewirtungen, die der Steuerpflichtige seinen Arbeitnehmern gewährt, gelten als betrieblich ver-
     anlasst und unterliegen mithin nicht der Abzugsbeschränkung des § 4 Abs. 5 Satz 1 Nr. 2 EStG. [2]Zu
     unterscheiden hiervon ist die Bewirtung aus geschäftlichem Anlass, an der Arbeitnehmer des Steu-
     erpflichtigen lediglich teilnehmen (Beispiel: Der Unternehmer lädt anlässlich eines Geschäfts-
     abschlusses die Geschäftspartner und seine leitenden Angestellten ein). [3]Hier greift § 4 Abs. 5
     Satz 1 Nr. 2 EStG auch für den Teil der Aufwendungen, der auf den an der Bewirtung teilnehmen-
     den Arbeitnehmer entfällt.

c) Behandlung beim Empfänger

10   [1]Die Zuwendung stellt für den Arbeitnehmer einen zum steuerpflichtigen Arbeitslohn gehörenden
     geldwerten Vorteil dar, wenn der für die Annahme von Arbeitslohn erforderliche Zusammenhang
     mit dem Dienstverhältnis gegeben ist (§ 8 Abs. 1 i. V. m. § 19 Abs. 1 Satz 1 Nr. 1 EStG und § 2 Abs. 1
     LStDV). [2]Der geldwerte Vorteil ist grundsätzlich nach § 8 Abs. 2 Satz 1 EStG zu bewerten. Die Frei-
     grenze für Sachbezüge i. H. v. 44 Euro im Kalendermonat (§ 8 Abs. 2 Satz 9 EStG) und R 31 Abs. 2
     Satz 9 LStR 2005[2]) sind zu beachten. [3]Nicht zum steuerpflichtigen Arbeitslohn gehören insbeson-
     dere Zuwendungen, die der Arbeitgeber im ganz überwiegenden betrieblichen Interesse erbringt.
     [4]Dies sind auch Zuwendungen im Rahmen einer üblichen Betriebsveranstaltung (vgl. R 72 LStR
     2005[3]) oder Zuwendungen aus geschäftlichem Anlass (Beispiel: Der Unternehmer lädt anlässlich
     eines Geschäftsabschlusses die Geschäftspartner und seine leitenden Angestellten ein, vgl. R 31
     Abs. 8 Nr. 1 LStR 2005[4]).

5. Privat veranlasste Aufwendungen für VIP-Maßnahmen

11   Ist die Leistung des Unternehmers privat veranlasst, handelt es sich gemäß § 12 Nr. 1 EStG in vol-
     lem Umfang um nicht abziehbare Kosten der privaten Lebensführung; bei Kapitalgesellschaften
     können verdeckte Gewinnausschüttungen vorliegen. Eine private Veranlassung ist u. a. dann
     gegeben, wenn der Steuerpflichtige die Eintrittskarten an Dritte überlässt, um damit gesellschaftli-
     chen Konventionen zu entsprechen, z. B. aus Anlass eines persönlichen Jubiläums (vgl. BFH-Urteil
     vom 12. Dezember 1991, BStBl 1992 II S. 524; BFH-Urteil vom 29. März 1994, BStBl II S. 843).

6. Nachweispflichten

12   Der Betriebsausgabenabzug für Aufwendungen im Rahmen von VIP-Maßnahmen ist zu versagen,
     wenn keine Nachweise dafür vorgelegt worden sind, welchem konkreten Zweck der getätigte Auf-
     wand diente, d. h. welchem Personenkreis aus welcher Veranlassung die Leistung zugewendet
     wurde.

13   [1]Dagegen ist der Betriebsausgabenabzug nicht bereits aus dem Grunde zu versagen, dass der Nut-
     zungsvertrag keine Aufgliederung des vereinbarten Nutzungsentgelts einerseits und der Einräu-
     mung der sonstigen werblichen Möglichkeiten andererseits zulässt. [2]Soweit die vertraglichen Ver-

---

1) Jetzt → R 4.7 Abs. 3 EStR.
2) Jetzt R 8.1 Abs. 2 Satz 9 LStR.
3) Jetzt R 19.5 LStR.
4) Jetzt R 8.1 Abs. 8 Nr. 1 LStR.

einbarungen keine Aufschlüsselung des Pauschalpreises in die einzelnen Arten der Ausgaben enthalten, führt dies nicht zu einem generellen Abzugsverbot. [3]Vielmehr ist im Wege der sachgerechten Schätzung mittels Fremdvergleichs unter Mitwirkung des Unternehmers zu ermitteln, in welchem Umfang die Kosten auf die Eintrittskarten, auf die Bewirtung, auf die Werbung und/oder auf eine besondere Raumnutzung entfallen. [4]Das vereinbarte Gesamtentgelt ist hierbei einzelfallbezogen unter Würdigung der Gesamtumstände nach dem Verhältnis der ermittelten Teilwerte für die Einzelleistungen aufzuteilen. [5]Im Rahmen der Einzelfallprüfung ist ggf. auch eine Kürzung der ausgewiesenen Werbekosten vorzunehmen, wenn diese im Fremdvergleich unangemessen hoch ausfallen.

7. Vereinfachungsregelungen

a) Pauschale Aufteilung des Gesamtbetrages für VIP-Logen in Sportstätten

[1)][1]Aus Vereinfachungsgründen ist es nicht zu beanstanden, wenn bei betrieblich veranlassten Aufwendungen der für das Gesamtpaket (Werbeleistungen, Bewirtung, Eintrittskarten usw.) vereinbarte Gesamtbetrag wie folgt pauschal aufgeteilt wird: – Anteil für die Werbung: 40 v. H. des Gesamtbetrages. [2]Dieser Werbeaufwand, der in erster Linie auf die Besucher der Sportstätte ausgerichtet ist, ist in vollem Umfang als Betriebsausgabe abziehbar. – Anteil für die Bewirtung: 30 v. H. des Gesamtbetrages. [3]Dieser Anteil ist gemäß § 4 Abs. 5 Satz 1 Nr. 2 EStG mit dem abziehbaren v. H.-Satz als Betriebsausgabe zu berücksichtigen. – Anteil für Geschenke: 30 v. H. des Gesamtbetrages. [4]Sofern nicht eine andere Zuordnung nachgewiesen wird, ist davon auszugehen, dass diese Aufwendungen je zur Hälfte auf Geschäftsfreunde (Rdnr. 15, 16) und auf eigene Arbeitnehmer (Rdnr. 17, 18) entfallen.   14

b) Geschenke an Geschäftsfreunde (z. B. andere Unternehmer und deren Arbeitnehmer)

Da diese Aufwendungen regelmäßig den Betrag von 35 Euro pro Empfänger und Wirtschaftsjahr übersteigen, sind sie gemäß § 4 Abs. 5 Satz 1 Nr. 1 EStG nicht als Betriebsausgabe abziehbar.   15

[1]Bei den Empfängern der Zuwendungen ist dieser geldwerte Vorteil grundsätzlich als Betriebseinnahme/Arbeitslohn zu versteuern. [2]Auf eine Benennung der Empfänger und die steuerliche Erfassung des geldwerten Vorteils bei den Empfängern kann jedoch verzichtet werden, wenn zur Abgeltung dieser Besteuerung 60 v. H. des auf Geschäftsfreunde entfallenden Anteils am Gesamtbetrag i. S. d. Rdnr. 14 zusätzlich der Besteuerung beim Zuwendenden unterworfen werden.   16

c) Geschenke an eigene Arbeitnehmer

Soweit die Aufwendungen auf Geschenke an eigene Arbeitnehmer entfallen, sind sie in voller Höhe als Betriebsausgabe abziehbar. Zur steuerlichen Behandlung dieser Zuwendungen bei den eigenen Arbeitnehmern vgl. Rdnr. 10.   17

[2)][1]Bei Anwendung der Vereinfachungsregelung i. S. d. Rdnr. 14 kann der Steuerpflichtige (Arbeitgeber) die Lohnsteuer für diese Zuwendungen mit einem Pauschsteuersatz in Höhe von 30 v. H. des auf eigene Arbeitnehmer entfallenden Anteils am Gesamtbetrag i. S. d. Rdnr. 14 übernehmen. [2]Die Höhe dieses Pauschsteuersatzes berücksichtigt typisierend, dass der Arbeitgeber die Zuwendungen an einen Teil seiner Arbeitnehmer in ganz überwiegenden betrieblichen Interesse erbringt (vgl. Rdnr. 10). § 40 Abs. 3 EStG gilt entsprechend.   18

d) Pauschale Aufteilung bei besonderer Raumnutzung

[1]In Fällen der Rdnr. 3, in denen die besondere Raumnutzung mindestens einmal wöchentlich stattfindet, kann der auf diese Raumnutzung entfallende Anteil vorab pauschal mit 15 v. H. des Gesamtbetrages ermittelt und als Betriebsausgabe abgezogen werden. [2]Für die weitere Aufteilung nach Rdnr. 14 ist in diesen Fällen von dem um den Raumnutzungsanteil gekürzten Gesamtbetrag auszugehen.   19

8. Zeitliche Anwendung

Die vorstehenden Regelungen sind in allen offenen Fällen anzuwenden.   20

[1)] Zur weiteren Anwendung ab 1. 1. 2007 → BMF vom 29. 4. 2008 (BStBl I S. 566), Rz. 15; → Anhang 15a.
[2)] Ab 1. 1. 2007 nicht mehr anzuwenden → BMF vom 29. 4. 2008 (BStBl I S. 566), Rz. 15; → Anhang 15a.

2. Ertragsteuerliche Behandlung von Aufwendungen für VIP-Logen in Sportstätten, Anwendung der Vereinfachungsregelungen auf ähnliche Sachverhalte
BMF-Schreiben vom 22. 8. 2005 (BStBl I S. 447)
– IV B 2 – S 2144 – 41/05 –

BMF-Schreiben vom 11. 7. 2006 (BStBl I S. 447)
– IV B 2 – S 2144 – 53/06 –

Mit Schreiben vom 22. August 2005 (BStBl I S. 845) hat das BMF zur ertragsteuerlichen Behandlung von Aufwendungen für VIP-Logen in Sportstätten Stellung genommen. Zur Anwendung der Vereinfachungsregelungen (Rdnrn. 14 ff.) vertrete ich im Einvernehmen mit den obersten Finanzbehörden der Länder folgende Auffassung:

1. Nachweis der betrieblichen Veranlassung

Nach Rdnr. 16[1] des o. g. BMF-Schreibens ist die Benennung der Empfänger der Zuwendung nicht erforderlich. Der Nachweis der betrieblichen Veranlassung der Aufwendungen kann dadurch erfolgen, dass z. B. die Einladung der Teilnehmer, aus der sich die betriebliche/geschäftliche Veranlassung ergibt, zu den Buchungsunterlagen genommen wird. Im Zweifelsfall sollte zum Nachweis der betrieblichen/geschäftlichen Veranlassung auch eine Liste der Teilnehmer zu den Unterlagen genommen werden.

2. Geltung der gesetzlichen Aufzeichnungspflichten

Für die anteiligen Aufwendungen für die Bewirtung i. S. d. Rdnr. 14 müssen die Aufzeichnungen nach § 4 Abs. 5 Satz 1 Nr. 2 Satz 2 EStG nicht geführt werden.

3. Anwendung der pauschalen Aufteilung

Für Fälle, in denen im Gesamtbetrag der Aufwendungen nur die Leistungen Werbung und Eintrittskarten enthalten sind und für die Bewirtung eine Einzelabrechnung vorliegt (z. B. bei Vertrag mit externem Caterer), ist die Vereinfachungsregelung im Hinblick auf die Pauschalaufteilung 40:30:30 nicht anwendbar. Es ist für den Werbeanteil und den Ticketanteil ein anderer angemessener Aufteilungsmaßstab i. S. einer sachgerechten Schätzung zu finden. Der Bewirtungsanteil steht – soweit er angemessen ist – fest. Dessen Abziehbarkeit richtet sich nach den allgemeinen steuerlichen Regelungen des § 4 Abs. 5 Satz 1 Nr. 2 EStG. Die Versteuerung zugunsten des Geschäftsfreundes – anderer Unternehmer und dessen Arbeitnehmer – (Rdnr. 16[2] des BMF-Schreibens) oder eine Pauschalbesteuerung für die eigenen Arbeitnehmer (Rdnr. 18[3] des BMF-Schreibens) auf Ebene des Zuwendenden im Hinblick auf den angemessenen Geschenkanteil kommt jedoch in Betracht.

4. Anwendung der Regelungen bei sog. „Business-Seats"

Für sog. Business-Seats, bei denen im Gesamtbetrag der Aufwendungen nur die Leistungen Eintrittskarten und Rahmenprogramm (steuerlich zu beurteilen als Zuwendung) und Bewirtung enthalten sind, ist, soweit für diese ein Gesamtbetrag vereinbart wurde, dieser sachgerecht aufzuteilen (ggf. pauschale Aufteilung entsprechend Rdnr. 14 mit 50 v. H. für Geschenke und 50 v. H. für Bewirtung). Die Vereinfachungsregelungen der Rdnrn. 16 und 18 können angewandt werden.

Weist der Steuerpflichtige nach, dass im Rahmen der vertraglich vereinbarten Gesamtleistungen auch Werbeleistungen erbracht werden, die die Voraussetzungen des BMF-Schreibens vom 18. Februar 1998 (BStBl I S. 212) erfüllen, kann für die Aufteilung des Gesamtbetrages der Aufteilungsmaßstab der Rdnr. 14 des BMF-Schreibens vom 22. August 2005 (a. a. O) angewandt werden. Der Anteil für Werbung i. H. v. 40 v. H. ist dann als Betriebsausgabe zu berücksichtigen.

5. Andere Veranstaltungen in Sportstätten

Soweit eine andere, z. B. kulturelle Veranstaltung in einer Sportstätte stattfindet, können die getroffenen Regelungen angewendet werden, sofern die Einzelfallprüfung einen gleichartigen Sachverhalt ergibt.

6. Veranstaltungen außerhalb von Sportstätten

Soweit außerhalb einer Sportstätte in einem Gesamtpaket Leistungen angeboten werden, die Eintritt, Bewirtung und Werbung enthalten (z. B. Operngala) ist eine pauschale Aufteilung möglich.

---

1) Ab 1. 1. 2007 nicht mehr anzuwenden → BMF vom 29. 4. 2008 (BStBl I S. 566), Rz. 15; → Anhang 15a.
2) Ab 1. 1. 2007 nicht mehr anzuwenden → BMF vom 29. 4. 2008 (BStBl I S. 566), Rz. 15; → Anhang 15a.
3) Ab 1. 1. 2007 nicht mehr anzuwenden → BMF vom 29. 4. 2008 (BStBl I S. 566), Rz. 15; → Anhang 15a.

Der Aufteilungsmaßstab muss sich an den Umständen des Einzelfalls orientieren. Die Übernahme der Besteuerung für die Zuwendung an Geschäftsfreunde und die eigenen Arbeitnehmer i. S. d. Vereinfachungsregelungen des BMF-Schreibens vom 22. August 2005 (a. a. O) ist möglich.

7. Abweichende Aufteilung der Gesamtaufwendungen

Die Vereinfachungsregelungen (Übernahme der Besteuerung) gemäß Rdnrn 16[1] und 18[2] sind auch in den Fällen anwendbar, in denen nachgewiesen wird, dass eine von Rdnr. 14 abweichende andere Aufteilung der Gesamtaufwendungen im Einzelfall angemessen ist.

XII.
Gewährung des Freibetrages nach § 16 Abs. 4 EStG und der Tarifermäßigung nach § 34 Abs. 3 EStG

BMF vom 20. 12. 2005 (BStBl 2006 I S. 7)
IV B 2 – S 2242 – 18/05

Im Einvernehmen mit den obersten Finanzbehörden der Länder gilt zur Gewährung des Freibetrages nach § 16 Abs. 4 EStG und der Tarifermäßigung nach § 34 Abs. 3 EStG Folgendes:

I. Aufteilung des Freibetrages und Gewährung der Tarifermäßigung bei Betriebsaufgaben über zwei Kalenderjahre

Erstreckt sich eine Betriebsaufgabe (§ 16 Abs. 3 Satz 1 EStG, R 16 Abs. 2 EStR 2005) über zwei Kalenderjahre und fällt der Aufgabegewinn daher in zwei Veranlagungszeiträumen an, ist der Freibetrag nach § 16 Abs. 4 EStG insgesamt nur einmal zu gewähren. Er bezieht sich auf den gesamten Betriebsaufgabegewinn und ist im Verhältnis der Gewinne auf beide Veranlagungszeiträume zu verteilen. Die Tarifermäßigung nach § 34 Abs. 3 EStG kann für diesen Gewinn auf Antrag in beiden Veranlagungszeiträumen gewährt werden. Der Höchstbetrag von fünf Millionen Euro ist dabei aber insgesamt nur einmal zu gewähren.

Beispiel:

Unternehmer A (60 Jahre alt) will seinen Gewerbebetrieb (Summe der Buchwerte des Betriebsvermögens 20 000 €) aufgeben. In der Zeit von November 2004 bis Januar 2005 werden daher alle – wesentlichen – Wirtschaftsgüter des Betriebsvermögens veräußert. Die Veräußerungserlöse betragen 80 000 € in 2004 (hierauf entfällt anteilig ein Buchwert von 16 000 €) und 100 000 € in 2005 (anteiliger Buchwert 4 000 €).

Der begünstigte Aufgabegewinn beträgt insgesamt 160 000 €. Davon entsteht ein Gewinn i. H. v. 64 000 € (40 %) in 2004 und ein Gewinn i. H. v. 96 000 € (60 %) in 2005.

Der zu gewährende Freibetrag beträgt insgesamt 21 000 € (45 000 € abzüglich (160 000 € – 136 000 €). Er ist i. H. v. 8 400 € (40 %) in 2004 und i. H. v. 12 600 € (60 %) in 2005 zu gewähren.

Da die Höhe des zu berücksichtigenden Freibetrages nach § 16 Abs. 4 EStG nach dem Gesamtaufgabegewinn beider Veranlagungszeiträume zu bemessen ist, steht die Höhe des Freibetrages nach § 16 Abs. 4 EStG erst nach Abschluss der Betriebsaufgabe endgültig fest.

Ergibt sich im zweiten Veranlagungszeitraum durch den Gewinn oder Verlust eine Über- oder Unterschreitung der Kappungsgrenze oder insgesamt ein Verlust, ist der im ersten Veranlagungszeitraum berücksichtigte Freibetrag rückwirkend zu ändern. Diese Tatsache stellt ein Ereignis mit steuerlicher Rückwirkung dar (§ 175 Abs. 1 Satz 1 Nr. 2 AO).

Entsteht in einem Veranlagungszeitraum ein Gewinn und in dem anderen ein Verlust, ist die Tarifermäßigung des § 34 EStG nur auf den saldierten Betrag anzuwenden.

Sowohl nach § 16 Abs. 4 EStG als auch nach § 34 Abs. 3 EStG ist in dem jeweiligen Veranlagungszeitraum maximal der Betrag begünstigt, der sich insgesamt aus dem einheitlich zu beurteilenden Aufgabevorgang ergibt.

---

[1] Ab 1. 1. 2007 nicht mehr anzuwenden → BMF vom 29. 4. 2008 (BStBl I S. 566), Rz. 15; → Anhang 15a.
[2] Ab 1. 1. 2007 nicht mehr anzuwenden → BMF vom 29. 4. 2008 (BStBl I S. 566), Rz. 15; → Anhang 15a.

II. Aufteilung des Freibetrages, wenn der Veräußerungsgewinn auch einen Gewinn aus der Veräußerung von Anteilen an Körperschaften, Personenvereinigungen oder Vermögensmassen umfasst[1]

Umfasst der Veräußerungsgewinn auch dem Halbeinkünfteverfahren[2] unterliegende Gewinne aus der Veräußerung von Anteilen an Körperschaften, Personenvereinigungen oder Vermögensmassen, ist der Freibetrag nach § 16 Abs. 4 EStG entsprechend den Anteilen der Gewinne, die dem ermäßigten Steuersatz nach § 34 EStG unterliegen, und der Gewinne, die im Halbeinkünfteverfahren zu versteuern sind, am Gesamtgewinn aufzuteilen (vgl. H 16.13 EStH 2005 – Halbeinkünfteverfahren).

III. Freibetrag bei teilentgeltlicher Veräußerung im Wege der vorweggenommenen Erbfolge

Abweichend von Tz. 36 des BMF-Schreibens vom 13. 01. 1993 – IV B 3 – S 2190–37/92 – (BStBl 1993 I S. 80) ist bei Übertragungen von Betrieben, Teilbetrieben oder Mitunternehmeranteilen im Wege der vorweggenommenen Erbfolge der Freibetrag nach § 16 Abs. 4 EStG auch in den Fällen, in denen das Entgelt den Verkehrswert des Betriebs, Teilbetriebs oder Mitunternehmeranteils nicht erreicht (teilentgeltliche Veräußerung), in voller Höhe zu gewähren.

IV. Vollendung der Altersgrenze in § 16 Abs. 4 und § 34 Abs. 3 EStG nach Beendigung der Betriebsaufgabe oder -veräußerung, aber vor Ablauf des Veranlagungszeitraums der Betriebsaufgabe oder -veräußerung

Vollendet der Steuerpflichtige das 55. Lebensjahr zwar nach Beendigung der Betriebsaufgabe oder -veräußerung, aber noch vor Ablauf des Veranlagungszeitraums der Betriebsaufgabe, sind weder der Freibetrag nach § 16 Abs. 4 EStG[3] noch die Tarifermäßigung nach § 34 Abs. 3 EStG zu gewähren.

Vollendet der Steuerpflichtige das 55. Lebensjahr bei einer Betriebsaufgabe über mehrere Veranlagungszeiträume zwar vor Beendigung der Betriebsaufgabe, aber erst im zweiten Veranlagungsjahr, sind der (anteilige) Freibetrag und die Tarifermäßigung auch für den ersten Veranlagungszeitraum zu gewähren.

V. Zeitliche Anwendung

Dieses Schreiben ist in allen noch offenen Fällen anzuwenden.

XIII.
Ertragsteuerliche Folgen aus der Umsetzung der auf EU-Ebene beschlossenen Reform der Gemeinsamen Agrarpolitik (GAP) in nationales Recht

BMF vom 25. 6. 2008 (BStBl I S. 682)
unter Berücksichtigung der Änderungen durch BMF vom 13. 10. 2008 (BStBl I S. 939)

---

1) Überholt durch BFH vom 14. 7. 2010 (BStBl II S. 1011):
Erzielt der Stpfl. einen Veräußerungsgewinn, der sowohl dem Teileinkünfteverfahren unterliegende als auch in voller Höhe zu besteuernde Gewinne enthält, ist der Freibetrag gem. § 16 Abs. 4 EStG für Zwecke der Ermittlung der nach § 34 Abs. 1 und 3 EStG tarifermäßigt zu besteuernden Gewinne vorrangig mit dem Veräußerungsgewinn verrechnet, auf den das Teileinkünfteverfahren anzuwenden ist.
2) Jetzt Teileinkünfteverfahren.
3) Bestätigt durch BFH vom 28. 11. 2007 (BStBl 2008 II S. 193).

Im Einvernehmen mit den obersten Finanzbehörden der Länder gilt hinsichtlich der ertragsteuerlichen Auswirkungen der auf EU-Ebene gefassten Beschlüsse zur Gemeinsamen Agrarpolitik (GAP) das Folgende:

I. Rechtsgrundlagen

1. EU-Gesetzgebung

Das Recht über Beihilfen in der Landwirtschaft wurde durch die Europäische Union im Rahmen   1
der Reform der Gemeinsamen Agrarpolitik (GAP-Reform) neu geregelt: Die wesentlichen Bestimmungen zur Betriebsprämienregelung finden sich in der Verordnung (EG) Nr. 1782/2003 des Rates vom 29. September 2003, zuletzt geändert durch die Verordnung (EG) Nr. 293/2008 vom 1. April 2008 (ABl. L 90/5) mit gemeinsamen Regeln für Direktzahlungen im Rahmen der Gemeinsamen Agrarpolitik und mit bestimmten Stützungsregelungen für Inhaber landwirtschaftlicher Betriebe (ABl. L 270/1), in Verbindung mit der Verordnung (EG) Nr. 795/2004 der Kommission vom 21. April 2004 mit Durchführungsbestimmungen zur Betriebsprämienregelung (ABl. L 141/.1) zuletzt geändert durch die Verordnung (EG) Nr. 319/2008 vom 7. April 2008 (ABl. L 116/20) sowie der Verordnung (EG) Nr. 796/2004 der Kommission vom 21. April 2004 mit Durchführungsbestimmungen zur Einhaltung anderweitiger Verpflichtungen, zur Modulation und zum Integrierten Verwaltungs- und Kontrollsystem (ABl. L 141/18), zuletzt geändert durch die Verordnung (EG) Nr. 1550/2007 vom 20. Dezember 2007 (ABl. L 337/79).

2. Umsetzung in nationales Recht

In nationales Recht wurden die im Rahmen der GAP-Reform auf EU-Ebene beschlossenen Regelun-   2
gen zur Betriebsprämie vor allem durch das Gesetz zur Durchführung der einheitlichen Betriebsprämie (Betriebsprämiendurchführungsgesetz) vom 21. Juli 2004 (BGBl. I S. 1763); zuletzt geändert durch Bekanntmachung der Neufassung des Dritten Gesetzes zur Änderung des Betriebsprämiendurchführungsgesetzes (BetrPrämDurchfGÄndG) vom 28. März 2008 (BGBl. I S. 495), die Verordnung zur Durchführung der einheitlichen Betriebsprämie (Betriebsprämiendurchführungsverordnung) vom 26. Oktober 2006 (BGBl. I S. 2376) zuletzt geändert durch Verordnung vom 08. 05. 2008 (BGBl. I 2008 Nr. 17, S. 801) umgesetzt.

II. Inhalt der neuen Beihilferegelungen

1. Kernelemente

Mit Wirkung ab 1. Januar 2005 wurde der größte Teil der bisher als Flächen- und Tierprämien   3
gewährten Direktzahlungen von der landwirtschaftlichen Produktion entkoppelt mit der Folge, dass zu diesem Stichtag eine Vielzahl der bisherigen Direktzahlungen wegfallen. An ihre Stelle tritt die so genannte einheitliche Betriebsprämie. Die Entkoppelung erfolgt anfangs durch ein dynamisches Kombimodell. Ab 2006 erhöht sich die Betriebsprämie um einen zusätzlichen betriebsindividuellen Milchbetrag, einen betriebsindividuellen Zuckerbetrag sowie auf Grund der teilweisen Entkopplung der Tabakprämie um einen betriebsindividuellen Tabakbetrag.

2. Entkoppelung der Direktzahlungen von der Produktion

Mit Wirkung ab 1. Januar 2005 wurde der größte Teil der bisher als Flächen- und Tierprämien   4
gewährten Direktzahlungen von der landwirtschaftlichen Produktion entkoppelt mit der Folge, dass zu diesem Stichtag eine Vielzahl der bisherigen Direktzahlungen wegfallen. An ihre Stelle tritt die so genannte einheitliche Betriebsprämie. Die Entkoppelung erfolgt anfangs durch ein dynamisches Kombimodell. Ab 2006 erhöht sich die Betriebsprämie um einen zusätzlichen betriebsindividuellen Milchbetrag, einen betriebsindividuellen Zuckerbetrag sowie auf Grund der teilweisen Entkopplung der Tabakprämie um einen betriebsindividuellen Tabakbetrag.

Abweichend davon gibt es aber auch weiterhin Zahlungen, deren Gewährung teilweise oder voll-   5
ständig an die Produktion des jeweiligen Erzeugnisses gebunden ist (produktspezifische Direktzahlungen). Dazu gehören vor allem Zahlungen zur Eiweißpflanzen, Schalenfrüchte, Energiepflanzen, Stärkekartoffeln sowie (vorübergehend) Tabak.

3. Arten von Zahlungsansprüchen

a) Allgemeines

6 Um Zahlungen im Rahmen der Betriebsprämienregelung erhalten zu können, muss der Betriebsinhaber über entsprechende Zahlungsansprüche verfügen. Unterschieden werden drei Arten von Zahlungsansprüchen, nämlich die Zahlungsansprüche auf einheitliche Betriebsprämie, Zahlungsansprüche bei Stilllegung von Flächen sowie besondere Zahlungsansprüche.

b) Berechtigter Personenkreis

7 Zahlungsansprüche erhält der Betriebsinhaber, der bis zum Stichtag (im ersten Jahr der Betriebsprämienregelung bis zum 17. Mai 2005) einen Antrag auf Festsetzung von Zahlungsansprüchen gestellt hat und über eine beihilfefähige Fläche (Eigentums- oder Pachtfläche, die mindestens 10 Monate zur Verfügung stehen muss) von mindestens 0,3 Hektar verfügt. Betriebsinhaber kann jede natürliche Person, juristische Person oder eine Vereinigung natürlicher oder juristischer Personen sein, die eine landwirtschaftliche Tätigkeit ausübt.

c) Einheitliche Betriebsprämie

8 Die Höhe des Zahlungsanspruchs wird auf der Grundlage von Referenzbeträgen ermittelt. Der Referenzbetrag setzt sich aus einem betriebsindividuellen Betrag (BIB oder top up) und einem flächenbezogenen Betrag zusammen.

9 Der betriebsindividuelle Betrag wird durch Saldierung von bestimmten Direktzahlungen, die dem jeweiligen landwirtschaftlichen Betrieb im Bezugszeitraum (2000 bis 2002) durchschnittlich zugeflossen sind (§ 5 Abs. 2 und 3 BetrPrämDurchfG), ermittelt. Zu diesen Direktzahlungen gehören die Sonderprämie für männliche Rinder, die Schlachtprämie für Kälber, die Mutterkuhprämie, die Mutterschaf- und Ziegenprämie, 50 % der Extensivierungszuschläge für Rinder, die Milchprämie, 25 % des entkoppelten Teils der Stärkekartoffelprämie, der entkoppelte Teil der Trockenfutterbeihilfe und ab 2006 der entkoppelte Teil der Tabakprämie. Da es für Milch in den Jahren 2000 bis 2002 noch keine Direktzahlungen gab, kommt es hier auf die Höhe der verfügbaren einzelbetrieblichen Referenzmenge zum Stichtag 31. März 2005 (§ 5 Abs. 2 Nr. 2 BetrPrämDurchfG) an.

10 Der flächenbezogene Betrag berechnet sich in mehreren Schritten. Im ersten Schritt ist von dem Prämienvolumen aus der jeweiligen regionalen Obergrenze der betriebsindividuelle Betrag abzuziehen. Anschließend ist der danach verbleibende Betrag im zweiten Schritt gleichmäßig auf die von dem landwirtschaftlichen Betrieb im Jahr 2005 gemeldete beihilfefähige Fläche der entsprechenden Region zu verteilen. Für die Berechnung des flächenbezogenen Betrags ist eine Differenzierung zwischen Dauergrünland und sonstigen beihilfefähigen Flächen – sog. Ackerland – vorzunehmen. Bei Stilllegung entsprechen die Zahlungsansprüche dem flächenbezogenen Betrag je Hektar Ackerland der jeweiligen Region.

d) Zahlungsansprüche für Stilllegung

11 Betriebsinhaber, die beihilfefähige Ackerflächen bewirtschaften und für deren Nutzung Zahlungsansprüche erhalten, müssen einen Teil ihrer Flächen stilllegen. Für die Stilllegung wird dem Betriebsinhaber ein spezieller Zahlungsanspruch (sog. Zahlungsanspruch bei Stilllegung) zugewiesen.

Die Verpflichtung zur Flächenstilllegung kann durch unmittelbare Rechtsakte der Organe der Europäischen Gemeinschaft oder auf Grund solcher Rechtsakte ausgesetzt werden.

e) Besondere Zahlungsansprüche

12 Betriebsinhaber, die im Bezugszeitraum bestimmte Tierprämien erhalten haben und im Jahr 2005 über keine oder nur sehr wenig beihilfefähige Fläche verfügen (zum Beispiel Wanderschäfer), können besondere Zahlungsansprüche beantragen.

4. Festsetzung und Auszahlung der Zahlungsansprüche

13 Die Festsetzung der Zahlungsansprüche erfolgt durch den Bescheid an den Betriebsinhaber (endgültige Festsetzung spätestens bis zum 31. Dezember 2005). Aus dem Bescheid gehen die Anzahl, Art und Wert der Zahlungsansprüche hervor.

14 Die Betriebsprämie wird zwischen dem 1. Dezember des Antragsjahres und dem 30. Juni des Folgejahres ausgezahlt. Eine Auszahlung kann nur erfolgen, wenn ein Mindestbetrag von 100 € überschritten wird.

5. Übertragung von Zahlungsansprüchen

Eine Übertragung von Zahlungsansprüchen ist frühestens möglich, wenn die Zahlungsansprüche endgültig festgesetzt worden sind. Zahlungsansprüche können grundsätzlich mit oder ohne Fläche entgeltlich oder unentgeltlich an andere Betriebsinhaber übertragen werden, z. B. durch Verkauf oder Verpachtung. Für eine Übertragung ohne Flächen gelten besondere Regelungen. Eine Verpachtung oder ähnliche Übertragung von Zahlungsansprüchen ist nur mit Fläche zulässig. Bei besonderen Zahlungsansprüchen wird eine Flächenübertragung fiktiv unterstellt, wenn der Betriebsinhaber alle Zahlungsansprüche im Wege des Verkaufs oder der Verpachtung überträgt. | 15

6. Endstufe Regionalmodell

Langfristig ist die Überführung des dynamischen Kombinationsmodells in ein reines Regionalmodell vorgesehen. Dazu werden die von Betrieb zu Betrieb unterschiedlichen Werte der Zahlungsansprüche schrittweise zu regional einheitlichen Zahlungsansprüchen umgewandelt (Abschmelzung des BIB und teilweise Anhebung des flächenbezogenen Betrags). Dieser Übergang erfolgt in der so genannten Angleichungsphase zwischen den Jahren 2010 und 2013. Am Ende der Angleichungsphase im Jahr 2013 kann allen Zahlungsansprüchen in einer Region ein einheitlicher Wert je Hektar zugeordnet werden. | 16

7. Cross Compliance

Voraussetzung für den vollständigen Erhalt der entkoppelten und gekoppelten Direktzahlungen ist die Einhaltung von bestimmten Bewirtschaftungsauflagen. Die Auflagen betreffen die landwirtschaftlichen Flächen, die landwirtschaftliche Erzeugung und die landwirtschaftliche Tätigkeit. Verstößt der Betriebsinhaber gegen diese Vorschriften, führt dies zu einer Kürzung seiner Direktzahlungen. | 17

III. Ertragsteuerrechtliche Behandlung der Ansprüche

1. Nach GAP-Reform zugeteilte Zahlungsansprüche (Betriebsprämie, Stilllegungsprämie und besondere Zahlungsansprüche)

a) Bilanzierung von Zahlungsansprüchen

Bei den Zahlungsansprüchen handelt es sich um immaterielle Wirtschaftsgüter des Anlagevermögens, weil sie vermögenswerte Vorteile des Betriebs darstellen, die – unabhängig von der Fläche – einzeln oder zusammen mit dem Betrieb handelbar sind. Wirtschaftsgut ist der einzelne Zahlungsanspruch. Nach § 5 Abs. 2 EStG ist der Zahlungsanspruch als immaterielles Wirtschaftsgut bei entgeltlichem Erwerb zu aktivieren. Die erstmalige Zuteilung des Zahlungsanspruchs führt mangels entgeltlichen Erwerbs noch nicht zur Bilanzierung. Mehrere Zahlungsansprüche können nicht zu einem einheitlichen Wirtschaftsgut zusammengefasst werden. | 18

b) Abschreibungen von Zahlungsansprüchen

aa) lineare Abschreibungen

Entgeltlich erworbene Zahlungsansprüche sind mit den Anschaffungskosten zu bewerten. Mangels zeitlicher Befristung der EU-Verordnung zu den prämienrechtlichen Regelungen sind Absetzungen für Abnutzungen nach § 7 Abs. 1 EStG auf entgeltlich erworbene Zahlungsansprüche nicht zulässig (vgl. auch BFH-Urteil vom 4. 12. 1991, BStBl II 1992, 383 zu Güterfernverkehrsgenehmigungen). Die Tatsache, dass in der finanziellen Vorausschau zunächst nur bis 2013 Haushaltsmittel eingestellt sind, steht dem nicht entgegen, denn die Zahlungsansprüche bleiben zumindest dem Grunde nach auch nach diesem Zeitpunkt erhalten. Ungewiss ist danach lediglich die Höhe der Zahlungsansprüche, so dass ggf. Teilwertabschreibungen in Betracht kommen könnten. | 19

bb) Teilwertabschreibungen

Mit der Umstellung vom Kombinationsmodell zum Regionalmodell können Zahlungsansprüche, deren Werte 2009 oberhalb des regionalen Zielwertes 2013 liegen, sich im Wert verringern, z. B. durch die schrittweise Abschmelzung der BIBs und der nur teilweisen Anhebung der flächenbezogenen Beträge. Für die in diesen Fällen voraussichtlich von Dauer eintretenden Wertminderungen dürfen daher beginnend ab dem Jahr 2010 zum jeweiligen Bilanzstichtag Teilwertabschreibungen vorgenommen werden. Der Teilwert zum jeweiligen Bilanzstichtag entspricht mindestens den am Bilanzstichtag als Betriebsprämie gezahlten flächenbezogenen Beträgen für die jeweilige Region. Für den Fall, dass bereits nach Erwerb der Zahlungsansprüche aber noch vor der Umstellungsphase Wertminderungen eintreten, richtet sich die Gewährung von Teilwertabschreibungen nach den allgemeinen Grundsätzen (vgl. BMF-Schreiben vom 25. Februar 2000, BStBl I S. 372). | 20

c) Abspaltung vom Grund und Boden

21   Eine Abspaltung der Zahlungsansprüche vom Grund und Boden kommt nicht in Betracht, da kein Bezug zwischen einem Zahlungsanspruch und einer bestimmten Fläche besteht und die neue Agrarförderung zu keinerlei Einschränkungen der Nutzbarkeit des Grund und Bodens führt.

2. Vor der GAP-Reform zugeteilte Prämienansprüche und Produktionsrechte

Hinsichtlich der entgeltlich erworbenen Prämien- und Produktionsrechte stellt sich die Situation nach der Agrarreform wie folgt dar:

a) Milchquoten

22   Die Quotenregelung zur Regulierung des Milchmarkts wurde bis zum Jahre 2015 verlängert. Sie wird damit als eigenständiges Instrument neben der neuen Agrarförderung (GAP-Reform) weitergeführt. Hinsichtlich der ertragsteuerlichen Behandlung von Milchreferenzmengen gelten die Regelungen im BMF-Schreiben vom 14. Januar 2003, BStBl I 2003 S. 78. Soweit für sie aufgrund entgeltlichen Erwerbs oder durch Abspaltung vom Grund und Boden ein Buchwert angesetzt wurde, ist dieser Buchwert unverändert fortzuführen.

b) Zuckerrübenlieferrechte[1]

23   Trotz Fortgeltung der Zuckermarktordnung bis zum Wirtschaftsjahr 2014/15 unterliegen die Mindestpreise für Zuckerrüben auf Grund eines Beschlusses des EU-Agrarrats einer sukzessiven Absenkung. Als Ausgleich hierfür wird ein betriebsindividueller Zuckerbetrag zugeteilt, der den betriebsindividuellen Betrag der Zahlungsansprüche erhöht. Das Wirtschaftgut „Zuckerrübenlieferrecht" bleibt auch nach neuem EU-Recht bestehen. Für die durch die Absenkung der Zuckerrübenpreise eingetretenen dauernden Wertminderungen können Teilwertabschreibungen gewährt werden.

c) Mutterkuhprämienrechte

24   Im Tierprämienbereich wurden insbesondere Mutterkuhprämienrechte gehandelt. Mutterkuhprämienrechte, die vor dem Bezugszeitraum entgeltlich erworben wurden, sind entsprechend der Produktion im Bezugszeitraum über die betriebsbezogenen Beträge im Wert der Zahlungsansprüche (Betriebsprämie) aufgegangen. Mit dem Wegfall der entkoppelten Tierprämien sind Mutterkuhprämienrechte wertlos geworden. Das immaterielle Wirtschaftsgut „Mutterkuhprämienrecht" geht mit der Umstellung auf das neue System unter. Bei zulässiger Aktivierung ist das jeweilige Wirtschaftsgut – je nach Wirtschaftsjahr des Land- und Forstwirts – zum 30. Juni 2005 oder zum 31. Dezember 2005 aufwandswirksam in Höhe des Restbuchwerts auszubuchen. Teilwertabschreibungen kommen beim Wechsel zum neuen Prämienrecht nicht in Betracht, weil das Wirtschaftsgut als solches nicht mehr vorhanden ist. Bei Gewinnermittlung durch Einnahmenüberschussrechnung nach § 4 Abs. 3 EStG liegt in Höhe des im Anlageverzeichnis zulässigerweise enthaltenen Werts des Prämienrechts eine Betriebsausgabe vor.

d) Mutterschafprämienrechte

25   Mutterschafprämienrechte konnten in der Regel unentgeltlich aus der nationalen Reserve erworben werden. Sofern Mutterschafprämienrechten in der Vergangenheit entgeltlich erworben wurden, finden die Ausführungen zur ertragsteuerlichen Behandlung von Mutterkuhprämienrechten gleichermaßen Anwendung.

e) Tabakquoten

26   Die Tabakquoten entfallen ab dem 1. Januar 2006. Der entkoppelte Teil der Tabakprämien (40 %) geht im Wert der Zahlungsansprüche als betriebsindividueller Betrag auf. Die gekoppelte Tabakprämie (60 %) kann ab 2006 jeder Tabakerzeuger beantragen, der im Bezugszeitraum 2000 bis 2002 Tabak im Rahmen einer Quote geliefert hat. Mit Auslaufen der Marktordnung für Rohtabak geht das immaterielle Wirtschaftsgut „Tabakquote" unter. Hat der Tabakerzeuger vor 2006 Tabakquoten entgeltlich erworben, ist – je nach Wirtschaftsjahr des Land- und Forstwirts – zum 30. Juni 2005 oder zum 31. Dezember 2005 der (Rest-)buchwert auszubuchen.

---

[1] Aufwendungen, die für den Erwerb von Zuckerrübenlieferrechten geleistet werden, sind Anschaffungskosten für ein immaterielles abnutzbares Wirtschaftsgut. Die Nutzungsdauer ist nach der bei Aufstellung der Bilanz voraussichtlichen Dauer des Fortbestandes der Quotenregelung zu schätzen (→ BFH vom 16. 10. 2008 – BStBl 2010 II S. 28).

3. Verstoß gegen die Cross-Compliance-Regelung und andere Sanktionsmaßnahmen

Die Cross-Compliance-Regelung und die Nicht-Einhaltung der darin genannten Anforderungen haben wegen ihres fehlenden Bezugs zu bestimmten Zahlungsansprüchen oder anderen Wirtschaftsgütern des Betriebsvermögens keine direkten Auswirkungen auf deren bilanziellen Wertansatz und führen damit nicht zur Teilwertabschreibung der Zahlungsansprüche. Vielmehr wirken sie sich über die im Falle eines Verstoßes geringeren Betriebseinnahmen des Steuerpflichtigen auf den Gewinn aus.   27

4. Stilllegungs-Zahlungsansprüche

Auch Zahlungsansprüche für Stilllegung können ab dem 1. Januar 2006 übertragen werden. Die ertragsteuerliche Behandlung der Zahlungsansprüche für Stilllegung bei entgeltlichem Erwerb richtet sich nach den unter III. 1. dargelegten allgemeinen Grundsätzen.   28

Werden Zahlungsansprüche mit Stilllegungsverpflichtung veräußert, wird es Fälle geben, in denen es sich der veräußernde Landwirt etwas kosten lassen wird, sich von der Stilllegungsverpflichtung zu befreien. Die Aufwendungen, die er zusätzlich für die Abgabe dieser Zahlungsverpflichtung aufwenden muss, sind sofort abziehbare Betriebsausgaben. Beim Erwerber stellen die Zahlungen für die Übernahme der Verpflichtung Betriebseinnahmen dar. Wegen der zumindest bis zum 31. Dezember 2013 bestehenden Stilllegungsverpflichtung hat der Erwerber gemäß § 5 Abs. 5 Satz 1 Nr. 2 EStG einen passiven Rechnungsabgrenzungsposten zu bilden, der bis 2013 in gleichen Jahresbeträgen Gewinn erhöhend aufzulösen ist, unabhängig davon, ob für einige Jahre die Verpflichtung zur Stilllegung ausgesetzt worden ist.   29

5. Veräußerung und Verpachtung von Zahlungsansprüchen

a) Gewinnermittlung nach § 4 Abs. 1 und Abs. 3 EStG

Werden Zahlungsansprüche, die dem Land- und Forstwirten zugeteilt wurden oder die er zwischenzeitlich entgeltlich erworben hat, veräußert oder verpachtet, ist der jeweilige Erlös oder der Pachtzins bei ihm als Betriebseinnahme zu erfassen. Für die Ermittlung des Veräußerungsgewinns gelten die allgemeinen Grundsätze.   30

Zahlungsansprüche werden auch für Pachtflächen zugeteilt. Grundsätzlich bleiben die Zahlungsansprüche auch bei Beendigung des Pachtvertrages beim Pächter. Pächter und Verpächter können vertraglich etwas anderes regeln. Sieht die abweichende vertragliche Vereinbarung vor, dass die Zahlungsansprüche des Pächters ohne zeitlich bei Pachtende auf einen vom Verpächter zu bestimmenden Betriebsinhaber übergehen, sind die Zahlungsansprüche beim Verpächter im Zeitpunkt des tatsächlichen Übergangs mit dem gemeinen Wert gewinnwirksam zu aktivieren. Handelt es sich um Zahlungsansprüche, die dem Pächter (unentgeltlich) zugeteilt wurden, entstehen durch Abgang der Zahlungsansprüche beim Pächter keine Gewinnauswirkungen. Handelt es sich um Zahlungsansprüche, die der Pächter entgeltlich erworben hat, ist insoweit eine Betriebsausgabe in Höhe des (Rest-)Buchwerts bei Abgang zu berücksichtigen. Zahlt der Verpächter bei der unentgeltlichen Rückgabe eines Zahlungsanspruchs eine Entschädigung für die im Zahlungsanspruch enthaltenen BIB, stellen diese Zahlungen insoweit nachträgliche Anschaffungskosten dar. Die Entschädigung ist beim Pächter in diesem Zeitpunkt als laufende Betriebseinnahme zu erfassen, da die Voraussetzungen des §§ 24 Nr. 1 i. V. m. 34 Abs. 1 EStG nicht erfüllt sind.   31

Überträgt der Pächter die Zahlungsansprüche auf Weisung des Verpächters auf einen anderen Pächter, verbunden mit der Verpflichtung, nach Ablauf des – neuen – Pachtvertrages Zahlungsansprüche gleicher Anzahl und Wertigkeit zurück zu übertragen, handelt es sich um die Gewährung eines Sachdarlehens vom Verpächter an den neuen Pächter. Beim Verpächter tritt an die Stelle der Zahlungsansprüche eine Sachwertforderung, die in gleicher Höhe anzusetzen ist wie der Wert der übertragenen Zahlungsansprüche. Der neue Pächter hat die Zahlungsansprüche zu aktivieren und in gleicher Höhe eine Rückgabeverpflichtung zu passivieren.   32

Bei unentgeltlicher Übertragung eines landwirtschaftlichen Betriebes oder Teilbetriebes oder eines Anteils eines Mitunternehmers an einem landwirtschaftlichen Betrieb (§ 6 Abs. 3 EStG) oder bei Einbringung unter Buchwertfortführung (§ 24 UmwStG) werden auch die Zahlungsansprüche gewinnneutral übertragen. Bei Verpachtung eines landwirtschaftlichen Betriebs oder bei Verpachtung lediglich der Zahlungsansprüche an eine landwirtschaftliche Personengesellschaft, an der der Verpächter als Gesellschafter beteiligt ist, werden die Zahlungsansprüche ohne Gewinnrealisierung Sonderbetriebsvermögen des Verpächter-Gesellschafters, weil sich insoweit die Rechtsträgerschaft nicht ändert.   33

Der Tausch von Zahlungsansprüchen sowie von Stilllegungs-Zahlungsansprüchen gegen andere Zahlungsansprüche ist nach den allgemeinen Grundsätzen des § 6 Abs. 6 EStG zu beurteilen.   34

Hinsichtlich der Ermittlung von Gewinnen aus der Veräußerung von Zahlungsansprüchen im Rahmen einer Betriebsveräußerung oder Betriebsaufgabe i. S. d. §§ 14 i. V. m. § 16 EStG gelten die allgemeinen Grundsätze. Der bei Betriebsaufgabe anzusetzende gemeine Wert entspricht dem   35

Marktwert zum Zeitpunkt der Betriebsaufgabe. Ist ein Marktwert aufgrund von Vergleichverkäufen nicht feststellbar, muss der gemeine Wert durch Kapitalisierung ermittelt werden.

36   Werden Zahlungsansprüche mangels Nutzung während drei aufeinander folgender Jahre in die nationale Reserve eingezogen, ist im Zeitpunkt der Rückgabe für zuvor entgeltlich erworbene Zahlungssprüche eine Betriebsausgabe in Höhe des Restbuchwertes zu erfassen.

b) Gewinnermittlung nach § 13a EStG

37   Bei der Gewinnermittlung nach § 13a EStG sind Gewinne aus der Veräußerung von Zahlungsansprüchen mit dem Grundbetrag abgegolten. Steht die Veräußerung von Zahlungsansprüchen im Zusammenhang mit einer Betriebsumstellung, sind die Gewinne hieraus als Sondergewinne zu versteuern (vgl. § 13a Abs. 6 Satz 1 Nr. 2 EStG).

38   Entgelte für die Verpachtung von Zahlungsansprüchen sind als vereinnahmte Miet- und Pachtzinsen nach § 13a Abs. 3 Satz 1 Nr. 4 EStG zu erfassen. Aufwendungen für gepachtete Zahlungsansprüche sind nach § 13a Abs. 3 Satz 2 EStG vom Grundbetrag abzusetzen.

39   Werden Zahlungsansprüche gegen Zahlungsansprüche mit Stilllegungsverpflichtung getauscht, liegt in dem Entgelt für die Übernahme der Stilllegungsverpflichtung kein Gewinn aus der Veräußerung eines Wirtschaftsguts des Anlagevermögens. Vielmehr handelt es sich wirtschaftlich um eine Gegenleistung für die Übernahme einer Verpflichtung. Dieser Gewinn ist grundsätzlich mit dem Grundbetrag abgegolten. Der aus der Hingabe der eigenen Zahlungsansprüche realisierte Gewinn ist nur dann als Sondergewinn zu erfassen, wenn er im Zusammenhang mit einer Betriebsumstellung erzielt wird.

6. Prämienzahlungen

a) Gewinnermittlung nach § 4 Abs. 1 EStG

40   [1]Bei Gewinnermittlung durch Bestandsvergleich nach § 4 Abs. 1 EStG ist der Auszahlungsanspruch bei Vorliegen der übrigen Voraussetzungen (vgl. BFH v. 8. November 2000, BStBl 2001 II S. 349) als Forderung zu aktivieren. Dies setzt bis zum Antragsjahr 2007 voraus, dass am Abschlussstichtag der Zehnmonatszeitraum (vgl. Rz. 7) bereits abgelaufen und ggf. bestehende Stilllegungsverpflichtungen erfüllt sind. Ab dem Antragsjahr 2008 ist der Zehnmonatszeitraum entfallen. *Da die angemeldeten Flächen während des gesamten Jahres beihilfefähig sein müssen, entsteht die Forderung mit Ablauf des Kalenderjahres.*

b) Gewinnermittlung nach § 4 Abs. 3 EStG

41   Bei Gewinnermittlung durch Einnahmenüberschussrechnung nach § 4 Abs. 3 EStG sind die Auszahlungen aus den Zahlungsansprüchen im Zeitpunkt der Vereinnahmung als Betriebseinnahmen zu erfassen.

c) Gewinnermittlung nach § 13a EStG

42   Die Auszahlungen aus Zahlungsansprüchen sind grundsätzlich mit dem Grundbetrag abgegolten.

IV. Umsatzsteuerliche Behandlung von Zahlungsansprüchen

43   Hinsichtlich der umsatzsteuerlichen Behandlung von Zahlungsansprüchen nach der GAP-Reform finden die mit BMF-Schreiben vom 26. Februar 2007 (BStBl I S. 271) bekannt gegebenen Grundsätze Anwendung.

XIV.
Zuordnung der Steuerberatungskosten zu den Betriebsausgaben, Werbungskosten oder Kosten der Lebensführung

BMF vom 21. 12. 2007 (BStBl I S. 256)
IV B 2 – S 2144/07/0002

Durch das Gesetz zum Einstieg in ein steuerliches Sofortprogramm vom 22. Dezember 2005 (BGBl. I S. 3682, BStBl I 2006 S. 79) wurde der Abzug von Steuerberatungskosten als Sonderausgaben ausgeschlossen. Steuerberatungskosten sind nur noch zu berücksichtigen, wenn sie Betriebsausgaben oder Werbungskosten darstellen. Im Einvernehmen mit den obersten Finanzbehörden der Länder gilt für die Zuordnung der Steuerberatungskosten zu den Betriebsausgaben, Werbungskosten oder den nicht abziehbaren Kosten der Lebensführung Folgendes:

---

[1] Rz. 40 gem. BMF vom 13. 10. 2008 (BStBl I S. 939).

1. Begriffsbestimmung

Steuerberatungskosten umfassen alle Aufwendungen, die in sachlichem Zusammenhang mit dem Besteuerungsverfahren stehen. Hierzu zählen insbesondere solche Aufwendungen, die dem Steuerpflichtigen durch die Inanspruchnahme eines Angehörigen der steuerberatenden Berufe zur Erfüllung seiner steuerlichen Pflichten und zur Wahrung seiner steuerlichen Rechte entstehen (§§ 1 und 2 StBerG). Dazu gehören auch die damit zwangsläufig verbundenen und durch die Steuerberatung veranlassten Nebenkosten (BFH vom 12. Juli 1989, BStBl II S. 967), wie Fahrtkosten zum Steuerberater und Unfallkosten auf dem Weg zum Steuerberater. Steuerberatungskosten sind u. a. auch Beiträge zu Lohnsteuerhilfevereinen, Aufwendungen für Steuerfachliteratur und sonstige Hilfsmittel (z. B. Software). 1

Nicht zu den Steuerberatungskosten zählen u. a. Rechtsanwaltskosten, die der Steuerpflichtige aufwendet, um die Zustimmung seines geschiedenen oder dauernd getrennt lebenden unbeschränkt steuerpflichtigen Ehegatten zum begrenzten Realsplitting zu erlangen oder die für die Verteidigung in einem Steuerstrafverfahren (→ BFH vom 20. September 1989, BStBl II 1990 S. 20) anfallen. 2

2. Zuordnung zu den Betriebsausgaben/Werbungskosten

Steuerberatungskosten sind als Betriebsausgaben oder Werbungskosten abzuziehen, wenn und soweit sie bei der Ermittlung der Einkünfte anfallen (→ BFH vom 18. November 1965, BStBl III 1966 S. 190) oder im Zusammenhang mit Betriebssteuern (z. B. Gewerbesteuer, Umsatzsteuer, Grundsteuer für Betriebsgrundstücke) oder Investitionszulagen für Investitionen im einkünfterelevanten Bereich stehen. Die Ermittlung der Einkünfte umfasst die Kosten der Buchführungsarbeiten und der Überwachung der Buchführung, die Ermittlung von Ausgaben oder Einnahmen, die Anfertigung von Zusammenstellungen, die Aufstellung von Bilanzen oder von Einnahmenüberschussrechnungen, die Beantwortung der sich dabei ergebenden Steuerfragen, soweit es sich nicht um Nebenleistungen nach § 12 Nr. 3 EStG handelt und die Kosten der Beratung. Zur Ermittlung der Einkünfte zählt auch das Ausfüllen des Vordrucks Einnahmenüberschussrechnung (EÜR). 3

3. Zuordnung zu den Kosten der Lebensführung

Das Übertragen der Ergebnisse aus der jeweiligen Einkunftsermittlung in die entsprechende Anlage zur Einkommensteuererklärung und das übrige Ausfüllen der Einkommensteuererklärung gehören nicht zur Einkunftsermittlung. Die hierauf entfallenden Kosten sowie Aufwendungen, die die Beratung in Tarif- oder Veranlagungsfragen betreffen oder im Zusammenhang mit der Ermittlung von Sonderausgaben und außergewöhnlichen Belastungen stehen, sind als Kosten der privaten Lebensführung gemäß § 12 Nr. 1 EStG steuerlich nicht zu berücksichtigen (→ BFH vom 12. Juli 1989, BStBl II S. 967). 4

Zu den der Privatsphäre zuzurechnenden Aufwendungen zählen auch die Steuerberatungskosten, die: 5

– durch haushaltsnahe Beschäftigungsverhältnisse veranlasst sind,
– im Zusammenhang mit der Inanspruchnahme haushaltsnaher Dienstleistungen oder der steuerlichen Berücksichtigung von Kinderbetreuungskosten stehen,
– die Erbschaft- oder Schenkungsteuer,
– das Kindergeld oder
– die Eigenheimzulage betreffen.

4. Zuordnung zur Betriebs-/Berufssphäre oder zur Privatsphäre

Steuerberatungskosten, die für Steuern entstehen, die sowohl betrieblich/beruflich als auch privat verursacht sein können, sind anhand ihrer Veranlassung den Aufwendungen nach Rdnr. 3 oder 4 zuzuordnen (z. B. Grundsteuer, Kraftfahrzeugsteuer, Zweitwohnungsteuer, Gebühren für verbindliche Auskünfte nach § 89 Abs. 3 bis 5 AO). Als Aufteilungsmaßstab dafür ist grundsätzlich die Gebührenrechnung des Steuerberaters heranzuziehen. 6

5. Zuordnung gemischt veranlasster Aufwendungen

Entstehen dem Steuerpflichtigen Aufwendungen, die unter Berücksichtigung der Ausführungen zu den Rdnrn. 3 und 4 sowohl betrieblich/beruflich als auch privat veranlasst sind, wie z. B. Beiträge zu Lohnsteuerhilfevereine, Anschaffungskosten für Steuerfachliteratur zur Ermittlung der Einkünfte und des Einkommens, Beratungsgebühren für einen Rechtsstreit, der sowohl die Ermittlung von Einkünften als auch z. B. den Ansatz von außergewöhnlichen Belastungen umfasst, ist im Rahmen einer sachgerechten Schätzung eine Zuordnung zu den Betriebsausgaben, Werbungskosten oder Kosten der Lebensführung vorzunehmen. Dies gilt auch in den Fällen einer Vereinbarung einer Pauschalvergütung nach § 14 der StBGebV. 7

8   Bei Beiträgen an Lohnsteuerhilfevereine, Aufwendungen für steuerliche Fachliteratur und Software wird es nicht beanstandet, wenn diese Aufwendungen i.H.v. 50 Prozent den Betriebsausgaben oder Werbungskosten zugeordnet werden. Dessen ungeachtet ist aus Vereinfachungsgründen der Zuordnung des Steuerpflichtigen bei Aufwendungen für gemischte Steuerberatungskosten bis zu einem Betrag von 100 Euro im Veranlagungszeitraum zu folgen.

Beispiel:

Der Steuerpflichtige zahlt in 01 einen Beitrag an einen Lohnsteuerhilfeverein i.H.v. 120 Euro. Davon ordnet er 100 Euro den Werbungskosten zu; diese Zuordnung ist nicht zu beanstanden.

6. Zuordnung der Steuerberatungskosten bei Körperschaften

9   Auf Körperschaften findet § 12 EStG keine Anwendung. Den Körperschaften im Sinne des § 1 Abs. 1 Nr. 1 bis 3 KStG entstehende Steuerberatungskosten sind in vollem Umfang als Betriebsausgaben abziehbar. Für Körperschaften, die auch andere als gewerbliche Einkünfte erzielen, ist zwischen einkunftsbezogenen und nicht einkunftsbezogenen Aufwendungen zu unterscheiden. Den einzelnen Einkunftsarten zuzuordnenden Steuerberatungskosten sind als Betriebsausgaben oder Werbungskosten abziehbar.

7. Anwendungszeitpunkt

10   Steuerberatungskosten, die den Kosten der Lebensführung zuzuordnen sind, sind ab dem 1. Januar 2006 nicht mehr als Sonderausgaben zu berücksichtigen. Maßgebend dafür ist der Zeitpunkt des Abflusses der Aufwendungen (§ 11 Abs. 2 Satz 1 EStG). Werden Steuerberatungskosten für den Veranlagungszeitraum 2005 vorschussweise (§ 8 StBGebV) bereits in 2005 gezahlt, so sind sie dem Grunde nach abziehbar. Eine spätere Rückzahlung aufgrund eines zu hohen Vorschusses mindert die abziehbaren Aufwendungen des Veranlagungszeitraumes 2005. Ein bereits bestandskräftiger Bescheid ist nach § 175 Abs. 1 Satz 1 Nr. 2 AO zu ändern (→ BFH vom 28. Mai 1998, BStBl II 1999 S. 95).

XV. Bemessungsgrundlage für die Absetzungen für Abnutzung nach Einlage von zuvor zur Erzielung von Überschusseinkünften genutzten Wirtschaftsgütern; Anwendung der Urteile des BFH vom 18. August 2009 (X R 40/06 – BStBl 2010 II S. 961) und vom 28. Oktober 2009 (VIII R 46/07 – BStBl 2010 II S. 964)

BMF vom 27. 10. 2010 (BStBl I S. 1204)
IV C 3 – S 2190/09/10007 – 2010/0764153

Unter Bezugnahme auf das Ergebnis der Erörterungen mit den obersten Finanzbehörden der Länder gilt zur Ermittlung der Bemessungsgrundlage für die Absetzungen für Abnutzung (AfA) nach Einlage von zuvor zur Erzielung von Überschusseinkünften genutzten Wirtschaftsgütern Folgendes:

1   Die AfA in gleichen Jahresbeträgen von Wirtschaftsgütern, deren Verwendung oder Nutzung zur Erzielung von Einkünften sich erfahrungsgemäß auf einen Zeitraum von mehr als einem Jahr erstreckt, wird nach den Anschaffungs- oder Herstellungskosten des Wirtschaftsguts ermittelt (§ 7 Absatz 1 Satz 1 EStG). Bei einer Einlage aus dem Privatvermögen in ein Betriebsvermögen tritt an die Stelle der Anschaffungs- oder Herstellungskosten der Einlagewert (§ 6 Absatz 1 Nummer 5 Satz 1 EStG).

Einlagewert ist grundsätzlich der Teilwert (§ 6 Absatz 1 Nummer 5 Satz 1 Halbsatz 1 EStG). Bei der Einlage eines abnutzbaren Wirtschaftsgutes in ein Betriebsvermögen innerhalb von drei Jahren nach Anschaffung oder Herstellung (§ 6 Absatz 1 Nummer 5 Satz 1 Halbsatz 2 Buchstabe a i. V. m. Satz 2 EStG) ermittelt sich der Einlagewert nach den Anschaffungs- oder Herstellungskosten abzüglich der AfA nach § 7 EStG, den erhöhten Absetzungen (außerplanmäßige AfA) sowie etwaigen Sonderabschreibungen, die auf den Zeitraum zwischen der Anschaffung oder Herstellung des Wirtschaftsguts und der Einlage entfallen, unabhängig davon, ob das Wirtschaftsgut vor der Einlage zur Einkunftserzielung genutzt worden ist (R 6.12 Absatz 1 EStR).

2   Werden Wirtschaftsgüter nach einer Verwendung zur Erzielung von Einkünften im Sinne des § 2 Absatz 1 Satz 1 Nummer 4 bis 7 EStG in ein Betriebsvermögen eingelegt, ist nach § 7 Absatz 1 Satz 5 EStG eine vom Einlagewert nach § 6 Absatz 1 Nummer 5 Satz 1 EStG abweichende AfA-Bemessungsgrundlage zu ermitteln. Die Abschreibung des eingelegten Wirtschaftsguts nach § 7 Absatz 1 EStG bemisst sich in diesem Fall abweichend von R 7.3 Absatz 6 Satz 1 und 2 EStR 2008 nach folgenden Grundsätzen:

Fallgruppe 1

Ist der Einlagewert des Wirtschaftsguts höher als oder gleich den historischen Anschaffungs- oder Herstellungskosten, ist die AfA ab dem Zeitpunkt der Einlage nach dem um die bereits in Anspruch genommenen AfA oder Substanzverringerungen (planmäßigen AfA), Sonderabschreibungen oder erhöhten Absetzungen geminderten Einlagewert zu bemessen.   3

Beispiel 1:

A erwarb im Jahr 01 ein Grundstück mit aufstehendem Gebäude (Anschaffungskosten 800.000 Euro, davon entfallen 700.000 Euro auf das Gebäude). Er vermietete das Grundstück an eine Versicherung und machte im Rahmen der Einkünfte aus Vermietung und Verpachtung für das Gebäude-AfA geltend. Nach Beendigung des Mietverhältnisses im Jahr 25 legt er das Grundstück mit aufstehendem Gebäude zu Beginn des Jahres 26 in das Betriebsvermögen seines Einzelunternehmens ein. Das Gebäude wird nicht zu

Wohnzwecken verwendet. Der Teilwert des Gebäudes beträgt zu diesem Zeitpunkt 1.000.000 Euro. Bis zur Einlage des Gebäudes hat A insgesamt 350.000 Euro als AfA in Anspruch genommen.

B 1 Die Bemessungsgrundlage für die AfA des Gebäudes im Betriebsvermögen beträgt 650.000 Euro. Sie wird nach dem Einlagewert (1.000.000 Euro) abzüglich der bis dahin in Anspruch genommenen AfA (350.000 Euro) ermittelt, denn der Einlagewert (1.000.000 Euro) ist höher als die historischen Anschaffungskosten (700.000 Euro).

B 2 Nach § 7 Absatz 4 Satz 1 Nummer 1 EStG ist von der nach § 7 Absatz 1 Satz 5 ermittelten Bemessungsgrundlage das Gebäudes nach der Einlage jährlich mit einem Betrag von 19.500 Euro (= 3 % von 650.000 Euro) abzusetzen. Der nach Ablauf von 33 Jahren verbleibende Restwert von 6.500 Euro ist im Folgejahr abzusetzen. Von dem danach verbleibenden Restbuchwert in Höhe von 350 000 € darf keine AfA vorgenommen werden. Bei einer Veräußerung ist dieser Restbuchwert gewinnmindernd zu berücksichtigen. § 6 Absatz 1 Nummer 1 Satz 2 und § 7 Absatz 1 Satz 7 EStG bleiben unberührt.

Fallgruppe 2

Ist der Einlagewert des Wirtschaftsguts geringer als die historischen Anschaffungs- oder Herstellungskosten, aber nicht geringer als die fortgeführten Anschaffungs- oder Herstellungskosten, ist die AfA ab dem Zeitpunkt der Einlage nach den fortgeführten Anschaffungs- oder Herstellungskosten zu bemessen.   4

Beispiel 2:

Wie Beispiel 1, der Teilwert beträgt im Zeitpunkt der Einlage jedoch 400.000 Euro.

B 1 Die Bemessungsgrundlage für die AfA des Gebäudes im Betriebsvermögen beträgt 350.000 Euro. Die AfA wird nach den fortgeführten Anschaffungskosten bemessen, weil der Einlagewert (400.000 Euro) geringer als die historischen Anschaffungskosten (700.000 Euro) jedoch höher als die fortgeführten Anschaffungskosten (350.000 Euro) ist.

B 2 Nach § 7 Absatz 4 Satz 1 Nummer 1 EStG ist von der nach § 7 Absatz 1 Satz 5 ermittelten Bemessungsgrundlage das Gebäude jährlich mit einem Betrag von 10.500 Euro (= 3 % von 350.000 Euro) abzusetzen. Der nach Ablauf von 33 Jahren verbleibende Restwert von 3.500 Euro ist im Folgejahr abzusetzen. Von dem danach verbleibenden Restbuchwert in Höhe von 50 000 € darf keine AfA vorgenommen werden. Bei einer Veräußerung ist dieser Restbuchwert gewinnmindernd zu berücksichtigen. § 6 Absatz 1 Nummer 1 Satz 2 und § 7 Absatz 1 Satz 7 EStG bleiben unberührt.

Fallgruppe 3

Ist der Einlagewert des Wirtschaftsguts geringer als die fortgeführten Anschaffungs- oder Herstellungskosten, bemisst sich die weitere AfA nach diesem ungeminderten Einlagewert.   5

Beispiel 3:

Wie Beispiel 1, der Teilwert beträgt im Zeitpunkt der Einlage jedoch 100.000 Euro.

B 1 Die Bemessungsgrundlage für die AfA des Gebäudes im Betriebsvermögen beträgt 100.000 Euro. Die AfA wird nach dem Einlagewert (100.000 Euro) bemessen, weil dieser geringer ist als die fortgeführten Anschaffungskosten (350.000 Euro).

B 2 Nach § 7 Absatz 4 Satz 1 Nummer 1 EStG ist vom Einlagewert des Gebäudes jährlich ein Betrag von 3.000 Euro (= 3 % von 100.000 Euro) abzusetzen. Der nach Ablauf von 33 Jahren verbleibende Restbuchwert von 1.000 Euro ist im Folgejahr abzusetzen. Das insgesamt geltend gemachte AfA-Volumen (vor und nach der Einlage) beträgt damit 450.000 Euro. Der von den ursprünglichen Anschaffungskosten des Gebäudes nicht abgeschriebene Betrag in Höhe von 250.000 Euro stellt einen einkommensteuerlich unbeachtlichen Wertverlust im Privatvermögen dar.

Fallgruppe 4

6   Der Einlagewert eines Wirtschaftsguts nach § 6 Absatz 1 Nummer 5 Satz 1 Halbsatz 2 Buchstabe a
    i. V. m. Satz 2 EStG gilt gleichzeitig auch als AfA-Bemessungsgrundlage gemäß § 7 Absatz 1 Satz 5
    EStG.

7   Die vorstehenden Grundsätze sind in allen noch offenen Fällen anzuwenden. Rz. 5 ist erstmals auf
    Einlagen anzuwenden, die nach dem 31. Dezember 2010 vorgenommen werden.

XVI.
Steuerliche Gewinnermittlung;
Zweifelsfragen zur bilanzsteuerlichen Behandlung sog. geringwertiger
Wirtschaftsgüter nach § 6 Absatz 2 EStG und zum Sammelposten nach
§ 6 Absatz 2a EStG in der Fassung des Gesetzes zur Beschleunigung des
Wirtschaftswachstums vom 22. Dezember 2009
(BGBl. 2009 I S. 3950, BStBl 2010 I S. 2)

BMF vom 30. 9. 2010 (BStBl I S. 755)
IV C 6 – S 2180/09/10001 – 2010/0750885

Nach § 6 Absatz 2 EStG in der Fassung des Gesetzes zur Beschleunigung des Wirtschaftswachstums vom 22. Dezember 2009 (BGBl. 2009 I S. 3950, BStBl 2010 I S. 2) können die Anschaffungs-
oder Herstellungskosten von abnutzbaren, beweglichen und einer selbständigen Nutzung fähigen
Wirtschaftsgütern des Anlagevermögens in voller Höhe als Betriebsausgaben abgezogen werden,
wenn die um einen enthaltenen Vorsteuerbetrag verminderten Anschaffungs- oder Herstellungskosten für das einzelne Wirtschaftsgut 410 Euro nicht übersteigen. Für gleichartige Wirtschaftsgüter, deren Anschaffungs- oder Herstellungskosten 150 Euro, aber nicht 1 000 Euro übersteigen,
kann im Wirtschaftsjahr der Anschaffung oder Herstellung ein Sammelposten gebildet werden (§ 6
Absatz 2a EStG). Die Regelungen gemäß § 6 Absatz 2 und 2a EStG gelten auch bei Einlagen und
im Falle der Betriebseröffnung (§ 6 Absatz 1 Nummer 5 bis 6 EStG).

Nach dem Ergebnis einer Erörterung mit den obersten Finanzbehörden der Länder gelten für die
Anwendung von § 6 Absatz 2 und 2a EStG in Ergänzung zu Richtlinie R 6.13 EStR 2008 die folgenden Regelungen. Soweit nichts anderes angegeben, sind bei Verwendung der Begriffe

– *Aufwendungen*

    die Anschaffungs- oder Herstellungskosten, vermindert um einen darin enthaltenen Vorsteuer-
    betrag (§ 9b Absatz 1 EStG), oder der nach § 6 Absatz 1 Nummer 5 bis 6 EStG an deren Stelle
    tretende Wert für das einzelne abnutzbare, bewegliche und einer selbständigen Nutzung fähige
    Wirtschaftsgut des Anlagevermögens und

– *Wirtschaftsjahr*

    das Wirtschaftsjahr der Anschaffung, Herstellung oder Einlage eines Wirtschaftsgutes oder der
    Eröffnung eines Betriebes gemeint.

I. Bilanzsteuerrechtliche Wahlrechte für Aufwendungen bis 1 000 Euro

1. Grundsatz

1   Die Aufwendungen sind grundsätzlich durch Absetzungen für Abnutzung (AfA) nach Maßgabe
    der §§ 7 ff. EStG (insbesondere § 7 Absatz 1 oder Absatz 2 EStG) unter Berücksichtigung der jewei-
    ligen betriebsgewöhnlichen Nutzungsdauer des Wirtschaftsgutes gewinnmindernd als Betriebs-
    ausgaben abzuziehen.

2. Aufwendungen bis 150 Euro

2   Abweichend von Randnummer 1 können Aufwendungen bis 150 Euro im maßgebenden Wirt-
    schaftsjahr in voller Höhe gemäß § 6 Absatz 2 EStG als Betriebsausgaben abgezogen werden. Das
    Wahlrecht kann für jedes Wirtschaftsgut individuell in Anspruch genommen werden (wirtschafts-
    gutbezogenes Wahlrecht).

3   Bei Anwendung des § 6 Absatz 2 EStG bestehen mit Ausnahme der buchmäßigen Erfassung des
    Zugangs des Wirtschaftsgutes keine weiteren Aufzeichnungspflichten; aus steuerlichen Gründen
    ist eine Aufnahme in ein Inventar im Sinne des § 240 HGB nicht erforderlich.

3. Aufwendungen von mehr als 150 Euro und nicht mehr als 410 Euro

a) Erstes Wahlrecht

Abweichend von Randnummer 1 können Aufwendungen von mehr als 150 Euro und nicht mehr als 410 Euro im maßgebenden Wirtschaftsjahr in voller Höhe gemäß § 6 Absatz 2 EStG als Betriebsausgaben abgezogen werden.   4

Nach § 6 Absatz 2 Satz 4 und 5 EStG ist das Wirtschaftsgut unter Angabe des Tages der Anschaffung, Herstellung oder Einlage sowie der Anschaffungs- oder Herstellungskosten oder des Einlagewertes in ein besonderes, laufend zu führendes Verzeichnis aufzunehmen. Das Verzeichnis braucht nicht geführt zu werden, wenn diese Angaben aus der Buchführung ersichtlich sind.   5

b) Zweites Wahlrecht

Die Aufwendungen können im maßgebenden Wirtschaftsjahr gemäß § 6 Absatz 2a EStG in einem Sammelposten erfasst werden (zu den Einzelheiten vgl. Randnummern 8 bis 25). Dieses Wahlrecht kann nach § 6 Absatz 2a Satz 5 EStG nur einheitlich für alle Wirtschaftsgüter des Wirtschaftsjahres mit Aufwendungen von mehr als 150 Euro und nicht mehr als 1 000 Euro (Randnummern 4 bis 7) in Anspruch genommen werden (wirtschaftsjahrbezogenes Wahlrecht).   6

4. Aufwendungen von mehr als 410 Euro und nicht mehr als 1 000 Euro

Abweichend von Randnummer 1 können Aufwendungen von mehr als 410 Euro und nicht mehr als 1 000 Euro im maßgebenden Wirtschaftsjahr gemäß § 6 Absatz 2a EStG in einem Sammelposten (Randnummern 8 bis 25) erfasst werden. Dieses Wahlrecht kann nur einheitlich für alle Wirtschaftsgüter des Wirtschaftsjahres mit Aufwendungen von mehr als 150 Euro und nicht mehr als 1 000 Euro in Anspruch genommen werden (wirtschaftsjahrbezogenes Wahlrecht, Randnummer 6 Satz 2).   7

II. Sammelposten nach § 6 Absatz 2a EStG

1. Bildung des Sammelpostens

Der Sammelposten ist kein Wirtschaftsgut, sondern eine Rechengröße (R 6.13 Absatz 6 Satz 1 EStR).   8

Wirtschaftsgüter im Sinne des § 6 Absatz 2a EStG können alternativ zur Sofortabschreibung nach § 6 Absatz 2 EStG oder zur ratierlichen Absetzung für Abnutzung im maßgebenden Wirtschaftsjahr in einem jahrgangsbezogenen Sammelposten je Bilanz (Gesamthandsbilanz, Sonderbilanz, Ergänzungsbilanz) erfasst werden (vgl. R 6.13 Absatz 5 Satz 1 EStR). Dies gilt sinngemäß auch bei einer Gewinnermittlung durch Einnahmenüberschussrechnung. Ein Schrott- oder Schlachtwert für im Sammelposten erfasste Wirtschaftsgüter bleibt außer Ansatz, da bei diesen Wirtschaftsgütern nach vollständiger gewinnmindernder Auflösung des Sammelpostens nicht mehr von einem beträchtlichen Restwert ausgegangen werden kann (BFH-Urteil vom 22. Juli 1971, BStBl II S. 800). Abgesehen von der buchmäßigen Erfassung des Zugangs der Wirtschaftsgüter in den Sammelposten bestehen keine weiteren Aufzeichnungspflichten. Die Wirtschaftsgüter des Sammelpostens müssen aus steuerlichen Gründen nicht in ein Inventar im Sinne des § 240 HGB aufgenommen werden.   9

Nachträgliche Anschaffungs- oder Herstellungskosten von Wirtschaftsgütern im Sinne des § 6 Absatz 2a EStG erhöhen den Sammelposten des Wirtschaftsjahres, in dem die Aufwendungen entstehen (R 6.13 Absatz 5 Satz 2 EStR). Beabsichtigt der Steuerpflichtige, in diesem Wirtschaftsjahr § 6 Absatz 2a EStG nicht anzuwenden (vgl. Randnummern 6 und 7), beschränkt sich der Sammelposten auf die nachträglichen Anschaffungs- oder Herstellungskosten der in Satz 1 genannten Wirtschaftsgüter. Fallen die nachträglichen Anschaffungs- oder Herstellungskosten bereits im Wirtschaftsjahr der Investition an und übersteigt die Summe der Gesamtkosten in diesem Wirtschaftsjahr die Betragsgrenze von 1 000 Euro, kann § 6 Absatz 2a EStG nicht angewendet werden; das Wirtschaftsgut ist nach § 6 Absatz 1 Nummer 1 EStG einzeln zu bewerten. Scheidet ein Wirtschaftsgut im Jahr der Anschaffung, Herstellung oder Einlage aus dem Betriebsvermögen aus, liegen die Voraussetzungen für die Berücksichtigung des Wirtschaftsgutes im Sammelposten zum Schluss dieses Wirtschaftsjahres nicht vor.   10

Anschaffungs- oder Herstellungskosten von nicht selbständig nutzbaren Wirtschaftsgütern sind, sofern sie keine nachträglichen Anschaffungs- oder Herstellungskosten darstellen, nicht im Sammelposten zu erfassen.   11

Beispiel

Einzelunternehmer A schafft am Ende des Wirtschaftsjahres 01 für sein Anlagevermögen einen PC an. Die Anschaffungskosten betragen 500 Euro. Im Wirtschaftsjahr 02 erfolgt die Anschaffung eines Druckers – welcher neben dem Drucken keine weiteren Funktionen ausführen kann – sowie einer PC-Maus, die bisher nicht im Lieferumfang des PC enthalten war.

Die Anschaffungskosten für den Drucker betragen 180 Euro und für die PC-Maus 25 Euro. A wendet in 01 und 02 die Regelungen zum Sammelposten gemäß § 6 Absatz 2a EStG an.

Lösung

Der PC ist als selbständig nutzungsfähiges Wirtschaftsgut des Anlagevermögens im Sammelposten des Wirtschaftsjahres 01 zu erfassen. Eine Abschreibung über die betriebsgewöhnliche Nutzungsdauer kommt nicht in Betracht, da A sich für die Anwendung der Regelungen zum Sammelposten entschieden hat (einheitliche Wahlrechtsausübung). Dagegen ist der Drucker ein nicht selbständig nutzungsfähiges Wirtschaftsgut (vgl. BFH-Urteil vom 19. Februar 2004, BStBl II S. 958). Die Aufwendungen stellen aber keine nachträglichen Anschaffungskosten des PC dar. Der Drucker ist einzeln nach den Vorschriften des § 6 Absatz 1 Nummer 1 EStG zu bewerten und die Anschaffungskosten sind über die betriebsgewöhnliche Nutzungsdauer abzuschreiben. Demgegenüber bildet die ebenfalls nicht selbständig nutzungsfähige PC-Maus eine Nutzungseinheit mit dem PC. Daher sind die Aufwendungen für die PC-Maus nachträgliche Anschaffungskosten des PC und im Sammelposten des Wirtschaftsjahres 02 zu erfassen (vgl. R 6.13 Absatz 5 Satz 2 EStR).

12   Die Regelungen zum Sammelposten gelten sowohl für notwendiges als auch für gewillkürtes Betriebsvermögen.

13   Der Ansatz von Festwerten (§ 240 Absatz 3 HGB) ist für im Sammelposten erfasste Wirtschaftsgüter nicht zulässig. Der Festwert für Wirtschaftsgüter, die zulässigerweise mit einem gleich bleibenden Wert angesetzt wurden, ist planmäßig gemäß R 5.4 Absatz 3 EStR anzupassen.

2. Auflösung des Sammelpostens

14   Scheidet ein im Sammelposten erfasstes Wirtschaftsgut aus dem Betriebsvermögen durch Entnahme, Veräußerung, Verschrottung oder sonstiges Abhandenkommen aus, hat dieser Vorgang keine Auswirkung auf den Sammelposten. Auch der Abgang sämtlicher im Sammelposten erfasster Wirtschaftsgüter führt nicht zu einer Auflösung des Sammelpostens. Bei im Sammelposten erfassten Wirtschaftsgütern sind Sonderabschreibungen sowie Teilwertabschreibungen nicht zulässig.

15   Sammelposten sind jahrgangsbezogen mit jeweils einem Fünftel gewinnmindernd zum Ende des jeweiligen Wirtschaftsjahres aufzulösen. Die betriebsgewöhnliche Nutzungsdauer der einzelnen Wirtschaftsgüter ist für die Auflösung des Sammelpostens auch dann unbeachtlich, wenn diese weniger als fünf Jahre beträgt. Die jahrgangsbezogene Auflösung zum Ende des jeweiligen Wirtschaftsjahres mit jeweils einem Fünftel gilt auch bei Rumpfwirtschaftsjahren, beispielsweise bei Betriebsveräußerung oder Betriebsaufgabe vor Ablauf des regulären Wirtschaftsjahres. Die gewinnmindernde Auflösung zum Ende des (Rumpf-)Wirtschaftsjahres mit einem Fünftel ist beim laufenden Gewinn dieses (Rumpf-)Wirtschaftsjahres zu erfassen. Der verbleibende Restbuchwert ist bei der Ermittlung des Gewinns nach § 16 Absatz 2 EStG zu berücksichtigen.

16   Die Grundsätze der Randnummer 15 gelten für die Feststellung des Unterschiedsbetrages nach § 5a Absatz 4 EStG entsprechend. Der Unterschiedsbetrag ist für den einzelnen Sammelposten insgesamt durch die Gegenüberstellung des Buchwerts des Sammelpostens und der Teilwerte der im Betriebsvermögen noch vorhandenen Wirtschaftsgüter des jeweiligen Sammelpostens festzustellen. Scheidet ein in einem Sammelposten erfasstes Wirtschaftsgut aus dem Betriebsvermögen aus oder dient es nicht mehr dem Betrieb von Handelsschiffen im internationalen Verkehr, führt dies nicht zur Hinzurechnung nach § 5a Absatz 4 Satz 3 Nummer 2 EStG.

17   In den Fällen der Realteilung (§ 16 Absatz 3 Satz 2 bis 4 EStG) sind die Sammelposten des Gesamthandsvermögens entsprechend der Beteiligung am Betriebsvermögen der Mitunternehmerschaft bei den einzelnen Mitunternehmern fortzuführen. Sammelposten des Sonderbetriebsvermögens sind unmittelbar bei den einzelnen Mitunternehmern planmäßig aufzulösen.

18   Werden im Sammelposten erfasste Wirtschaftsgüter außerbetrieblich genutzt, ist für die Ermittlung der als Entnahme zu behandelnden Selbstkosten der Wertverzehr im Schätzungsweg zu berücksichtigen.

3. Sammelposten in Fällen der Übertragung im Sinne des § 6 Absatz 3 EStG, Überführung oder Übertragung im Sinne des § 6 Absatz 5 EStG und Einbringung im Sinne der §§ 20, 24 UmwStG

a) Übertragung oder Einbringung eines gesamten Betriebes

19   In den Fällen der Übertragung oder Einbringung eines gesamten Betriebes zum Buchwert gehen die im Sammelposten erfassten Wirtschaftsgüter zusammen mit dem Betrieb auf den neuen Rechtsträger über. Der übernehmende Rechtsträger führt den Sammelposten unverändert fort.

20   Bei einer Einbringung zu einem über dem Buchwert liegenden Wert liegt für den übernehmenden Rechtsträger ein Anschaffungsvorgang vor, der unter den Voraussetzungen des § 6 Absatz 2a EStG zur Bildung eines neuen Sammelpostens führen kann.

21   Behält der übertragende, überführende oder einbringende Rechtsträger Betriebsvermögen zurück (z. B. Einbringung des Betriebsvermögens einer Personengesellschaft in eine andere Personenge-

sellschaft oder eine Kapitalgesellschaft, wenn die einbringende Personengesellschaft fortbesteht), ist der Sammelposten im verbleibenden Betriebsvermögen auszuweisen.

b) Übertragung oder Einbringung eines Teilbetriebes

Die Übertragung oder Einbringung eines Teilbetriebes hat ungeachtet des Verbleibs der im Sammelposten zu erfassen erfassten Wirtschaftsgüter keine Auswirkung auf den Sammelposten des übertragenden oder einbringenden Rechtsträgers (R 6.13 Absatz 6 EStR); Entsprechendes gilt für nach § 6 Absatz 5 EStG überführte oder übertragene und im Sammelposten erfasste Wirtschaftsgüter.   22

Wird ein Teilbetrieb zum Buchwert übertragen oder eingebracht, erfolgt beim übernehmenden Rechtsträger mangels eines eigenen Buchwertes für im Sammelposten erfasste Wirtschaftsgüter weder ein Ausweis dieser Wirtschaftsgüter noch der Ausweis eines Sammelpostens. Dies gilt auch für eine Übertragung oder Überführung von Wirtschaftsgütern zum Buchwert nach entsprechender Anwendung des § 6 Absatz 5 EStG.   23

4. Übertragung und Veräußerung eines Mitunternehmeranteils

Bei der unentgeltlichen Übertragung des gesamten oder eines Teils eines Mitunternehmeranteils bleibt der im Gesamthandsvermögen der Mitunternehmerschaft gebildete Sammelposten unverändert bestehen. Ein im Sonderbetriebsvermögen des übertragenen Mitunternehmeranteils enthaltener Sammelposten geht auf den Rechtsnachfolger über, wenn der gesamte Mitunternehmeranteil übertragen wird. Wird hingegen nur ein Teil eines Mitunternehmeranteils übertragen, wird der Sammelposten im Sonderbetriebsvermögen des Übertragenden unverändert fortgeführt, es sei denn, mit der Übertragung des Teils eines Mitunternehmeranteils wird das gesamte Sonderbetriebsvermögen unentgeltlich übertragen. Beim rückwirkenden Ansatz des Teilwerts nach § 6 Absatz 3 Satz 2 EStG bleibt der Sammelposten aus Vereinfachungsgründen in unveränderter Höhe bestehen.   24

Die Veräußerung eines Mitunternehmeranteils hat keine Auswirkungen auf den Sammelposten der Gesamthandsbilanz der Mitunternehmerschaft. Für die Sammelposten der Sonderbilanz des veräußerten Mitunternehmeranteils ist Randnummer 15 zu beachten. In der Ergänzungsbilanz des Erwerbers ist aus Vereinfachungsgründen immer nur ein Posten für im Sammelposten enthaltene Mehr- oder Minderwerte zu bilden, unabhängig davon, ob der Mehr- oder Minderwert auf Wirtschaftsgüter entfällt, die in einem oder in verschiedenen Sammelposten erfasst wurden. Der Sammelposten in der Ergänzungsbilanz ist im Wirtschaftsjahr des Erwerbs und in den folgenden vier Wirtschaftsjahren mit jeweils einem Fünftel aufzulösen.   25

Beispiel

Die ABCD-oHG hat in der Gesamthandsbilanz zum 31. 12. 02 für Anschaffungen des Jahres 01 (200 Wirtschaftsgüter zu je 500 Euro; Anschaffungskosten somit 100 000 Euro) einen Sammelposten 01 in Höhe von 60 000 Euro (Anschaffungskosten 100 000 Euro abzgl. je ein Fünftel = 20 000 Euro für 01 und 02) und für Anschaffungen des Jahres 02 (100 Wirtschaftsgüter zu je 250 Euro; Anschaffungskosten somit 25 000 Euro) einen Sammelposten 02 in Höhe von 20 000 Euro (Anschaffungskosten 25 000 Euro abzgl. ein Fünftel = 5 000 Euro für 02) gebildet.

Mitunternehmer A hat in seiner Sonderbilanz zum 31. 12. 02 für Anschaffungen des Jahres 01 (AK 20 000 Euro) einen Sammelposten 01 in Höhe von 12 000 Euro (Anschaffungskosten 20 000 Euro abzgl. je ein Fünftel = 4 000 Euro für 01 und 02) und für Anschaffungen des Jahres 02 (Anschaffungskosten 5 000 Euro) einen Sammelposten 02 in Höhe von 4 000 Euro (Anschaffungskosten 5 000 Euro abzgl. ein Fünftel = 1 000 Euro für 02) gebildet.

ABCD-oHG 31. 12. 02			
Sammelposten 01	60 000	Kapital A	20 000
Sammelposten 02	20 000	Kapital B	20 000
		Kapital C	20 000
		Kapital D	20 000

Sonderbilanz A 31. 12. 02			
Sammelposten 01	12 000	Kapital	16 000
Sammelposten 02	4 000		

Zum 01. 01. 03 veräußert A seinen Mitunternehmeranteil für 50 000 Euro an E. Die Wirtschaftsgüter seines Sonderbetriebsvermögens entnimmt er in sein Privatvermögen (Teilwert = 17 000 Euro). Von den Anschaffungskosten des E entfallen 24 000 Euro auf die in den Sammelposten erfassten Wirtschaftsgüter, der Rest entfällt auf den Geschäfts- oder Firmenwert.

Behandlung A

Veräußerungserlös	50 000 Euro
Entnahmewert	17 000 Euro
Kapitalkonto Gesamthandsvermögen	– 20 000 Euro
Kapitalkonto Sonderbetriebsvermögen	– 16 000 Euro
Veräußerungsgewinn	31 000 Euro

Behandlung oHG und E:

In der Gesamthandsbilanz der BCDE-oHG erfolgt keine Änderung auf Grund der Veräußerung des Mitunternehmeranteils bei den Sammelposten 01 und 02. Die Sammelposten in der Gesamthandsbilanz werden in den Folgejahren wie bisher jeweils um ein Fünftel (für 01 je 20 000 Euro und für 02 je 5 000 Euro) gewinnmindernd aufgelöst. Den Mehrwert für die im Sammelposten der Gesamthandsbilanz erfassten Wirtschaftsgüter (24 000 Euro abzgl. 20 000 Euro = 4 000 Euro) hat E in einem Sammelposten neben dem Geschäfts- oder Firmenwert (26 000 Euro) in seiner Ergänzungsbilanz zu erfassen. E muss im Jahr 03 in seiner Ergänzungsbilanz den Mehrwert für die im Sammelposten erfassten Wirtschaftsgüter entsprechend § 6 Absatz 2a Satz 2 EStG um ein Fünftel (= 800 Euro) gewinnmindernd auflösen.

5. Zeitliche Anwendung

a) Wirtschaftsgüter, die nach dem 31. Dezember 2009 angeschafft, hergestellt oder in das Betriebsvermögen eingelegt werden

26   Bei Wirtschaftsgütern, die nach dem 31. Dezember 2009 angeschafft, hergestellt oder in das Betriebsvermögen eingelegt werden, sind die Randnummern 1 bis 25 anzuwenden (§ 52 Absatz 16 Satz 14 EStG).

b) Wirtschaftsgüter, die nach dem 31. Dezember 2007 und vor dem 1. Januar 2010 angeschafft, hergestellt oder in das Betriebsvermögen eingelegt wurden

27   Abweichend von den Randnummern 1 bis 7 ist bei Wirtschaftsgütern, die nach dem 31. Dezember 2007 und vor dem 1. Januar 2010 angeschafft, hergestellt oder in das Betriebsvermögen eingelegt wurden, § 6 Absatz 2 und 2a i. V. m. § 52 Absatz 16 Satz 17 EStG i. d. F. des Unternehmensteuerreformgesetzes 2008 vom 14. August 2007 (BGBl. I S. 1912, BStBl I S. 630) anzuwenden. Danach sind Aufwendungen bis 150 Euro zwingend in voller Höhe als Betriebsausgaben abzusetzen. Für Aufwendungen von mehr als 150 Euro und nicht mehr als 1 000 Euro ist zwingend ein Sammelposten im Sinne der Randnummern 8 bis 13 zu bilden, der nach Maßgabe der Randnummern 14 bis 18 aufzulösen ist. Abgesehen von der buchmäßigen Erfassung des Zugangs der Wirtschaftsgüter mit Aufwendungen bis 1 000 Euro bestehen keine weiteren steuerlichen Aufzeichnungspflichten.

c) Vom Kalenderjahr abweichendes Wirtschaftsjahr (§ 4a EStG)

28   Weicht das Wirtschaftsjahr vom Kalenderjahr ab (§ 4a Absatz 1 Nummer 1 und 2 EStG), sind in dem vor dem 1. Januar 2010 beginnenden Wirtschaftsjahr (Übergangsjahr) sowohl Randnummer 26 als auch Randnummer 27 zu beachten. Wird im Übergangsjahr hinsichtlich der nach dem 31. Dezember 2009 angeschafften, hergestellten oder eingelegten Wirtschaftsgüter das Wahlrecht nach den Randnummern 6 und 7 in Anspruch genommen, ist insoweit kein eigener Sammelposten zu bilden; diese Wirtschaftsgüter sind vielmehr in der für die vor dem 1. Januar 2010 angeschafften, hergestellten oder eingelegten Wirtschaftsgüter mit Aufwendungen von mehr als 150 Euro und nicht mehr als 1 000 Euro zwingend gebildeten Sammelposten zu erfassen.

29   In vor dem 1. Januar 2008 beginnenden abweichenden Wirtschaftsjahren ist für die vor dem 1. Januar 2008 angeschafften, hergestellten oder eingelegten Wirtschaftsgüter ausschließlich § 6 Absatz 2 EStG in der Fassung vor der zeitlichen Anwendung des Unternehmensteuerreformgesetzes 2008 vom 14. August 2007 (BGBl. I S. 1912, BStBl I S. 630) maßgebend; Randnummer 27 ist insoweit nicht anzuwenden.

XVII.
Anwendung des Teileinkünfteverfahrens in der steuerlichen Gewinnermittlung
(§ 3 Nummer 40, § 3c Absatz 2 EStG)

BMF vom 8. 11. 2010 (BStBl I S. 1292)
IV C 6 – S 2128/07/10001

Zur Anwendung des Teileinkünfteverfahrens auf Aufwendungen im Zusammenhang mit der Überlassung von Wirtschaftsgütern im Rahmen einer Betriebsaufspaltung und auf Teilwertabschreibungen von betrieblichen Darlehensforderungen sowie zu weiteren Fragen zur Anwendung des Teileinkünfteverfahrens (§ 3c Absatz 2 EStG) nehme ich unter Bezugnahme auf das Ergebnis der Erörterung mit den obersten Finanzbehörden der Länder wie folgt Stellung:

1. Aufwendungen für die Überlassung von Wirtschaftsgütern im Rahmen einer Betriebsaufspaltung

Für die Frage, ob die Aufwendungen, die im Zusammenhang mit der Überlassung von Wirtschaftsgütern im Rahmen einer Betriebsaufspaltung entstehen, ganz oder gemäß § 3c Absatz 2 EStG nur anteilig als Betriebsausgaben abgezogen werden können, ist die Abgrenzung nach dem Veranlassungszusammenhang maßgeblich.

Erfolgt die Überlassung der Wirtschaftsgüter vom Besitzunternehmen an die Betriebskapitalgesellschaft vollentgeltlich, d. h. zu fremdüblichen Konditionen, ist § 3c Absatz 2 EStG nicht anwendbar, weil die Aufwendungen in erster Linie mit den vereinbarten Miet- oder Pachtzinsen und nicht mit den erwarteten Beteiligungserträgen (Gewinnausschüttungen/Dividenden und Gewinnen aus einer zukünftigen Veräußerung oder Entnahme des Anteils) in Zusammenhang stehen.

Erfolgt die Überlassung der Wirtschaftsgüter vom Besitzunternehmen an die Betriebskapitalgesellschaft dagegen unentgeltlich oder teilentgeltlich, d. h. nicht zu fremdüblichen Konditionen, ist § 3c Absatz 2 EStG anzuwenden, weil in diesem Fall die Aufwendungen ganz oder teilweise mit den aus der Betriebsgesellschaft erwarteten Einkünften des Gesellschafters, nämlich den Beteiligungserträgen in Form von Gewinnausschüttungen/Dividenden und den Gewinnen aus einer zukünftigen Veräußerung oder Entnahme des Anteils zusammenhängen. Werden Wirtschaftsgüter teilentgeltlich überlassen, ist eine Aufteilung in eine voll entgeltliche und eine unentgeltliche Überlassung vorzunehmen. Die Aufteilung muss dabei im Verhältnis der vereinbarten Konditionen zu den fremdüblichen Konditionen unter ansonsten gleichen Verhältnissen vorgenommen werden. In den Fällen der Betriebsaufspaltung beruhen die fehlende Fremdüblichkeit und damit die Teilentgeltlichkeit im Regelfall auf einem zu niedrigen Pachtentgelt. Als Aufteilungsmaßstab ist in diesen Fällen grundsätzlich das Verhältnis des tatsächlich gezahlten Pachtentgelts zum fremdüblichen Pachtentgelt heranzuziehen.

2. Teilwertabschreibungen auf Darlehensforderungen

Ein Darlehen, das einer Kapitalgesellschaft gewährt wird, an der der Darlehensgeber beteiligt ist, kann dem Betriebsvermögen des Darlehensgebers zuzuordnen sein. Die Beteiligung an der Kapitalgesellschaft und die Darlehensforderung stellen auch in diesem Fall jeweils selbstständige Wirtschaftsgüter dar, die getrennt auszuweisen und einzeln zu bewerten sind.

Bei Anwendung des § 3c Absatz 2 EStG auf die Teilwertabschreibung von im betrieblichen Bereich gewährten Darlehen gilt der einheitlich sowohl für die Handelsbilanz als auch für die steuerliche Gewinnermittlung anzuwendende Begriff der Anschaffungskosten des § 255 Absatz 1 HGB.

Ob der durch das Darlehen eines Gesellschafters veranlasste Aufwand (Teilwertabschreibung) in den Anwendungsbereich des § 3c Absatz 2 EStG fällt, ist auch hier nach dem Veranlassungszusammenhang im Hinblick auf die zukünftigen Erträge zu beurteilen. Die Gewährung von Darlehen ist damit im Ergebnis genauso wie die Überlassung von anderen (physischen) Wirtschaftsgütern zu behandeln.

Erfolgt danach eine Darlehensgewährung zu fremdüblichen Konditionen, steht das gewährte Darlehen mit vollumfänglich steuerpflichtigen Zinserträgen in einem Veranlassungszusammenhang, so dass der Anwendungsbereich des § 3c Absatz 2 EStG nicht eröffnet ist. Erfolgt die Darlehensüberlassung hingegen unentgeltlich oder teilentgeltlich, d. h. zu nicht fremdüblichen Konditionen, steht das Darlehen mit nach § 3 Nummer 40 EStG teilweise steuerfreien Beteiligungserträgen (Gewinnausschüttungen/Dividenden und Gewinnen aus einer zukünftigen Veräußerung oder Entnahme des Anteils) in einem wirtschaftlichen Zusammenhang, so dass insoweit § 3c Absatz 2 EStG zur Anwendung kommt.

Ist die Darlehensüberlassung teilentgeltlich erfolgt, ist einkommensteuerrechtlich auch hier eine Aufteilung in eine voll entgeltliche und eine unentgeltliche Überlassung vorzunehmen (vgl. auch BFH-Urteil vom 25. Juli 2000, BStBl 2001 II S. 698).

In die Überprüfung der Fremdüblichkeit der Darlehensüberlassung sind neben dem vereinbarten Zinssatz auch weitere Gesichtspunkte einzubeziehen. Für die Annahme einer Fremdüblichkeit des Darlehens ist es erforderlich, dass die Zinsvereinbarung nicht nur formell vereinbart, sondern auch tatsächlich durchgeführt wird und dass die gestellte Sicherheit drittüblichen Anforderungen entspricht. Insbesondere in den folgenden Fällen ist davon auszugehen, dass eine Darlehensüberlassung nicht als fremdüblich anzusehen ist:

- Das Darlehen ist nicht verzinslich. In diesem Fall ist der Anwendungsbereich des § 3c Absatz 2 EStG in vollem Umfang eröffnet.

- Das Darlehen ist zwar voll verzinslich, aber es wurden keine Sicherheiten gestellt, obwohl dies unter Fremden bei einem vergleichbaren Darlehen zu vergleichbaren Konditionen üblich wäre. In diesem Fall ist von einer teilentgeltlichen Überlassung des Darlehens auszugehen, so dass der Anwendungsbereich des § 3c Absatz 2 EStG zumindest teilweise eröffnet ist.

- Das Darlehen ist zwar voll verzinslich und es wurden auch Sicherheiten gestellt, diese entsprechen allerdings nicht fremdüblichen Anforderungen. In diesem Fall ist ebenfalls von einer teilentgeltlichen Überlassung des Darlehens auszugehen, so dass der Anwendungsbereich des § 3c Absatz 2 EStG zumindest teilweise eröffnet ist.

- Das Darlehen ist verzinslich und es wurden auch Sicherheiten gestellt, aber das Darlehen wird bei Eintritt der Krise der Gesellschaft nicht zurückgefordert. Das Stehenlassen des Darlehens in der Krise der Gesellschaft führt unabhängig davon, ob das Darlehen fremdüblich besichert war, in vollem Umfang zu einer unüblichen Darlehensüberlassung, so dass der Anwendungsbereich des § 3c Absatz 2 EStG in vollem Umfang eröffnet ist.

In Bezug auf die Gestellung von Sicherheiten im Konzernverbund ist die BFH-Entscheidung vom 29. Oktober 1997 (BStBl 1998 II S. 573) zu beachten.

Liegt eine Teilentgeltlichkeit der Darlehensgewährung vor, weil trotz Verzinsung keine oder keine fremdüblichen Sicherheiten gestellt wurden, ist zunächst der fremdübliche Zinssatz für entsprechende teilweise besicherte Darlehen zu ermitteln und anschließend ist die Aufteilung im Verhältnis dieses Zinssatzes zu dem im Einzelfall tatsächlich vereinbarten und gezahlten Zins vorzunehmen. Ist eine Ermittlung des fremdüblichen Zinssatzes nicht möglich, ist der fremdübliche Zinssatz grundsätzlich zu schätzen. Kann ein fremdüblicher Zinssatz aber auch nicht geschätzt werden, weil ein entsprechendes Darlehen ohne die Gestellung von fremdüblichen Sicherheiten erst gar nicht (auch nicht zu einem höheren Zinssatz) gewährt worden wäre, so ist davon auszugehen, dass die Gewährung des Darlehens allein durch das Gesellschaftsverhältnis veranlasst ist und das Darlehen daher – trotz eines ggf. vereinbarten Zinses – in vollem Umfang mit teilweise steuerfreien Beteiligungserträgen in Zusammenhang steht, so dass hier § 3c EStG in vollem Umfang zur Anwendung kommt.

Das ausschließlich zum Bereich der Körperschaftsteuer (§ 8b Absatz 3 Satz 3 KStG) ergangene BFH-Urteil vom 14. Januar 2009 (BStBl II S. 674) hat keine Auswirkungen auf die Anwendung von § 3c Absatz 2 EStG.

3. Wechsel des Veranlassungszusammenhangs

Der für die unter 1. und 2. vorzunehmende Einordnung maßgebliche Veranlassungszusammenhang hinsichtlich des überlassenen Wirtschaftsguts oder des gewährten Darlehens kann sich ändern. Das ist z. B. dann der Fall, wenn sich im Rahmen einer Betriebsaufspaltung mit dem Abschluss einer Vereinbarung über den künftigen Verzicht auf Erhebung eines marktüblichen Miet- oder Pachtzinses ein Übergang von einer voll entgeltlichen Überlassung zu einer voll unentgeltlichen Überlassung vollzieht.

In Fällen also, in denen zwar die Pachtentgelte zu fremdüblichen Bedingungen vereinbart worden sind, der Verpächter aber zu einem späteren Zeitpunkt auf die Pachtzahlungen ganz oder teilweise verzichtet hat, ist darauf abzustellen, ob der Verzicht schuldrechtlich veranlasst ist oder auf dem Gesellschaftsverhältnis beruht. Ein (teilweiser) Verzicht ist z. B. schuldrechtlich veranlasst, wenn die vergleichbaren marktüblichen Pachtentgelte generell gesunken sind und fremde Dritte eine Pachtanpassung vereinbart hätten oder wenn der Verzicht im Rahmen von Sanierungsmaßnahmen, an denen auch gesellschaftsfremde Personen teilnehmen, zeitlich befristet ist. War der Verzicht des Verpächters dagegen durch das Gesellschaftsverhältnis veranlasst, weil ein fremder Dritter den vereinbarten Verzicht weder in zeitlicher Hinsicht noch der Höhe nach akzeptiert hätte, unterliegen die mit der Nutzungsüberlassung zusammenhängenden Aufwendungen nach dem Wechsel des Veranlassungszusammenhangs in voller Höhe – bei teilweisem Verzicht anteilig – dem Teileinkünfteverfahren.

Für die Prüfung der Frage, ob eine Teilwertabschreibung steuerlich voll oder nur anteilig abziehbar ist, ist auf die Verhältnisse im Zeitpunkt der Abschreibung abzustellen; die Berücksichtigung späterer Zeitpunkte kommt nicht in Betracht.

4. Spätere Wertaufholung auf die Darlehensforderung

Liegen in späteren Wirtschaftsjahren die Voraussetzungen für den niedrigeren Teilwert nicht mehr vor, ist für die zunächst auf den niedrigeren Teilwert abgeschriebene Darlehensforderung eine Wertaufholung gemäß § 6 Absatz 1 Nummer 2 EStG vorzunehmen. War in diesem Fall die zugrunde liegende Teilwertabschreibung auf die Darlehensforderung nach den oben unter 2. dargestellten Grundsätzen nur anteilig abziehbar, ist auch der spätere Gewinn aus der Zuschreibung nicht voll, sondern nur anteilig steuerpflichtig („umgekehrte" Anwendung des § 3c Absatz 2 EStG).

5. Wirkungen eines späteren Forderungsverzichts auf Ebene der schuldenden Kapitalgesellschaft

Sollte einer nur anteilig abziehbaren Teilwertabschreibung ein Verzicht auf die Darlehensforderung nachfolgen, ist dieser Verzicht auf der Ebene der schuldenden Kapitalgesellschaft wie folgt zu behandeln:

Nach dem Beschluss des Großen Senats des BFH vom 9. Juni 1997 (BStBl 1998 II S. 307) führt der durch das Gesellschaftsverhältnis veranlasste Forderungsverzicht in Höhe des werthaltigen Teils der Forderung zu einer verdeckten Einlage in die Kapitalgesellschaft. Beim Gesellschafter gilt der Darlehensbetrag insoweit als zurückgezahlt und anschließend in die Kapitalgesellschaft eingelegt.

Die Kapitalgesellschaft bucht die Darlehensverbindlichkeit, die bei ihr i. d. R. noch in voller Höhe passiviert ist, ertragswirksam aus.

6. Rückgriffsforderungen aus einer Bürgschaftsinanspruchnahme

In der Praxis erfolgt insbesondere in den Fällen einer Betriebsaufspaltung häufig eine Gestellung von Sicherheiten des Besitzunternehmens in Form einer Bürgschaftserklärung für die Verbindlichkeiten der Betriebsgesellschaft. Für die Abschreibung von Rückgriffsforderungen nach erfolgter Bürgschaftsinanspruchnahme sind die unter 1. bis 5. dargestellten Grundsätze sinngemäß anzuwenden. Entsprechendes gilt bei der Gestellung anderer Sicherheiten.

7. Grundsätze des BFH-Urteils vom 25. Juni 2009 (BStBl. 2010 II S. 220)

Die Grundsätze des BFH-Urteils vom 25. Juni 2009 – IX R 42/08 – (BStBl. 2010 II S. 220) sind für Veranlagungszeiträume bis einschließlich 2010 zu beachten.

XVIII.
Zweifelsfragen zur Übertragung und Überführung von einzelnen Wirtschaftsgütern nach § 6 Absatz 5 EStG

BMF vom 8. 12. 2011 (BStBl I S. 1279)
IV C 6 – S 2241/10/10002, 2011/0973858

Zur Anwendung des § 6 Absatz 5 EStG in der Fassung des Gesetzes zur Fortentwicklung des Unternehmenssteuerrechts vom 20. Dezember 2001 (BGBl. I S. 3858, BStBl 2002 I S. 35), zuletzt geändert durch das Jahressteuergesetz 2010 vom 8. Dezember 2010 (BGBl. I S. 1768), nehme ich nach Abstimmung mit den obersten Finanzbehörden der Länder wie folgt Stellung:

I. Überführung von Wirtschaftsgütern nach § 6 Absatz 5 Satz 1 und 2 EStG

Bei der Überführung eines einzelnen Wirtschaftsguts nach § 6 Absatz 5 Satz 1 und 2 EStG handelt es sich um eine Entnahme i. S. d. § 4 Absatz 1 Satz 2 EStG aus dem abgebenden Betriebsvermögen und um eine Einlage i. S. d. § 4 Absatz 1 Satz 8 EStG bei dem aufnehmenden Betriebsvermögen (vgl. BMF-Schreiben vom 17. November 2005 – BStBl I S. 1019, Rdnr. 10), deren Bewertungen abweichend von § 6 Absatz 1 Satz 1 Nummer 4 und 5 EStG in § 6 Absatz 5 EStG geregelt sind.

1. Persönlicher Anwendungsbereich

Überführender i. S. v. § 6 Absatz 5 Satz 1 EStG ist grundsätzlich jede unbeschränkt oder beschränkt steuerpflichtige natürliche Person, die mehrere Betriebe unterhält. Es können aber auch Erbengemeinschaften und eheliche Gütergemeinschaften mit mehreren eigenen Betriebsvermögen unter den Anwendungsbereich der Sätze 1 und 2 fallen. Da eine Körperschaft i. S. d. § 1 Absatz 1 Nummer 1 bis 3 KStG und eine Personengesellschaft steuerlich immer nur einen Betrieb führen können, steht der Körperschaft als Mitunternehmer (über § 8 Absatz 1 KStG) oder der (doppelstöckigen) Personengesellschaft regelmäßig nur der Anwendungsbereich des § 6 Absatz 5 Satz 2 EStG offen.

2. Sachlicher Anwendungsbereich

3 Nach § 6 Absatz 5 Satz 1 und 2 EStG müssen einzelne Wirtschaftsgüter mit dem Buchwert angesetzt werden, wenn sie aus einem (Sonder-)Betriebsvermögen in ein anderes Betriebs- oder Sonderbetriebsvermögen desselben Steuerpflichtigen überführt werden, sofern die Besteuerung der stillen Reserven sichergestellt ist. Dabei ist es unerheblich, ob es sich bei dem zu überführenden Wirtschaftsgut um ein Wirtschaftsgut des Anlage- oder Umlaufvermögens handelt. Das zu überführende Wirtschaftsgut kann auch eine wesentliche Betriebsgrundlage des abgebenden Betriebsvermögens sein. Bei der Überführung von Wirtschaftsgütern ist die gleichzeitige Übernahme von Verbindlichkeiten unschädlich.

4 In den Anwendungsbereich des § 6 Absatz 5 Satz 1 und 2 EStG fallen auch selbst geschaffene nicht bilanzierungsfähige immaterielle Wirtschaftsgüter des Anlagevermögens (§ 5 Absatz 2 EStG) und im Sammelposten erfasste Wirtschaftsgüter (vgl. BMF-Schreiben vom 30. September 2010 – BStBl I S. 755), sofern die Besteuerung der stillen Reserven sichergestellt ist (siehe auch Rdnr. 24).

5 Das Betriebs- oder Sonderbetriebsvermögen, in das das Wirtschaftsgut überführt wird, muss nicht bereits vor der Überführung bestanden haben, sondern es kann auch erst durch die Überführung des Wirtschaftsguts entstehen. Das abgebende und aufnehmende Betriebsvermögen muss nicht derselben Einkunftsart (§§ 13, 15, 18 EStG) zuzuordnen sein.

Beispiel 1:

A und B sind zu jeweils 50 % an der AB-OHG beteiligt. Die AB-OHG betreibt eine Metzgerei. Im Sonderbetriebsvermögen des A befindet sich ein Verkaufswagen, mit dem die AB-OHG ihre Waren auf Wochenmärkten verkauft. Diesen Wagen vermietet A an die AB-OHG für ein monatliches Entgelt. Die AB-OHG stellt den Verkauf auf den Wochenmärkten ein. A will nun diesen Wagen im Rahmen eines im eigenen Namen neu gegründeten Einzelunternehmens zum Fischverkauf einsetzen.

Lösung:

Der Verkaufswagen ist nunmehr dem Betriebsvermögen des neu gegründeten Einzelunternehmens des A zuzurechnen. Die Überführung aus dem Sonderbetriebsvermögen des A bei der AB-OHG in das Betriebsvermögen des Einzelunternehmens muss nach § 6 Absatz 5 Satz 2 EStG zum Buchwert erfolgen.

6 Der Anwendung des § 6 Absatz 5 Satz 1 und 2 EStG steht nicht entgegen, dass mehrere Wirtschaftsgüter zeitgleich überführt werden. Dabei ist es unschädlich, wenn die überführten Wirtschaftsgüter einen Betrieb, Teilbetrieb bilden oder es sich insgesamt um einen Mitunternehmeranteil handelt.

7 Sicherstellung der Besteuerung der stillen Reserven bedeutet, dass im Zeitpunkt der späteren Veräußerung auch diejenigen stillen Reserven zu besteuern sind, die sich in dem überführten Wirtschaftsgut zeitlich erst nach der Überführung gebildet haben (also Besteuerung auch der künftigen stillen Reserven). Eine Sicherstellung der Besteuerung der stillen Reserven liegt deshalb unter anderem dann nicht vor, wenn ein bisher einer inländischen Betriebsstätte des Steuerpflichtigen zugeordnetes Wirtschaftsgut einer ausländischen Betriebsstätte des Steuerpflichtigen zugeordnet wird (§ 6 Absatz 5 Satz 1 i. V. m. § 4 Absatz 1 Satz 4 EStG).

II. Übertragung von Wirtschaftsgütern nach § 6 Absatz 5 Satz 3 Nummer 1 bis 3 EStG

8 Bei der Übertragung von Wirtschaftsgütern nach § 6 Absatz 5 Satz 3 EStG gegen Gewährung oder Minderung von Gesellschaftsrechten handelt es sich als eine Spezialform des Tauschs um einen Veräußerungsvorgang (tauschähnlicher Vorgang), dessen Bewertung abweichend von den allgemeinen Grundsätzen zwingend zum Buchwert vorzunehmen ist (§ 6 Absatz 6 Satz 4 EStG). Die unentgeltliche Übertragung von Wirtschaftsgütern nach § 6 Absatz 5 Satz 3 EStG stellt hingegen eine Entnahme dar (vgl. Rdnr. 1).

1. Persönlicher Anwendungsbereich

9 Übertragender i. S. v. § 6 Absatz 5 Satz 3 Nummer 1 bis 3 EStG ist ein Mitunternehmer, der neben seiner Beteiligung an einer Mitunternehmerschaft mindestens einen weiteren Betrieb unterhält, oder dem Sonderbetriebsvermögen bei der selben Mitunternehmerschaft oder einer weiteren Mitunternehmerschaft zuzurechnen ist; bei einer doppelstöckigen Personengesellschaft kann Mitunternehmer der Tochterpersonengesellschaft auch die Mutterpersonengesellschaft (Mitunternehmerschaft) und der Mitunternehmer der Mutterpersonengesellschaft sein. Bei Mitunternehmerschaften ohne Gesamthandsvermögen, z. B. atypisch stillen Gesellschaften und Ehegatten-Mitunternehmerschaften in der Land- und Forstwirtschaft, gelten § 6 Absatz 5 Satz 3 Nummer 1 bis 3 EStG entsprechend. Auch für eine Körperschaft i. S. d. KStG gelten über § 8 Absatz 1 KStG die Regelungen des § 6 Absatz 5 Satz 3 Nummer 1 bis 3 EStG. Bei Übertragungen unter Beteiligung einer Kapitalgesellschaft sind die Regelungen zur verdeckten Gewinnausschüttung und zur verdeckten Einlage zu beachten (BFH-Urteil vom 20. Juli 2005 – BStBl 2006 II S. 457).

2. Sachlicher Anwendungsbereich

Nach § 6 Absatz 5 Satz 3 Nummer 1 bis 3 EStG müssen einzelne Wirtschaftsgüter mit dem Buch-   10
wert angesetzt werden, wenn diese

– aus dem Betriebsvermögen des Mitunternehmers in das Gesamthandsvermögen einer Mitunternehmerschaft und umgekehrt gegen Gewährung oder Minderung von Gesellschaftsrechten
  oder unentgeltlich (Nummer 1),

– aus dem Sonderbetriebsvermögen eines Mitunternehmers in das Gesamthandsvermögen derselben Mitunternehmerschaft und umgekehrt gegen Gewährung oder Minderung von Gesellschaftsrechten oder unentgeltlich (Nummer 2),

– aus dem Sonderbetriebsvermögen eines Mitunternehmers in das Gesamthandsvermögen bei
  einer anderen Mitunternehmerschaft, an der er beteiligt ist, und umgekehrt gegen Gewährung
  oder Minderung von Gesellschaftsrechten oder unentgeltlich (Nummer 2),

– unentgeltlich aus einem Sonderbetriebsvermögen des Mitunternehmers in das Sonderbetriebsvermögen eines anderen Mitunternehmers bei derselben Mitunternehmerschaft, (Nummer 3),

übertragen werden und die Besteuerung der stillen Reserven sichergestellt ist. Dabei ist es unerheblich, ob es sich bei dem zu übertragenden Wirtschaftsgut um ein Wirtschaftsgut des Anlage-
oder Umlaufvermögens handelt. § 6 Absatz 5 Satz 3 EStG gilt auch, wenn es sich bei dem zu übertragenden Wirtschaftsgut um eine wesentliche Betriebsgrundlage des abgebenden Betriebsvermögens handelt.

Für den Zeitpunkt der Übertragung ist aus steuerlicher Sicht immer die Zurechnung des wirtschaft-   11
lichen Eigentums (§ 39 Absatz 2 Nummer 1 Satz 1 AO) maßgeblich.

Die Rdnrn. 4, 5, 6 Satz 1 und 7 gelten bei der Übertragung von einzelnen Wirtschaftsgütern nach   12
§ 6 Absatz 5 Satz 3 Nummer 1 bis 3 EStG entsprechend (siehe auch Rdnr. 24). Vorrangig sind
jedoch die Vorschriften des § 6 Absatz 3 EStG oder § 24 UmwStG anzuwenden, wenn die dortigen
Voraussetzungen erfüllt sind. Dies ist insbesondere bei der gleichzeitigen Übernahme von Verbindlichkeiten der Fall.

§ 6 Absatz 5 Satz 3 EStG regelt nicht die Übertragungen von Wirtschaftsgütern aus dem Privatver-   13
mögen in das Gesamthandsvermögen und umgekehrt (vgl. BMF-Schreiben vom 29. März 2000 –
BStBl I S. 462). Für die Übertragung von Wirtschaftsgütern des Privatvermögens des Mitunternehmers in das Gesamthandsvermögen der Mitunternehmerschaft gelten die Grundsätze des BMF-
Schreibens vom 11. Juli 2011 (BStBl I S. 713).

3. Unentgeltliche Übertragung oder Übertragung gegen Gewährung oder Minderung von Gesellschaftsrechten

§ 6 Absatz 5 Satz 3 Nummer 1 und 2 EStG ist anzuwenden, soweit die Übertragung unentgeltlich   14
oder gegen Gewährung oder Minderung von Gesellschaftsrechten erfolgt; § 6 Absatz 5 Satz 3
Nummer 3 EStG ist anzuwenden, soweit die Übertragung unentgeltlich erfolgt. Ob eine Übertragung unentgeltlich oder gegen Gewährung oder Minderung von Gesellschaftsrechten vorgenommen wird, richtet sich auch nach den Grundsätzen des BMF-Schreibens vom 11. Juli 2011 (BStBl I
S. 713).

a) Unentgeltlichkeit

Die Übertragung eines Wirtschaftsguts erfolgt unentgeltlich, soweit keine Gegenleistung hierfür   15
erbracht wird. Eine Gegenleistung kann sowohl durch die Hingabe von Aktiva als auch durch die
Übernahme von Passiva (z. B. Verbindlichkeiten) erfolgen. In diesen Fällen ist die Übertragung des
Wirtschaftsguts nicht vollumfänglich unentgeltlich. Die Übernahme von Verbindlichkeiten stellt
wirtschaftlich gesehen ein (sonstiges) Entgelt dar. Ob eine teilentgeltliche Übertragung vorliegt, ist
nach den Grundsätzen der sog. „Trennungstheorie" anhand der erbrachten Gegenleistung im Verhältnis zum Verkehrswert des übertragenen Wirtschaftsguts zu prüfen. Liegt die Gegenleistung
unter dem Verkehrswert, handelt es sich um eine teilentgeltliche Übertragung, bei der der unentgeltliche Teil nach § 6 Absatz 5 Satz 3 EStG zum Buchwert zu übertragen ist. Hinsichtlich des entgeltlichen Teils der Übertragung liegt eine Veräußerung des Wirtschaftsguts vor und es kommt
insoweit zur Aufdeckung der stillen Reserven des Wirtschaftsguts (vgl. BFH-Urteil vom 11. Dezember 2001 – BStBl 2002 II S. 420).

Beispiel 2:

A und B sind zu jeweils 50 % an der AB-OHG beteiligt. In seinem Einzelunternehmen hat A
einen PKW mit einem Buchwert von 1.000 €. Der Verkehrswert des PKW beträgt 10.000 €.
Zudem hat A eine Verbindlichkeit bei der Bank des PKW-Herstellers i. H. v. 3.000 €. A überträgt den PKW nach

§ 6 Absatz 5 Satz 3 Nummer 1 EStG ohne Gewährung von Gesellschaftsrechten in das Gesamthandsvermögen der AB-OHG. Dabei übernimmt die AB-OHG auch das Darlehen.

Lösung:

Es handelt sich um eine teilentgeltliche Übertragung des PKW. Der entgeltliche Anteil liegt durch die Übernahme der Verbindlichkeit bei 30 % (3.000 € von 10.000 €), der unentgeltliche Anteil bei 70 %. Im Einzelunternehmen des A werden durch die teilentgeltliche Übertragung stille Reserven i. H. v. 2.700 € (3.000 € abzgl. 30 % des Buchwerts = 300 €) aufgedeckt. Die AB-OHG muss den PKW mit 3.700 € (3.000 € zzgl. 70 % des Buchwerts = 700 €) auf der Aktivseite und die Verbindlichkeit mit 3.000 € auf der Passivseite im Gesamthandvermögen bilanzieren.

b) Gesellschaftsrechte

16   Für die Entscheidung, ob eine Übertragung nach § 6 Absatz 5 Satz 3 Nummer 1 und 2 EStG gegen Gewährung oder Minderung von Gesellschaftsrechten erfolgt, ist maßgeblich auf den Charakter des in diesem Zusammenhang angesprochenen Kapitalkontos des Gesellschafters abzustellen. Zur Abgrenzung zwischen Eigenkapital- und Darlehenskonten des Gesellschafters wird auf das BFH-Urteil vom 16. Oktober 2008 (BStBl 2009 II S. 272) sowie auf das BMF-Schreiben vom 30. Mai 1997 (BStBl I S. 627) verwiesen.

Abwandlung Beispiel 2:

Der Buchwert des PKW beträgt 1.000 € (Verkehrswert 10.000 €). Von der AB-OHG wurden keine Verbindlichkeiten übernommen. A überträgt den PKW in das Gesamthandvermögen der AB-OHG gegen Gewährung von Gesellschaftsrechten i. H. von 1.000 € (Buchung auf dem Kapitalkonto I des A) und Buchung auf dem gesamthänderisch gebundenen Rücklagenkonto i. H. v. 9.000 €. Die OHG setzt den PKW mit 10.000 € in ihrem Gesamthandvermögen an.

Lösung:

Die nur teilweise Buchung über ein Gesellschaftsrechte vermittelndes Kapitalkonto führt insgesamt zu einem entgeltlichen Vorgang. Die Übertragung des PKW muss gleichwohl zwingend mit dem Buchwert angesetzt werden, weil die Übertragung gegen Gewährung von Gesellschaftsrechten erfolgt (§ 6 Absatz 5 Satz 3 Nummer 1 EStG). Ist mit der Übertragung eine Änderung der Gewinnverteilung und der Beteiligung am Liquidationserlös verbunden, haben sowohl A als auch B zum Zwecke der Erfolgsneutralität des Vorgangs eine negative Ergänzungsbilanz aufzustellen. In den übrigen Fällen sind nach § 6 Absatz 5 Satz 4 EStG die bis zur Übertragung entstandenen stillen Reserven in vollem Umfang dem Einbringenden A zuzuordnen.

4. Einzelfälle zu Übertragungen nach § 6 Absatz 5 Satz 3 Nummer 1 bis 3 EStG

a) Übertragung nach § 6 Absatz 5 Satz 3 Nummer 1 EStG

17   § 6 Absatz 5 Satz 3 Nummer 1 EStG regelt ausschließlich die Übertragung einzelner Wirtschaftsgüter zwischen dem Betriebsvermögen eines Mitunternehmers in das Gesamthandvermögen einer Mitunternehmerschaft, an der der Übertragende beteiligt ist oder umgekehrt, sofern die Besteuerung der stillen Reserven sichergestellt ist. Für die Übertragung eines Wirtschaftsguts nach § 6 Absatz 5 Satz 3 Nummer 1 EStG aus dem Gesamthandvermögen einer Mitunternehmerschaft in das Betriebsvermögen des Mitunternehmers und umgekehrt ist die Buchwertfortführung nicht auf den ideellen Anteil des Mitunternehmers am Wirtschaftsgut des Gesamthandvermögens begrenzt; § 6 Absatz 5 Satz 5 EStG ist zu beachten (siehe auch Rdnr. 31).

Beispiel 3:

Vater V und Sohn S betreiben eine land- und forstwirtschaftliche GbR. Zum 30. Juni 10 scheidet V in der Form aus der GbR aus, dass er nur die wesentlichen Betriebsgrundlagen (Grund- und Boden, Hofstelle), die sich in seinem Sonderbetriebsvermögen befinden, behält. Das gesamte Gesamthandvermögen erhält hingegen S, der das land- und forstwirtschaftliche Unternehmen als Einzelunternehmen fortführt. V verpachtet die wesentlichen Betriebsgrundlagen (Grund- und Boden, Hofstelle) an S und übt gleichzeitig das Verpächterwahlrecht (R 16 Absatz 5 EStR 2008) aus.

Lösung:

Es handelt sich nicht um einen Fall der steuerneutralen Realteilung i. S. v. § 16 Absatz 3 Satz 2 EStG, weil S das nämliche Unternehmen in unveränderter Weise fortführt und es somit begrifflich an der erforderlichen Betriebsaufgabe fehlt. Es liegt auch kein Fall des § 6 Absatz 3 EStG vor, da V zwar seinen gesamten Anteil am Gesamthandvermögen auf S übertragen, jedoch seinen Anteil am Sonderbetriebsvermögen zurückbehalten hat. Das zurückbehaltene Sonderbetriebsvermögen gehört infolge der Auflösung der Mitunternehmerschaft nicht mehr zum Betriebsvermögen derselben Mitunternehmerschaft. Bei der Übertragung der Wirtschaftsgüter des Gesamthandvermögens von der land- und forstwirtschaftlichen GbR in das Betriebsvermögen des Einzelunternehmens hat S jedoch nach § 6 Absatz 5 Satz 3 Nummer 1 EStG zwingend die Buchwerte der Wirtschaftsgüter fortzuführen, wenn er im Rahmen der Übertragung keine Verbindlichkeiten übernommen hat.

b) Übertragung nach § 6 Absatz 5 Satz 3 Nummer 2 EStG

§ 6 Absatz 5 Satz 3 Nummer 2 EStG regelt ausschließlich die Übertragung zwischen dem Sonder- 18
betriebsvermögen eines Mitunternehmers in das Gesamthandsvermögen derselben oder einer
anderen Mitunternehmerschaft, an der der Übertragende beteiligt ist oder umgekehrt, sofern die
Besteuerung der stillen Reserven sichergestellt ist. Die unmittelbare Übertragung von einzelnen
Wirtschaftsgütern zwischen den Gesamthandsvermögen von Schwesterpersonengesellschaften
stellt hingegen keinen Anwendungsfall des § 6 Absatz 5 Satz 3 Nummer 2 EStG dar und ist somit
nicht zu Buchwerten möglich (BFH-Urteil vom 25. November 2009 – BStBl 2010 II S. 471); dies gilt
selbst dann, wenn es sich um beteiligungsidentische Schwesterpersonengesellschaften handelt.
Die Buchwertfortführung kann in diesen Fällen auch nicht nach § 6 Absatz 5 Satz 1 EStG erfolgen,
da es sich um einen Übertragungsvorgang mit Rechtsträgerwechsel handelt und nicht um einen
Überführungsvorgang (BMF-Schreiben vom 28. Februar 2006 – BStBl I S. 228, Tz. IV.1.).

Bei einer Kettenübertragung eines Wirtschaftsguts zwischen zwei Mitunternehmerschaften, bei 19
der das zu übertragende Wirtschaftsgut in einem zeitlichen und sachlichen Zusammenhang
zunächst vom Gesamthandsvermögen der Mitunternehmerschaft in das Sonderbetriebsvermögen
derselben Mitunternehmerschaft und anschließend ins Gesamthandsvermögen der anderen
(Schwester-)Mitunternehmerschaft übertragen wird, ist zu prüfen, ob der Buchwertfortführung die
Gesamtplanrechtsprechung oder andere missbräuchliche Gestaltungen i. S. d. § 42 AO entgegen
stehen.

Durch die Rückkehr zur gesellschafterbezogenen Betrachtungsweise bei Anwendung des § 6b 20
EStG für Veräußerungen nach dem 31. Dezember 2001 können nach § 6b EStG begünstigte Wirtschaftsgüter von einer Mitunternehmerschaft verkauft und (gleichzeitig) der Gewinn bei der
erwerbenden Mitunternehmerschaft über §§ 6b, 6c EStG im Rahmen der Anschaffung oder Herstellung der Wirtschaftsgüter übertragen werden, soweit die Anschaffungs- oder Herstellungskosten dieser Wirtschaftsgüter anteilig dem Mitunternehmer der anschaffenden Gesellschaft zuzurechnen sind und soweit der begünstigte Gewinn anteilig auf diesen Mitunternehmer entfällt
(R 6b.2 Absatz 7 EStR 2008). Eine vollständige Gewinnübertragung nach §§ 6b, 6c EStG ist möglich, wenn dieselben Mitunternehmer an beiden Mitunternehmerschaften in demselben Beteiligungsverhältnis beteiligt sind.

c) Übertragung nach § 6 Absatz 5 Satz 3 Nummer 3 EStG

§ 6 Absatz 5 Satz 3 Nummer 3 EStG regelt ausschließlich die Übertragung zwischen den jeweiligen 21
Sonderbetriebsvermögen verschiedener Mitunternehmer derselben Mitunternehmerschaft, sofern
die Besteuerung der stillen Reserven sichergestellt ist.

Beispiel 4:

Vater V und Sohn S betreiben eine land- und forstwirtschaftliche GbR. Zum 30. Juni 10 scheidet V aus der GbR aus. Im Rahmen der Aufgabe der land- und forstwirtschaftlichen GbR erhält
S zusätzlich zu den gesamten Wirtschaftsgütern des Gesamthandsvermögens auch die im Sonderbetriebsvermögen des V stehende Hofstelle. Den Grund und Boden überträgt V nicht auf S.

Lösung:

Die Übertragung der Hofstelle vom V auf S kann nicht zum Buchwert nach § 6 Absatz 5 Satz 3
Nummer 3 EStG erfolgen, da durch das Ausscheiden des V und die sich dadurch ergebende
Anwachsung des Anteils auf S zu einem Einzelunternehmen die GbR beendet und somit eine
Übertragung zwischen zwei Sonderbetriebsvermögen (des V und des S) begrifflich nicht mehr
möglich ist. Die in der Hofstelle enthaltenen stillen Reserven sind daher aufzudecken. Soweit
die Wirtschaftsgüter des Gesamthandsvermögens in das Einzelunternehmen des S übertragen
werden, gelten die Ausführungen zu Beispiel 3.

Abwandlung Beispiel 4:

Vor seinem Ausscheiden überträgt V die Hofstelle aus seinem Sonderbetriebsvermögen in das
Sonderbetriebsvermögen des S. Zum 30. Juni 10 scheidet V dann aus der GbR aus und S erhält
die gesamten Wirtschaftsgüter des Gesamthandsvermögens. Den Grund und Boden überträgt
V nicht auf S.

Lösung:

Die Übertragung der Hofstelle vom V auf S erfolgt zum Buchwert nach § 6 Absatz 5 Satz 3
Nummer 3 EStG vom Sonderbetriebsvermögen des V in das Sonderbetriebsvermögen des
S. Durch das Ausscheiden des V zum 30. Juni 10 wird die GbR beendet. Soweit die Wirtschaftsgüter des Gesamthandsvermögens in das Einzelunternehmen des S übertragen werden, gelten
die Ausführungen zu Beispiel 3.

III. Einzelheiten zu § 6 Absatz 5 Satz 4 bis 6 EStG

1. Sperrfrist des § 6 Absatz 5 Satz 4 EStG und rückwirkender Ansatz des Teilwerts

22   Der zwingende Buchwertansatz bei der Übertragung von Wirtschaftsgütern nach § 6 Absatz 5 Satz 3 Nummer 1 bis 3 EStG ist beim Übernehmer zur Vermeidung von missbräuchlichen Gestaltungen mit einer sog. Sperrfrist verknüpft (§ 6 Absatz 5 Satz 4 EStG). Der Übernehmer darf innerhalb der Sperrfrist das übertragene Wirtschaftsgut weder aus dem Betriebsvermögen entnehmen noch veräußern, ansonsten wird rückwirkend auf das Ereignis der Übertragung der Teilwert für das Wirtschaftsgut angesetzt. Die Sperrfrist endet drei Jahre nach Abgabe der Steuererklärung des Übertragenden für den Veranlagungs-/Feststellungszeitraum der Übertragung. Wurde keine Steuer-/Feststellungserklärung abgegeben, endet die Sperrfrist mit Ablauf des sechsten Jahres, das auf den Veranlagungs-/Feststellungszeitraum der Übertragung folgt.

23   Keine Verletzung der Sperrfrist (§ 6 Absatz 5 Satz 4 EStG) liegt vor, wenn die einer Buchwertübertragung nach § 6 Absatz 5 Satz 3 EStG nachfolgende Übertragung ebenfalls wieder unter § 6 Absatz 5 Satz 3 EStG fällt und damit auch zwingend zum Buchwert vorzunehmen ist, wenn bei einer Realteilung für die übertragenen Wirtschaftsgüter eine neue Sperrfrist ausgelöst wird oder wenn das Wirtschaftsgut aufgrund höherer Gewalt (Zerstörung, Untergang, etc.) aus dem Betriebsvermögen ausgeschieden ist. Die Sperrfrist wird durch jede nachfolgende Übertragung nach § 6 Absatz 5 Satz 3 EStG neu ausgelöst und tritt somit an die Stelle der bisherigen Sperrfrist. Bei einer nachfolgenden Überführung nach § 6 Absatz 5 Satz 1 und 2 EStG liegt ebenfalls keine Verletzung der Sperrfrist vor; allerdings läuft hier die ursprüngliche Sperrfrist weiter, da eine Überführung keine neue Sperrfrist auslösen kann. Im Fall einer Veräußerung oder Entnahme innerhalb der Sperrfrist ist der Teilwert rückwirkend auf den Zeitpunkt der letzten Übertragung anzusetzen. Eine „fiktive" Entnahme i. S. v. § 4 Absatz 1 Satz 3 EStG oder eine „fiktive" Veräußerung i. S. v. § 12 Absatz 1 KStG innerhalb der Sperrfrist führt ebenfalls zum rückwirkenden Ansatz des Teilwerts auf den Übertragungsstichtag i. S. v. § 6 Absatz 5 Satz 4 EStG.

24   Bei der Übertragung selbst geschaffener nicht bilanzierungsfähiger immaterieller Wirtschaftsgüter des Anlagevermögens (§ 5 Absatz 2 EStG) und von im Sammelposten erfassten Wirtschaftsgütern (§ 6 Absatz 2a EStG) muss die Besteuerung der stillen Reserven sichergestellt sein.

Beispiel 5:

A und B sind Mitunternehmer der AB-OHG. In 01 schafft sich A für seine Tätigkeit bei der AB-OHG einen Schreibtisch (AK 900 €) und einen Stuhl (AK 400 €) an. Diese Wirtschaftsgüter erfasst er im Sammelposten 01 in seinem Sonderbetriebsvermögen bei der AB-OHG. In 03 benötigt B diese Wirtschaftsgüter für seine Tätigkeit bei der AB-OHG. Die Übertragung von A auf den B erfolgt unentgeltlich.

Lösung:

Die Übertragung des Schreibtisches und des Stuhls vom Sonderbetriebsvermögen des A in das Sonderbetriebsvermögen des B bei der AB-KG führt nicht zur Aufdeckung der stillen Reserven (§ 6 Absatz 5 Satz 3 Nummer 3 EStG), da diese unentgeltlich erfolgt. Die Wirtschaftsgüter sind nun dem Sonderbetriebsvermögen des B zuzurechnen und entsprechende stille Reserven sind dort steuerverstrickt. Gleichwohl werden die Wirtschaftsgüter nicht aus dem Sammelposten 01 im Sonderbetriebsvermögen des A ausgebucht. Dieser wird regulär über 5 Jahre aufgelöst.

Entsprechendes gilt, wenn der Steuerpflichtige von der Regelung des R 14 Absatz 2 EStR 2008 für das übertragene Feldinventar, die stehende Ernte und die nicht zum Verkauf bestimmten Vorräte Gebrauch gemacht hat.

25   Der mit der Sperrfrist des § 6 Absatz 5 Satz 4 EStG verbundene rückwirkende Ansatz des Teilwerts für das veräußerte Wirtschaftsgut wird ausschließlich einheitlich angewendet, d. h. bei einer vorherigen Übertragung auf eine Gesamthand wird der rückwirkende Ansatz des Teilwerts in voller Höhe vorgenommen und nicht nur für den Anteil des Wirtschaftsguts, der auf neue Mitunternehmer der Gesamthand übergegangen ist.

Beispiel 6:

A und B sind zu jeweils 50 % an der landwirtschaftlichen AB-GbR beteiligt. Neben der AB-GbR betreibt A noch ein landwirtschaftliches Einzelunternehmen. A überträgt aus seinem Einzelunternehmen eine Maschine in das Gesamthandsvermögen der AB-GbR. Die Maschine wird nach einem halben Jahr von der AB-GbR an einen fremden Dritten veräußert.

Lösung:

Die Übertragung der Maschine aus dem Einzelunternehmen des A in das Gesamthandsvermögen der AB-GbR erfolgt zunächst nach § 6 Absatz 5 Satz 3 Nummer 1 EStG zum Buchwert. Bei einer Veräußerung innerhalb der dreijährigen Sperrfrist (§ 6 Absatz 5 Satz 4 EStG) muss rückwirkend auf den Tag der Übertragung der Teilwert der Maschine angesetzt werden. Der Entnahmegewinn fällt beim Einzelunternehmen des A an. Der Teilwert ist in voller Höhe rückwirkend anzusetzen und nicht lediglich für den hälftigen Anteil an der Maschine, der durch die Übertragung auch dem B zuzurechnen ist.

Ein rückwirkender Ansatz des Teilwerts erfolgt nicht, wenn die bis zur Übertragung entstandenen | 26
stillen Reserven durch Erstellung einer Ergänzungsbilanz dem übertragenden Mitunternehmer zugeordnet werden. Hierdurch ist sichergestellt, dass die bis zur Übertragung entstandenen stillen Reserven in der Person des übertragenden Mitunternehmers – wie in Beispiel 6 – versteuert werden.

Trotz Erstellung einer Ergänzungsbilanz ist nach R 6.15 EStR 2008 ein sofortiger (rückwirkender) Ansatz des Teilwerts im Übertragungszeitpunkt vorzunehmen, wenn durch die Übertragung keine Änderung des Anteils des übertragenden Gesellschafters an dem übertragenen Wirtschaftsgut eingetreten ist, aber das Wirtschaftsgut einem anderen Rechtsträger zuzuordnen ist. Dies ist z. B. der Fall, wenn ein Wirtschaftsgut aus einem Betriebsvermögen in das Gesamthandsvermögen einer Mitunternehmerschaft übertragen wird, an deren Vermögen der Übertragende zu 100 % beteiligt ist.

Beispiel 7:

An einer KG ist A zu 100 % und eine GmbH zu 0 % beteiligt. A überträgt aus seinem Einzelunternehmen ein unbebautes Grundstück (Buchwert 100.000 €, Teilwert 500.000 €) in das Gesamthandsvermögen der KG gegen Gewährung von Gesellschaftsrechten. Die KG setzt das unbebaute Grundstück mit dem Teilwert in ihrer Gesamthandsbilanz an; zum Zwecke der Erfolgsneutralität des Vorgangs wird für A eine negative Ergänzungsbilanz mit einem Minderwert des unbebauten Grundstücks von 400.000 € ausgewiesen. Das unbebaute Grundstück wird nach einem Jahr von der KG an einen fremden Dritten veräußert.

Lösung:

Auf den Tag der Übertragung ist der Teilwert des Grundstücks anzusetzen. A versteuert somit – wie auch durch die Erstellung der Ergänzungsbilanz sichergestellt – die bis zur Übertragung entstandenen stillen Reserven (400.000 €). Die Versteuerung erfolgt jedoch nicht erst im Veräußerungs-, sondern schon im Übertragungszeitpunkt. Sofern A § 6b EStG anwenden will, ist somit für die Sechs-Jahres-Frist i. S. d. § 6b Absatz 4 Satz 1 Nummer 2 EStG auf den Übertragungszeitpunkt abzustellen.

Ob die dreijährige Sperrfrist eingehalten worden ist, kann regelmäßig nur das Finanzamt des Übernehmers erkennen. Stellt dieses fest, dass das übertragene Wirtschaftsgut innerhalb der Sperrfrist vom Übernehmer entnommen oder veräußert wurde, muss es dieses Ereignis dem Finanzamt des Übertragenden mitteilen. Dieses Finanzamt muss dann prüfen, ob rückwirkend der Teilwert anzusetzen und deshalb die Steuerfestsetzung nach § 175 Absatz 1 Satz 1 Nummer 2 i. V. m. Absatz 2 Satz 1 AO zu ändern ist. Die entsprechenden Änderungen beim Übernehmer hat das für die Besteuerung zuständige Finanzamt ebenfalls nach § 175 Absatz 1 Satz 1 Nummer 2 AO vorzunehmen, z. B. eine höhere Abschreibungsbemessungsgrundlage für das übertragene Wirtschaftsgut. | 27

Beispiel 8:

Im April 06 übertragen die Mitunternehmer A und B jeweils ein Wirtschaftsgut (keine wesentliche Betriebsgrundlage), das sie bis dahin in ihrem jeweiligen Einzelunternehmen genutzt haben, in das Gesamthandsvermögen der AB-OHG. A gibt seine Einkommensteuererklärung für 06 im Mai 07 und B seine Einkommensteuererklärung 06 im Dezember 07 ab. Im September 10 veräußert die AB-OHG, die auf sie im April 06 übertragenen Wirtschaftsgüter.

Lösung:

Für das von A übertragene Wirtschaftsgut ist bei der Veräußerung durch die AB-OHG die Sperrfrist bereits abgelaufen; es verbleibt beim Buchwertansatz zum Übertragungsstichtag. Für das von B übertragene Wirtschaftsgut ist dagegen rückwirkend der Teilwert anzusetzen.

2. Begründung oder Erhöhung eines Anteils einer Körperschaft, Personenvereinigung oder Vermögensmasse an einem Wirtschaftsgut i. S. d. § 6 Absatz 5 Satz 5 EStG

Bei einer Übertragung eines Wirtschaftsguts nach § 6 Absatz 5 Satz 3 Nummer 1 oder 2 EStG aus dem (Sonder-)Betriebsvermögen des Mitunternehmers in das Gesamthandsvermögen einer Mitunternehmerschaft, an der vermögensmäßig auch eine Körperschaft, Personenvereinigung oder Vermögensmasse beteiligt ist, ist der Teilwert anzusetzen, soweit der vermögensmäßige Anteil einer Körperschaft, Personenvereinigung oder Vermögensmasse an dem Wirtschaftsgut unmittelbar oder mittelbar begründet wird oder sich erhöht (§ 6 Absatz 5 Satz 5 EStG). Auch die Erstellung einer Ergänzungsbilanz ändert an den Rechtsfolgen des § 6 Absatz 5 Satz 5 EStG nichts. | 28

Beispiel 9:

A und die B-GmbH sind zu jeweils 50 % vermögensmäßig an der AB-OHG beteiligt. In seinem Einzelunternehmen hat A einen PKW mit einem Buchwert von 1.000 €. Der Teilwert des PKW beträgt 10.000 €. A überträgt den PKW unentgeltlich in das Gesamthandsvermögen der AB-OHG. A ist nicht Gesellschafter der B-GmbH und auch keine nahe stehende Person.

Lösung:

Grundsätzlich ist bei einer Übertragung von Wirtschaftsgütern nach § 6 Absatz 5 Satz 3 Nummer 1 EStG aus einem Betriebsvermögen eines Mitunternehmers in das Gesamthandsvermögen einer Mitunternehmerschaft die Buchwertverknüpfung vorgeschrieben. Durch die

Beteiligung der B-GmbH an der AB-OHG gehen 50 % der stillen Reserven des PKW auf die B-GmbH über. Aus diesem Grund muss nach § 6 Absatz 5 Satz 5 EStG der hälftige Teilwert i. H. v. 5.000 € angesetzt werden, da ein Anteil der B-GmbH am übertragenen PKW von 50 % begründet wird. Die AB-OHG muss den PKW mit 5.500 € (5.000 € zzgl. 50 % des Buchwerts i. H. v. 500 €) im Gesamthandsvermögen bilanzieren. Im Einzelunternehmen des A entsteht ein anteiliger Gewinn aus der Übertragung des PKW i. H. v. 4.500 € (5.000 € abzgl. 50 % des Buchwerts = 500 €).

29   Ist eine Körperschaft, Personenvereinigung oder Vermögensmasse zu 100 % vermögensmäßig am Gesamthandsvermögen einer Mitunternehmerschaft beteiligt, ist die Übertragung eines Wirtschaftsguts aus dem (Sonder-)Betriebsvermögen dieser Körperschaft, Personenvereinigung oder Vermögensmasse in das Gesamthandsvermögen der Mitunternehmerschaft oder umgekehrt zwingend nach § 6 Absatz 5 Satz 3 Nummer 1 oder 2 EStG zum Buchwert vorzunehmen, da ihr vermögensmäßiger Anteil an dem Wirtschaftsgut weder begründet wird noch sich erhöht. Gleiches gilt, wenn eine Körperschaft, Personenvereinigung oder Vermögensmasse nicht am Vermögen der Mitunternehmerschaft beteiligt ist, auf die das Wirtschaftsgut übertragen wird. In beiden Fällen findet § 6 Absatz 5 Satz 5 EStG keine Anwendung.

Beispiel 10:

A ist als Kommanditist vermögensmäßig alleine an der B-GmbH & Co. KG beteiligt. Die B-GmbH ist als Komplementärin vermögensmäßig nicht an der B-GmbH & Co. KG beteiligt. In seinem Einzelunternehmen hat A einen PKW mit einem Buchwert von 1.000 €. Der Teilwert des PKW beträgt 10.000 €. A überträgt den PKW unentgeltlich in das Gesamthandsvermögen der KG.

Lösung:

Grundsätzlich ist bei einer Übertragung von Wirtschaftsgütern nach § 6 Absatz 5 Satz 3 Nummer 1 EStG aus einem Betriebsvermögen eines Mitunternehmers in das Gesamthandsvermögen einer Mitunternehmerschaft die Buchwertverknüpfung vorgeschrieben. Da die B-GmbH an der B-GmbH & Co. KG vermögensmäßig nicht beteiligt ist, gehen hier – anders als in Beispiel 9 – auch keine stillen Reserven des PKW auf die B-GmbH über, denn wirtschaftlich gesehen ist der PKW sowohl vor als auch nach der Übertragung allein dem A zuzurechnen. Aus diesem Grund müssen bei der Übertragung des PKW keine stillen Reserven nach § 6 Absatz 5 Satz 5 EStG aufgedeckt werden.

30   § 6 Absatz 5 Satz 5 EStG findet auch dann keine Anwendung, wenn sowohl eine natürliche Person als auch eine Körperschaft, Personenvereinigung oder Vermögensmasse vermögensmäßig am Gesamthandsvermögen einer Mitunternehmerschaft beteiligt sind und sich durch die Übertragung der ideelle Anteil der Körperschaft, Personenvereinigung oder Vermögensmasse am Wirtschaftsgut verringert.

Beispiel 11:

A und die B-GmbH sind im Verhältnis 2:1 an der AB-OHG beteiligt. Zum Gesamthandsvermögen der OHG gehört ein PKW (Buchwert 1.000 €, Teilwert 10.000 €). Gegen Minderung von Gesellschaftsrechten überträgt die OHG den PKW in das Einzelunternehmen des A.

Lösung:

Bei der Übertragung des PKW aus dem Gesamthandsvermögen der OHG in das Betriebsvermögen des A ist nach § 6 Absatz 5 Satz 3 Nummer 1 EStG die Buchwertverknüpfung vorgeschrieben, sofern die Besteuerung der stillen Reserven bei A sichergestellt ist. § 6 Absatz 5 Satz 5 EStG ist nicht einschlägig, da der Anteil der B-GmbH am PKW nicht begründet oder erhöht wird, sondern sich verringert.

31   Ist eine Körperschaft, Personenvereinigung oder Vermögensmasse zu weniger als 100 % vermögensmäßig am Gesamthandsvermögen einer Mitunternehmerschaft beteiligt, ist die Übertragung eines Wirtschaftsguts aus dem (Sonder-)Betriebsvermögen einer anderen beteiligten Körperschaft, Personenvereinigung oder Vermögensmasse in das Gesamthandsvermögen der Mitunternehmerschaft zwingend nach § 6 Absatz 5 Satz 3 Nummer 1 oder 2 EStG zum Buchwert vorzunehmen, allerdings beschränkt auf den der übertragenden Kapitalgesellschaft, Personenvereinigung oder Vermögensmasse nach der Übertragung mittelbar zuzurechnenden Anteil am Wirtschaftsgut. Die Übertragung eines Wirtschaftsguts aus dem Sonderbetriebsvermögen einer Körperschaft, Personenvereinigung oder Vermögensmasse in das Sonderbetriebsvermögen einer anderen Körperschaft, Personenvereinigung oder Vermögensmasse bei derselben Mitunternehmerschaft nach § 6 Absatz 5 Satz 3 Nummer 3 EStG erfolgt unter Beachtung des § 6 Absatz 5 Satz 5 EStG stets zum Teilwert.

Beispiel 12:

Die A-GmbH ist Komplementärin und die B-GmbH ist Kommanditistin der X-GmbH & Co. KG. Die A-GmbH ist am Vermögen der KG zu 90 % und die B-GmbH zu 10 % beteiligt. Nun überträgt die A-GmbH einen PKW aus ihrem Betriebsvermögen in das Gesamthandsvermögen der KG

Lösung:

Der PKW kann nur i. H. v. 90 % zum Buchwert nach § 6 Absatz 5 Satz 3 Nummer 1 EStG in das Gesamthandsvermögen der KG übertragen werden, da der übertragenden A-GmbH der PKW nur insoweit weiterhin mittelbar zugerechnet wird. Hinsichtlich des 10 %igen Anteils am PKW, der auf die B-GmbH entfällt, sind die stillen Reserven aufzudecken, da insoweit ein 10 %iger Anteil an dem PKW für die B-GmbH neu begründet wird (§ 6 Absatz 5 Satz 5 EStG).

Abwandlung Beispiel 12:

Die A-GmbH ist Komplementärin und B (natürliche Person) ist Kommanditist der X-GmbH & Co. KG. Die A-GmbH ist am Vermögen der KG zu 90 % und B zu 10 % beteiligt.

Lösung:

Der PKW kann insgesamt zum Buchwert nach § 6 Absatz 5 Satz 3 Nummer 1 EStG in das Gesamthandsvermögen der KG übertragen werden. Der übertragenden A-GmbH wird der PKW weiterhin zu 90 % zugerechnet. Somit wird der vermögensmäßige Anteil der A-GmbH an dem Wirtschaftsgut nicht unmittelbar oder mittelbar begründet oder erhöht. Hinsichtlich des 10 %igen Anteils am PKW, der auf B entfällt, sind ebenfalls nicht die stillen Reserven aufzudecken, da insoweit ein (mittelbarer) Anteil einer natürlichen Person begründet wird.

Ist der Gesellschafter der Körperschaft gleichzeitig Mitunternehmer der Mitunternehmerschaft und wird ein Wirtschaftsgut von der Körperschaft in das Gesamthandsvermögen der Mitunternehmerschaft übertragen, können die Regelungen zur verdeckten Gewinnausschüttung Anwendung finden.   32

3. Sperrfrist bei Umwandlungsvorgängen (§ 6 Absatz 5 Satz 4 und 6 EStG)

Eine Veräußerung innerhalb der Sperrfrist ist z. B. auch eine Umwandlung oder eine Einbringung i. S. d. UmwStG unabhängig davon, ob die Buchwerte, gemeinen Werte oder Zwischenwerte angesetzt werden, wenn zu dem eingebrachten Betriebsvermögen ein Wirtschaftsgut gehört, für das noch die Sperrfrist nach § 6 Absatz 5 Satz 4 EStG läuft.   33

Die zwingende Buchwertverknüpfung bei der Übertragung von Wirtschaftsgütern wird innerhalb einer Sperrfrist von sieben Jahren nach § 6 Absatz 5 Satz 6 EStG rückwirkend versagt, wenn innerhalb dieser Frist ein Anteil einer Körperschaft, Personenvereinigung oder Vermögensmasse an dem übertragenen Wirtschaftsgut unmittelbar oder mittelbar begründet wird oder sich erhöht. Diese Regelung gilt insbesondere in Umwandlungsfällen (z. B. in den Fällen der §§ 20, 25 UmwStG) oder auch – vorbehaltlich der Rdnr. 29 – bei Anwachsung des Vermögens auf eine Körperschaft, Personenvereinigung oder Vermögensmasse.   34

Für die Überwachung der siebenjährigen Sperrfrist gelten die Ausführungen zu Rdnr. 27 entsprechend.   35

IV. Verhältnis von § 6 Absatz 5 EStG zu anderen Vorschriften

Die Buchwertverknüpfung des § 6 Absatz 5 EStG steht bei Überführungen oder Übertragungen von Wirtschaftsgütern in Konkurrenz zu anderen steuerrechtlichen Vorschriften:

1. Fortführung des Unternehmens (§ 6 Absatz 3 EStG)

Scheidet ein Mitunternehmer aus der Mitunternehmerschaft aus und überträgt er zu Lebzeiten oder durch Tod seinen gesamten Mitunternehmeranteil auf eine oder mehrere natürliche Personen unentgeltlich, so sind nach § 6 Absatz 3 EStG die Buchwerte fortzuführen (vgl. im Weiteren BMF-Schreiben vom 3. März 2005 – BStBl I S. 458 – unter Berücksichtigung der Änderungen durch das BMF-Schreiben vom 7. Dezember 2006 – BStBl I S. 766). Der Rechtsnachfolger tritt in die steuerliche Rechtsstellung des Rechtsvorgängers ein (Gesamtrechtsnachfolge), dies gilt insbesondere für die Sperrfristen des § 6 Absatz 5 Satz 4 EStG.   36

2. Realteilung

Eine Realteilung einer Mitunternehmerschaft nach § 16 Absatz 3 Satz 2 EStG liegt vor, wenn die bisherige Mitunternehmerschaft beendet wird und zumindest ein Mitunternehmer den ihm zugeteilten Teilbetrieb, Mitunternehmeranteil oder die ihm zugeteilten Einzelwirtschaftsgüter als Betriebsvermögen fortführt. Insoweit sind die Buchwerte fortzuführen (vgl. auch BMF-Schreiben vom 28. Februar 2006 – BStBl I S. 228). Scheidet ein Mitunternehmer aus einer bestehenden Mitunternehmerschaft aus und wird diese von den verbleibenden Mitunternehmern unverändert fortgeführt, liegt kein Fall der Realteilung vor (BFH-Urteil vom 10. März 1998 – BStBl 1999 II S. 269). Die Realteilung, bei der unschädlich zusammen mit Einzelwirtschaftgütern auch Verbindlichkeiten übertragen werden können, hat Vorrang vor der Regelung des § 6 Absatz 5 EStG.   37

3. Veräußerung

38   Bei einer teilentgeltlichen oder vollentgeltlichen Veräußerung des Wirtschaftsguts kommt es zur anteiligen oder zur vollumfänglichen Aufdeckung der stillen Reserven des Wirtschaftsguts, insoweit findet § 6 Absatz 5 EStG keine Anwendung (sog. „Trennungstheorie" – vgl. Rdnr. 15).

4. Tausch

39   Der Anwendungsbereich des § 6 Absatz 5 Satz 3 EStG geht den allgemeinen Regelungen zur Gewinnrealisierung bei Tauschvorgängen nach § 6 Absatz 6 EStG vor.

V. Zeitliche Anwendung

40   Dieses Schreiben ist in allen noch offenen Fällen anzuwenden.

Abgrenzung zwischen privater Vermögensverwaltung und gewerblichem Grundstückshandel

BMF vom 26. 3. 2004 (BStBl I S. 434)

IV A 6 – S 2240 – 46/04

Im Einvernehmen mit den obersten Finanzbehörden der Länder gilt zur Abgrenzung des gewerblichen Grundstückshandels von der privaten Vermögensverwaltung Folgendes:

I. Allgemeine Grundsätze[1]

Veräußern Privatpersonen Grundstücke, ist bei der Prüfung, ob ein gewerblicher Grundstückshandel vorliegt, wesentlich auf die Dauer der Nutzung vor Veräußerung und die Zahl der veräußerten Objekte abzustellen. In Fällen, in denen ein gewerblicher Grundstückshandel zu verneinen ist, bleibt jedoch zu prüfen, ob der Gewinn aus der Veräußerung nach § 23 EStG zu besteuern ist.   1

1. Bebaute Grundstücke

[1]Sind bebaute Grundstücke bis zur Veräußerung während eines langen Zeitraums (mindestens zehn Jahre) vermietet worden, gehört grundsätzlich auch noch die Veräußerung der bebauten Grundstücke zur privaten Vermögensverwaltung (vgl. BFH-Urteil vom 6. April 1990 – BStBl II S. 1057). [2]Dies ist unabhängig vom Umfang des veräußerten Grundbesitzes. [3]Bei Grundstücken, die im Wege der vorweggenommenen Erbfolge oder durch Schenkung auf den Grundstücksveräußerer übergegangen sind, ist für die Berechnung der Nutzungsdauer die Besitzdauer des Rechtsvorgängers wie eine eigene Besitzzeit des Veräußerers zu werten. [4]Zu Grundstücken, die durch Erbfolge oder durch Schenkung übergegangen sind vgl. Tz. 9. Wegen der zu eigenen Wohnzwecken genutzten Grundstücke vgl. Tz. 10.   2

[1]Die Aufteilung eines Gebäudes in Eigentumswohnungen ist – für sich betrachtet – allein kein Umstand, der die Veräußerung der so entstandenen Eigentumswohnungen zu einer gewerblichen Tätigkeit macht. [2]Auch hier ist maßgeblich auf die Dauer der Nutzung vor Veräußerung abzustellen.

2. Unbebaute Grundstücke

[1]Bei unbebauten Grundstücken, die vor Veräußerung selbst genutzt (z. B. als Gartenland) oder verpachtet wurden, führt die bloße Parzellierung für sich allein nicht zur Annahme eines gewerblichen Grundstückshandels. [2]Beim An- und Verkauf von Grundstücken über mehrere Jahre liegt dagegen im Regelfall ein gewerblicher Grundstückshandel vor. [3]Ein gewerblicher Grundstückshandel liegt auch dann vor, wenn der Grundstückseigentümer, ähnlich wie ein Grundstückshändler oder ein Baulandaufschließungsunternehmen, beginnt, seinen Grundbesitz ganz oder teilweise durch Baureifmachung in Baugelände umzugestalten und zu diesem Zweck diesen Grundbesitz nach einem bestimmten Bebauungsplan in einzelne Parzellen aufteilt und diese dann an Interessenten veräußert (vgl. BFH-Urteile vom 28. September 1961 – BStBl 1962 III S. 32, vom 25. Juli 1968 – BStBl II S. 644, vom 22. Oktober 1969 – BStBl 1970 II S. 61, vom 17. Dezember 1970 – BStBl 1971 II S. 456, vom 14. November 1972 – BStBl 1973 II S. 239, vom 7. Februar 1973 – BStBl II S. 642 und vom 29. März 1973 – BStBl II S. 682). [4]In diesem Fall sind alle Aktivitäten des Veräußerers bei der Baureifmachung, Erschließung und Bebauung einzeln zu untersuchen und im Zusammenhang zu würdigen. [5]Auch die Veräußerung land- und forstwirtschaftlicher Grundstücke oder Betriebe kann Gegenstand eines selbständigen gewerblichen Unternehmens sein (vgl. BFH-Urteil vom 28. Juni 1984 – BStBl II S. 798); vgl. Tz. 27.   3

3. Beteiligung am allgemeinen wirtschaftlichen Verkehr

[2)3)1]Die Beteiligung am allgemeinen wirtschaftlichen Verkehr ist durch den Kontakt zu einer Mehrzahl von Verkäufern oder Käufern gegeben (vgl. BFH-Urteile vom 20. Dezember 1963 – BStBl 1964   4

---

[1] Maßgeblich für die steuerrechtliche Qualifizierung einer Tätigkeit ist nicht die vom Stpfl. subjektiv vorgenommene Beurteilung, sondern vielmehr die Wertung nach objektiven Kriterien. Daher ist ein gewerblicher Grundstückshandel nicht allein deshalb zu bejahen, weil der Stpfl. einen solchen angemeldet oder erklärt hat (→ BFH vom 18. 8. 2009 – BStBl II S. 965).

[2] Gewerblicher Grundstückshandel erfordert nicht, dass in jedem VZ Verwertungsmaßnahmen ergriffen oder ständig Grundstücke vorrätig gehalten werden. Gewerblicher Grundstückshandel liegt auch vor, wenn nach der Veräußerung des ersten Objekts über einen Zeitraum von mehr als zwei Jahren keine späteren Grundstücksgeschäfte konkret absehbar sind und auch keine Grundstücke im Umlaufvermögen gehalten werden (inaktive Phase) (→ BFH vom 20. 4. 2006 – BStBl 2007 II S. 375 III R 1/05).

[3] Auch der Verkauf eines Grundstücks zwischen Schwesterpersonengesellschaften kann eine Beteiligung am allgemeinen wirtschaftlichen Verkehr darstellen (→ BFH vom 1. 12. 2005 – BStBl 2006 II S. 259).

III S. 139 und vom 29. März 1973 – BStBl II S. 661). [2]Eine Beteiligung am allgemeinen wirtschaftlichen Verkehr kann

- auch bei einer Tätigkeit für nur einen Vertragspartner oder bei Einschaltung eines Maklers vorliegen (vgl. BFH-Urteile vom 12. Juli 1991 – BStBl 1992 II S. 143 und vom 7. Dezember 1995 – BStBl 1996 II S. 367).

- bereits dadurch vorliegen, dass die Verkaufsabsicht nur einem kleinen Personenkreis – unter Umständen einer einzigen Person – bekannt wird und der Verkäufer damit rechnet, die Verkaufsabsicht werde sich herumsprechen. [2]Entscheidend ist, dass der Verkäufer an jeden, der die Kaufbedingungen erfüllt, verkaufen will. [3]Das ist bereits dann der Fall, wenn er bereit ist, das fragliche Objekt an einen anderen Erwerber zu veräußern, falls sich der Verkauf an den ursprünglich vorgesehenen Käufer zerschlägt.

- durch den Verkauf an Bekannte erfolgen (vgl. BFH-Urteile vom 28. Oktober 1993 – BStBl 1994 II S. 463 und vom 7. März 1996 – BStBl II S. 369).

- auch dann gegeben sein, wenn der Steuerpflichtige nur ein Geschäft mit einem Dritten tätigt, sich dieser aber in Wirklichkeit und nach außen erkennbar nach den Bestimmungen des Steuerpflichtigen an den allgemeinen Markt wendet (vgl. BFH-Urteil vom 13. Dezember 1995 – BStBl 1996 II S. 232).

[3]Auch ein entgeltlicher und von Gewinnerzielungsabsicht getragener Leistungsaustausch zwischen nahen Angehörigen erfüllt die Voraussetzung einer Teilnahme am allgemeinen wirtschaftlichen Verkehr (vgl. BFH-Urteil vom 13. August 2002 – BStBl II S. 811). [4]Dies gilt auch, wenn der Eigentümer Objekte nur an bestimmte Personen auf deren Wunsch veräußert.

Bei mehreren Grundstücksverkäufen muss das Merkmal der Beteiligung am allgemeinen wirtschaftlichen Verkehr nicht bei jedem Geschäft vorliegen (vgl. BFH-Urteil vom 28. Oktober 1993 – BStBl 1994 II S. 463).

II. Gewerblicher Grundstückshandel wegen Überschreitung der „Drei-Objekt-Grenze"

1. Merkmale der „Drei-Objekt-Grenze"

5   [1]Als Indiz für das Vorliegen eines gewerblichen Grundstückshandels gilt die Überschreitung der „Drei-Objekt-Grenze" (vgl. BFH-Beschluss vom 10. Dezember 2001 – BStBl 2002 II S. 291). [2]Danach ist die Veräußerung von mehr als drei Objekten innerhalb eines Fünfjahreszeitraums grundsätzlich gewerblich (vgl. BFH-Urteil vom 18. September 1991 – BStBl 1992 II S. 135). [3]Die Veräußerung von mehr als drei in bedingter Verkaufsabsicht erworbener oder errichteter (vgl. Tz. 19 ff.) Objekte innerhalb dieses Zeitraums führt bei Vorliegen der übrigen Voraussetzungen (§ 15 Abs. 2 EStG) grundsätzlich zur Gewerblichkeit aller – d. h. auch der ersten drei – Objektveräußerungen. [4]Die zeitliche Grenze von fünf Jahren hat allerdings keine starre Bedeutung. [5]Ein gewerblicher Grundstückshandel kann z. B. bei einer höheren Zahl von Veräußerungen nach Ablauf dieses Zeitraums, aber auch bei einer hauptberuflichen Tätigkeit im Baubereich vorliegen.

6   [1]Objekt i. S. d. „Drei-Objekt-Grenze" sind nur solche Objekte, bei denen ein enger zeitlicher Zusammenhang (vgl. Tz. 20) zwischen Errichtung, Erwerb oder Modernisierung und der Veräußerung besteht. [2]Ist ein derartiger enger zeitlicher Zusammenhang nicht gegeben, können bis zur zeitlichen Obergrenze von zehn Jahren Objekte nur mitgerechnet werden, wenn weitere Umstände den Schluss rechtfertigen, dass im Zeitpunkt der Errichtung, des Erwerbs oder der Modernisierung eine Veräußerungsabsicht vorgelegen hat. [3]Solche weiteren Umstände liegen z. B. vor, wenn ein branchenkundiger Steuerpflichtiger innerhalb eines Zeitraums von fünf Jahren nach der Errichtung eines Gebäudes weniger als vier, danach aber in relativ kurzer Zeit planmäßig weitere Objekte veräußert (vgl. BFH-Urteil vom 5. September 1990 – BStBl II S. 1060). Vgl. auch Tz. 28.

7   [1]Als Veräußerung i. S. d. „Drei-Objekt-Grenze" gilt auch die Einbringung eines Grundstücks in das Gesamthandsvermögen einer Personengesellschaft, die nach den Grundsätzen des BMF-Schreibens vom 29. März 2000 (BStBl I S. 462) als Veräußerung anzusehen ist. [2]Grundstücksübertragungen in das Gesamthandsvermögen einer Personengesellschaft, für die der Übertragende keine Gegenleistung erhält (verdeckte Einlage), und die Übertragung von Grundstücken im Wege der Realteilung einer vermögensverwaltenden Personengesellschaft oder Bruchteilsgemeinschaft auf die einzelnen Gesellschafter zu Alleineigentum gelten dagegen nicht als Veräußerung i. S. d. „Drei-Objekt-Grenze". [3]Als Veräußerung i. S. d. „Drei-Objekt-Grenze" gilt die Einbringung eines Grundstücks in eine Kapitalgesellschaft gegen Gewährung von Gesellschaftsrechten. [4]Dies gilt auch in den sog. Mischfällen, in denen die dem Gesellschafter gewährte angemessene (drittübliche) Gegenleistung teils in der Gewährung von Gesellschaftsrechten und teils in anderen Entgelten, z. B. in der Zahlung eines Barkaufpreises, der Einräumung einer Forderung oder in der Übernahme von Schulden des Gesellschafters besteht (vgl. BFH-Urteil vom 19. September 2002 – BStBl 2003 II S. 394).

Im Einzelnen gilt für die Überschreitung der „Drei-Objekt-Grenze" Folgendes:

a) Definition des Objekts i. S. d. „Drei-Objekt-Grenze"

[1)][2)][1]Objekt i. S. d. „Drei-Objekt-Grenze" sind Grundstücke jeglicher Art. [2]Auf die Größe, den Wert oder die Nutzungsart des einzelnen Objekts kommt es nicht an (vgl. BFH-Urteile vom 18. Mai 1999 – BStBl 2000 II S. 28 und vom 15. März 2000 – BStBl 2001 II S. 530). [3]Es kommt nicht darauf an, ob es sich um bebaute oder unbebaute Grundstücke handelt oder ob der Steuerpflichtige die Objekte selbst errichtet hat oder in bebautem Zustand erworben hat. — 8

[1]Danach stellt auch ein im Teileigentum stehender Garagenabstellplatz ein selbständiges Objekt dar, wenn dieser nicht im Zusammenhang mit dem Verkauf einer Wohnung veräußert wird. [2]Der Verkauf eines Garagenabstellplatzes ist jedoch dann nicht als eigenes Objekt zu zählen, wenn dieser als Zubehörraum einer Eigentumswohnung im Zusammenhang mit dem Verkauf der Eigentumswohnung an andere Erwerber als die Käufer der Eigentumswohnung veräußert wird (vgl. BFH-Urteil vom 18. September 2002 – BStBl 2003 II S. 238).

[1]Jedes zivilrechtliche Wohnungseigentum, das selbständig nutzbar und veräußerbar ist, stellt ein Objekt i. S. d. „Drei-Objekt-Grenze" dar, auch wenn mehrere Objekte nach Vertragsabschluss baulich zu einem Objekt zusammengefasst werden (vgl. BFH-Urteil vom 16. Mai 2002 – BStBl II S. 571)[3]. [2]Gleiches gilt für Grundstücke, bei denen der Verkauf beim Vertragsvollzug gescheitert ist (vgl. BFH-Urteil vom 5. Dezember 2002 – BStBl 2003 II S. 291).

Als Objekt i. S. d. „Drei-Objekt-Grenze" kommen weiterhin auch Erbbaurechte in Betracht.[4)]

b) Durch Erbfall, vorweggenommene Erbfolge oder Schenkung übergegangene Grundstücke als Grundstücke i. S. d. „Drei-Objekt-Grenze"

[1]In die Prüfung des gewerblichen Grundstückshandels und damit der „Drei-Objekt-Grenze" sind Grundstücke, die im Wege der vorweggenommenen Erbfolge oder durch Schenkung übertragen und vom Rechtsnachfolger in einem zeitlichen Zusammenhang veräußert worden sind, mit einzubeziehen. [2]In diesem Fall ist hinsichtlich der unentgeltlich übertragenen Grundstücke für die Frage des zeitlichen Zusammenhangs (vgl. Tz. 6, 20) auf die Anschaffung oder Herstellung durch den Rechtsvorgänger abzustellen. [3]Werden im zeitlichen Zusammenhang durch den Rechtsvorgänger und den Rechtsnachfolger insgesamt mehr als drei Objekte veräußert, liegen gewerbliche Einkünfte vor: — 9

– beim Rechtsvorgänger hinsichtlich der veräußerten Grundstücke;
– beim Rechtsnachfolger hinsichtlich der unentgeltlich erworbenen und veräußerten Grundstücke.

In diesen Fällen sind beim Rechtsnachfolger die Veräußerungen der unentgeltlich erworbenen Grundstücke für die Frage, ob er daneben Einkünfte aus einem eigenen gewerblichen Grundstückshandel erzielt, als Objekte i. S. d. „Drei-Objekt-Grenze" mitzuzählen.

Beispiel:

V erwirbt im Jahr 01 vier Eigentumswohnungen E 1, E 2, E 3 und E 4. Im Jahr 03 veräußert er die Eigentumswohnungen E 1, E 2 und E 3. Die Eigentumswohnung E 4 überträgt er im Wege der vorweggenommenen Erbfolge im Jahr 03 auf seinen Sohn S. S hat im Jahr 02 die Reihenhäuser RH 1, RH 2 und RH 3 erworben. Im Jahr 04 veräußert S die Reihenhäuser und die Eigentumswohnung E 4.

– Die Veräußerung der Eigentumswohnung E 4 innerhalb des zeitlichen Zusammenhangs durch S führt bei V zur Annahme eines gewerblichen Grundstückshandels. Der Gewinn aus der Veräußerung der Eigentumswohnungen E 1 bis E 3 ist bei V steuerpflichtig.
– Bei S ist der Gewinn aus der Veräußerung der Eigentumswohnung E 4 steuerpflichtig. Auch aus der Veräußerung der drei Objekte (RH 1 bis RH 3) erzielt er Einkünfte aus einem gewerblichen Grundstückshandel, weil die Veräußerung der Eigentumswohnung E 4 als sog. Zählobjekt mitzuzählen ist.

Dies gilt entsprechend im Fall der Modernisierung (vgl. Tz. 24).

[1)] Die Drei-Objekt-Grenze ist überschritten, wenn der Kaufvertrag zwar über einen unabgeteilten Miteigentumsanteil abgeschlossen wurde, das Grundstück jedoch in derselben Urkunde in Wohn- und Gewerbeeinheiten aufgeteilt wurde, von denen dem Erwerber mehr als drei Einheiten zugewiesen wurden (→ BFH vom 30. 9. 2010 – BStBl 2011 II S. 645).
[2)] Ein ungeteiltes Grundstück mit mehreren freistehenden Häusern ist nur ein Objekt i. S. d. Drei-Objekt-Grenze (→ BFH vom 5. 5. 2011 – BStBl II S. 787).
[3)] Zwei Doppelhaushälften auf einem ungeteilten Grundstück bilden ein Objekt (→ BFH vom 14. 10. 2003 – BStBl 2004 II S. 227). Aneinander grenzende, rechtlich selbständige Mehrfamilienhausgrundstücke stellen jeweils gesonderte wirtschaftliche Einheiten dar (→ BFH vom 3. 8. 2004 – BStBl 2005 II S. 35).
[4)] Die erstmalige Bestellung eines Erbbaurechts ist kein Objekt i. S. d. Drei-Objekt-Grenze. Hingegen ist ein Erbbaurecht ein Objekt i. S. d. Drei-Objekt-Grenze, wenn es veräußert wird (→ BFH vom 12. 7. 2007 – BStBl II S. 885).

Nicht einzubeziehen sind jedoch – unabhängig vom Umfang des Grundbesitzes – Grundstücke, die durch Erbfolge übergegangen sind (vgl. BFH-Urteil vom 15. März 2000 – BStBl 2001 II S. 530), es sei denn, dass bereits der Erblasser in seiner Person einen gewerblichen Grundstückshandel begründet hat und der Erbe einen unternehmerischen Gesamtplan fortführt oder der Erbe die Grundstücke vor der Veräußerung in nicht unerheblichem Maße modernisiert und hierdurch ein Wirtschaftsgut anderer Marktgängigkeit entstanden ist (vgl. Tz. 24).

c) Zu eigenen Wohnzwecken genutzte Grundstücke als Grundstücke i. S. d. „Drei-Objekt-Grenze"

10 [1]Ebenfalls nicht einzubeziehen sind Grundstücke, die eigenen Wohnzwecken dienen. [2]Zu eigenen Wohnzwecken genutzte bebaute Grundstücke gehören in aller Regel zum notwendigen Privatvermögen (vgl. BFH-Urteil vom 16. Oktober 2002 – BStBl 2003 II S. 245). [3]Etwas anderes kann sich allerdings ergeben, wenn ein zur Veräußerung bestimmtes Wohnobjekt nur vorübergehend zu eigenen Wohnzwecken genutzt wird (vgl. BFH-Urteil vom 11. April 1989 – BStBl II S. 621). [4]Bei einer Selbstnutzung von weniger als fünf Jahren ist das Grundstück dann nicht einzubeziehen, wenn der Veräußerer eine auf Dauer angelegte Eigennutzung nachweist, indem er darlegt, dass die Veräußerung auf offensichtlichen Sachzwängen beruhte (vgl. BFH-Urteil vom 18. September 2002 – BStBl 2003 II S. 133).

d) Grundstücke, die ohne Gewinnerzielungsabsicht veräußert werden, als Grundstücke i. S. d. „Drei-Objekt-Grenze"

11 [1]Objekte, mit deren Weitergabe kein Gewinn erzielt werden soll (z. B. teilentgeltliche Veräußerung oder Schenkung an Angehörige), sind in die Betrachtung, ob die „Drei-Objekt-Grenze" überschritten ist, grundsätzlich nicht einzubeziehen (vgl. BFH-Urteile vom 18. September 2002 – BStBl 2003 II S. 238 und vom 9. Mai 1996 – BStBl II S. 599). [2]Eine teilentgeltliche Veräußerung in diesem Sinne liegt vor, wenn der Verkaufspreis die Selbstkosten (Anschaffungs- oder Herstellungskosten oder Einlagewert) nicht übersteigt (vgl. BFH-Urteile vom 14. März 1989 – BStBl 1990 II S. 1053, vom 9. Mai 1996 – BStBl II S. 599 und vom 18. September 2002 – BStBl 2003 II S. 238).

Eine Einbeziehung von an Kinder übertragene Objekte hinsichtlich der Frage des Überschreitens der „Drei-Objekt-Grenze" kommt jedoch dann in Betracht, wenn der Steuerpflichtige – bevor er sich dazu entschlossen hat, diese Objekte unentgeltlich an seine Kinder zu übertragen – die zumindest bedingte Absicht besaß, auch diese Objekte am Markt zu verwerten (vgl. BFH-Urteil vom 18. September 2002 – BStBl 2003 II S. 238).

Grundstücke, die zwar mit der Absicht, Gewinn zu erzielen, veräußert wurden, mit deren Verkauf aber letztlich ein Verlust realisiert wurde, sind in die Betrachtung, ob die „Drei-Objekt-Grenze" überschritten ist, mit einzubeziehen.

e) Veräußerungen durch Ehegatten

12 [1]Bei Ehegatten ist eine Zusammenfassung der Grundstücksaktivitäten im Regelfall nicht zulässig. [2]Dies bedeutet, dass jeder Ehegatte bis zu drei Objekte im Bereich der Vermögensverwaltung veräußern kann. [3]Die Grundstücksaktivitäten von Ehegatten sind jedoch dann zusammenzurechnen, wenn die Ehegatten eine über ihre eheliche Lebensgemeinschaft hinausgehende, zusätzliche enge Wirtschaftsgemeinschaft, z. B. als Gesellschaft des bürgerlichen Rechts, eingegangen sind, in die sie alle oder den größeren Teil der Grundstücke eingebracht haben (vgl. BFH-Urteil vom 24. Juli 1996 – BStBl II S. 913).[1]

f) Übertragungen im Wege der Realteilung

13 Grundstücke, die im Wege der Realteilung einer vermögensverwaltenden Personengesellschaft oder Bruchteilsgemeinschaft den einzelnen Gesellschaftern zu Alleineigentum übertragen werden, sind ebenfalls nicht mit in die „Drei-Objekt-Grenze" einzubeziehen (vgl. BFH-Urteil vom 9. Mai 1996 – BStBl II S. 599).

g) Beteiligung an Grundstücksgesellschaften

14 [1]Beteiligt sich ein Steuerpflichtiger an Grundstücksgesellschaften zur Verwertung von Grundstücken (z. B. durch Verkauf oder Bebauung und Verkauf), ist zunächst zu prüfen, ob die Gesellschaft selbst ein gewerbliches Unternehmen i. S. d. § 15 Abs. 2 EStG betreibt (vgl. BFH-Beschluss vom 25. Juni 1984 – BStBl II S. 751), so dass steuerlich eine Mitunternehmerschaft i. S. d. § 15 Abs. 1 Satz 1 Nr. 2 EStG vorliegt. [2]In diesem Fall ist die Überschreitung der „Drei-Objekt-Grenze" auf der Ebene der Gesellschaft zu prüfen; auf eventuelle Grundstücksveräußerungen durch den einzelnen

---

[1] → *BFH vom 24. 7. 1986 (BStBl II S. 913).*

Gesellschafter kommt es insoweit nicht an.[1)3]Wird die Gesellschaft nach den vorgenannten Grundsätzen im Rahmen eines gewerblichen Grundstückshandels tätig, sind die Grundstücksveräußerungen der Gesellschaft bei der Prüfung, ob auch auf der Ebene des Gesellschafters ein – weiterer – gewerblicher Grundstückshandel besteht, als Objekt mitzuzählen (vgl. BFH-Beschluss vom 3. Juli 1995 – BStBl II S. 617, BFH-Urteil vom 28. November 2002 – BStBl 2003 II S. 250).[2)]

Voraussetzung hierfür ist jedoch, dass der Gesellschafter an der jeweiligen Gesellschaft zumindestens 10 % beteiligt ist oder dass der Verkehrswert des Gesellschaftsanteils oder des Anteils an dem veräußerten Grundstück bei einer Beteiligung von weniger als 10 % mehr als 250 000 € beträgt[3)].

[1]Ist die Gesellschaft nach den vorgenannten Grundsätzen vermögensverwaltend tätig, muss ihre Betätigung (z. B. Erwerb, Bebauung und Verkauf der Grundstücke) den einzelnen Gesellschaftern in gleicher Weise wie bei einer Bruchteilsgemeinschaft anteilig zugerechnet werden (§ 39 Abs. 2 Nr. 2 AO) und bei diesen einkommensteuerrechtlich nach den für den einzelnen Gesellschafter und seine Betätigung maßgeblichen Kriterien beurteilt werden. [2]Dabei sind zwei Fallgruppen zu unterscheiden: **15**

aa) Die Beteiligung an der Grundstücksgesellschaft wird im Betriebsvermögen gehalten.

Der Gesellschafter erzielt aus der Beteiligung in jedem Fall gewerbliche Einkünfte (vgl. BFH-Urteile vom 20. November 1990 – BStBl 1991 II S. 345 und vom 3. Juli 1995 – BStBl II S. 617).   **16**

bb) Die Beteiligung an der Grundstücksgesellschaft wird im Privatvermögen gehalten.

In diesen Fällen gilt unter Beachtung der Halte- und Veräußerungsfristen Folgendes:

Veräußerungen von Grundstücken der Grundstücksgesellschaft

[1]Überschreiten die von der vermögensverwaltenden Gesellschaft getätigten und dem einzelnen Gesellschafter anteilig zuzurechnenden Grundstücksveräußerungen entweder für sich gesehen oder unter Zusammenrechnung mit der Veräußerung von Objekten, die dem betreffenden Gesellschafter allein oder im Rahmen einer anderen Personengesellschaft gehören, den Rahmen der bloßen Vermögensverwaltung, wird der Gesellschafter selbst im Rahmen eines gewerblichen Grundstückshandels tätig. [2]Für die Prüfung, ob auf der Ebene des Gesellschafters ein gewerblicher Grundstückshandel begründet wird, ist der Anteil des Steuerpflichtigen an dem Objekt der Grundstücksgesellschaft oder -gesellschaften für die Ermittlung der „Drei-Objekt-Grenze" jeweils einem Objekt gleichzustellen. [3]Bei Veräußerung von Miteigentumsanteilen an einem Grundstück an verschiedene Erwerber stellt jeder Miteigentumsanteil ein Zählobjekt i. S. d. „Drei-Objekt-Grenze" dar (vgl. BFH-Urteil vom 7. Dezember 1995 – BStBl 1996 II S. 367). [4]Voraussetzung hierfür ist jedoch, dass der Gesellschafter an der jeweiligen Gesellschaft zu mindestens 10 % beteiligt ist oder dass der Verkehrswert des Gesellschaftsanteils oder des Anteils an dem veräußerten Grundstück bei einer Beteiligung von weniger als 10 % mehr als 250 000 € beträgt.   **17**

Veräußerung des Anteils an der Grundstücksgesellschaft

[4)]In den Fällen, in denen der Gesellschafter seinen Anteil an der Grundstücksgesellschaft veräußert, ist die Veräußerung der Beteiligung gem. § 39 Abs. 2 Nr. 2 AO einer anteiligen Grundstücksveräußerung gleichzustellen.   **18**

[1]Für die „Drei-Objekt-Grenze" kommt es dabei auf die Zahl der im Gesellschaftsvermögen (Gesamthandsvermögen) befindlichen Grundstücke an (vgl. BFH-Urteile vom 7. März 1996 – BStBl II

---

1) Bestätigt durch BFH vom 17. 12. 2008 – BStBl 2009 II S. 529 und S. 795, wonach bei der Prüfung, ob eine Personengesellschaft wegen Überschreitung der „Drei-Objekt-Grenze" den Bereich der privaten Vermögensverwaltung verlassen hat, solche Grundstücksaktivitäten nicht mitzuzählen sind, die die Gesellschafter allein oder im Rahmen einer anderen gewerblich tätigen (Schwester-)Personengesellschaft entwickelt haben.

2) *Auch wenn ein Stpfl. in eigener Person kein einziges Objekt veräußert, kann er allein durch die Zurechnung der Grundstücksverkäufe von Personengesellschaften oder Gemeinschaften einen gewerblichen Grundstückshandel betreiben (→ BFH vom 22. 8. 2012 – BStBl II S. 865X R 24/11).*

3) Die Grenzen sind jedoch unbeachtlich, wenn der Gesellschafter über eine Generalvollmacht oder aus anderen Gründen die Geschäfte der Grundstücksgesellschaft maßgeblich bestimmt (→ BFH vom 12. 7. 2007 – BStBl II S. 885).

4) Die Veräußerung von Mitunternehmeranteilen an mehr als drei am Grundstücksmarkt tätigen Gesellschaften bürgerlichen Rechts ist auch dann der Veräußerung der zum Gesamthandsvermögen gehörenden Grundstücke gleichzustellen, wenn es sich bei den Gesellschaften um gewerblich geprägte Personengesellschaften i. S. d. § 15 Abs. 3 Nummer 2 EStG handelt. Die Gewinne aus den Anteilsveräußerungen sind daher – bei Vorliegen der übrigen Voraussetzungen – als laufende Gewinne aus gewerblichem Grundstückshandel zu erfassen (→ BFH vom 5. 6. 2008 – BStBl 2010 II S. 974). *Nichts anderes kann gelten, wenn der Stpfl. weniger als vier Anteile an derartigen Personengesellschaften veräußert, er die Drei-Objekt-Grenze aber aufgrund der Veräußerung weiterer Grundstücke in eigener Person überschreitet. Auch dann stellt sich die Anteilsveräußerung im Lichte der Gesamttätigkeit des Gesellschafters als Teil der laufenden Geschäftstätigkeit eines gewerblichen Grundstückshändlers dar (→ BFH vom 18. 4. 2012 – BStBl II S. 647).*

S. 369 und vom 28. November 2002 – BStBl 2003 II S. 250). [2]Voraussetzung für die Anrechnung von Anteilsveräußerungen ist jedoch, dass der Gesellschafter an der jeweiligen Gesellschaft zu mindestens 10 % beteiligt ist oder dass eine Beteiligung von weniger als 10 % einen Verkehrswert von mehr als 250 000 € hat.

Die vorstehenden Ausführungen (Tz. 15 bis 18) gelten entsprechend für Grundstücksgemeinschaften (Bruchteilsgemeinschaften).

Beispiel 1:

Ein Steuerpflichtiger erwirbt und veräußert innerhalb von vier Jahren drei Beteiligungen an verschiedenen Gesellschaften, zu deren Gesellschaftsvermögen jeweils ein Grundstück gehört.

Die „Drei-Objekt-Grenze" wird nicht überschritten. Der Steuerpflichtige wird nicht im Rahmen eines gewerblichen Grundstückshandels tätig.

Beispiel 2:

Ein Steuerpflichtiger erwirbt und veräußert innerhalb von vier Jahren zwei Beteiligungen an verschiedenen Gesellschaften, zu deren Gesellschaftsvermögen jeweils zwei Grundstücke gehören.

Die „Drei-Objekt-Grenze" ist überschritten. Der Steuerpflichtige wird im Rahmen eines gewerblichen Grundstückshandels tätig.

2. Errichtung von Objekten

19   a)   [1]Bebaut ein Steuerpflichtiger ein Grundstück oder erwirbt er ein unbebautes Grundstück zur Bebauung, liegt in der Regel ein gewerblicher Grundstückshandel vor, wenn mehr als drei Objekte **in engem zeitlichen Zusammenhang** mit ihrer Errichtung veräußert werden und der Steuerpflichtige mit Veräußerungsabsicht handelt.[1][2]Ein gewerblicher Grundstückshandel liegt in diesem Fall auch dann vor, wenn die Objekte zwischenzeitlich vermietet wurden (vgl. BFH-Urteil vom 11. April 1989 – BStBl II S. 621). [3]Ferner ist unerheblich, ob die veräußerten Wohneinheiten in der rechtlichen Gestalt von Eigentumswohnungen entstanden sind oder ob sie zunächst rechtlich unselbständige, zur Vermietung an verschiedene Interessenten bestimmte, Teile eines Gesamtobjekts (z. B. Mehrfamilienhaus) waren.

20   b)   [1]Ein enger zeitlicher Zusammenhang zwischen Errichtung und Veräußerung der Objekte ist dann gegeben, wenn die Zeitspanne zwischen Fertigstellung und der Veräußerung der Objekte nicht mehr als fünf Jahre beträgt (vgl. BFH-Urteile vom 23. Oktober 1987 – BStBl 1988 II S. 293 und vom 22. März 1990 – BStBl II S. 637). [2]Eine Überschreitung von wenigen Tagen beeinträchtigt diese Indizwirkung noch nicht (vgl. BFH-Urteil vom 28. November 2002 – BStBl 2003 II S. 250).

21   c)   [2][1]Die Veräußerungsabsicht ist anhand äußerlicher Merkmale zu beurteilen; die bloße Erklärung des Steuerpflichtigen, er habe eine solche Absicht nicht gehabt, reicht nicht aus. [2]Das Vorhandensein einer Veräußerungsabsicht kann allerdings nicht allein aus dem engen zeitlichen Zusammenhang zwischen Errichtung und Veräußerung hergeleitet werden (vgl. Beschluss des Großen Senats des BFH vom 10. Dezember 2001 – BStBl 2002 II S. 291). [3]Liegen von Anfang an eindeutige (vom Steuerpflichtigen darzulegende) Anhaltspunkte dafür vor, dass ausschließlich eine anderweitige Nutzung als die Veräußerung objektiv in Betracht gezogen worden ist, hat der enge zeitliche Zusammenhang für sich genommen keine Bedeutung. [4]Fehlen solche Anhaltspunkte, zwingt der enge zeitliche Zusammenhang zwischen Errichtung und Veräußerung aber nach der Lebenserfahrung zu der Schlussfolgerung, dass bei der Errichtung der Objekte zumindest eine bedingte Veräußerungsabsicht bestanden hat. [5]In diesen Fällen kann sich der Steuerpflichtige nicht darauf berufen, die (eigentliche) Verkaufsabsicht sei erst später wegen Finanzierungsschwierigkeiten und zu hoher finanzieller Belastungen gefasst worden (vgl. BFH-Urteile vom 6. April 1990 – BStBl II S. 1057 und vom 12. Dezember 2002 – BStBl II 2003 S. 297); vgl. auch Tz. 30.

3. Erwerb von Objekten

22   [1]Beim Erwerb von Objekten liegt grundsätzlich ein gewerblicher Grundstückshandel vor, wenn mehr als drei Objekte in engem zeitlichem Zusammenhang mit ihrem Erwerb veräußert werden und der Steuerpflichtige mit Veräußerungsabsicht handelt. [2]Hinsichtlich des engen zeitlichen Zusammenhangs gilt Tz. 20, hinsichtlich der Veräußerungsabsicht gilt Tz. 21 entsprechend.

Im Fall des Erwerbs bebauter Grundstücke gelten folgende Besonderheiten:

23   Wandelt der Steuerpflichtige bisher vermietete Wohnungen eines erworbenen Mietshauses in Eigentumswohnungen um und versetzt er die Wohnungen vor der sich anschließenden Veräuße-

---

1) Bei der Prüfung, ob eine Tätigkeit wie z. B. die Errichtung von Gebäuden als nachhaltig anzusehen ist, sind die Vertragsleistungen eines Generalunternehmers dem Auftraggeber jeweils gesondert als Einzelaktivitäten zuzurechnen (→ BFH vom 19. 2. 2009 – BStBl II S. 533).

2) Die entgeltliche Übertragung eines Objekts auf eine vom Stpfl. beherrschte GmbH vor Fertigstellung des Objekts ist als Anhaltspunkt für das Vorliegen einer unbedingten Veräußerungsabsicht heranzuziehen (→ BFH vom 24. 6. 2009 – BStBl 2010 II S. 171).

rung lediglich in einen zum vertragsmäßigen Gebrauch geeigneten Zustand, wozu unter Berücksichtigung des bei Mietwohnungen Ortsüblichen auch die Ausführung von Schönheitsreparaturen gehören kann (vgl. BFH-Urteil vom 10. August 1983 – BStBl 1984 II S. 137), ist ein gewerblicher Grundstückshandel nur anzunehmen, wenn innerhalb eines überschaubaren Zeitraums (in der Regel fünf Jahre) ein oder mehrere bereits in Veräußerungsabsicht erworbene Gebäude aufgeteilt und nach dieser Aufteilung mehr als drei Eigentumswohnungen veräußert werden[1].

4. Modernisierung von Objekten

[1]Besteht kein enger, zeitlicher Zusammenhang zwischen der Errichtung oder dem Erwerb und der Veräußerung der Objekte, kann ein gewerblicher Grundstückshandel vorliegen, wenn der Steuerpflichtige die Objekte vor der Veräußerung in nicht unerheblichem Maße modernisiert und hierdurch ein Wirtschaftsgut anderer Marktgängigkeit entstanden ist. [2]Für die Veräußerungsabsicht kommt es dann auf den engen zeitlichen Zusammenhang mit der Modernisierung an. [3]In Sanierungsfällen beginnt die Fünf-Jahres-Frist mit Abschluss der Sanierungsarbeiten (vgl. BFH-Urteil vom 5. Dezember 2002 – BStBl 2003 II S. 291).   24

5. Mischfälle

Treffen bei einem Steuerpflichtigen, der eine bestimmte Anzahl von Objekten veräußert hat, diejenigen Fälle, in denen das veräußerte Objekt vom Steuerpflichtigen selbst errichtet worden ist, mit solchen Fällen zusammen, in denen das Objekt von einem Dritten erworben worden ist, ist die Frage, ob die Veräußerung eines Objektes der einen oder anderen Gruppe bei Prüfung der „Drei-Objekt-Grenze" mitzuzählen ist, jeweils nach den Kriterien zu entscheiden, die für die betreffende Gruppe bei Veräußerung von mehr als drei Objekten gelten.   25

6. Unbebaute Grundstücke

[1]Beim Verkauf von unbebauten Grundstücken gelten die für den Erwerb und die Veräußerung bebauter Grundstücke dargestellten Grundsätze entsprechend (vgl. BFH-Urteil vom 13. Dezember 1995 – BStBl 1996 II S. 232). [2]Dies bedeutet, dass der Erwerb, die Parzellierung und die Veräußerung von mehr als drei unbebauten Grundstücken (Bauparzellen) nur dann gewerblich ist, wenn   26

– die Grundstücke (Bauparzellen) in Veräußerungsabsicht erworben wurden oder
– der Steuerpflichtige über die Parzellierung hinaus Tätigkeiten entwickelt hat (z. B. Erschließung, Bebauungsplan, Baureifmachung).

Bei Mischfällen gilt Tz. 25 entsprechend.

7. Land- und forstwirtschaftlich genutzte Grundstücke

[1]Die Veräußerung land- und forstwirtschaftlicher Grundstücke kann unter den vorstehenden Voraussetzungen Gegenstand eines selbständigen gewerblichen Unternehmens sein. [2]Hat der Land- und Forstwirt schon mit Tätigkeiten begonnen, die objektiv erkennbar auf die Vorbereitung von Grundstücksgeschäften gerichtet sind, wechseln die Grundstücke auch bei zunächst unveränderter Nutzung nach § 6 Abs. 5 EStG zum Buchwert aus dem Anlagevermögen des landwirtschaftlichen Betriebs in das Umlaufvermögen des Gewerbebetriebs gewerblicher Grundstückshandel (vgl. BFH-Urteile vom 31. Mai 2001 – BStBl II S. 673 und vom 25. Oktober 2001 – BStBl 2002 II S. 289).[2]   27

---

[1] Bestätigt durch BFH vom 18. 3. 2004 (BStBl II S. 787).
[2] Die Grundstücksveräußerungen eines Landwirtes werden Gegenstand eines selbständigen gewerblichen Grundstückshandels, wenn er Aktivitäten entfaltet, die über die Parzellierung und Veräußerung hinausgehen und die darauf gerichtet sind, den Grundbesitz zu einem Objekt anderer Marktgängigkeit zu machen. Schädliche Aktivitäten, die zu einer Umqualifizierung der Einkünfte eines Landwirts hin zu den Einkünften eines gewerblichen Grundstückshändlers führen, liegen z. B. dann vor, wenn der Stpfl. einen Bebauungsplan beantragt und finanziert, Straßen und Abwasserkanäle sowie die Verlegung von Versorgungsleitungen vornimmt, insoweit selbst dann, wenn er keinen Einfluss auf die Erstellung des Bebauungsplans nimmt (→ BFH vom 8. 9. 2005 – BStBl 2006 II S. 166). Dies gilt selbst dann, wenn er keinen Einfluss auf die Erstellung des Bebauungsplanes nimmt (→ BFH vom 8. 9. 2005 – BStBl 2006 II S. 166 und BFH vom 5. 11. 2007 – BStBl 2008 II S. 359). Der Hinzutausch von Grundstücksflächen zur Optimierung der Bebaubarkeit zuvor landwirtschaftlich genutzter Grundstücke und die Beantragung eines konkreten Bauvorbescheids sind ebenfalls Aktivitäten, die darauf gerichtet sind, ein Objekt anderer Marktgängigkeit zu schaffen (→ BFH vom 8. 11. 2007 – BStBl 2008 II S. 231).
– Bedient sich der Landwirt zur Erschließung des Baugeländes eines Dritten, der Geschäfte dieser Art eigengewerblich betreibt, ist ihm dessen Tätigkeit als eigene zuzurechnen. Aktivitäten eines Dritten sind dem Landwirt dagegen nicht zuzurechnen, wenn der Dritte die Erschließung und Vermarktung der Grundstücke aus eigener Initiative und auf eigenes Risiko durchführt und wenn sich die Mitwirkung des Landwirts im Wesentlichen darauf beschränkt, die gewerbliche Tätigkeit des Dritten zu ermöglichen (→ BFH vom 5. 11. 2007 – BStBl 2008 II S. 359).

[1]Überführt der Land- und Forstwirt ein Grundstück anlässlich einer Betriebsaufgabe in das Privatvermögen, liegt darin eine Entnahme. [2]Wird das Grundstück später veräußert, ist bei der Anwendung der Grundsätze zum zeitlichen Zusammenhang (vgl. Tz. 20) der Zeitraum, in dem sich das Grundstück vor seiner steuerpflichtigen Entnahme im Betriebsvermögen befunden hat, mitzurechnen.

III. Gewerblicher Grundstückshandel ohne Überschreitung der „Drei-Objekt-Grenze"[1)]

28 1. [1]Abweichend von den Grundsätzen der „Drei-Objekt-Grenze" kann auch der Verkauf von weniger als vier Objekten in zeitlicher Nähe zu ihrer Errichtung zu einer gewerblichen Tätigkeit führen (vgl. Beschluss des Großen Senats des BFH vom 10. Dezember 2001 – BStBl 2002 II S. 291, BFH-Urteile vom 13. August 2002 – BStBl II S. 811 und vom 18. September 2002 – BStBl 2003 II S. 238 und 286)[2)]. [2]Dies gilt bei Wohnobjekten (Ein-, Zweifamilienhäuser, Eigentumswohnungen) insbesondere in folgenden Fällen:

– Das Grundstück mit einem darauf vom Veräußerer zu errichtenden Gebäude wird bereits vor seiner Bebauung verkauft. Als Verkauf vor Bebauung ist ein Verkauf bis zur Fertigstellung des Gebäudes anzusehen.

– Das Grundstück wird von vornherein auf Rechnung und nach Wünschen des Erwerbers bebaut.

– Das Bauunternehmen das das Grundstück bebauenden Steuerpflichtigen erbringt erhebliche Leistungen für den Bau, die nicht wie unter fremden Dritten abgerechnet werden[3)].

– Das Bauvorhaben wird nur kurzfristig finanziert.

– Der Steuerpflichtige beauftragt bereits während der Bauzeit einen Makler mit dem Verkauf des Objekts.

– Vor Fertigstellung wird ein Vorvertrag mit dem künftigen Erwerber geschlossen.

– Der Steuerpflichtige übernimmt über den bei Privatverkäufen üblichen Bereich hinaus Gewährleistungspflichten.

– Unmittelbar nach dem Erwerb des Grundstücks wird mit der Bebauung begonnen und das Grundstück wird unmittelbar nach Abschluss der Bauarbeiten veräußert.

29 2. [4)][1]Bei Verkauf von errichteten Großobjekten (z. B. Mehrfamilienhäuser, Büro-, Hotel-, Fabrik- oder Lagergrundstücke) kann auch außerhalb der o. g. Ausnahmefälle ein gewerblicher Grundstückshandel bei Veräußerung von weniger als vier Objekten vorliegen (vgl. BFH-Urteile vom 24. Januar 1996 – BStBl II S. 303 und 14. Januar 1998 – BStBl II S. 346). [2]Dies setzt voraus, dass besondere Umstände gegeben sind, z. B. wenn die Tätigkeit des Steuerpflichtigen nach ihrem wirtschaftlichen Kern der Tätigkeit eines Bauträgers entspricht.

IV. Kein gewerblicher Grundstückshandel bei Überschreitung der „Drei-Objekt-Grenze"

30 [5)][1]Trotz des Überschreitens der „Drei-Objekt-Grenze" ist ein gewerblicher Grundstückshandel ausnahmsweise nicht anzunehmen, wenn auf Grund besonderer vom Steuerpflichtigen darzulegender Umstände eindeutige Anhaltspunkte gegen eine von Anfang an bestehende Veräußerungsabsicht sprechen. [2]Als Umstand, der gegen eine bereits im Zeitpunkt der Anschaffung oder Errichtung des Objekts bestehende Veräußerungsabsicht spricht, kann eine vom Veräußerer selbst vorgenommene langfristige – über fünf Jahre hinausgehende – Vermietung eines Wohnobjektes angesehen werden. [3]Die konkreten Anlässe und Beweggründe für die Veräußerungen (z. B. plötzliche Erkrankung, Finanzierungsschwierigkeiten, schlechte Vermietbarkeit, Scheidung, nachträgliche Entdeckung von Baumängeln, unvorhergesehene Notlagen) sind im Regelfall jedoch nicht geeignet, die auf Grund des zeitlichen Abstands der maßgebenden Tätigkeiten vermutete (beding-

---

[1)] Zur Annahme eines gewerblichen Grundstückshandels bei Nichtüberschreiten der Drei-Objekt-Grenze muss in den Fällen der Grundstücksbebauung der unbedingte Entschluss zur Grundstücksveräußerung spätestens im Zeitpunkt des Abschlusses der auf die Bebauung gerichteten Verträge gefasst worden sein (→ BFH vom 17. 12. 2008 – BStBl 2009 II S. 791 IV R 77/06). Die unbedingte Veräußerungsabsicht kann nicht allein wegen des engen zeitlichen Zusammenhangs zwischen Erwerb oder Bebauung und (nachfolgender) Veräußerung eines Grundstücks angenommen werden (→ BFH vom 27. 11. 2008 – BStBl 2009 II S. 278).

[2)] → auch BFH vom 1. 12. 2005 (BStBl 2006 II S 259) zur Veräußerung einer vom Veräußerer zu errichtenden Einkaufspassage an eine Schwesterpersonengesellschaft.

[3)] Eine Bebauung kann trotz der zwischenzeitlichen Veräußerung durch die ursprüngliche Vermietungsabsicht veranlasst sein, wenn zwischen der Beauftragung der Bauhandwerker und dem Beginn der Bauarbeiten ein Ereignis eintritt, das die ursprünglich vorhandene Vermietungsabsicht vereitelt und den Verkauf des Grundbesitzes notwendig macht (→ BFH vom 28. 4. 2005 – BStBl II S. 606).

[4)] → auch BFH vom 1. 12. 2005 (BStBl 2006 II S 259) zur Veräußerung einer vom Veräußerer zu errichtenden Einkaufspassage an eine Schwesterpersonengesellschaft.

[5)] → auch BFH vom 17. 12. 2009 (BStBl 2010 II S. 541).

te) Veräußerungsabsicht im Zeitpunkt der Anschaffung oder Errichtung auszuschließen (vgl. BFH-Urteil vom 20. Februar 2003 – BStBl II S. 510).

V. Beginn, Umfang und Beendigung des gewerblichen Grundstückshandels, Gewinnermittlung

1. Beginn

[1]Als Beginn des gewerblichen Grundstückshandels ist regelmäßig der Zeitpunkt anzusehen, in dem der Steuerpflichtige mit Tätigkeiten beginnt, die objektiv erkennbar auf die Vorbereitung der Grundstücksgeschäfte gerichtet sind (vgl. BFH-Urteile vom 9. Februar 1983 – BStBl II S. 451, vom 23. Oktober 1987 – BStBl 1988 II S. 293 und vom 21. Juni 2001 – BStBl 2002 II S. 537). [2]Dabei sind folgende Fallgruppen zu unterscheiden:

31

a) Bei Errichtung und Veräußerung in engem zeitlichen Zusammenhang (vgl. Tz. 20) beginnt der gewerbliche Grundstückshandel grundsätzlich mit der Stellung des Bauantrags, bei baugenehmigungsfreien Bauvorhaben mit der Einreichung der Bauunterlagen oder dem Beginn der Herstellung (vgl. R 42a Abs. 4 EStR[1]).

b) Bei Erwerb und Veräußerung in engem zeitlichen Zusammenhang (vgl. Tz. 22 und 23) beginnt der gewerbliche Grundstückshandel grundsätzlich im Zeitpunkt des Grundstückserwerbs.

c) Bei Modernisierung und Veräußerung in engem zeitlichem Zusammenhang (vgl. Tz. 24) beginnt der gewerbliche Grundstückshandel in dem Zeitpunkt, in dem mit den Modernisierungsmaßnahmen begonnen wird.

d) Bei Sanierung und Veräußerung in engem zeitlichen Zusammenhang (vgl. Tz. 25) beginnt der gewerbliche Grundstückshandel in dem Zeitpunkt, in dem mit den Sanierungsarbeiten begonnen wird.

2. Umfang[2]

[1]Der Umfang eines gewerblichen Grundstückshandels wird grundsätzlich durch den veräußerten Grundbesitz bestimmt. [2]Dabei ist auch die Vermutung des § 344 Abs. 1 HGB zu beachten, wonach die von einem Kaufmann vorgenommenen Rechtsgeschäfte im Zweifel als zum Betrieb seines Handelsgewerbes gehörig gelten. [3]Diese Zugehörigkeitsvermutung wird insbesondere bei branchengleichen Wirtschaftsgütern angenommen und rechtfertigt sich aus der Nähe der Tätigkeit zum gewerblichen Betrieb und der Schwierigkeit, einzelne Wirtschaftsgüter oder Geschäfte als Privatangelegenheit auszusondern.

32

[1]Im Übrigen hat die Prüfung des Umfangs der gewerblichen Tätigkeit eines bereits bestehenden gewerblichen Grundstückshandels – abgesehen davon, dass es auf die Anzahl der veräußerten Objekte im Sinne der „Drei-Objekt-Grenze" nicht mehr ankommt – nach den gleichen Kriterien wie denjenigen für die Abgrenzung zwischen gewerblichem Grundstückshandel und privater Vermögensverwaltung zu erfolgen (vgl. BFH-Urteil vom 12. Dezember 2002 – BStBl 2003 II S. 297). [2]Dabei sind Objektveräußerungen, die unter Tzn. 2 und 10 fallen – das sind die Fälle, in denen bebaute Grundstücke bis zum Verkauf während eines langen Zeitraums durch Vermietung (mindestens zehn Jahre) oder zu eigenen Wohnzwecken (i. d. R. mindestens fünf Jahre) genutzt worden sind – nicht mit einzubeziehen.

Werden die im Rahmen eines gewerblichen Grundstückshandels zu erfassenden Grundstücke zwischenzeitlich vermietet, bleiben diese Umlaufvermögen beim gewerblichen Grundstückshandel und dürfen dem zur Folge nicht abgeschrieben werden (vgl. BFH-Urteil vom 5. Dezember 2002 – BStBl 2003 II S. 291).

3. Gewinnermittlung

[1]Der Gewinn aus einem gewerblichen Grundstückshandel ist grundsätzlich durch Betriebsvermögensvergleich zu ermitteln. [2]Die Grundstücke stellen Umlaufvermögen dar (vgl. BFH-Urteil vom 18. September 2002 – BStBl 2003 II S. 133[3]). [3]Abschreibung und Sonderabschreibungen können daher nicht geltend gemacht werden.

33

[1]Eine Gewinnermittlung nach § 4 Abs. 3 EStG kommt für einen Grundstückshändler in Betracht, wenn dieser die Grenzen des § 141 AO nicht überschreitet und nicht nach § 140 AO i. V. m. § 238 HGB buchführungspflichtig ist. [2]Ein Grundstückshändler, dessen Betrieb nach Art oder Umfang keinen in einer kaufmännischen Weise eingerichteten Geschäftsbetrieb erfordert, betreibt kein Handelsgewerbe und ist kein Kaufmann i. S. d. HGB (§§ 1, 238 HGB); es sei denn, der Betrieb ist ins Handelsregister eingetragen (§ 2 HGB).

---

1) Jetzt → R 7.2 Abs. 4 EStR.
2) → auch BFH vom 5. 5. 2004 (BStBl II S. 738).
3) Bestätigt durch BFH vom 14. 12. 2006 (→ BStBl 2007 II S. 777).

Das Wahlrecht zur Gewinnermittlung nach § 4 Abs. 3 EStG kann nur zu Beginn des Gewinnermittlungszeitraums durch schlüssiges Verhalten ausgeübt werden (vgl. BFH-Urteil vom 13. Oktober 1989 – BStBl 1990 II S. 287).[1]

[1]Diese Wahlentscheidung setzt denknotwendig das Bewusstsein des Steuerpflichtigen zur Einkünfteerzielung voraus. [2]Ist der Steuerpflichtige davon ausgegangen, gar nicht gewerblich tätig und dem gemäß auch nicht verpflichtet gewesen zu sein, für Zwecke der Besteuerung einen Gewinn aus Gewerbebetrieb ermitteln und erklären zu müssen, ist eine Wahl zwischen den Gewinnermittlungsarten nicht denkbar (vgl. BFH-Urteil vom 8. März 1989 – BStBl II S. 714). [3]Der Gewinn ist in diesen Fällen durch Betriebsvermögensvergleich zu ermitteln.

[1]Bei einem gewerblichen Grundstückshandel auf Grund der Überschreitung der „Drei-Objekt-Grenze" sind auch die Veräußerungen der ersten drei Objekte gewerblich. [2]Die entsprechenden Steuerbescheide sind ggf. nach § 173 Abs. 1 Nr. 1 AO zu ändern (vgl. BFH-Urteil vom 23. März 1983 – BStBl II S. 548). [3]In diesen Fällen bestehen keine Bedenken, den nachträglich zu ermittelnden Gewinn durch Abzug der fortgeführten Anschaffungs- oder Herstellungskosten oder des Einlagewerts und der Veräußerungskosten vom Veräußerungserlös zu berechnen. [4]Dies gilt entsprechend bei Gewinnermittlung durch Einnahmenüberschussrechnung nach § 4 Abs. 3 EStG.

4. Wertansatz

34 Die nach Tz. 32 dem gewerblichen Grundstückshandel zuzurechnenden Objekte sind in den Fällen des Erwerbs von Objekten für den gewerblichen Grundstückshandel mit den Anschaffungskosten, im Übrigen mit den Werten, die sich aus § 6 Abs. 1 Nr. 6 i. V. m. Nr. 5 EStG (Einlage in das Betriebsvermögen) ergeben, dem Betriebsvermögen zuzuordnen.

In Errichtungsfällen gilt für die Einlagewerte des Grund und Bodens Folgendes:

Die unbebauten Grundstücke sind mit den Werten anzusetzen, die sich zu Beginn des gewerblichen Grundstückshandels ergeben (vgl. Tz. 31).

In Modernisierungsfällen (Tz. 24) gilt Folgendes:

Die Wirtschaftsgüter „Grund und Boden" sowie „Gebäude" sind mit den Werten anzusetzen, die sich zum Beginn der Sanierungsarbeiten ergeben.

5. Beendigung

35 [2][1]Die Gewinne aus den Grundstücksveräußerungen sind regelmäßig nicht begünstigte laufende Gewinne, auch wenn zugleich der Gewerbebetrieb aufgegeben wird (vgl. BFH-Urteile vom 29. September 1976 – BStBl 1977 II S. 71, vom 23. Juni 1977 – BStBl II S. 721 und vom 23. Januar 2003 – BStBl II S. 467)[3]. [2]Ein gewerblicher Grundstückshandel wird mit Verkauf des letzten Objekts oder durch die endgültige Einstellung der Verkaufstätigkeiten beendet.

VI. Anwendungszeitpunkt

36 [1]Dieses Schreiben tritt an die Stelle der BMF-Schreiben vom 20. Dezember 1990 (BStBl I S. 884), vom 9. Juli 2001 (BStBl I S. 512) und vom 19. Februar 2003 (BStBl I S. 171), welche hiermit aufgehoben werden. [2]Es ist auf alle noch offenen Fälle anzuwenden. [3]Die Regelungen der Tz. 28 sind, soweit sich hieraus nachteilige Folgen für den Steuerpflichtigen ergeben, erst auf Veräußerungen anzuwenden, die nach dem 31. Mai 2002 (Datum der Veröffentlichung des Beschlusses des Großen Senats des BFH vom 10. Dezember 2001) stattgefunden haben. [4]Die vor dem 1. Juni 2002 erfolgten Veräußerungen sind jedoch in jedem Fall als Zählobjekte i. S. d. „Drei-Objekt-Grenze" zu behandeln. [5]Veräußerungen vor dem 1. Juni 2002 sind somit für Veräußerungen nach dem 31. Mai 2002 in die Prüfung eines gewerblichen Grundstückshandels einzubeziehen.

---

1) Überholt durch BFH vom 19. 3. 2009 (BStBl II S. 659), → auch H 4.5 (1) Wahl der Gewinnermittlungsart.
2) Entsprechendes gilt für die Veräußerung eines Mitunternehmeranteils jedenfalls dann, wenn zum Betriebsvermögen der Personengesellschaft nahezu ausschließlich Grundstücke des Umlaufvermögens gehören (→ BFH vom 14. 12. 2006 – BStBl 2007 II S. 777 IV R 3/05).
3) Bestätigt durch BFH vom 5. 7. 2005 (BStBl 2006 II S. 160).

Anlage

Vereinfachtes Prüfschema „Gewerblicher Grundstückshandel"

```
                    „Drei-Objekt-Grenze" überschritten?
                                 │
                                 ▼
┌──────────────────────────────────────────┐  ja  ┌──────────────────────────┐
│ Veräußertes Objekt war langfristig (mind. │─────▶│ kein Objekt i. S. d.     │
│ 10 Jahre) vermietet? (Tz. 2)              │      │ „Drei-Objekt-Grenze"     │
└──────────────────────────────────────────┘      └──────────────────────────┘
                   │ nein
                   ▼
┌──────────────────────────────────────────┐  ja  ┌──────────────────────────┐
│ Objekt war langfristig (mind. 5 Jahre) zu │─────▶│ kein Objekt i. S. d.     │
│ eigenen Wohnzwecken genutzt? (Tz. 10)     │      │ „Drei-Objekt-Grenze"     │
└──────────────────────────────────────────┘      └──────────────────────────┘
                   │ nein
                   ▼
┌──────────────────────────────────────────┐  ja  ┌──────────────────────────┐
│ Veräußerung ohne Gewinnerzielungs-        │─────▶│ kein Objekt i. S. d.     │
│ absicht? (Tz. 11)                         │      │ „Drei-Objekt-Grenze"     │
└──────────────────────────────────────────┘      └──────────────────────────┘
                   │ nein
                   ▼
┌──────────────────────────────────────────┐ nein ┌──────────────────────────┐
│ Erwer/Errichtung/Modernisierung und       │─────▶│ 1. Beim Verkäufer        │
│ Veräußerung innerhalb von 5 Jahren?       │      │    handelt es sich um    │
│ (Tz. 5)                                   │      │    einen Branchen-       │
└──────────────────────────────────────────┘      │    kundigen?             │
                   │ ja                             │ 2. 5-Jahres-Zeitraum nur │
                   ▼                                │    kurzfristig           │
┌──────────────────────────────────────────┐  ja  │    überschritten?        │
│ Objekt i. S. d. „Drei-Objekt-Grenze"      │◀─────│                          │
└──────────────────────────────────────────┘      └──────────────────────────┘
                   │                                          │ nein
                   ▼                                          ▼
                                                   ┌──────────────────────────┐
                                                   │ kein Objekt i. S. d.     │
                                                   │ „Drei-Objekt-Grenze"     │
                                                   └──────────────────────────┘

┌──────────────────────────────────────────┐
│ Verkauf von mehr als drei Objekten?       │
└──────────────────────────────────────────┘
         │ ja                    │ nein
         ▼                       ▼
┌────────────────────────┐  ┌──────────────────────────┐
│ Es liegt grundsätzlich │  │ kein gewerblicher        │
│ ein gewerblicher       │  │ Grundstückshandel        │
│ Grundstückshandel vor. │  │                          │
└────────────────────────┘  └──────────────────────────┘
         │                           │
         ▼                           ▼
┌────────────────────────┐ nein ┌──────────────────────────┐
│ Liegt ein Ausnahme-    │  ╳   │ Liegt ein Ausnahme-      │
│ tatbestand i. S. v.    │      │ tatbestand i. S. v.      │
│ Tz. 30 vor?            │ nein │ Tz. 28, 29 vor?          │
└────────────────────────┘      └──────────────────────────┘
         │ ja                          │ ja
         ▼                             ▼
┌────────────────────────┐      ┌──────────────────────────┐
│ Fall des gewerblichen  │      │ kein Fall des gewerblichen│
│ Grundstückshandels     │      │ Grundstückshandels        │
└────────────────────────┘      └──────────────────────────┘
```

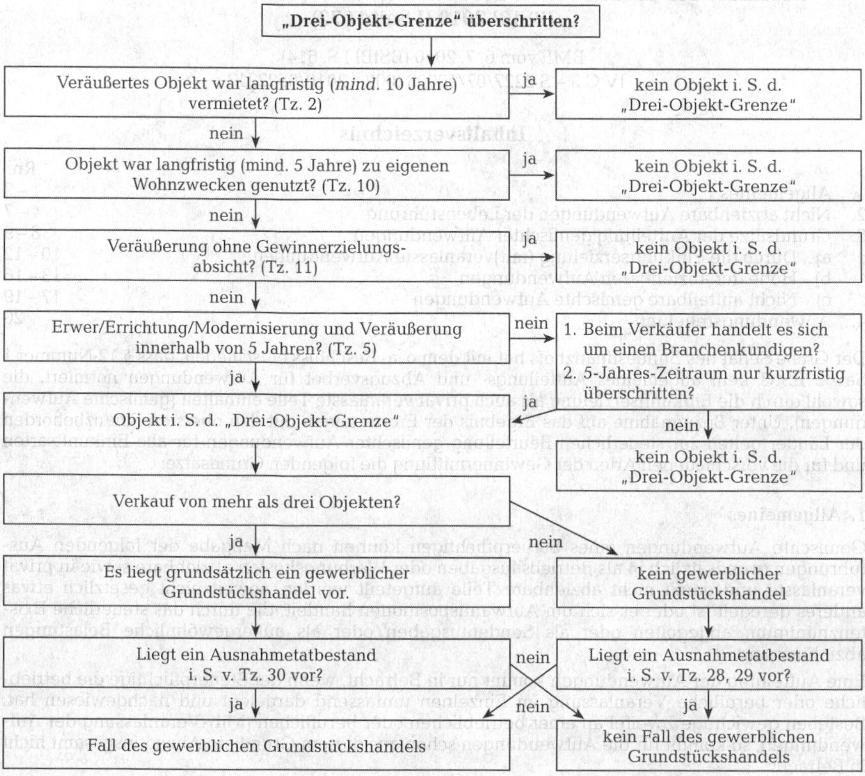

Steuerliche Beurteilung gemischter Aufwendungen;
Beschluss des Großen Senats des BFH vom 21. September 2009 – GrS 1/06
(BStBl 2010 II Seite 672)

BMF vom 6. 7. 2010 (BStBl I S. 614)
– IV C 3 – S 2227/07/10003 :002 – 2010/0522213

Inhaltsverzeichnis

Der Große Senat des Bundesfinanzhofs hat mit dem o. a. Beschluss entschieden, dass § 12 Nummer 1 Satz 2 EStG kein allgemeines Aufteilungs- und Abzugsverbot für Aufwendungen normiert, die sowohl durch die Einkunftserzielung als auch privat veranlasste Teile enthalten (gemischte Aufwendungen). Unter Bezugnahme auf das Ergebnis der Erörterungen mit den obersten Finanzbehörden der Länder gelten zur steuerlichen Beurteilung gemischter Aufwendungen für alle Einkunftsarten und für die verschiedenen Arten der Gewinnermittlung die folgenden Grundsätze:

1. Allgemeines

1 Gemischte Aufwendungen eines Steuerpflichtigen können nach Maßgabe der folgenden Ausführungen grundsätzlich in als Betriebsausgaben oder Werbungskosten abziehbare sowie in privat veranlasste und damit nicht abziehbare Teile aufgeteilt werden, soweit nicht gesetzlich etwas anderes geregelt ist oder es sich um Aufwandspositionen handelt, die durch das steuerliche Existenzminimum abgegolten oder als Sonderausgaben oder als außergewöhnliche Belastungen abziehbar sind.

2 Eine Aufteilung der Aufwendungen kommt nur in Betracht, wenn der Steuerpflichtige die betriebliche oder berufliche Veranlassung im Einzelnen umfassend dargelegt und nachgewiesen hat. Bestehen gewichtige Zweifel an einer betrieblichen oder beruflichen (Mit)-Veranlassung der Aufwendungen, so kommt für die Aufwendungen schon aus diesem Grund ein Abzug insgesamt nicht in Betracht.

3 Die Aufteilung gemischt veranlasster Aufwendungen hat nach einem an objektiven Kriterien orientierten Maßstab der Veranlassungsbeiträge zu erfolgen. Ist eine verlässliche Aufteilung nur mit unverhältnismäßigem Aufwand möglich, erfolgt die Aufteilung im Wege der Schätzung. Fehlt es an einer geeigneten Schätzungsgrundlage oder sind die Veranlassungsbeiträge nicht trennbar, gelten die Aufwendungen als insgesamt privat veranlasst.

2. Nicht abziehbare Aufwendungen der Lebensführung

4 Nach § 12 Nummer 1 Satz 1 EStG sind Aufwendungen für den Haushalt des Steuerpflichtigen und für den Unterhalt seiner Familienangehörigen vollständig vom Betriebsausgaben-/Werbungskostenabzug ausgeschlossen und demzufolge nicht in einen abziehbaren und nicht abziehbaren Teil aufzuteilen. Sie sind durch die Vorschriften zur Berücksichtigung des steuerlichen Existenzminimums (Grundfreibetrag, Freibeträge für Kinder) pauschal abgegolten oder als Sonderausgaben oder als außergewöhnliche Belastungen abziehbar.

Kosten der Lebensführung in diesem Sinne sind insbesondere Aufwendungen für

– Wohnung,

– Ernährung,

– Kleidung,

– allgemeine Schulausbildung,

– Kindererziehung,

– persönliche Bedürfnisse des täglichen Lebens, z. B. Erhaltung der Gesundheit, Pflege, Hygieneartikel,

– Zeitung,

– Rundfunk oder

– Besuch kultureller und sportlicher Veranstaltungen.

Vollumfänglich nicht abziehbar und demzufolge nicht aufzuteilen sind ferner Aufwendungen nach 5
§ 12 Nummer 1 Satz 2 EStG. Das sind Aufwendungen für die Lebensführung, die zwar der Förderung des Berufs oder der Tätigkeit dienen können, die aber grundsätzlich die wirtschaftliche oder gesellschaftliche Stellung des Steuerpflichtigen mit sich bringt. Hierbei handelt es sich um Aufwendungen, die mit dem persönlichen Ansehen des Steuerpflichtigen in Zusammenhang stehen, d. h. der Pflege der sozialen Verpflichtungen dienen (sog. Repräsentationsaufwendungen).

Ob Aufwendungen Repräsentationsaufwendungen im Sinne des § 12 Nummer 1 Satz 2 EStG oder (zumindest teilweise) Betriebsausgaben/Werbungskosten darstellen, ist stets durch eine Gesamtwürdigung aller Umstände des Einzelfalls festzustellen. Bei Veranstaltungen, die vom Steuerpflichtigen ausgerichtet werden, stellt ein persönlicher Anlass (z. B. Geburtstag, Trauerfeier) regelmäßig ein bedeutendes Indiz für die Annahme nicht abziehbarer Repräsentationsaufwendungen dar. Auch Aufwendungen für gesellschaftliche Veranstaltungen fallen in der Regel unter § 12 Nummer 1 Satz 2 EStG.

Aufwendungen nach § 12 Nummer 1 EStG sind selbst im Falle einer betrieblichen/beruflichen Mit- 6
veranlassung nicht als Betriebsausgaben/Werbungskosten abziehbar.

Aufwendungen im Sinne der Rn. 4 und 5 sind Betriebsausgaben oder Werbungskosten, soweit sie 7
ausschließlich oder nahezu ausschließlich betrieblich/beruflich veranlasst sind (z. B. § 4 Absatz 5 Satz 1 Nummer 6b EStG: Arbeitszimmer; § 9 Absatz 1 Satz 3 Nummer 6 EStG: Arbeitsmittel, typische Berufskleidung) oder ein abgegrenzter betrieblicher/beruflicher Mehraufwand gegeben ist. Die Abzugsbeschränkungen des § 4 Absatz 5 Satz 1 Nummer 5 EStG (Verpflegungsmehraufwendungen) und § 9 Absatz 1 Satz 3 Nummer 5 EStG (Doppelte Haushaltsführung) sind zu beachten.[1]

3. Grundsätze der Aufteilung gemischter Aufwendungen

Gemäß § 4 Absatz 4 EStG (Betriebsausgaben) und § 9 Absatz 1 EStG (Werbungskosten) werden bei 8
der Ermittlung der Einkünfte nur Aufwendungen berücksichtigt, die durch die Einkunftserzielung veranlasst sind. Ein Veranlassungszusammenhang in diesem Sinne besteht, wenn die Aufwendungen mit der Einkunftserzielung objektiv zusammenhängen und ihr subjektiv zu dienen bestimmt sind, d. h. wenn sie in unmittelbarem oder mittelbarem wirtschaftlichem Zusammenhang mit einer der Einkunftsarten des Einkommensteuergesetzes stehen.

Aufwendungen, die eindeutig und klar abgrenzbar ausschließlich betrieblich/beruflich oder privat 9
veranlasst sind, sind unmittelbar dem betrieblichen/beruflichen oder privaten Teil der Aufwendungen zuzuordnen.

a) Durch die Einkunftserzielung (mit)veranlasste Aufwendungen

Nicht von § 12 Nummer 1 EStG erfasste Aufwendungen, die nicht eindeutig zugeordnet werden 10
können, aber einen nachgewiesenen abgrenzbaren betrieblichen oder beruflichen Anteil enthalten, sind nach dem jeweiligen Veranlassungsanteil in abziehbare und nicht abziehbare Aufwendungen aufzuteilen.

Bei einer untergeordneten betrieblichen/beruflichen Mitveranlassung (< 10 %) sind die Aufwen- 11
dungen in vollem Umfang nicht als Betriebsausgaben/Werbungskosten abziehbar.

Wird ein Sachverhalt insgesamt als privat veranlasst gewürdigt und werden die Aufwendungen dementsprechend steuerlich nicht berücksichtigt, so können zusätzliche ausschließlich betrieblich/beruflich veranlasste Aufwendungen für sich genommen als Betriebsausgaben oder Werbungskosten abzuziehen sein (vgl. Rn. 9).[2]

Beispiel 1:

Ein Steuerpflichtiger nimmt während seiner 14-tägigen Urlaubsreise an einem eintägigen Fachseminar teil.

B1 Die Aufwendungen für die Urlaubsreise sind nicht abziehbar. Die Aufwendungen, die unmittelbar mit dem Fachseminar zusammenhängen (Seminargebühren, Fahrtkosten vom Urlaubsort zum Tagungsort, ggf. Pauschbetrag für Verpflegungsmehraufwendungen), sind als Betriebsausgaben/Werbungskosten abziehbar.

Bei einer untergeordneten privaten Mitveranlassung (< 10 %) sind die Aufwendungen in vollem 12
Umfang als Betriebsausgaben/Werbungskosten abziehbar; die Abzugsbeschränkungen des § 4 Absatz 5 EStG und § 9 Absatz 5 EStG bleiben unberührt.

Von einer untergeordneten privaten Mitveranlassung der Kosten für die Hin- und Rückreise ist auch dann auszugehen, wenn der Reise ein eindeutiger unmittelbarer betrieblicher/beruflicher Anlass zugrunde liegt (z. B. ein Arbeitnehmer nimmt aufgrund einer Weisung seines Arbeitgebers einen ortsgebundenen Pflichttermin wahr oder ein Nichtarbeitnehmer tätigt einen ortsgebundenen

---

[1] Vgl. C III. 4. a der Entscheidungsgründe des GrS.
[2] Vgl. C. III. 3f der Entscheidungsgründe des GrS.

Geschäftsabschluss oder ist Aussteller auf einer auswärtigen Messe), den der Steuerpflichtige mit einem vorangehenden oder nachfolgenden Privataufenthalt verbindet.

b) Höhe der abziehbaren Aufwendungen

13 Sind die Aufwendungen sowohl durch betriebliche/berufliche als auch private Gründe von jeweils nicht untergeordneter Bedeutung (vgl. Rn. 11 und 12) veranlasst, ist nach Möglichkeit eine Aufteilung der Aufwendungen nach Veranlassungsbeiträgen vorzunehmen (vgl. BFH vom 21. April 2010 VI R 66/04 – BStBl II Seite 685; siehe aber Rn. 18).

14 Es ist ein geeigneter, den Verhältnissen im Einzelfall gerecht werdender Aufteilungsmaßstab zu finden. Der Maßstab muss nach objektivierbaren – d. h. nach außen hin erkennbaren und nachvollziehbaren – Kriterien ermittelt und hinsichtlich des ihm zugrunde liegenden Veranlassungsbeitrags dokumentiert werden.

15 Der betrieblich/beruflich und privat veranlasste Teil der Aufwendungen kann beispielsweise nach folgenden Kriterien ermittelt werden: Zeit-, Mengen- oder Flächenanteile sowie Aufteilung nach Köpfen.

Beispiel 2:

An der Feier zum 30. Firmenjubiläum des Einzelunternehmens Y nehmen 100 Personen teil (80 Kunden und Geschäftsfreunde und 20 private Gäste des Firmeninhabers). Die Gesamtkosten der Feier betragen 5 000 €, auf Essen und Getränke entfallen 4 000 €.

B2 Aufgrund der Teilnahme privater Gäste handelt es sich um eine gemischt betrieblich und privat veranlasste Veranstaltung. Zwar liegt der Anlass der Veranstaltung im betrieblichen Bereich (Firmenjubiläum). Die Einladung der privaten Gäste erfolgte allerdings ausschließlich aus privaten Gründen, so dass die Kosten der Verköstigung und Unterhaltung der privaten Gäste als privat veranlasst zu behandeln sind. Sachgerechtes objektivierbares Kriterium für eine Aufteilung ist eine Aufteilung nach Köpfen. 80 Personen nehmen aus betrieblichen Gründen an dem Firmenjubiläum teil, 20 aus privaten Gründen. Damit sind 1 000 € (20 % des Gesamtkosten), die anteilig auf die privaten Gäste entfallen, nicht als Betriebsausgaben abziehbar. Von den verbleibenden betrieblich veranlassten Kosten in Höhe von 4 000 € sind unter Berücksichtigung des § 4 Absatz 5 Satz 1 Nummer 2 EStG 3 040 € (80 % von 1 000 € + 70 % von 80 % von 4 000 €) als Betriebsausgaben abziehbar.

Beispiel 3:

Ein niedergelassener Arzt besucht einen Fachkongress in London. Er reist Samstagfrüh an. Die Veranstaltung findet ganztägig von Dienstag bis Donnerstag statt. Am Sonntagabend reist er nach Hause zurück.

B3 Da Reisen nach dem Beschluss des Großen Senats des BFH entgegen der bisherigen Rechtsprechung nicht mehr in jedem Fall als Einheit zu betrachten sind, sind die Kosten für 2 Übernachtungen (von Dienstag bis Donnerstag) sowie die Kongressgebühren ausschließlich dem betrieblichen Bereich zuzuordnen und daher vollständig als Betriebsausgaben abziehbar. Die Flugkosten sind gemischt veranlasst und entsprechend den Veranlassungsbeiträgen aufzuteilen. Sachgerechter Aufteilungsmaßstab ist das Verhältnis der betrieblichen und privaten Zeitanteile der Reise (betrieblich veranlasst sind $^3/_9$). Ein Abzug der Verpflegungskosten als Betriebsausgaben ist nur in Höhe der Pauschbeträge für Verpflegungsmehraufwendungen für die betrieblich veranlassten Tage zulässig.

Abwandlung:

Der Arzt fährt nicht als Zuhörer, sondern als Mitveranstalter zu dem Fachkongress.

B4 Die Kosten für die Hin- und Rückreise sind vollständig dem betrieblichen Bereich zuzurechnen und daher nicht aufzuteilen (vgl. Rn. 12).

16 Bestehen keine Zweifel daran, dass ein nach objektivierbaren Kriterien abgrenzbarer Teil der Aufwendungen betrieblich/beruflich veranlasst ist, bereitet seine Quantifizierung aber Schwierigkeiten, so ist dieser Anteil unter Berücksichtigung aller maßgeblichen Umstände zu schätzen (§ 162 AO). Ist also zweifelsfrei ein betrieblicher/beruflicher Kostenanteil entstanden, kann aber dessen jeweiliger Umfang mangels geeigneter Unterlagen nicht belegt werden, ist wie bisher eine Schätzung geboten.

c) Nicht aufteilbare gemischte Aufwendungen

17 Ein Abzug der Aufwendungen kommt insgesamt nicht in Betracht, wenn die – für sich gesehen jeweils nicht unbedeutenden – betrieblichen/beruflichen und privaten Veranlassungsbeiträge so ineinander greifen, dass eine Trennung nicht möglich und eine Grundlage für die Schätzung nicht erkennbar ist. Das ist insbesondere der Fall, wenn es an objektivierbaren Kriterien für eine Aufteilung fehlt.

Beispiel 4:

Ein Steuerberater begehrt die hälftige Anerkennung der Kosten eines Abonnements einer überregionalen Zeitung, die er neben der regionalen Tageszeitung bezieht, als Betriebsausgaben, weil die überregionale Zeitung umfassend auch über die steuerrechtliche Entwicklung informiere.

B5   Die Kosten sind insgesamt nicht als Betriebsausgaben abziehbar. Die betrieblichen und privaten Veranlassungsbeiträge greifen so ineinander, dass eine Trennung nicht möglich ist. Soweit die Zeitung nicht bereits durch das steuerliche Existenzminimum abgegolten ist, fehlt es an einer Aufteilbarkeit der Veranlassungsbeiträge. Denn keine Rubrik oder Seite einer Zeitung kann ausschließlich dem betrieblichen Bereich zugeordnet werden, sondern dient stets auch dem privaten Informationsinteresse. Es fehlt damit an einer Möglichkeit zur Aufteilung nach objektivierbaren Kriterien.

Die für Auslandsgruppenreisen aufgestellten Abgrenzungsmerkmale gelten grundsätzlich weiter (BFH vom 27. November 1978 – BStBl 1979 II Seite 213; zuletzt BFH vom 21. April 2010 VI R 5/07 – BStBl II Seite 687).[1] Eine Aufteilung der Kosten und damit ein teilweiser Abzug als Betriebsausgaben/Werbungskosten kommt bei solchen Reisen regelmäßig nur in Betracht, soweit die beruflichen und privaten Veranlassungsbeiträge voneinander abgrenzbar sind (vgl. BFH vom 21. April 2010 VI R 5/07 – BStBl II Seite 687).   18

Soweit der BFH bisher die Abziehbarkeit anderer gemischter Aufwendungen mangels objektiver Aufteilungskriterien abgelehnt hat, ist weiterhin von der Nichtabziehbarkeit auszugehen.   19

Beispiele:

B6   Aufwendungen für Sicherheitsmaßnahmen eines Steuerpflichtigen zum Schutz von Leben, Gesundheit, Freiheit und Vermögen seiner Person (BFH vom 5. April 2006 – BStBl II Seite 541),

B7   Aufwendungen eines in Deutschland lebenden Ausländers für das Erlernen der deutschen Sprache (BFH vom 15. März 2007 – BStBl II Seite 814),

B8   Aufwendungen einer Landärztin für einen Schutzhund (BFH vom 29. März 1979 – BStBl II Seite 512),

B9   Einbürgerungskosten zum Erwerb der deutschen Staatsangehörigkeit (BFH vom 18. Mai 1984 – BStBl II Seite 588),

B10   Kosten für den Erwerb eines Führerscheins (BFH vom 8. April 1964 – BStBl III Seite 431).

4. Anwendungsregelung

Dieses Schreiben ist vorbehaltlich des § 176 Absatz 1 Satz 1 Nummer 3 AO für alle offenen Fälle anzuwenden.   20

---

[1] Vgl. C. III. 4e der Entscheidungsgründe des GrS.

Übersicht

I. Handelsgesetzbuch

II. Einführungsgesetz zum Handelsgesetzbuch

I.
Handelsgesetzbuch

zuletzt geändert durch

Artikel 1 des Gesetzes zur Umsetzung der Richtlinie 2012/6/EU des Europäischen Parlaments und des Rates über den Jahresabschluss von Gesellschaften bestimmter Rechtsformen hinsichtlich Kleinstbetrieben (Kleinstkapitalgesellschaften-Bilanzrechtsänderungsgesetz – MicroBilG)[1]

– Auszug (§§ 238 bis 283) –

Drittes Buch. Handelsbücher

Erster Abschnitt. Vorschriften für alle Kaufleute

Erster Unterabschnitt. Buchführung. Inventar

§ 238 Buchführungspflicht

(1) [1]Jeder Kaufmann ist verpflichtet, Bücher zu führen und in diesen seine Handelsgeschäfte und die Lage seines Vermögens nach den Grundsätzen ordnungsmäßiger Buchführung ersichtlich zu machen. [2]Die Buchführung muß so beschaffen sein, daß sie einem sachverständigen Dritten innerhalb angemessener Zeit einen Überblick über die Geschäftsvorfälle und über die Lage des Unternehmens vermitteln kann. [3]Die Geschäftsvorfälle müssen sich in ihrer Entstehung und Abwicklung verfolgen lassen.

(2) Der Kaufmann ist verpflichtet, eine mit der Urschrift übereinstimmende Wiedergabe der abgesandten Handelsbriefe (Kopie, Abdruck, Abschrift oder sonstige Wiedergabe des Wortlauts auf einem Schrift-, Bild- oder anderen Datenträger) zurückzubehalten.

§ 239 Führung der Handelsbücher

(1) [1]Bei der Führung der Handelsbücher und bei den sonst erforderlichen Aufzeichnungen hat sich der Kaufmann einer lebenden Sprache zu bedienen. [2]Werden Abkürzungen, Ziffern, Buchstaben oder Symbole verwendet, muß im Einzelfall deren Bedeutung eindeutig festlegen.

(2) Die Eintragungen in Büchern und die sonst erforderlichen Aufzeichnungen müssen vollständig, richtig, zeitgerecht und geordnet vorgenommen werden.

(3) [1]Eine Eintragung oder eine Aufzeichnung darf nicht in einer Weise verändert werden, daß der ursprüngliche Inhalt nicht mehr feststellbar ist. [2]Auch solche Veränderungen dürfen nicht vorgenommen werden, deren Beschaffenheit es ungewiß läßt, ob sie ursprünglich oder erst später gemacht worden sind.

(4) [1]Die Handelsbücher und die sonst erforderlichen Aufzeichnungen können auch in der geordneten Ablage von Belegen bestehen oder auf Datenträgern geführt werden, soweit diese Formen der Buchführung einschließlich des dabei angewandten Verfahrens den Grundsätzen ordnungsmäßiger Buchführung entsprechen. [2]Bei der Führung der Handelsbücher und der sonst erforderlichen Aufzeichnungen auf Datenträgern muß insbesondere sichergestellt sein, daß die Daten während der Dauer der Aufbewahrungsfrist verfügbar sind und jederzeit innerhalb angemessener Frist lesbar gemacht werden können. [3]Absätze 1 bis 3 gelten sinngemäß.

§ 240 Inventar

(1) Jeder Kaufmann hat zu Beginn seines Handelsgewerbes seine Grundstücke, seine Forderungen und Schulden, den Betrag seines baren Geldes sowie seine sonstigen Vermögensgegenstände genau zu verzeichnen und dabei den Wert der einzelnen Vermögensgegenstände und Schulden anzugeben.

(2) [1]Er hat demnächst für den Schluß eines jeden Geschäftsjahrs ein solches Inventar aufzustellen. [2]Die Dauer des Geschäftsjahrs darf zwölf Monate nicht überschreiten. [3]Die Aufstellung des Inventars ist innerhalb der einem ordnungsmäßigen Geschäftsgang entsprechenden Zeit zu bewirken.

(3) [1]Vermögensgegenstände des Sachanlagevermögens sowie Roh-, Hilfs- und Betriebsstoffe können, wenn sie regelmäßig ersetzt werden und ihr Gesamtwert für das Unternehmen von nachrangiger Bedeutung ist, mit einer gleichbleibenden Menge und einem gleichbleibenden Wert angesetzt werden, sofern ihr Bestand in seiner Größe, seinem Wert und seiner Zusammensetzung

---

[1]) Die nachfolgend abgedruckten Vorschriften enthalten u. a. die Änderungen durch das Bilanzrechtsmodernisierungsgesetz vom 25. 5. 2009 (BGBl. I S. 1102, BStBl I S. 650).

nur geringen Veränderungen unterliegt. ²Jedoch ist in der Regel alle drei Jahre eine körperliche Bestandsaufnahme durchzuführen.

(4) Gleichartige Vermögensgegenstände des Vorratsvermögens sowie andere gleichartige oder annähernd gleichwertige bewegliche Vermögensgegenstände und Schulden können jeweils zu einer Gruppe zusammengefaßt und mit dem gewogenen Durchschnittswert angesetzt werden.

§ 241 Inventurvereinfachungsverfahren

(1) ¹Bei der Aufstellung des Inventars darf der Bestand der Vermögensgegenstände nach Art, Menge und Wert auch mit Hilfe anerkannter mathematisch-statistischer Methoden auf Grund von Stichproben ermittelt werden. ²Das Verfahren muß den Grundsätzen ordnungsmäßiger Buchführung entsprechen. ³Der Aussagewert des auf diese Weise aufgestellten Inventars muß dem Aussagewert eines auf Grund einer körperlichen Bestandsaufnahme aufgestellten Inventars gleichkommen.

(2) Bei der Aufstellung des Inventars für den Schluß eines Geschäftsjahrs bedarf es einer körperlichen Bestandsaufnahme der Vermögensgegenstände für diesen Zeitpunkt nicht, soweit durch Anwendung eines den Grundsätzen ordnungsmäßiger Buchführung entsprechenden anderen Verfahrens gesichert ist, daß der Bestand der Vermögensgegenstände nach Art, Menge und Wert auch ohne die körperliche Bestandsaufnahme für diesen Zeitpunkt festgestellt werden kann.

(3) In dem Inventar für den Schluß eines Geschäftsjahrs brauchen Vermögensgegenstände nicht verzeichnet zu werden, wenn

1. der Kaufmann ihren Bestand auf Grund einer körperlichen Bestandsaufnahme oder auf Grund eines nach Absatz 2 zulässigen anderen Verfahrens nach Art, Menge und Wert in einem besonderen Inventar verzeichnet hat, das für einen Tag innerhalb der letzten drei Monate vor oder der ersten beiden Monate nach dem Schluß des Geschäftsjahrs aufgestellt ist, und

2. auf Grund des besonderen Inventars durch Anwendung eines den Grundsätzen ordnungsmäßiger Buchführung entsprechenden Fortschreibungs- oder Rückrechnungsverfahrens gesichert ist, daß der am Schluß des Geschäftsjahrs vorhandene Bestand der Vermögensgegenstände für diesen Zeitpunkt ordnungsgemäß bewertet werden kann.

§ 241a Befreiung von der Pflicht zur Buchführung und Erstellung eines Inventars[1]

¹Einzelkaufleute, die an den Abschlussstichtagen von zwei aufeinander folgenden Geschäftsjahren nicht mehr als 500 000 Euro Umsatzerlöse und 50 000 Euro Jahresüberschuss aufweisen, brauchen die §§ 238 bis 241 nicht anzuwenden. ²Im Fall der Neugründung treten die Rechtsfolgen schon ein, wenn die Werte des Satzes 1 am ersten Abschlussstichtag nach der Neugründung nicht überschritten werden.

Zweiter Unterabschnitt. Eröffnungsbilanz. Jahresabschluß

Erster Titel. Allgemeine Vorschriften

§ 242 Pflicht zur Aufstellung

(1) ¹Der Kaufmann hat zu Beginn seines Handelsgewerbes und für den Schluß eines jeden Geschäftsjahrs einen das Verhältnis seines Vermögens und seiner Schulden darstellenden Abschluß (Eröffnungsbilanz, Bilanz) aufzustellen. ²Auf die Eröffnungsbilanz sind die für den Jahresabschluß geltenden Vorschriften entsprechend anzuwenden, soweit sie sich auf die Bilanz beziehen.

(2) Er hat für den Schluß eines jeden Geschäftsjahrs eine Gegenüberstellung der Aufwendungen und Erträge des Geschäftsjahrs (Gewinn- und Verlustrechnung) aufzustellen.

(3) Die Bilanz und die Gewinn- und Verlustrechnung bilden den Jahresabschluß.

[2] (4) ¹Die Absätze 1 bis 3 sind auf Einzelkaufleute im Sinn des § 241a nicht anzuwenden. ²Im Fall der Neugründung treten die Rechtsfolgen nach Satz 1 schon ein, wenn die Werte des § 241a Satz 1 am ersten Abschlussstichtag nach der Neugründung nicht überschritten werden.

§ 243 Aufstellungsgrundsatz

(1) Der Jahresabschluß ist nach den Grundsätzen ordnungsmäßiger Buchführung aufzustellen.

(2) Er muß klar und übersichtlich sein.

(3) Der Jahresabschluß ist innerhalb der einem ordnungsmäßigen Geschäftsgang entsprechenden Zeit aufzustellen.

---

[1] § 241a HGB wurde durch das Bilanzrechtsmodernisierungsgesetz (BilMoG) vom 25. 5. 2009 (BGBl. I S. 1102) eingefügt.

[2] § 242 Abs. 4 HGB wurde durch das Bilanzrechtsmodernisierungsgesetz – BilMoG vom 25. 5. 2009 (BGBl. I S. 1102) angefügt.

§ 244 Sprache. Währungseinheit

Der Jahresabschluß ist in deutscher Sprache und in Euro aufzustellen.

§ 245 Unterzeichnung

[1]Der Jahresabschluß ist vom Kaufmann unter Angabe des Datums zu unterzeichnen. [2]Sind mehrere persönlich haftende Gesellschafter vorhanden, so haben sie alle zu unterzeichnen.

Zweiter Titel. Ansatzvorschriften
§ 246 Vollständigkeit. Verrechnungsverbot[1)]

(1) [1]Der Jahresabschluss hat sämtliche Vermögensgegenstände, Schulden, Rechnungsabgrenzungsposten sowie Aufwendungen und Erträge zu enthalten, soweit gesetzlich nichts anderes bestimmt ist. [2]Vermögensgegenstände sind in der Bilanz des Eigentümers aufzunehmen; ist ein Vermögensgegenstand nicht dem Eigentümer, sondern einem anderen wirtschaftlich zuzurechnen, hat dieser ihn in seiner Bilanz auszuweisen. [3]Schulden sind in die Bilanz des Schuldners aufzunehmen. [4]Der Unterschiedsbetrag, um den die für die Übernahme eines Unternehmens bewirkte Gegenleistung den Wert der einzelnen Vermögensgegenstände des Unternehmens abzüglich der Schulden im Zeitpunkt der Übernahme übersteigt (entgeltlich erworbener Geschäfts- oder Firmenwert), gilt als zeitlich begrenzt nutzbarer Vermögensgegenstand.

(2) [1]Posten der Aktivseite dürfen nicht mit Posten der Passivseite, Aufwendungen nicht mit Erträgen, Grundstücksrechte nicht mit Grundstückslasten verrechnet werden. [2]Vermögensgegenstände, die dem Zugriff aller übrigen Gläubiger entzogen sind und ausschließlich der Erfüllung von Schulden aus Altersversorgungsverpflichtungen oder vergleichbaren langfristig fälligen Verpflichtungen dienen, sind mit diesen Schulden zu verrechnen; entsprechend ist mit den zugehörigen Aufwendungen und Erträgen aus der Abzinsung und aus dem zu verrechnenden Vermögen zu verfahren. [3]Übersteigt der beizulegende Zeitwert der Vermögensgegenstände den Betrag der Schulden, ist der übersteigende Betrag unter einem gesonderten Posten zu aktivieren.

(3) [1]Die auf den vorhergehenden Jahresabschluss angewandten Ansatzmethoden sind beizubehalten. [2]§ 252 Abs. 2 ist entsprechend anzuwenden.

§ 247 Inhalt der Bilanz

(1) In der Bilanz sind das Anlage- und das Umlaufvermögen, das Eigenkapital, die Schulden sowie die Rechnungsabgrenzungsposten gesondert auszuweisen und hinreichend aufzugliedern.

(2) Beim Anlagevermögen sind nur die Gegenstände auszuweisen, die bestimmt sind, dauernd dem Geschäftsbetrieb zu dienen.

(3) (weggefallen)

§ 248 Bilanzierungsverbote und -wahlrechte[2)]

(1) In die Bilanz dürfen nicht als Aktivposten aufgenommen werden:

1. Aufwendungen für die Gründung eines Unternehmens,
2. Aufwendungen für die Beschaffung des Eigenkapitals und
3. Aufwendungen für den Abschluss von Versicherungsverträgen.

(2) [1]Selbst geschaffene immaterielle Vermögensgegenstände des Anlagevermögens können als Aktivposten in die Bilanz aufgenommen werden. [2]Nicht aufgenommen werden dürfen selbst geschaffene Marken, Drucktitel, Verlagsrechte, Kundenlisten oder vergleichbare immaterielle Vermögensgegenstände des Anlagevermögens.

§ 249 Rückstellungen[3)]

(1) [1]Rückstellungen sind für ungewisse Verbindlichkeiten und für drohende Verluste aus schwebenden Geschäften zu bilden. [2]Ferner sind Rückstellungen zu bilden für

1. im Geschäftsjahr unterlassene Aufwendungen für Instandhaltung, die im folgenden Geschäftsjahr innerhalb von drei Monaten, oder für Abraumbeseitigung, die im folgenden Geschäftsjahr nachgeholt werden,
2. Gewährleistungen, die ohne rechtliche Verpflichtung erbracht werden.

[1)] § 246 HGB wurde durch das Bilanzrechtsmodernisierungsgesetz – BilMoG vom 25. 5. 2009 (BGBl. I S. 1102) geändert.
[2)] § 248 HGB wurde durch das Bilanzrechtsmodernisierungsgesetz – BilMoG vom 25. 5. 2009 (BGBl. I S. 1102) neu gefasst.
[3)] § 249 HGB wurde durch das Bilanzrechtsmodernisierungsgesetz – BilMoG vom 25. 5. 2009 (BGBl. I S. 1102) geändert.

(2) ¹Für andere als die in Absatz 1 bezeichneten Zwecke dürfen Rückstellungen nicht gebildet werden. ²Rückstellungen dürfen nur aufgelöst werden, soweit der Grund hierfür entfallen ist.

§ 250 Rechnungsabgrenzungsposten

¹⁾ (1) Als Rechnungsabgrenzungsposten sind auf der Aktivseite Ausgaben vor dem Abschlußstichtag auszuweisen, soweit sie Aufwand für eine bestimmte Zeit nach diesem Tag darstellen.

(2) Auf der Passivseite sind als Rechnungsabgrenzungsposten Einnahmen vor dem Abschlußstichtag auszuweisen, soweit sie Ertrag für eine bestimmte Zeit nach diesem Tag darstellen.

(3) ¹Ist der Erfüllungsbetrag einer Verbindlichkeit höher als der Ausgabebetrag, so darf der Unterschiedsbetrag in den Rechnungsabgrenzungsposten auf der Aktivseite aufgenommen werden. ²Der Unterschiedsbetrag ist durch planmäßige jährliche Abschreibungen zu tilgen, die auf die gesamte Laufzeit der Verbindlichkeit verteilt werden können.

§ 251 Haftungsverhältnisse

¹Unter der Bilanz sind, sofern sie nicht auf der Passivseite auszuweisen sind, Verbindlichkeiten aus der Begebung und Übertragung von Wechseln, aus Bürgschaften, Wechsel- und Scheckbürgschaften und aus Gewährleistungsverträgen sowie Haftungsverhältnisse aus der Bestellung von Sicherheiten für fremde Verbindlichkeiten zu vermerken; sie dürfen in einem Betrag angegeben werden. ²Haftungsverhältnisse sind auch anzugeben, wenn ihnen gleichwertige Rückgriffsforderungen gegenüberstehen.

Dritter Titel. Bewertungsvorschriften

§ 252 Allgemeine Bewertungsgrundsätze

(1) Bei der Bewertung der im Jahresabschluß ausgewiesenen Vermögensgegenstände und Schulden gilt insbesondere folgendes:

1. Die Wertansätze in der Eröffnungsbilanz des Geschäftsjahrs müssen mit denen der Schlußbilanz des vorhergehenden Geschäftsjahrs übereinstimmen.

2. Bei der Bewertung ist von der Fortführung der Unternehmenstätigkeit auszugehen, sofern dem nicht tatsächliche oder rechtliche Gegebenheiten entgegenstehen.

3. Die Vermögensgegenstände und Schulden sind zum Abschlußstichtag einzeln zu bewerten.

4. Es ist vorsichtig zu bewerten, namentlich sind alle vorhersehbaren Risiken und Verluste, die bis zum Abschlußstichtag entstanden sind, zu berücksichtigen, selbst wenn diese erst zwischen dem Abschlußstichtag und dem Tag der Aufstellung des Jahresabschlusses bekanntgeworden sind; Gewinne sind nur zu berücksichtigen, wenn sie am Abschlußstichtag realisiert sind.

5. Aufwendungen und Erträge des Geschäftsjahrs sind unabhängig von den Zeitpunkten der entsprechenden Zahlungen im Jahresabschluß zu berücksichtigen.

6. Die auf den vorhergehenden Jahresabschluss angewandten Bewertungsmethoden sind beizubehalten.²⁾

(2) Von den Grundsätzen des Absatzes 1 darf nur in begründeten Ausnahmefällen abgewichen werden.

§ 253 Zugangs- und Folgebewertung³⁾

(1) ¹Vermögensgegenstände sind höchstens mit den Anschaffungs- oder Herstellungskosten, vermindert um die Abschreibungen nach den Absätzen 3 bis 5, anzusetzen. ²Verbindlichkeiten sind zu ihrem Erfüllungsbetrag und Rückstellungen in Höhe des nach vernünftiger kaufmännischer Beurteilung notwendigen Erfüllungsbetrages anzusetzen. ³Soweit sich die Höhe von Altersversorgungsverpflichtungen ausschließlich nach dem beizulegenden Zeitwert von Wertpapieren im Sinn des § 266 Abs. 2 A. III. 5 bestimmt, sind Rückstellungen hierfür zum beizulegenden Zeitwert dieser Wertpapiere anzusetzen, soweit er einen garantierten Mindestbetrag übersteigt. ⁴Nach § 246 Abs. 2 Satz 2 zu verrechnende Vermögensgegenstände sind mit ihrem beizulegenden Zeitwert zu bewerten.⁴⁾ *⁴Kleinstkapitalgesellschaften (§ 267a) dürfen eine Bewertung zum beizulegenden Zeitwert nur vornehmen, wenn sie von keiner der in § 264 Absatz 1 Satz 5, § 266 Absatz 1 Satz 4, § 275 Absatz 5 und § 326 Absatz 2 vorgesehenen Erleichterungen*

---

1) § 250 Abs. 1 und 3 HGB wurde durch das Bilanzrechtsmodernisierungsgesetz – BilMoG vom 25. 5. 2009 (BGBl. I S. 1102) geändert.

2) § 252 Abs. 1 Nr. 6 HGB wurde durch das Bilanzrechtsmodernisierungsgesetz – BilMoG vom 25. 5. 2009 (BGBl. I S. 1102) geändert.

3) § 253 HGB wurde durch das Bilanzrechtsmodernisierungsgesetz – BilMoG vom 25. 5. 2009 (BGBl. I S. 1102) neu gefasst.

4) Die Sätze 4 und 5 wurden durch das MicroBilG eingefügt.

Gebrauch machen. In diesem Fall erfolgt die Bewertung der Vermögensgegenstände nach Satz 1, auch soweit eine Verrechnung nach § 246 Absatz 2 Satz 2 vorgesehen ist.

(2) [1]Rückstellungen mit einer Restlaufzeit von mehr als einem Jahr sind mit dem ihrer Restlaufzeit entsprechenden durchschnittlichen Marktzinssatz der vergangenen sieben Geschäftsjahre abzuzinsen. [2]Abweichend von Satz 1 dürfen Rückstellungen für Altersversorgungsverpflichtungen oder vergleichbare langfristig fällige Verpflichtungen pauschal mit dem durchschnittlichen Marktzinssatz abgezinst werden, der sich bei einer angenommenen Restlaufzeit von 15 Jahren ergibt. [3]Die Sätze 1 und 2 gelten entsprechend für auf Rentenverpflichtungen beruhende Verbindlichkeiten, für die eine Gegenleistung nicht mehr zu erwarten ist. [4]Der nach den Sätzen 1 und 2 anzuwendende Abzinsungszinssatz wird von der Deutschen Bundesbank nach Maßgabe einer Rechtsverordnung ermittelt und monatlich bekannt gegeben. [5]In der Rechtsverordnung nach Satz 4, die nicht der Zustimmung des Bundesrates bedarf, bestimmt das Bundesministerium der Justiz im Benehmen mit der Deutschen Bundesbank das Nähere zur Ermittlung der Abzinsungszinssätze, insbesondere die Ermittlungsmethodik und deren Grundlagen, sowie die Form der Bekanntgabe.

(3) [1]Bei Vermögensgegenständen des Anlagevermögens, deren Nutzung zeitlich begrenzt ist, sind die Anschaffungs- oder die Herstellungskosten um planmäßige Abschreibungen zu vermindern. [2]Der Plan muss die Anschaffungs- oder Herstellungskosten auf die Geschäftsjahre verteilen, in denen der Vermögensgegenstand voraussichtlich genutzt werden kann. [3]Ohne Rücksicht darauf, ob ihre Nutzung zeitlich begrenzt ist, sind bei Vermögensgegenständen des Anlagevermögens bei voraussichtlich dauernder Wertminderung außerplanmäßige Abschreibungen vorzunehmen, um diese mit dem niedrigeren Wert anzusetzen, der ihnen am Abschlussstichtag beizulegen ist. [4]Bei Finanzanlagen können außerplanmäßige Abschreibungen auch bei voraussichtlich nicht dauernder Wertminderung vorgenommen werden.

(4) [1]Bei Vermögensgegenständen des Umlaufvermögens sind Abschreibungen vorzunehmen, um diese mit einem niedrigeren Wert anzusetzen, der sich aus einem Börsen- oder Marktpreis am Abschlussstichtag ergibt. [2]Ist ein Börsen- oder Marktpreis nicht festzustellen und übersteigen die Anschaffungs- oder Herstellungskosten den Wert, der den Vermögensgegenständen am Abschlussstichtag beizulegen ist, so ist auf diesen Wert abzuschreiben.

(5) [1]Ein niedrigerer Wertansatz nach Absatz 3 Satz 3 oder 4 und Absatz 4 darf nicht beibehalten werden, wenn die Gründe dafür nicht mehr bestehen. [2]Ein niedrigerer Wertansatz eines entgeltlich erworbenen Geschäfts- oder Firmenwertes ist beizubehalten.

§ 254   Bildung von Bewertungseinheiten[1]

[1]Werden Vermögensgegenstände, Schulden, schwebende Geschäfte oder mit hoher Wahrscheinlichkeit erwartete Transaktionen zum Ausgleich gegenläufiger Wertänderungen oder Zahlungsströme aus dem Eintritt vergleichbarer Risiken mit Finanzinstrumenten zusammengefasst (Bewertungseinheit), sind § 249 Abs. 1, § 252 Abs. 1 Nr. 3 und 4, § 253 Abs. 1 Satz 1 und § 256a in dem Umfang und für den Zeitraum nicht anzuwenden, in dem die gegenläufigen Wertänderungen oder Zahlungsströme sich ausgleichen. [2]Als Finanzinstrumente im Sinn des Satzes 1 gelten auch Termingeschäfte über den Erwerb oder die Veräußerung von Waren.

§ 255   Bewertungsmaßstäbe[2]

(1) [1]Anschaffungskosten sind die Aufwendungen, die geleistet werden, um einen Vermögensgegenstand zu erwerben und ihn in einen betriebsbereiten Zustand zu versetzen, soweit sie dem Vermögensgegenstand einzeln zugeordnet werden können. [2]Zu den Anschaffungskosten gehören auch die Nebenkosten sowie die nachträglichen Anschaffungskosten. [3]Anschaffungspreisminderungen sind abzusetzen.

(2) [1]Herstellungskosten sind die Aufwendungen, die durch den Verbrauch von Gütern und die Inanspruchnahme von Diensten für die Herstellung eines Vermögensgegenstands, seine Erweiterung oder für eine über seinen ursprünglichen Zustand hinausgehende wesentliche Verbesserung entstehen. [2]Dazu gehören die Materialkosten, die Fertigungskosten und die Sonderkosten der Fertigung sowie angemessene Teile der Materialgemeinkosten, der Fertigungsgemeinkosten und des Werteverzehrs des Anlagevermögens, soweit dieser durch die Fertigung veranlasst ist. [3]Bei der Berechnung der Herstellungskosten dürfen angemessene Teile der Kosten der allgemeinen Verwaltung sowie angemessene Aufwendungen für soziale Einrichtungen des Betriebs, für freiwillige soziale Leistungen und für die betriebliche Altersversorgung einbezogen werden, soweit diese auf den Zeitraum der Herstellung entfallen. [4]Forschungs- und Vertriebskosten dürfen nicht einbezogen werden.

---

[1] § 254 HGB wurde durch das Bilanzrechtsmodernisierungsgesetz – BilMoG vom 25. 5. 2009 (BGBl. I S. 1102) neu gefasst.

[2] § 255 HGB wurde durch das Bilanzrechtsmodernisierungsgesetz – BilMoG vom 25. 5. 2009 (BGBl. I S. 1102) neu gefasst.

(2) [1]Herstellungskosten eines selbst geschaffenen immateriellen Vermögensgegenstands des Anlagevermögens sind die bei dessen Entwicklung anfallenden Aufwendungen nach Absatz 2. [2]Entwicklung ist die Anwendung von Forschungsergebnissen oder von anderem Wissen für die Neuentwicklung von Gütern oder Verfahren oder die Weiterentwicklung von Gütern oder Verfahren mittels wesentlicher Änderungen. [3]Forschung ist die eigenständige und planmäßige Suche nach neuen wissenschaftlichen oder technischen Erkenntnissen oder Erfahrungen allgemeiner Art, über deren technische Verwertbarkeit und wirtschaftliche Erfolgsaussichten grundsätzlich keine Aussagen gemacht werden können. [4]Können Forschung und Entwicklung nicht verlässlich voneinander unterschieden werden, ist eine Aktivierung ausgeschlossen.

(3) [1]Zinsen für Fremdkapital gehören nicht zu den Herstellungskosten. [2]Zinsen für Fremdkapital, das zur Finanzierung der Herstellung eines Vermögensgegenstands verwendet wird, dürfen angesetzt werden, soweit sie auf den Zeitraum der Herstellung entfallen; in diesem Falle gelten sie als Herstellungskosten des Vermögensgegenstands.

(4) [1]Der beizulegende Zeitwert entspricht dem Marktpreis. [2]Soweit kein aktiver Markt besteht, anhand dessen sich der Marktpreis ermitteln lässt, ist der beizulegende Zeitwert mit Hilfe allgemein anerkannter Bewertungsmethoden zu bestimmen. [3]Lässt sich der beizulegende Zeitwert weder nach Satz 1 noch nach Satz 2 ermitteln, sind die Anschaffungs- oder Herstellungskosten gemäß § 253 Abs. 4 fortzuführen. [4]Der zuletzt nach Satz 1 oder 2 ermittelte beizulegende Zeitwert gilt als Anschaffungs- oder Herstellungskosten im Sinn des Satzes 3.

§ 256 Bewertungsvereinfachungsverfahren[1)]

[1]Soweit es den Grundsätzen ordnungsmäßiger Buchführung entspricht, kann für den Wertansatz gleichartiger Vermögensgegenstände des Vorratsvermögens unterstellt werden, daß die zuerst oder daß die zuletzt angeschafften oder hergestellten Vermögensgegenstände zuerst verbraucht oder veräußert worden sind. [2]§ 240 Abs. 3 und 4 ist auch auf den Jahresabschluß anwendbar.

§ 256a Währungsumrechnung[2)]

[1]Auf fremde Währung lautende Vermögensgegenstände und Verbindlichkeiten sind zum Devisenkassamittelkurs am Abschlussstichtag umzurechnen. [2]Bei einer Restlaufzeit von einem Jahr oder weniger sind § 253 Abs. 1 Satz 1 und § 252 Abs. 1 Nr. 4 Halbsatz 2 nicht anzuwenden.

Dritter Unterabschnitt. Aufbewahrung und Vorlage
§ 257 Aufbewahrung von Unterlagen – Aufbewahrungsfristen

(1) Jeder Kaufmann ist verpflichtet, die folgenden Unterlagen geordnet aufzubewahren:

1. Handelsbücher, Inventare, Eröffnungsbilanzen, Jahresabschlüsse, Einzelabschlüsse nach § 352 Abs. 2a, Lageberichte, Konzernabschlüsse, Konzernlageberichte sowie die zu ihrem Verständnis erforderlichen Arbeitsanweisungen und sonstigen Organisationsunterlagen,

2. die empfangenen Handelsbriefe,

3. Wiedergabe der abgesandten Handelsbriefe,

4. Belege für Buchungen in den von ihm nach § 238 Abs. 1 zu führenden Büchern (Buchungsbelege).

(2) Handelsbriefe sind nur Schriftstücke, die ein Handelsgeschäft betreffen.

(3) [1]Mit Ausnahme der Eröffnungsbilanzen und Abschlüsse können die in Absatz 1 aufgeführten Unterlagen auch als Wiedergabe auf einem Bildträger oder auf anderen Datenträgern aufbewahrt werden, wenn dies den Grundsätzen ordnungsmäßiger Buchführung entspricht und sichergestellt ist, daß die Wiedergabe oder die Daten

1. mit den empfangenen Handelsbriefen und den Buchungsbelegen bildlich und mit den anderen Unterlagen inhaltlich übereinstimmen, wenn sie lesbar gemacht werden,

2. während der Dauer der Aufbewahrungsfrist verfügbar sind und jederzeit innerhalb angemessener Frist lesbar gemacht werden können.

[2]Sind Unterlagen auf Grund des § 239 Abs. 4 Satz 1 auf Datenträgern hergestellt worden, können statt des Datenträgers die Daten auch ausgedruckt aufbewahrt werden; die ausgedruckten Unterlagen können auch nach Satz 1 aufbewahrt werden.

(4) Die in Absatz 1 Nr. 1 und 4 aufgeführten Unterlagen sind zehn Jahre, die sonstigen in Absatz 1 aufgeführten Unterlagen sechs Jahre aufzubewahren.

(5) Die Aufbewahrungsfrist beginnt mit dem Schluß des Kalenderjahrs, in dem die letzte Eintragung in das Handelsbuch gemacht, das Inventar aufgestellt, die Eröffnungsbilanz oder der Jahres-

---

[1)] § 256 HGB wurde durch das Bilanzrechtsmodernisierungsgesetz – BilMoG vom 25. 5. 2009 (BGBl. I S. 1102) geändert.

[2)] § 256a HGB wurde durch das Bilanzrechtsmodernisierungsgesetz – BilMoG vom 25. 5. 2009 (BGBl. I S. 1102) eingefügt.

abschluß festgestellt, der Einzelabschluss nach § 325 Abs. 2a oder der Konzernabschluß aufgestellt, der Handelsbrief empfangen oder abgesandt worden oder der Buchungsbeleg entstanden ist.

§ 258   Vorlegung im Rechtsstreit

(1) Im Laufe eines Rechtsstreits kann das Gericht auf Antrag oder von Amts wegen die Vorlegung der Handelsbücher einer Partei anordnen.

(2) Die Vorschriften der Zivilprozeßordnung über die Verpflichtung des Prozeßgegners zur Vorlegung von Urkunden bleiben unberührt.

§ 259   Auszug bei Vorlegung im Rechtsstreit

[1]Werden in einem Rechtsstreit Handelsbücher vorgelegt, so ist von ihrem Inhalt, soweit er den Streitpunkt betrifft, unter Zuziehung der Parteien Einsicht zu nehmen und geeignetenfalls ein Auszug zu fertigen. [2]Der übrige Inhalt der Bücher ist dem Gericht insoweit offenzulegen, als es zur Prüfung ihrer ordnungsmäßigen Führung notwendig ist.

§ 260   Vorlegung bei Auseinandersetzungen

Bei Vermögensauseinandersetzungen, insbesondere in Erbschafts-, Gütergemeinschafts- und Gesellschaftsteilungssachen, kann das Gericht die Vorlegung der Handelsbücher zur Kenntnisnahme von ihrem ganzen Inhalt anordnen.

§ 261   Vorlegung von Unterlagen auf Bild- oder Datenträgern

Wer aufzubewahrende Unterlagen nur in der Form einer Wiedergabe auf einem Bildträger oder auf anderen Datenträgern vorlegen kann, ist verpflichtet, auf seine Kosten diejenigen Hilfsmittel zur Verfügung zu stellen, die erforderlich sind, um die Unterlagen lesbar zu machen; soweit erforderlich, hat er die Unterlagen auf seine Kosten auszudrucken oder ohne Hilfsmittel lesbare Reproduktionen beizubringen.

Vierter Unterabschnitt. Sollkaufleute. Landesrecht

§ 262

(weggefallen)

§ 263   Vorbehalt landesrechtlicher Vorschriften

Unberührt bleiben bei Unternehmen ohne eigene Rechtspersönlichkeit einer Gemeinde, eines Gemeindeverbands oder eines Zweckverbands landesrechtliche Vorschriften, die von den Vorschriften dieses Abschnitts abweichen.

Zweiter Abschnitt. Ergänzende Vorschriften für Kapitalgesellschaften (Aktiengesellschaften, Kommanditgesellschaften auf Aktien und Gesellschaften mit beschränkter Haftung)

Erster Unterabschnitt. Jahresabschluß der Kapitalgesellschaft und Lagebericht

Erster Titel. Allgemeine Vorschriften

...

Zweiter Titel. Bilanz

§ 266   Gliederung der Bilanz

(1) [1]Die Bilanz ist in Kontoform aufzustellen. [2]Dabei haben große und mittelgroße Kapitalgesellschaften (§ 267 Abs. 3, 2) auf der Aktivseite die in Absatz 2 und auf der Passivseite die in Absatz 3 bezeichneten Posten gesondert und in der vorgeschriebenen Reihenfolge auszuweisen. [3]Kleine Kapitalgesellschaften (§ 267 Abs. 1) brauchen nur eine verkürzte Bilanz aufzustellen, in die nur die in den Absätzen 2 und 3 mit Buchstaben und römischen Zahlen bezeichneten Posten gesondert und in der vorgeschriebenen Reihenfolge aufgenommen werden. *[4]Kleinstkapitalgesellschaften (§ 267a) brauchen nur eine verkürzte Bilanz aufzustellen, in die nur die in den Absätzen 2 und 3 mit Buchstaben bezeichneten Posten gesondert und in der vorgeschriebenen Reihenfolge aufgenommen werden.*

(2) Aktivseite[1]

A.   Anlagevermögen

    I.   Immaterielle Vermögensgegenstände:

---

[1] § 266 Abs. 2 HGB wurde durch das Bilanzrechtsmodernisierungsgesetz (BilMoG) vom 25. 5. 2009 (BGBl. I S. 1102) geändert.

    1. Selbst geschaffene gewerbliche Schutzrechte und ähnliche Rechte und Werte;

    2. entgeltlich erworbene Konzessionen, gewerbliche Schutzrechte und ähnliche Rechte und Werte sowie Lizenzen an solchen Rechten und Werten;

    3. Geschäfts- oder Firmenwert;

    4. geleistete Anzahlungen;

  II. Sachanlagen:

    1. Grundstücke, grundstücksgleiche Rechte und Bauten einschließlich der Bauten auf fremden Grundstücken;

    2. technische Anlagen und Maschinen;

    3. andere Anlagen, Betriebs- und Geschäftsausstattung;

    4. geleistete Anzahlungen und Anlagen im Bau;

  III. Finanzanlagen:

    1. Anteile an verbundenen Unternehmen;

    2. Ausleihungen an verbundene Unternehmen;

    3. Beteiligungen;

    4. Ausleihungen an Unternehmen, mit denen ein Beteiligungsverhältnis besteht;

    5. Wertpapiere des Anlagevermögens;

    6. sonstige Ausleihungen.

B. Umlaufvermögen:

  I. Vorräte:

    1. Roh-, Hilfs- und Betriebsstoffe;

    2. unfertige Erzeugnisse, unfertige Leistungen;

    3. fertige Erzeugnisse und Waren;

    4. geleistete Anzahlungen;

  II. Forderungen und sonstige Vermögensgegenstände:

    1. Forderungen aus Lieferungen und Leistungen;

    2. Forderungen gegen verbundene Unternehmen;

    3. Forderungen gegen Unternehmen, mit denen ein Beteiligungsverhältnis besteht;

    4. sonstige Vermögensgegenstände;

  III. Wertpapiere:

    1. Anteile an verbundenen Unternehmen;

    2. sonstige Wertpapiere;

  IV. Schecks, Kassenbestand, Bundesbank- und Postgiroguthaben, Guthaben bei Kreditinstituten.

C. Rechnungsabgrenzungsposten.

D. Aktive latente Steuern.

E. Aktiver Unterschiedsbetrag aus der Vermögensverrechnung

  (3) Passivseite[1]

A. Eigenkapital:

  I. Gezeichnetes Kapital;

  II. Kapitalrücklage;

  III. Gewinnrücklagen:

    1. gesetzliche Rücklage;

    2. Rücklage für Anteile an einem herrschenden oder mehrheitlich beteiligten Unternehmen;

    3. satzungsmäßige Rücklagen;

    4. andere Gewinnrücklagen;

  IV. Gewinnvortrag/Verlustvortrag;

  V. Jahresüberschuß/Jahresfehlbetrag.

---

[1] § 266 Abs. 3 wurde durch das Bilanzrechtsmodernisierungsgesetz – BilMoG vom 25. 5. 2009 (BGBl. I S. 1102) geändert.

B. Rückstellungen:

1. Rückstellungen für Pensionen und ähnliche Verpflichtungen;

2. Steuerrückstellungen;

3. sonstige Rückstellungen.

C. Verbindlichkeiten:

1. Anleihen,
    davon konvertibel;

2. Verbindlichkeiten gegenüber Kreditinstituten;

3. erhaltene Anzahlungen auf Bestellungen;

4. Verbindlichkeiten aus Lieferungen und Leistungen;

5. Verbindlichkeiten aus der Annahme gezogener Wechsel und der Ausstellung eigener Wechsel;

6. Verbindlichkeiten gegenüber verbundenen Unternehmen;

7. Verbindlichkeiten gegenüber Unternehmen, mit denen ein Beteiligungsverhältnis besteht;

8. sonstige Verbindlichkeiten,
    davon aus Steuern,
    davon im Rahmen der sozialen Sicherheit.

D. Rechnungsabgrenzungsposten.

E. Passive latente Steuern.

§ 267   Umschreibung der Größenklassen

(1) Kleine Kapitalgesellschaften sind solche, die mindestens zwei der drei nachstehenden Merkmale nicht überschreiten:[1]

1. 4 840 000 Euro Bilanzsumme nach Abzug eines auf der Aktivseite ausgewiesenen Fehlbetrags (§ 268 Abs. 3).

2. 9 680 000 Euro Umsatzerlöse in den zwölf Monaten vor dem Abschlußstichtag.

3. Im Jahresdurchschnitt fünfzig Arbeitnehmer.

(2) Mittelgroße Kapitalgesellschaften sind solche, die mindestens zwei der drei in Absatz 1 bezeichneten Merkmale überschreiten und jeweils mindestens zwei der drei nachstehenden Merkmale nicht überschreiten:

1. 19 250 000 Euro Bilanzsumme nach Abzug eines auf der Aktivseite ausgewiesenen Fehlbetrags (§ 268 Abs. 3).

2. 38 500 000 Euro Umsatzerlöse in den zwölf Monaten vor dem Abschlußstichtag.

3. Im Jahresdurchschnitt zweihundertfünfzig Arbeitnehmer.

(3) [1]Große Kapitalgesellschaften sind solche, die mindestens zwei der drei in Absatz 2 bezeichneten Merkmale überschreiten. [2]Eine Kapitalgesellschaft im Sinn des § 264d gilt stets als große.

(4) [1]Die Rechtsfolgen der Merkmale nach den Absätzen 1 bis 3 Satz 1 treten nur ein, wenn sie an den Abschlußstichtagen von zwei aufeinanderfolgenden Geschäftsjahren über- oder unterschritten werden. [2]Im Falle der Umwandlung oder Neugründung treten die Rechtsfolgen schon ein, wenn die Voraussetzungen des Absatzes 1, 2 oder 3 am ersten Abschlußstichtag nach der Umwandlung oder Neugründung vorliegen.

(5) Als durchschnittliche Zahl der Arbeitnehmer gilt der vierte Teil der Summe aus den Zahlen der jeweils am 31. März, 30. Juni, 30. September und 31. Dezember beschäftigten Arbeitnehmer einschließlich der im Ausland beschäftigten Arbeitnehmer, jedoch ohne die zu ihrer Berufsausbildung Beschäftigten.

(6) Informations- und Auskunftsrechte der Arbeitnehmervertretungen nach anderen Gesetzen bleiben unberührt.

§ 268   Vorschriften zu einzelnen Posten der Bilanz Bilanzvermerke

(1) [1]Die Bilanz darf auch unter Berücksichtigung der vollständigen oder teilweisen Verwendung des Jahresergebnisses aufgestellt werden. [2]Wird die Bilanz unter Berücksichtigung der teilweisen Verwendung des Jahresergebnisses aufgestellt, so tritt an die Stelle der Posten „Jahresüberschuß/Jahresfehlbetrag" und „Gewinnvortrag/Verlustvortrag" der Posten „Bilanzgewinn/Bilanzverlust";

---

[1] § 267 Abs. 1 bis 3 HGB wurde durch das Bilanzrechtsmodernisierungsgesetz – BilMoG vom 25. 5. 2009 (BGBl. I S. 1102) geändert.

ein vorhandener Gewinn- oder Verlustvortrag ist in den Posten „Bilanzgewinn/Bilanzverlust" einzubeziehen und in der Bilanz oder im Anhang gesondert anzugeben.

[1] (2) [1]In der Bilanz oder im Anhang ist die Entwicklung der einzelnen Posten des Anlagevermögens darzustellen. [2]Dabei sind, ausgehend von den gesamten Anschaffungs- und Herstellungskosten, die Zugänge, Abgänge, Umbuchungen und Zuschreibungen des Geschäftsjahrs sowie die Abschreibungen in ihrer gesamten Höhe gesondert aufzuführen. [3]Die Abschreibungen des Geschäftsjahrs sind entweder in der Bilanz bei dem betreffenden Posten zu vermerken oder im Anhang in einer der Gliederung des Anlagevermögens entsprechenden Aufgliederung anzugeben.

(3) Ist das Eigenkapital durch Verluste aufgebraucht und ergibt sich ein Überschuß der Passivposten über die Aktivposten, so ist dieser Betrag am Schluß der Bilanz auf der Aktivseite gesondert unter der Bezeichnung „Nicht durch Eigenkapital gedeckter Fehlbetrag" auszuweisen.

(4) [1]Der Betrag der Forderungen mit einer Restlaufzeit von mehr als einem Jahr ist bei jedem gesondert ausgewiesenen Posten zu vermerken. [2]Werden unter dem Posten „sonstige Vermögensgegenstände" Beträge für Vermögensgegenstände ausgewiesen, die erst nach dem Abschlußstichtag rechtlich entstehen, so müssen Beträge, die einen größeren Umfang haben, im Anhang erläutert werden.

(5) [1]Der Betrag der Verbindlichkeiten mit einer Restlaufzeit bis zu einem Jahr ist bei jedem gesondert ausgewiesenen Posten zu vermerken. [2]Erhaltene Anzahlungen auf Bestellungen sind, soweit Anzahlungen auf Vorräte nicht von dem Posten „Vorräte" offen abgesetzt werden, unter den Verbindlichkeiten gesondert auszuweisen. [3]Sind unter dem Posten „Verbindlichkeiten" Beträge für Verbindlichkeiten ausgewiesen, die erst nach dem Abschlußstichtag rechtlich entstehen, so müssen Beträge, die einen größeren Umfang haben, im Anhang erläutert werden.

(6) Ein nach § 250 Abs. 3 in den Rechnungsabgrenzungsposten auf der Aktivseite aufgenommener Unterschiedsbetrag ist in der Bilanz gesondert auszuweisen oder im Anhang anzugeben.

(7) Die in § 251 bezeichneten Haftungsverhältnisse sind jeweils gesondert unter der Bilanz oder im Anhang unter Angabe der gewährten Pfandrechte und sonstigen Sicherheiten anzugeben; bestehen solche Verpflichtungen gegenüber verbundenen Unternehmen, so sind sie gesondert anzugeben.

[2] (8) [1]Werden selbst geschaffene immaterielle Vermögensgegenstände des Anlagevermögens in der Bilanz ausgewiesen, so dürfen Gewinne nur ausgeschüttet werden, wenn die nach der Ausschüttung verbleibenden frei verfügbaren Rücklagen zuzüglich eines Gewinnvortrags und abzüglich eines Verlustvortrags mindestens den insgesamt angesetzten Beträgen abzüglich der hierfür gebildeten passiven latenten Steuern entsprechen. [2]Werden aktive latente Steuern in der Bilanz ausgewiesen, ist Satz 1 auf den Betrag anzuwenden, um den die aktiven latenten Steuern die passiven latenten Steuern übersteigen. [3]Bei Vermögensgegenständen im Sinne des § 246 Abs. 2 Satz 2 ist Satz 1 auf den Betrag abzüglich der hierfür gebildeten passiven latenten Steuern anzuwenden, der die Anschaffungskosten übersteigt.

§ 269

(aufgehoben)[3]

§ 270   Bildung bestimmter Posten

(1) Einstellungen in die Kapitalrücklage und deren Auflösung sind bereits bei der Aufstellung der Bilanz vorzunehmen.[4]

(2) Wird die Bilanz unter Berücksichtigung der vollständigen oder teilweisen Verwendung des Jahresergebnisses aufgestellt, so sind Entnahmen aus Gewinnrücklagen sowie Einstellungen in Gewinnrücklagen, die nach Gesetz, Gesellschaftsvertrag oder Satzung vorzunehmen sind oder auf Grund solcher Vorschriften beschlossen worden sind, bereits bei der Aufstellung der Bilanz zu berücksichtigen.

§ 271   Beteiligungen. Verbundene Unternehmen

(1) [1]Beteiligungen sind Anteile an anderen Unternehmen, die bestimmt sind, dem eigenen Geschäftsbetrieb durch Herstellung einer dauernden Verbindung zu jenen Unternehmen zu dienen. [2]Dabei ist es unerheblich, ob die Anteile in Wertpapieren verbrieft sind oder nicht. [3]Als Betei-

---

[1] § 268 Abs. 2 Satz 1 HGB wurde durch das Bilanzrechtsmodernisierungsgesetz – BilMoG vom 25. 5. 2009 (BGBl. I S. 1102) geändert.
[2] § 266 Abs. 8 Nr. 6 HGB wurde durch das Bilanzrechtsmodernisierungsgesetz – BilMoG vom 25. 5. 2009 (BGBl. I S. 1102) angefügt.
[3] § 269 HGB wurde durch das Bilanzrechtsmodernisierungsgesetz – BilMoG vom 25. 5. 2009 (BGBl. I S. 1102) aufgehoben.
[4] § 270 Abs. 1 Satz 2 HGB wurde durch das Bilanzrechtsmodernisierungsgesetz – BilMoG vom 25. 5. 2009 (BGBl. I S. 1102) aufgehoben.

ligung gelten im Zweifel Anteile an einer Kapitalgesellschaft, die insgesamt den fünften Teil des Nennkapitals dieser Gesellschaft überschreiten. [4]Auf die Berechnung ist § 16 Abs. 2 und 4 des Aktiengesetzes entsprechend anzuwenden. [5]Die Mitgliedschaft in einer eingetragenen Genossenschaft gilt nicht als Beteiligung im Sinne dieses Buches.

(2) Verbundene Unternehmen im Sinne dieses Buches sind solche Unternehmen, die als Mutteroder Tochterunternehmen (§ 290) in den Konzernabschluß eines Mutterunternehmens nach den Vorschriften über die Vollkonsolidierung einzubeziehen sind, das als oberstes Mutterunternehmen den am weitestgehenden Konzernabschluß nach dem Zweiten Unterabschnitt aufzustellen hat, auch wenn die Aufstellung unterbleibt, oder das einen befreienden Konzernabschluß nach § 291 oder nach einer nach § 292 erlassenen Rechtsverordnung aufstellt oder aufstellen könnte; Tochterunternehmen, die nach § 296 nicht einbezogen werden, sind ebenfalls verbundene Unternehmen.

§ 272   Eigenkapital[1]

(1) [1]Gezeichnetes Kapital ist das Kapital, auf das die Haftung der Gesellschafter für die Verbindlichkeiten der Kapitalgesellschaft gegenüber den Gläubigern beschränkt ist. [2]Die ausstehenden Einlagen auf das gezeichnete Kapital sind auf der Aktivseite vor dem Anlagevermögen gesondert auszuweisen und entsprechend zu bezeichnen; die davon eingeforderten Einlagen sind zu vermerken. [3]Die nicht eingeforderten ausstehenden Einlagen dürfen auch von dem Posten „Gezeichnetes Kapital" offen abgesetzt werden; in diesem Falle ist der verbleibende Betrag als Posten „Eingefordertes Kapital" in der Hauptspalte der Passivseite auszuweisen und ist außerdem der eingeforderte, aber noch nicht eingezahlte Betrag unter den Forderungen gesondert auszuweisen und entsprechend zu bezeichnen. [4]Der Nennbetrag oder, falls ein solcher nicht vorhanden ist, der rechnerische Wert von nach § 71 Abs. 1 Nr. 6 oder 8 des Aktiengesetzes zur Einziehung erworbenen Aktien ist in der Vorspalte offen von dem Posten Gezeichnetes Kapital als Kapitalrückzahlung abzusetzen. [5]Ist der Erwerb der Aktien nicht zur Einziehung erfolgt, ist Satz 4 auch anzuwenden, soweit in dem Beschluß über den Rückkauf die spätere Veräußerung von einem Beschluß der Hauptversammlung in entsprechender Anwendung des § 182 Abs. 1 Satz 1 des Aktiengesetzes abhängig gemacht worden ist. [6]Wird der Nennbetrag oder der rechnerische Wert von Aktien nach Satz 4 abgesetzt, ist der Unterschiedsbetrag dieser Aktien zwischen ihrem Nennbetrag oder dem rechnerischen Wert und ihrem Kaufpreis mit den anderen Gewinnrücklagen (§ 266 Abs. 3 A.III.4.) zu verrechnen; weitergehende Anschaffungskosten sind als Aufwand des Geschäftsjahres zu berücksichtigen.

(1a) [1]Der Nennbetrag oder, falls ein solcher nicht vorhanden ist, der rechnerische Wert von erworbenen eigenen Anteilen ist in der Vorspalte offen von dem Posten „Gezeichnetes Kapital" abzusetzen. [2]Der Unterschiedsbetrag zwischen dem Nennbetrag oder dem rechnerischen Wert und den Anschaffungskosten der eigenen Anteile ist mit den frei verfügbaren Rücklagen zu verrechnen. [3]Aufwendungen, die Anschaffungsnebenkosten sind, sind Aufwand des Geschäftsjahrs.

(1b) [1]Nach der Veräußerung der eigenen Anteile entfällt der Ausweis nach Absatz 1a Satz 1. [2]Ein den Nennbetrag oder den rechnerischen Wert übersteigender Differenzbetrag aus dem Veräußerungserlös ist bis zur Höhe des mit den frei verfügbaren Rücklagen verrechneten Betrages in die jeweilige Rücklagen einzustellen. [3]Ein darüber hinausgehender Differenzbetrag ist in die Kapitalrücklage gemäß Absatz 2 Nr. 1 einzustellen. [4]Die Nebenkosten der Veräußerung sind Aufwand des Geschäftsjahrs.

(2) Als Kapitalrücklage sind auszuweisen

1. der Betrag, der bei der Ausgabe von Anteilen einschließlich von Bezugsanteilen über den Nennbetrag oder, falls ein Nennbetrag nicht vorhanden ist, über den rechnerischen Wert hinaus erzielt wird;

2. der Betrag, der bei der Ausgabe von Schuldverschreibungen für Wandlungsrechte und Optionsrechte zum Erwerb von Anteilen erzielt wird;

3. der Betrag von Zuzahlungen, die Gesellschafter gegen Gewährung eines Vorzugs für ihre Anteile leisten;

4. der Betrag von anderen Zuzahlungen, die Gesellschafter in das Eigenkapital leisten.

(3) [1]Als Gewinnrücklagen dürfen nur Beträge ausgewiesen werden, die im Geschäftsjahr oder in einem früheren Geschäftsjahr aus dem Ergebnis gebildet worden sind. [2]Dazu gehören aus dem Ergebnis zu bildende gesetzliche oder auf Gesellschaftsvertrag oder Satzung beruhende Rücklagen und andere Gewinnrücklagen.

(4) [1]In eine Rücklage für eigene Anteile ist ein Betrag einzustellen, der dem auf der Aktivseite der Bilanz für die eigenen Anteile anzusetzenden Betrag entspricht. [2]Die Rücklage darf nur aufgelöst werden, soweit die eigenen Anteile ausgegeben, veräußert oder eingezogen werden oder soweit nach § 253 Abs. 3 auf der Aktivseite ein niedrigerer Betrag angesetzt wird. [3]Die Rücklage, die bereits bei der Aufstellung der Bilanz vorzunehmen ist, darf aus vorhandenen Gewinnrück-

---

1) § 272 HGB wurde durch das Bilanzrechtsmodernisierungsgesetz – BilMoG vom 25. 5. 2009 (BGBl. I S. 1102) geändert.

lagen gebildet werden, soweit diese frei verfügbar sind. [4]Die Rücklage nach Satz 1 ist auch für Anteile eines herrschenden oder eines mit Mehrheit beteiligten Unternehmens zu bilden.

§ 273

(weggefallen)[1]

§ 274   Latente Steuern[2]

(1) [1]Bestehen zwischen den handelsrechtlichen Wertansätzen von Vermögensgegenständen, Schulden und Rechnungsabgrenzungsposten und ihren steuerlichen Wertansätzen Differenzen, die sich in späteren Geschäftsjahren voraussichtlich abbauen, so ist eine sich daraus insgesamt ergebende Steuerbelastung als passive latente Steuern (§ 266 Abs. 3 E.) in der Bilanz anzusetzen. [2]Eine sich daraus insgesamt ergebende Steuerentlastung kann als aktive latente Steuern (§ 266 Abs. 2 D.) in der Bilanz angesetzt werden. [3]Die sich ergebende Steuerbe- und die sich ergebende Steuerentlastung können auch unverrechnet angesetzt werden. [4]Steuerliche Verlustvorträge sind bei der Berechnung aktiver latenter Steuern in Höhe der innerhalb der nächsten fünf Jahre zu erwartenden Verlustverrechnung zu berücksichtigen.

(2) [1]Die Beträge der sich ergebenden Steuerbe- und -entlastung sind mit den unternehmensindividuellen Steuersätzen im Zeitpunkt des Abbaus der Differenzen zu bewerten und nicht abzuzinsen. [2]Die ausgewiesenen Posten sind aufzulösen, sobald die Steuerbe- oder -entlastung eintritt oder mit ihr nicht mehr zu rechnen ist. [3]Der Aufwand oder Ertrag aus der Veränderung bilanzierter latenter Steuern ist in der Gewinn- und Verlustrechnung gesondert unter dem Posten „Steuern vom Einkommen und vom Ertrag" auszuweisen.

§ 274a   Größenabhängige Erleichterungen

Kleine Kapitalgesellschaften sind von der Anwendung der folgenden Vorschriften befreit:

1. § 268 Abs. 2 über die Aufstellung eines Anlagengitters,
2. § 268 Abs. 4 Satz 2 über die Pflicht zur Erläuterung bestimmter Forderungen im Anhang,
3. § 268 Abs. 5 Satz 3 über die Erläuterung bestimmter Verbindlichkeiten im Anhang,
4. § 268 Abs. 6 über den Rechnungsabgrenzungsposten nach § 250 Abs. 3,
5. § 274 über die Steuerabgrenzung.[3]

Dritter Titel Gewinn- und Verlustrechnung

§ 275   Gliederung

(1) [1]Die Gewinn- und Verlustrechnung ist in Staffelform nach dem Gesamtkostenverfahren oder dem Umsatzkostenverfahren aufzustellen. [2]Dabei sind die in Absatz 2 oder 3 bezeichneten Posten in der angegebenen Reihenfolge gesondert auszuweisen.

(2) Bei Anwendung des Gesamtkostenverfahrens sind auszuweisen:

1. Umsatzerlöse
2. Erhöhung oder Verminderung des Bestands an fertigen und unfertigen Erzeugnissen
3. andere aktivierte Eigenleistungen
4. sonstige betriebliche Erträge
5. Materialaufwand:
    a) Aufwendungen für Roh-, Hilfs- und Betriebsstoffe und für bezogene Waren
    b) Aufwendungen für bezogene Leistungen
6. Personalaufwand:
    a) Löhne und Gehälter
    b) soziale Abgaben und Aufwendungen für Altersversorgung und für Unterstützung,
        davon für Altersversorgung
7. Abschreibungen:
    a) auf immaterielle Vermögensgegenstände des Anlagevermögens und Sachanlagen[4]

---

[1] § 273 HGB wurde durch das Bilanzrechtsmodernisierungsgesetz – BilMoG vom 25. 5. 2009 (BGBl. I S. 1102) aufgehoben.

[2] § 274 HGB wurde durch das Bilanzrechtsmodernisierungsgesetz – BilMoG vom 25. 5. 2009 (BGBl. I S. 1102) neu gefasst.

[3] § 274a Nummer 5 HGB wurde durch das Bilanzrechtsmodernisierungsgesetz – BilMoG vom 25. 5. 2009 (BGBl. I S. 1102) neu gefasst.

[4] § 275 Abs. 2 Nr. 7 Buchstabe a HGB wurde durch das Bilanzrechtsmodernisierungsgesetz – BilMoG vom 25. 5. 2009 (BGBl. I S. 1102) und durch das Gesetz zur Umsetzung der Aktionärsrechterichtlinie (ARUG) vom 30. 7. 2009 (BGBl. I S. 2479) geändert.

b) auf Vermögensgegenstände des Umlaufvermögens, soweit diese die in der Kapitalgesellschaft üblichen Abschreibungen überschreiten

8. sonstige betriebliche Aufwendungen

9. Erträge aus Beteiligungen,

davon aus verbundenen Unternehmen

10. Erträge aus anderen Wertpapieren und Ausleihungen des Finanzanlagevermögens,

davon aus verbundenen Unternehmen

11. sonstige Zinsen und ähnliche Erträge,

davon aus verbundenen Unternehmen

12. Abschreibungen auf Finanzanlagen und auf Wertpapiere des Umlaufvermögens

13. Zinsen und ähnliche Aufwendungen,

davon an verbundene Unternehmen

14. Ergebnis der gewöhnlichen Geschäftstätigkeit

15. außerordentliche Erträge

16. außerordentliche Aufwendungen

17. außerordentliches Ergebnis

18. Steuern vom Einkommen und vom Ertrag

19. sonstige Steuern

20. Jahresüberschuß/Jahresfehlbetrag.

(3) Bei Anwendung des Umsatzkostenverfahrens sind auszuweisen:

1. Umsatzerlöse

2. Herstellungskosten der zur Erzielung der Umsatzerlöse erbrachten Leistungen

3. Bruttoergebnis vom Umsatz

4. Vertriebskosten

5. allgemeine Verwaltungskosten

6. sonstige betriebliche Erträge

7. sonstige betriebliche Aufwendungen

8. Erträge aus Beteiligungen,

davon aus verbundenen Unternehmen

9. Erträge aus anderen Wertpapieren und Ausleihungen des Finanzanlagevermögens,

davon aus verbundenen Unternehmen

10. sonstige Zinsen und ähnliche Erträge,

davon aus verbundenen Unternehmen

11. Abschreibungen auf Finanzanlagen und auf Wertpapiere des Umlaufvermögens

12. Zinsen und ähnliche Aufwendungen,

davon an verbundene Unternehmen

13. Ergebnis der gewöhnlichen Geschäftstätigkeit

14. außerordentliche Erträge

15. außerordentliche Aufwendungen

16. außerordentliches Ergebnis

17. Steuern vom Einkommen und vom Ertrag

18. sonstige Steuern

19. Jahresüberschuß/Jahresfehlbetrag.

(4) Veränderungen der Kapital- und Gewinnrücklagen dürfen in der Gewinn- und Verlustrechnung erst nach dem Posten „Jahresüberschuß/Jahresfehlbetrag" ausgewiesen werden.

(5) Kleinstkapitalgesellschaften (§ 267a) können anstelle der Staffelungen nach den Absätzen 2 und 3 die Gewinn- und Verlustrechnung wie folgt darstellen:

1. Umsatzerlöse,

2. sonstige Erträge,

3. Materialaufwand,

4. Personalaufwand,

5. Abschreibungen,

6. *sonstige Aufwendungen,*

7. *Steuern,*

8. *Jahresüberschuss/Jahresfehlbetrag.*

§ 276   Größenabhängige Erleichterungen

[1]Kleine und mittelgroße Kapitalgesellschaften (§ 267 Abs. 1, 2) dürfen die Posten § 275 Abs. 2 Nr. 1 bis 5 oder Abs. 3 Nr. 1 bis 3 und 6 zu einem Posten unter der Bezeichnung „Rohergebnis" zusammenfassen. [2]Kleine Kapitalgesellschaften brauchen außerdem die in § 277 Abs. 4 Satz 2 und 3 verlangten Erläuterungen zu den Posten „außerordentliche Erträge" und „außerordentliche Aufwendungen" nicht zu machen. *[3]Die Erleichterungen nach Satz 1 oder 2 gelten nicht für Kleinst-kapitalgesellschaften (§ 267a), die von der Regelung des 275 Absatz 5 Gebrauch machen.*

§ 277   Vorschriften zu einzelnen Posten der Gewinn- und Verlustrechnung[1]

(1) Als Umsatzerlöse sind die Erlöse aus dem Verkauf und der Vermietung oder Verpachtung von für die gewöhnliche Geschäftstätigkeit der Kapitalgesellschaft typischen Erzeugnissen und Waren sowie aus von für die gewöhnliche Geschäftstätigkeit der Kapitalgesellschaft typischen Dienstleistungen nach Abzug von Erlösschmälerungen und der Umsatzsteuer auszuweisen.

(2) Als Bestandsveränderungen sind sowohl Änderungen der Menge als auch solche des Wertes zu berücksichtigen; Abschreibungen jedoch nur, soweit diese die in der Kapitalgesellschaft sonst üblichen Abschreibungen nicht überschreiten.

(3) [1]Außerplanmäßige Abschreibungen nach § 253 Abs. 3 Satz 3 und 4 sind jeweils gesondert auszuweisen oder im Anhang anzugeben. [2]Erträge und Aufwendungen aus Verlustübernahme und auf Grund einer Gewinngemeinschaft, eines Gewinnabführungs- oder eines Teilgewinnabführungsvertrags erhaltene oder abgeführte Gewinne sind jeweils gesondert unter entsprechender Bezeichnung auszuweisen.

(4) [1]Unter den Posten „außerordentliche Erträge" und „außerordentliche Aufwendungen" sind Erträge und Aufwendungen auszuweisen, die außerhalb der gewöhnlichen Geschäftstätigkeit der Kapitalgesellschaft anfallen. [2]Die Posten sind hinsichtlich ihres Betrags und ihrer Art im Anhang zu erläutern, soweit die ausgewiesenen Beträge für die Beurteilung der Ertragslage nicht von untergeordneter Bedeutung sind. [3]Satz 2 gilt entsprechend für alle Aufwendungen und Erträge, die einem anderen Geschäftsjahr zuzurechnen sind.

(5) [1]Erträge aus der Abzinsung sind in der Gewinn- und Verlustrechnung gesondert unter dem Posten „Sonstige Zinsen und ähnliche Erträge" und Aufwendungen gesondert unter dem Posten „Zinsen und ähnliche Aufwendungen" auszuweisen. [2]Erträge aus der Währungsumrechnung sind in der Gewinn- und Verlustrechnung gesondert unter dem Posten „Sonstige betriebliche Erträge" und Aufwendungen aus der Währungsumrechnung gesondert unter dem Posten „Sonstige betriebliche Aufwendungen" auszuweisen.

§ 278   Steuern

[1]Die Steuern vom Einkommen und vom Ertrag sind auf der Grundlage des Beschlusses über die Verwendung des Ergebnisses zu berechnen; liegt ein solcher Beschluß im Zeitpunkt der Feststellung des Jahresabschlusses nicht vor, so ist vom Vorschlag über die Verwendung des Ergebnisses auszugehen. [2]Weicht der Beschluß über die Verwendung des Ergebnisses vom Vorschlag ab, so braucht der Jahresabschluß nicht geändert zu werden.

---

[1]) § 277 Abs. 3, 4 und 5 HGB wurde durch das Bilanzrechtsmodernisierungsgesetz – BilMoG vom 25. 5. 2009 (BGBl. I S. 1102) geändert und angefügt.

Vierter Titel Bewertungsvorschriften[1]

II.
Einführungsgesetz zum Handelsgesetzbuch

zuletzt geändert durch *Artikel 2 des Gesetzes zur Umsetzung der Richtlinie 2012/6/EU des Europäischen Parlaments und des Rates über den Jahresabschluss von Gesellschaften bestimmter Rechtsformen hinsichtlich Kleinstbetrieben (Kleinstkapitalgesellschaften-Bilanzrechtsänderungsgesetz – MicroBilG)*

– Auszug (Artikel 66 und 67) –

Neunundzwanzigster Abschnitt[2]
Übergangsvorschriften zum Bilanzrechtsmodernisierungsgesetz

Artikel 66

(1) Die §§ 241a, 242 Abs. 4, § 267 Abs. 1 und 2 sowie § 293 Abs. 1 des Handelsgesetzbuchs in der Fassung des Bilanzrechtsmodernisierungsgesetzes vom 25. Mai 2009 (BGBl. I S. 1102) sind erstmals auf Jahres- und Konzernabschlüsse für das nach dem 31. Dezember 2007 beginnende Geschäftsjahr anzuwenden.

(2) [1]§ 285 Nr. 3, 3a, 16, 17 und 21, § 288 soweit auf § 285 Nr. 3, 3a, 17 und 21 Bezug genommen wird, § 289 Abs. 4 und 5, die §§ 289a, 292 Abs. 2 , § 314 Abs. 1 Nr. 2, 2a, 8, 9 und 13, § 315 Abs. 2 und 4, § 317 Abs. 2 Satz 2, Abs. 3 Satz 2, Abs. 5 und 6, § 318 Abs. 3 und 8, § 319a Abs. 1 Satz 1 Nr. 4, Satz 4 und 5, Abs. 2 Satz 2, die §§ 319b, 320 Abs. 4, § 321 Abs. 4a , § 340k Abs. 2a, § 340l Abs. 2 Satz 2 bis 4, § 341a Abs. 2 Satz 5 und § 341j Abs. 1 Satz 3 des Handelsgesetzbuchs in der Fassung des Bilanzrechtsmodernisierungsgesetzes vom 25. Mai 2009 (BGBl. I S. 1102) sind erstmals auf Jahres- und Konzernabschlüsse für das nach dem 31. Dezember 2008 beginnende Geschäftsjahr anzuwenden. [2]§ 285 Satz 1 Nr. 3, 16 und 17, § 288 soweit auf § 285 Nr. 3 und 17 Bezug genommen wird, § 289 Abs. 4, § 292 Abs. 2, § 314 Abs. 1 Nr. 2, 8 und 9, § 315 Abs. 4, § 317 Abs. 3 Satz 2 und 3, § 318 Abs. 3, § 319a Abs. 1 Satz 1 Nr. 4, Satz 4, § 341a Abs. 2 Satz 5 sowie § 341j Abs. 1 Satz 3 des Handelsgesetzbuchs in der bis zum 28. Mai 2009 geltenden Fassung sind letztmals auf Jahres- und Konzernabschlüsse für vor dem 1. Januar 2009 beginnende Geschäftsjahre anzuwenden.

(3) [1]§ 172 Abs. 4 Satz 3, die §§ 246, 248 bis 250, § 252 Abs. 1 Nr. 6, die §§ 253 bis 255 Abs. 2a und 4, § 256 Satz 1, die §§ 256a, 264 Abs. 1 Satz 2, die §§ 264d, 266, 267 Abs. 3 Satz 2, § 268 Abs. 2 und 8, § 272 Abs. 1, 1a, 1b und 4, die §§ 274, 274a Nr. 5, § 277 Abs. 3 Satz 1, Abs. 4 Satz 3, Abs. 5, § 285 Nr. 13, 18 bis 20, 22 bis 29, § 286 Abs. 3 Satz 3, § 288 soweit auf § 285 Nr. 19, 22 und 29 Bezug genommen wird, die §§ 290, 291 Abs. 3, § 293 Abs. 4 Satz 2, Abs. 5, § 297 Abs. 3 Satz 2, § 298 Abs. 1, § 300 Abs. 1 Satz 2, § 301 Abs. 3 Satz 1, Abs. 4, die §§ 306, 308a, 310 Abs. 2, § 313 Abs. 3 Satz 3, § 314 Abs. 1 Nr. 10 bis 12, 14 bis 21, § 315a Abs. 1, § 319a Abs. 1 Halbsatz 1, § 325 Abs. 4, § 325a Abs. 1 Satz 1, § 327 Nr. 1 Satz 2, die §§ 334, 336 Abs. 2, die §§ 340a, 340c, 340e, 340f, 340h, 340n, 341a Abs. 1 Satz 1, Abs. 2 Satz 1 und 2, die §§ 341b, 341e, 341l und 341n des Handelsgesetzbuchs in der Fassung des Bilanzrechtsmodernisierungsgesetzes vom 25. Mai 2009 (BGBl. I S. 1102) sind erstmals auf Jahres- und Konzernabschlüsse für das nach dem 31. Dezember 2009 beginnende Geschäftsjahr anzuwenden. [2]§ 253 des Handelsgesetzbuchs in der Fassung des Bilanzrechtsmodernisierungsgesetzes findet erstmals auf Geschäftsoder Firmenwerte im Sinne des § 246 Abs. 1 Satz 4 des Handelsgesetzbuchs in der Fassung des Bilanzrechtsmodernisierungsgesetzes Anwendung, die aus Erwerbsvorgängen herrühren, die in Geschäftsjahren erfolgt sind, die nach dem 31. Dezember 2009 begonnen haben. [3]§ 255 Abs. 2 des Handelsgesetzbuchs in der Fassung des Bilanzrechtsmodernisierungsgesetzes findet erstmals auf Herstellungsvorgänge Anwendung, die in dem in Satz 1 bezeichneten Geschäftsjahr begonnen wurden. [4]§ 294 Abs. 2, § 301 Abs. 1 Satz 2 und 3, Abs. 2, § 309 Abs. 1 und § 312 in der Fassung des Bilanzrechtsmodernisierungsgesetzes finden erstmals auf Erwerbsvorgänge Anwendung, die in Geschäftsjahren erfolgt sind, die nach dem 31. Dezember 2009 begonnen haben. [5]Für nach § 290 Abs. 1 und 2 des Handelsgesetzbuchs in der Fassung des Bilanzrechtsmodernisierungsgesetzes erstmals zu konsolidierende Tochterunternehmen oder bei erstmaliger Aufstellung eines Konzernabschlusses für nach dem 31. Dezember 2009 beginnende Geschäftsjahre finden § 301 Abs. 1 Satz 2 und 3, Abs. 2 und § 309 Abs. 1 des Handelsgesetzbuchs in der Fassung des Bilanzrechtsmodernisierungsgesetzes auf Konzernabschlüsse für nach dem 31. Dezember 2009 beginnende Geschäftsjahre Anwendung. [6]Die neuen Vorschriften können bereits auf nach dem 31. Dezember 2008 beginnende Geschäftsjahre angewandt werden, dies jedoch nur insgesamt; dies ist im Anhang und Konzernanhang anzugeben.

---

[1] Der Vierte Titel des Ersten Unterabschnitts des Zweiten Abschnitts des Dritten Buchs (§§ 279 bis 283 HGB) wurde durch das Bilanzrechtsmodernisierungsgesetz – BilMoG vom 25. 5. 2009 (BGBl. I S. 1102) aufgehoben.
[2] Der Neunundzwanzigste Abschnitt wurde durch das Bilanzrechtsmodernisierungsgesetz – BilMoG vom 25. 5. 2009 (BGBl. I S. 1102) angefügt (Inkrafttreten 29. 5. 2009).

(4) Die §§ 324, 340k Abs. 5 sowie § 341k Abs. 4 des Handelsgesetzbuchs in der Fassung des Bilanzrechtsmodernisierungsgesetzes vom 25. Mai 2009 (BGBl. I S. 1102) sind erstmals ab dem 1. Januar 2010 anzuwenden; § 12 Abs. 4 des Einführungsgesetzes zum Aktiengesetz ist entsprechend anzuwenden.

(5) § 246 Abs. 1 und 2, § 247 Abs. 3, die §§ 248 bis 250, § 252 Abs. 1 Nr. 6, die §§ 253, 254, 255 Abs. 2 und 4, § 256 Satz 1, § 264c Abs. 4 Satz 3, § 265 Abs. 3 Satz 2, die §§ 266, 267 Abs. 3 Satz 2, § 268 Abs. 2, die §§ 269, 270 Abs. 1 Satz 2, § 272 Abs. 1 und 4, die §§ 273, 274, 274a Nr. 5, § 275 Abs. 2 Nr. 7 Buchstabe a, § 277 Abs. 3 Satz 1, Abs. 4 Satz 3, die §§ 279 bis 283, 285 Satz 1 Nr. 2, 5, 13, 18 und 19, Sätze 2 bis 6, § 286 Abs. 3 Satz 3, die §§ 287, 288 soweit auf § 285 Satz 1 Nr. 2, 5 und 18 Bezug genommen wird, die §§ 290, 291 Abs. 3 Nr. 1 und 2 Satz 2, § 293 Abs. 4 Satz 2, Abs. 5, § 294 Abs. 2 Satz 2, § 297 Abs. 3 Satz 2, § 298 Abs. 1, § 300 Abs. 1 Satz 2, § 301 Abs. 1 Satz 2 bis 4, Abs. 2, 3 Satz 1 und 3, Abs. 4, die §§ 302, 306, 307 Abs. 1 Satz 2, § 309 Abs. 1, § 310 Abs. 2, § 312 Abs. 1 bis 3, § 313 Abs. 3 Satz 3, Abs. 4, § 314 Abs. 1 Nr. 10 und 11, § 315a Abs. 1[1], § 318 Abs. 3, [1] § 319a Abs. 1 Satz 1 Halbsatz 1, § 325 Abs. 4, § 325a Abs. 1 Satz 1, § 327 Nr. 1 Satz 2, die §§ 334, 336 Abs. 2, § 340a Abs. 2 Satz 1, die §§ 340c, 340e, 340f, 340h, 340n, 341a Abs. 1 und 2 Satz 1 und 2, § 341b Abs. 1 und 2, § 341e Abs. 1, § 341l Abs. 1 und 3 und § 341n des Handelsgesetzbuchs in der bis zum 28. Mai 2009 geltenden Fassung sind letztmals auf Jahres- und Konzernabschlüsse für das vor dem 1. Januar 2010 beginnende Geschäftsjahr anzuwenden.

(6) § 335 Abs. 5 Satz 11 und 12 des Handelsgesetzbuchs in der Fassung des Bilanzrechtsmodernisierungsgesetzes vom 25. Mai 2009 (BGBl. I S. 1102) ist nur vom 29. Mai 2009 bis zum 31. August 2009 anzuwenden und tritt am 1. September 2009 außer Kraft.

(7) § 248 Abs. 2 und § 255 Abs. 2a des Handelsgesetzbuchs in der Fassung des Bilanzrechtsmodernisierungsgesetzes vom 25. Mai 2009 (BGBl. I S. 1102) finden nur auf die selbst geschaffenen immateriellen Vermögensgegenstände des Anlagevermögens Anwendung, mit deren Entwicklung in Geschäftsjahren begonnen wird, die nach dem 31. Dezember 2009 beginnen.

Artikel 67

(1) [1]Soweit auf Grund der geänderten Bewertung der laufenden Pensionen oder Anwartschaften auf Pensionen eine Zuführung zu den Rückstellungen erforderlich ist, ist dieser Betrag bis spätestens zum 31. Dezember 2024 in jedem Geschäftsjahr zu mindestens einem Fünfzehntel anzusammeln. [2]Ist auf Grund der geänderten Bewertung von Verpflichtungen, die die Bildung einer Rückstellung erfordern, eine Auflösung der Rückstellungen erforderlich, dürfen diese beibehalten werden, soweit der aufzulösende Betrag bis spätestens zum 31. Dezember 2024 wieder zugeführt werden müsste. [3]Wird von dem Wahlrecht nach Satz 2 kein Gebrauch gemacht, sind die aus der Auflösung resultierenden Beträge unmittelbar in die Gewinnrücklagen einzustellen. 4 Wird von dem Wahlrecht nach Satz 2 Gebrauch gemacht, ist der Betrag der Überdeckung jeweils im Anhang und im Konzernanhang anzugeben.

(2) Bei Anwendung des Absatzes 1 müssen Kapitalgesellschaften, Kreditinstitute und Finanzdienstleistungsinstitute im Sinn des § 340 des Handelsgesetzbuchs, Versicherungsunternehmen und Pensionsfonds im Sinn des § 341 des Handelsgesetzbuchs, eingetragene Genossenschaften und Personenhandelsgesellschaften im Sinn des § 264a des Handelsgesetzbuchs die in der Bilanz nicht ausgewiesenen Rückstellungen für laufende Pensionen, Anwartschaften auf Pensionen und ähnliche Verpflichtungen jeweils im Anhang und im Konzernanhang angeben.

(3) [1]Waren im Jahresabschluss für das letzte vor dem 1. Januar 2010 beginnende Geschäftsjahr Rückstellungen nach § 249 Abs. 1 Satz 3, Abs. 2 des Handelsgesetzbuchs, Sonderposten mit Rücklageanteil nach § 247 Abs. 3, § 273 des Handelsgesetzbuchs oder Rechnungsabgrenzungsposten nach § 250 Abs. 1 Satz 2 des Handelsgesetzbuchs in der bis zum 28. Mai 2009 geltenden Fassung enthalten, können diese Posten unter Anwendung der für sie geltenden Vorschriften in der bis zum 28. Mai 2009 geltenden Fassung, Rückstellungen nach § 249 Abs. 1 Satz 3, Abs. 2 des Handelsgesetzbuchs auch teilweise, beibehalten werden. [2]Wird von dem Wahlrecht nach Satz 1 kein Gebrauch gemacht, ist der Betrag unmittelbar in die Gewinnrücklagen einzustellen; dies gilt nicht für Beträge, die der Rückstellung nach § 249 Abs. 1 Satz 3, Abs. 2 des Handelsgesetzbuchs in der bis zum 28. Mai 2009 geltenden Fassung im letzten vor dem 1. Januar 2010 beginnenden Geschäftsjahr zugeführt wurden.

(4) [1]Niedrigere Wertansätze von Vermögensgegenständen, die auf Abschreibungen nach § 253 Abs. 3 Satz 3, § 253 Abs. 4 des Handelsgesetzbuchs oder nach den §§ 254, 279 Abs. 2 des Handelsgesetzbuchs in der bis zum 28. Mai 2009 geltenden Fassung beruhen, die in Geschäftsjahren vorgenommen wurden, die vor dem 1. Januar 2010 begonnen haben, können unter Anwendung der für sie geltenden Vorschriften in der bis zum 28. Mai 2009 geltenden Fassung fortgeführt werden. [2]Wird von dem Wahlrecht nach Satz 1 kein Gebrauch gemacht, sind die aus der Zuschreibung resultieren-

---

[1]) In Artikel 66 Abs. 5 des Einführungsgesetzes zum Handelsgesetzbuch wurde durch das Gesetz zur Umsetzung der Aktionärsrechterichtlinie (ARUG) vom 30. 7. 2009 (BGBl. I S. 2479) die Angabe „§ 318 Abs. 3" (Inkrafttreten 1. 9. 2009) gestrichen.

den Beträge unmittelbar in die Gewinnrücklagen einzustellen; dies gilt nicht für Abschreibungen, die im letzten vor dem 1. Januar 2010 beginnenden Geschäftsjahr vorgenommen worden sind.

(5) [1]Ist im Jahresabschluss für ein vor dem 1. Januar 2010 beginnendes Geschäftsjahr eine Bilanzierungshilfe für Aufwendungen für die Ingangsetzung und Erweiterung des Geschäftsbetriebs nach § 269 des Handelsgesetzbuchs in der bis zum 28. Mai 2009 geltenden Fassung gebildet worden, so darf diese unter Anwendung der für sie geltenden Vorschriften in der bis zum 28. Mai 2009 geltenden Fassung fortgeführt werden. [2]Ist im Konzernabschluss für ein vor dem 1. Januar 2010 beginnendes Geschäftsjahr eine Kapitalkonsolidierung gemäß § 302 des Handelsgesetzbuchs in der bis zum 28. Mai 2009 geltenden Fassung vorgenommen worden, so darf diese unter Anwendung der für sie geltenden Vorschriften in der bis zum 28. Mai 2009 geltenden Fassung beibehalten werden.

(6) [1]Aufwendungen oder Erträge aus der erstmaligen Anwendung der §§ 274, 306 des Handelsgesetzbuchs in der Fassung des Bilanzrechtsmodernisierungsgesetzes vom 25. Mai 2009 (BGBl. I S. 1102) sind unmittelbar mit den Gewinnrücklagen zu verrechnen. [2]Werden Beträge nach Absatz 1 Satz 3, nach Absatz 3 Satz 2 oder nach Absatz 4 Satz 2 unmittelbar mit den Gewinnrücklagen verrechnet, sind daraus nach den §§ 274, 306 des Handelsgesetzbuchs in der Fassung des Bilanzrechtsmodernisierungsgesetzes entstehende Aufwendungen und Erträge ebenfalls unmittelbar mit den Gewinnrücklagen zu verrechnen.

(7) Aufwendungen aus der Anwendung des Artikels 66 sowie der Absätze 1 bis 5 sind in der Gewinn- und Verlustrechnung gesondert unter dem Posten „außerordentliche Aufwendungen" und Erträge hieraus gesondert unter dem Posten „außerordentliche Erträge" anzugeben.

(8) [1]Ändern sich bei der erstmaligen Anwendung der durch die Artikel 1 bis 11 des Bilanzrechtsmodernisierungsgesetzes vom 25. Mai 2009 (BGBl. I S. 1102) geänderten Vorschriften die bisherige Form der Darstellung oder die bisher angewandten Bewertungsmethoden, so sind § 252 Abs. 1 Nr. 6, § 265 Abs. 1, § 284 Abs. 2 Nr. 3 und § 313 Abs. 1 Nr. 3 des Handelsgesetzbuchs bei der erstmaligen Aufstellung eines Jahres- oder Konzernabschlusses nach den geänderten Vorschriften nicht anzuwenden. [2]Außerdem brauchen die Vorjahreszahlen bei erstmaliger Anwendung nicht angepasst zu werden; hierauf ist im Anhang und Konzernanhang hinzuweisen.

Anwendungsschreiben zu § 35a EStG
Überarbeitung des BMF-Schreibens vom 26. 10. 2007
– IV C 4 – S 2296-b/07/0003 (2007/0484038) –;
BStBl 2007 I S. 783

BMF vom 15. 2. 2010 (BStBl I S. 140)[1]
IV C 4 – S 2296-b/07/0003 – 2010/0014334

Unter Bezugnahme auf das Ergebnis der Erörterungen mit den obersten Finanzbehörden der Länder gilt für die Anwendung des § 35a EStG Folgendes:

I. Überblick über die zum 1. 1. 2009 in Kraft getretenen Gesetzesänderungen

1. Gesetz zur Umsetzung steuerrechtlicher Regelungen des Maßnahmenpakets „Beschäftigungssicherung durch Wachstumsstärkung" vom 21. 12. 2008 (BGBl. I S. 2896, BStBl 2009 I S. 133)

Die Steuerermäßigung für die Inanspruchnahme von Handwerkerleistungen für Renovierungs-, Erhaltungs- und Modernisierungsmaßnahmen wurde zum 1. 1. 2009 auf 20 Prozent von 6 000 Euro (= 1 200 Euro) verdoppelt. Nach § 52 Abs. 50b Satz 4 EStG ist die Regelung erstmals für im Veranlagungszeitraum 2009 geleistete Aufwendungen anzuwenden, soweit die den Aufwendungen zu Grunde liegenden Leistungen nach dem 31. 12. 2008 erbracht worden sind.   1

2. Gesetz zur Förderung von Familien und haushaltsnahen Dienstleistungen (Familienleistungsgesetz – FamLeistG) vom 22. 12. 2008 (BGBl. I S. 2955, BStBl 2009 I S. 136)

Die Regelungen über die Steuerermäßigung für haushaltsnahe sozialversicherungspflichtige Beschäftigungsverhältnisse und haushaltsnahe Dienstleistungen einschließlich Pflegeleistungen, die bisher in mehreren gesonderten Tatbeständen erfasst waren, wurden in einer Vorschrift zur Förderung privater Haushalte als Auftraggeber einer Dienstleistung bzw. als Arbeitgeber sozialversicherungspflichtig Beschäftigter zusammengefasst. Die Förderung wurde auf einheitlich 20 Prozent der Aufwendungen von bis zu 20 000 Euro, höchstens 4 000 Euro pro Jahr ausgeweitet. Auch für geringfügige Beschäftigungsverhältnisse i. S. d. § 8a SGB IV gilt ab 1. 1. 2009 der einheitliche Satz von 20 Prozent; es bleibt aber bei dem Ermäßigungshöchstbetrag von 510 Euro. Nach § 52 Abs. 50b Satz 5 EStG ist die Regelung erstmals für im Veranlagungszeitraum 2009 geleistete Aufwendungen anzuwenden, soweit die den Aufwendungen zu Grunde liegenden Leistungen nach dem 31. 12. 2008 erbracht worden sind.   2

Im Rahmen der Zusammenfassung und Vereinheitlichung der Fördertatbestände ist die Zwölftelungsregelung des § 35a Abs. 1 Satz 2 EStG a. F. entfallen. Außerdem wurde die Regelung des § 33a Abs. 3 EStG zum Abzug von Aufwendungen für Haushaltshilfen als außergewöhnliche Belastung mit Wirkung ab dem Veranlagungszeitraum 2009 aufgehoben. Für die Tatbestände, die bisher unter diese Regelung gefallen sind, kann ab 2009 die Steuerermäßigung nach Maßgabe des einheitlichen Förderung des § 35a Abs. 2 EStG in Anspruch genommen werden. Zum Ausschluss der Steuerermäßigung bei Berücksichtigung der Aufwendungen als Sonderausgaben oder außergewöhnliche Belastungen (§ 35a Abs. 5 EStG, § 35a Abs. 2 Satz 3 EStG a. F.) s. Rdnrn. 28, 29.   3

II. Haushaltsnahe Beschäftigungsverhältnisse oder Dienstleistungen i. S. d. § 35a EStG

1. Haushaltsnahe Beschäftigungsverhältnisse

Der Begriff des haushaltsnahen Beschäftigungsverhältnisses ist gesetzlich nicht definiert. Im Rahmen eines solchen Beschäftigungsverhältnisses werden Tätigkeiten ausgeübt, die einen engen Bezug zum Haushalt haben. Zu diesen Tätigkeiten gehören u. a. die Zubereitung von Mahlzeiten im Haushalt, die Reinigung der Wohnung des Steuerpflichtigen, die Gartenpflege und die Pflege, Versorgung und Betreuung von Kindern sowie von kranken, alten oder pflegebedürftigen Personen. Die Erteilung von Unterricht (z. B. Sprachunterricht), die Vermittlung besonderer Fähigkeiten sowie sportliche und andere Freizeitbetätigungen fallen nicht darunter.   4

2. Geringfügige Beschäftigung i. S. d. § 8a SGB IV

Die Steuerermäßigung nach § 35a Abs. 1 EStG (§ 35a Abs. 1 Satz 1 Nr. 1 EStG a. F.) kann der Steuerpflichtige nur beanspruchen, wenn es sich bei dem haushaltsnahen Beschäftigungsverhältnis um eine geringfügige Beschäftigung i. S. d. § 8a SGB IV handelt. Es handelt sich nur dann um ein geringfügiges Beschäftigungsverhältnis i. S. dieser Vorschrift, wenn der Steuerpflichtige am Haushaltsscheckverfahren teilnimmt und die geringfügige Beschäftigung in seinem inländischen oder in einem anderen Mitgliedstaat der Europäischen Union oder im Europäischen Wirtschaftsraum liegenden Haushalt ausgeübt wird.   5

---

[1] *Das BMF-Schreiben wird zurzeit überarbeitet.*

6   Wohnungseigentümergemeinschaften und Vermieter können im Rahmen ihrer Vermietertätigkeit nicht am Haushaltsscheckverfahren teilnehmen. Die von ihnen eingegangenen geringfügigen Beschäftigungsverhältnisse sind nicht nach § 35a Abs. 1 EStG (§ 35a Abs. 1 Satz 1 Nr. 1 EStG a. F.) begünstigt. Sie fallen unter die haushaltsnahen Dienstleistungen. Zur Berücksichtigung der Aufwendungen siehe Rdnr. 10.

3. Beschäftigungsverhältnisse in nicht inländischen Haushalten

7   Bei einem nicht inländischen Haushalt, der in einem Staat liegt, der der Europäischen Union oder dem Europäischen Wirtschaftsraum angehört, setzt die Inanspruchnahme der Steuerermäßigung nach § 35a Abs. 1 EStG (§ 35a Abs. 1 Satz 1 Nr. 1 EStG a. F.) voraus, dass das monatliche Arbeitsentgelt 400 Euro nicht übersteigt, die Sozialversicherungsbeiträge ausschließlich von dem Arbeitgeber zu entrichten sind und von ihm auch entrichtet werden. Bei anderen haushaltsnahen Beschäftigungsverhältnissen ist für die Gewährung einer Steuerermäßigung nach § 35a Abs. 2 Satz 1 Alt. 1 EStG (§ 35a Abs. 1 Satz 1 Nr. 2 EStG a. F.) Voraussetzung, dass aufgrund des Beschäftigungsverhältnisses Arbeitgeber- und Arbeitnehmerbeiträge an die Sozialversicherung in dem jeweiligen Staat der Europäischen Union oder des Europäischen Wirtschaftsraums entrichtet werden.

4. Beschäftigungsverhältnisse mit nahen Angehörigen oder zwischen Partnern einer eingetragenen Lebenspartnerschaft bzw. einer nicht ehelichen Lebensgemeinschaft

8   Da familienrechtliche Verpflichtungen grundsätzlich nicht Gegenstand eines steuerlich anzuerkennenden Vertrags sein können, sind entsprechende Vereinbarungen zwischen in einem Haushalt zusammenlebenden Ehegatten (§§ 1360, 1356 Abs. 1 BGB) oder zwischen Eltern und in deren Haushalt lebenden Kindern (§ 1619 BGB) nicht begünstigt. Dies gilt entsprechend für die Partner einer eingetragenen Lebenspartnerschaft. Auch bei in einem Haushalt zusammenlebenden Partnern einer nicht ehelichen Lebensgemeinschaft oder einer nicht eingetragenen Lebenspartnerschaft kann regelmäßig nicht von einem begünstigten Beschäftigungsverhältnis ausgegangen werden, weil jeder Partner auch seinen eigenen Haushalt führt und es deshalb an dem für Beschäftigungsverhältnisse typischen Über- und Unterordnungsverhältnis fehlt. Zur haushaltsbezogenen Inanspruchnahme der Steuerermäßigung vgl. Rdnr. 50.

9   Haushaltsnahe Beschäftigungsverhältnisse mit Angehörigen, die nicht im Haushalt des Steuerpflichtigen leben (z. B. mit Kindern, die in einem eigenen Haushalt leben), können steuerlich nur anerkannt werden, wenn die Verträge zivilrechtlich wirksam zustande gekommen sind, inhaltlich dem zwischen Fremden Üblichen entsprechen und tatsächlich auch so durchgeführt werden.

5. Haushaltsnahe Dienstleistung

Grundsatz

10   [1)]Zu den haushaltsnahen Dienstleistungen i. S. d. § 35a Abs. 2 Satz 1 EStG gehören nur Tätigkeiten, die nicht zu den handwerklichen Leistungen i. S. d. § 35a Abs. 3 EStG (§ 35a Abs. 2 Satz 2 EStG a. F.) gehören, gewöhnlich durch Mitglieder des privaten Haushalts erledigt werden und für die eine Dienstleistungsagentur oder ein selbstständiger Dienstleister in Anspruch genommen wird. Dazu gehören auch geringfügige Beschäftigungsverhältnisse, die durch Wohnungseigentümergemeinschaften und Vermieter im Rahmen ihrer Vermietertätigkeit eingegangen werden. Eine beispielhafte Aufzählung begünstigter und nicht begünstigter haushaltsnaher Dienstleistungen enthält Anlage 1. Keine begünstigte haushaltsnahe Dienstleistung ist die als eigenständige Leistung vergütete Bereitschaft auf Erbringung einer Leistung im Bedarfsfall. Etwas anderes gilt nur dann, wenn der Bereitschaftsdienst Nebenleistung einer ansonsten begünstigten Hauptleistung ist. S. auch Rdnrn. 17 und 25.

Personenbezogene Dienstleistungen

11   Personenbezogene Dienstleistungen (z. B. Frisör- oder Kosmetikerleistungen) sind keine haushaltsnahen Dienstleistungen, selbst wenn sie im Haushalt des Steuerpflichtigen erbracht werden. Diese Leistungen können jedoch zu den Pflege- und Betreuungsleistungen i. S. der Rdnr. 13 gehören, wenn sie im Leistungskatalog der Pflegeversicherung aufgeführt sind.

Öffentliches Gelände, Privatgelände, nicht begünstigte Aufwendungen

12   Bei Dienstleistungen, die sowohl auf öffentlichem Gelände als auch auf Privatgelände durchgeführt werden (z. B. Straßen- und Gehwegreinigung, Winterdienst), sind nur Aufwendungen für

---

1) Verrichtungen, die zwar im Haushalt des Stpfl. ausgeübt werden, aber keinen Bezug zur Hauswirtschaft haben, zählen nicht zu den haushaltsnahen Dienstleistungen i. S. d. § 35a Abs. 2 EStG (→ BFH vom 6. 5. 2010 – BStBl 2011 II S. 909).

Dienstleistungen auf Privatgelände begünstigt. Das gilt auch dann, wenn eine konkrete Verpflichtung besteht (z. B. zur Reinigung und Schneeräumung von öffentlichen Gehwegen und Bürgersteigen). Zur betrags- oder verhältnismäßigen Aufteilung auf öffentliche Flächen und Privatgelände s. Rdnr. 36. Nicht begünstigt sind Aufwendungen, bei denen die Entsorgung im Vordergrund steht (z. B. Müllabfuhr). Etwas anderes gilt, wenn die Entsorgung als Nebenleistung zur Hauptleistung anzusehen ist. Auch Aufwendungen, bei denen eine Gutachtertätigkeit im Vordergrund steht, sind nicht begünstigt. Das Gleiche gilt für Verwaltergebühren.

Pflege- und Betreuungsleistungen

Bis einschließlich Veranlagungszeitraum 2008 verdoppelt sich der Höchstbetrag der Steuerermäßigung für Pflege- und Betreuungsleistungen für Personen, bei denen ein Schweregrad der Pflegebedürftigkeit der Pflegestufen I bis III i. S. der §§ 14, 15 SGB XI besteht, die nach § 43 Abs. 3 SGB XI als Härtefall anerkannt sind oder die Leistungen der Pflegeversicherung beziehen (§ 35a Abs. 2 Satz 1, 2. Halbsatz EStG a. F.). Dies gilt nicht für Aufwendungen von Personen der sog. Pflegestufe 0, die nach dem BFH-Urteil vom 10. 5. 2007 (BStBl II S. 764) ihnen gesondert in Rechnung gestellte Pflegesätze nach § 33 EStG als außergewöhnliche Belastung geltend machen können. Der Nachweis ist durch eine Bescheinigung (z. B. Leistungsbescheid oder -mitteilung) der sozialen Pflegekasse oder des privaten Versicherungsunternehmens, das die private Pflege-Pflichtversicherung durchführt, durch ein amtsärztliches Attest oder nach § 65 Abs. 2 EStDV zu führen. Ab dem Veranlagungszeitraum 2009 sind die Aufwendungen für haushaltsnahe Pflege- und Betreuungsleistungen in dem Fördertatbestand des § 35a Abs. 2 EStG mit aufgegangen (vgl. Rdnr. 2). Die Feststellung und der Nachweis einer Pflegebedürftigkeit oder der Bezug von Leistungen der Pflegeversicherung sowie eine Unterscheidung nach Pflegestufen ist ab 2009 nicht mehr erforderlich. Es reicht aus, wenn Dienstleistungen zur Grundpflege, d. h. zur unmittelbaren Pflege am Menschen (Körperpflege, Ernährung und Mobilität) oder zur Betreuung in Anspruch genommen werden. Die Steuerermäßigung steht neben der pflegebedürftigen Person auch anderen Personen zu, wenn diese für Pflege- oder Betreuungsleistungen aufkommen, die in ihrem inländischen oder in einem anderen Mitgliedstaat der Europäischen Union oder im Europäischen Wirtschaftsraum liegenden Haushalt bzw. im Haushalt der gepflegten oder betreuten Person durchgeführt werden. Die Steuerermäßigung ist haushaltsbezogen. Werden z. B. zwei pflegebedürftige Personen in einem Haushalt gepflegt, kann die Steuerermäßigung nur einmal in Anspruch genommen werden. | 13

6. Haushalt des Steuerpflichtigen

Voraussetzung

Das haushaltsnahe Beschäftigungsverhältnis, die haushaltsnahe Dienstleistung oder die Handwerkerleistung müssen in einem inländischen oder in einem anderen in der Europäischen Union oder im Europäischen Wirtschaftsraum liegenden Haushalt des Steuerpflichtigen ausgeübt oder erbracht werden. Beschäftigungsverhältnisse oder Dienstleistungen, die ausschließlich Tätigkeiten zum Gegenstand haben, die außerhalb des Haushalts des Steuerpflichtigen ausgeübt oder erbracht werden, sind nicht begünstigt. Danach gehört z. B. die Tätigkeit einer Tagesmutter nur zu den begünstigten Tätigkeiten i. S. d. § 35a EStG, wenn die Betreuung im Haushalt des Steuerpflichtigen erfolgt. Die Begleitung von Kindern, kranken, alten oder pflegebedürftigen Personen bei Einkäufen und Arztbesuchen sowie kleine Botengänge usw. sind nur dann begünstigt, wenn sie zu den Nebenpflichten der Haushaltshilfe, des Pflegenden oder Betreuenden im Haushalt gehören. Pflege- und Betreuungsleistungen sind begünstigt, wenn die Pflege und Betreuung im Haushalt der gepflegten oder betreuten Person durchgeführt wird. In diesem Fall ist Voraussetzung, dass der Haushalt der gepflegten oder betreuten Person im Inland, in einem anderen Mitgliedstaat der Europäischen Union oder im Europäischen Wirtschaftsraum liegt (§ 35a Abs. 4 EStG, § 35a Abs. 2 Satz 1, 2. Halbsatz EStG a. F.). | 14

Zubehörräume und Außenanlagen

Zur Haushaltsführung gehört auch das Bewirtschaften von Zubehörräumen und Außenanlagen. Die Grenzen des Haushalts i. S. des § 35a EStG werden daher regelmäßig – unabhängig von den Eigentumsverhältnissen – durch die Grundstücksgrenzen abgesteckt. Maßgeblich ist, dass der Steuerpflichtige den ggf. gemeinschaftlichen Besitz über diesen Bereich ausübt und für Dritte dieser Bereich nach der Verkehrsanschauung der (Wohn-)Anlage, in der der Steuerpflichtige seinen Haushalt betreibt, zugeordnet wird. So gehört z. B. auch eine an ein Mietwohngrundstück angrenzende, im Gemeinschaftseigentum der Wohnungseigentümer stehende Gartenanlage[1]) zum Haushalt der Bewohner, und zwar unabhängig davon, ob der Bewohner diese Gartenanlage als Miteigentümer kraft eigenen Rechts oder als Mieter kraft abgeleiteten Rechts bewirtschaften darf. | 15

---

[1]) Die Steuerermäßigung für Handwerkerleistungen nach § 35a Abs. 2 Satz 2 EStG kann auch für Erd- und Pflanzarbeiten im Garten eines selbstbewohnten Hauses zu gewähren sein. Dies gilt unabhängig davon, ob der Garten neu angelegt oder ein naturbelassener Garten umgestaltet wird (→ BFH vom 13. 7. 2011 – BFHE 234, 391.

Wohnen in einem Alten(wohn)heim, einem Pflegeheim oder einem Wohnstift

16 Eine Inanspruchnahme der Steuerermäßigung nach § 35a Abs. 1 bis 3 EStG (§ 35a Abs. 1 und 2 EStG a. F.) ist auch möglich, wenn sich der eigenständige und abgeschlossene Haushalt in einem Heim, wie z. B. einem Altenheim, einem Altenwohnheim, einem Pflegeheim oder einem Wohnstift befindet. Ein Haushalt in einem Heim ist gegeben, wenn die Räumlichkeiten des Steuerpflichtigen nach ihrer Ausstattung für eine Haushaltsführung geeignet sind (Bad, Küche, Wohn- und Schlafbereich), individuell genutzt werden können (Abschließbarkeit) und eine eigene Wirtschaftsführung des Steuerpflichtigen nachgewiesen oder glaubhaft gemacht wird.

17 Zu den begünstigten haushaltsnahen Dienstleistungen bei einer Heimunterbringung gehören neben den im dem eigenständigen und abgeschlossenen Haushalt des Steuerpflichtigen durchgeführten und individuell abgerechneten Leistungen (z. B. Reinigung des Appartements, Pflege- oder Handwerkerleistungen im Appartement) u. a. die Hausmeisterarbeiten, die Gartenpflege sowie kleinere Reparaturarbeiten, die Dienstleistungen des Haus- und Etagenpersonals sowie die Reinigung der Gemeinschaftsflächen, wie Flure, Treppenhäuser und Gemeinschaftsräume (BFH, Urteil v. 29. 1. 2009, BStBl 2010 II S. 166). Reparatur- und Instandsetzungskosten, die ausschließlich auf Gemeinschaftsflächen entfallen, sind regelmäßig nicht begünstigt. Dies gilt unabhängig davon, ob es sich um kalkulatorische Kosten handelt oder die Aufwendungen gegenüber dem Heimbewohner (einzeln) abgerechnet werden. Die Tätigkeit von Haus- und Etagendamen, deren Aufgabe neben der Betreuung des Bewohners noch zusätzlich in der Begleitung des Steuerpflichtigen, dem Empfang von Besuchern und der Erledigung kleiner Botengänge besteht, ist grundsätzlich den haushaltsnahen Dienstleistungen zuzurechnen. Zur Anspruchsberechtigung im Einzelnen s. Rdnr. 25.

Weitere Fälle eines Haushalts des Steuerpflichtigen

18 Zu dem inländischen oder in einem anderen Mitgliedstaat der Europäischen Union oder im Europäischen Wirtschaftsraum liegenden Haushalt des Steuerpflichtigen gehört auch eine Wohnung, die der Steuerpflichtige einem bei ihm zu berücksichtigenden Kind (§ 32 EStG) zur unentgeltlichen Nutzung überlässt. Das Gleiche gilt für eine vom Steuerpflichtigen tatsächlich eigen genutzte Zweit-, Wochenend- oder Ferienwohnung sowie eine tatsächlich eigen genutzte geerbte Wohnung. Der Steuerpflichtige kann deshalb für Leistungen, die in diesen Wohnungen durchgeführt werden, bei Vorliegen der sonstigen Voraussetzungen die Steuerermäßigung nach § 35a EStG in Anspruch nehmen; dies gilt auch, wenn die Leistungen für die eigen genutzte geerbte Wohnung noch vom Erblasser in Anspruch genommen und die Rechnungsbeträge vom Erben überwiesen worden sind. Die Steuerermäßigung wird – auch bei Vorhandensein mehrerer Wohnungen – insgesamt nur einmal bis zu den jeweiligen Höchstbeträgen gewährt.

Wohnungswechsel, Umzug

19 Der Begriff „im Haushalt" ist nicht in jedem Fall mit „tatsächlichem Bewohnen" gleichzusetzen. Beabsichtigt der Steuerpflichtige umzuziehen, und hat er für diesen Zweck bereits eine Wohnung oder ein Haus gemietet oder gekauft, gehört auch diese Wohnung oder dieses Haus zu seinem Haushalt, wenn er tatsächlich dorthin umzieht. Hat der Steuerpflichtige seinen Haushalt durch Umzug in eine andere Wohnung oder ein anderes Haus verlegt, gelten Maßnahmen zur Beseitigung der durch die bisherige Haushaltsführung veranlassten Abnutzung (z. B. Renovierungsarbeiten eines ausziehenden Mieters) noch als im Haushalt erbracht. Voraussetzung ist, dass die Maßnahmen in einem engen zeitlichen Zusammenhang zu dem Umzug stehen. Für die Frage, ab wann oder bis wann es sich um einen Haushalt des Steuerpflichtigen handelt, kommt es im Übrigen grundsätzlich auf das wirtschaftliche Eigentum an. Bei einem Mietverhältnis ist deshalb der im Mietvertrag vereinbarte Beginn des Mietverhältnisses oder die Beendigung das Ende der Kündigungsfrist und bei einem Kauf der Übergang von Nutzen und Lasten entscheidend. Ein früherer oder späterer Zeitpunkt für den Ein- oder Auszug ist durch geeignete Unterlagen (z. B. Meldebestätigung der Gemeinde, Bestätigung des Vermieters) nachzuweisen. In Zweifelsfällen kann auf das in der Regel anzufertigende Übergabe-/Übernahmeprotokoll abgestellt werden.

III. Inanspruchnahme von Handwerkerleistungen

20 [1]§ 35a Abs. 3 EStG (§ 35a Abs. 2 Satz 2 EStG a. F.) gilt für alle handwerklichen Tätigkeiten für Renovierungs-, Erhaltungs- und Modernisierungsmaßnahmen, die in einem inländischen, in der Europäischen Union oder dem Europäischen Wirtschaftsraum liegenden Haushalt des Steuerpflichtigen erbracht werden, unabhängig davon, ob es sich um regelmäßig vorzunehmende Renovierungsarbeiten oder kleine Ausbesserungsarbeiten handelt, die gewöhnlich durch Mitglieder des privaten Haushalts erledigt werden, oder um Erhaltungs- und Modernisierungsmaßnahmen, die im Regelfall nur von Fachkräften durchgeführt werden. Eine beispielhafte Aufzählung begünstigter und nicht begünstigter handwerklicher Tätigkeiten enthält Anlage 1. Handwerkliche Tätig-

---

[1] *Rdnr. 20 wird derzeit überarbeitet.*

keiten im Rahmen einer Neubaumaßnahme sind nicht begünstigt. Als Neubaumaßnahmen gelten alle Maßnahmen, die im Zusammenhang mit einer Nutz- oder Wohnflächenschaffung bzw. -erweiterung anfallen.

Das beauftragte Unternehmen muss nicht in die Handwerksrolle eingetragen sein; es können auch Kleinunternehmer i. S. d. § 19 Abs. 1 Umsatzsteuergesetz mit der Leistung beauftragt werden.   21

IV. Anspruchsberechtigte
Arbeitgeber, Auftraggeber

Der Steuerpflichtige kann die Steuerermäßigung nach § 35a EStG grundsätzlich nur in Anspruch nehmen, wenn er entweder Arbeitgeber des haushaltsnahen Beschäftigungsverhältnisses oder Auftraggeber der haushaltsnahen Dienstleistung oder Handwerkerleistung ist.   22

Wohnungseigentümergemeinschaften

Besteht ein Beschäftigungsverhältnis zu einer Wohnungseigentümergemeinschaft (z. B. bei Reinigung und Pflege von Gemeinschaftsräumen) oder ist eine Wohnungseigentümergemeinschaft Auftraggeber der haushaltsnahen Dienstleistung bzw. der handwerklichen Leistung, kommt für den einzelnen Wohnungseigentümer eine Steuerermäßigung in Betracht, wenn in der Jahresabrechnung   23

– die im Kalenderjahr unbar gezahlten Beträge nach den begünstigten haushaltsnahen Beschäftigungsverhältnissen, Dienstleistungen und Handwerkerleistungen jeweils gesondert aufgeführt sind (zur Berücksichtigung von geringfügigen Beschäftigungsverhältnissen – siehe Rdnr. 10),
– der Anteil der steuerbegünstigten Kosten ausgewiesen ist (Arbeits- und Fahrtkosten, siehe auch Rdnr. 35) und

der Anteil des jeweiligen Wohnungseigentümers individuell errechnet wurde. Die Aufwendungen für Dienstleistungen, die sowohl auf öffentlichem Gelände als auch auf Privatgelände durchgeführt werden (vgl. Rdnr. 12), sind entsprechend aufzuteilen (vgl. Rdnr. 36).

Hat die Wohnungseigentümergemeinschaft zur Wahrnehmung ihrer Aufgaben und Interessen einen Verwalter bestellt und ergeben sich die Angaben nicht aus der Jahresabrechnung, ist der Nachweis durch eine Bescheinigung des Verwalters über den Anteil des jeweiligen Wohnungseigentümers zu führen. Ein Muster für eine derartige Bescheinigung ist als Anlage 2 beigefügt. Das Datum über die Beschlussfassung der Jahresabrechnung kann formlos bescheinigt oder auf der Bescheinigung vermerkt werden.

Mieter

Auch der Mieter einer Wohnung kann die Steuerermäßigung nach § 35a EStG beanspruchen, wenn die von ihm zu zahlenden Nebenkosten Beträge umfassen, die für ein haushaltsnahes Beschäftigungsverhältnis, für haushaltsnahe Dienstleistungen oder für handwerkliche Tätigkeiten geschuldet werden und sein Anteil an den vom Vermieter unbar gezahlten Aufwendungen entweder aus der Jahresabrechnung hervorgeht oder durch eine Bescheinigung (vgl. Rdnr. 23) des Vermieters oder seines Verwalters nachgewiesen wird. Das gilt auch für den Fall der unentgeltlichen Überlassung einer Wohnung, wenn der Nutzende die entsprechenden Aufwendungen getragen hat.   24

Wohnen in einem Alten(wohn)heim, einem Pflegeheim oder einem Wohnstift

Für Bewohner eines Altenheims, eines Altenwohnheims, eines Pflegeheims oder eines Wohnstiftes (vgl. Rdnr. 16) gilt nach Abschluss eines sog. Heimvertrages Folgendes: Aufwendungen für Dienstleistungen, die innerhalb des Appartements erbracht werden, wie z. B. die Reinigung des Appartements oder die Pflege und Betreuung des Heimbewohners, sind begünstigt. Aufwendungen für Dienstleistungen, die außerhalb des Appartements erbracht werden, sind im Rahmen der Rdnrn. 16 und 17 begünstigt. Das gilt jeweils auch für die von dem Heimbetreiber pauschal erhobenen Kosten, sofern die damit abgegoltene Dienstleistung gegenüber dem einzelnen Heimbewohner nachweislich tatsächlich erbracht worden ist. Darüber hinausgehende Dienstleistungen fallen grundsätzlich nicht unter die Steuerermäßigungsregelung des § 35a EStG, es sei denn, es wird nachgewiesen, dass die jeweilige haushaltsnahe Dienstleistung im Bedarfsfall von dem Heimbewohner abgerufen worden ist. Das gilt sowohl für Dienstleistungen des Heimbetreibers selbst, ggf. mittels eigenen Personals, als auch für Dienstleistungen eines externen Anbieters. Rdnrn. 23 und 24 gelten sinngemäß. Aufwendungen für die Möglichkeit, bei Bedarf bestimmte Pflege- oder Betreuungsleistungen in Anspruch zu nehmen, sind begünstigt.   25

Arbeitgeber-Pool

26   Schließen sich mehrere Steuerpflichtige als Arbeitgeber für ein haushaltsnahes Beschäftigungsverhältnis zusammen (sog. Arbeitgeber-Pool), kann jeder Steuerpflichtige die Steuerermäßigung für
seinen Anteil an den Aufwendungen in Anspruch nehmen, wenn für die an dem Arbeitgeber-Pool
Beteiligten eine Abrechnung über die im jeweiligen Haushalt ausgeführten Arbeiten vorliegt. Wird
der Gesamtbetrag der Aufwendungen für das Beschäftigungsverhältnis durch ein Pool-Mitglied
überwiesen, gelten die Regelungen für Wohnungseigentümer und Mieter (vgl. Rdnr. 23 und 24)
entsprechend.

V. Begünstigte Aufwendungen

1. Ausschluss der Steuerermäßigung bei Betriebsausgaben oder Werbungskosten

27   Die Steuerermäßigung für Aufwendungen ist ausgeschlossen, soweit diese zu den Betriebsausgaben oder Werbungskosten gehören oder wie solche behandelt werden. Gemischte Aufwendungen
(z. B. für eine Reinigungskraft, die auch das beruflich genutzte Arbeitszimmer reinigt) sind unter
Berücksichtigung des zeitlichen Anteils der zu Betriebsausgaben oder Werbungskosten führenden
Tätigkeiten an der Gesamtarbeitszeit sachgerecht aufzuteilen.

2. Ausschluss der Steuerermäßigung bei Berücksichtigung der Aufwendungen als Sonderaus-
gaben oder außergewöhnliche Belastungen; Aufwendungen für Kinderbetreuung

Sonderausgaben, außergewöhnliche Belastungen

28   Eine Steuerermäßigung nach § 35a EStG kommt nur in Betracht, soweit die Aufwendungen nicht
vorrangig als Sonderausgaben (z. B. Erhaltungsmaßnahme nach § 10f EStG) oder als außergewöhnliche Belastungen berücksichtigt werden. Für den Teil der Aufwendungen, der durch den
Ansatz der zumutbaren Belastung nach § 33 Abs. 3 EStG nicht als außergewöhnliche Belastung
berücksichtigt wird, kann der Steuerpflichtige die Steuerermäßigung nach § 35a EStG in Anspruch
nehmen. Werden im Rahmen des § 33 EStG Aufwendungen geltend gemacht, die dem Grunde
nach sowohl bei § 33 EStG als auch bei § 35a EStG berücksichtigt werden können, ist davon auszugehen, dass die zumutbare Belastung vorrangig auf die nach § 35a EStG begünstigten Aufwendungen entfällt.

Behinderten-Pauschbetrag

29   Nimmt die pflegebedürftige Person einen Behinderten-Pauschbetrag nach § 33b Abs. 1 Satz 1 i. V.
mit Abs. 3 Satz 2 oder 3 EStG (bis VZ 2007: den erhöhten Behinderten-Pauschbetrag nach § 33b
Abs. 3 Satz 3 EStG) in Anspruch, schließt dies eine Berücksichtigung der Pflegeaufwendungen
nach § 35a EStG bei ihr aus. Das Gleiche gilt für einen Angehörigen, wenn der einem Kind zustehende Behinderten-Pauschbetrag auf ihn übertragen wird.

Kinderbetreuungskosten

30   Fallen Kinderbetreuungskosten dem Grunde nach unter die Regelungen des § 9c EStG[1] (§§ 4f oder
9 Abs. 5 Satz 1 bzw. § 10 Abs. 1 Nr. 5 oder 8 EStG a. F.), kommt ein Abzug nach § 35a EStG nicht in
Betracht (§ 35a Abs. 5 Satz 1 EStG, § 35a Abs. 1 Satz 1 und Abs. 2 Satz 3 EStG a. F.). Dies gilt sowohl
für den Betrag, der zwei Drittel der Aufwendungen für Dienstleistungen übersteigt, als auch für
alle Aufwendungen, die den Höchstbetrag von 4 000 Euro je Kind übersteigen.

Au-pair

31   Bei Aufnahme eines Au-pairs in eine Familie fallen in der Regel neben den Aufwendungen für die
Betreuung der Kinder auch Aufwendungen für leichte Hausarbeiten an. Wird der Umfang der Kinderbetreuungskosten nicht nachgewiesen (vgl. Rdnr. 5 des BMF-Schreibens vom 19. 1. 2007, BStBl
I S. 184), kann ein Anteil von 50 Prozent der Gesamtaufwendungen im Rahmen der Steuerermäßigung für haushaltsnahe Dienstleistungen nach § 35a Abs. 2 Satz 1 EStG berücksichtigt werden,
wenn die übrigen Voraussetzungen des § 35a EStG (insbesondere die Zahlung auf ein Konto des
Au-pairs) vorliegen.

3. Umfang der begünstigten Aufwendungen

Arbeitsentgelt

32   Zu den begünstigten Aufwendungen des Steuerpflichtigen nach § 35a Abs. 1 und Abs. 2 Alt. 1
EStG (§ 35a Abs. 1 EStG a. F.) gehört der Bruttoarbeitslohn oder das Arbeitsentgelt (bei Anwen-

---

1) *Ab 1.1.2012: § 10 Abs. 1 Nr. 5 EStG.*

dung des Haushaltsscheckverfahrens und geringfügiger Beschäftigung i. S. d. § 8a SGB IV) sowie die vom Steuerpflichtigen getragenen Sozialversicherungsbeiträge, die Lohnsteuer ggf. zuzüglich Solidaritätszuschlag und Kirchensteuer, die Umlagen nach dem Aufwendungsausgleichsgesetz (U 1 und U 2) und die Unfallversicherungsbeiträge, die an den Gemeindeunfallversicherungsverband abzuführen sind.

Nachweis des Arbeitsentgelts

Als Nachweis dient bei geringfügigen Beschäftigungsverhältnissen (s. Rdnr. 5), für die das Haushaltsscheckverfahren Anwendung findet, die dem Arbeitgeber von der Einzugstelle (Minijob-Zentrale) zum Jahresende erteilte Bescheinigung nach § 28h Abs. 4 SGB IV. Diese enthält den Zeitraum, für den Beiträge zur Rentenversicherung gezahlt wurden, die Höhe des Arbeitsentgelts sowie die vom Arbeitgeber getragenen Gesamtsozialversicherungsbeiträge und Umlagen. Zusätzlich wird in der Bescheinigung die Höhe der einbehaltenen Pauschsteuer beziffert.   33

Bei sozialversicherungspflichtigen haushaltsnahen Beschäftigungsverhältnissen, für die das allgemeine Beitrags- und Meldeverfahren zur Sozialversicherung gilt und bei denen die Lohnsteuer pauschal oder nach Maßgabe der vorgelegten Lohnsteuerkarte erhoben wird, sowie bei geringfügigen Beschäftigungsverhältnissen ohne Haushaltsscheckverfahren gelten die allgemeinen Nachweisregeln für die Steuerermäßigung.   34

Arbeitskosten, Materialkosten

Begünstigt sind generell nur die Arbeitskosten. Das sind die Aufwendungen für die Inanspruchnahme der haushaltsnahen Tätigkeit selbst, für Pflege- und Betreuungsleistungen bzw. für Handwerkerleistungen einschließlich der in Rechnung gestellten Maschinen- und Fahrtkosten. Materialkosten oder sonstige im Zusammenhang mit der Dienstleistung, den Pflege- und Betreuungsleistungen bzw. den Handwerkerleistungen gelieferte Waren bleiben mit Ausnahme von Verbrauchsmitteln außer Ansatz.   35

Der Anteil der Arbeitskosten muss grundsätzlich anhand der Angaben in der Rechnung gesondert ermittelt werden können. Auch eine prozentuale Aufteilung des Rechnungsbetrages in Arbeitskosten und Materialkosten durch den Rechnungsaussteller ist zulässig. Bei Wartungsverträgen ist es nicht zu beanstanden, wenn der Anteil der Arbeitskosten, der sich auch pauschal aus einer Mischkalkulation ergeben kann, aus einer Anlage zur Rechnung hervorgeht. Dienstleistungen, die sowohl auf öffentlichem Gelände als auch auf Privatgelände durchgeführt werden (vgl. Rdnr. 12), sind vom Rechnungsaussteller entsprechend aufzuteilen. Zur Aufteilung solcher Aufwendungen bei Wohnungseigentümergemeinschaften genügt eine Jahresbescheinigung des Grundstücksverwalters, die die betrags- oder verhältnismäßige Aufteilung auf öffentliche Flächen und Privatgelände enthält. Entsprechendes gilt für die Nebenkostenabrechnung der Mieter. Abschlagszahlungen können nur dann berücksichtigt werden, wenn hierfür eine Rechnung vorliegt, welche die Voraussetzungen des § 35a EStG erfüllt. Ein gesonderter Ausweis der auf die Arbeitskosten entfallenden Mehrwertsteuer ist nicht erforderlich.   36

Versicherungsleistungen

Aufwendungen für haushaltsnahe Dienstleistungen oder Handwerkerleistungen, die im Zusammenhang mit Versicherungsschadensfällen entstehen, können nur berücksichtigt werden, soweit sie nicht von der Versicherung erstattet werden. Dabei sind nicht nur erhaltene sondern auch in späteren Veranlagungszeiträumen zu erwartende Versicherungsleistungen zu berücksichtigen. Das gilt auch für Versicherungsleistungen, die zur medizinischen Rehabilitation erbracht werden, wie z. B. für Haushaltshilfen nach § 10 Abs. 2 Satz 2, § 36 Abs. 1 Satz 2, § 37 Abs. 1 Satz 2, § 39 Abs. 1 Satz 2 des Gesetzes über die Alterssicherung der Landwirte, § 10 des Zweiten Gesetzes über die Krankenversicherung der Landwirte, § 38 Abs. 4 Satz 1 Alt. 2 SGB V, § 54 Abs. 2, § 55 SGB VII, § 54 SGB IX. In solchen Fällen ist nur die Selbstbeteiligung nach § 35a EStG begünstigt.   37

Empfangene Leistungen der Pflegeversicherung des Steuerpflichtigen sowie die Leistungen im Rahmen des Persönlichen Budgets i. S. d. § 17 SGB IX sind anzurechnen, soweit sie ausschließlich und zweckgebunden für Pflege- und Betreuungsleistungen sowie für haushaltsnahe Dienstleistungen i. S. d. § 35a Abs. 2 i. V. m. Abs. 5 EStG (§ 35a Abs. 2 Satz 1 i. V. m. Satz 5 EStG a. F.), die keine Handwerkerleistungen i. S. d. § 35a Abs. 3 EStG (§ 35a Abs. 2 Satz 2 EStG a. F.) sind, gewährt werden. Danach sind Pflegesachleistungen nach § 36 SGB XI und der Kostenersatz für zusätzliche Betreuungsleistungen nach § 45b SGB XI auf die entstandenen Aufwendungen anzurechnen. Leistungen der Pflegeversicherung i. S. d. § 37 SGB XI (sog. Pflegegeld) sind dagegen nicht anzurechnen, weil sie nicht zweckgebunden für professionelle Pflegedienste bestimmt sind, die die Voraussetzungen des § 35a Abs. 5 EStG (§ 35a Abs. 2 Satz 5 EStG a. F.) erfüllen (Ausstellung einer Rechnung, Überweisung auf ein Konto des Empfängers).   38

Beispiel 1:

Ein pflegebedürftiger Steuerpflichtiger der Pflegestufe II mit dauerhafter erheblicher Einschränkung seiner Alltagskompetenz erhält im Veranlagungsjahr 2009 in seinem eigenen

Haushalt Pflegesachleistungen in der Form einer häuslichen Pflegehilfe sowie zusätzliche Betreuung. Er nimmt dafür einen professionellen Pflegedienst in Anspruch. Die monatlichen Aufwendungen betragen 1 400 €. Die Pflegeversicherung übernimmt die Aufwendungen in Höhe von monatlich 980 € (§ 36 Abs. 3 Nr. 2a SGB XI). Darüber hinaus erhält der Steuerpflichtige einen zusätzlichen Kostenersatz nach § 45b SGB XI in Höhe von monatlich 100 €.

Es handelt sich um die Inanspruchnahme von Pflege- und Betreuungsleistungen i. S. des § 35a Abs. 2 Satz 2 EStG, für die der Steuerpflichtige eine Steuerermäßigung in Anspruch nehmen kann. Die Beträge nach § 36 SGB XI sowie der Kostenersatz nach § 45b SGB XI sind anzurechnen.

Die Steuerermäßigung für die Pflege- und Betreuungsleistungen wird für den Veranlagungszeitraum 2009 wie folgt berechnet:

1 400 € × 12 Monate		16 800 €
- (980 € + 100 €) × 12 Monate	– 12 960 €	
verbleibende Eigenleistung		3 840 €

Davon 20 % = 768 €. Der Steuerpflichtige kann 768 € als Steuerermäßigungsbetrag in Anspruch nehmen.

Beispiel 2:

Eine pflegebedürftige Steuerpflichtige der Pflegestufe I beantragt anstelle der häuslichen Pflegehilfe (§ 36 SGB XI) ein Pflegegeld nach § 37 SGB XI. Im Veranlagungsjahr 2009 erhält sie monatlich 215 €. Die Steuerpflichtige nimmt zur Deckung ihres häuslichen Pflege- und Betreuungsbedarfs zusätzlich einzelne Pflegeeinsätze eines professionellen Pflegedienstes in Anspruch. Die Aufwendungen dafür betragen jährlich 1 800 €.

Es handelt sich um die Inanspruchnahme von Pflege- und Betreuungsleistungen i. S. des § 35a Abs. 2 Satz 2 EStG, für die die Steuerpflichtige eine Steuerermäßigung in Anspruch nehmen kann. Das Pflegegeld ist nicht anzurechnen.

Die Steuerermäßigung für die Pflege- und Betreuungsleistungen wird für den Veranlagungszeitraum 2009 wie folgt berechnet:

20 % von 1 800 € = 360 €. Die Steuerpflichtige kann 360 € als Steuerermäßigungsbetrag in Anspruch nehmen.

Beispiel 3:

Ein pflegebedürftiger Steuerpflichtiger der Pflegestufe II nimmt im Veranlagungszeitraum 2009 die ihm nach § 36 Abs. 3 SGB XI zustehende Sachleistung nur zur Hälfte in Anspruch (490 €/Monat). Er erhält daneben ein anteiliges Pflegegeld (§ 38 i. V. mit § 37 SGB XI) in Höhe von monatlich 210 €. Die durch die Pflegeversicherung im Wege der Sachleistung zur Verfügung gestellten regelmäßigen professionellen Pflegeeinsätze werden durch den Steuerpflichtigen durch gelegentliche zusätzliche Beauftragungen eines Pflegedienstes ergänzt. Die Aufwendungen hierfür betragen jährlich 1 800 Euro. Die weiteren Pflege- und Betreuungsdienstleistungen erfolgen durch Freunde des Steuerpflichtigen, von denen eine Person im Rahmen einer geringfügigen Beschäftigung i. S. des § 8a SGB IV zu einem Monatslohn einschließlich der pauschalen Abgaben i. H. von 380 € beschäftigt wird. Einen Teil des Pflegegeldes leitet der Steuerpflichtige an die anderen Hilfspersonen weiter.

Die Inanspruchnahme des Pflegedienstes ist nach § 35a Abs. 2 Satz 2 EStG begünstigt. Die Beträge nach § 36 Abs. 3 SGB XI sind anzurechnen, das Pflegegeld nach § 37 SGB XI ist nicht anzurechnen. Das geringfügige Beschäftigungsverhältnis fällt unter § 35a Abs. 1 EStG.

Die Steuerermäßigung für das geringfügige Beschäftigungsverhältnis wird für den Veranlagungszeitraum 2009 wie folgt berechnet:

380 € × 12 Monate 4 560 €

Davon 20 % = 912 €. Der Steuerpflichtige kann 510 € (= Höchstbetrag) als Steuerermäßigung in Anspruch nehmen.

Die Steuerermäßigung für die zusätzlich zu den Sachleistungen der Pflegeversicherung selbst finanzierten externen Pflegeeinsätze wird für den Veranlagungszeitraum 2009 wie folgt berechnet:

20 % von 1 800 € = 360 €. Der Steuerpflichtige kann (510 € + 360 € =) 870 € als Steuerermäßigungsbetrag in Anspruch nehmen.

39 Wird die Steuerermäßigung für Pflege- und Betreuungsaufwendungen von einem Angehörigen oder einer anderen Person geltend gemacht, ist Rdnr. 38 entsprechend anzuwenden, wenn das Pflegegeld an diese Person weitergeleitet wird.

Beispiel 4:

Eine pflegebedürftige Person der Pflegestufe II nimmt im Veranlagungsjahr 2009 in ihrem eigenen Haushalt einen professionellen Pflegedienst in Anspruch. Die monatlichen Gesamtaufwendungen hierfür betragen 1 300 €. Durch die Pflegeversicherung werden Pflegesachleistungen nach § 36 Abs. 3 Nr. 2a SGB XI in Höhe von 980 € monatlich übernommen. Die darüber hinausgehenden Aufwendungen trägt der Sohn in Höhe von monatlich 320 €.

Es handelt sich um die Inanspruchnahme von Pflege- und Betreuungsleistungen i. S. des § 35a Abs. 2 Satz 2 EStG, für die der Sohn eine Steuerermäßigung in Anspruch nehmen kann. Die Beträge nach § 36 SGB XI sind anzurechnen.

Die Steuerermäßigung für die Pflege- und Betreuungsleistungen wird für den Veranlagungszeitraum 2009 wie folgt berechnet:

Steuerpflichtiger:

1 300 € × 12 Monate	15 600 €	
- 980 € × 12 Monate	11 760 €	
Eigenleistung des Sohnes		3 840 €

Davon 20 % = 768 €. Der Sohn kann 768 € als Steuerermäßigungsbetrag in Anspruch nehmen.

Beispiel 5:

Ein pflegebedürftiger Steuerpflichtiger der Pflegestufe II beantragt anstelle der häuslichen Pflegehilfe (§ 36 SGB XI) ein Pflegegeld nach § 37 SGB XI. Im Veranlagungsjahr 2009 erhält er monatlich 420 €. Der Steuerpflichtige wird grundsätzlich von seiner Tochter betreut und gepflegt. Er reicht das Pflegegeld an die Tochter weiter. Zu ihrer Unterstützung beauftragt die Tochter gelegentlich zusätzlich einen professionellen Pflegedienst. Die Aufwendungen hierfür haben 2009 insgesamt 1 800 € betragen. Diese Kosten hat die Tochter getragen.

Bei der Beauftragung des Pflegedienstes handelt es sich um die Inanspruchnahme von Pflege- und Betreuungsleistungen i. S. des § 35a Abs. 2 Satz 2 EStG, für die die Tochter eine Steuerermäßigung in Anspruch nehmen kann. Die an sie weitergeleiteten Beträge nach § 37 SGB XI sind nicht anzurechnen.

Die Steuerermäßigung für die Pflege- und Betreuungsleistungen wird bei der Tochter für den Veranlagungszeitraum 2009 wie folgt berechnet:

20 % von 1 800 € = 360 €. Die Tochter kann 360 € als Steuerermäßigungsbetrag in Anspruch nehmen.

Den Pflege-Pauschbetrag nach § 33b Abs. 6 Satz 1 EStG kann die Tochter nicht in Anspruch nehmen, da sie durch Weiterleitung des Pflegegeldes durch den Vater an sie Einnahmen i. S. des § 33b Abs. 6 Satz 1 und 2 EStG erhält und sie das Pflegegeld nicht nur treuhänderisch für den Vater verwaltet, um daraus Aufwendungen des Pflegebedürftigen zu bestreiten (vgl. H 33b „Pflege-Pauschbetrag" EStH 2008).

Beispiel 6:

Ein pflegebedürftiges Ehepaar lebt mit seiner Tochter in einem Haushalt. Der Vater hat Pflegestufe II, die Mutter Pflegestufe I. Der Vater wird täglich durch einen professionellen Pflegedienst gepflegt und betreut. Die Aufwendungen wurden 2009 von der Pflegeversicherung als Pflegesachleistung in Höhe von monatlich 980 € übernommen (§ 36 Abs. 3 Nr. 2a SGB XI). Die Mutter hat 2009 Pflegegeld nach § 37 SGB XI in Höhe von monatlich 215 € bezogen. Bei ihrer Pflege hilft die Tochter. Sie erhält als Anerkennung das Pflegegeld von der Mutter.

Die monatlichen Aufwendungen für den Pflegedienst des Vaters betragen nach Abzug der Leistungen der Pflegeversicherung 320 €. Zu ihrer Unterstützung beauftragt die Tochter gelegentlich zusätzlich einen Pflegedienst für die Mutter. Die Aufwendungen hierfür haben 2009 insgesamt 1 200 € betragen. Diese Kosten hat die Tochter getragen.

Es handelt sich um die Inanspruchnahme von Pflege- und Betreuungsleistungen i. S. des § 35a Abs. 2 Satz 2 EStG, für die die Eltern und die Tochter eine Steuerermäßigung in Anspruch nehmen können. Die Beträge nach § 36 SGB XI sind anzurechnen, die Beträge nach § 37 SGB XI sind nicht anzurechnen.

Die Steuerermäßigung für die Pflege- und Betreuungsleistungen wird für den Veranlagungszeitraum 2009 wie folgt berechnet:

Eltern: Eigenleistung 320 € × 12 Monate 3 840 €

Davon 20 % = 768 €. Die Eltern können 768 € als Steuerermäßigungsbetrag in Anspruch nehmen.

Tochter: Eigenleistung 1 200 €

Davon 20 % = 240 €. Der Tochter kann 240 € als Steuerermäßigung in Anspruch nehmen. Den Pflege-Pauschbetrag nach § 33b Abs. 6 Satz 1 EStG kann die Tochter nicht in Anspruch nehmen, da sie durch Weiterleitung des Pflegegeldes durch die Mutter an sie Einnahmen i. S. des § 33b Abs. 6 Satz 1 und 2 EStG erhält und sie das Pflegegeld nicht nur treuhänderisch für die Mutter verwaltet, um daraus Aufwendungen der Pflegebedürftigen zu bestreiten (vgl. H 33b „Pflege-Pauschbetrag" EStH 2008).

Zahlungszeitpunkt

40   Für die Inanspruchnahme der Steuerermäßigung ist auf den Veranlagungszeitraum der Zahlung abzustellen (§ 11 Abs. 2 EStG). Bei regelmäßig wiederkehrenden Ausgaben (z. B. nachträgliche monatliche Zahlung oder monatliche Vorauszahlung einer Pflegeleistung), die innerhalb eines Zeitraums von bis zu zehn Tagen nach Beendigung bzw. vor Beginn eines Kalenderjahres fällig und geleistet worden sind, werden die Ausgaben dem Kalenderjahr zugerechnet, zu dem sie wirtschaftlich gehören. Bei geringfügigen Beschäftigungsverhältnissen gehören die Abgaben für das in den Monaten Juli bis Dezember erzielte Arbeitsentgelt, die erst am 15. 1. des Folgejahres fällig werden, noch zu den begünstigten Aufwendungen des Vorjahres.

Dienst- oder Werkswohnung

41   [1]Für vom Arbeitnehmer bewohnte Dienst- oder Werkswohnungen gilt Folgendes: Lässt der Arbeitgeber haushaltsnahe Dienstleistungen oder Handwerkerleistungen von einem (fremden) Dritten durchführen und trägt er hierfür die Aufwendungen, kann der Arbeitnehmer die Steuerermäßigung nach § 35a EStG nur in Anspruch nehmen, wenn er die Aufwendungen – neben dem Mietwert der Wohnung – als Arbeitslohn (Sachbezug) versteuert hat und der Arbeitgeber eine Bescheinigung erteilt hat, aus der eine Aufteilung der Aufwendungen nach haushaltsnahen Dienstleistungen und Handwerkerleistungen, jeweils unterteilt nach Arbeitskosten und Materialkosten, hervorgeht. Zusätzlich muss aus der Bescheinigung hervorgehen, dass die Leistungen durch (fremde) Dritte ausgeführt worden sind und zu welchem Wert sie zusätzlich zum Mietwert der Wohnung als Arbeitslohn versteuert worden sind. Die Steuerermäßigung kann nicht in Anspruch genommen werden, wenn die haushaltsnahen Dienstleistungen oder Handwerkerleistungen durch eigenes Personal des Arbeitgebers durchgeführt worden sind.

Wohnungseigentümer und Mieter

42   Bei Wohnungseigentümern und Mietern ist erforderlich, dass die auf den einzelnen Wohnungseigentümer und Mieter entfallenden Aufwendungen für haushaltsnahe Beschäftigungsverhältnisse und Dienstleistungen sowie für Handwerkerleistungen entweder in der Jahresabrechnung gesondert aufgeführt oder durch eine Bescheinigung des Verwalters oder Vermieters nachgewiesen sind. Aufwendungen für regelmäßig wiederkehrende Dienstleistungen (wie z. B. Reinigung des Treppenhauses, Gartenpflege, Hausmeister) werden grundsätzlich anhand der geleisteten Vorauszahlungen im Jahr der Vorauszahlungen berücksichtigt, einmalige Aufwendungen (wie z. B. Handwerkerrechnungen) dagegen erst im Jahr der Genehmigung der Jahresabrechnung. Soweit einmalige Aufwendungen durch eine Entnahme aus der Instandhaltungsrücklage finanziert werden, können die Aufwendungen erst im Jahr des Abflusses aus der Instandhaltungsrücklage oder im Jahr der Genehmigung der Jahresabrechnung, die den Abfluss aus der Instandhaltungsrücklage beinhaltet, berücksichtigt werden. Wird eine Jahresabrechnung von einer Verwaltungsgesellschaft mit abweichendem Wirtschaftsjahr erstellt, gilt nichts anderes. Es ist aber auch nicht zu beanstanden, wenn Wohnungseigentümer die gesamten Aufwendungen erst in dem Jahr geltend machen, in dem die Jahresabrechnung im Rahmen der Eigentümerversammlung genehmigt worden ist. Für die zeitliche Berücksichtigung von Nebenkosten bei Mietern gelten die vorstehenden Ausführungen entsprechend. Handwerkerleistungen, die im Jahr 2005 erbracht worden sind, sind auch dann nicht begünstigt, wenn die Jahresabrechnung 2005 im Jahr 2006 durch die Eigentümerversammlung genehmigt worden ist. Zu den Höchstbeträgen in den Veranlagungszeiträumen 2008 und 2009 vgl. Rdnr. 48.

43   Die Entscheidung, die Steuerermäßigung hinsichtlich der Aufwendungen für die regelmäßig wiederkehrenden Dienstleistungen im Jahr der Vorauszahlung und für die einmaligen Aufwendungen im Jahr der Beschlussfassung oder für die gesamten Aufwendungen der Steuerermäßigung erst im Jahr der Beschlussfassung in Anspruch zu nehmen, hat jeder einzelne Eigentümer bzw. Mieter im Rahmen seiner Einkommensteuererklärung zu treffen. Zur Bescheinigung des Datums über die Beschlussfassung s. Rdnr. 23. Hat sich der Wohnungseigentümer bei einer Abrechnung mit einem abweichenden Wirtschaftsjahr dafür entschieden, die gesamten Aufwendungen erst in dem Jahr geltend zu machen, in dem die Jahresabrechnung im Rahmen der Eigentümerversammlung genehmigt worden ist, hat das zur Folge, dass hinsichtlich der regelmäßig wiederkehrenden Dienstleistungen die Aufwendungen des abweichenden Wirtschaftsjahres maßgebend sind. Eine davon abweichende anteilige Aufteilung der Aufwendungen ist nicht möglich. Auch für den Fall, dass die Beschlussfassungen über die Jahresabrechnungen für zwei Kalenderjahre in einem Kalenderjahr getroffen werden, kann die Entscheidung für alle in einem Jahr genehmigten Abrechnungen, die Steuerermäßigung im Jahr der Vorauszahlung oder in dem der Beschlussfas-

---

[1] *Pauschale Zahlungen für die Durchführung von Schönheitsreparaturen, die der Mieter einer Dienstwohnung an den Vermieter leistet, sind keine Aufwendungen für Handwerkerleistungen im i. S. d. § 35a EStG, wenn die Zahlungen unabhängig davon erfolgen, ob und ggf. in welcher Höhe der Vermieter tatsächlich Reparaturen an der Wohnung in Auftrag gibt (→ BFH vom 5.7.2012 – BStBl 2013 II S. 14).*

sung in Anspruch zu nehmen, nur einheitlich getroffen werden. Für die Frage der Höhe der zulässigen Steuerermäßigung nach den zum 1. 1. 2009 in Kraft getretenen Gesetzesänderungen gelten die Erläuterungen in Rdnr. 48 entsprechend.

4. Nachweis

Bis einschließlich Veranlagungszeitraum 2007

Sowohl bei Aufwendungen im Rahmen einer haushaltsnahen Dienstleistung als auch bei Handwerker- oder Pflege- und Betreuungsleistungen ist die Steuerermäßigung bis einschließlich Veranlagungszeitraum 2007 davon abhängig, dass der Steuerpflichtige die Aufwendungen durch Vorlage einer Rechnung[1] und die Zahlung auf ein Konto des Erbringers der Leistung durch einen Beleg des Kreditinstituts nachweist (§ 35a Abs. 2 Satz 5 EStG i. d. F. des Jahressteuergesetzes 2007). Bei Wohnungseigentümern und Mietern sind die sich aus Rdnr. 42 ergebenden Nachweise mit der Antragstellung vorzulegen. | 44

Ab Veranlagungszeitraum 2008

Ab Veranlagungszeitraum 2008 ist die Steuerermäßigung davon abhängig, dass der Steuerpflichtige für die Aufwendungen eine Rechnung[2] erhalten hat und die Zahlung auf das Konto des Erbringers der haushaltsnahen Dienstleistung, der Handwerkerleistung oder der Pflege- oder Betreuungsleistung erfolgt ist (§ 35a Abs. 2 Satz 5 i. V.mit § 52 Abs. 1 und Abs. 50b EStG i. d. F. des Jahressteuergesetzes 2008, § 35a Abs. 5 Satz 3 EStG i. d. F. des FamLeistG). Bei Wohnungseigentümern und Mietern müssen die sich aus Rdnr. 42 ergebenden Nachweise vorhanden sein. Daraus folgt, dass es ab dem Veranlagungszeitraum 2008 ausreicht, wenn der Steuerpflichtige die Nachweise auf Verlangen des Finanzamtes vorlegen kann. | 45

Zahlungsarten

Die Zahlung auf das Konto des Erbringers der Leistung erfolgt in der Regel durch Überweisung. Beträge, für deren Begleichung ein Dauerauftrag eingerichtet worden ist oder die durch eine Einzugsermächtigung abgebucht oder im Wege des Online-Bankings überwiesen wurden, können in Verbindung mit dem Kontoauszug, der die Abbuchung ausweist, anerkannt werden. Das gilt auch bei Übergabe eines Verrechnungsschecks oder der Teilnahme am Electronic-Cash-Verfahren oder am elektronischen Lastschriftverfahren. Barzahlungen, Baranzahlungen oder Barteilzahlungen können nicht anerkannt werden (BFH, Urteil vom 20. 11. 2008, BStBl 2009 II S. 307). Das gilt selbst dann, wenn die Barzahlung von dem Erbringer der haushaltsnahen Dienstleistung, der Pflege- und Betreuungsleistung oder der Handwerkerleistung tatsächlich ordnungsgemäß verbucht worden ist und der Steuerpflichtige einen Nachweis über die ordnungsgemäße Verbuchung erhalten hat oder wenn eine Barzahlung durch eine später veranlasste Zahlung auf das Konto des Erbringers der Leistung ersetzt wird. | 46

Konto eines Dritten

Die Inanspruchnahme der Steuerermäßigung durch den Steuerpflichtigen ist auch möglich, wenn die haushaltsnahe Dienstleistung, Pflege- oder Betreuungsleistung oder die Handwerkerleistung, für die der Steuerpflichtige eine Rechnung erhalten hat, von dem Konto eines Dritten bezahlt worden ist. | 47

VI. Höchstbeträge

Übergang von Veranlagungszeitraum 2008 auf Veranlagungszeitraum 2009

Für die Höhe der zulässigen Steuerermäßigung nach den zum 1. 1. 2009 in Kraft getretenen Gesetzesänderungen (vgl. hierzu Rdnrn. 1 bis 3) kommt es nach § 52 Abs. 50b Satz 4 und 5 EStG darauf an, wann die den Aufwendungen zugrunde liegende Leistung erbracht worden ist. Danach gilt der erhöhte Förderbetrag erstmals für Aufwendungen, die im Veranlagungszeitraum 2009 bezahlt und deren zu Grunde liegende Leistungen nach dem 31. 12. 2008 erbracht worden sind. Die höheren Förderbeträge sind daher z. B. nicht zu gewähren, wenn | 48

– haushaltsnahe Dienstleistungen oder Handwerkerleistungen 2008 erbracht worden sind, die Rechnung aber erst im Veranlagungszeitraum 2009 bezahlt wurde,

---

[1] Aus der Rechnung müssen sich der Erbringer der haushaltsnahen Dienstleistung oder der Handwerkerleistung als Rechnungsaussteller, der Empfänger dieser Dienstleistung, die Art, der Zeitpunkt und der Inhalt der Dienstleistung sowie die dafür vom Stpfl. jeweils geschuldeten Entgelte ergeben (→ BFH vom 29. 1. 2009 – BStBl 2010 II S. 166).

[2] → Fußnote zu Rdnr. 44.

– im Fall von Wohnungseigentümern und Mietern die Jahresabrechnung 2008 erst im Jahr 2009 durch die Eigentümerversammlung genehmigt worden ist (s. Rdnr. 42), die zugrunde liegenden Leistungen aber schon 2008 erbracht wurden.

In diesen Fällen richtet sich die Steuerermäßigung auch im Veranlagungszeitraum 2009 noch nach den Höchstbeträgen des § 35a EStG a. F. Sind dem Steuerpflichtigen im Veranlagungszeitraum 2009 weitere nach § 35a EStG begünstigte Aufwendungen entstanden, bei denen sowohl die Durchführung als auch die Bezahlung der Leistung erst 2009 erfolgte, richtet sich die Bemessung der Steuermäßigung für diese Aufwendungen nach § 35a EStG i. d. F. des FamLeistG. Die für Maßnahmen aus dem Veranlagungszeitraum 2008 im Veranlagungszeitraum 2009 geltend zu machenden Aufwendungen einschließlich der für den Veranlagungszeitraum 2009 zu gewährenden Steuerermäßigungsbeträge dürfen die jeweiligen Höchstbeträge nach § 35a EStG i. d. F. des FamLeistG insgesamt nicht überschreiten. Auf den für den Veranlagungszeitraum 2 009 maßgebenden Höchstbetrag nach § 35a Abs. 3 EStG von 1 200 Euro werden ggf. im Jahr 2009 in Anspruch genommene Steuerermäßigungsbeträge für Handwerkerleistungen aus 2008, max. also bis 600 Euro, angerechnet. Es ist nicht möglich, im Jahr 2009 beide Höchstbetragsregelungen für Handwerkerleistungen kumulativ in Anspruch zu nehmen. Bei Aufwendungen für sozialversicherungspflichtige Beschäftigungen oder für die Inanspruchnahme von haushaltsnahen Dienstleistungen gilt Entsprechendes. Zur mehrfachen Inanspruchnahme der Steuerermäßigungen s. im Übrigen Rdnr. 51.

Zwölftelungsregelung

49 Bis einschl. Veranlagungszeitraum 2 008 mindern sich die Höchstbeträge nach § 35a Abs. 1 Satz 1 Nr. 1 und 2 EStG a. F. für jeden vollen Kalendermonat, in dem die Voraussetzungen nach § 35a Abs. 1 Satz 1 EStG nicht vorgelegen haben, um ein Zwölftel. Dies gilt sinngemäß, wenn ein Staat erst im Laufe eines Kalenderjahres der Europäischen Union oder dem Europäischen Wirtschaftsraum beigetreten ist. Diese Zwölftelungsregelung ist im Rahmen der Vereinheitlichung und Zusammenfassung (vgl. Rdnrn. 2, 3) ab dem Veranlagungszeitraum 2009 weggefallen.

Haushaltsbezogene Inanspruchnahme

50 Die Höchstbeträge nach § 35a EStG können nur haushaltsbezogen in Anspruch genommen werden (§ 35a Abs. 5 Satz 4 EStG, § 35a Abs. 3 EStG a. F.). Leben z. B. zwei Alleinstehende im gesamten Veranlagungszeitraum in einem Haushalt und sind beide Arbeitgeber im Rahmen eines haushaltsnahen Beschäftigungsverhältnisses oder Auftraggeber haushaltsnaher Dienstleistungen, von Pflege- und Betreuungsleistungen oder von Handwerkerleistungen, kann jeder seine tatsächlichen Aufwendungen grundsätzlich nur bis zur Höhe des hälftigen Abzugshöchstbetrages geltend machen. Etwas anderes gilt nur dann, wenn beide einvernehmlich eine andere Aufteilung wählen und dies gegenüber dem Finanzamt anzeigen. Das gilt auch für Partner einer eingetragenen Lebenspartnerschaft.

VII. Mehrfache Inanspruchnahme der Steuerermäßigungen

51 Neben der Steuerermäßigung für ein geringfügiges Beschäftigungsverhältnis i. S. d. § 8a SGB IV kann der Steuerpflichtige auch die Steuerermäßigung für ein sozialversicherungspflichtiges Beschäftigungsverhältnis beanspruchen. Liegen die Voraussetzungen für die Inanspruchnahme der Steuerermäßigung nach § 35a Abs. 1 Satz 1 Nr. 1 oder 2 EStG a. F. vor, ist für das hiernach förderbare Beschäftigungsverhältnis die Steuerermäßigung nach § 35a Abs. 2 Satz 1 und 2 EStG a. F. ausgeschlossen (§ 35a Abs. 2 Satz 4 EStG a. F.). Ab dem Veranlagungszeitraum 2009 sind die Fördertatbestände – abgesehen von der Steuerermäßigung für ein geringfügiges Beschäftigungsverhältnis i. S. d. § 8a SGB IV (§ 35a Abs. 1 EStG) und der Steuerermäßigung für die Inanspruchnahme von Handwerkerleistungen (§ 35a Abs. 3 EStG) – vereinheitlicht und zusammengefasst worden; nach § 35a Abs. 2 EStG können für die anderen haushaltsnahen Beschäftigungsverhältnisse oder für die Inanspruchnahme von haushaltsnahen Dienstleistungen zusammengefasst und einheitlich auf Antrag 20 Prozent der gesamten begünstigten Aufwendungen, höchstens insgesamt 4 000 Euro als Steuerermäßigung in Anspruch genommen werden. Die Förderung von Pflege- und Betreuungsleistungen sowie der Aufwendungen, die einem Steuerpflichtigen wegen der Unterbringung in einem Heim oder zur dauernden Pflege erwachsen, soweit darin Kosten für Dienstleistungen enthalten sind, die mit denen einer Hilfe im Haushalt vergleichbar sind, sind in diesem Höchstbetrag mit aufgegangen (§ 35a Abs. 2 Satz 2 EStG).

VIII. Anrechnungsüberhang

52 Entsteht bei einem Steuerpflichtigen infolge der Inanspruchnahme der Steuerermäßigung nach § 35a EStG ein sog. Anrechnungsüberhang, kann der Steuerpflichtige weder die Festsetzung einer negativen Einkommensteuer in Höhe dieses Anrechnungsüberhangs noch die Feststellung einer rück- oder vortragsfähigen Steuerermäßigung beanspruchen (BFH, Urteil vom 29. 1. 2009, BStBl II S. 411).

IX. Anwendungsregelung

Dieses Schreiben ersetzt das BMF-Schreiben vom 26. 10. 2007 (BStBl I S. 783). Es ist ab dem Veranla-   53
gungszeitraum 2006 anzuwenden und ersetzt ab diesem Zeitraum die BMF-Schreiben vom
1. 11. 2004 (BStBl I S. 958) und vom 3. 11. 2006 (BStBl I S. 711). Für die Inanspruchnahme des § 35a
Abs. 2 Satz 2 EStG im Veranlagungszeitraum 2006 ist erforderlich, dass sowohl die Erbringung der
Leistung als auch die Bezahlung im Veranlagungszeitraum 2006 erfolgte (§ 52 Abs. 50b Satz 2 EStG).

Rdnrn. 15 bis 17 und 23 bis 26 sind in allen noch offenen Fällen ab dem Veranlagungszeitraum   54
2003 anzuwenden (Heimbewohner, Wohnungseigentümergemeinschaften, Mieter), soweit es um
die Anwendung des § 35a Abs. 1 und Abs. 2 Satz 1 EStG a. F. geht. Für Kalenderjahre bis einschließlich 2006 kann abweichend von Rdnr. 36 Satz 1 der Anteil der steuerbegünstigten Arbeitskosten an den Aufwendungen im Schätzungswege ermittelt werden; in den Fällen der Rdnr. 42
Satz 2 zweiter Halbsatz und Satz 3 können die in Rechnungen des Jahres 2006 im Schätzungswege
ermittelten Arbeitskosten auch im Veranlagungszeitraum 2007 geltend gemacht werden.

Anlage 1

**Beispielhafte Aufzählung begünstigter und nicht begünstigter haushaltsnaher Dienstleistungen
und Handwerkerleistungen**

(zu Rdnrn. 10, 20)

Maßnahme	begünstigt	nicht begünstigt	Haushaltsnahe Dienstleistung	Handwerker-leistung
Abfallmanagement („Vorsortierung")	innerhalb des Grund-stücks	alle Maßnahmen außerhalb des Grundstücks	X	
Abflussrohrreinigung	innerhalb des Grund-stücks	außerhalb des Grundstücks		X
Ablesedienste und Abrechnung bei Ver-brauchszählern (Strom, Gas, Wasser, Heizung usw.)		X		
Abriss eines baufäl-ligen Gebäudes mit anschließendem Neu-bau		X		
Abwasserentsorgung	Wartung und Rei-nigung innerhalb des Grundstücks	alle Maßnahmen außerhalb des Grundstücks		X
Anliegerbeitrag		X		
Arbeiten				
1. am Dach	X			X
2. an Bodenbelägen	X			X
3. an der Fassade	X			X
4. an Garagen	X			X
5. an Innen- und Außenwänden	X			X
6. an Zu- und Ablei-tungen	soweit innerhalb des Grundstücks	alle Maßnahmen außerhalb des Grundstücks		X
Architektenleistung		X		
Asbestsanierung	X			X
Aufstellen eines Bau-gerüstes	Arbeitskosten	Miete, Material		X
Aufzugnotruf		X		

Maßnahme	begünstigt	nicht begünstigt	Haushaltsnahe Dienstleistung	Handwerker-leistung
1. Austausch oder Modernisierung				
2. der Einbauküche	X			X
3. von Bodenbelägen (z. B. Teppichboden, Parkett, Fliesen)	X			X
4. von Fenstern und Türen	X			X
Bereitschaft der Erbringung einer ansonsten begünstigten Leistung im Bedarfsfall	als Nebenleistung einer ansonsten begünstigten Haupt-leistung	nur Bereitschaft	Abgrenzung im Einzelfall	Abgrenzung im Einzelfall
Brandschadensanie-rung	soweit nicht Versiche-rungsleistung	soweit Versiche-rungsleistung		X
Breitbandkabelnetz	Installation, Wartung und Reparatur inner-halb des Grundstücks	alle Maßnahmen außerhalb des Grundstücks		X
Carport, Terrassen-überdachung	Arbeitskosten auf dem Grundstück für die Überdachung eines bereits vorhandenen Pkw-Stellplatzes oder einer bereits vorhan-denen Terrasse	Materialkosten		X
		Neuerrichtung eines Pkw-Stell-platzes oder einer Terrasse einschließlich Überdachung		
Chauffeur		X		
Dachrinnenreinigung	X			X
Datenverbindungen	s. Hausanschlüsse	s. Haus-anschlüsse		X
Deichabgaben		X		
Elektroanlagen	Wartung und Repara-tur			X
Energiepass		X		
Entsorgungsleistung	als Nebenleistung, (z. B. Bauschutt, Flie-senabfuhr bei Neuver-fliesung eines Bades, Grünschnittabfuhr bei Gartenpflege)	als Hauptleis-tung		X
Erhaltungsmaßnah-men	innerhalb des Grund-stücks	alle Maßnahmen außerhalb des Grundstücks	Abgrenzung im Einzelfall	Abgrenzung im Einzelfall
Erstellung oder Hilfe bei der Erstellung der Steuererklärung		X		
Fäkalienabfuhr		X		
Fahrstuhlkosten	Wartung und Repara-tur	Betriebskosten		X

Maßnahme	begünstigt	nicht begünstigt	Haushaltsnahe Dienstleistung	Handwerker-leistung
Fertiggaragen		Neuerrichtung, wenn die Fläche vorher nicht als Pkw-Stellplatz genutzt wurde		
Feuerlöscher	Wartung			X
Fitnesstrainer		X		
Friseurleistungen	nur soweit sie zu den Pflege- und Betreuungsleistungen gehören, wenn sie im Leistungskatalog der Pflegeversicherung aufgeführt sind (und der Behinderten-Pauschbetrag nicht geltend gemacht wird; s. Rdnrn. 10, 12, 28)	alle anderen Friseurleistungen	X	
Fußbodenheizung	Wartung, Spülung, Reparatur sowie nachträglicher Einbau			X
Gärtner	innerhalb des Grundstücks	alle Maßnahmen außerhalb des Grundstücks	Abgrenzung im Einzelfall	Abgrenzung im Einzelfall
Gartengestaltung	X			X
Gartenpflegearbeiten (z. B. Rasenmähen, Heckenschneiden)	innerhalb des Grundstücks einschl. Grünschnittentsorgung als Nebenleistung	alle Maßnahmen außerhalb des Grundstücks	X	
Gemeinschaftsmaschinen bei Mietern (z. B. Waschmaschine, Trockner)	Reparatur und Wartung	Miete		X
Gewerbeabfallentsorgung		X		
Graffitibeseitigung	X			X
Gutachtertätigkeiten		X		
Hand- und Fußpflege	nur soweit sie zu den Pflege- und Betreuungsleistungen gehören, wenn sie im Leistungskatalog der Pflegeversicherung aufgeführt sind (und der Behinderten-Pauschbetrag nicht geltend gemacht wird; s. Rdnrn. 11, 13, 29)	alle anderen	X	
Hausanschlüsse	z. B. für den Anschluss von Stromkabeln, für das Fernsehen, für Internet über Kabelfernsehen, Glasfaser oder per Satellitenempfangsanlagen sowie Weiterführung der Anschlüsse,	alle Maßnahmen außerhalb des Grundstücks		X

Haushaltsnahe Beschäftigungsverhältnisse

Maßnahme	begünstigt	nicht begünstigt	Haushaltsnahe Dienstleistung	Handwerker-leistung
	jeweils innerhalb des Grundstücks			
Hausarbeiten, wie reinigen, Fenster putzen, bügeln usw.	X		X	
Haushaltsauflösung		X		
Hauslehrer		X		
Hausmeister, Hauswart	X		X	
Hausreinigung	X		X	
Hausschwammbeseitigung	X			X
Hausverwalterkosten oder -gebühren		X		
Heizkosten:				
1. Verbrauch		X		
2. Gerätemiete für Zähler		X		
3. Garantiewartungsgebühren	X			X
4. Heizungswartung und Reparatur	X			X
5. Austausch der Zähler nach dem Eichgesetz	X			X
6. Schornsteinfeger	X			X
7. Kosten des Ablesedienstes		X		
8. Kosten der Abrechnung an sich		X		
9. Insektenschutzgitter	Montage und Reparatur	Material		X
Kaminkehrer	X			X
Kellerschachtabdeckungen	Montage und Reparatur	Material		X
Kfz. – s. Reparatur		X		
Kinderbetreuungskosten	soweit sie nicht unter § 9c EStG (§ 4f, § 9 Abs. 5 Satz 1, § 10 Abs. 1 Nr. 5 oder 8 EStG a. F.) fallen und für eine Leistung im Haushalt des Steuerpflichtigen anfallen	i. S. von § 9c EStG (§ 4f, § 9 Abs. 5 Satz 1, § 10 Abs. 1 Nr. 5 oder 8 EStG a. F.); s. Rdnr. 30	X	
Klavierstimmer	X			X
Kleidungs- und Wäschepflege und -reinigung	im Haushalt des Steuerpflichtigen		X	
Kontrollaufwendungen des TÜV, z. B. für den Fahrstuhl oder den Treppenlift		X		

Maßnahme	begünstigt	nicht begünstigt	Haushaltsnahe Dienstleistung	Handwerker- leistung
Kosmetikleistungen	<u>nur</u> soweit sie zu den Pflege- und Betreu- ungsleistungen gehö- ren, wenn sie im Leis- tungskatalog der Pflegeversicherung aufgeführt sind (und der Behinderten- Pauschbetrag nicht geltend gemacht wird; s. Rdnrn. 11, 13, 29)	alle anderen	X	
Laubentfernung	auf privatem Grund- stück	auf öffentlichem Grundstück	Abgrenzung im Einzelfall	Abgrenzung im Einzelfall
Leibwächter		X		
Material und sonstige im Zusammenhang mit der Leistung gelieferte Waren einschl. darauf entfallende Umsatz- steuer		Rdnr. 34 Bsp.: Farbe, Flie- sen, Pflasterstei- ne, Mörtel, Sand, Tapeten, Tep- pichboden und andere Fuß- bodenbeläge, Waren, Stütz- strümpfe usw.		
Mauerwerksanierung	X			X
Miete von Verbrauchs- zählern (Strom, Gas, Wasser, Heizung usw.)		X		
Modernisierungsmaß- nahmen (z. B. Bade- zimmer, Küche)	innerhalb des Grund- stücks	alle Maßnahmen außerhalb des Grundstücks		X
Montageleistung z. B. beim Erwerb neuer Möbel	X			X
Müllabfuhr		X		
Müllentsorgungsan- lage (Müllschlucker)	Wartung und Repara- tur			X
Müllschränke	Anlieferung und Auf- stellen	Material		X
Nebenpflichten der Haushaltshilfe, wie kleine Botengänge oder Begleitung von Kindern, kranken, alten oder pflegebe- dürftigen Personen bei Einkäufen oder zum Arztbesuch	X		X	
Neubaumaßnahmen		Rdnr. 20		
Notbereitschaft/Not- falldienste	soweit es sich um eine nicht gesondert berechnete Nebenleis- tung z. B. im Rahmen eines Wartungsvertra- ges handelt	alle anderen rei- nen Bereit- schaftsdienste	X	
Pflasterarbeiten	innerhalb des Grund- stücks	alle Maßnahmen außerhalb des Grundstücks		X

Haushaltsnahe Beschäftigungsverhältnisse

Maßnahme	begünstigt	nicht begünstigt	Haushaltsnahe Dienstleistung	Handwerker-leistung
Pflegebett		X		
Pflege der Außenanlagen	innerhalb des Grundstücks	alle Maßnahmen außerhalb des Grundstücks	X	
Pilzbekämpfung	X			X
Prüfdienste/Prüfleistung (z. B. bei Aufzügen)		X		
Rechtsberatung		X		
Reinigung	der Wohnung, des Treppenhauses und der Zubehörräume		X	
Reparatur, Wartung und Pflege				
1. von Bodenbelägen (z. B. Teppichboden, Parkett, Fliesen)	X		Pflege	Reparatur und Wartung
2. von Fenstern und Türen (innen und außen)	X		Pflege	Reparatur und Wartung
3. von Gegenständen im Haushalt des Steuerpflichtigen (z. B. Waschmaschine, Geschirrspüler, Herd, Fernseher, Personalcomputer und andere	soweit es sich um Gegenstände handelt, die in der Hausratversicherung mitversichert werden können	Arbeiten außerhalb des Grundstücks des Steuerpflichtigen	Pflege im Haushalt bzw. auf dem Grundstück des Steuerpflichtigen	Reparatur und Wartung im Haushalt bzw. auf dem Grundstück des Steuerpflichtigen
4. von Heizungsanlagen, Elektro-, Gas- und Wasserinstallationen	auf dem Grundstück des Steuerpflichtigen	außerhalb des Grundstücks des Steuerpflichtigen		X
5. von Kraftfahrzeugen		X (einschl. TÜV-Gebühren)		
6. von Wandschränken	X			X
Schadensfeststellung, Ursachenfeststellung (z. B. bei Wasserschaden, Rohrbruch usw.)		X		
Schadstoffsanierung	X			X
Schädlings- und Ungezieferbekämpfung	X		Abgrenzung im Einzelfall	Abgrenzung im Einzelfall
Schornsteinfeger	X			X
Sekretär		X		
Sperrmüllabfuhr		X		
Statikerleistung		X		
Straßenreinigung	auf privatem Grundstück	auf öffentlichem Grundstück	X	
Tagesmutter bei Betreuung im Haushalt des Steuerpflichtigen	soweit es sich bei den Aufwendungen nicht um Kinderbetreuungskosten (Rdnr. 30) handelt	Kinderbetreuungskosten (Rdnr. 30)	X	

Maßnahme	begünstigt	nicht begünstigt	Haushaltsnahe Dienstleistung	Handwerker- leistung
Taubenabwehr	X		Abgrenzung im Einzelfall	Abgrenzung im Einzelfall
Technische Prüf- dienste (z. B. bei Auf- zügen)		X		
Trockeneisreinigung	X			X
Trockenlegung von Mauerwerk	Arbeiten mit Maschi- nen vor Ort	ausschließliche Maschinenan- mietung		X
TÜV-Gebühren		X		
Überprüfung von Anlagen (z. B. Gebühr für den Schornsteinfe- ger oder für die Kon- trolle von Blitzschutz- anlagen)	X	TÜV-Gebühren		X
Umzugsdienstleistun- gen	für Privatpersonen, soweit nicht Betriebs- ausgaben oder Wer- bungskosten (Rdnr. 27)	soweit durch Dritte erstattet	X	
Verarbeitung von Ver- brauchsgütern im Haushalt des Steuer- pflichtigen	X		X	
Verbrauchsmittel, wie z. B. Schmier-, Rei- nigungs- oder Spülmit- tel sowie Streugut	X		als Nebenleis- tung (Rdnr. 35) – Abgrenzung im Einzelfall	als Nebenleis- tung (Rdnr. 35) – Abgrenzung im Einzelfall
Verwaltergebühr		X		
Wachdienst	innerhalb des Grund- stücks	außerhalb des Grundstücks	X	
Wärmedämmmaßnah- men	X			X
Wartung:				
1. Aufzug	X			X
2. Heizung und Öltankanlagen (einschl. Tankrei- nigung)	X			X
3. Feuerlöscher	X			X
4. CO_2-Warngeräte	X			X
5. Pumpen	X			X
6. Abwasser-Rückstau- Sicherungen	X			X
Wasserschadensanie- rung	X	soweit Versiche- rungsleistung		X
Wasserversorgung	Wartung und Repara- tur			X
Winterdienst	innerhalb des Grund- stücks	alle Maßnahmen außerhalb des Grundstücks	X	

Maßnahme	begünstigt	nicht begünstigt	Haushaltsnahe Dienstleistung	Handwerker-leistung
Zubereitung von Mahlzeiten im Haushalt des Steuerpflichtigen	X		X	

Muster für eine Bescheinigung

(zu Rdnr. 23)

Anlage 2

_____   _____

(Name und Anschrift des Verwalters/   (Name und Anschrift des Eigentümers/
Vermieters)   Mieters)

Anlage zur Jahresabrechnung für das Jahr/Wirtschaftsjahr ....

Ggf. Datum der Beschlussfassung der Jahresabrechnung: _____

In der Jahresabrechnung für das nachfolgende Objekt

_____

(Ort, Straße, Hausnummer und ggf. genaue Lagebezeichnung der Wohnung)

sind Ausgaben i. S. d. § 35a Einkommensteuergesetz (EStG) enthalten, die wie folgt zu verteilen sind:

A) Aufwendungen für sozialversicherungspflichtige Beschäftigungen
(§ 35a Abs. 2 Satz 1 Alt. 1 EStG, § 35a Abs. 1 Satz 1 Nr. 2 EStG a. F.)

Bezeichnung	Gesamtbetrag (in Euro)	Anteil des Miteigentümers/ des Mieters

B) Aufwendungen für die Inanspruchnahme von haushaltsnahen Dienstleistungen
(§ 35a Abs. 2 Satz 1 Alt. 2 EStG, § 35a Abs. 2 Satz 1, 1. Halbsatz EStG a. F.)

Bezeichnung	Gesamtbetrag (in Euro)	nicht zu berücksichtigende Materialkosten (in Euro)	Aufwendungen bzw. Arbeitskosten (Rdnr. 35, 36) (in Euro)	Anteil des Miteigentümers/ des Mieters

C) Aufwendungen für die Inanspruchnahme von Handwerkerleistungen für Renovierungs-, Erhaltungs- und Modernisierungsmaßnahmen
(§ 35a Abs. 3 EStG, § 35a Abs. 2 Satz 2 EStG a. F.)

Bezeichnung	Gesamtbetrag (in Euro)	nicht zu berücksichtigende Materialkosten (in Euro)	Aufwendungen bzw. Arbeitskosten (Rdnr. 35, 36) (in Euro)	Anteil des Miteigentümers/des Mieters

Hinweis: Die Entscheidung darüber, welche Positionen im Rahmen der Einkommensteuererklärung berücksichtigt werden können, obliegt ausschließlich der zuständigen Finanzbehörde.

Zweifelsfragen zum Investitionsabzugsbetrag nach § 7g Abs. 1 bis 4 und 7 EStG in der Fassung des Unternehmensteuerreformgesetzes 2008 vom 14. August 2007 (BGBl. I S. 1912)

BMF vom 8. 5. 2009 (BStBl I S. 633)

S 2139-b/07/10002

Inhaltsübersicht

Zur Anwendung von § 7g Abs. 1 bis 4 und 7 EStG in der Fassung des Unternehmensteuerreformgesetzes 2008 vom 14. August 2007 (BGBl. I S. 1912) nehme ich nach Abstimmung mit den obersten Finanzbehörden der Länder wie folgt Stellung:

I. Voraussetzungen für die Inanspruchnahme von Investitionsabzugsbeträgen (§ 7g Abs. 1 EStG)

1. Begünstigte Betriebe

1 Die Inanspruchnahme von Investitionsabzugsbeträgen ist ausschließlich bei Betrieben (Einzelunternehmen, Personengesellschaften und Körperschaften) möglich, die aktiv am wirtschaftlichen Verkehr teilnehmen und eine in diesem Sinne werbende Tätigkeit ausüben. Die Ermittlung des Gewinns aus Land- und Forstwirtschaft nach Durchschnittssätzen (§ 13a EStG) steht der Geltendmachung von Investitionsabzugsbeträgen nicht entgegen. Steuerpflichtige, die ihren Betrieb ohne Aufgabeerklärung durch Verpachtung im Ganzen fortführen (sog. Betriebsverpachtung im Ganzen), können die Regelungen in § 7g EStG nicht anwenden (vgl. BFH-Urteil vom 27. September 2001, BStBl 2002 II S. 136). Im Falle einer Betriebsaufspaltung können sowohl das Besitzunternehmen als auch das Betriebsunternehmen Investitionsabzugsbeträge beanspruchen. Entsprechendes gilt bei Organschaften für Organträger und Organgesellschaft.

2 Auch Personengesellschaften und Gemeinschaften können unter entsprechender Anwendung der Regelungen dieses Schreibens § 7g EStG in Anspruch nehmen (vgl. § 7g Abs. 7 EStG), wenn es sich um eine Mitunternehmerschaft (§ 13 Abs. 7, § 15 Abs. 1 Satz 1 Nr. 2, § 18 Abs. 4 Satz 2 EStG) handelt. Sie können Investitionsabzugsbeträge für geplante Investitionen der Gesamthand vom gemeinschaftlichen Gewinn in Abzug bringen. Beabsichtigt ein Mitunternehmer Anschaffungen, die zum Sonderbetriebsvermögen gehören, kann er ihm zuzurechnende Investitionsabzugsbeträge als „Sonderbetriebsabzugsbetrag" geltend machen. Der Abzug von Investitionsabzugsbeträgen für Wirtschaftsgüter, die sich bereits im Gesamthands- oder Sonderbetriebsvermögen befinden (z. B. Wirtschaftsgüter der Gesellschaft, die ein Mitunternehmer erwerben und anschließend an die Gesellschaft vermieten will), ist nicht zulässig. Bei der Prüfung des Größenmerkmals im Sinne von § 7g Abs. 1 Satz 2 Nr. 1 EStG (Randnummern 7 bis 16) sind das Gesamthandsvermögen und das Sonderbetriebsvermögen unter Berücksichtigung der Korrekturposten in den Ergänzungsbilanzen zusammenzurechnen.

2. Begünstigte Wirtschaftsgüter

3 Investitionsabzugsbeträge können für die künftige Anschaffung oder Herstellung von neuen oder gebrauchten abnutzbaren beweglichen Wirtschaftsgütern des Anlagevermögens geltend gemacht werden.[1]

4 Die beabsichtigte Anschaffung oder Herstellung eines geringwertigen Wirtschaftsgutes im Sinne von § 6 Abs. 2 EStG oder eines Wirtschaftsgutes, das nach § 6 Abs. 2a EStG in einem Sammelposten zu erfassen ist, berechtigt ebenfalls zur Inanspruchnahme eines Investitionsabzugsbetrages.

3. Höhe des Investitionsabzugsbetrages

5 Es können bis zu 40 % der voraussichtlichen Anschaffungs- oder Herstellungskosten gewinnmindernd geltend gemacht werden. § 9b Abs. 1 EStG ist zu beachten. Die berücksichtigungsfähigen Anschaffungs- oder Herstellungskosten sind auch dann nicht zu vermindern, wenn bei der Investition des begünstigten Wirtschaftsgutes die AfA-Bemessungsgrundlage aufgrund Sonderregelungen anzupassen ist (z. B. wegen Berücksichtigung eines Schrott- oder Schlachtwertes, vgl. BFH-Urteil vom 31. August 2006 – BStBl II S. 910).

6 Für das begünstigte Wirtschaftsgut kann ein Investitionsabzugsbetrag nur in einem Wirtschaftsjahr geltend gemacht werden (Abzugsjahr), vgl. hierzu auch Randnummer 75. Erhöhen sich die prognostizierten Anschaffungs- oder Herstellungskosten, können bis zu 40 % dieser zusätzlichen Aufwendungen den ursprünglichen Abzugsbetrag erhöhen, soweit dadurch der für das Abzugsjahr geltende Höchstbetrag (Randnummer 49) nicht überschritten wird und die Steuerfestsetzung des Abzugsjahres verfahrensrechtlich noch änderbar ist. Dagegen können Bestandteile der berücksichtigungsfähigen Anschaffungs- oder Herstellungskosten, die wegen des Höchstbetrages nicht im Abzugsjahr abgezogen werden konnten, nicht in einem Folgejahr geltend gemacht werden. Entsprechendes gilt auch dann, wenn im Abzugsjahr nicht der höchstmögliche Abzugsbetrag von 40 % der Anschaffungs- oder Herstellungskosten in Anspruch genommen wurde.

4. Betriebsgrößenmerkmale nach § 7g Abs. 1 Satz 2 Nr. 1 EStG

7 Investitionsabzugsbeträge können nur berücksichtigt werden, wenn der Betrieb am Schluss des Wirtschaftsjahres des beabsichtigten Abzuges (Abzugsjahr, Randnummer 6) die in § 7g Abs. 1 Satz 2 Nr. 1 EStG genannten Größenmerkmale nicht überschreitet. In nach dem 31. Dezember 2008 und vor dem 1. Januar 2011 endenden Wirtschaftsjahren gelten die Betriebsgrößengrenzen gemäß § 52 Abs. 23 Satz 5 EStG in der Fassung des Gesetzes zur Umsetzung steuerrechtlicher

---

[1] Für Software kann § 7g EStG nicht in Anspruch genommen werden → BFH vom 18. 5. 2011 – BStBl II S. 865). Das gilt jedoch nicht für sog. Trivialsoftware → R 5.5 Abs. 1 EStR.

Regelungen des Maßnahmenpakets „Beschäftigungssicherung durch Wachstumsstärkung" vom 21. Dezember 2008 (BGBl I S. 2896).

a) Bilanzierende Betriebe mit Einkünften aus §§ 15 oder 18 EStG

Bei einer Gewinnermittlung nach § 4 Abs. 1 oder § 5 EStG ist das Betriebsvermögen eines Gewerbebetriebes oder eines der selbständigen Arbeit dienenden Betriebes am Ende des Wirtschaftsjahres des beabsichtigten Abzuges nach § 7g Abs. 1 EStG wie folgt zu ermitteln: 8

Anlagevermögen
+ Umlaufvermögen
+ aktive Rechnungsabgrenzungsposten
– Rückstellungen
– Verbindlichkeiten
– steuerbilanzielle Rücklagen (z. B. § 6b EStG, Ersatzbeschaffung)
– noch passivierte Ansparabschreibungen gemäß § 7g Abs. 3 ff. EStG a. F.
– passive Rechnungsabgrenzungsposten

= Betriebsvermögen i. S. d. § 7g Abs. 1 Satz 2 Nr. 1 Buchstabe a EStG

Die in der steuerlichen Gewinnermittlung (ggf. zzgl. Sonder- und Ergänzungsbilanzen) ausgewie-   9
senen o. g. Bilanzposten incl. der Grundstücke sind mit ihren steuerlichen Werten anzusetzen. Bei den Steuerrückstellungen können die Minderungen aufgrund in Anspruch genommener Investitionsabzugsbeträge unberücksichtigt bleiben. Wird die Betriebsvermögensgrenze nur dann nicht überschritten, wenn von dieser Option Gebrauch gemacht wird, hat der Steuerpflichtige dem Finanzamt die maßgebende Steuerrückstellung darzulegen.

b) Betriebe der Land- und Forstwirtschaft

Der Wirtschaftswert von Betrieben der Land- und Forstwirtschaft ist auf Grundlage der §§ 2, 35 bis   10
46, 50 bis 62 des Bewertungsgesetzes (BewG) zu berechnen. Er umfasst nur die Eigentumsflächen des Land- und Forstwirtes unabhängig davon, ob sie selbst bewirtschaftet oder verpachtet werden. Eigentumsflächen des Ehegatten des Land- und Forstwirtes, die nur wegen § 26 BewG beim Einheitswert des land- und forstwirtschaftlichen Betriebes angesetzt werden, sind auch dann nicht zu berücksichtigen, wenn sie vom Land- und Forstwirt selbst bewirtschaftet werden.

Für die Ermittlung des Ersatzwirtschaftswertes gelten die §§ 125 ff. BewG. Das gilt unabhängig   11
davon, ob die Vermögenswerte gesondert festzustellen sind. Zu berücksichtigen ist nur der Anteil am Ersatzwirtschaftswert, der auf den im Eigentum des Steuerpflichtigen stehenden und somit zu seinem Betriebsvermögen gehörenden Grund und Boden entfällt. Randnummer 10 Satz 3 gilt entsprechend.

c) Betriebe, die den Gewinn nach § 4 Abs. 3 EStG ermitteln (Einkünfte gemäß §§ 13, 15 und 18 EStG)

Ermittelt der Steuerpflichtige seine Einkünfte aus Gewerbebetrieb oder selbständiger Arbeit nach   12
§ 4 Abs. 3 EStG, können Investitionsabzugsbeträge nur geltend gemacht werden, wenn der Gewinn 100 000 € nicht übersteigt; in diesen Fällen ist das Betriebsvermögen gemäß § 7g Abs. 1 Satz 2 Nr. 1 Buchstabe a EStG nicht relevant. Dagegen reicht es bei nach § 4 Abs. 3 EStG ermittelten Einkünften aus Land- und Forstwirtschaft aus, wenn entweder die Gewinngrenze von 100 000 € oder der Wirtschaftswert/Ersatzwirtschaftswert (Randnummern 10 und 11) nicht überschritten wird.

Gewinn im Sinne von § 7g Abs. 1 Satz 2 Nr. 1 Buchstabe c EStG ist der Betrag, der ohne Berück-   13
sichtigung von Investitionsabzugsbeträgen nach § 7g Abs. 1 EStG der Besteuerung zugrunde zu legen ist. Die Gewinngrenze ist für jeden Betrieb getrennt zu ermitteln und gilt unabhängig davon, wie viele Personen an dem Unternehmen beteiligt sind.

Wird ein Betrieb im Laufe eines Wirtschaftsjahres unentgeltlich nach § 6 Abs. 3 EStG übertragen,   14
ist für die Prüfung der Gewinngrenze nach § 7g Abs. 1 Satz 2 Nr. 1 Buchstabe c EStG der anteilige Gewinn oder Verlust des Rechtsvorgängers und des Rechtsnachfolgers zusammenzufassen.

Hat der Steuerpflichtige mehrere Betriebe, ist für jeden Betrieb gesondert zu prüfen, ob die Gren-   15
zen des § 7g Abs. 1 Satz 2 Nr. 1 EStG überschritten werden. Bei Personengesellschaften, bei denen die Gesellschafter als Mitunternehmer anzusehen sind, sind das Betriebsvermögen, der Wirtschaftswert/Ersatzwirtschaftswert oder der Gewinn der Personengesellschaft maßgebend. Das gilt auch dann, wenn die Investitionsabzugsbeträge für Investitionsgüter in Anspruch genommen werden, die zum Sonderbetriebsvermögen eines Mitunternehmers der Personengesellschaft gehören. In den Fällen der Betriebsaufspaltung sind das Besitz- und das Betriebsunternehmen bei der Prüfung der Betriebsgrößenmerkmale des § 7g Abs. 1 Satz 2 Nr. 1 EStG getrennt zu beurteilen (BFH-

Urteil vom 17. Juli 1991, BStBl 1992 II S. 246). Entsprechendes gilt bei Organschaften für Organträger und Organgesellschaft.

10 Werden die maßgebenden Betriebsgrößenobergrenzen des Abzugsjahres (Randnummer 6) aufgrund einer nachträglichen Änderung (z. B. zusätzliche Aktivierung eines Wirtschaftsgutes, Erhöhung des Gewinns nach § 4 Abs. 3 EStG) überschritten, ist der entsprechende Steuerbescheid unter den Voraussetzungen der §§ 164, 165 und 172 ff. Abgabenordnung (AO) zu ändern.

5. Voraussichtliche Anschaffung oder Herstellung des begünstigten Wirtschaftsgutes (§ 7g Abs. 1 Satz 2 Nr. 2 Buchstabe a und Nr. 3 EStG)

a) Grundsatz

17 Ein Investitionsabzugsbetrag kann nur in Anspruch genommen werden, wenn der Steuerpflichtige beabsichtigt, das begünstigte Wirtschaftsgut voraussichtlich in einem der dem Wirtschaftsjahr des Abzuges (Abzugsjahr, vgl. Randnummer 6) folgenden drei Wirtschaftsjahre anzuschaffen oder herzustellen (Investitionszeitraum). Für die hinreichende Konkretisierung der geplanten Investition ist eine Prognoseentscheidung über das künftige Investitionsverhalten erforderlich (vgl. auch BFH-Urteile vom 19. September 2002, BStBl 2004 II S. 184, vom 6. März 2003, BStBl 2004 II S. 187 und vom 11. Juli 2007, BStBl II S. 957). Maßgebend sind die Verhältnisse am Ende des Wirtschaftsjahres der beabsichtigten Geltendmachung des Investitionsabzugsbetrages.

18 Vorbehaltlich der Randnummern 29 (Investitionsabzugsbeträge in Jahren vor Abschluss der Betriebseröffnung) und 37 (wesentliche Betriebserweiterung) reicht es aus, das einzelne Wirtschaftsgut, das voraussichtlich angeschafft oder hergestellt werden soll, seiner Funktion nach zu benennen (Randnummer 41) und die Höhe der voraussichtlichen Anschaffungs- oder Herstellungskosten anzugeben (§ 7g Abs. 1 Satz 2 Nr. 3 EStG); § 9b EStG ist zu beachten. Die Vorlage eines Investitionsplanes oder eine feste Bestellung eines bestimmten Wirtschaftsgutes ist dagegen nicht erforderlich. Zu Besonderheiten in Fällen einer nachträglichen Inanspruchnahme von Investitionsabzugsbeträgen wird auf die Randnummern 24 bis 27 hingewiesen.

b) Finanzierungszusammenhang

19 Die Geltendmachung von Investitionsabzugsbeträgen erfordert in zeitlicher Hinsicht, dass sie die ihr zugedachte Funktion der Finanzierungserleichterung erfüllt. Zwischen den Zeitpunkten des Abzuges und der tatsächlichen Investition muss ein Finanzierungszusammenhang bestehen (vgl. hierzu auch BFH-Urteil vom 14. August 2001, BStBl 2004 II S. 181). Ein solcher Zusammenhang liegt bei einem Abzug in der der Steuererklärung beizufügenden Gewinnermittlung regelmäßig vor. Entsprechendes gilt auch, wenn nach der erstmaligen Steuerfestsetzung innerhalb der Einspruchsfrist gemäß § 355 AO Investitionsabzugsbeträge in Anspruch genommen oder geändert werden.

c) Inanspruchnahme von Investitionsabzugsbeträgen nach Ablauf der Investitionsfrist

20 Ist bei Abgabe der Steuererklärung für das Kalenderjahr, in dem ein Investitionsabzugsbetrag geltend gemacht wird, die Investitionsfrist gemäß § 7g Abs. 1 Satz 2 Nr. 2 Buchstabe a EStG bereits abgelaufen und wurde tatsächlich keine Investition getätigt, kann ein Investitionsabzugsbetrag bereits wegen der gleichzeitigen Rückgängigmachung (vgl. Randnummern 56 und 59) nicht mehr berücksichtigt werden.

d) Wiederholte Inanspruchnahme von Investitionsabzugsbeträgen für bestimmte Investitionen

21 Die wiederholte Beanspruchung von Investitionsabzugsbeträgen für bestimmte Investitionen nach Ablauf des vorangegangenen Investitionszeitraums ist nur zulässig, wenn der Steuerpflichtige ausreichend begründet, weshalb die Investitionen trotz gegenteiliger Absichtserklärung bislang noch nicht durchgeführt wurden, aber dennoch weiterhin geplant sind (BFH-Urteil vom 6. September 2006, BStBl 2007 II S. 860). Das gilt auch dann, wenn der Steuerpflichtige bei der erneuten Geltendmachung die Anzahl dieser Wirtschaftsgüter erhöht oder vermindert (vgl. BFH-Urteil vom 11. Oktober 2007, BStBl 2008 II S. 119).

e) Investitionsabzugsbeträge im zeitlichen und sachlichen Zusammenhang mit einer Betriebsveräußerung oder Betriebsaufgabe

22 Wurde der Betrieb bereits veräußert, aufgegeben oder hat der Steuerpflichtige bei Abgabe der Steuererklärung für das Kalenderjahr, in dem Investitionsabzugsbeträge geltend gemacht werden, den Entschluss gefasst, seinen Betrieb insgesamt zu veräußern oder aufzugeben, können Investitionsabzugsbeträge nicht mehr in Anspruch genommen werden (vgl. auch BFH-Urteil vom 20. Dezember 2006, BStBl 2007 II S. 862 zu den bisherigen Ansparabschreibungen), es sei denn, die maßgebenden Investitionen werden voraussichtlich noch vor der Betriebsveräußerung oder

Betriebsaufgabe durchgeführt (z. B. kleinere Anschaffungen, vgl. BFH-Urteil vom 1. August 2007, BStBl 2008 II S. 106).

Behält der Steuerpflichtige im Rahmen der Betriebsveräußerung oder Betriebsaufgabe Betriebsver- **23** mögen zurück und übt seine bisherige Tätigkeit der Art nach weiterhin mit Gewinnerzielungsabsicht aus, können für mit dem „Restbetrieb" im Zusammenhang stehende Investitionen bei Vorliegen der Voraussetzungen des § 7g EStG weiterhin Investitionsabzugsbeträge in Anspruch genommen werden. Dies gilt unabhängig davon, ob die Veräußerung oder Entnahme des sonstigen Betriebsvermögens nach den §§ 16 und 34 EStG besteuert wird (vgl. BFH-Urteil vom 1. August 2007, BStBl 2008 II S. 106).

f) Nachträgliche Inanspruchnahme von Investitionsabzugsbeträgen

Bei der Prüfung, ob Investitionsabzugsbeträge nachträglich, also nicht schon im Rahmen der mit **24** der Steuererklärung eingereichten Gewinnermittlung, in Anspruch genommen werden können, ist auf den Zeitpunkt der Antragstellung (z. B. im Einspruchsverfahren oder bei einer Betriebsprüfung) abzustellen. Dabei gilt Folgendes:

aa) Die Investitionsfrist ist noch nicht abgelaufen und die Investition steht noch aus

An die erforderliche Konkretisierung der Investitionsabsicht sind erhöhte Anforderungen zu stellen **25** (vgl. BFH-Urteil vom 19. September 2002, BStBl 2004 II S. 184). Insbesondere ist glaubhaft darzulegen, aus welchen Gründen der Abzugsbetrag nicht bereits in der ursprünglichen Gewinnermittlung geltend gemacht wurde. Der Steuerpflichtige hat anhand geeigneter Unterlagen oder Erläuterungen (z. B. angeforderte Prospekte oder Informationen) glaubhaft zu machen, dass in dem Wirtschaftsjahr, in dem ein Investitionsabzugsbetrag nachträglich berücksichtigt werden soll, eine voraussichtliche Investitionsabsicht bestanden hat. Die Behauptung, der Abzug nach § 7g EStG sei versehentlich unterblieben, reicht nicht aus.

bb) Die Investitionsfrist ist bereits abgelaufen und es wurde keine Investition getätigt

Ein Investitionsabzugsbetrag kann nicht mehr berücksichtigt werden, vgl. Randnummer 20. **26**

cc) Die Investition wurde bereits durchgeführt

Eine nachträgliche Inanspruchnahme oder Erhöhung eines Investitionsabzugsbetrages ist regel- **27** mäßig nicht mehr möglich, da in diesen Fällen nicht mehr von einem Finanzierungszusammenhang (vgl. Randnummer 19) ausgegangen werden kann. Eine Ausnahme kommt nur dann in Betracht, wenn der Steuerpflichtige nachweisen oder glaubhaft machen kann, dass ein solcher Finanzierungszusammenhang dennoch besteht (z. B. Nachweis, dass mit der Steuererstattung eine Zwischenfinanzierung für die entsprechende Investition abgelöst werden soll); Randnummer 25 gilt entsprechend.

g) Investitionsabzugsbeträge in Jahren vor Abschluss der Betriebseröffnung

Die Eröffnung eines Betriebes beginnt zu dem Zeitpunkt, in dem der Steuerpflichtige mit Tätigkei- **28** ten beginnt, die objektiv erkennbar auf die Vorbereitung der betrieblichen Tätigkeit gerichtet sind (BFH-Urteil vom 9. Februar 1983, BStBl II S. 451) und ist erst abgeschlossen, wenn alle wesentlichen Grundlagen vorhanden sind (vgl. BFH-Urteil vom 10. Juli 1991, BStBl II S. 840).

In Jahren vor Abschluss der Betriebseröffnung kann ein Investitionsabzugsbetrag für die künftige **29** Anschaffung oder Herstellung eines begünstigten Wirtschaftsgutes nur in Anspruch genommen werden, wenn die Investitionsentscheidungen hinsichtlich der wesentlichen Betriebsgrundlagen ausreichend konkretisiert sind. Bei der Inanspruchnahme von Investitionsabzugsbeträgen für wesentliche Betriebsgrundlagen ist es darüber hinaus erforderlich, dass das Wirtschaftsgut, für das ein Abzugsbetrag geltend gemacht wird, bis zum Ende des Jahres, in dem der Abzug vorgenommen wird, verbindlich bestellt worden ist (vgl. hierzu auch BFH-Urteil vom 25. April 2002, BStBl 2004 II S. 182 und vom 19. April 2007, BStBl II S. 704). Im Falle der Herstellung muss eine Genehmigung verbindlich beantragt oder – falls eine Genehmigung nicht erforderlich ist – mit der Herstellung des Wirtschaftsgutes bereits tatsächlich begonnen worden sein.

Sind keine wesentlichen Betriebsgrundlagen erforderlich, können Investitionsabzugsbeträge bei **30** Vorliegen der weiteren Voraussetzungen am Ende des Wirtschaftsjahres der Betriebseröffnung, d. h. dem nach außen erkennbaren Beginn der betrieblichen Aktivität, berücksichtigt werden.

In den Jahren vor Abschluss der Betriebseröffnung können Investitionsabzugsbeträge nur berück- **31** sichtigt werden, wenn am Schluss des Jahres, in dem der Abzug vorgenommen wird, die Größenmerkmale gemäß § 7g Abs. 1 Satz 2 Nr. 1 EStG (vgl. Randnummern 7 bis 15) nicht überschritten werden.

32   Bei der Berechnung des maßgebenden Investitionszeitraums für das jeweilige Wirtschaftsgut (Randnummer 17 Satz 1) gelten das Jahr, in dem der Investitionsabzugsbetrag abgezogen wurde, ggf. darauf folgenden Jahre sowie das Jahr, in dem die Betriebseröffnung abgeschlossen wird, jeweils als ein Wirtschaftsjahr.

33   Wurden Investitionsabzugsbeträge zulässigerweise in Anspruch genommen und kommt es später aber wider Erwarten nicht zum Abschluss der Betriebseröffnung, sind die Investitionsabzugsbeträge nach § 7g Abs. 3 EStG rückgängig zu machen (Randnummer 56), wenn feststeht, dass der Betrieb nicht eröffnet wird.

h) Investitionsabzugsbeträge bei wesentlicher Erweiterung eines bestehenden Betriebes

34   Einer Betriebseröffnung im Sinne von Randnummer 28 gleichzusetzen ist die geplante wesentliche Erweiterung eines bereits bestehenden Betriebes (vgl. BFH-Urteil vom 19. September 2002, a. a. O.).

35   Unter einer wesentlichen Betriebserweiterung sind außerordentliche Maßnahmen zu verstehen, die von erheblicher Bedeutung sind und nicht nur der Rationalisierung, Umstrukturierung, Verlagerung oder Intensivierung eines vorhandenen Betriebes dienen. Hiervon kann z. B. dann ausgegangen werden, wenn ein neuer Geschäftszweig eröffnet, die bisherige Kapazität wesentlich erweitert, eine neue Betriebsstätte errichtet, neue Märkte erschlossen oder das Sortiment oder die Produktpalette um ein Produkt erweitert werden, das wesentliche Unterschiede zu bisherigen Produkten aufweist und nicht lediglich eine bestehende Produktlinie modifiziert.

36   Die wesentliche Erweiterung beginnt mit den Tätigkeiten, die objektiv erkennbar auf die Vorbereitung der wesentlichen Betriebserweiterung gerichtet sind und endet, wenn alle für die Erweiterung wesentlichen Betriebsgrundlagen angeschafft oder hergestellt wurden (Erweiterungszeitraum).

37   Werden im Erweiterungszeitraum Investitionsabzugsbeträge für die künftige Anschaffung oder Herstellung von begünstigten Wirtschaftsgütern, die mit der wesentlichen Erweiterung im Zusammenhang stehen, in Anspruch genommen, gilt Randnummer 29 entsprechend.

38   Für bewegliche Wirtschaftsgüter des Anlagevermögens, die nicht im Zusammenhang mit der wesentlichen Erweiterung stehen, können Investitionsabzugsbeträge auch ohne verbindliche Bestellung in Anspruch genommen werden, wenn die Voraussetzungen des § 7g Abs. 1 EStG vorliegen.

39   Bei der Prüfung der Größenmerkmale ist auf das Betriebsvermögen des bestehenden Betriebes insgesamt und nicht nur auf die Betriebserweiterung abzustellen. Die Randnummern 7 bis 16 gelten entsprechend.

i) Investitionsabzugsbeträge für Wirtschaftsgüter, die nur im Falle einer wesentlichen Betriebserweiterung verwendbar wären

40   Die Randnummern 34 bis 39 sind auch anzuwenden, wenn eine Erweiterung des Betriebes nicht geplant ist, jedoch die Investitionsgüter, für die Investitionsabzugsbeträge geltend gemacht werden, objektiv nur im Falle einer wesentlichen Betriebserweiterung verwendbar wären (vgl. BFH-Urteil vom 11. Juli 2007, BStBl II S. 957).

j) Benennung des Wirtschaftsgutes der Funktion nach (§ 7g Abs. 1 Satz 2 Nr. 3 EStG)

41   Neben der Angabe der voraussichtlichen Anschaffungs- oder Herstellungskosten ist das begünstigte Wirtschaftsgut in den dem Finanzamt einzureichenden Unterlagen seiner Funktion nach zu benennen. Hierfür reicht es aus, die betriebsinterne Bestimmung stichwortartig darzulegen. Dabei muss erkennbar sein, für welchen Zweck das Wirtschaftsgut angeschafft oder hergestellt werden soll. Lässt sich die geplante Investition einer stichwortartigen Bezeichnung zuordnen, aus der sich die Funktion des Wirtschaftsgutes ergibt, reicht die Angabe dieses Stichwortes aus. Allgemeine Bezeichnungen, aus denen sich die Funktion des Wirtschaftsgutes nicht hinreichend bestimmen lässt (z. B. „Maschinen" oder „Fuhrpark"), sind dagegen nicht zulässig. Auch eine „räumliche" Betrachtungsweise, wonach alle Wirtschaftsgüter begünstigt sind, die in einem bestimmten räumlichen Zusammenhang stehen (z. B. Büro, Werkshalle, Stall) lässt § 7g Abs. 1 Satz 2 Nr. 3 EStG nicht zu.

Beispiele für die Funktionsbeschreibung eines Wirtschaftsgutes:

Beschreibung	begünstigtes Wirtschaftsgut z. B.	Nicht begünstigtes Wirtschaftsgut z. B.
Vorrichtung oder Werkzeug für die Herstellung eines Wirtschaftsgutes	Produktionsmaschine, Werkzeug für Reparatur und Wartung	Einrichtungsgegenstand für die Produktionshalle
Vorrichtung für die Beseitigung und Entsorgung betrieblicher Abfälle	Sammelbehälter für Abfälle, Reinigungsmaschine	Produktionsmaschine
Vorrichtung für die Verbesserung des Raumklimas in betrieblichen Räumen und Hallen	Klima- und Trockengerät (sofern nicht Gebäudebestandteil)	Produktionsmaschine, Einrichtungsgegenstand
Vorrichtung für die Versorgung des Viehs in einem landwirtschaftlichen Betrieb	Fütterungsanlage, Futterbehälter, Werkzeug für die Futterverteilung	Klimagerät, Abfallbehälter, Stalleinrichtung

Beispiele für stichwortartige Bezeichnungen, aus denen sich die Funktion des jeweiligen Wirtschaftsgutes ergibt:

Stichwortartige Bezeichnung	begünstigtes Wirtschaftsgut z. B.	Nicht begünstigtes Wirtschaftsgut z. B.
Bürotechnik-Gegenstand	Computer, Drucker, Faxgerät, Telefon, Kopierer	Büroeinrichtungsgegenstand, Büromöbelstück
Nutzfahrzeug	Traktor, Lkw, Mähdrescher, Anhänger, Gabelstapler	Pkw
Pkw	Jedes Fahrzeug, das üblicherweise vorrangig der Personenbeförderung dient	Traktor, Lkw, Mähdrescher, Anhänger, Gabelstapler
Büroeinrichtungsgegenstand/ Büromöbelstück	Schreibtisch, Stuhl, Rollcontainer, Regal, Dekorationsgegenstand	Bürotechnik-Gegenstand, Klimagerät

Bei einer Funktionsbeschreibung oder der Verwendung einer zulässigen stichwortartigen Bezeichnung ist der jeweilige Investitionsabzugsbetrag grundsätzlich für jedes einzelne Wirtschaftsgut gesondert zu dokumentieren. Eine Zusammenfassung mehrerer funktionsgleicher Wirtschaftsgüter, deren voraussichtliche Anschaffungs- oder Herstellungskosten übereinstimmen, ist zulässig. Dabei ist die Anzahl dieser Wirtschaftsgüter anzugeben.

Beispiel:
Geplante Anschaffung: 5 Bürostühle für je 100 €
Erforderliches Dokumentation z. B. 5x Büroeinrichtungsgegenstand insg. 500 €

Die dokumentierte Funktionsbeschreibung ist maßgebend für die Anwendung des § 7g EStG. Wird ein über die Funktionsbeschreibung hinausgehender Begriff verwendet, ist dieser Grundlage für die Prüfung der Funktionsgleichheit der geplanten und tatsächlich getätigten Investition. Wird beispielsweise die Bezeichnung „Bürostuhl" verwendet, ist auch nur die Anschaffung einer entsprechenden Sitzgelegenheit (Chefsessel, einfacher Drehstuhl o. ä.), nicht aber eines Wandregals begünstigt.   42

6. Voraussichtliche Verwendung des begünstigten Wirtschaftsgutes (§ 7g Abs. 1 Satz 2 Nr. 2 Buchstabe b EStG)

Die Inanspruchnahme eines Investitionsabzugsbetrages setzt voraus, dass das begünstigte Wirtschaftsgut mindestens bis zum Ende des dem Wirtschaftsjahr der Anschaffung oder Herstellung folgenden Wirtschaftsjahres (Verbleibens- und Nutzungszeitraum) in einer inländischen Betriebsstätte des Betriebes ausschließlich oder fast ausschließlich betrieblich genutzt wird (§ 7g Abs. 1 Satz 2 Nr. 2 Buchstabe b EStG).   43

a) Nutzung in einer inländischen Betriebsstätte

44 Die betriebliche Nutzung des Wirtschaftsgutes in einer inländischen Betriebsstätte des begünstigten Betriebes im Verbleibens- und Nutzungszeitraum (Randnummer 43) ergibt sich regelmäßig aus der Erfassung im Bestandsverzeichnis (Anlageverzeichnis), es sei denn, es handelt sich um ein geringwertiges Wirtschaftsgut im Sinne von § 6 Abs. 2 EStG oder um ein Wirtschaftsgut, das nach § 6 Abs. 2a EStG in einem Sammelposten zu erfassen ist. Der Steuerpflichtige hat jedoch auch die Möglichkeit, die betriebliche Nutzung anderweitig nachzuweisen. Die Verbleibensvoraussetzung wird insbesondere dann nicht mehr erfüllt, wenn das Wirtschaftsgut innerhalb dieses Zeitraums

– veräußert,

– einem Anderen für mehr als drei Monate entgeltlich oder unentgeltlich zur Nutzung überlässt (z. B. längerfristige Vermietung),

– im Rahmen einer ausschließlich aufgrund einer tatsächlichen Beherrschung bestehenden Betriebsaufspaltung zur Nutzung überlassen wird (vgl. hierzu BMF-Schreiben vom 20. September 1993, BStBl I S. 803 oder

– in einen anderen Betrieb, eine ausländische Betriebsstätte, in das Umlaufvermögen oder in das Privatvermögen überführt, übertragen oder eingebracht wird.

Eine Veräußerung oder Entnahme in diesem Sinne liegt auch vor, wenn der Betrieb im Verbleibens- und Nutzungszeitraum aufgegeben oder veräußert wird. Dagegen sind die Veräußerung, der Erbfall, der Vermögensübergang i. S. d. UmwStG oder die unentgeltliche Übertragung des Betriebes, Teilbetriebes oder Mitunternehmeranteils nach § 6 Abs. 3 EStG unschädlich, wenn der begünstigte Betrieb, Teilbetrieb oder Mitunternehmeranteil bis zum Ende des Verbleibenszeitraum in der Hand des neuen Eigentümers bestehen bleibt. Das gilt auch für eine Betriebsverpachtung im Ganzen.

45 Die Verbleibensvoraussetzung gilt auch dann als erfüllt, wenn das vorzeitige Ausscheiden des Wirtschaftsgutes unmittelbar auf einem nicht vom Willen des Steuerpflichtigen abhängigen Ereignis beruht, z. B. infolge

– Ablaufes der Nutzungsdauer wegen wirtschaftlichen Verbrauches

– Umtausches wegen Mangelhaftigkeit gegen ein anderes Wirtschaftsgut gleicher oder besserer Qualität oder

– höherer Gewalt oder behördlicher Eingriffe (s. R 6.6 Abs. 2 EStR)

b) Ausschließliche oder fast ausschließliche betriebliche Nutzung

46 Ein Wirtschaftsgut wird ausschließlich oder fast ausschließlich betrieblich genutzt, wenn es der Steuerpflichtige zu nicht mehr als 10 % privat nutzt. Der Steuerpflichtige hat in begründeten Zweifelsfällen darzulegen, dass der Umfang der betrieblichen Nutzung mindestens 90 % beträgt.

47 [1]Es bestehen keine Bedenken, die Fahrten zwischen Wohnung und Betriebsstätte der betrieblichen Nutzung zuzurechnen. Der Umfang der betrieblichen Nutzung im maßgebenden Nutzungszeitraum ist vom Steuerpflichtigen anhand geeigneter Unterlagen darzulegen; im Fall des § 6 Abs. 1 Nr. 4 Satz 3 EStG durch das ordnungsgemäße Fahrtenbuch. Bei Anwendung der sog. 1 %-Regelung (§ 6 Abs. 1 Nr. 4 Satz 2 EStG) ist grundsätzlich von einem schädlichen Nutzungsumfang auszugehen.

48 Die Frage, ob die Verbleibens- und Nutzungsvoraussetzungen erfüllt werden, ist anhand einer Prognoseentscheidung zu beurteilen (zum Zeitpunkt der Prognoseentscheidung vgl. Randnummer 17). Stellt sich bei der Investition oder bereits zu einem früheren Zeitpunkt heraus, dass diese Voraussetzungen nicht erfüllt werden, wurde oder wird kein begünstigtes Wirtschaftsgut im Sinne des § 7g Abs. 1 und 2 EStG angeschafft oder hergestellt. In diesen Fällen ist § 7g Abs. 3 EStG (Randnummern 56 und 57) anzuwenden.

7. Summe der Investitionsabzugsbeträge (§ 7g Abs. 1 Satz 4 EStG)

49 Die Summe der am Ende des Wirtschaftsjahres in Anspruch genommenen Investitionsabzugsbeträge darf je Betrieb 200 000 € nicht übersteigen. Dieser Betrag vermindert sich um die in den drei vorangegangenen Wirtschaftsjahren berücksichtigten Abzugsbeträge nach § 7g Abs. 1 EStG,

---

[1] Hinweis auf BFH vom 26. 11. 2009 – BFHE 226, 541):

1. Für einen betrieblichen PKW, der auch privat genutzt werden soll, kann die Absicht der ausschließlich oder fast ausschließlich betrieblichen Nutzung des PKW dadurch dargelegt werden, dass der Steuerpflichtige geltend macht, den (ausreichenden) betrieblichen Nutzungsanteil mittels eines Fahrtenbuches zu dokumentieren.

2. Dem steht bei summarischer Prüfung nicht entgegen, dass der Steuerpflichtige für ein im Zeitpunkt der Geltendmachung des Investitionsabzugsbetrages vorhandenes Fahrzeug den privaten Nutzungsanteil unter Anwendung der sog. 1 %-Regelung (§ 6 Abs. 1 Nr. 4 Satz 2 EStG) ermittelt (gegen BMF vom 8. 5. 2009 (BStBl I S. 633, Rn. 47).

die noch „vorhanden" sind, d. h. nicht wieder hinzugerechnet (§ 7g Abs. 2 EStG) oder rückgängig gemacht wurden (§ 7g Abs. 3 und 4 EStG). Zusätzlich sind noch bestehende Ansparabschreibungen nach § 7g EStG a. F. auf den Höchstbetrag anzurechnen (§ 52 Abs. 23 Satz 4 EStG).

II. Hinzurechnung des Investitionsabzugsbetrages bei planmäßiger Durchführung der Investition und gleichzeitige gewinnmindernde Herabsetzung der Anschaffungs- oder Herstellungskosten (§ 7g Abs. 2 EStG)

Wird das begünstigte Wirtschaftsgut (Randnummern 3 bis 4), für das ein Investitionsabzugsbetrag nach § 7g Abs. 1 EStG in Anspruch genommen wurde, angeschafft oder hergestellt, ist § 7g Abs. 2 EStG anzuwenden (Randnummern 51 ff.). Steht bereits bei Abgabe der maßgebenden Steuererklärung fest oder ist davon auszugehen, dass die Verbleibens- und Nutzungsvoraussetzungen des § 7g Abs. 1 Satz 2 Nr. 2 Buchst. b EStG (Randnummern 43 bis 47) nicht erfüllt werden, ist der Investitionsabzugsbetrag nach § 7g Abs. 3 EStG rückgängig zu machen. Die Randnummern 56 und 57 gelten entsprechend.

50

1. Hinzurechnung des Investitionsabzugsbetrages (§ 7g Abs. 2 Satz 1 EStG)

Der Gewinn des Wirtschaftsjahres der Investition des begünstigten Wirtschaftsgutes ist zwingend um 40 % der tatsächlichen Anschaffungs- oder Herstellungskosten, höchstens jedoch in Höhe des für diese Investition nach § 7g Abs. 1 EStG geltend gemachten Abzugsbetrages, zu erhöhen (Hinzurechnung des Investitionsabzugsbetrages). Randnummer 5 Satz 2 gilt entsprechend.

51

Soweit der für das begünstigte Wirtschaftsgut beanspruchte Investitionsabzugsbetrag 40 % der tatsächlichen Anschaffungs- oder Herstellungskosten übersteigt, kann der Restbetrag für innerhalb des verbleibenden Investitionszeitraumes nachträglich anfallende Anschaffungs- oder Herstellungskosten verwendet werden. Randnummer 51 gilt entsprechend. Soweit allerdings innerhalb des verbleibenden Investitionszeitraums keine nachträglichen Anschaffungs- oder Herstellungskosten für das begünstigte Wirtschaftsgut entstehen, ist der noch nicht hinzugerechnete Investitionsabzugsbetrag rückgängig zu machen. Die Randnummern 56 und 57 sind zu beachten. Eine „Übertragung" von Restbeträgen auf ein anderes begünstigtes Wirtschaftsgut ist auch dann nicht zulässig, wenn das andere Wirtschaftsgut funktionsgleich ist.

52

2. Minderung der Anschaffungs- oder Herstellungskosten (§ 7g Abs. 2 Satz 2 EStG)

Zum Ausgleich der Gewinnerhöhung durch die Hinzurechnung des Investitionsabzugsbetrages können die tatsächlichen Anschaffungs- oder Herstellungskosten des begünstigten Wirtschaftsgutes im Wirtschaftsjahr der Anschaffung oder Herstellung um bis zu 40 % gewinnmindernd herabgesetzt werden. Das gilt nicht bei einer Ermittlung des Gewinns aus Land- und Forstwirtschaft nach Durchschnittssätzen (§ 13a EStG). Die Minderung ist beschränkt auf die Hinzurechnung nach § 7g Abs. 2 Satz 1 EStG. Damit wird im Ergebnis – entsprechend dem Sinn und Zweck des § 7g EStG – Abschreibungsvolumen in einem Jahr vor der tatsächlichen Investition gewinnmindernd berücksichtigt. Die Herabsetzung nach § 7g Abs. 2 Satz 2 EStG und der Investitionsabzugsbetrag nach § 7g Abs. 1 EStG bedingen sich gegenseitig, so dass insoweit – abweichend von den Sonderabschreibungen nach § 7g Abs. 5 und 6 EStG – keine isoliert zu betrachtende Abschreibungsmöglichkeit besteht.

53

Bei Inanspruchnahme der Herabsetzung gemäß § 7g Abs. 2 Satz 2 EStG vermindert sich die Bemessungsgrundlage für die Absetzungen nach den §§ 7ff. EStG um diesen Betrag. Darüber hinaus kann die entsprechende Kürzung der Anschaffungs- oder Herstellungskosten zur Anwendung der Regelungen zu den sog. geringwertigen Wirtschaftsgütern nach § 6 Abs. 2 EStG und zu den Wirtschaftsgütern, die nach § 6 Abs. 2a EStG in einem Sammelposten zu erfassen sind, führen, wenn die dort genannten Betragsgrenzen unterschritten werden.

54

III. Rückgängigmachung des Investitionsabzugsbetrages (§ 7g Abs. 3 EStG)

Ein Investitionsabzugsbetrag ist rückgängig zu machen, wenn das Wirtschaftsgut, für das der Abzug in Anspruch genommen wurde, tatsächlich nicht innerhalb des Investitionszeitraums angeschafft oder hergestellt wird. Wurde zwar investiert, aber ist die tatsächliche Investition nicht begünstigt im Sinne von § 7g EStG oder nicht funktionsgleich mit dem ursprünglich geplanten Wirtschaftsgut, ist ebenfalls § 7g Abs. 3 EStG anzuwenden.

55

1. Die begünstigte Investition wird nicht durchgeführt

Wird die geplante begünstigte Investition nicht durchgeführt, ist der für dieses Wirtschaftsgut in Anspruch genommene Investitionsabzugsbetrag nach § 7g Abs. 1 EStG spätestens nach Ablauf des Investitionszeitraumes (§ 7g Abs. 1 Satz 2 Nr. 2a EStG) bei der Veranlagung rückgängig zu machen, bei der der Abzug vorgenommen wurde.

56

57 Ein Investitionsabzugsbetrag ist bereits vor dem Ende des Investitionszeitraums vollumfänglich rückgängig zu machen, wenn der Steuerpflichtige vorzeitig von der geplanten und begünstigten Investition Abstand nimmt (vgl. BFH-Urteil vom 21. September 2005, BStBl 2006 II S. 66).

58 Ist im Zeitpunkt der Betriebsveräußerung oder Betriebsaufgabe noch ein Abzugsbetrag für eine nicht mehr realisierbare Investition vorhanden, ist dieser Investitionsabzugsbetrag im Wirtschaftsjahr des Abzuges gemäß § 7g Abs. 3 EStG rückgängig zu machen. Investitionsabzugsbeträge, die mit einem ggf. verbleibenden „Restbetrieb" im Zusammenhang stehen (vgl. Randnummer 23), können, sofern weiterhin Investitionsabsicht besteht und die Investitionsfrist noch nicht abgelaufen ist, bestehen bleiben.

59 Ein vom Rechtsvorgänger in Anspruch genommener Investitionsabzugsbetrag ist bei einer unentgeltlichen Betriebsübertragung nach § 6 Abs. 3 EStG oder Buchwerteinbringung nach §§ 20, 24 UmwStG rückgängig zu machen, wenn am Übertragungsstichtag – unter Berücksichtigung eines etwaigen Rumpfwirtschaftsjahres – der Investitionszeitraum endet und keine begünstigte Investition durchgeführt wurde. Ist der Investitionszeitraum noch nicht abgelaufen, treten bei einer Investition die Rechtsfolgen des § 7g Abs. 2 EStG beim Rechtsnachfolger ein. Im Übrigen sind die Randnummern 55 bis 60 mit der Maßgabe anzuwenden, dass der Investitionsabzugsbetrag beim Rechtsvorgänger rückgängig gemacht werden muss. Dies gilt sinngemäß bei der unentgeltlichen Übertragung eines Mitunternehmeranteils nach § 6 Abs. 3 EStG, wenn der Rechtsvorgänger in seinem Sonderbetriebsvermögen einen Investitionsabzugsbetrag in Anspruch genommen hat.

2. Anschaffung oder Herstellung eines nicht funktionsgleichen Wirtschaftsgutes

60 Sind die Investition, für die ein Investitionsabzugsbetrag nach § 7g Abs. 1 EStG in Anspruch genommen wurde, und die später durchgeführte Investition nicht funktionsgleich (Randnummern 41 und 42), wurde kein begünstigtes Wirtschaftsgut im Sinne von § 7g Abs. 2 EStG angeschafft oder hergestellt. Der Investitionsabzugsbetrag ist rückgängig zu machen (Randnummer 57), es sei denn, der Steuerpflichtige beabsichtigt, die ursprünglich geplante Investition noch innerhalb des Investitionszeitraums zu tätigen.

3. Wechsel der Gewinnermittlungsart

61 Investitionsabzugsbeträge sind rückgängig zu machen, wenn der Steuerpflichtige zur Gewinnermittlung nach § 5a Abs. 1 EStG übergeht (§ 5a Abs. 5 Satz 3 EStG). Dagegen ist der Wechsel zur Ermittlung des Gewinns aus Land- und Forstwirtschaft nach Durchschnittssätzen (§ 13a EStG) unschädlich.

4. Freiwillige Rückgängigmachung eines Investitionsabzugsbetrages

62 Auf Antrag des Steuerpflichtigen können Investitionsabzugsbeträge innerhalb des Investitionszeitraums jederzeit freiwillig ganz oder teilweise nach § 7g Abs. 3 EStG rückgängig gemacht werden.

IV. Nichteinhaltung der Verbleibens- und Nutzungsfristen (§ 7g Abs. 4 EStG)

63 Die Rückgängigmachung gemäß § 7g Abs. 4 EStG kommt in den Fällen zur Anwendung, in denen ein begünstigtes Wirtschaftsgut angeschafft oder hergestellt wird, die Regelungen des § 7g Abs. 2 EStG (Randnummern 50 bis 54) der Steuerfestsetzung zugrunde gelegt, aber die Verbleibens- und Nutzungsfristen gemäß § 7g Abs. 1 Satz 2 Nr. 2 Buchst. b EStG nicht erfüllt werden (schädliche Verwendung, Randnummern 43 bis 47). In diesen Fällen sind der Abzug nach § 7g Abs. 1 EStG, die Hinzurechnung des Investitionsabzugsbetrages und die gegebenenfalls erfolgte Herabsetzung der Bemessungsgrundlage nach § 7g Abs. 2 EStG, sowie die sich daraus ergebende Folgeänderung bei der Abschreibung rückgängig zu machen und die entsprechenden Steuerfestsetzungen zu ändern.

64 Hat die Herabsetzung gemäß § 7g Abs. 2 Satz 2 EStG zur Anwendung der §§ 6 Abs. 2 und 2a EStG geführt (vgl. Randnummer 54) oder wurden die insoweit maßgebenden maximalen Anschaffungs- oder Herstellungskosten bereits vor Anwendung von § 7g Abs. 2 Satz 2 EStG unterschritten, bestehen für das betreffende Wirtschaftsgut – abgesehen von der buchmäßigen Erfassung des Zugangs des Wirtschaftsgutes – keine Aufzeichnungsverpflichtungen. Deshalb ist in diesen Fällen die Einhaltung der Verbleibens- und Nutzungsvoraussetzungen im Sinne des § 7g Abs. 4 Satz 1 EStG aus Vereinfachungsgründen nicht zu prüfen.

1. Schädliche Verwendung der Investition im Sinne von § 7g Abs. 4 Satz 1 EStG

65 Eine im Sinne des § 7g Abs. 4 EStG schädliche Verwendung liegt insbesondere dann vor, wenn das betreffende Wirtschaftsgut vor dem Ende des dem Wirtschaftsjahr der Anschaffung oder Herstellung folgenden Wirtschaftsjahres aus dem begünstigten Betrieb ausscheidet, dort nicht mehr zu mindestens 90 % betrieblich genutzt wird oder der Betrieb veräußert oder aufgegeben wird. Auf die Randnummern 44 bis 47 wird hingewiesen.

2. Erforderliche Änderungen der betroffenen Steuerfestsetzungen

Liegt eine schädliche Verwendung des Wirtschaftsgutes vor, ergibt sich folgender Änderungsbedarf:

a) Im Wirtschaftsjahr der Geltendmachung des Investitionsabzugsbetrages nach § 7g Abs. 1 EStG

Die Gewinnminderung durch den Abzug nach § 7g Abs. 1 EStG ist rückgängig zu machen.   66

b) Im Wirtschaftsjahr, in dem das schädlich verwendete Wirtschaftsgut angeschafft oder hergestellt und § 7g Abs. 2 EStG angewendet wurde

Auch die Hinzurechnung und die Minderung der Anschaffungs- oder Herstellungskosten nach   67
§ 7g Abs. 2 EStG sind – abgesehen von den Fällen der Randnummer 64 – rückgängig zu machen. Dadurch erhöht sich die Bemessungsgrundlage für die Absetzungen nach den §§ 7 ff. EStG. Die Abschreibung ist entsprechend zu erhöhen.

c) Auswirkungen auf andere steuerliche Vorschriften

Soweit sich die Änderungen nach den Randnummern 66 und 67 auf die Anwendung anderer   68
Rechtsnormen des EStG auswirken, sind die entsprechenden Anpassungen vorzunehmen.

V. Buchtechnische und verfahrensrechtliche Grundlagen

Für die Inanspruchnahme von § 7g EStG gilt Folgendes:

1. Inanspruchnahme eines Investitionsabzugsbetrages nach § 7g Abs. 1 EStG im Abzugsjahr

Liegen die Voraussetzungen für die Inanspruchnahme eines Investitionsabzugsbetrages nach § 7g   69
Abs. 1 EStG vor (Randnummern 1 bis 49), kann der Gewinn im Sinne von § 2 Abs. 2 Satz 1 Nr. 1
EStG entsprechend gemindert werden. Bei einer Gewinnermittlung nach den §§ 4 Abs. 1, 5 EStG
erfolgt der Abzug außerhalb der Bilanz. Die notwendigen Angaben zur Funktion des begünstigten
Wirtschaftsgutes und zur Höhe der voraussichtlichen Anschaffungs- oder Herstellungskosten müssen sich aus den gemäß § 60 Einkommensteuer-Durchführungsverordnung (EStDV) der Steuererklärung beizufügenden Unterlagen ergeben (z. B. in Form einer Anlage zur steuerlichen Gewinnermittlung).

2. Gewinnhinzurechnung und gewinnmindernde Herabsetzung der Anschaffungs-/Herstellungskosten nach § 7g Abs. 2 EStG im Investitionsjahr

Bei einer Hinzurechnung des Investitionsabzugsbetrages nach § 7g Abs. 2 EStG (Randnummern 50   70
bis 54) ist der Gewinn im Sinne des § 2 Abs. 2 Satz 1 Nr. 1 EStG zu erhöhen. Bei der Gewinnermittlung nach den §§ 4 Abs. 1, 5 EStG erfolgt die Hinzurechnung außerhalb der Bilanz. Die Minderung der Investitionskosten des begünstigten Wirtschaftsgutes nach § 7g Abs. 2 Satz 2 EStG ist durch eine erfolgswirksame Kürzung der entsprechenden Anschaffungs- oder Herstellungskosten vorzunehmen (Buchung bei Bilanzierung: a. o. Aufwand/Wirtschaftsgut).

3. Zeitpunkt der Rückgängigmachung des Investitionsabzugsbetrages nach § 7g Abs. 3 oder 4 EStG

In den Fällen des § 7g Abs. 3 oder 4 EStG hat der Steuerpflichtige den maßgebenden Sachverhalt   71
spätestens mit Abgabe der Steuererklärung für das Wirtschaftsjahr anzuzeigen, in dem das die
Rückabwicklung auslösende Ereignis (z. B. Ablauf der Investitionsfrist, schädliche Verwendung)
eintritt. Der Steuerpflichtige hat aber auch die Möglichkeit, zu einem früheren Zeitpunkt der Rückgängigmachung gegenüber dem Finanzamt zu erklären und die Änderung der entsprechenden
Steuerfestsetzung(en) zu beantragen. Die Absätze 3 und 4 des § 7g EStG n. F. enthalten eigene
Änderungsvorschriften und Ablaufhemmungen der Festsetzungsfrist zur Rückabwicklung von
Investitionsabzugsbeträgen.

4. Verzinsung der Steuernachforderungen nach § 233a AO

Die Verzinsung nach § 233a AO ersetzt den bisherigen Gewinnzuschlag nach § 7g Abs. 5 EStG   72
a. F. und soll den entstandenen Vorteil (Steuerstundung in dem Zeitraum, in dem der Investitionsabzugsbetrag „vorhanden" war) ausgleichen. Die Rückgängigmachung des Investitionsabzugsbetrages nach § 7g Abs. 3 oder Abs. 4 EStG führt zu einer Änderung der Einkommensteuerfestsetzung des Abzugsjahres und zu einem nach § 233a Abs. 1 i. V. m. Abs. 3 AO zu verzinsenden
Unterschiedsbetrag. Die Berechnung des Zinslaufes richtet sich nach § 233a Abs. 2 AO; § 233a
Abs. 2a AO kommt nicht zur Anwendung. In den Fällen des § 7g Abs. 3 EStG beruht die Änderung
der Steuerfestsetzung nicht auf der Berücksichtigung eines rückwirkenden Ereignisses, weshalb
der Gesetzgeber auch eine eigenständige Korrekturnorm (§ 7g Abs. 3 Satz 2 und 3 EStG) geschaffen hat.

VI. Zeitliche Anwendung

73   Nach § 52 Abs. 23 EStG können Investitionsabzugsbeträge erstmals in nach dem 17. August 2007 endenden Wirtschaftsjahren in Anspruch genommen werden. Entspricht das Wirtschaftsjahr dem Kalenderjahr (z. B. bei Steuerpflichtigen, die ihren Gewinn nach § 4 Abs. 3 EStG ermitteln), sind die Neuregelungen somit ab dem Veranlagungszeitraum 2007 anzuwenden[1]. Ab diesem Wirtschaftsjahr können Ansparabschreibungen nach § 7g Abs. 3 ff. EStG a. F. nicht mehr gebildet oder aufgestockt werden. Bei Existenzgründern im Sinne von § 7g Abs. 7 EStG a. F. gilt dies auch dann, wenn der Gründungszeitraum (§ 7g Abs. 7 Satz 1 EStG a. F.) noch nicht abgelaufen ist.

74   In vorangegangenen Wirtschaftsjahren nach § 7g Abs. 3 ff. EStG a. F. gebildete Ansparabschreibungen und Rücklagen für Existenzgründer sind auf Basis der bisherigen Regelungen unter Berücksichtigung der dort genannten Fristen beizubehalten und aufzulösen. Eine Pflicht zur vorzeitigen Auflösung von Ansparabschreibungen und Rücklagen für Existenzgründer besteht nicht.

75   Wurde für eine voraussichtliche Investition eine Ansparabschreibung gebildet, kann in nach dem 17. August 2007 endenden Wirtschaftsjahren auch dann kein zusätzlicher Investitionsabzugsbetrag beansprucht werden, wenn die Rücklage weniger als 40 % der voraussichtlichen Anschaffungs- oder Herstellungskosten beträgt.

---

[1] Das gilt auch für Einkünfte gem. § 18 EStG (→ BFH vom 13. 10. 2009 – BStBl 2010 II S. 180).

Übersicht

I.   Investitionszulagengesetz 2007 (InvZulG 2007)

II. Investitionszulagengesetz 2010 (InvZulG 2010)

I.
Investitionszulagengesetz 2007
(InvZulG 2007)[1]

vom 23. 2. 2007 (BGBl I S. 282),
zuletzt geändert durch Artikel 2 des Gesetz zur Schaffung einer Nachfolgeregelung
und Änderung des Investitionszulagengesetzes 2007 vom 7. 12. 2008
(BGBl. I S. 2350, BStBl. I S. 49)

§ 1   Anspruchsberechtigter, Fördergebiet

(1) [1]Steuerpflichtige im Sinne des Einkommensteuergesetzes und des Körperschaftsteuergesetzes, die im Fördergebiet begünstigte Investitionen im Sinne des § 2 vornehmen, haben Anspruch auf eine Investitionszulage. [2]Steuerpflichtige im Sinne des Körperschaftsteuergesetzes haben keinen Anspruch, soweit sie nach § 5 des Körperschaftsteuergesetzes von der Körperschaftsteuer befreit sind. [3]Bei Personengesellschaften und Gemeinschaften tritt an die Stelle des Steuerpflichtigen die Gesellschaft oder die Gemeinschaft als Anspruchsberechtigte.

(2) [1]Fördergebiet sind die Länder Berlin, Brandenburg, Mecklenburg-Vorpommern, Sachsen, Sachsen-Anhalt und Thüringen. [2]In den in der Anlage 1 zu diesem Gesetz aufgeführten Teilen des Landes Berlin ist dieses Gesetz nur anzuwenden bei Investitionen, die zu Erstinvestitionsvorhaben gehören, die der Anspruchsberechtigte vor dem 1. Januar 2007 begonnen hat.

§ 2   Begünstigte Investitionen

(1) [1]Begünstigte Investitionen sind die Anschaffung und die Herstellung von neuen abnutzbaren beweglichen Wirtschaftsgütern des Anlagevermögens,

1. die zu einem Erstinvestitionsvorhaben im Sinne des Absatzes 3 gehören,

2. die mindestens fünf Jahre nach Beendigung des Erstinvestitionsvorhabens (Bindungszeitraum)

    a) zum Anlagevermögen eines Betriebs oder einer Betriebsstätte eines Betriebs des verarbeitenden Gewerbes, der produktionsnahen Dienstleistungen oder des Beherbergungsgewerbes des Anspruchsberechtigten im Fördergebiet gehören,

    b) in einer Betriebsstätte eines solchen Betriebs des Anspruchsberechtigten im Fördergebiet verbleiben,

    c) in jedem Jahr zu nicht mehr als 10 Prozent privat genutzt werden.

[2]Nicht begünstigt sind Luftfahrzeuge, Personenkraftwagen und geringwertige Wirtschaftsgüter im Sinne des § 6 Abs. 2 Satz 1 des Einkommensteuergesetzes mit der Maßgabe, dass an die Stelle des Wertes von 150 Euro der Wert von 410 Euro tritt[2]. [3]Satz 1 gilt nur, soweit in den sensiblen Sektoren, die in der Anlage 2 zu diesem Gesetz aufgeführt sind, die Förderfähigkeit nicht eingeschränkt oder ausgeschlossen ist. [4]Für nach dem 31. Dezember 2006 begonnene Erstinvestitionsvorhaben verringert sich der Bindungszeitraum auf drei Jahre, wenn die beweglichen Wirtschaftsgüter in einem begünstigten Betrieb verbleiben, der zusätzlich die Begriffsdefinition für kleine und mittlere Unternehmen im Sinne der Empfehlung der Kommission vom 6. Mai 2003 betreffend die Definition der Kleinstunternehmen sowie der kleinen und mittleren Unternehmen (ABl. EU Nr. L 124 S. 36) im Zeitpunkt des Beginns des Erstinvestitionsvorhabens erfüllt. [5]Für den Anspruch auf Investitionszulage ist es unschädlich, wenn das bewegliche Wirtschaftsgut innerhalb des Bindungszeitraums

1. a) in das Anlagevermögen eines mit dem Anspruchsberechtigten verbundenen Unternehmens eines begünstigten Wirtschaftszweigs im Fördergebiet übergeht, oder

    b) in einem mit dem Anspruchsberechtigten verbundenen Unternehmen eines begünstigten Wirtschaftszweigs im Fördergebiet verbleibt

    und

2. dem geförderten Erstinvestitionsvorhaben eindeutig zugeordnet bleibt.

[6]Ersetzt der Anspruchsberechtigte ein begünstigtes bewegliches Wirtschaftsgut wegen rascher technischer Veränderungen vor Ablauf des jeweils maßgebenden Bindungszeitraums durch ein neues abnutzbares bewegliches Wirtschaftsgut, ist Satz 1 Nr. 2 mit der Maßgabe anzuwenden,

---

[1] Anwendungsschreiben → BMF vom 8. 5. 2008 (BStBl I S. 590), unter Berücksichtigung der Änderungen durch BMF vom 23. Juli 2009 (BStBl I S. 810).
[2] Gilt ab 1. 1. 2008.

dass für die verbleibende Zeit des jeweils maßgebenden Bindungszeitraums das Ersatzwirtschaftsgut an die Stelle des begünstigten beweglichen Wirtschaftsguts tritt. [7]Beträgt die betriebsgewöhnliche Nutzungsdauer des begünstigten beweglichen Wirtschaftsguts weniger als fünf oder in Fällen des Satzes 4 weniger als drei Jahre, tritt die zu Beginn des Bindungszeitraums verbleibende betriebsgewöhnliche Nutzungsdauer an die Stelle des Zeitraums von fünf oder drei Jahren. [8]Als Privatnutzung im Sinne des Satzes 1 Nr. 2 Buchstabe c gilt auch die Verwendung von Wirtschaftsgütern, die zu einer verdeckten Gewinnausschüttung nach § 8 Abs. 3 des Körperschaftsteuergesetzes führt. [9]Betriebe der produktionsnahen Dienstleistungen sind die folgenden Betriebe[1]:

1. Betriebe der Datenverarbeitung und Datenbanken,
2. Betriebe der Forschung und Entwicklung,
3. Betriebe der Markt- und Meinungsforschung,
4. Ingenieurbüros für bautechnische Gesamtplanung,
5. Ingenieurbüros für technische Fachplanung,
6. Büros für Industrie-Design,
7. Betriebe der technischen, physikalischen und chemischen Untersuchung,
8. Betriebe der Werbung und
9. Betriebe des fotografischen Gewerbes.

[10]Betriebe des Beherbergungsgewerbes sind die folgenden Betriebe:

1. Betriebe der Hotellerie,
2. Jugendherbergen und Hütten,
3. Campingplätze und
4. Erholungs- und Ferienheime.

[11]Hat ein Betrieb Betriebsstätten innerhalb und außerhalb des Fördergebiets, gelten für die Einordnung des Betriebs in das verarbeitende Gewerbe oder in die produktionsnahen Dienstleistungen oder in das Beherbergungsgewerbe alle Betriebsstätten im Fördergebiet als ein Betrieb.

(2) [1]Begünstigte Investitionen sind auch die Anschaffung neuer Gebäude, Eigentumswohnungen, im Teileigentum stehender Räume und anderer Gebäudeteile, die selbständige unbewegliche Wirtschaftsgüter sind (Gebäude), bis zum Ende des Jahres der Fertigstellung sowie die Herstellung neuer Gebäude, soweit die Gebäude zu einem Erstinvestitionsvorhaben im Sinne des Absatzes 3 gehören und mindestens fünf Jahre nach dem Abschluss des Investitionsvorhabens in einem Betrieb des verarbeitenden Gewerbes, in einem Betrieb der produktionsnahen Dienstleistungen oder in einem Betrieb des Beherbergungsgewerbes im Sinne des Absatzes 1 verwendet werden. [2]Im Fall der Anschaffung kann Satz 1 nur angewendet werden, wenn kein anderer Anspruchsberechtigter für das Gebäude Investitionszulage in Anspruch nimmt. [3]Absatz 1 Satz 3, 4 und 11 gilt entsprechend.

(3) Erstinvestitionen sind die Anschaffung oder Herstellung von Wirtschaftsgütern bei

1. Errichtung einer neuen Betriebsstätte,
2. Erweiterung einer bestehenden Betriebsstätte,
3. Diversifizierung der Produktion einer Betriebsstätte in neue, zusätzliche Produkte
4. grundlegende Änderung des Gesamtproduktionsverfahrens einer bestehenden Betriebsstätte oder
5. Übernahme eines Betriebs, der geschlossen worden ist oder geschlossen worden wäre, wenn der Betrieb nicht übernommen worden wäre und wenn die Übernahme durch einen unabhängigen Investor erfolgt.

§ 3 Investitionszeitraum

(1) [1]Investitionen sind begünstigt, wenn sie zu einem Erstinvestitionsvorhaben im Sinne des § 2 Abs. 3 gehören, mit dem der Anspruchsberechtigte

1. in der Zeit vom 21. Juli 2006 bis zum 31. Dezember 2006,
2. in der Zeit vom 1. Januar 2007 bis 31. Dezember 2009

begonnen hat und die begünstigte Investition nach dem 31. Dezember 2006 und vor dem 1. Januar 2010 abgeschlossen wird oder nach dem 31. Dezember 2009 abgeschlossen wird, soweit vor dem 1. Januar 2010 Teilherstellungskosten entstanden oder im Fall der Anschaffung Teillieferungen

---

[1] Übergang von der Klassifikation der Wirtschaftszweige 2003 zur Klassifikation der Wirtschaftszweige 2008 (WZ 2008) → BMF vom 19. 12. 2008 – IV C 3 – InvZ 1015/07/0002, DOK 2008/0672629 – (BStBl I S. 27).

erfolgt sind. [2]Für ein Erstinvestitionsvorhaben, mit dem der Anspruchsberechtigte vor dem 21. Juli 2006 begonnen hat, gilt Satz 1 auch dann, wenn hierfür

1. eine Genehmigungsentscheidung der Kommission vor Festsetzung der Investitionszulage erteilt worden ist, in der auf die Möglichkeit der Förderung durch Investitionszulage aufgrund einer Nachfolgeregelung ausdrücklich hingewiesen wurde, oder

2. ein Förderbescheid der zuständigen Bewilligungsbehörde für die Gewährung von Investitionszuschüssen im Rahmen der Gemeinschaftsaufgabe „Verbesserung der regionalen Wirtschaftsstruktur" (GA) vor dem 21. Juli 2006 erteilt worden ist, der den Gesamtbetrag der Förderung aus öffentlichen Mitteln und die Höhe des GA-Zuschusses unter Berücksichtigung einer erwarteten Investitionszulage aus einer Nachfolgeregelung zum Investitionszulagengesetz 2005 festsetzt, sowie eine Erhöhung des GA-Zuschusses insoweit vorsieht, als eine Investitionszulage nach diesem Gesetz nicht gewährt wird; in diesen Fällen darf die für das Erstinvestitionsvorhaben nach diesem Gesetz gewährte Investitionszulage den Nettosubventionswert des zugesicherten Erhöhungsbetrags des GA-Zuschusses nicht übersteigen. Der Nettosubventionswert ist nach Anhang I der Leitlinien für staatliche Beihilfen mit regionaler Zielsetzung (ABl. EG 1998 Nr. C 74 S. 9) zu ermitteln.

(2) [1]Ein Erstinvestitionsvorhaben ist begonnen, wenn mit der ersten hierzu gehörenden Einzelinvestition begonnen worden ist. [2]Außer in den Fällen des § 2 Abs. 3 Nr. 5 ist der Grundstückserwerb nicht als Investitionsbeginn anzusehen. [3]Die Investition ist in dem Zeitpunkt begonnen, in dem das Wirtschaftsgut bestellt oder seine Herstellung begonnen worden ist. [4]Gebäude gelten in dem Zeitpunkt als bestellt, in dem über ihre Anschaffung ein rechtswirksam abgeschlossener obligatorischer Vertrag oder ein gleichstehender Rechtsakt vorliegt. [5]Als Beginn der Herstellung gilt bei Gebäuden der Abschluss eines der Ausführung zuzurechnenden Lieferungs- oder Leistungsvertrages oder die Aufnahme von Bauarbeiten. [6]Investitionen sind in dem Zeitpunkt abgeschlossen, in dem die Wirtschaftsgüter angeschafft oder hergestellt sind.

§ 4 Bemessungsgrundlage

[1]Bemessungsgrundlage der Investitionszulage ist die Summe der Anschaffungs- und Herstellungskosten der im Wirtschaftsjahr oder Kalenderjahr abgeschlossenen begünstigten Investitionen, soweit sie die vor dem 1. Januar 2007 entstandenen Teilherstellungskosten oder den Teil der Anschaffungskosten, der auf die vor dem 1. Januar 2007 erfolgten Teillieferungen entfällt, übersteigen. [2]In die Bemessungsgrundlage können die im Wirtschaftsjahr oder Kalenderjahr geleisteten Anzahlungen auf Anschaffungskosten und entstandenen Teilherstellungskosten einbezogen werden. [3]Das gilt für vor dem 1. Januar 2007 geleistete Anzahlungen auf Anschaffungskosten nur insoweit, als sie den Teil der Anschaffungskosten, der auf die vor dem 1. Januar 2007 erfolgten Teillieferungen entfällt, übersteigen. [4]In den Fällen der Sätze 2 und 3 dürfen im Wirtschaftsjahr oder Kalenderjahr der Anschaffung oder Herstellung der Wirtschaftsgüter die Anschaffungs- oder Herstellungskosten bei der Bemessung der Investitionszulage nur berücksichtigt werden, soweit sie die Anzahlungen, Teilherstellungskosten oder die Anschaffungskosten für Teillieferungen übersteigen. [5]§ 7a Abs. 2 Satz 3 bis 5 des Einkommensteuergesetzes gilt entsprechend. [6]Die Beschränkungen der Bemessungsgrundlage in Satz 1 und Satz 3 für vor dem 1. Januar 2007 entstandene Teilherstellungskosten und Anschaffungskosten für vor dem 1. Januar 2007 erfolgte Teillieferungen gelten nur, soweit ein Anspruch auf Investitionszulage nach dem Investitionszulagengesetz 2005 besteht.

§ 5 Höhe der Investitionszulage

(1) [1]Die Investitionszulage beträgt vorbehaltlich Satz 2

1. 12,5 Prozent der Bemessungsgrundlage,

2. 15 Prozent der Bemessungsgrundlage, wenn es sich um Investitionen in Betriebsstätten im Randgebiet nach der Anlage 3 zu diesem Gesetz handelt.

[2]Bei Investitionen, die zu einem großen Investitionsvorhaben gehören, auf das der multisektorale Regionalbeihilferahmen für große Investitionsvorhaben vom 13. Februar 2002 (ABl. EG Nr. C 70 S. 8), geändert durch die Mitteilung der Kommission vom 1. November 2003 (ABl. EU Nr. C 263 S. 3), oder die Leitlinien für staatliche Beihilfen mit regionaler Zielsetzung 2007-2013 (ABl. EU 2006 Nr. C 54 S. 13) anzuwenden sind, ist Satz 1 nur insoweit anzuwenden, als der jeweils beihilferechtlich geltende Regionalförderhöchstsatz durch die Gewährung von Investitionszulagen nicht überschritten wird.

(2) [1]Die Investitionszulage erhöht sich vorbehaltlich Satz 2 für den Teil der Bemessungsgrundlage, der auf Investitionen im Sinne des § 2 Abs. 1 entfällt, wenn die beweglichen Wirtschaftsgüter während des Bindungszeitraums in einem begünstigten Betrieb verbleiben, der im Zeitpunkt des Beginns des Erstinvestitionsvorhabens zusätzlich die Begriffsdefinition für kleine und mittlere Unternehmen im Sinne der Empfehlung der Kommission vom 6. Mai 2003 erfüllt, auf

1. 25 Prozent der Bemessungsgrundlage,

2. 27,5 Prozent der Bemessungsgrundlage, wenn es sich um Investitionen in Betriebsstätten im Randgebiet nach der Anlage 3 zu diesem Gesetz handelt,

3. 15 Prozent der Bemessungsgrundlage, wenn es sich um Investitionen im Rahmen eines großen Investitionsvorhabens im Sinne der Leitlinien für staatliche Beihilfen mit regionaler Zielsetzung 2007-2013 in Betriebsstätten in dem Teil des Landes Berlin handelt, das zum Fördergebiet gehört.

[2]Absatz 1 Satz 2 gilt entsprechend.

§ 5a[1)] Begünstigte Investitionen, Investitionszeitraum und Höhe der Investitionszulage in dem nicht zum Fördergebiet im Sinne des § 1 Abs. 2 gehörenden Teil des Landes Berlin

(1) [1]Steuerpflichtige im Sinne des Einkommensteuergesetzes und des Körperschaftsteuergesetzes, die in den in der Anlage 1 zu diesem Gesetz aufgeführten Teilen des Landes Berlin begünstigte Investitionen im Sinne des § 2 vornehmen, haben nach Maßgabe der folgenden Absätze Anspruch auf eine Investitionszulage. [2]§ 1 Abs. 1 Satz 2 und 3 gilt entsprechend.

(2) [1]Für Erstinvestitionsvorhaben im Sinne des § 2 Abs. 3, mit denen der Anspruchsberechtigte nach dem 16. Oktober 2007 und vor dem 1. Januar 2009 begonnen hat, findet die Verordnung (EG) Nr. 70/2001 der Kommission vom 12. Januar 2001 über die Anwendung der Artikel 87 und 88 EG-Vertrag auf staatliche Beihilfen an kleine und mittlere Unternehmen (ABl. EG Nr. L 10 S. 33), zuletzt geändert durch die Verordnung (EG) Nr. 1976/2006 der Kommission vom 20. Dezember 2006 (ABl. EU Nr. L 368 S. 85), Anwendung. [2]Für Erstinvestitionsvorhaben im Sinne des § 2 Abs. 3, mit denen der Anspruchsberechtigte nach dem 31. Dezember 2008 begonnen hat, findet die Verordnung (EG) Nr. 800/2008 der Kommission vom 6. August 2008 zur Erklärung der Vereinbarkeit bestimmter Gruppen von Beihilfen mit dem Gemeinsamen Markt in Anwendung der Artikel 87 und 88 EG-Vertrag (allgemeine Gruppenfreistellungsverordnung) (ABl. EU Nr. L 214 S. 3) Anwendung.

(3) [1]Für Investitionen im Sinne des Absatzes 2 Satz 1, die vorbehaltlich der Absätze 5 und 6 die Voraussetzungen des § 2 Abs. 1 und 2 und des § 3 Abs. 1 Nr. 2 erfüllen, beträgt die Investitionszulage

1. 7,5 Prozent der Bemessungsgrundlage, wenn es sich um Investitionen in Betriebsstätten eines begünstigten Betriebs handelt, der im Zeitpunkt des Beginns des Erstinvestitionsvorhabens die Begriffsdefinition für mittlere Unternehmen im Sinne der Empfehlung der Kommission vom 6. Mai 2003 erfüllt.

2. 15 Prozent der Bemessungsgrundlage, wenn es sich um Investitionen in Betriebsstätten eines begünstigten Betriebs handelt, der im Zeitpunkt des Beginns des Erstinvestitionsvorhabens die Begriffsdefinition für kleine Unternehmen im Sinne der Empfehlung der Kommission vom 6. Mai 2003 erfüllt.

[2]Satz 1 gilt nicht, soweit es sich um Investitionen handelt, die zu einem Erstinvestitionsvorhaben gehören, dessen förderfähige Kosten sich auf mindestens 25 Millionen Euro belaufen, oder soweit es sich um Investitionen in den Sektoren Herstellung, Verarbeitung und Vermarktung landwirtschaftlicher Produkte im Sinne des Anhang I des EG-Vertrages handelt.

(4) [1]Für Investitionen im Sinne des Absatzes 2 Satz 2, die vorbehaltlich der Absätze 5 und 6 die Voraussetzungen des § 2 Abs. 1 und 2 und des § 3 Abs. 1 Nr. 2 erfüllen, beträgt die Investitionszulage

1. 10 Prozent der Bemessungsgrundlage, wenn es sich um Investitionen in Betriebsstätten eines begünstigten Betriebs handelt, der im Zeitpunkt des Beginns des Erstinvestitionsvorhabens die Begriffsdefinition für mittlere Unternehmen im Sinne der Empfehlung der Kommission vom 6. Mai 2003 erfüllt,

2. 20 Prozent der Bemessungsgrundlage, wenn es sich um Investitionen in Betriebsstätten eines begünstigten Betriebs handelt, der im Zeitpunkt des Beginns des Erstinvestitionsvorhabens die Begriffsdefinition für kleine Unternehmen im Sinne der Empfehlung der Kommission vom 6. Mai 2003 erfüllt.

[2]Satz 1 gilt nur, soweit die Investitionszulage für ein Erstinvestitionsvorhaben den Betrag von 7,5 Millionen Euro nicht überschreitet. [3]Eine höhere Investitionszulage kann nur dann festgesetzt werden, wenn eine Genehmigungsentscheidung der Kommission vor Festsetzung der Investitionszulage erteilt worden ist, in der eine höhere Beihilfeintensität festgelegt worden ist.

(5) [1]Dieselben förderfähigen Kosten dürfen neben der nach Absatz 3 gewährten Investitionszulage nicht mit sonstigen Beihilfen im Sinne des Artikels 87 Abs. 1 des EG-Vertrages oder mit anderen Gemeinschaftsmitteln gefördert werden. [2]Trifft bei einem Erstinvestitionsvorhaben im

---

1) § 5a wurde durch das Gesetz zur Schaffung einer Nachfolgeregelung und Änderung des Investitionszulagengesetzes 2007 (Inkrafttreten 11. 12. 2008) geändert.

(7) Das Bundesministerium der Finanzen wird ermächtigt, durch Rechtsverordnung mit Zustimmung des Bundesrates weitere Einzelnotifizierungspflichten zu regeln, die sich aus den von den Organen der Europäischen Gemeinschaften erlassenen Rechtsvorschriften ergeben.

(8) Das Bundesministerium der Finanzen wird ermächtigt, zur Durchführung der von den Organen der Europäischen Gemeinschaften erlassenen Rechtsvorschriften die Liste der sensiblen Sektoren, in denen die Kommission die Förderfähigkeit ganz oder teilweise ausgeschlossen hat (Anlage 2), durch Rechtsverordnung mit Zustimmung des Bundesrates anzupassen.

§ 9 Festsetzung und Auszahlung

Die Investitionszulage ist nach Ablauf des Wirtschaftsjahrs oder Kalenderjahrs festzusetzen und innerhalb eines Monats nach Bekanntgabe des Bescheids aus den Einnahmen an Einkommensteuer oder Körperschaftsteuer auszuzahlen.

§ 10 Zusammentreffen mit anderen Regionalbeihilfen

(1) [1]Trifft bei demselben Erstinvestitionsvorhaben die Investitionszulage mit anderen Regionalbeihilfen zusammen, sind die in der Kommissionsentscheidung zur jeweils geltenden regionalen Fördergebietskarte genehmigten Förderhöchstintensitäten maßgeblich. Der Anspruch auf Investitionszulage bleibt hiervon unberührt. [2]Die Einhaltung der nach Satz 1 genehmigten Beihilfehöchstsätze ist durch die für die Gewährung der anderen Regionalbeihilfe jeweils zuständige Einrichtung sicherzustellen; sie ist Voraussetzung dafür, dass die Investitionszulage mit anderen Regionalbeihilfen zusammentreffen darf.

(2) [1]Trifft die Investitionszulage mit anderen Regionalbeihilfen zusammen, hat der Antragsteller entsprechend den Leitlinien für staatliche Beihilfen mit regionaler Zielsetzung (ABl. EG 1998 Nr. C 74 S. 9) oder entsprechend den Leitlinien für staatliche Beihilfen mit regionaler Zielsetzung 2007–2013 einen beihilfefreien Eigenanteil in Höhe von mindestens 25 Prozent der Kosten des Erstinvestitionsvorhabens zu erbringen. [2]Die Einhaltung dieser Auflage ist durch die für die Gewährung der anderen Regionalbeihilfe jeweils zuständige Einrichtung sicherzustellen; sie ist Voraussetzung dafür, dass die Investitionszulage mit anderen Regionalbeihilfen zusammentreffen darf.

(3) Wurden für ein nach dem 31. Dezember 2006 begonnenes Erstinvestitionsvorhaben Fördermittel nach der Verordnung (EG) Nr. 1998/2006 der Kommission vom 15. Dezember 2006 über die Anwendung der Artikel 87 und 88 EG-Vertrag auf „De-minimis"-Beihilfen (ABl. EU Nr. L 379 S. 59) gezahlt, darf in Bezug auf dieselben förderfähigen Ausgaben keine Investitionszulage gewährt werden, soweit hierdurch eine Überschreitung des nach der Fördergebietskarte 2007–2013 zulässigen Beihilfehöchstsatzes eintritt.

(4) In den Antrag nach § 6 Abs. 2 sind die Angaben aufzunehmen, die für die Feststellung der Voraussetzungen der Absätze 1 bis 3 erforderlich sind.

§ 11 Verzinsung des Rückforderungsanspruchs

[1]Ist der Bescheid über die Investitionszulage aufgehoben oder zuungunsten des Anspruchsberechtigten geändert worden, ist der Rückzahlungsanspruch nach § 238 der Abgabenordnung vom Tag der Auszahlung der Investitionszulage, in den Fällen des § 175 Abs. 1 Satz 1 Nr. 2 der Abgabenordnung vom Tag des Eintritts des rückwirkenden Ereignisses an, zu verzinsen. [2]Die Festsetzungsfrist beginnt mit Ablauf des Kalenderjahrs, in dem der Bescheid aufgehoben oder geändert worden ist.

§ 12 Ertragsteuerrechtliche Behandlung der Investitionszulage

[1]Die Investitionszulage gehört nicht zu den Einkünften im Sinne des Einkommensteuergesetzes. [2]Sie mindert nicht die steuerlichen Anschaffungs- und Herstellungskosten.

§ 13 Anwendung der Abgabenordnung

[1]Die für Steuervergütungen geltenden Vorschriften der Abgabenordnung sind mit Ausnahme des § 163 entsprechend anzuwenden. [2]In öffentlich-rechtlichen Streitigkeiten über die auf Grund dieses Gesetzes ergehenden Verwaltungsakte der Finanzbehörden ist der Finanzrechtsweg gegeben.

§ 14 Verfolgung von Straftaten

Für die Verfolgung einer Straftat nach den §§ 263 und 264 des Strafgesetzbuches, die sich auf die Investitionszulage bezieht, sowie der Begünstigung einer Person, die eine solche Straftat begangen hat, gelten die Vorschriften der Abgabenordnung über die Verfolgung von Steuerstraftaten entsprechend.

Sinne des Absatzes 4 die Investitionszulage mit anderen Regionalbeihilfen zusammen, darf der Gesamtbetrag der Beihilfe aus allen Quellen 7,5 Millionen Euro oder den in einer Genehmigungsentscheidung der Kommission festgelegten Betrag nicht übersteigen. [3]Die Überwachung der Einhaltung dieser Auflage obliegt dem jeweils anderen Beihilfegeber.

(6) §§ 4, 6 bis 9, 10 Abs. 3 und 4 sowie §§ 11 bis 14 gelten sinngemäß.

§ 6 Antrag auf Investitionszulage

(1) [1]Der Antrag ist bei dem für die Besteuerung des Anspruchsberechtigten nach dem Einkommen zuständigen Finanzamt zu stellen. [2]Ist eine Personengesellschaft oder Gemeinschaft Anspruchsberechtigter, so ist der Antrag bei dem Finanzamt zu stellen, das für die einheitliche und gesonderte Feststellung der Einkünfte zuständig ist.

(2) [1]Der Antrag ist nach amtlichem Vordruck zu stellen und vom Anspruchsberechtigten eigenhändig zu unterschreiben. [2]In dem Antrag sind die Investitionen, für die eine Investitionszulage beansprucht wird, so genau zu bezeichnen, dass ihre Feststellung bei einer Nachprüfung möglich ist.

§ 7 Gesonderte Feststellung

[1]Werden die in einem Betrieb im Sinne des § 2 erzielten Einkünfte nach § 180 Abs. 1 Nr. 2 Buchstabe b der Abgabenordnung gesondert festgestellt, sind die Bemessungsgrundlage und der Prozentsatz der Investitionszulage für Wirtschaftsgüter, die zum Anlagevermögen dieses Betriebs gehören, von dem für die gesonderte Feststellung zuständigen Finanzamt gesondert festzustellen. [2]Die für die Feststellung erforderlichen Angaben sind in den Antrag nach § 6 Abs. 2 aufzunehmen.

§ 8 Einzelnotifizierungspflichten und Genehmigungsvorbehalte und anzuwendende Rechtsvorschriften der Kommission

(1) Auf Erstinvestitionsvorhaben, mit denen der Anspruchsberechtigte nach dem 31. Dezember 2006 beginnt, findet die Verordnung (EG) Nr. 1628/2006 der Kommission vom 24. Oktober 2006 über die Anwendung der Artikel 87 und 88 EG-Vertrag auf regionale Investitionsbeihilfen der Mitgliedstaaten (ABl. EU Nr. L 302 S. 29) Anwendung.

(2) Die Investitionszulage für Investitionen in sensible Sektoren (Anlage 2), ist erst nach Genehmigung durch die Kommission festzusetzen, wenn Einzelnotifizierungspflichten in den von den Organen der Europäischen Gemeinschaften über die sensiblen Sektoren erlassenen Rechtsvorschriften vorgesehen sind.

(3) Die Investitionszulage für Investitionen, die zu einem großen Investitionsvorhaben gehören, das die Anmeldungsvoraussetzungen des multisektoralen Regionalbeihilferahmens für große Investitionsvorhaben vom 16. Dezember 1997 (ABl. EG 1998 Nr. C 107 S. 7), zuletzt geändert durch Mitteilung der Kommission an die Mitgliedstaaten vom 11. August 2001 (ABl. EG Nr. C 226 S. 16), oder des multisektoralen Regionalbeihilferahmens für große Investitionsvorhaben vom 13. Februar 2002 erfüllt, ist erst festzusetzen, wenn die Kommission die höchstzulässige Beihilfeintensität festgelegt hat.

(4) Die Investitionszulage für Investitionen, die zu einem Erstinvestitionsvorhaben gehören, das die Anmeldungsvoraussetzungen der Leitlinien für staatliche Beihilfen mit regionaler Zielsetzung 2007-2013 erfüllt, ist in den Fällen, in denen hiernach eine Einzelnotifizierung vorgeschrieben ist, erst nach Genehmigung durch die Kommission festzusetzen.

(5) Bei einem Unternehmen, das einer Rückforderungsanordnung aufgrund einer Entscheidung der Kommission über die Rückzahlung einer Beihilfe nicht Folge geleistet hat, ist die Investitionszulage erst festzusetzen, wenn der Rückforderungsbetrag zurückgezahlt worden ist.

(6) Die Investitionszulage ist der Kommission zur Genehmigung vorzulegen und erst nach deren Genehmigung festzusetzen, wenn sie für ein Unternehmen bestimmt ist, das

1. kein kleines Unternehmen im Sinne der Empfehlung der Kommission vom 6. Mai 2003 ist,

2. als Unternehmen in Schwierigkeiten Umstrukturierungsbeihilfen im Sinne der „Leitlinien der Gemeinschaft für staatliche Beihilfen zur Rettung und Umstrukturierung von Unternehmen in Schwierigkeiten"

    a) vom 8. Juli 1999 (ABl. EG Nr. C 288 S. 2, 2000 Nr. C 121 S. 29) oder

    b) vom 1. Oktober 2004 (ABl. EU Nr. C 244 S. 2) erhalten hat und

3. sich in der Umstrukturierungsphase befindet; diese beginnt mit der Genehmigung des Umstrukturierungsplans im Sinne der „Leitlinien der Gemeinschaft für staatliche Beihilfen zur Rettung und Umstrukturierung von Unternehmen in Schwierigkeiten" und endet mit der vollständigen Durchführung des Umstrukturierungsplans.

§ 15   Bekanntmachungserlaubnis

Das Bundesministerium der Finanzen wird ermächtigt, den Wortlaut dieses Gesetzes in der jeweils geltenden Fassung mit neuem Datum bekannt zu machen.

§ 16   (Inkrafttreten)

weggefallen

Anlage 1

(zu § 1 Abs. 2)

Teile des Landes Berlin, die nach der Fördergebietskarte 2007-2013 zum D-Fördergebiet gehören:

Verkehrszellen:

Bezirk Mitte (01)	007 1; 011 1; 011 2
Bezirk Friedrichshain-Kreuzberg (02)	114 1
Bezirk Pankow (03)	106 2; 107 2; 108 1; 157 1; 160 1; 161 3; 164 1
Bezirk Charlottenburg-Wilmersdorf (04)	018 1; 025 3; 026 1; 041 1; 043 2; 048 1
Bezirk Spandau (05)	027 2; 027 3; 027 4; 032 1; 032 2; 032 3; 032 4; 037 2; 038 1; 038 2; 039 1
Bezirk Steglitz- Zehlendorf (06)	049 2; 050 2; 050 3; 052 2;052 3; 062 1; 063 4; 064 3
Bezirk Tempelhof- Schöneberg (07)	060 1; 070 2; 070 3; 070 4; 074 2
Bezirk Neukölln (08)	079 2; 080 4; 080 6; 082 1; 082 2; 083 3
Bezirk Treptow-Köpenick (09)	120 2; 124 1; 132 1; 138 1
Bezirk Marzahn- Hellersdorf (10)	181 1; 182 1; 184 1; 184 2; 184 3; 188 1; 193 1; 194 1; 194 2
Bezirk Lichtenberg (11)	147 1; 147 2; 149 1; 149 2; 152 1; 175 1
Bezirk Reinickendorf (12)	089 3; 089 4; 089 5; 090 1; 091 2; 092 1; 092 2; 093 1; 093 2; 095 1

Anlage 2

(zu § 2 Abs. 1 Satz 3)

Sensible Sektoren sind:

1. Stahlindustrie (Multisektoraler Regionalbeihilferahmen vom 13. Februar 2002 in Verbindung mit Anhang B sowie Leitlinien für staatliche Beihilfen mit regionaler Zielsetzung 2007–2013 in Verbindung mit Anhang I),

2. Schiffbau (Mitteilung der Kommission „Rahmenbestimmungen für Beihilfen an den Schiffbau" (ABl. EU 2003 Nr. C 317 S. 11, 2004 Nr. C 104 S. 71)),

3. Kraftfahrzeug-Industrie (Multisektoraler Regionalbeihilferahmen vom 13. Februar 2002 in Verbindung mit Anhang C),

4. Kunstfaserindustrie (Multisektoraler Regionalbeihilferahmen vom 13. Februar 2002 in Verbindung mit Anhang D sowie Leitlinien für staatliche Beihilfen mit regionaler Zielsetzung 2007 – 2013 in Verbindung mit Anhang II),

5. Landwirtschaftssektor (Mitteilung der Kommission „Gemeinschaftsrahmen für staatliche Beihilfen im Agrarsektor" (ABl. EG 2000 Nr. C 28 S. 2, Nr. C 232 S. 17)),

6. Fischerei- und Aquakultursektor (Leitlinien für die Prüfung der einzelstaatlichen Beihilfen im Fischerei- und Aquakultursektor (ABl. EG 2001 Nr. C 19 S. 7)) und

7. Verkehrssektor (Verordnung (EWG) Nr. 1107/70 des Rates vom 4. Juni 1970 über Beihilfen im Eisenbahn-, Straßen- und Binnenschiffsverkehr (ABl. EG Nr. L 130 S. 1) in der am 1. Januar 2006 geltenden Fassung sowie, Mitteilung der Kommission „Leitlinien der Gemeinschaft für staatliche Beihilfen im Seeverkehr" (ABl. EU 2004 Nr. C 13 S. 3) und Anwendung der Artikel 92 und 93 des EG-Vertrages sowie des Artikels 61 des EWR-Abkommens auf staatliche Beihilfen im Luftverkehr (ABl. EG Nr. C 350 S. 5) vom 10. Dezember 1994).

Anlage 3

(zu § 5 Abs. 1 Satz 1 Nr. 2 und Abs. 2 Satz 1 Nr. 2)

Randgebiet sind nach dem Gebietsstand vom 1. Januar 2004 die folgenden Landkreise und kreisfreien Städte:

im Land Mecklenburg-Vorpommern:

Landkreis Ostvorpommern, Landkreis Uecker-Randow, kreisfreie Stadt Greifswald, Landkreis Rügen, Landkreis Nordvorpommern, kreisfreie Stadt Stralsund, im Land Brandenburg:

Landkreis Uckermark, Landkreis Spree-Neiße, kreisfreie Stadt Frankfurt (Oder), kreisfreie Stadt Cottbus, Landkreis Barnim, Landkreis Märkisch-Oderland, Landkreis Oder-Spree,

im Freistaat Sachsen:

kreisfreie Stadt Görlitz, Landkreis Niederschlesischer Oberlausitzkreis, Landkreis Löbau-Zittau, Landkreis Kamenz, Landkreis Bautzen, kreisfreie Stadt Hoyerswerda, Landkreis Vogtlandkreis, kreisfreie Stadt Plauen, Landkreis Aue-Schwarzenberg, Landkreis Annaberg, Landkreis Mittlerer Erzgebirgskreis, Landkreis Freiberg, Landkreis Weißeritzkreis, Landkreis Sächsische Schweiz, Landkreis Zwickauer Land, kreisfreie Stadt Zwickau, Landkreis Stollberg, kreisfreie Stadt Chemnitz, Landkreis Mittweida, Landkreis Meißen, kreisfreie Stadt Dresden,

im Freistaat Thüringen:

Landkreis Saale-Orla-Kreis, Landkreis Greiz.

II.
Investitionszulagengesetz 2010
(InvZulG 2010)

vom 7. 12. 2008 (BGBl I S. 2350),
zuletzt geändert durch Artikel 10 des Gesetzes zur Beschleunigung des
Wirtschaftswachstums vom 22. 12. 2009
(BGBl. I S. 3950)

Inhaltsübersicht

§ 1 Anspruchsberechtigter, Fördergebiet

(1) ¹Steuerpflichtige im Sinne des Einkommensteuergesetzes und des Körperschaftsteuergesetzes, die im Fördergebiet begünstigte Investitionen im Sinne des § 2 vornehmen, haben Anspruch auf eine Investitionszulage. ²Steuerpflichtige im Sinne des Körperschaftsteuergesetzes haben keinen Anspruch, soweit sie nach § 5 des Körperschaftsteuergesetzes von der Körperschaftsteuer befreit sind. ³Bei Personengesellschaften und Gemeinschaften tritt an die Stelle des Steuerpflichtigen die Gesellschaft oder die Gemeinschaft als Anspruchsberechtigte.

(2) Fördergebiet sind die Länder Berlin, Brandenburg, Mecklenburg-Vorpommern, Sachsen, Sachsen-Anhalt und Thüringen.

§ 2 Begünstigte Investitionen

(1) [1]Begünstigte Investitionen sind die Anschaffung und die Herstellung von neuen abnutzbaren beweglichen Wirtschaftsgütern des Anlagevermögens,

1. die zu einem Erstinvestitionsvorhaben im Sinne des Absatzes 3 gehören und

2. die mindestens fünf Jahre nach Beendigung des Erstinvestitionsvorhabens (Bindungszeitraum)

   a) zum Anlagevermögen eines Betriebs oder einer Betriebsstätte eines begünstigten Betriebs im Sinne des § 3 Abs. 1 des Anspruchsberechtigten im Fördergebiet gehören,

   b) in einer Betriebsstätte eines begünstigten Betriebs im Sinne des § 3 Abs. 1 des Anspruchsberechtigten im Fördergebiet verbleiben,

   c) in jedem Jahr zu nicht mehr als 10 Prozent privat genutzt werden.

[2]Nicht begünstigt sind Luftfahrzeuge, Personenkraftwagen und geringwertige Wirtschaftsgüter im Sinne des § 6 Abs. 2 Satz 1 des Einkommensteuergesetzes[1]). [3]Der Bindungszeitraum verringert sich auf drei Jahre, wenn die beweglichen Wirtschaftsgüter in einem begünstigten Betrieb verbleiben, der zusätzlich die Begriffsdefinition für kleine und mittlere Unternehmen im Sinne der Empfehlung der Kommission vom 6. Mai 2003 betreffend die Definition der Kleinstunternehmen sowie der kleinen und mittleren Unternehmen (ABl. EU Nr. L 124 S. 36) im Zeitpunkt des Beginns des Erstinvestitionsvorhabens erfüllt. [4]Für den Anspruch auf Investitionszulage ist es unschädlich, wenn das begünstigte Wirtschaftsgut

1. innerhalb des Bindungszeitraums

   a) in das Anlagevermögen eines begünstigten Betriebs im Sinne des § 3 Abs. 1 eines mit dem Anspruchsberechtigten verbundenen Unternehmens im Fördergebiet übergeht oder

   b) in einem begünstigten Betrieb im Sinne des § 3 Abs. 1 eines mit dem Anspruchsberechtigten verbundenen Unternehmen im Fördergebiet verbleibt und

2. innerhalb des Bindungszeitraums dem geförderten Erstinvestitionsvorhaben eindeutig zugeordnet bleibt.

[5]Ersetzt der Anspruchsberechtigte ein begünstigtes bewegliches Wirtschaftsgut wegen rascher technischer Veränderungen vor Ablauf des jeweils maßgebenden Bindungszeitraums durch ein neues abnutzbares bewegliches Wirtschaftsgut, ist Satz 1 Nr. 2 mit der Maßgabe anzuwenden, dass für die verbleibende Zeit des jeweils maßgebenden Bindungszeitraums das Ersatzwirtschaftsgut an die Stelle des begünstigten beweglichen Wirtschaftsguts tritt. [6]Für die Einhaltung der Bindungsvoraussetzungen im Sinne des Satzes 1 Nr. 2 ist es unschädlich, wenn ein begünstigtes Wirtschaftsgut nach Ablauf seiner betriebsgewöhnlichen Nutzungsdauer und vor Ablauf des Bindungszeitraums aus dem Anlagevermögen ausscheidet. [7]Als Privatnutzung im Sinne des Satzes 1 Nr. 2 Buchstabe c gilt auch die Verwendung von Wirtschaftsgütern, die zu einer verdeckten Gewinnausschüttung nach § 8 Abs. 3 des Körperschaftsteuergesetzes führt.

(2) [1]Begünstigte Investitionen sind auch die Anschaffung neuer Gebäude, Eigentumswohnungen, im Teileigentum stehender Räume und anderer Gebäudeteile, die selbständige unbewegliche Wirtschaftsgüter sind (Gebäude), bis zum Ende des Jahres der Fertigstellung sowie die Herstellung neuer Gebäude, soweit die Gebäude zu einem Erstinvestitionsvorhaben im Sinne des Absatzes 3 gehören und mindestens fünf Jahre nach dem Abschluss des Investitionsvorhabens in einem begünstigten Betrieb im Sinne des § 3 Abs. 1 verwendet werden. [2]Im Fall der Anschaffung kann Satz 1 nur angewendet werden, wenn kein anderer Anspruchsberechtigter für das Gebäude Investitionszulage in Anspruch nimmt. [3]Absatz 1 Satz 3 und 4 gilt entsprechend.

(3) Erstinvestitionsvorhaben sind

1. Errichtung einer neuen Betriebsstätte,

2. Erweiterung einer bestehenden Betriebsstätte,

3. Diversifizierung der Produktion einer Betriebsstätte in neue, zusätzliche Produkte,

4. grundlegende Änderung des Gesamtproduktionsverfahrens einer bestehenden Betriebsstätte oder

5. Übernahme eines Betriebs, der geschlossen worden ist oder geschlossen worden wäre, wenn der Betrieb nicht übernommen worden wäre und wenn die Übernahme durch einen unabhängigen Investor erfolgt.

---

[1]) Absatz 1 Satz 2 wurde durch das Wachstumsbeschleunigungsgesetz geändert.

§ 3 Begünstigte Betriebe

(1) [1]Begünstigte Betriebe sind:

1. Betriebe des verarbeitenden Gewerbes;

2. Betriebe der folgenden produktionsnahen Dienstleistungen:

    a)   Rückgewinnung,

    b)   Bautischlerei und Bauschlosserei,

    c)   Verlegen von Büchern und Zeitschriften; sonstiges Verlagswesen (ohne Software),

    d)   Erbringung von Dienstleistungen der Informationstechnologie,

    e)   Datenverarbeitung, Hosting und damit verbundene Tätigkeiten; Webportale,

    f)   Ingenieurbüros für bautechnische Gesamtplanung,

    g)   Ingenieurbüros für technische Fachplanung und Ingenieurdesign,

    h)   Technische, physikalische und chemische Untersuchung,

    i)   Forschung und Entwicklung,

    j)   Werbung und Marktforschung,

    k)   Fotografie,

    l)   Reparatur von Telekommunikationsgeräten;

3. folgende Betriebe des Beherbergungsgewerbes:

    a)   Hotels, Gasthöfe und Pensionen,

    b)   Erholungs- und Ferienheime,

    c)   Jugendherbergen und Hütten,

    d)   Campingplätze.

[2]Die Zuordnung eines Betriebs zum verarbeitenden Gewerbe, den produktionsnahen Dienstleistungen und dem Beherbergungsgewerbe ist nach der vom Statistischen Bundesamt in 65189 Wiesbaden, Gustav-Stresemann-Ring 11, herausgegebenen Klassifikation der Wirtschaftszweige, Ausgabe 2008 (WZ 2008), vorzunehmen. [3]Hat ein Betrieb Betriebsstätten innerhalb und außerhalb des Fördergebiets, gelten für die Einordnung des Betriebs in das verarbeitende Gewerbe, die produktionsnahen Dienstleistungen oder das Beherbergungsgewerbe alle Betriebsstätten im Fördergebiet als ein Betrieb.

(2) [1]§ 2 Abs. 1 und 2 gilt für Erstinvestitionsvorhaben in Betriebsstätten in den in der Anlage 1 zu diesem Gesetz aufgeführten Teilen des Landes Berlin nur, wenn der anspruchsberechtigte begünstigte Betrieb im Sinne des Absatzes 1 im Zeitpunkt des Beginns des Erstinvestitionsvorhabens die Begriffsdefinition für kleine und mittlere Unternehmen im Sinne der Empfehlung der Kommission vom 6. Mai 2003 erfüllt. [2]§ 2 Abs. 1 und 2 gilt nur, soweit die Förderfähigkeit in den sensiblen Sektoren, die in der Anlage 2 zu diesem Gesetz aufgeführt sind, nicht eingeschränkt oder von vornherein ausgeschlossen ist.

§ 4 Investitionszeitraum

(1) Investitionen sind begünstigt, wenn sie zu einem Erstinvestitionsvorhaben im Sinne des § 2 Abs. 3 gehören, mit dem der Anspruchsberechtigte entweder

1. vor dem 1. Januar 2010,

2. nach dem 31. Dezember 2009 und vor dem 1. Januar 2011,

3. nach dem 31. Dezember 2010 und vor dem 1. Januar 2012,

4. nach dem 31. Dezember 2011 und vor dem 1. Januar 2013 oder

5. nach dem 31. Dezember 2012 und vor dem 1. Januar 2014

begonnen hat und die einzelne begünstigte Investition nach dem 31. Dezember 2009 und vor dem 1. Januar 2014 abgeschlossen wird oder nach dem 31. Dezember 2013 abgeschlossen wird, soweit vor dem 1. Januar 2014 Teilherstellungskosten entstanden oder im Fall der Anschaffung Teillieferungen erfolgt sind.

(2) [1]Ein Erstinvestitionsvorhaben ist begonnen, wenn mit der ersten hierzu gehörenden Einzelinvestition begonnen worden ist. [2]Außer in den Fällen des § 2 Abs. 3 Nr. 5 ist der Grundstückserwerb nicht als Investitionsbeginn anzusehen. [3]Die Investition ist in dem Zeitpunkt begonnen, in dem das Wirtschaftsgut bestellt oder mit seiner Herstellung begonnen worden ist. [4]Gebäude gelten in dem Zeitpunkt als bestellt, in dem über ihre Anschaffung ein rechtswirksam abgeschlossener obligatorischer Vertrag oder ein gleichstehender Rechtsakt vorliegt. [5]Als Beginn der Herstellung gilt bei Gebäuden der Abschluss eines der Ausführung zuzurechnenden Lieferungs- oder Leistungsvertrages oder die Aufnahme von Bauarbeiten. [6]Investitionen sind in dem Zeitpunkt abgeschlossen, in dem die Wirtschaftsgüter angeschafft oder hergestellt worden sind.

§ 5 Bemessungsgrundlage

[1]Bemessungsgrundlage der Investitionszulage ist die Summe der Anschaffungs- und Herstellungskosten der im Wirtschaftsjahr oder Kalenderjahr abgeschlossenen begünstigten Investitionen, soweit sie die vor dem 1. Januar 2010 entstandenen Teilherstellungskosten oder den Teil der Anschaffungskosten, der auf die vor dem 1. Januar 2010 erfolgten Teillieferungen entfällt, übersteigen. [2]In die Bemessungsgrundlage können die im Wirtschaftsjahr oder Kalenderjahr geleisteten Anzahlungen auf Anschaffungskosten und die entstandenen Teilherstellungskosten einbezogen werden. [3]Das gilt für vor dem 1. Januar 2010 geleistete Anzahlungen auf Anschaffungskosten nur insoweit, als sie den Teil der Anschaffungskosten, der auf die vor dem 1. Januar 2010 erfolgten Teillieferungen entfällt, übersteigen. [4]In den Fällen der Sätze 2 und 3 dürfen im Wirtschaftsjahr oder Kalenderjahr der Anschaffung oder Herstellung der Wirtschaftsgüter die Anschaffungs- oder Herstellungskosten bei der Bemessung der Investitionszulage nur berücksichtigt werden, soweit sie die Anzahlungen, Teilherstellungskosten oder die Anschaffungskosten für Teillieferungen übersteigen. [5]§ 7a Abs. 2 Satz 3 bis 5 des Einkommensteuergesetzes gilt entsprechend. [6]Die Beschränkungen der Bemessungsgrundlage nach Satz 1 und 3 gelten nur, soweit ein Anspruch auf Investitionszulage nach dem Investitionszulagengesetz 2007 besteht.

§ 6 Höhe der Investitionszulage

(1) Die Investitionszulage beträgt vorbehaltlich der Absätze 4 und 5 für begünstigte Investitionen eines Erstinvestitionsvorhabens

1. im Sinne des § 4 Abs. 1 Satz 1 Nr. 1	12,5 Prozent,
2. im Sinne des § 4 Abs. 1 Satz 1 Nr. 1, wenn es sich um Investitionen in Betriebsstätten in den in der Anlage 1 zu diesem Gesetz aufgeführten Teilen des Landes Berlin handelt und der anspruchsberechtigte begünstigte Betrieb im Zeitpunkt des Beginns des Erstinvestitionsvorhabens die Begriffsdefinition für mittlere Unternehmen im Sinne der Empfehlung der Kommission vom 6. Mai 2003 erfüllt	10 Prozent,
3. im Sinne des § 4 Abs. 1 Satz 1 Nr. 2	10 Prozent,
4. im Sinne des § 4 Abs. 1 Satz 1 Nr. 3	7,5 Prozent,
5. im Sinne des § 4 Abs. 1 Satz 1 Nr. 4	5 Prozent,
6. im Sinne des § 4 Abs. 1 Satz 1 Nr. 5	2,5 Prozent,

der Bemessungsgrundlage.

(2) Erfüllt der anspruchsberechtigte begünstigte Betrieb im Zeitpunkt des Beginns des Erstinvestitionsvorhabens die Begriffsdefinition für kleine und mittlere Unternehmen im Sinne der Empfehlung der Kommission vom 6. Mai 2003, erhöht sich die Investitionszulage vorbehaltlich der Absätze 3 bis 5 für den Teil der Bemessungsgrundlage, der auf Investitionen im Sinne des § 2 Abs. 1 entfällt, bei Erstinvestitionsvorhaben

1. im Sinne des § 4 Abs. 1 Satz 1 Nr. 1 auf	25 Prozent,
2. im Sinne des § 4 Abs. 1 Satz 1 Nr. 2 auf	20 Prozent,
3. im Sinne des § 4 Abs. 1 Satz 1 Nr. 1 und 2 im Rahmen eines großen Investitionsvorhabens im Sinne der Leitlinien für staatliche Beihilfen mit regionaler Zielsetzung 2007-2013 (ABl. EU 2006 Nr. C 54 S. 13) in Betriebsstätten in den nicht in der Anlage 1 zu diesem Gesetz aufgeführten Teilen des Landes Berlin auf	15 Prozent,
4. im Sinne des § 4 Abs. 1 Satz 1 Nr. 3 auf	15 Prozent,
5. im Sinne des § 4 Abs. 1 Satz 1 Nr. 4 auf	10 Prozent,
6. im Sinne des § 4 Abs. 1 Satz 1 Nr. 5 auf	5 Prozent

der Bemessungsgrundlage.

(3) Abweichend von Absatz 2 erhöht sich die Investitionszulage in den in der Anlage 1 zu diesem Gesetz aufgeführten Teilen des Landes Berlin vorbehaltlich des Absatzes 5 für den Teil der Bemessungsgrundlage, der auf Investitionen im Sinne des § 2 Abs. 1 entfällt, bei Erstinvestitionsvorhaben

1. im Sinne des § 4 Abs. 1 Satz 1 Nr. 1 bis 3 auf 10 Prozent der Bemessungsgrundlage, wenn der anspruchsberechtigte begünstigte Betrieb im Zeitpunkt des Beginns des Erstinvestitionsvorhabens die Begriffsdefinition für mittlere Unternehmen im Sinne der Empfehlung der Kommission vom 6. Mai 2003 erfüllt;

2. im Sinne des § 4 Abs. 1 Satz 1 Nr. 1 auf 20 Prozent der Bemessungsgrundlage, wenn der anspruchsberechtigte begünstigte Betrieb im Zeitpunkt des Beginns des Erstinvestitionsvorhabens die Begriffsdefinition für kleine Unternehmen im Sinne der Empfehlung der Kommission vom 6. Mai 2003 erfüllt.

(4) Bei Investitionen, die zu einem großen Investitionsvorhaben gehören, auf das der multisektorale Regionalbeihilferahmen für große Investitionsvorhaben vom 19. März 2002 (ABl. EG Nr. C 70 S. 8), zuletzt geändert durch Mitteilung der Kommission vom 1. November 2003 (ABl. EU Nr. C 263

S. 3), oder die Leitlinien für staatliche Beihilfen mit regionaler Zielsetzung 2007-2013 anzuwenden sind, sind die Absätze 1 und 2 nur insoweit anzuwenden, als der jeweils beihilferechtlich geltende Regionalförderhöchstsatz durch die Gewährung von Investitionszulagen nicht überschritten wird.

(5) [1]Für Investitionen eines Erstinvestitionsvorhabens in Betriebsstätten in den in der Anlage 1 zu diesem Gesetz aufgeführten Teilen des Landes Berlin gelten die Absätze 1 bis 3 nur, soweit die Investitionszulage für ein Erstinvestitionsvorhaben den Betrag von 7,5 Millionen Euro nicht überschreitet. [2]Eine höhere Investitionszulage kann nur dann festgesetzt werden, wenn eine Genehmigungsentscheidung der Kommission vor Festsetzung der Investitionszulage erteilt worden ist, in der eine höhere Beihilfeintensität festgelegt worden ist.

§ 7 Antrag auf Investitionszulage

(1) [1]Der Antrag ist bei dem für die Besteuerung des Anspruchsberechtigten nach dem Einkommen zuständigen Finanzamt zu stellen. [2]Ist eine Personengesellschaft oder Gemeinschaft Anspruchsberechtigter, so ist der Antrag bei dem Finanzamt zu stellen, das für die einheitliche und gesonderte Feststellung der Einkünfte zuständig ist.

(2) [1]Der Antrag ist nach amtlich vorgeschriebenem Vordruck zu stellen und vom Anspruchsberechtigten eigenhändig zu unterschreiben. [2]In dem Antrag sind die Investitionen, für die eine Investitionszulage beansprucht wird, so genau zu bezeichnen, dass ihre Feststellung bei einer Nachprüfung möglich ist.

§ 8 Gesonderte Feststellung

(1) [1]Werden die in einem Betrieb im Sinne des § 2 des Einkommensteuergesetzes erzielten Einkünfte nach § 180 Abs. 1 Nr. 2 Buchstabe b der Abgabenordnung gesondert festgestellt, sind die Bemessungsgrundlage und der Prozentsatz der Investitionszulage für Wirtschaftsgüter, die zum Anlagevermögen dieses Betriebs gehören, von dem für die gesonderte Feststellung zuständigen Finanzamt gesondert festzustellen. [2]Die für die Feststellung erforderlichen Angaben sind in den Antrag nach § 7 Abs. 2 aufzunehmen.

(2) [1]Befindet sich das für die Besteuerung des Anspruchsberechtigten nach dem Einkommen zuständige Finanzamt außerhalb des Fördergebiets, sind die Bemessungsgrundlage und der Prozentsatz der Investitionszulage von dem Finanzamt im Fördergebiet gesondert festzustellen, in dessen Bezirk sich das Vermögen des Anspruchsberechtigten und, wenn dies für mehrere Finanzämter zutrifft, von dem Finanzamt im Fördergebiet, in dessen Bezirk sich der wertvollste Teil des Vermögens befindet. [2]Die für die Feststellung erforderlichen Angaben sind in den Antrag nach § 7 Abs. 2 aufzunehmen.

§ 9 Einzelnotifizierungspflichten, Genehmigungsvorbehalte sowie anzuwendende Rechtsvorschriften der Kommission der Europäischen Gemeinschaften

(1) Auf dieses Gesetz findet die Verordnung (EG) Nr. 800/2008 der Kommission vom 6. August 2008 zur Erklärung der Vereinbarkeit bestimmter Gruppen von Beihilfen mit dem Gemeinsamen Markt in Anwendung der Artikel 87 und 88 EG-Vertrag (allgemeine Gruppenfreistellungsverordnung) (ABl. EU Nr. L 214 S. 3) Anwendung.

(2) Die Investitionszulage für Investitionen, die zu einem großen Investitionsvorhaben gehören, das die Anmeldungsvoraussetzungen des multisektoralen Regionalbeihilferahmens für große Investitionsvorhaben vom 16. Dezember 1997 (ABl. EG 1998 Nr. C 107 S. 7), zuletzt geändert durch Mitteilung der Kommission vom 11. August 2001 (ABl. EG Nr. C 226 S. 1), oder des multisektoralen Regionalbeihilferahmens für große Investitionsvorhaben vom 19. März 2002 erfüllt, ist erst festzusetzen, wenn die Kommission die höchstzulässige Beihilfeintensität festgelegt hat.

(3) [1]Die Investitionszulage zugunsten großer Investitionsvorhaben im Sinne der Leitlinien für staatliche Beihilfen mit regionaler Zielsetzung 2007-2013 ist bei der Kommission anzumelden, wenn der Gesamtförderbetrag aus sämtlichen Quellen folgende Beträge überschreitet:

1. 22,5 Millionen Euro bei Erstinvestitionsvorhaben in Fördergebieten nach Artikel 87 Abs. 3 Buchstabe a des Vertrags zur Gründung der Europäischen Gemeinschaft mit 30 Prozent Beihilfehöchstintensität,

2. 11,25 Millionen Euro bei Erstinvestitionsvorhaben in Fördergebieten nach Artikel 87 Abs. 3 Buchstabe c des Vertrags zur Gründung der Europäischen Gemeinschaft mit 15 Prozent Beihilfehöchstintensität,

3. 15 Millionen Euro bei Erstinvestitionsvorhaben in Fördergebieten nach Artikel 87 Abs. 3 Buchstabe c des Vertrags zur Gründung der Europäischen Gemeinschaft mit 20 Prozent Beihilfehöchstintensität.

[2]Die Investitionszulage ist in diesen Fällen erst festzusetzen, wenn die Kommission die höchstzulässige Beihilfeintensität festgelegt hat.

(4) [1]Die Investitionszulage für Investitionen in den in der Anlage 2 Nr. 2 und 5 aufgeführten sensiblen Sektoren Fischerei- und Aquakultur sowie Schiffbau ist bei der Kommission einzeln anzumelden und erst nach Genehmigung durch die Kommission festzusetzen. [2]Die Investitionszulage für Investitionen in den in der Anlage 2 Nr. 1 und 4 aufgeführten sensiblen Sektoren Stahl- und Kunstfaserindustrie ist hingegen ausgeschlossen.

(5) Bei einem Unternehmen, das einer Rückforderungsanordnung auf Grund einer Entscheidung der Kommission über die Rückzahlung einer Beihilfe nicht Folge leistet, ist die Investitionszulage erst festzusetzen, wenn der Rückforderungsbetrag zurückgezahlt worden ist.

(6) Die Investitionszulage ist der Kommission zur Genehmigung vorzulegen und erst nach deren Genehmigung festzusetzen, wenn sie für ein Unternehmen in Schwierigkeiten bestimmt ist.

§ 10 Festsetzung und Auszahlung

Die Investitionszulage ist nach Ablauf des Wirtschaftsjahres oder Kalenderjahres festzusetzen und innerhalb eines Monats nach Bekanntgabe des Bescheids aus den Einnahmen an Einkommensteuer oder Körperschaftsteuer auszuzahlen.

§ 11 Zusammentreffen mit anderen Regionalbeihilfen

(1) [1]Trifft bei einem Erstinvestitionsvorhaben die Investitionszulage mit anderen Regionalbeihilfen oder „De-minimis"-Beihilfen im Sinne des Artikels 2 der Verordnung (EG) Nr. 1998/2006 der Kommission vom 15. Dezember 2006 über die Anwendung der Artikel 87 und 88 EG-Vertrag auf De-minimis-Beihilfen (ABl. EU Nr. L 379 S. 5), zusammen, sind die in der Kommissionsentscheidung zur jeweils geltenden regionalen Fördergebietskarte genehmigten Förderhöchstintensitäten maßgeblich. Der Anspruch auf Investitionszulage bleibt hiervon unberührt. [2]Die Einhaltung des Beihilfehöchstsatzes hat der jeweils andere Beihilfegeber sicherzustellen; sie ist Voraussetzung dafür, dass die Investitionszulage mit anderen Regionalbeihilfen zusammentreffen darf.

(2) [1]Trifft bei einem Erstinvestitionsvorhaben die Investitionszulage mit anderen Regionalbeihilfen zusammen, hat der Antragsteller entsprechend den Leitlinien für staatliche Beihilfen mit regionaler Zielsetzung oder den Leitlinien für staatliche Beihilfen mit regionaler Zielsetzung 2007–2013 einen beihilfefreien Eigenanteil in Höhe von mindestens 25 Prozent der Kosten des Erstinvestitionsvorhabens zu erbringen. [2]Die Überwachung der Einhaltung dieser Auflage obliegt dem jeweils anderen Beihilfegeber; sie ist Voraussetzung dafür, dass die Investitionszulage mit anderen Regionalbeihilfen zusammentreffen darf.

(3) [1]Trifft bei einem Erstinvestitionsvorhaben in den in der Anlage 1 zu diesem Gesetz aufgeführten Teilen des Landes Berlin die Investitionszulage mit anderen Regionalbeihilfen zusammen, darf der Gesamtbetrag der Beihilfe aus allen Quellen 7,5 Millionen Euro oder den in einer Genehmigungsentscheidung der Kommission festgelegten Betrag nicht übersteigen. [2]Die Überwachung der Einhaltung dieser Auflage obliegt dem jeweils anderen Beihilfegeber.

(4) In den Antrag nach § 7 Abs. 2 sind die Angaben aufzunehmen, die für die Feststellung der Voraussetzungen nach Absatz 1 bis 3 erforderlich sind.

§ 12 Verzinsung des Rückforderungsanspruchs

[1]Ist der Bescheid über die Investitionszulage aufgehoben oder zuungunsten des Anspruchsberechtigten geändert worden, ist der Rückzahlungsanspruch nach § 238 der Abgabenordnung vom Tag der Auszahlung der Investitionszulage, in den Fällen des § 175 Abs. 1 Satz 1 Nr. 2 der Abgabenordnung vom Tag des Eintritts des rückwirkenden Ereignisses an, zu verzinsen. [2]Die Festsetzungsfrist beginnt mit Ablauf des Kalenderjahres, in dem der Bescheid aufgehoben oder geändert worden ist.

§ 13 Ertragsteuerrechtliche Behandlung der Investitionszulage

[1]Die Investitionszulage gehört nicht zu den Einkünften im Sinne des Einkommensteuergesetzes. [2]Sie mindert nicht die steuerlichen Anschaffungs- und Herstellungskosten.

§ 14 Anwendung der Abgabenordnung

[1]Die für Steuervergütungen geltenden Vorschriften der Abgabenordnung sind mit Ausnahme des § 163 entsprechend anzuwenden. [2]In öffentlich-rechtlichen Streitigkeiten über die auf Grund dieses Gesetzes ergehenden Verwaltungsakte der Finanzbehörden ist der Finanzrechtsweg gegeben.

§ 15 Verfolgung von Straftaten

Für die Verfolgung einer Straftat nach den §§ 263 und 264 des Strafgesetzbuches, die sich auf die Investitionszulage bezieht, sowie der Begünstigung einer Person, die eine solche Straftat begangen hat, gelten die Vorschriften der Abgabenordnung über die Verfolgung von Steuerstraftaten entsprechend.

§ 16 Ermächtigungen

(1) Das Bundesministerium der Finanzen wird ermächtigt, durch Rechtsverordnung mit Zustimmung des Bundesrates weitere Bestimmungen zu § 9 zu erlassen und dabei insbesondere Einzelnotifizierungspflichten zu regeln, die sich aus den von den Organen der Europäischen Gemeinschaften erlassenen Rechtsvorschriften ergeben.

(2) Das Bundesministerium der Finanzen wird ermächtigt, zur Durchführung der von den Organen der Europäischen Gemeinschaften erlassenen Rechtsvorschriften die Liste der sensiblen Sektoren, in denen die Kommission die Förderfähigkeit ganz oder teilweise ausgeschlossen hat (Anlage 2), durch Rechtsverordnung mit Zustimmung des Bundesrates anzupassen.

§ 17 Bekanntmachungserlaubnis

Das Bundesministerium der Finanzen wird ermächtigt, den Wortlaut dieses Gesetzes in der jeweils geltenden Fassung mit neuem Datum bekannt zu machen.

Anlage 1

(zu § 1 Abs. 2)

Teile des Landes Berlin, die nach der Fördergebietskarte 2007-2013 (ABl. EU 2006 Nr. C 295 S. 6) zum D-Fördergebiet Deutschlands gehören:

zum D-Fördergebiet gehören:

Verkehrszellen:

Bezirk Mitte (01)	007 1; 011 1; 011 2
Bezirk Friedrichshain-Kreuzberg (02)	114 1
Bezirk Pankow (03)	106 2; 107 2; 108 1; 157 1; 160 1; 161 3; 164 1
Bezirk Charlottenburg-Wilmersdorf (04)	018 1; 025 3; 026 1; 041 1; 043 2; 048 1
Bezirk Spandau (05)	027 2; 027 3; 027 4; 032 1; 032 2; 032 3; 032 4; 037 2; 038 1; 038 2; 039 1
Bezirk Steglitz-Zehlendorf (06)	049 2; 050 2; 050 3; 052 2; 052 3; 062 1; 063 4; 064 3
Bezirk Tempelhof-Schöneberg (07)	060 1; 070 2; 070 3; 070 4; 074 2
Bezirk Neukölln (08)	079 2; 080 4; 080 6; 082 1; 082 2; 083 3
Bezirk Treptow-Köpenick (09)	120 2; 124 1; 132 1; 138 1
Bezirk Marzahn-Hellersdorf (10)	181 2; 182 1; 184 1; 184 2; 184 3; 188 1; 193 1; 194 1; 194 2
Bezirk Lichtenberg (11)	147 1; 147 2; 149 1; 149 2; 152 1; 175 1
Bezirk Reinickendorf (12)	089 3; 089 4; 089 5; 090 1; 091 2; 092 1; 092 2; 093 1; 093 2; 095 1

Anlage 2

(zu § 3 Abs. 2 Satz 2)

Sensible Sektoren sind:

1. Stahlindustrie (Multisektoraler Regionalbeihilferahmen für große Investitionsvorhaben vom 19. März 2002 in Verbindung mit Anhang B sowie Leitlinien für staatliche Beihilfen mit regionaler Zielsetzung 2007-2013 in Verbindung mit Anhang I),

2. Schiffbau (Rahmenbestimmungen für Beihilfen an den Schiffbau (ABl. EU 2003 Nr. C 317 S. 11, 2004 Nr. C 104 S. 71, 2006 Nr. C 260 S. 7)),

3. Kunstfaserindustrie (Multisektoraler Regionalbeihilferahmen für große Investitionsvorhaben vom 19. März 2002 in Verbindung mit Anhang D sowie Leitlinien für staatliche Beihilfen mit regionaler Zielsetzung 2007-2013 in Verbindung mit Anhang II),

4. Landwirtschaftssektor (Gemeinschaftsrahmen für staatliche Beihilfen im Agrarsektor (ABl. EG 2000 Nr. C 28 S. 2, Nr. C 232 S. 17) sowie Rahmenregelung der Gemeinschaft für staatliche Beihilfen im Agrar- und Forstsektor 2007-2013 (ABl. EU 2006 Nr. C 319 S. 1)),

5. Fischerei- und Aquakultursektor (Verordnung (EG) Nr. 104/2000 des Rates vom 17. Dezember 1999 über die gemeinsame Marktorganisation für Erzeugnisse der Fischerei und der Aquakultur (ABl. EG 2000 Nr. L 17 S. 22, Nr. L 83 S. 35, 2002 Nr. L 6 S. 70), zuletzt geändert durch Verordnung (EG) Nr. 1759/2006 des Rates vom 28. November 2006 (ABl. EU Nr. L 335 S. 3), sowie Leitlinien für die Prüfung Staatlicher Beihilfen im Fischerei- und Aquakultursektor (ABl. EU 2004 Nr. C 229 S. 5)) und

6. Verkehrssektor (Verordnung (EWG) Nr. 1107/70 des Rates vom 4. Juni 1970 über Beihilfen im Eisenbahn-, Straßen- und Binnenschiffsverkehr (ABl. EG Nr. L 130 S. 1) in der am 1. Januar 2006 geltenden Fassung der Kommission „Mitteilung der Kommission für staatliche Beihilfen im Seeverkehr" (ABl. EU 2004 Nr. C 13 S. 3) und Anwendung der Artikel 92 und 93 des EG-Vertrages sowie des Artikels 61 des EWR-Abkommens auf staatliche Beihilfen im Luftverkehr (ABl. EG Nr. C 350 S. 5) vom 10. Dezember 1994).

Einzelfragen zur Abgeltungsteuer

BMF vom 9.10.2012 (BStBl I S. 953)
IV C 1 – S 2252/10/10013 – 2011/0948384

BMF vom 22.12.2009 (BStBl 2010 I S. 94)

Ergänzung des BMF-Schreibens vom 22. Dezember 2009 (BStBl 2010 I S. 94) unter Berücksichtigung der Änderungen durch das BMF-Schreiben vom 16. November 2010 (BStBl I S. 1305)

Durch das Unternehmensteuerreformgesetz 2008 vom 14. August 2007 (BGBl. I S. 1912) wurde eine Abgeltungsteuer auf Kapitalerträge zum 1. Januar 2009 eingeführt. Unter Bezugnahme auf das Ergebnis der Erörterung mit den obersten Finanzbehörden der Länder nehme ich zur Anwendung der gesetzlichen Regelungen wie folgt Stellung:

I. Kapitalvermögen (§ 20 EStG)

1. Laufende Erträge (§ 20 Absatz 1 EStG)

a) Dividenden (§ 20 Absatz 1 Nummer 1 EStG)

Nachzahlungen

Werden einem Steuerpflichtigen Nachzahlungsbeträge im Zusammenhang mit Anteilen an Kapitalgesellschaften zugewiesen und ist die Rechtsnatur der Zahlungen nicht eindeutig erkennbar, hat die auszahlende Stelle im Zweifelsfall die Erträge als Kapitalertrag i. S. des § 20 Absatz 1 Nummer 1 EStG zu behandeln. | 1

Einkommensteuerrechtliche Behandlung der Erträge aus einer Limited Liability Company (LLC)

Gesellschaften in der Rechtsform einer LLC können nach dem US-Steuerrecht zur Besteuerung als Personengesellschaft optieren. Erträge aus einer LLC sind für das Steuerabzugsverfahren auch dann als Dividendenerträge i. S. des § 20 Absatz 1 Nummer 1 EStG zu behandeln, wenn nach US-Steuerrecht zur Besteuerung als Personengesellschaft optiert wurde. | 2

Die Anrechnung der ausländischen Quellensteuer findet allein im Veranlagungsverfahren statt. Hinsichtlich der steuerlichen Einordnung der LLC als Personengesellschaft oder Kapitalgesellschaft gelten die Grundsätze des BMF-Schreibens vom 19. März 2004 (BStBl I S. 411). | 3

b) Einnahmen aus der Beteiligung an einem Handelsgewerbe als stiller Gesellschafter (§ 20 Absatz 1 Nummer 4 EStG)

Zu den Einkünften aus Kapitalvermögen auf Grund einer Beteiligung an einem Handelsgewerbe als stiller Gesellschafter gehört der dem stillen Gesellschafter zugewiesene Gewinn der unter Berücksichtigung der §§ 15a, 15b EStG zuzurechnende Verlust. Wird dem stillen Gesellschafter im Rahmen der Auseinandersetzung sein Guthaben zugewiesen, werden bei der Ermittlung des Gewinns i. S. des § 20 Absatz 4 EStG die als laufende Einkünfte berücksichtigten Gewinn- oder Verlustanteile, die das Auseinandersetzungsguthaben erhöht oder gemindert haben, vom Gewinn abgerechnet oder dem Gewinn hinzugerechnet. | 4

Beispiel:

A beteiligt sich im Jahr 09 als typisch stiller Gesellschafter an dem Einzelunternehmen des B mit einer Einlage von 100 000 €. Auf den stillen Gesellschafter entfallen in den Jahren 10 und 11 jeweils Verluste in Höhe von 10 000 €. Die Verluste werden jeweils von der Einlage des stillen Gesellschafters abgebucht.

Im Jahr 12 erhält er sein Auseinandersetzungsguthaben in Höhe von 80 000 €.

Lösung:

Die laufenden Verlustanteile können unabhängig davon, ob der stille Gesellschafter eine nahestehende Person i. S. des § 32d Absatz 2 Nummer 1 EStG ist, als Verlust i. S. des § 20 Absatz 1 Nummer 4 EStG berücksichtigt werden.

Durch die Vereinnahmung des Auseinandersetzungsguthabens erzielt A Einkünfte i. S. des § 20 Absatz 2 Satz 1 Nummer 4 i. V. m. Absatz 2 Satz 2 EStG. A erzielt einen Gewinn i. S. des § 20 Absatz 4 Satz 1 EStG in Höhe von 0 €. (Einlage 100 000 € abzüglich Auseinandersetzungsguthaben in Höhe von 80 000 € zuzüglich Verlust in Höhe von 20 000 €).

c) Lebensversicherungen (§ 20 Absatz 1 Nummer 6 EStG)

Hinweis auf BMF-Schreiben vom 22. Dezember 2005 (BStBl 2006 I S. 92), geändert durch BMF-Schreiben vom 1. Oktober 2009 (BStBl I S. 1172). | 5

d) Erträge aus sonstigen Kapitalforderungen (§ 20 Absatz 1 Nummer 7 EStG)

Optionsanleihe

Bei einer Optionsanleihe besitzt der Inhaber neben dem Recht auf Rückzahlung des Nominalbetrags ein in einem Optionsschein verbrieftes Recht, innerhalb der Optionsfrist eine bestimmte Anzahl von Aktien des Emittenten oder einer anderen Gesellschaft, Anleihen, Fremdwährungen, Edelmetalle oder andere Basiswerte zu einem festgelegten Kaufpreis zu erwerben. Mit der Ausübung der Option erlischt der Anspruch auf Rückzahlung des Nominalbetrags der Anleihe nicht. | 6

Anleihe und Optionsschein können voneinander getrennt werden und sind sodann gesondert handelbar.

7 Dabei stellen Anleihe und Optionsschein jeweils selbständige Wirtschaftsgüter dar. Erträge aus der Anleihe sind nach § 20 Absatz 1 Nummer 7 und § 20 Absatz 2 Satz 1 Nummer 7 EStG als Einkünfte aus Kapitalvermögen zu behandeln. Unabhängig davon, ob der Optionsschein noch mit der Anleihe verbunden ist oder bereits von ihr getrennt wurde, gelten für seine einkommensteuerrechtliche Behandlung die Rzn. 9 bis 15, zu den Anschaffungskosten des Basiswerts im Falle der Ausübung der Option vgl. Rz. 86.

In Optionsscheinen verbriefte Kapitalforderungen

8 Enthalten die Emissionsbedingungen eines als Optionsschein bezeichneten Wertpapiers Regelungen, die dem Käufer die volle oder teilweise Rückzahlung des hingegebenen Kapitals oder ein Entgelt für die Kapitalüberlassung zusagen oder leisten, sind die laufenden Erträge aus dem Optionsschein Einkünfte nach § 20 Absatz 1 Nummer 7 EStG, wenn die Wertpapiere vor dem 1. Januar 2009 erworben wurden. Dasselbe gilt, wenn die Rückzahlung des hingegebenen Kapitals oder ein Entgelt für die Kapitalüberlassung durch eine Kombination von Optionsscheinen, die vor dem 1. Januar 2009 erworben wurden, gesichert ist.

Die Veräußerung solcher Optionsscheine führt zu Einkünften i. S. des § 20 Absatzes 2 Satz 1 Nummer 7 EStG. Für Optionsscheine, die nach dem 31. Dezember 2008 angeschafft wurden, finden die Rzn. 9 bis 35 Anwendung.

Kapitalforderungen[1] mit mehreren Zahlungszeitpunkten

8a [2]Liegen bei einem Vollrisikozertifikat mehrere Zahlungszeitpunkte bis zur Endfälligkeit vor, sind die Erträge zu diesen Zeitpunkten Einkünfte i. S. des § 20 Absatz 1 Nummer 7 EStG; dies gilt nicht, wenn die Emissionsbedingungen von vornherein eindeutige Angaben zur Tilgung oder zur Teiltilgung während der Laufzeit vorsehen und die Vertragspartner entsprechend verfahren. Erfolgt bei diesen Zertifikaten zum Zeitpunkt der Endfälligkeit keine Zahlung mehr, liegt zum Zeitpunkt der Endfälligkeit kein veräußerungsgleicher Vorgang i. S. des § 20 Absatz 2 EStG vor. Sind bei einem Zertifikat zum Zeitpunkt der Endfälligkeit keine Zahlungen vorgesehen, weil der Basiswert eine nach den Emissionsbedingungen vorgesehene Bandbreite verlassen hat oder kommt es durch das Verlassen der Bandbreite zu einer – vorzeitigen – Beendigung des Zertifikats (z. B. bei einem Zertifikat mit „Knock-out"-Struktur) ohne weitere Kapitalrückzahlungen, liegt gleichfalls kein veräußerungsgleicher Tatbestand i. S. des § 20 Absatz 2 EStG vor.

2. Gewinne aus Veräußerung, Einlösung, Termingeschäften (§ 20 Absatz 2 EStG)

a) Termingeschäfte (§ 20 Absatz 2 Satz 1 Nummer 3 EStG) und Stillhaltergeschäfte (§ 20 Absatz 1 Nummer 11 EStG)

Begriff des Termingeschäfts

9 Der Begriff des Termingeschäfts umfasst sämtliche als Options- oder Festgeschäft ausgestaltete Finanzinstrumente sowie Kombinationen zwischen Options- und Festgeschäften, deren Preis unmittelbar oder mittelbar abhängt von

- dem Börsen- oder Marktpreis von Wertpapieren,
- dem Börsen- oder Marktpreis von Geldmarktinstrumenten,
- dem Kurs von Devisen oder Rechnungseinheiten,
- Zinssätzen oder anderen Erträgen oder
- dem Börsen- oder Marktpreis von Waren oder Edelmetallen.

Dabei ist es ohne Bedeutung, ob das Termingeschäft in einem Wertpapier verbrieft ist, an einer amtlichen Börse oder außerbörslich abgeschlossen wird. Zu den Termingeschäften gehören insbesondere Optionsgeschäfte, Swaps, Devisentermingeschäfte und Forwards oder Futures, vgl. Rzn. 36 und 37.

10 Beim Optionsgeschäft hat der Käufer der Option das Recht, jedoch nicht die Verpflichtung, zu einem späteren Zeitpunkt ein Geschäft, z. B. den Kauf oder Verkauf eines Wertpapiers, zu vorab festgelegten Konditionen abzuschließen (bedingtes Termingeschäft). Im Gegensatz dazu gehen beim Festgeschäft beide Vertragsparteien bereits bei Abschluss des Geschäfts die feste Verpflichtung ein, zu einem späteren Zeitpunkt z. B. einen bestimmten Kaufgegenstand zum vereinbarten Preis zu erwerben oder zu liefern (unbedingtes Termingeschäft).

---

[1] *Geändert durch BMF vom 9.10.2012 (BStBl I S. 950).*
[2] Eingefügt durch BMF vom 16. 11. 2010 (BStBl I S. 1305).

Optionsgeschäfte

Inhalt des Optionsgeschäfts

Beim Optionsgeschäft erwirbt der Käufer der Option (Optionsnehmer) vom Verkäufer der Option 11
(Optionsgeber oder sog. Stillhalter) gegen Bezahlung einer Optionsprämie das Recht, eine
bestimmte Anzahl Basiswerte (z. B. Aktien) am Ende der Laufzeit oder jederzeit innerhalb der
Laufzeit der Option (so möglich bei EUREX-Optionen) zum vereinbarten Basispreis entweder vom
Verkäufer der Option zu kaufen (Kaufoption oder „call") oder an ihn zu verkaufen (Verkaufsoption
oder „put"). Diesem Recht des Optionskäufers steht die entsprechende Verpflichtung des Verkäu-
fers der Option gegenüber, die Basiswerte zu liefern oder abzunehmen, wenn der Optionskäufer
sein Optionsrecht ausübt.

Ist die effektive Abnahme oder Lieferung des Basiswertes auf Grund der Natur der Sache (z. B. bei 12
Indices) oder auf Grund von Handelsbedingungen (z. B. bei EUREX-Optionen auf Futures) aus-
geschlossen, besteht die Verpflichtung des Optionsgebers bei Ausübung der Option durch den
Optionskäufer in der Zahlung der Differenz zwischen vereinbartem Basispreis und Tageskurs des
Basiswerts (Barausgleich oder „cash-settlement"). Ein Barausgleich kann bei jeder Option verein-
bart werden, auch wenn der Basiswert lieferbar ist.

Die Option erlischt 13

- mit Ablauf der Optionsfrist durch Verfall,
- durch Ausübung der Option oder
- an der EUREX auch durch sog. Glattstellung.

Bei Glattstellung tätigt der Anleger ein Gegengeschäft, d. h. z. B. der Inhaber einer Kauf- oder Verkaufsoption verkauft eine Option derselben Serie, aus der er zuvor gekauft hat. Kennzeichnet er das
Geschäft als Glattstellungs- oder closing-Geschäft, bringt er damit Rechte und Pflichten aus beiden
Geschäften zum Erlöschen. Umgekehrt kann sich auch der Optionsverkäufer (Stillhalter) vor Ablauf
der Optionsfrist durch Kauf einer Option derselben Serie aus seiner Verpflichtung lösen.

Anders als bei außerbörslichen Optionsgeschäften und bei Optionsscheinen ist es einem Anleger 14
an der EUREX nicht möglich, die erworbene Option auf einen Dritten zu übertragen.

Anleger können grundsätzlich vier Grundpositionen eingehen: 15

- Kauf einer Kaufoption („long call")
- Kauf einer Verkaufsoption („long put")
- Verkauf einer Kaufoption („short call")
- Verkauf einer Verkaufsoption („short put").

Darüber hinaus ist an der EUREX auch der standardisierte Abschluss eines sog. Kombinations- 16
geschäfts, d. h. einer Kombination von jeweils zwei Grundgeschäften in einem Abschluss möglich.
Zu unterscheiden sind:

- „spreads": Gleichzeitiger Kauf und Verkauf von Optionen der gleichen Serie, aber mit unterschiedlichem Basispreis und/oder Verfalldatum
- „straddles": Gleichzeitiger Kauf einer Kauf- und einer Verkaufsoption mit gleichem Basiswert,
Basispreis und Verfalldatum
- „strangles": Gleichzeitiger Kauf einer Kauf- und einer Verkaufsoption mit gleichem Basiswert
und Verfalldatum, aber unterschiedlichem Basispreis.

Besonderheiten bei Optionsscheinen

Bei Optionsscheinen ist das Optionsrecht (vgl. Rz. 11) in einem Wertpapier verbrieft. Der Käufer 17
eines Optionsscheins erwirbt entweder eine Kaufoption oder eine Verkaufsoption, der Emittent des
Optionsscheins nimmt stets die Stillhalter-Position ein. Optionsscheine sehen überwiegend einen
Barausgleich vor. Das Optionsrecht kann nicht durch ein glattstellendes Gegengeschäft zum Erlöschen gebracht werden.

Optionsscheine können mit Zusatzvereinbarungen ausgestattet sein, die neben dem Optionsrecht 18
z. B.

- eine Zusatzprämie beim Eintritt bestimmter Bedingungen gewähren,
- hinsichtlich des Barausgleichs mit einer Obergrenze („cap") ausgestattet sind,
- besondere Berechnungsmodalitäten für den Barausgleich vorsehen oder
- Zusatzvereinbarungen über Ausübung oder Verfall des Optionsrechts beinhalten.

Optionsscheine können mit einer Schuldverschreibung (Anleihe) verbunden sein (Optionsanleihe), 19
vgl. Rz. 6 letzter Satz.

20 Die Emissionsbedingungen eines als Optionsschein bezeichneten Wertpapiers können Regelungen enthalten, die dem Inhaber des Optionsscheins eine Rückzahlung des eingesetzten Kapitals oder ein Entgelt für die Kapitalüberlassung zusagen oder gewähren (z. B. sog. airbag-warrants). Auch durch eine Kombination von Optionsscheinen kann sich der Käufer eine Kapitalrückzahlung oder ein Entgelt für die Kapitalüberlassung sichern (z. B. capped warrants).

Einkommensteuerrechtliche Behandlung eines Optionsgeschäfts

Kauf einer Kaufoption

21 Die gezahlten Optionsprämien sind Anschaffungskosten des Käufers für das Wirtschaftsgut „Optionsrecht". Beim Erwerb der Option anfallende Bankspesen, Provisionen und andere Transaktionskosten sind Teil der Anschaffungskosten.

Ausübung einer Kaufoption

22 Übt der Inhaber die Kaufoption aus und wird der Basiswert geliefert, gehören die Anschaffungs- und Anschaffungsnebenkosten des Optionsrechts zu den Anschaffungskosten des Basiswerts.

23 Erhält der Inhaber an Stelle des Basiswerts einen Barausgleich, liegen Kapitaleinkünfte i. S. des § 20 Absatz 2 Satz 1 Nummer 3 Buchstabe a EStG vor. Die Anschaffungs- und Anschaffungsnebenkosten des Optionsrechts sind bei der Ermittlung des Gewinns gemäß § 20 Absatz 4 Satz 5 EStG zu berücksichtigen.

Veräußerung und Glattstellung einer Kaufoption

24 Veräußert der Inhaber die Kaufoption (z. B. Call-Optionsschein), erzielt er Kapitaleinkünfte i. S. des § 20 Absatz 2 Satz 1 Nummer 3 Buchstabe b EStG; entsprechendes gilt bei einer Veräußerung mit closing-Vermerk (vgl. Rz. 13). Gewinn oder Verlust gemäß § 20 Absatz 4 Satz 1 EStG ist in diesem Fall der Unterschiedsbetrag zwischen den Anschaffungs- und Anschaffungsnebenkosten der Kaufoption und der aus dem glattstellenden Abschluss des Stillhaltergeschäfts erzielten Optionsprämie.

Beispiel:

Privatkunde K erwirbt am 1. März über seine Bank an der EUREX zehn Kaufoptionen über je 100 Aktien der S-AG zum Basispreis von 320 €, weil er für die nächsten Monate mit einem Kursanstieg der Aktie rechnet (Kurs der S-Aktie am 1. März 309,60 €). Verfallmonat der Kaufoption ist Juli. K entrichtet eine Optionsprämie von 1 000 × 20,40 € = 20 400 € zuzüglich 250 € Spesen. Am 1. April ist der Kurs der S-Aktie auf 350 € gestiegen. Das Recht, die Aktien zu einem Basispreis von 320 € zu kaufen, ist jetzt 50 € wert (innerer Wert 30 €, angenommener Zeitwert 20 €).

K beschließt daher, seine Position durch ein Gegengeschäft glattzustellen, d. h. er verkauft über seine Bank zehn EUREX-Kaufoptionen über je 100 Aktien der S-AG zum Basispreis von 320 €, Verfallmonat Juli, mit closing-Vermerk. K erhält dafür am 2. April eine Optionsprämie von 1 000 × 50 € = 50 000 € abzüglich 500 € Spesen.

Lösung:

K hat einen steuerpflichtigen Veräußerungsgewinn in Höhe von (50 000 − 500 − 20 400 − 250) = 28 850 € erzielt.

Einkommensteuerrechtliche Behandlung des Stillhalters bei einer Kaufoption

25 Der Stillhalter erhält die Optionsprämie für seine Bindung und die Risiken, die er durch die Einräumung des Optionsrechts während der Optionsfrist eingeht. Die Optionsprämie stellt bei ihm ein Entgelt i. S. des § 20 Absatzes 1 Nummer 11 EStG dar.

Werden Stillhalterprämien vereinnahmt, unterliegen diese in diesem Zeitpunkt dem Kapitalertragsteuerabzug i. S. des § 43 Absatz 1 Satz 1 Nummer 8 EStG. Schließt der Stillhalter ein Glattstellungsgeschäft ab, sind die gezahlten Prämien und die damit im Zusammenhang angefallenen Nebenkosten zum Zeitpunkt der Zahlung als negativer Kapitalertrag in den sog. Verlustverrechnungstopf i. S. des § 43a Absatz 3 Satz 2 EStG einzustellen. Gleiches gilt, wenn die im Zusammenhang mit erhaltenen Prämien angefallenen Nebenkosten die vereinnahmten Stillhalterprämien mindern, da es insoweit unerheblich ist, ob die Nebenkosten im Zeitpunkt der Glattstellung oder der Vereinnahmung angefallen sind. Diese Regelung gilt auch, wenn die Stillhalterprämie bereits vor dem 1. Januar 2009 zugeflossen und daher noch nach § 22 Nummer 3 EStG a. F. zu versteuern ist.

26 Übt der Inhaber die Kaufoption aus und liefert der Stillhalter den Basiswert, liegt beim Stillhalter ein Veräußerungsgeschäft nach § 20 Absatz 2 EStG hinsichtlich des Basiswerts vor, wenn der Basiswert ein Wirtschaftsgut i. S. des § 20 Absatz 2 EStG (z. B. Aktie) ist. Die vereinnahmte Optionsprämie, die nach § 20 Absatz 1 Nummer 11 EStG zu versteuern ist, wird bei der Ermittlung des Veräußerungsgewinns nicht berücksichtigt. Hat der Stillhalter einen Barausgleich zu leisten, bleibt dieser einkommensteuerrechtlich unbeachtlich.

Verfall einer Kaufoption

Lässt der Inhaber der Kaufoption diese am Ende der Laufzeit verfallen, sind deren Anschaffungs- und Anschaffungsnebenkosten einkommensteuerrechtlich ohne Bedeutung.   27

Kauf einer Verkaufsoption

Die gezahlten Optionsprämien sind Anschaffungskosten des Käufers für das Wirtschaftsgut „Optionsrecht". Beim Erwerb der Option anfallende Bankspesen, Provisionen und andere Transaktionskosten gehören zu den Anschaffungskosten.   28

Ausübung einer Verkaufsoption

Übt der Inhaber die Verkaufsoption aus und liefert er den Basiswert, liegt ein Veräußerungsgeschäft nach § 20 Absatz 2 EStG hinsichtlich des Basiswerts vor, wenn dieser ein Wirtschaftsgut i. S. des § 20 Absatz 2 EStG (z. B. Aktien oder Anleihe) ist. Die Anschaffungs- und Anschaffungsnebenkosten des Optionsrechts sind gemäß § 20 Absatz 4 Satz 1 EStG zu berücksichtigen.   29

Erhält der Inhaber der Verkaufsoption einen Barausgleich, liegen Kapitaleinkünfte i. S. § 20 Absatz 2 Satz 1 Nummer 3 Buchstabe a EStG vor. Die Anschaffungskosten des Optionsrechts sind gemäß § 20 Absatz 4 Satz 5 EStG zu berücksichtigen.   30

Veräußerung und Glattstellung einer Verkaufsoption

Veräußert der Inhaber die Verkaufsoption (z. B. Put-Optionsschein), liegt ein Veräußerungsgeschäft i. S. des § 20 Absatz 2 Satz 1 Nummer 3 Buchstabe b EStG vor. Verkauft der Inhaber einer Verkaufsoption eine Verkaufsoption derselben Serie mit closing-Vermerk, gilt entsprechendes. Gewinn oder Verlust ist in diesem Fall der Unterschiedsbetrag zwischen den Anschaffungskosten der Verkaufsoption und der aus dem glattstellenden Abschluss des Stillhaltergeschäfts erzielten Optionsprämie.   31

Verfall einer Verkaufsoption

Lässt der Inhaber der Verkaufsoption diese am Ende der Laufzeit verfallen, sind deren Anschaffungs- und Anschaffungsnebenkosten einkommensteuerrechtlich ohne Bedeutung.   32

Einkommensteuerrechtliche Behandlung des Stillhalters bei einer Verkaufsoption

Übt der Inhaber die Verkaufsoption aus und liefert er den Basiswert, liegt beim Stillhalter ein Anschaffungsgeschäft nach § 20 Absatz 2 EStG hinsichtlich des Basiswerts vor, wenn es sich dabei um ein Wirtschaftsgut i. S. von § 20 Absatz 2 EStG handelt. Bei einer späteren Veräußerung wird die vereinnahmte Optionsprämie, die nach § 20 Absatz 1 Nummer 11 EStG zu versteuern ist, bei der Ermittlung des Veräußerungsgewinns nicht berücksichtigt.   33

Hat der Stillhalter auf Grund des Optionsgeschäfts einen Barausgleich zu leisten, mindern die Zahlungen nicht die Einnahmen aus den Stillhalterprämien. Sie stellen einen einkommensteuerrechtlich unbeachtlichen Vermögensschaden dar.   34

Kombinationsgeschäfte, vgl. Rz. 16

Da jedes sog. Kombinationsgeschäft aus mindestens zwei rechtlich selbständigen Grundgeschäften besteht, gelten für ihre einkommensteuerrechtliche Behandlung die Regelungen für Grundgeschäfte (vgl. Rzn. 21 bis 34) entsprechend. Die gezahlte oder erhaltene Optionsprämie ist im Verhältnis der am Kauftag für die Grundgeschäfte zu zahlenden Optionsprämien aufzuteilen. Entsprechendes gilt, wenn zwei oder mehr gleichgerichtete Grundgeschäfte kombiniert werden.   35

Beispiel:

Der Kurs der B-Aktie liegt im Februar bei 41 €. Anleger A erwartet für Ende März ein Kurspotential von bis zu 44 €. Wegen der Abhängigkeit der Aktie vom amerikanischen Markt lässt sich aber auch eine gegenläufige Entwicklung nicht ausschließen. A kauft im Februar eine EUREX-Kaufoption über 100 B-Aktien mit Fälligkeit März und einem Basispreis von 42 €. Gleichzeitig verkauft A eine EUREX-Kaufoption über 100 B-Aktien mit Fälligkeit März und einem Basispreis von 44 €. Für diesen sog. „Spread" („Bull Call Spread") muss A insgesamt eine Prämie von 100 € zahlen. Diese ergibt sich als Differenz aus 195 € zu zahlender Optionsprämie für den Kauf der Kaufoption und 95 € erhaltener Optionsprämie für den Verkauf der Kaufoption.

Lösung:

Die vereinnahmte Optionsprämie von 95 € führt zu Einnahmen nach § 20 Absatz 1 Nummer 11 EStG. Im März beträgt der Kurs der B-Aktie 44 €. A stellt die gekaufte Kaufoption glatt und erhält eine Optionsprämie von 200 €. Er erzielt damit einen Veräußerungsgewinn nach § 20 Absatz 2 Satz 1 Nummer 3 Buchstabe b EStG von 200 – 195 = 5 €. Die verkaufte Kaufoption verfällt, weil sich der Ausübungspreis mit dem Kurs der Aktie deckt.

Als Festgeschäft ausgestaltete Termingeschäfte (Futures und Forwards)

36 Futures und Forwards stellen im Gegensatz zu Optionen für Käufer und Verkäufer die feste Verpflichtung dar, nach Ablauf einer Frist einen bestimmten Basiswert (z. B. Anleihen) zum vereinbarten Preis abzunehmen oder zu liefern. Mit dem Begriff Futures werden die an einer amtlichen Terminbörse (z. B. EUREX) gehandelten, standardisierten Festgeschäfte, mit dem Begriff Forwards die außerbörslich gehandelten, individuell gestalteten Festgeschäfte bezeichnet. Bei physisch nicht lieferbaren Basiswerten (z. B. Aktienindex) wandelt sich die Verpflichtung auf Lieferung oder Abnahme in einen Barausgleich in Höhe der Differenz zwischen Kaufpreis des Kontrakts und dem Wert des Basisobjekts bei Fälligkeit des Kontrakts.

Wird bei Fälligkeit eines Future-Kontrakts ein Differenzausgleich gezahlt, erzielt der Empfänger einen Gewinn und der Zahlende einen Verlust aus einem Veräußerungsgeschäft i. S. des § 20 Absatz 2 Satz 1 Nummer 3 Buchstabe a EStG.

Bei an der EUREX gehandelten Futures ist als Differenzausgleich die Summe oder die Differenz der während der Laufzeit eines Kontrakts geleisteten Zahlungen im Zeitpunkt der Fälligkeit des Kontrakts zu erfassen.

Bei der Glattstellung eines Future-Kontrakts liegt ein Termingeschäft i. S. des § 20 Absatz 2 Satz 1 Nummer 3 Buchstabe a EStG vor. Der Gewinn oder Verlust ergibt sich aus der Summe oder Differenz aller während der Laufzeit des Kontrakts geleisteten Zahlungen.

Wird der Basiswert geliefert, sind die auf den Future-Kontrakt geleisteten Zahlungen sowie die Nebenkosten des Future-Kontrakts beim Käufer Anschaffungskosten des Basiswerts. Veräußert der Käufer den Basiswert, liegt bei ihm ein Veräußerungsgeschäft i. S. des § 20 Absatz 2 EStG vor, wenn dieser ein Wirtschaftsgut i. S. des § 20 Absatz 2 EStG darstellt.

Auch bei den Kapitalmarkt-Futures kann es zur Lieferung kommen. Bei den an der EUREX z. B. auch gehandelten Kapitalmarkt-Futures kauft oder verkauft der Anleger z. B. fiktive Schuldverschreibungen mit verschiedener Laufzeit, die jeweils mit einer Verzinsung ausgestattet sind. Dabei sind die tatsächlich gelieferten mit den fiktiven Schuldverschreibungen des Future-Kontrakts als wirtschaftlich identisch anzusehen.

Einkommensteuerrechtliche Behandlung von Forwards

37 Für die einkommensteuerrechtliche Behandlung von Forwards gilt die Rz. 36 entsprechend.

Besonderheiten bei Devisentermingeschäften

38 Devisentermingeschäfte können die Verpflichtung der Vertragsparteien zum Gegenstand haben, zwei vereinbarte Währungsbeträge zu einem zukünftigen Zeitpunkt zu einem vorher festgelegten Terminkurs auszutauschen. Devisentermingeschäfte können nach dem Willen der Vertragsparteien aber auch ausschließlich auf die Erzielung eines Differenzausgleichs nach § 20 Absatz 2 Satz 1 Nummer 3 Buchstabe a EStG gerichtet sein, selbst wenn sie äußerlich in die Form eines Kaufvertrags gekleidet sind.

Ein auf Differenzausgleich gerichtetes Devisentermingeschäft kann auch bei Abschluss eines Eröffnungsgeschäfts mit nachfolgendem Gegengeschäft gegeben sein. Dabei stimmen Devisenbetrag und Fälligkeit beider Geschäfte regelmäßig überein. Aber auch bei unterschiedlicher Fälligkeit oder unterschiedlichem Devisenbetrag kann ein zum Differenzausgleich führendes Devisentermingeschäft vorliegen, soweit mit dem Abschluss des Gegengeschäfts der Gewinn oder Verlust aus beiden Geschäften feststeht.

Beispiel:

A erwirbt am 10. Juni 100 000 US-$ zum 30. September. Der Terminkurs beträgt 120 000 €. Am 15. Juli veräußert er 50 000 US-$ zum 10. Oktober. Der Terminkurs beträgt 62 000 €.

Lösung:

Hinsichtlich 50 000 US-$ steht mit dem Terminverkauf am 15. Juli fest, dass A einen Gewinn von 2 000 € erzielt. Der Verkauf ist deshalb insoweit als Gegengeschäft zum Terminkauf am 10. Juni anzusehen.

39 Kommt es zur effektiven Lieferung des Fremdwährungsbetrags und tauscht der Käufer diesen innerhalb eines Jahres nach Abschluss des Devisentermingeschäfts in € oder eine andere Währung um, führt dies zu einem privaten Veräußerungsgeschäft i. S. des § 23 Absatz 1 Satz 1 Nummer 2 EStG. Dasselbe gilt, wenn am Fälligkeitstag ein auf € lautendes Konto des Käufers mit dem Kaufpreis belastet und ihm gleichzeitig der €-Betrag gutgeschrieben wird, welcher der auf Termin gekauften Fremdwährung entspricht. In diesem Fall wird die mit dem Devisentermingeschäft erworbene Fremdwährung am Fälligkeitstag geliefert und unmittelbar danach in € zurückgetauscht.

Zinsbegrenzungsvereinbarungen

Bei Zinsbegrenzungsvereinbarungen sind der Optionsinhaber und der Stillhalter wie folgt zu behandeln:

Kauf einer Zinsbegrenzungsvereinbarung (Rechtsstellung des Optionsinhabers)

Zinsbegrenzungsvereinbarungen sind Verträge, in denen sich einer der Vertragspartner (der Verkäufer) verpflichtet, an einen anderen Vertragspartner (den Käufer) Ausgleichszahlungen zu leisten, wenn ein bestimmter Zinssatz eine gewisse Höhe über- oder unterschreitet. Ihre Grundformen sind Caps (Zinsoberbegrenzungen), Floors (Zinsunterbegrenzungen) und Collars (eine Kombination aus Caps und Floors).   40

Da die Ausgleichszahlungen in Abhängigkeit von der Entwicklung einer bestimmten Bezugsgröße, dem Referenzzinssatz, gezahlt werden, sind Zinsbegrenzungsvereinbarungen als Termingeschäfte i. S. des § 20 Absatz 2 Satz 1 Nummer 3 Buchstabe a EStG zu klassifizieren. Ihrem wirtschaftlichen Gehalt nach werden Zinsbegrenzungsvereinbarungen als eine Reihe von Zinsoptionen beurteilt.

Caps, Floors und Collars können dabei nach analogen Grundsätzen behandelt werden. Die Zahlung der Prämie zum Zeitpunkt des Erwerbs der Zinsbegrenzungsvereinbarung stellt die Anschaffung eines Optionsrechts bzw. mehrerer hintereinander gestaffelter Optionsrechte dar. Zinsbegrenzungsvereinbarungen stellen Dauerschuldverhältnisse dar, deren Leistungen sich zu bestimmten vertraglich vereinbarten Terminen konkretisieren.   41

Im Sinne einer cash-flow-Besteuerung ist an die während der Laufzeit des Kontrakts zu leistenden Ausgleichszahlungen anzuknüpfen. Die für den Erwerb der Zinsbegrenzungsvereinbarung getätigten Aufwendungen werden zum Zeitpunkt der ersten Ausgleichszahlung berücksichtigt (§ 20 Absatz 4 Satz 5 EStG).   42

Kommt es zu keiner Ausgleichszahlung über die gesamte Vertragslaufzeit, weil der Referenzzinssatz die Zinsobergrenze zu keinem Zeitpunkt überschreitet bzw. die Zinsuntergrenze zu keinem Zeitpunkt unterschreitet, sind die für einen Verfall von Rechtspositionen geltenden Rechtsgrundsätze anzuwenden.   43

Verkauf einer Zinsbegrenzungsvereinbarung (Stillhalterposition)

Die zu Vertragsbeginn vereinnahmte Prämie zählt zu den nach § 20 Absatz 1 Nummer 11 EStG abgeltungsteuerpflichtigen Kapitalerträgen. Die vom Stillhalter einer derartigen Vereinbarung zu leistenden Ausgleichszahlungen entsprechen der Entrichtung eines Differenzausgleiches und sind bei Stillhaltergeschäften im Privatvermögen einkommensteuerrechtlich unbeachtlich.   44

Aktienswaps

Aktienswaps werden in der Regel dazu eingesetzt, aus einer Aktienposition resultierende Chancen und Risiken auf einen Vertragspartner (Sicherungsgeber, in der Regel die Hausbank) zu übertragen. Der Sicherungsgeber übernimmt dabei für die Laufzeit des Geschäfts das Kurs- und Dividendenrisiko aus den Aktien. Er erhält Dividendenausgleichszahlungen und bei Fälligkeit einen Ausgleich von etwaigen Wertsteigerungen der Aktien. Im Gegenzug ersetzt der Sicherungsgeber dem Sicherungsnehmer dessen Finanzierungskosten (Berechnungsgrundlage der vertraglich vereinbarten „Zinszahlungen" ist der Marktwert der Aktienposition bei Vertragsabschluss) und leistet einen Ausgleich für etwaige Kursverluste.   45

Ein Kapitaltransfer in Höhe des Marktwertes der dem Swap-Geschäft zu Grunde liegenden Aktienpositionen findet regelmäßig nicht statt.

Die Anwendung der sachlich gebotenen Nettobetrachtung hat folgende steuerliche Konsequenzen: 46

(1) Vereinnahmung der Dividende:

    Kapitalertrag i. S. des § 20 Absatz 1 Nummer 1 EStG.

(2) Leistung einer Dividendenausgleichszahlung an die Hausbank (Sicherungsgeber):

    Aufwendungen i. S. des § 20 Absatz 4 Satz 5 EStG.

(3) Vergütung etwaiger Wertsteigerungen an die Hausbank (Sicherungsgeber):

    Aufwendungen i. S. des § 20 Absatz 4 Satz 5 EStG.

(4) „Zinszahlungen" der Hausbank (Sicherungsgeber) an den Anleger:

    Geldbetrag i. S. des § 20 Absatz 4 Satz 5 EStG.

(5) Ausgleich der Hausbank (Sicherungsgeber) für etwaige Kursverluste:

    Geldbetrag i. S. des § 20 Absatz 4 Satz 5 EStG.

Die einzelnen Leistungen sind beim Steuerabzug zum Zeitpunkt des Zuflusses oder Abflusses zu berücksichtigen.

Zinsswaps

47 Bei einem Zinsswap vereinbaren die Parteien für eine vertraglich bestimmte Laufzeit den Austausch von Geldbeträgen, welche sich in Bezug auf die Zinsberechnungsbasis unterscheiden. Kapitalbeträge werden nicht ausgetauscht, sondern dienen lediglich als Berechnungsbasis für die Ermittlung der auszutauschenden Geldbeträge. Im einfachsten Fall werden jährlich (halbjährlich, quartalsweise, monatlich) zu zahlende Festzinsbeträge gegen jährlich (halbjährlich, quartalsweise, monatlich) zu zahlende variable Zinsbeträge getauscht, die sich nach einem Referenzzins wie beispielsweise dem EURIBOR richten.

Häufig werden laufende Zinszahlungen gegen einmalig am Anfang oder am Ende der Laufzeit zu zahlende Beträge getauscht („Up-Front-Zinsswap" oder „Balloon-Zinsswap").

Zu beachten ist, dass Swapgeschäfte, ähnlich wie Zinsbegrenzungsvereinbarungen, Dauerschuldverhältnisse sind und als Termingeschäfte i. S. des § 20 Absatz 2 Satz 1 Nummer 3 Buchstabe a EStG einzustufen sind.

Entsprechend den Regelungen zu Zinsbegrenzungsvereinbarungen ist an die während der Laufzeit jeweils erhaltenen und geleisteten Zinsbeträge anzuknüpfen. Up-Front- oder Balloon-Payments sind zum jeweiligen Zahlungszeitpunkt zu berücksichtigen bzw. in den Verlusttopf gemäß § 43a Absatz 3 EStG einzustellen. Transaktionskosten sind als Aufwendungen i. S. des § 20 Absatz 4 Satz 5 EStG zum Zeitpunkt ihrer Leistung zu berücksichtigen.

b) Veräußerung sonstiger Kapitalforderungen (§ 20 Absatz 2 Satz 1 Nummer 7 EStG)

Allgemeines

48 Unter den Wortlaut des § 20 Absatz 2 Satz 1 Nummer 7 EStG fallen auch sonstige Kapitalforderungen, bei denen sowohl die Höhe des Entgelts als auch die Höhe der Rückzahlung von einem ungewissen Ereignis abhängen. Erfasst werden Kapitalforderungen, deren volle oder teilweise Rückzahlung weder rechtlich noch faktisch garantiert wird. Erträge, die bei Rückzahlung, Einlösung oder Veräußerung realisiert werden, unterliegen der Besteuerung nach § 20 Absatz 2 Satz 1 Nummer 7 EStG.

Stückzinsen

49 Werden Wertpapiere im Laufe eines Zinszahlungszeitraums mit dem laufenden Zinsschein veräußert, hat der Erwerber dem Veräußerer in der Regel den Zinsbetrag zu vergüten, der auf die Zeit seit dem Beginn des laufenden Zinszahlungszeitraums bis zur Veräußerung entfällt. Diese Zinsen heißen Stückzinsen. Sie werden in der Regel besonders berechnet und vergütet.

50 Der Veräußerer hat die besonders in Rechnung gestellten und vereinnahmten Stückzinsen als Einkünfte aus Kapitalvermögen i. S. des § 20 Absatz 2 Satz 1 Nummer 7 EStG zu versteuern. Dies gilt auch bei Wertpapieren, die vor dem 1. Januar 2009 angeschafft wurden **(vgl. § 52a Absatz 10 Satz 7 EStG)[1]**. Soweit in diesen Fällen im Jahr 2009 im Rahmen des Kapitalertragsteuerabzugs § 20 Absatz 2 Satz 1 Nummer 7 EStG nicht angewandt wurde, ist dies nicht zu beanstanden. In diesen Fällen besteht jedoch eine Veranlagungspflicht nach § 32d Absatz 3 EStG.

Beispiel 1:

A erwirbt zum 1. Dezember 2007 eine Anleihe mit Stückzinsausweis zu einem Kurs von 99,00 Euro (100 % Kapitalgarantie, 5 % laufender Kupon, keine Finanzinnovation). Nächster Zinszahlungstermin ist der 31. Dezember 2009. Er veräußert die Anleihe am 15. Dezember 2009 unter Stückzinsausweis zu einem Kurs von 101,00 Euro.

Lösung:

Die Stückzinsen sind gemäß § 20 Absatz 2 Satz 1 Nummer 7 EStG steuerpflichtig. Die Zinsen waren bereits nach § 20 Absatz 2 Satz 1 Nummer 3 EStG a. F. steuerverhaftet. Der Kursgewinn von 2 Euro ist nicht zu versteuern, vgl. § 52a Absatz 10 Satz 7 EStG.

Beispiel 2:

A erwirbt zum 1. Dezember 2008 eine finanzinnovative Anleihe mit Stückzinsausweis (100 % Kapitalgarantie; z. B. Bundesschatzbrief Typ B). Er veräußert diese am 15. Dezember 2009 unter Stückzinsausweis.

Lösung:

Der Veräußerungsgewinn ist ohne Einschränkung steuerpflichtig (§ 52a Absatz 10 Satz 6 i. V. mit § 52a Absatz 1 EStG).

51 Beim Erwerber der Wertpapiere sind die von ihm entrichteten Stückzinsen im Veranlagungszeitraum des Abflusses negative Einnahmen aus Kapitalvermögen i. S. des § 20 Absatz 1 Nummer 7 EStG und beim Privatanleger in den Verlustverrechnungstopf einzustellen.

---

[1] *Eingefügt durch BMF vom 9.10.2012 (BStBl I S. 950).*

Bundesschatzbrief Typ B/Wertpapiere des Bundes und der Länder

Werden bei Bundesschatzbriefen Typ B Stückzinsen gesondert in Rechnung gestellt, gelten die | 52
Ausführungen zu Rzn. 49 bis 51 entsprechend.

Die Auszahlung der Geldbeträge bei Endfälligkeit, die entgeltliche Übertragung sowie die vorzei- | 53
tige Rückgabe führen jeweils zu Einnahmen aus einer Veräußerung i. S. des § 20 Absatz 2 Satz 1
Nummer 7 EStG. Gehören die Erträge aus Bundesschatzbriefen zu den Betriebseinnahmen, unterbleibt der Kapitalertragsteuereinbehalt bei entsprechender Freistellungserklärung gemäß § 43
Absatz 2 Satz 3 EStG durch den Anleger; vgl. Muster Anlage 1. Die Erträge sind bei der Einkommensteuerveranlagung (im Rahmen der betrieblichen Gewinnermittlung) zu berücksichtigen.

Die Zuordnung zu den Veräußerungsgewinnen bei einer entgeltlichen Übertragung und bei vor- | 54
zeitiger Rückgabe ist nicht zu beanstanden, da sowohl der Veräußerungserlös als auch die Stückzinsen zu Einnahmen aus Veräußerung i. S. des § 20 Absatz 4 EStG führen, die im Rahmen der
Ermittlung des Veräußerungsgewinns den Veräußerungsaufwendungen und Anschaffungskosten
gegenüberzustellen sind.

Einnahmen aus der Einlösung von Zero-Bonds durch den Ersterwerber

Die Einlösung von Zero-Bonds und anderen in § 20 Absatz 2 Satz 1 Nummer 4 Buchstabe a EStG | 55
a. F. genannten Auf- und Abzinsungspapieren fällt auch beim (durchhaltenden) Ersterwerber
unter § 20 Absatz 2 EStG, da auch die Einlösung und Rückzahlung als Veräußerung gilt, ohne zwischen Ersterwerber und Zweiterwerber zu unterscheiden.

Nichtbeanstandungsregelung für Alt-Finanzinnovationen

§ 20 Absatz 2 Satz 1 Nummer 7 EStG findet auch bei sog. Finanzinnovationen Anwendung, die vor | 56
dem 1. Januar 2009 erworben wurden (§ 52a Absatz 10 Satz 6 und 7 EStG). Bei diesen Kapitalanlagen ist es nicht zu beanstanden, wenn bei der Gewinnermittlung i. S. des § 20 Absatz 4 EStG
Anschaffungsnebenkosten nicht berücksichtigt werden, wenn dem inländischen Kreditinstitut
hierfür keine Daten vorliegen. Erfolgte die Anschaffung dieser Wertpapiere in einer Fremdwährung, ist es nicht zu beanstanden, wenn bei der Veräußerung oder Einlösung der Unterschiedsbetrag weiterhin in der Fremdwährung ermittelt wird und sich der ergebene Gewinn mit dem
Umrechnungskurs zum Zeitpunkt der Veräußerung oder Einlösung umgerechnet wird, sofern
diese Erträge dem inländischen Steuerabzug unterliegen.

Zertifikate

Werden Inhaberschuldverschreibungen veräußert oder eingelöst, die einen Lieferanspruch auf | 57
Gold oder einen anderen Rohstoff verbriefen und durch Gold oder einen anderen Rohstoff in physischer Form nicht gedeckt sind, sind die Einnahmen Einkünfte i. S. des § 20 Absatz 2 Satz 1
Nummer 7 EStG. Entsprechendes gilt bei verbrieften Ansprüchen, die börsenfähige Wertpapiere
darstellen, auch wenn der Lieferanspruch in physischer Form gedeckt ist. § 20 Absatz 2 Satz 1
Nummer 7 EStG findet außerdem bei der Veräußerung oder der Einlösung Anwendung, wenn die
jeweiligen Vertrags-/Emissionsbedingungen vorsehen, dass der Anspruch des Forderungsinha-
bers/Zeichners nicht nur durch die Lieferung des Basiswertes erfüllt werden kann, sondern entweder der Forderungsschuldner/Emittent den Lieferanspruch des Forderungsinhabers/Zeichners
auch durch eine Geldzahlung befriedigen oder der Forderungsinhaber/Zeichner von dem Forde-
rungsschuldner/Emittenten statt der Lieferung des Rohstoffs auch die Erfüllung durch Geld verlangen kann. Für vor dem 1. Januar 2009 angeschaffte Inhaberschuldverschreibungen findet § 52a
Absatz 10 Satz 8 EStG Anwendung.

Private Kapitalforderungen

Eine Forderung, die kein am Finanzmarkt angebotenes Produkt darstellt (z. B. eine private Darle- | 58
hensforderung, Gesellschafterforderung), ist eine Kapitalforderung i. S. des § 20 Absatz 2 Satz 1
Nummer 7 EStG. § 20 Absatz 2 Satz 1 Nummer 7 EStG findet auf diese Forderung erstmals Anwendung, wenn die Forderung nach dem 31. Dezember 2008 angeschafft oder begründet wurde.

c) Veräußerungsbegriff (§ 20 Absatz 2 Satz 2 EStG)

Allgemeines

§ 20 Absatz 2 Satz 2 EStG stellt klar, dass als Veräußerung neben der entgeltlichen Übertragung | 59
des – zumindest wirtschaftlichen – Eigentums auch die Abtretung einer Forderung, die vorzeitige
oder vertragsmäßige Rückzahlung einer Kapitalforderung oder die Endeinlösung einer Forderung
oder eines Wertpapiers anzusehen ist. Entsprechendes gilt für die verdeckte Einlage von Wirtschaftsgütern i. S. des § 20 Absatz 2 EStG in eine Kapitalgesellschaft. Die Sicherungsabtretung ist

keine Veräußerung i. S. dieser Vorschrift. *Eine Veräußerung liegt nicht vor, wenn der Veräußerungspreis die tatsächlichen Transaktionskosten nicht übersteigt[1].*

Forderungsausfall

60   Der Forderungsausfall ist keine Veräußerung i. S. des § 20 Absatz 2 Satz 2 EStG. Die Anschaffungs- und Anschaffungsnebenkosten der Forderung sind einkommensteuerrechtlich insoweit ohne Bedeutung.

Forderungsverzicht

61   Entsprechendes gilt für einen Forderungsverzicht, soweit keine verdeckte Einlage in eine Kapitalgesellschaft vorliegt.

Beispiel:

Gesellschafter A verzichtet am 1. Juli 10 auf eine am 2. Januar 09 begründete Forderung gegen seine GmbH. Der Nominalwert der Forderung beträgt im Zeitpunkt des Verzichts 100 000 €, der Teilwert dagegen nur 10 000 €.

Lösung:

Der Forderungsverzicht des Gesellschafters führt zu einer verdeckten Einlage und zum Zufluss der Darlehensvaluta. Dies gilt aber nur für den im Zeitpunkt des Verzichts noch werthaltigen Teil der Forderung (BFH-Beschluss vom 9. Juni 1997 – BStBl II 1998 S. 307). Nur der werthaltige Teil in Höhe von 10 000 € wird also zurückgezahlt und gilt damit gemäß § 20 Absatz 2 Satz 2 i. V. m. Satz 1 Nummer 7 EStG als Veräußerung (verdeckte Einlage 10 000 € abzüglich Anschaffungskosten der Forderung 10 000 € = Gewinn i. S. des § 20 Absatz 4 EStG in Höhe von 0 €). In Höhe des nicht werthaltigen Teils von 90 000 € hat ein vorangegangener schlichter Forderungsausfall stattgefunden. Die Beteiligungsanschaffungskosten des Gesellschafters erhöhen sich nur um 10 000 €. Der Forderungsausfall findet außerhalb des Anwendungsbereichs von § 17 EStG keine steuerliche Berücksichtigung.

Forderungsverzicht gegen Besserungsschein

62   Bei einem Forderungsverzicht gegen Besserungsschein verzichtet der Gesellschafter unter der Bedingung, dass die Forderung (ggf. rückwirkend auch Zinsen) wieder auflebt, wenn bei der Kapitalgesellschaft die Besserung eintritt. Im Zeitpunkt des Verzichts finden die für den

Forderungsverzicht geltenden Grundsätze Anwendung.

Beispiel:

GmbH-Gesellschafter A verzichtet am 1. Juli 10 auf eine am 2. Januar 09 begründete Gesellschafterforderung gegen Besserungsschein. Der Nominalwert der Forderung beträgt im Zeitpunkt des Verzichts 100 000 €, der Teilwert dagegen nur 10 000 €. Im Jahr 11 tritt der Besserungsfall ein und A erhält eine Darlehensrückzahlung von 100 000 €.

Lösung:

Wie in dem Beispiel unter Rz. 61 erzielt A durch den Forderungsverzicht zunächst Einnahmen i. S. des § 20 Absatz 2 Satz 1 Nummer 7 EStG in Höhe von 10 000 €. Insoweit liegt eine verdeckte Einlage vor, die auch zu Anschaffungskosten der GmbH-Anteile führt. Da die Forderung zum Nominalwert angeschafft (hingegeben) wurde, die Anschaffungskosten dieses Teils der Forderung also 10 000 € betragen, beläuft sich der anteilige Gewinn i. S. d. § 20 Absatz 2 Satz 1 Nummer 7 EStG auf 0 €.

Das Wiederaufleben der Forderung und damit des schuldrechtlichen Veranlassungszusammenhangs nach Eintritt der Besserung mindert die Beteiligungsanschaffungskosten um 10 000 €. Die Tilgung der Kapitalforderung führt beim Gesellschafter A zu Einnahmen i. S. d. § 20 Absatz 2 Satz 1 Nummer 7 EStG i. H. v. 100 000 €. Da diesen Einnahmen nach Wiederaufleben des Veranlassungszusammenhangs die ursprünglichen Anschaffungskosten von 100 000 € gegenüberstehen, betragen die Einkünfte des A i. S. d. § 20 Absatz 2 Satz 1 Nummer 7 EStG 0 €. Sofern für das Jahr 10 die verdeckte Einlage bei der Einkommensteuerfestsetzung bereits berücksichtigt wurde, ist diese gemäß § 175 Absatz 1 Nummer 2 AO zu ändern.

Abwandlung:

GmbH-Gesellschafter A verzichtet am 1. Juli 2010 auf eine am 2. Januar 2009 begründete Gesellschafterforderung gegen Besserungsschein. Der Nominalwert der Forderung beträgt im Zeitpunkt des Verzichts 100 000 €, der Teilwert dagegen nur 10 000 €. Sodann veräußert A seine Beteiligung und seinen Besserungsanspruch für jeweils 1 € an B. Im Jahr 2011 tritt der Besserungsfall ein und B erhält eine Darlehensrückzahlung von 100 000 €.

---

[1] *Eingefügt durch BMF vom 9.10.2012 (BStBl I S. 950).*

Lösung:

Wie in dem Beispiel unter Rz. 61 erzielt zunächst A durch den Forderungsverzicht Einnahmen i. S. d. § 20 Absatz 2 Satz 1 Nummer 7 EStG in Höhe von 10 000 €. Da die Forderung zum Nominalwert hingegeben (angeschafft) wurde, beläuft sich der anteilige Gewinn i. S. des § 20 Absatz 2 Satz 1 Nummer 7 EStG auf 0 €. Die Tilgung der wieder entstandenen Kapitalforderung nach Eintritt der Besserung führt allerdings beim Gesellschafter B in Höhe von 100 000 € zu Einnahmen i. S. des § 20 Absatz 2 Satz 1 Nummer 7 EStG. Da diesen Einnahmen Anschaffungskosten von nur 1 € gegenüber stehen, betragen die Einkünfte des B 99 999 €. Auf diese Einkünfte findet § 32d Absatz 2 Satz 1 Nummer 1 Buchstabe b EStG Anwendung.

Liquidation einer Kapitalgesellschaft

Die Liquidation einer Kapitalgesellschaft ist keine Veräußerung der Anteile an dieser Kapitalgesellschaft (zur Steuerpflicht der Erträge, soweit es sich nicht um die Rückzahlung von Nennkapital handelt vgl. § 20 Absatz 1 Nummer 2 EStG). § 17 Absatz 4 EStG bleibt unberührt.   63

Tausch von Wertpapieren

Beim Tausch von Aktien eines Unternehmens gegen Aktien eines anderen Unternehmens werden die bisher gehaltenen Aktien veräußert und die erlangten Aktien erworben, soweit nicht die Voraussetzungen des § 20 Absatz 4a Satz 1 EStG (vgl. Rz. 100) vorliegen. Entsprechendes gilt für den Tausch von anderen Wertpapieren.   64

Veräußerungserlös der hingegebenen *Wertpapiere*

[1])Als Veräußerungserlös für die hingegebenen *Wertpapiere* ist der Börsenkurs der erlangten *Wertpapiere* am Tag der Depotbuchung anzusetzen. Der Wert ist unter sinngemäßer Anwendung des § 43a Absatz 2 Satz 9 EStG zu ermitteln. *Ist dieser Börsenkurs nichtzeitnah ermittelbar, wird nicht beanstandet, wenn stattdessen auf den Börsenkurs der hingegebenen Wertpapiere abgestellt wird.*   65

Anschaffungskosten der erlangten *Wertpapiere*

[2])Als Anschaffungskosten der erlangten *Wertpapiere* ist der Börsenkurs der hingegebenen *Wertpapiere* im Zeitpunkt der Depotausbuchung anzusetzen. *Ist dieser Börsenkurs nichtzeitnah ermittelbar, wird nicht beanstandet, wenn stattdessen auf den Börsenkurs der hingegebenen Wertpapiere abgestellt wird.*   66

Beschließt eine Aktiengesellschaft die Umwandlung von Vorzugs- in Stammaktien, hat dies lediglich eine Modifikation der bestehenden Mitgliedschaftsrechte der Aktionäre zur Folge. Die Umwandlung ist für Zwecke des § 20 Absatz 2 EStG nicht als Tausch der Vorzugs- in Stammaktien anzusehen. Barzuzahlungen des Aktionärs führen hierbei zu nachträglichen Anschaffungskosten. Diese Regelungen gelten entsprechend für den Fall der Umwandlung von Inhaber- in Namensaktien und umgekehrt. Auch rein wertpapiertechnisch bedingte Umtauschvorgänge wie z. B. Umtausch wegen ISIN-Änderung oder Urkundentausch sind nicht als Tausch im steuerrechtlichen Sinne anzusehen.   67

Steuerliche Behandlung des Umtauschs von ADRs, GDRs bzw. IDRs in Aktien

ADRs und GDRs (American, Global bzw. International Depositary Receipts) ermöglichen Anlegern, denen z. B. aus rechtlichen Gründen der unmittelbare Aktienbesitz verwehrt ist, eine Teilhabe an der Wertentwicklung einschließlich Dividendenausschüttung eines Unternehmens. Die Umbuchung von Depositary Receipts in die dahinter stehenden Aktien ist keine Veräußerung des Receipts bzw. Neuanschaffung der bezogenen Aktien. Soweit der Umtausch in 2009 als Veräußerung behandelt wurde, ist dies nicht zu beanstanden.   68

Abfindung von Minderheits-Aktionären bei Übernahmevorgängen

Es ist es ohne Bedeutung, ob die Veräußerung freiwillig oder unter wirtschaftlichem Zwang erfolgt. Werden oder sind bei einer Gesellschaftsübernahme die verbliebenen Minderheitsgesellschafter rechtlich oder wirtschaftlich gezwungen, ihre Anteile an den Übernehmenden zu übertragen, liegt vorbehaltlich des § 20 Absatz 4a Satz 1 EStG eine Veräußerung der Anteile an den Übernehmenden vor. Wird die Gegenleistung nicht in Geld geleistet (z. B. Lieferung eigener Aktien des Übernehmenden), ist als Veräußerungspreis der gemeine Wert der erhaltenen Wirtschaftsgüter anzusetzen.   69

Rz. 69 gilt auch bei der Übernahme oder Einziehung von Beteiligungen i. S. der §§ 327a ff. AktG (sog. squeeze-out).   70

---

[1]) *Geändert durch BMF vom 9.10.2012 (BStBl I S. 950).*
[2]) *Geändert durch BMF vom 9.10.2012 (BStBl I S. 950).*

Einlagewert für Kapitalanlagen

71   Die Einlage in eine Kapitalgesellschaft ist grundsätzlich keine Veräußerung i. S. des § 20 Absatz 2 Satz 2 EStG, es sei denn, es handelt sich um eine verdeckte Einlage. Bei Einlagen bis zum 31. Dezember 2008 gelten die bisherigen Regelungen des § 6 Absatz 1 Nummer 5 EStG, d. h., Ansatz mit dem Teilwert oder mit den Anschaffungskosten bei Erwerb innerhalb der letzten 3 Jahre. Wirtschaftsgüter, die ab dem 1. Januar 2009 eingelegt werden, sind mit dem Teilwert, höchstens mit den (ursprünglichen) Anschaffungskosten, zu bewerten. Bei verdeckten Einlagen gilt § 20 Absatz 2 Satz 2 EStG (Veräußerungsfiktion). Er geht § 6 Absatz 1 Nummer 5 Buchstabe c EStG vor.

d) Abgeltungsteuer und Personengesellschaften, insbesondere Beteiligungen an vermögensverwaltenden Personengesellschaften (§ 20 Absatz 2 Satz 3 EStG)

72   Erzielt eine Personengesellschaft Kapitalerträge i. S. des § 20 EStG, sind diese Einkünfte gemäß § 179 Absatz 2, § 180 Absatz 1 Nummer 2 Buchstabe a AO gesondert und einheitlich festzustellen (vgl. auch Rzn. **286 bis 290**). Der Feststellungsbescheid entfaltet sowohl hinsichtlich der Frage der Inanspruchnahme der Veranlagungsoption als auch der Frage der Qualifizierung der Einkunftsart keine Bindungswirkung für den Steuerbescheid. Ob eine Veranlagung i. S. des Einkommensteuergesetzes durchzuführen ist, ist hierfür nicht von Bedeutung. *Veräußerungsvorgänge einer vermögensverwaltenden Gesellschaft, die den Tatbestand des § 20 Absatz 2 Satz 1 Nummer 1 EStG erfüllen, sind zunächst als Gewinn/Verlust gesondert und einheitlich festzustellen, und zwar auch dann, wenn ein, mehrere oder alle Gesellschafter mit der Veräußerung den Tatbestand des § 17 EStG verwirklicht haben. Die (Um-) Qualifizierung als Vorgang i. S. § 17 EStG (§ 20 Absatz 8 EStG) erfolgt auf Ebene der Gesellschafter im Veranlagungsverfahren. Die Beteiligungsquoten der einzelnen Gesellschafter an der vermögensverwaltenden Personengesellschaft bzw. an der veräußerten Kapitalbeteiligung sind dem Wohnsitzfinanzamt nachrichtlich mitzuteilen.*[1)]

73   Gemäß § 20 Absatz 2 Satz 3 EStG gilt die Anschaffung oder Veräußerung einer unmittelbaren oder mittelbaren Beteiligung an einer vermögensverwaltenden Personengesellschaft als Anschaffung oder Veräußerung der anteiligen Wirtschaftsgüter.

Eintritt eines Gesellschafters

74   Tritt ein Gesellschafter *der* Personengesellschaft *bei,* erwirbt er durch seine Einlage *oder den Erwerb des Gesellschafteranteils* eine Beteiligung an der Personengesellschaft.[2)] Der Erwerb der Beteiligung gilt zugleich als Anschaffung der von der Gesellschaft gehaltenen Wirtschaftsgüter anteilig nach der Beteiligungsquote. Als Anschaffungskosten der erworbenen Wirtschaftsgüter gilt der Anteil der Einlage, der nach dem Verhältnis *der Verkehrswerte der erworbenen Wirtschaftsgüter zueinander* auf das entsprechende Wirtschaftsgut entfällt.[3)]

75   [4)]*Durch den Neueintritt eines Gesellschafters veräußern zugleich die Altgesellschafter einen Anteil der Wirtschaftsgüter an den neuen Gesellschafter. Als Gewinn aus der Veräußerung der einzelnen Wirtschaftsgüter ist der dem Altgesellschafter zuzurechnende Anteil der Einlage oder des Verkaufspreises, der nach dem Verhältnis der Verkehrswerte der erworbenen Wirtschaftsgüter zueinander auf das entsprechende Wirtschaftsgut entfällt, abzüglich des Anteils der Anschaffungskosten der an den Neugesellschafter veräußerten Wirtschaftsgüter, anzusetzen.*

Beispiel 1:

An der vermögensverwaltenden X GbR sind A und B beteiligt. Mit ihrer Einlage von jeweils 5.000 € hatten sie im Jahr 01 1.200 Aktien der Y-AG zu 5 € und 800 Aktien der Z-AG zu 5 € erworben.

Im Jahr 03 beteiligt sich, in dem er an A und B jeweils 2.500 € zahlt. Er erhält 1/3 der Anteile. Die Aktien der Y-AG haben zu diesem Zeitpunkt einen Verkehrswert von 8 € (× 1.200 Stück = 9.600 €), die der Z-AG von 6,75 € (× 800 Stück = 5.400 €).

Lösung:

Anschaffungskosten C:

C erhält jeweils ⅓ der Anteile der Y-AG und der Z-AG. Da sich die Anschaffungskosten nach dem Verhältnis des Verkehrswerts der Anteile zueinander bemessen, betragen die Anschaffungskosten hinsichtlich des Anteils an den Aktien der Y-AG 3.200 € sowie bezüglich des Anteils an den Aktien der Z-AG 1.800 €.

Veräußerungsgewinn A und B:

A und B haben jeweils ⅓ ihres Anteils an den Aktien der Y-AG und der Z-AG veräußert.

[1)] *Ergänzt durch BMF vom 9.10.2012 (BStBl I S. 950).*
[2)] *Geändert durch BMF vom 9.10.2012 (BStBl I S. 950).*
[3)] *Geändert durch BMF vom 9.10.2012 (BStBl I S. 950).*
[4)] *Neu gefasst durch BMF vom 9.10.2012 (BStBl I S. 950).*

Veräußerungsgewinn Y-AG (jeweils A und B):

Erhaltener anteiliger Veräußerungserlös   *1.600 €*

(9.600/15.000 von 2.500 €)

abz. Anschaffungskosten

(½ × ⅓ von 1.200 Aktien zu 5 €)   *1.000 €*

Summe   *600 €*

Veräußerungsgewinn Z-AG (jeweils A und B):

Erhaltener anteiliger Veräußerungserlös   *900 €*

(5.400/15.000 von 2.500 €)

abz. Anschaffungskosten

(½ × ⅓ von 800 Aktien zu 5 €)   *666 €*

Summe   *234 €*

Insgesamt   *834 €*

Der Gewinn aus der Veräußerung ist nicht kapitalertragsteuerpflichtig. Er ist im Rahmen der gesonderten und einheitlichen Feststellung zu erklären und in der Einkommensteuererklärung des Gesellschafters anzugeben. Das Feststellungsfinanzamt teilt den Wohnsitzfinanzämtern der Altgesellschafter die Besteuerungsgrundlagen insoweit nachrichtlich mit.

Beispiel 2:

Wie Beispiel 1. Allerdings hat C keine Anteile von A und B erworben, sondern legt den Betrag in Höhe von 5.000 € in das Gesellschaftsvermögen ein.

Wert des Gesellschaftsvermögens in 03 (vor Beitritt C) 15.000 €

auf A und B entfallen je ½ = 7.500 € (Aktienpaket Y AG = 9.600 €; Aktienpaket Z AG = 5.400 €)

Lösung:

Wert des Gesellschaftsvermögens in 03 (nach Beitritt C): 20.000 €

Die Beteiligungsverhältnisse stellen sich wie folgt dar:

C 5.000 € (= ¼, entspricht 25 %)

B 7.500 € (= ⅜, entspricht 37,5 %)

A 7.500 € (= ⅜, entspricht 37,5 %)

Die Gesellschafter der X GbR sind entsprechend dieser Beteiligungsquoten an den vorhandenen Wirtschaftsgütern (Aktien der Y AG und der Z AG sowie Bareinlage/ Kontobestand) beteiligt.

Anschaffungskosten C:

Die Anschaffungskosten des C betragen hinsichtlich des Anteils an den Aktien der Y-AG 2.400 €, des Anteils an der Z-AG 1.350 € sowie bezüglich des Kontobestandes 1.250 €.

Veräußerungsgewinn A und B:

Aktien der Y AG

Erlös (anteilige Einlage des C; ¼ von 9.600 €)   *2.400 €*

abzgl. Anschaffungskosten (¼ von 6.000 €)   *1.500 €*

Veräußerungsgewinn   *900 €*

A und B erzielen einen Veräußerungsgewinn in Höhe von je 450 €.

Aktien der Z AG

Erlös (anteilige Einlage des C; ¼ von 5.400 €)   *1.350 €*

abzgl. Anschaffungskosten (¼ von 4.000 €)   *1.000 €*

Veräußerungsgewinn   *350 €*

A und B erzielen einen Veräußerungsgewinn in Höhe von je 175 €.

Insgesamt erzielen A und B einen Veräußerungsgewinn von 1.250 €. Dieser ist A und B je zur Hälfte zuzurechnen.

Der Gewinn aus der Veräußerung ist nicht kapitalertragsteuerpflichtig. Er ist im Rahmen der gesonderten und einheitlichen Feststellung zu erklären und in der Einkommensteuererklärung des Gesellschafters anzugeben. Das Feststellungsfinanzamt teilt den Wohnsitzfinanzämtern der Altgesellschafter die Besteuerungsgrundlagen insoweit nachrichtlich mit.

Gehören zum Bestand einer Personengesellschaft Wertpapiere, die vor dem 1. Januar 2009 erworben wurden, findet § 20 Absatz 2 Satz 3 EStG bei der Veräußerung keine Anwendung, sofern ein Fall des Bestandsschutzes i. S. des § 52a Absatz 10 Satz 1 EStG vorliegt.   76

Im Beispielsfall haben A und B die Aktien der Y AG im Jahr 2007 und die Aktien der Z AG im Jahr 2009 erworben. Im Jahr 2010 tritt C der GbR bei. Der auf die Anteile der Y AG entfallende Gewinn ist nicht steuerbar.

77   [1]Werden durch die Gesellschaft Wertpapiere veräußert, sind die auf den jeweiligen Gesellschafter entfallenden spezifischen Anschaffungskosten und –zeitpunkte zu berücksichtigen.

In den Beispielsfällen veräußert die Gesellschaft im Jahr 2011 100 Aktien der Y-AG und 100 Aktien der Z-AG zu jeweils 9 € das Stück.

Lösung zu Beispiel 1:

Veräußerungsgewinn A und B (jeweils):

Aus den Aktien der Y-AG:

Die Anteile wurden vor dem 1. Januar 2009 erworben. Die Veräußerung ist nicht steuerbar.

Aus den Aktien der Z-AG:

Veräußerungserlös	*300,00 €*
Anschaffungskosten	
(100 × 5 € x ⅓)	*– 166,67 €*
Gewinn	*133,33 €*

Veräußerungsgewinn C

Aus den Aktien der Y-AG:

Veräußerungserlös	*300,00 €*
Anschaffungskosten	
(100 × 8 € x ⅓)	*– 266,67 €*
Gewinn	*33,33 €*

Aus den Aktien der Z-AG:

Veräußerungserlös	*300,00 €*
Anschaffungskosten	
(100 × 6,75 € x ⅓)	*225,00 €*
Gewinn	*75,00 €*

Der Gewinn aus der Veräußerung der Anteile an der Z-AG ist kapitalertragsteuerpflichtig, sofern die Anteile nach dem 31. Dezember 2008 erworben wurden.

Die GbR eine Erklärung zur gesonderten und einheitlichen Feststellung abzugeben.

Da die Anteile der Y-AG durch die GbR vor dem 1. Januar 2009 erworben wurden, behält die Bank bei der Veräußerung der Anteile im Jahr 2011 keine Kapitalertragsteuer ein. Die dem C zuzurechnenden Anteile sind von C nach dem 31. Dezember 2008 erworben worden, dieser spätere Anschaffungszeitpunkt auf Ebene des Gesellschafters wird beim Kapitalertragsteuerabzug nicht berücksichtigt. C hat seinen Veräußerungsgewinn im Rahmen der Veranlagung gemäß § 32d Absatz 3 EStG als Ertrag aus einer Beteiligung zu erklären. Die GbR hat den Veräußerungsgewinn des C im Rahmen der Erklärung zur gesonderten und einheitlichen Feststellung anzugeben.

Für die Anteile der Z-AG hat die Bank Kapitalertragsteuer einzubehalten. Als Gewinn hat die Bank 400 € (Anschaffungskosten der Aktien durch die GbR 5 €, Veräußerungserlös 9 €) anzusetzen und 100 € Kapitalertragsteuer einzubehalten. Mit dem auf A und B entfallenden Steuerabzug in Höhe von je 33,33 € ist deren Einkommensteuer grundsätzlich abgegolten. Da bei C auf seinen Gewinn von 75,00 € tatsächlich nur 18,75 € Abgeltungsteuer entfallen und die Bank – bezogen auf seinen Anteil – 33,33 € Kapitalertragsteuer einbehalten hat, kann er gemäß § 32d Absatz 4 EStG eine Veranlagung beantragen, seine individuell höheren Anschaffungskosten von 6,75 € geltend machen und sich die zuviel gezahlte Kapitalertragsteuer erstatten lassen.

Lösung zu Beispiel 2:

Veräußerungsgewinn A und B (jeweils):

Aus den Aktien der Y AG:

Die Anteile wurden vor dem 1. Januar 2009 erworben. Der Veräußerungsgewinn ist wie im Beispiel 1 nicht steuerbar.

Aus den Aktien der Z AG:

Veräußerungserlös (100 St × 9 € x ⅜)	*337,50 €*
Anschaffungskosten	
(100 × 5 € x ⅜)	*187,50 €*
Gewinn	*150,00 €*

---

[1] *Neu gefasst durch BMF vom 9.10.2012 (BStBl I S. 950).*

Veräußerungsgewinn C

Aus den Aktien der Y AG:

Veräußerungserlös (100 St × 9 € × ¼)	*225,00 €*
Anschaffungskosten (100 × 8 € × ¼)	*200,00 €*
Gewinn	*25,00 €*

Aus den Aktien der Z AG:

Veräußerungserlös (100 St × 9 € × ¼)	*225,00 €*
Anschaffungskosten (100 × 6,75 € × ¼)	*168,75 €*
Gewinn	*56,25 €*

Der Gewinn aus der Veräußerung der Anteile an der Z AG ist kapitalertragsteuerpflichtig, da die Anteile nach dem 31. Dezember 2008 erworben wurden.

Die GbR hat eine Erklärung zur gesonderten und einheitlichen Feststellung abzugeben.

Da die Anteile der Y AG durch die GbR vor dem 1. Januar 2009 erworben wurden, behält die Bank bei der Veräußerung der Anteile im Jahr 2011 keine Kapitalertragsteuer ein. Die dem C zuzurechnenden Anteile sind von C nach dem 31. Dezember 2008 erworben worden, dieser spätere Anschaffungszeitpunkt auf Ebene des Gesellschafters wird beim Kapitalertragsteuerabzug nicht berücksichtigt. C hat seinen Veräußerungsgewinn im Rahmen der Veranlagung gemäß § 32d Absatz 3 EStG als Ertrag aus einer Beteiligung zu erklären. Die GbR hat den Veräußerungsgewinn des C im Rahmen der Erklärung zur gesonderten und einheitlichen Feststellung anzugeben.

Für die Anteile der Z AG hat die Bank Kapitalertragsteuer einzubehalten. Als Gewinn hat die Bank 400 € (Anschaffungskosten der Aktien durch die GbR 5 €, Veräußerungserlös 9 €) anzusetzen und 100 € Kapitalertragsteuer einzubehalten. Mit dem auf A und B entfallenden Steuerabzug in Höhe von je 37,50 € ist deren Einkommensteuer grundsätzlich abgegolten. Da bei C auf seinen Gewinn von 56,25 € tatsächlich nur 14,06 € Abgeltungsteuer entfallen und die Bank – bezogen auf seinen Anteil – 25 € Kapitalertragsteuer einbehalten hat, kann er gemäß § 32d Absatz 4 EStG eine Veranlagung beantragen, seine individuell höheren Anschaffungskosten von 6,75 € geltend machen und sich die zu viel gezahlte Kapitalertragsteuer erstatten lassen.

Austritt eines Gesellschafters

Verlässt ein Gesellschafter die Personengesellschaft und lässt er sich den gegenwärtigen Wert der ihm anteilig zustehenden Wertpapiere auszahlen, liegt eine Veräußerung der Beteiligung an der Personengesellschaft vor. Die Veräußerung wird nach § 20 Absatz 2 Satz 3 EStG als Veräußerung der anteiligen Wertpapiere eingestuft. Gehören hierzu Wertpapiere i. S. des § 23 EStG a. F., die vor dem 1. Januar 2009 erworben wurden und war der Gesellschafter zu diesem Zeitpunkt bereits an der Gesellschaft beteiligt, findet § 20 Absatz 2 Satz 3 EStG keine Anwendung. 78

Ein Kapitalertragsteuerabzug ist hinsichtlich dieses Veräußerungsvorganges nicht durchzuführen. Der austretende Gesellschafter hat die Veräußerung in seiner Einkommensteuererklärung gemäß § 32d Absatz 3 EStG anzugeben. Ferner ist die Veräußerung im Rahmen der gesonderten und einheitlichen Feststellung zu erklären. Das Feststellungsfinanzamt teilt dem Wohnsitzfinanzamt des austretenden Gesellschafters die Besteuerungsgrundlagen insoweit nachrichtlich mit. 79

Als Gewinn ist der dem austretenden Gesellschafter zufließende Auszahlungsbetrag aus der Einlage abzüglich der ihm zugewiesenen Anschaffungskosten der Wirtschaftsgüter anzusetzen. 80

[1]Als Anschaffungskosten der an die verbleibenden Gesellschafter übertragenen Anteile der Wirtschaftsgüter gilt der Anteil des Auszahlungsbetrags, der nach dem Verhältnis des Verkehrswerts auf das entsprechende Wirtschaftsgut entfällt. 81

Fortführung der Beispiele zu Rzn. 75 und 76)

C ist im Jahr 2010 in die GbR eingetreten. Die Aktien der Y AG hatten A und B im Jahr 2007, die der Z AG im Jahr 2009 erworben. Im Jahre 2012 tritt A aus der GbR aus. Zu diesem Zeitpunkt haben die 1.200 Aktien der Y-AG und die 800 Aktien der Z-AG jeweils einen Wert von 10 €.

Lösung im Beispiel 1:

Der Wert des Gesellschaftsvermögens beträgt 20.000 € (Y AG 12.000 € und Z AG 8.000 €).

Der Abfindungsanspruch des A beträgt 6.667 € (⅓ von 20.000 €). Der auf die Anteile der Y AG entfallende Veräußerungserlös in Höhe von 4.000 € führt nicht zu einem steuerbaren Veräußerungsgewinn, da die Anteile vor dem 1. Januar 2009 erworben wurden.

Veräußerungsgewinn aus den Aktien der Z-AG:

[1] *Neu gefasst durch BMF vom 9.10.2012 (BStBl I S. 950).*

Anteiliger Veräußerungserlös

(8.000/20.000 von 6.667 €)   **2.667 €**

Anschaffungskosten (800 St. × 5 € × ⅓)   **1.333 €**

Gewinn   **1.334 €**

B hält nunmehr jeweils einen Anteil von ⅓ der Aktien der Y-AG und Z-AG mit Anschaffungskosten von 5 € und den von A erworbenen Anteil von ⅙ der Aktien der Y-AG und Z-AG mit Anschaffungskosten von 10 €. C hält neben seinem bisherigen Anteil von ⅓ der Aktien von Y AG mit Anschaffungskosten von 8 € den von A erworbenen Anteil von ⅙ der Aktien der Y AG mit Anschaffungskosten von 10 €. Außerdem hält C neben seinem bisherigen Anteil von ⅓ der Aktien der Z AG mit Anschaffungskosten von 6,75 € den von A erworbenen Anteil von ⅙ der Aktien der Z AG mit Anschaffungskosten von 10 €.

Lösung im Beispiel 2:

Wert der Aktienpakete

(Y AG 12.000 €; Z AG 8.000 €)   **20.000 €**

zzgl. Kontostand (nach Einlage C)   **5.000 €**

Gesellschaftsvermögen   **25.000 €**

Anteil des A = ⅜ (Abfindungsanspruch)   **9.375 €**

Der auf die Anteile an der Y AG entfallende Veräußerungserlös in Höhe von 4.500 € (12.000 € × ⅜) führt nicht zu einem steuerbaren Veräußerungsgewinn, da die Anteile vor dem 1. Januar 2009 erworben wurden.

Veräußerungsgewinn aus den Aktien der Z-AG:

Veräußerungserlös(8.000 € × ⅜)   **3.000 €**

Anschaffungskosten (800 x 5 € × ⅜)   **1.500 €**

Gewinn   **1.500 €**

B hält nunmehr neben seinem bisherigen Anteil von ⅜ der Aktien der Y AG und Z AG mit Anschaffungskosten von 5 € den von A erworbenen Anteil von 3/16 der Aktien der Y AG und Z AG mit Anschaffungskosten von 10 €. C hält neben seinem bisherigen Anteil von ¼ der Aktien der Y AG mit Anschaffungskosten von 8 € den von A erworbenen Anteil von 3/16 der Aktien der Y AG mit Anschaffungskosten von 10 €. Außerdem hält C neben seinem bisherigen Anteil von ¼ der Aktien der Z AG mit Anschaffungskosten von 6,75 € den von A erworbenen Anteil von ⅛ der Aktien der Z AG mit Anschaffungskosten von 10 €.

Die Rzn. 78 bis 81 gelten sinngemäß für den Fall der Veräußerung des Anteils an der Personengesellschaft an einen Dritten.

82   Die Übertragung von Wertpapieren auf eine Personengesellschaft ohne Betriebsvermögen gegen Entgelt oder gegen Gewährung von Gesellschaftsrechten ist nicht als Veräußerung anzusehen, soweit der bisherige Eigentümer auch nach der Übertragung am Vermögen der Gesellschaft beteiligt ist.

Beispiel:

A und B gründen im Jahr 2010 mit einer Beteiligung zu ½ eine Personengesellschaft zum Zwecke der gemeinsamen Kapitalanlage. A zahlt eine Einlage in Höhe von 5 000 €. B überträgt als Einlage 1 000 Aktien, die er im Jahr 2009 für 2 500 € erworben hatte, und die nunmehr einen Verkehrswert von 5 000 € haben.

Lösung:

Die Übertragung der Aktien ist zur Hälfte nicht als Veräußerung anzusehen, weil B in diesem Umfang an der GbR beteiligt ist.

Berechnung des Veräußerungsgewinns

½ des Veräußerungserlöses von 5 000 €   2 500 €

½ der Anschaffungskosten von 2 500 €   1 250 €

Gewinn   1 250 €

B hat einen Gewinn in Höhe von 1 250 € erzielt. Ein Kapitalertragsteuerabzug ist hinsichtlich dieses Veräußerungsvorganges nicht durchzuführen. Die Veräußerung ist im Rahmen der gesonderten und einheitlichen Feststellung zu erklären. Weiterhin hat B die Veräußerung in seiner Einkommensteuererklärung gemäß § 32d Absatz 3 EStG anzugeben. Das Feststellungsfinanzamt teilt dem Wohnsitzfinanzamt des B die Besteuerungsgrundlagen insoweit nachrichtlich mit.

Entsprechendes gilt, wenn die Wertpapiere von der Personengesellschaft auf einen Gesellschafter übertragen werden.

3. Besondere Entgelte und Vorteile (§ 20 Absatz 3 EStG)

Schadenersatz oder Kulanzerstattungen

Erhalten Anleger Entschädigungszahlungen für Verluste, die auf Grund von Beratungsfehlern im Zusammenhang mit einer Kapitalanlage geleistet werden, sind diese Zahlungen besondere Entgelte und Vorteile i. S. des § 20 Absatz 3 i. V. m. § 20 Absatz 1 oder 2 EStG, wenn ein unmittelbarer Zusammenhang zu einer konkreten einzelnen Transaktion besteht, bei der ein konkreter Verlust entstanden oder ein steuerpflichtiger Gewinn vermindert wird. Dies gilt auch dann, wenn die Zahlung ohne eine rechtliche Verpflichtung erfolgt und im Übrigen auch bei Entschädigungszahlungen für künftig zu erwartende Schäden[1].

83

Behandlung von weitergegebenen Bestandsprovisionen

Investmentgesellschaften zahlen Vermittlungsentgelte an Kreditinstitute für den Vertrieb von Fondsanteilen in Form von sog. Kontinuitätsprovisionen (Bestandsprovisionen). Die Provisionen werden regelmäßig gezahlt und bemessen sich nach dem beim Kreditinstitut verwahrten Bestand an Fondsanteilen.

84

Erstatten Kreditinstitute ihren Kunden diese Bestandsprovisionen ganz oder teilweise, stellt die Rückvergütung der Bestandsprovision wirtschaftlich betrachtet einen teilweisen Rückfluss früherer Aufwendungen dar. Es handelt sich daher um Kapitalerträge i. S. des § 20 Absatz 1 Nummer 1 EStG, bei denen die Kapitalertragsteuer gemäß § 7 Absatz 1 InvStG einbehalten wird.

4. Gewinn (§ 20 Absatz 4 EStG)

a) Grundregelung (§ 20 Absatz 4 Satz 1 EStG)

Regelung des maßgeblichen Zeitpunkts bei Veräußerungstatbeständen

Der Zeitpunkt, in dem das der Veräußerung/Einlösung zugrunde liegende obligatorische Rechtsgeschäft abgeschlossen wird, ist der maßgebliche Zeitpunkt für die Währungsumrechnung und die Berechnung des steuerlichen Veräußerungs- bzw. Einlösungsgewinns oder -verlustes sowie für die Freistellungsauftragsverwaltung und die Verlustverrechnung.

85

Anschaffungskosten bei Optionsanleihen

Übt der Inhaber des Optionsscheins das Optionsrecht aus, schafft er im Zeitpunkt der Ausübung den Basiswert an. Der Kaufpreis und die Anschaffungsnebenkosten des Optionsscheins gehören zu den Anschaffungskosten des Basiswerts. Wurde der Optionsschein zusammen mit der Anleihe erworben, sind die Anschaffungskosten der Optionsanleihe aufzuteilen in Anschaffungskosten der Anleihe und Anschaffungskosten des Optionsrechts. Die Aufteilung der Anschaffungskosten der Optionsanleihe richtet sich beim Ersterwerb nach den Angaben im Emissionsprospekt, soweit dort ein gesondertes Aufgeld für das Optionsrecht ausgewiesen und die Anleihe mit einer marktgerechten Verzinsung ausgestattet ist. In anderen Fällen kann der Steuerpflichtige die Anschaffungskosten der Anleihe zurechnen, wenn die Aufteilung der Anschaffungskosten der Optionsanleihe nicht nach den Angaben im Emissionsprospekt erfolgen kann. Dies gilt auch für vor dem 1. Januar 2009 erworbene Optionsanleihen.

86

Anschaffung von Aktien durch Ausübung von Arbeitnehmer-Optionen („stock-options")

Übt ein Arbeitnehmer eine ihm vom Arbeitgeber eingeräumte Option zum Bezug von Aktien des Arbeitgebers oder einer anderen Gesellschaft (stock option) aus, ist als Anschaffungskosten der Aktien bei späterem Verkauf neben der zu leistenden Zuzahlung der Wert anzusetzen, der als geldwerter Vorteil bei den Einkünften des Arbeitnehmers aus nichtselbständiger Arbeit angesetzt wird. Auch in den Fällen, in denen der geldwerte Vorteil – beispielsweise durch die Anwendung des Freibetrags i. S. von § 8 Absatz 3 Satz 2 EStG – nicht der Besteuerung unterworfen wurde oder in denen eine Steuerbegünstigung gewährt wird, liegen Anschaffungskosten in Höhe dieses (unversteuerten oder besonders versteuerten) geldwerten Vorteils vor.

87

---

[1] *Neu gefasst durch BMF vom 16. 11. 2010 (BStBl I S. 1305).*

Aktiensplit *und Reverse-Split*[1]

88   Aktiensplit ist die Aufteilung einer Aktie in zwei oder mehr Aktien. Der Gesellschaftsanteil, den der einzelne Aktionär an dem Unternehmen hält, sowie das Grundkapital der Gesellschaft sind vor und nach dem Aktiensplit gleich.

89   Die im Rahmen eines Aktiensplits zugeteilten Aktien werden durch diesen Vorgang nicht angeschafft und die gesplittete Aktie nicht veräußert. Als Tag der Anschaffung des Aktienbestands gilt weiterhin der Tag, an dem die jetzt gesplitteten Aktien angeschafft wurden. Die Anschaffungskosten der Aktien sind nach dem Split-Verhältnis auf die neue Anzahl an Aktien aufzuteilen.

89a   [2]*Die Aussagen der Randziffern 88 und 89 gelten auch für einen Reverse-Split. Ein Reverse-Split ist die Zusammenfassung mehrerer Aktien zu einem Wertpapier.*

Veräußerung und Ausübung von Teilrechten bei einer Kapitalerhöhung

90   Erhöht eine Aktiengesellschaft ihr Grundkapital aus Gesellschaftsmitteln nach §§ 207 ff. AktG und werden damit neue Anteilsrechte (Gratis- oder Berichtigungsaktien und Teilrechte) zugeteilt, werden die Gratisaktien oder Teilrechte vom Aktionär nicht im Zeitpunkt ihrer Gewährung oder Ausgabe angeschafft. Als Zeitpunkt der Anschaffung der Gratisaktien oder Teilrechte gilt der Zeitpunkt der Anschaffung der Altaktien.

Die Kapitalerhöhung aus Gesellschaftsmitteln führt zu einer Abspaltung der in den Altaktien verkörperten Substanz und dementsprechend zu einer Abspaltung eines Teils der ursprünglichen Anschaffungskosten. Die bisherigen Anschaffungskosten der Altaktien vermindern sich um den Teil, der durch die Abspaltung auf die Gratisaktien oder Teilrechte entfällt. Die Aufteilung der Anschaffungskosten erfolgt nach dem rechnerischen Bezugsverhältnis.

Die Geltendmachung der Teilrechte ist keine Veräußerung der Teilrechte und keine Anschaffung der bezogenen Aktien. Der Gewinn aus der Veräußerung von Teilrechten oder Gratisaktien ist unter Beachtung der Anwendungsregelung des § 52a Absatz 10 EStG ein steuerpflichtiger Veräußerungsgewinn i. S. des § 20 Absatz 4 EStG. § 20 Absatz 4a Satz 4 EStG findet keine Anwendung.

Beispiel:

Der Steuerpflichtige A hat am 10. Januar 30 Aktien der B-AG zum Kurs von 150 € angeschafft. Die B-AG beschließt am 30. April eine Kapitalerhöhung aus Gesellschaftsmitteln. Für je zwei Altaktien wird am 1. Juni eine neue Aktie ausgegeben. Am 30. April beträgt der Kurs 120 €. Durch die Abspaltung sinkt der Kurs der Altaktien am 2. Mai auf 80 €. A erwirbt zu den ihm zugeteilten 30 Teilrechten am 3. Mai 30 weitere Teilrechte zum Kurs von 40 € hinzu und erhält am 1. Juni eine Zuteilung von 30 Aktien (für je zwei Teilrechte eine neue Aktie). A veräußert am 10. August sämtliche Aktien der B-AG zum Kurs von 100 €.

Lösung:

Der erzielte Veräußerungsgewinn ist steuerpflichtig. Die durch die zugeteilten Teilrechte erlangten Aktien gelten am 10. Januar, die durch die erworbenen Teilrechte erlangten Aktien gelten mit der Anschaffung der Teilrechte am 3. Mai als angeschafft. Die Anschaffungskosten der ursprünglich angeschafften 30 Aktien entfallen nach Ausübung der Teilrechte auf 45 Aktien.

Der Veräußerungsgewinn beträgt:

Veräußerungserlös 60 × 100 €	6 000 €	
Anschaffungskosten für 45 Aktien 30 × 150 €	4 500 €	
Anschaffungskosten für 15 Aktien 30 × 40 €	1 200 €	5 700 €
Veräußerungsgewinn		300 €

Abwandlung des Beispiels:

A veräußert am 3. Mai die ihm zugeteilten 30 Teilrechte zum Kurs von 40 €.

Die Anschaffungskosten einer Altaktie von 150 € entfallen zu ⅓ auf das zugeteilte Teilrecht. Dessen Anschaffungskosten betragen somit 50 €.

Lösung:

Der Veräußerungserlös beträgt:

Veräußerungserlös 30 × 40 €	1 200 €
Anschaffungskosten 30 × 50 €	1 500 €
Veräußerungsverlust	300 €

91   Entspricht die Kapitalerhöhung bei inländischen Gesellschaften nicht den Vorschriften der §§ 207 ff. AktG, stellt die Zuteilung der Teilrechte oder Gratisaktien Einkünfte i. S. des § 20

---

[1] *Ergänzt durch BMF vom 9.10.2012 (BStBl I S. 950).*
[2] *Eingefügt durch BMF vom 9.10.2012 (BStBl I S. 950).*

Absatz 1 Nummer 1 EStG dar. Die Höhe der Kapitalerträge bemisst sich nach dem niedrigsten am ersten Handelstag an einer Börse notierten Kurs der Teilrechte oder Gratisaktien. Dieser Wert gilt zugleich als Anschaffungskosten der Teilrechte oder der Gratisaktien. Bei ausländischen Gesellschaften findet in diesen Fällen § 20 Absatz 4a Satz 5 EStG Anwendung.

Kapitalherabsetzung/Ausschüttung aus dem Einlagekonto

Die Herabsetzung des Nennkapitals einer Kapitalgesellschaft ist keine anteilige Veräußerung der Anteile an der Kapitalgesellschaft i. S. des § 20 Absatz 2 EStG. Erfolgt keine Auskehrung des Herabsetzungsbetrages an die Anteilseigner, ergibt sich auch keine Auswirkung auf die Anschaffungskosten der Anteile. Wird der Kapitalherabsetzungsbetrag an den Anteilseigner ausgekehrt, mindert der Auskehrungsbetrag die Anschaffungskosten der Anteile, soweit er nicht auf einen Sonderausweis nach § 28 Absatz 1 Satz 3 KStG entfällt. Zahlungen aus einer Kapitalherabsetzung oder Zahlungen aus dem steuerlichen Einlagekonto können je nach Einstandskurs auch zu negativen Anschaffungskosten führen (BFH vom 20. April 1999, BStBl II S. 698). Soweit der Auskehrungsbetrag auf einen Sonderausweis nach § 28 Absatz 1 Satz 3 KStG entfällt, ist der Herabsetzungsbetrag als Einkünfte aus Kapitalvermögen nach § 20 Absatz 1 Nummer 2 EStG zu behandeln; eine Minderung der Anschaffungskosten für die Anteile an der Kapitalgesellschaft tritt insoweit nicht ein. | 92

Transaktionskostenanteil des Vermögensverwaltungsentgelts/all-in-fee bei Kreditinstituten

Im Rahmen der Abgeltungsteuer sind Depot- und Vermögensverwaltungsgebühren nicht mehr als Werbungskosten abziehbar. Hingegen wirken sich Anschaffungsnebenkosten und Veräußerungskosten (Aufwendungen, die im unmittelbaren Zusammenhang mit dem Veräußerungsgeschäft stehen) steuermindernd aus. Auch der Transaktionskostenanteil der all-in-fee (= pauschales Entgelt bei den Kreditinstituten, das auch die Transaktionskosten mit abdeckt) ist abzugsfähig. Dies gilt jedenfalls dann, wenn im Vermögensverwaltungsvertrag festgehalten ist, wie hoch der Transaktionskostenanteil der all-in-fee ist. | 93

Da die pauschale Jahresgebühr keinem Geschäft konkret zugeordnet werden kann, ist die in der all-in-fee enthaltene Transaktionskostenpauschale im Zeitpunkt der Verausgabung als abziehbarer Aufwand anzuerkennen. Sofern die Pauschale einen Betrag von 50 % der gesamten Gebühr nicht überschreitet, ist sie im Rahmen des Kapitalertragsteuerabzugs in den Verlustverrechnungstopf einzustellen. *Voraussetzung hierfür ist jedoch, dass die in der all-in-fee enthaltene Transaktionskostenpauschale auf einer sachgerechten und nachprüfbaren Berechnung beruht[1].* Bei Anwendung dieser Pauschale dürfen Einzelveräußerungskosten nicht zusätzlich berücksichtigt werden, es sei denn, es handelt sich um weiterberechnete Spesen von dritter Seite.

Dies gilt auch für ein Veranlagungsverfahren nach § 32d EStG. | 94

Die Regelung ist auch bei Beratungsverträgen anwendbar. Beratungsverträge unterscheiden sich von Vermögensverwaltungsverträgen lediglich dadurch, dass die von Seiten des Kreditinstituts empfohlenen Wertpapiertransaktionen jeweils unter dem Vorbehalt der Zustimmung des Kunden stehen. | 95

Die Regelung ist auch anwendbar, wenn ein Ausweis des Transaktionskostenanteils alternativ in der jeweiligen Abrechnung der all-in-fee erfolgt. | 96

Beispiel 1:

Der Vermögensverwaltungsvertrag sieht eine pauschale Vergütung in Höhe von 2 Prozent (inkl. Umsatzsteuer) des verwalteten Depotbestands, bewertet jeweils zum Stichtag 31. Dezember, vor. Die Pauschale deckt auch die Transaktionskosten (Veräußerungskosten) des Kunden ab. Der Kunde erhält von seinem Vermögensverwalter (Depotbank) folgende Abrechnung nach Ablauf eines Jahres:

Verwaltetes Vermögen:	250 000 €
all-in-fee (insgesamt): 2 % v. 250 000 €	5 000 €.

Nachrichtlich erfolgt die Information, dass sich die all-in-fee in folgende Positionen gliedert:

Vermögensverwaltung:	2 600 €
Depotführung:	500 €
Wertpapierumsatz:	1 900 €
Summe:	5 000 €

Lösung:

Da der ausgewiesene Transaktionskostenanteil (Wertpapierumsatz) auf Grund des vorgegebenen festgelegten Kostenschlüssels die 50 Prozent-Grenze bezogen auf die all-in-fee nicht übersteigt, kann der Gesamtbetrag von 1 900 € in den Verlustverrechnungstopf eingestellt werden.

---

[1] *Eingefügt durch BMF vom 9.10.2012 (BStBl I S. 950).*

Beispiel 2:

Der Vermögensverwaltungsvertrag sieht eine pauschale Vergütung in Höhe von 1,5 Prozent (inkl. Umsatzsteuer) des verwalteten Depotbestandes, bewertet jeweils zum Stichtag 31. Dezember, vor. Die Pauschale deckt auch die Transaktionskosten (Veräußerungskosten) des Kunden ab. Der Kunde erhält von seinem Vermögensverwalter (Depotbank) folgende Abrechnung nach Ablauf eines Jahres:

Verwaltetes Vermögen: 100 000 € × 1,5 % = 1 500 €.

Nachrichtlich erfolgt die Information, dass der darin enthaltene Transaktionskostenanteil auf Grund des vorgegebenen festgelegten Kostenschlüssels 70 Prozent der all-in-fee beträgt.

Lösung:

Der Transaktionskostenanteil kann begrenzt auf 50 Prozent der all-in-fee, d. h., in Höhe von 750 €, in den Verlustverrechnungstopf eingestellt werden.

b) Fifo-Methode (§ 20 Absatz 4 Satz 7 EStG)

97 Gemäß § 20 Absatz 4 Satz 7 EStG ist bei Wertpapieren bei der Veräußerung aus der Girosammelverwahrung (§§ 5 ff. DepotG) zu unterstellen, dass die zuerst angeschafften Wertpapiere zuerst veräußert werden (Fifo-Methode). Die Anwendung der Fifo-Methode i. S. des § 20 Absatz 4 Satz 7 EStG ist auf das einzelne Depot bezogen anzuwenden. Konkrete Einzelweisungen des Kunden, welches Wertpapier veräußert werden soll, sind insoweit einkommensteuerrechtlich unbeachtlich.

98 Als Depot i. S. dieser Regelung ist auch ein Unterdepot anzusehen. Bei einem Unterdepot handelt es sich um eine eigenständige Untergliederung eines Depots mit einer laufenden Unterdepot-Nummer. Der Kunde kann hierbei die Zuordnung der einzelnen Wertpapiere zum jeweiligen Depot bestimmen.

99 Die Fifo-Methode gilt auch bei der Streifbandverwahrung.

5. Kapitalmaßnahmen (§ 20 Absatz 4a EStG)

a) Anteilstausch (§ 20 Absatz 4a Satz 1 EStG)

Anwendungsbereiche des Anteilstauschs

100 § 20 Absatz 4a Satz 1 EStG umfasst Verschmelzungen, Aufspaltungen **sowie** qualifizierte Anteilstauschvorgänge, **sofern diese auf eine gesellschaftsrechtlich veranlasste Maßnahme (z.B. freiwilliges Übernahmeangebot) zurückzuführen sind**[1]. In diesen Fällen, in denen der Anteilseigner eines Unternehmens für die Hingabe der Anteile einer Gesellschaft neue Anteile einer anderen Gesellschaft erhält, treten die erhaltenen Anteile an die Stelle der hingegebenen Anteile. Die Anschaffungskosten der hingegebenen Anteile werden in den neuen Anteilen fortgeführt. Der Anteilstausch stellt hierbei keine Veräußerung nach § 20 Absatz 2 EStG dar. Im Zusammenhang mit dem Anteilstausch anfallende Transaktionskosten bleiben steuerrechtlich unberücksichtigt und führen nicht zu einem Veräußerungsverlust. § 20 Absatz 4a Satz 1 EStG findet auch Anwendung für Anteile, die vor dem 1. Januar 2009 erworben wurden. § 20 Absatz 4a Satz 1 EStG findet keine Anwendung bei der Verschmelzung von Investmentvermögen; hier gelten die Regelungen des InvStG.

Umtauschverhältnis

101 Ergibt sich bei einer Spaltung die Notwendigkeit, die Anschaffungskosten der alten Anteile auf mehrere neue Anteile aufzuteilen ist grundsätzlich auf das Umtauschverhältnis lt. Spaltungs- oder Übernahmevertrag oder Spaltungsplan abzustellen. Wenn dieses Verhältnis, insbesondere bei ausländischen Maßnahmen, nicht bekannt ist, ist das rechnerische Umtauschverhältnis bzw. das Splittingverhältnis maßgebend.

Prüfung der Voraussetzungen für die Steuerverstrickung (§ 20 Absatz 4a Satz 1 EStG)

102 Gemäß § 20 Absatz 4a Satz 1 EStG ist Voraussetzung für die steuerneutrale Behandlung ausländischer Anteilstauschvorgänge, dass das Recht der Bundesrepublik Deutschland hinsichtlich der Besteuerung des Gewinns aus der Veräußerung der erlangten Anteile nicht ausgeschlossen oder beschränkt ist. Für die Zwecke des Kapitalertragsteuerabzugs ist davon auszugehen, dass das Besteuerungsrecht Deutschlands hinsichtlich der erlangten Anteile nicht beschränkt oder ausgeschlossen ist.

---

[1] *Ergänzt durch BMF vom 9.10.2012 (BStBl I S. 950).*

b) Sonstige Kapitalforderungen (§ 20 Absatz 4a Satz 3 EStG)

Abgrenzung

Zu den Kapitalforderungen i. S. des § 20 Absatz 4a Satz 3 EStG gehören insbesondere sog. Wandel-anleihen, Umtauschanleihen oder Hochzinsanleihen, nicht jedoch Optionsanleihen (vgl. Rz. 6). 103

Bei einer Wandelanleihe (Wandelschuldverschreibung i. S. des § 221 AktG) besitzt der Inhaber das Recht, innerhalb einer bestimmten Frist die Anleihe in eine bestimmte Anzahl von Aktien des Emittenten umzutauschen. Mit dem Umtausch erlischt der Anspruch auf Rückzahlung des Nominalbetrags der Anleihe.

Bei einer Umtauschanleihe besitzt der Inhaber das Recht, bei Fälligkeit an Stelle der Rückzahlung des Nominalbetrags der Anleihe vom Emittenten die Lieferung einer vorher festgelegten Anzahl von Aktien zu verlangen. Mit der Ausübung der Option erlischt der Anspruch auf Rückzahlung des Nominalbetrags der Anleihe.

Bei einer Hochzins- oder Aktienanleihe besitzt der Emittent das Recht, bei Fälligkeit dem Inhaber an Stelle der Rückzahlung des Nominalbetrags der Anleihe eine vorher festgelegte Anzahl von Aktien anzudienen. Mit der Ausübung der Option erlischt die Verpflichtung zur Rückzahlung des Nominalbetrags der Anleihe.

Anwendbarkeit auf Vollrisikozertifikate mit Andienungsrecht

Wird bei Fälligkeit einer sonstigen Kapitalforderung i. S. des § 20 Absatz 1 Nummer 7 EStG anstelle der Rückzahlung des Nominalbetrags eine vorher festgelegte Anzahl von Wertpapieren geliefert, fingiert § 20 Absatz 4a Satz 3 EStG das Entgelt für den Erwerb der Kapitalforderung als Veräuße-rungspreis der Kapitalforderung. Zugleich ist das Entgelt für den Forderungserwerb als Anschaffungskosten der erhaltenen Wertpapiere anzusetzen. 104

Die Regelung findet im Vorgriff auf eine gesetzliche Änderung auch Anwendung auf Vollrisikozertifikate mit Andienungsrecht, sofern die Andienung nach dem 31. Dezember 2009 erfolgt und diese Zertifikate nach dem 14. März 2007 angeschafft wurden. 105

Sie findet keine Anwendung auf Vollrisikozertifikate mit Andienungsrecht, wenn die Andienung vor dem 1. Januar 2010 erfolgt. Sofern im Rahmen des Kapitalertragsteuerverfahrens die auszahlende Stelle hiervon abweichend von einer Anwendung des § 20 Absatz 4a Satz 3 EStG ausgegangen ist, sind die Anschaffungskosten der Aktien, soweit sie sich am 31. Dezember 2009 im Depot des Kunden befanden, zu korrigieren.

Zur Anwendung des § 23 EStG in der bis zum 31. Dezember 2008 geltenden Fassung vgl. Rz. 320.

Vollrisikozertifikate sind Schuldverschreibungen, bei denen die Wertentwicklung von der Entwicklung eines Basiswerts, z. B. eines Indexes oder eines Aktienkorbs, abhängig ist und bei denen sowohl die Rückzahlung des Kapitals als auch die Erzielung von Erträgen unsicher sind.

Behandlung eines Barausgleichs von Bruchteilen

Werden bei der Tilgung von sonstigen Kapitalforderungen mittels Andienung von Wertpapieren (z. B. Aktien) Bruchteile nicht geliefert, sondern in Geld ausgeglichen, handelt es sich bei den Zahlungen um einen Kapitalertrag i. S. des § 20 Absatz 1 Nummer 7 EStG, sofern die Voraussetzungen von Rz. 107 nicht vorliegen. 106

Beispiel:

Anleger K erwirbt 10 000 € Nominal einer Aktienanleihe mit einem Basispreis von 22 €. Da der Kurs des Basiswertes am Bewertungstag unter der maßgeblichen Schwelle liegt (z. B. 21 €), bekommt er pro 1 000 € Nominal Aktienanleihe rechnerisch 45,4545 Aktien (1 000 €/22 €) geliefert. Weil die Lieferung von Bruchstücken nicht möglich ist, bekommt der Anleger im Ergebnis 450 Aktien. Bruchstücke in Höhe von 4,545 „Aktien" werden dem Anleger stattdessen zum Kurs – in Abhängigkeit der Emissionsbedingungen – am Tag der Fälligkeit der Anleihe ausgezahlt.

Lösung:

Die Anschaffungskosten der 450 Aktien betragen 10 000 €. Bei einem am Fälligkeitstag unterstellten Kurs von 20 € fließen dem Anleger 90,90 € (4,545 × 20 €) als Kapitalertrag i. S. des § 20 Absatz 1 Nummer 7 EStG zu.

Teilweise Tilgung der Kapitalforderung in bar

Sehen die Emissionsbedingungen von vornherein eine eindeutige Angabe zur Tilgung in bar oder in Stücken vor und wird entsprechend am Ende der Laufzeit verfahren, werden die Anschaffungskosten der Anleihe entsprechend den erhaltenen Stücken zugewiesen. 107

Beispiel:

Die Emissionsbedingungen einer verzinslichen Wandelanleihe mit einem Nennwert von 1 000 € sehen bei einem Verfall eine Rückzahlung in bar in Höhe von 501,25 € sowie zusätzlich eine Andienung von 7,1454 Aktien vor. Die Bruchteile der Aktie werden basierend auf dem Wandelpreis in bar ausgezahlt.

Lösung:

Auf Grund des vom Emittenten vorgegebenen Aufteilungsverhältnisses zwischen Barrückzahlung und Andienung von Stücken besteht ein konkreter Aufteilungsmaßstab für die Anschaffungskosten. Da der Rückzahlungsbetrag in Höhe von 501,25 € einem Betrag von 50,125 % der Anschaffungskosten der Anleihe entspricht, können den erhaltenen Stücken somit 49,875 % der Aufwendungen für die Anleihe als Anschaffungskosten zugewiesen werden.

Der Barausgleich für die Abfindung der Bruchteile stellt Einnahmen aus Kapitalvermögen i. S. des § 20 Absatz 4 Satz 1 EStG dar.

c) Kapitalerhöhung gegen Einlage (§ 20 Absatz 4a Satz 4 EStG)

108   Erhält der Anteilsinhaber Bezugsrechte zugeteilt, werden diese gemäß § 20 Absatz 4a Satz 4 EStG mit Anschaffungskosten in Höhe von 0 € eingebucht. Diese Regelung gilt unabhängig davon, ob die Altanteile vom Anteilseigner vor dem 1. Januar 2009 oder nach dem 31. Dezember 2008 angeschafft wurden.

109   Das Anschaffungsdatum der Altanteile geht im Falle der Veräußerung auf die Bezugsrechte über. Veräußert der Anleger später die Bezugsrechte, entsteht ein steuerpflichtiger Veräußerungsgewinn somit nur in den Fällen, in denen auch die zugrunde liegenden Altanteile steuerlich verstrickt sind. Wurden die Anteile vor dem 1. Januar 2009 erworben, unterliegt die Veräußerung der zugeteilten Bezugsrechte nicht der Abgeltungsteuer; sofern die Jahresfrist des § 23 Absatz 1 Satz 1 Nummer 2 EStG noch nicht abgelaufen ist, muss der Anleger ein privates Veräußerungsgeschäft in seiner Steuererklärung deklarieren.

110   Die Ausübung des Bezugsrechts ist nicht als Veräußerung des Bezugsrechts anzusehen. Übt der Steuerpflichtige das Bezugsrecht aus, wird die junge Aktie zu diesem Zeitpunkt angeschafft. Der Wert des Bezugsrechts ist als Anschaffungskosten der jungen Aktien mit 0 € anzusetzen und daher nicht von Bedeutung.

d) Zuteilung von Anteilen ohne Gegenleistung (§ 20 Absatz 4a Satz 5 EStG)

Bezug von Bonus-Aktien

111   Werden Aktien von einer Aktiengesellschaft oder einem Dritten ohne zusätzliches Entgelt an die Aktionäre ausgegeben und stammen sie nicht aus einer Kapitalerhöhung aus Gesellschaftsmitteln (Bonusaktien oder Freianteile), sind gemäß § 20 Absatz 4a Satz 5 EStG die Einkünfte aus ihrem Bezug und die Anschaffungskosten mit 0 € anzusetzen, wenn die Ermittlung der Höhe des Kapitalertrags nicht möglich ist. Von dieser Vermutung ist bei ausländischen Sachverhalten in der Regel auszugehen. Dies gilt nicht, wenn dem Anleger nach ausländischem Recht (z. B. Niederlande) ein Wahlrecht zwischen Dividende und Freianteilen zusteht.

112   Bei inländischen Sachverhalten ist davon auszugehen, dass die Erträge durch entsprechende Angaben des Emittenten zu ermitteln sein werden. § 20 Absatz 4a Satz 5 EStG findet insoweit keine Anwendung. Als Anschaffungskosten der Bonusaktien oder Freianteile zur Ermittlung eines Veräußerungsgewinns bei späterem Verkauf ist der Wert anzusetzen, der bei ihrem Bezug als Einkünfte (einschließlich ggf. steuerfrei bleibender Teile) angesetzt wurde.

Folgen einer Anteilsübertragung auf Aktionäre („spin-off", Abspaltung)

113   Überträgt eine Körperschaft in ihrem Besitz befindliche Anteile an einer weiteren Körperschaft ohne Kapitalherabsetzung ohne zusätzliches Entgelt auf ihre Anteilseigner, sind diese Übertragung als Sachausschüttung an die Anteilseigner der übertragenden Körperschaft zu beurteilen. Die Sachausschüttung führt zu Einkünften aus Kapitalvermögen nach § 20 Absatz 1 Nummer 1 EStG. Entsprechendes gilt bei einer Abspaltung, wenn die übertragende und die übernehmende Körperschaft weder Sitz noch Ort der Geschäftsleitung im Inland haben.

114   Ist die Ermittlung des Kapitalertrags nicht möglich, findet § 20 Absatz 4a Satz 5 EStG Anwendung. Von dieser Vermutung ist bei ausländischen Sachverhalten in der Regel auszugehen. Bei inländischen Sachverhalten ist davon auszugehen, dass die Erträge durch entsprechende Angaben des Emittenten zu ermitteln sein werden. Die übertragenen Anteile gelten im Zeitpunkt der Depoteinbuchung über die Übertragung zum gemeinen Wert gemäß § 43a Absatz 2 Satz 9 EStG als angeschafft.

115   Liegen bei Inlandsfällen erkennbar die Voraussetzungen einer Abspaltung i. S. des § 15 UmwStG vor, findet § 20 Absatz 4a Satz 5 EStG keine Anwendung. Rz. 101 gilt entsprechend.

Anwendung der Auffangregelung bei unklaren Sachverhalten

Ist die einkommensteuerrechtliche Beurteilung der Einbuchung neuer Stücke auf Grund von   116
Schwierigkeiten bei der Sachverhaltsbeurteilung zweifelhaft (z. B. Einbuchung als Bonus- oder
Gratisaktie), findet § 20 Absatz 4a Satz 5 EStG Anwendung.

Reorganisation einer ausländischen Kapitalgesellschaft (B-Shares)

Werden dem Anleger im Zuge einer Reorganisation sog. B-Aktien (B-Shares, redemptionshares)   117
angedient, die ihm Wahlrechte zur sofortigen Bareinlösung oder einer späteren Einlösung einräumen, ist danach zu differenzieren, welches Wahlrecht der Anleger ausübt.

> **Beispiel:**
>
> Im Jahr 2006 führte eine Gesellschaft eine Reorganisation im Verhältnis 8:7 + 1 B-Share durch.
> Die zugeteilten B-Shares konnten entweder sofort oder innerhalb einer vom Emittenten gesetz-
> ten Frist in einen festgelegten Geldbetrag umgetauscht werden. Nach Ablauf der Frist erfolgte
> ein Umtausch durch die Gesellschaft aufgrund eines vorbehaltenen Kündigungsrechtes.
>
> Lösung:
>
> Erhält der Anleger sogleich das Geld, handelt es sich im Anwendungsbereich der Abgeltung-
> steuer um eine Bardividende. Bezieht der Anleger B-Shares, gelten die Grundsätze zur Sach-
> ausschüttung.

6. Verluste (§ 20 Absatz 6 EStG)

Verlustverrechnung

Nach § 20 Absatz 6 Satz 1 EStG sind verbleibende positive Einkünfte aus Kapitalvermögen i. S. des   118
§ 20 Absatz 2 EStG nach der Verrechnung gemäß § 43a Absatz 3 EStG zunächst mit Verlusten aus
privaten Veräußerungsgeschäften nach Maßgabe des § 23 Absatz 3 Satz 9 und 10 EStG zu verrechnen. Außerdem sind verbleibende Einkünfte i. S. des § 20 Absatz 1 Nummer 11 EStG nach der Verrechnung gemäß § 43a Absatz 3 EStG mit Verlusten i. S. des § 22 Nummer 3 Satz 5 und 6 EStG zu
verrechnen. Die Verlustverrechnung im Rahmen des Steuerabzugsverfahrens durch die Kreditinstitute ist somit vorrangig, vgl. auch Rz. 212. Sie kann im Rahmen der Veranlagung nicht mehr rückgängig gemacht werden.

Es wird unter Berücksichtigung der Reihenfolge in folgenden Verlustverrechnungskreisen verrechnet; die Verlustverrechnung kann nicht auf Teilbeträge beschränkt werden:

1. Stillhaltergeschäfte;

   Verluste i. S. des § 22 Nummer 3 EStG in der bis zum 31. Dezember 2008 geltenden Fassung
   werden bis zum Jahr 2013 vor Berücksichtigung des Sparer-Pauschbetrags mit Einkünften aus
   § 20 Absatz 1 Nummer 11 EStG verrechnet. Die Verrechnung von Altverlusten kann nicht auf
   Teilbeträge beschränkt werden.

2. private Veräußerungsgeschäfte;

   Verluste aus privaten Veräußerungsgeschäften i. S. des § 23 EStG in der am 31. Dezember 2008
   anzuwendenden Fassung (Altverluste) dürfen bis zum Veranlagungszeitraum 2013 vor Berücksichtigung des Sparer-Pauschbetrags mit Gewinnen i. S. des § 20 Absatz 2 EStG verrechnet werden. Hat der Steuerpflichtige im gleichen Veranlagungszeitraum Gewinne aus Kapitalvermögen
   und private Veräußerungsgewinne, sind die Altverluste aus privaten Veräußerungsgeschäften
   zunächst innerhalb der Einkunftsart mit den Gewinnen aus privaten Veräußerungsgeschäften zu
   verrechnen. Bei Veräußerungsverlusten i. S. des § 23 EStG, die im 2009 anfallen, kann gemäß
   § 10d Absatz 1 Satz 5 EStG wahlweise ein Verlustrücktrag nach 2008 vorgenommen werden. Die
   Verrechnung von Altverlusten kann nicht auf Teilbeträge beschränkt werden.

3. Aktienveräußerungsgewinne/-verluste;

   Aktienveräußerungsverluste dürfen nur mit Aktienveräußerungsgewinnen verrechnet werden.

4. sonstige Kapitalerträge/Verluste;

   sonstige negative Einkünfte aus § 20 EStG dürfen mit positiven Einkünften aus § 20 EStG verrechnet werden.

Um im Rahmen der Veranlagung eine Verrechnung mit sog. Altverlusten i. S. des § 23 EStG durch-   119
zuführen, hat der Steuerpflichtige eine Steuerbescheinigung i. S. des § 45a Absatz 2 EStG einzureichen,
in der die insgesamt erzielten Gewinne i. S. des § 20 Absatz 2 EStG und die darin enthaltenen Gewinne
aus Aktienveräußerungen angeführt werden. Liegt eine Steuerbescheinigung mit diesen Angaben vor,
ist davon auszugehen, dass die bescheinigte Kapitalertragsteuer auf diese Positionen entfällt.

Beispiel:

Zum 31. Dezember 2009 werden folgende Verluste festgestellt:

Altverluste § 23 EStG	15 000 €
Aktienveräußerungsverluste	3 000 €

Folgende Einkünfte liegen im Jahr 2010 vor:
Bank A:

Aktiengewinne	6 000 €
Aktienverluste	2 000 €

Bank B:

Zinsen	4 000 €
Verluste Risikozertifikat	5 000 €
Gewinn Termingeschäfte	8 000 €

Verlustverrechnung durch die Bank A:

Aktienveräußerungsgewinne	6 000 €
./. Aktienveräußerungsverluste	2 000 €
= Summe (§ 20 Absatz 6 Satz 5 EStG)	4 000 €
Ausweis Steuerbescheinigung (Bank A)	
Kapitalerträge	4 000 €
davon Kapitalerträge nach § 20 Absatz 2 EStG	4 000 €
davon Aktienveräußerungsgewinne	4 000 €
Verlustverrechnung durch die Bank B:	

Vorrangige Verrechnung der Verluste nach § 20 Absatz 2 EStG mit Erträgen nach § 20 Absatz 1 EStG, damit Altverluste aus § 23 EStG in maximaler Höhe verrechnet werden können.

Zinsen (§ 20 Absatz 1 EStG)	4 000 €
./. Verlust Risikozertifikat	5 000 €
Differenz	./.1 000 €
+ Gewinn Termingeschäft	8 000 €
= Summe (§ 20 Absatz 2 EStG)	7 000 €
Ausweis Steuerbescheinigung (Bank B)	
Kapitalerträge	7 000 €
davon Kapitalerträge nach § 20 Absatz 2 EStG	7 000 €
Verlustverrechnung im Veranlagungsverfahren gemäß § 32d Absatz 4 EStG	
Einkünfte § 20 Absatz 2 EStG	
(lt. Steuerbescheinigung Bank A)	4 000 €
(lt. Steuerbescheinigung Bank B)	7 000 €
Summe § 20 Absatz 2 EStG	11 000 €
./. Verlustvortrag § 23 EStG (max.)	11 000 €
	0 €
Verlustvortrag § 23 EStG (31. 12. 10)	4 000 €
Verlustvortrag Aktienverluste (31. 12. 10)	3 000 €

119a   [1]*Verluste aus Kapitaleinkünften, die nach § 32d Absatz 1 EStG dem besonderen Steuersatz unterliegen, dürfen nicht mit positiven Erträgen aus Kapitaleinkünften, die der tariflichen Steuer nach § 32d Absatz 2 EStG unterliegen, verrechnet werden.*

Vorrang der Verlustverrechnung vor der Gewährung des Sparer-Pauschbetrages

119b   [2]*Der Sparer-Pauschbetrag ist nur zu berücksichtigen, wenn nach Verrechnung sämtlicher positiver und negativer Einkünfte aus Kapitalvermögen positive Einkünfte verbleiben.*

Verlustverrechnung und Anrechnung ausländischer Quellensteuer sowie Anwendung des Freistellungsauftrags

120   Die Grundsätze zur Verlustverrechnung und Anrechnung ausländischer Quellensteuer sowie Anwendung des Freistellungsauftrags (vgl. Rzn. 201 ff. zu § 43a EStG) gelten im Rahmen der Veranlagung entsprechend.

121   Die noch nicht angerechnete ausländische Quellensteuer kann dem neuen Kreditinstitut nach einem vollständigen Depotwechsel mitgeteilt werden.

122   Verluste mindern die abgeltungsteuerpflichtigen Erträge unabhängig davon, ob diese aus in- oder ausländischen Quellen stammen. Die Summe der anrechenbaren ausländischen Quellensteuer ist

---

[1] *Eingefügt durch BMF vom 9.10.2012 (BStBl I S. 950).*
[2] *Eingefügt durch BMF vom 9.10.2012 (BStBl I S. 950).*

auf die nach Verlustverrechnung verbleibende Abgeltungsteuerschuld anzurechnen. Die Anwendung des Freistellungsauftrags hat die gleiche Wirkung wie die Verlustverrechnung.

Beispiel:

A erzielt in Februar aus der Veräußerung von festverzinslichen Wertpapieren einen Verlust in Höhe von 300 €. Im März erhält er ausländische Dividenden in Höhe von 100 €. Die anrechenbare ausländische Steuer beträgt 15 €. A hält die Wertpapiere im Depot der Bank X. Wegen der Verluste aus dem Februar behält die Bank keine Kapitalertragsteuer ein.

Weiterhin erhält A im Juni ausländische Dividenden in Höhe von 700 €. Die anrechenbare ausländische Steuer beträgt 70 €. A hält die Wertpapiere im Depot der Bank Y. Da er der Bank einen Freistellungsauftrag über 801 € erteilt hat, erfolgt kein Kapitalertragsteuerabzug.

Im Dezember erhält A Zinseinkünfte bei der Bank Z in Höhe von 621 €. Die Bank behält 155 € Kapitalertragsteuer ein.

A erklärt im Rahmen der Veranlagung seine Einkünfte aus Kapitalvermögen gemäß § 32d Absatz 4 EStG. Die Verlust-Bescheinigung gemäß § 43a Absatz 3 Satz 4 EStG sowie die entsprechenden Steuerbescheinigungen nach § 45a Absatz 2 EStG legt er bei.

Lösung:

Im Rahmen der Veranlagung werden die Kapitaleinkünfte wie folgt berücksichtigt.

	Erträge	Anrechenbare Steuer
Veräußerung Wertpapiere	./. 300 €	
Erträge ausländische Dividenden	800 €	85 €
Zinseinkünfte	621 €	

A erzielt insgesamt Einnahmen in Höhe von 1 121 €. Unter Berücksichtigung des Sparer-Pauschbetrages verbleiben 320 €. Hierauf entfällt eine Abgeltungsteuer in Höhe von 80 €. Angerechnet werden somit ausländische Steuern in Höhe von maximal 80 €. Die bisher einbehaltene Kapitalertragsteuer in Höhe von 155 € wird erstattet.

Behandlung von Verlusten aus der Veräußerung von ADRs (American Depositary Receipts)

Erzielt der Steuerpflichtige Verluste aus der Veräußerung oder Einlösung von ADRs und GDRs (vgl. Rz. 68), fallen diese unter die eingeschränkte Verlustverrechnung i. S. des § 20 Absatz 6 Satz 5 EStG. Sofern im Jahr 2009 eine Anwendung des § 20 Absatz 6 Satz 5 EStG beim Kreditinstitut nicht erfolgte, ist dies nicht zu beanstanden.   123

7. Subsidiarität (§ 20 Absatz 8 EStG)

Termingeschäfte (z. B. Zinsbegrenzungsvereinbarungen oder Swaps), die zu den Einkünften aus Vermietung und Verpachtung gehören, fallen nicht unter die Einkünfte des § 20 EStG. Derartige Geschäfte werden von den Steuerpflichtigen – wie bei den betrieblichen Einkünften – meist zu Absicherungszwecken (Absicherung von Darlehen, die der Finanzierung vermieteter Immobilien dienen) abgeschlossen.   124

8. Einkunftserzielungsabsicht (§ 20 Absatz 9 EStG)

Grundsatz

Bei den Einkünften aus Kapitalvermögen ist infolge des beschränkten und pauschalierten Werbungskostenabzugs regelmäßig von einer Einkunftserzielungsabsicht auszugehen.   125

Bausparverträge

Werden Guthabenzinsen aus Bausparverträgen, die mit sog. Auffüllkrediten bzw. Vorfinanzierungsdarlehen aus Bausparverträgen gekoppelt sind, zur Finanzierung einer selbst genutzten Immobilie eingesetzt, sind die Guthabenzinsen aus Billigkeitsgründen einkommensteuerrechtlich unbeachtlich, sofern die Finanzierungsverträge bis zum 30. Juni 2010 abgeschlossen worden sind.   126

In diesen Fällen ist dennoch ein Kapitalertragsteuerabzug vorzunehmen, da bei dem Abschluss der entsprechenden Verträge nicht von vornherein ausgeschlossen werden kann, dass eine Immobilie zur Fremdnutzung eingesetzt wird.   127

Die Steuerpflichtigen können sich die einbehaltene Kapitalertragsteuer auf Guthabenzinsen aus Bausparverträgen, die zur Finanzierung einer selbst genutzten Immobilie eingesetzt werden, nach § 32d Absatz 4 EStG durch das Veranlagungsfinanzamt auf die festgesetzte Einkommensteuer anrechnen lassen.   128

Sparer-Pauschbetrag

129 Hat der Steuerpflichtige sowohl Kapitalerträge, für die § 32d Absatz 1 EStG gilt, als auch solche i. S. des § 32d Absatz 2 Nummer 2 EStG erzielt, ist der Sparer-Pauschbetrag vorrangig von den Kapitalerträgen i. S. des § 32d Absatz 2 Nummer 2 EStG abzuziehen. Die im Rahmen des Kapitalertragsteuerabzugs freigestellten Kapitalerträge sind im Rahmen der Einkommensteuer-Veranlagung dem gesonderten Steuertarif nach § 32d Absatz 1 EStG zu unterwerfen.

II. Private Veräußerungsgeschäfte (§ 23 EStG)

130 Verluste aus privaten Veräußerungsgeschäften i. S. des § 23 EStG in der bis zum 31. Dezember 2008 anzuwendenden Fassung können auch mit Einkünften i. S. des § 20 Absatz 2 EStG ausgeglichen werden und mindern nach Maßgabe des § 10d EStG die Einkünfte des Steuerpflichtigen, die er in den folgenden Veranlagungszeiträumen aus § 20 Absatz 2 EStG erzielt (§ 23 Absatz 3 Satz 9 und 10 EStG). Veräußerungsverluste aus Grundstücken und grundstücksgleichen Rechten, die nach dem 31. Dezember 2008 erzielt werden, sind keine Verluste aus § 23 EStG in der bis zum 31. Dezember 2008 geltenden Fassung i. S. dieser Vorschrift, vgl. Rz. 118.

131 Bei der Anschaffung und Veräußerung von Fremdwährungsbeträgen kann es sich um ein privates Veräußerungsgeschäft i. S. des § 23 Absatz 1 Satz 1 Nummer 2 EStG handeln; vgl. *BFH-Urteil vom 2. Mai 2000 (BStBl II S. 614)[1]*.

III. Gesonderter Steuertarif für Einkünfte aus Kapitalvermögen (§ 32d EStG)

1. Tarif (§ 32d Absatz 1 EStG)

Abgeltungsteuer nach § 32d und § 35b EStG

132 Die Einkommensteuer für Einkünfte aus Kapitalvermögen i. S. des § 32d Absatz 1 EStG ist keine tarifliche Steuer i. S. des § 32a Absatz 1 EStG. *Steuerermäßigungen, die an die tarifliche Einkommensteuer anknüpfen (z. B. §§ 35a und 35b EStG), können infolgedessen die Einkommensteuer nach dem gesonderten Steuertarif für Einkünfte aus Kapitalvermögen i. S. des § 32d Absatz 1 EStG nicht mindern[2]*.

Höhe der Ermäßigung der Kapitalertragsteuer bei Zwölftelung der Kirchensteuer (§ 32d Absatz 1 Satz 3 bis 5 EStG)

133 Stimmen der Zeitraum der Einkommensteuerpflicht und der Kirchensteuerpflicht nicht überein, wird die Kirchensteuer im Fall der Erhebung der Kirchensteuer auf die Kapitalertragsteuer durch das Finanzamt gezwölftelt. Bei der Ermäßigung der Kapitalertragsteuer ist der gezwölftelte Kirchensteuersatz anzuwenden.

Beispiel:

Endet die Kirchensteuerpflicht im Januar, ist in der Formel des § 32d Absatz 1 Satz 4 EStG für k bei einem angenommenen Kirchensteuersatz von 9 % nicht 9, sondern nur $9 \times \frac{1}{12} = 0{,}75$ anzusetzen.

2. Ausnahmen vom Abgeltungsteuersatz (§ 32d Absatz 2 EStG)

a) Zwingende Ausnahme bei Kapitalüberlassung an nahestehende Personen oder von Anteilseignern (§ 32d Absatz 2 Nummer 1 EStG)

134 Die Regelung findet bei Einkünften i. S. des § 20 Absatz 1 Nummer 7 und § 20 Absatz 2 Satz 1 Nummer 7 EStG nur Anwendung, wenn der Darlehensnehmer eine natürliche Person ist, die Einkünfte aus Land- und Forstwirtschaft, Gewerbebetrieb, selbständiger Arbeit und Vermietung und Verpachtung oder Einkünfte i. S. des § 22 Nummer 1 Satz 3 Buchstabe a Doppelbuchstabe bb EStG (fremdfinanzierte Rentenversicherungen) und § 22 Nummer 3 EStG (z. B. Containerleasing) erzielt und sie die Darlehenszinsen als Betriebsausgaben oder Werbungskosten geltend machen kann oder der Darlehensnehmer eine Personengesellschaft ist, bei der hinsichtlich der Erträge aus der Darlehensgewährung § 15 Absatz 1 Satz 1 Nummer 2 Satz 1 EStG keine Anwendung findet. Entsprechendes gilt in den Fällen, in denen eine Stiftung Darlehensnehmer ist.

135 Werden Erträge von einer Kapitalgesellschaft oder Genossenschaft gezahlt, findet § 32d Absatz 2 Nummer 1 Buchstabe b EStG Anwendung. § 32d Absatz 2 Nummer 1 Buchstabe a EStG ist nicht anzuwenden, auch wenn die Beteiligung unter 10 % liegt.

---

[1] *Geändert durch BMF vom 9.10.2012 (BStBl I S. 950).*
[2] *Geändert durch BMF vom 9.10.2012 (BStBl I S. 950).*

Definition der nahestehenden Person (§ 32d Absatz 2 Nummer 1 Buchstabe a EStG)

Das Verhältnis von nahestehenden Personen liegt vor, wenn die Person auf den Steuerpflichtigen einen beherrschenden Einfluss ausüben kann oder umgekehrt der Steuerpflichtige auf diese Person einen beherrschenden Einfluss ausüben kann oder eine dritte Person auf beide einen beherrschenden Einfluss ausüben kann oder die Person oder der Steuerpflichtige imstande ist, bei der Vereinbarung der Bedingungen einer Geschäftsbeziehung auf den Steuerpflichtigen oder die nahestehende Person einen außerhalb dieser Geschäftsbeziehung begründeten Einfluss auszuüben oder wenn einer von ihnen ein eigenes wirtschaftliches Interesse an der Erzielung der Einkünfte des anderen hat. Sind Gläubiger und Schuldner der Kapitalerträge Angehörige i. S. des § 15 AO oder ist an einem Personenunternehmen der Steuerpflichtige und/oder ein Angehöriger beteiligt, liegt ein derartiges Verhältnis vor. Liegt kein Angehörigenverhältnis i. S. dieser Vorschrift vor, ist von einem nahestehenden Verhältnis auszugehen, wenn die Vertragsbeziehungen einem Fremdvergleich entsprechend der Rzn. 4 bis 6 des BMF-Schreibens vom *23. Dezember 2010 (BStBl 2011 I S. 37)[1]* nicht entsprechen. Für das Vorliegen der Tatbestandsmerkmale ist regelmäßig auf den Zeitpunkt des Zuflusses der Kapitalerträge in dem jeweiligen Veranlagungszeitraum abzustellen.

136

Beteiligungsgrenze (§ 32d Absatz 2 Nummer 1 Buchstabe b EStG)

Bei der Berechnung der 10 %-igen Beteiligungsgrenze sind sowohl unmittelbare als auch mittelbare Beteiligungen einzubeziehen.

137

b) Ausnahme auf Antrag bei bestimmter Beteiligungshöhe (§ 32d Absatz 2 Nummer 3 EStG)

Berufliche Tätigkeit

Unter den Begriff der beruflichen Tätigkeit fallen sowohl selbständig als auch nichtselbständig ausgeübte Tätigkeiten. Ob es sich bei der beruflichen Tätigkeit um eine gewerbliche, freiberufliche oder um eine andere unter die Gewinneinkünfte fallende Tätigkeit handelt, ist unerheblich. Nicht ausreichend ist eine Tätigkeit von untergeordneter Bedeutung.

138

Zeitraum der Beteiligung

[2]Es ist ausreichend, dass *die notwendige Beteiligungsquote* zu irgendeinem Zeitpunkt in dem Veranlagungszeitraum, für den der Antrag erstmals gestellt wird, vorliegt. *Wird die Beteiligungsquote in einem auf die erstmalige Antragstellung folgenden Jahr nicht mehr erreicht, entfaltet die vorher ausgeübte Option keine Wirkung mehr. § 32d Absatz 2 Nummer 3 Satz 4 EStG beinhaltet insoweit lediglich eine Nachweiserleichterung und ersetzt nicht die Tatbestandsvoraussetzungen.*

139

Hinzuerwerb von Anteilen

Erwirbt der Steuerpflichtige Anteile hinzu, findet die Regelung auf die gesamte Beteiligung Anwendung. Eine teilweise Anwendung der Vorschrift auf die hinzuerworbenen Anteile ist nicht möglich.

140

Antragsfrist

[3]Der Antrag ist spätestens zusammen mit der *Abgabe der erstmaligen* Einkommensteuererklärung *(gleicher Eingangsstempel)* für den jeweiligen Veranlagungszeitraum zu stellen. Hierbei handelt es sich um eine Ausschlussfrist, wobei es auf die erstmalige Abgabe der Steuererklärung für das jeweilige Jahr ankommt. Eine Nachholung ist nur unter den Voraussetzungen des § 110 AO möglich. *Ein Widerruf des Antrags kann auch für das Erstjahr bis zur Bestandskraft erklärt werden. Nach Eintritt der Bestandskraft kommt ein wirksamer Widerruf allenfalls in Betracht, soweit die Steuerfestsetzung verfahrensrechtlich geändert werden kann.*

141

Verfahrensfragen

Ist der Steuerpflichtige mittelbar über eine vermögensverwaltende Personengesellschaft an einer Kapitalgesellschaft beteiligt, ist der Antrag im Rahmen der Einkommensteuerveranlagung des Steuerpflichtigen zu stellen. Insoweit liegen die Voraussetzungen des § 32d Absatz 2 Nummer 3 Satz 3 EStG zur Anwendung des Teileinkünfteverfahrens sowie zur Verlustverrechnung und Abziehbarkeit von Werbungskosten vor.

142

---

1) *Geändert durch BMF vom 9.10.2012 (BStBl I S. 950).*
2) *Geändert durch BMF vom 9.10.2012 (BStBl I S. 950).*
3) *Geändert durch BMF vom 9.10.2012 (BStBl I S. 950).*

Vorliegen von Kapitalerträgen

143   Das abstrakte Vorliegen von Kapitalerträgen i. S. des § 20 Absatz 1 Nummer 1 oder 2 EStG ermöglicht dem Steuerpflichtigen die Ausübung der Option also auch dann, wenn in dem jeweiligen Veranlagungszeitraum Erträge tatsächlich nicht vorhanden sind und die Option nur dazu dient, die tatsächlich entstandenen Werbungskosten zu 60 % im Rahmen der Veranlagung zu berücksichtigen.

3. Erträge, die nicht dem Kapitalertragsteuerabzug bei einem inländischen Kreditinstitut unterlegen haben (§ 32d Absatz 3 EStG)

144   Steuerpflichtige Kapitalerträge, die aus rechtlichen oder tatsächlichen Gründen nicht dem Kapitalertragsteuerabzug unterlegen haben (z. B. Veräußerungsgewinne aus GmbH-Anteilen, verdeckte Gewinnausschüttungen sowie Erträge aus ausländischen thesaurierenden Investmentvermögen) hat der Steuerpflichtige nach § 32d Absatz 3 Satz 1 EStG in seiner Einkommensteuererklärung anzugeben (vgl. auch Rz. 180).

4. Veranlagungs-Wahlrecht (§ 32d Absatz 4 EStG)

Allgemeines

145   Dem Steuerpflichtigen steht für Kapitaleinkünfte, die der Kapitalertragsteuer unterlegen haben, ein Wahlrecht zu, diese im Rahmen seiner Veranlagung geltend zu machen, um die gesetzlich geregelten Tatbestände, die beim Kapitalertragsteuerabzug nicht berücksichtigt werden können, wie z. B. ein Verlustvortrag nach § 20 Absatz 6 EStG, steuermindernd geltend zu machen. Ebenso besteht für den Steuerpflichtigen die Möglichkeit, den Steuereinbehalt des Kreditinstituts dem Grund und der Höhe nach überprüfen zu lassen. *Der entsprechende Antrag kann bis zur Unanfechtbarkeit des Einkommensteuerbescheides gestellt werden[1].*

So kann der Steuerpflichtige z. B. bei Veräußerungsfällen Anschaffungskosten, die sein depotführendes Institut nicht berücksichtigt hat, im Rahmen der Veranlagung anführen. Außerdem kann der Steuerpflichtige unter anderem in den Fällen, in denen beim Kapitalertragsteuerabzug der steuermindernde Effekt der Kirchensteuerzahlung noch nicht berücksichtigt wurde (z. B. bei Dividendenausschüttungen), diesen im Rahmen der Veranlagung nachholen, wenn er den Kirchensteuerabzug durch sein depotführendes Institut nicht beantragt hat und die Festsetzung der Kirchensteuer in der Veranlagung zu erfolgen hat.

Macht er diese Einkünfte in der Veranlagung geltend, erfolgt entsprechend der Regelung in § 32d Absatz 3 Satz 2 EStG eine Erhöhung der tariflichen Einkommensteuer um 25 % der – durch die entsprechenden Tatbestände geminderten – Einkünfte. Die vom Kreditinstitut bereits einbehaltene und bescheinigte Kapitalertragsteuer wird nach § 36 Absatz 2 Nummer 2 EStG im Rahmen der Veranlagung auf die für die Einkünfte aus Kapitalvermögen festgesetzte Einkommensteuer angerechnet. Dies kann zu einer Einkommensteuerstattung führen.

146   § 32d Absatz 4 EStG findet zur Verrechnung von positiven Einkünften aus Kapitalvermögen mit negativen Einkünften aus anderen Einkunftsarten keine Anwendung. In diesen Fällen ist § 32d Absatz 6 EStG anzuwenden.

Ausweis der abgeführten Kapitalertragsteuer in der Steuerbescheinigung und Zurechnung zu den verschiedenen Ertragsarten

147   Die Erhebung und der Ausweis der abgeführten Kapitalertragsteuer in der Steuerbescheinigung auf Summenbasis erfordern für die Veranlagung verschiedene vereinfachende Annahmen. So wird angenommen, dass die in der Steuerbescheinigung ausgewiesene Kapitalertragsteuer auf

- ausländische Erträge,
- eine Ersatzbemessungsgrundlage oder
- Gewinne nach § 20 Absatz 2 EStG

entfällt.

Nach § 32d Absatz 5 Satz 1 EStG ist der Umfang der anrechenbaren ausländischen Steuer auf 25 % beschränkt. Hierauf beschränkt sich auch der Ausweis in der Steuerbescheinigung. Daraus ergibt sich, dass ein Ausweis der noch nicht angerechneten ausländischen Quellensteuer grundsätzlich nur in Betracht kommt, wenn keine einbehaltene Kapitalertragsteuer auf Kapitalerträge in der Steuerbescheinigung bescheinigt wird.

Verfügt der Steuerpflichtige lediglich über eine Bankverbindung und weist die Steuerbescheinigung eine Ersatzbemessungsgrundlage sowie Erträge nach § 20 Absatz 2 EStG aus, hat er im Rahmen der Veranlagung ein Wahlrecht, ob zuerst die Ersatzbemessungsgrundlage reduziert wird

---

[1] *Eingefügt durch BMF vom 9.10.2012 (BStBl I S. 950).*

oder ob er lediglich die Anrechnung der abgeführten Kapitalertragsteuer auf Veräußerungsgewinne nach § 20 Absatz 2 EStG zur Verrechnung mit Altverlusten begehrt.

- Entscheidet sich der Steuerpflichtige im Rahmen der Veranlagung dazu, die mit der Ersatzbemessungsgrundlage besteuerten Erträge zu mindern, ergibt sich daraus eine veränderte Größe der
  anzusetzenden Kapitalerträge. Auch die Veräußerungsgewinne nach § 20 Absatz 2 EStG ändern
  sich entsprechend, wodurch nur noch der verminderte Betrag zur Verrechnung mit Altverlusten
  genutzt werden kann. Die bescheinigte Kapitalertragsteuer entfällt vorrangig auf den Differenzbetrag zwischen Ersatzbemessungsgrundlage und tatsächlichem Veräußerungsgewinn.

- Sollen die mit der Ersatzbemessungsgrundlage besteuerten Kapitalerträge nicht korrigiert werden, werden die Altverluste aus § 23 EStG mit den (nicht korrigierten) Veräußerungsgewinnen
  nach § 20 Absatz 2 EStG verrechnet. In diesem Falle wird die bescheinigte Kapitalertragsteuer
  vorrangig den Veräußerungsgewinnen nach § 20 Absatz 2 EStG zugeordnet.

Verfügt der Steuerpflichtige über verschiedene Bankverbindungen, werden für Zwecke der Veranlagung die in den Steuerbescheinigungen der verschiedenen Banken ausgewiesenen Beträge
aus den Einzelbescheinigungen addiert und das Ergebnis der Veranlagung zu Grunde gelegt.

5. Anrechnung ausländischer Steuern (§ 32d Absatz 5 EStG)

Vorrang der Anrechnung der Quellensteuer gemäß der EU-Zinsrichtlinie/ Zinsinformationsverordnung – ZIV

Wird durch einen Staat im Rahmen der EU-Zinsrichtlinie auf die Kapitalerträge Quellensteuer ein-   148
behalten, so wird dem wirtschaftlichen Eigentümer eine Steuergutschrift in Höhe der einbehaltenen Steuer gewährt und auf die Einkommensteuer angerechnet (vgl. § 14 Absatz 2 ZIV).

Kapitalerträge, die unter die ZIV fallen, unterliegen gemäß § 32d Absatz 3 EStG im Inland der
Besteuerung. Gemäß § 14 Absatz 2 ZIV wird dem wirtschaftlichen Eigentümer der Zinserträge
jedoch eine Steuergutschrift in Höhe der einbehaltenen Steuer gewährt. Dabei ist die Anwendung
von DBA-Anrechnungsregeln, § 32d Absatz 5 und § 34c EStG ausgeschlossen. Die Anrechnung
erfolgt im Festsetzungsverfahren gesondert in der Anrechnungsverfügung. § 14 Absatz 2 ZIV ist
vorrangig. Damit bleibt es bei der Berücksichtigung der EU-Quellensteuer außerhalb der Steuerfestsetzung – ohne Auswirkung auf die Berechnung der Kirchensteuer.

6. Günstigerprüfung (§ 32d Absatz 6 EStG)

Allgemeines

§ 32d Absatz 6 EStG regelt die Wahlmöglichkeit des Steuerpflichtigen, seine Einkünfte aus Kapital-   149
vermögen abweichend von § 32d Absatz 1 EStG den allgemeinen einkommensteuerrechtlichen
Regelungen zur Ermittlung der tariflichen Einkommensteuer zu unterwerfen. Damit wird für Steuerpflichtige, deren Belastung mit der tariflichen Einkommensteuer auf Kapitaleinkünfte niedriger ist
als der Abgeltungsteuersatz in Höhe von 25 %, die Möglichkeit geschaffen, dass ihre Einkünfte aus
Kapitalvermögen diesem niedrigeren Steuersatz unterworfen werden. Der Steuerpflichtige hat diese
Wahlmöglichkeit im Rahmen seiner Veranlagung geltend zu machen. Zusammenveranlagte Ehegat-
ten können das Wahlrecht nur gemeinsam ausüben. ***Der Antrag auf Günstigerprüfung kann bis zur
Unanfechtbarkeit des betreffenden Einkommensteuerbescheides gestellt werden[1].***

Das Finanzamt prüft im Rahmen der Steuerfestsetzung von Amts wegen, ob die Anwendung der all-   150
gemeinen Regelungen (insbesondere unter Berücksichtigung des Grundfreibetrags, des Altersentlastungsbetrags sowie des Härteausgleichs nach § 46 Absatz 3 EStG) zu einer niedrigeren Steuerfestsetzung führt (Günstigerprüfung). Sollte dies nicht der Fall sein, gilt der Antrag als nicht gestellt.

Wird das Veranlagungswahlrecht nach § 32d Absatz 6 EStG ausgeübt, müssen alle Kapitalerträge
erklärt werden. Hierzu sind sämtliche Steuerbescheinigungen einzureichen. Nicht ausgeglichene
Verluste i. S. des § 43a Absatz 3 EStG sind nur zu berücksichtigen, wenn die Bescheinigung nach
§ 43a Absatz 3 Satz 4 EStG vorliegt. Der Abzug der tatsächlichen Werbungskosten ist auch im Rahmen der Günstigerprüfung ausgeschlossen (§ 20 Absatz 9 EStG).

Bei Ansatz der tariflichen Einkommensteuer ist die Kirchensteuer auf Kapitalerträge als Sonderausgabe abzugsfähig (§ 10 Absatz 1 Nummer 4 EStG).

Beispiel:

A (ledig) erzielt in 2009 folgende Einkünfte:	
Einkünfte aus Kapitalvermögen bei seinem inländi-	20 000 €
schen Kreditinstitut	25 000 €

---

[1] *Eingefügt durch BMF vom 9.10.2012 (BStBl I S. 950).*

Lösung:

Beantragt der Steuerpflichtige die Günstigerprüfung, beträgt die festzusetzende tarifliche Einkommensteuer 0 €. Die einbehaltene Kapitalertragsteuer (zzgl. Zuschlagsteuern) wird im Rahmen der Veranlagung erstattet.

Alternativ kann der Steuerpflichtige die Kapitaleinkünfte mit dem in § 32d EStG geregelten Steuersatz versteuern. In diesem Fall beträgt der negative Gesamtbetrag der Einkünfte 20 000 €, welcher nach den Regelungen des § 10d EStG zu berücksichtigen ist.

151 Die nach § 32d Absatz 5 EStG ermittelte ausländische Steuer wird auch im Falle der Günstigerprüfung angerechnet. Dabei ist die Anrechnung auf die tarifliche Einkommensteuer beschränkt, die auf die hinzugerechneten Kapitaleinkünfte entfällt (§ 32d Absatz 6 Satz 2 EStG).

Der Anrechnungshöchstbetrag ist wie folgt zu berechnen:

tarifliche Einkommensteuer bei Hinzurechnung der Kapitaleinkünfte

abzüglich tarifliche Einkommensteuer ohne Kapitaleinkünfte

= Anrechnungshöchstbetrag

IV. Kapitalerträge mit Steuerabzug (§ 43 EStG)

1. Treuhanddepots

152 Treuhandkonten und -depots sind im Rahmen der Abgeltungsteuer nach den für die Einkünfte aus Kapitalvermögen geltenden Regeln, d. h. grundsätzlich wie Privatkonten und -depots zu behandeln. Die Verlustverrechnung und die Anrechnung ausländischer Quellensteuer hat nach § 43a Absatz 3 EStG zu erfolgen. Für jedes Treuhandkonto ist ein gesonderter Verlustverrechnungstopf zu führen. Als Steuerbescheinigung ist das Muster I der Anlage 1 des BMF-Schreibens vom *18. Dezember 2009 (BStBl I 2010 I S. 79) unter Berücksichtigung der Änderungen durch BMF-Schreiben vom 16. November 2010 (BStBl I S. 1305)* zu verwenden. Eine Steuerbescheinigung nach Muster III der Anlage 3 des o. g. BMF-Schreibens darf nicht ausgestellt werden.

153 Bei Treuhandkonten und -depots scheidet eine Abstandnahme vom Steuerabzug aufgrund eines Freistellungsauftrags oder einer NV-Bescheinigung aus, da nach § 44a Absatz 6 EStG Voraussetzung für die Abstandnahme ist, dass Kontoinhaber und Gläubiger der Kapitalerträge identisch sind, vgl. Rzn. *301*, 302.

154 Eine Freistellung des Betriebsvermögens gemäß § 43 Absatz 2 Satz 3 EStG von den neuen Kapitalertragsteuertatbeständen ist bei Treuhandkonten und -depots nicht möglich.

Verwaltung durch einen Insolvenzverwalter

155 Betriebliche Konten und Depots, die durch einen Insolvenzverwalter verwaltet werden, fallen nicht unter die Regelungen der Rzn. 152 und 154. Zum Nachweis, dass es sich um ein betriebliches Konto handelt, reicht eine Bestätigung des Insolvenzverwalters gegenüber dem Kreditinstitut aus.

Treuhänderische Vermögensauslagerung auf sog. Contractual Trust Arrangements (CTA)

156 Die Rzn. 152 bis 154 gelten nicht bei bei Contractual Trust Arrangements (CTAs)[1]. Dem konto- bzw. depotführenden Kreditinstitut sind sowohl bei seinen eigenen (konzerninternen) CTAs als auch bei den von dem Kreditinstitut verwalteten für Kunden zur Verfügung gestellten CTAs und Gruppen-CTAs sämtliche Details der Strukturen vollinhaltlich bekannt. Insbesondere ist das Treugeberunternehmen, dem die Kapitalerträge zuzurechnen sind, dem Kreditinstitut bekannt. In diesem Fall sind die Erträge dem Betriebsvermögen des Treugeberunternehmens zuzurechnen. Das Kreditinstitut hat infolge dessen von betrieblichen Einnahmen auszugehen, so dass keine Verlustverrechnung und keine Quellensteueranrechnung erfolgt (§ 43a Absatz 3 Satz 7 EStG). Für die Freistellung vom Steuerabzug nach § 43 Absatz 2 Satz 3 Nummer 1 oder 2 EStG ist auf das Treugeberunternehmen (als Gläubigerin der Kapitalerträge) abzustellen. Ist das Treugeberunternehmen ein Kredit- oder Finanzdienstleistungsinstitut, findet § 43 Absatz 2 Satz 2 EStG Anwendung.

157 Für andere Treuhandkonten und -depots, die dem konto- bzw. depotführenden Kreditinstitut gegenüber als CTA-Konstruktion offen angezeigt sind, gilt Folgendes:

Der Treuhänder legt dem Kreditinstitut ein Schreiben des Treugeberunternehmers vor, wonach die folgenden Voraussetzungen für die wirtschaftliche Zurechnung zum Treugeberunternehmen für das betreffende Treuhandvermögen erfüllt sind:

- der Treuhänder hat die überlassenen Barmittel oder anderen Vermögenswerte nach vom Treugeber aufgestellten Richtlinien anzulegen oder zu verwalten;

---

[1] Neu gefasst durch BMF vom 16. 11. 2010 (BStBl I S. 1305).

- das eigene Vermögen des Treuhänders und das Treuhandvermögen werden getrennt verwaltet, so dass eine Identifizierung der vom Treuhänder übertragenen Vermögenswerte jederzeit gewährleistet ist;

- Geschäfte mit dem Treugut werden im Namen des Treuhänders aber nur für Rechnung des Treugebers getätigt;

- der Treugeber kann die Herausgabe des endgültig nicht mehr benötigten Treuhandvermögens verlangen;

- den Treugeber treffen die wirtschaftlichen Entwicklungen der Vermögensanlage einschließlich des Risikos einer Wertminderung sowie der nicht zweckgerichteten Verwendung endgültig.

Wird ein solches Schreiben vorgelegt, hat das konto- bzw. depotführende Kreditinstitut dann von Betriebsvermögen auszugehen und für die Freistellung vom Steuerabzug nach § 43 Absatz 2 Satz 3 Nummer 1 und 2 EStG auf die Merkmale des Treugeberunternehmens abzustellen. Ist eine Freistellung vom Steuerabzug nach § 43 Absatz 2 Satz 3 Nummer 1 und 2 EStG nicht möglich, wird unter den Voraussetzungen des Satzes 1 eine Abstandnahme vom Steuerabzug aufgrund einer NV-Bescheinigung nicht beanstandet.[1]

In Fällen der Rzn. 156 und 157 sind im Zusammenhang mit einer Freistellung nach § 43 Absatz 2 Satz 3 Nummer 2 i. V. m. § 43 Absatz 2 Satz 7 EStG die Kontendaten des Treuhänders zu übermitteln und dabei dem Treugeber zuzuordnen.   **158**

2. Kapitalerträge mit Steuerabzug (§ 43 Absatz 1 EStG)

a) Nachzahlungen (§ 43 Absatz 1 Satz 1 Nummer 7 EStG)

Erhält ein Anleger verzinsliche Nachzahlungen auf einen squeeze-out (vgl. Rz. 70), ist der Zinsertrag gemäß § 20 Absatz 1 Nummer 7 EStG zu erfassen. Kapitalertragsteuer ist nicht einzubehalten, es sei denn, das auszahlende Kreditinstitut ist Schuldner der Kapitalerträge.   **159**

b) Weltbank-Papiere im Rahmen der Abgeltungsteuer (§ 43 Absatz 1 Satz 1 Nummer 7 Buchstabe a EStG)

Auf Zinsscheine zu DM- und Fremdwährungsanleihen der Afrikanischen Entwicklungsbank (African Development Bank – AfDB), der Asiatischen Entwicklungsbank (Asian Development Bank – AFB), der International Finance Corporation (IFC), der Weltbank (International Bank for Reconstruction and Development – IBRD) und zu Fremdwährungsanleihen der Interamerikanischen Entwicklungsbank (Inter-American Development Bank – IADB), die vor dem 24. September 1992 begeben worden sind, sowie auf Zinsscheine zu DM-Anleihen der Interamerikanischen Entwicklungsbank (IADB), die vor dem 4. November 1992 begeben worden sind, wird kein Steuerabzug vorgenommen, wenn die Zinsscheine im Tafelgeschäft bei Kreditinstituten eingelöst werden, die in den jeweiligen Emissionsbedingungen als Zahlstellen genannt sind. Die Festsetzung der Einkommensteuer ist gemäß § 32d Absatz 3 EStG im Rahmen der Einkommensteuerveranlagung durchzuführen.   **160**

c) Namensschuldverschreibungen (§ 43 Absatz 1 Satz 1 Nummer 7 EStG)

Eine Namensschuldverschreibung fällt grundsätzlich unter § 43 Absatz 1 Satz 1 Nummer 7 Buchstabe b EStG, ist jedoch ausnahmsweise als Teilschuldverschreibung im Sinne des § 43 Absatz 1 Satz 1 Nummer 7 Buchstabe a EStG einzuordnen, wenn folgende Voraussetzungen erfüllt sind: **161**

- die Anleihe/Emission muss in einem einheitlichen Akt begeben worden sein,

- die über die einheitliche Anleihe ausgestellten, auf Teile des Gesamtnennbetrags lautenden Schuldverschreibungen müssen hinsichtlich der Konditionen (Ausstellungsdatum, Laufzeit, Tilgungsmodalitäten, Verzinsung) einheitlich ausgestaltet, also untereinander austauschbar und übertragbar (fungibel) sein und

- aus der Teilschuldverschreibung muss ersichtlich sein, dass sie einen Teil einer Gesamtemission verbrieft.

Findet die Verwahrung als Streifbandverwahrung oder als eingeschränkte Girosammelverwahrung statt und schafft der Emittent hierdurch die Möglichkeit, Namensschuldverschreibungen auf einfachem Weg auszutauschen und zu übertragen, reicht dies für die Annahme einer hinreichenden Fungibilität als Merkmal einer Teilschuldverschreibung aus.

---

[1] Eingefügt durch BMF vom 16. 11. 2010 (BStBl I S. 1305).

d) Depotübertrag mit Gläubigerwechsel (§ 43 Absatz 1 Satz 4 bis 6 EStG)

Veräußerungsfiktion bei Depotübertrag mit Gläubigerwechsel (§ 43 Absatz 1 Satz 4 EStG)

162 Für Zwecke des Kapitalertragsteuerabzugs gilt die Übertragung eines von einer auszahlenden Stelle verwahrten oder verwalteten Wirtschaftsguts i. S. von § 20 Absatz 2 EStG auf einen anderen Gläubiger grundsätzlich als Veräußerung des Wirtschaftsguts.

163 Eine nach § 43 Absatz 1 Satz 4 EStG fingierte Veräußerung ist nur dann kapitalertragsteuerpflichtig, wenn sich nach der Übergangsregelung in § 52a Absatz 10 EStG eine materielle Steuerpflicht des Veräußerungsgewinns nach § 20 Absatz 2 EStG ergeben würde.

Beispiel:

A überträgt an B Aktien, die er im Jahr 2006 erworben hat.

Lösung:

Die Übertragung stellt keine steuerpflichtige Veräußerung i. S. des § 43 Absatz 1 Satz 4 EStG dar.

164 Die auszahlende Stelle muss die anfallende Kapitalertragsteuer vom Kunden einfordern bzw. das Betriebsstättenfinanzamt informieren, soweit der Betrag nicht zur Verfügung gestellt wird (entsprechende Anwendung von § 44 Absatz 1 Satz 7 bis 9 EStG).

Übertragung von Depots aus Anlass von Erbfällen (§ 43 Absatz 1 Satz 5 EStG) / *Übertragungen für Zwecke der Begründung eines Treuhandverhältnisses[1]*

165 Kommt es im Rahmen von Erbfällen zur Depotübertragung unter der oder den Erben, ist bei Vorlage eines Erbscheins oder einer Erblegitimation von einem unentgeltlichen Depotübertrag i. S. des § 43 Absatz 1 Satz 5 EStG auszugehen. Da bei dem Tod des Kunden gemäß § 33 ErbStG bereits eine Mitteilungspflicht der Kreditinstitute an das Erbschaftsteuerfinanzamt besteht, ist in diesen Fällen eine zusätzliche Meldung nach § 43 Absatz 1 Satz 6 EStG nicht erforderlich. *Dies gilt auch in den Fällen, in denen ein Bevollmächtigter (aufgrund einer Vollmacht über den Tod hinaus oder aufgrund einer Vollmacht für den Todesfall) unentgeltliche Depotüberträge von Nachlassdepots an sich selbst vornimmt, ohne dass der Nachlass durch Erbschein oder andere Erblegitimation geklärt werden muss. Entsprechendes gilt bei einem Oder-Depot, wenn der Übertrag auf den überlebenden Berechtigten erfolgt ist.*

In den Fällen, in denen sowohl der Treuhänder als auch der Treugeber bekannt sind (offene Treuhand) und eine Übertragung zwischen Treugeber und Treuhänder erfolgt, ist eine Meldung nicht erforderlich.

Unentgeltliche Depotüberträge (§ 43 Absatz 1 Satz 5 und 6 EStG)

166 *[2]*Von einer Veräußerung ist nicht auszugehen, wenn der **Steuerpflichtige unter Benennung der gesetzlich geforderten Daten** der auszahlenden Stelle mitteilt, dass es sich um eine unentgeltliche Übertragung handelt.

Sofern bei einer Übertragung eines Depots die erforderlichen Daten, die den Übertragenden und den Depotempfänger betreffen, berechtigter Weise nicht vollständig mitgeteilt werden können, steht dies einer Einordnung als unentgeltlicher Übertragung nicht entgegen. Dies gilt insbesondere bei Personengesellschaften, Körperschaften und anderen Unternehmen, Anlegern aus dem Ausland und deutschen Diplomaten, die nicht über eine Identifikationsnummer verfügen.

Sind mehrere Personen, entweder als Übertragende oder als Empfänger, Inhaber eines Gemeinschaftsdepots, so ist für diesen Depotübertrag nur eine Meldung vorzunehmen (inklusive der Identifikationsnummern und der sonstigen gesetzlich vorgeschriebenen Angaben).

Bei einem Übertrag der Wertpapiere von einem Treuhänder auf einen Dritten, sind die Identifikationsnummern des Treugebers (soweit bekannt), des Treuhänders und des Empfängers zu melden.

167 Die auszahlende Stelle kann zur Verfahrensvereinfachung die Übertragungen je Empfänger zusammenfassen. Die Übertragungen sind bis zum 31. Mai des Folgejahres dem Betriebsstättenfinanzamt zu übermitteln.

168 Wird ein Wirtschaftsgut vom Einzeldepot eines Ehegatten auf ein Gemeinschaftsdepot der Ehegatten (oder umgekehrt) oder auf ein Einzeldepot des anderen Ehegatten übertragen, gilt dies für Zwecke des Kapitalertragsteuerabzugs als unentgeltliche Übertragung im Sinne des § 43 Absatz 1 Satz 5 und 6 EStG. *Hiervon unabhängig bedarf es jedoch der Angabe der Identifikationsnummern der Ehegatten[3].*

169 Bei einem unentgeltlichen Depotübertrag muss keine Meldung an das Finanzamt erfolgen, soweit es sich um einen Übertrag von Altbeständen i. S. d. § 52a Absatz 10 EStG handelt, die nicht der Abgeltungsteuer unterliegen.

---

[1] *Ergänzt durch BMF vom 9.10.2012 (BStBl I S. 950).*
[2] *Neu gefasst durch BMF vom 9.10.2012 (BStBl I S. 950).*
[3] *Eingefügt durch BMF vom 9.10.2012 (BStBl I S. 950).*

Behandlung von Wertpapierleihe, Wertpapierpensions- und Repogeschäften

Werden Wertpapierleihe, Wertpapierpensions- oder Repogeschäfte durchgeführt, liegt unabhängig von der zivilrechtlichen Abwicklung einkommensteuerrechtlich in allen Varianten ein Depotübertrag auf einen anderen Gläubiger (Depot des Verleihers auf Depot des Entleihers) vor, der nach § 43 Absatz 1 Satz 4 EStG als Veräußerung fingiert wird. Beim Entleiher erfolgt eine Einbuchung mit dem Ersatzwert für die Anschaffungskosten, § 43a Absatz 2 Satz 11 EStG. Bei entsprechender Mitteilung kann der Vorgang auch als unentgeltlicher Depotübertrag mit Meldung an das Finanzamt abgewickelt werden (§ 43 Absatz 1 Satz 5 und 6 EStG). 170

Ist das depotführende Kreditinstitut in den Leihevorgang als Entleiher eingeschaltet, sind der Entleihvorgang und die Rückgabe steuerlich neutral zu behandeln. § 43 Absatz 1 Satz 4 bis 6 EStG finden keine Anwendung. 171

Rz. 171 gilt entsprechend, wenn das Kreditinstitut der Verleiher der Wertpapiere ist. Werden die auf Grund der Wertpapierleihe eingebuchten Wertpapiere im Zeitraum des Leihgeschäfts zwischenzeitlich veräußert, ist hinsichtlich der Ermittlung des Veräußerungsgewinns die Ersatzbemessungsgrundlage nach § 43a Absatz 2 Satz 7 EStG anzuwenden. Deckt sich der Steuerpflichtige mit den Wertpapieren für Zwecke der Rückübertragung ein, hat das Kreditinstitut die hierfür angefallenen Anschaffungskosten nachträglich dem Veräußerungsgeschäft zuzuordnen. Im Rahmen der Kapitalertragsteueranmeldung ist die Erhebung der Kapitalertragsteuer insoweit zu korrigieren, als anstelle des Ansatzes der Ersatzbemessungsgrundlage der tatsächliche Veräußerungsgewinn unter Berücksichtigung der tatsächlichen Anschaffungskosten anzusetzen ist. 172

Kann die Zuordnung des späteren Eindeckungsgeschäfts zu dem vorangehenden Veräußerungsgeschäft ausnahmsweise nicht durch das Kreditinstitut vorgenommen werden oder unterbleibt die Zuordnung, weil das Eindeckungsgeschäft in einem späteren Kalenderjahr als der Verkauf erfolgt, wird das Erfüllungsgeschäft als entgeltlicher Depotübertrag (§ 43 Absatz 1 Satz 4 EStG) behandelt. Dabei wird als Ersatzwert für den Veräußerungserlös der Börsenkurs angesetzt. Die Zuordnung des Eindeckungsgeschäfts zu dem vorangehenden Veräußerungsgeschäft kann in diesem Fall vom Kunden in der Veranlagung vorgenommen werden (§ 32d Absatz 4 EStG).

Für den im Rahmen eines Wertpapierpensionsgeschäfts geleisteten Repozins findet § 22 Nummer 3 EStG Anwendung. 173

3. Ausnahmen vom Steuerabzug (§ 43 Absatz 2 EStG)

a) Interbankenprivileg (§ 43 Absatz 2 Satz 2 EStG)

Kapitalertragsteuerpflicht für Zahlungen an die Deutsche Bundesbank und ausländische Zweigstellen inländischer Kredit- und Finanzdienstleistungsinstitute

§ 43 Absatz 2 Satz 2 EStG ist auch anzuwenden, wenn Gläubiger der Kapitalerträge die Deutsche Bundesbank oder eine ausländische Zweigstelle eines inländischen Kreditinstituts oder inländischen Finanzdienstleistungsinstituts ist. 174

b) Ausnahmen für Unternehmen (§ 43 Absatz 2 Satz 3 bis 8 EStG)

Nach ausländischem Recht gegründete, unbeschränkt steuerpflichtige Körperschaften

Unter die Freistellung vom Steuerabzug gemäß § 43 Absatz 2 Satz 3 Nummer 1 EStG fallen auch unbeschränkt steuerpflichtige Körperschaften, die nach ausländischem Recht gegründet wurden. Körperschaften in diesem Sinne sind insbesondere die in Anlage 2 zum EStG (zu § 43b EStG) angeführten Gesellschaften. 175

Erklärung zur Freistellung vom Steuerabzug nach § 43 Absatz 2 Satz 3 Nummer 2 EStG

Bei Kapitalerträgen i. S. des § 43 Absatz 1 Satz 1 Nummer 6 und 8 bis 12 sowie Satz 2 EStG ist kein Steuerabzug vorzunehmen, wenn die Kapitalerträge Betriebseinnahmen oder Erträge aus Options- und Termingeschäften im Rahmen der Einkünfte aus Vermietung und Verpachtung sind und der Gläubiger der Kapitalerträge dies gegenüber der auszahlenden Stelle nach amtlich vorgeschriebenen Muster erklärt. 176

Zum Muster vgl. **Anlage 1**[1]. 177

Es ist nicht zu beanstanden, wenn Sachverhalte, die bei einer auszahlenden Stelle nicht vorkommen, im Freistellungserklärungsformular weggelassen werden, (z. B. depotführende Kapitalanlagegesellschaften treten keine Termin- und Optionsgeschäfte für ihre Kunden aus, so dass die entsprechenden Ankreuzkästchen mit dazugehörigem Text in der Freistellungserklärung entfallen können). 178

Weiterhin wird nicht beanstandet, wenn – je nach Fallgestaltung – in der Freistellungserklärung nur die Depots benannt und die Konten weggelassen werden. Außerdem kann statt der Formulie- 179

---

[1] Anlage nicht in der Handausgabe enthalten.

rung „aus den Konten und Depots mit der Stammnummer …" auch die Formulierung „aus den Konten und Depots mit der Kundennummer…" verwendet werden.

4. Einbehalt und Abführung der Kapitalertragsteuer durch inländische Niederlassungen von ausländischen Versicherungsunternehmen (§ 43 Absatz 3 EStG)

180   Bei inländischen Kapitalerträgen im Sinne des § 20 Absatz 1 Nummer 6 EStG ist Kapitalertragsteuer zu erheben (§ 43 Absatz 1 Satz 1 Nummer 4 EStG). Inländische Kapitalerträge liegen auch dann vor, wenn der Schuldner eine Niederlassung im Sinne der §§ 106, 110a oder 110d des Versicherungsaufsichtsgesetzes im Inland hat (§ 43 Absatz 3 Satz 1 Halbsatz 2 EStG). *Maßgeblich ist der Zeitpunkt des Zuflusses der Kapitalerträge (§ 52 Absatz 16 Satz 1 EStG). Keine Bedeutung hat insoweit der Zeitpunkt des Vertragsabschlusses[1).]* Ein Steuerabzug hat gegenüber allen unbeschränkt steuerpflichtigen Personen unabhängig davon zu erfolgen, ob der Versicherungsvertrag über die inländische Niederlassung oder über eine ausländische Geschäftsstelle abgeschlossen oder verwaltet wurde. Handelt es sich bei dem Gläubiger der Kapitalerträge um eine nicht unbeschränkt steuerpflichtige Person, ist in den Fällen des § 43 Absatz 3 Satz 1 2. Halbsatz EStG kein Steuerabzug vorzunehmen.

181   Die inländische Niederlassung gilt für Zwecke der Kapitalertragsteuer als Schuldner der Kapitalerträge. Bei mehreren inländischen Niederlassungen hat das Versicherungsunternehmen eine Niederlassung zu bestimmen, die die Rechte und Pflichten aus dem Steuerabzugsverfahren wahrnimmt; hierüber ist das örtlich zuständige Finanzamt der Niederlassung zu informieren. Die inländische Niederlassung hat insbesondere die einbehaltene Kapitalertragsteuer gegenüber ihrem örtlich zuständigen Finanzamt anzumelden und abzuführen, auf Verlangen des Steuerpflichtigen eine Steuerbescheinigung zu erstellen und Freistellungsaufträge oder Nichtveranlagungs-Bescheinigungen sowie Anträge auf Einbehalt der Kirchensteuer anzunehmen.

5. Abgeltungswirkung bei von den Erträgen abweichender Bemessungsgrundlage (§ 43 Absatz 5 EStG)

182   Ist die beim Kapitalertragsteuerabzug angesetzte Bemessungsgrundlage größer als die tatsächlich erzielten Erträge, kann der Steuerpflichtige im Rahmen des Veranlagungswahlrechts nach § 32d Absatz 4 EStG den zutreffenden Ansatz geltend machen.

183   Ist die beim Kapitalertragsteuerabzug angesetzte Bemessungsgrundlage kleiner als die tatsächlich erzielten Erträge, tritt die Abgeltungswirkung nach § 43 Absatz 5 EStG nur insoweit ein, als die Erträge der Höhe nach dem Steuerabzug unterliegen. Für den darüber hinausgehenden Betrag besteht eine Veranlagungspflicht nach § 32d Absatz 3 EStG. Aus Billigkeitsgründen kann hiervon abgesehen werden, wenn die Differenz je Veranlagungszeitraum nicht mehr als 500 € beträgt und keine weiteren Gründe für eine Veranlagung nach § 32d Absatz 3 EStG vorliegen.

V. Bemessung der Kapitalertragsteuer (§ 43a EStG)

1. Übernahme der Kapitalertragsteuer durch den Schuldner der Kapitalerträge[2)]

183a   Übernimmt der Schuldner der Kapitalerträge für den Gläubiger die Kapitalertragsteuer, gilt dies auch für den Solidaritätszuschlag. Die Kirchensteuer ist ebenfalls zu berücksichtigen, wenn ein Antrag im Sinne des *§ 51a* Absatz 2c Satz 1 EStG des Anteilseigners vorliegt.

Beispiel 1:

Berechnungsbeispiel (mit Kirchensteuer):

verdeckte Gewinnausschüttung:	100 000,00 €
vom Schuldner übernommene Kapitalertragsteuer::	33 955,86 €
vom Schuldner übernommener Solidaritätszuschlag:	1 867,57 €
vom Schuldner übernommene Kirchensteuer:	3 056,03 €
Kapitalertrag i. S. d. § 43a Absatz 1 Satz 1 Nummer 1 EStG:	138 879,46 €

Die Berechnungsformel nach § 32d Absatz 1 Satz 3 EStG ist wie folgt anzupassen:

$$\text{Kapitalertrag} = \frac{\text{tatsächlicher ausgezahlter Betrag} \times 4{,}09}{2{,}945}$$

Bei einem Kirchensteuer-Satz von 8 % ist im Zähler ein Wert von 4,08 zu verwenden.

[1)] *Eingefügt durch BMF vom 9.10.2012 (BStBl I S. 950).*
[2)] Eingefügt durch BMF vom 16. 11. 2010 (BStBl I S. 1305).

Beispiel 2:

Berechnungsbeispiel (ohne Kirchensteuer):

verdeckte Gewinnausschüttung:	100 000,00 €
vom Schuldner übernommene Kapitalertragsteuer::	33 955,86 €
vom Schuldner übernommener Solidaritätszuschlag:	1 867,57 €
Kapitalertrag i. S. d. § 43a Absatz 1 Satz 1 Nummer 1 EStG:	135 823,43 €

Berechnungsformel

$$\text{Kapitalertrag} = \frac{\text{tatsächlich ausgezahlter Betrag} \times 4}{2,945}$$

2. Depotüberträge ohne und mit Gläubigerwechsel (§ 43a Absatz 2 EStG)

a) Einzelfragen (§ 43a Absatz 2 Satz 3ff. EStG)

Wertansatz bei nicht börsennotierten Inhaber-Schuldverschreibungen

Kommt es bei einer nicht börsennotierten Inhaber-Schuldverschreibung zu einem Depotwechsel, kann   184
mangels Börsenkurs der von der emittierenden Stelle festgestellte Wert angesetzt werden. Da in der
Praxis der Emittent bei diesen Papieren regelmäßig den Kurs feststellt, sind diese Daten anzusetzen.

Wertansatz bei Anteilen an Investmentfonds

Soweit der Börsenkurs bei börsennotierten Wertpapieren zu Grunde zu legen ist, tritt an diese   185
Stelle bei Anteilen an Investmentfonds der Rücknahmepreis. Wird bei Investmentanteilen ein
Rücknahmepreis nicht festgesetzt, tritt an seine Stelle der Börsen- oder Marktpreis.

Depotübertrag aufgrund einer Versicherungsleistung in Form von Investmentfondsanteilen

Bei fondsgebundenen Versicherungsverträgen i. S. des § 20 Absatz 1 Nummer 6 EStG wird dem   186
Versicherungsnehmer mitunter das Wahlrecht eingeräumt, anstatt einer Auszahlung der Versicherungsleistung in Geld eine Übertragung von Fondsanteilen zu verlangen. § 43a Absatz 2 Satz 3
EStG ist in diesen Fällen entsprechend anzuwenden. Die vom Versicherungsunternehmen mitgeteilten Anschaffungsdaten sind von dem übernehmenden inländischen Kreditinstitut zu verwenden. Als Anschaffungskosten gilt dabei der Rücknahmepreis, mit dem die Versicherungsleistung
bei einer Geldzahlung berechnet worden wäre; vgl. Rz. 34 des BMF-Schreibens vom 1. Oktober
2009 (BStBl I S. 1172). Als Anschaffungsdatum ist der Zeitpunkt der Fälligkeit der Versicherungsleistung vom Versicherungsunternehmen mitzuteilen.

Behandlung von Depotüberträgen ohne Gläubigerwechsel, die vor 2009 vollzogen werden

Für die Anwendung des § 43a Absatz 2 Satz 3 EStG (Überträge innerhalb Deutschlands) sowie des   187
§ 43a Absatz 2 Satz 5 EStG (EU/EWR-Auslandsfälle) ist keine besondere Übergangsregelung in § 52a
EStG vorgesehen. Es gilt daher die allgemeine Anwendungsregel des § 52a Absatz 1 EStG, wonach
die Vorschriften zur Abgeltungsteuer erstmals für nach dem 31. Dezember 2008 zufließende Kapitalerträge gelten. § 43a Absatz 2 Satz 3 und 5 EStG gelten somit erst für Depotüberträge ab 2009.

Hat die inländische abgebende Stelle bei einem Depotübertrag, der vor 2009 vollzogen wurde, der   188
übernehmenden auszahlenden Stelle die Daten übertragen oder überträgt sie diese Daten nach
dem 31. Dezember 2008, obwohl sie hierzu nicht verpflichtet ist, sind diese Daten von der übernehm-
menden Stelle zu berücksichtigen; die Regelung zur Ersatzbemessungsgrundlage findet insoweit
keine Anwendung. Werden die Daten von der abgebenden auszahlenden Stelle erst zeitlich nach
einer bereits abgerechneten Veräußerung übertragen, ist diese Abrechnung von der übernehmenden auszahlenden Stelle nicht zu korrigieren.

Behandlung von Depotübertragungen bei Wertpapieren, die vor dem 1. Januar 2009 angeschafft wurden

§ 43a Absatz 2 Satz 3 ff. EStG finden auch Anwendung bei Wertpapieren, die vor dem 1. Januar   189
2009 angeschafft wurden.

Weitergabe von Anschaffungsdaten im Emissionsgeschäft

Im Emissionsgeschäft begibt der Emittent bestimmte Wertpapiere (z. B. Inhaberschuldverschreibun-   190
gen oder Genussscheine) und bietet diese im Rahmen eines öffentlichen Angebotes selbständig, d. h.,
ohne Beteiligung der abwickelnden Bank, interessierten Anlegern an. Sodann beauftragt der Emittent ein Finanzdienstleistungs- oder Kreditinstitut mit der Verbriefung der zu begebenden Wertpapiere. Das insgesamt angebotene Emissionsvolumen wird daraufhin von dem Finanzdienstleis-

tungs- oder Kreditinstitut „en bloc" oder in Teilbeträgen verbrieft, bei einem Zentralverwahrer (z. B. Clearstream Banking) zugelassen und in ein Emissionsdepot des Emittenten eingebucht.

Aus dem Emissionsdepot heraus werden dann Übertragungsaufträge erteilt, mit denen die jeweils gezeichneten Wertpapiere zu den entsprechenden Anlegern transportiert werden sollen. Alle notwendigen Anschaffungsdaten teilt der Emittent der begleitenden Bank gemeinsam mit den Übertragungsaufträgen mit, so dass die begleitende Bank der Depotbank des Anlegers die effektiv zugrunde zu legenden Anschaffungsdaten mitteilen kann. Sowohl Anschaffungspreise als auch Anschaffungszeitpunkte können dabei auf Basis des Emissionsprospektes oder auch der Zeichnungsscheine festgestellt werden. Die eingeschränkte Möglichkeit des Nachweises der Anschaffungsdaten nach § 43a Absatz 2 Satz 3 EStG findet insoweit keine Anwendung, da die Richtigkeit der Anschaffungskosten auf Ebene der begleitenden Bank nachvollzogen werden kann.

Depotüberträge aufgrund von Umstrukturierungen im Konzern und Geschäftsstellenveräußerungen – Übertragung von nicht ausgeglichenen Verlusten sowie nicht angerechneter ausländischer Quellensteuern

191 Werden depotführende Unternehmensteile eines Kreditinstituts veräußert oder auf andere Konzerngesellschaften übertragen (Gesamt- oder Einzelrechtsnachfolge), hat in diesen Fällen der Konzernumstrukturierungen und Veräußerungen einer Geschäftsstelle eines Kreditinstituts an ein anderes Kreditinstitut die Ermittlung der Bemessungsgrundlage für den Kapitalertragsteuerabzug weiterhin nach den historischen Anschaffungsdaten zu erfolgen. Die Ersatzbemessungsgrundlage ist nicht anzuwenden. Eventuell erteilte Freistellungsaufträge oder NV-Bescheinigungen gelten weiter, sofern die Geschäftsbeziehungen zum übertragenden Institut aufgegeben werden. Weiterhin sind die nicht ausgeglichenen Verluste sowie die nicht angerechneten anrechenbaren ausländischen Quellensteuern zu berücksichtigen.

192 Entsprechendes gilt, wenn an der Umstrukturierung depotführende Kapitalanlagegesellschaften beteiligt sind.

Übermittlung der Anschaffungsdaten bei Übertrag von einem ausländischen Institut

193 Nach dem Wortlaut des § 43a Absatz 2 Satz 5 EStG kann der Steuerpflichtige den Nachweis der Anschaffungsdaten bei Depotüberträgen von einem ausländischen Institut mit Sitz innerhalb der EU, des EWR oder eines anderen Vertragsstaates nach Art. 17 Abs. 2 Ziff. i der Richtlinie 2003/48/EG (Zinsrichtlinie) nur mittels Bescheinigung des ausländischen Instituts führen. Es ist jedoch nicht zu beanstanden, wenn bei Überträgen aus dem Ausland eine Übertragung der Daten auf elektronischem Wege erfolgt. Bei Depotüberträgen von einem ausländischen Institut mit Sitz außerhalb der vorgenannten Staaten ist nach § 43a Absatz 2 Satz 6 EStG ein Nachweis der Anschaffungsdaten nicht zulässig und infolge dessen die Ersatzbemessungsgrundlage anzuwenden.

b) Ersatzbemessungsgrundlage und Verluste (§ 43a Absatz 2 Satz 6 und 7 EStG)

194 Die Korrektur des Kapitalertrags nach Anwendung einer Ersatzbemessungsgrundlage erfolgt grundsätzlich im Rahmen der Veranlagung nach § 32d Absatz 4 EStG (vgl. Rz. 145). Der Steuerpflichtige hat hierbei die entsprechenden Unterlagen vorzulegen, die zur Korrektur der steuerlichen Daten dieses Geschäftsvorfalls dienen.

Beispiel:

Der Steuerpflichtige weist die Anschaffungsdaten bei einem Geschäftsvorfall (Einlösung einer Anleihe), den das Kreditinstitut mit Ersatzbemessungsgrundlage (Gewinn 300 €) abgerechnet hat, in der Veranlagung nach (Gewinn 0 €).

Lösung:

Die einbehaltene Kapitalertragsteuer wird erstattet.

Abwandlung:

Der Steuerpflichtige hat aus der Veräußerung von Anleihen außerdem Verluste in Höhe von 500 € erzielt. Die Bank bescheinigt am Ende des Kalenderjahres Verluste in Höhe von 200 €. Der Steuerpflichtige weist die Anschaffungsdaten im Rahmen der Veranlagung nach, so dass er neben den von der Bank bescheinigten Verlusten in Höhe von 200 € weitere Verluste in Höhe von 300 € im Rahmen der Veranlagung mit Gewinnen aus Kapitaleinkünften verrechnen kann.

Lösung:

Erklärt der Steuerpflichtige keine weiteren Einkünfte aus Kapitalvermögen, wird zum Jahresende ein Verlust in Höhe von 500 € festgestellt (§ 20 Absatz 6 EStG). Kapitalertragsteuer wird nicht erstattet.

195 Ist bei einem als entgeltlich zu behandelnden Depotübertrag (§ 43 Absatz 1 Satz 4 EStG) keine Ersatzbemessungsgrundlage ermittelbar, weil weder die Anschaffungskosten bekannt sind noch ein Veräußerungspreis ermittelbar ist, hat in diesem Fall eine Meldung an das zuständige Finanzamt entsprechend § 44 Absatz 1 Satz 7 ff. EStG zu erfolgen.

Behandlung von Leerverkäufen

Verfügt der Kunde über keinen Bestand und erteilt er einen Verkaufsauftrag (eigentlicher Leerverkauf), gilt Folgendes:

196

Der Verkaufsauftrag muss sofort als Veräußerungsgeschäft abgewickelt werden. Da dem Veräußerungsgeschäft kein Depotbestand und somit auch keine Anschaffungskosten gegenüberstehen, ist der Verkauf mit der Ersatzbemessungsgrundlage abzurechnen (§ 43a Absatz 2 Satz 7 EStG).

Deckt der Kunde sich anschließend mit entsprechenden Wertpapieren ein, hat das Kreditinstitut die hierfür angefallenen Anschaffungskosten nachträglich dem Veräußerungsgeschäft zuzuordnen. Im Rahmen der Kapitalertragsteueranmeldung ist die Erhebung der Kapitalertragsteuer insoweit zu korrigieren, als anstelle des Ansatzes der Ersatzbemessungsgrundlage der tatsächliche Veräußerungsgewinn unter Berücksichtigung der tatsächlichen Anschaffungskosten anzusetzen ist. Das Erfüllungsgeschäft (Lieferung der Wertpapiere) ist steuerlich nicht relevant.

Kann die Zuordnung des späteren Eindeckungsgeschäfts zu dem vorangehenden Veräußerungsgeschäft ausnahmsweise nicht durch das Kreditinstitut vorgenommen werden oder unterbleibt die Zuordnung, weil das Eindeckungsgeschäft in einem späteren Kalenderjahr als der Leerverkauf erfolgt, wird das Erfüllungsgeschäft als entgeltlicher Depotübertrag (§ 43 Absatz 1 Satz 4 EStG) behandelt. Dabei wird als Ersatzwert für den Veräußerungserlös der Börsenkurs angesetzt. Die Zuordnung des Eindeckungsgeschäfts zu dem vorangehenden Veräußerungsgeschäft kann in diesem Fall vom Kunden in der Veranlagung vorgenommen werden (§ 32d Absatz 4 EStG).

Nimmt das Kreditinstitut eine Zuordnung des Eindeckungsgeschäfts zu dem vorangegangenen Veräußerungsgeschäft im gleichen Kalenderjahr vor, ist im Rahmen der Kapitalertragsteueranmeldung die Erhebung der Kapitalertragsteuer insoweit zu korrigieren, als dass anstelle der Ersatzbemessungsgrundlage der Gewinn aus der Differenz zwischen dem Veräußerungserlös und den tatsächlichen Anschaffungskosten anzusetzen ist.

Erfolgt zunächst der Wertpapierkauf und anschließend der Wertpapierverkauf (so die Reihenfolge der Kaufverträge), wird aber die Kaufabrechnung nach der Verkaufsabrechnung verbucht (rein technisch bedingter Minusbestand) gilt Folgendes:

197

Der Verkauf wird zunächst unter Anwendung der Ersatzbemessungsgrundlage (wegen fehlender Anschaffungsdaten) abgewickelt. Bei späterer Einbuchung der Anschaffungskosten erfolgt dann jedoch eine Korrekturabrechnung durch die Depotbank.

c) Übertragung nicht verbriefter Kapitalforderungen/Wertpapiere des Bundes und der Länder (§ 43a Absatz 2 Satz 8 EStG)

Werden nicht für einen marktmäßigen Handel bestimmte schuldbuchfähige Wertpapiere des Bundes, bei denen die rechnerisch angefallenen Zinsen ausgewiesen werden, auf einen anderen Gläubiger übertragen, ist als Einnahme aus der Veräußerung nach § 43a Absatz 2 Satz 8 EStG der Börsenpreis zum Zeitpunkt der Übertragung anzusetzen. Als Börsenpreis gilt in allen Fällen der Übertragung der Wert der Kapitalforderung einschließlich der bis zum Übertragungszeitpunkt rechnerisch angefallenen und ausgewiesenen Zinsen. § 43a Absatz 2 Satz 15 EStG ist nicht anzuwenden.

198

Die entsprechende Kapitalertragsteuer ist nach § 44 Absatz 1 Satz 7 EStG bei dem Steuerpflichtigen anzufordern. Nach § 43a Absatz 2 Satz 8 EStG hat die auszahlende Stelle bei Nichtzahlung eine Anzeige bei ihrem Betriebsstättenfinanzamt vorzunehmen.

199

Wird bei den nicht für einen marktmäßigen Handel bestimmten schuldbuchfähigen Wertpapieren der Länder der rechnerisch angefallene Zins ebenfalls berechnet und ausgewiesen, gelten die Ausführungen zu den Wertpapieren des Bundes entsprechend. Andernfalls ist bei diesen Wertpapieren zwar bei ihrer Übertragung von der Veräußerungsfiktion des § 43 Absatz 1 Satz 4 EStG auszugehen, aber mangels einer vergleichbaren Bemessungsgrundlage kein Kapitalertragsteuerabzug vorzunehmen. Weiterhin ist beim Zessionar bei der Einlösung gemäß § 43a Absatz 2 Satz 15 EStG der Kapitalertragsteuerabzug nach dem vollen Kapitalertrag vorzunehmen. Die Ermittlung der tatsächlichen Bemessungsgrundlagen ist für den Zedenten und den Zessionar im Wege der Veranlagung vorzunehmen.

200

3. Anrechnung ausländischer Quellensteuer (§ 43a Absatz 3 Satz 1 EStG)

Anwendungsbereich, Verfahrensweise

[1]Gemäß § 43a Absatz 3 Satz 1 EStG sind ausländische Steuern auf Kapitalerträge auf Ebene der Kreditinstitute nach Maßgabe des § 32d Absatz 5 EStG zu berücksichtigen. Danach ist bei jedem einzelnen ausländischen Kapitalertrag die jeweilige ausländische Steuer auf die deutsche Abgeltungsteuer anzurechnen, wobei gegebenenfalls die Anrechnungsregelungen nach den jeweiligen

201

---

1) Keine Anrechnung der spanischen Steuer auf Dividendenausschüttungen → BMF vom 8. 9. 2011 (BStBl I S. 854) und der norwegischen Steuer auf Dividendenzahlungen einer norwegischen Kapitalgesellschaft → BMF vom 15. 11. 2011 (BStBl I S. 1113).

Doppelbesteuerungsabkommen zu berücksichtigen sind. Die Anrechnung erfolgt unabhängig vom Beitrag in- oder ausländischer Kapitalerträge zum Abgeltungsteueraufkommen; sie ist begrenzt auf 25 %.

202 Die Anrechnung der ausländischen Steuer gemäß § 32d Absatz 5 EStG ist nur für diejenigen Kapitalerträge durchzuführen, die den Einkünften aus Kapitalvermögen zuzurechnen sind.

Beispiel 1:

Ausländische Dividende	100
Steuerberechnung:	
Abgeltungsteuer (25 %)	25
./. anrechenbare ausl. Steuer	– 15
zu zahlende Abgeltungsteuer	10

Beispiel 2:

	Geschäftsvorfall	Ertrag	Abgeltungsteuer	Anrechenbare ausl. Steuer
(1)	Ausl. Div. Land 1	100	10	15
(2)	Ausl. Div. Land 2	200	0	50
(3)	Inl. Zinsertrag	300	75	–
	Summe	600	85	65

Steuerverprobung:	
Erträge insgesamt	600
Abgeltungsteuer (25 %)	150
./. anrechenbare ausl. Steuer	– 65
Zu zahlende Abgeltungsteuer	85

Verluste mindern die abgeltungsteuerpflichtigen Erträge unabhängig davon, ob diese aus in- oder ausländischen Quellen stammen. Die Summe der anrechenbaren ausländischen Quellensteuerbeträge ist auf die nach Verlustverrechnung verbleibende Abgeltungsteuerschuld anzurechnen.

Beispiel 3:

Geschäftsvorfälle (1) – (3) wie Beispiel 2, zusätzlich danach

(4) Verlust aus Anleiheveräußerung

	Geschäftsvorfall	Ertrag	Verlusttopf	Abgeltungsteuer	Anrechenbare ausl. Steuer
(1)	Ausl. Div. Land 1	100		10	15
(2)	Ausl. Div. Land 2	200		0	50
(3)	Inl. Zinsertrag	300		75	–
(4)	Veräußerungsverlust		– 300		
	Summe brutto	600	– 300	85	65
	Verlustverrechnung	– 300	300		
	Zwischensumme	300	0	85	65
	Steuererstattung			– 75	
	Endsumme	300	0	10	65

Steuerverprobung:	
Erträge nach Verlustverrechnung	300
Abgeltungsteuer (25 %)	75
./. anrechenbare ausländische Steuer	– 65
Verbleibende Abgeltungsteuerschuld	10
./. bereits gezahlte Abgeltungsteuer	– 85
Erstattung	– 75

203 Auf die Abrechnungsperiode bezogen, ergibt sich hinsichtlich der Anrechnung ausländischer Steuern insgesamt kein Unterschied aus der Reihenfolge des Anfalls von Verlusten und Erträgen.

Beispiel 4:

Wie Beispiel 3, aber zuerst Verlust aus Anleiheveräußerung

Geschäftsvorfall	Ertrag	Verlusttopf	Abgeltung-steuer	Anrechenbare ausl. Steuer
(0) Veräußerungsverlust		– 300		–
(1) Ausl. Div. Land 1	100	(– 100)	0	15
(2) Ausl. Div. Land 2	200	(– 200)	0	50
(3) Inl. Zinsertrag	300		75	–
Summe brutto	600	– 300	75	65
Verlustverrechnung	– 300	300		
Zwischensumme	300	0	75	65
Steuererstattung			– 65	
Endsumme	300	0	10	65

Steuerverprobung:

Erträge nach Verlustverrechnung	300
Abgeltungsteuer (25 %)	75
./. anrechenb. ausl. Steuer	– 65
Verbl. Abgeltungsteuerschuld	10
./. bereits gez. Abgeltungsteuer	– 75
Erstattung	– 65

Eine dem Grunde nach anzurechnende ausländische Steuer muss der Höhe nach nicht dem gesonderten Steuersatz von 25 % entsprechen. Eine Anrechnung über 25 % ist nicht möglich, mit der Konsequenz, dass der Empfänger dieses ausländischen Kapitalertrags insoweit endgültig belastet bleibt. Die Verrechnung eines derartigen Anrechnungsüberhangs mit der auf anderen Kapitalerträgen lastenden Abgeltungsteuer durch die Zahlstelle ist ebenso wenig möglich wie eine Erstattung ausländischer Quellensteuer.   204

Die Anwendung des Freistellungsauftrags hat die gleiche Wirkung wie die Verlustverrechnung. Die Bemessungsgrundlage für die Abgeltungsteuer wird unabhängig davon gemindert, ob es sich um in- oder ausländische Erträge handelt. Eine nach Ländern differenzierte Anwendung des Freistellungsauftrags und eine dahingehend eingeschränkte Anrechnung ausländischer Quellensteuer kommt – wie bei der Verlustverrechnung – nicht in Betracht.   205

Wenn nach Verlustverrechnung und Anwendung des Freistellungsauftrags die Abgeltungsteuer geringer ist als die anrechenbare ausländische Quellensteuer, so kann der Anrechnungsüberhang vom Kreditinstitut gesondert bescheinigt werden, damit der Kunde diesen gegebenenfalls mit anderweitig geschuldeter Abgeltungsteuer im Rahmen der Veranlagung verrechnen kann (Anwendungsfall des § 32d Absatz 4 EStG). Ist dies nicht möglich, verfällt die ausländische Steuer.   206

In der Veranlagung besteht nicht die Möglichkeit des Abzugs gemäß § 34c Absatz 2 EStG.   207

Anrechnung ausländischer Steuer bei einem Erstattungsanspruch im ausländischen Staat

[1]Die auszahlende Stelle hat keine Anrechnung der ausländischen Quellensteuer vorzunehmen, wenn im betreffenden ausländischen Staat nach dem Recht dieses Staates ein Anspruch auf teilweise oder vollständige Erstattung der ausländischen Steuer besteht. Besteht lediglich der Anspruch auf eine teilweise Erstattung, kann der Steuerpflichtige die Anrechnung im Wege der Veranlagung gemäß § 32d Absatz 4 EStG beantragen. In diesen Fällen hat er dem zuständigen Finanzamt die Höhe der möglichen Erstattung im ausländischen Staat nachzuweisen (z.B. durch Vorlage des ausländischen Bescheides über die Erstattung der anteiligen Quellensteuer nach ausländischem Recht).   207a

Beispiel:

In Spanien werden Kapitaleinkünfte pauschal mit 18 % (ab 2010: 19 %) besteuert. Dividendenausschüttungen sind bis 1.500 € von der Steuer befreit. Hierbei handelt es sich um einen Freibetrag, der sich auf sämtliche in einem Jahr erhaltene Ausschüttungen bezieht. Dieser Freibetrag wird beim Abzug der Quellensteuer in Spanien nicht berücksichtigt. Nicht in Spanien ansässige Dividendenempfänger aus einem EU- oder DBA-Staat erhalten auf Antrag eine Erstattung der Quellensteuer für maximal 1.500 € Dividenden pro Jahr.

A bezieht im Jahr 01 2.000 € Dividenden aus Spanien. Die inländische auszahlende Stelle hat keine Quellensteueranrechnung vorzunehmen und behält 500 € (2.000 € × 25%) Kapitalertragsteuer ein. A kann im Rahmen seiner Einkommensteuererklärung gemäß § 32d Absatz 4

---

[1] *Eingefügt durch BMF vom 9.10.2012 (BStBl I S. 950).*

*EStG die Anrechnung der spanischen Quellensteuer beantragen. Da A bis zu einem Kapital-
ertrag von 1.500 € nach spanischem Recht einen vollständigen Erstattungsanspruch gegenüber den spanischen Finanzbehörden besitzt und für den übersteigenden Kapitalertrag von
500 € nach dem DBA Deutschland-Spanien die Quellensteuer nur zu 15% angerechnet werden kann, hat das Finanzamt 75 € [(2.000 € – 1.500 €) × 15%]*

*Quellensteuer anzurechnen (§ 32d Absatz 5 EStG und Artikel 10 Absatz 2 Buchstabe b DBA-
Spanien).*

*Hinsichtlich der Anrechnung spanischer und norwegischer Quellensteuer vgl. BMF-Schreiben
vom 8. September 2011 (BStBl I S. 854) und BMF-Schreiben vom 15. November 2011 (BStBl I
S. 1113). Auf der Internetseite des BZSt können die entsprechenden Erstattungsformulare
unter folgendem Link heruntergeladen werden:*

*http://www.steuerliches-infocenter.de/DE/AufgabenDesBZSt/AuslaendischeFormulare/aus-
laendischeformulare_node.html.*

Anrechnung ausländischer Steuern in Nicht-DBA-Fällen

208   Da es vor allem in Nicht-DBA-Fällen fraglich ist, ob die abgezogene ausländische Quellensteuer
      eine der deutschen Einkommensteuer entsprechende Steuer darstellt, können die Kreditinstitute
      nicht von einer generellen Anrechenbarkeit von Quellensteuern (ausländischen Steuern) auf Kapi-
      talerträge ausgehen. Die gesetzlichen Voraussetzungen, nach denen eine Anrechnung ausländi-
      scher Steuern vorgenommen werden kann, müssen im Einzelfall vorliegen. Für die Prüfung, ob
      eine ausländische Steuer der deutschen Einkommensteuer entspricht, enthält Anhang 12 II des
      Einkommensteuerhandbuchs 2008 eine Übersicht.

Anrechnung ausländischer Quellensteuer in DBA-Fällen

208a [1]*Das Bundeszentralamt für Steuern veröffentlicht auf seiner Internetseite unter Steuern Interna-
      tional – Ausländische Quellensteuer eine Übersicht der Sätze der anrechenbaren ausländischen
      Quellensteuer, die jährlich zum Stand 1. Januar aktualisiert wird und die für die auszahlenden
      Stellen maßgebend ist. Es ist nicht zu beanstanden, wenn die sich aus der Übersicht ergebenden
      Änderungen erst ab dem 1. Juli des jeweiligen Kalenderjahres durch die auszahlenden Stellen
      berücksichtigt werden.*

Anrechnung fiktiver Quellensteuer im Steuerabzugsverfahren

209   Die Anrechnung fiktiver Quellensteuern ist im Rahmen des Kapitalertragsteuerabzugs möglich,
      wenn die Anrechnung nach dem DBA nicht an besondere Voraussetzungen gebunden ist. Grund-
      lage stellt hierzu die auf der Internetseite des steuerlichen Info-Centers des Bundeszentralamts für
      Steuern veröffentlichte Übersicht der Sätze der anrechenbaren ausländischen Quellensteuern
      unter – Steuern international – Ausländische Quellensteuer – dar. Im Übrigen erfolgt die Anrech-
      nung im Rahmen der Veranlagung durch das zuständige Finanzamt.

Anrechnung ausländischer Quellensteuern bei Treuhandkonten, Nießbrauch- und Nachlasskonten

210   Da für die genannten Konten beim Steuerabzug grundsätzlich die für Einkünfte aus Kapitalver-
      mögen geltenden Regelungen angewendet werden (mit konten- oder nachlassbezogenen eigenen
      Verlustverrechnungskreisen), ist auch die Anrechnung ausländischer Quellensteuern bei Treu-
      handkonten, Nießbrauch- und Nachlasskonten möglich (zu Treuhandkonten vgl. Rzn. 152 bis 154).

Anrechnung ausländischer Quellensteuer bei Ausschüttungen kanadischer Income Trusts

211   Für Zwecke des Kapitalertragsteuerverfahrens gelten die Ausschüttungen kanadischer Income
      Trusts als Einkünfte i. S. des § 20 Absatz 1 Nummer 1 EStG. Eine Anrechnung der kanadischen
      Quellensteuer ist nicht vorzunehmen. Die tatsächliche Zurechnung der Erträge zu den einzelnen
      Einkunftsarten sowie die Anrechnung der Quellensteuer erfolgt im Rahmen einer Veranlagung zur
      Einkommensteuer. Entsprechendes gilt für vergleichbar konzipierte Trustgebilde anderer Staaten,
      bei denen eine eindeutige Zuordnung der Erträge zu einer Einkunftsart im Rahmen des Kapital-
      ertragsteuerverfahrens schwierig ist.

---

[1]) *Eingefügt durch BMF vom 9.10.2012 (BStBl I S. 950).*

4. Verlusttopf (§ 43a Absatz 3 Satz 2 bis 7 EStG)

Führung eines Steuerverrechnungskontos mit Erstattungsmöglichkeit und Auskunft über den Stand des Steuerverrechnungskontos

Im Steuerabzugsverfahren hat das Kreditinstitut im Kalenderjahr negative Kapitalerträge einschließlich gezahlter Stückzinsen bis zur Höhe der positiven Kapitalerträge auszugleichen (§ 43a Absatz 3 Satz 2 EStG). Unterjährig kann das Kreditinstitut die Erträge allerdings nur in der Reihenfolge ihres Zuflusses abarbeiten. Dies kann zu einem unterschiedlichen Kapitalertragsteuerabzug führen, je nach Reihenfolge von positiven und negativen Erträgen.   212

Um dem Erfordernis des Verlustausgleichs über das Kalenderjahr hinweg gerecht zu werden, kann das Kreditinstitut dem Steuerpflichtigen eine Steuergutschrift aus einer nachträglichen Verrechnung mit dem Verlusttopf erteilen. Der Ausgleich kann technisch über ein vom Kreditinstitut intern für jeden Steuerpflichtigen geführtes Steuerverrechnungskonto vorgenommen werden.

Im Hinblick auf dieses Steuerverrechnungskonto und das skizzierte Ausgleichserfordernis wird nicht beanstandet, wenn das Kreditinstitut nicht nur am Ende des Kalenderjahres, sondern auch unterjährig (zu bestimmten Stichtagen oder auch täglich bzw. mit jedem neuen Geschäftsvorfall) einen Abgleich vornimmt und dem Steuerpflichtigen einen etwaigen sich ergebenden positiven Steuersaldo erstattet, der im Rahmen der jeweils nächsten Kapitalertragsteueranmeldung verrechnet wird.

Soweit inländische Dividenden durch eine Verlustverrechnung vom Steuerabzug freizustellen sind, ist bereits ab dem Veranlagungszeitraum 2009 der zu erstattende Steuerbetrag im Rahmen der jeweils nächsten Kapitalertragsteueranmeldung (also über das jeweilige Betriebsstättenfinanzamt) zu verrechnen. Entsprechendes gilt für die übrigen Kapitalerträge, bei denen die Abgeltungsteuer vom Emittenten der Wertpapiere einzubehalten ist.   213

Verlustverrechnung nur für Konten und Depots des Privatvermögens

Die Verlustverrechnung ist bei natürlichen Personen nur für diejenigen Kapitalerträge durchzuführen, die den Einkünften aus Kapitalvermögen zuzuordnen sind.   214

Bei betrieblichen und anderen nicht den Einkünften aus Kapitalvermögen zuzuordnenden privaten Konten und Depots kommt eine Verlustverrechnung nicht in Betracht. Negative Kapitalerträge, die anderen Einkunftsarten zuzuordnen sind, sind somit nicht verrechenbar mit positiven Kapitalerträgen des Privatvermögens und umgekehrt.   215

Die Kreditinstitute dürfen hierbei auf die Angaben der Kunden vertrauen. Nur wenn dem Institut auf dieser Grundlage bekannt ist, dass es sich um ein betriebliches oder der Vermietung oder Verpachtung zugehörendes Konto oder Depot handelt, ist es in der Lage, die betreffenden Konten und Depots von der Verlustverrechnung auszuschließen.   216

Verlustverrechnung bei Ehegatten für den Veranlagungszeitraum 2009

Bei Ehegatten sind bis zu drei allgemeine Verlusttöpfe und ggf. bis zu drei Aktientöpfe (vgl. Rzn. 228 ff.) vorzuhalten (je ein Topf für Konten und Depots des Ehemannes, je ein Topf für Konten und Depots der Ehefrau, je ein Topf für Gemeinschaftskonten und -depots). Der gemeinsame Freistellungsauftrag (vgl. Rzn. 261 ff.) gilt zwar für alle Konten und Depots, eine übergreifende Verlustverrechnung ist aber in 2009 noch nicht möglich.   217

Das Institut trägt am Jahresende bestehende Verlustüberhänge – getrennt nach den drei Töpfen – auf das nächste Jahr vor. Um für das abgelaufene Kalenderjahr eine übergreifende Verlustverrechnung zu erreichen, müssen die Ehegatten bis zum 15. Dezember des laufenden Jahres bei dem Kreditinstitut einen Antrag auf Ausstellung der Verlustbescheinigung (§ 43a Absatz 3 Satz 4 und 5 EStG) stellen und die Zusammenveranlagung einschließlich der jeweiligen Kapitalerträge wählen (§ 32d Absatz 4 EStG).   218

Verlustverrechnung bei Ehegatten ab dem Veranlagungszeitraum 2010

Mit Wirkung ab dem Jahr 2010 haben die Kreditinstitute im Rahmen des Steuerabzugsverfahrens eine übergreifende Verlustverrechnung über alle beim Kreditinstitut geführten Konten und Depots der Ehegatten (Einzelkonten und -depots; Gemeinschaftskonten und -depots) vorzunehmen, wenn die Ehegatten einen gemeinsamen Freistellungsauftrag erteilt haben. Hinsichtlich der Erteilung und Änderung von Freistellungsaufträgen bei Ehegatten wird auf die Rzn. 261 ff. verwiesen.   219

Gemeinschaftskonten und -depots

Bei Gemeinschaftskonten und -depots natürlicher Personen wird der Verlusttopf für die jeweilige Gemeinschaft geführt (z. B. nichteheliche Lebensgemeinschaft, eingetragene Lebenspartnerschaft). Dies gilt auch für andere Personengemeinschaften (z. B. private Investmentclubs, Sparclubs etc.).   220

221 Die Verlustverrechnung ist unabhängig von einem Wechsel der Beteiligten (z. B. Ein- und Austritte bei Investmentclubs oder bei vermögensverwaltenden Personengesellschaften) fortzuführen. Eine Aufteilung der Erträge und der Verluste oder sogar Zuordnung von Verlusttöpfen ist weder unterjährig noch zum Jahresende vorzunehmen. Wird eine Verlustbescheinigung beantragt, wird diese für die (im Zeitpunkt der Erstellung aktuelle) Gemeinschaft ausgestellt. Sofern kein Antrag gestellt wird, hat das Institut einen Verlustüberhang auf das Folgejahr vorzutragen.

Treuhandkonten und -depots, Wohnungseigentümergemeinschaften u. ä.

222 Bei Treuhandkonten, Nießbrauchkonten, Notaranderkonten, Mietkautionskonten und bei Wohnungseigentümergemeinschaften ist eine getrennte Verlustverrechnung (je Konto oder Depot) vorzunehmen unabhängig davon, ob der Treugeber bekannt ist und weitere Konten und Depots beim Kreditinstitut führt oder ob er dem Institut nicht bekannt ist.

Schließen des Verlusttopfs bei Tod eines Kunden

223 Sobald ein Kreditinstitut vom Tod eines Kunden Kenntnis erlangt, hat es den Verlusttopf zu schließen. Entsprechendes gilt bei Gemeinschaftskonten von Ehegatten. Eine Abgrenzung der Erträge und Verluste zurück auf den Todestag ist nicht erforderlich.

224 Da die Verlustverrechnung bei anderen Gemeinschaftskonten oder Personengesellschaftskonten sowie -depots unabhängig vom Bestand der Gemeinschaft oder der Gesellschaft erfolgt, wird der Verlusttopf fortgeführt, wenn eine der beteiligten Personen stirbt und die Gemeinschaft oder Gesellschaft dann noch aus mindestens zwei Personen besteht.

225 Stirbt ein Ehegatte, wird der für ihn selbst geführte Verlusttopf geschlossen, der Verlusttopf für den anderen Ehegatten wird hingegen fortgeführt.

Verlustverrechnung bei NV-Fällen

226 Verluste, die bis zum Widerruf einer NV-Bescheinigung aufgelaufen sind, können im Rahmen des Kapitalertragsteuerabzugs nicht berücksichtigt werden. Entsprechendes gilt für nicht angerechnete Quellensteuer.

227 Die Kreditinstitute können im Hinblick auf die Veranlagung die aufgelaufenen Verluste in einem sog. fiktiven Verlusttopf berücksichtigen sowie die nicht angerechnete Quellensteuer dem Steuerpflichtigen jährlich bescheinigen. Mit Widerruf der NV-Bescheinigung sind die fiktiv geführten Verlusttöpfe zu schließen. Eine Übertragung auf das Folgejahr ist nicht zulässig.

Verrechnung von Aktienverlusten (Aktientopf)

228 Da Verluste aus Aktienverkäufen nur mit Gewinnen aus Aktienverkäufen verrechnet werden dürfen (§ 43a Absatz 3 Satz 2 i. V. mit § 20 Absatz 6 Satz 5 EStG), muss ein zusätzlicher Verrechnungstopf eingerichtet werden. Verluste aus der Veräußerung von ADRs und GDRs sind in diesen Verlusttopf einzustellen (vgl. Rz. 123). Verluste aus Veräußerungen von Teilrechten und von Bezugsrechten auf Aktien sind ohne Einschränkung verrechenbar.

229 Gewinne aus der Veräußerung von Aktien, die durch entsprechende Aktienveräußerungsverluste ausgeglichen werden, können mit dem allgemeinen Verlusttopf verrechnet werden. Dies kann über das Steuerverrechnungskonto erfolgen (siehe Rz. 212 ff.). Falls nach Verrechnung eines Aktienveräußerungsgewinns mit dem allgemeinen Verlusttopf im weiteren Verlauf des Jahres ein Aktienveräußerungsverlust realisiert wird, muss die Verlustverrechnung insoweit, um eine zeitnahe Verrechnung der Aktienverluste zu erreichen, wieder korrigiert und der Aktienverlust nachträglich mit dem Aktiengewinn verrechnet werden; der allgemeine Verlusttopf lebt also insoweit wieder auf.

Berücksichtigung von Freistellungsaufträgen

230 Ein erteilter Freistellungsauftrag (vgl. Rz. 257 ff.) ist erst auf den nach Verlustverrechnung verbleibenden abzugspflichtigen Ertrag anzuwenden. Ein Freistellungsauftrag wird somit erst nach Berücksichtigung des Verlustverrechnungstopfes angewendet („verbraucht"). Je nach Reihenfolge der Geschäfte kann diese Betrachtung dazu führen, dass ein ausgeführter Freistellungsauftrag bzw. der Freistellungsbetrag wieder auflebt, weil eine vorrangige Verrechnung von Verlusten die Ausführung des Freistellungsauftrages insoweit verhindert.

Beispiel:

Geschäftsvor-fall	Ertrag/ Verlust	Verlusttopf/ Aktienver-äußerung	Verlusttopf übrige	zur Verfügung stehendes Freistel-lungsvolumen	Abgeltung-steuer
1. 2. 2009 gezahlte Stückzinsen	– 100		100	801	0
1. 3. 2009 Zinszahlung	+ 900	0		1	0
1. 4. 2009 Terminge-schäft	– 500		0	501 (aufgelebtes Frei-stellungsvolumen)	0

Hierdurch wird sichergestellt, dass der Sparer-Pauschbetrag nicht höher ist als die nach Maß-gabe des § 20 Absatz 6 EStG verrechneten Kapitalerträge. Nicht verrechenbare Aktienverluste bleiben dabei unberücksichtigt.

Erstattung bereits einbehaltener Kapitalertragteuer auf Grund der Erteilung eines gemeinsamen Freistellungsauftrages im Jahr der Eheschließung

Ehegatten, die unbeschränkt einkommensteuerpflichtig sind und nicht dauernd getrennt leben, 231 können entweder einen gemeinsamen Freistellungsauftrag oder Einzel-Freistellungsaufträge ertei-len. Der gemeinsame Freistellungsauftrag gilt sowohl für Gemeinschaftskonten als auch für Konten oder Depots, die auf den Namen nur eines Ehegatten geführt werden.

Eine rückwirkende Erstattung bereits einbehaltener Kapitalertragsteuer ist auch im Jahr der Ehe- 232 schließung aufgrund eines gemeinsamen Freistellungsauftrages möglich.

Verlustvortrag auf Folgejahr bzw. Ausstellung einer Verlustbescheinigung

Etwaige am Jahresende sich ergebende Verlustüberhänge im allgemeinen Verlusttopf und im 233 Aktienverlusttopf sind getrennt auf das Folgejahr vorzutragen. Der Antrag auf die Erteilung der Verlustbescheinigung kann für beide Töpfe getrennt gestellt werden. In den Fällen der ehegatten-nübergreifenden Verlustverrechnung umfasst die Bescheinigung die nach Maßgabe der Rzn. 266 bis 277 ermittelten nicht ausgeglichenen Verluste.[1]

Nach dem Gesetzeswortlaut muss der Gläubiger den Antrag stellen (§ 43a Absatz 3 Satz 4 EStG). 234 Dies ist dahingehend auszulegen, dass der Konto- bzw. Depotinhaber (bei Gemeinschaftskonten/-depots der Bevollmächtigte) den Antrag stellen kann (muss nicht der Gläubiger im steuerlichen Sinne sein, z. B. bei Treuhandkonto). Geht der Antrag nicht bis zum 15. Dezember des laufenden Jahres bei der auszahlenden Stelle ein, kann keine Bescheinigung erstellt werden. Eine Berück-sichtigung der Verluste im Rahmen der Einkommensteuerveranlagung ist nicht möglich.

Überträgt der Steuerpflichtige sein Depot vollständig auf ein anderes Institut, werden die Verluste 235 nur auf Antrag übertragen. Voraussetzung ist, dass sämtliche von der auszahlenden Stelle ver-wahrten Wertpapiere übertragen werden. Auch eine getrennte Übertragung der Verluste aus Aktienveräußerungen sowie der Verluste aus anderen Veräußerungsgeschäften ist möglich. Ein Verlustübertrag ohne einen Übertrag von Wirtschaftsgütern ist nicht möglich.

Vollständiger Depotübertrag auf mehrere Institute nach Beendigung der Kundenbeziehung

Es ist zulässig, den Aktientopf und den allgemeinen Verlusttopf jeweils auf unterschiedliche Insti- 236 tute zu übertragen.

Verlustbescheinigung beim Tod eines Kunden (§ 43a Absatz 3 Satz 4 EStG)

Sobald das Kreditinstitut vom Tod eines Kunden Kenntnis erlangt, werden die Verlustverrech- 237 nungstöpfe geschlossen. In diesen Fällen ist der an sich erforderliche Antrag auf Ausstellung einer Verlustbescheinigung gemäß § 43a Absatz 3 Satz 4 EStG als gestellt anzusehen.

Verlustbescheinigung bei Beendigung der Kundenbeziehung und bei Steuerausländer-eigenschaft

Bei Beendigung der Kundenbeziehung sind die in diesem Zeitpunkt noch vorhandenen Verlust- 238 töpfe zu schließen und eine Verlustbescheinigung zum Jahresende zu erstellen, sofern kein Antrag auf Verlustmitteilung an das neue Kreditinstitut (§ 43a Absatz 3 Satz 6 EStG) gestellt wird. Entspre-

[1] Eingefügt durch BMF vom 16. 11. 2010 (BStBl I S. 1305).

chendes gilt, wenn der Kunde in den Status des Steuerausländers wechselt. Die Ausstellung der Bescheinigungen durch das Kreditinstitut erfolgt ohne Antrag.

239 Lebensversicherungsunternehmen können die Verlustbescheinigung ohne Antrag erteilen, wenn auf Grund der Beziehungen zwischen dem Unternehmen und dem Steuerpflichtigen nicht damit zu rechnen ist, dass im nächsten Jahr positive Kapitalerträge von diesem Unternehmen für den Steuerpflichtigen anfallen. Ein derartiger Fall liegt insbesondere dann vor, wenn bei dem Versicherungsunternehmen nur ein Lebensversicherungsvertrag besteht, der durch Rückkauf beendet wird.

Kein Verlusttopf bei Körperschaften (§ 43a Absatz 3 Satz 7 EStG)

240 Bei den Körperschaften ist – wie auch bei den Einkünften gemäß § 20 Absatz 8 EStG – kein Verlusttopf zu führen, da § 43a Absatz 3 EStG in diesen Fällen keine Anwendung findet. Die in § 43a Absatz 3 EStG enthaltenen Regelungen insbesondere zur Verlustverrechnung und zur – vereinfachten – Anrechnung ausländischer Steuern sind darauf ausgerichtet, durch eine zusammenfassende Betrachtung aller bei einem Kreditinstitut unterhaltenen Konten und Depots eines Steuerpflichtigen mit privaten Kapitalerträgen schon bei Erhebung der Kapitalertragsteuer die letztlich zutreffende Jahressteuer zu erheben, um den Abgeltungscharakter der Kapitalertragsteuer auf private Kapitalerträge in möglichst vielen Fällen sicherzustellen. Auch die Führung eines eingeschränkten Verlusttopfes – nur für gezahlte Stückzinsen und Zwischengewinne – ist nicht zulässig.

5. Korrekturen beim Kapitalertragsteuerabzug (§ 43a Absatz 3 Satz 7 EStG)[1)]

241 *Korrekturen beim Kapitalertragsteuerabzug sind gemäß § 43a Absatz 3 Satz 7 EStG nur mit Wirkung für die Zukunft, d. h. nach den Verhältnissen im Zeitpunkt des Bekanntwerdens des Fehlers vorzunehmen:*

Beispiel 1:

A erhält eine Ausschüttung einer Kapitalgesellschaft über 100 € im Jahr 01, die in voller Höhe als Dividende behandelt wird. Im Jahr 02 erfolgt die Korrektur des Dividendenertrags auf 50 €. In Höhe von weiteren 50 € lag eine nicht steuerbare Kapital-rückzahlung vor. Insoweit ergibt sich eine Minderung der Anschaffungskosten für die Anteile. Die Aktien sind im Jahr 02 noch im Bestand des Kunden.

Das Kreditinstitut hat einen allgemeinen Verlust in Höhe von 50 € im Jahr 02 einzubuchen. Außerdem sind die Anschaffungskosten um 50 € zu mindern.

Abwandlung:

Die Aktien wurden von A im Jahr 01 mit einem Verlust von 20 € veräußert.

Das Kreditinstitut hat einen allgemeinen Verlust in Höhe von 50 € und einen Aktien-veräußerungsgewinn von 50 € einzubuchen.

Beispiel 2:

A hat im Jahr 01 Aktien mit einen Gewinn von 2.000 € veräußert. Im Jahr 02 führt die Neuberechnung des Veräußerungsergebnisses auf Grund einer Fehlerkorrektur zu einem Verlust von 500 €.

Die Bank hat im Jahr 02 einen allgemeinen Verlust in Höhe von 2.000 € und einen Aktienverlust in Höhe von 500 € einzubuchen.

Beispiel 3:

A kauft im Jahr 01 Anteile an einem Investmentfonds mit einem Zwischengewinn von 10 €. Im Jahr 02 wird der Zwischengewinn auf 5 € abgesenkt. Die Anteile befinden sich noch im Depotbestand des A.

Der zu hohe Einkaufszwischengewinn wird durch eine Einbuchung eines laufenden Ertrags von 5 € korrigiert.

Abwandlung:

Die Fondsanteile werden im Jahr 02 mit einem Gewinn von 100 € veräußert.

Der zu hohe Einkaufszwischengewinn wird durch die Einbuchung eines laufenden Ertrags von 5 € korrigiert. Da das Veräußerungsergebnis i. S. des § 8 Absatz 5 InvStG um 5 € zu hoch ist, erfolgt die Korrektur durch Einbuchung eines allgemeinen Verlustes von 5 €.

Beispiel 4:

Wie Beispiel 3. Allerdings wird im Jahr 02 der Zwischengewinn auf 20 € erhöht. Die Fondsanteile sind noch im Bestand des Kunden.

Der zu niedrige Einkaufszwischengewinn wird durch die Einbuchung eines allgemeinen Verlusts von 10 € korrigiert.

[1)] *Nummer 5 (bisher Rzn. 251–251c) geändert durch BMF vom 9.10.2012 (BStBl I S. 950).*

Abwandlung:

Die Fondsanteile werden im Jahr 02 mit einem Gewinn von 100 € veräußert.

Der zu niedrige Einkaufszwischengewinn wird durch die Einbuchung eines allgemeinen Verlusts von 10 € korrigiert. Da das Veräußerungsergebnis i. S. des § 8 Absatz 5 InvStG zu niedrig ist, erfolgt die Einbuchung eines Veräußerungsgewinns in Höhe von 10 €.

Beispiel 5:

A veräußert im Jahr 01 Wertpapiere mit einem Verlust von 200 €. Die Bank behandelt die Verluste als Aktienveräußerungsverluste. Im Jahr 02 stellt sich heraus, dass es sich um Verluste aus der Veräußerung von Finanzinnovationen handelt. Der Verlusttopf ist noch nicht verbraucht.

Die Bank hat die steuerrechtliche Einstufung im Jahr 02 zu korrigieren.

Beispiel 6:

Ehegatten A und B erteilen einen gemeinsamen Freistellungsauftrag gegenüber der Bank in Höhe von 1.602 Euro. A verstirbt im Jahr 01. Ehegatte B teilt dies seiner Bank erst im Jahr 04 mit. Die Bank hat eine Korrektur nach § 43a Absatz 3 Satz 7 EStG im Jahr 04 für die Jahre 02 und 03 durchzuführen. Die Steuerbescheinigungen der Jahre 02 und 03 werden nicht korrigiert.

Hiervon abweichend können die auszahlenden Stellen einheitlich für alle Anleger bis zum 31. Januar Korrekturen für das vorangegangene Kalenderjahr vornehmen.

Bei der Korrektur nach Satz 1 hat die auszahlende Stelle nicht auf die rechtliche Zuordnung zum Zeitpunkt des Steuerabzugs, sondern auf die rechtliche Zuordnung zum Zeitpunkt der Korrektur abzustellen.

Beispiele:

- *Zum Zeitpunkt des Steuereinbehalts im Jahr 01 befanden sich die Wertpapiere im Privatvermögen des A. Im Jahr 02 gehören die Wertpapiere zum Betriebsvermögen. Eine Korrektur im Jahr 02 ist nicht vorzunehmen.*
- *A war zum Zeitpunkt des Steuereinbehalts im Jahr 01 unbeschränkt steuerpflichtig. Ende des Jahres 01 zieht er in das Ausland. Eine Korrektur ist im Jahr 02 nicht vorzunehmen.*

Hat die auszahlende Stelle den Fehler offensichtlich selbst zu vertreten, kann sie abweichend von Satz 1 nach § 44b Absatz 5 Satz 1 EStG die Korrektur für die Vergangenheit durchführen. In diesen Fällen ist es zulässig, die Korrektur des Steuerabzugs erst im Rahmen der nächsten Steueranmeldung zu berücksichtigen; eine Änderung der ursprünglichen Anmeldung ist nicht erforderlich.

Korrekturen mit Wirkung für die Zukunft nach Maßgabe der Randziffer 241 finden keine Anwendung bei   241a

- *Anlegern, deren Kapitalerträge Betriebseinnahmen sind (§ 43a Absatz 3 Satz 8 EStG),*
- *Steuerausländern,*
- *der Korrektur der Ersatzbemessungsgrundlage, sofern nicht die Voraussetzungen der Rz. 196 vorliegen.*

  Beispiel:

  Das Kreditinstitut hat im Jahr 01 einen Wertpapierverkauf wegen fehlender Kenntnis über die Anschaffungskosten mit der Ersatzbemessungsgrundlage abgerechnet. Als Veräußerungspreis wurde ein Börsenkurs von 100 € zu Grunde gelegt. Im Jahr 02 stellt sich heraus, dass der Börsenkurs tatsächlich 90 € betrug.

  Eine Korrektur ist nicht vorzunehmen.

- *Korrekturen bei Erträgen aus Anteilen an ausländischen Investmentvermögen, soweit bei der Veräußerung oder Rückgabe von Anteilen an ausländischen thesaurierenden Investmentfonds § 7 Absatz 1 Satz 1 Nummer 3 InvStG angewendet wurde.*
- *Korrekturen bei der Anrechnung ausländischer Quellensteuer, wenn der Steuerpflichtige die Quellensteuer auf Grund einer Entscheidung des EuGH vom ausländischen Staat erstattet bekommt, sowie bei Änderung oder Wegfall der Bemessungsgrundlage auf Grund einer Entscheidung des EuGH, des Bundesverfassungsgerichts oder des Bundesfinanzhofs,*
- *wenn ein Steuerpflichtiger die Geschäftsbeziehung mit einer auszahlenden Stelle beendet, ohne seine Wertpapiere auf ein anderes Institut zu übertragen.*

Die zutreffende Festsetzung der Einkommensteuer erfolgt in diesen Fällen bei unbeschränkt Steuerpflichtigen im Rahmen der Veranlagung. Eine Veranlagung von beschränkt Steuerpflichtigen kommt nur in Ausnahmefällen in Betracht.

Weist der Steuerpflichtige durch eine Bescheinigung der auszahlenden Stelle nach, dass sie die Korrektur nicht vorgenommen hat und auch nicht vornehmen wird, kann er die Korrektur nach § 32d Absatz 4 oder § 32d Absatz 6 EStG geltend machen. In den Fällen der Randziffer 241a bedarf es keiner Bescheinigung.   241b

Korrektur ausländischer Quellensteuer

241c   *Wird der Betrag der anrechenbaren ausländischen Quellensteuer zu Gunsten des Steuerpflichtigen korrigiert und wurde im Berichtigungsjahr bereits Kapitalertragsteuer einbehalten, kann diese um die Quellensteuer gemindert und erstattet werden. Wurde noch keine Kapitalertragsteuer einbehalten, ist der Betrag im Quellensteuertopf zu erfassen und beim nächsten Steuereinbehalt zu berücksichtigen.*

Wird der Betrag der anrechenbaren ausländischen Quellensteuer zu Lasten des Steuerpflichtigen korrigiert, hat die auszahlende Stelle den Betrag gleichfalls im Quellensteuertopf als Negativbetrag einzustellen und beim nächsten Steuereinbehalt zu Lasten des Steuerpflichtigen zu berücksichtigen. Hiervon abweichend ist es nicht zu beanstanden, wenn an Stelle der Einstellung des Negativbetrags in den Quellensteuertopf die auszahlende Stelle zum Zeitpunkt der Korrektur die Kapitalertragsteuer einbehält.

Am Ende des Kalenderjahres wird der Quellensteuertopf geschlossen. Positive oder negative Beträge – die beim Steuerabzug nicht berücksichtigt werden konnten – sind in der Steuerbescheinigung im Hinblick auf eine Veranlagung gemäß § 32d Absatz 3 EStG im Falle eines negativen Quellensteuertopfes sowie gemäß § 32d Absatz 4 EStG im Falle eines positiven Quellensteuertopfes auszuweisen.

Wenn der Schuldner der Kapitalertragsteuer seine Bankverbindung beendet hat und eine Korrektur gemäß § 43a Absatz 3 Satz 7 EStG nicht mehr möglich ist, ist die Regelung des § 44 Absatz 1 Satz 8 bis 9 EStG entsprechend anzuwenden.

VI. Entrichtung der Kapitalertragsteuer (§ 44 EStG)

1. Zuflusszeitpunkt, auszahlende Stelle, Umfang des Steuerabzugs (§ 44 Absatz 1 EStG)

a) Zufluss von Zinsen (§ 44 Absatz 1 Satz 2 EStG)

242   Zinsen fließen als regelmäßig wiederkehrende Einnahmen dem Steuerpflichtigen nach § 11 Absatz 1 Satz 2 EStG in dem Jahr zu, zu dem sie wirtschaftlich gehören. Die wirtschaftliche Zugehörigkeit bestimmt sich nach dem Jahr, in dem sie zahlbar, d. h. fällig sind, unabhängig davon, für welchen Zeitraum die Zinsen gezahlt werden oder wann die Gutschrift tatsächlich vorgenommen wird. Auch bei auf- und abgezinsten Kapitalforderungen ist für den Zufluss nicht der Zeitraum maßgebend, für den die Zinsen gezahlt werden, sondern der Zeitpunkt der Fälligkeit.

243   Bei Bundesschatzbriefen Typ B, bei denen der Zinslauf am 1. Januar beginnt, ist die Kapitalertragsteuer ebenfalls bei Fälligkeit, d. h. am 1. Januar, abzuziehen.

b) Umfang des Steuerabzugs (§ 44 Absatz 1 Satz 2 EStG)

Vorschusszinsen bei Spareinlagen

244   Nach § 21 Absatz 4 der Verordnung über die Rechnungslegung der Kreditinstitute (RechKredV) können Sparbedingungen dem Kunden das Recht einräumen, über Spareinlagen, für die eine Kündigungsfrist von drei Monaten gilt, bis zu einem bestimmten Betrag, der jedoch pro Sparkonto und Kalendermonat 2 000 € nicht überschreiten darf, ohne Kündigung zu verfügen. Es bleibt den Kreditinstituten überlassen, in welcher Weise sie im Einzelfall auf Verfügungen vor Fälligkeit reagieren wollen.

245   Berechnen die Kreditinstitute das Entgelt für die vorzeitige Rückzahlung in der Form, dass die Vorschusszinsen weder den Betrag der insgesamt gutgeschriebenen Habenzinsen übersteigen, noch für einen längeren Zeitraum als 2 ½ Jahre berechnet werden, und bleibt die geleistete Spareinlage in jedem Fall unangetastet, kann die Kapitalertragsteuer von dem saldierten Zinsbetrag (Habenzinsen abzüglich Vorschusszinsen) erhoben werden.

Kapitalertragsteuer bei Zinsen aus Kontokorrentkonten

246   Bei Zinsen aus Kontokorrentkonten ist die Kapitalertragsteuer nicht auf der Grundlage des Saldos am Ende des jeweiligen Abrechnungszeitraums, sondern von den einzelnen Habenzinsbeträgen vor der Saldierung zu erheben.

Umrechnung von Währungsbeträgen

247   Bei in Fremdwährung bezogenen Kapitalerträgen, z. B. aus Fremdwährungsanleihen und Fremdwährungskonten, ist sowohl für die Gutschrift als auch für die Kapitalertragsteuer der Devisenbriefkurs der jeweiligen Fremdwährung zugrunde zu legen, der am Tag des Zuflusses der Kapitalerträge gilt (zur Billigkeitsregelung bei sog. „Alt-Finanzinnovationen" vgl. Rz. 56).

c) Auszahlende Stelle (§ 44 Absatz 1 Satz 3 und 4 EStG)

Mehrstufige Verwahrung

Wertpapiere werden vielfach nicht unmittelbar von dem Kreditinstitut oder der anderen auszahlenden Stelle verwahrt, bei dem der Steuerpflichtige sein Depot unterhält, sondern auch – z. B. im Falle der Girosammelverwahrung – bei der Wertpapiersammelbank (Clearstream Banking AG) als Unterverwahrer. Auszahlende Stelle ist bei mehrstufiger Verwahrung die depotführende auszahlende Stelle, die als letzte auszahlende Stelle die Wertpapiere für den Steuerpflichtigen verwahrt und allein dessen individuellen Verhältnisse (z. B. Freistellungsauftrag, NV-Bescheinigung) berücksichtigen kann. 248

Stillhalter- oder Termingeschäfte

Ist ein Kreditinstitut Partei eines Termingeschäfts, hat es in diesen Fällen hinsichtlich der Erträge, die aus diesem Geschäft ausgezahlt oder gutgeschrieben werden, Kapitalertragsteuer einzubehalten (vgl. § 44 Absatz 1 Satz 4 Nummer 1 Buchstabe a Doppelbuchstabe aa EStG). Dies gilt entsprechend bei Stillhaltergeschäften. 249

Wertpapierhandelsunternehmen und Wertpapierhandelsbank

Auszahlende Stelle i. S. des § 44 Absatz 1 Satz 4 Nummer 1 EStG ist neben den inländischen Kreditinstituten und inländischen Finanzdienstleistungsinstituten das inländische Wertpaperhandelsunternehmen und die inländische Wertpapierhandelsbank. Zum Begriff der Wertpapierhandelsunternehmen und -banken vgl. § 1 Absatz 3d KWG. 250

Wertpapierhandelsunternehmen und -banken sowie Finanzdienstleistungsunternehmen, die einen Eigenhandel i. S. des § 1 Absatz 1a Satz 1 Nummer 4 KWG sowie Eigengeschäfte gemäß § 1 Absatz 1a Satz 2 KWG betreiben, führen insoweit keine Veräußerung i. S. des § 44 Absatz 1 Satz 4 Nummer 1 EStG durch. 251

VII. Abstandnahme vom Steuerabzug (§ 44a EStG)

1. Freistellungsauftrag, NV-Bescheinigung (§ 44a Absatz 2 EStG)

a) Ausstellung, Widerruf und Verwendung einer NV-Bescheinigung

Eine NV-Bescheinigung i. S. des § 44a Absatz 2 Satzes 1 Nummer 2 EStG ist auch in den Fällen des § 44a Absatz 1 Nummer 2 EStG nicht zu erteilen, wenn der Steuerpflichtige voraussichtlich oder auf Antrag zur Einkommensteuer veranlagt wird. Daher ist eine NV-Bescheinigung in allen Fällen eines festgestellten verbleibenden Verlustabzugs sowie in den Fällen, in denen eine Antragsveranlagung nach § 46 Absatz 2 Nummer 8 EStG in Betracht kommt, nicht zu erteilen. 252

Nach § 44a Absatz 2 Satz 2 und 3 EStG ist die NV-Bescheinigung unter dem Vorbehalt des Widerrufs mit einer Geltungsdauer von höchstens drei Jahren auszustellen; sie muss am Schluss eines Kalenderjahres enden. 253

Der Widerruf einer NV-Bescheinigung dürfte in der Regel mit Wirkung ab Beginn des folgenden Kalenderjahres ausgesprochen werden. Sollte die Geltungsdauer in Widerrufsfällen ausnahmsweise während des Jahres enden und der Steuerpflichtige im Anschluss daran einen Freistellungsauftrag erteilen, muss im Hinblick auf das noch zur Verfügung stehende Freistellungsvolumen berücksichtigt werden, in welcher Höhe zuvor während des Kalenderjahres der Kapitalertragsteuerabzug unterblieben ist und etwaige Anträge auf Erstattung von Kapitalertragsteuer gestellt worden sind oder noch gestellt werden. 254

Wird dagegen neben einem Freistellungsauftrag oder nach dessen Widerruf eine NV-Bescheinigung vorgelegt, ist es unerheblich, in welchem Umfang zuvor eine Abstandnahme vom Kapitalertragsteuerabzug vorgenommen wurde und Anträge auf Erstattung gestellt worden sind. Nach Ablauf der Geltungsdauer oder Widerruf der NV-Bescheinigung lebt der erteilte Freistellungsauftrag wieder auf. 255

Es bestehen keine Bedenken, neben dem Original der NV-Bescheinigung auch eine amtlich beglaubigte Kopie für steuerliche Zwecke anzuerkennen. Gleiches gilt, wenn durch einen Mitarbeiter des zum Steuerabzug Verpflichteten oder eines anderen Kreditinstituts auf einer Kopie vermerkt wird, dass das Original der NV-Bescheinigung vorgelegen hat. 256

b) Erteilung und Änderung von Freistellungsaufträgen

Jeder Freistellungsauftrag muss nach amtlich vorgeschriebenem Muster erteilt werden; vgl. **Anlage 2**[1]. Das Muster sieht die Unterschrift des Kunden vor. Eine Vertretung ist zulässig. Der Freistellungsauftrag kann auch per Fax erteilt werden. Daneben ist die Erteilung im elektronischen Verfahren zulässig. In diesem Fall muss die Unterschrift durch eine elektronische Authentifizierung des Kunden z. B. in 257

---

[1] Anlage nicht in der Handausgabe abgedruckt.

Form des banküblichen gesicherten PIN/TAN-Verfahrens ersetzt werden. Hierbei wird zur Identifikation die persönliche Identifikationsnummer (PIN) verwendet und die Unterschrift durch Eingabe der Transaktionsnummer (TAN) ersetzt.

258 Wird im Laufe des Kalenderjahres ein dem jeweiligen Kreditinstitut bereits erteilter Freistellungsauftrag geändert, handelt es sich insgesamt nur um einen Freistellungsauftrag. Wird der freizustellende Betrag herabgesetzt, muss das Kreditinstitut prüfen, inwieweit das bisherige Freistellungsvolumen bereits durch Abstandnahme vom Steuerabzug ausgeschöpft ist. Ein Unterschreiten des bereits freigestellten und ausgeschöpften Betrages ist nicht zulässig. Eine Erhöhung des freizustellenden Betrages darf ebenso wie die erstmalige Erteilung eines Freistellungsauftrages nur mit Wirkung für das Kalenderjahr, in dem der Antrag geändert wird, und spätere Kalenderjahre erfolgen.

259 [1]Freistellungsaufträge können *nur* mit Wirkung zum Kalenderjahresende *befristet werden*. Eine Herabsetzung bis zu dem im laufenden Kalenderjahr bereits *genutzten* Betrag ist jedoch zulässig. *Sofern ein Freistellungsauftrag im laufenden Jahr noch nicht genutzt wurde, kann er auch zum 1. Januar des laufenden Jahres widerrufen werden.* Eine Beschränkung des Freistellungsauftrags auf einzelne Konten oder Depots desselben Kreditinstituts ist nicht möglich. *Es ist nicht zu beanstanden, wenn bereits gedruckte Muster der Freistellungsaufträge, die die neueren Ausführungen der Rz. 259 noch nicht enthalten, noch bis zum 30. Juni 2013 weiter verwendet werden.*

260 Jede Änderung muss nach amtlich vorgeschriebenem Muster vorgenommen werden.

c) Freistellungsaufträge bei Ehegatten

261 Ehegatten, die unbeschränkt einkommensteuerpflichtig sind und nicht dauernd getrennt leben, haben ein gemeinsames Freistellungsvolumen (§ 20 Absatz 9 Satz 2 EStG) und können entweder einen gemeinsamen Freistellungsauftrag oder Einzel-Freistellungsaufträge erteilen. Der gemeinsame Freistellungsauftrag gilt sowohl für Gemeinschaftskonten als auch für Konten oder Depots, die auf den Namen nur eines Ehegatten geführt werden.

Beispiel:

Die Ehegatten haben Einzel-Freistellungsaufträge über jeweils 801 € gestellt.

		Ehemann	Ehefrau
15.02.	Einnahme	10 000 €	./. 10 000 €
	Freistellungsauftrag	801 €	801 €
	Saldo	9 199 €	./. 10 000 €
31.12.	Verlustverrechnung	entfällt	entfällt
	Verbleiben	9 199 €	./. 10 000 €
	Verlustvortrag	**0 €**	./. 10 000 €

Der Freistellungsauftrag der Ehefrau hat sich nicht ausgewirkt, weil sie keine positiven Einkünfte erzielt hat. Der insoweit nicht ausgeschöpfte Sparer-Pauschbetrag kann im Rahmen der Veranlagung bei den Kapitaleinkünften des Ehemanns berücksichtigt werden. Der gesamte Verlust wird in den Verlusttopf der Ehefrau eingestellt und vom Kreditinstitut vorgetragen, sofern die Ehefrau keine Verlustbescheinigung beantragt.

262 Bei Erteilung und Änderung des Freistellungsauftrags im elektronischen Verfahren ist das amtlich vorgeschriebene Muster vom Kreditinstitut mit der Maßgabe anzuwenden, dass der erstgenannte Ehegatte als Auftraggeber gilt. Der Auftraggeber hat zu versichern, dass er für die Erteilung oder Änderung durch seinen Ehegatten bevollmächtigt wurde. Für die Versicherung hat das Kreditinstitut eine entsprechende Abfragemöglichkeit einzurichten. Nach der Dokumentation des Freistellungsauftrags beim Kreditinstitut erhält der vertretene Ehegatte sowohl eine gesonderte schriftliche Benachrichtigung, mit der er über die Erteilung oder Änderung durch den Auftraggeber informiert wird, als auch eine Kopie des Freistellungsauftrags.

263 Die Kreditinstitute können bei Entgegennahme eines gemeinsamen Freistellungsauftrags von Ehegatten auf die Richtigkeit der gemachten Angaben grundsätzlich vertrauen, sofern ihnen nichts Gegenteiliges bekannt ist; bei grob fahrlässiger Unkenntnis ergeben sich Haftungsfolgen. Die Kreditinstitute müssen jedoch darauf achten, dass der Freistellungsauftrag korrekt ausgefüllt ist; eine Vertretung ist zulässig.

Haben Ehegatten bereits vor dem Zeitpunkt ihrer Eheschließung einzeln Freistellungsaufträge erteilt, kann der gemeinsame Freistellungsauftrag für den Veranlagungszeitraum der Eheschließung erteilt werden. In diesem Fall ist der Freistellungsauftrag mindestens in Höhe der Summe der Kapitalerträge, die bereits aufgrund der von den Ehegatten einzeln erteilten Freistellungsaufträge vom Kapitalertragsteuerabzug freigestellt worden sind, zu erteilen. Die Summe der Kapitalerträge, die bereits aufgrund der einzeln erteilten Freistellungsaufträge vom Kapitalertragsteuerabzug freigestellt worden sind, wird von der auszahlenden Stelle auf das Freistellungsvolumen des gemeinsamen Freistellungsauftrags angerechnet. Eine (rückwirkende) Erstattung bereits einbehaltener Kapitalertragsteuer aufgrund des gemeinsamen Freistellungsauftrags ist zulässig.

---

[1] *Neu gefasst durch BMF vom 9.10.2012 (BStBl I S. 950).*

Ehegatten, die unbeschränkt einkommensteuerpflichtig sind und nicht dauernd getrennt gelebt 264 haben, haben im Jahr der Trennung noch ein gemeinsames Freistellungsvolumen (§ 20 Absatz 9 Satz 2 EStG). Sie können daher für das Kalenderjahr der Trennung auch für die Zeit nach der Trennung gemeinsame Freistellungsaufträge erteilen. Dies gilt sowohl für Gemeinschaftskonten als auch für nur auf den Namen eines der Ehegatten geführten Konten oder Depots.

Für Kalenderjahre, die auf das Kalenderjahr der Trennung folgen, dürfen nur auf den einzelnen 265 Ehegatten bezogene Freistellungsaufträge erteilt werden.

d) Gemeinsamer Freistellungsauftrag als Voraussetzung für die Verlustverrechnung gemäß § 43a Absatz 3 Satz 2 Halbsatz 2 EStG

Für die – ab dem Kalenderjahr 2010 mögliche – ehegattenübergreifende Verlustverrechnung ist 266 Voraussetzung, dass es sich um zusammen veranlagte Ehegatten handelt, die gegenüber dem Kreditinstitut einen gemeinsamen Freistellungsauftrag erteilt haben.

Zwar können Ehegatten zwischen Zusammenveranlagung und getrennter Veranlagung wählen. In welcher Form die Ehegatten dieses Wahlrecht ausüben, ist für das Steuerabzugsverfahren unbeachtlich. Erteilen Eheleute einen gemeinsamen Freistellungsauftrag – vgl. Anlage 2[1] – haben die Kreditinstitute die neue übergreifende Verlustverrechnung durchzuführen. Die ehegattenübergreifende Verlustverrechnung erfolgt unabhängig davon, ob die Ehegatten eine oder mehrere Verlustbescheinigungen im Sinne des § 43a Absatz 3 Satz 4 EStG beantragt haben (vgl. Rzn. 233 ff.). Verlustbescheinigungen umfassen somit die nach der übergreifenden Verrechnung noch nicht ausgeglichenen Verluste.[2]

Ehegatten können auch einen gemeinsamen Freistellungsauftrag über 0 € erteilen. Dies ist erfor- 267 derlich, wenn Ehegatten eine übergreifende Verlustverrechnung vom Kreditinstitut durchführen lassen möchten, ihr gemeinsames Freistellungsvolumen aber schon bei einem anderen Institut ausgeschöpft haben.

Haben Ehegatten vor 2010 einen gemeinsamen Freistellungsauftrag erteilt, hat dieser weiterhin 268 Bestand und führt zu einer gemeinsamen Verlustverrechnung.

Getrennte Verlusttöpfe mit übergreifender Verrechnung nur am Jahresende

Die Kapitaleinkünfte sind unter Berücksichtigung des Freistellungsauftrags (vgl. Rzn. 230 und 261) 269 zunächst getrennt zu ermitteln, d. h. wie bisher gesondert für die Einzelkonten und -depots des Ehemannes, der Ehefrau sowie für die Gemeinschaftskonten und -depots. Einmalig zum Jahresende erfolgt dann die Verrechnung bestehender Verlustüberhänge über einen Ausgleich der einzelnen Verlusttöpfe. Voraussetzung ist, dass am Jahresende ein gemeinschaftlich gestellter gültiger Freistellungsauftrag vorliegt.

Beispiel 1:

Die Ehegatten haben einen gemeinsamen Freistellungsauftrag von 0 € gestellt.

Verlustverrechnung am Jahresende:

		Ehemann	Ehefrau
15.02.	Einnahme	1 000 €	
20.03.	Verlust		./. 1 000 €
28.06.	Einnahme		500 €
	Summe	1 000 €	./. 500 €
31.12.	Verlustverrechnung	./. 500 €	500 €
	verbleiben	500 €	0 €

Eine fortlaufende Verlustverrechnung ist nicht zulässig. 270

Beispiel 2:

		Ehemann	Ehefrau
15.02.	Einnahme	1 000 €	
20.03.	Verlust		./. 1 000 €
20.03.	Verlustverrechnung	./. 1 000 €	1 000 €
	Zwischensumme	0 €	0 €
28.06.	Einnahme		500 €
31.12.	Kapitalerträge	0 €	500 €
	verbleiben	0 €	500 €

---

[1] Anlage nicht in der Handausgabe abgedruckt.
[2] Eingefügt durch BMF vom 16. 11. 2010 (BStBl I S. 1305).

Die Beispiele zeigen, dass nur die Verlustverrechnung am Jahresende zu nachvollziehbaren und plausiblen Ergebnissen führt (siehe Beispiel 1). Bei fortlaufender Verlustverrechnung (Beispiel 2) fällt hingegen Kapitalertragsteuer auf die von der Ehefrau am 28. Juni erzielte Einnahme an, obwohl die Ehefrau insgesamt in dem Jahr einen Verlust erzielt hat. Hier ergeben sich rein zufällig unterschiedlich hohe Kapitalerträge für die Ehegatten, je nachdem in welcher zeitlichen Reihenfolge positive und negative Erträge anfallen. Da die Kirchensteuer an die Kapitalertragsteuer anknüpft, ergeben sich zwangsläufig auch Zufallsergebnisse bei der Kirchensteuer, wenn z. B. nur ein Ehegatte Mitglied einer kirchensteuerberechtigten Religionsgemeinschaft ist oder wenn die Ehegatten unterschiedlichen Religionsgemeinschaften angehören.

271 Beenden die Ehegatten die gesamte Geschäftsbeziehung im Laufe des Kalenderjahres, können die Kreditinstitute eine ehegattenübergreifende Verlustverrechnung nicht mehr durchführen. Eine Verlustverrechnung am Jahresende setzt voraus, dass noch mindestens ein Konto bzw. Depot der Kunden geführt wird, um den erforderlichen Geldausgleich für die Erstattung der Kapitalertragsteuer vorzunehmen.

272 Sofern am Jahresende keine Geschäftsbeziehung mehr besteht, werden die Kreditinstitute die Verluste bzw. die gezahlte Kapitalertragsteuer in der jeweiligen Steuerbescheinigung für Ehemann, Ehefrau sowie für die Gemeinschaftskonten und -depots ausweisen, ohne dass eine übergreifende Verlustverrechnung stattfindet (zur automatischen Erstellung einer Verlustbescheinigung zum Jahresende bei Beendigung der Kundenbeziehung vgl. Rz. 238).

Verrechnung von Verlusten aus Aktienveräußerungen

273 Bei der übergreifenden Verlustverrechnung werden zunächst der Aktienverlust und dann der allgemeine Verlust verrechnet. Dabei werden ausschließlich die am Jahresende vorhandenen „Verlustüberhänge" – wie in Rz. 269 dargestellt – verrechnet. Es erfolgt keine umfassende Verrechnung von Aktienverlusten zwischen den Ehegatten mit der Folge, dass ggf. der allgemeine Verlusttopf wieder auflebt (anders als bei der zeitnahen Verlustverrechnung für die Einzelperson; vgl. Rz. 228).

Beispiel:

		Ehemann	Ehefrau
15.02.	Aktiengewinn		100 €
20.03.	Aktienverlust	./. 100 €	
27.05.	allgemeiner Verlust	./. 100 €	
30.09.	allgemeiner Verlust		./. 50 €
31.12.	Saldo je Ehegatte	./. 100 €	50 €
		(Aktienverlust)	
		./. 100 €	
		(allgemeiner Verlust)	
31.12.	Übergreifende Verlustverrechnung	50 €	./.50 €
	verbleiben	**./. 50 €**	**0 €**
		(Aktienverlust)	
		./. 100 €	
		(allgemeiner Verlust)	

Die übergreifende Verlustverrechnung am Jahresende führt nicht dazu, dass der Aktiengewinn der Ehefrau in vollem Umfang mit dem Aktienverlust des Ehemannes verrechnet wird; die bereits erfolgte Verrechnung mit dem allgemeinen Verlusttopf in Höhe von 50 € bleibt vielmehr bestehen. Verrechnet wird nur der am Jahresende noch nicht verrechnete Aktiengewinn (im Beispiel 50 €). Ein Wiederaufleben von Verlusttöpfen kommt nicht in Betracht.

Berücksichtigung des gemeinsamen Freistellungsauftrags

274 Im Rahmen der Veranlagung wird der gemeinsame Sparer-Pauschbetrag auch dann gewährt, wenn nur ein Ehegatte positive Einkünfte aus Kapitalvermögen in dieser Höhe erzielt hat, die Ehegatten aber insgesamt einen Verlust aus Kapitalvermögen erzielt haben (vgl. zu § 20 Absatz 4 EStG a. F.: R 20.3 Absatz 1 Satz 3 EStR 2008).

275 Für das Steuerabzugsverfahren folgt daraus, dass zuerst die Einkünfte der Ehegatten unter Berücksichtigung des gemeinsamen Freistellungsauftrags zu ermitteln sind und dann – wie nachstehend dargestellt – die danach noch bestehenden Verluste am Jahresende ehegattenübergreifend zu verrechnen sind.

Beispiel 1:

Die Ehegatten haben einen gemeinsamen Freistellungsauftrag in Höhe von 1 602 € erteilt.

Ehegattenübergreifende Verlustverrechnung nach Berücksichtigung des Freistellungsauftrags:

	Ehemann	Ehefrau
Einnahme	10 000 €	./. 15 000 €
Freistellungsauftrag	./. 1 602 €	
Saldo	8 398 €	./. 15 000 €
Verlustverrechnung	./. 8 398 €	8 398 €
verbleiben	0 €	./. 6 602 €
Verlustvortrag	**0 €**	**./. 6 602 €**

Eine ehegattenübergreifende Verlustverrechnung vor Berücksichtigung des Freistellungsauftrags erfolgt nicht.

Beispiel 2:

	Ehemann	Ehefrau
Einnahme	10 000 €	./. 15 000 €
Verlustverrechnung	./. 10 000 €	10 000 €
Verbleiben	0 €	./. 5 000 €
Freistellungsauftrag	0 €	0 €
verbleiben	0 €	./. 5 000 €
Verlustvortrag	**0 €**	**./. 5.000 €**

Die Beispiele zeigen, dass eine ehegattenübergreifende Verlustverrechnung vor Berücksichtigung von Freistellungsaufträgen (Beispiel 2) zu einer nicht zu rechtfertigenden Benachteiligung von Ehegatten gegenüber Einzelpersonen führen würde. Denn in dem Beispiel würde der Ehemann, obwohl er positive Einkünfte erzielt hatte, nicht in den Genuss des Sparer-Pauschbetrages kommen.

Quellensteueranrechnung

Sofern ein gemeinsamer Freistellungsauftrag der Ehegatten vorliegt, hat die Quellensteueranrechnung gleichfalls ehegattenübergreifend zu erfolgen, um Veranlagungsfälle zu vermeiden.

276

Hierzu werden getrennte Quellensteuertöpfe geführt. Die übergreifende Anrechnung erfolgt im Rahmen der übergreifenden Verlustverrechnung am Jahresende. Eine bereits erfolgte Quellensteueranrechnung wird wieder rückgängig gemacht, wenn nach der übergreifenden Verlustverrechnung keiner der Ehegatten mit Kapitalertragsteuer belastet wird.

Beispiel 1:

	Ehemann	Ehefrau
Saldo Kapitalerträge (inkl. ausländischer Erträge)	./. 1 000 €	5 000 €
Verlustverrechnung	1 000 €	./. 1 000 €
Kapitalerträge nach Verlustverrechnung	0 €	4 000 €
nicht angerechnete Quellensteuer (vor Verlustverrechnung)	50 €	0 €
Anrechnung Quellensteuer nach Verlustverrechnung		50 €

Es wird beim Ehemann angefallene Quellensteuer auf die von der Ehefrau gezahlte Kapitalertragsteuer angerechnet.

Beispiel 2:

	Ehemann	Ehefrau
Saldo Kapitalerträge (inkl. ausländischer Erträge beim Ehemann)	0	5 000 €
Verlustverrechnung	–	–
Kapitalerträge nach Verlustverrechnung	0 €	5 000 €
nicht angerechnete Quellensteuer	50 €	0 €
Anrechnung Quellensteuer		50 €

Die beim Ehemann nicht angerechnete Quellensteuer wird auf die von der Ehefrau gezahlte Kapitalertragsteuer angerechnet. Dies gilt auch, wenn eine ehegattenübergreifende Verlustverrechnung nicht durchgeführt wird.

Beispiel 3:

	Ehemann	Ehefrau
Saldo Kapitalerträge	1 000 €	./. 1 000 €
Verlustverrechnung	./. 1 000 €	1 000 €
Kapitalerträge nach Verlustverrechnung	0 €	0 €
angerechnete Quellensteuer vor Verlustver- rechnung	50 €	0 €
Anrechnung Quellensteuer nach Verlustver- rechnung	0 €	0 €

Die bereits erfolgte Quellensteuer-Anrechnung wird wieder rückgängig gemacht, da nach der übergreifenden Verlustverrechnung keiner der Ehegatten mit Kapitalertragsteuer belastet ist.

Kirchensteuer

277 Die bereits abgeführte Kirchensteuer der Ehegatten wird durch die übergreifende Verlust- und Quellensteuerverrechnung beeinflusst. Die Kirchensteuer des einen Ehegatten wird somit durch den Verlust des anderen Ehegatten gemindert.

e) NV-Bescheinigungen und Freistellungsaufträge nach dem Tod eines Ehegatten

278 Mit dem Tod eines Ehegatten entfällt die Wirkung eines gemeinsam erteilten Freistellungsauftrags für Gemeinschaftskonten der Ehegatten sowie Konten und Depots, die auf den Namen des Verstorbenen lauten. Da dem verwitweten Steuerpflichtigen im Todesjahr noch der gemeinsame Sparer-Pauschbetrag zusteht, bleibt der gemeinsame Freistellungsauftrag allerdings bis zum Ende des laufenden Veranlagungszeitraums noch für solche Kapitalerträge wirksam, bei denen die alleinige Gläubigerstellung des Verwitweten feststeht; vgl. § 44a Absatz 6 EStG. Entsprechendes gilt für eine den Ehegatten erteilte NV-Bescheinigung.

279 Es bestehen keine Bedenken dagegen, dass der verwitwete Steuerpflichtige Freistellungsaufträge, die er gemeinsam mit dem verstorbenen Ehegatten erteilt hat, im Todesjahr ändert oder neue Freistellungsaufträge erstmals erteilt. In diesen Fällen sind anstelle der Unterschrift des verstorbenen Ehegatten Vorname, Name und Todestag des Verstorbenen einzutragen. Wird ein ursprünglich gemeinsam erteilter Freistellungsauftrag geändert, muss das Kreditinstitut prüfen, inwieweit das bisherige Freistellungsvolumen bereits durch Abstandnahme vom Kapitalertragsteuerabzug ausgeschöpft ist. Durch die Änderung darf der bereits freigestellte und ausgeschöpfte Betrag nicht unterschritten werden. Ein Widerruf ist nur zum Jahresende möglich (vgl. Rz. 258). Für das auf das Todesjahr folgende Jahr dürfen unabhängig von der Gewährung des Splitting-Tarifs nur Einzel-Freistellungsaufträge über den Sparer-Pauschbetrag des verwitweten Steuerpflichtigen, d. h. nur bis zur Höhe von insgesamt 801 € erteilt werden.

f) NV-Bescheinigung und Freistellungsaufträge bei nicht steuerbefreiten Körperschaften

Abstandnahme vom Steuerabzug

280 Unbeschränkt steuerpflichtigen und nicht steuerbefreiten Körperschaften, Personenvereinigungen und Vermögensmassen steht, wenn sie Einkünfte aus Kapitalvermögen erzielen, nach § 8 Absatz 1 KStG der Sparer-Pauschbetrag von 801 € (§ 20 Absatz 9 Satz 1 EStG) zu. Sie können mit dem gleichen Muster – vgl. Anlage 2[1] – wie es für natürliche Personen vorgesehen ist, einen Freistellungsauftrag erteilen, wenn das Konto auf ihren Namen lautet und soweit die Kapitalerträge den Sparer-Pauschbetrag nicht übersteigen. Bei ihnen kann im Rahmen des Kapitalertragsteuerabzugs auch eine Verlustverrechnung sowie eine Quellensteueranrechnung durchgeführt werden. Dies gilt auch für nichtrechtsfähige Vereine. *Für die Anwendung des Freistellungsauftrages ist es unschädlich, wenn für diese Personengruppe keine Identifikationsnummer in den Freistellungsauftrag eingetragen werden kann[2].*

281 Die Regelung zum Freistellungsauftrag gilt nicht für Gesellschaften des bürgerlichen Rechts.

282 Ein nichtrechtsfähiger Verein liegt vor, wenn die Personengruppe

- einen gemeinsamen Zweck verfolgt,
- einen Gesamtnamen führt,
- unabhängig davon bestehen soll, ob neue Mitglieder aufgenommen werden oder bisherige Mitglieder ausscheiden,
- einen für die Gesamtheit der Mitglieder handelnden Vorstand hat.

---

[1] Anlage nicht in der Handausgabe abgedruckt.
[2] *Eingefügt durch BMF vom 9.10.2012 (BStBl I S. 950).*

Das Kreditinstitut hat sich anhand einer Satzung der Personengruppe zu vergewissern, ob die genannten Wesensmerkmale gegeben sind. 283

Unbeschränkt steuerpflichtige und nicht steuerbefreite Körperschaften, Personenvereinigungen und Vermögensmassen, denen der Freibetrag nach § 24 KStG zusteht und deren Einkommen den Freibetrag von 5 000 € nicht übersteigt, haben Anspruch auf Erteilung einer NV-Bescheinigung (Vordruck NV 3 B). 284

Erstattung von Kapitalertragsteuer

Im Anwendungsbereich des Teileinkünfteverfahrens bleiben Gewinnausschüttungen auf der Ebene der empfangenden nicht steuerbefreiten Körperschaft gemäß § 8b Absatz 1 KStG bei der Ermittlung des Einkommens außer Ansatz. Eine Erstattung von Kapitalertragsteuer kann durch eine NV-Bescheinigung bewirkt werden. Eine NV-Bescheinigung kann nur für sog. kleine Körperschaften i. S. von § 24 KStG (NV-Bescheinigung NV 3 B) und für sog. Überzahler i. S. von § 44a Absatz 5 EStG (Bescheinigung NV 2 B) erteilt werden. Es ist jedoch nicht zu beanstanden, wenn in diesen Fällen eine Erstattung der Kapitalertragsteuer auch durch den Freistellungsauftrag durchgeführt wird. 285

g) Nicht der Körperschaftsteuer unterliegende Zusammenschlüsse

Grundsatz

Ein nicht körperschaftsteuerpflichtiger Personenzusammenschluss (z. B. eine Gesellschaft bürgerlichen Rechts oder eine Personenvereinigung, die nicht die in Rz. 282 beschriebenen Wesensmerkmale erfüllt) darf einen Freistellungsauftrag nicht erteilen. Die ihm zufließenden Kapitalerträge unterliegen der Kapitalertragsteuer nach den allgemeinen Grundsätzen. 286

Die Einnahmen aus Kapitalvermögen, die Gewinne und Verluste i. S. des § 20 Absatz 4 EStG und die anzurechnende Kapitalertragsteuer sind grundsätzlich nach § 180 Absatz 1 Nummer 2 Buchstabe a AO gesondert und einheitlich festzustellen. 287

Die Erklärung zur gesonderten und einheitlichen Feststellung ist vom Geschäftsführer bzw. vom Vermögensverwalter abzugeben. Soweit ein Geschäftsführer oder Vermögensverwalter nicht vorhanden ist, kann sich das Finanzamt an jedes Mitglied oder jeden Gesellschafter halten. 288

Die gesondert und einheitlich festgestellten Besteuerungsgrundlagen werden bei der Einkommensteuerveranlagung des einzelnen Mitglieds oder Gesellschafters berücksichtigt. Dabei wird auch der Sparer-Pauschbetrag angesetzt. 289

Von einer gesonderten und einheitlichen Feststellung der Besteuerungsgrundlagen kann gemäß § 180 Absatz 3 Satz 1 Nummer 2 AO abgesehen werden, wenn es sich um einen Fall von geringer Bedeutung handelt. In diesen Fällen reicht es aus, dass der Geschäftsführer bzw. Vermögensverwalter (Kontoinhaber) die anteiligen Einnahmen aus Kapitalvermögen auf die Mitglieder oder Gesellschafter aufteilt und sie den Beteiligten mitteilt. Die Anrechnung der Kapitalertragsteuer bei den einzelnen Beteiligten ist nur zulässig, wenn neben der Mitteilung des Geschäftsführers bzw. Vermögensverwalters über die Aufteilung der Einnahmen und der Kapitalertragsteuer eine Ablichtung der Steuerbescheinigung des Kreditinstituts vorgelegt wird. 290

Vereinfachungsregel

Aus Vereinfachungsgründen ist es nicht zu beanstanden, wenn bei losen Personenzusammenschlüssen (z. B. Sparclubs, Schulklassen, Sportgruppen), die aus mindestens sieben Mitgliedern bestehen, wie folgt verfahren wird: 291

Das Kreditinstitut kann vom Steuerabzug i. S. des § 43 Absatz 1 EStG Abstand nehmen, wenn

- das Konto neben dem Namen des Kontoinhabers einen Zusatz enthält, der auf den Personenzusammenschluss hinweist (z. B. Sparclub XX, Klassenkonto der Realschule YY, Klasse 5 A),

- die Kapitalerträge bei den einzelnen Guthaben des Personenzusammenschlusses im Kalenderjahr den Betrag von 10 €, vervielfältigt mit der Anzahl der Mitglieder, höchstens 300 € im Kalenderjahr, nicht übersteigen und

- Änderungen der Anzahl der Mitglieder dem Kreditinstitut zu Beginn eines Kalenderjahres mitgeteilt werden.

Die Verpflichtung zur Erstellung einer Steuerbescheinigung i. S. des § 45a Absatz 2 EStG ist hiervon unberührt. 292

Die Anwendung der Vereinfachungsregelung setzt grundsätzlich voraus, dass die insgesamt – d. h. auch bei Aufsplittung des Guthabens auf mehrere Konten und auch ggf. verteilt auf mehrere Kreditinstitute – zugeflossenen Kapitalerträge die genannten Grenzen im Kalenderjahr nicht übersteigen. 293

294 Ein „loser Personenzusammenschluss" i. S. dieser Vereinfachungsregel ist z. B. nicht gegeben bei

- Grundstücksgemeinschaften,
- Erbengemeinschaften,
- Wohnungseigentümergemeinschaften,
- Mietern im Hinblick auf gemeinschaftliche Mietkautionskonten.

2. NV-Bescheinigung bei steuerbefreiten Körperschaften und inländischen juristischen Personen des öffentlichen Rechts (§ 44a Absatz 4, 7 und 8 EStG)

a) Abstandnahme

295 Für die vollständige Abstandnahme vom Steuerabzug nach § 44a Absatz 4 und 7 EStG und die teilweise Abstandnahme vom Steuerabzug nach § 44a Absatz 8 EStG ist grundsätzlich die Vorlage einer Bescheinigung (NV 2 B) erforderlich. Es wird jedoch nicht beanstandet, wenn dem Schuldner der Kapitalerträge oder der auszahlenden Stelle statt der Bescheinigung eine amtlich beglaubigte Kopie des zuletzt erteilten Freistellungsbescheides überlassen wird, der für einen nicht älter als fünf Jahre zurückliegenden Veranlagungszeitraum vor dem Veranlagungszeitraum des Zuflusses der Kapitalerträge erteilt worden ist. *Dies gilt auch für die Abstandnahme vom Kapitalertragsteuerabzug bei Personengesellschaften i. S. des § 212 Absatz 1 SGB V (§ 44a Absatz 4a und 8a EStG)[1].*

296 Die Vorlage des Freistellungsbescheides ist unzulässig, wenn die Erträge in einem wirtschaftlichen Geschäftsbetrieb anfallen, für den die Befreiung von der Körperschaftsteuer ausgeschlossen ist, oder wenn sie in einem nicht von der Körperschaftsteuer befreiten Betrieb gewerblicher Art anfallen.

297 *Die Rzn. 295 und 296 gelten entsprechend*, wenn eine amtlich beglaubigte Kopie der vorläufigen Bescheinigung des Finanzamts über die Gemeinnützigkeit überlassen wird, deren Gültigkeitsdauer nicht vor dem Veranlagungszeitraum des Zuflusses der Kapitalerträge endet. *Wird eine vorläufige Bescheinigung über die Gemeinnützigkeit unterjährig erteilt, kann sie mit Wirkung ab dem 1. Januar des betreffenden Kalenderjahres angewendet werden[2].*

298 Unterhalten steuerbefreite Körperschaften einen wirtschaftlichen Geschäftsbetrieb, bei dem die Freibeträge und Freigrenzen überschritten sind, sind sie jährlich zur Körperschaftsteuer zu veranlagen. In diesen Fällen ist die Steuerbefreiung für den steuerbegünstigten Bereich in Form einer Anlage zum Körperschaftsteuerbescheid zu bescheinigen. Die Abstandnahme ist zulässig bis zum Ablauf des dritten Kalenderjahres, das auf das Kalenderjahr folgt, für das der Körperschaftsteuerbescheid erteilt wurde. Der Gläubiger der Kapitalerträge hat dem zum Steuerabzug Verpflichteten in Schriftform mitzuteilen, ob die Kapitalerträge im steuerfreien oder steuerpflichtigen Bereich angefallen sind.

298a [3]Rzn. 295 bis 298 finden bei Erstattungen im Sinne des § 44b Absatz 6 Satz 1 Nummer 3 und 4 EStG *und bei der Abstandnahme vom Steuerabzug i. S. der §§ 44a Absatz 4b Satz 1 Nummer 3 und 4 und 10 Satz 1 Nummer 3 und 4 EStG* entsprechend Anwendung.

b) Zinszahlungen an eine Personengesellschaft mit körperschaftsteuerbefreiten Gesellschaftern (§ 44a Absatz 4 Satz 1 EStG)

299 Ist für eine Personengesellschaft, an der zumindest ein Gesellschafter beteiligt ist, der von der Körperschaftsteuer befreit ist, Kapitalertragsteuer nach § 43 Absatz 1 Satz 1 Nummer 4, 6, 7 und 8 bis 12 sowie Satz 2 EStG einbehalten worden, kann die einbehaltene Kapitalertragsteuer an die körperschaftsteuerbefreiten Gesellschafter auf deren Antrag von dem für sie zuständigen Finanzamt erstattet werden.

c) Erstattung der Kapitalertragsteuer in besonderen Fällen

300 Ist die Kapitalertragsteuer bei Kapitalerträgen, die steuerbefreiten inländischen Körperschaften, Personenvereinigungen und Vermögensmassen oder inländischen juristischen Personen des öffentlichen Rechts zufließen, deswegen einbehalten worden, weil dem Schuldner der Kapitalerträge oder der auszahlenden Stelle die Bescheinigung nach § 44a Absatz 4 Satz 3 EStG nicht vorlag und der Schuldner oder die auszahlende Stelle von der Möglichkeit der Änderung der Steueranmeldung nach § 44b Absatz 5 EStG keinen Gebrauch macht, gilt Folgendes:

Bei den genannten Einrichtungen ist die Körperschaftsteuer grundsätzlich durch den Steuerabzug vom Kapitalertrag abgegolten (§ 32 Absatz 1 KStG). Eine Veranlagung findet nicht statt. Zur Vermeidung von sachlichen Härten wird die Kapitalertragsteuer auf Antrag der betroffenen Organisation von dem für sie zuständigen Betriebsfinanzamt erstattet.

---

1) *Eingefügt durch BMF vom 9.10.2012 (BStBl I S. 950).*
2) *Eingefügt durch BMF vom 9.10.2012 (BStBl I S. 950).*
3) Eingefügt durch BMF vom 16. 11. 2010 (BStBl I S. 1305) *und geändert durch BMF vom 9.10.2012 (BStBl I S. 950).*

[1]Ist in den Fällen des § 44a Absatz 7 und 8 EStG ein Steuerabzug vom Kapitalertrag deswegen vorgenommen worden, weil dem Schuldner der Kapitalerträge oder der auszahlenden Stelle die Bescheinigung im Sinne des § 44a Absatz 7 Satz 4 EStG bzw. § 44a Absatz 8 Satz 3 EStG nicht vorlag, und hat der Schuldner der Kapitalerträge oder die auszahlende Stelle von der Möglichkeit der Änderung der Steueranmeldung nach § 44b Absatz 5 EStG keinen Gebrauch gemacht, wird zur Vermeidung von Härten zugelassen, dass die Kapitalertragsteuer auf Antrag der betroffenen Körperschaft in der gesetzlich zulässigen Höhe von dem Finanzamt, an das die Kapitalertragsteuer abgeführt wurde, erstattet wird.   300a

[2]Ist in Fällen, in denen eine Institution i. S. des § 44a Absatz 7 oder 8 EStG als Erbe eingesetzt worden ist, ein Steuerabzug vom Kapitalertrag vorgenommen worden, weil dem Schuldner der Kapitalerträge oder der auszahlenden Stelle die Bescheinigung i. S. des § 44a Absatz 7 oder § 44a Absatz 8 EStG nicht oder erst verspätet vorgelegt werden konnte und hat der Schuldner der Kapitalerträge oder die auszahlende Stelle von der Möglichkeit der Änderung der Steueranmeldung nach § 44b Absatz 5 EStG keinen Gebrauch gemacht, so erstattet auf Antrag der betroffenen Körperschaft das Finanzamt, an das die Kapitalertragsteuer abgeführt worden ist, die Kapitalertragsteuer in der gesetzlich zulässigen Höhe. Dem Antrag ist die Bescheinigung i. S. des § 44a Absatz 7 oder § 44a Absatz 8 EStG, die Steuerbescheinigung im Original und ein Nachweis über die Rechtsnachfolge beizufügen.   300b

3. Identität von Kontoinhaber und Gläubiger der Kapitalerträge (§ 44a Absatz 6 ff. EStG)

Voraussetzung für die Abstandnahme vom Steuerabzug ist u. a., dass Einlagen und Guthaben beim Zufluss von Einnahmen unter dem Namen des Gläubigers der Kapitalerträge bei der auszahlenden Stelle verwaltet werden. Die Abstandnahme setzt also Identität von Gläubiger und Kontoinhaber voraus. Auf die Verfügungsberechtigung kommt es nicht an; denn Gläubiger von Kapitalerträgen kann auch sein, wer nicht verfügungsberechtigt ist.   301

Erstattung der Kapitalertragsteuer von Erträgen einer juristischen Person des öffentlichen Rechts aus Treuhandkonten und von Treuhandstiftungen

[3]Bei Kapitalerträgen, die inländischen juristischen Personen des öffentlichen Rechts über einen Treuhänder zufließen, sieht das geltende Recht keine Abstandnahme vom Steuerabzug und keine Erstattung der einbehaltenen Kapitalertragsteuer vor. Eine Veranlagung zur Körperschaftsteuer findet nicht statt; die Körperschaftsteuer ist durch den Steuerabzug vom Kapitalertrag abgegolten (§ 32 KStG).   302

Zur Vermeidung von sachlichen Härten wird zugelassen, dass die Kapitalertragsteuer auf Antrag der betroffenen Körperschaft in der gesetzlich zulässigen Höhe von dem für sie zuständigen Finanzamt erstattet wird.

Entsprechendes gilt *für Kapitalerträge, die vor dem 1. Januar 2011 zugeflossen sind,* in den Fällen, in denen ein inländisches Kreditinstitut das Vermögen einer nichtrechtsfähigen Stiftung des privaten Rechts in Form eines Treuhanddepots verwaltet und bei der Stiftung die Voraussetzungen für eine Körperschaftsteuerbefreiung vorliegen. *Bei Kapitalerträgen, die nach dem 31. Dezember 2010 zufließen, gilt das Treuhandkonto oder -depot abweichend von § 44a Absatz 6 Satz 1 EStG für die Anwendung des § 44a Absatz 4, 7 und 10 Satz 1 Nummer 3 EStG sowie des § 44b Absatz 6 i. V. m. § 44a Absatz 7 EStG als im Namen der Stiftung geführt, wenn Konto oder Depot durch einen Zusatz zur Bezeichnung eindeutig sowohl vom übrigen Vermögen des anderen Berechtigten zu unterscheiden als auch steuerlich der Stiftung zuzuordnen ist (§§ 44a Absatz 6 Satz 3 EStG, 52a Absatz 16a Satz 2 EStG). Für Kapitalerträge, die im Kalenderjahr 2011 zugeflossen sind, kann entsprechend verfahren werden (BMF-Schreiben vom 16. August 2011, BStBl I S. 787).*

4. Ausstellung von Bescheinigungen und Verwendung von Kopien

Der Gläubiger der Kapitalerträge hat einen Anspruch auf Ausstellung der von ihm benötigten Anzahl von NV-Bescheinigungen sowie auf die Beglaubigung von Kopien des zuletzt erteilten Freistellungsbescheides, der vorläufige Bescheinigung über die Gemeinnützigkeit oder der Bescheinigung über die Steuerbefreiung für den steuerbefreiten Bereich.   303

Es bestehen keine Bedenken, neben dem Original der Bescheinigungen oder Bescheide auch eine amtlich beglaubigte Kopie für steuerliche Zwecke anzuerkennen. Gleiches gilt, wenn durch einen Mitarbeiter des zum Steuerabzug Verpflichteten oder eines anderen Kreditinstituts auf einer Kopie vermerkt wird, dass das Original der Bescheinigung oder des Freistellungsbescheides vorgelegen hat.   304

---

1) Eingefügt durch BMF vom 16. 11. 2010 (BStBl I S. 1305).
2) *Eingefügt durch BMF vom 9.10.2012 (BStBl I S. 950).*
3) *Ergänzt durch BMF vom 9.10.2012 (BStBl I S. 950).*

5. Gutschriften zugunsten von ausländischen Personengesellschaften

305 Gläubiger der Kapitalerträge bei einem auf den Namen einer Personengesellschaft geführten Konto sind die Gesellschafter. Von der Erhebung der Kapitalertragsteuer kann deshalb nur dann abgesehen werden, wenn es sich bei allen Gesellschaftern um Steuerausländer handelt.

306 Wird dagegen im Inland ein Konto geführt, das auf den Namen einer Personenhandelsgesellschaft lautet, die weder Sitz, Geschäftsleitung noch Betriebsstätte im Inland hat, ist der Kapitalertragsteuereinbehalt wegen der Ausländereigenschaft nicht vorzunehmen.

VIII. Erstattung der Kapitalertragsteuer in besonderen Fällen (§ 44b Absatz 5 EStG)

Erstattung bei zu Unrecht einbehaltener Kapitalertragsteuer

307 In den Fällen, in denen Kapitalertragsteuer ohne rechtliche Verpflichtung einbehalten und abgeführt worden ist (z. B. Nichtvorliegen einer beschränkten Steuerpflicht bei Zinseinkünften von Steuerausländern), geht das Erstattungsverfahren nach § 44b Absatz 5 EStG dem Verfahren nach § 37 Absatz 2 AO vor. Da § 44b Absatz 5 EStG keine Verpflichtung für den Abzugsschuldner enthält, die ursprüngliche Steueranmeldung insoweit zu ändern oder bei der folgenden Steueranmeldung eine entsprechende Kürzung vorzunehmen, führt die ohne rechtlichen Grund einbehaltene Kapitalertragsteuer zu einem Steuererstattungsanspruch i. S. von § 37 Absatz 2 AO. Der Antrag auf Erstattung der Kapitalertragsteuer ist an das Betriebsstättenfinanzamt der Stelle zu richten, die die Kapitalertragsteuer abgeführt hat.

308 Die Erstattung der Kapitalertragsteuer an Steuerausländer ist jedoch ausgeschlossen, wenn es sich um sog. Tafelgeschäfte i. S. des § 44 Absatz 1 Satz 4 Buchstabe a Doppelbuchstabe bb EStG handelt.

Erstattung in Treuhandfällen bei Steuerausländern

309 Bei Kapitalerträgen, die auf einem Treuhandkonto erzielt werden, ist mangels Identität von Gläubiger und Kontoinhaber eine Abstandnahme vom Kapitalertragsteuerabzug nicht zulässig. Dies gilt auch, wenn der Gläubiger der Kapitalerträge ein Steuerausländer ist, der mit den Einkünften aus Kapitalvermögen nicht der beschränkten Steuerpflicht unterliegt. Da die Einkünfte mangels Steuerpflicht nicht in eine Veranlagung einbezogen werden können, kommt eine Anrechnung der einbehaltenen Kapitalertragsteuer im Rahmen einer Einkommensteuer-Veranlagung nicht in Betracht. Eine Erstattung nach § 50d Absatz 1 EStG ist ebenfalls nicht zulässig, weil die Kapitalerträge nicht auf Grund des § 43b EStG oder eines DBA vom Steuerabzug freizustellen sind. Der Steuerausländer hat vielmehr einen Erstattungsanspruch nach § 37 Absatz 2 AO.

IX. Anmeldung und Bescheinigung von Kapitalertragsteuer (§ 45a EStG)

310 [1])Vgl. BMF-Schreiben vom *18. Dezember 2009 (BStBl 2010 I S. 79) unter Berücksichtigung der Änderungen durch BMF-Schreiben vom 16. November 2010 (BStBl I S. 1305) und des BMF-Schreibens vom 14. November 2011 (BStBl I S. 1098).*

X. Sammelantragsverfahren für Freistellungsaufträge bei Warengenossenschaften etc. (§ 45b Absatz 1 EStG)

311 Im Vorgriff auf eine gesetzliche Änderung ist das Sammelantragsverfahren für Freistellungsaufträge bei Anträgen von Genossenschaften, die keine Kredit- oder Finanzdienstleistungsinstitute sind, für nach dem 31. Dezember 2009 zufließende Kapitalerträge weiterhin anzuwenden. Hierfür besteht auch weiterhin ein Bedürfnis, damit sich auch bei den Kapitalerträgen im Sinne des § 43 Absatz 1 Satz 1 Nummer 1 und 2 EStG das Freistellungsvolumen in Höhe des Sparer-Pauschbetrags zeitnah auswirkt und zum Zweck der Anrechnung der Kapitalertragsteuer Einkünfte aus Kapitalvermögen in die Einkommensteuererklärung aufgenommen werden müssen oder allein zum Zwecke der Anrechnung und Erstattung eine Steuererklärung abgegeben werden muss.

XI. Kapitalertragsteuerabzug bei beschränkt steuerpflichtigen Einkünften aus Kapitalvermögen (§ 49 Absatz 1 Nummer 5 EStG)

312 Soweit die Einkünfte aus Kapitalvermögen der beschränkten Steuerpflicht unterliegen, können sie dem Kapitalertragsteuerabzug unterliegen. Der beschränkten Einkommensteuerpflicht unterliegen die in § 49 Absatz 1 Nummer 5 EStG aufgeführten Kapitaleinkünfte, die von natürlichen oder juristischen Personen ohne Sitz, Wohnsitz und gewöhnlichen Aufenthalt im Inland bezogen werden (§ 1 Absatz 4 EStG). Vom Kapitalertragsteuerabzug sind insbesondere Dividendenzahlungen eines inländischen Schuldners (z. B. bestimmter Körperschaften) betroffen.

---

[1]) *Neu gefasst durch BMF vom 9.10.2012 (BStBl I S. 950).*

Soweit bei Kapitaleinkünften die Voraussetzungen für eine beschränkte Steuerpflicht nicht vorliegen, ist von der auszahlenden Stelle für diese Einkünfte kein Kapitalertragsteuereinbehalt vorzunehmen. *Es ist nicht zu beanstanden, wenn bei Treuhand- und Nießbrauchsverhältnissen, bei denen sowohl Treuhänder/Nießbraucher als auch Treugeber/Inhaber der Forderung Steuerausländer sind, kein Kapitalertragsteuereinbehalt vorgenommen wird[1].*

313

*[2]*Die Ausländereigenschaft eines Kunden kann anhand der Merkmale festgestellt werden, die vom Kreditinstitut im Zusammenhang mit der Legitimationsprüfung nach § 154 AO oder der Identifizierung nach *§§ 3, 4 des Geldwäschegesetzes (GwG) bei der Begründung der Geschäftsbeziehung oder* der Kontoeröffnung erhoben werden. Ist im Einzelfall unklar, ob der Kunde Steuerausländer ist, kann das Institut auf die von einer ausländischen Finanzbehörde ausgestellte Wohnsitzbescheinigung vertrauen und für den Steuerabzug davon ausgehen, dass im Inland nur eine beschränkte Steuerpflicht besteht.

314

Teilt ein Kunde seinem Kreditinstitut den Umzug vom Inland in das Ausland mit, kann das Kreditinstitut nur dann nicht mehr von einer unbeschränkten Steuerpflicht ausgehen, wenn dem Kreditinstitut der Statuswechsel durch schriftliche, beweiskräftige Unterlagen nachgewiesen wurde. Schriftliche beweiskräftige Unterlagen sind insbesondere die melderechtlichen Nachweise (Schreiben an Meldebehörde) des Wohnsitzwechsels oder die von einer ausländischen Finanzbehörde ausgestellte Wohnsitzbescheinigung. Kann der Statuswechsel nicht zweifelsfrei nachgewiesen werden, ist weiterhin davon auszugehen, dass im Inland eine unbeschränkte Steuerpflicht besteht. Die Voraussetzungen, dass keine unbeschränkte Steuerpflicht vorliegt, sind in einem zeitlich angemessenen Abstand vom Kreditinstitut entsprechend den Grundsätzen zu §§ 3 Absatz 2 Nummer 4, 4 Absatz 2 GwG zu überprüfen.

Besitzt ein Steuerausländer Anteile an einer Kapitalgesellschaft, die in einem inländischen Depot liegen, besteht im Falle der Veräußerung (§ 49 Absatz 1 Nummer 2 Buchstabe e EStG) auch dann keine Verpflichtung zum Steuerabzug, wenn der Steuerausländer an der Kapitalgesellschaft zu mindestens 1 % beteiligt ist.

315

XII. Anwendungsvorschriften zur Einführung einer Abgeltungsteuer (§ 52a EStG)

1. Einbehalt der Kapitalertragsteuer bei bestehenden, bisher nicht dem Steuerabzug unterliegenden Beitragdepots und vergleichbaren Einrichtungen(§ 52a Absatz 1 EStG)

Auch bei Erträgen aus Beitragsdepots, Parkdepots, Ablaufdepots oder Kapitalisierungsgeschäften, die vor dem 1. Januar 2007 abgeschlossen wurden, besteht nach Einführung der Abgeltungsteuer bei Versicherungsunternehmen gemäß § 52a Absatz 1 EStG eine Pflicht zum Einbehalt der Kapitalertragsteuer, soweit die Kapitalanlagen mit dem Einlagengeschäft bei Kreditinstituten vergleichbar sind. Es ist jedoch nicht zu beanstanden, wenn bei Beitragdepots, die vor dem 1. Januar 2007 abgeschlossen wurden, vom Steuerabzug Abstand genommen wird.

316

2. Zeitliche Anwendung von § 20 Absatz 2 Satz 1 Nummer 1 und § 23 Absatz 1 Nummer 2 EStG a.F. (§ 52a Absatz 10 Satz 1, Absatz 11 Satz 4 EStG)

§ 23 Absatz 1 Satz 1 Nummer 2 EStG a. F. ist letztmals auf private Veräußerungsgeschäfte mit Wertpapieren anzuwenden, die vor dem 1. Januar 2009 erworben wurden. Der Begriff des Erwerbs beinhaltet den Tatbestand des „rechtswirksam abgeschlossenen obligatorischen Vertrags oder gleichstehenden Rechtsaktes".

317

Anschaffungszeitpunkt angedienter Wertpapiere in der Übergangszeit 2008/2009

Nach bisheriger Rechtslage gelten bei Umtausch- oder Aktienanleihen die Aktien zu dem Zeitpunkt als angeschafft, in dem die entsprechenden Ausübungsrechte (Umtauschanleihe) ausgeübt oder nach den Emissionsbedingungen der Anleihe feststeht, dass es zur Lieferung kommt (Aktienanleihe).

318

Damit ist für die erhaltenen Aktien weiterhin § 23 EStG in der bis zum 31. Dezember 2008 geltenden Fassung anzuwenden, auch wenn die Aktien, die als noch in 2008 angeschafft gelten, dem Steuerpflichtigen erst in 2009 zugehen.

Der Steuerpflichtige erzielt aus der Anleihe – durch den Bezug der Aktien – Einkünfte i. S. des § 20 Absatz 2 Satz 1 Nummer 7 EStG. In diesen Fällen findet § 20 Absatz 4a Satz 3 EStG keine Anwendung.

---

[1] *Eingefügt durch BMF vom 9.10.2012 (BStBl I S. 950).*
[2] *Neu gefasst durch BMF vom 9.10.2012 (BStBl I S. 950).*

3. Übergangsregelung bei obligationsähnlichen Genussrechten und Gewinnobligationen (§ 52a Absatz 10 Satz 6 und 7 EStG)

319   Für die Veräußerung von obligationsähnlichen Genussrechten und Gewinnobligationen i. S. des § 20 Absatz 2 Satz 1 Nummer 4 Satz 5 EStG in der bis 31. Dezember 2008 anzuwendenden Fassung findet § 52a Absatz 10 Satz 6 EStG Anwendung.

4. Zertifikate (§ 52a Absatz 10 Satz 8 EStG)

320   Werden Zertifikate, bei denen weder eine Ertragszahlung noch eine Kapitalrückzahlung zugesagt wird, vor dem 1. Januar 2009 erworben und innerhalb der einjährigen Haltefrist eingelöst oder veräußert, findet § 23 EStG in der bis zum 31. Dezember 2008 geltenden Fassung Anwendung. § 20 Absatz 2 Satz 1 Nummer 7 EStG ist insoweit ausgeschlossen.

321   Wird die Endfälligkeit eines nach dem 15. März 2007 angeschafften Risikozertifikats mit einer Haltedauer von über einem Jahr und einem Laufzeitende vor dem 1. Juli 2009 bei einem sich abzeichnenden Verlust hinausgeschoben, handelt es sich um eine missbräuchliche rechtliche Gestaltung i. S. des § 42 AO. Als Rechtsfolge ist in derartigen Fällen bei einem Verlustgeschäft nicht von einer – steuerwirksamen – Endfälligkeit nach dem 30. Juni 2009 auszugehen; vielmehr ist dieser Verlust – wie bei einer Endfälligkeit vor dem Stichtag 1. Juli 2009 – einkommensteuerrechtlich ohne Bedeutung.

5. Depotgebühren für 2008, die in 2009 gezahlt werden (§ 52a Absatz 10 Satz 10 EStG)

322   Werbungskosten sind in dem Jahr abzusetzen, in dem sie geleistet worden sind (Abflussprinzip, § 11 Absatz 2 Satz 1 EStG). Werden Ausgaben in 2009 geleistet, fallen sie auch dann unter das Abzugsverbot des § 20 Absatz 9 EStG, wenn sie mit Kapitalerträgen der Vorjahre zusammenhängen. Hiervon unberührt ist die Regelung des § 11 Absatz 2 Satz 2 EStG.

323   Zur Frage, wie die Aufwendungen für Depotgebühren und andere im Zusammenhang mit der Konto- und Depotführung regelmäßig wiederkehrende Leistungen (z. B. Kosten der Ertragnisaufstellung, nicht jedoch Schuldzinsen) beim Übergang zur Abgeltungsteuer Ende 2008 zu berücksichtigen, gilt Folgendes:

In der Praxis kommt es regelmäßig vor, dass Depotgebühren erst nach dem 10-Tage-Zeitraum für regelmäßig wiederkehrende Ausgaben (§ 11 Absatz 2 Satz 2 EStG) dem Kunden belastet werden. Da ab dem 1. Januar 2009 die Werbungskosten nur in Höhe des Sparer-Pauschbetrages gemäß § 20 Absatz 9 EStG pauschal berücksichtigt werden, wird aus Billigkeitsgründen der 10-Tage-Zeitraum bis zum 31. Januar 2009 verlängert. Aus Vereinfachungsgründen wird bei Zahlungen im Januar 2009 auch auf Zuordnung der einzelnen Werbungskosten im Rahmen des § 3c EStG verzichtet.

XIII. Fundstellennachweis und Anwendungsregelung

324   [1]Für die Anwendung einer Abgeltungsteuer auf Kapitalerträge und Veräußerungsgewinne sind die Grundsätze dieses Schreibens *auf alle offenen Fälle anzuwenden. Es wird jedoch nicht beanstandet, wenn die Grundsätze für die Kapitalertragsteuererhebung erst zum 1. April 2013 angewendet werden. Im Übrigen ist dieses Schreiben in der Fassung vom 16. November 2010 (BStBl I S. 1305)* auf Kapitalerträge, die nach dem 31. Dezember 2008 zufließen und im Übrigen erstmals für den Veranlagungszeitraum 2009 anzuwenden.

325   Bei Sachverhalten, die unter die Regelung dieses Schreibens fallen, sind folgende BMF-Schreiben nicht mehr anzuwenden: das BMF-Schreiben vom 1. März 1993 (BStBl I S. 276), das BMF-Schreiben vom 15. März 1994 (BStBl I S. 230), das BMF-Schreiben vom 29. Mai 1995 (BStBl I S. 283), das BMF-Schreiben vom 27. November 2001 (BStBl I S. 986), das BMF-Schreiben vom 5. November 2002 (BStBl I S. 1346), das BMF-Schreiben vom 25. Oktober 2004 (BStBl I S. 1034), das BMF-Schreiben vom 20. Dezember 2005 (BStBl 2006 I S. 8), das BMF-Schreiben vom 2. Juli 2008 (BStBl I S. 687) und das BMF-Schreiben vom 27. April 2009 – IV C 1 – S 2252/08/10003 – 2009/0202883 – (nicht im BStBl veröffentlicht).

Hinweise:

1. Bei Kapitalerträgen i. S. des § 43 Absatz 1 Satz 1 Nummer 6 und 8 – 12 sowie Satz 2 EStG ist kein Steuerabzug vorzunehmen, wenn die Kapitalerträge Betriebseinnahmen eines inländischen Betriebs sind und der Gläubiger der Kapitalerträge oder die Personenmehrheit dies gegenüber der auszahlenden Stelle nach dem vorliegenden Vordruck erklärt. Entsprechendes gilt für Erträge aus Options- und/oder Termingeschäften, die zu den Einkünften aus Vermietung und Verpachtung gehören.

2. Bei Personenmehrheiten ist die Einkunftsqualifikation auf der Ebene der Personenmehrheit maßgeblich, nicht die abweichende Qualifikation bei einzelnen Beteiligten.

3. Die auszahlende Stelle hat die vorliegende Erklärung *sechs* Jahre lang aufzubewahren. Die Frist beginnt am Ende des Jahres zu laufen, in dem *die Freistellung letztmals berücksichtigt wird*.

---

[1] *Neu gefasst durch BMF vom 9.10.2012 (BStBl I S. 950).*

4. Die auszahlende Stelle übermittelt im Falle der Freistellung die Steuernummer bzw. bei natürlichen Personen die Identifikationsnummer (soweit erhalten), Vor- und Zuname des Gläubigers der Kapitalerträge sowie die Konto- oder Depotbezeichnung bzw. die sonstige Kennzeichnung des Geschäftsvorgangs an die Finanzverwaltung. Bei Personenmehrheiten treten die Firma oder vergleichbare Bezeichnungen an die Stelle des Vor- und Zunamens.

Anlage 1

Erklärung zur Freistellung vom Kapitalertragsteuerabzug
gemäß § 43 Absatz 2 Satz 3 Nummer 2 EStG

(Name/Firma – bei natürlichen Personen Vor- und Zuname, Geburtsdatum)

(Anschrift)   (Steuernummer – bei natürlichen Personen
                                               Identifikationsnummer)

An die auszahlende Stelle/Kreditinstitut

(Name/Firma)

(Filiale X-Stadt)

(Anschrift)

Ich erkläre/Wir erklären hiermit, dass die Kapitalerträge

☐ aus den Konten und Depots mit der Stammnummer ....

☐ aus den nachstehend oder in der Anlage angeführten Konten und Depots

Konto- bzw. Depot- Nr. ....

Konto- bzw. Depot- Nr. ....

Konto- bzw. Depot- Nr. ....

Konto- bzw. Depot- Nr. ....

Konto- bzw. Depot- Nr. ....

☐ aus den mit Ihnen seit dem .... abgeschlossenen Termin- und/oder Optionsgeschäften

☐ aus sonstigen nach dem .... erworbenen Kapitalforderungen, auch wenn diese nicht konten- oder depotmäßig verbucht sind,

zu den Betriebseinnahmen meines/unseres inländischen Betriebs gehören und der Steuerabzug bei Kapitalerträgen i. S. des § 43 Absatz 1 Satz 1 Nummer 6 und 8 – 12 sowie Satz 2 EStG nicht vorzunehmen ist.

☐ aus den mit Ihnen seit dem .... abgeschlossenen Termin- und/oder Optionsgeschäften zu meinen/ unseren Einkünften aus Vermietung und Verpachtung gehören und der Steuerabzug bei Kapitalerträgen i. S. des § 43 Absatz 1 Satz 1 Nummer 8 und 11 sowie Satz 2 EStG nicht vorzunehmen ist.

Werden von mir/uns im Rahmen meines/unseres inländischen Betriebs weitere betriebliche Konten/Depots eröffnet, Kapitalforderungen erworben oder Options- und/oder Termingeschäfte abgeschlossen, so können die Kapitalerträge bei der Eröffnung, dem Erwerb und dem Abschluss durch Bezugnahme auf diese Erklärung als vom Steuerabzug auf Kapitalerträge i. S. des § 43 Absatz 1 Satz 1 Nummer 6 und 8 – 12 sowie Satz 2 EStG freizustellende Erträge gekennzeichnet werden. Entsprechendes gilt beim Abschluss von Options- und/oder Termingeschäften im Rahmen der Einkünfte aus Vermietung und Verpachtung.

Diese Erklärung gilt ab dem .... bis zu einem möglichen Widerruf.

Änderungen der Verhältnisse werden Ihnen umgehend mitgeteilt.

(Unterschrift)

Anlage 2

Muster

– Freistellungsauftrag für Kapitalerträge und Antrag auf ehegattenübergreifende Verlustverrechnung –

(Gilt nicht für Betriebseinnahmen und Einnahmen aus Vermietung und Verpachtung)

(Name, abweichender Geburtsname, Vorname, Geburtsdatum des Gläubigers der Kapitalerträge)

(Straße, Hausnummer)

(Identifikationsnummer des Gläubigers)

☐ *Gemeinsamer Freistellungsauftrag*)*

(ggf. Name, abweichender Geburtsname, Vorname, Geburtsdatum des Ehegatten)

(Postleitzahl, Ort)

(Identifikationsnummer des Ehegatten bei gemeinsamem Freistellungsauftrag)

An

(z. B. Kreditinstitut/Bausparkasse/Lebensversicherungsunternehmen/Bundes-/Landesschuldenverwaltung)

(Straße, Hausnummer)

(Postleitzahl, Ort)

Hiermit erteile ich/erteilen wir**) Ihnen den Auftrag, meine/unsere**) bei Ihrem Institut anfallenden Kapitalerträge vom Steuerabzug freizustellen und/oder bei Dividenden und ähnlichen Kapitalerträgen die Erstattung von Kapitalertragsteuer zu beantragen, und zwar

☐ bis zu einem Betrag von .... € (bei Verteilung des Sparer-Pauschbetrages auf mehrere Kreditinstitute).

☐ bis zur Höhe des für mich/uns**) geltenden Sparer-Pauschbetrages von insgesamt 801 €/ 1.602 €**).

☐ über 0 €***) (sofern lediglich eine ehegattenübergreifende Verlustverrechnung beantragt werden soll).

Dieser Auftrag gilt ab dem 01.01.XXXX bzw. ab Beginn der Geschäftsverbindung

☐ so lange, bis Sie einen anderen Auftrag von mir/uns**) erhalten.

☐ bis zum 31.12.XXXX

Die in dem Auftrag enthaltenen Daten werden dem *Bundeszentralamt für Steuern (*BZSt) übermittelt. Sie dürfen zur Durchführung eines Verwaltungsverfahrens oder eines gerichtlichen Verfahrens in Steuersachen oder eines Strafverfahrens wegen einer Steuerstraftat oder eines Bußgeldverfahrens wegen einer Steuerordnungswidrigkeit verwendet werden sowie vom BZSt den Sozialleistungsträgern übermittelt werden, soweit dies zur Überprüfung des bei der Sozialleistung zu berücksichtigenden Einkommens oder Vermögens erforderlich ist (§ 45d EStG).

Ich versichere/Wir versichern**), dass mein/unser**) Freistellungsauftrag zusammen mit Freistellungsaufträgen an andere Kreditinstitute, Bausparkassen, das BZSt usw. den für mich/uns**) geltenden Höchstbetrag von insgesamt 801 €/1.602 €**) nicht übersteigt. Ich versichere/Wir versichern**) außerdem, dass ich/wir**) mit allen für das Kalenderjahr erteilten Freistellungsaufträgen für keine höheren Kapitalerträge als insgesamt 801 €/1.602 €**) im Kalenderjahr die Freistellung oder Erstattung von Kapitalertragsteuer in Anspruch nehme(n)**).

Die mit dem Freistellungsauftrag angeforderten Daten werden auf Grund von § 44a Absatz 2 und 2a, § 45d Absatz 1 EStG erhoben. *Die Angabe der steuerlichen Identifikationsnummer ist für die Übermittlung der Freistellungsdaten an das BZSt erforderlich. Die Rechtsgrundlagen für die Erhebung der Identifikationsnummer ergeben sich aus § 139a Absatz 1 Satz 1 2. Halbsatz AO, § 139b Absatz 2 AO und § 45d EStG. Die Identifikationsnummer darf nur für Zwecke des Besteuerungsverfahrens verwendet werden.*

_____   _____   _____

(Datum)   (Unterschrift)   (ggf. Unterschrift Ehegatte,
                                                      gesetzliche(r) Vertreter)

☐   Zutreffendes bitte ankreuzen

*)   *Angaben zum Ehegatten und dessen Unterschrift sind nur bei einem gemeinsamen Freistellungsauftrag erforderlich.*

**)   Nichtzutreffendes bitte streichen.

***) Möchten Sie mit diesem Antrag lediglich eine ehegattenübergreifende Verlustverrechnung beantragen, so kreuzen Sie bitte dieses Feld an.

Der Höchstbetrag von 1.602 € gilt nur bei Ehegatten, die einen gemeinsamen Freistellungsauftrag erteilen und bei denen die Voraussetzungen einer Zusammenveranlagung i. S. des § 26 Absatz 1 Satz 1 EStG vorliegen. Der gemeinsame Freistellungsauftrag ist z. B. nach Auflösung der Ehe oder bei dauerndem Getrenntleben zu ändern. Erteilen Ehegatten einen gemeinsamen Freistellungsauftrag, führt dies *am Jahresende* zu einer Verrechnung der Verluste des einen Ehegatten mit den Gewinnen und Erträgen des anderen Ehegatten. *Freistellungsaufträge können nur mit Wirkung zum Kalenderjahresende befristet werden. Eine Herabsetzung bis zu dem im Kalenderjahr bereits ausgenutzten Betrag ist jedoch zulässig. Sofern ein Freistellungsauftrag im laufenden Jahr noch nicht genutzt wurde, kann er auch zum 1. Januar des laufenden Jahres widerrufen werden. Der Freistellungsauftrag kann nur für sämtliche Depots oder Konten bei einem Kreditinstitut oder einem anderen Auftragnehmer gestellt werden.*

Steuerliche Berücksichtigung von Kinderbetreuungskosten ab dem
Veranlagungszeitraum 2012 (§ 10 Absatz 1 Nummer 5 EStG);
Anwendungsschreiben

BMF vom 14.3.2012 (BStBl I S. 307)
IV C 4 – S 2221/07/0012 :012 – 2012/0204082

Im Einvernehmen mit den obersten Finanzbehörden der Länder gilt für die steuerliche Berück-
sichtigung von Kinderbetreuungskosten ab dem Veranlagungszeitraum 2012 Folgendes:

I. Änderung des Einkommensteuergesetzes durch das Steuervereinfachungsgesetz 2011

1   *Die mit Wirkung vom Veranlagungszeitraum 2006 eingeführten und seit 2009 in § 9c EStG zusam-*
mengeführten Regelungen zum Abzug von erwerbsbedingten und nicht erwerbsbedingten Kin-
derbetreuungskosten bis zu einem Höchstbetrag von 4.000 Euro je Kind sind – unter Verringerung
der Anspruchsvoraussetzungen – mit Wirkung ab dem Veranlagungszeitraum 2012 in den neuen
§ 10 Absatz 1 Nummer 5 EStG übernommen worden. Die Unterscheidung nach erwerbsbedingten
und nicht erwerbsbedingten Kinderbetreuungskosten entfällt. Auf die persönlichen Anspruchs-
voraussetzungen bei den steuerpflichtigen Eltern, wie z. B. Erwerbstätigkeit oder Ausbildung,
kommt es nicht mehr an. Aus diesem Grund können Betreuungskosten für Kinder im Sinne des
§ 32 Absatz 1 EStG ab dem Veranlagungszeitraum 2012 ab Geburt des Kindes bis zur Vollendung
seines 14. Lebensjahres berücksichtigt werden. Darüber hinaus können solche Aufwendungen
für Kinder berücksichtigt werden, die wegen einer vor Vollendung des 25. Lebensjahres eingetre-
tenen körperlichen, geistigen oder seelischen Behinderung außerstande sind, sich selbst zu
unterhalten. Das gilt auch für Kinder, die wegen einer vor dem 1. Januar 2007 in der Zeit ab Voll-
endung des 25. Lebensjahres und vor Vollendung des 27. Lebensjahres eingetretenen körper-
lichen, geistigen oder seelischen Behinderung außerstande sind, sich selbst zu unterhalten (§ 52
Absatz 24a Satz 2 EStG).

2   *Kinderbetreuungskosten sind ab Veranlagungszeitraum 2012 einheitlich als Sonderausgaben*
abziehbar. Der Abzug wie Betriebsausgaben oder Werbungskosten ist ab diesem Zeitraum entfal-
len. Soweit es sich um Kinderbetreuungskosten handelt, die unter den Voraussetzungen der bis
einschließlich 2011 geltenden gesetzlichen Regelung des § 9c EStG wie Betriebsausgaben oder
Werbungskosten abgezogen werden konnten, kann die Neuregelung Auswirkungen haben,
soweit außersteuerliche Rechtsnormen an steuerliche Einkommensbegriffe anknüpfen, wie z. B.
§ 14 Absatz 1 Wohngeldgesetz. Diese Auswirkungen werden durch den mit dem Steuerverein-
fachungsgesetz 2011 eingefügten § 2 Absatz 5a Satz 2 EStG vermieden: Knüpfen außersteuerli-
che Rechtsnormen an die Begriffe „Einkünfte", „Summe der Einkünfte" oder „Gesamtbetrag der
Einkünfte" an, mindern sich für diese Zwecke diese Größen um die nach § 10 Absatz 1 Nummer 5
EStG abziehbaren Kinderbetreuungskosten. Auch bei Anwendung dieser Regelung wird nicht
danach unterschieden, ob die Kinderbetreuungskosten erwerbsbedingt oder nicht erwerbs-
bedingt angefallen sind.

II. Allgemeine Voraussetzungen

1. Dienstleistungen zur Betreuung

3   *[1]Betreuung im Sinne des § 10 Absatz 1 Nummer 5 EStG ist die behütende oder beaufsichtigende*
Betreuung, d. h. die persönliche Fürsorge für das Kind muss der Dienstleistung erkennbar
zugrunde liegen. Berücksichtigt werden können danach z. B. Aufwendungen für

–   *die Unterbringung von Kindern in Kindergärten, Kindertagesstätten, Kinderhorten, Kinderhei-*
    men und Kinderkrippen sowie bei Tagesmüttern, Wochenmüttern und in Ganztagespflegestel-
    len,

–   *die Beschäftigung von Kinderpflegern und Kinderpflegerinnen oder -schwestern, Erziehern*
    und Erzieherinnen,

–   *die Beschäftigung von Hilfen im Haushalt, soweit sie ein Kind betreuen,*

–   *die Beaufsichtigung des Kindes bei Erledigung seiner häuslichen Schulaufgaben (BFH-Urteil*
    vom 17. November 1978, BStBl 1979 II Seite 142).

---

[1] *Kinderbetreuung umfasst auch die pädagogisch sinnvolle Gestaltung der in Kindergärten und ähnlichen*
Einrichtungen verbrachten Zeit. Um nicht begünstigte Aufwendungen für Unterricht oder die Vermittlung
besonderer Fähigkeiten handelt es sich daher nur, wenn die Dienstleistungen in einem regelmäßig organi-
satorisch, zeitlich und räumlich verselbständigten Rahmen stattfinden und die vom Leistungserbringer
während der Unterrichtszeit ausgeübte Aufsicht über das Kind und damit die behütende Betreuung
gegenüber der Vermittlung der besonderen Fähigkeiten als dem Hauptzweck der Dienstleistung in den
Hintergrund rückt (→ BFH vom 19.4.2012 – BStBl II S. 862).

Aufwendungen für Kinderbetreuung durch Angehörige des Steuerpflichtigen können nur berück-   4
sichtigt werden, wenn den Leistungen klare und eindeutige Vereinbarungen zu Grunde liegen, die
zivilrechtlich wirksam zustande gekommen sind, inhaltlich dem zwischen Fremden Üblichen entsprechen, tatsächlich so auch durchgeführt werden und die Leistungen nicht üblicherweise auf
familienrechtlicher Grundlage unentgeltlich erbracht werden. So können z. B. Aufwendungen für
eine Mutter, die zusammen mit dem gemeinsamen Kind im Haushalt des Steuerpflichtigen lebt,
nicht berücksichtigt werden (BFH-Urteil vom 6. November 1997, BStBl 1998 II Seite 187). Auch bei
einer eheähnlichen Lebensgemeinschaft oder einer Lebenspartnerschaft zwischen dem Steuerpflichtigen und der Betreuungsperson ist eine Berücksichtigung von Kinderbetreuungskosten
nicht möglich. Leistungen an eine Person, die für das betreute Kind Anspruch auf einen Freibetrag nach § 32 Absatz 6 EStG oder auf Kindergeld hat, können nicht als Kinderbetreuungskosten anerkannt werden.

2. Aufwendungen

Zu berücksichtigen sind Ausgaben in Geld oder Geldeswert (Wohnung, Kost, Waren, sonstige   5
Sachleistungen) für Dienstleistungen zur Betreuung eines Kindes einschließlich der Erstattungen
an die Betreuungsperson (z. B. Fahrtkosten), wenn die Leistungen im Einzelnen in der Rechnung
oder im Vertrag aufgeführt werden. Wird z. B. bei einer ansonsten unentgeltlich erbrachten
Betreuung ein Fahrtkostenersatz gewährt, so ist dieser zu berücksichtigen, wenn hierüber eine
Rechnung erstellt wird. Aufwendungen für Fahrten des Kindes zur Betreuungsperson sind nicht
zu berücksichtigen (BFH-Urteil vom 29. August 1986, BStBl 1987 II Seite 167). Eine Gehaltsredu-
zierung, die dadurch entsteht, dass der Steuerpflichtige seine Arbeitszeit zugunsten der Betreuung seines Kindes kürzt, stellt keinen Aufwand für Kinderbetreuung dar. Für Sachleistungen gilt
§ 8 Absatz 2 EStG entsprechend.

Wird ein einheitliches Entgelt sowohl für Betreuungsleistungen als auch für andere Leistungen   6
gezahlt, ist mit Ausnahme der in Randnummer 9 bezeichneten Fälle gegebenenfalls eine Aufteilung im Schätzungswege vorzunehmen. Von einer Aufteilung ist abzusehen, wenn die anderen
Leistungen von untergeordneter Bedeutung sind.

Bei Aufnahme eines Au-pairs in eine Familie fallen in der Regel sowohl Aufwendungen für die   7
Betreuung der Kinder als auch für leichte Hausarbeiten an. Wird in einem solchen Fall der
Umfang der Kinderbetreuungskosten nicht nachgewiesen (z. B. durch Festlegung der Tätigkeiten
im Vertrag und entsprechende Aufteilung des Entgelts), kann ein Anteil von 50 Prozent der
Gesamtaufwendungen als Kinderbetreuungskosten berücksichtigt werden.

Aufwendungen für Unterricht (z. B. Schulgeld, Nachhilfe oder Fremdsprachenunterricht), die Ver-   8
mittlung besonderer Fähigkeiten (z. B. Musikunterricht, Computerkurse) oder für sportliche und
andere Freizeitbetätigungen (z. B. Mitgliedschaft in Sportvereinen oder anderen Vereinen, Tennis-
oder Reitunterricht) sind nicht zu berücksichtigen. Auch Aufwendungen für die Verpflegung des
Kindes sind nicht zu berücksichtigen (BFH-Urteil vom 28. November 1986, BStBl 1987 II
Seite 490).

Werden für eine Nachmittagsbetreuung in der Schule Elternbeiträge erhoben und umfassen   9
diese nicht nur eine Hausaufgabenbetreuung, sind Entgeltanteile, die z. B. auf Nachhilfe oder
bestimmte Kurse (z. B. Computerkurs) oder auf eine etwaige Verpflegung entfallen, nicht zu
berücksichtigen. Ein Abzug von Kinderbetreuungskosten ist nur möglich, wenn eine entsprechende Aufschlüsselung der Beiträge vorliegt.

Die Zuordnung von Kinderbetreuungskosten zu einem Veranlagungszeitraum richtet sich nach   10
§ 11 EStG.

Bei beschränkter Steuerpflicht ist ein Abzug von Kinderbetreuungskosten ausgeschlossen (§ 50   11
Absatz 1 Satz 3 EStG).

3. Haushaltszugehörigkeit

Ein Kind gehört zum Haushalt des jeweiligen Elternteils, in dessen Wohnung es dauerhaft lebt   12
oder mit dessen Einwilligung es vorübergehend auswärts untergebracht ist. Auch in Fällen, in
denen dieser Elternteil mit dem Kind in der Wohnung seiner Eltern oder Schwiegereltern oder in
Wohngemeinschaft mit anderen Personen lebt, ist die Haushaltszugehörigkeit des Kindes als
gegeben anzusehen. Haushaltszugehörigkeit erfordert ferner eine Verantwortung für das materielle (Versorgung, Unterhaltsgewährung) und immaterielle Wohl (Fürsorge, Betreuung) des Kindes. Eine Heimunterbringung ist unschädlich, wenn die Wohnverhältnisse in der Familienwohnung die speziellen Bedürfnisse des Kindes berücksichtigen und sich im Haushalt dieses
Elternteils regelmäßig aufhält (BFH-Urteil vom 14. November 2001, BStBl 2002 II Seite 244). Bei
nicht zusammenlebenden Elternteilen ist grundsätzlich die Meldung des Kindes maßgebend.

Ein Kind kann ausnahmsweise zum Haushalt des Elternteils gehören, bei dem es nicht gemeldet   13
ist, wenn der Elternteil dies nachweist oder glaubhaft macht. Die Zahlung des Kindergeldes an
einen Elternteil ist ein weiteres Indiz für die Zugehörigkeit des Kindes zu dessen Haushalt. In Aus-

nahmefällen kann ein Kind auch zu den Haushalten beider getrennt lebender Elternteile gehören (BFH-Urteil vom 14. Dezember 2004, BStBl 2008 II Seite 762; BFH-Urteil vom 28. April 2010, BStBl 2011 II Seite 30).

4. Berechtigter Personenkreis

14 *Zum Abzug von Kinderbetreuungskosten ist grundsätzlich nur der Elternteil berechtigt, der die Aufwendungen getragen hat (BFH-Urteil vom 25. November 2010, BStBl 2011 II Seite 450) und zu dessen Haushalt das Kind gehört. Trifft dies auf beide Elternteile zu, kann jeder seine tatsächlichen Aufwendungen grundsätzlich nur bis zur Höhe des hälftigen Abzugshöchstbetrages geltend machen. Zur Zuordnung der Aufwendungen siehe im Übrigen Randnummern 25 bis 29.*

15 *Aufwendungen zur Betreuung von Stiefkindern und Enkelkindern können nicht berücksichtigt werden, da es sich insoweit nicht um Kinder im Sinne des § 32 Absatz 1 EStG handelt.*

5. Höchstbetrag

16 *Kinderbetreuungskosten sind in Höhe von zwei Dritteln der Aufwendungen, höchstens 4.000 Euro je Kind und Kalenderjahr abziehbar.*

17 *Der Höchstbetrag beläuft sich auch bei einem Elternpaar, das entweder gar nicht oder nur zeitweise zusammengelebt hat, auf 4.000 Euro je Kind für das gesamte Kalenderjahr. Eine Aufteilung auf die Zeiträume des gemeinsamen Haushalts bzw. der getrennten Haushalte ist nicht vorzunehmen. Haben beide Elternteile entsprechende Aufwendungen getragen, sind diese bei jedem Elternteil grundsätzlich nur bis zu einem Höchstbetrag von 2.000 Euro zu berücksichtigen. Siehe im Übrigen Randnummern 25 bis 29.*

18 *Der Höchstbetrag ist ein Jahresbetrag. Eine zeitanteilige Aufteilung findet auch dann nicht statt, wenn für das Kind nicht im gesamten Kalenderjahr Betreuungskosten angefallen sind.*

> *Beispiel:*
>
> *Das Kind eines verheirateten Elternpaares geht von Januar bis Juni 2012 in den Kindergarten. Die Sommermonate Juli bis zu seiner Einschulung Ende September 2012 verlebt es bei seinen Großeltern. Ab der Einschulung geht es nachmittags in den Kinderhort.*
>
> *Den Eltern sind 2012 Kinderbetreuungskosten in Höhe von insgesamt 3.600 Euro entstanden. Davon können sie zwei Drittel, also 2.400 Euro als Sonderausgaben geltend machen. Es findet keine zeitanteilige Kürzung statt.*

19 *Ist das zu betreuende Kind nicht unbeschränkt einkommensteuerpflichtig, ist der Höchstbetrag zu kürzen, soweit es nach den Verhältnissen im Wohnsitzstaat des Kindes notwendig und angemessen ist. Die für die jeweiligen Staaten in Betracht kommenden Kürzungen ergeben sich aus der Ländergruppeneinteilung[1], die durch BMF-Schreiben bekannt gemacht wird, zuletzt durch BMF-Schreiben vom 4. Oktober 2011 (BStBl 2011 I Seite 961).*

III. Nachweis

1. Rechnung

20 *Der Abzug von Kinderbetreuungskosten setzt nach § 10 Absatz 1 Nummer 5 Satz 4 EStG voraus, dass der Steuerpflichtige für die Aufwendungen eine Rechnung erhalten hat und die Zahlung auf das Konto des Erbringers der Leistung erfolgt ist. Die Rechnung sowie die Zahlungsnachweise sind nur auf Verlangen des Finanzamts vorzulegen. Es muss sich nicht um eine Rechnung im Sinne des Umsatzsteuergesetzes handeln.*

21 *Einer Rechnung stehen gleich:*

- *bei einem sozialversicherungspflichtigen Beschäftigungsverhältnis oder einem Minijob der zwischen dem Arbeitgeber und dem Arbeitnehmer abgeschlossene schriftliche (Arbeits-)Vertrag,*
- *bei Au-pair-Verhältnissen ein Au-pair-Vertrag, aus dem ersichtlich ist, dass ein Anteil der Gesamtaufwendungen auf die Kinderbetreuung entfällt,*
- *bei der Betreuung in einem Kindergarten oder Hort der Bescheid des öffentlichen oder privaten Trägers über die zu zahlenden Gebühren,*
- *eine Quittung, z. B. über Nebenkosten zur Betreuung, wenn die Quittung genaue Angaben über die Art und die Höhe der Nebenkosten enthält. Ansonsten sind Nebenkosten nur zu berücksichtigen, wenn sie in den Vertrag oder die Rechnung aufgenommen worden sind.*

---

[1] → Anhang 2 III.

2. Zahlungsarten

Die Zahlung auf das Konto des Erbringers der Leistung erfolgt in der Regel durch Überweisung. Beträge, für deren Begleichung ein Dauerauftrag eingerichtet worden ist oder die durch eine Einzugsermächtigung abgebucht oder im Wege des Online-Bankings überwiesen wurden, können in Verbindung mit dem Kontoauszug, der die Abbuchung ausweist, anerkannt werden. Das gilt auch bei Übergabe eines Verrechnungsschecks oder der Teilnahme am Electronic-Cash-Verfahren oder an elektronischen Lastschriftverfahren.

22

3. Keine Barzahlung

Barzahlungen einschließlich Baranzahlungen oder Barteilzahlungen sowie Barschecks können in keinem Fall anerkannt werden. Das gilt selbst dann, wenn die Barzahlung von dem Erbringer der Betreuungsleistung tatsächlich ordnungsgemäß verbucht worden ist und der Steuerpflichtige einen Nachweis über die ordnungsgemäße Buchung erhalten hat oder wenn eine Barzahlung durch eine später veranlasste Zahlung auf das Konto des Erbringers der Leistung ersetzt wird.

23

4. Konto eines Dritten

Der Sonderausgabenabzug durch den Steuerpflichtigen ist auch möglich, wenn die Betreuungsleistung, für die der Steuerpflichtige eine Rechnung erhalten hat, von dem Konto eines Dritten bezahlt worden ist (abgekürzter Zahlungsweg). Siehe auch Randnummer 29.

24

IV. Zuordnung der Aufwendungen

1. Verheiratete Eltern, welche die Voraussetzungen des § 26 Absatz 1 Satz 1 EStG erfüllen

a) Zusammenveranlagung

Für den Abzug von Kinderbetreuungskosten als Sonderausgaben kommt es bei verheirateten Eltern, die nach § 26b EStG zusammen zur Einkommensteuer veranlagt werden, nicht darauf an, welcher Elternteil die Aufwendungen geleistet hat oder ob sie von beiden getragen wurden.

25

b) Getrennte Veranlagung 2012

Mangels einer ausdrücklichen gesetzlichen Regelung für den Sonderausgabenabzug von Kinderbetreuungskosten im Fall der getrennten Veranlagung von Ehegatten im Veranlagungszeitraum 2012 sind die Sonderausgaben demjenigen Ehegatten zuzurechnen, der die Aufwendungen getragen hat. Trifft dies auf beide Ehegatten zu, kann jeder seine tatsächlichen Aufwendungen grundsätzlich nur bis zur Höhe des hälftigen Abzugshöchstbetrages geltend machen. Etwas anderes gilt nur dann, wenn die Ehegatten einvernehmlich gegenüber dem Finanzamt eine anderweitige Aufteilung des Höchstbetrages wählen. Abweichend davon können die Kinderbetreuungskosten aus Billigkeitsgründen auf übereinstimmenden Antrag der Ehegatten von diesen jeweils zur Hälfte abgezogen werden. Der Abzug ist dabei bei jedem Ehegatten auf den hälftigen Abzugshöchstbetrag beschränkt.

26

c) Einzelveranlagung ab 2013

Mit Wirkung ab dem Veranlagungszeitraum 2013 wird die getrennte Veranlagung durch die Einzelveranlagung von Ehegatten nach § 26a EStG in der Fassung des Steuervereinfachungsgesetzes 2011 ersetzt (§ 52 Absatz 1, § 68 Satz 1 EStG i. V. m. Artikel 18 Absatz 1 des Steuervereinfachungsgesetzes 2011). Nach § 26a Absatz 2 Satz 1 EStG sind Sonderausgaben demjenigen Ehegatten zuzurechnen, der die Aufwendungen wirtschaftlich getragen hat. Trifft dies auf beide Ehegatten zu, kann jeder seine tatsächlichen Aufwendungen grundsätzlich bis zur Höhe des hälftigen Abzugshöchstbetrages geltend machen. Etwas anderes gilt nur dann, wenn die Ehegatten einvernehmlich gegenüber dem Finanzamt eine anderweitige Aufteilung des Abzugshöchstbetrages wählen. Abweichend davon können die Kinderbetreuungskosten auf übereinstimmenden Antrag der Ehegatten von diesen jeweils zur Hälfte abgezogen werden (§ 26a Absatz 2 Satz 2 EStG). Der Abzug ist dabei bei jedem Ehegatten auf den hälftigen Abzugshöchstbetrag beschränkt. In begründeten Einzelfällen reicht der Antrag desjenigen Ehegatten, der die Aufwendungen wirtschaftlich getragen hat, aus (§ 26a Absatz 2 Satz 3 EStG). Die Wahl des Abzugs wird durch Angabe in der Steuererklärung getroffen (§ 26a Absatz 2 Satz 4 i. V. m. § 26 Absatz 2 Satz 3 EStG).

27

2. Nicht verheiratete, dauernd getrennt lebende oder geschiedene Eltern

Bei nicht verheirateten, dauernd getrennt lebenden oder geschiedenen Eltern ist derjenige Elternteil zum Abzug von Kinderbetreuungskosten berechtigt, der die Aufwendungen getragen hat (BFH-Urteil vom 25. November 2010, BStBl 2011 II Seite 450) und zu dessen Haushalt das Kind gehört. Trifft dies auf beide Elternteile zu, kann jeder seine tatsächlichen Aufwendungen grund-

28

sätzlich nur bis zur Höhe des hälftigen Abzugshöchstbetrages geltend machen. Etwas anderes gilt nur dann, wenn die Eltern einvernehmlich eine abweichende Aufteilung des Abzugshöchstbetrages wählen und dies gegenüber dem Finanzamt anzeigen.

29 *Wenn von den zusammenlebenden, nicht miteinander verheirateten Eltern nur ein Elternteil den Kinderbetreuungsvertrag (z. B. mit der Kindertagesstätte) abschließt und das Entgelt von seinem Konto zahlt, kann dieses weder vollständig noch anteilig dem anderen Elternteil als von ihm getragener Aufwand zugerechnet werden (BFH-Urteil vom 25. November 2010, BStBl 2011 II Seite 450).*

V. Ausschluss eines weiteren Abzugs

30 *Erfüllen Kinderbetreuungskosten grundsätzlich die Voraussetzungen für einen Abzug als Sonderausgaben, kommt für diese Aufwendungen eine Steuerermäßigung nach § 35a EStG nicht in Betracht (§ 35a Absatz 5 Satz 1, 2. Halbsatz EStG). Auf den tatsächlichen Abzug als Sonderausgaben kommt es dabei nicht an. Dies gilt sowohl für das nicht abziehbare Drittel der Aufwendungen, als auch für die Aufwendungen, die den Höchstbetrag von 4.000 Euro je Kind übersteigen.*

VI. Abweichendes Wirtschaftsjahr

31 *Für Steuerpflichtige mit abweichendem Wirtschaftsjahr, die Kinderbetreuungskosten bis einschließlich 31. Dezember 2011 wie Betriebsausgaben abziehen können, gilt Folgendes:*

Die auf die Zeit vom Beginn des abweichenden Wirtschaftsjahrs 2011 bis zum 31. Dezember 2011 entfallenden Kinderbetreuungskosten können bis zu dem zeitanteiligen Höchstbetrag wie Betriebsausgaben abgezogen werden. Die ab 1. Januar 2012 anfallenden Kinderbetreuungskosten können nur als Sonderausgaben nach Maßgabe des § 10 Absatz 1 Nummer 5 EStG in der Fassung des Steuervereinfachungsgesetzes 2011 geltend gemacht werden.

Beispiel:

Ein Ehepaar betreibt gemeinsam einen land- und forstwirtschaftlichen Betrieb mit abweichendem Wirtschaftsjahr 1. Juli bis 30. Juni. Die im Jahr 2011 anfallenden Kinderbetreuungskosten können beide wie Betriebsausgaben abziehen. Der auf die Zeit vom 1. Juli bis 31. Dezember 2011 entfallende Höchstbetrag beträgt zeitanteilig zwei Drittel der Aufwendungen, maximal 2.000 Euro.

VII. Anwendungsregelungen

32 *Dieses BMF-Schreiben ist mit Ausnahme der Randnummern 27 und 31 ab dem Veranlagungszeitraum 2012 anzuwenden.*

33 *Randnummer 27 ist ab dem Veranlagungszeitraum 2013 und Randnummer 31 ist nur für die Veranlagungszeiträume 2011 und 2012 anzuwenden.*

34 *Für die Veranlagungszeiträume 2006 bis 2011 ist das BMF-Schreiben vom 19. Januar 2007 (BStBl 2007 I Seite 184) weiter anzuwenden.*

Besteuerung von Versicherungserträgen im Sinne des § 20 Absatz 1 Nummer 6 EStG

BMF vom 1. 10. 2009 (BStBl I S. 1172)

IV C 1 – S 2252/07/0001 – 2009/0637786

unter Berücksichtigung der Änderungen durch BMF vom 6.3.2012
(BStBl I S. 238)
IV C 3 – S 2220/11/10002 / IV C 1 – S 2252/07/0001 :005

Im Einvernehmen mit den obersten Finanzbehörden der Länder wird das BMF-Schreiben vom 22. Dezember 2005 (BStBl I 2006, S. 92) wie folgt gefasst (Änderungen gegenüber dem bisherigen Text sind durch Fettdruck gekennzeichnet):

Übersicht

I. Versicherung im Sinne des § 20 Absatz 1 Nummer 6 EStG

1 Der Besteuerung nach § 20 Absatz 1 Nummer 6 EStG unterliegen die Erträge aus folgenden Versicherungen auf den Erlebens- oder Todesfall (kapitalbildende Lebensversicherungen): Rentenversicherungen mit Kapitalwahlrecht, soweit nicht die Rentenzahlung gewählt wird, und Kapitalsicherungen mit Sparanteil. Erträge aus Unfallversicherungen mit garantierter Beitragsrückzahlung unterliegen ebenfalls der Besteuerung nach § 20 Absatz 1 Nummer 6 EStG.

2 Eine Versicherung im Sinne des § 20 Absatz 1 Nummer 6 EStG unterscheidet sich von einer Vermögensanlage ohne Versicherungscharakter dadurch, dass ein wirtschaftliches Risiko abgedeckt wird, das aus der Unsicherheit und Unberechenbarkeit des menschlichen Lebens für den Lebensplan des Menschen erwächst (biometrisches Risiko). Die durch die Lebensversicherung typischerweise abgedeckten Gefahren sind der Tod (Todesfallrisiko) oder die ungewisse Lebensdauer (Erlebensfallrisiko, Langlebigkeitsrisiko). Bei der Unfallversicherung mit garantierter Beitragsrückzahlung stellen das Unfallrisiko oder das Risiko der Beitragsrückzahlung im Todesfall die mit der Versicherung untrennbar verbundenen charakteristischen Hauptrisiken dar.

3 Es liegt kein Versicherungsvertrag im Sinne des § 20 Absatz 1 Nummer 6 EStG vor, wenn der Vertrag keine nennenswerte Risikotragung enthält. Davon ist insbesondere dann auszugehen, wenn bei Risikoeintritt nur eine Leistung der angesammelten und verzinsten Sparanteile zuzüglich einer Überschussbeteiligung vereinbart ist. In der Regel ist vom Vorliegen eines Versicherungsvertrages im Sinne des § 20 Absatz 1 Nummer 6 EStG auszugehen, wenn es sich um eine Lebensversicherung oder Unfallversicherung mit garantierter Beitragsrückzahlung im Sinne des Versicherungsaufsichtsrechts handelt. Die Regelungen zum Mindesttodesfallschutz (vgl. Rz. 23 ff. des BMF-Schreibens vom 22. August 2002 – IV C 4 – S 2221 – 211/02, BStBl I S. 827) sind für nach dem 31. Dezember 2004 abgeschlossene Versicherungsverträge nicht anzuwenden; für nach dem 31. März 2009 abgeschlossene Kapitallebensversicherungsverträge gelten neue Regelungen zum Mindesttodesfallschutz (vgl. Rz. 78a ff.).

3a Eine Rentenversicherung liegt nur dann vor, wenn bereits am Beginn der Vertragslaufzeit ein Langlebigkeitsrisiko vom Versicherungsunternehmen übernommen wird. Dies bedeutet, dass bereits bei Vertragsabschluss die Höhe der garantierten Leibrente in Form eines konkreten Geldbetrages festgelegt wird oder ein konkret beziffertes Faktor garantiert wird, mit dem die Höhe der garantierten Leibrente durch Multiplikation mit dem am Ende der Anspar- bzw. Aufschubphase vorhandenen Fondsvermögen bzw. Deckungskapital errechnet wird (Rentenfaktor). Für einzelne Vermögensteile (z. B. durch die Kapitalanlage sichergestellltes Mindestvermögen, eventuelle über die gezahlten Beiträge erheblich hinausgehende Wertsteigerungen) können auch unterschiedliche Rentenfaktoren garantiert werden. Bei Beitragserhöhungen muss der konkrete Geldbetrag oder der Rentenfaktor spätestens im Erhöhungszeitpunkt garantiert werden. Eine vereinbarte Anpassung des Beitrags oder der Leistung gemäß § 163 VVG ist unschädlich.

Für vor dem 1. Juli 2010 abgeschlossene Rentenversicherungen ist es ausreichend, dass das Versicherungsunternehmen bei Vertragsabschluss bzw. im Erhöhungszeitpunkt hinreichend konkrete Grundlagen für die Berechnung der Rentenhöhe oder des Rentenfaktors zugesagt hat. Dieses Erfordernis ist auch erfüllt, wenn die bei Vertragsbeginn für die Rentenberechnung unterstellten Rechnungsgrundlagen mit Zustimmung eines unabhängigen Treuhänders, der die Voraussetzungen und die Angemessenheit prüft, geändert werden können. 3b

Insbesondere bei den nachfolgenden Vertragsgestaltungen ist von einer hinreichenden Konkretisierung der Berechnungsgrundlagen auszugehen:

Beispiel 1: Es gelten die am Ende der Aufschubphase gültigen Rententarife. Der maßgebende Rentenfaktor muss dabei aber mindestens 75 % des Wertes des Rentenfaktors betragen, der sich mit den bei Vertragsabschluss verwendeten Rechnungsgrundlagen ergeben würde.

Beispiel 2: Die auszuzahlende Rente wird zu Beginn der Rentenzahlung für die gesamte Rentenbezugszeit festgelegt. Bei der Rentenberechnung werden mindestens 50 % der Sterblichkeiten der Sterbetafel DAV 2004 R und der dann aufsichtsrechtlich festgelegte Höchstrechnungszins zur Deckungsrückstellungsberechnung angesetzt.

Ein Vertrag, der keine hinreichend konkreten Berechnungsgrundlagen enthält, sondern lediglich eine Verrentung am Ende der Anspar- bzw. Aufschubphase zu den dann gültigen Bedingungen vorsieht, ist steuerrechtlich keine Rentenversicherung, sondern ein nach den allgemeinen Vorschriften zu besteuernder Sparvorgang mit einer steuerlich unbeachtlichen Verrentungsoption. Wird bei einem derartigen Vertrag während der Anspar- bzw. Aufschubphase ein Todesfallrisiko übernommen, ist von einer Kapitalversicherung und von einem Zufluss der Erträge am Ende der Anspar- bzw. Aufschubphase auszugehen (vgl. Rz. 26). Sofern vor dem 1. Juli 2010 ein konkreter Geldbetrag oder Rentenfaktor nachträglich zugesagt wird, ist der Vertrag als Rentenversicherung zu betrachten und es ist keine steuerlich relevante Vertragsänderung anzunehmen. Bei Verträgen, bei denen vor diesem Datum die Rentenzahlung beginnt, und bei vor dem 1. Januar 2005 abgeschlossenen Rentenversicherungsverträgen ist eine nachträgliche Zusage nicht erforderlich.

Bei ab dem 1. Juli 2010 abgeschlossenen Versicherungsverträgen ist nicht von einer steuerlich anzuerkennenden Rentenversicherung auszugehen, wenn der vereinbarte Rentenzahlungsbeginn dergestalt aufgeschoben ist, dass die mittlere Lebenserwartung der versicherten Person unwesentlich unterschritten oder sogar überschritten wird. Nicht zu beanstanden ist es, wenn der Zeitraum zwischen dem vereinbarten spätesten Rentenbeginn und der mittleren Lebenserwartung mehr als 10 % der bei Vertragsabschluss verbliebenen Lebenserwartung beträgt. Maßgebend ist die dem Vertrag zu Grunde gelegte Sterbetafel. 3c

Beispiel: Die versicherte Person ist bei Vertragsabschluss 30 Jahre alt und hat eine mittlere Lebenserwartung von 82 Jahren. Die verbleibende Lebenserwartung beträgt 52 Jahre, davon 10 % sind 5,2 Jahre. Ein vereinbarter Rentenbeginn mit 77 Jahren wäre nicht zu beanstanden.

Keine Versicherungsverträge im Sinne des § 20 Absatz 1 Nummer 6 EStG sind Kapitalisierungsgeschäfte. Als Kapitalisierungsgeschäfte gelten Geschäfte, bei denen unter Anwendung eines mathematischen Verfahrens die im Voraus festgesetzten einmaligen oder wiederkehrenden Prämien und die übernommenen Verpflichtungen nach Dauer und Höhe festgelegt sind (vgl. § 1 Absatz 4 Satz 2 des Versicherungsaufsichtsgesetzes [VAG]). 4

Bei Kapitalforderungen aus Verträgen mit Versicherungsunternehmen, bei denen es sich nicht um einen Versicherungsvertrag im oben angeführten Sinne handelt, richtet sich die Besteuerung des Kapitalertrags nach § 20 Absatz 1 Nummer 7 EStG. 5

Zu den nach § 20 Absatz 1 Nummer 6 EStG steuerpflichtigen Renten- oder Kapitalversicherungen zählen nur solche, die einen Sparanteil enthalten. Bei solchen Versicherungen setzt sich der Versicherungsbeitrag grundsätzlich zusammen aus dem 6

– Kostenanteil (Beitragsteil insbesondere für Verwaltungsaufgaben des Unternehmens, Abschlusskosten, Inkassokosten), dem

– Risikoanteil (Beitragsanteil für Leistungen bei Eintritt eines charakteristischen Hauptrisikos: Tod bei Lebensversicherungen, Unfall oder Beitragsrückzahlung im Todesfall bei Unfallversicherungen mit garantierter Beitragsrückzahlung) und dem

– Sparanteil (Beitragsanteil, der für die Finanzierung einer Erlebensfall-Leistung verwendet wird).

Eine Leistung aus einer reinen Risikoversicherung, also einer Versicherung ohne Sparanteil (z. B. Risikolebensversicherung, Unfallversicherung ohne garantierte Beitragsrückzahlung, Berufsunfähigkeitsversicherung, Erwerbsunfähigkeitsversicherung, Pflegeversicherung), fällt nicht unter § 20 Absatz 1 Nummer 6 EStG. Dies gilt sowohl für Kapitalauszahlungen aus reinen Risikoversicherungen als auch für Rentenzahlungen (z. B. Unfall-Rente, Invaliditätsrente). Bei einer Rentenzahlung kann sich jedoch eine Besteuerung aus anderen Vorschriften (insbesondere § 22 Nummer 1 Satz 1 EStG oder § 22 Nummer 1 Satz 3 Buchstabe a Doppelbuchstabe bb EStG) ergeben. Die Barauszahlung von Überschüssen (vgl. Rz. 13 ff.) sowie die Leistung aufgrund einer verzinslichen Ansammlung der 7

Überschüsse (vgl. Rz. 17) ist bei einer reinen Risikoversicherung keine Einnahme im Sinne des § 20 Absatz 1 Nummer 6 EStG und auch nicht im Sinne des § 20 Absatz 1 Nummer 7 EStG.

II. Allgemeine Begriffsbestimmungen

1. Versicherungsnehmer

8   Der Versicherungsnehmer (vgl. § 1 des Versicherungsvertragsgesetzes [VVG]) ist der Vertragspartner des Versicherers. Er ist Träger aller Rechte des Vertrages, z. B. Recht die Versicherungsleistung zu fordern, den Vertrag zu ändern, zu kündigen, Bezugsberechtigungen zu erteilen, die Ansprüche aus dem Vertrag abzutreten oder zu verpfänden. Er ist gleichzeitig Träger aller Pflichten, z. B. Pflicht zur Beitragszahlung.

2. Bezugsberechtigter

9   Der Bezugsberechtigte (vgl. §§ 166, 167 VVG) ist derjenige, der nach den vertraglichen Vereinbarungen die Versicherungsleistung erhalten soll. In der Regel kann der Versicherungsnehmer ohne Zustimmung des Versicherers einen Dritten als Bezugsberechtigten bestimmen. Das Bezugsrecht kann getrennt für den Erlebensfall und den Rückkauf sowie für den Todesfall festgelegt sein. Es kann widerruflich oder unwiderruflich ausgesprochen sein.

10   Bei einem unwiderruflichen Bezugsrecht bedarf jede Änderung des Bezugsrechts der Zustimmung des Bezugsberechtigten. Dieser hat auch einen unmittelbaren Rechtsanspruch auf die Leistung.

11   Bei einem widerruflichen Bezugsrecht hat der Bezugsberechtigte nur eine Anwartschaft auf die Leistung. Das widerrufliche Bezugsrecht kann auch jederzeit durch eine Mitteilung des Versicherungsnehmers an das Versicherungsunternehmen geändert werden. Im Zeitpunkt des Versicherungsfalls wird aus der Anwartschaft ein Rechtsanspruch.

3. Versicherte Person

12   Die versicherte Person ist die Person, auf deren Leben oder Gesundheit die Versicherung abgeschlossen wird (vgl. § 150 VVG). Da von ihren individuellen Eigenschaften (insbes. Alter und Gesundheitszustand) die wesentlichen Merkmale eines Versicherungsvertrages abhängen (vgl. BFH vom 9. Mai 1974, BStBl II S. 633), ist die versicherte Person eine unveränderbare Vertragsgrundlage. Bei einem Wechsel der versicherten Person erlischt, unabhängig von der Frage, ob ein entsprechendes Optionsrecht bereits bei Vertragsabschluss vereinbart worden ist oder nicht (vgl. hierzu Rz. 68), steuerrechtlich der „alte Vertrag" und es wird steuerrechtlich vom Abschluss eines „neuen Vertrages" ausgegangen. Dabei ist für beide Verträge getrennt zu prüfen, ob die Voraussetzungen für die Anwendung des § 20 Absatz 1 Nummer 6 Satz 2 EStG erfüllt sind. Wird die auf den „alten Vertrag" entfallende Versicherungsleistung ganz oder teilweise auf den „neuen Vertrag" angerechnet, so gilt auch die angerechnete Versicherungsleistung aus dem „alten Vertrag" als zugeflossen. Die aus dem „alten Vertrag" angerechnete Versicherungsleistung gilt als Beitragszahlung auf den „neuen Vertrag".

12a   Ein steuerlich relevanter Zufluss liegt nicht vor, wenn bei einer internen Teilung nach § 10 des Versorgungsausgleichsgesetzes (VersAusglG) oder bei einer externen Teilung nach § 14 VersAusglG Ansprüche aus einem Vertrag der ausgleichspflichtigen Person übertragen werden. Der Vertrag der ausgleichsberechtigten Person gilt insoweit als gleichem Zeitpunkt abgeschlossen wie derjenige der ausgleichspflichtigen Person, § 52 Absatz 36 Satz 12 EStG.

4. Überschussbeteiligung

13   Der Versicherungsvertrag sieht in der Regel vor, dass der Versicherungsnehmer und/oder der Bezugsberechtigte an den Überschüssen des Versicherungsunternehmens zu beteiligen ist. Überschüsse erzielen die Unternehmen vor allem aus dem Kapitalanlage-, dem Risiko- und dem Kostenergebnis.

Ein Überschuss entsteht im Kapitalanlageergebnis, wenn ein höherer Ertrag als der Rechnungszins erzielt wird. Der Rechnungszins gibt den vom Versicherungsunternehmen garantierten Zins wieder, mit dem die Deckungsrückstellung kalkuliert wird. Beim Risikoergebnis kommt es zu Überschüssen, wenn der Risikoverlauf günstiger ist, als bei der Kalkulation angenommen (z. B. bei Versicherungen mit Todesfall-Leistung eine geringere Anzahl von Sterbefällen). Das Kostenergebnis ist positiv, wenn das Versicherungsunternehmen weniger Kosten für die Einrichtung und die laufende Verwaltung des Vertrages aufwendet, als veranschlagt wurde. Die Überschüsse werden jährlich ermittelt.

Die Beteiligung an den Überschüssen kann insbesondere in Form der nachfolgend beschriebenen Methoden erfolgen:

Barauszahlung

14   Die Überschüsse werden jährlich ausgezahlt (zu den steuerlichen Folgen siehe Rz. 45).

Beitragsverrechnung

Es kann auch vereinbart werden, dass die Überschüsse mit den Beiträgen zu verrechnen sind, so dass die laufende Beitragsleistung des Versicherungsnehmers gemindert wird. Der kalkulierte Beitrag wird in diesem Zusammenhang als Bruttobeitrag, der um Überschüsse reduzierte Beitrag als Nettobeitrag bezeichnet (zu den steuerlichen Folgen siehe Rz. 46).   15

Bonussystem

Beim Bonussystem werden die Überschussanteile als Einmalbeiträge für eine zusätzliche beitrags-freie Versicherung (Bonus) verwendet. Bei jährlichen Überschussanteilen erhöht sich dadurch die Versicherungsleistung von Jahr zu Jahr (zu den steuerlichen Folgen siehe Rzn. 47 und 57).   16

Verzinsliche bzw. rentierliche Ansammlung

Bei der verzinslichen Ansammlung werden die jährlichen Überschussanteile beim Versicherungs-unternehmen einbehalten und Ertrag bringend angelegt. Die angesammelten Beträge zuzüglich der Erträge werden zusammen mit der Versicherungssumme ausbezahlt (zu den steuerlichen Folgen siehe Rz. 47).   17

Schlussüberschussbeteiligung

Überschussanteile, die nicht laufend dem Vertrag unwiderruflich zugeteilt, sondern nur für den Fall einer Leistung aus dem Vertrag in einem Geschäftsjahr festgelegt werden, werden als Schluss-überschüsse, Schlussgewinne, Schlussdividende o.ä. bezeichnet (zu den steuerlichen Folgen siehe Rz. 47).   18

III. Rentenversicherung mit Kapitalwahlrecht, soweit nicht die Rentenzahlung gewählt wird

Bei einer Rentenversicherung besteht die Versicherungsleistung grundsätzlich in der Zahlung einer lebenslänglichen Rente für den Fall, dass die versicherte Person den vereinbarten Rentenzah-lungsbeginn erlebt. Zu den Einnahmen nach § 20 Absatz 1 Nummer 6 EStG rechnet die Versiche-rungsleistung aus einer Rentenversicherung mit Kapitalwahlrecht nur dann, wenn sie nicht in Form einer Rentenzahlung erbracht wird. Davon ist dann auszugehen, wenn eine einmalige Kapi-talauszahlung erfolgt, wenn mehrere Teilauszahlungen geleistet werden oder wenn wiederkeh-rende Bezüge erbracht werden, die nicht die nachstehenden Anforderungen an eine Rente erfüllen (zur Berechnung des Unterschiedsbetrags bei der Leistung in Form eines wiederkehrenden Bezugs siehe Rz. 63). Ebenfalls nach § 20 Absatz 1 Nummer 6 EStG zu versteuern sind Kapitalleistungen, soweit ein Teil der Versicherungsleistung nicht als Rente gezahlt wird, oder wenn ein laufender Rentenzahlungsanspruch durch eine Abfindung abgegolten wird. Bei einer Teilverrentung kann bei der Ermittlung des Unterschiedsbetrages für die Kapitalauszahlung nur ein Teil der geleisteten Beiträge abgezogen werden. Dies gilt auch dann, wenn vereinbart ist, dass lediglich die Beiträge ausgezahlt werden sollen und der verbleibende Teil verrentet wird. Auch in diesem Fall sind die Beiträge gleichmäßig auf die Kapitalauszahlung und den nach versicherungsmathematischen Grundsätzen ermittelten Barwert der Rentenauszahlung zu verteilen (zur Berechnung des Unter-schiedsbetrags in diesen Fällen siehe Rz. 64).   19

Eine die Besteuerung nach § 20 Absatz 1 Nummer 6 EStG ausschließende Rentenzahlung setzt voraus, dass gleich bleibende oder steigende wiederkehrende Bezüge zeitlich unbeschränkt für die Lebenszeit der versicherten Person (lebenslange Leibrente) vereinbart werden. Leibrenten mit einer vertraglich vereinbarten Höchstlaufzeit (abgekürzte Leibrenten) und wiederkehrende Bezü-ge, die nicht auf die Lebenszeit, sondern auf eine festgelegte Dauer zu entrichten sind (Zeitrenten), sind nach § 20 Absatz 1 Nummer 6 EStG zu versteuern. Leibrenten mit einer vertraglich vereinbar-ten Mindestlaufzeit (verlängerte Leibrenten) sind nur dann nach § 20 Absatz 1 Nummer 6 EStG zu versteuern, wenn die Rentengarantiezeit über die auf volle Jahre aufgerundete verbleibende mitt-lere Lebenserwartung der versicherten Person bei Rentenbeginn hinausgeht. Maßgebend ist die zum Zeitpunkt des Vertragsabschlusses zugrunde gelegte Sterbetafel und das bei Rentenbeginn vollendete Lebensjahr der versicherten Person. Entspricht die Rentengarantiezeit der Lebens-erwartung oder ist sie kürzer, ist auch für den Rechtsnachfolger (in der Regel der Erbe) die Ertrags-anteilsbesteuerung anzuwenden. Dabei wird der auf den Erblasser angewandte Ertragsanteil fort-geführt.   20

Wird neben einem gleich bleibenden oder steigenden Sockelbetrag eine jährlich schwankende Überschussbeteiligung gewährt, handelt es sich dennoch insgesamt um gleich bleibende oder stei-gende Bezüge im Sinne der Rz. 20. Sowohl auf den Sockelbetrag als auch auf die Überschussbetei-ligung ist die Ertragsanteilsbesteuerung (§ 22 Nummer 1 Satz 3 Buchstabe a Doppelbuchstabe bb EStG) anzuwenden (vgl. BMF-Schreiben vom 26. November 1998, BStBl I 1998, 1508).   21

Die Auszahlung in Form einer konstanten Anzahl von Investmentanteilen stellt keinen gleich blei-benden Bezug und damit keine Rentenzahlung dar.

Die Todesfall-Leistung einer Rentenversicherung gehört nicht zu den Einnahmen aus § 20 Absatz 1 Nummer 6 EStG. Bei einer Rentenzahlung kann sich jedoch eine Besteuerung aus anderen Vor-schriften (insbesondere § 22 Nummer 1 Satz 3 Buchstabe a Doppelbuchstabe bb EStG) ergeben.   22

IV. Kapitalversicherung mit Sparanteil

23 Kapitalversicherungen mit Sparanteil treten insbesondere in folgenden Ausgestaltungen auf:

1. Kapitalversicherung auf den Todes- und Erlebensfall (klassische Kapital-Lebensversicherung)

24 Bei einer Kapitalversicherung auf den Todes- und Erlebensfall leistet der Versicherer, wenn die versicherte Person den im Versicherungsschein genannten Auszahlungstermin erlebt oder wenn die versicherte Person vor dem Auszahlungstermin verstirbt. Die Leistung im Todesfall unterfällt nicht der Besteuerung nach § 20 Absatz 1 Nummer 6 EStG.

25 Die Ausgestaltung des Vertrages mit oder ohne Rentenwahlrecht, gegen Einmalbeitrag oder laufende Beitragszahlung hat keinen Einfluss auf die Besteuerung nach § 20 Absatz 1 Nummer 6 EStG.

26 Wird bei einer Kapitalversicherung mit Rentenwahlrecht die Rentenzahlung gewählt, fließen die Erträge nach § 11 Absatz 1 EStG in dem Zeitpunkt zu, in dem die Kapitalleistung im Erlebensfall zu leisten wäre. Lediglich das nach Abzug von Kapitalertragsteuer vorhandene Kapital steht für die Verrentung zur Verfügung. Die Rentenzahlungen gehören zu den Einnahmen aus § 22 Nummer 1 Satz 3 Buchstabe a Doppelbuchstabe bb EStG.

2. Unfallversicherung mit garantierter Beitragsrückzahlung

27 Bei einer Unfallversicherung mit garantierter Beitragsrückzahlung wird neben den Beitrags- bestandteilen für die Abdeckung des Unfallrisikos sowie des Risikos der Beitragsrückzahlung im Todesfall und der Verwaltungskosten ein Sparanteil erbracht, der verzinslich bzw. rentierlich angelegt wird. Die Versicherungsleistung bei Ablauf der Versicherungslaufzeit gehört zu den Ein- nahmen aus § 20 Absatz 1 Nummer 6 EStG, nicht aber die Versicherungsleistung bei Eintritt des versicherten Risikos. Sofern die Unfallversicherung mit garantierter Beitragsrückzahlung als Ren- tenversicherung mit Kapitalwahlrecht abgeschlossen wird, sind die unter Rzn. 19 ff. angeführten Regelungen anzuwenden.

3. Kapitalversicherung auf den Todes- und Erlebensfall von zwei oder mehreren Personen (Kapi- talversicherung auf verbundene Leben)

28 Die Erlebensfall-Leistung ist bei einer Kapitalversicherung auf verbundene Leben zu erbringen, wenn beide/alle versicherten Personen den im Versicherungsschein genannten Ablauftermin erle- ben. Zur Ermittlung des hälftigen Unterschiedsbetrags, wenn nur einer der Steuerpflichtigen bei Auszahlung der Versicherungsleistung im Erlebensfall oder bei Rückkauf das 60. Lebensjahr voll- endet hat, siehe Rzn. 77 – 78. Die Leistung im Todesfall unterfällt nicht der Besteuerung nach § 20 Absatz 1 Nummer 6 EStG.

4. Kapitalversicherung mit festem Auszahlungszeitpunkt (Termfixversicherung)

29 Bei einer Termfixversicherung wird die Versicherungsleistung nur zu einem festen Zeitpunkt aus- gezahlt. Wenn die versicherte Person vor Erreichen dieses festen Zeitpunkts verstirbt, wird die Todessumme in der Regel nicht sofort ausgezahlt, sondern es endet lediglich die Beitragszah- lungsdauer. Die Leistung im Todesfall gehört nicht zu den Einnahmen aus § 20 Absatz 1 Nummer 6 EStG.

5. Kapitalversicherung mit lebenslangem Todesfallschutz

30 Bei einer Kapitalversicherung mit lebenslangem Todesfallschutz leistet das Versicherungsunter- nehmen grundsätzlich nur, wenn die versicherte Person stirbt. Der vornehmliche Zweck eines sol- chen Versicherungsvertrages ist die Deckung von Kosten und Aufwendungen im Zusammenhang mit dem Todesfall, z. B. Erbschaftsteuer (Erbschaftsteuerversicherung), zivilrechtlich bedingten Ausgleichszahlungen im Rahmen einer Erbschaftsplanung (Vermögensnachfolgeversicherung) oder Deckung der Bestattungskosten (Sterbegeldversicherung). Die Versicherungsleistung im Todesfall stellt keine Einnahme im Sinne des § 20 Absatz 1 Nummer 6 EStG dar. Manche Kapital- versicherungen mit lebenslangem Todesfallschutz bieten jedoch die Möglichkeit, zu Lebzeiten der versicherten Person eine Versicherungsleistung abzurufen, so dass die Versicherung beendet wird oder mit einer reduzierten Versicherungssumme bestehen bleibt. Eine abgerufene Leistung ist nach § 20 Absatz 1 Nummer 6 EStG zu versteuern.

V. Sonderformen

1. Fondsgebundene Kapital-Lebensversicherung und fondsgebundene Rentenversicherung

31 Fondsgebundene Lebensversicherungen unterscheiden sich von konventionellen Lebensversiche- rungen dadurch, dass die Höhe der Leistungen direkt von der Wertentwicklung der in einem

besonderen Anlagestock angesparten Vermögensanlagen abhängt, wobei üblicherweise die Sparanteile nur in Investmentanteilen angelegt werden. Die Kapitalerträge aus fondsgebundenen Lebensversicherungen gehören unter den gleichen Voraussetzungen zu den Einnahmen aus Kapitalvermögen wie Erträge aus konventionellen Lebensversicherungen.

Eine der Höhe nach garantierte Leistung gibt es bei der fondsgebundenen Lebensversicherung in der Regel nicht, selbst der Verlust des gesamten eingesetzten Kapitals ist möglich (zu einem negativen Unterschiedsbetrag siehe Rz. 60).   32

Üblich sind Verträge, bei denen der Versicherungsnehmer einen oder mehrere Investmentfonds selbst wählen kann, wobei er die Auswahl für zukünftige Sparanteile während der Versicherungsdauer in der Regel ändern kann (Switchen). Außerdem kann das Recht eingeräumt sein, bereits investierte Sparanteile in andere Fonds umzuschichten (Shiften). Solche Umschichtungen stellen keinen Zufluss dar.   33

Hinsichtlich der Versicherungsleistung kann vereinbart sein, dass der Versicherungsnehmer wählen kann, ob er statt einer Geldzahlung die Übertragung der Fondsanteile in sein Depot möchte. Sofern eine Übertragung der Fondsanteile erfolgt, ist als Versicherungsleistung der Rücknahmepreis anzusetzen, mit dem die Versicherungsleistung bei einer Geldzahlung berechnet worden wäre.   34

2. Vermögensverwaltende Versicherungsverträge

Nach § 20 Absatz 1 Nummer 6 Satz 5 EStG (in der Fassung des Artikels 1 des Gesetzes vom 19. Dezember 2008 [BGBl. I S. 2794]) werden vermögensverwaltende Versicherungsverträge von den allgemeinen Besteuerungsregelungen für Versicherungsverträge ausgenommen. Stattdessen werden derartige Verträge transparent besteuert. Das heißt, dass im Zeitpunkt, in dem Kapitalerträge z. B. in Form von Zinsen, Dividenden oder Veräußerungsgewinnen dem vom Versicherungsunternehmen gehaltenen Depot oder Konto zufließen, diese dem wirtschaftlich Berechtigten zuzurechnen sind. Dabei richtet sich die Besteuerung nach den für das jeweilige Anlagegut geltenden Regelungen (z. B. bei Zinsen nach § 20 Absatz 1 Nummer 7 EStG, bei Dividenden nach § 20 Absatz 1 Nummer 1 EStG, bei Veräußerungen nach § 20 Absatz 2 i. V. m. Absatz 4 EStG und bei Investmentfondserträgen nach den Vorschriften des Investmentsteuergesetzes). Die Vorschrift ist für alle Kapitalerträge anzuwenden, die dem Versicherungsunternehmen nach dem 31. Dezember 2008 zufließen (§ 52 Absatz 36 Satz 10 EStG). Dies gilt nicht für Versicherungsverträge, die vor dem 1. Januar 2005 abgeschlossen wurden.   34a

Ein vermögensverwaltender Versicherungsvertrag liegt vor, wenn die folgenden Voraussetzungen kumulativ erfüllt sind: 34b

(1) In dem Versicherungsvertrag ist eine gesonderte Verwaltung von speziell für diesen Vertrag zusammengestellten Kapitalanlagen vereinbart und

(2) die zusammengestellten Kapitalanlagen sind nicht auf öffentlich vertriebene Investmentfondsanteile oder Anlagen, die die Entwicklung eines veröffentlichten Indexes abbilden, beschränkt und

(3) der wirtschaftlich Berechtigte kann unmittelbar oder mittelbar über die Veräußerung der Vermögensgegenstände und die Wiederanlage der Erlöse bestimmen (Dispositionsmöglichkeit).

Bei einer gesonderten Verwaltung, wird die Sparleistung nicht vom Versicherungsunternehmen für eine unbestimmte Vielzahl von Versicherten gemeinschaftlich, sondern separat für den einzelnen Vertrag angelegt bzw. verwaltet, wobei der wirtschaftlich Berechtigte das Kapitalanlagerisiko trägt. Typischerweise erfolgt die Kapitalanlage bei einem vermögensverwaltenden Versicherungsvertrag auf einem Konto oder Depot bei einem vom Kunden frei wählbaren Kreditinstitut. Dabei wird das Versicherungsunternehmen Eigentümer bzw. Inhaber der auf dem Konto oder Depot verwalteten Anlagegüter.   34c

Speziell für diesen Vertrag zusammengestellte Kapitalanlagen liegen vor, wenn die Anlage ganz oder teilweise gemäß den individuellen Wünschen des Versicherungsnehmers erfolgt. Dies ist insbesondere der Fall, wenn der Versicherungsnehmer einzelne Wertpapiere oder ein bereits vorhandenes Wertpapierdepot als Versicherungsbeitrag erbringt.   34d

Die ausschließliche Auswahl von im Inland oder im Ausland öffentlich vertriebenen Investmentfondsanteilen schließt die Annahme eines vermögensverwaltenden Versicherungsvertrages aus. Die Verwendung von versicherungsinternen Fonds beeinträchtigt nicht die Charakterisierung als öffentlich vertriebene Investmentfondsanteile, vorausgesetzt dass diese internen Fonds die Anlagen von einem oder mehreren öffentlich vertriebenen Investmentfonds widerspiegeln.   34e

Unter „Anlagen, die einen veröffentlichten Index abbilden" fallen auch Kombinationsmöglichkeiten mehrerer im Inland oder Ausland veröffentlichter Indizes.   34f

Eine unmittelbare Dispositionsmöglichkeit besteht, wenn der Versicherungsvertrag ein Weisungsrecht des wirtschaftlich Berechtigten gegenüber dem Versicherungsunternehmen oder gegenüber einem beauftragten Vermögensverwalter vorsieht.   34g

Von einer mittelbaren Dispositionsmöglichkeit ist insbesondere auszugehen, wenn

- die Anlageentscheidungen von einem Vermögensverwalter getroffen werden, der durch den wirtschaftlich Berechtigten beauftragt wurde,

- der wirtschaftlich Berechtigte einen Wechsel in der Person des Vermögensverwalters verlangen kann,

- eine individuelle Anlagestrategie zwischen dem Versicherungsunternehmen oder dem Vermögensverwalter und dem wirtschaftlich Berechtigten vereinbart wird.

34h   Die Auswahlmöglichkeit aus standardisierten Anlagestrategien, die einer unbestimmten Vielzahl von Versicherungsnehmern angeboten werden, stellt keine unmittelbare oder mittelbare Dispositionsmöglichkeit dar; dies gilt auch dann, wenn der Versicherungsnehmer einem Vertrag mehrere derartiger standardisierter Anlagestrategien in unterschiedlicher Gewichtung zugrunde legen darf.

34i   Wird ein bereits vorhandenes Depot in einen Versicherungsvertrag dergestalt eingebracht, dass die Depotführung und die Vermögensverwaltung beim bisherigen Kreditinstitut oder dem bisherigen Vermögensverwalter verbleiben, ist in der Regel von einer weiter bestehenden Dispositionsmöglichkeit des wirtschaftlich Berechtigten auszugehen. Es gilt insoweit die – widerlegbare – Vermutung, dass der wirtschaftlich Berechtigte aufgrund einer gewachsenen und weiterhin bestehenden Geschäftsbeziehung Einfluss auf die Anlageentscheidungen ausüben kann.

34j   Wirtschaftlich Berechtigter ist der Inhaber des Anspruchs auf die Versicherungsleistung. Dies ist in der Regel der Versicherungsnehmer, kann in den Fällen eines unwiderruflich eingeräumten Bezugsrechts aber auch ein Dritter sein. Sicherungsübereignung oder Pfändung führt grundsätzlich nicht zu einem Wechsel in der Person des wirtschaftlich Berechtigten. Die Regelungen in Rzn. 50 – 53 gelten entsprechend.

34k   Nach § 20 Absatz 1 Nummer 6 Satz 5 EStG erfolgt eine Besteuerung der dem Versicherungsunternehmen zugeflossenen Erträge im Sinne des § 20 Absatz 1 und Absatz 2 EStG. Leistungen im Todes- oder Erlebensfall sowie bei Rückkauf des Vertrages sind hingegen einkommensteuerlich unbeachtlich, soweit die Erträge, die in diesen Versicherungsleistungen enthalten sind, nach § 20 Absatz 1 Nummer 6 Satz 5 EStG der Besteuerung unterlegen haben. Soweit in der Beitragsleistung Kosten insbesondere für die Verwaltung enthalten sind oder von dem Anlagekonto bzw. -depot entnommen werden, sind diese grundsätzlich als Werbungskosten zu betrachten. Werbungskosten werden ab dem Veranlagungszeitraum 2009 nur noch im Rahmen des Sparer-Pauschbetrages (§ 20 Absatz 9 EStG) berücksichtigt (vgl. Rz. 81a).

34l   Die Übertragung von Anlagegütern auf das Versicherungsunternehmen im Zeitpunkt der Begründung eines vermögensverwaltenden Versicherungsvertrags sowie deren Rückübertragung auf den wirtschaftlich Berechtigten im Zeitpunkt der Beendigung des Vertragsverhältnisses ist steuerlich unbeachtlich und führt damit insbesondere nicht zu einer Veräußerung im Sinne des § 20 Absatz 2 EStG.

34m   Ob eine Vertragsänderung, die darauf abzielt bislang bestehende Merkmale eines vermögensverwaltenden Versicherungsvertrages nachträglich abzubiegen, steuerlich zu einer Beendigung des bisherigen Vertrages und Schaffung eines neuen Vertrages führt, hängt von den jeweiligen Umständen des Einzelfalls ab. Bei derartigen Vertragsänderungen die vor dem 1. Juli 2010 vorgenommen werden, ist jedenfalls nicht von einer steuerrechtlich relevanten Vertragsänderung auszugehen.

3. Direktversicherung, Pensionskasse, Pensionsfonds

35   Zur steuerrechtlichen Behandlung von Leistungen aus einer Pensionskasse, aus einem Pensionsfonds oder aus einer Direktversicherung wird auf das BMF-Schreiben vom 20. Januar 2009, BStBl I S. 273, Rzn. 268 – 285[1] verwiesen.

VI. Absicherung weiterer Risiken

36   Neben dem der Versicherung zugrunde liegenden charakteristischen Hauptrisiko können weitere Risiken (Nebenrisiken) in Form einer Zusatzversicherung oder innerhalb einer einheitlichen Versicherung abgesichert sein. Üblich sind dabei die Invaliditäts-, Berufsunfähigkeits-, Unfalltod-, Pflege- und die Dread-Disease-Absicherung. Bei einer Dread-Disease-Absicherung wird bei Eintritt einer schweren Krankheit geleistet (engl. dread disease = furchtbare Krankheit, schlimme Leiden).

Enthält der Versicherungsvertrag andere als die oben angeführten Nebenrisiken und ist der Eintritt dieses Risikos zu erwarten oder durch die versicherte Person herbeiführbar, so dass es sich bei wirtschaftlicher Betrachtungsweise um eine Fälligkeitsregelung handelt (z. B. Beginn der Ausbildung,

---

[1] → Anhang 1 I.

Heirat), ist die Kapitalauszahlung bei Eintritt eines solchen unechten Nebenrisikos als Erlebensfall-Leistung nach § 20 Absatz 1 Nummer 6 EStG zu versteuern.

Kapitalauszahlungen bei Eintritt eines (echten) Nebenrisikos sind nicht nach § 20 Absatz 1 Nummer 6 EStG zu versteuern. Besteht die Leistung der weiteren Absicherung in einer Beitrags-befreiung für den Hauptvertrag, ist für die Berechnung des Unterschiedsbetrags ein rechnerischer Ausgleichsposten in Höhe der angenommenen oder tatsächlich durch das Versicherungsunternehmen übernommenen Beiträge bei der Berechnung des Unterschiedsbetrags ertragsmindernd zu berücksichtigen. 37

Überschüsse und sonstige Leistungen (z. B. Rückzahlung überhobener Beiträge) aus einer weiteren Absicherung sind grundsätzlich keine Einnahmen im Sinne des § 20 Absatz 1 Nummer 6 EStG. Der hierfür erforderliche Nachweis, dass die Überschüsse und sonstigen Leistungen aus einer weiteren Absicherung stammen, setzt voraus, dass das Versicherungsunternehmen den darauf entfallenden Beitrag, den Überschussanteil und die sonstige Leistung für die weitere Absicherung getrennt ausweist. In diesem Fall ist gegebenenfalls ein Sonderausgabenabzug nach § 10 Absatz 1 Nummer 3 Buchstabe a EStG für diese Beitragsbestandteile möglich. 38

Beitragsbestandteile für die Absicherung der Nebenrisiken mindern den steuerpflichtigen Unterschiedsbetrag nicht (vgl. Rz. 58). 39

VII. Erlebensfall oder Rückkauf

Der Besteuerung nach § 20 Absatz 1 Nummer 6 EStG unterliegen nur der Erlebensfall oder der Rückkauf. Die Versicherungsleistung bei Eintritt des mit der Versicherung untrennbar verbundenen charakteristischen Hauptrisikos (Tod, Unfall) rechnet nicht zu den Einnahmen nach § 20 Absatz 1 Nummer 6 EStG (hinsichtlich weiterer versicherter Risiken siehe Rzn. 36 – 38). 40

1. Erlebensfall

Alle Versicherungsleistungen, die vom Versicherungsunternehmen aufgrund des Versicherungs-vertrages zu erbringen sind, ohne dass sich das versicherte Risiko realisiert hat (Risiko-Leistung) oder dass der Versicherungsvertrag ganz oder teilweise vorzeitig beendet wurde (Rückkauf), sind Erlebensfall-Leistungen. 41

Enthält der Versicherungsvertrag einen Anspruch auf Gewährung eines Darlehens des Versiche-rungsunternehmens an den Steuerpflichtigen, ohne dass sich das Versicherungsunternehmen eine freie Entscheidung über das ob der Darlehensgewährung vorbehält, ist generell von einer steuer-pflichtigen Erlebensfall-Leistung auszugehen. In allen anderen Fällen ist zu prüfen, ob ein nicht am Versicherungsvertrag beteiligter Dritter einen vergleichbaren Darlehensvertrag abschließen würde, wenn man unterstellt, dass dem Dritten die vertraglichen Ansprüche zur Sicherheit abge-treten werden. Unter Zugrundelegung des Fremdvergleichsmaßstabs ist in der Regel von einer steuerpflichtigen Erlebensfall-Leistung auszugehen, wenn insbesondere 41a

– der Versicherungsschutz (Leistung bei Eintritt des versicherten Risikos) aufgrund der Auszah-lung abgesenkt wird, oder

– keine oder offensichtlich marktunüblich niedrige Darlehenszinsen zu entrichten sind, oder

– die Höhe der Darlehenszinsen und/oder die Höhe des zurück zu zahlenden Kapitals an die Höhe der Verzinsung oder Wertentwicklung des Versicherungsvertrages gekoppelt sind.

Diese Regelungen sind auf Auszahlungen nach Veröffentlichung dieses Schreibens im Bundessteu-erblatt anzuwenden. Erfolgen die Auszahlungen entsprechend der Darlehensvereinbarung ratierlich, ist für die Anwendung dieser Regelung insgesamt das Datum der ersten Rate maßgeblich. Bei Altver-trägen (zum Begriff siehe Rz. 88) kann eine steuerpflichtige Erlebensfall-Leistung nur vorliegen, wenn im Auszahlungszeitpunkt die Voraussetzungen für eine Steuerbefreiung im Sinne des § 20 Absatz 1 Nummer 6 Satz 2 EStG in der am 31. Dezember 2004 geltenden Fassung (a. F.) fehlen. Sofern nach den oben angeführten Grundsätzen von einer Erlebensfall-Leistung auszugehen ist, kann es sich bei Altverträgen nicht um eine schädliche Verwendung eines Policendarlehens im Sinne des § 10 Absatz 2 Satz 2 EStG a. F. handeln. Bei Endfälligkeit des Versicherungsvertrages sind bereits versteuerte außerrechnungsmäßige und rechnungsmäßige Zinsen der Unterschiedsbeträge sowie an den Versicherer gezahlte Zinsen bei der Ermittlung des steuerpflichtigen Ertrags zum Abzug zu bringen. Ein zusätzlicher Abzug derartiger Zinsen als Werbungskosten oder Betriebsaus-gaben, wenn die Leistung zur Erzielung von Einkünften verwendet wird, ist ausgeschlossen.

In der Regel tritt der Erlebensfall bei Ablauf der vereinbarten Versicherungslaufzeit ein. Es können im Versicherungsvertrag mehrere konkrete Teilauszahlungstermine oder zeitlich und der Höhe nach flexible Abrufmöglichkeiten bereits in der Ansparphase bzw. Aufschubphase vereinbart sein, so dass es mehrere Erlebensfälle gibt. Beispielsweise können bei einem Versicherungsvertrag mit 30-jähriger Laufzeit Teilauszahlungen nach 20 und nach 25 Jahren vorgesehen sein. Sofern es sich dabei lediglich um ein Wahlrecht des Begünstigten handelt, das nicht ausgeübt wird, liegt kein Erlebensfall vor. Zur Ermittlung des Unterschiedsbetrags bei Teilauszahlungen siehe Rzn. 61 – 62. 42

43 Bei einer gestreckten Kapitalauszahlung (Teilauszahlungen oder wiederkehrende Bezüge, die keine Rentenzahlung darstellen, vgl. Rz. 20) nach Ablauf der Versicherungslaufzeit liegt nur ein Erlebensfall zum Ablauftermin vor. Ein Zufluss ist jedoch erst mit Leistung des jeweiligen Teilbetrags gegeben. Davon zu unterscheiden ist der Fall, dass bei einer Kapitallebensversicherung mit Rentenwahlrecht für die Rentenzahlung optiert wird. In der Ausübung der Renten-Option liegt eine Verfügung über die auszahlbare Versicherungsleistung, die einen Zufluss begründet (vgl. Rz. 26).

44 Wenn sich der Steuerpflichtige das Kapital nach Erreichen des Ablauftermins nicht auszahlen lässt, sondern es gegen Entgelt oder auch ohne Entgelt bis zur Entscheidung über die endgültige Verwendung dem Versicherungsunternehmen überlässt (sog. Parkdepot), liegt aufgrund der erlangten Verfügungsmacht ein Zufluss vor. Wird die Fälligkeit einer Versicherungsleistung aufgrund einer nachträglichen Vertragsänderung während der Versicherungslaufzeit (Verlängerung der Versicherungslaufzeit) hinausgeschoben, liegt dagegen zum ursprünglichen Fälligkeitszeitpunkt kein Zufluss vor.

45 Eine laufende (z. B. jährliche) Auszahlung von Überschüssen (vgl. Rz. 14) stellt eine zugeflossene Erlebensfall-Leistung dar. Die Regelungen zur Ermittlung des Unterschiedsbetrags bei Teilauszahlungen (siehe Rzn. 61 – 62) sind anzuwenden. Wird der Überschuss nicht zur Barauszahlung, sondern zur Reduzierung der laufenden Beitragszahlung verwendet, liegt zivilrechtlich eine Aufrechnung und damit ebenfalls eine zugeflossene Erlebensfall-Leistung vor. Bei der Berechnung des Unterschiedsbetrags ist der Bruttobeitrag (einschließlich des durch Aufrechnung gezahlten Teils) in Ansatz zu bringen.

46 Ist jedoch von vornherein keine Auszahlung der laufenden Überschüsse, sondern eine Verrechnung mit den Beiträgen vereinbart, besteht also kein Wahlrecht zwischen Auszahlung und Verrechnung, liegt hinsichtlich der Überschüsse kein Erlebensfall und kein Zufluss von Erträgen vor. Bei der Ermittlung des Unterschiedsbetrags ist nur der Netto-Beitrag (vgl. Rz. 15) anzusetzen.

47 Beim Bonussystem (vgl. Rz. 16), bei der verzinslichen bzw. rentierlichen Ansammlung (vgl. Rz. 17) und bei der Schlussüberschussbeteiligung (vgl. Rz. 18) liegt ein Zufluss von Erträgen in der Regel erst bei Ablauf der Versicherungslaufzeit vor.

2. Rückkauf

48 Ein Rückkauf liegt vor, wenn der Versicherungsvertrag vorzeitig ganz oder teilweise beendet wird (insbesondere aufgrund Rücktritt, Kündigung oder Anfechtung). Bei einer vorzeitigen Beendigung des Versicherungsvertrages ist regelmäßig vereinbart, dass das Versicherungsunternehmen einen Rückkaufswert zu erstatten hat (vgl. § 176 Absatz 1 VVG, der eine gesetzliche Verpflichtung zur Erstattung des Rückkaufswertes bei Kapitalversicherungen auf den Todesfall mit unbedingter Leistungspflicht enthält). Der Rückkaufswert ist nach den anerkannten Regeln der Versicherungsmathematik für den Schluss der laufenden Versicherungsperiode als Zeitwert der Versicherung zu berechnen. Beitragsrückstände werden vom Rückkaufswert abgesetzt. § 12 Absatz 4 Satz 1 Bewertungsgesetz ist nicht anwendbar. Ein teilweiser Rückkauf liegt insbesondere vor, wenn der Versicherungsvertrag das Recht enthält, durch Teilkündigung einen Teil der Erlebensfall-Leistung vorzeitig abzurufen.

49 In der Anfangszeit einer Versicherung ist der Rückkaufswert regelmäßig niedriger als die Summe der geleisteten Beiträge. Dies ergibt sich daraus, dass jeder Vertrag Abschlusskosten (z. B. Provision für den Versicherungsvermittler) verursacht, die zu tilgen sind. Außerdem behalten sich die Versicherer gewöhnlich vor, einen Abzug bei vorzeitiger Beendigung vorzunehmen (Stornoabschlag). Dadurch kann es insbesondere bei einem sehr frühzeitigen Rückkauf zu einem negativen Unterschiedsbetrag kommen.

VIII. Steuerpflichtiger

50 Steuerpflichtiger im Sinne des § 20 Absatz 1 Nummer 6 EStG ist grundsätzlich derjenige, der das Kapital in Form der Sparanteile im eigenen Namen und für eigene Rechnung dem Versicherungsunternehmen zur Nutzung überlassen hat. Soweit eine andere Person wirtschaftlicher Eigentümer im Sinne des § 39 Absatz 2 Nummer 1 Abgabenordnung – AO – des Anspruchs auf die steuerpflichtige Versicherungsleistung (Erlebensfall-Leistung oder Rückkaufswert) ist, sind ihr die erzielten Erträge zuzurechnen.

51 In der Regel ist der Versicherungsnehmer Steuerpflichtiger, da er die Sparanteile zur Nutzung überlassen hat und auch Inhaber des Rechts ist, die Versicherungsleistung zu fordern. Wechselt die Person des Versicherungsnehmers durch Gesamtrechts- oder Einzelrechtsnachfolge, wird regelmäßig der Rechtsnachfolger Steuerpflichtiger.

52 Mit der Einräumung eines unwiderruflichen Bezugsrechts (vgl. Rz. 10) für die steuerpflichtige Versicherungsleistung gilt grundsätzlich der Bezugsberechtigte als Steuerpflichtiger der erzielten Erträge. Bei einem widerruflichen Bezugsrecht wird der Bezugsberechtigte erst bei Eintritt des Erlebensfalls Steuerpflichtiger.

Bei einer Abtretung des Anspruchs auf die Versicherungsleistung wird der Abtretungsempfänger 53 (Zessionar) nur dann Steuerpflichtiger, wenn er und nicht der Abtretende (Zedent) die Erträge erzielt. Das Erzielen von Erträgen setzt voraus, dass nach den getroffenen Vereinbarungen die Versicherungsleistung das Vermögen des Zessionars und nicht das des Zedenten mehren soll. Dient beispielsweise die Versicherungsleistung dazu, eigene Verbindlichkeiten des Zedenten gegenüber dem Zessionar zu tilgen, bleibt der Zedent Steuerpflichtiger. Typischerweise werden durch die Versicherungsleistung bei Eintritt des Sicherungsfalls bei einer Sicherungsabtretung oder bei Einziehung und Verwertung durch einen Pfandgläubiger eigene Verbindlichkeiten des Zedenten bzw. des Pfandschuldners getilgt, so dass regelmäßig der Zedent bzw. der Pfandschuldner Steuerpflichtiger der Erträge bleibt.

IX. Berechnung des Unterschiedsbetrags

Die Ermittlung des Ertrags nach § 20 Absatz 1 Nummer 6 EStG ist nur anzuwenden, wenn der 54 Steuerpflichtige die Versicherung im Privatvermögen hält. Gehört der Versicherungsvertrag zu dem Betriebsvermögen des Steuerpflichtigen, sind die allgemeinen Gewinnermittlungsvorschriften anzuwenden. Für den Kapitalertragsteuerabzug gelten aber auch in diesen Fällen die Vorschriften für Versicherungen im Privatvermögen (vgl. Rzn. 84 ff.).

1. Versicherungsleistung

Versicherungsleistung ist grundsätzlich der Gesamtbetrag der zugeflossenen Geldleistungen (zur 55 Übertragungsoption bei fondsgebundenen Lebensversicherungen siehe Rz. 34). In der Versicherungsleistung enthalten sind die angesammelten Sparanteile, die garantierte Verzinsung der Sparanteile und Überschüsse aus dem Kapitalanlage-, dem Risiko- und dem Kostenergebnis. Auszusondern sind die Überschussanteile und sonstige Leistungen aus Nebenrisiken (vgl. Rz. 38).

2. Summe der entrichteten Beiträge

Versicherungsbeiträge (Prämien) sind die aufgrund des Versicherungsvertrages erbrachten Geld- 56 leistungen. Hierzu gehören auch die Ausfertigungsgebühr, Abschlussgebühr und die Versicherungsteuer. Provisionen, die der Versicherungsvermittler von der Versicherungsgesellschaft erhält und die dieser an den Steuerpflichtigen weiterleitet, oder Provisionen, die der Steuerpflichtige unmittelbar von der Versicherungsgesellschaft erhält (sog. Eigenprovisionen), mindern die Summe der entrichteten Beiträge (BFH-Urteil vom 2. März 2004, BStBl II 2004, 506). Eine Vermittlungsprovision, die vom Versicherungsnehmer aufgrund eines gesonderten Vertrages an einen Versicherungsvermittler erbracht wird, ist bei der Berechnung des Unterschiedsbetrags ertragsmindernd anzusetzen. Für Zwecke der Kapitalertragsteuer ist es erforderlich, dass der Steuerpflichtige die Zahlung der Provision an den Vermittler gegenüber dem Versicherungsunternehmen belegt.

Zur Höhe der entrichteten Beiträge in den Fällen der Beitragsverrechnung siehe Rzn. 45 und 46. 57 Der beim Bonussystem (vgl. Rz. 16) für eine Erhöhung der Versicherungsleistung verwendete Überschussanteil stellt keinen entrichteten Beitrag dar.

Die im Beitrag enthaltenen Anteile zur Absicherung des charakteristischen Hauptrisikos (Todes- 58 fallrisiko bei einer Lebensversicherung, Unfallrisiko sowie das Risiko der Beitragsrückzahlung im Todesfall bei einer Unfallversicherung mit Beitragsrückzahlung) mindern den steuerpflichtigen Ertrag. Beitragsanteile, die das Versicherungsunternehmen aufgrund individueller oder pauschaler Kalkulation den Nebenrisiken (Rzn. 36 ff.) zugeordnet hat, sind bei der Ermittlung des Unterschiedsbetrags nicht ertragsmindernd anzusetzen.

Für die Berechnung des Unterschiedsbetrags ist es grundsätzlich unerheblich, wer die Versiche- 59 rungsbeiträge aufgewendet hat. Auch Beiträge, die nicht der Steuerpflichtige aufgewendet hat, mindern den steuerpflichtigen Ertrag.

3. Negativer Unterschiedsbetrag (Verlust)

Insbesondere in den Fällen eines frühzeitigen Rückkaufs (vgl. Rz. 49) des Versicherungsvertrags 60 kann es zu einem negativen Unterschiedsbetrag kommen. Ist die Einkunftserzielungsabsicht zu überprüfen, ist vom hälftigen Unterschiedsbetrag als Ertrag auszugehen, wenn nach dem vereinbarten Versicherungsverlauf die Voraussetzungen des § 20 Absatz 1 Nummer 6 Satz 2 EStG erfüllt worden wären (vgl. BFH-Urteil vom 6. März 2003, BStBl II 2003, 702; zum Ansatz der Werbungskosten vgl. Rz. 81).

4. Teilleistungen

Bei Teilleistungen (Teilauszahlungen, Auszahlungen in Form von wiederkehrenden Bezügen, die 61 keine Rentenzahlung darstellen, sowie Barauszahlungen von laufenden Überschussanteilen) sind die anteilig entrichteten Beiträge von der Auszahlung in Abzug zu bringen. Die anteilig entrichteten Beiträge sind dabei wie folgt zu ermitteln:

$$\frac{\text{Versicherungsleistung} \times (\text{Summe der entrichteten Beiträge} - \text{bereits verbrauchte Beiträge})}{\text{Zeitwert der Versicherung zum Auszahlungszeitpunkt}}$$

Die hiernach ermittelten Beiträge sind höchstens in Höhe der Teilleistung anzusetzen. Die bereits für Teilleistungen verbrauchten Beiträge mindern die bei nachfolgenden Teilleistungen zu berücksichtigenden Beiträge. Bei der Ermittlung des Unterschiedsbetrags der letzten Teilleistung bzw. der Schlussleistung sind die noch nicht angesetzten Beiträge abzuziehen.

Beispiel 1: Teilauszahlung in der Ansparphase

62   Laufzeit 20 Jahre, nach 10 Jahren Teilauszahlung i. H. v. 5 000 €, geleistete Beiträge im Auszahlungszeitpunkt: 10 000 €, Zeitwert der Versicherung im Auszahlungszeitpunkt 15 000 €;

Restauszahlung nach weiteren 10 Jahren i. H. v. 25 000 €, geleistete Beiträge insgesamt: 20 000 €

Lösung:

– Teilauszahlung i. H. v. 5 000 €

anteilige Beiträge	$\dfrac{5\,000 \times 10\,000}{15\,000}$	= 3 333,33 €

Versicherungsleistung: 5 000,00 €
./. anteilig geleistete Beiträge: 3 333,33 € (= 33 %)
Ertrag nach § 20 Absatz 1 Nummer 6 EStG 1 666,67 €

– Restauszahlung i. H. v. 25 000 €

Versicherungsleistung: 25 000,00 €
./. geleistete Beiträge (20 000 – 3 333,33) 16 666,67 €
Ertrag nach § 20 Absatz 1 Nummer 6 EStG 8 333,33 €

Kontrollrechnung:
Versicherungsleistung: 5 000,00 € + 25 000,00 € = 30 000,00 €

Summe der Beiträge: 3 333,33 € + 16 666,67 € = 20 000,00 €
Ertrag nach § 20 Absatz 1 Nummer 6 EStG: 10 000,00 €

Beispiel 2: Auszahlung in Form eines wiederkehrenden Bezugs

63   Der Versicherungsvertrag sieht wiederkehrende Bezüge von jährlich 6 000 € für die Lebenszeit des Begünstigten, längstens jedoch für fünf Jahre vor. An Beiträgen wurden 12 000 € erbracht. Der Steuerpflichtige (männlich) hat zum Beginn der Auszahlung das 50. Lebensjahr vollendet.

Der nach den anerkannten Regeln der Versicherungsmathematik unter Berücksichtigung der geschlechtsspezifischen Sterbewahrscheinlichkeit ermittelte Zeitwert der Versicherung vor Auszahlung der jeweiligen Bezüge beträgt im

Jahr 01: 27 500
Jahr 02: 22 500
Jahr 03: 17 200
Jahr 04: 11 700
Jahr 05: 6 000.

Lösung:

anteilige Beiträge:	$\dfrac{6\,000 \times 12\,000}{27\,500}$	= 2 618,18 €

Versicherungsleistung: 6 000,00 €
./. anteilig geleistete Beiträge: 2 618,18 €
Ertrag nach § 20 Absatz 1 Nummer 6 EStG 3 381,82 €

anteilige Beiträge:	$\dfrac{6\,000 \times (12\,000 - 2\,618,18)}{22\,500}$	= 2 501,82 €

Versicherungsleistung: 6 000,00 €
./. anteilig geleistete Beiträge: 2 501,82 €
Ertrag nach § 20 Absatz 1 Nummer 6 EStG 3 498,18 €

Jahr	Versicherungs-leistungen	anteilige Beiträge	Ertrag
01	6 000,00 €	2 618,18	3 381,82
02	6 000,00 €	2 501,82	3 498,18
03	6 000,00 €	2 400,00	3 600,00
04	6 000,00 €	2 297,44	3 702,56
05	6 000,00 €	2 182,56	3 817,44
Kontrollsumme	30 000,00 €	12 000,00	18 000,00

Beispiel 3: Teilkapitalauszahlung bei einer Rentenversicherung

Rentenversicherung mit Kapitalwahlrecht, Ansparphase 20 Jahre, gezahlte Beiträge insgesamt 20 000 €, Zeitwert der Versicherung zum Ende der Ansparphase: 30 000 €, Ausübung des Kapitalwahlrechts in Höhe von 15 000 €, Verrentung des Restkapitals führt zu einer monatlichen garantierten Rente von 100 €.   64

Lösung:

– Teilauszahlung in Höhe von 15 000 €:

anteilige Beiträge:
$$\frac{15\,000 \times 20\,000}{30\,000} = 10\,000\,€$$

Versicherungsleistung	15 000 €
·/. anteilig geleistete Beiträge	10 000 €
Ertrag nach § 20 Absatz 1 Nummer 6 EStG	5 000 €

– Rentenzahlung:

Jahresbetrag der Rente (ggf. zuzüglich Überschüsse)   1 200 €

zu versteuern nach § 22 Nummer 1 Satz 3 Buchstabe a Doppelbuchstabe bb EStG

5. Entgeltlicher Erwerb

Die Aufwendungen für den Erwerb des Anspruchs auf eine Versicherungsleistung sind Anschaffungskosten (siehe Rz. 80 und Rz. 81b). Diese Anschaffungskosten treten nach § 20 Absatz 1 Nummer 6 Satz 3 EStG an die Stelle der vor dem Erwerb entrichteten Beiträge und sind bei der Ermittlung des Unterschiedsbetrags steuermindernd anzusetzen. Diese Regelung ist ab dem Veranlagungszeitraum 2008 anzuwenden (§ 52 Absatz 1 EStG i. d. F. des Unternehmensteuerreformgesetz 2008 [BGBl. I S. 1912]).   64a

Bei einem entgeltlichen Erwerb eines vor dem 1. Januar 2005 abgeschlossenen Versicherungsvertrages ist die Steuerfreiheit der außerrechnungsmäßigen und rechnungsmäßigen Zinsen in der Regel ausgeschlossen (§ 20 Absatz 1 Nummer 6 Satz 3, i. V. m. § 10 Absatz 1 Nummer 2 Buchstabe b Satz 6, § 52 Absatz 36 Satz 4 und Satz 5 EStG jeweils in der am 31. Dezember 2004 geltenden Fassung). Zur weiteren Erläuterung und den Ausnahmen siehe Rz. 4 des BMF-Schreibens vom 22. August 2002 (BStBl I 2002, S. 827). § 20 Absatz 1 Nummer 6 Satz 3 EStG ist bei der Ermittlung der zu versteuernden außerrechnungsmäßigen und rechnungsmäßigen Zinsen entsprechend anzuwenden. Das heißt, dass die bis zu dem Erwerbszeitpunkt angefallenen außerrechnungsmäßigen und rechnungsmäßigen Zinsen steuermindernd zu berücksichtigen sind. Als Nachweis für die Höhe der Zinsen im Erwerbszeitpunkt ist in der Regel eine Bescheinigung des Versicherungsunternehmens vorzulegen.   64b

X. Hälftiger Unterschiedsbetrag

Wird die Versicherungsleistung nach Vollendung des 60. Lebensjahres des Steuerpflichtigen und nach Ablauf von zwölf Jahren seit dem Vertragsabschluss ausgezahlt, ist die Hälfte des Unterschiedsbetrags anzusetzen. Bei Verträgen, die nach dem 31. Dezember 2011 abgeschlossen werden, ist die Vollendung des 62. Lebensjahres des Steuerpflichtigen erforderlich (§ 52 Absatz 36 Satz 9 EStG).   65

1. Beginn der Mindestvertragsdauer

Für den Beginn der Mindestvertragsdauer bestehen aus Vereinfachungsgründen keine Bedenken, als Zeitpunkt des Vertragsabschlusses den im Versicherungsschein bezeichneten Tag des Versicherungsbeginns gelten zu lassen, wenn innerhalb von drei Monaten nach diesem Tag der Versicherungsschein ausgestellt und der erste Beitrag gezahlt wird; ist die Frist von drei Monaten überschritten, tritt an die Stelle des im Versicherungsschein bezeichneten Tages des Versicherungsbeginns der Tag der Zahlung des ersten Beitrages.   66

2. Neubeginn aufgrund von Vertragsänderungen

Werden wesentliche Vertragsmerkmale einer Versicherung im Sinne des § 20 Absatz 1 Nummer 6 EStG (Versicherungslaufzeit, Versicherungssumme, Beitragshöhe, Beitragszahlungsdauer, vgl. BFH vom 9. Mai 1974, BStBl II S. 633) geändert, führt dies nach Maßgabe der nachfolgenden Regelungen zu einem Neubeginn der Mindestvertragsdauer. Bei einer Änderung der Person des Versicherungsnehmers ist steuerrechtlich grundsätzlich nicht von einem neuen Vertrag auszugehen.   67

a. Bei Vertragsabschluss vereinbarte künftige Vertragsänderungen

68 Vertragsanpassungen, die bereits bei Vertragsabschluss vereinbart worden sind, sowie hinreichend bestimmte Optionen zur Änderung des Vertrages führen vorbehaltlich der Grenzen des Gestaltungsmissbrauchs nicht zu einem Neubeginn der Mindestvertragsdauer.

b. Nachträglich vereinbarte Vertragsänderungen

69 Werden ausschließlich wesentliche Vertragsbestandteile vermindert bzw. gesenkt (z. B. Verkürzung der Laufzeit oder der Beitragszahlungsdauer, niedrigere Beitragszahlungen oder Versicherungssumme), so gilt steuerrechtlich der geänderte Vertrag als „alter Vertrag", der unverändert fortgeführt wird.

70 Nachträglich vereinbarte Änderungen der Versicherungslaufzeit oder der Beitragszahlungsdauer bleiben für die Beurteilung der Mindestvertragsdauer außer Betracht, soweit nicht die Gesamtvertragsdauer von zwölf Jahren unterschritten wird (z. B. nachträgliche Verlängerung der Versicherungslaufzeit und/oder der Beitragszahlungsdauer bei gleich bleibender Versicherungssumme aufgrund reduzierten Beitrags).

71 Nachträglich vereinbarte Beitragserhöhungen und Erhöhungen der Versicherungssumme gelten steuerlich im Umfang der Erhöhung als gesonderter neuer Vertrag, für den die Mindestvertragsdauer ab dem vereinbarten Erhöhungszeitpunkt neu zu laufen beginnt.

Im Hinblick auf die gesetzliche Anhebung des Rentenalters von 65 auf 67 Jahre gilt Folgendes[1]:

Die Verlängerung der Laufzeit eines Vertrages, der bisher einen Auszahlungszeitpunkt im 65. oder 66. Lebensjahr zum Inhalt hatte, führt nicht zu einer nachträglichen Vertragsänderung, wenn die Verlängerung einen Zeitraum von höchstens zwei Jahren umfasst. Eine entsprechende Verlängerung der Beitragszahlungsdauer ist zulässig. Eine solche Verlängerung der Laufzeit bzw. der Beitragszahlungsdauer infolge der Anhebung der Altersgrenze kann nur einmalig vorgenommen werden.

c. Zahlungsschwierigkeiten

72 Wurden Versicherungsbeiträge oder die Versicherungssumme wegen Zahlungsschwierigkeiten des Versicherungsnehmers insbesondere wegen Arbeitslosigkeit, Kurzarbeit oder Arbeitsplatzwechsels gemindert oder die Beiträge ganz oder teilweise befristet gestundet, so kann der Versicherungsnehmer innerhalb einer Frist von in der Regel drei Jahren eine Wiederherstellung des alten Versicherungsschutzes bis zur Höhe der ursprünglich vereinbarten Versicherungssumme verlangen und die Beitragsrückstände nachentrichten. Die nachentrichteten Beiträge werden als auf Grund des ursprünglichen Vertrages geleistet angesehen.

73 Konnte der Versicherungsnehmer wegen Zahlungsschwierigkeiten, insbesondere aufgrund von Arbeitslosigkeit, Kurzarbeit oder Arbeitsplatzwechsel die vereinbarten Beiträge nicht mehr aufbringen und nach Behebung seiner finanziellen Schwierigkeiten die fehlenden Beiträge nicht nachentrichten, so kann der Versicherungsnehmer innerhalb von in der Regel bis zu drei Jahren eine Wiederherstellung des alten Versicherungsschutzes bis zur Höhe der ursprünglich vereinbarten Versicherungssumme verlangen. Maßnahmen zur Schließung der Beitragslücke (z. B. Anhebung der künftigen Beiträge, Leistungsherabsetzung, Verlegung von Beginn- und Ablauftermin) führen nicht zu einem Neubeginn der Mindestvertragsdauer.

d. Fortsetzung einer während der Elternzeit beitragsfrei gestellten Lebensversicherung

73a Die Regelungen in den Rzn. 72 und 73 sind entsprechend anzuwenden, wenn eine Lebensversicherung während der Elternzeit im Sinne des Bundeselterngeld- und Elternzeitgesetzes beitragsfrei gestellt wurde und innerhalb von drei Monaten nach Beendigung der Elternzeit zu den vor der Umwandlung vereinbarten Bedingungen fortgeführt wird.

e. Umwandlung einer Kapitallebensversicherung in eine nach § 851c ZPO unter Pfändungsschutz stehende Rentenversicherung

73b Eine vor dem 1. Januar 2010 vollzogene Umwandlung einer Kapitallebensversicherung in eine Rentenversicherung, die die in § 10 Absatz 1 Nummer 2 Buchstabe b EStG genannten Voraussetzungen nicht erfüllt, die jedoch den Voraussetzungen des § 851c Absatz 1 ZPO entspricht, wird aus Billigkeitsgründen nicht als steuerschädliche Vertragsänderung betrachtet. Hiervon ausgenommen sind vor dem 1. Januar 2005 abgeschlossene Versicherungsverträge, wenn bei vertragsgemäßer Fortsetzung bis zum vereinbarten Ablaufzeitpunkt die rechnungsmäßigen und außerrechnungsmäßigen Zinsen nach § 20 Absatz 1 Nummer 6 Satz 1 EStG in der am 31. Dezember 2004 geltenden Fassung der Besteuerung unterlegen hätten und Lebensversicherungsverträge, die nach dem

---

[1] *Rz. 71 wurde durch BMF vom 6.3.2012 (BStBl I S. 238) ergänzt.*

30. März 2007 abgeschlossen wurden. Zu den Rechtsfolgen einer Umwandlung eines Kapital-lebensversicherungsvertrags in einen Rentenversicherungsvertrag im Sinne des § 10 Absatz 1 Nummer 2 Buchstabe b EStG (Basisrente) siehe Rz. 104 des BMF-Schreibens vom 30. Januar 2008 (BStBl I S. 390).

Nach der Umwandlung geleistete Versicherungsbeiträge können als sonstige Vorsorgeaufwen-dungen berücksichtigt werden, wenn der Beginn des Versicherungsvertrages vor dem 1. Januar 2005 lag und ein Versicherungsbeitrag vor diesem Zeitpunkt geleistet wurde. Aus Billigkeitsgrün-den sind für die Frage des Versicherungsbeginns und der ersten Beitragsleistung (§ 10 Absatz 1 Nummer 3 Buchstabe b EStG) der ursprüngliche Kapitallebensversicherungsvertrag und der Ren-tenversicherungsvertrag als Einheit anzusehen. Die aus dem umgewandelten Vertrag angerech-nete Versicherungsleistung kann nicht als Sonderausgabe berücksichtigt werden.   **73c**

Beispiel: **73d**

Unternehmer A hat in 2007 eine Kapitallebensversicherung vor dem 30. März 2007 abgeschlos-sen, die nach Ablauf der Versicherungslaufzeit eine Erlebensfall-Leistung in Form einer Kapi-talauszahlung vorsieht (steuerpflichtig nach § 20 Absatz 1 Nummer 6 EStG). Im Jahre 2 008 macht er von seinem Umwandlungsrecht nach § 173 VVG Gebrauch und stellt die Kapi-tallebensversicherung auf einen privaten Rentenversicherungsvertrag um, der im Todesfall während der Ansparphase eine Todesfall-Leistung in Form einer Beitragsrückgewähr vorsieht, die seine Erben erhalten sollen.

Die Regelung in Rz. 58 des BMF-Schreibens vom 22. August 2002 (BStBl I 2002, 827), dass die Umstellung einer Kapitallebensversicherung in einen Vertrag im Sinne des Altersvorsorgeverträ-ge-Zertifizierungsgesetzes keine steuerschädliche Vertragsänderung darstellt, ist auf nach dem 31. Dezember 2004 abgeschlossene Versicherungsverträge nicht anzuwenden (vgl. Rz. 90).   **73e**

3. Policendarlehen

Dienen die Ansprüche aus dem Versicherungsvertrag der Tilgung oder Sicherung eines Darlehens, so steht dies der Anwendung des § 20 Absatz 1 Nummer 6 Satz 2 EStG (Ansatz des hälftigen Unter-schiedsbetrag) nicht entgegen. Zur Abgrenzung zwischen Policendarlehen und steuerpflichtigen Versicherungsleistungen siehe Rz. 41a.   **74**

4. Teilleistungen teilweise vor dem 60. Lebensjahr und teilweise danach

Werden mehrere Versicherungsleistungen zu unterschiedlichen Zeitpunkten ausgekehrt (z. B. bei Teilzahlungen und Barauszahlungen von laufenden Überschussanteilen), ist jeweils gesondert zu prüfen, ob § 20 Absatz 1 Nummer 6 Satz 2 EStG zur Anwendung kommt. Die anteilig entrichte-ten Beiträge sind zu berücksichtigen.   **75**

Beispiel: **76**

Laufzeit 20 Jahre, nach 10 Jahren Teilauszahlung i. H. v. 5 000 €, vollendetes Lebensalter des Steuerpflichtigen im Zeitpunkt der Teilauszahlung 55 Jahre, geleistete Beiträge zum Auszah-lungszeitpunkt: 10 000 €, Zeitwert der Versicherung zum Auszahlungszeitpunkt 15 000 €; Restauszahlung nach weiteren 10 Jahren i. H. v. 25 000 € geleistete Beiträge insgesamt 20 000 €.

Lösung:

– Teilauszahlung i. H. v. 5 000 € (Laufzeit 10 Jahre Alter 55)

Versicherungsleistung:	5 000,00 €
./. anteilig geleistete Beiträge: (5000 : 15000 × 10000)	3 333,33 € (= 33 %)
Ertrag nach § 20 Absatz 1 Nummer 6 Satz 1 EStG	1 666,67 €

– Restauszahlung i. H. v. 25 000 € (Laufzeit 20 Jahre Alter 65)

Versicherungsleistung:	25 000,00 €
./. geleistete Beiträge (20000 – 3 333,33)	16 666,67 €
Ertrag nach § 20 Absatz 1 Nummer 6 Satz 1 EStG	8 333,33 €
Davon anzusetzen nach § 20 Absatz 1 Nummer 6 Satz 2 EStG	4 166,67 €

5. Hälftiger Unterschiedsbetrag bei Kapitalversicherungen auf verbundene Leben

Sofern bei einer Kapitalversicherung auf verbundene Leben (vgl. Rz. 28) die Versicherungsleistung mehreren Steuerpflichtigen gemeinschaftlich zufließt, ist bei jedem Beteiligten gesondert zu prü-fen, inwieweit er in seiner Person den Tatbestand des § 20 Absatz 1 Nummer 6 Satz 1 bzw. Satz 2 EStG verwirklicht. Die Aufteilung der Erträge ist dabei nach Köpfen vorzunehmen, soweit kein abweichendes Verhältnis vereinbart ist.   **77**

Beispiel:

78   Ehemann A schließt als Versicherungsnehmer eine Kapitalversicherung mit Sparanteil auf verbundene Leben ab. Versicherte Personen sind Ehemann A und Ehefrau B. Beiden steht das unwiderrufliche Bezugsrecht gemeinschaftlich zu. Laufzeit der Versicherung 20 Jahre. Erlebensfall-Leistung 30 000 €, geleistete Beiträge 20 000 €. A hat zum Auszahlungszeitpunkt das 62., B das 58. Lebensjahr vollendet.

Lösung:

Versicherungsleistung:	30 000 €
./. geleistete Beiträge:	20 000 €
Zwischensumme:	10 000 €

Auf Ehemann A entfallen 50 % = 5 000 €

Davon anzusetzen nach § 20 Absatz 1 Nummer 6 Satz 2 EStG 2 500 €

Auf Ehefrau B entfallen 50 % = 5 000 €

Davon anzusetzen nach § 20 Absatz 1 Nummer 6 Satz 1 EStG 5 000 €

6. Mindesttodesfallschutz

78a   Durch § 20 Absatz 1 Nummer 6 Satz 6 EStG (in der Fassung des Artikels 1 des Gesetzes vom 19. Dezember 2008 [BGBl. I S. 2794] werden neue steuerliche Mindeststandards für die Anforderungen an die Risikoleistung aus einer Kapitallebensversicherung gesetzt. Sofern diese nicht erfüllt sind, ist die Steuerbegünstigung des Satzes 2 nicht anzuwenden, d. h. diese Verträge sind von einer nur hälftigen Versteuerung der Erträge ausgeschlossen. Die Neuregelung ist für alle Versicherungsverträge anzuwenden, die nach dem 31. März 2009 abgeschlossen werden oder bei denen die erstmalige Beitragsleistung nach dem 31. März 2009 erfolgt (§ 52 Absatz 36 Satz 11 EStG).

a. § 20 Absatz 1 Nummer 6 Satz 6 Buchstabe a EStG („50 %-Regel")

78b   Buchstabe a des § 20 Absatz 1 Nummer 6 Satz 6 EStG (im Weiteren nur „Buchstabe a") betrifft Kapital-Lebensversicherungen mit einer vereinbarten laufenden Beitragszahlung bis zum Zeitpunkt des Erlebensfalls. Mindestens 50 % der über die gesamte Laufzeit zu zahlenden Beiträge werden als Mindesttodesfallschutz vorausgesetzt. Dies gilt nicht für Kapital-Lebensversicherungen, bei denen die Todesfallsumme mindestens der Erlebensfallsumme entspricht; bei diesen Verträgen ist die Festlegung eines Mindesttodesfallschutzes nicht erforderlich.

Beitragserhöhungen

78c   Eine „vereinbarte laufende Beitragszahlung in mindestens gleich bleibender Höhe" liegt auch bei vertraglich vereinbarten Beitragserhöhungen und vertraglich vereinbarten Optionsrechten im Sinne der Rz. 68 vor. Sie stehen der Anwendung des Mindestrisikoschutzes nach Buchstabe a nicht entgegen. Bei dynamischen Tarifen ist zu unterscheiden zwischen solchen, bei denen von vornherein Beitragserhöhungen zur Erlebensfall-Leistung fest vereinbart werden, und solchen, bei denen der Versicherungsnehmer zwar das Recht auf Erhöhung des Beitrags hat, eine Verpflichtung zur Beitragserhöhung aber nicht besteht. Für die Unterscheidung sind die im Versicherungsvertrag enthaltenen Vereinbarungen maßgebend. Beitragserhöhungen, die von vornherein vereinbart werden, sind bei der Bestimmung des Mindesttodesfallschutzes zu berücksichtigen. Künftige Beitragserhöhungen sind dagegen erst dann zu berücksichtigen, wenn die Erhöhung wirksam wird.

78d   Sofern Beitragserhöhungen eine steuerlich relevante Vertragsänderung darstellen (z. B. nachträglich vereinbarte einmalige Zuzahlungen), sind die Voraussetzungen für den Mindesttodesfallschutz für den neuen Vertragsteil separat zu prüfen. Bei einmaligen nachträglichen Zuzahlungen, die eine steuerlich relevante Vertragsänderung darstellen, kommt in der Regel der Mindesttodesfallschutz nach Buchstabe b des § 20 Absatz 1 Nummer 6 Satz 6 EStG in Betracht.

Beitragsfreistellung/Beitragsherabsetzung

78e   Ist die Beitragszahlungsdauer kürzer als die Versicherungsdauer kommt die Anwendung des Mindesttodesfallschutzes nach Buchstabe a grundsätzlich nicht in Betracht. Das Recht des Versicherungsnehmers jederzeit die Umwandlung der Versicherung in eine prämienfreie Versicherung zu verlangen (§ 165 VVG) schließt die Anwendbarkeit des Mindesttodesfallschutzes nach Buchstabe a jedoch nicht aus. Übt der Versicherungsnehmer dieses aus, reduziert sich der Mindesttodesfallschutz auf 50 % der sich nach der Beitragsfreistellung insgesamt für die Vertragsdauer ergebenden Beitragssumme. Entsprechendes gilt bei einer nachträglich vereinbarten Beitragsherabsetzung. Nach der Herabsetzung müssen die neuen laufenden Beiträge nach der Vereinbarung in mindestens gleich bleibender Höhe bis zum Zeitpunkt des Erlebensfalls vorgesehen werden.

Kapital-Lebensversicherungen mit mehreren Erlebensfallzahlungen während der Versicherungsdauer

Nach jeder Teilauszahlung ermäßigt sich der Mindesttodesfallschutz in dem Verhältnis, in dem die Teilauszahlungssumme zum aktuellen Rückkaufswert vor Abzug von Kosten steht. 78f

Beispiel:

Vertraglich vereinbarte Beitragssumme 70 000 €; garantierte Erlebensfall-Leistung 100 000 €. Mindesttodesfallschutz: 35 000 €; Vertragsstand nach 20 Jahren: 90 000 € (Rückkaufswert). Teilauszahlung nach 20 Jahren i.H.v. 30 000 €.

Lösung:

Der Mindesttodesfallschutz ermäßigt sich im Verhältnis 30000 zu 90 000 mithin um 1/3. Der Mindesttodesfallschutz beträgt nach der Teilauszahlung 23 333 € (35 000 € × 2/3).

Zuzahlungen zur Abkürzung der Versicherungsdauer

Zuzahlungen zur Abkürzung der Versicherungsdauer, bei denen der ursprünglich vereinbarte Beitrag nach erfolgter Zuzahlung in unveränderter Höhe weiterläuft, führen ebenfalls zu einer Neuberechnung des Mindesttodesfallschutzes, sofern die Zuzahlung keine steuerlich relevante Vertragsänderung darstellt (insbesondere bei gleichbleibender Versicherungssumme). 78g

Beispiel:

Vertragsdauer 30 Jahre, Jahresbeitrag 3 000 €, Beitragssumme 90 000 €, Mindesttodesfallschutz 45 000 €, garantierte Erlebensfall-Leistung 120 000 €.

Zuzahlung im Jahr 10 i.H.v. 20 000 € führt zu einer neuen Vertragslaufzeit von 20 Jahren, Versicherungssumme bleibt unverändert.

Lösung:

Die Beitragsumme reduziert sich auf 80 000 € (20 Jahre × 3 000 € + 20 000 €). Der Mindesttodesfallschutz reduziert sich ab Zuzahlung entsprechend auf 40 000 €
(80 000 € × 50 %).

Zusatzversicherungen

Beitragsanteile für Nebenrisiken, die nach Rz. 58 bei der Ermittlung des Unterschiedsbetrages nicht ertragsmindernd anzusetzen sind, bleiben bei der Bestimmung des Mindesttodesfallschutzes außer Betracht. 78h

Karenzzeit

Ein Ausschluss der Risikotragung in den ersten Jahren der Vertragslaufzeit ist bei der Prüfung des Mindesttodesfallschutzes nach Buchstabe a nicht zulässig. 78i

b. § 20 Absatz 1 Nummer 6 Satz 6 Buchstabe b EStG („10 %-Regel")

Buchstabe b des § 20 Absatz 1 Nummer 6 Satz 6 EStG (im Weiteren nur: „Buchstabe b") betrifft hauptsächlich Kapitallebensversicherungsverträge gegen Einmalbeitrag oder mit abgekürzter Beitragszahlungsdauer. Anstatt auf die Beitragssumme werden bei diesen Verträgen die Anforderungen an den Mindesttodesfallschutz auf das Deckungskapital, auf den Zeitwert des Vertrages oder auf die Summe der gezahlten Beiträge bezogen. Als ausreichend wird eine Todesfall-Leistung betrachtet, die das Deckungskapital oder den Zeitwert um mindestens zehn Prozent des Deckungskapitals, des Zeitwerts oder die Summe der gezahlten Beiträge übersteigt. 78j

Karenzzeit

Es ist zulässig, wenn der Mindesttodesfallschutz erst nach Ablauf von fünf Jahren nach Vertragsabschluss erbracht wird. Beitragserhöhungen führen nicht dazu, dass diese Frist erneut zu laufen beginnt. 78k

Absinken des Mindesttodesfallschutzes

Der Mindesttodesfallschutz nach Buchstabe b darf vom Zeitpunkt des Beginns des Versicherungsschutzes an bis zum Ende der Vertragslaufzeit in jährlich gleichen Schritten auf Null sinken (§ 20 Absatz 1 Nummer 6 Satz 6 Buchstabe b Satz 2 EStG). Bei der Vereinbarung einer Karenzzeit darf das gleichmäßige Absinken des Satzes von zehn Prozent erst nach Ablauf der vereinbarten Karenzzeit einsetzen. Diese Regelung zum Absinken des Versicherungsschutzes ist nicht auf Kapitallebensversicherungen mit lebenslangen Todesfallschutz (vgl. Rz. 30) anwendbar, da es an einem zeitlich bestimmten Laufzeitende fehlt. 78l

Beitragserhöhungen

78m Vertraglich vereinbarte Beitragserhöhungen, die keine steuerlich relevante Vertragsänderung darstellen, führen zu einer Erhöhung des Deckungskapitals bzw. des Zeitwertes und sind bei der Ermittlung des Mindesttodesfallschutzes zu berücksichtigen. § 20 Absatz 1 Nummer 6 Satz 6 Buchstabe b Satz 2 EStG ist dabei mit der Maßgabe anzuwenden, dass im Zeitpunkt der Beitragserhöhung weiterhin der sich zu diesem Zeitpunkt ergebende Prozentsatz maßgeblich ist.

78n Soweit aufgrund einer Beitragserhöhung steuerlich ein neuer Vertrag vorliegt (z. B. bei einer nachträglich vereinbarten Beitragserhöhung) ist hinsichtlich des neuen Vertragsteils der Mindesttodesfallschutz einschließlich des Prozentsatzes nach § 20 Absatz 1 Nummer 6 Satz 6 Buchstabe b Satz 2 EStG neu zu ermitteln.

c. Verhältnis zwischen den Regelungen zum Mindesttodesfallschutz

78o Der Versicherungsvertrag muss durchgehend entweder den Mindesttodesfallschutz nach Buchstabe a oder Buchstabe b des § 20 Absatz 1 Nummer 6 Satz 6 EStG erfüllen. Ein Wechsel zwischen den beiden Varianten ist während der Vertragslaufzeit nicht möglich. Wenn ein Versicherungsvertrag die Anforderungen in Buchstabe a und Buchstabe b dergestalt miteinander verbindet, dass bei Risikoeintritt jeweils die Variante anzuwenden sei, die zu einer niedrigeren Leistung führt, ist nicht von einem ausreichenden Mindesttodesfallschutz auszugehen. Es besteht jedoch ein ausreichender Todesfallschutz, wenn der Versicherungsvertrag bei Risikoeintritt die höhere Leistung nach den Anforderungen von Buchstabe a oder Buchstabe b bietet.

XI. Werbungskosten

79 Kosten, die durch den Versicherungsvertrag veranlasst sind, können als Werbungskosten abgezogen werden. Zur Behandlung einer Vermittlungsprovision, die der Versicherungsnehmer aufgrund eines gesonderten Vertrages an den Versicherungsvermittler zahlt, siehe Rz. 56. Abschlusskosten, die durch die Beitragsleistung bezahlt werden (insbesondere die Vermittlungsprovision, die das Versicherungsunternehmen an den Vermittler erbringt), sind keine Werbungskosten. Die Werbungskosten sind auf den Sparer-Pauschbetrag beschränkt (Rz. 81a).

80 Die Aufwendungen für den entgeltlichen Erwerb eines Versicherungsvertrages sind Anschaffungskosten und keine Werbungskosten (siehe Rz. 64a und Rz. 81b).

81 Auch bei hälftigem Unterschiedsbetrag besteht der volle Werbungskostenabzug. § 3c Absatz 1 EStG ist nicht anwendbar, da § 20 Absatz 1 Nummer 6 Satz 2 EStG keine Steuerbefreiung, sondern eine Sonderregelung zur Ermittlung des anzusetzenden Ertrags enthält.

81a Ab dem 1. Januar 2009 ist der Werbungskostenabzug nach § 20 Absatz 9 EStG ausschließlich durch den Sparer-Pauschbetrag in Höhe von 801 Euro bzw. 1 602 Euro für Verheiratete möglich. Der Ansatz der tatsächlichen Werbungskosten ist ausgeschlossen.

XIa. Entgeltliche Veräußerung

81b Nach § 20 Absatz 2 Satz 1 Nummer 6 EStG ist die Veräußerung von Ansprüchen auf eine Versicherungsleistung im Sinne des § 20 Absatz 1 Nummer 6 steuerpflichtig, wenn der Verkauf nach dem 31. Dezember 2008 stattgefunden hat und der Versicherungsvertrag nach dem 31. Dezember 2004 abgeschlossen wurde. Bei Versicherungsverträgen, die vor dem 1. Januar 2005 abgeschlossen wurden, ist die Veräußerung nach § 20 Absatz 2 Satz 1 Nummer 6 EStG steuerpflichtig, wenn bei einem Rückkauf zum Veräußerungszeitpunkt die Erträge nach § 20 Absatz 1 Nummer 6 EStG i. d. F. vom 31. Dezember 2004 steuerpflichtig wären (§ 52a Absatz 10 Satz 5 EStG).

XII. Nachweis der Besteuerungsgrundlagen

1. Inländische Versicherungen

82 Bei Versicherungen, die im Inland Sitz, Geschäftsleitung oder Niederlassung haben, dient als Nachweis für die Höhe der Kapitalerträge im Sinne des § 20 Absatz 1 Nummer 6 EStG im Rahmen der Einkommensteuererklärung bei positiven Kapitalerträgen die Steuerbescheinigung im Sinne des § 45a EStG. Negative Kapitalerträge sind in der Regel durch eine Berechnung des Versicherungsunternehmens zu belegen.

2. Ausländische Versicherungen

83 Der Steuerpflichtige hat alle für die Besteuerung nach § 20 Absatz 1 Nummer 6 EStG erforderlichen Unterlagen zu beschaffen und seiner Steuererklärung beizufügen (§ 90 Absatz 2 AO).

XIII. Kapitalertragsteuer

Dem Kapitalertragsteuerabzug (§ 43 Absatz 1 Satz 1 Nummer 4 Satz 1 EStG) unterliegen auch Teil- | 84
leistungen (vgl. Rz. 61).

Bemessungsgrundlage ist im Regelfall der Unterschiedsbetrag, im Falle des § 20 Absatz 1 | 85
Nummer 6 Satz 2 EStG der halbe Unterschiedsbetrag.

Kapitalertragsteuer ist nach § 44a EStG nicht einzubehalten, wenn eine Nichtveranlagungs- | 86
bescheinigung vorgelegt oder soweit ein Freistellungsauftrag erteilt wurde.

Die Kapitalertragsteuer wird von den inländischen Versicherungsunternehmen auch von den | 87
Erträgen aus Versicherungen im Sinne des § 20 Absatz 1 Nummer 6 EStG erhoben, bei denen der
Steuerpflichtige nur beschränkt steuerpflichtig ist (§§ 1 Absatz 4, 49 Absatz 1 Nummer 5 EStG). Sie
hat in diesen Fällen nach § 50 Absatz 2 Satz 1 EStG abgeltende Wirkung. Niedrigere Quellensteu-
erhöchstsätze nach den Doppelbesteuerungsabkommen sind im Erstattungsverfahren nach § 50d
Absatz 1 EStG geltend zu machen.

XIIIa. Mitteilungspflicht für inländische Versicherungsvermittler

Ein inländischer Versicherungsvermittler ist verpflichtet, die erfolgreiche Vermittlung eines Vertra- | 87a
ges i. S. d. § 20 Absatz 1 Nummer 6 (Kapitalversicherungen und Rentenversicherungen) nach § 45d
Absatz 3 EStG bis zum 30. März des Folgejahres gegenüber dem Bundeszentralamt für Steuern
(BZSt) mitzuteilen, wenn es sich um einen Vertrag zwischen einer im Inland ansässigen Person
und einem ausländischen Versicherungsunternehmen handelt. Ausgenommen sind Verträge mit
ausländischen Versicherungsunternehmen mit inländischer Niederlassung, da für diese Fälle eine
Verpflichtung zum Einbehalt der Kapitalertragsteuer besteht (§ 43 Absatz 3 Satz 1 EStG).

Die Verpflichtung zur Mitteilung entfällt, sofern das Versicherungsunternehmen freiwillig das
BZSt bis zum 30. März des Folgejahres über den Abschluss eines Vertrages informiert hat und den
Versicherungsvermittler hierüber in Kenntnis gesetzt hat.

Der Versicherungsvermittler hat die in § 45d Absatz 3 Satz 2 EStG genannten Daten dem BZSt mit- | 87b
zuteilen, wenn der Versicherungsvertrag nach dem 31. Dezember 2008 abgeschlossen wurde. Die
erstmalige Übermittlung hat bis zum 30. März 2011 zu erfolgen, somit sind in 2011 die Vertragsabschlüsse für zwei Kalenderjahre zu übermitteln.

Die Übermittlung hat nach amtlich vorgeschriebenem Datensatz grundsätzlich in elektronischer | 87c
Form zu erfolgen (§ 45d Absatz 3 Satz 3 i. V. m. Absatz 1 Satz 2 bis 4 EStG, § 150 Absatz 6 AO, § 1
Absatz 1 Steuerdaten-Übermittlungsverordnung). Die Datensatzbeschreibung und Hinweise zur
Übermittlung werden in einem gesonderten nachfolgenden Schreiben dargestellt.

XIV. Anwendungsregelungen

1. Zeitliche Abgrenzung von Altverträgen zu Neuverträgen

Durch das Alterseinkünftegesetz vom 5. Juli 2004 (BGBl. I S. 1427) ist § 20 Absatz 1 Nummer 6 | 88
EStG neu gefasst worden. Nach § 52 Absatz 36 EStG ist für vor dem 1. Januar 2005 abgeschlossene
Versicherungsverträge (Altverträge) § 20 Absatz 1 Nummer 6 EStG in der am 31. Dezember 2004
geltenden Fassung (a. F.) weiter anzuwenden. Damit besteht insbesondere die Steuerbefreiung
nach § 20 Absatz 1 Nummer 6 Satz 2 EStG a. F. für Altverträge fort.

Für die Frage, ob noch § 20 Absatz 1 Nummer 6 EStG a. F. anzuwenden ist, kommt es auf den Zeit- | 89
punkt des Vertragsabschlusses an. Die Regelung zur Rückdatierung (Rz. 66) ist in diesem Zusammenhang nicht anzuwenden. Der Versicherungsvertrag kommt mit dem Zugang der Annahmeerklärung des Versicherers beim Versicherungsnehmer zustande. Auf eine ausdrückliche
Annahmeerklärung kann jedoch verzichtet werden, wenn sie nach der Verkehrssitte nicht zu
erwarten ist oder der Antragende auf sie verzichtet hat (§ 151 BGB). Bei Lebensversicherungsverträgen kann aufgrund der regelmäßig erforderlichen Risikoprüfung davon ausgegangen werden,
dass eine ausdrückliche Annahmeerklärung erfolgt.

Für die steuerrechtliche Beurteilung ist unter dem Zeitpunkt des Vertragsabschlusses grundsätzlich das Datum der Ausstellung des Versicherungsscheines zu verstehen. Wenn der Steuerpflichtige geltend macht, der Vertragsschluss sei vor dem Datum der Ausstellung des Versicherungs-
scheins erfolgt, so hat er dies durch geeignete Dokumente (z. B. Annahmeerklärung des Versicherers)
zu belegen. Aus Vereinfachungsgründen ist es nicht erforderlich, dass der Steuerpflichtige den
Zeitpunkt des Zugangs der Annahmeerklärung nachweist, sondern es ist auf das Datum der
Annahmeerklärung abzustellen.

2. Weitergeltung von BMF-Schreiben

Die BMF-Schreiben vom 22. August 2002 – IV C 4 – S 2221 – 211/02 – (BStBl I S. 827), vom 15. Juni | 90
2000 – IV C 4 – S 2221 – 86/00 – (BStBl I S. 1118), vom 13. November 1985 – IV B 4 – S 2252 – 150/85
– (BStBl I S. 661) und vom 31. August 1979 – IV B 4 – S 2252 – 77/79 – (BStBl I S. 592) sind für Altver-

träge weiterhin anzuwenden. Das BMF-Schreiben vom 25. November 2004 – IV C 1 – S 2252 – 405/ 04 – (BStBl I S. 1096) wird aufgehoben.

3. Vorratsverträge

91 Im Abschluss so genannter Vorratsverträge ist regelmäßig ein steuerrechtlicher Gestaltungsmissbrauch im Sinne des § 42 AO zu sehen. Bei Versicherungsverträgen, die zwar noch im Jahr 2004 abgeschlossen werden, bei denen der vereinbarte Versicherungsbeginn aber erst nach dem 31. März 2005 liegt, kommt steuerlich der Vertragsabschluss zu dem Zeitpunkt zustande, zu dem die Versicherung beginnt.

4. Vertragsänderungen bei Altverträgen

92 Ergänzend zu dem BMF-Schreiben vom 22. August 2002 – IV C 4 – S 2221 – 211/02 – (BStBl I S. 827) gilt für Beitragserhöhungen bei Altverträgen Folgendes: Ob im Falle von bereits bei Vertragsabschluss vereinbarten Beitragsanpassungen in vollem Umfange ein Altvertrag vorliegt, hängt davon ab, ob die vereinbarten Beitragsanpassungen als rechtsmissbräuchlich einzustufen sind (BMF-Schreiben vom 22. August 2002, BStBl I S. 827, Rz. 38). Ein Missbrauch rechtlicher Gestaltungsmöglichkeiten liegt insbesondere dann nicht vor, wenn die Beitragserhöhung pro Jahr 20 v. H. des bisherigen Beitrags nicht übersteigt. Dabei ist es unbeachtlich, ob die Beitragserhöhung durch Anwendung eines Vomhundertsatzes oder eines vergleichbaren Dynamisierungsfaktors, bezifferter Mehrbeträge oder durch im Voraus festgelegte feste Beiträge ausgedrückt wird. Im Falle einer Beitragserhöhung pro Jahr um mehr als 20 v. H. des bisherigen Beitrags handelt es sich nicht um einen Missbrauch steuerlicher Gestaltungsmöglichkeiten,

– wenn die jährliche Beitragserhöhung nicht mehr als 250 € beträgt oder

– wenn der Jahresbeitrag bis zum fünften Jahr der Vertragslaufzeit auf nicht mehr als 4 800 € angehoben wird und der im ersten Jahr der Vertragslaufzeit zu zahlende Versicherungsbeitrag mindestens 10 v. H. dieses Betrages ausmacht oder

– wenn der erhöhte Beitrag nicht höher ist, als der Beitrag, der sich bei einer jährlichen Beitragserhöhung um 20 v. H. seit Vertragsabschluss ergeben hätte.

Im Hinblick auf die gesetzliche Anhebung des Rentenalters von 65 auf 67 Jahre gilt Folgendes[1]:
Die Verlängerung der Laufzeit eines Vertrages, der bisher einen Auszahlungszeitpunkt im 65. oder 66. Lebensjahr zum Inhalt hatte, führt nicht zu einer nachträglichen Vertragsänderung, wenn die Verlängerung einen Zeitraum von höchstens zwei Jahren umfasst. Eine entsprechende Verlängerung der Beitragszahlungsdauer ist zulässig. Eine solche Verlängerung der Laufzeit bzw. der Beitragszahlungsdauer infolge der Anhebung der Altersgrenze kann nur einmalig vorgenommen werden.

93 Ist die Erhöhung der Beitragsleistung als missbräuchlich einzustufen, sind die insgesamt auf die Beitragserhöhung entfallenden Vertragsbestandteile steuerlich als gesonderter neuer Vertrag zu behandeln. Der neue Vertrag gilt in dem Zeitpunkt als abgeschlossen, zu dem der auf den Erhöhungsbetrag entfallende Versicherungsbeginn erfolgt. Wenn die Beitragshöhe in den Kalenderjahren 2005 oder 2006 gesenkt wird und nunmehr die o. a. Grenzen nicht überschritten werden, ist kein Gestaltungsmissbrauch und steuerlich kein gesonderter neuer Vertrag anzunehmen.

94 Es wird nicht beanstandet, wenn das Versicherungsunternehmen als Einnahmen aus einem Vertrag, für den aufgrund einer Vertragsänderung nach Maßgabe des BMF-Schreibens vom 22. August 2002 (BStBl I S. 827) für den „alten Vertrag" § 20 Absatz 1 Nummer 6 EStG a. F. und für den „neuen Vertrag" § 20 Absatz 1 Nummer 6 EStG n. F. Anwendung findet, die insgesamt die rechnungsmäßigen und außerrechnungsmäßigen Zinsen zugrunde legt, wenn der Steuerpflichtige dem zugestimmt hat. § 20 Absatz 1 Nummer 6 Satz 2 EStG n. F. ist für den „neuen Vertrag" entsprechend anzuwenden.

5. Vertragsschluss im Namen eines minderjährigen Kindes

95 Fälle, in denen Eltern für ihr minderjähriges Kind einen Versicherungsvertrag dergestalt vor dem 31. Dezember 2004 abschließen, dass das Kind Versicherungsnehmer wird, sind folgendermaßen zu behandeln:

96 Nach § 1643 Absatz 1 BGB in Verbindung mit § 1822 Nummer 5 BGB bedarf ein Vertrag der Genehmigung des Familiengerichts, wenn durch den Vertrag der Minderjährige zu wiederkehrenden Leistungen verpflichtet wird und das Vertragsverhältnis länger als ein Jahr nach dem Eintritt der Volljährigkeit fortdauern soll. Enthält der Versicherungsvertrag eine Beitragszahlungsverpflichtung über den 19. Geburtstag hinaus, ist somit eine Genehmigung erforderlich. Wird das Kind volljährig, so tritt seine Genehmigung an die Stelle des Familiengerichts (§ 1829 Absatz 3 BGB). Solange keine Genehmigung erteilt wurde, ist das Rechtsgeschäft schwebend unwirksam

---

[1] *Rz. 92 wurde durch BMF vom 6.3.2012 (BStBl I S. 238) ergänzt.*

(§ 1829 Absatz 1 Satz 1 BGB). Nach § 184 Absatz 1 BGB wirkt eine Genehmigung auf den Zeitpunkt der Vornahme des Rechtsgeschäfts zurück (ex tunc). Bei Genehmigung gilt der Vertrag als noch in 2004 geschlossen. § 20 Absatz 1 Nummer 6 EStG ist in der bis zum 31. 12. 2004 geltenden Fassung anzuwenden.

Wird die Genehmigung nicht erteilt und erfolgt eine Rückabwicklung des Leistungsverhältnisses (§ 812 BGB), sind die in den Rückabwicklungsansprüchen enthaltenen Zinsanteile nach § 20 Absatz 1 Nummer 7 EStG zu versteuern.　97

Übersicht

I.   Behandlung der Einbringung einzelner zum Privatvermögen gehörender Wirtschaftsgüter in das betriebliche Gesamthandsvermögen einer Personengesellschaft als tauschähnlicher Vorgang; Anwendung des BFH-Urteils vom 19. Oktober 1998 – VIII R 69/95 – BMF vom 29. 3. 2000 (BStBl I S. 462)

II. Behandlung der Einbringung zum Privatvermögen gehörender Wirtschaftsgüter in das betriebliche Gesamthandsvermögen einer Personengesellschaft BMF vom 11. 7. 2011 (BStBl I S. 713)

III. Realteilung; Anwendung von § 16 Abs. 3 Satz 2 bis 4 EStG BMF vom 28. 2. 2006 (BStBl I S. 228)

I.
Behandlung der Einbringung einzelner zum Privatvermögen gehörender Wirtschaftsgüter in das betriebliche Gesamthandsvermögen einer Personengesellschaft als tauschähnlicher Vorgang; Anwendung des BFH-Urteils vom 19. Oktober 1998 – VIII R 69/95 –

BMF vom 29. 3. 2000 (BStBl I S. 462)
IV C 2 – S 2178 – 4/00

[1]Der VIII. Senat des BFH behandelt im Urteil vom 19. Oktober 1998 – VIII R 69/95 – BStBl 2000 II S. 230 die Einbringung einer wesentlichen Beteiligung i. S. des § 17 EStG aus dem Privatvermögen in das betriebliche Gesamthandsvermögen einer Personengesellschaft gegen Gewährung von Gesellschaftsrechten als tauschähnlichen Vorgang, der beim einbringenden Gesellschafter zu einer entgeltlichen Veräußerung i. S. des § 17 EStG und bei der aufnehmenden Personengesellschaft zu einem Anschaffungsgeschäft führt. [2]Der BFH ist damit von der Auffassung der Finanzverwaltung abgewichen, die eine Veräußerung durch den Gesellschafter i. S. des § 17 EStG verneint und den Vorgang als Einlage i. S. des § 4 Abs. 1 Satz 5[1]) EStG i. V. m. § 6 Abs. 1 Nr. 5 EStG ansieht (BMF-Schreiben vom 20. Dezember 1977 – BStBl 1978 I S. 8, Tz. 49).

Unter Bezugnahme auf das Ergebnis der Erörterung mit den obersten Finanzbehörden der Länder nehme ich zur Anwendung der Rechtsgrundsätze des o. g. BFH-Urteils wie folgt Stellung:

I. Allgemeine Anwendung und Bedeutung des BFH-Urteils

Die Rechtsgrundsätze des BFH-Urteils vom 19. Oktober 1998 – VIII R 69/95 – sind in allen offenen Fällen anzuwenden. Tz. 49 des BMF-Schreibens vom 20. Dezember 1977 (BStBl 1978 I S. 8) ist damit überholt.

Das BFH-Urteil ist zwar nur für die Übertragung einer im Privatvermögen gehaltenen wesentlichen Beteiligung i. S. des § 17 EStG ergangen, gilt aber der Sache nach allgemein für die Übertragung einzelner Wirtschaftsgüter aus dem Privatvermögen in das betriebliche Gesamthandsvermögen einer Personengesellschaft gegen Gewährung von Gesellschaftsrechten.

II. Änderungen gegenüber der bisherigen Rechtsauffassung im Einzelnen

Im Einzelnen ergeben sich aus der Anwendung des o. g. BFH-Urteils folgende Änderungen gegenüber der bisherigen Rechtsauffassung:

1. [1]Die Übertragung eines Einzelwirtschaftsguts aus dem Privatvermögen in das betriebliche Gesamthandsvermögen einer Personengesellschaft

    a) stellt einen tauschähnlichen Vorgang dar, wenn dem Einbringenden als Gegenleistung für das eingebrachte Einzelwirtschaftsgut Gesellschaftsrechte gewährt werden, die dem Wert des Wirtschaftsguts entsprechen (offene Sacheinlage). § 6 Abs. 1 Nr. 5 EStG kommt nicht zur Anwendung. [2]Eine Gewährung von Gesellschaftsrechten ist anzunehmen, wenn die durch die Übertragung eintretende Erhöhung des Gesellschaftsvermögens dem Kapitalkonto des einbringenden Gesellschafters gutgeschrieben wird, das für seine Beteiligung am Gesellschaftsvermögen maßgebend ist (vgl. Tz. 24 des BMF-Schreibens vom 20. Dezember 1977 – BStBl 1978 I S. 8). [3]Die Verbuchung auf einem Darlehenskonto stellt keine offene Sacheinlage dar. Zur Abgrenzung zwischen Darlehenskonto und Kapitalkonto vgl. das BMF-Schreiben vom 30. Mai 1997 (BStBl I S. 627),[2])

    b)[3] stellt eine Einlage dar, wenn dem Einbringenden überhaupt keine Gesellschaftsrechte gewährt werden (verdeckte Einlage),

---

[1]) Jetzt: Satz 8.
[2]) Anm.: Zur Abgrenzung von Darlehens- und Kapitalkonto → auch BFH vom 5. 6. 2002 (BStBl 2004 II S. 344).
[3]) → auch BMF vom 11. 7. 2011 (BStBl I S. 713) – Anhang 15 II.

c)[1] ist in einen tauschähnlichen Vorgang und eine Einlage aufzuteilen, wenn der Wert des übertragenen Wirtschaftsguts höher ist als die im Gegenzug eingeräumten Gesellschaftsrechte. Aufteilungsmaßstab ist das Verhältnis des Werts der gewährten Gesellschaftsrechte zum gemeinen Wert des übertragenen Wirtschaftsguts (vgl. BFH-Urteil vom 17. Juli 1980, BStBl 1981 II S. 11).

[2]Da diese Grundsätze nicht nur bei der Einbringung wesentlicher Beteiligungen i. S. des § 17 EStG, sondern für alle Einzelwirtschaftsgüter gelten, führt z. B. die Einbringung von Grundstücken und grundstücksgleichen Rechten durch offene Sacheinlage in das betriebliche Gesamthandsvermögen einer Personengesellschaft innerhalb von zehn Jahren seit der Anschaffung im Privatvermögen zu einem privaten Veräußerungsgeschäft i. S. des § 23 Abs. 1 Satz 1 Nr. 1 EStG. [3]Erfolgt die Einlage in das betriebliche Gesamthandsvermögen im Wege der verdeckten Einlage und wurde die Einlage nach dem 31. Dezember 1999 vorgenommen, liegt ein privates Veräußerungsgeschäft i. S. des § 23 Abs. 1 Satz 5 Nr. 1 EStG vor, wenn das eingelegte Wirtschaftsgut innerhalb eines Zeitraums von zehn Jahren seit der Anschaffung im Privatvermögen aus dem Betriebsvermögen veräußert wird.

2. Die o. a. Grundsätze gelten nicht nur bei der Einbringung in eine Personengesellschaft, sondern auch in eine andere Gesamthandsgemeinschaft (Gütergemeinschaft, Erbengemeinschaft).

3. Entsprechendes gilt bei der Übertragung eines Einzelwirtschaftsguts aus dem betrieblichen Gesamthandsvermögen einer Personengesellschaft oder anderen Gesamthandsgemeinschaft in das Privatvermögen. [2]Das bedeutet, dass es sich auch im Falle der Übertragung gegen Minderung von Gesellschaftsrechten um einen tauschähnlichen Vorgang handelt.

III. Einbringung wertgeminderter wesentlicher Beteiligungen

In Fällen der Einbringung wertgeminderter wesentlicher Beteiligungen gilt Folgendes:

1. Die Einbringung einer wertgeminderten wesentlichen Beteiligung i. S. des § 17 EStG aus dem Privatvermögen in das betriebliche Gesamthandsvermögen einer Personengesellschaft gegen Gewährung von Gesellschaftsrechten stellt nach den Grundsätzen des BFH-Urteils vom 19. Oktober 1998 – VIII R 69/95 – einen tauschähnlichen Vorgang dar. [2]Im Zeitpunkt der Einbringung entsteht ein Veräußerungsverlust, der nach Maßgabe des § 17 Abs. 2 Satz 4[2] EStG zu berücksichtigen ist. R 140 Abs. 8 EStR findet keine Anwendung.

2.[3] In Fällen der Einlage einer wertgeminderten wesentlichen Beteiligung in einen als Einzelunternehmen geführten Betrieb desselben Steuerpflichtigen oder in das Sonderbetriebsvermögen desselben Steuerpflichtigen bei einer Mitunternehmerschaft sind R 140 Abs. 8 EStR sowie das BMF-Schreiben vom 5. Dezember 1996 (BStBl I S. 1500) weiterhin anzuwenden. [2]Gleiches gilt für die Übertragung in das betriebliche Gesamthandsvermögen einer Personengesellschaft, soweit dem Einbringenden keine oder nur teilweise Gesellschaftsrechte gewährt werden (vgl. Abschnitt II Ziffer 1 Buchstaben b und c).

IV. Übergangsregelung

[1]Wird das Wirtschaftsgut vor dem 1. Juli 2000 in das bzw. aus dem Gesamthandsvermögen einer Personengesellschaft gegen Gewährung bzw. Minderung von Gesellschaftsrechten übertragen, so kann auf gemeinsamen Antrag der Beteiligten noch nach der bisherigen Auffassung der Finanzverwaltung verfahren werden, d. h. bei der Übertragung in das Gesellschaftsvermögen gegen Gewährung von Gesellschaftsrechten ist die Übertragung als Einlage (Tz. 49 des BMF-Schreibens vom 20. Dezember 1977, BStBl I S. 8) und bei der Übertragung in das Privatvermögen gegen Minderung von Gesellschaftsrechten als Entnahme zu behandeln. [2]Die Beteiligten sind dann für die Zukunft an diese Behandlung gebunden. [3]Bei einem gemeinsamen Antrag der Beteiligten ist die Einbringung auch für die Anwendung des § 23 EStG als Einlage anzusehen. [4]Bei Einlagen, die nach dem 31. Dezember 1999 vorgenommen werden, ist § 23 Abs. 1 Satz 5 Nr. 1 EStG zu beachten.

Entscheidend für den Zeitpunkt der Übertragung ist der Zeitpunkt des Übergangs des wirtschaftlichen Eigentums.

---

1) → aber BMF vom 11. 7. 2011 (BStBl I S. 713), Abschnitt II.2.a) – Anhang 15 II.
2) Jetzt: Satz 6.
3) Überholt → H 17 (8) Einlage einer wertgeminderten Beteiligung.

II.
Behandlung der Einbringung zum Privatvermögen gehörender Wirtschaftsgüter in das betriebliche Gesamthandsvermögen einer Personengesellschaft

BMF vom 11. 7. 2011 (BStBl I S. 713)

IV C 6 – S 2178/09/10001, DOK 2011/0524044

Bei der Behandlung der Einbringung einzelner zum Privatvermögen gehörender Wirtschaftsgüter in das betriebliche Gesamthandsvermögen einer Personengesellschaft als tauschähnlicher Vorgang ist die Frage aufgeworfen worden, unter welchen Voraussetzungen bei Anwendung der BFH-Urteile vom 24. Januar 2008 – IV R 37/06 – (BStBl 2011 II S. 617) und vom 17. Juli 2008 – I R 77/06 – (BStBl 2009 II S. 464) weiterhin vom Vorliegen einer verdeckten Einlage i. S. d. Ausführungen zu Abschnitt II.1.b) des BMF-Schreibens vom 29. März 2000 (BStBl I S. 462) auszugehen ist.

Hierzu nehme ich unter Bezugnahme auf das Ergebnis der Erörterungen mit den obersten Finanzbehörden der Länder wie folgt Stellung:

I. Übertragung gegen Gewährung von Gesellschaftsrechten

Erhöht sich durch die Übertragung eines Wirtschaftsguts der Kapitalanteil des Einbringenden, liegt insoweit eine Übertragung gegen Gewährung von Gesellschaftsrechten vor.

Für die Frage, ob als Gegenleistung für die Übertragung Gesellschaftsrechte gewährt werden, ist grundsätzlich das Kapitalkonto der Handelsbilanz (z. B. bei einer OHG nach § 120 Absatz 2 HGB) maßgebend, wonach sich die Gesellschaftsrechte – wenn nichts anderes vereinbart ist – nach dem handelsrechtlichen Kapitalanteil des Gesellschafters richten. Dieser Kapitalanteil ist nach dem Regelstatut des HGB z. B. für die Verteilung des Jahresgewinns, für Entnahmerechte und für die Auseinandersetzungsansprüche von Bedeutung (bei einer OHG betrifft dies §§ 121, 122 und 155 HGB).

Werden die handelsrechtlichen Vorschriften abbedungen und nach den gesellschaftsvertraglichen Vereinbarungen mehrere (Unter-)Konten geführt, gilt für die steuerliche Beurteilung Folgendes:

1. Kapitalkonto I

Erfolgt als Gegenleistung für die Übertragung die Buchung auf dem Kapitalkonto I, ist von einer Übertragung gegen Gewährung von Gesellschaftsrechten auszugehen. Als maßgebliche Gesellschaftsrechte kommen die Gewinnverteilung, die Auseinandersetzungsansprüche sowie Entnahmerechte in Betracht. Die bloße Gewährung von Stimmrechten stellt allein keine Gegenleistung im Sinne einer Gewährung von Gesellschaftsrechten dar, da Stimmrechte allein keine vermögensmäßige Beteiligung an der Personengesellschaft vermitteln.

2. Weitere – variable – Gesellschafterkonten

Werden neben dem Kapitalkonto I weitere gesellschaftsvertraglich vereinbarte – variable – Gesellschafterkonten geführt, so kommt es für deren rechtliche Einordnung auf die jeweilige vertraglichen Abreden im Gesellschaftsvertrag an. Ein wesentliches Indiz für das Vorliegen eines Kapitalkontos ist die gesellschaftsvertragliche Vereinbarung, dass auf dem jeweiligen Konto auch Verluste gebucht werden, vgl. hierzu BMF-Schreiben vom 30. Mai 1997 (BStBl I S. 627) sowie BFH-Urteil vom 26. Juni 2007 – IV R 29/06 – (BStBl 2008 II S. 103).

Liegt nach diesen Maßstäben (Buchung auch von Verlusten) ein (weiteres) Kapitalkonto II vor, gilt Folgendes:

Auch wenn das Kapitalkonto eines Gesellschafters in mehrere Unterkonten aufgegliedert wird, bleibt es gleichwohl ein einheitliches Kapitalkonto. Eine Buchung auf einem Unterkonto des einheitlichen Kapitalkontos (und damit auch auf dem Kapitalkonto II) führt demnach regelmäßig zu einer Gewährung von Gesellschaftsrechten.

Handelt es sich bei dem betreffenden Gesellschafterkonto nicht um ein Kapitalkonto, ist regelmäßig von einem Darlehenskonto auszugehen. Erfolgt die Übertragung von Einzelwirtschaftsgütern gegen Buchung auf einem Darlehenskonto, so kann dieses Konto keine Gesellschaftsrechte gewähren; wegen des Erwerbs einer Darlehensforderung durch den übertragenden Gesellschafter liegt insoweit ein entgeltlicher Vorgang vor, der nach § 6 Absatz 1 Nummer 1 oder 2 EStG zu bewerten ist.

II. Abgrenzung der entgeltlichen von der unentgeltlichen Übertragung (verdeckte Einlage)

1. Abgrenzungsmerkmale

Soweit dem Einbringenden überhaupt keine Gesellschaftsrechte und auch keine sonstigen Gegenleistungen (einschließlich der Begründung einer Darlehensforderung bei Buchung auf einem Darlehenskonto) gewährt werden, liegt mangels Gegenleistung eine verdeckte Einlage vor. Sie ist nach § 4 Absatz 1 Satz 8 i. V. m. § 6 Absatz 1 Nummer 5 EStG zu bewerten, auch wenn sie in der Steuerbilanz der Gesellschaft das Eigenkapital erhöht. In den übrigen Fällen liegen – vorbehaltlich der Ausführungen zu Ziffer 2.d) – stets in vollem Umfang entgeltliche Übertragungsvorgänge vor.

2. Buchungstechnische Behandlung

a) Voll entgeltliche Übertragungsfälle

In den Fällen der vollständigen Gegenbuchung des gemeinen Werts des auf die Personengesellschaft übertragenen (eingebrachten) Wirtschaftsguts

- auf dem Kapitalkonto I oder auf einem variablen Kapitalkonto (z. B. Kapitalkonto II),
- auf dem Kapitalkonto I und teilweise auf einem variablen Kapitalkonto oder
- teilweise auf dem Kapitalkonto I oder einem variablen Kapitalkonto **und** teilweise auf einem gesamthänderisch gebundenen Rücklagenkonto der Personengesellschaft

liegt stets ein in vollem Umfang entgeltlicher Übertragungsvorgang vor; eine Aufteilung der Übertragung in einen entgeltlichen und einen unentgeltlichen Teil ist in diesen Fällen nicht vorzunehmen (BFH-Urteile vom 24. Januar 2008 – IV R 37/06 – BStBl 2011 II S. 617) und vom 17. Juli 2008 – I R 77/06 – BStBl 2009 II S. 464).

Beispiel 1:

A und B sind Gesellschafter der betrieblich tätigen AB-OHG. Ihre Gesellschaftsanteile (Kapitalkonto I) betragen jeweils 50.000 €. A bringt ein Grundstück (gemeiner Wert 400.000 €, angeschafft vor 10 Jahren für 40.000 €) in das Gesamthandsvermögen der OHG ein und erhält dafür weitere Gesellschaftsrechte (Kapitalkonto I) i. H. v. 40.000 €. Nach den ausdrücklichen Bestimmungen in der Einbringungsvereinbarung wird der Restbetrag von 360.000 € auf einem gesamthänderisch gebundenen Kapitalrücklagenkonto gutgeschrieben und das Grundstück wird mit 400.000 € in der Gesamthandsbilanz der OHG erfasst.

Lösung:

Da eine Buchung des Vorgangs teilweise auf dem Kapitalkonto I und teilweise auf dem gesamthänderisch gebundenen Kapitalrücklagenkonto erfolgt ist, liegt ein in vollem Umfang entgeltlicher Übertragungsvorgang vor; eine Aufteilung der Übertragung in einen entgeltlichen und einen unentgeltlichen Teil ist nicht vorzunehmen.

b) Unentgeltliche Übertragungsfälle

Eine Übertragung im Wege der verdeckten Einlage und damit ein unentgeltlicher Vorgang ist nur dann anzunehmen, wenn dem Einbringenden überhaupt keine Gesellschaftsrechte gewährt werden und demzufolge die Übertragung des Wirtschaftsguts **ausschließlich** auf einem gesamthänderisch gebundenen Kapitalrücklagenkonto gutgeschrieben wird oder – was handelsrechtlich zulässig sein kann – als Ertrag gebucht wird.

In beiden Fällen erhöht dies zwar das Eigenkapital der Gesellschaft. Dem Einbringenden werden aber hierdurch keine zusätzlichen Gesellschaftsrechte gewährt. Bei der ausschließlichen Buchung auf einem gesamthänderisch gebundenen Kapitalrücklagenkonto erlangt der übertragende Gesellschafter nämlich anders als bei der Buchung auf einem Kapitalkonto keine individuelle Rechtsposition, die ausschließlich ihn bereichert. Bei der Buchung auf einem gesamthänderisch gebundenen Kapitalrücklagenkonto wird vielmehr der Auseinandersetzungsanspruch aller Gesellschafter entsprechend ihrer Beteiligung dem Grunde nach gleichmäßig erhöht. Der Mehrwert fließt also – ähnlich wie bei einer Buchung auf einem Ertragskonto – in das gesamthänderisch gebundene Vermögen der Personengesellschaft und kommt dem übertragenden Gesellschafter ebenso wie allen anderen Mitgesellschaftern nur als reflexartige Wertsteigerung seiner Beteiligung zugute. Mangels Gegenleistung an den übertragenden Gesellschafter liegt deshalb hier ein unentgeltlicher Vorgang im Sinne einer verdeckten Einlage vor.

c) Fehlende Interessengegensätze auf Gesellschafterebene

Die Ausführungen unter b) gelten grundsätzlich auch für die Fälle, in denen auf der Ebene der vermögensmäßig beteiligten Gesellschafter kein Interessengegensatz zu verzeichnen ist, wie es beispielsweise in den Fällen der „Einmann-GmbH & Co. KG" anzunehmen ist. In diesen Fällen obliegt die Entscheidung ausschließlich dem Gesellschafter selbst, eine vollständige Buchung auf einem gesamthänderisch gebundenen Kapitalrücklagenkonto später wieder rückgängig zu machen (z. B. durch Auflösung des Kapitalrücklagenkontos gegen Gutschrift auf seinem Kapitalkonto, so dass der ursprünglich angenommene unentgeltliche Vorgang später nicht mehr gegeben ist, weil die – im Nachhinein vorgenommene – Umbuchung auf das Kapitalkonto gerade nicht zu einem unentgeltlichen Vorgang führt). Insbesondere in den Fällen der Übertragung von Grundstücken auf eine „Einmann-GmbH & Co. KG" ist daher zu prüfen, ob im Hinblick auf die Anwendbarkeit des § 23 Absatz 1 Satz 1 EStG ein Missbrauch von rechtlichen Gestaltungsmöglichkeiten i. S. d. § 42 AO anzunehmen ist, wenn die Übertragung des Wirtschaftsguts (zunächst) vollständig auf einem gesamthänderisch gebundenen Kapitalrücklagenkonto gutgeschrieben wird.

d) Teilentgeltliche Übertragungsvorgänge

Wird im Falle einer Übertragung eines Einzelwirtschaftsguts ausdrücklich ein den gemeinen Wert unterschreitender Wertansatz vereinbart (z. B. wegen einer Zuwendungsabsicht), ist der überschießende Wertanteil als verdeckte Einlage zu qualifizieren, vgl. hierzu auch Ziffer I.4 der Entscheidungsgründe des BFH-Urteils vom 17. Juli 2008 – I R 77/06 – (BStBl 2009 II S. 464). Sofern die Übertragung im Übrigen als entgeltliche Übertragung zu beurteilen ist, ist der Vorgang in einen entgeltlichen und einen unentgeltlichen Anteil aufzuteilen (sog. „Trennungstheorie").

Beispiel 2 (Abwandlung des Beispiels 1):

A und B sind Gesellschafter der betrieblich tätigen AB-OHG. Ihre Gesellschaftsanteile (Kapitalkonto I) betragen jeweils 50.000 €. A bringt ein Grundstück (gemeiner Wert 400.000 €, angeschafft im Privatvermögen des A vor 10 Jahren für 40.000 €) in das Gesamthandsvermögen der OHG ein. Im zugrunde liegenden Einbringungsvertrag ist ausdrücklich ein Einbringungswert von (nur) 40.000 € und demgemäß die Gewährung weiterer Gesellschaftsrechte (Kapitalkonto I) i. H. v. (nur) 40.000 € vereinbart worden. Das Grundstück wird gemäß dieser (bewussten) Vereinbarung mit 40.000 € in der Gesamthandsbilanz der OHG erfasst und das Kapitalkonto des A wird um 40.000 € erhöht. Weitere Buchungen durch die Beteiligten erfolgen nicht.

Lösung:

Wäre das Grundstück nach den Bestimmungen der Einbringungsvereinbarung in der Bilanz der OHG mit 400.000 € angesetzt und der Differenzbetrag von 360.000 € auf einem gesamthänderisch gebundenen Rücklagenkonto gebucht worden, würde es sich nach den Ausführungen unter Ziffer 2.a) um einen in vollem Umfang entgeltlichen Übertragungsvorgang handeln (siehe auch die Lösung des Beispiels 1). Im vorliegenden Fall aber, in dem das Grundstück nach den Bestimmungen in der Einbringungsvereinbarung bewusst nur mit 40.000 € angesetzt und der Differenzbetrag von 360.000 € durch die Beteiligten buchungstechnisch zunächst überhaupt nicht erfasst wird, ist von einem teilentgeltlichen Vorgang auszugehen, da das Grundstück nach dem ausdrücklichen Willen der Beteiligten unter Wert eingebracht werden sollte. Für diesen Fall der Einbringung unter Wert sind die Ausführungen im BMF-Schreiben vom 29. März 2000 (BStBl 2000 I S. 462) zu Abschnitt II.1.c) weiterhin anzuwenden; im Übrigen sind diese Ausführungen aufgrund der Ausführungen oben unter Ziffer 2.a) zu den voll entgeltlichen Übertragungsvorgängen überholt.

Im Beispiel 2 liegt ein teilentgeltlicher Vorgang vor, weil das Grundstück zu 10 % (40.000 €/ 400.000 €) entgeltlich und zu 90 % (360.000 €/400.000 €) unentgeltlich übertragen wird. Hinsichtlich des entgeltlich übertragenen Teils ist das Grundstück deshalb in der Bilanz der OHG mit dem Veräußerungspreis von 40.000 € (=Wert der hingegebenen Gesellschaftsrechte) anzusetzen. Hinsichtlich des unentgeltlich übertragenen Teils ist das Grundstück nach Einlagegrundsätzen gemäß § 4 Absatz 1 Satz 8 EStG i. V. m. § 6 Absatz 1 Nummer 5 Satz 1 EStG mit dem anteiligen Teilwert in Höhe von 360.000 € (90 % von 400.000 €) anzusetzen. Das Grundstück ist deshalb richtigerweise auch bei einer teilentgeltlichen Übertragung mit 400.000 € in der Bilanz der OHG zu erfassen. Aufgrund der Teilentgeltlichkeit des Übertragungsvorgangs ist der den Wert der auf dem Kapitalkonto I verbuchten Gesellschaftsrechte übersteigende Betrag von 360.000 € innerhalb der Bilanz der OHG als Ertrag zu behandeln. Diese Ertragsbuchung ist durch eine entsprechende gegenläufige außerbilanzielle Korrektur zu neutralisieren. Aufgrund der ausdrücklichen Bestimmungen in der Einbringungsvereinbarung (Einbringung unter Wert) kommt hier eine Buchung des übersteigenden Betrags von 360.000 € auf einem gesamthänderischen Rücklagenkonto oder auf einem variablen Kapitalkonto (Kapitalkonto II) nicht in Betracht, weil diese Vorgehensweise nach den unter Ziffer 2.a) dargestellten Grundsätzen zur Annahme eines voll entgeltlichen Übertragungsgeschäfts führen würde, was nach der zugrunde liegenden Einbringungsvereinbarung von den Beteiligten gerade nicht gewollt war.

III. Bloße Nutzungsänderung oder Eintritt der Voraussetzungen des § 15 Absatz 3 Nummer 2 EStG

Unter I. und II. werden ausschließlich die Fälle der Übertragung von Wirtschaftsgütern auf gesellschaftsrechtlicher Grundlage behandelt. Hiervon zu unterscheiden sind die Fälle einer bloßen Nutzungsänderung oder des Eintritts der Voraussetzungen des § 15 Absatz 3 Nummer 2 EStG. Die Regelungen unter I. und II. finden bei der Überführung eines Wirtschaftsguts aus dem steuerlichen Privatvermögen der Personengesellschaft in deren Betriebsvermögen keine Anwendung, so z. B. in den Fällen einer bloßen Nutzungsänderung hinsichtlich einzelner Wirtschaftsgüter wie etwa Grundstücke. Das Gleiche gilt in den Fällen des (späteren) Eintritts der Voraussetzungen einer gewerblichen Prägung der Personengesellschaft nach § 15 Absatz 3 Nummer 2 EStG).

IV. Übergangsregelung

Dieses Schreiben ersetzt das BMF-Schreiben vom 26. November 2004 (BStBl I S. 1190).

Sofern die in den Urteilen vom 24. Januar 2008 – IV R 37/06 – (BStBl 2011 II S. 617) und vom 17. Juli 2008 – I R 77/06 – (BStBl 2009 II S. 464) geäußerte Rechtsauffassung des BFH zur vollen Entgeltlichkeit von Übertragungsvorgängen zu einer Verschärfung gegenüber der bisher geltenden Auffassung der Finanzverwaltung führt, kann auf Antrag die bisherige Verwaltungsauffassung für Übertragungsvorgänge bis zum 30. Juni 2009 weiterhin angewendet werden (Übergangsregelung). Bei Anwendung der Übergangsregelung liegt, soweit eine Buchung teilweise auch auf einem gesamthänderisch gebundenen Kapitalrücklagenkonto erfolgt, ein unentgeltlicher Vorgang (verdeckte Einlage) vor; ein entgeltlicher Vorgang liegt nur insoweit vor, als die Buchung auf dem Kapitalkonto erfolgt. Voraussetzung für die Anwendung der Übergangsregelung ist, dass der das Wirtschaftsgut Übertragende und der Übernehmer des Wirtschaftsguts einheitlich verfahren und dass der Antragsteller damit einverstanden ist, dass die Anwendung der Übergangsregelung z. B. die Rechtsfolge des § 23 Absatz 1 Satz 5 Nummer 1 EStG auslöst.

III.

Realteilung;

Anwendung von § 16 Abs. 3 Satz 2 bis 4 EStG[1)]

BMF vom 28. 2. 2006 (BStBl I S. 228)

IV B 2 – S 2242 – 6/06

Werden im Zuge einer Realteilung einer Mitunternehmerschaft Teilbetriebe, Mitunternehmeranteile oder einzelne Wirtschaftsgüter in das jeweilige Betriebsvermögen der einzelnen Mitunternehmer (Realteiler) übertragen, sind bei der Ermittlung des Gewinns der Mitunternehmerschaft die Wirtschaftsgüter mit den Buchwerten anzusetzen, sofern die Besteuerung der stillen Reserven sichergestellt ist; der übernehmende Mitunternehmer ist an diese Werte gebunden. Dagegen ist für den jeweiligen Übertragungsvorgang rückwirkend der gemeine Wert anzusetzen, soweit bei einer Realteilung, bei der einzelne Wirtschaftsgüter übertragen worden sind, zum Buchwert übertragener Grund und Boden, übertragene Gebäude oder andere übertragene wesentliche Betriebsgrundlagen innerhalb einer Sperrfrist nach der Übertragung veräußert oder entnommen werden; diese Sperrfrist endet drei Jahre nach Abgabe der Steuererklärung der Mitunternehmerschaft für den Veranlagungszeitraum der Realteilung (§ 16 Abs. 3 Satz 2 und 3 EStG).

Im Einvernehmen mit den obersten Finanzbehörden der Länder gilt für die Anwendung des § 16 Abs. 3 Satz 2 bis 4 EStG Folgendes:

I. Definition der Realteilung

Die Realteilung i. S. d. § 16 Abs. 3 Satz 2 und 3 EStG ist durch den auf der Ebene der Mitunternehmerschaft verwirklichten Tatbestand der Betriebsaufgabe gekennzeichnet. § 16 Abs. 3 EStG hat Vorrang vor den Regelungen des § 6 Abs. 3 und 5 EStG. Unschädlich für die Annahme einer im Übrigen steuerneutralen Realteilung ist jedoch die Zahlung eines Spitzen- oder Wertausgleichs (siehe auch VI.). Eine Realteilung setzt voraus, dass mindestens eine wesentliche Betriebsgrundlage nach der Realteilung weiterhin Betriebsvermögen eines Realteilers darstellt. Wesentliche Betriebsgrundlage i. S. d. § 16 Abs. 3 Satz 3 EStG sind Wirtschaftsgüter, in denen erhebliche stille Reserven ruhen (quantitative Betrachtungsweise) oder Wirtschaftsgüter, die zur Erreichung des Betriebszwecks erforderlich sind und denen ein besonderes wirtschaftliches Gewicht für die Betriebsführung zukommt (funktionale Betrachtungsweise). Es ist nicht erforderlich, dass jeder Realteiler wesentliche Betriebsgrundlagen des Gesamthandsvermögens erhält. Die in das Privat-

---

1) Für Übertragungen der veräußerten Anteile gem. § 21 UmwStG, die nach dem 12. 12. 2006 erfolgen, → § 16 Abs. 5 EStG.

vermögen überführten oder übertragenen Wirtschaftsgüter stellen Entnahmen der Realteilungs-gemeinschaft dar. Im Übrigen sind zwingend die Buchwerte fortzuführen.

Eine begünstigte Realteilung i. S. v. § 16 Abs. 3 Satz 2 EStG ist insoweit nicht gegeben, als Einzel-wirtschaftsgüter der real zu teilenden Mitunternehmerschaft unmittelbar oder mittelbar in das Betriebsvermögen einer Körperschaft, Personenvereinigung oder Vermögensmasse übertragen werden (§ 16 Abs. 3 Satz 4 EStG) und die Körperschaft nicht schon bisher mittelbar oder unmittel-bar an dem übertragenen Wirtschaftsgut beteiligt war. Dies gilt auch dann, wenn an der real zu teilenden Mitunternehmerschaft ausschließlich Körperschaften, Personenvereinigungen oder Ver-mögensmassen beteiligt sind.

II. Abgrenzung der Realteilung von der Veräußerung/Aufgabe eines Mitunternehmeranteils

Von der Realteilung ist die Veräußerung oder die Aufgabe eines Mitunternehmeranteils bei Fort-bestehen der Mitunternehmerschaft zu unterscheiden. Scheidet ein Mitunternehmer aus einer mehrgliedrigen Mitunternehmerschaft aus und wird diese im Übrigen von den verbleibenden Mit-unternehmern fortgeführt, liegt kein Fall der Realteilung vor. Dies gilt auch dann, wenn der aus-scheidende Mitunternehmer wesentliche Betriebsgrundlagen des Gesamthandsvermögens erhält. Es handelt sich in diesen Fällen um den Verkauf oder die Aufgabe eines Mitunternehmeranteils nach § 16 Abs. 1 Satz 1 Nr. 2 oder § 16 Abs. 3 Satz 1 EStG. Ggf. ist eine Buchwertfortführung nach § 6 Abs. 3 oder 5 EStG unter den dort genannten Voraussetzungen vorzunehmen. Dies gilt ins-besondere auch im Fall des Ausscheidens eines Mitunternehmers aus einer zweigliedrigen Mit-unternehmerschaft unter Fortführung des Betriebes als Einzelunternehmen durch den verbleiben-den Mitunternehmer (vgl. BFH-Urteil vom 10. März 1998, BStBl II 1999 S. 269). Scheidet ein Mitunternehmer aus einer mehrgliedrigen Mitunternehmerschaft in der Weise aus, dass sein Mit-unternehmeranteil allen verbleibenden Mitunternehmern anwächst und er einen Abfindungs-anspruch gegen die Gesellschaft erhält (Sachwertabfindung), liegt ebenfalls kein Fall der Realtei-lung vor.

III. Gegenstand der Realteilung

Gegenstand einer Realteilung ist das gesamte Betriebsvermögen der Mitunternehmerschaft, ein-schließlich des Sonderbetriebsvermögens der einzelnen Realteiler. Die Realteilung kann durch Übertragung oder Überführung von Teilbetrieben, Mitunternehmeranteilen oder Einzelwirt-schaftsgütern erfolgen. Mitunternehmeranteile in diesem Sinne sind auch Teile von Mitunter-nehmeranteilen. Die Übertragung von Mitunternehmeranteilen stellt keinen Fall der Übertragung von Einzelwirtschaftsgütern mit der Folge der Anwendbarkeit der Sperrfrist dar (vgl. VIII).

Die Übertragung einer 100 %igen Beteiligung an einer Kapitalgesellschaft ist als Übertragung eines Teilbetriebs zu behandeln.

IV. Übertragung in das jeweilige Betriebsvermögen der einzelnen Mitunternehmer

1. Umfang des Betriebsvermögens

Voraussetzung für die Buchwertfortführung ist, dass das übernommene Betriebsvermögen – hierzu gehört auch das Sonderbetriebsvermögen – nach der Realteilung weiterhin Betriebsvermögen bleibt. Hierfür ist es ausreichend, wenn erst im Rahmen der Realteilung bei den Realteilern durch die Übernahme einzelner Wirtschaftsgüter ein neuer Betrieb (z. B. durch Begründung einer Betriebsaufspaltung) entsteht. Es ist demnach nicht erforderlich, dass die Realteiler bereits vor der Realteilung außerhalb der real zu teilenden Mitunternehmerschaft noch Betriebsvermögen (z. B. im Rahmen eines Einzelunternehmens) haben. Das übernommene Betriebsvermögen muss in das jeweilige Betriebsvermögen des einzelnen Realteilers übertragen werden. Hierzu zählt auch das Sonderbetriebsvermögen bei einer anderen Mitunternehmerschaft. Eine Übertragung einzelner Wirtschaftsgüter des Gesamthandsvermögens in das Gesamthandsvermögen einer anderen Mit-unternehmerschaft, an der der Realteiler ebenfalls beteiligt ist, ist jedoch zu Buchwerten nicht möglich. Dies gilt auch dann, wenn es sich um eine personenidentische Schwesterpersonengesell-schaft handelt.

Beim Übergang eines Mitunternehmeranteils oder eines Teiles eines Mitunternehmeranteils ist eine Übertragung oder Überführung in ein weiteres Betriebsvermögen des Realteilers nicht erfor-derlich.

2. Betriebsverpachtung im Ganzen

Wird eine Mitunternehmerschaft real geteilt und erfolgt die Realteilung durch Übertragung von Teilbetrieben, können diese Teilbetriebe anschließend im Rahmen einer Betriebsverpachtung im Ganzen unter den Voraussetzungen von R 139 Abs. 5 EStR 2003 (R 16.5 EStR 2005)[1] verpachtet

---

[1] *Jetzt: § 16 Abs. 3b EStG.*

werden (vgl. BFH vom 14. Dezember 1978, BStBl 1979 II S. 300). Wird ein land- und forstwirtschaftlicher Betrieb im Wege der Realteilung mit Einzelwirtschaftsgütern geteilt, kann das Verpächterwahlrecht nach der Realteilung erstmalig begründet oder fortgeführt werden, wenn die erhaltenen Wirtschaftsgüter bei dem Realteiler nach der Realteilung einen selbständigen land- und forstwirtschaftlichen Betrieb darstellen (vgl. BMF-Schreiben vom 1. Dezember 2000, BStBl I S. 1556).

V. Sicherstellung der Versteuerung der stillen Reserven

Eine Übertragung oder Überführung des übernommenen Betriebsvermögens des Realteilers zu Buchwerten in ein anderes Betriebsvermögen ist nur dann möglich, wenn die stillen Reserven weiterhin steuerverhaftet bleiben. Dies ist z. B. dann nicht der Fall, wenn die Wirtschaftsgüter in eine ausländische Betriebsstätte überführt werden, deren Einkünfte durch ein DBA freigestellt sind. Im Übrigen wird auf Tz 2.6 des BMF-Schreibens vom 24. Dezember 1999 (BStBl I S. 1076) hingewiesen.

VI. Realteilung und Spitzen- oder Wertausgleich

Wird ein Spitzen- oder Wertausgleich gezahlt, liegt im Verhältnis des Spitzenausgleichs zum Wert des übernommenen Betriebsvermögens ein entgeltliches Geschäft vor. In Höhe des um den anteiligen Buchwert verminderten Spitzenausgleichs entsteht ein Veräußerungsgewinn für den veräußernden Realteiler. Dieser Gewinn ist nicht nach §§ 16 und 34 EStG begünstigt, sondern als laufender Gewinn zu versteuern. Die Realteilung ist auch nach Gewerbesteuerrecht eine Betriebsaufgabe (BFH vom 17. Februar 1994, BStBl II S. 809); die nachträgliche Aufdeckung vorgenannter stiller Reserven ist diesem Vorgang zuzuordnen. Der Gewinn rechnet grundsätzlich nicht zum Gewerbeertrag nach § 7 Satz 1 GewStG. Ab Erhebungszeitraum 2002 ist der Gewinn aus der Aufdeckung der stillen Reserven aber nach § 7 Satz 2 GewStG als Gewerbeertrag zu erfassen, soweit er nicht auf eine natürliche Person als unmittelbar beteiligter Mitunternehmer entfällt.

Beispiel:

A und B sind Mitunternehmer eines aus zwei Teilbetrieben bestehenden Gewerbebetriebs. Teilbetriebsvermögen 1 hat einen Wert von 2 Mio. € und einen Buchwert von 200 000 €. Teilbetriebsvermögen 2 hat einen Wert von 1,6 Mio. € und einen Buchwert von 160 000 €. Im Wege der Realteilung erhält A das Teilbetriebsvermögen 1 und B das Teilbetriebsvermögen 2. Außerdem zahlt A an B eine Abfindung von 200 000 €.

A stehen bei der Realteilung wertmäßig 1,8 Mio. € (50 % von 3,6 Mio. €) zu. Da er aber 2 Mio. € erhält, also 200 000 € mehr, zahlt er diesen Betrag für $^1/_{10}$ (10 % von 2 Mio. € = 200 000 €) des Teilbetriebsvermögens 1, das er mehr erhält. A erwirbt also $^9/_{10}$ des Teilbetriebsvermögens 1 unentgeltlich und $^1/_{10}$ entgeltlich. Auf diese $^1/_{10}$ entfällt ein Wert von 200 000 €, so dass A die Aktivwerte um 180 000 € (200 000 € Abfindung abzgl. anteiligem Buchwert von 20 000 €) aufstocken muss und B einen als laufenden Gewinn zu versteuernden Veräußerungsgewinn von 180 000 € (200 000 € Abfindung ./. 20 000 € anteiliger Buchwert) zu versteuern hat.

VII. Ansatz des übernommenen Betriebsvermögens

Entspricht der Buchwert des erhaltenen Vermögens dem Buchwert des bisherigen Kapitalkontos des jeweiligen Realteilers und geht auf den betreffenden Realteiler betragsmäßig genau der Anteil an den stillen Reserven über, der ihm zuvor auf Ebene der Mitunternehmerschaft zuzurechnen war, erübrigen sich in den Eröffnungsbilanzen der Realteiler bilanzielle Anpassungsmaßnahmen. Entspricht jedoch die Summe der Buchwerte der übernommenen Wirtschaftsgüter nicht dem Buchwert des Kapitalkontos, sind bilanzielle Anpassungsmaßnahmen erforderlich, damit sich Aktiva und Passiva in der Bilanz des Realteilers entsprechen. Hierzu ist die sog. Kapitalkontenanpassungsmethode anzuwenden. Bei der Kapitalkontenanpassungsmethode werden die Buchwerte der übernommenen Wirtschaftsgüter von den Realteilern in ihren eigenen Betrieben fortgeführt. Die Kapitalkonten der Realteiler laut Schlussbilanz der Mitunternehmerschaft werden durch Auf- oder Abstocken gewinnneutral dahin angepasst, dass ihre Höhe der Summe der Buchwerte der übernommenen Wirtschaftsgüter entspricht (BFH-Urteil vom 10. Dezember 1991 – BStBl 1992 II S. 385).

Beispiel:

A ist zu 40 %, B zu 60 % an der AB-OHG beteiligt. A und B beschließen, die OHG aufzulösen. Im Wege der Realteilung soll A den Teilbetrieb I und B den Teilbetrieb II erhalten. Die Schlussbilanz der OHG sieht wie folgt aus:

Schlussbilanz

Aktiva			Passiva		
Buchwerte	Gemeine Werte		Buchwerte	Auseinandersetzungsansprüche	
Teilbetrieb I	50 000	80 000	Kapital A	40 000	80 000
Teilbetrieb II	50 000	120 000	Kapital B	60 000	120 000
	100 000	200 000		100 000	200 000

Der Buchwert des Teilbetriebs I (50 000) übersteigt den Buchwert des Kapitalkontos des A um 10 000, während der Buchwert des Teilbetriebs II den Buchwert des Kapitalkontos des B um 10 000 unterschreitet.

Lösung:

Die Eröffnungsbilanzen stellen sich wie folgt dar:

Eröffnungsbilanz A

Aktiva			Passiva		
Teilbetrieb I	50 000		Kapital A	40 000	
			Kapitalan-passung	10 000	50 000
	50 000				50 000

Eröffnungsbilanz B

Aktiva			Passiva		
Teilbetrieb II	50 000		Kapital B	60 000	
			Kapitalan-passung	– 10 000	50 000
	50 000				50 000

VIII. Sperrfrist

Werden im Rahmen einer Realteilung einzelne Wirtschaftsgüter in ein Betriebsvermögen des Real-teilers übertragen, ist für den jeweiligen Übertragungsvorgang nach § 16 Abs. 3 Satz 3 EStG rück-wirkend der gemeine Wert anzusetzen, soweit übertragener Grund und Boden, Gebäude (aus-genommen Umlaufvermögen) oder andere übertragene wesentliche Betriebsgrundlagen innerhalb der Sperrfrist entnommen oder veräußert (maßgeblicher Zeitpunkt: Übergang des wirtschaftlichen Eigentums) werden. Auch die Entnahme oder Veräußerung von Grund und Boden und Gebäuden des Anlagevermögens, die keine wesentlichen Betriebsgrundlagen darstellen, löst die Folgen des § 16 Abs. 3 Satz 3 EStG aus. Bei einer Realteilung durch Übertragung von Betrieben, Teilbetrieben oder Mitunternehmeranteilen ist die Sperrfrist jedoch unbeachtlich. Die Sperrfrist beginnt im Zeit-punkt der Realteilung und endet drei Jahre nach Abgabe der Feststellungserklärung der Mitunter-nehmerschaft für den Veranlagungszeitraum der Realteilung.

Eine Veräußerung ist grundsätzlich auch eine Einbringung der im Rahmen der Realteilung erhalte-nen einzelnen Wirtschaftsgüter, wenn sie zusammen mit einem Betrieb, Teilbetrieb oder Mitunter-nehmeranteil nach §§ 20, 24 UmwStG eingebracht werden, unabhängig davon, ob die Buchwerte, Teilwerte[1] oder Zwischenwerte angesetzt werden. Als Veräußerung gilt auch ein Formwechsel nach § 25 UmwStG. Überträgt der Realteiler Wirtschaftsgüter, die im Anschluss an die Realteilung Betriebsvermögen geworden sind, gegen Gewährung von Gesellschaftsrechten nach § 6 Abs. 5 EStG auf einen Dritten, liegt auch eine Veräußerung vor.

IX. Folgen bei Veräußerung oder Entnahme während der Sperrfrist

Eine schädliche Entnahme oder Veräußerung i. S. d. § 16 Abs. 3 Satz 3 EStG führt zu einer rückwir-kenden Aufdeckung der in den veräußerten oder entnommenen Wirtschaftsgütern enthaltenen stillen Reserven. Dieser Vorgang stellt ein Ereignis mit steuerlicher Rückwirkung dar (§ 175 Abs. 1 Satz 1 Nr. 2 AO). Eine Aufdeckung der übrigen stillen Reserven erfolgt nicht. Der aus der nachträg-lichen Aufdeckung entstehende Gewinn stellt einen laufenden Gewinn dar, der nicht nach §§ 16 und 34 EStG begünstigt ist. Die Realteilung ist auch nach Gewerbesteuerrecht eine Betriebsaufga-be (BFH vom 17. Februar 1994, BStBl II S. 809); die nachträgliche Aufdeckung vorgenannter stil-ler Reserven ist diesem Vorgang zuzuordnen. Der Gewinn rechnet daher grundsätzlich nicht zum Gewerbeertrag nach § 7 Satz 1 GewStG. Ab Erhebungszeitraum 2002 ist der Gewinn aus der Auf-deckung der stillen Reserven aber nach § 7 Satz 2 GewStG als Gewerbeertrag zu erfassen, soweit er nicht auf eine natürliche Person als unmittelbar beteiligter Mitunternehmer entfällt.

Dieser Gewinn ist bei Wirtschaftsgütern, die zum Gesamthandsvermögen der Mitunternehmer-schaft gehörten, allen Realteilern nach dem allgemeinen Gewinnverteilungsschlüssel zuzurech-nen, es sei denn, dass der Gewinn nach dem Gesellschaftsvertrag oder den von den Mitunterneh-mern schriftlich getroffenen Vereinbarungen über die Realteilung allein dem entnehmenden oder veräußernden Realteiler zuzurechnen ist. Gehörten die Wirtschaftsgüter zum Sonderbetriebsver-mögen eines Realteilers, ist der Gewinn aus der schädlichen Entnahme oder Veräußerung diesem Realteiler zuzurechnen. Soweit Sonderbetriebsvermögen eines Realteilers von einem anderen

---

[1]) Gemeiner Wert bei Umwandlungen nach dem 12. 12. 2006 → §§ 20, 24 UmwStG i. d. F. des SEStEG.

Realteiler im Rahmen der Realteilung übernommen wurde, ist der Gewinn nur dann dem übernehmenden Realteiler zuzurechnen, wenn dies in den schriftlichen Vereinbarungen über die Realteilung so vereinbart wurde.

X. Zeitliche Anwendung

Für Veranlagungszeiträume 1999 und 2000 war eine steuerneutrale Realteilung nur bei Übertragung von Betrieben, Teilbetrieben oder Mitunternehmeranteilen möglich. Ab Veranlagungszeitraum 2001 ist eine steuerneutrale Realteilung auch bei Übertragung von Einzelwirtschaftsgütern möglich. Wurde eine Realteilung mit Übertragung von Einzelwirtschaftsgütern vor dem 1. Januar 2001 begonnen, aber erst nach dem 31. Dezember 2000 beendet, liegt keine Realteilung i. S. d. § 16 Abs. 3 Satz 2 bis 4 EStG i. d. F. des StEntlG 1999/2000/2002 vom 24. März 1999 (BStBl I S. 402) vor. Die Realteilung beginnt mit der Übertragung der ersten wesentlichen Betriebsgrundlage auf den jeweiligen Mitunternehmer und endet mit der Übertragung der letzten wesentlichen Betriebsgrundlage auf den jeweiligen Mitunternehmer.

Dieses Schreiben ist auf alle offenen Fälle für Übertragungen ab dem 1. Januar 2001 anzuwenden.

Pauschalierung der Einkommensteuer bei Sachzuwendungen nach § 37b EStG

BMF vom 29. 4. 2008 (BStBl I S. 566)

IV B 2 – S 2297b/07/0001 – 2008/0210802

Mit dem Jahressteuergesetz 2007 vom 13. Dezember 2006 (BGBl. I 2006 S. 2878, BStBl I 2007 S. 28) wurde mit § 37b EStG eine Regelung in das Einkommensteuergesetz eingefügt, die es dem zuwendenden Steuerpflichtigen ermöglicht, die Einkommensteuer auf Sachzuwendungen an Arbeitnehmer oder Nichtarbeitnehmer mit einem Steuersatz von 30 Prozent pauschal zu übernehmen und abzuführen. Zur Anwendung dieser Regelung gilt im Einvernehmen mit den obersten Finanzbehörden der Länder Folgendes:

I. Anwendungsbereich des § 37b EStG

1 Zuwendender i. S. d. § 37b EStG kann jede natürliche und juristische Person sein. Macht der Zuwendende von der Wahlmöglichkeit des § 37b EStG Gebrauch, so ist er Steuerpflichtiger i. S. d. § 33 AO. Ausländische Zuwendende und nicht steuerpflichtige juristische Personen des öffentlichen Rechts werden spätestens mit der Anwendung des § 37b EStG zu Steuerpflichtigen i. S. dieser Vorschrift.

2 Zuwendungsempfänger können eigene Arbeitnehmer des Zuwendenden sowie Dritte unabhängig von ihrer Rechtsform (z. B. AG's, GmbH's, Aufsichtsräte, Verwaltungsratsmitglieder, sonstige Organmitglieder von Vereinen und Verbänden, Geschäftspartner, deren Familienangehörige, Arbeitnehmer Dritter) sein.

3 Zuwendungen an eigene Arbeitnehmer sind Sachbezüge i. S. d. § 8 Abs. 2 Satz 1 EStG, für die keine gesetzliche Bewertungsmöglichkeit nach § 8 Abs. 2 Satz 2 bis 8, Abs. 3 und § 19a EStG sowie keine Pauschalierungsmöglichkeit nach § 40 Abs. 2 EStG besteht. Für sonstige Sachbezüge, die nach § 40 Abs. 1 EStG pauschaliert besteuert werden können, kann der Steuerpflichtige auch die Pauschalierung nach § 37b EStG wählen.

II. Wahlrecht zur Anwendung des § 37b EStG

1. Einheitlichkeit der Wahlrechtsausübung

4 Das Wahlrecht zur Anwendung der Pauschalierung der Einkommensteuer ist nach § 37b Abs. 1 Satz 1 EStG einheitlich für alle innerhalb eines Wirtschaftsjahres gewährten Zuwendungen, mit Ausnahme der die Höchstbeträge nach § 37b Abs. 1 Satz 3 EStG übersteigenden Zuwendungen, auszuüben. Dabei ist es zulässig, für Zuwendungen an Dritte (Absatz 1) und an eigene Arbeitnehmer (Absatz 2) § 37b EStG jeweils gesondert anzuwenden. Die Entscheidung zur Anwendung des § 37b EStG kann nicht zurück genommen werden.

5 Werden Zuwendungen an Arbeitnehmer verbundener Unternehmen i. S. d. §§ 15 ff. AktG oder § 271 HGB vergeben, fallen diese Zuwendungen in den Anwendungsbereich des § 37b Abs. 1 EStG und sind nach § 37b Abs. 1 Satz 2 EStG mindestens mit dem sich aus § 8 Abs. 3 Satz 1 EStG ergebenden Wert zu bemessen (Rabattgewährung an Konzernmitarbeiter). Es wird nicht beanstandet, wenn diese Zuwendungen an Arbeitnehmer verbundener Unternehmen individuell besteuert werden, auch wenn der Zuwendende für die übrigen Zuwendungen § 37b Abs. 1 EStG anwendet. Für die übrigen Zuwendungen ist das Wahlrecht einheitlich auszuüben.

6 Übt ein ausländischer Zuwendender das Wahlrecht zur Anwendung des § 37b EStG aus, sind die Zuwendungen, die unbeschränkt oder beschränkt Einkommen- oder Körperschaftsteuerpflichtigen im Inland gewährt werden, einheitlich zu pauschalieren.

2. Zeitpunkt der Wahlrechtsausübung

7 Die Entscheidung zur Anwendung der Pauschalierung kann für den Anwendungsbereich des § 37b Abs. 1 EStG auch im laufenden Wirtschaftsjahr, spätestens in der letzten Lohnsteuer-Anmeldung des Wirtschaftsjahres der Zuwendung getroffen werden. Eine Berichtigung der vorangegangenen einzelnen Lohnsteuer-Anmeldungen zur zeitgerechten Erfassung ist nicht erforderlich.

8 Für den Anwendungsbereich des § 37b Abs. 2 EStG ist die Entscheidung zur Anwendung der Pauschalierung spätestens bis zu dem für die Übermittlung der elektronischen Lohnsteuerbescheinigung geltenden Termin (§ 41b Abs. 1 Satz 2 EStG, 28. Februar des Folgejahres) zu treffen. Dieser Endtermin gilt auch, wenn ein Arbeitnehmer während des laufenden Kalenderjahres ausscheidet. Ist eine Änderung des Lohnsteuerabzugs gemäß § 41c EStG zum Zeitpunkt der Ausübung des Wahlrechts nicht mehr möglich, so hat der Arbeitgeber dem Arbeitnehmer eine Bescheinigung über die Pauschalierung nach § 37b Abs. 2 EStG auszustellen. Die Korrektur des bereits individuell besteuerten Arbeitslohns kann der Arbeitnehmer dann nur noch im Veranlagungsverfahren begehren.

III. Bemessungsgrundlage

1. Begriffsbestimmung

Besteuerungsgegenstand sind Zuwendungen, die zusätzlich zur ohnehin vereinbarten Leistung oder zum ohnehin geschuldeten Arbeitslohn erbracht werden, die nicht in Geld bestehen und die nicht gesellschaftsrechtlich veranlasst sind. Verdeckte Gewinnausschüttungen (§ 8 Abs. 3 Satz 2 KStG, R 36 KStR) sind von der Pauschalierung nach § 37b EStG ausgenommen. Bei Zuwendungen an Dritte handelt es sich regelmäßig um Geschenke i. S. d. § 4 Abs. 5 Satz 1 Nr. 1 Satz 1 EStG oder Incentives (z. B. Reise oder Sachpreise aufgrund eines ausgeschriebenen Verkaufs- oder Außendienstwettbewerbs). Geschenke in diesem Sinne sind auch Nutzungsüberlassungen. Zuzahlungen des Zuwendungsempfängers ändern nicht den Charakter als Zuwendung; sie mindern lediglich die Bemessungsgrundlage. Zuzahlungen Dritter (z. B. Beteiligung eines anderen Unternehmers an der Durchführung einer Incentive-Reise) mindern die Bemessungsgrundlage hingegen nicht. **9**

Sachzuwendungen, deren Anschaffungs- oder Herstellungskosten 10 Euro nicht übersteigen, sind bei der Anwendung des § 37b EStG als Streuwerbeartikel anzusehen und fallen daher nicht in den Anwendungsbereich der Vorschrift. Die Teilnahme an einer geschäftlich veranlassten Bewirtung i. S. d. § 4 Abs. 5 Satz 1 Nr. 2 EStG ist nicht in den Anwendungsbereich des § 37b EStG einzubeziehen (R 4.7 Abs. 3 EStR, R 8.1 Abs. 8 Nr. 1 LStR 2008[1]). **10**

Zuwendungen, die ein Arbeitnehmer von einem Dritten erhalten hat, können nicht vom Arbeitgeber, der nach § 38 Abs. 1 Satz 3 EStG zum Lohnsteuerabzug verpflichtet ist, nach § 37b EStG pauschal besteuert werden. Die Pauschalierung nach § 37b EStG kann nur der Zuwendende selbst vornehmen. **11**

Gibt ein Steuerpflichtiger eine Zuwendung unmittelbar weiter, die dieser selbst unter Anwendung des § 37b EStG erhalten hat, entfällt eine erneute pauschale Besteuerung nach § 37b EStG, wenn der Steuerpflichtige hierfür keinen Betriebsausgabenabzug vornimmt. **12**

In die Bemessungsgrundlage sind alle Zuwendungen einzubeziehen; es kommt nicht darauf an, dass sie beim Empfänger im Rahmen einer Einkunftsart zufließen (zu den Besonderheiten bei Zuwendungen an Arbeitnehmer siehe Rdnr. 3). **13**

2. Bewertung der Zuwendungen

Nach § 37b Abs. 1 Satz 2 EStG sind die Zuwendungen mit den Aufwendungen des Steuerpflichtigen einschließlich Umsatzsteuer zu bewerten. Der Bruttobetrag kann aus Vereinfachungsgründen mit dem Faktor 1,19 aus dem Nettobetrag hochgerechnet werden. In die Bemessung sind alle tatsächlich angefallenen Aufwendungen einzubeziehen, die der jeweiligen Zuwendung direkt zugeordnet werden können. Soweit diese nicht direkt ermittelt werden können, weil sie Teil einer Gesamtleistung sind, ist der auf die jeweilige Zuwendung entfallende Anteil an den Gesamtaufwendungen anzusetzen, der ggf. im Wege der Schätzung zu ermitteln ist. **14**

Die bestehenden Vereinfachungsregelungen, die zur Aufteilung der Gesamtaufwendungen für VIP-Logen in Sportstätten und in ähnlichen Sachverhalten ergangen sind, gelten unverändert (Rdnr. 14 und 19, BMF-Schreiben vom 22. August 2005, BStBl I S. 845 und vom 11. Juli 2006, BStBl I S. 447). Der danach ermittelte, auf Geschenke entfallende pauschale Anteil stellt die Aufwendungen dar, die in die Bemessungsgrundlage nach § 37b EStG einzubeziehen sind. Die Vereinfachungsregelungen zur Übernahme der Besteuerung (Rdnrn. 16 und 18 des BMF-Schreibens vom 22. August 2005 und entsprechende Verweise im BMF-Schreiben vom 11. Juli 2006) sind ab dem 1. Januar 2007 nicht mehr anzuwenden. **15**

Besteht die Zuwendung in der Hingabe eines Wirtschaftsgutes des Betriebsvermögens oder in der unentgeltlichen Nutzungsüberlassung und sind dem Zuwendenden keine oder nur unverhältnismäßig geringe Aufwendungen entstanden (z. B. zinslose Darlehensgewährung), ist als Bemessungsgrundlage für eine Besteuerung nach § 37b EStG der gemeine Wert anzusetzen. **16**

3. Wirkungen auf bestehende Regelungen

Sachbezüge, die im ganz überwiegenden eigenbetrieblichen Interesse des Arbeitgebers gewährt werden sowie steuerfreie Sachbezüge, werden von § 37b Abs. 2 EStG nicht erfasst. Im Übrigen gilt Folgendes:

a) Sachbezugsfreigrenze

Wird die Freigrenze des § 8 Abs. 2 Satz 9 EStG in Höhe von 44 Euro nicht überschritten, liegt kein steuerpflichtiger Sachbezug vor. Bei der Prüfung der Freigrenze bleiben die nach § 8 Abs. 2 Satz 1 EStG zu bewertenden Vorteile, die nach §§ 37b und 40 EStG pauschal versteuert werden, außer Ansatz. **17**

---

[1] → LStR 2011.

b) Mahlzeiten aus besonderem Anlass

18   Mahlzeiten aus besonderem Anlass (R 8.1 Abs. 8 Nr. 2 LStR 2008[1]), die vom oder auf Veranlassung des Steuerpflichtigen anlässlich von Auswärtstätigkeiten an seine Arbeitnehmer abgegeben werden, können nach § 37b EStG pauschal besteuert werden, wenn der Wert der Mahlzeit 40 Euro übersteigt.

c) Aufmerksamkeiten

19   Zuwendungen des Steuerpflichtigen an seine Arbeitnehmer, die als bloße Aufmerksamkeiten (R 19.6 LStR 2008[2]) anzusehen sind und deren jeweiliger Wert 40 Euro nicht übersteigt, gehören nicht zum Arbeitslohn und sind daher nicht in die Pauschalierung nach § 37b EStG einzubeziehen. Bei Überschreitung des Betrags von 40 Euro ist die Anwendung des § 37b EStG möglich.

4. Zeitpunkt der Zuwendung

20   Die Zuwendung ist im Zeitpunkt der Erlangung der wirtschaftlichen Verfügungsmacht zu erfassen. Das ist bei Geschenken der Zeitpunkt der Hingabe (z. B. Eintrittskarte) und bei Nutzungen der Zeitpunkt der Inanspruchnahme (z. B. bei der Einladung zu einer Veranstaltungen der Zeitpunkt der Teilnahme). Es ist aber nicht zu beanstanden, wenn die Pauschalierung nach § 37b EStG bereits in dem Wirtschaftsjahr vorgenommen wird, in dem der Aufwand zu berücksichtigen ist.

5. Beträge nach § 37b Abs. 1 Satz 3 EStG

21   Die Beträge des § 37b Abs. 1 Satz 3 EStG i.H.v. 10 000 Euro sind auf die Bruttoaufwendungen anzuwenden. Bei dem Betrag nach § 37b Abs. 1 Satz 3 Nr. 1 EStG handelt es sich um einen Höchstbetrag (z. B. drei Zuwendungen im Wert von jeweils 4 000 Euro, § 37b EStG ist nicht nur für die ersten beiden Zuwendungen anwendbar, sondern auch die Hälfte der Aufwendungen für die dritte Zuwendung muss in die Pauschalbesteuerung einbezogen werden); bei dem Betrag nach § 37b Abs. 1 Satz 3 Nr. 2 EStG handelt es sich um eine Höchstgrenze (z. B. Zuwendung im Wert von 15 000 Euro, § 37b EStG ist auf diese Zuwendung nicht anwendbar). Wird die Höchstgrenze für eine Zuwendung überschritten, ist eine Pauschalierung für andere Zuwendungen an diesen Zuwendungsempfänger im Rahmen des § 37b Abs. 1 Satz 3 Nr. 1 EStG zulässig (z. B. drei Zuwendungen im Wert von 3 000 Euro, 5 000 Euro und 12 000 Euro, die Aufwendungen für die Einzelzuwendung in Höhe von 12 000 Euro können nicht nach § 37b EStG pauschal besteuert werden, in die Pauschalbesteuerung sind indes die Aufwendungen für die beiden anderen Einzelzuwendungen von insgesamt 8 000 Euro einzubeziehen). Bei Zuzahlungen durch den Zuwendungsempfänger mindert sich der Wert der Zuwendung, auf den der Höchstbetrag/die Höchstgrenze anzuwenden ist.

IV. Verhältnis zu anderen Pauschalierungsvorschriften

1. Lohnsteuerpauschalierung mit Nettosteuersatz

22   Zum Zeitpunkt der Ausübung des Wahlrechts nach § 37b Abs. 2 EStG bereits nach § 40 Abs. 1 Satz 1 EStG durchgeführte Pauschalierungen müssen nicht rückgängig gemacht werden. Eine Änderung ist aber in den Grenzen der allgemeinen Regelungen zulässig; § 37b Abs. 2 EStG kann danach angewandt werden. Die Rückabwicklung eines nach § 40 Abs. 1 Satz 1 EStG pauschalierten Zuwendungsfalls muss für alle Arbeitnehmer einheitlich vorgenommen werden, die diese Zuwendung erhalten haben. Nach der Entscheidung zur Anwendung des § 37b EStG ist eine Pauschalierung nach § 40 Abs. 1 Satz 1 EStG für alle Zuwendungen, auf die § 37b EStG anwendbar ist, nicht mehr möglich.

2. Arbeitnehmer verbundener Unternehmen

23   Die Pauschalierung ist für Sachzuwendungen an Arbeitnehmer verbundener Unternehmen i. S. d. §§ 15 ff. AktG oder § 271 HGB zulässig, wenn die Voraussetzungen des § 37b Abs. 1 EStG erfüllt sind.

V. Steuerliche Behandlung beim Zuwendenden

1. Zuwendung

24   Die Aufwendungen für die Zuwendung sind nach allgemeinen steuerlichen Grundsätzen zu beurteilen; sie sind entweder in voller Höhe als Betriebsausgaben abziehbar (Geschenke an eigene Arbeitnehmer und Zuwendungen, die keine Geschenke sind) oder unter der Maßgabe des § 4 Abs. 5 Satz 1 Nr. 1 EStG beschränkt abziehbar. Die übrigen Abzugsbeschränkungen des § 4 Abs. 5 EStG, insbesondere des § 4 Abs. 5 Satz 1 Nr. 10 EStG sind ebenfalls zu beachten.

---

[1] → LStR 2011.
[2] → LStR 2011.

Bei der Prüfung der Freigrenze des § 4 Abs. 5 Satz 1 Nr. 1 Satz 2 EStG ist aus Vereinfachungsgrün- 25
den allein auf den Betrag der Zuwendung abzustellen. Die übernommene Steuer ist nicht mit einzubeziehen.

2. Pauschalsteuer

Die Abziehbarkeit der Pauschalsteuer als Betriebsausgabe richtet sich danach, ob die Aufwendun- 26
gen für die Zuwendung als Betriebsausgabe abziehbar sind.

VI. Steuerliche Behandlung beim Empfänger

Nach § 37b Abs. 3 Satz 1 EStG bleibt eine pauschal besteuerte Sachzuwendung bei der Ermittlung 27
der Einkünfte des Empfängers außer Ansatz.

Besteht die Zuwendung in der Hingabe eines einzelnen Wirtschaftsgutes, das beim Empfänger 28
Betriebsvermögen wird, gilt sein gemeiner Wert als Anschaffungskosten (§ 6 Abs. 4 EStG). Rdnr. 12
ist zu beachten.

VII. Verfahren zur Pauschalierung der Einkommensteuer

1. Entstehung der Steuer

Für den Zeitpunkt der Entstehung der Steuer ist grundsätzlich der Zeitpunkt des Zuflusses der 29
Zuwendung maßgeblich. Dabei ist nicht auf den Entstehungszeitpunkt der Einkommen- und Körperschaftsteuer beim Zuwendungsempfänger abzustellen.

2. Unterrichtung des Empfängers der Zuwendung

Nach § 37b Abs. 3 Satz 3 EStG hat der Zuwendende den Empfänger der Zuwendung über die 30
Anwendung der Pauschalierung zu unterrichten. Eine besondere Form ist nicht vorgeschrieben.

Arbeitnehmer sind nach § 38 Abs. 4 Satz 3 EStG verpflichtet, ihrem Arbeitgeber die ihnen von Dritten 31
gewährten Bezüge am Ende des Lohnzahlungszeitraumes anzuzeigen. Erhält der Arbeitnehmer erst
im Nachhinein eine Mitteilung vom Zuwendenden über die Anwendung des § 37b EStG, kann bei
bereits durchgeführter individueller Besteuerung eine Korrektur des Lohnsteuerabzugs vorgenommen werden, wenn die Änderung des Lohnsteuerabzugs beim Arbeitnehmer noch zulässig ist.

3. Aufzeichnungspflichten

Die bestehenden Aufzeichnungspflichten für Geschenke nach § 4 Abs. 5 Satz 1 Nr. 1 EStG bleiben 32
unberührt (§ 4 Abs. 7 EStG, R 4.11 EStR). Besondere Aufzeichnungspflichten für die Ermittlung der
Zuwendungen, für die § 37b EStG angewandt wird, bestehen nicht. Aus der Buchführung oder den
Aufzeichnungen muss sich ablesen lassen, dass bei Wahlrechtsausübung alle Zuwendungen erfasst
wurden und dass die Höchstbeträge nicht überschritten wurden. Nach § 37b EStG pauschal versteuerte Zuwendungen müssen nicht zum Lohnkonto genommen werden (§ 4 Abs. 2 Nr. 8 LStDV i. V. m.
§ 41 Abs. 1 EStG).

Aus Vereinfachungsgründen kann bei Zuwendungen bis zu einem Wert von jeweils 40 Euro davon 33
ausgegangen werden, dass der Höchstbetrag nach § 37b Abs. 1 Satz 3 Nr. 1 EStG auch beim
Zusammenfallen mit weiteren Zuwendungen im Wirtschaftsjahr nicht überschritten wird. Eine
Aufzeichnung der Empfänger kann insoweit unterbleiben.

§ 37b EStG kann auch angewendet werden, wenn die Aufwendungen beim Zuwendenden ganz 34
oder teilweise unter das Abzugsverbot des § 160 AO fallen. Fallen mehrere Zuwendungen zusammen, bei denen § 160 AO zum Abzugsverbot der Aufwendungen führt, ist die Summe dieser Aufwendungen den Höchstbeträgen gegenüberzustellen.

4. Örtliche Zuständigkeit

Für ausländische Zuwendende ergeben sich die für die Verwaltung der Lohnsteuer zuständigen 35
Finanzämter aus analoger Anwendung des H 41.3 LStH 2008[1] (wie ausländische Bauunternehmer).

5. Kirchensteuer

Für die Ermittlung der Kirchensteuer bei Anwendung des § 37b EStG ist in Rheinland-Pfalz nach 36
dem Erlass des rheinland-pfälzischen Finanzministeriums vom 29. Dezember 2006 (BStBl I 2007
S. 79) und in den übrigen Ländern nach den gleichlautenden Erlassen der obersten Finanzbehörden dieser Länder vom 28. Dezember 2006 (BStBl I 2007 S. 76) zu verfahren.

---

[1] Jetzt → H 41.3 (Zuständige Finanzämter für ausländische Bauunternehmer) LStH 2011.

6. Anrufungsauskunft

37 Für Sachverhalte zur Pauschalierung der Einkommensteuer bei Sachzuwendungen nach § 37b EStG kann eine Anrufungsauskunft i. S. d. § 42e EStG eingeholt werden.

VIII. Anwendungszeitpunkt

38 Nach Artikel 20 Abs. 6 des Jahressteuergesetzes 2007 tritt Artikel 1 Nr. 28 (§ 37b EStG) zum 1. Januar 2007 in Kraft. § 37b EStG ist daher erstmals auf Zuwendungen anzuwenden, die nach dem 31. Dezember 2006 gewährt werden.

39 Für Wirtschaftsjahre, die vor dem 1. Juli 2008 enden, kann das Wahlrecht zur Anwendung des § 37b EStG für diesen Zeitraum abweichend von Rdnr. 7 und 8 ausgeübt werden.

Zweifelsfragen zur Neuregelung der Besteuerung privater Grundstücksveräußerungsgeschäfte nach § 23 EStG

BMF vom 5. 10. 2000 (BStBl I S. 1383)
IV C 3 – S 2256 – 263/00 unter Berücksichtigung der Änderungen durch
BMF vom 7. 2. 2007 – IV C 3 – S 2256 – 11/07

Im Einvernehmen mit den obersten Finanzbehörden der Länder nehme ich zu Zweifelsfragen der Besteuerung privater Veräußerungsgeschäfte bei Grundstücken und grundstücksgleichen Rechten nach § 23 EStG wie folgt Stellung:

1. Überführung eines Grundstücks aus dem Betriebsvermögen in das Privatvermögen (§ 23 Abs. 1 Satz 2 EStG)

[1] [1]Als Anschaffung gilt die Überführung eines Grundstücks in das Privatvermögen des Steuerpflichtigen durch Entnahme oder Betriebsaufgabe, wenn das Grundstück nach dem 31. Dezember 1998 in das Privatvermögen überführt wird. [2]Zum Zeitpunkt der Entnahme vgl. R 4.3 Abs. 3 EStR 2005.

      1

2. Einlage eines Grundstücks in das Betriebsvermögen und Übertragungsvorgänge zwischen Gesellschaftsvermögen und Vermögen eines Gesellschafters (§ 23 Abs. 1 Satz 5 EStG)

[1]Die Einlage eines Grundstücks in

– das Betriebsvermögen eines Einzelunternehmens,

– in das Sonderbetriebsvermögen des Steuerpflichtigen bei einer Personengesellschaft und

– in das Gesamthandsvermögen einer Personengesellschaft ohne Gewährung von Gesellschaftsrechten und sonstigen Gegenleistungen

      2

ist keine Veräußerung. [2]Demgegenüber ist eine verdeckte Einlage in eine Kapitalgesellschaft stets als Veräußerung des Grundstücks zu behandeln (§ 23 Abs. 1 Satz 5 Nr. 2 EStG).

[1]Die Einlage eines Grundstücks in das Betriebsvermögen ist jedoch dann nachträglich als Veräußerung zu werten, wenn das Grundstück innerhalb von zehn Jahren nach seiner Anschaffung aus dem Betriebsvermögen veräußert wird (§ 23 Abs. 1 Satz 5 Nr. 1 EStG). [2]Zur Ermittlung des privaten Veräußerungsgewinns und zur zeitlichen Erfassung siehe Rz. 35 ff.

      3

Als Veräußerung des Grundstücks aus dem Betriebsvermögen gilt für die Anwendung des § 23 Abs. 1 Satz 5 Nr. 1 EStG z. B. auch

      4

1. die Veräußerung des Grundstücks im Rahmen der Veräußerung des gesamten Betriebs oder eines Teilbetriebs. Bei einer Personengesellschaft gilt dies bei Veräußerung

   – des Betriebs,

   – eines Teilbetriebs oder

   – eines Mitunternehmeranteils,

   wenn das Grundstück zum Sonderbetriebsvermögen des Mitunternehmers gehört oder ohne Gewährung von Gesellschaftsrechten in das Gesamthandsvermögen eingelegt worden ist;

2. die Überführung eines zuvor in das Betriebsvermögen eingelegten Grundstücks in eine Kapitalgesellschaft im Wege einer verschleierten Sachgründung oder einer verschleierten Sacheinlage im Zusammenhang mit einer Kapitalerhöhung;

3. die Einbringung des zuvor eingelegten Grundstücks zusammen mit einem Betrieb, Teilbetrieb oder Mitunternehmeranteil in eine Kapitalgesellschaft oder in das Gesamthandsvermögen einer Personengesellschaft gegen Gewährung von Gesellschaftsrechten;

4. die Übertragung eines Grundstücks aus dem betrieblichen Gesamthandsvermögen einer Personengesellschaft in das Privatvermögen oder das Sonderbetriebsvermögen eines Gesellschafters, soweit das Grundstück vorher in das Vermögen der Gesellschaft ohne Gewährung von Gesellschaftsrechten eingelegt wurde;

5. die verdeckte Einlage des Grundstücks in eine Kapitalgesellschaft, wenn die Anteile an der Kapitalgesellschaft zum Betriebsvermögen des Steuerpflichtigen gehören; hier ist kein Fall des § 23 Abs. 1 Satz 5 Nr. 2 EStG gegeben, weil das Grundstück gleichzeitig in das Betriebsvermögen des Steuerpflichtigen eingelegt wird.

---

[1] Rz. 1 i. d. F. des BMF vom 7. 2. 2007 (BStBl I S. 262).

5   [1]Wird das in das Betriebsvermögen eingelegte Grundstück wieder ins Privatvermögen überführt, liegt keine Veräußerung aus dem Betriebsvermögen im Sinne des § 23 Abs. 1 Satz 5 Nr. 1 EStG vor. [2]Zur steuerlichen Behandlung einer anschließenden Veräußerung vgl. Rz. 35.

6   [1]Kein Fall des § 23 Abs. 1 Satz 5 Nr. 1 EStG, sondern eine Veräußerung im Sinne des § 23 Abs. 1 Satz 1 Nr. 1 EStG ist die Übertragung eines Grundstücks aus dem Privatvermögen in das betriebliche Gesamthandsvermögen einer Personengesellschaft oder in das Vermögen einer Kapitalgesellschaft, soweit sie gegen Gewährung von Gesellschaftsrechten erfolgt. [2]Zur steuerlichen Behandlung der Übertragung von Grundstücken aus dem Privatvermögen in das betriebliche Gesamthandsvermögen einer Personengesellschaft und zur Übertragung eines Grundstücks aus dem betrieblichen Gesamthandsvermögen einer Personengesellschaft in das Privatvermögen vgl. im Übrigen BMF-Schreiben vom 29. 3. 2000 – BStBl I S. 462[1]).

7   Entsprechendes gilt bei der Übertragung eines Grundstücks in das Vermögen einer Gemeinschaft mit betrieblichem Vermögen oder aus dem betrieblichen Gemeinschaftsvermögen in das Vermögen eines Mitglieds der Gemeinschaft.

8   [1]Die Übertragung eines Grundstücks auf eine Personengesellschaft oder Gemeinschaft ohne Betriebsvermögen gegen Entgelt oder gegen Gewährung von Gesellschaftsrechten ist insoweit nicht als Veräußerung anzusehen, als der bisherige Eigentümer nach der Übertragung am Vermögen der Gesellschaft oder Gemeinschaft beteiligt ist.[2])[2]Entsprechendes gilt, wenn das Grundstück von der Personengesellschaft oder Gemeinschaft auf einen Gesellschafter oder ein Mitglied der Gemeinschaft übertragen wird. Rz. 23 ff. des BMF-Schreibens vom 11. Januar 1993 – BStBl I S. 62[3]), bleiben unberührt

Beispiel:

An der vermögensverwaltend tätigen BC-GbR sind B und C zu je ½ beteiligt. Im Jahr 2000 beteiligt sich A an der GbR und bringt dazu ein unbebautes Grundstück mit einem Wert von 240 000 DM, das er im Jahr 1993 für 180 000 DM erworben hatte, in die GbR ein. Danach sind A, B und C zu je ⅓ an der GbR beteiligt. Im Jahr 2004 veräußert die GbR das Grundstück zu einem Kaufpreis von 270 000 DM an den Gesellschafter B, der es seinerseits im Jahr 2005 für 300 000 DM an einen fremden Dritten verkauft.

1. Einbringung durch A in GbR
    Die Übertragung des Grundstücks auf die GbR ist zu ⅓ nicht als Veräußerung anzusehen, weil A in diesem Umfang an der GbR beteiligt ist.
    Berechnung des Veräußerungsgewinns:

⅔ des Veräußerungserlöses von 240 000 DM	160 000 DM
abzgl. ⅔ der Anschaffungskosten von 180 000 DM	120 000 DM
Veräußerungsgewinn des A	40 000 DM

2. Verkauf GbR an B
    Die Veräußerung durch die GbR an B ist als anteilige Veräußerung des Grundstücks durch A und C an B zu behandeln. Der von A erzielte Veräußerungsgewinn unterliegt nicht der Besteuerung nach § 23 Abs. 1 Satz 1 Nr. 1 EStG, weil er das Grundstück, das ihm noch zu ⅓ zuzurechnen ist, vor mehr als zehn Jahren vor der Veräußerung erworben hat.
    Berechnung des Veräußerungsgewinns des C:

⅓ des Veräußerungserlöses von 270 000 DM	90 000 DM
abzgl. ⅓ der Anschaffungskosten von 240 000 DM im Jahr 2000	80 000 DM
Veräußerungsgewinn des C	10 000 DM

3. Verkauf B an Dritten
    Der Erwerb des Grundstücks durch die GbR im Jahr 2000 ist zu ⅓ als Anschaffung durch B und der Erwerb des Grundstücks von der GbR durch B im Jahr 2004 zu ⅔ als Anschaffung des Grundstücks durch B zu behandeln. Da die Anschaffungsvorgänge und die Veräußerung der jeweiligen Grundstücksanteile innerhalb der Zehnjahresfrist erfolgte, unterliegt der gesamte Vorgang der Besteuerung nach § 23 Abs. 1 Satz 1 Nr. 1 EStG.
    Berechnung des Veräußerungsgewinns:

Veräußerungserlös		300 000 DM
Anschaffungskosten		
⅓ von 240 000 DM im Jahr 2000	80 000 DM	
⅔ von 270 000 DM im Jahr 2002	180 000 DM	260 000 DM
Veräußerungsgewinn des B		40 000 DM

---

1) → Anhang 15 I. Siehe auch BMF vom 11. 7. 2011 (BStBl I S. 713) → Anhang 15 II.
2) Bestätigt durch BFH vom 2. 4. 2008 (BStBl II S. 679).
3) Jetzt → BMF vom 14. 3. 2006 (BStBl I S. 253), Rz. 22 → Anhang 8 I.

3. Im Zeitraum zwischen Anschaffung und Veräußerung des Grundstücks errichtete Gebäude und andere in diesem Zeitraum durchgeführte Baumaßnahmen (§ 23 Abs. 1 Satz 1 Nr. 1 Satz 2 EStG)

Errichtet ein Steuerpflichtiger ein Gebäude und veräußert er es zusammen mit dem zuvor erworbenen Grund und Boden, liegt ein privates Veräußerungsgeschäft sowohl hinsichtlich des Grund und Bodens als auch hinsichtlich des Gebäudes vor, wenn die Frist zwischen Anschaffung des Grund und Bodens und Veräußerung des bebauten Grundstücks nicht mehr als zehn Jahre beträgt.   9

Beispiel:

A hat am 31. März 1993 ein unbebautes Grundstück angeschafft. Im Jahr 1998 stellt er darauf ein Einfamilienhaus fertig, das er anschließend vermietet. Ab dem 1. April 2003 kann er das bebaute Grundstück veräußern, ohne dass der Gewinn der Besteuerung nach § 23 EStG unterliegt.

[1]Wurde der Grund und Boden vom Veräußerer unentgeltlich erworben und vom Rechtsvorgänger innerhalb von zehn Jahren vor der Veräußerung durch den Rechtsnachfolger angeschafft, unterliegt ein Veräußerungsgewinn beim Rechtsnachfolger sowohl hinsichtlich des Grund und Bodens als auch eines zwischenzeitlich errichteten Gebäudes der Besteuerung, unabhängig davon, ob der Rechtsvorgänger oder der Veräußerer das Gebäude errichtet hat. [2]Dies gilt auch bei unentgeltlicher Einzelrechtsnachfolge (§ 23 Abs. 1 Satz 3 EStG).   10

[1]Wird ein teilweise entgeltlich (z. B. im Wege der vorweggenommenen Erbfolge) oder gegen Abfindungszahlung bei der Erbauseinandersetzung erworbenes Grundstück während der Zehnjahresfrist nach Anschaffung bebaut und veräußert, ist das Gebäude anteilig in die Besteuerung nach § 23 Abs. 1 Nr. 1 EStG einzubeziehen. [2]Für den unentgeltlich erworbenen Teil des Grundstücks gilt Rz. 10.   11

Im Zeitpunkt der Veräußerung noch nicht fertig gestellte Gebäude, Ausbauten und Erweiterungen sind einzubeziehen.   12

Beispiel:

A errichtet auf dem von ihm im Jahr 1993 erworbenen Grund und Boden im Jahr 1995 ein Einfamilienhaus, das zu Wohnzwecken vermietet wird. Im Jahr 1998 beginnt er mit dem Ausbau des bisher nicht nutzbaren Dachgeschosses zu einer zweiten, zur Vermietung bestimmten Wohnung. Im Februar 1999 wird das Grundstück mit dem teilfertigen Zweifamilienhaus veräußert.

Der auf das Gebäude (einschließlich des noch nicht fertig gestellten Dachgeschossausbaus) entfallende Teil des Veräußerungserlöses ist in die Ermittlung des steuerpflichtigen Veräußerungsgewinns einzubeziehen.

Rz. 9 bis 12 gelten entsprechend für Außenanlagen sowie für Gebäudeteile, die selbständige unbewegliche Wirtschaftsgüter sind, für Eigentumswohnungen und für im Teileigentum stehende Räume.   13

4. Veräußerung eines „bebauten" Erbbaurechts (§ 23 Abs. 1 Satz 1 Nr. 1 EStG)

[1]Ein privates Veräußerungsgeschäft im Sinne des § 23 Abs. 1 Satz 1 Nr. 1 EStG liegt auch bei Veräußerung eines „bebauten" Erbbaurechts vor, wenn der Zeitraum zwischen   14

a)   dem Abschluss des Erbbaurechtsvertrags und der Veräußerung des „bebauten" Erbbaurechts oder

b)   der Anschaffung und der Veräußerung des „bebauten" Erbbaurechts

nicht mehr als zehn Jahre beträgt (vgl. BFH-Urteil vom 30. 11. 1976 – BStBl 1977 II S. 384). [2]Der Veräußerungspreis entfällt insgesamt auf das Gebäude oder die Außenanlage, wenn der Erwerber dem bisherigen Erbbauberechtigten nachweislich nur etwas für das Gebäude oder die Außenanlage gezahlt hat und gegenüber dem Erbbauverpflichteten nur zur Zahlung des laufenden Erbbauzinses verpflichtet ist (vgl. BFH-Urteil vom 15. 11. 1994 – BStBl 1995 II S. 374).

[1]Sind Grundstück und aufstehendes Gebäude getrennt handelbar (Art. 231 und 233 EGBGB), können sowohl Grundstück als auch Gebäude gesondert Gegenstand eines privaten Veräußerungsgeschäfts nach § 23 Abs. 1 Satz 1 Nr. 1 EStG sein. [2]Wird ein Gebäude in Ausübung eines Nutzungsrechts am Grund und Boden errichtet und der Grund und Boden nach Fertigstellung des Gebäudes erworben, ist bei einer späteren Veräußerung des bebauten Grundstücks das Gebäude nicht in das private Veräußerungsgeschäft einzubeziehen.   15

Beispiel:

An einem unbebauten Grundstück wird im Jahr 1993 ein Erbbaurecht zu Gunsten von A bestellt. A errichtet auf dem Grundstück im Jahr 1994 ein zur Vermietung bestimmtes Gebäude. Im Jahr 1997 erwirbt er das Grundstück und veräußert es im Jahr 2000 mit dem aufstehenden Gebäude.

Hinsichtlich des Grundstücks liegt ein privates Veräußerungsgeschäft im Sinne des § 23 Abs. 1 Satz 1 Nr. 1 EStG vor. Das Gebäude ist nicht einzubeziehen, weil es vor der Anschaffung des Grundstücks in Ausübung des Erbbaurechts errichtet wurde und somit nicht das private Veräußerungsgeschäft betrifft, dessen Gegenstand das Grundstück und nicht das Erbbaurecht ist.

5. Zu eigenen Wohnzwecken genutzte Wirtschaftsgüter (§ 23 Abs. 1 Satz 1 Nr. 1 Satz 3 EStG)

5.1 Begünstigte Wirtschaftsgüter

16   [1]Gebäude, selbständige Gebäudeteile, Eigentumswohnungen und in Teileigentum stehende Räume (Wirtschaftsgüter), die im Zeitraum zwischen Anschaffung oder Fertigstellung und Veräußerung ausschließlich zu eigenen Wohnzwecken oder im Jahr der Veräußerung und in den beiden vorangegangenen Jahren zu eigenen Wohnzwecken genutzt wurden, sind von der Veräußerungsgewinnbesteuerung ausgenommen. [2]Dasselbe gilt bei Veräußerung eines teilweise zu eigenen Wohnzwecken und teilweise zu anderen Zwecken genutzten Gebäudes (z. B. zu Wohnzwecken vermietete Wohnung, betrieblich oder beruflich genutztes Arbeitszimmer einschließlich des Gebäudeanteils eines Grundstücksteils von untergeordnetem Wert nach § 8 EStDV und R 13 Abs. 8 EStR 1999[1]) für den zu eigenen Wohnzwecken genutzten Gebäudeteil und für zu eigenen Wohnzwecken genutzte Eigentumswohnungen.

17   [1]Von der Veräußerungsgewinnbesteuerung ausgenommen ist auch der Grund und Boden, der zu einem zu eigenen Wohnzwecken genutzten Gebäude gehört. [2]Dieser umfasst nur die für die entsprechende Gebäudenutzung erforderlichen und üblichen Flächen. [3]Dabei ist auch deren künftige Nutzung zu berücksichtigen. [4]Die steuerfreie Veräußerung weiterer Flächen ist selbst dann ausgeschlossen, wenn diese im Veräußerungszeitpunkt als Hausgarten genutzt werden[2] (vgl. BFH-Urteil vom 24. 10. 1996 – BStBl 1997 II S. 50). [5]Dies gilt insbesondere, soweit Teilflächen parzelliert werden und dadurch ein verkehrsfähiges Grundstück entstanden ist, das in absehbarer Zeit einer anderen Nutzung, z. B. als Bauland, zugeführt werden kann.

18   Bei Veräußerung eines teilweise zu eigenen Wohnzwecken und teilweise zu anderen Zwecken genutzten Gebäudes ist der Grund und Boden, der nach dem Verhältnis der Nutzflächen des Gebäudes auf den zu eigenen Wohnzwecken genutzten Gebäudeteil entfällt, nicht in den Veräußerungsgewinn einzubeziehen.

19   Für die Einbeziehung des Grund und Bodens in die Ermittlung des nicht zu besteuernden Veräußerungsgewinns ist es ohne Bedeutung, welchen Zwecken der Grund und Boden vor Errichtung des Gebäudes gedient hat.

Beispiel:

A hat im Jahr 1993 ein unbebautes Grundstück angeschafft, das er zunächst als Gartenland nutzt. Im Jahr 1996 errichtet er darauf ein Einfamilienhaus, das er bis zur Veräußerung des Grundstücks im Jahr 1 999 mit seiner Familie bewohnt.

Da A das Einfamilienhaus im Zeitraum zwischen Fertigstellung und Veräußerung zu eigenen Wohnzwecken genutzt hat, unterliegt ein erzielter Veräußerungsgewinn insgesamt nicht der Besteuerung.

20   Ein unbebautes Grundstück ist kein begünstigtes Wirtschaftsgut im Sinne des § 23 Abs. 1 Satz 1 Nr. 1 Satz 3 EStG.

Beispiel:

A hat im Jahr 1995 ein unbebautes Grundstück angeschafft. Bis zu dessen Veräußerung im Jahr 1999 nutzt er das unbebaute Grundstück zusammen mit seiner Familie ausschließlich zu Erholungszwecken.

Ein erzielter Veräußerungsgewinn unterliegt der Besteuerung nach § 23 Abs. 1 Satz 1 Nr. 1 Satz 1 EStG.

Dies gilt auch

– in den Fällen, in denen die vorgesehene Bebauung mit einer zu eigenen Wohnzwecken bestimmten Wohnung nicht realisiert wird, und

– bei der Veräußerung von Grund und Boden (unbebaute Teilfläche) eines Grundstücks, das ansonsten mit dem zu eigenen Wohnzwecken genutzten Gebäude bebaut ist.

5.2 Wohnzwecke

21   [1]Ein Wirtschaftsgut dient Wohnzwecken, wenn es dazu bestimmt und geeignet ist, Menschen auf Dauer Aufenthalt und Unterkunft zu ermöglichen. Wirtschaftsgüter, die zur vorübergehenden Beherbergung von Personen bestimmt sind (z. B. Ferienwohnungen), dienen nicht Wohnzwecken

---

1) Jetzt → R 4.2 Abs. 8.
2) Bestätigt durch BFH vom 25. 5. 2011 (BStBl II S. 868).

(vgl. R 42a Abs. 1 Satz 3 EStR 1999[1]). [2]Auch ein häusliches Arbeitszimmer (BMF-Schreiben vom 16. 6. 1998 – BStBl I S. 863, Rz. 7[2]) dient nicht Wohnzwecken, selbst wenn der Abzug der Aufwendungen als Betriebsausgaben oder Werbungskosten nach § 4 Abs. 5 Satz 1 Nr. 6b, § 9 Abs. 5 EStG ausgeschlossen oder eingeschränkt ist.

5.3 Nutzung zu eigenen Wohnzwecken

[1]Der Steuerpflichtige muss das Wirtschaftsgut zu eigenen Wohnzwecken genutzt haben. Diese Voraussetzung ist erfüllt, wenn er das Wirtschaftsgut allein, mit seinen Familienangehörigen oder gemeinsam mit einem Dritten bewohnt hat. [2]Unschädlich ist, wenn der Steuerpflichtige Teile des Wirtschaftsguts einem Dritten unentgeltlich zu Wohnzwecken überlassen hat. [3]Die dem Steuerpflichtigen zu eigenen Wohnzwecken verbleibenden Räume müssen jedoch noch den Wohnungsbegriff erfüllen und ihm die Führung eines selbständigen Haushalts ermöglichen. [4]Ein Wirtschaftsgut wird auch dann zu eigenen Wohnzwecken genutzt, wenn es vom Steuerpflichtigen nur zeitweise bewohnt wird, in der übrigen Zeit ihm jedoch als Wohnung zur Verfügung steht (z. B. Wohnung im Rahmen einer doppelten Haushaltsführung, nicht zur Vermietung bestimmte Ferienwohnung; auf die Belegenheit der Wohnung in einem Sondergebiet für Ferien- oder Wochenendhäuser kommt es nicht an).   22

[1]Eine Nutzung zu eigenen Wohnzwecken liegt auch vor, wenn der Steuerpflichtige das Wirtschaftsgut einem Kind, für das er Anspruch auf Kindergeld oder einen Freibetrag nach § 32 Abs. 6 EStG hat, unentgeltlich zu Wohnzwecken überlassen hat. [2]Die unentgeltliche Überlassung eines Wirtschaftsguts an andere – auch unterhaltsberechtigte – Angehörige stellt keine Nutzung zu eigenen Wohnzwecken im Sinne des § 23 Abs. 1 Satz 1 Nr. 1 Satz 3 EStG dar. [3]Die Altenteilerwohnung in der Land- und Forstwirtschaft ist kein vom Eigentümer zu eigenen Wohnzwecken genutztes Wirtschaftsgut.   23

Bewohnt ein Miteigentümer eines Zwei- oder Mehrfamilienhauses eine Wohnung allein, liegt eine Nutzung zu eigenen Wohnzwecken vor, soweit er die Wohnung auf Grund eigenen Rechts nutzt (vgl. R 164 Abs. 2 Satz 1 EStR 1999 und H 164 „Beispiele zur Überlassung an Miteigentümer" EStH 1999[3]).   24

5.4 Zeitlicher Umfang der Nutzung zu eigenen Wohnzwecken

Von der Besteuerung des Veräußerungsgewinns sind Wirtschaftsgüter ausgenommen, die ausschließlich, d. h. ununterbrochen   25

– vom Zeitpunkt der Anschaffung oder Fertigstellung bis zur Veräußerung zu eigenen Wohnzwecken genutzt wurden. [2]Für die Bestimmung des Zeitpunkts der Anschaffung und der Veräußerung ist in diesem Zusammenhang jeweils auf den Zeitpunkt der Übertragung des wirtschaftlichen Eigentums abzustellen. [3]Ein Leerstand vor Beginn der Nutzung zu eigenen Wohnzwecken ist unschädlich, wenn er mit der beabsichtigten Nutzung des Wirtschaftsguts zu eigenen Wohnzwecken in Zusammenhang steht. [4]Dies gilt auch für einen Leerstand zwischen Beendigung der Nutzung zu eigenen Wohnzwecken und Veräußerung des Gebäudes, wenn der Steuerpflichtige die Veräußerungsabsicht nachweist;

– im Jahr der Veräußerung und in den beiden vorangegangenen Jahren, d. h. in einem zusammenhängenden Zeitraum innerhalb der letzten drei Kalenderjahre, der nicht die vollen drei Kalenderjahre umfassen muss, zu eigenen Wohnzwecken genutzt wurden. [2]Ein Leerstand zwischen Beendigung der Selbstnutzung und Veräußerung ist unschädlich, wenn das Wirtschaftsgut im Jahr der Beendigung der Nutzung zu eigenen Wohnzwecken und in den beiden vorangegangenen Jahren zu eigenen Wohnzwecken genutzt wurde.

Beispiel:

Eine Eigentumswohnung, die A im Jahr 1995 angeschafft und anschließend vermietet hatte, wird nach Beendigung des Mietverhältnisses im Dezember 1998 bis zur Veräußerung im Januar 2000 von ihm zu eigenen Wohnzwecken genutzt. Da A die Wohnung im Jahr der Veräußerung und in den beiden vorangegangenen Jahren zu eigenen Wohnzwecken genutzt hat, unterliegt ein erzielter Veräußerungsgewinn nicht der Besteuerung. Hätte A die Eigentumswohnung im Jahr 1999 auch nur kurzfristig zu anderen Zwecken genutzt (z. B. vorübergehende Fremdvermietung), wäre der erzielte Veräußerungsgewinn zu versteuern.

Bei unentgeltlichem Erwerb (Gesamtrechtsnachfolge, unentgeltliche Einzelrechtsnachfolge) ist die Nutzung des Wirtschaftsguts zu eigenen Wohnzwecken durch den Rechtsvorgänger dem Rechtsnachfolger zuzurechnen.   26

Werden in das zu eigenen Wohnzwecken genutzte Wirtschaftsgut innerhalb des Zehnjahreszeitraums bisher zu anderen Zwecken genutzte Räume einbezogen, unterliegt ein auf diese Räume entfallender Veräußerungsgewinn nur dann nicht der Besteuerung, wenn die bisher zu anderen   27

---

1) Jetzt → R 7.2 Abs. 1 Satz 3.
2) Jetzt BMF vom 2. 3. 2011 (BStBl I S. 195), Rz. 3 → Anhang 10 VI.
3) Jetzt → H 21.6 (Mietverhältnis zwischen GbR und Gesellschafter) und H 21.6 (Miteigentum).

Zwecken genutzten Räume in einem zusammenhängenden Zeitraum innerhalb der letzten drei Kalenderjahre vor der Veräußerung zu eigenen Wohnzwecken genutzt wurden.

6. Ermittlung des steuerpflichtigen Veräußerungsgewinns (§ 23 Abs. 3 EStG)

6.1 Anschaffungs- und Herstellungskosten

28 [1]Anschaffungs- und Herstellungskosten im Sinne des § 23 Abs. 3 Satz 1 EStG sind die vom Steuerpflichtigen getragenen Aufwendungen im Sinne des § 255 HGB. [2]Dazu gehören auch nachträgliche Anschaffungs- und Herstellungskosten, die für das Wirtschaftsgut aufgewendet worden sind. [3]Werden auf die Anschaffungs- und Herstellungskosten Zuschüsse von dritter Seite geleistet, die keine Mieterzuschüsse im Sinne des R 163 Abs. 3 EStR 1999[1)] sind, sind die Anschaffungs- oder Herstellungskosten bei der Ermittlung des Veräußerungsgewinns um diese Zuschüsse zu kürzen. [4]Eigenheimzulage und Investitionszulage mindern die Anschaffungs- und Herstellungskosten nicht (§ 9 InvZulG 1999, § 16 EigZulG).

6.2 Werbungskosten

29 Als Werbungskosten sind die im Zusammenhang mit der Veräußerung stehenden Aufwendungen zu berücksichtigen, die nicht zu den Anschaffungs- oder Herstellungskosten des veräußerten Wirtschaftsguts gehören, nicht vorrangig einer anderen Einkunftsart zuzuordnen sind und nicht wegen der Nutzung zu eigenen Wohnzwecken unter das Abzugsverbot des § 12 EStG fallen (vgl. H 169 „Werbungskosten" EStH 1999[2)]).

6.3 Ermittlung des Veräußerungsgewinns bei einem teilweise entgeltlich oder im Wege der Erbauseinandersetzung mit Abfindungszahlung erworbenen Grundstück

30 [1]Bei der Veräußerung eines teilweise entgeltlich, teilweise unentgeltlich oder im Wege der Erbauseinandersetzung mit Abfindungszahlung erworbenen Grundstücks berechnet sich der Veräußerungsgewinn im Sinne des § 23 Abs. 3 EStG für den entgeltlich erworbenen Teil durch Gegenüberstellung des anteiligen Veräußerungserlöses zu den tatsächlichen Anschaffungskosten. [2]Der anteilige Veräußerungserlös bestimmt sich nach dem Verhältnis der aufgewendeten Anschaffungskosten zum Verkehrswert des Grundstücks im Zeitpunkt des Erwerbs (vgl. BMF-Schreiben vom 11. 1. 1993 – BStBl I S. 62, Rz. 28[3)], und BMF-Schreiben vom 13. 1. 1993 – BStBl I S. 80, Rz. 23[4)]). [3]Die Werbungskosten sind, soweit sie nicht eindeutig dem entgeltlichen oder unentgeltlichen Teil zugeordnet werden können, im Verhältnis des Entgelts (ohne Anschaffungsnebenkosten) zum Verkehrswert des Grundstücks im Zeitpunkt des Erwerbs aufzuteilen (BFH-Urteile vom 24. 3. 1993 – BStBl II S. 704 und vom 1. 10. 1997 – BStBl 1998 II S. 247).

31 Wird ein teilweise entgeltlich oder im Wege der Erbauseinandersetzung gegen Abfindungszahlung erworbenes Grundstück während der Zehnjahresfrist nach Anschaffung bebaut und veräußert, ist der auf das Gebäude entfallende Teil des Veräußerungserlöses in die Berechnung des Veräußerungsgewinns einzubeziehen, soweit das Grundstück als entgeltlich erworben gilt.

Beispiel:

A erwirbt im Jahr 1995 im Wege der vorweggenommenen Erbfolge von B ein unbebautes Grundstück mit einem gemeinen Wert von 200 000 DM für eine Gegenleistung von 50 000 DM. B hatte das Grundstück im Jahr 1982 erworben. Im Jahr 1999 wird das Grundstück mit einem Zweifamilienhaus mit Herstellungskosten von 400 000 DM bebaut und unmittelbar nach Fertigstellung des Gebäudes zu einem Kaufpreis von 800 000 DM veräußert. Von diesem Kaufpreis entfallen nach dem Verhältnis der Verkehrswerte 280 000 DM auf das Grundstück und 520 000 DM auf das Gebäude.

Das Grundstück gilt zu einem Viertel (50 000 DM zu 200 000 DM) als entgeltlich erworben. Der für das Grundstück erzielte Veräußerungserlös ist somit ebenfalls zu einem Viertel in die Berechnung des Veräußerungsgewinns im Sinne des § 23 Abs. 3 EStG einzubeziehen. Der auf das Gebäude entfallende Teil des Veräußerungserlöses geht im selben Verhältnis in die Ermittlung des steuerpflichtigen Veräußerungsgewinns ein.

¼ des Veräußerungserlöses Grundstück	70 000 DM	
abzüglich Anschaffungskosten Grundstück	./. 50 000 DM	20 000 DM
¼ des Veräußerungserlöses Gebäude	130 000 DM	
abzüglich ¼ der Herstellungskosten Gebäude	./. 100 000 DM	30 000 DM
steuerpflichtiger Veräußerungsgewinn		50 000 DM

---

1) Jetzt → R 21.5 Abs. 3.
2) Jetzt → H 23 (Werbungskosten).
3) Jetzt → BMF vom 14. 3. 2006 (BStBl I S. 253), Rz. 26 → Anhang 8 I.
4) → Anhang 8 I und II.

6.4 Ermittlung des steuerpflichtigen Veräußerungsgewinns bei teilweise zu eigenen Wohnzwecken, teilweise zu anderen Zwecken genutzten Gebäuden

[1]Die Anschaffungs- oder Herstellungskosten und der Veräußerungspreis des gesamten Gebäudes sind auf den zu eigenen Wohnzwecken und auf den zu anderen Zwecken genutzten Gebäudeteil aufzuteilen. [2]Für die Aufteilung ist das Verhältnis der Nutzfläche des zu anderen Zwecken genutzten Gebäudeteils zur Nutzfläche des gesamten Gebäudes maßgebend, es sei denn, die Aufteilung nach dem Verhältnis der Nutzflächen führt zu einem unangemessenen Ergebnis. [3]Die Nutzfläche ist in sinngemäßer Anwendung der §§ 43 und 44 der Zweiten Berechnungsverordnung zu ermitteln. [4]Für die Aufteilung der Anschaffungskosten und des Veräußerungspreises des Grund und Bodens, der zu dem zu anderen Zwecken genutzten Gebäudeteil gehört, ist das Verhältnis der Nutzfläche des zu anderen Zwecken genutzten Gebäudeteils zur Nutzfläche des gesamten Gebäudes maßgebend.

32

Beispiel:

A hat im Jahr 1993 ein unbebautes Grundstück für 220 000 DM angeschafft. Im Jahr 1996 stellt er darauf ein Zweifamilienhaus für 900 000 DM fertig. Eine Wohnung wird von ihm zu eigenen Wohnzwecken genutzt, die andere hat er vermietet. Beide Wohnungen haben eine Nutzfläche von jeweils 150 qm. Im Jahr 1999 veräußert A das Grundstück für 1,6 Mio. DM. Von dem Veräußerungspreis entfallen 1,2 Mio. DM auf das Gebäude und 400 000 DM auf den Grund und Boden.

Ermittlung des steuerpflichtigen Veräußerungsgewinns:

Verhältnis der Nutzfläche des vermieteten Gebäudeteils zur Gesamtnutzfläche des Gebäudes 150 qm : 300 qm.

Gebäude:	
Veräußerungspreis	1 200 000 DM
Herstellungskosten	900 000 DM
Veräußerungsgewinn	300 000 DM
davon entfallen auf den vermieteten	150 000 DM
Gebäudeanteil 50 v. H. =	
Grund und Boden:	
Veräußerungspreis	400 000 DM
Anschaffungskosten	220 000 DM
Veräußerungsgewinn	180 000 DM
davon entfallen auf den vermieteten	90 000 DM
Gebäudeanteil 50 v. H. =	
steuerpflichtiger Veräußerungsgewinn	240 000 DM

A hat einen Veräußerungsgewinn von 240 000 DM zu versteuern. Der auf die eigengenutzte Wohnung einschließlich des dazugehörenden Grund und Bodens entfallende Gewinn von 240 000 DM unterliegt nicht der Besteuerung.

6.5 Ermittlung des steuerpflichtigen Veräußerungsgewinns bei Entnahme des Grundstücks aus einem Betriebsvermögen (§ 23 Abs. 1 Satz 2 und Abs. 3 Satz 3 EStG)[1]

[1]Wird ein Grundstück veräußert, das vorher aus einem Betriebsvermögen in das Privatvermögen überführt worden ist, tritt an die Stelle der Anschaffungs- oder Herstellungskosten der Wert, mit dem

33

---

[1] Anm.: → auch OFD Koblenz vom 21. 6. 2002 – S 2256 A – St 322 (DStR 2002, S. 1266):
Hinsichtlich der Lösung der Frage, wie der Gesetzeswortlaut „tritt an die Stelle der Anschaffungs- oder Herstellungskosten der nach § 6 Abs. 1 Nr. 4 oder § 16 Abs. 3 EStG angesetzte Wert" auszulegen ist, sind folgende Fälle zu unterscheiden:
1. Die Entnahme erfolgte zum Teilwert/gemeinen Wert, die aufgedeckten stillen Reserven sind besteuert worden:
Zur Ermittlung des privaten Veräußerungsgewinns ist vom Veräußerungspreis der Betrag abzuziehen, mit dem das Grundstück bei der Entnahme/Betriebsaufgabe bewertet und besteuert worden ist, und zwar selbst dann, soweit dieser später als nicht zutreffend erweisen sollte.
2. Bei der Überführung des Grundstücks in das Privatvermögen ist der entsprechende Entnahme- bzw. Aufgabegewinn nicht zur Einkommensteuer herangezogen worden, weil die Freibeträge nach § 16 Abs. 4, §§ 14, 14a, § 18 Abs. 3 EStG nicht überschritten wurden:
Auch in diesem Fall ist – entsprechend der Tz. 1 – der Veräußerungspreis um den Betrag zu mindern, mit dem das Grundstück bei der Entnahme bzw. Betriebsaufgabe bewertet worden ist.
3. Eine Besteuerung des Entnahme- bzw. Aufgabegewinns ist unterblieben, eine Änderung des betreffenden Steuerbescheids kommt aus verfahrensrechtlichen Gründen nicht mehr in Betracht, so dass die im Zeitpunkt der Entnahme/Betriebsaufgabe vorhandenen stillen Reserven steuerlich nicht erfasst worden sind:
Entsprechend der Rechtsprechung des BFH (Urteil vom 14. 12. 1999 – BStBl 2000 II S. 656 unter Ziff. 2a m. w. N.) zum Ansatz fiktiver Anschaffungskosten als AfA-Bemessungsgrundlage nach einer Entnahme ist auch für Zwecke des § 23 EStG davon auszugehen, dass das Grundstück bei der Überführung ins Privatvermögen mit dem Buchwert angesetzt worden ist. Zur Ermittlung des privaten Veräußerungsgewinns ist der Veräußerungspreis deshalb auch nur um den Buchwert des privatisierten Grundstücks im Zeitpunkt der Entnahme bzw. Betriebsaufgabe zu vermindern.

das Grundstück bei der Überführung angesetzt worden ist (§ 23 Abs. 3 Satz 3 i. V. m. § 6 Abs. 1 Nr. 4 EStG). [2]Entsprechendes gilt für den Fall, in dem das Grundstück anlässlich der Betriebsaufgabe in das Privatvermögen überführt worden ist (§ 23 Abs. 3 Satz 3 i. V. m. § 16 Abs. 3 Satz 5 EStG). [3]Sätze 1 und 2 gelten auch, wenn bei einer vorangegangenen Überführung des Grundstücks in das Privatvermögen der Entnahmegewinn nicht zur Einkommensteuer herangezogen worden ist (§ 16 Abs. 4, §§ 14, 14a, § 18 Abs. 3 EStG).

34   [1]Bleibt bei der Überführung eines Wirtschaftsguts in das Privatvermögen der Entnahmegewinn kraft gesetzlicher Regelung bei der Besteuerung außer Ansatz, tritt an die Stelle der Anschaffungs- oder Herstellungskosten der Buchwert des Wirtschaftsguts im Zeitpunkt der Entnahme. [2]Bei einer Überführung eines Wirtschaftsguts in das Privatvermögen vor dem 1. Januar 1999 ist in diesen Fällen aus Billigkeitsgründen Rz. 33 anzuwenden.[1]

Beispiel 1:

A errichtet im Jahr 2000 auf einem zum Betriebsvermögen seines landwirtschaftlichen Betriebs gehörenden Grundstück ein Gebäude, das als Altenteilerwohnung genutzt werden soll. Das Gebäude ist im Januar 2002 fertig gestellt. Der Entnahmegewinn beim Grund und Boden bleibt nach § 13 Abs. 5 EStG bei der Besteuerung außer Ansatz. Nach dem Tod des Altenteilers wird das Gebäude mit dem dazugehörenden Grund und Boden zum 31. Dezember 2004 veräußert.

	Gebäude	Grund und Boden
Buchwert im Zeitpunkt der Entnahme		10 000 DM
Herstellungskosten des Gebäudes	300 000 DM	
Veräußerungserlös zum 31. 12. 2004	400 000 DM	100 000 DM
steuerpflichtiger Veräußerungsgewinn	100 000 DM	90 000 DM

Beispiel 2[2]:

Eine ehemals zu einem land- und forstwirtschaftlichen Betriebsvermögen gehörende Wohnung des Betriebsinhabers wurde zusammen mit dem dazugehörenden Grund und Boden zum 31. Dezember 1995 in das Privatvermögen überführt. Der Entnahmegewinn war nach § 52 Abs. 15 Satz 7 EStG in der für den Veranlagungszeitraum der Entnahme anzuwendenden Fassung steuerbefreit. Die Wohnung war seit dem 1. Juli 1996 vermietet. Am 1. August 2000 wurde die Wohnung veräußert.

	Gebäude	Grund und Boden
Buchwert im Zeitpunkt der Entnahme	20 000 DM	10 000 DM
Steuerfreier Entnahmegewinn	60 000 DM	40 000 DM
Teilwert im Zeitpunkt der Entnahme	80 000 DM	50 000 DM
AfA für den Zeitraum 1. 7. 1996 bis 31. 7. 2000 (berechnet nach den ursprünglichen Anschaffungskosten)	−5 000 DM	
	75 000 DM	
Veräußerungserlös zum 1. 8. 2000	78 000 DM	52 000 DM
steuerpflichtiger Veräußerungsgewinn	3 000 DM	2 000 DM

6.6 Ermittlung des privaten Veräußerungsgewinns bei Einlage des Grundstücks in das Betriebsvermögen (§ 23 Abs. 1 Satz 5 Nr. 1 und 2 und Abs. 3 Satz 2 EStG)

35   [1]Wird das Grundstück in das Betriebsvermögen eingelegt und innerhalb der Zehnjahresfrist seit Anschaffung veräußert, tritt bei der Ermittlung des Gewinns oder des Verlustes aus dem privaten Veräußerungsgeschäft an die Stelle des Veräußerungspreises der Wert, mit dem die Einlage angesetzt wurde. [2]Wurde das Grundstück wieder ins Privatvermögen überführt und innerhalb von zehn Jahren nach der ursprünglichen Anschaffung veräußert, sind bei der Ermittlung des privaten Veräußerungsgewinns die ursprünglichen Anschaffungskosten zu Grunde zu legen. [3]Dieser Veräußerungsgewinn ist um den im Betriebsvermögen zu erfassenden Gewinn zu korrigieren. [4]Wurde das Grundstück nach mehr als zehn Jahren seit der ursprünglichen Anschaffung, aber innerhalb von zehn Jahren nach der Überführung ins Privatvermögen veräußert, ist bei der Ermittlung des privaten Veräußerungsgewinns der bei der Überführung angesetzte Wert zu Grunde zu legen.

Beispiel:

A hat am 2. Januar 1993 ein unbebautes Grundstück für 100 000 DM angeschafft. Im Jahr 1997 legt er es in sein Einzelunternehmen zum Teilwert von 150 000 DM ein und entnimmt es wieder am 3. März 2000. Der Teilwert zum Zeitpunkt der Entnahme beträgt 200 000 DM.

---

1) → aber Rz. 1 i. d. F. des BMF vom 7. 2. 2007 (BStBl I S. 262).
2) → überholt durch Rz. 1 i. d. F. des BMF vom 7. 2. 2007 (BStBl I S. 262).

Veräußert A das Grundstück vor dem 3. Januar 2003 für 230 000 DM, ermittelt sich der private Veräußerungsgewinn wie folgt:

Veräußerungserlös	230 000 DM	
abzgl. Anschaffungskosten	100 000 DM	
Veräußerungsgewinn (§ 23 Abs. 1 Satz 1 EStG)		130 000 DM
Teilwert Entnahme	200 000 DM	
abzgl. Teilwert Einlage	150 000 DM	
abzuziehender Entnahmegewinn im Betriebs-vermögen		50 000 DM
privater Veräußerungsgewinn		80 000 DM

Wird das Grundstück nach dem 2. Januar 2003 und vor dem 4. März 2010 veräußert, unterliegt der Veräußerungsgewinn auf der Grundlage des bei der Entnahme angesetzten Werts wie folgt der Besteuerung nach § 23 EStG:

Veräußerungserlös	230 000 DM
abzgl. Entnahmewert (§ 23 Abs. 3 Satz 3 EStG)	200 000 DM
privater Veräußerungsgewinn	30 000 DM

[1]Der private Veräußerungsgewinn bei Einlage in das Betriebsvermögen und anschließender Veräußerung des Wirtschaftsguts aus dem Betriebsvermögen ist in dem Kalenderjahr anzusetzen, in dem der Veräußerungspreis zufließt. [2]Fließt der Veräußerungspreis in Teilbeträgen über mehrere Kalenderjahre zu, ist der Veräußerungsgewinn erst zu berücksichtigen, wenn die Summe der gezahlten Teilbeträge die ggf. um die Absetzungen für Abnutzung, erhöhten Absetzungen und Sonderabschreibungen geminderten Anschaffungs- oder Herstellungskosten des veräußerten Wirtschaftsguts übersteigt.   36

[1]In den Fällen der Rz. 4 Nr. 2 bis 5 gilt der Veräußerungspreis in dem Zeitpunkt als zugeflossen, in dem die dort genannten, der Veräußerung aus dem Betriebsvermögen gleichgestellten Sachverhalte verwirklicht werden. [2]Bei der verdeckten Einlage eines Wirtschaftsguts in eine Kapitalgesellschaft ist der private Veräußerungsgewinn im Kalenderjahr der verdeckten Einlage zu erfassen.   37

6.7 Kürzung der Anschaffungs- oder Herstellungskosten um Absetzungen für Abnutzung, erhöhte Absetzungen und Sonderabschreibungen (§ 23 Abs. 3 Satz 4 EStG)

[1]Bei Veräußerungsgeschäften, bei denen der Steuerpflichtige das Wirtschaftsgut nach dem 31. Juli 1995 angeschafft oder in das Privatvermögen überführt hat, mindern sich die Anschaffungs- oder Herstellungskosten um Absetzungen für Abnutzung, erhöhte Absetzungen und Sonderabschreibungen, soweit sie bei der Ermittlung der Einkünfte im Sinne des § 2 Abs. 1 Nr. 4 bis 6 EStG abgezogen worden sind. [2]Als Zeitpunkt der Anschaffung gilt der Zeitpunkt des Abschlusses des obligatorischen Vertrags oder des gleichstehenden Rechtsakts. [3]Bei Veräußerung eines vom Steuerpflichtigen errichteten Wirtschaftsguts mindern sich die Herstellungskosten um Absetzungen für Abnutzung, erhöhte Absetzungen und Sonderabschreibungen, wenn der Steuerpflichtige das Wirtschaftsgut nach dem 31. Dezember 1998 fertig stellt und veräußert.   38

Beispiel:

A errichtet ab dem Jahr 1998 ein zur Vermietung zu Wohnzwecken bestimmtes Gebäude auf einem in 1996 angeschafften Grundstück in Dresden. Das Gebäude mit Herstellungskosten von 800 000 DM wird im Jahr 1999 fertig gestellt. Bis zum 31. Dezember 1998 sind Teilherstellungskosten in Höhe von 600 000 DM entstanden, für die A 150 000 DM Sonderabschreibungen nach § 4 Abs. 2 FördG für den Veranlagungszeitraum 1998 in Anspruch nimmt. Das Gebäude wird unmittelbar nach Fertigstellung veräußert. A kann den Nachweis der Einkunftserzielungsabsicht erbringen.

Da das Wirtschaftsgut nach dem 31. Dezember 1998 fertig gestellt worden ist, sind die Herstellungskosten bei der Ermittlung des Veräußerungsgewinns um die in Anspruch genommenen Sonderabschreibungen in Höhe von 150 000 DM zu mindern.

[1]Nutzt der Steuerpflichtige einen Raum zu betrieblichen oder beruflichen Zwecken (häusliches Arbeitszimmer), sind die anteiligen Anschaffungs- oder Herstellungskosten um den auf das häusliche Arbeitszimmer entfallenden Teil der Absetzungen für Abnutzung, der erhöhten Absetzungen und der Sonderabschreibungen zu kürzen. [2]Die anteiligen Anschaffungs- oder Herstellungskosten sind nicht zu kürzen wenn der Abzug der Aufwendungen nach § 4 Abs. 5 Satz 1 Nr. 6b, § 9 Abs. 5 EStG ausgeschlossen ist. [3]Aus Vereinfachungsgründen gilt dies auch, wenn der Abzug der Betriebsausgaben oder Werbungskosten auf 2 400 DM[1]) begrenzt ist.   39

Die Anschaffungs- oder Herstellungskosten sind nicht um die Abzugsbeträge nach den §§ 10e, 10f, 10g und 10h EStG oder § 7 FördG, die Eigenheimzulage und die Investitionszulage nach dem InvZulG 1999 zu kürzen.   40

---

[1]) Ab VZ 2002: 1 250 €.

7. Verlustverrechnung (§ 23 Abs. 3 Satz 8 und 9 EStG)

41 [1]Bei der Zusammenveranlagung von Ehegatten ist der Gesamtgewinn aus privaten Veräußerungsgeschäften für jeden Ehegatten zunächst getrennt zu ermitteln. [2]Dabei ist für den Gewinn jedes Ehegatten die Freigrenze von 1 000 DM[1] nach § 23 Abs. 3 Satz 6 EStG gesondert zu berücksichtigen. [3]Die ggf. von einem Ehegatten nicht ausgeschöpfte Freigrenze kann nicht beim anderen Ehegatten berücksichtigt werden. [4]Verluste aus privaten Veräußerungsgeschäften des einen Ehegatten sind mit Gewinnen des anderen Ehegatten aus privaten Veräußerungsgeschäften auszugleichen (vgl. BFH-Urteil vom 6. 7. 1989 – BStBl II S. 787). [5]Ein Ausgleich ist nicht vorzunehmen, wenn der erzielte Gesamtgewinn aus privaten Veräußerungsgeschäften des anderen Ehegatten steuerfrei bleibt, weil er im Kalenderjahr weniger als 1 000 DM[2] betragen hat.[2]

42 [1]Nicht im Entstehungsjahr mit Veräußerungsgewinnen ausgeglichene Veräußerungsverluste der Jahre ab 1999 sind nach Maßgabe des § 10d EStG rück- und vortragsfähig. [2]Sie mindern in den Rück- oder Vortragsjahren erzielte private Veräußerungsgewinne im Sinne des § 23 EStG, soweit diese in die Ermittlung der Summe der Einkünfte eingegangen sind oder eingehen würden (§ 23 Abs. 3 Satz 9 EStG). [4]Bei der Zusammenveranlagung von Ehegatten ist der Verlustabzug nach Maßgabe des § 10d Abs. 1 und 2 EStG zunächst getrennt für jeden Ehegatten und anschließend zwischen den Ehegatten durchzuführen[3]. [5]Der am Schluss eines Veranlagungszeitraums verbleibende Verlustvortrag ist gesondert festzustellen (§ 23 Abs. 3 Satz 9, nach Maßgabe des § 10d Abs. 4 Satz 1 EStG).

43 [4)1]Für Veräußerungsverluste aus den Veranlagungszeiträumen vor 1999 ist § 23 Abs. 3 Satz 9 EStG nicht anzuwenden. [2]Sie dürfen nur mit Veräußerungsgewinnen desselben Kalenderjahres ausgeglichen und nicht nach § 10d EStG abgezogen werden.

---

1) Ab VZ 2002: 512 €.
2) Die Freigrenze ist nur vor der Durchführung eines Verlustrücktrages zu berücksichtigen (→ BFH vom 11. 1. 2005 – BStBl II S. 433).
3) Überholt durch BMF vom 29. 11. 2004 (BStBl I S. 1097).
4) Überholt durch BFH vom 1. 6. 2004 (BStBl 2005 II S. 26).

Übersicht

I. Steuerliche Behandlung von Reisekosten und Reisekostenvergütungen bei betrieblich und beruflich veranlassten Auslandsreisen ab 1. Januar 2012
BMF vom 8. 12. 2011 (BStBl I S. 1259)

II. Steuerliche Behandlung von Reisekosten und Reisekostenvergütungen bei betrieblich und beruflich veranlassten Auslandsreisen ab 1. Januar 2013
BMF vom 17. 12. 2012 (BStBl I S. 60)

I.
Steuerliche Behandlung von Reisekosten und Reisekostenvergütungen bei betrieblich und beruflich veranlassten Auslandsreisen ab 1. Januar 2012

Bezug: BMF-Schreiben vom 17. Dezember 2009 (BStBl I Seite 1601)

BMF-Schreiben vom 8. 12. 2011 (BStBl I S. 1259)

Aufgrund des § 4 Absatz 5 Satz 1 Nummer 5 EStG werden im Einvernehmen mit den obersten Finanzbehörden der Länder die in der anliegenden Übersicht ausgewiesenen Pauschbeträge für Verpflegungsmehraufwendungen und Übernachtungskosten für beruflich und betrieblich veranlasste Auslandsreisen bekannt gemacht (Fettdruck kennzeichnet Änderungen gegenüber der Übersicht ab 1. Januar 2010 – BStBl 2009 I Seite 1601). Bei Reisen vom Inland in das Ausland bestimmt sich der Pauschbetrag nach dem Ort, den der Steuerpflichtige vor 24 Uhr Ortszeit erreicht hat. Für eintägige Reisen ins Ausland und für Rückreisetage aus dem Ausland in das Inland ist der Pauschbetrag des letzten Tätigkeitsortes im Ausland maßgebend.

Für die in der Bekanntmachung nicht erfassten Länder ist der für Luxemburg geltende Pauschbetrag maßgebend, für nicht erfasste Übersee- und Außengebiete eines Landes ist der für das Mutterland geltende Pauschbetrag maßgebend.

Die Pauschbeträge für Übernachtungskosten sind ausschließlich in den Fällen der Arbeitgebererstattung anwendbar (R 9.7 Absatz 3 und R 9.11 Absatz 10 Satz 7 Nummer 3 LStR). Für den Werbungskostenabzug sind nur die tatsächlichen Übernachtungskosten maßgebend (R 9.7 Absatz 2 und R 9.11 Absatz 8 LStR); dies gilt entsprechend für den Betriebsausgabenabzug (R 4.12 Absatz 2 und 3 EStR).

Dieses Schreiben gilt entsprechend für doppelte Haushaltsführungen im Ausland.

Übersicht über die ab 1. Januar 2012 geltenden Pauschbeträge für
Verpflegungsmehraufwendungen und Übernachtungskosten
(Änderungen gegenüber der Übersicht ab 1. Januar 2010
– BStBl 2009 I S. 1601 – in Fettdruck)

Land	Pauschbeträge für Verpflegungsmehraufwendungen bei einer Abwesenheitsdauer je Kalendertag von			Pauschbetrag für Übernachtungskosten
	mindestens 24 Stunden €	weniger als 24, aber mindestens 14 Stunden €	weniger als 14, aber mindestens 8 Stunden €	€
Afghanistan	30	20	10	95
Ägypten	30	20	10	50
Äthiopien	30	20	10	175
Albanien	23	16	8	110
Algerien	**39**	**26**	**13**	**190**
Andorra	32	21	11	82
Angola	71	48	24	190
Antigua und Barbuda	42	28	14	85
Argentinien	36	24	12	125
Armenien	24	16	8	90
Aserbaidschan	**40**	**27**	**14**	**120**

Land	Pauschbeträge für Verpflegungsmehr-aufwendungen bei einer Abwesenheitsdauer je Kalendertag von			Pauschbetrag für Übernach-tungskosten
	mindestens 24 Stunden	weniger als 24, aber mindestens 14 Stunden	weniger als 14, aber mindestens 8 Stunden	
	€	€	€	€
Australien				
– Melbourne	42	28	14	105
– Sydney	42	28	14	115
– im Übrigen	42	28	14	100
Bahrain	36	24	12	70
Bangladesch	30	20	10	75
Barbados	42	28	14	110
Belgien	42	28	14	100
Benin	41	28	14	90
Bolivien	24	16	8	70
Bosnien und Herzegowina	24	16	8	70
Botsuana	33	22	11	105
Brasilien				
– Brasilia	53	36	18	160
– Rio de Janeiro	47	32	16	145
– Sao Paulo	53	36	18	120
– im Übrigen	54	36	18	110
Brunei	24	12	85	
Bulgarien	22	15	8	72
Burkina Faso	36	24	12	100
Burundi	35	24	12	75
Chile	38	25	13	80
China				
– Chengdu	32	21	11	85
– Hongkong	62	41	21	170
– Peking	39	26	13	115
– Shanghai	42	28	14	140
– im Übrigen	33	22	11	80
Costa Rica	32	21	11	60
Côte d'Ivoire	54	36	18	145
Dänemark	60	40	20	150
Dominica	36	24	12	80
Dominikanische Republik	30	20	10	100
Dschibuti	48	32	16	160
Ecuador	39	26	13	55
El Salvador	36	24	12	65
Eritrea	30	20	10	110
Estland	27	18	9	85
Fidschi	32	21	11	57
Finnland	45	30	15	150
Frankreich				
– Paris[1]	48	32	16	100
– Straßburg	39	26	13	75
– im Übrigen	39	26	13	100
Gabun	60	40	20	135
Gambia	18	12	6	70
Georgien	30	20	10	80
Ghana	38	25	13	130
Grenada	36	24	12	105
Griechenland				
– Athen	57	38	19	125
– im Übrigen	36	24	12	120
Guatemala	33	22	11	90
Guinea	38	25	13	110

---

[1] Sowie die Departements 92 [Hauts-de-Seine], 93 [Seine-Saint-Denis] und 94 [Val-de-Marne].

Land	Pauschbeträge für Verpflegungsmehr-aufwendungen bei einer Abwesenheitsdauer je Kalendertag von			Pauschbetrag für Übernach-tungskosten
	mindestens 24 Stunden	weniger als 24, aber mindestens 14 Stunden	weniger als 14, aber mindestens 8 Stunden	
	€	€	€	€
Guinea-Bissau	30	20	10	60
Guyana	36	24	12	90
Haiti	48	32	16	105
Honduras	**35**	**24**	**12**	**115**
Indien				
– Chennai	30	20	10	135
– Kalkutta	33	22	11	120
– Mumbai	35	24	12	150
– Neu Delhi	35	24	12	130
– im Übrigen	30	20	10	120
Indonesien	39	26	13	110
Iran	30	20	10	120
Irland	42	28	14	90
Island	**53**	**36**	**18**	**105**
Israel	**59**	**40**	**20**	**175**
Italien				
– Mailand	36	24	12	140
– Rom	36	24	12	108
– im Übrigen	36	24	12	100
Jamaika	48	32	16	**145**
Japan				
– Tokio	51	34	17	130
– im Übrigen	51	34	17	90
Jemen	24	16	8	95
Jordanien	36	24	12	85
Kambodscha	36	24	12	85
Kamerun				
– Jaunde	41	28	14	115
– im Übrigen	41	28	14	90
Kanada				
– Ottawa	36	24	12	105
– Toronto	41	28	14	135
– Vancouver	36	24	12	125
– im Übrigen	36	24	12	100
Kap Verde	30	20	10	55
Kasachstan	30	20	10	**100**
Katar	45	30	15	100
Kenia	36	24	12	120
Kirgisistan	18	12	6	70
Kolumbien	24	16	8	55
Kongo, Republik	57	38	19	113
Kongo, Demokratische Republik	60	40	20	155
Korea, Demokratische Volksrepublik	42	28	14	90
Korea, Republik	66	44	22	180
Kosovo	**26**	**17**	**9**	**65**
Kroatien	29	20	10	57
Kuba	**48**	**32**	**16**	80
Kuwait	42	28	14	130
Laos	27	18	9	**65**
Lesotho	24	16	8	70
Lettland	18	12	6	80
Libanon	40	27	14	80
Libyen	45	30	15	100
Liechtenstein	47	32	16	82
Litauen	27	18	9	100
Luxemburg	39	26	13	87

Land	Pauschbeträge für Verpflegungsmehr-aufwendungen bei einer Abwesenheitsdauer je Kalendertag von			Pauschbetrag für Übernach-tungskosten
	mindestens 24 Stunden €	weniger als 24, aber mindestens 14 Stunden €	weniger als 14, aber mindestens 8 Stunden €	€
Madagaskar	35	24	12	120
Malawi	**39**	**26**	**13**	**110**
Malaysia	**36**	**24**	**12**	**100**
Malediven	38	25	13	93
Mali	**40**	**27**	**14**	**125**
Malta	30	20	10	90
Marokko	42	28	14	**105**
Mauretanien	36	24	12	85
Mauritius	48	32	16	140
Mazedonien	24	16	8	95
Mexiko	36	24	12	110
Moldau, Republik	18	12	6	**100**
Monaco	41	28	14	52
Mongolei	**30**	**20**	**10**	**80**
Montenegro	29	20	10	95
Mosambik	30	20	10	80
Myanmar	**46**	**31**	**16**	**45**
Namibia	29	20	10	85
Nepal	32	21	11	72
Neuseeland	36	24	12	95
Nicaragua	30	20	10	100
Niederlande	**60**	**40**	**20**	**115**
Niger	**36**	**24**	**12**	**70**
Nigeria	**60**	**40**	**20**	**220**
Norwegen	72	48	24	170
Österreich				
– Wien	36	24	12	93
– im Übrigen	36	24	12	70
Oman	48	32	16	120
Pakistan				
– Islamabad	24	16	8	150
– im Übrigen	24	16	8	70
Panama	45	30	15	110
Papua-Neuguinea	36	24	12	90
Paraguay	24	16	8	50
Peru	**38**	**25**	**13**	**140**
Philippinen	30	20	10	90
Polen				
– Warschau, Krakau	30	20	10	90
– im Übrigen	24	16	8	70
Portugal				
– Lissabon	36	24	12	95
– im Übrigen	33	22	11	95
Ruanda	**36**	**24**	**12**	**135**
Rumänien				
– Bukarest	26	17	9	100
– im Übrigen	27	18	9	80
Russische Föderation				
– Moskau (außer Gästewohnungen der Deutschen Botschaft)	48	32	16	135
– Moskau (Gästewohnungen der Deutschen Botschaft)	33	22	11	0[1]

1) Soweit diese Wohnungen gegen Entgelt angemietet werden, können 135 EUR angesetzt werden.

Land	Pauschbeträge für Verpflegungsmehraufwendungen bei einer Abwesenheitsdauer je Kalendertag von			Pauschbetrag für Übernachtungskosten
	mindestens 24 Stunden €	weniger als 24, aber mindestens 14 Stunden €	weniger als 14, aber mindestens 8 Stunden €	€
– St. Petersburg	36	24	12	110
– im Übrigen	36	24	12	80
Sambia	36	24	12	95
Samoa	29	20	10	57
São Tomé – Príncipe	42	28	14	75
San Marino	41	28	14	77
Saudi-Arabien				
– Djidda	48	32	16	80
– Riad	48	32	16	95
– im Übrigen	47	32	16	80
Schweden	**72**	**48**	**24**	**165**
Schweiz				
– Bern	42	28	14	115
– Genf	51	34	17	110
– im Übrigen	42	28	14	110
Senegal	42	28	14	**130**
Serbien	30	20	10	90
Sierra Leone	36	24	12	90
Simbabwe	**47**	**32**	**16**	**135**
Singapur	48	32	16	120
Slowakische Republik	24	16	8	130
Slowenien	30	20	10	95
Spanien				
– Barcelona, Madrid	36	24	12	150
– Kanarische Inseln	36	24	12	90
– Palma de Mallorca	36	24	12	125
– im Übrigen	36	24	12	105
Sri Lanka	24	16	8	60
St. Kitts und Nevis	36	24	12	100
St. Lucia	45	30	15	105
St. Vincent und die Grenadinen	36	24	12	110
Sudan	32	21	11	120
Südafrika				
– Kapstadt	30	20	10	90
– im Übrigen	30	20	10	80
Suriname	30	20	10	75
Syrien	**38**	**25**	**13**	**140**
Tadschikistan	24	16	8	50
Taiwan	39	26	13	110
Tansania	**39**	**26**	**13**	**165**
Thailand	32	21	11	120
Togo	33	22	11	80
Tonga	32	21	11	36
Trinidad und Tobago	**59**	**40**	**20**	**145**
Tschad	48	32	16	140
Tschechische Republik	24	16	8	97
Türkei				
– Izmir, Istanbul	41	28	14	100
– im Übrigen	42	28	14	70
Tunesien	33	22	11	**80**
Turkmenistan	28	19	10	60
Uganda	33	22	11	130
Ukraine	36	24	12	85
Ungarn	30	20	10	75
Uruguay	36	24	12	70
Usbekistan	30	20	10	60
Vatikanstaat	36	24	12	108

Land	Pauschbeträge für Verpflegungsmehr-aufwendungen bei einer Abwesenheitsdauer je Kalendertag von			Pauschbetrag für Übernach-tungskosten
	mindestens 24 Stunden €	weniger als 24, aber mindestens 14 Stunden €	weniger als 14, aber mindestens 8 Stunden €	€
Venezuela	48	32	16	180
Vereinigte Arabische Emirate	42	28	14	145
Vereinigte Staaten von Amerika				
– Atlanta	40	27	14	115
– Boston	42	28	14	190
– Chicago	44	29	15	95
– Houston	38	25	13	110
– Los Angeles	50	33	17	135
– Miami	48	32	16	120
– New York City	48	32	16	215
– San Francisco	41	28	14	110
– Washington, D.C.	40	27	14	205
– im Übrigen	36	24	12	110
Vereinigtes Königreich von Groß-britannien und Nordirland				
– Edinburgh	42	28	14	170
– London	60	40	20	152
– im Übrigen	42	28	14	110
Vietnam	36	24	12	125
Weißrussland	24	16	8	100
Zentralafrikanische Republik	29	20	10	52
Zypern	39	26	13	90

II.
Steuerliche Behandlung von Reisekosten und Reisekostenvergütungen bei betrieblich und beruflich veranlassten Auslandsreisen ab 1. Januar 2013

BMF vom 17.12.2012 (BStBl I S. 60)

IV C 5 – S 2353/08/10006 :003, DOK 2012/1137644

Aufgrund des § 4 Absatz 5 Satz 1 Nummer 5 EStG werden im Einvernehmen mit den obersten Finanzbehörden der Länder die in der anliegenden Übersicht ausgewiesenen Pauschbeträge für Verpflegungsmehraufwendungen und Übernachtungskosten für beruflich und betrieblich veranlasste Auslandsreisen bekannt gemacht (Fettdruck kennzeichnet Änderungen gegenüber der Übersicht ab 1. Januar 2012 – BStBl 2011 I Seite 1259). Bei Reisen vom Inland in das Ausland bestimmt sich der Pauschbetrag nach dem Ort, den der Steuerpflichtige vor 24 Uhr Ortszeit erreicht hat. Für eintägige Reisen ins Ausland und für Rückreisetage aus dem Ausland in das Inland ist der Pauschbetrag des letzten Tätigkeitsortes im Ausland maßgebend.

Für die in der Bekanntmachung nicht erfassten Länder ist der für Luxemburg geltende Pauschbetrag maßgebend, für nicht erfasste Übersee- und Außengebiete eines Landes ist der für das Mutterland geltende Pauschbetrag maßgebend.

Die Pauschbeträge für Übernachtungskosten sind ausschließlich in den Fällen der Arbeitgebererstattung anwendbar (R 9.7 Absatz 3 und R 9.11 Absatz 10 Satz 7 Nummer 3 LStR). Für den Werbungskostenabzug sind nur die tatsächlichen Übernachtungskosten maßgebend (R 9.7 Absatz 2 und R 9.11 Absatz 8 LStR); dies gilt entsprechend für den Betriebsausgabenabzug (R 4.12 Absatz 2 und 3 EStR).

Dieses Schreiben gilt entsprechend für doppelte Haushaltsführungen im Ausland.

Übersicht über die ab 1. Januar 2013 geltenden Pauschbeträge für
Verpflegungsmehraufwendungen und Übernachtungskosten

(Änderungen gegenüber der Übersicht ab 1. Januar 2012 – BStBl 2011 I S. 1259 – **in Fettdruck**)

Land	Pauschbeträge für Verpflegungsmehraufwendungen bei einer Abwesenheitsdauer je Kalendertag von			Pauschbetrag für Übernachtungskosten
	mindestens 24 Stunden €	weniger als 24, aber mindestens 14 Stunden €	weniger als 14, aber mindestens 8 Stunden €	€
Afghanistan	30	20	10	95
Ägypten	30	20	10	50
Äthiopien	30	20	10	175
Äquatorialguinea	**50**	**33**	**17**	**226**
Albanien	23	16	8	110
Algerien	39	26	13	190
Andorra	32	21	11	82
Angola	**77**	**52**	**26**	**265**
Antigua und Barbuda	42	28	14	85
Argentinien	36	24	12	125
Armenien	24	16	8	90
Aserbaidschan	40	27	14	120
Australien				
– Canberra	**58**	**39**	**20**	**158**
– Sydney	**59**	**40**	**20**	**186**
– im Übrigen	**56**	**37**	**19**	**133**
Bahrain	36	24	12	70
Bangladesch	30	20	10	75
Barbados	42	28	14	110
Belgien	**41**	28	14	**135**
Benin	41	28	14	90

Land	Pauschbeträge für Verpflegungsmehraufwendungen bei einer Abwesenheitsdauer je Kalendertag von			Pauschbetrag für Übernachtungskosten
	mindestens 24 Stunden €	weniger als 24, aber mindestens 14 Stunden €	weniger als 14, aber mindestens 8 Stunden €	€
Bolivien	24	16	8	70
Bosnien-Herzegowina	24	16	8	70
Botsuana	33	22	11	105
Brasilien				
– Brasilia	53	36	18	160
– Rio de Janeiro	47	32	16	145
– Sao Paulo	53	36	18	120
– im Übrigen	54	36	18	110
Brunei	36	24	12	85
Bulgarien	22	15	8	72
Burkina Faso	36	24	12	100
Burundi	**47**	**32**	**16**	**98**
Chile	**40**	**27**	**14**	**130**
China				
– Chengdu	32	21	11	85
– Hongkong	62	41	21	170
– Peking	39	26	13	115
– Shanghai	42	28	14	140
– im Übrigen	33	22	11	80
Costa Rica	32	21	11	60
Côte d'Ivoire	54	36	18	145
Dänemark	60	40	20	150
Dominica	36	24	12	80
Dominikanische Republik	30	20	10	100
Dschibuti	48	32	16	160
Ecuador	39	26	13	55
El Salvador	**46**	**31**	**16**	**75**
Eritrea	30	20	10	**58**
Estland	27	18	9	85
Fidschi	32	21	11	57
Finnland	**39**	**26**	**13**	**136**
Frankreich				
– Paris[1])	**58**	**39**	**20**	**135**
– Straßburg	**48**	**32**	**16**	**89**
– Lyon	**53**	**36**	**18**	**83**
– Marseille	**51**	**34**	**17**	**86**
– im Übrigen	**44**	**29**	**15**	**81**
Gabun	60	40	20	135
Gambia	18	12	6	70
Georgien	30	20	10	80
Ghana	38	25	13	130
Grenada	36	24	12	105
Griechenland				
– Athen	57	38	19	125
– im Übrigen	**42**	**28**	**14**	**132**
Guatemala	33	22	11	90

[1]) Sowie die Departements 92 [Hauts-de-Seine], 93 [Seine-Saint-Denis] und 94 [Val-de-Marne].

Land	Pauschbeträge für Verpflegungsmehr-aufwendungen bei einer Abwesenheitsdauer je Kalendertag von			Pausch-betrag für Über-nach-tungskosten
	mindestens 24 Stunden €	weniger als 24, aber mindestens 14 Stunden €	weniger als 14, aber mindestens 8 Stunden €	€
Guinea	38	25	13	110
Guinea-Bissau	30	20	10	60
Guyana	36	24	12	90
Haiti	**50**	**33**	**17**	**111**
Honduras	35	24	12	115
Indien				
– Chennai	30	20	10	135
– Kalkutta	33	22	11	120
– Mumbai	35	24	12	150
– Neu Delhi	35	24	12	130
– im Übrigen	30	20	10	120
Indonesien	39	26	13	110
Iran	30	20	10	120
Irland	42	28	14	90
Island	53	36	18	105
Israel	59	40	20	175
Italien				
– Mailand	**39**	**26**	**13**	**156**
– Rom	**52**	**35**	**18**	**160**
– im Übrigen	**34**	**23**	12	**126**
Jamaika	48	32	16	145
Japan				
– Tokio	**53**	**36**	**18**	**153**
– im Übrigen	**51**	**34**	**17**	**156**
Jemen	24	16	8	95
Jordanien	36	24	12	85
Kambodscha	36	24	12	85
Kamerun	**40**	**27**	14	**130**
Kanada				
– Ottawa	36	24	12	105
– Toronto	41	28	14	135
– Vancouver	36	24	12	125
– im Übrigen	36	24	12	100
Kap Verde	30	20	10	55
Kasachstan	30	20	10	100
Katar	**56**	**37**	**19**	**170**
Kenia	**35**	24	12	**135**
Kirgisistan	18	12	6	70
Kolumbien	24	16	8	55
Kongo, Republik	57	38	19	113
Kongo, Demokratische Republik	60	40	20	155
Korea, Demokratische Volksrepublik	42	28	14	90
Korea, Republik	66	44	22	180
Kosovo	26	17	9	65
Kroatien	29	20	10	57
Kuba	48	32	16	80
Kuwait	42	28	14	130
Laos	**33**	**22**	**11**	**67**

Land	Pauschbeträge für Verpflegungsmehraufwendungen bei einer Abwesenheitsdauer je Kalendertag von			Pauschbetrag für Übernachtungskosten
	mindestens 24 Stunden €	weniger als 24, aber mindestens 14 Stunden €	weniger als 14, aber mindestens 8 Stunden €	€
Lesotho	24	16	8	70
Lettland	18	12	6	80
Libanon	**44**	**29**	**15**	**120**
Libyen	45	30	15	100
Liechtenstein	47	32	16	82
Litauen	27	18	9	100
Luxemburg	**47**	**32**	**16**	**102**
Madagaskar	**38**	**25**	**13**	**83**
Malawi	39	26	13	110
Malaysia	36	24	12	100
Malediven	38	25	13	93
Mali	40	27	14	125
Malta	30	20	10	90
Marokko	42	28	14	105
Mauretanien	**48**	**32**	**16**	**89**
Mauritius	48	32	16	140
Mazedonien	24	16	8	95
Mexiko	36	24	12	110
Moldau, Republik	18	12	6	100
Monaco	41	28	14	52
Mongolei	**29**	**20**	**10**	**84**
Montenegro	29	20	10	95
Mosambik	30	20	10	80
Myanmar	46	31	16	45
Namibia	29	20	10	85
Nepal	32	21	11	72
Neuseeland	**47**	**32**	**16**	**98**
Nicaragua	30	20	10	100
Niederlande	60	40	20	115
Niger	36	24	12	70
Nigeria	60	40	20	220
Norwegen	**64**	**43**	**22**	**182**
Österreich	**29**	**20**	**10**	**92**
Oman	48	32	16	120
Pakistan – Islamabad – im Übrigen	 24 24	 16 16	 8 8	 150 70
Panama	45	30	15	110
Papua-Neuguinea	36	24	12	90
Paraguay	**36**	**24**	**12**	**61**
Peru	38	25	13	140
Philippinen	30	20	10	90

Land	Pauschbeträge für Verpflegungsmehr-aufwendungen bei einer Abwesenheitsdauer je Kalendertag von			Pausch-betrag für Über-nach-tungskosten
	mindestens 24 Stunden €	weniger als 24, aber mindestens 14 Stunden €	weniger als 14, aber mindestens 8 Stunden €	€
Polen				
– Warschau, Krakau	30	20	10	90
– im Übrigen	24	16	8	70
Portugal				
– Lissabon	36	24	12	95
– im Übrigen	33	22	11	95
Ruanda	36	24	12	135
Rumänien				
– Bukarest	26	17	9	100
– im Übrigen	27	18	9	80
Russische Föderation				
– Moskau (außer Gästewohnungen der Deutschen Botschaft)	48	32	16	135
– Moskau (Gästewohnungen der Deutschen Botschaft)	33	22	11	0[1])
– St. Petersburg	36	24	12	110
– im Übrigen	36	24	12	80
Sambia	36	24	12	95
Samoa	29	20	10	57
São Tomé – Príncipe	42	28	14	75
San Marino	41	28	14	77
Saudi-Arabien				
– Djidda	48	32	16	80
– Riad	48	32	16	95
– im Übrigen	47	32	16	80
Schweden	72	48	24	165
Schweiz				
– Genf	**62**	**41**	**21**	**174**
– im Übrigen	**48**	**32**	**16**	**139**
Senegal	42	28	14	130
Serbien	30	20	10	90
Sierra Leone	**39**	**26**	**13**	**82**
Simbabwe	47	32	16	135
Singapur	**53**	**36**	**18**	**188**
Slowakische Republik	24	16	8	130
Slowenien	30	20	10	95
Spanien				
– Barcelona, Madrid	36	24	12	150
– Kanarische Inseln	36	24	12	90
– Palma de Mallorca	36	24	12	125
– im Übrigen	36	24	12	105
Sri Lanka	**40**	**27**	**14**	**118**
St. Kitts und Nevis	36	24	12	100
St. Lucia	45	30	15	105
St. Vincent und die Grenadinen	36	24	12	110
Sudan	32	21	11	120
Südafrika				
– Kapstadt	30	20	10	90
– im Übrigen	30	20	10	80

[1]) Soweit diese Wohnungen gegen Entgelt angemietet werden, können 135 EUR angesetzt werden.

Land	Pauschbeträge für Verpflegungsmehr- aufwendungen bei einer Abwesenheitsdauer je Kalendertag von			Pausch- betrag für Über- nach- tungskosten
	mindestens 24 Stunden €	weniger als 24, aber mindestens 14 Stunden €	weniger als 14, aber mindestens 8 Stunden €	€
Südsudan	**46**	**31**	**16**	**134**
Suriname	30	20	10	75
Syrien	38	25	13	140
Tadschikistan	24	16	8	50
Taiwan	39	26	13	110
Tansania	39	26	13	165
Thailand	32	21	11	120
Togo	33	22	11	80
Tonga	32	21	11	36
Trinidad und Tobago	59	40	20	145
Tschad	**47**	32	16	**151**
Tschechische Republik	24	16	8	97
Türkei – Izmir, Istanbul – im Übrigen	41 42	28 28	14 14	100 70
Tunesien	33	22	11	80
Turkmenistan	28	19	10	**87**
Uganda	33	22	11	130
Ukraine	36	24	12	85
Ungarn	30	20	10	75
Uruguay	36	24	12	70
Usbekistan	30	20	10	60
Vatikanstaat	**52**	**35**	**18**	**160**
Venezuela	48	32	16	**207**
Vereinigte Arabische Emirate	42	28	14	145
Vereinigte Staaten von Amerika – Atlanta – Boston – Chicago – Houston – Los Angeles – Miami – New York City – San Francisco – Washington, D C. – im Übrigen	40 42 44 38 50 48 48 41 40 36	27 28 29 25 33 32 32 28 27 24	14 14 15 13 17 16 16 14 14 12	115 190 95 110 135 120 215 110 205 110
Vereinigtes Königreich von Großbri- tannien und Nordirland – **London** – **im Übrigen**	**57** 42	**38** 28	**19** 14	**160** **119**
Vietnam	36	24	12	**97**
Weißrussland	**27**	**18**	**9**	**109**
Zentralafrikanische Republik	29	20	10	52
Zypern	39	26	13	90

Übersicht

I. Zweifelsfragen zu § 15a EStG;
hier: Saldierung von Gewinnen und Verlusten aus dem Gesellschaftsvermögen mit Gewinnen und Verlusten aus dem Sonderbetriebsvermögen
BMF vom 15. 12. 1993 (BStBl I S. 976)

II. § 15a EStG;
hier: Umfang des Kapitalkontos i. S. des § 15a Abs. 1 Satz 1 EStG
BMF vom 30. 5. 1997 (BStBl I S. 627)

III. Anwendungsschreiben § 15b EStG;
BMF vom 17. 7. 2007 (BStBl I S. 542)

IV. Anwendungsschreiben zur Verlustabzugsbeschränkung nach § 15 Abs. 4 Satz 6 bis 8 EStG
BMF vom 19. 11. 2008 (BStBl I S. 970)

V. Mindestgewinnbesteuerung nach § 10d Absatz 2 Satz 1 und 2 EStG;
Beschluss des Bundesfinanzhofs vom 26. August 2010 – I B 49/10 –
BMF vom 19. 10. 2011 (BStBl I S. 974)

I.
Zweifelsfragen zu § 15a EStG;
hier: Saldierung von Gewinnen und Verlusten aus dem Gesellschaftsvermögen mit Gewinnen und Verlusten aus dem Sonderbetriebsvermögen

BMF vom 15. 12. 1993 (BStBl I S. 976)
IV B 2 – S 2241a – 57/93

Zur Frage der Saldierung von Gewinnen und Verlusten aus dem Gesellschaftsvermögen mit Gewinnen und Verlusten aus dem Sonderbetriebsvermögen wird unter Bezugnahme auf das Ergebnis der Erörterungen mit den obersten Finanzbehörden der Länder wie folgt Stellung genommen:

Nach dem Urteil des Bundesfinanzhofs vom 14. Mai 1991 (BStBl 1992 II S. 167) sind das Gesellschaftsvermögen laut Gesellschaftsbilanz einschließlich einer etwaigen Ergänzungsbilanz und das Sonderbetriebsvermögen für die Anwendung des § 15a EStG zu trennen. Deshalb ist das Sonderbetriebsvermögen eines Kommanditisten nicht in die Ermittlung seines Kapitalkontos im Sinne des § 15a EStG einzubeziehen (vgl. BMF-Schreiben vom 20. Februar 1992 – BStBl I S. 123).

Aus der Trennung der beiden Vermögensbereiche folgt, dass

– in die Ermittlung der ausgleichs- und abzugsfähigen Verluste nach § 15a Abs. 1 EStG nur die Verluste aus dem Gesellschaftsvermögen einschließlich einer etwaigen Ergänzungsbilanz ohne vorherige Saldierung mit Gewinnen aus dem Sonderbetriebsvermögen einbezogen werden können; nur ein nach Anwendung des § 15a Abs. 1 EStG verbleibender ausgleichs- und abzugsfähiger Verlust ist mit Gewinnen aus dem Sonderbetriebsvermögen zu saldieren,

– Gewinne späterer Jahre aus dem Gesellschaftsvermögen einschließlich einer etwaigen Ergänzungsbilanz mit verrechenbaren Verlusten der Vorjahre verrechnet werden müssen (§ 15a Abs. 2 EStG) und Verluste aus dem Sonderbetriebsvermögen nur mit einem danach verbleibenden Gewinn aus dem Gesellschaftsvermögen einschließlich einer etwaigen Ergänzungsbilanz ausgeglichen werden können.

Die Abgrenzung zwischen dem Anteil am Gewinn oder Verlust der KG und dem Sonderbilanzgewinn bzw. -verlust richtet sich nach der Abgrenzung zwischen Gesellschafts- und Sonderbetriebsvermögen. Dem Kommanditisten gutgeschriebene Tätigkeitsvergütungen beruhen im Hinblick auf § 164 HGB mangels anderweitiger Vereinbarungen im Zweifel auf schuldrechtlicher Basis und sind damit als Sondervergütungen zu behandeln. Sie zählen hingegen zum Gewinnanteil aus der Personengesellschaft, wenn die Tätigkeit auf gesellschaftsrechtlicher Basis geleistet wird (vgl. BFH-Urteile vom 14. November 1985 – BStBl 1986 II S. 58, vom 7. April 1987 – BStBl II S. 707 und vom 10. Juni 1987 – BStBl II S. 816).

Solange für einen Kommanditisten aufgrund der Übergangsregelung in dem BMF-Schreiben vom 20. Februar 1992 (BStBl I S. 123) das positive Sonderbetriebsvermögen in die Ermittlung des Kapitalkontos i. S. des § 15a EStG einbezogen wird, können weiterhin Verluste aus dem Gesellschaftsvermögen unter Einbeziehung einer etwaigen Ergänzungsbilanz mit Gewinnen des Kommanditisten aus dem Sonderbetriebsvermögen verrechnet werden, so dass nur der verbleibende Verlust der Beschränkung des § 15a Abs. 1 EStG unterliegt. In diesen Fällen können Gewinne aus dem Sonderbetriebsvermögen auch mit verrechenbaren Verlusten der Vorjahre verrechnet werden (§ 15a Abs. 2 EStG).

Für Entnahmen aus dem Sonderbetriebsvermögen während der Anwendung der Übergangsregelung in dem BMF-Schreiben vom 20. Februar 1992 (BStBl I S. 123) kommt auch eine Gewinnzurechnung aufgrund von Einlageminderungen unter den Voraussetzungen des § 15a Abs. 3 EStG in Betracht.

II.
§ 15a EStG;
hier: Umfang des Kapitalkontos i. S. des § 15a Abs. 1 Satz 1 EStG

BMF vom 30. 5. 1997 (BStBl I S. 627)

IV B 2 – S 2241a – 51/93 II

Mit Urteil vom 14. Mai 1991 (BStBl 1992 II S. 167) hat der BFH entschieden, dass bei der Ermittlung des Kapitalkontos i. S. des § 15a EStG das – positive und negative – Sonderbetriebsvermögen des Kommanditisten außer Betracht zu lassen ist. Nach dem Urteil ist für die Anwendung des § 15a EStG das Kapitalkonto nach der Steuerbilanz der KG unter Berücksichtigung etwaiger Ergänzungsbilanzen maßgeblich. Die bisherige Verwaltungsauffassung, wonach auch das Sonderbetriebsvermögen des Kommanditisten in die Ermittlung des Kapitalkontos i. S. des § 15a EStG einzubeziehen war (vgl. Abschnitt 138d Abs. 2 EStR 1990), ist überholt (vgl. BMF-Schreiben vom 20. Februar 1992, BStBl I S. 123 – nebst der darin getroffenen Übergangsregelung).

Zu der Frage, wie der Umfang des Kapitalkontos i. S. des § 15a Abs. 1 Satz 1 EStG unter Zugrundelegung dieser Rechtsprechung zu bestimmen ist, nehme ich unter Bezugnahme auf das Ergebnis der Erörterungen mit den obersten Finanzbehörden der Länder wie folgt Stellung:

Das Kapitalkonto i. S. des § 15a Abs. 1 Satz 1 EStG setzt sich aus dem Kapitalkonto des Gesellschafters in der Steuerbilanz der Gesellschaft und dem Mehr- oder Minderkapital aus einer etwaigen positiven oder negativen Ergänzungsbilanz des Gesellschafters (BFH-Urteil vom 30. März 1993, BStBl II S. 706) zusammen. Bei der Ermittlung des Kapitalkontos sind im Einzelnen folgende Positionen zu berücksichtigen:

1. Geleistete Einlagen; hierzu rechnen insbesondere erbrachte Haft- und Pflichteinlagen, aber auch z. B. verlorene Zuschüsse zum Ausgleich von Verlusten. Pflichteinlagen gehören auch dann zum Kapitalkonto i. S. des § 15a Abs. 1 Satz 1 EStG, wenn sie unabhängig von der Gewinn- oder Verlustsituation verzinst werden.

2. In der Bilanz ausgewiesene Kapitalrücklagen. Wenn eine KG zur Abdeckung etwaiger Bilanzverluste ihr Eigenkapital vorübergehend durch Kapitalzuführung von außen im Wege der Bildung einer Kapitalrücklage erhöht, so verstärkt sich das steuerliche Eigenkapital eines jeden Kommanditisten nach Maßgabe seiner Beteiligung an der Kapitalrücklage.

3. In der Bilanz ausgewiesene Gewinnrücklagen. Haben die Gesellschafter einer KG durch Einbehaltung von Gewinnen Gewinnrücklagen in der vom Gesellschaftsvertrag hierfür vorgesehenen Weise gebildet, so verstärkt sich das steuerliche Eigenkapital eines jeden Kommanditisten nach Maßgabe seiner Beteiligung an der Gewinnrücklage.

   Der Umstand, dass durch die Bildung von Kapital- (siehe Nr. 2) und Gewinnrücklagen das steuerliche Eigenkapital der KG nur vorübergehend verstärkt und die Haftung im Außenverhältnis nicht nachhaltig verbessert wird, ist für die Zugehörigkeit ausgewiesener Kapital- und Gewinnrücklagen zum Kapitalkonto i. S. d. § 15a Abs. 1 Satz 1 EStG ohne Bedeutung.

4. **Beteiligungskonto in Abgrenzung zu einem Forderungskonto (Darlehenskonto)**

   Nach § 167 Abs. 2 HGB wird der Gewinnanteil des Kommanditisten seinem Kapitalanteil nur so lange gutgeschrieben, wie dieser die Höhe der vereinbarten Pflichteinlage nicht erreicht. Nach § 169 HGB sind nicht abgerufene Gewinnanteile des Kommanditisten, soweit sie seine Einlage übersteigen, außerhalb seines Kapitalanteils gutzuschreiben. In diesem Fall sind die auf einem weiteren Konto (Forderungskonto oder Darlehenskonto) ausgewiesenen Gewinnanteile dem Sonderbetriebsvermögen des Kommanditisten zuzuordnen, weil sie ein selbständiges Forderungsrecht des Kommanditisten gegenüber der Gesellschaft begründen.

   § 169 HGB kann jedoch durch Gesellschaftsvertrag abbedungen werden. Die Vertragspraxis hat daher ein System kombinierter Kapitalanteile mit geteilten Kapitalkonten entwickelt. Die Kapitalbeteiligung, das Stimmrecht und die Gewinn- bzw. Verlustbeteiligung richten sich regelmäßig nach dem Verhältnis der festen Kapitalanteile, wie sie auf dem sog. Kapitalkonto I ausgewiesen werden. Auf diesem Konto wird in der Regel die ursprünglich vereinbarte Pflichteinlage gebucht. Daneben wird ein zweites variables Gesellschafterkonto geführt, das eine Bezeichnung wie Kapitalkonto II, Darlehenskonto, Kontokorrentkonto o. a. zu tragen pflegt. Dieses Konto dient dazu, über das Kapitalkonto I hinausgehende Einlagen, Entnahmen oder Gewinn- und Verlustanteile auszuweisen. Es kann aber auch Gesellschafterdarlehen aufnehmen (BFH-Urteil vom 3. Februar 1988 – BStBl II S. 551). Soweit deshalb ein Gesellschaftsvertrag die Führung mehrerer Gesellschafterkonten vorschreibt, kann nicht mehr die Rechtslage nach dem HGB zugrunde gelegt werden. Vielmehr ist entscheidend darauf abzustellen, welche Rechtsnatur das Guthaben auf dem gesellschaftsvertraglich vereinbarten zweiten Gesellschafterkonto hat (BFH-Urteil vom 3. Februar 1988, a. a. O.).

Werden auch Verluste auf dem separat geführten Gesellschafterkonto verrechnet, so spricht dies grundsätzlich für die Annahme eines im Gesellschaftsvermögen gesamthänderisch gebundenen Guthabens. Denn nach § 120 Abs. 2 HGB besteht der Kapitalanteil begrifflich aus der ursprünglichen Einlage und den späteren Gewinnen, vermindert um Verluste sowie Entnahmen. Damit werden stehengelassene Gewinne wie eine Einlage behandelt, soweit vertraglich nicht etwas anderes vereinbart ist; sie begründen keine Forderung des Gesellschafters gegen die Gesellschaft. Verluste mindern die Einlage und mindern nicht eine Forderung des Gesellschafters gegen die Gesellschaft. Insoweit fehlt es an den Voraussetzungen der §§ 362 bis 397 BGB. Die Einlage einschließlich der stehengelassenen Gewinne und abzüglich der Verluste und der Entnahmen stellt damit für die Gesellschaft Eigen- und nicht Fremdkapital dar. Deshalb lässt sich die Verrechnung von Verlusten auf dem separat geführten Gesellschafterkonto mit der Annahme einer individualisierten Gesellschafterforderung nur vereinbaren, wenn der Gesellschaftsvertrag dahin verstanden werden kann, dass die Gesellschafter im Verlustfall eine Nachschusspflicht trifft und die nachzuschießenden Beträge durch Aufrechnung mit Gesellschafterforderungen zu erbringen sind (BFH-Urteil vom 3. Februar 1988, a. a. O.).

Sieht der Gesellschaftsvertrag eine Verzinsung der separat geführten Gesellschafterkonten im Rahmen der Gewinnverteilung vor, so spricht dies weder für noch gegen die Annahme individualisierter Gesellschafterforderungen, weil eine Verzinsung von Fremdkapital (§ 110, § 111 HGB) und eine Verzinsung der Kapitalanteile im Rahmen der Gewinnverteilung (§ 121 Abs. 1 und 2, § 168 Abs. 1 HGB) gleichermaßen üblich und typisch sind. Sieht der Gesellschaftsvertrag eine Ermäßigung der Verzinsung entsprechend der Regelung in § 121 Abs. 1 Satz 2 HGB vor, so spricht dies allerdings für die Annahme eines noch zum Gesellschaftsvermögen gehörenden Guthabens (BFH-Urteil vom 3. Februar 1988, a. a. O.)[1].

Ob ein Gesellschafterdarlehen zum steuerlichen Eigenkapital der Gesellschaft oder zum steuerlichen Sonderbetriebsvermögen des Gesellschafters gehört, lässt sich danach nur anhand der Prüfung der Gesamtumstände des Einzelfalls anhand der vom BFH aufgezeigten Kriterien entscheiden. Ein wesentliches Indiz für die Abgrenzung eines Beteiligungskontos von einem Forderungskonto ist, ob – nach der gesellschaftsvertraglichen Vereinbarung – auf dem jeweiligen Kapitalkonto auch Verluste verbucht werden.[2]

5. **Verlustvortrag in Abgrenzung zu Darlehen der Gesellschaft an den Gesellschafter**

Nach § 167 Abs. 3 HGB nimmt der Kommanditist an dem Verlust nur bis zum Betrag seines Kapitalanteils und seiner noch rückständigen Einlage teil. Getrennt geführte Verlustvortragskonten mindern regelmäßig das Kapitalkonto des Kommanditisten i. S. des § 15a Abs. 1 Satz 1 EStG. Dies gilt **auch**, wenn die Regelung des § 167 Abs. 3 HGB von den Gesellschaftern abbedungen wird, so dass den Gesellschafter **im Verlustfall** eine Nachschusspflicht trifft. Derartige Verpflichtungen berühren die Beschränkung des Verlustausgleichs nach § 15a EStG nicht. Die Forderung der Gesellschaft gegen den Gesellschafter auf Übernahme bzw. Ausgleich des Verlustes entspricht steuerlich einer Einlageverpflichtung des Kommanditisten (BFH-Urteil vom 14. Dezember 1995, BStBl 1996 II S. 226) und ist damit erst bei tatsächlicher Erbringung in das Gesamthandsvermögen zu berücksichtigen (BFH-Urteil vom 11. Dezember 1990, BStBl 1992 II S. 232). Dem zur Verlustübernahme verpflichteten Gesellschafter ist steuerlich zum Bilanzstichtag im Verlustentstehungsjahr ein Verlustanteil zuzurechnen, der zu diesem Stichtag auch sein Kapitalkonto i. S. des § 15a Abs. 1 Satz 1 EStG vermindert. Eine Berücksichtigung der Verpflichtung im Sonderbetriebsvermögen ist nicht möglich (BFH-Urteil vom 14. Dezember 1995, a. a. O.).

6. Außer Betracht zu lassen sind kapitalersetzende Darlehen. Handels- und steuerrechtlich sind eigenkapitalersetzende Darlehen als Fremdkapital zu behandeln; eine Gleichbehandlung mit Eigenkapital ist nicht möglich (BFH-Urteil vom 5. Februar 1992 – BStBl II S. 532)[3][4].

Dieses Schreiben ersetzt mein Schreiben vom 24. November 1993 – IV B 2 – S 2241a – 51/93 – (BStBl I S. 934).

---

1) → BMF vom 26. 6. 2007 (BStBl 2008 II S. 103).
2) Bestätigt durch BFH vom 15. 5. 2008 (BStBl II S. 812).
3) Bestätigt durch BFH vom 28. 3. 2000 – (BStBl II S. 347).
4) Finanzplandarlehen erhöhen das Kapitalkonto i. S. d. § 15a EStG → H 15a (Kapitalkonto).

III.
Anwendungsschreiben § 15b EStG

BMF-Schreiben vom 17. 7. 2007 (BStBl I S. 542)

IV B 2 – S 2241-b/07/0001

Durch das Gesetz zur Beschränkung der Verlustverrechnung im Zusammenhang mit Steuerstundungsmodellen vom 22. Dezember 2005 (BGBl. I S. 3683, BStBl 2006 I S. 80) wurde § 15b EStG eingeführt. Danach sind Verluste im Zusammenhang mit Steuerstundungsmodellen nicht mehr mit den übrigen Einkünften des Steuerpflichtigen im Jahr der Verlustentstehung, sondern lediglich mit Gewinnen aus späteren Veranlagungszeiträumen aus dem nämlichen Steuerstundungsmodell verrechenbar, wenn die prognostizierten Verluste mehr als 10 % des gezeichneten und aufzubringenden oder eingesetzten Kapitals betragen. § 15b EStG ist auch bei den Einkünften aus Land- und Forstwirtschaft (§ 13 EStG), selbständiger Arbeit (§ 18 EStG), Kapitalvermögen (§ 20 EStG, vgl. hierzu auch Ausführungen unter Tz. 28), Vermietung und Verpachtung (§ 21 EStG) und sonstigen Einkünften i. S. v. § 22 Nr. 1 Satz 1 EStG anzuwenden.

Im Einvernehmen mit den obersten Finanzbehörden der Länder gilt für die Anwendung der Verlustverrechnungsbeschränkung im Zusammenhang mit Steuerstundungsmodellen (§ 15b EStG) Folgendes:

I. Sachlicher Anwendungsbereich

1 § 15b EStG gilt für negative Einkünfte aus Steuerstundungsmodellen. § 15b EStG findet auf Anlaufverluste von Existenz- und Firmengründern hingegen grundsätzlich keine Anwendung.

2 Die Anwendung des § 15b EStG setzt eine einkommensteuerrechtlich relevante Tätigkeit voraus. Daher ist vorrangig das Vorliegen einer Gewinn- oder Überschusserzielungsabsicht zu prüfen (BFH vom 12. Dezember 1995, BStBl 1996 II S. 219; BMF-Schreiben vom 8. Oktober 2004, BStBl I S. 933[1]) (zu Einkünften aus Vermietung und Verpachtung)); denn nur dann entsteht überhaupt ein Steuerstundungseffekt. Liegt bereits keine Gewinn- oder Überschusserzielungsabsicht vor, handelt es sich um eine einkommensteuerrechtlich nicht relevante Tätigkeit.

3 Für die Anwendung des § 15b EStG ist es ohne Belang, auf welchen Ursachen die negativen Einkünfte aus dem Steuerstundungsmodell beruhen (§ 15b Abs. 2 Satz 3 EStG).

4 Die Einkünfte sind nach den allgemeinen Regelungen zu ermitteln. Für geschlossene Fonds und Anleger im Rahmen von Gesamtobjekten (§ 1 Abs. 1 Satz 1 Nr. 2 der Verordnung zu § 180 Abs. 2 AO) gelten die BMF-Schreiben vom 20. Oktober 2003 (BStBl I S. 546[2]) (sog. Fondserlass) und vom 23. Februar 2001 (BStBl I S. 175), geändert durch BMF-Schreiben vom 5. August 2003 (BStBl I S. 406) (sog. Medienerlass) unverändert fort.

5 Das BMF-Schreiben vom 13. Juli 1992 (BStBl I S. 404) unter Berücksichtigung der Änderungen durch das BMF-Schreiben vom 28. Juni 1994 (BStBl I S. 420) – sog. Verfahrenserlass – ist auch in den Fällen des § 15b EStG anzuwenden.

6 Die Prüfung, ob § 15b EStG Anwendung findet, ist bei Gesellschaften und Gemeinschaften auch anlegerbezogen vorzunehmen (vgl. Tz. 8).

II. Tatbestandsmerkmale der Verlustverrechnungsbeschränkung im Einzelnen

1. Definition des Steuerstundungsmodells

7 Ein Steuerstundungsmodell i. S. v. § 15b EStG liegt vor, wenn aufgrund einer modellhaften Gestaltung (vgl. Tz. 8 ff.) steuerliche Vorteile in Form negativer Einkünfte erzielt werden sollen (§ 15b Abs. 2 Satz 1 EStG).

Bei Beteiligung an einer Gesellschaft oder Gemeinschaft kann als Indiz für die Annahme eines Steuerstundungsmodells auch gesehen werden, dass der Anleger vorrangig eine kapitalmäßige Beteiligung ohne Interesse an einem Einfluss auf die Geschäftsführung anstrebt. Geschlossene Fonds in der Rechtsform einer Personengesellschaft, die ihren Anlegern in der Anfangsphase steuerliche Verluste zuweisen, sind regelmäßig als Steuerstundungsmodell zu klassifizieren, auch wenn die Gesellschafter in ihrer gesellschaftsrechtlichen Verbundenheit die Möglichkeit haben, auf die Vertragsgestaltung Einfluss zu nehmen (vgl. RdNr. 33 bis 37 des BMF-Schreibens vom 20. Oktober 2003, BStBl I S. 546[3]). Hierzu gehören insbesondere Medienfonds, Gamefonds, New Energy Fonds, Lebensversicherungszweitmarktfonds und geschlossene Immobilienfonds. Entspre-

---

[1] → Anhang 19 II.
[2] → Anhang 19 I.
[3] → Anhang 19 I.

chendes gilt für Gesamtobjekte i. S. d. RdNr. 1.3. des BMF-Schreibens vom 13. Juli 1992 (BStBl I S. 404), sofern in der Anfangsphase einkommensteuerrechtlich relevante Verluste erzielt werden.

§ 15b EStG erfasst aber auch modellhafte Anlage- und Investitionstätigkeiten einzelner Steuerpflichtiger außerhalb einer Gesellschaft oder Gemeinschaft. Es ist nicht erforderlich, dass mehrere Steuerpflichtige im Hinblick auf die Einkünfteerzielung gemeinsam tätig werden. Es sind demnach auch Investitionen mit modellhaftem Charakter von Einzelpersonen betroffen. Ein Steuerstundungsmodell im Rahmen von Einzelinvestitionen ist z. B. die mit Darlehen gekoppelte Lebens- und Rentenversicherung gegen Einmalbetrag.

2. Modellhafte Gestaltung

a) Grundsatz

Für die Frage der Modellhaftigkeit sind vor allem folgende Kriterien maßgeblich:　8

– vorgefertigtes Konzept (vgl. Tz. 10),

– gleichgerichtete Leistungsbeziehungen, die im Wesentlichen identisch sind (vgl. Tz. 11).

Für die Modellhaftigkeit typisch ist die Bereitstellung eines Bündels an Haupt-, Zusatz- und Nebenleistungen. Zusatz- oder Nebenleistungen führen dann zur Modellhaftigkeit eines Vertragswerkes, wenn sie es nach dem zugrunde liegenden Konzept ermöglichen, den sofort abziehbaren Aufwand zu erhöhen. In Betracht kommen hierfür grundsätzlich alle nach dem BMF-Schreiben vom 20. Oktober 2003 (sog. Fondserlass, BStBl I S. 546) sofort abziehbaren Aufwendungen.

Wird den Anlegern neben der Hauptleistung ein Bündel von Neben- oder Zusatzleistungen gegen besonderes Entgelt angeboten, verzichtet ein Teil der Anleger jedoch darauf, liegen unterschiedliche Vertragskonstruktionen vor, die jeweils für sich auf ihre Modellhaftigkeit geprüft werden müssen (anlegerbezogene Betrachtungsweise).

Beispiel:

Ein Bauträger verkauft Wohnungen in einem Sanierungsgebiet, die von ihm auch saniert werden. Der Bauträger bietet daneben jeweils gegen ein gesondertes Entgelt eine Mietgarantie sowie die Übernahme einer Bürgschaft für die Endfinanzierung – entsprechend RdNr. 18 des BMF-Schreibens vom 20. Oktober 2003 (BStBl I S. 546) – an.

Anleger A kauft lediglich eine Wohnung, nimmt aber weder die Mietgarantie noch die Bürgschaft in Anspruch.

Anleger B kauft eine Wohnung und nimmt sowohl die Mietgarantie als auch die Bürgschaft in Anspruch.

Anleger C kauft eine Wohnung und nimmt lediglich die Mietgarantie in Anspruch.

Bei Anleger A liegt keine modellhafte Gestaltung vor.

Bei Anleger B ist aufgrund der Inanspruchnahme aller Nebenleistungen eine modellhafte Gestaltung gegeben.

Bei Anleger C liegt wegen der Annahme einer der angebotenen Nebenleistungen eine modellhafte Gestaltung vor (vgl. Tz. 9).

b) Erwerb von Wohnungen von einem Bauträger

Der Erwerb einer Eigentumswohnung vom Bauträger zum Zwecke der Vermietung stellt grund-　9 sätzlich keine modellhafte Gestaltung dar, es sei denn, der Anleger nimmt modellhafte Zusatz- oder Nebenleistungen (z. B. Vermietungsgarantien)

– vom Bauträger selbst,

– von dem Bauträger nahe stehenden Personen sowie von Gesellschaften, an denen der Bauträger selbst oder diesem nahe stehende Personen beteiligt sind, oder

– auf Vermittlung des Bauträgers von Dritten

in Anspruch, die den Steuerstundungseffekt ermöglichen sollen. Zur Annahme einer Modellhaftigkeit ist es nicht erforderlich, dass der Anleger mehrere Nebenleistungen in Anspruch nimmt. Bereits die Inanspruchnahme einer einzigen Nebenleistung (wie z. B. Mietgarantie oder Bürgschaft für die Endfinanzierung) führt daher zur Modellhaftigkeit der Anlage. Unschädlich sind jedoch die Vereinbarungen über Gegenleistungen, welche die Bewirtschaftung und Verwaltung des Objekts betreffen (z. B. Aufwendungen für die Hausverwaltung, Vereinbarung über den Abschluss eines Mietpools, Tätigkeit als WEG-Verwalter), soweit es sich nicht um Vorauszahlungen für mehr als 12 Monate handelt.

Keine modellhafte Gestaltung liegt vor, wenn der Bauträger mit dem Erwerber zugleich die Modernisierung des Objekts ohne weitere modellhafte Zusatz- oder Nebenleistungen vereinbart. Dies gilt insbesondere für Objekte in Sanierungsgebieten und Baudenkmale, für die erhöhte Absetzungen nach §§ 7h, 7i EStG geltend gemacht werden können, und bei denen die Objekte vor Beginn der Sanierung an Erwerber außerhalb einer Fondskonstruktion veräußert werden.

c) Vorgefertigtes Konzept

10 Für die Modellhaftigkeit spricht das Vorhandensein eines vorgefertigten Konzepts, das die Erzielung steuerlicher Vorteile aufgrund negativer Einkünfte ermöglichen soll. Typischerweise, wenn auch nicht zwingend, wird das Konzept mittels eines Anlegerprospekts oder in vergleichbarer Form (z. B. Katalog, Verkaufsunterlagen, Beratungsbögen usw.) vermarktet. Auch Blindpools haben typischerweise ein vorgefertigtes Konzept i. S. d. § 15b EStG. Blindpools sind Gesellschaften oder Gemeinschaften, bei denen zum Zeitpunkt des Beitritts der Anleger das konkrete Investitionsobjekt noch nicht bestimmt ist. Nur wenn der Anleger die einzelnen Leistungen und Zusatzleistungen sowie deren Ausgestaltung vorgibt, handelt es sich nicht um ein vorgefertigtes Konzept.

d) Gleichgerichtete Leistungsbeziehungen

11 Gleichgerichtete Leistungsbeziehungen liegen vor, wenn gleichartige Verträge mit mehreren identischen Vertragsparteien abgeschlossen werden, z. B. mit demselben Treuhänder, demselben Vermittler, derselben Finanzierungsbank. Werden Zusatz- und Nebenleistungen, die den Steuerstundungseffekt ermöglichen sollen, unmittelbar vom Modellinitiator angeboten, kann dies ebenfalls zur Anwendung des § 15b EStG führen.

e) Steuerliche Vorteile

12 § 15b EStG ist nur anzuwenden, wenn steuerliche Vorteile in Form von negativen Einkünften erzielt werden sollen.

Bei vermögensverwaltenden Venture Capital und Private Equity Fonds steht die Erzielung nicht steuerbarer Veräußerungsgewinne im Vordergrund, so dass § 15b EStG auf diese Fonds regelmäßig keine Anwendung findet, weil die Erzielung negativer Einkünfte grundsätzlich nicht Gegenstand des Fondskonzepts ist.

Bleiben Einkünfte im Inland aufgrund von Doppelbesteuerungsabkommen außer Ansatz, ist dies für sich gesehen kein Steuervorteil i. S. d. § 15b EStG. Zur Berücksichtigung eines negativen Progressionsvorbehalts vgl. Tz. 24.

f) Einkunftsquelle

13 Einkunftsquelle ist die Beteiligung am jeweiligen Steuerstundungsmodell. Soweit es sich bei dem Steuerstundungsmodell um eine Gesellschaft oder Gemeinschaft in der Rechtsform einer gewerblichen oder gewerblich geprägten Personengesellschaft handelt, bildet der Mitunternehmeranteil (Gesamthands- und Sonderbetriebsvermögen) die Einkunftsquelle. Bei vermögensverwaltenden Personengesellschaften sind neben der Beteiligung an der Personengesellschaft für die Einkunftsquelle die Sondereinnahmen und Sonderwerbungskosten der einzelnen Gesellschafter einzubeziehen (vgl. Tzn. 18 und 19).

Erzielt der Anleger aus einer vermögensverwaltenden Gesellschaft oder Gemeinschaft nebeneinander Einkünfte aus verschiedenen Einkunftsarten (z. B. § 20 und § 21 EStG), handelt es sich für Zwecke des § 15b EStG dennoch nur um eine Einkunftsquelle. Eine Aufteilung in mehrere Einkunftsquellen ist nicht vorzunehmen.

Maßgeblich ist bei Beteiligungen an Gesellschaften oder Gemeinschaften nicht das einzelne Investitionsobjekt. Soweit also in einer Gesellschaft oder Gemeinschaft Überschüsse erzielende und verlustbringende Investitionen kombiniert werden oder die Gesellschaft oder Gemeinschaft in mehrere Projekte investiert, sind diese für die Ermittlung der 10 %-Verlustgrenze (vgl. Tz. 16) zu saldieren.

Beispiel

Anleger X hat in einen Windkraftfonds investiert, der zwei Windkraftparks mit jeweils 100 Windrädern betreibt. Für den Windkraftpark A werden aufgrund der dort herrschenden guten Windverhältnisse Überschüsse erwartet. Für den Windkraftpark B werden hingegen hohe Verluste prognostiziert.

Die Beteiligung an dem Windkraftfonds stellt eine einzige Einkunftsquelle dar.

Handelt es sich bei dem Steuerstundungsmodell nicht um eine Beteiligung an einer Gesellschaft oder Gemeinschaft, sondern um eine modellhafte Einzelinvestition, stellt die Einzelinvestition die Einkunftsquelle dar. Tätigt der Steuerpflichtige mehrere gleichartige Einzelinvestitionen, stellt jede für sich betrachtet eine Einkunftsquelle dar. Dies gilt grundsätzlich auch für stille Beteiligungen.

Auch eventuelles Sonderbetriebsvermögen oder Sondervermögen ist – unabhängig davon, ob dieses modellhaft ist oder nicht – Bestandteil der Einkunftsquelle (vgl. Tzn. 18 und 19).

g) Prognostizierte Verluste/10 %-Grenze

Die Verlustverrechnung ist nur zu beschränken, wenn bei Gesellschaften oder Gemeinschaften innerhalb der Anfangsphase die prognostizierten Verluste 10 % des gezeichneten und nach dem Konzept auch aufzubringenden Kapitals übersteigen. Bei Einzelinvestoren führt ein konzeptbedingter Verlust von mehr als 10 % des eingesetzten Eigenkapitals zur Anwendung des § 15b EStG.   14

aa) Anfangsphase

Die Anfangsphase i. S. d. § 15b EStG ist der Zeitraum, in dem nach dem zugrunde liegenden Konzept nicht nachhaltig positive Einkünfte erzielt werden, und ist damit im Regelfall identisch mit der Verlustphase. Der Abschluss der Investitionsphase ist zur Bestimmung der Anfangsphase ohne Bedeutung.   15

Die Anfangsphase endet, wenn nach der Prognoserechnung des Konzepts ab einem bestimmten Veranlagungszeitraum dauerhaft und nachhaltig positive Einkünfte erzielt werden.

bb) Summe der prognostizierten Verluste

Maßgeblich für die Berechnung der 10 %-Grenze des § 15b EStG sind die prognostizierten Verluste, nicht jedoch die letztlich tatsächlich erzielten Verluste. Dies bedeutet, dass Aufwendungen (z. B. für die Erhaltung des Gebäudes), die im Zeitpunkt der Prognose nicht vorhersehbar sind, nicht in die Berechnung einzubeziehen sind.   16

Enthält die Prognoserechnung Unrichtigkeiten, ist sie bei der Berechnung der 10 %-Grenze nicht zugrunde zu legen. Wird trotz Aufforderung eine berichtigte Prognoseberechnung nicht vorgelegt, können die fehlerhaften Angaben im Schätzungswege geändert werden. Eine Schätzung ist auch vorzunehmen, wenn keine Prognoserechnung vorgelegt wird.

cc) Maßgebendes Kapital bei Beteiligung an einer Gesellschaft

Für die Beteiligung an Gesellschaften ist auf das gezeichnete und nach dem Konzept auch aufzubringende Kapital abzustellen. Regelmäßig ist das sog. gezeichnete Eigenkapital, welches die Beteiligungssumme am Gesellschaftskapital darstellt, auch das aufzubringende Kapital.   17

Als Ausschüttungen gestaltete planmäßige Eigenkapitalrückzahlungen sind für Zwecke der Berechnung der 10 %-Grenze vom gezeichneten Eigenkapital abzuziehen, soweit sie die aus dem normalen Geschäftsbetrieb planmäßig erwirtschafteten Liquiditätsüberschüsse übersteigen.

Soweit das aufzubringende Kapital in Teilbeträgen zu leisten ist (z. B. bei Zahlungen nach dem Baufortschritt oder dem Fortschritt der Dreharbeiten), ist die Summe der geleisteten Teilbeträge zugrunde zu legen, soweit diese in der Anfangsphase zu leisten sind. Gleiches gilt für Nachschüsse, wenn diese bereits zur Begründung der Einkunftsquelle feststehen und in der Anfangsphase zu leisten sind.

Wird ein Teil des aufzubringenden Kapitals modellhaft fremdfinanziert, ist das maßgebende Kapital um die Fremdfinanzierung zu kürzen (vgl. Beispiel zu Tz. 18). Es ist unerheblich, ob die Fremdfinanzierung auf der Ebene der Gesellschaft vorgenommen wird oder der Gesellschafter seine Einlage modellhaft finanziert.

dd) Sonderbetriebsvermögen

Sind modellhaft Sonderbetriebsausgaben oder Sonderwerbungskosten (z. B. bei modellhafter Finanzierung der Einlage) vorgesehen, ist das Sonderbetriebsvermögen oder Sondervermögen Bestandteil des Steuerstundungsmodells. Die Verluste des Sonderbetriebsvermögens oder die Sonderwerbungskosten stehen somit im Zusammenhang mit dem Steuerstundungsmodell und sind demnach auch Bestandteil der prognostizierten Verluste (vgl. auch Umfang der Verlustverrechnungsbeschränkung, Tz. 19). Die modellhaften Sonderbetriebsausgaben oder Sonderwerbungskosten sind daher bei der Berechnung der Verlustgrenze einzubeziehen.   18

Beispiel

Anleger A beteiligt sich an einem Windkraftfonds mit 100 000 €. Das Konzept sieht eine 20 %ige Finanzierung der Einlage vor. Die restlichen 80 000 € erbringt A aus seinem Barvermögen. Die Verluste aus dem Gesamthandsvermögen betragen in der Anfangsphase 7 500 €, die modellhaften Zinsen für die Fremdfinanzierung (Sonderbetriebsausgaben) 1 500 €.

Der steuerliche Verlust des A beträgt insgesamt 9 000 € und liegt damit oberhalb von 10 % der aufzubringenden Einlage (80 000 €). Die Verlustverrechnungsbeschränkung des § 15b EStG ist anzuwenden.

3. Umfang der Verlustverrechnungsbeschränkung

19 Findet § 15b EStG dem Grunde nach Anwendung, erstreckt sich die Verlustverrechnungsbeschränkung auf sämtliche Verluste aus diesem Steuerstundungsmodell (Gesamthands- und Sondervermögen). Auch nicht modellhafte Sonderbetriebsausgaben oder Sonderwerbungskosten (z. B. bei individueller Finanzierung der Anlage durch den Anleger) und nicht prognostizierte Aufwendungen (z. B. bei unerwartetem Erhaltungsaufwand) unterliegen demnach der Verlustverrechnungsbeschränkung.

Beispiel

Anleger A beteiligt sich modellhaft an einem Medienfonds mit einer Einlage von 100 000 €, die er zu 80 % bei seiner „Hausbank" fremdfinanziert (= nicht modellhafte Fremdfinanzierung). Die prognostizierten Verluste betragen 100 000 €. Aufgrund unvorhersehbarer Ereignisse steigen die Produktionskosten für den Film um 20 %, so dass A einen Verlust aus dem Gesamthandsvermögen von 120 000 € erzielt. Daneben hat A in der Verlustphase für die Finanzierung Zinsen i. H. v. 15 000 € zu bezahlen.

Der Gesamtverlust aus der Anlage beträgt 135 000 €. Dieser unterliegt in voller Höhe der Verlustverrechnungsbeschränkung.

4. Anwendung bei im Betriebsvermögen gehaltenen Anteilen an vermögensverwaltenden Personengesellschaften (sog. Zebragesellschaften)

20 Auf Ebene der vermögensverwaltenden Personengesellschaft sind lediglich Überschusseinkünfte festzustellen. Diese werden auf Ebene der Gesellschafter in gewerbliche Einkünfte umqualifiziert (vgl. BMF-Schreiben vom 29. April 1994, BStBl I S. 282[1]), BFH-Beschluss vom 11. April 2005, BStBl II S. 679). Ob ein Steuerstundungsmodell vorliegt, ist bereits auf Ebene der vermögensverwaltenden Personengesellschaft zu entscheiden. Die Umqualifizierung der Einkunftsart auf Ebene des Anteilseigners berührt die Einordnung als Steuerstundungsmodell grundsätzlich jedoch nicht. Dies gilt auch dann, wenn sich die Höhe der erzielten Einkünfte aufgrund der Umqualifizierung ändert.

5. Regelung bei mehrstöckigen Gesellschaften

21 Bei mehrstöckigen Personengesellschaften ist bereits auf Ebene der Untergesellschaften zu prüfen, ob § 15b EStG anzuwenden ist. Wird die Anwendung des § 15b EStG bereits auf Ebene der Untergesellschaften bejaht, ist ein Verlustausgleich mit anderen Einkünften auf Ebene der Obergesellschaft nicht möglich.

Es sind folgende Fälle zu unterscheiden:

1. Untergesellschaft und Obergesellschaft sind Steuerstundungsmodelle. In diesem Fall werden die Verluste der Untergesellschaft für den Gesellschafter „Obergesellschaft" festgestellt und von dieser als § 15b-Verluste an ihre Gesellschafter weitergegeben. Da die Obergesellschaft selbst ebenfalls ein Steuerstundungsmodell darstellt, sind die Voraussetzungen für die Anwendung des § 15b EStG (z. B. 10 %-Grenze) ohne Berücksichtigung der § 15b-Verluste der Untergesellschaft zu prüfen.

2. Die Untergesellschaft ist ein Steuerstundungsmodell, die Obergesellschaft jedoch nicht. In diesem Fall werden die Verluste der Untergesellschaft für den Gesellschafter „Obergesellschaft" festgestellt und von dieser als § 15b-Verluste an ihre Gesellschafter weitergegeben. Verluste, die nicht aus der Untergesellschaft stammen, sind beim Gesellschafter im Rahmen der übrigen Verlustverrechnungsregelungen (z. B. § 10d EStG) ausgleichsfähig.

3. Die Untergesellschaft ist kein Steuerstundungsmodell; die Obergesellschaft ist ein Steuerstundungsmodell. In diesem Fall wird geprüft, ob auf die saldierten Einkünfte der Obergesellschaft (d. h. einschließlich der Einkünfte aus der Untergesellschaft) § 15b EStG anzuwenden ist.

6. Verhältnis § 15b EStG zu anderen Vorschriften

a) § 15 Abs. 4 EStG

22 § 15b EStG geht als die speziellere Norm der Anwendung des § 15 Abs. 4 EStG vor.

b) § 15a EStG

23 Die Anwendung des § 15b EStG geht der Anwendung des § 15a EStG vor (§ 15b Abs. 1 Satz 3 EStG).

7. Nach DBA steuerfreie Einkünfte

24 Bei Einkünften, die nach einem Abkommen zur Vermeidung der Doppelbesteuerung dem Progressionsvorbehalt unterliegen (§ 32b Abs. 1 Nr. 3 EStG), gilt Folgendes:

---

[1]) → Anhang 19 III.

Die Höhe der ausländischen Einkünfte ist nach deutschem Steuerrecht zu ermitteln (BFH-Urteil vom 22. Mai 1991, BStBl 1992 II S. 94). Ein negativer Progressionsvorbehalt nach § 32b Abs. 1 Nr. 3 EStG ist ungeachtet § 2a EStG nicht zu berücksichtigen, wenn die ausländischen Verluste aus einem Steuerstundungsmodell i. S. d. § 15b EStG herrühren (vorrangige Anwendung des § 15b EStG).

8. Behandlung der Verluste aus Steuerstundungsmodellen bei unentgeltlichem Beteiligungsübergang

Bei unentgeltlichem Erwerb einer Beteiligung gehen die beim Rechtsvorgänger nach § 15b EStG verrechenbaren Verluste auf den oder die Rechtsnachfolger über.   25

Ist der Rechtsvorgänger vor dem 11. November 2005 dem Steuerstundungsmodell beigetreten und unterliegen die Verluste daher nicht der Verlustverrechnungsbeschränkung des § 15b EStG, gilt dies insoweit auch für den Rechtsnachfolger und zwar auch dann, wenn dieser zuvor bereits selbst nach dem 10. November 2005 dem Steuerstundungsmodell beigetreten ist.

9. Feststellungsverfahren

Der nicht ausgleichsfähige Verlust ist jährlich gesondert festzustellen (§ 15b Abs. 4 EStG). Zuständig für den Erlass des Feststellungsbescheids ist bei Gesellschaften oder Gemeinschaften das für die gesonderte und einheitliche Feststellung der Einkünfte aus dem Steuerstundungsmodell zuständige Finanzamt.   26

10. Übergangsregelungen

Nach § 52 Abs. 33a EStG ist § 15b EStG auf Verluste aus Steuerstundungsmodellen anzuwenden, denen der Steuerpflichtige nach dem 10. November 2005 beigetreten ist oder für die nach dem 10. November 2005 mit dem Außenvertrieb begonnen wurde. Der Außenvertrieb beginnt in dem Zeitpunkt, in dem die Voraussetzungen für die Veräußerung der konkret bestimmbaren Fondsanteile erfüllt sind und die Gesellschaft selbst oder über ein Vertriebsunternehmen mit Außenwirkung an den Markt herangetreten ist. Zur Vermeidung von Umgehungsgestaltungen ist bei Fonds, die bereits vor dem 11. November 2005 mit dem Außenvertrieb begonnen haben, dem Beginn des Außenvertriebs der Beschluss von Kapitalerhöhungen und die Reinvestition von Erlösen in neue Projekte gleichgestellt. Bei Einzelinvestitionen ist § 15b EStG auf Investitionen anzuwenden, die nach dem 10. November 2005 rechtsverbindlich getätigt wurden.   27

Durch das Jahressteuergesetz 2007 vom 13. Dezember 2006 (BGBl. I S. 2878, BStBl 2007 I S. 28) wurde die bislang auf § 20 Abs. 1 Nr. 4 EStG (Einkünfte aus typisch stiller Beteiligung) beschränkte analoge Anwendung des § 15b EStG bei den Einkünften aus Kapitalvermögen durch die Einführung von § 20 Abs. 2b EStG[1] mit Wirkung vom 1. Januar 2006 auf alle Einkünfte aus Kapitalvermögen ausgedehnt.   28

Bei Anteilsübertragungen zwischen Gesellschaftern einer Personengesellschaft, bei der § 15b EStG nicht anzuwenden ist, ist bei der Ermittlung des Beitrittszeitpunktes insoweit auf den Zeitpunkt des Vertragsabschlusses und nicht auf den Zeitpunkt der ggf. erforderlichen Zustimmung der übrigen Gesellschafter abzustellen.   29

Wurden Anteile an einer Personengesellschaft, bei der § 15b EStG nicht anzuwenden ist, vor dem Stichtag von einem Treuhänder erworben und nach dem Stichtag an einzelne Anleger weiter veräußert, ist zur Ermittlung des Beitrittszeitpunkts auf die Veräußerung der Anteile durch den Treuhänder abzustellen.   30

Nach § 52 Abs. 15 Satz 3 und 4 i. V. m. § 5a Abs. 3 a. F. EStG können Schifffonds den Antrag auf Gewinnermittlung nach § 5a EStG im Jahr der Anschaffung oder Herstellung des Handelsschiffes oder in einem der beiden folgenden Wirtschaftsjahre stellen. Für die Anwendung des § 15b EStG ist – analog zu § 15a EStG – der nach § 4 Abs. 1 oder § 5 EStG ermittelte Gewinn zu Grunde zu legen. Verluste i. S. d. § 15b EStG sind nicht mit Gewinnen i. S. d. § 5a Abs. 1 EStG verrechenbar, Tz. 32 des BMF-Schreibens vom 12. Juni 2002 (BStBl I S. 614) gilt entsprechend.   31

Dieses Schreiben wird im Bundessteuerblatt Teil I veröffentlicht. Es steht ab sofort für eine Übergangszeit auf den Internet-Seiten des Bundesministeriums der Finanzen unter der Rubrik Steuern und Zölle – Steuern – Veröffentlichungen zu Steuerarten – Einkommensteuer – (http://www.bundesfinanzministerium.de/cln_02/nn_298/DE/Steuern/Veroeffentlichungen__zu__Steuerarten/Einkommensteuer/node.html__nnn=true) bereit.

---

[1] Jetzt § 20 Abs. 7 EStG.

Prüfschema § 15b EStG

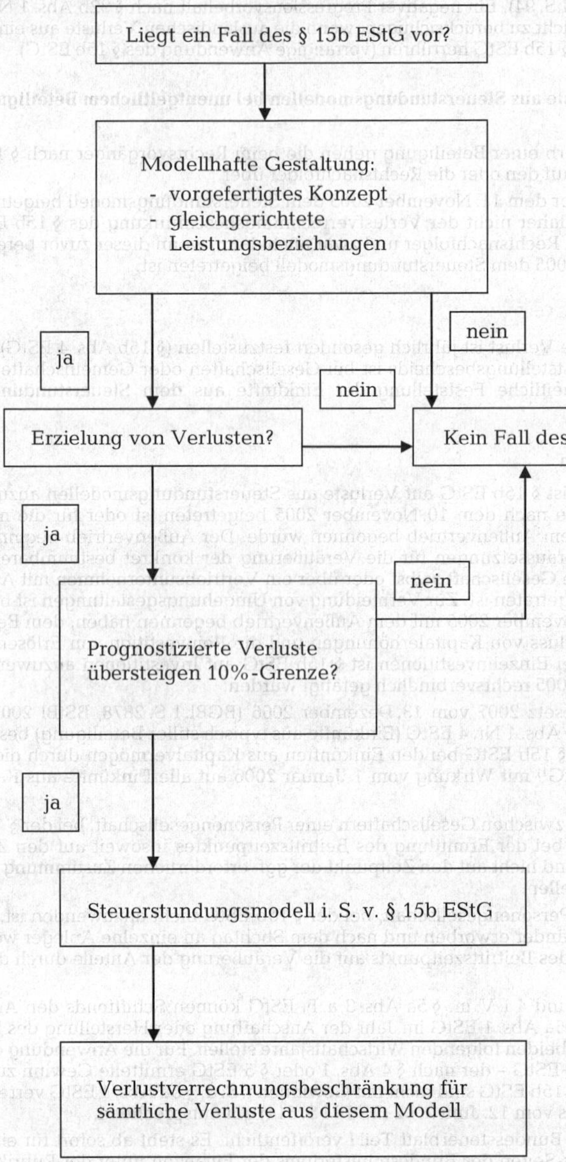

Liegt ein Fall des § 15b EStG vor?

Modellhafte Gestaltung:
- vorgefertigtes Konzept
- gleichgerichtete
  Leistungsbeziehungen

nein

ja   nein

Erzielung von Verlusten?   Kein Fall des § 15b EStG

ja   nein

Prognostizierte Verluste
übersteigen 10%-Grenze?

ja

Steuerstundungsmodell i. S. v. § 15b EStG

Verlustverrechnungsbeschränkung für
sämtliche Verluste aus diesem Modell

IV.
Anwendungsschreiben zur Verlustabzugsbeschränkung
nach § 15 Abs. 4 Satz 6 bis 8 EStG

BMF vom 19. 11. 2008 (BStBl I S. 970)
IV C 6 – S 2119/07/10001, DOK 2008/0498934

Im Einvernehmen mit den obersten Finanzbehörden der Länder gilt zur Anwendung der Verlustabzugsbeschränkung nach § 15 Abs. 4 Satz 6 bis 8 EStG Folgendes:

I. Allgemeine Grundsätze

Nach § 15 Abs. 4 Satz 6 bis 8 EStG sind Verluste aus atypisch stillen Beteiligungen und vergleichbaren Innengesellschaften an Kapitalgesellschaften (im Weiteren: atypisch stille Gesellschaft), an denen unmittelbar oder mittelbar Kapitalgesellschaften beteiligt sind, nach Maßgabe des § 10d EStG nur mit späteren Gewinnen oder dem Vorjahresgewinn aus derselben Einkunftsquelle verrechnen. Soweit an der stillen Gesellschaft unmittelbar oder mittelbar, ganz oder teilweise jedoch natürliche Personen beteiligt sind, bleibt der Verlust weiterhin abzugsfähig.   1

II. Definition des Verlustes i. S. v. § 15 Abs. 4 Satz 6 bis 8 EStG

Der Verlust i. S. v. § 15 Abs. 4 Satz 6 bis 8 EStG ist der nach den einkommensteuerrechtlichen Vorschriften ermittelte und nach Anwendung des § 15a EStG ausgleichsfähige Verlust. Hierzu gehören insbesondere auch der steuerpflichtige Teil der sog. Teil-/Halbeinkünfte (§ 3 Nr. 40 i. V. m. § 3c EStG) und die ausländischen Einkünfte.   2

Bei dem Verlust i. S. v. § 15 Abs. 4 Satz 6 bis 8 EStG handelt es sich lediglich um den laufenden Verlust aus der Beteiligung, jedoch nicht um den Verlust der Beteiligung selbst. Somit stehen alle anderen Verluste, z. B. aus der Veräußerung, für einen – unter den Voraussetzungen der Abzugsfähigkeit nach § 15a EStG (vgl. auch IV.) – unbeschränkten Verlustausgleich zur Verfügung.   3

III. Verlustabzug nach Maßgabe des § 10d EStG

Der Verlust i. S. v. § 15 Abs. 4 Satz 6 bis 8 EStG ist nach Maßgabe des § 10d EStG in das unmittelbar vorangegangene Jahr zurückzutragen. Der Steuerpflichtige hat nach § 10d Abs. 1 Satz 5 EStG jedoch das Wahlrecht, den Verlustrücktrag auszuschließen oder einzugrenzen. Dieses Wahlrecht muss nicht von allen Mitunternehmern einheitlich ausgeübt werden. Es kann vielmehr jeder von der Verlustabzugsbeschränkung betroffene Mitunternehmer selbst entscheiden, ob und ggf. in welcher Höhe ein Verlustrücktrag durchgeführt werden soll.   4

Nach § 15 Abs. 4 Satz 6 bis 8 EStG wird die Verlustverrechnung auf Ebene des Gesellschafters/ Beteiligten durchgeführt, so dass für jeden Steuerpflichtigen ein gesonderter Verlustverrechnungskreis gebildet wird. Dementsprechend sind die Höchstbeträge des § 10d Abs. 1 und 2 EStG für jeden Beteiligten/Mitunternehmer in voller Höhe gesellschafterbezogen anzuwenden. Ist der Gesellschafter/Beteiligte mehrere atypisch stille Beteiligungen an verschiedenen Kapitalgesellschaften eingegangen, gelten die Sätze 1 und 2 entsprechend für jede Beteiligung.   5

Sind im Rücktragsjahr im Gewinnanteil des atypisch stillen Gesellschafters ausländische Einkünfte enthalten und anrechenbare ausländische Steuern i. S. v. § 34c EStG angefallen, wird die Anrechnung der ausländischen Steuern i. S. v. § 34c EStG durch den Verlustrücktrag grundsätzlich nicht berührt. Aufgrund der durch den Verlustrücktrag verringerten deutschen Einkommensteuer i. S. d. § 34c EStG vermindert sich jedoch der Anrechnungshöchstbetrag des entsprechenden Jahres.   6

IV. Verhältnis der Verlustabzugsbeschränkung für atypisch stille Gesellschaften (§ 15 Abs. 4 Satz 6 bis 8 EStG) zur Verlustabzugsbeschränkung bei Verlusten aus beschränkter Haftung (§ 15a EStG)

1. Verhältnis zu § 15a EStG

Die Verlustabzugsbeschränkung nach § 15 Abs. 4 Satz 6 bis 8 EStG findet auf den nach Anwendung des § 15a EStG noch abzugsfähigen Verlust Anwendung. Soweit der Verlust bereits nach § 15a EStG lediglich verrechenbar ist, ist für die Anwendung von § 15 Abs. 4 Satz 6 bis 8 EStG kein Raum mehr.   7

2. Verfahren bei festgestellten verrechenbaren Verlusten nach § 15a EStG und § 15 Abs. 4 Satz 6 bis 8 EStG

Liegen sowohl verrechenbare Verluste i. S. v. § 15a EStG als auch verrechenbare Verluste i. S. v. § 15 Abs. 4 Satz 6 bis 8 EStG vor, sind spätere Gewinne vorrangig mit den nach § 15a EStG verrechenbaren Verlusten auszugleichen. Erst wenn keine nach § 15a EStG verrechenbaren Verluste   8 mehr verbleiben, sind verbleibende Gewinne mit den nach § 15 Abs. 4 Satz 6 bis 8 EStG verrechenbaren Verlusten auszugleichen.

3. Verlustrücktrag nach Maßgabe des § 10d EStG

9   Nach § 15 Abs. 4 Satz 6 bis 8 EStG ist ein Verlustrücktrag nach Maßgabe des § 10d EStG möglich. Dieser Verlustrücktrag ist nach Anwendung des § 15a EStG im Rücktragsjahr durchzuführen.

Beispiel 1

Veranlagungszeitraum (VZ) 01:

Die A-GmbH geht eine atypisch stille Beteiligung an der B-GmbH ein. Sie tätigt eine Einlage von 100 000 € und es wird ihr in 01 ein Verlust von 180 000 € zugerechnet.

Nach § 15a EStG sind von dem Verlust 100 000 € ausgleichsfähig und 80 000 € verrechenbar. Der ausgleichsfähige Verlust nach § 15a EStG wird i. H. v. 100 000 € auf Ebene der stillen Beteiligung (A-GmbH) als verrechenbarer Verlust nach § 15 Abs. 4 Satz 6 bis 8 EStG gesondert festgestellt.

VZ 01	Verlustanteil	– 180 000 €
	davon verrechenbar nach § 15a EStG	– 80 000 €
	nach Anwendung des § 15a EStG verbleibender Verlustanteil	– 100 000 €
	davon verrechenbar nach § 15 Abs. 4 Satz 6 EStG	– 100 000 €
	bei der Veranlagung anzusetzen	0 €
31. 12. 01:	Feststellung des verbleibenden Verlustvortrags nach § 15 Abs. 4 Satz 7 i. V. m. § 10d EStG:	
	nach Anwendung des § 15a EStG verbleibender Verlustanteil	– 100 000 €
	Rücktrag in den VZ 00	0 €
	Verbleibender Verlustvortrag	– 100 000 €

VZ 02:

In 02 werden der A-GmbH Einkünfte nach § 15 Abs. 4 Satz 6 bis 8 EStG in Höhe von + 1 000 000 € zugerechnet.

Der verrechenbare § 15a-Verlust aus 01 wird mit dem Gewinn aus 02 verrechnet. Danach beträgt der verrechenbare Verlust nach § 15a EStG 0 € (31. 12. 02). Der verbleibende Gewinn von 920 000 € muss mit dem verrechenbaren Verlust nach § 15 Abs. 4 Satz 6 bis 8 EStG verrechnet werden.

VZ 02	Gewinnanteil	+ 1 000 000 €
	davon Verrechnung mit § 15a Abs. 2 EStG	– 80 000 €
	nach Anwendung des § 15a EStG verbleibender Gewinnanteil	+ 920 000 €
	davon Verrechnung nach § 15 Abs. 4 Satz 7 EStG	– 100 000 €
	bei der Veranlagung anzusetzen	+ 820 000 €
31. 12. 02:	Feststellung des verbleibenden Verlustvortrags nach § 15 Abs. 4 Satz 7 i. V. m. § 10d EStG:	
	verbleibender Verlustabzug am 31. 12. 01	– 100 000 €
	im VZ 02 abgezogener Verlust	– 100 000 €
	Verbleibender Verlustvortrag	0 €

VZ 03:

In 03 werden der A-GmbH Einkünfte nach § 15 Abs. 4 Satz 6 bis 8 EStG in Höhe von – 1 500 000 € zugerechnet.

In Höhe von 580 000 führt der Verlust aus 03 zu einem negativen Kapitalkonto, so dass nach § 15a EStG verrechenbare Verluste in dieser Höhe festzustellen sind. Der verbleibende Verlust ist nach § 15 Abs. 4 Satz 6 bis 8 EStG nicht ausgleichsfähig. Es besteht jedoch nach Maßgabe des § 10d EStG die Möglichkeit eines Verlustrücktrags i. H. v. 511 500 € nach 02. In diesem Fall vermindert sich der bei der Veranlagung 02 anzusetzende Gewinnanteil auf 308 500 € (= 820 000 € – 511 500 €). Die in 02 vorgenommene Verlustverrechnung nach § 15a EStG bleibt unberührt.

VZ 03	Verlustanteil	– 1 500 000 €
	davon verrechenbar nach § 15a EStG	– 580 000 €
	nach Anwendung des § 15a EStG verbleibender Verlustanteil	– 920 000 €
	davon verrechenbar nach § 15 Abs. 4 Satz 6 EStG	– 920 000 €
	bei der Veranlagung anzusetzen	0 €

31. 12. 03: Festellung des verbleibenden Verlustvortrags nach § 15 Abs. 4
Satz 7 i. V. m. § 10d EStG:

nach Anwendung des § 15a EStG verbleibender Verlustanteil   – 920 000 €
Rücktrag in den VZ 02   – 511 500 €
Verbleibender Verlustvortrag   – 408 500 €

Beispiel 2

VZ 01:

Die A-GmbH ist atypisch still an der B-GmbH beteiligt. Zum 31. 12. 01 wurde ein nach § 15a EStG verrechenbarer Verlust i. H. v. 100 000 € festgestellt.

VZ 02:

Der A-GmbH werden aus der atypisch stillen Beteiligung Einkünfte i. H. v. – 80 000 € zugerechnet. Einlagen und Entnahmen wurden nicht getätigt, so dass sich das negative Kapitalkonto der A-GmbH um 80 000 € erhöht.

Der nach § 15a EStG verrechenbare Verlust erhöht sich um 80 000 €. Zum 31. 12. 02 wird daher ein verrechenbarer Verlust i. H. v. – 180 000 € festgestellt. Eine Feststellung nach § 15 Abs. 4 Satz 6 bis 8 EStG ist nicht erforderlich, da keine bei der Veranlagung verbleibenden Einkünfte entstanden sind.

VZ 03:

Der A-GmbH werden aus der atypisch stillen Beteiligung Einkünfte i. H. v. 50 000 € zugerechnet.

Der Gewinn ist nach § 15a Abs. 2 EStG mit dem verrechenbaren Verlust aus den Vorjahren zu saldieren. Eine Feststellung nach § 15 Abs. 4 Satz 6 bis 8 EStG ist weiterhin nicht erforderlich. Der verrechenbare Verlust nach § 15a EStG zum 31. 12. 03 beträgt – 130 000 €.

V. Auswirkung von § 15 Abs. 4 Satz 6 bis 8 EStG auf die Gewerbesteuer

Die Verlustabzugsbeschränkung des § 15 Abs. 4 Satz 6 bis 8 EStG hat keine Auswirkung auf die Festsetzung des Gewerbesteuermessbetrags der atypisch stillen Gesellschaft, da gewerbesteuerlich das Ergebnis der atypisch stillen Gesellschaft besteuert wird und beim Mitunternehmer (wenn er selbst der Gewerbesteuer unterliegt und die Beteiligung zum Betriebsvermögen gehört) ein positiver Gewinnanteil nach § 9 Nr. 2 GewStG oder ein Verlustanteil nach § 8 Nr. 8 GewStG neutralisiert wird.   10

VI. Feststellungsverfahren

Die Verlustverrechnung nach § 15 Abs. 4 Satz 6 bis 8 EStG wird erst auf Ebene des Gesellschafters/ Beteiligten durchgeführt (vgl. Rn. 5). Im Bescheid über die gesonderte und einheitliche Feststellung der gemeinschaftlichen Einkünfte der Beteiligten der atypisch stillen Gesellschaft (§ 180 Abs. 1 Nr. 2 Buchstabe a AO) ist der Gewinn oder Verlust daher ohne Anwendung des § 15 Abs. 4 Satz 6 bis 8 EStG festzustellen.   11

Das für die Gewinnfeststellung nach § 180 Abs. 1 Nr. 2 Buchstabe a AO für die atypisch stille Gesellschaft zuständige Finanzamt hat dem für die Besteuerung des atypisch stillen Gesellschafters zuständigen Finanzamt die als Grundlagen für die Verlustverrechnung maßgebenden Beträge nachrichtlich mitzuteilen.

Handelt es sich bei dem atypisch stillen Gesellschafter um eine Mitunternehmerschaft (Obergesellschaft), an der unmittelbar oder mittelbar eine Kapitalgesellschaft beteiligt ist, ist der Verlustanteil nur insoweit nach § 15 Abs. 4 Satz 6 bis 8 EStG verrechenbar, als er mittelbar auf diese Kapitalgesellschaft entfällt. Das für die Gewinnfeststellung nach § 180 Abs. 1 Nr. 2 Buchstabe a AO für die Obergesellschaft zuständige Finanzamt hat dem für die Besteuerung der Kapitalgesellschaft zuständigen Finanzamt die als Grundlagen für die Verlustverrechnung maßgebenden Beträge nachrichtlich mitzuteilen.

Der nach § 15 Abs. 4 Satz 6 bis 8 EStG verbleibende Verlustvortrag ist auf Ebene des Gesellschafters/Beteiligten an der atypisch stillen Gesellschaft nach Durchführung eines eventuellen Verlustrücktrags in das Vorjahr gesondert festzustellen. Zuständig für die gesonderte Feststellung ist das für die Einkommensbesteuerung des Gesellschafters / Beteiligten zuständige Finanzamt (§ 15 Abs. 4 Satz 6 i. V. m. § 10d Abs. 4 Satz 3 EStG).   12

VII. Anwendung auf typisch stille Gesellschaften i. S. v. § 20 Abs. 1 Nr. 4 EStG

Die Grundsätze dieses Schreibens unter I. bis IV. sind auf typisch stille Gesellschaften i. S. v. § 20 Abs. 1 Nr. 4 und Abs. 3 EStG (ab VZ 2009: Abs. 8) entsprechend anzuwenden. Allerdings liegen bei dem Inhaber des Handelsgeschäfts und dem typisch stillen Gesellschafter keine gemeinschaftlich erzielten Einkünfte vor, die folglich auch nicht gesondert und einheitlich festgestellt werden. Die gesonderte Feststellung des nach § 15 Abs. 4 Satz 6 bis 8 EStG verrechenbaren Verlustes erfolgt auch in diesen Fällen ausschließlich auf Ebene des Gesellschafters.   13

VIII. Zeitliche Anwendung

14 Dieses Schreiben ist in allen noch offenen Fällen anzuwenden.

V.
Mindestgewinnbesteuerung nach § 10d Absatz 2 Satz 1 und 2 EStG;
Beschluss des Bundesfinanzhofs vom 26. August 2010 – I B 49/10 –

BMF v. 19. 10. 2011 (BStBl I S. 974)
IV C 2 – S 2741/10/10002, 2010/1012683

Der Bundesfinanzhof hat mit Beschluss vom 26. August 2010 – I B 49/10 – (BStBl 2011 II Seite 826) entschieden, dass es ernstlich zweifelhaft ist, ob die sog. Mindestgewinnbesteuerung gemäß § 10d Absatz 2 Satz 1 EStG 2002 n. F. verfassungsrechtlichen Anforderungen auch dann stand- hält, wenn eine Verlustverrechnung in späteren Veranlagungszeiträumen aus rechtlichen Grün- den (hier: nach § 8c KStG) endgültig ausgeschlossen ist.

Im Einvernehmen mit den obersten Finanzbehörden der Länder nehme ich zur Frage der Gewäh- rung einer Aussetzung der Vollziehung (§ 361 AO, § 69 Absatz 2 FGO) von Einkommensteuer-, Körperschaftsteuer- und Gewerbesteuermessbetragsbescheiden wie folgt Stellung:

1 Aussetzung der Vollziehung ist auf Antrag in den in dem Beschluss genannten Fällen zu gewäh- ren, in denen es aufgrund des Zusammenwirkens der Anwendung der Mindestgewinnbesteue- rung nach § 10d Absatz 2 Satz 1 und 2 EStG oder § 10a GewStG und eines tatsächlichen oder rechtlichen Grundes, der zum endgültigen Ausschluss einer Verlustnutzungsmöglichkeit führt, zu einem Definitiveffekt kommt.

Im Einzelnen handelt es sich um Fälle

  des schädlichen Beteiligungserwerbs nach § 8c KStG in den Fassungen vor dem Wachstums- beschleunigungsgesetz vom 22. Dezember 2009 (BStBl 2010 I Seite 2),

  der Umwandlung beim übertragenden Rechtsträger (§ 12 Absatz 3 i. V. m.§ 4 Absatz 2 Satz 2 UmwStG),

  der Liquidation einer Körperschaft,

  der Beendigung der persönlichen Steuerpflicht (Tod einer natürlichen Person) bei fehlender Möglichkeit der „Verlustvererbung".

Die Aussetzung der Vollziehung ist auf die oben genannten Fallgruppen beschränkt.

Keine Aussetzung der Vollziehung ist dementsprechend insbesondere in den Fällen des § 10a GewStG bei Ausscheiden eines Gesellschafters aus einer Mitunternehmerschaft zu gewäh- ren.

Aussetzung der Vollziehung ist nicht in Missbrauchsfällen (Rz. 19 des BFH-Beschlusses) zu gewähren. Dies gilt insbesondere für den endgültigen Ausschluss der Verlustverrechnung in Fäl- len des § 8 Absatz 4 KStG 2002 a. F. (sog. Mantelkaufregelung).

2 Kommt es aufgrund eines rechtlichen Grundes (§ 8c KStG – in den Fassungen vor dem Wachstums- beschleunigungsgesetz – bzw. § 12 Absatz 3 i. V. m. § 4 Absatz 2 Satz 2 UmwStG) zu einem endgül- tigen Ausschluss der Verlustverrechnung, ist die Aussetzung der Vollziehung auf Veranlagungs- zeiträume (VZ) bzw. Erhebungszeiträume (EZ) bis zu dem schädlichen Ereignis beschränkt.

Beispiel 1:

  Aufgrund einer Veräußerung von 100 % der Anteile an der X-GmbH zum 1. Januar 2009 sind nicht genutzte Verluste nach § 8c KStG[1] (bzw. § 10a Satz 10 GewStG) ab dem VZ (bzw. EZ) 2009 endgültig nicht mehr abziehbar. Im Wirtschaftsjahr (Wj. = Kj.) 2009 erzielt die GmbH Gewinne. Ergebnis: Eine Aussetzung der Vollziehung des Körperschaftsteuerbescheids für den VZ 2009 und des Gewerbesteuermessbetragsbescheids für den EZ 2009 ist nicht zu gewähren. Die Aussetzung der Vollziehung ist auf VZ/EZ bis einschließlich 2008 beschränkt.

3 Die Aussetzung der Vollziehung ist bei einem quotalen Verlustuntergang nach § 8c Satz 1 KStG bzw. § 8c Absatz 1 Satz 1 KStG[2] (schädlicher Beteiligungserwerb von bis zu 50 % der Anteile an einer Kapitalgesellschaft) wie folgt zu berechnen:

Beispiel 2:

  Veräußert werden zum 1. Januar 2009 40 % der Anteile an der Y-GmbH; der Tatbestand des § 8c Satz 1 KStG ist erfüllt. Im VZ 2008 wird von dem Gesamtbetrag der Einkünfte in Höhe von 4.000.000 € ein Verlustabzug nach § 10d Absatz 2 Satz 1 EStG in Höhe von 2.800.000 € (= 1.000.000 € + 60 % von 3.000.000 €) vorgenommen. Es ergibt sich ein zu versteuerndes

---

[1] i. d. F. des Unternehmensteuerreformgesetzes 2008 vom 14. August 2007 (BStBl I Seite 630).
[2] i. d. F. des Bürgerentlastungsgesetzes Krankenversicherung vom 16. Juli 2009 (BGBl. I Seite 1959).

Einkommen von 1.200.000 €. Der verbleibende Verlustabzug zum 31. Dezember 2008 beträgt

a) 1.000.000 €,

b) 1.500.000 €,

c) 4.000.000 €.

Gegen den Körperschaftsteuerbescheid 2008 legt die Y-GmbH Einspruch ein und beantragt Aussetzung der Vollziehung.

Ergebnis:

Aussetzung der Vollziehung ist in Höhe von 40 % (= quotaler Verlustuntergang nach § 8c KStG) des aufgrund der Mindestgewinnbesteuerung nicht gewährten Verlustabzugs, max. in Höhe von 40 % des verbleibenden Verlustabzugs, zu gewähren. Danach kann die Steuer auf folgende Beträge von der Vollziehung ausgesetzt werden:

a) 40 % von 1.000.000 € = 400.000 €,

b) 40 % von 1.200.000 € = 480.000 €,

c) 40 % von 1.200.000 € = 480.000 €.

Kommt bei einem unterjährigem Beteiligungserwerb in einem VZ (bzw. EZ) sowohl § 8c Satz 1 KStG bzw. § 8c Absatz 1 Satz 1 KStG[3] als auch die Mindestgewinnbesteuerung nach § 10d Absatz 2 Satz 1 EStG zur Anwendung, kann Aussetzung der Vollziehung für diesen VZ/EZ nicht gewährt werden (Rz. 31 des BMF-Schreibens vom 4. Juli 2008 (BStBl I Seite 736)).

Beispiel 3:

Wie Beispiel 2. Die Veräußerung der Anteile erfolgt aber zum 30. September 2008.

Ergebnis:

Eine Aussetzung der Vollziehung für den VZ 2008 ist abzulehnen.

Die allgemeinen Grundsätze für die Gewährung der Aussetzung der Vollziehung sind zu beachten. Eine Aussetzung der Vollziehung setzt insbesondere die Vollziehbarkeit eines Steuerbescheids voraus (AEAO zu § 361, Nr. 2.3).

Beispiel 4:

Aufgrund der in Beispiel 1 dargestellten Anteilsveräußerung zum 1. Januar 2009 wendet sich die X-GmbH gegen die Mindestgewinnbesteuerung nach § 10d Absatz 2 Satz 1 EStG und beantragt die Änderung des formell bestandskräftigen Körperschaftsteuerbescheids 2007 nach § 164 Absatz 2 AO bzw. § 175 Absatz 1 Satz 1 Nummer 2 AO. Gegen die Ablehnung der Änderung des Bescheids legt die X-GmbH Einspruch ein und beantragt Aussetzung der Vollziehung.

Ergebnis:

Eine Aussetzung der Vollziehung ist abzulehnen (AEAO zu § 361, Nr. 2.3.2, 3. Spiegelstrich).

Dieses Schreiben wird im Bundessteuerblatt Teil I veröffentlicht. Es steht ab sofort für eine Übergangzeit auf den Internetseiten des Bundesministeriums der Finanzen unter der Rubrik Steuern und Zölle – Steuern – Veröffentlichungen zu Steuerarten – Einkommensteuer – und – Körperschaftsteuer – zur Ansicht und zum Download bereit.

Übersicht

I.

Einkommensteuerrechtliche Behandlung von Gesamtobjekten, von vergleichbaren Modellen mit nur einem Kapitalanleger und von gesellschafts- sowie gemeinschaftsrechtlich verbundenen Personenzusammenschlüssen (geschlossene Fonds)

Bezug: BMF vom 31. 8. 1990 (BStBl I S. 366), vom 1. 3. 1995 (BStBl I S. 167), vom 24. 10. 2001 (BStBl I S. 780) und vom 29. 11. 2002 (BStBl I S. 1388)

BMF vom 20. 10. 2003 (BStBl I S. 546)
IV C 3 – S 2253a – 48/03

Unter Bezugnahme auf das Ergebnis der Erörterungen mit den obersten Finanzbehörden der Länder wird zu der Frage der einkommensteuerrechtlichen Behandlung von Einkünften im Rahmen von Gesamtobjekten (§ 1 Abs. 1 Nr. 2 der Verordnung zu § 180 Abs. 2 AO), von vergleichbaren Modellen mit nur einem Kapitalanleger sowie von sog. geschlossenen **Fonds** wie folgt Stellung genommen:

I. Gesamtobjekte und vergleichbare Modelle mit nur einem Kapitalanleger

1. Abgrenzung der Eigenschaft als Bauherr oder Erwerber bei der Errichtung, Sanierung, Modernisierung oder des Erwerbs von Gebäuden und Eigentumswohnungen

1   Ein Anleger, der sich auf Grund eines von den Projektanbietern vorformulierten Vertragswerks an einem Projekt beteiligt und sich bei den damit zusammenhängenden Rechtsgeschäften durch die Projektanbieter oder von ihnen eingeschalteten sonstigen Personen (z. B. Treuhänder, Geschäftsbesorger, Betreuer) umfassend vertreten lässt, ist regelmäßig nicht Bauherr, sondern Erwerber des bebauten und gegebenenfalls sanierten oder modernisierten Grundstücks (BFH-Urteil vom 14. November 1989, BStBl 1990 II S. 299, m. w. N.). Das gilt auch, wenn der Anleger unter Verzicht auf eine dazu bevollmächtigte Person die Verträge selbst unterzeichnet, falls die Verträge vorher vom Projektanbieter bereits ausgehandelt **oder** vorformuliert worden sind, oder wenn die vertraglichen Vereinbarungen vorsehen, dass einzelne der in dem Vertragswerk angebotenen Leistungen abgewählt werden können.

Der Anleger ist nur Bauherr, wenn er auf eigene Rechnung und Gefahr ein Gebäude baut oder 2
bauen lässt und das Baugeschehen beherrscht (BFH-Urteil vom 14. November 1989, a. a. O., vgl.
auch BFH-Urteil vom 13. September 1989, BStBl II S. 986). Der Bauherr muss das umfassend zu ver-
stehende Bauherrenwagnis, d. h. wirtschaftlich das für die Durchführung des Bauvorhabens auf seinem Grundstück typische Risiko, tragen sowie rechtlich und tatsächlich die Planung und Ausführung
in der Hand haben. Das ist regelmäßig nicht der Fall, wenn eine Vielzahl von Wohnungen oder
gleichförmig ausgestalteten Wohngebäuden nach einem bereits vor Beitritt des einzelnen Anlegers
ausgearbeiteten Vertragswerk errichtet wird und der einzelne Anleger demzufolge weder die Vertragsgestaltung noch die Vertragsdurchführung wesentlich beeinflussen kann.

Die Entscheidung darüber, ob die Voraussetzungen für die Erwerber- oder Bauherreneigen- 3
schaft vorliegen, ist nach dem Gesamtbild unter Berücksichtigung aller Umstände des Einzelfalls
zu treffen, und zwar unabhängig von den in den Verträgen gewählten Bezeichnungen nach dem
wirklichen Gehalt der von den Beteiligten getroffenen Vereinbarungen und deren tatsächlicher
Durchführung.

Wird für den Gesamtaufwand (einschließlich der bis zur Fertigstellung des Bauobjekts angefalle- 4
nen Finanzierungskosten) ein Höchstpreis vereinbart, über den nach Abschluss der Bauarbeiten
nicht gegenüber dem Beteiligten selbst detailliert Rechnung gelegt zu werden braucht, ist der
Beteiligte ebenfalls Erwerber. Das gilt auch, wenn die tatsächlichen Baukosten zwar abgerechnet
werden, der Unterschiedsbetrag zu dem vereinbarten Höchstpreis jedoch als Gebühr für die
Höchstpreisgarantie beansprucht wird.

a) Allgemeines zur rechtlichen Einordnung der aufzubringenden Kosten

Die mit der Errichtung und dem Vertrieb der Objekte befassten Personen sind regelmäßig 5
bestrebt, möglichst hohe Werbungskosten auszuweisen. Hierzu wird der Gesamtaufwand durch
eine Vielzahl von Verträgen und durch Einschaltung zahlreicher, zum Teil finanziell und personell
verbundener Unternehmen aufgespalten. Die geltend gemachten Aufwendungen können, auch
wenn sie im Einzelfall nach dem Wortlaut der Vereinbarungen Werbungskosten sind, nicht als solche anerkannt werden, wenn sie in Wirklichkeit für andere als die in den Verträgen bezeichneten
Leistungen gezahlt werden, die nicht zu Werbungskosten führen können. Die vereinbarten Kosten
sind deshalb nicht nach der vertraglichen Bezeichnung, sondern nach dem tatsächlichen wirtschaftlichen Gehalt der erbrachten Leistungen zu beurteilen (vgl. BFH-Urteil vom 29. Oktober
1986, BStBl II S. 217). Diese Beurteilung ist auch vorzunehmen, wenn Leistungen, die zu Anschaf-
fungs- oder Herstellungskosten führen, nicht oder zu niedrig berechnet werden. Erfahrungsgemäß
erfolgt in diesen Fällen ein Ausgleich, der dem tatsächlichen wirtschaftlichen Gehalt der Leistungen entspricht. Die Beurteilung nach dem tatsächlichen wirtschaftlichen Gehalt ist auch dann maßgebend, wenn für den Teil der Aufwendungen, der den Werbungskosten zuzurechnen ist, im Folgenden Vom-Hundert-Sätze oder Bruchteile angegeben werden.

Der Anleger muss im Einzelnen nachweisen, welche tatsächlichen Leistungen an ihn erbracht 6
worden sind und welches Entgelt er dafür leisten musste.

Soweit für Werbungskosten nachfolgend Vom-Hundert-Sätze oder Bruchteile angegeben sind, 7
handelt es sich um Nettobeträge (ohne Umsatzsteuer).

b) Rechtliche Einordnung der vom Erwerber aufzubringenden Kosten

Die Kosten, die der Erwerber im Zusammenhang mit der Errichtung, Sanierung oder Moderni- 8
sierung des Gebäudes oder der Eigentumswohnung aufzubringen hat, können Anschaffungskosten des Grund und Bodens, Anschaffungskosten des Gebäudes oder der Eigentumswohnung oder
sofort abziehbare Werbungskosten sein. Zu den einzelnen Aufwendungen gilt Folgendes:

aa) Anschaffungskosten

[1]Zu den Anschaffungskosten gehören grundsätzlich alle auf Grund des vorformulierten Ver- 9
tragswerks an die Anbieterseite geleisteten Aufwendungen, die auf den Erwerb des Grundstücks
mit dem bezugsfertigen Gebäude gerichtet sind, insbesondere die Baukosten für die Errichtung
oder Modernisierung des Gebäudes, die Baubetreuungsgebühren, Treuhandgebühren, Finanzie-
rungsvermittlungsgebühren, Zinsfreistellungsgebühren, Gebühren für die Vermittlung des Objekts
oder Eigenkapitals und des Treuhandauftrags, Abschlussgebühren, Courtage, Agio, Beratungs-
und Bearbeitungsgebühren, Platzierungsgarantiegebühren, Kosten für die Ausarbeitung der technischen, wirtschaftlichen und steuerlichen Grundkonzeption, für die Werbung der Bauinteressenten, für die Prospektprüfung und sonstige Vorbereitungskosten sowie Gebühren für die Übernahme von Garantien und Bürgschaften (vgl. BFH-Urteil vom 14. November 1989, a. a. O.). Eine
Aufspaltung dieser Aufwendungen in sofort abziehbare Werbungskosten und Anschaffungskosten

---

[1] Bestätigt durch BFH vom 14. 4. 2011 (BStBl II S. 706).

danach, ob sie auf die Finanzierung, die steuerliche Beratung oder die Errichtung des Gebäudes entfallen, kommt nicht in Betracht (vgl. BFH vom 14. November 1989, a. a. O.).

– Besonderheit bei Baumaßnahmen i. S. der §§ 7h und 7i EStG

10   Der Gesamtaufwand ist, soweit das eindeutig möglich ist, unmittelbar dem Grund und Boden, der Altbausubstanz des Gebäudes, den bescheinigten Baumaßnahmen i. S. der §§ 7h, 7i EStG, den übrigen Baumaßnahmen und den sofort abziehbaren Werbungskosten zuzuordnen. Aufwendungen, die sich nicht eindeutig zuordnen lassen, sind auf die Kostenarten, mit denen sie zusammenhängen, aufzuteilen. Die Aufteilung erfolgt im Verhältnis der auf diese Kostenarten eindeutig entfallenden Kosten. Die eindeutig den bescheinigten Baumaßnahmen i. S. der §§ 7h, 7i EStG zuzuordnenden Aufwendungen zuzüglich der nach den vorstehenden Grundsätzen ermittelten Anteile der nicht eindeutig zuzuordnenden Anschaffungskosten, die den Aufwendungen für bescheinigte Baumaßnahmen i. S. der §§ 7h, 7i EStG zuzurechnen sind, ergeben die begünstigten Anschaffungskosten i. S. der §§ 7h, 7i EStG. Ist der Erwerber dem Gesamtobjekt erst nach Beginn der begünstigten Baumaßnahmen i. S. der §§ 7h, 7i EStG beigetreten, gehören die Aufwendungen für Baumaßnahmen, soweit sie bis zu seinem Beitritt durchgeführt worden sind, zu den nicht begünstigten Anschaffungskosten. Der Erwerber hat die Aufteilung darzulegen. Ist er später beigetreten, hat er darzulegen, inwieweit die anteilig den Baumaßnahmen i. S. der §§ 7h, 7i EStG zuzurechnenden Aufwendungen auf Maßnahmen entfallen, die nach dem rechtswirksamen Abschluss des obligatorischen Erwerbsvertrags oder eines gleichstehenden Rechtsakts durchgeführt worden sind.

bb) Werbungskosten

11   Aufwendungen, die nicht auf den Erwerb des Grundstücks mit dem bezugsfertigen Gebäude gerichtet sind und die auch der Erwerber eines bebauten Grundstücks außerhalb eines Gesamtobjekts als Werbungskosten abziehen könnte, sind nicht den Anschaffungskosten des Objekts zuzurechnen. Werden sie an die Anbieterseite geleistet, sind sie unter den nachfolgenden Voraussetzungen Werbungskosten (vgl. BFH-Urteil vom 14. November 1989, a. a. O.):

• Bereits vor der Zahlung müssen klare Vereinbarungen über den Grund und die Höhe dieser Aufwendungen bestehen.

• Die vereinbarten Leistungen und das jeweils zugehörige Entgelt müssen den tatsächlichen Gegebenheiten entsprechen; der Rechtsgedanke des § 42 AO darf dem Werbungskostenabzug in der begehrten Höhe nicht entgegenstehen.

• Die Aufwendungen müssen von den übrigen Aufwendungen, die mit der Anschaffung des Erwerbsgegenstandes in Zusammenhang stehen, einwandfrei abgrenzbar sein.

• Die Vergütung darf nur dann zu zahlen sein, wenn der Anleger die Gegenleistung in Anspruch nimmt.

• Die rechtliche und tatsächliche Abwahlmöglichkeit der Leistung und die dann eintretende Ermäßigung des Gesamtpreises muss in dem Vertrag klar und eindeutig zum Ausdruck kommen.

– Zinsen der Zwischen- und Endfinanzierung

12   Zinsen und Bearbeitungskosten des Kreditinstituts sind, wenn der Anleger sie aufgrund eigener Verpflichtung gegenüber dem Darlehensgeber zahlt, Entgelt für die Überlassung des Kredits und damit Werbungskosten. Eine andere Beurteilung ist jedoch z. B. dann geboten, wenn hinsichtlich der Bauzeitzinsen eine Vereinbarung mit der Anbieterseite besteht, nach der eine bestimmte Zinsbelastung garantiert wird, und hierbei höhere Zinsen vom Garantiegeber getragen, niedrigere Zinsen jedoch dem Erwerber nicht erstattet werden. In einem derartigen Fall stellen die vom Darlehensnehmer zu zahlenden Zinsen und die Gebühr für die Zinsgarantie lediglich einen Kalkulationsbestandteil des Gesamtpreises und damit Anschaffungskosten dar.

– Vorauszahlung von Schuldzinsen

13   Zinsen sind im Regelfall spätestens am Ende des jeweiligen Jahres zu entrichten. Bei einer Vorauszahlung liegt ein im Jahr der Zahlung zu berücksichtigender Zahlungsabfluss nur vor, wenn für die Vorauszahlung ein wirtschaftlich vernünftiger Grund maßgebend ist. Hiervon kann ausgegangen werden, wenn Schuldzinsen für einen Zeitraum von nicht mehr als 12 Monaten vorausgezahlt werden. Bei einer Vorauszahlung für einen Zeitraum von mehr als 12 Monaten ist der wirtschaftlich vernünftige Grund vom Steuerpflichtigen im Einzelfall darzulegen. Bestehen für die Vorauszahlung von Schuldzinsen für einen Zeitraum von mehr als einem Jahr keine vernünftigen wirtschaftlichen Gründe, sind die vorausgezahlten Schuldzinsen anteilig in den Jahren als Werbungskosten abziehbar, zu denen sie wirtschaftlich gehören.

– Zinsfreistellungsgebühren

14   Vereinbarungen, nach denen der Anleger für mehrere Jahre von Zinszahlungsverpflichtungen gegenüber dem Darlehensgläubiger gegen Entrichtung von Gebühren an diesen freigestellt wird,

haben den Charakter eines zusätzlichen Darlehens. Die gezahlten Gebühren sind deshalb anteilig in den Jahren als Werbungskosten abziehbar, für die der Anleger von Zinszahlungsverpflichtungen freigestellt worden ist.

– Damnum, Disagio, Bearbeitungs- und Auszahlungsgebühren

Diese Aufwendungen sind in Höhe des vom jeweiligen Darlehensnehmer an das Kreditinstitut   15
gezahlten Betrags als Werbungskosten abziehbar, soweit unter Berücksichtigung der jährlichen Zinsbelastung die marktüblichen Beträge nicht überschritten werden. Der über die marktüblichen Beträge hinausgehende Teil ist auf den Zinsfestschreibungszeitraum oder bei dessen Fehlen auf die Laufzeit des Darlehens zu verteilen. Eine Zinsvorauszahlung ist regelmäßig anzunehmen, wenn der Nominalzins ungewöhnlich niedrig und das Damnum entsprechend hoch bemessen ist. Aus Vereinfachungsgründen kann von der Marktüblichkeit ausgegangen werden, wenn für ein Darlehen mit einem Zinsfestschreibungszeitraum von mindestens 5 Jahren ein Damnum in Höhe von bis zu 5 v. H. vereinbart worden ist. Ist ein Damnum nicht mehr als 3 Monate vor Auszahlung der Darlehensvaluta oder einer ins Gewicht fallenden Teilauszahlung des Darlehens (mindestens 30 v. H. der Darlehensvaluta einschließlich Damnum) geleistet worden, kann davon ausgegangen werden, dass ein wirtschaftlich vernünftiger Grund besteht (BFH-Urteil vom 3. Februar 1987, BStBl II S. 492).

– Kosten der Darlehenssicherung

Die anteiligen Notariats- und Grundbuchkosten für die Darlehenssicherung sind in der Höhe   16
sofort abziehbare Werbungskosten, in der sie an den Notar und das Grundbuchamt abgeführt worden sind.

– Gebühren im Zusammenhang mit der Vermietung

Gebühren für die erstmalige Vermietung des Objekts sind Werbungskosten, soweit sie die orts-   17
übliche Maklerprovision nicht überschreiten. Im Allgemeinen kann eine Gebühr in Höhe von bis zu 2 Monatsmieten als angemessen angesehen werden. An einer wirtschaftlich ernsthaften Gegenleistung fehlt es, wenn z. B. das Objekt schon von der Planung her für einen ganz bestimmten Mieter errichtet werden soll oder wenn bereits zum Beitrittszeitpunkt des Anlegers ein Mietvertrag oder eine entsprechende Vorvereinbarung mit dem Mieter bestand. Eine Mietervermittlungsgebühr ist auch nicht anzuerkennen, wenn der Vermittler mit dem Mieter identisch oder wirtschaftlich verflochten ist, der Anleger das Objekt selbst bezieht oder aus anderen Gründen die angebotenen Leistungen nicht in Anspruch nimmt. In diesen Fällen stellen die erhobenen Gebühren anteilig Anschaffungskosten des Grund und Bodens und des Gebäudes oder der Eigentumswohnung dar.

Die Anerkennung von Gebühren für die Übernahme von Garantien und Bürgschaften als Werbungskosten setzt stets voraus, dass das vom Garantiegeber oder Bürgen getragene Risiko im Verhältnis zu der dafür erhobenen Gebühr als eine wirtschaftlich ernsthafte Gegenleistung anzusehen ist. Außerdem muss der Garantiegeber oder Bürge wirtschaftlich (einkommens- und vermögensmäßig) in der Lage sein, die Garantieverpflichtung zu erfüllen. Alle diese Voraussetzungen sind vom Anleger darzulegen.

Gebühren für die Mietgarantie sind Werbungskosten, wenn tatsächlich ein Mietausfallwagnis besteht. Bei dem üblicherweise vereinbarten Garantiezeitraum von 5 Jahren kann das wirtschaftliche Risiko durch eine Gebühr bis zur Höhe von 4 Monatsmieten als abgedeckt angesehen werden. War das Objekt im Zeitpunkt des Vertragsabschlusses bereits vermietet, muss das Risiko entsprechend geringer bewertet werden; es ist regelmäßig mit einer Gebühr in Höhe von bis zu 2 Monatsmieten als angemessen abgegolten. Soweit höhere Gebühren vereinbart und gezahlt worden sind, stellen diese anteilig Anschaffungskosten des Grund und Bodens und des Gebäudes oder der Eigentumswohnung dar.

– Gebühren im Zusammenhang mit der Endfinanzierung

Geldbeschaffungskosten, Bürgschafts- und Garantiegebühren für die Endfinanzierung sind   18
unter den Voraussetzungen der RdNr. 17 2. Absatz sowie der RdNr. 22 und RdNr. 27 als Werbungskosten abzuziehen. Die RdNr. 22 und RdNr. 27 sind für die Bestimmung der Höhe des abziehbaren Betrags entsprechend anzuwenden.

– Vergütungen an Steuer- und Rechtsberater

Beratungskosten im Zusammenhang mit der Anschaffung des Grund und Bodens oder der   19
Errichtung oder Modernisierung des Gebäudes oder der Eigentumswohnung sind den jeweiligen Anschaffungskosten zuzurechnen. Soweit auch der Erwerber eines bebauten Grundstücks außerhalb eines Gesamtobjekts die Gebühren sofort als Werbungskosten abziehen könnte, können sie, insbesondere, soweit die Leistungen den Zeitraum nach Bezugsfertigkeit betreffen (z. B. Abgabe von Feststellungserklärungen, Rechtsbehelfsverfahren), als Werbungskosten berücksichtigt werden. Ist der Steuer- und Rechtsberater zugleich Vermittler, Initiator oder Treuhänder, ist bei vereinbarter gesonderter Berechnung der Gebühren zu prüfen, ob die Gebühren dem jeweiligen Leistungsumfang angemessen sind. Ist für die Vermittler-, Initiatoren- oder Treuhandtätigkeit und die Steuer- und Rechtsberatungstätigkeit ein Gesamthonorar vereinbart, gehören die Gebühren zu

den Anschaffungskosten. Das gilt auch, wenn ein pauschales Steuer- und Rechtsberatungshonorar, das die Zeit vor und nach Bezugsfertigkeit umfasst, vereinbart worden ist und die Tätigkeit vor Bezugsfertigkeit mit der Anschaffung des bebauten Grundstücks wirtschaftlich zusammenhängt.

– Beiträge zu Sach- und Haftpflichtversicherungen

20   Beiträge zu den Sach- und Haftpflichtversicherungen für während der Bauzeit eintretende Schäden sind Werbungskosten, soweit sie der Erwerber als Versicherungsnehmer gezahlt hat.

c) Rechtliche Einordnung der vom Bauherrn aufzubringenden Kosten

21   Die Kosten, die der Bauherr im Zusammenhang mit der Errichtung des Gebäudes oder der Eigentumswohnung aufzubringen hat, können Anschaffungskosten des Grund und Bodens und – bei Beitritt nach Baubeginn – des bereits erstellten Teils des Gebäudes oder der Eigentumswohnung, Herstellungskosten des Gebäudes oder der Eigentumswohnung oder sofort abziehbare Werbungskosten sein. Zu den nachstehenden Aufwendungen gilt Folgendes:

– Gebühren für die Vermittlung und die damit verbundene Bearbeitung der Zwischen- und Endfinanzierung

22   Diese Geldbeschaffungskosten sind in Höhe der marktüblichen Konditionen als Werbungskosten abziehbar. Erfahrungsgemäß betragen sie insgesamt 2 v. H. des jeweils vermittelten Darlehens. Der darüber hinausgehende Teil ist den Herstellungskosten des Gebäudes oder der Eigentumswohnung und den Anschaffungskosten anteilig hinzuzurechnen. Hat der Bauherr derartige Gebühren gezahlt, obwohl er die Finanzierung selbst beschafft, sind diese in vollem Umfang auf die Herstellungskosten des Gebäudes oder der Eigentumswohnung und die Anschaffungskosten aufzuteilen.

– Gebühren für die Vermittlung des Objekts oder Eigenkapitals und des Treuhandauftrags, Abschlussgebühren, Courtage, Agio, Beratungs- und Bearbeitungsgebühren sowie Platzierungsgarantiegebühren

23   Diese Kosten sollen Leistungen des Anlageberaters an den Bauherrn abgelten. Sie sind auf die Erlangung des Bauobjekts gerichtet und gehören deshalb anteilig zu den Herstellungskosten des Gebäudes oder der Eigentumswohnung und zu den Anschaffungskosten (vgl. BFH-Urteil vom 13. Oktober 1983, BStBl 1984 II S. 101).

– Kosten für die Ausarbeitung der technischen, wirtschaftlichen und steuerlichen Grundkonzeption, für die Werbung der Bauinteressenten, für die Prospektprüfung und sonstige Vorbereitungskosten

24   Diese Kosten decken regelmäßig Kosten der Initiatoren des Bauvorhabens ab. Werden solche Aufwendungen vom Bauherrn übernommen, gehören sie anteilig zu den Herstellungskosten des Gebäudes oder der Eigentumswohnung und zu den Anschaffungskosten.

– Treuhandgebühren

25   Die Leistungen des Treuhänders betreffen zum Teil die Geldbeschaffung und die spätere Vermietung. Die hierauf entfallenden Teile der Treuhandgebühren können als Werbungskosten abgezogen werden. Zum Teil betreffen die Leistungen des Treuhänders die Anschaffung des Grund und Bodens. Deshalb gehört z. B. das Entgelt für die Mitwirkung beim Abschluss des Grundstückskaufvertrags oder für die Bewirkung der Grundbuchumschreibung bezüglich des Grunderwerbs im Namen des Bauherrn zu den Anschaffungskosten des Grund und Bodens. Zum Teil stehen die Leistungen des Treuhänders mit der Herstellung des Gebäudes oder der Eigentumswohnung im Zusammenhang. Die darauf entfallenden Teile der Treuhandgebühren gehören deshalb zu den Anschaffungs- oder Herstellungskosten des Gebäudes oder der Eigentumswohnung. Hierzu rechnen z. B. Entgeltsanteile für

• die Vergabe der Gebäudeplanung durch den Treuhänder im Namen des Bauherrn,

• die Vertretung des Bauherrn gegenüber Baubehörden,

• die sachliche und zeitliche Koordination aller für die Durchführung des Bauvorhabens erforderlichen Leistungen,

• die Stellung des Antrags auf Baugenehmigung für den Bauherrn oder für die Abgabe der zur Begründung des Wohnungseigentums von den künftigen Eigentümern erforderlichen Erklärungen,

• die Entgegennahme und Verwaltung der Geldmittel,

• die Beaufsichtigung des Baubetreuers.

Erfahrungsgemäß betrifft die Tätigkeit des Treuhänders überwiegend den Herstellungsbereich, während auf den Finanzierungsbereich und den Bereich der späteren Vermietung nur ein geringer Teil seiner gesamten Tätigkeit entfällt. Deshalb kann ein Viertel der Kosten für die Leistungen des Treuhänders, in aller Regel jedoch nicht mehr als 0,5 v. H. der Gesamtaufwendungen den Werbungskosten zugeordnet werden. Nicht zu den Gesamtaufwendungen gehören die in RdNr. 15 und RdNr. 23 genannten Aufwendungen. Der nicht als Werbungskosten anzuerkennende Teil der

Treuhandgebühr ist anteilig den Herstellungskosten des Gebäudes oder der Eigentumswohnung und den Anschaffungskosten zuzuordnen.

– Baubetreuungskosten

Leistungen im Rahmen der technischen Baubetreuung (z. B. Beschaffung der Baugenehmigung, Erstellen von Leistungsverzeichnissen und Baufristenplänen, Bauaufsicht, Bauabnahme und dergleichen) sind dem Herstellungsbereich zuzuordnen. Im Rahmen der wirtschaftlichen Baubetreuung ist eine Vielzahl von unterschiedlichen Leistungen zu erbringen. Auch hierbei ist stets zu prüfen, ob die Aufwendungen des Bauherrn zu den Herstellungskosten des Gebäudes oder der Eigentumswohnung, den Anschaffungskosten oder den sofort abziehbaren Werbungskosten gehören. Anschaffungskosten des Grund und Bodens sind z. B. Kosten für die Regelung der eigentums- und bauplanungsrechtlichen Verhältnisse am Grundstück, z. B. betreffend Abtretung von Straßenland, Vorbereitung und Abschluss von Erschließungs- und Versorgungsverträgen sowie für Maßnahmen bei Vermessung und Erschließung des Grundstücks. Im Wesentlichen betreffen die Leistungen die Herstellung des Gebäudes oder der Eigentumswohnung.

Zu den Herstellungskosten gehören z. B. Entgeltsanteile für

- die Vertretung des Bauherrn gegenüber Baubehörden, den an der Baudurchführung beteiligten Architekten, Ingenieuren und bauausführenden Unternehmen,
- Vorbereitung und Abschluss der mit der technischen Abwicklung des Bauprojekts zusammenhängenden Verträge,
- die Aufstellung eines Geldbedarfs- und Zahlungsplans in Koordination mit dem Baufristenplan,
- die Führung eines Baugeld-Sonderkontos für den Bauherrn,
- die Vornahme des gesamten das Bauobjekt betreffenden Zahlungsverkehrs,
- die laufende Unterrichtung des Treuhänders,
- die Übersendung von Auszügen des Baukontos,
- die Erstellung der Schlussabrechnung und die Erteilung der dazu erforderlichen Informationen an den Treuhänder,
- die sachliche und zeitliche Koordination aller für die Durchführung des Bauvorhabens erforderlichen Leistungen,
- eine Wirtschaftlichkeitsberechnung, die zur Beurteilung der Wirtschaftlichkeit des Herstellungsvorgangs für den Bauherrn erstellt worden ist.

Zu den sofort abziehbaren Werbungskosten gehören z. B. Entgeltsanteile für

- eine Wirtschaftlichkeitsberechnung, die Finanzierungszwecken des Bauherrn zu dienen bestimmt ist,
- Leistungen, die den Vermietungsbereich betreffen,
- Leistungen, die den Betreuungsbereich nach Fertigstellung des Objekts (z. B. Abschluss von Wartungsverträgen) betreffen.

Nach allgemeiner Erfahrung können den Werbungskosten ein Achtel der Gebühren für die wirtschaftliche Betreuung, in aller Regel jedoch nicht mehr als 0,5 v. H. des Gesamtaufwands genannten Aufwendungen zugeordnet werden. Nicht zu den Gesamtaufwendungen gehören die in den RdNr. 15 und RdNr. 23 genannten Aufwendungen. Der nicht als Werbungskosten anzuerkennende Teil der Gebühren für die wirtschaftliche Baubetreuung ist anteilig den Herstellungskosten des Gebäudes oder der Eigentumswohnung und den Anschaffungskosten zuzuordnen.

– Bürgschaftsgebühren für die Zwischen- und Endfinanzierung, Ausbietungsgarantie

Neben den Voraussetzungen der RdNr. 17 2. Absatz ist eine weitere vom Anleger darzulegende Voraussetzung für die Anerkennung der im Zusammenhang mit der Finanzierung stehenden Gebühren, dass die selbstschuldnerische Garantie oder Bürgschaft vom Darlehensgläubiger nachweislich gefordert und bei diesem auch hinterlegt worden ist. Gebühren für die Übernahme von Bürgschaftsverpflichtungen gegenüber dem Kreditgeber zur Sicherstellung der Zwischenfinanzierung können unabhängig von der Zahl der Bürgen in Höhe einer banküblichen Avalprovision (insgesamt 2 v. H. jährlich des verbürgten und zugesagten Betrags) den Werbungskosten zugerechnet werden. Mit Rücksicht auf die übrigen bestehenden Sicherungen können Gebühren für die Übernahme der Bürgschaft für die Endfinanzierung und der Ausbietungsgarantie einmalig, d. h. für den gesamten Zeitraum und unabhängig von der Zahl der Bürgen und Garantiegeber, in Höhe von insgesamt 0,5 v. H. der in Anspruch genommenen Darlehensmittel den Werbungskosten zugerechnet werden. Der nicht als Werbungskosten anzuerkennende Teil dieser Gebühren ist anteilig den Herstellungskosten des Gebäudes oder der Eigentumswohnung und den Anschaffungskosten zuzuordnen.

– Gebühren für die Preissteigerungs-, Kosten-, Vertragsdurchführungs-(Fertigstellungs-)Garantie

Vergütungen für die Übernahme solcher Garantien gegenüber dem Bauherrn sind keine sofort abziehbaren Werbungskosten. Sie sind grundsätzlich den Herstellungskosten des Gebäudes oder

26

27

28

der Eigentumswohnung zuzurechnen. Gebühren für die Vertragsdurchführungsgarantie gehören in den Fällen, in denen die Garantie z. B. auf die Werbung von Bauinteressenten gerichtet ist, anteilig zu den Herstellungskosten des Gebäudes oder der Eigentumswohnung und den Anschaffungskosten. Bezieht sich bei der Herstellung von Eigentumswohnungen die Garantie auf die Finanzierung des gesamten Bauvorhabens, handelt es sich in der Regel um eine Vertragsdurchführungsgarantie, so dass die Kosten hierfür anteilig zu den Herstellungskosten des Gebäudes oder der Eigentumswohnung und den Anschaffungskosten gehören.

29   Als Werbungskosten kommen darüber hinaus Aufwendungen in Betracht, die nach den Grundsätzen der RdNr. 12 bis 20 sofort abziehbar sind. Soweit Gebühren im Sinne von RdNr. 17 bis RdNr. 19 nicht als Werbungskosten anerkannt werden können, gehören die Kosten anteilig zu den Herstellungskosten des Gebäudes oder der Eigentumswohnung und den Anschaffungskosten.

2. Anwendung der Grundsätze bei anderen Wirtschaftsgütern

30   Die vorstehenden Grundsätze gelten entsprechend, wenn Gegenstand des Gesamtobjekts oder des vergleichbaren Modells mit nur einem Kapitalanleger nicht eine Immobilie, sondern ein anderes Wirtschaftsgut ist.

II. Geschlossene Fonds

31   [1)2)]Die nachstehenden Regelungen gelten im Grundsatz für alle Fonds. Die ertragsteuerliche Behandlung von Film- und Fernsehfonds richtet sich im Einzelnen nach den BMF-Schreiben vom 23. Februar 2001 (BStBl I S. 175) und vom 5. August 2003 (BStBl I S. 406).

1. Einkunftserzielung

32   Erfüllt ein geschlossener Fonds in der Rechtsform der Personengesellschaft in der gesellschaftsrechtlichen Verbundenheit seiner Gesellschafter den Tatbestand der Einkunftserzielung, ist auf der Ebene der Gesellschaft zu entscheiden, ob Aufwendungen, die die Gesellschaft trägt, Herstellungskosten, Anschaffungskosten, Betriebsausgaben oder Werbungskosten sind. Der auf der Ebene der Gesellschaft ermittelte Überschuss der Einnahmen über die Werbungskosten oder der Gewinn ist den einzelnen Gesellschaftern zuzurechnen (vgl. BFH-Beschluss vom 19. August 1986, BStBl 1987 II S. 212 m. w. N.).

2. Erwerbereigenschaft eines Fonds auf Grund fehlender wesentlicher Einflussnahmemöglichkeiten

33   Ein geschlossener Fonds ist nach den Grundsätzen der BFH-Urteile zur ertragsteuerlichen Behandlung der Eigenkapitalvermittlungsprovision und anderer Gebühren vom 8. Mai 2001 (BStBl II S. 720) und vom 28. Juni 2001 (BStBl II S. 717) immer dann als Erwerber anzusehen, wenn der Initiator der Gesellschaft ein einheitliches Vertragswerk vorgibt und die Gesellschafter in ihrer gesellschaftsrechtlichen Verbundenheit keine Möglichkeit besitzen, hierauf Einfluss zu nehmen.

34   Für die Herstellereigenschaft ist es wegen der besonderen Konzeption geschlossener Fonds bei gewerblichen Fonds erforderlich, dass die Mitwirkungsrechte der Gesellschafter über die zur Anerkennung der Mitunternehmereigenschaft nach § 15 Abs. 1 Satz 1 Nr. 2 EStG geforderte Initiative hinausgehen; auch bei vermögensverwaltenden Fonds müssen die Mitwirkungsrechte weiter gehen als die einem Kommanditisten nach dem HGB zustehenden Rechte. Wesentliche Einflussnahmemöglichkeiten entstehen nicht bereits dadurch, dass der Initiator als Gesellschafter oder Geschäftsführer für den Fonds gehandelt hat oder handelt. Die Einflussnahmemöglichkeiten müssen den Gesellschaftern selbst gegeben sein, die sie innerhalb des Fonds im Rahmen der gesellschaftsrechtlichen Verbundenheit ausüben. Eine Vertretung durch bereits konzeptionell vorbestimmte Dritte (z. B. Treuhänder, Beiräte) reicht nicht aus. Einem von den Gesellschaftern selbst aus ihrer Mitte bestimmten Beirat oder einem vergleichbaren Gremium dürfen weder der Initiator noch Personen aus dessen Umfeld angehören. Über die Einrichtung und Zusammensetzung eines Beirats dürfen allein die Gesellschafter frühestens zu einem Zeitpunkt entscheiden, in dem mindestens 50 v. H. des prospektierten Kapitals eingezahlt ist.

35   Eine ausreichende Einflussnahmemöglichkeit ist gegeben, wenn der Fonds rechtlich und tatsächlich in der Lage ist, wesentliche Teile des Konzepts zu verändern. Das kann auch dann bejaht werden, wenn Entscheidungsalternativen für die wesentlichen Konzeptbestandteile angeboten werden. Allein die Zustimmung zu den vom Initiator vorgelegten Konzepten oder Vertragsentwürfen bedeutet keine ausreichende Einflussnahme. Die Gesellschafter müssen vielmehr über die wesentlichen Vertragsgestaltungen und deren Umsetzung tatsächlich selbst bestimmen können.

36   **Die Einflussnahmemöglichkeiten dürfen auch faktisch nicht ausgeschlossen sein.**

---

1) Zu Windkraftfonds: → auch BFH vom 14. 4. 2011 (BStBl II S. 706).
2) Zu Schiffsfonds: → auch BFH vom 14. 4. 2011 (BStBl II S. 709).

Die Umsetzung der wesentlichen Konzeptbestandteile und Abweichungen hiervon sind durch geeignete Unterlagen vollständig zu dokumentieren. 37

3. Rechtliche Einordnung der von einem Fonds ohne wesentliche Einflussnahmemöglichkeiten der Anleger aufzubringenden Kosten

a) Anschaffungskosten

Zu den Anschaffungskosten des Fonds gehören grundsätzlich alle Aufwendungen, die im wirt- 38 schaftlichen Zusammenhang mit der Abwicklung des Projekts in der Investitionsphase anfallen. RdNr. 9 gilt entsprechend. Ohne Bedeutung ist in diesem Zusammenhang, ob diese Aufwendungen von dem Gesellschafter unmittelbar geleistet werden oder ob ein Teil seiner Einlage mit oder ohne sein Wissen für diese Zahlungen verwendet wird. Unbeachtlich ist weiterhin, ob diese Aufwendungen an den Initiator des Projektes oder an Dritte gezahlt werden. Zu den Anschaffungskosten gehören darüber hinaus stets Haftungs- und Geschäftsführungsvergütungen für Komplementäre, Geschäftsführungsvergütungen bei schuldrechtlichem Leistungsaustausch und Vergütungen für Treuhandkommanditisten, soweit sie auf die Investitionsphase entfallen.

b) Betriebsausgaben oder Werbungskosten

Aufwendungen, die nicht auf den Erwerb des ggf. sanierten oder modernisierten Wirtschaftsguts 39 gerichtet sind und die auch der (Einzel-)Erwerber außerhalb einer Fondsgestaltung als Betriebsausgaben oder Werbungskosten abziehen könnte, sind nicht den Anschaffungskosten des Objekts zuzurechnen.

Für den Abzug von Betriebsausgaben oder Werbungskosten gelten RdNrn. 5 bis 7 und 11 bis 20 40 entsprechend. Die in RdNr. 11 (letzter Gliederungspunkt) aufgeführte rechtliche und tatsächliche Abwahlmöglichkeit der Leistung muss den Anlegern in ihrer gesellschaftsrechtlichen Verbundenheit gegeben sein.

4. Rechtliche Einordnung der von einem Fonds mit wesentlichen Einflussnahmemöglichkeiten der Anleger aufzubringenden Kosten

Haben die Anleger eines geschlossenen Fonds wesentliche Einflussnahmemöglichkeiten im 41 Sinne der RdNr. 33 bis 37, richtet sich die Abgrenzung zwischen Erwerber- und Herstellereigenschaft nach den allgemeinen Grundsätzen zu § 6 Abs. 1 Nr. 1 EStG.

a) Herstellungs-, Modernisierungs- oder Sanierungsfonds

Für die Abgrenzung der Anschaffungskosten, Herstellungskosten und sofort abziehbaren Wer- 42 bungskosten sowie Betriebsausgaben bei einem Fonds, der ein Wirtschaftsgut herstellt oder modernisiert sowie saniert, gelten die Ausführungen in RdNr. 5 bis 7 sowie 21 bis 29 entsprechend. In Fällen der Instandsetzung und Modernisierung von Gebäuden gilt zusätzlich das BMF-Schreiben vom 18. Juli 2003, BStBl I S. 386[1]). Ferner können insbesondere folgende Aufwendungen sofort abziehbare Werbungskosten sein:

aa) Eigenkapitalvermittlungsprovisionen

[2])Provisionen, die die Fondsgesellschaft für die Vermittlung des Eintritts von Gesellschaftern zahlt, 43 sind in der Regel Betriebsausgaben oder Werbungskosten (BFH-Urteil vom 24. Juli 1987, BStBl II S. 810). Bemessungsgrundlage ist das jeweils vermittelte Eigenkapital. Hierzu gehören neben der Einlage des Gesellschafters auch ein an die Gesellschaft zu leistendes Agio sowie ein Gesellschafterdarlehen, wenn es eigenkapitalähnlichen Charakter hat. Das ist grundsätzlich der Fall, wenn das Darlehen derselben zeitlichen Bindung wie die Gesellschaftereinlage unterliegt und zur Erreichung des Gesellschaftszwecks notwendig ist. Ist bei Refinanzierung der Einlage oder des Gesellschafterdarlehens das Refinanzierungsdarlehen durch Gesellschaftsvermögen gesichert, gehören die Beträge nur zum Eigenkapital, soweit das Refinanzierungsdarlehen gleichzeitig durch Vermögen des Gesellschafters tatsächlich gesichert ist. Provisionen von bis zu insgesamt höchstens 6 v. H. des vermittelten Eigenkapitals können den Betriebsausgaben oder Werbungskosten zugerechnet werden. Damit sind sämtliche Vertriebsleistungen Dritter, die auf die Werbung von Gesellschaftern gerichtet und nicht den Anschaffungs- oder Herstellungskosten zuzurechnen sind, abgegolten. Hierzu gehören insbesondere die Aufwendungen für die Prospekterstellung, Prospektprüfung und Übernahme der Prospekthaftung, für den Außenvertrieb, für Werbung und für Marketing. Der nicht als Betriebsausgaben oder Werbungskosten anzuerkennende Teil der Eigenkapitalvermittlungsprovision ist gegebenenfalls anteilig den Anschaffungs- oder Herstellungskosten des Objekts zuzuordnen.

---

[1]) → Anhang 19 IV.
[2]) Bestätigt durch BFH vom 14. 4. 2011 (BStBl II S. 706).

bb) Haftungs- und Geschäftsführungsvergütungen für Komplementäre

44 Vergütungen, die der Komplementär für die Übernahme der Haftung oder Geschäftsführung aufgrund gesellschaftsrechtlich wirksamer Vereinbarung erhält, mindern, soweit sie nicht unangemessen sind, die Ergebnisanteile der übrigen Gesellschafter (vgl. BFH-Urteil vom 7. April 1987, BStBl II S. 707). Die Haftungsvergütungen können wie Bürgschaftsgebühren entsprechend RdNr. 27 behandelt werden, soweit die dort genannten Höchstbeträge noch nicht ausgeschöpft sind. Wegen der steuerlichen Behandlung der Geschäftsführungsvergütung vgl. RdNr. 45.

cc) Geschäftsführungsvergütungen bei schuldrechtlichem Leistungsaustausch

45 Vergütungen, die ein Gesellschafter für die Übernahme der Geschäftsführung erhält, können wie entsprechende Leistungen an einen Nichtgesellschafter auf einem schuldrechtlichen Leistungsaustausch beruhen (zur Abgrenzung vgl. BFH, Urteil vom 13. Oktober 1998, BStBl 1999 II S. 284, und Urteil vom 23. Januar 2001, BStBl II S. 621). In diesem Fall kommt ein Betriebsausgaben- oder Werbungskostenabzug auf der Gesellschaftsebene in Betracht. Die Geschäftsführung während der Investitionsphase betrifft im Wesentlichen die Tätigkeiten i. S. der RdNr. 25 und 26. Hierzu zählen z. B. auch die „Verwaltung" der Gesellschaft, die Mittelverwaltung und die „Buchführung", die Unterrichtung der Beteiligten über den Fortgang des Projekts und die Einberufung von Gesellschafterversammlungen (Gesellschafterbetreuung). Diese Tätigkeiten sind untrennbar mit der Erstellung des Fondsobjekts verbunden. Die während der Investitionsphase geleisteten Geschäftsführungsvergütungen einschließlich der auf die Zeit nach Abschluss der Investition entfallenden Beträge sind in dem Verhältnis aufzuteilen, in dem die Geschäftsführungstätigkeit die Baubetreuung und die Treuhandtätigkeit im Sinne der **RdNr. 25 und** 26 betrifft. Die jeweiligen Anteile sind gegebenenfalls mit weiteren für die Baubetreuung oder Treuhandtätigkeit gezahlten Gebühren zusammenzufassen und nach den Grundsätzen der RdNr. 25 und 26 zu behandeln.

b) Erwerberfonds

46 Für die Abgrenzung der Anschaffungskosten von den sofort abziehbaren Werbungskosten oder Betriebsausgaben bei einem Fonds, der ein fertig gestelltes und nutzungsbereites Wirtschaftsgut erwirbt, gelten die Ausführungen in RdNr. 38 bis 40 entsprechend. Die von der Gesellschaft zu zahlende Eigenkapitalvermittlungsprovision ist nach den Grundsätzen der Rdr. 43 zu behandeln.

c) Konzeptionsgebühren und Platzierungsgarantiegebühren

47 Konzeptionsgebühren und Platzierungsgarantiegebühren gehören nicht zu den Betriebsausgaben oder Werbungskosten (vgl. RdNr. 23 und 24 sowie BFH-Beschluss vom 19. August 1986, a. a. O.).

d) Kosten für die Vertretung der Gesellschafter

48 Vergütungen, die Gesellschafter für die Wahrnehmung ihrer Interessen in der Gesellschaft an Dritte zahlen, sind entsprechend der tatsächlichen Gegenleistung in Anschaffungskosten, Herstellungskosten und sofort abziehbare Werbungskosten oder Betriebsausgaben aufzuteilen. Soweit sie den Anschaffungskosten oder Herstellungskosten zuzuordnen sind, sind sie in einer Ergänzungsrechnung zu erfassen oder in einer Ergänzungsbilanz zu aktivieren. Soweit sie sofort abziehbare Werbungskosten oder Betriebsausgaben darstellen, sind sie Sonderwerbungskosten oder Sonderbetriebsausgaben des betreffenden Gesellschafters. Werden diese Kosten gemäß Gesellschafterbeschluss von der Gesellschaft übernommen, ist die Aufteilung auf der Ebene der Gesamthand vorzunehmen.

e) Späterer Beitritt von Gesellschaftern

49 Aufwendungen, die vor dem Beitritt eines Gesellschafters zu einer Fondsgesellschaft rechtlich entstanden und gezahlt worden sind, gehören bei dem Gesellschafter zu den Anschaffungskosten. Rechtlich entstandene Aufwendungen, die nach dem Beitritt eines Gesellschafters von der Gesellschaft gezahlt werden und bei der Ermittlung der Einkünfte auf der Ebene der Gesellschaft den Betriebsausgaben oder Werbungskosten zuzurechnen sind, sind bei dem neu eingetretenen Gesellschafter Betriebsausgaben oder Werbungskosten, wenn er mit ihnen belastet wird (vgl. BFH-Beschluss vom 19. August 1986, a. a. O.).

III. Erstmalige Anwendung

50 Dieses Schreiben ist in allen Fällen anzuwenden, in denen ein bestandskräftiger Steuerbescheid noch nicht vorliegt. Soweit die Anwendung der RdNr. 15 und 26 dieses Schreibens zu einem Nachteil gegenüber der bisherigen Verwaltungsauffassung oder der Steuerfestsetzung führt, ist dieses Schreiben erstmals für Darlehensverträge und Baubetreuungsverträge anzuwenden, die nach dem 31. Dezember 2003 abgeschlossen werden. Soweit die Anwendung dieser Grundsätze im Übrigen

zu einer Verschärfung der Besteuerung gegenüber der bisher geltenden Verwaltungspraxis führt, sind die Grundsätze nicht anzuwenden, wenn der Außenvertrieb der Fondsanteile vor dem 1. September 2002 begonnen hat und der Steuerpflichtige dem Fonds vor dem 1. Januar 2004 beitritt. Der Außenvertrieb beginnt in dem Zeitpunkt, in dem die Voraussetzungen für die Veräußerung der konkret bestimmbaren Fondsanteile erfüllt sind und die Gesellschaft selbst oder über ein Vertriebsunternehmen mit Außenwirkung an den Markt herangetreten ist.

Die BMF-Schreiben vom 31. August 1990 (BStBl I S. 366), vom 1. März 1995 (BStBl I S. 167), vom 24. Oktober 2001 (BStBl I S. 780) und vom 29. November 2002 (BStBl I S. 1388) werden aufgehoben.   51

II.
Einkunftserzielung bei den Einkünften aus Vermietung und Verpachtung

Bezug: BMF-Schreiben vom 23. Juli 1992 (BStBl I S. 434), vom 29. Juli 2003 (BStBl I S. 405)
vom 15. August 2003 (BStBl I S. 427) und vom 20. November 2003 (BStBl I S. 640)

BMF vom 8. 10. 2004 (BStBl I S. 933)
IV C 3 – S 2253 – 91/04

Nach dem Beschluss des Großen Senats vom 25. Juni 1984 (BStBl 1984 II S. 751) setzt eine einkommensteuerrechtlich relevante Betätigung oder Vermögensnutzung im Bereich der Überschusseinkünfte die Absicht voraus, auf Dauer gesehen nachhaltig Überschüsse zu erzielen.

Bei den Einkünften aus Vermietung und Verpachtung ist nach ständiger Rechtsprechung des Bundesfinanzhofs (vgl. BFH-Urteil vom 30. September 1997, BStBl 1998 II S. 771, m. w. N.) bei einer auf Dauer angelegten Vermietungstätigkeit grundsätzlich ohne weitere Prüfung vom Vorliegen der Einkunftserzielungsabsicht auszugehen.[1]   1

Dies gilt nur dann nicht, wenn besondere Umstände oder Beweisanzeichen gegen das Vorliegen einer Einkunftserzielungsabsicht sprechen oder besondere Arten der Nutzung für sich allein Beweisanzeichen für eine private, nicht mit der Erzielung von Einkünften zusammenhängende Veranlassung sind[2)3)4)5)].   2

Zur einkommensteuerlichen Ermittlung der Einkünfte aus Vermietung und Verpachtung hat der Bundesfinanzhof mit Urteilen vom 21. November 2000 (BStBl 2001 II S. 705), 6. November 2001 (BStBl II 2002 S. 726), 9. Juli 2002 (BStBl 2003 II S. 580u. S. 695), 5. November 2002 (BStBl 2003 II S. 646u. S. 914), 9. Juli 2003 (BStBl 2003 II S. 940) und vom 22. Juli 2003 (BStBl 2003 II S. 806) seine Rechtsprechung weiter präzisiert.   3

Unter Bezugnahme auf das Ergebnis der Erörterungen mit den obersten Finanzbehörden des Bundes und der Länder sind die Grundsätze dieser Urteile mit folgender Maßgabe anzuwenden:

1. Auf Dauer angelegte Vermietungstätigkeit

Eine Vermietungstätigkeit ist auf Dauer angelegt, wenn sie nach den bei Beginn der Vermietung ersichtlichen Umständen keiner Befristung unterliegt (vgl. aber RdNr. 28). Hat der Steuerpflichtige den Entschluss, auf Dauer zu vermieten, endgültig gefasst, gelten die Grundsätze des Urteils vom 30. September 1997 (RdNr. 1) für die Dauer seiner Vermietungstätigkeit auch dann, wenn er das bebaute Grundstück später auf Grund eines neu gefassten Entschlusses veräußert (BFH-Urteil vom 9. Juli 2002, BStBl 2003 II S. 580, m. w. N.).   4

---

[1] Diese Grundsätze gelten nur für die Vermietung von Wohnungen (auch wenn der Mieter das Objekt nicht zu Wohnzwecken nutzt), nicht indes für die Vermietung von Gewerbeobjekten (→ BFH vom 20. 7. 2010 – BStBl II S. 1038) und für die Vermietung unbebauter Grundstücke (→ BFH vom 1. 4. 2009 – BStBl II S. 776).

[2] Zu einer Wohnung in einem aufwändig gestalteten oder ausgestatteten Wohnhaus, deren besonderen Wohnwert die Marktmiete nicht angemessen berücksichtigt → BFH vom 6. 10. 2004 (BStBl 2005 II S. 386).

[3] Aus der Umstand, dass der Stpfl. die Anschaffungskosten oder Herstellungskosten des Vermietungsobjekts sowie anfallende Schuldzinsen mittels Darlehen finanziert, die zwar nicht getilgt, indes bei Fälligkeit durch den Einsatz von parallel laufenden Lebensversicherungen abgelöst werden sollen, führt nicht dazu, dass bei einer auf Dauer angelegten Vermietungstätigkeit die Einkünfteerzielungsabsicht zu prüfen ist (→ BFH vom 19. 4. 2005 – BStBl II S. 692 und vom 19. 4. 2005 – BStBl II S. 754).

[4] Die Einkunftserzielungsabsicht ist bei langfristiger Vermietung jedoch zu prüfen, wenn der Stpfl. die Anschaffungs- oder Herstellungskosten des Vermietungsobjekts sowie anfallende Schuldzinsen fremdfinanziert und somit Zinsen auflaufen lässt, ohne dass durch ein Finanzierungskonzept von vornherein deren Kompensation durch spätere positive Ergebnisse vorgesehen ist (→ BFH vom 10. 5. 2007 – BStBl II S. 873).

[5] Bei der Vermietung mehrerer Objekte (Gebäude und Gebäudeteile), die sich auf einem Grundstück befinden, bezieht sich die Prüfung der Einkünfteerzielungsabsicht auf jedes einzelne Objekt (→ BFH vom 1. 4. 2009 – BStBl II S. 776). Auch bei Vorliegen eines einheitlichen Mietvertrags ist die Einkünfteerzielungsabsicht für jedes einzelne vermietete Objekt gesondert zu prüfen (→ BFH vom 26. 11. 2008 – BStBl 2009 II S. 370).

2. Gegen die Einkunftserzielungsabsicht sprechende Beweisanzeichen

a) Nicht auf Dauer angelegte Vermietungstätigkeit

5   Hat sich der Steuerpflichtige nur für eine vorübergehende Vermietung entschieden, wie es regelmäßig bei der Beteiligung an einem Mietkaufmodell (BFH-Urteil vom 9. Februar 1993, BStBl 1993 II S. 658) oder einem Bauherrenmodell mit Rückkaufangebot oder Verkaufsgarantie (BFH-Urteil vom 22. April 1997, BStBl II S. 650, m. w. N.) der Fall ist, bildet dies ein gegen die Einkunftserzielungsabsicht sprechendes Beweisanzeichen, wenn voraussichtlich Werbungskostenüberschüsse erzielt werden. Gleiches gilt auch außerhalb modellhafter Gestaltungen, wenn sich der Steuerpflichtige bei der Anschaffung oder Herstellung noch nicht endgültig entschieden hat, ob er das Grundstück langfristig vermieten will.[1]

6   Liegen Umstände vor, aus denen geschlossen werden kann, dass sich der Steuerpflichtige die Möglichkeit ausbedungen oder offen gehalten hat, das Mietobjekt innerhalb einer bestimmten Frist, innerhalb der er einen positiven Gesamtüberschuss nicht erzielen kann, unabhängig von einer Zwangslage zu verkaufen oder nicht mehr zur Einkunftserzielung zu nutzen, ist die Einkunftserzielungsabsicht zu verneinen. Beweisanzeichen hierfür können zum Beispiel der Abschluss eines entsprechenden Zeitmietvertrages, einer entsprechenden kurzen Fremdfinanzierung oder die Suche nach einem Käufer schon kurze Zeit nach Anschaffung oder Herstellung des Gebäudes sein. Gleiches gilt für den Fall der Kündigung eines bestehenden Mietverhältnisses, in das der Steuerpflichtige mit der Anschaffung des Objekts eingetreten ist (zur Anwendung vgl. RdNr. 41). Die Inanspruchnahme von Sonderabschreibungen oder erhöhten Absetzungen bei Gebäuden reicht zur Widerlegung der Einkunftserzielungsabsicht allein nicht aus.

7   Ein gegen die Einkunftserzielungsabsicht sprechendes Beweisanzeichen liegt auch dann vor, wenn der Steuerpflichtige ein bebautes Grundstück oder eine Wohnung innerhalb eines engen zeitlichen Zusammenhangs – von in der Regel bis zu fünf Jahren – seit der Anschaffung oder Herstellung veräußert oder selbst nutzt und innerhalb dieser Zeit nur einen Werbungskostenüberschuss erzielt.[2] Je kürzer der Abstand zwischen der Anschaffung oder Errichtung des Objekts und der nachfolgenden Veräußerung oder Selbstnutzung ist, umso mehr spricht dies gegen eine auf Dauer angelegte Vermietungstätigkeit und für eine von vornherein bestehende Veräußerungs- oder Selbstnutzungsabsicht (BFH-Urteile vom 9. Juli 2002).[3][4]

Beispiel:

A erwirbt mit Wirkung vom Januar 01 eine gebrauchte Eigentumswohnung, die er zunächst fremdvermietet. Ende Juli 03 kündigt er das Mietverhältnis mit Ablauf des 31. Dezember 03 wegen Eigenbedarf. Nach Durchführung von Renovierungsarbeiten für insgesamt 30 000 € zieht A selbst in das Objekt ein.

Dass A das Mietobjekt innerhalb von fünf Jahren seit der Anschaffung tatsächlich selbst nutzt, spricht gegen eine auf Dauer angelegte Vermietungstätigkeit. Kann A Umstände darlegen und nachweisen, die dafür sprechen, dass er den Entschluss zur Selbstnutzung erst nachträglich (neu) gefasst hat, ist anhand einer Prognose zu prüfen, ob er aus der befristeten Vermietung einen Totalüberschuss erzielen kann. Diese Prognose bezieht sich grundsätzlich auf die Zeit bis einschließlich Dezember 03. Die Kosten der erst nach Beendigung der Vermietungstätigkeit durchgeführten Renovierungsmaßnahme können nicht als Werbungskosten abgezogen werden und sind daher auch nicht zusätzlich in diese Prüfung einzubeziehen.

8   Selbstnutzung ist gegeben, wenn der Steuerpflichtige die Wohnung selbst nutzt oder sie unentgeltlich Dritten zur Nutzung überlässt.

9   Die objektive Beweislast (Feststellungslast) für das Vorliegen der Einkunftserzielungsabsicht trägt der Steuerpflichtige. Er kann das gegen die Einkunftserzielungsabsicht sprechende Beweisanzeichen erschüttern, indem er Umstände schlüssig darlegt und ggf. nachweist, die dafür sprechen, dass er den Entschluss zur Veräußerung oder zur Selbstnutzung erst nachträglich gefasst hat (BFH-Urteil vom 9. Juli 2002, BStBl 2003 II S. 695).

10   Stellt sich das Fehlen einer Einkunftserzielungsabsicht (als Haupttatsache) erst zu einem späteren Zeitpunkt heraus, etwa durch nachträglich bekannt gewordene oder entstandene negative Beweis-

---

1) Soll nach dem Konzept eines geschlossenen Immobilienfonds in der Rechtsform einer Personengesellschaft die Vermietungstätigkeit des Fonds nur 20 Jahre umfassen, ist sie nicht auf Dauer ausgerichtet (→ BFH vom 2. 7. 2008 – BStBl II S. 815).

2) Auch die Veräußerung innerhalb eines engen zeitlichen Zusammenhangs seit der Anschaffung/Herstellung an eine die Vermietung der Immobilie fortführende gewerblich geprägte Personengesellschaft, an der der bisherige Vermieter selbst beteiligt ist, spricht gegen die Einkünfteerzielungsabsicht (→ BFH vom 9. 3. 2011 – BStBl II S. 704).

3) Allein der Abschluss eines Mietvertrages auf eine bestimmte Zeit rechtfertigt noch nicht den Schluss, auch die Vermietungstätigkeit sei nicht auf Dauer ausgerichtet. Wird bereits im Mietvertrag die Befristung mit einer ausdrücklich erklärten Selbstnutzungs- oder Verkaufsabsicht verknüpft, spricht dies gegen eine auf Dauer angelegte Vermietung (→ BFH vom 14. 12. 2004 – BStBl 2005 II S. 211).

4) Anm.: Keine befristete Vermietungstätigkeit bei bloß indifferenten Überlegungen einer möglichen Selbstnutzung → BFH vom 2. 4. 2008 (BFH/NV 2008, S. 1323).

anzeichen (als Hilfstatsachen), kommt eine Änderung bestandskräftiger Steuerbescheide nach § 173 Abs. 1 Nr. 1 AO in Betracht (vgl. BFH-Urteil vom 6. Dezember 1994, BStBl 1995 II S. 192).

b) Verbilligte Überlassung einer Wohnung

Nach § 21 Abs. 2 EStG ist die Nutzungsüberlassung in einen entgeltlichen und in einen unentgelt- 11
lichen Teil aufzuteilen, wenn das Entgelt für die Überlassung einer Wohnung zu Wohnzwecken
(Kaltmiete und gezahlte Umlagen) weniger als 56 v. H. (bis einschließlich Veranlagungszeitraum
2003: 50 v. H.) der ortsüblichen Marktmiete beträgt.

Der Bundesfinanzhof hat mit Urteil vom 5. November 2002 (BStBl 2003 II S. 646) eine Aufteilung
auch für Mieten von mindestens 50 v. H. der ortsüblichen Marktmiete (vgl. R 162 EStR[1]) vorgenommen, wenn die auf Grund einer verbilligten Vermietung angezeigte Überschussprognose
zur Überprüfung der Einkunftserzielungsabsicht negativ ist.

Bei einer langfristigen Vermietung ist grundsätzlich vom Vorliegen einer Einkunftserzielungsabsicht 12
auszugehen, wenn das Entgelt nicht weniger als 75 v. H. der ortsüblichen Marktmiete beträgt.

Beträgt das Entgelt 56 v. H. und mehr, jedoch weniger als 75 v. H. der ortsüblichen Marktmiete, ist 13
die Einkunftserzielungsabsicht anhand einer Totalüberschussprognose zu prüfen (vgl. RdNr. 37).
Führt diese zu positiven Ergebnissen, sind die mit der verbilligten Vermietung zusammenhängenden Werbungskosten in voller Höhe abziehbar. Ist die Überschussprognose negativ, muss die Vermietungstätigkeit in einen entgeltlichen und einen unentgeltlichen Teil aufgeteilt werden. Die
anteilig auf den entgeltlichen Teil entfallenden Werbungskosten sind abziehbar.

Bei Überlassung eines Mietobjekts zu einem Entgelt, das unter 56 v. H. der ortsüblichen Markt- 14
miete liegt, ist die Nutzungsüberlassung in einen entgeltlichen und in einen unentgeltlichen Teil
aufzuteilen. Die geltend gemachten Aufwendungen sind insoweit zu berücksichtigen, als sie auf
den entgeltlichen Teil entfallen. In diesem Fall entfällt die Prüfung der Einkunftserzielungsabsicht
in Bezug auf die verbilligte Miete (BFH-Urteil vom 22. Juli 2003, BStBl II S. 806).[2]

Für die Beurteilung der Einkunftserzielungsabsicht ist es ohne Belang, ob an fremde Dritte oder an 15
Angehörige verbilligt vermietet wird.

c) Vermietung von Ferienwohnungen

– Ausschließliche Vermietung

Bei einer ausschließlich an wechselnde Feriengäste vermieteten und in der übrigen Zeit hierfür 16
bereit gehaltenen Ferienwohnung ist ohne weitere Prüfung von der Einkunftserzielungsabsicht
des Steuerpflichtigen auszugehen. Diese Grundsätze gelten unabhängig davon, ob das Steuerpflichtige die Ferienwohnung in Eigenregie oder durch Einschalten eines fremden Dritten vermietet (BFH-Urteile vom 21. November 2000 – BStBl 2001 II S. 705 – und vom 5. November 2002 –
BStBl 2003 II S. 914).[3]

Dem Steuerpflichtigen obliegt die Feststellungslast, dass ausschließlich eine Vermietung der Feri- 17
enwohnung vorliegt. Davon kann ausgegangen werden, wenn der Steuerpflichtige einen der folgenden Umstände glaubhaft macht:[4]

– Der Steuerpflichtige hat die Entscheidung über die Vermietung der Ferienwohnung einem ihm
  nicht nahe stehenden Vermittler (überregionaler Reiseveranstalter, Kurverwaltung o. a.) übertragen und eine Eigennutzung vertraglich für das gesamte Jahr ausgeschlossen.

– Die Ferienwohnung befindet sich im ansonsten selbst genutzten Zwei- oder Mehrfamilienhaus
  des Steuerpflichtigen oder in unmittelbarer Nähe zu seiner selbst genutzten Wohnung. Voraussetzung ist jedoch, dass die selbst genutzte Wohnung nach Größe und Ausstattung den Wohn-

---

1) Jetzt → R 21.3 EStR.
2) Die Einkunftserzielungsabsicht ist bei Vermietung einer Wohnung in einem aufwändig gestalteten oder
   ausgestatteten Wohnhaus zu prüfen. In die Überschussprognose sind die Werbungskosten nur in der Höhe
   des entgeltlichen Teils der Nutzungsüberlassung einzubeziehen, der dem Verhältnis der vereinbarten zur
   marktüblichen Miete entspricht. Wird ein Totalüberschuss im 30jährigen Prognosezeitraum nicht erzielt, ist
   der Werbungskostenabzug insgesamt zu versagen (→ BFH vom 6. 10. 2005 – BStBl 2005 II S. 386).
3) Bei einer ausschließlich an wechselnde Feriengäste vermieteten und in der übrigen Zeit hierfür bereitgehalten Ferienwohnung ist die Einkünfteerzielungsabsicht des Stpfl. ausnahmsweise anhand einer
   Prognose zu überprüfen, wenn das Vermieten die ortsübliche Vermietungszeit von Ferienwohnungen –
   ohne dass Vermietungshindernisse gegeben sind – erheblich unterschreitet; hiervon ist bei einem Unterschreiten von mindestens 25 % auszugehen; insoweit ist die in RdNr. 16 erwähnte Rechtsprechung überholt
   (→ BFH vom 26. 10. 2004 – BStBl 2005 II S. 388 und vom 24. 8. 2006 – BStBl 2007 II S. 256).
4) Bei einer ausschließlich an wechselnde Feriengäste vermieteten und in der übrigen Zeit hierfür bereitgehalten Ferienwohnung ist die Einkünfteerzielungsabsicht des Stpfl. ausnahmsweise anhand einer
   Prognose zu überprüfen, wenn das Vermieten die ortsübliche Vermietungszeit von Ferienwohnungen –
   ohne dass Vermietungshindernisse gegeben sind – erheblich unterschreitet; hiervon ist bei einem Unterschreiten von mindestens 25 % auszugehen; insoweit ist die in RdNr. 16 erwähnte Rechtsprechung überholt
   (→ BFH vom 26. 10. 2004 – BStBl 2005 II S. 388).

bedürfnissen des Steuerpflichtigen entspricht. Nur wenn die selbst genutzte Wohnung die Möglichkeit zur Unterbringung von Gästen bietet, kann davon ausgegangen werden, dass der Steuerpflichtige die Ferienwohnung nicht selbst nutzt.

– Der Steuerpflichtige hat an demselben Ort mehr als eine Ferienwohnung und nutzt nur eine dieser Ferienwohnungen für eigene Wohnzwecke oder in Form der unentgeltlichen Überlassung. Hiervon kann ausgegangen werden, wenn Ausstattung und Größe einer Wohnung auf die besonderen Verhältnisse des Steuerpflichtigen zugeschnitten sind.

– Die Dauer der Vermietung der Ferienwohnung entspricht zumindest dem Durchschnitt der Vermietungen in der am Ferienort üblichen Saison.

18 In den übrigen Fällen muss der Steuerpflichtige das Fehlen der Selbstnutzung schlüssig darlegen und ggf. nachweisen. Bei einer zu geringen Zahl der Vermietungstage muss der Steuerpflichtige die Absicht einer auf Dauer angelegten Vermietungstätigkeit durch entsprechend gesteigerte Werbemaßnahmen – z. B. durch häufige Zeitungsanzeigen – nachweisen.

19 Keine Selbstnutzung sind kurzfristige Aufenthalte des Steuerpflichtigen in der Ferienwohnung zu Wartungsarbeiten, Schlüsselübergabe an Feriengäste, Reinigung bei Mieterwechsel, allgemeiner Kontrolle, Beseitigung von durch Mieter verursachten Schäden, Durchführung von Schönheitsreparaturen oder Teilnahme an Eigentümerversammlungen. Begleiten den Steuerpflichtigen jedoch dabei Familienmitglieder oder Dritte oder dauert der Aufenthalt mehr als einen Tag, sind die dafür maßgebenden Gründe zu erläutern. Dabei ist schlüssig darzulegen und ggf. nachzuweisen, dass der (mehrtägige) Aufenthalt während der normalen Arbeitszeit vollständig mit Arbeiten für die Wohnung ausgefüllt war (BFH-Urteil vom 25. November 1993, BStBl 1994 II S. 350). Dies gilt insbesondere dann, wenn es sich um Aufenthalte während der am Ferienort üblichen Saison handelt.

20 Wird in einem späteren Veranlagungszeitraum die Ferienwohnung vermietet und (zeitweise) selbst genutzt (vgl. RdNr. 21), muss ab diesem Zeitpunkt eine Prüfung der Einkunftserzielungsabsicht erfolgen.

– Zeitweise Vermietung und zeitweise Selbstnutzung

21 Selbstnutzung ist gegeben, wenn der Steuerpflichtige die Wohnung selbst nutzt oder sie unentgeltlich Dritten zur Nutzung überlässt. Wird eine Ferienwohnung zeitweise vermietet und zeitweise selbst genutzt oder behält sich der Steuerpflichtige eine zeitweise Selbstnutzung vor, ist diese Art der Nutzung Beweisanzeichen für eine auch private, nicht mit der Einkunftserzielung zusammenhängende Veranlassung der Aufwendungen. In diesen Fällen ist die Einkunftserzielungsabsicht stets zu prüfen. Der Steuerpflichtige muss im Rahmen der ihm obliegenden Feststellungslast für die Anerkennung dieser Absicht objektive Umstände vortragen, auf Grund derer im Beurteilungszeitraum ein Totalüberschuss (s. RdNr. 39) erwartet werden konnte.

– Zuordnung der Leerstandszeiten

22 Hat der Steuerpflichtige die Selbstnutzung zeitlich beschränkt (z. B. bei der Vermietung durch einen Dritten), ist nur die vorbehaltene Zeit der Selbstnutzung zuzurechnen; im Übrigen ist die Leerstandszeit der Vermietung zuzuordnen. Ist die Selbstnutzung dagegen jederzeit möglich, sind die Leerstandszeiten im Wege der Schätzung entsprechend dem Verhältnis der tatsächlichen Selbstnutzung zur tatsächlichen Vermietung aufzuteilen.

23 Lässt sich der Umfang der Selbstnutzung nicht aufklären, ist davon auszugehen, dass die Leerstandszeiten der Ferienwohnung zu gleichen Teilen durch das Vorhalten zur Selbstnutzung und das Bereithalten zur Vermietung entstanden sind und damit die hierauf entfallenden Aufwendungen zu je 50 v. H. der Selbstnutzung und der Vermietung zuzuordnen sind.

d) Leerstehende Immobilie

24 Ein gegen die Einkunftserzielungsabsicht sprechendes Beweisanzeichen liegt dann vor, wenn sich der Steuerpflichtige bei Erwerb eines Objekts noch nicht entschieden hat, ob er dieses veräußern, selbst nutzen oder dauerhaft vermieten will (vgl. RdNr. 5). Sind zum Beispiel bei mehrjähriger Renovierung Bemühungen zur Fertigstellung der Baumaßnahmen nicht erkennbar, kann dies Beweisanzeichen für einen fehlenden Entschluss zur dauerhaften Vermietung sein. Hat sich der Steuerpflichtige jedoch zur dauerhaften Vermietung einer leer stehenden Wohnung entschlossen, gilt RdNr. 1 auch dann, wenn er die leer stehende Immobilie aufgrund eines neu gefassten Beschlusses selbst nutzt oder veräußert (siehe auch RdNr. 6).

Eine Einkunftserzielungsabsicht kann schon vor Abschluss eines Mietvertrags über eine leer stehende Wohnung vorliegen. Dementsprechend können bereits vor dem Anfall von Einnahmen Aufwendungen als vorab entstandene Werbungskosten abgezogen werden, sofern anhand objektiver Umstände festgestellt werden kann, dass der Steuerpflichtige den Entschluss zur dauerhaften Vermietung endgültig gefasst hat.[1]

[2]Steht eine Wohnung nach vorheriger auf Dauer angelegter Vermietung leer, sind Aufwendungen als Werbungskosten so lange abziehbar, wie der Steuerpflichtige den Entschluss, mit dieser Wohnung Einkünfte zu erzielen, nicht endgültig aufgegeben hat. Solange sich der Steuerpflichtige ernsthaft und nachhaltig um eine Vermietung der leer stehenden Wohnung bemüht – z. B. durch Einschaltung eines Maklers, fortgesetzte Zeitungsinserate u.ä. –, kann regelmäßig nicht von einer endgültigen Aufgabe der Einkunftserzielungsabsicht ausgegangen werden, selbst wenn er – z. B. wegen mehrjähriger Erfolglosigkeit einer Vermietung – die Wohnung zugleich zum Verkauf anbietet (BFH-Urteil vom 9. Juli 2003, BStBl II S. 940, m. w. N.).

Für die Ernsthaftigkeit und Nachhaltigkeit der Vermietungsbemühungen als Voraussetzungen der fortbestehenden Einkunftserzielungsabsicht trägt der Steuerpflichtige die Feststellungslast.

Beispiel:

B ist Eigentümer einer seit 15 Jahren zu ortsüblichen Konditionen vermieteten Eigentumswohnung. Nach dem Auszug des Mieters bemüht er sich nicht ernsthaft und nachhaltig um einen Nachmieter. Nach einer Leerstandszeit von zwei Jahren vermietet B die Wohnung zu einem auf 60 v. H. der ortsüblich erzielbaren Miete ermäßigten Mietzins an seine Schwester.

Während der Leerstandszeit fehlt es an einem ausreichend bestimmten wirtschaftlichen Zusammenhang mit der Erzielung von Einkünften aus Vermietung und Verpachtung. Als Folge der objektiven Ungewissheit über die Einkunftserzielungsabsicht muss der Werbungskostenabzug daher in diesem Zeitraum entfallen. Die spätere und auf Dauer angelegte Vermietung an die Schwester begründet zwar eine erneute Vermietungstätigkeit, die auf die vorangehende Leerstandszeit aber nicht zurückwirkt. Werbungskosten sind daher erst wieder von dem Zeitpunkt an abziehbar, zu dem sich der auf einer Absichtsänderung beruhende endgültige Vermietungsentschluss anhand objektiver Umstände feststellen lässt.

Infolge der gewährten Verbilligung ist zusätzlich festzustellen, ob B über die Dauer dieses Mietverhältnisses, regelmäßig innerhalb eines Zeitraums von 30 Jahren seit Abschluss des Mietvertrags ein positives Gesamtergebnis erzielen kann. Weder die aus der ursprünglichen Fremdvermietung erzielten Erträge noch die der Leerstandszeit zuzurechnenden und steuerrechtlich irrelevanten Aufwendungen fließen in diese Prüfung ein (vgl. RdNr. 34 1. Tiret).

e) Entstehen oder Wegfall der Einkunftserzielungsabsicht

Die Einkunftserzielungsabsicht kann zu einem späteren Zeitpunkt sowohl begründet werden als auch wegfallen (BFH-Urteil vom 5. November 2002, BStBl 2003 II S. 914, m. w. N.). Deshalb ist z. B. bei Umwandlung eines ausdrücklich mit Veräußerungs- oder Selbstnutzungsabsicht vereinbarten befristeten Mietvertrags in ein unbefristetes Mietverhältnis oder bei erneuter Vermietung dieser Immobilie nach Auszug des Mieters erneut zu prüfen, ob eine dauernde Vermietungsabsicht vorliegt. Entsprechend ist bei Vereinbarung eines befristeten Mietverhältnisses im Anschluss an eine unbefristete Vermietung oder bei verbilligter Überlassung einer Wohnung nach vorheriger nicht verbilligter Überlassung die Einkunftserzielungsabsicht zu prüfen.

Beispiel:

Wie Beispiel zu RdNr. 27, allerdings vermietet B die Wohnung nach Auszug des Mieters aufgrund eines mit Selbstnutzungsabsicht begründeten Zeitmietvertrags für vier Jahre an einen weiteren Mieter.

Die an das Dauermietverhältnis anschließende, nicht auf Dauer angelegte Fremdvermietung ist gesondert daraufhin zu untersuchen, ob Einkunftserzielungsabsicht gegeben ist (vgl. RdNrn. 6 und 36).

25

26

27

28

---

[1]) Bestätigt durch BFH vom 28. 10. 2008 (BStBl 2009 II S. 848), wonach Aufwendungen für eine zunächst selbst bewohnte, anschließend leer stehende und noch nicht vermietete Wohnung als vorab entstandene Werbungskosten anerkannt werden können, wenn der endgültige Entschluss, diese Wohnung zu vermieten, durch ernsthafte und nachhaltige Vermietungsbemühungen belegt wird.

[2]) Lässt sich nach einem längeren Zeitraum des Wohnungsleerstandes nicht absehen, ob und wann das Objekt im Rahmen der Einkunftsart Vermietung und Verpachtung genutzt werden kann und wurden keine nachhaltigen Vermietungsbemühungen entfaltet, kann ein wirtschaftlicher Zusammenhang zwischen den Aufwendungen und der Einkunftsart sowie die Einkünfteerzielungsabsicht zu verneinen sein (→ BFH vom 11. 8. 2010 – BStBl 2011 II S. 166).

3. Unbebaute Grundstücke

– Verpachtung unbebauter Grundstücke

29   Die Grundsätze des BFH-Urteils vom 30. September 1997 zur Einkunftserzielungsabsicht bei auf Dauer angelegter Vermietung (RdNr. 1) gelten nicht für die dauerhafte Vermietung und Verpachtung von unbebautem Grundbesitz (BFH-Beschluss vom 25. März 2003, BStBl II S. 479[1)2)]). Für die Ermittlung des Totalüberschusses ist RdNr. 33 ff. entsprechend anzuwenden.

4. Personengesellschaften und -gemeinschaften

30   Bei Grundstücksverwaltungsgesellschaften oder -gemeinschaften mit Einkünften aus Vermietung und Verpachtung von Grundstücken sowie bei geschlossenen Immobilienfonds gelten die Grundsätze zu RdNr. 1ff. entsprechend.

31   [3)]Bei einer Personengesellschaft mit Einkünften aus Vermietung und Verpachtung, bei der die Einkünfte zunächst auf der Ebene der Gesellschaft zu ermitteln und sodann auf die Gesellschafter zu verteilen sind, muss die Einkunftserzielungsabsicht sowohl auf der Ebene der Gesellschaft als auch auf der Ebene des einzelnen Gesellschafters gegeben sein. Im Regelfall bedarf es insoweit allerdings keiner getrennten Beurteilung (BFH-Urteil vom 8. Dezember 1998, BStBl 1999 II S. 468). Insbesondere können den einzelnen Gesellschaftern keine steuerrechtlich relevanten Einkünfte zugerechnet werden, wenn (bereits) auf der Gesellschaftsebene keine Einkunftserzielungsabsicht besteht. Liegt hingegen auf der Gesellschaftsebene Einkunftserzielungsabsicht vor, kann gleichwohl diese Absicht eines Gesellschafters dann zweifelhaft sein, wenn er sich z. B. nur kurzfristig zur Verlustmitnahme an einer Gesellschaft beteiligt hat (BFH-Urteil vom 21. November 2000, BStBl 2001 II S. 789, m. w. N.).

32   Soweit es sich bei der Personengesellschaft jedoch um eine Verlustzuweisungsgesellschaft handelt, besteht zunächst die Vermutung der fehlenden Einkunftserzielungsabsicht (BFH-Urteil vom 21. November 2000, BStBl 2001 II S. 789). Bei einer Verlustzuweisungsgesellschaft liegt in der Regel eine Einkunftserzielungsabsicht erst von dem Zeitpunkt an vor, in dem nach dem Urteil eines ordentlichen Kaufmanns mit großer Wahrscheinlichkeit ein Totalüberschuss erzielt werden kann. Zur Ermittlung des Totalüberschusses vgl. RdNr. 33 ff.

5. Ermittlung des Totalüberschusses (Überschussprognose)

a) Allgemeine Grundsätze zur Ermittlung des Totalüberschusses

33   Sprechen Beweisanzeichen gegen das Vorliegen der Einkunftserzielungsabsicht (vgl. RdNr. 5 ff.) ist stets zu prüfen, ob ein Totalüberschuss zu erzielen ist. Ob die jeweilige Vermietertätigkeit einen Totalüberschuss innerhalb des Zeitraums der tatsächlichen Vermögensnutzung erwarten lässt, hängt von einer vom Steuerpflichtigen zu erstellenden Prognose über die voraussichtliche Dauer der Vermögensnutzung, die in dieser Zeitspanne voraussichtlich erzielbaren steuerpflichtigen Einnahmen und anfallenden Werbungskosten ab. In diese Prognose sind alle objektiv erkennbaren Umstände einzubeziehen, zukünftig eintretende Faktoren jedoch nur dann, wenn sie bei objektiver Betrachtung vorhersehbar waren. Die Verhältnisse eines bereits abgelaufenen Zeitraums können wichtige Anhaltspunkte liefern. Dies gilt umso mehr, wenn die zukünftige Bemessung eines Faktors unsicher ist (BFH-Urteil vom 6. November 2001).

34   Dabei ist nach folgenden Grundsätzen zu verfahren:

     – Für die Prognose ist nicht auf die Dauer der Nutzungsmöglichkeit des Gebäudes, sondern auf die voraussichtliche Dauer der Nutzung durch den Nutzenden und ggf. seiner unentgeltlichen Rechtsnachfolger abzustellen. Der Prognosezeitraum umfasst – sofern nicht von einer zeitlich befristeten Vermietung auszugehen ist – einen Zeitraum von 30 Jahren (s. auch BFH-Urteile vom 9. Juli 2003[4)]). Dieser beginnt grundsätzlich mit der Anschaffung oder Herstellung des Gebäudes; in Fällen der RdNr. 28 mit dem Zeitpunkt, zu dem wegen Änderung der Verhältnisse der nachträgliche Wegfall oder die nachträgliche Begründung der Einkunftserzielungsabsicht zu prüfen ist, und im Fall der Vermietung nach vorheriger Selbstnutzung mit Beendigung der Selbstnutzung.

[1)] BFH vom 28. 11. 2007 (BStBl 2008 II S. 515) und vom 1. 4. 2009 (BStBl II S. 776).

[2)] Vermietet ein Stpfl. auf Grund eines einheitlichen Mietvertrags ein bebautes zusammen mit einem unbebauten Grundstück, gilt die Typisierung der Einkünfteerzielungsabsicht bei auf Dauer angelegter Vermietungstätigkeit grundsätzlich nicht für die Vermietung des unbebauten Grundstücks (→ BFH vom 26. 11. 2008 – BStBl 2009 II S. 370).

[3)] Vermietet eine vermögensverwaltende Personengesellschaft die ihr vom Gesellschafter veräußerten Grundstücke weiter, erfüllt der Gesellschafter gemeinschaftlich mit anderen nach wie vor den objektiven und subjektiven Tatbestand der Einkunftsart der Vermietung und Verpachtung, den er zuvor allein verwirklicht hat. Er hat dann kontinuierlich Einkünfteerzielungsabsicht, vor der Veräußerung allein und nach der Veräußerung zusammen mit anderen. Diese Kontinuität wird unterbrochen, wenn die Personengesellschaft, die die Grundstücke weiterhin vermietet, gewerblich geprägt ist und Einkünfte aus Gewerbebetrieb erzielt (→ BFH vom 9. 3. 2011 – BStBl II S. 704).

[4)] Der Prognosezeitraum beträgt auch bei einer Verpachtung unbebauten Grundbesitzes 30 Jahre (→ BFH vom 28. 11. 2007 – BStBl 2008 II S. 515).

– Bei der Ermittlung des Totalüberschusses ist von den Ergebnissen auszugehen, die sich nach den einkommensteuerrechtlichen Vorschriften voraussichtlich ergeben werden. Die Einkunftserzielungsabsicht ist für jede Einkunftsart gesondert zu ermitteln[1]; private Veräußerungsgewinne sind nicht in die auf eine Vermietungstätigkeit bezogene Prognose einzubeziehen, unabhängig davon, ob und ggf. in welcher Höhe sie nach § 23 Abs. 1 Satz 1 Nr. 1 EStG der Besteuerung unterliegen.

– Die Einkunftserzielungsabsicht ist in der Regel jeweils für das einzelne Mietverhältnis gesondert zu prüfen. Abweichend hiervon ist bei der Vermietung von Ferienwohnungen eine objekt-, d. h. wohnungsbezogene Prüfung durchzuführen.

Beispiel 1:

C tritt im Mai 01 durch den Erwerb eines vollständig vermieteten Zweifamilienhauses in die bestehenden Mietverträge ein. Dem Mieter der Erdgeschosswohnung kündigt er wegen Eigenbedarf. In Wahrung der im Einzelfall geltenden Kündigungsschutzfrist besteht das Mietverhältnis allerdings noch bis einschließlich Mai 02 fort, so dass C die Wohnung erst zum 1. Juni 02 bezieht.

Infolge der gegen eine auf Dauer angelegte Vermietung sprechenden Beweisanzeichen ist zu prüfen, ob Einkunftserzielungsabsicht besteht. Hierzu ist zu ermitteln, ob C über die von vorne herein befristete Vermietung der Erdgeschosswohnung in der Zeit bis einschließlich Mai 02 einen Totalüberschuss erzielen kann. Die aus der auf Dauer angelegten Vermietung der Obergeschosswohnung erzielten Erträge fließen nicht in diese Prüfung ein.

Beispiel 2:

Wie Beispiel 1, allerdings bezieht nicht C, sondern sein Sohn zum 1. Juni 02 die Erdgeschosswohnung. Grundlage dieser Nutzungsüberlassung bildet ein zwischen den beiden abgeschlossener und einem Fremdvergleich standhaltender Mietvertrag, der aber einen auf 60 v. H. der ortsüblich erzielbaren Miete ermäßigten Mietzins vorsieht.

Wie im Beispiel 1 ist zunächst eigenständig zu prüfen, ob C über die nach wie vor von vorne herein befristete Vermietung der Erdgeschosswohnung in der Zeit bis einschließlich Mai 02 einen Totalüberschuss erzielen kann.

Für die Zeit ab Juni 02 ist entsprechend Beispiel zu RdNr. 27 festzustellen, ob C über die Dauer dieses Mietverhältnisses, regelmäßig innerhalb eines Zeitraums von 30 Jahren seit Abschluss des Mietvertrags mit seinem Sohn, ein positives Gesamtergebnis erzielen kann. Hier sind also weder die aus der Vermietung der Obergeschosswohnung noch die aus der vorangegangenen Vermietung der Erdgeschosswohnung erzielten Erträge zu berücksichtigen.

– Bei der Totalüberschussprognose ist für die Gebäudeabschreibung allgemein von der AfA nach § 7 Abs. 4 EStG auszugehen. Die tatsächlich in Anspruch genommenen Absetzungen (also auch Sonderabschreibungen, erhöhte Absetzungen und degressive AfA nach § 7 Abs. 5 EStG) sind regelmäßig nicht anzusetzen. (vgl. aber RdNr. 36).

– Die im Prognosezeitraum zu erwartenden Einnahmen und Ausgaben sind zu schätzen. Sofern der Steuerpflichtige keine ausreichenden objektiven Umstände über die zukünftige Entwicklung vorträgt, sind die zu erwartenden Überschüsse anhand des Durchschnitts der in der Vergangenheit in einem bestimmten Zeitraum (in der Regel in den letzten fünf Veranlagungszeiträumen) angefallenen Einnahmen und Werbungskosten zu schätzen. Künftig anfallende Instandhaltungsaufwendungen können in Anlehnung an § 28 der Zweiten Berechnungsverordnung vom 12. Oktober 1990 in die Schätzung einbezogen werden.

– Legt der Steuerpflichtige dar, dass er auf die in der Vergangenheit entstandenen Werbungskostenüberschüsse reagiert und die Art und Weise der weiterhin ausgeübten Vermietungstätigkeit geändert hat, ist der Schätzung des Durchschnitt der Einnahmen und Werbungskosten der zukünftigen (in der Regel ebenfalls fünf) Veranlagungszeiträume zu Grunde zu legen, in denen sich die im (jeweiligen) Streitjahr objektiv erkennbar angelegten Maßnahmen erstmals ausgewirkt haben. Die sich so ergebenden Überschüsse sind auf den Rest des Prognosezeitraums hochzurechnen.

– Wegen der Unsicherheitsfaktoren, denen eine Prognose über einen Zeitraum von bis zu 30 Jahren unterliegt, ist bei der Gesamtsumme der geschätzten Einnahmen ein Sicherheitszuschlag von 10 v. H. und bei der Gesamtsumme der geschätzten Werbungskosten ein Sicherheitsabschlag von 10 v. H. vorzunehmen.

Beispiel:

Bei der im Oktober 14 erfolgenden Einkommensteuerveranlagung für das Jahr 13 stellt das Finanzamt fest, dass D eine von ihm im Juli 01 für umgerechnet 100 000 € (Bodenwertanteil 20 %) angeschaffte und degressiv nach § 7 Abs. 5 EStG abgesetzte Eigentumswohnung für nach wie vor monatlich 400 € (einschließlich gezahlter Umlagen) an seinen Sohn vermietet. Der für den Veranlagungszeitraum 13 erklärte Verlust hieraus beträgt 1 100 €. Die ortsübliche Miete für dieses Jahr (einschließlich umlagefähiger Nebenkosten) beläuft sich auf monatlich 600 €.

---

[1]) Bestätigt durch BFH vom 9. 3. 2011 (BStBl II S. 704).

Die in den Vorjahren berücksichtigten Verluste belaufen sich auf insgesamt 41 800 €, davon 8 500 € in den Jahren 08 bis 12. Schuldzinsen und Bewirtschaftungskosten wurden darin mit 20 500 € berücksichtigt. Nachdem das Finanzamt darauf hingewiesen hat, dass für das Jahr 13 infolge der Verbilligung eine Überschussprognose durchzuführen ist, teilt D mit, er hätte die monatliche Miete mit Wirkung am Jahr 15 auf nunmehr 500 € angepasst. Ferner macht er glaubhaft, dass sich die Schuldzinsen am Jahr 14 auf jährlich im Mittel 2 000 € und die Bewirtschaftungskosten auf 1 800 € belaufen würden. Für das Jahr 14 erklärt D einen Verlust von 1 000 €.

Die Mieterhöhung kann bei der für den Veranlagungszeitraum 13 erforderlichen Überschussprognose noch nicht berücksichtigt werden, weil sie in diesem Jahr noch nicht objektiv erkennbar angelegt war. Die auf der Grundlage von 13 geschätzten Mieteinnahmen von jährlich 4 800 € (12 × 400 €) sind daher lediglich um den Sicherheitszuschlag von 10 % zu erhöhen (geschätzte Jahreseinnahmen somit 5 280 €).

Bei den Werbungskosten sind die durchschnittlichen Schuldzinsen und Bewirtschaftungskosten von insgesamt 3 800 € zu berücksichtigen. Daneben die nach § 7 Abs. 4 EStG bemessene Jahres-AfA von 1 600 € (2 % von 80 000 €). Die gesamten Werbungskosten von 5 400 € sind um den Sicherheitsabschlag von 10 % zu kürzen (prognostizierte Werbungskosten somit 4 860 €). Der durchschnittlich prognostizierte Jahresüberschuss beträgt daher 420 € (5 280 – 4 860 €).

Der Prognosezeitraum umfasst die Jahre 01 bis einschließlich 30. Der auf die Jahre 14 bis 30 (17 Jahre) hochgerechnete Jahresüberschuss von 7 140 € (17 × 420 €) ist dem um die degressive AfA bereinigte Verlust der Jahre 01 bis 13 gegenüberzustellen:

angesetzte Verluste 01 bis 12:	– 41 800 €
erklärter Verlust 13:	– 1 100 €
Gesamtverlust	– 42 900 €
abzüglich degressive AfA nach § 7 Abs. 5 EStG:	
8 Jahre 5 % aus 80 000 €	+ 32 000 €
5 Jahre 2,5 % aus 80 000 €	+ 10 000 €
zuzüglich lineare AfA nach § 7 Abs. 4 EStG:	
12,5 Jahre 2 % aus 80 000 €	– 20 000 €
bereinigter Verlust:	= – 20 900 €

Für den Prognosezeitraum errechnet sich somit ein insgesamt negatives Gesamtergebnis von 13 760 € (7 140 – 20 900 €). Für die Besteuerung im Jahr 13 ist die Vermietung daher in einen entgeltlichen Teil und einen unentgeltlichen Teil aufzuteilen mit der Folge, dass den Einnahmen von 4 800 € nur 66,66 % der Werbungskosten von 5 900 € (= 3 933 €) entgegengerechnet werden können. Hieraus ergeben sich positive Einkünfte von 867 €.

Auch für das Jahr 14 ist eine Überschussprognose anzustellen, wobei hier allerdings die Mieterhöhung ab dem Jahr 15 berücksichtigt werden kann. Einschließlich des Sicherheitszuschlages von 10 % kann daher nunmehr von geschätzten Mieteinnahmen von jährlich 6 600 € ausgegangen werden. Die geschätzten Werbungskosten bleiben mit 4 860 € unverändert, so dass ein durchschnittlich prognostizierter Jahresüberschuss von nunmehr 1 740 € (6 600 – 4 860 €) angesetzt werden kann. Hochgerechnet auf die Jahre 15 bis 30 (16 Jahre) ermittelt sich dann ein positiver Betrag von insgesamt 27 840 € (1 740 € × 16).

Bereits bei Gegenüberstellung mit den bereinigten Verlusten aus 01 bis 13 (20 900 €) ergibt sich ein insgesamt positives Gesamtergebnis. Der für 14 geltend gemachte Verlust von 1 000 € kann daher berücksichtigt werden. Im Jahr 15 beträgt die vereinbarte Miete mehr als 75 % der Marktmiete. Es ist daher ohne weitere Prüfung vom Vorliegen einer Einkunftserzielungsabsicht auszugehen (vgl. RdNr. 12).

b) Ermittlung des Totalüberschusses in Sonderfällen

– Einbeziehung der Investitionszulage

35   Die Investitionszulage ist in die Beurteilung der Einkunftserzielungsabsicht einzubeziehen.

– Totalüberschussprognose bei befristeter Vermietung

36   Bei zeitlich befristeter Vermietung ist bei der Prüfung der Einkunftserzielungsabsicht wie folgt zu verfahren (BFH-Urteile vom 9. Juli 2002):

- Ob ein Totalüberschuss zu erzielen ist, ergibt sich – abweichend von RdNr. 34 – aus der den Zeitraum der abgekürzten Vermögensnutzung umfassenden Totalüberschussprognose, d. h. nur die während des befristeten Vermietungszeitraums zufließenden Einnahmen und abfließenden Werbungskosten sind gegenüber zu stellen.

- Negative Einkünfte aufgrund von steuerrechtlichen Subventions- und Lenkungsnormen sind in die befristete Totalüberschussprognose einzubeziehen, wenn der jeweilige Zweck der Subventions- und Lenkungsnorm sowie die Art der Förderung dies gebieten. Dies hat zur Folge, dass – anders als bei auf Dauer angelegter Vermietung (vgl. RdNr. 34) – die jeweils tatsächlich in Anspruch genommenen Absetzungen (also auch Sonderabschreibungen, erhöhte Absetzungen und degressive AfA nach § 7 Abs. 5 EStG) und nicht die in fiktiver Anwendung des § 7 Abs. 4 EStG zu ermittelnden linearen Absetzungen anzusetzen sind.[1]

– Totalüberschussprognose bei verbilligter Überlassung

Ist bei verbilligter Überlassung einer Wohnung die Einkunftserzielungsabsicht zu prüfen (vgl. RdNr. 13), gelten für die Erstellung der Totalüberschussprognose die Grundsätze der RdNr. 34 ff.   37

Eine Totalüberschussprognose ist auch erforderlich, wenn die Miethöhe im Lauf eines Mietverhältnisses die ortsübliche Marktmiete um mehr als 25 v. H. unterschreitet. In diese Prognose sind auch die in früheren Veranlagungszeiträumen durch Vermietung erzielten Entgelte einzubeziehen.   38

– Totalüberschussprognose bei zeitweise vermieteter und zeitweise selbstgenutzter Ferienwohnung

In die Prognose sind als Werbungskosten nur die Aufwendungen einzubeziehen, die (ausschließlich oder anteilig) auf Zeiträume entfallen, in denen die Ferienwohnung an Feriengäste tatsächlich vermietet oder zur Vermietung angeboten und bereitgehalten worden ist (der Vermietung zuzurechnende Leerstandszeiten), dagegen nicht die auf die Zeit der nicht steuerbaren Selbstnutzung entfallenden Aufwendungen. Der Steuerpflichtige trägt die Feststellungslast dafür, ob und in welchem Umfang die Wohnung selbst genutzt oder zur Vermietung angeboten und bereitgehalten wird.   39

Aufwendungen, die sowohl durch die Selbstnutzung als auch durch die Vermietung veranlasst sind (z. B. Schuldzinsen, Grundbesitzabgaben, Erhaltungsaufwendungen, Gebäudeabschreibungen oder Versicherungsbeiträge), sind im Verhältnis der Zeiträume der jeweiligen Nutzung zueinander aufzuteilen.   40

6. Anwendungsregelung

Dieses Schreiben ersetzt die BMF-Schreiben vom 23. Juli 1992 (BStBl I S. 434), 29. Juli 2003 (BStBl I S. 405), 15. August 2003 (BStBl I S. 427) und vom 20. November 2003 (BStBl I S. 640).   41

Die Grundsätze der RdNr. 5 ff. zur Einkunftserzielungsabsicht bei befristeter Vermietung mit anschließender Selbstnutzung sind erstmals auf Mietverträge anzuwenden, die nach dem 31. Dezember 2003 abgeschlossen werden. In Fällen der Anschaffung von vermieteten bebauten Grundstücken oder Wohnungen sind diese Grundsätze anzuwenden, wenn das Grundstück oder die jeweilige Wohnung auf Grund eines nach dem 8. Oktober 2004 rechtswirksam abgeschlossenen Kaufvertrags oder gleichstehenden Rechtsakts angeschafft wird. Der Zeitpunkt des Abschlusses des Mietvertrages ist in diesen Fällen ohne Bedeutung.

Die Grundsätze der RdNr. 11 ff. zur Einkunftserzielungsabsicht bei verbilligter Überlassung einer Wohnung sind erstmals für den Veranlagungszeitraum 2004 anzuwenden.

Soweit die Anwendung der Grundsätze dieses Schreibens bei geschlossenen Immobilienfonds zu einer Verschärfung der Besteuerung gegenüber der bisher geltenden Verwaltungspraxis führt, sind diese Grundsätze nicht anzuwenden, wenn der Außenvertrieb der Fondsanteile vor dem 8. Oktober 2004 begonnen hat. Dies gilt nicht bei konzeptionellen Änderungen des Fonds. Der Außenvertrieb beginnt in dem Zeitpunkt, in dem die Voraussetzungen für die Veräußerung der konkret bestimmbaren Fondsanteile erfüllt sind und die Gesellschaft selbst oder über ein Vertriebsunternehmen mit Außenwirkung an den Markt herangetreten ist.

---

[1] → Aber BFH vom 25. 6. 2009 (BStBl 2010 II S. 127), wonach geltend gemachte Sonderabschreibungen nach den §§ 1, 3 und 4 FördG dann nicht in die befristete Totalüberschussprognose einzubeziehen sind, wenn die nachträglichen Herstellungskosten innerhalb der voraussichtlichen Dauer der befristeten Vermietungstätigkeit gem. § 4 Abs. 3 FördG vollständig abgeschrieben werden.

III.
Einkunftsermittlung bei im Betriebsvermögen gehaltenen Beteiligungen an vermögensverwaltenden Personengesellschaften[1]

BMF vom 29. 4. 1994 (BStBl I S. 282)

IV B 2 – S 2241 – 9/94

IV A 4 – S 0361 – 11/94

Unter Bezugnahme auf das Ergebnis der Erörterungen mit den obersten Finanzbehörden der Länder gilt für die Ermittlung von Einkünften aus Beteiligungen an vermögensverwaltenden Personengesellschaften, die im Betriebsvermögen gehalten werden, Folgendes:

1. Allgemeines

1   Eine vermögensverwaltende Personengesellschaft, die die Voraussetzungen des § 15 Abs. 3 Nr. 2 EStG nicht erfüllt (nicht gewerblich geprägte Personengesellschaft), erzielt Einkünfte aus Vermietung und Verpachtung oder Kapitalvermögen, die als Überschuss der Einnahmen über die Werbungskosten (§ 2 Abs. 2 Nr. 2 EStG) ermittelt werden.

2   [2]Schwierigkeiten ergeben sich, wenn Anteile an einer vermögensverwaltenden, nicht gewerblich geprägten Personengesellschaft von einem oder mehreren Gesellschaftern im Betriebsvermögen gehalten werden. Nach der BFH-Rechtsprechung (BFH-Beschlüsse vom 25. Juni 1984, BStBl II S. 751 und vom 19. August 1986, BStBl 1987 II S. 212 sowie BFH-Urteil vom 20. November 1990, BStBl 1991 II S. 345) ist den betrieblich beteiligten Gesellschaftern ein Anteil an den Einkünften aus Vermietung und Verpachtung oder Kapitalvermögen zuzurechnen und anschließend auf der Ebene des Gesellschafters in betriebliche Einkünfte umzuqualifizieren.

2. Gesonderte und einheitliche Feststellung

3   Die Einkünfte aller Beteiligten werden auf der Ebene der Gesellschaft als Überschuss der Einnahmen über die Werbungskosten ermittelt. Die Einkünfte aus Vermietung und Verpachtung oder aus Kapitalvermögen werden gesondert und einheitlich festgestellt. Gewinne aus der Veräußerung von Wirtschaftsgütern des Gesellschaftsvermögens sind nur dann im Rahmen der gesonderten und einheitlichen Feststellung zu berücksichtigen, wenn ein Fall des § 17 EStG (Veräußerung einer wesentlichen Beteiligung) oder des § 23 EStG (Spekulationsgeschäft) vorliegt. Gewinne aus der Veräußerung der Beteiligung selbst bleiben bei der gesonderten und einheitlichen Feststellung unberücksichtigt, auch wenn diese Veräußerung ein Spekulationsgeschäft i. S. des § 23 EStG darstellt (vgl. BFH-Urteil vom 13. Oktober 1993 – BStBl 1994 II S. 86). Die vorstehenden Grundsätze gelten unabhängig davon, ob die Beteiligung im Privat- oder Betriebsvermögen gehalten wird. Sie gelten auch für den Fall, dass sämtliche Beteiligungen im Betriebsvermögen gehalten werden, es sei denn, dass die vermögensverwaltende Personengesellschaft von sich aus betriebliche Einkünfte erklärt und durch Betriebsvermögensvergleich ermittelt hat.

3. Folgebescheid

4   Gehören die Gesellschaftsanteile zum Betriebsvermögen des Gesellschafters, sind die gesondert und einheitlich festgestellten Überschusseinkünfte im Folgebescheid wie folgt zu behandeln:

5   a)   Der Gesellschafter hat grundsätzlich alle Wirtschaftsgüter der Personengesellschaft anteilig im Rahmen seines eigenen Buchführungswerks zu erfassen und den Gewinnanteil, der sich für ihn aus den einzelnen Geschäftsvorfällen der Personengesellschaft ergibt, nach den Grundsätzen der Gewinnermittlung zu berechnen und anzusetzen. Diese Verfahrensweise ist vor allem im Hinblick darauf geboten, dass der Anteil an der Personengesellschaft steuerlich kein selbständiges Wirtschaftsgut ist (vgl. BFH-Beschluss vom 25. Juni 1984, BStBl II S. 751 [763]). Hinsichtlich der anteiligen Berücksichtigung von AfA, erhöhten Absetzungen und Sonderabschreibungen gilt § 7a Abs. 7 EStG (vgl. auch Abschnitt 44 Abs. 7 EStR[3]).

6   b)   Ermittelt die Personengesellschaft freiwillig ergänzend zur Überschussrechnung den Gewinnanteil des Gesellschafters nach § 4 Abs. 1, § 5 EStG, so bestehen keine Bedenken dagegen, den in der Feststellungserklärung angegebenen Anteil am Gewinn oder Verlust dem für den Erlass des Folgebescheids zuständigen Finanzamt als nachrichtlichen Hinweis zu übermitteln und die Angabe dort bei der Veranlagung zur Einkommen- oder Körper-

---

[1] Hält ein Gesellschafter einer vermögensverwaltenden Gesellschaft seine Beteiligung im Betriebsvermögen (sog. Zebragesellschaft), werden die ihm zuzurechnenden Beteiligungseinkünfte erst auf Ebene des Gesellschafters – nicht bereits auf der Ebene der vermögensverwaltenden Gesellschaft – in betriebliche Einkünfte umqualifiziert (→ BFH vom 11. 4. 2005 – BStBl II S. 679).

[2] Bestätigt durch BFH vom 11. 4. 2005 (→ BStBl II S. 679).

[3] Jetzt H 7a (Mehrere Beteiligte).

schaftsteuer auszuwerten. Weist der Steuerpflichtige den übermittelten Anteil am Gewinn oder Verlust gesondert in seinem Jahresabschluss aus, so kann aus Vereinfachungsgründen auf die Einzelberechnung nach Randnummer 5 verzichtet werden, wenn der angegebene Betrag nicht offensichtlich unzutreffend ist.

c) Ist der Steuerpflichtige an der Gesellschaft zu weniger als 10 v. H. beteiligt, so ist regelmäßig   7
davon auszugehen, dass er die zur Durchführung der Gewinnermittlung nach § 4 Abs. 1, § 5 EStG erforderlichen Angaben von der Gesellschaft nur unter unverhältnismäßigem Aufwand erlangen kann. Außerdem ist bei einer Beteiligung von weniger als 10 v. H. die in Tz. 15 des BMF-Schreibens vom 20. Dezember 1990, BStBl I S. 884[1]), für den gewerblichen Grundstückshandel bestimmte Beteiligungsgrenze nicht erreicht. Vor diesem Hintergrund bestehen keine Bedenken dagegen, in einem solchen Fall den Anteil am Gewinn oder Verlust aus Vereinfachungsgründen in Höhe des Ergebnisanteils zu schätzen, der vom Betriebsfinanzamt nach den Grundsätzen der Überschussrechnung gesondert und einheitlich festgestellt worden ist. Der geschätzte Anteil am Gewinn oder Verlust ist auf einem „Beteiligungs"-Konto erfolgswirksam zu buchen. Auf dem Konto sind außerdem alle Vermögenszuführungen des Beteiligten in die Personengesellschaft und alle Vermögensauskehrungen an den Beteiligten zu erfassen.

Wird der Anteil an der Personengesellschaft veräußert, so ist als Gewinn der Unterschied zwischen   8
dem Veräußerungserlös (nach Abzug von Veräußerungskosten) und dem bis dahin fortentwickelten Buchwert der „Beteiligung" anzusetzen. Auf diese Weise werden Gewinne aus der Veräußerung von Wirtschaftsgütern der Personengesellschaft spätestens im Zeitpunkt der Veräußerung der Beteiligung versteuert. Der Gewinn aus der Veräußerung des Anteils an der vermögensverwaltenden Personengesellschaft ist als laufender Gewinn aus Gewerbebetrieb zu behandeln. Diese Ausführungen gelten für den Fall der Entnahme des Gesellschaftsanteils, der Beendigung der Gesellschaft oder in anderen gleichzustellenden Fällen sinngemäß.

Voraussetzung für die dargestellte Verfahrensweise ist ein entsprechender Antrag des Steuer-   9
pflichtigen und die im Benehmen mit dem Betriebsfinanzamt zu erteilende Zustimmung des Wohnsitzfinanzamts, die im Fall des Drohens ungerechtfertigter Steuervorteile versagt bzw. mit Wirkung für den nächsten Veranlagungszeitraum widerrufen werden kann.

Ein ungerechtfertigter Steuervorteil droht vor allem dann, wenn

– die Vermögensauskehrungen von der Gesellschaft an den Gesellschafter zu einem Negativsaldo auf dem Beteiligungskonto führen bzw. einen bereits vorhandenen Negativsaldo erhöhen, oder

– die aus der Veräußerung von Wirtschaftsgütern des Gesellschaftsvermögens stammenden Gewinne offenkundig so hoch sind, dass ein Aufschub ihrer Besteuerung unvertretbar erscheint.

Der gesondert und einheitlich festgestellte Anteil an den Überschusseinkünften der Personenge-   10
sellschaft, die Entwicklung des Kontos „Beteiligung" sowie der Gewinn aus einer etwaigen Veräußerung des Anteils an der Personengesellschaft sind im Jahresabschluss des Gesellschafters gesondert auszuweisen. Ein Wechsel zu der Ermittlungsmethode nach Randnummer 5 oder 6 ist nur einmal möglich; durch Ansatz eines entsprechenden Übergangsgewinns oder -verlusts ist beim Wechsel sicherzustellen, dass der Totalgewinn zutreffend erfasst wird.

Beispiel:

An der vermögensverwaltenden X-KG ist die Y-GmbH seit dem 1. Januar 01 als Kommanditis-   11
tin mit einer Einlage von 25 000 DM beteiligt. Der Anteil der Y-GmbH an den Werbungskostenüberschüssen der Jahre 01 – 03 beträgt – 5 000, – 4 000 und – 3 000 DM. Im Jahr 02 veräußert die X-KG außerhalb der Spekulationsfrist ein unbebautes Grundstück. Der Erlös wird an die Gesellschafter ausgekehrt; auf die Y-GmbH entfallen 1 500 DM. Zum 31. Dezember 03 veräußert die Y-GmbH ihre Beteiligung für 40 000 DM.

Der Buchwert des „Beteiligungs"-Kontos im Zeitpunkt der Beteiligungsveräußerung ist wie folgt zu ermitteln:

	DM
Kapitaleinlage 01	25 000
Verlustanteil 01	– 5 000
Verlustanteil 02	– 4 000
Anteil an Auskehrung 02	– 1 500
Verlustanteil 03	– 3 000
Buchwert	11 500

Die Y-GmbH hat die Verlustanteile 01 und 02 in den entsprechenden Jahren jeweils mit positiven Einkünften aus ihrer übrigen Tätigkeit ausgeglichen.

---

[1]) Jetzt BMF vom 26. 3. 2004 (BStBl I S. 434), Tz. 17 – Anhang 11.

Bei der Körperschaftsteuer-Veranlagung der Y-GmbH für das Jahr 03 sind anzusetzen:

	DM
Verlustanteil 03	– 3 000
+ Veräußerungserlös	40 000
– Buchwert	– 11 500
Einkünfte aus Gewerbebetrieb	25 500

12   d)   Ermittelt der Gesellschafter seinen Gewinn nach § 4 Abs. 3 EStG, so kann sinngemäß nach den oben dargestellten Regelungen verfahren werden. Dabei ist ein dem Konto „Beteiligung" entsprechender Posten im Anlageverzeichnis des Gesellschafters zu führen und fortzuentwickeln.

IV.
Abgrenzung von Anschaffungskosten, Herstellungskosten und Erhaltungsaufwendungen bei der Instandsetzung und Modernisierung von Gebäuden; BFH-Urteile vom 9. Mai 1995 (BStBl 1996 II S. 628, 630, 632, 637), vom 10. Mai 1995 (BStBl 1996 II S. 639) und vom 16. Juli 1996 (BStBl II S. 649) sowie vom 12. September 2001 (BStBl 2003 II S. 569, 574) und vom 22. Januar 2003 (BStBl II S. 596)

BMF vom 18. 7. 2003 (BStBl I S. 386
IV C 3 – S 2211 – 94/03)

Mit o. a. Urteilen hat der Bundesfinanzhof zur Abgrenzung von Anschaffungskosten, Herstellungskosten und sofort abziehbaren Erhaltungsaufwendungen bei Instandsetzung und Modernisierung eines Gebäudes entschieden. Unter Bezugnahme auf das Ergebnis der Erörterung mit den obersten Finanzbehörden der Länder nehme ich zur Anwendung der Urteilsgrundsätze wie folgt Stellung:

I. Anschaffungskosten zur Herstellung der Betriebsbereitschaft

1   Anschaffungskosten eines Gebäudes sind die Aufwendungen, die geleistet werden, um das Gebäude zu erwerben und es in einen betriebsbereiten Zustand zu versetzen, soweit sie dem Gebäude einzeln zugeordnet werden können, ferner die Nebenkosten und die nachträglichen Anschaffungskosten (§ 255 Abs. 1 HGB).

2   Ein Gebäude ist betriebsbereit, wenn es entsprechend seiner Zweckbestimmung genutzt werden kann. Die Betriebsbereitschaft ist bei einem Gebäude für jeden Teil des Gebäudes, der nach seiner Zweckbestimmung selbständig genutzt werden soll, gesondert zu prüfen. Dies gilt auch für Gebäudeteile (z. B. die einzelnen Wohnungen eines Mietwohngebäudes), die als Folge des einheitlichen Nutzungs- und Funktionszusammenhangs mit dem Gebäude keine selbständigen Wirtschaftsgüter sind (vgl. § 7 Abs. 5a EStG und R 13 Abs. 3 EStR 2001[1]).

3   Nutzt der Erwerber das Gebäude ab dem Zeitpunkt der Anschaffung (d. h. ab Übergang von Besitz, Gefahr, Nutzungen und Lasten) zur Erzielung von Einkünften oder zu eigenen Wohnzwecken, ist es ab diesem Zeitpunkt grundsätzlich betriebsbereit. Instandsetzungs- und Modernisierungsaufwendungen können in diesem Fall keine Anschaffungskosten im Sinne des § 255 Abs. 1 Satz 1 HGB sein (vgl. jedoch Rz. 6). Dies gilt nicht, wenn der Erwerber ein vermietetes Gebäude erworben hat und umgehend die Mietverträge kündigt, weil das Gebäude aus der Sicht des Erwerbers nicht zur Erzielung der vor der Veräußerung erwirtschafteten Einkünfte aus Vermietung und Verpachtung bestimmt war, auch wenn diese während einer kurzen Übergangszeit tatsächlich erzielt wurden[2].

4   Wird das Gebäude im Zeitpunkt der Anschaffung nicht genutzt, ist zunächst offen, ob es aus Sicht des Erwerbers betriebsbereit ist. Führt der Erwerber im Anschluss an den Erwerb und vor der erstmaligen Nutzung Baumaßnahmen durch, um das Gebäude entsprechend seiner Zweckbestimmung nutzen zu können, sind die Aufwendungen hierfür Anschaffungskosten. Zweckbestimmung bedeutet die konkrete Art und Weise, in der der Erwerber das Gebäude zur Erzielung von Einnahmen im Rahmen einer Einkunftsart nutzen will (z. B. ob er das Gebäude zu Wohnzwecken oder als Büroraum nutzen will).

---

1) Jetzt → R 4.2 Abs. 3 EStR.
2) Plant der Erwerber eines vermieteten Gebäudes bereits im Zeitpunkt der Anschaffung die Eigennutzung und nicht die weitere Vermietung, machen die vor vornherein geplanten und nach Beendigung des Mietverhältnisses durchgeführten Baumaßnahmen das Gebäude betriebsbereit, wenn dadurch ein höherer Standard erreicht wird. Die betreffenden Aufwendungen sind daher Anschaffungskosten (→ BFH vom 22. 1. 2003 – BStBl II S. 596).

1. Herstellung der Funktionstüchtigkeit

Die Betriebsbereitschaft setzt die objektive und subjektive Funktionstüchtigkeit des Gebäudes   5
voraus.

1.1 Objektive Funktionsuntüchtigkeit

Ein Gebäude ist objektiv funktionsuntüchtig, wenn für den Gebrauch wesentliche Teile objektiv   6
nicht nutzbar sind. Dies gilt unabhängig davon, ob das Gebäude im Zeitpunkt der Anschaffung
bereits genutzt wird oder leer steht. Mängel, vor allem durch Verschleiß, die durch laufende Reparaturen beseitigt werden, schließen die Funktionstüchtigkeit hingegen nicht aus. Werden für den
Gebrauch wesentliche Teile des Gebäudes funktionstüchtig gemacht, führen die Aufwendungen
zu Anschaffungskosten[1].

1.2 Subjektive Funktionsuntüchtigkeit

Ein Gebäude ist subjektiv funktionsuntüchtig, wenn es die konkrete Zweckbestimmung des   7
Erwerbers nicht nutzbar ist. Aufwendungen für Baumaßnahmen, welche zur Zweckerreichung
erforderlich sind, führen zu Anschaffungskosten.

Beispiele: 8
– Die Elektroinstallation eines Gebäudes, die für Wohnzwecke, jedoch nicht für ein Büro brauch-
   bar ist, wird für die Nutzung als Bürogebäude erneuert.
– Büroräume, die bisher als Anwaltskanzlei genutzt wurden, werden zu einer Zahnarztpraxis
   umgebaut.

2. Hebung des Standards

Zur Zweckbestimmung gehört auch die Entscheidung, welchem Standard das Gebäude künftig ent-   9
sprechen soll (sehr einfach, mittel oder sehr anspruchsvoll). Baumaßnahmen, die das Gebäude auf
einen höheren Standard bringen, machen es betriebsbereit; ihre Kosten sind Anschaffungskosten.

Der Standard eines Wohngebäudes bezieht sich auf die Eigenschaften einer Wohnung. Wesentlich   10
sind vor allem Umfang und Qualität der Heizungs-, Sanitär- und Elektroinstallationen sowie der
Fenster (zentrale Ausstattungsmerkmale). Führt ein Bündel von Baumaßnahmen bei mindestens
drei Bereichen der zentralen Ausstattungsmerkmale zu einer Erhöhung und Erweiterung des
Gebrauchswertes, hebt sich der Standard eines Gebäudes[2].

2.1 Sehr einfacher Standard

Sehr einfacher Wohnungsstandard liegt vor, wenn die zentralen Ausstattungsmerkmale im Zeit-   11
punkt der Anschaffung nur im nötigen Umfang oder in einem technisch überholten Zustand vorhanden sind.

Beispiele:
– Das Bad besitzt kein Handwaschbecken.
– Das Bad ist nicht beheizbar.
– Eine Entlüftung ist im Bad nicht vorhanden.
– Die Wände im Bad sind nicht überwiegend gefliest.
– Die Badewanne steht ohne Verblendung frei.
– Es ist lediglich ein Badeofen vorhanden.
– Die Fenster haben nur eine Einfachverglasung.
– Es ist eine technisch überholte Heizungsanlage vorhanden (z. B. Kohleöfen).
– Die Elektroversorgung ist unzureichend.

2.2 Mittlerer Standard

Mittlerer Standard liegt vor, wenn die zentralen Ausstattungsmerkmale durchschnittlichen und   12
selbst höheren Ansprüchen genügen.

---

[1] Befindet sich ein Wohngebäude vor der erstmaligen Nutzung nach dem Erwerb wegen eines Schadens
(hier: Funktionsuntüchtigkeit der Heizung) nicht in einem vermietbaren Zustand, dann führen die Aufwendungen zur Behebung des Schadens zu Anschaffungskosten i. S. d. § 255 Abs. 1 HGB (→ BFH vom
20. 8. 2002 – BStBl 2003 II S. 585).

[2] Auch Aufwendungen für die Beseitigung versteckter Mängel können den Nutzungswert des Gebäudes
steigern und zu Anschaffungs- oder Herstellungskosten i. S. d. § 255 HGB führen (→ BFH vom 22. 1. 2003 –
BStBl II S. 596).

2.3 Sehr anspruchsvoller Standard (Luxussanierung)

13   Sehr anspruchsvoller Standard liegt vor, wenn bei dem Einbau der zentralen Ausstattungsmerkmale nicht mir das Zweckmäßige, sondern das Mögliche, vor allein durch den Einbau außergewöhnlich hochwertiger Materialien, verwendet wurde (Luxussanierung).

2.4 Standardhebung und Erweiterung im Sinne des § 255 Abs. 2 Satz 1 HGB

14   Treffen Baumaßnahmen, die ihrer Art nach – z. B. als Erweiterung im Sinne von § 255 Abs. 2 Satz 1 HGB (vgl. Rz. 19 bis 24) – stets zu Herstellungskosten führen und einen der den Nutzungswert eines Gebäudes bestimmenden Bereiche der zentralen Ausstattungsmerkmale betreffen, mit der Verbesserung von mindestens zwei weiteren Bereichen der zentralen Ausstattungsmerkmale zusammen, ist ebenfalls eine Hebung des Standards anzunehmen.

Beispiel:

Im Anschluss an den Erwerb eines leerstehenden, bisher als Büro genutzten Einfamilienhauses, das für eine Vermietung zu fremden Wohnzwecken vorgesehen ist, wird im bisher nicht ausgebauten Dachgeschoss ein zusätzliches Badezimmer eingerichtet. Außerdem werden einfach verglaste Fenster durch isolierte Sprossenfenster ersetzt und die Leistungskapazität der Elektroinstallation durch den Einbau dreiphasiger an Stelle zweiphasiger Elektroleitungen maßgeblich aufgebessert sowie die Zahl der Anschlüsse deutlich gesteigert.

Neben die Erweiterung des Gebäudes als Herstellungskosten im Sinne des § 255 Abs. 2 Satz 1 HGB durch den Einbau des Badezimmers tritt die Verbesserung von zwei weiteren Bereichen der zentralen Ausstattungsmerkmale ein. Die hierdurch verursachten Aufwendungen führen zu Anschaffungskosten des Gebäudes.

3. Unentgeltlicher oder teilentgeltlicher Erwerb

15   Aufwendungen für Baumaßnahmen, die das Gebäude in einen betriebsbereiten Zustand versetzen, führen bei einem unentgeltlichen Erwerb mangels Anschaffung im Sinne des § 255 Abs. 1 HGB nicht zu Anschaffungskosten; vielmehr handelt es sich um Erhaltungsaufwendungen oder, sofern die Voraussetzungen des § 255 Abs. 2 HGB erfüllt sind (vgl. Rz. 17 bis 32), um Herstellungskosten.

16   Bei einem teilentgeltlichen Erwerb können Anschaffungskosten zur Herstellung der Betriebsbereitschaft nur im Verhältnis zum entgeltlichen Teil des Erwerbvorganges gegeben sein. Im Übrigen liegen Erhaltungsaufwendungen oder, sofern die Voraussetzungen des § 255 Abs. 2 HGB erfüllt sind (vgl. Rz. 17 bis 32), Herstellungskosten vor.

II. Herstellungskosten

17   Herstellungskosten eines Gebäudes sind nach § 255 Abs. 2 Satz 1 HGB Aufwendungen für die Herstellung eines Gebäudes sowie Aufwendungen, die für die Erweiterung oder für die über den ursprünglichen Zustand hinausgehende wesentliche Verbesserung eines Gebäudes entstehen.

1. Herstellung[1]

18   Instandsetzungs- und Modernisierungsarbeiten können ausnahmsweise auch im Zusammenhang mit der (Neu-)Herstellung eines Gebäudes stehen. Dies ist der Fall, wenn das Gebäude so sehr abgenutzt ist, dass es unbrauchbar geworden ist (Vollverschleiß), und durch die Instandsetzungsarbeiten unter Verwendung der übrigen noch nutzbaren Teile ein neues Gebäude hergestellt wird. Ein Vollverschleiß liegt vor, wenn das Gebäude schwere Substanzschäden an den für die Nutzbarkeit als Bau und die Nutzungsdauer des Gebäudes bestimmenden Teilen hat.

2. Erweiterung

19   Instandsetzungs- und Modernisierungsaufwendungen bilden unabhängig von ihrer Höhe Herstellungskosten, wenn sie für eine Erweiterung i. S. von § 255 Abs. 2 Satz 1 HGB entstehen. R 157 Abs. 3 Satz 2 EStR 2001[2] bleibt unberührt.

Eine Erweiterung liegt in folgenden Fällen vor:

2.1 Aufstockung oder Anbau

20   Ein Gebäude wird aufgestockt oder ein Anbau daran errichtet.

---

[1] Bei der Prüfung, ob Herstellungsaufwand vorliegt, darf nicht auf das gesamte Gebäude abgestellt werden, sondern nur auf den entsprechenden Gebäudeteil, wenn das Gebäude in unterschiedlicher Weise genutzt wird und deshalb mehrere Wirtschaftgüter umfasst (→ BFH vom 25. 9. 2009 – BStBl 2008 II S. 218).

[2] Jetzt → R 21.1 Abs. 3 Satz 2 EStR.

2.2 Vergrößerung der nutzbaren Fläche

Die nutzbare Fläche des Gebäudes wird vergrößert. Hierfür reicht es aus, wenn die Baumaßnahmen zu einer – wenn auch nur geringfügigen – Vergrößerung der Nutzfläche führen. Die Nutzfläche ist in sinngemäßer Anwendung der §§ 42 und 44 der II. Berechnungsverordnung zu ermitteln. Von Herstellungskosten ist z. B. auszugehen, wenn die Nutzfläche durch eine zuvor nicht vorhandene Dachgaube, den Anbau eines Balkons oder einer Terrasse über die ganze Gebäudebreite vergrößert wird oder durch ein das Flachdach ersetzendes Satteldach erstmals ausbaufähiger Dachraum geschaffen wird (vgl. BFH-Urteil vom 19. Juni 1991 – BStBl 1992 II S. 73). 21

2.3 Vermehrung der Substanz

Ein Gebäude wird in seiner Substanz vermehrt, ohne dass zugleich seine nutzbare Fläche vergrößert wird, z. B. bei Einsetzen von zusätzlichen Trennwänden[1], bei Errichtung einer Außentreppe, bei Einbau einer Alarmanlage (vgl. BFH-Urteil vom 16. Februar 1993 – BStBl II S. 544), einer Sonnenmarkise (vgl. BFH-Urteil vom 29. August 1989 – BStBl 1990 II S. 430), einer Treppe zum Spitzboden, eines Kachelofens oder eines Kamins[2]. 22

Keine zu Herstellungsaufwendungen führende Substanzmehrung liegt dagegen vor, wenn der neue Gebäudebestandteil oder die neue Anlage die Funktion des bisherigen Gebäudebestandteils für das Gebäude in vergleichbarer Weise erfüllen. Erhaltungsaufwendungen können daher auch angenommen werden, wenn der neue Gebäudebestandteil für sich betrachtet nicht die gleiche Beschaffenheit aufweist wie der bisherige Gebäudebestandteil oder die Anlage technisch nicht in der gleichen Weise wirkt, sondern lediglich entsprechend dem technischen Fortschritt modernisiert worden ist. Von einer Substanzmehrung ist danach regelmäßig z. B. nicht auszugehen bei 23

– Anbringen einer zusätzlichen Fassadenverkleidung (z. B. Eternitverkleidung oder Verkleidung mit Hartschaumplatten und Sichtklinker) zu Wärme- oder Schallschutzzwecken (vgl. BFH-Urteil vom 13. März 1979 – BStBl II S. 435).

– Umstellung einer Heizungsanlage von Einzelöfen auf eine Zentralheizung (vgl. BFH-Urteil vom 24. Juli 1979 – BStBl 1980 II S. 7).

– Ersatz eines Flachdaches durch ein Satteldach, wenn dadurch lediglich eine größere Raumhöhe geschaffen wird, ohne die nutzbare Fläche und damit die Nutzungsmöglichkeit zu erweitern.

– Vergrößern eines bereits vorhandenen Fensters oder

– Versetzen von Wänden.

Ein neuer Gebäudebestandteil erfüllt auch darin regelmäßig die Funktion des bisherigen Gebäudebestandteils in vergleichbarer Weise, wenn er dem Gebäude lediglich deshalb hinzugefügt wird, um bereits eingetretene Schäden zu beseitigen oder einen konkret drohenden Schaden abzuwenden. Das ist z. B. der Fall bei Anbringung einer Betonvorsatzschale zur Trockenlegung der durchfeuchteten Fundamente (insoweit entgegen BFH-Urteil vom 10. Mai 1995 – BStBl 1996 II S. 639), bei Überdachung von Wohnungszugängen oder einer Dachterrasse mit einem Glasdach zum Schutz vor weiteren Wasserschäden (vgl. BFH-Urteil vom 24. Februar 1981 – BStBl II S. 468). 24

3. Über den ursprünglichen Zustand hinausgehende wesentliche Verbesserung

Instandsetzungs- oder Modernisierungsaufwendungen sind, soweit sie nicht als Folge der Herstellung der Betriebsbereitschaft bereits zu den Anschaffungskosten gehören, nach § 255 Abs. 2 Satz 1 HGB als Herstellungskosten zu behandeln, wenn sie zu einer über den ursprünglichen Zustand hinausgehenden wesentlichen Verbesserung führen. Dies gilt auch, wenn oder soweit das Gebäude unentgeltlich erworben wurde[3]. 25

3.1 Ursprünglicher Zustand

Ursprünglicher Zustand i. S. von § 255 Abs. 2 Satz 1 HGB ist grundsätzlich der Zustand des Gebäudes im Zeitpunkt der Herstellung oder Anschaffung durch den Steuerpflichtigen oder seinen Rechtsvorgänger im Fall des unentgeltlichen Erwerbs. Erforderlich ist danach ein Vergleich des 26

---

[1] Aufwendungen für den Umbau eines Großraumbüros in Einzelbüros unter Verwendung von Rigips-Ständerwerk sowie für die Anpassung der Elektroinstallation in hierdurch notwendigen Umfang sind sofort abziehbare Erhaltungsaufwendungen (→ BFH vom 16. 1. 2007 – BStBl II S. 922).

[2] Aufwendungen für den Einbau neuer Gegenstände in vorhandene Installationen eines Wohnhauses können nur dann zu Herstellungskosten i. S. d. § 255 Abs. 2 Satz 1 HGB führen, wenn sie eine wesentliche Verbesserung zur Folge haben. Das Merkmal der Erweiterung tritt insoweit hinter das der wesentlichen Verbesserung zurück (→ BFH vom 20.8.2002 – BStBl 2003 II S.604). Der Einbau einer Solaranlage zur Brauchwassererwärmung in eine vorhandene Gaswärmeversorgung ist keine solche Verbesserung (→ BFH vom 14. 7. 2004 – BStBl II S. 949).

[3] Ursprünglicher Zustand i. S. d. § 255 Abs. 2 Satz 1 HGB ist bei Erwerb eines Wohngebäudes durch Schenkung oder Erbfall der Zustand im Zeitpunkt der Anschaffung oder Herstellung durch den Schenker oder Erblasser (→ BFH vom 3. 12. 2002 – BStBl 2003 II S. 590).

Zustands des Gebäudes, in dem es sich bei Herstellung oder Anschaffung befunden hat, mit dem Zustand, in den es durch die vorgenommenen Instandsetzungs- oder Modernisierungsarbeiten versetzt worden ist. Hiervon abweichend ist in Fällen, in denen die ursprünglichen Herstellungs- oder Anschaffungskosten zwischenzeitlich z. B. durch anderweitige Herstellungs- oder Anschaffungskosten, durch Absetzungen für außergewöhnliche Abnutzung nach § 7 Abs. 4 Satz 3 i. V. m. Abs. 1 Satz 5 EStG oder durch Teilwertabschreibung verändert worden sind, für den Vergleich auf den für die geänderte AfA-Bemessungsgrundlage maßgebenden Zustand abzustellen. Wird ein Gebäude dem Betriebsvermögen entnommen oder in das Betriebsvermögen eingelegt, kommt es für die Bestimmung des ursprünglichen Zustandes auf den Zeitpunkt der Entnahme oder der Einlage an.

3.2 Wesentliche Verbesserung

27   Eine wesentliche Verbesserung i. S. von § 255 Abs. 2 Satz 1 HGB liegt nicht bereits dann vor, wenn ein Gebäude generalüberholt wird, d. h. Aufwendungen, die für sich genommen als Erhaltungsaufwendungen zu beurteilen sind, in ungewöhnlicher Höhe zusammengeballt in einem Veranlagungszeitraum oder Wirtschaftsjahr anfallen[1].

28   Eine wesentliche Verbesserung i. S. von § 255 Abs. 2 Satz 1 HGB und damit Herstellungskosten sind vielmehr erst dann gegeben, wenn die Maßnahmen zur Instandsetzung und Modernisierung eines Gebäudes in ihrer Gesamtheit über eine zeitgemäße substanzerhaltende (Bestandteil-)Erneuerung hinausgehen, den Gebrauchswert des Gebäudes insgesamt deutlich erhöhen und damit für die Zukunft eine erweiterte Nutzungsmöglichkeit geschaffen wird.[2] Von einer deutlichen Erhöhung des Gebrauchswerts ist z. B. auszugehen, wenn der Gebrauchswert des Gebäudes (Nutzungspotential) von einem sehr einfachen auf einen mittleren oder von einem mittleren auf einen sehr anspruchsvollen Standard gehoben wird. Zum Standard des Wohngebäudes vgl. Rz. 9 bis 14.

29   Instandsetzungs- oder Modernisierungsmaßnahmen, die über eine substanzerhaltende Erneuerung nicht hinausgehen, sind bei dieser Prüfung grundsätzlich außer Betracht zu lassen.

30   Eine substanzerhaltende (Bestandteil-)Erneuerung liegt vor, wenn ein Gebäude durch die Ersetzung einzelner Bestandteile oder Instandsetzungs- oder Modernisierungsmaßnahmen an dem Gebäude als Ganzem lediglich in ordnungsgemäßem Zustand entsprechend seinem ursprünglichen Zustand erhalten oder dieser in zeitgemäßer Form wiederhergestellt wird. Dem Gebäude wird in diesem Fall nur der zeitgemäße Wohnkomfort wiedergegeben, den es ursprünglich besessen, aber durch den technischen Fortschritt und die Veränderung der Lebensgewohnheiten verloren hat.

Beispiel:

Der Eigentümer eines bewohnten verwahrlosten Wohnhauses lässt die alten Kohleöfen durch eine moderne Heizungsanlage ersetzen. Er baut an Stelle der einfach verglasten Fenster Isolierglasfenster ein. Er modernisiert das Bad, wobei er neben der Badewanne separat eine Dusche einbaut. Außerdem lässt er es durchgängig fliesen. Im Übrigen lässt er Schönheitsreparaturen durchführen.

Hinsichtlich der Aufwendungen für die zentralen Ausstattungsmerkmale liegen Herstellungskosten als wesentliche Verbesserung i. S. von § 255 Abs. 2 Satz 1 HGB vor. Bei den Schönheitsreparaturen handelt es sich um sofort abziehbare Erhaltungsaufwendungen (vgl. aber Rz. 33 bis 35).

3.3 Sanierung in Raten

31   Aufwendungen für Baumaßnahmen innerhalb eines Veranlagungszeitraumes oder Wirtschaftsjahres sind Herstellungskosten i. S. von § 255 Abs. 2 Satz 1 HGB, wenn die Baumaßnahmen zwar für sich gesehen noch nicht zu einer wesentlichen Verbesserung führen, wenn sie aber Teil einer Gesamtmaßnahme sind, die sich planmäßig in zeitlichem Zusammenhang über mehrere Veranlagungszeiträume erstreckt und die insgesamt zu einer Hebung des Standards führt (Sanierung in Raten). Von einer Sanierung in Raten ist grundsätzlich auszugehen, wenn die Maßnahmen innerhalb eines Fünfjahreszeitraumes durchgeführt worden sind.

---

[1] Aufwendungen für den Einbau neuer Gegenstände in vorhandene Installationen eines Wohnhauses können nur dann zu Herstellungskosten i. S. d. § 255 Abs. 2 Satz 1 HGB führen, wenn sie eine wesentliche Verbesserung zur Folge haben. Das Merkmal der Erweiterung tritt insoweit hinter das der wesentlichen Verbesserung zurück (→ BFH vom 20. 8. 2002 – BStBl 2003 II S. 604). Der Einbau einer Solaranlage zur Brauchwassererwärmung in eine vorhandene Gaswärmeversorgung ist keine solche Verbesserung (→ BFH vom 14. 7. 2004 – BStBl 2004 II S. 949).

[2] Bei betrieblich genutzten Gebäude/Gebäudeteilen kommt es dabei weniger auf die Kernbereiche der Ausstattung an, als vielmehr darauf, ob die Baumaßnahmen vor dem Hintergrund der betrieblichen Zielsetzung zu einer höherwertigen Nutzbarkeit führt (→ BFH vom 25. 9. 2007 – BStBl 2008 II S. 218).

3.4 Baumaßnahmen, die nur einen Teil des Gebäudes betreffen

Wird ein Gebäude in der Weise saniert, dass von einer Vielzahl von Wohnungen nur der   32
Gebrauchswert einer oder mehrerer Wohnungen erhöht wird, sind die dafür entstandenen Aufwendungen Herstellungskosten i. S. von § 255 Abs. 2 Satz 1 HGB.

III. Zusammentreffen von Anschaffungs- oder Herstellungskosten mit Erhaltungsaufwendungen

Sind im Rahmen einer umfassenden Instandsetzungs- und Modernisierungsmaßnahme sowohl Arbei-   33
ten zur Schaffung eines betriebsbereiten Zustandes, zur Erweiterung des Gebäudes oder Maßnahmen, die über eine zeitgemäße substanzerhaltende Erneuerung hinausgehen, als auch Erhaltungsarbeiten durchgeführt worden, sind die hierauf jeweils entfallenden Aufwendungen grundsätzlich –
ggf. im Wege der Schätzung – in Anschaffungs- oder Herstellungskosten und Erhaltungsaufwendungen aufzuteilen, die mit den jeweiligen Aufwendungsarten im Zusammenhang stehen.

> **Beispiel:**
> Ein für die Gesamtmaßnahme geleistetes Architektenhonorar oder Aufwendungen für Rei-
> nigungsarbeiten sind entsprechend dem Verhältnis von Anschaffungs- oder Herstellungskos-
> ten und Erhaltungsaufwendungen aufzuteilen.

Aufwendungen für ein Bündel von Einzelmaßnahmen, die für sich genommen teils Anschaffungs-   34
kosten oder Herstellungskosten, teils Erhaltungsaufwendungen darstellen, sind insgesamt als
Anschaffungskosten oder Herstellungskosten zu beurteilen, wenn die Arbeiten im sachlichen
Zusammenhang stehen.

Ein sachlicher Zusammenhang in diesem Sinne liegt vor, wenn die einzelnen Baumaßnahmen –   35
die sich auch über mehrere Jahre erstrecken können – bautechnisch ineinander greifen. Ein bau-
technisches Ineinandergreifen ist gegeben, wenn die Erhaltungsarbeiten

– Vorbedingung für Schaffung des betriebsbereiten Zustandes oder für die Herstellungsarbeiten

oder

– durch Maßnahmen, welche den betriebsbereiten Zustand schaffen, oder durch Herstellungsarbeiten veranlasst (verursacht) worden sind.

> **Beispiel 1:**
> Um eine Überbauung zwischen zwei vorhandenen Gebäuden durchführen zu können, sind
> zunächst Ausbesserungsarbeiten an den Fundamenten des einen Gebäudes notwendig (vgl.
> BFH-Urteil vom 9. März 1962 – BStBl III S. 195).

Ein solcher Zusammenhang wird nicht dadurch gelöst, dass die Arbeiten in verschiedenen Stock-
werken des Gebäudes ausgeführt werden.

> **Beispiel 2:**
> Im Dachgeschoss eines mehrgeschossigen Gebäudes werden erstmals Bäder eingebaut. Diese
> Herstellungsarbeiten machen das Verlegen von größeren Fallrohren bis zum Anschluss an das
> öffentliche Abwassernetz erforderlich. Die hierdurch entstandenen Aufwendungen sind
> ebenso wie die Kosten für die Beseitigung der Schäden, die durch das Verlegen der größeren
> Fallrohre in den Badezimmern der darunter liegenden Stockwerke entstanden sind, den Her-
> stellungskosten zuzurechnen.

Von einem bautechnischen Ineinandergreifen ist nicht allein deswegen auszugehen, weil der Steuerpflichtige solche Herstellungsarbeiten zum Anlass nimmt, auch sonstige anstehende Renovierungsarbeiten vorzunehmen. Allein die gleichzeitige Durchführung der Arbeiten, z. B. um die mit
den Arbeiten verbundenen Unannehmlichkeiten abzukürzen, reicht für einen solchen sachlichen
Zusammenhang nicht aus. Ebenso wird ein sachlicher Zusammenhang nicht dadurch hergestellt,
dass die Arbeiten unter dem Gesichtspunkt der rationellen Abwicklung eine bestimmte zeitliche
Abfolge der einzelnen Maßnahmen erforderlich machen – die Arbeiten aber ebenso unabhängig
voneinander hätten durchgeführt werden können.

> **Beispiel 3:**
> Wie Beispiel 2, jedoch werden die Arbeiten in den Bädern der übrigen Stockwerke zum Anlass
> genommen, diese Bäder vollständig neu zu verfliesen und neue Sanitäranlagen einzubauen.
> Diese Modernisierungsarbeiten greifen mit den Herstellungsarbeiten (Verlegung neuer Fall-
> rohre) nicht bautechnisch ineinander. Die Aufwendungen führen daher zu Erhaltungsaufwen-
> dungen. Die einheitlich in Rechnung gestellten Aufwendungen für die Beseitigung der durch
> das Verlegen der größeren Fallrohre entstandenen Schäden und für die vollständige Neuver-
> fliesung sind dementsprechend in Herstellungs- und Erhaltungsaufwendungen aufzuteilen.

> **Beispiel 4:**
> Durch das Aufsetzen einer Dachgaube wird die nutzbare Fläche des Gebäudes geringfügig
> vergrößert. Diese Maßnahme wird zum Anlass genommen, gleichzeitig das alte, schadhafte
> Dach neu einzudecken. Die Erneuerung der gesamten Dachziegel steht insoweit nicht in

einem bautechnischen Zusammenhang mit der Erweiterungsmaßnahme. Die Aufwendungen für Dachziegel, die zur Deckung der neuen Gauben verwendet werden, sind Herstellungskosten, die Aufwendungen für die übrigen Dachziegel sind Erhaltungsaufwendungen.

Beispiel 5:

Im Zusammenhang mit einer Erweiterungsmaßnahme erhält ein Gebäude ein zusätzliches Fenster. Zudem wird die Einfachverglasung der schon vorhandenen Fenster durch Isolierverglasung ersetzt. Die Erneuerung der bestehenden Fenster ist nicht durch die Erweiterungsmaßnahme und das Einsetzen des zusätzlichen Fensters veranlasst, greift daher nicht bautechnisch mit diesen Maßnahmen ineinander (insoweit entgegen BFH-Urteil vom 9. Mai 1995 – IX R 2/94 –, BStBl 1996 II S. 637). Die auf die Fenstererneuerung entfallenden Aufwendungen können demnach als Erhaltungsaufwendungen abgezogen werden.

IV. Feststellungslast

36   Die Feststellungslast für die Tatsachen, die eine Behandlung als Anschaffungs- oder Herstellungskosten begründen (wie z. B. die Herstellung der Betriebsbereitschaft oder eine wesentliche Verbesserung über den ursprünglichen Zustand hinaus), trägt das Finanzamt. Soweit das Finanzamt nicht in der Lage ist, den Zustand des Gebäudes im Zeitpunkt der Anschaffung (vgl. Rz. 5 bis 16) oder den ursprünglichen Zustand im Sinne des § 255 Abs. 2 HGB (vgl. Rz. 25 bis 32) festzustellen, trifft den Steuerpflichtigen hierbei eine erhöhte Mitwirkungspflicht (§ 90 Abs. 1 Satz 3 AO). Kann der maßgebliche Zustand des Wohngebäudes nicht sicher festgestellt werden, kann das Finanzamt aus Indizien auf die Hebung des Standards eines Gebäudes und somit auf Anschaffungs- oder Herstellungskosten schließen.

37   Indizien für die Hebung des Standards liegen vor, wenn

– ein Gebäude in zeitlicher Nähe zum Erwerb im Ganzen und von Grund auf modernisiert wird,

– hohe Aufwendungen für die Sanierung der zentralen Ausstattungsmerkmale getätigt werden,

– auf Grund dieser Baumaßnahmen der Mietzins erheblich erhöht wird.

38   Ob eine Hebung des Standards vorliegt, ist für die ersten drei Jahre nach Anschaffung des Gebäudes nicht zu prüfen, wenn die Aufwendungen für die Instandsetzung und Modernisierung des Gebäudes insgesamt 15 % der Anschaffungskosten des Gebäudes nicht übersteigen. Dies gilt nicht, wenn sich bei Erwerb des Gebäudes mit mehreren Wohnungen der Standard für einzelne Wohnungen hebt oder die Instandsetzungsmaßnahme der Beginn einer Sanierung in Raten sein kann. Veranlagungen sind vorläufig durchzuführen, solange in diesem Zeitraum die Instandsetzungsarbeiten 15 % der Anschaffungskosten des Gebäudes nicht übersteigen oder wenn eine Sanierung in Raten zu vermuten ist.

V. Anwendungsregelung

39   Dieses Schreiben ersetzt das BMF-Schreiben vom 16. Dezember 1996 (BStBl I S. 1442), welches hiermit aufgehoben wird.

Die Grundsätze dieses Schreibens sind in allen noch offenen Fällen anzuwenden.

Auf Antrag ist dieses Schreiben nicht anzuwenden, wenn mit Baumaßnahmen vor dem Tag der Veröffentlichung des Schreibens im Bundessteuerblatt begonnen wurde.

V.
Einkommensteuerrechtliche Behandlung des Nießbrauchs und anderer Nutzungsrechte bei Einkünften aus Vermietung und Verpachtung

BMF vom 24. 7. 1998 (BStBl I S. 914)

IV B 3 – S 2253 – 59/98

unter Berücksichtigung der Änderungen durch BMF vom 9. 2. 2001 (BStBl I S. 171) und BMF vom 29. 5. 2006 (BStBl I S. 392)

Inhaltsübersicht

Unter Bezugnahme auf das Ergebnis der Erörterung mit den obersten Finanzbehörden der Länder nehme ich zur einkommensteuerrechtlichen Behandlung des Nießbrauchs und anderer Nutzungsrechte bei den Einkünften aus Vermietung und Verpachtung wie folgt Stellung:

A. Allgemeines

I. Zurechnung von Einkünften

1   Einkünfte aus Vermietung und Verpachtung sind demjenigen zuzurechnen, der den Tatbestand der Einkunftsart Vermietung und Verpachtung (§ 21 EStG) verwirklicht und dadurch Einkünfte erzielt (BFH-Urteil vom 7. April 1987 – BStBl 1987 II S. 707 m. w. N.). Den Tatbestand der Einkunftsart Vermietung und Verpachtung verwirklicht derjenige, der Träger der Rechte und Pflichten eines Vermieters ist (BFH-Urteil vom 31. Oktober 1989 – BStBl 1992 II S. 506 m. w. N.) und mit diesen Rechten und Pflichten Sachen und Rechte i. S. d. § 21 Abs. 1 EStG an andere zur Nutzung gegen Entgelt überlässt (BFH-Urteil vom 26. April 1983 – BStBl II S. 502). Einem Nutzungsberechtigten sind bei Vermietung des Grundstücks die Einkünfte im Sinne von § 21 Abs. 1 Nr. 1 EStG zuzurechnen, wenn ihm die volle Besitz- und Verwaltungsbefugnis zusteht, er die Nutzungen tatsächlich zieht, das Grundstück in Besitz hat und es verwaltet. Den Tatbestand der Einkunftsart Vermietung und Verpachtung erfüllt auch der am Gesellschaftsanteil einer Gesellschaft des bürgerlichen Rechts mit Einkünften aus Vermietung und Verpachtung Nießbrauchsberechtigte, wenn ihm kraft seines Nießbrauchs eine Stellung eingeräumt ist, die der eines Gesellschafters entspricht. Hierfür genügt die bloße Einräumung eines Anspruchs auf Gewinnbezug nicht (BFH-Urteil vom 9. April 1991 – BStBl II S. 809).

II. Bestellung eines dinglichen Nutzungsrechts zugunsten naher Angehöriger

2   Bürgerlich-rechtliche Gestaltungen zwischen nahen Angehörigen sind steuerrechtlich nur dann anzuerkennen, wenn sie klar vereinbart, ernsthaft gewollt und tatsächlich durchgeführt werden.

3   Aus der Bestellung eines Nießbrauchs oder eines anderen dinglichen Nutzungsrechts zugunsten naher Angehöriger können somit steuerrechtliche Folgerungen nur gezogen werden, wenn ein bürgerlich-rechtlich wirksames Nutzungsrecht begründet worden ist und die Beteiligten die zwischen ihnen getroffenen Vereinbarungen auch tatsächlich durchführen (BFH-Urteile vom 11. März 1976 – BStBl II S. 421 und 613 und vom 13. Mai 1980 – BStBl 1981 II S. 297). An der tatsächlichen Durchführung fehlt es, wenn äußerlich alles beim alten bleibt und etwa nur die Erträge an den Nutzungsberechtigten abgeführt werden.

4   [1]Räumen Eltern ihren minderjährigen Kindern einen Nießbrauch an einem Grundstück ein, bedarf es i. d. R. der Mitwirkung eines Pflegers, weil das mit dem Nießbrauch regelmäßig verbundene gesetzliche Schuldverhältnis zwischen Eigentümer und Nießbraucher neben Rechten auch Pflichten des Nießbrauchers begründet und der Nießbraucher daher nicht nur einen rechtlichen Vorteil erlangt (BFH-Urteil vom 13. 5. 1980, VIII R 63/79, BStBl 1981 II S. 297). Insbesondere der Eintritt des Nießbrauchers in die Vermieterstellung ist insoweit als rechtlich nachteilig anzusehen. Daher ist auch in den Fällen des Bruttonießbrauchs (Rdn. 14) die Mitwirkung des Ergänzungspflegers erforderlich, wenn der Nießbraucher in bestehende Mietverhältnisse eintreten oder zur Vermietung verpflichtet sein soll (BMF-Schreiben vom 26. 5. 1992, BStBl 1992 I S. 370). Die Anordnung einer Ergänzungspflegschaft ist nur für die Bestellung, nicht für die Dauer des Nießbrauchs erforderlich (BFH-Urteil vom 13. 5. 1980, VIII R 63/79, BStBl 1981 II S. 295).

5   [2]Die Bestellung des Nießbrauchs ohne Mitwirkung eines Ergänzungspflegers ist in diesen Fällen jedoch einkommensteuerrechtlich anzuerkennen, wenn das Vormundschaftsgericht[3] die Mitwirkung eines Ergänzungspflegers für entbehrlich gehalten hat.

III. Obligatorisches Nutzungsrecht und „fehlgeschlagener" Nießbrauch

6   Den Tatbestand der Erzielung von Einkünften aus Vermietung und Verpachtung kann auch ein obligatorisch Nutzungsberechtigter erfüllen, wenn er eine gesicherte Rechtsposition erlangt hat

---

1) Rz. 4 in der Fassung des BMF-Schreibens vom 9. 2. 2001 (BStBl I S. 171).
2) Rz. 5 in der Fassung des BMF-Schreibens vom 9. 2. 2001 (BStBl I S. 171).
3) Seit 1.9.2009 Familiengericht.

und tatsächlich selbst die Stellung des Vermieters oder Verpächters einnimmt. Eine gesicherte Rechtsposition ist gegeben, wenn der Eigentümer dem Nutzenden den Gebrauch des Grundstücks für eine festgelegte Zeit nicht entziehen kann (BFH-Urteil vom 29. November 1983 – BStBl 1984 II S. 366).

Obligatorische Nutzungsrechte zugunsten naher Angehöriger sind nur anzuerkennen, wenn die Voraussetzungen der Rz. 2 bis 4 erfüllt sind. Ein unentgeltlich begründetes Nutzungsrecht kann regelmäßig nur anerkannt werden, wenn der Überlassungsvertrag schriftlich abgeschlossen und das Nutzungsrecht für einen festgelegten Zeitraum, mindestens für die Dauer von einem Jahr, vereinbart worden ist. Bei einem teilweise entgeltlich begründeten Nutzungsrecht ist grundsätzlich ein schriftlicher Mietvertrag erforderlich; der Festlegung einer Mindestzeit bedarf es nicht. 7

Ist ein Nießbrauch mangels Eintragung im Grundbuch bürgerlich-rechtlich nicht wirksam bestellt worden, sind die Grundsätze zu den obligatorischen Nutzungsrechten (Rz. 35 bis 38 und 51 bis 54) anzuwenden. 8

IV. Sicherungsnießbrauch

Ein Nießbrauch, der lediglich zu Sicherungszwecken eingeräumt wird, ist, soweit er nicht ausgeübt wird, einkommensteuerrechtlich unbeachtlich. Ein Sicherungsnießbrauch liegt vor, wenn die Vereinbarung des dinglichen Nutzungsrechts lediglich dazu bestimmt ist, die dem Berechtigten versprochenen Leistungen dinglich abzusichern, ohne dass der Berechtigte selbst auf Art und Umfang Einfluss nehmen kann (zum Sicherungsnießbrauch vgl. auch Rz. 10 des BMF-Schreibens vom 23. Dezember 1996 – BStBl I S. 1508)[1]. 9

B. Zurechnung von Einkünften im Einzelnen

I. Zugewendete Nutzungsrechte

1. Zuwendungsnießbrauch

a) Abgrenzung zwischen entgeltlicher, teilweise entgeltlicher und unentgeltlicher Bestellung

Ein Nießbrauch, der vom Eigentümer dem Berechtigten bestellt ist (Zuwendungsnießbrauch), ist als entgeltlich bestellt anzusehen, wenn der Wert des Nießbrauchs und der Wert der Gegenleistung nach wirtschaftlichen Gesichtspunkten gegeneinander abgewogen sind. Beim Vergleich von Leistung und Gegenleistung sind die von den Vertragsparteien jeweils insgesamt zu erbringenden Leistungen gegenüberzustellen. 10

Ist zwischen Personen, die nicht durch verwandtschaftliche oder sonstige enge Beziehungen miteinander verbunden sind, ein Nießbrauch gegen Entgelt vereinbart worden, ist davon auszugehen, dass der Wert des Nießbrauchs und der Wert der Gegenleistung nach wirtschaftlichen Gesichtspunkten abgewogen sind. 11

Sind der Wert des Nießbrauchs und der Wert der Gegenleistung nicht nach wirtschaftlichen Gesichtspunkten abgewogen, ist von einem teilweise entgeltlich bestellten Nießbrauch auszugehen. Der Vorgang ist in einen entgeltlichen und in einen unentgeltlichen Teil aufzuteilen. Dabei berechnen sich der entgeltlich und der unentgeltlich erworbene Teil des Nießbrauchs nach dem Verhältnis des Entgelts zu dem Kapitalwert des Nießbrauchs. 12

Ist der Wert der Gegenleistung im Verhältnis zum Wert des Nießbrauchs so bemessen, dass bei Zugrundelegung einer zwischen Fremden üblichen Gestaltung nicht mehr von einer Gegenleistung ausgegangen werden kann, liegt ein unentgeltlich bestellter Nießbrauch vor. Davon ist regelmäßig auszugehen, wenn der Wert der Gegenleistung weniger als 10 v. H. des Werts des Nießbrauchs beträgt. 13

b) Allgemeine Grundsätze

Nach § 577 BGB[2] tritt der Nießbraucher in die Rechtsstellung des Eigentümers als Vermieter ein. Die Ausgestaltung eines Nießbrauchs als Bruttonießbrauch beeinträchtigt die Vermieterstellung eines Nießbrauchers grundsätzlich nicht (BFH-Urteil vom 13. Mai 1980 – BStBl 1981 II S. 299). Es handelt sich dabei um einen Nießbrauch, bei dem sich der Nießbrauchbesteller verpflichtet, die den Nießbrauchberechtigten nach §§ 1041, 1045, 1047 BGB treffenden Kosten und Lasten zu tragen, so dass dem Nießbraucher die Bruttoerträge verbleiben. 14

Mietzahlungen sind an den Nießbraucher zu leisten. Vertreten Eltern ihre minderjährigen Kinder, müssen die Willenserklärungen im Namen der Kinder abgegeben werden (BFH-Urteil vom 13. Mai 1980 – BStBl 1981 II S. 295). 15

---

[1] Hinweis auf BMF vom 16. 9. 2004 (BStBl I S. 922), Rz. 65 → Anhang 8 IV. Einkommensteuer Handausgabe 2008 und BMF vom 11. 3. 2010 (BStBl I S. 227), Rz. 81 → Anhang 8 IV.
[2] Ab 1. 1. 2002: § 567 BGB.

16   Bei einem Quotennießbrauch und einem Bruchteilsnießbrauch gelten für die Gemeinschaft von Nießbraucher und Eigentümer die Grundsätze in Rz. 14 und 15 entsprechend. Ein Quotennießbrauch liegt vor, wenn dem Nießbraucher ein bestimmter Anteil an den Einkünften des Grundstücks zusteht; ein Bruchteilsnießbrauch liegt vor, wenn der Nießbrauch an einem Bruchteil eines Grundstücks bestellt wird. Mietzahlungen auf ein gemeinsames Konto beeinträchtigen die Vermieterstellung des Quotennießbrauchers oder Bruchteilsnießbrauchers nicht, wenn sichergestellt ist, dass der anteilige Überschuss in die alleinige Verfügungsmacht des Nießbrauchers gelangt.

17   Hat der Nießbraucher das Gebäude oder eine Wohnung in Ausübung seines Nießbrauchsrechts an den Eigentümer vermietet, so kann darin die Rückgängigmachung des Nießbrauchs oder ein Mißbrauch von rechtlichen Gestaltungsmöglichkeiten (§ 42 AO) liegen. Bestellen Eltern ihrem Kind einen befristeten Nießbrauch an einem Grundstück und vermietet das Kind den Grundbesitz anschließend an die Eltern zurück, stellt eine solche Gestaltung regelmäßig einen Mißbrauch von rechtlichen Gestaltungsmöglichkeiten i. S. d. § 42 AO dar (BFH-Urteil vom 18. Oktober 1990 – BStBl 1991 II S. 205). Eine mißbräuchliche Gestaltung kann auch in der Unkündbarkeit eines in zeitlichem Zusammenhang mit der Nießbrauchbestellung mit dem Nießbrauchbesteller vereinbarten Mietverhältnisses oder darin liegen, dass die Dauer eines befristeten Nießbrauchs auf die Unterhaltsbedürftigkeit des Nießbrauchers abgestimmt ist.

c) Unentgeltlich bestellter Nießbrauch

aa) Behandlung beim Nießbraucher

18   Bei der Vermietung des nießbrauchsbelasteten Grundstücks sind die Grundsätze der Rz. 14 bis 17 maßgebend.

19   AfA auf das Gebäude darf der Nießbraucher nicht abziehen (BFH-Urteil vom 24. April 1990 – BStBl II S. 888). Von den Herstellungskosten für in Ausübung des Nießbrauchs eingebaute Anlagen und Einrichtungen i. S. d. § 95 Abs. 1 Satz 2 BGB darf der Nießbraucher AfA in Anspruch nehmen. Ferner darf er AfA für Aufwendungen für Einbauten zu vorübergehendem Zweck i. S. d. § 95 Abs. 1 Satz 1 BGB abziehen.

20   Auf das unentgeltlich erworbene Nießbrauchsrecht darf der Nießbraucher keine AfA vornehmen (BFH-Urteil vom 28. Juli 1981 – BStBl 1982 II S. 454).

21   Andere Werbungskosten darf der Nießbraucher abziehen, soweit er sie im Rahmen der Nießbrauchbestellung vertraglich übernommen und tatsächlich getragen hat oder – bei Fehlen einer vertraglichen Regelung – aufgrund der gesetzlichen Lastenverteilung getragen hat. Aufwendungen, zu denen der Nießbraucher nicht verpflichtet ist, aber nach § 1043 BGB tragen darf und die in seinem Interesse erfolgen, sind abzuziehen. Verzichtet der Nießbraucher jedoch gegenüber dem Eigentümer von vornherein auf den Ersatzanspruch nach § 1049 BGB oder steht schon bei der Aufwendung fest, dass der Ersatzanspruch nicht zu realisieren ist, ist von einer Zuwendung gemäß § 12 Nr. 2 EStG durch die Erhaltungsmaßnahme auszugehen (vgl. BFH-Urteil vom 14. November 1989 – BStBl 1990 II S. 462 und vom 5. September 1991 – BStBl 1992 II S. 192).

22   Hat der Nießbraucher größeren Erhaltungsaufwand nach § 82b EStDV auf mehrere Jahre verteilt und endet der Nießbrauch vor Ablauf des Verteilungszeitraums, darf der Nießbraucher den noch nicht berücksichtigten Teil des Erhaltungsaufwands nur noch im Jahr der Beendigung des Nießbrauchs abziehen.

bb) Behandlung beim Eigentümer

23   Dem Eigentümer sind keine Einkünfte aus dem nießbrauchsbelasteten Grundstück zuzurechnen.

24   Der Eigentümer darf AfA auf das Gebäude und Grundstücksaufwendungen, die er getragen hat, nicht als Werbungskosten abziehen, da er keine Einnahmen erzielt.

25   Bei einem Bruchteilsnießbrauch darf der Eigentümer AfA auf das Gebäude nicht abziehen, soweit sie auf den mit dem Nießbrauch belasteten Eigentumsanteil entfallen. Entsprechendes gilt für den Abzug anderer Aufwendungen. Sätze 1 und 2 gelten beim Quotennießbrauch sinngemäß.

d) Entgeltlich bestellter Nießbrauch

aa) Behandlung beim Nießbraucher

26   Im Falle der Nutzung durch Vermietung darf der Nießbraucher auf das entgeltlich erworbene Nießbrauchsrecht die nach der Dauer des Nießbrauchs bemessene AfA nach § 7 Abs. 1 EStG vornehmen (BFH-Urteil vom 27. Juni 1978 – BStBl 1979 II S. 38). Ist der Nießbrauch für die Lebenszeit des Berechtigten oder einer anderen Person eingeräumt, sind die Aufwendungen für den Erwerb des Nießbrauchs durch AfA auf die mutmaßliche Lebenszeit der betreffenden Person zu verteilen (zur Lebenserwartung vgl. gleich lautende Erlasse der obersten Finanzbehörden der Länder zur

Bewertung von Kapitalforderungen/-schulden sowie von Ansprüchen/Lasten bei wiederkehrenden Nutzungen und Leistungen vom 12. Oktober 1994, BStBl I S. 775, Tabelle 6 zu § 12 BewG[1]). Leistet der Nießbraucher als Gegenleistungen für die Einräumung des Nießbrauchs ausschließlich gleichmäßige laufende Zahlungen, ist es aus Vereinfachungsgründen nicht zu beanstanden, wenn nur die laufend gezahlten Beträge als Werbungskosten abgesetzt werden.

Nutzt der Nießbraucher das Gebäude durch Vermietung, darf er Aufwendungen, die er aufgrund vertraglicher Bestimmungen getragen hat, als Werbungskosten abziehen. Haben die Vertragsparteien bei Einräumung des Nießbrauchs keine besonderen Regelungen getroffen, sind Aufwendungen des Nießbrauchers als Werbungskosten zu berücksichtigen, soweit er sie nach den gesetzlichen Bestimmungen (§§ 1041, 1045, 1047 BGB) getragen hat. Zur Abziehbarkeit der Aufwendungen im Einzelnen vgl. Rz. 21.   27

bb) Behandlung beim Eigentümer

Beim Eigentümer ist das für die Bestellung des Nießbrauchs gezahlte Entgelt im Jahr des Zuflusses als Einnahme aus Vermietung und Verpachtung zu erfassen[2]). Das gilt unabhängig davon, ob beim Nießbraucher Einkünfte aus Vermietung und Verpachtung anfallen.   28

[3])Aus Billigkeitsgründen kann auf Antrag die Zahlung des gesamten Entgelts in einem Kalenderjahr auf die Laufzeit des Nießbrauchs, längstens über einen Zeitraum von 10 Jahren, gleichmäßig verteilt werden.   29

Der Eigentümer ist – da ihm Einnahmen aus Vermietung und Verpachtung zuzurechnen sind – zur Vornahme von Abschreibungen berechtigt. Daneben darf er die von ihm aufgrund vertraglicher Vereinbarungen, bei fehlenden Vereinbarungen aufgrund der gesetzlichen Lastenverteilung (§§ 1041, 1045, 1047 BGB), getragenen Aufwendungen für das belastete Grundstück abziehen.   30

e) Teilweise entgeltlich bestellter Nießbrauch

Bei einem teilweise entgeltlich bestellten Nießbrauch sind die Grundsätze der Rz. 26 bis 30 anzuwenden. Rz. 30 ist nicht anzuwenden, soweit der Nießbrauch unentgeltlich bestellt worden ist. Zur Aufteilung der Aufwendungen vgl. Rz. 12.   31

2. Vermächtnisnießbrauch

Ein Vermächtnisnießbrauch liegt vor, wenn aufgrund einer letztwilligen Verfügung des Grundstückseigentümers durch dessen Erben einem Dritten der Nießbrauch an dem Grundstück eingeräumt worden ist. Für den Vermächtnisnießbrauch gelten die Ausführungen zum unentgeltlichen Zuwendungsnießbrauch (Rz. 18 bis 25) entsprechend. Der Vermächtnisnehmer ist nicht berechtigt, die AfA für das vom Erblasser hinterlassene Gebäude in Anspruch zu nehmen (BFH-Urteil vom 28. September 1993 – BStBl 1994 II S. 319).   32

3. Zugewendetes dingliches Wohnrecht

[4])Ist das Grundstück in der Weise belastet, dass an einer Wohnung ein im Grundbuch eingetragenes Wohnrecht zugunsten eines anderen begründet worden ist, sind die für einen Zuwendungsnießbrauch geltenden Grundsätze insoweit entsprechend anzuwenden. Zur Abgrenzung von unentgeltlich, entgeltlich und teilentgeltlich zugewendeten dinglichen Wohnrechten vgl. Rz. 10 bis 13. Die Übertragung eines Grundstücks gegen die Verpflichtung, dieses mit einem Wohngebäude zu bebauen und dem Veräußerer ein dingliches Wohnrecht an einer Wohnung zu bestellen, stellt keine entgeltliche Überlassung des Wohnrechts, sondern ein auf die Anschaffung des Grundstücks gerichtetes Rechtsgeschäft dar.   33

---

[1]) Für Bewertungsstichtage ab 1.1.2011 → BMF vom 8. 11. 2010 (BStBl I S. 1288) und für Bewertungsstichtage ab dem 1. 1. 2012 → BMF vom 26. 9. 2011 (BStBl I S. 834).

[2]) → Aber § 11 Abs. 1 Satz 3 EStG.

[3]) Überholt durch § 11 Abs. 1 Satz 3 EStG.

[4]) Rz. 33 i. d. F. BMF vom 29. 5. 2006 (BStBl I S. 392). Diese Grundsätze sind in allen noch offenen Fällen anzuwenden. Soweit die Anwendung zu einem Nachteil gegenüber der bisherigen Verwaltungsauffassung führt, sind sie erstmals anzuwenden, wenn die Bestellung eines dinglichen Wohnrechts gegen Übertragung eines Grundstücks im privaten Bereich nach dem 31. 5. 2006 erfolgt ist. Rz. 33 i. d. F. BMF vom 24. 7. 1998 lautet: „Ist das Grundstück in der Weise belastet, daß an einer Wohnung ein im Grundbuch eingetragenes Wohnrecht zugunsten eines anderen begründet worden ist, sind die für den Zuwendungsnießbrauch geltenden Grundsätze insoweit entsprechend anzuwenden. Zur Abgrenzung von unentgeltlich, entgeltlich und teilentgeltlich zugewendeten dinglichen Wohnrechten vgl. Rz. 10 bis 13. Der Erwerb eines Grundstücks gegen die Verpflichtung, dieses mit einem Wohnhaus zu bebauen und dem Veräußerer ein dingliches Wohnrecht an einer Wohnung zu bestellen, ist wie ein entgeltlicher Zuwendungsnießbrauch zu behandeln. Der Erwerber bezieht in Höhe des Grundstückswerts bis zur Höhe des Kapitalwerts des Wohnrechts Einnahmen aus Vermietung und Verpachtung. Ein den Kapitalwert des Wohnrechts übersteigender Grundstückswert ist eine Zuwendung i. S. d. § 12 Nr. 2 EStG. Rz. 29 gilt entsprechend."

34   Der Eigentümer darf AfA auf den mit dem Wohnrecht belasteten Gebäudeteil nur in Anspruch nehmen, soweit das Wohnrecht entgeltlich zugewendet worden ist. Entsprechendes gilt für den Abzug anderer Aufwendungen.

4. Zugewendetes obligatorisches Nutzungsrecht

a) Allgemeines

35   Zur Abgrenzung zwischen der entgeltlichen, teilweise entgeltlichen und unentgeltlichen Einräumung eines Nutzungsrechts vgl. Rz. 10 bis 13.

b) Behandlung beim Nutzenden

36   Vermietet der Nutzungsberechtigte das Grundstück, hat er die erzielten Einnahmen zu versteuern. Er darf die vertraglich übernommenen und von ihm getragenen Aufwendungen einschließlich des an den Eigentümer gezahlten Entgelts als Werbungskosten absetzen. Bei bereits bestehenden Nutzungsverträgen kann der Nutzungsberechtigte nur durch eine rechtsgeschäftliche Vertragsübernahme in die Vermieterstellung eintreten (vgl. BFH-Urteil vom 26. April 1983 – BStBl II S. 502). Zur Herstellung eines Gebäudes auf fremdem Grund und Boden, die zu einem Nutzungsrecht führt, vgl. R 42 Abs. 5 Satz 3 und 4 EStR 1996. Im Übrigen gelten die Ausführungen in Rz. 14 bis 22, 26 bis 27 und 31 entsprechend.

c) Behandlung beim Eigentümer

37   Beim Eigentümer ist das für die Einräumung eines Nutzungsrechts gezahlte Entgelt im Jahr des Zuflusses als Einnahme aus Vermietung und Verpachtung zu erfassen. Im Übrigen gelten die Ausführungen in Rz. 14 bis 17, 23 bis 25, 28 bis 31 entsprechend.

38   Nutzt der Berechtigte eine ihm unentgeltlich überlassene Wohnung aufgrund einer gesicherten Rechtsposition, darf der Eigentümer AfA auf das Gebäude nicht in Anspruch nehmen, soweit sie auf den Gebäudeteil entfallen, auf den sich das Nutzungsrecht erstreckt. Entsprechendes gilt für den Abzug anderer Aufwendungen. Soweit sich aus den BFH-Urteilen vom 29. November 1983 und vom 13. Dezember 1983 (BStBl 1984 II S. 366, 368 und 371) etwas anderes ergibt, sind diese Urteile weiterhin über die entschiedenen Einzelfälle hinaus nicht anzuwenden.

II. Vorbehaltene Nutzungsrechte

1. Vorbehaltsnießbrauch

a) Allgemeines

39   Ein Vorbehaltsnießbrauch liegt vor, wenn bei der Übertragung eines Grundstücks gleichzeitig ein Nießbrauchsrecht für den bisherigen Eigentümer an dem übertragenen Grundstück bestellt wird. Einem Vorbehaltsnießbraucher ist ein Schenker gleichzustellen, der mit dem Beschenkten im Voraus eine klare und eindeutige Schenkungsabrede über den Erwerb eines bestimmten Grundstücks und die Bestellung eines Nießbrauchsrechts an diesem Grundstück trifft (BFH-Urteil vom 15. Mai 1990 – BStBl 1992 II S. 67). Gleiches gilt für einen vorläufigen Erben, der die Erbschaft mit der Maßgabe ausgeschlagen hat, dass ihm ein Nießbrauchsrecht an den zum Nachlass gehörenden Gegenständen eingeräumt wird (BFH-Urteil vom 4. Juni 1996 – BStBl 1998 II S. 431).

40   Die Bestellung des Nießbrauchs ist keine Gegenleistung des Erwerbers (BFH-Urteile vom 28. Juli 1981 – BStBl 1982 II S. 378, vom 10. April 1991 – BStBl II S. 791 und vom 24. April 1991 – BStBl II S. 793), unabhängig davon, ob das Grundstück entgeltlich oder unentgeltlich übertragen wird.

b) Behandlung beim Nießbraucher

41   Ist das mit dem Vorbehaltsnießbrauch belastete Grundstück vermietet, erzielt der Nießbraucher Einkünfte aus Vermietung und Verpachtung. Dies gilt auch, wenn der Nießbraucher das Grundstück dem Grundstückseigentümer entgeltlich zur Nutzung überlässt.

42   Der Vorbehaltsnießbraucher kann im Falle der Nutzung durch Vermietung die AfA für das Gebäude wie zuvor als Eigentümer in Anspruch nehmen (BFH-Urteil vom 28. Juli 1981 – BStBl 1982 II S. 380, vom 24. September 1985 – BStBl 1986 II S. 12 und vom 30. Januar 1995 – BStBl II S. 281). Rz. 25 ist entsprechend anzuwenden.

43   Der Vorbehaltsnießbraucher ist berechtigt, die von ihm getragenen Aufwendungen auf das Grundstück nach Maßgabe der Rz. 21 und 22 als Werbungskosten abzuziehen.

44   Ist das Grundstück unter Vorbehalt des Nießbrauchs entgeltlich übertragen worden, ist die Bemessungsgrundlage für die AfA nicht um die Gegenleistung des Erwerbers zu kürzen.

c) Behandlung beim Eigentümer

Sind dem Eigentümer aus dem nießbrauchsbelasteten Grundstück keine Einnahmen zuzurechnen, darf er Aufwendungen auf das Grundstück nicht als Werbungskosten abziehen. Sind dem Eigentümer Einnahmen aus dem nießbrauchsbelasteten Grundstück zuzurechnen, ist Rz. 25 entsprechend anzuwenden. **45**

Nach Erlöschen des Nießbrauchs stehen dem Eigentümer die AfA auf das gesamte Gebäude zu. **46**

Ist das Grundstück entgeltlich unter Vorbehalt des Nießbrauchs übertragen worden, bemessen sich die AfA nach den Anschaffungskosten des Eigentümers. Der Kapitalwert des Nießbrauchs gehört nicht zu den Anschaffungskosten. Die AfA-Bemessungsgrundlage erhöht sich um die zusätzlichen Herstellungskosten, die der Eigentümer getragen hat (BFH-Urteil vom 7. Juni 1994 – BStBl II S. 927). Das AfA-Volumen ist um die AfA-Beträge zu kürzen, die von den Anschaffungskosten des Eigentümers auf den Zeitraum zwischen Anschaffung des Grundstücks und dem Erlöschen des Nießbrauchs entfallen. **47**

Ist das Grundstück unentgeltlich unter Vorbehalt des Nießbrauchs übertragen worden, führt der Eigentümer nach Erlöschen des Nießbrauchs die AfA nach § 11d EStDV fort. Bei teilentgeltlichem Erwerb gelten die Grundsätze der Tz. 14 und 15 des BMF-Schreibens vom 13. Januar 1993 (BStBl I S. 80[1]) entsprechend. **48**

2. Vorbehaltenes dingliches Wohnrecht

Ist das Grundstück gegen Einräumung eines vorbehaltenen dinglichen Wohnrechts übertragen worden, sind die für den Vorbehaltsnießbrauch geltenden Grundsätze entsprechend anzuwenden. **49**

Der Eigentümer darf AfA auf das entgeltlich erworbene Gebäude nur in Anspruch nehmen, soweit sie auf den unbelasteten Teil entfallen (BFH-Urteil vom 7. Juni 1994 – BStBl II S. 927). In diesen Fällen ist die AfA-Bemessungsgrundlage nur für den unbelasteten Gebäudeteil zu ermitteln, und zwar wie folgt: Die Einräumung des Wohnrechts stellt kein Entgelt für die Übertragung des Grundstücks dar. Der Übernehmer erhält lediglich das von vornherein um das Nutzungsrecht geminderte Vermögen. Der Kaufpreis zuzüglich der Nebenkosten ist auf die beiden Wirtschaftsgüter Grund und Boden sowie Gebäude nach dem Verhältnis der Verkehrswerte aufzuteilen. Da sich das Wohnrecht nicht auf den Grund und Boden bezieht, ist nur der Verkehrswert des Gebäudes um den kapitalisierten Wert des Wohnrechts zu mindern. Der Anteil des unbelasteten Gebäudeteils an den tatsächlichen Gebäudeanschaffungskosten ergibt sich dann aus dem Verhältnis des Verkehrswerts des unbelasteten Teils zum Verkehrswert des gesamten Gebäudes abzüglich des kapitalisierten Werts des Nutzungsrechts.[2] **50**

Beispiel:

V überträgt sein Zweifamilienhaus gegen Übernahme der Verbindlichkeiten in Höhe von 350 000 DM an K. Dabei behält V sich ein lebenslängliches dingliches Wohnrecht an der Wohnung im Obergeschoss vor (Kapitalwert des Wohnrechts im Erwerbszeitpunkt 150 000 DM). Die Erdgeschosswohnung wird weiterhin vermietet. Beide Wohnungen sind gleich groß. Die Verkehrswerte betragen für das Gebäude 500 000 DM und für den Grund und Boden 100 000 DM (ohne Berücksichtigung des Wohnrechts).

Die AfA-Bemessungsgrundlage für die unbelastete Wohnung ist wie folgt zu ermitteln:

1. Schritt: Aufteilung der Anschaffungskosten in Höhe von 350 000 DM auf Grund und Boden und Gebäude im Verhältnis der Verkehrswerte:

Verkehrswert Grund und Boden	100 000 DM	= 22,22 v. H.
Verkehrswert Gebäude	500 000 DM	
abzügl. Kapitalwert Nutzungsrecht	150 000 DM	
	350 000 DM	= 77,78 v. H.
Damit entfällt der Kaufpreis von 350 000 DM auf	22,22 v. H.	
den Grund und Boden	von 350 000 DM	77 770 DM
	77,78 v. H.	
das Gebäude	von 350 000 DM	272 230 DM

---

[1] → Anhang 8 II.
[2] Bestätigt durch BFH vom 31. 5. 2000 (BStBl 2001 II S. 594).

2. Schritt: Ermittlung der AfA-Bemessungsgrundlage:[1]

		unbelastete Wohnung (50 v. H.)	wohnrechts-belastete Wohnung (50 v. H.)
Verkehrswert Gebäude	500 000 DM	250 000 DM	250 000 DM
abzügl. Kapitalwert Nutzungsrecht	150 000 DM		150 000 DM
	350 000 DM	250 000 DM	100 000 DM
Kaufpreisanteil	350 / 350	250 / 350	100 / 350
Gebäude	272 230 DM	**194 450 DM**	77 780 DM

Da es sich hier um einen teilentgeltlichen Erwerb handelt, ist § 11d EStDV auf den unentgeltlich erworbenen und unbelasteten Anteil anzuwenden.

3. Vorbehaltenes obligatorisches Nutzungsrecht

a) Allgemeines

51   Behält sich der bisherige Eigentümer bei der Übertragung des Grundstücks ein obligatorisches Nutzungsrecht vor, stellt die Einräumung des Nutzungsrechts keine Gegenleistung des Erwerbers dar.

b) Behandlung beim Nutzenden

52   Der Nutzungsberechtigte hat bei Vermietung des Grundstücks die Einnahmen zu versteuern. Er darf die von ihm getragenen Aufwendungen einschließlich des an den Eigentümer gezahlten Entgelts als Werbungskosten absetzen. Der Nutzende darf weiterhin wie zuvor als Eigentümer die AfA für das Gebäude in Anspruch nehmen (BFH-Urteil vom 28. März 1995 – BStBl 1997 II S. 121).

c) Behandlung beim Eigentümer

53   Die für den Eigentümer geltenden Grundsätze des Vorbehaltsnießbrauchs nach Rz. 45 bis 48 sind entsprechend anzuwenden.

54   Zur AfA-Berechtigung des Eigentümers auf das Gebäude und zur Ermittlung der Bemessungsgrundlage vgl. Rz. 50.

C. Ablösung von Nutzungsrechten

1. Vorbehaltsnießbrauch

a) Allgemeines

55   Unbeachtlich ist, ob der Nießbrauch anlässlich einer entgeltlichen oder einer unentgeltlichen Grundstücksübertragung vorbehalten wurde. Bei der Ablösung ist zu unterscheiden zwischen Vermögensübertragungen im Rahmen der vorweggenommenen Erbfolge (Vermögensübergabe) und sonstigen Vermögensübertragungen. Zur Abgrenzung der Vermögensübergabe von sonstigen Vermögensübertragungen vgl. Rz. 3, 4 und 41 des BMF-Schreibens vom 23. Dezember 1996 – a. a. O.[2]

b) Ablösung im Zusammenhang mit einer Vermögensübergabe

aa) Allgemeines

56   Zum Begriff der vorweggenommenen Erbfolge und den Arten der Vermögensübertragung durch vorweggenommene Erbfolge vgl. BMF-Schreiben vom 13. Januar 1993 – BStBl I S. 80.[3]

bb) Behandlung beim Eigentümer

57   Einmalige Zahlungen zur Ablösung des Vorbehaltsnießbrauchs sind Abstandszahlungen an den Vermögensübergeber und erhöhen die Bemessungsgrundlage für die AfA des Grundstückseigentümers (BFH-Urteil vom 28. November 1991 – BStBl 1992 II S. 381, vom 21. Juli 1992 – BStBl 1993 II

---

[1] Eine von den Vertragsparteien vorgenommene Aufteilung des Kaufpreises auf einzelne Wirtschaftsgüter ist grundsätzlich – auch in Fällen der gemischten Schenkung – der Besteuerung zugrunde zu legen, soweit der Verkehrswert des jeweiligen Wirtschaftsguts nicht überschritten wird (→ BFH vom 27. 7. 2004 – BStBl 2006 II S. 9).
[2] Hinweis auf BMF vom 16. 9. 2004 (BStBl I S. 922), Rz. 65 → Anhang 8 IV Einkommensteuer Handausgabe 2008 und BMF vom 11. 3. 2010 (BStBl I S. 227), Rz. 81 → Anhang 8 IV.
[3] → Anhang 8 II.

S. 484 und vom 21. Juli 1992 – BStBl 1993 II S. 486). Zur Ablösung des Vorbehaltsnießbrauchs durch wiederkehrende Leistungen vgl. BMF-Schreiben vom 23. Dezember 1996 – a. a. O.[1]

cc) Behandlung beim Nießbraucher

Die Ablösung des Vorbehaltsnießbrauchs gegen Einmalzahlung ist beim Nießbraucher eine nicht steuerbare Vermögensumschichtung (für den Fall eines vorbehaltenen Wohnrechts vgl. BFH-Urteil vom 9. August 1990 – BStBl II S. 1026). Zur Beurteilung der zur Ablösung empfangenen wiederkehrenden Leistungen vgl. BMF-Schreiben vom 23. Dezember 1996 – a. a. O.   **58**

c) Ablösung im Zusammenhang mit sonstigen Vermögensübertragungen

aa) Behandlung beim Eigentümer

Eine Einmalzahlung führt in voller Höhe, wiederkehrende Leistungen führen mit ihrem Barwert (§§ 13, 14 BewG i. V. m. Anlage 9, 9a zum BewG) zu Anschaffungskosten (BFH-Urteil vom 9. Februar 1994 – BStBl 1995 II S. 47 und vom 18. Oktober 1994 – BStBl 1995 II S. 169 – für dauernde Last –). Ist die Einmalzahlung bzw. der Barwert der wiederkehrenden Leistungen höher als der Wert des übertragenen Vermögens, ist Entgeltlichkeit in Höhe des angemessenen Kaufpreises anzunehmen. Der übersteigende Betrag ist eine Zuwendung i. S. d. § 12 Nr. 2 EStG. Ist der Barwert der wiederkehrenden Leistungen mehr als doppelt so hoch wie der Wert des übertragenen Vermögens, liegt insgesamt eine Zuwendung i. S. d. § 12 Nr. 2 EStG vor. Wiederkehrende Leistungen in Zusammenhang mit einer privaten Vermögensumschichtung dürfen weder als Rente noch als dauernde Last abgezogen werden (BFH-Urteil vom 25. November 1992 – BStBl 1996 II S. 663 m. w. N.). Der in den wiederkehrenden Leistungen enthaltene Zinsanteil, der in entsprechender Anwendung der Ertragsanteilstabellen der §§ 22 EStG, 55 EStDV zu ermitteln ist, ist im Falle der Vermietung gem. § 9 Abs. 1 Satz 3 Nr. 1 Satz 2 EStG als Werbungskosten bei den Einkünften aus Vermietung und Verpachtung abzuziehen.   **59**

bb) Behandlung beim Nießbraucher

Die Ablösung eines vorbehaltenen Nießbrauchs gegen Einmalzahlung ist eine beim Nießbraucher nicht steuerbare Vermögensumschichtung. Wiederkehrende Leistungen, die nicht als Versorgungsleistungen im Rahmen einer Vermögensübergabe erbracht werden, sind mit ihrem Zinsanteil nach § 20 Abs. 1 Nr. 7 EStG oder bei Veräußerungsleibrenten mit dem Ertragsanteil nach § 22 Nr. 1 Satz 3 Buchst. a Satz 3 EStG steuerbar (vgl. Rz. 49 des BMF-Schreibens vom 23. Dezember 1996 – a. a. O.)[2].   **60**

2. Zuwendungsnießbrauch

a) Unentgeltlicher Zuwendungsnießbrauch

Zahlungen zur Ablösung eines unentgeltlich eingeräumten Zuwendungsnießbrauchs sind grundsätzlich als Zuwendungen i. S. d. § 12 Nr. 2 EStG zu beurteilen (vgl. bei fehlender tatsächlicher Änderung der rechtlichen oder wirtschaftlichen Verhältnisse BFH-Urteil vom 13. Oktober 1993 – BStBl 1994 II S. 451 und beim Missbrauch von rechtlichen Gestaltungsmöglichkeiten nach § 42 AO BFH-Urteil vom 6. Juli 1993 – BStBl 1998 II S. 429)[3]. Sie gehören daher beim Nießbraucher nicht zu den Einkünften aus Vermietung und Verpachtung. Der Eigentümer kann sie nicht als Werbungskosten abziehen; sie erhöhen auch nicht seine Anschaffungskosten für das Grundstück. Ein anstelle des bisherigen Nießbrauchs eingeräumter Ersatznießbrauch ist als neu bestellter unentgeltlicher Zuwendungsnießbrauch zu behandeln.   **61**

Rz. 61 gilt nicht für die Fälle, in denen der ablösende Eigentümer das Grundstück selbst bereits mit der Belastung des Nießbrauchs erworben hat (vgl. BFH-Urteil vom 15. Dezember 1992 – BStBl 1993 II S. 488). In einem solchen Fall vollzieht sich die Ablösung im Rahmen eines entgeltlichen Veräußerungsgeschäfts. Eine Einmalzahlung ist in voller Höhe, wiederkehrende Leistungen sind mit ihrem Barwert Anschaffungskosten.   **62**

b) Entgeltlicher Zuwendungsnießbrauch

Zahlungen zur Ablösung eines entgeltlich bestellten Zuwendungsnießbrauchs sind beim Eigentümer im Jahr der Zahlung als negative Einnahmen bei den Einkünften aus Vermietung und Ver-   **63**

---

[1] Hinweis auf BMF vom 16. 9. 2004 (BStBl I S. 922), Rz. 65 → Anhang 8 IV.
[2] Hinweis auf BMF vom 16. 9. 2004 (BStBl I S. 922), Rz. 65 → Anhang 8 IV Einkommensteuer Handausgabe 2008 und BMF vom 11. 3. 2010 (BStBl I S. 227), Rz. 81 → Anhang 8 IV.
[3] → Aber BFH vom 13. 12. 2005 (BStBl 2008 II S. 16), wonach Zahlungen zur Ablösung eines unentgeltlich eingeräumten Nießbrauchsrechts zum Sonderausgabenabzug für Versorgungsleistungen nach § 10 Abs. 1 Nr. 1a a. F. berechtigen.

pachtung zu erfassen. Ist das für die Bestellung des Nießbrauchs gezahlte Entgelt nach Rz. 29 auf mehrere Jahre verteilt worden, ist der noch nicht versteuerte Restbetrag beim Eigentümer als Einnahme aus Vermietung und Verpachtung zu erfassen. Besteht die Abfindung in wiederkehrenden Leistungen, sind diese jeweils im Jahr der Zahlung als negative Einnahmen anzusetzen.

64   Die Ablösungszahlungen sind beim Nießbraucher der privaten Vermögensebene zuzuordnen (BFH-Urteil vom 9. August 1990 – BStBl II S. 1026).

3. Vermächtnisnießbrauch

65   Aufwendungen zur Ablösung eines zugewendeten Vermächtnisnießbrauchs sind nachträgliche Anschaffungskosten des Grundstückseigentümers (BFH-Urteil vom 21. Juli 1992 – BStBl 1993 II S. 484). Die Ablösung eines Vermächtnisnießbrauchs gegen Einmalzahlung ist eine beim Nießbraucher nicht steuerbare Vermögensumschichtung. Zur Ablösung gegen wiederkehrende Leistungen vgl. Tz. 9 des BMF-Schreibens vom 23. Dezember 1996 – a. a. O.[1]

4. Dingliches Wohnrecht

66   Für die Behandlung von Ablösungszahlungen des Eigentümers an den dinglich Wohnberechtigten sind die für die Ablösung von Nießbrauchsrechten geltenden Grundsätze entsprechend anzuwenden. Aufwendungen zur Ablösung eines vom Rechtsvorgänger eingeräumten dinglichen Wohnrechts entfallen, soweit sie nachträgliche Anschaffungskosten des Grundstückseigentümers sind in vollem Umfang auf das Gebäude (BFH-Urteil vom 21. Juli 1992 – BStBl 1993 II S. 484).

5. Obligatorisches Nutzungsrecht

67   Für die Behandlung von Aufwendungen für die Ablösung obligatorischer Nutzungsrechte gelten die Grundsätze zur Ablösung eines Vorbehalts- und Zuwendungsnießbrauch (Rz. 55 bis 64) entsprechend.

D. Übergangsregelung in Fällen der Ermittlung des Nutzungswerts als Überschuss des Mietwerts über die Werbungskosten

1. Allgemeines

68   Die Besteuerung des Nutzungswerts der Wohnung im eigenen Haus (§ 21 Abs. 2 Satz 1 1. Alternative EStG) kann aufgrund der Übergangsregelung des § 52 Abs. 21 Satz 2 EStG bis einschließlich Veranlagungszeitraum 1998 fortgeführt werden, wenn im Veranlagungszeitraum 1986 und in dem jeweils in Betracht kommenden Veranlagungszeitraum, der dem Veranlagungszeitraum 1986 folgt, die Voraussetzungen für die Ermittlung des Nutzungswerts als Überschuss des Mietwerts über die Werbungskosten vorgelegen haben (vgl. hierzu BMF-Schreiben vom 19. September 1986 – BStBl I S. 480).

2. Vorbehaltsnießbrauch

69   Nutzt der Vorbehaltsnießbraucher das mit dem Vorbehaltsnießbrauch belastete Grundstück für eigene Wohnzwecke, ist ihm der Nutzungswert nach § 21 Abs. 2 Satz 1 1. Alternative EStG zuzurechnen (BFH-Urteil vom 7. Dezember 1982 – BStBl 1983 II S. 627). In einem solchen Fall kommt für den Vorbehaltsnießbraucher die Übergangsregelung nach § 52 Abs. 21 Satz 2 EStG für einen Veranlagungszeitraum in Betracht, wenn in diesem Veranlagungszeitraum und im Veranlagungszeitraum 1986 die Voraussetzungen für die Ermittlung des Nutzungswerts als Überschuss des Mietwerts über die Werbungskosten vorgelegen haben.

3. Zuwendungsnießbrauch

70   Für den Zuwendungsnießbrauch ist die Übergangsregelung nach Rz. 68 nicht anzuwenden.

4. Vermächtnisnießbrauch

71   Für den Vermächtnisnießbraucher gelten die Ausführungen in Rz. 69 aus Billigkeitsgründen entsprechend.

5. Obligatorisches Nutzungsrecht

72   Wird eine Wohnung aufgrund eines unentgeltlich zugewendeten oder vorbehaltenen obligatorischen Nutzungsrechts von dem Berechtigten selbst genutzt und hat der Nutzende keine gesicherte Rechtsposition, so ist dem Eigentümer der Nutzungswert nach § 21 Abs. 2 Satz 1 1. Alternative

---

[1] Hinweis auf BMF vom 16. 9. 2004 (BStBl I S. 922), Rz. 65 → Anhang 8 IV Einkommensteuer Handausgabe 2008 und BMF vom 11. 3. 2010 (BStBl I S. 227), Rz. 81 → Anhang 8 IV.

EStG zuzurechnen. Er kann den Nutzungswert im Rahmen der Übergangsregelung nach § 52 Abs. 21 Satz 2 EStG in einem Veranlagungszeitraum versteuern, wenn in diesem Veranlagungszeitraum und im Veranlagungszeitraum 1986 die Voraussetzungen für die Ermittlung des Nutzungswerts als Überschuss des Mietwerts über die Werbungskosten vorgelegen haben.

E. Anwendungsregelung

Die Grundsätze dieses Schreibens sind in allen noch offenen Fällen anzuwenden.   73

Die Grundsätze in Rz. 4 und 5 dieses BMF-Schreibens sind entsprechend dem BMF-Schreiben vom   74
26. Mai 1992 (BStBl I S. 370) in allen Fällen anzuwenden, in denen der Nießbrauch nach dem 30. Juni 1992 notariell beurkundet oder der Überlassungsvertrag nach dem 30. Juni 1992 abgeschlossen worden ist. Ist der Nießbrauch vor dem 1. Juli 1992 beurkundet oder der Überlassungsvertrag vor dem 1. Juli 1992 abgeschlossen worden, ist Rz. 4 bzw. Rz. 53 des BMF-Schreibens vom 15. November 1984 (BStBl I S. 561) weiter anzuwenden.

Die Grundsätze in Rz. 32 dieses BMF-Schreibens sind entsprechend dem BMF-Schreiben vom 22. April 1994 (BStBl I S. 258) in den Fällen anzuwenden, in denen der Vermächtnisnießbrauch nach dem 31. Mai 1994 notariell beurkundet worden ist. Ist der Vermächtnisnießbrauch vor dem 1. Juni 1994 notariell beurkundet worden, ist der Nießbraucher weiterhin zum Abzug der Gebäude-AfA nach Maßgabe der Rz. 51, 41 des BMF-Schreibens vom 15. November 1984 (BStBl I S. 561) berechtigt.

VI.
Schuldzinsen bei einem Darlehen für die Anschaffung oder Herstellung eines teilweise vermieteten und teilweise selbstgenutzten Gebäudes bei den Einkünften aus Vermietung und Verpachtung; BFH-Urteil vom 25. 3. 2003 (BStBl 2004 II S. 348)

Bezug: BMF vom 10. 12. 1999 (BStBl I S. 1130) und vom 24. 4. 2003 (BStBl I S. 287)

BMF vom 16. 4. 2004 (BStBl I S. 464)
IV C 3 – S 2211 – 36/04

Der BFH hat mit den Urteilen vom 27. Oktober 1998 (BStBl 1999 II S. 676, 678, und 680) sowie vom 9. Juli 2002 (BStBl 2003 II S. 389) und zuletzt vom 25. März 2003 (BStBl 2004 II S. 348) zum Abzug von Schuldzinsen bei Darlehen für die Anschaffung oder Herstellung eines teilweise vermieteten und teilweise selbstgenutzten Gebäudes entschieden. Unter Bezugnahme auf das Ergebnis der Erörterung mit den obersten Finanzbehörden der Länder nehme ich zur Anwendung der Urteilsgrundsätze wie folgt Stellung:

Ein Steuerpflichtiger, der ein teilweise vermietetes und teilweise selbstgenutztes Gebäude mit Eigenmitteln und Fremdmitteln finanziert, kann Darlehenszinsen als Werbungskosten bei den Einkünften aus Vermietung und Verpachtung abziehen, soweit er die Darlehensmittel tatsächlich zur Finanzierung der Anschaffungs- oder Herstellungskosten des vermieteten Gebäudeteils verwendet.

1. Zuordnung der Anschaffungs- oder Herstellungskosten

Der Abzug von Schuldzinsen als Werbungskosten setzt zunächst voraus, dass die Anschaffungs- oder Herstellungskosten den Gebäudeteilen, die eigenständige Wirtschaftsgüter bilden, zugeordnet werden. Hierbei ist Folgendes zu beachten:

a) Anschaffungskosten, Anschaffungsnebenkosten

- Einer nach außen hin erkennbaren Zuordnung der Anschaffungskosten durch den Steuerpflichtigen, z. B. durch Aufteilung des zivilrechtlich einheitlichen Kaufpreises im notariellen Kaufvertrag, ist steuerrechtlich zu folgen, soweit die Aufteilung nicht zu einer unangemessenen wertmäßigen Berücksichtigung der einzelnen Gebäudeteile führt.

- Trifft der Steuerpflichtige keine nach außen hin erkennbare Zuordnungsentscheidung, sind die Anschaffungskosten den einzelnen Gebäudeteilen nach dem Verhältnis der Wohn-/Nutzflächen anteilig zuzuordnen.

b) Herstellungskosten

- In Rechnung gestellte Entgelte für Lieferungen und Leistungen, die ausschließlich einen bestimmten Gebäudeteil betreffen (z. B. Aufwendungen für Bodenbeläge, Malerarbeiten oder Sanitärinstallationen in einer einzelnen Wohnung), sind diesem Gebäudeteil gesondert zuzuordnen. Diese Aufwendungen müssen entweder durch den Unternehmer gesondert abgerechnet oder durch den Steuerpflichtigen in einer gleichartigen Aufstellung gesondert aufgeteilt und ausgewiesen werden.

– Kosten, die das Gesamtgebäude betreffen (z. B. Aufwendungen für den Aushub der Baugrube, den Rohbau, die Dacheindeckung, den Außenanstrich), sind den einzelnen Gebäudeteilen nach dem Verhältnis der Wohn-/Nutzflächen anteilig zuzuordnen. Dies gilt auch, wenn der Steuerpflichtige die Kosten für die Errichtung des gesamten Gebäudes einheitlich abgerechnet hat, ohne die auf die jeweiligen Gebäudeteile entfallenden Kosten gesondert auszuweisen.

2. Wirtschaftlicher Zusammenhang zwischen Schuldzinsen und Anschaffungs- oder Herstellungskosten

Für den Werbungskostenabzug ist darüber hinaus ein wirtschaftlicher Zusammenhang zwischen den Schuldzinsen und den zugeordneten Anschaffungs- oder Herstellungskosten für den vermieteten Gebäudeteil unabdingbar. Dieser liegt nur dann vor, wenn dieser Teil der Anschaffungs- oder Herstellungskosten tatsächlich mit den dafür aufgenommenen Darlehensmitteln bezahlt worden ist. Hieraus folgt für Anschaffungs- und Herstellungsvorgänge:

a) Anschaffung eines Gebäudes[1]

    Eine gesonderte Zahlung der zugeordneten Anschaffungskosten liegt auch vor, wenn der Steuerpflichtige diese Kosten mittels eines eigenständigen Darlehens auf ein Notaranderkonto überweist und der Notar den gesamten Kaufpreis vom Notaranderkonto auskehrt.

b) Herstellung eines Gebäudes

    – Von einem wirtschaftlichen Zusammenhang ist auszugehen, wenn der Steuerpflichtige ein Baukonto ausschließlich mit Darlehensmitteln ausstattet und die Zahlungen der zugeordneten Herstellungskosten zu Lasten dieses Kontos ergehen.

    – Versäumt es der Steuerpflichtige, die den unterschiedlich genutzten Gebäudeteilen gesondert zugeordneten Aufwendungen getrennt mit Eigen-/Darlehensmitteln zu finanzieren, sind die Schuldzinsen nach dem Verhältnis der Baukosten der einzelnen Gebäudeteile schätzungsweise aufzuteilen.

    – Werden die Kosten für die Errichtung des gesamten Gebäudes einheitlich abgerechnet und bezahlt, ist grundsätzlich davon auszugehen, dass auch die Darlehensmittel nach dem Verhältnis der Wohn-/Nutzflächen verwendet worden sind. Etwas anderes gilt nur dann, wenn der Steuerpflichtige durch eigene Aufstellung die Herstellungskosten anteilig dem vermieteten Gebäudeteil zuordnet und die sich danach ergebenden Herstellungskosten mit Darlehensmitteln bezahlt (BFH-Urteil vom 25. März 2003)[2].

3. Anwendungsregelungen

Die vorstehenden Grundsätze sind auch für ein vom Steuerpflichtigen beruflich genutztes häusliches Arbeitszimmer anwendbar, das als selbständiger Gebäudeteil zu behandeln ist.

Die vom Steuerpflichtigen vorgenommene tatsächliche Zuordnung von Darlehen bleibt auch maßgebend, wenn er die vormals selbstgenutzte Wohnung später vermietet.

Dieses BMF-Schreiben, das gleichzeitig mit dem BFH-Urteil vom 25. März 2003 im Bundessteuerblatt veröffentlicht wird, ersetzt die BMF-Schreiben vom 10. Dezember 1999 (BStBl I S. 1130) und vom 24. April 2003 (BStBl I S. 287).

---

[1] Fehlt es an der gesonderten Bezahlung der dem vermieteten Gebäudeteil zugeordneten Anschaffungskosten, sind die Darlehenszinsen nach dem Verhältnis des – im Kaufvertrag gesondert ausgewiesenen – auf den vermieteten Grundstücksteil entfallenden Kaufpreises zum Gesamtkaufpreis aufzuteilen und die entstandenen Schuldzinsen in Höhe des hiernach auf den vermieteten Grundstücksteil entfallenden Anteils abzuziehen (→ BFH vom 1. 4. 2009 – BStBl II S. 663).

[2] → BStBl 2004 II S. 348.

VII.
Einkünfte aus Vermietung und Verpachtung gemäß § 49 Absatz 1 Nummer 2 Buchstabe f Doppelbuchstabe aa und § 49 Absatz 1 Nummer 6 EStG

BMF vom 16. 5. 2011 (BStBl I S. 530)
IV C 3 – S 2300/08/10014, 2011/0349521

Unter Bezugnahme auf das Ergebnis der Erörterungen mit den obersten Finanzbehörden der Länder gilt für die Ermittlung der Einkünfte im Sinne des § 49 Absatz 1 Nummer 2 Buchstabe f Doppelbuchstabe aa EStG ab dem Veranlagungszeitraum 2009 Folgendes:

Buchführungspflichten

Beschränkt Steuerpflichtige, die im Rahmen einer gewerblichen Tätigkeit inländisches unbeweg- 1
liches Vermögen, im Inland belegene, in ein inländisches öffentliches Buch oder Register eingetragene oder in einer inländischen Betriebsstätte oder einer anderen Einrichtung verwertete Sachinbegriffe oder Rechte vermieten, verpachten oder veräußern, erzielen mit diesen Tätigkeiten auch dann Einkünfte aus Gewerbebetrieb im Sinne von § 49 Absatz 1 Nummer 2 Buchstabe f EStG, wenn sie im Inland weder eine Betriebsstätte unterhalten noch einen ständigen Vertreter für das Inland bestellt haben. Bei beschränkt steuerpflichtigen Körperschaften, die mit einer inländischen Kapitalgesellschaft oder sonstigen juristischen Person im Sinne des § 1 Absatz 1 Nummer 1 bis 3 KStG vergleichbar sind, wird das Vorliegen entsprechender gewerblicher Einkünfte nach § 49 Absatz 1 Nummer 2 Buchstabe f Satz 2 EStG fingiert. Beschränkt steuerpflichtige natürliche Personen, die im Rahmen einer vermögensverwaltenden Tätigkeit inländisches unbewegliches Vermögen, im Inland belegene, in ein inländisches öffentliches Buch oder Register eingetragene oder in einer inländischen Betriebsstätte oder einer anderen Einrichtung verwertete Sachinbegriffe oder Rechte vermieten oder verpachten, erzielen Einkünfte i. S. d. § 49 Absatz 1 Nummer 6 EStG.

Der Erwerb eines die Steuerpflicht nach § 49 Absatz 1 Nummer 2 Buchstabe f EStG begründen- 2
den Vermögensgegenstands ist der zuständigen Gemeinde gemäß § 138 Absatz 1 AO innerhalb eines Monats nach dem Erwerb (Übergang von Nutzen und Lasten) anzuzeigen. Wurde die Vermietungstätigkeit bereits vor dem Jahr 2009 ausgeübt, stellt die Umqualifikation der zuvor vermögensverwaltenden Einkünfte in gewerbliche Einkünfte ab 1. Januar 2009 keine willentlich unternehmerische Entscheidung dar. Daher besteht bei Fortführung der Vermietungs- und Verpachtungstätigkeit keine (nachträgliche) Anzeigepflicht gemäß § 138 Absatz 1 AO.

Die Verpflichtung zur Führung von Büchern richtet sich nach §§ 140, 141 AO. Nach § 140 AO 3
sind für die Besteuerung Bücher zu führen, wenn diese bereits nach „anderen Gesetzen als den Steuergesetzen" zu führen sind, wobei auch ausländische Rechtsnormen eine Buchführungspflicht nach § 140 AO begründen können.

Überschreitet der beschränkt Steuerpflichtige eine der in § 141 AO genannten Grenzen, hat die zuständige Finanzbehörde auf das Vorliegen der Buchführungspflicht nach § 141 AO hinzuweisen. Der Hinweis soll mindestens einen Monat vor Beginn des Wirtschaftsjahrs bekannt gegeben werden, von dessen Beginn ab die Buchführungspflicht zu erfüllen ist (AEAO Nummer 4 zu § 141). Er kann in einem Steuer- oder Feststellungsbescheid oder in einem gesonderten Verwaltungsakt erfolgen.

Zudem sind die Buchführungs- und Aufzeichnungspflichten nach §§ 145 ff. AO sowie nach § 22 4
UStG zu beachten. Die Mitwirkungspflichten richten sich nach den allgemeinen Regelungen des § 90 AO.

Die Bücher und sonstigen erforderlichen Aufzeichnungen sind im Inland zu führen und aufzubewah- 5
ren (§ 146 Absatz 2 AO). Abweichend hiervon kann unter den Voraussetzungen des § 146 Absatz 2a AO das Führen und Aufbewahren der elektronischen Bücher und der sonstigen erforderlichen elektronischen Aufzeichnungen in einem anderen Staat bewilligt werden. Zu den Vorlagepflichten von Büchern, Aufzeichnungen, Urkunden und sonstigen Geschäftspapieren vgl. §§ 97, 200 AO.

Gewinnermittlung

Besteht keine Buchführungspflicht und werden tatsächlich keine Bücher geführt, kann der Gewinn 6
als Überschuss der Betriebseinnahmen über die Betriebsausgaben nach § 4 Absatz 3 EStG ermittelt werden.

In den übrigen Fällen wird der Gewinn nach § 4 Absatz 1 EStG einheitlich als Unterschiedsbetrag 7
zwischen dem Wert des Betriebsvermögens am Schluss des Wirtschaftsjahrs und am Schluss des vorangegangenen Wirtschaftsjahrs, vermehrt um den Wert der Entnahmen und vermindert um den Wert der Einlagen, ermittelt. Das Wirtschaftsjahr entspricht dem Kalenderjahr; dies gilt auch dann, wenn der beschränkt Steuerpflichtige im Ausland ein abweichendes Wirtschaftsjahr hat.

Wird der Gewinn infolge der Rechtsänderung ab dem Veranlagungszeitraum 2009 erstmals nach 8
den Grundsätzen der Rz. 7 ermittelt, ist eine Eröffnungsbilanz aufzustellen. Zu Ansatz und

Bewertung vgl. Rz. 11. In der Eröffnungsbilanz sind auf der Aktivseite lediglich die in § 49 Absatz 1 Nummer 2 Buchstabe f EStG genannten Wirtschaftsgüter und auf der Passivseite die mit diesen Wirtschaftsgütern zusammenhängenden Schulden zu erfassen. Einnahmen und Ausgaben, die wirtschaftlich Veranlagungszeiträumen vor 2009 zuzurechnen sind, sind im Zeitpunkt ihres Zu- oder Abflusses weiterhin als Einkünfte aus Vermietung und Verpachtung nach § 49 Absatz 1 Nummer 6 EStG anzusetzen, soweit es sich nicht um einen Fall des § 49 Absatz 1 Nummer 2 Buchstabe f i. d. F. des EStG vor Inkrafttreten der Neuregelung (Veräußerung) handelt.

9   Eine Körperschaft im Sinne des § 2 Nummer 1 KStG, die mit einer Kapitalgesellschaft oder sonstigen juristischen Person im Sinne des § 1 Absatz 1 Nummer 1 bis 3 KStG vergleichbar ist, hat nur einen Betrieb im Sinne des § 4h Absatz 1 EStG. Der Betrieb umfasst für Zwecke des Eigenkapitalvergleichs nach § 4h Absatz 2 Satz 1 Buchstabe c EStG dabei sowohl die inländischen als auch die ausländischen Betriebsteile der Körperschaft. Bei der Ermittlung des maßgeblichen Einkommens (§ 8a Absatz 1 KStG) ist der gesamte Bereich der Einkünfteerzielung im Sinne des § 49 Absatz 1 Nummer 1 bis 3 EStG zu berücksichtigen.

Bemessung der Abschreibung, Bewertung des Vermögens

10   Für die Bemessung der Abschreibung sowie für die Bewertung von Vermögen, durch das vor dem 1. Januar 2009 Einkünfte aus Vermietung und Verpachtung nach § 49 Absatz 1 Nummer 6 EStG und nach dem 31. Dezember 2008 Einkünfte nach § 49 Absatz 1 Nummer 2 Buchstabe f Doppelbuchstabe aa EStG erzielt werden, gilt das Nachfolgende:

11   Inländisches unbewegliches Vermögen, im Inland belegene, in ein inländisches öffentliches Buch oder Register eingetragene oder in einer inländischen Betriebsstätte oder einer anderen Einrichtung verwertete Sachinbegriffe oder Rechte, die nach dem 31. Dezember 1993 und vor dem 1. Januar 2009 angeschafft oder hergestellt wurden, sind zum 1. Januar 2009 unabhängig von der Gewinnermittlungsart nach § 6 Absatz 1 Nummer 1, 1a und 2 EStG mit den Anschaffungs- oder Herstellungskosten vermindert um die im Rahmen von § 49 Absatz 1 Nummer 6 EStG tatsächlich geltend gemachten substanzbezogenen Absetzungen anzusetzen. Für Wirtschaftsgüter im Sinne des Satzes 1, die vor dem 1. Januar 1994 angeschafft oder hergestellt wurden, tritt an die Stelle der Anschaffungs- oder Herstellungskosten der Teilwert zum 1. Januar 1994, vermindert um die im Zeitraum vom 1. Januar 1994 bis zum 31. Dezember 2008 im Rahmen von § 49 Absatz 1 Nummer 6 EStG tatsächlich geltend gemachten substanzbezogenen Absetzungen. Auch nach dem 31. Dezember 2008 gelten als AfA-Bemessungsgrundlagen die ursprünglichen Anschaffungs- oder Herstellungskosten oder der Teilwert zum 1. Januar 1994; § 7 Absatz 1 Satz 5 EStG kommt mangels Einlage nicht zur Anwendung. § 6b EStG ist mangels Bestehen einer inländischen Betriebsstätte (§ 6b Absatz 4 EStG) nicht anzuwenden. Teilwertabschreibungen nach § 6 Absatz 1 Nummer 1 Satz 2 und Nummer 2 Satz 2 EStG sind bei Gewinnermittlung nach § 4 Absatz 1, § 5 EStG zulässig.

12   Ab dem Veranlagungszeitraum 2009 sind Absetzungen für Abnutzung für Gebäude in Höhe von 3 Prozent vorzunehmen (§ 7 Absatz 4 Satz 1 Nummer 1 EStG), soweit die übrigen Voraussetzungen des § 7 Absatz 4 Satz 1 Nummer 1 EStG erfüllt sind (z. B. keine Nutzung zu Wohnzwecken).

Besteuerungsverfahren

13   Zuständig für die Veranlagung (bzw. die Anordnung des Steuerabzugs nach § 50a Absatz 7 EStG) ist das Finanzamt, in dessen Bezirk sich das Vermögen befindet. Treffen die Voraussetzungen nach Satz 1 für mehrere Finanzämter zu, ist das Finanzamt zuständig, in dessen Bezirk sich der wertvollste Teil des Vermögens befindet (§§ 19, 20 AO).

Besteht in Fällen des § 49 Absatz 1 Nummer 2 Buchstabe f EStG und § 49 Absatz 1 Nummer 6 EStG hinsichtlich der Festsetzung der Umsatzsteuer nach § 21 Absatz 1 Satz 2 AO i. V. m. § 1 der Umsatzsteuerzuständigkeitsverordnung eine Zentralzuständigkeit für ein im Ausland ansässiges Unternehmen, ist zur Vermeidung einer abweichenden Zuständigkeit für die Umsatz- und Ertragsbesteuerung grundsätzlich eine Zuständigkeitsvereinbarung nach § 27 AO anzustreben, nach der das für die Ertragsbesteuerung zuständige Finanzamt auch für die Umsatzsteuer zuständig wird (vgl. AEAO zu §§ 21 und 27).

14   Das Finanzamt kann zur Sicherstellung der Besteuerung den Steuerabzug nach § 50a Absatz 7 EStG anordnen, soweit dies bei vermuteter Gefährdung des Steueranspruchs anstelle der Festsetzung von Steuervorauszahlungen angebracht ist.

15   Das Vorliegen der Voraussetzungen des § 49 Absatz 1 Nummer 2 Buchstabe f EStG führt für sich genommen nicht zur Annahme einer Betriebsstätte im Sinne des § 2 Absatz 1 Satz 3 GewStG. Eine Gewerbesteuerpflicht dieser Einkünfte besteht daher nicht.

Dieses Schreiben wird im Bundessteuerblatt Teil I veröffentlicht. Es steht ab sofort für eine Übergangszeit auf den Internet-Seiten des Bundesministeriums der Finanzen (www.bundesfinanzministerium.de) zur Ansicht und zum Abruf bereit.

Einkommensteuerrechtliche Behandlung von Ausgleichszahlungen im Rahmen des Versorgungsausgleichs nach § 10 Absatz 1 Nummer 1b EStG und § 22 Nummer 1c EStG

BMF vom 9. 4. 2010 (BStBl I S. 324)

IV C 3 – S 2221/09/10024 – 2010/0267359

Inhalt

A. Anwendungsbereich

Im Zuge der Scheidung von Ehegatten oder der Aufhebung einer eingetragenen Lebenspartnerschaft (§ 20 Absatz 1 Lebenspartnerschaftsgesetz) kommt es im Regelfall zur Durchführung eines Versorgungsausgleichs. Hierbei werden die in der Ehezeit erworbenen Anrechte geteilt (§ 1 Absatz 1 Versorgungsausgleichsgesetz – VersAusglG; bei eingetragenen Lebenspartnern gemäß § 20 Absatz 1 Lebenspartnerschaftsgesetz). Diese Anrechte werden grundsätzlich intern (also innerhalb des jeweiligen Versorgungssystems) oder ausnahmsweise extern geteilt (§§ 10 bis 13 und §§ 14 bis 19 VersAusglG). Anrechte, die am Ende der Ehezeit noch nicht ausgleichsreif sind (z. B. weil ein Anrecht i. S. des Betriebsrentengesetzes noch verfallbar ist oder weil das Anrecht bei einem ausländischen, zwischenstaatlichen oder überstaatlichen Versorgungsträger besteht, § 19 Absatz 2 VersAusglG), sind von der internen und externen Teilung ausgeschlossen. Insoweit kommen gemäß § 19 Absatz 4 VersAusglG Ausgleichsansprüche nach der Scheidung in Betracht. Entsprechendes gilt, wenn die Ehegatten bzw. eingetragenen Lebenspartner gemäß § 6 Absatz 1 Nummer 3 VersAusglG den Versorgungsausgleich ganz oder teilweise Ausgleichsansprüchen nach der Scheidung vorbehalten haben. **1**

Schuldrechtliche Ausgleichszahlungen des Ausgleichsverpflichteten an den Ausgleichsberechtigten in Form einer schuldrechtlichen Ausgleichsrente (§ 20 VersAusglG, §§ 1587f, 1587g BGB a. F.; zur Abtretung von Versorgungsansprüchen: § 21 VersAusglG, § 1587i BGB a. F.) oder in Form von Kapitalzahlungen (§ 22 VersAusglG) kann der Ausgleichsverpflichtete unter den nachfolgend aufgeführten Voraussetzungen als Sonderausgaben nach § 10 Absatz 1 Nummer 1b EStG geltend machen. **2**

Der Sonderausgabenabzug nach § 10 Absatz 1 Nummer 1b EStG kommt auch in Betracht, wenn ein noch nicht ausgeglichenes Anrecht bei einem ausländischen, zwischenstaatlichen oder überstaatlichen Versorgungsträger besteht und die Witwe oder der Witwer des Ausgleichsverpflichteten gegenüber dessen geschiedenen Ehegatten zum Ausgleich verpflichtet ist (§ 26 VersAusglG, § 3a des Gesetzes zur Regelung von Härten im Versorgungsausgleich – VAHRG a. F.). **3**

Der Sonderausgabenabzug nach § 10 Absatz 1 Nummer 1b EStG kommt indes nicht in Betracht, wenn statt einer schuldrechtlichen Ausgleichszahlung ein Anrecht nach § 23 VersAusglG abgefunden wird. Der Abfindung nach § 23 VersAusglG liegt – im Gegensatz zu den schuldrechtlichen Ausgleichszahlungen – kein steuerbarer Zufluss beim Ausgleichsverpflichteten zu Grunde. Der wirtschaftliche Wertetransfer zwischen den Eheleuten, realisiert durch einen Zahlungsfluss zwi- **4** schen dem Ausgleichsverpflichteten und dem aufnehmenden Versorgungsträger findet auf der privaten Vermögensebene statt und führt zu keinem steuerbaren Zufluss beim Ausgleichsberechtigten aus dem auszugleichenden Anrecht.

B. Korrespondenzprinzip

I. Behandlung beim Ausgleichsverpflichteten

5 Ausgleichszahlungen im Rahmen des Versorgungsausgleichs (Rz. 2, 3) können vom Ausgleichsverpflichteten in dem Umfang als Sonderausgaben nach § 10 Absatz 1 Nummer 1b EStG geltend gemacht werden, in dem die den Ausgleichszahlungen zugrunde liegenden Einnahmen bei ihm der Besteuerung unterliegen. Sind die zu Grunde liegenden Einnahmen nicht steuerbar oder steuerfrei, kommt ein Sonderausgabenabzug nach § 10 Absatz 1 Nummer 1b EStG nicht in Betracht.

II. Behandlung beim Ausgleichsberechtigten

6 Ausgleichszahlungen im Rahmen des Versorgungsausgleichs (Rz. 2, 3) sind vom Ausgleichsberechtigten als Einkünfte nach § 22 Nummer 1c EStG zu versteuern, soweit die Leistungen beim Ausgleichsverpflichteten als Sonderausgaben nach § 10 Absatz 1 Nummer 1b EStG abgezogen werden können. Bei der Ermittlung der Einkünfte nach § 22 Nummer 1c EStG ist § 9a Satz 1 Nummer 3 EStG anzuwenden.

III. Unbeschränkte Steuerpflicht

7 Einstweilen frei

8 Ist der Ausgleichsverpflichtete nicht unbeschränkt einkommensteuerpflichtig (§ 1 Absatz 4 EStG), kann er die Ausgleichszahlungen im Rahmen des Versorgungsausgleichs (Rz. 2, 3) nicht als Sonderausgaben nach § 10 Absatz 1 Nummer 1b EStG abziehen. In diesem Fall hat der Ausgleichsberechtigte diese Leistungen nicht zu versteuern.

C. Formen der Ausgleichszahlungen

I. Anspruch auf schuldrechtliche Ausgleichsrente, § 20 VersAusglG/§ 1587g BGB a. F.; Rente auf Lebenszeit des Berechtigten, § 1587k Absatz 2 BGB a. F.

9 Befindet sich das Anrecht bereits in der Leistungsphase und wird eine Ausgleichsrente an den Ausgleichsberechtigten gezahlt (§ 20 VersAusglG; § 1587g BGB a. F.; Rente auf Lebenszeit des Berechtigten, § 1587k Absatz 2 BGB a. F.), kann der Ausgleichsverpflichtete die Zahlungen nach § 10 Absatz 1 Nummer 1b EStG abziehen, soweit die ihnen zugrunde liegenden Einnahmen bei ihm der Besteuerung unterliegen. Der Ausgleichsberechtigte hat die entsprechenden Leistungen nach § 22 Nummer 1c EStG zu versteuern.

1. Laufende Versorgung in Form einer Basisversorgung

10 Liegt der Ausgleichsrente eine Leibrente zugrunde, die beim Ausgleichpflichtigen nach § 22 Nummer 1 Satz 3 Buchstabe a Doppelbuchstabe aa EStG steuerpflichtig ist (Leistungen aus der gesetzlichen Rentenversicherung, berufsständischen Versorgungseinrichtung, landwirtschaftlichen Alterskasse, Basisversorgung i. S. des § 10 Absatz 1 Nummer 2 Buchstabe b EStG), ist der Teil der Ausgleichsrente als Sonderausgabe nach § 10 Absatz 1 Nummer 1b EStG anzusetzen, der dem steuerpflichtigen Teil der zu Grunde liegenden Leistung entspricht.

11 In gleicher Höhe unterliegt die Ausgleichsrente beim Ausgleichsberechtigten als Leistung aufgrund schuldrechtlicher Ausgleichszahlungen der Besteuerung nach § 22 Nummer 1c EStG.

Beispiel 1:

Die Ausgleichsverpflichtete A bezieht seit dem Jahr 2009 eine Leibrente aus der gesetzlichen Rentenversicherung. Laut Rentenbezugsmitteilung für das Jahr 2011 beträgt der Leistungsbetrag 10 000 € und der darin enthaltene Anpassungsbetrag 1 000 €. Als Ausgleichsrente zahlt A 50 Prozent ihrer Leibrente – und somit insgesamt im Jahr 2011 einen Betrag in Höhe von 5 000 € – an den Ausgleichsberechtigten B.

Lösung:

B1 Die Leibrente unterliegt für das Jahr 2011 bei der Ausgleichsverpflichteten nach § 22 Nummer 1 Satz 3 Buchstabe a Doppelbuchstabe aa EStG in Höhe von 6 220 € der Besteuerung (58 Prozent von 9 000 € = 5 220 € zzgl. Anpassungsbetrag von 1 000 €). Nach § 10 Absatz 1 Nummer 1b EStG kann A von den an B geleisteten 5 000 € einen Betrag in Höhe von 3 110 € (50 Prozent von 6 220 €, da die Ausgleichsrente 50 Prozent der Leibrente beträgt) als Sonderausgaben geltend machen. B muss korrespondierend hierzu 3 008 € (= 3 110 € ./. 102 € Werbungskostenpauschbetrag bzw. ggf. abzüglich tatsächlicher Werbungskosten) nach § 22 Nummer 1c EStG versteuern.

2. Laufende Versorgung in Form eines Versorgungsbezugs i. S. des § 19 EStG

Wird im Wege der schuldrechtlichen Ausgleichsrente ein Anrecht auf einen Versorgungsbezug   12
nach § 19 EStG (z. B. Beamtenpension oder Werkspension) ausgeglichen, kann anteilig der an den
Versorgungsempfänger geleistete Teil der Bezüge, die nach Abzug des Versorgungsfreibetrags
und des Zuschlags zum Versorgungsfreibetrag nach § 19 Absatz 2 EStG der Besteuerung unterliegen, als Sonderausgaben nach § 10 Absatz 1 Nummer 1b EStG geltend gemacht werden. Der Ausgleichsberechtigte hat die Leistungen in entsprechendem Umfang nach § 22 Nummer 1c EStG zu
versteuern.

Beispiel 2:

Der Ausgleichsverpflichtete A bezieht im Jahr 2011 (Versorgungsbeginn 1. Januar 2011) eine
Beamtenpension i. H. v. 20 000 €. Die Ausgleichsberechtigte B erhält eine Ausgleichsrente in
Höhe von 10 000 € jährlich.

Lösung:

B2   Nach Abzug der Freibeträge für Versorgungsbezüge nach § 19 Absatz 2 EStG in Höhe
     von 2 964 €, wird ein Betrag von 17 036 €, bei A der Besteuerung zugrunde gelegt. A
     kann einen Betrag in Höhe von 8 518 € (= 50 Prozent von 17 036 €) als Sonderausgaben
     geltend machen. B hat einen Betrag in Höhe von 8 416 € (= 8 518 € ./. 102 € Werbungs-
     kostenpauschbetrag bzw. ggf. abzüglich tatsächlicher Werbungskosten) nach § 22
     Nummer 1c EStG zu versteuern.

3. Laufende Versorgung in Form einer Leibrente i. S. des § 22 Nummer 1 Satz 3 Buchstabe a Dop-
pelbuchstabe bb EStG

Soweit der Ausgleichsrente eine mit dem Ertragsanteil nach § 22 Nummer 1 Satz 3 Buchstabe a   13
Doppelbuchstabe bb EStG steuerbare Leibrente zu Grunde liegt, sind die Ausgleichszahlungen in
Höhe des Ertragsanteils als Sonderausgaben nach § 10 Absatz 1 Nummer 1b EStG zu berücksichtigen. Korrespondierend hierzu hat der Ausgleichsberechtigte die Ausgleichsrente in entsprechender Höhe nach § 22 Nummer 1c EStG zu versteuern.

Beispiel 3:

Der Ausgleichsverpflichtete A bezieht seit Vollendung des 63. Lebensjahres eine nach § 22
Nummer 1 Satz 3 Buchstabe a Doppelbuchstabe bb EStG nur mit dem Ertragsanteil zu verste-
ernde Leibrente. Laut Rentenbezugsmitteilung für das Jahr 2011 beträgt der Leistungsbetrag
10 000 €. Im Rahmen des Versorgungsausgleichs leistet A als Ausgleichsrente 50 Prozent seiner Leibrente an die Ausgleichsberechtigte B. A zahlt im Jahr 2011 dementsprechend an B
eine Ausgleichsrente in Höhe von 5 000 €.

Lösung:

B3   Die Leibrente unterliegt beim Ausgleichsverpflichteten nach § 22 Nummer 1 Satz 3 Buch-
     stabe a Doppelbuchstabe bb EStG in Höhe von 2 000 € (Ertragsanteil: 20 Prozent/Jahres-
     rente 10 000 €) der Besteuerung. Als Sonderausgaben nach § 10 Absatz 1 Nummer 1b
     EStG kann A 50 Prozent von 2 000 €, somit einen Betrag in Höhe von 1 000 €, geltend
     machen. B muss korrespondierend hierzu einen Betrag in Höhe von 898 € (= 1 000 € ./.
     102 € Werbungskostenpauschbetrag bzw. ggf. abzüglich tatsächlicher Werbungskosten)
     nach § 22 Nummer 1c EStG versteuern.

4. Laufende Versorgung aus einem Pensionsfonds, einer Pensionskasse, einer Direktversiche-
rung oder einem Riester-Vertrag

Liegt der Ausgleichsrente eine Leistung aus einem Pensionsfonds, einer Pensionskasse, einer Direkt-   14
versicherung oder einem Altersvorsorgevertrag (Vertrag, der nach § 5 des Gesetzes über die Zertifizierung von Altersvorsorgeverträgen – AltZertG – zertifiziert ist, sog. Riester-Vertrag) zu Grunde,
kann beim Ausgleichsverpflichteten der Teil der Ausgleichsrente als Sonderausgaben nach § 10
Absatz 1 Nummer 1b EStG berücksichtigt werden, der nach § 22 Nummer 5 EStG bei ihm der
Besteuerung unterliegt. Dabei ist es unerheblich, ob die zu Grunde liegende Leistung in Form einer
Rentenzahlung oder eines Auszahlungsplans mit anschließender Teilkapitalverrentung ausgezahlt
wird. Der Ausgleichsberechtigte hat die Leistung in entsprechendem Umfang nach § 22 Nummer 1c
EStG zu versteuern. Eine schädliche Verwendung nach § 93 EStG tritt nicht ein, da das geförderte
Altersvorsorgevermögen unter den Voraussetzungen des AltZertG an den Ausgleichsverpflichteten
gezahlt wird.

Beispiel 4:

Der Ausgleichsverpflichtete A erhält nach Vollendung des 60. Lebensjahres aus dem Auszahlungsplan seines Riester-Vertrags eine monatliche Leistung in Höhe von 600 € bzw. eine jährliche Leistung in Höhe von 7 200 €. Bei der erstmaligen Auszahlung der Leistung waren bereits
mehr als 12 Jahre seit dem Vertragsabschluss vergangen. Die Leistung beruht zu 70 Prozent
auf geförderten und zu 30 Prozent auf ungeförderten Beiträgen; die ungeförderten Beiträge

betragen 2 000 €. A hat die auf geförderten Beiträgen beruhende anteilige Leistung von 70 Prozent nach § 22 Nummer 5 Satz 1 EStG in Höhe von 5 040 € im Rahmen der sonstigen Einkünfte zu versteuern. Die auf ungeförderten Beiträgen beruhende anteilige Leistung von 30 Prozent hat er nach § 22 Nummer 5 Satz 2 Buchstabe c EStG mit der Hälfte des Unterschiedsbetrags zwischen der Leistung und der Summe der auf sie entrichteten Beiträge zu versteuern. Der Unterschiedsbetrag zwischen der Leistung in Höhe von 2 160 € und der Summe der auf sie entrichteten ungeförderten Beiträge in Höhe von 2 000 € beträgt 160 €. Die ausgezahlte Leistung hat A in Höhe von 80 € (Hälfte des Unterschiedsbetrags, § 22 Nummer 5 Satz 2 Buchstabe c EStG) zu versteuern. Im Rahmen des Versorgungsausgleichs zahlt A 50 Prozent seiner (gesamten) Leistungen aus dem Riester-Vertrag an den Ausgleichsberechtigten B.

Lösung:

B4   Beim Ausgleichsverpflichteten unterliegt die Leistung aus dem Auszahlungsplan zunächst in Höhe von 5 120 € (= 5 040 € + 80 €) der Besteuerung. Als Sonderausgaben nach § 10 Absatz 1 Nummer 1b EStG kann A einen Betrag in Höhe von 2 560 € geltend machen, da er 50 Prozent der von ihm bezogenen Leistungen als Ausgleichsrente an B zahlt. B muss korrespondierend hierzu 2 458 € (= 2 560 € ./. 102 € Werbungskostenpauschbetrag bzw. ggf. abzüglich tatsächlicher Werbungskosten) nach § 22 Nummer 1c EStG versteuern.

II. Abtretung von Versorgungsansprüchen, § 21 VersAusglG/§ 1587i BGB a. F.

15   Hat der Ausgleichsverpflichtete dem Ausgleichsberechtigten gegen den Versorgungsträger in Höhe der Ausgleichsrente abgetreten (§ 21 VersAusglG; § 1587i BGB a. F.), sind die Versorgungsleistungen in der Auszahlungsphase beim Ausgleichsverpflichteten auch insoweit steuerlich zu erfassen, als sie wegen der Abtretung nicht an ihn, sondern unmittelbar an den Ausgleichsberechtigten geleistet werden. Der Ausgleichsverpflichtete kann den jeweils abgetretenen und bei ihm der Besteuerung unterliegenden Teil der Versorgungsleistungen als Sonderausgaben nach § 10 Absatz 1 Nummer 1b EStG abziehen. Der Ausgleichsberechtigte hat die Ausgleichszahlungen im Rahmen des Versorgungsausgleichs nach § 22 Nummer 1c EStG zu versteuern.

16   Die Ausführungen in den Rz. 10 bis 14 gelten entsprechend.

17   Bei einem zertifizierten Altersvorsorgevertrag führt die Abtretung des Leistungsanspruchs in der Auszahlungsphase im Rahmen einer Ausgleichsrente nicht zu einer schädlichen Verwendung i. S. von § 93 EStG. Dies gilt auch, wenn die Abtretung bereits vor Beginn der Auszahlungsphase vorgenommen wird. Es handelt sich insoweit lediglich um einen abgekürzten Zahlungsweg. Die Leistung gilt steuerrechtlich weiterhin als dem Ausgleichsverpflichteten zugeflossen.

III. Anspruch auf Ausgleich von Kapitalzahlungen, § 22 VersAusglG

18   Zahlt der Ausgleichsverpflichtete einen Ausgleichswert für Kapitalzahlungen aus einem noch nicht ausgeglichenen Anrecht (§ 22 VersAusglG), ist die Zahlung beim Ausgleichsverpflichteten nach § 10 Absatz 1 Nummer 1b EStG in dem Umfang zu berücksichtigen, wie die dem Ausgleichswert zu Grunde liegenden Kapitalzahlungen beim Ausgleichsverpflichteten zu versteuern sind. Der Ausgleichsberechtigte hat die Zahlung korrespondierend hierzu nach § 22 Nummer 1c EStG zu versteuern. Hierbei wird es sich meist um betriebliche Anrechte handeln, die eine (Teil-)Kapitalisierung vorsehen, oder aber um Anrechte i. S. des AltZertG, soweit eine Teilkapitalisierung vereinbart ist.

Beispiel 5:

Der Ausgleichsverpflichtete A hat auf seinem zertifizierten Altersvorsorgevertrag gefördertes Altersvorsorgevermögen in Höhe von 50 000 € angespart. Zu Beginn der Auszahlungsphase lässt sich A im Rahmen einer förderunschädlichen Teilkapitalauszahlung 30 Prozent des vorhandenen geförderten Altersvorsorgekapitals auszahlen (15 000 €). A zahlt dem Ausgleichsberechtigten B einen Ausgleichswert in Höhe von 7 500 € (50 Prozent von 15 000 €).

Lösung:

B5   Die Auszahlung unterliegt bei A nach § 22 Nummer 5 Satz 1 EStG in Höhe von 15 000 € der vollen nachgelagerten Besteuerung. Als Sonderausgaben nach § 10 Absatz 1 Nummer 1b EStG kann A einen Betrag in Höhe von 7 500 € (50 Prozent von 15 000 €) ansetzen. B muss korrespondierend hierzu 7 398 € (= 7 500 € ./. 102 € Werbungskostenpauschbetrag bzw. ggf. abzüglich tatsächlicher Werbungskosten) nach § 22 Nummer 1c EStG versteuern.

IV. Anspruch auf Abfindung, § 23 VersAusglG/§ 1587l BGB a. F.

19   Verlangt der Ausgleichsberechtigte vom Ausgleichsverpflichteten für ein noch nicht ausgeglichenes Anrecht eine zweckgebundene Abfindung (§ 23 VersAusglG; § 1587l BGB a. F.), scheidet beim Ausgleichsverpflichteten ein Sonderausgabenabzug nach § 10 Absatz 1 Nummer 1b EStG aus. Der Ausgleichsberechtigte muss die Leistungen nicht als Einkünfte nach § 22 Nummer 1c EStG versteuern. Gleiches gilt für Abfindungszahlungen, die im Rahmen eines Scheidungsfolgenvergleichs gezahlt

werden, um den Versorgungsausgleich auszuschließen (§ 6 Absatz 1 Nummer 2 VersAusglG; §§ 1408 Absatz 2 und 1587o BGB a. F.).

Die Zahlung der Abfindung (§ 23 VersAusglG; § 1587l BGB a. F.) ist ein Vorgang auf der privaten 20
Vermögensebene. Daher scheidet auch eine Steuerermäßigung wegen außergewöhnlicher Belastung nach § 33 EStG aus.

Die Besteuerung der dem Ausgleichsberechtigten aufgrund der Abfindung nach § 23 VersAusglG 21
(§ 1587l BGB a. F.) – später – zufließenden Versorgungsleistungen richtet sich nach der Rechtsnatur dieser Leistungen. Handelt es sich z. B. um Rentenzahlungen aus der gesetzlichen Rentenversicherung sind diese bei ihm als Leibrenten nach § 22 Nummer 1 Satz 3 Buchstabe a Doppelbuchstabe aa EStG zu versteuern.

V. Anspruch gegen die Witwe oder den Witwer, § 26 VersAusglG

Stirbt der Ausgleichsverpflichtete und besteht ein noch nicht ausgeglichenes Anrecht bei einem 22
ausländischen, zwischenstaatlichen oder überstaatlichen Versorgungsträger und leistet der Versorgungsträger eine Hinterbliebenenversorgung, kann die Witwe oder der Witwer zu Leistungen an den ausgleichsberechtigten, geschiedenen Ehegatten des Verstorbenen verpflichtet sein (§ 26 VersAusglG, § 3a Absatz 5 VAHRG a. F.). Die Witwe oder der Witwer kann die Leistungen an den Ausgleichsberechtigten als Sonderausgaben nach § 10 Absatz 1 Nummer 1b EStG geltend machen. Der Ausgleichsberechtigte hat die Leistungen nach § 22 Nummer 1c EStG zu versteuern.

Beispiel 6:

Die Witwe W (zweite Ehefrau des verstorbenen Ausgleichsverpflichteten) bezieht seit dem Jahr 2010 eine Hinterbliebenenrente in Höhe von 10 000 € jährlich von einem Versorgungsträger in der Schweiz. Die Hinterbliebenenrente ist wie eine (große) Witwenrente aus der deutschen gesetzlichen Rentenversicherung nach § 22 Nummer 1 Satz 3 Buchstabe a Doppelbuchstabe aa EStG zu versteuern. Die geschiedene erste Ehefrau E des Verstorbenen hat gegen W einen Anspruch nach § 26 Absatz 1 VersAusglG auf Versorgungsausgleich in Höhe von 50 Prozent der Rente. W zahlt daher im Jahr 2010 an E eine Ausgleichsrente in Höhe von 5 000 €.

Lösung:

B6 Die Leibrente unterliegt bei der Ausgleichsverpflichteten W nach § 22 Nummer 1 Satz 3 Buchstabe a Doppelbuchstabe aa EStG in Höhe von 6 000 € der Besteuerung (60 Prozent von 10 000 €). Nach § 10 Absatz 1 Nummer 1b EStG kann W von 5 000 € einen Betrag in Höhe von 3 000 € (50 Prozent von 6 000 €) als Sonderausgaben geltend machen. E muss korrespondierend hierzu 2 898 € (= 3 000 € ./. 102 € Werbungskostenpauschbetrag bzw. ggf. abzüglich tatsächlicher Werbungskosten) nach § 22 Nummer 1c EStG versteuern.

D. Anwendungsregelungen

Die steuerrechtlichen Regelungen zum schuldrechtlichen Versorgungsausgleich wurden mit dem 23
Jahressteuergesetz 2008 (JStG 2008, BGBl. I 2007, Seite 3150) in § 10 Absatz 1 Nummer 1b EStG niedergelegt. Außerdem wurden die zivilrechtlichen Regelungen zum Versorgungsausgleich mit dem Gesetz zur Strukturreform des Versorgungsausgleichs (VAStrRefG, BGBl. I. Seite 700) mit Wirkung zum 1. September 2009 geändert. Die bisherige zivilrechtliche Systematik der Ausgleichsansprüche nach der Scheidung (bisher: schuldrechtlicher bzw. verlängerter schuldrechtlicher Versorgungsausgleich nach den §§ 1587f bis 1587n BGB a. F. sowie § 3a VAHRG) wurde hierbei weitgehend beibehalten.

Ab dem Veranlagungszeitraum 2008 findet für Ausgleichsansprüche nach der Scheidung § 10 24
Absatz 1 Nummer 1b EStG in der ab dem 1. Januar 2008 geltenden Fassung und dieses BMF-Schreiben Anwendung. Die Ausführungen in diesem Schreiben sind sowohl für die – zivilrechtliche – Rechtslage bis zum 31. August 2009 als auch ab diesem Zeitpunkt anwendbar. Das BMF-Schreiben vom 20. Juli 1981 (BStBl I Seite 567) findet ab dem Veranlagungszeitraum 2008 keine Anwendung mehr.

Steuerbegünstigte Zwecke (§ 10b EStG);
Gesetz zur weiteren Stärkung des bürgerschaftlichen Engagements vom 10. Oktober 2007;
Anwendungsschreiben zu § 10b EStG

BMF vom 18. 12. 2008 (BStBl 2009 I S. 16)
IV C 4 – S 2223/07/0020 – 2008/0731361

Durch das Gesetz zur weiteren Stärkung des bürgerschaftlichen Engagements vom 10. Oktober 2007 (BGBl. I S. 2332, BStBl I S. 815) haben sich u. a. Änderungen im Spendenrecht ergeben, die grundsätzlich rückwirkend zum 1. Januar 2007 gelten.

Die Neuregelungen sind auf Zuwendungen anzuwenden, die nach dem 31. Dezember 2006 geleistet werden. Für Zuwendungen, die im Veranlagungszeitraum 2007 geleistet werden, gilt auf Antrag des Steuerpflichtigen § 10b Abs. 1 EStG in der für den Veranlagungszeitraum 2006 geltenden Fassung (vgl. § 52 Abs. 24d Satz 2 und 3 EStG).

Unter Bezugnahme auf das Ergebnis der Erörterungen mit den obersten Finanzbehörden der Länder gilt für die Anwendung des § 10b EStG ab dem Veranlagungszeitraum 2007 Folgendes:

1. Großspenden

Nach der bisherigen Großspendenregelung waren Einzelzuwendungen von mindestens 25 565 Euro zur Förderung wissenschaftlicher, mildtätiger oder als besonders förderungswürdig anerkannter kultureller Zwecke, die die allgemeinen Höchstsätze überschreiten, im Rahmen der Höchstsätze im Jahr der Zuwendung, im vorangegangenen und in den fünf folgenden Veranlagungszeiträumen abzuziehen.

Für den verbleibenden Großspendenvortrag zum 31. Dezember 2006 gilt damit die alte Regelung fort, d. h. dieser Vortrag ist weiterhin verbunden mit der Anwendung der alten Höchstbeträge und der zeitlichen Begrenzung. Dies bedeutet, dass bei vorhandenen Großspenden ggf. noch für fünf Veranlagungszeiträume altes Recht neben neuem Recht anzuwenden ist.

Für im Veranlagungszeitraum 2007 geleistete Spenden kann auf Antrag § 10b Abs. 1 EStG a. F. in Anspruch genommen werden. Dann gilt für diese Spenden auch der zeitlich begrenzte Großspendenvortrag nach altem Recht.

Im Hinblick auf die Abzugsreihenfolge ist der zeitlich begrenzte Altvortrag von verbleibenden Großspenden mit entsprechender Anwendung der Höchstbeträge vorrangig.

2. Zuwendungen an Stiftungen

Durch das Gesetz zur weiteren Stärkung des bürgerschaftlichen Engagements vom 10. Oktober 2007 (a. a. O.) wurden die Regelungen zur steuerlichen Berücksichtigung von Zuwendungen vereinfacht. Differenziert werden muss nur noch, ob es sich bei einer Zuwendung zur Förderung steuerbegünstigter Zwecke im Sinne der §§ 52 bis 54 AO um eine Zuwendung in den Vermögensstock einer Stiftung handelt oder nicht. Der Höchstbetrag für Zuwendungen an Stiftungen in Höhe von 20 450 Euro ist entfallen, hier gelten wie für alle anderen Zuwendungen die Höchstbeträge von 20 Prozent des Gesamtbetrags der Einkünfte oder 4 Promille der Summe der gesamten Umsätze und der im Kalenderjahr aufgewendeten Löhne und Gehälter. Dafür wurden die Regelungen zur steuerlichen Berücksichtigung von Zuwendungen in den Vermögensstock einer Stiftung ausgeweitet (siehe Ausführungen zu 3.)

Für im Veranlagungszeitraum 2007 geleistete Spenden kann auf Antrag § 10b Abs. 1 EStG a. F. in Anspruch genommen werden.

3. Vermögensstockspenden

Der Sonderausgabenabzug nach § 10b Abs. 1a EStG ist nur auf Antrag des Steuerpflichtigen vorzunehmen; stellt der Steuerpflichtige keinen Antrag, gelten auch für Vermögensstockspenden die allgemeinen Regelungen nach § 10b Abs. 1 EStG. Im Antragsfall kann die Vermögensstockspende nach § 10b Abs. 1a EStG innerhalb eines Zeitraums von 10 Jahren vom Spender beliebig auf die einzelnen Jahre verteilt werden. Der bisherige Höchstbetrag von 307 000 Euro wurde auf 1 Mio. Euro angehoben und die Voraussetzung, dass die Spende anlässlich der Neugründung der Stiftung geleistet werden muss, ist entfallen, so dass auch Spenden in den Vermögensstock bereits bestehender Stiftungen (sog. Zustiftungen) begünstigt sind.

Der Steuerpflichtige beantragt in seiner Einkommensteuererklärung erstens, in welcher Höhe die Zuwendung als Vermögensstockspende im Sinne von § 10b Abs. 1a EStG behandelt werden soll, und zweitens, in welcher Höhe er im entsprechenden Zeitraum eine Berücksichtigung wünscht. Leistet ein Steuerpflichtiger im VZ 2008 beispielsweise 100 000 Euro in den Vermögensstock, entscheidet er im Rahmen seiner Einkommensteuererklärung 2008 über den Betrag, der als Vermögensstockspende nach § 10b Abs. 1a EStG behandelt werden soll – z. B. 80 000 Euro –, dann sind die übrigen 20 000 Euro Spenden im Rahmen der Höchstbeträge nach § 10b Abs. 1 EStG zu berücksichtigen. Leistet ein Steuerpflichtiger einen höheren Betrag als 1 Mio. Euro in den Vermögensstock einer Stiftung, kann er den 1 Mio. Euro übersteigenden Betrag ebenfalls nach § 10b Abs. 1 EStG geltend machen. Im zweiten Schritt entscheidet der Steuerpflichtige über den Anteil der Vermögensstockspende, die er im VZ 2008 abziehen möchte. Innerhalb des 10-Jahreszeitraums ist ein Wechsel zwischen § 10b Abs. 1a EStG und § 10b Abs. 1 EStG nicht zulässig.

Durch das Gesetz zur weiteren Stärkung des bürgerschaftlichen Engagements vom 10. Oktober 2007 (a. a. O.) wurde kein neuer 10-Jahreszeitraum im Sinne des § 10b Abs. 1a Satz 2 EStG geschaffen. Wurde also bereits vor 2007 eine Vermögensstockspende geleistet, beginnt der 10jährige-Abzugszeitraum im Sinne des § 10b Abs. 1a Satz 1 EStG entsprechend früher. Mit jeder Spende in den Vermögensstock beginnt ein neuer 10jähriger-Abzugszeitraum. Mehrere Vermögensstockspenden einer Person innerhalb eines Veranlagungszeitraums sind zusammenzufassen.

Beispiel:

Ein Stpfl. hat im Jahr 2005 eine Zuwendung i. H. v. 300 000 Euro in den Vermögensstock einer neu gegründeten Stiftung geleistet. Diese wurde antragsgemäß mit je 100 000 Euro im VZ 2005 und 2006 gemäß § 10b Abs. 1a Satz 1 EStG a. F. abgezogen.

Im Jahr 2007 leistet der Stpfl. eine Vermögensstockspende i. H. v. 1 200 000 Euro und beantragt 900 000 Euro im Rahmen des § 10b Abs. 1a EStG zu berücksichtigen. Im VZ 2007 beantragt er einen Abzugsbetrag nach § 10b Abs. 1a EStG i. H. v. 800 000 Euro (100 000 Euro zuzüglich 700 000 Euro). Die verbleibenden 200 000 Euro (900 000 Euro abzüglich 700 000 Euro) sollen im Rahmen des § 10b Abs. 1a EStG in einem späteren VZ abgezogen werden.

Die übrigen 300 000 Euro (1 200 000 Euro abzüglich 900 000 Euro) fallen unter die allgemeinen Regelungen nach § 10b Abs. 1 EStG.

VZ 2005	§ 10b Abs. 1a EStG a. F.	100 000 Euro
VZ 2006	§ 10b Abs. 1a EStG a. F.	100 000 Euro
VZ 2007	§ 10b Abs. 1a EStG n. F.	800 000 Euro (= 100 000 aus VZ 2005 + 700 000 aus VZ 2007)

Beginn des ersten 10jährigen-Abzugszeitraums ist der VZ 2005 und dessen Ende der VZ 2014; somit ist für die Jahre 2008 bis 2014 der Höchstbetrag von 1 000 000 Euro durch die Inanspruchnahme der 800 000 Euro im VZ 2007 ausgeschöpft.

Beginn des zweiten 10jährigen-Abzugszeitraums ist der VZ 2007 und dessen Ende der VZ 2016. In den VZ 2015 und 2016 verbleiben daher maximal 200 000 Euro als Abzugsvolumen nach § 10b Abs. 1a EStG (1 000 000 Euro abzüglich 800 000 Euro, siehe VZ 2007). Die verbleibenden Vermögensstockspenden i. H. v. 200 000 Euro aus der Zuwendung im VZ 2007 können somit entsprechend dem Antrag des Stpfl. in den VZ 2015 und/oder 2016 abgezogen werden.

Stellt der Stpfl. (z. B. aufgrund eines negativen GdE) in den VZ 2015 und 2016 keinen Antrag zum Abzug der verbleibenden Vermögensstockspenden, gehen diese zum 31. 12. 2016 in den allgemeinen unbefristeten Spendenvortrag nach § 10b Abs. 1 EStG über.

4. Zuwendungsvortrag

a) Vortrag von Vermögensstockspenden

Vermögensstockspenden, die nicht innerhalb des 10jährigen-Abzugszeitraums nach § 10b Abs. 1a Satz 1 EStG verbraucht wurden, gehen in den allgemeinen unbefristeten Spendenvortrag nach § 10b Abs. 1 EStG über.

Die Vorträge von Vermögensstockspenden sind für jeden Ehegatten getrennt festzustellen.

b) Großspendenvortrag

Für den Übergangszeitraum von maximal sechs Jahren ist neben der Feststellung des Vortrages von Vermögensstockspenden und der Feststellung des allgemeinen unbefristeten Spendenvortrags ggf. auch eine Feststellung des befristeten Großspendenvortrags nach altem Recht vorzunehmen. Verbleibt nach Ablauf der fünf Vortragsjahre ein Restbetrag, geht dieser nicht in den allgemeinen unbefristeten Spendenvortrag über, sondern ist verloren.

c) Allgemeiner unbefristeter Spendenvortrag

In den allgemeinen unbefristeten Spendenvortrag werden die abziehbaren Zuwendungen aufgenommen, die die Höchstbeträge im Veranlagungszeitraum der Zuwendung überschreiten oder die den um die Beträge nach § 10 Abs. 3 und 4, § 10c und § 10d verminderten Gesamtbetrag der Einkünfte übersteigen und nicht dem Vortrag von Vermögensstockspenden bzw. dem Großspendenvortrag zuzuordnen sind. Die Beträge nach § 10 Abs. 4a EStG stehen den Beträgen nach Absatz 3 und 4 gleich.

Der am Schluss eines Veranlagungszeitraums verbleibende Spendenvortrag ist entsprechend § 10d Abs. 4 EStG für die verschiedenen Vorträge – Vortrag von Vermögensstockspenden, Großspendenvortrag und allgemeiner unbefristeter Spendenvortrag – gesondert festzustellen.

Ein Wechsel zwischen den verschiedenen Zuwendungsvorträgen, mit Ausnahme des unter a) genannten Übergangs vom Vortrag für Vermögensstockspenden zum allgemeinen unbefristeten Zuwendungsvortrag, ist nicht möglich.

5. Übergang von altem in neues Recht

Die Änderungen des § 10b Abs. 1 und 1a EStG gelten rückwirkend ab dem 1. Januar 2007.

§ 52 Abs. 24d Satz 3 EStG eröffnet dem Spender die Möglichkeit, hinsichtlich der Regelungen des § 10b Abs. 1 EStG für den Veranlagungszeitraum 2007 die Anwendung des bisherigen Rechts zu wählen. Wenn er sich hierzu entschließt, gilt dies einheitlich für den gesamten Spendenabzug im Jahr 2007.

6. Haftungsregelung

Maßgeblicher Zeitpunkt für die Haftungsreduzierung im Sinne des § 10b Abs. 4 EStG durch das Gesetz zur weiteren Stärkung des bürgerschaftlichen Engagements vom 10. Oktober 2007 (BGBl. I S. 2332, BStBl I S. 815) von 40 März auf 30 März des zugewendeten Betrags ist der Zeitpunkt der Haftungsinanspruchnahme, somit der Zeitpunkt der Bekanntgabe des Haftungsbescheides. Dies ist unabhängig davon, für welchen Veranlagungszeitraum die Haftungsinanspruchnahme erfolgt.

7. Anwendungsregelung

Dieses Schreiben ist ab dem Veranlagungszeitraum 2007 anzuwenden.

D.
I. Einkommensteuer-Grund- und Splittingtabelle 2012

zvE in €	ESt Gr in €	ESt Sp in €	zvE in €	ESt Gr in €	ESt Sp in €	zvE in €	ESt Gr in €	ESt Sp in €	zvE in €	ESt Gr in €	ESt Sp in €
8 000	—	—	14 500	1 287	—	21 000	2 972	812	27 500	4 851	2 210
8 100	13	—	14 600	1 312	—	21 100	3 000	830	27 600	4 881	2 234
8 200	27	—	14 700	1 336	—	21 200	3 027	848	27 700	4 912	2 258
8 300	42	—	14 800	1 361	—	21 300	3 055	868	27 800	4 942	2 282
8 400	56	—	14 900	1 385	—	21 400	3 082	886	27 900	4 973	2 306
8 500	71	—	15 000	1 410	—	21 500	3 110	906	28 000	5 004	2 330
8 600	86	—	15 100	1 435	—	21 600	3 138	924	28 100	5 034	2 356
8 700	101	—	15 200	1 459	—	21 700	3 165	944	28 200	5 065	2 380
8 800	117	—	15 300	1 484	—	21 800	3 193	962	28 300	5 096	2 404
8 900	132	—	15 400	1 509	—	21 900	3 221	982	28 400	5 126	2 428
9 000	148	—	15 500	1 534	—	22 000	3 249	1 002	28 500	5 157	2 452
9 100	164	—	15 600	1 559	—	22 100	3 277	1 022	28 600	5 188	2 476
9 200	180	—	15 700	1 584	—	22 200	3 305	1 040	28 700	5 219	2 500
9 300	196	—	15 800	1 609	—	22 300	3 333	1 060	28 800	5 250	2 526
9 400	213	—	15 900	1 634	—	22 400	3 361	1 080	28 900	5 281	2 550
9 500	229	—	16 000	1 659	—	22 500	3 389	1 100	29 000	5 312	2 574
9 600	246	—	16 100	1 684	12	22 600	3 417	1 120	29 100	5 343	2 598
9 700	263	—	16 200	1 709	26	22 700	3 445	1 140	29 200	5 374	2 624
9 800	280	—	16 300	1 734	40	22 800	3 473	1 160	29 300	5 405	2 648
9 900	298	—	16 400	1 760	54	22 900	3 502	1 180	29 400	5 437	2 672
10 000	315	—	16 500	1 785	68	23 000	3 530	1 200	29 500	5 468	2 696
10 100	333	—	16 600	1 810	84	23 100	3 558	1 222	29 600	5 499	2 722
10 200	351	—	16 700	1 836	98	23 200	3 587	1 242	29 700	5 531	2 746
10 300	369	—	16 800	1 861	112	23 300	3 615	1 262	29 800	5 562	2 770
10 400	387	—	16 900	1 887	128	23 400	3 644	1 284	29 900	5 594	2 796
10 500	406	—	17 000	1 912	142	23 500	3 672	1 304	30 000	5 625	2 820
10 600	424	—	17 100	1 938	158	23 600	3 701	1 324	30 100	5 657	2 844
10 700	443	—	17 200	1 964	172	23 700	3 729	1 346	30 200	5 688	2 870
10 800	462	—	17 300	1 989	188	23 800	3 758	1 366	30 300	5 720	2 894
10 900	481	—	17 400	2 015	202	23 900	3 787	1 388	30 400	5 752	2 918
11 000	501	—	17 500	2 041	218	24 000	3 815	1 410	30 500	5 783	2 944
11 100	520	—	17 600	2 067	234	24 100	3 844	1 430	30 600	5 815	2 968
11 200	540	—	17 700	2 093	248	24 200	3 873	1 452	30 700	5 847	2 992
11 300	560	—	17 800	2 119	264	24 300	3 902	1 474	30 800	5 879	3 018
11 400	580	—	17 900	2 145	280	24 400	3 931	1 496	30 900	5 911	3 042
11 500	600	—	18 000	2 171	296	24 500	3 960	1 516	31 000	5 943	3 068
11 600	621	—	18 100	2 197	312	24 600	3 989	1 538	31 100	5 975	3 092
11 700	642	—	18 200	2 223	328	24 700	4 018	1 560	31 200	6 007	3 118
11 800	662	—	18 300	2 249	344	24 800	4 047	1 582	31 300	6 039	3 142
11 900	683	—	18 400	2 275	360	24 900	4 076	1 604	31 400	6 071	3 168
12 000	705	—	18 500	2 301	376	25 000	4 106	1 626	31 500	6 103	3 192
12 100	726	—	18 600	2 328	392	25 100	4 135	1 648	31 600	6 135	3 218
12 200	748	—	18 700	2 354	408	25 200	4 164	1 672	31 700	6 168	3 242
12 300	769	—	18 800	2 380	426	25 300	4 194	1 694	31 800	6 200	3 268
12 400	791	—	18 900	2 407	442	25 400	4 223	1 716	31 900	6 232	3 292
12 500	813	—	19 000	2 433	458	25 500	4 252	1 738	32 000	6 265	3 318
12 600	836	—	19 100	2 460	476	25 600	4 282	1 762	32 100	6 297	3 342
12 700	858	—	19 200	2 486	492	25 700	4 311	1 784	32 200	6 330	3 368
12 800	881	—	19 300	2 513	510	25 800	4 341	1 808	32 300	6 362	3 394
12 900	904	—	19 400	2 540	526	25 900	4 371	1 830	32 400	6 395	3 418
13 000	927	—	19 500	2 566	544	26 000	4 400	1 854	32 500	6 428	3 444
13 100	950	—	19 600	2 593	560	26 100	4 430	1 876	32 600	6 460	3 468
13 200	973	—	19 700	2 620	578	26 200	4 460	1 900	32 700	6 493	3 494
13 300	997	—	19 800	2 647	596	26 300	4 490	1 922	32 800	6 526	3 520
13 400	1 021	—	19 900	2 674	612	26 400	4 520	1 946	32 900	6 559	3 544
13 500	1 045	—	20 000	2 701	630	26 500	4 549	1 970	33 000	6 592	3 570
13 600	1 069	—	20 100	2 728	648	26 600	4 579	1 994	33 100	6 625	3 596
13 700	1 093	—	20 200	2 755	666	26 700	4 609	2 018	33 200	6 658	3 620
13 800	1 117	—	20 300	2 782	684	26 800	4 639	2 042	33 300	6 691	3 646
13 900	1 141	—	20 400	2 809	702	26 900	4 670	2 064	33 400	6 724	3 672
14 000	1 165	—	20 500	2 836	720	27 000	4 700	2 090	33 500	6 757	3 698
14 100	1 190	—	20 600	2 863	738	27 100	4 730	2 114	33 600	6 790	3 722
14 200	1 214	—	20 700	2 890	756	27 200	4 760	2 138	33 700	6 823	3 748
14 300	1 238	—	20 800	2 918	774	27 300	4 790	2 162	33 800	6 856	3 774
14 400	1 263	—	20 900	2 945	794	27 400	4 821	2 186	33 900	6 890	3 800

I. Einkommensteuer-Grund- und Splittingtabelle 2012

zvE in €	ESt Gr in €	ESt Sp in €	zvE in €	ESt Gr in €	ESt Sp in €	zvE in €	ESt Gr in €	ESt Sp in €	zvE in €	ESt Gr in €	ESt Sp in €
34 000	6 923	3 824	41 100	9 407	5 700	48 200	12 122	7 688	55 300	15 054	9 794
34 100	6 956	3 850	41 200	9 444	5 726	48 300	12 162	7 718	55 400	15 096	9 824
34 200	6 990	3 876	41 300	9 480	5 754	48 400	12 201	7 746	55 500	15 138	9 854
34 300	7 023	3 902	41 400	9 517	5 780	48 500	12 241	7 776	55 600	15 180	9 884
34 400	7 057	3 928	41 500	9 554	5 808	48 600	12 281	7 804	55 700	15 222	9 916
34 500	7 090	3 954	41 600	9 591	5 836	48 700	12 322	7 832	55 800	15 264	9 946
34 600	7 124	3 978	41 700	9 628	5 862	48 800	12 362	7 862	55 900	15 306	9 976
34 700	7 158	4 004	41 800	9 664	5 890	48 900	12 402	7 890	56 000	15 348	10 008
34 800	7 191	4 030	41 900	9 701	5 918	49 000	12 442	7 920	56 100	15 390	10 038
34 900	7 225	4 056	42 000	9 738	5 944	49 100	12 482	7 948	56 200	15 432	10 068
35 000	7 259	4 082	42 100	9 775	5 972	49 200	12 523	7 978	56 300	15 474	10 100
35 100	7 293	4 108	42 200	9 813	6 000	49 300	12 563	8 008	56 400	15 516	10 130
35 200	7 327	4 134	42 300	9 850	6 028	49 400	12 603	8 036	56 500	15 558	10 160
35 300	7 361	4 160	42 400	9 887	6 054	49 500	12 644	8 066	56 600	15 600	10 192
35 400	7 395	4 186	42 500	9 924	6 082	49 600	12 684	8 094	56 700	15 642	10 222
35 500	7 429	4 212	42 600	9 961	6 110	49 700	12 725	8 124	56 800	15 684	10 252
35 600	7 463	4 238	42 700	9 999	6 138	49 800	12 765	8 152	56 900	15 726	10 284
35 700	7 497	4 264	42 800	10 036	6 164	49 900	12 806	8 182	57 000	15 768	10 314
35 800	7 531	4 290	42 900	10 073	6 192	50 000	12 847	8 212	57 100	15 810	10 346
35 900	7 565	4 316	43 000	10 111	6 220	50 100	12 887	8 240	57 200	15 852	10 376
36 000	7 599	4 342	43 100	10 148	6 248	50 200	12 928	8 270	57 300	15 894	10 408
36 100	7 634	4 368	43 200	10 186	6 276	50 300	12 969	8 300	57 400	15 936	10 438
36 200	7 668	4 394	43 300	10 224	6 304	50 400	13 010	8 328	57 500	15 978	10 468
36 300	7 702	4 420	43 400	10 261	6 330	50 500	13 051	8 358	57 600	16 020	10 500
36 400	7 737	4 446	43 500	10 299	6 358	50 600	13 091	8 388	57 700	16 062	10 530
36 500	7 771	4 472	43 600	10 337	6 386	50 700	13 132	8 416	57 800	16 104	10 562
36 600	7 806	4 498	43 700	10 374	6 414	50 800	13 173	8 446	57 900	16 146	10 592
36 700	7 840	4 524	43 800	10 412	6 442	50 900	13 215	8 476	58 000	16 188	10 624
36 800	7 875	4 550	43 900	10 450	6 470	51 000	13 256	8 504	58 100	16 230	10 656
36 900	7 910	4 576	44 000	10 488	6 498	51 100	13 297	8 534	58 200	16 272	10 686
37 000	7 944	4 602	44 100	10 526	6 526	51 200	13 338	8 564	58 300	16 314	10 718
37 100	7 979	4 628	44 200	10 564	6 554	51 300	13 379	8 594	58 400	16 356	10 748
37 200	8 014	4 656	44 300	10 602	6 582	51 400	13 421	8 622	58 500	16 398	10 780
37 300	8 049	4 682	44 400	10 640	6 610	51 500	13 462	8 652	58 600	16 440	10 810
37 400	8 084	4 708	44 500	10 678	6 638	51 600	13 503	8 682	58 700	16 482	10 842
37 500	8 119	4 734	44 600	10 716	6 666	51 700	13 545	8 712	58 800	16 524	10 874
37 600	8 154	4 760	44 700	10 755	6 694	51 800	13 586	8 742	58 900	16 566	10 904
37 700	8 189	4 788	44 800	10 793	6 722	51 900	13 628	8 772	59 000	16 608	10 936
37 800	8 224	4 814	44 900	10 831	6 750	52 000	13 669	8 800	59 100	16 650	10 968
37 900	8 259	4 840	45 000	10 870	6 778	52 100	13 711	8 830	59 200	16 692	10 998
38 000	8 294	4 866	45 100	10 908	6 806	52 200	13 753	8 860	59 300	16 734	11 030
38 100	8 329	4 894	45 200	10 947	6 834	52 300	13 794	8 890	59 400	16 776	11 062
38 200	8 365	4 920	45 300	10 985	6 862	52 400	13 836	8 920	59 500	16 818	11 092
38 300	8 400	4 946	45 400	11 024	6 890	52 500	13 878	8 950	59 600	16 860	11 124
38 400	8 435	4 972	45 500	11 062	6 918	52 600	13 920	8 980	59 700	16 902	11 156
38 500	8 471	5 000	45 600	11 101	6 946	52 700	13 962	9 010	59 800	16 944	11 188
38 600	8 506	5 026	45 700	11 140	6 974	52 800	14 004	9 040	59 900	16 986	11 218
38 700	8 542	5 052	45 800	11 178	7 004	52 900	14 046	9 068	60 000	17 028	11 250
38 800	8 577	5 080	45 900	11 217	7 032	53 000	14 088	9 098	60 100	17 070	11 282
38 900	8 613	5 106	46 000	11 256	7 060	53 100	14 130	9 128	60 200	17 112	11 314
39 000	8 648	5 132	46 100	11 295	7 088	53 200	14 172	9 158	60 300	17 154	11 344
39 100	8 684	5 160	46 200	11 334	7 116	53 300	14 214	9 188	60 400	17 196	11 376
39 200	8 720	5 186	46 300	11 373	7 144	53 400	14 256	9 218	60 500	17 238	11 408
39 300	8 755	5 212	46 400	11 412	7 174	53 500	14 298	9 248	60 600	17 280	11 440
39 400	8 791	5 240	46 500	11 451	7 202	53 600	14 340	9 278	60 700	17 322	11 472
39 500	8 827	5 266	46 600	11 490	7 230	53 700	14 382	9 308	60 800	17 364	11 504
39 600	8 863	5 294	46 700	11 529	7 258	53 800	14 424	9 340	60 900	17 406	11 534
39 700	8 899	5 320	46 800	11 568	7 288	53 900	14 466	9 370	61 000	17 448	11 566
39 800	8 935	5 348	46 900	11 607	7 316	54 000	14 508	9 400	61 100	17 490	11 598
39 900	8 971	5 374	47 000	11 647	7 344	54 100	14 550	9 430	61 200	17 532	11 630
40 000	9 007	5 402	47 100	11 686	7 372	54 200	14 592	9 460	61 300	17 574	11 662
40 100	9 043	5 428	47 200	11 725	7 402	54 300	14 634	9 490	61 400	17 616	11 694
40 200	9 079	5 456	47 300	11 765	7 430	54 400	14 676	9 520	61 500	17 658	11 726
40 300	9 116	5 482	47 400	11 804	7 458	54 500	14 718	9 550	61 600	17 700	11 758
40 400	9 152	5 510	47 500	11 844	7 488	54 600	14 760	9 580	61 700	17 742	11 790
40 500	9 188	5 536	47 600	11 883	7 516	54 700	14 802	9 612	61 800	17 784	11 822
40 600	9 225	5 564	47 700	11 923	7 544	54 800	14 844	9 642	61 900	17 826	11 854
40 700	9 261	5 590	47 800	11 963	7 574	54 900	14 886	9 672	62 000	17 868	11 886
40 800	9 297	5 618	47 900	12 002	7 602	55 000	14 928	9 702	62 100	17 910	11 918
40 900	9 334	5 644	48 000	12 042	7 630	55 100	14 970	9 732	62 200	17 952	11 950
41 000	9 370	5 672	48 100	12 082	7 660	55 200	15 012	9 762	62 300	17 994	11 982

zvE in €	ESt Gr in €	ESt Sp in €	zvE in €	ESt Gr in €	ESt Sp in €	zvE in €	ESt Gr in €	ESt Sp in €	zvE in €	ESt Gr in €	ESt Sp in €
62 400	18 036	12 014	69 500	21 018	14 348	76 600	24 000	16 800	83 700	26 982	19 366
62 500	18 078	12 046	69 600	21 060	14 382	76 700	24 042	16 836	83 800	27 024	19 402
62 600	18 120	12 078	69 700	21 102	14 416	76 800	24 084	16 870	83 900	27 066	19 440
62 700	18 162	12 110	69 800	21 144	14 450	76 900	24 126	16 906	84 000	27 108	19 476
62 800	18 204	12 142	69 900	21 186	14 484	77 000	24 168	16 942	84 100	27 150	19 514
62 900	18 246	12 174	70 000	21 228	14 518	77 100	24 210	16 976	84 200	27 192	19 550
63 000	18 288	12 206	70 100	21 270	14 552	77 200	24 252	17 012	84 300	27 234	19 588
63 100	18 330	12 238	70 200	21 312	14 586	77 300	24 294	17 048	84 400	27 276	19 626
63 200	18 372	12 270	70 300	21 354	14 620	77 400	24 336	17 084	84 500	27 318	19 662
63 300	18 414	12 304	70 400	21 396	14 654	77 500	24 378	17 118	84 600	27 360	19 700
63 400	18 456	12 336	70 500	21 438	14 688	77 600	24 420	17 154	84 700	27 402	19 736
63 500	18 498	12 368	70 600	21 480	14 722	77 700	24 462	17 190	84 800	27 444	19 774
63 600	18 540	12 400	70 700	21 522	14 756	77 800	24 504	17 226	84 900	27 486	19 810
63 700	18 582	12 432	70 800	21 564	14 790	77 900	24 546	17 260	85 000	27 528	19 848
63 800	18 624	12 464	70 900	21 606	14 824	78 000	24 588	17 296	85 100	27 570	19 886
63 900	18 666	12 498	71 000	21 648	14 858	78 100	24 630	17 332	85 200	27 612	19 922
64 000	18 708	12 530	71 100	21 690	14 892	78 200	24 672	17 368	85 300	27 654	19 960
64 100	18 750	12 562	71 200	21 732	14 926	78 300	24 714	17 404	85 400	27 696	19 998
64 200	18 792	12 594	71 300	21 774	14 960	78 400	24 756	17 440	85 500	27 738	20 034
64 300	18 834	12 628	71 400	21 816	14 994	78 500	24 798	17 476	85 600	27 780	20 072
64 400	18 876	12 660	71 500	21 858	15 028	78 600	24 840	17 510	85 700	27 822	20 110
64 500	18 918	12 692	71 600	21 900	15 062	78 700	24 882	17 546	85 800	27 864	20 146
64 600	18 960	12 724	71 700	21 942	15 096	78 800	24 924	17 582	85 900	27 906	20 184
64 700	19 002	12 758	71 800	21 984	15 130	78 900	24 966	17 618	86 000	27 948	20 222
64 800	19 044	12 790	71 900	22 026	15 164	79 000	25 008	17 654	86 100	27 990	20 260
64 900	19 086	12 822	72 000	22 068	15 198	79 100	25 050	17 690	86 200	28 032	20 296
65 000	19 128	12 856	72 100	22 110	15 234	79 200	25 092	17 726	86 300	28 074	20 334
65 100	19 170	12 888	72 200	22 152	15 268	79 300	25 134	17 762	86 400	28 116	20 372
65 200	19 212	12 920	72 300	22 194	15 302	79 400	25 176	17 798	86 500	28 158	20 410
65 300	19 254	12 954	72 400	22 236	15 336	79 500	25 218	17 834	86 600	28 200	20 448
65 400	19 296	12 986	72 500	22 278	15 370	79 600	25 260	17 870	86 700	28 242	20 484
65 500	19 338	13 020	72 600	22 320	15 404	79 700	25 302	17 906	86 800	28 284	20 522
65 600	19 380	13 052	72 700	22 362	15 440	79 800	25 344	17 942	86 900	28 326	20 560
65 700	19 422	13 084	72 800	22 404	15 474	79 900	25 386	17 978	87 000	28 368	20 598
65 800	19 464	13 118	72 900	22 446	15 508	80 000	25 428	18 014	87 100	28 410	20 636
65 900	19 506	13 150	73 000	22 488	15 542	80 100	25 470	18 050	87 200	28 452	20 674
66 000	19 548	13 184	73 100	22 530	15 578	80 200	25 512	18 086	87 300	28 494	20 710
66 100	19 590	13 216	73 200	22 572	15 612	80 300	25 554	18 122	87 400	28 536	20 748
66 200	19 632	13 250	73 300	22 614	15 646	80 400	25 596	18 158	87 500	28 578	20 786
66 300	19 674	13 282	73 400	22 656	15 680	80 500	25 638	18 194	87 600	28 620	20 824
66 400	19 716	13 316	73 500	22 698	15 716	80 600	25 680	18 232	87 700	28 662	20 862
66 500	19 758	13 348	73 600	22 740	15 750	80 700	25 722	18 268	87 800	28 704	20 900
66 600	19 800	13 382	73 700	22 782	15 784	80 800	25 764	18 304	87 900	28 746	20 938
66 700	19 842	13 414	73 800	22 824	15 820	80 900	25 806	18 340	88 000	28 788	20 976
66 800	19 884	13 448	73 900	22 866	15 854	81 000	25 848	18 376	88 100	28 830	21 014
66 900	19 926	13 480	74 000	22 908	15 888	81 100	25 890	18 412	88 200	28 872	21 052
67 000	19 968	13 514	74 100	22 950	15 924	81 200	25 932	18 450	88 300	28 914	21 090
67 100	20 010	13 546	74 200	22 992	15 958	81 300	25 974	18 486	88 400	28 956	21 128
67 200	20 052	13 580	74 300	23 034	15 994	81 400	26 016	18 522	88 500	28 998	21 166
67 300	20 094	13 612	74 400	23 076	16 028	81 500	26 058	18 558	88 600	29 040	21 204
67 400	20 136	13 646	74 500	23 118	16 062	81 600	26 100	18 594	88 700	29 082	21 242
67 500	20 178	13 680	74 600	23 160	16 098	81 700	26 142	18 632	88 800	29 124	21 280
67 600	20 220	13 712	74 700	23 202	16 132	81 800	26 184	18 668	88 900	29 166	21 318
67 700	20 262	13 746	74 800	23 244	16 168	81 900	26 226	18 704	89 000	29 208	21 356
67 800	20 304	13 780	74 900	23 286	16 202	82 000	26 268	18 740	89 100	29 250	21 394
67 900	20 346	13 812	75 000	23 328	16 238	82 100	26 310	18 778	89 200	29 292	21 432
68 000	20 388	13 846	75 100	23 370	16 272	82 200	26 352	18 814	89 300	29 334	21 472
68 100	20 430	13 880	75 200	23 412	16 308	82 300	26 394	18 850	89 400	29 376	21 510
68 200	20 472	13 912	75 300	23 454	16 342	82 400	26 436	18 888	89 500	29 418	21 548
68 300	20 514	13 946	75 400	23 496	16 378	82 500	26 478	18 924	89 600	29 460	21 586
68 400	20 556	13 980	75 500	23 538	16 412	82 600	26 520	18 960	89 700	29 502	21 624
68 500	20 598	14 014	75 600	23 580	16 448	82 700	26 562	18 998	89 800	29 544	21 662
68 600	20 640	14 046	75 700	23 622	16 482	82 800	26 604	19 034	89 900	29 586	21 700
68 700	20 682	14 080	75 800	23 664	16 518	82 900	26 646	19 070	90 000	29 628	21 740
68 800	20 724	14 114	75 900	23 706	16 552	83 000	26 688	19 108	90 100	29 670	21 778
68 900	20 766	14 148	76 000	23 748	16 588	83 100	26 730	19 144	90 200	29 712	21 816
69 000	20 808	14 180	76 100	23 790	16 624	83 200	26 772	19 182	90 300	29 754	21 854
69 100	20 850	14 214	76 200	23 832	16 658	83 300	26 814	19 218	90 400	29 796	21 894
69 200	20 892	14 248	76 300	23 874	16 694	83 400	26 856	19 256	90 500	29 838	21 932
69 300	20 934	14 282	76 400	23 916	16 730	83 500	26 898	19 292	90 600	29 880	21 970
69 400	20 976	14 316	76 500	23 958	16 764	83 600	26 940	19 328	90 700	29 922	22 008

I. Einkommensteuer-Grund- und Splittingtabelle 2012

zvE in €	ESt Gr in €	ESt Sp in €	zvE in €	ESt Gr in €	ESt Sp in €	zvE in €	ESt Gr in €	ESt Sp in €	zvE in €	ESt Gr in €	ESt Sp in €
90 800	29 964	22 048	97 900	32 946	24 844	105 000	35 928	27 756	112 100	38 910	30 738
90 900	30 006	22 086	98 000	32 988	24 884	105 100	35 970	27 798	112 200	38 952	30 780
91 000	30 048	22 124	98 100	33 030	24 924	105 200	36 012	27 840	112 300	38 994	30 822
91 100	30 090	22 162	98 200	33 072	24 964	105 300	36 054	27 882	112 400	39 036	30 864
91 200	30 132	22 202	98 300	33 114	25 004	105 400	36 096	27 924	112 500	39 078	30 906
91 300	30 174	22 240	98 400	33 156	25 046	105 500	36 138	27 966	112 600	39 120	30 948
91 400	30 216	22 280	98 500	33 198	25 086	105 600	36 180	28 008	112 700	39 162	30 990
91 500	30 258	22 318	98 600	33 240	25 126	105 700	36 222	28 050	112 800	39 204	31 032
91 600	30 300	22 356	98 700	33 282	25 166	105 800	36 264	28 092	112 900	39 246	31 074
91 700	30 342	22 396	98 800	33 324	25 206	105 900	36 306	28 134	113 000	39 288	31 116
91 800	30 384	22 434	98 900	33 366	25 246	106 000	36 348	28 176	113 100	39 330	31 158
91 900	30 426	22 472	99 000	33 408	25 288	106 100	36 390	28 218	113 200	39 372	31 200
92 000	30 468	22 512	99 100	33 450	25 328	106 200	36 432	28 260	113 300	39 414	31 242
92 100	30 510	22 550	99 200	33 492	25 368	106 300	36 474	28 302	113 400	39 456	31 284
92 200	30 552	22 590	99 300	33 534	25 408	106 400	36 516	28 344	113 500	39 498	31 326
92 300	30 594	22 628	99 400	33 576	25 450	106 500	36 558	28 386	113 600	39 540	31 368
92 400	30 636	22 666	99 500	33 618	25 490	106 600	36 600	28 428	113 700	39 582	31 410
92 500	30 678	22 706	99 600	33 660	25 530	106 700	36 642	28 470	113 800	39 624	31 452
92 600	30 720	22 746	99 700	33 702	25 572	106 800	36 684	28 512	113 900	39 666	31 494
92 700	30 762	22 784	99 800	33 744	25 612	106 900	36 726	28 554	114 000	39 708	31 536
92 800	30 804	22 824	99 900	33 786	25 652	107 000	36 768	28 596	114 100	39 750	31 578
92 900	30 846	22 862	100 000	33 828	25 694	107 100	36 810	28 638	114 200	39 792	31 620
93 000	30 888	22 902	100 100	33 870	25 734	107 200	36 852	28 680	114 300	39 834	31 662
93 100	30 930	22 940	100 200	33 912	25 774	107 300	36 894	28 722	114 400	39 876	31 704
93 200	30 972	22 980	100 300	33 954	25 816	107 400	36 936	28 764	114 500	39 918	31 746
93 300	31 014	23 018	100 400	33 996	25 856	107 500	36 978	28 806	114 600	39 960	31 788
93 400	31 056	23 058	100 500	34 038	25 896	107 600	37 020	28 848	114 700	40 002	31 830
93 500	31 098	23 098	100 600	34 080	25 938	107 700	37 062	28 890	114 800	40 044	31 872
93 600	31 140	23 136	100 700	34 122	25 978	107 800	37 104	28 932	114 900	40 086	31 914
93 700	31 182	23 176	100 800	34 164	26 020	107 900	37 146	28 974	115 000	40 128	31 956
93 800	31 224	23 214	100 900	34 206	26 060	108 000	37 188	29 016	115 100	40 170	31 998
93 900	31 266	23 254	101 000	34 248	26 102	108 100	37 230	29 058	115 200	40 212	32 040
94 000	31 308	23 294	101 100	34 290	26 142	108 200	37 272	29 100	115 300	40 254	32 082
94 100	31 350	23 332	101 200	34 332	26 182	108 300	37 314	29 142	115 400	40 296	32 124
94 200	31 392	23 372	101 300	34 374	26 224	108 400	37 356	29 184	115 500	40 338	32 166
94 300	31 434	23 412	101 400	34 416	26 264	108 500	37 398	29 226	115 600	40 380	32 208
94 400	31 476	23 450	101 500	34 458	26 306	108 600	37 440	29 268	115 700	40 422	32 250
94 500	31 518	23 490	101 600	34 500	26 346	108 700	37 482	29 310	115 800	40 464	32 292
94 600	31 560	23 530	101 700	34 542	26 388	108 800	37 524	29 352	115 900	40 506	32 334
94 700	31 602	23 570	101 800	34 584	26 430	108 900	37 566	29 394	116 000	40 548	32 376
94 800	31 644	23 608	101 900	34 626	26 470	109 000	37 608	29 436	116 100	40 590	32 418
94 900	31 686	23 648	102 000	34 668	26 512	109 100	37 650	29 478	116 200	40 632	32 460
95 000	31 728	23 688	102 100	34 710	26 552	109 200	37 692	29 520	116 300	40 674	32 502
95 100	31 770	23 728	102 200	34 752	26 594	109 300	37 734	29 562	116 400	40 716	32 544
95 200	31 812	23 766	102 300	34 794	26 634	109 400	37 776	29 604	116 500	40 758	32 586
95 300	31 854	23 806	102 400	34 836	26 676	109 500	37 818	29 646	116 600	40 800	32 628
95 400	31 896	23 846	102 500	34 878	26 716	109 600	37 860	29 688	116 700	40 842	32 670
95 500	31 938	23 886	102 600	34 920	26 758	109 700	37 902	29 730	116 800	40 884	32 712
95 600	31 980	23 926	102 700	34 962	26 800	109 800	37 944	29 772	116 900	40 926	32 754
95 700	32 022	23 964	102 800	35 004	26 842	109 900	37 986	29 814	117 000	40 968	32 796
95 800	32 064	24 004	102 900	35 046	26 882	110 000	38 028	29 856	117 100	41 010	32 838
95 900	32 106	24 044	103 000	35 088	26 924	110 100	38 070	29 898	117 200	41 052	32 880
96 000	32 148	24 084	103 100	35 130	26 966	110 200	38 112	29 940	117 300	41 094	32 922
96 100	32 190	24 124	103 200	35 172	27 006	110 300	38 154	29 982	117 400	41 136	32 964
96 200	32 232	24 164	103 300	35 214	27 048	110 400	38 196	30 024	117 500	41 178	33 006
96 300	32 274	24 204	103 400	35 256	27 090	110 500	38 238	30 066	117 600	41 220	33 048
96 400	32 316	24 244	103 500	35 298	27 130	110 600	38 280	30 108	117 700	41 262	33 090
96 500	32 358	24 284	103 600	35 340	27 172	110 700	38 322	30 150	117 800	41 304	33 132
96 600	32 400	24 324	103 700	35 382	27 214	110 800	38 364	30 192	117 900	41 346	33 174
96 700	32 442	24 364	103 800	35 424	27 256	110 900	38 406	30 234	118 000	41 388	33 216
96 800	32 484	24 402	103 900	35 466	27 298	111 000	38 448	30 276	118 100	41 430	33 258
96 900	32 526	24 442	104 000	35 508	27 338	111 100	38 490	30 318	118 200	41 472	33 300
97 000	32 568	24 482	104 100	35 550	27 380	111 200	38 532	30 360	118 300	41 514	33 342
97 100	32 610	24 522	104 200	35 592	27 422	111 300	38 574	30 402	118 400	41 556	33 384
97 200	32 652	24 562	104 300	35 634	27 464	111 400	38 616	30 444	118 500	41 598	33 426
97 300	32 694	24 604	104 400	35 676	27 506	111 500	38 658	30 486	118 600	41 640	33 468
97 400	32 736	24 644	104 500	35 718	27 546	111 600	38 700	30 528	118 700	41 682	33 510
97 500	32 778	24 684	104 600	35 760	27 588	111 700	38 742	30 570	118 800	41 724	33 552
97 600	32 820	24 724	104 700	35 802	27 630	111 800	38 784	30 612	118 900	41 766	33 594
97 700	32 862	24 764	104 800	35 844	27 672	111 900	38 826	30 654	119 000	41 808	33 636
97 800	32 904	24 804	104 900	35 886	27 714	112 000	38 868	30 696	119 100	41 850	33 678

zvE in €	ESt Gr in €	ESt Sp in €	zvE in €	ESt Gr in €	ESt Sp in €	zvE in €	ESt Gr in €	ESt Sp in €	zvE in €	ESt Gr in €	ESt Sp in €
119 200	41 892	33 720	126 300	44 874	36 702	133 400	47 856	39 684	140 500	50 838	42 666
119 300	41 934	33 762	126 400	44 916	36 744	133 500	47 898	39 726	140 600	50 880	42 708
119 400	41 976	33 804	126 500	44 958	36 786	133 600	47 940	39 768	140 700	50 922	42 750
119 500	42 018	33 846	126 600	45 000	36 828	133 700	47 982	39 810	140 800	50 964	42 792
119 600	42 060	33 888	126 700	45 042	36 870	133 800	48 024	39 852	140 900	51 006	42 834
119 700	42 102	33 930	126 800	45 084	36 912	133 900	48 066	39 894	141 000	51 048	42 876
119 800	42 144	33 972	126 900	45 126	36 954	134 000	48 108	39 936	141 100	51 090	42 918
119 900	42 186	34 014	127 000	45 168	36 996	134 100	48 150	39 978	141 200	51 132	42 960
120 000	42 228	34 056	127 100	45 210	37 038	134 200	48 192	40 020	141 300	51 174	43 002
120 100	42 270	34 098	127 200	45 252	37 080	134 300	48 234	40 062	141 400	51 216	43 044
120 200	42 312	34 140	127 300	45 294	37 122	134 400	48 276	40 104	141 500	51 258	43 086
120 300	42 354	34 182	127 400	45 336	37 164	134 500	48 318	40 146	141 600	51 300	43 128
120 400	42 396	34 224	127 500	45 378	37 206	134 600	48 360	40 188	141 700	51 342	43 170
120 500	42 438	34 266	127 600	45 420	37 248	134 700	48 402	40 230	141 800	51 384	43 212
120 600	42 480	34 308	127 700	45 462	37 290	134 800	48 444	40 272	141 900	51 426	43 254
120 700	42 522	34 350	127 800	45 504	37 332	134 900	48 486	40 314	142 000	51 468	43 296
120 800	42 564	34 392	127 900	45 546	37 374	135 000	48 528	40 356	142 100	51 510	43 338
120 900	42 606	34 434	128 000	45 588	37 416	135 100	48 570	40 398	142 200	51 552	43 380
121 000	42 648	34 476	128 100	45 630	37 458	135 200	48 612	40 440	142 300	51 594	43 422
121 100	42 690	34 518	128 200	45 672	37 500	135 300	48 654	40 482	142 400	51 636	43 464
121 200	42 732	34 560	128 300	45 714	37 542	135 400	48 696	40 524	142 500	51 678	43 506
121 300	42 774	34 602	128 400	45 756	37 584	135 500	48 738	40 566	142 600	51 720	43 548
121 400	42 816	34 644	128 500	45 798	37 626	135 600	48 780	40 608	142 700	51 762	43 590
121 500	42 858	34 686	128 600	45 840	37 668	135 700	48 822	40 650	142 800	51 804	43 632
121 600	42 900	34 728	128 700	45 882	37 710	135 800	48 864	40 692	142 900	51 846	43 674
121 700	42 942	34 770	128 800	45 924	37 752	135 900	48 906	40 734	143 000	51 888	43 716
121 800	42 984	34 812	128 900	45 966	37 794	136 000	48 948	40 776	143 100	51 930	43 758
121 900	43 026	34 854	129 000	46 008	37 836	136 100	48 990	40 818	143 200	51 972	43 800
122 000	43 068	34 896	129 100	46 050	37 878	136 200	49 032	40 860	143 300	52 014	43 842
122 100	43 110	34 938	129 200	46 092	37 920	136 300	49 074	40 902	143 400	52 056	43 884
122 200	43 152	34 980	129 300	46 134	37 962	136 400	49 116	40 944	143 500	52 098	43 926
122 300	43 194	35 022	129 400	46 176	38 004	136 500	49 158	40 986	143 600	52 140	43 968
122 400	43 236	35 064	129 500	46 218	38 046	136 600	49 200	41 028	143 700	52 182	44 010
122 500	43 278	35 106	129 600	46 260	38 088	136 700	49 242	41 070	143 800	52 224	44 052
122 600	43 320	35 148	129 700	46 302	38 130	136 800	49 284	41 112	143 900	52 266	44 094
122 700	43 362	35 190	129 800	46 344	38 172	136 900	49 326	41 154	144 000	52 308	44 136
122 800	43 404	35 232	129 900	46 386	38 214	137 000	49 368	41 196	144 100	52 350	44 178
122 900	43 446	35 274	130 000	46 428	38 256	137 100	49 410	41 238	144 200	52 392	44 220
123 000	43 488	35 316	130 100	46 470	38 298	137 200	49 452	41 280	144 300	52 434	44 262
123 100	43 530	35 358	130 200	46 512	38 340	137 300	49 494	41 322	144 400	52 476	44 304
123 200	43 572	35 400	130 300	46 554	38 382	137 400	49 536	41 364	144 500	52 518	44 346
123 300	43 614	35 442	130 400	46 596	38 424	137 500	49 578	41 406	144 600	52 560	44 388
123 400	43 656	35 484	130 500	46 638	38 466	137 600	49 620	41 448	144 700	52 602	44 430
123 500	43 698	35 526	130 600	46 680	38 508	137 700	49 662	41 490	144 800	52 644	44 472
123 600	43 740	35 568	130 700	46 722	38 550	137 800	49 704	41 532	144 900	52 686	44 514
123 700	43 782	35 610	130 800	46 764	38 592	137 900	49 746	41 574	145 000	52 728	44 556
123 800	43 824	35 652	130 900	46 806	38 634	138 000	49 788	41 616	145 100	52 770	44 598
123 900	43 866	35 694	131 000	46 848	38 676	138 100	49 830	41 658	145 200	52 812	44 640
124 000	43 908	35 736	131 100	46 890	38 718	138 200	49 872	41 700	145 300	52 854	44 682
124 100	43 950	35 778	131 200	46 932	38 760	138 300	49 914	41 742	145 400	52 896	44 724
124 200	43 992	35 820	131 300	46 974	38 802	138 400	49 956	41 784	145 500	52 938	44 766
124 300	44 034	35 862	131 400	47 016	38 844	138 500	49 998	41 826	145 600	52 980	44 808
124 400	44 076	35 904	131 500	47 058	38 886	138 600	50 040	41 868	145 700	53 022	44 850
124 500	44 118	35 946	131 600	47 100	38 928	138 700	50 082	41 910	145 800	53 064	44 892
124 600	44 160	35 988	131 700	47 142	38 970	138 800	50 124	41 952	145 900	53 106	44 934
124 700	44 202	36 030	131 800	47 184	39 012	138 900	50 166	41 994	146 000	53 148	44 976
124 800	44 244	36 072	131 900	47 226	39 054	139 000	50 208	42 036	146 100	53 190	45 018
124 900	44 286	36 114	132 000	47 268	39 096	139 100	50 250	42 078	146 200	53 232	45 060
125 000	44 328	36 156	132 100	47 310	39 138	139 200	50 292	42 120	146 300	53 274	45 102
125 100	44 370	36 198	132 200	47 352	39 180	139 300	50 334	42 162	146 400	53 316	45 144
125 200	44 412	36 240	132 300	47 394	39 222	139 400	50 376	42 204	146 500	53 358	45 186
125 300	44 454	36 282	132 400	47 436	39 264	139 500	50 418	42 246	146 600	53 400	45 228
125 400	44 496	36 324	132 500	47 478	39 306	139 600	50 460	42 288	146 700	53 442	45 270
125 500	44 538	36 366	132 600	47 520	39 348	139 700	50 502	42 330	146 800	53 484	45 312
125 600	44 580	36 408	132 700	47 562	39 390	139 800	50 544	42 372	146 900	53 526	45 354
125 700	44 622	36 450	132 800	47 604	39 432	139 900	50 586	42 414	147 000	53 568	45 396
125 800	44 664	36 492	132 900	47 646	39 474	140 000	50 628	42 456	147 100	53 610	45 438
125 900	44 706	36 534	133 000	47 688	39 516	140 100	50 670	42 498	147 200	53 652	45 480
126 000	44 748	36 576	133 100	47 730	39 558	140 200	50 712	42 540	147 300	53 694	45 522
126 100	44 790	36 618	133 200	47 772	39 600	140 300	50 754	42 582	147 400	53 736	45 564
126 200	44 832	36 660	133 300	47 814	39 642	140 400	50 796	42 624	147 500	53 778	45 606

I. Einkommensteuer-Grund- und Splittingtabelle 2012

zvE in €	ESt Gr in €	ESt Sp in €	zvE in €	ESt Gr in €	ESt Sp in €	zvE in €	ESt Gr in €	ESt Sp in €	zvE in €	ESt Gr in €	ESt Sp in €
147 600	53 820	45 648	154 700	56 802	48 630	161 800	59 784	51 612	168 900	62 766	54 594
147 700	53 862	45 690	154 800	56 844	48 672	161 900	59 826	51 654	169 000	62 808	54 636
147 800	53 904	45 732	154 900	56 886	48 714	162 000	59 868	51 696	169 100	62 850	54 678
147 900	53 946	45 774	155 000	56 928	48 756	162 100	59 910	51 738	169 200	62 892	54 720
148 000	53 988	45 816	155 100	56 970	48 798	162 200	59 952	51 780	169 300	62 934	54 762
148 100	54 030	45 858	155 200	57 012	48 840	162 300	59 994	51 822	169 400	62 976	54 804
148 200	54 072	45 900	155 300	57 054	48 882	162 400	60 036	51 864	169 500	63 018	54 846
148 300	54 114	45 942	155 400	57 096	48 924	162 500	60 078	51 906	169 600	63 060	54 888
148 400	54 156	45 984	155 500	57 138	48 966	162 600	60 120	51 948	169 700	63 102	54 930
148 500	54 198	46 026	155 600	57 180	49 008	162 700	60 162	51 990	169 800	63 144	54 972
148 600	54 240	46 068	155 700	57 222	49 050	162 800	60 204	52 032	169 900	63 186	55 014
148 700	54 282	46 110	155 800	57 264	49 092	162 900	60 246	52 074	170 000	63 228	55 056
148 800	54 324	46 152	155 900	57 306	49 134	163 000	60 288	52 116	170 100	63 270	55 098
148 900	54 366	46 194	156 000	57 348	49 176	163 100	60 330	52 158	170 200	63 312	55 140
149 000	54 408	46 236	156 100	57 390	49 218	163 200	60 372	52 200	170 300	63 354	55 182
149 100	54 450	46 278	156 200	57 432	49 260	163 300	60 414	52 242	170 400	63 396	55 224
149 200	54 492	46 320	156 300	57 474	49 302	163 400	60 456	52 284	170 500	63 438	55 266
149 300	54 534	46 362	156 400	57 516	49 344	163 500	60 498	52 326	170 600	63 480	55 308
149 400	54 576	46 404	156 500	57 558	49 386	163 600	60 540	52 368	170 700	63 522	55 350
149 500	54 618	46 446	156 600	57 600	49 428	163 700	60 582	52 410	170 800	63 564	55 392
149 600	54 660	46 488	156 700	57 642	49 470	163 800	60 624	52 452	170 900	63 606	55 434
149 700	54 702	46 530	156 800	57 684	49 512	163 900	60 666	52 494	171 000	63 648	55 476
149 800	54 744	46 572	156 900	57 726	49 554	164 000	60 708	52 536	171 100	63 690	55 518
149 900	54 786	46 614	157 000	57 768	49 596	164 100	60 750	52 578	171 200	63 732	55 560
150 000	54 828	46 656	157 100	57 810	49 638	164 200	60 792	52 620	171 300	63 774	55 602
150 100	54 870	46 698	157 200	57 852	49 680	164 300	60 834	52 662	171 400	63 816	55 644
150 200	54 912	46 740	157 300	57 894	49 722	164 400	60 876	52 704	171 500	63 858	55 686
150 300	54 954	46 782	157 400	57 936	49 764	164 500	60 918	52 746	171 600	63 900	55 728
150 400	54 996	46 824	157 500	57 978	49 806	164 600	60 960	52 788	171 700	63 942	55 770
150 500	55 038	46 866	157 600	58 020	49 848	164 700	61 002	52 830	171 800	63 984	55 812
150 600	55 080	46 908	157 700	58 062	49 890	164 800	61 044	52 872	171 900	64 026	55 854
150 700	55 122	46 950	157 800	58 104	49 932	164 900	61 086	52 914	172 000	64 068	55 896
150 800	55 164	46 992	157 900	58 146	49 974	165 000	61 128	52 956	172 100	64 110	55 938
150 900	55 206	47 034	158 000	58 188	50 016	165 100	61 170	52 998	172 200	64 152	55 980
151 000	55 248	47 076	158 100	58 230	50 058	165 200	61 212	53 040	172 300	64 194	56 022
151 100	55 290	47 118	158 200	58 272	50 100	165 300	61 254	53 082	172 400	64 236	56 064
151 200	55 332	47 160	158 300	58 314	50 142	165 400	61 296	53 124	172 500	64 278	56 106
151 300	55 374	47 202	158 400	58 356	50 184	165 500	61 338	53 166	172 600	64 320	56 148
151 400	55 416	47 244	158 500	58 398	50 226	165 600	61 380	53 208	172 700	64 362	56 190
151 500	55 458	47 286	158 600	58 440	50 268	165 700	61 422	53 250	172 800	64 404	56 232
151 600	55 500	47 328	158 700	58 482	50 310	165 800	61 464	53 292	172 900	64 446	56 274
151 700	55 542	47 370	158 800	58 524	50 352	165 900	61 506	53 334	173 000	64 488	56 316
151 800	55 584	47 412	158 900	58 566	50 394	166 000	61 548	53 376	173 100	64 530	56 358
151 900	55 626	47 454	159 000	58 608	50 436	166 100	61 590	53 418	173 200	64 572	56 400
152 000	55 668	47 496	159 100	58 650	50 478	166 200	61 632	53 460	173 300	64 614	56 442
152 100	55 710	47 538	159 200	58 692	50 520	166 300	61 674	53 502	173 400	64 656	56 484
152 200	55 752	47 580	159 300	58 734	50 562	166 400	61 716	53 544	173 500	64 698	56 526
152 300	55 794	47 622	159 400	58 776	50 604	166 500	61 758	53 586	173 600	64 740	56 568
152 400	55 836	47 664	159 500	58 818	50 646	166 600	61 800	53 628	173 700	64 782	56 610
152 500	55 878	47 706	159 600	58 860	50 688	166 700	61 842	53 670	173 800	64 824	56 652
152 600	55 920	47 748	159 700	58 902	50 730	166 800	61 884	53 712	173 900	64 866	56 694
152 700	55 962	47 790	159 800	58 944	50 772	166 900	61 926	53 754	174 000	64 908	56 736
152 800	56 004	47 832	159 900	58 986	50 814	167 000	61 968	53 796	174 100	64 950	56 778
152 900	56 046	47 874	160 000	59 028	50 856	167 100	62 010	53 838	174 200	64 992	56 820
153 000	56 088	47 916	160 100	59 070	50 898	167 200	62 052	53 880	174 300	65 034	56 862
153 100	56 130	47 958	160 200	59 112	50 940	167 300	62 094	53 922	174 400	65 076	56 904
153 200	56 172	48 000	160 300	59 154	50 982	167 400	62 136	53 964	174 500	65 118	56 946
153 300	56 214	48 042	160 400	59 196	51 024	167 500	62 178	54 006	174 600	65 160	56 988
153 400	56 256	48 084	160 500	59 238	51 066	167 600	62 220	54 048	174 700	65 202	57 030
153 500	56 298	48 126	160 600	59 280	51 108	167 700	62 262	54 090	174 800	65 244	57 072
153 600	56 340	48 168	160 700	59 322	51 150	167 800	62 304	54 132	174 900	65 286	57 114
153 700	56 382	48 210	160 800	59 364	51 192	167 900	62 346	54 174	175 000	65 328	57 156
153 800	56 424	48 252	160 900	59 406	51 234	168 000	62 388	54 216	175 100	65 370	57 198
153 900	56 466	48 294	161 000	59 448	51 276	168 100	62 430	54 258	175 200	65 412	57 240
154 000	56 508	48 336	161 100	59 490	51 318	168 200	62 472	54 300	175 300	65 454	57 282
154 100	56 550	48 378	161 200	59 532	51 360	168 300	62 514	54 342	175 400	65 496	57 324
154 200	56 592	48 420	161 300	59 574	51 402	168 400	62 556	54 384	175 500	65 538	57 366
154 300	56 634	48 462	161 400	59 616	51 444	168 500	62 598	54 426	175 600	65 580	57 408
154 400	56 676	48 504	161 500	59 658	51 486	168 600	62 640	54 468	175 700	65 622	57 450
154 500	56 718	48 546	161 600	59 700	51 528	168 700	62 682	54 510	175 800	65 664	57 492
154 600	56 760	48 588	161 700	59 742	51 570	168 800	62 724	54 552	175 900	65 706	57 534

I. Einkommensteuer-Grund- und Splittingtabelle 2012

zvE in €	ESt Gr in €	ESt Sp in €	zvE in €	ESt Gr in €	ESt Sp in €	zvE in €	ESt Gr in €	ESt Sp in €	zvE in €	ESt Gr in €	ESt Sp in €
176 000	65 748	57 576	183 100	68 730	60 558	190 200	71 712	63 540	197 300	74 694	66 522
176 100	65 790	57 618	183 200	68 772	60 600	190 300	71 754	63 582	197 400	74 736	66 564
176 200	65 832	57 660	183 300	68 814	60 642	190 400	71 796	63 624	197 500	74 778	66 606
176 300	65 874	57 702	183 400	68 856	60 684	190 500	71 838	63 666	197 600	74 820	66 648
176 400	65 916	57 744	183 500	68 898	60 726	190 600	71 880	63 708	197 700	74 862	66 690
176 500	65 958	57 786	183 600	68 940	60 768	190 700	71 922	63 750	197 800	74 904	66 732
176 600	66 000	57 828	183 700	68 982	60 810	190 800	71 964	63 792	197 900	74 946	66 774
176 700	66 042	57 870	183 800	69 024	60 852	190 900	72 006	63 834	198 000	74 988	66 816
176 800	66 084	57 912	183 900	69 066	60 894	191 000	72 048	63 876	198 100	75 030	66 858
176 900	66 126	57 954	184 000	69 108	60 936	191 100	72 090	63 918	198 200	75 072	66 900
177 000	66 168	57 996	184 100	69 150	60 978	191 200	72 132	63 960	198 300	75 114	66 942
177 100	66 210	58 038	184 200	69 192	61 020	191 300	72 174	64 002	198 400	75 156	66 984
177 200	66 252	58 080	184 300	69 234	61 062	191 400	72 216	64 044	198 500	75 198	67 026
177 300	66 294	58 122	184 400	69 276	61 104	191 500	72 258	64 086	198 600	75 240	67 068
177 400	66 336	58 164	184 500	69 318	61 146	191 600	72 300	64 128	198 700	75 282	67 110
177 500	66 378	58 206	184 600	69 360	61 188	191 700	72 342	64 170	198 800	75 324	67 152
177 600	66 420	58 248	184 700	69 402	61 230	191 800	72 384	64 212	198 900	75 366	67 194
177 700	66 462	58 290	184 800	69 444	61 272	191 900	72 426	64 254	199 000	75 408	67 236
177 800	66 504	58 332	184 900	69 486	61 314	192 000	72 468	64 296	199 100	75 450	67 278
177 900	66 546	58 374	185 000	69 528	61 356	192 100	72 510	64 338	199 200	75 492	67 320
178 000	66 588	58 416	185 100	69 570	61 398	192 200	72 552	64 380	199 300	75 534	67 362
178 100	66 630	58 458	185 200	69 612	61 440	192 300	72 594	64 422	199 400	75 576	67 404
178 200	66 672	58 500	185 300	69 654	61 482	192 400	72 636	64 464	199 500	75 618	67 446
178 300	66 714	58 542	185 400	69 696	61 524	192 500	72 678	64 506	199 600	75 660	67 488
178 400	66 756	58 584	185 500	69 738	61 566	192 600	72 720	64 548	199 700	75 702	67 530
178 500	66 798	58 626	185 600	69 780	61 608	192 700	72 762	64 590	199 800	75 744	67 572
178 600	66 840	58 668	185 700	69 822	61 650	192 800	72 804	64 632	199 900	75 786	67 614
178 700	66 882	58 710	185 800	69 864	61 692	192 900	72 846	64 674	200 000	75 828	67 656
178 800	66 924	58 752	185 900	69 906	61 734	193 000	72 888	64 716	200 100	75 870	67 698
178 900	66 966	58 794	186 000	69 948	61 776	193 100	72 930	64 758	200 200	75 912	67 740
179 000	67 008	58 836	186 100	69 990	61 818	193 200	72 972	64 800	200 300	75 954	67 782
179 100	67 050	58 878	186 200	70 032	61 860	193 300	73 014	64 842	200 400	75 996	67 824
179 200	67 092	58 920	186 300	70 074	61 902	193 400	73 056	64 884	200 500	76 038	67 866
179 300	67 134	58 962	186 400	70 116	61 944	193 500	73 098	64 926	200 600	76 080	67 908
179 400	67 176	59 004	186 500	70 158	61 986	193 600	73 140	64 968	200 700	76 122	67 950
179 500	67 218	59 046	186 600	70 200	62 028	193 700	73 182	65 010	200 800	76 164	67 992
179 600	67 260	59 088	186 700	70 242	62 070	193 800	73 224	65 052	200 900	76 206	68 034
179 700	67 302	59 130	186 800	70 284	62 112	193 900	73 266	65 094	201 000	76 248	68 076
179 800	67 344	59 172	186 900	70 326	62 154	194 000	73 308	65 136	201 100	76 290	68 118
179 900	67 386	59 214	187 000	70 368	62 196	194 100	73 350	65 178	201 200	76 332	68 160
180 000	67 428	59 256	187 100	70 410	62 238	194 200	73 392	65 220	201 300	76 374	68 202
180 100	67 470	59 298	187 200	70 452	62 280	194 300	73 434	65 262	201 400	76 416	68 244
180 200	67 512	59 340	187 300	70 494	62 322	194 400	73 476	65 304	201 500	76 458	68 286
180 300	67 554	59 382	187 400	70 536	62 364	194 500	73 518	65 346	201 600	76 500	68 328
180 400	67 596	59 424	187 500	70 578	62 406	194 600	73 560	65 388	201 700	76 542	68 370
180 500	67 638	59 466	187 600	70 620	62 448	194 700	73 602	65 430	201 800	76 584	68 412
180 600	67 680	59 508	187 700	70 662	62 490	194 800	73 644	65 472	201 900	76 626	68 454
180 700	67 722	59 550	187 800	70 704	62 532	194 900	73 686	65 514	202 000	76 668	68 496
180 800	67 764	59 592	187 900	70 746	62 574	195 000	73 728	65 556	202 100	76 710	68 538
180 900	67 806	59 634	188 000	70 788	62 616	195 100	73 770	65 598	202 200	76 752	68 580
181 000	67 848	59 676	188 100	70 830	62 658	195 200	73 812	65 640	202 300	76 794	68 622
181 100	67 890	59 718	188 200	70 872	62 700	195 300	73 854	65 682	202 400	76 836	68 664
181 200	67 932	59 760	188 300	70 914	62 742	195 400	73 896	65 724	202 500	76 878	68 706
181 300	67 974	59 802	188 400	70 956	62 784	195 500	73 938	65 766	202 600	76 920	68 748
181 400	68 016	59 844	188 500	70 998	62 826	195 600	73 980	65 808	202 700	76 962	68 790
181 500	68 058	59 886	188 600	71 040	62 868	195 700	74 022	65 850	202 800	77 004	68 832
181 600	68 100	59 928	188 700	71 082	62 910	195 800	74 064	65 892	202 900	77 046	68 874
181 700	68 142	59 970	188 800	71 124	62 952	195 900	74 106	65 934	203 000	77 088	68 916
181 800	68 184	60 012	188 900	71 166	62 994	196 000	74 148	65 976	203 100	77 130	68 958
181 900	68 226	60 054	189 000	71 208	63 036	196 100	74 190	66 018	203 200	77 172	69 000
182 000	68 268	60 096	189 100	71 250	63 078	196 200	74 232	66 060	203 300	77 214	69 042
182 100	68 310	60 138	189 200	71 292	63 120	196 300	74 274	66 102	203 400	77 256	69 084
182 200	68 352	60 180	189 300	71 334	63 162	196 400	74 316	66 144	203 500	77 298	69 126
182 300	68 394	60 222	189 400	71 376	63 204	196 500	74 358	66 186	203 600	77 340	69 168
182 400	68 436	60 264	189 500	71 418	63 246	196 600	74 400	66 228	203 700	77 382	69 210
182 500	68 478	60 306	189 600	71 460	63 288	196 700	74 442	66 270	203 800	77 424	69 252
182 600	68 520	60 348	189 700	71 502	63 330	196 800	74 484	66 312	203 900	77 466	69 294
182 700	68 562	60 390	189 800	71 544	63 372	196 900	74 526	66 354	204 000	77 508	69 336
182 800	68 604	60 432	189 900	71 586	63 414	197 000	74 568	66 396	204 100	77 550	69 378
182 900	68 646	60 474	190 000	71 628	63 456	197 100	74 610	66 438	204 200	77 592	69 420
183 000	68 688	60 516	190 100	71 670	63 498	197 200	74 652	66 480	204 300	77 634	69 462

zvE in €	ESt Gr in €	ESt Sp in €	zvE in €	ESt Gr in €	ESt Sp in €	zvE in €	ESt Gr in €	ESt Sp in €	zvE in €	ESt Gr in €	ESt Sp in €
204 400	77 676	69 504	211 500	80 658	72 486	218 600	83 640	75 468	225 700	86 622	78 450
204 500	77 718	69 546	211 600	80 700	72 528	218 700	83 682	75 510	225 800	86 664	78 492
204 600	77 760	69 588	211 700	80 742	72 570	218 800	83 724	75 552	225 900	86 706	78 534
204 700	77 802	69 630	211 800	80 784	72 612	218 900	83 766	75 594	226 000	86 748	78 576
204 800	77 844	69 672	211 900	80 826	72 654	219 000	83 808	75 636	226 100	86 790	78 618
204 900	77 886	69 714	212 000	80 868	72 696	219 100	83 850	75 678	226 200	86 832	78 660
205 000	77 928	69 756	212 100	80 910	72 738	219 200	83 892	75 720	226 300	86 874	78 702
205 100	77 970	69 798	212 200	80 952	72 780	219 300	83 934	75 762	226 400	86 916	78 744
205 200	78 012	69 840	212 300	80 994	72 822	219 400	83 976	75 804	226 500	86 958	78 786
205 300	78 054	69 882	212 400	81 036	72 864	219 500	84 018	75 846	226 600	87 000	78 828
205 400	78 096	69 924	212 500	81 078	72 906	219 600	84 060	75 888	226 700	87 042	78 870
205 500	78 138	69 966	212 600	81 120	72 948	219 700	84 102	75 930	226 800	87 084	78 912
205 600	78 180	70 008	212 700	81 162	72 990	219 800	84 144	75 972	226 900	87 126	78 954
205 700	78 222	70 050	212 800	81 204	73 032	219 900	84 186	76 014	227 000	87 168	78 996
205 800	78 264	70 092	212 900	81 246	73 074	220 000	84 228	76 056	227 100	87 210	79 038
205 900	78 306	70 134	213 000	81 288	73 116	220 100	84 270	76 098	227 200	87 252	79 080
206 000	78 348	70 176	213 100	81 330	73 158	220 200	84 312	76 140	227 300	87 294	79 122
206 100	78 390	70 218	213 200	81 372	73 200	220 300	84 354	76 182	227 400	87 336	79 164
206 200	78 432	70 260	213 300	81 414	73 242	220 400	84 396	76 224	227 500	87 378	79 206
206 300	78 474	70 302	213 400	81 456	73 284	220 500	84 438	76 266	227 600	87 420	79 248
206 400	78 516	70 344	213 500	81 498	73 326	220 600	84 480	76 308	227 700	87 462	79 290
206 500	78 558	70 386	213 600	81 540	73 368	220 700	84 522	76 350	227 800	87 504	79 332
206 600	78 600	70 428	213 700	81 582	73 410	220 800	84 564	76 392	227 900	87 546	79 374
206 700	78 642	70 470	213 800	81 624	73 452	220 900	84 606	76 434	228 000	87 588	79 416
206 800	78 684	70 512	213 900	81 666	73 494	221 000	84 648	76 476	228 100	87 630	79 458
206 900	78 726	70 554	214 000	81 708	73 536	221 100	84 690	76 518	228 200	87 672	79 500
207 000	78 768	70 596	214 100	81 750	73 578	221 200	84 732	76 560	228 300	87 714	79 542
207 100	78 810	70 638	214 200	81 792	73 620	221 300	84 774	76 602	228 400	87 756	79 584
207 200	78 852	70 680	214 300	81 834	73 662	221 400	84 816	76 644	228 500	87 798	79 626
207 300	78 894	70 722	214 400	81 876	73 704	221 500	84 858	76 686	228 600	87 840	79 668
207 400	78 936	70 764	214 500	81 918	73 746	221 600	84 900	76 728	228 700	87 882	79 710
207 500	78 978	70 806	214 600	81 960	73 788	221 700	84 942	76 770	228 800	87 924	79 752
207 600	79 020	70 848	214 700	82 002	73 830	221 800	84 984	76 812	228 900	87 966	79 794
207 700	79 062	70 890	214 800	82 044	73 872	221 900	85 026	76 854	229 000	88 008	79 836
207 800	79 104	70 932	214 900	82 086	73 914	222 000	85 068	76 896	229 100	88 050	79 878
207 900	79 146	70 974	215 000	82 128	73 956	222 100	85 110	76 938	229 200	88 092	79 920
208 000	79 188	71 016	215 100	82 170	73 998	222 200	85 152	76 980	229 300	88 134	79 962
208 100	79 230	71 058	215 200	82 212	74 040	222 300	85 194	77 022	229 400	88 176	80 004
208 200	79 272	71 100	215 300	82 254	74 082	222 400	85 236	77 064	229 500	88 218	80 046
208 300	79 314	71 142	215 400	82 296	74 124	222 500	85 278	77 106	229 600	88 260	80 088
208 400	79 356	71 184	215 500	82 338	74 166	222 600	85 320	77 148	229 700	88 302	80 130
208 500	79 398	71 226	215 600	82 380	74 208	222 700	85 362	77 190	229 800	88 344	80 172
208 600	79 440	71 268	215 700	82 422	74 250	222 800	85 404	77 232	229 900	88 386	80 214
208 700	79 482	71 310	215 800	82 464	74 292	222 900	85 446	77 274	230 000	88 428	80 256
208 800	79 524	71 352	215 900	82 506	74 334	223 000	85 488	77 316	230 100	88 470	80 298
208 900	79 566	71 394	216 000	82 548	74 376	223 100	85 530	77 358	230 200	88 512	80 340
209 000	79 608	71 436	216 100	82 590	74 418	223 200	85 572	77 400	230 300	88 554	80 382
209 100	79 650	71 478	216 200	82 632	74 460	223 300	85 614	77 442	230 400	88 596	80 424
209 200	79 692	71 520	216 300	82 674	74 502	223 400	85 656	77 484	230 500	88 638	80 466
209 300	79 734	71 562	216 400	82 716	74 544	223 500	85 698	77 526	230 600	88 680	80 508
209 400	79 776	71 604	216 500	82 758	74 586	223 600	85 740	77 568	230 700	88 722	80 550
209 500	79 818	71 646	216 600	82 800	74 628	223 700	85 782	77 610	230 800	88 764	80 592
209 600	79 860	71 688	216 700	82 842	74 670	223 800	85 824	77 652	230 900	88 806	80 634
209 700	79 902	71 730	216 800	82 884	74 712	223 900	85 866	77 694	231 000	88 848	80 676
209 800	79 944	71 772	216 900	82 926	74 754	224 000	85 908	77 736	231 100	88 890	80 718
209 900	79 986	71 814	217 000	82 968	74 796	224 100	85 950	77 778	231 200	88 932	80 760
210 000	80 028	71 856	217 100	83 010	74 838	224 200	85 992	77 820	231 300	88 974	80 802
210 100	80 070	71 898	217 200	83 052	74 880	224 300	86 034	77 862	231 400	89 016	80 844
210 200	80 112	71 940	217 300	83 094	74 922	224 400	86 076	77 904	231 500	89 058	80 886
210 300	80 154	71 982	217 400	83 136	74 964	224 500	86 118	77 946	231 600	89 100	80 928
210 400	80 196	72 024	217 500	83 178	75 006	224 600	86 160	77 988	231 700	89 142	80 970
210 500	80 238	72 066	217 600	83 220	75 048	224 700	86 202	78 030	231 800	89 184	81 012
210 600	80 280	72 108	217 700	83 262	75 090	224 800	86 244	78 072	231 900	89 226	81 054
210 700	80 322	72 150	217 800	83 304	75 132	224 900	86 286	78 114	232 000	89 268	81 096
210 800	80 364	72 192	217 900	83 346	75 174	225 000	86 328	78 156	232 100	89 310	81 138
210 900	80 406	72 234	218 000	83 388	75 216	225 100	86 370	78 198	232 200	89 352	81 180
211 000	80 448	72 276	218 100	83 430	75 258	225 200	86 412	78 240	232 300	89 394	81 222
211 100	80 490	72 318	218 200	83 472	75 300	225 300	86 454	78 282	232 400	89 436	81 264
211 200	80 532	72 360	218 300	83 514	75 342	225 400	86 496	78 324	232 500	89 478	81 306
211 300	80 574	72 402	218 400	83 556	75 384	225 500	86 538	78 366	232 600	89 520	81 348
211 400	80 616	72 444	218 500	83 598	75 426	225 600	86 580	78 408	232 700	89 562	81 390

zvE in €	ESt Gr in €	ESt Sp in €	zvE in €	ESt Gr in €	ESt Sp in €	zvE in €	ESt Gr in €	ESt Sp in €	zvE in €	ESt Gr in €	ESt Sp in €
232 800	89 604	81 432	239 900	92 586	84 414	247 000	95 568	87 396	254 100	98 651	90 378
232 900	89 646	81 474	240 000	92 628	84 456	247 100	95 610	87 438	254 200	98 696	90 420
233 000	89 688	81 516	240 100	92 670	84 498	247 200	95 652	87 480	254 300	98 741	90 462
233 100	89 730	81 558	240 200	92 712	84 540	247 300	95 694	87 522	254 400	98 786	90 504
233 200	89 772	81 600	240 300	92 754	84 582	247 400	95 736	87 564	254 500	98 831	90 546
233 300	89 814	81 642	240 400	92 796	84 624	247 500	95 778	87 606	254 600	98 876	90 588
233 400	89 856	81 684	240 500	92 838	84 666	247 600	95 820	87 648	254 700	98 921	90 630
233 500	89 898	81 726	240 600	92 880	84 708	247 700	95 862	87 690	254 800	98 966	90 672
233 600	89 940	81 768	240 700	92 922	84 750	247 800	95 904	87 732	254 900	99 011	90 714
233 700	89 982	81 810	240 800	92 964	84 792	247 900	95 946	87 774	255 000	99 056	90 756
233 800	90 024	81 852	240 900	93 006	84 834	248 000	95 988	87 816	255 100	99 101	90 798
233 900	90 066	81 894	241 000	93 048	84 876	248 100	96 030	87 858	255 200	99 146	90 840
234 000	90 108	81 936	241 100	93 090	84 918	248 200	96 072	87 900	255 300	99 191	90 882
234 100	90 150	81 978	241 200	93 132	84 960	248 300	96 114	87 942	255 400	99 236	90 924
234 200	90 192	82 020	241 300	93 174	85 002	248 400	96 156	87 984	255 500	99 281	90 966
234 300	90 234	82 062	241 400	93 216	85 044	248 500	96 198	88 026	255 600	99 326	91 008
234 400	90 276	82 104	241 500	93 258	85 086	248 600	96 240	88 068	255 700	99 371	91 050
234 500	90 318	82 146	241 600	93 300	85 128	248 700	96 282	88 110	255 800	99 416	91 092
234 600	90 360	82 188	241 700	93 342	85 170	248 800	96 324	88 152	255 900	99 461	91 134
234 700	90 402	82 230	241 800	93 384	85 212	248 900	96 366	88 194	256 000	99 506	91 176
234 800	90 444	82 272	241 900	93 426	85 254	249 000	96 408	88 236	256 100	99 551	91 218
234 900	90 486	82 314	242 000	93 468	85 296	249 100	96 450	88 278	256 200	99 596	91 260
235 000	90 528	82 356	242 100	93 510	85 338	249 200	96 492	88 320	256 300	99 641	91 302
235 100	90 570	82 398	242 200	93 552	85 380	249 300	96 534	88 362	256 400	99 686	91 344
235 200	90 612	82 440	242 300	93 594	85 422	249 400	96 576	88 404	256 500	99 731	91 386
235 300	90 654	82 482	242 400	93 636	85 464	249 500	96 618	88 446	256 600	99 776	91 428
235 400	90 696	82 524	242 500	93 678	85 506	249 600	96 660	88 488	256 700	99 821	91 470
235 500	90 738	82 566	242 600	93 720	85 548	249 700	96 702	88 530	256 800	99 866	91 512
235 600	90 780	82 608	242 700	93 762	85 590	249 800	96 744	88 572	256 900	99 911	91 554
235 700	90 822	82 650	242 800	93 804	85 632	249 900	96 786	88 614	257 000	99 956	91 596
235 800	90 864	82 692	242 900	93 846	85 674	250 000	96 828	88 656	257 100	100 001	91 638
235 900	90 906	82 734	243 000	93 888	85 716	250 100	96 870	88 698	257 200	100 046	91 680
236 000	90 948	82 776	243 100	93 930	85 758	250 200	96 912	88 740	257 300	100 091	91 722
236 100	90 990	82 818	243 200	93 972	85 800	250 300	96 954	88 782	257 400	100 136	91 764
236 200	91 032	82 860	243 300	94 014	85 842	250 400	96 996	88 824	257 500	100 181	91 806
236 300	91 074	82 902	243 400	94 056	85 884	250 500	97 038	88 866	257 600	100 226	91 848
236 400	91 116	82 944	243 500	94 098	85 926	250 600	97 080	88 908	257 700	100 271	91 890
236 500	91 158	82 986	243 600	94 140	85 968	250 700	97 122	88 950	257 800	100 316	91 932
236 600	91 200	83 028	243 700	94 182	86 010	250 800	97 166	88 992	257 900	100 361	91 974
236 700	91 242	83 070	243 800	94 224	86 052	250 900	97 211	89 034	258 000	100 406	92 016
236 800	91 284	83 112	243 900	94 266	86 094	251 000	97 256	89 076	258 100	100 451	92 058
236 900	91 326	83 154	244 000	94 308	86 136	251 100	97 301	89 118	258 200	100 496	92 100
237 000	91 368	83 196	244 100	94 350	86 178	251 200	97 346	89 160	258 300	100 541	92 142
237 100	91 410	83 238	244 200	94 392	86 220	251 300	97 391	89 202	258 400	100 586	92 184
237 200	91 452	83 280	244 300	94 434	86 262	251 400	97 436	89 244	258 500	100 631	92 226
237 300	91 494	83 322	244 400	94 476	86 304	251 500	97 481	89 286	258 600	100 676	92 268
237 400	91 536	83 364	244 500	94 518	86 346	251 600	97 526	89 328	258 700	100 721	92 310
237 500	91 578	83 406	244 600	94 560	86 388	251 700	97 571	89 370	258 800	100 766	92 352
237 600	91 620	83 448	244 700	94 602	86 430	251 800	97 616	89 412	258 900	100 811	92 394
237 700	91 662	83 490	244 800	94 644	86 472	251 900	97 661	89 454	259 000	100 856	92 436
237 800	91 704	83 532	244 900	94 686	86 514	252 000	97 706	89 496	259 100	100 901	92 478
237 900	91 746	83 574	245 000	94 728	86 556	252 100	97 751	89 538	259 200	100 946	92 520
238 000	91 788	83 616	245 100	94 770	86 598	252 200	97 796	89 580	259 300	100 991	92 562
238 100	91 830	83 658	245 200	94 812	86 640	252 300	97 841	89 622	259 400	101 036	92 604
238 200	91 872	83 700	245 300	94 854	86 682	252 400	97 886	89 664	259 500	101 081	92 646
238 300	91 914	83 742	245 400	94 896	86 724	252 500	97 931	89 706	259 600	101 126	92 688
238 400	91 956	83 784	245 500	94 938	86 766	252 600	97 976	89 748	259 700	101 171	92 730
238 500	91 998	83 826	245 600	94 980	86 808	252 700	98 021	89 790	259 800	101 216	92 772
238 600	92 040	83 868	245 700	95 022	86 850	252 800	98 066	89 832	259 900	101 261	92 814
238 700	92 082	83 910	245 800	95 064	86 892	252 900	98 111	89 874	260 000	101 306	92 856
238 800	92 124	83 952	245 900	95 106	86 934	253 000	98 156	89 916	260 100	101 351	92 898
238 900	92 166	83 994	246 000	95 148	86 976	253 100	98 201	89 958	260 200	101 396	92 940
239 000	92 208	84 036	246 100	95 190	87 018	253 200	98 246	90 000	260 300	101 441	92 982
239 100	92 250	84 078	246 200	95 232	87 060	253 300	98 291	90 042	260 400	101 486	93 024
239 200	92 292	84 120	246 300	95 274	87 102	253 400	98 336	90 084	260 500	101 531	93 066
239 300	92 334	84 162	246 400	95 316	87 144	253 500	98 381	90 126	260 600	101 576	93 108
239 400	92 376	84 204	246 500	95 358	87 186	253 600	98 426	90 168	260 700	101 621	93 150
239 500	92 418	84 246	246 600	95 400	87 228	253 700	98 471	90 210	260 800	101 666	93 192
239 600	92 460	84 288	246 700	95 442	87 270	253 800	98 516	90 252	260 900	101 711	93 234
239 700	92 502	84 330	246 800	95 484	87 312	253 900	98 561	90 294	261 000	101 756	93 276
239 800	92 544	84 372	246 900	95 526	87 354	254 000	98 606	90 336	261 100	101 801	93 318

zvE in €	ESt Gr in €	ESt Sp in €	zvE in €	ESt Gr in €	ESt Sp in €	zvE in €	ESt Gr in €	ESt Sp in €	zvE in €	ESt Gr in €	ESt Sp in €
261 200	101 846	93 360	268 300	105 041	96 342	275 400	108 236	99 324	282 500	111 431	102 306
261 300	101 891	93 402	268 400	105 086	96 384	275 500	108 281	99 366	282 600	111 476	102 348
261 400	101 936	93 444	268 500	105 131	96 426	275 600	108 326	99 408	282 700	111 521	102 390
261 500	101 981	93 486	268 600	105 176	96 468	275 700	108 371	99 450	282 800	111 566	102 432
261 600	102 026	93 528	268 700	105 221	96 510	275 800	108 416	99 492	282 900	111 611	102 474
261 700	102 071	93 570	268 800	105 266	96 552	275 900	108 461	99 534	283 000	111 656	102 516
261 800	102 116	93 612	268 900	105 311	96 594	276 000	108 506	99 576	283 100	111 701	102 558
261 900	102 161	93 654	269 000	105 356	96 636	276 100	108 551	99 618	283 200	111 746	102 600
262 000	102 206	93 696	269 100	105 401	96 678	276 200	108 596	99 660	283 300	111 791	102 642
262 100	102 251	93 738	269 200	105 446	96 720	276 300	108 641	99 702	283 400	111 836	102 684
262 200	102 296	93 780	269 300	105 491	96 762	276 400	108 686	99 744	283 500	111 881	102 726
262 300	102 341	93 822	269 400	105 536	96 804	276 500	108 731	99 786	283 600	111 926	102 768
262 400	102 386	93 864	269 500	105 581	96 846	276 600	108 776	99 828	283 700	111 971	102 810
262 500	102 431	93 906	269 600	105 626	96 888	276 700	108 821	99 870	283 800	112 016	102 852
262 600	102 476	93 948	269 700	105 671	96 930	276 800	108 866	99 912	283 900	112 061	102 894
262 700	102 521	93 990	269 800	105 716	96 972	276 900	108 911	99 954	284 000	112 106	102 936
262 800	102 566	94 032	269 900	105 761	97 014	277 000	108 956	99 996	284 100	112 151	102 978
262 900	102 611	94 074	270 000	105 806	97 056	277 100	109 001	100 038	284 200	112 196	103 020
263 000	102 656	94 116	270 100	105 851	97 098	277 200	109 046	100 080	284 300	112 241	103 062
263 100	102 701	94 158	270 200	105 896	97 140	277 300	109 091	100 122	284 400	112 286	103 104
263 200	102 746	94 200	270 300	105 941	97 182	277 400	109 136	100 164	284 500	112 331	103 146
263 300	102 791	94 242	270 400	105 986	97 224	277 500	109 181	100 206	284 600	112 376	103 188
263 400	102 836	94 284	270 500	106 031	97 266	277 600	109 226	100 248	284 700	112 421	103 230
263 500	102 881	94 326	270 600	106 076	97 308	277 700	109 271	100 290	284 800	112 466	103 272
263 600	102 926	94 368	270 700	106 121	97 350	277 800	109 316	100 332	284 900	112 511	103 314
263 700	102 971	94 410	270 800	106 166	97 392	277 900	109 361	100 374	285 000	112 556	103 356
263 800	103 016	94 452	270 900	106 211	97 434	278 000	109 406	100 416	285 100	112 601	103 398
263 900	103 061	94 494	271 000	106 256	97 476	278 100	109 451	100 458	285 200	112 646	103 440
264 000	103 106	94 536	271 100	106 301	97 518	278 200	109 496	100 500	285 300	112 691	103 482
264 100	103 151	94 578	271 200	106 346	97 560	278 300	109 541	100 542	285 400	112 736	103 524
264 200	103 196	94 620	271 300	106 391	97 602	278 400	109 586	100 584	285 500	112 781	103 566
264 300	103 241	94 662	271 400	106 436	97 644	278 500	109 631	100 626	285 600	112 826	103 608
264 400	103 286	94 704	271 500	106 481	97 686	278 600	109 676	100 668	285 700	112 871	103 650
264 500	103 331	94 746	271 600	106 526	97 728	278 700	109 721	100 710	285 800	112 916	103 692
264 600	103 376	94 788	271 700	106 571	97 770	278 800	109 766	100 752	285 900	112 961	103 734
264 700	103 421	94 830	271 800	106 616	97 812	278 900	109 811	100 794	286 000	113 006	103 776
264 800	103 466	94 872	271 900	106 661	97 854	279 000	109 856	100 836	286 100	113 051	103 818
264 900	103 511	94 914	272 000	106 706	97 896	279 100	109 901	100 878	286 200	113 096	103 860
265 000	103 556	94 956	272 100	106 751	97 938	279 200	109 946	100 920	286 300	113 141	103 902
265 100	103 601	94 998	272 200	106 796	97 980	279 300	109 991	100 962	286 400	113 186	103 944
265 200	103 646	95 040	272 300	106 841	98 022	279 400	110 036	101 004	286 500	113 231	103 986
265 300	103 691	95 082	272 400	106 886	98 064	279 500	110 081	101 046	286 600	113 276	104 028
265 400	103 736	95 124	272 500	106 931	98 106	279 600	110 126	101 088	286 700	113 321	104 070
265 500	103 781	95 166	272 600	106 976	98 148	279 700	110 171	101 130	286 800	113 366	104 112
265 600	103 826	95 208	272 700	107 021	98 190	279 800	110 216	101 172	286 900	113 411	104 154
265 700	103 871	95 250	272 800	107 066	98 232	279 900	110 261	101 214	287 000	113 456	104 196
265 800	103 916	95 292	272 900	107 111	98 274	280 000	110 306	101 256	287 100	113 501	104 238
265 900	103 961	95 334	273 000	107 156	98 316	280 100	110 351	101 298	287 200	113 546	104 280
266 000	104 006	95 376	273 100	107 201	98 358	280 200	110 396	101 340	287 300	113 591	104 322
266 100	104 051	95 418	273 200	107 246	98 400	280 300	110 441	101 382	287 400	113 636	104 364
266 200	104 096	95 460	273 300	107 291	98 442	280 400	110 486	101 424	287 500	113 681	104 406
266 300	104 141	95 502	273 400	107 336	98 484	280 500	110 531	101 466	287 600	113 726	104 448
266 400	104 186	95 544	273 500	107 381	98 526	280 600	110 576	101 508	287 700	113 771	104 490
266 500	104 231	95 586	273 600	107 426	98 568	280 700	110 621	101 550	287 800	113 816	104 532
266 600	104 276	95 628	273 700	107 471	98 610	280 800	110 666	101 592	287 900	113 861	104 574
266 700	104 321	95 670	273 800	107 516	98 652	280 900	110 711	101 634	288 000	113 906	104 616
266 800	104 366	95 712	273 900	107 561	98 694	281 000	110 756	101 676	288 100	113 951	104 658
266 900	104 411	95 754	274 000	107 606	98 736	281 100	110 801	101 718	288 200	113 996	104 700
267 000	104 456	95 796	274 100	107 651	98 778	281 200	110 846	101 760	288 300	114 041	104 742
267 100	104 501	95 838	274 200	107 696	98 820	281 300	110 891	101 802	288 400	114 086	104 784
267 200	104 546	95 880	274 300	107 741	98 862	281 400	110 936	101 844	288 500	114 131	104 826
267 300	104 591	95 922	274 400	107 786	98 904	281 500	110 981	101 886	288 600	114 176	104 868
267 400	104 636	95 964	274 500	107 831	98 946	281 600	111 026	101 928	288 700	114 221	104 910
267 500	104 681	96 006	274 600	107 876	98 988	281 700	111 071	101 970	288 800	114 266	104 952
267 600	104 726	96 048	274 700	107 921	99 030	281 800	111 116	102 012	288 900	114 311	104 994
267 700	104 771	96 090	274 800	107 966	99 072	281 900	111 161	102 054	289 000	114 356	105 036
267 800	104 816	96 132	274 900	108 011	99 114	282 000	111 206	102 096	289 100	114 401	105 078
267 900	104 861	96 174	275 000	108 056	99 156	282 100	111 251	102 138	289 200	114 446	105 120
268 000	104 906	96 216	275 100	108 101	99 198	282 200	111 296	102 180	289 300	114 491	105 162
268 100	104 951	96 258	275 200	108 146	99 240	282 300	111 341	102 222	289 400	114 536	105 204
268 200	104 996	96 300	275 300	108 191	99 282	282 400	111 386	102 264	289 500	114 581	105 246

zvE in €	ESt Gr in €	ESt Sp in €	zvE in €	ESt Gr in €	ESt Sp in €	zvE in €	ESt Gr in €	ESt Sp in €	zvE in €	ESt Gr in €	ESt Sp in €
289 600	114 626	105 288	296 700	117 821	108 270	303 800	121 016	111 252	310 900	124 211	114 234
289 700	114 671	105 330	296 800	117 866	108 312	303 900	121 061	111 294	311 000	124 256	114 276
289 800	114 716	105 372	296 900	117 911	108 354	304 000	121 106	111 336	311 100	124 301	114 318
289 900	114 761	105 414	297 000	117 956	108 396	304 100	121 151	111 378	311 200	124 346	114 360
290 000	114 806	105 456	297 100	118 001	108 438	304 200	121 196	111 420	311 300	124 391	114 402
290 100	114 851	105 498	297 200	118 046	108 480	304 300	121 241	111 462	311 400	124 436	114 444
290 200	114 896	105 540	297 300	118 091	108 522	304 400	121 286	111 504	311 500	124 481	114 486
290 300	114 941	105 582	297 400	118 136	108 564	304 500	121 331	111 546	311 600	124 526	114 528
290 400	114 986	105 624	297 500	118 181	108 606	304 600	121 376	111 588	311 700	124 571	114 570
290 500	115 031	105 666	297 600	118 226	108 648	304 700	121 421	111 630	311 800	124 616	114 612
290 600	115 076	105 708	297 700	118 271	108 690	304 800	121 466	111 672	311 900	124 661	114 654
290 700	115 121	105 750	297 800	118 316	108 732	304 900	121 511	111 714	312 000	124 706	114 696
290 800	115 166	105 792	297 900	118 361	108 774	305 000	121 556	111 756	312 100	124 751	114 738
290 900	115 211	105 834	298 000	118 406	108 816	305 100	121 601	111 798	312 200	124 796	114 780
291 000	115 256	105 876	298 100	118 451	108 858	305 200	121 646	111 840	312 300	124 841	114 822
291 100	115 301	105 918	298 200	118 496	108 900	305 300	121 691	111 882	312 400	124 886	114 864
291 200	115 346	105 960	298 300	118 541	108 942	305 400	121 736	111 924	312 500	124 931	114 906
291 300	115 391	106 002	298 400	118 586	108 984	305 500	121 781	111 966	312 600	124 976	114 948
291 400	115 436	106 044	298 500	118 631	109 026	305 600	121 826	112 008	312 700	125 021	114 990
291 500	115 481	106 086	298 600	118 676	109 068	305 700	121 871	112 050	312 800	125 066	115 032
291 600	115 526	106 128	298 700	118 721	109 110	305 800	121 916	112 092	312 900	125 111	115 074
291 700	115 571	106 170	298 800	118 766	109 152	305 900	121 961	112 134	313 000	125 156	115 116
291 800	115 616	106 212	298 900	118 811	109 194	306 000	122 006	112 176	313 100	125 201	115 158
291 900	115 661	106 254	299 000	118 856	109 236	306 100	122 051	112 218	313 200	125 246	115 200
292 000	115 706	106 296	299 100	118 901	109 278	306 200	122 096	112 260	313 300	125 291	115 242
292 100	115 751	106 338	299 200	118 946	109 320	306 300	122 141	112 302	313 400	125 336	115 284
292 200	115 796	106 380	299 300	118 991	109 362	306 400	122 186	112 344	313 500	125 381	115 326
292 300	115 841	106 422	299 400	119 036	109 404	306 500	122 231	112 386	313 600	125 426	115 368
292 400	115 886	106 464	299 500	119 081	109 446	306 600	122 276	112 428	313 700	125 471	115 410
292 500	115 931	106 506	299 600	119 126	109 488	306 700	122 321	112 470	313 800	125 516	115 452
292 600	115 976	106 548	299 700	119 171	109 530	306 800	122 366	112 512	313 900	125 561	115 494
292 700	116 021	106 590	299 800	119 216	109 572	306 900	122 411	112 554	314 000	125 606	115 536
292 800	116 066	106 632	299 900	119 261	109 614	307 000	122 456	112 596	314 100	125 651	115 578
292 900	116 111	106 674	300 000	119 306	109 656	307 100	122 501	112 638	314 200	125 696	115 620
293 000	116 156	106 716	300 100	119 351	109 698	307 200	122 546	112 680	314 300	125 741	115 662
293 100	116 201	106 758	300 200	119 396	109 740	307 300	122 591	112 722	314 400	125 786	115 704
293 200	116 246	106 800	300 300	119 441	109 782	307 400	122 636	112 764	314 500	125 831	115 746
293 300	116 291	106 842	300 400	119 486	109 824	307 500	122 681	112 806	314 600	125 876	115 788
293 400	116 336	106 884	300 500	119 531	109 866	307 600	122 726	112 848	314 700	125 921	115 830
293 500	116 381	106 926	300 600	119 576	109 908	307 700	122 771	112 890	314 800	125 966	115 872
293 600	116 426	106 968	300 700	119 621	109 950	307 800	122 816	112 932	314 900	126 011	115 914
293 700	116 471	107 010	300 800	119 666	109 992	307 900	122 861	112 974	315 000	126 056	115 956
293 800	116 516	107 052	300 900	119 711	110 034	308 000	122 906	113 016	315 100	126 101	115 998
293 900	116 561	107 094	301 000	119 756	110 076	308 100	122 951	113 058	315 200	126 146	116 040
294 000	116 606	107 136	301 100	119 801	110 118	308 200	122 996	113 100	315 300	126 191	116 082
294 100	116 651	107 178	301 200	119 846	110 160	308 300	123 041	113 142	315 400	126 236	116 124
294 200	116 696	107 220	301 300	119 891	110 202	308 400	123 086	113 184	315 500	126 281	116 166
294 300	116 741	107 262	301 400	119 936	110 244	308 500	123 131	113 226	315 600	126 326	116 208
294 400	116 786	107 304	301 500	119 981	110 286	308 600	123 176	113 268	315 700	126 371	116 250
294 500	116 831	107 346	301 600	120 026	110 328	308 700	123 221	113 310	315 800	126 416	116 292
294 600	116 876	107 388	301 700	120 071	110 370	308 800	123 266	113 352	315 900	126 461	116 334
294 700	116 921	107 430	301 800	120 116	110 412	308 900	123 311	113 394	316 000	126 506	116 376
294 800	116 966	107 472	301 900	120 161	110 454	309 000	123 356	113 436	316 100	126 551	116 418
294 900	117 011	107 514	302 000	120 206	110 496	309 100	123 401	113 478	316 200	126 596	116 460
295 000	117 056	107 556	302 100	120 251	110 538	309 200	123 446	113 520	316 300	126 641	116 502
295 100	117 101	107 598	302 200	120 296	110 580	309 300	123 491	113 562	316 400	126 686	116 544
295 200	117 146	107 640	302 300	120 341	110 622	309 400	123 536	113 604	316 500	126 731	116 586
295 300	117 191	107 682	302 400	120 386	110 664	309 500	123 581	113 646	316 600	126 776	116 628
295 400	117 236	107 724	302 500	120 431	110 706	309 600	123 626	113 688	316 700	126 821	116 670
295 500	117 281	107 766	302 600	120 476	110 748	309 700	123 671	113 730	316 800	126 866	116 712
295 600	117 326	107 808	302 700	120 521	110 790	309 800	123 716	113 772	316 900	126 911	116 754
295 700	117 371	107 850	302 800	120 566	110 832	309 900	123 761	113 814	317 000	126 956	116 796
295 800	117 416	107 892	302 900	120 611	110 874	310 000	123 806	113 856	317 100	127 001	116 838
295 900	117 461	107 934	303 000	120 656	110 916	310 100	123 851	113 898	317 200	127 046	116 880
296 000	117 506	107 976	303 100	120 701	110 958	310 200	123 896	113 940	317 300	127 091	116 922
296 100	117 551	108 018	303 200	120 746	111 000	310 300	123 941	113 982	317 400	127 136	116 964
296 200	117 596	108 060	303 300	120 791	111 042	310 400	123 986	114 024	317 500	127 181	117 006
296 300	117 641	108 102	303 400	120 836	111 084	310 500	124 031	114 066	317 600	127 226	117 048
296 400	117 686	108 144	303 500	120 881	111 126	310 600	124 076	114 108	317 700	127 271	117 090
296 500	117 731	108 186	303 600	120 926	111 168	310 700	124 121	114 150	317 800	127 316	117 132
296 600	117 776	108 228	303 700	120 971	111 210	310 800	124 166	114 192	317 900	127 361	117 174

D.
II. Einkommensteuer-Grund- und Splittingtabelle 2013

zvE in €	ESt Gr in €	ESt Sp in €	zvE in €	ESt Gr in €	ESt Sp in €	zvE in €	ESt Gr in €	ESt Sp in €	zvE in €	ESt Gr in €	ESt Sp in €
8 000	—	—	14 500	1 263	—	21 000	2 948	768	27 500	4 827	2 162
8 100	—	—	14 600	1 288	—	21 100	2 976	786	27 600	4 857	2 186
8 200	9	—	14 700	1 312	—	21 200	3 003	804	27 700	4 888	2 210
8 300	24	—	14 800	1 337	—	21 300	3 031	824	27 800	4 918	2 234
8 400	38	—	14 900	1 361	—	21 400	3 058	842	27 900	4 949	2 258
8 500	53	—	15 000	1 386	—	21 500	3 086	860	28 000	4 980	2 282
8 600	67	—	15 100	1 411	—	21 600	3 114	880	28 100	5 010	2 308
8 700	82	—	15 200	1 435	—	21 700	3 141	898	28 200	5 041	2 332
8 800	97	—	15 300	1 460	—	21 800	3 169	918	28 300	5 072	2 356
8 900	113	—	15 400	1 485	—	21 900	3 197	938	28 400	5 102	2 380
9 000	128	—	15 500	1 510	—	22 000	3 225	956	28 500	5 133	2 404
9 100	144	—	15 600	1 535	—	22 100	3 253	976	28 600	5 164	2 428
9 200	160	—	15 700	1 560	—	22 200	3 281	996	28 700	5 195	2 452
9 300	176	—	15 800	1 585	—	22 300	3 309	1 014	28 800	5 226	2 478
9 400	192	—	15 900	1 610	—	22 400	3 337	1 034	28 900	5 257	2 502
9 500	209	—	16 000	1 635	—	22 500	3 365	1 054	29 000	5 288	2 526
9 600	225	—	16 100	1 660	—	22 600	3 393	1 074	29 100	5 319	2 550
9 700	242	—	16 200	1 685	—	22 700	3 421	1 094	29 200	5 350	2 576
9 800	259	—	16 300	1 710	4	22 800	3 449	1 114	29 300	5 381	2 600
9 900	277	—	16 400	1 736	18	22 900	3 478	1 134	29 400	5 413	2 624
10 000	294	—	16 500	1 761	32	23 000	3 506	1 154	29 500	5 444	2 648
10 100	312	—	16 600	1 786	48	23 100	3 534	1 176	29 600	5 475	2 674
10 200	329	—	16 700	1 812	62	23 200	3 563	1 196	29 700	5 507	2 698
10 300	347	—	16 800	1 837	76	23 300	3 591	1 216	29 800	5 538	2 722
10 400	365	—	16 900	1 863	90	23 400	3 620	1 236	29 900	5 570	2 748
10 500	384	—	17 000	1 888	106	23 500	3 648	1 258	30 000	5 601	2 772
10 600	402	—	17 100	1 914	120	23 600	3 677	1 278	30 100	5 633	2 796
10 700	421	—	17 200	1 940	134	23 700	3 705	1 300	30 200	5 664	2 822
10 800	440	—	17 300	1 965	150	23 800	3 734	1 320	30 300	5 696	2 846
10 900	459	—	17 400	1 991	164	23 900	3 763	1 342	30 400	5 728	2 870
11 000	478	—	17 500	2 017	180	24 000	3 791	1 362	30 500	5 759	2 896
11 100	498	—	17 600	2 043	194	24 100	3 820	1 384	30 600	5 791	2 920
11 200	517	—	17 700	2 069	210	24 200	3 849	1 404	30 700	5 823	2 944
11 300	537	—	17 800	2 095	226	24 300	3 878	1 426	30 800	5 855	2 970
11 400	557	—	17 900	2 121	242	24 400	3 907	1 448	30 900	5 887	2 994
11 500	577	—	18 000	2 147	256	24 500	3 936	1 470	31 000	5 919	3 020
11 600	598	—	18 100	2 173	272	24 600	3 965	1 492	31 100	5 951	3 044
11 700	618	—	18 200	2 199	288	24 700	3 994	1 514	31 200	5 983	3 070
11 800	639	—	18 300	2 225	304	24 800	4 023	1 536	31 300	6 015	3 094
11 900	660	—	18 400	2 251	320	24 900	4 052	1 558	31 400	6 047	3 120
12 000	681	—	18 500	2 277	336	25 000	4 082	1 580	31 500	6 079	3 144
12 100	702	—	18 600	2 304	352	25 100	4 111	1 602	31 600	6 111	3 170
12 200	724	—	18 700	2 330	368	25 200	4 140	1 624	31 700	6 144	3 194
12 300	746	—	18 800	2 356	384	25 300	4 170	1 646	31 800	6 176	3 220
12 400	768	—	18 900	2 383	402	25 400	4 199	1 668	31 900	6 208	3 244
12 500	790	—	19 000	2 409	418	25 500	4 228	1 692	32 000	6 241	3 270
12 600	812	—	19 100	2 436	434	25 600	4 258	1 714	32 100	6 273	3 294
12 700	834	—	19 200	2 462	450	25 700	4 287	1 736	32 200	6 306	3 320
12 800	857	—	19 300	2 489	468	25 800	4 317	1 760	32 300	6 338	3 346
12 900	880	—	19 400	2 516	484	25 900	4 347	1 782	32 400	6 371	3 370
13 000	903	—	19 500	2 542	502	26 000	4 376	1 806	32 500	6 404	3 396
13 100	926	—	19 600	2 569	518	26 100	4 406	1 828	32 600	6 436	3 420
13 200	949	—	19 700	2 596	536	26 200	4 436	1 852	32 700	6 469	3 446
13 300	973	—	19 800	2 623	554	26 300	4 466	1 876	32 800	6 502	3 472
13 400	997	—	19 900	2 650	570	26 400	4 496	1 898	32 900	6 535	3 496
13 500	1 021	—	20 000	2 677	588	26 500	4 525	1 922	33 000	6 568	3 522
13 600	1 045	—	20 100	2 704	606	26 600	4 555	1 946	33 100	6 601	3 548
13 700	1 069	—	20 200	2 731	624	26 700	4 585	1 970	33 200	6 634	3 572
13 800	1 093	—	20 300	2 758	640	26 800	4 615	1 994	33 300	6 667	3 598
13 900	1 117	—	20 400	2 785	658	26 900	4 646	2 018	33 400	6 700	3 624
14 000	1 141	—	20 500	2 812	676	27 000	4 676	2 042	33 500	6 733	3 650
14 100	1 166	—	20 600	2 839	694	27 100	4 706	2 066	33 600	6 766	3 674
14 200	1 190	—	20 700	2 866	712	27 200	4 736	2 090	33 700	6 799	3 700
14 300	1 214	—	20 800	2 894	730	27 300	4 766	2 114	33 800	6 832	3 726
14 400	1 239	—	20 900	2 921	750	27 400	4 797	2 138	33 900	6 866	3 752

II. Einkommensteuer-Grund- und Splittingtabelle 2013

zvE in €	ESt Gr in €	ESt Sp in €	zvE in €	ESt Gr in €	ESt Sp in €	zvE in €	ESt Gr in €	ESt Sp in €	zvE in €	ESt Gr in €	ESt Sp in €
34 000	6 899	3 776	41 100	9 383	5 652	48 200	12 098	7 640	55 300	15 030	9 746
34 100	6 932	3 802	41 200	9 420	5 678	48 300	12 138	7 670	55 400	15 072	9 776
34 200	6 966	3 828	41 300	9 456	5 706	48 400	12 177	7 698	55 500	15 114	9 806
34 300	6 999	3 854	41 400	9 493	5 732	48 500	12 217	7 728	55 600	15 156	9 836
34 400	7 033	3 880	41 500	9 530	5 760	48 600	12 257	7 756	55 700	15 198	9 868
34 500	7 066	3 906	41 600	9 567	5 788	48 700	12 298	7 784	55 800	15 240	9 898
34 600	7 100	3 930	41 700	9 604	5 814	48 800	12 338	7 814	55 900	15 282	9 928
34 700	7 134	3 956	41 800	9 640	5 842	48 900	12 378	7 842	56 000	15 324	9 960
34 800	7 167	3 982	41 900	9 677	5 870	49 000	12 418	7 872	56 100	15 366	9 990
34 900	7 201	4 008	42 000	9 714	5 896	49 100	12 458	7 900	56 200	15 408	10 020
35 000	7 235	4 034	42 100	9 751	5 924	49 200	12 499	7 930	56 300	15 450	10 052
35 100	7 269	4 060	42 200	9 789	5 952	49 300	12 539	7 960	56 400	15 492	10 082
35 200	7 303	4 086	42 300	9 826	5 980	49 400	12 579	7 988	56 500	15 534	10 112
35 300	7 337	4 112	42 400	9 863	6 006	49 500	12 620	8 018	56 600	15 576	10 144
35 400	7 371	4 138	42 500	9 900	6 034	49 600	12 660	8 046	56 700	15 618	10 174
35 500	7 405	4 164	42 600	9 937	6 062	49 700	12 701	8 076	56 800	15 660	10 204
35 600	7 439	4 190	42 700	9 975	6 090	49 800	12 741	8 104	56 900	15 702	10 236
35 700	7 473	4 216	42 800	10 012	6 116	49 900	12 782	8 134	57 000	15 744	10 266
35 800	7 507	4 242	42 900	10 049	6 144	50 000	12 823	8 164	57 100	15 786	10 298
35 900	7 541	4 268	43 000	10 087	6 172	50 100	12 863	8 192	57 200	15 828	10 328
36 000	7 575	4 294	43 100	10 124	6 200	50 200	12 904	8 222	57 300	15 870	10 360
36 100	7 610	4 320	43 200	10 162	6 228	50 300	12 945	8 252	57 400	15 912	10 390
36 200	7 644	4 346	43 300	10 200	6 256	50 400	12 986	8 280	57 500	15 954	10 420
36 300	7 678	4 372	43 400	10 237	6 282	50 500	13 027	8 310	57 600	15 996	10 452
36 400	7 713	4 398	43 500	10 275	6 310	50 600	13 067	8 340	57 700	16 038	10 482
36 500	7 747	4 424	43 600	10 313	6 338	50 700	13 108	8 368	57 800	16 080	10 514
36 600	7 782	4 450	43 700	10 350	6 366	50 800	13 149	8 398	57 900	16 122	10 544
36 700	7 816	4 476	43 800	10 388	6 394	50 900	13 191	8 428	58 000	16 164	10 576
36 800	7 851	4 502	43 900	10 426	6 422	51 000	13 232	8 456	58 100	16 206	10 608
36 900	7 886	4 528	44 000	10 464	6 450	51 100	13 273	8 486	58 200	16 248	10 638
37 000	7 920	4 554	44 100	10 502	6 478	51 200	13 314	8 516	58 300	16 290	10 670
37 100	7 955	4 580	44 200	10 540	6 506	51 300	13 355	8 546	58 400	16 332	10 700
37 200	7 990	4 608	44 300	10 578	6 534	51 400	13 397	8 574	58 500	16 374	10 732
37 300	8 025	4 634	44 400	10 616	6 562	51 500	13 438	8 604	58 600	16 416	10 762
37 400	8 060	4 660	44 500	10 654	6 590	51 600	13 479	8 634	58 700	16 458	10 794
37 500	8 095	4 686	44 600	10 692	6 618	51 700	13 521	8 664	58 800	16 500	10 826
37 600	8 130	4 712	44 700	10 731	6 646	51 800	13 562	8 694	58 900	16 542	10 856
37 700	8 165	4 740	44 800	10 769	6 674	51 900	13 604	8 724	59 000	16 584	10 888
37 800	8 200	4 766	44 900	10 807	6 702	52 000	13 645	8 752	59 100	16 626	10 920
37 900	8 235	4 792	45 000	10 846	6 730	52 100	13 687	8 782	59 200	16 668	10 950
38 000	8 270	4 818	45 100	10 884	6 758	52 200	13 729	8 812	59 300	16 710	10 982
38 100	8 305	4 846	45 200	10 923	6 786	52 300	13 770	8 842	59 400	16 752	11 014
38 200	8 341	4 872	45 300	10 961	6 814	52 400	13 812	8 872	59 500	16 794	11 044
38 300	8 376	4 898	45 400	11 000	6 842	52 500	13 854	8 902	59 600	16 836	11 076
38 400	8 411	4 924	45 500	11 038	6 870	52 600	13 896	8 932	59 700	16 878	11 108
38 500	8 447	4 952	45 600	11 077	6 898	52 700	13 938	8 962	59 800	16 920	11 140
38 600	8 482	4 978	45 700	11 116	6 926	52 800	13 980	8 992	59 900	16 962	11 170
38 700	8 518	5 004	45 800	11 154	6 956	52 900	14 022	9 020	60 000	17 004	11 202
38 800	8 553	5 032	45 900	11 193	6 984	53 000	14 064	9 050	60 100	17 046	11 234
38 900	8 589	5 058	46 000	11 232	7 012	53 100	14 106	9 080	60 200	17 088	11 266
39 000	8 624	5 084	46 100	11 271	7 040	53 200	14 148	9 110	60 300	17 130	11 296
39 100	8 660	5 112	46 200	11 310	7 068	53 300	14 190	9 140	60 400	17 172	11 328
39 200	8 696	5 138	46 300	11 349	7 096	53 400	14 232	9 170	60 500	17 214	11 360
39 300	8 731	5 164	46 400	11 388	7 126	53 500	14 274	9 200	60 600	17 256	11 392
39 400	8 767	5 192	46 500	11 427	7 154	53 600	14 316	9 230	60 700	17 298	11 424
39 500	8 803	5 218	46 600	11 466	7 182	53 700	14 358	9 260	60 800	17 340	11 456
39 600	8 839	5 246	46 700	11 505	7 210	53 800	14 400	9 292	60 900	17 382	11 486
39 700	8 875	5 272	46 800	11 544	7 240	53 900	14 442	9 322	61 000	17 424	11 518
39 800	8 911	5 300	46 900	11 583	7 268	54 000	14 484	9 352	61 100	17 466	11 550
39 900	8 947	5 326	47 000	11 623	7 296	54 100	14 526	9 382	61 200	17 508	11 582
40 000	8 983	5 354	47 100	11 662	7 324	54 200	14 568	9 412	61 300	17 550	11 614
40 100	9 019	5 380	47 200	11 701	7 354	54 300	14 610	9 442	61 400	17 592	11 646
40 200	9 055	5 408	47 300	11 741	7 382	54 400	14 652	9 472	61 500	17 634	11 678
40 300	9 092	5 434	47 400	11 780	7 410	54 500	14 694	9 502	61 600	17 676	11 710
40 400	9 128	5 462	47 500	11 820	7 440	54 600	14 736	9 532	61 700	17 718	11 742
40 500	9 164	5 488	47 600	11 859	7 468	54 700	14 778	9 564	61 800	17 760	11 774
40 600	9 201	5 516	47 700	11 899	7 496	54 800	14 820	9 594	61 900	17 802	11 806
40 700	9 237	5 542	47 800	11 939	7 526	54 900	14 862	9 624	62 000	17 844	11 838
40 800	9 273	5 570	47 900	11 978	7 554	55 000	14 904	9 654	62 100	17 886	11 870
40 900	9 310	5 596	48 000	12 018	7 582	55 100	14 946	9 684	62 200	17 928	11 902
41 000	9 346	5 624	48 100	12 058	7 612	55 200	14 988	9 714	62 300	17 970	11 934

zvE in €	ESt Gr in €	ESt Sp in €	zvE in €	ESt Gr in €	ESt Sp in €	zvE in €	ESt Gr in €	ESt Sp in €	zvE in €	ESt Gr in €	ESt Sp in €
62 400	18 012	11 966	69 500	20 994	14 300	76 600	23 976	16 752	83 700	26 958	19 318
62 500	18 054	11 998	69 600	21 036	14 334	76 700	24 018	16 788	83 800	27 000	19 354
62 600	18 096	12 030	69 700	21 078	14 368	76 800	24 060	16 822	83 900	27 042	19 392
62 700	18 138	12 062	69 800	21 120	14 402	76 900	24 102	16 858	84 000	27 084	19 428
62 800	18 180	12 094	69 900	21 162	14 436	77 000	24 144	16 894	84 100	27 126	19 466
62 900	18 222	12 126	70 000	21 204	14 470	77 100	24 186	16 928	84 200	27 168	19 502
63 000	18 264	12 158	70 100	21 246	14 504	77 200	24 228	16 964	84 300	27 210	19 540
63 100	18 306	12 190	70 200	21 288	14 538	77 300	24 270	17 000	84 400	27 252	19 578
63 200	18 348	12 222	70 300	21 330	14 572	77 400	24 312	17 036	84 500	27 294	19 614
63 300	18 390	12 256	70 400	21 372	14 606	77 500	24 354	17 070	84 600	27 336	19 652
63 400	18 432	12 288	70 500	21 414	14 640	77 600	24 396	17 106	84 700	27 378	19 688
63 500	18 474	12 320	70 600	21 456	14 674	77 700	24 438	17 142	84 800	27 420	19 726
63 600	18 516	12 352	70 700	21 498	14 708	77 800	24 480	17 178	84 900	27 462	19 762
63 700	18 558	12 384	70 800	21 540	14 742	77 900	24 522	17 212	85 000	27 504	19 800
63 800	18 600	12 416	70 900	21 582	14 776	78 000	24 564	17 248	85 100	27 546	19 838
63 900	18 642	12 450	71 000	21 624	14 810	78 100	24 606	17 284	85 200	27 588	19 874
64 000	18 684	12 482	71 100	21 666	14 844	78 200	24 648	17 320	85 300	27 630	19 912
64 100	18 726	12 514	71 200	21 708	14 878	78 300	24 690	17 356	85 400	27 672	19 950
64 200	18 768	12 546	71 300	21 750	14 912	78 400	24 732	17 392	85 500	27 714	19 986
64 300	18 810	12 580	71 400	21 792	14 946	78 500	24 774	17 428	85 600	27 756	20 024
64 400	18 852	12 612	71 500	21 834	14 980	78 600	24 816	17 462	85 700	27 798	20 062
64 500	18 894	12 644	71 600	21 876	15 014	78 700	24 858	17 498	85 800	27 840	20 098
64 600	18 936	12 676	71 700	21 918	15 048	78 800	24 900	17 534	85 900	27 882	20 136
64 700	18 978	12 710	71 800	21 960	15 082	78 900	24 942	17 570	86 000	27 924	20 174
64 800	19 020	12 742	71 900	22 002	15 116	79 000	24 984	17 606	86 100	27 966	20 212
64 900	19 062	12 774	72 000	22 044	15 150	79 100	25 026	17 642	86 200	28 008	20 248
65 000	19 104	12 808	72 100	22 086	15 186	79 200	25 068	17 678	86 300	28 050	20 286
65 100	19 146	12 840	72 200	22 128	15 220	79 300	25 110	17 714	86 400	28 092	20 324
65 200	19 188	12 872	72 300	22 170	15 254	79 400	25 152	17 750	86 500	28 134	20 362
65 300	19 230	12 906	72 400	22 212	15 288	79 500	25 194	17 786	86 600	28 176	20 400
65 400	19 272	12 938	72 500	22 254	15 322	79 600	25 236	17 822	86 700	28 218	20 436
65 500	19 314	12 970	72 600	22 296	15 356	79 700	25 278	17 858	86 800	28 260	20 474
65 600	19 356	13 004	72 700	22 338	15 392	79 800	25 320	17 894	86 900	28 302	20 512
65 700	19 398	13 036	72 800	22 380	15 426	79 900	25 362	17 930	87 000	28 344	20 550
65 800	19 440	13 070	72 900	22 422	15 460	80 000	25 404	17 966	87 100	28 386	20 588
65 900	19 482	13 102	73 000	22 464	15 494	80 100	25 446	18 002	87 200	28 428	20 626
66 000	19 524	13 136	73 100	22 506	15 530	80 200	25 488	18 038	87 300	28 470	20 662
66 100	19 566	13 168	73 200	22 548	15 564	80 300	25 530	18 074	87 400	28 512	20 700
66 200	19 608	13 202	73 300	22 590	15 598	80 400	25 572	18 110	87 500	28 554	20 738
66 300	19 650	13 234	73 400	22 632	15 632	80 500	25 614	18 146	87 600	28 596	20 776
66 400	19 692	13 268	73 500	22 674	15 668	80 600	25 656	18 184	87 700	28 638	20 814
66 500	19 734	13 300	73 600	22 716	15 702	80 700	25 698	18 220	87 800	28 680	20 852
66 600	19 776	13 334	73 700	22 758	15 736	80 800	25 740	18 256	87 900	28 722	20 890
66 700	19 818	13 366	73 800	22 800	15 772	80 900	25 782	18 292	88 000	28 764	20 928
66 800	19 860	13 400	73 900	22 842	15 806	81 000	25 824	18 328	88 100	28 806	20 966
66 900	19 902	13 432	74 000	22 884	15 840	81 100	25 866	18 364	88 200	28 848	21 004
67 000	19 944	13 466	74 100	22 926	15 876	81 200	25 908	18 402	88 300	28 890	21 042
67 100	19 986	13 498	74 200	22 968	15 910	81 300	25 950	18 438	88 400	28 932	21 080
67 200	20 028	13 532	74 300	23 010	15 946	81 400	25 992	18 474	88 500	28 974	21 118
67 300	20 070	13 564	74 400	23 052	15 980	81 500	26 034	18 510	88 600	29 016	21 156
67 400	20 112	13 598	74 500	23 094	16 014	81 600	26 076	18 546	88 700	29 058	21 194
67 500	20 154	13 632	74 600	23 136	16 050	81 700	26 118	18 584	88 800	29 100	21 232
67 600	20 196	13 664	74 700	23 178	16 084	81 800	26 160	18 620	88 900	29 142	21 270
67 700	20 238	13 698	74 800	23 220	16 120	81 900	26 202	18 656	89 000	29 184	21 308
67 800	20 280	13 732	74 900	23 262	16 154	82 000	26 244	18 692	89 100	29 226	21 346
67 900	20 322	13 764	75 000	23 304	16 190	82 100	26 286	18 730	89 200	29 268	21 384
68 000	20 364	13 798	75 100	23 346	16 224	82 200	26 328	18 766	89 300	29 310	21 424
68 100	20 406	13 832	75 200	23 388	16 260	82 300	26 370	18 802	89 400	29 352	21 462
68 200	20 448	13 864	75 300	23 430	16 294	82 400	26 412	18 840	89 500	29 394	21 500
68 300	20 490	13 898	75 400	23 472	16 330	82 500	26 454	18 876	89 600	29 436	21 538
68 400	20 532	13 932	75 500	23 514	16 364	82 600	26 496	18 912	89 700	29 478	21 576
68 500	20 574	13 966	75 600	23 556	16 400	82 700	26 538	18 950	89 800	29 520	21 614
68 600	20 616	13 998	75 700	23 598	16 434	82 800	26 580	18 986	89 900	29 562	21 652
68 700	20 658	14 032	75 800	23 640	16 470	82 900	26 622	19 022	90 000	29 604	21 692
68 800	20 700	14 066	75 900	23 682	16 504	83 000	26 664	19 060	90 100	29 646	21 730
68 900	20 742	14 100	76 000	23 724	16 540	83 100	26 706	19 096	90 200	29 688	21 768
69 000	20 784	14 132	76 100	23 766	16 576	83 200	26 748	19 134	90 300	29 730	21 806
69 100	20 826	14 166	76 200	23 808	16 610	83 300	26 790	19 170	90 400	29 772	21 846
69 200	20 868	14 200	76 300	23 850	16 646	83 400	26 832	19 208	90 500	29 814	21 884
69 300	20 910	14 234	76 400	23 892	16 682	83 500	26 874	19 244	90 600	29 856	21 922
69 400	20 952	14 268	76 500	23 934	16 716	83 600	26 916	19 280	90 700	29 898	21 960

zvE in €	ESt Gr in €	ESt Sp in €	zvE in €	ESt Gr in €	ESt Sp in €	zvE in €	ESt Gr in €	ESt Sp in €	zvE in €	ESt Gr in €	ESt Sp in €
90 800	29 940	22 000	97 900	32 922	24 796	105 000	35 904	27 708	112 100	38 886	30 690
90 900	29 982	22 038	98 000	32 964	24 836	105 100	35 946	27 750	112 200	38 928	30 732
91 000	30 024	22 076	98 100	33 006	24 876	105 200	35 988	27 792	112 300	38 970	30 774
91 100	30 066	22 114	98 200	33 048	24 916	105 300	36 030	27 834	112 400	39 012	30 816
91 200	30 108	22 154	98 300	33 090	24 956	105 400	36 072	27 876	112 500	39 054	30 858
91 300	30 150	22 192	98 400	33 132	24 998	105 500	36 114	27 918	112 600	39 096	30 900
91 400	30 192	22 232	98 500	33 174	25 038	105 600	36 156	27 960	112 700	39 138	30 942
91 500	30 234	22 270	98 600	33 216	25 078	105 700	36 198	28 002	112 800	39 180	30 984
91 600	30 276	22 308	98 700	33 258	25 118	105 800	36 240	28 044	112 900	39 222	31 026
91 700	30 318	22 348	98 800	33 300	25 158	105 900	36 282	28 086	113 000	39 264	31 068
91 800	30 360	22 386	98 900	33 342	25 198	106 000	36 324	28 128	113 100	39 306	31 110
91 900	30 402	22 424	99 000	33 384	25 240	106 100	36 366	28 170	113 200	39 348	31 152
92 000	30 444	22 464	99 100	33 426	25 280	106 200	36 408	28 212	113 300	39 390	31 194
92 100	30 486	22 502	99 200	33 468	25 320	106 300	36 450	28 254	113 400	39 432	31 236
92 200	30 528	22 542	99 300	33 510	25 360	106 400	36 492	28 296	113 500	39 474	31 278
92 300	30 570	22 580	99 400	33 552	25 402	106 500	36 534	28 338	113 600	39 516	31 320
92 400	30 612	22 620	99 500	33 594	25 442	106 600	36 576	28 380	113 700	39 558	31 362
92 500	30 654	22 658	99 600	33 636	25 482	106 700	36 618	28 422	113 800	39 600	31 404
92 600	30 696	22 698	99 700	33 678	25 524	106 800	36 660	28 464	113 900	39 642	31 446
92 700	30 738	22 736	99 800	33 720	25 564	106 900	36 702	28 506	114 000	39 684	31 488
92 800	30 780	22 776	99 900	33 762	25 604	107 000	36 744	28 548	114 100	39 726	31 530
92 900	30 822	22 814	100 000	33 804	25 646	107 100	36 786	28 590	114 200	39 768	31 572
93 000	30 864	22 854	100 100	33 846	25 686	107 200	36 828	28 632	114 300	39 810	31 614
93 100	30 906	22 892	100 200	33 888	25 726	107 300	36 870	28 674	114 400	39 852	31 656
93 200	30 948	22 932	100 300	33 930	25 768	107 400	36 912	28 716	114 500	39 894	31 698
93 300	30 990	22 970	100 400	33 972	25 808	107 500	36 954	28 758	114 600	39 936	31 740
93 400	31 032	23 010	100 500	34 014	25 848	107 600	36 996	28 800	114 700	39 978	31 782
93 500	31 074	23 050	100 600	34 056	25 890	107 700	37 038	28 842	114 800	40 020	31 824
93 600	31 116	23 088	100 700	34 098	25 930	107 800	37 080	28 884	114 900	40 062	31 866
93 700	31 158	23 128	100 800	34 140	25 972	107 900	37 122	28 926	115 000	40 104	31 908
93 800	31 200	23 166	100 900	34 182	26 012	108 000	37 164	28 968	115 100	40 146	31 950
93 900	31 242	23 206	101 000	34 224	26 054	108 100	37 206	29 010	115 200	40 188	31 992
94 000	31 284	23 246	101 100	34 266	26 094	108 200	37 248	29 052	115 300	40 230	32 034
94 100	31 326	23 284	101 200	34 308	26 134	108 300	37 290	29 094	115 400	40 272	32 076
94 200	31 368	23 324	101 300	34 350	26 176	108 400	37 332	29 136	115 500	40 314	32 118
94 300	31 410	23 364	101 400	34 392	26 216	108 500	37 374	29 178	115 600	40 356	32 160
94 400	31 452	23 402	101 500	34 434	26 258	108 600	37 416	29 220	115 700	40 398	32 202
94 500	31 494	23 442	101 600	34 476	26 298	108 700	37 458	29 262	115 800	40 440	32 244
94 600	31 536	23 482	101 700	34 518	26 340	108 800	37 500	29 304	115 900	40 482	32 286
94 700	31 578	23 522	101 800	34 560	26 382	108 900	37 542	29 346	116 000	40 524	32 328
94 800	31 620	23 560	101 900	34 602	26 422	109 000	37 584	29 388	116 100	40 566	32 370
94 900	31 662	23 600	102 000	34 644	26 464	109 100	37 626	29 430	116 200	40 608	32 412
95 000	31 704	23 640	102 100	34 686	26 504	109 200	37 668	29 472	116 300	40 650	32 454
95 100	31 746	23 680	102 200	34 728	26 546	109 300	37 710	29 514	116 400	40 692	32 496
95 200	31 788	23 718	102 300	34 770	26 586	109 400	37 752	29 556	116 500	40 734	32 538
95 300	31 830	23 758	102 400	34 812	26 628	109 500	37 794	29 598	116 600	40 776	32 580
95 400	31 872	23 798	102 500	34 854	26 670	109 600	37 836	29 640	116 700	40 818	32 622
95 500	31 914	23 838	102 600	34 896	26 710	109 700	37 878	29 682	116 800	40 860	32 664
95 600	31 956	23 878	102 700	34 938	26 752	109 800	37 920	29 724	116 900	40 902	32 706
95 700	31 998	23 916	102 800	34 980	26 794	109 900	37 962	29 766	117 000	40 944	32 748
95 800	32 040	23 956	102 900	35 022	26 834	110 000	38 004	29 808	117 100	40 986	32 790
95 900	32 082	23 996	103 000	35 064	26 876	110 100	38 046	29 850	117 200	41 028	32 832
96 000	32 124	24 036	103 100	35 106	26 918	110 200	38 088	29 892	117 300	41 070	32 874
96 100	32 166	24 076	103 200	35 148	26 958	110 300	38 130	29 934	117 400	41 112	32 916
96 200	32 208	24 116	103 300	35 190	27 000	110 400	38 172	29 976	117 500	41 154	32 958
96 300	32 250	24 156	103 400	35 232	27 042	110 500	38 214	30 018	117 600	41 196	33 000
96 400	32 292	24 196	103 500	35 274	27 082	110 600	38 256	30 060	117 700	41 238	33 042
96 500	32 334	24 236	103 600	35 316	27 124	110 700	38 298	30 102	117 800	41 280	33 084
96 600	32 376	24 276	103 700	35 358	27 166	110 800	38 340	30 144	117 900	41 322	33 126
96 700	32 418	24 316	103 800	35 400	27 208	110 900	38 382	30 186	118 000	41 364	33 168
96 800	32 460	24 354	103 900	35 442	27 250	111 000	38 424	30 228	118 100	41 406	33 210
96 900	32 502	24 394	104 000	35 484	27 290	111 100	38 466	30 270	118 200	41 448	33 252
97 000	32 544	24 434	104 100	35 526	27 332	111 200	38 508	30 312	118 300	41 490	33 294
97 100	32 586	24 474	104 200	35 568	27 374	111 300	38 550	30 354	118 400	41 532	33 336
97 200	32 628	24 514	104 300	35 610	27 416	111 400	38 592	30 396	118 500	41 574	33 378
97 300	32 670	24 556	104 400	35 652	27 458	111 500	38 634	30 438	118 600	41 616	33 420
97 400	32 712	24 596	104 500	35 694	27 498	111 600	38 676	30 480	118 700	41 658	33 462
97 500	32 754	24 636	104 600	35 736	27 540	111 700	38 718	30 522	118 800	41 700	33 504
97 600	32 796	24 676	104 700	35 778	27 582	111 800	38 760	30 564	118 900	41 742	33 546
97 700	32 838	24 716	104 800	35 820	27 624	111 900	38 802	30 606	119 000	41 784	33 588
97 800	32 880	24 756	104 900	35 862	27 666	112 000	38 844	30 648	119 100	41 826	33 630

zvE in €	ESt Gr in €	ESt Sp in €	zvE in €	ESt Gr in €	ESt Sp in €	zvE in €	ESt Gr in €	ESt Sp in €	zvE in €	ESt Gr in €	ESt Sp in €
119 200	41 868	33 672	126 300	44 850	36 654	133 400	47 832	39 636	140 500	50 814	42 618
119 300	41 910	33 714	126 400	44 892	36 696	133 500	47 874	39 678	140 600	50 856	42 660
119 400	41 952	33 756	126 500	44 934	36 738	133 600	47 916	39 720	140 700	50 898	42 702
119 500	41 994	33 798	126 600	44 976	36 780	133 700	47 958	39 762	140 800	50 940	42 744
119 600	42 036	33 840	126 700	45 018	36 822	133 800	48 000	39 804	140 900	50 982	42 786
119 700	42 078	33 882	126 800	45 060	36 864	133 900	48 042	39 846	141 000	51 024	42 828
119 800	42 120	33 924	126 900	45 102	36 906	134 000	48 084	39 888	141 100	51 066	42 870
119 900	42 162	33 966	127 000	45 144	36 948	134 100	48 126	39 930	141 200	51 108	42 912
120 000	42 204	34 008	127 100	45 186	36 990	134 200	48 168	39 972	141 300	51 150	42 954
120 100	42 246	34 050	127 200	45 228	37 032	134 300	48 210	40 014	141 400	51 192	42 996
120 200	42 288	34 092	127 300	45 270	37 074	134 400	48 252	40 056	141 500	51 234	43 038
120 300	42 330	34 134	127 400	45 312	37 116	134 500	48 294	40 098	141 600	51 276	43 080
120 400	42 372	34 176	127 500	45 354	37 158	134 600	48 336	40 140	141 700	51 318	43 122
120 500	42 414	34 218	127 600	45 396	37 200	134 700	48 378	40 182	141 800	51 360	43 164
120 600	42 456	34 260	127 700	45 438	37 242	134 800	48 420	40 224	141 900	51 402	43 206
120 700	42 498	34 302	127 800	45 480	37 284	134 900	48 462	40 266	142 000	51 444	43 248
120 800	42 540	34 344	127 900	45 522	37 326	135 000	48 504	40 308	142 100	51 486	43 290
120 900	42 582	34 386	128 000	45 564	37 368	135 100	48 546	40 350	142 200	51 528	43 332
121 000	42 624	34 428	128 100	45 606	37 410	135 200	48 588	40 392	142 300	51 570	43 374
121 100	42 666	34 470	128 200	45 648	37 452	135 300	48 630	40 434	142 400	51 612	43 416
121 200	42 708	34 512	128 300	45 690	37 494	135 400	48 672	40 476	142 500	51 654	43 458
121 300	42 750	34 554	128 400	45 732	37 536	135 500	48 714	40 518	142 600	51 696	43 500
121 400	42 792	34 596	128 500	45 774	37 578	135 600	48 756	40 560	142 700	51 738	43 542
121 500	42 834	34 638	128 600	45 816	37 620	135 700	48 798	40 602	142 800	51 780	43 584
121 600	42 876	34 680	128 700	45 858	37 662	135 800	48 840	40 644	142 900	51 822	43 626
121 700	42 918	34 722	128 800	45 900	37 704	135 900	48 882	40 686	143 000	51 864	43 668
121 800	42 960	34 764	128 900	45 942	37 746	136 000	48 924	40 728	143 100	51 906	43 710
121 900	43 002	34 806	129 000	45 984	37 788	136 100	48 966	40 770	143 200	51 948	43 752
122 000	43 044	34 848	129 100	46 026	37 830	136 200	49 008	40 812	143 300	51 990	43 794
122 100	43 086	34 890	129 200	46 068	37 872	136 300	49 050	40 854	143 400	52 032	43 836
122 200	43 128	34 932	129 300	46 110	37 914	136 400	49 092	40 896	143 500	52 074	43 878
122 300	43 170	34 974	129 400	46 152	37 956	136 500	49 134	40 938	143 600	52 116	43 920
122 400	43 212	35 016	129 500	46 194	37 998	136 600	49 176	40 980	143 700	52 158	43 962
122 500	43 254	35 058	129 600	46 236	38 040	136 700	49 218	41 022	143 800	52 200	44 004
122 600	43 296	35 100	129 700	46 278	38 082	136 800	49 260	41 064	143 900	52 242	44 046
122 700	43 338	35 142	129 800	46 320	38 124	136 900	49 302	41 106	144 000	52 284	44 088
122 800	43 380	35 184	129 900	46 362	38 166	137 000	49 344	41 148	144 100	52 326	44 130
122 900	43 422	35 226	130 000	46 404	38 208	137 100	49 386	41 190	144 200	52 368	44 172
123 000	43 464	35 268	130 100	46 446	38 250	137 200	49 428	41 232	144 300	52 410	44 214
123 100	43 506	35 310	130 200	46 488	38 292	137 300	49 470	41 274	144 400	52 452	44 256
123 200	43 548	35 352	130 300	46 530	38 334	137 400	49 512	41 316	144 500	52 494	44 298
123 300	43 590	35 394	130 400	46 572	38 376	137 500	49 554	41 358	144 600	52 536	44 340
123 400	43 632	35 436	130 500	46 614	38 418	137 600	49 596	41 400	144 700	52 578	44 382
123 500	43 674	35 478	130 600	46 656	38 460	137 700	49 638	41 442	144 800	52 620	44 424
123 600	43 716	35 520	130 700	46 698	38 502	137 800	49 680	41 484	144 900	52 662	44 466
123 700	43 758	35 562	130 800	46 740	38 544	137 900	49 722	41 526	145 000	52 704	44 508
123 800	43 800	35 604	130 900	46 782	38 586	138 000	49 764	41 568	145 100	52 746	44 550
123 900	43 842	35 646	131 000	46 824	38 628	138 100	49 806	41 610	145 200	52 788	44 592
124 000	43 884	35 688	131 100	46 866	38 670	138 200	49 848	41 652	145 300	52 830	44 634
124 100	43 926	35 730	131 200	46 908	38 712	138 300	49 890	41 694	145 400	52 872	44 676
124 200	43 968	35 772	131 300	46 950	38 754	138 400	49 932	41 736	145 500	52 914	44 718
124 300	44 010	35 814	131 400	46 992	38 796	138 500	49 974	41 778	145 600	52 956	44 760
124 400	44 052	35 856	131 500	47 034	38 838	138 600	50 016	41 820	145 700	52 998	44 802
124 500	44 094	35 898	131 600	47 076	38 880	138 700	50 058	41 862	145 800	53 040	44 844
124 600	44 136	35 940	131 700	47 118	38 922	138 800	50 100	41 904	145 900	53 082	44 886
124 700	44 178	35 982	131 800	47 160	38 964	138 900	50 142	41 946	146 000	53 124	44 928
124 800	44 220	36 024	131 900	47 202	39 006	139 000	50 184	41 988	146 100	53 166	44 970
124 900	44 262	36 066	132 000	47 244	39 048	139 100	50 226	42 030	146 200	53 208	45 012
125 000	44 304	36 108	132 100	47 286	39 090	139 200	50 268	42 072	146 300	53 250	45 054
125 100	44 346	36 150	132 200	47 328	39 132	139 300	50 310	42 114	146 400	53 292	45 096
125 200	44 388	36 192	132 300	47 370	39 174	139 400	50 352	42 156	146 500	53 334	45 138
125 300	44 430	36 234	132 400	47 412	39 216	139 500	50 394	42 198	146 600	53 376	45 180
125 400	44 472	36 276	132 500	47 454	39 258	139 600	50 436	42 240	146 700	53 418	45 222
125 500	44 514	36 318	132 600	47 496	39 300	139 700	50 478	42 282	146 800	53 460	45 264
125 600	44 556	36 360	132 700	47 538	39 342	139 800	50 520	42 324	146 900	53 502	45 306
125 700	44 598	36 402	132 800	47 580	39 384	139 900	50 562	42 366	147 000	53 544	45 348
125 800	44 640	36 444	132 900	47 622	39 426	140 000	50 604	42 408	147 100	53 586	45 390
125 900	44 682	36 486	133 000	47 664	39 468	140 100	50 646	42 450	147 200	53 628	45 432
126 000	44 724	36 528	133 100	47 706	39 510	140 200	50 688	42 492	147 300	53 670	45 474
126 100	44 766	36 570	133 200	47 748	39 552	140 300	50 730	42 534	147 400	53 712	45 516
126 200	44 808	36 612	133 300	47 790	39 594	140 400	50 772	42 576	147 500	53 754	45 558

II. Einkommensteuer-Grund- und Splittingtabelle 2013

zvE in €	ESt Gr in €	ESt Sp in €	zvE in €	ESt Gr in €	ESt Sp in €	zvE in €	ESt Gr in €	ESt Sp in €	zvE in €	ESt Gr in €	ESt Sp in €
147 600	53 796	45 600	154 700	56 778	48 582	161 800	59 760	51 564	168 900	62 742	54 546
147 700	53 838	45 642	154 800	56 820	48 624	161 900	59 802	51 606	169 000	62 784	54 588
147 800	53 880	45 684	154 900	56 862	48 666	162 000	59 844	51 648	169 100	62 826	54 630
147 900	53 922	45 726	155 000	56 904	48 708	162 100	59 886	51 690	169 200	62 868	54 672
148 000	53 964	45 768	155 100	56 946	48 750	162 200	59 928	51 732	169 300	62 910	54 714
148 100	54 006	45 810	155 200	56 988	48 792	162 300	59 970	51 774	169 400	62 952	54 756
148 200	54 048	45 852	155 300	57 030	48 834	162 400	60 012	51 816	169 500	62 994	54 798
148 300	54 090	45 894	155 400	57 072	48 876	162 500	60 054	51 858	169 600	63 036	54 840
148 400	54 132	45 936	155 500	57 114	48 918	162 600	60 096	51 900	169 700	63 078	54 882
148 500	54 174	45 978	155 600	57 156	48 960	162 700	60 138	51 942	169 800	63 120	54 924
148 600	54 216	46 020	155 700	57 198	49 002	162 800	60 180	51 984	169 900	63 162	54 966
148 700	54 258	46 062	155 800	57 240	49 044	162 900	60 222	52 026	170 000	63 204	55 008
148 800	54 300	46 104	155 900	57 282	49 086	163 000	60 264	52 068	170 100	63 246	55 050
148 900	54 342	46 146	156 000	57 324	49 128	163 100	60 306	52 110	170 200	63 288	55 092
149 000	54 384	46 188	156 100	57 366	49 170	163 200	60 348	52 152	170 300	63 330	55 134
149 100	54 426	46 230	156 200	57 408	49 212	163 300	60 390	52 194	170 400	63 372	55 176
149 200	54 468	46 272	156 300	57 450	49 254	163 400	60 432	52 236	170 500	63 414	55 218
149 300	54 510	46 314	156 400	57 492	49 296	163 500	60 474	52 278	170 600	63 456	55 260
149 400	54 552	46 356	156 500	57 534	49 338	163 600	60 516	52 320	170 700	63 498	55 302
149 500	54 594	46 398	156 600	57 576	49 380	163 700	60 558	52 362	170 800	63 540	55 344
149 600	54 636	46 440	156 700	57 618	49 422	163 800	60 600	52 404	170 900	63 582	55 386
149 700	54 678	46 482	156 800	57 660	49 464	163 900	60 642	52 446	171 000	63 624	55 428
149 800	54 720	46 524	156 900	57 702	49 506	164 000	60 684	52 488	171 100	63 666	55 470
149 900	54 762	46 566	157 000	57 744	49 548	164 100	60 726	52 530	171 200	63 708	55 512
150 000	54 804	46 608	157 100	57 786	49 590	164 200	60 768	52 572	171 300	63 750	55 554
150 100	54 846	46 650	157 200	57 828	49 632	164 300	60 810	52 614	171 400	63 792	55 596
150 200	54 888	46 692	157 300	57 870	49 674	164 400	60 852	52 656	171 500	63 834	55 638
150 300	54 930	46 734	157 400	57 912	49 716	164 500	60 894	52 698	171 600	63 876	55 680
150 400	54 972	46 776	157 500	57 954	49 758	164 600	60 936	52 740	171 700	63 918	55 722
150 500	55 014	46 818	157 600	57 996	49 800	164 700	60 978	52 782	171 800	63 960	55 764
150 600	55 056	46 860	157 700	58 038	49 842	164 800	61 020	52 824	171 900	64 002	55 806
150 700	55 098	46 902	157 800	58 080	49 884	164 900	61 062	52 866	172 000	64 044	55 848
150 800	55 140	46 944	157 900	58 122	49 926	165 000	61 104	52 908	172 100	64 086	55 890
150 900	55 182	46 986	158 000	58 164	49 968	165 100	61 146	52 950	172 200	64 128	55 932
151 000	55 224	47 028	158 100	58 206	50 010	165 200	61 188	52 992	172 300	64 170	55 974
151 100	55 266	47 070	158 200	58 248	50 052	165 300	61 230	53 034	172 400	64 212	56 016
151 200	55 308	47 112	158 300	58 290	50 094	165 400	61 272	53 076	172 500	64 254	56 058
151 300	55 350	47 154	158 400	58 332	50 136	165 500	61 314	53 118	172 600	64 296	56 100
151 400	55 392	47 196	158 500	58 374	50 178	165 600	61 356	53 160	172 700	64 338	56 142
151 500	55 434	47 238	158 600	58 416	50 220	165 700	61 398	53 202	172 800	64 380	56 184
151 600	55 476	47 280	158 700	58 458	50 262	165 800	61 440	53 244	172 900	64 422	56 226
151 700	55 518	47 322	158 800	58 500	50 304	165 900	61 482	53 286	173 000	64 464	56 268
151 800	55 560	47 364	158 900	58 542	50 346	166 000	61 524	53 328	173 100	64 506	56 310
151 900	55 602	47 406	159 000	58 584	50 388	166 100	61 566	53 370	173 200	64 548	56 352
152 000	55 644	47 448	159 100	58 626	50 430	166 200	61 608	53 412	173 300	64 590	56 394
152 100	55 686	47 490	159 200	58 668	50 472	166 300	61 650	53 454	173 400	64 632	56 436
152 200	55 728	47 532	159 300	58 710	50 514	166 400	61 692	53 496	173 500	64 674	56 478
152 300	55 770	47 574	159 400	58 752	50 556	166 500	61 734	53 538	173 600	64 716	56 520
152 400	55 812	47 616	159 500	58 794	50 598	166 600	61 776	53 580	173 700	64 758	56 562
152 500	55 854	47 658	159 600	58 836	50 640	166 700	61 818	53 622	173 800	64 800	56 604
152 600	55 896	47 700	159 700	58 878	50 682	166 800	61 860	53 664	173 900	64 842	56 646
152 700	55 938	47 742	159 800	58 920	50 724	166 900	61 902	53 706	174 000	64 884	56 688
152 800	55 980	47 784	159 900	58 962	50 766	167 000	61 944	53 748	174 100	64 926	56 730
152 900	56 022	47 826	160 000	59 004	50 808	167 100	61 986	53 790	174 200	64 968	56 772
153 000	56 064	47 868	160 100	59 046	50 850	167 200	62 028	53 832	174 300	65 010	56 814
153 100	56 106	47 910	160 200	59 088	50 892	167 300	62 070	53 874	174 400	65 052	56 856
153 200	56 148	47 952	160 300	59 130	50 934	167 400	62 112	53 916	174 500	65 094	56 898
153 300	56 190	47 994	160 400	59 172	50 976	167 500	62 154	53 958	174 600	65 136	56 940
153 400	56 232	48 036	160 500	59 214	51 018	167 600	62 196	54 000	174 700	65 178	56 982
153 500	56 274	48 078	160 600	59 256	51 060	167 700	62 238	54 042	174 800	65 220	57 024
153 600	56 316	48 120	160 700	59 298	51 102	167 800	62 280	54 084	174 900	65 262	57 066
153 700	56 358	48 162	160 800	59 340	51 144	167 900	62 322	54 126	175 000	65 304	57 108
153 800	56 400	48 204	160 900	59 382	51 186	168 000	62 364	54 168	175 100	65 346	57 150
153 900	56 442	48 246	161 000	59 424	51 228	168 100	62 406	54 210	175 200	65 388	57 192
154 000	56 484	48 288	161 100	59 466	51 270	168 200	62 448	54 252	175 300	65 430	57 234
154 100	56 526	48 330	161 200	59 508	51 312	168 300	62 490	54 294	175 400	65 472	57 276
154 200	56 568	48 372	161 300	59 550	51 354	168 400	62 532	54 336	175 500	65 514	57 318
154 300	56 610	48 414	161 400	59 592	51 396	168 500	62 574	54 378	175 600	65 556	57 360
154 400	56 652	48 456	161 500	59 634	51 438	168 600	62 616	54 420	175 700	65 598	57 402
154 500	56 694	48 498	161 600	59 676	51 480	168 700	62 658	54 462	175 800	65 640	57 444
154 600	56 736	48 540	161 700	59 718	51 522	168 800	62 700	54 504	175 900	65 682	57 486

zvE in €	ESt Gr in €	ESt Sp in €	zvE in €	ESt Gr in €	ESt Sp in €	zvE in €	ESt Gr in €	ESt Sp in €	zvE in €	ESt Gr in €	ESt Sp in €
176 000	65 724	57 528	183 100	68 706	60 510	190 200	71 688	63 492	197 300	74 670	66 474
176 100	65 766	57 570	183 200	68 748	60 552	190 300	71 730	63 534	197 400	74 712	66 516
176 200	65 808	57 612	183 300	68 790	60 594	190 400	71 772	63 576	197 500	74 754	66 558
176 300	65 850	57 654	183 400	68 832	60 636	190 500	71 814	63 618	197 600	74 796	66 600
176 400	65 892	57 696	183 500	68 874	60 678	190 600	71 856	63 660	197 700	74 838	66 642
176 500	65 934	57 738	183 600	68 916	60 720	190 700	71 898	63 702	197 800	74 880	66 684
176 600	65 976	57 780	183 700	68 958	60 762	190 800	71 940	63 744	197 900	74 922	66 726
176 700	66 018	57 822	183 800	69 000	60 804	190 900	71 982	63 786	198 000	74 964	66 768
176 800	66 060	57 864	183 900	69 042	60 846	191 000	72 024	63 828	198 100	75 006	66 810
176 900	66 102	57 906	184 000	69 084	60 888	191 100	72 066	63 870	198 200	75 048	66 852
177 000	66 144	57 948	184 100	69 126	60 930	191 200	72 108	63 912	198 300	75 090	66 894
177 100	66 186	57 990	184 200	69 168	60 972	191 300	72 150	63 954	198 400	75 132	66 936
177 200	66 228	58 032	184 300	69 210	61 014	191 400	72 192	63 996	198 500	75 174	66 978
177 300	66 270	58 074	184 400	69 252	61 056	191 500	72 234	64 038	198 600	75 216	67 020
177 400	66 312	58 116	184 500	69 294	61 098	191 600	72 276	64 080	198 700	75 258	67 062
177 500	66 354	58 158	184 600	69 336	61 140	191 700	72 318	64 122	198 800	75 300	67 104
177 600	66 396	58 200	184 700	69 378	61 182	191 800	72 360	64 164	198 900	75 342	67 146
177 700	66 438	58 242	184 800	69 420	61 224	191 900	72 402	64 206	199 000	75 384	67 188
177 800	66 480	58 284	184 900	69 462	61 266	192 000	72 444	64 248	199 100	75 426	67 230
177 900	66 522	58 326	185 000	69 504	61 308	192 100	72 486	64 290	199 200	75 468	67 272
178 000	66 564	58 368	185 100	69 546	61 350	192 200	72 528	64 332	199 300	75 510	67 314
178 100	66 606	58 410	185 200	69 588	61 392	192 300	72 570	64 374	199 400	75 552	67 356
178 200	66 648	58 452	185 300	69 630	61 434	192 400	72 612	64 416	199 500	75 594	67 398
178 300	66 690	58 494	185 400	69 672	61 476	192 500	72 654	64 458	199 600	75 636	67 440
178 400	66 732	58 536	185 500	69 714	61 518	192 600	72 696	64 500	199 700	75 678	67 482
178 500	66 774	58 578	185 600	69 756	61 560	192 700	72 738	64 542	199 800	75 720	67 524
178 600	66 816	58 620	185 700	69 798	61 602	192 800	72 780	64 584	199 900	75 762	67 566
178 700	66 858	58 662	185 800	69 840	61 644	192 900	72 822	64 626	200 000	75 804	67 608
178 800	66 900	58 704	185 900	69 882	61 686	193 000	72 864	64 668	200 100	75 846	67 650
178 900	66 942	58 746	186 000	69 924	61 728	193 100	72 906	64 710	200 200	75 888	67 692
179 000	66 984	58 788	186 100	69 966	61 770	193 200	72 948	64 752	200 300	75 930	67 734
179 100	67 026	58 830	186 200	70 008	61 812	193 300	72 990	64 794	200 400	75 972	67 776
179 200	67 068	58 872	186 300	70 050	61 854	193 400	73 032	64 836	200 500	76 014	67 818
179 300	67 110	58 914	186 400	70 092	61 896	193 500	73 074	64 878	200 600	76 056	67 860
179 400	67 152	58 956	186 500	70 134	61 938	193 600	73 116	64 920	200 700	76 098	67 902
179 500	67 194	58 998	186 600	70 176	61 980	193 700	73 158	64 962	200 800	76 140	67 944
179 600	67 236	59 040	186 700	70 218	62 022	193 800	73 200	65 004	200 900	76 182	67 986
179 700	67 278	59 082	186 800	70 260	62 064	193 900	73 242	65 046	201 000	76 224	68 028
179 800	67 320	59 124	186 900	70 302	62 106	194 000	73 284	65 088	201 100	76 266	68 070
179 900	67 362	59 166	187 000	70 344	62 148	194 100	73 326	65 130	201 200	76 308	68 112
180 000	67 404	59 208	187 100	70 386	62 190	194 200	73 368	65 172	201 300	76 350	68 154
180 100	67 446	59 250	187 200	70 428	62 232	194 300	73 410	65 214	201 400	76 392	68 196
180 200	67 488	59 292	187 300	70 470	62 274	194 400	73 452	65 256	201 500	76 434	68 238
180 300	67 530	59 334	187 400	70 512	62 316	194 500	73 494	65 298	201 600	76 476	68 280
180 400	67 572	59 376	187 500	70 554	62 358	194 600	73 536	65 340	201 700	76 518	68 322
180 500	67 614	59 418	187 600	70 596	62 400	194 700	73 578	65 382	201 800	76 560	68 364
180 600	67 656	59 460	187 700	70 638	62 442	194 800	73 620	65 424	201 900	76 602	68 406
180 700	67 698	59 502	187 800	70 680	62 484	194 900	73 662	65 466	202 000	76 644	68 448
180 800	67 740	59 544	187 900	70 722	62 526	195 000	73 704	65 508	202 100	76 686	68 490
180 900	67 782	59 586	188 000	70 764	62 568	195 100	73 746	65 550	202 200	76 728	68 532
181 000	67 824	59 628	188 100	70 806	62 610	195 200	73 788	65 592	202 300	76 770	68 574
181 100	67 866	59 670	188 200	70 848	62 652	195 300	73 830	65 634	202 400	76 812	68 616
181 200	67 908	59 712	188 300	70 890	62 694	195 400	73 872	65 676	202 500	76 854	68 658
181 300	67 950	59 754	188 400	70 932	62 736	195 500	73 914	65 718	202 600	76 896	68 700
181 400	67 992	59 796	188 500	70 974	62 778	195 600	73 956	65 760	202 700	76 938	68 742
181 500	68 034	59 838	188 600	71 016	62 820	195 700	73 998	65 802	202 800	76 980	68 784
181 600	68 076	59 880	188 700	71 058	62 862	195 800	74 040	65 844	202 900	77 022	68 826
181 700	68 118	59 922	188 800	71 100	62 904	195 900	74 082	65 886	203 000	77 064	68 868
181 800	68 160	59 964	188 900	71 142	62 946	196 000	74 124	65 928	203 100	77 106	68 910
181 900	68 202	60 006	189 000	71 184	62 988	196 100	74 166	65 970	203 200	77 148	68 952
182 000	68 244	60 048	189 100	71 226	63 030	196 200	74 208	66 012	203 300	77 190	68 994
182 100	68 286	60 090	189 200	71 268	63 072	196 300	74 250	66 054	203 400	77 232	69 036
182 200	68 328	60 132	189 300	71 310	63 114	196 400	74 292	66 096	203 500	77 274	69 078
182 300	68 370	60 174	189 400	71 352	63 156	196 500	74 334	66 138	203 600	77 316	69 120
182 400	68 412	60 216	189 500	71 394	63 198	196 600	74 376	66 180	203 700	77 358	69 162
182 500	68 454	60 258	189 600	71 436	63 240	196 700	74 418	66 222	203 800	77 400	69 204
182 600	68 496	60 300	189 700	71 478	63 282	196 800	74 460	66 264	203 900	77 442	69 246
182 700	68 538	60 342	189 800	71 520	63 324	196 900	74 502	66 306	204 000	77 484	69 288
182 800	68 580	60 384	189 900	71 562	63 366	197 000	74 544	66 348	204 100	77 526	69 330
182 900	68 622	60 426	190 000	71 604	63 408	197 100	74 586	66 390	204 200	77 568	69 372
183 000	68 664	60 468	190 100	71 646	63 450	197 200	74 628	66 432	204 300	77 610	69 414

II. Einkommensteuer-Grund- und Splittingtabelle 2013

zvE in €	ESt Gr in €	ESt Sp in €	zvE in €	ESt Gr in €	ESt Sp in €	zvE in €	ESt Gr in €	ESt Sp in €	zvE in €	ESt Gr in €	ESt Sp in €
204 400	77 652	69 456	211 500	80 634	72 438	218 600	83 616	75 420	225 700	86 598	78 402
204 500	77 694	69 498	211 600	80 676	72 480	218 700	83 658	75 462	225 800	86 640	78 444
204 600	77 736	69 540	211 700	80 718	72 522	218 800	83 700	75 504	225 900	86 682	78 486
204 700	77 778	69 582	211 800	80 760	72 564	218 900	83 742	75 546	226 000	86 724	78 528
204 800	77 820	69 624	211 900	80 802	72 606	219 000	83 784	75 588	226 100	86 766	78 570
204 900	77 862	69 666	212 000	80 844	72 648	219 100	83 826	75 630	226 200	86 808	78 612
205 000	77 904	69 708	212 100	80 886	72 690	219 200	83 868	75 672	226 300	86 850	78 654
205 100	77 946	69 750	212 200	80 928	72 732	219 300	83 910	75 714	226 400	86 892	78 696
205 200	77 988	69 792	212 300	80 970	72 774	219 400	83 952	75 756	226 500	86 934	78 738
205 300	78 030	69 834	212 400	81 012	72 816	219 500	83 994	75 798	226 600	86 976	78 780
205 400	78 072	69 876	212 500	81 054	72 858	219 600	84 036	75 840	226 700	87 018	78 822
205 500	78 114	69 918	212 600	81 096	72 900	219 700	84 078	75 882	226 800	87 060	78 864
205 600	78 156	69 960	212 700	81 138	72 942	219 800	84 120	75 924	226 900	87 102	78 906
205 700	78 198	70 002	212 800	81 180	72 984	219 900	84 162	75 966	227 000	87 144	78 948
205 800	78 240	70 044	212 900	81 222	73 026	220 000	84 204	76 008	227 100	87 186	78 990
205 900	78 282	70 086	213 000	81 264	73 068	220 100	84 246	76 050	227 200	87 228	79 032
206 000	78 324	70 128	213 100	81 306	73 110	220 200	84 288	76 092	227 300	87 270	79 074
206 100	78 366	70 170	213 200	81 348	73 152	220 300	84 330	76 134	227 400	87 312	79 116
206 200	78 408	70 212	213 300	81 390	73 194	220 400	84 372	76 176	227 500	87 354	79 158
206 300	78 450	70 254	213 400	81 432	73 236	220 500	84 414	76 218	227 600	87 396	79 200
206 400	78 492	70 296	213 500	81 474	73 278	220 600	84 456	76 260	227 700	87 438	79 242
206 500	78 534	70 338	213 600	81 516	73 320	220 700	84 498	76 302	227 800	87 480	79 284
206 600	78 576	70 380	213 700	81 558	73 362	220 800	84 540	76 344	227 900	87 522	79 326
206 700	78 618	70 422	213 800	81 600	73 404	220 900	84 582	76 386	228 000	87 564	79 368
206 800	78 660	70 464	213 900	81 642	73 446	221 000	84 624	76 428	228 100	87 606	79 410
206 900	78 702	70 506	214 000	81 684	73 488	221 100	84 666	76 470	228 200	87 648	79 452
207 000	78 744	70 548	214 100	81 726	73 530	221 200	84 708	76 512	228 300	87 690	79 494
207 100	78 786	70 590	214 200	81 768	73 572	221 300	84 750	76 554	228 400	87 732	79 536
207 200	78 828	70 632	214 300	81 810	73 614	221 400	84 792	76 596	228 500	87 774	79 578
207 300	78 870	70 674	214 400	81 852	73 656	221 500	84 834	76 638	228 600	87 816	79 620
207 400	78 912	70 716	214 500	81 894	73 698	221 600	84 876	76 680	228 700	87 858	79 662
207 500	78 954	70 758	214 600	81 936	73 740	221 700	84 918	76 722	228 800	87 900	79 704
207 600	78 996	70 800	214 700	81 978	73 782	221 800	84 960	76 764	228 900	87 942	79 746
207 700	79 038	70 842	214 800	82 020	73 824	221 900	85 002	76 806	229 000	87 984	79 788
207 800	79 080	70 884	214 900	82 062	73 866	222 000	85 044	76 848	229 100	88 026	79 830
207 900	79 122	70 926	215 000	82 104	73 908	222 100	85 086	76 890	229 200	88 068	79 872
208 000	79 164	70 968	215 100	82 146	73 950	222 200	85 128	76 932	229 300	88 110	79 914
208 100	79 206	71 010	215 200	82 188	73 992	222 300	85 170	76 974	229 400	88 152	79 956
208 200	79 248	71 052	215 300	82 230	74 034	222 400	85 212	77 016	229 500	88 194	79 998
208 300	79 290	71 094	215 400	82 272	74 076	222 500	85 254	77 058	229 600	88 236	80 040
208 400	79 332	71 136	215 500	82 314	74 118	222 600	85 296	77 100	229 700	88 278	80 082
208 500	79 374	71 178	215 600	82 356	74 160	222 700	85 338	77 142	229 800	88 320	80 124
208 600	79 416	71 220	215 700	82 398	74 202	222 800	85 380	77 184	229 900	88 362	80 166
208 700	79 458	71 262	215 800	82 440	74 244	222 900	85 422	77 226	230 000	88 404	80 208
208 800	79 500	71 304	215 900	82 482	74 286	223 000	85 464	77 268	230 100	88 446	80 250
208 900	79 542	71 346	216 000	82 524	74 328	223 100	85 506	77 310	230 200	88 488	80 292
209 000	79 584	71 388	216 100	82 566	74 370	223 200	85 548	77 352	230 300	88 530	80 334
209 100	79 626	71 430	216 200	82 608	74 412	223 300	85 590	77 394	230 400	88 572	80 376
209 200	79 668	71 472	216 300	82 650	74 454	223 400	85 632	77 436	230 500	88 614	80 418
209 300	79 710	71 514	216 400	82 692	74 496	223 500	85 674	77 478	230 600	88 656	80 460
209 400	79 752	71 556	216 500	82 734	74 538	223 600	85 716	77 520	230 700	88 698	80 502
209 500	79 794	71 598	216 600	82 776	74 580	223 700	85 758	77 562	230 800	88 740	80 544
209 600	79 836	71 640	216 700	82 818	74 622	223 800	85 800	77 604	230 900	88 782	80 586
209 700	79 878	71 682	216 800	82 860	74 664	223 900	85 842	77 646	231 000	88 824	80 628
209 800	79 920	71 724	216 900	82 902	74 706	224 000	85 884	77 688	231 100	88 866	80 670
209 900	79 962	71 766	217 000	82 944	74 748	224 100	85 926	77 730	231 200	88 908	80 712
210 000	80 004	71 808	217 100	82 986	74 790	224 200	85 968	77 772	231 300	88 950	80 754
210 100	80 046	71 850	217 200	83 028	74 832	224 300	86 010	77 814	231 400	88 992	80 796
210 200	80 088	71 892	217 300	83 070	74 874	224 400	86 052	77 856	231 500	89 034	80 838
210 300	80 130	71 934	217 400	83 112	74 916	224 500	86 094	77 898	231 600	89 076	80 880
210 400	80 172	71 976	217 500	83 154	74 958	224 600	86 136	77 940	231 700	89 118	80 922
210 500	80 214	72 018	217 600	83 196	75 000	224 700	86 178	77 982	231 800	89 160	80 964
210 600	80 256	72 060	217 700	83 238	75 042	224 800	86 220	78 024	231 900	89 202	81 006
210 700	80 298	72 102	217 800	83 280	75 084	224 900	86 262	78 066	232 000	89 244	81 048
210 800	80 340	72 144	217 900	83 322	75 126	225 000	86 304	78 108	232 100	89 286	81 090
210 900	80 382	72 186	218 000	83 364	75 168	225 100	86 346	78 150	232 200	89 328	81 132
211 000	80 424	72 228	218 100	83 406	75 210	225 200	86 388	78 192	232 300	89 370	81 174
211 100	80 466	72 270	218 200	83 448	75 252	225 300	86 430	78 234	232 400	89 412	81 216
211 200	80 508	72 312	218 300	83 490	75 294	225 400	86 472	78 276	232 500	89 454	81 258
211 300	80 550	72 354	218 400	83 532	75 336	225 500	86 514	78 318	232 600	89 496	81 300
211 400	80 592	72 396	218 500	83 574	75 378	225 600	86 556	78 360	232 700	89 538	81 342

II. Einkommensteuer-Grund- und Splittingtabelle 2013

zvE in €	ESt Gr in €	ESt Sp in €	zvE in €	ESt Gr in €	ESt Sp in €	zvE in €	ESt Gr in €	ESt Sp in €	zvE in €	ESt Gr in €	ESt Sp in €
232 800	89 580	81 384	239 900	92 562	84 366	247 000	95 544	87 348	254 100	98 627	90 330
232 900	89 622	81 426	240 000	92 604	84 408	247 100	95 586	87 390	254 200	98 672	90 372
233 000	89 664	81 468	240 100	92 646	84 450	247 200	95 628	87 432	254 300	98 717	90 414
233 100	89 706	81 510	240 200	92 688	84 492	247 300	95 670	87 474	254 400	98 762	90 456
233 200	89 748	81 552	240 300	92 730	84 534	247 400	95 712	87 516	254 500	98 807	90 498
233 300	89 790	81 594	240 400	92 772	84 576	247 500	95 754	87 558	254 600	98 852	90 540
233 400	89 832	81 636	240 500	92 814	84 618	247 600	95 796	87 600	254 700	98 897	90 582
233 500	89 874	81 678	240 600	92 856	84 660	247 700	95 838	87 642	254 800	98 942	90 624
233 600	89 916	81 720	240 700	92 898	84 702	247 800	95 880	87 684	254 900	98 987	90 666
233 700	89 958	81 762	240 800	92 940	84 744	247 900	95 922	87 726	255 000	99 032	90 708
233 800	90 000	81 804	240 900	92 982	84 786	248 000	95 964	87 768	255 100	99 077	90 750
233 900	90 042	81 846	241 000	93 024	84 828	248 100	96 006	87 810	255 200	99 122	90 792
234 000	90 084	81 888	241 100	93 066	84 870	248 200	96 048	87 852	255 300	99 167	90 834
234 100	90 126	81 930	241 200	93 108	84 912	248 300	96 090	87 894	255 400	99 212	90 876
234 200	90 168	81 972	241 300	93 150	84 954	248 400	96 132	87 936	255 500	99 257	90 918
234 300	90 210	82 014	241 400	93 192	84 996	248 500	96 174	87 978	255 600	99 302	90 960
234 400	90 252	82 056	241 500	93 234	85 038	248 600	96 216	88 020	255 700	99 347	91 002
234 500	90 294	82 098	241 600	93 276	85 080	248 700	96 258	88 062	255 800	99 392	91 044
234 600	90 336	82 140	241 700	93 318	85 122	248 800	96 300	88 104	255 900	99 437	91 086
234 700	90 378	82 182	241 800	93 360	85 164	248 900	96 342	88 146	256 000	99 482	91 128
234 800	90 420	82 224	241 900	93 402	85 206	249 000	96 384	88 188	256 100	99 527	91 170
234 900	90 462	82 266	242 000	93 444	85 248	249 100	96 426	88 230	256 200	99 572	91 212
235 000	90 504	82 308	242 100	93 486	85 290	249 200	96 468	88 272	256 300	99 617	91 254
235 100	90 546	82 350	242 200	93 528	85 332	249 300	96 510	88 314	256 400	99 662	91 296
235 200	90 588	82 392	242 300	93 570	85 374	249 400	96 552	88 356	256 500	99 707	91 338
235 300	90 630	82 434	242 400	93 612	85 416	249 500	96 594	88 398	256 600	99 752	91 380
235 400	90 672	82 476	242 500	93 654	85 458	249 600	96 636	88 440	256 700	99 797	91 422
235 500	90 714	82 518	242 600	93 696	85 500	249 700	96 678	88 482	256 800	99 842	91 464
235 600	90 756	82 560	242 700	93 738	85 542	249 800	96 720	88 524	256 900	99 887	91 506
235 700	90 798	82 602	242 800	93 780	85 584	249 900	96 762	88 566	257 000	99 932	91 548
235 800	90 840	82 644	242 900	93 822	85 626	250 000	96 804	88 608	257 100	99 977	91 590
235 900	90 882	82 686	243 000	93 864	85 668	250 100	96 846	88 650	257 200	100 022	91 632
236 000	90 924	82 728	243 100	93 906	85 710	250 200	96 888	88 692	257 300	100 067	91 674
236 100	90 966	82 770	243 200	93 948	85 752	250 300	96 930	88 734	257 400	100 112	91 716
236 200	91 008	82 812	243 300	93 990	85 794	250 400	96 972	88 776	257 500	100 157	91 758
236 300	91 050	82 854	243 400	94 032	85 836	250 500	97 014	88 818	257 600	100 202	91 800
236 400	91 092	82 896	243 500	94 074	85 878	250 600	97 056	88 860	257 700	100 247	91 842
236 500	91 134	82 938	243 600	94 116	85 920	250 700	97 098	88 902	257 800	100 292	91 884
236 600	91 176	82 980	243 700	94 158	85 962	250 800	97 142	88 944	257 900	100 337	91 926
236 700	91 218	83 022	243 800	94 200	86 004	250 900	97 187	88 986	258 000	100 382	91 968
236 800	91 260	83 064	243 900	94 242	86 046	251 000	97 232	89 028	258 100	100 427	92 010
236 900	91 302	83 106	244 000	94 284	86 088	251 100	97 277	89 070	258 200	100 472	92 052
237 000	91 344	83 148	244 100	94 326	86 130	251 200	97 322	89 112	258 300	100 517	92 094
237 100	91 386	83 190	244 200	94 368	86 172	251 300	97 367	89 154	258 400	100 562	92 136
237 200	91 428	83 232	244 300	94 410	86 214	251 400	97 412	89 196	258 500	100 607	92 178
237 300	91 470	83 274	244 400	94 452	86 256	251 500	97 457	89 238	258 600	100 652	92 220
237 400	91 512	83 316	244 500	94 494	86 298	251 600	97 502	89 280	258 700	100 697	92 262
237 500	91 554	83 358	244 600	94 536	86 340	251 700	97 547	89 322	258 800	100 742	92 304
237 600	91 596	83 400	244 700	94 578	86 382	251 800	97 592	89 364	258 900	100 787	92 346
237 700	91 638	83 442	244 800	94 620	86 424	251 900	97 637	89 406	259 000	100 832	92 388
237 800	91 680	83 484	244 900	94 662	86 466	252 000	97 682	89 448	259 100	100 877	92 430
237 900	91 722	83 526	245 000	94 704	86 508	252 100	97 727	89 490	259 200	100 922	92 472
238 000	91 764	83 568	245 100	94 746	86 550	252 200	97 772	89 532	259 300	100 967	92 514
238 100	91 806	83 610	245 200	94 788	86 592	252 300	97 817	89 574	259 400	101 012	92 556
238 200	91 848	83 652	245 300	94 830	86 634	252 400	97 862	89 616	259 500	101 057	92 598
238 300	91 890	83 694	245 400	94 872	86 676	252 500	97 907	89 658	259 600	101 102	92 640
238 400	91 932	83 736	245 500	94 914	86 718	252 600	97 952	89 700	259 700	101 147	92 682
238 500	91 974	83 778	245 600	94 956	86 760	252 700	97 997	89 742	259 800	101 192	92 724
238 600	92 016	83 820	245 700	94 998	86 802	252 800	98 042	89 784	259 900	101 237	92 766
238 700	92 058	83 862	245 800	95 040	86 844	252 900	98 087	89 826	260 000	101 282	92 808
238 800	92 100	83 904	245 900	95 082	86 886	253 000	98 132	89 868	260 100	101 327	92 850
238 900	92 142	83 946	246 000	95 124	86 928	253 100	98 177	89 910	260 200	101 372	92 892
239 000	92 184	83 988	246 100	95 166	86 970	253 200	98 222	89 952	260 300	101 417	92 934
239 100	92 226	84 030	246 200	95 208	87 012	253 300	98 267	89 994	260 400	101 462	92 976
239 200	92 268	84 072	246 300	95 250	87 054	253 400	98 312	90 036	260 500	101 507	93 018
239 300	92 310	84 114	246 400	95 292	87 096	253 500	98 357	90 078	260 600	101 552	93 060
239 400	92 352	84 156	246 500	95 334	87 138	253 600	98 402	90 120	260 700	101 597	93 102
239 500	92 394	84 198	246 600	95 376	87 180	253 700	98 447	90 162	260 800	101 642	93 144
239 600	92 436	84 240	246 700	95 418	87 222	253 800	98 492	90 204	260 900	101 687	93 186
239 700	92 478	84 282	246 800	95 460	87 264	253 900	98 537	90 246	261 000	101 732	93 228
239 800	92 520	84 324	246 900	95 502	87 306	254 000	98 582	90 288	261 100	101 777	93 270

zvE in €	ESt Gr in €	ESt Sp in €	zvE in €	ESt Gr in €	ESt Sp in €	zvE in €	ESt Gr in €	ESt Sp in €	zvE in €	ESt Gr in €	ESt Sp in €
261 200	101 822	93 312	268 300	105 017	96 294	275 400	108 212	99 276	282 500	111 407	102 258
261 300	101 867	93 354	268 400	105 062	96 336	275 500	108 257	99 318	282 600	111 452	102 300
261 400	101 912	93 396	268 500	105 107	96 378	275 600	108 302	99 360	282 700	111 497	102 342
261 500	101 957	93 438	268 600	105 152	96 420	275 700	108 347	99 402	282 800	111 542	102 384
261 600	102 002	93 480	268 700	105 197	96 462	275 800	108 392	99 444	282 900	111 587	102 426
261 700	102 047	93 522	268 800	105 242	96 504	275 900	108 437	99 486	283 000	111 632	102 468
261 800	102 092	93 564	268 900	105 287	96 546	276 000	108 482	99 528	283 100	111 677	102 510
261 900	102 137	93 606	269 000	105 332	96 588	276 100	108 527	99 570	283 200	111 722	102 552
262 000	102 182	93 648	269 100	105 377	96 630	276 200	108 572	99 612	283 300	111 767	102 594
262 100	102 227	93 690	269 200	105 422	96 672	276 300	108 617	99 654	283 400	111 812	102 636
262 200	102 272	93 732	269 300	105 467	96 714	276 400	108 662	99 696	283 500	111 857	102 678
262 300	102 317	93 774	269 400	105 512	96 756	276 500	108 707	99 738	283 600	111 902	102 720
262 400	102 362	93 816	269 500	105 557	96 798	276 600	108 752	99 780	283 700	111 947	102 762
262 500	102 407	93 858	269 600	105 602	96 840	276 700	108 797	99 822	283 800	111 992	102 804
262 600	102 452	93 900	269 700	105 647	96 882	276 800	108 842	99 864	283 900	112 037	102 846
262 700	102 497	93 942	269 800	105 692	96 924	276 900	108 887	99 906	284 000	112 082	102 888
262 800	102 542	93 984	269 900	105 737	96 966	277 000	108 932	99 948	284 100	112 127	102 930
262 900	102 587	94 026	270 000	105 782	97 008	277 100	108 977	99 990	284 200	112 172	102 972
263 000	102 632	94 068	270 100	105 827	97 050	277 200	109 022	100 032	284 300	112 217	103 014
263 100	102 677	94 110	270 200	105 872	97 092	277 300	109 067	100 074	284 400	112 262	103 056
263 200	102 722	94 152	270 300	105 917	97 134	277 400	109 112	100 116	284 500	112 307	103 098
263 300	102 767	94 194	270 400	105 962	97 176	277 500	109 157	100 158	284 600	112 352	103 140
263 400	102 812	94 236	270 500	106 007	97 218	277 600	109 202	100 200	284 700	112 397	103 182
263 500	102 857	94 278	270 600	106 052	97 260	277 700	109 247	100 242	284 800	112 442	103 224
263 600	102 902	94 320	270 700	106 097	97 302	277 800	109 292	100 284	284 900	112 487	103 266
263 700	102 947	94 362	270 800	106 142	97 344	277 900	109 337	100 326	285 000	112 532	103 308
263 800	102 992	94 404	270 900	106 187	97 386	278 000	109 382	100 368	285 100	112 577	103 350
263 900	103 037	94 446	271 000	106 232	97 428	278 100	109 427	100 410	285 200	112 622	103 392
264 000	103 082	94 488	271 100	106 277	97 470	278 200	109 472	100 452	285 300	112 667	103 434
264 100	103 127	94 530	271 200	106 322	97 512	278 300	109 517	100 494	285 400	112 712	103 476
264 200	103 172	94 572	271 300	106 367	97 554	278 400	109 562	100 536	285 500	112 757	103 518
264 300	103 217	94 614	271 400	106 412	97 596	278 500	109 607	100 578	285 600	112 802	103 560
264 400	103 262	94 656	271 500	106 457	97 638	278 600	109 652	100 620	285 700	112 847	103 602
264 500	103 307	94 698	271 600	106 502	97 680	278 700	109 697	100 662	285 800	112 892	103 644
264 600	103 352	94 740	271 700	106 547	97 722	278 800	109 742	100 704	285 900	112 937	103 686
264 700	103 397	94 782	271 800	106 592	97 764	278 900	109 787	100 746	286 000	112 982	103 728
264 800	103 442	94 824	271 900	106 637	97 806	279 000	109 832	100 788	286 100	113 027	103 770
264 900	103 487	94 866	272 000	106 682	97 848	279 100	109 877	100 830	286 200	113 072	103 812
265 000	103 532	94 908	272 100	106 727	97 890	279 200	109 922	100 872	286 300	113 117	103 854
265 100	103 577	94 950	272 200	106 772	97 932	279 300	109 967	100 914	286 400	113 162	103 896
265 200	103 622	94 992	272 300	106 817	97 974	279 400	110 012	100 956	286 500	113 207	103 938
265 300	103 667	95 034	272 400	106 862	98 016	279 500	110 057	100 998	286 600	113 252	103 980
265 400	103 712	95 076	272 500	106 907	98 058	279 600	110 102	101 040	286 700	113 297	104 022
265 500	103 757	95 118	272 600	106 952	98 100	279 700	110 147	101 082	286 800	113 342	104 064
265 600	103 802	95 160	272 700	106 997	98 142	279 800	110 192	101 124	286 900	113 387	104 106
265 700	103 847	95 202	272 800	107 042	98 184	279 900	110 237	101 166	287 000	113 432	104 148
265 800	103 892	95 244	272 900	107 087	98 226	280 000	110 282	101 208	287 100	113 477	104 190
265 900	103 937	95 286	273 000	107 132	98 268	280 100	110 327	101 250	287 200	113 522	104 232
266 000	103 982	95 328	273 100	107 177	98 310	280 200	110 372	101 292	287 300	113 567	104 274
266 100	104 027	95 370	273 200	107 222	98 352	280 300	110 417	101 334	287 400	113 612	104 316
266 200	104 072	95 412	273 300	107 267	98 394	280 400	110 462	101 376	287 500	113 657	104 358
266 300	104 117	95 454	273 400	107 312	98 436	280 500	110 507	101 418	287 600	113 702	104 400
266 400	104 162	95 496	273 500	107 357	98 478	280 600	110 552	101 460	287 700	113 747	104 442
266 500	104 207	95 538	273 600	107 402	98 520	280 700	110 597	101 502	287 800	113 792	104 484
266 600	104 252	95 580	273 700	107 447	98 562	280 800	110 642	101 544	287 900	113 837	104 526
266 700	104 297	95 622	273 800	107 492	98 604	280 900	110 687	101 586	288 000	113 882	104 568
266 800	104 342	95 664	273 900	107 537	98 646	281 000	110 732	101 628	288 100	113 927	104 610
266 900	104 387	95 706	274 000	107 582	98 688	281 100	110 777	101 670	288 200	113 972	104 652
267 000	104 432	95 748	274 100	107 627	98 730	281 200	110 822	101 712	288 300	114 017	104 694
267 100	104 477	95 790	274 200	107 672	98 772	281 300	110 867	101 754	288 400	114 062	104 736
267 200	104 522	95 832	274 300	107 717	98 814	281 400	110 912	101 796	288 500	114 107	104 778
267 300	104 567	95 874	274 400	107 762	98 856	281 500	110 957	101 838	288 600	114 152	104 820
267 400	104 612	95 916	274 500	107 807	98 898	281 600	111 002	101 880	288 700	114 197	104 862
267 500	104 657	95 958	274 600	107 852	98 940	281 700	111 047	101 922	288 800	114 242	104 904
267 600	104 702	96 000	274 700	107 897	98 982	281 800	111 092	101 964	288 900	114 287	104 946
267 700	104 747	96 042	274 800	107 942	99 024	281 900	111 137	102 006	289 000	114 332	104 988
267 800	104 792	96 084	274 900	107 987	99 066	282 000	111 182	102 048	289 100	114 377	105 030
267 900	104 837	96 126	275 000	108 032	99 108	282 100	111 227	102 090	289 200	114 422	105 072
268 000	104 882	96 168	275 100	108 077	99 150	282 200	111 272	102 132	289 300	114 467	105 114
268 100	104 927	96 210	275 200	108 122	99 192	282 300	111 317	102 174	289 400	114 512	105 156
268 200	104 972	96 252	275 300	108 167	99 234	282 400	111 362	102 216	289 500	114 557	105 198

zvE in €	ESt Gr in €	ESt Sp in €	zvE in €	ESt Gr in €	ESt Sp in €	zvE in €	ESt Gr in €	ESt Sp in €	zvE in €	ESt Gr in €	ESt Sp in €
289 600	114 602	105 240	296 700	117 797	108 222	303 800	120 992	111 204	310 900	124 187	114 186
289 700	114 647	105 282	296 800	117 842	108 264	303 900	121 037	111 246	311 000	124 232	114 228
289 800	114 692	105 324	296 900	117 887	108 306	304 000	121 082	111 288	311 100	124 277	114 270
289 900	114 737	105 366	297 000	117 932	108 348	304 100	121 127	111 330	311 200	124 322	114 312
290 000	114 782	105 408	297 100	117 977	108 390	304 200	121 172	111 372	311 300	124 367	114 354
290 100	114 827	105 450	297 200	118 022	108 432	304 300	121 217	111 414	311 400	124 412	114 396
290 200	114 872	105 492	297 300	118 067	108 474	304 400	121 262	111 456	311 500	124 457	114 438
290 300	114 917	105 534	297 400	118 112	108 516	304 500	121 307	111 498	311 600	124 502	114 480
290 400	114 962	105 576	297 500	118 157	108 558	304 600	121 352	111 540	311 700	124 547	114 522
290 500	115 007	105 618	297 600	118 202	108 600	304 700	121 397	111 582	311 800	124 592	114 564
290 600	115 052	105 660	297 700	118 247	108 642	304 800	121 442	111 624	311 900	124 637	114 606
290 700	115 097	105 702	297 800	118 292	108 684	304 900	121 487	111 666	312 000	124 682	114 648
290 800	115 142	105 744	297 900	118 337	108 726	305 000	121 532	111 708	312 100	124 727	114 690
290 900	115 187	105 786	298 000	118 382	108 768	305 100	121 577	111 750	312 200	124 772	114 732
291 000	115 232	105 828	298 100	118 427	108 810	305 200	121 622	111 792	312 300	124 817	114 774
291 100	115 277	105 870	298 200	118 472	108 852	305 300	121 667	111 834	312 400	124 862	114 816
291 200	115 322	105 912	298 300	118 517	108 894	305 400	121 712	111 876	312 500	124 907	114 858
291 300	115 367	105 954	298 400	118 562	108 936	305 500	121 757	111 918	312 600	124 952	114 900
291 400	115 412	105 996	298 500	118 607	108 978	305 600	121 802	111 960	312 700	124 997	114 942
291 500	115 457	106 038	298 600	118 652	109 020	305 700	121 847	112 002	312 800	125 042	114 984
291 600	115 502	106 080	298 700	118 697	109 062	305 800	121 892	112 044	312 900	125 087	115 026
291 700	115 547	106 122	298 800	118 742	109 104	305 900	121 937	112 086	313 000	125 132	115 068
291 800	115 592	106 164	298 900	118 787	109 146	306 000	121 982	112 128	313 100	125 177	115 110
291 900	115 637	106 206	299 000	118 832	109 188	306 100	122 027	112 170	313 200	125 222	115 152
292 000	115 682	106 248	299 100	118 877	109 230	306 200	122 072	112 212	313 300	125 267	115 194
292 100	115 727	106 290	299 200	118 922	109 272	306 300	122 117	112 254	313 400	125 312	115 236
292 200	115 772	106 332	299 300	118 967	109 314	306 400	122 162	112 296	313 500	125 357	115 278
292 300	115 817	106 374	299 400	119 012	109 356	306 500	122 207	112 338	313 600	125 402	115 320
292 400	115 862	106 416	299 500	119 057	109 398	306 600	122 252	112 380	313 700	125 447	115 362
292 500	115 907	106 458	299 600	119 102	109 440	306 700	122 297	112 422	313 800	125 492	115 404
292 600	115 952	106 500	299 700	119 147	109 482	306 800	122 342	112 464	313 900	125 537	115 446
292 700	115 997	106 542	299 800	119 192	109 524	306 900	122 387	112 506	314 000	125 582	115 488
292 800	116 042	106 584	299 900	119 237	109 566	307 000	122 432	112 548	314 100	125 627	115 530
292 900	116 087	106 626	300 000	119 282	109 608	307 100	122 477	112 590	314 200	125 672	115 572
293 000	116 132	106 668	300 100	119 327	109 650	307 200	122 522	112 632	314 300	125 717	115 614
293 100	116 177	106 710	300 200	119 372	109 692	307 300	122 567	112 674	314 400	125 762	115 656
293 200	116 222	106 752	300 300	119 417	109 734	307 400	122 612	112 716	314 500	125 807	115 698
293 300	116 267	106 794	300 400	119 462	109 776	307 500	122 657	112 758	314 600	125 852	115 740
293 400	116 312	106 836	300 500	119 507	109 818	307 600	122 702	112 800	314 700	125 897	115 782
293 500	116 357	106 878	300 600	119 552	109 860	307 700	122 747	112 842	314 800	125 942	115 824
293 600	116 402	106 920	300 700	119 597	109 902	307 800	122 792	112 884	314 900	125 987	115 866
293 700	116 447	106 962	300 800	119 642	109 944	307 900	122 837	112 926	315 000	126 032	115 908
293 800	116 492	107 004	300 900	119 687	109 986	308 000	122 882	112 968	315 100	126 077	115 950
293 900	116 537	107 046	301 000	119 732	110 028	308 100	122 927	113 010	315 200	126 122	115 992
294 000	116 582	107 088	301 100	119 777	110 070	308 200	122 972	113 052	315 300	126 167	116 034
294 100	116 627	107 130	301 200	119 822	110 112	308 300	123 017	113 094	315 400	126 212	116 076
294 200	116 672	107 172	301 300	119 867	110 154	308 400	123 062	113 136	315 500	126 257	116 118
294 300	116 717	107 214	301 400	119 912	110 196	308 500	123 107	113 178	315 600	126 302	116 160
294 400	116 762	107 256	301 500	119 957	110 238	308 600	123 152	113 220	315 700	126 347	116 202
294 500	116 807	107 298	301 600	120 002	110 280	308 700	123 197	113 262	315 800	126 392	116 244
294 600	116 852	107 340	301 700	120 047	110 322	308 800	123 242	113 304	315 900	126 437	116 286
294 700	116 897	107 382	301 800	120 092	110 364	308 900	123 287	113 346	316 000	126 482	116 328
294 800	116 942	107 424	301 900	120 137	110 406	309 000	123 332	113 388	316 100	126 527	116 370
294 900	116 987	107 466	302 000	120 182	110 448	309 100	123 377	113 430	316 200	126 572	116 412
295 000	117 032	107 508	302 100	120 227	110 490	309 200	123 422	113 472	316 300	126 617	116 454
295 100	117 077	107 550	302 200	120 272	110 532	309 300	123 467	113 514	316 400	126 662	116 496
295 200	117 122	107 592	302 300	120 317	110 574	309 400	123 512	113 556	316 500	126 707	116 538
295 300	117 167	107 634	302 400	120 362	110 616	309 500	123 557	113 598	316 600	126 752	116 580
295 400	117 212	107 676	302 500	120 407	110 658	309 600	123 602	113 640	316 700	126 797	116 622
295 500	117 257	107 718	302 600	120 452	110 700	309 700	123 647	113 682	316 800	126 842	116 664
295 600	117 302	107 760	302 700	120 497	110 742	309 800	123 692	113 724	316 900	126 887	116 706
295 700	117 347	107 802	302 800	120 542	110 784	309 900	123 737	113 766	317 000	126 932	116 748
295 800	117 392	107 844	302 900	120 587	110 826	310 000	123 782	113 808	317 100	126 977	116 790
295 900	117 437	107 886	303 000	120 632	110 868	310 100	123 827	113 850	317 200	127 022	116 832
296 000	117 482	107 928	303 100	120 677	110 910	310 200	123 872	113 892	317 300	127 067	116 874
296 100	117 527	107 970	303 200	120 722	110 952	310 300	123 917	113 934	317 400	127 112	116 916
296 200	117 572	108 012	303 300	120 767	110 994	310 400	123 962	113 976	317 500	127 157	116 958
296 300	117 617	108 054	303 400	120 812	111 036	310 500	124 007	114 018	317 600	127 202	117 000
296 400	117 662	108 096	303 500	120 857	111 078	310 600	124 052	114 060	317 700	127 247	117 042
296 500	117 707	108 138	303 600	120 902	111 120	310 700	124 097	114 102	317 800	127 292	117 084
296 600	117 752	108 180	303 700	120 947	111 162	310 800	124 142	114 144	317 900	127 337	117 126

E.
Stichwortverzeichnis

Es bezeichnen:

Stichwortverzeichnis

– von Verbindlichkeiten   **6** R 6.10; **6** H 6.10; **6** R 6.11
– Vorauszahlungen auf –   **6** H 6.2
– Zurechnung von Umsatzsteuer zu den –   **9b**; **9b** R 9b; **9b** H 9b

Anschaffungsnahe Herstellungskosten   **6** R 6.4

Anschaffungsnaher Aufwand   **21** H 21.1

Anschlusskosten (Gebühren), Kanal-, Gas-, Strom-, Wasser-   **6** H 6.4

Ansiedlungsbeiträge   **6** H 6.4

Ansparabschreibungen zur Förderung kleiner und mittlerer Betriebe   **7g**

Anteile
– an Kapitalgesellschaften als Sonderbetriebsvermögen II   **4** H 4.2 (2)
– an Kapitalgesellschaften, Gewinne aus der Veräußerung von –   **6b** R 6b.2 (1); **16**; **16** R 16 (3); **17** R 17; **17** H 17 (1)
– Anschaffungskosten   **6** H 6.2
– einbringungsgeborene –   **17** H 17 (2)
– Veräußerung von – an Grundstücksgesellschaften als gewerblicher Grundstückshandel   **15** H 15.7 (1)
– Veräußerung von – an Kapitalgesellschaft als privates Veräußerungsgeschäft   **23**

Anteilseigner   **36** R 36

Anteilsrotation   **17** H 17 (2)

Antizipative Posten   **5** R 5.6 (3)

Antrag
– auf Veranlagung   **46 (2)**; **46** H 46.2
– Kindergeld   **67**
– nach § 13a Abs. 2 EStG   **13a** H 13a.1

Antragsveranlagung   **46 (2)**; **46** R 46.2; **46** H 46.2

Anwendung von § 3 Nr. 40, § 3c EStG   **2a** R 2a

Anzahlungen
– auf Anschaffungskosten   **7a (2)**; **7a** R 7a (5); **7a** H 7a
– Sonderabschreibungen auf –   **7a (2)**

Anzeigepflicht bei Versicherungsverträgen   **10** 29

Apotheken
– Inventurbüros   **15** H 15.6
– Rezeptabrechner   **15** H 15.6

Arbeiterwohnheim   **15** H 15.7 (2)

Arbeitgeberzuschüsse   **3** H 3.62

Arbeitnehmer
– als Gesellschafter   **15** H 15.8 (3)

Arbeitnehmer-Pauschbetrag   **9a**; **34** R 34.4 (3); Anh. 14b

Arbeitnehmer-Sparzulage
– als anrechenbarer Bezug   **33a** H 33a.1

– als anzurechnende eigene Bezüge unterstützter Personen   **33a** H 33a.1

Arbeitnehmerüberlassung   **42d**

Arbeitsförderungsgesetz   **32b**

Arbeitskleidung
– Berufskleidung   **12** H 12.1

Arbeitslohn
– für mehrere Jahre   **34** H 34.4

Arbeitslohn-Besteuerung nach den DBA, Anwendung der 183-Tage-Klausel   **1a** H 1

Arbeitslosengeld   **3**; **32b**; **32b** R 32b
– ausländisches   **3** R 3.2

Arbeitslosenhilfe   **3**; **32b**; **32b** R 32b
– als anrechenbarer Bezug   **33a** H 33a.1

Arbeitslosigkeit   **32** H 32.4

Arbeitsmittel, Aufwendungen für –   **9 (1)**; **10** R 10.9

Arbeitsplatzschutzgesetz   **3** Nr. 47; **6a**

Arbeitsstätte   **9 (1)**
– Fahrten zwischen Wohnung und –   **4** H 4.12

Arbeitsverhältnisse
– mit Kindern   **4** R 4.8; **4** H 4.8
– zwischen Ehegatten   **4** R 4.8; **4** H 4.8

Arbeitszimmer
– dient nicht Wohnzwecken   **7** H 7.2
– häusliches –   **4 (5)**; **4** H 4.10 (1); **7** R 7.2; **7** H 7.2; **7** H 7.4; **10** H 10.9; **26a** H 26a; Anh. 10

Architekt   **15** H 15.6; **18 (1)**; **18** H 18.2

Architekt/Bauunternehmer   **15** H 15.3; **15** H 15.7 (2)

Artisten   **15** H 15.6; **49** R 49.1

Arzneimittel   **33** R 33.4 (1); **33** H 33.1–33.4

Arzneimittelzulassungen   **5** H 5.5; **7** H 7.1

Ärzte
– Facharzt für Laboratoriumsmedizin   **15** H 15.6
– freiberufliche Tätigkeit der –   **15** H 15.6; **18 (1)**
– Gemeinschaft von –   **15** H 15.6

Ärzte im Behindertensport   **3** H 3.26

Ärzte im Coronarsport   **3** H 3.26

Ärztemuster   **6** R 6.8 (2); **6** H 6.8

Ärztepropagandist   **15** H 15.6

Asbestbeseitigung
– Gesundheitsgefährdung   **33** H 33.1–33.4

Atypisch stille Gesellschaft   **15** H 15.8 (1); **15** H 15.8 (5); **15** H 15.8 (6); **15** H 15.9 (1)

Stichwortverzeichnis

Stichwortverzeichnis

Herstellungsaufwand
- nach Fertigstellung eines Gebäudes   **21** R 21.1 (3); **21** H 21.1

Herstellungskosten
- Abgrenzung zu Erhaltungsaufwand   Anh. 19
- Abzug des Gewinns aus Veräußerung bestimmter Anlagegüter bei den – anderer Wirtschaftsgüter   **6b**; **6c**
- bei Gebäuden   **6** R 6.4; **6** H 6.4; **7** R 7.3; **21** R 21.1
- Bemessung der AfA bei nachträglichen –   **7a** R 7a (3)
- Berücksichtigung von Zuschüssen   **6** R 6.5; **21** R 21.5
- Bewertung mit den –   **6 (1–2)**; **6** R 6.3; **6** R 6.5; **6** R 6.8
- eines Waldes   **6** R 6.3
- eines Wirtschaftsguts bei Abzug einer Rücklage   **6b (5)**; **6c**
- innerhalb und nach Ablauf des Begünstigungszeitraums für Sonderabschreibungen   **7a**; **7a** R 7a (9)
- Minderung der –   **7a** R 7a (4)
- nachträgliche – bei Gebäuden   **7** R 7.3–4 (4)10; **7a** R 7a
- Rückstellungen für –   **5**
- Steuern als –   **6** R 6.3 (6)
- von Mineralprodukten   **6** H 6.3
- Zurechnung von Umsatzsteuern zu den –   **9b** R 9b
- Zuschüsse zu –   **7** R 7.3 (4); **7a** R 7a (4)

HGB   Anh. 13

Hilfe im Haushalt
- Aufwendungen für eine –   **33** H 33.1–33.4; **33b** H 33b

Hilflosigkeit   **33b (6)**; **33b** H 33b

Hilfsmittel, medizinisch-technische   **33** H 33.1–33.4

Hilfsstoffe
- Bewertung der –   **6** R 6.8

Hinterbliebene
- Pauschbeträge für –   **33b (4)**; **33b** R 33b; **33b** H 33b

Hinterbliebenenbezüge   **19 (2)**

Hinterbliebenenversorgung
- Lebensgefährte   **4d** H 4d (1)

Hinzuerwerb
- unentgeltlicher –   **17** H 17 (3)

Hinzurechnung eines Unterschiedsbetrags   **5a** H 5a

Hinzurechnungsbetrag   **38a**; **39a (1)**; **39b**

Hochwasserschaden   **33** R 33.2

Hochzins- und Umtauschanleihen   **20** H 20.2

Hochzins-Anleihen mit Rückzahlungswahlrecht des Emittenten   **20** H 20.2

Hofbefestigungen   **6b** R 6b.1 (2); **7** H 7.1

Höhere Gewalt
- Ausscheiden eines Wirtschaftsguts infolge –   **6** R 6.6; **6b** R 6b.1 (2); **6b** R 6b.3 (5)
- Holznutzungen infolge –   **34b**; **34b** H 34b.1

Holz
- Veräußerung von stehendem –   **14** R 14

Holznutzungen
- außerordentliche –   **34b**; **34b** R 34b.1

Holzschutzmittelschaden
- als außergewöhnliche Belastung   **33** H 33.1–33.4

Honorare
- für nicht erbrachte Leistungen   **6** H 6.4; **21** H 21.2
- im Voraus gezahlte –   **5** H 5.6

Honorare von Privatpatienten   **11** R 11

Honorarforderungen
- Aktivierung von –   **5** R 5.5 (3)
- Sicherung von – durch Darlehensgewährung   **4** H 4.2 (1); **18** H 18.2

Horizontaler Verlustabzug   **10d** R 10d; **10d** H 10d

Hotel   **15** H 15.7 (2)

Hundezucht   **15** H 15.5

I

Identifikationsnummer
- keine Identifikationsnummer zugeteilt   **39 (3)**

Immaterielle Wirtschaftsgüter   **4** R 4.3 (4); **5 (2)**; **5** R 5.5; **5** H 5.5; **7** R 7.1 (1); **7** H 7.1; **15** H 15.7 (5)
- Einlage von –   **4** H 4.3 (1)
- Sachanlagen, Finanzanlagen   **6** R 6.1 (1)

Immobilienfonds   Anh. 19

Immobilien-Leasing   **5** H 5.6

Impfstoffe
- Abgabe von – durch Ärzte als freiberufliche oder gewerbliche Tätigkeit   **15** H 15.6

Importwaren, Bewertungsabschlag für –   **6** R 6.9 (7); **16** H 16 (1)

Incentive-Reisen   **4** H 4.3 (2–4); **12** H 12.2; Anh. 10

Index-Partizipationszertifikate   **15** H 15.10

Industrie-Designer   **15** H 15.6

Industriepropagandisten   **15** H 15.6

Infektionsschutzgesetz
- Entschädigungen   **3 Nr. 25**

Ingenieur   **15** H 15.6; **18 (1)**

Inland   **26** H 26; **49** R 49.1–2; **50a** R 50a.1

Krankenversicherung
– Beiträge zur – **10 (1)**; **33** H 33.1–33.4
– Ersatzleistungen einer – **33** H 33.1–33.4
– steuerfreie Leistungen aus – **22**

Krankheitskosten
– als außergewöhnliche Belastung **33** H 33.1–33.4;
33a H 33a.1

Kreditbedingungen **6** H 6.10

Kreditberater **15** H 15.6

Kreditgeschäfte
– Erfassung der – **5** R 5.2

Kreditgrundlage **4** H 4.2 (1)

Kreditinstitute
– Spenden **10b** H 10b.3
– Termingeschäfte **15 (4)**

Kriegsbeschädigte
– Bezüge an – **3**

Kriegshinterbliebene
– Bezüge an – **3**

Krisendarlehen **17** H 17 (5)

Küchenmitarbeiter in Waldheimen **3** H 3.26

Kühleinrichtungen **7** H 7.1

Kühlkanäle **6** H 6.13

Kükensortierer **15** H 15.6

Kulturelle Zwecke **10b**

Kulturvereinigung **50 (4)**
– ausländische **50a** H 50a.2

Kumulationsverbot für Sonderabschreibungen und Förderungsmaßnahmen auf Grund mehrerer Vorschriften **7a (5)**; **7a** R 7a (7)

Kundenstamm
– Erwerb eines – **5** H 5.5

Kündigung **15** H 15.9 (2)

Kunsthandwerker **15** H 15.6

Künstler **15** H 15.1; **15** H 15.6; **49** H 49.1–2; **50a**;
50d H 50d

Künstleragenten **15** H 15.6

Künstlerische Tätigkeit **15** H 15.6

Künstliche Befruchtung **33** H 33.1–33.4

Kur **33** R 33.4 (1); **33** H 33.1–33.4
– im Ausland **33** R 33.4 (3)

Kurheim **15** H 15.6

Kursmakler
– vereidigte – **15** H 15.6

Kursverluste in ausländischer Währung **6** H 6.10

Kurzarbeitergeld **3**; **32b**; **41**; **46 (2)**

Kurzfristige Beteiligung **17** H 17 (2)

Kürzung des Vorwegabzugs **10 (3)**; **10** H 10.11

L

Laborgemeinschaft **15** H 15.6

Laborleistungen **15** H 15.6

Laden
– Ladeneinbauten und -umbauten als selbständige Gebäudeteile **4** R 4.2 (3); **7** R 7.1 (6)

Lagebericht **25** 60

Lagerbücher und Lagerkarteien
– Bestandsvergleich durch – **5** R 5.3 (2)

Land- und Forstwirtschaft
– Abgrenzung der – gegenüber dem Gewerbebetrieb **15** R 15.5; **15** H 15.5
– Besonderheiten **4** H 4.2 (9)
– Betriebsaufgabe **14**; **16** R 16 (2)
– Betriebsvermögen **4** H 4.2 (7)
– Betriebsvermögensvergleich bei – **4** R 4.1 (1)
– Bewertungsfreiheit für Betriebsgebäude der – **7e**
– Einkünfte aus – **13a** R 13a.2; **14**; **14** R 14
– Freibetrag für Land- und Forstwirte **13** R 13.1
– Freibetrag in der – **13 (3)**; **13a** R 13a.2; **14** R 14
– Holznutzungen **34b**; **34b** R 34b.1
– Rücklage für Ersatzbeschaffung **6** R 6.6 (6)
– Tierzucht und Tierhaltung als – **13** R 13.2
– Verlust aus gewerblicher Tierzucht **15** R 15.10; **15** H 15.10
– Wirtschaftsjahr bei – **4a**; **4a** 8c; **4a** R 4a; **4a** H 4a
– Wohnung des Land- und Forstwirts als Betriebsvermögen **7** R 7.3; **13** H 13.5

Land- und forstwirtschaftliche Dienstleistungen **15** R 15.5 (10)

Ländergruppeneinteilung **33a** R 33a.1; **33a** H 33a.1; Anh. 2

Landesschuldenverwaltung **43a**

Lasten, dauernde – Anh. 8
– Abzug von – als Betriebsausgaben **13a (3)**
– Abzug von – als Werbungskosten **9 (1)**

Lastenaufzüge **7** H 7.1

Lastenausgleichsgesetz
– Ausgleichsleistungen nach dem – **3**

Stichwortverzeichnis

S

Saatgut 15 R 15.5 (5)

Saatzuchtbetrieb 5 H 5.1; 13 R 13.6

Sachbezüge 8

Sacheinlage 4 H 4.3 (1)

Sachinbegriffe 21 (1); 34d
– ausländische Einkünfte aus – 2a

Sachleistungen aus den gesetzlichen Rentenversicherungen 3 Nr. 1

Sachleistungen nach dem Gesetz über die Alterssicherung der Landwirte 3 Nr. 1

Sachleistungen, steuerfreie
– an Arbeitnehmer 8 (3)

Sachleistungsverpflichtungen
– Rückstellungen 6 (1)

Sachliche Verflechtung 15 H 15.7 (4); 15 R 15.7 (5); 15 H 15.7 (5)

Sachprämien 10b R 10b.1 (1); 10b H 10b.1
– Pauschalierung der ESt bei – 37a

Sachwertabfindung 16 H 16 (9)

Sachzuwendungen, Pauschalierung der Einkommensteuer 37b

Saldierung
– Ergebnisse Gesellschaftssonderbetriebsvermögen Anh. 18
– Ergebnisse Sonderbetriebsvermögen 15a H 15a
– Schattengewinn/Tonnagebesteuerung 15a H 15a

Saldierung des Schattengewinns 5a H 5a

Sammelantragsverfahren, Kapitalertragsteuer 45b

Sammelbeförderung 3

Sammeldepot 23 H 23

Sammelposten 6; 6 R 6.13; Anh. 10

Sanatorium 7 H 7.2; 15 H 15.6; 33 H 33.1–33.4

Sandgrube 15 R 15.5 (3)

Sanierungsgebiete 4 (8)
– Aufwendungen für Gebäude in – 7h; 10f; 11a; 21 *82g*; 51 (1)

Sanierungsgewinn 4 H 4.1; 10d H 10d; 15a H 15a

Sanierungsmaßnahmen 6b (8); 7h; 10f; 11a; 21 *82g*

Sanierungsprivileg Anh. 4a

Sanierungssatzung 7h R 7h (7)

Sanierungsverpflichtung 5 H 5.7 (1)

Sanktionen
– Abzugsverbot für – 4 (5); 4 R 4.13

Säumniszuschläge 6 H 6.2; 12 H 12.4

Schadensersatz
– als Betriebseinnahme 4 H 4.7
– Auflösung einer Rückstellung 5 H 5.7 (13)
– für GmbH-Verbindlichkeiten 4 H 4.2 (15)
– Leistungen 33 H 33.1–33.4

Schadensersatzforderung 4 H 4.2 (1)

Schadensersatzrenten 22 H 22.1

Schadensregulierer 15 H 15.6

Schadenswiedergutmachung 4 R 4.13 (1)

Schalterhallen 4 R 4.2 (3)

Schalungsteile 6 H 6.13

Schaufensteranlagen als selbständige Gebäudeteile 4 R 4.2 (3); 4 H 4.2 (3)

Schaukästen 7 H 7.1

Scheck
– Zeitpunkt der Leistung 7a (2); 11 H 11

Scheidung
– Art der Veranlagung 26 H 26
– Kosten der – als außergewöhnliche Belastung 33 H 33.1–33.4

Scheidungsklausel 4 H 4.8

Scheinbestandteile eines Gebäudes 7 R 7.1 (1); 7 H 7.1

Schenkung 4 H 4.8; 4 R 4.10 (2); 15 R 15.9 (2); 15 H 15.9 (5); 23 H 23

Schenkung unter Auflage 20 H 20.2

Schenkweise
– eingeräumte stille Beteiligung 15 H 15.9 (5)
– in eine KG aufgenommene Kinder 15 H 15.9 (2)
– übertragene Gesellschaftsanteile 15 H 15.9 (3)

Schiffe 1a H 1
– AfA bei – 7 R 7.1 (2); 7 R 7.3
– Bewertungsfreiheit für Handels- und Fischerei – 21 *82f*; 51 (1)
– Einkünfte aus Vermietung von – 21 (1)
– Gewinnermittlung bei beschränkter Steuerpflicht 49 (3)
– im internationalen Verkehr 5a
– Teilbetrieb 16 H 16 (3)

Schifffahrt 49 H 49.1

Schiffseichaufnehmer 15 H 15.6

Schiffssachverständiger 15 H 15.6